南史

北史

上海古籍出版社
上海書店

南史

南史目錄

唐　李延壽　撰

南史目錄考證

齊本紀上第四武帝諱賾○賾監本訛隤今改正

列傳第八蕭思話附惠明弟惠基○弟監本訛子今改正

列傳第十一王弘子錫錫弟僧達○錫弟二字監本訛孫又僧祐子籍監本訛藉今俱改正

列傳第十三王彧附份孫銓錫僉通勱○監本孫訛弟勱訛勵今俱改正

列傳第十四王裕之附阮韜○阮監本訛元又王淮之下脫曾孫清清子猛六字從弟逡之下脫珪之二字今俱改正

列傳第十五到彥之附溉弟洽○監本脫溉弟二字今增入又張興世子欣泰訛欣爲興今改正

列傳第十七孔琳之孫覬○覬監本訛顗今從本傳

列傳第十八褚裕之附彥回子賁○賁監本訛蕡又下蒙子玠監本訛介今俱改正

列傳第二十二張邵附融弟寶積○監本脫融弟二字又下文伯從弟嗣伯監本脫從字今俱增入

列傳第二十五庾悅附登之弟仲文○弟監本訛子今改正

列傳第二十六羊玄保子戎兄子希○監本脫子戎兄子希五字今增入

列傳第二十七宗慤從子夬○夬監本訛史今改正

列傳第二十九劉勔附孝綽子諒孝綽弟潛○監本脫孝綽子諒孝綽弟七字今從本傳增入

列傳第三十一安陸昭王緬○緬監本訛緬今改正

列傳第五十二賀瑒○瑒監本訛瑒今從梁書

列傳第五十五衡陽獻王昌○監本脫獻字今增入

文帝諸子○此下二十行缺今增正

列傳第六十三徐耕附嚴成王道蓋○監本缺嚴成王

道蓋五字又卜天輿下缺張弘之等四字孫赫妻許下衍之字蕭叡明附鮮于文宗後缺文宗姊文英五字蕭矯妻羊附吳興乘公濟妻姚訛乘公爲公乘又公孫僧遠訛遠爲達樂頤之弟預後沈昇之訛昇爲升今俱從本傳改正

列傳第六十四滕曇恭附徐普濟張悌等○監本滕訛藤脫等字又沈崇傃傃訛素今俱改正

列傳第六十六劉惠斐兄慧鏡慧鏡子曇淨○淨監本訛琤今改正

列傳第六十九鄧至武興○此下十七行監本缺今從南本增入又南本滑訛猾亦改正

南史卷一

唐　李延壽　撰

宋本紀上第一

宋高祖武皇帝諱裕字德輿小字寄奴彭城縣綏輿里人姓劉氏漢楚元王交之二十一世孫也彭城楚都故苗裔家焉晉氏東遷劉氏移居晉陵丹徒之京口里皇祖靖晉東安太守皇考翹字顯宗郡功曹帝以晉哀帝興寧元年歲在癸亥三月壬寅夜生神光照室盡明是夕甘露降于墓樹及長雄傑有大度身長七尺六寸風骨奇偉不事廉隅小節奉繼母以孝聞嘗游京口竹林寺獨臥講堂前上有五色龍章衆僧見之驚以白帝帝獨喜曰上人無妄言皇考墓在丹徒之候山其地秦史所謂曲阿丹徒間有天子氣者也時有孔恭者妙善占墓帝嘗與經墓歎之曰此墓何如孔恭曰非常地也帝由是益自負行止時見二小龍附翼樵漁山澤同侶或亦覩焉及貴龍形更大帝素貧時人莫能知唯琅邪王謐獨深敬焉帝嘗負刁逵社錢三萬經時無以還被逵執謐以己錢代償由是得釋後伐荻新洲見大蛇長數丈射之傷明日復至洲裏聞有杵臼聲往覘之見童子數人皆青衣於榛中擣藥問其故荅曰我王爲劉寄奴所射合散傅之帝曰王神何不殺之荅曰劉寄奴王者不死不可殺帝叱之皆散仍收藥而反又經客下邳逆旅會一沙門謂帝曰江表當亂安之者其在君乎帝先患手創積年不愈沙門有一黃藥因留與帝既而忽亡帝以黃散傅之其創一傅而愈寶其餘及所得童子藥每遇金創傅之竝驗初爲冠軍孫無終司馬晉隆安三年十一月祅賊孫恩作亂於會稽朝廷遣衞將軍謝琰前將軍劉牢之東討牢之請帝參府軍事命與數十人覘賊遇賊衆數千帝便與戰所將人多死而帝奮長刀所殺傷甚衆牢之子敬宣疑帝爲賊所困乃輕騎尋之既而衆騎竝至遂平山陰恩遁入海四年五月恩復入會稽殺謝琰十一月牢之復東征使帝戍句章句章城小人少帝每戰陷陣賊乃退還浹口時東伐諸將士卒暴掠百姓皆苦之惟帝獨無所犯五年春恩頻攻句章帝屢破之恩復入海三月恩北出海鹽帝築城于故海鹽賊日來攻城城內兵少帝乃選敢死士擊走之時雖連勝帝深慮衆寡不敵乃一夜偃旗示以羸弱覘其懈乃奮擊大破之恩知城不可下進向滬瀆帝棄城追之海鹽令鮑陋遣子嗣之以吳兵一千爲前驅帝以吳人不習戰命之在後不從是夜帝多設奇兵兼置旗鼓明日戰伏發賊退嗣之追奔陷沒帝且退且戰麾下死傷將盡乃至向處止令左右解取死人衣以示暇賊疑尚有伏乃引去六月恩浮海至丹徒帝兼行與俱至奔擊大破之恩至建鄴知朝廷有備遂走鬱洲八月晉帝以帝爲下邳太守帝又追恩至鬱洲及海鹽頻破之恩自是饑饉奔臨海元興元年荊州刺史桓玄舉兵東下驃騎將軍司馬元顯遣牢之拒之帝又參其軍事玄至帝請擊之牢之不許乃遣子敬宣詣玄請和帝與東海何無忌竝固諫不從玄剋建鄴以牢之爲會稽內史牢之懼招帝於廣陵舉兵帝曰人情去矣廣陵亦豈可得之牢之竟縊於新洲何無忌謂帝曰我將何之帝曰可隨我還京口玄必守臣節當與卿事之不然與卿圖之玄從兄脩以撫軍將軍鎭丹徒以帝爲中兵參軍孫恩自敗後懼見獲乃投水死於臨海餘衆推恩妹夫盧循爲主玄復遣帝東征二年循奔永嘉帝追破之六月加帝彭城內史十二月桓玄篡位遷晉帝於尋陽桓脩入朝帝從至建鄴玄見帝謂司徒王謐曰昨見劉裕風骨不恒蓋人傑也每游集贈賜甚厚玄妻劉氏尚書令耽之女也聰明有智鑒常見帝因謂玄曰劉裕龍行虎步視瞻不凡恐必不爲人下宜早爲其所玄曰我方平蕩中原非裕莫可待關隴平定然後議之脩尋還京口帝託以金創疾動不堪步從乃與無忌同船共還建興復計及弟道規沛國劉毅平昌孟昶任城魏詠之高平檀憑之琅邪諸葛長人太原王元德隴西辛扈興東莞童厚之竝同義謀時桓脩弟弘爲青州刺史鎭廣陵道規爲弘中兵參軍昶爲州主簿乃令毅就昶謀共襲弘長人爲豫州刺史刁逵左軍府參軍謀據歷陽相應元德厚之謀於建鄴攻玄剋期齊發三年二月乙卯帝託游獵與無忌詠之憑之毅從弟藩憑之從子韶祗隆道濟昶族弟懷玉等集義徒凡二十七人願從者百餘人丙辰候城門開無忌等義徒服傳詔服稱詔居前義衆馳入齊叫吏士驚散即斬脩以徇帝哭之甚慟厚加歛郵昶勸弘其日出獵未明開門出獵人昶道規毅等率壯士五六十人因開門直入弘方噉粥即斬之因收衆濟江義軍初剋京城脩司馬刁弘率文武佐吏來赴帝登城謂曰郭江州己奉乘輿反正於尋陽我等竝被密詔誅逆黨今日賊玄之首已當梟於大航諸君非大晉之臣乎弘等信之而退毅既至帝命誅弘等毅兄邁先在建鄴事未發數日帝遣同謀周安穆報之使爲內應邁甚懼安穆慮事發馳歸時玄以邁爲竟陵太守邁便下船欲之郡是夜玄與邁書曰北府人情云何卿近見劉裕何所道邁謂玄已知其謀晨起白之玄驚封邁爲重安侯又以不執安穆故殺之誅元德扈興厚之等乃遣頓丘太守吳甫之右衞將軍皇甫敷北拒義軍先是帝造游擊將軍何澹之左右見帝光曜滿室以告澹之澹之以白玄玄不以爲意至是聞義兵起甚懼或曰裕等甚弱陛下何慮之深玄曰劉裕足爲一世之雄劉毅家無擔石之儲樗蒱一擲百萬何無忌劉牢之之外甥酷似其舅共舉大事何謂無成時衆推帝爲盟主以孟昶爲長史總後事檀憑之爲司馬百姓願從者千餘人軍次竹里移檄都下曰夫成敗相因理不常泰狡焉肆虐或遇聖明自我大晉屢遘陽九隆安以來皇家多故貞良弊於豺狼忠臣碎於虎口逆臣桓玄敢肆陵慢阻兵荊郢肆暴都邑天未忘難凶力寔繁踰年之間遂傾皇祚主上播越流幸非所神器沉辱七廟毀墜雖夏后之離浞殪有漢之遭莽卓方之於茲未足爲喻自玄篡逆于今歷載彌年亢旱人不聊生士庶疲於轉輸文武困於板築室家分析父子乖離豈惟大東有杼軸之悲摽梅有頃筐之怨而已哉仰觀天文俯察人事此而可存孰有可亡凡在有心誰不扼腕裕等所以叩心泣血不遑啓處者也是故夕寐宵興搜奬忠烈潛搆崎嶇過於履虎乘機奮發義不圖全輔國將軍劉毅廣武將軍何無忌鎭北主簿孟昶兗州主簿魏詠之寧遠將軍劉道規龍驤參軍劉藩振威將軍檀憑之等忠烈斷金精白貫日荷戈奮志在畢命益州刺史毛璩萬里齊契掃定荊楚江州刺史郭昶之奉迎主上宮于尋陽鎭北將軍王元德等竝率部曲保據石頭揚武將軍諸葛長人收集義士已據歷陽征虜參軍庾賾之等潛相連結以爲內應同力協契所在蠭起即日斬僞徐州刺史安成王脩青州刺史弘義衆既集文武爭先咸謂不有一統則事無以緝裕辭不獲命遂總軍要庶上憑祖宗之靈下罄義夫之節翦馘逋逆蕩淸京華公侯諸君或世樹忠貞或身荷爵寵而竝俛眉猾豎無由自效顧瞻周道寧不弔乎今日之舉良其會也裕以虛薄才非古人受任於既頽之運接勢於已替之機丹誠未宣感慨憤激望霄漢以永懷盻山川以增佇投檄之日神馳賊庭三月戊午遇吳甫之於江乘帝躬執長刀大呼即斬甫之進至羅洛橋遇皇甫敷檀憑之戰敗死之衆退帝進戰彌厲又斬敷首初帝建大謀有工相者相帝與無忌等近當大貴惟云憑之無相至是憑之戰死帝知其事必捷玄聞敷等沒使桓謙屯東陵卞範之屯覆舟山西已未義軍進至覆舟東張疑兵以油帔冠諸樹布滿山谷帝先馳之將士皆殊死戰無不一當百呼聲動天地因風縱火煙焰張天謙等大敗玄始雖遣軍而走意已決別遣領軍殷仲文具舟石頭聞謙敗輕船南逸庚申帝鎭石頭城立留臺總百官焚桓溫主於宣陽門外造晉新主於太廟遣諸將追玄命尚書王嘏率百官奉迎乘輿司徒王謐與衆議推帝領揚州帝固辭乃以謐爲錄尚書事領揚州刺史帝爲鎭軍將軍都督八州諸軍事徐州刺史領軍將軍初晉陵人韋叟善相術桓脩令相帝當得州不叟曰當得邊州刺史退而私於帝曰君相貴不可言帝笑曰若中當相用爲司馬至是叟詣帝曰成王不負桐葉之信公亦應不忘司馬之言今不敢希鎭軍司馬願得領軍佐於是用焉時諸葛長人失期爲刁逵執送未至而玄敗玄經尋陽江州刺史郭昶之爲具乘輿法物初荊州刺史王綏以江左冠族又桓氏之甥素甚陵帝至是及其父尚書左僕射愉有自疑志竝及誅四月戊子奉武陵王遵爲大將軍承制大赦惟桓氏一祖後不免桓玄之篡王謐佐命手解安帝璽紱及義旗建衆謂謐宜誅惟帝素德謐保持之劉毅嘗因朝

會問謚璽紱所在謚益懼及王愉父子誅謚從弟諶謂謚曰王駒無罪而誅此是翦除勝己兄既桓氏黨附求免得乎駒愉小字也謚懼奔曲阿帝牋白大將軍迎還復其位玄挾天子走江陵又浮江東下與劉毅何無忌劉道規等遇於崢嶸洲衆軍大破之玄黨殷仲文奉晉二皇后還建鄴玄復挾天子至江陵因走南郡太守王騰之荆州別駕王康產奉天子入南郡府初益州刺史毛璩遣從孫祐之與參軍費恬送弟喪下州璩弟子脩之時爲玄屯騎校尉誘玄入蜀至枚回洲恬與祐之迎射之益州督護馮遷斬玄傳首建鄴玄從子振逃於華容之涌中招集逆黨襲江陵城騰之康產皆被殺桓謙先匿沮川亦聚衆應振爲玄舉哀立喪庭謙率衆官奉璽紱于安帝劉毅何無忌進及桓振戰敗績于靈谿十月帝領青州刺史甲仗百人入殿義熙元年正月毅等至江津破桓謙桓振江陵平三月甲子晉帝至自江陵庚子詔進帝侍中車騎將軍都督中外諸軍錄尚書事帝固讓旋鎭丹徒九月乙巳加帝領兖州刺史盧循浮海破廣州獲刺史吳隱之卽以循爲廣州刺史以其黨徐道覆爲始興相二年三月進帝督交廣二州十月論匡復勳封帝豫章郡公邑萬戶賜絹三萬疋其餘封賞各有差三年十二月司徒錄尚書揚州刺史王謐薨四年正月徵帝入輔授侍中車騎將軍開府儀同三司揚州刺史錄尚書事徐兖二州刺史如故表解兖州先是帝遣冠軍劉敬宣伐蜀賊譙縱無功而還九月帝以敬宣挫退遜位不許十月乃降爲中軍將軍開府如故五年二月僞燕主慕容超大掠淮北三月帝抗表北討以丹陽尹孟昶監中軍留府事乃浮淮入泗五月至下邳留船步軍進瑯邪所過築城留守超大將公孫五樓請斷大峴堅壁清野以待超不從初謀是役議者以爲賊若嚴守大峴軍無所資何能自反帝曰不然鮮卑性貪略不及遠既幸其勝且愛其穀必將引我且亦輕戰師一入峴吾何患焉及入峴帝舉首指天曰吾事濟矣衆問其故帝曰師既過險士有必死之志餘糧栖畝軍無匱乏之憂勝可必矣六月超留羸老守廣固使其廣甯王賀剌盧及公孫五樓悉力據臨朐去城四十里有巨茂水超告五樓急據之比至爲龍驤將軍孟龍符所保五樓乃退大軍分車四千兩爲二翼方軌徐行車張幰御者執矟以騎爲游軍軍令嚴肅比及臨朐賊騎交至帝命兖州刺史劉藩并州刺史劉道憐等陷其陣日向昃戰猶酣帝用參軍胡藩策襲剋臨朐賊乃大奔超遁還廣固獲其玉璽豹尾輦等送于都丙子剋廣固大城超固其小城乃設長圍以守之館穀於青土停江淮轉輸七月超尚書郎張綱乞師於姚興自長安反太山太守申宣執送之綱有巧思先是帝修攻具城上人曰汝不得張綱何能爲也及至升諸樓車以示之城內莫不失色超既求救不獲綱反見虜乃求稱藩割大峴爲界獻馬千匹不聽時姚興遣使聲言將涉淮左帝謂曰爾報姚興我定青州將過函谷虜能自送今其時矣錄事參軍劉穆之遽入曰此言不足威敵容能怒彼若鮮卑未拔西羌又至公何以待之帝乃笑曰此兵機也非子所及羌若能救不有先聲是自彊也十月張綱修攻具成設飛樓縣梯木幔板屋冠以牛皮弓矢無所用之劉毅遣上黨太守趙恢以千餘人來援帝夜潛遣軍會之明旦恢衆五千方道而進每晉使將到輒復如之六年二月丁亥屠廣固超踰城走追獲之斬于建康市殺其王公以下納生口萬餘馬二千匹初帝之北也徐道覆勸盧循乘虛而出循不從道覆乃至番禺說循曰今日之機萬不可失若剋京都劉公雖還無能爲也循從之是月寇南康廬陵豫章諸郡郡守皆奔走時帝將鎭下邳進兵河洛及徵使至卽日班師鎭南將軍何無忌與道覆戰敗死於豫章內外震駭朝議欲奉乘輿北走帝次山陽聞敗卷甲與數十人造江上徵問知賊尚未至四月癸未帝至都劉毅自表南征帝以賊新捷鋒鋭須嚴軍偕進使劉藩止之毅不從五月壬午盧循敗毅于桑落洲及審帝凱入相視失色欲還尋陽平江陵據二州以抗朝廷道覆請乘勝逕下爭之旬日乃從于時北師始還傷痍未復戰士纔數千賊衆十餘萬舳艫亘千里孟昶諸葛長人懼欲擁天子過江帝曰今兵士雖少猶足一戰若其剋濟臣主同休如其不然不復能草間求活吾計決矣初帝征慕容超惟孟昶勸行丙辰昶乃表天子引罪仰藥而死時議者欲分兵屯守諸津帝曰賊衆我寡分其兵則測人虛實一處失利則沮三軍之心若聚衆石頭則衆力不分戊午帝移鎭石城乙丑賊大至帝曰賊若新亭直上且將避之若回泊蔡洲成禽耳徐道覆欲自新亭焚舟而上循多疑少決每求萬全乃泊蔡洲以待軍潰帝登石頭以望見之悅庚辰賊設伏於南岸疑兵向白石帝率劉毅諸葛長人北拒焉留參軍徐赤特戍查浦戒令勿戰帝既北賊焚查浦而至張侯橋赤特與戰大敗賊進屯丹陽郡帝馳還石頭斬徐赤特解甲久之乃出陣於南塘七月庚申循自蔡洲退將還歸尋陽帝遣輔國將軍王仲德等追之使建威將軍孫處自海道襲番禺戒之曰我十二月必破祆寇卿亦足至番禺先傾其巢窟也十月帝率舟師南伐使劉毅監太尉留府是月徐道覆寇江陵荆州刺史劉道規大破之道覆走還湓口十一月孫處至番禺剋其城盧循父嘏奔始興處撫其人以守十二月己卯大軍次大雷庚辰賊方江而下帝躬提幡鼓命衆軍齊力擊之軍中多萬鈞神弩所至莫不摧陷帝自於中流蹙之因風水之勢賊艦悉薄西岸岸上軍先備火具焚之大敗循還尋陽遂走豫章悉力柵左里丙申大軍次左里將戰帝麾之麾竿折幡沉于水衆咸懼帝笑曰昔覆舟之役亦如此今勝必矣攻其柵循單舸走衆皆降師旋晉帝遣侍中黃門勞師于行所七年正月己未振旅而歸改授大將軍揚州牧給班劒二十人本官並如故固辭凡南北征伐戰亡者並列上賻贈屍喪未反者遣主帥迎接致還本土二月盧循至番禺爲孫處所破收餘衆南走劉藩孟懷玉斬徐道覆于始興自晉中興以來朝綱弛紊權門兼并百姓流離不得保其產業桓玄頗欲釐改竟不能行帝既作輔大示軌則豪彊肅然遠近禁止至是會稽餘姚唐亮復藏匿亡命千餘人帝誅亮免會稽內史司馬休之晉帝又申前詔帝固辭於是改授太尉中書監乃受命奉送黃鉞交州刺史杜惠度斬盧循父子函七首送都先是諸州郡所遣秀才孝廉多非其人帝乃表申明舊例策試之荆州刺史劉道規疾患求歸八年四月改授豫州刺史以豫州刺史劉毅代之毅既有雄才大志與帝俱興復晉室自謂京城廣陵功足相抗雖權事推帝而心不服也厚自矜許朝士素望者並多歸之與尚書僕射謝混丹陽尹郗僧施並深相結及鎭江陵豫州舊府多割以自隨請僧施爲南蠻校尉帝知毅終爲異端心密圖之毅至西稱疾篤表求從弟兖州刺史藩以爲副貳帝僞許焉九月藩入朝帝命收藩及謝混並賜死自表討毅又假黃鉞率諸軍西征以前鎭軍將軍司馬休之爲平西將軍荆州刺史兖州刺史道憐鎭丹徒豫州刺史諸葛長人監太尉留府事加太尉司馬丹陽尹劉穆之建威將軍配以實力壬午發建鄴遣參軍王鎭惡龍驤將軍蒯恩前襲江陵剋之毅及黨與皆伏誅十一月帝至江陵分荆州十郡爲湘州帝仍進督焉以西陵太守朱齡石爲益州刺史使伐蜀晉帝進帝太傅揚州牧加羽葆鼓吹班劒二十人九年二月乙丑帝至自江陵初諸葛長人貪淫驕橫帝每優容之劉毅既誅長人謂所親曰昔年醢彭越今年殺韓信禍其至矣將謀作亂帝剋期至都而每淹留不進公卿以下頻日奉候於新亭長人亦驟出既而帝輕舟密至已還東府矣長人到門引前却人閑語凡平生言所不盡者皆與及之長人甚悅帝已密命左右丁旿自幔後出於坐拉焉死於牀側輿屍付廷尉并誅其弟黎人旿驍勇有力時人語曰勿跋扈付丁旿先是山湖川澤皆爲豪彊所奪百姓薪採漁釣皆責稅直至是禁斷之時人居未一帝上表定制於是依界土斷惟徐兖青三州居晉陵者不在斷例諸流寓郡縣多所併省以帝領鎭西將軍豫州刺史帝固讓太傅揚州牧及班劒奉還黃鉞七月朱齡石平蜀斬譙縱傳首建鄴九月晉帝以帝平齊定盧循功封帝次子義眞爲桂陽縣公并重申前命授帝太傅揚州牧加羽葆鼓吹班劒二十人將吏百僚敦勸乃受羽葆鼓吹班劒餘固辭十年息人簡役築東府城起府舍帝以荆州刺史司馬休之宗室之重又得江漢人心疑其有異志而休之子譙王文思在都招聚輕俠帝執送休之命自爲其所休之表廢文思并與帝書陳謝十一年正月帝收休之子文寶兄子文祖並賜死率衆西討復加黃鉞領荆州刺史以中軍將軍道憐監留府事休之上表自陳并罪狀帝休之府錄事參軍韓延之有幹用才帝未至江陵密書招之延之報書曰承親率戎馬遠履西偏闔境士庶莫不惶駭辱疏知以譙王前事良增歎息司馬平西體國忠貞款懷待物以公有匡復之勳家國蒙賴推德委誠每事詢仰譙王往以微事見劾猶自表遜位況以大過而當默邪來示云處懷期物自有由來今伐人之君啗人以利眞可謂處懷期物者矣劉藩死於閶闔之門諸葛斃於左右之手甘言詫方伯襲之以輕兵遂使席上靡款懷之士閫外無自信諸侯以爲得算良所恥也吾雖鄙劣嘗聞道於君子以平西之至德寧可無授命之臣乎假天長喪亂九流渾濁當與臧洪游於地下不復多云帝視書歎息以示將佐曰事人當如此三月軍次江陵初雍州刺史魯宗之負力好亂且慮不爲帝容常爲讖曰魚登日輔帝室與休之相結至是率其子竟陵太守軌會于江陵帝濟江休之衆潰與軌等奔襄陽江陵平加領南蠻校尉將拜南蠻遇四廢日佐史鄭鮮之等白遷日不許下書開寬大之恩四月進軍襄陽休之等奔姚興晉帝復申前令授太傅揚州牧劒履上殿入朝不趨讚拜不名加前部羽葆鼓吹置左右長史司馬從事中郎

四人封第三子義隆爲北彭城縣公八月甲子帝至自江陵奉還黃鉞固辭太傅州牧前部羽葆鼓吹其餘受命十二年正月晉帝詔帝依舊辟士加領平北將軍兗州刺史增督南秦凡二十二州帝以平北文武寡少不宜別置於是罷平北府以併太府三月加帝中外大都督初帝平齊仍有定關洛意遇盧循侵逼故寢及荊雍平乃謀外略會姚興死子泓新立兄弟相殺關中擾亂四月乙丑帝表伐關洛乃戒嚴北討加領征西將軍司豫二州刺史以世子爲徐兗二州刺史帝以義聲懷遠奉琅邪王北伐五月盧江霍山崩獲六鍾獻之天子癸巳加領北雍州刺史前後部羽葆鼓吹增班劍爲四十人八月乙巳率大衆進發以世子爲中軍將軍監太尉留府事尚書右僕射劉穆之爲左僕射領監軍中軍二府軍司入居東府總攝內外九月帝至彭城加領北徐州刺史十月衆軍至洛圍金墉降之修復晉五陵置守衞十二月壬申晉帝加帝位相國總百揆揚州牧封十郡爲宋公備九錫之禮加璽紱遠游冠綠綟綬位在諸侯王上策曰朕以寡昧仰纘洪基夷羿乘釁蕩覆王室越在南鄙遷于九江宗祀絕饗人神無位提挈羣凶寄命江浦則我祖宗之烈奄墜于地七百之祚翦焉既傾若涉巨海罔知攸濟天未絕晉誕育英輔振厥弛維再造區寓興亡繼絕俾昏作明元勳至德朕實攸賴今將授公典策其敬聽朕命乃者桓玄肆僭滔天泯夏拔本塞源顚蹶六位庶僚俛眉四方莫恤公精貫朝日氣陵虹蜺奮其靈武大殲羣慝剋復皇邑奉歆神祇此公之大節始於勤王者也授律羣后順流長騖薄伐崢嶸獻捷南郢大憝折首羣逆畢夷三光旋釆舊物反正此又公之功也出藩入輔弘茲保弼阜財利用繁殖黎元編戶歲滋疆宇日啓導德明刑四境有截此又公之功也鮮卑負衆僭盜三齊介恃遐阻仍爲邊害公蒐乘秣馬夐入遠疆銜橹四臨萬雉俱潰拓土三千申威龍漠此又公之功也盧循祇凶伺隙五嶺侵覆江豫矢及王城國議遷都之規家獻徙卜之計公秉轅南濟義形于色運奇攄略英謨不世狡寇窮蹙喪旗宵遁俾我畿甸拯於將墜此又公之功也追奔逐北揚舲江濆偏旅浮海指日遄至番禺之功俘級萬數左里之捷鳥散魚潰元凶遠竄傳首萬里此又公之功也劉毅叛換負釁西夏陵上罔主志肆姦暴公禦軌以刑消之不日罪人斯得荊衡寧晏此又公之功也譙縱怙亂寇竊一隅王化阻閡三巴淪溺公指命偏帥授以良圖陵波憑湍致屆井絡僭暨伏鑽梁岷草偃此又公之功也馬休魯宗阻兵內侮驅率二方連旗稱亂公投袂星言研其上略江津之師勢踰風電回旆汚川實繁震懾二叛奔迸荊雍來蘇此又公之功也永嘉不競四夷擅華五都傾蕩山陵幽辱祖宗懷沒世之憤遺甿有匪風之思公遠齊阿衡納隍之仁近同小白滅亡之恥鞠旅陳師赫然大號分命羣帥北徇司兗許鄭風靡鞏洛載清百年榛穢一朝掃滌此又公之功也公有康宇內之勳重之以明德爰初發跡則奇謨冠古電擊彊祆則鋒無前對聿寧東畿大造黔首若乃草昧經綸化融於歲計扶危靜亂道固於包桑彌創煩苛較若畫一淳風美化盈塞區寓是以絕域獻琛遐夷納貢王略所亘九服率從雖文命之東漸西被咎繇之邁于種德何以尚茲朕聞先王之宰世也庸勳尊賢建侯胙土褒以寵章崇其徽物所以協輔皇室永隆藩屏故曲阜光啓遂荒徐宅營丘表海四履有聞其在襄王亦賴匡霸又命晉文備物光賜惟公道冠前烈勳高振古而殊典未飾朕甚愕焉今進授相國以徐州之彭城沛蘭陵下邳淮陽山陽廣陵兗州之高平魯泰山十郡封公爲宋公錫茲玄土苴以白茅爰定爾居用建冢社昔晉鄭啓藩入作卿士周召保傅出總二南內外之任公實兼之今命使持節兼太尉尚書左僕射晉寧縣五等男湛授相國印綬宋公璽紱使持節兼司空散騎常侍尚書陽遂鄉侯泰授宋公茅土金虎符第一至第五左竹使符第一至第十左相國位無不總禮絕朝班居常之名宜與事革其以相國總百揆去錄尚書之號上送所假節侍中貂蟬中外都督太傅太尉印綬豫章公印策進揚州刺史爲牧領征西將軍司豫北徐雍四州刺史如故公紀綱禮度萬國是式秉介蹈方罔有遷志是用錫公大路戎路各一玄牡二駟公抑末敦本務農重積采蘩寔殷稼穡惟阜是用錫公衮冕之服赤舄副焉公閑邪納正移風改俗陶鈞品物如樂之和是用錫公軒縣之樂六佾之舞公宣美王化導揚休風華夷企踵遠人胥萃是用錫公朱戶以居公官方任能網羅幽滯九皐辭野髦士盈朝是用錫公納陛以登公當軸處中率下以義式遏寇雠滌除苛慝是用錫公虎賁之士三百人公明罰恤刑庶獄詳允放命干紀罔有攸縱是用錫公鈇鉞各一公龍驤鳳矯咫尺八紘括囊四海折衝無外是用錫公彤弓一彤矢百旅弓十旅矢千公溫恭孝思致虔禋祀忠肅之志儀刑四方是用錫公秬鬯一卣圭瓚副焉宋國置丞相以下一遵舊儀欽哉其祗服往命茂對天休簡恤庶邦敬數顯德以終我高祖之嘉命置宋國侍中黃門侍郎尚書左丞相大使奉迎枹罕虜乞伏熾盤遣使謁帝求効力討姚泓拜爲平西將軍河南公十三年正月帝以舟師進討留彭城公義隆鎮彭城軍次陳留城經張良廟下令以時修飾棟宇致薦焉晉帝追贈帝祖爲太常父爲特進左光祿大夫讓不受二月冠軍將軍檀道濟等軍次潼關三月庚辰帝率大軍入河五月帝至洛陽謁晉五陵七月至陝龍驤將軍王鎮惡舟師自河浮渭八月扶風太守沈田子大破姚泓軍於藍田王鎮惡剋長安禽姚泓始義熙九年歲鎮熒惑太白聚東井至是而關中平九月帝至長安長安豐稔帑藏盈積帝先收其彝器渾儀土圭記里鼓指南車及秦始皇玉璽送之都其餘珍寶珠玉悉以班賜將帥遷姚宗于江南送泓斬于建康市謁漢長陵大會文武於未央殿十月晉帝詔進宋公爵爲王加十郡益宋國並前爲二十郡其相國揚州牧領征西將軍司豫北徐雍四州刺史如故帝欲息駕長安經略趙魏十一月前將軍劉穆之卒乃歸十二月庚子發自長安以桂陽公義眞爲雍州刺史鎮長安留腹心將佐以輔之十四年正月壬戌帝至彭城解嚴息甲以輔國將軍劉遵考爲并州刺史領河東太守鎮蒲坂帝解司州領徐冀二州刺史固讓進爵時漢中成固縣漢水崖際有異聲如雷俄頃岸崩有銅鍾十二出自潛壤鞏縣人宗曜於其田所獲嘉禾九穗同莖帝以獻晉帝以歸于我帝沖讓乃止六月丁亥受相國宋公九錫之命下令赦國內殊死以下詔崇豫章太夫人爲宋公太妃世子爲中軍將軍副貳相國府百官悉依天朝之制又詔宋國所封十郡之外悉得除用先是安西中兵參軍沈田子殺安西司馬王鎮惡諸將殺安西長史王脩關中亂十月帝遣右將軍朱齡石代安西將軍桂陽公義眞爲雍州刺史義眞還爲赫連勃勃所追大敗僅以身免諸將帥及齡石並沒十二月晉安帝崩大司馬琅邪王卽帝位元熙元年正月晉帝詔徵帝入輔又申前令公進爵爲王以徐州之海陵北東海北譙北梁豫州之新蔡兗州之北陳留司州之陳郡汝南潁川滎陽十郡增宋國七月乃受命赦國內五歲刑以下遷都壽陽九月解揚州十二月晉帝命帝冕十有二旒建天子旌旗出警入蹕乘金根車駕六馬備五時副車置旄頭雲罕樂舞八佾設鍾虡宮縣進王太妃爲太后王妃爲王后世子爲太子王子王孫爵命之號一如舊儀二年正月帝表讓殊禮竟陵郡江濱自開出古銅禮器十餘枚帝獻之晉帝讓不受於是歸諸瑞物藏於相府四月詔遣敦勸徵帝入輔六月壬戌帝至都甲寅晉帝禪位于宋有司草詔既成請書之天子卽便操筆謂左右曰桓玄之時天命已改重爲劉公所延將二十載今日之事本所甘心甲子遣使奉策曰咨爾宋王夫玄古權輿悠哉邈矣其詳靡得而聞爰自書契降逮三五莫不以上聖君四海止戈定大業然則帝王者宰物之通器君道者天下之至公也昔在上葉深鑒茲道是以天祿既終唐虞弗得傳其嗣符命來格舜禹不獲全其謙所以經緯三才澄序彝化作範振古垂風萬葉莫尚於茲自是厥後歷代彌劭漢既嗣德於放勛魏亦方軌於重華諒以協謀乎人鬼而以百姓爲心者也昔我祖宗欽明辰居其極而明晦代序盈虧有期翦商兆禍非惟一世曾是弗剋剗伊在今天之所廢有自來矣惟王體上聖之姿包二儀之德明齊日月道合四時乃者社稷傾覆王拯而存之中原蕪梗又濟而復之自負固不賓干紀放命肆逆滔天竊據萬里靡不潤之以風雨震之以雷霆九伐之道既敷八法之化自理豈伊博施於人濟斯黔庶固已義洽四海道盛八荒者矣至於上天垂象四靈効徵圖讖之文既明人神之望已改百工歌於朝庶人頌乎野億兆抃踴傾佇惟新自非百姓樂推天命攸集豈伊在予所得獨專是用仰祗皇靈俯順羣議敬禪神器授帝位于爾躬大祚其窮天祿永終於戲王其允執其中敬遵典訓副率土之嘉願恢洪業於無窮時膺休祐以答三靈之眷望又遣使持節兼太保散騎常侍光祿大夫謝澹兼太尉尚書劉宣範奉璽書歸皇帝璽綬受終之禮一如唐虞漢魏故事帝奉表陳讓晉帝已遜于琅邪王第表不獲通於是陳留王虔嗣等二百七十人及宋臺羣臣並上表勸進猶不許太史令駱達陳天文符應曰案晉義熙元年至元熙元年太白晝見經天凡七占曰太白經天人更主異姓興義熙七年五虹見于東方占曰五虹見天子黜聖人出九年鎮星歲星太白熒惑聚于東井十三年鎮星入太微占曰鎮星守太微有立王有徙王元熙元年冬黑龍四登于天易傳曰冬龍見天子亡社稷大人受命冀州道人釋法稱告其弟子曰嵩神言江東有劉將軍漢家苗裔當授天命吾以璧三十二鎮金一餅與之劉氏卜世之數也漢建武至建安末一百九十六年而禪魏魏自黃初至咸熙末四十六年而禪晉晉自太始至今百五十六年三

代揖讓咸窮於六又漢光武社于南陽漢末而其樹死劉備有蜀廼應之而興及晉季年舊根始萌至是而盛矣若此者有數十條羣臣又固請乃從之

永初元年夏六月丁卯皇帝即位於南郊設壇柴燎告天曰皇帝臣裕敢用玄牡昭告于皇皇后帝晉以卜世告終歷數有歸欽若景運以命于裕夫樹君宰世天下爲公德充帝王樂推攸集越俶唐虞降暨漢魏靡不以爲上哲格文祖元勳陟帝位故能大拯黔首垂訓無窮晉自東遷四維不振宰輔焉依爲日已久難棘隆安禍成元興遂至帝主遷播宗祀墮滅裕雖地非齊晉衆無一旅仰憤時難俯悼橫流投袂一起則皇祀克復及危而能持顛而能扶姦宄具殲僭僞亦滅誠興廢有期否終有數至於大造晉室撥亂濟時因藉時來寔尸其重加以殊俗慕義重譯來庭正朔所暨咸服聲教至乃三靈垂象山川告祥人神協祉歲月滋著是以羣公卿士億兆夷人僉曰皇靈降鑒於上晉朝款誠於下天命不可以久淹宸極不可以暫曠遂逼羣議恭茲大禮猥以寡德託于兆人之上雖仰畏天威略是小節顧深永懷祇懼若實敬簡元日升壇受禪告類上帝用酬萬國之情克隆天保永祚于有宋惟明靈是饗禮畢備法駕幸建康宮臨太極前殿大赦改元賜人爵二級鰥寡孤獨不能自存者人穀五斛逋租宿債勿收其犯鄉論清議贓汙淫盜一皆蕩滌長徒之身特皆原遣亡官失爵禁錮奪勞一依舊準封晉帝爲零陵王全食一郡載天子旌旗乘五時副車行晉正朔郊祀天地禮樂制度皆用晉典上書不爲表荅表不稱詔宮于故秣陵追尊皇考爲孝穆皇帝妣爲穆皇后尊王太后爲皇太后詔曰夫微禹之感歎深後昆愛人懷樹猶或勿翦雖在異代義無廢絕降殺之儀一依前典可降始興公爲縣公廬陵公爲柴桑縣公始安公爲荔浦縣侯長沙公爲醴陵縣侯康樂公即降爲縣侯奉王導謝安溫嶠陶侃謝玄之祀其宣力義熙者一仍本秩庚午以司空道憐爲太尉封長沙王立南郡公義慶爲臨川王又詔論戰亡追贈及酬賞除復之科乙亥封皇子桂陽公義眞爲廬陵王彭城公義隆爲宜都王義康爲彭城王丁丑使使巡行四方旌賢舉善問人疾苦獄訟虧濫政刑乖愆傷化擾俗未允人聽者皆具以聞戊寅詔增百官奉己卯改晉泰始歷爲永初歷社以子臘以辰秋七月丁亥原放劫賊餘口沒在臺府者諸流徙之家竝聽還本又以市稅繁苦優量減降從征關洛殞身不反者贈賜其家己丑陳留王曹虔嗣薨辛卯復置五校三將官增殿中將軍員二十人餘在員外戊戌征西大將軍開府儀同三司楊盛進號車騎大將軍甲辰鎭西將軍李歆進號征西大將軍平西將軍乞伏熾盤進號安西大將軍征東將軍高句驪王高璉進號征東大將軍鎭東將軍百濟王扶餘映進號鎭東大將軍置東宮冗從僕射旅賁中郎將官戊申遷神主於太廟車駕親奉壬子詔改權制率從寬簡八月辛酉詔舊郡縣以北爲名者悉除之寓立於南者聽以南爲號戊辰詔曰彭城桑梓數本斯隆宜同豐沛其沛郡下邳各復租布三十年辛未追謚妃臧氏爲敬皇后陵曰永寧癸酉立王太子義符爲皇太子乙亥赦見罪人閏月壬午置晉帝諸陵守衞其名賢先哲詳加灑掃丁酉林邑國遣使朝貢九月壬子置東宮殿中將軍十人員外二十人壬申置都官尚書是歲魏明元皇帝太常五年西涼亡

二年春正月辛酉祀南郊大赦丙寅斷金銀塗以揚州刺史廬陵王義眞爲司徒以尚書僕射徐羨之爲尚書令揚州刺史己卯禁喪事用銅釘罷會稽郡府二月己丑策試州郡秀孝于延賢堂倭國遣使朝貢三月乙丑初限荊州府置將不得過二千人吏不得過一萬人州置將不得過五百人吏不得過五千人兵士不在此限夏四月己卯初禁淫祀除諸房廟其先賢以勳德立祠者不在此例戊辰聽訟於華林園五月己酉置東宮屯騎步兵翊軍二校尉官秋七月己巳地震九月己丑零陵王殂宋志也車駕率百僚臨于朝堂三日如魏明帝服山陽公故事使兼太尉持節護喪事葬以晉禮冬十月己亥以涼州胡帥大且渠蒙遜爲鎭軍大將軍開府儀同三司涼州刺史十一月辛亥葬晉恭皇帝于沖平陵車駕率百官瞻送

三年春正月甲辰朔詔刑罪無輕重悉原之癸丑以尚書令揚州刺史徐羨之爲司空錄尚書事刺史如故進江州刺史王弘衞將軍開府儀同三司以太子詹事傅亮爲尚書僕射二月丙戌有星孛于虛危三月上不豫太尉長沙王道憐司空徐羨之尚書僕射傅亮領軍將軍謝晦護軍將軍檀道濟竝入侍醫藥羣臣請祈禱神祇上不許惟使侍中謝方明以疾告廟而已丁未以廬陵王義眞爲侍中車騎將軍開府儀同三司南豫州刺史己未上疾瘳大赦夏四月乙亥封仇池公楊盛爲武都郡王五月上疾甚召太子戒之曰檀道濟雖有幹略而無遠志非如兄韶有難御之氣徐羨之傅亮當無異圖謝晦常從征伐頗識機變若有異必此人也小却可以會稽江州處之又爲手詔朝廷不須復有別府宰相帶揚州可置甲士千人若大臣中任要宜有爪牙以備不祥人者可以臺見留隊給之有征討悉配以臺見軍隊行還復舊後世若有幼主朝事一委任宰相母后不煩臨朝仗既不許入臺殿門要重人可詳給班劒癸亥上崩于西殿時年六十七月己酉葬丹陽建康縣蔣山初寧陵羣臣上謚曰武皇帝廟號高祖上清簡寡欲嚴整有法度未嘗視珠玉輿馬之飾後庭無紈綺絲竹之音初朝廷未備音樂長史殷仲文以爲言帝曰日不暇給且所不解仲文曰屢聽自然解之帝曰政以解則好之故不習耳寧州嘗獻虎魄枕光色甚麗價盈百金時將北伐以虎魄療金創上大悅命碎分賜諸將平關中得姚興從女有盛寵以之廢事謝晦諫即時遣出財帛皆在外府內無私藏宋臺建有司奏東西堂施局腳牀金塗釘上不許使用直腳牀釘用鐵廣州嘗獻入筒細布一端八丈帝惡其精麗勞人即付有司彈太守以布還之并制嶺南禁作此布帝素有熱病并患金創末年尤劇坐臥常須冷物後有人獻石牀寢之極以爲佳乃歎曰木牀且費而況石邪即令毀之制諸主出適遣送不過二十萬無錦繡金玉內外奉禁莫不節儉性尤簡易嘗著連齒木屐好出神武門內逍遙左右從者不過十餘人時徐羨之住西州嘗思羨之便步出西掖門羽儀絡驛追隨已出西明門矣諸子旦問起居入閤脫公服止著裙帽如家人之禮焉微時躬耕於丹徒及受命耨耜之具頗有存者皆命藏之以留於後及文帝幸舊宮見而問焉左右以實對文帝色慙有近侍進曰大舜躬耕歷山伯禹親事土木陛下不覩列聖之遺物何以知稼穡之艱難何以知先帝之至德乎及孝武大明中壞上所居陰室於其處起玉燭殿與羣臣觀之牀頭有土障壁上挂葛燈籠麻繩拂侍中袁顗盛稱上儉素之德孝武不荅獨曰田舍公得此以爲過矣故能光有天下克成大業盛矣哉

少帝諱義符小字車兵武帝長子也母曰張夫人晉義熙二年生帝於京口時武帝年踰不惑尚未有男及帝生甚悅年十歲拜豫章公世子帝膂力絕人善騎射解音律宋臺建拜宋世子元熙元年進爲宋太子武帝受禪立爲皇太子永初三年五月癸亥武帝崩是日太子即皇帝位大赦制服三年尊皇太后曰太皇太后六月壬申以尚書僕射傅亮爲中書監尚書令司空徐羨之領軍將軍謝晦及亮輔政戊子太尉長沙王道憐薨秋九月丁未有司奏武皇帝配南郊武敬皇后配北郊冬十一月戊午有星孛于營室十二月庚戌魏軍剋滑臺景平元年春正月己亥朔大赦改元文武賜位二等辛丑祀南郊魏軍攻金墉城癸卯河南郡失守乙卯有星孛于東壁二月丁丑太皇太后崩鎭軍大將軍大且渠蒙遜河南鮮卑吐谷渾阿豺竝遣使朝貢庚辰進蒙遜驃騎大將軍封河西王以阿豺爲安西將軍沙州刺史封澆河公二月壬寅孝懿皇后祔葬于興寧陵是月高麗國遣使朝貢夏閏四月己未魏軍剋虎牢秋七月癸酉尊所生張夫人爲皇太后丁丑赦五歲刑以下冬十月己未有星孛于氐是歲魏明元皇帝崩

二年春二月己卯朔日有蝕之廢南豫州刺史廬陵王義眞爲庶人徙新安郡乙巳大風天有雲五色占者以爲有兵執政使使者誅皇弟義眞于新安高麗國遣使朝貢時帝居處所爲多乖失夏五月己酉皇太后令暴帝過惡廢爲營陽王一依漢昌邑晉海西故事奉迎鎭西將軍宜都王義隆入纂皇統始徐羨之傅亮將廢帝諷王弘檀道濟求赴國計弘等來朝使中書舍人邢安泰潘盛爲內應是旦道濟謝晦領兵居前羨之等隨後因東掖門開入自雲龍門盛等先戒宿衞莫有禦者時帝於華林園爲列肆親自酤賣又開瀆聚土以象破岡埭與左右引船唱呼以爲歡樂夕游天泉池即龍舟而寢其朝未興兵士進殺二侍者於帝側傷帝指扶出東閤就收璽綬羣臣拜辭送于東宮遂幽于吳郡是日赦死罪以下太后令奉還璽紱檀道濟入守朝堂六月癸丑徐羨之等使中書舍人邢安泰弒帝於金昌亭帝有勇力不即受制突走出昌門追以門關踣之致殞時年十九

論曰晉自社稷南遷王綱弛紊朝權國命遞歸台輔君道雖存主威久謝桓溫雄才蓋世勳高一時移鼎之業已成天人之望將改自斯以後帝道彌昏道子開其禍端元顯成其釁末桓玄乘時藉運加以先資革命受終人無異望宋武地非齊晉衆無一旅曾不浹旬夷凶翦暴誅內清外功格上下若夫樂推所歸謳歌所集校之魏晉可謂收其實矣然武皇將涉知命弱嗣方育顧有慈顏前無嚴訓少帝體易染之質稟可下之姿外物莫犯其心所欲必從其志嶮縱非學而能危亡不期而集其至顚沛非不幸也悲哉

南史卷一考證
宋高祖紀裕字德輿○輿監本訛興今從宋書
昨見劉裕風骨不恒蓋人傑也○恒監本訛其今從南
本改正
盼山川以增佇○盼監本訛盻今改正
桓玄頗欲釐改竟不能行○行監本訛仃今改正
殺至西稱疾篤表求從弟兗州刺史藩以爲副貳○監
本脫稱字今從各本增入
封帝次子義眞爲桂陽縣公○陽監本訛暘今改從宋
書
辛卯復置五校三將官增殿中將軍員二十人○增監
本訛贈今改正
是歲魏明元皇帝太常五年○太魏書作泰
二年春正月○二監本訛五今改正
少帝紀突走出昌門追以門關踣之○關監本訛開今
改從宋書

南史卷二

唐　李　延　壽　撰

宋本紀中第二

太祖文皇帝諱義隆小字車兒武帝第三子也晉義熙三年生於京口十一年封彭城縣公永初元年封宜都郡王位鎮西將軍荆州刺史加都督時年十四長七尺五寸博涉經史善隸書是歲來朝會武帝當聽訟仍遣上訊建康獄囚辯斷稱旨武帝甚悅景平初有黑龍見西方五色雲隨之二年江陵城上有紫雲望氣者皆以爲帝王之符當在西方其年少帝廢百官議所立徐羨之傅亮等以禎符所集備法駕奉迎入奉皇統行臺至江陵尚書令傅亮奉表進璽紱州府佐史並稱臣請題榜諸門一依宮省上皆不許教州府國紀綱宥所統內見刑是時司空徐羨之等新有弑害及鑾駕西迎人懷疑懼惟長史王曇首司馬王華南蠻校尉到彥之共期朝臣未有異志帝曰諸公受遺不容背貳且勞臣舊將內外充滿今兵力又足以制物夫何所疑甲戌乃發江陵命王華知州府留鎮陝西令到彥之監襄陽車駕在道有黑龍躍負上所乘舟左右莫不失色上謂王曇首曰此乃夏禹所以受天命我何德以堪之及至都羣臣迎拜於新亭先謁初寧陵還次中堂百官奉璽紱沖讓未受勸請數四乃從之

元嘉元年秋八月丁酉皇帝卽位于中堂備法駕入宮御太極前殿大赦改元文武賜位二等戊戌拜太廟詔追復廬陵王先封奉迎靈柩辛丑謁臨川烈武王陵癸卯進司空徐羨之位司徒江州刺史王弘位司空尚書令傅亮左光祿大夫開府儀同三司甲辰追尊所生胡婕好爲章皇太后封皇弟義恭爲江夏王義宣爲竟陵王義季爲衡陽王己酉減荆湘二州今年稅布之半九月丙子立妃袁氏爲皇后是歲魏太武皇帝始光元年

二年春正月丙寅司徒徐羨之尚書令傅亮奉表歸政上始親覽萬機辛未祀南郊大赦秋八月乙酉驃騎將軍南徐州刺史彭城王義康以本號開府儀同三司改授司空王弘車騎大將軍開府儀同三司冬十一月庚午以武都王世子楊玄爲北秦州刺史襲封武都王是歲赫連屈丐死

三年春正月丙寅司徒徐羨之尚書令傅亮有罪伏誅遣中領軍到彥之征北將軍檀道濟討荆州刺史謝晦上親率六師西征大赦丁卯以江州刺史王弘爲司徒錄尚書事二月戊午以金紫光祿大夫王敬弘爲尚書左僕射豫章太守鄭鮮之爲右僕射戊辰到彥之檀道濟大破謝晦於隱磯丙子車駕自蕪湖反旆己卯禽晦於延頭送都伏誅夏五月乙未以征北將軍南兗州刺史檀道濟爲征南大將軍開府儀同三司江州刺史乙巳驃騎大將軍涼州牧大且渠蒙遜改爲車騎大將軍詔大使巡行四方觀省風俗丙午臨延賢堂聽訟自是每歲三訊秋旱且蝗冬十二月前吳郡太守徐佩之謀反伏誅

四年春正月乙亥朔曲赦建鄴百里內辛巳祀南郊二月乙卯行幸丹徒謁京陵三月丙子宴丹徒宮帝鄉父老咸與焉蠲丹徒今年租布原五歲刑以下丁亥車駕還宮戊子尚書右僕射鄭鮮之卒壬寅採富陽令諸葛闡議禁斷夏至日五絲命縷之屬夏五月都下疾疫遣使存問給醫藥死無家屬者賜以棺器六月癸卯朔日有蝕之

五年春正月乙亥詔以陰陽愆序求讜言甲申臨玄武館閱武戊子都下大火遣使巡慰振恤夏六月庚戌司徒王弘降爲衞將軍開府儀同三司都下大水乙卯遣使檢行振贍十二月天竺國遣使朝貢是歲魏神䴥元年大武皇帝伐赫連昌滅之乞伏熾盤死

六年春正月辛丑祀南郊癸丑以荆州刺史彭城王義康爲司徒錄尚書事三月丁巳立皇子劭爲皇太子戊午大赦賜文武位一等夏四月癸亥以尚書左僕射王敬弘爲尚書令丹陽尹臨川王義慶爲尚書左僕射吏部尚書江夷爲右僕射五月壬辰朔日有蝕之秋七月百濟國遣使朝貢冬十一月己丑朔日有蝕之星晝見十二月西河河南國並遣使朝貢

七年春二月壬戌雪且雷三月戊子遣左將軍到彥之侵魏夏六月己卯封氐楊難當爲武都王冬十月戊午立錢署鑄四銖錢戊寅魏剋金墉城十一月癸未又剋武牢壬辰遣征南大將軍檀道濟拒魏右將軍到彥之自滑臺奔退十二月都下火延燒于太社北墻是歲馮跋死倭百濟呵羅單林邑呵羅他師子等國並遣使朝貢吳興晉陵義興大水遣使巡行振恤

八年春二月辛酉魏剋滑臺癸酉檀道濟引軍還自是河南復亡三月大雩夏六月己丑大赦旱故又大雩閏六月乙巳遣使省行獄訟簡息徭役

九年春二月辛卯詔曰故太傅長沙景王故大司馬臨川烈武王故司徒南康文宣公穆之衞將軍華容公弘征南大將軍永脩公道濟故左將軍龍陽侯鎭惡或履道廣深執德沖邈或雅量高劭風鑒明遠或識準弘正才略開邁咸文德以弘帝載武功以隆景業而太常未銘從祀闕享寤寐屬慮永言興懷便宜配祭廟庭勒功天府三月庚戌進衞將軍王弘爲太保丁巳加江州刺史檀道濟爲司空夏五月壬申新除太保王弘薨六月癸未置積射彊弩將軍官乙未以征西將軍沙州刺史吐谷渾慕璝爲征西大將軍西秦河二州刺史隴西王壬寅以撫軍將軍江夏王義恭爲征北將軍開府儀同三司南兗州刺史秋七月庚午以領軍將軍殷景仁爲尚書僕射冬十二月庚寅立皇子紹爲廬陵王奉孝獻王祀江夏王義恭子朗爲南豐王奉營陽王祀是歲魏延和元年

十年春正月甲寅改封竟陵王義宣爲南譙王己未大赦夏林邑闍婆婆州訶羅單國並遣使朝貢秋七月戊戌曲赦益梁秦三州冬十一月氐楊難當據有梁州是月且渠蒙遜死

十一年夏四月梁秦二州刺史蕭思話破氐梁州平五月丁卯曲赦梁南秦二州劒閣以北戊寅以大且渠茂虔爲征西大將軍梁州刺史封西河王是歲林邑扶南訶羅單國並遣使朝貢

十二年春正月辛酉大赦辛未祀南郊癸酉封馮弘爲燕王夏四月丙辰詔內外舉士都下地震六月禁酒師子國遣使朝貢丹陽淮南吳吳興義興大水都下乘船己酉以徐豫南兗三州會稽宣城二郡米穀百萬斛賜五郡遭水人秋七月辛酉闍婆婆達扶南國並遣使朝貢八月乙亥原除遭水郡諸逋負九月蜀賊張尋爲寇是歲魏太延元年

十三年春正月癸丑朔上有疾不朝會三月己未誅司空江州刺史檀道濟庚申大赦夏六月高麗武都等國並遣使朝貢秋七月己未零陵王太妃殂追崇爲晉皇后葬以晉禮九月癸丑立皇子濬爲始興王駿爲武陵王是歲馮弘奔高麗

十四年春正月辛卯祀南郊大赦戊戌鳳皇二見于都下衆鳥隨之改其地曰鳳皇里夏四月蜀賊張尋趙廣降遷之建鄴冬十二月辛酉初停賀雪河南西河訶羅單國並遣使朝貢

十五年春正月以平東將軍吐谷渾慕延爲鎭西將軍秦河二州刺史封隴西王秋七月辛未地震新作東宮是歲武都河南高麗倭扶南林邑等國並遣使朝貢立儒學館于北郊命雷次宗居之

十六年春正月戊寅閱武于北郊庚寅進彭城王義康爲大將軍領司徒以開府儀同三司江夏王義恭爲司空夏六月己酉改封隴西王吐谷渾慕延爲河南王秋八月庚子立皇子鑠爲南平王九月魏滅且渠茂虔冬十二月乙亥皇太子冠大赦是歲武都河南林邑高麗等國並遣使朝貢上好儒雅又命丹陽尹何尚之立玄素學著作佐郎何承天立史學司徒參軍謝元立文學各聚門徒多就業者江左風俗於斯爲美後言政化稱元嘉焉

十七年夏四月戊午朔日有蝕之秋七月壬子皇后袁氏崩八月徐兗青冀四州大水遣使振恤九月壬子葬袁皇后于長寧陵冬十月戊午前丹陽尹劉湛有罪伏誅大赦文武賜爵一級以大將軍領司徒錄尚書事彭城王義康爲江州刺史大將軍如故甲戌以司空江夏王義恭爲司徒錄尚書事十一月尚書僕射揚州刺史殷景仁卒十二月癸亥以光祿大夫王球爲尚書僕射戊辰武都河南百濟等國並遣使朝貢是歲魏太平眞君元年

十八年春三月庚子雨雹戊申置尚書刪定郎官夏五月壬午衞將軍南兗州刺史臨川王義慶征北將軍南

徐州刺史南譙王義宣並開府儀同三司甲申河水汎溢害居人六月戊辰遣使巡行賑贍冬十一月戊子尚書僕射王球卒己亥以丹陽尹孟顗爲尚書僕射氐楊難當寇漢川十二月晉寧太守爨松子舉兵反寧州刺史徐循討平之是歲河南肅特高麗蘇摩黎林邑等國並遣使來朝貢

十九年夏四月甲戌上以久疾愈始奉初祠大赦五月庚寅梁秦二州刺史劉眞道龍驤將軍裴方明破楊難當仇池平閏月都下水遣使巡行賑恤六月以大且渠無諱爲征西大將軍涼州刺史封西河王秋七月甲戌晦日有蝕之九月丙辰有客星在北斗因爲慧入文昌貫五車埽畢拂天節經天苑季冬乃滅冬十二月丙申詔奉聖之胤速議承襲及令脩廟四時饗祀并命蠲近墓五家供洒埽栽松柏六百株是歲蠕蠕河南扶南婆皇國並遣使朝貢西涼武昭王孫李寶始歸于魏

二十年春正月辛亥祀南郊二月甲申閱武於白下魏軍剋仇池夏四月甲午立皇子誕爲廣陵王秋七月癸丑以楊文德爲征西將軍北秦州刺史封武都王冬十月雷十二月壬午置藉田是歲河西高麗百濟倭國並遣使朝貢自去歲至是諸州郡水旱傷稼人大饑遣使開倉賑恤

二十一年春正月己亥南徐南兗南豫州揚州之浙江西並禁酒辛酉親耕藉田大赦二月己丑司徒錄尚書事江夏王義恭進位太尉領司徒辛卯立皇子宏爲建平王秋八月戊辰以荊州刺史衡陽王義季爲征北大將軍開府儀同三司南兗州刺史九月甲辰以大且渠安周爲征西將軍涼州刺史封河西王冬十月己亥命刺史郡守脩東耕丙子雷且電

二十二年春正月辛卯朔改用御史中丞何承天元嘉新歷二月甲戌立皇子褘爲東海王昶爲義陽王秋七月己未以尚書僕射孟顗爲左僕射中護軍何尚之爲右僕射九月己未開酒禁癸酉宴于武帳堂上將行敕諸子且勿食至會所賜饌日旰食不至有飢色上誡之曰汝曹少長豐佚不見百姓艱難今使爾識有飢苦知以節儉期物冬十二月乙未太子詹事范曄謀反及黨與皆伏誅丁酉免大將軍彭城王義康爲庶人絕屬籍是冬浚淮起湖熟廢田千餘頃

二十三年夏四月丁未大赦六月癸未朔日有食之交州刺史檀和之伐林邑國剋之是歲大有年築北堤立玄武湖於樂游苑北興景陽山于華林園役重人怨

二十四年春正月甲戌大赦賜文武位一等夏四月河濟俱清六月都下疫癘使巡省給醫藥以貨貴制大錢一當兩秋八月乙未徐州刺史衡陽王義季薨冬十一月甲寅立皇子渾爲汝陽王是歲徐兗青冀四州大水

二十五年春閏二月己酉大蒐於宣武場三月庚辰校獵夏四月乙巳新作閶闔廣莫二門改先廣莫門曰承明開陽門曰津陽五月乙卯罷當兩大錢六月庚戌零陵王司馬元瑜薨丙寅加荊州刺史南譙王義宣位司空八月甲子立皇子彧爲淮陽王九月辛未以尚書右僕射何尚之爲左僕射冬青州城南遠望見地中如水有影謂之地鏡

二十六年春正月辛巳祀南郊二月己亥幸丹徒謁京陵三月丁巳宴于丹徒宮大赦復丹徒縣僑舊今歲租布之半行所經過蠲田租之半癸亥使祭晉故司空忠肅公何無忌墓壬午至自丹徒丙戌婆皇國壬辰婆達國並遣使朝貢冬十月庚子改封廣陵王誕爲隨郡王癸卯彗星見于太微甲辰以揚州刺史始興王濬爲征北將軍開府儀同三司徐兗二州刺史

二十七年春正月辛卯百濟國遣使朝貢二月魏軍攻縣瓠以軍興減百官奉祿三分之一三月乙丑淮南太守諸葛闡求減奉祿同內百官於是諸州郡縣丞尉並悉同減戊寅罷國子學秋七月庚午遣寧朔將軍王玄謨拒魏太尉江夏王義恭出次彭城總統諸軍冬十一月丁未大赦十二月庚午魏太武帝率大衆至瓜步聲欲度江都下震懼成荷擔而立壬午內外戒嚴緣江六七百里舳艫相接始議北侵朝士多有不同至是帝登烽火樓極望不悅謂江湛曰北伐之計同議者少今日士庶勞怨不得無慙貽大夫之憂在予過矣甲申使饋百牢于魏

二十八年春正月丁亥魏太武帝自瓜步退歸俘廣陵居人萬餘家以北徐豫青冀二兗六州殺略不可勝算所過州郡赤地無餘二月甲戌降太尉領司徒江夏王義恭爲驃騎將軍開府儀同三司壬午幸瓜步是日解嚴三月乙酉車駕還宮丙申拜初寧陵大旱夏四月癸酉婆達國遣使朝貢乙卯彗星見于昴是月都下疾疫使巡視給醫藥五月乙酉亡命司馬順則自號齊王據梁鄒城丁巳婆皇國戊戌河南國並遣使朝貢戊申以尚書左僕射何尚之爲尚書令太子詹事徐湛之爲左僕射護軍將軍壬子彗星見太微中對帝坐秋七月甲辰進安東將軍倭王倭濟爲安東大將軍八月癸酉梁鄒平斬司馬順則是秋猛獸入郭內爲災冬十月癸亥高麗國遣使朝貢十一月壬寅曲赦二兗徐豫青冀六州徙彭城流人於瓜步淮西流人於姑熟合萬許家是歲魏正平元年

二十九年春正月甲午詔經寇六州仍逢災澇可量加救贍二月乙卯雷且雪戊午立皇子休仁爲建安王三月壬午大風拔木都下火夏四月戊午訶羅單國遣使朝貢秋七月壬辰改封汝陰王渾爲武昌王淮陽王彧爲湘東王丁酉省大司農太子僕廷尉監官九月乙亥以平西將軍吐谷渾拾寅爲安西將軍秦河二州刺史封河南王冬十一月壬寅揚州刺史廬陵王紹薨十二月戊辰黃霧四塞辛未以南兗州刺史江夏王義恭爲大將軍南徐州刺史錄尚書如故是歲魏中常侍宗愛搆逆太武皇帝崩乃奉南安王余爲帝改元爲承平後又賊余於是殿中尚書長孫渴侯尚書陸麗奉皇孫是爲文成皇帝改元曰興安

三十年春正月乙亥朔會羣臣於太極前殿有青黑氣從東南來覆映宮上戊寅以司空荊州刺史南譙王義宣爲司徒中軍將軍揚州刺史壬午以南徐州刺史始興王濬爲衞將軍開府儀同三司荊州刺史戊子使江州刺史武陵王駿統衆軍伐西陽蠻二月甲子元凶劭搆逆帝崩于合殿時年四十七謚景皇帝廟號中宗三月癸巳葬長寧陵孝武帝踐阼追改謚曰文帝廟號太祖帝聰明仁厚雅重文儒躬勤政事孜孜無怠加以在位日久惟簡靖爲心于時政平訟理朝野悅睦自江左之政所未有也又性存儉約不好奢侈車府令嘗以輦箺故請改易之又輦席舊以烏皮緣故欲代以紫皮上以竹箺未至於壞紫色貴並不聽改其率素如此云

世祖孝武皇帝諱駿字休龍小字道人文帝第三子也元嘉七年八月庚午夜生有光照室少機穎神明爽發讀書七行俱下才藻甚美雄決愛武長於騎射十二年立爲武陵王二十二年累遷雍州刺史自晉江左以來襄陽未有皇子重鎮時文帝欲經略關河故有此授及魏太武大舉至淮南時帝鎮彭城魏使尚書李孝伯至帝遣長史張暢與語而帝改服觀之孝伯目帝不輟及出謂人曰張侯側有人風骨瑰贍非常士也二十八年爲都督江州刺史時緣江蠻爲寇文帝遣太子步兵校尉沈慶之等伐之使上總統衆軍三十年正月出次西陽之五洲會元凶弑逆上率衆入討荊州刺史南譙王義宣雍州刺史臧質並舉義兵三月乙未建牙于軍門是時多不悉舊儀有一翁斑白自稱少從武帝征伐頗悉其事因使指麾事畢忽失所在自冬至春常東北風連陰不霽其日牙立之後風轉而西南景色開霽有紫雲二蔭于牙上四月辛酉上次溧州丙寅次江寧丁卯大將軍江夏王義恭來奔奉表上尊號戊辰上至新亭己巳即皇帝位大赦改文帝號謚以大將軍江夏王義恭爲太尉南徐州刺史庚午以荊州刺史南譙王義宣爲中書監丞相揚州刺史並錄尚書六條事以安東將軍隨王誕爲衞將軍荊州刺史加雍州刺史臧質車騎將軍並開府儀同三司以江州刺史撫軍將軍蕭思話爲尚書左僕射壬申以征虜將軍王僧達爲右僕射改新亭爲中興亭夏五月乙亥輔國將軍朱脩之剋東府丙申剋建鄴二凶及同逆並伏誅庚辰詔分遣大使巡省方俗是日解嚴辛巳幸東府城甲申尊所生路淑媛爲皇太后乙酉立妃王氏爲皇后壬辰以太尉江夏王義恭爲太傅領大司馬甲午謁初寧陵曲赦建鄴二百里內并蠲今年租稅戊戌以撫軍將軍南平王鑠爲司空建平王宏爲尚書左僕射六月丙午車駕還宮初置殿門及上閤門屯兵庚午以丹陽尹褚湛之爲尚書右僕射庚申詔有司論功班賞各有差辛酉安西將軍西秦河二州刺史吐谷渾拾寅進號鎮西大將軍開府儀同三司辛未改封南譙王義宣爲南郡王隨王誕爲竟陵王閏月丙子遣兼散騎常侍樂詢等十五人巡行風俗庚申加太傅江夏王義恭錄尚書事以荊州刺史竟陵王誕爲侍中驃騎大將軍開府儀同三司揚州刺史甲申蠲尋陽西陽郡租布三年是月置衞尉官秋七月辛丑朔日有蝕之辛酉詔崇儉約禁淫侈己巳司空南平王鑠薨以侍中南郡王世子恢爲尚書右僕射冬十月癸未聽訟於閱武堂十一月丙辰停臺省衆官朔望問訊丙寅高麗國遣使朝貢十二月甲戌省都水使者官置水衡令官癸未以將置東宮省太子率更令步兵翊軍校尉旅賁中郎將冗從僕射左右積弩將軍官中庶子中舍人庶子舍人洗馬各減舊員之半

孝建元年春正月己亥朔祀南郊大赦改元壬戌更鑄四銖錢丙寅立皇子子業爲皇太子賜天下爲父後者爵一級是月起正光殿二月庚子豫州刺史魯爽車騎將軍江州刺史臧質丞相荊州刺史南郡王義宣兗州刺史徐遺寶舉兵反壬午曲赦豫州三月癸亥內外戒嚴夏五月甲寅義宣等攻梁山左衞將軍王玄謨大破之己未解嚴癸亥以吳興太守劉延孫爲尚書右僕射

六月戊辰臧質走至武昌爲人所斬傳首建鄴甲戌撫軍將軍柳元景進號撫軍大將軍及鎭北大將軍沈慶之並開府儀同三司癸未罷南蠻校尉官戊子省錄尚書官庚寅義宣於江陵賜死秋七月丙申朔日有蝕之旣丙辰大赦賜文武爵一級冬十月戊寅詔開建仲尼廟制同諸侯之禮詳擇爽塏厚給祭秩十一月癸卯復置都水使者官始課南徐州僑人租是歲魏興光元年

二年春二月己丑婆皇國遣使朝貢丙寅以南兗州刺史沈慶之爲左光祿大夫開府儀同三司夏四月壬申河南國遣使朝貢五月乙未熒惑入南斗戊戌以湘州刺史劉遵考爲尚書右僕射六月甲子以國哀除釋大赦秋七月癸巳立皇弟休祐爲山陽王休茂爲海陵王休業爲鄱陽王己酉槃槃國遣使朝貢八月庚申雍州刺史武昌王渾有罪廢爲庶人自殺辛酉斤陀利國遣使朝貢三吳饑詔所在振貸九月丁亥閱武於宣武場冬十月壬午以揚州刺史竟陵王誕爲司空南徐州刺史以尚書左僕射建平王宏爲尚書令十一月辛亥高麗國遣使朝貢是歲魏太安元年

三年春正月庚寅立皇弟休範爲順陽郡王休若爲巴陵郡王戊戌立皇子子尚爲西陽郡王辛丑祀南郊以驃騎將軍建昌忠公到彥之衞將軍左光祿大夫新建文宣侯王華豫寧文侯王曇首配饗文帝廟庭壬子皇太子納妃甲寅大赦羣臣上禮二月丁丑制朔望臨西堂接羣下受奏事閏三月癸酉鄱陽王休業薨夏四月甲子初禁人車及酒肆器用銅五月辛酉制荆徐兗豫雍青冀七州統內家有馬一匹者蠲復一丁秋九月壬戌以丹陽尹劉遵考爲尚書左僕射冬十月丙午太傅江夏王義恭進位太宰領司徒

大明元年春正月辛亥朔大赦改元庚午都下雨水辛未遣使檢行賜以樵米三月壬戌制大臣加班劒者不得入宮城門夏四月都下疾疫丙申遣使巡賜給醫藥死而無收斂者官爲斂埋五月吳興義興大水人飢乙卯遣使開倉振恤癸酉聽訟于華林園自是非巡狩軍役則車駕歲三臨訊丙寅芳春琴堂東西有雙橋連理景陽樓上層西南梁栱間有紫氣淸暑殿西甍鴟尾中央生嘉禾一株五莖改景陽樓爲慶雲樓淸暑殿爲嘉禾殿芳香琴堂爲連理堂乙亥以輔國將軍梁瑾葱爲河州刺史封宕昌王秋七月辛未土斷雍州諸僑郡縣九月建康秣陵二縣各置都官從事一人司水火劫盜冬十月甲辰以百濟王餘慶爲鎭東大將軍十二月丁亥改封順陽王休範爲桂陽王

二年春正月辛亥祀南郊丙辰復郡縣田秩并九親祿奉壬戌拜初寧陵二月丙戌衞將軍尚書令建平王宏以本號開府儀同三司以丹陽尹褚湛之爲尚書左僕射三月丁未尚書令建平王宏薨乙卯以田農要月命太官停殺牛夏四月甲申立皇子子綏爲安陸王辛丑地震六月戊寅增置吏部尚書一人省五兵尚書官丁亥加左光祿大夫何尚之開府儀同三司秋八月丙戌中書令王僧達下獄死九月壬戌襄陽大水遣使巡行振恤庚午置武衞將軍武騎常侍官冬十二月己亥制諸王及妃主庶姓位從公者喪事聽設凶門餘悉斷是歲河南高麗林邑等國並遣使朝貢

三年春正月己丑以領軍將軍柳元景爲尚書令二月乙卯以揚州所統六郡爲王畿以東揚州爲揚州甲子復置廷尉監官夏四月乙卯司空南兗州刺史竟陵王誕有罪貶爵誕不受命據廣陵反以沈慶之爲車騎大將軍開府儀同三司南兗州刺史討誕秋八月己巳剋廣陵城斬誕悉誅城內男丁以女口爲軍賞是日解嚴辛未大赦丙子以丹陽尹劉秀之爲尚書右僕射丙戌加南兗州刺史沈慶之位司空九月壬辰於玄武湖北立上林苑甲午移南郊壇於牛頭山以正陽位冬十一月甲子立皇后蠶宮於西郊十二月辛酉置謁者僕射官是歲婆皇河西高麗肅愼等國各遣使朝貢西域獻儛馬

四年春正月辛未祀南郊甲戌宕昌國遣使朝貢乙亥親耕籍田大赦庚寅立皇子子勛爲晉安王子房爲尋陽王子項爲歷陽王子鸞爲襄陽王三月甲申皇后親桑于西郊夏四月丙午詔四時供限詳減大半辛亥太宰江夏王義恭等表請封岱宗詔不從辛丑詔以都下疾疫遣使存問并給醫藥其亡者隨宜賑恤五月丙戌尚書左僕射褚湛之卒秋七月甲戌光祿大夫開府儀同三司何尚之薨八月雍州大水甲寅遣加賑恤九月丁亥改封襄陽王子鸞爲新安王冬十月庚寅遣新除司空沈慶之討緣江蠻十一月戊辰改細作署令爲左右御府令丙戌復置大司農官十二月辛丑幸廷尉寺宥繫囚魏遣使通和丁未幸建康縣原放獄囚倭國遣使朝貢是歲魏和平元年

五年春正月戊午朔華雪降散爲六出上悅以爲瑞二月癸巳閱武軍幢以下普加班錫多所原宥三月甲戌行幸江乘遣祭故太保王弘光祿大夫王曇首墓夏四月癸巳改封西陽王子尚爲豫章王丙申加尚書令柳元景左光祿大夫開府儀同三司丙午雍州刺史海陵王休茂殺司馬庾深之舉兵反參軍尹玄慶起義斬之傳首建鄴五月起明堂於國學南丙巳之地癸亥制帝室朞親官非祿官者月給錢十萬秋七月丁卯高麗國遣使朝貢庚午曲赦雍州八月戊子立皇子子仁爲永嘉王子眞爲始安王己丑詔以來歲脩葺庠序旌延國胄庚寅制方鎭所假白板郡縣年限依臺除食祿三分之一不給送故衞將軍東海王禕以本號開府儀同三司九月甲寅日有蝕之丁卯行幸琅邪郡原遣囚繫庚午河濟淸閏月丙申初立馳道自閶闔門至于朱雀門又自承明門至于玄武湖壬寅改封歷陽王子項爲臨海王冬十月甲寅以南徐州刺史劉延孫爲尚書左僕射十二月壬申以領軍將軍劉遵考爲尚書右僕射甲戌制天下人戶歲輸布四疋

六年春正月辛卯祀南郊是日又宗祀文皇帝于明堂以配上帝大赦乙未置五官中郎將左右中郎將官二月乙卯復百官祿三月庚寅立皇子子元爲邵陵王壬寅以倭世子興爲安東將軍倭國王夏四月庚申新作大航門五月丙戌置凌室于覆舟山脩藏氷之禮六月辛酉尚書左僕射劉延孫卒秋七月甲申地震有聲如雷兗州尤甚於是魯郡山搖者二乙未立皇子子雲爲晉陵王八月乙丑置淸臺令官九月制沙門致敬人主乙未以尚書右僕射劉遵考爲左僕射以丹陽尹王僧朗爲右僕射冬十月丁卯詔上林苑內士庶丘墓欲還合葬者勿禁十一月己卯陳留王曹虔秀薨

七年春正月癸未詔剋日於玄武湖大閱水師并巡江右講武校獵丁亥以右衞將軍顏師伯爲尚書左僕射二月甲寅車駕巡南豫南兗二州丁巳校獵烏江己未登烏江縣六合山壬戌大赦行幸所經無出今年租布賜人爵一級女子百戶牛酒郡守邑宰及人夫從蒐者普加霑賚又詔蠲歷陽郡租輸三年遣使巡慰問人疾苦癸亥行幸尉氏觀溫泉壬申車駕至都拜二廟乃還宮夏四月甲子詔自今非臨軍戰陣一不得專殺其罪人重辟者皆依舊先上須報有司嚴加聽察犯者以殺人罪論五月丙子詔自今刺史守宰動人興軍皆須守詔施行惟邊隅外警及姦釁內發變起倉卒者不從此例六月戊申蠕蠕高麗等國並遣使朝貢秋七月乙亥進高麗王高璉位車騎大將軍開府儀同三司八月乙丑立皇子子孟爲淮南王子產爲臨賀王車駕幸建康秣陵縣訊獄四九月庚寅以南徐州刺史新安王子鸞爲兼司徒乙未幸廷尉訊獄四丙申立皇子子嗣爲東平王冬十月壬寅皇太子冠賜王公以下帛各有差戊申車駕巡南豫州奉太后以行癸丑行幸江寧縣訊縣四加車騎將軍揚州刺史豫章王子尚開府儀同三司癸亥以開府儀同三司東海王禕爲司空加中軍將軍義陽王昶開府儀同三司己巳校獵於姑熟十一月丙子曲赦南豫州殊死以下巡幸所經詳減今歲田租乙酉詔祭晉大司馬桓溫征西將軍毛璩墓上於行所訊溧陽永世丹陽縣四癸巳祀梁山大閱水師於中江有白雀二集華蓋有司奏改元爲神雀詔不許乙未原放行獄徒繫浙江東諸郡大旱十二月壬寅遣使開倉賑恤聽受雜物當租丙午行幸歷陽甲寅大赦賜歷陽郡女子百戶牛酒蠲郡租十年己未加太宰江夏王義恭尚書令於博望梁山立雙闕癸未至自歷陽

八年春正月辛巳祀南郊是日還宗祀文帝于明堂甲戌詔曰東境去歲不稔宜廣商貨遠近販鬻米粟者可停道中雜稅其以仗自防悉勿禁夏閏五月壬寅以太宰江夏王義恭領太尉庚申帝崩於玉燭殿時年三十五七月丙午葬于丹陽秣陵縣巖山景寧陵帝末年爲長夜之飲每旦寢興盥漱畢仍復命飲俄頃數斗憑几惛睡若大醉者或外有奏事便肅然整容無復酒色外內服其神明莫敢弛惰

前廢帝諱子業小字法師孝武帝長子也元嘉二十六年正月甲申生孝武鎭尋陽帝留都下三十年孝武入伐元凶囚帝於侍中下省將加害者數矣卒得無恙及孝武踐阼立爲皇太子始未之東宮中庶子二率竝入直永福省大明二年出東宮七年加元服八年閏五月庚午孝武崩其日太子卽皇帝位大赦加驃騎大將軍柳元景尚書令甲子置錄尚書官以太宰江夏王義恭錄尚書事加驃騎大將軍柳元景開府儀同三司秋七月庚戌婆皇國遣使朝貢崇皇太后爲太皇太后皇后曰皇太后乙卯罷南北二馳道改孝建以來所變制度還依元嘉丙辰追崇獻妃爲獻皇后八月乙丑皇太后崩九月乙卯文穆皇后祔葬景寧陵冬十二月乙酉以尚書右僕射顏師伯爲尚書僕射壬辰以王畿諸郡爲揚州以揚州爲東揚州癸巳加車騎將軍揚州刺史豫章王子尚位司徒去歲及是歲東諸郡大旱甚者米一斗數百都下亦至百餘餓死者十六七孝建以來又立錢署鑄錢百姓因此盜鑄錢轉僞小商貨不行

景和元年春正月乙未朔大赦改元爲永光乙巳省諸州臺傳二月乙丑減州郡縣田祿之半庚寅鑄二銖錢夏五月魏文成皇帝崩秋八月庚午以尚書僕射顔師伯爲左僕射吏部尚書王景文爲右僕射癸酉帝自率宿衞兵誅太宰江夏王義恭尚書令柳元景左僕射顔師伯廷尉劉德願改元爲景和甲戌以司徒揚州刺史豫章王子尚領尚書令乙亥帝釋素服御錦衣以始興公沈慶之爲大尉庚辰以石頭城爲長樂宮東府城爲未央宮甲申以北邸爲建章宮南第爲長楊宮己丑復立南北二馳道九月癸巳幸湖熟奏鼓吹戊戌還宮帝自以爲昔在東宮不爲孝武所愛及卽位將掘景寧陵太史言於帝不利而止乃縱糞於陵肆罵孝武帝爲齇奴又遣發殷貴嬪墓忿其爲孝武所寵初貴嬪薨武帝爲造新安寺乃遣壞之又欲誅諸遠近僧尼辛丑免南徐州刺史新安王子鸞爲庶人賜死丁未加衞將軍湘東王彧開府儀同三司己酉車駕討徐州刺史義陽王昶內外戒嚴昶奔魏戊午解嚴開百姓鑄錢冬十月癸亥曲赦徐州丁卯東陽太守王藻下獄死以文帝第十女新蔡公主爲貴嬪夫人改姓謝氏以武賁鈒戟鸞輅龍旂出警入蹕矯言公主薨空設喪事焉乙酉以豫州刺史山陽王休祐爲鎭軍大將軍開府儀同三司十一月壬辰寧朔將軍何邁下獄死癸巳殺新除太尉沈慶之壬寅立皇后路氏四廂奏樂曲赦揚南徐二州丁未皇子生少府劉曚之子也大赦贓汚淫盜悉皆原蕩賜爲父後者爵一級壬子以護軍將軍建安王休仁爲驃騎大將軍開府儀同三司戊午南平王敬猷廬陵王敬先安南侯敬深竝賜死時帝凶悖日甚誅殺相繼內外百官不保首領先是訛言湘中出天子帝將南巡荊湘以厭之期旦誅除四叔然後發引是夜湘東王彧與左右阮佃夫王道隆李道兒密結帝左右壽寂之姜產之等十一人謀共廢帝先是帝好遊華林園竹林堂使婦人倮身相逐有一婦人不從命斬之經少時夜夢游後堂有一女子罵曰帝悖虐不道明年不及熟矣帝怒於宮中求得似所夢者一人戮之其夕復夢所戮女罵曰汝枉殺我已訴上帝至是巫覡云此堂有鬼帝與山陰公主及六宮綵女數百人隨羣巫捕鬼屏除侍衞帝親自射之事畢將奏靡靡之聲壽寂之懷刀直入姜產之爲副諸姬迸逸廢帝亦走追及之大呼寂寂如此者三手不能舉乃崩於華光殿時年十七太皇太后令奉湘東王彧纂承皇統於是葬帝於丹陽秣陵縣南郊壇西

帝蠭目鳥喙長頸銳下幼而狷急在東宮每爲孝武所責孝武西巡帝啓參承起居書迹不謹上詰讓之曰書不長進此是一條耳聞汝比素業都懈狷戾日甚何以頑固乃爾初踐阼受璽紱傲然無哀容蔡興宗退而歎曰昔魯昭不戚叔孫請死國家之禍其在此乎帝始猶難諸大臣及戴法興等既殺法興諸大臣莫不震懾於是又誅羣公元凱以下皆被毆捶牽曳內外危懼殿省騷然太后疾篤遣呼帝帝曰病人間多鬼可畏那可往太后怒語侍者曰將刀來破我腹那得生寧馨兒及太后崩後數日帝夢太后謂曰汝不仁不孝本無人君之相子尚愚悖如此亦非運胙所及孝武險虐滅道怨結人鬼兒子雖多並無天命大命所歸應還文帝之子故帝聚諸叔都下慮在外爲患山陰公主淫恣過度謂帝曰妾與陛下雖男女有殊俱託體先帝陛下後宮數百妾惟駙馬一人事不均平一何至此帝乃爲立面首左右三十人進爵會稽郡長公主秩同郡王湯沐邑二千戶給鼓吹一部加班劍二十人帝每出公主與朝臣常共陪輦帝少好讀書頗識古事粗有文才自造孝武帝誄及雜篇章往往有辭采以魏武有發丘中郎將摸金校尉乃置此二官以建安王休仁山陽王休祐領之其餘事迹分見諸列傳

論曰文帝幼年特秀自稟君德及正位南面歷年長久綱維備舉條禁明密罰有恒科爵無濫品故能內清外晏四海謐如而授將遣師事乖分閫才謝光武而遙制兵畧至於攻戰日時咸聽成旨雖覆師喪旅將非韓白而延寇蹙境抑此之由及至言泄衾衽難結凶豎雖禍生非慮蓋亦有以而然夫盡人命以自養蓋惟桀紂之行觀夫大明之世其將盡人命乎雖周公之才之美亦當終之以亂由是言之得歿亦爲幸矣至如廢帝之事行著于篇假以中才之君有一於此足以致霣況乎兼斯衆惡不亡其可得乎

南史卷二考證

文帝紀冬十一月庚午以武都王世子楊玄爲北秦州刺史○南本無王字誤

是冬浚淮起湖熟廢田千餘頃○田監本訛四今改從南本

冬十月庚子改封廣陵王誕爲隨郡王○庚監本訛甲下文九月內有癸卯甲辰則誤可知矣今改從各本

八月癸酉梁鄒平斬司馬順則○酉監本作亥今各本俱作酉故從之

淮陽王彧爲湘東王○彧監本訛或今改正

是爲文成皇帝改元曰興安○安監本誤元今改正

孝武皇帝紀文帝第三子也○三監本訛二宋書文帝十九男元凶劭居長始興王濬第二孝武帝次之今改正

史臣論有一於此足以致霣○足監本訛異今改從南本

南史卷三

唐　李　延　壽　撰

宋本紀下第三

太宗明皇帝諱彧字休景小字榮期文帝第十一子也元嘉十六年十月生二十五年封淮陽王二十九年改封湘東王孝武踐阼累遷鎭軍將軍雍州刺史是歲入朝時廢帝疑畏諸父以上付廷尉明日將加禍害上乃與腹心阮佃夫李道兒等密謀時廢帝左右直閤將軍宋越譚金童太一等是夜竝外宿佃夫道兒因結壽寂之等十一月十九日弑廢帝於後堂建安王休仁便稱臣奉引升西堂登御坐事出倉卒上失履跣猶著烏紗帽休仁呼主衣以白紗代之未卽位凡衆事悉稱令書己未司徒豫章王子尚山陰公主竝賜死宋越譚金童太一伏誅十二月庚申朔令書以東海王禕爲中書監太尉以晉安王子勛爲車騎將軍開府儀同三司癸亥以建安王休仁爲司徒尚書令揚州刺史乙丑改封安陸王子綏爲江夏王

泰始元年卽大明九年也魏和平六年冬十二月丙寅皇帝卽位于太極前殿大赦改元辛未改封臨賀王子產爲南平王晉熙王子輿爲廬陵王壬申以王景文爲尚書僕射乙亥追尊所生沈婕妤曰宣皇太后戊寅改太皇太后爲崇憲太后立皇后王氏罷二銖錢江州刺史晉安王子勛舉兵反鎭軍長史袁顗赴之鄧琬爲其謀主壬午謁太廟甲申郢州刺史安陸王子綏會稽太守尋陽王子房臨海王子頊竝舉兵同逆

二年春正月乙未晉安王子勛僭卽僞位於尋陽年號義嘉壬辰徐州刺史薛安都舉兵反甲午內外戒嚴司徒建安王休仁都督諸軍南討丙戌徐州刺史申令孫司州刺史龐孟虯豫州刺史殷琰青州刺史沈文秀冀州刺史崔道固湘州行事何慧文廣州刺史袁曇益州刺史蕭惠開梁州刺史柳元怡竝同逆丙午車駕親御六軍頓中興堂辛亥南豫州刺史山陽王休祐改爲豫州刺史西討吳郡太守顧琛吳興太守王曇生義興太守劉延熙晉陵太守袁標山陽太守程天祚竝舉兵反鎭東將軍巴陵王休若統軍東討壬子崇憲皇太后崩二月乙丑以蔡興宗爲尚書右僕射壬申吳興太守張永右將軍蕭道成東討平晉陵丁亥建武將軍吳喜公率諸軍破賊於吳興會稽平定三郡同逆皆伏誅輔國將軍蕭道成前鋒北討輔國將軍劉勔前鋒西討劉胡衆四萬據赭圻三月庚寅撫軍將軍殷孝祖攻赭圻死之以輔國將軍沈攸之代爲南討前鋒賊衆稍盛袁顗頓鵲尾連營至濃湖衆十餘萬丙申南徐州刺史桂陽王休範總統北討諸軍事戊戌貶尋陽王子房爵爲松滋縣侯癸卯令人入米七百石者除郡減此各有差壬子斷新錢專用古錢夏五月甲寅葬崇憲皇太后於脩寧陵秋七月丁酉以仇池太守楊僧嗣爲北秦州刺史封武都王八月己卯司徒建安王休仁率衆軍大破賊斬僞尚書僕射袁顗進討江郢荊湘雍五州平之晉安王子勛安陸王子綏臨海王子頊邵陵王子元竝賜死同黨皆伏誅諸將帥封賞各有差九月癸巳六軍解嚴戊戌以王玄謨爲左光祿大夫開府儀同三司領護軍將軍冬十月乙卯永嘉王子仁始安王子真淮南王子孟南平王子產廬陵王子輿松滋侯子房竝賜死丁卯以沈攸之爲中領軍與張永俱北討戊寅立皇子昱爲皇太子十一月壬辰立建平王景素子延年爲新安王十二月薛安都要引魏軍張永沈攸之大敗於是遂失淮北四州及豫州淮西地是歲魏大安元年

三年春正月庚子以農役將興詔太官停宰牛癸卯曲赦豫南豫二州閏正月庚午都下大雨雪遣使巡行振貸各有差二月甲申爲戰亡將士舉哀丙申曲赦青冀二州夏四月丙戌詔以故丞相江夏文獻王故太尉巴東忠烈公柳元景故司空始興襄公沈慶之故征西將軍洮陽肅侯宗慤陪祭孝武廟庭庚子立桂陽王休範第三子德嗣爲廬陵王立侍中劉韞第三子銑爲南豐王以奉廬江昭王南豐哀王祀五月丙辰詔宣太后崇寧陵禁內墳瘞遷徙者給葬直蠲復其家壬戌以太子詹事袁粲爲尚書僕射秋八月壬寅以中領軍沈攸之行南兗州刺史率衆北伐九月戊午以皇后六宮以下雜衣千領金釵千枚賜北伐將士冬十月壬午改封新安王延年爲始平王辛丑以鎭西大將軍西秦河二州

刺史吐谷渾拾寅爲征西大將軍十一月立建安王休仁第二子伯猷爲江夏王是歲魏皇興元年

四年春正月丙辰朔雨草于宮乙亥零陵王司馬勗薨二月乙巳左光祿大夫開府儀同三司王玄謨薨三月交州人李長仁據州叛秋賊攻廣州殺刺史羊希龍驤將軍陳伯紹討平之夏四月丙申改封東海王禕爲廬江王山陽王休祐爲晉平王秋九月戊辰詔定黥刖之制有司奏自今凡劫竊執官仗拒戰邏司攻剽亭寺及傷害吏人并監司將吏自爲劫皆不限人數悉依舊制斬刑若遇赦黥及兩頰劫字斷去兩脚筋徙付交梁寧州五人以下止相逼奪者亦依黥作劫字斷去兩脚筋徙付遠州若遇赦原斷徙猶黥面依舊補冶士家口應及坐悉依舊詰讁及上崩其例乃寑庚午上備法駕幸東宮冬十月癸酉朔日有蝕之發諸州兵北伐

五年春正月癸亥親耕藉田乙丑魏剋青州執刺史沈文秀以歸二月丙申以廬江王禕爲車騎將軍開府儀同三司南豫州刺史夏六月辛未立晉平王休祐子宣曜爲南平王秋七月壬戌改輔國將軍爲輔師將軍九月甲寅立長沙王纂子延之爲始平王冬十月丁卯朔日有蝕之十一月丁未魏人來聘十二月庚申分荆益之五郡置三巴校尉

六年春正月乙亥初制間二年一祭南郊間一年一祭明堂夏四月癸亥立皇子燮爲晉熙王六月癸卯以王景文爲尚書左僕射揚州刺史以袁粲爲右僕射己未改臨賀郡爲臨慶郡秋七月丙戌臨慶王智井薨九月戊寅立總明觀徵學士以充之置東觀祭酒訪舉各一人舉士二十人分爲儒道文史陰陽五部學言陰陽者遂無其人冬十月辛卯立皇子贊爲武陵王十二月癸巳以邊難未息制父母隔在異域者悉使婚宦

七年春正月甲戌置散騎奏舉郎二月癸丑征西將軍荆州刺史巴陵王休若進號征西大將軍及征南大將軍江州刺史桂陽王休範並開府儀同三司甲寅南徐州刺史晉平王休祐薨三月辛酉魏人來聘夏五月戊午鴆司徒建安王休仁庚午以袁粲爲尚書令褚彥回爲右僕射丙戌追免晉平王休祐爲庶人秋七月丁巳罷散騎奏舉郎乙丑江州刺史巴陵王休若賜死八月戊子以皇子躋繼江夏文獻王義恭庚寅帝疾間戊戌立皇子準爲安成王是歲魏孝文帝延興元年

泰豫元年春正月甲寅朔上以疾未瘳故改元丁巳巨人跡見西池冰上夏四月己亥上疾大漸加江州刺史桂陽王休範位司空以劉勔爲尚書右僕射蔡興宗爲征西將軍開府儀同三司荆州刺史沈攸之進號安西將軍袁粲褚彥回劉勔蔡興宗沈攸之入閤被顧命是日上崩于景福殿時年三十四五月戊寅葬臨沂縣莫府山高寧陵帝好讀書愛文義在藩時撰江左以來文章志又續衞瓘所注論語二卷及卽大位舊臣才學之士多蒙引進末年好鬼神多忌諱言語文書有禍敗凶喪疑似之言應回避者犯卽加戮改騧馬字爲馬邊瓜以騧字似禍故也嘗以南苑借張永云且給三百年期盡更請宣陽門謂之白門上以白門不祥諱之尚書右丞江謐嘗誤犯上變色曰白汝家門路太后停屍漆床移出東宮上幸宮見之怒免中庶子以之坐死者數十人內外常慮犯觸人不自保移床脩壁先祭土神使文士爲祝策如大祭饗阮佃夫楊運長王道隆皆擅威權言爲詔敕郡守令長一缺十除內外混然官以賄命王阮家富於公室中書舍人胡母顥專權奏無不可時人語曰禾絹閉眼諾胡母大張橐禾絹謂上也及泰始泰豫之際左右失旨往往有刳斮斷截禁中懍懍若踐刀劍夜夢豫章太守劉愔反遣就郡殺之軍旅不息府藏空虛內外百官並斷祿奉在朝造官者皆市井傭販之子而又令小黃門於殿內埋錢以爲私藏以蜜漬鱁鮧一食數升噉腊肉嘗至二百臠奢費過度每所造制必爲正御三十副御次副又各三十須一物輒造九十枚天下騷然民不堪命宋氏之業自此衰矣

後廢帝諱昱字德融明帝長子也大明七年正月辛丑生於衞尉府帝母陳氏李道兒妾明帝納之故人呼帝爲李氏子帝亦自稱李將軍明帝諸子在孕皆以周易筮之卽以所得卦爲小字故帝小字慧震泰始二年立爲皇太子六年出東宮又制太子元正朝賀服衮冕九章衣明帝崩庚子太子卽皇帝位大赦尚書令袁粲護軍將軍褚彥回共輔朝政班劍依舊入殿六月乙巳尊皇后曰皇太后立皇后江氏秋七月戊辰拜帝所生陳貴妃爲皇太妃八月戊午中書監左光祿大夫開府儀同三司蔡興宗薨冬十一月己亥新除郢州刺史劉彥節爲尚書左僕射

元徽元年春正月戊寅大赦改元詔自元年以前徒放者並聽還本土魏人來聘夏六月乙卯壽陽大水秋八月都下旱庚午陳留王曹銑薨九月丁亥立衡陽王嶷子伯玉爲南平王冬十二月癸亥朔日有蝕之乙巳進桂陽王休範位太尉癸亥立前建安王世子伯融爲始安縣王

二年夏五月壬午江州刺史桂陽王休範舉兵反庚寅內外戒嚴中領軍劉勔右衞將軍蕭道成前鋒南討出屯新亭征北將軍張永屯白下前南兗州刺史沈懷明戍石頭衞將軍袁粲中軍將軍褚彥回入衞殿省壬辰賊奄至攻新亭壘道成拒擊大破之越騎校尉張苟兒斬休範賊黨杜黑蠡丁文豪分軍向朱雀航劉勔拒賊敗績死之右將軍王道隆奔走遇害張永潰于白下沈懷明自石頭奔散甲午車騎典籤茅恬開東府納賊賊入屯中堂羽林監陳顯達擊大破之丙申張苟兒等又破賊進平東府城梟禽羣賊丁酉大赦解嚴荆州刺史沈攸之南徐州刺史建平王景素郢州刺史晉熙王燮湘州刺史張興世並舉義兵赴建鄴六月癸卯晉熙王燮遣軍剋尋陽江州平壬戌改輔師將軍還爲輔國秋七月庚辰立皇弟友爲邵陵王乙酉徐州刺史建平王景素進號征北將軍開府儀同三司九月丁酉以袁粲爲中書監領司徒加護軍將軍褚彥回爲尚書令冬十一月丙戌帝加元服十二月癸亥立皇弟躋爲江夏王贊爲武陵王

三年春三月己巳都下大水夏六月魏人來聘秋七月庚戌以袁粲爲尚書令九月丙辰征西大將軍河南王吐谷渾拾寅進號車騎征西大將軍

四年夏六月乙亥加蕭道成尚書左僕射秋七月戊子建平王景素據京城反己丑內外纂嚴遣驍騎將軍任農夫冠軍將軍黃回北討蕭道成總統衆軍始安王伯融都鄉侯伯猷並賜死乙未剋京城斬景素同逆皆伏誅八月丁卯立皇弟翽爲南陽王嵩爲新興王禧爲始建王九月戊子驍騎將軍高道慶有罪賜死己丑車騎將軍揚州刺史安成王準進號驃騎大將軍開府儀同三司冬十月辛酉以王僧虔爲尚書右僕射

五年夏四月甲戌豫州刺史阮佃夫步兵校尉申伯宗朱幼謀廢立皆伏誅五月地震六月甲戌誅司徒左長史沈勃散騎常侍杜幼文游擊將軍孫超之長水校尉杜叔文七月戊子夜帝遇弒於仁壽殿時年十五己丑皇太后令貶帝爲蒼梧郡王葬丹陽秣陵縣郊壇西初帝之生夕明帝夢人乘馬馬無頭及後足有人曰太子也及在東宮五六歲能緣漆帳竿去地丈餘如此者半食漸長喜怒乖節左右失旨者手加撲打徒跣蹲踞及嗣位內畏太后外憚大臣猶未得肆志自加元服三年好出入單將左右或十里二十里或入市里遇慢罵則悅而受焉四年無日不出與左右解僧智張五兒恒夜出開承明門夕去晨反晨出暮歸從者並執鋌矛行人男女及犬馬牛驢逢無免者人間擾懼晝日不開門道無行人嘗著小袴不服衣冠有白棓數十各有名號鉗鑿錐鋸不離左右爲擊腦椎陰剖心之誅日有數十常見臥屍流血然後爲樂左右人見有嚬眉者帝令其正立以矛刺洞之曜靈殿上養驢數十頭所自乘馬養於御牀側與右衞翼輦營女子私通每從之遊持數千錢爲酒肉之費出逢婚姻葬送輒與挽車小兒羣聚飲酒以爲歡適阮佃夫腹心人張羊爲佃夫委信佃夫敗叛走復捕得自於承明門以車轢殺之殺杜延載杜幼文躬運矛鋋手自臠割察孫超有蒜氣剖腹視之執楯馳馬自往刺杜叔文於玄武北湖孝武帝二十八子明帝殺其十六餘皆帝殺之吳興沈勃多寶貨往劫之揮刀獨前左右未至勃時居喪在廬帝望見之便投鋋不中勃知不免手搏帝耳唾罵之曰汝罪踰桀紂屠戮無日遂見害帝自臠割制露車一乘施篷乘以出入從數十人羽儀追之恒不相及又各慮禍亦不敢追但整部伍別在一處瞻望而已凡諸鄙事過目則能鍛銀裁衣作帽莫不精絶未嘗吹篪執管便韻天性好殺一日無事輒慘慘不樂內外憂惶夕不及旦領軍將軍蕭道成與直閤將軍王敬則謀之七月戊子帝微行出北湖單馬先走羽儀不及左右張五兒馬墜湖帝怒自馳騎刺馬屠割之與左右作羌胡伎爲樂又於蠻岡賭跳因乘露車無復鹵簿往青園尼寺新安寺偷狗就曇度道人煮之飲酒楊玉夫常得意忽然見憎遇輒切齒曰明日當殺小子取肝肺是夜七夕令玉夫伺織女度報已因與內人穿針訖大醉臥於仁壽殿東阿氈幄中帝出入無禁王敬則先結玉夫陳奉伯楊萬年等合二十五人其夕玉夫候帝眠熟至乙夜與萬年同入氈幄內取千牛刀殺之

順皇帝諱準字仲謨小字知觀明帝第三子也泰始五年七月癸丑生七年封安成王帝姿貌端華眉目如畫見者以爲神人廢帝卽位加揚州刺史元徽二年加都督揚南豫二州諸軍事四年進號驃騎大將軍及廢帝殞蕭道成奉太后令迎王入居朝堂

昇明元年秋七月壬辰皇帝卽位大赦改元徽五年爲昇明元年甲午蕭道成出鎭東城輔政荆州刺史沈攸之進號車騎大將軍蕭道成司空錄尚書事以袁粲爲中書監司徒以褚彥回爲衞將軍劉彥節爲尚書令加

中軍將軍辛丑以王僧虔爲尚書僕射癸卯車駕謁太廟八月癸亥司徒袁粲鎭石頭戊辰崇拜帝所生陳昭華爲皇太妃庚午以蕭道成爲驃騎大將軍開府儀同三司錄尚書如故九月己酉廬陵王暠薨十二月丁巳荆州刺史沈攸之舉兵不從執政丁卯蕭道成入守朝堂侍中蕭嶷鎭東府戊辰中外纂嚴壬申司徒袁粲據石頭謀誅道成不果旋見覆滅乙亥以王僧虔爲左僕射王延之爲右僕射吳郡太守劉遐據郡不從執政令張瓌攻斬之閏月辛亥屯騎校尉王宜興貳於執政見誅癸巳沈攸之攻郢城前軍長史柳世隆固守己亥中外戒嚴假蕭道成黃鉞乙巳道成出頓新亭是歲魏太和元年

二年春正月丁卯沈攸之敗己巳華容縣人斬攸之首送之辛未雍州刺史張敬兒剋江陵荆州平丙子解嚴以柳世隆爲尚書右僕射蕭道成旋鎭東府二月庚辰以王僧虔爲尚書令王延之爲左僕射癸未蕭道成加授太尉以褚彦回爲中書監司空丙戌撫軍將軍揚州刺史晉熙王燮進號中軍將軍三月己酉朔日有蝕之夏四月南兗州刺史黃回貳于執政賜死五月戊午以倭國王武爲安東大將軍六月丁酉以輔國將軍楊文弘爲北秦州刺史封武都王秋九月乙巳朔日有蝕之丙午加太尉蕭道成黃鉞都督中外諸軍事太傅領揚州牧賜殊禮以揚州刺史晉熙王燮爲司徒冬十月壬寅立皇后謝氏十一月立故武昌太守劉琨息頒爲南豐縣王癸亥誅臨澧侯劉晃甲子改封南陽王翽爲隨郡王十二月丙戌皇后見于太廟

三年春正月辛亥領軍將軍蕭賾加尚書右僕射進號中軍大將軍開府儀同三司二月丙子南豫州刺史邵陵王友薨丙申地震建陽門三月癸卯朔日有蝕之甲辰加蕭道成相國總百揆封十郡爲齊公備九錫之禮庚戌誅臨川王綽夏四月壬申 進齊公蕭道成爵爲王壬午安西將軍武陵王贊薨辛 卯帝禪位於齊壬辰遜于東邸是日王敬則以兵陳于殿庭帝猶居內閣之逃于佛蓋下太后懼自帥閹豎索扶幸板輿黃門或促之帝怒抽刀投之中項而殞帝既出宮人行哭俱還備羽儀乘畫輪車出東掖門封帝爲汝陰王居丹徒宮齊兵衞之建元元年五月己未帝聞外有馳馬者懼亂作監人殺王而以疾赴齊人德之賞之以邑六月乙酉葬于遂寧陵謚曰順帝宋之王侯無少長皆幽死矣

論曰文帝負扆南面實有人君之美經國之義雖弘而隆家之道不足彭城照不窺古本無卓爾之資徒見昆弟之義深未識君臣之禮異以此家情行之國道主忌而猶犯恩離而未悟致以陵逼之愆遂成滅親之禍開端樹隙垂之後人明帝因猜忍之情據已行之典翦落洪支欲不待慮既而本根莫庇幼主孤立下無磐石之託上有累卵之危方復藏璽懷紱魚服忘反危冠短制匹馬孤征以至覆亡理固然矣神器以勢弱傾移靈命隨樂推回改斯蓋履霜有漸夫豈一夕何止區區汝陰揖讓而已

南史卷三考證

明帝紀字休景○休景宋書作休炳南本作景休彼此互異

秋七月丙戌臨慶王智井薨○井監本訛并今從南本改正

後廢帝紀令玉夫伺織女度報已因與內人穿針訖○內監本譌鄉今從閣本

南史卷四

唐　李　延　壽　撰

齊本紀上第四

齊太祖高皇帝諱道成字紹伯小字鬭將姓蕭氏其先本居東海蘭陵縣中都鄉中都里晉元康元年惠帝分東海郡爲蘭陵故復爲蘭陵郡人中朝喪亂皇高祖淮陰令整字公齊過江居晉陵武進縣之東城里寓居江左者皆僑置本土加以南名更爲南蘭陵人也皇曾祖儁字子武位卽丘令皇祖樂子字閨子位輔國參軍宋昇明中贈太常皇考承之字嗣伯少有大志才力過人仕宋爲漢中太守梁州之平以功加龍驤將軍後爲南太山太守封晉興縣五等男遷右軍將軍元嘉二十四年殂梁土思之於峨公山立廟祭祀昇明二年贈散騎常侍金紫光祿大夫高帝以宋元嘉四年丁卯歲生姿表英異龍顙鍾聲長七尺五寸鱗文徧體舊宅在武進縣宅南有一桑樹擢本三丈横生四枝狀似華蓋帝年數歲好戲其下從兄敬宗曰此樹爲汝生也儒生雷次宗立學於雞籠山帝年十三就受禮及左氏春秋十七年宋大將軍彭城王義康被黜從豫章皇考領兵防守帝捨業南行十九年竟陵蠻動宋文帝遣帝領偏軍討沔北蠻二十三年雍州刺史蕭思話鎭襄陽啓帝自隨初爲左軍中兵參軍二十九年領偏軍征仇池破其武興蘭皋二壘遂從谷口入關未至長安八十里梁州刺史劉秀之遣司馬汪助帝攻拔談提城魏救兵至帝軍力疲少又聞文帝崩乃燒城還南鄭後襲爵晉興縣五等男爲建康令有能名少府蕭惠開雅有知人鑒謂人曰昔魏武爲洛陽北部時人服其英今看蕭建康但當過之耳宋明帝卽位爲右軍將軍時四方叛會稽太守尋陽王子房及在東諸郡皆起兵明帝加帝輔國將軍東討至晉陵一日破賊十二壘分軍定諸縣及徐州刺史薛安都據彭城歸魏遣從子索兒攻淮陰又徵帝討破之索兒走鍾離帝追至黯黮而還除驍騎將軍封西陽縣侯遷巴陵王衞軍司馬隨鎭會稽江州刺史晉安王子勛遣臨川內史張淹自鄱陽嶠道入三吳明帝遣帝討之時朝廷器甲皆充南討帝軍容寡闕乃編椶皮爲馬具裝折竹爲寄生夜舉火進軍賊望見恐懼未戰而走還除桂陽王征北司馬南東海太守行南徐州事及張永等敗於彭城淮南孤弱以帝爲假冠軍將軍持節都督北討前鋒諸軍事鎭淮陰遷南兗州刺史加督五州督北討如故明帝嫌帝非人臣相而人間流言帝當爲天子明帝愈以爲疑遣冠軍將軍吳喜留軍破釜自持銀壺酒封以賜帝帝戎服出門迎懼鴆不敢飲將出奔喜告以誠先飲之帝卽酌飲之喜還明帝意乃悅泰始七年徵還都部下勸勿就徵帝曰主上自誅諸弟爲太子幼弱作萬歲後計何關佗族惟應速發事緩當見疑今骨肉相害自非靈長之運禍難將興方與卿等戮力耳至拜散騎常侍太子左衞率明帝崩遺詔爲右衞將軍領衞尉加兵五百人與尚書令袁粲護軍褚彦回領軍劉勔共掌機事尋解衞尉加侍中領石頭戍軍事元徽二年五月江州刺史桂陽王休範舉兵於尋陽朝廷惶駭帝與褚彦回等集中書省計議莫有言者帝曰昔上流謀逆皆因淹緩以敗休範必遠懲前失輕兵急下乘我無備請頓新亭以當其鋒因索筆下議餘並注同中書舍人孫千齡與休範有密契獨曰宜依舊遣軍據梁山帝正色曰賊今已近梁山豈可得至新亭既是兵衝所欲以死報國耳乃單車白服出新亭加帝使持節都督征討諸軍事平南將軍加鼓吹一部築新亭城壘未畢賊前軍已至帝方解衣高臥以安衆心乃索白虎幡登西垣使寧朔將軍高道慶羽林監陳顯達員外郞王敬則浮舸與賊水戰大破之未時張敬兒斬休範首臺軍及賊衆俱不知其別率杜黑蠡急攻東壘帝挺身上馬帥數百人出戰與黑蠡拒戰自晡達明旦矢石不息其夜大雨鼓叫不復相聞將士積日不得寢食軍中馬夜驚城內亂走帝執燭正坐厲聲呵止之如是者數四賊帥丁文豪設伏破臺軍於皁莢橋直至朱雀航王道隆劉勔並戰沒初勔高尚其意託造園宅名爲東山頗忽時務帝謂曰將軍以顧命之重此是艱難之日而深尚從容廢省羽翼一朝事至悔可追乎勔不納竟敗及賊進至杜姥宅車騎典籤茅恬開東府納賊冠軍將軍沈懷明於石頭奔散張永潰於白下宮內傳新亭亦陷太后執蒼梧王手泣曰天下事敗矣帝遣軍主陳顯達任農夫張敬兒周盤龍等從石頭濟淮間道自承明門入衞宮闕時休範典籤許公與詐稱休範在新亭士庶惶惑詣壘期赴休範投名者千數及至乃是帝隨得輒燒之登城北謂曰劉休範父子先昨皆已死戮屍在南岡下身是蕭平南諸軍善見觀汝等名皆已焚除勿懼也臺分遣衆軍擊平賊帝振旅凱入百姓緣道聚觀曰全國家者此公也帝與袁粲褚彦回劉彦節引咎解職不許遷散騎常侍中領軍都督南兗州刺史鎭軍將軍進爵爲公與袁粲褚彦回劉彦節等更日入直決事號爲四貴休範平後蒼梧王漸行凶暴屢欲害帝常率數十人直入鎭軍府時暑熱帝晝臥裸袒蒼梧立帝於室內畫腹爲射的自引滿將射之帝神色不變斂板曰老臣無罪蒼梧左右王天恩諫曰領軍腹大是佳射堋而一箭便死後無復射不如以雹箭射之乃取雹箭一發卽中帝臍蒼梧投弓於地大笑曰此手何如時建平王景素爲朝野歸心潛爲自全計布誠於帝帝拒而不納景素尋舉兵帝出屯玄武湖事平乃還帝威名既重蒼梧深相猜忌刻木爲帝形畫腹爲射堋自射之又命左右射中者加賞皆莫能中時帝在領軍府蒼梧自來燒之冀帝出因作難帝堅臥不動蒼梧益懷忿患所見之物呼之爲帝加以手自磨鋋曰明日當以刃蕭道成陳太妃罵之曰蕭道成有大功於國今害之誰爲汝盡力故止高帝謀與袁褚廢立皆不見從五年七月戊子楊玉夫等與直閤將軍王敬則通謀弑蒼梧齋首使左右陳奉伯藏衣袖中依常行法稱敕開承明門出囊貯之以與敬則敬則馳至領軍府叩門大聲言報帝門猶不開敬則自門窐中以首見帝帝猶不信乃於牆上投進其首帝索水洗視敬則乃踰垣入帝跣出敬則叫曰事平矣帝乃戎服乘常所騎赤馬夜入殿中殿

中驚怖及知蒼梧死咸稱萬歲至帝踐阼號此馬爲龍驤赤明旦召袁粲褚彥回劉彥節入會西鍾槐樹下計議帝以事讓彥節彥節未荅帝鬚髯盡張眼光如電次讓袁粲又不受敬則乃拔刀在牀側躍麾衆曰天下之事皆應關蕭公敢有開一言者血染敬則刀仍呼虎賁劒戟羽儀手自取白紗帽加帝首令帝即位曰今日誰敢復動事須及熱帝正色呵之曰卿都不自解粲欲有言敬則又叱之乃止帝乃下議備法駕詣東城迎立順帝於是長刀遮粲彥節等失色而去甲午帝移鎭東府與袁粲褚彥回劉彥節各甲仗五十人入殿丙申加侍中司空錄尚書事驃騎大將軍封竟陵郡公給油幢車班劒三十人帝固辭上台即授以驃騎大將軍開府儀同三司十二月荆州刺史沈攸之反稱太后詔已下都乙卯帝入居朝堂命諸將西討平西將軍黄回爲都督前驅先是太后兄子前湘州刺史王蘊遭母喪罷任還至巴陵停舟與攸之密謀乃下達郢州武帝時爲郢州長史蘊伺武帝出弔因作亂據郢城武帝知之不出蘊還至東府前又期見高帝帝又不出弔再計不行外謀愈固司徒袁粲尚書令劉彥節見帝威權稍盛慮不自安與蘊及黄回等相結舉事殿內宿衞主帥無不協同及攸之反問初至帝往石頭詣粲謀粲稱疾不相見剋壬申夜起兵據石頭其夜丹陽丞王遜告變彥節從弟領軍韞及直閤將軍卜伯興等嚴兵爲內應帝命王敬則於宮內誅之遣諸將攻石頭王蘊將數百精手帶甲赴粲城門已閉官軍又至乃散衆軍攻石頭斬粲彥節走領擔湖蘊逃鬭場並禽斬之粲典籤莫嗣祖同粲謀蘊孌人張承伯藏匿蘊高帝亦並赦而用之時黄回頓新亭聞石頭已下因稱救援高帝知而不言撫之愈厚遣回西上流涕告别二年正月沈攸之平二月宋帝進高帝太尉都督十六州諸軍事高帝表送黄鉞三月己酉增班劒四十人甲仗百人入殿丙子加羽葆鼓吹大明泰始以來相承奢侈百姓成俗及高帝輔政奏罷御府省二尚方諸飾玩至是又上表禁人間華僞雜物凡十七條其中宮及諸王服用雖依舊例亦請詳制九月丙午加帝假黄鉞都督中外諸軍事太傅領揚州牧劒履上殿入朝不趨贊拜不名置左右長史司馬從事中郎掾屬各四人固辭詔遣敦勸乃受黄鉞辭殊禮甲寅給三望車三年正月乙丑高帝表蠲百姓逋責丙辰加前部羽葆鼓吹丁巳命太傅府依舊辟召丁卯給高帝甲仗五百人出入殿省甲午重申前命劒履上殿入朝不趨奏拜不名三月甲辰宋帝詔進帝位相國總百揆封十郡爲齊公備九錫禮加遠游冠位在諸侯王上加相國綠綟綬甲寅使以備物典禮進策曰朕以不造夙罹閔凶嗣君失德書契未紀威侮五行虐劉九縣神獸靈繹海水羣飛綴旒之殆未足爲譬豈直小宛興刺黍離作歌而已哉天贊皇宋實啓明宰爰登寡昧纂承大業高勳至德振古絶倫雖保衡翼殷博陸匡漢方斯蔑如也今將授公典禮其敬聽朕命乃者袁劉搆禍實繁有徒子房不臣稱兵協亂顧瞻宮掖將成茂草言念邦國覇爲仇讐當此之時人無固志公投袂徇難超然奮發登寅車而戒路執金板而先驅麾鉞一臨凶黨冰泮此則霸業之基勤王之始也安都背叛竊據徐方敢率犬羊陵虐淮浦索兒愚悖同惡相濟天祚無象背順歸逆北鄙黔黎奄墜塗炭公受命宗祊精貫朝日擁節和門氣踰霄漢破釜之捷斬馘蔽野石梁之戰禽其渠帥保境全人江陽即序此又公之功也張淹迷昧弗顧本朝爰自南區志圖東夏潛軍間入竊覬不虞于時江服未夷皇塗荐沮公忠議慷慨在險彌亮以寡制衆所向風偃朝廷無東顧之憂閩越有來蘇之慶此又公之功也何奴野心侵掠疆埸醜羯倂張勢振彭泗公奉辭伐罪戒旦晨征兵車始交氛祲時蕩弔死扶傷弘宣皇澤俾我淮肥復霑盛化此又公之功也自兹厥後獫狁孔熾封豕長蛇重窺上國而世故相仍師出已老角城高壘指日淪陷公眷言王事發憤忘食躬擐甲冑視險若夷分疆畫界開創靑兖此又公之功也桂陽負衆輕問九鼎裂冠毀冕拔本塞源烈火焚于王城飛矢集乎君屋羣后憂惶元戎無主公按劒凝神則奇謨冠世把旄指麾則懦夫成勇信宿之間宣揚底定此又公之功也皇室多難釁起戚藩建平失圖興兵內侮公指授六師義形于色役未踰旬朱方寧晏此又公之功也蒼梧肆虐諸夏糜沸淫刑以逞誰則無辜黔首相悲朝不謀夕高祖之業已淪文明之軌誰嗣公遠稽殷漢之義近遵魏晉之典猥以眇身入奉宗祏七廟淸謐九區反政此又公之功也袁劉攜貳成此亂階醜圖潛搆危機竊發據有石頭志犯應路公神謀內運霜鋒外舉祆沴載澄國塗悅穆此又公之功也沈攸苞禍歲月滋彰釁目尌聲阻兵安忍乃眷西顧緬同異域而經綸惟始九伐未申長惡不悛遂逞凶逆公把鉞出關凝威江甸正情與嶽日同亮明畧與秋雲競爽至義所感人百其心積年逋誅一朝顯戮沮浦安流章臺順軌此又公之功也公有濟天下之勳重之以明哲道庇生靈志匡宇宙戮力肆心劬勞王室險阻艱難備嘗之矣若乃締搆宗稷之勤造物資始之澤雲布霧散光被六幽覆于一人永淸四海是以秬草騰芳於郊園景星垂暉於淸漢遐方款關而慕義荒服重譯而來庭汪哉邈乎無得而名也朕聞疇庸表德前王盛典崇樹侯伯有國攸同所以文命成功玄圭顯錫姬旦宣哲曲阜啓藩或改玉以弘風或胙土以宣化禮絶常班寵冠羣辟爰逮桓文車服異數惟公勳業超於先烈而褒賞闕於舊章古今之道何其爽歟靜言欽歎良有缺然今進授相國以靑州之齊郡徐州之梁郡南徐州之蘭陵魯郡琅邪東海晉陵義興揚州之吳郡會稽凡十郡封公爲齊公錫兹玄土苴以白茅定爾邦家用建冢社斯實尚父故藩世作盟主紀綱侯甸率由舊則往者周召建國師保兼任毛畢執珪入作卿士內外之寵同規在昔今命使持節兼太尉侍中中書監司空衞將軍雩都縣開國侯彥回授公相國印綬齊公璽紱持節兼司空守尚書令僧虔授齊公茅土金虎符第一至第五左竹使符第一至第十左相國位總百辟秩踰三事職以禮移號隨事革其以相國總百揆去錄尚書之稱送所假節侍中貂蟬中外都督太傅太尉印綬竟陵公印策其驃騎大將軍揚州牧南徐州刺史如故又加公九錫其敬聽後命以公執禮弘律儀刑區宇遐邇一體人無異業是用錫公大輅戎輅各一玄牡二駟公崇修南畝所實惟穀王府充實百姓繁衍是用錫公衮冕之服赤舄副焉公居身以謙導物以義鎔鈞庶品罔不和悅是用錫公軒縣之樂八佾之儛公翼贊王猷聲教遠洽蠻夷竭歡回首內附是用錫公朱戶以居公明鑒人倫澄辯涇渭官方與能英乂克舉是用錫公納陛以登公保佑皇朝厲身化下杜漸防萌含生賓式是用錫公虎賁之士三百人公禦宄以刑禦姦以德君親無將將而必誅是用錫公鈇鉞各一公鳳擧四維龍騰八表威靈所振異類同乂是用錫公彤弓一彤矢百盧弓十盧矢千公明發載懷肅恭禋祀孝敬之重義感靈祇是用錫公秬鬯一卣圭瓚副焉齊國置丞相以下敬遵舊式往欽哉其祇服朕命經緯乾坤宏亮洪業茂昭爾大德闡揚我高祖之休命高帝三讓公卿敦勸固請乃受之丁巳下令赦國內殊死以下宋帝詔齊公十郡之外隨宜除用以齊國初建給錢五百萬布五千疋絹五千疋以太尉左長史王儉爲尚書右僕射領吏部四月癸酉宋帝又詔進齊公爲王以徐州之南梁陳潁川陳留南兗州之盱眙山陽秦廣陵海陵南沛增王封爲二十郡使司空褚彥回奉策授璽紱改立王社餘如故丙戌命齊王冕十有二旒建天子旌旗出警入蹕乘金根車駕六馬備五時副車置旄頭雲罕樂儛八佾設鍾虡宮縣王世子爲太子王女王孫爵命一如舊儀辛卯宋帝以歷數在齊乃下詔禪位是日遜于東邸壬辰遣使奉策曰咨爾齊王伊太古初陳萬化紛綸開曜靈以鑒品物立元后以馭黎元若夫容成大庭之世伏羲五龍之辰靡得而詳焉自軒黄以降墳素所紀畧可言者莫崇乎堯舜拔金繩而握天鏡開玉匣而總地維德之休明宸居靈極期運有終歸禪與能所以大唐遜位謳然興歌有虞揖讓卿雲發采遺風餘烈光被無垠漢魏因循不敢失墜爰逮自晉亦遵前典昔我祖宗英叡旁格幽明末葉不造仍世多故惟王聖哲欽明榮鏡區宇仁育羣生義征不憓聲化遠洎荒服無虞殊類同規華戎一族是以五色來儀於軒庭九穗含芳於郊牧象緯昭徹布新之符已顯圖讖彪煥受終之義既彰靈祇乃眷兆庶引領朕聞至道深微惟人是弘天命無常惟德是與所以仰鑒玄情俯察羣議敬禪神器授帝位于爾躬四海困窮天祿永終於戲王其允執厥中儀刑前式以副率土之欣望命司衮而謁蒼昊奏雲門而升圜丘時膺大禮永保洪業豈不盛歟幷命璽書遺兼太保司空褚彥回兼太尉守尚書令王僧虔奉皇帝璽綬受終之禮一依唐虞故事高帝固讓宋朝王公以下陳留王粲等詣門陳請帝猶未許齊世子卿士以下固請兼太史令將作匠文建陳天符瑞因言漢自建武至建安二十五年一百九十六年而禪魏魏自黄初至咸熙二年四十六年而禪晉晉自泰始至元熙二年一百五十六年而禪宋宋自永初元年至昇明三年凡六十年咸以六終六受六亢位也驗往揆今若斯昭著敢以職任備陳管穴伏願順天時膺符瑞二朝百辟又固請尚書右僕射王儉奏被宋詔遜位臣等參議宜剋日受禪高帝乃許焉

建元元年夏四月甲午皇帝即位於南郊柴燎告天曰皇帝臣道成敢用玄牡昭告于皇皇后帝夫肇自生靈樹以司牧所以闡極立則闓元創物肆兹大道天下惟公命不于常昔在虞夏受終上代粤自漢魏揖讓中葉咸煥諸方策載在典謨水德既微仍世多故實賴道成匡救之功以弘濟乎厥難大造顚墜再搆區宇誕惟天人罔弗和會乃仰協歸運景屬與能用集大命于兹辭

德匪嗣至于累仍而羣公卿士庶尹御事爰及黎獻暨乎百蠻僉曰皇天眷命不可以固違人臣無統不可以曠主畏天之威敢不祗順鴻歷敬簡元辰虔奉皇符升壇受禪告類上帝以荅人衷式敷萬國惟明靈是饗禮畢備大駕幸建康宮臨太極前殿大赦改元賜人爵二級文武位二等鰥寡孤獨不能自存者穀人五斛逋租宿責勿收犯鄉論清議贓汙淫盜者一皆蕩滌洗除先注與之更始長徒敕繫者特加原遣亡官失爵禁錮奪勞一依舊典封宋帝爲汝陰王築宮於丹陽故縣行宋正朔車旗服色一如晉宋故事上書不爲表荅表不稱詔宋諸王皆降爲公郡公主爲縣君縣公主爲鄉君詔降宋南康郡公爲縣公華容公爲侯萍鄉侯爲伯減戶有差以奉劉穆之王弘何無忌之祀追尊皇考曰宣皇帝皇妣曰孝皇后陵曰永安妃曰昭皇后陵曰泰安詔劫賊餘口沒在臺府者悉原赦諸負釁流徙者皆聽還本土戊戌以荆州刺史嶷爲尚書令驃騎大將軍開府儀同三司斷四方上慶禮己亥詔二宮諸王悉不得營立屯邸封略山湖乃停太宮池塞稅庚子詔宋帝后藩王諸陵量置守衛五月丙午以河南王吐谷渾拾寅爲驃騎大將軍詔宋氏第秩量所廢置有司奏留襄陽郡公張敬兒等六十二人除廣興郡公沈曇亮等一百二十二人改元嘉歷爲建元歷祖以正月卯臘以十二月未丁未詔曰設募取將懸賞購士蓋出權宜自今可斷衆募乙卯河南國遣使朝貢丙辰詔遣兼散騎常侍十二人巡行四方己未汝陰王殂齊志也追謚爲宋順帝辛酉誅陰安公劉燮等六月乙亥詔宋末以來枯骸毀櫬宜下埋藏庚辰備法駕奉七廟主于太廟甲申立齊太子賾爲皇太子斷諸州郡禮慶降死罪以下刑并申前赦恩百日立皇子嶷爲豫章王映爲臨川王晃爲長沙王曅爲武陵王暠爲安成王鏘爲鄱陽王鑠爲桂陽王鑑爲廣興王皇孫長懋爲南郡王乙酉葬宋順帝于遂寧陵秋七月丁未曲赦交州部內丁巳詔南蘭陵桑梓本鄉長蠲租布武進王業所基給復十年八月癸巳省陳留國丁巳立皇子鈞爲衡陽王九月辛丑詔以二吳義興三郡遭水減今年田租乙巳復置南蠻校尉官丙午加司空褚彥回尚書令冬十月丙子立彭城劉胤爲汝陰王奉宋後己卯享太廟辛巳汝陰王太妃王氏薨追贈宋恭皇后己丑荆州天井湖出綿人用與常綿不異

二年春正月戊戌朔大赦以司空褚彥回爲司徒以尚書右僕射王儉爲左僕射辛丑祀南郊二月丁卯魏軍攻壽陽豫州刺史垣崇祖破走之癸巳遣大使巡慰淮肥徐豫邊人尤貧遘難者三月百濟國遣使朝貢以其王牟都爲鎮東大將軍夏四月丙寅進高麗王樂浪公高璉號驃騎大將軍五月立六門都墻秋九月甲午朔日有蝕之丙子蠕蠕國遣使朝貢冬十二月戊戌以司空褚彥回爲司徒壬子以驃騎豫章王嶷爲司空

三年春正月壬戌朔詔王公卿士薦讜言丙子立皇子鋒爲江夏王二月癸丑罷南蠻校尉官夏四月辛亥始制東宮臣僚用下官禮敬聞喜公子良等六月壬子大赦秋七月己未朔日有蝕之九月辛未蠕蠕國王遣使欲俱攻魏獻師子皮袴褶烏程令吳郡顧昌玄坐父法秀宋泰始中北征死亡屍骸不反而昌玄宴樂嬉游與常人無異有司請加以清議丙戌置會稽山陰縣獄丞冬十月戊子以河南王世子吐谷渾度易侯爲西秦河二州刺史河南王十二月丁亥高麗國遣使朝貢命散騎常侍虞炎等十二人巡行諸州郡觀省風俗

四年春二月乙未上不豫庚戌詔原都下四繫有差免元年以前逋責三月庚申詔司徒褚彥回左僕射王儉受顧託壬戌皇帝崩于臨光殿年五十六羣臣上謚曰高皇帝廟號太祖梓宮於東府前渚升龍舟四月丙午葬于武進泰安陵於龍舟卒哭內外反吉上少有大量喜怒不形於色深沉靜默常有四海之心博學善屬文工草隸書奕棊第二品雖經綸夷險不廢素業及卽位後身不御精細之物主衣中有玉介導以長侈奢之源命打破之凡異物皆令隨例毀棄後宮器物欄檻以銅爲飾者皆改用鐵內殿施黃紗帳宮人著紫皮履華蓋除金華爪用鐵回釘每曰使我臨天下十年當使黃金與土同價欲以身率下移風易俗性寬常與直閤將軍周覆給事中褚思莊共棊累局不倦覆乃抑上手不許易行其弘厚如此所著文詔中書侍郎江淹撰次之又詔東觀學士撰史林三十篇魏文帝皇覽之流也始帝年十七時嘗夢乘青龍上天西行逐日帝舊塋在武進彭山岡阜相屬數百里不絕其上常有五色雲又有龍出焉上時已貴矣宋明帝甚惡之遣善占墓者高靈文往墓所占相靈文先給事太祖還詭荅曰不過出方伯耳密白太祖曰貴不可言明帝意猶不已遣人踐藉以左道厭之上後於所樹華表柱忽龍鳴震響山谷明帝寢疾爲身後之慮多翦功臣上亦見疑每云蕭道成有不臣相時鎮淮陰每懷憂懼忽見神人謂上曰無所憂子孫當昌盛泰始三年宋明帝遣前淮南太守孫奉伯往淮陰監元會奉伯舊與帝款是行也帝與奉伯同室臥奉伯夢上乘龍上天於下捉龍腳不得及覺敘夢因謂曰兗州當大庇生靈而弟不得與也奉伯竟卒於宋世又參軍崔靈建夢天謂己蕭道成是我第十九子我去年已使授其天子位考自三皇五帝以降受命之次至帝爲十九也及爲領軍望氣者陳安寶見上身上恒有紫黃氣安寶謂王洪範曰此人貴不可言所居武進縣有一道相傳云天子路或謂秦皇所游或云孫氏舊迹時訛言東城天子出其後建安王休仁鎮東府宋明帝懼殺休仁而常閉東府不居明帝又屢幸改代作伐以厭王氣又使子安成王代之及蒼梧王敗安成王代立時咸言爲驗術數者推之上舊居武進東城村東城之言其在此也昇明二年冬延陵縣季子廟沸井之北忽聞金石聲疑其異鑿深三尺得沸井奔涌若浪其地又響卽復鑿之復得一井涌沸亦然井中得一木簡長一尺廣二分上有隱起字曰廬山道人張陵再拜詣闕起居簡文堅白字色乃黃瑞應圖云浪井不鑿自成王者清靜則仙人主之會稽剡縣有山名刻石父老相傳云山雖名刻石而不知文字所在昇明末縣人兒襲祖行獵忽見石上有文字凡三處苔生其上字不可識乃去苔視之其大石文曰此齊者黃石公之化氣也立石文曰黃天星姓蕭字道成得賢師天下太平小石文曰刻石者誰會稽南山李斯刻秦望之風也孝經鉤命決曰誰者起視名將將帝小字也河洛讖曰歷年七十水滅緒風雲俱起龍鱗舉又曰肅肅草成道德盡備案宋水德也義熙元年宋武帝王業之始至齊受命七十年又讖曰蕭爲二士天下樂案二士主字也郭文舉金雄記曰當復有作肅入草易曰聖人作萬物覩當復有作言聖人作也王子年歌曰欲知其姓草肅肅穀中最細低頭熟鱗身甲體永興福穀中精細者稻也卽道也熟猶成也又歌曰金刀利刃齊刈之金刀劉字刈猶翦也孔子河洛讖曰堨河梁塞龍泉消除水災泄山川水卽宋也宋氏爲災害故曰水災梁亦水也堨河梁則行路成矣路猶道也消除水災除宋水氏之災害也河圖讖又曰上參南斗第一星下立草屋爲紫庭神龍之岡梧桐生鳳鳥戢翼朔旦鳴南斗吳分野草屋者居上蕭字象也先是益州有山古老相傳曰齊后山昇明三年四月二十三日有沙門玄暢者於此山立精舍其日上登尊位其月二十四日滎陽郡人尹千於嵩山東南隅見天雨石墜地石開有玉璽在其中璽方三寸文曰戊丁之人與道俱肅然入草應天符掃平河洛清魏都又曰皇帝運興千奉璽詣雍州刺史蕭赤斧赤斧以獻案宋武帝於嵩高山得玉璧三十二枚神人云此是宋卜世之數三十二者二三十也宋自受命至禪齊凡六十年然則帝之符應也若是今備之云

世祖武皇帝諱賾字宣遠高帝長子也以宋元嘉二十七年六月己未生於建康縣之青溪宮將產之夕孝皇后昭皇后並夢龍據屋故小字上爲龍兒年十三夢人以筆畫身左右爲兩翅又著孔雀羽衣裳空中飛舉體生毛髮長至足有人指上所踐地曰周文王之田又於所住堂內得璽一枚文曰皇帝行璽又得異錢文爲北斗星雙刀雙貝及有人形帶劒爲仕宋爲贛令江州刺史晉安王子勛反上不從命南康相沈肅之縶上郡獄族人蕭欣祖門客桓康等破郡迎出上上遂率部曲百餘人起義避難揭陽山有白雀來集聞山中有清聲傳漏響又於山累石爲佛圖其側忽生一樹狀若華蓋青翠扶踈有殊羣木上將討戴凱之大饗士卒是日大熱上各令折荆枝自蔽言未終而有雲垂蔭正當會所會罷乃散及爲廣興相嶺南積旱遭水阻澗商旅不通上部伍既至無雨而川流暴起遂得利涉元徽四年累遷晉熙王鎮西長史江夏內史行郢州事順帝立徵晉熙王燮爲撫軍揚州刺史以上爲左衛將軍輔燮俱下沈攸之事起未得朝廷處分上以中流可以待敵卽據盆口城爲戰守備高帝聞之曰此眞我子也於盆城掘塹得一大錢文曰太平百歲于時城內乏水欲引水入城始鑿城內遇伏泉涌出如此者九處用之不竭上表求西討不許乃遣偏軍援郢平西將軍黃回等皆受上節度昇明二年事平還江州刺史封聞喜縣侯其年徵侍中領軍將軍尋加督京畿諸軍事三年又加尚書僕射中軍大將軍開府儀同三司進爵爲公給班劒二十人齊國建爲齊公世子改加侍中南豫州刺史給油絡車羽葆鼓吹增班劒爲三十人以石頭爲世子宮官置二率以下坊省服章一如東宮進爲王太子高帝卽位爲皇太子建元四年三月壬戌高帝崩是日皇太子卽皇帝位大赦征鎮州郡令長軍屯營部各行喪三日不得擅離任都邑城守防備幢隊一不得還乙丑稱先帝遺詔以司徒褚彥回錄尚書事尚書左僕射王儉爲尚書令車騎將軍張敬兒開府儀同三司詔曰喪禮雖有定制先旨每存簡約內官可三日一還臨外官間日一還

臨後有大喪皆如之丁卯以前將軍王奐爲尚書左僕射庚午以司空豫章王嶷爲太尉癸酉詔免逋城錢自今以後申明舊制初晉宋舊制受官二十日輒送修城錢一千宋泰始初軍役大起受官者萬計兵戎機急事有未遑自是令僕以下並不輸送二十年中大限不可勝計文符督切擾亂在所至是除蕩百姓悅焉夏四月辛卯追尊穆妃爲皇后五月庚申以高皇帝配南郊高昭皇后配北郊六月甲申朔立河南王長懋爲皇太子詔申壬戌赦恩百日丙申立皇太子妃王氏進封聞喜公子良爲竟陵王臨汝公子卿爲廬陵王應城公子敬爲安陸王江陵公子懋爲晉安王枝江公子隆爲隨王皇子子眞爲建安王皇孫昭業爲河南郡王戊戌以水潦爲患星緯乖序詔曰訊都下囚諸遠獄委刺史以時察判建康秣陵二縣貧人加振賜必令周悉吳興義興遭水縣蠲降租調以司徒褚彥回爲司空秋八月癸卯司空褚彥回薨九月丁巳以國哀故罷國子學辛未以征南將軍王僧虔爲左光祿大夫開府儀同三司冬十月乙未以中書令王延之爲尚書左僕射十二月己丑詔曰緣淮戍將久處邊勞三元行始宜霑恩慶可遣中書舍人宣旨臨會後每歲如之

永明元年春正月辛亥祀南郊大赦改元壬子詔內外羣僚各進讜言王公卿士各舉所知又詔守宰祿奉蓋有恒准往以邊虜告警故沿時損益今區宇寧晏宜加優獎郡縣丞尉可還舊秩壬戌立皇弟銳爲南平王鏗爲宜都王皇子子明爲武昌王子罕爲南海王望氣者云新林婁湖東府西有氣甲子築靑溪舊宮作新婁湖苑以厭之二月庚寅以征虜將軍楊炅爲沙州刺史封陰平王三月丙辰詔以星緯失序陰陽愆度申辛亥赦恩五十日以期訖爲始戊寅詔四方見囚罪無輕重及劫賊餘口長徒敕繫悉皆原赦夏五月丁酉車騎將軍張敬兒有罪伏誅秋八月壬申魏人來聘冬十月丙寅使驍騎將軍劉纘聘于魏十一月己卯雷十二月乙巳朔日有蝕之

二年春正月乙亥以護軍將軍柳世隆爲尚書右僕射以南兗州刺史竟陵王子良爲護軍將軍兼司徒壬寅以新除尚書右僕射柳世隆爲左僕射以丹陽尹李安人爲右僕射秋七月甲申立皇子子倫爲巴陵王八月丙午幸舊宮申都下獄及三署見徒量所降宥戊申幸玄武湖講武壬子扶南國遣使朝貢并獻頌章云甲子詔都下二縣墳墓毀發蹤宜掩埋遺骸未櫬者並加斂瘞疾困不能存者詳加霑賚冬十二月庚申魏人來聘

三年春正月辛卯祀南郊赦三百里內罪應入重者降一等餘依赦制三月甲寅使輔國將軍劉纘聘于魏夏五月省總明觀秋七月甲戌左光祿大夫開府儀同三司王僧虔薨辛卯於益州置平蠻校尉官八月乙未幸中堂聽訟乙巳以行宕昌王梁彌頡爲河涼二州刺史封隴西公宕昌王冬十一月丙辰魏人來聘十二月以江州刺史王奐爲尚書右僕射改封武昌王子明爲西陽王

四年春閏正月癸巳立皇子子貞爲邵陵王丁未以武都王楊集始爲北秦州刺史辛亥耕藉田詔宥殊死以下甲寅幸閱武堂勞酒小會賜王公以下在位者帛有差戊午幸宣武堂講武二月丙寅大風吳興偏甚樹葉皆赤己未立皇弟銶爲晉熙王鉉爲河東王壬午使通直郞裴昭明聘于魏

五年春正月戊子以太尉豫章王嶷爲大司馬車騎將軍竟陵王子良爲司徒驃騎將軍臨川王映衞將軍王儉中軍將軍王敬則並以本號開府儀同三司以尚書右僕射王奐爲尚書左僕射辛卯賜孤寡老疾各有差夏四月庚午殷祀太廟降諸囚徒先是立商飆館於孫陵岡世呼爲九日臺秋九月辛卯車駕幸焉冬十月初起新林苑

六年春三月甲申詔皇太子於東宮玄圃園宣猷堂臨訊及三署徒隸己亥封皇子子響爲巴東王夏五月庚辰左衞殿中將軍邯鄲超表陳射雉書奏賜死又穎川荀丕亦以諫諍託他事及誅六月辛未詔省州郡縣送故輸錢者秋七月齊興太守劉元寶於郡城塹得錢三十七萬皆輪厚徑一寸半以獻上以爲瑞班賜公卿九月壬寅於瑯邪城講武習水步軍冬十月庚申立冬初臨太極殿讀時令十一月丙戌土霧竟天如煙入人眼鼻二日乃止

七年春正月丙午以鎭南將軍柳世隆爲尚書左僕射以豫州刺史西昌侯鸞爲右僕射辛亥祀南郊大赦申明不舉子之科若有產子者復其父壬戌驃騎將軍開府儀同三司臨川王映薨戊辰詔以諸大夫年秩隆重增俸給見役三月甲寅立皇子子岳爲臨賀王子峻爲廣漢王子琳爲宣成王子珉爲義安王夏五月乙巳尚書令衞將軍開府儀同三司王儉薨甲子以新除尚書左僕射柳世隆爲尚書令秋九月壬寅魏人來聘冬十一月戊申詔平南參軍顏幼明聘于魏

八年春正月庚子以領軍王奐爲尚書左僕射丁巳以行百濟王泰爲鎭東大將軍百濟王二月辛卯零陵王司馬藥師薨夏四月戊辰朔詔公卿以下各舉所知六月己巳魏人來聘庚午長沙王晃薨丙申大雷雨有黃光竟天照地狀如金乙酉都下大風發屋秋七月癸卯詔以陰陽舛和緯象愆度儲胥嬰患淹歷旬晷可大赦八月壬辰荊州刺史巴東王子響反遣丹陽尹蕭順之討之子響伏誅乙酉以河南王世子休留代爲西秦河二州刺史封河南王冬十一月戊寅詔量增尚書丞郞祿己卯改封宣城王子琳爲南康王立皇子子建爲湘東王

九年春正月甲午省平蠻府辛丑祀南郊降都下見囚戊午詔射聲校尉裴昭明聘于魏三月癸巳明堂災夏五月丙申林邑國獻金簟丁未魏人來聘安成王暠薨己未樂游正陽堂災秋八月己亥使司徒參軍蕭琛聘于魏吳興義興大水乙卯蠲二郡租九月戊辰幸瑯邪城講武觀者傾都普頒酒肉冬十月甲寅魏人來聘

十年春正月戊午以司徒竟陵王子良領尚書令以尚書右僕射西昌侯鸞爲左僕射詔增內外有務衆官祿奉丙戌詔故太宰褚彥回故太尉王儉故司空柳世隆驃騎大將軍王敬則鎭軍大將軍陳顯達故鎭軍將軍李安人配饗太祖廟庭二月乙巳使司徒參軍蕭琛聘于魏

十一年春正月戊午以驃騎大將軍豫州刺史王敬則爲司空乙亥皇太子長懋薨二月雍州刺史王奐有罪伏誅三月丙寅以金紫光祿大夫王晏爲尚書右僕射夏四月癸未魏人來聘甲午立皇孫昭業爲皇太孫賜天下爲父後者爵一級五月戊辰以旱故都下二縣朱方姑熟權斷酒秋七月丁巳曲赦南兗兗豫司徐五州南豫州之歷陽譙臨江廬江四郡三調衆逋宿責並同原除其緣淮及靑冀新附僑人復除已訖更申五年先是魏地謠言赤火南流喪南國是歲有沙門從北齎此火而至色赤於常火而微云以療疾貴賤爭取之多得其驗二十餘日都下大盛咸云聖火詔禁之不止火炙至七炷而疾愈吳興丘國賓竊以還鄉邑人楊道慶虛疾二十年依法炙卽差是月上不豫徙御延昌殿始登階而殿屋鳴吒上惡之魏軍將至上慮朝野憂惶力疾召樂府奏正聲伎戊寅大漸詔曰始終大期聖賢不免吾行年六十亦復何恨但皇業艱難萬機自重不能無遺慮耳太孫進德日茂社稷有寄子良善相毗輔思弘正道內外衆事無大小悉與鸞參懷尚書是職務根本悉委王晏徐孝嗣軍旅捍邊之略委王敬則陳顯達王廣之王玄邈沈文季張瓌薛深等百辟庶僚各奉爾職謹事太孫勿有懈怠又詔曰我識滅後身上著夏衣畫天衣純烏犀導綷諸器服悉不得用寶物及織成等唯裝複袂衣各一通常所服刀長短二口鐵環者隨入梓宮祭敬之典本在因心靈上愼勿以牲爲祭祭惟設餅茶飲干飯酒脯而已天下貴賤咸同此制未山陵前朔望設菜食陵墓萬世所宅意常恨休安陵未稱今可用東三處地最東邊以葬我名爲景安陵喪禮每存省約不須煩人百官停六時入臨朔望祖日可依舊諸主六宮並不須從山陵內殿鳳華壽昌耀靈三處是吾所改制夫貴有天下富兼四海宴處寢息不容乃陋謂此爲奢儉之中愼勿壞去顯陽殿玉像諸佛及供養具如別牒可盡心禮拜供養之應有功德事可專在中自今公私皆不得出家爲道及起立塔寺以宅爲精舍並嚴斷之惟年六十必有道心聽朝賢選序已有別詔諸小小賜乞及閤內處分亦有別牒內外禁衞勞舊主帥左右悉令蕭諶優量驅使之是日上崩于延昌殿年五十四羣臣上謚曰武皇帝廟號世祖九月丙寅葬景安陵上剛毅有斷政總大體以富國爲先頗喜游宴彫綺之事言常恨之未能頓遣臨崩又詔凡諸游費宜從休息自今遠近薦獻務存節儉不得出界營求相高奢麗金粟繒纊敝人已甚珠玉玩好傷俗尤重嚴加禁絕

論曰齊高帝基命之初武功潛用泰始開運大拯時艱及蒼梧暴虐釁結朝野而百姓懍懍命縣朝夕權道既行兼濟天下元功振主利器難以假人羣方戮力實懷尺寸之望豈惟天厭水行固已人希木德歸功與能事極乎此武帝雲雷伊始功參佐命雖爲繼體事實艱難御袞垂旒深存政典文武授任不革舊章明罰厚恩皆由己出外表無塵內朝多豫機事平理職貢有恒府藏內充鮮人勞役宮室苑囿未足以傷財安樂延年衆庶所同幸亦有齊之良主也據齊梁紀錄並云出自蕭何又編御史大夫望之以爲先祖之次案何及望之於漢俱爲勳德而望之本傳不有此陳齊典所書便乖實錄近祕書監顏師古博考經籍注解漢書已正其非今隨而改削云

南史卷四考證

齊高帝紀帝軍容寡闕乃編椶皮爲馬具裝○乃監本

訛仍今從南本

公奉辭伐罪戒旦晨征○征監本訛徵今從南本

重窺上國而世故相仍師出已老○世監本作勢今從齊書

信宿之間宣揚底定○揚監本作陽今從南本

命司袞而謁蒼昊○袞監本誤衷今改從齊書

兼太尉守尚書令王僧虔○守各本俱誤以今從齊書改正

冬十二月戊戌以司空褚彥回爲司徒○臣承蒼按上文云春正月戊戌朔大赦以司空褚彥回爲司徒此不當重出殆因戊戌日相同而有誤也

武帝紀忽生一樹狀若華蓋青翠扶疏有殊羣木○華監本訛花今從閣本

都邑城守防備幢隊一不得還○幢監本訛憧今改從齊書

南史卷五

唐　李　延　壽　撰

齊本紀下第五

廢帝鬱林王諱昭業字元尚小字法身文惠太子長子也高帝爲相王鎮東府時年五歲牀前戲高帝方令左右拔白髮問之曰兒言我誰耶荅曰太翁高帝笑謂左右曰豈有爲人作曾祖而拔白髮者乎卽擲鏡鑷其後問訊高帝指示賓客曰我基於此四世矣及武帝卽位封爲南郡王時年十歲永明五年十一月戊子冠於東宮崇正殿其日小會賜王公以下帛各有差給南郡王扶二人七年有司奏給班劒二十人鼓吹一部高選友學禮絕羣王十一年給皂輪三望車文惠太子薨立南郡王爲皇太孫居東宮其年七月戊寅武帝崩皇太孫卽帝位大赦八月壬午詔稱遺詔以護軍將軍武陵王曄爲衞將軍征南大將軍陳顯達卽本號並開府儀同三司以尚書左僕射西昌侯鸞爲尚書令右僕射王晏爲左僕射吏部尚書徐孝嗣爲右僕射癸未加司徒竟陵王子良位太傅增班劒三十人蠲除三調及衆逋在今年七月三十日以前者省御府及無用池田邸冶減關市征稅先是每有蠲原之詔少無事實督責如故是時西昌侯鸞任知朝政天下咸望風來蘇至此恩信兩行海內莫不欣然九月辛酉追尊文惠皇太子爲世宗文皇帝冬十月壬寅尊皇太孫太妃爲皇太后立皇后何氏十一月庚戌魏人來聘辛亥立臨汝公昭文爲新安王曲江公昭秀爲臨海王皇弟昭粲爲永嘉王

隆昌元年春正月丁未大赦改元加太傅竟陵王子良殊禮鎮軍將軍西昌侯鸞卽本號爲大將軍給鼓吹一部親兵五百人以領軍鄱陽王鏘爲尚書右僕射詔百僚極陳得失又詔王公以下各舉所知辛亥祀南郊宥隆昌元年以來流人戊午拜崇安陵甲戌使司徒參軍劉斅聘于魏二月辛卯祀明堂夏四月辛巳衞將軍開府儀同三司武陵王曄薨戊子太傅竟陵王子良薨丁酉以驃騎將軍廬陵王子卿爲衞將軍尚書右僕射鄱陽王鏘爲驃騎將軍並開府儀同三司閏月丁卯以鎮軍大將軍西昌侯鸞卽本號開府儀同三司五月甲戌朔日有蝕之秋七月癸巳皇太后令廢帝爲鬱林王帝少美容止好隸書武帝特所鍾愛敕皇孫手書不得妄出以貴之進退音吐甚有令譽生而爲竟陵文宣王所攝養常在袁妃間竟陵王移住西州帝亦隨住焉性甚辯慧哀樂過人接對賓客皆款曲周至矯情飾詐陰懷鄙慝與左右無賴羣小二十許人共衣食同臥起妃何氏擇其中美貌者皆與交歡密就富市人求錢無敢不與及竟陵王移西邸帝獨住西州每夜輒開後堂閤與諸不逞小人至諸營署中淫宴凡諸小人並逆加爵位皆疏官名號於黃紙使各囊盛以帶之許南面之日卽便施行又別作籥鉤兼善效人書每私出還輒扃籥封題如故故人無知者師史仁祖侍書胡天翼聞之相與謀曰若言之二宮則其事未易若於營署爲異人所毆打及犬物所傷豈直罪止一身亦當盡室及禍年各已七十餘生寧足吝邪數日中二人相係自殺二宮不知也武帝以暨陽縣寒人綦母珍之代仁祖剡縣寒人馬澄代天翼文惠太子每禁其起居節其用度帝謂豫章王妃庾氏曰阿婆佛法言有福生帝王家今見作天王便是大罪左右主帥動見拘執不如市邊屠酤富兒百倍文惠太子自疾及薨帝侍疾及居喪哀容號毀旁人見者莫不嗚咽裁還私室卽歡笑酣飲備食甘滋葷畢立爲皇太孫問訊太妃截壁爲閤於太妃房內往何氏間每入輒彌時不出武帝往東宮帝迎拜號慟絕而復蘇武帝自下輿抱持之寵愛日隆又在西州令女巫楊氏禱祀速求天位及文帝薨謂由楊氏之力倍加敬信呼楊婆宋氏以來人間有楊婆兒哥蓋此徵也武帝有疾又令楊氏日夜禱祈令宮車早晏駕時何妃在西州武帝未崩數日疾稍危與何氏書紙中央作一大喜字而作三十六小喜字繞之侍武帝疾憂容慘感言發淚下武帝每言及存亡帝輒哽咽不自勝武帝以此謂爲必能負荷大業謂曰五年中一委宰相汝勿厝意五年以後勿復委人若自作無成無所多恨臨崩執帝手曰阿奴若憶翁當好作如此再而崩大斂始畢乃悉呼武帝諸伎備奏衆樂諸伎雖畏威從事莫不哽咽流涕素好狗馬卽位未逾旬便毀武帝所起招婉殿以材賜閹人徐龍駒於其處爲馬埒馳騎墜馬面額並傷稱疾不出者數日多聚名鷹快犬以粱肉奉之及武帝梓宮下渚帝於端門內奉辭轀輬車未出端門便稱疾還內裁入閤卽於內奏胡伎鞞鐸之聲震響內外時司空王敬則問新除射聲校尉蕭坦之曰便如此不當怱怱邪坦之曰此政是內人哭響徹耳自山陵之後便於閤內乘內人車問訊往皇后所生母宋氏間因微服游走市里又多往文帝崇安陵隧中與羣小共作諸鄙褻擲塗賭跳放鷹走狗雜狡獪帝旣失道朝事大小皆決之西昌侯鸞鸞有諫多不見從極意賞賜左右動至百數十萬每見錢曰我昔思汝一箇不得今日得用汝未武帝聚錢上庫五億萬齋庫亦出三億萬金銀布帛不可稱計卽位未朞歲所用已過半皆賜與諸不逞羣小諸寶器以相擊剖破碎之以爲笑樂及至廢黜府庫悉空其在內常裸袒着紅紫錦繡新衣錦帽紅縠褌雜采袒服好鬬雞密買雞至數千價武帝御物甘草杖宮人寸斷用之徐龍駒爲後宮舍人日夜在六宮房內帝與文帝幸姬霍氏淫通改姓徐氏龍駒勸長留宮內聲云度霍氏爲尼以餘人代之皇后亦淫亂齋閤通夜洞開外內淆雜無復分別中書舍人綦母珍之朱隆之直閤將軍曹道剛周奉叔並爲之羽翼西昌侯鸞屢諫不納旣而尼媼外入頗傳異語乃疑鸞有異志中書令何胤以皇后從叔見親使直殿省常隨后呼胤爲三父與胤謀誅鸞令胤受事胤不敢當依違杜諫乃止又謀出鸞於西州中敕用事不復關諮鸞慮變先使蕭諶坦之等於省誅曹道剛朱隆之等率兵自尚書省入雲龍門戎服加朱衣於上比入門三失履王晏徐孝嗣蕭坦之陳顯達王廣之沈文季係進帝在壽昌殿裸身與霍氏相對聞外有變使閉內殿諸房閤令閹人登興光樓望還報云見一人戎服從數百人急裝在西鍾樓下須臾蕭諶領兵先入宮帝走向愛姬徐氏房拔劒自刺不入以帛纏頸輿接出延德殿諶初入殿宿衞將士皆衞執弓楯欲戰諶曰所取自有人卿等不須動宿衞信之及帝出各欲自奮帝竟無一言出西弄遇弒年二十二舁尸出徐龍駒宅殯葬以王禮霍氏及廣昌君宋並賜死餘黨亦見誅先是文惠太子立樓館於鍾山下號曰東田太子屢游幸之東田反語爲顛童也武帝又於青溪立宮號曰舊宮反之窮廐也果以輕狷而至於窮又武帝時有小史姓皇名太子武帝曰皇太子非名之謂於是移黜於外易名爲犬子處士何點曰太子者天地之所懸三才之所係今化而爲犬不得立矣旣而文惠太子薨鬱林海陵相繼廢黜此其驗也永明中百姓忽著破後帽始自建業流于四遠貴賤翕然服之此服祆也帽自蕭諶之家其流遂遠天意若曰武穆文昭皆當滅而諶亦誅死之効焉

廢帝海陵恭王諱昭文字季尚文惠太子第二子也永明四年封臨汝公鬱林王卽位改封新安王及鬱林廢西昌侯鸞奉帝纂統延興元年秋七月丁酉皇帝卽位大赦改元賜文武位二等以鎮軍大將軍西昌侯鸞爲驃騎大將軍開府儀同三司錄尚書事都督揚州刺史加班劒爲三十人封宣城郡公出鎮東城以尚書左僕射王晏爲尚書令以丹陽尹徐孝嗣爲左僕射以領軍將軍沈文季爲右僕射以車騎大將軍陳顯達爲司空以驃騎大將軍鄱陽王鏘爲司徒命宣城公鸞甲仗百人入殿陳顯達王晏徐孝嗣蕭諶各五十人入殿八月壬辰魏人來聘甲午以前司空王敬則爲太尉辛丑復置南蠻校尉官甲辰詔使者觀省風俗九月癸未誅新除司徒鄱陽王鏘中書大將軍隨王子隆遣平西將軍王廣之誅南兗州刺史安陸王子敬於是江州刺史晉安王子懋起兵遣中護軍王玄邈討誅之乙酉又誅湘州刺史南平王銳郢州刺史晉熙王銶南豫州刺史宜都王鏗丁亥以衞將軍廬陵王子卿爲司徒以撫軍將軍桂陽王鑠爲中書將軍開府儀同三司冬十月丁酉加宣城公鸞黃鉞進授都督中外諸軍事太傅領大將軍揚州刺史加殊禮進爵爲王戊戌誅新除中軍將軍桂陽王鑠撫軍將軍衡陽王鈞侍中祕書監江夏王鋒鎮軍將軍建安王子眞左將軍巴陵王子倫是時宣城王鸞輔政帝起居皆諮而後行思食蒸魚菜太官令荅無錄公命竟不與辛亥皇太后令廢帝爲海陵王使宣城王入纂皇統建武元年詔海陵王依漢東海王彊故

事給虎賁旄頭畫輪車設鍾簴宮縣十一月稱王有疾數遣御師往視乃殞之給溫明祕器斂以衮冕之服大鴻臚監護喪事葬給轀輬車九旒大輅黃屋左纛前後部羽葆鼓吹挽歌二部依東海王彊故事謚曰恭先是武帝立禪靈寺於都下當世以爲壯觀天意若曰禪者禪也靈者神明之目漢文帝晏駕而鼎業傾移也永明世市里小兒以鐵相擊於地謂之鬬鑿鑿之爲言族也至是宗室族滅矣又武帝時以燕支爲朱衣朝士皆服之及明帝以宗子入纂此又奪朱之效也時又多以生紗爲帽半其裙而析之號曰倚勸先是人間語好云擾擾建武至是朝士勸進實爲忽遽倚勸擾擾之言於是驗矣

高祖明皇帝諱鸞字景栖始安貞王道生之子也小字玄度少孤高帝撫育過諸子宋泰豫元年爲安吉令有嚴能之名昇明中累遷淮南宣城二郡太守進號輔國將軍高帝踐阼封西昌侯位郢州刺史永明元年爲侍中領驍騎將軍王子侯舊乘纏帷車帝獨乘下帷儀從如素士公事混撓販食人擔火誤燒牛鼻豫章王以白武帝帝笑爲轉爲散騎常侍左衞將軍清道而行十年累遷尚書左僕射領右衞將軍武帝遺詔爲侍中尚書令尋加鎭軍將軍給班劒二十人隆昌元年卽本號爲大將軍給鼓吹一部親兵五百人尋加中書監開府儀同三司海陵王立爲驃騎大將軍錄尚書事揚州刺史加都督增班劒爲三十人封宣城郡公鎭東府城給兵五千人錢二百萬布千匹九江事難假黃鉞事寧表送之尋加黃鉞都督中外諸軍事太傅領大將軍揚州牧增班劒爲四十人給幢絡三望車前後部羽葆鼓吹劒履上殿入朝不趨贊拜不名置左右長史司馬從事中郞掾屬各四人封宣城王未拜太后令廢海陵王以上入纂高帝爲第三子羣臣三請乃受命建武元年冬十月癸亥皇帝卽位大赦改元文武賜位二等以太尉王敬則爲大司馬以司空陳顯達爲太尉乙丑詔斷遠近上禮丁卯詔自今雕文篆刻歲時光新可悉停省藩牧守宰或有薦獻事非任土嚴加禁斷十一月壬申日有蝕之帝宿沐浴不御內其日潔齋蔬食斷朝務屏人單衣帢危坐以至事畢追尊始安貞王爲景皇妃江氏爲懿后別立寢廟號陵曰脩安封桂陽王鑠等諸王子皆爲列侯凡諸王侯得罪者諸子皆復屬籍又詔遣大使觀省四方癸酉革永明之制依晉宋舊典太子以師禮敬少傅甲戌進大司馬尋陽公王敬則等十三人爵邑各有差省新林苑先是百姓地者悉以還主廢南蠻校尉官己卯追崇妃劉氏爲敬皇后號陵曰興安庚辰立皇子寶義爲晉安王寶玄爲江夏王寶源爲廬陵王寶寅爲建安王寶融爲隨郡王寶攸爲南平王甲申斷官長貢獻及私餉遺以安陸昭王緬第二子寶晊襲封安陸王丁亥詔細作中署材官車府凡諸工可悉開番假遞令休息戊子立皇子寶卷爲皇太子賜天下爲父後者爵一級己丑詔東宮肇建遠近或有慶禮可悉斷之永明中御史中丞沈淵表百官年登七十者皆令致仕並窮困私門庚子詔自縉紳年及可一遵永明七年以前銓敘之科十二月庚戌宣德右僕射劉朗之游擊將軍劉璩之子坐不贍給兄子致使隨母他嫁免官禁錮終身付之鄉論是歲魏孝文皇帝遷都洛陽

二年春正月辛未降都下繫囚殊死以下詔王公以下各舉所知內外羣僚各進忠言無有所諱魏攻豫司徐梁四州壬申遣鎭軍王廣之督司州右衞將軍蕭坦之督徐州尚書右僕射沈文季督豫州以拒魏己卯詔都下二縣有毀發墳壠隨宜修理乙未魏軍攻鍾離徐州刺史蕭惠休破之丙申加太尉陳顯達使持節都督西北道諸軍事丁酉內外纂嚴三月己未司州刺史蕭誕與衆軍攻敗魏軍詔雍豫司南兗徐五州遭遇兵戎之家悉停今年稅調丙寅停青州麥租魏軍自壽春退甲申解嚴夏四月己亥朔親錄三百里內獄訟自外委州郡訊察三署徒隸原遣有差魏軍圍漢中梁州刺史蕭懿拒退之五月甲午寢廟成詔監作長帥賜位一等六月壬戌誅領軍蕭諶西陽王子明南海王子罕邵陵王子貞秋九月己丑改封南平王寶攸爲邵陵王蜀郡王子文爲西陽王廣漢王子峻爲衡陽王臨海王昭秀爲巴陵王永嘉王昭粲爲桂陽王冬十月癸卯詔罷東田毀光興樓并詔水衡量省御乘乙卯納皇太子妃褚氏大赦王公以下班賜各有差斷四方上禮十二月丁酉詔晉帝諸陵悉皆修理并增守衞吳晉陵失稔之鄉蠲三調有差

三年春正月丁酉以陰平王楊炅子崇祖爲沙州刺史封陰平王二月己巳詔申明守長六周之制事竟不行乙酉詔以去歲魏攻緣邊諸州郡將士有臨陣及病死者並送還本土三月壬午詔車府乘輿有金銀飾者皆剔除之夏四月魏軍攻司州櫟城戍主魏僧岷擊破之冬閏十二月戊寅皇太子冠賜王公以下帛各有差爲父後者賜爵一級斷遠近上禮

四年春正月庚午大赦庚辰詔人產子者蠲其父母調役一年又賜米十斛新婚者蠲夫役一年壬辰誅尚書令王晏二月以尚書左僕射徐孝嗣爲尚書令秋八月甲午追尊景皇所生王氏爲恭太后魏軍攻沔北冬十月又逼司雍二州甲戌遣太子中庶子蕭衍右軍司馬張稷禦之十一月丙辰以氐楊靈珍爲北秦刺史封仇池公武都王十二月丁丑遣度支尚書崔慧景率衆救雍州

永泰元年春正月癸未朔大赦中軍大將軍徐孝嗣卽本號開府儀同三司沔北諸郡爲魏所攻相繼亡敗新野太守劉忌隨宜應接食盡煮土爲粥而救兵不至城被剋死之乙巳遣太尉陳顯達持節救雍州丁未誅河東王鉉臨賀王子岳西陽王子文衡陽王子峻南康王子琳永陽王子珉湘東王子建南郡王子夏巴陵王昭秀桂陽王昭粲二月癸丑遣左衞將軍蕭惠休假節援壽陽辛未豫州刺史裴叔業敗魏軍於淮北三月甲午蠲雍州遇魏軍之縣租布戊申詔增仲尼祭秩上以疾患不瘳望氣者云宜改元夏四月甲寅大赦改元文武賜位二等己未立武陵昭王子子坦爲衡陽王丁丑大司馬會稽太守王敬則舉兵反五月壬午遣輔國將軍劉山陽率軍東討乙酉斬敬則傳首建業曲赦浙東吳晉陵等七郡秋七月己酉帝崩于正福殿年四十七遺詔徐孝嗣可重申八命中書監本官悉如故沈文季可尚書左僕射常侍護軍如故江祏可右僕射江祀可侍中劉暄可衞尉卿軍政大事委陳太尉內外衆事無大小委徐孝嗣遙光坦之江祏其大事與沈文季江祀劉暄參懷心膂之任可委劉悛蕭惠休崔慧景羣臣上謚曰明皇帝廟號高宗葬興安陵帝明審有吏才持法無所借制御親幸臣下肅清驅使寡人不得用四幅繖大存儉約罷武帝所起新林苑以地還百姓廢文惠太子所起東田斥賣之永明中輿輦舟乘悉剔金銀還主衣庫以牙角代之嘗用皂莢訖授餘濼與左右曰此猶堪明日用大官進御食有裹蒸帝十字畫之曰可四片破之餘充晚食而武帝掖庭中宮殿服御一無所改其儉約如此性猜忌亟行誅戮信道術用計數每出行幸先占利害簡於出入將南則詭言之西將東則詭言之北皆不以實竟不南郊初有疾無輟聽覽羣臣莫知及疾篤敕臺省府署文簿求白魚以爲藥外始知之身衣絳衣服飾皆赤以爲厭勝巫覡云後湖水頭經過宮內致帝有疾帝乃自至太官行水溝左右啓太官無此水則不立決意塞之欲南引淮流會崩事寢

廢帝東昏侯諱寶卷字智藏明帝第二子也本名明賢明帝輔政後改焉建武元年立爲皇太子永泰元年七月己酉明帝崩太子卽皇帝位八月庚申鎭北將軍晉安王寶義進號征北大將軍開府儀同三司冬十月己未詔删省律科癸亥詔蕭坦之江祏更直殿省總監宿衞辛未詔劉暄江祏更直延明殿省十一月戊子立皇后褚氏庚寅尚書令徐孝嗣議王侯貴人昏連卺以真銀盃蓋出近俗又牢燭侈績亦虧曩制今除金銀連鎖自餘新器悉用埏陶牢燭華侈亦宜停之奏可

永元元年春正月戊寅朔大赦改元辛卯祀南郊丁酉改封隨王寶融爲南康王安陸王寶晊爲湘東王竟陵王昭胄爲巴陵王二月太尉陳顯達敗績於馬圈夏四月丙午朔魏孝文皇帝崩己巳立皇子誦爲皇太子大赦賜爲父後者爵一級五月癸亥加撫軍大將軍始安王遙光開府儀同三司六月甲子詔原雍州今年三調秋七月辛未淮水變赤如血丙戌殺尚書右僕射江祏侍中江祀地震自此至來歲晝夜不止小屋多壞丁亥都下大水死者甚衆賜死者材器並加振恤八月乙巳蠲遇水資財漂蕩者今年調稅又詔爲馬圈戰亡將士舉哀丙辰揚州刺史始安王遙光據東府反詔曲赦都下中外戒嚴遣領軍將軍蕭坦之致討戊午斬遙光傳首己巳以尚書令徐孝嗣爲司空以領軍蕭坦之爲尚書左僕射閏月丙子以江陵公寶覽爲始安王九月甲辰殺尚書左僕射蕭坦之右衞將軍曹武戊午殺領軍將軍劉暄壬戌以頻殺大臣大赦冬十月乙未誅尚書令新除司空徐孝嗣右僕射新除鎭軍將軍沈文季庚子以吳興太守蕭惠休爲尚書右僕射辛丑以侍中王亮爲左僕射十一月丙辰太尉江州刺史陳顯達舉兵反於尋陽乙丑加護軍將軍崔慧景平南將軍督衆軍南討十二月甲申陳顯達至都宮城嚴警己酉斬顯達傳其首餘黨盡平

二年春正月庚午詔討豫州刺史裴叔業二月己丑叔業病死兄子植以壽春降魏三月乙卯命平西將軍崔慧景攻壽春夏四月丙午尚書右僕射蕭惠休卒丁未崔慧景於廣陵反舉兵內向壬子命右衞將軍左興盛督都下水步衆軍禦之南徐州刺史江夏王寶玄以京城納慧景乙卯遣中領軍王瑩率衆軍屯北籬門壬戌慧景至瑩等敗績甲子慧景入建業臺城內閉門拒守豫州刺史蕭懿舉兵入援己巳以懿爲尚書右僕射癸

酉慧景弃衆走斬之詔曲赦都下及南徐南兗二州乙亥以新除尚書右僕射蕭懿爲尚書令丙子以中領軍王瑩爲尚書右僕射五月己酉江夏王寶玄伏誅壬子赦己丑曲赦都下及徐兗二州六月庚寅車駕於樂游苑內會如三元都下放女人觀秋七月甲辰夜宮內火唯東閤內明帝舊殿數區及太極以南得存餘皆蕩盡冬十月己亥殺尚書令蕭懿十一月甲寅西中郎長史蕭穎胄起兵於荆州十二月雍州刺史蕭衍起兵於襄陽是歲魏宣武皇帝景明元年

三年春正月丙申朔日有蝕之帝與宮人於閱武堂元會皇后正位閹人行儀帝戎服臨視丁酉以驃騎大將軍晉安王寶義爲司徒以新除撫軍將軍建安王寶寅爲車騎將軍開府儀同三司乙巳長星見竟天辛亥祀南郊大赦詔百官陳讜言二月丙寅乾和殿西廂火壬午詔遣羽林兵征雍州中外纂嚴始內橫吹五部於殿內晝夜奏之壬戌蚩尤旗見三月乙巳南康王寶融卽皇帝位於江陵癸丑遣平西將軍陳伯之西征六月蕭穎胄弟穎孚起兵廬陵戊子赦江州安成廬陵二郡秋七月癸巳曲赦荆雍二州雍州刺史張欣泰前南譙太守王靈秀率石頭文武奉建安王寶寅向臺至杜姥宅宮門閉乃散走丙辰龍闕于建康淮激水五里八月辛卯以太子左率李居士總督西討諸軍事屯新亭九月甲辰蕭衍至南豫州輔國將軍監南豫州事申冑軍二萬人於姑熟奔歸丙辰李居士與衍軍戰於新亭見敗冬十月甲戌王珍國又戰敗於朱雀航戊寅寧朔將軍徐元瑜以東府城降青冀二州刺史桓和入衞屯東宮尋亦降衍於是閉宮城門自守十二月丙寅新除雍州刺史王珍國侍中張稷率兵入殿殺帝時年十九帝在東宮便好弄不喜書學明帝亦不以爲非但勗以家人之行令太子求一日再入朝發詔不許使三日一朝在宮嘗夜捕鼠達旦以爲笑樂明帝臨崩屬後事以隆昌爲戒曰作事不可在人後故委任羣小誅諸宰臣無不如意性訥澀少言不與朝士接欲速葬惡靈在太極殿徐孝嗣固爭得踰月每當哭輒云喉痛太中大夫羊闡入臨無髮號慟俯仰幘遂脫地帝輟哭大笑謂宦者王寶孫曰此謂禿秋啼來乎自江祏始安王遙光等誅後無所忌憚日夜於後堂戲馬鼓譟爲樂合夕便擊金鼓吹角令左右數百人叫雜以羌胡橫吹諸伎常以五更就臥至晡乃起王侯以下節朔朝見晡後方前或際暗遣出臺閣案奏月數十日乃報或不知所在閹豎以紙包裹魚肉還家並是五省黃案二年元會食後方出朝賀裁竟便還殿西序寢自巳至申百僚陪位皆僵仆菜色比起就會怱遽而罷太子所生母黃貴嬪早亡令潘妃母養之拜潘氏爲貴妃乘臥輿帝騎馬從後著織成袴褶金薄帽執七寶縛矟又有金銀校具錦繡諸帽數十種各有名字戎服急裝縛袴上著絳衫以爲常服不變寒暑陵冒雨雪不避阬穽馳騁渴乏輒下馬解取腰邊蠡器酌水飲之復上馳去馬乘具用錦繡處患爲雨所濕織雜采珠爲覆蒙備諸雕巧教黃門五六十人爲騎客又選營署無賴小人善走者爲逐馬鷹犬左右數百人常以自隨奔走往來略不暇息置射雉場二百九十六處翳中帷帳及步障皆袷以綠紅錦金銀鏤弩牙瑇瑁帖箭每出輒與鷹犬隊主徐令孫媒翳隊主俞靈韻齊馬而走左右爭逐之又甚有筋力牽弓至三斛五斗能擔幢初學擔幢每傾倒在幢杪者必致踠傷其後白虎幢七丈五尺齒上擔之折齒不倦擔幢諸校具服飾皆自製之綴以金華玉鏡衆寶舍人主書及至左右主帥並皆侍側逞諸變態曾無愧顏始欲騎馬未習其事俞靈韻爲作木馬人在其中行動進退隨意所適其後遂爲善騎陳顯達卒漸出游走不欲令人見之驅斥百姓唯置空宅而已是時率一月二十餘出既往無定處尉司常慮得罪東行驅西南行驅北應旦出夜便驅逐吏司奔驅叫呼盈路打鼓蹋圍鼓聲所聞便應奔走臨時驅迫衣不暇披乃至徒跣走出犯禁者應手格殺百姓無復作業終日路隅從萬春門由東宮以東至郊外數十里皆空家盡室巷陌懸幔爲高障置人防守謂之屏除高障之內設部伍羽儀復有數部皆奏鼓吹羌胡伎鼓角橫吹夜反火光照天每三四更中鼓聲四出幡戟橫路百姓喧走士庶莫辨或於市肆左側過親幸家環繞宛轉周徧都下老小震驚啼號塞道處處禁斷不知所過疾患困篤者悉掆移之無人掆者扶匐道側吏司又加捶打絕命者相係從騎及左右因之入富家取物無不蕩盡工商莫不廢業樵蘇由之路斷至於乳婦昏姻之家移產寄室或輿病棄屍不得殯葬有棄病人於青溪邊者吏懼爲監司所問推至水中泥覆其面須臾便死遂失骸骨前魏興太守王敬賓新死未斂家人被驅不得留視及家人還鼠食兩眼都盡如此非一又常至沈公城有一婦人當產不去帝入其家問何獨在荅曰臨產不得去因剖腹看男女又長秋卿王儇病篤不聽停家死於路邊丹陽尹王志被驅急狼狽步走惟將二門生自隨藏朱雀航南酒壚中夜方得羽儀而歸喜游獵不避危險至蔣山定林寺一沙門病不能去藏於草間爲軍人所得應時殺之左右韓暉光曰老道人可念帝曰汝見麞鹿亦不射邪仍百箭俱發故貴人富室者皆數處立宅以爲避圍之舍每還宮常至三更百姓然後得反禁斷又不卽通處處屯咽或泥塗灌注或冰凍嚴結老幼啼號不可聞見時人以其所圍處號爲長圍及建康城見圍亦名長圍識者以爲讖焉三年殿內火合夕便發其時帝猶未還宮內諸房閤已閉內人不得出外人又不敢輒開比及開死者相枕領軍將軍王瑩率衆救火太極殿得全內外叫喚聲動天地帝三更中方還先至東宮慮有亂不敢便入參覘審無異乃歸其後出游火又燒璿儀曜靈等十餘殿及柏寢北至華林西至祕閣三千餘間皆盡左右趙鬼能讀西京賦云柏梁既災建章是營於是大起諸殿芳樂芳德仙華大輿含德清曜安壽等殿又別爲潘妃起神仙永壽玉壽三殿皆市飾以金璧其玉壽中作飛仙帳四面繡綺窻間盡畫神仙又作七賢皆以美女侍側鑿金銀爲書字靈獸神禽風雲華炬爲之玩飾椽桷之端悉垂鈴佩江左舊物有古玉律數枚悉裁以鈿笛莊嚴寺有玉九子鈴外國寺佛面有光相禪靈寺塔諸寶珥皆剝取以施潘妃殿飾性急暴所作便欲速成造殿未施梁桷便於地畫之唯須宏麗不知精密酷不別畫但取絢曜而已故諸匠賴此得不用情又鑿金爲蓮華以帖地令潘妃行其上曰此步步生蓮華也塗壁皆以麝香錦幔珠簾窮極綺麗縶役工匠自夜達曉猶不副速乃剔取諸寺佛剎殿藻井仙人騎獸以充足之武帝興光樓上施青漆世人謂之青樓帝曰武帝不巧何不純用瑠璃潘氏服御極選珍寶主衣庫舊物不復周用貴市人間金銀寶物價皆數倍琥珀釧一隻直百七十萬都下酒租皆折輸金以供雜用猶不能足下揚南徐二州橋桁塘埭丁計功爲直斂取見錢供太樂主衣雜費由是所在塘瀆悉皆隳廢又訂出雉雉頭鶴氅白鷺縗百品千條無復窮已親倖小人因緣爲姦科一輸十又各就州縣求爲人輸準取見直不爲輸送守宰懼威口不得道須物之處以復重求如此相仍前後不息百姓困盡號泣道路少府大官凡諸市買事皆急速催求相係吏司奔馳遇便虜奪市廛離散商旅靡依又以閱武堂爲芳樂苑窮奇極麗當暑種樹朝種夕死死而復種卒無一生於是徵求人家望樹便取毀徹牆屋以移置之大樹合抱亦皆移掘插葉繫華取玩俄頃剗取細草來植階庭烈日之中至便焦燥紛紜往還無復已極山石皆塗以采色跨池水立紫閣諸樓壁上畫男女私褻之像明帝時多聚金寶至是金以爲泥不足周用令富室買金不問多少限以賤價又不還直張欣泰嘗謂舍人裴長穆曰宮殿何事頓爾夫以秦之富起一阿房而滅今不及秦一郡而頓起數十阿房其危殆矣荅曰非不悅子之道顧言不用耳潘妃放恣威行遠近父寶慶與諸小共逞姦毒富人悉誣爲罪田宅貲財莫不啓乞或云寄附隱藏復加收没計一家見陷禍及親隣又慮後患男口必殺明帝之崩竟不一日蔬食居處衣服無改平常潘妃生女百日而亡制斬衰經杖衣悉麤布羣小來弔盤旋地坐舉手受執蔬膳積旬不聽音伎左右直長閹豎王寶孫諸人共營肴羞云爲天子解菜又於苑中立店肆模大市日游市中雜所貨物與宮人閹豎共爲裨販以潘妃爲市令自爲市吏錄事將鬬者就潘妃罰之帝小有得失潘則與杖乃敕虎賁威儀不得進大荆子閤內不得進實中荻雖畏潘氏而竊與諸姊妹淫通每游走潘氏乘小輿宮人皆露褌著綠絲屩帝自戎服騎馬從後又開渠立埭躬自引船埭上設店坐而屠肉于時百姓歌云閱武堂種楊柳至尊屠肉潘妃酤酒又偏信蔣侯神迎來入宮晝夜祈禱左右朱光尚詐云見神動輒諮啓並云降福始安之平遂加位相國末又號爲靈帝車服羽儀一依王者又曲信小祠日有十數師巫魔嫗迎送紛紜光尚輒託云神意范雲謂光尚曰君是天子要人當思百全計光尚曰至尊不可諫正當託鬼神以達意耳後東入樂游人馬忽驚以問光尚光尚曰向見先帝大瞋不許數出帝大怒拔刀與光尚等尋覓既不見處乃縛菰爲明帝形北向斬之縣首苑門上自永元以後魏每來伐繼以內難揚南徐二州人丁三人取兩以此爲率遠郡悉令上米準行一人五十斛輸米既畢就役如故又先是諸郡役人多依人士爲附隸謂之屬名又東境役苦百姓多注籍詐病遣外醫巫在所檢占諸屬名并取病身凡屬名多不合役止避小小假並是役蔭之家凡注病者或已積年皆攝充將役又追責病者租布隨其年歲多少銜命之人皆給貨賂隨意縱捨又橫調徵求皆出百姓羣小以陳顯達下數日便敗崔慧景圍城正得十日及蕭衍師至亦謂爲然裹糧食樵芻凡所須物爲百日備帝謂茹法珍曰須來至白門前當一決及至近郊乃聚兵爲固守計召王侯分置

尚書都坐及殿省尚書舊事悉充紙鎧使冠軍將軍王珍國領三萬人據大桁莫有鬬志遣王寶孫督戰呼爲王倀子寶孫切罵諸將帥直閤將軍席豪發憤突陣死豪驍將也旣斃衆軍於是土崩軍人從朱雀觀上自投及赴淮水死者無數於是閉城自守城內軍事委王珍國兖州刺史張稷入衞以稷爲副實甲猶七萬人帝著烏帽袴褶備羽儀登南掖門臨望又虛設鎧馬齋仗千人皆張弓拔白出東掖門稱蔣王出盪又受刀敕等教著五音兒衣登城望戰還與御刀左右及六宮於華光殿立軍壘以金玉爲鎧仗親自臨陣詐被創勢以板擱將去以此厭勝又於閱武堂設牙門軍頓每夜嚴警帝於殿內騎馬從鳳莊門入徽明門馬被銀蓮葉具裝鎧雜羽孔翠寄生逐馬左右衞從晝眠夜起如平常聞外鼓吹叫聲被大紅袍登景陽樓望弩幾中之衆皆怠怨不爲致力募兵出戰至城門數十步皆坐甲而歸慮城外有伏兵乃燒城傍諸府署六門之內皆盡城中閣道西掖門內相聚爲市販死牛馬肉蕭衍長圍旣立塹柵嚴固然後出盪屢戰不捷帝尤惜金錢不肯賞賜茹法珍叩頭請之帝曰賊來獨取我邪何爲就我求物後堂儲數百具榜啓爲城防帝曰擬作殿竟不與城防巧手而悉令作殿晝夜不休又催御府細作三百人精仗須圍解以擬屏除金銀雕鏤雜物倍急於常法珍虫兒又說帝曰大臣不留意使圍不解宜悉誅之珍國張稷懼禍乃謀應蕭衍以計告後閤舍人錢强强許之密令游盪主崔叔智夜開雲龍門稷及珍國勒兵入殿分軍又從西上閤入後宮御刀豐勇之爲內應是夜帝在含德殿吹笙歌作女兒子臥未熟聞兵入趨出北戶欲還後宮清曜閣已閉閹人禁防黃泰平刀傷其膝仆地顧曰奴反邪直後張齊斬首送蕭衍宣德太后令依漢海昏侯故事追封東昏侯

和帝諱寶融字智昭明帝第八子也建武元年封隨郡王永元元年改封南康王出爲西中郎將荊州刺史督九州軍事二年十一月甲寅長史蕭穎胄奉王舉兵其日太白及辰星俱見西方乙卯教纂嚴丙辰以雍州刺史蕭衍爲使持節都督前鋒諸軍事戊午衍表勸進十二月乙亥羣僚勸進並不許壬辰驍騎將軍夏侯亶自建鄴至江陵稱宣德太后令西中郎將南康王宜纂承皇祚光臨億兆可且封宣城王相國荊州牧加黃鉞置僚屬三年正月乙巳王受命大赦唯梅虫兒茹法珍等不在例是日長星見竟天甲寅建牙于城南二月已巳羣僚上尊號立宗廟及南北郊

中興元年春三月乙巳皇帝卽位大赦改永元三年爲中興文武賜位二等是夜彗星竟天以相國左長史蕭穎胄爲尚書令加雍州刺史蕭衍尚書左僕射都督征討諸軍以晉安王寶義爲司空廬陵王寶源爲車騎將軍開府儀同三司丙午有司奏封庶人寶卷爲零陵侯詔不許又奏爲涪陵王詔可夏四月戊辰詔凡東討衆軍及諸向義之衆普復除五年秋七月丁卯魯山城主孫樂祖以城降巳未郢城主薛元嗣降八月丙子平西將軍陳伯之降九月巳未詔假黃鉞蕭衍若定京邑得以便宜從事冬十一月壬寅尚書令鎭軍將軍蕭穎胄卒十二月丙寅建康城平已巳宣德皇太后令以征東大將軍蕭衍爲大司馬錄尚書驃騎大將軍揚州刺史封建安郡公依晉武陵王遵承制故事壬申改封建安王寶寅爲鄱陽王癸酉以司徒揚州刺史晉安王寶義爲太尉領司徒乙酉以尚書右僕射王瑩爲左僕射

二年春正月戊戌宣德皇太后臨朝入居內殿壬寅大司馬蕭衍都督中外諸軍事加殊禮已酉以大司馬長史王亮爲守尚書令甲寅加大司馬蕭衍位相國梁公備九錫禮二月壬戌誅湘東王寶晊丙戌進梁公蕭衍爵爲王三月辛丑鄱陽王寶寅奔魏誅邵陵王寶攸晉熙王寶貞庚戌車駕東歸至姑熟丙辰遜位于梁丁巳廬陵王寶源薨四月辛丑禪詔至皇太后遜居外宮梁受命奉帝爲巴陵王宮于姑熟戊辰巴陵王殂年十五追尊爲齊和帝葬恭安陵初梁武帝欲以南海郡爲巴陵國邑而遷帝焉以問范雲雲俛首未對沈約曰今古殊事魏武所云不可慕虛名而受實禍梁武頷之於是遣鄭伯禽進以生金帝曰我死不須金醇酒足矣乃引飲一升伯禽就加摺焉先是文惠太子與才人共賦七言詩句後輒云愁和帝至是其言方驗又永明中望氣者云新林婁湖青溪並有天子氣於其處大起樓苑宮觀武帝屢游幸以應之又起舊宮於青溪以厭其氣而明帝舊居東府城西延興末明帝龍飛至是梁武帝衆軍城於新林而武帝舊宅亦在征虜百姓皆著下屋白紗帽而反裙覆頂東昏曰裙應在下今更在上不祥命斷之於是百姓皆反裙向下此服祅也帽者首之所寄今而向下天意若曰元首方爲猥賤乎東昏又令左右作逐鹿帽形甚窄狹後果有逐鹿之事東昏宮裏又作散叛髮反髻根向後百姓爭學之及東昏狂惑天下散叛矣東昏又與羣小別立帽褰其口而舒兩翅名曰鳳度三橋幘向後總而結之名曰反縛黃麗東昏與刀敕之徒親自著之皆用金寶鑿以璧璫又作著調帽鏤以金玉間以孔翠此皆天意梁武帝舊宅在三橋而鳳度之名鳳翔之驗也黃麗者皇離爲日而反縛之東昏戮死之應也調者梁武帝至都而風俗和調先是百姓及朝士皆以方帛塡胷名曰假兩此又服祅假非正名也儲兩而假之明不得眞也東昏誅其子廢爲庶人假兩之意也

論曰鬱林地居長嫡瑕釁未彰而武皇之心不變周道故得保茲守器正位尊極旣而慾鄙內作兆自宮闈雖爲害未遠而足傾社稷郭璞稱永昌之名有二日之象隆昌之號實亦同焉明帝越自支庶任當負荷乘機而作大致殲夷流涕行誅非云義舉事苟非安能無內愧旣而自樹本枝根侑孤弱貽厥所授屬在凶愚用覆宗祊亦其理也夫名以行義往賢垂範而之禪術士誡之東昏以卷名藏以終之其兆先徵蓋亦天所命矣

南史卷六

唐　李　延　壽　撰

梁本紀上第六

梁高祖武皇帝諱衍字叔達小字練兒南蘭陵中都里人姓蕭氏與齊同承淮陰令整整生皇高祖鎋位濟陰太守鎋生皇曾祖副子位州治中從事副子生皇祖道賜位南臺治書侍御史道賜生皇考諱順之字文緯於齊高帝爲始族弟皇考外甚清和而內懷英氣與齊高少而款狎嘗共登金牛山路側有枯骨縱橫齊高謂皇考曰周文王以來幾年當復有掩此枯骨者乎言之悽然動色皇考由此知齊高有大志常相隨逐齊高每外討皇考常爲軍副及北討薛索兒夜遣人入營提刀徑至齊高眠牀皇考手刃之頻爲齊高鎭軍司馬長史時宋帝昏虐齊高謀出外皇考以爲一旦奔亡則危幾不測不如因人之欲行伊霍之事齊高深然之歷黃門郎安西長史吳郡內史所經皆著名吳郡張緒常稱文武兼資有德有行吾敬蕭順之袁粲之據石頭黃回與之通謀皇考聞難作率家兵據朱雀橋回覘人還告曰朱雀橋南一長者英威毅然坐胡牀南向回曰蕭順之也遂不敢出時微皇考石頭幾不據矣及齊高創造皇業摧鋒決勝莫不垂拱仰成焉齊建元末齊高從容謂皇考曰當令阿玉解揚州相授玉豫章王嶷小名也齊武帝在東宮皇考常問訊及退齊武指皇考謂嶷曰非此翁吾徒無以致今日及卽位深相忌憚故不居台輔以參豫佐命封臨湘縣侯歷位侍中衞尉太子詹事領軍將軍丹陽尹贈鎭北將軍諡曰懿帝以宋孝武大明元年歲次甲辰生于秣陵縣同夏里三橋宅初皇妣張氏嘗夢抱日已而有娠遂產帝帝生而有異光狀貌殊特日角龍顏重岳虎顧舌文八字項有浮光身映日無景兩骻騈骨頂上隆起有文在右手曰武帝爲兒時能蹈空而行及長博學多通好籌略有文武才幹所居室中常若雲氣人或遇者體輒肅然初爲衞軍王儉東閤祭酒儉一見深相器異請爲戶曹屬謂廬江何憲曰此蕭郎三十內當作侍中出此則貴不可言竟陵王子良開西邸招文學帝與沈約謝朓王融蕭琛范雲任昉陸倕等並游焉號曰八友融俊爽識鑒過人尤敬異帝每謂所親曰宰制天下必在此人累遷隨王鎭西諮議參軍行經牛渚逢風入泊龍濆有一老人謂帝曰君龍行虎步相不可言天下方亂安之者其在君乎問其名氏忽然不見尋以皇考艱去職歸建鄴及齊武帝不豫竟陵王子良以帝及兄懿王融劉繪王思遠顧暠之范雲等爲帳內軍王融欲因帝晏駕立子良帝曰夫立非常之事必待非常之人融才非負圖視其敗也范雲曰憂國家者惟有王中書帝曰憂國欲爲周召欲爲豎刁邪懿曰直哉史魚何其木强也初皇考之薨不得志事見齊魚復侯傳至是鬱林失德齊明帝作輔將爲廢立計帝欲助齊明傾齊武之嗣以雪心恥齊明亦知之每與帝謀時齊明將追隨王恐不從又以王敬則在會稽恐爲變以問帝帝曰隨王雖有美名其實庸劣旣無智謀之士爪牙惟仗司馬垣歷生武陵太守卞白龍耳此並惟利是與若啗以顯職無不載馳隨王止須折簡耳敬則志安江東窮其富貴宜選美女以娛其心齊明曰亦吾意也卽徵歷生爲太子左衞率白龍游擊將軍並至續召隨王至都賜自盡豫州刺史崔慧景旣齊武舊臣不自安齊明憂之乃起帝鎭壽陽外聲備魏實防慧景師次長瀨慧景懼罪白服來迎帝撫而宥之將軍房伯玉徐玄慶並曰慧景反跡旣彰實是見賊我曹武將譬如韝上鷹將軍一言見命便卽制之帝笑曰其如掌中嬰兒殺之不武於是曲意和釋之慧景遂安隆昌元年拜中書侍郎遷黃門侍郎建武二年魏將王肅劉昶攻司

州刺史蕭誕甚急齊明遣左衞將軍王廣之赴救帝爲偏帥隸廣之行次熨斗洲有人長八尺餘容貌衣冠皓然皆白緣江呼曰蕭王大貴帝旣屢有徵祥心益自負時去誕百里衆軍以魏軍盛莫敢前帝欲大振威略謂諸將曰今屯下梁之城塞鑿峴之險守雉脚之路據賢首之山以通西關以臨賊壘三方掎角出其不備破賊必矣廣之等不從後遣徐玄慶進據賢首山魏絶其糧道衆懼莫敢援之惟帝獨奮請先進於是廣之益帝精甲銜枚夜前失道望見如持兩炬者隨之果得道徑上賢首山廣之軍因得前魏軍來脅帝堅壁不進時王肅自攻城一鼓而退劉昶有疑心帝因與書間成其隙一旦有風從西北起陣雲隨之來當肅營尋而風回雲轉還向西北帝曰此所謂歸氣魏師遁矣令軍中曰望麾而進聽鼓而動肅乃傾壁十萬陣于水北帝揚麾鼓譟響振山谷敢死之士執短兵先登長戟翼之城中見援至因出軍攻魏柵魏軍表裏受敵因大崩肅昶單騎走斬獲千計流血絳野得肅昶巾箱中魏帝敕曰聞蕭衍善用兵勿與爭鋒待吾至若能禽此人則江東吾有也以功封建陽縣男尋爲司州刺史有沙門自稱僧惲謂帝曰君項有伏龍非人臣也復求莫知所之帝在州甚有威名常有人餉馬帝不受餉者密以馬繫齋柱而去帝出見馬荅書殷勤縛之馬首令人驅出城外馬自還都爲太子中庶子領四廂直出鎭石頭齊明性猜忌帝避時嫌解遣部曲常乘折角小牛車齊明每稱帝淸儉勗勵朝臣四年魏孝文帝自率大衆逼雍州刺史曹武度沔守樊城武舊齊武腹心齊明忌之欲使后弟劉暄爲雍州暄不願出外因江祏得留齊明帝擬帝雍州受密旨出頓聲爲軍事發遣又命五兵尚書崔慧景征南將軍陳顯達相續援襄陽慧景與帝進行鄧城魏孝文帥十餘萬騎奄至慧景引退帝止之不從於是大敗帝帥衆拒戰獨得全軍及魏軍退以帝爲輔國將軍監雍州事先是雍州相傳樊城有王氣至是謠言更甚及齊明崩遺詔以帝爲都督雍州刺史時揚州刺史始安王遙光尚書令徐孝嗣右僕射江祏右將軍蕭坦之侍中江祀衞尉劉暄更直內省分日帖敕世所謂六貴又有御刀茹法珍梅虫兒豐勇之等八人號爲八要及舍人王咺之等四十餘人皆口擅王言權行國憲帝謂張弘策曰政出多門亂其階矣當今避禍惟有此地勤行仁義可坐作西伯但諸弟在都恐離時患須與益州圖之耳時上長兄懿罷益州還仍行郢州事乃使弘策詣郢

陳計於懿語在懿傳言旣不從弘策還帝乃召弟偉及憺是歲至襄陽乃潛造器械多伐竹木沉於檀溪密爲舟裝之備時帝所住齋常有氣五色回轉狀若蟠龍季秋出九日臺忽暴風起煙塵四合帝所居獨白日淸朗其上紫雲騰起形如繖蓋望者莫不異焉尋而大臣相次誅戮永元二年冬懿又被害信至帝密召長史王茂中兵呂僧珍別駕柳慶遠功曹史吉士瞻等謀之旣定以十一月乙巳召僚佐集於聽事告以舉兵是日建牙出檀溪竹木裝艑艦旬日大辦百姓願從者得鐵馬五千匹甲士三萬人先是東昏以劉山陽爲巴西太守使過荊州就行事蕭穎胄以襲襄陽帝知其謀乃遣參軍王天武龐慶國詣江陵徧與州府人書論軍事天武旣發帝謂諮議參軍張弘策曰今日天武坐收天下矣荊州得天武至必回遑無計若不見同取之如拾地芥耳斷三峽據巴蜀分兵定湘中便全有上流以此威聲臨九派斷彭蠡傳檄江南風之靡草不足比也政小引日月耳江陵本懼襄陽人加脣亡齒寒必不孤立寧得不闇見同邪挾荊雍之兵埽定東夏韓白重出不能爲計況以無算之昏主役御刀應敕之徒哉及山陽至巴陵帝復令天武齎書與穎胄兄弟去後帝謂張弘策曰用兵之道攻心爲上攻城次之心戰爲上兵戰次之今日是也近遣天武往州府人皆有書今段止有兩封與行事兄弟云一二天武口具及問天武口無所說天武是行事心膂彼聞必謂行事與天武共隱其事則人人生疑山陽惑於衆口判相嫌貳則行事進退無以自明是馳兩空函定一州矣山陽至江安聞之果疑不上柳忱勸斬天武送首山陽穎胄乃謂天武曰天下之事縣之在卿今就卿借頭以詐山陽昔樊於期亦以頭借荊軻於是斬之送首山陽山陽信之馳入城將踰閫縣門發折其車轅投車而走中兵參軍陳秀拔戟逐之斬于門外傳首于帝仍以南康王尊號之議來告且曰時有未利當須來年二月遽便進兵恐非廟算帝荅曰今坐甲十萬糧用自竭若頓兵十旬必生悔吝且太白出西方杖義而動天時人謀有何不利昔武王伐紂行逆太歲復須待年月乎竟陵太守曹景宗遣杜思沖勸帝迎南康都襄陽時正尊號帝不從王茂又私于張弘策曰今以南康置人手中彼挾天子以令諸侯節下前去爲人所使此豈歲寒之計弘策言之於帝帝曰若前途大事不捷故自蘭艾同焚若功業克建誰敢不從豈是碌碌受人處分於沔南立新野郡以集新附三年二月南康

王爲相國以帝爲征東將軍戊申帝發襄陽自冬積霰至是開霽士卒咸悅帝遂留弟偉守襄陽城謂曰當置心於襄陽人腹中推誠信之勿有疑也天下一家乃當相見遂移檄建鄴闡揚威武及至竟陵命長史王茂與太守曹景宗爲前軍中兵參軍張法安守竟陵城茂景宗帥衆濟岸進頓九里其日郢州刺史張沖迎戰茂等大破之荊州遣冠軍將軍鄧元起軍主王世興田安等會大軍於夏口帝築漢口城以守魯山命水軍主張惠紹朱思遠等游遏中江絶郢魯二城信使時張沖死其衆推軍主薛元嗣及沖長史程茂爲主三月乙巳南康王卽帝位於江陵遂廢東昏爲涪陵王以帝爲尚書左僕射加征東將軍都督征討諸軍假黃鉞西臺又遣冠軍將軍蕭穎達領兵來會四月帝出沔命王茂蕭穎達等逼郢城五月己酉帝移屯漢南是日有紫雲如蓋蔭于壘幕甲寅東昏遣寧朔將軍吳子陽光子衿等十三軍救郢州進據巴口七月帝命王茂帥軍主曹仲宗康絢武會超等潛師襲加湖將逼子陽水涸不通艦子衿喜其夜流星墜其城四更中無雨而水暴長衆軍乘流齊進鼓譟攻之俄而大潰子陽等竄走衆盡溺于江王茂虜其餘而旋郢魯二城相視奪氣先是東昏遣冠軍將軍陳伯之鎭江州爲子陽等聲援帝謂諸將曰夫征討未必須實力所聽威聲耳今加湖之敗誰不讋服陳虎牙卽伯之之子狼狽奔歸彼間人情理當忷懼我謂九江傳檄可定也因命搜所獲俘囚得伯之幢主蘇隆之厚加賞賜使致命焉戊午魯山城主孫樂祖降己未夜郢城有數百毛人踰堞且泣因投黃鵠磯蓋城之精也及旦其城主程茂薛元嗣遣參軍朱曉求降帝謂曰城中自可不識天命何意恒罵曉曰明公未之思耳桀犬何嘗不吠堯初郢城之閉將佐文武男女口十餘萬人疾疫流腫死者十七八及城開帝並加隱卹其死者命給棺櫬東昏聞郢城沒乃爲城守計簡二尚方二治四徒以配軍其不可活者於朱雀門內日斬百餘人尚書令王亮苦諫不從陳伯之遣蘇隆之反命求未便進軍帝曰伯之此言意懷首鼠可及其猶豫逼之乃命鄧元起卽日沿流八月天子遣兼黃門郎蘇回勞軍帝登舟命諸軍以次進路留上庸太守韋叡守郢城行州事鄧元起將至尋陽陳伯之猶懼乃收兵退保湖口留其子虎牙守盆城及帝至乃束甲請罪九月天子詔帝平定東夏以便宜從事前軍之次蕪湖南豫州刺史申胄棄姑孰走至是大軍進據之自發雍州帝所乘艦常有

兩龍導引左右莫不見者緣道奉迎百姓皆如挾纊仍遣曹景宗蕭穎達領馬步進頓江寧東昏遣征虜將軍李居士迎戰景宗擊走之於是王茂鄧元起呂僧珍進據赤鼻邏曹景宗陳伯之爲游兵是日新亭城主江道林率兵出戰衆軍禽之於陣大軍次新林建康士庶傾都而至送欵或以血爲書命王茂進據越城曹景宗據皁莢橋鄧元起據道士墩陳伯之據籬門道林餘衆退屯航南迫之因復散走退保朱雀憑淮自固時李居士猶據新亭壘請東昏燒南岸邑屋以開戰場自大航以西新亭以北蕩然矣十月東昏石頭軍主朱僧勇歸降東昏又遣征虜將軍王珍國列陣於航南大路悉配精手利器尚十餘萬閹人王偎子持白虎幡督諸軍王茂曹景宗等掎角奔之珍國之衆一時土崩衆軍退至宣陽門李居士以新亭壘徐元瑜以東府城降石頭白下諸軍並宵潰壬午帝鎭石頭命衆軍圍六門東昏悉焚門內驅逼營署官府並入城有衆二十萬青州刺史桓和紿東昏出戰因降先是俗語謂密相欺變者爲和欺於是虫兒法珍等曰今日敗於桓和可謂和欺矣帝命諸軍築長圍初衆軍旣逼東昏遣軍主左僧慶鎭京口常僧景鎭廣陵李叔獻屯瓜步及申胄自姑孰奔歸又使屯破墩以爲東北聲援至是帝遣曉喩並降帝乃遣弟輔國將軍秀鎭京口輔國將軍恢屯破墩從弟寧朔將軍景鎭廣陵吳郡太守蔡夤棄郡赴降十二月丙寅兼衞尉張稷北徐州刺史王珍國斬東昏其夜以黃油裹首送軍帝命呂僧珍張彌勒兵封府庫及圖籍帝乃入收嬖妾潘妃誅之及兇黨王咺之以下四十八人屬吏以宮女二千人分賚將士宣德皇后令追廢涪陵王爲東昏侯授帝中書監大司馬錄尚書驃騎大將軍都督揚州刺史封建安郡公食邑萬戶給班劒四十人黃鉞侍中征討諸軍事並如故依晉武陵王遵承制故事百僚致敬己卯帝入屯閱武堂下令大赦丙戌入鎭殿內是日鳳皇集建鄴又下令凡昏制謬賦淫刑濫役外可詳檢前源悉皆除蕩其主守散失諸所損耗精立科條咸從原例丁亥遣豫州刺史李元履以兵五千慰勞東方十二郡二年正月辛卯下令通檢尚書衆曹東昏時諸諍訟失理及主者淹停不時施行者精加訊辯依事議奏其義師臨陣致命疾病死亡者並加葬歛收恤遺孤甲午天子遣兼侍中席闡文兼黃門侍郎樂法才慰勞都下追贈皇祖散騎常侍左光祿大夫皇考侍中丞相乙未下令朱雀之捷逆徒送死者特許家人殯葬

若無親屬或有貧苦二縣長尉卽爲埋掩建康城內不達天命自取淪滅亦同此科又下令減損浮費自非奉粢盛脩紱冕習禮樂之容繕甲兵之備此外一皆禁絕御府中署量宜罷省命外詳爲條格戊戌宣德皇后臨朝入居內殿拜帝大司馬解承制百僚致敬如前丁亥詔進帝都督中外諸軍事劍履上殿入朝不趨贊拜不名加前後部羽葆鼓吹置左右長史司馬從事中郎掾屬各四人幷依舊辟士餘並如故甲寅齊帝進帝位相國總百揆封十郡爲梁公備九錫之禮加遠游冠綠綟綬位在諸王上策曰上天不造難鍾皇室世祖以休明早崩世宗以仁德不嗣高宗襲統宸居弗永雖夙夜劬勞而隆平不洽嗣君昏暴書契弗睹朝權國柄委之羣孽勦戮忠賢誅殘台輔含冤抱痛噍類靡餘公藉昏明之期因兆庶之願爰率羣后翊成中興宗社之危已固天人之望允塞此實公紐我絕綱大造皇家者也永明季年邊隙大啓荆河連率招引戎荒公受言本朝輕兵赴襲摧危冐險剛柔遞用坦然一方還成藩服此又公之功也在昔隆昌洪基已謝高宗慮深社稷將行權道公定策帷帳激揚大節廢帝立王謀猷深著此又公之功也建武闓業厥猷雖遠戎狄內侵憑陵關塞司部危逼淪陷指期公總兵外討卷甲長騖焚廬毀帳胡哭言歸此又公之功也樊漢阽切羽書續至公星言鞠旅稟命徂征拯我邊危重獲安堵此又公之功也漢南迥弱咫尺勍寇公作藩爰始因資靡託練兵訓卒蒐狩有序俾我危城翻爲强鎮此又公之功也永元紀號瞻烏已及雖廢昏有典而伊霍難行公首建大策爰立明聖義踰邑綸勳高代入此又公之功也文王之風雖被江漢京邑蠢蠢湮爲洪流公投袂萬里事惟拯溺義聲所覃無思不韙此又公之功也魯城夏汭梗據中流乘山置壘縈川自固公御此烏集陵玆地險費無遺矢戰未窮兵踐華之固相望俱拔此又公之功也惟此羣凶同惡相濟緣江負險蟻聚淮湖欃槍一臨應時褫潰此又公之功也姦孽震皇復懷擧斧奮兵九泒用擬勤王公稜威直指勢踰風電旌旆小臨全州稽服此又公之功也姑孰衝要密邇京畿兇徒熾聚斷塞津路公兵威所震望旗自駭此又公之功也羣豎猖狂志在借一豕突淮涘武騎如雲公爰命英勇因機騁銳氣冠阪泉勢踰洹水此又公之功也琅邪石首襟帶岨固新壘東墉金湯是埒憑險作守兵食兼資風激電駭莫不震疊城復于隍於是乎在此又公之功也獨夫昏很憑城靡懼鼓鍾輕輅傲若有餘狎是邪孽忌斯冠冕凶狡因之將逞孥戮公奇謀密運威略潛回忠勇之徒得申厥效白旗宣室未之或比此又公之功也公有拯億兆之勳重之以明德爰初厲志服道儒門濯纓來仕清猷映世時運艱難宗社危殆崑岡已燎玉石同焚驅率貔貅抑揚霆電義等南巢功齊牧野若夫禹功寂寞微管誰嗣拯其將魚驅其祖髮解玆亂網理此棼絲復禮衽席反樂河海永平故事聞之者歎息司隸舊章見之者隕涕請我人命還之斗極憫憫搢紳重荷戴天之慶哀哀黔首復蒙履地之恩德踰於嵩岱功隣於造物超哉邈矣越無得而言焉朕又聞之疇庸命德建侯作屛咸用克固四維永隆萬葉是以二南流化九伯斯征王道淳洽刑厝罔用惟公經綸天地寧濟區夏道冠乎伊稷賞薄於桓文豈所以憲章齊魯長轡宇宙敬惟前烈朕甚懼焉今進授相國改揚州刺史爲牧以豫州之梁郡歷陽南徐州之義興揚州之淮南宣城吳吳興會稽新安東陽十郡封公爲梁公錫玆白土苴以白茅爰定爾邦用建冢社在昔旦奭入居保佑逮于畢毛亦作卿士任兼內外禮實宜之今命使持節兼太尉王亮授相國揚州牧印綬梁公璽紱使持節兼司空王志授梁公茅土金虎符第一至第五左竹使符第一至第十左相國位冠羣后任總百司恒典彝數宜與事革其以相國總百揆去錄尚書之號上所假節侍中貂蟬中書監印中外都督大司馬印綬建安公印策驃騎大將軍如故又加公九錫其敬聽後命以公禮律兼脩刑德備擧哀矜折獄罔不用情是用錫公大輅戎輅各一玄牡二駟公勞心稼穡念在人天丕崇務本惟穀是寶是用錫公袞冕之服赤舄副焉公鎔鈞所被變風以雅易俗陶人載和邦國是用錫公軒縣之樂六佾之舞公文德廣覃義聲遠洽椎髻鏊首夷歌請吏是用錫公朱戶以居公揚清抑濁官方有序多士聿興棫樸流詠是用錫公納陛以登公正色御下以身範物式遏不虞折衝惟遠是用錫公虎賁之士三百人公威同夏日志清姦宄放命圮族刑玆罔赦是用錫公鈇鉞各一公跨躡嵩溟陵厲區宇譬諸日月容光必照是用錫公彤弓一彤矢百盧弓十盧矢千公承言惟孝至感通神恭嚴祀典祭有餘敬是用錫公秬鬯一卣圭瓚副焉梁國置丞相以下一遵舊式欽哉其敬循往策祗服大禮對揚天眷用膺多福以弘我太祖之休命帝固辭府僚勸進不許二月辛酉府僚重請曰近以朝命藴策冒奏丹誠奉被還令未蒙虛受搢紳顒顒深所未達蓋聞受金於府通人之弘致高蹈海隅匹夫之小節是以履乘石而周公不以爲疑贈玉璜而太公不以爲讓況世哲繼軌先德在人經綸草昧歎深微管加以朱方之役荆河是依班師振旅大造王室雖復累繭救宋重胝存楚居今觀古曾何足云而惑甚盗鍾功疑不賞皇天后土不勝其酷是以玉馬駿奔表微子之去金板出地告龍逢之寃明公據鞌號哭厲三軍之志獨居掩涕激義士之心故能使海若登祇馨圖效祉山戎孤竹束馬景從伐罪弔人一匡靜亂匪叨天功實勤濡足龜玉不毁誰之功歟獨爲君子將使伊周何地於是始受相國梁公之命命焚東昏淫奢異服六十二種於都街齊帝追贈梁公夫人爲梁國妃乙丑南兗州隊主陳文興於宣武城內鑿井得玉鏤騏驎金鏤玉璧水精環各二又鳳凰見建康縣桐下里宣德皇后稱美符瑞歸于相國府丙寅詔梁國依舊選諸要職悉依天朝之制帝上表以前代選官皆立選簿請自今選曹精加隱括依舊立簿使冠履無爽名實不違庶人識涯涘造請自息且聞中間立格甲族以二十登仕後門以過立試吏豈所以弘奬風流希向後進此實巨蠹尤宜刊革詔依表施行丙戌詔進梁公爵爲王以豫州之南譙廬江江州之尋陽郢州之武昌西陽南徐州之南琅邪南東海晉陵揚州之臨海永嘉十郡益梁國幷前爲二十郡其相國揚州牧驃騎大將軍如故帝固辭有詔斷表相國左長史王瑩等率百僚敦請三月癸巳受梁王之命下令赦國內殊死以下鰥寡孤獨不能自存者賜穀五斛府州所統亦同蠲蕩丙午齊帝命帝冕十有二旒建天子旌旗出警入蹕乘金根車駕六馬備五時副車置旄頭雲罕樂儛八佾設鍾簴宮縣王妃王子王女爵命之號一如舊儀丙辰齊帝下詔禪位卽安姑孰四月辛酉宣德皇后令曰西詔至帝憲章前代敬禪神器于梁明可臨軒遣使恭授璽紱未亡人便歸于别宮壬戌策曰咨爾梁王惟昔邃古之載肇有生靈皇雄大庭之辟赫胥尊盧之后斯並龍圖鳥跡以前慌惚杳冥之世固無得而詳焉洎乎農軒炎皥之代放勳重華之主莫不以大道君萬姓公器御八紘居之如執朽索去之若釋重負一駕汾陽便有窅然之志暫適箕嶺卽動讓王之心故知戴黃屋服玉璽非所以示貴稱尊乘大輅建旂旗蓋欲令歸趣有地是故忘已而字兆庶徇物而君四海及於精華內竭畚橇外勞則撫玆歸運惟能是與四百告終有漢所以高揖黃德旣謝魏氏所以樂推爰及晉宋亦弘斯典我太祖握河受歷應符啓運二葉重光三聖係軌嗣君喪德昏棄紀度毁紊天綱彫絕地紐是以谷滿川枯山飛鬼哭七廟已危人神無主惟王體玆上哲明聖在躬端冕而協邕熙推鋒而拯塗炭武功與日車並運文教與鵬翼齊擧固以幽顯宅心謳訟斯屬豈徒桴鼓播地卿雲叢天而已哉至於晝睹爭明夜飛枉矢除舊之徵必顯更姓之符允集今便仰祇乾象俯從人願敬禪神器授帝位于爾躬大祚告窮天祿永終於戲王允執其中式遵前典以副昊天之望禋上帝而臨億兆格文祖而膺大業以傳無疆之祚豈不盛與并命璽書遣兼太保中書監兼尚書令王亮兼太尉中書令王志奉皇帝璽紱受終之禮一依唐虞故事帝抗表陳讓表不獲通於是齊百官豫章王元琳等八百一十九人及梁臺侍中范雲等一百一十七人並上表勸進帝謙讓不受是日太史令蔣道秀陳天文符讖六十四條事並明著羣臣重表固請乃從之

天監元年夏四月丙寅皇帝卽位于南郊設壇柴燎告天曰皇帝臣衍敢用玄牡昭告于皇皇后帝齊氏以歷運斯旣否終則亨欽若天應以命于衍夫任是司牧惟能是授天命不于常帝王非一族唐謝虞受漢替魏升爰及晉宋憲章在昔咸以君德馭四海元功子萬姓故能大庇甿黎光宅區宇齊代云季世主昏凶狡焉羣慝是崇是長肆厥姦回暴亂以播虐于我有邦俾九服八荒之內連率岳牧之君蹶角頓顙匡救無術衍投袂星言推鋒萬里厲其挂冠之情用拯兆庶之切遂因時來宰司邦國濟物康世實有厥勞而晷緯呈祥川岳効祉代終之符旣顯革運之期已萃殊俗百蠻重譯獻款人神遠邇罔不和會於是羣公卿士咸致厥誠並以皇乾降命難以謙拒衍自惟匪德辭不獲遂仰迫上玄之眷俯惟億兆之心宸極不可久曠人神不可乏主遂藉樂推膺此嘉祚以兹寡薄臨馭萬方顧求夙志永言祇惕敬簡元辰恭兹大禮升壇受禪告類上帝克播休祉以弘盛烈式傳厥後用永保于我有梁惟明靈是饗禮畢有詔放觀乃備法駕還建康宮臨太極前殿大赦改元賜人爵二級文武位二等鰥寡孤獨不能自存者人穀五斛逋布口錢宿責勿復收其犯鄉論清議贓汙淫盗一皆蕩滌洗除前注與之更始封齊帝爲巴陵王全食一郡載天子旌旗乘五時副車行齊正朔郊祀天地禮樂制度皆用齊典以齊宣德皇后爲齊文帝妃齊帝后王氏爲巴陵王妃齊代王侯封爵悉皆降省其効著艱

難者別有役命惟宋汝陰王不在除例劫賊餘口沒在臺府者悉皆蠲放諸流徙之家並聽還本土以兼尚書令王亮爲尚書令兼尚書右僕射沈約爲尚書僕射封皇弟中護軍宏爲臨川王南徐州刺史秀爲安成王雍州刺史偉爲建安王右衞將軍恢爲鄱陽王荆州刺史憺爲始興王自郡王以下列爵爲縣六等皇弟皇子封郡王二千戶王之庶子爲縣侯五百戶謂之諸侯功臣爵邑無定科鳳凰集南蘭陵丁卯詔凡後宮樂府西解暴室諸如此例役幽逼者一皆放遣若衰老不能自存者官給廩食戊辰遣巴陵王錢二百萬絹布各千疋綿二千斤車騎將軍高麗王高雲進號車騎大將軍鎮東大將軍百濟王餘太進號征東大將軍鎮東大將軍倭王武進號征東將軍己巳巴陵王殂于姑孰追謚爲齊和帝終禮一依故事庚午詔分遣內侍周省四方觀政聽謠訪賢舉滯其有田野不闢獄訟無章忘公狥私侵漁是務者悉隨事以聞若懷寶迷邦蘊奇待價蓄響藏眞不求聞達各依名騰奏罔或遺隱又詔曰金作贖刑有聞自昔入縑以免施於中代永言叔季偷薄成風嬰愆入罪厥塗匪一死者不可復生刑者無因自反由此而望滋實庸可致乎可依周漢舊典有罪入贖外詳爲條格以時奏聞辛未以新除謝沐公蕭寶義爲巴陵王以奉齊祀復南蘭陵武進縣依前代之科徵新除相國軍諮祭酒謝朏爲侍中左光祿大夫開府儀同三司改南東海爲蘭陵郡土斷南徐州諸僑郡縣癸酉詔於公車府謗木肺石傍各置一函若肉食莫言山阿欲有橫議投謗木函若從我江漢功在可策犀兕徒弊龍蛇方縣次身才高妙擯壓莫通懷傅呂之術抱屈賈之歎其理有皦然受困包匭夫大政侵小豪門陵賤百姓已窮九重莫達若欲自申並可投肺石函甲戌詔斷遠近上慶禮閏月丁酉以行宕昌王梁彌邕爲安西將軍河涼二州刺史正封宕昌王壬寅詔以憲綱日弛漸以爲俗令端右以風聞奏事依元熙舊制有司奏追尊皇考爲文皇帝廟號太祖皇妣張氏爲獻皇后陵曰建陵郗氏爲德皇后陵曰修陵五月乙亥夜盜入南北掖燒神武門總章觀害衞尉卿張弘策戊子江州刺史陳伯之舉兵反以領軍將軍王茂爲征南將軍江州刺史率衆討之六月庚戌封北秦州刺史楊紹先爲武都王是月陳伯之奔魏江州平前益州刺史劉季連據成都反秋七月丁巳朔日有蝕之八月戊戌置建康三官癸卯鸞鳥見樂游苑乙巳平北將軍西涼州刺史象舒彭進號安西將軍封鄧至王丁未命中書監王瑩等八人參定律令詔尚書郎依昔奏事交州獻能歌鸚鵡詔不納林邑干陁利國各遣使朝貢冬十一月己未立小廟甲子立皇子統爲皇太子賜天下爲父後者爵一級十二月大雪深三尺是歲大旱米斗五千人多餓死

二年春正月乙卯以尚書僕射沈約爲左僕射吏部尚書范雲爲右僕射辛酉祀南郊降死罪以下四庚辰以仇池公楊靈珍爲北梁州刺史封仇池王夏四月癸卯尚書删定郎蔡法度上梁律二十卷令三十卷科四十卷五月尚書右僕射范雲卒乙丑益州刺史鄧元起剋成都曲赦益州六月丁亥以新除左光祿大夫謝朏爲司徒尚書令甲午以中書監王瑩爲尚書右僕射是夏多癘疫秋七月扶南龜茲中天竺國各遣使朝貢冬十月皇子綱生降都下死罪以下四十一月乙卯雷電大雨晦

三年春正月癸丑以尚書右僕射王瑩爲左僕射太子詹事柳惔爲右僕射二月魏剋梁州三月隕霜殺草夏五月丁巳以扶南王憍陳如闍耶跋摩爲安南將軍六月丙子詔分遣使巡察州部視人寃酷癸未大赦秋七月甲子立皇子綜爲豫章王八月魏剋司州九月壬子以河南王世子伏連籌爲鎮西將軍西秦河二州刺史封河南王北天竺國遣使朝貢冬十一月甲子詔除贖罪科是歲魏正始元年

四年春正月癸卯詔自今九流常選年未三十不通一經不得解褐若有才同甘顏勿限年次置五經博士各一人有司奏吳令唐傭鑄盤龍火爐翔鳳硯蓋詔禁錮終身丙午省鳳凰銜書伎戊申詔往代多命宮人帷宮觀禋郊之禮非所以仰虔蒼昊自今停止辛亥祀南郊大赦二月初置胄子律博士壬午遣衞尉卿楊公則率宿衞兵塞洛口壬辰交州刺史李凱據州反長史李㬇討平之曲赦交州是月立建興苑於秣陵建興里夏四月丁巳以行宕昌王梁彌博爲安西將軍河涼二州刺史正封宕昌王六月庚戌立孔子廟冬十月使中軍將軍揚州刺史臨川王宏都督北討諸軍事侵魏以興師費用王公以下各上國租及田穀以助軍資是歲大穰米斛三十

五年春正月丁卯朔詔凡諸郡國舊族邦內無在朝位者選官搜括使郡有一人乙亥起前司徒謝朏爲中書監司徒甲申立皇子綱爲晉安王三月丙寅朔日有蝕之夏四月甲寅初立諮獄詔建康縣置三官與廷尉三官分掌獄事號建康爲南獄廷尉爲北獄五月置集雅館以招遠學秋七月乙丑鄧至國遣使朝貢八月辛酉作東宮九月臨川王宏軍至洛口大潰所亡萬計宏單騎而歸冬十一月甲子都下地震生白毛乙丑以師出淹時大赦魏人乘勝攻鍾離十二月癸卯司徒謝朏薨

六年春三月庚申隕霜殺草是月有三象入建鄴夏四月壬辰置左右驍騎左右游擊將軍官癸巳曹景宗韋叡等破魏師於邵陽洲斬獲萬計己酉以江州刺史王茂爲尚書右僕射丁巳以揚州刺史臨川王宏爲驃騎大將軍開府儀同三司以右光祿大夫沈約爲尚書左僕射五月己巳置中衞中權將軍改驍騎爲雲騎游擊爲游騎秋八月戊子赦戊戌都下大水九月乙亥改閱武堂爲德陽堂聽訟堂爲儀賢堂冬閏十月乙丑以開府臨川王宏爲司徒以行太子太傅尚書左僕射沈約爲尚書令以行太子少傅吏部尚書袁昂爲兼尚書右僕射甲申以左光祿大夫夏侯詳爲左僕射十二月丙辰左僕射夏侯詳卒

七年春正月戊子以元樹爲恒朔二州都督封魏郡王戊戌詔作神龍仁獸闕於端門大司馬門外二月乙卯新作國門于越城南乙丑增置鎮衞將軍以下爲十品以法日數凡二十四班以法氣序不登十品別有八班以象八風又置施外國將軍二十四班合一百九號庚午詔於州郡縣置州望郡宗鄉豪各一人專掌搜薦乙亥以車騎大將軍高麗王高雲爲撫東大將軍開府儀同三司夏四月乙卯以皇太子納妃赦大辟以下頒賜朝臣及近侍各有差五月都下大水戊子詔蘭陵縣建脩二陵周回五里內居人賜復終身己亥詔復置宗正太僕大匠鴻臚又增太府太舟仍先爲十二卿及置朱衣直閤將軍官六月辛酉改陵監爲令秋八月丁巳皇子繹生赦大辟以下未結正者九月壬辰置童子奉車郎癸巳立皇子績爲南康王冬十月丙寅以吳興太守張稷爲尚書左僕射丙子詔大舉北侵丁丑魏懸瓠鎮主白皁生豫州刺史胡遜以城內屬是歲魏永平元年

八年春正月辛巳祀南郊大赦壬辰魏鎮東參軍成景儁以宿豫城內屬夏四月戊申以司徒臨川王宏爲司空揚州刺史以車騎將軍領太子詹事王茂卽本號開府儀同三司秋七月癸巳巴陵王蕭寶義薨冬十一月壬寅立皇子續爲廬陵王

九年春正月乙亥以左光祿大夫王瑩爲尚書令庚寅新作緣淮塘三月己丑幸國子學親臨講肄賜祭酒以下各有差乙未詔皇太子及王侯之子年在從師者皆入學夏四月丁巳還尚書五都令史革用士流六月癸丑盜殺宣城太守朱僧勇閏六月己丑宣城盜轉寇吳興太守蔡撙討平之冬十二月癸未幸國子學策試胄子賜訓授之司各有差是歲于闐林邑國並遣使朝貢

十年春正月辛丑祀南郊大赦戊申荆州言騶虞見三月盜殺東莞琅邪二郡太守劉晣以朐山引魏徐州刺史盧昶夏六月以國子祭酒張充爲尚書右僕射冬十二月山車見臨城縣振遠將軍馬仙琕大破魏軍斬馘十餘萬復朐山城是歲初作宮城門三重樓及開二道宕昌國遣使朝貢婆利國貢金席

十一年春正月壬辰詔自今捕讁之家及罪應質作若年有老小可停將送加鎮南將軍江州刺史建安王偉開府儀同三司司空揚州刺史臨川王宏進位太尉以驃騎將軍王茂爲司空二月戊辰新昌濟陽二郡野蠶成繭三月丁巳爲旱故曲赦揚徐二州庚申高麗國遣使朝貢夏四月百濟扶南林邑等國各遣使朝貢秋九月宕昌國遣使朝貢冬十月乙未以吳郡太守袁昂爲兼尚書右僕射己酉降太尉揚州刺史臨川王宏爲驃騎將軍開府同三司之儀癸丑齊宣德太妃王氏薨是歲魏延昌元年

十二年春正月辛卯祀南郊赦大辟罪以下辛酉兼尚書右僕射袁昂卽正丙寅詔明下遠近若委骸不葬或篨衣莫改量給棺具收斂辛巳新作太極殿改爲十三間以從閏數三月乙丑特進中軍將軍沈約卒夏四月都下大水六月癸巳新作太廟增基九尺秋九月加揚州刺史臨川王宏位司空以司空王茂爲驃騎將軍開府同三司之儀位江州刺史冬十月丁亥詔曰明堂地居卑濕可量就埤起以盡誠敬

十三年春二月庚辰朔震于西南天如裂丁亥耕藉田大赦賜孝悌力田爵一級夏六月都下訛言有棖棖取人肝肺及血以飴天狗百姓大懼二旬而止秋七月乙亥立皇子綸爲邵陵王繹爲湘東王紀爲武陵王是歲林邑扶南于闐國各遣使朝貢作浮山堰

十四年春正月乙巳朔皇太子冠大赦賜爲父後者爵一級王公以下班賚各有差停遠近上慶禮辛亥祀南郊詔班下遠近博採英異又前以墨刑用代重辟者除其條丙辰汝陰王劉胤薨丁巳魏宣武皇帝崩夏四月丁丑驃騎將軍開府同三司之儀江州刺史王茂薨冬

十月浮山堰壞是歲蠕蠕狼牙修國各遣使來朝貢

十五年春三月戊辰朔日有蝕之既夏四月高麗國遣使朝貢六月庚子以尚書令王瑩爲左光祿大夫開府儀同三司尚書右僕射袁昂爲左僕射吏部尚書王暕爲右僕射秋八月蠕蠕河南國各遣使朝貢九月辛巳左光祿大夫開府儀同三司王瑩薨壬辰大赦冬十一月交州刺史李畟斬反者阮宗孝傳首建鄴曲赦交州是歲魏孝明皇帝熙平元年

十六年春正月辛未祀南郊詔尤貧家勿收今年三調無田業者所在量宜賦給及優蠲產子之家恤理冤獄升賑孤老鰥寡不能自存者二月辛亥耕藉田甲寅赦罪人三月丙子敕太醫不得以生類爲藥公家織官紋錦飾並斷仙人鳥獸之形以爲褻衣裁翦有乖仁恕於是祈告天地宗廟以去殺之理欲被之含識郊廟牲牷皆代以麪其山川諸祀則否時以宗廟去牲則爲不復血食雖公卿異議朝野喧囂竟不從冬十月宗廟薦羞始用蔬果是歲河南扶南婆利等國各遣使朝貢

十七年春二月癸巳雍州刺史安成王秀薨甲辰大赦三月丙申改封建安郡王偉爲南平王夏六月乙酉中軍將軍中書監臨川王宏以本號行司徒秋八月壬寅詔兵騶奴婢男年六十六女年六十免爲編戶閏八月千陁利國遣使朝貢冬十月乙亥以行司徒臨川王宏即正十一月辛亥以南平王偉爲左光祿大夫開府儀同三司是歲魏神龜元年

十八年春正月甲申以領軍將軍鄱陽王恢爲征西將軍荆州刺史以荆州刺史始興王憺爲中撫將軍並開府儀同三司以尚書左僕射袁昂爲尚書令以右僕射王暕爲左僕射以太子詹事徐勉爲右僕射辛卯祀南郊孝悌力田賜爵一級夏四月丁巳帝於無礙殿受佛戒赦罪人秋七月于闐扶南國各遣使朝貢

南史卷六考證

梁武帝紀兩髀骿骨項上隆起○項梁書作頂今各本俱同仍之

公奇謀密運威略潛回○回一本作迴

明公據鞍號哭厲三軍之志○號一本作號

乙丑南兗州隊王陳文興於宣武城內鑿井○宣武梁書作桓

劫賊餘口沒在臺府者悉皆蠲放○皆監本作在梁書作可今從閣本

乙丑益州刺史鄧元起尅成都○丑監本訛已今從梁書上文爲丁已尚書右僕射范雲卒下文爲壬申斷諸郡縣獻奉二宮改正

戍申荆州言騶虞見○申監本訛子今從梁書改正

冬十月乙未以吳郡太守袁昂爲兼尚書右僕射○十月梁書作十一月

南史卷七

唐　李　延　壽　撰

梁本紀中第七

普通元年春正月乙亥朔大赦改元丙子日有蝕之己卯以司徒臨川王宏爲太尉揚州刺史以金紫光祿大夫王份爲尚書左僕射庚子扶南高麗等國並遣使朝貢二月癸丑以高麗王嗣子安爲寧東將軍高麗王三月滑國遣使朝貢夏四月河南國遣使朝貢秋七月己卯江淮海並溢九月乙亥有星晨見東方光爛如火是歲魏正光元年

二年春正月辛巳祀南郊詔置孤獨園以恤孤幼戊子大赦二月辛丑祀明堂三月庚寅大雪平地三尺夏四月乙卯改作南北郊丙辰詔曰平秩東作義不在南前代因襲有乖禮制可於震方具茲千畝於是徙藉田於東郊外十五里五月癸卯琬琰殿火延燒後宮屋三千間閏月丁巳詔自今可停賀瑞六月丁卯義州刺史文僧明以州歸魏秋七月丁酉假大匠卿裴邃節督衆軍侵魏甲寅魏荆州刺史桓叔興帥衆降八月丁亥始平郡石鼓村地自開成井方六尺六寸深三十二丈冬十一月百濟新羅國各遣使朝貢十二月戊辰以鎮東大將軍百濟王餘隆爲寧東大將軍

三年春正月庚子以吳郡太守王暕爲尚書左僕射庚戌都下地震三月乙卯巴陵王蕭屏薨夏四月丁卯汝陰王劉端薨五月壬辰朔日有蝕之既癸巳大赦詔公卿百僚各上封事連率郡國舉賢良方正直言之士秋八月甲子婆利白題國各遣使朝貢冬十一月甲申開府儀同三司始興王憺薨

四年春正月辛卯祀南郊大赦辛亥祀明堂二月乙亥耕藉田孝弟力田賜爵一級預耕之司剋日勞酒冬十月庚午以中衞將軍袁昂爲尚書令即本號開府儀同三司十一月癸未朔日有蝕之甲辰尚書左僕射王暕卒十二月戊午用給事中王子雲議始鑄鐵錢狼牙修國遣使朝貢

五年夏六月乙酉龍鬬于曲阿王陂因西行至建陵城所經樹木倒折開數十丈庚子以員外散騎常侍元樹爲平北將軍北青兗二州刺史率衆侵魏

六年春正月辛亥祀南郊大赦庚申魏徐州刺史元法僧以彭城來降自去歲以來北侵諸軍所在剋獲甲戌以元法僧爲司空封始安郡王二月辛巳改封法僧爲宋王三月丙午賜新附人長復除詿誤罪失一無所問夏五月己酉修宿豫堰又修曹公堰於濟陰壬子遣中護軍夏侯亶督壽陽諸軍侵魏六月庚辰豫章王綜奔魏魏復據彭城秋七月壬戌大赦冬十二月壬辰都下地震是歲魏孝昌元年

七年春正月辛丑朔赦死罪以下夏四月乙酉太尉臨川王宏薨南州津改置校尉增加奉秩詔在位羣臣各舉所知凡是清吏咸使薦聞秋九月己酉荆州刺史鄱陽王恢薨冬十一月庚辰丁貴嬪薨大赦是歲河南高麗林邑滑國並遣使朝貢

大通元年春正月乙丑以尚書右僕射徐勉爲尚書左僕射詔百官奉祿自今可長給見錢辛未祀南郊詔流亡者聽復宅業蠲役五年尤貧家勿收今年三調孝弟力田賜爵一級是月司州刺史夏侯夔進軍三關所至皆剋初帝創同泰寺至是開大通門以對寺之南門取反語以協同泰自是晨夕講義多由此門三月辛未幸寺捨身甲戌還宮大赦改元大通以符寺及門名夏五月丙寅成景儁剋魏臨潼竹邑冬十月庚戌魏東豫州刺史元慶和以渦陽內屬甲寅曲赦東豫州十一月丁卯以中護軍蕭藻爲都督侵魏鎮于渦陽是歲林邑師子高麗等國各遣使朝貢

二年春正月乙酉蠕蠕國遣使朝貢二月築寒山堰癸丑魏孝明皇帝崩夏四月戊戌魏尒朱榮推奉孝莊帝庚子榮殺幼主及太后胡氏辛丑魏郢州刺史元願達以義陽降封願達爲樂平王是時魏大亂其北海王顥臨淮王彧汝南王悅並來奔北青州刺史元儁南荆州刺史李志皆以地降冬十月丁亥以魏北海王顥主魏遣東宮直閤將軍陳慶之衞送還北魏豫州刺史鄧獻以地降是歲魏武泰元年尋改爲建義又改曰永安

中大通元年春正月辛酉祀南郊大赦賜孝悌力田爵一級辛巳祀明堂夏四月癸巳陳慶之攻拔魏梁城進屠考城禽魏濟陰王暉業五月癸酉進剋虎牢魏孝莊帝出居河北乙亥元顥入京師僭號建武六月壬午以永興公主疾篤故大赦公主志也是月都下疫甚帝於重雲殿爲百姓設救苦齋以身爲禱閏月護軍將軍南康王績薨己卯魏將尒朱榮攻殺元顥京師反正秋九月辛巳朱雀航華表災癸巳幸同泰寺設四部無遮大會上釋御服披法衣行清淨大捨以便省爲房素床瓦器乘小車私人執役甲午升講堂法坐爲四部大衆開涅槃經題癸卯羣臣以錢一億萬奉贖皇帝菩薩大捨僧衆默許乙巳百辟詣寺東門奉表請還臨宸極三請乃許帝三答書前後並稱頓首冬十月己酉又設四部無遮大會道俗五萬餘人會畢帝御金輅還宮御太極殿大赦改元十一月戊子魏巴州刺史嚴始欣以城降是歲盤盤蠕蠕國並遣使朝貢

二年夏四月癸丑幸同泰寺設平等會庚申大雨雹六月丁巳遣魏汝南王悅還北主魏庚申以魏尚書左僕射范遵爲司州牧隨悅北侵是月林邑扶南國遣使朝貢秋八月庚戌幸德陽堂祖魏主元悅山賊寇會稽郡縣九月壬午假超武將軍湛海珍節以討之是歲魏莊帝殺其權臣尒朱榮其黨奉魏長廣王曄爲主而殺孝莊帝年號建明

三年春正月辛巳祀南郊大赦丙申以魏尚書僕射鄭元護爲征北大將軍二月辛丑祀明堂夏四月乙巳皇太子統薨六月癸丑立昭明太子子華容公歡爲豫章郡王枝江公譽爲河東郡王曲江公詧爲岳陽郡王是月丹丹國遣使朝貢秋七月乙亥立晉安王綱爲皇太子大赦賜爲父後者及出處忠孝文武清勤並爵一級庚寅詔宗戚有服屬者並賜湯沐食鄉亭侯各隨遠近以爲差次壬辰以吏部尚書何敬容爲尚書右僕射九月狼牙修國遣使朝貢是秋吳興生野稻饑者賴焉冬十月己酉上幸同泰寺升法座爲四部衆說涅槃經訖于乙卯前樂山縣侯蕭正則有罪流徙至是招誘亡命欲寇廣州在所討平之十一月乙未上幸同泰寺升法座爲四部衆說般若經訖于十二月辛丑是歲魏尒朱兆又廢其主曄而奉節閔皇帝改建明二年爲普泰元年又魏渤海王高歡舉兵信都別奉渤海太守朗爲主改普泰元年爲中興

四年春正月丙寅以開府儀同三司南平王偉爲大司馬以司空宋王元法僧爲太尉尚書令以開府儀同三司袁昂爲司空立臨川靖惠王宏子正德爲臨賀郡王

庚午立嫡皇孫大器爲宣城郡王位列諸王上癸未魏南兗州刺史劉世明以城降二月壬寅以太尉元法僧還北主魏以侍中元景隆爲徐州刺史封彭城郡王通直常侍元景宗爲青州刺史封平昌郡王隨法僧北侵庚戌新除揚州刺史邵陵王綸有罪免爲庶人三月庚午侍中領國子博士蕭子顯表置制旨孝經助教一人生十人專通帝所釋孝經義夏四月盤盤國遣使朝貢秋七月甲辰星隕如雨九月乙巳加司空袁昂尚書令冬十一月高麗國遣使朝貢十二月丙子魏彭城王尒朱仲遠來奔以爲定洛將軍封河南王北侵隨所剋土使自封建庚辰以太尉元法僧爲郢州刺史驃騎大將軍開府同三司之儀是歲魏相渤海王高歡平尒朱氏廢節閔皇帝及自所奉渤海故王朗而奉平陽王修是爲孝武皇帝改中興二年爲大昌尋又改爲永熙元年

五年春正月辛卯祀南郊大赦賜孝悌力田爵一級先是一日丙夜南郊令解滌之等到郊所履行忽聞異香三隨風至及將行事奏樂迎神畢有神光圓滿壇上朱紫黃白雜色食頃乃滅戊申都下地震己酉長星見辛亥祀明堂二月癸未幸同泰寺設四部大會升法座發金字般若經題訖于己丑三月丙辰大司馬南平王偉薨夏五月戊子都下大水御道通船六月己卯魏建義城主蘭保殺東徐州刺史崔祥以下邳降冬十月庚申以尚書右僕射何敬容爲左僕射以吏部尚書謝舉爲右僕射是歲河南波斯盤盤國並遣使朝貢

六年春二月癸亥耕藉田大赦賜孝悌力田爵一級三月己亥以行河南王可沓振爲西秦河二州刺史正封河南王甲辰百濟國遣使朝貢夏四月丁卯熒惑在南斗秋七月甲辰林邑國遣使進貢冬十月丁卯以信武將軍元慶和爲鎮北將軍封魏王率衆北侵閏十二月丙午西南有雷聲二是歲魏孝武帝迫于其相高歡出居關中歡又別奉清河王世子善見爲主是爲孝靜帝改永熙三年爲天平元年魏於是始分爲兩孝武既至關中又與丞相宇文泰不平未幾遇鴆而崩

大同元年春正月戊申朔大赦改元二月辛巳祀明堂丁亥耕藉田辛丑高麗丹丹國並遣使朝貢三月丙寅幸同泰寺設無遮大會辛未滑國遣使朝貢夏四月庚子波斯國遣使朝貢壬戌幸同泰寺鑄十方銀像并設無礙會秋七月辛卯扶南國遣使朝貢冬十月雨黃塵如雪十一月壬戌北梁州刺史蘭欽攻漢中魏梁州刺史元羅降癸亥復梁州是歲西魏文皇帝大統元年

二年春二月乙亥耕藉田三月庚申詔求讜言及令文武在位舉士戊寅帝幸同泰寺設平等法會夏四月乙未以開府同三司之儀元法僧爲太尉五月癸卯以魏梁州刺史元羅爲青冀二州刺史封東郡王六月丁亥詔郊明堂陵廟等令改視散騎侍郎秋九月辛亥幸同泰寺設四部無礙法會冬十月乙亥詔大舉北侵壬午幸同泰寺設無礙大會十一月雨黃塵如雪攬之盈掬己亥詔北侵衆軍班師辛亥都下地震生白毛長二尺十二月壬申與東魏通和

三年春正月辛丑祀南郊大赦賜孝弟力田爵一級是夜朱雀門災壬寅雨灰黃色二月丁亥耕藉田癸巳以護軍將軍蕭藻爲尚書左僕射三月戊戌立昭明太子子詧爲武昌郡王譽爲義陽郡王夏五月癸未幸同泰寺鑄十方金銅像設無礙法會六月青州朐山隕霜秋七月青州雪害苗稼癸卯東魏人來聘己酉義陽王譽薨八月辛卯幸阿育王寺設無礙法喜食大赦九月使兼散騎常侍張皐聘于東魏閏九月甲子侍中太尉元法僧薨冬十月丙辰都下地震是歲饑

四年春二月己亥耕藉田三月河南蠕蠕國並遣使朝貢夏五月甲戌東魏人來聘六月辛丑日有蝕之秋七月癸亥詔以東冶徒李脩之降象牙如來眞形大赦戊辰使兼散騎常侍劉孝儀聘于東魏八月甲辰詔南兗等十二州旣經饑饉曲赦逋租宿責勿收今年三調九月閱武于樂游苑

五年春正月乙卯以護軍將軍廬陵王續爲驃騎將軍安右將軍尚書左僕射蕭藻爲中衞將軍並開府儀同三司中權將軍丹陽尹何敬容以本號爲尚書令吏部尚書張纘爲尚書左僕射丁巳御史中丞參禮儀事賀琛奏今南北二郊及藉田往還並宜御輦不復乘路二郊請用素輦藉田往還乘常輦皆以侍中陪乘停大將軍及太僕詔付尚書博議施行改素輦名大同輦郊祀宗廟乘佩輦辛未祀南郊詔孝弟力田及州閭鄉黨稱爲善人者各賜爵一級秋八月乙酉扶南國獻生犀冬十一月乙亥東魏人來聘十二月使兼散騎常侍柳豹聘于東魏是歲都下訛言天子取人肝以飴天狗大小相驚日晚便閉門持仗數月乃止

六年春正月庚戌朔曲赦司豫徐兗四州二月己亥耕藉田夏四月癸未詔晉宋齊三代諸陵有職司者勤加守護五月己卯河南王遣使朝獻馬及方物求釋迦像并經論十四條勑付像并制旨涅槃般若金光明講疏一百三卷秋七月丁亥東魏人來聘遣散騎常侍陸晏子報聘八月戊午大赦辛未盤盤國遣使朝貢九月戊戌司空袁昂薨冬十一月己卯曲赦都下十二月壬子江州刺史豫章王歡薨

七年春正月辛巳祀南郊大赦辛丑祀明堂二月乙巳以行宕昌王梁彌泰爲平西將軍河涼二州刺史正封宕昌王辛亥耕藉田乙卯都下地震夏四月戊申東魏人來聘遣兼散騎常侍明少遐報聘冬十一月丙子詔停所在使役女丁十二月壬寅東魏人來聘遣兼散騎常侍袁狎報聘丙辰於宮城西立士林館延集學者是歲宕昌蠕蠕高麗百濟滑國各遣使朝貢百濟求涅槃等經疏及醫工畫師毛詩博士並許之交州人李賁攻刺史蕭諮

八年春正月安成郡人劉敬躬挾左道以反二月戊戌江州刺史湘東王繹遣中兵曹子郢討禽之送于都斬之建康市三月於江州新蔡高塘立頌平屯墾作蠻田

九年春閏正月丙申地震生毛三月以太子詹事謝舉爲尚書僕射夏四月林邑王破德州攻李賁賁將范修又破林邑王於九德敗走之冬十一月益州刺史武陵王紀進號征西將軍開府儀同三司

十年春正月李賁竊號於交阯年號天德三月甲午幸蘭陵庚子謁建陵有紫雲蔭陵上食頃乃散帝望陵流涕所霑草皆變色陵傍有枯泉至是而流水香潔辛丑哭于修陵壬寅於皇基寺設法會詔賜蘭陵老少位一階并加頒賚所經縣邑無出今年租賦因賦還舊鄉詩癸卯詔園陵職司恭事勤勞並錫位一階并加賜賚己酉幸京口城北固樓因改名北顧庚戌幸回賓亭宴帝鄉故老及所經近縣奉迎候者少長數千人各賚錢二千夏四月乙卯至自蘭陵詔鰥寡孤獨尤貧者贍恤各有差五月廣州人盧子略反刺史新渝侯暎討平之詔曲赦廣州秋九月己丑赦冬十一月大雪平地三尺

十一年春正月震華林園光嚴殿重雲閣帝自貶拜謝上天累刻乃止夏四月東魏人來聘冬十月己未詔復開贖罪典

中大同元年春正月丁未曲阿縣建陵隧口石辟邪起舞有大蛇鬬隧中其一被傷奔走青蟲食陵樹葉略盡癸丑交州刺史楊瞟剋交阯嘉寧城李賁竄入屈獠洞交州平三月乙巳大赦庚戌幸同泰寺講金字三慧經仍施身夏四月丙戌皇太子以下奉贖仍於同泰寺解設法會大赦改元是夜同泰寺災六月辛巳竟天有聲如風水相薄秋七月甲子詔自今有犯罪者非大逆父母祖父母勿坐丙寅詔曰朝四暮三衆狙皆喜名實未虧而喜怒爲用頃聞外間多用九佰錢佰減則物貴佰足則物賤非物有貴賤是心有顛倒至於遠方日更滋甚自今可通用足佰錢八月丁丑東揚州刺史武昌王譽薨甲午渴槃陁國遣使獻方物冬十一月癸酉汝陰王劉哲薨

太清元年春正月己亥朔日有蝕之壬寅荆州刺史廬陵王續薨辛酉祀南郊大赦甲子祀明堂是月東魏相渤海王高歡薨二月己卯白虹貫日庚辰東魏司徒侯景求以河南十三州內屬壬午以景爲大將軍封河南王大行臺承制如鄧禹故事丁亥耕藉田三月庚子幸同泰寺設無遮大會上釋御服服法衣行清淨大捨名曰羯磨以五明殿爲房設素木牀葛帳土瓦器乘小輿私人執役乘輿法服一皆屏除甲辰遣司州刺史羊鴉仁率土州刺史桓和仁州刺史湛海珍等應接侯景兵未至而東魏遣兵攻景景又割地求救於西魏方解圍乙巳帝升光嚴殿講堂坐師子講金字三慧經捨身夏四月庚午羣臣以錢一億萬奉贖皇帝菩薩僧衆默許戊寅百辟詣鳳莊門奉表三請三答頓首並如中大通元年故事丁亥服袞冕御輦還宮幸太極殿如即位禮大赦改元是月神馬出皇太子獻賚馬頌六月戊辰以前雍州刺史鄱陽王範爲征北將軍總督漢北征討諸軍事秋七月庚申羊鴉仁入縣瓠城八月乙丑諸軍北征以南豫州刺史蕭明爲大都督赦緣邊初附諸州戊子以大將軍侯景錄行臺尚書事九月癸卯王遊苑成輿駕幸苑冬十一月東魏將慕容紹宗大敗蕭明于寒山明被俘執紹宗進圍潼州十二月戊辰命太子舍人元貞還北爲東魏主

二年春正月癸巳朔兩月相承如鉤見于西方戊戌詔在位各舉所知己亥東魏克渦陽辛丑以尚書僕射謝舉爲尚書令以守吏部尚書王克爲尚書僕射甲辰東魏剋殷豫二州三月甲辰撫軍將軍高麗王高延卒以其子成爲寧東將軍高麗王樂浪公己未屈獠洞斬李賁傳首建鄴夏四月丙子詔在朝及州郡各舉士五月辛丑以新除中書令邵陵王綸爲安前將軍開府儀同三司辛亥曲赦交愛德三州六月天裂于西北長十丈闊二丈光出如電其聲若雷秋七月使兼散騎常侍謝班聘于東魏結和八月戊辰侯景舉兵反甲辰使開府儀同三司邵陵王綸都督衆軍討景曲赦南豫州九月

戊辰地震江左尤甚壞屋殺人地生白毛長二尺益州市有飛蠡萬羣螫人死冬十月侯景襲譙州進攻陷歷陽戊申以臨賀王正德爲平北將軍都督諸軍屯丹陽郡己酉景自横江濟采石辛亥至建鄴臨賀王正德率衆附賊十一月戊午朔設壇刑白馬祀蚩尤於太極殿前己未景立蕭正德爲天子於南闕前辛酉賊攻陷東府城庚辰邵陵王綸帥武州刺史蕭弄璋前譙州刺史趙伯超等入援乙酉進軍湖頭與賊戰賊敗績丙戌安北將軍鄱陽王範遣世子嗣雄信將軍裴之高等率衆入援次張公洲十二月戊申天西北裂有光如火尚書令謝舉卒丙辰司州刺史柳仲禮前衡州刺史韋粲高州刺史李遷仕前司州刺史羊鴉仁等率軍入援

三年春正月丁巳大都督柳仲禮率衆軍分據南岸賊濟軍於青塘襲殺韋粲庚申白虹貫日三重邵陵王綸臨城公大連等率兵集南岸戊辰有流星長三十丈墮武庫李遷仕及天門太守樊文皎進軍青溪東爲賊所破文皎死之壬午熒惑守心二月侯景遣使求和皇太子固請帝乃許之盟于西華門下景既運東城米歸于石頭亦不解圍啓求遣諸軍退丁未皇太子又命南兗州刺史南康王會理前青冀二州刺史湘潭侯退率江北之衆頓于蘭亭苑甲子以開府儀同三司丹陽尹邵陵王綸爲司空以合州刺史鄱陽王範爲征北大將軍開府儀同三司以司州刺史柳仲禮爲侍中尚書僕射時景新計既成乃表陳帝失復舉兵向闕三月城内以景違盟設壇告天地神祇戊午前司州刺史羊鴉仁等進軍東府北與賊戰大敗時四方征鎭入援者三十餘萬莫有鬬志自相抄奪而已丁卯賊攻陷宮城縱兵大掠己巳賊矯詔遣石城公大款解外援軍庚午侯景自爲都督中外諸軍事大丞相錄尚書事辛未援軍各退散丙子熒惑守心夏四月己丑都下地震丙申又震己酉帝以所求不供憂憤寢疾是月青冀二州刺史明少遐東徐州刺史湛海珍北青州刺史王奉伯各舉州附東魏五月丙辰帝崩于淨居殿時年八十六辛亥遷梓宮于太極前殿十一月乙卯葬于修陵追尊爲武皇帝廟號高祖帝性淳孝六歲獻皇太后崩水漿不入口三日哭泣有過成人及丁文帝憂時爲齊隨王諮議隨府在荆鎭以病聞便投劾星馳不復寢食倍道就路憤風驚浪不暫停止帝形容本壯及至都銷毁骨立親表士友皆不復識望宅奉諱氣絶久之每哭輒歐血數升服内日惟食麥二溢拜埽山陵涕淚所洒松草變色及居帝位卽於鍾山造大愛敬寺青溪邊造智度寺於臺内立至敬等殿又立七廟堂月中再設淨饌每至展拜涕泗滂沲哀動左右少而篤學能事畢究雖萬機多務猶卷不輟手燃燭側光常至戊夜撰通史六百卷金海三十卷制旨孝經義周易講疏及六十四卦二繫文言序卦等義樂社義毛詩春秋答問尚書大義中庸講疏孔子正言孝經講疏凡二百餘卷王侯朝臣皆奉表質疑帝皆爲解釋修飾國學增廣生員立五館置五經博士天監初何佟之賀瑒嚴植之明山賓等覆述制旨并撰吉凶賓軍嘉五禮一千餘卷帝稱制斷疑焉大同中於臺西立士林館領軍朱异太府卿賀琛舍人孔子袪等遞互講述皇太子宣城王亦於東宮宣猷堂及揚州解開講於是四方郡國莫不向風爰自在田及登寶位躬制贊序詔誥銘誄箴頌牋奏諸文又百二十卷六藝備閑棊登逸品陰陽緯候卜筮占決草隸尺牘騎射莫不稱妙晚乃溺信佛道日止一食膳無鮮腴惟豆羹糲飯而已或遇事擁日儻移中便嗽口以過製涅槃大品淨名三慧諸經義記數百卷聽覽餘閑卽於重雲殿及同泰寺講說名僧碩學四部聽衆常萬餘人身衣布衣木綿皂帳一冠三載一被二年自五十外便斷房室後宮職司貴妃以下六宮褘褕三翟之外皆衣不曳地傍無錦綺不飲酒不聽音聲非宗廟祭祀大會饗宴及諸法事未嘗作樂勤於政務孜孜無怠每冬月四更竟卽敕把燭看事執筆觸寒手爲皴裂然仁愛不斷親親及所愛愆犯多有縱捨故政刑弛紊每決死罪常有哀矜涕泣然後可奏性方正雖居小殿暗室恒理衣冠小坐暑月未嘗褰袒雖見內豎小臣亦如遇大賓也初齊高帝夢屐而登殿顧見武明二帝後一人手張天地圖而不識問之答曰順子後及崔慧景之逼長沙宣武王入援至越城夢乘馬飛半天而墜帝所馭化爲赤龍騰虛獨上時臺内有宿衞士爲覡常見太極殿有六龍各守一柱末忽失其二後見在宣武王宅時宣武爲益州覡乃往蜀伏事及宣武在郢此覡還都乃見六龍俱在帝所寢齋遂去郢之雍中途遇疾且死謂同侶曰蕭雍州必作天子具以前事語之推此而言蓋天命也雖在蒙塵齋戒不廢及疾不能進膳盥漱如初皇太子日中再朝每問安否涕泗交面賊臣侍者莫不掩泣疾久口苦索蜜不得再日荷荷遂崩賊祕之太子問起居不得見慟于閤下始天監中沙門釋寶誌爲詩曰昔年三十八今年八十三四中復有四城北火酣酣帝使周捨封記之及中大同元年同泰寺災帝啓封見捨手迹爲之流涕帝生於甲辰三十八尅建鄴之年也遇災歲實丙寅八十三矣四月十四日而起火之始自浮屠第三層三者帝之昆季次也帝惡之召太史令虞履筮之遇巛履曰無害其繇云西南得朋東北喪朋安貞吉文言云東北喪朋乃終有慶帝曰斯魔鬼也酉應見卯金來尅木卯爲陰賊鬼而帶賊非魔何也孰爲致之酉爲口舌當乎說位說言乎兌故知善言之口宜爲法事於是人人讚善莫不從風或刺血灑地或刺血書經穿心然燈坐禪不食及太清元年帝捨身光嚴重雲殿游仙化生皆震動三日乃止當時謂之祥瑞識者以非動而動在鴻範爲祆以此石季龍之敗殿壁畫人頸皆縮入頭之類時海中浮鷂山去餘姚岸可千餘里上有女人年三百歲有女官道士四五百人年並出百但在山學道遣使獻紅席帝方捨身時其使適至云此草常有紅鳥居下故以爲名觀其圖狀則鸞鳥也時有男子不知何許人於大衆中自割身以飴飢鳥血流徧體而顏色不變又沙門智泉鐵鉤挂體以然千燈一日一夜端坐不動開講日有三足鳥集殿之東戶自戶適于西南縣楣三飛三集白雀一見于重雲閣前連理樹又有五色雲浮於華林園昆明池上帝既流遁益甚境內化之遂至喪亡云

論曰梁武帝時逢昏虐家遭冤禍既地居勢勝乘機而作以斯文德有此武功始用湯武之師終濟唐虞之業豈曰人謀亦惟天命及據圖籙多歷歲年制造禮樂敦崇儒雅自江左以來年踰二百文物之盛獨美于茲然先王文武遞用德刑備舉方之水火取法陰陽爲國之道不可獨任而帝留心俎豆忘情干戚溺於釋教弛於刑典既而帝紀不立悖逆萌生反噬彎弧皆自子弟履霜弗戒卒至亂亡自古撥亂之君固已多矣其或樹置失所而以後嗣失之未有自己而得自己而喪追蹤徐偃之仁以致窮門之酷可爲深痛可爲至戒者乎

南史卷七考證

武帝紀三月乙卯巴陵王蕭屛薨○乙卯梁書作巳卯又下文冬十一月甲申梁書作甲午俱彼此小異

辛亥祀明堂○辛亥梁書作丙午

其北海王顥臨淮王彧汝南王悅並來奔○彧監本訛或今改正

先是一日丙夜南郊令解滌之等到郊所履行○丙夜梁書作東

及將行事奏樂迎神畢○迎監本作道今从閣本

二郊請用素輦○二監本訛三今从梁書

詔晉宋齊三代諸陵有職司者勤加守護○勤梁書作勒

曲阿縣建陵隧口石辟邪起舞○辟邪起舞梁書作騏驎動

項閣外間多用九佰錢○佰梁書作陌

夏四月庚午羣臣以錢一億萬奉贖○午監本訛寅上文云三月庚子幸同泰寺乙巳升殿講經下文云戊寅百辟表請丁亥御輦還宮凡四十七日計乙巳後戊寅前不應有庚寅再查是年正月己亥朔則庚子乙巳爲三月初旬戊寅丁亥爲四月中旬末而庚午至戊寅距八日竊意庚午贖身既已默許戊寅奉表三請三答又遲九日丁亥回宮其爲午字無疑也

撰通史六百卷金海三十卷○海梁書作策

覆述制旨并撰吉凶軍賓嘉五禮一千餘卷○并監本訛拜今从梁書改正

南史卷八

唐　李　延　壽　撰

梁本紀下第八

太宗簡文皇帝諱綱字世讚小字六通武帝第三子昭明太子母弟也天監二年十月丁未生于顯陽殿五年封晉安王普通四年累遷都督雍州刺史中大通三年被徵入朝未至而昭明太子謂左右曰我夢與晉安王對奕擾道我以班劒授之王還當有此加乎四月昭明太子薨五月丙申立晉安王爲皇太子七月乙亥臨軒策拜以修繕東宮權居東府四年九月移還東宮太清三年臺城陷太子坐永福省見侯景神色自若無懼容五月丙辰帝崩辛巳太子卽皇帝位大赦癸未追尊穆貴嬪爲皇太后追謚妃王氏爲簡皇后六月丙戌以南康王會理爲司空丁亥立宣城王大器爲皇太子壬辰立當陽公大心爲尋陽郡王石城公大款爲江夏郡王寧國公大臨爲南海郡王臨城公大連爲南郡王西豐公大春爲安陸郡王新塗公大成爲山陽郡王臨湘公大封爲宜都郡王高唐公大莊爲新興郡王秋七月甲寅廣州刺史元景仲謀應侯景西江督護陳霸先攻之景仲自殺霸先迎定州刺史蕭勃爲刺史庚午以司空

南康王會理爲兼尚書令是月九江大饑人相食者十四五八月癸卯征東大將軍開府儀同三司南徐州刺史蕭淵藻薨丙午侯景矯詔儀同三司位比正公自今悉不加將軍以爲定準冬十月丁未地震是月百濟國遣使朝貢見城寺荒蕪哭于闕下

大寶元年春正月辛亥朔大赦改元丁巳天雨黃沙己未西魏剋安陸執司州刺史柳仲禮盡有漢東地丙寅月晝見于東方癸酉前江都令祖皓起義兵于廣陵二月癸未侯景攻下廣陵皓見害乙巳以尚書僕射王克爲左僕射丙午侯景逼帝幸西州夏五月丙辰東魏靜帝遜位于齊庚午開府儀同三司鄱陽王範薨自春迄夏大旱人相食都下尤甚六月庚子前司州刺史羊鴉仁自尚書省出奔江陵秋七月戊辰賊行臺任約寇江州刺史尋陽王大心以州降之八月甲午湘東王繹遣領軍將軍王僧辯逼郢州邵陵王綸棄郢州走九月乙亥侯景自進位相國封二十郡爲漢王冬十月乙未景又逼帝幸西州曲宴自加宇宙大將軍都督六合諸軍事立皇子大鈞爲西陽郡王大威爲武寧郡王大球爲建安郡王大昕爲義安郡王大摯爲綏建郡王大圜爲樂梁郡王壬寅侯景害司空南康王會理十一月任約進據西陽分兵寇齊昌執衡陽王獻送都下害之湘東王繹遣前寧州刺史徐文盛拒約南郡王前中兵參軍張彪起義於會稽若邪山攻破浙東諸縣

二年春二月邵陵王綸走至安陸董城爲魏所攻見殺三月庚戌魏文帝崩夏四月侯景圍巴陵六月乙巳解圍宵遁秋七月景還至建鄴八月戊午景遣僞衛尉卿彭儁廂公王僧貴入殿廢帝爲晉安王害皇太子大器尋陽王大心西陽王大鈞武寧王大威建安王大球義安王大昕及尋陽王諸子二十餘人矯爲帝詔以爲次當支庶宜歸正嫡禪位于豫章王棟使呂季略送詔令帝寫之帝書至先皇念神器之重思社稷之固越升非次遂主震方嗚咽不能自止賊衆皆爲掩泣乃幽帝于永福省棟即位改元天正使害南海王大臨於吳郡南郡王大連於姑熟安陸王大春於會稽新興王大莊於京口冬十月壬寅帝崩於永福省時年四十九賊僞謚曰明皇帝廟稱高宗明年三月己丑王僧辯平侯景率百官奉梓宮升朝堂元帝追崇爲簡文皇帝廟號太宗四月乙丑葬莊陵帝幼而聰睿六歲便能屬文武帝弗之信於前面試帝攬筆立成文武帝歎曰常以東阿爲虛今則信矣及長器宇寬弘未嘗見喜慍色尊嚴若神方頤豐下須鬢如畫直髮委地雙眉翠色項毛左旋連錢入背手執玉如意不相分辨眄睞則目光燭人讀書十行俱下辭藻艷發博綜羣言善談玄理自十一便能親庶務歷試藩政所在稱美性恭孝居穆貴嬪憂哀毀骨立所坐席霑濕盡爛在襄陽拜表侵魏遣長史柳津司馬董當門壯武將軍杜懷寶振遠將軍曹義宗等進軍剋南陽新野等郡拓地千餘里及居監撫多所弘宥文案簿領纖豪必察弘納文學之士賞接無倦嘗於玄圃述武帝所製五經講疏聽者傾朝野雅好賦詩其自序云七歲有詩癖長而不倦然帝文傷於輕靡時號宮體所著昭明太子傳五卷諸王傳三十卷禮大義二十卷長春義記一百卷法寶連璧三百卷謝客文涇渭三卷玉簡五十卷光明符十二卷易林十七卷竈經二卷沐浴經三卷馬槊譜一卷棊品五卷彈棊譜一卷新增白澤圖五卷如意方十卷文集一百卷並行於世初即位制年號將曰文明以外制强臣取周易內文明而外柔順之義恐賊覺乃改爲大寶雖在蒙塵尚引諸儒論道說義披尋墳史未嘗暫釋及見南康王會理誅知不久指所居殿謂舍人殷不害曰龐涓死此下又曰吾昨夢吞土試思之不害曰昔重耳饋塊卒反晉國陛下所夢將符是乎帝曰儻幽冥有徵冀斯言不妄初景納帝女溧陽公主公主有美色景惑之妨於政事王偉每以爲言景以告主主出惡言偉知之懼見讒乃謀廢帝而後間主若勸行殺以絕衆心廢後王偉乃與彭儁王修纂進觴於帝曰丞相以陛下幽憂既久使臣上壽帝笑曰已禪帝位何得言陛下此壽酒將不盡此乎於是儁等并齎酒肴曲項琵琶與帝極飲帝知將見殺乃盡酣謂曰不圖爲樂一至於斯既醉而寢偉乃出儁進土囊王修纂坐上乃崩竟協於夢偉撤戶扉爲棺遷殯于城北酒庫中帝自幽縶之後賊乃撤內外侍衛使突騎圍守牆垣悉有枳棘無復紙乃書壁及板鄣爲文自序云有梁正士蘭陵蕭世讚立身行道終始若一風雨如晦雞鳴不已弗欺暗室豈況三光數至於此命也如何又爲文數百篇崩後王偉觀之惡其辭切即使刮去有隨偉入者誦其連珠三首詩四篇絕句五篇文並悽愴云

世祖孝元皇帝諱繹字世誠小字七符武帝第七子也初武帝夢眇目僧執香爐稱託生王宮既而帝母在采女次侍始褰戶幔有風回裾武帝意感幸之采女夢月墮懷中遂孕天監七年八月丁巳生帝舉室中非常香有紫胞之異武帝奇之因賜采女姓阮進爲修容十三年封湘東王太清元年累遷爲鎮西將軍都督荊州刺史三年三月侯景陷建鄴四月世子方等至自建鄴知臺城不守帝命柵江陵城周回七十里鎮西長史王沖等拜牋請爲太尉都督中外諸軍事承制主盟帝不許曰吾於天下不賤寧俟都督之名帝子之尊何藉上台之重議者可斬投筆流涕沖等重請不從又請爲司空以主諸侯亦弗聽乃開鎮西府辟天下士是月帝徵兵於湘州刺史河東王譽譽拒命尋上甲侯韶自建鄴至宣三月十五日密詔授帝位假黃鉞大都督中外諸軍事司徒承制於是立行臺於南郡而置官司焉七月遣世子方等討河東王譽軍敗死之又遣鎮兵將軍鮑泉討譽九月乙卯雍州刺史岳陽王詧舉兵寇江陵其將杜崱兄弟來降詧遁走鮑泉攻湘州未剋又遣左衛將軍王僧辯代將及簡文帝即位改元爲大寶元年帝以簡文制于賊臣卒不遵用正月使少子方畧質于魏魏不受質而約爲兄弟四月剋湘州斬譽湘州平雍州刺史岳陽王詧自稱梁王蕃于魏魏遣兵助伐襄陽先是邵陵王綸書已言凶事祕之以待湘州之捷是月壬寅始命陳瑩報武帝崩問帝哭于正寢六月江夏王大款山陽王大成宜都王大封自信安來奔九月辛酉以前郢州刺史南平王恪爲中衞將軍尚書令開府儀同三司改封大款爲臨川郡王大成爲桂陽郡王大封爲汝南郡王十一月甲子南平王恪等奉牋進位相國總百揆帝不從二年三月侯景悉兵西上閏四月景遣其將宋子仙任約襲郢州執刺史方諸庚戌領軍王僧辯屯師巴陵五月癸未帝遣將胡僧祐陸法和援巴陵六月僧祐等擊破景將任約軍禽約景解圍宵遁以王僧辯爲征東將軍開府儀同三司尚書令帥衆追景所至皆捷進圍郢州獲賊將宋子仙等九月盤盤國獻馴象十月辛丑朔紫雲如蓋臨江陵城是月簡文帝崩開府儀同三司王僧辯等奉表勸進帝奉諱大臨三日百官縞素答表不許司空南平王恪率宗室領軍將軍胡僧祐率羣僚江州別駕張佚率吏人並奉牋勸進帝固讓十一月乙亥僧辯又奉表勸進又不從時巨寇尚存帝未欲即位而四方表勸前後相屬乃下令斷表

承聖元年二月王僧辯衆軍發自尋陽帝馳檄四方購獲景及逆者封萬戶開國公絹布五萬匹三月僧辯等平景傳首江陵戊子以賊平告明堂大社己丑僧辯等又表勸進曰衆軍以今月戊子總集建康賊景鳥伏獸窮頻擊頻挫姦竭詐盡深溝自固臣等分勒武旅百道同趨突騎短兵犀函鐵楯結隊千羣持戟百萬止紂七步圍項三重轟然大潰羣凶四滅京師少長俱稱萬歲長安酒食於此價高九縣雲開六合清朗矧伊黔首誰不載躍伏惟陛下咀痛茹哀嬰憤忍酷自紫庭絳闕胡塵四起壖垣好畤冀馬雲屯泣血臨兵嘗膽誓衆而吳楚一家方與七國俱反管蔡流言又以三監作亂西涼義衆阻秦塞而不通并州遺黎跨飛狐而見絕豺狼當路非止一人鯨鯢不梟倏焉五載英武克振怨恥並雪永尋霜露伊何可勝臣等輒依故實奉修社廟使者持節分告園陵嗣后升遐龍輴未殯承華掩曜梓宮莫測並即隨由備辦禮具凶荒四海同哀六軍袒哭聖情孝友理當感慟日者百司岳牧仰祈宸鑒以錫珪之功既歸有道當璧之禮允屬聖明而優詔謙沖杳然凝邈飛龍可躋而乾爻在四帝閽云叫而閶闔未開謳歌再馳是用翹首所以越人固執熏丹穴以求君周人樂推踰岐山而事主漢王不即位無以貴功臣光武止蕭王豈謂紹宗廟黃帝迷於襄城尚訪御人之道放勛寂於姑射猶使樽俎有歸伊此儻來豈聖人所欲帝王所應不獲已而然伏讀璽書尋諷制旨領懷物外未奉慈衷陛下日角龍顏之姿表於徇齊之日彤雲素靈之瑞基於應物之初博學則大哉無所與名深言則曄乎文章之觀忠爲令德孝實動天加以英威茂略雄圖武算指麾則丹浦不戰顧眄則阪泉自蕩地維絕而重紐天柱傾而更植鑿河津於孟門百川復啟補穹儀以五石萬物再生縱陛下拂衫衣而游廣城登嶧山而去東土羣臣安得仰訴兆庶何所歸仁況郊祀配天罍篚禮曠齋宮清廟匏竹不陳仰望鑾輿匪朝伊夕瞻言法駕載渴且饑豈可久稽衆議有曠彝則舊邦凱復函洛已平高奴櫟陽宮館雖毀濁河清渭佳氣猶存皋門有亢甘泉四敞土圭測景仙人承露斯蓋九州之赤縣六合之樞機博士捧圖書而稍還太常定禮儀其已立豈得不揚清警而赴名都具玉鑾而旋正寢昔東周既遷鎬京遂其不復長安一亂郟洛永以爲居夏后以萬國朝諸侯文王以六州臣天下方之跡基百里劒杖三尺以殘楚之地抗拒六戎一旅之卒翦夷三叛坦然大定御辯東歸解五牛於冀州秣六馬於譙郡緬求前古其可得歟對揚天命無所讓德有理存焉敢重祈奏帝尚未從辛卯宣猛將軍朱買臣奉帝密旨害豫章王棟及其二弟橋樛四月乙巳益州刺史新除假黃鉞太尉武陵王紀僭

位於蜀年號天正帝遣兼司空蕭泰祠部尚書樂子雲拜謁塋陵修復社廟丁巳下令解嚴五月庚午司空南平王恪及宗室王侯大都督王僧辯等復拜表上尊號帝猶固讓甲申以開府儀同三司江州刺史王僧辯爲司徒乙酉斬賊左僕射王偉尚書呂季略少府卿周石珍舍人嚴亶於江陵市乃下令赦境內齊將潘樂辛術等攻秦郡王僧辯遣將杜崱帥衆拒之以陳霸先爲征北大將軍開府儀同三司徐州刺史齊人賀平侯景八月武陵王紀率巴蜀之衆東下遣護軍將軍陸法和屯巴峽以拒之九月甲戌司空南平王恪薨十月乙未前梁州刺史蕭循自魏至江陵以爲平北將軍開府儀同三司戊申執湘州刺史王琳於殿內庚戌琳長史陸納及其將潘烏累等舉兵反攻陷湘州是月四方征鎮王公卿士復勸進表三上乃許之冬十一月丙子皇帝即位於江陵改太清六年爲承聖元年遣租宿責並許弘宥孝子順孫悉皆賜爵長徒鎖士特加原宥禁錮奪勞一皆曠蕩是日帝不升正殿公卿陪列而已時有兩日俱見巳卯立王太子方矩爲皇太子改名元良立皇子方智爲晉安郡王方略爲始安郡王追尊所生妣阮修容爲文宣太后改謚忠壯太子爲武烈太子封武烈子莊爲永嘉王是月陸納遣將軍潘烏累等破衡州刺史丁道貴於淥口道貴走零陵十二月陸納分兵襲巴陵湘州刺史蕭循擊走之天門山獲野人出山三日而死星隕吳郡淮南有野象數百壞人室廬宣城郡猛獸暴食人是歲魏廢帝元年

二年春正月乙丑詔王僧辯討陸納戊寅以吏部尚書王褒爲尚書僕射巳卯江夏宮南門鑰牡飛三月庚寅有兩龍見湘州西江夏五月甲申魏大將尉遲迥進兵逼巴西潼州刺史楊乾運以城納迥巳丑武陵王紀軍至西陵六月乙卯王僧辯平湘州秋七月武陵王紀衆大潰見殺八月戊戌尉遲迥平蜀九月齊遣郭元建及將邢杲遠步六汗薩東方老帥衆頓合肥冬十一月辛酉僧辯留鎮姑孰豫州刺史侯瑱據東關壘徵吳興太守裴之橫帥衆繼之戊戌以尚書僕射王褒爲左僕射湘東太守張綰爲右僕射十二月宿豫土人東方光據城歸北齊江西州郡皆起兵應之

三年春正月魏帝爲相安定公所廢而立齊王廓是爲恭帝元年三月主衣庫見黑蛇長丈許數十小蛇隨之舉頭高丈餘南望俄失所在帝又與宮人幸玄洲苑復見大蛇盤屈於前羣小蛇遶之並黑色帝惡之宮人曰此非怪也恐是錢龍帝敕所司即日取數千萬錢鎮於蛇處以厭之因設法會赦囚徒振窮乏退居栖心省又有蛇從屋墮落帝帽上忽然便失又龍光殿上所御肩輿復見小蛇縈屈輿中以頭駕夾膝前金龍頭上見人走去逐之不及城濠中龍騰出煥爛五色竦躍入雲六七小龍相隨飛去羣魚騰躍墜死於陸道龍處爲窟若數百斛圓舊大城上常有紫氣至時稍復消歇甲辰以司徒王僧辯爲太尉車騎大將軍戊申以護軍將軍郢州刺史陸法和爲司徒夏四月癸酉以征北大將軍開府儀同三司陳霸先爲司空六月癸未有黑氣如龍見于殿內秋九月辛卯帝於龍光殿述老子義先是魏使宇文仁恕來聘齊使又至江陵帝接仁恕有闕魏相安定公憾焉乙巳使柱國萬紐于謹來攻冬十月丙寅魏軍至襄陽梁王蕭詧率衆會之丁卯停講內外戒嚴輿駕出行城柵大風拔木丙子續講百寮戎服以聽詔徵王僧辯十一月甲申幸津陽門講武置南北兩城主帝親觀閱風雨總集部分未交旗幟飄亂帝趣駕而回無復次序風雨隨息衆竊驚焉乙酉以領軍胡僧祐爲都督城東城北諸軍事右僕射張綰爲副左僕射王褒都督城西城南諸軍事直殿省元景亮爲副丁亥魏軍至柵下丙申徵廣州刺史王琳入援丁酉大風城內火燒居人數千家以爲失在婦人斬首尸之是日帝猶賦詩不廢以胡僧祐爲開府儀同三司庚子信州刺史徐世譜晉安王司馬任約軍次馬頭岸是夜有流星墜城中帝援蓍筮之卦成取龜式驗之因抵于城曰吾若死此下豈非命乎因裂帛爲書催僧辯曰吾忍死待公可以至矣戊申胡僧祐朱買臣等出戰買臣敗績辛亥魏軍大攻帝出枇杷門親臨陣督戰僧祐中流矢薨軍敗反者斬西門守卒以納魏軍帝見執如梁王蕭詧營甚見詰辱他日乃見魏僕射長孫儉譎儉云埋金千斤於城內欲以相贈儉乃將帝入城帝因述詧相辱狀謂儉曰向聊相譎欲言耳豈有天子自埋金乎儉乃留帝於主衣庫十二月丙辰徐世譜任約退戍巴陵辛未魏人戕帝明年四月梁王方智承制追尊爲元皇帝廟號世祖帝聰悟俊朗天才英發出言爲論音響若鍾年五六歲武帝嘗問所讀書對曰能誦曲禮武帝使誦之即誦上篇左右莫不驚歎初生患眼醫療必增武帝自下意療之遂盲一目乃憶先夢彌加愍愛及長好學博極羣書武帝嘗問曰孫策在江東于時年幾荅曰十七武帝曰正是汝年帝性不好聲色頗慕高名爲荆州刺史起州學宣尼廟嘗置儒林參軍一人勸學從事二人生三十人加廩餼帝工書善畫自圖宣尼像爲之贊而書之時人謂之三絕與裴子野劉顯蕭子雲張纘及當時才秀爲布衣交常自比諸葛亮桓溫惟纘許焉性好矯飾多猜忌於名無所假人微有勝已者必加毀害帝姑義興昭長公主子王銓兄弟八九人有盛名帝妒害其美遂改寵姬王氏兄王珩名琳以同其父名忌劉之遴學使人鴆之如此者甚衆雖骨肉亦偏被其禍始居文宣太后憂依丁蘭作木母及武帝崩祕喪逾年乃發凶問方刻檀爲像置于百福殿內事之甚謹朝夕進蔬食動靜必啓聞迹其虛矯如此性愛書籍既患目多不自執卷置讀書左右番次上直晝夜爲常略無休已雖睡卷猶不釋五人各伺一更恒致達曉常眠熟大鼾左右有睡讀失次第或偷卷度紙帝必驚覺更令追讀加以檟楚雖戎略殷湊機務繁多軍書羽檄文章詔誥點毫便就殆不游手常曰我韜於文士愧於武夫論者以爲得言始在尋陽夢人曰天下將亂王必維之又背生黑子巫媪見曰此大貴不可言初武帝勑賀革爲帝府諮議使議三禮革西上意甚不悅過別御史中丞江革江革告之曰吾嘗夢主上偏見諸子至湘東王脫帽授之此人後必當璧卿其行乎革領之及太清之禍遂膺歸運自侯景之難州郡太半入魏自巴陵以下至建康緣以長江爲限荆州界北盡武寧西拒峽口自嶺以南復爲蕭勃所據文軌所同千里而近人戶著籍不盈三萬中興之盛盡於是矣武陵之平議者欲因其舟艦遷都建鄴宗懍黄羅漢皆楚人不願移帝及胡僧祐亦俱未欲動僕射王褒左戶尚書周弘正驟言即楚非便宗懍及御史大夫劉懿以爲建鄴王氣巳盡且渚宮洲巳滿百於是乃留尋而歲星在井熒惑守心帝觀之慨然而謂朝臣文武曰吾觀玄象將恐有賊但吉凶在我運數由天避之何益及魏軍逼闕人朱買臣按劒進曰惟有斬宗懍黄羅漢可以謝天下帝曰曩實吾意宗黄何罪二人退入於人中及魏人燒柵買臣謝荅仁勸帝乘暗潰圍出就任約帝素不便馳馬曰事必無成徒增辱耳荅仁又求自將帝以問僕射王褒褒曰荅仁侯景之黨豈是可信成彼之勳不如降也乃聚圖書十餘萬卷盡燒之荅仁又請守子城收兵可得五千人帝然之即授城內大都督以帝鼓吹給之配以公主既而又召王褒謀之荅仁請入不得歐血而去遂使皇太子王褒出質請降有頃黄門郎裴政犯門而出帝乘白馬素衣出東門抽劒擊闔曰蕭世誠一至此乎魏師至凡二十八日徵兵四方未至而城見剋在幽逼求酒飲之製詩四絕其一曰南風且絕唱西陵最可悲今日還蒿里終非封禪時其二曰人世逢百六天道異貞恒何言異螻蟻一旦損鵾鵬其三曰松風侵曉哀霜雰當夜來寂寥千載後誰畏軒轅臺其四曰夜長無歲月安知秋與春原陵五樹杏空得動耕人梁王詧遣尚書傅準監行刑帝謂之曰卿幸爲我宣行準捧詩流淚不能禁進土囊而殞之梁王詧使以布帊纏屍斂以蒲席束以白茅以車一乘葬于津陽門外愍懷太子元良及始安王方略等皆見害徐世譜任約自馬頭走巴陵約後降于齊將軍裴畿畿弟機並被害謝荅仁三人相抱俱見屠汝南王大封尚書左僕射王褒以下並爲俘以歸長安乃選百姓男女數萬口分爲奴婢小弱者俱殺之帝於伎術無所不該嘗不得南信筮之遇剝之艮曰南信已至今當遣左右季心往看果如所說賓客咸驚其妙凡所占決皆然初從劉景受相術因訊以年荅曰未至五十當有小厄禳之可免帝自勉曰苟有期會禳之何益及是四十七矣特多禁忌墻壁崩倒屋宇傾頽年月不便終不修廟庭草蕪没令鞭去之其慎護如此著孝德傳忠臣傳各三十卷丹陽尹傳十卷注漢書一百十五卷周易講疏十卷內典博要百卷連山三十卷詞林三卷玉韜金樓子補闕子各十卷老子講疏四卷懷舊傳二卷古今全德志荆南地記貢職圖古今同姓名錄一卷筮經十二卷式贊三卷文集五十卷初承聖二年三月有二龍自南郡城西升天百姓聚觀五采分明江陵故老竊相泣曰昔年龍出建康淮而天下大亂今復有焉禍至無日矣帝聞而惡之踰年而遘禍又江陵先有九十九洲古老相承云洲滿百當出天子桓玄之爲荆州刺史內懷篡逆之心乃遣鑿破一洲以應百數隨而崩散竟無所成宋文帝爲宜都王在藩一洲自立俄而文帝纂統後遇元凶之禍此洲還没太清末枝江楊之閣浦復生一洲羣公上疏稱慶明年而帝即位承聖末其洲與大岸相通惟九十九云

敬皇帝諱方智字慧相小字法真元帝第九子也太清三年封興梁侯承聖元年封晉安郡王二年出爲江州刺史三年十一月魏剋江陵太尉王僧辯司空陳霸先定議以帝爲梁王太宰承制四年二月癸丑於江州奉迎至建鄴入居朝堂以太尉王僧辯爲中書監錄尚書驃騎大將軍都督中外諸軍事加司空陳霸先班劒二

十八以湘州刺史蕭循爲太尉廣州刺史蕭勃爲司徒三月齊遣其上黨王高渙送貞陽侯蕭明來主梁嗣至東關遣吳興太守裴之横拒之與戰敗績死之四月司徒陸法和以郢州附齊遣江州刺史侯瑱討之七月辛丑僧辯納貞陽侯蕭明自采石濟江甲辰入建鄴丙午即僞位年號天成以帝爲皇太子司空陳霸先襲殺王僧辯黜蕭明而奉帝焉

紹泰元年秋九月丙午皇帝即位冬十月己巳大赦改元以貞陽侯蕭明爲司徒封建安郡公壬子加司空陳霸先尚書令都督中外諸軍事震州刺史杜龕舉兵攻信武將軍陳蒨於長城義興太守韋載應之癸丑以太尉蕭循爲太保以司徒蕭明爲太傅司徒蕭勃爲太尉以鎮南將軍王琳爲車騎將軍開府儀同三司戊午尊所生夏貴妃爲皇太后立妃王氏爲皇后辛未司空陳霸先東討韋載降之丙子南豫州刺史任約譙秦二州刺史徐嗣徽舉兵據石頭反十一月庚辰齊安州刺史翟子崇楚州刺史柳達摩率衆赴任約入石頭十二月庚戌任約徐嗣徽等至采石迎齊援丙辰遣猛烈將軍侯安都於江寧邀擊敗之約嗣徽等奔江西庚申翟子崇等降並放還北

太平元年春正月戊寅大赦追贈諡簡文帝諸子封故永安侯確子後爲邵陵王奉攜王後癸未震州刺史杜龕降詔賜死赦吳興郡己亥以太保宜豐侯蕭循襲封鄱陽王東揚州刺史張彪圍臨海太守王懷振於剡岩二月庚戌遣周文育陳蒨襲會稽討彪敗走以中衛將軍臨川王大款即本號開府儀同三司丙辰若邪村人斬張彪傳首建鄴赦東揚州甲子以東土經杜龕張彪之亂遣大使巡省是月齊人來聘使侍中王廓報聘三月壬午班下遠近並雜用今古錢戊戌齊將蕭軌出柵口向梁山陳霸先大敗之夏四月壬申侯安都輕兵襲齊行臺司馬恭於歷陽大破之五月癸未太傅建安公蕭明薨庚寅齊軍水步入丹陽縣內外纂嚴六月壬子齊軍至玄武湖西北乙卯陳霸先大破齊軍戊午大赦辛酉解嚴秋七月丙子司空陳霸先進位司徒丁亥以開府儀同三司侯瑱爲司空八月己酉太保鄱陽王循薨九月壬寅大赦改元司徒陳霸先進位丞相錄尚書事改封義興郡公加中權將軍王沖開府儀同三司以吏部尚書王通爲尚書右僕射冬十月乙亥魏相安定公薨十一月起雲龍神武門十二月壬申進太尉蕭勃爲太保甲午封前壽昌令劉叡爲汝陰王前鎮西法曹行參軍蕭沆爲巴陵王奉宋齊二代後庚子魏恭帝遜位于周

二年春正月壬寅詔求魯國孔氏族爲奉聖侯并繕廟堂供備祀典又詔諸州各置中正舊放舉選不得輒承單狀序官皆須中正押上然後量授其選中正每求耆德該悉以他官領之以開府儀同三司王琳爲司空以尙書右僕射王通爲左僕射二月庚午遣領軍將軍徐度入東關太保廣州刺史蕭勃舉兵反詔平西將軍周文育平南將軍侯安都等南討戊子徐度至合肥燒齊船艦三千艘癸巳周文育軍於巴山獲蕭勃僞帥歐陽頠三月甲寅德州刺史陳法武前衡州刺史譚遠於始興攻殺蕭勃夏四月癸酉曲赦江廣衡三州并督內爲賊所拘逼者己卯鑄四柱錢一當二十齊遣使通和壬辰改四柱錢一當十丙申復用細錢五月乙巳平西將軍周文育進號鎮南將軍平南將軍侯安都進號鎮北將軍並開府儀同三司戊辰余孝頃遣使詣丞相府求降秋八月加丞相陳霸先殊禮九月周冢宰宇文護殺閔帝丞相陳霸先改授相國封陳國公冬十月戊辰進陳國公爵爲王辛未帝遜位于陳陳受命奉帝爲江陰王薨于外邸時年十六追謚敬皇帝

論曰帝王之位天下之重職文武之道守國所常遵其於行用義均水火相資則可專任成亂觀夫有梁諸帝皆一之而已簡文文明之姿稟乎天授粵自支庶入居明兩經國之算其道弗聞宮體所傳且變朝野雖主虛號何救滅亡元帝居勢勝之地啓中興之業既雪讐恥且應天人而內積猜忍外崇矯飾攀號之節忍酷於踰年定省之制申情於木偶竟而雍州引寇釁起河東之戮益部親尋事習邵陵之窘悖辭屈於僧辯殘虐極於圓正不義不昵若斯之甚而復謀無經遠心勞志大近捨宗國遠迫強隣外弛藩籬內崇講肆卒於溘至戕隕方追始皇之迹雖復文籍滿腹何救社廟之墟歷觀書契以來蓋亦廢興代有未見三葉遘慼頓若蕭宗之酷敬皇以此沖年當斯頹運將不高揖其可得乎初武帝末年都下用錢每百皆除其九謂爲九佰竟而有侯景之亂及江陵將覆每百復除六文稱爲六佰議者以爲九者陽九六者百六蓋符歷數非人事也善乎鄭文貞公論之曰高祖固天攸縱聰明稽古道亞生知學爲博物允文允武多藝多才爰自諸生有不羈之度屬昏凶肆虐天倫及禍糾合義旅將雪家寃曰紂可伐不期而會龍躍樊漢電擊湘郢翦離德如振槁取獨夫如拾遺其雄才大略固無得而稱矣既懸白旗之首方應皇天之眷布德施惠悅近來遠開蕩蕩之王道革靡靡之商俗大修文教盛飾禮容鼓扇玄風闡揚儒業介冑仁義折衝尊俎聲振寰宇澤流遐裔干戈載戢凡數十年濟濟焉洋洋焉魏晉以來未有若斯之盛也然不能息末敦本斲彫爲樸慕名好事崇尙浮華抑揚孔墨流連釋老或終夜不寢或日旰不食非弘道以利物惟飾智以驚愚且心未遺榮虛厠蒼頭之伍高談脫屣終戀黃屋之尊夫人之大欲在乎飲食男女至於軒冕殿堂非有切身之急高祖屏除嗜欲眷戀軒冕得其所難而滯於所易可謂神有所不達智有所不通矣逮夫精華稍竭鳳德已衰惑於聽受權在奸佞儲后百辟莫能盡言險躁之心暮年逾甚見利而動愎諫違卜開門揖盜棄好即讐釁起蕭墻禍成戎羯身殞非命災被億兆衣冠毀鋒鏑之下老幼粉戎馬之足瞻彼黍離痛深周廟永言麥秀悲甚殷墟自古以安爲危既成而敗顚覆之速書契所未聞也易曰天之所助者順人之所助者信高祖之遇斯屯剝不得其死蓋動而之險不由信順失天人之助其能免於此乎太宗敏叡過人神采秀發多聞博達富贍詞藻然文艷用寡華而不實體窮淫麗義罕疏通哀思之音遂移風俗以此而貞萬國異乎周誦漢莊矣我生不辰載離多難桀逆構扇巨猾滔天始同羸里之拘終類望夷之禍悠悠蒼昊其可問哉昔國步初屯兵纏魏闕羣后釋位投袂勤王元帝以盤石之宗受分陝之任屬君親之難居連率之長不能撫劒嘗膽枕戈泣血躬先士卒致命前驅遂乃擁衆逡巡內懷觖望坐觀國變以爲身幸不急莽卓之誅先行昆弟之戮又沉猜忍酷多行無禮騁智辯以飾非肆忿戾以害物爪牙重將心膂謀臣或顚眄以就拘囚或一言而反葅醢朝之君子相顧懍然自謂安若太山算無遺策怵於邪說即安荊楚雖元惡克翦社稷未寧而西隣責言禍敗旋及斯乃上靈降鑒此焉假乎天道人事其可誣乎其篤志藝文採浮華而棄忠信戎昭果毅先骨肉而後寇讐尸誦六經心通百氏有仲尼之學有公旦之才適足以益其驕矜增其禍患何補金陵之覆沒何救江陵之滅亡哉敬帝遭家不造紹茲屯運征伐有所自出政刑不由於已時無伊霍之輔焉得不爲高讓歟

南史卷八考證

簡文帝紀三月己丑王僧辯平侯景○己丑梁書作癸丑

弘納文學之士○弘梁書作引

孝元帝紀齊將潘樂辛術等攻秦郡○梁書齊作魏樂作洛

十月乙未前梁州刺史蕭循自魏至江陵○乙監本訛巳今从梁書及上下文改正

齊遣郭元建及將邢杲遠步六汗薩東方老帥衆頓合肥○六監本訛大今从閣本

其虛矯如此○矯監本訛嬌今改从南本

敬帝紀十一月庚辰齊安州刺史翟子崇楚州刺史柳達摩率衆赴任約入石頭○梁書陳書皆作楚州刺史劉仕榮淮州刺史柳達摩又見於下卷陳武帝紀此脫去劉仕榮淮州刺史七字

齊將蕭軌出柵口向梁山○軌監本訛軏今从齊書梁書陳書改正

南史卷九

唐　李延壽　撰

陳本紀上第九

陳高祖武皇帝諱霸先字興國小字法生吳興長城下若里人姓陳氏其本甚微自云漢太丘長寔之後也寔玄孫晉太尉準準生匡匡生達永嘉中南遷爲丞相掾太子洗馬出爲長城令悅其山水遂家焉嘗謂所親曰此地山川秀麗當有王者興焉二百年後我子孫必鍾斯運達生康復爲丞相掾咸和中土斷故爲長城人康生盱眙太守英英生尚書郎公弼公弼生步兵校尉鼎鼎生散騎侍郎高高生懷安令詠詠生安成太守猛猛生太常卿道巨道巨生皇考文讚帝以梁天監二年癸未歲生少俶儻有大志長於謀畧意氣雄傑不事生產及長涉獵史籍好讀兵書明緯候孤虛遁甲之術多武藝明達果斷爲當時推服身長七尺五寸日角龍顏垂手過膝嘗游義興館於許氏夢天開數丈有四人朱衣捧日而至納之帝口及覺腹內猶熱帝心獨喜初仕鄉爲里司後至建鄴爲油庫吏徙爲新喻侯蕭映傳教勤於其事爲映所賞及映爲吳興太守甚重帝謂僚佐曰此人將來遠大必勝於我及映爲廣州帝爲中直兵參

軍隨之鎮映令帝招集士馬先是武林侯蕭諮爲交州刺史以嚴刻失和土人李賁連結數州豪傑同時反臺遣高州刺史孫冏新州刺史盧子雄將兵擊賁冏等不時進皆於廣州伏誅子雄弟子略與冏子姪及其主帥杜天合杜僧明共舉兵執南江督護沈顗進寇廣州晝夜苦攻州中震恐帝率精兵救之賊衆大潰僧明後有功業遂降梁武帝深歎異焉授直閤將軍封新𣶬縣子仍遣圖帝貌而觀之其年冬蕭映卒明年帝送喪還至大庾嶺會有詔以帝爲交州司馬與刺史楊瞟南討帝益招勇敢器械精利瞟委帝經略時蕭勃爲定州刺史於西江相會勃知軍士憚遠役因詭說留瞟瞟集諸將問計帝曰交阯叛渙罪由宗室節下奉辭伐罪故當死生以之於是鼓行而進軍至交州瞟推帝爲前鋒所向擢陷賁竄入屈獠洞中屈獠斬賁傳首建鄴是歲太清元年也賁兄天寶遁入九眞與劫帥李紹隆收餘兵殺德州刺史陳文戒進圍愛州帝討平之除西江督護高要太守督七郡諸軍事二年冬侯景寇逼帝將赴援廣州刺史元景仲陰將圖帝帝知之與成州刺史王懷明等集兵於南海馳檄以討景仲景仲縊於閤下帝迎蕭勃鎮廣州時臨賀內史歐陽頠監衡州蘭裕蘭京禮扇誘始興等十郡共攻頠頠請援於勃勃令帝救之悉禽裕等仍監始興郡事帝遣杜僧明胡穎將二千人頓于嶺上幷厚結始興豪傑同謀義舉侯安都張偲等率衆來附蕭勃聞之遣鍾休悅說停帝帝泣謂休悅曰君辱臣死誰敢愛命僕行計決矣時蔡路養起兵據南康勃遣腹心譚世遠爲曲江令與路養相結同遏義軍大寶元年正月帝發始興次大庾嶺大破路養軍進頓南康湘東王繹承制授帝交州刺史改封南野縣伯於是修理崎頭古城徙居之劉惠騫等望見恒有紫氣昌城上遠近驚異故惠騫等深自結於帝尋改封長城縣侯南江州刺史時寧都人劉藹等資高州刺史李遷仕舟艦兵仗將襲南康帝遣杜僧明等據白口築之二年僧明禽遷仕送南康斬之承制授帝江州刺史帝發南康灨石舊有二十四灘灘多巨石行旅以爲難帝之發水暴起數丈三百里間巨石皆沒進軍頓西昌有龍見水濱高五丈五采鮮曜軍人觀者數萬人帝又嘗獨坐胡牀於閤下忽有神光滿閤廊廡之間並得相見趙知禮侍側怪而問帝帝笑不答時承制遣征東將軍王僧辯督衆軍討侯景次盆城帝率杜僧明等合三萬將會焉時西軍乏食帝先計軍糧五十萬石至是分三十萬石以

資之仍頓巴丘會侯景廢簡文立豫章嗣王棟帝遣兼長史沈袞奉表於江陵勸進承制授帝東揚州刺史領會稽太守三年帝帥師發自豫章二月次桑落洲時僧辯已發盆城會帝于白茅灣乃登岸結壇刑牲盟約進次大雷軍人杜稜夢雷池君周何神自稱征討大將軍乘朱航陳甲仗稱下征侯景須臾便還云已殺景竟三月帝與諸軍進剋姑熟仍次蔡洲侯景登石頭城望官軍之盛不悅曰一把子人何足可打密謂左右曰此軍上有紫氣不易可當乃以舩舫貯石沉塞淮口緣淮作城自石頭迄青溪十餘里中樓雉相接僧辯遣杜崱問計於帝帝以諸將不敢當鋒請先往立柵卽於石頭西橫壠築柵衆軍次連八城直出東北賊恐西州路斷亦於東北果林作五城以遏大路帝曰善用兵者如常山之蛇使救首救尾困而無暇今我師既衆賊徒甚寡應分賊兵力以弱制彊乃命諸將分處置兵帝與王琳杜龕等悉力乘之景衆大潰僧辯啓命帝鎭京口五月齊遣將辛術圍嚴超達于秦郡帝命徐度領兵助其固守齊衆起土山穿地道攻之甚急帝乃自率萬人解其圍振旅南歸承制授帝征北大將軍開府儀同三司南徐州刺史進封長城縣公及王僧辯征陸納於湘州承制命帝代鎭揚州承聖二年湘州平帝旋鎭京口三年三月進帝位司空及魏平江陵帝與王僧辯等進啓請晉安王以太宰承制十二月晉安王至自尋陽入居朝堂給帝班劍二十人四年五月齊送貞陽侯明還主社稷王僧辯納之明卽位改元天成以晉安王爲皇太子初齊之納貞陽也帝固爭之以爲不可不見從帝居常憤歎曰嗣主高祖之孫元皇之子竟有何事坐致廢黜假立非次此情可知乃密具袍數千領及錦綵金銀以爲賞賜之資九月壬寅帝召徐度侯安都周文育仍部列將士水陸俱進夜發南徐州討王僧辯甲辰帝至石頭前遣勇士自城北踰入時僧辯方視事聞外白有兵遽走帝大兵尋至因風縱火僧辯就禽是夜縊之及其子頠於是廢貞陽侯而奉晉安王卽位改承聖四年爲紹泰元年壬子詔授帝侍中大都督中外諸軍事車騎將軍揚南徐二州刺史持節司空班劍鼓吹並如故仍詔甲仗百人出入殿省震州刺史杜龕據吳興與義興太守韋載舉兵逆命辛未帝表自東討留高州刺史侯安都石州刺史杜稜宿衞臺省甲戌軍至義興秦州刺史徐嗣徽據城入齊又要南豫州刺史任約舉兵應龕齊人資其兵食嗣徽乘虛奄至闕下侯安都出戰嗣徽等

退據石頭丁丑載及龕從弟北叟來降帝撫而釋之仍以載兄鼎知郡事以嗣徽寇逼卷甲還都命周文育進討杜龕十一月己卯齊遣兵五千度據姑熟又遣安州刺史翟子崇楚州刺史劉士榮淮州刺史柳達摩領兵萬人於胡墅度米粟三萬石馬千匹入石頭帝乃遣侯安都領水軍夜襲胡墅燒齊船周鐵武率舟師斷齊運輸帝領鐵騎自西明門襲之齊人大潰嗣徽留達摩等守城自率親屬腹心往南州采石以迎齊援先是太白自十一月丙戌不見十二月乙卯出于東方丙辰帝盡命衆軍分部甲卒對冶城日立航度兵攻其水南二柵柳達摩等度淮置陣帝督兵疾戰縱火燒柵煙塵漲天齊人大潰盡收其船艦是日嗣徽約等領齊兵還據石頭帝遣侯安都領水軍襲破之嗣徽等單舸脫走丁巳拔石頭南岸柵移度北岸起柵以絕其汲路又堙塞東門故城中諸井齊所據城中無水水一合貿米一升一升米貿絹一疋或炒米食之達摩謂其衆曰頃在北童謠云石頭擣兩襠擣青復擣黃侯景服青已倒於此今吾徒衣黃豈謡言驗邪庚申達摩遣侯子欽劉士榮等請和帝許之乃於城外盟約其將士恣其南北辛酉帝出石頭南門陳兵送齊人歸北者及至齊人殺之壬戌齊和州長史烏丸遠自南州奔還歷陽江寧令陳嗣黃門侍郎曹朗據姑熟不從帝命侯安都徐度等討平之聚其首爲京觀是月杜龕以城降二年正月癸未誅龕其弟翕從弟北叟司馬沈孝敦並賜死三月戊戌齊遣水軍儀同蕭軌庫狄伏連堯難宗東方老侍中裴英起東廣州刺史獨孤辟惡洛州刺史李希光幷任約徐嗣徽王僧愔等衆十萬出柵口向梁山帳內盪主黃叢逆擊敗之燒其前軍船艦齊軍保蕪湖五月丙申齊兵至秣陵故城己亥帝率宗室王侯及朝臣於大司馬門外白虎闕下刑牲告天以齊人背約發言慷慨涕泗交流士卒觀者益奮辛丑齊軍於秣陵故城跨淮立橋柵引度兵馬癸卯自方山進及兒塘游騎至臺都下震駭帝潛以精卒三千配沈泰度江襲齊行臺趙彥深於瓜步獲其舟粟六月甲辰齊兵潛至鍾山龍尾丁未進至莫府山帝遣錢明領水軍出江乘要擊齊人糧運盡獲之齊軍大餒殺馬驢而食之壬子齊軍至玄武湖西北莫府山南將據北郊壇衆軍自覆舟東移頓郊壇北與齊人相對其夜大雨震電暴風拔木平地水丈餘齊軍晝夜坐立泥中縣鬲以爨足指皆爛而臺中及潮溝北水退路燥官軍每得番易甲寅少霽是時食盡調市人

餽軍皆是麥屑爲飯以荷葉裹而分給間以麥飦兵士皆困會文帝遣送米三千石鴨千頭帝卽炊米煮鴨誓申一戰士及防身計糧數臠人人裹飯混以鴨肉帝命衆軍蓐食攻之齊軍大潰執嗣徽及其弟嗣宗斬之以徇虜蕭軌東方老王敬寶李希光裴英起王僧智等將帥四十六人其軍士得竄至江者縛筏以濟中江而溺流屍至京口者彌岸惟任約王僧愔獲免先是童謠云虜萬夫入五湖城南酒家使虜奴自晉宋以後經絓在魏境江淮以北南人皆謂爲虜是時以賞俘貿酒者一人裁得一醉丁巳衆軍出南州燒賊舟己未斬劉歸義徐嗣產傅野猪于建康市是日解嚴庚申誅蕭軌東方老王敬寶李希光裴英起等太平元年九月壬寅帝進位丞相錄尚書事鎭衞大將軍揚州牧進封義興郡公庚申追贈皇考侍中光祿大夫封義興郡公謚曰恭十月甲戌梁帝勅丞相自今問訊可施別榻以近扆坐二年正月壬寅詔加帝班劍十人幷前爲三十丁未詔贈皇兄道談南兗州刺史長城縣公謚曰昭烈皇弟休光侍中南徐州刺史武康縣侯謚曰忠壯甲寅遣兼侍中謁者僕射陸繕策拜長城縣夫人章氏爲義興國夫人丁卯詔贈皇祖侍中太常卿謚曰孝追封皇祖妣許氏吳郡嘉興縣君謚曰敬皇妣張氏義興國太夫人謚曰宣二月庚午蕭勃舉兵自廣州度嶺頓南康遣其將歐陽頠傅泰及其子孜爲前軍至豫章分屯要險南江州刺史余孝頃起兵應勃帝命周文育侯安都率衆討平之八月甲午帝進位太傅加黃鉞劍履上殿入朝不趨贊拜不名丙申加前後部羽葆鼓吹是時湘州刺史王琳擁兵不應命遣周文育侯安都率衆討之九月辛丑梁帝進帝位相國總百揆封十郡爲陳公備九錫之禮加璽紱遠遊冠綠綟綬位在諸侯王上策曰大哉乾元資日月以貞觀至哉坤元憑山川以載物故惟天爲大陟配者欽明惟王建國翼輔者齊聖是以文武之佐磻谿蘊其玉璜堯舜之臣榮河鏤其金板況乎體得一之鴻姿寧陽九之危厄援橫流於碣石撲燎火於崑岡驅馭於韋彭跨躡於齊晉神功行而靡用聖道運而無名者乎今將授公典策其敬聽朕命曰者昊天不弔鍾亂于我國家綱漏吞舟彊胡內鼎茫茫宇宙惵惵黎元方趾圓顱萬不遺一太清否亢橋山之痛以深大寶屯如平陽之禍相繼上宰膺運康救黔黎鞠旅於滇池之南揚旌於桂嶺之北縣三光於已墜謐四海於羣飛光啓中興蕩寧上國此則公之大造於皇家者也既而天未

悔禍夷醜薦臻南夏崩騰西京蕩覆家司昏撓旁引寇讐既見貶於桐宮方謀危於漢閣皇運已殆何殊贅旒中國搖然非徒如綫公赫然投袂匡救本朝復莒齊都平戎王室朕所以還膺寶歷重履宸居挹建武之風猷歌宣王之雅頌此又公之再造於皇家者也公應務之初登庸惟始孫盧肇釁越貊爲災蕃部阽危勢將淪殄公赤旗所指祅壘洞開白羽纔撝凶徒粉潰此又公之功也大同之末邊政不修李賁狂迷竊我交愛公英謨雅筭電埽風行馳御樓船直跨滄海三山獠洞八角蠻陬逖矣水寓之鄉悠哉火山之國馬援之所不屆陶璜之所未聞莫不懼我王靈爭朝邊候歸賝天府獻狀鴻臚此又公之功也自寇虜陵江宮闈幽辱而番禺連率本自諸夷言得其朋是懷同惡公仗此忠誠乘機勦定執沛令而釁鼓平新野而據鞌此又公之功也世道初艱方隅多難公以國盜邊警知無不爲恤是同盟誅其醜類南土黔黎重保蘇息此又公之功也長驅嶺嶠夢想京畿緣道酋豪遞爲榛梗路養渠帥全據大都蓄聚逋逃方謀阻亂公龍驤虎步嘯吒風雲山靡堅城野無彊陣淸祅氛於灨石滅沴氣於雩都此又公之功也遷仕凶慝屯據大皐乞活類馬騰之軍流人多杜弢之衆公坐揮三略遙制六奇義勇同心貔貅騁力雷奔電擊谷靜山空列郡無犬吠之驚叢祠罷狐鳴之盜此又公之功也王師討虜次屆淪波兵乏兼儲士有饑色公回麾彭蠡積穀巴丘億庾之詠斯豐壺漿之叱是衆故使三軍勇銳百戰無前承此兵糧遂殄凶逆此又公之功也盆壘猜攜用淹戎略公志惟同獎師克在和屈禮交盟神祇咸咽故能使舟師並路遠邇朋心此又公之功也姑熟襟要殽函所憑寇虜據其關梁大盜負其扃鐍公一校纔撝三雄並奮左賢右角沙潰土崩郢坂之隘斯開夷庚之道無塞此又公之功也義軍大衆俱集帝京逆豎凶徒猶屯皇邑公回茲地軸抗此天羅曾不崇朝俾無遺噍此又公之功也內難初靜諸侯出關外郡傳烽鮮卑犯塞公舟師步甲亘野橫江殲厥羣氏遂殫封豕此又公之功也公克熙禍難劬勞皇室而孫甯之黨翻啓狄人伊洛之間咸爲虜戍朝闇戎塵夜喧胡鼓公三籌既畫八陣斯張裁舉靈鉦亦抽金僕咸俘醜類悉反高墉此又公之功也任約叛渙梟聲不悛戎羯貪婪狼心無改公左甄右落箕張翼舒埽是攙搶驅其獫狁投秦坑而盡沸噎灌水而不流此又公之功也一相居中自折彝鼎五湖小守妄懷同惡公夙駕兼道秉羽杖戎玉斧將揮金鉦且戒祅酋震慴遽請灰釘此又公之功也賊龕凶橫陵虐具區阻兵安忍濡災怙亂公雖宗居汝潁世寓東南眷言桑梓公私憤切數此大憝如烹小鮮此又公之功也同姓有扈頑凶不賓憑藉宗盟圖危社稷公論兵於廟堂之上決勝於尊俎之間寇賈樊滕浮江下瀨一朝蕩撲無待旬師此又公之功也豫章祅寇依憑山澤繕甲完聚多歷歲時結從連橫爰洎交廣呂嘉既獲吳濞已縱命我還師征其不恪連營盡拔僞黨斯禽此又公之功也自八紘九野瓜剖豆分竊帝倫王連州比縣公武靈已暢文德又宣折簡馳書風猷斯遠此又公之功也京師禍亂亟積寒暄雙闕低昂九門寥豁公求衣昧旦昃食高春興構宮闈具瞻遐邇郊庠宗稷之典六符十等之章還聞太始之風流重覩永平之遺事此又公之功也公有濟天下之勳重之以明德凝神體道合德符天周百姓以爲心隨萬機以成務上德不德無爲以爲夏長春生顯仁藏用功成化洽樂奏咸雲安上御人禮兼文質是以天無蘊寶地有呈祥既景煥於圖書方葳蕤於史牒高勳踰於象緯積德冠於嵩華固無得而稱者矣朕又聞之前王宰世茂賞尊賢式樹藩長總征羣伯二南崇絕四履遐曠泱泱表海祚土維齊巖巖泰山俾侯于魯况復經營宇宙寧惟斷鼇足之功弘濟蒼生非直鑿龍門之險而疇庸報德寂爾無聞朕所以垂拱當宁載懷慙悖者也今授公相國以南豫州之陳留南丹陽宣城揚州之吳興東陽新安新寧南徐州之義興江州之鄱陽臨川十郡封公爲陳公錫茲青土苴以白茅爰定爾邦用建冢社昔旦奭分陝俱爲保師晉鄭諸侯咸作卿士兼其內外禮實攸宜今命使持節兼太尉王通授相國印綬陳公璽紱使持節兼司空王瑒授陳公茅土金虎符第一至第五左竹使符第一至第十左相國秩踰三鉉任總百司位絕朝班禮由事革以相國總百揆除錄尚書之號上所假節侍中貂蟬中書監印章中外都督太傅印綬義興公印策其鎭衛大將軍揚州牧如故又加公九錫其敬聽後命以公禮爲楨榦律等衡策四維皆舉八柄有章是用錫公大輅戎輅各一玄牡二駟以公戢寶崇穀疏爵待農室富京坻人知榮辱是用錫公袞冕之服赤舄副焉以公調理陰陽燮諧風雅三靈允降萬國同和是用錫公軒縣之樂六佾之舞以公宣導王猷弘闡風敎光景所照襁褓必通是用錫公朱戶以居以公抑揚淸濁褒德進賢髦士盈朝幽人虛谷是用錫公納陛以登以公嶷然廊廟爲世鎔範折衝四表臨御八荒是用錫公虎賁之士三百人以公執茲明罰期在刑厝象恭無赦干紀必誅是用錫公斧鉞各一以公英猷遠量跨厲嵩溟包一車書括囊寰寓是用錫公彤弓一彤矢百盧弓十盧矢千以公天經地義貫徹幽明春露秋霜允供粢盛是用錫公秬鬯一卣圭瓚副焉陳國置丞相以下一遵舊式往欽哉其恭循朕命克相皇天弘建邦家允典鴻業以光我高祖之休命十月戊辰又進帝爵爲王以揚州之會稽臨海永嘉建安南徐州之晉陵信安江州之尋陽豫章安成廬陵幷前爲二十郡益封陳國其相國揚州牧鎭衛大將軍並如故又命陳王冕十有二旒建天子旌旗出警入蹕乘金根車駕六馬備五時副車置旄頭雲罕樂儛八佾設鍾虡宮縣王妃王子王女爵命之號陳臺百官一依舊典辛未梁帝禪位于陳策曰咨爾陳王惟昔上古厥初生人驪連栗陸之前容成大庭之世杳冥慌忽故靡得而議焉自羲農軒昊之君陶唐有虞之主或垂衣而御四海或無爲而子萬姓居之如馭朽索去之如脫弊屣裁遇許由便能捨帝暫逢善卷卽以讓王故知玄扈璇璣非關尊貴金根玉輅示表君臨及南觀河渚東沉刻璧菁華既竭耄勤已倦則抗首而笑惟賢是與謳然作歌簡能斯授遺風餘烈昭晰圖書漢魏因循是爲故實宋齊授受又弘斯義我高祖應期撫運握樞御宇三后重光祖宗齊聖及時屬陽九封豕薦食西都失馭夷狄交侵乃泉天成輕弄龜鼎喋喋黔首若崩厥角黴黴皇極將甚綴旒惟王乃聖乃神欽明文思二儀並運四時合序天錫智勇人挺雄傑珠庭日角龍行虎步爰初投袂日逎勤王電埽番禺雲撤彭蠡翦其元惡定我京畿及王賀帝弘賀茲冠履既行伊霍用保沖人震澤稽陰並懷叛逆獯羯醜虜三亂皇都裁命偏師二邦自殄薄伐獫狁六戎盡殪嶺南叛渙湘郢連結賊帥既禽凶渠傳首用能百揆時序四門允穆無思不服無遠不屆上達穹昊下漏淵泉蛟魚並見謳歌攸屬況乎長彗橫天已徵布新之兆璧日斯既寔表更姓之符七百無常期皇王非一族昔木德既季而傳祚于我有梁天之歷數允集明哲式遵前典廣詢羣議王公卿尹莫不攸屬敬從人祇之願授帝位于爾躬四海困窮天祿永終于其允執厥中軌儀前式以副溥天之望禋郊祀帝時膺大禮永固洪業豈不盛與又命璽書遣兼太保尚書左僕射王通兼太尉司徒左長史王瑒奉皇帝璽紱受終之禮一依唐虞故事是日梁帝遜于別宮帝謙讓再三羣臣固請乃許之永定元年冬十月乙亥皇帝卽位于南郊柴燎告天曰皇帝臣霸先敢用玄牡昭告于皇皇后帝梁氏以圮剝薦臻歷運有極欽若天應以命于霸先夫肇有黎蒸乃樹司牧選賢與能未常厥姓有梁末運仍葉遘屯獯醜憑陵久移神器承聖在外非能祀夏天未悔禍復罹寇逆嫡嗣廢黜宗枝僭詐天地板蕩紀綱泯絕霸先爰初投袂大拯橫流重舉義兵實戡多難廢王立帝寔有厥功安國定社用盡其力是謂小康方期大道既而煙雲表色日月呈祥除舊布新既彰玄象遷虞事夏且協謳訟九域八荒同布衷款百神羣祀皆有誠願梁帝高謝萬邦授以大寶霸先自惟菲薄讓德不嗣至于再三辭弗獲許僉以曆數嘉祚永言夙志能無慙德敬簡元辰升壇受禪告類上帝用答甿心永保于我有陳惟明靈尚饗先是氛霧雨雪晝夜晦冥至是日景氣淸晏禮畢輿駕還宮臨太極前殿大赦改元賜百姓爵二級文武二等鰥寡孤獨不能自存者人穀五斛逋租宿責皆勿復收有犯鄉論淸議贓汙淫盜者皆洗除先注與之更始其長徒勑繫特皆原之亡官失爵禁錮奪勞一依舊典又詔以江陰郡奉梁主爲江陰王行梁正朔車旗服色一依前準梁皇太后爲江陰國太妃皇后爲江陰國妃又詔百司各依位攝職丙子幸鍾山祭蔣帝廟戊寅幸華林園覽辭訟臨赦囚徒己卯分遣大使宣勞四方庚辰詔出佛牙於杜姥宅集四部設無遮大會辛巳追尊皇考曰景皇帝廟號太祖皇妣董太夫人曰安皇后前夫人錢氏爲昭皇后世子克爲孝懷太子立夫人章氏爲皇后癸未尊景帝陵曰瑞陵昭皇后陵曰嘉陵依梁初園陵故事立刪定郎刋定律令戊子遷景皇帝神主祔于太廟是月西討都督周文育侯安都於郢州敗績沒于王琳十一月丙申封皇兄子長城縣侯蒨爲臨川郡王頊襲封始興郡王皇弟子曇朗襲封南康郡王庚申都下火十二月庚辰皇后謁太廟是歲周閔帝元年及九月冢宰宇文護廢閔帝而奉明帝又爲明帝元年

二年春正月乙未以車騎將軍開府儀同三司侯瑱爲司空辛丑祀南郊大赦甲寅遣中書舍人韋鼎策吳興楚王神爲帝戊午祀明堂二月壬申南豫州刺史沈泰奔齊辛卯詔司空侯瑱總督水陸衆軍以禦齊三月王琳立梁永嘉王蕭莊以奉梁後卽位于郢州夏四月甲子祀太廟乙丑江陰王殂陳志也追謚梁敬帝詔太宰

弔祭司空監護喪事以梁武林侯蕭諮子季卿嗣爲江陰王戊辰重雲殿東鴟尾有紫煙屬天五月乙未都下地震壬寅立梁邵陵攜王廟室祭以太牢辛丑帝幸大莊嚴寺捨身壬戌羣臣表請還宮六月己巳詔司空侯瑱領軍將軍徐度討王琳初侯景之平也太極殿被焚承聖中議欲營之獨闕一柱秋七月有樟木大十八圍長四丈五尺流泊陶家後渚監軍鄒子度以聞詔中書令沈衆兼起部尚書構太極殿八月周文育侯安都等於王琳所逃歸自劾廷尉即日引見宥之並復本官丁亥加江州刺史周迪平南將軍開府儀同三司冬十月庚午遣鎮南將軍周文育都督衆軍出豫章討余孝勱乙亥幸莊嚴寺發金光明經題丁酉加高州刺史黃法𣰰平南將軍開府儀同三司十二月甲子幸大莊嚴寺設無礙大會捨乘輿法物羣臣備法駕奉迎即日還宮丙戌加北江州刺史熊曇朗平西將軍開府儀同三司三年春正月丁酉鎮南將軍廣州刺史歐陽頠即本號開府儀同三司是夜大雪及旦太極殿前有龍跡見甲子廣州言仙人見于羅浮山寺小石樓二月辛酉加平西將軍桂州刺史淳于量鎮西大將軍開府儀同三司夏閏四月甲午詔依前代置西省學士兼取伎術士是時久不雨丙午幸鍾山祭蔣帝廟是日降雨迄于月晦五月丙辰朔日有蝕之有司奏舊儀帝御前殿服朱紗袍通天冠詔曰此乃前代承用意有未同合朔仰助太陽宜備袞冕之服自今永可爲準丙子扶南國遣使朝貢乙酉北江州刺史熊曇朗殺都督周文育舉兵反王琳遣其將常衆愛曹慶率兵援余孝勱六月戊子儀同侯安都敗衆愛等於左里獲琳從弟襲主帥羊暕等四十餘人衆愛遁走庚寅廬山人斬之傳首建鄴甲午衆軍凱歸丁酉帝不豫遣兼太宰尚書右僕射王通以疾告太廟兼太宰中書令謝哲告大社南北郊辛丑帝小瘳故司空周文育之柩至自建昌壬寅帝素服哭于朝堂哀甚癸卯上臨訊獄訟是夜熒惑在天尊上疾甚丙午帝崩于璿璣殿時年五十七遺詔追臨川王蒨入纂大業甲寅殯于太極殿西階八月甲午羣臣上謚曰武皇帝廟號高祖丙申葬萬安陵帝雄武多英略性甚仁愛及居阿衡恒崇寬簡雅尚儉素常膳不過數品私饗曲宴皆瓦器蚌盤肴核庶羞裁令充足不爲虛費初平侯景及立敬帝子女玉帛皆班將士其充閨房者衣不重采飾無金翠聲樂不列於前踐阼之後嬪屬恭儉故能隆功茂德光于江左云

世祖文皇帝諱蒨字子華始興昭烈王之長子也少沉敏有識量美容儀留意經史武帝甚愛之常稱吾家英秀梁太清初帝夢兩日鬭一大一小大者光滅墜地色正黃其大如斗帝三分取一懷之侯景之亂避地臨安縣郭文舉舊宅及武帝舉兵南下景遣吳興太守信都遵收帝及衡陽獻王出都帝乃密袖小刀候見景欲圖之及至以付郎中王翻幽守故其事不遂武帝圍石頭景欲加害者數矣會景敗乃得出起家吳興太守武帝之討王僧辯也先召帝與謀時僧辯壻杜龕據吳興兵衆甚盛武帝密令帝還長城立柵備之龕遣將杜泰乘虛掩至將士相視失色帝言笑自若部分益明於是衆心乃定及武帝遣周文育討龕帝遣將軍劉澄蔣元舉攻下龕拜會稽太守武帝受禪立爲臨川王夢梁武帝以寶刀授己周文育侯安都之敗於沌口武帝詔帝入總軍政尋命率兵城南皖永定三年六月丙午武帝崩皇后稱遺詔徵帝入纂皇統甲寅至自南皖入居中書省皇后令帝嗣膺寶籙帝辭讓至于再三公卿固請其日即皇帝位於太極前殿大赦詔州郡悉停奔赴秋七月丙辰尊皇后爲皇太后辛酉以司空侯瑱爲太尉以南豫州刺史侯安都爲司空以南徐州刺史徐度爲侍中中撫軍將軍開府儀同三司乙丑重雲殿災八月庚戌立皇子伯茂爲始興王奉昭烈王後徙封始興嗣王頊爲安成王九月辛酉立皇子伯宗爲皇太子王公以下賜帛各有差乙亥立妃沈氏爲皇后冬十月甲子齊文宣帝殂十一月乙卯王琳寇大雷詔太尉侯瑱司空侯安都儀同徐度禦之是歲周明帝改天王稱皇帝復建年號曰武成元年

天嘉元年春正月癸丑大赦改元詔賜鰥寡孤獨不能自存者人粟五斛孝弟力田殊行異等加爵一級甲寅分遣使者宣勞四方辛酉祀南郊詔賜人爵一級二月丙申太尉侯瑱敗王琳于梁山敗齊兵于博望禽齊將劉伯球王琳及其主蕭莊奔齊庚子分遣使者齎璽書宣勞四方乙巳遣太尉侯瑱鎮盆城庚戌立武帝第六子昌爲衡陽王三月丙辰蕭莊所署郢州刺史孫瑒舉州內附丁巳江州刺史周迪平南中斬賊帥熊曇朗傳首建鄴戊午齊軍棄魯山城走詔南豫州刺史程靈洗守之丙子衡陽王昌沈于江夏四月丁亥立皇子伯信爲衡陽王奉獻王後辛丑周明帝崩六月辛巳改謚皇祖妣景安皇后曰景文皇后壬辰詔改葬梁元帝於江寧舊塋車騎禮章悉用梁典仍依魏葬漢獻帝故事甲午追策故始興昭烈王妃曰孝妃辛丑國哀周忌上臨于太極前殿百僚陪哭赦建鄴殊死以下秋七月丙辰立皇子伯山爲鄱陽王八月壬午齊孝昭帝廢其主殷而自立戊子詔非兵器及國容所須金銀珠玉衣服雜玩悉皆禁斷丁酉幸正陽堂閱武九月癸丑彗星見乙卯周將獨孤盛領水軍趣巴湘與賀若敦水陸俱進太尉侯瑱自尋陽禦之冬十月癸巳侯瑱襲破獨孤盛於楊葉洲盛登岸築城自保丁酉詔司空侯安都率衆會侯瑱南拒周軍十二月己亥周巴陵城主尉遲憲降庚子獨孤盛潛遁走

二年春正月庚戌大赦辛未周湘州城主殷亮降湘州平二月庚寅曲赦湘州諸郡三月乙卯太尉湘州刺史侯瑱薨夏六月己亥齊人通好秋七月丙午周將賀若敦遁歸武陵天門南平義陽河東宜都郡悉平九月甲寅詔以故太尉侯瑱故司空周文育故開府儀同三司杜僧明故中護軍胡頴故領軍陳擬配食武帝廟庭冬十月癸丑霍州西山蠻率部內屬乙卯高麗國遣使朝貢十一月甲辰齊孝昭帝殂十二月甲申立始興國廟于都下用王者禮以國用不足立煑海鹽傳及榷酤科先是縉州刺史留異應王琳丙戌詔司空侯安都討之是歲周武帝保定元年

三年春正月庚戌設帷宮於南郊幣告胡公以配天辛亥祀南郊詔賜人爵一級孝弟力田加一等二月梁宣帝殂閏月己酉以百濟王餘明爲撫東大將軍高麗王高湯爲寧東將軍江州刺史周迪舉兵應留異甲子改鑄五銖錢三月丙子安成王頊至自周丁丑以安右將軍吳明徹爲安南將軍江州刺史督衆軍南討甲申大赦庚寅司空侯安都破留異於姚支嶺異奔晉安東陽郡平夏四月癸卯曲赦東陽郡乙巳齊人來聘秋七月己丑皇太子納妃王氏在位文武賜帛各有差孝弟力田爲父後者賜爵二級九月戊辰朔日有蝕之以侍中到仲舉爲尚書右僕射丁亥周迪請降

四年春正月丙子干陁利國遣使朝貢甲申周迪走投閩州刺史陳寶應納之夏四月辛丑設無礙大會捨身於太極前殿乙卯加驃騎將軍揚州刺史安成王頊開府儀同三司六月癸巳司空侯安都賜死秋九月壬戌開府儀同三司廣州刺史歐陽頠薨癸亥曲赦都下辛未周迪復寇臨川詔護軍將軍章昭達討平之冬十二月丙申大赦詔昭達進軍建安討陳寶應

五年春三月壬午詔以故護軍將軍周鐵虎配食武帝廟庭夏五月周齊並遣使來聘秋七月丁丑曲赦都下九月城西城冬十一月己丑章昭達禽陳寶應留異送建鄴晉安郡平甲辰以護軍將軍章昭達爲鎮軍將軍開府儀同三司十二月甲子曲赦建安晉安二郡討陳寶應將士死王事者並給棺槥送還本鄉并復其家癸未齊人來聘

六年春正月甲午皇太子加元服王公以下賜帛各有差孝弟力田爲父後者賜爵一級鰥寡孤獨不能自存者穀人五斛夏四月甲寅以開府儀同三司揚州刺史安成王頊爲司空五月齊武成帝傳位於太子緯自號太上皇帝六月辛酉彗星見于上台北周人來聘秋七月癸未有大風自西南至廣百餘步激壞靈臺候樓甲申儀賢堂無故自壞丙戌臨川太守駱牙斬周迪傳首建鄴梟於朱雀航八月己卯立皇子伯固爲新安王伯恭爲晉安王伯仁爲廬陵王伯義爲江夏王九月新作大航冬十月辛亥齊人來聘十二月乙卯立皇子伯禮爲武陵王癸亥曲赦都下

天康元年春二月丙子大赦改元三月己卯以司空安成王頊爲尚書令夏四月乙卯皇孫至澤生賜在位文武帛各有差爲父後者賜爵一級癸酉皇帝崩于有覺殿遺詔皇太子可即君臨山陵務存儉速大斂竟羣臣三日一臨公除之制率依舊典六月甲子羣臣上謚曰文皇帝廟號世祖丙寅葬永寧陵文帝起自布衣知百姓疾苦國家資用務從儉約妙識真僞下不容姦一夜內刺閨取外事分判者前後相續每雞人伺漏傳籤於殿中者令投籤於階石上鎗然有聲云吾雖得眠亦令驚覺其自彊若此云

廢帝諱伯宗字奉業小字藥王文帝嫡長子也梁承聖三年五月庚寅生永定二年二月戊辰拜臨川王世子三年文帝嗣位八月庚戌立爲皇太子自梁室亂離東宮焚燼太子居于永福省天康元年四月癸酉文帝崩是日太子即皇帝位于太極前殿大赦詔內外文武各復其職遠方悉停奔赴五月己卯尊皇太后曰太皇太后皇后曰皇太后庚寅以司空揚州刺史新除尚書令安成王頊爲司徒錄尚書都督中外諸軍事丁酉以中軍大將軍開府儀同三司徐度爲司空以鎮東將軍東揚州刺史始興王伯茂爲征東將軍開府儀同三司以吏部尚書袁樞爲尚書左僕射以吳興太守沈欽爲右僕射秋七月丁酉立妃王氏爲皇后冬十月庚申亭太廟十一月乙亥周人來弔十二月甲子高麗國遣使朝

貢是歲周天和元年

光大元年春正月癸酉尚書左僕射袁樞卒乙亥大赦改元賜孝弟力田爵一級辛卯祀南郊二月辛亥南豫州刺史余孝頃謀反伏誅三月甲午以尚書右僕射沈欽爲侍中尚書僕射夏五月乙未湘州刺史華皎不從執政丙申以中撫軍大將軍淳于量爲征南大將軍總舟師討之六月壬寅以中軍大將軍司空徐度爲車騎將軍總督都下衆軍自步道襲湘州秋七月戊申立皇子至澤爲皇太子賜天下爲父後者爵一級王公以下賚帛各有差九月丙辰百濟國遣使朝貢是月周將拓拔定入郢州與華皎水陸俱進都督淳于量吳明徹等大破之皎單舸奔江陵禽定送建鄴冬十月辛巳曲赦湘巴二州爲皎所詿誤者十一月甲子中權將軍開府儀同三司王沖薨十二月庚寅以儀同三司兼從事中郎孔英哲爲奉聖亭侯奉孔子祀

二年春正月己亥司徒安成王頊進位太傅領司徒加殊禮以新除征南大將軍淳于量爲中軍大將軍及安南將軍湘州刺史吳明徹即本號並開府儀同三司庚子詔討華皎軍人死王事者並給棺櫬送還本鄉仍復其家甲子司空徐度薨夏五月丙辰太傅安成王頊獻玉璽一六月丁亥彗星見秋七月戊申新羅國遣使朝貢壬戌立皇弟伯智爲永陽王伯謀爲桂陽王九月林邑狠牙修國並遣使朝貢冬十一月甲寅慈訓太后令曰伯宗昔在儲宮本無令問及居崇極遂騁凶淫太傅親承顧託義深垣屏而攢塗未御翌日無淹仍遣劉師知殷不佞等顯言排斥陰謀禍亂賴元相維持但除君側又以余孝頃密邇京師便相徵召宗社之靈祇氛是滅於是密謂華皎稱兵上流國祚憂惶幾移醜類又別勅歐陽紇等攻逼衡州嶺表紛紜殊淹弦望但賊豎皆亡日望懲改而悖禮忘德情性不悛盜主侯法喜等太傅麾下恒游府內陷以深利謀興肘腋又盜主孫泰等潛相連結大有交通天誘其衷自然開發此諸文迹今以相示豈可復肅恭禋祀臨御生靈今可特降爲臨海郡王送還藩邸太傅安成王固天生德齊聖廣深二后鍾心三靈佇眷自前朝不豫任總邦家威惠相宣刑禮兼設且地彰靈璽天表長彗布新除舊禎祥咸顯文皇知子之鑒事甚帝堯傳弟之懷又符太伯今可還申舊志崇立賢君中外宜依舊典奉迎輿駕是日帝出居別第太建二年四月乙卯薨時年十九帝性仁弱無人君之器及即尊位政刑皆歸家宰故宣太后稱文帝遺志而廢焉

論曰陳武帝以雄毅之姿屬殷憂之運功存拯溺道濟橫流應變無方蓋惟人傑及乎西都盪覆江表阽危僭辯任同伊尹坐結桐宮之恨貞陽入假秦兵不息穆嬴之泣帝乘隙以舉乃蹈玄機王業所基始自於此柴天改物蓋有憑云文帝以宗枝承統情存兢惕加以崇尚儒術愛悅文義恭儉行己勤勞濟物志度弘遠有前哲之風至於臨下明察得永平之政矣臨海懦弱有同於帝摯文后雖欲不鑒殷道蓋亦其可得耶

南史卷九考證

陳武帝紀封新枋縣子○陳書封新安子與此小異

勃遺腹心譚世遠爲曲江令○前卷梁太平二年三月內稱衡州刺史譚遠蓋以避諱故去世字也茲復作世遠前後互異如此

帝先計軍糧五十萬石○計陳書作貯

乃以叔彬貯石沈塞淮口○叔監本譌般今从梁書改正

十一月己卯齊遣兵五千度據姑熟○度陳書作濟渡

楚州刺史劉士榮○士梁書陳書皆作仕

鞠旅於溟池之南○溟陳書作瀛

呂嘉既獲吳濞已擬○擬監本作鏦今从陳書

金虎符第一至第五左竹使符第一至第十左○陳書無第二左字乃脫去也

壬寅立梁邵陵攜王廟室祭以太牢辛丑帝幸大莊嚴寺捨身○先壬寅而後辛丑不知何以顚倒至此陳書武帝紀永定二年不載立廟室事又辛丑作辛酉

甲子廣州言仙人見於羅浮山寺小石樓○上云正月丁酉下云二月辛酉則此二十六日內當是庚子或壬子此作甲訛也若陳書作甲午則更訛矣

丙子扶南國遣使朝貢○丙子陳書作丙寅

文帝紀十月癸丑霍州西山蠻率部內屬乙卯高麗國遣使朝貢十一月甲辰齊孝昭帝殂○癸丑陳書作乙巳又乙卯上有十一月三字與此小異

丙戌臨川太守駱牙斬周迪○駱牙陳書作駱文牙

廢帝紀六月丁亥彗星見○丁亥陳書作丁卯

此諸文迹今以相示○此監本作比今从陳書及閣本

南史卷十

唐　李　延　壽　撰

陳本紀下第十

高宗孝宣皇帝諱頊字紹世小字師利始興昭烈王第二子也梁中大通二年七月辛酉生有赤光滿室少寬容多智畧及長美容儀身長八尺三寸垂手過膝有勇力善騎射武帝平侯景鎮京口梁元帝徵武帝子姪入侍武帝遣帝赴江陵累官爲中書侍郎時有軍主李總與帝有舊每同游處帝嘗夜被酒張燈而寐總適出尋反乃見帝是大龍便驚走他室魏平江陵遷于長安帝貌若不慧魏將楊忠門客張子煦見而奇之曰此人虎頭當大貴也永定元年遙襲封始興郡王文帝嗣位改封安成王天嘉三年自周還授侍中中書監中衛將軍置佐吏歷位司空尚書令廢帝即位拜司徒錄尚書都督中外諸軍事光大二年正月進位太傅領司徒加殊禮劍履上殿十一月甲寅慈訓太后黜廢帝爲臨海王以帝入纘皇統是月齊武成帝殂

太建元年春正月甲午皇帝即位於太極前殿大赦改元文武賜位一階孝弟力田及爲父後者賜爵一級鰥寡不能自存者人賜穀五斛復太皇太后尊號曰皇太后立妃柳氏爲皇后世子叔寶爲皇太子封皇子江州刺史康樂侯叔陵爲始興王奉昭烈王祀乙未謁太廟丁酉分命大使觀省四方風俗以尚書僕射沈欽爲左僕射度支尚書王勱爲右僕射辛丑祀南郊壬寅封皇子建安侯叔英爲豫章王豐城侯叔堅爲長沙王二月乙亥耕籍田夏五月甲午齊人來聘丁巳以吏部尚書徐陵爲尚書右僕射秋七月辛卯皇太子納妃沈氏王公以下賜帛各有差冬十月新除左衛將軍歐陽紇據廣州反辛未遣開府儀同三司章昭達討之

二年春二月癸未章昭達禽歐陽紇送都斬于建康市廣州平三月丙申皇太后崩丙午曲赦廣衡二州丁未大赦又詔自討周迪華皎以來兵所有死亡者並令收斂并給棺櫬送還本鄉夏四月乙卯臨海王伯宗薨戊寅皇太后祔葬于萬安陵五月壬午齊人來弔六月戊子新羅國遣使朝貢辛卯大雨雹乙巳分遣大使巡州郡省寃屈冬十一月辛酉高麗國遣使朝貢十二月癸巳雷

三年春正月癸丑以尚書右僕射徐陵爲尚書僕射辛酉祀南郊二月辛巳祀明堂丁酉耕籍田三月丁丑大赦夏四月壬辰齊人來聘五月辛亥高麗新羅丹丹天竺盤盤等國並遣使朝貢六月丁亥江陰王蕭季卿以罪免甲辰封東中郎長沙王府諮議參軍蕭彝爲江陰王冬十月乙酉周人來聘十二月壬辰司空章昭達薨

四年春正月丙午以尚書僕射徐陵爲左僕射中書監王勱爲右僕射二月乙酉立皇子叔卿爲建安王三月乙丑扶南林邑國並遣使朝貢夏五月癸卯尚書右僕射王勱卒是月周人誅冢宰宇文護秋八月辛未周人來聘九月庚子朔日有蝕之辛亥大赦丙寅以故太尉徐度儀同三司杜稜程靈洗配食武帝廟庭故司空章昭達配食文帝廟庭冬十一月己亥地震是歲周建德元年

五年春正月癸酉以吏部尚書沈君理爲尚書右僕射領吏部辛巳祀南郊二月辛丑祀明堂乙卯夜有白氣如虹自北方貫北斗紫宮三月壬午以開府儀同三司吳明徹都督征討諸軍事畧地北邊丙戌西衡州獻馬生角己丑皇孫胤生內外文武賜帛各有差爲父後者賜爵一級夏六月癸卯周人來聘秋九月癸未尚書右僕射沈君理卒壬辰晦夜明冬十月己亥以特進周弘正爲尚書右僕射乙巳吳明徹剋壽陽城斬王琳傳首建鄴梟于朱雀航十二月壬辰詔熊曇朗留異陳寶應周迪鄧緒等及王琳首並還親屬以弘廣宥乙巳立皇子叔明爲宜都王叔獻爲河東王是歲諸軍畧地所在剋捷

六年春正月壬戌赦江右淮北諸州甲申周人來聘高麗國遣使朝貢二月壬辰朔日有蝕之辛亥耕籍田夏四月庚子彗星見六月壬辰尚書右僕射周弘正卒冬十一月乙亥詔北邊行軍之所並給復十年十二月戊戌以吏部尚書王瑒爲尚書僕射

七年春正月辛未祀南郊三月辛未詔豫二兗譙徐合霍南司定九州及南豫江郢所部在江北諸郡置雲旗義士往大軍及諸鎭備防夏四月丙戌有星孛于大角庚寅監豫州陳桃根獻青牛詔以還百姓乙未桃根又上織成羅紋錦被表各二詔於雲龍門外焚之壬子郢州獻瑞鍾六六月丙戌詔爲北行將士死王事者剋日舉哀壬辰以尚書右僕射王瑒爲尚書僕射己酉改作雲龍神虎門秋八月癸卯周人來聘閏九月壬辰都督吳明徹大破齊軍於呂梁是月甘露頻降樂游苑丁未輿駕幸苑採甘露宴羣臣詔於苑龍舟山立甘露亭冬十月己巳立皇子叔齊爲新蔡王叔文爲晉熙王十二月壬戌以尚書僕射王瑒爲左僕射太子詹事陸繕爲

右僕射甲子南康郡獻瑞鍾一

八年春二月壬申以開府儀同三司吳明徹爲司空夏五月庚寅尚書左僕射王瑒卒六月甲寅以尚書右僕射陸繕爲左僕射新除晉陽太守王克爲右僕射秋九月戊戌立皇子叔彪爲淮南王

九年春正月乙亥齊主傳位於其太子恒自號太上皇是月周滅齊二月壬子耕籍田秋七月己卯百濟國遣使朝貢庚辰大雨震萬安陵華表己丑震慧日寺刹及瓦官寺重門一女子震死冬十月戊午司空吳明徹破周將梁士彥於呂梁十二月戊申東宮成皇太子移于新宮

十年春二月甲子周軍救梁士彥大敗司空吳明徹於呂梁及將卒皆見囚俘不反三月辛未震武庫丙子分命衆軍以備周乙酉大赦夏四月庚戌詔緋在軍者並賜爵二級又詔御府堂署所營造禮樂儀服軍器之外悉皆停息掖庭常供王侯妃主諸有奉卹者並各量減庚申大雨雹六月丁酉周武帝崩閏六月丁卯大雨震大皇寺刹莊嚴寺露盤重陽閣東樓千秋門內槐樹及鴻臚府門秋七月戊戌新羅國遣使朝貢八月戊寅隕霜殺稻菽九月乙巳立方明壇于婁湖戊申以揚州刺史始興王叔陵兼王官伯臨盟甲寅幸婁湖臨誓衆乙卯分遣大使以盟誓班下四方以上下相警冬十月戊子以尚書左僕射陸繕爲尚書僕射十二月乙亥合州廬江蠻田伯興出寇樅陽刺史魯廣達討平之是歲周宣政元年

十一年春正月丁酉南兗州言龍見二月癸亥耕籍田秋七月辛卯初用大貨六銖錢八月丁卯幸大壯觀閱武冬十月甲戌以尚書僕射陸繕爲尚書左僕射以祠部尚書晉安王伯恭爲右僕射十一月辛卯大赦戊戌周將梁士彥圍壽陽剋之辛亥又剋霍州癸丑以揚州刺史始興王叔陵爲大都督總督水步衆軍十二月乙丑南北兗晉三州及盱台山陽陽平馬頭秦歷陽沛北譙南梁等九郡民並自拔向建鄴周又剋譙北徐二州自是淮南之地盡歸于周矣己巳詔非軍國所須多所減損歸于儉約是歲周宣帝大象元年

十二年夏四月癸亥尚書左僕射陸繕卒己卯大雩壬午雨五月癸巳以尚書右僕射晉安王伯恭爲尚書僕射己酉周宣帝崩六月壬戌大風吹壞皐門中闥秋八月己未周鄖州總管司馬消難以所統九州八鎮之地來降詔因以消難爲大都督加司空封隨郡公庚申詔鎮西將軍樊毅進督沔漢諸軍事遣南豫州刺史任忠率衆趨歷陽超武將軍陳慧紀爲前軍都督趨南兗州戊辰以司空司馬消難爲大都督水陸諸軍事庚午通直散騎常侍淳于陵剋臨江郡癸酉智武將軍魯廣達剋郭默城甲戌大雨霖丙子淳于陵剋祐州城九月癸未周臨江太守劉顯光率衆來降是夜天東南有聲如風水相激三夜乃止丁亥周將王延貴率衆援歷陽任忠擊破之擒延貴等己酉周廣陵義軍主曹藥率衆來降冬十月癸丑大雨震雹十二月庚辰南徐州刺史河東王叔獻薨

十三年春正月壬午以中權將軍護軍將軍鄱陽王伯山即本號開府儀同三司以尚書僕射晉安王伯恭爲左僕射吏部尚書袁憲爲右僕射二月乙亥耕籍田秋九月癸亥夜大風從西北來發屋拔樹大雨雹冬十月壬寅丹丹國遣使朝貢十二月辛巳彗星見西南是歲周靜帝大定元年遜位于隋文帝改元開皇元年

十四年春正月己酉上弗豫甲寅崩于宣福殿時年五十三遺詔凡厥終制事從省約金銀之飾不以入壙明器皆用瓦以日易月及公除之制悉依舊準在位百司三日一臨四方州鎮五等諸侯各守所職並停奔赴二月辛卯羣臣上謚曰孝宣皇帝廟號高宗癸巳葬顯寧陵帝之在田本有恢弘之度及居尊位寔允天人之屬于時國步初弭創痍未復淮南之地並入于齊帝志復舊境意反侵地彊弱之形理則懸絕犯斯不韙適足爲禽及周兵滅齊乘勝而舉畧地還至江際自此懼矣既而修飾都城爲扞禦之備獲銘云二百年後當有癡人修破吾城者時莫測所從云

後主諱叔寶字元秀小字黃奴宣帝嫡長子也梁承聖二年十一月戊寅生于江陵明年魏平江陵宣帝遷于長安留後主於穰城天嘉三年歸建鄴立爲安成王世子光大二年累遷侍中太建元年正月甲午立爲皇太子十四年正月甲寅宣帝崩乙卯始興王叔陵構逆伏誅丁巳太子即皇帝位于太極前殿大赦在位文武及孝弟力田爲父後者並賜爵一級孤老鰥寡不能自存者賜穀人五斛帛二匹癸亥以侍中丹陽尹長沙王叔堅爲驃騎將軍開府儀同三司揚州刺史乙丑尊皇后爲皇太后丁卯立皇弟叔敦爲始興王奉昭烈王祀己巳立妃沈氏爲皇后辛未立皇弟叔儼爲尋陽王叔慎爲岳陽王叔達爲義陽王叔熊爲巴山王叔虞爲武昌王甲戌設無碍大會於太極前殿三月癸亥詔內外衆官九品以上各薦一人又詔求忠讜無所隱諱己巳以新除翊左將軍永陽王伯智爲尚書僕射夏四月丙申立皇子永康公胤爲皇太子賜天下爲父後者爵一級王公以下賚帛各有差庚子詔鏤金銀薄庶物化生土木人綵華之屬及布帛短狹輕疎者並傷財廢業尤成蠹患又僧尼道士挾邪左道不依經律人間淫祀祆書諸珍怪事詳爲條制並皆禁絕秋七月辛未大赦是月自建鄴至荆州江水色赤如血八月癸未天有聲如風水相激乙酉夜又如之九月丙午設無碍大會於太極前殿捨身及乘輿御服大赦辛亥夜天東北有聲如蟲飛漸移西北丙寅以驃騎將軍開府儀同三司揚州刺史長沙王叔堅爲司空征南將軍江州刺史豫章王叔英即本號開府儀同三司

至德元年春正月壬寅大赦改元以江州刺史豫章王叔英爲驃騎將軍開府儀同三司以司空揚州刺史長沙王叔堅爲江州刺史征東將軍開府儀同三司癸卯立皇子深爲始安王秋八月丁卯以驃騎將軍開府儀同三司長沙王叔堅爲司空九月丁巳天東南有聲如蟲飛冬十月丁酉立皇弟叔平爲湘東王叔敖爲臨賀王叔宣爲陽山王叔穆爲西陽王叔儉爲南安王叔澄爲南郡王叔興爲沅陵王叔韶爲岳山王叔純爲新興王十二月丙辰頭和國遣使朝貢司空長沙王叔堅有罪免戊午夜天開自西北至東南其內有青黃雜色隆隆若雷聲

二年春正月丁卯分遣大使巡省風俗癸巳大赦夏五月戊子以吏部尚書江總爲尚書僕射秋七月壬午皇太子加元服在位文武賜帛各有差孝弟力田爲父後者賜爵一級鰥寡癃老不能自存者人穀五斛冬十一月丙寅大赦是月盤盤百濟國並遣使朝貢

三年春正月戊午朔日有蝕之庚午鎮左將軍長沙王叔堅即本號開府儀同三司三月辛酉前豐州刺史章大寶舉兵反夏四月庚戌豐州義軍主陳景詳斬大寶傳首建鄴冬十月己丑丹丹國遣使朝貢十一月己未詔修復仲尼廟辛巳幸長千寺大赦十二月癸卯高麗國遣使朝貢是歲梁明帝殂

四年春正月甲寅詔王公以下各薦所知無隔輿皁二月丙申立皇弟叔謨爲巴東王叔顯爲臨江王叔坦爲新會王叔隆爲新寧王夏五月丁巳立皇子莊爲會稽王秋九月甲午幸玄武湖肄艫艦閱武丁未百濟國遣使朝貢冬十月癸亥以尚書僕射江總爲尚書令吏部尚書謝伷爲尚書僕射十一月己卯大赦

禎明元年春正月戊寅大赦改元乙未地震秋九月庚寅梁太傅安平王蕭巖荆州刺史蕭瓛遣其都官尚書沈君公詣荆州刺史陳紀請降辛卯巖等帥其文武官男女濟江甲午大赦冬十一月丙子以蕭巖爲平東將軍開府儀同三司東揚州刺史丁亥以驃騎大將軍開府儀同三司豫章王叔英爲兼司徒十二月丙辰以前鎮衞大將軍開府儀同三司東揚州刺史鄱陽王伯山爲鎮衞大將軍開府儀同三司

二年春正月辛巳立皇子恮爲東陽王恬爲錢唐王夏四月戊申有羣鼠無數自蔡洲岸入石頭渡淮至于青塘兩岸數日自死隨流出江是月郢州南浦水黑如墨五月甲午東冶鑄鐵有物赤色大如數升自天墜鎔所有聲隆隆如雷鐵飛出墻外燒人家六月戊戌扶南國遣使朝貢庚子廢皇太子胤爲吳興王立揚州刺史始安王深爲皇太子辛丑以太子詹事袁憲爲尚書僕射丁巳大風自西北激濤水入石頭城淮渚暴溢漂沒舟乘冬十月己亥立皇子蕃爲吳王己酉幸莫府山大校獵十一月丁卯詔剋日於大政殿訊獄丙子立皇弟叔榮爲新昌王叔匡爲太原王初隋文帝受周禪甚敦鄰好宣帝尚不禁侵掠太建末隋兵大舉聞宣帝崩乃命班師遣使赴弔修敵國之禮書稱姓名頓首而後主益驕書末云想彼統內如宜此宇宙清泰隋文帝不說以示朝臣清河公楊素以爲主辱再拜請罪及襄邑公賀若弼並奮求致討後副使袁彥聘隋竊圖隋文帝狀以歸後主見之大駭曰吾不欲見此人每遣間諜隋文帝皆給衣馬禮遣以歸後主愈驕不虞外難荒于酒色不恤政事左右嬖佞珥貂者五十人婦人美貌麗服巧態以從者千餘人常使張貴妃孔貴人等八人夾坐江總孔範等十人預宴號曰狎客先令八婦人襞采箋製五言詩十客一時繼和遲則罰酒君臣酣飲從夕達旦以此爲常而盛修宮室無時休止稅江稅市徵取百端刑罰酷濫牢獄常滿覆舟山及蔣山柏林冬月常多采醴後主以爲甘露之瑞前後災異甚多有神自稱老子游於都下與人對語而不見形言吉凶多驗得酒輒醻之經三四年乃去船下有聲云明年亂視之得嬰兒長三尺而無頭蔣山衆鳥鼓兩翼以拊膺曰奈何帝奈何帝又建鄴城無故自壞青龍出建陽門井涌霧赤地生黑白毛大風拔朱雀門臨平湖草舊塞忽然自通後主又夢黃衣圍城乃盡去繞城橘樹又見大蛇中分首尾各

走夜中索飲忽變爲血有血霑階至於坐牀頭而火起有狐入其牀下捕之不見以爲祇乃自賣於佛寺爲奴以禳之於郭內大皇佛寺起七層塔未畢火從中起飛至石頭燒死者甚衆又采木湘州擬造正寢栰至牛渚磯盡沒水中既而漁人見栰浮於海上起齊雲觀國人歌曰齊雲觀寇來無際畔始北齊末諸省官人多稱省主未幾而滅至是舉朝亦有此稱議者以爲省主主將見省之兆隋文帝謂僕射高熲曰我爲百姓父母豈可限一衣帶水不拯之乎命大作戰船人請密之隋文帝曰吾將顯行天誅何密之有使投柹於江若彼能改吾又何求及納梁蕭巖蕭瓛隋文愈忿以晉王廣爲元帥督八十總管致討乃送璽書暴後主二十惡又散寫詔書書三十萬紙徧喻江外諸軍既下江濱鎮戍相繼奏聞新除湘州刺史施文慶中書舍人沈客卿掌機密並抑而不言初蕭巖蕭瓛之至也德教學士沈君道夢殿前長人朱衣武冠頭出欄上攘臂怒曰那忽受叛蕭誤人事後主聞之忌二蕭故遠散其衆以巖爲東揚州刺史瓛爲吳州刺史使領軍任忠出守吳興郡以襟帶二州使南平王嶷鎮江州永嘉王彥鎮南徐州尋詔二王赴期明年元會命緣江諸防船艦悉從二王還都爲威勢以示梁人之來者由是江中無一鬭船上流諸州兵皆阻楊素軍不得至都下甲士尚十餘萬人及聞隋軍臨江後主曰王氣在此齊兵三度來周兵再度至無不摧沒虜今來者必自敗孔範亦言無渡江理但奏伎縱酒作詩不輟

三年春正月乙丑朔朝會大霧四塞入人鼻皆辛酸後主昏睡至晡時乃罷是日隋將賀若弼自北道廣陵濟韓擒虎趨橫江濟分兵晨襲采石取之進拔姑熟次於新林時弼攻下京口緣江諸戍望風盡走弼分兵斷曲阿之衝而入丙寅采石戍主徐子建至告變戊辰乃下詔曰犬羊陵縱侵竊郊畿蠭蠆有毒宜時掃定朕當親御六師廓清八表內外並可戒嚴於是以蕭摩訶爲皇畿大都督樊猛爲上流大都督樊毅爲下流大都督司馬消難施文慶並爲大監軍重立賞格分兵鎮守要害僧尼道士盡皆執役庚午賀若弼攻陷南徐州辛未韓擒虎又陷南豫州隋軍南北道並進辛巳賀若弼進軍鍾山頓白土岡之東南衆軍敗績弼乘勝進軍宮城燒北掖門是時韓擒虎率衆自新林至石子岡鎮東大將軍任忠出降擒虎仍引擒虎經朱雀航趣宮城自南掖門入城內文武百司皆遁出唯尚書僕射袁憲後閤舍人夏侯公韻侍側憲勸端坐殿上正色以待之後主曰鋒刃之下未可交當吾自有計乃逃於井二人苦諫不從以身蔽井後主與爭久之方得入沈后居處如常太子深年十五閉閤而坐舍人孔伯魚侍焉戍士叩閤而入深安坐勞之曰戎旅在塗不至勞也既而軍人窺井而呼之後主不應欲下石乃聞叫聲以繩引之驚其太重及出乃與張貴妃孔貴人三人同乘而上隋文帝聞之大驚開府鮑宏曰東井上於天文爲秦今王都所在投井其天意邪先是江東謠多唱王獻之桃葉辭云桃葉復桃葉度江不用檝但度無所苦我自接迎汝及晉王廣軍於六合鎮其山名桃葉果乘陳船而度丙戌晉王廣入據臺城送後主于東宮三月己巳後主與王公百司同發自建鄴之長安隋文帝權分京城人宅以俟內外修整遣使迎勞之陳人謳詠忘其亡焉使還奏言自後主以下大小在路五百里纍纍不絕隋文帝嗟歎曰一至於此及至京師列陳之車服器物於庭引後主於前及前後二太子諸父諸弟衆子之爲王者凡二十八人司空司馬消難尚書令江總僕射袁憲驃騎蕭摩訶護軍樊毅中領軍魯廣達鎮軍將軍任忠吏部尚書姚察侍中中書令蔡徵左衞將軍樊猛自尚書郎以上二百餘人文帝使納言宣詔勞之次使內史令宣詔讓後主後主伏地屏息不能對乃見宥隋文帝詔陳武文宣三帝陵總給五戶分守之初武帝始卽位其夜奉朝請史普直宿省夢有人自天而下導從數十至太極殿前北面執玉策金字曰陳氏五帝三十二年及後主在東宮時有婦人突入唱曰畢國主有鳥一足集其殿庭以觜畫地成文曰獨足上高臺盛草變爲灰欲知我家處朱門當水開解者以爲獨足蓋指後主獨行無衆盛草言荒穢隋承火運草得火而灰及至京師與其家屬館於都水臺所謂上高臺當水也其言皆驗或言後主名叔寶反語爲少福亦敗亡之徵云既見宥隋文帝給賜甚厚數得引見班同三品每預宴恐致傷心爲不奏吳音後監守者奏言叔寶云既無秩位每預朝集願得一官號隋文帝曰叔寶全無心肝監者又言叔寶常耽醉罕有醒時隋文帝使節其酒既而曰任其性不爾何以過日未幾帝又問監者叔寶所嗜對曰嗜驢肉問飲酒多少對曰與其子弟日飲一石隋文帝大驚及從東巡登芒山侍飲賦詩曰日月光天德山川壯帝居太平無以報願上東封書并表請封禪隋文帝優詔謙讓不許後從至仁壽宮常侍宴及出隋文帝目之曰此敗豈不由酒將作詩功夫何如思安時事當賀若弼度京口彼人密啓告急叔寶爲飲酒遂不省之高熲至日猶見啓在牀下未開封此亦是可笑蓋天亡也昔苻氏所征得國皆榮貴其主苟欲求名不知違天命與之官乃違天也隋文帝以陳氏子弟既多恐京下爲過皆分置諸州縣每歲賜以衣服以安全之後主以隋仁壽四年十一月壬子終於洛陽時年五十二贈大將軍封長安縣公諡曰煬葬河南洛陽之芒山

論曰陳宣帝器度弘厚有人君之量文帝知冢嗣仁弱早存太伯之心及乎弗悆咸已委託矣至於纘業之後拓土開疆蓋德不逮文智不及武志大不已晚致呂梁之敗江左日蹙抑此之由也後主因削弱之餘鍾滅亡之運刑政不樹加以荒淫夫以三代之隆歷世數十及其亡也皆敗於婦人況以區區之陳外鄰明德覆車之跡尚且追蹤叔季其獲支數年亦爲幸也雖忠義感慨致慟井隅何救麥秀之深悲適足取笑乎千祀嗟乎始梁末童謠云可憐巴馬子一日行千里不見馬上郎但見黃塵起黃塵汗人衣皁莢相料理及僧辯滅羣臣以謠言奏聞曰僧辯本乘巴馬以擊侯景馬上郎王字也塵謂陳也而不解皁莢之謂既而陳滅於隋說者以爲江東謂羖羊角爲皁莢隋氏姓楊楊羊也言終滅於隋然則興亡之兆蓋有數云

南史卷十考證

宣帝紀乙未桃根又上織成羅紋錦被表各二詔於雲龍門外焚之○表陳書作裘

二月壬子耕籍田○壬子陳書作壬午

丙子淳于陵尅祏州城○祏陳書作祐

後主紀光大二年累遷侍中○二監本訛三今以光大止有二年改正之

立皇弟叔敦爲始興王○敦陳書作重

庚子詔鏤金銀薄庶物化生土木人綵華之屬○庶監本作度今从陳書及南本

叔韶爲岳山王○岳監本訛樂今从本傳改

肆艫艦閱武○肆南本作肄閣本注一作肄

東冶鑄鐵有物赤色大如數升自天墜鎔所○升陳書作斗蓋升斗二字古文相似易致訛也

南史卷十一

唐　李延壽　撰

列傳第一

后妃上

宋孝穆趙皇后　孝懿蕭皇后
武敬臧皇后　武張夫人
文章胡太后　少帝司馬皇后
文元袁皇后潘淑妃　孝武昭路太后
明宣沈太后　孝武文穆王皇后宣貴妃
前廢帝何皇后　明恭王皇后
後廢帝陳太妃　後廢帝江皇后
順陳太妃　順謝皇后
齊宣孝陳皇后　高昭劉皇后
武穆裴皇后　文安王皇后
鬱林王何妃　海陵王王妃
明敬劉皇后　東昏褚皇后
和王皇后

六宮位號前史代有不同晉武帝采漢魏之制置貴嬪夫人貴人是爲三夫人位視三公淑妃淑媛淑儀脩華脩容脩儀婕妤容華充華是爲九嬪位視九卿其餘有美人才人中才人爵視千石以下宋武帝省二才人其餘仍用晉制案貴嬪魏文帝所制夫人魏武初建魏國所制貴人漢光武所制淑妃魏明帝所制淑媛魏文帝所制淑儀脩華晉武帝所制脩容魏文帝所制脩儀魏明帝所制婕妤容華前漢舊號充華晉武帝所制美人漢光武所制及孝武孝建三年省夫人置貴妃位比相國進貴嬪比丞相貴人比三司以爲三夫人又置昭儀昭容昭華以代脩華脩儀脩容又置中才人充衣以爲散位案昭儀漢元帝所制昭容孝武所制昭華魏明帝所制中才人晉武帝所制充衣前漢舊制及明帝泰始二年省淑妃昭華中才人充衣復置脩華脩儀脩容才人良人三年又省貴人置貴姬以備三夫人之數又置昭華增淑容承徽列榮以淑媛淑儀淑容昭華昭儀昭容脩華脩儀脩容爲九嬪婕妤容華充華承徽列榮凡五職亞九嬪美人才人良人三職爲散役其後帝留心後房擬百官備置內職焉及齊高帝建元元年有司奏置貴嬪夫人貴人爲三夫人脩華脩儀脩容淑妃淑媛淑儀婕妤容華充華爲九嬪美人中才人才人爲散職三年太子宮置三內職良娣比開國侯保林比五等侯才人比駙馬都尉及永明元年有司奏貴妃淑妃並加

金章紫綬佩于窴玉淑妃舊擬九棘以淑爲溫恭之稱妃爲亞后之名進同貴妃以比三司夫人之號不殊蕃國降淑媛以比九卿七年復立昭容位在九嬪焉梁武撥亂反正深鑒奢逸配德早終長秋曠位定令制貴妃貴嬪貴姬爲三夫人淑媛淑儀淑容昭華昭儀昭容脩華脩儀脩容爲九嬪婕妤容華充華承徽列榮爲五職美人才人良人爲三職東宮置良娣保林爲二職及簡文元帝出自儲蕃或迫在拘縶或逼於寇亂且妃並先殂更不建椒閫陳武光膺天歷以朴素自居故後宮員位其數多闕文帝天嘉之後詔宮職備員其所制立無改梁舊編之令文以爲後法然帝性恭儉而嬪嬙不備宣帝後主無所改作今總綴緝以立此篇云

宋孝穆趙皇后諱安宗下邳僮人也父裔平原太守后以晉穆帝升平四年嬪于孝皇帝以產武帝殂於丹徒官舍葬晉陵丹徒縣東鄉練璧里雩山宋初追崇號諡陵曰興寧永初二年有司奏追贈裔光祿大夫加金章紫綬裔命婦孫氏封豫章郡建昌縣君其年又追封裔臨賀縣侯裔子倫之自有傳

孝懿蕭皇后諱文壽蘭陵人也父卓字子略洮陽令后爲孝皇帝繼室生長沙景王道憐臨川烈武王道規義熙七年拜豫章公太夫人武帝爲宋公宋王又加太妃太后之號帝踐阼尊曰皇太后居宣訓宮上以恭孝爲行奉太后素謹及即大位春秋已高每旦朝太后未嘗失時刻少帝即位加崇曰太皇太后景平元年崩于顯陽殿年八十一遺令漢世帝后陵皆異處今可於塋域之內別爲一壙一遵往式乃開別壙與興寧合墳初武帝微時貧約過甚孝皇之殂葬禮多闕帝遺旨太后百歲後不須祔葬至是故稱后遺令云卓初與趙裔俱贈金紫光祿大夫又追封封陽縣侯妻下邳趙氏封吳郡壽昌縣君卓子源之襲爵源之見子思話傳

武敬臧皇后諱愛親東莞人也祖汪尚書郎父儁郡功曹后適武帝生會稽宣長公主興弟帝以儉正率下后恭謹不違義熙四年正月甲子殂於東城故贈豫章公夫人還葬丹徒帝臨崩遺詔留葬建鄴於是備法駕迎梓宮祔葬初寧陵宋初追贈儁金紫光祿大夫妻高密叔孫氏封永平鄉君儁子燾熹並自有傳

武帝張夫人諱闕不知何許人也生少帝及義興恭長公主惠媛永初元年拜夫人少帝即位有司奏上尊號爲皇太后宮曰永樂少帝廢太后還璽綬隨居吳郡文帝元嘉元年拜營陽國太妃二年薨

文章胡太后諱道女淮南人也義熙初武帝所納文帝生五年被譴賜死葬丹徒武帝踐阼追贈婕妤文帝即位有司奏上尊號曰章皇太后陵曰熙寧立廟建鄴

少帝司馬皇后諱茂英晉恭帝女也初封海鹽公主少帝以公子尚焉宋初拜皇太子妃少帝即位爲皇后元嘉元年降爲營陽王妃又爲南豐王太妃十六年薨

文元袁皇后諱齊嬀陳郡陽夏人左光祿大夫湛之庶女也母本卑賤后年五六歲方見舉後適文帝初拜宜都王妃生子劭東陽獻公主英娥上待后恩禮甚篤袁氏貧薄后每就上求錢帛以贍之上性儉所得不過五三萬五三十匹後潘淑妃有寵愛傾後宮咸言所求無不得后聞之未知信否乃因潘求三十萬錢與家以觀上意宿昔便得因此恚恨稱疾不復見上遂憤恚成疾元嘉十七年疾篤上執手流涕問所欲言后視上良久乃引被覆面崩于顯陽殿上甚悼痛之詔前永嘉太守顏延之爲哀策文甚麗及奏上自益撫存悼亡感今懷昔八字以致意焉有司奏諡宣皇后詔諡曰元初后生劭自詳視之使馳白帝此兒形貌異常必破國亡家不可舉便欲殺之文帝狼狽至後殿戶外手撥幔禁之乃止后亡後常有小小靈應明帝所生沈美人嘗以非罪見責應賜死從后昔所住徽音殿前度此殿有五間自后崩後常閉美人至殿前流涕大言曰今日無罪就死先后若有靈當知之殿戶應聲豁然開職掌者遽白文帝驚往視之美人乃得釋大明五年孝武乃詔追后之所生外祖親王夫人爲豫章郡新淦平樂鄉君又詔趙蕭臧光祿袁敬公平樂鄉君墓先未給塋戶各給蠻戶三以供灑埽后父湛之自有傳

潘淑妃者本以貌進始未見賞帝好乘羊車經諸房淑妃每莊飾褰帷以候幷密令左右以鹹水灑地帝每至戶羊輒舐地不去帝曰羊乃爲汝徘徊況於人乎於此愛傾後宮

孝武昭路太后諱惠男丹陽建康人也以色貌選入後宮生孝武帝拜爲淑媛及年長無寵常隨孝武出蕃孝武即位有司奏奉尊號曰太后宮曰崇憲太后居顯陽殿上於閨房之內禮敬甚寡有所御幸或留止太后房內故人間或有醜聲宮掖事祕亦莫能辯也孝建二年追贈太后父興之散騎常侍興之妻餘杭縣廣昌鄉君大明四年太后弟子撫軍參軍瓊之上表自陳有司承旨奏贈瓊之父道慶給事中瓊之及弟休之茂之並居顯職太后頗豫政事賜與瓊之等財物家累千金居處器服與帝子相侔大明五年太后隨上巡南豫州妃主以下並從廢帝立號太皇太后明帝踐阼號崇憲太后初明帝少失所生爲太后所攝養撫愛甚篤及即位供奉禮儀不異舊日有司奏宜別居外宮詔欲親奉晨昏盡懽閨禁不如所奏及聞義嘉難作太后心幸之延上飲酒置毒以進侍者引上衣上寤起以其巵上壽是日太后崩祕之喪事如禮遷殯東宮題曰崇憲宮又詔述太后恩慈特齊衰三月以申追遠諡曰昭皇太后葬孝武陵東南號曰脩寧陵先是晉安王子勛未卒巫者謂宜開昭太后陵毀去梓宮以厭勝脩復倉卒不得如禮上性忌慮將來致災泰始四年夏詔有司曰崇憲昭太后脩寧陵地大明之世久所考卜前歲遭諸蕃之難禮從權宜未暇營改而塋隧之所山原卑陋可式遵舊典以禮改創有司奏請脩寧陵玄宮補葺毀壞權施油殿暫出梓宮事畢即定詔可廢帝景和中又追贈興之侍中金紫光祿大夫諡曰孝侯道慶光祿大夫開府儀同三司諡曰敬侯道慶女爲皇后以休之爲侍中

明宣沈太后諱容姬不知何許人也爲文帝美人生明帝拜婕妤元嘉三十年卒葬建康之莫府山孝武即位追贈湘東國太妃明帝即位有司奏上尊號爲皇太后諡曰宣陵號崇寧

孝武文穆王皇后諱憲嫄琅邪臨沂人也元嘉二十年拜武陵王妃生廢帝豫章王子尚山陰公主楚玉臨淮康哀公主楚佩皇女楚琇康樂公主脩明孝武在蕃后甚寵異及即位爲皇后焉大明四年后率六宮躬桑于西郊皇太后觀禮妃主以下並加班錫廢帝即位尊曰皇太后宮曰永訓其年崩于含章殿祔葬景寧陵父偃別有傳

殷淑儀南郡王義宣女也麗色巧笑義宣敗後帝密取之寵冠後宮假姓殷氏左右宣泄者多死故當時莫知所出及薨帝常思見之遂爲通替棺欲見輒引替覰屍如此積日形色不異追贈貴妃諡曰宣及葬給轀輬車虎賁班劍鑾輅九旒黃屋左纛前後部羽葆鼓吹上自於南掖門臨過喪車悲不自勝左右莫不掩泣上痛愛不已精神罔罔頗廢政事每寢先於靈牀酌奠酒飲之既而慟哭不能自反又諷有司奏曰據春秋仲子非魯惠公元嫡尚得考別宮今貴妃蓋天秩之崇班理應創新乃立別廟於都下時有巫者能見鬼說帝言貴妃可致帝大喜令召之有少頃果於帷中見形如平生帝欲與之言默然不對將執手奄然便歇帝尤哽恨於是擬李夫人賦以寄意焉謝莊作哀策文奏之帝臥覽讀起坐流涕曰不謂當今復有此才都下傳寫紙墨爲之貴或云貴妃是殷琰家人入義宣家義宣敗入宮云

前廢帝何皇后諱令婉廬江灊人也孝建三年納爲皇太子妃大明五年薨于東宮徽光殿諡曰獻妃廢帝即位追崇曰獻皇后明帝踐阼遷后與廢帝合葬龍山北后父瑀字幼玉晉尚書左僕射澄曾孫也瑀尚武帝少女豫康長公主諱欣男公主先適徐喬美容色聰敏有智數文帝世禮待特隆瑀豪競於時與平昌孟靈休東海何勗等並以輿馬相尚公主與瑀情愛隆密何氏疎戚莫不霑被恩禮瑀位右衞將軍主薨瑀墓開孝武追贈瑀金紫光祿大夫子邁尚文帝第十女新蔡公主諱英媚邁少以貴戚居顯官好犬馬馳逐多聚才力士位南濟陰太守廢帝納公主於後宮僞言薨殯殺一婢送出邁第殯葬行喪禮常疑邁有異圖邁亦招聚同志欲因行廢立事覺見誅明帝即位追封建寧縣侯瑀兄子衍性躁動位黃門郎拜竟求司徒司馬得司馬復求太子右率拜一二日復求侍中旬日之間求進無已不得侍中以怨罵賜死

明恭王皇后諱貞風琅邪臨沂人也初拜淮陽王妃明帝改封又爲湘東王妃生晉陵長公主伯姒建安長公主伯媛明帝即位立爲皇后上嘗宮內大集而裸婦人觀之以爲歡笑后以扇鄣面獨無所言帝怒曰外舍家寒乞今共作笑樂何獨不視后曰爲樂之事其方自多豈有姑姊妹集聚而裸婦人形體以此爲樂外舍爲歡適與此不同帝大怒令后起后兄揚州刺史景文以此事語從舅陳郡謝綽曰后在家爲懦弱婦人不知今段遂能剛正如此廢帝即位尊爲皇太后宮曰弘訓廢帝失德太后每加勗譬始猶見順後狂慝稍甚太后嘗賜帝玉柄毛扇帝嫌毛扇不華因此欲加酖害令太醫煮藥左右止之曰若行此事官便作孝子豈得出入狡獪帝曰汝語大有理乃止順帝即位齊高帝執權宗室劉晃劉綽卜伯興等有異志太后頗與相關順帝禪位太后與帝遜于東邸因遷居丹陽宮拜汝陰王太后順帝殂于丹陽更立第都下建元元年薨于第追加諡葬以宋禮后父僧朗別有傳

後廢帝陳太妃諱妙登丹陽建康屠家女也孝武嘗使尉司釆訪人間子女有姿色者太妃家在建康縣居有草屋兩三間上出行問尉曰御道那得此草屋當由家貧賜錢三萬令起瓦屋尉自送錢與之家人並行唯太

妃在家時年十二三尉見其美即以白孝武於是迎入宮在路太后房内經二年再呼不見幸太后因言於上以賜明帝始有寵一年衰歇以賜李道兒尋又迎還生廢帝先是人間言明帝不男故皆呼廢帝爲李氏子廢帝後每微行自稱李將軍或自謂李統明帝即位拜貴妃秩同皇太子廢帝踐阼有司奏上尊號曰皇太妃輿服一如晉孝武李太妃故事宮曰弘化置家令一人改諸國太妃曰太姬昇明初降爲蒼梧王太妃

後廢帝江皇后諱簡珪濟陽考城人也太始五年明帝訪太子妃而雅信小數名家女多不合江氏雖爲華族而后父祖並已亡弟又弱小以卜筮吉故爲太子納之六年拜皇太子妃諷朝士州郡皆令獻物多者將直百金始興太守孫奉伯止獻琴書其外無餘物上大怒封藥賜死既而原之太子即帝位立爲皇后帝既廢降后爲蒼梧王妃祖智深自有傳

順陳太妃諱法容丹陽建康人也明帝素肥晚年廢疾不能內御諸弟姬人有懷孕者輒取以入宮及生男皆殺其母而與六宮所愛者養之順帝桂陽王休範子也以陳昭華爲母明帝崩昭華拜安成王太妃順帝即位進爲皇太妃順帝禪位去皇存太妃之號

順謝皇后諱梵境陳郡陽夏人右光祿大夫莊之孫也父颺車騎功曹昇明二年立爲皇后順帝禪位降爲汝陰王妃祖莊自有傳

齊宣孝陳皇后諱道止臨淮東陽人魏司徒矯之後也后家貧少勤織作家人矜其勞或止之后終不改嫁于宣帝宣帝庶生子衡陽元王道度始安貞王道生後生高帝高帝年二歲乳人乏乳后夢人以兩甌麻粥與之覺而乳驚因此豐足宣帝從任在外后常留家有相者謂后曰夫人有貴子而不見之后歎曰我三子誰當應之呼高帝小字曰政應是汝耳宣帝殂後后親執勤婢使有過皆恕而不問高帝雖從宦而家業本貧爲建康令時明帝等冬月猶無縑纊而奉膳甚厚后每撤去兼肉曰於我過足矣殂于縣舍昇明二年追贈竟陵公國太夫人齊國建爲齊國太妃並蜜印畫青綬祠以太牢建元元年追尊孝皇后贈外祖父肇之金紫光祿大夫諡敬侯后母胡氏爲永昌縣靖君永明九年詔太廟四時祭宣皇帝薦起麵餅鴨臛孝皇后薦筍鴨卵脯醬炙白肉高皇帝薦肉膾葅羹昭皇后薦茗糲炙魚並生平所嗜也

高昭劉皇后諱智容廣陵人也祖玄之父壽之並員外郎后母桓氏夢吞玉勝生后時有紫光滿室以告壽之壽之曰恨非是男桓笑曰雖女亦足興家矣后寢臥見有羽蓋蔭其上家人試察之常見其上掩藹如似雲氣年十七裴方明爲子求婚酬許已定后夢見先有迎車至猶如常家迎法后不肯去次有迎至龍旂豹尾有異於常后喜而從之既而與裴氏不成婚竟嬪于上嚴整有軌度造次必依禮法生太子及豫章王嶷太子初在孕后嘗歸寧遇家奉祠爾日陰晦失曉舉家狼狽共營祭食后助炒胡麻始復內薪未及索火火便自然宋泰豫元年殂歸葬先帝墓側則泰安陵也門生王清與墓工始下插有白兎跳起尋之不得及墳成兎還栖其上昇明二年贈竟陵公國夫人三年贈齊國妃印綬齊建元元年尊謚昭皇后二年贈后父壽之金紫光祿大夫母桓氏上虞都鄉君

武穆裴皇后諱惠昭河東聞喜人也祖封之給事中父璣之左軍參軍后少與豫章王妃庾氏爲娣姒庾氏勤女工奉事高昭后恭謹不倦后不能及故不爲舅姑所重武帝亦薄焉性剛嚴竟陵王子良妃袁氏布衣時有過后加訓罰昇明三年爲齊世子妃建元元年爲皇太子妃二年后薨謚穆妃葬休安陵時議欲立石誌王儉曰石誌不出禮經起宋元嘉中顏延之爲王球石誌素族無銘策故以紀行自爾以來共相祖習儲妃之重禮絕恒例既有哀策不煩石誌從之武帝即位追尊皇后贈父璣之金紫光祿大夫后母檀氏餘杭廣昌鄉元君舊顯陽昭陽二殿太后皇后所居也永明中無太后皇后羊貴嬪居昭陽殿西范貴妃居昭陽殿東寵姬荀昭華居鳳華柏殿宮內御所居壽昌畫殿南閣置白鷺鼓吹二部乾光殿東西頭置鍾磬兩廂皆宴樂處也上數游幸諸苑囿載宮人後從車宮內深隱不聞端門鼓漏聲置鍾於景陽樓上應五鼓及三鼓宮人聞鍾聲早起莊飾車駕數幸琅邪城宮人常從早發至湖北埭雞始鳴故呼爲雞鳴埭吳郡韓蘭英有文辭宋孝武時獻中興賦被賞入宮宋明帝時用爲宮中職僚及武帝以爲博士敎六宮書學以其年老多識呼爲韓公云

文安王皇后諱寶明琅邪臨沂人也祖韶之吳興太守父曄之太宰祭酒宋世高帝爲文惠太子納后建元元年爲南郡王妃四年爲皇太子妃無寵太子宮人製新麗衣裳及首飾而后牀帷陳故古舊釵鑷十餘枚永明十一年爲皇太孫太妃鬱林即位尊爲皇太后稱宣德宮置男左右三十人前代所未有也贈后父曄之金紫光祿大夫母桓氏豐安縣君其年十二月備法駕謁太廟明帝即位出居鄱陽王故第爲宣德宮永元三年梁武帝定建鄴迎入宮后稱制至禪位遜居外宮梁天監十一年薨葬崇安陵謚曰安后祖韶之自有傳

鬱林王何妃諱婧英廬江灊人撫軍將軍戢女也初將納爲南郡王妃文惠太子嫌戢無男門孤不欲與昏王儉以南郡王妃便爲將來外戚唯須高冑不須強門今何氏蔭華族弱實允外戚之義永明三年乃成昏妃稟性淫亂南郡王所與無賴人游妃擇其美者皆與交歡南郡王侍書人馬澄年少色美甚爲妃悅常與鬭腕較力南郡王以爲歡笑澄者本剡縣寒人嘗於南岸逼略人家女爲秣陵縣所錄南郡王語縣散遣之澄又逼求姨女爲妾姨不與澄詣建康令沈徽孚訟之徽孚曰姨女可爲婦不可爲妾澄曰僕父爲給事中門戶既成姨家猶是寒賤政可爲妾耳徽孚訶而遣之十一年爲皇太孫妃又有女巫子楊珉之亦有美貌妃尤愛悅之與同寢處如伉儷及太孫即帝位爲皇后封后嫡母劉爲高昌縣都鄉君所生母宋爲餘杭廣昌鄉君后將拜鏡在牀無因墮地其冬與太后同日謁太廟楊珉之爲帝所幸常居中侍明帝爲輔與王晏徐孝嗣王廣之並面請不聽又令蕭諶坦之固請皇后與帝同席坐流涕覆面謂坦之曰楊郎好年少無罪過何可枉殺坦之耳語於帝曰此事別有一意不可令人聞帝謂皇后爲阿奴曰阿奴暫去坦之乃曰外間並云楊珉之與皇后有異情彰聞遐邇帝不得已乃爲敕坦之馳報明帝即令建康行刑而果有敕原之而珉之已死后既淫亂又與帝相愛褻故帝恣之又迎后親戚入宮賞賜人百數十萬以武帝曜靈殿處后家屬帝廢后貶爲王妃父戢自有傳

海陵王王妃諱韶明琅邪臨沂人太常慈之女也永明八年納爲臨沂公夫人鬱林王即位爲新安王妃延興元年爲皇后其年降爲海陵王妃妃父慈自有傳

明敬劉皇后諱惠端彭城人光祿大夫道弘孫也高帝爲明帝納之建元三年除西昌侯夫人永明七年卒葬江乘縣張山延興元年贈宣城王妃明帝即位追尊敬皇后贈父通直郎景猷爲金紫光祿大夫母王氏平陽鄉君明帝崩改葬祔于興安陵

東昏褚皇后諱令璩河南陽翟人太常澄之女也建武二年納爲皇太子妃而無寵帝謂左右曰若得如山陰主無恨矣山陰主明帝長女也後遂與之爲亂明年妃謁敬后廟東昏即位爲皇后帝寵潘妃后不被遇黃淑儀生太子誦而卒東昏廢后及誦並爲庶人后父澄自有傳

和王皇后諱蕣華琅邪臨沂人太尉儉之孫也初爲隨王妃中興元年爲皇后帝禪位后降爲妃妃祖儉自有傳

南史卷十一考證

后妃傳敘淑妃舊擬九棘以淑爲溫恭之稱○棘各本訛轃查字書轃同棘亦从束不从朿今改正

宋孝穆趙皇后傳葬晉陵丹徒縣東鄉練璧里雩山○練一本作練璧一本作壁

武敬臧皇后傳封永陵平鄉君○監本訛作遷陵永平鄉君今从宋書改正

文元袁皇后○元監本訛帝今从目錄改正

前廢帝何皇后傳瑀尚武帝少女豫康公主諱次男○凡公主之名皆不書諱獨本傳此處與下文遵尚文帝第十女新蔡公主諱英媚各衍一諱字

齊宣孝陳皇后傳並蜜印畫青綬祠以太牢○南本蜜作密畫作書

武穆裴皇后傳上數游幸諸苑囿載宮人後從車宮內深隱不聞端門鼓漏聲○一本後作從宮內作置內

海陵王王妃傳諱韶○韶閩本作昭

南史卷十二

唐 李延壽 撰

列傳第二

后妃下

後主沈皇后 張貴妃

梁文獻張皇后諱尚柔范陽方城人也父穆之娶文帝從姑而生后后以宋元嘉中嬪於文帝生長沙宣武王懿永陽昭王敷次生武帝方孕忽見庭前菖蒲花光采非常驚報侍者皆云不見后曰常聞見菖蒲花者當富貴因取吞之是月生武帝將產之夕后見庭內若有衣冠陪列焉次生衡陽宣王暢義興昭長公主令嫕后宋泰始七年殂於秣陵縣同夏里舍葬晉陵武進縣東城里山天監元年五月甲辰追上尊號爲皇后謚曰文獻穆之字思靜晉司空華六世孫也少方雅有識鑒初爲員外散騎侍郎深被始興王濬引納穆之鑒其禍萌求爲交阯太守政有異績宋文帝將以爲交州刺史會病卒子弘籍字眞藝齊初爲鎭西祭軍卒於官梁武踐阼追贈穆之光祿大夫加金章紫綬贈弘籍廷尉卿弘籍無子從弟弘策以子纘嗣別有傳

武德郗皇后諱徽高平金鄉人也祖紹宋國子祭酒領東海王師父曄太子舍人早卒后母宋文帝女尋陽公主也方娠夢當生貴子及后生有赤光照室器物盡明家人怪之巫言此女光高將有所妨乃於水濱祓除之后幼明慧善隸書讀史傳女工之事無不閑習宋後廢帝將納爲后齊初安陸王緬又欲結婚郗氏並辭以女疾乃止齊建元末嬪于武帝生永興公主玉姚永世公主玉婉永康公主玉嬛及武帝爲雍州刺史殂于襄陽官舍年三十二其年歸葬南徐州南東海武進縣東城里山中興二年武帝爲梁公齊帝詔贈后爲梁公妃及武帝踐阼追崇爲皇后謚曰德陵曰脩陵后父曄贈金紫光祿大夫后酷妬忌及終化爲龍入于後宮通夢於帝或見形光彩照灼帝體將不安龍輒激水騰涌於露井上爲殿衣服委積常置銀鹿盧金瓶灌百味以祀之故帝卒不置后

武丁貴嬪諱令光譙國人也祖父從官襄陽因居沔北五女村寓於劉惠明廡下貴嬪生於樊城初產有神光之異紫氣滿室故以光爲名相者云當大貴少時與鄰女月下紡績諸女並患蚊蚋貴嬪弗之覺也鄰人魏益德將聘之未及成而武帝鎭樊城嘗登樓以望見漢濱五采如龍下有女子擘絖則貴嬪也又丁氏因人以相者言聞之於帝帝贈以金環納之時年十四貴嬪生而有赤痣在左臂療之不滅又體多疣子至是無何並失所在德后酷忌遇貴嬪無道使日舂五斛舂每中程若有助者被遇雖嚴益小心祇敬嘗於供養經案側髣髴若見神人心獨異之天監元年五月有司奏爲貴人未拜其年八月又奏初貴嬪居顯陽殿及太子定位有司奏曰皇太子副貳宸極率土咸執吏禮既盡禮皇儲則所生不容無敬王侯妃主常得通信問者及六宮三夫人雖與貴嬪同列並應以敬皇太子之禮敬貴嬪宋元嘉中始興武陵國臣並以吏敬敬王所生潘淑妃路淑媛貴嬪於宮臣雖非小君其義不異與宋泰豫朝議百官以吏敬敬帝所生事義政同謂宮僚施敬宜同吏禮詣神虎門奉牋致謁年節稱慶亦同如此且儲妃作配率由盛則以婦踰姑彌乖從序謂貴嬪典章一與太子不異於是貴嬪備典章禮數同乎太子言則稱令貴嬪性仁恕及居宮接馭自下皆得其歡心不好華飾器服無珍麗未嘗爲親戚私謁及武帝弘佛教貴嬪長進蔬膳受戒日甘露降于殿前方一丈五尺帝所立義皆得其指歸尤精淨名經普通七年十一月庚辰薨移殯於東宮臨雲殿時年四十二詔吏部郎張纘爲哀冊文有司奏謚曰穆葬寧陵祔于小廟簡文卽位追崇曰太后貴嬪父道遷天監初爲歷陽太守廬陵威王之生武帝謂之曰賢女復育一男答曰莫道猪狗子世人以爲笑後位兗州刺史宣城太守

文宣阮太后諱令嬴會稽餘姚人也本姓石初齊始安王遙光納焉遙光敗入東昏宮建康城平爲武帝采女在孕夢龍罩其牀天監六年八月生元帝于後宮是日大赦尋拜爲脩容賜姓阮氏嘗隨元帝出藩大同六年六月薨于江州正寢時年六十七其年十一月歸葬江寧縣通望山謚曰宣元帝卽位有司奏追崇爲文宣太后還祔小廟承聖二年追贈太后父齊故奉朝請石靈寶散騎常侍左衞將軍封武康縣侯母陳氏武康侯夫人

簡文王皇后諱靈賓琅邪臨沂人也祖儉齊太尉南昌文憲公父騫金紫光祿大夫南昌安侯后幼而柔明叔父暕見之曰吾家女師也天監十一年拜晉安王妃生哀太子大器南郡王大連長山公主妙䂮大通三年十月拜皇太子妃太清三年三月薨于永福省時年四十五其年簡文卽位追崇爲皇后謚曰簡大寶元年九月葬莊陵

元帝徐妃諱昭佩東海郯人也祖孝嗣齊太尉枝江文忠公父緄侍中信武將軍妃以天監十六年十二月拜湘東王妃生世子方等益昌公主含貞妃無容質不見禮帝三二年一入房妃以帝眇一目每知帝將至必爲半面粧以俟帝見則大怒而出妃性嗜酒多洪醉帝還房必吐衣中與荆州後堂瑶光寺智遠道人私通酷妬忌見無寵之妾便交杯接坐纔覺有娠者卽手加刀刃帝左右暨季江有姿容又與淫通季江每歎曰栢直狗雖老猶能獵蕭溧陽馬雖老猶駿徐娘雖老猶尚多情時有賀徽者美色妃要之於普賢尼寺書白角枕爲詩相贈答旣而貞惠世子方諸母王氏寵愛未幾而終元帝歸咎於妃及方等死愈見疾太清三年遂逼令自殺妃知不免乃透井死帝以屍還徐氏謂之出妻葬江陵瓦官寺帝制金樓子述其淫行初妃嫁夕車至西州而疾風大起發屋折木無何雪霰交下帷簾皆白及長還之日又大雷震西州廳事兩柱俱碎帝以爲不祥後果不終婦道

敬夏太后會稽人也普通中納于湘東王宮生敬帝承聖元年冬拜晉安王國太妃紹泰元年尊爲太后明年冬降爲江陰國太妃

敬王皇后琅邪臨沂人也承聖元年十一月拜晉安王妃紹泰元年十月拜皇后明年降爲江陰王妃父僉自有傳

陳武宣章皇后諱要兒吳興烏程人本姓鈕父景明爲章氏所養因改姓焉后母蘇嘗遇道士以小龜遺已光采五色曰三年有徵及期后生紫光照室因失龜所在后少聰慧美容儀手爪長五寸色並紅白每有朞功之服則一爪先折武帝先娶同郡錢仲方女早卒後乃聘后后善書計能誦詩及楚辭帝爲長城縣公后拜夫人永定元年立爲皇后追贈后父梁散騎侍郎景明特進金紫光祿大夫加金章紫綬拜后母蘇安吉縣君二年安吉君卒與后父葬吳興明年追封后父爲廣德縣侯謚曰溫武帝崩后與中書舍人蔡景歷定計祕不發喪時衡陽獻王昌未至召文帝及卽位尊后爲皇太后宮曰慈訓廢帝卽位后爲太皇太后光大二年后下令黜廢帝爲臨海王命宣帝嗣立太建元年復爲皇太后二年三月丙申崩于紫極殿時年六十五遺令喪事並從儉約諸饋奠不用牲牢其年四月羣臣上謚曰宣祔葬萬安陵后親屬無在朝者惟本族兄鈕洽官至中散大夫

文沈皇后諱妙容吳興武康人也父法深梁安前中錄事參軍后年十歲餘以梁大同中歸于文帝武帝之討侯景文帝時在吳興及后並被收景平乃獲免武帝踐阼后爲臨川王妃文帝卽位爲皇后追贈后父法深光祿大夫加金章紫綬封建城縣侯謚曰恭追贈后母高爲綏安縣君謚曰定廢帝卽位尊后爲皇太后宮曰安德時宣帝與僕射到仲舉舍人劉師知等並受遺輔政師知與仲舉恒居禁中參決衆事而宣帝爲揚州刺史與左右三百人入居尚書省師知忌宣帝權重矯敕令還東府理州務宣帝將出毛喜止帝曰今若出外便受制於人如曹爽願作富家公不可得也宣帝乃稱疾召師知留與語使毛喜先入言之於后后曰今伯宗年幼政事並委二郎此非我意喜又言於廢帝廢帝曰此自師知等爲非朕意也喜出報宣帝帝因囚師知自入見后及帝極陳師知之短仍自草敕請畫以師知付廷尉其夜於獄賜死自是政歸宣帝后憂悶計無所出乃密賂宦者蔣裕令誘建安人張安國使據郡反冀因此圖帝安國事發被誅時后左右近侍頗知其事后恐連逮黨與並殺之宣帝卽位以后爲文皇后陳亡入隋大業初自長安歸于江南頃之卒后兄欽襲爵建城侯位尚書左僕射欽素無伎能奉已而已卒謚曰成子觀嗣頗有學識官至御史中丞

廢帝王皇后琅邪臨沂人也天嘉元年爲皇太子妃廢帝卽位立爲皇后廢帝爲臨海王后廢爲妃至德中薨后生臨海嗣王至澤至澤光大元年爲皇太子大建元年襲封臨海嗣王陳亡入長安后父固自有傳

宣柳皇后諱敬言河東解縣人也曾祖世隆祖惲父偃並有傳后九歲幹理家事有若成人侯景之亂后與弟盼往江陵依梁元帝以長城公主故待遇甚厚以配宣帝承聖二年后生後主於江陵及魏剋江陵宣帝還于關右后與後主俱留穰城天嘉二年與後主還朝后爲安成王妃宣帝卽位立爲皇后后美姿容身長七尺二寸手垂過膝初宣帝居鄉里先娶吳興錢氏及卽位拜貴妃甚有寵后傾心下之每尚方供奉物其上者皆推於貴妃而已御其次焉宣帝崩始興王叔陵爲亂後主賴后與吳媼救而獲免後主卽位尊后爲皇太后宮曰弘範是時新失淮南地隋師臨江又國遭大喪後主患創不能聽政其誅叔陵供大行喪事邊境防守及百司衆務雖假後主之敕實皆決之於后後主創愈乃歸政焉后性謙謹未嘗以宗族爲請雖衣食亦無所分遺陳亡入長安隋大業十二年薨於東都年八十三葬于洛陽之芒山

後主沈皇后諱婺華吳興武康人也父君理自有傳后母卽武帝女會稽穆公主早亡時后尚幼而毀瘠過甚

及服畢每歲時朔望恒獨坐涕泣哀動左右內外敬異焉大建二年拜爲皇太子妃後主即位立爲皇后后性端靜有識量寡嗜欲聰敏强記涉獵經史工書翰後主在東宮而后父君理卒居憂處別殿哀毀逾禮後主遇后既薄而張貴妃有寵總後宮之政后澹然未嘗有所忌怨而身居儉約衣服無錦繡之飾左右近侍纔百許人唯尋閱圖史及釋典爲事嘗遇歲旱自暴而誦佛經應時雨降無子養孫姬子胤爲己子數上書諫爭後主將廢之而立張貴妃會國亡不果乃與後主俱入長安及後主薨后自爲哀辭文甚酸切隋煬帝每巡幸恒令從駕及煬帝被殺后自廣陵過江於毗陵天靜寺爲尼名觀音貞觀初卒

張貴妃名麗華兵家女也父兄以織席爲業後主爲太子以選入宮時龔貴嬪爲良娣貴妃年十歲爲之給使後主見而悅之因得幸遂有娠生太子深後主即位拜爲貴妃性聰慧甚被寵遇後主始以始興王叔陵之亂被傷卧于承香殿時諸姬並不得進唯貴妃侍焉而柳太后猶居柏梁殿即皇后之正殿也而沈皇后素無寵於後主不得侍疾別居求賢殿至德二年乃於光昭殿前起臨春結綺望仙三閣高數十丈並數十間其窻牖壁帶縣楣欄檻之類皆以沈檀香爲之又飾以金玉間以珠翠外施珠簾內有寶牀寶帳其服玩之屬瑰麗皆近古未有每微風暫至香聞數里朝日初照光映後庭其下積石爲山引水爲池植以奇樹雜以花藥後主自居臨春閣張貴妃居結綺閣龔孔二貴嬪居望仙閣並複道交相往來又有王李二美人張薛二淑媛袁昭儀何婕妤江脩容等七人並有寵遞代以游其上以宮人有文學者袁大捨等爲女學士後主每引賓客對貴妃等游宴則使諸貴人及女學士與狎客共賦新詩互相贈荅采其尤豔麗者以爲曲調被以新聲選宮女有容色者以千百數令習而歌之分部迭進持以相樂其曲有玉樹後庭花臨春樂等其略云璧月夜夜滿瓊樹朝朝新大抵所歸皆美張貴妃孔貴嬪之容色張貴妃髮長七尺鬒黑如漆其光可鑑特聰慧有神彩進止閑華容色端麗每瞻視眄睞光彩溢目照映左右嘗於閣上靚粧臨于軒檻宮中遙望飄若神仙才辯强記善候人主顏色薦諸宮女後宮咸德之競言其善又工厭魅之術假鬼道以惑後主置淫祀於宮中聚諸女巫使之鼓舞時後主怠於政事百司啓奏並因宦者蔡臨兒李善度進請後主倚隱囊置張貴妃於膝上共決之李蔡所不能記者貴妃並爲疏條無所遺脫因參訪外事人間有一言一事貴妃必先知白之由是益加寵異冠絶後庭而後宮之家不遵法度有絓於理者但求恩於貴妃貴妃則令李蔡先啓其事而後從容爲言之大臣有不從者因而譖之言無不聽於是張孔之權熏灼四方內外宗族多被引用大臣執政亦從風而靡閹宦便佞之徒內外交結轉相引進賄賂公行賞罰無常綱紀瞀亂矣及隋軍剋臺城貴妃與後主俱入井隋軍出之晉王廣命斬之於青溪中

論曰飲食男女人之大欲存焉故聖人順于人情而爲之度王宮六列士室二等皆隨事升降以立節文若夫義篤閨闈政刑邦國古先哲王有以之致化矣夫后妃專夕配以德升姬嬙並御進非色幸欲使情有覃被愛罔偏流專貞內表妖蠱外息乃可以輔興君德燮理陰政宋氏因晉之舊典聘納有方俔天作儷必四岳之後自元嘉以降內職稍繁所選止於軍署微引極乎厮阜非若晉氏釆擇濫及冠冕者焉而愛止帷房權無外授戚屬餼賚歲時不過肴㯗斯爲美矣及文帝之傾惑潘嫗謀及婦人大明之淪沒殷姬並后匹嫡其爲喪敗亦已甚矣齊氏孝昭二后並有賢明之訓惜乎早世不得母臨萬國有婦人焉空藉周典禎符顯瑞徒萃徽名高皇受命宮禁貶約衣不文繡色無紅采永巷貧空有同素室武帝嗣位運藉休平壽昌前興鳳華晚構香栢文梩花梁繡柱雕金鏤寶照燭房帷趙瑟吳趨承閑奏曲事由私蓄無損國儲明帝統業矯情儉陋奉己之制曾莫云改東昏喪道侈風大扇哲婦傾城同符殷夏可以垂誡其在斯乎梁武志在約已示存宮掖雖貴嬪之徽華早著誕育元良唯見崇重無聞正位徐妃無行其殲滅也宜哉陳武撫茲歸運奄開帝業若夫儷天作則燮隆王化則宣太后其懿焉文宣宮壼無聞於喪德後主嗣業實敗于椒房既曰牝晨亦唯家之索也

南史卷十二考證

武丁貴嬪傳貴嬪生而有赤痣在左臂○痣南本作誌

元帝徐妃傳東海郯人也○郯梁書作剡又下文蕭溧陽馬雖老猶駿句溧訛凓今改正

敬夏太后傳拜晉安王國太妃○監本脫太字今从南本增入

張貴妃傳共賦新詩互相贈答○監本缺贈字今增入

南史卷十三

唐　李延壽　撰

列傳第三

宋宗室及諸王上

長沙景王道憐　臨川烈武王道規鮑照

營浦侯遵考從子季連　武帝諸子

長沙景王道憐宋武帝中弟也謝琰爲徐州命爲從事史武帝剋京城及平建鄴道憐常留侍太后後以軍功封新淦縣男從武帝征廣固所部獲慕容超以功改封竟陵縣公及討司馬休之道憐監太尉留府事江陵平爲驃騎將軍開府儀同三司荊州刺史護南蠻校尉加都督北府文武悉配之道憐素無才能言音甚楚舉止多諸鄙拙畜聚常若不足去鎮日府庫爲空徵拜司空徐兗二州刺史加都督出鎮京口武帝受命遷太尉封長沙王先是廬陵王義眞爲揚州刺史太后謂上曰道憐汝布衣兄弟宜用爲揚州上曰寄奴於道憐豈有所惜揚州根本所寄事務至重非道憐所了太后曰道憐年五十豈不如十歲子邪上曰車士雖爲刺史事無大小皆由寄奴道憐年長不親其事於聽望不足太后乃無言竟不授永初三年薨加贈太傅葬禮依晉太宰安平王孚故事鸞路九旒黃屋左纛轀輬車挽歌二部前後羽葆鼓吹虎賁班劍百人文帝元嘉九年詔故太傅長沙景王故大司馬臨川烈武王故司徒南康文宣公劉穆之開府儀同三司華容縣公王弘開府儀同三司永修縣公檀道濟故青州刺史龍陽縣公王鎮惡並勒功天府配祭廟庭道憐子義欣嗣位豫州刺史鎮壽陽境內畏服道不拾遺遂爲盛藩強鎮薨贈開府儀同三司謚曰成王子悼王瑾嗣傳爵至子齊受禪國除瑾弟韞字彥文位雍州刺史侍中領右衛將軍領軍將軍昇明二年被齊高帝誅韞人才凡鄙特爲明帝所寵在湘州雍州使善畫者圖其出行鹵簿羽儀常自披翫嘗以圖示征西將軍蔡興宗興宗戲之陽若不解畫者指韞形問之曰此何人而在輿韞曰政是我其庸鄙類如此韞弟遮字彥思亦甚庸劣從子俁疾危篤父彥節母蕭對之泣遮嘗候之便命左右取酒肉令俁進之皆莫知其意或問焉答曰禮云有疾飲酒食肉遮又嘗新有緦慘或詣之問其母安否遮曰惟有愁惛大訪其子對曰所謂父子聚麀蓋謂麀爲憂也義欣弟義融封桂陽縣侯邑千戶凡王子爲侯食邑皆千戶義融位五兵尚書領軍有質幹善於用短卒謚恭侯子孝侯覬嗣無子弟襲以子晃繼襲字茂德性庸鄙爲郢州刺史暑月露褌上聽事時綱紀政伏閤怪之訪問乃知是襲義融弟義宗劭爲武帝所愛字曰伯奴封新淦縣侯位太子左衛率坐門生杜德靈放橫打人入義宗第藏隱免官德靈以姿色故義宗愛寵之義宗卒於南兗州刺史謚曰恭侯子懷珍嗣無子弟彥節以子承繼彥節少以宗室清謹見知孝武時其弟遐坐通嫡母殷氏養女雲敷殷每禁之及殷亡口血出衆疑遐行毒害孝武使彥節從弟祗諷彥節啓證其事彥節曰行路之人尚不應爾今日迺可一門同盡無容奉敕衆以此稱之後廢帝即位累遷尚書左僕射參選元徽元年領吏部加兵五百人桂陽王休範爲逆中領軍劉勔出守石頭彥節權兼領軍將軍所給加兵自隨入殿封當陽侯與齊高帝袁粲褚彥回分日入直平決機事遷中書令加撫軍將軍及帝廢爲蒼梧王彥節出集議於路逢從弟韞韞問曰今日之事故當歸兄邪彥節曰吾等已讓領軍矣韞捶胸曰兄肉中詎有血邪今年族矣齊高帝聞而惡之順帝即位轉尚書令時齊高帝輔政彥節知運祚將遷密懷異圖及沈攸之舉兵齊高入屯朝堂袁粲鎮石頭潛與彥節及諸大將黃回等謀夜會石頭詰旦乃發彥節素怯騷擾不自安再晡後便自丹陽郡車載婦女盡室奔石頭臨去婦蕭氏强勸令食彥節歠羮寫胸中手振衣自禁其主簿丁靈衛閑難即入語左右曰今日之事難以取濟但我受劉公厚恩義無二情及至見粲粲驚曰何遽便來事今敗矣彥節曰今得見公萬死何恨從弟韞直省內與直閤將軍卜伯興謀其夜共攻齊高帝會彥節事覺秣陵令劉實建康令劉遐密告齊高帝高帝夜使驍騎將軍王敬則收殺之伯興亦遇害粲敗彥節踰城走於額檐湖見禽被殺彥節子俁嘗賦詩云城上草植根非不高所恨風霜早時咸云此爲祆句事敗俁與弟陔剃髮被法服向京口於客舍爲人識執於建康獄盡殺之彥節既貴士子自非三署不得上方榻時人以此少之其妻蕭思話女也常懼禍敗每謂曰君富貴已足故應爲兒作計彥節不從故及禍彥節弟遐字彥道爲嫡母殷暴亡有司糾之徙始安郡後得還位吳郡太守至是亦見誅遐人才甚凡自諱名有同主諱常對客曰孝武無道見枉殺母其頑騃若此及彥節當權遐累求方伯彥節曰我在事而用汝作州於聽望不足遐曰富貴則言不可相關從坐之日得免不至是果死義宗弟義賓封興安侯位徐州刺史卒謚曰肅侯義賓弟義

基封營道縣侯凡鄙無識始興王濬嘗謂曰陸士衡詩云營道無烈心其何意苦阿父如此義基曰下官初不識士衡何忽見苦其庸塞皆然位湘州刺史謚僖侯

臨川烈武王道規字道則武帝少弟也倜儻有大志預謀誅桓玄時桓弘鎮廣陵以爲征虜中兵參軍武帝剋京城道規亦以其日與劉毅孟昶斬弘玄敗走道規與劉毅何無忌追破之無忌欲乘勝追玄直造江陵道規曰諸桓世居西楚羣小皆爲竭力桓振勇冠三軍且可頓兵以計策縻之無忌不從果爲振敗乃退還尋陽繕舟甲復進遂平巴陵江陵之平道規推毅爲元功無忌爲次自居其末以起義勳封華容縣公累遷領護南蠻校尉荊州刺史加都督善於刑政士庶畏而愛之盧循寇逼建鄴道規遣司馬王鎮之及揚武將軍檀道濟廣武將軍到彥之等赴援朝廷至尋陽爲循黨苟林所破林乘勝伐江陵聲言徐道覆已剋建鄴而桓謙自長安入蜀譙縱以謙爲荊州刺史與其大將譙道福俱寇江陵道規乃會將士告之曰吾東來文武足以濟事欲去者不禁因夜開城門衆咸憚服莫有去者雍州刺史魯宗之自襄陽來赴或謂宗之未可測道規乃單車迎之衆咸感悅衆議欲使檀道濟到彥之共擊苟林等道規曰非吾自行不決乃使宗之居守委以心腹率諸將大敗謙斬之諸議劉遵追苟林斬之巴陵初謙至枝江江陵士庶皆與謙書言城內虛實道規一皆焚燒衆乃大安徐道覆奄至破冢魯宗之已還襄陽人情大震或傳循已剋都遣道覆上爲刺史江漢士庶感其焚書之恩無復二志道規使劉遵爲游軍拒道覆前驅失利道規壯氣愈厲遵自外橫擊大破之初使遵爲游軍衆咸言不宜割見力置無用之地及破道覆果得游軍之力衆乃服焉遵字慧明淮南海西人道規從母兄也位淮南太守追封監利縣侯道規進號征西大將軍開府儀同三司改授豫州以疾不拜義熙八年薨于都贈司徒謚曰烈武進封南郡公武帝受命贈大司馬追封臨川王無子以長沙景王第二子義慶嗣初文帝少爲道規所養武帝命紹焉咸以禮無二繼文帝還本而定義慶爲後義慶爲荊州廟主當隨往江陵文帝下詔褒美勳德及慈蔭之重追崇丞相加殊禮鸞路九旒黃屋左纛給節鉞前後部羽葆鼓吹虎賁班劒百人及長沙太妃檀氏臨川太妃曹氏後薨葬皆準給義慶幼爲武帝所知年十三襲封南郡公永初元年襲封臨川王元嘉中爲丹陽尹有百姓黃初妻趙殺子婦遇赦應避孫讎義慶議以爲周禮父母之仇避之海外蓋以莫大之冤理不可奪至於骨肉相殘當求之法外禮有過失之宥律無讎祖之文況趙之縱暴本由於酒論心即實事盡荒耄豈得以荒耄之王母等行路之深讎宜共天同域無虧孝道六年加尚書左僕射八年太白犯左執法義慶懼有災禍乞外鎮文帝詔諭之以爲玄象茫昧左執法嘗有變王光祿至今平安日蝕三朝天下之至忌晉孝武初有此異彼庸主耳猶竟無佗義慶固求解僕射乃許之九年出爲平西將軍荊州刺史加都督荊州居上流之重資實兵甲居朝廷之半故武帝諸子徧居之義慶以宗室令美故特有此授性謙虛始至及去鎮迎送物並不受十二年普使內外羣臣舉士義慶表舉前臨汝令新野庾實前徵奉朝請武陵龔祈處士南郡師覺授義慶留心撫物州統內官長親老不隨在官舍者一年聽三吏餉家先是王弘在江州亦有此制在州八年爲西土所安撰徐州先賢傳十卷奏上之又擬班固典引爲典敘以述皇代之美改授江州又遷南兗州刺史並帶都督尋即本號加開府儀同三司性簡素寡嗜慾愛好文義文辭雖不多足爲宗室之表歷任無浮淫之過唯晚節奉沙門頗致費損少善騎乘及長不復跨馬招聚才學之士遠近必至太尉袁淑文冠當時義慶在江州請爲衞軍諮議其餘吳郡陸展東海何長瑜鮑照等並有辭章之美引爲佐吏國臣所著世說十卷撰集林二百卷並行於世文帝每與義慶書常加意斟酌鮑照字明遠東海人文辭贍逸嘗爲古樂府文甚遒麗元嘉中河濟俱清當時以爲美瑞照爲河清頌其敘甚工照始嘗謁義慶未見知欲貢詩言志人止之曰郎位尚卑不可輕忤大王照勃然曰千載上有英才異士沉沒而不聞者安可數哉大丈夫豈可遂蘊智能使蘭艾不辯終日碌碌與燕雀相隨乎於是奏詩義慶奇之賜帛二十匹尋擢爲國侍郎甚見知賞遷秣陵令文帝以爲中書舍人上好文章自謂人莫能及照悟其旨爲文章多鄙言累句咸謂照才盡實不然也臨海王子頊爲荊州照爲前軍參軍掌書記之任子頊敗爲亂兵所殺義慶在廣陵有疾而白虹貫城野麕入府心甚惡之因陳求還文帝許解州以本號還朝二十一年薨于都下追贈司空謚曰康王子哀王曅嗣爲元凶所殺曅子綽嗣昇明三年見殺國除

營浦侯遵考武帝族弟也曾祖淳皇曾祖武原令混之弟位正員郎祖巖海西令父涓子彭城內史始武帝諸子並弱宗室唯有遵考及北伐平定以爲并州刺史領河東太守鎮蒲坂關中失守南還再遷冠軍將軍晉帝遜位居秣陵宮遵考領兵防衞武帝初即位封營浦縣侯元嘉中累遷寧蠻校尉雍州刺史加都督爲政嚴暴聚斂無節爲有司所糾上寢不問孝武大明中位尚書左僕射領崇憲太僕後老疾失明元徽元年卒贈左光祿大夫開府儀同三司謚曰元公子澄之昇明末貴達澄之弟琨之爲竟陵王誕司空主簿誕有寶琴左右犯其徽誕罰焉琨之諫誕曰此余寶也琨之曰前哲以善人爲寶不以珠玉爲寶故王孫圉稱觀父爲楚國之寶未聞以琴瑟爲寶誕怩然不悅誕之叛以爲中兵參軍辭曰忠孝不得並琨之老父在將安之乎誕殺之後贈黃門郎詔謝莊爲誄遵考從父弟思考亦官歷清顯卒於散騎常侍金紫光祿大夫子季連字惠續早歷清官齊高帝受禪將及誅太宰褚彥回素善之固請乃免建武中爲平西蕭遙欣長史南郡太守遙欣多招賓客明帝甚惡之季連有憾於遙欣乃密表明帝言其有異迹明帝乃以遙欣爲雍州刺史而心德季連以爲益州刺史令據遙欣上流季連父思考宋時爲益州雖無政績州人猶以義故善待之季連存問故老見父時人吏皆泣對之遂寧人龔愜累世有學行辟爲府主簿及聞東昏失德稍自驕矜性忌褊遂嚴愎酷假土人始怨永元元年九月因聲講武遂遣中兵參軍宋買以兵襲中水穰人李託買戰不利退還州郡遂多叛亂明年十月巴西人趙續伯反奉其鄉人李弘爲聖主弘乘佛輿以五綵裹青石誑百姓云天與已玉印當王蜀季連遣中兵參軍李奉伯大破獲之將刑謂刑人曰我須臾飛去復曰汝空殺我我三月三日會更出遂斬之梁武帝平建鄴遣左右陳建孫送季連二子及弟通直郎子深喻旨季連受命修還裝武帝以西臺將鄧元起爲益州刺史元起南郡人季連爲南郡時待之素薄元起典籤朱道琛者嘗爲季連府都錄無賴季連欲殺之逃免至是說元起請先使檢校緣路奉迎及至言語不恭又歷造府州人士見器物輒奪之曰會屬人何須苦惜軍府大懼言於季連季連以爲然又惡昔之不禮元起益憤懣司馬朱士略說季連求爲巴西郡守三子爲質季連許之既而召兵算之精甲十萬臨軍歎曰據天險之地握此盛兵進可以匡社稷退不失作劉備欲以此安歸乎遂矯稱齊宣德皇后令復反收朱道琛殺之書報朱士略兼召涪令李膺並不受命天監元年六月元起至巴西季連遣其將李奉伯拒戰見敗季連固守元起圍之城中餓死者相枕又從而相食三年乃肉袒請罪元起遷季連于外俄而造焉待之以禮季連謝曰早知如此豈有前日之事元起誅李奉伯送季連還都將發人莫之視唯龔愜送焉初元起在道懼事不集無以賞士之至者皆許以辟命於是受別駕中從事檄者將二千人季連既至詣闕謝罪自東掖門入數步一稽首以至帝前帝笑謂曰卿欲慕劉備而曾不及公孫述豈無臥龍之臣乎赦爲庶人四年出建陽門爲蜀人藺相如所殺季連在蜀殺其父變名走建鄴至是報焉乃面縛歸罪帝壯而赦之

宋武帝七男張夫人生少帝孫修華生廬陵孝獻王義眞胡婕好生文帝王修容生彭城王義康桓美人生江夏文獻王義恭孫美人生南郡王義宣呂美人生衡陽文王義季

廬陵孝獻王義眞美儀貌神情秀徹初封桂陽縣公年十二從北征及關中平武帝東還欲留偏將恐不足固人心乃以義眞爲雍州刺史加都督以太尉諮議參軍京兆王修爲長史委以關中任帝將還三秦父老泣訴曰殘生不霑王化於今百年始覩衣冠方仰聖澤長安十陵是公家墳墓咸陽宮殿是公家屋宅捨此何之武帝爲之憫然慰譬曰受命朝廷不得擅留今留第二兒令文武才賢共鎮此境臨還自執義眞手以授王修令修執其子孝孫手授帝義眞又進都督并東秦二州領東秦州刺史時隴上流戶多在關中望得歸本及置東秦州父老知無復經略隴右固關中之意咸共歎息而赫連勃勃寇逼交至沈田子既殺王鎮惡王修又殺田子兼裁減義眞賜左右物左右怨之因白義眞曰鎮惡欲反故田子殺之修殺田子豈又欲反也義眞使左右劉乞殺修修字叔京兆霸城人初南度見桓玄玄謂曰君平世吏部郎才也修既死人情離異武帝遣右將軍朱齡石代義眞鎮關中使義眞疾歸諸將競斂財貨方軌徐行建威將軍傅弘之曰虜騎若至何以待之賊追兵果至至青泥大敗義眞獨逃草中中兵參軍段宏單騎追尋義眞識其聲曰君非段中兵邪身在此行矣必不兩全可刎身頭以南使家公望絕宏泣曰死生共之下官不忍乃束義眞於背單馬而歸義眞謂宏曰丈夫不經此何以知艱難初武帝未得義眞審問怒甚剋日北伐謝晦諫不從及得宏啓知義眞免乃止義眞尋爲司州刺史加都督以段宏爲義眞諮議參軍宏鮮卑人

爲慕容超尚書左僕射武帝伐廣固歸降義眞改揚州刺史鎭石頭永初元年封廬陵王武帝始踐阼義眞色不悅侍讀博士蔡茂之問其故對曰安不忘危何可恃也明年遷司徒武帝不豫以爲車騎將軍開府儀同三司南豫州刺史加都督鎭歷陽未之任而武帝崩義眞聰敏愛文義而輕動無德業與陳郡謝靈運琅邪顏延之慧琳道人並周旋異常云得志日以靈運延之爲宰相慧琳道人爲西豫州刺史徐羨之等嫌義眞靈運延之昵狎過甚故吏范晏戒之義眞曰靈運空踈延之隘薄魏文云鮮能以名節自立者但性情所得未能忘言於悟賞故與游耳將之鎭列部伍於東府前既有國哀義眞與靈運延之慧琳等坐視部伍因宴舫裏使左右剔母舫函道施已船而取其勝者及至歷陽多所求索羨之等每不盡與深怨執政表求還都初少帝之居東宮多狎羣小謝晦嘗言於武帝曰陛下春秋既高宜思存萬代神器至重不可使負荷非才帝曰廬陵何如晦曰臣請觀焉晦造義眞義眞盛欲與談晦不甚答還曰德輕於才非人主也由是出居于外及羨之等專政義眞愈不悅時少帝失德羨之等謀廢立次第應在義眞以義眞輕訬不任主社稷因其與少帝不協奏廢爲庶人徙新安郡前吉陽令張約之上疏諫徙爲梁州府軍參軍尋殺之景平二年羨之等遣使殺義眞於徙所時年十八元嘉元年八月詔追復先封迎靈柩并孫修華謝妃一時俱還三年正月誅徐羨之傅亮等是日詔追崇侍中大將軍王如故贈張約以郡義眞無子文帝第五子紹字休胤嗣襲廬陵王紹少寬雅位揚州刺史薨無子以南平王鑠子敬先嗣

彭城王義康永初元年封彭城王歷南豫南徐二州刺史並加都督文帝即位爲驃騎將軍開府儀同三司元嘉三年改授都督荊州刺史給班劍三十人義康少而聰察及居方任職事修理六年司徒王弘表義康宜還入輔徵爲侍中司徒錄尚書事都督南徐州刺史二府置佐領兵與王弘共輔朝政弘既多疾且每事推謙自是內外衆務一斷之義康太子詹事劉湛有經國才用義康昔在豫州湛爲長史既素情款至是待遇特隆動皆諮訪故前後在藩多善政九年王弘薨又領揚州刺史十二年又領太子太傅義康性好吏職銳意文案糾剔是非莫不精盡既專朝權事決自己生殺大事皆以錄命斷之凡所陳奏入無不可方伯以下並委義康授用由是朝野輻湊權傾天下義康亦自強不息無有懈倦府門每旦常有數百乘車雖復位卑人微皆被接引又聰識過人一聞必記嘗所暫遇終身不忘稠人廣坐每標題所憶以示聰明人物益以此推服之愛惜官爵未嘗以階級私人凡朝士有才用者皆引入己府自下樂爲竭力不敢欺負文帝有虛勞疾每意有所想便覺心中痛裂屬纊者相係義康入侍醫藥盡心衛奉湯藥飲食非口所嘗不進或連夕不寢彌日不解衣內外衆事皆專決施行十六年進位大將軍領司徒義康素無術學待文義者甚薄袁淑嘗詣義康義康問其年答曰鄧仲華拜袞之歲義康曰身不識也淑又曰陸機入洛之年義康曰身不讀書君無爲作才語見向其淺陋若此既闇大體自謂兄弟至親不復存君臣形迹率心而行曾無猜防私置僮六千餘人不以言臺時四方獻饋皆以上品薦義康而以次者供御上嘗冬月噉甘歎其形味並劣義康在坐曰今年甘殊有佳者遣還東府取甘大供御者三寸僕射殷景仁爲帝所寵與劉湛素善而意好晚乖湛常欲因宰輔之權傾之景仁爲帝所保持義康屢言不見用湛愈憤南陽劉斌湛之宗也有俗才用爲義康所知自司徒右長史擢爲左長史從事中郎琅邪王履主簿沛郡劉敬文祭酒魯郡孔胤秀並以傾側自入見帝疾篤皆謂宜立長君上嘗危殆使義康具顧命詔義康還省流涕以告湛及景仁曰天下艱難詎是幼主所御湛景仁並不答而胤秀等輒就尚書儀曹索晉咸康立康帝舊事義康不知也及帝疾瘳微聞之而斌等既爲義康所寵遂結朋黨若有盡忠奉國不同己者必構以罪黜每采景仁短長或虛造同異以告湛自是主相之勢分矣義康欲以斌爲丹陽尹言其家貧上覺之曰以爲吳郡後會稽太守羊玄保求還義康又欲以斌代之上時未有所擬倉卒曰我已用王鴻上以嫌隙既成將致大禍十七年乃收劉湛又誅斌及大將軍錄事參軍劉敬文并賊曹孔劭秀中兵邢懷明主簿孔胤秀丹陽丞孔文秀司空從事中郎司馬亮烏程令盛曇泰徙尚書庫部郎何默子餘姚令韓景之永興令顏遙之湛弟黃門郎素斌弟給事中溫於廣州王履廢於家青州刺史杜驥勒兵殿內以備非常義康時入宿留止中書省遣人宣旨告以湛等罪義康上表遜位改授江州刺史出鎭豫章實幽之也停省十餘日桂陽侯義融新渝侯義宗祕書監徐湛之往來慰視於省奉辭便下渚上唯對之慟哭遣沙門慧琳視之義康曰弟子有還理不琳公曰恨公不讀數百卷書征虜司馬蕭斌爲義康所昵劉斌等譖之被斥乃以斌爲諮議領豫章太守事無大小皆委之司徒主簿謝綜素爲義康所狎以爲記室左右愛念者並聽隨從至豫章辭州見許資奉優厚朝廷大事皆報示之義康未敗時東府聽事前井水忽涌野雉江鷗並入所住齋前龍驤參軍巴東令扶育上表申明義康奏即收付建康賜死會稽長公主於兄弟爲長帝所親敬上嘗就主宴集甚歡主起再拜頓首悲不自勝上不曉其意起自扶之主曰車子歲暮必不見容特乞其命因慟哭上亦流涕指蔣山曰必無此慮若違今誓便是負初寧陵即封所飲酒賜義康曰會稽姊飲讌憶弟所餘今封送車子義康小字也二十二年太子詹事范曄等謀反事連義康詔特宥大辟幷子女並免爲庶人絕屬籍徙安成郡義康在安成讀漢書見淮南厲王長事廢書歎曰前代乃有此我得罪爲宜也二十四年豫章胡誕世前吳平令袁惲等謀奉戴義康太尉江夏王義恭奏徙義康廣州奏可未行會魏軍至瓜步天下擾動上慮有異志者奉義康爲亂孝武時鎭彭城及尚書左僕射何尚之並言宜早爲之所二十八年正月遣中書舍人嚴龍持藥賜死義康不肯服藥曰佛教自殺不復人身乃以被掩殺之以侯禮葬安成郡子允元凶殺之孝武大明四年義康女玉秀等乞反葬舊塋詔聽之

江夏文獻王義恭幼而明穎姿顏端麗武帝特所鍾愛帝性儉諸子飲食不過五醆盤義恭求須果食日中無算得未嘗噉悉以與傍人諸王未嘗敢求求亦不得元嘉六年爲都督荊州刺史義恭涉獵文義而驕奢不節及出藩文帝與書誡之曰禮賢下士聖人垂訓驕奢矜尚先哲所去豁達大度漢祖之德猜忌褊急魏武之累漢書稱衛青云大將軍遇士大夫以禮與小人有恩西門安于矯性齊美關羽張飛任偏同弊行已舉事深宜鑒此汝一月日自用不可過三十萬若能省此益美西楚殷曠常宜早起接對賓侶園池堂觀計無須改作凡訊獄前一二日可取訊簿密與劉湛輩粗共詳論慎無以喜怒加人能擇善者從之美自歸已不可專意自決以矜獨斷之明也刑獄不可壅滯一月可再訊凡事皆應愼密名器深宜愼惜不可妄以假人聲樂嬉游不宜令過宜數引見佐史非惟臣主自應相見不數則彼我不親不親無因得盡人人不盡何由具知衆事九年爲南兗州刺史加都督鎭廣陵十六年進位司空明年彭城王義康有罪出蕃徵義恭爲侍中都督揚南徐兗三州司徒錄尚書事領太子太傅給班劍二十人置佐領兵二十一年進太尉領司徒義恭小心且戒義康之失雖爲總錄奉行文書而已文帝安之年給相府錢二千萬他物稱此而義恭性奢用常不足文帝又別給錢年至千萬時有獻五百里馬者以賜義恭二十七年文帝欲有事河洛義恭總統羣帥出鎭彭城及魏軍至瓜步義恭與孝武閉城自守初魏軍深入上慮義恭不能固彭城備加誡勑義恭答曰臣雖未能臨瀚海濟居延庶免劉仲奔逃之恥及魏軍至義恭果欲走賴衆議得停降號驃騎將軍開府儀同三司魯郡孔子舊廟有柏樹二十四株歷漢晉其大連抱有二株先倒折土人崇敬莫之敢犯義恭悉遣伐取父老莫不歎息又以本官領南兗州刺史加都督移鎭盱眙修館宇擬東城二十九年冬還朝上以御所乘蒼鸞船上迎之遭太妃憂改授大將軍南徐州刺史還鎭東府元凶肆逆其日劭急召義恭先是詔召太子及諸王慮有詐妄致害者召皆有人至是義恭求常所遣傳詔劭遣之而後入義恭凡府內兵仗並送還臺進位太保孝武入討劭疑義恭異志使入尚書下省分諸子並神獸門外侍中下省孝武前鋒至新亭劭挾義恭出戰故不得自拔戰敗義恭單馬南奔劭大怒遣始興王濬殺義恭十二子義恭既至勸孝武即位授太尉錄尚書六條事假黃鉞事寧進位太傅領大司馬增班劍爲三十人以在蕃所服玉環大綬賜之上不欲致禮太傅諷有司奏天子不應加拜從之及立太子東宮文案使先經義恭及南郡王義宣等反義恭孝武以義宣亂逆由於彊盛欲削王侯義恭希旨請省錄尚書上從之又與驃騎大將軍竟陵王誕奏陳貶損之格九條詔外詳議於是有司奏九條之格猶有未盡更加附益凡二十四條大抵聽事不得南面坐施帳國官正冬不得跣登國殿公主妃傳令不得朱服輿不得重擱鄣扇不得雉尾劍不得鹿盧形槊毦不得孔雀白鷺夾轂隊不得絳襖平乘誕馬不得過二匹胡伎不得綵衣舞伎正冬著袿衣不得莊面諸妃主不得著緄帶信幡非臺省官悉用絳郡縣內史相及封內長官於其封君罷官則不復追敬不稱臣諸鎭常行車前不得過六隊刀不得過銀銅飾諸王女封縣主諸王子孫襲封王之妃及封侯者夫人行並不得鹵簿諸王子繼體爲王者婚葬吉凶悉依諸國公侯之禮不得同皇弟皇子車輿非軺車不得油幢平乘船皆下兩頭作露平

形不得擬象龍舟詔可孝建二年爲揚州刺史加入朝不趨贊拜不名劒履上殿固辭殊禮義恭撰要記五卷起前漢訖晉太元表上之詔付祕閣時西陽王子尙有盛寵義恭解揚州以避之乃進位太宰領司徒義恭常慮爲孝武所疑及海陵王休茂於襄陽爲亂乃上表稱諸王貴重不應居邊有州不須置府其餘制度又多所減省時孝武嚴暴義恭慮不見容乃卑辭曲意附會皆有容儀每有祥瑞輒上賦頌大明元年有三脊茅生石頭西岸又勸封禪上甚悅及孝武崩遺詔義恭解尙書令加中書監柳元景領尙書令入住城內事無巨細悉關二公大事與沈慶之參決若有軍旅可爲總統尙書中事委顏師伯外監所統委王玄謨前廢帝卽位復錄尙書本官如故尙書令柳元景卽本號開府儀同三司領兵置佐一依舊準又增義恭班劒爲四十人更申殊禮之命固辭殊禮義恭性嗜不恒與時移變自始至終屢遷第宅與人游欵意好亦多不終奢侈無度不愛財寶左右親幸一日乞與或至一二百萬小有忤意輒追奪之大明時資供豐厚而用常不足賒市百姓物無錢可還民有通辭求錢者輒題後作原字善騎馬解音律游行或二三百里孝武恣其所之東至吳郡登虎丘山又登無錫縣烏山以望太湖大明中撰國史孝武自爲義恭作傳及永光中雖任宰輔而承事近臣戴法興等常若不及前廢帝狂悖無道義恭元景謀欲廢立廢帝率羽林兵於第害之幷四子斷析義恭支體分裂腸胃挑取眼睛以密漬之以爲鬼目粽明帝定亂令書追崇侍中都督中外諸軍丞相領太尉中書監錄尙書事王如故給九旒鸞輅虎賁班劒百人前後部羽葆鼓吹輼輬車泰始三年又詔陪祭廟庭

南郡王義宣生而舌短澀於言論元嘉元年封竟陵王都督南兗州刺史遷中書監中軍將軍給鼓吹時竟陵羣蠻充斥役刻民散改封南譙王十三年出爲江州刺史加都督初武帝以荆州上流形勝地廣兵彊遺詔諸子次第居之謝晦平後以授彭城王義康義康入相次江夏王義恭又以臨川王義慶宗室令望且臨川烈武王有大功於社稷義慶又居之其後應在義宣上以義宣人才素短不堪居上流十六年以衡陽王義季代義慶而以義宣爲南徐州刺史而會稽公主每以爲言上遲回久之二十一年乃以義宣都督七州諸軍事車騎將軍荆州刺史先賜中詔曰師護以在西久比表求還出內左右自是經國常理亦何必其應於一往今欲聽許以汝代之護雖無殊績絜已節用通懷期物不忝聲下此信未易在彼已有次第爲士庶所安論者乃謂未議遷之今之回換更在欲爲汝耳汝與護年時一輩各有其美方物之義亦互有少劣若今向事脫一減之者旣於西夏交有巨礙遷代之譏必歸責於吾矣師護義季小字也義宣至鎭勤自課厲政事修理白皙美須眉長七尺五寸腰帶十圍多畜嬪媵後房千餘尼媼數百男女三十人崇飾綺麗費用殷廣進位司空改侍中二十七年魏軍南侵義宣慮寇至欲奔上明及魏軍退文帝詔之曰善修民務不須營潛逃計也遷司徒揚州刺史侍中如故元凶弑立以義宣爲中書監太尉領司徒義宣聞之卽時起兵徵聚甲卒傳檄近遠會孝武入討義宣遣參軍徐遺寶率衆三千助爲先鋒孝武卽位以義宣爲中書監都督揚豫二州丞相錄尙書六條事揚州刺史加羽葆鼓吹給班劒四十人改封南郡王追謚義宣所生爲獻太妃封次子宜陽侯愷爲南譙王義宣固辭內任及愷王爵於是改授都督八州諸軍事荆湘二州刺史持節侍中丞相如故降愷爲宜陽縣王將佐以下並加賞秩義宣在鎭十年兵彊財富旣首創大義威名著天下凡所求欲無不必從朝廷所下制度意不同者一不遵承嘗獻孝武酒先自酌飲封送所餘其不識大體如此初臧質陰有異志以義宣凡弱易可傾移欲假手爲亂以成其姦自襄陽往江陵見義宣便盡禮及至江州每密信說義宣以爲有大才負大功挾震主之威自古鮮有全者宜在人前早有處分不爾一旦受禍悔無所及義宣陰納質言而孝武閨庭無禮與義宣諸女淫亂義宣因此發怒密治舟甲尅孝建元年秋冬舉兵報豫州刺史魯爽兗州刺史徐遺寶使同舉狂酒失旨其年正月便反遣府戶曹送版以義宣補天子幷送天子羽儀遺寶亦勒兵向彭城義宣及質狼狽起兵二月加都督中外諸軍事置左右長史司馬使僚佐悉稱名遺傳奉表以姦臣交亂圖傾宗社輒徵召甲卒戮此凶醜詔答之太傅江夏王義恭又與義宣書諭以禍福義宣移檄諸州郡遣參軍劉諶之尹周之等率軍下就臧質雍州刺史朱修之起兵奉順義宣率衆十萬發自江津舳艫數百里是日大風船垂覆沒僅得入中夏口以第八子慆爲輔國將軍留鎭江陵遣魯秀朱曇韶萬餘人北討朱修之秀初至江陵見義宣旣出拊膺曰阿兄誤人事乃與癡人共作賊今年敗矣義宣至尋陽與質俱下質爲前鋒至鵲頭聞徐遺寶敗魯爽於小峴授首相視失色孝武使鎭北大將軍沈慶之送爽首於義宣幷與書義宣質並駭懼上先遣豫州刺史王玄謨舟師頓梁山洲內東西兩岸爲却月城營柵甚固撫軍柳元景據姑熟爲大統偏師鄭琨武念戍南浦質徑入梁山去玄謨一里許結營義宣屯蕪湖五月十九日西南風猛質乘風順流攻玄謨西壘冗從僕射胡子友等戰失利棄壘度就玄謨質又遣將龐法起數千兵趨南浦仍使自後掩玄謨與琨念相遇法起戰大敗赴水死略盡義宣至梁山質上出軍東岸攻玄謨玄謨分遣游擊將軍垣護之竟陵太守薛安都等出壘奮擊大敗質軍軍人一時投水護之等因風縱火焚其舟乘風勢猛盛煙爓覆江義宣時屯西岸延火燒營殆盡諸將乘風火之勢縱兵攻之衆一時奔潰義宣與質相失各單舸迸走東人士庶並歸順西人與義宣相隨者船舸猶有百餘女先適臧質子過尋陽入城取女載以西奔至江夏聞巴陵有軍被抄斷回入逕口步向江陵衆散且盡左右唯有十許人脚痛不復能行就民僦露車自載無復食緣道求告至江陵郭外竺超人具羽儀迎之時帶甲尙萬餘人義宣旣入城仍出聽事見客左右翟靈寶誡使撫慰衆賓以臧質違指授之宜用致失利今治兵繕甲更爲後圖昔漢高百敗終成大業而義宣誤云項羽千敗衆咸掩口而笑魯秀竺超人等猶爲之爪牙欲收合餘燼更圖一決而義宣惽墊無復神守入內不復出左右腹心相率奔叛魯秀北走義宣不復自立欲隨秀去乃於內戎服盛糧糗帶背刀攜息慆及所愛妾五人著男子服相隨城內擾亂白刃交橫義宣大懼落馬仍便步地超人送城外更以馬與之超人還守城義宣冀及秀望諸將送北入魏旣失秀所在未出郭將士逃盡唯餘慆及五妾兩黃門而已夜還向城入南郡空廨無牀席地至旦遣黃門報超人超人遣故車一乘載送刺姦義宣止獄戶坐地歎曰臧質老奴誤我始與五妾俱入獄五妾尋被遣出義宣號泣語獄吏曰常日非苦今日分別始是苦大司馬江夏王義恭請公王八坐與荆州刺史朱修之書言義宣反道叛恩便宜專行大戮書未達修之已至江陵於獄盡之孝武聽還葬舊墓長子恢年十一拜南譙王世子晉氏過江不置城門校尉及衞尉官孝武欲重城禁故復置衞尉卿以恢爲侍中領衞尉衞尉之置自恢始也義宣反錄付廷尉自殺恢弟愷字景穆生而養於宮中寵均皇子十歲封宜陽侯孝武時進爲王義宣反問至愷於尙書寺內著婦人衣乘問訊車投臨汝公孟詡詡於妻室內爲地窟藏之事覺幷詡誅其餘並爲修之所殺

衡陽文王義季幼而夷簡無鄙近之累文帝爲荆州武帝使隨往由是特爲文帝所愛元嘉元年封衡陽王十六年代臨川王義慶爲都督荆州刺史先是義慶在任遇巴蜀擾亂師旅應接府庫空虛義季畜財節用數年還復充實隊主續豐母老家貧無以充養遂不食肉義季哀其志給豐母月米二斛錢一千幷制豐噉肉義季素拙書上聽使人書啓事唯自署名而已嘗大蒐於郢有野老帶苫而耕命左右斥之老人擁耒對曰昔楚子盤游受譏令尹今陽和扇氣播厥之始一日不作人失其時大王馳騁爲樂驅斥老夫非勸農之意義季止馬曰此賢者也命賜之食老人曰吁願大王均其賜也苟不奪人時則一時皆享王賜老人不偏其私矣斯飯也弗敢當問其名不言而退義季素嗜酒自彭城王義康廢後遂爲長夜飲略少醒日文帝詰責曰此非唯傷事業亦自損性皆汝所諳近長沙兄弟皆緣此致故將軍蘇徽耽酒成疾旦夕待盡一門無此酣法汝於何得之義季雖奉旨酣縱不改成疾以至於終二十一年徵爲征北大將軍開府儀同三司南兗州刺史加都督發州之日帷帳器服諸應隨刺史者悉留之荆楚以爲美談二十二年遷徐州刺史明年魏攻邊北州擾動義季慮禍不欲以功勤自業無他經略唯飲酒而已文帝又詔責之二十四年薨於彭城太尉江夏王義恭表解職迎喪不許上遣東海王禕迎喪追贈司空傳國至孫齊受禪國除

論曰自古帝王之興雖係之于歷數至於經啓多難莫不兼藉親賢當於餘祆內侮荀桓交逼荆楚之勢同于累卵如使上略未盡一算或遺則得喪之機未可知也烈武王擥羣才揚盛策一舉而埽勍寇蓋亦人謀之致乎長沙雖位列台鼎不受本根之寄跡其行事有以知武皇之則哲廬陵以帝子之重兼高明之姿釁跡未彰禍生忌克痛矣夫天倫猶子分形共氣親愛之道人理斯同富貴之情其義則舛善乎龐公之言比之周公管蔡若處茅屋之內宜無放殺之酷觀夫彭城南郡其然乎江夏地居愛子位當上相大明之世親禮冠朝屈體降身歸于卑下得使兩朝暴主永無猜色歷載踰十以尊戚自保及在永光幼主南面公旦之重屬有所歸自謂踐冰之慮已除太山之安可恃曾未云幾而磔體分肌古人以隱微致誠斯爲篤矣衡陽曉存酒德何先後

之云殊其將存覆車之鑒不然何以致於是也

南史卷十三考證

長沙景王道憐傳融位五兵尚書領軍有質幹善於用短○善於用短南本作善用短楯

凡自諱名有同主諱○主南本作至

位湘州刺史諡僖侯○僖監本訛傳今从閣本

臨川烈武王道規傳左執法嘗有變王光祿至今平安○王監本誤五今改从宋書

營浦侯遵考傳州人猶以義故善待之○善待一本作眞得

宋武帝七男傳○一本衡陽文王義季下有義宣別有傳五字本卷南郡王義宣傳平列於後彼殆因宋書而衍者今从監本

廬陵孝獻王義眞傳脩字叔京兆覇城人○宋書修字叔治殆唐人避諱而刪之也

使左右剔母舫函道施巳船而取其勝者○母一本作每今从梁書作母謂其母孫脩儀也

景平二年羨之等遣吏殺義眞於徙所○吏一本作使

彭城王義康傳上嘗冬月噉甘歎其形味並劣○甘一本作柑

江夏文獻王義恭傳二十九年冬還朝上以御所乘蒼鸞船上迎之○鸞宋書作鷹

南郡王義宣傳生而舌短澀於言論○監本無短字今从宋書及閣本增入

南史卷十四

唐　李　延　壽　撰

列傳第四

宋宗室及諸王下

文帝諸子　孝武諸子　孝明諸子

文帝十九男元皇后生元凶劭潘淑妃生始興王濬路淑媛生孝武帝吳淑儀生南平穆王鑠高修儀生廬陵昭王紹殷修華生竟陵王誕曹婕妤生建平宣簡王宏陳修容生東海王禕謝容華生晉熙王昶江修容生武昌王渾沈婕妤生明帝楊美人生始安王休仁邢美人生山陽王休祐蔡美人生海陵王休茂董美人生鄱陽哀王休業顏美人生臨慶沖王休倩陳美人生新野懷王夷父荀美人生桂陽王休範羅美人生巴陵哀王休若紹出繼廬陵孝獻王義眞

元凶劭字休遠文帝長子也帝卽位後諒闇中生劭故秘之元嘉三年閏正月方云劭生自前代人君卽位後皇后生太子唯殷帝乙踐阼正妃生紂至此又有劭焉始生三日帝往視之簪帽甚堅無風而墜于劭側上不悅初命之曰劭在文爲召刀後患焉改刀爲力年六歲拜爲皇太子中庶子二率入直永福省爲更築宮制度嚴麗年十二出居東宮納黃門侍郞殷淳女爲妃十三加元服好讀史傳尤愛弓馬及長美鬚眉大眼方口長七尺四寸親覽宮事延賓客意之所欲上必從之東宮置兵與羽林等十七年劭拜京陵大將軍彭城王義康竟陵王誕桂陽侯義融並從二十七年上將北侵劭與蕭思話固諫不從魏太武帝至瓜步上登石頭城有憂色劭曰不斬江湛徐湛之無以謝天下上曰北伐自我意不關二人但湛等不異耳由是與江徐不平上時務本業使宮內皆蠶欲以諷勵天下有女巫嚴道育夫爲劫坐沒入奚官劭姊東陽公主應閤婢王鸚鵡白公主道育通靈主乃白上託云善蠶求召入道育云所奉天神當賜符應時主夕臥見流光相隨狀若螢火遂入巾箱化爲雙珠圓青可愛於是主及劭並信惑之始興王濬素佞事劭並多過失慮上知使道育祈請欲令過不上聞歌儛咒詛不捨晝夜道育輒云自上天陳請必不泄露劭等敬事號曰天師後遂爲巫蠱刻玉爲上形像埋於含章殿前初東陽公主有奴陳天與鸚鵡養以爲子而與之淫通鸚鵡天與及寧州所獻黃門慶國並與巫蠱事劭以天與補隊主東陽主薨鸚鵡應出嫁劭慮言語泄與濬謀之嫁與濬府佐吳興沈懷遠爲妾不啓上慮事泄因臨賀公主微言之上後知天與領隊遣閹人奚承祖讓劭曰汝間用隊主副盡是奴邪欲嫁者又嫁何處劭答南第昔屬天與求將吏驅使親形容粗健便兼隊副下人欲嫁者猶未有處時鸚鵡已嫁懷遠矣劭懼書告濬并使報臨賀主上若問嫁處當言未定濬答書曰啓此事多日今始來問當是有感發之者計臨賀故不應翻覆言語自生寒熱也此姥由來挾兩端難可孤保正爾自問臨賀冀得審實也其若見問當作依違答之天與先署佞人府位不審監上當無此簿領可急宜搥之殿下已見王未宜依此具令嚴自躬上啓聞彼人若爲不已政可促其餘命或是大慶之漸凡劭濬相與書類如此所言皆爲名號謂上爲彼人或以爲其謂太尉江夏王義恭爲佞人東陽主第在西掖門外故云南第王卽鸚鵡姓躬上啓聞者令道育上天白天神也鸚鵡旣適懷遠慮與天與私通事泄請劭殺之劭密使人害天與旣而慶國謂往來唯有二人天與旣死慮將見及乃以白上上驚惋卽收鸚鵡家得劭濬手書皆咒詛巫蠱之言得所埋上形像於宮內道育叛亡捕之不得上詰責劭濬劭濬唯陳謝而已道育變服爲尼逃匿東宮濬往京口又以自隨或出止人張旿家上謂江夏王義恭曰常見典籍有此謂之傳空言不意親覩劭南面之日非復我及汝事汝兒子多將來遇此不幸耳先是二十八年彗星起畢昴入太微掃帝坐端門滅翼軫二十九年熒惑逆行守氐自十一月霖雨連雪陽光罕曜時道士范材修練形術是歲自言死期如期而死旣殯江夏王疑其仙也使開棺視之首如新刎血流于背上聞而惡焉三十年正月大風飛霰且雷上憂有竊發輒加劭兵東宮實甲萬人其年二月濬自京口入朝當鎭江陵復載道育還東宮欲將西上有告上云京口人張旿家有一尼服食出入征北內似是嚴道育上使掩得二婢云道育隨征北還都上惆悵惋駭須檢覆廢劭賜濬死初濬母卒命潘淑妃養以爲子淑妃愛濬濬心不附妃被寵上以謀告之妃以告濬濬報劭因有異謀每夜饗將士或親自行酒密與腹心隊主陳叔兒齋帥張超之任建之謀之其月二十一日夜詐作上詔云魯秀謀反汝可平明率衆入因使超之等集素所養士二千餘人皆被甲云有所討宿召前中庶子右軍長史蕭斌及左衞率袁淑中舍人殷仲素左積弩將軍王正見並入告以大事自起拜斌等因流涕並驚愕明旦劭以朱服加戎服上乘畫輪車與蕭斌同載衞從如常入朝儀從萬春門入舊制東宮隊不得入城劭語門衞云受詔有所收討令後速來張超之等數十人馳入雲龍東中華門及齋閤拔刃徑上合殿上其夜與尚書僕射徐湛之屛人語至旦燭猶未滅門階戶席並無侍衞上以几自鄣超之行弒上五指俱落并殺湛之劭進至合殿中閤文帝已崩出坐東堂蕭斌執刀侍直呼中書舍人顧瑕瑕懼不時出及至問曰欲共見廢何不早啓未及答斬之遣人於崇禮闥殺吏部尚書江湛文帝左細仗主卜天與攻劭於東堂見殺又使人入殺潘淑妃剖其心觀其邪正使者阿旨答曰心邪劭曰邪佞之心故宜邪也又殺文帝親信左右數十人急召始興王濬率衆屯中堂劭卽僞位百僚至者裁數十人乃爲書曰徐湛之弒逆吾勒兵入殿已無所及今罪人斯得元凶剋殄可大赦改元爲太初素與道育所定也蕭斌曰舊踰年改元劭以問侍中王僧綽僧綽曰晉惠帝卽位便改年劭喜而從之初使蕭斌作詔斌辭以不文乃使王僧綽始文帝未崩前一日甲夜太史奏東方有急兵其禍不測宜列萬人兵於太極前殿可以銷災上不從及劭弒逆聞而歎曰幾誤我事乃問太史令曰我得幾年對曰得十年退而語人曰十旬耳劭聞而怒毆殺之卽位訖便稱疾還入永福省然後遷大行皇帝升太極殿以蕭斌爲尚書僕射何尚之爲司空大行大斂劭辭疾不敢出先給諸處兵仗悉收還武庫遣人謂魯秀曰徐湛之常欲相危我已爲卿除之使秀與屯騎校尉龐秀之對掌軍隊以侍中王僧達爲吏部尚書司徒左長史何偃爲侍中成服日劭登殿臨靈號慟不自持博訪公卿詢求政道遣使分行四方分浙江以東五郡爲會州省揚州立司隸校尉以殷沖補之以大將軍江夏王義恭爲太保司徒南譙王義宣爲太尉荊州刺史始興王濬進號驃騎將軍王僧綽以先豫廢立見誅長沙王瑾弟楷臨川王曄桂陽侯覬新渝侯玠並以宿恨死禮官希旨諡文帝不敢盡美稱諡曰中宗景皇帝及聞南譙王義宣隨王誕等起義師悉聚諸王於城內移江夏王義恭住尚書下舍分義恭諸子住侍中下省四月立妻殷爲皇后孝武檄至劭自謂素習武事謂朝士曰卿等助我理文書勿厝意戎陣若有寇難吾當自出唯恐賊虜不敢動耳中外戒嚴防孝武世子於侍中省南譙王義宣諸子於太倉空屋劭使濬與孝武書言上親御六師太保又執鉞臨統吾與烏羊相尋卽道上聖恩每厚法師令在殿內住想弟欲知消息故及烏羊者南平王鑠法師孝武世子小名也劭欲殺三鎭士庶家口江夏王義恭何尚之說曰凡舉大事不顧家口且多是驅逼今忽誅其餘累政足堅彼意耳劭乃下書一無所問濬及蕭斌勸劭勒水軍自上決戰江夏王義恭慮義兵倉卒船舫陋小不宜水戰乃進策以爲宜以近待之遠出則京師空弱東軍乘虛容能爲患不如養銳待期劭善其議蕭斌厲色曰南中郞二十年少業能建如此大事豈復可量劭不納疑朝廷舊臣不爲之用厚撫王羅漢魯秀悉以兵事委之多賜珍玩美色以悅其志羅漢先爲南平王鑠右軍參軍劭以其有將用故以心膂委焉或

勸劭保石頭城者劭曰昔人所以固石頭俟諸侯勤王耳我若守此誰當見救唯應力戰決之日日自出行軍慰勞將士使有司奏立子偉之爲皇太子及義軍至新亭劭登朱雀門躬自督戰將士懷劭重賞皆爲之力戰將剋而魯秀打退鼓軍乃止爲柳元景等所乘故大敗褚湛之攜二子與檀和之同歸順劭懼走還臺城其夜魯秀又南奔二十五日江夏王義恭單馬南奔劭遣濬殺義恭諸子以輦迎蔣侯神像於宮內乞恩拜爲大司馬封鍾山郡王蘇侯爲驃騎將軍使南平王鑠爲祝文罪狀孝武二十七日臨軒拜子偉之爲皇太子百官皆戎服劭獨衮衣下書大赦唯孝武劉義恭義宣誕不在原例五月三日魯秀等攻大航鉤得一舶王羅漢昏酣作妓聞官軍已度驚放仗歸降是夜劭閉守六門於門內鑿塹立柵以露車爲樓城內沸亂將吏並踰城出奔劭使詹叔兒燒輦及衮冕服蕭斌聞大航不守皇窘不知所爲宣令所統皆使解甲尋戴白幡來降即於軍門伏誅四日劭腹心白直諸同逆先屯閶闔門外並走還入殿程天祚與薛安都副譚金因而乘之即得俱入臧質從廣莫門入同會太極殿前即斬太子左衛率王正見建平東海等七王並號哭俱出劭穿西垣入武庫井中副隊高禽執之濬率左右數十人與南平王鑠於西明門出俱南奔於越城遇江夏王義恭濬下馬曰南中郎今何在義恭曰已君臨萬國又稱字曰虎頭來得無晚乎義恭曰恨晚又曰故當不死義恭曰可詣行闕請罪又曰未審猶能得一職自効不義恭又曰此未可量勒與俱自歸命於馬上斬首

濬字休明將產之夕有鵩鳴於屋上聞者莫不惡之元嘉十三年八歲封始興王濬少好文籍資質端妍母潘淑妃有盛寵時六宮無主潘專總內政濬人才既美母又至愛文帝甚所留心與建平王宏侍中王僧綽中書郎蔡興宗等並以文義往復初元皇后性忌以潘氏見幸恚恨致崩故劭深病潘氏及濬濬慮將來受禍乃曲意事劭劭與之遂善多有過失屢爲上所讓憂懼乃與劭共爲巫蠱後出鎮京口乃因員外散騎侍郎徐爰求鎮江陵又求助於尚書僕射徐湛之而尚書令何尚之等咸謂濬太子次弟不應遠出上以上流之重宜有至親故以濬爲衞將軍開府儀同三司荊州刺史加都督領護南蠻校尉濬入朝遣還京口爲行留處分至京口數日而巫蠱事發時二十九年七月也上惋歎彌日謂潘淑妃曰太子圖富貴更是一理虎頭復如此非復思慮所及汝母子豈可一日無我邪明年荊州事方行二月濬還朝十四日臨軒受拜其日藏嚴道育事發明日濬入謝上容色非常其夕即加詰問濬唯謝罪潘淑妃抱濬泣曰汝始咒詛事發猶冀刻已思愆何意忽藏嚴道育今日用活何爲可送藥來吾當先自取盡不忍見汝禍敗濬奮衣去曰天下事尋自判必不上累劭入弒之旦濬在西州府舍人朱法瑜曰臺內叫喚宮門皆閉道上傳太子反未測禍變所至濬陽驚曰今當奈何濬未得劭信不知事之濟不騷擾不知所爲將軍王慶曰今宮內有變未知主上安危預在臣子當投袂赴難濬不聽俄而劭遣張超之馳馬召濬濬問狀訖即戎服乘馬而去朱法瑜固止濬濬不從至中門王慶又諫不宜從逆濬曰皇太子令敢有復言者斬及入見劭勸殺荀赤松等劭謂濬曰潘淑妃遂爲亂兵所害濬曰此是下情由來所願其悖逆如此劭將敗勸劭入海輦珍寶繒帛下船及劭入井高禽於井出之劭問天子何在禽曰至尊近在新亭將劭至殿前臧質見之慟哭劭曰天地所不覆載丈人何爲見哭質因辯其逆狀荅曰先朝當見枉廢不能作獄中囚問計於蕭斌斌見勸如此又語質曰可得爲乞遠徙不質曰主上近在航南自當有處分縛劭馬上防送軍門及至牙下據鞍顧望太尉江夏王義恭與諸王共臨視之義恭曰我背逆歸順有何大罪頓殺十二兒劭曰殺諸弟此一事負阿父江湛妻庾氏乘車罵之龐秀之亦加誚讓劭厲聲曰汝輩復何煩爾先殺其四子語南平王鑠曰此何有哉乃斬于牙下臨刑歎曰不圖宋室一至如此劭濬及其子並梟首大航暴尸於市劭妻殷氏賜死於廷尉臨刑謂獄丞江恪曰汝家骨肉相殘何以枉殺天下無罪人恪曰受拜皇后非罪而何殷氏曰此權時耳當以鸚鵡爲后也濬妻褚氏丹陽尹湛之之女湛之南奔之始即見離絕故免於誅其餘子女妾媵並於獄賜死投劭濬尸首於江其餘同逆及王羅漢等皆伏誅張超之聞兵入遂至合殿故基止於御床之所爲亂兵所殺剖腹刳心臠割其肉諸將生噉之焚其頭骨時不見傳國璽問劭云在嚴道育處就取得之道育鸚鵡並都街鞭殺於石頭四望山焚其尸揚灰于江毀劭東宮所住齋汙瀦其處封高禽新陽縣男追贈潘淑妃爲長寧國夫人置守冢僞司隸校尉殷沖丹陽尹尹弘並賜死沖爲劭草立符文又妃叔父弘爲劭簡配兵士盡其心力故也

南平穆王鑠字休玄文帝第四子也元嘉十六年年九歲封南平王少好學有文才未弱冠擬古三十餘首時人以爲亞迹陸機二十二年爲南豫州刺史加都督時文帝方事外略罷南豫州併壽陽以鑠爲豫州刺史領安蠻校尉二十六年魏太武圍汝南懸瓠城行汝南太守陳憲保城自固魏作高樓施弩射城內城內負戶以汲又毀佛圖取金像以爲大鉤施之衝車端以牽樓堞城內有一沙門頗有機思輒設奇以應之魏人以蝦蟇車填塹肉薄攻城死者與城等遂登屍以陵城憲銳氣愈奮戰士無不一當百殺傷萬計汝水爲之不流相拒四十餘日鑠遣安蠻司馬劉康祖與寧朔將軍臧質救之魏人燒攻具而退元凶弒立以鑠爲侍中錄尚書事劭迎蔣侯神於宮內疏孝武年諱厭咒祈請假授位號使鑠造策文及義軍入宮鑠與濬俱歸孝武濬即伏法上迎鑠入宮當時倉卒失國璽事寧更鑄給之進侍中司空領兵置佐以國哀未闋讓侍中鑠既歸義最晚常懷憂懼每於眠中蹶起坐與人語亦多謬僻語家人云我自覺無復魂守鑠爲人負才役競每與兄弟計度藝能與帝又不能和食中遇毒尋薨贈司徒加以楚穆之謚三子敬猷敬深敬先敬深封南安縣侯敬先繼廬陵王紹前廢帝景和末召鑠妃江氏入宮命左右於前逼之江氏不受命謂曰若不從當殺汝三子江氏猶不從於是遣使於第殺敬猷敬深敬先等鞭江氏一百其夕廢帝亦殞明帝即位追贈敬猷侍中謚曰懷改封孝武帝第十八子臨賀王子產字孝仁爲南平王繼鑠後未拜被殺泰始五年立晉平王休祐第七子宣曜爲南平王繼鑠休祐死宣曜被廢還本後廢帝元徽元年立衡陽恭王嶷第二子伯玉爲南平王繼鑠後昇明三年被誅

竟陵王誕字休文文帝第六子也元嘉二十年年十一封廣陵王二十六年爲雍州刺史加都督以廣陵凋弊改封隨郡王上欲大舉侵魏以襄陽外接關河欲廣其資力乃罷江州軍府文武悉配雍州湘州入臺租稅雜物悉給襄陽及大舉北侵命諸蕃並出師皆奔敗唯誕遣中兵參軍柳元景剋弘農關陝元凶立以揚州浙江西屬司隸校尉浙江東五郡立會州以誕爲刺史孝武入討遣寧朔將軍顧彬之受誕節度誕遣參軍劉季之舉兵與彬之并遇劭將華欽庾遵於曲阿之奔牛塘大敗之事平以誕爲荊州刺史加都督衞將軍開府儀同三司誕以位號正與濬同惡之請求回改乃進號驃騎將軍加班劒二十人南譙王義宣不肯就徵以誕爲侍中驃騎大將軍揚州刺史開府如故改封竟陵王誕性恭和得士庶之心頗有勇略明年義宣反有荊江兗豫四州之力勢震天下上即位日淺朝野大懼上欲奉乘輿法物以迎義宣誕固執不可曰奈何持此座與人帝加誕節仗士五十人出入六門上流平定誕之力也誕初討元凶豫同舉兵有奔牛之捷至是又有殊勳上性多猜頗相疑憚而誕造立第舍窮極工巧園池之美冠於一時多聚材力之士實之第內精甲利器莫非上品上意愈不平孝建二年以司空太子太傅出爲都督南徐州刺史上以京口去都密邇猶疑之大明元年秋又出爲南兗州刺史加都督誕知見猜亦潛爲之備至廣陵因魏侵邊修城隍聚糧練甲嫌隙既著道路常云誕反三年建康人陳文詔訴父饒爲誕府史恒使入山圖畫道路不聽歸家誕大怒使人殺饒吳郡人劉成又訴稱息道龍伏事誕見誕在石頭城內修乘輿法物習唱警蹕向伴侶言之誕知密捕殺道龍豫章人陳談之又上書稱弟詠之在誕左右見誕與左右莊慶傅元禮等潛圖姦逆常疏陛下年紀姓諱往巫鄭師憐家咒詛詠之與建康右尉黃達往來誕疑其宣漏誣以罪被殺其年四月上使有司奏誕罪惡宜絕屬籍削爵土收付法獄上不許有司又固請乃貶爵爲侯遣令之國上將謀誕以義興太守桓閬爲兗州刺史配以羽林禁兵遣給事中戴明寶隨閬襲誕使閬以之鎮爲名閬至廣陵誕未悟也明寶夜報誕典籤蔣成使爲內應成以告府舍人許宗之宗之告誕誕驚起召錄事參軍王璵之曰我何罪於天以至此斬蔣成勒兵自衞遣腹心率壯士擊明寶等破之閬即遇害明寶逃自海陵界還上遣車騎大將軍沈慶之討誕誕奉表投之城外自申於國無負并言帝宮闈之醜孝武忿誕深切凡誕左右腹心同籍朞親並誅之死者千數車駕出頓宣武堂內外纂嚴誕見衆軍大集欲棄城北走行十餘里衆並不欲去請誕乃還城五月十九日夜有流星長十餘丈從西北來墜城內是謂天狗占曰天狗所墜下有伏屍流血廣陵城舊不開南門云開南門者不利其主誕乃開焉彭城邵領宗在城內陰結死士欲襲誕先欲布誠於慶之乃說誕求爲間構見許領宗既出致誠畢復還城內事泄誕鞭二百考問不伏遂支解之上遣送章二紐其一曰竟陵縣開國侯食邑千戶募賞禽誕其二曰建興縣開國男食邑三百戶募賞先登若剋外城擧一烽剋內城擧二烽禽誕擧三烽七月二日慶之進軍剋其外城乘勝

又剋小城誕閭軍入走趣後園墜水引出殺之傳首建鄴因葬廣陵貶姓留氏帝命城中無大小悉斬慶之執諫自五尺以下全之於是同黨悉伏誅城內女口爲軍賞男丁殺爲京觀死者尚數千人每風晨雨夜有號哭之聲誕母殷妻徐並自殺追贈殷長寧國淑妃初誕爲南徐州刺史在京口夜大風飛落屋瓦城門鹿床倒覆誕心惡之及遷鎭廣陵將入城衝風暴起揚塵晝晦又嘗中夜閑坐有赤光照室見者莫不駭愕誕左右侍直眠中夢人告之曰官須髮爲矟毦旣覺已失髻矣如此者數十人誕甚怪懼大明二年發人築廣陵城誕循行有人干輿揚聲大罵曰大兵尋至何以辛苦百姓誕使執之問其本末答曰姓夷名孫家在海陵天公與道佛先議欲燒除此間人道佛苦諫強得至今大禍將至何不立六慎門誕問六慎門云何答曰古有言禍不過六慎門誕以其言狂悖殺之又五音士忽狂易見鬼驚怖啼哭曰外軍圍城城上張白布帆誕執錄二十餘日乃殺城陷之日雲霧晦冥白虹臨北門亘屬城內八年前廢帝即位義陽王昶爲徐州刺史道經廣陵至墓盡哀表請改葬誕詔葬誕及妻子並以庶人禮明帝泰始四年又改葬祭以少牢王璵之瑯邪人有才局其五子悉在建鄴璵之嘗乘城慶之縛其五子示而招之許以富貴璵之曰吾受主王厚恩不可以二心三十之年未獲死所耳安可以私親誘之五子號叫於外呼其父及城平慶之悉撲殺之

建平宣簡王宏字休度文帝第七子也早喪母元嘉二十一年年十一封建平王宏少而閑素篤好文籍文帝寵愛殊常爲立第於雞籠山盡山水之美建平國職高他國一階歷位中護軍中書令元凶弒立孝武入討劭錄宏殿內自拔莫由孝武先嘗以一手板與宏宏遣左右親信周法道齎手板詣孝武事平以爲尚書左僕射使迎太后還加中軍將軍中書監爲人謙儉周慎禮賢接士明達政事上甚信仗之轉尚書令宏少多病求解尚書令本號開府儀同三司未拜薨追贈司徒上痛悼甚至每朔望出臨靈自爲墓誌銘并誄五年益諸弟國各千戶薨者不在其例唯宏追益子景素嗣景素少有父風位南徐州刺史加都督桂陽王休範爲逆景素遣纂集兵衆以赴朝廷爲名而陰懷兩端及事平進號鎭北將軍景素好文章書籍招集才義之士以收名譽由是朝野屬意而後廢帝狂凶失道內外皆謂景素宜當神器唯廢帝所生陳氏親戚疾忌之而楊運長阮佃夫並明帝舊隸貪幼主以久其權慮景素立不見容於長主深相忌憚元徽三年景素防閤將軍王季符恨景素因奔告之運長等便欲遣軍討之齊高帝及衞將軍袁粲以下並保持之景素亦馳遣世子延齡還都具自申理運長等乃徙季符於梁州又奪景素征北將軍開府儀同三司自是廢帝狂悖日甚朝野並屬心景素陳氏及運長等彌相猜疑景素因此稍爲自防之計多以金帛結材力之士時大臣誅夷孝武諸子孫或殺或廢無復在朝者且景素在蕃甚得人心而謗聲日積深懷憂懼嘗與故吏劉璡獨處曲臺有鵲集於承塵上飛鳴相追景素泫然曰若斯鳥者遊則參于風煙之上止則隱于林木之下飢則啄渴則飲形體無累于物得失不關於心一何樂哉時廢帝單馬獨出游走郊野輔國將軍曹欣之等謀候廢帝出行因聚衆作難事剋奉景素景素每禁之未欲怱怱舉動運長密遣傖人周天賜僞投景素勸爲異計景素知即斬之送首還臺四年七月羽林監桓祗祖奔景素言臺城已潰景素信之即舉兵運長等常疑景素有異志即纂嚴景素本乏威略不知所爲竟爲臺軍破斬之即葬京口景素性甚仁孝事獻太妃朝夕不違侍養太妃有不安景素傍行蓬髮與人言呴呴常恐傷其情又甚儉素爲荆州時州有高齋刻檻栢構景素竟不處朝廷欲賜以甲第辭而不當兩宮所遺珍玩塵於笥篋食常不過一肉器用瓦素時有獻鏤玉器景素顧主簿何昌寓曰我持此安所用哉乃謝而反之及敗後昌寓與故記室王摛等上書訟其冤齊受禪景素故秀才劉璡又上書述其德美陳冤並不見省至齊武帝即位下詔曰宋建平王劉景素名父之子雖末路失圖而原心有本可聽以禮葬舊塋

廬陵王禕字休秀文帝第八子也元嘉二十二年年十一封東海王大明七年進位司空明帝踐阼進太尉封廬陵王初廢帝目禕似驢上以廢帝之言類故改封焉文帝諸子禕尤凡劣諸兄弟並蚩鄙之南平王鑠薨子敬深婚禕覘之白孝武借伎孝武答曰婚禮旣不舉樂且敬深孤苦伎非宜也至是明帝與建安王休仁詔曰人旣不比數西方公汝便爲諸王之長時禕住西故謂之西方公泰始五年河東柳欣慰謀反欲立禕禕與相酬和欣慰結征北諮議參軍杜幼文幼文具奏其事上暴其罪惡黜爲南豫州刺史車騎將軍開府儀同三司上遣腹心楊運長領兵防衞明年又令有司奏禕怨懟逼令自殺葬宣城

晉熙王昶字休道文帝第九子也元嘉二十二年年十歲封義陽王大明中位中書令中軍將軍開府儀同三司廢帝即位爲徐州刺史加都督昶輕訬褊急不能事孝武大明中常被嫌責人間常言昶當有異志廢帝既誅羣公彌縱狂惑常語左右曰我即大位來遂未戒嚴使人邑邑江夏王義恭誅後昶表求入朝遣典籤蘧法生銜使帝謂法生義陽與太宰謀反我政欲討之今知求還甚善又問法生義陽謀反何不啓法生懼走還彭城帝因此北討法生至昶即起兵統內諸郡並不受命昶知事不捷乃夜開門奔魏棄母妻唯攜妾一人作丈夫服騎馬自隨在道慷慨爲斷句曰白雲滿鄣來黃塵半天起關山四面絕故鄉幾千里因把姬手南望慟哭左右莫不哀哽每節悲慟遙拜其母昶家還都二妾各生一子明帝即位名長者曰思遠小者曰懷遠尋並卒帝以金千兩贖昶于魏不獲乃以第六皇子燮字仲綏繼昶封爲晉熙王明帝旣以燮繼昶乃詔曰晉熙國太妃謝氏沉刻無親物理罕比骨肉至親尚相棄蔑況以義合免苦爲難可還其本家削絕蕃秩先是改謝氏爲射氏元徽元年燮年四歲以爲郢州刺史明年復昶所生謝氏爲晉熙國太妃齊受禪燮降封安陰縣公謀反賜死

武昌王渾字休深文帝第十子也元嘉二十四年年九歲封汝陰王後徙武昌渾少而凶戾嘗忿左右拔防身刀斫之元凶弒立以爲中書令山陵夕裸身露頭往散騎省戲因彎弓射通直郎周朗中枕以爲笑樂孝建元年爲雍州刺史監雍梁南北秦四州荆州之竟陵隨二郡諸軍事寧蠻校尉至鎭與左右人作文檄自稱楚王號年爲元光備置百官以爲戲笑長史王翼之得其手迹封呈孝武上使有司奏免爲庶人下太常絕屬籍使付始安郡逼令自殺即葬襄陽大明四年聽還葬母江太妃墓次明帝即位追封義昌縣侯

建安王休仁文帝第十二子也元嘉二十九年年十歲立爲建安王前廢帝景和元年累遷護軍將軍時帝狂悖無道誅害羣公忌憚諸父並聚之殿內毆捶陵曳無復人理休仁及明帝山陽王休祐形體並肥壯帝乃以籠盛稱之以明帝尤肥號爲豬王號休仁爲殺王休祐爲賊王以三王年長尤所畏憚故常錄以自近不離左右東海王禕凡劣號之驢王桂陽王休範巴陵王休若年少故並得從容嘗以木槽盛飯內諸雜食攪令和合掘地爲阬穽實之以泥水裸明帝內坑中以槽食置前令以口就槽中食之用爲歡笑欲害明帝及休仁休祐前後以十數休仁多計數每以笑調佞諛說之故得推遷常於休仁前使左右淫逼休仁所生楊太妃左右並不得已順命至右衞將軍劉道隆道隆歡以奉旨盡諸醜狀時廷尉劉蒙妾孕臨月帝迎入後宮冀其生男欲立爲太子明帝嘗忤旨帝怒乃裸之縛其手腳以杖貫手腳內使擔付太官即日屠豬休仁笑謂帝曰未應死帝問其故休仁曰待皇太子生殺豬取肝肺帝意解曰且付廷尉一宿出之帝將南游荆湘二州明旦欲殺諸父便發其夕被弒於華林園休仁即日便執臣禮於明帝時南平王敬猷廬陵王敬先兄弟被害猶未殯斂休仁休祐同載臨之開帷歡笑鼓吹往反時人咸非焉明帝以休仁爲侍中司徒尚書令揚州刺史給三望車時劉道隆爲護軍休仁求解職曰臣不得與此人同朝上乃賜道隆死尋諸方逆命休仁都督征討諸軍事增班劍爲三十人出據獸檻進緒圻尋領太子太傅總統諸軍中流平定休仁之力也明帝初與蘇侯神結爲兄弟以祈福助及事平與休仁書曰此段殊得蘇兄神力休仁年與明帝相亞俱好文籍素相愛及廢帝世同經艱危明帝又貪其權譎之力泰始初四方逆命休仁親當矢石大勳克建任總百揆親寄甚隆四方輻湊上甚不悅休仁悟其旨表解揚州見許進位太尉領司徒固讓又加漆輪車劒履升殿受漆輪固辭劒履明帝末年多忌休仁轉不自安及殺晉平王休祐其年上疾篤與楊運長爲身後計運長等又慮帝晏駕後休仁一旦居周公之地其輩不得執權彌贊成上使害諸王及上疾暴甚內外皆屬意休仁主書以下皆往東府詣休仁所親信豫自結納其或直不得出者皆懼上與運長等定謀召休仁入宿尚書下省其夜遣人齎藥賜休仁死休仁對使者罵曰上有天下誰之功也孝武以誅子孫而至于滅今復遵覆車枉殺兄弟柰何忠臣抱此冤濫我大宋之業其能久乎上疾久慮人情同異自力乘輿出端門休仁死後乃入詔稱其自殺宥其二子并全封爵有司奏請降休仁爲庶人絕屬籍兒息悉徙遠郡詔休仁特降爲始安縣王并停子伯融等流徙聽襲封爵及帝疾甚見休仁爲祟叫曰司徒小寬我尋崩伯融妃殷氏所生殷氏吳興大守沖女也范陽祖翻有醫術姿貌又美殷氏有疾翻入視脈悅之遂與姦事泄遣還家賜死

晉平刺王休祐文帝第十三子也孝建二年年十一封

山陽王明帝卽位以山陽荒弊改封晉平王位驃騎大將軍開府儀同三司荊州刺史休祐素無才能彊梁自用大明之世未得自專至是貪淫好財色在荊州多營財貨以短錢一百賦人田登就求白米一斛米粒皆令徹白若碎折者悉不受人間糴此米一斗一百至時又不受米評米責錢凡諸求利皆如此百姓嗷然不復堪命徵爲南徐州刺史加都督上以休祐貪虐不可莅人留之都下遣上佐行府州事休祐很戾前後忤上非一在荊州時左右范景達善彈棊上召之休祐留不遣上怒詰責之且慮休祐將來難制欲方便除之七年二月車駕於巖山射雉有一雉不肯入場日暮將反留休祐射之令不得雉勿歸休祐時從在黃麾內左右從者並在部伍後休祐便馳去上遣左右數人隨之上旣還前驅淸道休祐人從悉散不復相得上遣壽寂之等諸壯士追之日已欲闇與休祐相及蹴令墜馬休祐素勇壯有氣力奮拳左右排擊莫得近有一人自後引陰因頓地卽共拉殺之遣人馳白上行唱驃騎落馬上聞驚曰驃騎體大落馬殊不易卽遣御醫上藥相係至頃之休祐左右人至久已絕矣輿以還第贈司空時巴陵王休若在江陵其日卽馳信報休若曰吾與驃騎南山射雉驃騎馬驚與直閤夏文秀馬相蹋文秀墜地驃騎失控馬重驚觸松樹墜地落硎中時頓悶故馳報弟其年五月追免休祐爲庶人十三子並從晉平明帝尋病見休祐爲祟使使至晉平撫其諸子帝尋崩廢帝元徽元年聽諸子還都順帝昇明三年稱謀反並賜死

海陵王休茂文帝第十四子也孝建二年年十一封海陵王大明二年爲雍州刺史加都督北中郎將寧蠻校尉時司馬庾深之行府州事休茂性急欲自專深之及主帥每禁之常懷忿因左右張伯超至所親愛多罪過主帥常加訶責伯超懼罪謂休茂曰主帥密疏官罪欲以啓聞休茂曰今爲何計伯超曰唯殺行事及主帥舉兵自衞縱不成不失入虜中爲王休茂從之夜使伯超等殺司馬庾深之集兵建牙馳檄休茂出城行營諮議參軍沈暢之等閉門拒之城陷斬暢之其日參軍尹玄度起兵攻休茂禽之斬首母妻皆自殺同黨悉伏誅有司奏絕休茂屬籍貶姓爲留不許卽葬襄陽

鄱陽哀王休業文帝第十五子也孝建二年年十一封鄱陽王三年薨以山陽王休祐次子士弘嗣被廢國除

臨慶沖王休倩文帝第十六子也孝建元年年九歲疾篤封東平王未拜薨大明七年立第二十七皇子子嗣爲東平王紹休倩泰始三年還本遂絕六年以第五皇子智井爲東平王繼休倩未拜薨其年追改休倩爲臨慶王休倩爲文帝所愛故前後屢加紹嗣

新野懷王夷父文帝第十七子也元嘉二十九年薨明帝泰始五年追加封謚

桂陽王休範文帝第十八子也孝建三年年九歲封順陽王大明元年改封桂陽泰始六年累遷驃騎大將軍江州刺史加都督遺詔進位司空侍中加班劍三十人休範素凡訥少知解不爲諸兄齒遇明帝常指左右人謂王景文曰休範人才不及此以我故生便富貴釋氏願生王家良有以也及明帝晚年晉平王休祐以很戾致禍建安王休仁以權逼不容巴陵王休若素得人情以此見害唯休範謹澀無才不爲物情所向故得自保而常憂懼及明帝晏駕主幼時艱休範自謂宗戚莫二應居宰輔事旣不至怨憤彌結招引勇士繕修器械行人經過尋陽者莫不降意折節於是至者如歸朝廷知之密相防禦母荀太妃薨卽葬廬山以示不還之志時夏口闕鎭朝議以居尋陽上流欲樹置腹心重其兵力元徽元年乃以第五皇弟晉熙王燮爲郢州刺史長史王奐行府州事配以實力出鎭夏口慮爲休範所撥留自太子洑去不過尋陽休範怒欲舉兵乃上表修城堞其年進位太尉明年五月遂反發自尋陽晝夜取道大雷戍主杜道欣馳下告變道欣至一宿休範已至新林朝廷震動齊高帝出次新亭壘時事起倉卒朝廷兵力甚弱及開武庫隨將士意取休範於新林步上攻新亭壘屯騎校尉黃回乃僞往降并宜齊高帝意休範大悅置之左右休範壯士李恒鍾爽進諫不宜親之休範曰不欺人以信時休範日飲醇酒以二子德宣德嗣付與齊高帝爲質至卽斬之回與越騎校尉張苟兒直前斬休範首持還左右並散初休範自新林分遣同黨杜墨蠡丁文豪等直向朱雀門休範雖死墨蠡等不知王道隆率羽林兵在朱雀門內聞賊至急召劉勔勔自石頭來赴戰死之墨蠡等乘勝直入朱雀門道隆爲亂兵所殺墨蠡等唱云太尉至休範之死也齊高帝遣隊主陳靈寶齎首還臺逢賊埋首道側挺身得達雖唱云巳平而無以爲據衆愈疑惑墨蠡徑至杜母宅宮省恇擾無復固志撫軍長史褚澄以東府納賊賊擁安成王據東府稱休範教曰安成王吾子也勿得侵賊勢方逼衆莫能振尋而丁文豪之衆知休範巳死稍欲退散文豪勇氣殊壯厲聲曰我獨不能定天下邪休範首至又羽林監陳顯達率所領於杜母宅破墨蠡等諸賊一時奔散斬墨蠡文豪等晉熙王燮自夏口遣軍平尋陽

巴陵哀王休若文帝第十九子也孝建三年年九歲封巴陵王明帝卽位出爲會稽太守加都督二年遷都督雍州刺史寧蠻校尉前在會稽錄事參軍陳郡謝沉以諂側事休若多受財賂時內外戒嚴並袴褶沉居母喪被起聲樂酣飮不異吉人衣冠旣無殊異並不知沉居喪沉嘗自稱孤子衆乃駭愕休若坐與沉褻黷降號鎭西將軍典籤夏寶期事休若無禮啓明帝殺之慮不許啓未報於獄行刑信反令鎖送而寶期巳死上怒勑之曰孝建之世汝何敢爾使其母羅加杖三百四年改行湘州刺史六年爲荊州刺史加都督征西大將軍開府儀同三司七年晉平王休祐被殺建安王休仁見疑都下訛言休若有至貴之表明帝以此言報之休若甚憂嘗衆賓滿坐有一異鳥集席隅哀鳴墜地死又聽事上有二大白蛇長丈餘唅唅有聲休若甚惡之會被徵爲南徐州刺史加都督征北大將軍開府如故休若腹心將佐咸謂還朝必有大禍中兵參軍京兆王敬先勸割據荊楚休若執錄馳使白明帝敬先坐誅休若至京口上以休若善能諧緝物情慮將來傾幼主欲遣使殺之慮不奉詔徵入朝又恐猜駭乃僞授爲江州刺史至卽於第賜死贈侍中司空子沖始襲封

孝武帝二十八男文穆皇后生廢帝子業豫章王子尚陳淑媛生晉安王子勛阮容華生安陸王子綏徐昭容生皇子子深何淑儀生松滋侯子房史昭華生臨海王子頊殷貴妃生始平孝敬王子鸞次永嘉王子仁與皇子子深同生何婕妤生皇子子鳳謝昭容生始安王子眞江婕妤生皇子子玄史昭儀生邵陵王子元次齊敬王子羽與始平孝敬王子鸞同生江美人生皇子子衡楊婕妤生淮南王子孟次皇子子況與皇子子玄同生次南平王子產與永嘉王子仁同生次晉陵孝王子雲次皇子子文並與始平孝敬王子鸞同生次廬陵王子輿與淮南王子孟同生次南海哀王子師與始平孝敬王子鸞同生次淮陽思王子霄與皇子子玄同生次皇子子雍與始安王子眞同生次皇子子趨與皇子子鳳同生次皇子子期與皇子子衡同生次東平王子嗣與始安王子眞同生張容華生皇子子悅安陸王子綏南平王子產廬陵王子輿並出繼皇子子深子鳳子玄子衡子況子文子雍未封早夭子趨子期子悅未封爲明帝所殺

豫章王子尚字孝師孝武第二子也孝建二年年六歲封西陽王大明三年分浙江西立王畿以浙江東爲揚州以子尚爲刺史加都督六年改封豫章王領會稽太守七年進號車騎大將軍開府儀同三司時東土大旱鄞縣多鑿田孝武使子尚表至鄞縣勸農又立左學召生徒置儒林祭酒一人學生師敬位比州中從事文學祭酒一人比州西曹勸學從事二人比祭酒從事前廢帝卽位罷王畿復舊徵子尚都督揚南徐二州諸軍事領尚書令初孝建中孝武以子尚太子母弟甚留心後新安王子鸞以母幸見愛子尚寵衰及長凶愚有廢帝之風明帝旣殞廢帝乃稱太皇太后令曰子尚頑凶楚玉淫亂並於第賜盡楚玉廢帝姊山陰公主也廢帝改封會稽郡長公主給鼓吹一部加班劍二十人未拜受而廢敗

晉安王子勛字孝德孝武第三子也眼患風不爲孝武所愛大明四年年五歲封晉安王七年爲江州刺史加都督八年改授雍州未拜而孝武崩還爲江州時廢帝狂凶多所誅害前撫軍諮議參軍何邁謀因帝出爲變迎立子勛事泄帝誅邁使八座奏子勛與邁通謀遣左右朱景送藥賜子勛死景至盆口遣報長史鄧琬琬等奉子勛起兵以廢立爲名明帝定亂進子勛車騎將軍開府儀同三司琬等不受命泰始二年正月七日奉子勛爲帝卽僞位於尋陽年號義嘉備置百官四方嚮應是歲四方貢計並詣尋陽及軍敗子勛見殺時年十一卽葬尋陽廬山

松滋侯子房字孝良孝武第六子也大明四年年五歲封尋陽王前廢帝景和元年爲會稽太守加都督明帝卽位徵爲撫軍領太常長史孔覬不受命舉兵應晉安王子勛上虞令王晏殺覬送子房還建鄴上宥之貶爲松滋縣侯司徒建安王休仁以子房兄弟終爲禍難勸上除之廢徙遠郡見殺年十一

臨海王子頊字孝烈孝武第七子也初封歷陽王後改封臨海位荊州刺史明帝卽位進督雍州長史孔道存不受命應晉安王子勛事敗賜死年十一

始平孝敬王子鸞字孝羽孝武第八子也大明四年封襄陽王尋改封新安五年爲北中郎將南徐州刺史領南琅邪太守母殷淑儀寵傾後宮子鸞愛冠諸子凡爲上所遇者莫不入于鸞府國爲南徐州又割吳郡屬之六年丁母憂前廢帝素疾子鸞有寵及卽位旣誅羣臣乃遣使賜子鸞死時年十歲子鸞臨死謂左右曰願後

身不復生王家同生弟妹並死明帝卽位改封始平王以建平王景素子延年嗣

永嘉王子仁字孝緜孝武第九子也大明五年封永嘉王明帝卽位以爲湘州刺史帝尋從司徒建安王休仁計未拜賜死時年十歲

始安王子眞字孝貞孝武第十一子也

邵陵王子元字孝善孝武第十三子也並被明帝賜死

齊敬王子羽字孝英孝武第十四子也生二歲而薨追加封謚

淮南王子孟字孝光孝武第十六子也初封淮南王明帝改封安成王未拜賜死

晉陵孝王子雲字孝舉孝武第十九子也大明六年封未拜而亡

南海哀王子師字孝友孝武第二十二子也大明七年封未拜爲前廢帝所害明帝卽位追謚

淮陽思王子霄字孝雲孝武第二十三子也早薨追加封謚

東平王子嗣字孝叔孝武帝第二十七子也明帝賜死

武陵王贊字仲敷小字智隨明帝第九子也明帝既誅孝武諸子詔以智隨奉孝武爲子封武陵郡王順帝昇明二年薨國除

明帝十二男陳貴妃生後廢帝謝修儀生皇子法良陳昭華生順帝徐婕妤生第四皇子鄭修容生皇子智井次晉熙王燮與皇子法良同生泉美人生邵陵殤王友次江夏王躋與第四皇子同生徐良人生武陵王贊杜修華生隨陽王翽次新興王嵩與武陵王贊同生又泉美人生始建王禧智井燮躋贊並出繼法良未封第四皇子未有名早夭

邵陵殤王友字仲賢明帝第七子也年五歲出爲南中郎將江州刺史封邵陵王後廢帝元徽二年桂陽王休範誅後王室微弱友府州文案及臣吏不諱有無君之心順帝昇明二年徙南豫州刺史薨無子國除

隨陽王翽字仲儀明帝第十子也初封南陽王昇明二年改封隨陽齊受禪封舞陰縣公

新興王嵩字仲岳明帝第十一子也齊受禪降封定襄縣公

始建王禧字仲安明帝第十二子也齊受禪降封荔浦縣公尋並云謀反賜死

論云甚矣哉元嘉之遇禍也殺逆之釁事起肌膚因心之童遂亡天性雖鳴鏑之酷未極於斯其不至覆亡亦爲幸也明皇統運疑隙內構尋斧所加先自王戚晉剌以竇暴摧軀巴哀由和艮酖體保身之路未知攸適昔之戒子愼勿爲善詳求其旨將遠有以乎詩云不自我先不自我後蓋古人之畏亂也孝武諸子提挈以成疊亂遂至宇內沸騰王室如燬而帝之諸胤莫不殲焉强不如弱義在於此明帝負螟之慶事非已出枝葉不茂豈能庇其本乎

南史卷十四考證

文帝十九男傳陳脩容生東海王禕○東海目錄及本傳俱作廬陵

元凶劭傳初使蕭斌作詔斌辭以不文乃使王僧綽○監本脫辭字今从宋書增入

劭使詹叔兒燒輦及袞冕服○上文云密與腹心隊主陳叔兒齋帥張超之任建之謀之此作詹叔兒二者必有一訛

竟陵王誕傳改封隨郡王○隨監本作隋今改正

闢南門者不利其主○不利其主監本作其主王今从宋書

白虹臨北門亘屬城內○屬一本作入

晉熙王昶傳在道慷慨爲斷句○斷監本譌繼今改正

先是改謝氏爲射氏○監本謝與射互譌今改正

明年復昶所生謝氏爲晉熙國太妃○謝監本訛射今改正

晉平剌王休祐傳且慮休祐將來難制欲方便除之○監本脫欲字今增入

孝武帝二十八男傳史昭華生臨海王子頊○華一本作容

始平孝敬王子鸞傳凡爲上所遇者莫不入于鸞府○于一本作子

永嘉王子仁傳字孝緜○緜監本譌餘今改正

武陵王贊傳○此三行共四十八字監本複見於邵陵殤王友傳後查目錄及閣本俱無之不知何人所贅增也今獨存此傳刪其複見者

南史卷十五

唐　李　延　壽　撰

列傳第五

劉穆之 曾孫祥 從子秀之 孝嗣 孫君蒨　徐羨之 從孫湛之 湛之孫孝嗣　傅亮 族兄隆

檀道濟 兄韶 韶孫珪 韶弟祗

劉穆之字道和小字道人東莞莒人也世居京口初爲琅邪府主簿嘗夢與宋武帝汎海遇大風驚俯視船下見二白龍夾船既而至一山山峯聳秀意甚悅及武帝克京城從何無忌求府主簿無忌進穆之帝曰吾亦識之卽馳召焉時穆之聞京城有叫聲晨出陌頭屬與信會直視不言者久之反室壞布裳爲袴往見帝帝謂曰我始舉大義須一軍吏甚急誰堪其選穆之曰無見踰者帝笑曰卿能自屈吾事濟矣卽於坐受署從平建鄴諸大處分皆倉卒立定並穆之所建遂動見諮詢穆之亦竭節盡誠無所遺隱時晉綱寬弛威禁不行盛族豪家負勢陵縱重以司馬元顯政令違舛桓玄科條繁密穆之酙酌時宜隨方矯正不盈旬日風俗頓改遷尚書祠部郎復爲府主簿記室錄事參軍領堂邑太守以平桓玄功封西華縣五等子及揚州刺史王謐薨帝次應入輔劉毅等不欲帝入議以中領軍謝混爲揚州或欲令帝於丹徒領州以內事付僕射孟昶遣尚書右丞皮沈以二議諮帝沈先與穆之言穆之僞如廁卽密疏白帝言沈語不可從帝既見沈且令出外呼穆之問焉穆之曰公今日豈得居謙遂爲守蕃將邪劉孟諸公俱起布衣共立大義事乃一時相推非宿定臣主分也力敵勢均終相吞咀揚州根本所係不可假人前授王謐事出權道今若復佗授便應受制於人一失權柄無由可得公功高勳重不可直置疑畏便可入朝共盡同異公至京邑彼必不敢越公更授餘人帝從其言由是入輔從廣固還拒盧循常居幕中畫策劉毅等疾之每從容言其權重帝愈信仗之穆之外所聞見大小必白雖閭里言謔皆一二以聞帝每得人間委密消息以示聰明皆由穆之又愛賓游坐客恒滿布耳目以爲視聽故朝野同異穆之莫不必知雖親昵短長皆陳奏無隱人或譏之穆之曰我蒙公恩義無隱諱此張遼所以告關羽欲叛也帝舉止施爲穆之皆下節度帝書素拙穆之曰此雖小事然宣布四遠願公小復留意帝既不能留意又稟分有在穆之乃曰公但縱筆爲大字一字徑尺無嫌大既足有所包其勢亦偉帝從之一紙不過六七字便滿穆之凡所薦達不納不止常云我雖不及荀令君之舉善然不舉不善穆之與朱齡石並便尺牘嘗於武帝坐與齡石並答書自旦至日中穆之得百函齡石得八十函而穆之應對無廢遷中軍護軍司馬加丹陽尹帝西討劉毅以諸葛長人監留府疑其難獨任留穆之輔之加建威將軍置佐吏配給實力長人果有異謀而猶豫不能發屏人謂穆之曰悠悠之言云太尉與我不平何以至此穆之曰公泝流遠伐以老母弱子委節下若一豪不盡豈容若此長人意乃小安穆之亦厚爲之備謂所親曰貧賤常思富貴富貴必踐機危今日思爲丹徒布衣不可得也帝還長人伏誅進前將軍帝西伐司馬休之中軍將軍道憐知留任而事無大小一決穆之遷尚書左僕射領選將軍尹如故帝北伐留世子爲中軍將軍監太尉留府轉穆之左僕射領監軍中軍二府軍司將軍尹領選如故甲仗五十人入殿入居東城穆之內總朝政外供軍旅決斷如流事無壅滯賓客輻湊求訴百端內外諮稟盈階滿室目覽詞訟手答牋書耳行聽受口並酬應不相參涉皆悉贍舉又言談賞笑彌日亘時未嘗倦苦裁有閑暇手自寫書尋覽篇章校定墳籍性奢豪食必方丈旦輒爲十人饌未嘗獨餐每至食時客止十人以還帳下依常下食以此爲常嘗白帝曰穆之家本貧賤贍生多闕叨忝以來雖每存約損而朝夕所須微爲過豐此外無一豪負公義熙十三年卒帝在長安本欲頓駕關中經略趙魏聞問驚慟哀惋者數日以根本虛乃馳還彭城以司馬徐羨之代管留臺而朝廷大事常決於穆之者並悉北諮穆之前軍府文武二萬人以三千配羨之建威府餘悉配世子中軍府追贈穆之開府儀同三司帝又表奏天子曰臣聞崇賢旌善王教所先念功簡勞義深追遠故司勳執策在勤必記德之休明沒而彌著故尚書左僕射前將軍臣穆之爰自布衣協佐義始內竭謀猷外勤庶政密勿軍國心力俱盡及登庸朝右尹司京畿敷讚百揆翼新大猷頃戎車遠役居中作捍撫寧之勳實洽朝野識量局致棟幹之器也方宣贊盛化緝隆聖世忠績未究遠邇悼心皇恩褒述班同三事榮哀既備寵靈已泰臣伏思尋自義熙草創艱患未弭外虞既殷內難亦荐時屯世故靡有寧歲臣以寡乏負荷國重實賴穆之匡翼之勳豈唯讜言嘉謀溢于人聽若乃忠規密謨潛慮帷幙造膝詭辭莫見其際事隔於皇朝功隱於視聽者不可勝紀所以陳力一紀遂克有成出征入輔幸不辱命微夫

人之左右未有寧濟其事者矣履謙居寡守之彌固每議及封爵輒深自抑絕所以勳高當年而茅土弗及撫事永念胡寧可昧謂宜加贈正司追甄土宇俾忠貞之烈不泯於身後大賚所及永旌於善人臣契闊屯夷旋觀終始金蘭之分義深情感是以獻其乃懷布之朝聽於是重贈侍中司徒封南昌縣侯及帝受禪每歎憶之曰穆之不死當助我理天下可謂人之云亡邦國殄瘁光祿大夫范泰對曰聖主在上英彥滿朝穆之雖功著艱難未容便關興毀帝笑曰卿不聞驥騄乎貴日致千里耳帝後復曰穆之死人輕易我其見思如此以佐命元勳追封南康郡公謚曰文宣穆之少時家貧誕節嗜酒食不修拘檢好往妻兄家乞食多見辱不以爲恥其妻江嗣女甚明識每禁不令往江氏後有慶會屬令勿來穆之猶往食畢求檳榔江氏兄弟戲之曰檳榔消食君乃常飢何忽須此妻復截髮市殽饌爲其兄弟以餉穆之自此不對穆之梳沐及穆之爲丹陽尹將召妻兄弟妻泣而稽顙以致謝穆之曰本不匿怨無所致憂及至醉穆之乃令廚人以金柈貯檳榔一斛以進之元嘉二十五年車駕幸江寧經穆之墓詔致祭墓所長子慮之嗣卒子邕嗣先是郡縣爲封國者內史相並於國主稱臣去任便止孝建中始革此制爲下官致敬河東王歆之嘗爲南康相素輕邕後歆之與邕俱豫元會並坐邕嗜酒謂歆之曰卿昔見臣今能見勸一盃酒不歆之因斅孫晧歌答曰昔爲汝作臣今與汝比肩既不勸汝酒亦不願汝年邕性嗜食瘡痂以爲味似鰒魚嘗詣孟靈休靈休先患灸瘡痂落在牀邕取食之靈休大驚痂未落者悉褫取飴邕邕去靈休與何勗書曰劉邕向顧見噉遂舉體流血南康國吏二百許人不問有罪無罪遞與鞭瘡痂常以給膳邕卒子彤嗣坐刀斫妻奪爵以弟彪紹齊建元初降封南康縣侯虎賁中郎將坐廟墓不修削爵爲羽林監又坐與亡弟母楊別居楊死不殯葬崇聖寺尼慧首剃頭爲尼以五百錢爲買棺以泥洹轝送葬爲有司奏事寢不出

穆之中子式之字延叔爲宣城淮南二郡太守犯贓貨楊州刺史王弘遣從事檢校之式之召從事謂曰還白使君劉式之於國粗有微分偷數百萬錢何有況不偷邪從事還白弘由此得停從征關洛有功封德陽縣五等侯卒謚曰恭子瑀字茂琳始與王濬爲南徐州以瑀爲別駕瑀性陵物護前時濬征北府行參軍吳郡顧邁輕薄有才能濬待之厚瑀乃折節事邁邁以瑀與之款盡濬所言密事悉以語瑀瑀與邁共進射堂下忽顧左右索單衣幘邁問其故瑀曰公以家人待卿言無不盡卿外宣泄我是公吏何得不啓白之濬大怒啓文帝徙邁廣州瑀性使氣尚人後爲御史中丞甚得志彈蕭惠開云非才非望非勳非德彈王僧達云蔭藉高華人品冗末朝士莫不畏其筆端轉右衞將軍年位本在何偃前孝武初偃爲吏部尚書瑀圖侍中不得與偃同從郊祀時偃乘車在前瑀策駟居後相去數十步瑀蹋馬及之謂偃曰君轡何疾偃曰牛駿馭精所以疾耳偃曰君馬何遲曰騏驥羅於羈絆所以居後偃曰何不著鞭使致千里答曰一麾自造青雲何至與駑馬爭路然甚不得意謂所親曰人仕宦不出當入不入當出安能長居戶限上因求益州及行甚不得意至江陵與顏竣書曰朱修之三世叛兵一日居荊州青油幕下作謝宣明面目向使齋帥以長刀引吾下席於吾何有政恐匈奴輕漢耳坐奪人妻爲妾免官後爲吳興太守侍中何偃嘗案之云參伍時望瑀大怒曰我於時望何參伍之有遂與偃絕族叔秀之爲丹陽瑀又與親故書曰吾家黑面阿秀遂居劉安衆處朝廷不爲多士其年疽發背何偃亦發背癰瑀疾已篤聞偃亡懽躍叫呼於是亦卒謚曰剛

祥字顯徵式之孫也父敳太宰從事中郎祥少好文學性韻剛疎輕言肆行不避高下齊建元中爲正員郎司徒褚彥回入朝以腰扇鄣日祥從側過曰作如此舉止羞面見人扇鄣何益彥回曰寒士不遜祥曰不能殺袁劉安得免寒士永明初撰宋書譏斥禪代尚書令王儉密以啓聞上銜而不問爲臨川王驃騎從事中郎祥兄整爲廣州卒官祥就整妻求還資事聞朝廷又於朝士多所貶忽王奐爲尚書僕射祥與奐子融同載行至中堂見路人驅驢祥曰驢汝好爲之如汝人才皆已令僕著連珠十五首以寄其懷其譏議者云希世之寶違時必賤偉俗之器無聖則淪是以明玉黜於楚岫章甫窮於越人有以祥連珠啓上上令御史中丞任遐奏其過惡付廷尉上別遣敕祥曰我當原卿性命令卿萬里思愆卿若能改革當令卿得還乃徙廣州不得意終日縱酒少時卒

秀之字道寶穆之從父兄子也祖爽山陰令父仲道餘姚令秀之少孤貧十歲時與諸兒戲前渚忽有大蛇來勢甚猛莫不顛沛驚呼秀之獨不動衆並異之東海何承天雅相知器以女妻之兄欽之爲朱齡石右軍參軍隨齡石敗沒秀之哀感不歡宴者十年宋景平二年除駙馬都尉元嘉中再爲建康令政績有聲孝武鎮襄陽以爲撫軍錄事參軍襄陽令襄陽有六門堰良田數千頃堰久決壞公私廢業孝武遣秀之修復雍部由是大豐後除西戎校尉梁南秦二州刺史加都督漢川饑饉秀之躬自儉約先是漢川悉以絹爲貨秀之限令用錢百姓利之二十七年大舉北侵遣輔國將軍楊文德巴西梓潼二郡太守劉弘宗受秀之節度震蕩汧隴元凶弒逆秀之即日起兵求赴襄陽司空南譙王義宣不許事寧遷益州刺史折留俸祿二百八十萬付梁州鎮庫此外蕭然梁益豐富前後刺史莫不大營聚畜多者致萬金所攜賓僚並都下貧子出爲郡縣皆以苟得自資秀之爲政整肅遠近悅焉南譙王義宣據荊州爲逆遣徵兵於秀之秀之斬其使以起義功封康樂縣侯徙丹陽尹先是秀之從叔穆之爲丹陽與子弟聽事上宴聽事柱有一穿穆之謂子弟及秀之汝等試以栗遙擲柱入穿者後必得此郡唯秀之獨入焉其言遂驗時縣買百姓物不還錢秀之以爲非宜陳之甚切雖納其言竟不用遷尚書右僕射時定制令隸人殺長吏科議者謂會赦宜以徙論秀之以爲律文雖不顯人殺官長之旨若遇赦但止徙論便與悠悠殺人曾無一異人敬官長比之父母行害之身雖遇赦謂宜長付尚方窮其天命家口補兵從之後爲寧蠻校尉雍州刺史加都督將徵爲左僕射會卒贈司空謚忠成公秀之野率無風采而心力堅正上以其莅官清潔家無餘財賜錢二十萬布三百疋傳封至孫齊受禪國除

徐羨之字宗文東海郯人也祖寧尚書吏部郎父祚之上虞令羨之爲桓修撫軍中兵參軍與宋武帝同府深相親結武帝北伐稍遷太尉左司馬掌留任副貳劉穆之帝議北伐朝士多諫唯羨之默然或問何獨不言羨之曰今二方已平拓地萬里唯有小羌未定公寢食不安何可輕豫其議穆之卒帝欲用王弘代之謝晦曰休元輕易不若徐羨之乃以羨之爲丹陽尹總知留任甲仗二十人出入加尚書僕射義熙十四年軍人朱興妻周生子道扶年三歲先得癇病周因其病發掘地生埋之爲道扶姑雙女所告周棄市羨之議曰自然之愛豺狼猶仁周之凶忍宜加顯戮臣以爲法律之外尚弘通理母之即刑由子明法爲子之道焉有自容之地愚謂可特申之遐裔從之及武帝即位封南昌縣公位司空錄尚書事揚州刺史羨之起自布衣又無術學直以局度一旦居廊廟朝野推服咸謂有宰相之望沉密寡言不以憂喜見色頗工奕棊觀戲常若未解當世倍以此推之傅亮蔡廓嘗言徐公曉萬事安異同嘗與傅亮謝晦宴聚亮晦才學辯博羨之風度詳整時然後言鄭鮮之歎曰觀徐傅言論不復學問爲長武帝不豫加班劍三十人宮車晏駕與中書令傅亮領軍將軍謝晦鎮北將軍檀道濟同被顧命少帝詔羨之亮率衆宮內月一決獄帝後失德羨之等將謀廢立而廬陵王義真多過不任四海乃先廢義真然後廢帝時謝晦爲領軍以府舍內屋敗應修理悉移家人出宅聚將士於府內檀道濟以先朝舊將威服殿省且有兵衆召入朝告之謀既廢帝侍中程道惠勸立皇子義恭羨之不許及文帝即位改封南平郡公固讓加封有司奏車駕依舊臨華林園聽訟詔如先二公權訊元嘉二年羨之與傅亮歸政三奏乃見許羨之仍遜位退還私第兄子佩之及程道惠吳興太守王韶之等並謂非宜敦勸甚苦復奉詔攝任三年正月帝以羨之亮晦旬月間再肆醜毒下詔暴其罪誅之爾日詔召羨之至西門外時謝晦弟嚼爲黃門郎正直報亮云殿中有異處分亮馳報羨之羨之乘內人問訊車出郭步走至新林入陶竈中自縊而死年六十三羨之初不應召上遣領軍到彥之右衞將軍王華追討及死野人以告載尸付廷尉初羨之年少時嘗有一人來謂曰我是汝祖羨之拜此人曰汝有貴相而有大厄宜以錢二十八文埋宅四角可以免災過此可位極人臣後羨之隨親之縣住在縣內嘗暫出而賊自後破縣縣內人無免者雞犬亦盡唯羨之在外獲全又隨從兄履之爲臨海樂安縣嘗行經山中見黑龍長丈餘頭有角前兩足皆具無後足曳尾而行及拜司空守關將入彗星晨見危南又當拜時雙鶴集太極殿東鴟尾鳴喚竟以凶終羨之兄欽之位祕書監欽之子佩之輕薄好利武帝以其姻戚累加寵任爲丹陽尹景平初以羨之知權頗豫政事與王韶之程道惠中書舍人邢安泰潘盛爲黨時謝晦久病連灸不堪見客佩之等疑其託疾有異圖與韶之道惠同載詣傅亮稱羨之意欲令作詔誅之亮曰已等三人同受顧命豈可自相殘戮佩之等乃止羨之既誅文帝特宥佩之免官而已其冬佩之謀反事發被誅佩之弟逵之尚武帝長女會稽宣公主爲彭城沛二郡太守武帝諸子並幼以逵之姻戚將大任之欲先令立功及討司馬休之使統軍爲前鋒待剋當即授荊州於陣見害追贈中書侍郎子湛之

湛之字孝源幼孤爲武帝所愛常與江夏王義恭寢食不離帝側永初三年詔以公主一門嫡長且湛之致節之胤封枝江縣侯數歲與弟淳之共車行牛奔車壞左右人馳來赴之湛之先令取弟衆咸歎其幼而有識及長頗涉文義善自位待事祖母及母以孝聞元嘉中以爲黃門侍郎祖母年老辭以朝直不拜後拜祕書監會稽公主身居長嫡爲文帝所禮家事大小必諮而後行西征謝晦使公主留止臺內總攝六宮每有不得意輒號哭上甚憚之初武帝微時貧陋過甚嘗自新洲伐荻有納布衣襖等皆是敬皇后手自作武帝既貴以此衣付公主曰後世若有驕奢不節者可以此衣示之湛之爲大將軍彭城王義康所愛與劉湛等頗相附及得罪事連湛之文帝大怒將致大辟湛之憂懼無計以告公主公主卽日入宮及見文帝因號哭下牀不復施臣妾之禮以錦囊盛武帝納衣擲地以示上曰汝家本賤貧此是我母爲汝父作此納衣今日有一頓飽食便欲殘害我兒子上亦號哭湛之由此得全再遷太子詹事尋加侍中湛之善尺牘音辭流暢貴戚豪強產業甚厚室宇園池貴游莫及伎樂之妙冠絕一時門生千餘皆三吳富人子資質端美衣服鮮麗每出入行游塗巷盈滿泥雨日悉以後車載之文帝每嫌其侈縱時安成公何勗無忌之子臨汝公孟靈休昶之子也並名奢豪與湛之以肴膳器服車馬相尚都下爲之語曰安成食臨汝飾湛之美兼何孟勗官至侍中追謚荒公靈休善彈棊官至祕書監湛之後遷丹陽尹加散騎常侍以公主憂不拜過葬復授前職二十三年范曄等謀反湛之始與之同後發其事所陳多不盡爲曄等款辭所連有司以湛之關豫逆黨事起積歲末乃歸聞多有蔽匿請免官削爵付廷尉上不許湛之詣闕上疏請罪以爲初通其謀爲誘引之辭曄等並見怨咎規相禍陷又昔義康南出之始敕臣入相伴慰既慇懃異意頗形言旨遺臣利刃期以際會臣苦相諫譬深加拒塞以爲怨憤所至不足爲虞便以關啓懼成虛妄非爲納受曲相蔽匿又令申情范曄釋中間之憾致懷蕭思話恨婚意未申謂此僥倖亦不宜達陛下敦惜天倫彰於四海蕃禁優簡親理咸通又昔蒙眷顧不容自絕音翰信命時相往來或言少意多旨深文淺辭色之間往往難測臣顧惟心無邪悖故不稍以自嫌僂僂丹實具如此啓臣雖駑下情匪木石豈不知醜點難嬰伏劒爲易而靦然視息忍此餘生實非苟吝微命假延漏刻誠以負戾灰滅貽恥方來貪及視息少自披訴乞蒙隨放伏待鈇鑕上優詔不許二十四年服闋轉中書令太子詹事出爲南兗州刺史善政俱肅威惠並行廣陵舊有高樓湛之更修整之南望鍾山城北有陂澤水物豐盛湛之更起風亭月觀吹臺琴室果竹繁茂花藥成行招集文士盡游玩之適時有沙門釋惠休善屬文湛之與之甚厚孝武命使還俗本姓湯位至揚州從事史二十六年湛之入爲丹陽尹領太子詹事二十七年魏太武帝至瓜步湛之與皇太子分守石頭二十八年魯爽兄弟率部曲來奔爽等軌子也湛之以爲廟彝特所獎納不敢苟申私怨乞屏田里不許轉尚書僕射領護軍將軍時尚書令何尚之以湛之國戚任遇隆重欲以朝政推之湛之以令事無不總又以事歸尚之互相推委御史中丞袁淑奏並免官詔乃使湛之與尚之並受辭訴尚之雖爲令而以朝事悉歸湛之初劉湛伏誅殷景仁卒文帝任沈演之庾仲文范曄等後又有江湛何瑀之曄誅仲文免演之瑀之並卒至是江湛爲吏部尚書與湛之並居權要世謂之江徐上每疾湛之輒侍醫藥二凶巫蠱事發上欲廢劭賜濬死而孝武無寵故累出外藩不得停都下南平王鑠建平王宏並被愛而鑠妃卽湛之妹湛之勸上立之徵鑠自壽陽入朝至又失旨欲立宏嫌其非次議又不決與湛之議或連日累夕每夜使湛之自秉燭繞壁檢行慮有竊聽者劭入殺之旦其夕上與湛之屏人語至曉猶未滅燭湛之驚起趣北戶未及開見害時年四十四孝武卽位追贈司空謚曰忠烈公子聿之爲元凶所殺聿之子孝嗣

孝嗣字始昌父被害孝嗣在孕母年少欲更行不願有子自牀投地者無算又以擣衣杵舂其腰并服墮胎藥胎更堅及生故小字遺奴幼而挺立八歲襲爵枝江縣公見宋孝武升階流涕迄于就席帝甚愛之尚康樂公主拜駙馬都尉泰始中以登殿不著韤爲書侍御史蔡準所奏罰金二兩孝嗣姑適東莞劉舍舍兄藏爲尚書左丞孝嗣往詣之藏退謂舍曰徐郎是令僕人三十餘可知汝宜善自結昇明中爲齊高帝驃騎從事中郎帶南彭城太守轉太尉諮議參軍齊建元初累遷長史兼侍中善趨步閑容止與太宰褚彥回相埒尚書令王儉謂人曰徐孝嗣將來必爲宰相轉御史中丞武帝問儉曰誰可繼卿儉曰臣東都之日其在徐孝嗣乎出爲吳興太守儉贈孝嗣四言詩曰方軌叔茂追清彥輔柔亦不茹剛亦不吐時人以比蔡子尼之行狀也在郡有能名王儉亡上徵孝嗣爲五兵尚書其年敕撰江左以來儀典令諮受孝嗣明年遷太子詹事從武帝幸方山上曰朕經始此山之南復爲離宮應有邁靈丘靈丘山湖新林苑也孝嗣答曰繞黃山欵牛首乃盛漢之事今江南未廣願陛下少更留神上乃止竟陵王子良甚善之歷吏部尚書右軍將軍領太子左衞率臺閣事多以委之武帝崩遺詔以爲尚書右僕射隆昌元年爲丹陽尹明帝謀廢鬱林遣左右莫智明以告孝嗣孝嗣奉旨無所釐替卽還家草太后令明帝入殿孝嗣戎服隨後鬱林既死明帝須太后令孝嗣於袖出而奏之帝大悅時議悉誅高武子孫孝嗣堅保持之故得無恙以廢立功封枝江縣侯甲仗五十人入殿轉左僕射明帝卽位進爵爲公給班劒二十人加兵百人舊拜三公乃臨軒至是帝特詔與陳顯達王晏並臨軒拜授時王晏爲令人情物望不及孝嗣晏誅轉尚書令孝嗣愛好文學器量弘雅不以權勢自居故見容明帝之世初在率府晝臥齋北壁下夢兩童子遽云移公牀孝嗣驚起聞壁有聲行數步而壁崩壓牀建武四年卽本號開府儀同三司讓不受時連年魏軍動國用虛乏孝嗣表立屯田帝已寢疾兵事未已竟不行及崩受遺託重申開府之命加中書監永元初輔政自尚書下省出住宮城南宅不得還家帝失德孝嗣不敢諫及江祏誅內懷憂恐然未嘗表色始安王遙光反衆懷惶惑見孝嗣入宮乃安然羣小用事不能制也時孝嗣以帝終亂天常與沈文季俱在南掖門欲要文季以門爲應四五日之文季輒亂以他語孝嗣乃止進位司空固讓求解丹陽尹不許孝嗣文人不顯同異名位雖大故得未及禍虎賁中郎將許準有膽力陳說事機勸行廢立孝嗣遲疑謂必無用干戈理須少主出游閉城門召百僚集議廢之雖有此懷終不能決羣小亦稍憎孝嗣勸帝除之其冬孝嗣入華林省遣茹法珍賜藥孝嗣容色不異謂沈昭略曰始安事吾欲以門應之賢叔若同無今日之恨少能飲酒飲藥至斗餘方卒乃下詔言誅之于時凡被殺者皆取其蟬冕剝其衣服衆情素敬孝嗣得無所侵長子演尚齊武帝女武康公主位太子中庶子第三子況尚明帝女山陰公主並拜駙馬都尉俱見殺孝嗣之誅衆人懼無敢至者唯會稽魏溫仁奔赴以私財營喪事當時稱之初孝嗣復故封使故吏吳興丘叡筮之當傳幾世叡曰恐不終尊身孝嗣容色甚惡徐曰緣有此慮故令卿決之中興元年和帝贈孝嗣太尉二年改葬宣德太后詔增班劒四十人加羽葆鼓吹謚曰文忠改封餘干縣公子緄仕梁位侍中太常信武將軍謚頃子

緄子君蒨字懷簡幼聰朗好學尤長丁部書問無不對善弦歌爲梁湘東王鎭西諮議參軍頗好聲色侍妾數十皆佩金翠曳羅綺服玩悉以金銀飲酒數升便醉而閉門盡日酣歌每遇歡讌則飲至斗有時載伎肆意游行荆楚山川靡不畢踐朋從游好莫得見之時襄陽魚弘亦以豪侈稱於是府中謠曰北路魚南路徐然其服翫次於弘也君蒨辯於辭令湘東王嘗出軍有人將婦從者王曰才愧李陵未能先誅女子將非孫武遂欲驅戰婦人君蒨應聲曰項籍壯士猶有虞兮之愛紀信成功亦資姬人之力君蒨文冠一府特有輕豔之才新聲巧變人多諷習竟卒於官

傅亮字季友北地靈州人晉司隸校尉咸之玄孫也父瑗以學業知名位至安成太守瑗與郗超善超常造瑗見二子迪及亮亮年四五歲超令人解衣使持去初無悋色超謂瑗曰卿小兒才名位宦當遠踰於兄然保家終在大者迪字長猷宋初終五兵尚書贈太常亮博涉經史尤善文辭義熙中累遷中書黃門侍郎直西省宋武帝以其久直之勤勞欲以爲東陽郡先以語迪大喜告亮亮不答卽馳見武帝陳不樂出帝笑曰謂卿須祿耳能如此甚協所望也以爲太尉從事中郎掌記室宋國初建除侍中領世子中庶子加中書令從還壽陽武帝有受禪意而難於發言乃集朝臣宴飲從容曰桓玄暴篡鼎命已移我首唱大義興復皇室今年時衰暮欲歸老京師羣臣唯盛稱功德莫曉此意亮悟旨曰晚宮門已閉叩扉請見曰臣暫宜還都帝知意無復他言直云須幾人自送亮曰須數十人於是奉辭及出夜見長星竟天拊髀曰我常不信天文今始驗矣亮至都卽徵帝入輔永初元年加太子詹事封建城縣公入直中書省專典詔命以亮任總國權聽於省見客神獸門外每旦車常數百兩武帝登庸之始文筆皆是參軍滕演北征廣固悉委長史王誕自此之後至于受命表策文誥皆亮辭也演字彥將南陽西鄂人位至祕書監二年加亮尚書僕射及帝不豫與徐羨之謝晦並受顧命給班劒二十人少帝卽位進中書監尚書令領護軍將軍少帝廢亮奉迎文帝立行臺於江陵城南題曰大司馬門率行臺百僚詣門拜表威儀甚盛文帝將下引見亮哭泣哀動左右既而問義眞及少帝薨廢本末悲號嗚咽侍側者莫能仰視亮流汗霑背不能答於是布腹心於

到彥之王華等及至都徐羨之問帝可方誰亮曰晉文景以上人羨之曰必能明我赤心亮曰不然及文帝即位加左光祿大夫開府儀同三司空府文武即爲左光祿府進爵始興郡公固讓進封元嘉三年帝將誅亮先呼入見省內密有報之者亮辭以嫂病暫還遣信報徐羨之因乘車出郭門騎馬奔兄廸墓屯騎校尉郭泓收之初至廣莫門上亦使以詔謂曰以公江陵之誠當使諸子無恙亮讀詔訖曰亮受先帝布衣之眷遂蒙顧託黜昏立明社稷之計欲加之罪其無辭乎於是伏誅妻子流建安亮之方貴兄廸每深誡焉而不能從及見世路屯險著論名曰演慎及少帝失德內懷憂懼直宿禁中睹夜蛾赴燭作感物賦以寄意初奉大駕道路賦詩三首其一篇有悔懼之辭自知傾覆求退無由又作辛有穆生董仲道贊稱其見微之美云

隆字伯祚亮族兄也曾祖晞司徒屬父祖並早卒隆少孤貧有學行義熙初年四十爲孟昶建威參軍累遷尚書左丞以族弟亮爲僕射緦服不得相臨徙太子率更令元嘉初爲御史中丞甚得司直之體轉司徒左長史會稽剡縣人黃初妻趙持殺息載妻王遇赦王有父母及男稱女葉依法徙趙二千里外隆議曰禮律之興本之自然求之情理非從天墮非從地出父子至親分形同氣稱之於載即載之於趙雖言三世爲體猶一稱雖創鉅痛深固無讐祖之義向使石厚之子日磾之孫砥鋒挺鍔不與二祖同戴天日則石碏秺侯何得流名百代舊令言殺人父母徙之二千里外不施父子孫祖明矣趙當避王期功千里外耳令亦云凡流徙者同籍親近欲相隨者聽之此又大通情體因親以教愛也趙既流移載爲人子何得不從載從而稱不行豈名教所許如此稱趙竟不可分趙雖內愧終身稱沉痛沒齒孫祖之義自不得以永絕事理然也從之出爲義興太守有能名拜左戶尚書坐正直受節假對人未至委出白衣領職尋轉太常文帝以新撰禮論付隆使更下意隆表上五十二事後致仕拜光祿大夫歸老於家手不釋卷博學多通特精三禮年八十三卒

檀道濟高平金鄉人也世居京口少孤居喪備禮奉兄姊以和謹稱宋武帝建義道濟與兄韶祗等從平京城俱參武帝建武將軍事累遷太尉參軍封作唐縣男義熙十二年武帝北伐道濟爲前鋒所至望風降服徑進洛陽議者謂所獲俘囚應悉戮以爲京觀道濟曰伐罪弔人正在今日皆釋而遣之於是中原感悅歸者甚衆長安平以爲琅邪內史武帝受命以佐命功改封永修縣公位丹陽尹護軍將軍武帝不豫給班劍二十人出爲鎭北將軍南兗州刺史徐羨之等謀廢立諷道濟入朝告以將廢廬陵王義眞道濟屢陳不可竟不納將廢帝夜道濟入領軍府就謝晦晦悚息不得眠道濟寢便睡熟晦以此服之文帝即位給鼓吹一部進封武陵郡公固辭進封道濟素與王弘善時被遇方深道濟彌相結附每構羨之等弘亦雅仗之上將誅徐羨之等召道濟欲使西討王華曰不可上曰道濟從人者也曩非創謀撫而使之必將無慮道濟至之明日上誅羨之亮既而使道濟與中領軍到彥之前驅西伐上問策於道濟對曰臣昔與謝晦同從北征入關十策晦有其九才略明練殆難與敵然未嘗孤軍決勝戎事恐非其長臣悉晦智晦悉臣勇今奉王命外討必未陣而禽時晦本謂道濟與羨之同誅忽聞來上遂不戰自潰事平遷征南大將軍開府儀同三司江州刺史元嘉八年到彥之侵魏已平河南復失之道濟都督征討諸軍事北略地轉戰至濟上魏軍盛遂克滑臺道濟時與魏軍三十餘戰多捷軍至歷城以資運竭乃還時人降魏者具說糧食已罄於是士卒憂懼莫有固志道濟夜唱籌量沙以所餘少米散其上及旦魏軍謂資糧有餘故不復追以降者妄斬以徇時道濟兵寡弱軍中大懼道濟乃命軍士悉甲身自服乘輿徐出外圍魏軍懼有伏不敢逼乃歸道濟雖不剋定河南全軍而反雄名大振魏甚憚之圖之以禳鬼還進位司空鎭壽陽道濟立功前朝威名甚重左右腹心並經百戰諸子又有才氣朝廷疑畏之時人或目之曰安知非司馬仲達也文帝寢疾累年屢經危殆領軍劉湛貪執朝政慮道濟爲異說又彭城王義康亦慮宮車晏駕道濟不復可制十二年上疾篤會魏軍南伐召道濟入朝其妻向氏曰夫高世之勳道家所忌今無事相召禍其至矣及至上已間十三年春將遣還鎭下渚未發有似鶴鳥集船悲鳴會上疾動義康矯詔召入祖道收付廷尉及其子給事黃門侍郎植司徒從事中郎粲太子舍人混征北主簿承伯祕書郎中尊等八人並誅時人歌曰可憐白浮鳩枉殺檀江州道濟死日建鄴地震白毛生又誅司空參軍薛彤高進之並道濟心腹也道濟見收憤怒氣盛目光如炬俄爾間引飲一斛乃脫幘投地曰乃壞汝萬里長城魏人聞之皆曰道濟已死吳子輩不足復憚自是頻歲南伐有飲馬長江之志文帝問殷景仁曰誰可繼道濟答曰道濟以累有戰功故致威名餘但未任耳帝曰不然昔李廣在朝匈奴不敢南望後繼者復有幾人二十七年魏軍至瓜步文帝登石頭城望甚有憂色歎曰若道濟在豈至此

韶字令孫以桓玄功封邑丘縣侯從征廣固率所領先登位琅邪內史從討盧循以功更封宜陽縣後拜江州刺史以罪免韶嗜酒貪橫所莅無政績上嘉其合門從義道濟又有大功故特見寵授卒子臻字係宗位員外郎臻子珪

珪字伯玉位沅南令元徽中王僧虔爲吏部尚書以珪爲征北板行參軍珪訴僧虔求祿不得與僧虔書曰僕一門雖謝文通乃忝武達羣從姑叔三嬪帝姻而令子姪餓死遂不荷潤蟬腹龜腸爲日已久饑虎能嚇人遠與肉餓驎不噬誰爲落毛雖復孤微百世國士姻媾位宦亦不後物尚書同堂姊爲江夏王妃檀珪同堂姑爲南譙王妃尚書伯爲江州檀珪祖亦爲江州僕於尚書人地本懸至於婚宦皆不殊絕今通塞雖異猶忝氣類尚書何事爲爾見苦僧虔報書曰吾與足下素無怨憾何以相苦直是意有左右耳乃用爲安成郡丞

祗字恭叔與兄韶弟道濟俱參義舉封西昌縣侯歷位廣陵相義熙十年亡命司馬國璠兄弟自北徐州界潛得過淮因天陰闇夜率百許人緣廣陵城入叫喚直上聽事祗被射傷股語左右曰賊乘暗得入欲掩我不備但打五鼓懼之曉必走矣賊聞鼓鳴直謂爲曉乃奔散追殺百餘人宋國初建爲領軍祗性矜豪樂在外放恣不願內職不得志發疾不自療其年卒于廣陵諡曰威侯傳嗣至齊受禪國除

論曰自晉綱不綱主威莫樹亂基王室毒被江左宋武一朝創業事屬橫流改易紊章歸于平道以建武永平之風變太元隆安之俗此蓋宣公之爲乎其配饗清廟豈徒然也若夫恬才驕物公旦其猶病諸而以劉祥居之斯亡亦爲幸焉秀之行已有道可謂位無虛授當徐傅二公廁承顧託若使死而可再固當赴蹈爲期及至處權定機當震主之地甫欲攘抑後禍禦蔽身災使桐宮有卒追之痛淮王非中霧之疾若以社稷爲存亡則義異於此湛之孝嗣臨機不決既以敗國且以殞身反受其亂斯其效也道濟始因餘用故得忘瑕晚因大名以至顚覆韶祗克傳肩嗣其木鴈之間乎

南史卷十五考證

劉穆之傳力敵勢均終相吞咀○咀監本訛阻今改正

還中軍護軍司馬○護軍一本作太尉

徐湛之傳與劉湛等頗相附及得罪事連湛之○劉湛下監本衍之字今刪

少自拔訴乞蒙隨放○隨宋書作隳

緄子君蒨傳幼聰朗好學尤長丁部書問無不對○丁監本訛于今改正

檀道濟傳夜道濟入領軍府就謝晦晦悚息不得眠○謝晦下宋書有宿字

韶傳以桓玄功封邑邱縣侯○以字下應有平字邑應从宋書作巴

以功更封宜陽縣後拜江州刺史○宋書縣字下有侯子

南史卷十六

唐 李 延 壽 撰

列傳第六

王鎭惡 朱齡石弟超石

毛修之孫惠素 傅弘之 朱修之

王玄謨子瞻 從弟玄象 玄載 玄邈

王鎭惡北海劇人也祖猛仕苻堅任兼將相父休爲河東太守鎭惡以五月生家人以俗忌欲令出繼疏宗猛曰此非常兒昔孟嘗君惡月生而相齊是兒亦將興吾門矣故名爲鎭惡年十三而苻氏敗寓食澠池人李方家方善遇之謂方曰若遭英雄主要取萬戶侯當厚相報方曰君丞相孫人材如此何患不富貴至時願見用爲本縣令足矣後隨叔父曜歸晉客荊州頗讀諸子兵書喜論軍國大事騎射非長而從橫善果斷宋武帝伐廣固鎭惡時爲天門郡臨澧令人或薦之武帝召與語異焉因留宿旦謂諸將曰鎭惡王猛孫所謂將門有將即以署前部賊曹拒盧循有功封博陸縣五等子武帝謀討劉毅鎭惡曰公若有事西楚請給百舸爲前驅及西討轉鎭惡參軍事使率龍驤將軍蒯恩百舸前發鎭惡受命便晝夜兼行揚聲劉兗州上殺謂爲信不知見

襲鎮惡去江陵城二十里舍船步上蒯恩在軍前鎮惡次之舸留一二人對舸岸上豎旗安鼓語所留人曰計我將至城便長嚴令後有大軍狀又分隊在後令燒江津船鎮惡徑前襲城津戍及百姓皆言劉藩實上晏然不疑將至城逢毅要將朱顯之馳前問藩所在軍人答云在後及至軍後不見藩又望見江津船艦被燒而鼓聲甚盛知非藩上便躍馬告毅令閉城門鎮惡亦馳進得入城便因風放火燒大城南門及東門又遣人以詔及赦并武帝手書凡三函示毅毅皆燒不視金城內亦未信帝自來及短兵接戰鎮惡軍人與毅下將或是父兄子弟中表親親且鬭且語知武帝在後人情離懈初毅常所乘馬在城外不得入倉卒無馬使就子肅取馬肅不與朱顯之謂曰人取汝父而惜馬汝走欲何之奪馬以授毅從大城東門出奔牛牧佛寺自縊鎮惡身被五箭手所執矟於手中破折江陵平後二十日大軍方至以功封漢壽縣子及武帝北伐爲鎮西諮議行龍驤將軍領前鋒將發前將軍劉穆之謂曰昔晉文王委蜀於鄧艾今亦委卿以關中卿其勉之鎮惡曰吾等因託風雲並蒙抽擢今咸陽不剋誓不濟江三秦若定而公九錫不至亦卿之責矣鎮惡入賊境戰無不捷破虎牢及栢谷塢進次黽池造故人李方家升堂見母厚加酬賚卽授方黽池令方軌徑據潼關將士乏食乃親到弘農督人租百姓競送義粟軍食復振初武帝與鎮惡等期若剋洛陽須待大軍未可輕前既而鎮惡等至潼關爲僞大將軍姚紹所拒不得進馳告武帝求糧援時帝軍入河魏軍屯河岸軍不得進帝呼所遣人開舫北戶指河上軍示之曰我語令勿進而深入岸上如此何由得遣軍鎮惡既得義租紹又病死僞撫軍將軍姚讚代紹守嶮衆力猶盛武帝至湖城讚引退大軍次潼關謀進取計鎮惡請率水軍自河入渭直至渭橋鎮惡所乘皆蒙衝小艦行船者悉在艦內泝渭而進艦外不見有行船人北土素無舟檝莫不驚以爲神鎮惡既至令將士食畢便棄船登岸渭水流急諸艦悉逐流去鎮惡撫士卒曰此是長安城北門外去家萬里而舫乘衣糧並已逐流唯宜死戰可立大功乃身先士卒卽陷長安城城內六萬餘戶鎮惡撫慰初附號令嚴肅於灞上奉迎武帝勞之曰成吾霸業者眞卿也謝曰此明公之威諸將之力帝笑曰卿欲學馮異邪時關中豐全鎮惡性貪收斂子女玉帛不可勝計帝以其功大不問時有白帝言鎮惡藏姚泓僞輦有異志帝使覘之知鎮惡剔取飾輦金銀棄輦於垣側帝乃安帝留第二子桂陽公義眞爲安西將軍雍秦二州刺史鎮長安鎮惡以征虜將軍領安西司馬馮翊太守委以扞禦之任及大軍東還赫連勃勃逼北地義眞遣中兵參軍沈田子拒之虜甚盛田子退屯劉因堡遣使還報鎮惡鎮惡對田子使謂安西長史王修曰公以十歲兒付吾等當共思竭力今擁兵不進賊何由得平使反言之田子甚懼王猛之相苻堅也北人以方諸葛亮入關之功又鎮惡爲首時論者深憚之田子嶢柳之捷威震三輔而與鎮惡爭功武帝將歸留田子與鎮惡私謂田子曰鍾會不得遂其亂者爲有衞瓘等也語曰猛獸不如羣狐卿等十餘人何懼王鎮惡故二人常有猜心時鎮惡師于涇上與田子俱會傅弘之壘田子求屏人因斬之幕下并兄基弟鴻遵深從弟昭朗凡七人弘之奔告義眞義眞率王智王修被甲登橫門以察其變俄而田子至言鎮惡反修執田子以專戮斬焉是歲義熙十四年正月十五日也追贈左將軍青州刺史及帝受命追封龍陽縣侯謚曰壯傳國至曾孫叡齊受禪國除

朱齡石字伯兒沛郡沛人也世爲將伯父憲及斌並爲西中郎袁眞將佐桓溫伐眞於壽陽眞以憲兄弟潛通溫並殺之齡石父綽逃歸溫壽陽平眞已死綽輒發棺戮尸溫怒將斬之溫弟沖請得免綽受沖更生之恩事沖如父位西陽廣平太守及沖薨綽歐血而死齡石少好武不事崖檢舅淮南蔣氏才劣齡石使舅臥聽事翦紙方寸帖着舅枕以刀子縣擲之相去八九尺百擲百中舅畏齡石終不敢動舅頭有大瘤齡石伺眠密割之卽死武帝剋京城以爲建武參軍從至江乘將戰齡石言世受桓氏恩不容以兵刃相向乞在軍後帝義而許之以爲鎮軍參軍遷武康令縣人姚係祖專爲劫郡縣畏不能討齡石至縣僞與厚召爲參軍係祖恃彊乃出應召齡石斬之掩其家悉殺其兄弟由是一部得清後領中兵齡石有武幹又練吏職帝甚親委之平盧循有功爲西陽太守義熙九年徙益州刺史爲元帥伐蜀初帝與齡石密謀進取曰劉敬宣往年出黃武無功而退賊謂我今應從外水往而料我當出其不意猶從內水來也必重兵守涪城以備內道若向黃武正墮其計今以大衆自外水取成都疑兵出內水此制敵之奇也而慮此聲先馳賊審虛實別有函封付齡石署曰至白帝乃開諸軍雖進未知處分至白帝發書曰衆軍悉從外水取成都臧熹朱枚於中水取廣漢使羸弱乘高艦十餘由內水向黃武譙縱果備內水使其大將譙道福戍涪城遣其秦州刺史侯暉僕射譙詵等屯彭摸夾水爲城十年六月齡石至彭摸七月齡石率劉鍾蒯恩等於北城斬侯暉譙詵朱枚至廣漢復破譙道福別軍譙縱奔涪城巴西人王志斬送之并獲道福斬於軍門帝之伐蜀將謀元帥乃舉齡石衆咸謂齡石資名尚輕慮不辦克論者甚衆帝不從乃分大軍之半令猛將勁卒悉以配之臧熹敬皇后弟也亦命受其節度及戰剋捷衆咸服帝知人又美齡石善於事以平蜀功封豐城侯十四年桂陽公義眞被徵以齡石爲雍州刺史督關中諸軍事齡石至長安義眞乃發義眞敗于青泥齡石亦舉城奔走見殺傳國至孫齊受禪國除

齡石弟超石亦果銳雖出自將家兄弟並閑尺牘桓謙爲衞將軍以補行參軍後爲武帝徐州主簿收迎桓謙身首躬營殯葬義熙十二年北伐超石前鋒入河時軍人緣河南岸牽百丈有漂度北岸者輒爲魏軍所殺略帝遣白直隊主丁旿率七百人及車百乘於河北岸爲却月陣兩頭抱河車置七仗士事畢使豎一長白毦魏軍不解其意並未動帝先命超石戒嚴白毦既舉超石赴之并齎大弩百張一車益二十人設彭排於轅上魏軍見營陣立乃進圍營超石先以弱弓小箭射之魏軍四面俱至魏明元皇帝又遣南平公長孫嵩三萬騎肉薄攻營於是百弩俱發魏軍既多弩不能制超石初行別齎大槌并千餘張矟乃斷矟三四尺以槌之一矟輒洞貫三四人魏軍不能當遂潰大軍進剋蒲坂以超石爲河東太守後除中書侍郎封輿平縣五等侯關中亂帝遣超石慰勞河洛與齡石俱沒赫連勃勃見殺

毛修之字敬文滎陽陽武人也祖武生伯父璩並益州刺史父瑾梁秦二州刺史修之仕桓玄爲屯騎校尉隨玄西奔玄欲奔漢川修之誘令入蜀馮遷斬玄於枚洄洲修之力也宋武帝以爲鎮軍諮議遷右衞將軍既有斬玄之謀又父伯並在蜀帝欲引爲外助故頻加榮爵及父瑾爲譙縱所殺帝表修之爲龍驤將軍配兵遣奔赴時益州刺史鮑陋不肯進討修之言狀帝乃令冠軍將軍劉敬宣伐蜀無功而退譙縱由此送修之父伯及中表喪柩口累並得還後劉毅西鎮江陵以爲衞軍司馬南郡太守修之雖爲毅將佐而深結於帝及毅敗見宥時遣朱齡石伐蜀修之固求行帝慮修之至蜀多所誅殺且土人既與毛氏有嫌亦當以死自固不許修之不信鬼神所至必焚房廟時蔣山廟中有好牛馬並奪取之累遷相國右司馬行司州事戍洛陽修立城壘武帝至履行善之賜衣服玩好當時評直二千萬王鎮惡死修之代爲安西司馬桂陽公義眞敗爲赫連勃勃所禽及赫連昌滅入魏修之在洛敬事嵩高道士寇謙之謙之爲魏太武帝信敬營護之故不死修之嘗爲羊羹薦魏尚書尚書以爲絕味獻之太武大悅以爲太官令被寵遂爲尚書光祿大夫封南郡公太官令常如故後朱修之俘于魏亦見寵修之問朱修之南國當權者爲誰答云殷景仁修之笑曰吾昔在南殷尚幼少我歸罪之日便當巾韝到門經年不忍問家消息久之乃訪焉修之具答并云贇子元矯甚能自處修之悲不得言直視良久乃長歎曰嗚呼自此一不復及初北人去來言修之勸魏侵邊并教以在南禮制文帝甚疑責之朱修之後得還具相申理上意乃釋修之在魏多妻妾男女甚衆身遂死於魏

孫惠素仕齊爲少府卿性至孝母服除後更修母所住處牀帳屏帷每月朝十五向帷悲泣傍人爲之感傷終身如此惠素吏才彊濟而臨事清刻敕市銅官碧青一千二百斤供御畫用錢六十五萬有讒惠素納利武帝怒敕尚書評價貴二十八萬餘有司奏伏誅死後家徒四壁武帝後知無罪甚悔恨之

傅弘之字仲度北地泥陽人也傅氏舊屬靈州漢末失土寄馮翊置泥陽富平二縣廢靈州故傅氏悉屬泥陽晉武帝太康三年復立靈州縣傅氏還屬靈州弘之高祖祇晉司徒後封靈州公不欲封本縣故祇一門還屬泥陽曾祖暢祕書丞沒石勒生子洪晉穆帝永和中石氏亂度江洪生梁州刺史歆歆生弘之少倜儻有大志歷位太尉行參軍宋武帝北伐弘之與扶風太守沈田子等七軍自武關入弘之素習騎乘於姚泓馳道內戲馬甚有姿制羌胡觀者數千並歎稱善留爲桂陽公義眞雍州中從事史及義眞東歸赫連勃勃傾國追躡於青泥大戰弘之躬貫甲冑氣冠三軍軍敗陷沒不爲之屈時天大寒裸弘之弘之叫罵見殺

朱修之字恭祖義陽平氏人也曾祖燾晉平西將軍祖序豫州刺史父諶益州刺史修之初爲州主簿宋元嘉中累遷司徒從事中郎文帝謂曰卿曾祖昔爲王導丞相中郎卿今又爲王弘中郎可謂不忝爾祖矣後隨右軍到彥之北侵彥之自河南回修之留戍滑臺被魏將安頡攻圍糧盡將士熏鼠食之修之被圍既久母常悲憂忽一旦乳汁驚出母號慟告家人曰我年老非復有

乳汁時今如此兒必没矣魏果以其日剋滑臺囚之太武嘉其固守之節以爲雲中鎮將妻以宗室女修之潛謀南歸妻疑之每流涕謂曰觀君無停意何不告我以實義不相負修之深嘉其義而不告也及太武伐馮弘修之及同没人邢懷明並從又有徐卓者亦没魏復欲率南人竊發事泄見誅修之懷明懼禍同奔馮弘不見禮停一年會宋使至修之名位素顯傳詔見便拜彼國敬傳詔呼爲天子邊人見傳詔致敬乃始禮之時魏屢伐黃龍弘遣使求救修之乃使傳詔說而遣之泛海未至東萊舫柂折風猛海師慮向海北垂長索舫乃正海師視上有飛鳥知去岸不遠須臾至東萊及至以爲黃門侍郎孝武初累遷寧蠻校尉雍州刺史加都督修之政在寬簡士庶悅附及荆州刺史南郡王義宣反檄修之舉兵雍土時饑修之僞與之同旣而遣使陳情於孝武孝武嘉之以爲荆州刺史加都督義宣乃聞修之不同更以魯秀爲雍州刺史擊襄陽修之命斷馬鞍山道秀不得前乃退修之率衆向江陵竺超民執義宣修之至於獄殺之以功封南昌縣侯修之立身清約百城貺贈一無所受唯以蠻人宜存撫納有餉皆受得輒與佐史賭之未嘗入已去鎮之日秋毫無犯計在州以來然油及私牛馬食官穀草以私錢六十萬償之而儉刻無潤薄於恩情姊在鄉里饑寒不立修之貴爲刺史未曾供贍往姊家姊爲設菜羹麤飯以激之修之曰此是貧家好食進之致飽先是新野庾彥達爲益州刺史攜姊之鎮資給供奉中分秩祿西土稱焉修之後拜左戶尚書領軍將軍至建鄴牛奔墜車折腳辭尚書徙崇憲太僕仍加特進金紫光祿大夫腳疾不堪獨行見特給扶侍卒謚貞侯

王玄謨字彥德太原祁人也六世祖宏河東太守緜竹侯以從叔司徒允之難棄官北居新興仍爲新興鴈門太守其自序云爾祖牢仕慕容氏爲上谷太守隨慕容德居青州父秀早卒玄謨幼而不羣世父蕤有知人鑒常笑曰此兒氣槩高亮有太尉彥雲之風宋武帝臨徐州辟爲從事史與語異之少帝末謝晦爲荆州請爲南蠻行參軍武寧太守晦敗以非大帥見原元嘉中補長沙王義欣鎮軍中兵參軍領汝陰太守每陳北侵之謀上謂殷景仁曰聞王玄謨陳說使人有封狼居胥意後爲興安侯義賓輔國司馬彭城太守義賓薨玄謨上表以彭城要兼水陸請以皇子撫臨州政乃以孝武出鎮及大舉北侵以玄謨爲寧朔將軍前鋒入河受輔國將軍蕭斌節度軍至碻磝玄謨進向滑臺圍城二百餘日魏太武自來救之衆號百萬鼓鞞動天地玄謨之行也衆力不少器械精嚴而專依所見多行殺戮初圍城城內多茅屋衆求以火箭燒之玄謨曰損亡軍實不聽城中即撤壞之空地爲窟室及魏救將至衆請發車爲營又不從將士並懷離怨又營貨利一匹布責人八百梨以此倍失人心及太武軍至乃夜遁麾下散亡略盡蕭斌將斬之沈慶之固諫曰佛狸威震天下控弦百萬豈玄謨所當殺戰將以自弱非良計也斌乃止初玄謨始將見殺夢人告曰誦觀世音千遍則免玄謨夢中曰何可竟也仍見授旣覺誦之且得千遍明日將刑誦之不輟忽傳唱停刑遣代守碻磝江夏王義恭爲征討都督以碻磝沙城不可守召令還爲魏軍所追大破之流矢中臂二十八年正月還至歷城義恭與玄謨書曰聞因敗爲城臂上金創將非金印之徵邪元凶弑立以玄謨爲冀州刺史孝武伐逆玄謨遣濟南太守垣護之等將兵赴義事平除徐州刺史加都督及南郡王義宣與江州刺史臧質反朝廷假玄謨輔國將軍爲前鋒南討拜豫州刺史質尋至大破之加都督封曲江縣侯中軍司馬劉冲之白孝武言玄謨在梁山與義宣通謀檢雖無實上意不能明使有司奏玄謨沒匿所得賊寶物虛張戰簿與徐州刺史垣護之並免官尋爲寧蠻校尉雍州刺史加都督雍土多諸僑寓玄謨上言所統僑郡無有境土新舊錯亂租課不時宜加并合見許乃省并郡縣自此便之百姓當時不願屬籍其年玄謨又令九品以上租使貧富相通境內莫不嗟怨人間訛言玄謨欲反時柳元景當權元景弟僧景爲新城太守以元景之勢制令雍土南陽順陽上庸新城諸郡並發兵欲討玄謨玄謨令內外晏然以解衆惑馳啓孝武具陳本末帝知其虛馳遣主書吳喜公慰撫之又答曰玄謨啓明白之日七十老公反欲何求聊復爲笑想足以申卿眉頭耳玄謨性嚴未曾妄笑時人言玄謨眉頭未曾申故以此見戲後爲金紫光祿大夫領太常及建明堂以本官領起部尚書又領北選孝武狎侮羣臣各有稱目多須者謂之羊短長肥瘦皆有比擬顏師伯缺齒號之曰齴劉秀之儉恡常呼爲老慳黃門侍郎宗靈秀軀體肥壯拜起艱難每一集會輒於坐賜靈秀器服飲食前後相係欲其占謝傾踣以爲歡笑又刻木作靈秀父光祿勳叔獻像送其家聽事柳元景垣護之雖並北人而玄謨獨受老傖之目凡諸稱謂四方書疏亦如之嘗爲玄謨作四時詩曰菫茹供春膳粟漿充夏飡庖醬調秋菜白鹺解冬寒又寵一崑崙奴子名白主常在左右令以杖擊羣臣自柳元景以下皆罹其毒玄謨尋遷徐州刺史加都督時北土災饉乃散私穀十萬斛牛千頭以賑之孝武崩與羣公俱被顧命時朝政多門玄謨以嚴直不容徙青冀二州刺史加都督少帝誅顏師伯柳元景等狂悖滋甚以領軍徵玄謨子姪咸勸稱疾玄謨曰避難苟免旣乖事君之節且吾荷先朝厚恩彌不得逡巡及至屢表諫諍又流涕請緩刑去殺以安元元之意少帝大怒明帝卽位禮遇益崇時四方反叛玄謨領水軍前鋒南討以腳疾未差聽乘輿出入尋除車騎大將軍江州刺史副司徒建安王休仁於赭圻賜以諸葛亮筩袖鎧頃之以爲光祿大夫開府儀同三司領護軍將軍遷南豫州刺史加都督薨年八十二謚曰莊公子深早卒深子績嗣深弟寬泰始初爲隨郡太守逢四方反父玄謨在建鄴寬棄郡自歸以母在西爲賊所執請西行遂襲破隨郡收其母事平明帝嘉之使圖寬形以上齊永明元年爲太常坐於宅殺牛免官後卒於光祿大夫

寬弟瞻字明遠一字叔鸞負氣慠俗好貶裁人物仕宋爲王府參軍嘗詣劉彥節直登榻曰君侯是公孫僕是公子引滿促膝唯余二人彥節外跡雖酬之意甚不悅齊豫章王嶷少時早與瞻友瞻常候嶷高論齊武帝時在大牀寢瞻謂嶷曰帳中人物亦復隨人寢興嶷言次忽問王景文兄揩賢愚何如殷道矜瞻曰卿遂復言他人兄邪武帝笑稱嶷小名多王汝兄愚那得忽來王參軍此句瞻曰直恐如卿來談武帝銜之未嘗形色後歷黃門侍郎及齊建元初瞻爲永嘉太守詣闕跪拜不如儀武帝知之召入東宮仍送付廷尉殺之命左右啓高帝曰父辱子死王瞻傲朝廷臣輒已收之高帝曰此何足計及聞瞻已死乃默無言玄謨從弟玄象位下邳太守好發冢地無完槨人間垣內有小冢墳上殆平每朝日初升見一女子立冢上近視則亡或以告玄象使命發之有一棺尚全有金蠶銅人以百數剖棺見一女子年可二十姿質若生臥而言曰我東海王家女應生資財相奉幸勿見害女臂有玉釧破冢者斬臂取之於是女復死玄謨時爲徐州刺史以事上聞玄象坐免郡

玄載字彥休玄謨從弟也父蕤東莞太守玄載仕宋位益州刺史沈攸之之難玄載起義送誠於齊高帝封鄠縣子齊建元元年爲左戶尚書永明四年位兗州刺史卒官謚烈子

玄載弟玄邈字彥遠仕宋位青州刺史齊高帝之鎮淮陰爲宋明帝所疑乃北通魏遣書結玄邈玄邈長史房叔安進曰夫布衣韋帶之士銜一餐而不忘義使之然也今將軍居方州之重託君臣之義無故舉忠孝而棄之三齊之士寧蹈東海死耳不敢隨將軍也玄邈意乃定仍使叔安使建鄴發高帝謀高帝於路執之并求玄邈表叔安答曰寡君使表上天子不上將軍且僕之所言利國家而不利將軍無所應問荀伯玉勸殺之高帝曰物各爲主無所責也玄邈罷州還高帝塗中要之玄邈嚴軍直過還都啓宋明帝稱高帝有異謀高帝不恨也昇明中高帝引爲驃騎司馬太山太守玄邈甚懼高帝待之如初再遷西戎校尉梁南秦二州刺史封河陽縣侯兄弟同時爲方伯齊建元初亡命李烏奴作亂梁部玄邈使人僞降烏奴告之曰王使君兵弱攜愛妾二人已去矣烏奴喜輕兵襲州城玄邈奇兵破之高帝聞之曰玄邈果不負吾延興元年爲中護軍明帝使玄邈往江州殺晉安王子懋玄邈苦辭不行及遣王廣之往廣陵取安陸王子敬玄邈不得已奉旨建武中卒於護軍贈雍州刺史謚壯侯叔安字子仁清河人高帝卽位懷其忠正時爲益州司馬寧蜀太守就拜前將軍方用爲梁州會病卒帝歎曰叔安節義古人中求之耳恨不至方伯而終子長瑜亦有義行永明中爲州中從事

論曰自晉室播遷來宅揚越關邊遙阻汧隴遐荒區甸分其內外山河判其表裏桓溫一代英人志移晉鼎自非兵屈灞上戰衄枋頭則光宅之運中年允集宋武帝崛起布衣非藉人譽一旦驅率烏合奄興霸緒功雖有餘而德猶未洽非樹奇功於難立震大威於四海則不能成配天之業一異同之心故須外積武功以收人望及金墉請吏元勳旣立心欲挂旆龍門折衝冀趙跨功桓氏取高昔人方復觀兵崤澠陳師天險及靈威薄震重關自闢故知英算所包先勝而後戰也王鎮惡推鋒直指前無彊陣爲宋方叔其壯矣乎朱齡石超石毛修之傅弘之等以歸衆難固之情逢英勇乘機之運以至顛陷爲不幸矣脩之滑臺之守有疎勒之難苟誠節在焉所在爲重其取榮大國豈徒然哉終假道自歸首丘之義也玄謨封狼之心雖簡帝念然天方相魏人豈能支宋氏以三吳之弱卒當八州之勁勇欲以邀勝不亦難乎蹙境亡師固其宜也觀夫慶之言可謂達於時變瞻傲恨不悔卒至亡軀然齊武追恨魚服匹夫懼矣玄邈行已之度有士君子之風乎

南史卷十六考證

王鎮惡傳鎮惡以五月生家人以俗忌○五月下宋書有五日二字

鎮惡身被五箭手所執矟手中破折○手中上宋書有於字

朱齡石弟超石傳長孫嵩三萬騎肉薄攻營○肉監本訛內今改正

大軍進赴蒲坂○坂監本誤坡今改正

傅弘之傳洪生梁州刺史歆○歆宋書及南本俱作韶

朱脩之傳有餉皆受得輒與佐史賭之未嘗入已○史宋書作吏

王玄載弟玄邈傳乃北通魏遣書結玄邈○通監本訛勸今从南本

南史卷十七

唐 李延壽 撰

列傳第七

劉敬宣 劉懷肅 弟懷敬 懷慎

劉粹 族弟損 孫處 蒯恩

向靖 子柳 劉鍾 虞丘進

孟懷玉 弟龍符 胡藩 劉康祖 伯父簡之 簡之弟謙之 簡之子道產 道產子延孫

劉敬宣字萬壽彭城人也父牢之晉鎮北將軍敬宣八歲喪母晝夜號泣中表異之輔國將軍桓序鎮蕪湖牢之參序軍事四月八日敬宣見衆人灌佛乃下頭上金鏡爲母灌像因悲泣不自勝序謂牢之曰卿此兒非唯家之孝子必爲國之忠臣起家王恭前軍參軍又參會稽世子元顯征虜軍事隆安二年王恭起兵京口以誅司馬尚之爲名牢之時爲恭前軍司馬恭以豪戚自居甚相陵忽牢之心不能平及恭此舉使牢之爲前鋒牢之遣敬宣襲恭敗之元顯以敬宣爲後將軍諮議參軍三年孫恩爲亂牢之自表東討敬宣請以騎傍南山趣其後吳賊畏馬又懼首尾受敵遂大敗之進平會稽遷後軍從事中郎宋武帝既累破祆賊功名日盛敬宣深相憑結元顯進號驃騎敬宣仍隨府轉元顯驕肆羣下化之敬宣每預宴會調戲無所酬答元顯甚不悅元興元年牢之南討桓玄元顯爲征討大都督日夜昏酣牢之以道子昏闇元顯淫凶慮平玄之日亂政方始會玄遣信說牢之牢之欲假手於玄誅執政然後乘玄之隙可以得志天下將許玄降敬宣諫恐玄威望既成則難圖牢之怒曰吾豈不知今日取之如反覆手但平後令我奈驃騎何遣敬宣爲任玄既得志害元顯廢道子以牢之爲會稽太守牢之與敬宣謀襲玄期以明旦爾日大霧府門晚開日旰敬宣不至牢之謂謀泄欲奔廣陵而敬宣還京口迎家牢之謂已爲玄禽乃縊而死敬宣奔喪哭畢就司馬休之高雅之等俱奔洛陽往來長安求救於姚興後奔慕容德敬宣素明天文知必有興復晉室者尋夢丸土服之覺而喜曰丸者桓也桓吞吾當復本土乎乃結青州大姓諸省封謀滅德推休之爲主時德司空劉軌大被任高雅之又要軌謀泄乃相與殺軌而去會宋武帝平京口手書召敬宣卽馳還襲封武岡縣男後拜江州刺史劉毅之少人或以雄桀許之敬宣曰此人外寬內忌自伐而尚人若一旦遭逢當以陵上取禍毅聞深恨及在江陵知敬宣還尋知爲江州大駭惋敬宣愈不自安安帝反正自表求解武帝恩款周洽所賜莫與爲比敬宣女嫁賜錢三百萬雜綵千匹帝方大相寵任欲令立功義熙三年表遣敬宣伐蜀博士周祇諫以爲道遠運漕難繼毛脩之家讐不雪不應以得死爲恨劉敬宣蒙生存之恩亦宜性命仰答將軍欲驅二死之甘心亡國家之重計愚情竊所未安不從假敬宣節監征蜀諸軍事敬宣至黃武去成都五百里食盡遇疾疫而還爲有司奏免官五年武帝伐慕容超除中軍諮議參軍與兗州刺史劉藩大破超軍進圍廣固屢獻規略盧循逼建鄴敬宣分領鮮卑獸班突騎置陣甚整循走仍從南討爲左衞將軍敬宣寬厚善待士多伎藝弓馬音律無事不善尚書僕射謝混美才地少所交納與敬宣遇便盡禮或問混卿未嘗輕交而傾蓋劉壽何也混曰孔文舉禮太史子義天下豈有非之邪初敬宣蜀還劉毅欲以重法繩之武帝既相任待又何無忌謂不宜以私憾傷至公毅雖止猶謂武帝曰平生之舊豈可孤信光武悔之於龐萌曹公失之於孟卓宜深慎之毅出爲荊州謂敬宣曰欲屈卿爲長史南蠻豈有見輔意乎敬宣懼禍以告武帝帝笑曰但令老兄平安必無過慮後領冀州刺史時帝西討劉毅豫州刺史諸葛長人監太尉軍事貽敬宣書曰盤龍狠戾專恣自取夷滅異端將盡世路方夷富貴之事相與共之敬宣報曰下官常懼福過災生實思避盈居損富貴之旨非所敢當便以長人書呈帝謂王誕曰阿壽故爲不負我十一年進號右軍將軍時晉宗室司馬道賜爲敬宣參軍會武帝西征司馬休之而道賜乃陰結同府辟閭道秀左右小將王猛子等謀反道賜自號齊王規據廣固舉兵應休之猛子取敬宣刀殺敬宣文武佐吏卽討道賜道秀猛子斬之先是敬宣嘗夜與僚佐宴空中有投一隻芒屩於坐墜敬宣食盤上長三尺五寸已經人著耳鼻間並欲壞頃之而敗喪至武帝臨哭甚哀子光祖嗣宋受禪國除

劉懷肅彭城人宋武帝從母兄也家世貧窶而躬耕好學仕晉爲費令及聞武帝起義棄縣來奔義熙元年爲輔國將軍淮南歷陽二郡太守二年又領劉毅撫軍司馬以建義功封東興縣侯其冬桓石綏司馬國璠陳襲於胡桃山聚衆爲寇懷肅討破之江淮間羣蠻及桓氏餘黨爲亂懷肅自請討之及行失旨毅上表免懷肅官三年卒追贈左將軍無子弟懷慎以子蔚祖嗣位江夏內史蔚祖卒子道存嗣位太尉江夏王義恭諮議參軍孝武伐元凶道存出奔義軍元凶乃殺其母以狗景和中爲義恭太宰從事中郞義恭敗以黨與下獄死

懷肅次弟懷敬澀訥無才能初武帝產而皇妣殂孝皇帝貧薄無由得乳人議欲不舉帝從母生懷敬未朞乃斷懷敬乳而自養帝帝以舊恩懷敬累見寵授至會稽太守時以爲速武帝曰亡姨於我恩重此何可忘歷尚書金紫光祿大夫懷敬子眞道錢塘令元嘉十三年東土饑帝遣揚州中從事史沈演之巡行在所演之表眞道及餘杭令劉道錫有美政上嘉之各賜穀千斛以眞道爲步兵校尉十四年出爲梁南秦二州刺史十八年氐帥楊難當侵寇漢中眞道討破之而難當寇盜猶不已文帝遣龍驤將軍裴方明率禁兵五千受眞道節度十九年方明至武興率太子積弩將軍劉康祖等進軍大致剋捷以眞道爲建威將軍雍州刺史方明輔國將軍梁南秦二州刺史又詔故晉壽太守姜道盛殞身鋒鏑可賵給事中賜錢十萬道盛注古文尚書行於世眞道方明並坐破仇池斷割金銀諸雜寶貨又藏難當善馬下獄死

懷敬弟懷慎少謹慎質直從宋武帝征討位徐州刺史爲政嚴猛境內震肅以平廣固盧循功封南城縣男十二年武帝北伐以爲中領軍征虜將軍宿衞輦轂坐府內相殺免官雖名位轉優而恭恪愈至每所之造位任不踰己者皆束帶門外下車其謹退類如此永初元年以佐命功進爵爲侯位五兵尚書加散騎常侍光祿大夫景平元年遷護軍將軍祿賜班於宗族家無餘財卒謚肅侯子德願嗣大明初爲遊擊將軍領石頭戍事坐受賈客韓佛智貨下獄奪爵後爲秦郡太守德願性麤率爲孝武狎侮上寵姬殷貴妃薨葬畢數與羣臣至殷墓謂德願曰卿哭貴妃若悲當加厚賞德願應聲便號慟撫膺擗踊涕泗交流上甚悅以爲豫州刺史又令醫術人羊志哭殷氏志亦嗚咽他日有問志卿那得此副急淚志時新喪愛姬答曰我爾日自哭亡妾耳志滑稽善爲諧謔上亦愛狎之德願善御車嘗立兩柱使其中劣通車軸乃於百餘步上振轡長驅未至數尺打牛奔從柱間直過其精如此孝武聞其能爲之乘畫輪車幸太宰江夏王義恭第德願岸著籠冠短朱衣執轡進止甚有容狀永光中爲廷尉與柳元景厚善元景敗下獄誅懷慎庶長子榮祖少好騎射爲武帝所知及盧循攻逼時賊乘小艦入淮拔柵武帝宣令三軍不得輒射賊榮祖不勝憤怒冒禁射之所中應弦而倒帝益奇焉以戰功參太尉軍事從討司馬休之彭城內史徐逵之敗沒諸將意沮榮祖請戰愈厲上乃解所著鎧授之榮祖陷陣身被數創及帝北伐轉鎮西中兵參軍水軍入河與朱超石大破魏軍於半城帝大饗戰士謂榮祖曰卿以寡剋衆攻無堅城雖古名將何以過此永初中爲輔國將軍追論平城功賜爵都鄉侯榮祖爲人輕財貴義善撫將士然性褊頗失士君子心卒于官懷慎弟懷默江夏內史子孫登子亮少工刀楯以軍功封順陽縣侯歷梁益二州刺史在任廉儉所得公祿悉以還官宋明帝下詔褒美亮在梁州忽服食欲致長生迎武當山道士孫懷道使合仙藥藥成服之而卒及就斂屍弱如生謚曰剛侯孫登弟道隆前廢帝景和中位右衞將軍封永昌縣侯委以腹心之任泰始初又爲明帝盡力遷左衞將軍中護軍賜死事在建安王休仁傳

劉粹字道冲沛郡蕭人也家在京口初爲州從事從宋武帝平建鄴征廣固以功封西安縣五等侯累遷中軍諮議參軍盧循之逼京口任重文帝時年四歲武帝使粹奉文帝鎮京口後爲江夏相族兄毅貳於武帝粹不與毅同而盡心武帝帝將謀毅衆並疑粹在夏口帝愈

信之及大軍至竭其誠力事平封灄縣男永初元年以佐命功改封建安縣侯文帝即位爲雍州刺史加都督元嘉三年討謝晦初晦與粹善以粹子曠之爲參軍至是帝甚疑之王弘曰粹無私必無憂也及受命南討一無所顧文帝以此嘉之晦亦不害曠之遣還粹尋卒曠之嗣粹弟道濟位益州刺史任長史費謙等聚斂傷政害人初晉末有司馬飛龍者自稱晉宗室走仇池元嘉九年聞道濟綏撫失和遂自仇池入綿竹爲亂道濟遣軍討斬之先是道濟以五城人帛氏奴梁顯爲參軍督護費謙固執不與遠方商人至者謙又抑之商旅呼嗟百姓咸欲爲亂氏奴等因聚黨爲盜及趙廣等詐言司馬殿下猶在陽泉山中蜀土僑舊翕然並反奉道人程道養言是飛龍道養枹罕人也趙廣改名爲龍興號爲蜀王車騎大將軍益梁二州牧建號泰始元年備置百官以道養弟道助爲驃騎將軍長沙王鎮涪城廣自號鎮軍將軍帛氏奴爲征虜將軍梁顯爲征北將軍奉道養圍成都道濟遣中兵參軍裴方明頻破之十年正月賊復大至攻逼成都道濟卒方明等共埋尸於後齋使書與道濟相似者爲教酬答籤疏不異常日雖母妻不知也二月道養升壇郊天方就柴燎方明擊大敗之會平西將軍臨川王義慶使巴東太守周籍之帥衆援成都廣等屯據廣漢分守郫川籍之與方明攻郫克之方明禽僞驃騎將軍司馬龍伸斬之龍伸即道助也涪蜀皆平俄而張尋攻破陰平復與道養合逃於郪山其餘羣賊出爲盜不絕文帝遣寧朔將軍蕭汪之討之十四年餘黨乃平遷趙廣張尋等於建鄴十六年廣尋復與國山令司馬敬琳謀反伏誅粹族弟損字子騫衛將軍毅從父弟也父鎮之字仲德以毅貴顯閑居京口未嘗應召常謂毅汝必破我家毅甚畏憚每還京口未嘗敢以華儀入鎮之門左光祿大夫徵不就卒於家損元嘉中爲吳郡太守至昌門便入太伯廟時廟室頹毀垣牆不修損愴然曰清塵尚可髣髴衛宇一何摧頽即令修葺卒贈太常損同郡宗人有劉伯龍者少而貧薄及長歷位尚書左丞少府武陵太守貧窶尤甚常在家慨然召左右將營十一之方見一鬼在傍撫掌大笑伯龍歎曰貧窮固有命乃復爲鬼所笑也遂止

孫處字季高會稽永興人也籍注字故以字行少任氣武帝征孫恩季高樂從及平建鄴封新番縣五等侯盧循之難武帝謂季高曰此賊行破非卿不能破其窟穴即遣季高泛海襲番禺拔之循父嘏長史孫建之司馬盧匡夫等輕舟奔始興即分遣振武將軍沈田子等討平嶺表諸郡循於左里走還襲廣州季高破走之義熙七年季高卒追贈南海太守封候官縣侯九年武帝表贈交州刺史

蒯恩字道恩蘭陵承人也武帝征孫恩縣差恩伐馬芻常負大束兼倍餘人每捨芻於地歎曰大丈夫彎弓三石奈何充馬士武帝聞之即給器仗自征妖賊常爲先登膽力過人甚見愛信於婁縣戰箭中右目平京城定建鄴以軍功封都鄉侯從伐廣固破盧循隨劉藩追斬徐道覆與王鎮惡襲江陵隨朱齡石伐蜀又從伐司馬休之自從征討凡百餘戰身被重創武帝錄其前後功封新寧縣男武帝北伐留恩侍衛世子命朝士與之交恩益自謙損與人語常呼位官自稱鄙人撫士卒甚有恩紀世子開府再遷爲司馬後入關迎桂陽公義眞沒於赫連勃勃傳國至孫無子國除

向靖字奉仁小字彌河內山陽人也名與武帝祖諱同故以小字行彌與武帝有舊從平京城參建武軍事進平建鄴以功封山陽縣五等侯又從征廣固討盧循所在著績封安南縣男武帝西伐司馬休之征關中並見任使及帝受命以佐命功封曲江縣侯位太子左衛率加散騎常侍卒於官彌立身儉約不營室宇無園田商貨之業時人稱之子植嗣多過失不受母訓奪爵更以植次弟楨紹封又坐殺人國除

楨弟柳字玄季有學義才能立身方雅太尉袁淑司空徐湛之東揚州刺史顏竣皆與友善及竣貴柳猶以素情自許不推先之順陽范璩誡柳曰名位不同禮有異數卿何得作曩時意邪柳曰我與士遜心期久矣豈可一旦以勢利處之及柳爲南康郡涉義宣事敗繫建康獄屢密請竣求相申救孝武嘗與竣言及柳事竟不助之柳遂伏法璩字伯玉平北將軍汪曾孫也位淮南太守

劉鍾字世之彭城人也少孤依鄉人中山太守劉回共居常慷慨於貧賤從宋武帝征伐盡其心力及義旗建帝拔鍾爲郡主簿曰豫是彭城鄉人赴義者並可依劉主簿於是立義隊連戰皆捷及桓謙屯於東陵卞範之屯覆舟山西武帝疑賊有伏兵顧左右政見鍾謂曰此山下當有伏兵卿可往探之鍾馳進果有伏兵一時奔走後除南齊國內史封安丘縣五等侯求改葬父祖及親屬十喪帝厚加資給從征廣固孟龍符於陣陷沒鍾直入取其屍而反盧循逼建鄴鍾拒柵身被重創賊不得入循南走鍾又隨劉藩追徐道覆斬之後隨朱齡石伐蜀爲前鋒去成都二百里鍾于時脚疾齡石乃詣鍾謀且欲養銳息兵以伺其隙鍾曰不然前揚言大衆向內水譙道福不敢捨涪城今重軍卒至出其不意蜀人已破膽矣賊今阻兵守險是其懼不敢戰非能持久也因其兇懼攻之其勢必剋若緩兵彼將知人虛實當爲蜀子虜耳齡石從之明日陷其二城徑平成都以廣固功封永新縣男十二年武帝北伐鍾居守累遷右衛將軍元熙元年卒傳國至孫齊受禪國除

虞丘進字豫之東海郯人也少時隨謝玄討苻堅有功封關內侯後從宋武帝征孫恩頻戰有功從定建鄴除燕國內史封龍川縣五等侯及盧循逼都孟昶等議奉天子過江進廷議不可面折昶等武帝甚嘉之除鄱陽太守後隨劉藩斬徐道覆義熙九年以前後功封望蔡縣男永初二年累遷太子右衛率卒追論討司馬休之功進爵爲子傳國至曾孫齊受禪國除

孟懷玉平昌安丘人也世居京口宋武帝東伐孫恩以爲建武司馬豫義旗從平京口定建鄴以功封鄱陽縣五等侯盧循逼都以戰功爲中書諮議參軍循平封陽豐縣男位江州刺史南中郎將卒官無子國除

懷玉弟龍符驍果有膽氣早爲武帝所知以軍功封平昌縣五等子從伐廣固以車騎將軍加龍驤將軍廣川太守乘勝追奔被圍見害追贈青州刺史封臨沅縣男

胡藩字道序豫章南昌人也少孤居喪以毀聞太守韓伯見之謂藩叔尚書少廣曰卿此姪當以義烈成名州府辟不就須二弟冠婚畢乃參郗恢征虜軍事時殷仲堪爲荊州刺史藩外兄羅企生爲仲堪參軍藩過江陵省企生因說仲堪曰桓玄意趣不常節下崇待太過非將來計也仲堪不悅藩退謂企生曰倒戈授人必至大禍不早去後悔無及後玄自夏口襲仲堪藩參玄後軍軍事仲堪敗企生果以附從及禍藩轉參太尉大將軍相國軍事宋武帝起兵玄戰敗將出奔藩扣馬曰今羽林射手猶有八百皆是義故西人一旦捨此欲歸可復得乎玄直以鞭指天而已於是奔散相失追及玄於蕪湖玄見藩喜謂張須無曰卿州故爲多士今復見王修桑落之敗藩艦被燒幷鎧入水潛行三十許步方得登岸乃還家武帝素聞藩直言於殷氏又爲玄盡節召參鎮軍軍事從征慕容超超軍屯聚臨朐藩言於武帝曰賊屯軍城外留守必寡今往取其城而斬其旗幟此韓信所以剋趙也帝乃遣檀韶與藩潛往即剋其城賊見城陷一時奔走還保廣固圍之將拔之夜忽有烏大如鵝蒼黑色飛入帝帳裏衆以爲不祥藩賀曰蒼黑者胡虜色胡虜歸我大吉之祥明旦攻城陷之從討盧循於左里頻戰有功封吳平縣五等子尋除鄱陽太守從伐劉毅初毅當之荊州表求東道還建鄴辭墓去都數十里不過拜闕帝出倪塘會毅藩請殺之乃謂帝曰公謂劉衞軍爲公下乎帝曰卿謂何如對曰夫豁達大度功高天下連百萬之衆允天人之望毅固以此服公至於涉獵記傳一詠一談自許以雄豪加以誇伐搢紳白面之士輻湊而歸此毅不肯爲公下也帝曰吾與毅俱有剋復功其過未彰不可自相圖至是謂藩曰昔從卿倪塘之謀無今舉也又從征司馬休之復爲參軍徐逵之敗沒帝怒即日於馬頭岸度江江津岸壁立數丈休之臨岸置陣無由可登帝呼藩令上藩有疑色帝怒令左右錄來欲斬之藩不受命顧曰寧前死耳以刀頭穿岸劣容脚指徑上隨之者稍多及登殊死戰敗之從伐關中參太尉軍事統別軍至河東暴風漂輜重艦度北岸魏軍牽得此艦藩氣憤率左右十二人乘小船徑往魏騎五六百見藩來並笑之藩素善射登岸射之應弦而倒者十許人魏軍皆退悉收所失而反又遣藩及朱超石等追魏軍於半城魏騎數萬合圍藩及超石不盈五千力戰大破之武帝還彭城參相國軍事論平司馬休之及廣固功封陽山縣男元嘉中位太子左衞率卒謚曰壯侯子隆世嗣藩諸子多不遵法度第十四子遵世同孔熙先逆謀文帝以藩功臣不欲顯其事使江州以他事殺之十六子誕世十七子茂世後欲奉庶人義康交州刺史檀和之至豫章討平之

劉康祖彭城呂人也世居京口父虔之輕財好施位江夏相宋武帝西征司馬休之及魯宗之宗之子軌襲殺虔之追贈梁秦二州刺史封新康縣男康祖便弓馬膂力絕人以浮蕩蒱酒爲事每犯法爲郡縣所錄輒越屋踰牆莫之能禽夜入人家爲有司所圍突圍去並莫敢追因夜還京口半夕便至明旦守門詣府州要職俄而建康移書錄之府州執事者並證康祖其夕在京遂得無恙前後屢被糺劾文帝以勳臣子每原貸之後襲封拜員外郎再坐蒱戲免官孝武爲豫州刺史鎮歷陽以康祖爲征虜中兵參軍旣被委任折節自修歷南平王鑠安蠻府司馬元嘉二十七年魏太武帝親率大衆攻圍汝南文帝遣諸軍救援康祖摠統爲前驅次新蔡攻破魏軍去懸瓠四十里太武燒營而還轉左軍將軍文

帝欲大舉北侵康祖以歲月已晚請待明年上不許其年秋蕭斌王玄謨沈慶之等入河康祖率豫州軍出許洛玄謨等敗歸南平王鑠在壽陽上慮爲魏所圍召康祖速反康祖回軍未至壽陽數十里會魏永昌王以長安之衆八萬騎與康祖相及於尉武康祖有八千人乃結車營而進魏軍四面來攻衆分爲三且休且戰康祖率厲將士無不一當百魏軍死者大半流血沒踝矢中頭而死於是大敗舉營淪覆免者裁數十人魏人傳康祖首示彭城面如生贈益州刺史謚曰壯

康祖伯父簡之有志幹爲宋武帝所知帝將謀興復收集才力之士嘗再造簡之會有客簡之悟其意謂虔之曰劉下邳再來必當有意既不得語汝可試往見之及虔之至武帝已剋京口虔之卽投義簡之聞之殺耕牛會衆以赴之位太尉諮議參軍簡之弟謙之好學撰晉紀二十卷位廣州刺史太中大夫

簡之子道產初爲無錫令襲爵晉安縣五等侯元嘉三年累遷梁南秦二州刺史加都督在州有惠化後爲雍州刺史領寧蠻校尉加都督兼襄陽太守善於臨職在雍部政績尤著蠻夷前後不受化者皆順服百姓樂業由此有襄陽樂歌自道產始也卒于官謚曰襄侯道產澤被西土及喪還諸蠻皆備縗絰號哭追送至于沔口

長子延孫孝武初位侍中封東昌縣侯累遷尚書右僕射大明元年除金紫光祿大夫領太子詹事又出爲南徐州刺史先是武帝遺詔京口要地去都密邇自非宗室近戚不得居之劉氏之居彭城者分爲三里帝室居綏輿里左將軍劉懷肅居安上里豫州刺史劉懷武居叢亭里三里及延孫所居呂縣凡四劉雖同出楚元王由來不序昭穆延孫於帝室本非同宗不應有此授時司空竟陵王誕爲徐州上深相畏忌不欲使居京口遷之廣陵廣陵與京口對岸使腹心爲徐州據京口以防誕故以南徐州授延孫而與之合族使諸王序親三年南兗州刺史竟陵王誕有罪不受徵延孫馳遣中兵參軍杜幼文赴討及至誕已閉城自守乃還誕遣劉公泰齎書要之延孫斬公泰送首建鄴復遣幼文受沈慶之節度五年詔延孫曰舊京樹親由來常準今此防久弭當以還授小兒乃徵延孫爲侍中尚書左僕射領護軍延孫病不任拜赴卒贈司徒給班劒二十人有司奏謚忠穆詔改爲文穆子質嗣

論曰劉敬宣與宋武恩結龍潛義分早合雖興復之始事隔逢迎而深期久要未之或爽隆赫之任遂止於人存飾終之數無聞於身後恩禮之有厚薄將別有以乎劉懷肅劉懷愼劉粹孫處蒯恩向靖劉鍾虞丘進孟懷玉孟龍符胡藩等或階緣恩舊一其心力或攀附風雲奮其鱗羽咸能振拔塵滓自致封侯詩云無德不報其言信矣康祖門奉興王早裂封壤受委疆場赴蹈爲期道產樹績漢南歷年踰十遺風餘烈有足稱焉覽其行事可謂異迹均美延孫隆名盛寵擇而後授遂以腹心之託自致宗臣之重亦其過也

南史卷十七考證

劉懷肅傳桓石綏司馬國璠陳襲於胡桃山聚衆爲寇○綏監本訛緩今改正

劉粹傳道養枹罕人也○枹監本訛抱今改正

虞邱進傳少時隨謝玄討苻堅○謝玄下監本衍謝玄二字今从宋書刪去

劉康祖傳歷南平王鑠安蠻府司馬○鑠監本訛鑠今改正

南史卷十八

唐　李延壽　撰

列傳第八

趙倫之子伯符　蕭思話子惠開　惠明　惠明子昕素　惠明弟惠基　惠基子洽　惠基弟惠休　惠休弟子介　介子允　引　惠開從子琛

臧燾玄孫嚴　嚴族叔未甄　未甄子盾　厥　燾弟熹　熹子質

趙倫之字幼成下邳僮人宋孝穆皇后之弟也幼孤貧事母以孝稱宋武帝起兵以軍功封閩中縣五等侯累遷雍州刺史武帝北伐倫之遣順陽太守傅弘之扶風太守沈田子出嶢柳大破姚泓於藍田及武帝受命以佐命功封霄城縣侯少帝卽位徵拜護軍元嘉三年拜領軍將軍倫之雖外戚貴寵而居身儉素性野拙澀於人間世事多所不解久居方伯公私富貴入爲護軍資力不稱以爲見貶光祿大夫范泰好戲笑謂曰司徒公缺必用汝老奴我不言汝資地所任要是外戚高秩次第所至耳倫之大喜每載酒肴詣泰五年卒謚元侯子伯符嗣

伯符字潤遠少好弓馬爲寧遠將軍總領義徒以居宮城北每火起及有劫盜輒身貫甲冑助郡縣赴討武帝甚嘉之文帝卽位累遷徐兗二州刺史爲政苛暴吏人畏憚如與虎狼居而劫盜遠迸無敢入境元嘉十八年徵爲領軍將軍先是外監不隸領軍宜相統攝者自有別詔至此始統領焉後爲丹陽尹在都巖酷曹局不復堪命或委叛被錄投水而死典筆吏取筆失旨頓與五十鞭子倩尚文帝第四女海鹽公主甚愛重倩嘗因言戲以手擊主事上聞文帝怒離婚伯符慙懼發病卒謚曰肅傳國至孫勗齊受禪國除

蕭思話南蘭陵人宋孝懿皇后弟子也父源之字君流歷徐兗二州刺史永初元年卒贈前將軍思話十歲許時未知書好騎屋棟打細腰鼓侵暴鄰曲莫不患毒之自此折節數年中遂有令譽頗工隸書善彈琴能騎射後襲爵封陽縣侯元嘉中爲青州刺史亡命司馬朗之兄弟聚黨謀爲亂思話遣北海太守蕭汪之討斬之八年魏軍大至乃棄鎮奔平昌魏軍定不至由是徵繫尚方初在青州常所用銅斗覆在藥廚下忽於斗下得二死雀思話歎曰斗覆而雙雀殞其不祥乎既而被繫及梁州刺史甄法護在任失和氐帥楊難當因此寇漢中乃自徒中起思話爲梁南秦二州刺史平漢中悉收侵地置戍葭萌水思話遷鎮南鄭法護中山無極人也過江寓居南郡弟法崇自少府爲益州刺史法護委鎮之罪爲府所收於獄賜死文帝以法崇受任一方命言法護病卒文帝使思話上定漢中本末下之史官十四年遷臨川王義慶平西長史南蠻校尉文帝賜以弓琴手敕曰前得此琴言是舊物今以相借并往桑弓一張理材乃快良材美器宜在盡用之地丈人真無所與讓也嘗從文帝登鍾山北嶺中道有盤石清泉上使於石上彈琴因賜以銀鍾酒謂曰相賞有松石間意歷寧蠻校尉雍州刺史監四州軍事徵爲吏部尚書思話以去州無復事力倩府軍身九人文帝戲之曰丈人終不爲田父於閭里何憂無人使邪未拜遷護軍將軍是時魏攻懸瓠文帝將大舉北侵朝士僉同思話固諫不從魏軍退卽代孝武爲徐兗二州刺史監四州軍事後爲圍碻磝城不拔退師歷下爲江夏王義恭所奏免官元凶弒立以爲徐兗二州刺史卽起義以應孝武孝武卽位徵爲尚書左僕射固辭改爲中書令丹陽尹散騎常侍時都下多劫掠二旬中十七發引咎陳遜不許後拜郢州刺史加都督卒贈征西將軍開府儀同三司謚曰穆侯思話外戚令望早見任待歷十二州杖節監督者九焉所至雖無皎皎清節亦無穢黷之累愛才好士人多歸之

長子惠開少有風氣涉獵文史家雖貴戚而居服簡素初爲祕書郎意趣與人多不同比肩或三年不共語外祖光祿大夫沛郡劉成戒之曰汝恩戚家子無多異以取天下之疾轉太子舍人與汝南周朗同官友善以偏奇相尚孝建元年爲黃門侍郎與侍中何偃爭推積射將軍徐沖之事偃任遇甚隆怒使門下推彈惠開乃上表解職由此忤旨別敕有司以屬疾多免之思話素恭謹與惠開不同每加嫌責及見惠開自解表歎曰兒不幸與周朗周旋理應如此杖之二百尋除中庶子丁父艱居喪有孝性家素事佛凡爲父起四寺南岡下名曰禪岡寺曲阿舊鄉宅名曰禪鄉寺京口墓亭名曰禪亭寺所封封陽縣名曰禪封寺謂國僚曰封秩鮮而兄弟甚多若全關一人則在我所讓若人人等分又事可悲耻寺衆既立自宜悉供僧衆襲封封陽縣侯爲新安王子鸞冠軍長史惠開妹當適桂陽王休範女又當適孝武子發遣之資應須二千萬乃以爲豫章內史聽其肆意聚納由是在郡著貪暴之名再遷御史中丞孝武與劉秀之詔曰今以蕭惠開爲憲司冀當稱職但一往眼額已自殊有所震及在職百僚憚之後拜益州刺史路經江陵時吉翰子在荆州共惠開有舊爲設女樂樂人有美者惠開就求不得又欲以四女妓易之不許惠開怒收吉斬之卽納其妓啓云吉爲劉義宣所遇交結不逞向臣訕毀朝政輒已戮之孝武稱快惠開素有大志至蜀欲廣樹經畧善於敘述聞其言者皆以爲大功可立才疏意廣竟無成功嚴用威刑蜀人號曰臥虎明識過人嘗三千沙門一閱其名退無所失明帝卽位晉安王子勛反惠開乃集將佐謂曰吾荷世祖之眷當投袂萬里推奉九江蜀人素怨惠開嚴及是所遣兵皆不得前晉原郡及諸郡悉應並來圍城城內東兵不過二千凡蜀人惠開疑之悉皆遣出子勛尋敗蜀人並欲屠城以望厚賞明帝以蜀土險遠赦其誅責遣其弟惠基使蜀宣旨而蜀人志在屠城不使王命速達遏留惠基惠基破其渠帥然後得前惠開奉旨歸順城圍得解明帝又遣惠開宗人寶首水路慰勞益州寶首欲以平蜀爲功更獎說蜀人處處蜂起惠開乃啓陳情事遣宋寧太守蕭惠訓州別駕費欣業分兵並進大破之禽寶首送之惠開至都明帝問其故侍衛左右莫不悚然側目惠開舉動自若從容答曰臣唯知逆順不識天命又云非臣不亂非臣不平初惠開府錄事參軍劉希微負蜀人

責將百萬爲責主所制未得俱還惠開與希微共事不厚而廐中凡有馬六十疋悉以乞希微償責其意趣不常如是惠開還貲二千餘萬悉散施道俗一無所留後除桂陽王休範征北長史南東海太守其年會稽太守蔡興宗之郡惠開自京口請假還都相逢於曲阿惠開先與興宗名位略同又經情款自以負釁摧屈慮興宗不能詣已戒勒部下蔡會稽部伍若問愼不得答惠開素嚴部下莫敢違興宗見惠開舟力甚盛遣人訪訊事力二三百人皆低頭直去無一人答者尋除少府加給事中惠開素剛至是益不得志曰大丈夫入管喉舌出莅方伯乃復低頭入中邪寺內所住齋前嚮種花草甚美惠開悉剗除別種白楊每謂人曰人生不得行胷懷雖壽百歲猶爲夭也發病嘔血吐物如肝肺者卒子睿嗣齊受禪國除惠開與諸弟並不睦惠基使至益州遂不相見與同產弟惠明亦致嫌隙云

惠明其次弟也亦有時譽泰始初爲吳興太守郡界有卞山山下有項羽廟相承云羽多居郡聽事前後太守不敢上惠明謂綱紀曰孔季恭嘗爲此郡未聞有災遂盛設筵榻接賓數日見一人長丈餘張弓挾矢向惠明旣而不見因發背旬日而卒

子眎素梁天監中位丹陽尹丞初拜日武帝賜錢八萬眎素一朝散之親友遷司徒左西屬南徐州中從事性靜退少嗜慾好學能清言榮利不關於中喜怒不形於色在人間及居職並任情通率不自矜尚天然簡素及在京口便有終焉之志後爲中書侍郎在位少時求爲諸暨令到縣十餘日挂衣冠於縣門而去獨居屏事非親戚不得至其籬門妻即齊太尉王儉女久與別居遂無子卒親故迹其事行謚曰貞文先生

惠明弟惠基幼以外戚見宋江夏王義恭歎其詳審以女結婚歷中書黃門郎惠基善隸書及奕棊齊高帝與之情好相得桂陽王休範妃惠基姊也高帝謂之曰卿家桂陽遂復作賊高帝頓新亭壘以惠基爲軍副惠基弟惠朗親爲休範攻戰惠基在城內了不自疑後爲長兼侍中袁粲劉彥節起兵之夕高帝以彥節是惠基妹夫惠基時直在省遣王敬則觀其指趣見惠基安靜不與彥節相知由是益加恩信仕齊爲都官尚書掌吏部永明中爲侍中領驍騎將軍尚書令王儉朝宗貴望惠基同在禮閤非公事不私覿焉遷太常加給事中自宋大明以來聲伎所尚多鄭衞而雅樂正聲鮮有好者惠基解音律尤好魏三祖曲及相和歌每奏輒賞悅不能已當時能棊人琅邪王抗第一品吳郡褚思莊會稽夏赤松第二品赤松思速善於大行思莊戲遲巧於鬬棊宋文帝時羊玄保爲會稽帝遣思莊入東與玄保戲因置局圖還於帝前覆之齊高帝使思莊與王抗交賭自食時至日暮一局始竟上倦遣還省至五更方决抗睡於局後寢思莊達旦不寐時或云思莊所以品第致高緣其用思深久人不能及抗思莊並至給事中永明中敕使抗品棊竟陵王子良使惠基掌其事初思話先於曲阿起宅有閑曠之致惠基常謂所親曰須婚嫁畢當歸老舊廬立身退素朝廷稱爲善士卒贈金紫光祿大夫

子洽字宏稱幼敏悟年七歲誦楚辭略上口及長好學博涉善屬文仕梁位南徐州中從事近畿重鎭職吏數千人前後居者皆致巨富洽清身率職饋遺一無所受妻子不免飢寒累遷臨海太守爲政清平不尚威猛人俗便之後拜司徒左長史敕撰當塗堰碑辭甚贍麗卒於官文集二十卷行於世

惠基弟惠休齊永明四年爲廣州刺史罷任獻奉傾資上敕中書舍人茹法亮曰可問蕭惠休故當不復私邪吾欲分受之也後封建安縣子永元元年從吳興太守徵爲尚書右僕射吳興郡項羽神舊酷烈人云惠休事神謹故得美遷于時朝士多見殺二年惠休還至平望帝令服藥而卒贈金紫光祿大夫惠休弟惠朗同桂陽賊齊高帝赦之後爲西陽王征虜長史行南兗州事坐法免官惠朗弟惠蒨仕齊左戶尚書子介

介字茂鏡少穎悟有器識梁大同中武陵王紀爲揚州刺史以介爲府長史在職以清白稱武帝謂何敬容曰蕭介甚貧可以處一郡復曰始興郡頻無良守可以介爲之由是出爲始興太守及至甚著威德徵爲少府卿尋加散騎常侍會侍中闕選司舉王筠等四人並不稱旨帝曰我門中久無此職宜用蕭介爲之應對左右多所匡正帝甚重之遷都官尚書每軍國大事必先訪介帝謂朱异曰端右材也中大同二年辭疾致仕帝優詔不許終不肯起乃遣謁者僕射魏祥就拜光祿大夫太清中侯景於渦陽敗走入壽陽帝敕助防韋黯納之介聞而上表致諫極言不可帝省表歎息卒不能用介性高簡少交游唯與族兄琛從兄眎素及洽從弟淑等文酒賞會時人以比謝氏烏衣之游初武帝總延後進二十餘人置酒賦詩臧盾以詩不成罰酒一斗盾飲盡顏色不變言笑自若介染翰便成文無加點帝兩美之曰臧盾之飲蕭介之文即席之美也年七十三卒於家

第三子允字叔佐少知名風神凝遠通達有識鑒容止醞藉仕梁位太子洗馬侯景攻陷臺城百僚奔散允獨整衣冠坐于宮坊景軍敬焉弗之逼也尋出居京口時寇賊縱橫百姓波駭允獨不行人問其故允曰性命自有常分豈可逃而免乎方今百姓爭欲奮臂而論大功何事於一書生哉莊周所謂畏影避迹吾弗爲也乃閉門靜處併日而食卒免於患陳永定中侯安都爲南徐州刺史躬造其廬以申長幼之敬宣帝即位爲黃門侍郎晉安王爲南豫州以爲長史時王尚少未親人務故委允行府事入爲光祿卿允性敦重未嘗以榮利干懷及晉安出鎭湘州又苦攜允允少與蔡景歷善子徵修父黨之敬聞允將行乃詣允曰公年德並高國之元老從容坐鎭旦夕自爲列曹何爲方辛苦蕃外荅曰已許晉安豈可忘信其恬榮勢如此至德中鄱陽王出鎭會稽允又爲長史帶會稽郡丞行經延陵季子廟設蘋藻之薦託異代之交爲詩以敘意辭理清典後主嘗問蔡徵允之爲人徵曰其清虛玄遠殆不可測至於文章可得而言因誦允詩以對後主嗟賞久之尋拜光祿大夫及隋師濟江允遷于關右時南士至長安者例皆授官允與尚書僕射謝伷辭以老疾隋文帝義之並厚賜帛尋卒年八十四

弟引字叔休方正有器度性聰敏博學善屬文仕梁位西昌侯儀同府主簿侯景之亂梁元帝爲荆州刺史朝士多歸之引曰諸王力爭禍患方始今日逃難未是擇君之秋吾家再世爲始興郡遺愛在人政可南行以存家門耳乃與弟彤及宗親等百餘人南奔嶺表時始興人歐陽頠爲衡州刺史乃往依焉頠遷廣州病死子紇領其衆引疑紇異圖因事規正由是情禮漸疎及紇反時都下士人岑之敬公孫挺等並惶駭唯引怡然謂之敬等曰管幼安袁曜卿亦但安坐耳君子正身以明道直己以行義亦何憂乎及章昭達平番禺引始北還拜尚書金部侍郎引善書爲當時所重宣帝嘗披奏事指引署名曰此字筆趣翩翩似鳥之欲飛引謝曰此乃陛下假其毛羽耳帝又謂引曰我每有所忿見卿輒意解何也引曰此自陛下不遷怒臣何預此恩引性抗直不事權貴宣帝每欲遷用輒爲用事者所裁及呂梁覆師戎儲空匱轉引爲庫部侍郎掌知營造引在職一年而器械充足歷中書黃門吏部侍郎廣州刺史馬靖甚得嶺表人心而甲兵精練每年深入俚洞數有戰功朝野頗生異議宣帝以引悉嶺外物情且遣引觀靖審其舉措諷令送質及至靖即悟旨遣兒弟爲質後主即位爲中庶子建康令時殿內隊主吳璡及宦者李善度蔡脫兒等多所請屬引一皆不許引始族子密時爲黃門郎諫引曰李蔡之權在位皆憚亦宜少爲身計引曰吾之立身自有本末亦安能爲李蔡致屈就令不平不過免職耳吳璡竟作飛書李蔡證之坐免官卒於家子德言最知名引弟彤位太子中庶子南康王長史

琛字彥瑜惠開從子也祖僧珍宋廷尉卿父惠訓齊末爲巴東相梁武帝起兵齊和帝於荆州即位惠訓與巴西太守魯休烈並以郡相抗惠訓使子璝據上明建康城平始歸降武帝宥之以爲太中大夫卒官琛少明悟有才辯數歲時從伯惠開見而奇之撫其背曰必興吾宗起家齊太學博士時王儉當朝琛年少未爲儉所識負其才氣候儉宴于樂游苑乃著虎皮靴策桃枝杖直造儉坐儉與語大悅儉時爲丹陽尹辟爲主簿永明九年魏始通好琛再衘命北使還爲通直散騎侍郎時魏遣李彪來使齊武帝讌之琛於御筵舉酒勸彪彪不受曰公庭無私禮不容受勸琛荅曰詩所謂雨我公田遂及我私坐者皆悅服彪乃受琛酒累遷尚書左丞時齊明帝用法嚴峻尚書郎坐杖罰者皆即科行琛乃密啓曰郎有杖起自後漢爾時郎官位卑親主文案與令史不異故郎三十五人令史二十人是以古人多恥爲此職自魏晉以來郎官稍重今方參用高華吏部又近於通貴不應官高昔品而罰遵曩科所以從來彈舉雖在空文而許以推遷或逢赦恩或入春令便得息停宋元嘉大明中經有被罰者別由犯忤主心非關常準自泰始建元以來未經施行事廢已久人情未習自奉敕之後已行倉部郎江重欣杖督五十皆無不人懷慙懼兼有子弟成長彌復難爲儀適其應行罰可特賜輸贖使與令史有異以彰優緩之澤帝納之自是應受罰者依舊不行東昏初嗣立時議無廟見文琛議據周頌烈文閔予皆爲即位朝廟之典於是從之梁武在西邸與琛有舊梁臺建以爲御史中丞天監九年累遷平西長史江夏太守始琛爲宣城太守有北僧南度唯齎一瓠蘆中有漢書序傳僧云三輔舊書相傳以爲班固眞本琛固求得之其書多有異今者而紙墨亦古文字多如龍舉之例非隸非篆琛甚祕之及是以書餉鄱陽王範獻于東宮後爲吳興太守郡有項羽廟土人名爲憤王甚有靈驗遂於郡廳事安牀幕爲神坐公私請禱前後二

千石皆於廳拜祠以軛下牛克祭而避居他室琛至者屐登廳事閣室中有叱聲琛厲色曰生不能與漢祖爭中原死據此廳事何也因遷之於廟又禁殺牛解祀以脯代肉琛頻莅大郡不事產業有闕則取不以爲嫌歷左戶度支二尚書侍中帝每朝讌接琛以舊恩嘗犯武帝偏諱帝斂容琛從容曰名不偏諱陛下不應諱順上日各有家風琛曰其如禮何又經預御筵醉伏上以棗投琛琛乃取栗擲上正中面御史中丞在坐帝動色曰此中有人不得如此豈有說邪琛卽荅曰陛下投臣以赤心臣敢不報以戰栗上笑悅上每呼琛爲宗老琛亦奉陳昔恩以早簉中陽夙忝同閈雖迷興運猶荷洪慈上荅曰雖云早契闊乃自非同志勿談興運初且道狂奴異琛常言少壯三好音律書酒年長以來二事都廢唯書籍不衰而琛性通脫常自解竈事畢餘餕必陶然致醉位特進金紫光祿大夫卒遺令諸子與妻同墳異藏祭以蔬菜葬止車十乘事存率素乘輿臨哭甚哀謚曰平子琛所撰漢書文府齊梁拾遺幷諸文集數十萬言子遊位少府卿遊子密字士幾幼聰敏博學有文詞位黃門郎太子中庶子散騎常侍

臧燾字德仁東莞莒人宋武敬皇后兄也少好學善三禮貧約自立操行爲鄉里所稱晉太元中衞將軍謝安始立國學徐兗二州刺史謝玄舉燾爲助教晉孝武帝追崇庶祖母宣太后議者或謂宜配食中宗燾議曰陽秋之義母以子貴故仲子成風咸稱夫人經言考仲子宮若配食惠廟則宮無緣別築前漢孝文孝昭太后並繫子爲號祭於寢園不配於高祖孝武之廟後漢和帝之母曰恭懷皇后安帝祖母曰敬隱皇后順帝之母曰恭愍皇后雖不繫子爲號亦祭於陵寢不配章安二帝此則二漢雖有太后皇后之異至於並不配食義同陽秋唯光武追廢呂后故以薄后配高廟又衞后既廢霍光追尊李夫人爲皇后配武帝廟此非母以子貴之例直以高武二廟無配故耳又漢世立寢於陵自是晉制所異謂宜遠準陽秋考宮之義近慕二漢不配之典尊號既正則罔極之情申別建寢廟則嚴禰之義顯繫子爲稱兼明母貴之所由一舉而允三義固哲王之高致也議者從之頃之去官以父母老家貧與弟熹俱棄人事躬耕自業約已養親者十餘年父母喪亡居喪六年以毀瘠著稱宋武帝義旗建參右將軍何無忌軍事隨府轉鎮南參軍武帝鎮京口參中軍軍事入補尚書度支郎改掌祠部襲封高陵亭侯時太廟鴟尾災燾謂著作郎徐廣曰昔孔子在齊聞魯廟災曰必桓僖也今征西京兆四府君宜在毀落而猶列廟饗此其徵乎乃上議曰臣聞國之大事在祀與戎將營宮室宗廟爲首古先哲王莫不致肅恭之誠心盡崇嚴乎祖考然後能流淳化於四海通幽感於神明固宜詳廢興於古典修情禮以求中者也禮天子七廟三昭三穆與太祖而七自考廟以至祖考五廟皆月祭之遠廟爲祧有二祧享嘗乃止去祧爲壇去壇爲墠有禱然後祭之此宗廟之次親疏之序也鄭玄以爲祧者文王武王之廟王肅以爲五世六世之祖尋去祧之言則祧非文武之廟矣文武周之祖宗何云去祧爲壇乎明遠廟爲祧者無服之祖也又遠廟則有享嘗之降去祧則有壇墠之殊明世遠者其義彌疏也若祧是文武之廟宜同月祭於太祖雖推后稷以配天由功德之所始非尊崇之義每有差降也又禮有以多爲貴者故傳稱德厚者流光德薄者流卑又言自上以下降殺以兩禮也此則尊卑等級之典上下殊異之文而云天子諸侯俱祭五廟何哉又王祭嫡殤下及來孫而上祀之禮不過高祖推隆恩於下流替誠敬於尊廟亦非聖人制禮之意也是以泰始建廟從王氏議以禮父爲士子爲天子諸侯祭以天子諸侯其尸服以士服故上及征西以備六世之數宜皇雖爲太祖尚在子孫之位至於殷祭之日未申東向之禮所謂子雖齊聖不先父食者矣今京兆以上既遷太祖始得居正議者以昭穆未足欲屈太祖於卑坐臣以爲非禮典之旨也所謂與太祖而七自是昭穆既足太廟在六世之外非爲須滿七廟乃得居太祖也議者又以四府君神主宜永同於殷祫臣又以爲不然傳所謂毀廟之主陳乎太祖謂太祖以下先君之主也故白虎通云禘祫祭遷廟者以其繼君之體持其統而不絕也豈如四府君在太祖之前非繼統之主無靈命之瑞非王業之基昔以世近而及今則情禮已遠而當長饗殷祫永虛太祖之位求之禮籍未見其可昔永和之初大議斯禮于時虞喜范宣並以洪儒碩學咸謂四府君神主無緣永存於百世或欲瘞之兩階或欲藏之石室或欲爲之改築雖所執小異而大歸是同若宣皇既居羣廟之上而四主禘祫不已則大晉殷祭長無太祖之位矣夫理貴有中不必過厚禮與世遷豈可順而不斷故臣子之情雖篤而靈厲之謚彌彰追遠之懷雖切而遷毀之禮爲用豈不有心於加厚顧禮制不可踰耳石室則藏於廟北改築則未知所處虞主所以依神神移則有瘞埋之禮四主若饗祀宜廢亦神之所不依也準傍事例宜同虞主之瘞埋然經典難詳羣言錯繆非臣淺識所能折中時學者多從燾議竟未施行宋武帝受命拜太常雖外戚貴顯而彌自沖約茅屋蔬飧不改其舊所得奉祿與親戚共之永初三年致事拜光祿大夫加金章紫綬卒少帝贈左光祿大夫長子邃宜都太守邃子凝之學涉有當世才與司空徐湛之爲異常交年少時與傅僧祐俱以通家子始爲文帝所引見時上與何尚之論鑄錢事凝之便干其語次上因回與語僧祐引凝之衣令止凝之大言曰明主難再遇便應政盡所懷上與往復十餘反凝之辭韻詮序上甚賞焉後爲尚書左丞以徐湛之黨爲元凶所殺凝之子寅字士若事在沈攸之傳寅弟稜後軍參軍稜子嚴

嚴字彥威幼有孝性居父憂以毀聞孤貧勤學行止書卷不離手從叔未甄爲江夏郡攜嚴之官於途作屯游賦又作七筭辭並典麗性孤介未嘗造請梁僕射徐勉欲識之嚴終不詣累遷湘東王宣惠輕車府參軍兼記室嚴於學多所諳記尤精漢書諷誦略皆上口王嘗自執四部書目試之嚴自甲至丁卷中各對一事并作者姓名遂無遺失王遷荊州隨府轉西中郎安西錄事參軍歷義陽武寧郡守郡界蠻左前郡守常選武人以兵鎮之嚴獨以數門生單車入境羣蠻悅服後卒於鎮南諮議參軍文集十卷

嚴族叔未甄燾曾孫也父潭左戶尚書未甄有才幹少爲外兄汝南周顒所知仕梁爲太尉長史丁所生母憂三年廬于墓側歷廷尉卿江夏太守卒子盾

盾字宣卿幼從徵士琅邪諸葛璩受五經璩學徒常有數十百人盾處其間無所狎比璩曰此生王佐才也爲尚書中兵郎美風姿善容止每趨奏梁武帝甚悅焉入兼中書通事舍人盾有孝性嘗隨父宿直廷尉府母劉氏在宅夜暴亡盾左手中指忽痛不得寢及旦宅信果報凶問其感通如此服未終父卒居喪五年不出廬戶形骸枯悴家人不識武帝累敕抑譬後累遷御史中丞性公强甚稱職中大通五年帝幸同泰寺開講設四部大會衆數萬人南越所獻馴象忽於衆中狂逸衆皆駭散唯盾與散騎侍郎裴之禮嶷然自若帝甚嘉焉大同二年爲中領軍領軍管天下兵要監局事多盾爲人敏贍有風力長於撥繁職事甚理先是吳平侯蕭景居此職著聲至是盾復繼之後卒於領軍將軍謚曰忠

盾弟厥字獻卿亦以幹局稱爲晉安太守郡居山海常結聚逋逃前二千石討捕不能止厥下車宣化凶黨皆襁負而出自是居人復業然政嚴百姓謂之臧彪前後再兼中書通事舍人卒於兼司農卿厥前後居職所掌之局大事及蘭臺廷尉所不能決者悉以付厥辯斷精明咸得其理卒後有撾登聞鼓訴求付淸直舍人帝曰臧厥既亡此事便無所付其見知如此子操尚書三公郎

熹字義和燾之弟也與燾並好經學隆安初兵起熹乃習騎射志立功名嘗與溧陽令阮崇獵遇猛獸突圍獵徒並散熹射之應弦而倒從宋武入京城進至建鄴桓玄走武帝使熹入宮收圖書器物封府庫有金飾樂器武帝問熹卿欲此乎熹正色曰主上幽逼播越非所將軍首建大義劬勞王室雖復不肖實無情於樂帝笑曰聊以戲耳以建義功封始興縣五等侯參武帝車騎中軍軍事武帝將征廣固議者多不同熹贊成其行武帝遣朱齡石統大衆伐蜀命熹奇兵出中水領建平巴東二郡太守蜀主譙縱遣大將譙撫之屯牛脾又遣譙小苟重兵塞打鼻熹至牛脾撫之敗走追斬之成都平熹遇疾卒於蜀追贈光祿勳

子質字含文少好鷹犬善蒱博意錢之戲長六尺七寸出面露口頹頂拳髮初爲世子中軍參軍嘗詣護軍趙倫之倫之名位已重不相接質憤然起曰大丈夫各以老嫗作門戶何至以此中相輕倫之慙謝質拂衣而去後爲江夏王義恭撫軍參軍以輕薄無檢爲文帝所嫌徙給事中會稽長公主每爲之言乃出爲建平太守甚得蠻楚心歷竟陵內史巴東建平三郡太守吏人便之質年始出三十屢居名郡涉獵文史尺牘便敏有氣幹好言兵文帝謂可大任以爲徐兗二州刺史加都督在鎮奢侈爵命無章爲有司所糾遇赦與范曄徐湛之等厚善曄謀反量質必與之同會事發復爲義興太守二十七年遷南譙王義宣司空司馬南平內史未之職會魏太武帝圍汝南城主陳憲固守告急文帝遣質輕往壽陽與安蠻司馬劉康祖等救憲後太武率大衆數十萬切彭城以質爲輔國將軍北救始至盱眙太武已過淮二十八年正月太武自廣陵北返悉力攻盱眙就質求酒質封溲便與之太武怒甚築長圍一夜便合質報太武書云爾不聞童謠言邪虜馬飲江水佛狸死卯年冥期使然非復人事寡人受命相滅期之白登師行未遠爾自送死豈容復令爾饗有桑乾哉假令寡人不能殺爾爾由我而死爾若有幸得爲亂兵所殺爾若不幸

則生相鎖縛載以一驢直送都市爾識智及衆豈能勝苻堅邪頃年展爾陸梁者是爾未飲江太歲未卯故耳時魏地童謠曰軺車北來如穿雉不意虜馬飲江水虜主北歸石濟死虜欲渡江天不徙故荅書引之太武大怒乃作鐵牀於上施鐵鑱破城得質當坐之此上質又與魏軍書寫臺格購斬太武封萬戶侯賜布絹各萬疋魏以鉤車鉤垣樓城內繫絙數百人呌呼引之車不能退質夜以木桶盛人縣出城外截鉤獲之明日又以衝車攻城土堅密每頹落下不過數斗魏軍乃肉薄登城墜而復升莫有退者殺傷萬計死者與城平如此三旬死者過半太武乃解圍而歸上嘉質功以爲寧蠻校尉雍州刺史監四州諸軍事明年文帝又北侵使質率見力向潼關質頓兵不肯時發又顧戀嬖妾棄軍營壘單馬還城散用臺庫見錢六七百萬爲有司所糾上不問元凶弒立以質爲丹陽尹質家遣門生師顗報質具言文帝崩問質使告司空義宣及孝武帝而自率衆五千馳下討逆自陽口進江陵見義宣時質諸子在都聞質舉義並逃亡義宣始得質報即日舉兵馳信報孝武板進質號征北將軍孝武即位加質車騎將軍開府儀同三司都督江州諸軍事使質自白下步上薛安都程天祚等亦自南掖門入與質同會太極殿庭生禽元凶仍使質留守朝堂封始興郡公之鎮舫千餘乘部伍前後百餘里六平乘並施龍子幡時孝武自攬威權而質以少主遇之刑政慶賞不復諮稟朝廷自謂人才足爲一世英傑始聞國禍便有異圖以義宣凡闇易制欲外相推奉以成其志及至江陵便致拜稱名質於義宣雖爲兄弟而年近大十歲義宣驚曰君何意拜弟質曰事中宜然時義宣已推崇孝武故其計不行每慮事泄及至新亭又拜江夏王義恭義恭愕然問質所以質曰天下屯危禮異常日前在荊州亦拜司空會義宣有憾於孝武質因此密信說誘陳朝廷得失又謂震主之威不可持久質女爲義宣子採妻謂質無復異同納其說且義宣腹心將佐蔡超竺超人等咸有富貴情願又勸義宣義宣時未受丞相質子敦爲黃門侍郎奉詔敦勸道經尋陽質令敦具更譬說義宣義宣意乃定馳報豫州刺史魯爽期孝建元年秋同舉爽失旨即起兵遣人至都報弟瑜席卷奔叛瑜弟弘爲質府佐孝武馳使報質誅弘於是執臺使狼狽舉兵馳報義宣孝武遣撫軍將軍柳元景統豫州刺史王玄謨等屯梁山洲兩岸築偃月壘水陸待之元景檄書宣告而義宣亦相次係至江夏王義恭書曰昔桓玄借兵於仲堪有似今日義宣由此與質相疑質進計曰今以萬人取南州則梁山中絕萬人綴玄謨必不敢輕動質浮舟外江直向石頭此上畧也義宣將從之義宣客顏樂之說義宣曰質若復拔東城則大功盡歸之矣宜遣麾下自行義宣遣腹心劉諶之就質陳軍城南玄謨留贏弱守城悉精兵出戰薛安都騎軍前出垣護之督諸將繼之乃大潰質求義宣欲計事密已走矣質不知所爲亦走至尋陽焚府舍載妓妾入南湖摘蓮噉之追兵至以荷覆頭沈於水出鼻軍士鄭俱兒望見射之中心兵刃亂至腹胃纏縈水草隊主裘應斬質首建鄴錄尚書江夏王義恭等奏依漢王莽事漆其頭藏於武庫詔可

論曰趙倫之蕭思話俱以外戚之親並接風雲之會言親則在趙爲密論望則於蕭爲重古人云人能弘道蓋此之謂乎惠開親禮雖篤弟隙尤著方寸之內孝友異情嶮於山川有驗於此臧氏文義之美傳于累代舍文以致誅滅好亂之所致乎

南史卷十八考證

蕭惠開傳今以蕭惠開爲憲司冀當稱職但一往眼額已自殊有所震○服宋書作服

蕭惠明傳郡界有卞山山下有項羽廟○本卷中凡三見項羽事此其一也顧炎武謂惠明因發背旬日而卒與齊書李安民爲吳興太守不祀神以牛而牛死安民尋卒畧相類

蕭惠基弟惠休傳吳興郡項羽神舊酷烈○又一項羽神事顧炎武謂下文云惠休事神謹故得美遷畧與本書蕭猷爲吳興郡守所禱必從相類

蕭琛傳負其才氣侯儉宴于樂游○樂游下梁書有苑字

後爲吳興太守郡有項羽廟○又一項羽神事顧炎武謂下文遷之於廟禁祀以牛畧與宋書孔季恭居廳事竟無害相類

臧燾傳武帝鎮京口參帝軍中軍事○參帝監本誤參軍今从閣本

臧盾傳美風姿善容止每趨奏梁武帝甚悅焉○趨一本作趍

南史卷十九

唐　李延壽　撰

列傳第九

謝晦 兄瞻 弟㬭 從叔澹 述孫朏　謝裕 裕子恂 玄孫徵 裕弟純 述

謝方明 子惠連

謝靈運 孫超宗 曾孫幾卿

謝晦字宣明陳郡陽夏人晉太常裒之玄孫也裒子奕據安萬鐵並著名前史據子朗字長度位東陽太守朗子重字景重位會稽王道子驃騎長史重生絢瞻晦㬭遯絢位至宋文帝鎮軍長史早卒晦初爲孟昶建威府中兵參軍昶死帝問劉穆之昶府誰堪入府穆之舉晦即命爲太尉參軍武帝當訊獄其旦刑獄參軍有疾以晦代之晦車中一覽訊牒隨問酬對無失帝奇之即日署刑獄賊曹累遷太尉主簿從征司馬休之時徐逵之戰死帝將自登岸諸將諫不從晦持帝帝曰我斬卿晦曰天下可無晦不可無公晦死何有會胡藩登岸賊退乃止晦美風姿善言笑眉目分明鬢髮如墨涉獵文義博贍多通時人以方楊德祖微將不及晦聞猶以爲恨帝深加愛賞從征關洛內外要任悉委之帝於彭城大會命紙筆賦詩晦恐帝有失起諫帝即代作曰先蕩臨淄穢却清河洛塵華陽有逸驥桃林無伏輪於是羣臣並作時謝混風華爲江左第一嘗與晦俱在武帝前帝目之曰一時頓有兩玉人耳劉穆之遣使陳事晦往往異同穆之怒曰公復有還時不及帝欲以晦爲從事中郎穆之堅執不與故終穆之世不遷及穆之喪問至帝哭之甚慟曰喪我賢友晦時正直喜甚自入閤參審其日教出轉晦從事中郎宋臺建爲右衞將軍加侍中武帝聞咸陽淪沒欲復北伐晦諫以士馬疲怠乃止於是登城北望慨然不悅乃命羣僚誦詩晦詠王粲詩曰南登霸陵岸回首望長安悟彼下泉人喟然傷心肝帝流涕不自勝及帝受命於石頭登壇備法駕入宮晦領游軍爲警加中領軍封武昌縣公永初二年坐行璽封鎮西司馬南郡太守王華而誤封北海太守球板免晦侍中尋轉領軍將軍加散騎常侍依晉中軍羊祜故事入直殿省總統宿衞及帝不豫給班劒二十人與徐羨之傅亮檀道濟並侍醫藥少帝即位加中書令與徐傅輔政及少帝廢徐羨之以晦領護南蠻校尉荊州刺史加都督欲令居外爲援慮文帝至或別用人故遽有此授精兵舊將悉以配之文帝即位晦慮不得去甚憂惶及發新亭顧石頭城喜曰今得脫矣進封建平郡公固讓又給鼓吹一部至江陵深結侍中王華冀以免禍二女當配彭城王義康新野侯義賓元嘉二年遣妻及長子世休送女還都先是景平中魏師攻取河南至是欲誅羨之等并討晦聲言北行又言拜京陵裝舟艦傅亮與晦書言薄伐河朔事猶未已朝野之慮憂懼者多又言當遣外監萬幼宗往時朝廷處分異常其謀頗泄三年正月晦弟黃門侍郎㬭馳使告晦晦猶謂不然呼諮議參軍何承天示以亮書曰計幼宗一二日必至傅公慮我好事故先遣此書承天曰外間所聞咸謂西討已定幼宗豈有上理晦尚謂虛使承天豫立答詔啓草北行宜須明年江夏內史程道慧得尋陽人書言其事已審使執晦晦問計於承天對曰蒙將軍殊顧常思報德事變至矣何敢隱情然明日戒嚴動用軍法區區所懷懼不得盡晦懼曰卿豈欲我自裁哉承天曰尚未至此其在境外晦曰荊州用武之地兵糧易給聊且決戰走復何晚吾不愛死負先帝之顧如何又謂承天曰幼宗尚未至若後二三日無消息便是不復來邪承天曰程說其事已判豈容復疑晦欲焚南蠻兵籍率見力決戰士人多勸發兵晦問諸將戰士三千足守城乎南蠻司馬周超曰非徒守城若有外寇亦可立勳司馬庾登之請解司馬南郡以授之晦即命超爲司馬轉登之爲長史文帝誅羨之等及晦子世休收㬭世子平兄子紹等晦知訖先舉羨之亮哀次發子弟凶問既而自出射堂集得精兵三萬人乃奉表言臣等若志欲專權不顧國典便當輔翼幼主孤背天日豈得沿流數十虛館三月奉迎鑾駕以遵下武故廬陵王於榮陽之世屢被猜嫌積怨犯上自貽非命不有所廢將何以興耿弇不以賊遺君父臣亦何負於宋室邪又言羨之亮無罪見誅王弘兄弟輕躁昧進王華猜忌忍害帝時已戒嚴尚書符荊州暴其罪狀晦率衆二萬發自江陵舟艦列自江津至于破冢旗旌相照歎曰恨不得以此爲勤王之師移檄建鄴言王弘曇首王華等罪又上表陳情初晦與徐傅謀爲自全計晦據上流檀鎮廣陵各有強兵足制朝廷羨之亮於中知權可得持久及帝將行召檀道濟委之以衆晦始謂道濟不全及聞其來大衆皆潰晦得小船還江陵初雍州刺史劉粹遣弟竟陵太守道濟與臺軍主沈敵之襲江陵至沙橋周超大破之俄而晦至江陵無他唯愧周超而已超其夜詣到彥之降晦乃攜弟遯兄子世基等七騎北走遯肥不能騎馬晦每待不得速至安陸延頭晦故吏戍主光順之檻送建鄴於路作悲

人道以自哀周超旣降到彥之以參府事劉粹遣告彥之沙橋之事敗由周超彥之乃執與晦等並伏誅世基絢之子也有才氣臨死爲連句詩曰偉哉橫海鱗壯矣垂天翼一旦失風水翻爲螻蟻食晦續之曰功遂侔昔人保退無智力旣涉太行險斯路信難陟晦女爲彭城王義康妃聰明有才貌被髮徒跣與晦訣曰阿父大丈夫當橫屍戰場奈何狼籍都市言訖叫絶行人爲之落淚晦死時年三十七庾登之殷道鸞何承天自晦下並見原

瞻字宣遠一日名檐字通遠晦兄也六歲能屬文爲紫石英贊果然詩爲當時才士歎異與從叔混族弟靈運俱有盛名嘗作喜霽詩靈運寫之混詠之王弘在坐以爲三絶瞻幼孤叔母劉撫養有恩兄弟事之同於至親劉弟柳爲吳郡將姊俱行瞻不能違遠自楚臺祕書郎解職隨從故爲柳建威長史後爲宋武帝相國從事中郎晦時爲宋臺右衞權遇已重於彭城還都迎家賓客輻湊時瞻在家驚駭謂晦曰吾家以素退爲業汝遂勢傾朝野此豈門戶福邪乃籬隔門庭曰吾不忍見此後因宴集靈運問晦潘陸與賈充優劣晦曰安仁諂於權門士衡邀競無已並不能保身自求多福公閭勳名佐世不得爲並靈運曰安仁士衡才爲一時之冠方之公閭本自遼絶瞻斂容曰若處貴而能遺權斯則是非不得而生傾危無因而至君子以明哲保身其在此乎常以裁止晦如此及還彭城言於武帝曰臣本素士父祖位不過二千石弟年始三十志用凡近位任顯密福過災生特乞降黜以保衰門前後屢陳帝欲以瞻爲吳興郡又自陳請乃爲豫章太守晦或以朝廷密事語瞻瞻輒向親舊說以爲戲笑以絶其言晦遂建佐命功瞻愈憂懼永初二年在郡遇疾不療幸於不永晦聞疾奔波瞻見之曰汝爲國大臣又總戎重萬里遠出必生疑謗時果有詐告晦反者瞻疾篤還都帝以晦禁旅不得出宿使瞻居於晉南郡公主壻羊賁故第在領軍府東門瞻曰吾有先人弊廬何爲於此臨終遺晦書曰吾得歸骨山足亦何所多恨弟思自勉爲國爲家卒時年三十五瞻文章之美與從叔混族弟靈運相抗靈運父瑍無才能爲祕書郎早卒而靈運好臧否人物混患之欲加裁折未有其方謂瞻曰非汝莫能乃與晦瞻弘微等共游戲使瞻與靈運共車靈運登車便商較人物瞻謂曰祕書早亡談者亦互有同異靈運默然言論自此衰止

瞻弟瞬字宣鏡年數歲所生母郭氏疾瞬晨昏溫凊勤容戚顏未嘗暫改恐僕役營疾懈倦躬自執勞母爲疾畏驚而微賤過甚一家尊卑感瞬至性咸納屨行屏氣語如此者十餘年位黃門侍郎從坐伏誅

澹字景恒晦從叔也祖安晉太傅父瑤琅邪王友澹任達仗氣不營當世與順陽范泰爲雲霞之交歷位尚書宋武帝將受禪有司議使侍中劉敞進璽帝曰此選當須人望乃使澹攝澹嘗侍帝宴酣飲大言無所屈鄭鮮之欲按之帝以爲澹方外士不宜規矩繩之然意不說不以任寄後復侍飲醉謂帝曰陛下用羣臣但須委屈順者乃見貴汲黯之徒無用也帝大笑景平中累遷光祿大夫從子晦爲荊州將之鎭詣澹別晦色自矜澹問晦年答曰三十五澹笑曰昔荀中郎年二十九爲北府都督卿比之已爲老矣晦色甚愧元嘉中位侍中特進金紫光祿大夫卒初澹從弟混與劉毅昵澹常以爲憂漸疎混每謂弟璞從子瞻曰益壽此性終當破家混尋見誅朝廷以澹先言故不及禍璞字景山幼孝友祖安深賞愛之位光祿勳

謝裕字景仁朗弟允之子而晦從父也名與宋武帝諱同故以字行允字令度位宣城內史景仁幼爲從祖安所知始爲前軍行參軍會稽王世子元顯嬖人張法順權傾一時內外無不造門唯景仁不至年三十而方爲著作佐郎桓玄誅元顯見景仁謂四坐曰司馬庶人父子云何不敗遂令謝景仁三十而方佐著作郎玄建楚臺以補黃門侍郎及篡位領驍騎將軍景仁博聞强識善敘前言往行玄每與言不倦玄出行殷仲文卞範之之徒皆騎馬散從而使景仁陪輦宋武帝爲桓修撫軍中兵參軍嘗詣景仁諮事景仁與語說因留帝食食未辦而景仁爲玄所召玄性促俄頃間騎詔續至帝屢求去景仁不許曰主上見待要應有方我欲與客食豈不得待竟安坐飽食然後應召帝甚感之及平建鄴景仁與百僚同見武帝目之曰此名公孫也歷位武帝鎭軍司馬復爲車騎司馬義熙五年帝將伐慕容超朝議皆謂不可劉毅時鎭姑孰固止帝以爲苻堅侵境謝太傅猶不自行宰相遠出傾動根本景仁獨曰公建桓文之烈應天人之心雖業高振古而德刑未樹宜推亾固存廣振威畧平定之後養銳息徒然後觀兵洛汭修復園寢豈有縱敵貽患者哉帝從之及北伐大司馬琅邪王天子母弟屬當儲副帝深以根本爲憂轉景仁大司馬左司馬專總府任又遷吏部尚書時從兄混爲尚書左僕射依制不得相監帝啓依僕射王彪之尚書王劭前例不解職坐選吏部令史邢安泰爲都令史平原太守二官共除安泰以令史職拜謁陵廟爲御史中丞鄭鮮之所糾白衣領職十一年爲左僕射景仁性矜嚴整潔居宇淨麗每唾輒唾左右人衣事畢即聽一日澣濯每欲唾左右爭來受之武帝雅相知重申以昏姻廬陵王義眞妃景仁女也十二年卒贈金紫光祿大夫葬日武帝親臨甚慟

子恂字泰溫位鄱陽太守恂子孺子少與族兄莊齊名多藝能尤善聲律車騎將軍王彧孺子姑之子也嘗與孺子宴桐臺孺子吹笙彧自起舞旣而歎曰今日眞使人飄颻有伊洛間意爲新安王主簿出爲廬江郡薛宋孝武謂有司曰謝孺子不可屈爲小郡乃以爲司徒主簿後以家貧求西陽太守卒官子璟少與從叔朓俱知名齊竟陵王子良開西邸招文學璟亦預焉位中書郎梁天監中爲左戶尚書再遷侍中固辭年老求金紫帝不悅未敘會卒

子微字玄度美風采好學善屬文位兼中書舍人與河東裴子野沛國劉顯同官友善時魏中山王元畧還北梁武帝餞於武德殿賦詩三十韻限三刻成微二刻便就文甚美帝再覽焉又爲臨汝侯猷製放生文亦見賞於世後除尚書左丞及昭明太子薨帝立晉安王綱爲皇太子將出詔唯召尚書右僕射何敬容宣惠將軍孔休源及微三人與議微時年位尚輕而任遇已重後卒於北中郎豫章王長史南蘭陵太守文集二十卷

純字景懋景仁弟也劉毅鎭江陵以爲衞軍長史南平相及王鎭惡襲殺毅時病佐史聞兵至馳還入府左右引車欲還外解純叱之曰我人吏也逃欲安之及入毅兵敗衆散純爲人所殺純弟甝字景甝位司徒右長史甝弟述字景先小字道兒少有至行隨純在江陵純遇害述奉純喪還都至西塞遇暴風純喪舫流漂不知所在述乘小船尋求經純妻庾舫過庾遣人謂曰小郎去必無及寧可存亾俱盡邪述號泣答曰若安全至岸尚須營理如其已致意外述亦無心獨存因冐浪而進見純喪幾没述號叫呼天幸而獲免咸以爲精誠所致武帝聞而嘉之及臨豫州諷中正以爲迎主簿甚被器遇景仁愛甝而憎述嘗設饌請宋武帝帝命甝豫坐而帝召述述知非景仁夙意又慮帝命之請急不從帝馳遣呼述須至乃餐其見重如此及景仁疾述盡心視湯藥飲食必嘗而後進衣不解帶不盥櫛者累旬景仁深感愧焉友愛逾篤及景仁卒哀號過禮景仁肥壯買材數具皆不合用述哀惶親選廼獲焉爲太尉參軍從征司馬休之封吉陽縣五等侯元嘉二年拜中書侍郎後爲彭城王義康驃騎長史領南郡太守義康入相述又爲司徒左長史轉左衞將軍莅官清約私無宅舍義康遇之甚厚尚書僕射殷景仁領軍將軍劉湛並與述爲異常之交述美風姿善舉止湛每謂人曰我見謝道兒未嘗足雍州刺史張邵以黷貨將致大辟述表陳邵先朝舊勳宜當優貸文帝手詔酬納焉述語子綜曰主上矜邵夙誠自將曲恕吾所啓謬會故特見納若此跡宣布則爲侵奪主恩使綜對前焚之帝後謂邵曰卿之獲免謝述力焉述有心虛疾性理時或乖謬卒於吳興太守喪還未至都數十里殷景仁劉湛同乘迎赴望船流涕及劉湛誅義康外鎭將行歎曰謝述唯勸吾退劉湛唯勸吾進述亾而湛存吾所以得罪也文帝亦曰謝述若存義康必不至此三子綜約緯綜有才藝善隸書爲太子中舍人與范曄謀反伏誅約亦死緯尚宋文帝第五女長城公主素爲綜約所憎免死徙廣州孝建中還都方雅有父風位正員郎子朓

朓字玄暉少好學有美名文章清麗爲齊隨王子隆鎭西功曹轉文學子隆在荊州好辭賦朓尤被賞不捨日夕長史王秀之以朓年少相動欲以啓聞朓知之因事求還道中爲詩寄西府曰常恐鷹隼擊時菊委嚴霜寄言罻羅者寥廓已高翔是也仍除新安王中軍記室朓牋辭子隆曰朓聞潢汙之水思朝宗而每竭駑蹇之乘希沃若而中疲何則皐壤搖落對之惆悵岐路東西或以嗚唈況乃服義徒擁歸志莫從邈若墜雨飄似秋蔕朓實庸流行能無算屬天地休明山川受納褒采一介搜揚小善故得捨耒場圃奉筆兎園東泛三江西浮七澤契闊戎旃從容讌語長裾日曳後乘載脂榮立府廷恩加顏色沐髮晞陽未測涯涘撫臆論報早誓肌骨不悟滄溟未運波臣自蕩渤澥方春旅翮先謝淸切藩房寂寥舊蓽輕舟反泝弔影獨留白雲在天龍門不見去德滋永思德滋深唯待青江可望候歸艎於春渚朱邸方開效蓬心於秋實如其簪屨或存衽席無改雖復身塡溝壑猶望妻子知歸攬涕告辭悲來橫集時荊州信去倚待朓執筆便成文無點易以本官兼尚書殿中郎隆昌初敕朓接北使朓自以口訥啓讓見許明帝輔政以爲驃騎諮議領記室掌霸府文筆又掌中書詔誥轉中書郎出爲晉安王鎭北諮議南東海太守行南徐州

事啓王敬則反謀上甚賞之遷尚書吏部郎朓上表三讓中書疑朓官未及讓以問國子祭酒沈約約曰宋元嘉中范曄讓吏部朱修之讓黃門蔡興宗讓中書並三表詔答近代小官不讓遂成恒俗恐有乖讓意王藍田劉安西並貴重初自不讓今豈可慕此不讓邪孫興公孔顗並讓記室今豈可三署皆讓邪謝吏部今授超階讓別有意豈關官之大小撝謙之美本出人情若大官必讓便與詣闕章表不異例既如此謂都非疑朓讓優答不許朓善草隸長五言詩沈約常云二百年來無此詩也敬皇后遷祔山陵朓撰哀策文齊世莫有及者東昏失德江祏欲立江夏王寶玄末更回惑與弟祀密謂朓曰江夏年少脫不堪不可復行廢立始安年長入纂不乖物望非以此要富貴只求安國家爾遙光又遣親人劉渢致意於朓朓自以受恩明帝不肯答少日遙光以朓兼知衞尉事朓懼見引即以祏等謀告左興盛又說劉暄曰始安一旦南面則劉渢劉宴居卿今地但以卿爲反覆人爾暄陽驚馳告始安王及江祏始安欲出朓爲東陽郡祏固執不與先是朓常輕祏爲人祏常詣朓朓因言有一詩呼左右取既而便停祏問其故云定復不急祏以爲輕己後祏及弟祀劉渢劉宴俱候朓朓謂祏曰可謂帶二江之雙流以嘲弄之祏轉不堪至是搆而害之詔暴其過惡收付廷尉又使御史中丞范岫奏收朓下獄死時年三十六臨終謂門賓曰寄語沈公君方爲三代史亦不得見沒初朓告王敬則反敬則女爲朓妻常懷刀欲報朓朓不敢相見及當拜吏部謙挹尤甚尚書郎范縝嘲之曰卿人才無慙小選但恨不可刑於寡妻朓有愧色及臨誅歎曰天道其不可昧乎我雖不殺王公王公因我而死朓好奬人才會稽孔顗粗有才筆未爲時知孔珪嘗令草讓表以示朓朓嗟吟良久手自折簡寫之謂珪曰士子聲名未立應共奬成無惜齒牙餘論其好善如此朓及殷叡素與梁武以文章相得帝以大女永興公主適叡子鈞第二女永世公主適朓子謨及帝爲雍州二女並暫隨母向州及武帝即位二主始隨內還武帝意薄謨又以門單欲更適張弘策子策卒又以與王志子諲而謨不堪歎恨爲書狀如詩贈主主以呈帝甚衆矜歎而婦終不得還尋用謨爲信安縣稍遷王府諮議時以爲沈約早與朓善爲制此書云

謝方明裕從祖弟也祖鐵字鐵石位永嘉太守父冲字秀度中書郎家在會稽病歸爲孫恩所殺贈散騎常侍方明隨伯父吳興太守邈在郡孫恩寇會稽東土諸郡響應吳興人胡桀郜驃破東遷縣方明勸邈避之不從賊至被害方明逃免初邈舅子長樂馮嗣之及北方學士馮翊仇玄達俱投邈禮待甚簡二人並恨遂與恩通謀劉牢之謝琰等討恩恩走臨海嗣之等不得同去方更聚合方明體素羸弱而勇決過人結邈門生討嗣之等悉禽手刃之時亂後吉凶禮廢方明合門遇禍貲產無遺而營舉凶功盡力數月葬送並畢平世備禮無以加也頃之孫恩重陷會稽謝琰見害因購方明甚急方明於上虞載母妹奔東陽由黃蘗嶠出鄱陽附載還都寄居國子學流離險厄屯苦備經而貞履之操在約無改桓玄剋建鄴丹陽尹卞範之勢傾朝野欲以女嫁方明方明終不回桓玄聞而賞之即除著作佐郎後從兄景仁舉爲宋武中軍主簿方明知無不爲帝謂曰愧未有瓜衍之賞且當與卿共豫章國祿屢加賞賜方明嚴恪善自居遇雖暗室未嘗有惰容從兄混有重名唯歲節朝拜而已丹陽尹劉穆之權重當時朝野輻湊其不至者唯混方明郗僧施蔡廓四人而已穆之甚恨及混等誅後方明廓來往造穆之穆之大悅白武帝曰謝方明可謂名家駒及蔡廓直置並台鼎人無論復有才用頃之轉從事中郎仍爲右將軍道憐長史武帝令府中衆事皆諮決之府轉爲中軍長史尋加晉陵太守復爲驃騎長史南郡相委任如初嘗年終江陵縣獄囚事無輕重悉放歸家使過正三日還到罪重者二十餘人綱紀以下莫不疑懼時晉陵郡送故主簿弘季咸徐壽之並隨在西固諫以爲昔人雖有其事或是記籍過言且當今人情偽薄不可以古義相許方明不納一時遣之囚及父兄並驚喜涕泣以爲就死無恨至期有重罪一人醉不能歸違二日乃反餘一囚十日不來五官朱千期請見欲自討之方明知爲囚事使左右謝五官不須入囚自當反囚逡巡墟里不能自歸鄉村責讓率領將送竟無逃者遠近歎服焉宋武帝受命位侍中丹陽尹有能名轉會稽太守江東人戶殷盛風俗峻刻彊弱相陵姦吏蜂起符書一下文攝相續方明深達政體不拘文法闊略苛細務在統領貴族豪士莫敢犯禁除比伍之坐判久繫之獄前後征伐每兵運不充悉倩士庶事寧皆使還本而守宰不明與奪乖謬人事不至必被抑塞方明簡汰精當各順所宜東土稱詠之性尤愛惜未嘗有所是非承代前人不易其政必宜改者則漸變使無迹可尋卒官

子惠連年十歲能屬文族兄靈運加賞之云每有篇章對惠連輒得佳語嘗於永嘉西堂思詩竟日不就忽夢見惠連即得池塘生春草大以爲工嘗云此語有神功非吾語也本州辟主簿不就惠連先愛幸會稽郡吏杜德靈及居父憂贈以五言詩十餘首秉流遵歸路諸篇是也坐廢不豫榮位尚書僕射殷景仁愛其才言次白文帝言臣小兒時便見此文而論者云是惠連其實非也文帝曰若此便應通之元嘉七年方爲司徒彭城王義康法曹行參軍義康修東府城城塹中得古冢爲之改葬使惠連爲祭文留信待成其文甚美又爲雪賦以高麗見奇靈運見其新文每曰張華重生不能易也文章並行於世年三十七卒既早亾輕薄多尤累故官不顯無子惠連弟惠宣位臨川太守

謝靈運安西將軍奕之曾孫而方明從子也祖玄晉車騎將軍父瑍生而不慧位祕書郎早亾靈運幼便穎悟玄甚異之謂親知曰我乃生瑍瑍兒何爲不及我靈運少好學博覽羣書文章之美與顏延之爲江左第一縱橫俊發過於延之深密則不如也從叔祖混特加愛之襲封康樂公以國公例除員外散騎侍郎不就爲瑯邪王大司馬行參軍性豪侈車服鮮麗衣物多改舊形制世共宗之咸稱謝康樂也累遷祕書丞坐事免宋武帝在長安靈運爲世子中軍諮議黃門侍郎奉使慰勞武帝於彭城作撰征賦後爲相國從事中郎世子左衞率坐輒殺門生免官宋受命降公爵爲侯又爲太子左衞率靈運多愆禮度朝廷唯以文義處之不以應實相許自謂才能宜參權要既不見知常懷憤惋廬陵王義眞少好文籍與靈運情款異常少帝即位權在大臣靈運搆扇異同非毀執政司徒徐羨之等患之出爲永嘉太守郡有名山水靈運素所愛好出守既不得志遂肆意遊遨徧歷諸縣動踰旬朔理人聽訟不復關懷所至輒爲詩詠以致其意在郡一周稱疾去職從弟晦曜弘微等並與書止之不從靈運父祖並葬始寧縣并有故宅及墅遂移籍會稽修營舊業傍山帶江盡幽居之美與隱士王弘之孔淳之等放蕩爲娛有終焉之志每有一首詩至都下貴賤莫不競寫宿昔間士庶皆徧名動都下作山居賦并自注以言其事文帝誅徐羨之等徵爲祕書監再召不起使光祿大夫范泰與書敦獎乃出使整祕閣書遺闕又令撰晉書粗立條流書竟不就尋遷侍中賞遇甚厚靈運詩書皆兼獨絕每文竟手自寫之文帝稱爲二寶既自以名輩應參時政至是唯以文義見接每侍上宴談賞而已王曇首王華殷景仁等名位素不踰之並見任遇意既不平多稱疾不朝直穿池植援種竹樹果驅課公役無復期度出郭游行或一百六七十里經旬不歸既無表聞又不請急上不欲傷大臣諷旨令自解靈運表陳疾賜假東歸將行上書勸伐河北而游娛宴集以夜續晝復爲御史中丞傅隆奏免官是歲元嘉五年也靈運既東與族弟惠連東海何長瑜潁川荀雍太山羊璿之以文章賞會共爲山澤之游時人謂之四友惠連幼有奇才不爲父方明所知靈運去永嘉還始寧時方明爲會稽靈運造方明遇惠連大相知賞靈運性無所推唯重惠連與爲刎頸交時何長瑜教惠連讀書亦在郡內靈運又以爲絕倫謂方明曰阿連才悟如此而尊作常兒遇之長瑜當今仲宣而飴以下客之食尊既不能禮賢宜以長瑜還靈運載之而去荀雍字道雍官至員外散騎郎璿之字曜璠爲臨川內史被司空竟陵王誕所遇誕敗坐誅長瑜才亞惠連雍璿不及也臨川王義慶招集文士長瑜自國侍郎至平西記室參軍嘗於江陵寄書與宗人何勗以韻語序義慶州府僚佐云陸展染白髮欲以媚側室青青不解久星星行復出如此者五六句而輕薄少年遂演之凡人士並爲題目皆加劇言苦句其文流行義慶大怒白文帝除廣州所統曾城令及義慶薨朝士並詣第敘哀何勗謂袁淑曰長瑜便可還也淑曰國新喪未宜以流人爲念廬陵王紹鎮尋陽以長瑜爲南中郎行參軍掌書記之任行至板橋遇暴風溺死靈運因祖父之資生業甚厚奴僮既衆義故門生數百鑿山浚湖功役無已尋山陟嶺必造幽峻巖嶂數十重莫不備盡登躡常着木屐上山則去其前齒下山去其後齒嘗自始寧南山伐木開徑直至臨海從者數百臨海太守王琇驚駭謂爲山賊未知靈運乃安又要琇更進琇不肯靈運贈琇詩曰邦君難地嶮旅客易山行在會稽亦多從衆驚動縣邑太守孟顗事佛精懇而爲靈運所輕嘗謂顗曰得道應須慧業丈人生天當在靈運前成佛必在靈運後顗深恨此言又與王弘之諸人出千秋亭飲酒倮身大呼顗深不堪遣信相聞靈運大怒曰身自大呼何關癡人事會稽東郭有回踵湖靈運求決以爲田文帝令州郡履行此湖去郭近水物所出百姓惜之顗堅執不與靈運既不得回踵又求始寧休崲湖爲田顗又固執靈運謂顗非存利人政慮決湖多害生命言論傷之與顗遂隙因靈運橫恣表其異志發兵自防露板上言靈運馳

語闕上表自陳本末文帝知其見誣不罪也不欲復使東歸以爲臨川內史在郡游放不異永嘉爲有司所糾司徒遣使隨州從事鄭望生收靈運靈運興兵叛逸遂有逆志爲詩曰韓亾子房奮秦帝魯連恥本自江海人忠義感君子追討禽之送廷尉廷尉論正斬刑上愛其才欲免官而已彭城王義康堅執謂不宜恕詔以謝玄勳參微管宜宥及後嗣降死徙廣州後秦郡府將宋齊受使至涂口行達桃墟村見有七人下路聚語疑非常人還告郡縣遣兵隨齊掩討禽之其一人姓趙名欽云同村薛道雙先與靈運共事道雙因同村成國報欽云靈運犯事徙廣州給錢令買弓箭刀楯等物使道雙要合鄉里健兒於三江口篡之若得者如意後功勞是同遂合部黨要謝不得及還饑饉緣路爲劫有司奏收之文帝詔於廣州棄市臨死作詩曰龔勝無餘生李業有終盡嵇公理既迫霍生命亦殞所稱龔勝李業猶前詩子房魯連之意也時元嘉十年年四十九所著文章傳於世孟顗字彥重平昌安丘人衛將軍昶弟也昶顗並美風姿時人謂之雙珠昶貴盛顗不就辟昶死後顗歷侍中僕射太子詹事散騎常侍左光祿大夫嘗就徐美之因數關洛中事顗數劉穆之終後便無繼者王弘亦在甚不平曰昔魏朝酷重張郃謂不可一日無之及郃死何關興廢顗不悅衆賓笑而釋之後卒於會稽太守

靈運子鳳坐靈運徙嶺南早卒

鳳子超宗隨父鳳嶺南元嘉末得還與慧休道人來往好學有文辭盛得名譽選補新安王子鸞國常侍王母殷淑儀卒超宗作誄奏之帝大嗟賞謂謝莊曰超宗殊有鳳毛靈運復出時右衛將軍劉道隆在御坐出候超宗曰聞君有異物可見乎超宗曰懸罄之室復有異物邪道隆武人無識正觸其父名曰旦侍宴至尊說君有鳳毛超宗徒跣還內道隆謂檢覓毛至闇待不得乃去泰始中爲尚書殿中郎三年都令史駱宰議策秀孝格五問並得爲上四三爲中二爲下一不第超宗議不同詔從宰議齊高帝爲領軍愛其才衛將軍袁粲聞之謂高帝曰超宗開亮善可與語取爲長史臨淮太守粲誅高帝以超宗爲義興太守昇明二年坐公事免詣東府門自通其日風寒高帝謂四坐曰此客至使人不衣自暖矣超宗既坐飲酒數杯辭氣橫出高帝對之甚歡及齊受禪爲黃門郎有司奏撰郊廟歌上敕司徒褚彥回侍中謝朏散騎侍郎孔珪太學博士王咺之總明學士劉融何法圖何曇秀作者凡十人超宗辭獨見用爲人恃才使酒多所陵忽在直省常醉上召見語及北方事超宗曰虜動來二十年矣佛出亦無如之何以失儀出爲南郡王中軍司馬人問曰承有朝命定是何府超宗怨望答曰不知是司馬爲是司驢既是驢府政應爲司驢爲有司奏以怨望免禁錮十年後司徒褚彥回因送湘州刺史王僧虔闇道壞墜水僕射王儉驚跣下車超宗拊掌笑曰落水三公墜車僕射彥回出水霑濕狼藉超宗先在僧虔舫抗聲曰有天道焉天所不容地所不受投畀河伯河伯不受彥回大怒曰寒士不遜超宗曰不能賣袁劉得富貴焉免寒士前後言誚稍布朝野武帝即位使掌國史除竟陵王征北諮議領記室愈不得志超宗爲子娶張敬兒女爲婦帝甚疑之及敬兒誅超宗謂丹陽尹李安人曰往年殺韓信今年殺彭越君欲何計安人具啓之上積懷超宗輕慢使兼中丞袁彖奏超宗請付廷尉武帝雖可其奏以彖言辭依違使左丞王逡之奏彖輕文略奏撓法容非請免彖所居官詔彖匿情欺國愛朋罔主免官禁錮十年超宗下廷尉一宿髮白皓首詔徙越巂行至豫章上敕豫章內史虞悰賜盡勿傷其形骸明年超宗門生王永先又告超宗子才卿死罪二十餘條上疑其妄以才卿付廷尉辯以不實見原永先於獄盡之

才卿弟幾卿清辯時號神童超宗徙越巂詔家人不得相隨幾卿年八歲別父於新亭不勝其慟遂投於江超宗命估客數人入水救之良久涌出得就岸瀝耳目口鼻出水數斗十餘日乃裁能言居父憂哀毀過禮年十二召補國子生齊文慧太子自臨策試謂王儉曰幾卿本長玄理今可以經義訪之儉承旨發問幾卿辯釋無滯文慧大稱賞焉儉謂人曰謝超宗爲不死矣及長博學有文采仕齊爲太尉晉安王主簿梁天監中自尚書三公郎爲治書侍御史舊郎官轉爲此職者世謂之南奔幾卿頗失志多陳疾臺事略不復理累遷尚書左丞幾卿詳悉故實僕射徐勉每有疑滯多詢訪之然性通脫會意便行不拘朝憲嘗預樂遊苑宴不得醉而還因詣道邊酒壚停車褰幔與車前三騶對飲時觀者如堵幾卿處之自若後以在省署夜著犢鼻褌與門生登閣道飲酒酣呼爲有司糾奏坐免普通六年詔西昌侯藻督衆軍北侵幾卿啓求行擢爲藻軍師長史將行與僕射徐勉別勉云淮肥之役前謝已著奇功未知今謝何如幾卿應聲曰已見今徐勝於前徐後謝何必愧於前謝勉默然軍至渦陽退敗幾卿坐免官居白楊石井宅朝中交好者載酒從之客恒滿坐時左丞庾仲容亦免歸二人意相得並肆情誕縱或乘露車歷游郊野醉則執鐸挽歌不屑物議湘東王繹在荊鎮與書慰勉之後爲太子率更令放達不事容儀性不容非與物多忤有乖己者輒肆意罵之退無所言遷左丞僕射省嘗議集公卿幾卿外還宿醉未醒取枕高臥傍若無人又嘗於閤省裸袒酣飲及醉小遺下霑令史爲南司所彈幾卿亦不介意轉左光祿長史卒文集行於世幾卿雖不持檢操然於家門篤睦兄才卿早卒子藻幼孤幾卿撫養甚至及藻成立歷清官皆幾卿奬訓之力也

論曰謝晦以佐命之功當顧托之重殷憂在日黜昏啓聖於社稷之計蓋爲大矣但廬陵之殞事非主命昌門之覆有乖臣道博陸所慎理異於斯加以身處上流兵權總己將欲以外制內豈人主所久堪乎向令徐傅不亾道濟居外四權制命力足相侔劉氏之危則有逾累卵以此論罰豈曰妄誅宣遠所爲寒心可謂睹其萌矣然謝氏自晉以降雅道相傳景恒景仁以德素傳美景懋景先以節義流譽方明行己之度玄暉藻繢之奇各擅一時可謂德門者矣靈運才名江左獨振而猖獗不已自致覆亾人各有能茲言乃信惜乎

南史卷十九考證

謝瞻傳瞻文章之美與從叔現族弟靈運相抗○現一本作混應从之

謝純弟述傳述號泣答曰若安全至岸尚須營理○監本脫尚字今从各本增

謝方明傳承代前人不易其政必宜改者則漸變○政監本訛正今从梁書

謝超宗傳常醉上召見語及北方事○語監本訛詔今改正

以失儀出爲南郡王中軍司馬○失監本訛朱今从閣本

南史卷二十

唐 李延壽 撰

列傳第十

謝弘微 子莊 孫朏 曾孫譓 玄孫哲 朏弟顥 顥弟瀹 瀹子覽 覽弟舉 舉子嘏 舉兄子僑

謝密字弘微晉西中郎萬之曾孫尚書左僕射景仁從子也祖韶車騎司馬父思武昌太守弘微年十歲繼從叔峻名犯所繼內諱故以字行童幼時精神端審時然後言所繼叔父混名知人見而異之謂思曰此兒深中夙敏方成佳器有子如此足矣峻司空琰子也於弘微本服緦親戚中表素不相識率意承接皆合禮衷義熙初襲爵建昌縣侯弘微家素貧儉而所繼豐泰唯受數千卷書國吏數人而已遺財祿秩一不關預混聞而驚歎謂國郎中令漆凱之曰建昌國祿本應與北舍共之國侯既不厝意今可依常分送弘微重混言乃少有所受北舍弘微本家也混風格高峻少所交納唯與族子靈運瞻晦曜以文義賞會常共宴處居在烏衣巷故謂之烏衣之游混詩所言昔爲烏衣游戚戚皆親姓者也其外雖復高流時譽莫敢造門瞻等才辭辯富弘微每以約言服之混特所敬貴號曰微子謂瞻等曰汝諸人雖才義豐辯未必皆愜衆心至於領會機賞言約理要故當與我共推微子常言阿遠剛躁負氣阿客博而無檢曜仗才而持操不篤晦自知而納善不周設復功濟三才終亦以此爲恨至如微子吾無間然又言微子異不傷物同不害正若年造六十必至公輔嘗因酣讌之餘爲韻語以獎勸靈運瞻等曰康樂誕通度實有名家韻若加繩染功剖瑩乃瓌瑾宣明體遠識穎達且沉儁若能去方執穆穆三才順阿多標獨解弱冠纂華胄質勝誠無文其尚又能峻通遠懷清悟釆釆摽蘭訊直轡鮮不躓抑用解偏吝微子基微尚無倦由慕藺勿輕一簣少進往必千仞數子勉之哉風流由爾振如不犯所知此外無所慎靈運瞻等並有誡厲之言唯弘微獨盡褒美曜弘微兄多其小字通遠即瞻字客兒靈運小名也晉世名家身有國封者起家多拜員外散騎侍郎弘微亦拜員外散騎侍郎琅邪王大司馬參軍義熙八年混以劉毅黨見誅混妻晉陵公主改適琅邪王練公主雖執意不行而詔與謝氏離絕公主以混家事委之弘微混仍世宰相一門兩封田業十餘處僮役千人唯有二女年並數歲弘微經紀生業事若在公一錢尺帛出入皆有文簿宋武受命晉陵公主降封東鄉君以混得

罪前代東鄉君節義可嘉聽還謝氏自混亾至是九年而室宇修整倉廩充盈門徒不異平日田疇墾闢有加於舊東鄉君歎曰僕射生平重此一子可謂知人僕射爲不亾矣中外姻親道俗義舊見東鄉之歸者入門莫不歎息或爲流涕感弘微之義也性嚴正舉止必修禮度事繼親之黨恭謹過常伯叔二母歸宗兩姑晨夕瞻奉盡其誠敬內外或傳語通訊輒正其衣冠婢僕之前不妄言笑由是尊卑大小敬之若神時有蔡湛之者及見謝安兄弟謂人曰弘微貌類中郎而性似文靖文帝初封宜都王鎭江陵以琅邪王球爲友弘微爲文學母憂去職居喪以孝稱服闋蔬素踰時文帝卽位爲黃門侍郎與王華王曇首殷景仁劉湛等號曰五臣遷尚書吏部郎參機密尋轉右衞將軍諸故吏臣佐並委弘微選擬居身清約器服不華而飲食滋味盡其豐美兄曜歷御史中丞彭城王義康驃騎長史卒官弘微哀戚過禮服雖除猶不噉魚肉沙門釋慧琳嘗與之食見其猶蔬素謂曰檀越素旣多疾卽吉猶未復膳若以無益傷生豈所望於得理弘微曰衣冠之變禮不可踰在心之哀實未能已遂廢食歔欷不自勝弘微少孤事兄如父友睦之至舉世莫及口不言人短見兄曜好臧否人物每聞之常亂以他語歷位中庶子加侍中志在素宦畏忌權寵固讓不拜乃聽解中庶子每獻替及陳事必手書焚草人莫之知上以弘微能膳羞每就求食弘微與親舊經營及進之後親人問上所御弘微不答別以餘語酬之時人比之漢世孔光及東鄉君薨遺財千萬園宅十餘所又會稽吳興琅邪諸處太傅安司空琰時事業奴僮猶數百人公私咸謂室內資財宜歸二女田宅僮僕應屬弘微弘微一不取自以私祿營葬混女夫殷叡素好摴蒱聞弘微不取財物乃濫奪其妻妹及伯母兩姑之分以還戲責內人皆化弘微之讓一無所爭弘微舅子領軍將軍劉湛謂弘微曰天下事宜有裁衷卿此不問何以居官弘微笑而不答或有譏以謝氏累世財產充殷君一朝戲責譬棄物江海以爲廉耳弘微曰親戚爭財爲鄙之甚今內人尚能無言豈可導之使爭今分多共少不至有乏身死之後豈復見關東鄉君葬混墓開弘微牽疾臨赴病遂甚元嘉十年卒年四十二文帝歎惜甚至謂謝景仁曰謝弘微王曇首年踰四十名位未盡其才此朕之責也弘微性寬博無喜愠末年嘗與友人棊友人西南棊有死勢復一客曰西南風急或有覆舟者友悟乃救之弘微大怒投局於地識者知其暮年之事果以此歲終時有一長鬼寄司馬文宣家言被遣殺弘微弘微疾每劇輒豫告文宣及弘微死與文宣分別而去弘微臨終語左右曰有二封書須劉領軍至可於前燒之愼勿開也書是文帝手敕上甚痛惜之使二衞千人營畢葬事追贈太常弘微與琅邪王惠王球並以簡淡稱人謂沈約曰王惠何如約曰令明簡次問王球約曰倩玉淡矣次問弘微約曰簡而不失淡而不流古之所謂名臣弘微當之其見美如此子莊

莊字希逸七歲能屬文及長韶令美容儀宋文帝見而異之謂尚書僕射殷景仁領軍將軍劉湛曰藍田生玉豈虛也哉爲隨王誕後軍諮議領記室分左氏經傳隨國立篇製木方丈圖山川土地各有分理離之則州郡殊別合之則寓內爲一元嘉二十七年魏攻彭城遣尚書李孝伯與鎭軍長史張暢語孝伯訪問莊及王微其名聲遠布如此二十九年除太子中庶子時南平王鑠獻赤鸚鵡普詔羣臣爲賦太子左衞率袁淑文冠當時作賦畢示莊及見莊賦歎曰江東無我卿當獨秀我若無卿亦一時之傑遂隱其賦元凶弑立轉司徒左長史孝武入討密送檄書與莊令加改正宣布之莊遣腹心門生具慶奉啓事密詣孝武陳誠及帝踐阼除侍中時魏求通互市上詔羣臣博議莊議以爲拒而觀釁有足表强驃騎竟陵王誕當爲荊州徵丞相荊州刺史南郡王義宣入輔義宣固辭不入而誕便剋日下船莊以丞相旣無入志而驃騎發便有期如似欲相逼切帝乃申誕發日義宣竟亦不下孝建元年遷左將軍莊有口辯孝武嘗問顏延之曰謝希逸月賦何如答曰美則美矣但莊始知隔千里兮共明月帝召莊以延之答語語之莊應聲曰延之作秋胡詩始知生爲久離別沒爲長不歸帝撫掌竟日又王玄謨問莊何者爲雙聲何者爲疊韻答曰玄護爲雙聲磝碻爲疊韻其捷速若此初孝武嘗賜莊寶劍莊以與豫州刺史魯爽後爽叛帝因宴問劍所在答曰昔以與魯爽別竊爲陛下杜郵之賜上甚悅當時以爲知言于時搜才路狹莊表陳求賢之義曰臣聞功傾魏后非特照車之珍德柔秦客豈徒祕璧之貴隆陂所漸成敗之由何嘗不興資得才替因失士故楚書以善人爲寶虞典以則哲爲難而進選之軌旣隳中代登造之律未聞當今必欲豐本康務庇人濟俗匪更泚灃奚取九成夫才生於時古今豈貳士出於世屯泰焉殊升歷中陽英賢起於徐沛受籙白水茂異出於荊宛寧二都智之所產七隩愚之所育實遇與不遇用與不用耳今大道光亨萬務俟德而九服之曠九流之艱提鈞懸衡委之選部一人之鑒易限天下之才難源以易限之鑒鏡難源之才使國罔遺賢野無滯器其可得乎昔公叔登臣管仲升盜趙文非私親疏嗣祁奚豈諂讐比子茆茅以彙作範前經舉爾所知式昭往牒且自古任薦弘明賞罰成子舉三哲而身致魏輔應侯任二士而已捐秦相臼季稱冀缺而疇以田釆張勃進陳湯而坐之褫爵此則先事之盛準亦後王之彝鑒臣謂宜普命大臣各舉所知以付尚書依分銓用若任得其才舉主延賞有不稱職宜及其坐重者免黜輕者左遷被舉之身加以禁錮年數多少隨愆議制若犯大辟則任者刑論又政平訟理莫先親人親人之要實歸守宰故黃霸莅潁川累稔杜畿居河東歷載或就加恩秩或入崇暉寵今莅人之職宜遵六年之限進得章明庸惰退得民不勤擾如此則上靡棄能下無浮謬考績之風載泰薪櫄之歌克昌初文帝世限年三十而仕郡縣六周乃選代刺史或十年餘至是皆易之仕者不拘長少莅人以三周爲滿宋之善政於是乎衰是年拜吏部尚書莊素多疾不願居選部與大司馬江夏王義恭牋自陳兩脇癖疢殆與生俱一月發動不減兩三每痛來逼心氣餘如綖利患數年遂成癉疾吸吸惙惙常如行尸眼患五月來便不復得夜坐恒閉帷避風晝夜惛懵爲此不復得朝謁諸王慶弔親舊今之所止唯在小閤下官微命於天下至輕在己不能不重家世無年亾高祖四十曾祖三十三亾祖四十七下官新歲便四十五加以疾患如此當復幾時入年當申前請以死自固願侍坐言次賜垂接助三年坐疾多免官大明元年起爲都官尚書上時親覽朝政慮權移臣下以吏部尚書選舉所由欲輕其勢力二年詔吏部尚書依部分置并詳省閼曹又別詔大宰江夏王義恭曰吏部尚書由來與錄共選良以一人之識不辨洽通兼與奪威權不宜專一故也於是置吏部尚書二人省五兵尚書莊及度支尚書顧顗之並補選職遷左衞將軍加給事中時河南獻舞馬詔羣臣爲賦莊所上甚美又使莊作舞馬歌令樂府歌之五年又爲侍中領前軍將軍時孝武出行夜還敕開門莊居守以棨信或虛須墨詔乃開上後因宴從容曰卿欲効郅君章邪對曰臣聞蒐巡有度郊祀有節盤於游田著之前誡陛下今蒙犯塵露晨往宵還容致不逞之徒妄生矯詐臣是以伏須神筆六年又爲吏部尚書領國子博士坐選公車令張奇免官事在顏師伯傳後除吳郡太守前廢帝卽位以爲金紫光祿大夫初孝武寵姬殷貴妃薨莊爲誄言贊軌堯門引漢昭帝母趙婕好堯母門事廢帝在東宮銜之至是遣人詰莊曰卿昔作殷貴妃誄知有東宮不將誅之孫奉伯說帝曰死是人之所同政復一往之苦不足爲困莊少長富貴且繫之尚方使知天下苦劇然後殺之未晚帝曰卿言有理繫於左尚方明帝定亂得出使爲赦詔莊夜出署門方坐命酒酌之已微醉傳詔立待詔成其文甚工後爲尋陽王師加中書令散騎常侍尋加金紫光祿大夫給親信二十人卒贈右光祿大夫謚憲子所著文章四百餘首行於世五子颺朏顥淪世謂莊名子以風月景山水颺位晉平太守女爲順帝皇后追贈金紫光祿大夫

朏字敬冲幼聰慧莊器之常置左右十歲能屬文莊游土山使朏命篇攬筆便就琅邪王景文謂莊曰賢子足稱神童復爲後來特達莊撫朏背曰眞吾家千金宋孝武帝游姑孰敕莊攜朏從駕詔爲洞井讚於坐奏之帝曰雖小奇童也仕宋爲衞將軍袁粲長史粲性簡峻時人方之李膺朏謁退粲曰謝令不死矣宋明帝嘗敕朏與謝鳳子超宗從鳳莊門人二人俱至超宗曰君命不可以不往乃趨而入朏曰君處臣以禮進退不入時人兩稱之以比王尊王陽後爲臨川內史以賄見劾袁粲寢其事齊高帝爲驃騎將軍輔政選朏爲長史高帝方圖禪代欲以朏佐命遷左長史每夕置酒獨與朏論魏晉故事言石苞不早勸晉文死方慟哭方之馮異非知機也朏曰昔魏臣有勸魏武帝卽位魏武曰有用我者其周文王乎晉文世事魏氏將必終身北面假使魏早依唐虞故事亦當三讓彌高帝不悅更引王儉爲左長史以朏爲侍中領祕書監及齊受禪朏當日在直百僚陪位侍中當解璽朏佯不知曰有何公事傳詔云解璽授齊王朏曰齊自應有侍中乃引枕臥傳詔懼乃使稱疾欲取兼人朏曰我無疾何所道遂朝服出東掖門乃得車仍還宅是日遂以王儉爲侍中解璽旣而武帝請誅朏高帝曰殺之則成其名正應容之度外又以家貧乞郡辭旨抑揚詔免官禁錮五年永明中爲義興太守在郡不省雜事悉付綱紀曰吾不能作主者吏但能作太守耳歷都官尚書中書令侍中領新安王師求出仍爲吳興太守明帝謀入嗣位引朝廷舊臣朏內圖止足且實避事弟瀹時爲吏部尚書朏至郡致瀹數斛酒遺書曰可力飲此勿豫人事朏居郡每不理常務聚斂衆

頗譏之亦不足也建武四年徵爲侍中中書令不應遣諸子還都獨與母留檕室郡之西郭明帝詔加優禮旌其素檕賜牀帳褥席奉以卿祿時國子祭酒廬江何胤亦抗表還會稽永元中詔徵胐胤並不屈時東昏皆命迫遣會梁武帝起兵及建鄴平徵胐胤並補軍諮祭酒皆不至及即位詔徵胐爲侍中左光祿大夫開府儀同三司胤散騎常侍特進右光祿大夫又並不屈仍遣領軍司馬王果敦譬胐胐謀於何胤胤欲獨高其節紿曰興王之世安可久處明年六月胐輕出詣闕自陳帝笑曰子陵遂能屈志詔以爲侍中司徒尚書令胐辭脚疾不堪拜謁乃角巾自輿詣雲龍門謝詔見於華林園乘小車就席明旦乘輿出幸胐宅宴語盡歡胐固陳本志不許又固請自還迎母許之臨發輿駕臨幸賦詩餞別王人送迎相望於道到都敕材官起府於舊宅武帝臨軒遣謁者於府拜授詔停諸公事及朔望朝謁三年元會詔胐乘小輿升殿胐素憚煩及居台鉉兼掌內臺職事多不覽以此頗失衆望其年母憂尋有詔攝職如故五年改授中書監司徒衞將軍固讓不受遣謁者敦授留府門及暮至於經春夏八月乃拜受焉是冬薨車駕出臨哭謚曰靖孝武初胐爲吳興以雞卵賦人收雞數千及遁節不全爲清談所少著書及文章行於世子譏位司徒右長史坐殺牛廢黜爲東陽內史及還五官送錢一萬止留一百荅曰數多劉寵更以爲愧

次子譓不妄交接門無雜賓有時獨醉曰入吾室者但有清風對吾飲者唯當明月位右光祿大夫子哲字穎豫美風儀擧止醞藉襟情豁朗爲士君子所重仕梁至廣陵太守侯景之亂因寓居爲仕陳歷吏部尚書中書令侍中司徒左長史卒謚康子

顥字仁悠胐弟也少簡靜宋末爲豫章太守至石頭遂白服登烽火樓坐免官詣齊高帝自占謝言辭清麗容儀端雅左右爲之傾目宥而不問齊永明初高選文學以顥爲竟陵王友歷吏部郎有簡秀之目卒於北中郞長史

顥弟瀹字義潔年七歲王景文見而異之言於宋孝武召見於人衆中瀹擧止閑詳應對合旨帝悅詔尚公主景和敗事寢僕射褚彥回以女妻之厚爲資送性甚敏贍嘗與劉悛飲推讓久之悛曰謝莊兒不可云不能飲瀹曰苟得其人自可流湎千日悛甚慙無言仕齊累遷中書侍郎衞軍王儉引爲長史雅相禮遇後拜吏部尚書明帝廢鬱林領兵入殿左右驚走報瀹瀹與客圍棋每下子輒云其當有意竟局乃還齋臥竟不問外事明帝即位瀹又屬疾不知公事蕭諶以兵臨起之瀹曰天下事公卿處之足矣且死者命也何足以此懼人後宴會功臣上酒尚書令王晏等興席瀹獨不起曰陛下受命應天王晏以爲己力歡觴遂不見報上大笑解之坐罷晏呼瀹共載欲相撫悅瀹又正色曰君巢窟在何處晏初得班劒瀹謂曰身家太傅裁得六人若何事頓得二十晏甚憚之謂江祏曰彼上人者難爲訓對加領右軍將軍兄胐在吳興論啓公事稽晚瀹輒代胐爲啓上知非胐手迹被問見原永泰元年卒於太子詹事贈金紫光祿大夫謚簡子初胐爲吳興瀹於征虜渚送別胐指瀹口曰此中唯宜飲酒瀹建武之朝專以長酣爲事與劉瑱沈昭略交飲各至數斗齊武帝問王儉當今誰能爲五言儉曰胐得父膏腴江淹有意上起禪靈寺敕瀹撰碑文瀹子覽

覽字景滌選尚齊錢唐公主拜駙馬都尉梁武平建鄴朝士王亮王瑩等數人揖自餘皆拜覽時年二十餘爲太子舍人亦長揖而已意氣閑雅視瞻聰明武帝目送良久謂徐勉曰覺此生芳蘭竟體想謝莊政當如此自此仍被賞味天監元年爲中書侍郎掌吏部事頃之即眞嘗侍坐受敕與侍中王暕爲詩荅贈其文甚工乃使重作復合旨帝賜詩云雙文旣後進二少實名家豈伊弼棟隆信乃俱國華爲侍中頗樂酒因宴席與散騎常侍蕭琛辭相詆毀爲有司所奏武帝以覽年少不直出爲中權長史後拜吏部尚書出爲吳興太守中書舍人黃睦之家居烏程子弟專橫前太守皆折節事之覽未到郡睦之弟迎覽覽逐去其船杖吏爲通者自是睦之家杜門不出郡境多劫爲東道患覽下車肅然初齊明帝及覽父瀹東海徐孝嗣並爲吳興號爲名守覽皆過之覽昔在新安頗聚斂至是遂稱廉潔時人方之王述卒於官贈中書令

覽弟擧字言揚幼好學與覽齊名年十四嘗贈沈約詩爲約所賞弱冠丁父憂幾致毀滅服闋爲太常博士與兄覽俱預元會江淹一見並相欽挹曰所謂馭二龍於長塗者也爲太子家令掌管記深爲昭明太子賞接祕書監任昉出爲新安郡別擧詩云詎念耋嗟人方深老夫託其屬意如此梁武嘗訪擧於覽覽曰識藝過臣甚遠唯飲酒不及於臣帝大悅尋除安成郡守母往於郡喪辭不赴歷位左戶尚書還掌吏部尚書擧祖莊父瀹兄覽並經此職前代少比擧尤長玄理及釋氏義爲晉陵郡時常與義學僧遞講經論徵士何胤自虎丘山出赴之其盛如此先是北度人盧廣有儒術爲國子博士於學發講僕射徐勉以下畢至擧造坐屢折廣辭理遒邁廣深歎服仍以所執麈尾斑竹杖滑石書格薦之以況重席焉加侍中還尚書右僕射大同二年出爲吳郡大守先是何敬容居郡有美績世稱爲何吳郡及擧爲政聲跡略相比曾要何徵君講中論何難以巾褐入南門乃從東閤進致詩往復爲虎丘山賦題于寺入爲侍中太子詹事翊左將軍擧父瀹齊時終此官累表乞改敕不許後還尚書僕射侍中將軍如故擧雖屢居端揆未嘗肯預時政保身固寵不能有所發明因疾陳解敕輒賜假并敕處方加給上藥其恩遇如此侯景來降帝詢訪朝臣擧及朝士皆請拒之帝從朱异言納之以爲景能立功趙魏擧等不敢復言太清二年還尚書令卒於內臺上日擧非止歷官已多亦人倫儀表久著公望悵恨未授之可贈侍中衞將軍開府儀同三司擧宅內山齋捨以爲寺泉石之美殆若自然臨川始興諸王常所游踐邵陵王綸於婁湖立園廣讌酒後好聚衆賓冠手自裂破投之唾壺皆莫敢言擧嘗預宴王欲取擧幘擧正色曰裂冠毀冕下官弗敢聞命拂衣而退王屢召不返甚有慙色擧托情玄勝尤長佛理注淨名經常自講說有文集二十卷子嘏

嘏字含茂風神清雅頗善屬文仕梁爲太子中庶子建安太守侯景之亂之廣州依蕭勃勃敗在周迪門後依陳寶應寶應平方詣闕歷侍中中書令都官尚書卒謚曰光子有文集行於世子儼位侍中御史中丞太常卿伷位尚書僕射

擧兄子僑字國美父玄大仕梁侍中僑素貴嘗一朝無食其子啓欲以班史質錢答曰寧餓死豈可以此充食乎太清元年卒集十卷長子禕僑弟札字世高亦博涉文史位湘東王諮議先僑卒

論曰易云積善之家必有餘慶弘微立履所蹈人倫播美其世濟不隕蓋有馮焉敬沖出入三代驟經遷革道俗之志無聞貞固之道居官之方未免貨財之累因偃成敬偃仰當年古人云處士全盜虛聲斯之謂矣

南史卷二十考證

謝密傳弘微與瑯邪王慧王球○慧宋書作惠

謝莊傳藍田生玉豈虛也哉○生一本作出

畫夜惛懵爲此不復得朝謁諸王○謁監本訛修今从宋書

謝胐傳及還五官送錢一萬止留一百○官監本訛宮今从閣本

南史卷二十一

唐　李延壽　撰

列傳第十一

王弘　子錫　錫弟僧達　曾孫融　弘弟子微　微兄遠　遠子僧祐　僧祐子籍　弘從孫瞻　弘玄孫冲　冲子瑒　瑜

王弘字休元琅邪臨沂人也曾祖導晉丞相祖洽中領軍父珣司徒弘少好學以清悟知名弱冠爲會稽王道子驃騎主簿珣頗好積聚財物布在人間及薨弘悉燔券書一不收責其餘舊業悉委諸弟時內外多難在喪者皆不得終其哀唯弘徵召一無所就桓玄剋建業收道子付廷尉臣吏莫敢瞻送弘時尚居喪獨道側拜辭攀車涕泣論者稱焉宋武帝召補鎭軍諮議參軍以功封華容縣五等侯累遷太尉左長史從北征前鋒已平洛陽而未遣九錫弘銜使還都諷朝廷時劉穆之掌留任而旨乃從北來穆之愧懼發病遂卒宋國建爲尚書僕射掌選領彭城太守奏彈世子左衞率謝靈運爲軍人桂興淫其嬖妾靈運殺興棄屍洪流御史中丞王准之曾不彈擧武帝答曰端右肅正風軌誠副所期自今以爲永制於是免靈運官後遷江州刺史省賦簡役百姓安之永初元年以佐命功封華容縣公三年入朝進號衞將軍開府儀同三司帝因宴集曰我布衣始望不至此傳亮之徒並撰辭欲盛稱功德弘率爾對曰此所謂天命求之不可得推之不可去時稱其簡擧少帝景平二年徐羨之等謀廢立召弘入朝文帝即位以定策安社稷進位司空封建安郡公固辭見許進號車騎大將軍開府刺史如故徐羨之等以廢弑罪將及誅弘以非首謀且弟曇首又爲上所親委事將發密使報弘羨之旣誅遷侍中司徒揚州刺史錄尚書事給班劒三十人上西征謝晦與彭城王義恭居守入住中書下省引隊仗出入司徒府權置參軍元嘉五年春大旱弘引咎

遜位先是彭城王義康爲荆州刺史鎮江陵平陸令河南成粲與弘書誡以盈滿兼陳彭城王宜入知朝政竟陵衡陽宜出據列藩弘由是固自陳請乃遜爲衛將軍開府儀同三司六年弘又上表陳彭城王宜入輔并求解州義康由是代弘爲司徒與之分錄弘又辭分錄弘博練政體留心庶事斟酌時宜每存優允與八座丞郎疏曰同伍犯法無人士不罪之科然每至詰讁輒有請訴若常垂恩宥則法廢不行依事糾責則物以爲苦恐宜更爲其制時議多不同弘以爲謂之人士便無庶人之坐署爲庶人輒受人士之罰不其頗歟謂人士可不受同伍之讁取罪其奴客庸何傷邪無奴客可令輸贖有修身閭閻與羣小實隔又或無奴僮爲衆所明者官長二千石便親臨列上依事遣判又主守偷五疋常偷四十疋並加大辟議者咸以爲重弘以爲小吏無知臨財易昧或由疎慢事蹈重科宜進主守偷十疋常偷五十疋死四十疋降以補兵至於官長以上荷蒙榮祿冐利五疋乃已爲弘士人至此何容復加哀矜且此輩人士可殺不可讁謂宜奏聞決之聖旨文帝從弘議弘又上言舊制八年十三半役十六全役今四方無事應存消息請以十五至十六爲半丁十七爲全丁從之及弟曇首亡文帝嗟悼不已見弘流涕歔欷弘斂容而已既而彭城王義康言於帝曰曇首既爲家寶又爲國器弘情不稱何也帝曰賢者意不可度其見體亮如此九年進位太保領中書監餘如故其年薨贈太保中書監給節加羽葆鼓吹增班劍爲六十人謚曰文昭公配食武帝廟庭弘既人望所宗造次必存禮法凡動止施爲及書翰儀體後人皆依放之謂爲王太保家法雖歷藩輔而不營財利薨亡之後家無餘業而輕率少威儀客有疑其諱者弘曰家諱與蘇子高同性褊隘人有忤意輒加詈辱少嘗摴蒱公城子野舍及後當權有人就弘求縣此人嘗以蒱戲得罪弘詰之曰君得錢會戲何用祿爲答曰不審公城子野何所在弘默然自領選及當朝總錄將加榮爵於人者每先呵責譴辱之然後施行若美相盼接語欣懽者必無所諧人問其故答曰王爵既加於人又相撫勞便成與主分功此所謂姦以事君者也若求者絕官敘之分既無以爲惠又不徵借顏色即大成怨府亦鄙薄所不任問者悅伏子錫嗣

錫字寡光位太子左衞率江夏內史高自位遇太尉江夏王義恭當朝錫箕踞大坐殆無推敬卒子僧亮嗣齊受禪降爵爲侯僧亮弟僧衍位侍中僧衍弟僧達

僧達幼聰敏弘爲揚州時僧達六七歲遇有通訟者竊覽其辭謂爲有理及大訟者亦進弘意其小留左右僧達爲申理闇誦不失一句兄錫質訥乏風采文帝聞僧達早慧召見德陽殿應對閑敏上甚知之妻以臨川王義慶女少好學善屬文爲太子舍人坐屬疾而於揚列橋觀鬬鴨爲有司所糾原不問性好鷹犬與閭里少年相馳逐又躬自屠牛義慶聞之令周旋沙門慧觀造而觀之僧達陳書滿席畢論文義慧觀酬答不暇深相稱美訴家貧求郡文帝欲以爲秦郡吏部郎庾仲文曰王弘子既不宜作秦郡僧達亦不堪莅人乃止遷太子洗馬母憂去職與兄錫不協錫罷臨海郡還送故及奉祿百萬以上僧達一夕令奴輦取無餘服闋爲宣城太守性好游獵而山郡無事僧達肆意馳騁或五日三日方歸受辭辯訟多在獵所人或逢不識問府君所在僧達且曰在近其後徙義興及元凶弑立孝武發尋陽沈慶之謂人曰王僧達必來赴義人問其所以慶之曰虜馬飲江王出赴難見其在先帝前議論開張執意明決以此言之其必至也僧達尋至孝武卽以爲長史及卽位爲尚書右僕射僧達自負才地三年間便望宰相嘗答詔曰亡父亡祖司徒司空其自負若此後爲護軍將軍不得志乃求徐州上不許固陳乃以爲吳郡太守時朞歲五遷彌不得意吳郭西臺寺多富沙門僧達求須不稱意乃遣主簿顧曠率門義劫寺內沙門竺法瑶得數百萬荆江反叛加僧達置佐領兵臺符聽置千人而輒立三十隊隊八十人立宅於吳多役功力坐免官後孝武獨召見慠然了不陳遜唯張目而視及出帝歎曰王僧達非狂如何乃戴面向天子後顏師伯詣之僧達慨然曰大丈夫寧當玉碎安可以沒沒求活師伯不答逡巡便退初僧達爲太子洗馬在東宮愛念軍人朱靈寶及出爲宣城靈寶已長僧達詐列死亡寄宣城左永之籍注以爲子改名元序啓文帝以爲武陵國典衞令又以補竟陵國典書令建平國中軍將軍孝建元年事發又加禁錮表謝言不能因依左右傾意權貴上愈怒僧達族子確少美姿容僧達與之私欵確叔父休爲永嘉太守當將確之郡僧達欲逼留之確知其意避不往僧達潛於所住屋後作大阬欲誘確來別殺埋之從弟僧虔知其謀禁呵乃止御史中丞劉瑀奏請收案上不許二年除太常意尤不悅頃之上表解職文旨抑揚侍中何偃以其言不遜啓付南臺又坐免官先是何尚之致仕復膺朝命於宅設八關齋大集朝士自行香次至僧達曰願郎且放鷹犬勿復游獵僧達答曰家養一老狗放無處去已復還尚之失色大明中以歸順功封寧陵縣五等侯累遷中書令黃門郎路瓊之太后兄慶之孫也宅與僧達門並嘗盛車服詣僧達僧達將獵已改服瓊之就坐僧達了不與語謂曰身昔門下騶人路慶之者是君何親遂焚瓊之所坐牀太后怒泣涕於帝曰我尚在而人陵之我死後乞食矣帝曰瓊之年少無事詣王僧達門見辱乃其宜耳僧達貴公子豈可以此加罪乎太后又謂帝曰我終不與王僧達俱生先是南彭城蕃縣人高闍沙門釋曇標道方等共相誑惑自言有鬼神龍鳳之瑞常聞簫鼓音與秣陵人藍宕期等謀爲亂又結殿中將軍苗乞食等起兵攻宮門事發凡黨與死者數十人僧達屢經犯忤以爲終無悛心因高闍事陷之收付廷尉於獄賜死時年三十六帝亦以爲恨謂江夏王義恭曰王僧達遂不免死追思太保餘烈使人慨然於是詔太保華容文昭公門爵國姻一不貶絕時有蘇寶者生本寒門有文義之美官至南臺侍御史江寧令坐知高闍謀反不卽聞啓亦伏誅僧達子道琰徙新安元徽中爲廬陵內史未至郡卒子融

融字元長少而神明警慧母臨川太守謝惠宣女性敦敏教融書學博涉有文才從叔儉謂人曰此兒至四十名位自然及祖舉秀才累遷太子舍人以父官不通弱年便欲紹興家業啓齊武帝求自試遷祕書丞從叔儉初有儀同之授贈儉詩及書儉甚奇之笑謂人曰穰侯印詎便可解歷丹陽丞中書郎永明末武帝欲北侵使毛惠秀畫漢武北伐圖融因此上疏開張北侵之議圖成上置琅邪城射堂壁上游幸輒觀焉九年芳林園禊宴使融爲曲水詩序當時稱之上以融才辯使兼主客接魏使房景高宋弁弁見融年少問主客年幾融曰五十之年久踰其半景高又云在北聞主客曲水詩序勝延年實願一見融乃示之後日宋弁於瑶池堂謂融曰昔觀相如封禪以知漢武之德今覽王生詩序用見齊主之盛融曰皇家盛明豈直比蹤漢武更慙鄙製無以遠匹相如上以魏所送馬不稱使融問之曰秦西冀北實多駿驥而魏之良馬乃駑不若將旦旦信誓有時而爽駉駉之牧遂不能嗣宋弁曰當是不習地土融曰周穆馬迹徧於天下若騏驥之性因地而遷則造父之策有時而躓弁曰王主客何爲勤勤於千里融曰卿國既異其優劣聊復相訪若千里斯至聖上當駕鼓車弁曰向意既須必不能駕鼓車也融曰買死馬之骨亦以郭隗之故弁不能答融躁於名利自恃人地三十內望爲公輔初爲司徒法曹詣王僧祐因遇沈昭略未相識昭略屢顧盼謂主人曰是何年少融殊不平謂曰僕出於扶桑入於暘谷照耀天下誰云不知而卿此問昭略云不知許事且食蛤蜊融曰物以羣分方以類聚君長東隅居然應嗜此族其高自標置如此及爲中書郎嘗撫案歎曰爲爾寂寂鄧禹笑人行遇朱雀桁開路人塡塞乃搥車壁曰車中乃可無七尺車前豈可乏八騶及魏軍動竟陵王子良於東府募人板融寧朔將軍軍主融文辭捷速有所造作援筆可待子良特相友好晚節大習騎馬招集江西傖楚數百人並有幹用融特爲謀主武帝病篤暫絕子良在殿內太孫未入融戎服絳衫於中書省閤口斷東宮仗不得進欲矯詔立子良詔草已立上重蘇朝事委西昌侯鸞梁武謂范雲曰左手據天下圖右手刎其喉愚夫不爲主上大漸國家自有故事道路籍籍將有非常之舉卿聞之乎雲不敢答俄而帝崩融乃處分以子良兵禁諸門西昌侯聞急馳到雲龍門不得進乃曰有敕召我仍排而入奉太孫登殿命左右扶出子良指麾音響如鍾殿內無不從命融知不遂乃釋服還省歎曰公誤我鬱林深怨融卽位十餘日收下廷尉獄使中丞孔珪倚爲奏曰融姿性剛險立身浮競動迹驚羣抗言異類近塞外微塵苦求將領遂招納不逞扇誘荒傖狡弄威聲專行權利反覆脣齒之間傾動頰舌之內威福自己無所忌憚誹謗朝政歷毀王公謂己才流無所推下事暴遠近使融依源據答融辭曰囚實頑蔽觸行多愆但夙忝門素得奉教君子爰自總髮迄將立年州閭鄉黨見許愚者過蒙大行皇帝獎育之恩又荷文皇帝識擢之重司徒公賜預士林安陸王曲垂盼接前後陳伐虜之計亦仰簡先朝今段犬羊乍擾令囚草撰符詔及司徒宣敕招募同例非一實以戎事不小不敢承教續蒙軍號賜使招集銜敕而行非敢虛扇且張弄威聲應有形迹專行權利又無贓賄反覆脣齒之間未審忝與誰言傾動頰舌之內不容都無主此自上甘露頌及銀甕啓三日詩序接虜使語辭竭思稱揚得非誹謗囚才分本劣謬被策用悚怍之情夙宵兢惕自循自省並愧流言伏惟明皇臨宇普天蒙澤戊寅赦恩輕重必宥百日曠期始蒙旬日一介罪身獨嬰憲劾融被收朋友部曲參問北寺相繼於道請救於子良子良不敢救西昌侯故爭不得詔於獄賜死時年二十七臨死歎曰我若不爲百歲老母當吐一言融意欲

指斥帝在東宮時過失也先是太學生會稽魏準以才學爲融所賞旣欲奉子良而準鼓成其事太學生虞義丘國賓竊相謂曰竟陵才弱王中書無斷敗在眼中矣及融誅召準入舍人省詰問遂懼而死舉體皆青時人以準膽破融文集行於世

微字景玄弘弟光祿大夫孺之子也少好學善屬文工書兼解音律及醫方卜筮陰陽數術之事宋文帝賜以名著初爲始興王友父憂去職微素無宦情服闋除南平王鑠右軍諮議叅軍仍爲中書侍郎時兄遠免官歷年微歎曰我兄無事而屏廢我何得而叨忝踰分文帝即以遠爲光祿勳微爲文好古言頗抑揚袁淑見之謂爲訴屈吏部尚書江湛舉微爲吏部郎微確乎不拔時論者或云微之見舉盧江何偃亦叅其議偃慮爲微所咎與之書自陳微報書深言塵外之適其從弟僧綽宣文帝旨使就職因留之宿微妙解天文知當有大故獨與僧綽仰視謂曰此上不欺人非智者其孰能免之遂辭不就尋有元凶之變微常住門屋一間尋書玩古遂足不履地終日端坐牀席皆生塵埃唯當坐處獨淨弟僧謙亦有才譽爲太子舍人遇疾微躬自處療而僧謙服藥失度遂卒深自咎恨發病不復自療哀痛僧謙不能已以書告靈僧謙卒後四旬而微終遺令薄葬不設轜旐鼓挽之屬施五尺牀爲靈二宿便毀以常所彈琴置牀上何長史偃來以琴與之無子家人遵之所著文集傳於世贈祕書監微兄遠字景舒位光祿勳時人謂遠如屏風屈曲從俗能蔽風露言能不乖物理也

遠子僧祐字胤宗幼聰悟叔父微撫其首曰兒神明意用當不作率爾人雅爲從兄儉所重每鳴笳列騶到其門候之僧祐輒稱疾不前儉曰此吾之所望於若人也世皆推儉之愛名德而重僧祐之不趨勢也未弱冠頻經憂居喪至孝服闋髮落畧盡殆不立冠帽舉秀才爲驃騎法曹羸瘠不堪受命雅好博古善老莊不尚繁華工草隸善鼓琴亭然獨立不交當世沛國劉瓛聞風而悅上書薦之爲著作佐郎遷司空祭酒謝病不與公卿游齊高帝謂王儉曰卿從可謂朝隱答曰臣從非敢妄同高人直是愛閑多病耳經贈儉詩云汝家在市門我家在南郭汝家饒賓侶我家多鳥雀儉時聲高一代賓客塡門僧祐不爲之屈時人嘉之稍遷晉安王文學而陳郡袁利爲友詩人以爲妙選齊武帝數閱武僧祐獻講武賦王儉借觀不與竟陵王子良聞其工琴於坐取琴進之不從命永明末爲太子中舍人在直屬疾不待對人輒去中丞沈約彈之云肆情運氣不顧朝典揚眉闊步直嚮高軀坐贖論時何黠王思遠之徒請交並不降意自天子至於侯伯未嘗與一人游卒於黃門郎子籍

籍字文海仕齊爲餘杭令政化如神善於擿伏自下莫能欺也性頗不儉俄然爲百姓所訟又爲錢塘縣下車布政咸謂數十年來未之有也籍好學有才氣爲詩慕謝靈運至其合也殆無愧色時人咸謂康樂之有王籍如仲尼之有丘明老聃之有嚴周梁天監中爲輕車湘東王諮議叅軍隨府會稽郡至若邪溪賦詩云蟬噪林逾靜鳥鳴山更幽劉孺見之擊節不能已已以公事免及爲中散大夫彌忽忽不樂乃至徒行市道不擇交游有時塗中見相識輒以笠傘覆面後爲作唐侯相小邑寡事彌不樂不理縣事人有訟者鞭而遣之未幾而卒籍又甚工草書筆勢遒放蓋孔琳之流亞也湘東王集其文爲十卷云

瞻字思範弘從孫也祖柳字休季位光祿大夫東亭侯父猷字世倫位侍中光祿大夫瞻年六歲從師時有伎經門過同業皆出觀瞻獨不視習業如初從父僧遠聞而異之謂其父猷曰大宗不衰寄之此子年十二居父憂以孝聞服闋襲封東亭侯後頗好逸游爲閭里患以輕薄稱及長折節修士操涉獵書記善碁工射歷位驃騎將軍王晏長史晏誅出爲晉陵太守潔已爲政妻子不免飢寒時號廉平王敬則作亂瞻赴郡敬則經晉陵郡人多附之敬則敗臺軍討賊黨瞻言愚人易動不足窮法齊明帝從之所全萬數遷御史中丞梁臺建爲侍中吏部尚書性率亮居選部所舉多行其意頗嗜酒每飲或彌日而精神朗贍不廢簿領梁武每稱瞻有三術射碁酒也卒謚康侯子長玄早卒弘四弟虞柳孺曇首虞字休仲位廷尉卿虞子深字景度有美名位新安太守柳孺事列於前曇首別卷

沖字長深弘玄孫也祖僧衍位侍中父茂璋字胄光仕梁位給事黃門侍郎沖母梁武帝妹新安公主卒於齊世武帝深鍾愛沖賜爵東安亭侯累遷侍中南郡太守習於法令政號平理雖無赫赫之譽久而見思曉音樂習歌儛善與人交貴游之中聲名籍甚侯景之亂元帝承制沖求解南郡讓王僧辯并獻女伎十人以助軍賞侯景平授丹陽尹魏平江陵敬帝爲太宰承制以沖爲左長史紹泰中累遷光祿大夫尚書左僕射開府儀同三司給扶陳武帝受禪領太子少傅加特進左光祿大夫領丹陽尹參撰律令帝以沖前代舊臣特申長幼之敬文帝即位益加尊重嘗從幸司空徐度宅宴筵之上賜以几光大元年薨年七十六贈司空謚曰元簡沖有子三十人並致通官第十二子瑒

瑒字子瑛沉靜有器局美風儀梁元帝時位太子中庶子陳武帝入輔以爲司徒左長史文帝即位累遷太子中庶子散騎常侍侍中父沖嘗爲瑒辭領中庶子文帝顧沖曰所以久留瑒於承華正欲使太子微有瑒風法耳宣帝即位歷中書令吏部尚書瑒性寬和務清靜無所抑揚還尚書左僕射加侍中參選事瑒居家篤睦每歲時饋遺徧及近親敦誘諸弟稟其規訓卒贈特進謚曰光子

瑒弟瑜字子珪亦知名美容儀年三十官至侍中永定元年使齊以陳郡袁憲爲副齊以王琳故囚之齊文宣每行載死囚以從齊人呼曰供御囚每佗怒則召殺之瑜及憲並危殆者數矣齊僕射楊遵彥每救護之天嘉二年還朝復爲侍中卒謚曰貞子

論曰語云不有君子其能國乎晉自中原沸騰介居江左以一隅之地抗衡上國年移三百蓋有憑焉其初謗云王與馬共天下蓋王氏人倫之盛實始是矣及夫休元弟兄並舉棟梁之任下逮世嗣無虧文雅之風其所以簪纓不替豈徒然也僧達猖狂成性元長躁競不止

闕

南史卷二十一考證

列傳第十一王弘子錫錫弟僧達○弟監本訛子今改正

王錫傳錫箕踞大坐殆無推敬卒子僧亮嗣○此子字承弘而言或因此不查宋書而遂以爲錫子因稱僧達爲孫并疑僧達傳兄錫爲訛謬矣

王僧達傳寄宣城左丞之籍注以爲子○之籍監本作籍之今改从宋書

王瞻傳爲侍中吏部尚書性率亮居選部所舉多行其意○居選部所舉多行其意句監本誤居選所舉其意多行今改从梁書

南史卷二十二

唐　李延壽　撰

列傳第十二

王曇首 子僧綽 孫儉 曾孫騫 騫子規 騫弟暕 暕子承 訓 僧綽弟僧虔 僧虔子慈 慈子泰 慈弟志 志弟子筠 志弟彬 寂

王曇首太保弘之弟也幼有素尚兄弟分財曇首唯取圖書而已辟琅邪王大司馬屬從府公修復洛陽園陵與從弟球俱詣宋武帝帝曰並膏粱世德乃能屈志戎旅曇首答曰旣從神武自使懦夫立志時謝晦在坐曰仁者果有勇帝悅及至彭城大會戲馬臺賦詩曇首文先成帝問弘曰卿弟何如卿答曰若但如下官門戶何寄帝大笑曇首有智局喜愠不見於色閨門內雍雍如也手不執金玉婦女亦不得以爲飾玩自非祿賜一毫不受於人爲文帝鎭西長史武帝謂文帝曰曇首輔相才也汝可每事諮之及文帝被迎入奉大統議者皆致疑曇首與到彥之從兄華並勸上行上猶未許曇首固諫并言天人符應上乃下率府州文武嚴兵自衞臺所遣百官衆力不得近部伍中兵參軍朱容子抱刀在平乘戶外不解帶者累旬及即位謂曇首曰非宋昌獨見無以致此以曇首爲侍中領驍騎將軍容子爲右軍將軍誅徐羨之等及平謝晦皆曇首及華力也元嘉四年車駕出北堂使三更竟開廣莫門南臺云應須白獸幡銀字棨不肯開尚書左丞羊玄保奏免御史中丞傅隆旨下曇首曰旣無異赦又闕幡棨雖稱上旨不異單刺元嘉元年二年雖有再開門例此乃前事之違今之守舊未爲非禮其不請白獸幡銀字棨致開門不時由尚書相承之失亦合糾正上特無問更立科條遷太子詹事侍中如故自謝晦平後上欲封曇首等會讌集舉酒勸之因拊御牀曰此坐非卿兄弟無復今日出詔以示之曇首曰豈可因國之災以爲身幸陛下雖欲私臣當如直史何封事遂寢時弘錄尚書事又爲揚州刺史曇首爲上所親委任兼兩宮彭城王義康與弘並錄意常怏怏又欲得揚州以曇首居中分其權任愈不悅曇首固乞吳郡文帝曰豈有欲建大廈而遺其棟梁賢兄比屢稱疾固辭州任將來若相申許此處非卿而誰時弘久疾屢遜位不許義康謂賓客曰王公久疾不起神州詎合臥臨曇首勸弘減府兵力之半以配義康乃悅七年卒時年三十七文帝臨慟歎曰王詹事所疾不救國之衰也中書舍人周赳侍側曰王家欲衰賢者先殞上曰直是我家衰耳贈光祿大夫九年以預誅徐羨之等

謀追封豫寧縣侯諡曰文孝武即位配饗文帝廟庭子僧綽嗣

僧綽幼有大成之度衆便以國器許之好學練悉朝典年十三文帝引見拜便流涕哽咽上亦悲不自勝襲封豫寧縣侯尚文帝長女東陽獻公主初爲江夏王義恭司徒參軍累遷尚書吏部郎參掌大選究識流品任舉咸盡其分僧綽深沉有局度不以才能高人父曇首與王華並被任遇華子新建侯嗣才劣位遇亦輕僧綽嘗謂中書侍郎蔡興宗曰弟名位與新建齊弟超至今日蓋姻戚所致也遷侍中時年二十九始興王濬嘗問其年僧綽自嫌早達逡巡良久乃答其謙退若此元嘉末文帝頗以後事爲念大相付託朝政大小皆參焉從兄微清介士也懼其太盛勸令損抑僧綽乃求吳郡及廣州並不許會巫蠱事洩上先召僧綽具言之及將廢立使尋求前朝舊典劭於東宮夜饗將士僧綽密以啓聞上又令撰漢魏以來廢諸王故事送與江湛徐湛之欲立隨王誕江湛欲立南平王鑠文帝欲立建平王宏議久不決誕妃即湛之女鑠妃湛妹也僧綽曰建立之事仰由聖懷臣謂惟宜速斷幾事雖密不可使難生慮表取笑千載上曰卿可謂能斷大事此事不可不殷勤且庶人始亡人將謂我無復慈愛之道僧綽曰恐千載之後言陛下惟能裁弟不能裁兒上默然江湛出閤謂僧綽曰卿向言將不傷直邪僧綽曰弟亦恨君不直及劭弒逆江湛在尚書上省聞變曰不用王僧綽言至此劭立轉僧綽吏部尚書及檢文帝巾箱及湛家書疏得僧綽所啓饗士并廢諸王事乃收害焉因此陷北第諸侯王以爲與僧綽有異志孝武即位追贈金紫光祿大夫諡曰愍侯初太社西空地本吳時丁奉宅孫晧流徙其家江左初爲周顗蘇峻宅後爲袁悅宅又爲章武王司馬秀宅皆以凶終及給臧燾亦頻遇禍故世稱凶地僧綽嘗謂宅無吉凶請以爲第始造未及居而敗子儉

儉字仲寶生而僧綽遇害爲叔父僧虔所養四歲襲爵豫寧縣侯拜受茅土流涕鳴咽幼篤學手不釋卷賓客或相稱美僧虔曰我不患此兒無名政恐名太盛耳乃手書崔子玉座右銘以貽之丹陽尹袁粲聞其名及見之曰宰相之門也栝柏豫章雖小已有棟梁氣矣終當任人家國事言之宋明帝選尚陽羨公主拜駙馬都尉帝以儉嫡母武康主同太初巫蠱事不可以爲婦姑欲開冢離葬儉因人自陳密以死請故事不行年十八解褐祕書郎太子舍人超遷祕書丞依七略撰七志四十卷表獻之又撰定元徽四部書目母憂服闋爲司徒右長史晉令公府長史著朝服宋大明以來著朱衣儉上言宜復舊制時議不許及蒼梧暴虐儉告袁粲求外出引晉新安主婿王獻之任吳興爲例補義興太守昇明二年爲長史兼侍中以父終此職固讓先是齊高帝爲相欲引時賢參贊大業時謝朏爲長史帝夜召朏却人與語久之朏無言唯有二小兒捉燭帝慮朏難之仍取燭遣兒朏又無言帝乃呼左右儉素知帝雄異後請間言於帝曰功高不賞古來非一以公今日位地欲北面居人臣可乎帝正色裁之而神采內和儉因又曰儉蒙公殊眄所以吐所難吐何賜拒之深宋以景和元徽之淫虐非公豈復寧濟但人情澆薄不能持久公若小復推遷則人望去矣豈唯大業永淪七尺豈可得保帝笑曰卿言不無理儉又曰公今名位故是經常宰相宜禮絕羣后微示變革當先令褚公知之儉請銜命帝曰我當自往經少日帝自造彥回款言移晷乃謂曰我夢應得官彥回曰今授始爾恐一二年間未容便移且吉夢未必便在旦夕帝還告儉儉曰褚是未達理虞整時爲中書舍人甚閑辭翰儉乃自報整使作詔及高帝爲太尉引儉爲右長史尋轉左專見任用大典將行禮儀詔策皆出於儉褚彥回唯爲詔又使儉參懷定之齊臺建遷尚書左僕射領吏部時年二十八多所引進時客有姓譚者詣儉求官儉謂曰齊桓滅譚那得有君答曰譚子奔莒所以有僕儉賞其善據卒得職焉高帝嘗從容謂儉曰我今日當以青溪爲鴻溝對曰天應人順庶無楚漢之事時朝儀草創衣服制則未有定準儉議曰漢景六年梁王入朝中郎謁者金貂出入殿門左思魏都賦云藹藹列侍金貂齊光此藩國侍臣有貂之明文晉百官表云太尉參軍四人朝服武冠此又宰府之明文又疑百僚敬齊公之禮儉又曰晉王受命勸進云沖等眘眘稱名則應盡禮而世子禮秩未定儉又曰春秋曹世子來朝待以上公之禮下其君一等今齊公九命禮冠列藩世子亦宜異數並從之世子鎮石頭城仍以爲世子宮儉又曰魯有靈光殿漢之前例也聽事爲崇光殿外齋爲宣德殿以散騎常侍張緒爲世子詹事車服悉依東宮制度高帝踐阼與儉議佐命功臣從容謂曰卿謀謨之功莫與爲二卿止二千戶意以爲少趙充國猶能自舉西零之任況卿與我情期異常儉曰昔宋祖創業佐命諸公開國不過二千以臣比之唯覺超越上笑曰張良辭侯何以過此建元元年改封南昌縣公時都下舛雜且多姦盜上欲立符伍家家以相檢括儉諫曰京師翼翼四方是湊必也持符於事既煩理成不曠謝安所謂不爾何以爲京師乃止是歲有司奏定郊殷之禮儉以爲宜以今年十月殷祭宗廟自此以後五年再殷祭二年正月上辛有事南郊即以其日還祭明堂又用次辛饗祀北郊而並無配從之明年轉左僕射領選如故初宋明帝紫極殿珠簾綺柱飾以金玉江左所未有高帝欲以其材起宣陽門儉與褚彥回及叔父僧虔連名表諫上手詔酬納宋世宮門外六門城設竹籬是年初有發白虎樽言白門三重門竹籬穿不完上感其言改立都墻儉又諫上答曰吾欲後世無以加也朝廷初基制度草創儉問無不決上每曰詩云惟岳降神生甫及申今天爲我生儉也其年固請解選見許帝幸樂遊宴集謂儉曰卿好音樂孰與朕同儉曰沐浴唐風事兼比屋亦既在齊不知肉味帝稱善後幸華林宴集使各效伎藝褚彥回彈琵琶王僧虔柳世隆彈琴沈文季歌子夜來張敬兒舞儉曰臣無所解唯知誦書因跪上前誦相如封禪書上笑曰此盛德之事吾何以堪之後上使陸澄誦孝經起自仲尼居儉曰澄所謂博而寡要臣請誦之乃誦君子之事上章上曰善張子布更覺非奇也於是王敬則脫朝服袒以絳糾髻奮臂拍張叫動左右上不悅曰豈闕三公如此答曰臣以拍張故得三公不可忘拍張時以爲名答儉尋以本官領太子詹事加兵三百人時皇太子妃薨左衞將軍沈文季經爲宮臣未詳服不儉議曰漢魏以來宮僚先備臣隸之節具體在三存既盡敬亡豈無服昔庾翼喪妻王允滕含猶謂府吏宜有小君之服況臣節之重宜依舊君之妻齊衰三月而除上崩遺詔以儉爲侍中尚書令鎮軍每上朝令史恒有三五十人隨上諸事辯析未嘗壅滯褚彥回時爲司徒錄尚書笑謂儉曰觀令判斷甚樂儉曰所以得厝私懷寔由稟明公不言之化武帝即位給班劒二十人進號衞將軍掌選事時有司以前代嗣位或仍前郊年或別爲郊始晉宋以來未有畫一儉議曰晉明帝太寧三年南郊其年九月崩成帝即位明年改元亦郊簡文咸安三年南郊其年七月崩孝武即位明年改元亦郊宋元嘉三十年正月南郊二月崩孝武嗣位明年亦郊此二代明例差可依放今聖明係業幽顯宅心言化則頻郊非嫌語事則元號初改禋燎登配孝敬兼遂謂明年正月宜饗禮二郊虞祭明堂自茲以後依舊間歲有司又以明年正月上辛應南郊而立春在上辛後郊在立春前爲疑儉曰宋景平元年正月三日辛丑南郊其月十一日立春元嘉十六年正月六日辛未南郊其月八日立春此近世明例也並從之永明二年領丹陽尹三年領國子祭酒又領太子少傅舊太子敬二傅同至是朝議接少傅以賓友禮宋時國學頹廢未暇修復宋明帝泰始六年置總明觀以集學士或謂之東觀置東觀祭酒一人總明訪舉郎二人儒玄文史四科科置學士十人其餘令史以下各有差是歲以國學既立省總明觀於儉宅開學士館以總明四部書充之又詔儉以家爲府四年以本官領吏部先是宋孝武好文章天下悉以文采相尚莫以專經爲業儉弱年便留意三禮尤善春秋發言吐論造次必於儒教由是衣冠翕然並尚經學儒教於此大興何承天禮論三百卷儉抄爲八帙又別抄條目爲十三卷朝儀舊典晉末來施行故事撰次諳憶無遺漏者所以當朝理事斷決如流每博議引證先儒罕有其例八坐丞郎無能異者令史諮事賓客滿席儉應接銓序傍無留滯十日一還監試諸生巾卷在庭劒衞令史儀容甚盛作解散幘斜插簪朝野慕之相與放效儉常謂人曰江左風流宰相惟有謝安蓋自況也武帝深委仗之士流選用奏無不可五年儉即本號開府儀同三司固讓六年重申前命先是詔儉三日一還朝尚書令史出諮事上以往來煩數詔儉還尚書下省月聽十日出外儉啓求解選上不許七年乃上表固請見許改領中書監參掌選事其年疾上親臨視薨年三十八詔衞軍文武及臺所給兵仗悉停侍葬又詔追贈太尉加羽葆鼓吹增班劒爲六十人葬禮依太宰文簡公褚彥回故事諡文憲公儉寡嗜慾唯以經國爲務車服塵素家無遺財手筆典裁爲當時所重少便有宰臣之志賦詩云稷契匡虞夏伊呂翼商周及生子字曰玄成取仍世作相之義撰古今喪服集記并文集並行於世梁武帝受禪詔爲儉立碑降爵爲侯儉弟遜宋昇明中爲丹陽丞告劉彥節事不蒙封賞建元初爲晉陵太守有怨言儉慮爲禍因褚彥回啓聞中丞陸澄依事舉奏詔以儉竭誠佐命特降刑書宥遜遠徙永嘉郡於道伏誅長子騫嗣

騫字思寂本字玄成與齊高帝偏諱同故改焉性凝簡慕樂廣爲人未嘗言人之短諸女子姪皆嬪王尚主朔望來歸輜輧塡咽非所欲也敕歲中不過一稱見嘗從容謂諸子曰吾家本素族自可依流平進不須苟求也歷黃門郎司徒右長史不事產業有舊墅在鍾山八十

餘頃與諸宅及故舊共佃之常謂人曰我不如鄭公業有田四百頃而食常不周以此爲愧永元末召爲侍中不拜三年春枉矢晝見西方長十餘丈騫曰此除舊布新之象也及梁武起兵騫曰天時人事其在此乎梁武霸府建引爲大司馬諮議參軍遷侍中及帝受禪降封爲侯歷位度支尚書中書令武帝於鍾山西造大愛敬寺騫舊墅在寺側者卽王導賜田也帝遣主書宣旨就騫市之欲以施寺答云此田不賣若敕取所不敢言酬對又脫略帝怒遂付市評田價以直逼還之由是忤旨出爲吳興太守騫性侈於味而儉於服頗以多忌爲累又惰於接物雖主書宣敕或過時不見才望不及弟暕特以儉之嫡故不棄於時暕爲尚書左丞僕射當朝用事騫自中書令爲郡邑邑不樂在郡臥不視事徵復爲度支尚書加給事中領射聲校尉以母憂去職普通三年卒年四十九贈侍中金紫光祿大夫謚曰安子規

規字威明八歲丁所生母憂居喪有至性齊太尉徐孝嗣每見必爲流涕稱曰孝童叔父暕亦深器重之常曰此兒吾家千里駒也年十二略通五經大義及長遂博涉有口辯爲本州迎主簿起家祕書郎累遷太子洗馬天監十二年改造太極殿畢規獻新殿賦其辭甚工後爲晉安王綱雲麾諮議參軍久之爲新安太守父憂去職服闋襲封南昌縣侯除中書黃門侍郎敕與陳郡殷芸琅邪王錫范陽張緬同侍東宮俱爲昭明太子所禮湘東王繹時爲丹陽尹與朝士宴集屬規爲酒令規從容曰江左以來未有茲舉特進蕭琛金紫光祿大夫傅昭在坐並謂爲知言朱异嘗因酒卿規規責以無禮普通初陳慶之北侵陷洛陽百僚稱慶規退曰可弔也又何賀焉道家有云非爲功難成功難也昔桓溫得而復失宋武竟無成功我孤軍無援深入寇境將爲亂階俄見覆沒六年武帝於文德殿餞廣州刺史元景隆詔羣臣賦詩同用五十韻規援筆立奏其文又美武帝嘉焉卽日授侍中後爲晉安王長史王立爲太子仍爲散騎常侍太子中庶子侍東宮太子賜以所服貂蟬并降令書悅是舉也尋爲吳郡太守主書芮珍宗家在吳前守宰皆傾意附之至是珍宗假還規遇之甚薄珍宗還都密奏規不理郡事俄徵爲左戶尚書郡境千餘人詣闕請留表三奏不許求於郡樹碑許之規常以門宗貴盛恒思減退後爲太子中庶子領步兵校尉辭疾不拜遂於鍾山宋熙寺築室居焉卒贈光祿大夫謚曰文皇太子出臨哭與湘東王繹令曰王威明風韻遒上神峯標映千里絕迹百尺無枝實俊人也一爾過隙永歸長夜金刀掩芒長淮絕涸去歲冬中已傷劉子今茲寒孟復悼王生俱往之傷信非虛說規集後漢衆家異同注續漢書二百卷文集二十卷子褒魏剋江陵入長安

暕字思晦騫弟也年數歲而風神警拔有成人之度時父儉作宰相賓客盈門見暕曰公才公望復在此矣弱冠選尚淮南長公主拜駙馬都尉歷祕書丞齊明帝詔求選士始安王遙光薦暕及東海王僧孺除暕騎從事中郎天監中歷位侍中吏部尚書領國子祭酒門貴與物隔不能留心寒素頗稱刻薄後爲尚書左僕射領國子祭酒卒謚曰靖子承訓並通顯

承字安期初爲祕書郎累遷中書黃門侍郎兼國子博士時膏腴貴遊咸以文學相尚罕以經術爲業唯承獨好儒業遷長史兼侍中俄轉國子祭酒承祖儉父暕皆爲此職三世爲國師前代未之有久之出爲東陽太守政存寬惠吏人悅之卒郡謚曰章承性簡貴有風格右衞朱异當朝用事每休下車馬塡門有魏郡申英者門寒才俊好危言高論以忤權右嘗指异門曰此中輻湊皆爲利往能不至者唯大小王東陽耳小東陽卽承弟穉也時唯承兄弟及褚翔不至异門世並稱之

訓字懷範生而紫胞師嫗云法當貴幼聰警有識量僧正惠超見而奇之謂門人羅智國曰四郎眉目疏朗舉動和韻此是與門戶者智國以白暕暕亦曰不墜基業其在文殊文殊訓小字也年十三暕亡憂毀家人莫識十六召見文德殿應對爽徹上目送之久謂朱异曰可謂相門有相初補國子生問說師袁昂昂曰久籍高名有勞虛想及觀容止若披雲霧俄而諸袁子弟來昂謂諸助敎曰我兒出十數若有一子如此實無所恨射策除祕書郎累遷祕書丞嘗詩云旦奭匡世功蕭曹佐甿俗追祖儉之志也後拜侍中入見武帝帝問何敬容曰褚彥回年幾爲宰相敬容曰少過三十上曰今之王訓無謝彥回訓美容儀善進止文章爲後進領袖年二十六卒謚溫子

僧虔金紫光祿大夫僧綽弟也父曇首與兄弟集會子孫任其戲適僧達跳下地作彪子時僧虔累十二博棊既不墜落亦不重作僧綽採蠟燭珠爲鳳皇僧達奪取打壞亦復不惜伯父弘歎曰僧達俊爽當不減人然亡吾家者終此子也僧虔必至公僧綽當以名義見美或云僧虔採蠟珠爲鳳皇弘稱其長者云僧虔弱冠雅善隸書宋文帝見其書素扇歎曰非唯跡逾子敬方當器雅過之爲太子舍人退默少交接與袁淑謝莊善淑每歎之曰卿文情鴻麗學解深拔而韜光潛實物莫之窺雖魏陽元之射王汝南之騎無以加焉遷司徒左西屬兄僧綽爲宋元凶所害親賓咸勸之逃僧虔泣曰吾兄奉國以忠貞撫我以慈愛今日之事苦不見及耳若同歸九泉猶羽化也孝武初出爲武陵太守攜諸子姪兄子儉中塗得病僧虔爲廢寢食同行客慰喻之僧虔曰昔馬援子姪之間一情不異鄧攸於弟子更逾所生吾實懷其心誠未異古亡兄之胤不宜忽諸若此兒不救便當回舟謝職還爲中書郎再遷太子中庶子孝武欲擅書名僧虔不敢顯跡大明世常用拙筆書以此見容後爲御史中丞領驍騎將軍甲族由來多不居憲臺王氏分枝居烏衣者位宦微減僧虔爲此官乃曰此是烏衣諸郎坐處我亦可試爲耳泰始中爲吳興太守始王獻之善書爲吳興郡及僧虔工書又爲郡論者稱之徙會稽太守中書舍人阮佃夫家在東請假歸客勸僧虔以佃夫要幸宜加禮接僧虔曰我立身有素豈能曲意此輩彼若見惡當拂衣去耳佃夫言於宋明帝使御史中丞孫敻奏僧虔坐免官尋以白衣領侍中元徽中爲吏部尚書尋加散騎常侍轉右僕射昇明二年爲尚書令嘗爲飛白書題尚書省壁曰圓行方止物之定質修之不已則溢高之不已則慄馳之不已則顚引之不已則迭是故去之宜疾當時嗟賞以比坐右銘兄子儉每覲見輒易以前言往行忠貞止足之道雅好文史解音律以朝廷禮樂多違正典人間競造新聲時齊高帝輔政僧虔上表請正聲樂高帝乃使侍中蕭惠基調正清商音律齊受命轉侍中丹陽尹郡縣獄相承有上湯殺囚僧虔上言湯本救疾而實行冤暴若罪必入重自有正刑若去惡宜疾則應先啓豈有死生大命而潛制下邑上納其言而止文惠太子鎭雍州有盜發古冢者相傳云是楚王冢大獲寶物玉屐玉屏風竹簡書青絲綸簡廣數分長二尺皮節如新有得十餘簡以示僧虔云是科斗書考工記周官所闕文也高帝素善書篤好不已與僧虔賭書畢謂曰誰爲第一對曰臣書第一陛下亦第一帝笑曰卿可謂善自爲謀或云帝問我書何如卿答曰臣正書第一草書第二陛下草書第二而正書第三臣無第三陛下無第一帝大笑曰卿善爲辭然天下有道丘不與易也帝示僧虔古迹十一卷就求能書人名僧虔得人間所有卷中所無者吳大皇帝景帝歸命侯書桓玄書及王丞相導領軍洽中書令珉張芝索靖衞伯儒張翼十一卷奏之又上羊欣所撰能書人名一卷遷湘州刺史侍中如故清簡不營財產百姓安之武帝卽位以風疾欲陳解遷侍中左光祿大夫開府儀同三司僧虔少時羣從並會客有相之云僧虔年位最高仕當至公餘人莫及及此授僧虔謂兄子儉曰汝任重於朝行當有八命之禮我若復此授一門有二台司實所畏懼乃固辭上優而許之客問其故僧虔曰吾榮位已過無以報國豈容更受高爵方貽官謗邪儉旣爲朝宰起長梁齋制度小過僧虔視之不悅竟不入戶儉卽日毀之永明三年薨時年六十追贈司空侍中如故謚簡穆僧虔頗解星文夜坐見豫章分野當有事故時僧虔子慈爲豫章內史慮有公事少時而僧虔薨棄郡奔赴時有前將軍陳天福坐討唐寓之於錢唐掠奪百姓財物棄市先是天福將行令家人豫作壽冢未至東又信催速就冢成而得罪因以葬焉又宋世光祿大夫劉鎭之年三十許病篤已辦凶具旣而疾愈因畜棺以爲壽九十餘乃亡此器方用因此而言天道未易知也

僧虔論書云宋文帝書自言可比王子敬時議者云天然勝羊欣功夫少於欣王平南廙右軍叔過江右軍之前以爲最亡曾祖領軍右軍云弟書遂不減吾變古制今惟右軍領軍不爾至今猶法鍾張亡從祖中書令書子敬云弟書如騎騾駸駸恒欲度驊騮前庾征西翼書少時與右軍齊名右軍後進庾猶不分在荆州與都下人書云小兒輩賤家雞皆學逸少書須吾下當比之張翼王右軍自書表晉穆帝令翼寫題後答右軍當時不別久後方悟云小人幾欲亂眞張芝索靖韋誕鍾會二衞並得名前代無以辨其優劣唯見其筆力驚異耳張澄當時亦呼有意郗愔章草亞於右軍郗嘉賓草亞於二王緊媚其父桓玄自謂右軍之流論者以比孔琳之謝安亦入能書錄亦自重爲子敬書嵇康詩羊欣書見重一時親受子敬行書尤善正乃不稱名孔琳之書天然縱放極有筆力規矩恐在羊欣後丘道護與羊欣俱面受子敬故當在欣後范曄與蕭思話同師羊欣後小叛旣失故步爲復小有意耳蕭思話書羊欣之影風流趣好殆當不減筆力恨弱謝綜書其舅云緊生起是得賞也恨少媚好謝靈運書乃不倫遇其合時亦得入流賀道力書亞丘道護庾昕學右軍亦欲亂眞矣僧虔嘗自書讓尚書令表辭制旣雅筆迹又麗時人以比子敬崇賢吳郡顧寶先卓越多奇自以伎能僧虔乃作飛白以示之寶先曰下官今爲飛白屈矣僧虔著書賦儉爲

注序甚工僧虔宋世嘗有書誡子曰知汝恨吾未許汝學欲自悔厲或以闔棺自欺或更擇美業且得有慨亦慰窮生但亟聞斯唱未覩其實吾未信汝非徒然也往年有意於史取三國志聚置牀頭百日許復徙業就玄汝曾未窺其題目未辨其指歸而終日自欺人人不受汝欺也由吾不學無以爲訓然重華無嚴父放勛無令子亦各由己耳汝輩竊議亦當云阿越不學何忽自課汝見其一耳不全爾也設令吾學如馬鄭亦復甚勝復倍不如今亦必大減致之有由從身上來也汝今壯年自勤數倍許勝劣及吾耳吾在世雖乏德素要復推排人間十許年故是一舊物人或以比數汝耳卽化之後若自無調度誰復知汝事者舍中亦有少負令譽弱冠越超清級者于時王家門中優者龍鳳劣猶虎豹失蔭之後豈龍虎之議況吾不能爲汝蔭政應各自努力耳或有身經三公蔑爾無聞布衣寒素輕相屈體父子貴賤殊兄弟聲名異何也體盡讀數百卷書耳吾今悔無所及欲以前車誡爾後乘也汝年入立境方應從宦兼有室累何處復得下帷如王郎時邪各爾身己切豈復關吾邪鬼唯知愛深松茂栢寧知子弟毀譽事因汝有感故畧敘胷懷子慈

慈字伯寶年八歲外祖宋太宰江夏王義恭迎之內齋施寶物恣所取慈取素琴石硯及孝子圖而已義恭善之袁淑見其幼時撫其背曰叔慈內潤也少與從弟儉共書學謝鳳子超宗嘗候僧虔仍往東齋詣慈慈正學書未卽放筆超宗曰卿書何如虔公慈曰慈書比大人如雞之比鳳超宗狼狽而退十歲時與蔡興宗子約入寺禮佛正遇沙門懺約戲慈曰衆僧今日可謂虔虔慈應聲曰卿如此何以興蔡氏之宗歷位吳郡太守大司馬長史侍中領步兵校尉司徒左長史慈患脚齊武帝敕王晏慈有微疾不能騎聽乘車在仗後江左以來少例也慈妻劉彥節女子觀尚武帝長女吳縣公主修婦禮姑未嘗交答江夏王鋒爲南徐州王妃慈女也以慈爲東海太守行徐州府州事還爲冠軍將軍廬陵王中軍長史未拜永明九年卒贈太常謚懿子泰

泰字仲通幼敏悟年數歲時祖母集諸孫姪散棗栗於牀羣兒競之泰獨不取問其故對曰不取自當得賜由是中表異之少好學手所抄寫二千許卷及長通和溫雅家人不見喜慍之色姊夫齊江夏王鋒爲齊明帝所害外生蕭子友並孤弱泰資給撫訓迥於子姪梁天監元年爲祕書丞自齊永元之末後宮火延燒祕書圖書散亂殆盡泰表校定繕寫武帝從之歷中書侍郎掌吏部仍卽眞自過江吏部郎不復典大選令史以下小人求競者輻湊前後少能稱職泰爲之不爲貴賤請屬易意天下稱平轉黃門侍郎每預朝宴刻燭賦詩文不加點帝深賞歎沈約常曰王有養炬謝有覽舉養泰小字炬筠小字也始革大理以泰爲廷尉卿再歷侍中後爲都官尚書泰能接人士故每願其居選官頃之爲吏部尚書衣冠屬望未及選舉仍疾改除散騎常侍左驍騎將軍未拜卒謚夷子廓

志字次道慈之弟也九歲居所生母憂哀容毀瘠爲中表所異弱冠選尚宋孝武女安固公主拜駙馬都尉褚彥回爲司徒引志爲主簿謂其父僧虔曰朝廷之恩本爲殊特所可光榮在屈賢子累遷宣城內史清謹有恩惠郡人張倪吳慶爭田經年不決志到官父老相謂曰王府君有德政吾鄉里乃有如此爭倪慶因相攜請罪所訟地遂成閒田後爲東陽太守郡獄有重囚十餘冬至日悉遣還家過節皆反唯一人失期志曰此自太守事主者勿憂明旦果至以婦孕吏人益歎服之爲吏部尚書在選以和理稱崔慧景平以例加右軍將軍封臨汝侯固讓改領右衛將軍及梁武軍至城內殺東昏百僚署名送首志歎曰冠雖弊可加足乎因取庭樹葉挼服之僞悶不署名梁武覽牋無志署心嘉之弗以讓也霸府開爲驃騎大將軍長史梁臺建位散騎常侍中書令天監初爲丹陽尹爲政清靜都下有寡婦無子姑亡舉責以斂葬旣而無以還之志愍其義以俸錢償焉時年饑每旦爲粥於郡門以賦百姓衆悉稱惠常懷止足謂諸子姪曰謝莊在宋孝武時位止中書令吾自視豈可過之三年爲散騎常侍中書令因多謝病簡通賓客九年遷爲散騎常侍金紫光祿大夫卒志善藁隸當時以爲楷法齊游擊將軍徐希秀亦號能書常謂志爲書聖志家居建康禁中里馬糞巷父僧虔門風寬恕志尤惇厚所歷不以罪咎劾人門下客嘗盜脫志車幰賣之志知而不問待之如初賓客遊其門者專蓋其過而稱其善兄弟子姪皆篤實謙和時人號馬糞諸王爲長者普通四年志改葬武帝厚賻贈之謚曰安有五子緝休諲操素志弟揖位太中大夫揖子筠

筠字元禮一字德柔幼而警悟七歲能屬文年十六爲芍藥賦其辭甚美及長淸靜好學與從兄泰齊名沈約見筠以爲似外祖袁粲謂僕射張稷曰王郎非唯額類袁公風韻都欲相似稷曰袁公見人輒矜嚴王郎見人必娛笑唯此一條不能酷似仕爲尚書殿中郎王氏過江以來未有居郎署或勸不就筠曰陸平原東南之秀王文度獨步江東吾得比蹤昔人何所多恨乃欣然就職沈約每見筠文咨嗟嘗謂曰昔蔡伯喈見王仲宣稱曰王公之孫吾家書籍悉當相與僕雖不敏請附斯言自謝脁諸賢零落平生意好殆絕不謂疲暮復逢於君約於郊居宅閣齋請筠爲草木十詠書之壁皆直寫文辭不加篇題約謂人曰此詩指物程形無假題署約製郊居賦搆思積時猶未都畢示筠草筠讀至雌霓（五的反）連蜷約撫掌欣抃曰僕常恐人呼爲霓（五兮反）次至墜石磓星及冰懸埳而帶坻筠皆擊節稱贊約曰知音者希眞賞殆絕所以相要政在此數句耳筠又嘗爲詩呈約約卽報書歎詠以爲後進擅美筠又能用強韻每公宴並作辭必妍靡約嘗啓上言晚來名家無先筠者又於御筵謂王志曰賢弟子文章之美可謂後來獨步謝脁常見語云好詩圓美流轉如彈丸近見其數首方知此言爲實累遷太子洗馬中舍人並掌東宮管記昭明太子愛文學士常與筠及劉孝綽陸倕到洽殷鈞等遊宴玄圃太子獨執筠袖撫孝綽肩曰所謂左把浮丘袖右拍洪崖肩其見重如此筠又與殷鈞以方雅見禮後爲中書郎奉敕製開善寺寶誌法師碑文辭甚麗逸又敕撰中書表奏三十卷及所上賦頌都爲一集後爲太子家令復掌管記普通元年以母憂去職筠有孝性毀瘠過禮文復見嗟賞尋出爲臨海太守在郡侵刻還資有芒屩兩舫他物稱是爲有司奏不調累年後歷祕書監太府卿度支尚書司徒左長史及簡文卽位爲太子詹事筠家累千金性儉嗇外服麤弊所乘牛嘗飼以青草及遇亂舊宅先爲賊焚乃寓居國子祭酒蕭子雲宅夜忽有盜攻懼墜井卒時年六十九家人十二口同遇害人棄屍積於空井中筠狀貌寢小長不滿六尺性弘厚不以藝能高人而少擅才名與劉孝綽見重當時其自序云余少好抄書老而彌篤雖遇見瞥觀皆卽疏記後重省覽懽興彌深習與性成不覺筆倦自年十三四建武二年乙亥至梁大同六年四十載矣幼年讀五經皆七八十遍愛左氏春秋吟諷常爲口實廣畧去取凡三過五抄餘經及周官儀禮國語爾雅山海經本草並再抄子史諸集皆一遍未嘗倩人假手並躬自抄錄大小百餘卷不足傳之好事蓋以備遺忘而已又與諸兒書論家門集云史傳稱安平崔氏及汝南應氏並累葉有文才所以范蔚宗云崔氏雕龍然不過父子兩三世耳非有七葉之中名德重光爵位相繼人人有集如吾門者也沈少傅約常語人云吾少好百家之言身爲四代之史自開闢以來未有爵位蟬聯文才相繼如王氏之盛也汝等仰觀堂搆思各努力筠自撰其文章以一官爲一集自洗馬中書中庶吏部左佐臨海太府各十卷尚書三十卷凡一百卷行於世子祥仕陳位黃門侍郎揖弟彬

彬字思文好文章習篆隸與志齊名時人爲之語曰三眞六草爲天下寶齊武帝起舊宮彬獻賦文辭典麗尚齊高帝女臨海長公主拜駙馬都尉仕齊歷太子中庶子徙永嘉太守卜室於積穀山有終焉之志梁天監中歷吏部尚書祕書監卒謚惠彬立身清白推賢接士有士君子風彬弟寂

寂字子玄性迅動好文章讀范滂傳未嘗不歎悒王融敗後賓客多歸之齊建武初欲獻中興頌兄志謂曰汝膏粱年少何患不達不鎮之以靜將恐貽譏寂乃止位祕書郎卒年二十一

論曰王曇首之才器王僧綽之忠直其世祿不替也豈徒然哉仲寶雅道自居早懷伊呂之志竟而逢時遇主自致宰輔之隆所謂衣冠禮樂盡在是矣齊有人焉於斯爲盛其餘文雅儒素各稟家風箕裘不墜亦云美矣

南史卷二十二考證

王僧綽傳陛下惟能裁弟不能裁兒○兒監本訛兄今改正

王儉傳年三十八○三監本訛四今从閣本

王慈傳衆僧今日可謂虔虔○僧監本訛生今改从閣本

南史卷二十三

唐　李　延　壽　撰

列傳第十三

王誕（兄子偃　偃子藻　藻弟子瑩　瑩從弟亮）

王華（從弟晛）　王惠（從弟球）

王彧（子絢　絢弟續　續孫克　彧兄子蘊　奐　奐弟份　份孫銓　錫　僉　通　勱　質　固）

王誕字茂世太保弘從祖兄也祖恬晉中軍將軍父混太常卿誕少有才藻晉孝武帝崩從叔尚書令珣爲哀策出本示誕曰猶恨少序節物誕攬筆便益之接其秋

冬代變後云霜繁廣除風回高殿珣歎美因而用之襲爵雉鄉侯爲會稽王世子元顯後軍長史琅邪內史誕結事元顯嬖人張法順故見寵元顯納妾誕爲之親迎隨府轉驃騎長史內史如故元顯討桓玄欲悉誅諸桓誕救桓脩等由此得免脩誕甥也及玄得志將見誅脩爲陳請乃徙廣州盧循據廣州以誕爲其平南府長史甚賓禮之誕久客思歸乃說循曰下官與劉鎮軍情味不淺若得北歸必蒙任寄時廣州刺史吳隱之亦爲循所拘留誕又曰將軍今留吳公公私非計孫伯符豈不欲留華子魚但以一境不容二君耳於是誕及隱之俱得還誕爲宋武帝太尉長史盡心歸奉帝甚仗之盧循自蔡洲南走劉毅固求追討誕密白帝曰公既平廣固復滅盧循則功蓋終古勳無與二如此大威豈可使餘人分之毅與公同起布衣一時相推耳今既喪敗不宜復使立功帝納其說後爲吳國內史母憂去職武帝伐劉毅起爲輔國將軍誕固辭以墨絰從行時諸葛長人行太尉留府事心不自安武帝甚慮之毅既平誕求先下帝曰長人似有自疑心卿詎宜便去誕曰長人知下官蒙公垂盼今輕身單下必當以爲無虞可少安其意帝笑曰卿勇過賁育矣於是先還後卒追封作唐縣五等侯子詡早卒誕兄嘏字偉世侍中左戶尚書始興公嘏子偃

偃字子游母晉孝武帝女鄱陽公主宋受禪封永成君偃尚宋武帝第二女吳興長公主諱榮男常倮偃縛諸庭樹時天夜雪噤凍久之偃兄恢排閤詬主乃免偃謙虛恭謹不以世事關懷位右光祿大夫贈開府儀同三司謚恭公

長子藻位東陽太守尚文帝第六女臨川長公主諱英媛公主性妬而藻別愛左右人吳崇祖景和中主讒之於廢帝藻下獄死主與王氏離婚宋世諸主莫不嚴妬明帝每疾之湖熟令袁慆妻以妬賜死使近臣虞通之撰妬婦記左光祿大夫江湛孫斅當尚孝武帝女上乃使人爲斅作表讓婚曰伏承詔旨當以臨海公主降嬪榮出望表恩加典外顧審輪蔽伏用憂惶臣寒門悴族人凡質陋閭閻有對本隔天姻如臣素流家貧業寡年近將冠皆已有室荆釵布裙足得成禮每不自解無偶迄兹媒訪莫尋素族弗問自惟門慶屢降公主天恩所覃庸及醜末懷憂抱惕慮不獲免徵命所當果膺茲舉雖門泰宗榮於臣非倖仰緣聖貸冒陳愚實自晉氏以來配尚王姬者雖累經美胄亟有名才至如王敦懾氣桓溫斂威眞長佯愚以求免子敬灸足以違禍王偃無仲都之質而倮雪於北階何瑀闊龍工之姿而投軀於深井謝莊殆自害於蠅曳殷沖幾不免於强鉏彼數人者非無才意而勢屈於崇貴事隔於聞覽吞悲茹氣無所逃訴制勒甚於僕隷防閑過於婢妾往來出入人理之常當待賓客朋從之義而令掃轍息駕無闚門之期廢筵抽席絶接對之理非唯交友離異乃亦兄弟疏闊第令受酒肉之賜制以動靜監子待錢帛之私節其言笑姆妳爭媚相勸以嚴尼媼競前相諂以急第令必凡庸下才監子皆葭萌愚豎議舉止則未閑是非聽言語則謬於虛實姆妳敢恃耆舊唯贊妬忌尼媼自唱多知務檢口舌其間又有應答問訊卜筮師母乃至殘餘飲食詰辯與誰衣被故弊必責頭領又出入之宜繁省難衷或進不獲前或入不聽出不入則嫌於欲疏求出則疑有別意召必以三晡爲期遣必以日出爲限夕不見晚魄朝不識曙星至於夜步月而弄琴晝拱袂而披卷一生之內與此長乖又聲影裁聞則少婢奔迸裾袂向席則醜老叢來左右整刷以疑寵見嫌賓客未冠以少容致斥禮有列媵象有貫魚本無嫚嫡之嫌豈有輕婦之誚令義絶傍私虔恭正匹而每事必言無儀適設辭輒云輕易我又竊聞諸主聚集唯論夫族緩不足爲急者法急則可爲緩者師更相扇誘本其恒意不可貸借固實常辭或云野敗去或云人笑我雖曰家事有甚王憲發口所言恒同科律王藻雖復彊佷頗經學涉戲笑之事遂爲冤魂褚曖憂憤用致夭絶傷理害義難以具聞夫螽斯之德實致克昌專妬之行有妨繁衍是以尚主之門往往絶嗣駙馬之身通離釁咎以臣凡弱何以克堪必將毀族淪門豈伊身責前後嬰此其人雖衆然皆患彰遐邇事隔天朝故吞言咽理無敢論訴臣幸屬聖明矜照由道弘物以典處親以公臣之鄙懷可得自盡如臣門分世荷殊榮足守前基便預提拂清官顯位或由才升一叨婚戚咸成恩假是以仰冒非宜披露丹實非唯止陳一已規全身願實乃廣申諸門受患之切伏願天慈照察特賜蠲停使燕雀微羣得保叢蔚蠢物儕生自已彌篤若恩詔難降披請不申便當刊膚剪髮投山竄海帝以此表遍示諸主以諷切之并爲戲笑元徽中臨川主表求還身王族守養弱嗣許之藻弟懋字昌業光祿大夫封南鄉侯懋子瑩

瑩字奉光選尚宋臨淮公主拜駙馬都尉累遷義興太守代謝超宗超宗去郡與瑩交惡還都就懋求書屬瑩求一吏曰丈人一旨如湯澆雪耳及至瑩答旨以公吏不可超宗往懋處對諸賓謂懋曰湯定不可澆雪懋面洞赤唯大恥愧懋後往超宗處設精白鯤美鮓麞肶懋問那得佳味超宗詭言義興始見餉陽驚曰丈人豈應不得邪懋大忿言於朝廷稱瑩供養不足坐失郡廢棄久之後歷侍中東陽太守以居郡有惠政遷吳興太守齊明帝勤憂庶政瑩頻處二郡皆有能名還爲中領軍隨王長史意不平改爲太子詹事中領軍永元初政由羣小瑩守職而已不能有所是非及尚書令徐孝嗣誅瑩頗綜朝政啓取孝嗣所居宅及取孝嗣封名枝江縣侯以爲已封從弟亮謂曰此非盛德也瑩怒曰我昔從東度爲吳興東身登岸徐時爲宰相不能見知相用爲領軍長史今住其宅差無多慙時人咸謂失德亮旣當朝於瑩素雖不善時欲引與同事遷尚書左僕射未拜會護軍崔惠景自京口奉江夏王內向瑩拒惠景於湖頭衆敗瑩赴水乘舫入樂遊因得還臺城惠景敗瑩還居領軍府梁武兵至復假節都督宮城諸軍事建康平瑩乃以宅還徐氏初爲武帝相國左長史及踐阼封建城縣公累遷尚書令瑩性清愼帝深善之時有猛獸入郭上意不悅以問羣臣羣臣莫對瑩在御筵乃斂板答曰昔擊石拊石百獸率舞陛下膺籙御圖虎象來格帝大悅衆咸服焉十五年位左光祿大夫開府儀同三司丹陽尹旣爲公須開黃閤宅前促欲買南隣朱侃半宅侃懼見侵貨得錢百萬瑩乃回閤向東時人爲之語曰欲向南錢可貪遂向東爲黃銅及將拜印工鑄印六鑄而龜六毀及成頭空不實補而用之居職六日暴疾薨謚曰靜恭少子實嗣起家祕書郎尚梁武帝女安吉公主襲爵建城縣公爲新安太守實從兄來郡就求告實與銅錢五十萬不聽於郡及道散用從兄密於郡市貨還都求利及去郡數十里實乃知命追之呼從兄上岸盤頭令卒與杖搏頰乞原劣得免後爲南康嗣王湘州長史長沙郡王三日出禊實衣冠傾崎王性方嚴見之意殊惡實稱主名謂王曰蕭玉誌忿實殿下何見偷王驚報卽起後密啓之因此廢錮

亮字奉叔瑩從父弟也父攸字昌達仕宋位太宰中郎贍給事黃門侍郎亮以名家子宋末選尚公主拜駙馬都尉歷任祕書丞齊竟陵王子良開西邸延才俊以爲士林使工圖其像亮亦預焉累遷晉陵太守在職清公有美政時有晉陵令沈巑之性麤疎好犯亮諱亮不堪遂啓代之巑之快快乃造坐云下官以犯諱被代未知明府諱若爲攸字當作無骹尊傍犬爲犬傍無骹尊若是有心攸無心攸乞告示亮不履下牀跣而走巑之撫掌大笑而去建武末累遷吏部尚書時右僕射江祏管朝政多所進拔爲士所歸亮自以身居選部每持異議始亮未爲吏部郎時以祏帝之內弟故深友祏祏爲之延譽益爲帝所器重至是與祏情好攜薄祏昵之如初及祏遇誅羣小放命凡所除拜悉由內寵亮弗能止外若詳審內無明鑒所選用拘資次而已當時不謂爲能後爲尚書左僕射及東昏肆虐亮取容以免梁武帝至新林內外百僚皆道迎其不能拔者亦間路送誠款亮獨不遣及東昏遇殺張稷仍集亮等於太極殿前西鍾下坐議欲立齊湘東嗣王寶晊領軍瑩曰城閉已久人情離解征東在近何不諮問張稷又曰桀有昏德鼎遷于殷今實微子去殷項伯歸漢之日亮默然朝士相次下牀乃遣國子博士范雲齎東昏首送石頭推亮爲首城平朝士畢至亮獨後裴履見武帝帝謂曰顚而不扶安用彼相亮曰若其可扶明公豈有今日之舉因泣而去霸府開以爲大司馬長史梁臺建授侍中尚書令固讓乃爲侍中中書監兼尚書令及受禪遷侍中尚書令中軍將軍封豫寧縣公天監二年轉左光祿大夫元日朝會亮辭疾不登殿設饌別省語笑自若數日詔公卿問訊亮無疾色御史中丞樂藹奏亮大不敬論棄市詔削爵廢爲庶人四年帝宴華光殿求讜言尚書左丞范縝起曰司徒謝朏徒有虛名陛下擢之如此前尚書令王亮頗有政體陛下棄之如彼愚臣所不知帝變色曰卿可更餘言縝固執不已帝不悅御史中丞任昉因奏縝妄陳褒貶請免縝官詔可亮因屏居閉掃不通賓客遭母憂居喪盡禮後爲中書監加散騎常侍卒謚煬子

王華字子陵誕從祖弟也祖薈衞將軍會稽內史父廞司徒右長史晉安帝隆安初王恭起兵討王國寶時廞丁母憂在家恭檄令起兵廞卽聚衆應之以女爲貞烈將軍以女人爲官屬及國寶死恭檄廞罷兵廞起兵之際多所誅戮至是不復得已因舉兵以討恭爲名恭遣劉牢之擊廞廞敗走不知所在長子泰爲恭所殺華時年十三在軍中與廞相失隨沙門釋曇冰逃使提衣襆從後津邏咸疑焉華行遲曇冰罵曰奴子怠懈行不及我以杖捶華數十衆乃不疑由此得免遇赦還吳以父存沒不測布衣蔬食不交游者十餘年宋武帝欲收其才用乃發廞喪使華制服服闋武帝北伐長安領鎭西將軍北徐州刺史辟華爲州主簿後爲別駕歷職著稱

文帝鎮江陵，爲西中郎主簿諮議參軍。文帝未親政事，悉委司馬張邵。華性尚物，不欲人在己前。邵性豪，每行來常引夾轂，華出入乘牽車，從者不過兩三人以矯之。嘗相逢，華陽若不知是邵，謂左右曰：「此鹵簿甚盛，必是殿下。」乃下牽車立於道側。及邵至，乃驚。邵白服登城，爲華所糾，邵坐被徵，華代爲司馬。文帝將入奉大統，以少帝見害，不敢下。華曰：「先帝有大功於天下，四海所服，雖嗣主不綱，人望未改。徐羨之中才寒士，傅亮布衣諸生，非有晉宣帝、王大將軍之心明矣。畏廬陵嚴斷，將來必不自容。殿下寬叡慈仁，所知已且越次奉迎，冀以見德，悠悠之論，殆必不然。羨之、亮、晦又要檀道濟、王弘五人同功，孰肯相讓，勢必不行。今日就徵，萬無所慮。」帝從之，曰：「卿復欲爲吾之宋昌矣。」乃留華總後任。上即位，以華爲侍中、右衞將軍。先是，會稽孔甯子爲文帝鎮西諮議參軍，以文義見賞，至是爲黃門侍郎，領步兵校尉。甯子先爲何無忌安成國侍郎，還東修宅，令門可容高蓋。鄰里笑之，甯子曰：「大丈夫何常之有。」甯子與華並有富貴之願，自羨之等秉權，日夜搆之於文帝。甯子嘗東歸，至金昌亭，左右欲泊船，甯子命去之，曰：「此殺君亭，不可泊也。」華每閑居諷詠，常誦王粲登樓賦曰：「冀王道之一平，假高衢而騁力。」出入逢羨之等，每切齒憤叱，歎曰：「當見太平時否？」元嘉二年，甯子卒。三年，誅羨之等，華遷護軍將軍，侍中如故。宋世唯華與南陽劉湛不爲飾讓，得官即拜，以此爲常。華以情事異人，未嘗預宴集，終身不飲酒，有宴不之詣。若有論事者，乘車造門，主人出車就之。及王弘輔政，而弘弟曇首爲文帝所任，與華相埒，華常謂己力用不盡，每歎曰：「宰相頓有數人，天下何由得安？」四年卒，年四十三。九年，以誅羨之功，追封新建縣侯，謚曰宣。孝武即位，配享文帝廟庭。子定侯嗣，卒，子長嗣，坐罵母奪爵，以長弟佟紹封。齊受禪，國除。

琨，華從父弟也。父懌不辨菽麥，時以爲殷道矜之流，人無肯與婚，家以獠婢恭心侍之，遂生琨，初名崐崘。懌後娶南陽樂玄女，無子，故即以琨爲名，立以爲嗣。琨少謹篤，爲從伯司徒謐所愛。宋武帝初爲桓脩參軍，脩待帝厚，後帝以事計圖脩，猶懷昔顧，使王華訪素門嫁其二女。華爲琨娶大女，以小女適潁川庾敬度，亦是舊族。除琨郎中、駙馬都尉、奉朝請。先是，琨伯父廞得罪晉世，諸子並從誅，唯華得免。華宋世貴盛，以門衰，提攜琨恩若同生，爲之延譽。歷位宣城、義熙太守，皆以廉約稱。華終，又託之宋文帝，故琨屢居清顯。孝建中，爲吏部郎。吏曹選局貴要多所屬請，琨自公卿下至士大夫，例爲用兩門生。江夏王義恭嘗屬琨用二人，後復屬琨，答不許。出爲平越中郎將、廣州刺史，加都督。南土沃實，在任者常致巨富，世云「廣州刺史但經城門一過，便得三千萬」。琨無所取納，表獻祿奉之半。鎭舊有鼓吹，又啓輸還。及罷任，孝武知其清，問還資多少。琨曰：「臣買宅百三十萬，餘物稱之。」帝悅其對。後爲歷陽內史，上以琨忠實，徙爲寵子新安王北中郎長史，再歷度支尚書，加光祿大夫。初，琨從兄華孫長襲華爵新建縣侯，嗜酒多愆失，琨表以長將傾基緒，請以長小弟佟嗣焉。琨後出爲吳郡太守，遷中領軍。坐在郡用朝舍錢三十六萬營餉二宮諸王及作絳襖奉獻軍用，左遷光祿大夫，尋加太常及金紫，加散騎常侍。廷尉虞龢議社稷各一神，琨案舊糾駁，不爲屈。時龢見寵，朝廷歎琨強正。明帝臨崩，出爲會稽太守，加都督。坐誤竟囚，降爲冠軍。順帝即位，進右光祿大夫。順帝遜位，百僚陪列，琨攀畫輪獺尾慟泣曰：「人以壽爲歡，老臣以壽爲戚。既不能先驅螻蟻，頻見此事。」嗚噎不自勝，百官人人雨淚。齊高帝即位，領武陵王師，加侍中。時王儉爲宰相，屬琨用東海郡迎吏。琨使謂曰：「語郎，三臺五省皆是郎用人，外方小郡當乞寒賤，省官何容復奪之。」遂不過其事。尋解王師。及高帝崩，琨聞國諱，牛不在宅，去臺數里，遂步行入宮。朝士皆謂曰：「故宜待車，有損國望。」琨曰：「今日奔赴，皆自應爾。」遂得病，卒，贈左光祿大夫，年八十四。琨謙恭謹愼，老而不渝，朝會必早起，簡閱衣裳，料數冠幘，如此數四，或爲輕薄所笑。大明中，尚書僕射顏師伯豪貴，下省設女樂，琨時爲度支尚書，要琨同聽。傳酒行炙，皆悉內妓。琨以男女無親授，傳行每至，令置牀上，回面避之，然後取，畢又如此，坐上莫不撫手嗤笑。琨容色自若。師伯後爲設樂邀琨，琨不往。中領軍劉勔脫節有栖退志，表求東陽郡，尚書令袁粲以下莫不贊美之。琨曰：「永初、景平唯謝晦、殷景仁爲中領軍，元嘉有到彥之，爲人望才舉，勔不及也。近聞加侍中，已爲快快，便求東陽，臣恐子房、赤松未易輕擬。」其鯁直如此。而儉於財用，設酒不過兩盌，輒云此酒難遇。鹽豉薑蒜之屬並挂屏風，酒漿悉置牀下，內外有求，琨手自賦之。景和中，討義陽王昶，六軍戒嚴，應須紫榭，左右欲營辦。琨曰：「元嘉初征謝晦，有紫榭在匣中，不須更作。」檢取果得焉。而避諱過甚，父名懌，母名恭心，並不得犯焉。時咸謂矯枉過正。

王惠字令明，誕從祖弟也。祖劭，車騎將軍。父默，左光祿大夫。惠劭而夷簡，爲叔父司徒謐所知。恬靜不交游，未嘗有雜事。陳郡謝瞻才辯有風氣，嘗與兄弟羣從造惠，談論鋒起，文史間發，惠時相訓應，言清理遠，瞻等慙而退。宋武帝聞其名，以問其從兄誕，誕曰：「惠後來秀令，鄙宗之美也。」即以爲行參軍，累遷世子中軍長史。時會稽內史劉懷敬之郡，送者傾都，惠亦造别，還過從弟球，球問：「向何所見？」惠言：「唯覺逢人耳。」素不與謝靈運相識，嘗得交言，靈運辯博，辭義鋒起，惠時然後言。時荀伯子在坐，退而告人曰：「靈運固自蕭散直上，王郎有如萬頃陂焉。」嘗臨曲水，風雨暴至，坐者皆馳散，惠徐起，不異常日，不以雷濡而改。宋國初建，當置郎中令，武帝難其人，謂傅亮曰：「今用郎中令，不可減袁曜卿。」既而曰：「吾得其人矣，曜卿不得獨擅其奇。」乃以惠居之。宋少帝即位，以蔡廓爲吏部尚書，不肯拜，乃以惠代焉。惠被召即拜，未嘗接客，人有與書求官，得輒聚閣上，及去職，印封如初。時以廓不拜、惠即拜，事異而意同也。兄鑒頗好聚斂，惠意不同，謂曰：「何用田爲？」鑒怒曰：「無田何由得食？」惠又曰：「何用食爲？」其標寄如此。卒，贈太常，無子。

球字蒨玉，司徒謐之子，惠從父弟也。少與惠齊名。宋武帝受命，爲太子中舍人、宜都王友，轉諮議參軍。文帝即位，王弘兄弟貴動朝廷，球終日端拱，未嘗相往來，弘亦雅敬之。歷位侍中、中書令、吏部尚書。時中書舍人徐爰有寵於上，上嘗命球及殷景仁與之相知，球辭曰：「士庶區別，國之章也。臣不敢奉詔。」上改容謝焉。球簡貴勢，不交游，筵席虛靜，門無異客。曇首常云：「蒨玉亦是玉巵無當耳。」既而尚書僕射殷景仁、領軍將軍劉湛並執重權，傾動內外，球雖通家姻戚，未嘗往來。居選職，接客甚稀，不視求官書疏，而銓衡有序。遷光祿大夫，領廬陵王師。時大將軍彭城王義康專以政事爲本，刀筆幹練者多被意遇，謂劉湛曰：「王敬弘、王球之屬，竟何所堪施，爲自富貴，復那可解。」球兄子履深結劉湛，委誠義康，與劉斌等。球每訓厲，不納。自大將軍從事中郎轉太子中庶子，流涕訴義康，不願違離，故復爲從事中郎，文帝甚銜之。及誅湛之夕，履徒跣告球，球命爲取履，先溫酒與之，謂曰：「常日謂汝何？」履怖不得答。球徐曰：「阿父在，汝何憂？」左右扶郎還齋。亦以球故，履免死，廢於家。殷景仁卒，球除尚書僕射，王師如故。素有腳疾，多病還家，朝直至少。錄尚書江夏王義恭謂尚書何尚之曰：「當今乏才，羣下宜加戮力，而王球放恣如此，宜以法糾之。」尚之曰：「球有素尚，加又多疾，公應以淡退求之，未可以文案責也。」義恭又面啓文帝曰：「王球誠有素譽，頗以物外自許，端任要切，或非所長。」帝曰：「誠知如此，要是時望所歸。昔周伯仁終日飲酒而居此任，蓋所以崇素德也。」遂見優容。後以白衣領職。十八年卒，時年四十九，贈特進、金紫光祿大夫。無子，從孫奐爲後。

王彧字景文，球從子也。祖穆字伯遠，司徒謐之長兄，位臨海大守。父僧朗仕宋，位尚書右僕射。明帝初，以后父加特進，贈開府儀同三司，謚元公。彧名與明帝諱同，故以字行。伯父智少簡貴，有高名，宋武帝甚重之，常言：「見王智使人思仲祖。」武帝與劉穆之討劉毅，而智在焉。他日，穆之白武帝曰：「伐國重事，公言何乃使王智知？」武帝笑曰：「此人高簡，豈聞此輩論議。」其見知如此。爲宋國五兵尚書，封建陵縣五等子，追贈太常。智無子，故父僧朗以景文繼智。幼爲從叔球所知，憐美風姿，爲一時推謝。袁粲見之，歎曰：「景文非但風流可悅，乃哺歠亦復可觀。」有一客少時及見謝混，答曰：「景文方謝叔源，則爲野父矣。」粲惆悵良久，曰：「恨眼中不見此人。」景文好言理，少與陳郡謝莊齊名。文帝嘗與羣臣臨天泉池，帝垂綸良久不獲，景文越席曰：「臣以爲垂綸者清，故不獲貪餌。」衆皆稱善。文帝甚相欽重，故爲明帝娶景文妹，而以景文之名名明帝。武帝第五女新安公主先適太原王景深，離絕，當以適景文，景文固辭以疾，故不成婚。襲爵建陵子。元凶以爲黃門侍郎，未及就，孝武入討，景文遣間使歸款，以父在都下，不獲致身。事平，頗見嫌責，猶以舊恩，累遷司徒左長史。上以散騎常侍舊與侍中俱掌獻替，欲高其選，以景文及會稽孔覬俱南北之望，以補之。尋復爲司徒左長史。以姊墓開不臨赴，免官。後拜侍中，領射聲校尉、左衞將軍，加給事中、太子中庶子。坐與奉朝請毛法因蒱戲得錢百二十萬，白衣領職。景和元年，爲尚書右僕射。明帝即位，加領左衞將軍，尋加丹陽尹。遭父憂，起爲尚書左僕射、丹陽尹，固辭僕射，出爲江州刺史，加都督。服闋，乃受詔，封江安縣侯，固讓不許。後徵爲尚書左僕射，領吏部、揚州刺史，加太子詹事，不願還朝，求爲湘州，不許。時又謂景文在江州不能潔己，景文與上幸臣王道隆書深自申理。景文屢辭內授，上手詔譬之曰：「尚書左僕射，卿已經此任，東宮詹事，用人雖美，職亦政可比中書令耳。庶姓作揚州，徐干木、王休元、殷鐵並處之不辭。卿清令才望，何愧休元？毗贊中興，豈謝干木？綢繆相與，何後殷鐵邪？司徒以宰相不應帶神州，遠遵先旨，京口鄉基義重，密邇畿內，又不得不同驃騎陝西任要由來用宗室驃騎既去巴陵理應居之中流雖曰閑地控帶二江通接荆郢經塗之要由來有重鎭如此則揚州自成閫刺史卿若有辭便不知誰應處之此選大備與公卿疇懷非聊爾也固辭詹事領選從爲中書令常侍僕射揚州如故又進中書監領太子太傅常侍揚州如故景文固辭太傅上遣新除尚書右僕射褚彦回宣旨不得已乃受拜時太子及諸皇子竝小上猶爲身後計諸將帥吳喜壽寂之之徒慮其不能奉幼主竝殺之而景文外戚貴盛張永累經軍旅又疑其將來難信乃自爲謠言曰一士不可親弓長射殺人一士王字指景文弓長張字指張永景文彌懼乃自陳求解揚州詔答曰人居貴要但問心若爲耳大明之世巢徐二戴位不過執戟權亢人主顏師伯白衣僕射横行尚書中袁粲作僕射領選而人往往不知有粲粲遷爲令居之不疑今既省錄令便居昔之錄至置省事及幹僮竝依錄格粲作令來亦不異爲僕射人情向粲淡然亦復不改常以此居貴位要任當有致憂兢不卿今雖作揚州太子太傅位雖貴而不關朝政可安不懼差於粲也卿虛心受榮有而不爲累貴高有危殆之懼卑賤有溝壑之憂張單雙災木鴈兩失有心於避禍不如無心於任運夫千仞之木既摧於斧斤一寸之草亦悴於踐蹋高崖之脩幹與深谷之淺條存亡之要巨細一揆耳晉將畢萬七戰死於牖下蜀相費禕從容坐談斃於刺客故甘心於履危未必逢禍縱意於處安不必全福但貴者自惜故每憂其身賤者自輕故易忘其已然爲教者每誠貴不誠賤言其貴滿好自恃也凡名位貴達人以存懷泰則觸人改容否則行路嗟愕至如賤者否泰不足以動人存亡不足以絓數死於溝瀆困於逵路者天地之間亦復何限人不係意耳以此而推貴何必難處賤何必易安但人生自應卑愼爲道行己用心務思謹惜若乃吉凶大期正應委之理運遭隨參差莫不由命也既非聖人不能見吉凶之先見正是依稀於理言可行而爲之耳得吉者是其命吉遇不吉者是其命凶以近事論之景和之世晉平庶人從壽陽歸亂朝人皆爲之戰慄而乃遇中興之運袁顗圖避禍於襄陽當時皆美之謂爲陵霄駕鳳遂與義嘉同滅駱宰見狂主語人云越王長頸鳥喙可與共憂不可共樂范蠡去而全身文種留而遇禍今主長頸頗有越王之狀我在尚書中久不去必危遂求江南縣諸都令史住京師者皆遭中興之慶人人蒙爵級宰逢義嘉染罪金木纏身性命幾絕卿耳目所聞見安危在運何可預圖邪上既有疾而諸弟竝已見殺唯桂陽王休範人才本劣不見疑出爲江州刺史慮一旦晏駕皇后臨朝則景文自然成宰相門族强盛藉元舅之重歲暮不爲純臣泰豫元年春上疾篤遣使送藥賜景文死使謂曰朕不謂卿有罪然吾不能獨死請子先之因手詔曰與卿周旋欲全卿門戸故有此處分敕至之夜景文政與客碁扣函看復還封置局下神色怡然不變方與客棊思行爭劫竟斂子內奩畢徐謂客曰奉敕見賜以死方以敕示客酒至未飲門客焦度在側憤怒發酒覆地曰大丈夫安能坐受死州中文武可數百人足以一奮景文曰知卿至心若見念者爲我百口計乃墨啓答敕并謝贈詔酌謂客曰此酒不可相勸自仰而飲之時年六十追贈開府儀同三司謚曰懿長子絢

絢字長素早惠年五六歲讀論語至周監於二代外祖何尙之戲之曰可改耶耶乎文哉絢應聲答曰尊者之名安可戲寧可道草翁之風必舅及長篤志好學位祕書丞先景文卒謚曰恭世子絢弟繢

繢字叔素弱冠祕書郎太子舍人轉中書舍人景文以此授超階令繢經年乃受景文封曲安侯繢襲其本爵爲始平縣五等男元徽末爲黃門郎東陽太守齊武帝爲撫軍吏部尚書張岱選繢爲長史呈選牒高帝笑曰此可謂素望再遷義興太守輒錄郡吏陳伯喜付陽羨獄欲殺之縣令孔逭不知何罪不受繢教爲有司奏坐白衣領職後長兼侍中武帝出射雉繢信佛法稱疾不從永元元年卒於太常謚靖子繢女適武帝寵子安陸王子敬永明二年納妃脩外舅姑之敬武帝遣文惠太子相隨往繢家置酒設樂公卿皆冠冕而去當世榮之繢弟約齊明帝世數年廢錮梁武帝時爲太子中庶子嘗謂約曰卿方當富貴必不容久滯屈及帝作輔謂曰我嘗相卿當富貴不言卿今日富貴便當見由歷侍中左戸尚書廷尉繢長子僞不慧位止建安太守僞子克克美容貌善容止仕梁歷司徒右長史尚書僕射臺城陷仕侯景位太宰侍中錄尚書事景敗克迎候王僧辯問克曰勞事夷狄之君克不能對次問璽紱何在克默然良久曰趙平原將去平原名思賢景腹心也景授平原太守故克呼爲僧辯乃誚克曰王氏百世卿族便是一朝而墜仕陳位尚書右僕射

蘊字彦深彧兄子也父揩太中大夫揩人才凡劣故蘊不爲羣從所禮常懷恥慨家貧爲廣德令明帝即位四方叛逆欲以將領自奮每撫刀曰龍泉太阿汝知我者叔父景文常誡之曰阿答汝滅我門戸蘊曰答與童烏貴賤異童烏絢小字答蘊小字也及事寧封吉陽男歷晉陵義興太守所莅竝貪縱後爲給事黃門侍郎桂陽之逼王道隆爲亂兵所殺蘊力戰重創御溝側或扶以免事平撫軍長史褚澄爲吳郡太守司徒左長史蕭惠開明言於朝曰褚澄開城以納賊更爲股肱大郡王蘊被甲死戰棄而不收賞罰如此何憂不亂褚彦回慙乃議用蘊爲湘州刺史及齊高帝輔政蘊與沈攸之連謀事敗斬於秣陵市

奐字道明彧兄子也父粹字景深位黃門侍郎奐繼從祖球故小字彥孫年數歲常侍球許甚見愛奐諸兄出身諸王國常侍而奐起家著作佐郎琅邪顏延之與球情款稍異常撫奐背曰阿奴始免寒士奐少而强濟叔父景文常以家事委之仕宋歷侍中祠部尚書轉掌吏部昇明初遷丹陽尹初王晏父普曜爲沈攸之長史常懼攸之舉事不得還奐爲吏部轉普曜爲內職晏深德之及晏仕齊武帝以奐宋室外戚而從弟蘊又同逆疑有異意晏叩頭保奐無異志時晏父母在都請以爲質武帝乃止永明中累遷尚書右僕射王儉卒上欲用奐爲尚書令以問晏晏位遇已重意不推奐答曰柳世隆有勳望恐不宜在奐後乃轉左僕射加給事中出爲雍州刺史加都督與寧蠻長史劉興祖不睦十一年奐遣軍主朱公恩征蠻失利興祖欲以啓聞奐大怒收付獄興祖於獄以針畫漆合盤爲書報家稱枉令啓聞而奐亦馳信啓上誣興祖扇動荒蠻上知其枉敕送興祖還都奐恐辭情翻背輒殺之上大怒遣中書舍人呂文顯直閤將軍曹道剛領兵收奐又別詔梁州刺史曹武自江陵步出襄陽奐子彪凶愚頗干時政士人咸切齒時文顯以漆匣匣箜篌在船中因相誑云臺使封刀斬王彪及道剛曹武文顯俱至衆力既盛又懼漆匣之言於是議閉門拒命長史殷叡奐女壻也諫曰今開城門白服接臺使不過檻車徵還嚎官免爵耳彪堅執不從叡又曰宜遣典籤間道送啓自申亦不患不被宥乃令叡書啓遣典籤陳道齊出城便爲文顯所執叡又曰忠不背國勇不逃死百世門戸宜思後計執與仰藥自全則身名俱泰叡請先驅螻蟻又不從奐門生鄭羽叩頭啓奐乞出城迎臺使奐曰我不作賊欲先遣啓自申政恐曹呂輩小人相陵藉故且閉門自守耳彪遂出戰敗走歸土人起義攻州西門彪登門拒戰郄之司馬黃瑤起寧蠻長史裴叔業於城內起兵攻奐奐聞兵入禮佛未及起軍人斬之彪及弟爽弼殷叡皆伏誅奐長子太子中庶子融融弟司徒從事中郎琛於都棄市餘孫皆原宥琛弟肅秉竝奔魏後得黃瑤起臠食之弟伷女爲長沙王晃妃以男女竝長又且出繼特不離絕奐既誅故舊無敢至者汝南許明達先爲奐參軍躬爲殯斂經理甚厚當時高其節奐弟份

份字季文仕宋位始安內史袁粲之誅親故無敢視者份獨往致慟由是顯名累遷大司農奐誅後其子肅奔魏份自拘請罪齊武帝宥之肅屢引魏人至邊份嘗因侍坐武帝謂曰比有北信不份改容對曰肅既近忘墳柏寧遠憶有臣帝亦以此亮焉後位祕書監仕梁位散騎常侍領步兵校尉兼起部尚書武帝嘗於宴席問羣臣曰朕爲有爲無份曰陛下應萬物爲有體至理爲無帝稱善後累遷尚書左僕射歷侍中特進左光祿大夫監丹陽尹卒謚曰胡子長子琳字孝璋位司徒左長史琳齊代取梁武帝妹義興長公主有子九人竝知名長子銓字公衡美風儀善占吐尚武帝女永嘉公主拜駙馬都尉銓雖學業不及弟錫而孝行齊焉時人以爲銓錫二王可謂玉昆金友母長公主疾銓形貌瘠貶人不復識及居喪哭泣無常因得氣疾位侍中丹陽尹卒於衛尉卿子溥字伯淮尚簡文帝女餘姚公主

銓弟錫字公嘏幼而警悟與兄弟受業至應休散輒獨留不起精力不倦致損右目十三爲國子生十四舉清茂除祕書郎再遷太子洗馬時昭明太子尚幼武帝敕錫與祕書郎張纘使入宮不限日數與太子游狎情兼師友又敕陸倕張率謝舉王規王筠劉孝綽到洽張緬爲學士十人盡一時之選錫以戚屬封永安侯普通初魏始連和使劉善明來聘敕中書舍人朱异接之善明彭城舊族氣調甚高負其才氣酒酣謂异曰南國辯學如中書者幾人异曰异所以得接賓宴乃分職是司若以才辯相尚則不容見使善明乃曰王錫張纘北間所聞云何可見异具啓聞敕即使南苑設宴錫與張纘朱异四人而已善明造席遍論經史兼以嘲謔錫纘隨方酬對無所稽疑善明甚相歎挹他日謂异曰一日見二賢實副所期不有君子安能爲國引宴之日敕使左右徐僧權於坐後言則書之累遷吏部郎中時年二十四謂親友曰吾以外戚謬被時知兼比羸病庶務難擁安能捨其所好而徇所不能乃稱疾不拜便謝遣胥徒拒絕賓客掩扉覃思室宇蕭然諸子溫凊隔簾趨倚公主

乃命穿壁使子涉湜觀之卒年三十六贈侍中謚貞子

錫弟僉

僉字公會八歲丁父憂哀毀過禮初補國子生祭酒袁昂稱爲通理累遷始興內史丁所生母憂因辭不拜又除南康內史在郡義興主薨詔起復郡後爲太子中庶子掌東宮管記卒贈侍中元帝下詔賢而不伐曰恭追謚曰恭子僉弟通

通字公達仕梁爲黃門侍郎敬帝承制以爲尚書右僕射陳武帝受禪遷右僕射太建元年爲左光祿大夫六年加特進侍中將軍光祿佐吏扶竝如故未拜卒謚曰成弟勱

勱字公齊美風儀博涉書史恬然清簡未嘗以利欲干懷仕梁爲輕車河東王功曹史王出鎭京口勱將隨之蕃范陽張纘時典選舉勱造纘言別纘嘉其風采乃曰王生才地豈可游外府乎奏爲太子洗馬後爲南徐州別駕從事史大同末梁武帝謁園陵道出朱方勱隨例迎候敕令從輦側所經山川莫不顧問勱隨事應對咸有故實又從登北顧樓賦詩辭義清典帝甚嘉之時河東王爲廣州刺史乃以勱爲冠軍河東王長史南海太守王至嶺南多所侵掠因懼罪稱疾委州還朝勱行州府事越中饒沃前後守宰例多貪縱勱獨以清白著聞入爲給事黃門侍郎侯景之亂奔江陵歷位晉陵太守時兵飢之後郡中彫弊勱爲政清簡吏人便安之徵爲侍中遷五兵尚書會魏軍至元帝徵湘州刺史宜豐侯蕭循入援以勱監湘州及魏平江陵敬帝承制以爲中書令加侍中歷陳武帝司空丞相長史侍中中書令竝如故及蕭勃平以勱爲廣州刺史未行改爲衡州刺史王琳據有上流衡廣攜貳勱不得之鎭留于大庾嶺太建元年累遷尚書右僕射時東境大水以勱爲晉陵太守在郡甚有威惠郡人表請立碑頌勱政德詔許之徵爲中書監重授尚書左僕射領右軍將軍卒謚曰溫子勱弟質

質字子貞少慷慨涉獵書史梁世以武帝甥封甲口亭侯位太子中舍人庶子侯景濟江質領步騎頓于宣陽門外景軍至都質不戰而潰爲桑門潛匿人間城陷後西奔荊州元帝承制歷位侍中吳州刺史領鄱陽內史魏平荊州侯瑱鎭盆城與質不協質率所部依于留異陳永定二年武帝命質率所部隨都督周文育討王琳質與琳素善或譖云於軍中潛信交通武帝命文育殺質文育啓救之獲免文帝嗣位以爲五兵尚書宣帝輔政爲司徒左長史坐招聚博徒免官後爲都官尚書卒謚曰安子弟固

固字子堅少清正頗涉文史梁時以武帝甥封莫口亭侯位丹陽尹丞梁元帝承制以爲相國戶曹屬掌管記尋聘魏魏人以其梁氏外戚待之甚厚承聖元年爲太子中庶子遷尋陽太守魏尅荊州固之鄱陽隨兄質度東嶺居信安縣陳永定中移居吳郡文帝以固清靜且欲申以婚姻天嘉中歷位中書令散騎常侍國子祭酒以其女爲皇太子妃禮遇甚重廢帝即位授侍中金紫光祿大夫宣帝輔政固以廢帝外戚妳媼恒往來禁中頗宣密旨事洩比黨皆誅宣帝以固本無兵權且居處清素止免所居官禁錮太建中卒於太常卿謚恭子固清虛寡欲居喪以孝聞又信佛法及丁所生母憂遂終身蔬食夜則坐禪晝誦佛經嘗聘魏因宴饗祭請停殺一羊羊於固前跪拜又宴昆明池魏人以南人嗜魚大設罟網固以佛法呪之遂一鱗不獲子寬位侍中

論曰王誕夙有名輩而間關夷險卒獲攀光日月蓋亦得其時焉奉光奉叔竝得官成齊代而亮自著寒松斯爲優矣瑩印章六毀豈鬼神之害盈乎景文弱年立譽芳聲籍甚榮貴之來匪由勢至若使泰始之朝身非外戚與袁粲羣公方駿竝路傾覆之災庶幾可免庾元規之讓中書令義歸此矣奐有愚子自致誅夷份亂嗣克昌特鍾門慶美矣

南史卷二十四

唐 李延壽 撰

列傳第十四

王裕之字敬弘晉驃騎將軍廙之曾孫司州刺史胡之之孫也名與宋武帝諱同故以字行父茂之字典元晉陵太守敬弘少有清尚起家本國左常侍衞軍參軍性恬靜樂山水求爲天門太守及之郡妻弟荊州刺史桓玄遣信要令過己敬弘至巴陵謂人曰靈寶正當欲見其姊我不能爲桓氏贅壻乃遣別船送妻往江陵彌年不迎山郡無事恣其游適意甚好之後爲南平太守去官居作唐縣界玄輔政及篡位屢召不下宋武帝以爲車騎從事中郎徐州中從事史征西將軍道規諮議參軍時府主簿宋協亦有高趣道規竝以事外相期嘗共酣飲敬弘因醉失禮爲外司所白道規即便引還重申初讌永初中累遷吏部尚書敬弘每被召即便祗奉既到宜退旋復解官武帝嘉其志不苟進也除廬陵王師加散騎常侍自陳無德不可師範令王固讓不拜元嘉三年爲尚書僕射關署文案初不省讀嘗豫聽訟上問疑獄敬弘不對上變色問左右何故不以訊牒副僕射敬弘曰臣乃得訊牒讀之正自不解上甚不悅雖加禮敬亦不以時務及之六年遷尚書令固讓表求還東上不能奪改授侍中特進左光祿大夫給親信三十人及東歸車駕幸冶亭餞送十二年徵爲太子少傅敬弘詣都上表固辭不拜東歸上時不豫自力見焉十六年以爲左光祿大夫開府儀同三司侍中如故又詣都表辭竟不拜東歸二十三年復申前命復辭明年薨於餘杭之舍亭山年八十八順帝昇明三年追謚文貞公敬弘形狀短而起坐端方桓玄謂之彈碁發八勢所居舍亭山林澗環周備登臨之美故時人謂之王東山文帝嘗問爲政得失對曰天下有道庶人不議上高其言左右嘗使二老婦女戴五條辮著青紋袴襦飾以朱粉女適尚書僕射何尚之弟述之敬弘嘗往何氏看女遇尚之不在因寄齋中臥俄頃尚之還敬弘還使二婦女守閤不聽尚之入云正熱不堪相見君可且去尚之於是移於他室上將爲廬陵王納其女辭曰臣女幼既許孔淳之息子恢之被召爲祕書郎敬弘求爲奉朝請與恢之書曰彼祕書有限故有競朝請無限故無競吾欲使汝處不競之地文帝嘉之竝見許敬弘見兒孫歲中不過一再相見見輒剋日未嘗教子孫學問各隨所欲人或問之答曰丹朱不應乏教甯越不聞被捶恢之位新安太守嘗請假定省敬弘剋日見之至日輒不果假日將盡恢之求辭敬弘呼前至閤復不見恢之於閤外拜辭流涕而去恢之弟瓚之位吏部尚書金紫光祿大夫謚貞子瓚之弟昇之位都官尚書瓚之子秀之

秀之字伯奮幼時祖父敬弘愛其風采仕宋爲太子舍人父卒廬於墓側服闋復職吏部尚書褚彥回欲與結婚秀之不肯以此頻爲兩府外兵參軍後爲晉平太守朞年求還或問其故答曰此郡沃壤珍阜日至人所昧者財財生則禍逐智者不昧財亦不逐禍吾山資已足豈可久留以妨賢路乃上表請代時人以爲王晉平恐富求歸仕齊爲豫章王嶷驃騎長史嶷於荊州立學以秀之領儒林祭酒武帝即位累遷侍中祭酒轉都官尚書秀之祖父敬弘性貞正徐羨之傅亮當朝不與來往及致仕隱吳興與秀之父瓚之書深勗以靜退瓚之爲五兵尚書未嘗詣一朝貴江湛謂何偃曰王瓚之今便是朝隱及柳元景顏師伯貴要瓚之竟不候之至秀之爲尚書又不與王儉款接三世不事權貴時人稱之轉侍中領射聲校尉出爲隨王鎭西長史南郡內史後爲輔國將軍吳興太守秀之先爲諸王長史行事便歎曰仲祖之識見於已多便無復仕進止營理舍亭山宅有終焉之志及除吳興郡隱業所在心願爲之到郡修舊山移置輜重隆昌元年卒遺令朱服不得入棺祭則酒脯而已世人以僕妾直靈助哭當由喪主不能淳至欲以多聲相亂魂而有靈吾當笑之謚曰簡子

延之字希季昇之子也少靜默不交人事仕宋爲司徒左長史清貧居宇穿漏褚彥回以啓宋明帝即敕材官爲起三間齋屋歷吏部尚書尚書左僕射宋德既衰齊高帝輔政朝野之情人懷彼此延之與尚書令王僧虔中立無所去就時人語曰二王居平不送不迎高帝以此善之昇明三年出爲江州刺史加都督齊建元元年進號鎭南將軍延之與金紫光祿大夫阮韜俱宋領軍將軍劉湛外甥竝有早譽湛甚愛之曰韜後當爲第一延之爲次也延之甚不平每致餉下都韜與朝士同例高武聞之與延之書曰韜云卿未嘗有別意當由劉家月旦故邪韜字長明陳留人晉金紫光祿大夫裕玄孫也爲南兗州別駕刺史江夏王義恭逆求資費錢韜曰此朝廷物執不與宋孝武選侍中四人竝以風貌王彧謝莊爲一雙韜與何偃爲一雙常充兼假至始興王師卒延之居身簡素清靜寡慾凡所經歷務存不擾在江州祿俸外一無所納獨處齋內未嘗出戶吏人罕得見焉雖子弟亦不妄前時時見親舊未嘗及世事從容談詠而已後爲尚書左僕射尋領竟陵王師卒謚簡子

子綸之字元章爲安成王記室參軍偃仰召會退居僚末司徒袁粲聞而歎曰格外之官便今日爲重貴游居此位者遂以不掌文記爲高自綸之始也齊永明中歷位侍中出爲豫章太守下車祭徐孺子許子將墓圖畫

陳蕃華歆謝鯤像於郡朝堂爲政寬簡稱良二千石武帝幸琅邪城綸之與光祿大夫全景文等二十一人坐不參承爲有司奏免官後位侍中都官尚書卒自敬弘至綸之並方嚴皆剋日乃見子孫蓋家風也綸之子昕有業行居父憂過禮謝瀹欲遣參之孔珪曰何假參此豈有全理以憂卒

峻字茂遠秀之子也少美風姿善容止仕齊爲桂陽內史梁天監初爲中書侍郎武帝甚悅其風采與陳郡謝覽同見賞擢累遷侍中吏部尚書處選甚得名譽峻性詳雅無趨競心嘗與謝覽約官至侍中不復謀進仕覽自吏部尚書出爲吳興郡平心不畏彊禦亦由處俗情薄故也峻爲侍中已後雖不退身亦淡然自守無所營務遷金紫光祿大夫未拜卒謚惠子子琮爲國子生尚始興王女繁昌主琮不慧爲學生所嗤遂離婚峻謝王王曰此自上意僕極不願如此峻曰下官曾祖是謝仁祖外孫亦不藉殿下姻媾爲門戶耳

王鎮之字伯重晉司州刺史胡之之從孫而裕之從祖弟也祖耆之位中書郎父隨之上虞令鎮之爲剡上虞令並有能名桓玄輔晉以爲大將軍錄事參軍時三吳饑荒遣鎮之銜命賑郵而會稽內史王愉不奉符旨鎮之依事糾奏愉子綏玄之外甥當時貴盛鎮之爲所排抑以母老求補安成太守以母憂去職在官清潔妻子無以自反乃棄官致喪還上虞舊墓葬畢爲子標之求安復令隨子之官服闋爲征西道規司馬南平太守後爲御史中丞執正不撓百僚憚之出爲建威將軍平越中郎將廣州刺史加都督宋武帝謂人曰鎮之少著清績必將繼美吳隱嶺南弊俗非此不康也在鎮不受俸祿蕭然無營去官之日不異初至武帝初建相國府爲諮議參軍領錄事善於吏職嚴而不殘遷宋臺祠部尚書武帝踐阼卒於宣訓衞尉弟弘之

弘之字方平少孤貧爲外祖徵士何準所撫育從叔獻之及太原王恭並貴重之仕晉爲司徒主簿家貧性好山水求爲烏傷令桓玄輔晉桓謙以爲衞軍參軍時殷仲文還姑孰祖送傾朝謙要弘之同行答曰凡祖離送別必在有情下官與殷風馬不接無緣扈從謙貴其言母隨兄鎮之之安成郡弘之解職同行義熙中何無忌及宋武帝辟召一無所就家在會稽上虞從兄敬弘爲吏部尚書奏弘之爲太子庶子不就文帝即位敬弘爲尚書左僕射陳弘之高行徵爲通直散騎常侍又不就敬弘嘗解貂裘與之即著以採藥性好釣上虞江有一處名三石頭弘之常垂綸於此經過者不識之或問漁師得魚賣不弘之曰亦自不得得亦不賣日夕載魚入上虞郭經親故門各以一兩頭置門內而去始寧沃川有佳山水弘之又依巖築室謝靈運顏延之並相欽重靈運與廬陵王義眞牋曰會境既豐山水是以江左嘉遁並多居之至若王弘之拂衣歸耕踰歷三紀孔淳之隱約窮岫自始迄今阮萬齡辭事就閑纂戎先業既遠同羲唐亦激貪厲競若遣一介有以相存眞可謂千載盛美也弘之元嘉四年卒顏延之欲爲作誄書與其子曇生曰君家高世之善有識歸重豫染豪翰所應載述況僕託慕末風竊以敍德爲事但恨短筆不足書美誄竟不就曇生好文義以謙和見稱歷吏部尚書太常卿孝武末爲吳興太守明帝初與四方同逆戰敗歸降被宥終於中散大夫阮萬齡陳留尉氏人祖思曠左光祿大夫父寧黃門侍郎萬齡少知名爲孟昶建威長史時袁豹江夷相係爲昶司馬時人謂昶府有三素望萬齡家在會稽剡縣頗有素情位左戶尚書太常出爲湘州刺史無政績後爲散騎常侍金紫光祿大夫卒曇生弟普曜位秘書監普曜子晏

晏字休默一字士彥仕宋初爲建安國左常侍稍至車騎晉熙王燮安西板晏主簿時齊武帝爲長史與晏相遇府轉鎮西板晏爲記室沈攸之事難隨武帝鎮盆城齊高帝時威權雖重而衆情猶有疑惑晏便專心奉事軍旅書翰皆見委性甚便僻漸見親待常參議機密建元初爲太子中庶子武帝在東宮專斷朝事多不聞啓晏慮及罪稱疾自疏武帝即位爲長史兼侍中意任如舊遷侍中祭酒遭母喪起爲司徒左長史晏父普曜藉晏勢多歷通官普曜卒晏居喪有禮永明六年爲丹陽尹晏位任親重自豫章王嶷尚書令王儉皆降意接之而晏每以疏漏被責連稱疾久之轉爲江州刺史泣不願出留爲吏部尚書太子右率終以舊恩見寵時尚書令王儉雖貴而疏晏既領選權行臺閣與儉頗不平儉卒禮官欲依王導謚爲文獻晏啓上曰導乃得此謚但宋來不加素族謂親人曰平頭憲事已行矣十一年爲右僕射領太孫右衞率武帝崩遺旨以尚書事付晏及徐孝嗣鬱林即位轉左僕射及明帝謀廢立晏便響應接奉轉尚書令封曲江縣侯給鼓吹一部甲仗五十人入殿時明帝形勢已布而莫敢先言蕭諶兄弟握兵權遲疑未決晏頻三夜微步詣諶議時人以此窺之明帝與晏東府語及時事晏抵掌曰公常言晏怯今定如何建武元年進號驃騎大將軍給班劒二十人又加兵百人領太子少傅進爵爲公以魏軍動給兵千人晏篤於親舊爲時所稱至是自謂佐命唯新言論常非武帝故事衆始怪之明帝雖以事際須晏而心相疑斥料簡武帝中詔得與晏手詔三百餘紙皆是論國家事永明中武帝欲以明帝代晏領選晏啓曰鸞清幹有餘然不諳百氏恐不可居此職乃止及見此詔愈猜薄之帝初即位始安王遙光便勸誅晏帝曰晏於我有勳且未有罪遙光曰晏尚不能爲武帝安能爲陛下帝默然變色時帝常遣心腹左右陳世範等出塗巷采聽異言由是以晏爲事晏性浮動志欲無厭自謂旦夕開府又望錄尚書每謂人曰徐公應爲令又和徐詩云槐序候方調其名位在徐前若三槐則晏不言自顯人或譏之晏人望未重又與上素疏中興初雖以事計委任而內相疑阻晏無防意既居朝端事多專決內外要職並用周旋門義每與上爭用人數呼相工自視云當大貴與客語好屏人上聞疑晏欲反遂有誅晏意有鮮于文粲與晏子德元往來密探朝旨告晏有異志又左右單景儁陳世範等采巫覡言啓上云晏懷異圖是時南郊應親奉景儁等言晏因此與武帝故主帥於道中竊發會獸犯郊壇帝愈懼未郊前一日上乃停行先報晏及徐孝嗣孝嗣奉旨而晏陳郊祀事大必宜自力景儁言益見信元會畢乃召晏於華林省誅之下詔顯其罪稱以河東王鉉識用微弱欲令守以虛器並令收付廷尉晏之爲員外郎也父普曜齋前栢樹忽變成梧桐論者以爲梧桐雖有栖鳳之美而失後凋之節及晏敗果如之又未敗前見屋桷子悉是大蛇就視之猶木也晏惡之乃以紙裹桷子猶紙內搖動蔌蔌有聲又於北山廟答賽夜還晏辭部伍人亦飲酒羽儀錯亂前後十餘里中不復禁制識者云此不復久也未幾而敗晏子德元有意尚位車騎長史德元初名湛武帝曰劉湛江湛並不善終此非佳名也晏乃改之至是及誅晏弟詡位少府卿敕未登黃門郎不得畜女伎詡與射聲校尉陰玄智坐畜伎免官禁錮十年敕特原詡亦篤舊後拜廣州刺史晏誅上遣殺之

思遠晏從父弟也父羅雲平西長史思遠八歲父卒祖弘之及外祖新安太守羊敬元並栖退高尚故思遠少無仕心宋建平王景素辟南徐州主簿深見禮遇景素被誅左右離散思遠親視殯葬手種松栢與廬江何昌寓沛郡劉璡上表理之事感朝廷景素女廢爲庶人思遠分衣食以相資贍年長爲備笄總訪求素對傾家送遣齊建元初歷竟陵王司徒錄事參軍太子中舍人文惠太子與竟陵王子良素好士並蒙賞接思遠求出爲遠郡除建安內史長兄思玄卒思遠友于甚至表乞自解不許及祥日又固陳武帝乃許之仍除中書郎大司馬諮議詔舉士竟陵王子良薦思遠及吳郡顧暠之陳郡殷叡時邵陵王子貞爲吳郡除思遠爲吳郡丞以本官行郡事論者以爲得人後拜御史中丞臨海太守沈昭略贓私思遠依事劾奏明帝及思遠從兄晏昭略叔父文季並請止之思遠不從案事如故建武中遷吏部郎思遠以晏爲尚書令不欲並居內臺權要之職上表固讓乃改授司徒左長史初明帝廢立之際思遠謂晏曰兄荷武帝厚恩今一旦贊人如此事彼或可以權計相須未知兄將何以自立及此引決猶可保全門戶不失後名晏曰方噉粥未暇此事及拜驃騎會子弟謂思遠兄思徵曰隆昌之末阿戎勸吾自裁若用其語豈有今日思遠遽應曰如阿戎所見猶未晚也晏既不能謙退位處朝端事多專斷內外要職並用門生帝外迹甚美內相疑異思遠謂曰時事稍異兄覺不凡人多拙於自謀而巧於謀人晏默然不答思遠退後晏方歎曰天下人遂勸人自殺旬日晏及禍明帝後知思遠有此言謂江祏曰王晏早用思遠語當不至此思遠立身簡潔諸客有詣己者覘知衣服垢穢方便不前形儀新楚乃與促膝雖然及去之後猶令二人交帚拂其坐處明帝從祖弟季敞性甚豪縱使詣思遠令見禮度都水使者季珪之常曰見王思遠終日匡坐不妄言笑簪帽衣領無不整絜便憶丘明士見明士蓬頭散帶終日酣醉吐論從橫唐突卿宰便復憶見思遠言其兩反也上既誅晏思遠遷爲侍中掌優策及起居注卒年四十九贈太常謚曰貞子思遠與顧暠之善暠之卒後家貧思遠迎其妻子經恤甚至暠之字士明少孤好學有義信位太子中舍人兼尚書左丞

王韶之字休泰胡之之從孫而敬弘從祖弟也祖羨之鎮軍掾父偉之少有志尚當世詔命表奏輒手自書寫泰元隆安時事大小悉撰錄位本國郎中令韶之家貧好學嘗三日絕糧而執卷不輟家人誚之曰困窮如此何不耕答曰我常自耕耳父偉之爲烏程令韶之因居縣境好史籍博涉多聞初爲衞將軍謝琰行參軍得父舊書因私撰晉安帝陽秋及成時人謂宜居史職即除著作佐郎使續後事訖義熙九年善敘事辭論可觀遷尚

書祠部郎晉帝自孝武以來常居內殿武官主書於中通呈以省官一人管詔誥住西省因謂之西省郎傅亮羊徽相代在職義興十一年宋武帝以韶之博學有文辭補通直郎領西省事轉中書侍郎晉安帝之崩武帝使韶之與帝左右密加酖毒恭帝即位遷黃門侍郎領著作西省如故凡諸詔黃皆其辭也武帝受命加驍騎將軍黃門如故西省職解復掌宋書坐璽制謬誤免黃門事在謝晦傳韶之爲晉史序王珣貨殖王廞作亂珣子弘廞子華竝貴顯韶之懼爲所陷深附結徐羨之傅亮等少帝即位遷侍中出爲吳郡太守羨之被誅王弘入相領揚州刺史弘雖與韶之不絕諸弟未相識者皆不復往來韶之在郡常慮爲弘所繩夙夜勤勵政績甚美弘亦抑其私憾文帝兩嘉之韶之稱爲良守徵爲祠部尚書加給事中坐去郡長取送故免官後爲吳興太守卒撰孝傳三卷文集行於世宋廟歌辭韶之所制也子曄位臨賀太守

王悅之字少明晉右軍將軍羲之曾孫也祖獻之中書令父靖之司徒左長史爲劉穆之所厚就穆之求侍中如此非一穆之曰卿若不求久自得之遂不果悅之少厲清操亮直有風檢爲吏部郎隣省有會同者遺悅之餅一甌辭不受曰此費誠小然少來不願當之宋明帝泰始中爲黃門郎御史中丞上以其廉介賜良田五頃以爲侍中在門下盡其心力掌檢校御府太官太醫諸署特承眷忕之後姦竊者衆悅之按覆無所避得姦巧甚多於是衆署共呪詛悅之病甚恒見兩烏衣人捶之及卒上乃收典掌者十許人桎梏之送淮陰密令度瓜步江投之中流

王准之字元曾晉尚書僕射彬玄孫也曾祖彪之位尚書令祖臨之父訥之竝御史中丞彪之博聞多識練悉朝儀自是家世相傳竝諳江左舊事緘之青箱世謂之王氏青箱學准之兼明禮傳贍於文辭桓玄篡位以爲尚書祠部郎宋武帝起兵爲太尉主簿出爲山陰令有能名預討盧循功封都亭侯宋臺建除御史中丞爲百僚所憚自彪之至准之四世居此職准之嘗作五言詩范泰嘲之卿唯解彈事耳准之正色荅猶差卿世載雄狐坐世子左衞率謝靈運殺人不舉免官武帝受命拜黃門侍郎永初中奏曰鄭玄注禮三年之喪二十七月而吉古今學者多謂得禮之宜晉初用王肅議祥禫共月故二十五月而除遂以爲制江左以來準晉朝施用搢紳之士多遵玄義夫先王制禮以大順羣心喪也寧戚著自前經今大宋開泰品物遂理愚謂宜同即物情以玄義爲制朝野一禮則家無殊俗從之元嘉中歷位侍中都官尚書改領吏部出爲丹陽尹准之究識舊儀問無不對時大將軍彭城王義康錄尚書事每歎曰何須高論玄虛正得如王准之兩三人天下便足然寡風素情悁急不爲時流所重撰儀注咸見遵用卒贈太常子輿之征虜主簿輿之子進之仕齊位給事黃門侍郎扶風太守梁武帝之舉兵也所在響應隣郡多請進之同遣脩謁進之曰非吾志也竟不行武帝嘉之梁臺建歷尚書左丞廣平天門二郡太守左衞將軍封建寧公進之子清位散騎常侍金紫光祿大夫鎭東府長史新野東陽二郡太守安南將軍封中盧公承聖末陳武帝殺太尉王僧辯遣文帝攻僧辯壻杜龕龕告難於清引兵援龕大敗陳文帝於吳興追奔至晉陵時廣州刺史歐陽頠亦同清援龕中更改異殺清而歸陳武帝子猛

猛字世雄本名勇五歲而父清遇害陳文帝軍度浙江訪之將加夷滅母韋氏攜之遁于會稽遂免及長勤學不倦博涉經史兼習孫吳兵法以父遇酷終文帝之世不聽音樂蔬食布衣以喪禮自處宣帝立乃始求位太建初釋褐鄱陽王府中兵參軍再遷永陽王府錄事參軍猛慷慨常慕功名先是上疏陳安邊拓境之策甚見嘉納至是詔隨大都督吳明徹略地以軍功封應陽縣子累遷太子右衞率徙晉陵太守威惠兼舉姦盜屏跡富商野次云以付王府君郡人歌之以比漢之趙廣漢至德初徵爲左驍騎將軍加散騎常侍深見信重時孔範施文慶等竝相與比周害其梗直議將出之而未有便會廣州刺史馬靖不受徵乃除猛都督東衡州刺史領始興內史與廣州刺史陳方慶共取靖猛至即禽靖送建鄴進爵爲公加先勝將軍平越中郎將大都督發廣桂等二十州兵討嶺外荒梗所至皆平禎明二年詔授鎭南大將軍都督二十四州諸軍事尋命徙鎭廣州未之鎭而隋師濟江猛總督所部赴援時廣州刺史臨汝侯方慶西衡州刺史衡陽王伯信竝隸猛督府各觀望不至猛使高州刺史戴智烈清遠太守曾孝遠各以輕兵就斬之而發其兵及聞臺城不守乃舉哀素服藉藁不食歎曰申包胥獨何人哉因勒兵緣江拒守以固誠節及審後主不死乃遣其部將辛昉馳驛赴京師歸款隋文帝大悅謂昉曰猛懷其舊主送故情深即是我之誠臣保守一方不勞兵甲又是我之功臣即日拜昉開府儀同三司仍詔猛與行軍總管韋洸便留嶺表經略猛母妻子先留建鄴因隨後主入京詔賜宅及什物甚厚別賚物一千段及遣璽書勞猛仍討平山越馳驛奏聞時文帝幸河東會猛使至大悅揚素賀因曰昔漢武此地聞喜用改縣名王猛今者告捷遠符前事於是又降璽書褒賞以其長子繕爲開府儀同三司猛尋卒於廣州文帝聞而痛之遣使弔祭贈上開府儀同三司封歸仁縣公命其子繕襲仍授普州刺史仁壽元年繕弟續表陳猛志求葬關中詔許之仍贈使持節大將軍宋州刺史三州諸軍事諡曰成納之弟瓌之字道茂位司空諮議參軍瓌之子逡之

逡之字宣約少禮學博聞仕宋位吳令昇明末尚書右僕射王儉重儒術逡之以著作郎兼尚書左丞參定齊國儀禮初儉撰古今喪服集記逡之難儉十一條更撰世行五卷國學久廢齊建元二年逡之先上表立學轉國子博士又兼著作永明起居注後位南康相光祿大夫加給事中逡之率素衣裳不澣几案塵黑年老手不釋卷建武二年卒從弟珪之位長水校尉撰齊職儀永明九年其子中軍參軍顥啓上其書凡五十卷詔付祕閣

素字休業彬五世孫而逡之族子也高祖翹之晉光祿大夫曾祖望之祖泰之竝不仕父元弘位平固令素少有志行家貧母老隱居不仕宋孝建大明泰始中屢徵不就聲譽甚高山中有蚿清長聽之使人不厭而其形甚醜素乃爲蚿賦以自況卒年五十四

論曰昔晉初度江王導卜其家世郭璞云淮流竭王氏滅觀夫晉氏以來諸王冠冕不替蓋亦人倫所得豈唯世祿之所傳乎及于陳亡之年淮流實竭曩時人物掃地盡矣斯乃興亡之兆已有前定天之所廢豈智識之所謀乎

南史卷二十四考證

王延之傳即敕材官爲起三間齋屋○材監本誤校今从各本改

王鎭之傳晉司州刺史胡之之從孫○孫監本誤祖今訂正

王思遠傳與盧江何昌寓沛郡劉瓛上表理之○寓監本譌寓今改正

南史卷二十五

唐　李　延　壽　撰

列傳第十五

王懿　到彥之 孫撝 撝子沆 沆從兄溉 溉弟洽 洽子仲舉

垣護之 弟子崇祖 崇祖從兄榮祖 榮祖從父閎 閎弟子曇深

張興世 子欣泰

王懿字仲德太原祁人自言漢司徒允弟幽州刺史懋七世孫也祖宏仕石季龍父苗仕苻堅皆至二千石仲德少沈審有意略事母甚謹學通陰陽精解聲律苻氏之敗仲德年十七及兄叡同起義兵與慕容垂戰敗仲德被重創走與家屬相失路經大澤困未能去臥林中有一小兒青衣年可七八歲騎牛行見仲德驚曰漢已食未仲德言飢小兒去須臾復來得飯與之食畢欲行而暴雨莫知津逕有一白狼至前仰天而號號訖銜仲德衣因度水仲德隨後得濟與叡相及度河至滑臺復爲翟遼所留使爲將帥積年仲德欲南歸乃棄遼奔太山遼追騎急夜行忽見前有猛炬導之乘火行百許里以免晉太元末徙居彭城兄弟名犯晉宣元二帝諱故皆以字行叡字元德北土重同姓竝謂之骨肉有遠來相投者莫不竭力營贍若有一人不至者以爲不義不爲鄉邑所容仲德聞王愉在江南貴盛是太原人乃遠來歸愉愉接遇甚薄因至始熟投桓玄值玄篡見輔國將軍張暢言及世事仲德曰自古革命誠非一族然今之起者恐不足以濟大事元德果勁有計略宋武帝甚知之告以義舉使於都下襲玄仲德聞其謀謂元德曰天下事不可不密且兵亦不貴遲巧玄情無遠慮好冒夜出入今取之正須一夫力耳事泄元德爲玄誅仲德竄走會義軍剋建鄴仲德抱元德子方回出候武帝帝於馬上抱方回與仲德相對號慟追贈元德給事中封安復縣侯以仲德爲鎭軍中兵參軍武帝伐廣固仲德爲前驅戰輒破之大小二十餘戰盧循寇逼衆議竝欲遷都仲德正色曰今天子當陽南面明公命世作輔新建大功威震六合祆寇豕突恃我遠征既聞凱入將自奔散今日投草莽則同匹夫匹夫號令何以威物此謀若立請從此辭帝悅及武帝與循戰於左里仲德功冠諸將封新淦縣侯義熙十二年北伐進仲德征虜將軍加冀州刺史督前鋒諸軍事冠軍將軍檀道濟龍驤將軍王鎭惡向洛陽寧朔將軍劉遵考建武將軍沈林子出石門寧朔將軍朱超石胡藩向半城咸受統於仲德仲德率龍驤將軍朱牧寧遠將軍竺靈秀嚴綱等開鉅

野入河乃總衆軍進據潼關長安平以仲德爲太尉諮議參軍武帝欲遷都洛陽衆議咸以爲宜仲德曰非常之事人所駭今暴師經載士有歸心故當以建鄴爲王基遷都宜候文軌大同帝深納之使衞送姚泓先還彭城武帝受命累遷徐州刺史加都督元嘉中到彥之北侵仲德同行魏棄河南司兗三州平定三軍咸喜而仲德有憂色曰諸賢不諳北土情僞必墮其計諸軍進屯靈昌魏軍於委粟津度河虎牢洛陽並不守彥之聞二城並沒欲焚舟步走仲德曰洛陽既敗虎牢無以自立理數必然也去我猶自千里滑臺尚有强兵若便捨舟士卒必散且當入濟至馬耳谷口更詳所宜乃回軍沿濟南歷城步上焚舟棄甲還至彭城仲德坐免官尋與檀道濟救滑臺糧盡乃歸自是復失河南九年又爲徐州刺史仲德三臨徐州威德著於彭城立佛寺作白狼童子像於塔中以在河北所遇也進號鎮北大將軍十五年卒謚曰桓侯亦於廟立白狼童子壇每祭必祠之子正循嗣爲家僮所殺仲德兄孫文和景和中爲征北義陽王昶府佐昶於彭城奔魏部曲皆散文和獨送至界上昶謂曰諸人皆去卿有老母何獨不去文和乃去昇明中爲巴陵內史沈攸之事起文和斬其使馳白齊武帝及齊永明年中歷青冀兗益四州刺史

到彥之字道豫彭城武原人楚大夫屈到後也宋武帝討孫恩以鄉里樂從每有戰功義旗將起彥之家在廣陵臨川武烈王道規剋桓弘彥之時近行聞事捷馳歸而道規已南度江倉卒晚方獲濟及至京口武帝已向建鄴孟昶居守留之及見武帝被責不自陳昶又不申理故不加官義熙元年補鎮軍行參軍六年盧循逼都彥之與檀道濟掩循輜重與循黨荀林戰敗免官後以軍功封佷山縣子爲太尉中兵參軍驃騎將軍道憐鎮江陵以彥之爲驃騎諮議參軍尋遷司馬南郡太守又從文帝西鎮除使持節南蠻校尉武帝受命進爵爲侯彥之佐守荆楚垂二十載威信爲士庶所懷及文帝入奉大統以徐羨之等新有篡虐懼欲使彥之領兵前驅彥之曰了彼不貳便應朝服順流若使有虞此師既不足恃更開嫌隙之端非所以副遠邇之望也會雍州刺史褚叔度卒乃遣彥之權鎮襄陽羨之等欲即以彥之爲雍州上不許徵爲中領軍委以戎政彥之自襄陽下謝晦已至鎮慮彥之不過已彥之至楊口步往江陵深布誠款晦亦厚自結納彥之留馬及利劍名刀以與晦晦由此大安元嘉三年討晦進彥之鎮軍於彭城洲戰不利咸欲退還夏口彥之不回會檀道濟至晦乃敗走江陵平因監荆州州府事改封建昌縣公其秋遷南豫州刺史監六州諸軍事鎮歷陽上於彥之恩厚將加開府欲先令立功七年遣彥之制督王仲德竺靈秀尹沖段宏趙伯符竺靈眞庾俊之朱脩之等北侵自淮入泗泗水滲日裁行十里自四月至七月始至東平須昌縣魏滑臺虎牢洛陽守兵並走彥之留朱脩之守滑臺尹沖守虎牢杜驥守金墉十年魏軍向金墉城次至虎牢杜驥奔走尹沖衆潰而死魏軍仍進滑臺時河冰將合糧食又罄彥之先有目疾至是大動將士疾疫乃回軍焚舟步至彭城初遣彥之資實甚盛及還凡百蕩盡府藏爲空文帝遣檀道濟北救滑臺收彥之下獄免官兗州刺史竺靈秀棄軍伏誅明年夏起爲護軍九年復封邑固辭明年卒乃復先戶邑謚曰忠公孝建三年詔彥之與王華王曇首配食文帝廟庭長子元度位益州刺史少子仲度嗣位驃騎從事中郎兄弟並有才用皆早卒仲度子撝

撝字茂謙襲爵建昌公宋明帝立欲收物情以撝功臣之後自長兼左戶郎中擢爲太子洗馬撝貲藉豪富厚自奉養供一身一月十萬宅宇山池伎妾姿藝皆窮上品才調流贍善納交游愛伎陳玉珠明帝遣求不與逼奪之撝頗怨帝令有司誣奏將殺之撝入獄數宿鬚鬢皆白免死繫尚方奪封與弟賁撝由是更以貶素自立明帝崩弟賁讓封還撝朝議許之弟遁元徽中爲南海太守在廣州昇明元年沈攸之反刺史陳顯達起兵應朝廷遁猶豫見殺遁家人在都從野夜歸見兩三人持堊敝其家門須臾而滅明日而遁死問至撝懼詣齊高帝謝即板撝武帝中軍諮議參軍建元初國除武帝即位累遷司徒左長史宋時武帝與撝同從宋明帝射雉郊野渴倦撝得早青瓜與上對剖食之上又數游撝家懷其舊德至是一歲三遷永明元年爲御史中丞車駕幸丹陽郡宴飲撝恃舊酒後狎侮同列謂庾杲之曰蠢爾蠻荆其俗鄙復謂虞悰曰斷髮文身其風陋王晏既貴雅步從容又問曰王散騎復何故爾晏先爲國常侍轉員外散騎郎此二職清華所不爲故以此嘲之王敬則執槓查以刀子削之又曰此非元徽頭何事自契之爲左丞庾杲之所糾以贖論再遷左衞將軍隨王子隆帶彭城郡撝問訊不脩部下敬爲有司舉免官後爲五兵尚書廬陵王中軍長史卒子沆嗣

沆字茂瀣幼聰敏五歲時父撝於屏風抄古詩沆請教讀一遍便能諷誦及長善屬文工篆隸美風神容止可悅梁天監初爲征虜主簿東宮建以爲太子洗馬時文德殿置學士省召高才碩學待詔沆通籍焉武帝宴華光殿命羣臣賦詩獨詔沆爲二百字三刻便成沆於坐立奏其文甚美俄以洗馬管東宮書記及散騎省優策文三年詔尚書郎在職清能者爲侍郎以沆爲殿中曹侍郎此曹以文才選沆從父兄漑洽並有才名時相代爲之見榮當世遷太子中舍人沆爲人謙敬口不論人短任昉范雲皆與善後卒於北中郎諮議參軍所著詩賦百餘篇

漑字茂灌撝弟子也父坦齊中書郎漑少孤貧與兄沼弟洽俱知名起家王國左常侍樂安任昉大相賞好坦提攜漑洽二人廣爲聲價所生母魏本寒家悉越中之資爲二兒推奉昉梁天監初昉出守義興要漑洽之郡爲山澤之遊昉還爲御史中丞後進皆宗之時有彭城劉孝綽劉苞劉孺吳郡陸倕張率陳郡殷芸沛國劉顯及漑洽車軌日至號曰蘭臺聚陸倕贈昉詩云和風雜美氣下有眞人遊壯矣荀文若賢哉陳太丘今則蘭臺聚萬古信爲儔任君本達識張子復清脩既有絕塵到復見黃中劉時謂昉爲任君比漢之三君到則漑兄弟也除尚書殿中郎後爲建安太守昉以詩贈之求二衫段云鐵錢兩當一百易代名實爲惠當及時無待涼秋日漑荅云余衣本百結閩中徒八蠶假令金如粟詎使廉夫貪還爲太子中舍人漑長八尺眉目如點白皙美鬚髯舉動風華善於應荅上用爲通事舍人中書郎兼吏部太子中庶子湘東王繹爲會稽太守以漑爲輕車長史行府郡事武帝勑繹曰到漑非直爲汝行事足爲汝師漑嘗夢武帝遍見諸子至湘東而脫帽與之於是密敬事焉遭母憂居喪盡禮所處廬開方四尺毀瘠過人服闋猶蔬食布衣者累載歷御史中丞都官左戶二尚書掌吏部尚書時何敬容以令參選事有不允漑輒相執敬容謂人曰到漑尚有餘臭遂學作貴人敬容日方貴寵人皆下之漑忤之如初漑祖彥之初以擔糞自給故世以爲譏云後省門鴟尾被震漑左遷光祿大夫所莅以清白自脩性又率儉不好聲色虛室單牀傍無姬侍冠履十年一易朝服或至穿補傳呼清路示有朝章而已後爲散騎常侍侍中國子祭酒表求列武帝所撰正言於學請置正言助教二人學生二十人尚書左丞賀琛又請加置博士一人漑特被武帝賞接每與對棊從夕達旦或復失寢加以低睡帝詩嘲之曰狀若喪家狗又似懸風槌當時以爲笑樂漑第居近淮水齋前山池有奇礓石長一丈六尺帝戲與賭之并禮記一部漑並輸焉未進帝謂朱异曰卿謂到漑所輸可以送未斂板對曰臣既事君安敢失禮帝大笑其見親愛如此石即迎置華林園宴殿前移石之日都下傾城縱觀所謂到公石也漑奕棊入第六品常與朱异韋黯於御坐校棊比勢復局不差一道後因疾失明詔以金紫光祿大夫散騎常侍就第養疾漑少有美名遂不爲僕射人爲之恨漑澹如也家門雍睦兄弟特相友愛初與弟洽恒共居一齋洽卒後便捨爲寺蔣山有延賢寺漑家世所立漑得祿俸皆充二寺因斷腥膻終身蔬食別營小室朝夕從僧徒禮誦武帝每月三致淨饌恩禮甚篤性不好交游唯與朱异劉之遴張綰同志友密及臥疾門可羅雀唯三人每歲時恒鳴騶枉道以相存問置酒極歡而去以太清二年卒臨終託張劉勒子孫薄葬之禮曰氣絕便斂斂以法服先有冢竁斂竟便葬不須擇日凶事必存約儉孫姪不得違言便屏家人請僧讀經贊唄及卒顏色如恒手屈二指即佛道所云得果也時朝廷多事遂無贈謚有集二十卷行於時子鏡鏡字圓照初在孕其母夢懷鏡及生因以名焉鏡五歲便口授爲詩婉有辭況位太子舍人作七悟文甚美先漑卒鏡子藎早聰慧位尚書殿中郎嘗從武帝幸京口登北顧樓賦詩藎受詔便就上以示漑曰藎定是才子翻恐卿從來文章假手於藎因賜絹二十疋後漑每和御詩上輒手詔戲漑曰得無貽厥之力乎又賜漑連珠曰硯磨墨以騰文筆飛毫以書信如飛蛾之赴火豈焚身之可吝必耄年其已及可假之於少藎其見知賞如此後除丹尹丞太清亂赴江陵卒漑弟洽

洽字茂沿清警有才學父坦以洽無外家乃求娶於羊玄保以爲外氏洽年十八爲徐州迎西曹行事謝朓文章盛於一時見洽深相賞好每稱其兼資文武朓後爲吏部欲薦之洽覩時方亂深相拒絕遂築室巖阿幽居積歲時人號曰居士任昉與洽兄沼漑並善嘗訪洽於田舍歎曰此子日下無雙遂申拜親之禮梁武帝嘗問待詔丘遲曰到洽如何沆漑遲曰正情過於沆文章不減漑加此清言殆將難及即召爲太子舍人御幸華光殿詔洽及沆蕭琛任昉侍宴賦二十韻詩以洽辭爲工賜絹二十疋上謂昉曰諸到可謂才子昉曰臣常竊議宋得其武梁得其文遷司徒主簿直待詔省勑使抄甲部書爲十二卷遷尚書殿中郎後爲太子中舍人與庶

子陸倕對掌東宮管記俄爲侍讀侍讀省仍置學士二人洽充其選遷國子博士奉勑撰太學碑累遷尚書吏部郎請託不行徙左丞準繩不避貴戚時帝欲親戎軍國禮容多自洽出尋遷御史中丞號爲勁直少與劉孝綽善下車便以名教隱穢首彈之孝綽託與諸弟書實欲聞之湘東王公事左降猶居職舊制中丞不得入尚書下舍洽兄溉爲左戶尚書洽引服親不應有礙刺省詳決左丞蕭子雲議許入溉省亦以其兄弟素篤不相別也出爲尋陽太守卒贈侍中謚理子洽美容質善言吐弱年聽伏曼容講未嘗傍膝伏深歎之文集行於世子仲擧

仲擧字德言無他藝業而立身耿正仕梁爲長城令政號廉平陳文帝居鄉里嘗詣仲擧時天陰雨仲擧獨坐齋內聞城外有簫鼓聲俄而文帝至仲擧異之乃深自結帝又嘗因飲夜宿仲擧帳中忽有神光五采照于室內由是祗事益恭及侯景平文帝爲吳興太守以仲擧爲郡丞與潁川庾持俱爲文帝賓客文帝嗣位授侍中參掌選事天嘉元年守都官尚書封寶安縣侯三年遷尚書左僕射丹陽尹參掌如故改封建昌縣侯仲擧既無學術朝章非其所長選擧引用皆出自袁樞性疎簡不干時務與朝士無所親狎但聚財酣飲而已文帝積年寢疾不親萬機尚書中書事皆使仲擧斷決天康元年遷侍中尚書僕射文帝疾甚入侍醫藥及帝崩宣帝受遺爲尚書令入輔仲擧與左丞王暹中書舍人劉師知殷不佞以朝望有歸乃遣不佞宣旨遣帝還東府事發師知下獄賜死暹不佞並付推乃以仲擧爲貞毅將軍金紫光祿大夫初仲擧子郁尚文帝妹信義長公主官至中書侍郎出爲宣城太守文帝配以士馬是年遷南康內史以國哀未之任仲擧既廢居私宅與郁皆不自安時韓子高在都人馬素盛郁每乘小輿蒙婦人衣與子高謀子高軍主告其事宣帝收子高仲擧及郁並於獄賜死郁諸男女帝甥獲免

垣護之字彥宗略陽桓道人也族姓豪强石季龍時自略陽徙鄴祖敞仕苻氏爲長樂國郎中令伯父遵父苗仕慕容超並見委任遵爲尚書苗爲京兆太守宋武帝圍廣固遵苗踰城歸降並以爲太尉行參軍元嘉中遵爲員外散騎常侍苗屯騎校尉仍家下邳護之少倜儻不拘小節形狀短陋而氣幹强果元嘉初爲殿中將軍隨到彥之北侵魏彥之將回師護之書諫彥之不納散敗而歸文帝聞而善之累遷鍾離太守隨王玄謨入河玄謨攻滑臺護之百舸爲前鋒進據石濟及魏救將至馳書勸玄謨急攻之不見從玄謨敗退不暇報護之而魏軍悉牽玄謨水軍大艚連以鐵鏁三重斷河以絕護之還路河水迅急護之中流而下每至鐵鏁以長柯斧斷之魏人不能禁唯失一舸餘舸並全留戍麋溝城還爲江夏王義恭驃騎戶曹參軍戍淮陰領濟北太守三十年文帝崩還屯歷下孝武入討率所領馳赴帝以爲冀州刺史及南郡王義宣反兗州刺史徐遺寶護之妻弟也與護之書勸使同逆護之馳使以聞率軍隨沈慶之等擊魯爽義宣率大衆至梁山與王玄謨相持柳元景率護之及護之弟詢之柳叔仁鄭琨等出鎭新亭玄謨求上遣元景等進據南州護之水軍先發大破賊將龐法起元景乃以精兵配護之追討會朱脩之已平江陵至尋陽而還遷徐州刺史封益陽縣侯後拜青冀二州刺史鎭歷城大明二年徵爲右衞將軍還於道聞竟陵王誕據廣陵反護之卽率部曲受車騎大將軍沈慶之節度事平轉臨淮太守徙豫州刺史護之所莅多聚斂賄貨七年坐下獄免官明年起爲太中大夫未拜以憤卒謚壯侯

崇祖字敬遠一字僧寶護之弟子也父詢之驍敢有氣力元凶弒逆嗣輔國將軍張東時張超手行大逆亦領軍隸東詢之規殺之慮東不同東宿有此志又未測詢之同否互相觀察會超來論事東色動詢之覺之卽共定謀遣召超超疑之不至改宿他所詢之不知逕往斫之殺其僕於牀因與東南奔時孝武已卽位以爲積射將軍梁山之役力戰中流矢卒贈冀州刺史崇祖年十四有幹略伯父護之謂門宗曰此兒必大吾門後隨徐州刺史薛安都入魏尋又率門宗據朐山歸宋求淮北立功明帝以爲北琅邪蘭陵二郡太守封下邳子及齊高帝鎭淮陰崇祖時戍朐山旣受都督祗奉甚至帝以其武勇善待之崇祖謂其妹夫皇甫肅曰此眞吾君也遂密布誠節高帝威名已著宋明帝尤所忌疾徵爲黃門郎規害高帝崇祖建策以免由是甚見親參豫密謀元徽末高帝懼禍令崇祖入魏崇祖卽以家口託皇甫肅勒數百人將入魏界更聽後旨會蒼梧廢召崇祖還都及齊高帝新踐阼恐魏致討以送劉昶爲辭以爲軍衞必在壽春非崇祖莫可爲拜徙爲豫州刺史監豫司二州諸軍事封望蔡侯建元二年魏遣劉昶攻壽春崇祖乃於城西北立堰塞肥水堰北起小城使數千人守之謂長史封延伯曰虜必悉力攻小城若破此堰放水一激急逾三峽自然沉溺豈非小勞而大制邪及魏軍由西道集堰南分軍東路內薄攻小城崇祖著白紗帽肩輿上城手自轉式日晡時決小史埭水勢奔下魏攻城之衆溺死千數大衆退走初崇祖於淮陰見高帝便自比韓白唯上獨許之及破魏軍啓至上謂朝臣曰崇祖恒自擬韓白今眞其人也進爲都督崇祖聞陳顯達李安人皆增給軍儀乃啓求鼓吹橫吹上敕曰韓白何可不與衆異給鼓吹一部崇祖慮魏復攻淮北啓徙下蔡戍於淮東其冬魏果欲攻下蔡及聞內徙乃揚聲平除故城衆疑魏當於故城立戍崇祖曰下蔡去鎭咫尺魏豈敢置戍實是欲除此城正恐奔走殺之不盡耳魏果夷掘下蔡城崇祖大破之武帝卽位爲五兵尚書領驍騎將軍初豫章王有盛寵武帝在東宮崇祖不自附及破魏軍詔使還朝與共密議武帝疑之曲加禮待酒後謂曰世間流言我已豁懷抱自今已後富貴見付也崇祖拜謝及去後高帝復遣荀伯玉敕以邊事受旨夜發不得辭東宮武帝以爲不盡誠心銜之永明元年詔稱其與荀伯玉構扇邊荒誅之故人無敢至者獨有前豫州主簿夏侯恭叔出家財爲殯時人以比欒布恭叔譙國人崇祖爲豫州聞其才義辟爲主簿兼掌書翰高帝卽位方鎭皆有賀表王儉見崇祖啓咨嗟良久曰此恭叔辭也時宋氏封爵隨軍遷改恭叔以柳元景中興元勳劉勔殞身王事不宜見廢上表論之甚有義理事雖不從優詔見答後爲竟陵令惠化大行木連理上有光如燭咸以善政所致

榮祖字華先崇祖從父兄也父諒之宋北中郎府參軍榮祖少學騎射或曰何不學書榮祖曰曹操曹丕上馬橫槊下馬談論此可不負飲食矣君輩無自全之伎何異犬羊乎宋孝建中爲後軍參軍伯父豫州刺史護之子襲祖爲淮陽太守孝武以事從之嶺南護之不食而死帝疾篤又使殺襲祖臨死與榮祖書曰弟嘗勸我危行言遜今果敗矣明帝初卽位四方反除榮祖冗從僕射遣還徐州說刺史薛安都曰天之所廢誰能興之使君今不同八百諸侯如下官所見非計中也安都曰今京都無百里地莫論攻圍取勝自可相拍手笑殺且我不欲負孝武榮祖曰孝武之行足致餘殃今雖天下雷同正是速死無能爲也安都曰不知諸人云何我不畏此大蹄馬在近急便作計榮祖被拘不得還因爲安都將領安都引魏軍入彭城榮祖攜家屬南奔朐山齊高帝在淮陰榮祖歸附高帝保持之及宋明帝崩高帝書送榮祖詣僕射褚彥回除東海太守彥回謂曰蕭公稱卿幹略故以郡相處榮祖善彈登西樓見翔鵠雲中謂左右當生取之於是彈其兩翅毛脫盡墜地無傷養毛生後飛去其妙如此元徽末蒼梧凶狂恒欲危害高帝帝欲奔廣陵起事荀伯玉等皆贊成之榮祖諫曰領府去臺百步公走人豈不知若單騎輕行廣陵人一旦閉門不相受公欲何之公今動足下牀恐便有叩臺門者公事去矣蒼梧明夕自至領府扣門欲害帝帝嘗以書案下安鼻爲楯以鐵爲書鎭如意甚壯大以備不虞欲以代杖蒼梧至府而日且申令夕須至一處作適還當取奴尋遇殺齊高帝謂榮祖曰不用卿言幾無所成豫佐命勳封將樂縣子永明二年爲尋陽相南新蔡太守被告作大形棺材盛仗使鄉人載度江北案驗無實見原後拜兗州刺史初巴東王子響事方鎭皆啓稱子響爲逆榮祖曰此非所宜言政應云劉寅等孤負恩獎逼迫巴東使至於此時諸啓皆不得通事平後上乃省視以榮祖爲知言九年卒從弟歷生亦爲驍將位太子右率性苛暴與始安王遙光同反伏誅

閎字叔通榮祖從父也父遵位員外常侍閎爲宋孝武帝南中郎參軍孝武帝卽位以爲交州刺史時交土全實閎罷州還貲財鉅萬孝武末年貪慾刺史二千石罷任還都必限使獻奉又以蒱戲取之要令罄盡乃止閎還至南州而孝武晏駕擁南資爲富人明帝初以爲司州刺史北破薛道標封樂鄉縣男出爲益州刺史蜀還之貨亦數千金先送獻物傾西資之半明帝猶嫌其少及閎至都詣廷尉自簿先詔獄官留閎於是悉送資財然後被遣凡蠻夷不受鞭罰輸財贖罪謂之賧時人謂閎被賧刺史歷度支尚書衞尉齊高帝輔政使褚彥回爲子晃求閎女閎辭以齊大非偶帝雖嘉其退讓而心不能歡卽以晃婚王仙女謂豫章王嶷曰前欲以白象與垣公婚者重其夷澹事雖不遂心常依然白象晃小字也及高帝卽位以有誠心封爵如故卒於金紫光祿大夫謚曰定子憘伯襲爵憘伯少負氣豪俠妙解射雉尤爲武帝所重以爲直閤將軍與王文和俱任頗以地勢陵之後出爲巴西梓潼二郡太守時文和爲益州刺史曰每憶昔日俱在閤下卿時視我如我今日見卿因誣其罪馳信啓之又輒遣蕭寅代憘伯爲郡憘伯亦別遣啓臺閉門待報寅以兵圍之齊明帝輔政知其無罪不欲乖文和乃救憘伯解郡還爲寅軍所躡束手受害閎弟子曇深以行義稱爲臨城縣罷歸得錢十萬以買

宅奉兄退無私蓄先是劉楷爲交州謂王儉曰欲一人爲南土所聞者同行儉良久曰得之矣昔垣閎爲交州閎弟閎又爲九眞郡皆著信南中羽林監曇深者閎之子也雅有學行當令同行及隨楷未至交州而卒儉惆悵良久曇深妻鄭氏字獻英滎陽人時年二十子文凝始生仍隨楷到鎭晝夜紡織傍無親援年既盛美甚有容德自厲冰霜無敢望其門者居一年私裝了乃告楷求還楷大驚曰去鄉萬里固非孀婦所濟遂不許鄭又曰垣氏羇魂不反而其孤藐幼妾若一同灰壤則何面目以見先姑因大悲泣楷愴然許之厚爲之送於是間關危險遂得至鄉葬畢乃曰可以下見先姑矣時文凝年甫四歲親教經禮訓以義方州里稱美又有吳興丘景賓字彥先亦以節義聞父康祖無錫令亡後僮僕數十人及宅宇產畜景賓悉讓與兄鎭之鎭之又推齋屋三間與之亦不肯受太守孔山士歎曰聞柳下惠之風貪夫廉懦夫有立志復見之矣終於奉朝請

張興世字文德竟陵人也本單名世宋明帝益爲興世少家貧白衣隨王玄謨伐蠻後隨孝武鎭尋陽補南中郎參軍督護從入討元凶及南郡王義宣反又隨玄謨出梁山有戰功明帝即位四方反叛進興世龍驤將軍領水軍拒南賊時臺軍據赭圻朝廷遣吏部尚書褚彥回就赭圻行選是役也皆先戰授位檄板不供由是有黃紙札南賊屯在鵲尾既相持久不決興世建議曰賊據上流兵張地勝今以奇兵潛出其上使其首尾周惶進退疑阻糧運艱礙乃制勝之奇沈攸之吳喜並贊其計分戰士七千配之興世乃令輕舸泝流而上旋復回還一二日中輒復如此使賊不爲之防賊帥劉胡聞興世欲上笑之曰我尚不敢越彼下取揚州興世何人欲據我上興世謂攸之等曰上流唯有錢溪可據乃往據之及劉胡來攻將士欲迎擊之興世曰賊來尚遠而氣驟盛矣夫驟既力盡盛亦易衰此曹劌所以破齊也將士不得妄動賊來轉近興世乃命壽寂之任農夫率壯士擊走之袁顗慍曰賊據人肝藏裏云何得活是月朔赭圻軍士伐木爲柵於青山遇一童子曰賊下旬當平無爲自苦忽不見至是果敗興世又遏其糧道賊衆漸飢劉胡棄軍走袁顗仍亦奔散興世遂與吳喜共平江陵還右軍將軍封作唐縣侯歷雍州刺史左衞將軍以疾徙光祿大夫尋卒興世居臨沔水自襄陽以下至于江二千里先無洲嶼興世初生當其門前水中一旦忽生洲年年漸大及興世爲方伯而洲上遂十餘頃父仲子由興世致位給事中興世欲將往襄陽愛鄉里不肯去嘗謂興世曰我雖田舍老公樂聞鼓角汝可送一部行田時欲吹之興世素恭謹畏法譬之曰此是天子鼓角非田舍公所吹興世欲拜墓仲子謂曰汝衞從太多先人必當驚怖興世慼撤而行子欣泰

欣泰字義亨不以武業自居好隸書讀子史年十餘詣吏部尚書褚彥回彥回問張郎弓馬多少答曰性怯畏馬無力牽弓彥回甚異之歷諸王府佐宋元徽中興世在家擁雍州還資見錢三千萬蒼梧王自領人劫之一夜垂盡興世憂懼病卒欣泰兄欣華時爲安成郡欣泰悉封餘財以待之齊建元初爲尚書都官郎武帝與欣泰早款遇及即位以爲直閤將軍後爲武陵內史坐臟私殺人被糾見原還復爲直閤步兵校尉領羽林監欣泰通涉雅俗交結多是名素下直輒著鹿皮冠納衣錫杖挾素琴有以啓武帝帝曰將家兒何敢作此舉止後從駕出新林敕欣泰廉察欣泰停仗於松樹下飲酒賦詩制局監呂文度以啓武帝帝大怒遣出數日意釋召謂曰卿不樂武職當處卿清貴除正員郎出爲鎭軍南中兵參軍南平內史巴東王子響殺僚佐上遣中庶子胡諧之西討使欣泰爲副欣泰謂諧之曰今太歲在西南逆歲行軍兵家深忌若且頓軍夏口宣示禍福可不戰而擒也諧之不從進江津尹略等見殺事平欣泰從爲隨王子隆鎭西中兵改領河東內史子隆深相愛重數與談宴意遇與謝朓相次典籤密啓之武帝怒召還都屛居家巷置宅南岡下面接松山欣泰負弩射雉恣情閑放聲伎雜藝頗多開解明帝即位爲領軍長史遷諮議參軍上書陳便宜二十條其一條言宜毀廢塔寺帝病優詔報答建武二年魏圍鍾離欣泰爲軍主隨崔慧景救援及魏軍退而邵陽洲上餘兵萬人求輸馬五百疋假道慧景欲斷路攻之欣泰說慧景曰歸師勿遏古人畏之死地兵不可輕也慧景乃聽過時領軍蕭坦之亦援鍾離還啓明帝曰邵陽洲有死賊萬人慧景欣泰放而不取帝以此皆不加賞四年出爲永陽太守永元初還都崔慧景圍城欣泰入城守備事寧除廬陵王安東司馬梁武帝起兵東昏以欣泰爲雍州刺史欣泰與弟前始安內史欣時密謀結太子右率胡松前南譙太守王靈秀直閤將軍鴻選含德主帥苟勵直後劉靈運等並同契會帝遣中書舍人馮元嗣監軍救郢茹法珍梅蟲兒及太子右率李居士制局監楊明泰等十餘人相送中興堂欣泰等使人懷刀於坐斫元嗣頭墜果柈中又斫明泰破其腹蟲兒傷數創手指皆墜居士踰墻得出茹法珍亦散走還臺靈秀仍往石頭迎建安王寶寅率文武數百唱警蹕至杜姥宅欣泰初聞事發馳馬入宮冀法珍等在外城內處分必盡見委因行廢立既而法珍得返處分關門上仗不配欣泰兵鴻選在殿內亦不敢發城外衆尋散少日事覺欣泰胡松等皆伏誅欣泰少時有人相其當得三公而年裁三十後屋瓦墜傷額又問相者云無復公相年壽更增亦可得方伯耳死時年三十六

論曰王仲德受任二世能以功名始終入關之役檀王咸出其下元嘉北討則受督於人有藺生之志而無關公之憤長者哉道豫雖地居豐沛榮非恩假時歷四代人焉不絕文武之道不墜斯門殆爲優矣垣氏宋齊之際世著武節崇祖陳力疆埸以韓白自許竟而杜郵之酷可爲痛哉興世鵠浦之奇遠有深致其垂組建旆豈徒然也

南史卷二十五考證

到彥之傳後以軍功封佷山縣子○佷山縣屬武陵郡

垣閎傳羽林監曇深者閎之子也○閎監本作閔查上文云閎弟子曇深又云閎弟閎今改从閣本

張欣泰傳欣泰通涉雅俗交接多是名素○素監本誤袁今从南本

後屋瓦墜傷額○屋瓦監本作瓦屋今改从齊書

南史卷二十六

唐　李延壽　撰

列傳第十六

袁湛 弟豹 豹子淑 淑兄子顗 顗從弟粲 顗弟子彖 彖從弟昂 馬仙琕 昂子君正 君正子樞 樞弟憲 君正弟敬 泌

袁湛字士深陳郡陽夏人也祖耽晉歷陽太守父質琅邪內史並知名湛少與弟豹並爲從外祖謝安所知安以其兄子玄女妻湛宋武帝起兵以爲鎭軍諮議參軍以從征功封晉寧縣五等男義熙十二年爲尚書右僕射武帝北伐湛兼太尉與兼司空尚書范泰奉九命禮拜授武帝帝沖讓湛等隨軍至洛陽住柏谷塢泰議受使未畢不拜晉帝諸陵湛獨至五陵展敬時人美之初陳郡謝重王胡之外孫也於諸舅敬禮多闕重子絢湛之甥也嘗於公坐慢湛湛正色謂曰汝便是兩世無渭陽情絢有愧色十四年卒贈左光祿大夫文帝即位以后父贈侍中以左光祿大夫開府儀同三司謚曰敬公大明三年孝武幸籍田經湛墓遣使致祭增守墓五戶子淳淳子植並早卒

湛弟豹字士蔚好學博聞善談雅俗每商較古今兼以誦詠聽者忘疲爲御史中丞時鄱陽縣侯孟懷玉上母檀拜國太夫人有司奏許豹以婦人從夫爵懷玉父大司農綽見居列卿妻不宜從子奏免尚書右僕射劉柳等官詔並贖論後爲丹陽尹太尉長史義熙九年卒官以參伐蜀謀追封南昌縣五等子子淑

淑字陽源少有風氣年數歲伯父湛謂人曰此非凡兒至十餘歲爲姑夫王弘所賞博涉多通不爲章句學文采遒豔從橫有才辯彭城王義康命爲司徒祭酒義康不好文學雖外相禮接意好甚疏從母兄劉湛欲其附已而淑不爲改意由是大相乖失淑乃賦詩曰種蘭忌當門懷璧莫向楚楚少別玉人門非植蘭所尋以久疾免官元嘉二十六年累遷尚書吏部郎其秋大舉北侵從容曰今當席捲趙魏檢玉岱宗願上封禪書一篇文帝曰盛德之事我何足以當之出爲始興王濬征北長史南東海太守淑始到府濬引見謂曰不意舅遂垂屈佐淑答曰朝廷遣下官本以光公府望也還爲御史中丞時魏軍南伐至瓜步文帝使百官議防禦之術淑上議其言甚誕淑喜誇每爲時人所嘲始興王濬嘗送錢三萬餉淑一宿復遣人追取謂爲使人謬誤欲以戲淑淑與濬書曰聞之前志曰七年之中一與一奪義士猶或非之況密邇旬次何其裒益之亟也竊恐二三諸侯有以觀大國之政邇太子左衞率元凶將爲逆其夜淑在直呼淑及蕭斌等流涕告以明旦當行大事望相與戮乃淑斌並曰自古無此願加善思劭怒斌懼曰謹奉令淑叱之曰卿便謂殿下眞有是邪殿下幼時嘗患風或是疾動耳劭愈怒因問曰事當剋不淑曰居不疑之地何患不剋但既剋之後爲天地所不容大禍亦旋至耳劭左右引淑衣曰此是何事而可言罷劭因起賜淑等袴褶又就主衣取錦裁三尺爲一段又中裂之分斌與淑及左右使以縛袴褶淑出還省遶牀至四更乃寢劭將出已與蕭斌同載呼淑甚急淑眠終不起劭停車

奉化門催之相續徐起至車後劭使登車辭不上劭命左右殺之於奉化門外槐樹下劭卽位追贈太常孝武卽位贈侍中太尉謚曰忠憲公又詔淑及徐湛之江湛王僧綽卜天與四家長給廩淑文集傳於世諸子並早卒兄洵吳郡太守謚曰貞洵子顗

顗字國章初爲豫州主簿累遷晉陵太守襲南昌縣五等子大明末拜侍中領前軍將軍時新安王子鸞以母嬖有盛寵太子在東宮多過上微有廢太子立子鸞之意從容言之顗盛稱太子好學有日新之美帝怒振衣而入顗亦厲色而出左丞徐爰言於帝請宥之帝意解後帝又以沈慶之才用不多言論頗相嗤毀顗又陳慶之忠勤有幹略堪當重任由是前廢帝深感顗慶之亦懷其德景和元年誅羣公欲引進顗任以朝政遷爲吏部尚書封新塗縣子俄而意趣乖異寵待頓衰始令顗與沈慶之徐爰參知選事尋復反以爲罪使有司糾奏坐白衣領職從幸湖熟往反數日不被命顗慮禍求出乃除建安王休仁安西長史休仁不行卽以顗爲督寧蠻校尉雍州刺史加都督顗舅蔡興宗謂曰襄陽至惡豈可昌邪顗曰白刃交前不救流矢今日之行本願生出虎口且天道遼遠何必皆驗如其有徵當脩德以禳之於是狼狽上路恒慮見追後至尋陽曰今知免矣與鄧琬款狎過常每清閑必盡日窮夜顗與琬人地本殊衆知其有異志矣及至襄陽使劉胡繕脩兵械會明帝定大事進顗號右將軍遣荊州典籤邵宰乘驛還江陵道由襄陽顗反意已定而糧仗未足欲且奉表於明帝顗子祕書丞戩曰一奉表疏便爲彼臣以臣伐君於義不可顗從之顗詐云被太皇后令使其起兵便建牙馳檄奉勸晉安王子勛卽大位與琬書使勿解甲子勛卽位進顗號安北將軍加尚書左僕射顗本無將略在軍中未嘗戎服語不及戰陣唯賦詩談議而已不能撫接諸將劉胡每論事酬對甚簡由此大失人情胡常切齒恚恨胡以南軍未至軍士匱乏就顗換襄陽之資顗答曰都下兩宅未成方應經理不可損徹又信往來之言言都下米貴斗至數百以爲不勞攻伐行自離散於是擁甲以待之明帝使顗舊門生徐碩奉手詔譬顗曰卿未經爲臣今追蹤竇融猶未晚也及劉胡叛走不告顗顗至夜方知大怒罵曰今年爲小子所誤呼取飛鷰謂其衆曰我當自出追之因又遁走至鵲頭與戍主薛伯珍及其所領數千步取青林欲向尋陽夜止山間宿殺馬勞將士顗顧伯珍曰我舉八州以謀王室未一戰而散豈非天耶非不能死豈欲草間求活望一至尋陽謝罪主上然後自刎耳因慷慨叱左右索節無復應者及旦伯珍請求閒言乃斬顗首詣錢溪馬軍主襄陽俞湛之降湛之因斬伯珍併送首以爲己功明帝忿顗違叛流尸於江弟子彖收瘞於石頭後岡後廢帝卽位方得改葬顗子戩昂戩爲黃門侍郎戍盆城尋陽敗伏誅

粲字景倩洵弟子也父濯揚州秀才早卒粲幼孤祖哀之名之曰愍孫伯叔並當世榮顯而愍孫飢寒不足母琅邪王氏太尉長史誕之女也躬事績紡以供朝夕愍孫少好學有清才隨伯父洵爲吳郡擁弊衣讀書足不踰戶其從兄顗出遊要愍孫愍孫輒稱疾不動叔父淑雅重之語子弟曰我門不乏賢愍孫必當復三公或有欲與顗婚顗父洵曰顗不堪政可與愍孫婚耳愍孫在坐流涕起出早以操行見知宋孝武卽位稍遷尚書吏部郎太子右衞率侍中孝建元年文帝諱日羣臣並於中興寺八關齋中食竟愍孫別與黃門郎張淹更進魚肉食尚書令何尚之奉法素謹密以白孝武孝武使御史中丞王謙之糾奏並免官大明元年復爲侍中領射聲校尉封興平縣子三年坐納山陰人丁承文貨舉爲會稽郡孝廉免官五年爲左衞將軍加給事中七年轉吏部尚書左衞如故其年皇太子冠上臨宴東宮與顏師伯柳元景沈慶之等並摴蒱愍孫勸師伯酒師伯不飲愍孫因相裁辱曰不能與佞人周旋師伯見寵於上上常嫌愍孫以寒素陵之因此發怒曰袁濯兒不逢朕員外郎未可得也而敢寒士遇物將手刃之命引下席愍孫色不變沈柳並起謝久之得釋出爲海陵太守廢帝卽位愍孫在郡夢日墮其胷上因驚尋被徵管機密歷吏部尚書侍中驍衞將軍愍孫峻於儀範廢帝倮之迫使走愍孫雅步如常顧而言曰風雨如晦雞鳴不已明帝泰初元年爲司徒左長史南東海太守愍孫清整有風操自遇甚高嘗著妙德先生傳以續嵇康高士傳後以自況曰有妙德先生陳國人也氣志深虛姿神清映性孝履順棲沖業簡有舜之遺風先生幼夙多疾性疎嬾無所營尚然九流百氏之言雕龍談天之藝皆泯識其大歸而不以成名家貧嘗仕非其好也混其聲迹晦其心用席門常掩三逕裁通雖楊子寂寞嚴叟沈冥不是過也脩道遂志終無得而稱焉又嘗謂周旋人曰昔有一國國中一水號曰狂泉國人飲此水無不狂唯國君穿井而汲獨得無恙國人旣並狂反謂國主之不狂爲狂於是聚謀共執國主療其狂疾火艾針藥莫不必具國主不任其苦於是到泉所酌水飲之飲畢便狂君臣大小其狂若一衆乃歡然我旣不狂難以獨立比亦欲試飲此水矣幼慕荀奉倩爲人孝武時求改名粲不許至明帝立乃請改爲粲字景倩其外孫王筠又云明帝多忌諱反語袁愍爲殞門帝意惡之乃令改焉二年遷領軍將軍仗士三十人入六門其年徙中書令領太子詹事三年轉尚書僕射尋領吏部五年加中書令又領丹陽尹粲負才尚氣愛好虛遠雖位任隆重不以事務經懷獨步園林詩酒自適家居負郭每杖策逍遙當其意得悠然忘反郡南一家頗有竹石粲率爾步往亦不通主人直造竹所嘯詠自得主人出語笑款然俄而車騎羽儀併至門方知是袁尹又嘗步屧白楊郊野閒道遇一士大夫便呼與酣飲明日此人謂被知顧到門求進粲曰昨飲酒無偶聊相要耳竟不與相見嘗作五言詩言訪迹雖中宇循寄乃滄洲蓋其志也七年爲尚書令初粲忤於孝武其母候乘輿出負塼叩頭流血塼碎傷目自此後粲與人語有誤道眇目者輒涕泣彌日嘗疾母憂念晝寢夢見父容色如平生與母語曰愍孫無憂將爲國家器不患沉沒但恐富貴終當傾滅耳母未嘗言及粲貴重恒懼傾滅乃以告之粲故自挹損明帝臨崩粲與褚彥回劉勔並受顧命加班劒二十人給鼓吹一部後廢帝卽位加兵五百人元徽元年丁母憂葬竟攝令親職加衞將軍不受性至孝居喪毀甚祖日及祥詔衞軍斷客二年桂陽王休範爲逆粲扶曳入殿詔加兵自隨府置佐吏時兵難危急賊已至南掖門諸將意沮咸莫能奮粲慷慨謂諸將帥曰寇賊已逼而衆情離阻孤子受先帝顧託本以死報命日當與諸護軍同死社稷因命左右被馬辭色哀壯於是陳顯達等感激出戰賊卽平殄事寧授中書監卽本號開府儀同三司領司徒以揚州解爲府固不肯移三年徙尚書令衞軍開府如故並固辭服終乃受命加侍中進爵爲侯又不受時粲與齊高帝褚彥回劉彥節遞日入直平決萬機粲閑默寡言不肯當事主書每往諮決或高詠對之時立一意則衆莫能改素寡往來門無雜賓閑居高臥一無所接談客文士所見不過一兩人順帝卽位遷中書監司徒侍中如故齊高帝旣居東府故使粲鎮石頭粲素靜退每有朝命逼切不得已然後方就及詔移石頭卽便順旨有周旋人解望氣謂粲曰石頭氣甚凶往必有禍粲不答又給油絡通幰車仗士五十人入殿時齊高帝方革命粲自以身受顧託不欲事二姓密有異圖劉彥節宋氏宗室前湘州刺史王蘊太后兄子素好武事並慮不見容於齊高帝皆與粲結諸將帥黃回任候伯孫曇瓘王宜興彭文之卜伯興等並與粲合昇明元年荊州刺史沈攸之舉兵反齊高帝自詣粲粲稱疾不見粲宗人袁達以爲不宜示異同粲曰彼若劫我入臺便無辭以拒一如此不復得出矣時齊高帝入屯朝堂彥節從父弟領軍將軍韞入直門下省卜伯興爲直閤黃回諸將皆率軍出新亭粲剋日謀矯太后令韞伯興率宿衞兵攻齊高帝於朝堂回率軍來應彥節候伯等並赴石頭事泄先是齊高帝遣將薛深蘇烈王天生等領兵戍石頭云以助粲實禦之也又令腹心王敬則爲直閤與伯興共總禁兵王蘊聞彥節已奔歎曰今年事敗矣乃狼狽率部曲向石頭薛深等據門射之蘊謂粲已敗乃便散走齊高帝以報敬則誅韞幷伯興又遣軍主戴僧靜向石頭助薛深自倉門入時粲與彥節等列兵登東門僧靜分兵攻府西門彥節與兒踰城出粲還坐列燭自照謂其子最曰本知一木不能止大廈之崩但以名義至此耳僧靜挺身暗往奮刀直前欲斬之子最覺有異大叫抱父乞先死兵士人人莫不隕涕粲曰我不失忠臣汝不失孝子仍求筆作啓云臣義奉大宋策名兩畢今便歸魂墳壠永就山丘僧靜乃幷斬之初粲大明中與蕭惠開周朗同車行逢大航開駐車惠開自照鏡曰無年可仕朗執鏡良久曰視死如歸粲最後日當至三公而不終至是如言最字文高時年十七旣父子俱殞左右分散任候伯等其夜並自新亭赴石頭其後皆誅粲小兒數歲乳母將投粲門生狄靈慶靈慶曰吾聞出郎君者有厚賞今袁氏已滅汝匿之尚誰爲乎遂抱以首乳母號泣呼天曰公昔於汝有恩故昌難歸汝奈何欲殺郎君以求小利若天地鬼神有知我見汝滅門此兒死後靈慶常見兒騎大羝狗戲如平常經年餘鬬場忽見一狗走入其家遇靈慶於庭噬殺之少時妻子皆沒此狗卽袁郎所常騎也齊永明元年武帝詔曰袁粲劉彥節並與先朝同奬宋室沈攸之於景和之世特有乃心雖末節不終而始誠可錄歲月彌往宜霑優隆於是並命改葬粲省事莫嗣祖粲常所委信與劉彥節等宣密謀至是齊高帝問曰汝知袁粲謀逆何不啓嗣祖曰小人無識曲蒙袁公厚恩實不仰負今日就死分甘官若賜性命亦不忍背粲而獨生也藏僧靜勸殺之帝曰彼各爲其主遂赦焉用爲省事歷朝所賞梁豫章王直新出閣中旨用嗣祖爲師

彖字偉才顗弟覬之子也覬好學美才早有清譽仕宋位武陵內史彖少有風氣善屬文及談玄舉秀才歷諸王府參軍不就覬臨終與兄顗書曰史公才識可喜足慰先基矣史公彖小字也及顗見誅宋明帝投尸江中不許斂葬彖與舊奴一人微服求尸四十餘日乃得密瘞石頭後岡身自負土懷其文集未嘗離身明帝崩後乃改葬顗從叔司徒粲祖舅征西將軍蔡興宗並器之仕宋爲齊高帝太傅相國主簿祕書丞仕齊爲中書郎兼太子中庶子又以中書郎兼御史中丞坐彈謝超宗簡奏依違免官後拜廬陵王諮議時南郡江陵縣人苟蔣之弟胡之婦爲曾口寺沙門所淫夜入苟家蔣之殺沙門爲官司所檢蔣之列家門穢行欲告則恥欲忍則不可實已所殺胡之列又如此兄弟爭死江陵令宗躬啓州荊州刺史廬江王求博議彖曰夫迅寒急節乃見松筠之操危機迴構方識貞孤之風竊以蔣之胡之殺人原心非暴辯獄之日友于讓生事憐左右義哀行路昔文舉引謗獲漏疏網蔣之心迹同符古人若陷以深刑實傷爲善由是蔣之兄弟免死累遷太子中庶子出爲冠軍將軍監吳興郡事彖性剛固以微言忤武帝又薄王晏爲人晏請交不答武帝在便殿用金柄刀子翦爪晏在側曰外聞有金刀之言恐不宜用此物帝窮問所以晏曰袁彖爲臣說之上銜怒良久彖到郡坐過用祿錢免官付東冶彖妹爲竟陵王子良妃子良世子昭胄時年八歲見武帝而形容慘悴帝問其故昭胄流涕曰臣舅負罪今在尚方臣母悲泣不食已積日臣所以不寧帝曰特爲兒赦之既而帝遊孫陵望東冶曰冶中有一好貴囚數日與朝臣幸冶履行庫藏因宴飲賜囚徒酒肉敕見彖與語明日釋之後爲侍中彖充腴異衆每從射雉郊野數人推扶乃能徒步幼而母卒養於伯母王氏事之如親閨門孝義隆昌元年卒謚靖子彖宗人廓之字思度宏之曾孫也父景儁宋世爲淮南太守以非罪見誅廓之終身不聽音樂布衣蔬食足不出門示不臣於宋時人以比晉之王裒顏延之見其幼時歎曰有子如袁廓足矣齊國建方出仕稍至殿中郎王儉柳世隆傾心待之爲太子洗馬于時何澗亦稱才子爲文惠太子作楊畔歌辭甚側麗太子甚悅廓之諫曰夫楊畔者既非典雅而聲甚哀思殿下當降意簫韶奈何聽亡國之響太子改容謝之

昂字千里雍州刺史顗之子也顗敗藏於沙門沙門將以出關關吏疑非常人沙門杖而語之遂免或云顗敗時昂年五歲乳媼携抱匿於廬山州郡於野求之於乳媼匿所見一彪因去遂免會赦得出猶從晉安在南唯勤學至元徽中聽還時年十五初顗敗傳首建鄴藏於武庫以漆題顗名以爲誌至是始還之昂號慟嘔血絕而復蘇以淚洗所題漆字皆滅人以爲孝感葬訖更制服廬于墓次從兄彖常撫視抑譬之昂容質修偉冠絕人倫以父亡不以理終身不聽音樂後與彖同見從叔司徒粲粲謂彖曰昂幼孤而能至此故知名器自有所在仕齊爲王儉鎭軍府功曹史儉後爲丹陽尹於後堂獨引見昂指北堂謂曰卿必居此累遷黃門郎昂本名千里齊永明中武帝謂曰昂昂千里之駒在卿有之今改卿名爲昂卽字千里後爲衞軍武陵王長史丁母憂哀毁過禮服未除而從兄彖卒昂幼孤爲彖所養乃制朞服人有怪而問之昂致書以喻之曰竊聞禮由恩斷服以情申故小功他邦加制一等同爨有緦明之典籍孤子夙以不天幼傾乾蔭資敬未奉過庭莫承藐藐沖年未達朱紫從兄提養訓教示以義方每假其談價虛其聲譽得及人次實亦有由兼開拓房宇處以華曠同財共有恣其取足爾來三十餘年憐愛之至言無異色姉妹孤姪成就一時篤念之深在終彌固此恩此愛畢壤不追既情若同生而服爲諸從言心卽事實未忍安昔馬稜與從弟毅同居毅亡稜爲心服三年由也之不除喪亦緣情而致制雖識不及古誠懷感慕常願千秋之後從服朞齊不圖門衰禍集一旦草土殘息復罹今酷尋惟慟絕彌劇彌深今以餘喘欲遂素志庶寄其罔慕之痛少申無已之情雖禮無明據乃事有先例率迷而至必欲行之臨紙哽咽言不識次後爲御史中丞時尚書令王晏弟詡爲廣州多納賕貨昂依事劾奏不憚權豪當時號爲正直初昂爲洗馬明帝爲領軍欽昂風素頻降駕焉及踐阼奏事多留與語謂曰我昔以卿有美名親經相詣昂答曰陛下在田之日遂蒙三顧草廬帝甚悅尋出爲豫章內史丁所生母憂去職以喪還江路風潮暴駭昂乃縛衣著柩誓同沉溺及風止餘船皆沒唯昂船獲全咸謂精誠所致葬訖起爲吳興太守永元末梁武帝起兵州郡望風皆降昂獨拒境帝手書喻之曰夫禍福無門興亡有數天之所棄人孰能匡機來不再圖之宜早頃藉聽道路承欲狼顧一隅既未喻雅懷聊申往意獨夫狂悖振古未聞窮凶極虐歲月滋甚天未絕齊聖明啓運億兆有賴百姓來蘇吾荷任前驅掃除京邑屠潰之期當不云遠兼熒惑出端門太白入氐室天文表於上人事符於下不謀同契實在兹辰且范岫申胄久薦誠款各率所守仍爲掎角而足下欲以區區之郡禦堂堂之師根本既傾枝葉安附今竭力昏主未足爲忠家門屠滅非所謂孝忠孝俱盡將欲何依去就之宜幸加詳擇昂答曰都史至辱誨承藉以衆論謂僕有勤王之舉兼蒙誚責獨無送款循復嚴旨若臨萬仞三吳內地非用兵之所況以偏隅一郡何能爲役近奉教以此境多虞見使安慰自承麾旆屆止莫不膝袒軍門唯僕一人敢後至者正以自揆庸素文武無施直是陳國賤男子耳雖欲獻心不增大軍之勇置其愚默寧沮衆師之威幸藉將軍含弘之大可得從容以禮竊以一飡微施尚復投殞況食人之祿而頓忘一旦非唯物議不可亦恐明公鄙之建康城平昂舉哀慟哭時帝使豫州刺史李元履巡撫東土敕元履曰袁昂道素之門世有忠節天下須共容之勿以兵威陵辱元履至宣旨昂亦不請降開門徹備而已及至帝亦不問其過天監二年以爲後軍臨川王參軍事昂啓謝曰恩隆絕望之辰慶集寘心之日焰灰非喻蔫枯未擬摳衣聚足顚狽不勝臣偏歷三墳備詳六典巡校賞罰之科洞檢生死之律莫不嚴五辟於明君之朝峻三章於聖主之日是以塗山始會致防風之誅鄗邑方構有崇侯之伐未有緩憲於斲戮之人賒刑於耐罪之族出萬死入一生如臣者也推恩及罪在臣實大披心瀝血敢乞言之臣東國賤人學行何取既殊鳴鳳直木固無結綏彈冠徒藉羽儀易農就仕往年濫職守秩東隅仰屬龔行風驅電掩當其時也負鼎圖者日至執玉帛者相望獨在愚臣頓昏大義狗鴻毛之輕忘同德之重但三吳險薄五湖交通屢起田儋之變每懼殷通之禍空慕君魚保境遂失師涓抱器後至者斬臣甘斯戮明刑徇衆誰曰不然幸因約法之弘承解網之宥猶當降等薪粲遂乃頓釋鉗赭斂骨吹魂還編黔庶濯疵蕩穢入楚遊陳天波既洗雲油遽沐古人有言非死之難處死之難臣之所荷曠古不書臣之死所未知何地武帝答曰朕遺射鉤卿無自外尋爲侍中遷吏部尚書帝謂曰齊明帝用卿爲黑頭尚書我用卿爲白頭尚書良以多愧對曰臣生四十七年于兹矣四十以前臣之自有七年以後陛下所養七歲尚書未爲晚達帝曰士固不妄有名十五年爲尚書左僕射尋爲尚書令時僕射徐勉勢傾天下在昂處宴賓主甚歡勉求昂出內人傳盃昂良久不出勉苦求之昂不獲已命出五六人始至齊閤昂謂勉曰我無少年老嫗並是兒母非王妃母便是主大家今令問訊卿勉聞大驚求止方知昂爲貴昂在朝謇諤世號宗臣昭明太子薨立晉安王綱爲皇太子昂獨表言宜立昭明長息歡爲皇太孫雖不見用擅聲朝野自是告老乞骸骨不干時務昂雅有人鑒遊處不雜入其門者號登龍門大通中位司空大同六年薨時年八十詔卽日舉哀初昂臨終遺疏不受贈謚敕諸子不得言上行狀及立銘誌凡有所須悉皆停省因復曰吾釋褐從仕不期富貴但官序不失等倫衣食粗知榮辱以此闔棺無慙鄉里往忝吳興屬在昏明之際既闇於前覺無誠於聖朝不識天命甘貽顯戮幸遇殊恩得全門戶自念負罪私門階榮望絕保存性命以爲幸甚不謂叨竊寵靈一至於此常欲竭誠酬報申吾乃心所以朝廷每興師北伐吾輒啓求行誓之丹款實非矯言既庸懦無施皆不蒙許雖欲罄命其議莫從今日瞑目畢恨泉壤聖朝遵古如吾名品或有追遠之恩脫有贈官愼勿祇奉諸子累表陳奏詔不許謚曰穆正公有集二十卷初昂之歸梁有馬仙琕者亦以義烈稱

仙琕字靈馥扶風郿人父伯鸞宋冠軍司馬仙琕少以果敢聞父憂毁瘠過禮負土成墳手植松栢仕齊位豫州刺史梁武起兵使其故人姚仲賓說之仙琕先爲設酒乃斬於軍門以徇帝又遣其族叔懷遠說之仙琕曰大義滅親又命斬之懷遠號泣軍中爲請乃免武帝至新林仙琕猶於江西日抄運漕建康城平仙琕舉哀謂衆曰我受任寄義不容降今衆寡不侔勢必屠滅公等雖無二心其如親老何我爲忠臣君爲孝子各盡其道不亦可乎於是悉遣城內兵出降餘壯士數十閉門獨守俄而兵入圍之數十重仙琕令士皆持滿兵不敢近日晚乃投弓曰諸君但來見取我義不降乃檻送建康至石頭而脫之帝使待袁昂至俱入曰使天下見二義士帝勞之曰射鉤斬袪昔人弗忌卿勿以戮使斷運苟自嫌絕也謝曰小人如失主犬後主飼之便復爲用帝笑而美之俄而母卒帝知其貧賻給甚厚仙琕號泣謂弟仲艾曰蒙大造之恩未獲上報今復荷殊澤當與爾以心力自効耳天監四年師侵魏仙琕每戰恒冠三軍與諸將論議口未嘗言功人問其故仙琕曰大丈夫爲時所知當進不求名退不逃罪乃平生願也何功可論爲南義陽太守累破山蠻郡境清謐以功封舍洭縣伯還司州刺史進號貞威將軍魏豫州人白早生使以懸瓠來降武帝使仙琕赴之又遣直閤將軍武會超馬廣

率衆爲援仙琕進頓楚王城遣副將齊苟兒助守懸瓠魏中山王英攻懸瓠執齊苟兒進擒馬廣送洛陽仙琕不能救會超等亦相次退散魏軍進據三關仙琕坐徵還爲雲騎將軍十年朐山人殺琅邪太守劉晰以城降魏詔假仙琕節討之魏徐州刺史盧昶以衆十餘萬赴焉仙琕累戰破走之進爵爲侯遷豫州刺史加都督仙琕自爲將及居州郡能與士卒同勞逸身衣不過布帛所居無幃幕衾屏行則飲食與厮養最下者同其在邊境常單身潛入敵境伺知壁壘村落險要處所攻戰多尅捷士卒亦甘心爲用帝雅愛仗之卒於州贈左衞將軍謚曰剛初仙琕幼名仙婢及長以婢名不典乃以玉代女云子巖夫嗣

昂子君正字世忠少聰敏年數歲父疾晝夜不眠專侍左右家人勸令暫臥答曰官既未差眠亦不安歷位太子庶子君正美風儀善自居處以貴公子早得時譽爲豫章內史性不信巫邪有師萬世榮稱道術爲一郡巫長君正在郡小疾主簿熊岳薦之師云須疾者衣爲信命君正以所著襦與之事竟取襦云神將送與北斗君君正使檢諸身於衣裏獲之以爲亂政卽刑於市而焚神一郡無敢行巫遷吳郡太守侯景亂率數百人隨邵陵王綸赴援及臺城陷還郡君正當官莅事有名稱而蓄聚財產服玩靡麗賊遣張大墨攻之新城戍主戴僧易勸令拒守已以戍兵自外擊之君正不能決吳人陸映公等懼不濟賊種族其家勸之迎賊君正性怯懦乃送米及牛酒郊迎賊賊掠奪其財物子女因是感疾卒子樞

樞字踐言美容儀性沉靜好學手不釋卷家本顯貴貲產充積而樞獨處率素傍無交往非公事未嘗出游榮利之懷淡如也侯景之亂樞往吳郡省父疾丁父憂時四方擾亂人求苟免樞居喪以至孝聞王僧辯平侯景鎭建鄴衣冠爭往造請樞杜門靜居不求聞達紹泰中歷吏部尚書吳興郡太守陳永定中徵爲侍中掌選遷都官尚書掌選如故樞博學明悉舊章初陳武帝長女永嗣公主先適陳留太守錢蒧生子岊主及岊並卒于梁時武帝受命唯主追封至是將葬尚書請議加蒧駙馬都尉并贈岊官樞議曰昔王姬下嫁必適諸侯同姓爲主聞於公羊之說車服不繫顯於詩人之篇漢氏初興列侯尚主自斯以後降嬪素族駙馬都尉置由漢武或以假諸功臣或以加於戚屬是以魏曹植表駙馬奉車取爲一號齊職儀曰凡尚公主必拜駙馬都尉魏晉以來因爲瞻準蓋以王姬之重庶姓之輕若不加其等級寧可合巹而酳所以假駙馬之位乃崇於皇女也今公主早薨伉儷已絕既無禮數致疑何須駙馬之授案杜預尚晉宣帝第二女晉武踐阼而主已亡泰始中追贈公主元凱無復駙馬之號梁文帝女新安穆公主早薨天監初王氏無追拜之事遠近二例足以校明無勞此授今宜追贈亭侯時議以爲當天嘉三年爲吏部尚書領丹陽尹以葬父拜表自解詔令葬訖停宅視郡事服闋還職時僕射到仲舉雖參掌選事銓衡汲引並出於樞舉薦多會上旨謹愼周密淸白自居文武職司鮮有遊其門者廢帝卽位遷尚書左僕射卒謚曰簡懿有集十卷行於世弟憲

憲字德章幼聰敏好學有雅量梁武帝修建庠序別開五館其一館在憲宅西憲常招引諸生與之談論新義出人意表同輩咸嗟服焉大同八年武帝撰孔子正言章句詔下國學宣制旨義憲時年十四被召爲正言生祭酒到溉目送之愛其神采國子博士周弘正謂憲父君正曰賢子今茲欲策試不君正曰未敢令試居數日君正遣門客岑文豪與憲候弘正會弘正將升講坐弟子畢集乃延憲入室授以麈尾令憲豎義時謝岐何妥在坐弘正謂曰二賢雖窮奧賾得無憚此後生邪何謝乃遞起義端深極理致憲與往復數番酬對閑敏弘正謂妥曰恣卿所問勿以童幼期之時觀者重沓憲神色自若辯論有餘弘正亦起數難終不能屈因告文豪曰卿還諮袁吳郡此郎已堪見代博士矣時生徒對策多行賄賂文豪請具束脩君正曰我豈能用錢爲兒買第邪學司銜之及憲試爭起劇難憲隨問抗答剖析如流到溉顧憲曰袁君正其有後矣及君正將之吳郡溉祖道於征虜亭謂君正曰昨策生蕭敏孫徐孝克非不解義至於風神器局去賢子遠矣尋舉高第以貴公子選尚南沙公主卽梁簡文帝女也大同元年釋褐祕書郎遷太子舍人侯景寇逆憲東之吳郡尋丁父憂哀毁過禮陳武帝作相除司徒戶曹初謁遂抗禮長揖中書令王勱謂憲曰卿何矯衆不拜錄公憲曰於理不應致拜衞尉趙知禮曰袁生舉止詳中故有陳汝之風陳受命授中書侍郎兼散騎常侍與黃門郎王瑜使齊數年不遣天嘉初乃還太建三年累遷御史中丞羽林監時豫章王叔英不奉法度逼取人馬憲依事劾奏免叔英自是朝野嚴憚憲詳練朝章尤明聽斷至有獄情未盡而有司具法者卽何閑爲帝言之所申理甚衆嘗陪宴承香閣賓退後宣帝留憲與衞尉樊俊徙席山亭談宴終日帝謂俊曰袁家故爲有人其見重如此自侍中遷吳郡太守以父任固辭改授南康內史還吏部尚書憲以久居淸顯累表自求解任帝曰諸人在職屢有謗書卿處事已多可謂淸白別相甄錄且勿致辭遷右僕射參掌選事先是憲長兄樞爲左僕射至是憲爲右僕射臺省目樞爲大僕射憲爲小僕射朝廷榮之及宣帝不豫憲與吏部尚書毛喜俱受顧命始興王叔陵之肆逆也憲指麾部分預有力焉後主被創病篤執憲手曰我兒尚幼後事委卿憲曰羣情喁喁冀聖躬康復後事之委未敢奉詔以功封建安縣伯領太子中庶子尋除侍中太子詹事及太子加元服行釋奠禮憲表請解職不許尋給扶二人皇太子頗不率典訓憲手表陳諫十條皆援引古今言辭切直太子雖外示容納心無悛改後主欲立寵姬張貴妃子始安王爲嗣嘗從容言之吏部尚書蔡徵順旨稱贊憲厲色折之曰皇太子國家儲副億兆宅心卿是何人輕言廢立然是夏竟廢太子爲吳興王後主知憲有規諫之事答曰袁德章實骨鯁臣卽日詔爲尚書僕射禎明三年隋軍來伐隋將賀若弼進燒宮城北掖門兵衞皆散走朝士各藏唯憲侍左右後主謂曰我從來待卿不先餘人今日見卿可謂歲寒知松栢後凋也非唯由我無德亦是江東衣冠道盡後主將避匿憲正色曰北兵之入必無所犯大事如此陛下安之臣願陛下依梁武見侯景故事以待之不從因下榻馳去憲從出後堂景陽殿後主投井中憲拜哭而出及至長安隋文帝嘉其雅操下詔以爲江表稱首授開府儀同三司昌州刺史開皇十四年授晉王廣府長史十八年卒時年七十贈大將軍安成郡公謚曰簡長子承家仕隋至祕書丞國子司業君正弟敬

敬字子恭純素有風格幼便篤學老而無倦仕梁位太子中舍人魏剋江陵流寓嶺表陳武帝受禪敬在廣州依歐陽頠頠卒其子紇據州將有異志敬累諫不從宣帝卽位遣章昭達討紇紇將敗恨不納敬言朝廷義之徵爲太子中庶子歷左戶都官二尚書太常卿散騎常侍金紫光祿大夫加特進至德三年卒謚靖德子子元友嗣敬弟泌

泌字文洋淸正有幹局容體魁岸志行脩謹仕梁歷諸王府佐侯景之亂泌兄君正爲吳郡太守梁簡文帝在東宮板泌爲東宮領直令往吳中召募士卒及景圍臺城泌率所領赴援城陷依鄱陽嗣王範範卒泌降景景平王僧辯表泌爲富春太守兼丹陽尹貞陽侯明僭位以爲侍中使於齊陳武帝受禪泌自齊從梁永嘉王莊往王琳所及莊稱尊號以泌爲侍中丞相長史琳敗衆皆散唯泌輕舟送達于北境屬莊於御史中丞劉仲威然後拜辭歸陳請罪文帝深義之累遷通直散騎常侍兼侍中聘周及宣帝入輔以泌爲司徒左長史卒于官臨終戒其子芳華曰吾於朝廷素無功績瞑目之後斂手足旋葬無得受贈謚其子述泌遺意朝廷不許贈金紫光祿大夫謚曰質

論曰天長地久四時代謝靈化悠遠生不再來所以據洪圖而輕天下悋寸陰而賤尺璧夫義重於生空傳前誥投軀徇主罕遇其人觀夫宋齊以還袁門世蹈忠義固知風霜之桀松筠其性乎若無陽源之節丹青夫何取貴顗雖末路披猖原心有本象之出處所蹈實懋家風粲執履之迹近乎仁勇古人所謂疾風勁草豈此之謂乎昔王經峻節旣被旌於晉世粲之貞固亦改葬於齊朝其激厲之方異代同符者矣昂命屬崩離身逢危季雖獨夫喪德臣節無改拒梁武之命義烈存焉隆從兄之服悌心高已既而抗言儲嗣無忘直道辭榮身後有心黜殯自初及末無虧風範從徵至著皆爲稱職蓋一代之名公也樞風格峻整憲仁義率由韓子稱人臣委質心無有二憲弗渝歲暮亮可稱云敬泌立履之地亦不爲替矣

南史卷二十六考證

袁顗傳以爲不勞攻伐行自離散於是擁甲以待之○待監本誤得今从宋書

今追蹤竇融猶未曉也○猶監本訛獨今从宋書及閣本

袁粲傳袁濯兒不逢朕員外郞未可得也○濯監本訛灌今从上文改正

袁昂傳且范岫申冑久藹誠欵○申監本訛甲今从梁書

當其時也負鼎圖者日至執玉帛者相望○各本俱脫當字今从梁書以監本爲是

袁昂子君正傳性不信巫邪有師萬世榮稱道術爲一郡巫長○師萬一本作萬師

袁樞傳永嗣公主先適陳留太守錢蒧○蒧各本俱誤藏今考陳書从監本

袁憲傳憲以久居淸顯累表自求解○監本脫求字今

从閩本增
袁敬傳謚靖德○靖一本訛曰今从陳書

南史卷二十七

唐　李延壽　撰

列傳第十七

孔靖 孫琇之 琇之曾孫奐　孔琳之 孫覬
殷景仁 從祖弟淳

孔靖字季恭會稽山陰人也名與宋武帝祖諱同故以字稱祖愉晉車騎將軍父誾散騎常侍季恭始察孝廉累遷司徒左西掾未拜遭母憂隆安五年被起爲山陰令不就宋武帝東征孫恩屢至會稽過季恭宅季恭正晝臥有神人衣服非常謂曰起天子在門既而失之遽出適見帝延入結交執手曰卿後當大貴願以身爲託於是曲意禮接贍給甚厚帝後討孫恩時桓玄簒形已著帝欲於山陰建義季恭以山陰路遠且玄未居極位不如待其簒後於京口圖之帝亦以爲然時虞嘯父爲會稽內史季恭求爲府司馬不得乃出詣都及帝定桓玄以季恭爲會稽內史使齎封板拜授正與季恭遇季恭便回舟夜還至即叩扉入郡嘯父本爲桓玄所授聞玄敗開門請罪季恭慰勉使且安所住明日乃移季恭到任釐整浮華翦罰遊惰由是境內肅清累遷吳興太守加冠軍先是吳興頻喪太守言項羽神爲卞山王居郡聽事二千石常避之季恭居聽事竟無害也遷尚書左僕射固讓義熙八年復爲會稽內史脩飾學校督課誦習十年復爲右僕射又讓不拜除領軍加散騎常侍十二年致仕拜金紫光祿大夫是歲武帝北伐季恭求從以爲太尉軍諮祭酒從平關洛宋臺初建以爲尚書令又讓乃拜侍中特進左光祿大夫辭事東歸帝餞之戲馬臺百僚咸賦詩以述其美及受命加開府儀同三司讓累年不受薨以爲贈子靈符位丹陽尹會稽太守尋加豫章王子尚撫軍長史靈符家本豐富產業甚廣又於永興立墅周回三十三里水陸地二百六十五項含帶二山又有果園九處爲有司所糾詔原之而靈符答對不實坐免尋又復官靈符懃實有材幹不存華飾每所莅官政績修理廢帝景和中犯忤近臣爲所讒搆遣使鞭殺之二子湛之深之於都賜死明帝即位追贈靈符金紫光祿大夫深之大明中爲尚書比部郎時安陸應城縣人張江陵與妻吳共罵母黃令死黃忿恨自經死已值赦案律子賊殺傷毆父母梟首罵詈棄市謀殺夫之父母亦棄市會赦免刑補治江陵罵母母以自裁重於傷毆若同殺科則疑重用傷毆及詈科則疑輕制唯有打母遇赦猶梟首無詈母致死會赦之科深之議曰夫題里逆心而仁者不入名且惡之況乃人事故毆傷呪詛法所不原詈之致盡則理無可宥罰有從輕蓋疑失善求之文旨非此之謂江陵雖遇赦恩故合梟首婦本以義愛非天屬黃之所恨情不在吳原死補治有允正法詔如深之議吳可棄市靈符弟靈運位著作郎靈運子琇之有吏能仕齊爲吳令有小兒年十歲偷刈鄰家稻一束琇之付獄案罪或諫之琇之曰十歲便能爲盜長大何所不爲縣中皆震肅遷尚書左丞又以職事知名後兼左戶尚書廷尉出爲臨海太守在任清約罷郡還獻乾薑二十斤齊武帝嫌其少及知琇之清乃歎息出監吳興郡尋拜太守政稱清嚴明帝輔政防備諸蕃致密旨於上佐使便宜從事隆昌元年遷琇之晉熙王冠軍長史江夏內史行郢州事欲令殺晉熙琇之辭不許欲自引決友人陸閑諫之琇之不從遂不食而死子臻至太子舍人尚書三公郎臻子幼孫梁寧遠枝江公主簿無錫令幼孫子奐

奐字休文數歲而孤爲叔父虔孫所養好學善屬文沛國劉顯以博學稱每深相歎美執其手曰昔伯喈墳素悉與仲宣吾當希彼蔡君足下無愧王氏所保書籍尋以相付仕梁爲尚書儀曹侍郎時左戶郎沈炯爲飛書所謗將陷重辟連官臺閣人懷憂懼奐廷議理之竟得明白侯景陷建鄴朝士並被拘縶或薦奐於賊率侯子鑒乃脫桎梏厚遇之令掌書記時子鑒景之腹心朝士莫不卑屈奐獨無所下或諫奐曰不宜高抗奐曰吾性命有在豈有取媚凶醜以求全乎時賊徒剝掠子女拘逼士庶奐保持得全者甚衆尋遭母憂時天下喪亂皆不能終三年喪唯奐及吳國張種在寇亂中守法度並以孝聞及景平司徒王僧辯先下辟書引爲左西掾梁元帝於荆州即位徵奐及沈炯僧辯累表請留之帝手敕報曰孔沈二士今且借公其爲朝廷所重如此僧辯爲揚州刺史又補中從事史時侯景新平每事草創憲章故事無復存者奐博物强識甄明故實問無不知儀注體式牋書表翰皆出於奐陳武帝作相除司徒左長史遷給事黃門侍郎齊遣東方老蕭軌來寇四方壅隔糧運不繼三軍取給唯在都下乃除奐建康令武帝剋日決戰乃令奐多營麥飯以荷葉裹之一宿之間得數萬裹軍人旦食訖盡棄其餘因而決戰大破賊武帝受禪遷太子中庶子永定三年除晉陵太守晉陵自宋齊以來爲大郡雖經寇擾猶爲全實前後二千石多行侵暴奐清白自守妻子並不之官唯以單船臨郡所得秩俸隨即分贍孤寡郡中號曰神君曲阿富人殷綺見奐居處儉素乃餉以衣氈一具奐曰太守身居美祿何爲不能辦此但百姓未周不容獨享溫飽勞卿厚意幸勿爲煩陳文帝即位徵爲御史中丞奐性剛直多所糾劾朝廷甚敬憚之又達於政體每所奏未嘗不稱善百司滯事皆付咨決遷散騎常侍領步兵校尉中書舍人重除御史中丞尋爲五兵尚書時文帝不豫臺閣事事並令僕射到仲舉共決及帝疾篤奐與宣帝及到仲舉并吏部尚書袁樞中書舍人劉師知等入侍醫藥文帝嘗謂奐等曰今三方鼎峙宜須長君朕欲近則晉成遠隆殷法卿等須遵此意奐乃流涕歔欷跪而對曰陛下御膳違和痊復非久皇太子春秋鼎盛聖德日躋廢立之事臣不敢聞帝曰古之遺直復見之卿乃用奐爲太子詹事廢帝即位除散騎常侍國子祭酒出爲南中郎康樂侯長史尋陽太守行江州事宣帝即位爲始興王長史奐在職清儉多所規正宣帝嘉之賜米五百斛并累降敕書殷勤勞問太建六年爲吏部尚書八年加侍中時有事北邊剋復淮泗封賞敘用紛紜重疊奐應接引進門無停賓加以識鑒人物詳練百氏凡所甄拔衣冠縉紳莫不悅服性耿介絕請託雖儲副之尊公侯之重溺情相及終不爲屈始興王叔陵之在湘州累諷有司固求台鉉奐曰衮章本以德舉未必皇枝因抗言於宣帝帝曰始興那忽望公且朕兒爲公須在鄱陽王後奐曰臣之所見亦如聖旨後主時在東宮欲以江總爲太子詹事令管記陸瑜言之奐奐曰江有潘陸之華而無園綺之實輔弼儲貳竊謂非材後主深以爲恨乃自言於宣帝宣帝將許之奐乃奏曰江總文華之人今皇太子文華不少無藉於總如臣愚見願選敦重之才以居輔導帝曰誰可奐曰都官尚書王廓代有懿德識性敦敏可以居之後主時亦在側乃曰廓王泰之子不可居太子詹事奐又曰宋朝范曄即范泰之子亦爲太子詹事後主固爭之帝以總爲詹事由是忤旨初後主欲官其私寵徵諷於奐奐不從及左僕射陸繕遷職宣帝欲用奐代繕已草詔訖後主抑遂不行十四年爲散騎常侍金紫光祿大夫領前軍將軍未行改領弘範宮衞尉至德元年卒年七十餘有集十五卷彈文四卷子紹安紹薪紹忠紹忠字孝揚亦有才學位太子洗馬鄱陽東曹掾

孔琳之字彥琳會稽山陰人也曾祖羣晉御史中丞祖沈丞相掾父廞光祿大夫琳之强正有志力少好文義解音律能彈棊妙善草隸桓玄輔政爲太尉以爲西閤祭酒玄時議欲廢錢用穀帛琳之議曰洪範八政以貨次食豈不以交易之所資爲用之至要者乎故聖王制無用之貨以通有用之財既無毀敗之費又省難運之苦此錢所以嗣功龜貝歷代不廢者也穀帛爲寶本充衣食今分以爲貨則致損甚多又勞煩於商販之手耗棄於割截之用此之爲弊著於自曩故鍾繇曰巧僞之人競濕穀以要利制薄絹以充資魏世制以嚴刑弗能禁也是以司馬芝以爲用錢非徒豐國亦所以省刑今既用而廢之則百姓頓亡其財是有錢無糧之人皆坐而飢困此斷之之弊也魏明帝時錢廢穀用四十年矣以不便於人乃舉朝大議精才達政之士莫不以宜復用錢彼尚舍穀帛而用錢足以明穀帛之弊著於已試也玄又議復肉刑琳之以爲唐虞象刑夏禹立辟蓋淳薄既異致化不同書曰世輕世重言隨時也夫三代風純而事簡故罕蹈刑辟季末俗巧而務殷故動陷憲網若三千行於叔世必有踊貴之尤此五帝不相循法肉刑不可悉復者也漢文發仁惻之意傷自新之路莫由革古創制號稱刑厝然名輕而實重反更傷人故孝景嗣位輕之以緩緩而人慢又不禁邪期于刑罰之中所以見美於昔歷代詳論而未獲厥中者也兵荒已後罹法更多棄市之刑本斬右趾漢文一謬承而弗革所以前賢悵恨議之而未辯鍾繇陳羣之意雖小有不同欲以右趾代棄市若從其言則所活者衆矣降死之生誠爲輕法可以全其性命蕃其產育仁既濟物功亦益衆又今之所患逋逃爲先屢叛不革宜令逃身靡所亦以肅戒未犯永絕惡原至於餘條宜且依舊玄好人附悅而琳之不能順旨是以不見知累遷尚書左丞揚州中從事史所居著績時責衆官獻便宜議者以爲宜脩庠序郵典刑審官方明黜陟舉逸拔才務農簡調琳之於

衆議之外別建言曰夫璽印者所以辯章官爵立契符信官莫大於皇帝爵莫尊於公侯而傳國之璽歷代遞用襲封之印奕世相傳貴在仍舊無取改作今世唯尉一職獨用一印至於內外羣官每遷悉改討尋其義私所未達若謂官各異姓與傳襲不同則未若異代之爲殊也若論其名器雖有公卿之貴未若帝王之重若以或有誅夷之臣忌其凶穢則漢用秦璽延祚四百未聞以子嬰身戮國亡而棄不佩帝王公侯之尊不疑於傳璽人臣衆僚之卑何嫌於卽印載籍未聞其說推例自乖其準而終年刻鑄喪功消實金銀銅炭之費不可稱言非所以因循舊貫易簡之道愚請衆官卽用一印無煩改作若新置官又官多印少文或零失然後乃鑄則仰裨天府非唯小益又曰凶門栢裝不出禮典起自末代積習生常遂成舊俗爰自天子達于庶人誠行之有由卒革必駭然苟無關於情而有愆禮度存之未有所明去之未有所失固當式遵先典釐革後謬況復兼以游費實爲人患者乎凡人事喪儀多出閭里每有此須動十數萬損人財力而義無所取至於寒庶則人思自竭雖復室如懸磬莫不傾產單財所謂葬之以禮其若此乎謂宜一罷凶門之式遷尚書吏部郎義熙十一年除宋武帝平北征西長史遷侍中宋臺初建除宋國侍中永初二年爲御史中丞明憲直法無所屈撓奏劾尚書令徐羨之虧違憲典時羨之領揚州刺史琳之弟璩之爲中從事羨之使璩之解釋琳之使停寢其事琳之不許曰我觸忤宰相政當罪止一身汝必不應從坐何須勤勤邪自是百僚震肅莫敢犯禁武帝甚嘉之行經蘭臺親加臨幸遷祠部尚書不事產業家尤貧素景平元年卒追贈太常子邈有父風官至揚州中從事邈子覬

覬字思遠少骨鯁有風力以是非爲己任口吃好讀書早知名歷位中書黃門侍郎初晉安帝時散騎常侍選望甚重與侍中不異其後職任閑散用人漸輕孝建三年孝武欲重其選於是吏部尚書顏竣奏以覬及司徒左長史王景文應舉帝不欲威權在下其後分吏部尚書置二人以輕其任侍中蔡興宗謂人曰選曹要重常侍閑淡改之以名而不以實雖主意欲爲輕重人心豈可變邪既而常侍之選復卑選部之貴不異大明元年從太子中庶子領翊軍校尉歷祕書監廷尉卿爲御史中丞鞭令史爲有司所糾原不問六年除安陸王子綏後軍長史江夏內史性使酒仗氣每醉輒彌日不醒僚類間多所陵忽尤不能曲意權幸莫不畏而疾之居常貧罄無有豐約未嘗關懷爲府長史典籤諮事不呼前不敢前不令去不敢去雖醉日居多而明曉政事醒時判決未嘗有壅衆咸曰孔公一月二十九日醉勝世人二十九日醒也孝武每欲引見先遣人覘其醉醒性真素不尚矯飾遇得寶玩服用不疑而他物贏敗終不改易時吳郡顧覬之亦尚儉素衣裘器服皆擇其陋者宋世清儉稱此二人覬弟道存從弟徽頗營產業二弟請假東還覬出渚迎之輜重十餘船皆是綿絹紙席之屬覬見之僞喜謂曰我比乏得此甚要因命置岸側既而正色謂曰汝輩忝預士流何至還東作賈客邪命燒盡乃去先是庾徽之爲御史中丞性豪麗服玩甚華覬代之衣冠器用莫不麤率蘭臺令史並三吳富人咸有輕之之意覬蓬首緩帶風貌清嚴皆重跡屏氣莫敢欺犯庾徽之字景猷潁川鄢陵人也後卒於南東海太守覬後爲司徒左長史道存代覬爲後軍長史江夏內史時東土大旱都邑米貴一斗將百錢道存慮覬甚乏遣吏載五百斛米餉之覬呼吏謂之曰我在彼三載去官之日不辦有路糧郎至彼未幾那能得此米邪可載米還彼吏曰自古以來無有載米上水者都下米貴乞於此貨之不聽吏乃載米而去永光元年遷侍中後爲尋陽王右軍長史行會稽郡事明帝卽位召爲太子詹事遣故佐平西司馬庾業爲右軍司馬代覬行會稽郡事時上流反叛上遣都水使者孔璪入東慰勞璪至說覬以廢帝侈費倉儲耗盡都下罄匱資用已竭今南北並起遠近離叛若擁五郡之銳招動三吳事無不剋覬然其言遂發兵馳檄覬子長公璪二子淹玄並在都馳信密報泰始二年正月並逃叛東歸遣書要吳郡太守顧琛琛以母年篤老又密邇建鄴與長子寶素謀議未判少子寶先時爲山陰令馳書報琛以南師已近朝廷孤弱不時順從必有覆滅之禍覬前鋒軍已度浙江琛遂據郡同反吳興太守王曇生義興太守劉延熙晉陵太守袁標一時響應庾業既東明帝卽以代延熙爲義興以延熙爲巴陵王休若鎮東長史業至長塘湖卽與延熙合明帝遣建威將軍沈懷明東討尚書張永係進巴陵王休若董統東討諸軍時覬所遣孫曇瓘等軍頓晉陵九里部陣甚盛懷明至奔牛所領寡弱張永至曲阿未知懷明安否退還延陵就休若諸將帥咸勸退破岡休若宣令敢有言退者斬衆小定軍主劉亮又繼至兵力轉集人情乃安時齊高帝率軍東討與張永等於晉陵九里曲結營與東軍相持上遣積射將軍江方興南臺御史王道隆至晉陵視賊形勢賊帥孫曇瓘程扞宗陳景遠凡有五城互相連帶扞宗城猶未固道隆率所領急攻之俄頃城陷斬扞宗首劉亮果勁便刀楯乃負楯而進直入重柵衆軍因之卽皆摧破齊高帝與永等乘勝馳擊之又大破之曇瓘因此敗走孔璪與曇生焚倉庫奔錢唐會稽聞西軍稍近將士多奔亡覬不能復制上虞令王晏起兵攻郡覬憂遽不知所爲其夕率千人聲云東討實趨石瀨遇潮涸不得去衆叛都盡門生載以小船竄于山嵴村村人縛以送晏晏謂曰此事孔璪之爲無豫卿事可作首辭當相爲申上覬曰江東處分莫不由身委罪求活便是君輩行意耳晏乃斬之東閤外臨死求酒曰此是平生所好顧琛王曇生袁標等並詣吳喜歸罪喜宥之東軍主凡七十六人於陣斬十七人餘皆原宥覬之起兵也婁行宣陽門道上顧望皆丘陵覬瘡私告人曰丘陵者弗平建康其殆難剋覬弟道存位黃門吏部郎南海太守晉安王子勛建僞號以爲侍中行雍州事事敗見殺

殷景仁陳郡長平人也曾祖融晉太常祖茂之特進左光祿大夫父道裕早亡景仁少有大成之量司徒王謐見而以女妻之爲宋武帝太尉行參軍歷位中書侍郎景仁不爲文而敏有思致不談義而深達理至於國典朝議舊章記注莫不撰錄識者知其有當世之志也嘗建議請百官舉才以所薦能否黜陟武帝甚知之少帝卽位補侍中累表辭讓優詔申其請以爲黃門侍郎歷左衞將軍文帝卽位委遇彌厚俄遷侍中左衞如故時與王華王曇首劉湛四人並爲侍中以風力局幹冠冕一時同升之美近代莫及元嘉三年車駕征謝晦司徒王弘入居中書下省景仁長直共掌留任晦平代到彥之爲中領軍侍中如故文帝所生章太后早亡上奉太后所生蘇氏甚謹六年蘇氏卒車駕親往臨哭詔欲遵二漢推恩之典景仁議以爲漢氏推恩加爵于時承秦之弊儒術蔑如懼非盛明所宜軌蹈晉監二代朝政之所因君舉必書哲王之所愼禮至公者懸爵賞於無私奉天統者每屈情以申制所以作孚萬國貽則後昆上從之丁母憂葬竟起爲領軍將軍固辭上使綱紀代拜遣中書舍人周赳與載詣府服闋遷尚書僕射太子詹事劉湛代爲領軍湛與景仁素善皆被遇於武帝俱以宰相許之湛常居外任會王弘王華王曇首相係亡景仁引湛還朝共參朝政湛既入以景仁位遇本不踰己一旦居前意甚憤憤知文帝信仗景仁不可移奪乃深結司徒彭城王義康欲倚宰相之重以傾之十二年景仁遷中書令護軍將軍僕射如故尋復加領吏部湛愈怒義康納湛言毀景仁於文帝文帝遇之益隆景仁密陳相王權重非社稷計上以爲然景仁對親舊嘆曰引之令入便噬人乃稱疾請解不見許使停家養病湛議欲遣人若劫盜者於外殺之以爲文帝雖知當不能傷至親之愛上微聞之徙景仁於西掖門外晉鄱陽王第以爲護軍府密邇宮禁故其計不行景仁臥疾者五年雖不見上而密函去來日中以十數朝政大小必以問焉影迹周密莫有窺其際者及將收湛之日景仁便拂拭衣冠寢疾既久左右皆不悟其意其夜上出華林園延賢堂召之景仁猶稱腳疾小牀輿以就坐誅討處分一皆委之代義康爲揚州刺史僕射吏部如故遣使者授印綬主簿代拜畢便覺疾甚情理乖錯性本寬厚而忽更苛暴問左右曰今年男婚多女嫁多是冬大雪景仁乘輿出聽事觀望忽驚曰當閤何得有大樹既而曰我誤耳疾篤文帝謂不利在州使還住僕射下省爲州凡月餘日卒或云見劉湛爲祟追贈侍中司空謚曰文成公大明五年孝武行經景仁墓詔遣致祭子道矜幼而不慧位太中大夫道矜子恒明帝時位侍中度支尚書屬父疾積久爲有司所奏詔曰道矜生便有病更無橫疾恒因愚習惰久妨清序可除散騎常侍

淳字粹遠景仁從祖弟也祖允晉太常父穆以和謹致稱自五兵尚書爲宋武帝相國左長史元嘉中位特進右光祿大夫領始興王師卒官謚曰元子淳少好學有美名歷中書黃門侍郎黃門清切直下廳留下省以父老特聽還家高簡寡言早有清尚愛好文義未嘗違捨在祕書閣撰四部書大目凡四十卷行於世元嘉十一年卒朝廷痛惜之子孚有父風嘗與侍中何勗共食孚羹盡勗云益殷蓴羹勗司空無忌子也孚徐輟筯曰何無忌諱孚位吏部郎爲順帝撫軍長史子臻字後同幼有名行袁粲褚彥回並賞異之每造二公之席輒清言畢景王儉爲丹陽尹引爲郡丞袁昂先拜祕書丞求臻爲到省表臻答曰何不見倩拜而見倩作表遂不爲作歷位太子洗馬淳弟沖字希遠位御史中丞有司直之稱再遷度支尚書元凶妃卽淳女而沖在東宮爲劭所知遇劭弒立以爲司隸校尉沖有學義文辭劭使爲尚書符罪狀孝武亦爲劭盡力建鄴平賜死沖弟淡字夷遠亦歷黃門吏部郎太子中庶子大明中又以文章見

知

論曰季恭命偶興王思深惟舊及位致崇寵而每存謙挹觀夫持滿之戒足以追蹤古人琇之貞素之風不踐無義之地易曰王臣蹇蹇其動也直休文行已之度可謂近之琳之二議深達變通之道覬持身之節亦曰一時之頁而聽言則悖晚致覆没痛矣哉景仁遠大之情著於初筮元嘉之盛幸致宗臣言聽計從於斯爲重美矣乎

南史卷二十七考證

孔靖傳言項羽神爲卞山王○又一項羽神事

特進左光祿大夫辭事東歸帝餞之戲馬臺○一本無左字又餞字上有親字

盡符懿寔有材幹○材監本譌堪今攺从閣本

孔奐傳除司徒左長史遷給事黃門侍郎○一本作除司徒長史左遷給事黃門侍郎

加以識鑑人物詳練百氏○監本脫以字一本并脫議字

南史卷二十八

唐　李延壽　撰

列傳第十八

褚裕之 弟淡之　玄孫球　裕之兄子湛之　湛之子彥回　彥回子賁　蓁　蓁子向　向子翔　彥回弟澄　彥回從弟炤　炫　炫子澐　澐孫玢

褚裕之字叔度河南陽翟人晉太傅裒之曾孫也祖歆祕書監父爽金紫光祿大夫長兄秀之字長倩歷大司馬琅邪王從事中郎黃門侍郎宋武帝鎮西長史秀之妹晉恭帝后也秀之雖晉氏姻戚而盡心於武帝遷侍中出補大司馬右司馬晉恭帝卽位爲祠部尚書宋受命徙太常元嘉初卒於官秀之弟淡之字仲原亦歷顯官爲宋武帝車騎從事中郎尚書吏部郎廷尉卿左衞將軍宋受命爲侍中淡之兄弟並盡忠事武帝恭帝每生男輒令方便殺焉或誘賂内人或密加毒害前後如此非一及恭帝遜位居秣陵宮常懼見禍與褚后共止一室慮有酖毒自貴食於前武帝將殺之不欲遣人入内令淡之兄弟視后褚后出別室相見兵人乃踰垣而入進藥於恭帝帝不肯飲曰佛教自殺者不得復人身乃以被掩之後會稽郡缺朝議欲用蔡廓武帝曰彼自是蔡家佳兒何關人事可用褚佛佛淡之小字也乃用淡之爲會稽太守景平二年富陽孫氏聚合門宗謀逆其支黨在永興縣潛相影響永興令羊恂覺其謀以告淡之淡之不信乃以誣人之罪收縣職局於是孫法先自號冠軍大將軍與孫道慶等攻没縣邑更相樹置遙以鄮令司馬文宣爲征西大將軍建旗鳴鼓直攻山陰淡之自假陵江將軍以山陰令陸邵領司馬加振武將軍前員外散騎常侍王茂之爲長史前國子博士孔欣前員外散騎常侍謝芩之並參軍事召行參軍七十餘人前鎮西諮議參軍孔甯子左光祿大夫孔季恭子山士並在艱中皆起爲將軍遣隊主陳願郡議曹掾虞道納二軍過浦陽江願等戰敗賊遂推鋒而前去城二十餘里淡之遣陸邵水軍禦之而身率所領出次近郊邵與行參軍漏恭期合力大敗賊於柯亭淡之尋卒謚曰質子裕之名與武帝同故行字爲初爲太宰琅邪王行參軍武帝車騎參軍司徒左西屬中軍諮議參軍署中兵加建威將軍從征鮮卑盡其誠力盧循攻查浦叔度力戰有功循南走武帝板行廣州刺史加督建威將軍領平越中郎將在任四年廣營貲貨資財豐積坐免官禁錮終身還至都凡諸親舊及一面之欵無不厚加贈遺尋除太尉諮議參軍相國右司馬武帝受命爲右衞將軍武帝以其名家而能竭盡心力甚嘉之封番禺縣男尋加散騎常侍永初四年出爲雍州刺史領寧蠻校尉在任三年以清簡致稱景平二年卒子恬之嗣恬之弟寂之著作佐郎早卒寂之子曖尚宋文帝第六女琅邪眞長公主位太宰參軍亦早卒曖子續位太子舍人亦尚宋公主續子球字仲寶少孤貧篤志好學有才思宋建平王景素元徽中誅滅唯有一女存故吏何昌寓王思遠聞球清立以此女妻之仕齊爲溧陽令在縣清白資公奉而已仕梁歷都官尚書通直散騎常侍祕書監領著作司徒右長史常侍著作如故自魏孫禮晉荀組以後台佐加貂始自球也後爲散騎常侍光祿大夫加給事中

湛之字休玄秀之子也尚宋武帝第七女始安哀公主拜駙馬都尉著作佐郎哀公主薨復尚武帝第五女吳郡宣公主諸尚主者並因世冑不必皆有才能湛之謹實有意幹故爲文帝所知歷顯位爲太子中庶子司徒左長史侍中左衞將軍左戶尚書丹陽尹元凶弑逆以爲吏部尚書復出爲丹陽尹統石頭戍事孝武入伐劭自攻新亭壘使湛之率水師俱進湛之因攜二息彥回澄登輕舟南奔彥回始生一男爲劭所殺孝武卽位以爲尚書右僕射孝建元年爲中書令丹陽尹後拜尚書左僕射以南奔賜爵都鄉侯大明四年卒謚敬侯子彥回

彥回幼有清譽宋元嘉末魏軍逼瓜步百姓咸負擔而立時父湛之爲丹陽尹使其子弟並着芒屩於齋前習行或譏之湛之曰安不忘危也彥回時年十餘甚有慙色湛之有一牛至所愛無故墮聽事前井湛之率左右躬自營救之郡中喧擾彥回下簾不視也又有門生盜其衣彥回遇見謂曰可密藏之勿使人見此門生慙而去不敢復還後貴乃歸罪待之如初尚宋文帝女南郡獻公主拜駙馬都尉除著作佐郎累遷祕書丞湛之卒彥回悉推財與弟澄唯取書數千卷湛之有兩厨寶物在彥回所生郭氏間嫡母吳縣主求之郭欲不與彥回曰但令彥回在何患無物猶不許彥回流涕固請乃從之襲爵都鄉侯歷位尚書吏部郎景和中山陰公主淫恣窺見彥回悅之以白帝帝召彥回西上閤宿十日公主夜就之備見逼迫彥回整身而立從夕至曉不爲移志公主謂曰君鬚髯如戟何無丈夫意彥回曰回雖不敏何敢首爲亂階宋明帝卽位累遷吏部尚書有人求官密袖中將一餅金因求請間出金示之曰人無知者彥回曰卿自應得官無假此物若必見與不得不相啓此人大懼收金而去彥回敍其事而不言其名時人莫之知也帝之在藩與彥回以風素相善至是深相委仗陳事皆見從改封雩都伯歷侍中領尚書右衞將軍彥回美儀貌善容止俯仰進退咸有風則每朝會百僚遠國使莫不延首目送之明帝嘗嘆曰褚彥回能遲行緩步便得宰相矣時人以方何平叔嘗聚袁粲舍初秋涼夕風月甚美彥回援琴奏別鵠之曲宮商既調風神諧暢王彧謝莊並在粲坐撫節而歎曰以無累之神合有道之器宮商暫離不可得已時傖人常珍奇與薛安都爲逆降叛非一後又求降明帝加以重位彥回謂全其首領於事已弘不足大加寵異帝不從珍奇尋又叛彥回後爲吳郡太守帝寢疾危殆馳使召之欲託後事及至召入帝坐帳中流涕曰吾近危篤故召卿欲使著黃羅襦指牀頭大函曰文書皆函內寘此函不得復開彥回亦悲不自勝黃羅襦乳母服也帝雖小間猶懷身後慮建安王休仁人才令美物情宗向帝與彥回謀誅之彥回以爲不可帝怒曰卿癡不足與議事彥回懼而奉旨復爲吏部尚書衞尉卿尚書右僕射以母老疾晨昏須養辭衞尉不許明帝崩遺詔以爲中書令護軍將軍與尚書令袁粲受顧命輔幼主粲等雖同見託而意在彥回彥回同心理事務弘儉約百姓賴之既而王道隆阮佃夫用事姦賂公行彥回不能禁也遭所生喪毀頓不復可識朞年不盥櫛唯泣淚處乃見其本質焉詔斷哭禁弔客葬畢起爲中軍將軍本官如故元徽二年桂陽王休範反彥回與衞將軍袁粲入衞宮省鎮集衆心彥回初爲丹陽與從弟炤同載道逢齊高帝彥回舉手指高帝車謂炤曰此非常人也出爲吳興高帝餉物別彥回又語人曰此人才貌非常將來不可測也及顧命之際引高帝豫焉高帝既平桂陽遷中領軍南兗州高帝固讓與彥回及衞軍袁粲書陳情彥回粲荅書不從高帝乃受命其年加彥回尚書令侍中給班劍二十人固讓令三年進爵爲侯服闋改授中書監侍中護軍如故給鼓吹一部時淮北屬江南無復鰒魚或有間關得至者一枚直數千錢人有餉彥回鰒魚三十枚彥回時雖貴而貧薄過甚門生有獻計賣之云可得十萬錢彥回變色曰我謂此是食物非曰財貨且不知堪賣錢聊爾受之雖復儉乏寧可賣餉取錢也悉與親游噉之少日便盡明年嫡母吳郡公主薨毀瘠骨立葬畢詔攝職固辭又以朞祭禮及表解職並不許蒼梧暴虐稍甚齊高帝與彥回及袁粲言世事粲曰主上幼年微過易改伊霍之事非季世所行縱使功成亦終無全地彥回默然歸心高帝及廢蒼梧羣公集議袁粲劉彥節既不受任彥回曰非蕭公無以了此手取事授高帝高帝曰相與不肯我安得辭事乃定順帝立改號衞將軍開府儀同三司侍中如故甲仗五十人入殿及袁粲懷貳曰褚公眼睛多白所謂白虹貫日亡宋者終此人也他日粲謂彥回曰國家所倚唯公與劉丹陽及粲耳願各自勉無使竹帛所笑彥回曰願以鄙心寄公之腹則可矣然竟不能貞固及高帝輔政王儉議加黃鉞任遐曰此大事應報褚公帝曰褚脫不與卿將何計遐曰彥回保妻子愛性命非有奇才異節遐能制之果無違異及沈攸之事起高帝召彥回謀議彥回曰西夏釁難事必無成公當先備其內耳高帝密爲其備事平進中書監司空齊臺建彥回白高帝引何曾自魏司徒爲晉丞相求爲齊官高帝謙而不許建元元年進位司徒侍中中書監如故改封南康郡公彥回讓司徒乃與僕射王儉書欲依蔡謨事例儉以非所宜言勸彥回受命終不就尋加尚書令二年重申前命爲司徒又固讓魏軍動高帝欲

發王公以下無官者從軍彥回諫以爲無益實用空致擾動上乃止三年七月帝親嘗酎盛暑欲夜出彥回與左僕射王儉諫以爲自漢宣帝以來不夜入廟所以誡非常人君之重所宜克愼從之時朝廷機事彥回多與議謀每見從納禮遇甚重上大宴集酒後謂朝臣曰卿等並宋時公卿亦當不言我應得天子王儉等未及荅彥回斂板曰陛下不得言臣不早識龍顏上笑曰吾有愧文叔知公爲朱祐久矣彥回善彈琵琶齊武帝在東宮宴集賜以金鏤柄銀柱琵琶性和雅有器度不妄舉動宅嘗失火煙爓甚逼左右驚擾彥回神色怡然索輿徐去然世頗以名節譏之于時百姓語曰可憐石頭城寧爲袁粲死不作彥回生高帝崩遺詔以爲錄尚書事江左以來無單拜錄者有司疑立優策尚書令王儉議以爲見居本官別拜錄應有策書而舊事不載中朝以來三公王侯則優策並設官品第二策而不優優者褒美策者兼明委寄尚書職居天官政化之本故尚書令品雖第三拜必有策錄尚書品秩不見而總任彌重前代多與本官同拜故不別有策卽事緣情不容均之凡僚宜有策書用申隆寄旣異王侯不假優文從之尋增彥回班劒爲三十人五日一朝頃之寢疾彥回少時嘗篤病夢人以卜蓍一具與之遂差其一至是年四十八矣歲初便寢疾而太白熒惑相係犯上將彥回慮不起表遜位武帝不許乃改授司空驃騎將軍侍中錄尚書事如故薨年四十八家無餘財負責數十萬詔給東園祕器時司空掾屬以彥回未拜疑應爲吏敬以不王儉議依禮婦在塗聞夫家喪改服而入今掾屬雖未服勤而吏節稟於天朝宜申禮敬司徒府史又以彥回旣解職而未恭後授府應上服以不儉又議依中朝士孫德祖從樂陵遷爲陳留未入境樂陵郡吏依見君之禮陳留迎吏依娶女有吉日齊衰弔司徒府宜依居官制服又詔贈太宰侍中錄尚書公如故增班劒爲六十人葬送禮悉依宋太保王弘故事謚曰文簡先是庶姓三公轜車未有定格王儉議官品第一皆加幢絡自彥回始也又詔彥回妻宋故巴西主埏隧暫啓宜贈南康郡公夫人

長子賁字蔚先少耿介父背袁粲等附高帝賁深執不同終身愧恨之有棲退之志位侍中彥回薨服闋見武帝賁流涕不自勝上甚嘉之以爲侍中領步兵校尉左戶尚書常謝病在外上以此望之遂諷令辭爵讓與弟蓁仍居墓下及王儉薨乃騎水牛出弔以繫門外柱入哭盡哀而退家人不知也會疾篤其子霽載以歸疾小間知非故處大怒不肯復飲食內外閤悉釘塞之不與人相聞數日裁餘氣息謝瀹聞其弊往候之排閤不可開以杵搥破進見賁曰事之不可得者身也身之不可全者名也名與身俱滅者君也豈不全之哉賁曰吾少無人間心豈身名之可慕但願啓手歸全必在舊隴兒輩不才未達余趣移尸從殯失吾素心更以此爲恨耳永明七年卒

蓁字茂緒位義興太守八年改封巴東郡侯明年表讓封還賁子霽詔許之建武末蓁位太子詹事度支尚書領前軍將軍永元元年卒太常謚穆子蓁子向字景政年數歲父母相繼亡沒毀若成人親表異之及長淹雅有器量位長兼侍中向風儀端麗眉目如畫每公庭就列爲衆所瞻望焉仕梁卒於北中郎廬陵王長史子翔

翔字世舉起家祕書郎累遷宣城王主簿中大通五年梁武帝宴羣臣樂游苑別詔翔與王訓爲二十韻詩限三刻成翔於坐立奏帝異焉卽日補宣城王文學俄遷友時宣城友文學加正王二等翔超爲之時論美焉出爲義興太守在政潔己省繁苛去游費百姓安之郡西亭有古樹積年枯死翔至郡忽更生枝葉咸以爲善政所感以秩滿吏人詣闕請之敕許焉尋徵爲吏部郎去郡百姓無老少追送出境涕泣拜辭翔居小選公清不爲請屬易意號爲平允遷侍中太淸二年守吏部尚書丁母憂以毀卒翔少有孝行爲侍中時母病篤請沙門祈福中夜忽見戶外有異光又聞空中彈指及旦疾遂愈咸以爲精誠所致云

澄字彥道彥回弟也初湛之尚始安公主薨納側室郭氏生彥回後尚吳郡主生澄彥回事主孝謹主愛之湛之亡主表彥回爲嫡澄尚宋文帝女廬江公主拜駙馬都尉歷官清顯善醫術建元中爲吳郡太守百姓李道念以公事到郡澄見謂曰汝有重疾荅曰舊有冷疾至今五年衆醫不差澄爲診脈謂曰汝病非冷非熱當是食白瀹雞子過多所致令取蘇一升煮服之始一服乃吐得一物如升涎裏之動開看是雞雛羽翅爪距具足能行走澄曰此未盡更服所餘藥又吐得如向者雞十三頭而病都差當時稱妙豫章王感病高帝召澄爲療立愈尋遷左戶尚書彥回薨澄以錢一萬一千就招提寺贖高帝所賜彥回白貂坐褥壞作裘及纓又贖彥回介幘犀導及彥回常所乘黃牛永明元年爲御史中丞袁彖所奏免官禁錮見原遷侍中領右軍將軍以勤謹見知澄女爲東昏皇后永元元年卒追贈金紫光祿大夫

炤字彥宣彥回從父弟也父法顯鄱陽太守炤少有高節王儉嘗稱才堪保傅爲成安郡還以一目眇召爲國子博士不拜常非彥回身事二代彥回子賁往問訊炤炤問曰司空今日何在賁曰奉璽紱在齊大司馬門炤正色曰不知汝家司空將一家物與一家亦復何謂彥回拜司徒賓客滿坐炤歎曰彥回少立名行何意披猖至此門戶不幸乃復有今日之拜使彥回作中書郎而死不當是一名士邪名德不昌遂有期頤之壽彥回性好戲以軺車給之炤大怒曰著此辱門戶那可令人見索火燒之馭人奔車乃免炤弟炫

炫字彥緒少清簡爲從舅王景文所知從兄彥回謂人曰從弟廉勝獨立乃十倍於我爲正員郎從宋明帝射雉帝至日中無所得甚猜羞召問侍臣曰吾旦來如皐遂空行可笑坐者莫荅炫獨曰今節候雖適而雲霧尚凝故斯翬之禽驕心未警但得神駕猶豫羣情便可載驩帝意解乃於雉場置酒還中書侍郎司徒右長史昇明初炫以清尚與彭城劉俁陳郡謝朏濟陽江斆入殿侍文義號爲四友齊臺建爲侍中領步兵校尉以家貧建元初出補東陽太守前後三爲侍中與從兄彥回操行不同故彥回之世不至大官永明元年爲吏部尚書炫居身清立非弔問不雜交游論者以爲美及在選部門庭蕭索賓客罕至出行左右常捧一黃紙帽箱風吹紙剝殆盡罷江夏郡還得錢十七萬於石頭幷分與親族病無以市藥以冠劒爲質表自陳解改授散騎常侍領安成王師國學建以本官領博士未拜卒無以殯斂時年四十一贈太常謚貞子子澐

澐字士洋仕梁爲曲阿令歷晉安王中錄事正員郎烏程令兄游亡棄縣還爲太尉屬延陵令中書侍郎太子率更令御史中丞湘東王府諮議參軍卒澐之爲縣令清愼可紀好學解音律重賓客雅爲湘東王所親愛澐子蒙位太子舍人蒙子玠

玠字溫理九歲而孤爲叔父驃騎從事中郎隨所養早有令譽先達多以才器許之及長美風儀善占對博學能屬文訓義典實不尚淫靡陳天嘉中兼通直散騎常侍聘齊還遷中書侍郎太建中山陰縣多豪猾前後令皆以贓汚免宣帝謂中書舍人蔡景歷曰稽陰大邑久無良宰卿文士之內試思其人景歷進玠帝曰甚善卿言與朕意同乃除山陰令縣人張次的王休達等與諸猾吏賄賂通姦全丁大戶類多隱沒玠鏁次的等具狀啓臺宣帝手敕慰勞幷遣使助玠搜括所出軍人八百餘戶時舍人曹義達爲宣帝所寵縣人陳信家富諂事義達信父顯文恃勢橫暴玠乃遣使執顯文鞭之一百於是吏人股慄信後因義達譖玠竟坐免官玠在任歲餘守祿俸而已去官之日不堪自致因留縣境種蔬菜以自給或以玠非百里才玠曰吾委輸課最不後列城除殘去暴姦吏局蹐若謂其不能自潤脂膏則如來命以爲不達從政吾未服也時人以爲信然皇太子知玠無還裝手書賜粟米二百斛於是還都後累遷御史中丞玠剛毅有膽決善騎射嘗從司空侯安都於徐州出獵遇猛獸玠射之載發皆中口入腹俄而獸斃及爲御史中丞甚有直繩之稱卒於官皇太子親製誌銘以表惟舊至德二年贈祕書監所製章奏雜文二百餘篇皆切事理由是見重於世子亮位尚書殿中侍郎

論曰褚氏自至江左人焉不墜彥回以此世資時譽早集及於逢迎興運謗議沸騰旣以人望見推亦以人望而責也炤貞勁之性炫廉勝之風求之古人亦何以加此玠公平諒直文武兼資可謂世業無隕者矣

南史卷二十八考證

褚裕之傳與行參軍漏恭期合力大敗賊於柯亭○期監本訛欺今从閣本

褚彥回傳人君之重所宜克愼○宜一本作以

謂朝臣曰卿等並宋時公卿亦當不言我應得天子○當不一本作不當

南史卷二十九

唐　李延壽　撰

列傳第十九

蔡廓 子興宗　孫約　約弟撙　撙孫凝

蔡廓字子度濟陽考城人晉司徒謨之曾孫也祖系撫軍長史父綝司徒左西屬廓博涉羣書言行以禮起家著作佐郎後爲宋武帝太尉參軍中書黃門郎以方鯁閑素爲武帝所知載遷太尉從事中郎未拜遭母憂性至孝三年不櫛沐殆不勝喪宋臺建爲侍中建議以爲鞫獄不宜令子孫下辭明言父祖之罪虧教傷情莫此

爲大自今但令家人與囚相見無乞鞫之訴便足以明伏罪不須責家人下辭朝議從之世子左衞率謝靈運輒殺人御史中丞王准之坐不糾免官武帝以廓剛直補御史中丞多所糾奏百寮震肅時中書令傅亮任寄隆重學冠當時朝廷儀典皆取定於亮亮每事諮廓然後行亮意若有不同廓終不爲屈遷司徒左長史出爲豫章太守徵爲吏部尚書廓因北地傅隆問亮選事若悉以見付不論不然不能拜也亮以語錄尚書徐羨之羨之曰黃門郎以下悉以委蔡吾徒不復厝懷自此以上故宜共參同異廓曰我不能爲徐干木署紙尾遂不拜干木羨之小字也選案黃紙錄尚書與吏部尚書連名故廓言署紙尾也羨之亦以廓正直不欲使居權要從爲祠部尚書文帝入奉大統尚書令傅亮率百官奉迎廓亦俱行至尋陽遇疾不堪前亮將進路詣別廓謂曰營陽在吳宜厚加供奉一旦不幸卿諸人有殺主之名欲立於世將可得邪時亮已與羨之議害少帝乃馳信止之信至已不及羨之大怒曰與人共計云何裁轉背便賣惡於人及文帝即位謝晦將之荊州與廓別屏人問曰吾其免乎廓曰卿受先帝顧命任以社稷廢昏立明義無不可但殺人二昆而以之北面挾震主之威據上流之重以古推今自免爲難也廓年位並輕而時流所推重每至時歲皆束帶詣門奉兄軌如父家事大小皆諮而後行公祿賞賜一皆入軌有所資須悉就典者請焉從武帝在彭城妻郗氏書求夏服廓答書曰知須夏服計給事自應相供無容別寄時軌爲給事中元嘉二年廓卒武帝常云羊徽蔡廓可平世三公少子興宗

興宗字興宗幼爲父廓所重謂有己風與親故書曰小兒四歲神氣似可不入非類室不與小人游故以興宗爲之名以興宗爲之字年十歲喪父哀毀有異凡童廓罷豫章郡還起二宅先成東宅以與兄軌軌罷長沙郡還送錢五十萬以裨宅直興宗年十一白母曰一家由來豐儉必共今日宅直不宜受也母悅而從焉軌深有愧色謂其子淡曰我年六十行事不及十歲小兒尋又喪母少好學以業尚素立見稱爲中書侍郎中書令建平王宏侍中王僧綽並與之厚善元凶弑立僧綽被誅凶威方盛親故莫敢往興宗獨臨哭盡哀孝武踐阼累遷尚書吏部侍郎時尚書何偃疾患上謂興宗曰卿詳練清濁今以選事相付便可開門當之無所讓也後拜侍中每正言得失無所顧憚孝武新年拜陵興宗負璽陪乘及還上欲因以射雉興宗正色曰今致虔園陵情敬兼重從禽猶有餘日請待他辰上大怒遣令下車由是失旨竟陵王誕據廣陵爲逆事平孝武輿駕出宣陽門敕左右文武叫稱萬歲興宗時陪輦帝顧曰卿獨不叫興宗從容正色答曰陛下今日政應涕泣行誅豈得軍中皆稱萬歲帝不悅興宗奉旨慰勞廣陵州別駕范義與興宗素善在城內同誅興宗至躬自收殯致喪還豫章舊墓上聞謂曰卿何敢故爾觸網興宗抗言荅曰陛下自殺賊臣自葬周旋既犯嚴制政當甘於斧鉞耳帝有慙色又廬江內史周朗以正言得罪鏁付寧州親戚故人無敢瞻送興宗時在直請急詣朗別上知尤怒坐屬疾多日白衣領職後爲廷尉卿有解士先者告申坦昔與丞相義宣同謀時坦已死子令孫作山陽郡自繫廷尉興宗議曰若坦昔爲戎首身今尚存累經肆眚猶應蒙宥令孫天屬理相爲隱況人亡事遠追相誣訐斷以禮律義有合關見從出爲東陽太守後爲左戶尚書轉掌吏部時上方盛淫宴虐侮羣臣自江夏王義恭以下咸加穢辱唯興宗以方直見憚不被侵媟尚書僕射顏師伯謂儀曹郎王耽之曰蔡尚書常免昵戲去人實遠耽之曰蔡豫章昔在相府亦以方嚴不狎武帝宴私之日未嘗相召每至官賭常在勝明蔡尚書今日可謂能荷矣大明末前廢帝即位興宗告太宰江夏王義恭應須策文義恭曰建立儲副本爲今日復安用此興宗曰累朝故事莫不皆然近永初之末營陽王即位亦有文策今在尚書可檢視也不從時義恭錄尚書受遺輔政阿衡幼主而引身避事政歸近習越騎校尉戴法興中書舍人巢尚之專制朝權威行近遠興宗職管九流銓衡所寄每至上朝輒與令錄以下陳欲登賢進士之意又箴規得失博論朝政義恭素性恇橈阿順法興恒慮失旨每聞興宗言輒戰懼無計先是大明世奢侈無度多所造立賦調煩嚴徵役過苦至是發詔悉皆削除由是紫極殿南北馳道之屬皆被毀壞自孝建以來至大明末凡諸制度無或存者興宗於都坐慨然謂顏師伯曰先帝雖非盛德要以道始終三年無改古典所貴今殯宮始撤山陵未遠而凡諸制度興造不論是非一皆刊削雖復禪代亦不至爾天下有識當以此窺人師伯不能用興宗每奏選事法興尚之等輒點定回換僅有存者興宗於朝堂謂義恭及師伯曰主上諒闇不親萬機選舉密事多被刪改非復公筆迹不知是何天子意王景文謝莊等遷授失序興宗又欲改爲美選時薛安都爲散騎常侍征虜將軍太子率殷恒爲中庶子興宗先選安都爲左衞將軍常侍如故殷恒爲黃門領校太宰嫌安都爲多欲單爲左衞興宗曰率衞相去幾何之間且已失征虜非乃超越復奪常侍則頓爲降貶若謂安都晚過微人本宜裁抑今名器不輕宜有選序謹依選體非私安都義恭曰若宮官宜加越授者殷恒便應侍中那得爲黃門而已興宗又曰中庶侍中相去實遠且安都作率十年殷恒中庶百日今又領校不爲少也使選令史顏禕之薛慶先等往復論執義恭然後署案既而中旨以安都爲右衞加給事中由是大忤義恭及法興等出興宗爲吳郡太守固辭又轉南東海太守又不拜苦求益州義恭於是大怒上表言興宗之失詔付外詳議義恭因使尚書令柳元景奏興宗及尚書袁愍孫私相許與自相選署亂羣害政混穢大猷於是除興宗新昌太守郡屬交州朝廷喧然莫不嗟駭先是興宗納何后寺尼智妃爲妾姿貌甚美迎車已去而師伯密遣人誘之潛往載取興宗迎人不得及興宗被徙論者並言由師伯師伯甚病之法興等既不欲以徙大臣爲名師伯又欲止息物議由此停行頃之法興見殺尚之被繫義恭師伯並誅復起興宗爲臨海王子頊前軍長史南郡太守行荊州事不行時前廢帝凶暴興宗外甥袁顗爲雍州刺史固勸興宗行曰朝廷形勢人情所見在內大臣朝夕難保舅今出居陝西爲八州行事顗在襄沔地勝兵強去江陵咫尺水陸通便若一朝有事可共立桓文之功豈與受制凶狂禍難不測同年而語乎興宗曰吾素門平進與主上甚疏未容有患宮省內外既人不自保比者會應有變若內難得弭外釁未必可量汝欲在外求全我欲居內免禍各行所見不亦善乎時士庶危懼衣冠咸欲遠徙後皆流離外難百不一存重除吏部尚書太尉沈慶之深慮危禍閉門不通賓客嘗遣左右范羨詣興宗屬事興宗謂羨曰公閉門絕客以避悠悠之請謁耳身非有求何爲見拒羨復命慶之使要興宗興宗因說之曰主上比者所行人倫道盡今所忌憚唯在於公公威名素著天下所服今舉朝惶惶人懷危怖指撝之日誰不景從如其不斷旦暮禍及僕昔佐貴府蒙眷異常故敢盡言願思其計慶之曰僕比日前慮不復自保但盡忠奉國始終以之正當委天任命耳加老罷私門兵力頓闕雖有其意事亦無從興宗曰當今懷謀思奮者非復要富貴期功賞各欲救死朝夕耳殿內將帥正聽外間消息若一人唱首則俯仰可定況公威風先著統戎累朝諸舊部曲布在宮省誰敢不從僕在尚書中自當唱率百寮案前世故事更簡賢明以奉社稷又朝廷諸所行造人間皆言公悉豫之今若沉疑不決當有先公起事者公亦不免附惡之禍也且車駕屢幸貴第酣醉彌留又聞斥屏左右獨入閤內此萬世一時機不可失僕荷眷深重故吐去梯之言公宜詳其禍福慶之曰此事大非僕所能行事至政當抱忠以沒耳頃之慶之果以見忌致禍時領軍將軍王玄謨大將有威名邑里訛言玄謨當建大事或言已見誅玄謨典籤包法榮家在東陽興宗故郡人也爲玄謨所信使至興宗間興宗謂曰領軍比日殊當憂懼法榮曰頃者殆不復食夜亦不眠恒言收已在門不保俄頃興宗因法榮勸玄謨舉事玄謨又使法榮報曰此亦未易可行其當不泄君語右衞將軍劉道隆爲帝所寵信專統禁兵乘輿當夜幸著作佐郎江斅宅興宗乘馬車從道隆從車後過興宗謂曰劉公比日思一閑道隆深達此音掐興宗手曰蔡公勿言時帝每因朝宴捶毆羣臣自驃騎大將軍建安王休仁以下侍中袁愍孫等咸見陵曳唯興宗得免頃之明帝定大事玄謨責所親故吏郭季產女壻韋希眞等曰當艱難時周旋輩無一言相和發者季產曰蔡尚書令包法榮所道非不會機但大事難行耳季產言亦何益玄謨有慙色當明帝起事之夜廢帝橫屍太醫閤口興宗謂尚書左僕射王景文曰此雖凶悖是天下之主宜使喪禮粗足若直如此四海必將乘人時諸方並舉兵反朝廷所保丹陽淮南數郡其間諸縣或已應賊東兵已至永世宮省危懼上集羣臣以謀成敗興宗曰宜鎭之以靜以至信待人比者逆徒親戚布在宮省若繩之以法則土崩立至宜明罪不相及之義上從之遷尚書右僕射尋領衞尉明帝謂興宗曰頃日人情言何事當濟不興宗曰今米甚豐賤而人情更安以此算之清蕩可必但臣之所憂更在事後猶羊公言既平之後方當勞聖慮耳尚書褚彥回以手板築興宗興宗言之不已上曰如卿言赭圻平函送袁顗首敕從登南掖門樓以觀之興宗潸然流涕上不悅事平封興宗始昌縣伯固讓而許之封樂安縣伯國秩吏力終以不受時殷琰據壽陽爲逆遣輔國將軍劉勔攻圍之四方既平琰嬰城固守上使中書爲詔譬琰興宗曰天下既平是琰思順之日陛下宜賜手詔數行今直使中書爲詔彼必疑非眞不從琰得詔謂劉勔詐造果不敢降久乃歸順先是徐州刺史薛安都據彭

城反後遣使歸欵泰始二年冬遣鎮軍將軍張永率軍迎之興宗曰安都遣使歸順此誠不虛今不過須單使一人咫尺書耳若以重兵迎之勢必疑懼或能招引北虜爲患不測時張永已行不見信安都聞大軍過淮果引魏軍永戰大敗遂失淮北四州其先見如此初永敗問至上在乾明殿先召司徒建安王休仁又召興宗謂休仁曰吾慙蔡僕射以敗書示興宗曰我愧卿三年出爲郢州刺史初吳興丘珍孫言論常侵興宗珍孫子景先人才甚美興宗與之周旋及景先爲鄱陽郡會晉安王子勛爲逆轉在竟陵爲吳喜所殺母老女幼流離夏口興宗至郢州親自臨哭致其喪柩家累皆得東還還會稽太守領兵置佐加都督會稽多諸豪右不遵王憲幸臣近習參半宮省封略山湖妨人害政興宗皆以法繩之又以王公妃主多立邸舍子息滋長督責無窮啟罷省之并陳原諸逋負解遣雜役並見從三吳舊有鄉射禮元嘉中羊玄保爲吳郡行之久不復修興宗行之禮儀甚整明帝崩興宗與尚書令袁粲右僕射褚彥回中領軍劉勔鎮軍將軍沈攸之同被顧命以興宗爲征西將軍開府儀同三司都督荊州刺史加班劒二十人被徵還都時右軍將軍王道隆任參國政權重一時躡履到興宗前不敢就席良久方去竟不呼坐元嘉初中書舍人秋當詣太子詹事王曇首不敢坐其後中書舍人弘興宗爲文帝所愛遇上謂曰卿欲作士人得就王球坐乃當判耳殷劉並雜無所益也若往詣球可稱旨就席及至球舉扇曰君不得爾弘還依事啓聞帝曰我便無如此何至是興宗復爾道隆等以興宗强正不欲使擁兵上流改爲中書監左光祿大夫開府儀同三司固辭不拜興宗行己恭恪光祿大夫北地傅隆與父廓善興宗常修父友之敬又太原孫敬玉常通興宗侍兒被禽反接興宗命與杖敬玉了無怍容興宗奇其言對命釋縛試以伎能高其筆札因以侍兒賜之爲立室宇位至尚書右丞其遏惡揚善若此敬玉子廉仕梁以清能位至御史中丞興宗家行尤謹奉歸宗姑事寡嫂養孤兄子有聞於世太子左率王錫妻范聰明婦人也有才學書讓錫弟僧達曰昔謝太傅奉寡嫂王夫人如慈母今蔡興宗亦有恭和之稱其爲世所重如此妻劉氏早卒一女甚幼外甥袁顗始生子彖而妻劉氏亦亡興宗姊即顗母也一孫一姪躬自撫養年齒相比欲爲婚姻每見興宗輒言此意大明初詔興宗女與南平王敬猷婚興宗以姊生平之懷屢經陳啓帝答曰卿諸人欲各行己意則國家何由得婚且姊言豈是不可違之處邪舊意既乖彖亦他娶其後彖家好不終顗又禍敗彖亦淪廢當時孤微理盡敬猷遇害興宗女無子孀居名門高胄多欲結姻明帝亦敕適謝氏興宗並不許以女適彖泰豫元年卒年五十八遺命薄葬奉還封爵追贈後授子順固辭不受又奉表疏十餘上詔特申其請以旌克讓之風初興宗爲郢州府參軍彭城顔敬以式卜曰亥年當作公官有大字者不可受也及有開府之授而太歲在亥果薨於光祿大夫云文集傳於世子順字景玄方雅有父風位大尉從事中郎昇明末卒弟約

約字景撝少尚宋孝武女安吉公主拜駙馬都尉仕齊累遷太子中庶子領屯騎校尉永明八年八月合朔約既武冠解劒於省眠至下鼓不起爲有司所奏贖論出爲宜都王冠軍長史淮南太守行府州事武帝謂曰今用卿爲近蕃上佐想副我所期約曰南豫密邇京師不化自理臣亦何人爝火不息時諸王行事多相裁割約居右任主佐之間穆如也遷司徒左長史齊明帝爲錄尚書輔政百僚脫屐到席約躡屐不改帝謂江祏曰蔡氏是禮度之門故自可悅祏曰大將軍有揖客復見於今約好飲酒夷淡不與世雜永元二年卒於太子詹事年四十四贈太常弟撙

撙字景節少方雅退默與第四兄寅俱知名仕齊位給事黃門侍郎丁母憂廬于墓側齊末多難服闋因居墓所除太子中庶子太尉長史並不就梁臺建爲侍中遷臨海太守公事左遷太子中庶子復爲侍中吳興太守初撙在臨海百姓楊元孫以婢采蘭貼與同里黃權約生子酬乳哺直權死後元孫就權妻吳贖婢母子五人吳背約不還元孫訴撙判還本主吳能爲巫出入撙內以金釧賂撙妾遂改判與吳元孫撾登聞鼓訟之爲有司劾時撙已去郡雖不坐而常以爲恥口不言錢及在吳興不飲郡井齋前自種白莧紫茄以爲常餌詔褒其清加信武將軍時帝將爲昭明太子納妃意在謝氏袁昂曰當今貞素簡勝唯有蔡撙乃遣吏部尚書徐勉詣之停車三通不報勉笑曰當須我召也遂投刺乃入天監九年宣城郡吏吳承伯挾祅道聚衆攻宣城殺太守朱僧勇轉寇吳興吏人並請避之撙堅守不動命衆出戰摧破斬承伯餘黨悉平累遷吏部尚書在選弘簡有名稱又爲侍中領祕書監武帝嘗謂曰卿門舊尚有堪事者多少撙曰臣門客沈約范岫各已被升擢此外無人約時爲太子少傅岫爲右衛將軍撙風骨梗正氣調英嶷當朝無所屈讓嘗奏用瑯邪王筠爲殿中郎武帝嫌不取參掌通署乃推白牒於香橙地下曰卿殊不了事撙正色俯身拾牒起曰臣謂舉爾所知許允已有前事既是所知而用無煩參軍署名臣撙少而仕宦未嘗有不了事之目因捧牒直出便命駕而去仍欲抗表自解帝尋悔取事爲畫帝嘗設大臣餅撙在坐帝頻呼姓名撙竟不荅食餅如故帝覺其負氣乃改喚蔡尚書撙始放筯執笏曰爾帝曰卿向何聾今何聰對曰臣預爲右戚且職在納言陛下不應以名垂喚帝有慙色性甚凝厲善自居適女爲昭明太子妃自詹事以下咸來造謁往往稱疾相聞閒遣之及其引進但暄寒而已此外無復餘言後爲中書令卒於吳郡太守謚曰康子司空袁昂嘗謂諸賓曰自蔡侯卒不復更見此人其爲名輩所知如此子彥深宣城內史彥深弟彥高給事黃門侍郎彥高子凝

凝字子居美容止及長博涉經傳有文詞尤工草隸陳太建元年累遷太子中舍人以名公子選尚信義公主拜駙馬都尉中書侍郎遷晉陵太守及將之郡更令左右修中書廨宇謂賓友曰庶來者無勞尋授吏部侍郎凝年位未高而才地爲時所重常端坐西齋自非素貴名流罕所交接趣時者多譏焉宣帝嘗謂凝曰我欲用義興主壻錢肅爲黃門侍郎卿意如何凝正色曰帝鄉舊戚恩由聖旨則無所復問若格以僉議黃散之職故須人門兼美帝默然而止肅聞而不平義興公主日譖之尋免官遷交阯頃之追還後主嗣位爲給事黃門侍郎後主嘗置酒歡甚將移宴弘範宮衆人咸從唯凝與袁憲不行後主曰何爲凝曰長樂尊嚴非酒後所過臣不敢奉詔衆人失色後主曰卿醉矣令引出他日後主謂吏部尚書蔡徵曰蔡凝負地矜才無所用也尋遷信威晉熙王府長史鬱鬱不得志乃喟然歎曰天道有廢興夫子云樂天知命斯理庶幾可達因著小室賦以見志陳亡入隋道病卒年四十七子君知頗知名

論曰蔡廓體業弘正風格峻舉興宗出內所踐不隕家聲位在具臣而情懷伊霍仁者有勇驗在斯乎然自廓及凝年移四代高風素氣無乏於時其所以取貴不徒然矣至於矜倨之失蓋其風俗所通格以正道故亦名教之深尤也

南史卷二十九考證

蔡興宗傳蔡尚書今日可謂能荷矣○宋書荷字上有負字

使選令史顔禕之薛慶先等往復論執○一本無史字誤

蔡凝傳若格以僉議黃散之職故須人門兼美○僉一本作檢

南史卷三十

唐　李延壽　撰

列傳第二十

何尚之 子偃 孫戢 偃弟子求 求弟點 點弟胤 胤從弟炯 尚之弟子昌寓 昌寓子敬容

何尚之字彥德廬江灊人也曾祖準高尚不應徵辟祖恢南康太守父叔度恭謹有行業姨適沛郡劉璩與叔度母情愛甚篤叔度母早卒奉姨若所生姨亡朔望必往致哀并設祭奠食並珍新躬自臨視若朔望應有公事則先遣送祭皆手自料簡流涕對之公事畢即往致哀以此爲常三年服竟義熙五年吳興武康縣人王延祖爲劫父睦以告官新制凡劫身斬刑家人棄市睦既自告於法有疑時叔度爲尚書議曰設法止姦必本於情理非謂一人爲劫闔門應刑所以罪及同產欲開其相告以出造惡之身睦父子之至容可悉共逃亡而割其天屬還相縛送解腕求存於情可愍並合從原從之後爲金紫光祿大夫吳郡太守太保王弘每稱其清身潔已尚之少頗輕薄好摴蒱及長折節蹈道以操立見稱爲陳郡謝混所知與之游處家貧初爲臨津令宋武帝領征西將軍補主簿從征長安以公事免還都因患勞病積年飲婦人乳乃得差以從征之勞賜爵都鄉侯少帝即位爲廬陵王義眞車騎諮議參軍義眞與司徒徐羨之尚書令傅亮等不協每有不平之言尚之諫戒不納義眞被廢入爲中書侍郎遷吏部郎告休定省傾朝送別於冶渚及至郡叔度謂曰聞汝來此傾朝相送可有幾客答曰殆數百人叔度笑曰此是送吏部郎耳非關何彥德也昔殷浩亦嘗作豫章定省送別者甚衆及廢徙東陽船泊征虜亭積日乃至親舊無復相窺者後拜左衛將軍領太子中庶子尚之雅好文義從容賞會甚爲文帝所知元嘉十三年彭城王義康欲以司徒

長史劉斌爲丹陽尹上不許乃以尚之爲之立宅南郭外立學聚生徒東海徐秀廬江何曇黃頳川荀子華太原孫宗昌王延秀魯郡孔惠宣並慕道來游謂之南學王球常云尚之西河之風不墜尚之亦云球正始之風尚在尚之女適劉湛子黯而湛與尚之意好不篤湛欲領丹陽乃徙尚之爲祠部尚書領國子祭酒尚之甚不平湛誅遷吏部尚書時左衞將軍范曄任參機密尚之察其意趣異常白文帝宜出爲廣州若在內釁成不得不加以鈇鉞屢誅大臣有虧皇化上曰始誅劉湛等方欲引升後進曄事跡未彰便豫相黜斥萬姓將謂卿等不能容才以我爲信受讒說但使共知如此不憂致大也曄後謀反伏誅上嘉其先見二十三年爲尚書左僕射是歲造玄武湖上欲於湖中立方丈蓬萊瀛洲三神山尚之固諫乃止時又造華林園並盛暑役人尚之又諫上不許曰小人常日曝背此不足爲勞時上行幸還多侵夜尚之又表諫上優詔納之先是患貨少鑄四銖錢人間頗盜鑄多翦鑿古錢以取銅上患之二十四年錄尚書江夏王義恭議以一大錢當兩以防翦鑿議者多同尚之議曰凡創制改法宜順人情未有違衆矯物而可久也泉布廢興驟議前代赤仄白金俄而罷息六貨憒亂人泣於市良由事不晝一難用遵行自非急病權時宜守長世之業若今制遂行富人之貲自倍貧者彌增其困懼非所以欲均之意中領軍沈演之以爲若以大當兩則國傳難朽之寶家贏一倍之利不俟加憲巧源自絕上從演之議遂以一錢當兩行之經時公私非便乃罷二十八年爲尚書令太子詹事二十九年致仕於方山著退居賦以明所守而議者咸謂尚之不能固志文帝與江夏王義恭詔曰羊孟尚不得告謝尚之任遇有殊便當未宜申許尚之還攝職羊即羊玄保孟即孟覬尚之既任事上待之愈隆於是袁淑乃錄古來隱士有迹無名者爲眞隱傳以嗤爲時或遣軍北侵資給戎旅悉以委之元凶弒立進位司空尚書令時三方興義將佐家在都者劭悉欲誅之尚之誘說百端並得全免孝武即位復爲尚書令丞相南郡王義宣車騎將軍臧質反義宣司馬竺超質長史陸展兄弟並應從誅尚之上言於法爲重超從坐者由是得原時欲分荆州置郢州議其所居江夏王義恭蕭思話以爲宜在巴陵尚之議曰夏口在荆江之中正對沔口通接雍梁寔爲津要於事爲允上從其議荆揚二州戶口居江南之半江左以來揚州爲根本委荆州以閫外至是並分欲以削臣下之權而荆揚並因此虛耗尚之建言宜復合二州上不許大明二年以左光祿開府儀同三司侍中如故尚之在家常著鹿皮帽及拜開府天子臨軒百僚陪位沈慶之於殿庭戲之曰今日何不著鹿皮冠慶之累辭爵命朝廷敦勸甚苦尚之謂曰主上虛懷側席詎宜固辭慶之曰沈公不效何公去而復還也尚之有愧色尚之愛尚文義老而不休與太常顏延之少相好狎二人並短小尚之常謂延之爲猨延之目尚之爲猴同游太子西池延之問路人云吾二人誰似猴路人指尚之爲似延之喜笑路人曰彼似猴耳君乃眞猴有人常求爲吏部郎尚之歎曰此敗風俗也官當圖人人安得圖官延之大笑曰我聞古者官人以才今官人以勢彼勢之所求子何疑焉所與延之論議往反並傳於世尚之立身簡約車服率素妻亡不娶又無姬妾執衡當朝畏遠權柄親故一無薦舉既以此致怨亦以此見稱復以本官領中書令薨年七十九贈司空謚曰簡穆公子偃

偃字仲弘元嘉中位太子中庶子元凶弒立以偃爲侍中掌詔誥時尚之爲司空尚書令偃居門下父子並處權要時爲寒心而尚之及偃善攝機宜曲得時譽會孝武即位任遇無改歷位侍中領太子中庶子時求讜言偃以爲宜重農郵本并官省事考課以知能否增奉以除吏姦責成良守久於其職都督刺史宜別其任改領驍騎將軍親遇隆密有加舊臣轉吏部尚書尚之去選未五載偃復襲其迹世以爲榮侍中顏竣至是始貴與偃俱在門下以文義賞會相得甚歡竣既任遇隆密謂宜居重大而位次與偃等未殊意稍不悅及偃代竣領選竣逾憤懣與偃遂隙竣時權傾朝野偃不自安遂發悸病意慮乖僻上表解職告靈不仕孝武遇偃既深備加醫療乃得差偃素好談玄注莊子逍遙篇傳於時卒官孝武與顏竣詔甚傷惜之謚曰靖子戢

戢字惠景選尚宋孝武長女山陰公主拜駙馬都尉累遷中書郎景和世山陰主就帝求吏部郎褚彥回侍已彥回雖拘逼終不肯從與戢同居止月餘日由是特申情好元徽初彥回參朝政引戢爲侍中時年二十九戢以年未三十苦辭內侍改授司徒左長史齊高帝爲領軍與戢來往數申歡宴高帝好水引餅戢每設上焉久之復爲侍中累遷高帝相國左長史建元元年遷散騎常侍太子詹事尋改侍中詹事如故上欲轉戢領選問尚書令褚彥回以戢資重欲加散騎常侍彥回曰宋時王球從侍中中書令單作吏部尚書資與戢相似頃選職方昔小輕不容頓加常侍聖旨每以蟬冕不宜過多臣與王儉既已左珥若復加戢則八座便有三蟬若帖以驍游亦不爲少迺以戢爲吏部尚書加驍騎將軍戢美容儀動止與褚彥回相慕時人號爲小褚公家業富盛性又華侈衣被服飾極爲奢麗出爲吳興太守上頗好畫扇宋孝武賜戢蟬雀扇善畫者顧景秀所畫時吳郡陸探微顧彥先皆能畫歎其巧絕戢因王晏獻之上令晏厚酬其意卒年三十六謚懿子女爲鬱林王后父追贈侍中右光祿大夫

求字子有偃弟子也父鑠仕宋位宜都太守求元嘉末爲文帝挽郎歷位太子洗馬丹陽郡丞清退無嗜慾後爲太子中舍人泰始中妻亡還吳葬舊墓除中書郎不拜仍住吳隱居波若寺足不踰戶人莫見其面宋明帝崩出奔國哀除永嘉太守求時寄住南澗寺不肯詣臺乞於野外拜受見許一夜忽乘小船逃歸吳隱武丘山齊永明四年拜太中大夫不就卒初求父鑠素有風疾無故害求母王氏坐法死求兄弟以此無宦情求弟點

點字子晳年十一居父母憂幾至滅性及長感家禍欲絕昏宦尚之強爲娶琅邪王氏禮畢將親迎點累涕泣求執本志遂得罷點明目秀眉容貌方雅眞素通美不以門戶自矜博通羣書善談論家本素族親姻多貴仕點雖不入城府性率到好狎人物遨游人間不簪不帶以人地並高無所與屈大言踑踞公卿敬下或乘柴車躡草屩恣心所適致醉而歸故世論以點爲孝隱士弟𦙍爲小隱士大夫多慕從之時人稱重其通號曰游俠處士兄求亦隱吳郡武丘山求卒點菜食不飲酒訖于三年腰帶減半宋太始末徵爲太子洗馬齊初累徵中書侍郎太子中庶子並不就與陳郡謝瀹吳國張融會稽孔德璋爲莫逆友點門世信佛從弟遁以東籬門園居之德璋爲築室焉園有卞忠貞冢點植花於冢側每飲必舉酒酹之招攜勝侶及名德桑門清言賦詠優游自得初褚彥回王儉爲宰相點謂人曰我作齊書已竟贊云回既世族儉亦國華不賴舅氏遑恤國家王儉聞之欲候點知不可見乃止豫章王嶷命駕造點點從後門遁去司徒竟陵王子良聞之曰豫章王尚望塵不及吾當望岫息心後點在法輪寺子良就見之點角巾登席子良欣悅無已遺點嵇叔夜酒盃徐景山酒鎗點少時嘗患渴利積歲不愈後在吳中石佛寺建講於講所晝寢夢一道人形貌非常授丸一掬夢中服之自此而差時人以爲淳德所感性通脫好施遠近致遺一無所逆隨復散焉嘗行經朱雀門街有自車後盜點衣者見而不言旁人禽盜與之點乃以衣施盜盜不敢受點令告有司盜懼乃受之點雅有人倫鑒多所甄拔知吳興丘遲於幼童稱濟陽江淹於寒素悉如其言哀樂過人嘗行逢葬者歎曰此哭者之懷豈可思邪於是悲慟不能禁老又娶魯國孔嗣女嗣亦隱者點雖昏亦不與妻相見築別室以處之人莫諭其意吳國張融少時免官而爲詩有高言點荅詩曰昔聞東都日不在簡書前雖戲而融久病之及點後昏融始爲詩贈點曰惜哉何居士薄暮遘荒淫點亦病之永元中崔惠景圍城人間無薪點悉伐園樹以贍親黨惠景性好佛義先慕交點點不顧之至是乃逼召點點裂裳爲袴往赴其軍終日談說不及軍事其語默之迹如此惠景平後東昏大怒欲誅之王瑩爲之懼求計於蕭暢暢謂茹法珍曰點若不誘賊共講未必可量以此言之乃應得封東昏乃止梁武帝與點有舊及踐阼手詔論舊賜以鹿皮巾等并召之點以巾褐引入華林園帝贈詩酒恩禮如舊仍下詔徵爲侍中捋帝鬚曰乃欲臣老子辭疾不起復下詔詳加資給並出在所日費所須大官別給天監二年卒詔給第一品材具喪事所須內監經理點弟𦙍

𦙍字子季出繼叔父曠故更字𦙍叔年八歲居憂毀若成人及長輕薄不羈晚乃折節好學師事沛國劉瓛受易及禮記毛詩又入鍾山定林寺聽內典其業皆通而縱情誕節時人未之知也唯瓛與汝南周顒深器異之仕齊爲建安太守政有恩信人不忍欺每伏臘放囚還家依期而反歷黃門侍郎太子中庶子尚書令王儉受詔撰新禮未就而卒又使特進張緒續成緒又卒屬在司徒竟陵王子良子良以讓𦙍乃置學士二十人佐𦙍撰錄後以國子祭酒與太子中庶子王瑩並爲侍中時𦙍單作祭酒疑所服陸澄博古多該亦不能據遂以玄服臨試竟後詳議乃用朱服祭酒朱服自此始也及鬱林嗣位𦙍爲后族甚見親待爲中書令領臨海巴陵王師𦙍雖貴顯常懷止足建武初已築室郊外恒與學徒游處其內至是遂賣園宅欲入東未及發聞謝朏罷吳興郡不還𦙍恐後之乃拜表解職不待報輒去明帝大怒使御史中丞袁昂奏收𦙍尋有詔許之𦙍以會稽山多靈異往游焉居若邪山雲門寺初𦙍二兄求點並棲遁求先卒至是𦙍又隱世號點爲大山𦙍爲小山亦曰東山兄弟發迹雖異克終皆隱世謂何氏三高永元中徵爲太常太子詹事並不就梁武帝霸朝建引爲軍謀

祭酒并與書詔不至及帝踐阼詔爲特進光祿大夫遣領軍司馬王杲之以手敕諭意并徵謝朏杲之先至胤所胤恐朏不出先示以可起乃單衣鹿皮巾執經卷下牀跪受詔出就席伏讀胤因謂杲之曰吾昔於齊朝欲陳三兩條事一者欲正郊丘二者欲更鑄九鼎三者欲樹雙闕世傳晉室欲立闕王丞相指牛頭山云此天闕也是則未明立闕之意闕者謂之象魏懸法於其上浹日而收之象者法也魏者當塗而高大貌也鼎者神器有國所先圜丘國郊舊典不同南郊祠五帝靈威仰之類圓丘祠天皇大帝北極大星是也往代合之郊丘先儒之巨失今梁德告始不宜遂因前謬卿宜陳之杲之曰僕之鄙劣豈敢輕議國典此當敬俟叔孫生耳及杲之從謝朏所還問胤以出期胤知朏已應召荅杲之曰吾年已五十七月食四斗米不盡何容復有宦情杲之失色不能荅胤反謂曰卿何不遣傳詔還朝拜表留與我同游邪杲之愕然曰古今不聞此例胤曰檀弓兩卷皆言物始自卿而始何必有例胤朏俱前代高士胤處名譽尤遇矣杲之還以胤意奏聞有敕給白衣尚書祿胤固辭又敕山陰庫錢月給五萬又不受乃敕何子朗孔壽等六人於東山受學太守衡陽王元簡深加禮敬月中常命駕式閭談論終日胤以若邪處勢迫隘不容學徒乃遷秦望山山有飛泉迺起學舍即林成援因巖爲堵別爲小閣室寢處其中躬自啓閉僮僕無得至者山側營田二頃講隙從生徒游之胤初遷將築室忽見二人著玄冠容貌甚偉問胤曰君欲居此邪乃指一處云此中殊吉忽不復見胤依言而卜焉尋而山發洪水樹石皆倒拔唯胤所居室巋然獨存元簡乃命記室參軍鍾嶸作瑞室頌刻石以旌之及元簡去郡入山與胤別胤送至都賜埭去郡三里因曰僕自棄人事交游路斷自非降貴山藪豈容復望城邑此埭之游於今絕矣執手涕零何氏過江自晉司空充並葬吳西山胤家世年皆不永唯祖尚之至七十二胤年登祖壽乃移還吳作別山詩一首言甚悽愴至吳居虎丘山西寺講經論學僧復隨之東境守宰經途者莫不畢至胤常禁殺有虞人逐鹿鹿徑來趨胤伏而不動又有異鳥如鶴紅色集講堂馴狎如家禽初開善寺藏法師與胤遇於秦望山後還都卒於鍾山死日胤在波若寺見一名僧授胤香奩并函書云貧道發自揚都呈何居士言訖失所在胤開函乃是大莊嚴論世中未有訪之香爐乃藏公所常用又於寺內立明珠柱柱乃七日七夜放光太守何遠以狀啓昭明太子太子欽其德遣舍人何思澄致手令以褒美之中大通三年卒年八十六先是胤疾妻江氏夢神告曰汝夫壽盡既有至德應獲延期爾當代之妻覺說焉俄得患而卒胤疾乃瘳至是胤夢見一神女并八十許人並衣祫行列在前俱拜牀下覺又見之便命營凶具既而疾困不復瘳初胤侈於味食必方丈後稍欲去其甚者猶食白魚䱇脯糖蟹以爲非見生物疑食蚶蠣使門人議之學生鍾岏曰䱇之就脯驟於屈申蟹之將糖躁擾彌甚仁人用意深懷如怛至於車螯蚶蠣眉目內闕慙渾沌之奇礦殼外緘非金人之慎不悴不榮曾草木之不若無馨無臭與瓦礫其何算故宜長充庖廚永爲口實竟陵王子良見岏議大怒汝南周顒與胤書勸令食菜曰變之大者莫過死生生之所重無逾性命性命之於彼極切滋味之在我可賒若云三世理誣則幸矣良快如使此道果然而受形未息一往一來生死常事則傷心之慘行亦自及丈人於血氣之類雖不身踐至於晨鳧夜鯉不能不取備屠門財貝之經盜手猶爲廉士所棄生性之一啓鸞刀寧復慈心所忍騶虞雖飢非自死之草不食聞其風者豈不使人多媿丈人得此有素聊復片言發起耳故胤末年遂絕血味胤注百法論十二門論各一卷註周易十卷毛詩總集六卷毛詩隱義十卷禮記隱義二十卷禮荅問五十五卷子撰亦不仕有高風

何炯字士光胤從弟也父撙太中大夫炯年十五從胤受業一期並通五經章句白皙美容貌從兄求點每曰叔寶神清杜乂膚清今觀此子復見衞杜在目從兄戢謂人曰此子非止吾門之寶亦爲一代偉人炯常慕恬退不樂進仕從叔昌寓謂曰求點皆已高蹈汝無宜復爾且君子出處亦各一途年十九解褐揚州主簿舉秀才累遷梁仁威南康王限內記室書侍御史以父疾陳解炯侍疾踰旬衣不解帶頭不櫛沐信宿之間形貌頓改及父卒號慟不絕聲藉地腰腳虛腫醫云須服猪蹄湯炯以有肉味不肯服親友請譬終於不回遂以毀卒先是謂家人曰王孫玄晏所尚不同長魚慶緒於事爲得必須儉而中禮無取苟異月朝十五日可置一甌麤粥如常日所進又傷兩兄並淡仕進故祿所不及恐而今而後温飽無資乃潸然下泣自外無所言

何昌寓字儼望尚之弟子也父佟之位侍中昌寓少而清靖獨立不羣所交者必當世清名是以風流籍甚仕宋爲尚書儀曹郎建平王景素征北南徐州府主簿以風素見重母老求祿出爲湘東太守還爲齊高帝驃騎功曹昌寓在郡景素被誅昌寓痛之至是啓高帝理其寃又與司空褚彥回書極言之高帝嘉其義歷位中書郎王儉衞軍長史儉謂昌寓曰後任朝事者非卿而誰臨海王昭秀爲荊州以昌寓爲西中郎長史南郡太守行荊州事明帝將踐阼先使裴叔業往密勑昌寓令以便宜從事昌寓拒之曰國家委身以六尺之孤付身以萬里之事臨海王未有失寧得從君單詔行事吾自有啓聞須反更議叔業曰若爾便是拒詔拒詔恐非佳事耳荅曰能見殺者君也能拒詔者僕也君不能見殺僕有沿流之計耳昌寓素有名德叔業不敢逼而退上聞而嘉之昭秀由此得還都昌寓後爲吏部尚書嘗有一客姓閔求官昌寓謂曰君是誰後荅曰子騫後昌寓團扇掩口而笑謂坐客曰遙遙華胄昌寓不雜交游通和汎愛歷郡皆以清白稱後卒於侍中領驍騎將軍贈太常謚曰簡子子敬容

敬容字國禮弱冠尚齊武帝女長城公主拜駙馬都尉梁天監中爲建安內史清公有美績吏人稱之累還守吏部尚書銓序明審號爲稱職出爲吳郡太守爲政勤恤人隱辯訟如神視事四年政爲天下第一吏人詣闕請樹碑詔許之復爲吏部尚書侍中領太子中庶子敬容身長八尺白皙美鬚眉性矜莊衣冠鮮麗武帝雖衣浣衣而左右衣必須潔嘗有侍臣衣帶卷摺帝怒曰卿衣帶如繩欲何所縛敬容希旨故益鮮明常以膠清刷鬚衣裳不整伏牀熨之或暑月背爲之焦每公庭就列容止出人爲尚書右僕射參掌選事遷左僕射丹陽尹並參掌大選如故敬容接對賓朋言詞若訥訓荅二宮則音韻調暢大同中朱雀門災武帝謂羣臣曰此門制狹我始欲改構遂遭天火相顧未荅敬容獨曰此所謂先天而天不違時以爲名對五年改爲尚書令參選事如故敬容久處臺閣詳悉晉魏以來舊事且聰明識達勤於簿領詰朝理事日旰不休職隆任重專預機密而拙於草隸淺於學術通苞苴餉餽無賄則略不交語自晉宋以來宰相皆文義自逸敬容獨勤庶務貪恡爲時所嗤鄙其署名敬字則大作苟小爲文容字大作父小爲口陸倕戲之曰公家苟既奇大父亦不小敬容遂不能荅又多漏禁中語故嘲誚日至嘗有客姓吉敬容問卿與邴吉遠近荅曰如明公之與蕭何時蕭琛子巡頗有輕薄才因制卦名離合等詩嘲之亦不屑也帝嘗夢具朝服入太廟拜伏悲感旦於延務殿說所夢敬容對曰臣聞孝悌之至通於神明陛下性與天通故應感斯夢上極然之便有拜陵之議後坐妾弟費惠明爲導倉丞夜盜官米爲禁司所執送領軍府時河東王譽爲領軍敬容以書解惠明譽前經屬事不行因此即封書以奏帝大怒付南司推劾御史中丞張綰奏敬容協私罔上合棄市詔特免職到溉謂朱异曰天時便覺開霽其見嫉如此初沙門釋寶誌嘗謂敬容曰君後必貴終是何敗耳及敬容爲宰相謂何姓當召其禍故抑沒宗族無仕進者至是竟爲河東所敗中大同元年三月武帝幸同泰寺講金字三惠經敬容啓預聽敕許之又起爲金紫光祿大夫未拜又加侍中敬容舊時賓客門生諠譁如昔冀其復用會稽謝郁致書戒之曰草萊之人聞諸道路君侯已得瞻望朝夕出入禁門醉尉將不敢呵灰然不無其漸甚休敢賀於前又將弔也昔流言裁至公旦東奔燕書始來子孟不入夫聖賢被虛過以自斥未有嬰時釁而求親者也且暴鰓之魚不念杯酌之水雲霄之翼豈顧籠樊之糧何者所託已盛也昔君侯納言加首鳴玉在腰回豐貂以步文昌聳高蟬而趨武帳可謂盛矣不以此時薦才拔士少報聖主之恩今卒如爰絲之說受責見過方復欲更窺朝廷歔望萬分竊不爲左右取也昔竇嬰楊惲亦得罪明時不能謝絕賓客猶交黨援卒無後福終益前禍僕之所弔實在於斯人人所以頗猶有躧君侯之門者未必皆感惠懷仁有灌夫任安之義乃戒翟公之大署冀君侯之復用也夫在思過之日而挾復用之意未可爲智者說矣夫君侯宜杜門念失無有所通築茅茨於鍾阜聊優游以卒歲見可憐之意著待終之情復仲尼能改之言惟子貢更也之譬少戢言於衆口微自救於竹帛所謂失之東隅收之桑榆如此令明主聞知尚有冀也僕東皐鄙人入穴幸無銜窶恥天下之士不爲執事道之故披肝膽示情素君侯豈能鑒焉太清元年遷太子詹事侍中如故二年侯景襲建鄴敬容自府移家臺內初景渦陽退敗未得審實傳者乃云其將暴顯反景身與衆並沒朝廷以爲憂敬容尋見東宮簡文謂曰淮北始更有信侯景定得身免敬容曰得景遂死深是朝廷之福簡文失色問其故對曰景翻覆叛臣終當亂國是年簡文頻於玄圃自講老莊二書學士吳孜時寄詹事府每日入聽敬容謂孜曰昔晉氏喪亂頗由祖尚虛玄胡賊遂覆中夏今東宮復襲此殆非人事其將爲戎乎俄而侯景難作其言有徵也三年卒于圍內何氏自晉司空充宋司空尚

之奉佛法並建立塔寺至敬容又捨宅東爲伽藍趨權者因助財造搆敬容並不拒故寺堂宇頗爲宏麗時輕薄者因呼爲衆造寺及敬容免職出宅止有常用器物及囊衣而已竟無餘財貨時亦以此稱之敬容特爲從兄胤所親愛胤在若邪山嘗疾篤有書云田疇館宇悉奉衆僧書經並歸從弟敬容其見知如此敬容唯有一子年始八歲在吳臨還與胤別胤問名敬容曰仍欲就兄求名胤即命紙筆名曰瑴曰書云兩玉曰瑴吾與弟二家共此一子所謂瑴也位祕書丞早卒

論曰尚之以雅道自居用致公輔行己之迹動不踰閑及乎洗闒取譏皮冠獲誚貞粹之地高人未之全許然父子一時並處權要雖經屯詖咸以功名自卒古之所謂巧宦此之謂乎點胤弟兄俱云遁逸求其蹈履則非曰山林察其持身則未捨名譽觀夫子皙之赴惠景子秀之矯敬冲以迹以心居然可測而高自標致一代歸宗以之入用未知所取斯殆盧勝之風江東所尚不然何以至於此也昌寓雅仗名節殆曰人望敬容材實幹蠱賄而敗業惜乎

南史卷三十考證

何尚之傳尚之立身簡約車服率素○簡監本作節今从宋書

何偃傳卻遇隆密有加舊臣○密監本訛宓今从閣本

何點傳性通脫好施○脫監本訛悅今改正

何胤傳通起學舍即林成援○援監本訛授今改正

並衣袷行列在前○袷監本訛恰今改从梁書

鉏之就臙縣於屆申○鉏監本訛鉅今从閣本

何昌寓傳景素被誅昌寓痛之○景監本訛尹今从上文建平王景素改正

高帝義之○高帝監本作彥回今从閣本

帝將踐阼先使裴叔業往密勅昌寓○往密勅昌寓一本作賚旨詔昌寓

寧得從君單詔行事吾自有啓聞須反更議○一本作寧得從軍單詔行事耶自有啓文須反更議

拒詔恐非佳事耳○一本作拒詔軍法從事耳

僕有沿流之計耳○僕一本作政

何敬容傳嘗有侍臣衣帶卷摺○帶監本訛冠今从閣本

南史卷三十一

唐　李　延　壽　撰

列傳第二十一

張裕 子永　岱　岱兄子緒　緒子完　充　永子瓌　瓌子率　率弟盾　瓌弟稷　稷子嵊　永從孫種

張裕字茂度吳郡吳人也名與宋武帝諱同故以字稱曾祖澄晉光祿大夫祖彭祖廣州刺史父敞侍御史度支尚書吳國內史茂度仕爲宋武帝太尉主簿揚州中從事累遷別駕武帝西伐劉毅北伐關洛皆居守留任州事出爲都督廣州刺史平越中郎將綏靜百越嶺外安之元嘉元年爲侍中都督益州刺史帝討荆州刺史謝晦詔益州遣軍襲江陵晦平西軍始至白帝茂度與晦素善議者疑其出軍遲留弟邵時爲湘州刺史起兵應大駕上以邵誠節故不加罪累遷太常以腳疾出爲義興太守上從容謂曰勿以西蜀介懷對曰臣不遭陛下之明墓木拱矣後爲都官尚書以疾就拜光祿大夫加金章紫綬茂度內足於財自絕人事經始本縣之華山爲居止優游野澤如此者七年十八年除會稽太守素有吏能職事甚理卒於官謚曰恭子子演位太子中舍人演四弟鏡永辯岱俱知名時謂之張氏五龍鏡少與光祿大夫顏延之鄰居顏談義飲酒喧呼不絕而鏡靜默無言聲後鏡與客談延之從籬邊聞之取胡牀坐聽辭義清玄延之心服謂客曰彼有人焉由是不復酣叫仕至新安太守演鏡兄弟中名最高餘並不及初裕曾祖澄當葬父郭璞爲占墓地曰葬某處年過百歲位至三司而子孫不蕃某處年幾減半位裁卿校而累世貴顯澄乃葬其劣處位光祿年六十四而亡其子孫遂昌云

永字景雲初爲郡主簿累遷尚書中兵郎先是尚書中條制繁雜元嘉十八年欲加脩撰徙永爲刪定郎掌其任二十二年除建康令所居皆有稱績又除廣陵王誕北中郎錄事參軍永涉獵書史能爲文章善隸書騎射雜藝觸類兼善又有巧思益爲文帝所知紙墨皆自營造上每得永表啓輒執玩咨嗟自歎供御者了不及也二十三年造華林園玄武湖並使永監統凡所制置皆受則於永永既有才能每盡心力文帝謂堪爲將二十九年以永爲揚威將軍冀州刺史加都督王玄謨申坦等諸將經略河南進攻碻磝累旬不拔爲魏軍所殺甚衆永即夜撤圍退軍不報告諸將衆軍驚擾爲魏所乘死敗塗地永及申坦並爲統府撫軍將軍蕭思話所收繫於歷城獄文帝以屢征無功諸將不可任詔責永等與思話又與江夏王義恭書曰早知諸將輩如此恨不以白刃驅之今者悔何所及三十年元凶弒立起永爲青州刺史及司空南譙王義宣起義又改永爲冀州刺史加都督永遣司馬崔勳之中兵參軍劉宣則二軍馳赴國難時蕭思話在彭城義宣慮二人不相諧緝與思話書勸與永坦懷又使永從兄長史張暢與永書勖之使遠慕廉藺在公之德近效平勃亡私之美事平召爲江夏王義恭大司馬從事中郎領中兵孝武孝建元年臧質反遣永輔武昌王渾鎮京口大明三年累遷廷尉上謂曰卿既與釋之同姓欲使天下復無冤人永曉音律太極殿前鐘聲嘶孝武嘗以問永永答鐘有銅滓乃扣鐘求其處鑿而去之聲遂清越明帝即位爲青冀二州刺史監四州諸軍事統諸將討徐州刺史薛安都累戰剋捷破薛索兒又遷鎮軍將軍尋爲南兗州刺史加都督時薛安都據彭城請降而誠心不款明帝遣永與沈攸之重兵迎之加督前鋒諸軍事進軍彭城安都招引魏兵既至永狼狽引軍還爲魏軍追大敗復遇寒雪士卒離散永腳指斷落僅以身免失其第四子三年徙會稽太守加都督將軍如故以北行失律固求自貶降號左將軍永痛悼所失之子有兼常哀服制雖除猶立靈坐飲食衣服待之如生每出行常別具名車好馬號曰侍從有軍事輒語左右報郎君知也以破薛索兒功封孝昌縣侯在會稽賓客有謝方童阮須何達之等竊其權贓貨盈積方童等坐下獄死永又降號冠軍將軍廢帝即位爲右光祿大夫侍中領安成王師出爲吳郡太守元徽二年爲征北將軍南兗州刺史加都督永少便驛馳志在宣力其爲將帥能與士卒同甘苦朝廷所給賜脯饌必棊坐齊割手自頒賜年雖已老志氣未衰優游閑任意甚不樂及有此授喜悅非常即日命駕還都未之鎮遇桂陽王休範作亂永率所領屯白下休範至新亭前鋒攻南掖門永遣人覘賊既反唱言臺城陷永衆潰棄軍還以舊臣不加罪止免官削爵以愧發病卒

岱字景山州辟從事累遷東遷令時殷沖爲吳興太守謂人曰張東遷親貧須養所以棲遲下邑然名器方顯終當大至後爲司徒左西曹掾母年八十籍注未滿岱便去官從實還養有司以岱違制將欲糾舉宋孝武曰觀過可以知仁不須案也累遷山陰令職事閑理巴陵王休若爲北徐州未親政事以岱爲冠軍諮議參軍領彭城太守行府州國事後臨海王爲征虜將軍廣州豫章王爲車騎揚州晉安王爲征虜南兗州岱歷爲三府諮議三王行事與典籤主帥共事事舉而情得或謂岱曰主王既幼執事多門而每能緝和公私云何致此岱曰古人言一心可以事百君我爲政端平待物以禮悔吝之事無由而及明闇短長更是才用多少耳入爲黃門郎新安王子鸞以盛寵爲南徐州割吳郡屬焉高選佐史孝武召岱謂曰卿美効夙著兼資宦已多今欲用卿爲子鸞別駕總刺史之任無謂小屈終當大申也帝崩累遷吏部郎泰始末爲吳興太守元徽中爲益州刺史加都督數年益土安其政累遷吏部尚書王儉爲吏部郎時專斷曹事岱每相違執及儉爲宰相以此頗不相善兄子瓌弟恕誅吳郡太守劉遐齊高帝欲以恕爲晉陵郡岱曰恕未閑從政美錦不宜濫裁高帝曰恕爲人我所悉其又與瓌同勲自應有賞岱曰若以家貧賜祿此所不論語功推事臣門之恥加散騎常侍建元元年中詔序朝臣欲以右僕射擬岱褚彥回謂得此過優若別有忠誠特宜升引者別是一理詔更量出爲吳郡太守高帝知岱歷任清直至郡未幾手敕曰大郡任重乃未欲回換但總戎務殷宜須望實今用卿爲護軍加給事中岱拜竟詔以家爲府武帝即位復爲吳興太守岱晚節在吳興更以寬恕著名遷南兗州刺史未拜卒岱初作遺命分張家財封置箱中家業張減隨復改易如此十數年謚曰貞子

緒字思曼岱兄子也父演宋太子中舍人緒少知名清簡寡欲從伯敷及叔父鏡從叔暢並貴異之鏡比之樂廣敷云是我輩人暢言於孝武帝用爲尚書倉部郎都令史諮詳郡縣米事緒蕭然直視不以經懷宋明帝每見緒輒歎其清淡轉太子中庶子本州大中正遷司徒左長史吏部尚書袁粲言於帝曰臣觀張緒有正始遺風宜爲宮職復轉中庶子後爲侍中遷吏部郎參掌大選元徽初東宮罷選曹擬舍人王儉爲格外記室緒以儉人地兼美宜轉祕書丞從之緒又遷侍中嘗私謂客曰一生不解作諾有以告袁粲褚彥回者由是出爲吳郡太守緒初不知也昇明二年自祠部尚書爲齊高帝太傅長史建元元年爲中書令緒善談玄深見敬異僕射王儉嘗云緒過江所未有北士可求之耳不知陳仲弓黃叔度能過之不駕幸莊嚴寺聽僧達道人講維摩坐遠不聞緒言上難移緒乃遷僧達以近之時帝欲用緒爲右僕射以問王儉儉曰緒少有清望誠美選也

南士由來少居此職褚彥回曰儉少年或未憶耳江左用陸玩顧和皆南人也儉曰晉氏衰政不可爲則先是緒諸子皆輕俠中子充少時又不護細行儉又以爲言乃止及立國學以緒爲太常卿領國子祭酒以王延之代緒爲中書令何點歎曰晉以子敬季琰爲此職今以王延之張緒爲之可謂清官後接之者實爲未易緒長於周易言精理奥見宗一時常云何平叔不解易中七事武帝卽位轉吏部尚書祭酒如故永明二年領南郡王師加給事中三年轉太子詹事師給事如故緒每朝見武帝目送之謂王儉曰緒以位尊我我以德貴緒遷散騎常侍金紫光祿大夫師如故給親信二十人復領中正長沙王晃屬選用吳郡聞人邕爲州議曹緒以資籍不當執不許晃遣書於緒固請之緒正色謂晃信曰此是身家州鄉殿下何得見逼乃止緒吐納風流聽者皆忘飢疲見者肅然如在宗廟雖終日與居莫能測焉劉悛之爲益州獻蜀柳數株枝條甚長狀若絲縷時舊宮芳林苑始成武帝以植於太昌靈和殿前常賞玩咨嗟曰此楊柳風流可愛似張緒當年時其見賞愛如此王儉爲尚書令丹陽尹時諸令史來問訊有一令史善俯仰進止可觀儉賞異之問曰經與誰共事答云十餘歲在張令門下儉目送之時尹丞殷存至在坐曰是康成門人也七年竟陵王子良領國子祭酒武帝敕王晏曰吾欲令司徒辭祭酒以授張緒物議以爲如何子良竟不拜以緒領國子祭酒緒口不言利有財輒散之清談端坐或竟日無食門生見緒飢爲之辦飧然未嘗求也死之日無宅以殯遺命凶事不設柳翣上以蘆葭轜車引柩靈上置盃水香火不設祭從弟融敬緒事之如親兄齎酒於緒靈前酌飲慟哭曰阿兄風流頓盡追贈散騎常侍特進光祿大夫諡簡子子完宋後廢帝時爲正員郎險行見寵坐廢錮完弟允永明中安西功曹淫通殺人伏法允兄充知名

充字延符少好逸遊緒嘗告歸至吳始入西郭逢充獵右臂鷹左牽狗遇緒船至便放紲脫韝拜於水次緒曰一身兩役無乃勞乎充跪曰充聞三十而立今充二十九矣請至來歲緒曰過而能改顏氏子有焉及明年便脩改多所該通尤明老易能清言與從叔稷俱有令譽歷尚書殿中郎武陵王友時尚書令王儉當朝用事齊武帝皆取決焉儉方聚親賓充殺巾葛帔至便求酒言論放逸一坐盡傾及聞武帝欲以緒爲尚書僕射儉執不可充以爲慍與儉書曰項日路長霖霞韜晦涼暑未平想無虧攝充幸以漁釣之閑鎌採之暇時復引軸以自娛逍遙乎前史從橫萬古動默之路多端紛綸百年升降之塗不一故金剛水柔性之別也圓行方止器之異也善御性者不違金水之質善爲器者不易方圓之用充生平少偶不以利欲干懷三十六年差得以棲貧自澹介然之志峭聳霜崖確乎之情峯橫海岸至如彰纓天閣既謝廊廟之華綴組雲臺終愧衣冠之秀寔由氣岸疎凝情塗狷隔獨師懷抱不見許於俗人孤秀神崖每遺回於在世長羣魚鳥畢景松阿雖復玉沒於訪珪之辰桂掩於搜芳之日汎濫於漁父之遊偃息於卜居之會如此而已充何識哉若夫驚巖罩日吐海逢天竦石崩尋分危落仞桂蘭綺靡叢雜於山幽松栢陰森相繚於澗側元卿於是乎不歸伯休亦以茲長往至於飛竿釣渚濯足滄洲獨浪煙霞高卧風月悠悠琴酒岫遠誰來灼灼文言空擬方寸不覺鬱然千里路隔江川每至西風何嘗不歎丈人歲路未强學優而仕道佐蒼生功横海望可謂德盛當時孤松獨秀者也而茂陵之彥望冠蓋而長懷渭川之甿佇簪裾而竦歎得無惜乎充崑西百姓岱表一人蠶而衣耕而食不能事王侯覓知己造時人騁游說容與於屠博之間其懽甚矣然舉世皆謂充爲狂充亦何能與諸君道之哉是以披聞見掃心胷述平生論語默所可通夢交魂推襟送抱者唯丈人而已關廷敻阻書罷莫因儻遇樵夫妄塵執事儉以爲脫略弗之重仍以書示緒緒杖之一百又爲御史中丞到撝所奏免官禁錮沈約見其書歎曰充始爲之敗終爲之成久之爲司徒諮議參軍與琅邪王思遠同郡陸惠曉等並爲司徒竟陵王賓客累遷義興太守爲政清淨吏人便之後爲侍中梁武帝兵至建鄴東昏逢殺百官集西鍾下召充充不至武帝霸府建以充爲大司馬諮議參軍天監初歷太常卿吏部尚書居選以平允稱再遷散騎常侍國子祭酒登堂講說皇太子以下皆至時王侯多在學執經以拜充朝服而立不敢當再遷尚書僕射頃之出爲吳郡太守下車恤貧老故舊莫不忻悅卒於吳郡諡曰穆子子最嗣

瓌字祖逸宋征北將軍南兗州刺史永之子也仕宋累遷桂陽內史不欲前兄瑋處祿自免不拜後爲司徒右長史通直散騎常侍驍騎將軍初瓌父永拒桂陽王休範於白下敗績阮佃夫等欲加罪齊高帝固申明之瓌由此感恩自結後遭父母喪還吳持服昇明元年劉彥節有異圖弟遐爲吳郡潛相影響高帝密遣殿中將軍卞白龍令瓌取遐諸張世有豪氣瓌宅中常有父時舊部曲數百遐召瓌委以軍事瓌僞受命與叔恕領兵十八人入郡斬之郡內莫敢動事捷高帝以告左軍張沖沖曰瓌以百口一擲出手得盧矣卽授吳郡太守錫以嘉名封義城縣侯從弟融聞之與瓌書曰吳郡何晚何須王反聞之嗟驚乃是阿兄郡人顧暠陸閑並少年未知名瓌並引爲綱紀後並立名世以爲知人齊建元元年改封平都侯還侍中與侍中沈文季俱在門下高帝常謂曰卿雖我臣我親卿不異賾嶷等文季每還直器物若遷瓌止朝服而已時集書每兼門下東省實多清貧有不識瓌者常呼爲散騎出爲吳興太守瓌以既有國秩不取郡奉高帝敕上庫別藏其奉以表其清武帝卽位爲寧蠻校尉雍州刺史加都督徵拜左戶尚書加右軍將軍還後安陸王緬臨雍州行部登蔓山有野老來乞緬問何不事產而行乞邪答曰張使君臨州理物百姓家得相保後人政嚴故至行乞緬由是深加嗟賞後拜太常自謂閑職輒歸家武帝曰卿輩未富貴謂人不與既富貴那復欲委去瓌曰陛下御臣等若養馬無事就閑廐有事復牽來帝猶怒遂以爲散騎常侍光祿大夫鬱林之廢朝臣到宮門參承明帝瓌託腳疾不至海陵立明帝疑外藩起兵以瓌鎭石頭督衆軍事瓌見朝廷多難遂恒卧疾建武末屢啓求還吳見許居室豪富伎妾盈房或有譏其衰暮畜伎瓌曰我少好音律老而方解平生嗜欲無復一存唯未能遣此耳明帝疾甚防疑大司馬王敬則授瓌平東將軍吳郡太守以爲之備及敬則反瓌遣兵迎拒於松江聞敬則軍鼓聲一時散走瓌棄郡逃人間事平乃還郡爲有司奏免官削爵永元初爲光祿大夫三年梁武帝起兵東昏假瓌節戍石頭尋棄城還宮梁天監元年拜給事中右光祿大夫以腳疾拜於家四年卒瓌有子十二人常云中應有好者子率知名

率字士簡性寬雅十二能屬文常日限爲詩一篇或數日不作則追補之稍進作賦頌至年十六向作二千餘首有虞訥者見而詆之率乃一旦焚毀更爲詩示焉託云沈約訥便句句嗟稱無字不善率曰此吾作也訥慙而退時陸少玄家有父澄書萬餘卷率與少玄善遂通書籍盡讀其書建武三年舉秀才除太子舍人與同郡陸倕陸厥幼相友狎嘗同載詣左衞將軍沈約遇任昉在焉約謂昉曰此二子後進才秀皆南金也卿可識之由此與昉友梁天監中爲司徒謝朏掾直文德待詔省敕使抄乙部書又使撰古婦人事使工書人琅邪王琛吳郡范懷約等寫給後宮率取假東歸論者謂爲傲世率懼乃爲待詔賦奏之甚見稱賞手敕答曰相如工而不敏枚皐速而不工卿可謂兼二子於金馬矣又侍宴賦詩武帝別賜率詩曰東南有才子故能服官政余雖慙古昔得人今爲盛率奏詩往反六首後引見於玉衡殿謂曰卿東南物望朕宿昔所聞卿言宰相是何人不從天下不由地出卿名家奇才若復以禮律爲意便是其人祕書丞天下清官東南望冑未有爲之者今以相處爲卿定名譽尋以爲祕書丞掌集書詔策四年禊飲華光殿其日河南國獻赤龍駒能拜伏善舞詔率與到溉周興嗣爲賦武帝以率及興嗣爲工其年父憂去職有父時妓數十人其善謳者有色貌邑子儀曹郎顧玩之求娉謳者不願遂出家爲尼嘗因齋會率宅玩之乃飛書言與率姦南司以事奏聞武帝惜其才寢其奏然猶致時論服闋久之不仕七年除中權建安王中記室參軍俄直壽光省脩丙丁部書抄累遷晉安王宣惠諮議參軍率在府十年恩禮甚篤後爲揚州別駕率雖歷居職務未嘗留心簿領及爲別駕奏事武帝覽牒問之並無對但答云事在牒中帝不悅後歷黃門侍郎出爲新安太守丁所生母憂卒率嗜酒不事於家務尤忘懷在新安遣家僮載米三千石還宅及至遂耗太半率問其故答曰雀鼠耗率笑而言曰壯哉雀鼠竟不研問自少屬文七畧及藝文志所載詩賦今無其文者並補作之所著文衡十五卷文集四十卷行於世子長公率弟盾

盾字士宣以謹重稱爲無錫令遇劫問劫何須劫以刀斫其頰眉目咄咄不易餘無所言於是生資皆盡不以介懷爲湘東王記室出監富陽令廓然獨處無所用心身死之日家無遺財唯有文集并書千餘卷酒米數甕而已

稷字公喬瓌弟也幼有孝性所生母劉無寵遘疾時稷年十一侍養衣不解帶每劇則累夜不寢及終毁瘠過人杖而後起見年輩幼童輒哽咽泣淚州里謂之淳孝長兄瑋善彈箏稷以劉氏先執此伎聞瑋爲清調便悲感頓絕遂終身不聽之性疎率朗悟有才畧起家著作佐郎不拜父永及嫡母丘相繼殂六年廬于墓側齊永明中爲豫章王嶷主簿與彭城劉繪俱見禮接未嘗被呼名每呼爲劉四張五以貧求爲剡令畧不視事多爲小山遊會山賊唐㝢之作亂稷率厲部人保全縣境所

生母劉先假葬瑯邪黃山建武中改申葬禮賻助委積於時雖不拒絕事畢隨以還之自幼及長數十年中常設劉氏神坐出告反面如事生焉歷給事中黃門侍郎新興永寧二郡太守郡犯私諱改永寧爲長寧永元末爲侍中宿衞宮城梁武師至兼衞尉江淹出奔稷兼衞尉卿副王瑩都督城內諸軍事時東昏淫虐北徐州刺史王珍國就稷謀乃使直閤張齊行弒于含德殿稷乃召右僕射王亮等列坐殿前西鍾下議遣國子博士范雲中書舍人裴長穆等使石頭城詣武帝以稷爲侍中左衞將軍遷大司馬左司馬梁朝建爲散騎常侍中書令及上即位封江安縣子位領軍將軍武帝常於樂壽殿內宴稷醉後言多怨辭形於色帝時亦酣謂曰卿兄殺郡守弟殺其君袖提帝首衣染天血如卿兄弟有何名稱稷曰臣乃無名稱至於陛下不得言無勳東昏暴虐義師亦來伐之豈在臣而已帝捋其鬚曰張公可畏人中丞陸杲彈稷云領軍張稷門無忠貞官必險達殺君害主業以爲常武帝留中竟不問累遷尚書左僕射帝將幸稷宅以盛暑留幸僕射省舊臨幸供具皆酬太官饌直帝以稷清貧手詔不受宋時武帝經造張永至稷三世並降萬乘論者榮之稷雖居朝右每慙口實乃名其子伊字懷尹霍字希光畯字農人同字不見見字不同以旌其志既懼且恨乃求出許之出爲青冀二州刺史不得志常閉閤讀佛經禁防寬弛僚吏頗致侵擾州人徐道角等夜襲州城乃害之有司奏削爵土稷性明烈善與人交歷官無畜聚奉祿皆頒之親故家無餘財爲吳興太守下車存問遺老引其子孫置之右職政稱寬恕初去郡就僕射徵道由吳鄉人候稷者滿水陸稷單裝徑還都下人莫之識其率素如此稷長女楚媛適會稽孔氏無子歸宗至逢稷見害女以身蔽刃先父卒稷與族兄充融卷俱知名時曰云充融卷稷爲四張卷字令遠少以和理著稱能清言位都官尚書天監初卒稷子嵊

嵊字四山稷初爲剡令至嵊亭生之因名嵊字四山少敦孝行年三十餘猶斑衣受稷杖動至數百收淚歡然方雅有志操能清言感家禍終身蔬食布衣手不執刀刃不聽音樂弟淮言氣不倫嵊垂泣訓誘起家祕書郎累遷鎭南湘東王長史尋陽太守王暇日玄言因爲之筮得節卦謂嵊曰卿後當東入爲郡恐不得終其天年嵊曰貴得其所耳時伏挺在坐曰君王可畏人也還爲太府卿吳興太守侯景圍建鄴遣弟伊率郡兵赴援城陷御史中丞沈浚違難東歸嵊往見之謂曰賊臣憑陵人臣効命之日今欲收集兵刃保據貴鄉雖復萬死誠亦無恨浚固勸嵊舉義時邵陵王綸東奔至錢唐聞之遣前舍人陸丘公板授嵊征東將軍嵊曰天子蒙塵今日何情復受榮號留板而已賊行臺劉神茂攻破義興遣使說嵊嵊斬其使仍遣軍破神茂侯景乃遣其中軍侯子鑒助神茂擊嵊嵊軍敗乃釋戎服坐於聽事賊臨以刃終不屈執以送景景將舍之嵊曰死爲幸乃殺之子弟遇害者十餘人景欲存其一子嵊曰吾一門已在鬼錄不就爾處求恩於是皆死賊平元帝追贈侍中中衞將軍開府儀同三司諡忠貞子嵊弟譽知名

種字士苗永從孫也祖辯宋大司農廣州刺史父略太子中庶子臨海太守種少恬靜居處雅正傍無造請時人語曰宋稱敷演梁則卷充清虛學尚種有其風仕梁爲中軍宣城王府主簿時已四十餘家貧求爲始豐令及武陵王紀爲益州刺史重選府僚以種爲左西曹掾種辭以母老爲有司奏坐黜免侯景之亂奉母東奔鄉里母卒種時年五十而毀瘠過甚又迫以凶荒未葬服雖畢居家飲食恒若在喪景平初司徒王僧辯以狀奏起爲中從事并爲具葬禮葬訖種方即吉僧辯又以種年老無子賜以妾及居處之具陳武帝受禪爲太常卿歷位左戶尚書侍中中書令金紫光祿大夫種沉深虛靜識量宏博時以爲宰相之器僕射徐陵嘗抗表讓位於種以爲宜居左執其爲時所推如此卒贈特進諡元子種仁恕寡欲雖歷顯位家產屢空終日晏然不以爲病太建初女爲始興王妃以居處僻陋特賜宅一區又累賜無錫嘉興縣秩嘗於無錫見重囚在獄天寒呼囚暴日遂失之帝大笑而不深責有集十四卷種弟稜亦清靜有識度位司徒左長史贈光祿大夫

論曰張裕有宋之初早參霸政出內所歷莫非清顯諸子並荷崇構克舉家聲其美譽所歸豈徒然也思曼立身簡素殆人望乎夫濯纓從事理存無二取信一主義終百心以永元之末人憂塗炭公喬重圍之內首創大謀而旋見猜嫌又況異於斯也然則士之行已可無深議四山赴蹈之方可謂矯其違矣

南史卷三十一考證

張岱傳隨復改易如此十數年○復監本訛後今改从齊書

張充傳充生平少偶不以利欲干懷三十六年差得以棲貧自澹○少字下一本有長字蓋以生平少長爲句而偶字連下與下差字對也

張嵊傳嵊曰死爲幸乃殺之○一本死字上有速字

張種傳其爲時所推如此○一本無時字譌

種弟稜亦清靜有識度○監本脫種弟二字今增正

史臣論取信一主義絕百心○絕監本訛終今从閣本

南史卷三十二

唐 李延壽 撰

列傳第二十二

張邵 子敷 孫沖 兄子暢 暢子融 融弟寶積 徐文伯 文伯從弟嗣伯

張邵字茂宗會稽太守裕之弟也初爲晉琅邪內史王誕龍驤府功曹桓玄徙誕於廣州親故皆離棄之唯邵情禮彌謹流涕追送時寇亂年饑邵又資饋其妻子桓玄篡位父敞先爲尚書以荅事微謬降爲廷尉卿及宋武帝討桓玄邵白敞表獻忠款帝大悅命署寺門曰有犯張廷尉家者軍法論事平以敞爲吳郡太守及王謐爲揚州召邵補主簿劉毅位居亞相好士愛才當世莫不輻湊唯邵不往親故怪而問之邵曰主公命世人傑何煩多問劉穆之言於帝帝益親之轉太尉參軍署長流賊曹盧循至蔡洲武帝至石頭使邵守南城時百姓水際望賊帝不解其意以問邵邵曰節鉞未反奔散之不暇亦何暇觀望今當無復恐耳帝以邵勤練憂公重補州主簿邵悉心政事精力絕人及誅劉藩邵時在西州直廬即夜誡衆曹曰大軍當大討可各各條倉庫及舟船人領至曉取辦旦日帝求諸簿最應時即至怪問其速諸曹荅曰宿受張主簿處分帝曰張邵可謂同人憂慮矣九年世子始開征虜府以邵補錄事參軍轉號中軍遷諮議參軍領記室十二年武帝北伐邵請見曰人生危脆宜有遠慮若劉穆之邂逅不幸誰可代之尊業如此若有不諱則處分云何帝曰此自委穆之與卿耳青州刺史檀祇鎭廣陵輒率衆至滁中掩討亡命劉穆之慮其爲變議欲遣軍邵曰檀部據中流道濟爲軍首若有相疑之跡則大府立危不如逆遣慰勞必無患也祇果不動及穆之暴卒朝廷恇懼便發詔以司馬徐羨之代邵獨曰今誠急病任終在徐然世子無專行之義宜須諮信反方使世子出命曰朝廷及大府事悉諮徐司馬其餘啓還武帝善其臨事不撓得大臣節十四年世子改授荊州邵諫曰儲貳之重四海所繫不宜外出敢以死請世子竟不行文帝爲中郎將荊州刺史以邵爲司馬領南郡相衆事悉決於邵武帝受命以佐命功封臨沮伯分荊州立湘州以邵爲刺史將署府邵以長沙內地非用武之國置府妨人乖爲政要從之荊州刺史謝晦反遣書要邵邵不發函使呈文帝元嘉五年轉征虜將軍領寧蠻校尉雍州刺史加都督初王華與邵不和及華參要親舊爲之危心邵曰子陵方弘至公豈以私隙害正義是任也華實舉之及至襄陽築長圍脩立堤堰創田數千頃公私充給丹浙二州蠻屢爲寇邵誘其帥並出因大會誅之遣軍掩其村落悉禽既失信羣蠻所在並起水陸路斷七年子敷至襄陽定省當還都羣蠻欲斷取之會蠕蠕國獻使下𡨴以爲是敷因掠之邵坐降號揚烈將軍江夏王義恭鎮江陵以邵爲撫軍長史持節南蠻校尉九年坐在雍州營私畜取贓貨二百四十五萬下廷尉免官削爵土後爲吳興太守卒追復爵邑諡曰簡伯邵臨終遺命祭以菜果葦席爲轜車諸子從焉長子敷

敷字景胤生而母亡年數歲問知之雖童蒙便有感慕之色至十歲許求母遺物而散施已盡唯得一扇乃緘錄之每至感思輒開笥流涕見從母悲感哽咽性整貴風韻甚高好讀玄言兼屬文論初父邵使與高士南陽宗少文談繫象往復數番少文每欲屈握麈尾歎曰吾道東矣於是名價日重宋武帝聞其美召見奇之曰真千里駒也以爲世子中軍參軍數見接引累遷江夏王義恭撫軍記室參軍義恭就文帝求一學義沙門會敷赴假還江陵入辭文帝令以後車載沙門往謂曰道中可得言晤敷不奉詔曰臣性不耐雜上甚不悅遷正員中書郎敷小名樝父邵小名黎文帝戲之曰樝何如黎荅曰黎是百果之宗樝何敢比也中書舍人狄當周赳並管要務以敷同省名家欲詣之赳曰彼若不相容接便不如勿往詎可輕行當曰吾等並已員外郎矣何憂不得共坐敷先旁設二牀去壁三四尺二客就席敷呼左右曰移我遠客赳等失色而去其自標遇如此善持音儀盡詳緩之致與人別執手曰念相聞餘響久之不絕張氏後進皆慕之其源起自敷也遷黃門侍郎始興王濬後將軍司徒左長史未拜父在吳興亡成服凡十餘日始進水漿葬畢不進鹽菜遂毀瘠成疾伯父茂度每止譬之輒更感慟絕而復續茂度曰我冀譬汝有益

但更甚耳自是不復往未朞而卒孝武卽位詔旌其孝道追贈侍中改其所居稱孝張里敷弟柬襲父封位通直郎柬勇力手格猛獸元凶以爲輔國將軍孝武至新亭柬出奔墜淮而死子式嗣弟沖

沖字思約出繼伯父敷沖母臧顒女有儀範張氏內取則焉沖少有至性隨從叔永爲將帥除盱台太守永征彭城遇寒軍人足壓凍斷者十七八沖足指皆墮齊永明八年爲假節監青冀二州行刺史事沖父初卒遺命祭我必以鄉土所產無用牲物沖在鎭四時還吳園取果菜每至烝嘗輒流涕薦焉仍轉刺史永元二年爲南兗州刺史遷司州裴叔業以壽春降魏又遷沖南兗州刺史竝未拜崔慧景事平徵建安王寶夤還都以沖爲舒州刺史一歲之中頻授四州刺史至是乃受任封定襄侯梁武帝起兵手書喻意又遣辯士說之沖確然不回東昏遣驍騎將軍薛元嗣制局監暨榮伯領兵及糧運送沖使拒西師元嗣等懲劉山陽之敗疑沖不敢進停住夏首浦聞梁武師將至元嗣榮伯相率入郢城時竟陵太守房僧寄被代還至郢東昏敕僧寄留守魯山除驍騎將軍僧寄謂沖曰下官雖未荷朝廷深恩實蒙先帝厚澤蔭其樹者不折其枝實欲微立塵効沖深相許諾共結盟誓分部拒守遣軍主孫樂祖數千人助僧寄援魯山岸立城壘明年二月梁武圍魯山城遣軍主曹景宗等過江攻郢城沖中兵參軍陳光靜等間出擊之光靜戰死沖固守不出病將死厲府僚以誠節言終而卒元嗣榮伯與沖子孜及長史江夏程茂固守東昏詔贈沖散騎常侍護軍將軍元嗣等處圍城之中無他經略唯迎蔣子文及蘇侯神日禺中於州聽上祀以求福鈴鐸聲晝夜不止又使子文導從登陴巡行旦日輒復如之識者知其將亡僧寄病死孫樂祖竊以城降郢被圍二百餘日士庶病死者七八百家魯山陷後二日程茂及元嗣等議降使孜爲書與梁武帝沖故吏青州中從事房長瑜謂孜曰前使君忠貫昊天操愈松竹郎君但當端坐畫一以荷析薪若天運不與幅巾待命以下從使君今若隨諸人之計非唯郢州士女失高山之望亦恐彼所不取也不從卒以郢城降時以沖及房僧寄比臧洪之被圍也贈僧寄益州刺史

暢字少微邵兄禕子也禕少有操行爲晉琅邪王國郎中令從王至洛還京都宋武帝封藥酒一罌付禕使密加酖毒受命於道自飲而卒暢少與從兄敷演鏡齊名爲後進之秀起家爲太守徐佩之主簿佩之被誅暢馳出奔赴制服盡哀爲論者所美弟牧嘗爲猘犬所傷醫云宜食蝦蟇牧甚難之暢含笑先嘗牧因此乃食創亦卽愈累遷太子中庶子孝武鎭彭城暢爲安北長史沛郡太守元嘉二十七年魏太武南征太尉江夏王義恭統諸軍出鎭彭城太武親率大衆去彭城數十里彭城衆力雖多軍食不足義恭欲棄彭城南歸計議彌日不定時歷城衆少食多安北中兵參軍沈慶之議欲以車營爲函箱陣精兵爲外翼奉二王及妃媛直趨歷城分城兵配護軍將軍蕭思話留守太尉長史何勗不同欲席卷奔鬱洲自海道還都二議未決更集羣僚謀之暢曰若歷城鬱洲有可至之理下官敢不高讚今城內乏食百姓咸有走情但以關扃嚴固欲去莫從耳若一旦動腳則各自散走欲至所在何由可得今軍食雖寡朝夕猶未窘罄豈有捨萬安之術而就危亡之道若此計必用下官請以頸血汚君馬跡孝武聞暢議謂義恭曰張長史言不可異也義恭乃止魏太武得至仍登城南亞父冢於戲馬臺立氈屋先是隊主蒯應見執其日晡時太武遣送應至小市門致意求甘蔗及酒孝武遣人送酒二器甘蔗百挺求駱駝明日太武又自上戲馬臺復遣使至小市門求與孝武相見遣送駱駝并致雜物使於南門受之暢於城上與魏尚書李孝伯語孝伯問君何姓荅云姓張孝伯曰張長史暢曰君何得見識孝伯曰君聲名遠聞足使我知因言說久之城內有具思者嘗在魏義恭遣視知是孝伯乃開門進餉物太武又求酒及甘橘暢宣孝武旨又致螺盃雜粽南土所珍太武復令孝伯傳語曰魏主有詔借博具暢曰博具當爲申致有詔之言政可施於彼國何得稱之於此孝伯曰鄰國之君何爲不稱詔於鄰國之臣暢曰君之此稱尚不可聞於中華況在諸王之貴而獨曰鄰國之君邪孝伯曰魏主言太尉鎭軍久闕南信殊當憂邑若欲遣信當爲護送暢曰此方間路甚多不復以此勞魏主孝伯曰亦知有水路似爲白賊所斷暢曰君著白衣故稱白賊邪孝伯大笑曰今之白賊亦不異黃巾赤眉暢曰黃巾赤眉似不在江南孝伯曰亦不離青徐暢曰今者青徐實爲有賊但非白賊耳又求博具俄送與太武又遣送氈及九種鹽并胡豉云此諸鹽各有所宜白鹽是魏主所食黑者療腹脹氣滿細刮取六銖以酒服之胡鹽療目痛柔鹽不用食療馬脊創赤鹽駮鹽臭鹽馬齒鹽四種竝不中食胡豉亦中噉又求黃甘并云魏主致意太尉安北何不遣人來至我間彼此之情雖不可盡要須見我小大知我老少觀我爲人若諸佐不可遣亦可使僮來暢又宣旨荅曰魏主形狀才力久爲來往所具李尚書親自銜命不患彼此不盡故不復遣信又云魏主恨向所送馬殊不稱意安北若須大馬當更送之脫須蜀馬亦有佳者暢曰安北不乏良驥送自彼意非此所求義恭又餉炬燭十挺孝武亦致錦一匹又曰知更須黃甘誠非所吝但會不足周彼一軍向給魏主未應便乏故不復重付太武復求甘蔗安石榴暢曰石榴出自鄴下亦當非彼所乏孝伯曰君南土膏梁何爲著屩君而著此使將士云何暢曰膏梁之言誠爲多愧但以不武受命統軍戎陣之間不容緩服太武又遣就二王借箜篌琵琶等器及棊子孝伯辭辯亦北土之美暢隨宜應荅吐屬如流音韻詳雅風儀華潤孝伯及左右人竝相視歎息時魏聲云當出襄陽故以暢爲南譙王義宣司空長史南郡太守三十年元凶弒逆義宣發哀之日卽便舉兵暢爲元佐位居僚首哀容俯仰蔭映當時舉哀畢改服著黃袴褶出射堂簡人音姿容止莫不矚目見者皆願爲盡命事平徵爲吏部尚書封夷道縣侯義宣既有異圖蔡超等以暢人望勸義宣留之乃解南蠻校尉以授暢加冠軍將軍領丞相長史暢遣門生荀僧寶下都因顏竣陳義宣舋狀僧寶有私貨停巴陵不時下會義宣起兵津路斷絕僧寶遂不得去義宣將爲逆遣嬖人翟靈寶告暢暢陳必無此理請以死保之靈寶知暢不回勸義宣殺以狥衆賴丞相司馬竺超人得免進號撫軍別立軍部以收人望暢雖署文檄而飲酒常醉不省文書隨義宣東下梁山戰敗於亂兵自歸爲軍人所掠衣服都盡遇右將軍王玄謨乘輿出營暢已得敗衣因排玄謨上輿玄謨意甚不悅諸將請殺之隊主張世營救得免執送都下廷尉尋見原起爲都官尚書轉侍中代子淹領太子右衞率孝武宴朝賢暢亦在坐何偃因醉曰張暢故是奇才同義宣作賊亦能無咎非才何以致此暢乃厲聲曰太初之時誰黃其閤帝曰何事相苦初元凶時偃父尚之爲元凶司空義師至新林門生皆逃尚之父子與婢妾共洗黃閤故暢譏之孝建二年出爲會稽太守卒諡曰宣暢愛弟子輯臨終遺命與輯合墳論者非之暢弟悅亦有美稱歷侍中臨海王子頊前軍長史南郡太守晉安王子勛建僞號召拜爲吏部尚書與鄧琬共輔僞政事敗悅殺琬歸降復爲太子中庶子後拜雍州刺史泰始六年明帝於巴郡置三巴校尉以悅補之加持節輔師將軍領巴郡太守未拜卒暢子浩官至義陽王昶征北諮議參軍浩弟淹黃門郎封廣晉縣子太子左衞率東陽太守逼郡吏燒臂照佛百姓有罪使禮佛贖愆動至數千拜坐免官禁錮起爲光祿勳臨川內史後與晉安王子勛同逆軍敗見殺淹弟融

融字思光弱冠有名道士同郡陸修靜以白鷺羽麈尾扇遺之曰此既異物以奉異人解褐爲宋新安王子鸞行參軍王母殷淑儀薨後四月八日建齋并灌佛僚佐儭者多至一萬少不減五千融獨注儭百錢帝不悅曰融殊貧當序以佳祿出爲封溪令從叔永出後渚送之曰似聞朝旨汝尋當還融曰不患不還政恐還而復去及行路經嶂嶮獠賊執融將殺食之融神色不動方作洛生詠賊異之而不害也浮海至交州於海中遇風終無懼色方詠曰乾魚自可還其本鄉肉脯復何爲者哉又作海賦文辭詭激獨與衆異後以示鎭軍將軍顧覬之覬之曰卿此賦實超玄虛但恨不道鹽耳融卽求筆注曰漉沙構白熬波出素積雪中春飛霜暑路此四句後所足也覬之與融兄有恩好覬之卒融身負墳土在南與交阯太守卞展善展於嶺南爲人所殺融挺身奔赴舉秀才對策中第爲尚書殿中郞不就改爲儀曹郞尋請假奔叔父喪道中罰幹錢敬道鞭杖五十寄繫延陵獄大明五年制二品清官行僮幹杖不得出十爲左丞孫緬所奏免官復位攝祠部倉部二曹時領軍劉勔戰死融以祠部議上應哭勔見從又俗人忌以正月開太倉融議不宜拘束小忌尋兼掌正厨見宰殺回車徑去自表解職再遷南陽王友融父暢爲丞相長史義宣事難暢將爲王玄謨所殺時玄謨子瞻爲南陽王長史融啓求去官不許融家貧欲祿乃與從叔征北將軍永書曰融昔幼學早訓家風雖則不敏率以成性布衣章帶弱年所安簞食瓢飲不覺不樂但世業清貧人生多待榛栗棗脩女贄既長束帛禽鳥男禮已大勉身就官十年七仕不欲代耕何至此事昔求三吳一丞雖屬舛錯今聞南康缺守願得爲之融不知階級階級亦可不知融政以求丞不得所以求郡求郡不得亦可復求丞又與吏部尚書王僧虔書曰融天地之逸人也進不辯貴退不知賤實以家貧累積孤寡傷心八姪俱孤二弟頓弱豈能山海陋祿申融情累阮籍愛東平土風融亦欣晉平閑外時議以融非御人才竟不果辟齊太傅掾稍遷中書郞非其所好乞爲中散大夫不許張氏自敷以來竝以理音辭脩儀範爲事至融風止詭越坐常危

縢行則曳步翹身仰首意制甚多見者驚異聚觀成市而融了無慚色隨例同行常稽遲不進高帝素愛融爲太尉時與融款接見融常笑曰此人不可無一不可有二即位後手詔賜融衣曰見卿衣服麤故誠乃素懷有本交爾藍縷亦虧朝望今送一通故衣意謂雖故乃勝新也是吾所著已令裁減稱卿之體幷履一量高帝出太極殿西室融入問訊彌時方登階及就席上曰何乃遲爲對曰自地升天理不得速時魏主至淮而退帝問何意忽來忽去未有荅者融時下坐抗聲曰以無道而來見有道而去公卿咸以爲捷融善草書常自美其能帝曰卿書殊有骨力但恨無二王法荅曰非恨臣無二王法亦恨二王無臣法融假還鄉詣王儉別儉立此地舉袂不前融亦舉手呼儉曰歌曰王前儉不得已趨就之融曰使融不爲慕勢而令君爲趨士豈不善乎常歎云不恨我不見古人所恨古人又不見我融與吏部尚書何戢善往詣戢誤通尚書劉澄下車入門乃曰非是至戶望澄又曰非是既造席視澄曰都自非是乃去其爲異如此又爲長沙王鎭軍竟陵王征北諮議並領記室司徒從事中郎永明二年總明觀講敕朝臣集聽融扶入就榻私索酒飲之事畢乃長歎曰嗚呼仲尼獨何人哉爲御史中丞到撝所奏免官尋復職融形貌短醜精神清徹王敬則見融革帶寬殆將至髀謂曰革帶太急融曰既非步吏急帶何爲融假東出武帝問融住在何處荅曰臣陸處無屋舟居無水後上問其從兄緒緒曰融近東出未有居止權牽小船於岸上住上大笑後使融接對北使李道固就席道固顧而言曰張融是宋彭城長史張暢子不融嚬蹙久之曰先君不幸名達六夷豫章王大會賓僚融食炙始行畢行炙人便去融欲求鹽蒜口終不言方搖食指半日乃息出入朝廷皆拭目驚觀之八年朝臣賀衆瑞公事融扶入拜起復爲有司所奏見原遷司徒兼右長史竟陵張欣時爲諸暨令坐罪當死欣時父興世討宋南譙王義宣官軍欲殺融父暢興世以袍覆暢而坐之以此得免興世卒融著高履爲負土成墳至是融啓竟陵王子良乞代欣時死子良荅曰此乃是長史美事恐朝有常典不得如長史所懷遷黃門郎太子中庶子司徒左長史融有孝義忌月三旬不聽樂事嫂甚謹父暢臨終謂諸子曰昔丞相事難吾以不同將見殺緣司馬竺超人得活爾等必報其子後超人孫微冬月遭母喪居貧融弔之悉脫衣以爲賻披牛被而反常以兄事徵豫章王嶷竟陵王子良薨自以身經佐吏哭輒盡慟建武四年病卒遺令建白旐無旒不設祭令人捉麈尾登屋復魂曰吾生平所善自當凌雲一笑三千買棺無製新衾左手執孝經老子右手執小品法華經妾二人事哀畢各遣還家曰吾生平之風調何至使婦人行哭失聲不須暫停閨閤融玄義無師法而神解過人高談鮮能抗拒永明中遇疾爲問律自序云吾文章之體多爲世人所驚汝可師耳以心不可使耳爲心師也夫文豈有常體但以有體爲常政當有其體丈夫當刪詩書制禮樂何至因循寄人籬下臨卒又戒其子曰手澤存焉父書不讀況文音情婉在其韻吾意不然別遺爾旨吾文體英變變而屢奇豈吾天挺蓋不隤家聲汝可號哭而看之融文集數十卷行於世自名其集爲玉海司徒褚彥回問其故融云蓋玉以比德海崇上善耳張氏前有敷演鏡暢後有充融卷稷第六弟寶積建武中出爲廬陵太守時名流謝瀹何點陸惠曉孔珪集融弟鐵之舍點造坐便曰今日可謂盛集二五我兄弟之流阿六張氏保家之子顧見王思遠曰卿詐作善非實得也二五謂孔珪及融並第五寶積永元中爲湘州行事蕭穎胄於江陵乘舋輿詣穎胄舉動自若穎胄問何至之晚荅曰本朝危亂四海橫流既不能爲比干之死實未忍爲微子之去是以至晚穎胄深以爲善即用爲相府諮議後位御史中丞融與東海徐文伯兄弟厚文伯字德秀濮陽太守熙曾孫也熙好黃老隱於秦望山有道士過求飲留一瓠𤬪與之曰君子孫宜以道術救世當得二千石熙開之乃扁鵲鏡經一卷因精心學之遂名震海內生子秋夫彌工其術仕至射陽令嘗夜有鬼呻聲甚悽愴秋夫問何須荅言姓某家在東陽患腰痛死雖爲鬼痛猶難忍請療之秋夫曰云何厝法鬼請爲芻人案孔穴針之秋夫如言爲灸四處又針肩井三處設祭埋之明日見一人謝恩忽然不見當世伏其通靈秋夫生道度叔嚮皆能精其業道度有腳疾不能行宋文帝令乘小輿入殿爲諸皇子療疾無不絕驗位蘭陵太守宋文帝云天下有五絕而皆出錢唐謂杜道鞠彈棊范悅詩褚欣遠模書褚胤圍棊徐道度療疾也道度生文伯叔嚮生嗣伯文伯亦精其業兼有學行倜儻不屈意於公卿不以醫自業融謂文伯嗣伯曰昔王微嵇叔夜並學而不能殷仲堪之徒故所不論得之者由神明洞徹然後可至故非吾徒所及且褚侍中澄當貴亦能救人疾卿此更成不達荅曰唯達者知此可崇不達者多以爲深累既鄙之何能不恥之文伯爲効與嗣伯相埒宋孝武路太后病衆醫不識文伯診之曰此石博小腸耳乃爲水劑消石湯病即愈除鄱陽王常侍遺以千金旬日恩意隆重宋明帝宮人患腰痛牽心每至輒氣欲絕衆醫以爲肉瘕文伯曰此髮瘕以油投之即吐得物如髮稍引之長三尺頭已成蛇能動挂門上適盡一髮而已病都差宋後廢帝出樂遊苑門逢一婦人有娠帝亦善診之曰此腹是女也問文伯曰腹有兩子一男一女男左邊青黑形小於女帝性急便欲使剖文伯惻然曰若刀斧恐其變異請針之立落便寫足太陰補手陽明胎便應針而落兩兒相續出如其言子雄亦傳家業尤工診察位奉朝請能清言多爲貴遊所善事母孝謹母終毀瘠幾至自滅俄而兄亡扶杖臨喪撫膺一慟遂以哀卒嗣伯字叔紹亦有孝行善清言位正員郎諸府佐彌爲臨川王映所重時直閤將軍房伯玉服五石散十許劑無益更患冷夏日常複衣嗣伯爲診之曰卿伏熱應須以水發之非冬月不可至十一月冰雪大盛令二人夾捉伯玉解衣坐石取冷水從頭澆之盡二十斛伯玉口噤氣絕家人啼哭請止嗣伯遣人執杖防閤敢有諫者撾之又盡水百斛伯玉始能動而見背上彭彭有氣俄而起坐曰熱不可忍乞冷飲嗣伯以水與之一飲一升病都差自爾恒發熱冬月猶單褌衫體更肥壯常有嫗人患滯冷積年不差嗣伯爲診之曰此尸注也當取死人枕煮服之乃愈於是往古冢中取枕枕已一邊腐缺服之即差後秣陵人張景年十五腹脹面黃衆醫不能療以問嗣伯嗣伯曰此石蚘耳極難療當死人枕煮之依語煮枕以湯投之得大利幷蚘蟲頭堅如石五升病即差後沈僧翼患眼痛又多見鬼物以問嗣伯嗣伯曰邪氣入肝可覓死人枕煮服之竟可埋枕於故處如其言又愈王晏問之曰三病不同而皆用死人枕而俱差何也荅曰尸注者鬼氣伏而未起故令人沈滯得死人枕投之魂氣飛越不得復附體故尸注可差石蚘者久蚘也醫療既僻蚘中轉堅世間藥不能遣所以須鬼物驅之然後可散故令煮死人枕也夫邪氣入肝故使眼痛而見魍魎應須邪物以鉤之故用死人枕也氣因枕去故令埋於冢間也又春月出南籬門戲聞笪屋中有呻聲嗣伯曰此病甚重更二日不療必死乃往視見一老姥稱體痛而處處有黳黑無數嗣伯還煮斗餘湯送令服之服訖痛勢愈甚跳投床者無數須臾所黳處皆拔出釘長寸許以膏塗諸瘡口三日而復云此名釘疽也時又薛伯宗善徙癰疽公孫泰患背伯宗爲氣封之徙置齋前柳樹上明旦癰消樹邊便起一瘤如拳大稍稍長二十餘日瘤大膿爛出黃赤汁斗餘樹爲之痿損

論曰有晉自宅淮海張氏無乏賢良及宋齊之間雅道彌盛其前則云敷演鏡暢蓋其尤著者也然景胤敬愛之道少徵立履所由其殆優矣思光行己卓越非常俗所遵齊高帝所云不可有二不可無一斯言其幾得矣徐氏妙理通靈蓋非常所至雖古之和鵲何以加茲融與文伯款好故附之云爾

南史卷三十二考證

張邵傳初爲晉琅邪內史王誕龍驤府功曹桓玄徙誕於廣州○監本脫第二誕字今从晉書增正

張敷傳檣何如梨○何監本作可今从閣本

其自標遇如此○標一本作寵誤

伯父茂度每止譬之輒更感慟絕而復續茂度曰我冀譬汝有益但更甚耳○冀監本訛異今改从閣本

張暢傳義恭又餉炬燭十挺○十一本作千今从魏書

張融傳出爲封溪令從叔永出後渚送之○後監本訛夜今改正

後以示鎮軍將軍顧顗之○顗一本作覬

顗之與融兄有恩好顗之卒融身負墳土○監本脫兩之字今从齊書增入

今聞南康缺守願得爲之○願監本訛應今从閣本

南史卷三十三

唐 李延壽 撰

列傳第二十三

范泰 子曄　荀伯子 族子萬秋

徐廣 郗紹 廣兄子豁　鄭鮮之　裴松之 孫昭明 曾孫子野

何承天 曾孫遜

范泰字伯倫順陽人也祖汪晉安北將軍徐兗二州刺史父甯豫章太守並有名前代泰初爲太學博士外弟荊州刺史王忱請爲天門太守忱嗜酒醉輒累旬及醒則儼然端肅泰陳酒既傷生所宜深誡其言甚切忱嗟

歎久之曰見規者衆未有若此者也或問忱范泰何如謝邈忱曰茂度漫又問何如殷覬忱曰伯道易忱常有意立功謂泰曰今城池既立軍甲亦充將欲掃除中原以申宿昔之志伯道意銳當令擁戈前驅以君持重欲相委留事何如泰曰百年逋寇前賢挫屈者多矣功名雖貴鄙生所不敢謀會忱病卒召泰爲驃騎諮議參軍遷中書郎時會稽世子元顯專權內外百官請假不復表聞唯籤元顯而已泰言以爲非宜元顯不納以父憂去職襲爵遂鄉侯桓玄輔晉使御史中丞祖台之奏泰及前司徒左長史王准之輔國將軍司馬珣之並居喪無禮泰坐廢徙丹徒宋武帝義旗建累遷黃門侍郎御史中丞坐議殷祠事謬白衣領職出爲東陽太守歷侍中度支尚書時僕射陳郡謝混後進知名武帝嘗從容問混泰名輩誰比對曰王元一流人也徙爲太常初司徒道規無子養文帝及道規薨以兄道憐第二子義慶爲嗣武帝以道規素愛文帝又令居重及道規追封南郡公應以先華容縣公賜文帝泰議以爲禮無二主由是文帝還本屬後加散騎常侍爲尚書兼司空與右僕射袁湛授宋公九錫隨軍到洛陽武帝還彭城與泰登城泰有足疾特命乘輿泰好酒不拘小節通率任心雖公坐笑言不異私室武帝甚賞愛之然短於爲政故不得在政事官武帝受命議建國學以泰領國子祭酒泰上表陳奬進之道時學竟不立又言事者多以錢貨減少國用不足欲更造五銖泰又諫曰臣聞爲國拯弊莫若務本百姓不足君孰與足未有人貧而國富本不足而末有餘者也故囊漏貯中識者不吝反裘負薪存毛實難王者不言有無諸侯不說多少食祿之家不與百姓爭利故拔葵所以明政織蒲謂之不仁是以貴賤有章職分無爽今之所憂在農人尚寡倉廩未充轉運無已資食者衆家無私積難以禦荒耳夫貨存貿易不在少多昔日之貴今者之賤彼此共之其揆一也但令官人均通則無患不足若使必資貨廣以收國用者則龜貝之屬自古所行尋銅之爲器在用也博矣鐘律所通者遠機衡所揆者大夏鼎負圖實冠衆瑞晉鐸呈象亦啓休徵器有要用則貴賤同資物有適宜則家國共急今毀必資之器而爲無施之錢於貨則功不補勞在用則君人俱困校之以實損多益少伏願思可久之道探欲速之情弘山海之納擇芻牧之說景平初加位特進明年致仕解國子祭酒少帝在位多諸愆失泰上封事極諫少帝雖不能納亦不加譴徐羨之傅亮等與泰素不平及廬陵王義眞少帝見害泰謂所親曰吾觀古今多矣未有受遺顧託而嗣君見殺賢王嬰戮者也元嘉二年泰表賀元正并陳旱災多所奬勸拜表遂輕舟遊東陽任心行止不關朝廷有司劾奏之文帝不問時文帝華當陽親覽而羨之等猶執重權泰復上表論得失言及執事諸子禁之表竟不奏三年羨之伏誅進位侍中左光祿大夫國子祭酒領江夏王師特進如故上以泰先朝舊臣恩禮甚重以有腳疾宴見之日特聽乘輿到坐所陳時事上每優容之其年秋旱蝗又上表言有蝗之處縣官多課人捕之無益於枯苗有傷於殺害又女人被宥由來尚矣謝晦婦女猶在尚方匹婦一至亦能有所感激書奏上乃原謝晦婦女時司徒王弘輔政泰謂弘曰彭城王帝之次弟宜徵還入朝共參朝政弘納其言時旱災未已加以疾疫泰又上表有所勸誡泰博覽篇籍好爲文章愛奬後生孜孜無倦撰古今善言二十四篇及文集傳於世暮年事佛甚精於宅西立祇洹精舍五年卒初議贈開府殷景仁曰泰素望不重不可擬議台司竟不果及葬王弘撫棺哭曰君生平重殷鐵今以此爲報追贈車騎將軍謚曰宣侯第四子曄最知名

曄字蔚宗母如廁產之額爲塼所傷故以塼爲小字出繼從伯弘之後襲封武興縣五等侯少好學善爲文章能隸書曉音律爲祕書丞父憂去職服闋爲征南大將軍檀道濟司馬領新蔡太守後爲尚書吏部郎元嘉元年彭城太妃薨將葬祖夕僚故並集東府曄與司徒左西屬王深及弟司徒祭酒廣夜中酣飲開北牖聽挽歌爲樂彭城王義康大怒左遷宣城太守不得志乃刪衆家後漢書爲一家之作至於屈伸榮辱之際未嘗不致意焉遷長沙王義欣鎮軍長史兄暠爲宜都太守嫡母隨暠在官亡報之以疾曄不時奔赴及行又攜伎妾自隨爲御史中丞劉損所奏文帝愛其才不罪也服闋累遷左衞將軍太子詹事曄長不滿七尺肥黑禿眉鬢善彈琵琶能爲新聲上欲聞之屢諷以微旨曄僞若不曉終不肯爲上嘗宴飲歡適謂曄曰我欲歌卿可彈曄乃奉旨上歌既畢曄亦止弦初魯國孔熙先博學有從橫才志文史星算無不兼善爲員外散騎侍郎不爲時知久不得調初熙先父默之爲廣州刺史以贓貨下廷尉大將軍彭城王義康保持之故免及義康被黜熙先密懷報効以曄志意不滿欲引之無因進說曄甥謝綜雅爲曄所知熙先藉嶺南遺財家甚富足乃傾身事綜始與綜諸弟共博故爲拙行以物輸之情意稍款綜乃引熙先與曄戲熙先故爲不敵前後輸曄物甚多曄既利其財寶又愛其文藝遂與申莫逆之好熙先始以微言動曄曄不回曄素有閨庭論議朝野所知故門胄雖華而國家不與姻以此激之曰丈人若謂朝廷相待厚者何故不與丈人婚爲是門戶不得邪人作犬豕相遇而丈人欲爲之死不亦惑乎曄默然不荅其意乃定時曄與沈演之並爲上所知待每被見多同曄若先至必待演之演之先至常獨被引曄又以此爲怨曄累經義康府佐見待素厚及宣城之授意好乖離綜爲義康大將軍記室參軍隨鎮豫章綜還申義康意於曄求解晚隙復敦往好曄既有逆謀欲探時旨乃言於上曰臣歷觀前史二漢故事諸蕃王政以妖詛幸災便正大逆之罰況義康姦心釁跡彰著遐邇而至今無恙臣竊惑焉且大梗常存將成亂階上不納熙先素善天文云文帝必以非道晏駕當由骨肉相殘江州應出天子以爲義康當之綜父述亦爲義康所遇綜弟約又是義康女夫故文帝使綜隨從南上既爲熙先奬說亦有酬報之心廣州人周靈甫有家兵部曲熙先以六十萬錢與之使於廣州合兵靈甫一去不反大將軍府史仲承祖義康舊所信念屢銜命下都亦潛結腹心規有異志聞熙先有誠密相結納丹陽尹徐湛之素爲義康所愛雖爲舅甥恩過子弟承祖因此結事湛之告以密計承祖南下申義康意於蕭思話及曄云本欲與蕭結婚恨始意不果與范本情不薄中間相失傍人爲之耳有法畧道人先爲義康所養粗被知待又有王國寺法靜尼出入義康家內皆感激舊恩規相拯拔並與熙先往來使法畧罷道法畧本姓孫改名景玄以爲臧質寧遠參軍熙先善療病兼能診脈法靜尼妹夫許耀領隊在臺宿衞殿省嘗有疾因法靜尼就熙先乞療得損因成周旋熙先以耀膽幹因告逆謀耀許爲內應豫章胡藩子遵世與法靜甚款亦密相酬和法靜尼南上熙先遺婢采藻隨之付以牋書陳說圖讖法靜還義康餉熙先銅匕銅鑷袍段棊奩等物熙先慮事泄酖采藻殺之湛之又謂曄等臧質見與異常質與蕭思話款密二人並受大將軍眷遇必無異同不憂兵力不足但當勿失機耳乃備相署置湛之爲撫軍將軍揚州刺史曄中軍將軍南徐州刺史熙先左衞將軍其餘皆有選擬凡素所不善及不附義康者又有別簿並入死目熙先使弟休先豫爲檄文言賊臣趙伯符肆兵犯蹕禍流儲宰乃奉戴義康又以既爲大事宜須義康意旨乃作義康與湛之書宣示同黨二十二年九月征北將軍衡陽王義季右將軍南平王鑠出鎮上於虎帳岡祖道曄等期以其日爲亂許耀侍上扣刀以目曄曄不敢視俄而坐散差互不得發十一月徐湛之上表告狀於是悉出檄書選事及同惡人名手迹詔收綜等並皆款服唯曄不首上頻使窮詰乃曰熙先苟誣引臣熙先聞曄不服笑謂殿中將軍沈邵之曰凡諸處分符檄書疏皆曄所造及改定云何方作此抵上示以曄墨迹曄乃引罪明日送曄付廷尉入獄然後知爲湛之所發熙先望風吐款辭氣不橈上奇其才使謂曰以卿之才而滯於集書省理應有異志此乃我負卿也熙先於獄中上書陳謝并陳天文占候誡上有骨肉相殘之禍其言深切曄後與謝綜等得隔壁遙問綜曰疑誰所告綜曰不知曄乃稱徐湛之小名曰乃是徐僮也在獄爲詩曰禍福本無兆性命歸有極必至定前期誰能延一息在生已可知來緣畫無識好醜共一丘何足異枉直豈論東陵上寧辯首山側雖無嵇生琴庶同夏侯色寄言生存子此路行復即上有白團扇甚佳送曄令書出詩賦美句曄受旨援筆而書曰去白日之炤炤襲長夜之悠悠上循覽悽然曄本謂入獄便死而上窮其獄遂經二旬曄便有生望獄吏因戲之曰外傳詹事或當長繫曄聞之驚喜綜熙先笑之曰詹事嘗共論事無不攘袂瞋目及在西池射堂上躍馬顧眄自以爲一世之雄而今擾攘紛紜畏死乃爾設令今時賜以性命人臣圖主何顏可以生存曄謂衞獄將曰惜哉埋如此人將曰不忠之人亦何足惜曄曰大將言是也及將詣市曄最在前於獄門顧謂綜曰次第當以位邪綜曰賊帥當爲先在道語笑初無慙耻至市問綜曰時欲至未綜曰勢不復久曄既食又苦勸綜綜曰此異疾篤何事強飯曄家人悉至市監刑職司問曰須相見不曄問綜曰家人已來幸得相見將不暫別綜曰別與不別亦何所在來必當號泣正足亂人意曄曰號泣何關人向見道邊親故相瞻望吾意故欲相見於是呼前曄妻先撫其子回罵曄曰君不爲百歲阿家不感天子恩遇身死固不足塞罪奈何枉殺子孫曄乾笑云罪至而已曄所生母對泣曰主上念汝無極汝曾不能感恩又不念我老今日奈何仍以手擊曄頸及頰曄妻云罪人阿家莫憶莫念妹及妓妾來別曄乃悲泣流漣綜曰舅殊不及夏侯色曄收淚而止綜母以子弟自陷逆亂獨不出視曄語綜曰姊今不來勝人多也曄轉醉子藹

亦醉取地土及果皮以擲曄呼爲別駕數十聲曄問曰汝嗔我邪藹曰今日何緣復嗔但父子同死不能不悲耳曄常謂死爲滅欲著無鬼論至是與徐湛之書當相訟地下其謬亂如此又語人寄語何僕射天下決無佛鬼若有靈自當相報收曄家樂器服玩並皆珍麗妓妾亦盛飾母住止單陋唯有二廚盛樵薪弟子冬無被叔父單布衣曄及黨與並伏誅曄時年四十八謝綜弟緯徙廣州藹子魯連吳興昭公主外孫請全生命亦得遠徙孝武即位乃還曄性精微有思致觸類多善衣裳器服莫不增損制度世人皆法學之撰和香方其序之曰麝本多忌過分必害沈實易和盈斤無傷零藿虛燥詹唐黏溼甘松蘇合安息鬱金奈多和羅之屬並被珍於外國無取於中土又棗膏昏鈍甲煎淺俗非唯無助於馨烈乃當彌增於尤疾也所言悉以比類朝士麝本多忌比庾仲文零藿虛燥比何尚之詹唐黏溼比沈演之棗膏昏鈍比羊玄保甲煎淺俗比徐湛之甘松蘇合比慧琳道人沈實易和以自比也曄獄中與諸生姪書以自序其畧曰吾少嬾學問年三十許始有尚耳自爾以來轉爲心化至於所通處皆自得之胷懷常謂情志所託故當以意爲主以文傳意以意爲主則其旨必見以文傳意則其辭不流然後抽其芬芳振其金石耳觀古今文人多不全了此處年少中謝莊最有其分手筆差易於文不拘韻故也吾思乃無定方但多公家之言少於事外遠致以此爲恨亦由無意於文名故也本未關史書政恒覺其不可解耳既造後漢轉得統緒詳觀古今著述及評論殆少可意者班氏最有高名既任情無例唯志可推耳博贍可不及之整理未必愧也吾雜傳論皆有精意深旨至於循吏以下及六夷諸序論筆勢縱放實天下之奇作其中合者往往不減過秦篇嘗共比方班氏所作非但不愧之而已欲徧作諸志前漢可有者悉令備雖事不必多且使見文得盡又欲因事就卷內發論以正一代得失意復不果贊自是吾文傑思殆無一字空設奇變不窮同合異體乃自不知所以稱之此書行故應有賞音者紀傳例爲舉其大畧耳諸細意甚多自古體大而思精未有此也恐世人不能盡之多貴古賤今所以稱情狂言耳吾於音樂聽功不及自揮但所精非雅聲爲可恨然至於一絕處亦復何異邪其中體趣言之不可盡絃外之意虛響之音不知所從而來亦嘗以授人士庶中未有一毫似者此永不傳矣吾書雖小小有意筆勢不快餘竟不成就每愧此名曄自序並實故存之藹幼而整潔衣服竟歲未嘗有塵點死時年二十曄少時兄晏常云此兒進利終破門戶果如其言初何尚之處銓衡自謂天下無滯才及熙先就拘帝詰尚之曰使孔熙先年三十猶作散騎侍郎那不作賊熙先死後又謂尚之曰孔熙先有美才地胄猶可論而驋迹仕流豈非時匠失乎尚之曰臣昔謬得待罪選曹誠無以濯汙揚清然君子之有智能猶鴻鳳之有文采候時而振羽翼何患不出雲霞之上若熙先必蘊文采自棄於汙泥終無論矣上曰昔有良才而不遇知已者何嘗不遺恨於後哉

荀伯子潁川潁陰人晉驃騎將軍羨之孫也父猗祕書郎伯子少好學博覽經傳而通率好爲雜語遨遊閭里故以此失清途解褐駙馬都尉奉朝請員外散騎侍郎著作郎徐廣重其才學舉伯子及王韶之並爲佐郎同撰晉史及著桓玄等傳遷尚書祠部郎義熙元年上表稱故太傅鉅平侯羊祜勳參佐命功盛平吳而享嗣闕然蒸嘗莫寄漢以蕭何元功故絕世輒紹愚謂鉅平之封宜同酇國故太尉廣陵公陳淮黨翼孫秀禍加淮南竊饗大國因罪爲利會西朝政刑失裁中興復因而不奪今王道惟新豈可不大判臧否謂廣陵之國宜在削除故太保衞瓘本爵菑陽縣公既被橫禍乃進第秩加贈蘭陵又轉江夏中朝公輔多非理終瓘功德不殊亦無緣獨受偏賞宜復本封以正國章詔付門下前散騎常侍江夏公衞璵及潁川陳茂先各自陳先代勳不伏貶降詔皆付門下並不施行伯子爲妻弟謝晦薦達爲尚書左丞出補臨川內史車騎將軍王弘稱伯子沉重不華有平陽侯之風伯子常自矜藉蔭之美謂弘曰天下膏粱唯使君與下官耳宜明之徒不足數也遷散騎常侍又上表曰百官位次陳留王在零陵王上臣愚竊以爲疑昔武王克殷封神農後於焦黃帝後於祝帝堯後於薊帝舜後於陳夏后後於杞殷後於宋杞陳並爲列國而薊祝焦無聞斯則褒崇所承優於遠代之顯驗也是以春秋次序諸侯宋居杞陳之上考之近代事亦有徵晉泰始元年詔賜山陽公劉康子弟一人爵關內侯衞公姬署宋侯孔紹子弟一人駙馬都尉又泰始三年太常上言博士劉嘉等議稱衞公署於大晉在三恪之數應降稱侯臣以爲零陵王位宜在陳留之上從之爲御史中丞莅職勤恪有匪躬之稱立朝正色衆咸憚之凡所奏劾莫不深相訶毀或延及祖禰示其切直又頗雜嘲戲故世人以此非之補司徒左長史卒於東陽太守文集傳於世子赤松爲尚書右丞以徐湛之黨爲元凶所殺伯子族弟昶字茂祖與伯子絕服元嘉初以文義至中書郎昶子萬秋字元寶亦用才學自顯

昶見釋慧琳謂曰昨萬秋對策欲以相示答曰此不須看若非先見而答貧道不能爲若先見而答貧道奴皆能爲昶曰此將不傷道德耶答曰大德所以不德乃相對笑竟不看焉萬秋孝武初爲晉陵太守坐於郡立華林閤置主衣主書下獄免前廢帝末爲御史中丞卒官

徐廣字野人東莞姑幕人也父藻都水使者兄邈太子前衞率家世好學至廣尤精百家數術無不研覽家貧未嘗以產業爲意妻中山劉謐之女忿之數以相讓廣終不改如此數十年家道日弊遂與廣離後晉孝武帝以廣博學除爲祕書郎校書祕閣增置職僚隆安中尚書令王珣舉爲祠部郎李太后崩廣議服曰太皇太后名位既正體同皇極理制備盡情禮彌申陽秋之義母以子貴既稱夫人禮服從正故成風顯夫人之號昭公服三年之喪子於父之所生體尊義重且禮祖不厭孫固宜遂服無屈而緣情立制若嫌明文不存則疑斯從重謂應同於爲祖母後齊衰三年時從其議及會稽王世子元顯錄尚書欲使百僚致敬臺內使廣立議由是內外並執下官禮廣常爲愧恨義熙初宋武帝使撰車服儀注仍除鎮軍諮議參軍領記室封樂成縣五等侯轉員外散騎常侍領著作郎二年尚書奏廣撰成晉史六年遷驍騎將軍時有風雹爲災廣獻言武帝多所勸免又轉大司農領著作郎遷祕書監初桓玄篡位安帝出宮廣陪列悲慟哀動左右及武帝受禪恭帝遜位廣又哀感涕泗交流謝晦見之謂曰徐公將無小過廣收淚荅曰身與君不同君佐命興王逢千載嘉運身世荷晉德眷戀故主因更歔欷永初元年詔除中散大夫廣言墳墓在晉陵丹徒又生長京口息道玄忝宰此邑乞隨之官歸終桑梓許之贈賜甚厚性好讀書年過八十猶歲讀五經一遍元嘉二年卒廣所撰晉紀四十二卷義熙十二年成表上之又有荅禮問百餘條行於世時有高平郗紹亦作晉中興書數以示何法盛法盛有意圖之謂紹曰卿名位貴達不復俟此延譽我寒士無聞於時如袁宏干寶之徒賴有著述流聲於後宜以爲惠紹不與至書成在齋內廚中法盛詣紹紹不在直入竊書紹還失之無復兼本於是遂行何書

徐豁字萬同廣兄子也父邈晉太子前衞率豁宋永嘉初爲尚書左丞山陰令精練法理爲時所推元嘉初爲始興太守表陳三事文帝嘉之賜絹二百匹穀一千斛徙廣州刺史未拜卒

鄭鮮之字道子滎陽開封人魏將作大匠渾之玄孫也祖襲大司農經爲江乘令因居縣境父遵尚書郎鮮之下帷讀書絕交遊之務初爲桓偉輔國主簿先是兗州刺史滕恬爲丁零翟所沒屍喪不反恬子羨仕官不廢論者嫌之桓玄在荊州使羣僚博議鮮之議曰名教大極忠孝而已至乎變通抑引每事輒殊本而尋之皆求心而遺迹迹之所乘遭遇或異故聖人或就迹以助教或因迹以成罪屈申與奪難可等齊舉其阡陌皆可終言矣天可逃乎而伊尹廢君君可脅乎而鬻拳見善忠可愚乎而箕子同仁自此以還殊實而齊聲異譽而等美者不可勝言令如滕羨情事者或終身隱處不關人事或升朝理務無譏前哲通滕者則以無譏爲證塞滕者則以隱處爲美折其兩中則異同之情可見矣大聖人立教猶言有禮無時君子不行有禮無時政以事有變通不可宗一故耳宋武帝起義兵累遷御史中丞性剛直甚得司直之體外甥劉毅權重當時朝野莫不歸附鮮之盡心武帝獨不屈意於毅毅甚恨焉以與毅舅甥制不相糺使書侍御史丘洹奏彈毅輒宥傳詔羅道盛詔無所問時新制長吏以父母疾去官禁錮三年山陰令沈叔任父疾去職鮮之因此上議曰父母之疾而加以罪名悖義疾理莫此爲大謂宜從舊於義爲允從之於是自二品以上父母及爲祖父母後者墳墓崩毀及疾病族屬輒去並不禁錮劉毅當鎮江陵武帝會於江寧朝士畢集毅素好摴蒱於是會戲帝與毅斂局各得其半積錢隱人毅呼帝併之先擲得雉帝甚不悅良久乃荅之四坐傾屬既擲得盧毅意大惡謂帝曰知公不以大坐席與人鮮之大喜徒跣繞床大叫聲聲相續毅甚不平謂之曰此鄭君何爲者無復甥舅之敬帝少事戎旅不經涉學及爲宰相頗慕風流時或談論人皆依違不敢難鮮之難必切至未嘗寬假與帝言要須帝理屈然後置之帝有時慙恧變色感其輸情時人謂爲格佞十二年武帝北伐以爲右長史鮮之曾祖晉江州長史哲墓在開封求拜省帝以騎送之及入咸陽帝遍視阿房未央故地悽愴動容問鮮之秦漢所以得喪鮮之具以賈誼過秦對帝曰及子嬰而亡已爲晚矣然觀始皇爲人智足見是非所任不得人何也荅曰夫佞言似忠奸言似信中人以上乃可語上始皇未及中人所以暗於識士前至渭濱帝復歎曰此地寧復有呂望邪

鮮之曰昔葉公好龍而眞龍見燕昭市骨而駿足至明公以旰食待士豈患海內無人帝稱善者久之宋國初建轉奉常赫連勃勃陷關中武帝復欲北討鮮之表諫及踐阼遷太常都官尚書時傳亮謝晦位遇日隆范泰嘗衆中讓誚鮮之曰卿與傳謝俱從聖主有功關洛卿乃居僚首今日答颯去人遼遠何不肖之甚鮮之熟視不對鮮之爲人通率在武帝坐言無所隱晦亦甚憚焉而隱厚篤實贍恤親故遊行命駕或不知所適隨御者所之尤爲武帝所狎上曾內殿宴飲朝貴畢至唯不召鮮之坐定謂羣臣曰鄭鮮之必當自來俄而外啓尚書鄭鮮之詣神獸門求啓事帝大笑引入其被遇如此以從征功封龍陽縣五等子景平中徐傅當權出爲豫章太守時王弘爲江州刺史竊謂人曰鄭公德素先朝所禮方於前代鍾元常王景興之流今徐傅出以爲郡抑當有以尋有廢立事元嘉三年弘入爲相舉鮮之爲尚書右僕射四年卒文集行於世子愔始安太守

裴松之字世期河東聞喜人也祖昧光祿大夫父珪正員外郎松之博覽墳籍立身簡素年二十拜殿中將軍此官直衞左右晉孝武太元中革選名家以參顧問始用琅邪王茂之會稽謝輶皆南北之望義熙初爲吳興故鄣令在縣有績入爲尚書祠部郎松之以世立私碑有乖事實上表陳之以爲諸欲立碑者宜悉令言上爲朝議所許然後聽之庶可以防遏無徵顯彰茂實由是普斷武帝北伐領司州刺史以松之爲州主簿轉中從事既剋洛陽松之居州行事宋國初建毛德祖使洛陽武帝敕之曰裴松之廊廟之才不宜久居邊務今召爲太子洗馬與殷景仁同可令知之時議立五廟樂松之以妃臧氏廟用樂亦宜與四廟同除零陵內史徵爲國子博士元嘉三年誅司徒徐羨之等分遣大使巡行天下並兼散騎常侍班宣二十四條詔書松之使湘州甚得奉使之義論者美之轉中書侍郎上使注陳壽三國志松之鳩集傳記廣增異聞既成奏之上覽之曰裴世期爲不朽矣出爲永嘉太守勤恤百姓吏人便之後爲南琅邪太守致仕拜中散大夫尋爲國子博士進太中大夫使續成何承天國史未及撰述卒子駰南中郎參軍松之所著文論及晉紀駰注司馬遷史記並行於世駰子昭明

昭明少傳儒史之業宋泰始中爲太學博士有司奏太子婚納徵用玉璧虎皮未詳何所準擬昭明議禮納徵儷皮鄭云皮爲庭實鹿皮也晉太子納妃注以虎皮二太元中公主納徵虎豹皮各一此豈謂婚禮不詳王公之差故取虎豹文蔚以尊其事虎豹雖文而徵禮所不言熊羆雖古而婚禮所不及珪璋雖美或爲用各異今宜準經誥凡諸僻謬一皆詳正於是有司參議加珪璋豹熊羆皮各二元徽中出爲長沙郡丞罷任刺史王藴之謂曰卿清貧必無還資湘中人士有須一禮之命者我不愛也昭明曰下官忝爲郡佐不能光益上府豈以鴻都之事仰累清風歷祠部通直郎齊永明二年使魏武帝謂曰以卿有將命之才使還當以一郡相賞還爲始安內史郡人龔玄宜云神人與其玉印玉板書不須筆吹紙便成字自稱龔聖人以此惑衆前後郡太守敬事之昭明付獄案罪及還甚貧罄武帝曰裴昭明當罷郡還遂無宅我不讀書不知古人中誰可比之遷射聲校尉九年復北使建武初爲王玄邈安北長史廣陵太守明帝以其在事無啓奏代還責之昭明曰臣不欲競執關鍵故耳昭明歷郡皆清勤常謂人曰人生何事須聚畜一身之外亦復何須子孫若不才我聚彼散若能自立則不如一經故終身一不事產業中興二年卒子子野

子野字幾原生而母魏氏亡爲祖母殷氏所養殷柔明有文義以章句授之年九歲殷氏亡泣血哀慟家人異之少好學善屬文仕齊爲江夏王行參軍遭父憂去職初父寢疾彌年子野禱請備至涕泗霑濡父夜夢見其容且召視如夢俄而疾間以爲至孝所感命著孝感傳固辭乃止及居喪每之墓所草爲之枯有白兔白鳩馴擾其側梁天監初尚書僕射范雲嘉其至行將表奏之會雲卒不果樂安任昉有盛名爲後進所慕遊其門者昉必推薦子野於昉爲從中表獨不至昉亦恨焉故不之善久之兼廷尉正時三官通署獄子野嘗不在同僚輒署其名奏有不允子野從坐免職或勸言請有司可無咎子野笑曰雖慙柳季之道豈因訟以受服自此免黜久之終無恨意中書郎范縝與子野未遇聞其行業而善焉會遷國子博士乃上表讓之有司以資歷非次不爲通後爲諸暨令在縣不行鞭罰人有爭者示之以理百姓稱悅合境無訟初子野曾祖松之宋元嘉中受詔續修何承天宋史未成而卒子野常欲繼成先業及齊永明末沈約所撰宋書稱松之已後無聞焉子野更撰爲宋畧二十卷其敘事評論多善而云戮淮南太守沈璞以其不從義師故也約懼徒跣謝之請兩釋焉歎其述作曰吾弗逮也蘭陵蕭琛言其評論可與過秦王命分路揚鑣於是吏部尚書徐勉言之於武帝以爲著作郎掌修國史及起居注頃之兼中書通事舍人尋除通直員外著作舍人如故敕又掌中書詔誥時西北遠邊有白題及滑國遣使由岷山道入貢此二國歷代弗賓莫知所出子野曰漢潁陰侯斬胡白題將一人服虔注云白題胡名也又漢定遠侯擊虜入滑此其後乎時人服其博識敕仍使撰方國使圖廣述懷來之盛自要服至于海表凡二十國子野與沛國劉顯南陽劉之遴陳郡殷芸陳留阮孝緒吳郡顧協京兆韋稜皆博學深相賞好顯尤推重之時長平侯蕭勱范陽張纘每討論墳籍咸折衷於子野繼母曹氏亡居喪過禮服闋再還員外郎普通七年大舉北侵敕子野爲移魏文受詔立成武帝以其事體大召尚書僕射徐勉太子詹事周捨鴻臚卿劉之遴中書侍郎朱异集壽光殿以觀之時並歎服武帝目子野曰其形雖弱其文甚壯俄又敕爲書喻魏相元乂其夜受旨子野謂可待且方奏未之爲也及五鼓敕催令速上子野徐起操筆昧爽便就及奏武帝深嘉焉自是諸符檄皆令具草子野爲文典而速不尚靡麗制多法古與今文體異當時或有詆訶者及其末翕然重之或問其爲文速者子野荅云人皆成於手我獨成於心遷中書侍郎鴻臚卿領步兵校尉子野在禁省十餘年默靜自守未嘗有所請謁外家及中表貧乏所得奉悉給之無宅借官地二畝起茅屋數間妻子恒苦饑寒唯以教誨爲本子姪祗畏若奉嚴君劉顯常以師道推高之末年深信釋教終身飯麥食蔬中大通二年卒先是子野自占死期不過戊戌歲是年自省移疾謂同官劉之亨曰吾其逝矣遺命務存儉約武帝悼惜爲之流涕贈散騎常侍即日舉哀先是五等君及侍中以上乃有謚及子野特以令望見嘉賜謚貞子子野少時集注喪服續裴氏家傳各二卷抄合後漢事四十餘卷又敕撰衆僧傳二十卷百官九品二卷附益謚法一卷方國使圖一卷文集二十卷並行於世又欲撰齊梁春秋始草創未就而卒及葬湘東王爲之墓誌銘陳于藏內邵陵王又立墓誌堙于羨道羨道列誌自此始焉子騫官至通直郎

何承天東海郯人也五歲喪父母徐廣姊也聰明博學故承天幼漸訓義宋武起義初撫軍將軍劉毅鎮姑熟板爲行參軍毅嘗出行而鄢陵縣吏陳滿射鳥箭誤中直帥雖不傷人處法棄市承天議曰獄貴情斷疑則從輕昔有驚漢文帝乘輿馬者張釋之劾以犯蹕罪止罰金何者明其無心於驚馬也故不以乘輿之重加於異制今滿意在射鳥非有心於中人案律過誤傷人三歲刑況不傷乎微罰可也宋臺建爲尚書祠部郎與傅亮共撰朝儀謝晦鎮江陵請爲南蠻長史晦進號衞將軍轉諮議參軍領記室元嘉三年晦將見討問計於承天曰大小既殊逆順又異境外求全上計也以腹心領兵戍義陽將軍率衆於夏口一戰若敗即趨義陽以出北境此其次也晦良久曰荆楚用武之國且當決戰走不晚也及晦下承天留府不從到彥之至馬頭承天自詣歸罪見宥後兼尚書左丞吳興餘杭人薄道舉爲劫制同籍朞親補兵道舉從弟代公道生等並爲劫大功親非應在補謫之例法以代公等母存爲朞親則子宜隨母補兵承天議曰尋劫制同籍朞親補兵大功則不在例婦人三從既嫁從夫夫死從子今道舉爲劫若其叔父尚存應制補謫妻子營居固其宜也但爲劫之時叔父已殁代公道生並是從弟大功之親不合補謫今若以叔母爲朞親令代公隨母補兵既乖大功不謫之制又失婦人三從之道由於主者守朞親之文不辯男女之異謂代公等母子並宜見原承天爲性剛愎不能屈意朝右頗以所長侮同列不爲僕射殷景仁所平出爲衡陽內史昔在西方與士人多不協在郡又不公清爲州司所糾被收繫獄會赦免十六年除著作佐郎撰國史承天年已老而諸佐郎並名家年少潁川荀伯子嘲之常呼爲嬭母承天曰卿當云鳳凰將九子嬭母何言邪尋轉太子率更令著作如故時丹陽溧陽丁況等久喪而不葬承天議曰禮云還葬當謂荒儉一時故許其稱財而不求備丁況三家數十年中葬輒無棺櫬實由淺情薄恩同於禽獸者耳竊以丁寶等同伍積年未嘗勸之以義繩之以法十六年冬既無新科又未申明舊制有何嚴切欻然相糾或由鄰曲分爭以興此言如聞在東諸處比例既多江西淮北尤爲不少若但謫此三人殆無所肅開其一端則互相恐動臣愚爲況等三家且可勿問因此附定制旨若人葬不如法同伍當即糾言三年除服之後不得追相告引十九年立國子學以本官領國子博士皇太子講孝經承天與中庶子顏延之同爲執經頃之遷御史中丞時魏軍南伐文帝訪羣臣捍禦之畧承天上安邊論凡陳四事其一移遠就近以實內地其二浚復城隍以增阻防其三纂偶車牛以飾戎械其四計丁課仗勿使有闕文多不載承天素好奕棊頗用廢事又善彈箏文帝賜以局子及銀裝箏承

天奉表陳謝上荅曰局子之賜何必非張武之金邪承天博見古今爲一時所重張永嘗開玄武湖遇古冢冢上得一銅斗有柄文帝以訪朝士承天曰此亡新威斗王莽三公亡皆賜之一在冢外一在冢內時三台居江左者唯甄邯爲大司徒必邯之墓俄而永又啓冢內更得一斗復有一石銘大司徒甄邯之墓時帝每有疑議必先訪之信命相望於道承天性褊促嘗對主者厲聲曰天何言哉四時行焉百物生焉文帝知之應遣先戒曰善候伺顏色如其不悅無須多陳二十四年承天遷廷尉未拜上欲以爲吏部郎已受密旨承天宣漏之坐免官卒於家年七十八先是禮論有八百卷承天刪減幷各以類相從凡爲三百卷幷前傳雜語所纂文及文集並傳於世又改定元嘉歷改漏刻用二十五箭皆從之曾孫遜

遜字仲言八歲能賦詩弱冠州舉秀才南鄉范雲見其對策大相稱賞因結忘年交謂所親曰頃觀文人質則過儒麗則傷俗其能含清濁中今古見之何生矣沈約嘗謂遜曰吾每讀卿詩一日三復猶不能已其爲名流所稱如此梁天監中兼尚書水部郎南平王引爲賓客掌記室事後薦之武帝與吳均俱進倖後稍失意帝曰吳均不均何遜不遜未若吾有朱异信則異矣自是疎隔希復得見卒於仁威廬陵王記室初遜爲南平王所知深被恩禮及聞遜卒命迎其柩而殯藏焉幷餼其妻子東海王僧孺集其文爲八卷初遜文章與劉孝綽並見重時謂之何劉梁元帝著論論之云詩多而能者沈約少而能者謝朓何遜遜從叔倜字彥夷亦以才著聞宦遊不達作拍張賦以喻意末云東方曼倩發憤於侏儒遂與火頭食子稟賜不殊位至臺郎時有會稽虞騫工爲五言名與遜埒官至王國侍郎後又有會稽孔翁歸濟陽江避並爲南平王大司馬府記室翁歸工爲詩避博學有思理注論語孝經二人並有文集

論曰夫令問令望詩人所以作詠有禮有法前哲由斯播美觀夫范荀二公並以學業自著而干時之譽不期俱不爲弘雖才則有餘而望乃不足蔚宗藝用有過人之美迹其行事何利害之相傾徐廣動不違仁義兼儒行鮮之時稱格佞斯不佞矣松之雅道爲貴寔光載德承天素訓所資無慙舅氏美矣乎

南史卷三十三考證

范泰傳上每優容之○容監本訛遊今改从宋書

匹婦一至亦能有所感激○匹監本訛疋今改正

范曄傳在生已可知來緣憒無識○憒監本訛饋今从宋書改正

姊今不來勝人多也○姊監本訛妹今改从宋書及閣本

荀伯子傳故太保衞瓘本爵菑陽縣公○菑宋書作蕭誤

鄭鮮之傳先是兗州刺史滕恬爲丁零翟所沒○恬一本作怙

使韋偉博議○博監本訛溥今改从宋書

政以事有變通不可宗一故耳○宗宋書作守今各本俱同仍之

使書侍御史丘洹奏彈穀輒宥傳詔羅道盛○洹一本作恒

裴松之傳義熙初爲吳興故彰令○彰一本作鄣

裴子野傳從坐免職或勸言請有司可無咎○請梁書作諸

中書郎范縝與子野未遇聞其行業而善焉○梁書無郎字

何承天傳丁況三家數十年中葬輒無棺櫬○丁監本訛下今據上文丁況等久喪而不葬改正

遇古冢冢上得一銅斗○遇一本作過

何遜傳頃觀文人質則過儒麗則傷俗○儒一本作懦

南史卷三十四

唐　李延壽　撰

列傳第二十四

顏延之（子竣　從子師伯）　沈懷文（子沖　從兄曇慶）

周朗（族孫顒　顒子捨　捨弟子弘正　弘正弟弘讓　弘直　弘直子確）

顏延之字延年琅邪臨沂人也曾祖含晉左光祿大夫祖約零陵太守父顯護軍司馬延之少孤貧居負郭好讀書無所不覽文章冠絕當時好飲酒不護細行年三十猶未昏妹適東莞劉穆之子憲之穆之聞其美才將仕之先欲相見延之不往也後爲宋武帝豫章公世子中軍行參軍及武帝北伐有宋公之授府遣延之慶殊命行至洛陽周視故宮室盡爲禾黍悽然詠黍離篇道中作詩二首爲謝晦傅亮所賞武帝受命補太子舍人鴈門周續之隱廬山儒學著稱永初中徵詣都下開館以居之武帝親幸朝彥畢至延之官列卑引升上席上使問續之三義續之雅杖辭辯延之每以簡要連挫續之上又使還自敷釋言約理暢莫不稱善再遷太子中舍人時尚書令傅亮自以文義一時莫及延之負其才不爲之下亮甚疾焉廬陵王義眞待之甚厚徐羨之等疑延之爲同異意甚不悅少帝卽位累遷始安太守領軍將軍謝晦謂延之曰昔荀勗忌阮咸斥爲始平郡今卿又爲始安可謂二始黃門郎殷景仁亦謂之曰所謂人惡俊異世疵文雅延之之郡道經汨潭爲湘州刺史張邵祭屈原文以致其意元嘉三年羨之等誅徵爲中書侍郎轉太子中庶子領步兵校尉賞遇甚厚延之旣以才學見遇當時多相推服唯袁淑年倍小延之不相推重延之忿於衆中折之曰昔陳元方與孔元駿齊年文學元駿拜元方於牀下今君何得不見拜淑無以對延之疎誕不能取容當世見劉湛殷景仁專當要任意有不平常言天下事豈一人之智所能獨了辭意激揚每犯權要又少經爲湛父柳後將軍主簿至是謂湛曰吾名器不升當由作卿家吏耳湛恨焉言於彭城王義康出爲永嘉太守延之甚怨憤乃作五君詠以述竹林七賢山濤王戎以貴顯被黜詠嵇康云鸞翮有時鎩龍性誰能馴詠阮籍云物故不可論途窮能無慟詠阮咸云屢薦不入官一麾乃出守詠劉伶云韜精日沉飲誰知非荒宴此四句蓋自序也湛及義康以其辭旨不遜大怒欲黜爲遠郡文帝與義康詔曰宜令思衍里閭猶復不悛當驅往東土乃至難恕者自可隨事錄之於是延之屛居不豫人間者七載中書令王球以名公子遺務事外與延之雅相愛好每振其罄匱晉恭思皇后葬應須百官皆取義熙元年除身以延之兼侍邑吏送札延之醉投札於地曰顏延之未能事生焉能事死文帝嘗召延之傳詔頻不見常日但酒店裸袒挽歌了不應對他日醉醒乃見帝嘗問以諸子才能延之曰竣得臣筆測得臣文㚟得臣義躍得臣酒何尚之嘲曰誰得卿狂荅曰其狂不可及尚之爲侍中在直延之以醉詣焉尚之望見便陽眠延之發簾熟視曰朽木難彫尚之謂左右曰此人醉甚可畏閑居無事爲庭誥之文以訓子弟劉湛誅後起延之爲始興王濬後軍諮議參軍御史中丞在任從容無所舉奏遷國子祭酒司徒左長史何尚之素與延之狎書與王球曰延之有後命教府無復光暉坐啓買人田不肯還直尚書左丞荀赤松奏之曰求田問舍前賢所鄙延之唯利是視輕冒陳聞依傍詔恩抵捍餘直垂及周年猶不畢了昧利苟得無所顧忌延之昔坐事屛斥復蒙抽進而曾不悛革怨誹無已交游闒茸沉迷麴蘖橫興譏謗詆毀朝士仰竊過榮增憤薄之性私恃顧眄成彊梁之心外示寡求內懷奔競干祿祈遷不知極已預宴班觴肆詈上席山海含容每存遵養愛兼雕蟲未忍遐棄而驕放不節日月彌甚臣聞聲問過情孟軻所耻況聲非外來問由己出雖心智薄劣而高自比擬客氣虛張曾無愧畏豈可復弼亮五教增耀台階請以延之訟田不實妄干天聽以彊凌弱免所居官詔可後爲祕書監光祿勳太常時沙門釋慧琳以才學爲文帝所賞朝廷政事多與之謀遂士庶歸仰上每引見常升獨榻延之甚疾焉因醉白上曰昔同子參乘袁絲正色此三台之坐豈可使刑餘居之上變色延之性旣褊激兼有酒過肆意直言曾無回隱故論者多不與之謂之顏彪居身儉約不營財利布衣蔬食獨酌郊野當其爲適傍若無人三十年致事元凶弒立以爲光祿大夫長子竣爲孝武南中郎諮議參軍及義師入討竣定密謀兼造書檄劭召延之示以檄文問曰此筆誰造延之曰竣之筆也又問何以知之曰竣筆體臣不容不識劭又曰言辭何至乃爾延之曰竣尚不顧老臣何能爲陛下劭意乃釋由是得免孝武登阼以爲金紫光祿大夫領湘東王師嘗與何偃同從上南郊偃於路中遙呼延之曰顏公延之以其輕脫怪之荅曰身非三公之公又非田舍之公又非君家阿公何以見呼爲公偃羞而退竣旣貴重權傾一朝凡所資供延之一無所受器服不改宅宇如舊常乘羸牛車逢竣鹵簿卽屛住道側又好騎馬遨游里巷遇知舊輒據鞍索酒得必傾盡欣然自得嘗語竣曰平生不喜見要人今不幸見汝見竣起宅謂曰善爲之無令後人笑汝拙也表解師職加給親信二十人嘗早候竣遇賓客盈門竣方臥不起延之怒曰恭敬撙節福之基也驕佷傲慢禍之始也況出糞土之中而升雲霞之上傲不可長其能久乎延之有愛姬非姬食不飽寢不安姬憑寵嘗蕩延之墜牀致損竣殺之延之痛惜甚至常坐靈上哭曰貴人殺汝非我殺汝以冬日臨哭忽見妾排屛風以壓延之延之懼墜地因病孝建三年卒年七十三贈特進謚曰憲

子延之與陳郡謝靈運俱以辭采齊名而遲速縣絕文帝嘗各勑擬樂府北上篇延之受詔便成靈運久之乃就延之嘗問鮑照已與靈運優劣照曰謝五言如初發芙蓉自然可愛君詩若鋪錦列繡亦雕繢滿眼延之每薄湯惠休詩謂人曰惠休制作委巷中歌謠耳方當誤後事是時議者以延之靈惠自潘岳陸機之後文士莫及江右稱潘陸江左稱顏謝焉

竣字士遜延之長子也早有文義爲宋孝武帝撫軍主簿甚被嘉遇竣亦盡心補益元嘉中上不欲諸王各立朋黨將召竣補尚書郎江湛以爲在府有稱不宜回改乃止隨府轉安北領軍北郎中府主簿初沙門釋僧含精有學義謂竣曰貧道常見讖記當有眞人應符名稱次第屬在殿下後竣在彭城嘗於親人叙之言遂宣布聞於文帝時元凶巫蠱事已發故上不加推案孝武鎭尋陽遷南中郎記室三十年春以父延之致仕固求解職賜假未發而文帝崩問至孝武舉兵入討轉諮議參軍領軍錄事任總內外并造檄書孝武發尋陽便有疾自沈慶之以下並不堪相見唯竣出入臥內斷決軍機時孝武屢經危篤不任諮稟凡厥衆務竣皆專斷施行孝武踐阼歷侍中左衞將軍封建城縣侯孝建元年轉吏部尚書領驍衞將軍留心選舉自強不息任遇既隆奏無不可役謝莊代竣領選意多不行竣容貌嚴毅莊風姿甚美賓客喧訴常歡笑答之人言顏竣瞋而與人官謝莊笑而不與人官南郡王義宣臧質等反以竣兼領右將軍義宣質諸子藏匿建康秣陵湖熟江寧縣界孝武大怒免丹陽尹褚湛之官收四縣官長以竣爲丹陽尹加散騎常侍先是竣未有子而司馬江夏王義恭諸子爲元凶所殺至是各產男上自爲制名名義恭子爲伯禽以比魯公伯禽周公之子名竣子爲辟彊以比漢侍中辟彊張良之子也先是元嘉中鑄四銖錢輪郭形制與五銖同用費無利故百姓不盜鑄及孝武即位又鑄孝建四銖所鑄錢形式薄小輪郭不成於是人間盜鑄者雜以鉛錫並不牢固又翦鑿古錢以取其銅錢轉薄小稍違官式雖重制嚴刑人吏官長坐死免者相係而盜鑄彌甚百物踊貴人患苦之乃立品格薄小無輪郭者悉加禁斷始興公沈慶之議宜聽人鑄錢置署樂鑄之家皆居署內去春所禁新品一時施用今鑄悉依此格萬稅三千嚴檢盜鑄并禁翦鑿數年之間公私豐贍銅盡事息姦僞自止禁鑄則銅轉成器開鑄則器化爲財上下其事於公卿竣議曰今云開署放鑄誠所欲同但慮采山事絕器用日耗銅既轉少器亦彌貴設器直一千則鑄之減半爲之無利雖令不行時議者又以銅難得欲鑄二銖錢竣又議曰今鑄二銖恣行新細於官無解於乏而人大興天下之貨將靡碎至盡空日嚴禁而利深難絕不過一二年間其弊不可復救此其甚不可一也使姦人意騁而貽厥愆謀此又甚不可二也富商得志貧人困窘此又甚不可三也若使交益深重尚不可行況又未見利而衆弊如此失算當時取笑百代乎前廢帝即位鑄二銖形式轉細官錢每出人間即模效之而大小厚薄皆不及也無輪郭不磨鑢如今之翦鑿者謂之來子錢景和元年沈慶之啓通私鑄由是錢貨亂敗一千錢長不盈三寸大小稱此謂之鵝眼錢劣於此者謂之綖環錢貫之以縷入水不沈隨手破碎市井不復料數十萬錢不盈一掬斗米一萬商貨不行明帝初唯禁鵝眼綖環其錢皆通用復禁人鑄官署亦廢尋復普斷唯用古錢竣自散騎常侍丹陽尹加中書令表讓中書令見許時歲旱人飢竣上言禁餳一月息米近萬斛復代謝莊爲吏部尚書領太子右衞率未拜丁父憂裁踰月起爲右將軍丹陽尹如故竣固辭表十上不許遣中書舍人戴寶明抱竣登車載之郡舍賜以布衣一襲絮以綵綸遣主衣就衣諸體竣藉藩朝之舊臣每極陳得失上自即吉之後宮內頗有醜論又多所興造竣諫爭懇切並無所回避上意甚不悅多不見從竣自謂才足幹時恩舊莫比當務居中永執朝政而所陳多不被納疑上欲疏之乃求出以卜時旨大明元年以爲東揚州刺史所求既許便憂懼無計至州又丁母艱不許去職聽送喪還都恩待猶厚竣彌不自安每對親故頗懷怨憤又言朝廷違謬人主得失及王僧達被誅謂爲所讒搆臨死陳竣前後忿懟恨言不見從僧達所言頗相符會上乃使御史中丞庾徽之奏竣窺覘國柄潛圖久執受任選曹驅扇滋甚出尹京輦形勢彌放傳詔犯憲舊須啓聞而竣以通訴忤已輒加鞭辱罔顧威靈莫此爲甚懷挾姦數包藏隱慝豫聞中旨罔不宣露罰則委上善必歸己脅懼上宰激動閭閻末慮上聞內懷猜懼僞請東牧以卜天旨既獲出藩怨詈方肆反脣腹誹方之已輕前冬母亡詔賜還葬事畢不去盤桓經時方搆間勳貴造立同異遂以已被斥外國道將顯兼行闕於家早負世議天倫怨毒親交震駭街談道說非復風聲宜加顯戮以昭盛化請以見事免竣所居官下太常削爵土上未欲便加大戮且止免官竣頻啓謝罪并乞性命上愈怒詔答曰憲司所奏非宿昔所以相期卿受榮遇政當極此訕訐怨憤已孤本望乃復過煩思慮懼不全立豈爲下事上誠節之至邪及竟陵王誕爲逆因此陷之言通於誕召御史中丞庾徽之於前立奏奏成詔先打折足然後於獄賜死妻息宥之以遠子辟彊徙交州又於宮亭湖沉殺之竣文集行於世竣弟測亦以文章見知官至江夏王義恭大司馬錄事參軍以兄貴爲憂先竣卒明帝即位詔曰延之昔師訓朕躬情契兼重前記室參軍濟陽太守奐伏事藩朝綢繆恩舊可擢爲中書侍郎奐延之第三子也

顏師伯字長深竣族兄也父邵剛正有局力爲謝晦領軍司馬晦鎭江陵請爲諮議參軍領錄事軍府之務悉委焉邵慮晦有禍求爲竟陵太守未及之郡會晦見討邵飲藥死師伯少孤貧涉獵書傳頗解聲樂弟師仲妻臧質女也質爲徐州辟師伯爲主簿孝武爲徐州師伯仍爲輔國安北行參軍王景文時爲諮議參軍愛其諧敏進之孝武以爲徐州主簿善於附會大被知遇及去鎭師伯以主簿送故孝武鎭尋陽啓文帝請爲南中郎府主簿文帝不許謂典籤曰中郎府主簿那得用顏師伯孝武啓爲長流正佐帝又曰朝廷不能除之卿可自板然亦不宜署長流乃板爲參軍刑獄及討元凶轉主簿孝武踐阼以爲黃門侍郎累遷侍中大明元年封平都縣子親幸隆密羣臣莫二多納貨賄家累千金孝武嘗與師伯摴蒱帝擲得雉大悅謂必勝師伯後得盧帝失色師伯遽斂子曰幾作盧爾日師伯一輸百萬仍遷吏部尚書右軍將軍上不欲威權在下前後領選者唯奉行文書師伯專精獨斷奏無不可七年爲尚書右僕射時分置二選陳郡謝莊琅邪王曇生並爲吏部尚書師伯子舉周旋寒人張奇爲公車令上以奇資品不當使兼市買丞以蔡道惠代之令史潘道栖諸道惠顏禕之元從夫任澹之石道兒黃難周公選等抑道惠勑使奇先到公車不施行奇兼市買丞事師伯坐以子預職莊曇生免官道栖道惠棄市禕之等六人鞭杖一百師伯尋領太子中庶子雖被黜挫愛任如初孝武臨崩師伯受遺詔輔幼主尚書侍中事事以委之廢帝即位復還即眞加領衞尉師伯居權日久天下輻湊游其門者爵位莫不踰分多納貨賄家產豐積妓妾聲樂盡天下之選園池第宅冠絕當時驕奢淫恣爲衣冠所疾又遷尚書僕射領丹陽尹廢帝欲親朝政轉師伯爲左僕射以吏部尚書王景文爲右僕射奪其京尹又分臺任師伯至是始懼與柳元景謀廢立初師伯專斷朝事不與沈慶之參懷謂令史曰沈公爪牙者耳安得預政事慶之聞而切齒乃泄其謀尋與太宰江夏王義恭同誅六子皆見殺明帝即位謚曰荒

沈懷文字思明吳興武康人也祖寂晉光祿勳父宣新安太守懷文少好玄理善爲文章爲楚昭王二妃詩見稱於世爲江夏王義恭東閤祭酒丁父憂新安郡送故豐厚奉終禮畢餘悉班之親戚一無所留文帝聞而嘉之賜奴婢六人服闋除尚書殿中郎隱士雷次宗被徵居鍾山後南還廬江何尚之設祖道文義之士畢集爲連句詩懷文所作尤美辭高一坐隨王誕領襄陽出爲後軍主簿與諮議參軍謝莊共掌辭令領義成太守元嘉二十八年誕當爲廣州欲以懷文爲安南府記室先除通直郎懷文固辭南行上不悅弟懷遠納東陽公主養女王鸚鵡爲妾元凶行巫蠱鸚鵡預之事洩懷文因此失調爲治書侍御史元凶弒立以爲中書侍郎孝武入討呼之使作符檄固辭劭大怒會殷沖救得免託疾落馬間行奔新亭以爲竟陵王誕驃騎錄事參軍淮陵太守時國哀未釋誕欲起內齋懷文以爲不可乃止尋轉揚州中從事史時議省錄尚書懷文以爲非宜上議不從遷別駕從事史及江夏王義恭遷西陽王子尚爲揚州居職如故時熒惑守南斗上乃廢西州舊館使子尚移居東城以厭之懷文曰天道示變宜應之以德今雖空西州恐無益也不從而西州竟廢大明二年遷尚書吏部郎時朝議欲依古制置立王畿揚州移居會稽猶以星變故也懷文曰周制封畿漢置司隸各因時宜非存相反安人定國其揆一也苟人心所安天必從之必改今追古乃致乎一神州舊壤歷代相承異於邊州或置或罷既物情不悅容虧化本又不從三年子尚移鎭會稽遷撫軍長史行府州事時四繫甚多動經年月懷文到任訊五郡九百三十六獄衆咸稱平入爲侍中寵待隆密竟陵王誕據廣陵反及城陷士庶皆裸身鞭面然後加刑聚所殺人首於石頭南岸謂之髑髏山懷文陳其不可上不納孝武嘗有事圓丘未至期而雨晦竟夜明旦風霽雲色甚美帝升壇悅懷文稱慶曰昔漢后郊祀太一白日重輪神光四燭今陛下有事茲禮而膏雨迎夜清景麗朝斯實聖明幽感所致臣願與侍臣賦之上笑稱善揚州移會稽忿浙江東人情不和欲貶其勞祿唯西州舊人不改懷文曰揚州徙居既乖人情一州兩格尤失大體上不從懷文與顏竣周朗素善竣

以失旨見誅朗亦以忤意得罪上謂懷文曰竣若知我殺之亦當不敢如此懷文嘿然又嘗以歲夕與謝莊王景文顔師伯被勑入省未及進景文因談言次稱竣朗人才之美懷文與相酬和師伯後因語次白上叙景文等此言懷文屢經犯忤至此上倍不悅上又壞諸郡士族以充將吏並不服役至悉逃亡加以嚴制不能禁乃改用軍法得便斬之莫不奔竄山湖聚爲盜賊懷文又以爲言齊庫上絹年調鉅萬疋綿亦稱此期限嚴峻人間買絹一疋至三二千綿一兩三四百貧者賣妻子甚者或自縊死懷文具陳人困由是綿絹薄有所減俄復舊子尚等諸皇子皆置邸舍逐什一之利爲患徧天下懷文又曰列肆販賣古人所非卜式明不雨之由弘羊受致旱之責若以用度不充故宜量加減省不聽孝建以來抑黜諸弟廣陵平後復欲更峻其科懷文曰漢明不使其子比光武之子前史以爲美談陛下既明管蔡之誅願崇唐衞之寄及海陵王休茂誅欲遂前議太宰江夏王義恭探得密旨先發議端懷文固請不可由是得息時游幸無度太后六宮常乘副車在後懷文與王景文每諫不宜亟出後因從坐松樹下風雨甚驟景文曰卿可以言矣懷文曰獨言無繼宜相與陳之江智深臥草側亦謂之善俄而被召俱入雉場懷文曰風雨如此非聖躬所宜景文又曰懷文所啓宜從智深未及有言上方注怒作色曰卿欲效顔竣邪何以恒知人事又曰顔竣小子恨不得鞭其面上每宴集在坐者咸令沉醉懷文素不飲酒又不好戲上謂故欲異已謝莊常誡懷文曰卿每與人異亦何可久懷文曰吾少來如此豈可一朝而變非欲異物性之所不能耳五年出爲晉安王子勛征虜長史廣陵太守明年坐朝正事畢被遣還北以女病求申臨辭又乞停三日訖猶不去爲有司所糾免官禁錮十年既被免賣宅還東上大怒收付廷尉賜死弟懷遠爲始興王濬征北長流參軍深見親待坐納王鸚鵡爲妾孝武徙之廣州刺史宗慤欲殺之會南郡王義宣反懷遠頗閑文筆慤起義使造檄書并銜命至始興與始興相沈法系論起義事事平慤具爲陳請由此見原終孝武世不得還前廢帝世歸位武康令撰南越志及懷文文集竝傳於世懷文三子淡深沖

沖字景綽涉獵文義仕宋歷位撫軍正佐兼記室及懷文得罪被繫沖兄弟行謝情哀貌苦見者傷之柳元景欲救懷文言於孝武曰沈懷文三子塗炭不可見願陛下速正其罪帝曰宜急殺之使其意分竟殺之元景爲之歎息沖兄弟以此知名累遷司徒錄事齊武帝爲江州沖爲征虜長史尋陽太守齊建元中累遷太子中庶子武帝在東宮待以恩舊及即位轉御史中丞侍中永明四年爲五兵尚書沖與兄淡深名譽有優劣世號爲腰鼓兄弟淡深並歷御史中丞兄弟三人皆爲司直晉宋所未有也中丞案裁之職被惡者多結怨永明中深彈吳興太守袁彖建武中彖從弟昂爲中丞到官數日奏彈深子繢父在儭白幰車免官禁錮沖母孔氏在東鄣家失火疑爲人所焚爇大呼曰我三兒皆作御史中丞與人豈有善者方恐肌分骨散何但焚如兄弟後並歷侍中武帝方欲任沖尋卒追贈太常謚曰恭子

曇慶懷文從父兄也父發員外散騎侍郎曇慶仕宋位尚書左丞時歲有水旱曇慶議立常平倉以救人急文帝納其言而事不行大明元年爲徐州刺史時殿中員外將軍裴景仁助戍彭城景仁本北人多悉關中事曇慶使撰秦記十卷叙苻氏事其書傳於世曇慶謹實清正所莅有稱績常謂子弟曰吾處世無才能圖作大老子耳世以長者稱之卒於祠部尚書

周朗字義利汝南安成人也父淳宋初歷位侍中太常兄嶠尚武帝第四女宣城德公主二女適建平王宏廬江王禕以貴戚顯官朗少而愛奇雅有風氣與嶠志趣不同嶠甚疾之爲江夏王義恭太尉參軍元嘉二十七年春朝議北侵魏當遣義恭出鎭彭城爲諸軍大統朗聞之解職及義恭出鎭府主簿羊希從行與朗書戲之勸令獻奇進策朗報書援引古義辭意倜儻孝武即位除建平王宏中軍錄事參軍時普責百官讜言朗上書陳述得失多自矜誇書奏忤旨自解去職後爲廬陵內史郡界荒蕪頗有野獸母薛氏欲見獵朗乃合圍縱火令母觀之火逸燒郡廨朗悉以秩米起屋償所燒之限稱疾去官爲州司所糾還都謝孝武曰州司舉臣愆失多不允臣在郡猛獸三食人蟲鼠犯稼以此二事上負陛下上變色曰州司不允或可有之蟲獸之災寧關卿小物朗尋丁母憂每哭必慟其餘頗不依居喪常節大明四年上使有司奏其居喪無禮詔曰朗悖禮利口宜合翦戮微物不足亂典刑特鎖付邊郡於是傳送寧州於道殺之朗族孫顒

顒字彥倫晉左光祿大夫顗七世孫也祖虎頭員外常侍父恂歸鄉相顒少爲族祖朗所知解褐海陵國侍郎益州刺史蕭惠開賞異顒攜入蜀爲厲鋒將軍帶肥鄉成都二縣令仍爲府主簿常謂惠開性太險每致諫惠開不悅答顒曰天險地險王侯設險但問用險何如耳隨惠開還都宋明帝頗好玄理以顒有辭義引入殿內親近宿直帝所爲慘毒之事顒不敢顯諫輒誦經中因緣罪福事帝亦爲之小止元徽中詔爲剡令有恩惠百姓思之齊高帝輔政爲齊殿中郎建元初爲長沙王後軍參軍山陰令還爲文惠太子中軍錄事參軍文惠在東宮顒還正員郎始興王前軍諮議直侍殿省深見賞遇顒音辭辯麗長於佛理著三宗論言空假義西涼州智林道人遺顒書深相贊美言捉麈尾來四十餘載頗見宗錄唯此塗白黑無一人得者爲之發病非意此音猥來入耳其論見重如此顒於鍾山西立隱舍休沐則歸之轉太子僕兼著作撰起居注遷中書郎兼著作常游侍東宮少從外氏車騎將軍臧質家得衞恒散隸書法學之甚工文惠太子使顒書玄圃茅齋壁國子祭酒何胤以倒薤書求就顒換之顒笑答曰天下有道丘不與易也每賓友會同顒虛席晤語辭韻如流聽者忘倦兼善老易與張融相遇輒以玄言相滯彌日不解清貧寡欲終日長蔬雖有妻子獨處山舍甚機辯衞將軍王儉謂顒曰卿山中何所食顒曰赤米白鹽綠葵紫蓼文惠太子問顒菜食何味最勝顒曰春初早韭秋末晚菘何胤亦精信佛法無妻太子又問顒卿精進何如何胤顒曰三塗八難共所未免然各有累太子曰累伊何對曰周妻何肉其言辭應變如此轉國子博士兼著作太學諸生慕其風爭事華辯始著四聲切韻行於時後卒於官子捨

捨字昇逸幼聰穎顒異之臨終謂曰汝不患不富貴但當將之以道德及長博學尤精義理善誦詩書音韻清辯弱冠舉秀才除太學博士從兄綿爲剡縣贓汙不少籍沒資財捨乃推宅助焉建武中魏人吳苞南歸有儒學尚書僕射江祏招苞講捨造坐折苞辭理遒逸由是名爲口辯王亮爲丹陽尹聞而悅之辟爲主簿政事多委焉遷太常丞梁武帝即位吏部尚書范雲與顒素善重捨才器言之武帝召拜尚書祠部郎禮儀損益多自捨出先是帝與諸王及異平侯書皆云弟捨立議引武王周公故事皆曰汝從之累遷鴻臚卿時王亮得罪歸家故人莫至捨獨敦恩舊及亮卒身營殯葬時人稱之遷尚書吏部郎太子右衞率右衞將軍雖居職屢徙而常留省內罕得休下國史詔誥儀體法律軍旅謀謨皆兼掌之日夜侍上預機密二十餘年未嘗離左右帝以爲有公輔器初范雲卒衆以沈約允當樞管帝以約輕易不如徐勉於是勉捨同參國政勉小嫌中廢捨專掌權轄雅量不及勉而清簡過之兩人俱稱賢相時議國史疑文帝紀傳之名捨以爲帝紀之籠百事如乾象之包六爻今若追而爲紀則事無所包若直書功德則傳而非紀應於上紀之前畧有仰述從之捨占對辯捷嘗居直廬語及嗜好裴子野言從來不嘗食薑捨應聲曰孔稱不徹裴乃不嘗一坐皆悅與人論謔終日不絕而竟不言漏泄機事衆尤服之性儉素衣服器用居處牀席如布衣之貧者每入官府雖廣夏華堂閨閤重邃捨居之則塵埃滿積以荻爲障壞亦不修歷侍中太子詹事普通五年南津校尉郭祖深獲始興相白渦書餉捨衣屨及婢以聞坐免官以右驍衞將軍知詹事卒上臨哭哀動左右追贈侍中護軍將軍謚曰簡子初帝銳意中原羣臣咸言不可唯捨贊成之大通中累獻捷帝思其功下詔述其德美以爲往者南司白渦之劾恐外議謂朕有私致此黜免追愧若人一介之善外可量加褒異以旌善人捨集二十卷二子弘義弘信弟子弘正

弘正字思行父寶始梁司徒祭酒弘正幼孤及弟弘讓弘直俱爲伯父捨所養年十歲通老子周易捨每與談論輒異之曰觀汝清理警發後世知名當出吾右河東裴子野深相賞納請以女妻之十五召補國子生仍於國學講易諸生傳習其義以季春入學孟冬應舉學司以日淺不許博士到洽曰周郎弱冠講經豈俟策試普通中初置司文義郎直壽光省以弘正爲司義侍郎弘正醜而不陋吃而能談俳諧似優剛腸似直善玄理爲當世所宗藏法師於開善寺講說門徒數百弘正年少未知名著紅褌錦絞髻踞門而聽衆人蔑之弗譴也旣而乘間進難舉坐盡傾法師疑非世人覘知大相賞狎劉顯將之尋陽朝賢畢祖道顯縣帛十四約曰險衣來者以賞之衆人競改常服不過長短之間顯曰將有甚於此矣旣而弘正綠絲布袴繡假種軒昂而至折標取帛大通三年昭明太子薨其嗣華容公不得立乃以晉安王綱爲皇太子弘正奏記請抗目夷上仁之義執子臧之節其抗直守正如此常自稱有才無相僕射徐勉掌選以其陋不堪爲尚書郎乃獻書於勉其言甚切稍遷國子博士學中有宋元凶講孝經碑歷代不改弘正始到官即表刊除時於城西立士林館弘正居以講授聽者傾朝野焉弘正啓周易疑義凡五十條又請釋乾坤二繫復詔答之後爲平西邵陵王府諮議參軍有罪應流徙勑以賜干陁利國未去寄繫尚方於獄上武帝

講武詩降勑原罪仍復本位弘正博物知玄象善占候大同末嘗謂弟弘讓曰國家阸在數年當有兵起吾與汝不知何所逃之及武帝納侯景弘正謂弘讓曰亂階此矣臺城陷弘正諂附王偉又與周石珍合族避景諱改姓姬氏拜太常景將篡之際使掌禮儀及王僧辯東討元帝謂僧辯曰王師近次朝士孰當先來王僧辯曰其周弘正乎弘正智不後機體能濟勝無妻子之顧有獨決之明其餘碌碌不逮也俄而前部傳云弘正至僧辯飛騎迎之及見歡甚曰吾固知王僧達非後機者公可坐吾膝上對曰可謂進而若將加諸膝老夫何足以當僧辯即日啓元帝手書與弘正仍遣使迎之謂朝士曰晉氏平吳喜獲二陸今我討賊亦得兩周及至禮數甚優朝臣無比授黃門侍郎直侍中省俄遷左戶尚書加散騎常侍夏月著犢鼻褌衣朱衣爲有司所彈其作達如此元帝嘗著金樓子曰余於諸僧重招提琰法師隱士重華陽陶貞白士大夫重汝南周弘正其於義理情轉無窮亦一時之名士也弘正善清談梁末爲玄宗之冠及侯景平僧辯啓送祕府圖籍勑弘正讐校時朝議遷都但元帝再臨荆陝前後二十餘年情所安戀不欲歸建業兼故府臣僚皆楚人並欲即都江陵云建康蓋是舊都彫荒已極且王氣已盡兼與北止隔一江若有不虞悔無所及且臣等又聞荆南有天子氣今其應矣元帝無去意時尚書左僕射王褒及弘正咸侍帝顧曰卿意何如褒等以帝猜忌弗敢衆中公言唯唯而已褒後因淸閒密諫還丹陽甚切帝雖納之色不悅及明日衆中謂褒曰卿昨勸還建鄴不爲無理吾昨夜思之猶懷疑惑褒知不引納乃止他日弘正乃正色諫至于再三曰若如士大夫唯聖王所都本無定處至如黔首未見入建鄴城便謂未是天子猶列國諸王今日赴百姓之心不可不歸建鄴當時頗相酬許弘正退後黃羅漢宗懍乃言弘正王褒竝東人仰勸東下非爲國計弘正竊知其言他日乃復上前面折二人曰若東人勸下東謂之私計西人勸住西亦是私計不衆人默然而人情竝勸遷都上又嘗以後堂大集文武其預會者四五百人帝欲偏試人情曰勸吾去者左袒於是左袒者過半武昌太守朱買臣上舊左右而閹人也頗有幹用故上擢之及是勸上還曰買臣家在荆州豈不願官長住但恐是買臣富貴非官富貴邪上深感其言卒不能用及魏平江陵弘正遁歸建鄴太平元年授侍中領國子祭酒遷太常卿都官尚書陳武帝授太子詹事天嘉元年遷侍中國子祭酒往長安迎宣帝三年自周還廢帝嗣位領都官尚書總知五禮事宣帝即位遷特進領國子祭酒加扶大建二年授尚書右僕射尋勑侍東宮講論語孝經太子以弘正德望素重有師資之敬焉弘正特善玄言兼明釋典雖碩德名僧莫不請質疑滯六年卒官年七十九贈侍中中書監謚曰簡子所著周易講疏十六卷論語疏十一卷莊子疏八卷老子疏五卷孝經疏二卷集二十卷行于代子瑑玄年十四與俱載入東乘小船度岸見藤花弘正挽之船覆俱溺弘正僅免瑑玄遂得心驚疾次子墳尚書吏部郎

弘讓性簡素博學多通始仕不得志隱於句容之茅山頻徵不出晚仕侯景爲中書侍郎人問其故對曰昔王道正直得以禮進退今乾坤易位不至將害於人吾畏死耳始彭城劉孝先亦辭辟命隨兄孝勝在蜀武陵建號仕爲世子府諮議參軍二隱竝獲譏於代弘讓承聖初爲國子祭酒二年爲仁威將軍城句容以居之命曰仁威壘陳天嘉初以白衣領太常卿光祿大夫加金章紫綬

弘讓弟弘直字思方幼而聰敏仕梁爲西中郎湘東王外兵記室參軍與東海鮑泉南陽宗懍平原劉緩沛國劉毅同掌書記王出鎭江荆二州累除諮議參軍及承制封湘濱縣侯累遷昌州刺史王琳之舉兵弘直在湘州琳敗乃入陳位太常卿光祿大夫加金章紫綬弘直方雅敦厚氣調高於次昆或問三周孰賢人曰若蜂腰矣太建七年卒遺疏氣絶之後便買市中見材小形者斂以時服古人通制但下見先人必須備禮可著單衣裙衫故履既應侍養宜備紛帨或逢善友又須香煙棺內唯安白布手巾麤香鑪而已此外無所用卒於家年七十六有集二十卷子確字士潛美容儀寬大有行檢博涉經史篤好玄言位都官尚書禎明初卒

論曰文人不護細行古今之所同焉由夫聲裁所知故取忤於人者也觀夫顏謝之於宋朝非不名高一代靈運既以取斃延之亦躓當年向之所謂貴身翻成害已者矣士遜援筆數罪陵讐犯難餌彼慈親再之歎吻以此爲忠無聞前誥夫自忍其親必將忍人之親士遜自忘其孝期以申人之孝自非嚴父之辭允而義愜則難乎免矣師伯行已縱欲好進忘退既以此始亦以此終宜乎懷文蹈履之地足以追縱古烈孔母致懼中丞其誠深矣周朗始終之節亦倜儻爲尤顯捨父子文雅不墜弘正兄弟義業幾乎德門者焉

南史卷三十四考證

顏竣傳嚴檢盜鑄並禁剪鑿○禁下監本衍私字今从宋書

竣上言禁糃一月息米近萬斛○糃一本作餳

顏師伯傳師伯子舉周旋寒人張奇爲公車令○寒監本誤塞今改正

令史潘道栖諸道惠○諸宋書作褚

沈懷文傳元凶弒立以爲中書侍郎孝武入討呼之使作符檄固辭○呼之上應从宋書加上字

上方注怒作色○怒應从閣本改努

周捨傳雖廣夏華堂○夏應改厦

周弘正傳又請釋乾坤二繫○坤監本作巛弘讓傳今乾坤易位句同

南史卷三十五

唐　李　延　壽　撰

列傳第二十五

劉湛　庾悅 族弟登之 仲文 仲文子弘遠 仲文族孫仲容

顧琛　顧覬之 孫憲之

劉湛字弘仁南陽涅陽人也祖躭父柳竝晉左光祿大夫開府儀同三司湛出繼伯父淡襲封安衆縣五等男少有局力不尚浮華博涉經傳諳前代舊典弱年便有宰物情常自比管葛不爲文章不喜談議除宋武帝太尉行參軍賞遇甚厚父柳亡於江州府州送故甚豐一無所受時論稱之服闋爲相國參軍謝晦王弘竝稱其器幹武帝入受晉命以第四子義康爲冠軍將軍豫州刺史留鎭壽陽以湛爲長史梁郡太守義康弱年未親政府州事悉委湛進號右將軍仍隨府轉義康以本號徙南豫州湛改領歷陽太守爲人剛嚴用法姦吏犯贓百錢以上皆殺之自下莫不震肅廬陵王義眞出爲車騎將軍南豫州刺史湛又爲長史太守如故義眞時居武帝憂使帳下備膳湛禁之義眞乃使左右人買魚肉珍羞於齋內別立廚帳會湛入因命臑酒炙車螯湛正色曰公當今不宜有此設義眞曰旦甚寒杯酒亦何傷長史事同一家望不爲異酒至湛起曰既不能以禮自處又不能以禮處人後爲廣州刺史嫡母憂去職服闋爲侍中時王華王曇首殷景仁亦爲侍中文帝於合殿與四人宴飮甚悅華等出帝目送良久歎曰此四賢一時之秀同管喉脣恐後世難繼及撫軍將軍江夏王義恭鎭江陵以湛爲使持節南蠻校尉領撫軍長史行府事王弘輔政而王華王曇首任事居中湛自謂才能不後之不願外出是行也謂爲弘等所斥意甚不平常曰二王若非代邸之舊無以至此可謂遭遇風雲湛負其才氣常慕汲黯崔琰爲人故名長子曰黯字長孺第二子曰琰字季珪琰於江陵病卒湛求自送喪還都義恭亦爲之陳請文帝答義恭曰吾亦得湛啓事爲之酸懷乃不欲苟違所請但汝弱年新涉軍務八州殷曠專斷事重疇諮委杖不可不得其人量算二三未獲便相順許今答湛啓權停彼葬頃朝臣零落相係寄懷轉寡湛實國器吾乃欲引其令還直以西夏任重要且停此事耳汝慶賞黜罰預得失者必宜悉相委寄義恭性甚狷隘年又漸大欲專政事每爲湛所裁主佐之間嫌隙遂搆文帝聞之密遣詰讓義恭義恭陳湛無居下之禮又自以年長未得行意雖奉詔旨每出怨言上友于素篤欲加酬順乃詔之曰當今之才委受已爾宜盡相彌縫取其可取棄其可棄先是王華既亡曇首又卒領軍將軍殷景仁以時賢零落白文帝徵湛八年召爲太子詹事加給事中與景仁竝被任遇湛云今代宰相何難此正可當我南陽郡漢代功曹耳明年景仁轉尚書僕射領選護軍將軍湛代爲領軍十二年又領詹事湛與景仁素款又以其建議徵之甚相感悅及俱被時遇猜隙漸生以景仁專內任謂爲間已時彭城王義康專執朝權而湛昔爲上佐遂以舊情委心自結欲因宰相之力回主心傾黜景仁獨當時務義康屢言之於文帝其事不行義康僚屬及湛諸附隷潛相約勒無敢歷殷氏門者湛黨劉敬文父成未悟其機詣景仁求郡敬文遽謝湛曰老父悖耄遂就殷鐵干祿由敬文闇淺上負生成合門慙懼無地自處敬文之姦諂如此義康擅權專朝威傾內外湛愈推崇之無復人臣之禮上稍不能平湛初入朝委任甚重善論政道并諳前代故事聽者忘疲每入雲龍門御者便解駕左右及羽儀隨意分散不夕不出以此爲常及晚節驅煽義康陵轢朝廷上意雖內離而接遇不改上謂所親曰劉班初自西還吾與語常看日早晚慮其當去比入亦看日早晚慮其不去湛小

字斑獸故云斑也遷丹陽尹詹事如故十七年所生母亡上與義康形迹旣乖釁難將結湛亦知無復全地及至丁艱謂所親曰今年必敗常日賴口舌爭之故得推遷耳今旣窮毒無復此望禍至其能久乎伏甲於室以待上臨弔謀又泄竟弗之幸十日詔收付廷尉於獄伏誅時年四十九黯等從誅弟素黃門郎徙廣州湛初被收歎曰便是亂邪又曰不言無我應亂殺我日自是亂法耳入獄見素曰乃復及汝邪相勸爲惡惡不可爲相勸爲善正見今日如何湛生女輒殺之爲時流所怪

庾悅字仲豫潁川鄢陵人也晉太尉亮之曾孫也祖義吳國內史父准西中郎將豫州刺史悅仕晉爲司徒右長史桓玄篡位爲中書侍郎宋武平建鄴累遷建威將軍江州刺史加都督初劉毅家在京口酷貧嘗與鄉曲士大夫往東堂共射時悅爲司徒右長史要府州僚佐出東堂毅已先至遣與悅相聞曰身並貧躓營一遊甚難君如意人無處不可爲適豈不能以此堂見讓悅素豪徑前不答毅時衆人並避唯毅留射如故悅廚饌甚盛不以及毅毅旣不去悅甚不歡毅又相聞曰身今年未得子鵝豈能以殘炙見惠悅又不答至是毅表解悅都督將軍官以刺史移鎮豫章以親將趙恢領千兵守尋陽建威府文武三千人悉入毅將府深相挫辱悅不得志疽發背到豫章少日卒

登之字元龍悅族弟也曾祖冰晉司空祖蘊廣州刺史父廓東陽太守登之少以彊濟自立初爲宋武帝鎮軍參軍預討桓玄功封曲江縣五等男累遷新安太守謝晦爲荆州刺史請爲長史南郡太守仍爲衞軍長史登之與晦俱曹氏壻名位本同一旦爲之佐意甚不愜到廳牋唯言卽日恭到初無感謝之言每入覲見備持箱囊几席之屬一物不具則不肯坐嘗於晦坐誦西征賦云生有脩短之命位有通塞之遇晦雖恨而常優容之晦拒王師欲登之留守登之不許晦敗登之以無任免官禁錮還家何承天戲之曰因禍爲福未必皆知登之曰我亦幾與三豎同戮承天爲晦作表云當浮舟東下戮此三豎故登之爲嘲後爲司徒長史南東海太守府公彭城王義康專覽政事不欲自下厝意而登之性剛每陳己志義康不悅出爲吳郡太守以贓貨免官後拜豫章太守徵爲中護軍未拜卒子仲遠初爲宋明帝府佐廢帝景和中明帝疑防賓客故人無到門者唯仲遠朝謁不替明帝卽位謂曰卿所謂疾風知勁草自軍錄事參軍擢拜太子中庶子卒於豫章太守贈侍中登之弟仲文

仲文位廣平太守兄登之爲謝晦長史仲文往省之時晦權重朝士並加敬仲文獨與抗禮後爲彭城王義康驃騎主簿未就徙爲丹陽丞旣未到府疑於府公禮敬下禮官博議中書侍郎裴松之議曰案春秋桓公八年祭公逆王后于紀公羊傳曰女在國稱女此其稱王后何王者無外其辭成矣推此而言則仲文爲吏之道定於受敕之日矣名器旣正則禮亦從之安可以未到廢其節乎宜執吏禮從之後始興王濬當鎮湘州以仲文爲司馬濬不之任仍除南梁太守司馬如故于時領軍劉湛協附大將軍彭城王義康而與僕射殷景仁隙凡朝士遊殷氏者不得入劉氏之門獨仲文遊二人間密盡忠於朝廷景仁稱疾不朝見者歷年文帝常令仲文銜命去來湛不疑也義康出蕃湛伏誅以仲文爲尚書吏部郎與右衞將軍沈演之俱參機密歷侍中吏部尚書領義陽王師內外歸附勢傾朝野仲文爲人強急不耐煩賓客訴非理者忿罵形於辭色素無術學不爲衆望所推性好潔士大夫造之者未出戶輒令人拭席洗牀時陳郡殷沖亦好淨小史非淨浴新衣不得近左右士大夫小不整潔每容接之仲文好潔反是每以此見譏領選旣不緝衆論又頗通貨賄用少府卿劉道錫爲廣州刺史道錫至鎮餉白檀牽車常自乘焉或以白文帝帝見問曰道錫餉卿小車裝飾甚麗有之乎仲文懼起謝又仲文請急還家吏部令史錢泰主客令史周伯齊出仲文宅諮事泰能彈琵琶伯齊善歌仲文因留停宿尚書制令史諮事不得宿停外雖八座命亦不許爲有司所奏上於仲文素厚將恕之召問尚書右僕射何尚之具陳仲文得失奏言仲文事如丘山若縱而不糺復何以爲政晉武不爲明主斷鬲令史遂能奮發華廙見待不輕廢錮累年後起改作城門校尉耳若言仲文有誠於國未知的是何事政當云與殷景仁不失其舊與劉湛亦復不疎且景仁當時意事豈復可蔑縱有微誠復何足掩其惡今賈充勳烈晉之重臣雖事業不稱不聞有大罪諸臣進說便卽遠出陛下聖叡反更遲遲於此仲文身上之釁旣自過於范曄所少賊一事耳伏願深加三思試以諸聲傳普訪諸可顧問者羣下見陛下顧遇旣重恐不敢苦侵傷顧問之日宜布嫌責之旨若不如此亦當不辯有所得失時仲文自理不諳臺制令史並言停外非嫌帝以小事不足傷大臣尚之又陳令史具向仲文說不得停之意仲文了不聽納非爲不解直是苟相留耳雖是令史出乃遠虧朝典又不得謂之小事謝晦望實非今者之疇一事錯誤免侍中官王珣時賢少失桓脩春蒐之謬皆白衣領職況公犯憲制邪孔萬祀居左局言仲文貴要異他尚書令又云不癡不聾不成姑公敢作此言亦爲異也文帝猶優遊使尚之更陳其意尚之備言仲文愆曰臣思張遼之言關羽雖兄弟曹公父子豈得不言觀今人臣憂國甚寡臣復結舌日月之明或有所蔽然不知臣者豈不謂臣有爭競之心亦追以悵悵臣與仲文周旋俱被恩接不宜復生厚薄太尉昨與臣言說仲文有諸不可非惟一條遠近相崇畏震動四海仲文先與劉德願殊惡德願自持琵琶甚精麗遺之便復欻然市令盛馥進數百口材助營宅恐人知作虛買券劉道錫驟有所輸傾南俸之半劉雍自謂得其力助事之如父夏中送甘蔗若新發於州國吏運載樵蘇無輟於道諸見人有物鮮或不求聞劉遵考有材便乞材見好燭槃便復乞之選用不平不可一二太尉又言仲文都無共事之體凡所選舉悉是其意政令太尉知耳論虞秀之作黃門太尉不正答和故得停太尉近與仲文疏欲用德願兒作州西曹仲文乃啓用爲主簿卽語德願以謝太尉前後漏泄賣恩亦復何極縱不罪故宜出之自從裴劉刑罰已來諸將陳力百倍今日事實好惡可問若赫然發憤顯明法憲陛下便可閑臥紫闥無復一事也帝欲出仲文爲丹陽又以問尚之答言仲文蹈罪負恩陛下遲遲舊恩未忍窮法方復有尹京赫赫之授恐悉心奉國之人於此而息貪狠恣意歲月滋甚如臣所聞天下議論仲文恒塵累日月未見一毫增輝乃更成形勢是老王雅也古人言無賞罰雖堯舜不能爲政陛下豈可坐損皇家之重迷一凡人令賈誼劉向重生豈不慷慨流涕於聖世邪臣昔啓范曄當時亦懼犯觸之尤苟是愚懷所挹政自不能不舒達所謂雖九死而不悔也臣謂仲文且外出若能修改在職著稱還亦不難而得少明國典粗酬四海之誚今愆釁如山榮任不損仲文若復有彰大之罪誰敢以聞亦知陛下不能採臣之言故是臣不能以已之意耳又曰臣見劉伯龍大慷慨仲文所行言有人送張幼緒語人吾雖得一縣負錢三十萬庾仲遠仍當送至新林見縛束猶未得解手荀萬秋嘗諂仲文逢一客姓夏侯主人問有好牛不言無問有好馬不又言無政有佳驢耳仲文便答甚是所欲客出門遂相閙索之劉道錫言仲文所舉就道錫索嫁女具及祠器乃當百萬數猶謂不然選令史章龍向臣說亦歎其受納之過言實得嫁女銅鑪四人舉乃勝細葛斗帳等物不可稱數在尚書中令奴酤酃酒利其百十亦是立臺閣所無不審少簡聖聽不帝乃可有司之奏免仲文官卒于家帝錄其宿誠追贈本官子弘遠

弘遠字士操清實有士譽仕齊爲江州長史刺史陳顯達舉兵敗斬於朱雀航將刑索帽著之曰子路結纓吾不可以不冠而死謂看者曰吾非賊乃是義兵爲諸君請命耳陳公太輕事若用吾言天下將免塗炭弘遠子子曜年十四抱持父乞代命遂併殺之仲文從弟徽之位御史中丞徽之子濟齊邵陵王記室濟子仲容

仲容字子仲幼孤爲叔父泳所養及長杜絕人事專精篤學晝夜手不輟卷初爲安西法曹行參軍泳時貴顯吏部尚書徐勉擬泳子晏嬰爲宮僚泳泣曰兄子幼孤人才粗可願以晏嬰所忝回用之勉許焉轉仲容爲太子舍人遷安成王主簿時平原劉峻亦爲府佐並以彊學爲王所禮接後爲永康錢唐武康令並無績多被推劾久之除安成王中記室當出隨府皇太子以舊恩降餞賜詩曰孫生陟陽道吳子朝歌縣未若樊林舉置酒臨華殿時輩榮之後爲尚書左丞坐推糺不直免官仲容博學少有盛名頗任氣使酒好危言高論士友以此少之唯與王籍謝幾卿情好相得二人時亦不調遂相追隨誕縱酣飲不持檢操遇太清亂遊會稽卒仲容抄子書三十卷諸集三十卷衆家地理書二十卷列女傳三卷文集二十卷並行於代

顧琛字弘瑋吳郡吳人晉司空和之曾孫也祖履之父惔並爲司徒左西曹掾琛謹確不尚浮華起家州從事駙馬都尉累遷尚書庫部郎元嘉七年文帝遣到彥之經略河南大敗悉委棄兵甲武庫爲之空虛文帝宴會有歸化人在座上問琛庫中仗猶有幾許琛詭辭答有十萬人仗舊庫仗祕不言多少上旣發問追悔失言及琛詭對上甚善之尚書等門有制八坐以下門生隨入者各有差不得雜以人士琛以宗人顧碩寄尚書張茂度門名而與碩同席坐明年坐遣出免中正凡尚書官大罪則免小罪遣出遣出者百日無代人聽還本職琛仍爲彭城王義康所請再補司徒錄事參軍十五年出爲義興太守初義康請琛入府欲委以腹心琛不能承事劉湛故尋見斥外十九年徙東陽太守欲使琛防守彭城王義康固辭忤旨廢黜還家積年及元凶弒立分會稽五郡置州以隨王誕爲刺史卽以琛爲會稽太

守誕起義加冠軍將軍事平遷吳興太守孝建元年爲吳郡太守以起義功封永新縣五等侯大明元年吳縣令張闓坐居母喪無禮下廷尉錢唐令沈文秀判劾違謬應坐被彈琛宣言於衆闓被劾之始屢相申明又云當啓文秀留縣孝武聞之大怒謂琛賣惡歸上免官琛母老仍停家琛及前西陽太守張牧並事司空竟陵王誕誕反遣客陸延稔齎書板琛及子弟官時孝武以琛素結事誕或有異志遣信就吳郡太守王曇生誅琛父子會延稔先至琛等即執斬之遣二子送延稔首啓聞孝武所遣誅琛使其日亦至而獲免琛母孔氏時年百餘歲晉安帝隆安初琅邪王廞於吳中作亂以爲貞烈將軍悉以女人爲官屬以孔氏爲司馬及孫恩亂後東土饑荒人相食孔氏散家糧以賑邑里得活者甚衆生子皆以孔爲名焉琛仍爲吳興太守明年坐郡人多翦錢及盜鑄免官歷位都官尚書廢帝即位爲吳郡太守初琛景平中爲朝請假還東日晚至方山于時商旅數十船悉泊岸側有一人玄衣介幘執鞭屏諸船云顧吳郡部伍尋至應泊此岸於是諸船各東西俄有一假裝至事力甚寡仍泊向處人問顧吳郡早晚至船人答無顧吳郡又問何船曰顧朝請耳莫不驚怪琛意竊知爲善徵因誓之曰若得郡當於此立廟至是果爲吳郡乃立廟方山號曰馬廟云明帝泰始初與四方同反兵敗奉母奔會稽臺軍既至歸降後爲員外常侍中散大夫卒次子寶先大明中爲尚書水部郎先是琛爲左丞荀萬秋所劾及寶先爲郎萬秋猶在職自陳不拜孝武詔曰劾違糾慢憲司之職若有不公自當更有釐改而自頃劾無輕重輒致私絕此風難長主者嚴爲其科先是宋世江東貴達者會稽孔季恭子靈符吳興丘深之及琛吳音不變深之字思玄吳興烏程人位侍中都官尚書卒於太常

顧覬之字偉仁吳郡吳人也高祖謙字公讓晉平原內史陸機姊夫祖崇大司農父黃老司徒左西曹掾覬之爲謝晦衞軍參軍晦愛其雅素深相知待歷位尚書都官郎殷劉隙著覬之不欲與殷景仁久接乃辭腳疾免歸每夜常於床上行腳家人竊異之而莫曉其意及義康徙廢朝廷多受禍覬之竟免後爲山陰令山陰劇邑三萬戶前後官長晝夜不得休事猶不舉覬之御繁以約縣用無事晝日垂簾門階閑寂自宋世爲山陰務簡而事理莫能尚也後爲尚書吏部郎嘗於文帝坐論江東人物言及顧榮袁淑謂覬之曰卿南人怯懦豈辦作賊覬之正色曰卿乃復以忠義笑人淑有愧色孝建中爲湘州刺史以政績稱大明元年徵守度支尚書轉吏部尚書時沛郡相縣唐賜往比村彭家飲酒還因得病吐蠱二十餘物賜妻張從賜臨終言死後親刳腹五藏悉糜碎郡縣以張忍行刳剖賜子副又不禁止論妻傷夫五藏刑子不孝母子棄市並非科例三公郎劉勰議賜妻痛往遵言兒識謝及理考事原心非在忍害謂宜哀矜覬之議以妻子而行忍酷不宜曲通小情謂副爲不孝張同不道詔如覬之議後爲吳郡太守幸臣戴法興權傾人主而覬之未嘗低意左光祿大夫蔡興宗與覬之善嫌其風節過峻覬之曰辛毗有云孫劉不過使吾不爲三公耳後卒於湘州刺史謚曰簡子覬之家門雍穆爲州郡所重子綽私財甚豐鄉里士庶多負責覬之禁不能止及後爲吳郡誘出文券一大廚悉令焚之宣語遠近皆不須還綽懊歎彌日覬之常執命有定分非智力所移唯應恭己守道信天任運而闇者不達妄意徼倖徒虧雅道無關得喪乃以其意命弟子愿作定命論愿字子恭父深之散騎侍郎愿好學有才辭卒於太子舍人覬之孫憲之

憲之字士思性尤清直宋元徽中爲建康令時有盜牛者與本主爭牛各稱己物二家辭證等前後令莫能決憲之至覆其狀乃令解牛任其所去牛徑還本宅盜者始伏其罪時人號曰神明至於權要請託長吏貪殘據法直繩無所阿縱性又清儉強力爲政甚得人和故都下飲酒者醇旨輒號爲顧建康謂其清且美焉仕齊爲衡陽內史先是郡境連歲疾疫死者大半棺槨尤貴悉裹以葦席棄之路傍憲之下車分告屬縣求其親黨悉令殯葬其家人絕滅者憲之出公祿使紀綱營護之又土俗山人有病輒云先亡爲禍皆開冢剖棺水洗枯骨名爲除祟憲之曉諭爲陳生死之別事不相由風俗遂改時刺史王奐初至唯衡陽獨無訟者乃歎曰顧衡陽之化至矣若九郡率然吾將何事後爲東中郎長史行會稽郡事山陰人呂文度有寵於齊武帝於餘姚立邸頗縱橫憲之至郡即日除之文度後還葬郡縣爭赴弔憲之不與相聞文度甚銜之亦卒不能傷也時西陵戍主杜元懿以吳興歲儉會稽年登商旅往來倍歲西陵牛埭稅官格日三千五百求加至一倍計年長百萬浦陽南北津及柳浦四埭乞爲官領攝一年格外長四百許萬武帝以示會稽使陳得失憲之議曰尋始立牛埭非苟通僦以納稅也當以風濤迅險人力不捷濟急以利物耳既公私是樂故輸直無怨京師航渡即其例也而後之監領各務己功或禁遏別道人生理會凡如此類不經埭煩牛者上詳被報蒙停格外十條從來喧訴始得暫弭案吳興頻歲失稔今茲尤饉去之從豐良由饑棘舊格新減尚未議登格外加倍將以何衞皇慈恤隱振廩蠲調而元懿幸災權利重增困瘼人而不仁古今共疾且比見加格置市者前後相屬非唯新加無贏並皆舊格有闕愚恐元懿今啓亦當不殊若事不副言懼貽譴詰便百方侵苦爲公賈怨其所欲舉腹心亦當獸而冠耳書云與其有聚斂之臣寧有盜臣言盜公爲損蓋微斂民所害乃大也然掌斯任者應簡廉平則無害於人愚又以便宜者蓋謂便於公宜於人也竊見頃之言便宜者非能於人力之外用天分地者也率皆即日不宜於人方來未便於公名與實反有乖政體凡如此等誠宜深察山陰一縣課戶二萬其人貲不滿三千者殆將居半刻又刻之猶且三分餘一凡有貲者多是士人復除其貧極者悉皆露戶役人三五屬官並惟正百端輸調又則常然皆衆局檢校首尾尋續橫相質累者亦復不少一人被攝十人相追一緒裁萌千蘗互起蠶事弛而農業廢賤取庸而貴舉責應公贍私日不暇給欲無爲非其可得乎死且不憚矧伊刑罰身且不愛何況妻子是以前檢未窮後巧復滋網辟徒峻猶不能悛竊尋人之多僞寔由宋季軍旅繁興役賦殷重不堪勤劇奇巧所優積習生常遂迷忘反四海之大庶黎之衆心用參差難卒澄一化宜以漸不可疾責誠存不擾藏疾納汚務詳寬簡則稍自歸淳又被簡符前後累千符旨既嚴不敢闇信縣簡送郡郡簡呈使殊形詭狀千變萬源聞者忽不經懷見殊刑者實足傷駭兼親屬里伍流離道路時轉窮涸事方未已其士人婦女彌難厝衷不簡則疑其有巧欲簡復未知所安愚謂此條宜委縣保舉其綱領略其毛目乃當有漏不出貯中庶嬰疾沉痾者重荷生造之恩也又永興諸暨離唐寓寇擾公私殊盡彌復特甚儻逢水旱實不易思俗諺云會稽打鼓送恤吳興步擔令史會稽舊稱沃壤今猶若此吳興本是塉土事在可知因循餘弊誠宜改張武帝並從之由是深以方直見知遷南中郎巴陵王長史南兗南豫二州事典籤諮事未嘗接以顏色動遵法制時司徒竟陵王於宣城臨成定陵三縣界立屯封山澤數百里禁人樵採憲之固陳不可言甚切直王曰非君無以聞此德音即命罷屯禁遷給事黃門兼尚書吏部郎中宋時其祖覬之嘗爲吏部於庭列植嘉樹謂人曰吾爲憲之植耳至是憲之果爲此職永明中爲豫章內史在任清簡務存寬惠有貞婦萬晞者少孀居無子事舅姑尤孝父母欲奪而嫁之誓死不許憲之賜以束帛表其節義梁武帝平建鄴爲揚州牧徵憲之爲別駕從事史比至而已受禪憲之風疾漸篤因求還吳就加太中大夫憲之雖累經宰郡資無儋石及歸環堵不免饑寒天監八年卒於家臨終爲制勑其子曰夫出生入死理均晝夜生既不知所從死亦安識所往延陵云精氣上歸于天骨肉下歸于地魂氣則無所不之良有以也雖復茫昧難徵要若非妄百年之期迅若馳隙吾今預爲終制瞑目之後念並遵行勿違吾志也莊周澹臺達生者也王孫士安矯俗者也吾進不及達退無所矯常謂中都之制允理愜情衣周於身示不違禮棺周於衣足以蔽臭入棺之物一無所須載以輴車覆以麤布爲使人勿惡也漢明帝天子之尊猶祭以杅水脯糗范史雲烈士之高亦奠以寒水乾飯況吾卑庸之人其可不節衷也喪易寧慼自是親親之情禮奢寧儉差可得由吾意不須常施靈筵可止設香燈使致哀者有憑耳朔望祥忌可權安小牀暫施几席唯下素饌勿用牲牢蒸嘗之祠貴賤罔替備物難辦多致疎怠祠先自有舊典不可有闕自吾已下止用蔬食時果勿同於上世示令子孫四時不忘其親耳孔子云雖菜羹瓜祭必齋如者本貴誠敬豈求備物哉所著詩賦銘讚幷衡陽郡記數十篇

論曰古人云利令智昏甚矣利害之相傾也劉湛識用才能實包經國之略豈知移弟爲臣則君臣之道變用兄成主則兄弟之義殊而執數懷姦苟相宗悅與夫推長戟而犯順何以異哉昔華元敗則以羊羹而取禍觀夫庾悅亦鵝炙以速尤乾餱以愆斯相類矣登之因禍而福倚伏無常仲文賄而爲災乃狗財之過也顧琛吳郡徵兆於初筮覬之清白之迹見於暮年憲之莅政所在稱美時移三代一德無虧求之古人未爲易遇觀其遺命可謂有始有卒者矣

南史卷三十五考證

劉湛傳博涉經傳○經閣本作史

武帝入受晉命○入監本訛又今改从宋書

第二子曰玟字季珪玟於江陵病卒○第二玟字監本誤毋今从宋書改正

主佐之間嫌隙遂搆○佐監本訛佑今从閣本

又曰不言無我應亂殺我日自是亂法耳○監本作不
言無戎應亂今从宋書
庾悅傳經前不荅穀時衆人並避○時宋書作語
庾登之傳子仲遠○仲宋書作冲

南史卷三十六

唐　李　延　壽　撰

列傳第二十六

羊欣　羊玄保子戎 兄子希　沈演之子勃 兄孫顗
演之從祖弟子憲 憲孫浚　江夷子湛 曾孫敩
敩子蒨 祿 蒨子紑 紑子總 夷弟子智深　江秉之孫謐

羊欣字敬元泰山南城人也曾祖忱晉徐州刺史祖權黃門郎父不疑桂陽太守欣少靖默無競於人美言笑善容止泛覽經籍尤長隸書父不疑爲烏程令欣年十二時王獻之爲吳興太守甚知愛之欣嘗夏月著新絹裙晝寢獻之入縣見之書裙數幅而去欣書本工因此彌善起家輔國參軍府解還家隆安中朝廷漸亂欣優遊私門不復進仕會稽王世子元顯每使書扇常不奉命元顯怒乃以爲其後軍府舍人此職本用寒人欣意貌恬然不以高卑見色論者稱焉嘗詣領軍謝混混拂席改服然後見之時混族子靈運在坐退告族兄瞻曰望蔡見羊欣遂改席易衣欣由此益知名桓玄輔政以欣爲平西主簿參豫機要欣欲自疏時漏密事玄覺其此意愈更重之以爲楚臺殿中郎謂曰尚書政事之本殿中禮樂所出卿昔處股肱方此爲輕欣就職少日稱病自免屏居里巷十餘年義熙中弟徽被知於武帝帝謂諮議參軍鄭鮮之曰羊徽一時美器世論猶在兄後卽板欣補右軍劉藩司馬後爲新安太守在郡四年簡惠著稱除臨川王義慶輔國長史廬陵王義眞車騎諮議參軍並不就文帝重以爲新安太守在郡十三年樂其山水嘗謂子弟曰人生仕宦至二千石斯可矣及是便懷止足轉義興太守非其好也頃之稱病篤免歸除中散大夫素好黃老常手自書章有病不服藥飲符水而已兼善醫術撰藥方數十卷欣以不堪拜伏辭不朝覲自非尋省近親不妄行詣行必由城外未嘗入六門武帝文帝並恨不識之元嘉十九年卒弟徽字敬猷時譽多欣位河東太守卒

羊玄保太山南城人也祖楷晉尚書都官郎父綏中書侍郎玄保初爲宋武帝鎭軍參軍少帝景平中累遷司徒右長史府公王弘甚知重之謂左長史庾登之吏部尚書王淮之曰卿二賢明美朗詣會悟多通然弘懿之望故當共推羊也頃之入爲黃門侍郎善弈棋品第三文帝亦好弈與賭郡玄保戲勝以補宣城太守先是劉式之爲宣城立吏人亡叛制一人不禽符伍里吏送州作部能禽者賞位二階玄保以爲非宜陳之曰臣伏尋亡叛之由皆出於窮逼今立殊制於事爲苦又尋此制施一邦而已若其是邪則應與天下爲一若其非邪亦不宜獨行一郡由此制停歷丹陽尹會稽太守太常吳郡太守文帝以玄保廉素寡欲故頻授名郡爲政雖無殊績而去後常必見思不營財利產業儉薄文帝嘗曰人仕宦非唯須才亦須運命每有好官缺我未嘗不先憶羊玄保元凶弒立以爲吏部尚書領國子祭酒及孝武入伐朝士多南奔劭集羣僚橫刀怒曰卿等便可去矣衆並懼莫敢言玄保容色不異徐曰臣其以死奉朝劭爲解孝武卽位爲金紫光祿大夫以謹敬見知大明五年加散騎常侍特進玄保自少至老謹於祭奠四時珍新未得祠薦者口不妄嘗卒謚曰定子子戎少有才氣而輕薄少行檢語好爲雙聲江夏王義恭嘗設齋使戎布牀須臾王出以牀狹乃自開牀戎曰官家恨狹更廣八分王笑曰卿豈唯善雙聲乃辯士也文帝好與玄保棋嘗中使至玄保曰今日上何召我邪戎曰金溝清泚銅池搖颺既佳光景當得劇棋玄保嘗嫌其輕脫云此兒必亡我家位通直郎坐與王僧達謗時政賜死死後孝武帝引見玄保玄保謝曰臣無日磾之明以此上負上美其言戎二弟文帝並賜名曰咸曰粲謂玄保曰欲令卿二子有林下正始餘風玄保旣善棋而何尚之亦雅好其事吳郡褚胤年七歲便入高品及長冠絕當時胤父榮期與臧質同逆胤應從誅何尚之固請曰胤弈棋之妙超古冠今魏犨犯令以材獲免父戮子宥其例甚多特乞與其微命使異術不絕不許時人痛惜之

玄保兄子希字泰闓少有才氣爲尚書左丞時揚州刺史西陽王子尚上言山湖之禁雖有舊科人俗相因替而不奉熂山封水保爲家利自頃以來頹弛日甚富彊者兼嶺而占貧弱者薪蘇無託至漁採之地亦又如茲斯實害人之深弊爲政所宜去絕損益舊條更申恒制有司檢壬辰詔書占山護宅彊盜律論贓一丈以上皆棄市希以壬辰之制其禁嚴刻事既難遵理與時弛而占山封水漸染復滋更相因仍便成先業一朝頓去易致嗟怨今更刊革立制五條凡是山澤先恒熂爈養種竹木雜果爲林芿及陂湖江海魚梁鰌鮆場恒加功脩作者聽不追奪官品第一第二聽占山三頃第三第四品二頃五十畝第五第六品二頃第七第八品一頃五十畝第九品及百姓一頃皆依定格條上貲簿若先已占山不得更占先占闕少依限占足若非前條舊業一不得禁有犯者水土一尺以上並計贓依常盜律論停除咸康二年壬辰之科從之時益州刺史劉瑀先爲右衞將軍與府司馬何季穆共事不平季穆爲尚書令建平王宏所親待屢毀瑀於宏會瑀出爲益州奪士人妻爲妾宏使希舉察之瑀坐免官瑀恨希切齒有門生謝元伯往來希間瑀密令訪訊被免之由希曰此奏非我意瑀卽日到宏門奉牋陳謝云聞之羊希希坐漏泄免官泰始三年爲寧朔將軍廣州刺史四年希以沛郡劉思道行晉康太守領軍伐俚思道違節失利希遣收之思道不受命率所領襲州希踰城走思道獲而殺之希子崇字伯遠尚書主客郎丁母憂哀毀過禮及聞廣州亂卽日便徒跣出新亭不能步涉頓伏江渚門義以小船致之父葬畢乃不勝哀而卒

沈演之字臺眞吳興武康人也高祖充晉車騎將軍吳國內史曾祖勁冠軍陳祐長史戍金墉爲燕將慕容恪所陷不屈見殺贈東陽太守祖赤黔廷尉卿父叔任少有幹質朱齡石伐蜀爲齡石建威府司馬平蜀之功亞於元帥以功封寧新縣男後拜益州刺史卒演之年十一尚書僕射劉柳見而知之曰此童終爲令器沈氏家世爲將而演之折節好學讀老子百徧以義理業尚知名襲父別爵吉陽縣五等侯舉秀才爲嘉興令有能名元嘉中累遷尚書吏部郎先是劉湛劉斌等結黨欲排廢尚書僕射殷景仁演之雅杖正義與景仁素善盡心朝廷文帝甚嘉之及彭城王義康出蕃誅劉湛等以演之爲右衞將軍景仁尋卒乃以後軍長史范曄爲左衞將軍與演之對掌禁旅同參機密尋加侍中文帝謂之曰侍中領衞望實優顯此蓋宰相便坐卿其勉之上欲伐林邑朝臣多不同唯廣州刺史陸徽與演之贊成上意及林邑平賜羣臣黃金生口銅器等物演之所得偏多上謂曰廟堂之謀卿參其力平此遠夷未足多建茅土廓清舊都鳴鸞東岱不憂山河之不開也二十一年詔以演之爲中領軍太子詹事范曄懷逆謀演之覺其有異言之文帝曄尋伏誅歷位吏部尚書領太子右衞率素有心氣寢病歷年上使臥疾理事性好舉才申濟屈滯而謙約自持上賜女伎不受暴卒文帝痛惜贈金紫光祿大夫謚曰貞子睦位黃門侍郎與弟西陽王文學勃忿鬩坐徙始興郡勃輕薄好利位太子右衞率加給事中坐贓賄徙梁州後還結事阮佃夫王道隆等位司徒左長史爲後廢帝所誅演之兄子坦之仕齊位都官郎坦之子顗

顗字處默幼清靜有至行慕黃叔度徐孺子之爲人讀書不爲章句著述不尚浮華常獨處一室人罕見其面從叔勃貴顯每還吳興賓客塡咽顗不至其門勃就之顗送迎不越閫勃歎曰吾乃今知貴不如賤也顗內行甚修事母兄孝友兄昂一名顒亦退素以家貧仕爲始安令兄弟不能分離相隨之任齊永明年中徵拜著作郎太子舍人通直郎並不赴文惠太子嘗擬古詩云磊磊落落玉山崩顗聞之曰此讖言也旣而太子薨至秋武帝崩鬱林海陵相次黜辱顗素不事家產及昂卒逢齊末兵荒與家人并日而食或有饋其粱肉者閉門不受唯採蓴荇根供食以樵採自資怡怡然恒不改其樂梁天監四年大舉北侵南陽樂藏爲武康令以顗從役到建鄴揚州別駕陸任以書與吳興太守柳惲責之不能甄善別賢惲大慙卽表停之卒家所著文章數十篇

憲字彥章演之從祖弟子也祖說道巴西梓潼二郡太守父璞之北中郎行參軍憲少有幹局爲駕部郎宋明帝與憲棋謂曰卿廣州刺史材也補烏程令甚著政績太守褚彥回歎美以爲方圓可施少府管掌煩冗材幹者並更其職憲以吏能累遷少府卿武陵王曄爲會稽以憲爲左軍司馬齊高帝以山陰戶衆欲分爲兩縣武帝啓曰縣豈不可御但用不得人耳乃以憲帶山陰令政聲大著孔珪請假東歸謂人曰沈令料事特有天才後爲晉安王後軍長史廣陵太守西陽王子明代爲南兗州憲仍留爲冠軍長史太守如故永明八年子明典籤劉道濟贓私百萬爲有司所奏賜死憲坐不糾免官後除散騎常侍未拜卒當時稱爲良吏憲同郡丘仲起先是爲晉平郡清廉自立褚彥回歎曰目見可欲心能不亂此楊公所以遺子孫也仲起字子震位至廷尉卒

憲孫浚字叔源少涉學有才幹仕梁歷山陰吳建康三縣並有能名太清二年累遷御史中丞時臺城爲侯景所圍外援並至景表請和求解圍還江北詔許之遣右

衞將軍柳津對景盟歃景知城內疾疫稍無守備因緩去期城內知其背盟復舉烽鼓譟後數日景復進表請和簡文使浚往景所景曰卽日向熱非復行時政欲立效求停君可見爲申聞浚曰大將軍此意在得城下風所聞久已乏食城內雖困尚有兵糧朝廷恐和好乖貳已密勑外軍若臺城傾覆勿以二宮爲念當以死雪恥若不能決戰當深壁自守大將軍十萬之衆將欲何資景橫刀於膝瞋目叱之浚乃正色責景曰河南王人臣而舉兵向闕今朝廷已赦王罪結盟口血未乾而復翻背沈浚六十之年且天子使也奉命而行何用見脅徑去不顧景歎曰是眞司直也然密銜之又勸張嵊立義後得殺之

江夷字茂遠濟陽考城人也祖晉護軍將軍父敳驃騎諮議參軍夷少自藻厲爲後進之美宋武帝板爲鎭軍行參軍豫討桓玄功封南郡州陵縣五等侯累遷大司馬武帝命大司馬府琅邪國事一以委焉武帝受命歷位吏部尚書吳郡太守營陽王於吳縣見害夷臨哭盡禮以兄疾去官後爲右僕射夷美風儀善舉止歷任以和簡著稱出爲湘州刺史加散騎常侍未之職卒遺令薄斂蔬奠務存儉約子湛

湛字徽深居喪以孝聞愛文義善彈棊鼓琴兼明算術爲彭城王義康司徒主簿太子中舍人司空檀道濟爲子求娶湛妹不許義康有命又不從時人重其立志義康之盛人競求自昵唯湛自疎固求外出乃以爲武陵內史隨王誕爲北中郎將南徐州刺史以湛爲長史南東海太守委以政事元嘉二十五年徵爲侍中任以機密遷左衞將軍時改選學職以太尉江夏王義恭領國子祭酒湛領博士轉吏部尚書家甚貧不營財利餉饋盈門一無所受無兼衣餘食嘗爲上所召遇澣衣稱疾經日衣成然後起牛餓御人求草湛良久日可與飲在選職頗有刻覈之譏而公平無私不受請謁論者以此稱焉初上大舉北侵舉朝謂爲不可唯湛贊成之及魏太武至瓜步以湛兼領軍軍事處分一以委焉魏遣使求昏上召太子劭以下集議衆並謂宜許湛謂許之無益劭怒謂湛曰今三王在阨詎宜苟執異議聲色甚厲坐散俱出劭使班劍及左右推排之殆於傾倒劭後宴集未嘗命湛上乃爲劭長子偉之娉湛第三女欲以和之上將廢劭使湛具詔草劭之入殺湛直上省聞叫乃匿傍小屋劭遣求之舍吏紿云不在此兵卽殺舍吏乃得見湛湛據窻受害意色不撓五子恁恕愻憼法壽皆見殺初湛家數見怪異未敗少日所眠牀忽有數斗血孝武卽位追贈左光祿大夫開府儀同三司謚曰忠簡公恁位著作佐郎恁子斆

斆字叔文母宋文帝女淮陽長公主幼以戚屬召見孝武謂謝莊曰此小兒方當爲名器少有美譽尚孝武女臨汝公主拜駙馬都尉爲丹陽丞時袁粲爲尹見斆歎曰風流不墜政在江郎數與宴賞留連日夜遷中書郎斆庶祖母王氏老疾斆視膳嘗藥七十餘日不解衣及累居內官每以侍養陳請朝廷優其朝直初湛娶褚秀之女大義不終褚彥回爲衞軍重斆爲人先通意引爲長史隨府轉司空長史領臨淮太守轉齊高帝太尉從事中郎齊臺建爲吏部郎高帝卽位斆以祖母久疾啓求自解初宋明帝勑斆出繼其叔愻爲從祖淳後於是僕射王儉啓禮無後小宗之文近代緣情皆由父祖之命未有旣孤之後出繼宗族也雖復臣子一揆而義非天屬江忠簡胤嗣所寄唯斆一人傍無朞屬斆宜還本若不欲江愻絕後可以斆小兒繼愻爲孫尚書參議謂間世立後禮無其文荀顗無子立孫墜禮之始何琦又立此論義無所據於是斆還本家詔使自量立後者出爲豫章內史還除太子中庶子未拜門客通贓利武帝遣使檢覆數藏此客而躬自引咎上甚有怪色王儉從容啓上曰江斆若能臨郡此便是具美耳上意乃釋永明中爲竟陵王司馬斆好文辭圍棋第五品爲朝貴中最遷侍中歷五兵尚書東陽吳二郡太守復爲侍中轉都官尚書領驍騎將軍王晏啓武帝曰江斆今重登禮閣兼掌六軍慈渥所覃實有優忝但語其事任殆同閑輩天旨旣欲升其名位愚謂以侍中領驍騎望實清顯有殊納言上曰斆常啓吾爲其鼻中惡今旣以何胤王瑩還門下故有此回換耳先是中書舍人紀僧眞幸於武帝稍歷軍校容表有士風謂帝曰臣小人出自本縣武吏邀逢聖時階榮至此爲兒昏得荀昭光女卽時無復所須唯就陛下乞作士大夫帝曰由江斆謝瀹我不得措此意可自詣之僧眞承旨詣斆登榻坐定斆便命左右曰移吾牀讓客僧眞喪氣而退告武帝曰士大夫故非天子所命時人重斆風格不爲權倖降意隆昌元年爲侍中領國子祭酒鬱林廢朝臣皆被召入宮斆至雲龍門方知廢立託散動醉吐車中而去明帝卽位改領祕書監又改領晉安王師卒遺令不受賻贈詔賻錢三萬布百疋子蒨啓遵斆命不受詔嘉美之從其所請贈散騎常侍太常卿謚曰敬子子蒨

蒨字彥標幼聰警讀書過口便誦選爲國子生舉高第起家祕書郎累遷廬陵王主簿居父憂以孝聞廬于墓側明帝起兵遣寧朔將軍劉護之爲郡蒨拒之及建鄴平蒨坐禁錮俄被原歷太尉臨川王長史尚書吏部郎領右軍方雅有風格僕射徐勉權重唯蒨及王規與抗禮不爲之屈勉因蒨門客翟景爲子繇求昏於蒨女不答景再言之乃杖景四十由此與勉忤勉又爲子求蒨弟葺及王泰女二人並拒之葺爲吏部郎坐杖曹中幹免官泰以疾假出宅乃遷散騎常侍皆勉意也初天監六年詔以侍中常侍並侍帷幄分門下二局入集書其官品視侍中而非華胄所悅故勉斥泰爲之蒨尋遷司徒左長史初王泰出閤武帝謂勉云江蒨資歷應居選部勉曰蒨有眼患又不悉人物乃止遷光祿大夫卒謚肅蒨好學尤悉朝儀故事撰江左遺典三十卷未就卒文集十五卷蒨弟曇字彥德少學涉有器度位侍中太子詹事承聖初卒曇弟祿

祿字彥遐幼篤學有文章工書善琴形貌短小神明俊發位太子洗馬湘東王錄事參軍以氣陵府王王深憾焉廬陵威王續代爲荊州留爲驃騎諮議參軍獻書告別王答書乃致恨祿先爲武寧郡頗有資產積錢於壁壁爲之倒迮銅物皆鳴人戲之曰所謂銅山西傾洛鍾東應者也湘東王恨之旣深以其名祿改字曰榮財以志其忿後爲唐侯相卒撰列仙傳十卷行於世及井絜皐木人賦敗船詠並以自喻子徽亦有文采而清狂不慧常以父爲戲蒨子紑

紑字含絜幼有孝性年十三父蒨患眼紑侍疾將朞月衣不解帶夜夢一僧云患眼者飲慧眼水必差及覺說之莫能解者紑第三叔祿與草堂寺智者法師善往訪之智者曰無量壽經云慧眼見眞能度彼岸蒨乃因智者啓捨同夏縣界牛屯里舍爲寺乞賜嘉名勑答云純臣孝子往往感應晉時顏含遂見冥中送藥又近見智者以卿第二息夢云飲慧眼水慧眼則五眼之一號可以慧眼爲名及就創造泄故井井水清冽異於恒泉依夢取水洗眼及煮藥稍覺有瘳因此遂差時人謂之孝感南康王爲徐州召爲迎主簿紑性沉靜好莊老玄言尤善佛義不樂進仕及父卒紑廬于墓終日號慟不絕聲月餘乃卒子揔

揔字揔持七歲而孤依于外氏幼聰敏有至性元舅吳平侯蕭勱名重當世特所鍾愛謂曰爾神采英拔後之知名當出吾右及長篤學有文辭仕梁爲尚書殿中郎武帝撰正言始畢製述懷詩揔預同此作帝覽揔詩深見嗟賞轉侍郎尚書僕射范陽張纘度支尚書琅邪王筠都官尚書南陽劉之遴並高才碩學揔時年少有名纘等雅相推重爲忘年友會之遴嘗酬揔詩深相欽挹累遷太子中舍人侯景寇建鄴詔以揔權兼太常卿守小廟臺城陷避難會稽郡憩於龍華寺乃製脩心賦揔第九舅蕭勃先據廣州又自會稽往依焉及元帝平侯景徵爲始興內史會魏尅江陵不行自此流寓嶺南積歲陳天嘉四年以中書侍郎徵還累遷左戶尚書轉太子詹事揔性寬和溫裕尤工五言七言溺於浮靡及爲宮端與太子爲長夜之飲養良娣陳氏爲女太子亟微行遊揔家宣帝怒免之後又歷侍中左戶尚書後主卽位歷吏部尚書僕射尚書令加扶旣當權任宰不持政務但日與後主遊宴後庭多爲豔詩好事者相傳諷翫于今不絕唯與陳暄孔範王瑳等十餘人當時謂之狎客由是國政日頹綱紀不立有言之者輒以罪斥之君臣昏亂以至于滅禎明三年陳亡入隋拜上開府開皇十四年卒於江都年七十六其爲自序云太建之時權移羣小諂嫉作威屢被摧黜奈何命也識者譏其言跡之乖有文集三十卷長子溢頗有文辭性傲誕驕物雖近屬故友不免詆欺歷中書黃門侍郎太子中庶子入隋爲秦王文學卒

江智深夷之弟子也父僧安宋太子中庶子夷有盛名夷子湛又有清譽父子並貴達智深父少無名問湛禮敬甚簡智深常以爲恨自非節歲不入湛門及爲隨王誕後軍參軍在襄陽誕待之甚厚時諮議參軍謝莊主簿沈懷文與智深友善懷文每稱曰人所應有盡有所應無盡無者其江智深乎元嘉末除尚書庫部郎時高流官序不爲臺郎智深門孤援寡獨有此選意甚不悅固辭不拜後爲竟陵王誕司空主簿記室參軍領南濮陽太守遷從事中郎誕將爲逆智深悟其機請假先反誕事發卽除中書侍郎智深愛好文雅辭采淸贍孝武深相知待恩禮冠朝上宴私甚數多命羣臣五三人遊集智深常爲其首同侶未及前輒獨蒙引進每以越衆爲慚未嘗有喜色每從遊幸與羣僚相隨見傳詔馳來知常呼已聳動愧恧形於容貌論者以此多之遷驍騎將軍尚書吏部郎上每酣宴輒詆羣臣并使自相嘲訐以爲歡笑智深素方退漸不會旨上嘗使王僧朗戲其子景文智深正色曰恐不宜有此戲上怒曰江僧安癡人癡人自相惜智深伏席流涕由是恩寵大衰出爲新

安王子鸞北中郎長史南東海太守行南徐州事初上寵姬宣貴妃殷氏卒使羣臣議謚智深上議曰懷上以不盡嘉號甚銜之後車駕幸南山乘馬至殷氏墓羣臣皆騎從上以馬鞭指墓石柱謂智深曰此柱上不容有懷字智深益惶懼以憂卒子笏太子洗馬早卒後廢帝皇后笏之女也廢帝即位以后父追贈金紫光祿大夫笏妻王平望鄉君智深兄子槃早孤智深養之如子槃歷黃門吏部郎侍中武陵王贊北中郎長史

江秉之字玄叔濟陽考城人也祖逌晉太常父纂給事中秉之少孤弟妹七人竝幼撫育姻娶盡其心力宋少帝時爲永世烏程令以善政著名東土徵爲建康令爲政嚴察部下肅然後爲山陰令人戶三萬政事繁擾訟訴殷積階庭常數百人秉之御繁以簡常得無事宋世唯顧覬之亦以省務著績其餘雖復刑政脩理而未能簡事以在縣有能出補新安太守元嘉十二年轉在臨海竝以簡約見稱卒於官所得秩悉散之親故妻子常飢寒人有勸其營田秉之正色答曰食祿之家豈可與農人競利在郡作書案一枚去官留以付庫秉之宗人遜之字玄遠頗有文義撰文釋傳於世位司徒記室參軍秉之子徽尚書都官郎吳令元凶殺徐湛之子徽以黨與見誅子謐

謐字令和父徽遇禍謐繫尚方宋孝武平建鄴乃得出爲于湖令彊濟稱職宋明帝爲兗州謐傾身奉事爲帝所待即位以爲驃騎參軍弟豪貌醜帝常召見狎侮之謐再遷右丞兼比部郎太始四年江夏王義恭第十五女卒年十九未笄禮官議從成人服諸王服大功左丞孫夐重奏禮記女子十五而笄鄭玄云應年許嫁者也其未許嫁者則二十而笄射慈云十九猶爲殤禮官違越經典於理無據太常以下結免贖論謐坐杖督五十奪勞百日謐又奏夐先不研辯混同謬議準以事例亦宜及咎夐又結免贖論詔可出爲建平王景素冠軍長史長沙內史行湘州事政教苛刻僧遵道人與謐情款隨謐莅郡犯小事餓繫郡獄僧遵道裂三衣食之盡而死爲有司奏徵還明帝崩遇赦免齊高帝領南兗州謐爲鎮軍長史廣陵太守入爲遊擊將軍性疏俗善趨時利元徽末朝野咸屬意建平王景素謐深自委結景素事敗僅得免禍蒼梧王廢後物情尚懷疑貳謐獨竭誠歸事齊高帝昇明元年爲黃門侍郎領尚書左丞沈攸之事起議加高帝黃鉞謐所建也事寧遷吏部郎齊建元元年位侍中既而驃騎豫章王嶷領湘州以謐爲長史封永新縣伯三年爲左戶尚書諸皇子出閤用文武主帥悉以委謐尋勑選曰江謐寒士誠當不得競等華儕然甚有才幹可遷掌吏部謐才長刀筆所在幹職高帝崩謐稱疾不入衆頗疑其怨不預顧命武帝即位謐又不遷官以此怨望時武帝不預謐詣豫章王嶷請間曰至尊非起疾東宮又非才公今欲何計武帝知之出謐爲鎮北長史南東海太守未發憂甚乃以奔棋占卦云有客南來金椀玉杯上使御史中丞沈沖奏謐前後罪惡請收送廷尉詔賜死果以金罌盛藥鴆之子介建武中爲吳令政亦深苛人門牓死人髑髏爲謐首介棄官而去

論曰敬元夷簡歸譽玄保弘懿見推其取重於世豈虛名也然玄保時逢帝念雖命稟於玄天跡其恩寵蓋亦猶賢之助沈氏世傳武節而演之以業尚見知綢繆帷幄遂參機務處默保閑篤素叔源節見臨危懿德高風所謂世有人矣茂遠自晉及陳雅道相係弈世載德斯之謂焉而撝溺於寵狎反以文雅爲敗然則士之成名所貴彬彬而已玄叔清介著美足以追蹤古烈令和窺覘成性終取躓於險塗宜矣

南史卷三十六考證

羊玄保傳祖楷○楷監本作揩今从閣本

江秉之傳元凶殺徐湛之子徽以黨與見誅○上云秉之子徽則此子字疑衍

南史卷三十七

唐　李延壽　撰

列傳第二十七

沈慶之 孫昭略 子文季 弟子文秀 從父兄子攸之 攸之從孫僧昭

宗愨 從子夬

沈慶之字弘先吳興武康人也少有志力晉末孫恩作亂使其衆寇武康慶之未冠隨鄉族擊之屢捷由是以勇聞荒擾之後鄉邑流散慶之躬耕壟畝勤苦自立年四十未知名兄敞之爲趙倫之征虜參軍監南陽郡擊蠻有功遂即眞慶之往襄陽省兄倫之見而賞之命子竟陵太守伯符板爲寧遠中兵參軍竟陵蠻屢爲寇慶之爲設規略每擊破之伯符由此致將帥之稱永初二年慶之除殿中員外將軍又隨伯符隸到彥之北侵伯符病歸仍隸檀道濟道濟白文帝稱慶之忠謹曉兵上使領隊防東掖門稍得引接出入禁省領軍劉湛知之欲相引接謂曰卿在省年月久遠比當相論慶之正色曰下官在省十年自應得轉不復以此仰累尋轉正員將軍及湛被收之夕上開門召慶之慶之戎服履韎縛袴入上見而驚曰卿何意乃爾急裝慶之曰夜半喚隊主不容緩服遣收吳郡太守劉斌殺之元嘉十九年雍州刺史劉道產卒羣蠻大動征西司馬朱脩之討蠻失利以慶之爲建威將軍率衆助脩之脩之失律下獄慶之專軍進討大破緣沔諸蠻後爲孝武撫軍中兵參軍孝武以本號爲雍州隨府西上征蠻寇屢有功還都復爲廣陵王誕北中郎中兵參軍加建威將軍南濟陰太守雍州蠻又爲寇慶之以將軍太守復隨王誕入沔及至襄陽率後軍中兵參軍柳元景隨郡太守宗愨等伐沔北諸山蠻大破之威震諸山羣蠻皆稽顙慶之患頭風好著狐皮帽羣蠻惡之號曰蒼頭公每見慶之軍輒畏懼曰蒼頭公已復來矣慶之引軍出前後破降甚衆又討犬羊諸山蠻緣險築重城施門櫓甚峻慶之連營山下營中開門相通又令諸軍各穿池於營內朝夕不外汲兼以防蠻之火頃之風甚蠻夜下山人提一炬燒營火至輒以池水灌滅之蠻被圍守日久竝飢乏自後稍出歸降慶之前後所獲蠻竝移都下以爲營戶二十七年遷太子步兵校尉其年文帝將北侵慶之諫曰道濟再行無功彥之失利而反今料王玄謨等未踰兩將恐重辱王師上曰王師再屈別有所由道濟養寇自資彥之中塗疾動虜所恃唯馬夏水浩大泛舟濟河碻磝必走滑臺小戍易可覆拔剋此二戍館穀弔人虎牢洛陽自然不固慶之固陳不可時丹陽尹徐湛之吏部尚書江湛竝在坐上使湛之等難慶之慶之曰爲國譬如家耕當問奴織當訪婢陛下今欲伐國而與白面書生輩謀之事何由濟上大笑及軍行慶之副玄謨玄謨進圍滑臺慶之與蕭斌留守碻磝仍領斌輔國司馬玄謨攻滑臺積旬不拔魏太武大軍南向斌遣慶之將五千人救玄謨慶之曰少軍輕往必無益也會玄謨退還斌將斬之慶之諫乃止蕭斌以前驅敗績欲絕死固碻磝慶之以爲不可會制使至不許退諸將竝宜留斌復問計於慶之慶之曰閫外之事將所得專制從遠來事勢已異節下有一范增而不能用空議何施斌及坐者竝笑曰沈公乃更學問慶之厲聲曰衆人雖見古今不如下官耳學也玄謨自以退敗求戍碻磝斌乃還歷城申坦垣護之共據淸口慶之奔驛馳歸二十九年師復行慶之固諫不從以立議不同不使北出是時亡命司馬黑石廬江叛吏夏侯方進在西陽五水誑動羣蠻自淮汝間至江沔咸離其患乃遣慶之督諸將討之制江豫荊雍竝遣軍受慶之節度三十年孝武出次五洲總統羣帥慶之從巴水出至五洲諮受軍略會孝武典籤董元嗣自建鄴還陳元凶殺逆孝武遣慶之引諸軍慶之謂腹心曰蕭斌婦人不足數其餘將帥竝易與耳今輔順討逆不憂不濟也時元凶密與慶之書令殺孝武慶之入求見孝武稱疾不敢見慶之突前以元凶手書呈簡孝武泣求入內與母辭慶之曰下官受先帝厚恩常願報德今日之事唯力是視殿下是何疑之深帝起再拜曰家國安危在於將軍慶之即勒內外處分府主簿顏竣聞慶之至馳入見帝曰今四方尚未知義師之舉而劭據有天府首尾不相應赴此危道也宜待諸鎮脣齒然後舉事慶之厲聲曰今方興大事而黃頭小兒皆參預此禍至矣宜斬以徇衆帝曰竣何不拜謝竣起再拜慶之曰君但當知筆札之事於是處分旬日內外整辦時皆謂神兵百姓欣悅衆軍既集假慶之爲武昌內史領府司馬孝武至尋陽慶之及柳元景等竝勸即大位不許賊劭遣慶之門生錢無忌齎書說慶之解甲慶之執無忌白之孝武踐阼以慶之爲領軍將軍尋出爲南兗州刺史加都督鎮盱台封南昌縣公孝建元年魯爽反遣慶之與薛安都等往討之安都臨陣斬爽進慶之號鎮北大將軍尋與柳元景俱開府儀同三司固辭改封始興郡公慶之以年滿七十固請辭事以爲侍中左光祿大夫開府儀同三司固讓乃至稽顙自陳言輒泣涕上不能奪聽以郡公罷就第月給錢十萬米百斛二衞史五十人大明三年司空竟陵王誕據廣陵反復以慶之爲車騎大將軍開府儀同三司固讓南兗州刺史加都督率衆討之誕遣客沈道愍齎書說慶之餉以玉環刀慶之遣道愍反數以罪惡慶之至城下誕登樓謂曰沈公君白首之年何爲來此慶之曰朝廷以君狂愚不足勞少壯故使僕來耳慶之塞塹造攻道立行樓土山幷諸攻具時夏雨不得攻城上使御史中丞庾徽之奏免慶之官以激之制無所問誕餉慶之食提挈者百餘人慶之不開悉焚之誕於城上投函表令慶之爲送慶

之曰我奉制討賊不得爲汝送表每攻城慶之輒身先士卒上戒之曰卿爲統任當令處分有方何須身受矢石邪自四月至七月乃屠城斬誕進慶之司空又固讓爵於是與柳元景並依晉密陵侯鄭袤故事朝會慶之位次司空元景在從公之上給鄣吏五十人門施行馬初慶之嘗夢引鹵簿入廁中慶之甚惡入廁之鄙時有善占夢者爲解之曰君必大富貴然未在旦夕問其故答云鹵簿固是富貴容廁中所謂後帝也知君富貴不在今主及中興之功自五校至是而登三事四年西陽五水蠻復爲寇慶之以郡公統諸軍討平之慶之居清明門外有宅四所室宇甚麗又有園舍在婁湖慶之一夜攜子孫徙居之以宅還官悉移親戚中表於婁湖列門同閈焉廣開田園之業每指地語人曰錢盡在此中與身享大國家素富厚產業累萬金奴僮千計再獻錢千萬穀萬斛以始興封優近求改封南海郡不許妓妾十數人並美容工藝慶之優游無事盡意歡愉自非朝賀不出門每從游幸及校獵據鞍陵厲不異少壯太子妃上孝武金鏤七筋及杅杓上以賜慶之曰觴酌之賜宜以大夫爲先也上嘗歡飲普令羣臣賦詩慶之粗有口辯手不知書每將署事輒恨眼不識字上逼令作詩慶之曰臣不知書請口授師伯上即令顏師伯執筆慶之口授之曰微生遇多幸得逢時運昌朽老筋力盡徒步還南岡辭榮此聖世何愧張子房上甚悅衆坐並稱其辭意之美孝武晏駕慶之與柳元景等並受顧命遺制若有大軍旅及征討悉委慶之前廢帝即位加慶之几杖給三望車一乘慶之每朝賀常乘猪鼻無幰車左右從者不過三五騎履行田園每農桑劇月無人從行遇之者不知三公也及加三望車謂人曰我每游履田園有人時與馬成三無人則與馬成二今乘此車安所之乎及賜几杖並固讓柳元景顏師伯嘗詣慶之會其游田元景等鳴笳列卒滿道慶之獨與左右一人在田見之悄然改容曰夫貧賤不可居富貴亦難守吾與諸公並出貧賤因時際會榮貴至此唯當共思損挹之事老子八十之年目見成敗者已多諸君炫此車服欲何爲乎於是插杖而耘不爲之顧元景等徹侍褰裳從之慶之乃與相對爲歡慶之既通貴鄉里老舊素輕慶之者後見皆膝行而前慶之歎曰故是昔時沈公視諸沈爲劫首者數十人士悉患之慶之詭爲置酒大會一時殺之於是合境肅清人皆喜悅廢帝狂悖無道衆勸之廢立及柳元景等連謀以告慶之慶之與江夏王義恭不厚發其事帝誅義恭元景等以慶之爲侍中太尉及義陽王昶反慶之從帝度江總統衆軍帝凶暴日甚慶之猶盡言諫爭帝意稍不悅及誅何邁慮慶之不同量其必至乃閉清溪諸橋以絕之慶之果往不得度而還帝又忌之乃遣其從子攸之齎藥賜死時年八十是歲旦慶之夢有人以兩疋絹與之謂曰此絹足度寤而謂人曰老子今年不免矣兩疋八十尺也足度無盈餘矣及死贈賻甚厚遣贈侍中太尉如故給鸞輅轀輬車前後羽葆鼓吹謚曰忠武公未及葬帝敗明帝即位追贈侍中司空謚曰襄公太始七年改封蒼梧郡公慶之羣從姻戚由慶之在列位者數十人長子文叔位侍中慶之之死也不肯飲藥攸之以被掩殺之文叔密取藥藏錄或勸文叔逃避文叔見帝斷截江夏王義恭支體慮奔亡之日帝怒容致義恭之變乃飲藥自殺文叔子昭明位祕書郎聞父死曰何忍獨生亦自縊死元徽元年還復先封時改始興爲廣興昭明子曇亮襲廣興郡公齊受禪國除昭明弟昭略

昭略字茂隆性狂儁不事公卿使酒杖氣無所推下嘗醉晚日負杖攜家賓子弟至婁湖苑逢王景文子約張目視之曰汝是王約邪何乃肥而癡約曰汝沈昭略邪何乃瘦而狂昭略撫掌大笑曰瘦已勝肥狂已勝癡奈何王約奈汝癡何昇明末爲相國西曹掾齊高帝賞之及即位謂王儉曰南士中有沈昭略何職處之儉以擬前軍將軍上不欲違乃可其奏尋爲中書郎累遷侍中王晏嘗戲昭略曰賢叔可謂吳興僕射昭略曰家叔晚登僕射猶賢於尊君以卿爲初蔭永元中與叔父文季俱被召入華林省茹法珍等進藥酒昭略怒罵徐孝嗣曰廢昏立明古今令典宰相無才致有今日以甌投其面曰使爲破面鬼死時言笑自若了無懼容徐孝嗣謂曰見卿使人想夏侯泰初答曰明府猶憶夏侯便是方寸不能都豁下官見龍逢比干欣然相對霍光脫問明府今日之事何辭答之邪昭略弟昭光聞收兵至家人勸逃去昭光不忍捨母入執母手悲泣遂見殺時昭明子曇亮已得逃去聞昭光死乃曰家門屠滅獨用生何爲又絕吭而死時人歎其累世孝義中興元年贈昭略太常昭光廷尉

文季字仲達文叔弟也以寬雅正直見知尤善塞及彈碁在宋封山陽縣五等伯位中書郎父慶之遇害諸子見收文叔謂之曰我能死爾能報遂自殺文季揮刀馳馬去收者不敢追遂免明帝立爲黃門郎領長水校尉明帝宴會朝臣以南臺御史賀咸爲柱下史糾不醉者文季不肯飲被驅下殿晉平王休祐爲南徐州帝就褚彥回求幹事人爲上佐彥回舉文季轉驃騎長史南東海太守休祐被殺雖用薨禮僚佐多不敢至文季獨往墓展哀元徽初自祕書監出爲吳興太守文季飲酒至五斗妻王氏飲亦至三斗嘗對飲竟日而視事不廢昇明元年沈攸之反齊高帝加文季冠軍將軍督吳興錢唐軍事初慶之之死也攸之求行至是文季收攸之弟新安太守登之誅其宗族以復舊怨親黨無吹火焉君子以文季能報先恥齊國建爲侍中領祕書監建元元年轉太子右衛率侍中如故改封西豐縣侯文季風采稜岸善於進止司徒褚彥回當時貴望頗以門戶裁之文季不爲之屈武帝在東宮於玄圃宴朝臣文季數舉酒勸彥回彥回甚不平啓武帝曰沈文季謂彥回經爲其郡依然猶有故情文季曰惟桑與梓必恭敬止豈如明府亡國失土不識枌榆遂言及魏軍動事彥回曰陳顯達沈文季當今將略足委以邊事文季諱稱將門因是發怒啓武帝曰褚彥回遂品藻人流臣未知其身死之日何面目見宋明帝武帝笑曰沈率醉也中丞劉休舉其事見原後豫章王北宅後堂集會文季與彥回並善琵琶酒闌彥回取樂器爲明君曲文季便下席大唱曰沈文季不能作伎兒豫章王嶷又解之曰此故當不損仲容之德彥回顏色無異終曲而止永明中累遷領軍將軍文季雖不學發言必有辭采武帝謂文季曰南士無僕射多歷年所文季對曰南風不競非復一日當世善其對明帝輔政欲以文季爲江州遣左右單景儁宣旨文季陳讓稱老不願外出因問右執法有人未景儁還具言之延興元年以爲尚書右僕射明帝即位加領太子詹事尚書令王晏嘗戲文季爲吳興僕射文季答曰琅邪執法似不出卿門建武二年魏軍南伐明帝以爲憂制文季鎮壽春文季入城門嚴加備守魏軍尋退百姓無所損永元元年轉侍中左僕射始安王遙光反其夜遣於宅掩取文季欲以爲都督而文季已還臺明日與尚書令徐孝嗣共坐南掖門上時東昏已行殺戮孝嗣深懷憂慮欲與文季論時事文季輒引以佗辭終不得及事寧加鎮軍將軍署府史文季以時方昏亂託老疾不豫朝機兄子昭略謂文季曰阿父年六十爲員外僕射欲求免乎文季笑而不答未幾見害先被召便知敗舉動如常登車顧曰此行恐往而不返於華林省死年五十八朝野冤之中興元年贈司空謚曰忠憲公

文秀字仲遠慶之弟子也父邵之南中郎行參軍文秀宋前廢帝時累遷青州刺史將之鎮部曲出次白下文秀說慶之以帝狂悖禍在難測欲因此衆力圖之慶之不從及行慶之果見殺又遣直閤江方興領兵誅文秀未至而明帝已定亂時晉安王子勛據尋陽文秀與徐州刺史薛安都並同子勛反尋陽平定明帝遣其弟召之便歸命請罪即安本任四年封新城縣侯先是冀州刺史崔道固亦據歷城同反文秀遣信引魏魏遣慕容白曜援之及至而文秀已受朝命文秀善於撫御被魏圍三載無叛者五年爲魏所剋終于北

攸之字仲達慶之從父兄子也父叔仁爲宋衡陽王義季征西長史兼行參軍領隊攸之少孤貧元嘉二十七年魏軍南攻朝廷發三吳之衆攸之亦行及至建鄴詣領軍將軍劉遵考求補白丁隊主遵考以爲形陋不堪攸之歎曰昔孟嘗君身長六尺爲齊相今求士取肥大者哉因隨慶之征討二十九年征西陽蠻始補隊主巴口建義授南中郎府板長兼行參軍新亭之戰身被重創事寧爲太尉行參軍封平洛縣五等侯隨府轉大司馬行參軍晉時都下二岸揚州舊置都部從事分掌二縣非違永初以後罷省孝建三年復置其職攸之掌北岸會稽孔璪掌南岸後又罷攸之遷員外散騎侍郎又隨慶之征廣陵屢有功被箭破骨孝武以其善戰配以仇池步矟事平當加厚賞爲慶之所抑遷太子旅賁中郎攸之甚恨之前廢帝景和元年除豫章王子尚車騎中兵參軍直閤與宋越譚金等並爲廢帝所寵誅戮羣公攸之等皆爲之用命封東興縣侯明帝即位以例削封尋告宋越譚金等謀反復召直閤會四方反叛南賊已次近道以攸之爲寧朔將軍尋陽太守率軍據虎檻時王玄謨爲大統未發前鋒有五軍在虎檻五軍後又駱驛繼至每夜各立姓號不相稟受攸之謂軍吏曰今衆軍同舉而姓號不同若有耕夫漁父夜相呵叱便致駭亂此敗道也請就一軍取號衆咸從之殷孝祖爲前鋒都督失夫人情攸之內撫將士外諧羣帥衆並安之時殷孝祖中流矢死軍主范潛率五百人投賊人情震駭並謂攸之宜代孝祖爲統時建安王休仁屯虎檻總統衆軍聞孝祖死遣寧朔將軍江方興龍驤將軍劉靈遣各率三千人赴赭圻攸之以爲孝祖既死賊有乘勝之心明日若不更攻則示之以弱方興名位相亞必不爲己下軍政不一致敗之由乃率諸軍主詣方興推重幷慰勉之方興甚悅攸之既出諸軍主並尤之攸之曰

卿忘廉藺寇賈事邪吾本以濟國活家豈計此之升降明旦進戰自寅訖午大敗賊于赭圻尋進號輔國將軍代孝祖督前鋒諸軍事薛常保等在赭圻食盡南賊大帥劉胡屯濃湖以囊盛米繫流查及船腹陽覆船順風流下以餉赭圻攸之疑其有異遣人取船及流查大得囊米尋剋赭圻遷寧蠻校尉雍州刺史加都督袁顗復率大衆來入鵲尾相持既久軍主張興世越鵲尾上據錢溪劉胡自攻之攸之率諸將攻濃湖錢溪信至大破賊攸之悉以錢溪所送胡軍耳鼻示之顗駭懼急追胡還攸之諸軍悉力進攻多所斬獲胡於是棄衆而奔顗亦奔走赭圻濃湖之平也賊軍委棄資財珍貨山積諸軍各競收斂唯攸之張興世約勒所部不犯毫芥諸將以此多之攸之進平尋陽遷中領軍封貞陽縣公時劉遵考爲光祿大夫攸之在御坐謂遵考曰形陋之人今何如帝問之攸之依實對帝大笑果遷郢州刺史爲政刻暴或鞭士大夫上佐以下有忤意輒面加詈辱而曉達吏事自強不息士庶畏憚人莫敢欺閭有猛獸輒自圍捕往無不得一日或得兩三若逼暮不禽則宿昔圍守賦斂嚴苦徵發無度繕修船舸營造器甲自至夏口便有異圖進監豫司之二郡軍事進號鎮軍將軍泰豫元年明帝崩攸之與蔡興宗並在外蕃同預顧命會巴西人李承明反蜀土搔擾時荊州刺史建平王景素被徵新除荊州刺史蔡興宗未之鎮乃遣攸之權行荊州事會承明已平乃以攸之爲鎮西將軍荊州刺史加都督聚斂兵力養馬至二千餘匹皆分賦邏將士使耕田而食廩財悉充倉儲荊州作部歲送數千人仗攸之割留之簿上云供討四山蠻裝戰艦數百千艘沉之靈溪裏錢帛器械巨積漸懷不臣之心朝廷制度無所遵奉富貴擬於王者夜中諸廂廊然燭達旦後房服珠玉者數百人皆一時絕貌江州刺史桂陽王休範密有異志欲以微旨動攸之使道士陳公昭作天公書一函題言沈丞相送攸之門者攸之不開書推檢得公昭送之朝廷後廢帝元徽二年休範舉兵襲都攸之謂僚佐曰桂陽今逼朝廷必聲言吾與之同若不顛沛勤王必增朝野之惑於是遣使受郢州刺史晉熙王燮節度會休範平使乃還進號征西大將軍開府儀同三司固讓開府攸之自擅閫外朝廷疑憚之累欲徵入慮不受命乃止四年建平王景素據京城反攸之復應朝廷景素尋平時有臺直閤高道慶家在江陵攸之初至州道慶在家牒其親戚十餘人求州從事西曹攸之爲用三人道慶大怒自入州取教毀之而去道慶素便馬攸之與宴飲於聽事前合馬槊道慶槊中攸之馬鞍怒索刃槊道慶馳馬而出還都說攸之反狀請三千人襲之朝議慮其事難濟高帝又保持不許楊運長等常相疑畏乃與道慶密遣刺客齎廢帝手詔以金餅賜攸之州府佐吏進二階級時有象三頭至江陵城北數里攸之自出格殺之忽有流矢集攸之馬鄣泥其後刺客事發廢帝既殞順帝即位加攸之車騎大將軍開府儀同三司齊高帝遣攸之子司徒左長史元琰齎廢帝剸斮之具以示之攸之曰吾寧爲王陵死不作賈充生尚未得即起兵乃上表稱慶并與齊高帝書推功攸之有素書十數行常韜在兩襠角云是宋明帝與己約誓又皇太后使至賜攸之燭十挺割之得太后手令曰國家之事一以委公明日遂舉兵其妾崔氏許氏諫曰官年已老那不爲百口作計攸之指兩襠角示之攸之素畜士馬資用豐積至是戰士十萬鐵馬三千將發江陵使沙門釋僧粲筮之云不至都當自郢州回還意甚不悅初發江津有氣狀如塵霧從西北來正蓋軍上齊高帝遣衆軍西討攸之盡銳攻郢州行事柳世隆屢破之昇明二年還向江陵未至城已爲雍州刺史張敬兒所據無所歸乃與第三子中書侍郎文和至華容之鏁頭林投州吏家此吏嘗爲攸之所鞭待攸之甚厚不以往罰爲怨殺豚薦食既而村人欲取之攸之於櫟林與文和俱自經死村人斬首送之都或割其腹心有五竅征西主簿荀昭先以家財葬攸之攸之晚好讀書手不釋卷史漢事多所記憶嘗歎曰早知窮達有命恨不十年讀書及攻郢城夜嘗風浪米船沉沒倉曹參軍崔靈鳳女先適柳世隆子攸之正色謂曰當今軍糧要急而卿不以在意由與城內婚姻邪靈鳳答曰樂廣有言下官豈以五男易一女攸之歡然意解攸之招集才力之士隨郡人雙泰真有幹力召不肯來攸之遣二十人被甲追之泰真射殺數人欲過家將母去事迫不獲單身走入蠻追者既失之錄其母去泰真既失母乃自歸攸之不罪曰此孝子也賜錢一萬轉補隊主其抑情待士如此初攸之賤時與吳郡孫超之全景文共乘一小船出都三人共上引埭有一人止而相之曰君三人皆當至方伯攸之曰豈有是事相者曰不驗便是相書誤耳後攸之爲郢荊三州超之廣州刺史景文南豫州刺史景文字弘達齊永明中卒於光祿大夫攸之初至郢州有順流之志府主簿宗儼之勸攻郢城功曹臧寅以爲攻守勢異非旬日所拔若不時舉挫銳損威攸之不從既敗諸將帥皆奔散或呼寅俱亡寅曰我委質事人豈可幸其成而責其敗乃投水死又倉曹參軍金城邊榮爲府錄事所辱攸之爲榮鞭殺錄事攸之自江陵下以榮爲留府司馬守城張敬兒將至人或說之使詣敬兒降榮曰受沈公厚恩一朝緩急便改易本心不能也城敗見敬兒敬兒問曰邊公何爲同人作賊不早來榮曰沈荊州舉義兵匡社稷身雖可滅要是宋世忠臣天下尚有直言之士不可謂之爲賊身本不斷生何須見問敬兒曰死何難命斬之榮歡笑而去容無異色太山程邕之者素依隨榮至是抱持榮謂敬兒曰君入人國不聞仁惠之聲而先戮義士三楚之人寧蹈江漢而死豈肯與將軍同日以生敬兒曰求死甚易何爲不許先殺邕之然後及榮三軍莫不垂泣曰奈何一日殺二義士比之臧洪及陳容廢帝之殞攸之欲起兵問知星人葛珂之珂之曰起兵皆候太白太白見則成伏則敗昔桂陽以太白伏時舉兵一戰授首此近世明驗今蕭公廢昏立明正逢太白伏時此與天合也且太白尋出東方利用兵西方不利故攸之止不下及後舉兵珂之又曰今歲星守南斗其國不可伐攸之不從果敗攸之表檄文疏皆其記室南陽宗儼之辭也事敗責之答曰士爲知己豈爲君輩所識遂伏誅攸之景和中與齊高帝同直殿省申以歡好帝以長女義興憲公主妻攸之第三子文和生二女並養之宮中恩禮甚厚及嫁皆得素舊公家營遣焉齊武帝制以攸之弟雍之孫僧昭爲義興公主後僧昭別名法朗少事天師道士常以甲子及甲午日夜著黃巾衣褐醮於私室時記人吉凶頗有應驗自云爲太山錄事幽司中有所收錄必僧昭署名中年爲山陰縣梁武陵王紀爲會稽太守宴坐池亭蛙鳴聒耳王曰殊廢絲竹之聽僧昭呪厭十許口便息及日晚王又曰欲其復鳴僧昭曰王歡已闌今恣汝鳴即便喧聒又嘗校獵中道而還左右問其故答曰國家有邊事須還處分問何以知之曰向聞南山虎嘯知耳俄而使至復謂人曰吾昔爲幽司所使實爲煩碎今已自解乃開匣出黃紙書上有一大字字不可識曰教分判如此及太清初謂親知曰明年海內喪亂生靈十不一存乃苦求東歸既不獲許及亂百口皆殲僧昭位廷尉卿太清三年卒

宗慤字元幹南陽涅陽人也叔父少文高尚不仕慤年少問其所志慤答曰願乘長風破萬里浪少文曰汝若不富貴必破我門戶兄泌娶妻始入門夜被劫慤年十四挺身與劫相拒十餘人皆披散不得入室時天下無事士人並以文義爲業少文既高尚諸子羣從皆愛好墳典而慤任氣好武故不爲鄉曲所知江夏王義恭爲征北將軍南兗州刺史慤隨鎮廣陵時從兄綺爲征北府主簿與慤同住綺妾與給吏牛泰私通綺入直而泰潛來就綺妾慤知之入殺牛泰然後白綺義恭壯其意不罪也後以補國上軍將軍元嘉二十二年伐林邑慤自奮願行義恭舉慤有膽勇乃除振武將軍爲安西參軍蕭景憲軍副隨交州刺史檀和之圍區粟城林邑遣將范毗沙達來救區粟和之遣偏軍拒之爲賊所敗又遣慤慤乃分軍爲數道偃旗潛進討破之仍攻拔區粟入象浦林邑王范陽邁傾國來逆以具裝被象前後無際慤以爲外國有獅子威服百獸乃製其形與象相禦象果驚奔衆因此潰亂遂剋林邑收其珍異皆是未名之寶其餘雜物不可稱計慤一毫無犯唯有被梳枕刷此外蕭然文帝甚嘉之三十年孝武伐逆以慤爲南中郎諮議參軍領中兵及事平功次柳元景孝武即位以爲左衞將軍封洮陽侯孝建中累遷豫州刺史監五州諸軍事先是鄉人庾業家富豪侈侯服玉食與賓客相對膳必方丈而爲慤設粟飯菜葅謂客曰宗軍人串噉麤食慤致飽而退初無異辭至是業爲慤長史帶梁郡慤待之甚厚不以昔事爲嫌大明三年竟陵王誕據廣陵反慤表求赴討乘驛詣都面受節度上停輿慰勉慤聳躍數十左右顧盼上壯之及行隸車騎大將軍沈慶之初誕誑其衆云宗慤助我及慤至躍馬繞城呼曰我宗慤也事平入爲左衞將軍五年從獵墮馬腳折不堪朝直以爲光祿大夫加金章紫綬有佳牛堪進御官買不肯賣坐免官明年復先職廢帝即位爲寧蠻校尉雍州刺史加都督卒贈征西將軍謚曰肅侯配食孝武廟庭子羅雲卒子元寶嗣

慤從子夬字明揚祖少文名列隱逸傳父繁西中郎諮議參軍夬少勤學有局幹仕齊爲驃騎行參軍時竟陵王子良集學士於西邸並見圖畫夬亦預焉齊鬱林之爲南郡王居西州使夬管書記以筆札貞正見許故任焉時與魏和通勑夬與尚書殿中郎任昉同接魏使皆時選也及文惠太子薨王爲皇太孫夬仍管書記太孫即位多失德夬頗自疎得爲秣陵令遷尚書都官郎少帝見誅舊寵多被其災唯夬與傅昭以清正免齊明帝以爲郢州中從事以父老去官南康王爲荊州刺史引爲別駕梁武帝起兵遷西中郎諮議時西士位望唯夬

與同郡樂藹劉坦爲州人所推服故領軍蕭穎胄深相委仗武帝受禪歷太子右衞率五兵尚書參掌大選天監三年卒子曜卿嗣

論曰沈慶之以武毅之姿屬殷憂之日驅馳戎旅所在見推其戡難定功蓋亦宋之方邵及勤王之業克舉台鼎之位已隆年致懸車官成名立而卒至顛覆倚伏豈易知也諸子才氣竝有高風將門有將斯言得矣攸之地處上流聲稱義舉專威擅命年且逾十終從諸葛之夢代德其有數乎宗慤氣槩風雲竟成其志夬昭績清正用升顯級亦各志能之士也

南史卷三十八

唐　李　延　壽　撰

列傳第二十八

柳元景 元景弟子世隆　世隆子惔　惔弟惲　惲子偃　偃子盼　惲弟憕　憕弟忱　世隆從弟慶遠　慶遠子津　津子仲禮　敬禮

柳元景字孝仁河東解人也高祖純位平陽太守不拜曾祖卓自本郡遷於襄陽官至汝南太守祖恬西河太守父憑馮翊太守元景少便弓馬數隨父伐蠻以勇稱寡言語有器質荊州刺史謝晦聞其名要之未及往而晦敗雍州刺史劉道產深愛其能會荊州刺史江夏王義恭復召之道產謂曰久規相屈今貴王有召難輒相留乖意以爲罔罔服闋累遷義恭司徒太尉城局參軍文帝見又知之先是劉道產在雍州有惠化遠蠻歸懷皆出緣沔爲村落戶口殷盛及道產死羣蠻大爲寇暴孝武西鎮襄陽義恭薦元景乃以爲武威將軍隨郡太守及至廣設方略斬獲數百郡境肅然隨王誕鎮襄陽元景從爲後軍中兵參軍及朝廷大舉北侵使諸鎮各出軍二十七年八月誕遣尹顯祖出貲谷魯方平薛安都龐法起入盧氏田義仁出魯陽加元景建威將軍總統軍帥後軍外兵參軍龐季明三秦冠族求入長安招懷關陝乃自貲谷入盧氏盧氏人趙難納之元景率軍係進以前鋒深入懸軍無繼馳遣尹顯祖入盧氏以爲諸軍聲援元景以軍食不足難可曠日相持乃束馬懸車引軍上百丈崖出溫谷以入盧氏法起諸軍進次方伯堆去弘農城五里元景引軍度熊耳山安都頓軍弘農法起進據潼關季明率方平趙難諸軍向陝十一月元景率衆至弘農營於關方口仍以元景爲弘農太守初安都留住弘農而諸軍已進陝元景既到謂安都曰卿無坐守空城而令龐公孤軍深入宜急進軍衆軍竝造陝下列營以逼之竝大造攻具虜城臨河爲固恃險自守季明安都方平顯祖趙難諸軍頻三攻未拔安都方平各列陣於城東南以待之魏兵大合輕騎挑戰安都瞋目橫矛單騎突陣四向奮擊左右皆辟易殺傷不可勝數於是衆軍竝鼓譟俱前魏多縱突騎衆軍患之安都怒甚乃脫兜鍪解所帶鎧唯著絳衲兩當衫馬亦去具裝馳入賊陣猛氣咆勃所向無前當其鋒者無不應刃而倒如是者數四每入衆無不披靡魏軍之將至也方平遣驛騎告元景時諸軍糧盡各餘數日食元景方督義租并上驢馬以爲糧運之計遣軍副柳元怙簡步騎二千以赴陝急卷甲兼行一宿而至詰朝魏軍又出列陣於城外方平諸軍竝成列安都幷領馬軍方平悉勒步卒左右犄角之餘諸義軍方於城西南列陣方平謂安都曰今勍敵在前堅城在後是吾取死之日卿若不進我當斬卿我若不進卿當斬我也安都曰卿言是也遂合戰安都不堪其憤橫矛直前殺傷者甚多流血凝肘矛折易之復入副譚金率騎從而奔之自詰旦戰至日昃魏軍大潰面縛軍門者二千餘人諸將欲盡殺之元景以爲不可乃悉釋而遣之皆稱萬歲而去時北略諸軍王玄謨等敗退魏軍深入文帝以元景不宜獨進且令班師諸軍乃自狐關度白楊嶺出于長州安都斷後宋越副之法起自潼關向商城與元景會季明亦從胡谷南歸竝有功而入誕登城望之以鞍下馬迎元景時魯爽向虎牢復使元景率安都等北出爽退乃還再出北侵威信著於境外孝武入討元凶以爲諮議參軍配萬人爲前鋒宗慤薛安都等十三軍皆隸焉時義軍船乘小陋慮水戰不敵至蕪湖元景大喜倍道兼行至新亭依山建壘柵東西據險令軍中曰鼓繁氣易衰叫數力易竭但各銜枚疾戰一聽吾營鼓音元景察賊衰竭乃命開壘鼓譟以奔之賊衆大潰劭更率餘衆自來攻壘復大破之劭僅以身免上至新亭卽位以元景爲侍中領左衞將軍尋轉寧蠻校尉雍州刺史監雍梁南北秦四州荊之竟陵隨二郡諸軍事始上在巴口問元景事平何所欲對曰願還鄉里故有此授初臧質起義以南譙王義宣闇弱易制欲相推奉潛報元景使率所領西還元景卽以質書呈孝武語其信曰臧冠軍當是未知殿下義舉耳方應伐逆不容西還質以此恨之及元景爲雍州質慮其爲荊州後患稱爪牙不宜遠出上重違其言更以元景爲領軍將軍加散騎常侍封曲江縣公孝建元年正月魯爽反遣左衞將軍王玄謨討之加元景撫軍將軍假節置佐係玄謨後以爲領南蠻校尉雍州刺史加都督臧質義宣竝反王玄謨南據梁山垣護之薛安都度據歷陽元景出屯采石玄謨求益兵上使元景進屯姑熟元景悉遣精兵助王玄謨以羸弱居守所遣軍多張旗幟梁山望之如數萬人皆謂都下兵悉至由是剋捷與沈慶之俱以本號加開府儀同三司改封晉安郡公固讓開府復爲領軍太子詹事加侍中大明三年爲尚書令太子詹事侍中中正如故以封在嶺南改封巴東郡公又命左光祿大夫開府儀同三司侍中中正如故又讓開府乃與沈慶之俱依晉密陵侯鄭袤不受司空故事六年進司空侍中中書令中正如故又固讓乃授侍中驃騎大將軍南兗州刺史留衞都下孝武晏駕與太宰江夏王義恭尚書僕射顏師伯竝受遺詔輔幼主遷尚書令領丹陽尹侍中將軍如故加開府儀同三司給班劒二十人固辭班劒元景少時貧苦嘗下都至大雷日暮寒甚頗有羈旅之歎岸側有一老父自稱善相謂元景曰君方大富貴位至三公元景以爲戲之曰人生免飢寒幸甚豈望富貴老父曰後當相憶及貴求之不知所在元景起自將率及當朝理務雖非所長而有弘雅之美時在朝勳要多事產業惟元景獨無所營南岸有數十畝菜園守園人賣菜得錢三萬送還宅元景怒曰我立此園種菜以供家中噉耳乃復賣以取錢奪百姓之利邪以錢乞守園人孝武嚴暴無常元景雖荷寵遇恆慮及禍太宰江夏王義恭及諸大臣莫不重足屏氣未嘗敢私相往來孝武崩義恭元景等竝相謂曰今日始免橫死義恭與義陽等諸王元景與顏師伯等常相馳逐聲樂酣飲以夜繼晝前廢帝少有凶德內不能平殺戴法興後悖情轉露義恭元景憂懼乃與師伯等謀廢帝立義恭持疑未決發覺帝親率宿衞兵自出討之稱詔召元景左右奔告兵刃非常元景知禍至整朝服乘車應召出門逢弟車騎司馬叔仁戎服左右壯士數十人欲拒命元景苦禁之及出巷軍士大至下車受戮容色恬然長子慶宗有幹力而情性不倫孝武使元景送還襄陽於道賜死次子嗣宗紹宗茂宗孝宗文宗仲宗成宗秀宗至是竝遇禍元景六弟僧景僧珍叔宗叔政叔珍叔仁僧珍叔仁及子姪在都下襄陽死者數十人元景少子承宗嗣宗子纂竝在孕獲全明帝卽位贈太尉給班劒三十人羽葆鼓吹一部謚曰忠烈公元景從父兄元怙大明末同晉安王子勛逆事敗歸降元景從祖弟光世留鄉里仕魏爲河北太守封西陵男與司徒崔浩親浩被誅光世南奔明帝時位右衞將軍順陽太守子欣慰謀反光世賜死

世隆字彥緒元景弟子也父叔宗字雙驎位建威參軍事早卒世隆幼孤挺然自立不與衆同雖門勢子弟獨修布衣之業及長好讀書折節彈琴涉獵文史音吐溫潤元景愛賞異於諸子言於宋孝武得召見帝謂元景曰此兒將來復是三公一人爲西陽王撫軍法曹行參軍出爲武威將軍上庸太守帝謂元景曰卿昔以武威之號爲隨郡今復以授世隆使卿門世不乏公也元景爲前廢帝所殺世隆以在遠得免太始初四方反叛世隆於上庸起兵以應宋明帝爲孔道存所敗衆散逃隱道存購之甚急軍人有貌相似者斬送之時世隆母郭妻閻竝見繫襄陽獄道存以所逆首示之母見首悲情小歇而妻閻號叫方甚竊謂郭曰今見不悲爲人所覺唯當大慟以滅之世隆竟以免後爲太子洗馬與張緒王延之沈琰爲君子之交累遷晉熙王安西司馬加寧朔將軍時齊武帝爲長史與世隆相遇甚懽齊高帝之謀度廣陵也令武帝率衆同會都下世隆與長流參軍蕭景先等戒嚴待期事不行時朝廷疑憚沈攸之密爲之防府州器械皆有素蓄武帝將下都劉懷珍白高帝曰夏口是兵衝要地宜得其人高帝納之與武帝書曰汝既入朝當須文武兼資人委以後事世隆其人也武帝乃舉世隆自代轉爲武陵王前軍長史江夏內史行郢州事昇明元年冬攸之反遣輔國將軍中兵參軍孫同等以三萬人爲前驅又遣司馬冠軍劉攘兵等二萬人次之又遣輔國將軍中兵參軍王靈秀等分兵出夏口據魯山攸之乘輕舸從數百人先大軍下住白螺州坐胡牀以望其軍有自驕色既至郢以郢城弱小不足攻攸之將去世隆遣軍於西渚挑戰攸之果怒晝夜攻戰世隆隨宜拒應衆皆披却武帝初下與世隆別曰攸之一旦爲變雖留攻城不可卒拔卿爲其內我爲其外乃無憂耳至是武帝遣軍主桓敬陳肩叔苟元賓等八軍據西塞令堅壁以待賊疲慮世隆危急遣腹心胡元直潛使入郢城通援軍消息內外竝喜郢城既不可攻而平西將軍黃回軍至西陽乘三層艦作羌胡伎泝流而進攸之素失人情本逼以威力初發江陵已有叛者至此稍多攸之大怒於是一人叛遣十人追竝去不返劉攘兵射書與世隆請降開門納之攸之怒銜鬚咀之收攘兵兄子天賜女壻張平虜斬之軍旅大散世隆乃遣軍副劉僧驎緣道追之攸之已死徵爲侍中仍遷尚

書右僕射封貞陽縣侯出爲吴郡太守居母憂寒不衣絮齊高帝踐阼起爲南豫州刺史加都督進爵爲公上子詔司徒褚彦回甚傷美之彦回曰世隆事陛下在危盡忠居喪杖而後起立人之本二理同極加榮增寵足以敦厲風俗建元二年授右僕射不拜性愛涉獵啓高帝借祕閣書上給二千卷三年出爲南兖州刺史加都督武帝即位加散騎常侍世隆善卜別龜甲價至一萬永明初世隆曰永明九年我亡亡後三年丘山崩齊亦於此季矣屏人命典籤李黨取筆及高齒屐題簾箔旌曰永明十一年因流涕謂黨曰汝當見吾不見也還護軍而衞軍王儉脩下官敬甚謹世隆止之儉曰將軍雖存弘眷如王典何其見重如此性清廉唯盛事墳典張緒問曰觀君舉措當以清名遺子孫邪荅曰一身之外亦復何須子孫不才將爲爭府如其才也不如一經光禄大夫韋祖征州里宿德世隆雖已貴重每爲之拜人或勸祖征止之荅曰司馬公所爲後生楷法吾豈能止之哉後授尚書左僕射湘州蠻動遣世隆以本官總督伐蠻衆軍仍爲湘州刺史加都督至鎮以方畧討平之在州立邸興生爲御史中丞庾杲之所奏詔不問復入爲尚書左僕射不拜乃轉尚書令世隆少立功名晚專以談義自業善彈琴世稱柳公雙瑣爲士品第一常自云馬矟第一清談第二彈琴第三在朝不干世務垂簾鼓琴風韻清遠甚獲世譽以疾遜位拜左光禄大夫侍中永明九年卒詔給東園祕器贈司空班劒二十人謚曰忠武世隆曉數術於倪塘創墓與賓客踐履十往五往常坐一處及卒墓工圖墓正取其坐處焉所著龜經祕要二卷行於世長子悅字文殊少有清致位中書郎早卒謚曰恭世隆次子惔

惔字文通好學工製文尤曉音律少與長兄悅齊名王儉謂人曰柳氏二龍可謂一日千里儉爲尚書左僕射嘗造世隆宅世隆謂爲詣己徘徊久之及至門唯求悅及惔遺謂世隆曰賢子俱有盛才一日見顧今故報禮若仍相造似非本意恐年少窺人嘗預齊武烽火樓宴帝善其詩謂豫章王嶷曰惔非徒風韻清爽亦屬文遒麗後爲巴東王子響友子響爲荆州惔隨之鎮子響昵近小人惔知將爲禍稱疾還都及難作竟以得免累遷新安太守居郡以無政績免建武末爲梁南秦二州刺史及梁武帝起兵惔舉漢中以應梁武受命爲太子詹事加散騎常侍武帝之鎮襄陽惔祖道帝解茅土玉環贈之天監二年元會帝謂曰卿所佩玉環是新亭所贈邪對曰既而瑞感神衷臣謹服之無斁帝因勸之酒惔時未卒爵帝曰吾常比卿劉越石近辭厄酒邪罷會封曲江縣侯帝因宴爲詩貽惔曰爾寔冠羣后惟余實念功帝又嘗謂曰徐元瑜違命嶺南周書父子兄弟罪不相及朕已放其諸子何如惔曰罰不及嗣賞延于後今復見之聖朝時以爲知言尋遷尚書左僕射年六十卒於湘州刺史謚曰穆惔度量寬博家人未嘗見其喜慍甚重其婦頗成畏憚性愛音樂女伎精麗畧不敢視僕射張稷與惔狎密而爲惔妻賞敬稷每詣惔必先相問夫人惔每欲見妓恒因稷請奏其妻隔幔坐妓然後出惔因得留目惔著仁政傳及諸詩賦粗有辭義子昭位中書郎襲爵曲江侯

惔弟惲字文暢少有志行好學善尺牘與陳郡謝瀹鄰居深見友愛瀹曰宅南柳郎可爲表儀初宋時有嵇元榮羊蓋者並善琴云傳戴安道法惲從之學惲特窮其妙齊竟陵王子良聞而引爲法曹行參軍唯與王暕陸果善每歎曰暕雖名家猶恐累我也雅被子良賞狎子良嘗置酒後園有晉太傅謝安鳴琴在側援以授惲惲彈爲雅弄子良曰卿巧越嵇心妙臻羊體良質美手信在今夜豈止當今稱奇亦可追蹤古烈爲太子洗馬父憂去官著述先頌申其罔極之心文甚哀麗後試守鄱陽相聽吏屬得盡三年喪禮署之文教百姓稱焉還除驃騎從事中郎梁武帝至建鄴惲候謁石頭以爲征東府司馬上牋請城平之日先收圖籍及遵漢高寬大之義帝從之從爲相國右司馬天監元年除長兼侍中與僕射沈約等共定新律惲立性貞素以貴公子早有令名少工篇什爲詩云亭皐木葉下壠首秋雲飛琅邪王融見而嗟賞因書齋壁及所執白團扇武帝與宴必詔惲賦詩嘗和武帝登景陽樓篇云太液滄波起長楊高樹秋翠華承漢遠彫輦逐風游深見賞美當時咸共稱傳歷平越中郎將廣州刺史祕書監右衞將軍再爲吴興太守爲政清靜人吏懷之於郡感疾自陳解任父老千餘人拜表陳請事未施行卒初惲父世隆彈琴爲士流第一惲每奏其父曲常感思復變體備寫古曲嘗賦詩未就以筆捶琴坐客過以筯扣之惲驚其哀韻乃製爲雅音後傳擊琴自於此惲常以今聲轉棄古法乃著清調論具有條流齊竟陵王嘗宿晏明旦將朝見惲投壺梟不絕停轝久之進見遂晚齊武帝遲之王以實對武帝復使爲之賜絹二十匹嘗與琅邪王瞻博射嫌其皮闊乃摘梅帖烏珠之上發必命中觀者驚駭梁武帝好弈棊使惲品定棊譜登格者二百七十八人第其優劣爲棊品三卷惲爲第二焉帝謂周捨曰吾聞君子不可求備至如柳惲可謂具美分其才藝足了十人惲著十杖龜經性好醫術盡其精妙少子偃字彦游年十二梁武帝引見詔問讀何書對曰尚書又問有何美句對曰德唯善政政在養民衆咸異之詔尚武帝女長城公主拜駙馬都尉都亭侯位鄱陽內史卒子盼尚陳文帝女富陽公主拜駙馬都尉後主即位以帝舅加散騎常侍盼性愚戇使酒因醉乘馬入殿門爲有司劾免卒於家贈侍中中護軍后從祖弟莊清警有鑒識自盼卒後太后宗屬唯莊爲近兼素有名望深被恩禮位度支尚書陳亡入隋爲岐州司馬惲弟憕

憕字文深少有大意好玄言通老易梁武帝舉兵至姑熟憕與兄惲及諸友朋於小郊候接時道路猶梗憕與諸人同憩逆旅食俱去行里餘憕曰寧我負人不人負我若復有追堪憩此客命左右燒逆旅舍以絕後追當時服其善斷歷位給事黃門侍郎與琅邪王峻齊名俱爲中庶子時人號爲方王後爲鎮北始興王長史王移鎮益州復請憕帝曰柳憕風標才氣恐不能久爲少王臣王祈請數四不得已以爲鎮西長史蜀郡太守在蜀廉恪爲政益部懷之憕弟忱

忱字文若年數歲父世隆及母閻氏並疾忱不解帶經年及居喪以毀聞仕齊爲西中郎主簿東昏遣巴西太守劉山陽由荆州襲梁武帝于雍州西中郎長史蕭穎冑計未定召忱及其所親席闡文等夜入議之忱及闡文並勸同武帝穎冑從之以忱爲寧朔將軍累遷侍中郢州平穎冑議遷都夏口忱以巴峽未賓不宜輕捨根本搖動人心不從俄而巴東兵至峽口遷都之議乃息論者以爲見機及梁受命對州陵伯歷五兵尚書祕書監散騎常侍改授給事中光禄大夫疾篤不拜卒謚曰穆忱兄弟十五人多少亡唯第二兄惔第三兄惲第四兄憕及忱三兩年間四人迭爲侍中復居方伯當世罕比子範嗣

慶遠字文和元景弟子也父叔珍義陽內史慶遠仕齊爲魏興太守郡遭暴水人欲移於杞城慶遠曰吾聞江河長不過三日命築土而已俄而水退百姓服之後爲襄陽令梁武帝之臨雍州問京兆人杜惲求州綱紀惲言慶遠武帝曰文和吾已知之所問未知者耳因辟爲別駕慶遠謂所親曰天下方亂定霸者其吾君乎因盡誠協贊及起兵慶遠常居帷幄爲謀主從軍東下身先士卒武帝行營見慶遠頓舍嚴整每歎曰人人若是吾又何憂建康城平爲侍中帶淮陵齊昌二郡太守城內嘗夜火衆並驚懼武帝時居宮中悉斂諸門籥問柳侍中何在慶遠至悉付之其見任如此霸府建爲從事中郎武帝受禪封重安侯位散騎常侍改封雲杜侯出爲雍州刺史加都督帝餞於新亭謂曰卿衣錦還鄉朕無西顧憂矣始武帝爲雍州慶遠爲別駕謂曰昔羊公語劉弘卿後當居吾處今相觀亦復如是曾未十年而慶遠督府談者以爲逾於魏詠之累遷侍中領軍將軍給扶出爲雍州刺史慶遠重爲本州頗厲清節士庶懷之卒官贈開府儀同三司謚曰忠惠侯喪還都武帝親出臨之初慶遠從父兄世隆嘗謂慶遠曰吾昔夢太尉以褥席見賜吾遂亞台司適又夢以吾褥席與汝汝必光我門族至是慶遠亦繼世隆焉

子津字元舉雖乏風華性甚強直人或勸之聚書津曰吾常請道士上章驅鬼安用此鬼名邪歷散騎常侍太子詹事襲封雲杜侯侯景圍城既急帝召津問策對曰陛下有邵陵臣有仲禮不忠不孝賊何由可平太清三年城陷卒子仲禮勇力兼人少有膽氣身長八尺眉目疎朗初簡文帝爲雍州刺史津爲長史及簡文入居儲宮津亦得侍從仲禮留在襄陽馬仗軍人悉付之撫循故舊甚得衆和起家著作佐郎稍遷電威將軍陽泉縣侯中大通中西魏將賀拔勝來逼樊鄧仲禮出擊破之除黃門郎稍遷司州刺史武帝思見其面使畫工圖之初侯景潛圖反噬仲禮先知之屢啓求以精兵三萬討景朝廷不許及景濟江朝野便望其至兼蓄雍司精卒與諸藩赴援見推總督景素聞其名甚憚之仲禮亦自謂當世英雄諸將莫己若也韋粲見攻仲禮方食投箸被練馳之騎能屬者七十比至粲已敗仲禮因與景戰於青塘大敗之景與仲禮交戰各不相知仲禮矟將及景而賊將支伯仁自後斫仲禮再斫仲禮中肩馬陷于淖賊聚矟刺之騎將郭山石救之以免自此壯氣外衰不復言戰神情傲佷凌蔑將帥邵陵王綸亦鞭策軍門每日必至累刻移時仲禮亦弗見也綸既忿歎怨隙遂成而仲禮常置酒高會日作優倡毒掠百姓汙辱妃主父津登城謂曰汝君父在難不能盡心竭力百代之後謂汝爲何仲禮聞之言笑自若晚又與臨城公大連不協景嘗登朱雀樓與之語遺以金環是後閉營不戰衆軍日固請皆悉拒焉南安侯駿謂曰城急如此都督不復處分如脫不守何面以見天下義士仲禮無以應之

及臺城陷侯景矯詔使石城公大款以白虎幡解諸軍仲禮召諸將軍會議邵陵王以下畢集王曰今日之命委之將軍仲禮熟視不對裴之高王僧辯曰將軍擁衆百萬致宮闕淪沒正當悉力決戰何所多言仲禮竟無一言諸軍乃隨方各散時湘東王繹遣王琳送米二十萬石以饋軍至姑熟聞臺城陷乃沉米於江而退仲禮及弟敬禮羊鴉仁王僧辯趙伯超並開營降賊時城雖淪陷援軍甚衆士咸欲盡力及聞降莫不歎憤論者以爲梁禍始於朱异成於仲禮仲禮等入城並先拜景而後見帝帝不與言既而景留柳敬禮羊鴉仁而遣仲禮僧辯西上各復本位餞於後渚景執仲禮手曰天下之事在將軍耳郢州巴西並以相付及至江陵會岳陽王詧南寇湘東王以仲禮爲雍州刺史襲襄陽仲禮方觀成敗未發及南陽圍急杜岸請救仲禮乃以別將夏侯强爲司州刺史守義陽自帥衆如安陸使司馬康昭如竟陵討孫暠暠執魏戍人以降仲禮命其將王叔孫爲竟陵太守副軍馬岫爲安陸太守置孥於安陸而以輕兵師于漴頭將侵襄陽岳陽王詧告急于魏魏遣大將楊忠援之仲禮與戰于漴頭大敗并弟子禮沒于魏魏相安定公待仲禮以客禮西魏於是盡得漢東

仲禮弟敬禮少以勇烈聞驫暴無行檢恒畧賣人爲百姓所苦故襄陽有柳四郎歌起家著作佐郎稍遷扶風太守侯景度江敬禮率馬步三千赴援至都與景頻戰甚著威名臺城陷與兄仲禮俱見景景遣仲禮經畧上流留敬禮質以爲護軍將軍景餞仲禮於後渚敬禮謂仲禮曰景今來會敬禮抱之兄便可殺雖死無恨仲禮壯其言許之及酒數行敬禮目仲禮仲禮見備衞嚴不敢動遂不果會景征晉熙敬禮與南康王會理謀襲其城剋期將發建安侯蕭賁告之遂遇害臨死曰我兄老婢也國敗家亡實余之責今日就死豈非天乎

論曰柳元景行已所資豈徒武毅當朝任職實兼雅道卒至覆族遭逢亦有命乎世隆文武器業殆人望也諸子門素所傳俱云克構仲禮始終之際其不副也何哉豈應天方喪梁不然何斯人而有斯迹也

南史卷三十八考證

柳元景傳時魯爽向虎牢復使元景率安都等北出爽退乃遝○遝當係還字之訛

給班劒三十人○班監本訛斑今改正

柳惔傳罪不相及○梁書無父子兄弟四字

柳惔弟惲傳唯與王暕陸果善○果應作杲

柳忱傳忱以巴峽未賓○峽梁書作硤誤

柳慶遠傳俄而水退○退梁書作過

問京兆人杜惲求州綱紀○梁書少紀字

柳仲禮弟敬禮傳將發建安侯蕭賁告之○侯監本訛俟今改正又告之梁書作知而去之

南史卷三十九

唐　李　延　壽　撰

列傳第二十九

殷孝祖 族子琰 悛弟子苞 孝綽子諒　劉勔 子悛 悛子霽 霽弟覽 覽弟遵 悛弟繪 繪子孝綽 孝綽弟潛 繪弟瑱

殷孝祖陳郡長平人也曾祖羨晉光祿勳父祖官並不達孝祖少誕節好酒色有氣幹宋孝武時以軍功仕至積射將軍前廢帝景和元年爲兗州刺史明帝初即位四方反叛孝祖外甥司徒參軍顙川葛僧韶建議銜命徵孝祖入朝上遣之時徐州刺史薛安都遣薛索兒等屯據津徑僧韶間行得至說孝祖曰景和凶狂開闢未有朝野憂危假命漏刻主上曾不浹辰夷凶翦暴國亂朝危宜立長主公卿百辟人無異議而羣迷相扇構造無端貪利幼弱競懷希幸身少有立功之志長以氣節成名若能控濟河義勇還奉朝廷非唯匡主靜亂乃可以垂名竹帛孝祖即日棄妻子率文武二千人隨僧韶還都時普天同逆朝廷唯保丹陽一郡孝祖忽至衆力不少人情於是大安進孝祖號冠軍將軍假節督前鋒諸軍事御仗先有諸葛亮筩袖鎧鐵帽二十五石弩射之不能入上悉以賜孝祖孝祖負其誠節陵轢諸將時賊據赭圻孝祖將進攻之與大將王玄謨別悲不自勝衆並駭怪泰始二年三月三日與賊合戰每戰常以鼓蓋自隨軍中人相謂曰殷統軍可謂死將矣今與賊交鋒而以羽儀自標顯若射者十手攢射欲不斃得乎是日中流矢死追贈建安縣侯謚曰忠

琰字敬珉孝祖族子也父道鸞宋衡陽王義季右軍長史琰少爲文帝所知見遇與琅邪王景文相埒前廢帝永光元年累遷黃門侍郎出爲山陽王休祐右軍長史南梁郡太守休祐入朝琰乃行府州事明帝泰始元年以休祐爲荊州會晉安王子勛反即以琰爲豫州刺史土人前右軍杜叔寶等並勸琰同逆琰素無部曲無以自立受制於叔寶二年正月帝遣輔國將軍劉勔西討之築長圍創攻道於東南角并作大蝦蟆車載土牛皮蒙之三百人推以塞壍十二月琰乃始降時琰有疾以板自輿諸將帥面縛請罪勔並撫宥之無所誅戮後除少府加給事中卒官琰性和雅靜素寡嗜慾詣前世舊事事兄甚謹少以名行見稱在壽陽被攻圍積時爲城內所懷附揚州刺史王景文征西將軍蔡興宗司空褚彥回並相與友善

劉勔字伯猷彭城安上里人也祖懷義父頴之位並郡守勔少有志節兼好文義家貧仕宋初爲廣州增城令稍遷鬱林太守大明初還都徐州刺史劉道隆請爲寧朔司馬竟陵王誕據廣陵爲逆勔隨道隆受沈慶之節度事平封金城縣五等侯除西陽王子尚撫軍參軍入直閤先是費沈伐陳檀不剋乃除勔龍驤將軍西江督護鬱林太守勔既至隨宜翦定大致名馬并獻珊瑚連理樹上甚悅前廢帝即位爲屯騎校尉又入直閤明帝即位江州刺史晉安王子勛爲逆四方響應勔以本官領建平王景素輔國司馬進據梁山會豫州刺史殷琰反叛召勔還都復兼山陽王休祐驃騎司馬致討時琰嬰城固守自始春至于末冬勔內攻外禦戰無不捷善撫將帥以寬厚爲衆所依將軍王廣之求勔所自乘馬諸將並忿廣之貪冒勸勔以法裁之勔權笑即解馬與廣之及琰請降勔約令三軍不得妄動城內士庶感悅咸曰來蘇還都拜太子右衞率封鄱陽縣侯遷右衞將軍行豫州刺史加都督後徵拜散騎常侍中領軍勔以世路糾紛有懷止足經始鍾嶺之南以爲棲息聚石蓄水髣髴丘中朝士雅素者多往游之明帝臨崩顧命以爲守尚書右僕射中領軍廢帝即位加兵五百人元徽初月犯右執法太白犯上將或勸勔解職勔曰吾執心行已無愧幽明若才輕任重災眚必及天道密微避豈能免桂陽王休範爲亂奄至建鄴加勔使持節鎮軍將軍置佐鎮扞石頭既而賊衆屯朱雀航南右軍將軍王道隆率宿衞向朱雀聞賊已至急信召勔勔戰敗死之事平贈司空謚曰昭公子悛

悛字士操隨父征竟陵王誕於廣陵以功拜駙馬都尉後爲桂陽王征北中兵參軍與齊武帝同直殿內並爲宋明帝所親待由是與武帝款好悛本名忱宋明帝多忌反語劉忱爲臨讎改名悛焉齊武帝嘗至悛宅晝卧覺悛自捧金澡罐受四升水以沃盥因以與帝前後所納稱此後遷安遠護軍武陵內史郡南古江堤久廢悛修未畢而江水忽至百姓棄役奔走悛親率厲之於是乃立漢壽人邵榮興六世同爨悛表其門閭悛强濟有世調善於流俗蠻王田僮在山中年垂百餘歲南譙王義宣爲荊州僮出謁至是又謁悛明帝崩表求奔赴敕帶郡還都吏人送者數千萬人悛人人執手係以涕泣百姓感之贈送甚厚桂陽之難加寧朔將軍助守石頭父勔於大航戰死悛時遇疾扶伏路次號哭求勔屍勔屍頂復傷缺悛割髮補之持喪墓側冬日不衣絮齊高帝代勔爲領軍素與勔善書譬悛殷勤抑勉建平王景素反高帝總衆悛初免喪高帝召悛及弟愃入省欲使領支軍及見皆羸削改貌乃止霸業初建悛先致誠節沈攸之事起加輔國將軍後爲廣州刺史襲爵鄱陽縣侯武帝自尋陽還遇悛驩宴敘舊停十餘日乃下遣文惠太子及竟陵王子良攝衣履備父友之敬齊受禪國除平西記室參軍夏侯恭叔上書以柳元景中興功臣劉勔殞身王事宜存封爵詔以與運隆替不容復厝意也初蒼梧廢高帝集議中華門見悛謂曰君昨直邪悛曰僕昨正直而之急在外至是上謂悛曰功名之際人所不忘卿昔在中華門荅我何其欲謝世事悛曰臣世受宋恩門荷齊眷非常之動非臣所及敢不以實仰荅遷太子中庶子領越騎校尉時武帝在東宮每幸悛坊閑言至夕賜屏風帷帳武帝即位改領軍將軍後拜司州刺史悛父勔討殷琰平壽陽無所犯害百姓德之爲立碑記悛步道從壽陽之鎮過勔碑拜敬涕泣於州下立學校得古禮器銅罍甑山罍樽銅豆鍾各二口獻之遷長兼侍中車駕數幸悛宅宅盛修山池造甕牖武帝著鹿皮冠披悛菟皮衾於牖中宴樂以冠賜悛至夜乃去後從駕登蔣山上數歎曰貧賤之交不可忘糟糠之妻不下堂顧謂悛曰此況卿也世言富貴好改其素情吾雖有四海今日與卿盡布衣之適悛起拜謝累遷始興王前軍長史平蠻校尉蜀郡太守行益州府州事初高帝輔政有意欲鑄錢以禪讓之際未及施行建元四年奉朝請孔顗上鑄錢均貨議辭證甚博其畧以爲食貨相通理勢自然李悝曰糴甚貴傷人甚賤傷農人傷則離散農傷則國貧甚賤與甚貴其傷一也三吳國之關奧比歲時被水潦而糴不貴是天下錢少非穀穰賤此不可不察也鑄錢之弊在輕重屢變重錢患難用而難用爲累輕輕錢弊盜鑄而盜鑄爲禍深人所盜鑄嚴法不禁者由上鑄錢惜銅愛工也惜銅愛工謂錢

無用之器以通交易務欲令輕而數多使省工而易成不詳慮其爲患也自漢鑄五銖至宋文帝歷五百餘年制度世有廢興而不變五銖錢者明其輕重可法得貨之宜以爲開置泉府方牧貢金大興鎔鑄錢重五銖一依漢法若官鑄已布於人使嚴斷翦鑿輕小破缺無周郭者悉不得行官錢細小者稱合銖兩銷以爲大利貧良之人塞姦巧之路錢貨既均遠近若一百姓樂業市道無爭衣食滋殖矣時議多以錢貨輕轉少宜更廣鑄重其銖兩以防人姦高帝使諸州郡大市銅炭會晏駕事寢永明八年悛啓武帝曰南廣郡界蒙山下有城可二頃地有燒鑪四所高一丈廣一丈五尺從蒙城度水南百許步平地掘土深二尺得銅又有古掘銅坑深二丈并居宅處猶存鄧通南安人漢文帝賜通嚴道縣銅山鑄錢今蒙山近在青衣水南青衣左側竝是故秦之嚴道地青衣縣文帝改名漢嘉且蒙山去南安二百里案此必是通所鑄近喚蒙山獠出云甚可經略此議若立潤利無極并獻蒙山銅一片又銅石一片平州鑄鐵刀一口上從之遣使入蜀鑄錢得千餘萬功費多乃止悛仍代始興王鑑爲益州刺史監益寧二州諸軍事悛既藉舊恩尤能承迎權貴賓客閨房供費奢廣罷廣司二州傾資貢獻家無留儲在蜀作金浴瓮餘金物稱是罷任以本號還都欲獻之而武帝晏駕鬱林新立悛奉獻減少鬱林知之諷有司收悛付廷尉將加誅戮明帝啓救之見原禁錮終身雖見廢黜而賓客日至海陵即位以白衣除兼左戶尚書尋除正明帝立加領驍騎將軍復故官駙馬都尉悛歷朝見恩遇高帝爲鄱陽王鏘納悛妹爲妃明帝又爲晉安王寶義納悛女爲妃自此連姻帝室王敬則反悛出守琅邪城轉五兵尚書悛兄弟以父死朱雀航終身不行此路明帝崩東昏即位改授散騎常侍領驍騎將軍尚書如故衞送山陵路經朱雀航咸慟至曲阿而卒贈太常侍都尉如故諡曰敬

子

子孺字孝穉幼聰敏七歲能屬文年十四居喪毀瘠骨立宗黨咸異之叔父瑱爲義興郡攜以之官常置坐側謂賓客曰此吾家明珠也及長美風采性通和雖家人不見其喜愠本州召迎主簿起家中軍法曹行參軍時鎮軍沈約聞其名引爲主簿恒與游宴賦詩大爲約所嗟賞累遷太子中舍人孺少好文章性又敏速嘗在御坐爲李賦受詔便成文不加點梁武帝甚稱賞之後侍宴壽光殿詔羣臣賦詩時孺與張率竝醉未及成帝取孺手板題戲之曰張率東南美劉孺洛陽才攬筆便應就何事久遲回其見親愛如此遷中書郎兼中書通事舍人歷太子中庶子尚書吏部郎累遷散騎常侍左戶尚書大同五年守吏部尚書出爲晉陵太守在郡和理爲吏人所稱入爲侍中後復爲吏部尚書母憂以毀卒諡曰孝子孺少與從兄苞孝綽齊名苞早卒孝綽數坐免黜位竝不高唯孺貴顯有文集二十卷孺弟覽

覽字孝智十六通老易位中書郎以所生母憂廬于墓常再朞不嘗鹽酪食麥粥而已隆冬止著單布衣家人處不勝喪中夜竊置炭於牀下覽因暖得寐及覺知之號慟歐血梁武帝聞其至性數使省視服闋除尚書左丞性聰敏尚書令史七百人一見竝記名姓當官清正無所私從兄吏部郎孝綽在職頗通贓貨覽劾奏免官孝綽怨之常謂人曰犬噬行路覽噬家人出爲始興內史居郡尤勵清節復爲左丞卒官覽弟遵

遵字孝陵少清雅有學行工屬文爲晉安王綱宣惠雲麾二府記室甚見賓禮王立爲皇太子仍除中庶子遵自隨藩及在東宮以舊恩偏蒙寵遇時輩莫及卒官皇太子深悼惜之與遵從兄陽羨令孝儀令曰賢從弟中庶奄至殞逝痛可言乎其孝友淳深立身貞固內含玉潤外表瀾清言行相符終始如一文史該富琬琰爲心辭章博贍玄黃成采既以鳴謙表性又以難進自居吾昔在漢南連翩書記及忝朱方從容坐首鷁舟乍動朱鷺徐鳴未嘗一日而不追隨一時而不會遇益者三友此寔其人及弘道下邑未申善政而能使人結去思野多馴雉此亦威鳳一羽足以驗其五德其見愛賞如此

苞字孝嘗一字孟嘗悛弟子也父愃位太子中庶子苞三歲而孤至六七歲見諸父常泣時伯父悛繪等竝顯貴其母謂其畏憚怒之苞曰早孤不及有識聞諸父多相似故心中悲耳因而歔欷母亦悲慟初苞父母及兩兄相繼亡歿悉假瘞焉苞年十六始移墓所經營改葬不資諸父奉君母朱夫人及所生陳氏竝扇席溫枕叔父繪常歎服之少好學能屬文家有舊書例皆殘蠹手自編緝筐篋盈滿梁初以臨川王妃弟故自征虜主簿遷右軍功曹累遷太子洗馬掌書記侍講壽安殿及從兄孝綽等竝以文藻見知多預宴坐受詔詠天泉池荷及採菱調下筆即成天監十年卒臨終呼友人南陽劉之遴託以喪事從儉苞居官有能名性和直與人交面折其非退稱其美士友咸以此歎惜之

繪字士章愃弟也初爲齊高帝行參軍帝歎曰劉公爲不亡也及豫章王嶷鎮江陵繪爲鎮西外兵參軍以文義見禮時琅邪王綱爲功曹以吏能自進嶷謂僚佐曰吾雖不能得應嗣陳蕃然閤下自有二驥也性通悟出爲南康相郡人有姓賴所居名穢里刺謁繪繪戲嘲之曰君有何穢而居穢里此人應聲曰未審孔丘何闕而居闕里繪嘿然不荅亦無忤意歎其辯速後歷位中書郎掌詔誥敕助國子祭酒何佾撰修禮儀永明末都下人士盛爲文章談義皆湊竟陵西邸繪爲後進領袖時張融以言辭辯捷周顒彌爲清綺而繪音采不贍麗雅有風則時人爲之語曰三人共宅夾清漳張南周北劉中央言其處二人間也魚復侯子響誅後豫章王嶷欲求葬之召繪爲表言其事繪須臾便成嶷歎曰禰衡何以過此唯足八字云提攜鞠養俯見成人後魏使至繪以辭辯被敕接使事畢當撰語辭繪謂人曰無論潤色未易但得我語亦難矣隆昌中兄悛坐事將見誅繪伏闕請代兄死明帝輔政救之乃免死明帝即位爲太子中庶子安陸王寶晊爲湘州以繪爲冠軍長史長沙內史行湘州事寶晊妃悛女也寶晊愛其侍婢繪奪取具以啓聞寶晊以爲恨與繪不協遭母喪去官有至性服闋爲晉安王征北長史南海太守行南徐州事及梁武起兵朝廷以繪爲雍州刺史固讓不就衆以朝廷昏亂爲之寒心繪終不受乃改用張欣泰轉繪建安王車騎長史行府國事及東昏見殺城內遣繪及國子博士范雲等齎其首詣梁武帝於石頭轉大司馬從事中郎卒子孝綽

孝綽字孝綽本名冉幼聰敏七歲能屬文舅齊中書郎王融深賞異之與同載以適親友號曰神童融每曰天下文章若無我當歸阿士阿士即孝綽小字也父繪齊時掌詔誥孝綽年十四繪常使代草之父黨沈約任昉范雲等聞其名命駕造焉昉尤相賞好范雲年長繪十餘歲其子孝才與孝綽年竝十四五及雲遇孝綽便申伯季乃命孝才拜之兼善草隸自以書似父乃變爲別體梁天監初起家著作佐郎爲歸沐詩贈任昉昉報曰彼美洛陽子投我懷秋作詎慰耋嗟人徒深老夫託直史兼褒貶轄司專疾惡九折多美疹匪報庶良藥其爲名流所重如此後遷兼尚書水部郎奉啓陳謝手敕荅曰美錦未可便製簿領亦宜稍習頃之即眞武帝時因宴幸令沈約任昉等言志賦詩孝綽亦見引嘗侍宴於坐作詩七首武帝覽其文篇篇嗟賞由是朝野改觀累遷祕書丞武帝謂舍人周捨云第一官當知用第一人故以孝綽居此職後爲太子僕掌東宮管記時昭明太子好士愛文孝綽與陳郡殷芸吳郡陸倕琅邪王筠彭城到洽等同見禮太子起樂賢堂乃使先圖孝綽太子文章羣才咸欲撰錄太子獨使孝綽集而序之遷兼廷尉卿初孝綽與到溉兄弟甚狎溉少孤宅近僧寺孝綽往溉許適見黃臥具孝綽謂僧物色也撫手笑溉知其旨奮拳擊之傷口而去又與洽同游東宮孝綽自以才優於洽每於宴坐嗤鄙其文洽深銜之及孝綽爲廷尉攜妾入廷尉其母猶停私宅洽尋爲御史中丞遣令史劾奏之云攜少妹於華省棄老母於下宅武帝爲隱其惡改妹字爲姝孝綽坐免官諸弟時隨藩皆在荊雍乃與書論共洽不平者十事其辭皆訴到氏又寫別本封至東宮昭明太子命焚之不開視孝綽免職後武帝數使僕射徐勉宣旨慰撫之每朝宴常預焉及武帝爲籍田詩又使勉先示孝綽時奉詔作者數十人帝以孝綽詩工即日起爲西中郎湘東王諮議參軍遷黃門侍郎尚書吏部郎坐受人絹一束爲餉者所訟左遷信威臨賀王長史晚年忽忽不得志後爲祕書監初孝綽居母憂冬月飲冷水因得冷癖以大同五年卒官年五十九孝綽少有盛名而仗氣負才多所陵忽有不合意極言詆訾領軍臧盾大府卿沈僧旻等竝被時遇孝綽尤輕之每於朝集會同處公卿間無所與語反呼騶卒訪道途間事由此多忤於物前後五免孝綽辭藻爲後進所宗時重其文每作一篇朝成暮徧好事者咸傳誦寫流聞河朔亭苑柱壁莫不題之文集數十萬言行於時兄弟及羣從子姪當時有七十人竝能屬文近古未之有也其三妹一適琅邪王叔英一適吳郡張嵊一適東海徐悱竝有才學悱妻文尤清拔所謂劉三娘者也悱爲晉安郡卒喪還建鄴妻爲祭文辭甚悽愴悱父勉本欲爲哀辭及見此文乃閣筆

孝綽子諒字求信小名春少好學有文才尤悉晉代故事時人號曰皮裹晉書位中書宣城王記室爲湘東王所善王嘗游江濱歎秋望之美諒對曰今日可謂帝子降於北渚王有目疾以爲刺已應曰卿言目眇眇以愁子邪從此嫌之

孝綽弟潛字孝儀幼孤與諸兄弟相勗以學竝工屬文孝綽嘗云三筆六詩三即孝儀六謂孝威也舉秀才累遷尚書殿中郎敕令製雍州平等寺金像碑文甚宏麗晉安王綱鎮襄陽引爲安北功曹史及王爲皇太子仍補洗馬遷中舍人出爲陽羨令甚有稱績後爲中書郎

以公事左遷安西諮議參軍兼散騎常侍使魏還除中書郎累遷尚書左丞長兼御史中丞在職多所彈糾無所顧望當時稱之出爲臨海太守時政網疏闊百姓多不遵禁孝儀下車宣下條制勵精綏撫境內翕然風俗大變入遷都官尚書太清元年出爲豫州內史侯景寇建鄴孝儀遣子勵帥郡兵三千隨前衡州刺史韋粲入援及宮城不守孝儀爲前歷陽太守莊鐵所逼失郡卒孝儀爲人寬厚內行尤篤第二兄孝熊早卒孝儀奉寡嫂甚謹家內巨細必先諮決與妻子朝夕供事未嘗失禮時人以此稱之有文集二十卷行於世第五弟孝勝位尚書右丞兼散騎常侍聘魏還爲安西武陵王紀長史蜀郡太守紀僭號於蜀以爲尚書僕射隨紀出峽口兵敗被執元帝宥之以爲司徒右長史第六弟孝威氣調爽逸風儀俊舉初爲安北晉安王法曹後爲太子洗馬中舍人庶子率更令並掌管記大同中白雀集東宮孝威上頌甚美太清中遷中庶子兼通事舍人及侯景寇亂隨司州刺史柳仲禮至安陸卒第七弟孝先位武陵王主簿與兄孝勝俱隨紀軍出峽口兵敗元帝以爲黃門郎遷侍中

璵字士溫綽弟也少有行業文藻篆隸丹青並爲當世所稱時有榮陽毛惠遠善畫馬璵善畫婦人並爲當世第一璵妹爲齊鄱陽王妃伉儷甚篤王爲齊明帝所誅妃追傷遂成痼疾醫所不療有陳郡殷蒨善寫人面與眞不別璵令蒨畫王形像并圖王平日所寵姬共照鏡狀如欲偶寢璵乃密使媼姊示妃妃視畢仍唾之因罵云故宜其早死於是恩情即歇病亦除差寵姬亦被廢苦因即以此畫焚之璵仕齊歷尚書吏部郎義興太守先綽卒

論曰當太始之際二殷去就不同原始要終各以名節自立孝祖翫敵而亡蓋其宜也劉勔出征久撫所在流譽行己之節赴蹈爲期雖古之忠烈亦何以加此悛至性過人繪辭義克舉諸子各擅雕龍當年方駕文采之盛殆難繼乎孝綽中冓爲尤可謂人而無儀者矣

南史卷三十九考證

殷琰傳司空褚彥回○監本缺褚字今增正

劉悛子瓚傳字孝穉○孝一本作季今从梁書

劉孝綽弟潛傳第二兄孝熊○熊梁書作能

劉璵傳寵姬亦被廢苦○寵一本作此

南史卷四十

唐　李延壽　撰

列傳第三十

魯爽　薛安都從子深　鄧琬劉胤

宗越　吳喜　黃回

魯爽小字女生扶風郿人也祖宗之字彥仁仕晉官至南陽太守義熙元年起義以功爲雍州刺史宋武帝討劉毅與宗之因會江陵封南陽郡公自以非武帝舊隸屢建大功有自疑之志會司馬休之見討猜懼因與休之北奔盡室入姚氏頃之病卒父軌一名象齒便弓馬膂力絕人爲竟陵太守隨父入姚氏及武帝定長安軌休之北奔魏魏以軌爲荊州刺史襄陽公鎮長社孝武鎮襄陽軌遣親人程整奉書規欲歸南致誠以殺劉康祖徐湛之父不敢歸文帝累遣招納許以爲司州刺史爽少有武藝魏太武知之常置左右及軌死爽代爲荊州刺史襄陽公鎮長社轟中使酒數有過失太武怒將誅之爽懼密懷歸南計次弟秀小字天念頗有意略仕魏以軍功爲中書郎封廣陵侯或告太武鄴人欲反復遣秀檢察并燒石季龍殘餘宮殿秀常乘驛往返是時病還遲爲太武所詰秀復恐懼太武尋南攻因從度河先是廣平人程天祚爲殿中將軍有武力元嘉二十七年助戍彭城爲魏軍所獲以善針術深被太武賞愛封南安公常置左右恒勸秀南歸秀納之及太武北還與爽俱來奔文帝悅以爽爲司州刺史秀爲滎陽潁川二郡太守是歲元嘉二十八年也魏毀其墳墓明年四月入朝時太武已崩上更謀經略五月遣爽秀及程天祚等出許洛王玄謨攻碻磝不拔敗退爽亦收衆南還三十年元凶弒逆南譙王義宣起兵入討爽與雍州刺史臧質俱詣江陵事平以爽爲豫州刺史加都督至壽陽便曲意賓客爵命士人畜仗聚馬如寇將至元凶之爲逆也秀在建鄴元凶謂秀曰我爲卿誅徐湛之矣方相委任以秀爲右將軍使攻新亭秀因此歸順孝武即位以爲司州刺史加都督領汝南太守孝建元年二月義宣與爽謀反報秋當同舉爽狂酒乖謬即日便起兵使其衆戴黃標稱建平元年竊造法服義宣質聞爽已處分便狼狽同反爽於是送所造輿服詣江陵板義宣及臧質等文曰丞相劉今補天子名義宣車騎臧今補丞相名質平西朱今補車騎名修之皆板到奉行義宣駭愕爽所送法物並留竟陵縣不聽進使爽直出歷陽自采石濟軍與質水陸俱下左軍將軍薛安都與爽相遇刺殺之傳首建鄴進平壽陽子弟並伏誅

薛安都河東汾陰人也世爲強族族姓有三千家父廣爲宗豪宋武帝定關河以爲上黨太守安都少以勇聞身長七尺八寸便弓馬仕魏以軍功爲雍州秦州都統元嘉二十一年來奔求北還構扇河陝文帝許之孝武鎮襄陽板爲北弘農太守魏軍漸強安都乃歸襄陽二十七年隨王誕板安都爲建武將軍隨柳元景向關陝率步騎居前所向剋捷後孝武伐逆安都領馬軍與柳元景俱發孝武踐阼除右軍將軍率所領騎爲前鋒直入殿庭以功封南鄉縣男安都初征關陝至臼口夢仰觀天見天門開謂左右曰汝等見天門開不至是歎曰夢天門開乃中興之象邪從弟道生亦以軍功爲大司馬參軍犯罪爲秣陵令庾淑之所鞭安都大怒即日乃乘馬從數十人令左右執矟欲往殺淑之行至朱雀航逢柳元景遙問曰薛公何之安都躍馬至車後曰小子庾淑之鞭我從弟今指往刺殺之元景慮其不可駐車紿之曰小子無宜適卿往與手甚快安都既回馬元景復呼之令下馬入車因譲之曰卿從弟服章言論與寒細不異且人身犯罪理應加罰卿爲朝廷勳臣云何放恣輒於都邑殺人非惟科律所不容主上亦無辭相宥因載俱歸安都乃止其年以憚直免官孝建元年除左軍將軍及魯爽反叛遣安都及沈慶之濟江安都望見爽便躍馬大呼直往刺之應手倒左右范雙斬爽首爽世梟猛咸云萬人敵安都單騎直入斬之而反時人皆云關羽斬顏良不是過也進爵爲侯時王玄謨拒南郡王義宣臧質於梁山安都復領騎爲支軍義宣遣將劉諶及臧質攻玄謨玄謨命衆軍擊之使安都引騎出賊陣右橫擊陷之賊遂大潰轉太子右衞率大明元年魏軍向無鹽遣安都領馬軍東陽太守沈法系統水軍並授徐州刺史申坦節度時魏軍已去坦求回軍討任榛見許會天旱水泉多竭人馬疲困不能遠追安都法系白衣領職坦繫尚方任榛大抵在任城界積世逋叛所聚棘榛深密難爲用師故能久自保藏屢爲人患安都明年復職改封武昌縣侯景和元年爲平北將軍徐州刺史加都督明帝即位安都舉兵同晉安王子勛時安都從子索兒在都明帝以爲左軍將軍直閤安都將爲逆遣報之又遣人至瓜步迎接時右衞將軍柳光世亦與安都通謀二人俱逃攜安都諸子及家累席卷北奔青州刺史沈文季冀州刺史崔道固並皆同反明帝遣齊高帝率前將軍張永等北討所至奔散斬薛索兒時武衞將軍王廣之領軍隸劉勔攻殷琰於壽陽道固部將傳靈越爲廣之軍人所禽厲聲曰我傳靈越也汝得賊何不即殺時生送詣勔勔躬自慰勞詰其叛逆對曰九州唱義豈獨在我勔又問卿何不早歸天闕乃逃命草間靈越曰薛公舉兵淮北威震天下不能專任智勇委付子姪致敗之由實在於此人生歸於一死實無面求活勔壯其意送還建鄴明帝欲加原宥靈越辭對如一終不回改乃殺之靈越清河人也子勛平定安都遣別駕從事史畢衆愛下邳太守王煥等奉啓事詣明帝歸欵索兒之死也安都使柳光世守下邳至是亦率所領歸降帝以四方已平欲示威於淮外遣張永沈攸之以重軍迎安都懼不免罪遂降魏

深安都從子也本名道深避齊高帝偏諱改焉安都以彭城降魏親族皆入北高帝鎮淮陰深遁來委身自結於高帝果幹有氣力宋元徽末以軍功至驍騎將軍軍主封竟陵侯沈攸之之難齊高帝入朝堂豫章王嶷代守東府使深領軍屯司徒右府分備建鄴袁粲據石頭豫章王嶷夜登西門遙呼深深驚起率軍赴難高帝即位除淮陰太守尋爲直閤將軍轉太子左率武帝即位遷左衞將軍隆昌元年爲司州刺史右將軍卒

鄧琬字元琰豫章南昌人也父胤之宋孝武征虜長史光祿勳孝武起義初琬爲南海太守以弟璵與臧質同逆遠徙仍亭廣州久之得還歷位丹陽丞大明七年車駕幸歷陽追思在蕃之舊擢琬爲給事黃門侍郞明年出爲晉安王子勛鎮軍長史尋陽內史行江州事前廢帝以文帝孝武並次居第三以登極位子勛次第既同深致嫌疑因何邁之謀乃遣使齎藥賜死使至子勛典籤謝道邁主帥潘欣之侍書褚靈嗣等馳以告琬泣涕請計琬曰身南土寒士蒙先帝殊恩以愛子見託當以死報効景和元年冬子勛戎服出廳事宣旨欲舉兵四坐未荅錄事參軍陶亮曰請効死前驅衆並奉旨會明帝定亂進子勛號車騎將軍開府儀同三司令書至諸佐史並喜造琬曰暴亂既除殿下又開黃閤實爲公私大慶琬以子勛次第居三又以尋陽起事有符孝武理必萬剋乃取令書投地曰殿下當開端門黃閤是吾徒事耳衆並駭愕琬與陶亮等繕甲器徵兵四方郢州刺史安陸王子綏荊州刺史臨海王子頊會稽太守尋陽王子房雍州刺史袁顗梁州刺史柳元怙益州刺史蕭惠開廣州刺史袁曇遠徐州刺史薛安都青州刺史沈文季冀州刺史崔道固湘州行事何慧文吳郡太守顧

琛與太守王曇生晉陵太守袁標義興太守劉延熙並同叛逆琬乃建牙於桑尾傳檄建鄴明帝萬戶侯布絹二萬疋金銀五百斤其餘各有差明帝遣荊州典籤邵宰乘驛還江陵經過襄陽袁顗馳書報琬勸勿解甲并奉勸子勛卽僞位琬乃稱說符瑞令顧昭之撰爲瑞命記造乘輿御服立宗廟設壇場矯作崇憲太后璽令羣僚上僞號於子勛泰始二年正月七日卽位於尋陽城改景和三年爲義嘉元年其日雲雨晦合行禮忘稱萬歲取子勛所乘車除腳以爲輦置僞殿之西其夕有鵂棲其中鴟集其幰又有禿鶖鳥集城上拜安陸王子綏爲司徒因雷電晦冥震其黃閤柱鵂尾墮地又有鴟棲其帳上琬性鄙闇貪吝過甚財貨酒食皆身自量校至是父子並賣官鬻爵使婢僕出市道販賣酣歌博奕日夜不休賓客到門者歷旬不得前內事悉委褚靈嗣等三人羣小競爲威福士庶忿怨內外離心矣明帝遣領軍將軍王玄謨領水軍南討吳興太守張永爲繼尚書下符奉詔以四王幼弱不幸陷難兵交之日不得妄加侵犯若有遍損誅翦無貸琬遣孫沖之等前鋒一萬據赭圻沖之於道與子勛書欲沿流挂帆直取白下請速遣陶亮衆軍相接分據新亭亮本無幹略聞建安王休仁自上殷孝祖又至不敢進及孝祖中流矢死沈攸之代爲前鋒沖之謂陶亮曰孝祖梟將一戰便死天下事定矣不須復戰便當直取京都亮不從明帝遣員外散騎侍郎王道隆至赭圻督戰衆軍奮擊大破之琬又遣豫州刺史劉胡來屯鵲尾胡宿將攸之等甚憚之胡鄉人蔡那佼長生張敬兒各領軍隸攸之在赭圻胡因與那等共語那等說令歸順胡回軍入鵲尾無他權略建安王休仁自武檻進據赭圻時胡等兵衆強盛遠近疑惑明帝欲綏慰人情遣吏部尚書褚彥回至武檻選用將帥以下申謙杜幼文因此求黃門沈懷明劉亮求中書郎建安王休仁卽使彥回擬選上不許曰忠臣殉國不謀其報臨難以干朝典豈爲下之節沈攸之等與劉胡相持久不決上又遣強弩將軍任農夫等領兵繼至攸之繕修船舸板材不周計無所出會琬送五千片榜供胡軍用俄而風潮奔迅榜突柵出江胡等力不能制趣流而下泊攸之等營於是材板大足琬進袁顗都督征討諸軍事率樓船千艘來入鵲尾張興世建議越鵲尾上據錢溪斷其糧道胡累攻之不能剋乃遣龍驤將軍陳慶領三百舸向錢溪戒慶不須戰陳慶至錢溪不敢攻越溪於梅根立砦胡別遣將王起領百舸攻興世興世擊大破之胡率其餘舸馳還顗更使胡攻興世休仁因此命沈攸之吳喜佼長生劉靈遺劉伯符等進攻濃湖造皮艦千乘拔其營柵苦戰移日大破之顗被攻急馳信召胡令還張興世既據錢溪江路阻斷胡軍乏食琬大送資糧畏興世不敢下胡遣將迎之爲錢溪所破夜走徑趣梅根顗聞胡走亦棄衆西奔至青林見殺琬惶擾無計時張悅始發兄子浩喪乃稱疾呼琬計事令左右伏甲戒之若聞索酒便出琬至謀斬晉安王封府庫以謝罪悅曰寧可賣殿下求活邪因呼求酒再呼左右震懾不能應第二子詢提刀出餘人續至卽斬琬悅因齎琬首詣建安王休仁降蔡那子道深以父爲明帝効力被繫作部因亂脫鏁入城執子勛囚之沈攸之諸軍至江州斬子勛於桑尾牙下傳首建鄴劉胡走入沔竟陵郡丞陳懷直憲子也斷道邀之胡人馬既疲困因隨懷直入城告渴得酒飲酒畢引佩刀自刺不死斬首送建鄴張興世弟僧彥追殺懷直取胡首竊有其功荊州聞濃湖平更議奉子頊奔益州就蕭惠開典籤阮道預邵宰不同曰雖復欲西豈可得至遣使歸罪荊州中從事宗景士人姚儉等勒兵入城執子頊以降

劉胡南陽涅陽人也本以面坳黑似胡故名坳胡及長單名胡焉出身郡將稍至隊主討伐諸蠻往無不捷蠻甚畏憚之明帝卽位除越騎校尉蠻畏之小兒啼語云劉胡來便止

宗越南陽葉人也本爲南陽次門安北將軍趙倫之鎭襄陽襄陽多雜姓越更被黜爲役門出身補郡吏父爲蠻所殺越於市中刺殺讎人太守夏侯穆嘉其意擢爲隊主蠻有爲寇盜者常使越討伐往輒有功家貧無以市馬刀楯步出單身挺戰衆莫能當每一捷郡將輒賞錢五千因此得買馬元嘉二十四年啓文帝求復次門移戶屬冠軍縣許之二十七年隨柳元景侵魏領馬幢隸柳元怙有戰功還補後軍參軍督護隨王誕戲之曰汝何人遂得我府四字越荅曰佛狸未死不憂不得諮議參軍誕大笑孝武卽位以爲江夏王義恭大司馬行參軍濟陽太守臧質魯爽反朝廷致討越戰功居多追奔至江陵時荊州刺史朱修之未至越多所誅戮又逼略南郡王義宣子女坐免官繫尚方尋被宥追論前功封范陽縣子大明三年爲長水校尉竟陵王誕據廣陵反越領馬軍隸沈慶之攻誕及城陷孝武使悉殺城內男丁越受旨行誅躬臨其事莫不先加捶撻或有鞭其面者欣欣然若有所得凡殺數千人改封始安縣子前廢帝景和元年進爵爲侯召爲游擊將軍直閤領南濟陰太守改領南東海太守帝凶暴無道而越譚金童太一並爲之用命誅戮羣公及何邁等莫不盡心竭力故帝憑其爪牙無所忌憚賜與越等美女金帛充牣其家越等武人麤強識不及遠感一往意氣皆無復二心帝時南巡明旦便發其夕悉聽越等出外宿明帝因此定亂明晨越等並入被撫接甚厚越改領南濟陰太守本官如故越等既爲廢帝盡心慮明帝不能容之上接待雖厚內並懷懼上意亦不欲使其居中從容謂曰卿遭離暴朝勤勞日久兵馬大郡隨卿等所擇越等素已自疑及聞此旨皆相顧失色因謀作難以告沈攸之攸之具白帝卽日下獄死越善立營陣每數萬人止頓自騎馬前行使軍人隨其後馬止營合未嘗參差及沈攸之代殷孝祖爲南討前鋒時孝祖新死衆心並懼攸之歎曰宗公可惜故有勝人處而性嚴酷好行刑誅時王玄謨御下亦少恩將士爲之語曰寧作五年徒不逐王玄謨玄謨猶尚可宗越更殺我譚金在魏時與薛安都有舊後出新野居牛門村及安都歸國金常隨征討副安都排堅陷陣氣力兼人孝建三年爲屯騎校尉直閤領南清河太守景和元年前廢帝誅羣公金等並爲之用封金平都縣男童太一宜陽縣男沈攸之東興縣男越州里又有武念佼長生曹欣之蔡那並以將帥顯武念位至南陽太守長生寧蠻校尉曹欣之驍騎將軍蔡那見子道恭傳

吳喜吳興臨安人也本名喜公明帝減爲喜出身爲領軍府白衣吏少知書領軍將軍沈演之使寫起居注所寫既畢闇誦略皆上口演之嘗作讓表未奏失本喜經一見卽寫無所漏脫演之甚知之因此涉獵史漢頗見古今演之門生朱重人入爲主書薦喜爲主書吏進爲主圖令史文帝嘗求圖書喜開卷倒進之帝怒遣出會太子步兵校尉沈慶之征蠻啓文帝請喜自隨爲孝武所知稍遷至河東太守殿中御史明帝卽位四方反叛喜請得精兵三百致死於東帝大悅卽假建武將軍簡羽林勇士配之議者以喜刀筆吏不當爲將不可遣中書舍人巢尚之曰喜隨沈慶之累經軍旅性既勇決又習戰陣若能任之必有成績喜乃東討喜在孝武世既見驅使性寬厚所至人並懷之及東討百姓聞吳河東來便望風降散故喜所至剋捷遷步兵校尉封竟陵縣侯東土平定又率所領南討遷尋陽太守泰始四年改封東興縣侯除右軍將軍淮陽太守兼太子左衛率五年轉驍騎將軍太守兼率如故其年大破魏軍於荊亭六年又率軍向豫州拒魏軍加都督豫州諸軍事明年還建鄴初喜東征白明帝得尋陽王子房及諸賊帥卽於東梟斬東土既平喜見南賊方熾慮後翻覆受禍乃生送子房還都凡諸大主帥顧琛王曇生之徒皆被全活上以喜新立大功不問而心銜之及平荊州恣意剽虜贓私萬計又嘗對客言漢高魏武本是何人上聞之益不悅後壽寂之死喜內懼因乞中散大夫上尤疑之及上有疾爲身後之慮疑其將來不能事幼主乃賜死上召入內殿與言謔酬接甚款賜以名饌並金銀御器敕將命者勿使食器宿喜家上素多忌諱不欲令食器停凶禍之室故也及喜死發詔賻贈子徽人襲

黃回竟陵郡軍人也出身充郡府雜使稍至傳教臧質爲郡轉爲齋帥及去職以回自隨質討元凶回隨從有功免軍戶後隨質於梁山敗走被錄遇赦因下都於宣陽門與人相打詐稱江夏王義恭馬客被鞭二百付右尚方會中書舍人戴明寶被繫差回爲戶伯奉事明寶竭心盡力明寶尋得原散委任如初啓免回以領隨身隊統知宅及江西墅事性巧觸類多能明寶甚寵任之回拳捷果勁勇力兼人在江西與諸楚子相結屢爲劫盜會明帝初卽位四方反叛明寶啓帝使回募江西楚人得快手八百隸劉勔西討累遷至將校以功封葛陽縣男元徽初桂陽王休範爲逆回以屯騎校尉領軍隸齊高帝於新亭創詐降之計回見休範可乘謂張敬兒曰卿可取之我誓不殺諸王敬兒卽日斬休範事平進爵爲侯改封聞喜縣四年遷冠軍將軍南琅邪濟陽二郡太守建平王景素反回又率軍前討城平之日回軍先入又以景素讓張敬兒奴倪奴明年遷右軍將軍沈攸之反以回爲平西將軍郢州刺史率衆出新亭爲前鋒未發而袁粲據於石頭不從齊高帝回與新亭諸將任候伯彭文之王宜興等謀應粲攻高帝於朝堂事既不果高帝撫之如舊回與宜興素不恊斬之宜興吳興人也形狀短小而果勁有膽力少年時爲劫不須伴郡縣討逐圍繞數十重終莫能擒嘗舞刀楯回使十餘人以水交灑不能著明帝泰始中爲將在壽陽間與魏戰每以少制多挺身深入以平建平王景素功封長壽縣男至是爲屯騎校尉見殺回進軍未至郢州而沈攸之敗走回不樂停郢州固求南兗遂率部曲輒還改封安陸郡公徙南兗州刺史加都督齊高帝以回專殺終不附己乃使召之及上車愛妾見赤光冠其頭至足苦止

不肯仕及至見誅回既貴祇事戴明寶甚謹言必自名未嘗敢坐躬至帳下及入內料檢有無闕乏供送以此爲常回同時爲將有南郡高道慶凶險暴橫求欲無已有失意者輒加捶拉往往有死者朝廷畏之如虎狼齊高帝與袁粲等議收付廷尉賜死

論曰凶人之濟其身業非世亂其莫由焉魯爽以亂世之請而行之於平日其取敗也宜哉安都自致奔亡亦爲幸矣鄧琬以亂濟亂終致顚隕宗越釁稔惡盈旋至夷戮各其職也吳喜以定亂之功勞未酬而禍集黃回以助順之志福未驗而災生唯命也哉

南史卷四十考證

薛安都傳父廣爲宗豪宋武帝定關河以爲上黨太守○北史作父廣晉上黨太守

元嘉二十一年來奔○北史眞君五年與東雍州刺史沮渠康謀逆事發奔宋

青州刺史沈文季○季北史作秀

明帝遣齊高帝率前將軍張永等北討○北史作明帝遣將張永討安都

黃回傳竟陵郡軍人也○郡南本作都

南史卷四十一

唐　李　延　壽　撰

列傳第三十一

齊宗室

衡陽元王道度（子鈞）　始安貞王道生
始安王遙光　曲江公遙欣（子幾）
安陸昭王緬　新吳侯景先
南豐伯赤斧（子穎胄　穎達）　衡陽公諶
臨汝侯坦之

衡陽元王道度齊高帝長兄也始與高帝俱受學於雷次宗宣帝問次宗二子學業次宗答曰其兄外朗其弟內潤皆良璞也仕宋位安定太守卒齊建元元年高帝追加封謚無子高帝以第十一子鈞繼

鈞字宣禮年五歲所生區貴人病便加慘悴左右依常以五色餅飴之不肯食曰須侍姨差年七歲出繼衡陽元王見高帝未拜便涕泗橫流高帝執其手曰伯叔父猶父勿怨所以令汝出繼以汝有意堪奉蒸嘗故耳即敕外如先給通幰車雉尾扇等事事依正王區貴人卒居喪盡禮服闋當問訊武帝尫羸骨立登車三上不能升乃止典籤曹道人具以聞武帝即幸鈞邸見之愴然還謂褚蓁曰昨見衡陽猶奇毁損卿可數相撫悅先是貴人以華釵廚子幷翦刻錦繡中倒炬鳳皇蓮芰星月之屬賜鈞以爲玩弄貴人亡後每歲時及朔望輒開視再拜哽咽見者皆爲之悲性好學善屬文與琅邪王智深以文章相會濟陽江淹亦遊焉武帝謂王儉曰衡陽王須文學當使華實相稱不得止取貴游子弟而已乃以太子舍人蕭敷爲文學鈞常手自細書寫五經部爲一卷置于巾箱中以備遺忘侍讀賀玠問曰殿下家自有墳素復何須蠅頭細書別藏巾箱中答曰巾箱中有五經於檢閱既易且一更手寫則永不忘諸王聞而爭効爲巾箱五經巾箱五經自此始也居身清率言未嘗及時事會稽孔珪家起園列植桐柳多構山泉殆窮眞趣鈞往遊之珪曰殿下處朱門遊紫闥詎得與山人交邪答曰身處朱門而情遊江海形入紫闥而意在青雲珪大美之吳郡張融清抗絕俗雖王公貴人視之傲如也唯雅重鈞謂從兄緒曰衡陽王飄飄有凌雲氣其風情素韻彌足可懷融與之遊不知老之將至見賞如此歷位祕書監延興元年爲明帝所殺明帝立以永陽王子珉仍本國繼元王爲孫子珉字雲瑱武帝第二十子也初封義安郡王後改永陽永泰元年見害復以武陵昭王曄子子坦奉元王後

始安貞王道生字孝伯高帝次兄也仕宋位奉朝請卒高帝即位追加封謚三子長鳳次鸞是爲明帝次緬是爲安陸昭王鳳字景慈仕宋位正員郎卒高帝即位謚靖世子建武元年明帝追尊道生爲景皇妃江氏爲后立寢廟於御道西陵曰修安追封鳳始安靖王改華林鳳莊門爲望賢門太極東堂畫鳳鳥題爲神鳥而改鸞鳥爲神雀子遙光嗣

始安王遙光字元暉生而躄疾高帝謂不堪奉拜祭祀欲封其弟武帝諫乃以遙光襲爵位中書郎明帝輔政誅賞諸事唯與遙光共謀議勸明帝併殺高武諸子弟見從建武元年爲揚州刺史三年進號撫軍將軍好吏事頗多慘害足疾不得同朝例常乘輿自望賢門入每與明帝久清閑言畢帝索香火明日必有所誅太子不悅學唯曼遊是好朝議令蔡仲熊爲太子講禮未半遙光從容曰文義之事此是士大夫以爲伎藝欲求官耳皇太子何用講爲上以爲然乃停講永泰元年即本號爲大將軍給油絡車帝不豫遙光數入侍疾帝疾漸甚河東王鉉等七王一夕見殺遙光意也帝崩遺詔加遙光侍中中書令給扶永元元年給班劒二十人即本號開府儀同三司遙光多忌人有餉履者以爲戲已大被嫌責劉繪嘗爲牋云智不及葵亦以忤旨既輔東昏潛結江祏兄弟謀自樹立弟遙欣在荊楚擁兵居上流密相影響遙光當據東府號令使遙欣急下潛謀將發而遙欣病死江祏被誅東昏召遙光入殿告以祏罪遙光懼還省便陽狂號哭自此稱疾不復入臺先是遙光行還入城風飄儀繖出城外遙光弟遙昌先卒壽春豫州部曲皆歸遙光及遙欣喪還葬武進停東府前渚荊州衆力送者甚盛東昏誅江祏後慮遙光不自安欲轉爲司徒還第召入喩旨遙光慮見殺收集荊豫二州部曲於府東門衆頗怪其異莫知其指趣也遙光召親人丹陽丞劉渢及城局參軍劉晏中兵參軍曹樹生等幷諸傖楚欲以討劉暄爲名夜遣數百人破東冶出囚尚方取仗又召驍騎將軍垣歷生歷生隨信至便勸遙光令率城內兵夜攻臺輦荻燒城門曰公但乘輿隨後反掌可得遙光意疑不敢出天稍曉遙光戎服至聽事停輿處分上仗登城行賞賜歷生復勸出軍遙光不肯望臺內自變及日出臺軍稍至遙光於是戒嚴赦都下領軍蕭坦之屯湘宮寺鎮軍司馬曹武屯青溪大橋太子右率左興盛屯東府東門東籬門衆軍圍東城遙光遣垣歷生從西門出戰臺軍屢北殺軍主桑天愛初遙光問諸議參軍蕭暢暢正色拒不從既而暢與撫軍長史沈昭略奔臺人情大沮又垣歷生從南門出戰爲曹武所禽謂武曰卿以主上爲聖明梅茹爲賢相者則我當死且我今死卿明亦死遂殺之遙光聞歷生見獲大怒於牀上自踊使殺歷生兒其晚臺軍射火箭燒東北角樓至夜城潰遙光還小齋令人反拒左右並踰屋出臺軍主劉國寶時當伯等先入遙光聞外兵至吹滅火扶匐下牀軍人排閤入斬之遙光舉事四日而卒舉事之夕月蝕識者以月爲大臣蝕而既必滅之道未敗之夕城內皆夢羣蛇緣城四出各共說之咸以爲異臺軍入城焚屋宇且盡遙光幼時甚貞正明帝傾意待之東昏爲兒童時明帝使與遙光共齋居止呼遙光爲安兄恩情甚至及遙光誅後東昏登舊宮土山望東府愴然呼曰安兄乃嗚咽左右不忍視見思如此天下知名之士劉渢渢弟謙陸閑閑子絳司馬端崔慶遠皆坐誅

曲江公遙欣字重暉始安王遙光弟也宣帝兄西平太守奉之無後以遙欣繼爲曾孫遙欣髫亂中便嶷然明帝謂江祏曰遙欣雖幼觀其神彩殊有局幹必成令器未知年命何如耳安陸昭王緬曰不患其兄弟不富貴但恐緬不及見耳言之慘然而悲始年七歲出齋時有一左右小兒善彈飛鳥無不應弦墜落遙欣謂曰凡戲多端何急彈此鳥自空中翔飛何關人事無趣殺此生亦復不急左右感其言遂不復彈鳥時少年通好此事所在遂止年十五六便博覽經史弱冠拜中書郎明帝入輔遙欣與始安王遙光等參預政事凡所談薦皆得其人由是朝野輻湊軒蓋盈門延興元年明帝以遙欣爲兗州刺史時豐城公遙昌亦出鎭壽春帝於便殿密宴始安王遙光亦在座帝慘然謂遙欣曰昭王云不患汝兄弟不富貴而言不及見如何因悲慟不自勝君臣皆嗚咽侍者雨淚及泊歐陽岸忽謂左右曰比何都不見彈左右云有門生因彈見勗遂以此廢所在皆止遙欣笑曰我小兒時聊復語耳那復遂斷邪建武元年進號西中郎將封聞喜縣公遷荊州刺史加都督改封曲江公明帝子弟弱小晉安王寶義有廢疾故以遙光爲揚州居中遙欣居陝西在外威權幷在其門遙欣好勇聚畜武士以爲形援永泰元年詔遙欣以本官領雍州刺史寧蠻校尉移州鎭襄陽魏軍退不行卒贈司空謚康公葬用王禮

子幾字德玄年十歲便能屬文早孤有弟九人並幼幾恩愛篤睦聞於朝廷性溫和與物無競清貧自立好學善草隸書湘州刺史楊公則曲江公故吏也每見幾謂人曰康公此子可謂桓靈寶重出及公則卒幾爲之誄時年十五沈約見而奇之謂其舅蔡撙曰昨見賢甥楊平南誄文不減希逸之作始驗康公積善之慶位中書侍郎尚書左丞末年專尚釋教爲新安太守郡多山水特其所好適性遊履遂爲之記卒于官子清亦有文才位永康令遙欣弟遙昌字季暉建武元年封豐城縣公位豫州刺史卒謚憲公

安陸昭王緬字景業善容止仕宋位中書郎建元元年封安陸侯爲五兵尚書出爲吳郡太守政有能名竟陵王子良與之書曰竊承下風數十年來姑蘇未有此政武帝嘉其能累遷寧蠻校尉雍州刺史加都督緬留心辭訟人人呼至案前親自顧問有不得理者勉喩之退皆無恨爲百姓所畏愛及卒喪還百姓緣沔水悲泣設祭於峴山爲立祠謚曰昭侯明帝少相友愛時爲僕射領衞尉表求解職私第展哀詔不許每臨緬靈輒慟絕哭不成聲建武元年贈司徒安陸王子寶晊嗣永元元年改封湘東王東昏廢寶晊望物情歸已坐待法駕既而城內送款于梁武帝宣德太后臨朝拜太常不自安

謀反及弟江陵公寶覽霄城公寶宏皆伏誅

新吳侯景先高帝從子也祖爰之員外郎父敬宗始興王國中軍景先少孤有至性隨母孔氏爲舅氏鞠養高帝嘉之常相提攜及鎮淮陰以景先領軍主自隨防衞城內委以心腹武帝爲廣興郡啓高帝求景先同行除武帝寧朔府司馬自此常相隨逐建元元年爲太子左衞率封新吳縣伯見委任勢傾天下景先本名道先乃改爲景先以避上諱初武帝少年與景先共車行泥路車久故壞至領軍府西門車轅折俱狼狽景先謂帝曰兩人脫作領軍亦不得忘今日艱辛及武帝踐阼詔以景先爲兼領軍將軍拜日羽儀甚盛傾朝觀矚拜還未至府中門詔相聞領軍今日故當無折轅事邪景先奉謝景先事上盡心故恩寵特密初西還上坐景陽樓召景先語故舊唯豫章王一人在席而已轉中領軍車駕射雉郊外景先常甲仗從廉察左右尋進爵爲侯始昇明中沈攸之於荊州舉兵武帝時鎮江州盆城景先夜乘城忽聞塹中有小兒呼蕭丹陽未測何人聲聲不絕試問誰空中應云賊尋當平何事嚴防語訖不復言即窮討之了不見明旦以白帝帝曰攸之自無所至焉知汝後不作丹陽尹景先曰寧有作理尋而攸之首至及永明三年詔以景先爲丹陽尹謂曰此授欲驗往年盆城塹空中言耳後假節司州諸軍事卒謚曰忠侯子毅位至中郎司馬性奢豪好弓馬爲明帝所疑忌王晏事敗并陷誅之

南豐伯赤斧高帝從祖弟也祖隆子衞軍錄事參軍父始之冠軍中兵參軍赤斧以和謹爲高帝所知高帝輔政爲黃門侍郎淮陵太守順帝遜位于丹陽故所立宮上令赤斧輔送至因留防衞甍乃還後爲雍州刺史在州不營產利勤於奉公遷散騎常侍左衞將軍武帝親遇與蕭景先相比封南豐縣伯遷給事中太子詹事卒於家貧無絹爲衾武帝聞之愈加惋惜謚懿伯子穎胄襲爵

穎胄字雲長弘厚有父風起家祕書郎高帝謂赤斧曰穎胄輕朱被身覺其趍進轉美足慰人意遷太子舍人遭父喪感脚疾數年然後能行武帝有詔慰勉之賜以醫藥除竟陵王司徒外兵參軍晉熙王文學穎胄好文義弟穎基好武勇武帝登烽火樓詔羣臣賦詩穎胄詩合旨上謂穎胄曰卿文弟武宗室便不乏才上以穎胄勳戚子弟自中書郎除左軍將軍知殿內文武事得入便殿出爲新安太守吏人懷之後除黃門郎領四廂直遷衞尉明帝廢立穎胄從容不爲同異乃引穎胄預功建武二年進爵爲侯賜以常所乘白輪牛明帝每存儉約欲鑄壞太官元日上壽銀酒鎗尚書令王晏等咸稱盛德穎胄曰朝廷盛禮莫過三元此一器既是舊物不足爲侈帝不悅後預曲宴銀器滿席穎胄曰陛下前欲壞酒鎗恐宜移在此器也帝甚慙後爲廬陵王後軍長史廣陵太守行兗州府事是年魏揚聲當飲馬長江帝懼敕穎胄移居人入城百姓驚恐席卷欲南度穎胄以魏軍尚遠不即施行魏軍亦尋退仍爲南兗州刺史加都督和帝爲荊州以穎胄爲西中郎長史南郡太守行荊州府事時江祏專執朝權此行由祏穎胄不平曰江公蕩我輩出東昏侯誅戮羣公委任厮小崔陳敗後方鎮各懷異計永元二年十月尚書令臨湘侯蕭懿及弟衞尉暢見害先遣輔國將軍劉山陽就穎胄兵襲梁武帝帝時爲雍州刺史將起兵慮穎胄不同遣穎胄親人王天武詣江陵聲云山陽西上并襲荊雍書與穎胄勸同舉兵穎胄意猶未決初山陽出南州謂人曰朝廷以白虎幡追我亦不復還矣席捲妓妾盡室西行至巴陵遲回十餘日不進梁武帝復遣天武齎書與穎胄設奇略以疑之是時或云山陽謀殺穎胄以荊州同舉山陽至果不敢入城穎胄計無所出夜遣錢唐人朱景思呼西中郎城局參軍席闡文諮議參軍柳忱閉齋定議闡文曰蕭雍州畜養士馬非復一日江陵素畏襄陽人人衆又不敵取之不可必制制之歲寒復不爲朝廷所容今若殺山陽與雍州舉事立天子以令諸侯霸業成矣山陽持疑不進是不信我今斬送天武則彼疑可釋至而圖之罔不濟矣忱亦勸焉穎胄乃斬天武以示山陽山陽大喜輕將步騎數百到州闡文勒兵斬之傳首于梁武東昏聞山陽死發詔討荊雍穎胄有器局既唱大事衆情歸之長沙寺僧鑄黃金爲龍數千兩埋土中歷相傳付稱爲下方黃鐵穎胄因取此龍以充軍實乃歎曰往年江祏斥我至今始知禍福之無門也十二月移檄建鄴三年正月和帝爲相國穎胄爲左長史進號鎮軍將軍於是始選用方伯梁武屢表勸和帝即尊號穎胄使別駕宗史撰定禮儀上尊號改元於江陵立宗廟南北郊州府門城悉依建康宮置尚書五省以城南射堂爲蘭臺南郡太守爲尹建武中荊州大風雨龍入柏齋中柱壁上有爪足處刺史蕭遙欣恐畏不敢居之至是以爲嘉福殿中興元年三月穎胄爲侍中尚書令監八州軍事荊州刺史留衞西朝以弟穎達爲冠軍將軍及楊公則等率師隨梁武圍郢城穎達會軍於漢口與王茂曹景宗等攻陷郢城梁武進漂州使與曹景宗破東昏將李居士又從下東城初梁武之起也巴東太守蕭惠訓子璝巴西太守魯休烈弗從舉兵侵荊州敗輔國將軍任漾之於峽口穎胄遣軍拒之而梁武已平江郢圍建康時穎胄輔帝主有安重之勢素能飲酒噉白肉膾至三斗自以職居上將不能拒制璝等憂愧發疾而卒州中祕之使似其書者假爲敎命時梁武圍建康任石頭和帝密詔報穎胄凶問亦祕不發喪及建康平蕭璝亦衆懼而潰和帝乃始發喪詔贈穎胄丞相前後部羽葆鼓吹班劒三十人轀輬車黃屋左纛梁天監元年追封巴東郡公喪還武帝車駕臨哭渚次葬依晉王導齊豫章王故事謚曰獻武

弟穎達少好勇使氣穎胄齊建武末行荊州事穎達亦爲西中郎外兵參軍俱在西府齊季多難頗不自安因與兄穎胄舉兵穎達弟穎孚自建鄴爲廬陵人修景智潛引與南歸穎孚緣山逾嶂僅免道中絕糧後因食過飽而卒建康平梁武帝以穎達爲前將軍丹陽尹及受禪贈穎孚右衞將軍封穎達作唐侯位侍中衞尉卿出爲豫章內史意甚憒憒未發前預華林宴酒後於座辭氣不悅沈約因勸酒欲以釋之穎達大罵約曰我今日形容正是汝老鼠所爲何忽復勸我酒舉坐驚愕帝謂之曰汝是我家阿五沈公宿望何意輕脫若以法繩汝汝復何理穎達竟無一言唯大涕泣帝心愧之未幾遷江州刺史少時懸瓠歸化穎達長史沈瑀等苛刻爲盜所害衆頗疑穎達或傳謀反帝遣直閤將軍張豹子稱江中討盜實使防之穎達知朝廷之意唯飲酒不知州事後卒於左衞將軍謚康侯子敏嗣位新安太守好射雉未嘗在郡辭訟者遷於畝爲後張弩損腰而卒第七子敎太清初爲魏興太守梁州刺史宜豐侯循以爲府長史梁州有古墓名曰尖冢或云張騫墳欲有發者輒聞鼓角與外相拒椎埋者懼而退敎謂無此理求自監督及開唯有銀鏤銅鏡方尺數時居母服淸談所貶

衡陽公諶字彥孚高帝絕服族子也祖道淸員外郎父仙伯桂陽國下軍宋元徽末武帝在郢欲知都下消息高帝遣諶就武帝宣傳謀計留爲腹心昇明中爲武帝中軍刑獄參軍南東莞太守以勞封安復縣男建元初武帝在東宮諶領宿衞高帝殺張景眞武帝令諶啓乞景眞命高帝不悅諶懼而退武帝即位除步兵校尉南蘭陵太守領御仗主齋內兵仗悉委付之心膂密事皆使參掌爲左中郎將後軍將軍太守如故武帝臥疾延昌殿諶在左右宿直上崩遺敕諶領殿內事如舊鬱林即位深委信諶諶每請急出宿帝通夕不能寐諶還乃安轉衞軍司馬兼衞尉丁母憂敕還本位守衞尉明帝輔政諶回附明帝勸行廢立密召諸王典籤約語之不許諸王外接人物諶親要日久衆皆憚而從之鬱林被廢日初聞外有變猶密爲手敕呼諶其見信如此諶性險無護身計及廢帝日領兵先入後宮齋內仗身素隸服諶莫有動者海陵立轉中領軍進爵爲公甲仗五十人入直殿內月十日還府建武元年轉領軍將軍左將軍南徐州刺史給扶進爵衡陽郡公明帝初許事剋用諶爲揚州及有此授諶恚曰見炊飯推以與人王晏聞之曰誰復爲蕭諶作瓶筋者諶恃勳重干豫朝政明帝新即位遣左右要人於外聽察具知諶言深相疑阻二年六月上華林園宴諶及尚書令晏等數人盡歡坐罷留諶晚出至華林閤仗身執還入省上遣左右莫智明數諶曰隆昌之際非卿無有今日今一門二州兄弟三封朝廷相報政可極此卿恒懷怨望乃云炊飯已熟合甑與人邪今賜卿死諶謂智明曰天去人亦復不遠我與至尊殺高武諸王是卿傳語來去我今死還取卿矣於省殺之至秋而智明死見諶爲祟詔乃顯其過惡收付廷尉諶好左道吳興沈文猷相諶云相不減高帝諶喜曰感卿意無爲人言也至是文猷伏誅諶兄誕字彥偉永明中爲建康令與秣陵令司馬迪之同乘行車前導四卒左丞沈昭略奏凡有鹵簿官共乘不得兼列騶寺請免誕等官詔贖論延興元年歷徐司二州刺史明帝立封安復侯徵爲左衞將軍上欲殺諶以誕在邊鎮拒魏故未及行魏軍退六旬誅誕遣梁武帝爲司州別使誅誕誕子稜妻江淹女字才君聞諶死曰蕭氏皆盡妾何用生慟哭而絕諶弟誄字彥文與諶同豫廢立封西昌侯位太子左衞率誅諶之日輔國將軍蕭季敞啓求收誄深加排苦乃至手相摧辱誄徐曰己死之人何足至此君不憶相提拔時邪幽冥有知終當相報季敞在政貪穢諶輒掩之後爲廣州刺史白日見誄將兵入城收之少日果爲西江都護周世雄所襲軍敗奔山中爲蛭所嚙肉都盡而死慘楚備至後爲村人所斬論者以爲有天道焉

臨汝侯坦之字君平高帝絕服族子也祖道濟太中大夫父欣祖武進令坦之與蕭諶同族爲東宮直閤以勤

直爲文惠所知除給事中蘭陵令武帝崩坦之率太孫文武度上臺除射聲校尉令如故未拜除正員郎南魯郡太守少帝以坦之文惠舊人親信不離得入內見皇后帝於宮中及出後堂雜狡獪坦之皆得在側或遇醉後倮袒坦之輒扶持諫喻見帝不可奉乃改附明帝密爲耳目隆昌元年追錄坦之父勳封臨汝縣男少帝微聞外有異謀懼明帝在臺內救發西州後在華林園華光殿露著黃縠褌跂牀垂脚謂坦之曰人言鎮軍與王晏蕭諶欲共廢我似非虛傳蘭陵所聞云何坦之嘗作蘭陵令故稱之坦之曰天下寧當有此誰樂無事廢天子邪昔元徽獨在路上走三年人不敢近政坐枉殺孫超杜幼文等故敗耳官有何事一旦便欲廢立朝貴不容造此論政當是諸尼師母言耳豈可以尼姥言爲信官若無事除此三人誰敢自保安陸諸王在外寧肯復還道剛之徒何能抗此帝曰蘭陵可好聽察作事莫在人後帝以爲除諸執政應須當事人意在沈文季夜遣內左右密路文季文季不受帝大怒謂坦之曰我賜文季不受豈有人臣拒天子賜坦之曰官遣誰送帝曰內左右坦之曰官若詔敕出賜令舍人主書送往文季寧敢不受政以事不方幅故仰遣耳帝又夜醉乘馬從西步廊向北馳走如此兩三將倒坦之諫不從執馬控帝運拳擊坦之不著倒地坦之與曹道剛扶抱還壽昌殿瑇瑁牀上臥又欲起走坦之不能制坦之馳信報皇后至請譬良久乃眠時明帝謀廢殺既與蕭諶及坦之定謀少帝腹心直閤將軍曹道剛疑外間有異密有處分諶未能發始興內史蕭季敞南陽太守蕭穎基並應還都諶欲待二蕭至藉其威力以舉事明帝慮事變以告坦之坦之馳謂諶曰廢天子古來大事比聞曹道剛朱隆之等轉已猜疑衞尉明日若不就事無所復及弟有百歲母豈能坐聽禍敗政應作餘計耳諶惶遽明日遂廢帝坦之力也海陵卽位除黃門郎兼衞尉建武元年遷左衞將軍進爵爲侯東昏立爲侍中領軍將軍永元元年母憂起復職加將軍置府江祏兄弟欲立始安王遙光密告坦之坦之曰明帝取天下已非次第天下人至今不服今若復作此事恐四海瓦解我其不敢言及遙光起事遣人夜掩取坦之坦之科頭著褌踰墻走逢臺遊邏主顏端執之坦之謂曰始安作賊遣人見取向於宅奔走欲還臺耳君何見錄端不荅而守防逾嚴坦之謂曰身是大臣夜半奔走君理見疑以爲得罪朝廷若不信自可步往東府參視亦不荅端至小街審知遙光舉事乃走還未至三十餘步下馬再拜曰今日乞垂將接坦之曰向語君何所道豈容相欺端以馬與坦之相隨去比至新亭道中收遙光所虜之餘得二百許人并有器仗乃進西掖門開鼓後得入殿內其夕四更主書馮元嗣叩北掖門告遙光反殿內爲之備向曉召徐孝嗣入左將軍沈約五更初聞難馳車走趨西掖門或勸戎服約慮外軍已至若戎衣或者謂同遙光無以自明乃朱服而入臺內部分既立坦之假節督衆軍討遙光事平遷尚書左僕射丹陽尹右軍如故進爵爲公坦之肥黑無鬚語聲嘶時人號爲蕭瘂剛佷專執羣小畏而惜之遙光事平二十餘日帝遣延明主帥黃文濟圍坦之宅誅之坦之從兄翼宗爲海陵郡將發坦之謂文濟曰從兄海陵宅故應無他文濟曰海陵宅在何處坦之告之文濟曰政應得罪仍遣收之檢家赤貧唯有質錢帖子數百還以啓帝原其死和帝中興元年追贈坦之中軍將軍開府儀同三司

論曰有齊宗室唯始安之後克昌明帝取之以非道遙光濟之以殘酷其卒至顛仆所謂亦以此終者也穎胄荊州之任蓋惟失職及其末途倚伏豈預圖之所致乎諶與坦之俱應顧託既以傾國亦以覆身各其宜矣

南史卷四十一考證

始安王遙光傳太子右率左興盛屯東府門東籬門○屯東府門東籬門一本作屯府東籬門

焚屋宇且盡○屋宇一本作居宇

曲江公遙欣子幾傳好學善草隸書○草閣本作章

南豐伯赤斧子穎胄傳梁武帝復遣天武齎書與穎胄○遣監本誤追今改从梁書

穎胄使別駕宗史撰定禮儀○史應作夬雖梁書宗夬本傳未載此事而云故領軍將軍蕭穎胄深相委仗每事諮焉其爲夬無疑也

穎胄遣軍拒之而梁武已平江郢圖建康○監本鈌郢字今从閣本增入

衡陽公諶傳諶每請急出宿帝通夕不能寐○出宿監本訛宿出今據齊書改正

臨汝侯坦之傳少帝以坦之文惠舊人親信不離得入內見皇后○離各本誤難今改从齊書

建武元年遷左衞將軍○建監本訛孝今从閣本

坦之科頭著褌踰墻走○褌監本誤禪今从齊書

羣小畏而惜之○惜一本作憎應从之

南史卷四十二

唐　李　延　壽　撰

列傳第三十二

齊高帝諸子上

齊高帝十九男昭皇后生武帝豫章文獻王嶷謝貴嬪生臨川獻王映長沙威王晃羅太妃生武陵昭王曄任太妃生安成恭王暠陸脩儀生鄱陽王鏘晉熙王銶袁脩容生桂陽王鑠何太妃生始興簡王鑑宜都王鏗區貴人生衡陽王鈞張淑妃生江夏王鋒河東王鉉李美人生南平王銳第九第十三第十四第十七皇子早亡衡陽王鈞出繼高帝兄元王後

豫章文獻王嶷字宣儼高帝第二子也寬仁弘雅有大成之量高帝特鍾愛焉仕宋爲尚書左戶郎錢唐令高帝破薛索兒改封西陽以先爵賜嶷爲晉壽縣侯後爲武陵內史時沈攸之賧伐荊州界內諸蠻遂反五溪禁斷魚鹽羣蠻怨怒酉溪蠻王田頭擬殺攸之使攸之責賧千萬頭擬輸五百萬發氣死其弟婁侯簒立頭擬子田都走入獠中於是蠻部大亂抄掠至郡城下嶷遣隊主張英兒擊破之田都自獠中請立而婁侯亦歸附嶷誅婁侯於郡獄命田都繼其父蠻衆乃安入爲宋順帝驃騎從事中郎詣司徒袁粲粲謂人曰後來佳器也高帝在領軍府嶷居青溪宅蒼梧王夜中微行欲掩襲宅內嶷令左右舞刀戟於中庭蒼梧從牆間窺見已有備乃去高帝憂危既切腹心荀伯玉勸帝度江北起兵嶷諫曰主上狂凶人不自保單行道路易以立功外州起兵鮮有剋勝於此立計萬不可失及蒼梧殞高帝報嶷曰大事已判汝明可早入順帝卽位轉侍中總宮內直衞沈攸之之難高帝入朝堂嶷出鎭東府加冠軍將軍及袁粲舉兵夕丹陽丞王遜告變先至東府嶷遣帳內軍主戴元孫二千人隨薛道深等俱至石頭焚門之功元孫預焉先是王蘊薦部曲六十人助爲城防實以爲內應也嶷知蘊懷貳不給其仗散處外省及難作搜檢皆已亡去上流平後武帝自尋陽還嶷出爲都督江州刺史以定策功改封永安縣公仍從鎭西將軍都督荊州刺史時高帝作輔嶷務存約省停府州儀迎物及至州坦懷納善側席思政王儉與嶷書曰舊楚蕭條仍歲多故政荒人散寔須緝理公臨莅甫爾英風惟穆江建來蘇八荒慕義庚亮以來荊州無復此政古人云朞月有成而公旬日成化豈不休哉初沈攸之欲聚衆開人相告士庶坐執役者甚衆嶷至鎭一日遣三千餘人見四五歲刑以下不連臺者皆原遣以市稅重多所寬假百姓甚悅禪讓之間武帝欲速定大業嶷依違其事默無所言建元元年高帝卽位赦詔未至嶷先下令蠲除部內昇明二年以前逋負遷侍中尚書令都督揚州刺史驃騎大將軍開府儀同三司封豫章郡王會魏軍動詔以嶷爲南蠻校尉荊湘二州刺史都督八州尋給油絡俠望車二年給班劒二十人其夏於南蠻園東南開館立學上表言狀置生三十人取舊族父祖位正佐臺郎年二十五以下十五以上補之置儒林參軍一人文學祭酒一人勸學從事二人行釋菜禮以穀過賤聽人以米當口錢優評斛一百義陽劫帥張羣亡命積年鼓行爲賊義陽武陵天門南平四郡界被其殘破沈攸之連討不禽末乃首用之攸之起事羣從下郢於路先叛結砦於三溪依據深險嶷遣中兵參軍虞欣祖爲義陽太守使降意誘納之厚爲禮遣於坐斬首其黨皆散四郡獲安入爲中書監司空揚州刺史都督二州侍中如故加兵置佐以前軍臨川王映府文武配司空嶷以將還都修廨宇及路陌東歸部曲不得齎府州物出城發江津士女觀送數千人皆垂泣嶷發江陵感疾至都未瘳上深憂慮爲之大赦三年六月壬子赦令是也疾愈上幸東府設金石樂使乘輿至宮六門武帝卽位進位太尉增置兵佐解侍中增班劒三十人建元中武帝以事失旨高帝頗有代嫡之意而嶷事武帝恭悌盡禮未嘗違忤顏色故武帝友愛亦深性至孝高帝崩哭泣過度眼耳皆出血永明元年領太子太傅解中書監宋武以來州郡秩俸及雜供給多隨土所出無有定準嶷上表請明立定格班下四方永爲恒制從之嶷不參朝務而言事密謀多見信納服闋加侍中宋元嘉制諸王入齋閤得白服裙帽見人主唯出太極四廂乃備朝衣自此以來此事一斷上與嶷同生相友睦宮內曲宴許依元嘉嶷固辭不奉敕唯車駕幸第乃白服烏紗帽以侍宴焉至於衣服制度動皆陳啓事無專制務從減省並不見許又啓曰北第舊邸本自甚華臣往歲作小眠齋皆補接爲辦無乖格制要是檉栢之華一時新淨東府又有此齋亦爲華屋而臣頓有二處住止下情竊所未安訊訪東宮玄圃乃有栢屋制甚古拙臣乃欲壞取以奉太子非但失之於前且補接既多不可見移亦恐外物或爲異論不審可有垂許送東府齋理不上荅曰見別紙汝勞疾亦復那得不動何意爲作煩長啓事竟不從三年文惠太子講孝經畢嶷求解太傅不許嶷常慮

盛滿又因宮宴求解揚州授竟陵王子良上終不許曰畢汝一世無所多言武帝卽位後頻發詔拜陵不果行遣嶷拜陵還過延陵季子廟觀沸井有水牛突部伍直兵執牛推問嶷不許取絹一疋橫繫牛角放歸其家政在寬厚故得朝野歡心四年唐寓之賊起嶷啓上曰此段小寇出於凶愚天網宏罩理不足論但聖明御世幸甚不爾比藉聲聽皆云有由而然但頃小大士庶每以小利奉公不顧所損者大撻籍檢功巧督郵簡小塘藏丁匿口凡諸條制實長怨府此目前交利非天下大計一室之中尚不可精宇宙之內何可周洗公家何嘗不知人多巧古今政以不可細碎故不爲耳爲此者實非乖理但識理者百不有一陛下弟兒大臣猶不能伏理況復天下悠悠萬品怨積聚黨凶迷相類止於一處何足不除脫復多所便成紜紜上荅曰欺巧那可容宋世混亂以爲是不蚑蟻何足爲憂至今都應散滅吾政恨其不辯大耳亦何時無亡命邪後乃詔聽復籍注是時武帝奢侈後宮萬餘人宮內不容太樂景第暴室皆滿猶以爲未足嶷後房亦千餘人潁川荀丕獻書於嶷極言其失嶷咨嗟良久爲書荅之又爲之減遣丕字令哲後爲荆州西曹書佐長史王秀與其書題之云西曹荀君丕報書曰第五之位不減驃騎亦不知西曹何殊長史且人之處世當以德行稱著何遽以一爵高人邪相如不見屈於澠池毛遂安受辱於郢都造敵臨事僕必先於二子未知足下之貴足下之威孰若秦楚兩王僕以德爲寶足下以位爲寶各寶其寶於此敬宜於是直題云長史王君時尚書令王儉當朝丕又與儉書曰足下建高人之名而不顯高人之迹將何以書於齊史哉及南郡綱紀啓荆州刺史隨王子隆請罪丕不自申乃免又上書極諫武帝言甚直帝不悅丕竟於荆州獄賜死徐孝嗣聞其死曰丕縱有罪亦不應殺數千年後其如竹帛何五年嶷進位大司馬八年給皁輪車尋加中書監固讓嶷身長七尺八寸善持容範文物衛從禮冠百僚每出入殿省皆瞻望嚴肅自以地位隆重深懷退素北宅舊有園田之美乃盛脩理之武帝嘗問臨川王映居家何事樂映曰政使劉瓛講禮顧悅講易朱廣之講莊老臣與二三諸彥兄弟友生時復擊贊以此爲樂上大賞之他日謂嶷曰臨川爲善遂至於斯嶷曰此大司馬公之次弟安得不爾上仍以玉如意指嶷曰未若皇帝之次弟爲善最多也嶷常戒諸子曰凡富貴少不驕奢以約失之者鮮矣漢世以來侯王子弟以驕恣之故大者滅身喪族小者削奪邑地可不戒哉稱疾不利住東城累求還第令世子子廉代鎭東府上數幸嶷第宋長寧陵隧道出第前路上曰我便是入他家墓內尋人乃徙其表闕騏驎於東岡騏驎及闕形勢甚巧宋孝武於襄陽致之後諸帝王陵皆模範而莫及也永明末車駕數遊幸唯嶷陪從上嘗出新林苑同輦夜歸至宮門嶷下輦辭出上曰今夜行無使爲尉司所呵也嶷對曰京輦之內皆屬臣州願陛下不垂過慮上大笑賜以魏所送氈車每幸第不復屏人敕外監曰我往大司馬第是還家耳嶷妃庾氏嘗有疾瘳上幸嶷邸後堂設金石樂宮人畢至登桐臺使嶷著烏紗帽極日盡歡敕嶷備家人之禮嶷謂上曰古來言願陛下壽比南山或稱萬歲此殆近貌言如臣所懷實願陛下極壽百年亦足矣上曰百年復何可得止得東西一百於事亦濟因相執流涕十年上封嶷諸子舊例王子封千戶嶷欲五子俱封啓減人五百戶其年疾篤表解職不許賜錢五百萬營功德嶷年四十九其日上視疾至薨乃還宮詔斂以袞冕之服溫明祕器大鴻臚持節護喪事太官朝夕送祭奠大司馬太傅二府文武悉停過葬詔贈假黃鉞都督中外諸軍事丞相揚州牧綠綟綬具九服錫命之禮侍中大司馬太傅王如故給九旒鸞輅黃屋左纛虎賁班劒百人轀輬車前後部羽葆鼓吹喪葬送儀並依漢東平王蒼故事嶷臨終召子子廉子恪曰吾無後當共相勉勵篤睦爲先才有優劣位有通塞運有富貧此自然理無足以相陵侮勤學行守基業修閨庭尚閑素如此足無憂患聖主儲皇及諸親賢亦當不以吾沒易情也三日施靈唯香火盤水干飯酒脯檳榔而已朔望菜食一盤加以甘果此外悉省葬後除靈可施吾常所乘輿扇繖朔望時節席地香火盤水酒脯干飯檳榔便足棺器及墓中勿用餘物爲後患也朝服之外唯下鐵環刀一口作冢每令深一二依格莫過度也後堂樓可安佛供養外國二僧餘皆如舊與汝遊戲後堂船乘吾所乘牛馬送二宮及司徒服飾衣裘悉爲功德子廉等號泣奉行武帝哀痛特至蔬食積旬太官朝送祭奠敕王融爲銘云半岳摧峯中河墜月帝流涕曰此正吾所欲言也至其年十二月乃舉樂宴朝臣樂始舉上便歔欷流涕嶷薨後第庫無見錢武帝敕貨雜物服飾數百萬起集善寺月給第見錢百萬至上崩乃省嶷性汎愛不樂聞人過失左右投書相告置鞾中竟不視取火焚之齋庫失火燒荆州還資評直三千餘萬主局各杖數十而已嶷薨後忽見形於沈文季曰我未應便死皇太子加膏中十一種藥使我癰不差湯中復加藥一種使利不斷吾已訴先帝先帝許還東邸當判此事因胷中出青紙文書示文季曰與卿少舊因卿呈上俄失所在文季祕而不傳甚懼此事少時太子薨又嘗見形於第後園乘腰輿指麾處分呼直兵直兵無手板左右授一玉手板與之謂曰橋樹一株死可覓補之因出後園閤直兵倒地仍失手板羣吏中兩陽樂藹彭城劉繪吳郡張稷最被親禮藹與竟陵王子良牋欲率荆江湘三州僚吏建碑託中書侍郎劉繪營辦藹又與右率沈約書請爲文約荅曰郭有道漢末之匹夫非蔡伯喈不足以偶三絕謝安石素族之台輔時無麗藻迄乃有碑無文況文獻王冠冕彝倫儀形寓內自非一代辭宗難或與此約閭閈鄙人名不入第欵酬今旨便是以禮許人聞命慙顏已不覺汗之霑背也建武中第二子子恪託約及太子詹事孔珪爲文妃庾氏有女功婦德嶷甚重之宋時武帝及嶷位宦尚輕家又貧薄庾氏常徹已損身以相營奉兄弟每行來公事晚還飢疲躬營飲食未嘗不迎時先辦雖豐儉隨事而香淨適口穆皇后不自營又不整潔上亦以此貴之又不妬忌嶷倍加敬重嶷薨後少時亦亡

子廉字景藹初嶷養魚復侯子響爲嗣子子廉封永新侯子響還本子廉爲世子位淮陵太守太子中舍人前將軍善撫諸弟十一年卒贈侍中諡哀世子子元琳嗣梁武受禪詔曰豫章王元琳故竟陵王昭胄子同齊氏宗國高武嫡胤宜祚井邑以傳于後降封新塗侯

子廉弟子恪字景沖永明中以王子封南康縣侯年十二和從兄司徒竟陵王子良高松賦衞軍王儉見而奇之建武中爲吳郡太守及大司馬王敬則於會稽反奉子恪爲名而子恪奔走未知所在始安王遙光勸上併誅高武諸子孫於是並敕竟陵王昭胄等六十餘人入永福省令大醫煑椒二斛并命辦數十具棺材謂舍人沈徽孚曰椒熟則一時賜死期三更當殺之會上暫臥主書單景雋啓依旨斃之徽孚堅執曰事須更審爾夕三更子恪徒跣奔至建陽門上聞驚覺曰故當未賜諸侯命邪徽孚以荅上撫牀曰遙光幾誤人事及見子恪顧問流涕諸侯悉賜供饌以子恪爲太子中庶子東昏卽位爲侍中中興二年爲相國諮議參軍梁天監元年降爵爲子位司徒左長史子恪與弟子範等嘗因事入謝梁武帝在文德殿引見謂曰夫天下之寶本是公器苟無期運雖有項籍之力終亦敗亡宋孝武爲性猜忌兄弟粗有令名者無不因事鴆毒所遺唯景和至朝臣之中疑有天命而致害者枉濫相繼于時雖疑卿祖無如之何如宋明帝本爲庸常被免豈疑得全又復我于時已年二歲彼豈知我應有今日當知有天命者非人所害害亦不能得我初平建康城朝廷內外皆勸我云時代革異物心須一宜行處分我于時依此而行誰謂不可政言江左以來代謝必相誅戮此是傷於和氣國祚例不靈長此是一義二者齊梁雖曰革代義異往時我與卿兄弟宗屬未遠卿勿言兄弟是親人家兄弟自有周旋者不周旋者況五服之屬邪齊業之初亦是甘苦共嘗腹心在我卿兄弟年少理當不悉我與卿兄弟便是情同一體豈當都不念此作行路事此是二義且建武屠滅卿門我起義兵非惟自雪門恥亦是爲卿兄弟報仇卿若能在建武永元之時撥亂反正我雖起樊鄧豈得不釋戈推奉我今爲卿報仇且時代革異望卿兄弟盡節報我耳且我自藉喪亂代明帝家天下不取卿家天下昔劉子輿自稱成帝子光武言假使成帝更生天下亦不復可得況子輿乎梁初人勸我相誅滅者我荅之猶如向言若苟有天命非我所殺若其無運何忽行此政是示無度量曹志親是魏武帝孫入事晉武爲晉室忠臣此卽卿事例卿是宗室情義異他方坦然相期小待自當知我寸心又文獻王時內齋直帳閹人趙叔祖天監初入臺爲齋帥在壽光省武帝呼問曰汝比見北第諸郎不若見道我此意今日雖是革代情同一家但今磐石未立所以未得用諸郎非唯在我未宜我亦是欲使諸郎得安耳但閉門高枕後自當見我心叔祖卽出具宣敕意子恪普通三年累遷都官尚書四年轉吏部大通二年出爲吳郡太守卒官諡曰恭子子恪兄弟十六人並入梁有文學者子恪子質子顯子雲子暉子恪常謂所親曰文史之事諸弟備之矣不煩吾復牽率但退食自公無過足矣子恪亦涉學頗屬文隨棄其本故不傳文集子恪次弟子操封泉陵侯王侯出身官無定準素姓三公長子一人爲員外郎建武中子操解褐爲給事中自此齊末皆以爲例永泰元年兄南康侯子恪爲吳郡太守避王敬則難歸以子操爲吳郡太守永元中爲黃門郎子操弟子範字景則齊永明中封祁陽縣侯拜太子洗馬天監初降爵爲子位司徒主簿丁所生母憂去職子範有孝性居喪以毁聞服闋累遷大司馬南平王從事中郎王愛文學士子範偏被恩

遇常曰此宗室奇才也使製千字文其辭甚美王命記室蔡薳注釋之自是府中文筆皆使具草後爲臨賀王正德長史正德遷丹陽尹復爲正德信威長史領尹丞歷官十餘年不出蕃府而諸弟並登顯列意不能平及是爲到府牋曰上蕃首僚於兹再忝河南雌伏自此重叨老少異時盛衰殊日雖佩恩寵還羞年鬢子範少與弟子顯子雲才名畧相比而風采容止不逮故宦途有優劣每讀漢書杜緩傳云六弟五人至大官唯中弟欽官不至最知名常吟諷之以況已也後爲祕書監簡文卽位召爲光祿大夫加金章紫綬以逼賊不拜其年葬簡皇后使製哀策文理哀切帝謂武林侯蕭諮曰此段莊陵萬事零落唯哀册尚有典刑敕賚米千石子範無居宅尋卒於招提寺僧房賊平元帝追贈金紫光祿大夫諡曰文前後文集三十卷子滂確並少有文章簡文在東宮時嘗與邵陵王數諸蕭文士滂確並預焉滂位中軍宣城王記室先子範卒確位司徒右長史魏平江陵入長安滂弟乾字思惕容止雅正性恬簡善隸書得叔父子雲之法九歲補國子周易生祭酒袁昂深敬重之仕梁爲宣城王諮議參軍陳武帝鎭南徐州引爲司空從事中郎及受命永定元年除給事黃門侍郎時熊曇朗在豫章周迪在臨川留異在東陽陳寶應在建安共相連結閩中豪帥立砦自保武帝患之令乾往諭以逆順謂曰昔陸賈南征趙佗歸順隨何奉使黥布來臣追想清風髣髴在目卿宜勉建功名不煩更勞師旅乾至示以逆順所在款附其年就除建安太守天嘉二年留異反陳寶應助之又資周迪兵糧出寇臨川因逼建安乾單使臨郡不能守乃棄郡以避寶應時閩中宰守並受寶應署置乾獨不屈徙居郊野及寶應平都督章昭達以聞文帝甚嘉之超授五兵尚書卒諡靜子

子顯字景陽子範弟也幼聰慧嶷偏愛之七歲封寧都縣侯梁天監初降爲子位太尉錄事參軍子顯身長八尺狀貌甚雅好學工屬文嘗著鴻序賦尚書令沈約見而稱曰可謂明道之高致蓋幽通之流也又採衆家後漢考正同異爲一家之書又啓撰齊史書成表奏詔付祕閣累遷邵陵王友後除黃門郎中大通二年遷長兼侍中梁武帝雅愛子顯才又嘉其容止吐納每御筵侍坐偏顧訪焉嘗從容謂曰我造通史此書若成衆史可廢子顯對曰仲尼讃易道黜八索述職方除九丘聖製符同復在兹日時以爲名對三年以本官領國子博士武帝製孝經義未列學官子顯在職表置助教一人生十八人又啓撰武帝集并普通北伐記遷國子祭酒加侍中於學遞述武帝五經義遷吏部尚書侍中如故子顯風神灑落雍容閑雅簡通賓客不畏鬼神性愛山水爲伐社文以見其志飲酒數斗頗負才氣及掌選見九流賓客不與交言但舉扇一撝而已衣冠竊恨然簡文素重其爲人在東宮時每引與促宴子顯嘗起更衣簡文謂坐客曰常聞異人間出今日始見知是蕭尚書其見重如此出爲吳興太守卒時年四十九詔贈侍中中書令及請諡手敕曰侍才傲物宜諡曰驕子顯嘗爲自序其畧云余爲邵陵王友忝還京師遠思前比卽楚之唐宋梁之嚴鄒追尋平生頗好辭藻雖在名無成求心已足若乃登高目極臨水送歸風動春朝月明秋夜早鴈初鸎開花落葉有來斯應每不能已也且前代賈傅崔馬邯鄲繆路之徒並以文章顯所以屢上歌頌自比古人天監六年始預九日朝宴稠人廣坐獨受旨云今雲物甚美卿將不斐然賦詩詩旣成又降旨曰可謂才子余退謂人曰一顧之恩非望而至遂方賈誼何如哉未易當也每有製作特寡思功須其自來不以力構少來所爲詩賦則鴻序一作體兼衆製文備多方頗爲好事所傳故虛聲易遠子顯所著後漢書一百卷齊書六十卷普通北伐記五卷貴儉傳三卷文集二十卷子序愷並少知名序太清中位中庶子卒愷太子家令愷才學譽望時論以方其父簡文在東宮早引接之時中庶子謝嘏出守建安於宣猷堂餞飲並召時才賦詩同用十五劇韻愷詩先就其辭又美簡文與湘東王令曰王筠本自舊手後進有蕭愷可稱信爲才子先是太學博士顧野王奉令撰玉篇簡文嫌其書詳畧未當以愷博學於文字尤善使更與學士刪改太清中卒於侍中子顯弟子雲

子雲字景喬年十二齊建武四年封新浦縣侯自製拜章便有文采梁天監初降爵爲子及長勤學有文藻弱冠撰晉書至年二十六書成百餘卷表奏之詔付祕閣子雲性沉靜不樂仕進風神閑廣任性不羣夏月對賓客恒自裸袒而兄弟不睦乃至吉凶不相弔問時論以此少之年三十方起家爲祕書郎還太子舍人撰東宮新記奏之敕賜束帛累遷丹陽郡丞湘東王繹爲丹陽尹深相賞好如布衣之交中大通三年爲臨川內史在郡以和理稱人吏悅之還除散騎常侍歷侍中國子祭酒梁初郊廟未革牲牷樂辭皆沈約撰至是承用子雲啓宜改之敕荅曰此是主者守株宜急改也仍使子雲撰定敕曰郊廟歌辭應須典誥大語不得雜用子史文章淺言而沈約所撰亦多舛謬子雲作成敕並施用子雲善草隸爲時楷法自云善效鍾元常王逸少而微變字體嘗荅敕云臣昔不能拔賞隨時所貴規摹子敬多歷年所年二十六著晉史至二王列傳欲作論草隸法言不盡意遂不能成畧指論飛白一事而已十許年始見敕旨論書一卷商畧筆狀洞徹字體始變子敬全範元常逮爾以來自覺功進其書迹雅爲武帝所重帝嘗論書曰筆力勁駿心手相應巧逾杜度美過崔寔當與元常並驅爭先其見賞如此出爲東陽太守百濟國使人至建鄴求書逢子雲爲郡維舟將發使人於渚次候之望船三十許步行拜行前子雲遣問之荅曰侍中尺牘之美遠流海外今日所求唯在名迹子雲乃爲停船三日書三十紙與之獲金貨數百萬性吝自外荅餉不書好紙好事者重加賂遺以要酬荅太清元年復爲侍中國子祭酒二年侯景寇逼子雲逃民間三年宮城失守奔晉陵餓卒于顯雲寺僧房年六十三所著晉書一百一十卷東宮新記二十卷子特字世達早知名亦善草隸時人比之衞恒衞瓘武帝嘗使特書及奏帝曰子敬之迹不及逸少蕭特之書遂逼於父位太子舍人海鹽令坐事免先子雲卒遺啓簡文求爲墓誌銘帝爲製銘焉

子雲弟子暉字景光少涉學亦有文才性恬靜寡嗜慾嘗預重雲殿聽制講三慧經退爲講賦奏之甚見賞卒於驃騎長史

南史卷四十二考證

豫章文獻王嶷傳江建來蘇○建一本作漢又下文古人云朞用有成而公旬日成化豈不休哉用作月似俱應从之

上數辛嶷第○第各本俱訛弟今改正

子廉弟子恪傳使製千字文其辭甚美王命記室蔡薳注釋之○此與梁書同惟隋書經籍志云千字文一卷梁國子祭酒蕭子雲注與此異

子雲傳自云善效鍾元常王逸少○鍾監本訛鐘今改正

南史卷四十三

唐　李延壽　撰

列傳第三十三

齊高帝諸子下

臨川獻王映字宣光高帝第三子也少而警悟美言笑善容止仕宋位給事黃門侍郎南兗州刺史留心吏事自下莫不肅然令行禁止高帝踐阼爲雍州刺史加都督封臨川王嘗致錢還都買物有獻計者於江陵買貨至都還換可得微有所增映笑曰我是賈客邪乃復求利改授都督揚州刺史莅事聰敏府州曹局皆重足以奉禁令自宋彭城王義康以後未之有也永明元年爲侍中驃騎將軍五年卽本號開府儀同三司七年薨映善騎射解聲律工左右書左右射應接賓客風韻韶靡及薨朝野莫不惋惜贈司空九子皆封侯長子子晉永元初爲侍中入梁爲高平太守第二子子游州陵侯爲黃門侍郎謀反兄弟並伏誅

長沙威王晃字宣明高帝第四子也少有武力爲高帝所愛昇明二年代兄映爲淮南宣城二郡太守晃便弓馬初沈攸之事起晃多從武容赫奕都街時人爲之語曰煥煥蕭四繖其年遷西中郎將豫州刺史監三州諸軍事高帝踐阼晃每陳政事輒爲典籤所裁晃殺之上大怒手詔賜杖遷南徐州刺史加都督武帝爲皇太子拜武進陵於曲阿後湖鬬隊使晃御馬軍上聞之又不悅臨崩以晃屬武帝處以輦轂近蕃勿令遠出永明元年以晃爲都督南徐州刺史入爲中書監時禁諸王蓄仗在都下者唯置捉刀左右四十人晃愛武飾罷徐州還私載數百人仗還都爲禁司所覺投之江中帝聞之大怒將糾以法豫章王嶷稽首流涕曰晃罪誠不足宥陛下當憶先朝念白象白象晃小字也上亦垂泣高帝大漸時戒武帝曰宋氏若骨肉不相圖他族豈得乘其弊汝深戒之故武帝終無異意然晃亦不見親寵當時論者以武帝優於魏文減於漢明後拜車騎將軍侍中薨贈開府儀同三司武帝常幸鍾山晃從駕以馬矟刺道邊枯蘖上令左右數人引之銀纆皆卷聚而矟不出乃令晃復馳馬拔之應手便去每遠州獻駿馬上輒令晃於華林中調試之高帝常曰此我家任城也武帝緣此意故諡曰威

武陵昭王曅字宣昭高帝第五子也母羅氏從高帝在淮陰以罪誅曅年四歲思慕不異成人每慟吐血高帝敕武帝曰三昧至性如此恐不濟汝可與共住每抑割

之三眛曅小字也故曅見愛高帝雖爲方伯而居處甚貧諸子學書無紙筆曅常以指畫空中及畫掌學字遂工篆法少時又無棊局乃破荻爲片縱橫以爲棊局指點行勢遂至名品性剛穎儁出與諸王共作短句詩學謝靈運體以呈高帝報曰見汝二十字諸兒作中最爲優者但康樂放蕩作體不辯有首尾安仁士衡深可宗尚顏延之抑其次也建元二年爲會稽太守加都督上遣儒士劉瓛往郡爲曅講五經武帝卽位歷中書令祠部尚書巫覡或言曅有非常之相以此自負武帝聞之故無寵未嘗處方岳於御坐曲宴醉伏地貂抄肉柈帝笑曰汙貂對曰陛下愛其羽毛而疏其骨肉帝不悅性輕財重義有古人風罷會稽還都齋中錢不滿萬俸祿所入皆與參佐賓僚共之常曰兄作天子何畏弟無錢居止附身所須而已名後堂山爲首陽蓋怨貧薄也嘗於武帝前與竟陵王子良闓棊子良大北及退豫章文獻王謂曅曰汝與司徒手談故當小相推讓答曰曅立身以來未嘗一口妄語執心疎婞偏不知悔好文章射爲當時獨絕琅邪王瞻亦稱善射而不及曅也武帝幸豫章王嶷東田宴諸長王獨不召曅嶷曰風景殊美今日甚憶武陵上仍呼使射屢發命中顧四坐曰手何如上神色甚怪嶷曰阿五常日不爾今可謂仰藉天威帝意乃釋後於華林射賭凡六箭五破一皮賜錢五萬文又上舉酒勸曅曰陛下常不以此處許臣上回面不答豫章王於邸起土山列種桐竹號爲桐山武帝幸之置酒爲樂顧臨川王映王邸亦有嘉名否映曰臣好栖靜因以爲稱又問曅曅曰臣山卑不會栖靈昭景唯有薇蕨直號首陽山帝曰此直勞者之歌也久之出爲江州刺史上以曅方出鎭求其宅給諸皇子遣舍人諭旨曅曰先帝賜臣此宅使臣歌哭有所陛下欲以州易宅臣請不以宅易州帝恨之至鎭百餘日典籤趙渥之啓曅得失徵還爲左戶尚書還太常卿累不得志冬節問訊諸王皆出曅獨後來上已還便殿聞曅至引見問之曅稱牛羸不能取路上敕車府給副御牛一頭敕主客自今諸王來不隨例者不復爲通公事還過竟陵王子良宅冬月道逢乞人脫襦與之子良見曅衣單進襦於曅曅曰我與向人亦復何異尚書令王儉詣曅曅留儉設食盤中菘菜鮑魚而已儉重其率眞爲飽食盡歡而去尋爲丹陽尹始不復置行事自得親政轉侍中護軍將軍給油絡車又給扶二人武帝臨崩遺詔爲衞將軍開府儀同三司大行在殯竟陵王子良在殿內太孫未至衆論喧疑曅衆中言曰若立長則應在我立嫡則應立太孫及鬱林立甚見馮賴隆昌元年薨贈司空班劒二十人

安成恭王暠字宣曜高帝第六子也性清和多疾歷位南中郞將江州刺史侍中領步兵校尉中書令永明元年爲散騎常侍祕書監領石頭戍事及夏薨

鄱陽王鏘字宣韶高帝第七子也建元末武帝卽位爲雍州刺史加都督武帝服除鏘方還始入覲拜便流涕武帝愕然問其故鏘收淚曰臣違奉彌年今奉顏色聖顏損瘦所以泣耳武帝歎曰我復是有此一弟累遷丹陽尹永明十年爲領軍將軍鏘和悌美令性謙愼好文章有寵於武帝領軍之授齊室諸王所未爲鏘在官理事無擁當時稱之車駕游幸常甲仗衞從恩待次豫章王嶷其年給油絡車隆昌元年轉尚書左僕射還侍中驃騎將軍開府儀同三司領兵置佐鏘雍容得物情爲鬱林依信鬱林心疑明帝諸王問訊獨留鏘謂曰聞鸞於法身何如鏘曰臣鸞於宗戚最長且受寄先帝臣等年皆尚少朝廷之幹唯鸞一人願陛下無以爲慮鬱林退謂徐龍駒曰我欲與公共計取鸞公旣不同我不能獨辦且復小聽及鬱林廢鏘竟不知延興元年進位司徒侍中如故明帝鎭東府權威稍異鏘每往明帝屣履至車迎鏘語及家國言淚俱下鏘以此推信之而宮臺內皆屬意於鏘勸令入宮發兵輔政制局監謝粲說鏘及隨王子隆曰殿下但乘油壁車入宮出天子置朝堂二王夾輔號令粲等閉城門上仗誰敢不同宣城公政當投井求活豈有一步動哉東城人政共縛送耳子隆欲定計鏘以上臺兵力旣悉度東府且慮難捷意甚猶豫馬隊主劉巨武帝時舊人詣鏘請間叩頭勸鏘立事鏘命駕將入復回還內與母陸太妃別日暮不成行典籤知謀告之數日明帝遣二千人圍鏘宅害鏘謝粲等皆見殺凡諸王被害皆以夜遣兵圍宅或斧斫關排牆叫譟而入家財皆見封籍焉

桂陽王鑠字宣朗高帝第八子也永明七年爲中書令加散騎常侍時鄱陽王鏘好文章鑠好名理人稱爲鄱桂鑠淸羸有冷疾常枕臥武帝臨視賜牀帳衾褥性理偏詖遇其賞興則詩酒連日情有所廢則兄弟不通隆昌元年加前將軍給油絡車并給扶二人鄱陽王見害鑠遷中軍將軍開府儀同三司不自安至東府見明帝及出處分存亡之計謂侍讀山悰曰吾前日覲王王流涕鳴咽而鄱陽隨郡見誅今日見王王又流涕而有愧色其在吾邪其夜三更中兵至見害

始興簡王鑑字宣徹高帝第十子也性聰警年八歲喪所生母號慕過人數日中便至骨立豫章文獻王聞之撫其首鳴咽謂高帝曰此兒操行異人恐其不濟高帝亦悲不自勝初封廣興郡王袁彖時爲祕書丞早有令譽高帝盛重鑑乃以彖爲友後改封始興自晉以來益州刺史皆以良將爲之宋泰始中益州市橋忽生小洲道士邵碩見之曰當有貴王臨州劉亮爲刺史齋前石榴樹陵冬生華亮以問碩碩曰此謂狂華宋諸劉滅亡之象後二年君當終後九載宋當滅滅後有王勝憙來作此州冀爾時蜀土平碩始康人元徽二年忽告人云吾命終因臥而死後人見碩在荆州上明以一隻故履縛左脚而行甚疾遂不知所之永明二年武帝不復用諸將爲益州始以鑑爲益州刺史督益寧二州軍事加鼓吹一部勝憙反語爲始興碩言於此乃驗先是劫帥韓武方常聚黨千餘人斷流爲暴郡縣不能禁行旅斷絶鑑行至上明武方乃出降長史虞悰等咸請殺之鑑曰武方爲暴積年所在不能制今降而被殺失信且無以勸善於是啓臺果被宥自是巴西蠻夷凶惡皆望風降附行次新城道路籍籍云陳顯達大選士馬不肯就徵巴西太守陰智伯亦以爲然乃停新城十許日遣典籤張曇晳往觀形勢俄而顯達遣使人郭安明朱公恩奉書貢遺咸勸鑑執之鑑曰顯達立節本朝必自無此曇晳還若有同異執安明等未曉居二日曇晳還說顯達遣家累已出城日夕望殿下至於是乃前時年十四好學善屬文不重華飾器服淸素有高士風與記室參軍蔡仲熊登張儀樓商略先言往行及蜀土人物鑑言辭和辯仲熊應對無滯當時以爲盛事州城北門常閉不開鑑問其故於虞悰悰答曰蜀中多夷暴有時抄掠至城下故相承閉之鑑曰古人云善閉無關鍵且在德不在門卽令開之戎夷慕義自是淸謐於州園地得古冢無復棺但有石槨銅器十餘種并古形玉璧三枚珍寶甚多不可皆識金銀爲蠶蛇形者數斗又以朱沙爲阜水銀爲池左右咸勸取之鑑曰皇太子昔在雍有發古冢者得玉鏡玉屛風玉匣之屬皆將還都吾意常不同乃遣功曹何佇爲之起墳諸寶物一不得犯性甚淸在蜀積年未嘗有所營造資用一歲不滿三萬王儉常歎云始興王雖尊貴而行履都是素士時有廣漢什邡人段祖以淳于獻鑑古禮器也高三尺六寸六分圍三尺四寸圓如筩銅色黑如漆甚薄上有銅馬以繩縣馬令去地尺餘灌之以水又以器盛水於下以芒莖當心跪注淳于以手振芒則聲如雷淸響良久乃絕古所以節樂也五年鑑獻龍角一枚長九尺三寸色紅有文九年爲散騎常侍祕書監領石頭戍事上以與鑑久別車駕幸石頭宴會賞賜尋遷左衞將軍未拜遇疾上爲南康王子琳起靑陽巷第新成車駕與後宮幸第樂飲其日鑑疾上遣騎詔問疾相繼爲之止樂尋薨

江夏王鋒字宣穎高帝第十二子也母張氏有容德宋蒼梧王逼取之又欲害鋒高帝甚懼不敢使居舊宅匿於張氏舍時年四歲性方整好學書張家無紙札乃倚井欄爲書書滿則洗之已復更書如此者累月又晨興不肯拂窻塵而先畫塵上學爲書字五歲高帝使學鳳尾諾一學卽工高帝大悅以玉麒麟賜之曰麒麟賞鳳尾矣至十歲便能屬文武帝時藩邸嚴急諸王不得讀異書五經之外唯得看孝子圖而已鋒乃密遣人於市里街巷買圖籍朞月之間殆將備矣好琴書蓋亦天性常觀武帝賜以寶裝琴仍於御前鼓之大見賞帝謂鄱陽王鏘曰闔黎琴亦是柳令之流亞其旣事事有意吾欲試以臨人鏘曰昔鄒忌鼓琴威王委以國政乃出爲南徐州刺史善與人交行事王文和別駕江祏等皆相友善後文和被徵爲益州置酒告別文和流淚曰下官少來未嘗作詩今日違戀不覺文生於性王儉聞之曰江夏可謂善變素絲也工書爲當時蕃王所推南郡王昭業亦稱工謂武帝曰臣書固應勝江夏王武帝答闔黎第一法身第二法身昭業小名闔黎鋒小名也隆昌元年爲侍中領驍騎將軍尋加祕書監及明帝知權蕃邸危懼江祏嘗謂王晏曰江夏王有才行亦善能匿迹以琴道授羊景之景之著名而江夏掩能於世非唯七絃而已百氏亦復如之鋒聞歎曰江祏遂復爲混沌書眉欲益反弊耳寡人聲酒是耽狗馬是好豈復一豪於平生哉當時以爲話言常忽忽不樂著脩栢賦以見志曰旣殊羣而抗立亦含貞而挺正豈春日之自芳在霜下而爲盛衝風不能摧其枝積雪不能改其性雖坎壈於當年度後凋之可詠時鼎業潛移鋒獨慨然有匡復之意遙之行事典籤故不遂也嘗見明帝言次及遙光才力可委之意鋒答曰遙光之於殿下猶殿下之於高皇衞宗廟安社稷實有攸寄明帝失色鋒有武力明帝殺諸王鋒與書誚責左右不爲通明帝深憚之不敢於第收之鋒出登車兵人欲上車防勒鋒以手擊却數人皆應時倒地遂逼害之江斆聞其死流涕曰芳蘭當門

不得不鋤其修柘之賦乎
南平王銳字宣毅高帝第十五子也位左戶尚書朝直勤謹未嘗屬疾永明七年出爲南中郎將湘州刺史延興元年明帝作輔害諸王遣裴叔業平尋陽仍進湘州銳防閤周伯玉大言於衆曰此非天子意今斬叔業舉兵匡社稷誰敢不同銳典籤叱左右斬之銳見害伯玉下獄誅

宜都王鏗字宣儼高帝第十六子也生三歲喪母及有識問母所在左右告以早亡便思慕蔬食自悲不識母常祈請幽冥求一夢見至六歲遂夢見一女人云是其母鏗悲泣向舊左右說容貌衣服事皆如平生聞者莫不歔欷清悟有學行永明十一年爲南豫州刺史都督二州軍事雖未經庶務而雅得人心舉動每爲籤帥所制立意多不得行州鎮姑熟于時人發桓溫女冢得金巾箱織金篾爲嚴器又有金蠶銀璽等物甚多條以啓聞鬱林敕以物賜之鏗曰今取往物後取今物如此循環豈可熟念使長史蔡約自往修復纖毫不犯年十歲時與吉景曜商略先言往行左右誤排楄榴屏風倒壓其背神色不異言談無輟亦不顧視彌善射常以堋的大闊曰終日射侯何難之有乃取甘蔗插地百步射之十發十中永明中制諸王年未三十不得畜妾及武帝晏駕後有勸取左右者鏗曰在內不無使役既先朝遺旨何忍而違及延興元年明帝誅高武文惠諸子鏗聞之馮左右從容雅步詠陸機弔魏武云昔以四海爲己任死則以愛子託人如此者三左右皆泣後果遣呂文顯賫藥往夜進聽事正逢八關齋鏗上高坐謂文顯曰高皇昔寵任君何事乃有今日之行答云出不獲已於是仰藥時年十八身長七尺鏗狀似兄嶷咸以國器許之及死有識者莫不痛惜初鏗出閤時年七歲陶弘景爲侍讀八九年中甚相接遇後弘景隱山忽夢鏗來慘然言別云某日命過無罪後三年當生某家弘景訪以幽中事多祕不出覺後即遣信出都參訪果與事符同弘景因著夢記云

晉熙王銶字宣攸高帝第十八子也隆昌元年位郢州刺史延興元年見害

河東王鉉字宣胥高帝第十九子也母張氏有寵於高帝鉉又最幼尤所留心高帝臨崩以屬武帝武帝甚加意焉爲納柳世隆女爲妃武帝與羣臣看新婦流涕不自勝豫章王嶷亦哽咽及明帝誅高帝諸子以鉉高帝所愛亦以才弱年幼故得全初鉉年三四歲高帝嘗晝臥纏髮鉉上高帝腹上弄繩高帝因以繩賜鉉及崩後鉉以寶函盛繩歲時輒開視流涕嗚咽人才甚凡而有此一至建武中高武子孫憂疑鉉朝見常鞠躬俯僂不敢正行直視壽遷侍中衞將軍鉉年稍長四年誅王晏以謀立鉉爲名鉉免官以王還第禁不得與外人交通永泰元年明帝暴疾甚乃見害聞收至欣然曰死生命也終不斆建安乞爲奴而不得仰藥而卒鉉二子在孩抱亦見殺

論曰豫章文獻王珪璋之質夙表天姿行已所安率由忠敬雖代宗之議早隆皇屬而天倫之愛無虧永明故知爲仁由己不虛言也自宋受晉終馬氏遂爲廢姓齊受宋禪劉宗盡見誅夷梁武革齊弗取前轍子恪兄弟並皆錄用雖見梁武之弘裕亦表文獻之餘慶昔陳思表云權之所存雖疎必重勢之所去雖親必輕原夫此言實存固本然就國之典既隨代革卿士入朝作貴蕃輔皇王託體同稟尊極仕無常資秩有恒數禮地兼隆易生猜疑武帝顧命情深尊嫡密圖遠算意在求安以明帝同起布衣用存顧託遂韜永命於近戚寄重任於疎親以爲子弟布列外有強大之固支庶中立可息覬覦之謀表裏相維洊隆家國曾不慮機能還衡權可制衆宗族殲滅一至於斯曹植之言遠有致矣

南史卷四十三考證

始興簡王鑑傳道士卲碩見之曰當有貴王臨州○王監本訛一今改从閣本

將有廣漢什邡人段祖以淳于獻鑑古禮器也○邡一本作郝

宜都王鏗傳左右誤排楄榴屏風倒壓其背○楄閣本作楠又榴一本作瘤誤

史臣論禮地兼隆易生猜疑○猜疑閣本作推擬

遂韜永命於近戚○永一本作末

南史卷四十四

唐　李延壽　撰

列傳第三十四

齊武帝諸子　文惠諸子

明帝諸子

武帝二十三男穆皇后生文惠太子竟陵文宣王子良張淑妃生廬陵王子卿魚復侯子響周淑儀生安陸王子敬建安王子眞阮淑媛生晉安王子懋衡陽王子峻王淑儀生隨郡王子隆蔡婕妤生西陽王子明樂容華生南海王子罕傅充華生巴陵王子倫謝昭儀生邵陵王子貞江淑儀生臨賀王子岳庾昭容生西陽王子文荀昭華生南康王子琳顏婕妤生永陽王子珉宮人謝生湘東王子建何充華生南郡王子夏第六第十二第十五第二十二皇子早亡子珉繼衡陽元王後

文惠皇太子長懋字雲喬小字白澤武帝長子也武帝年未弱冠而生太子爲高帝所愛宋元徽末除祕書郎不拜板輔國將軍遷晉熙王撫軍主簿事寧武帝遣太子還都高帝方創霸業心存嫡嗣謂太子曰汝還吾事辦矣處之府東齋令通文武賓客謂荀伯玉曰我出行日城中軍悉受長懋節度我雖不行內外直防及諸門甲兵悉令長懋時時履行轉祕書丞以與宣帝諱同不就歷中書黃門侍郎昇明三年高帝將受禪以襄陽兵馬重鎮不欲處他族出太子爲雍州刺史加都督北中郎將寧蠻校尉建元元年封南郡王江左嫡皇孫封王始自此也先是梁州刺史范栢年頗著威名沈攸之事起候望形勢事平朝廷遣王玄邈代之玄邈已至栢年遲回魏興不肯下太子慮其爲變乃遣說之許啓爲府長史及至襄陽因執誅之二年徵爲侍中中軍將軍置府鎮石頭穆妃薨成服日車駕出臨喪朝議疑太子應出門迎左僕射王儉曰尋禮記服問君所主夫人妻太子嫡婦言國君爲此三人爲主喪也今鑾輿臨降自以主喪而至雖因事撫慰義不在弔南郡以下不應出門奉迎但尊極所臨禮有變革權去杖經移立戶外足表情敬無煩止哭皇太子既一宮之主自應以車駕幸宮依常奉候既當成服之日吉凶不相干宜以衰幘行事望拜止哭率由舊章尊駕不以臨弔奉迎則惟常體求之情禮如爲可安又其年九月有閏小祥疑應計閏儉又議以爲三百六旬尚書明義文公納幣春秋致譏故先儒朞喪歲數沒閏大功以下月數數閏所以吳商云含閏以正朞允協情理沒閏之理固在言先並從之武帝即位爲皇太子初高帝好左氏春秋太子承旨諷誦以爲口實及正位東儲善立名尚解聲律工射飲酒至數斗而未嘗舉盃從容有風儀音韻和辯引接朝士人人自以爲得意文武士多所招集會稽虞炎濟陽范岫汝南周顒陳郡袁廓並以學行才能應對左右而武人略陽垣歷生襄陽蔡道貴拳勇秀出當時以此關羽張飛其餘安定梁天惠平原劉孝慶河東王世興趙郡李居士襄陽黃嗣祖魚文康絢之徒並爲後來名將永明三年於崇正殿講孝經少傅王儉令太子僕周顒撰爲義疏五年冬太子臨國學親臨策試諸生於坐問少傅王儉曲禮云無不敬義儉及竟陵王子良等各有酬答太子又以此義問諸學生謝幾卿等一十人並以筆對太子問王儉周易乾卦本施天位而說卦云帝出乎震震本非天義豈當相左儉曰乾健震動天以運爲德故言帝出乎震儉又諮太子孝經仲尼居曾子侍義臨川王映諮孝爲德本義太子並應機酬荅甚有條貫明年上將訊丹陽所領四爲南北二百里內獄詔太子於玄圃園宣猷堂錄三署囚原宥各有差上晚年好游宴尚書曹事亦分送太子省視太子與竟陵王子良俱好釋氏立六疾館以養窮人而性頗奢麗宮內殿堂皆雕飾精綺過於上宮開拓玄圃園與臺城北塹等其中起出土山地閣樓觀塔宇窮奇極麗費以千萬多聚異石妙極山水慮上宮中望見乃旁列修竹外施高鄣造游觀數百間施諸機巧宜須鄣蔽須臾成立若應毀撤應手遷徙製珍玩之物織孔雀毛爲裘光彩金翠過於雉頭遠矣以晉明帝爲太子時立西池乃啓武帝引前例求於東田起小苑上許之永明中二宮兵力全實太子使宮中將吏更番築役營城包巷制度之盛觀者傾都上性雖嚴太子所爲無敢啓者後上幸豫章王宅還過太子東田見其彌亘華遠壯麗極目於是大怒收監作主帥太子懼皆藏之由是見責太子素疾體又過壯常在宮內簡於遨遊玩弄羽儀多所僭擬雖咫尺宮禁而上終不知又使徐文景造輦及乘輿御物虎賁雲罕之屬上嘗幸東宮忽忽不暇藏輦文景乃以佛像內輦中故上不疑文景父陶仁時爲給事中謂文景曰終當滅門政當掃墓待喪耳乃移家避之其後文景竟賜死陶仁遂不哭時人以爲有古人風十年豫章王嶷薨太子見上友于既至造碑文奏之未及鐫勒十一年春正月太子有疾上自臨視有憂色疾篤上表告辭薨於東宮崇明殿時年三十六太子年始過立久在儲宮

得參政事內外百姓私咸謂旦暮繼體及薨朝野驚惋焉上幸東宮上臨哭盡哀詔斂以袞冕之服諡曰文惠葬崇安陵有司奏御服朞朝臣齊衰三月南郡國臣齊衰朞臨汝曲江國臣並不服六宮不從服武帝履行東宮見太子服玩過制大怒敕有司隨事毀除以東田殿堂處爲崇虛館鬱林立追尊爲文帝廟稱世宗初太子惡明帝密謂竟陵王子良曰我意已中殊不悅此人當由其福德薄所致子良便苦救解後明帝立果大相誅害

竟陵文宣王子良字雲英武帝第二子也幼聰敏武帝爲贛縣時與裴后不諧遣人船送后還都已登路子良時年小在庭前不悅帝謂曰汝何不讀書子良曰孃今何處何用讀書帝異之即召后還縣仕宋爲邵陵王友時宋道衰謝諸王微弱故不廢此官昇明三年爲會稽太守都督五郡封聞喜公宋元嘉中皆責成郡縣孝武後徵求急速以郡縣遲緩始遣臺使自此公役勞擾高帝踐阼子良陳之請息其弊子良敦義愛古郡人朱百年有至行先卒賜其妻米百斛蠲一人給其薪蘇郡閣下有虞翻舊牀罷任還乃致以歸後於西邸起古齋多聚古人器服以充之夏禹廟盛有禱祀子良曰禹泣辜表仁菲食旌約服玩果粽足以致誠使歲獻扇簟而已時有山陰人孔平詣子良訟嫂市米負錢不還子良歎曰昔高文通與寡嫂訟田義異於此乃賜米錢以償平建元二年穆妃薨去官仍爲丹陽尹開私倉振屬縣貧人先是太妃以七月薨子良以八月奉凶問及小祥疑南郡王應相待尚書左僕射王儉議以爲禮有倫序義無徒設如令遠則不待近必相須禮例既乖即心無取若疑兄弟同居吉凶舛雜則遠還之子自應開立別門以終喪事靈筵祭奠隨在家之人再朞而毀庶子在家亦不待嫡而況儲妃正體王室中軍長莫之重天朝又行權制進退彌復非疑謂應不相待中軍練縞之日聞喜致哀而已不受弔慰至聞喜變除昆弟亦宜相就寫情不對客從之武帝即位封竟陵郡王南徐州刺史加都督永明二年爲護軍將軍兼司徒四年進號車騎將軍子良少有清向禮才好士居不疑之地傾意賓客天下才學皆游集焉善立勝事夏月客至爲設瓜飲及甘果著之文教士子文章及朝貴辭翰皆發教撰錄是時上新視政水旱不時子良密啓請原除逋租又陳寬刑息役輕賦省徭并陳泉鑄歲遠類多翦鑿江東大錢十不一在公家所受必須輪郭遂買本一千加子七百求請無地捶革相驅尋完者爲用既不兼兩回復還貿會非委積徒令小人每嬰困苦且錢布相半爲制永久或聞長宰須令輸直進違舊科退容姦利五年正位司徒給班劍二十人侍中如故移居雞籠山西邸集學士抄五經百家依皇覽例爲四部要畧千卷招致名僧講論佛法造經唄新聲道俗之盛江左未有武帝好射雉子良啓諫先是左衞殿中將軍邯鄲超上書諫射雉武帝爲止久之超竟被誅永明末上將復射雉子良復諫前後所陳上雖不盡納而深見寵愛又與文惠太子同好釋氏甚相友悌子良敬信尤篤數於邸園營齋戒大集朝臣衆僧至賦食行水或躬親其事世頗以爲失宰相體勸人爲善未嘗厭倦以此終致盛名八年給三望車九年都下大水吳興偏劇子良開倉振救貧病不能立者於第北立廨收養給衣及藥十年領尚書令揚州刺史本官如故尋解尚書令加中書監文惠太子薨武帝檢行東宮見太子服御羽儀多過制度上大怒以子良與太子善不啓聞頗加嫌責武帝不豫詔子良甲仗入延昌殿侍醫藥子良啓進沙門於殿戶前講經武帝爲感夢見優曇鉢花子良案佛經宣旨使御府以銅爲花插御牀四角日夜在殿內太孫間日入參武帝暴漸內外惶懼百僚皆已變服物議疑立子良俄頃而蘇問太孫所在因召東宮器甲皆入遺詔使子良輔政明帝知尚書事子良素仁厚不樂時務乃推明帝詔云事無大小悉與鸞參懷子良所志也太孫少養於子良妃袁氏甚著慈愛既懼前不得立自此深忌子良大行出太極殿子良居中書省帝使虎賁中郎將潘敞二百人仗屯太殿西階之下成服後諸王皆出子良乞停至山陵不許進位太傅增班劍爲三十人本官如故解侍中隆昌元年加殊禮劒履上殿入朝不趨贊拜不名進督南徐州其年疾篤謂左右曰門外應有異遣人視見淮中魚無算皆浮出水上向城門尋薨年三十五帝常慮子良異志及薨甚悅詔給東園溫明秘器斂以袞冕之服東府施喪位大鴻臚持節監護太官朝夕送祭又詔追崇假黃鉞侍中都督中外諸軍事太宰領大將軍揚州牧綠綟綬備九服錫命之禮使持節中書監王如故給九旒鸞輅黃屋左纛轀輬車前後部羽葆鼓吹挽歌二部虎賁班劒百人葬禮依晉安平王孚故事初豫章王嶷葬金牛山文惠太子葬夾石子良臨送望祖硎山悲感歎曰北瞻吾叔前望吾兄死而有知請葬茲地及薨遂葬焉所著內外文筆數十卷雖無文采多是勸戒子良既亡故人皆來奔赴陸惠曉於邸門逢袁彖問之曰近者云云定復何謂王融見殺而魏準破膽道路籍籍又云竟陵不永天年有之乎荅曰齊氏微弱已數年矣爪牙柱石之臣都盡命之所餘政風流名士耳若不立長君無以鎮安四海王融雖爲身計實安社稷恨其不能斷事以至於此道路之談自爲虛說耳蒼生方塗炭矣政當瀝耳聽之建武中故吏范雲上表爲子良立碑事不行子昭胄嗣

昭胄字景胤泛涉書史有父風位太常以封境邊魏永元元年改封巴陵王先是王敬則事起南康侯子恪在吳郡明帝慮有同異召諸王侯入宮晉安王寶義及江陵公寶覽住中書省高武諸孫住西省敕人各兩左右自隨過此依軍法孩抱者乳母隨入其夜並將加害稱子恪至乃免自建武以來高武王侯居常震怖朝不保夕至是尤甚及陳顯達起事王侯復入宮昭胄懲往時之懼與弟永新侯昭穎逃奔江西變形爲道人崔慧景舉兵昭胄兄弟出投之慧景敗昭胄兄弟首出投臺軍主胡松各以王侯還第不自安謀爲身計子良故防閤桑偃爲梅蟲兒軍副結前巴西太守蕭寅謀立昭胄昭胄許事剋用寅爲尚書左僕射護軍以寅有部曲大事皆委之時胡松領軍在新亭寅遣人說之松許諾又張欣泰嘗爲雍州亦有部曲昭胄又遣房天寶以謀告之欣泰聞命響應蕭寅左右華永達知其謀以告御刀朱光尚光尚挾左道以惑東昏因謂東昏曰昨見蔣王云巴陵王在外結黨欲反須官出行仍從萬春門入事不可量時東昏日游走聞此說大懼不復出四十餘日偃等議募健兒百餘人從萬春門入突取之昭胄以爲不可偃同黨王山沙慮事久無成以事告御刀徐僧重寅遣人殺山沙於路吏於麝幐中得其事迹昭胄兄弟與同黨皆伏誅梁受禪降封昭胄子同爲監利侯同弟賁字文奐形不滿六尺神識耿介幼好學有文才能書善畫於扇上圖山水咫尺之內便覺萬里爲遙矜慎不傳自娛而已好著述嘗著西京雜記六十卷起家湘東王法曹參軍得一府歡心及亂王爲檄賁讀至偃師南望無復儲胥露寒河陽北臨或有穹廬氈帳迺曰聖製此句非爲過似如體目朝廷非關序賦王聞之大怒收付獄遂以餓終又追戮賁尸乃著懷舊傳以謗之極言詆毀

廬陵王子卿字雲長武帝第三子也建元元年封臨汝郡公武帝即位爲郢州刺史加都督子卿諸子中無德又與魚復侯子響同生故無寵徙都督荆州刺史始興王爲益州子卿解督子卿在鎭營造服飾多違制度作瑇瑁乘具詔責之令速送都又作銀鐙金薄裹箭脚亦便速壞去凡諸服章自今不啓專輒作者當得痛杖又曰汝比令讀學今年轉成長學既未得敕如風過耳使吾失氣永明十年爲都督南豫州刺史之鎭道中戲部伍爲水軍上聞大怒殺其典籤遣宜都王鏗代之子卿還第至崩不與相見隆昌元年爲衞將軍開府儀同三司置兵佐鄱陽王鏘見害以子卿代爲司徒所居屋梁柱際血出溜於地旬日而見殺

魚復侯子響字雲音武帝第四子也豫章王嶷無子養子響後嶷有子表留爲嫡武帝即位爲南彭城臨淮二郡太守子響勇力絕人開弓四斛力數在園池中帖騎馳走竹樹下身無虧傷既出繼車服異諸王每入朝輒忿拳打車壁武帝知之令車服與皇子同永明六年有司奏子響宜還本乃封巴東郡王七年爲都督荆州刺史直閤將軍董蠻粗有氣力子響要與同行蠻曰殿下癲如雷敢相隨邪子響笑曰君敢出此語亦復奇癲上聞而不悅曰人名蠻復何容得蘊藉乃改名爲仲舒謂曰今日仲舒何如昔日仲舒荅曰昔日仲舒出自私庭今日仲舒降自天帝以此言之勝昔遠矣上稱善子響少好武帶仗左右六十人皆有膽幹數在內齋殺牛置酒與之聚樂令私作錦袍絳襖欲餉蠻交易器仗長史劉寅等連名密啓上敕精檢寅等懼欲祕之子響聞臺使不見敕乃召寅及司馬席恭穆諮議參軍江悆殷曇粲中兵參軍周彥典籤吳修之王賢宗魏景深等俱入於琴臺下併斬之上聞之怒遣衞尉胡諧之游擊將軍尹畧中書舍人茹法亮領羽林三千人檢捕羣小敕子響若來首自歸可全其性命諧之等至江津築城燕尾洲子響白服登城頻遣信與相聞曰天下豈有兒反身不作賊直是麤疏今便單舸還闕何築城見捉邪尹畧獨荅曰誰將汝反父人共語子響聞之唯灑泣又送牛數十頭酒二百石果饌三十輿畧棄之江流子響膽力之士王衝天不勝忿乃率黨度洲攻壘斬畧而諧之法亮單艇奔逸上又遣丹陽尹蕭順之領兵繼之子響即日將白衣左右三十人乘舴艋中流下都初順之將發文惠太子素忌子響密遣不許還令便爲之所子響及見順之欲自申明順之不許於射堂縊之有司奏絕子響屬籍賜爲蛸氏子響密作啓數紙藏妃王氏裙腰中具自申明云輕舫還闕不得此苦之深唯願矜憐無使

竹帛齊有反父之子父有害子之名及順之還上心甚怪恨百日於華林爲子響作齋上自行香對諸朝士嚬蹙及見順之嗚咽移時左右莫不掩涕他日出景陽山見一猨透擲悲鳴問後堂丞此猨何意答曰猨子前日墮崖致死其母求之不見故爾上因憶子響歔欷良久不自勝順之慙懼感病遂以憂卒於是豫章王嶷上表曰故庶人蛸子響識懷靡樹見淪不逞肆憤一朝取陷凶德身膏草野未云塞釁但歸罪司戮迷而知返撫事惟往載傷心目伏願一下天矜使得旋窆餘麓豈伊窮骸被德實且天下歸仁上不許貶爲魚復侯

安陸王子敬字雲端武帝第五子也初封應城縣公先是子敬所生早亡帝命貴妃范氏母養之而子及婦服制禮無明文永明中尚書令王儉議孫爲慈孫婦爲慈婦姑爲慈姑宜制朞年服從之十年位散騎常侍撫軍將軍丹陽尹十一年加車騎將軍隆昌元年遷都督南兗州刺史延興元年加侍中明帝除諸蕃王遣中護軍王玄邈征九江王廣之襲殺子敬初子敬爲武帝所留心帝不豫有意立子敬爲太子代太孫子敬與太孫俱入參畢同出武帝目送子敬良久曰阿五鈍由此代換之意乃息

晉安王子懋字雲昌武帝第七子也諸子中最爲清恬有意思廉讓好學年七歲時母阮淑媛嘗病危篤請僧行道有獻蓮華供佛者衆僧以銅甖盛水漬其莖欲華不萎子懋流涕禮佛曰若使阿姨因此和勝願諸佛令華竟齋不萎七日齋畢華更鮮紅視甖中稍有根鬚當世稱其孝感永明五年爲南兗州刺史監五州軍事六年徙監湘州刺史八年撰春秋例苑三十卷奏之武帝敕付祕閣十一年爲都督雍州刺史給鼓吹一部豫章王喪服未畢上以邊州須威望許得奏之啓求所好書武帝曰知汝常以書讀在心足爲深欣賜以杜預手所定左傳及古今善言隆昌元年爲征南大將軍江州刺史敕留西楚部曲助鎮襄陽單將白直俠轂自隨陳顯達時屯襄陽入別子懋謂之曰朝廷命身單身而反身是天王豈可過爾輕率今欲將二三千人自隨公意何如顯達曰殿下若不留部曲便是大違敕旨顯達因辭出便發去子懋計未立還鎮尋陽延興元年加侍中聞鄱陽隨郡二王見殺欲起兵赴難與參軍周英防閤陸超之議傳檄荊郢入討君側事成則宗廟獲安不成猶爲義鬼防閤董僧慧攘袂曰此州雖小孝武亦嘗用之今以勤王之師橫長江指北闕以請鬱林之過誰能對之於是部分兵將入匡社稷母阮在都遣書欲密迎上阮報同產弟于瑤之爲計瑤之馳告明帝於是纂嚴遣中護軍王玄邈平西將軍王廣之南北討使軍主裴叔業與瑤之先襲尋陽聲云爲郢府司馬子懋知之遣三百人守盆城叔業泝流直上襲盆城子懋先已具船於稽亭渚聞叔業得盆城乃據州自衞子懋部曲多雍土人皆勇躍願奮叔業畏之遣于瑤之說子懋曰今還都必無過憂政當作散官不失富貴也子懋既不出兵攻叔業衆情稍沮中兵參軍于琳之瑤之兄也說子懋重賂叔業子懋使琳之往琳之因說叔業請取子懋叔業遣軍主徐玄慶將四百人隨琳之入城僚佐皆奔散唯周英及外兵參軍王皎更移入城內子懋聞之歎曰不意吾府有義士二人琳之從二百人仗自入齋子懋笑謂之曰不意渭陽翻成梟獍琳之以袖障面使人害之故人懼罪無敢至者唯英皎僧慧號哭盡哀爲喪殯董僧慧丹陽姑孰人出自寒微而慷慨有節義好讀書甚驍果能反手於背彎五斛弓當世莫有能者玄邈知其豫子懋之謀執之僧慧曰晉安舉義兵僕實豫議古人云非死之難得死之難僕得爲主人死不恨矣願至主人大斂畢退就湯鑊雖死猶生玄邈義而許之還具白明帝乃配東冶言及九江時事輒悲不自勝子懋子昭基九歲以方二寸絹爲書參其消息并遺錢五百以金假人崎嶇得至僧慧覩書對錢曰此郎君書也悲慟而卒陸超之吳人以清靜雅爲子懋所知子懋既敗于琳之勸其逃亡答曰人皆有死此不足懼吾若逃亡非唯孤晉安之眷亦恐田橫客笑人玄邈等以其義欲因將還都而超之亦端坐待命超之門生姓周者謂殺超之當得賞乃伺超之坐自後斬之頭墜而身不僵玄邈嘉其節後爲殯斂周又助舉棺未出戶棺墜政壓其頭折即死聞之者莫不以爲有天道焉

隨郡王子隆字雲興武帝第八子也性和美有文才娶尚書令王儉女爲妃武帝以子隆能屬文謂儉曰我家東阿也永明八年爲都督荊州刺史隆昌元年爲侍中撫軍將軍領兵置佐延興元年轉中軍大將軍侍中如故子隆年二十一而體過充壯常使徐嗣伯合蘆茹丸以服自銷損猶無益明帝輔政謀害諸王武帝諸子中子隆最以才貌見憚故與鄱陽王鏘同夜先見殺文集行於世

建安王子眞字雲仙武帝第九子也永明七年累遷郢州刺史加都督隆昌元年爲散騎常侍護軍將軍延興元年明帝遣裴叔業就典籤柯令孫殺之子眞走入牀下令孫手牽出之叩頭乞爲奴贖死不從見害年十九

西陽王子明字雲光武帝第十子也永明元年封武昌王三年失國璽改封西陽十年爲會稽太守督五郡軍事子明風姿明淨士女觀者咸嗟歎之建武元年爲撫軍將軍領兵置佐二年誅蕭諶子明及弟子罕子貞同諶謀見害年十七

南海王子罕字雲華武帝第十一子也頗有學母樂容華有寵故武帝留心母嘗寢疾子罕晝夜祈禱于時以竹爲燈纘照夜此纘宿昔枝葉大茂母病亦愈咸以爲孝感所致主簿劉瓛及侍讀賀子喬爲之賦頌當時以爲美談建武元年位護軍將軍二年見殺年十七

巴陵王子倫字雲宗武帝第十三子也永明十年爲北中郎將南琅邪彭城二郡太守鬱林即位以南彭城祿力優厚奪子倫與中書舍人綦母珍之更以南蘭陵代之延興元年明帝遣中書舍人茹法亮殺子倫子倫時鎮琅邪城有守兵子倫英果明帝恐不即罪以問典籤華伯茂伯茂曰公若遣兵取之恐不即可辦若委伯茂一小吏力耳既而伯茂手自執鴆逼之左右莫敢動者子倫正衣冠出受詔謂法亮曰積不善之家必有餘殃昔高皇帝殘滅劉氏今日之事理數固然舉酒謂亮曰君是身家舊人今銜此命當由事不獲已此酒差非勸酬之爵因仰之而死時年十六法亮及左右皆流涕先是高帝武帝爲諸王置典籤帥一方之事悉以委之每至覲接輒留心顧問刺史行事之美惡係於典籤之口莫不折節推奉恒慮弗及於是威行州部權重蕃君武陵王曄爲江州性烈直不可忤典籤趙渥之曰今出都易刺史及見武帝相詆毀曄遂免還南海王子罕戍琅邪欲暫游東堂典籤姜秀不許而止還泣謂母曰兒欲移五步亦不得與囚何異秀後輒取子罕屐繖飲器等供其兒昏武帝知之鞭二百繫尚方然而擅命不改邵陵王子貞嘗求熊白廚人答典籤不在不敢與西陽王子明欲送書參侍讀鮑僎病典籤吳修之不許曰應諮行事乃止言行舉動不得自專徵衣求食必須諮訪永明中巴東王子響殺行事劉寅等武帝聞之謂羣臣曰子響遂反戴僧靜大言曰諸王都自應反豈唯巴東武帝問其故答曰天王無罪而一時被囚取一挺藕一杯漿皆諮籤帥不在則竟日忍渴諸州唯聞有籤帥不聞有刺史竟陵王子良嘗問衆曰士大夫何意詣籤帥參軍范雲答曰詣長史以下皆無益詣籤帥使便有倍本之價不詣謂何子良有愧色及明帝誅異己者諸王見害悉典籤所殺竟無一人相抗孔珪聞之流涕曰齊之衡陽江夏最有意而復害之若不立籤帥故當不至於此

邵陵王子貞字雲松武帝第十四子也建武二年見誅年十五

臨賀王子岳字雲嶠武帝第十六子也明帝誅武帝諸子唯子岳及弟六人在後時呼爲七王朔望入朝上還後宮輒歎息曰我及司徒諸兒子皆不長高武子孫日長大永泰元年上疾甚絕而復蘇於是誅子岳等延興建武中凡三誅諸王每一行事明帝輒先燒香嗚咽涕泣衆以此輒知其夜當殺戮也子岳死時年十四

西陽王子文字雲儒武帝第十七子也永明七年封蜀郡王建武中改封西陽永泰元年見殺年十四

衡陽王子峻字雲嵩武帝第十八子也永明七年封廣漢郡王建武中改封永泰元年見殺年十四

南康王子琳字雲璋武帝第十九子也母荀昭華盛寵後宮才人位登釆女者依例舊賜玉鳳凰荀時始爲釆女得玉鳳凰投地曰我不能側受此武帝乃拜爲昭華子琳以母寵故最見愛太尉王儉因請昏武帝悅而許之羣臣奉寶物名好盡直數百金武帝爲之報答亦如此及應封而好郡已盡乃以宣城封之既而以宣城屬揚州不欲爲王國改封南康公褚蓁爲巴東公以南康爲王國封子琳永泰元年見殺年十四

湘東王子建字雲立武帝第二十一子也母謝無寵武帝度爲尼明帝即位使還母子建永泰元年見殺年十三

南郡王子夏字雲廣武帝第二十三子也上春秋高子夏最幼寵愛過諸子初武帝夢金翅鳥下殿庭搏食小龍無數乃飛上天及明帝初其夢方驗永泰元年子夏誅年七歲

文惠太子四男安皇后生廢帝鬱林王昭業宮人許氏生廢帝海陵恭王昭文陳氏生巴林王昭秀褚氏生桂陽王昭粲

巴陵王昭秀字懷尚太子第三子也鬱林即位封臨海郡王隆昌元年爲都督荊州刺史延興元年徵爲車騎將軍明帝建武二年改封巴陵王永泰元年見殺年十六

桂陽王昭粲太子第四子也鬱林立封永嘉郡王延興元年出爲荊州刺史加都督建武三年改封桂陽王四年爲太常永泰元年見殺年八歲

明帝十一男敬皇后生廢帝東昏侯寶卷江夏王寶玄鄱陽王寶寅和帝殷貴妃生巴陵隱王寶義晉熙王寶嵩袁貴妃生廬陵王寶源管淑妃生邵陵王寶修許淑媛生桂陽王寶貞餘皆早夭

巴陵隱王寶義字智勇明帝長子也本名明基建武元年封晉安郡王寶義少有廢疾不堪出人間止加除授爲都督揚州刺史仍以始安王遙光代之轉爲右將軍領兵置佐鎭石頭二年爲南徐州刺史加都督東昏卽位進征北將軍開府儀同三司給扶永泰元年爲都督揚州刺史三年進位司徒和帝西臺建以爲侍中司空梁武平建鄴宣德太后令以寶義爲太尉領司徒詔云不言之化形於自遠時人皆云此實錄也梁受禪封謝沐公尋封巴陵郡王奉齊後天監中薨

江夏王寶玄字智深明帝第三子也建武元年封江夏郡王東昏卽位爲都督南徐兗二州刺史寶玄娶尚書令徐孝嗣女爲妃孝嗣被誅離絕東昏送少姬二人與之寶玄恨望有異計明年崔慧景舉兵還至廣陵遣使奉寶玄爲主寶玄斬其使因是發將吏防城慧景將度江寶玄密與相應開門納慧景乘八掆輿手執絳麾幡隨慧景至都百姓多往投集慧景敗收得朝野投寶玄及慧景軍名東昏令燒之曰江夏尚爾豈復可罪餘人寶玄逃奔數日乃出帝召入後堂以步鄣裹之令羣小數十人鳴鼓角馳繞其外遣人謂曰汝近圍我亦如此少日乃殺之

廬陵王寶源字智泉明帝第五子也建武元年封和帝卽位爲車騎將軍開府儀同三司中興二年薨

鄱陽王寶寅字智亮明帝第六子也建武初封建安郡王東昏卽位爲都督郢州刺史永元三年爲車騎將軍開府儀同三司鎭石頭其秋雍州刺史張欣泰等謀起事於新亭殺臺內諸主帥難作之日并前南譙太守王靈秀奔往石頭帥城內將吏去車腳載寶寅向臺城百姓數十人皆空手隨後至杜姥宅日已欲暗城門閉城上人射之衆棄寶寅走寶寅逃亡三日戎服詣草市尉尉馳以啓帝帝迎入宮問之寶寅涕泣稱制不自由帝笑乃復爵位宣德太后臨朝改封寶寅鄱陽王中興二年謀反奔魏

邵陵王寶修字智宣明帝第九子也建武元年封南平郡王二年改封中興二年謀反宣德太后令賜死

晉熙王寶嵩字智靖明帝第十子也中興元年和帝以爲中書令二年誅

桂陽王寶貞明帝第十一子也中興二年誅

論曰守器之重邦家所馮觀文惠之在東儲固已有虧令德向令負荷斯集猶當及於禍敗況先期夙隕愆失已彰而武帝不以擇賢傳之昏孽推此而論有冥數矣子良物望所集失在儒雅當斷不斷以及於災非止自致喪亡乃至宗祀覆滅哀哉夫帝王子弟生長尊貴情僞之事不經耳目雖卓爾天悟自得懷抱孤寡爲識所陋猶多齊氏諸王並幼踐方岳故輔以上佐簡自帝心勞舊左右用爲主帥州國府第先令後行飲食游居動應聞啓端拱守祿遵承法度張弛之要莫敢厝言行事執其權典籤掣其肘處地雖重行止莫由威不在身恩未接下倉卒一朝事難總集望其擇位扶危不可得矣路溫舒云秦有十失其一尚存斯宋氏之餘風及在齊而彌弊寶玄親兼一體欣受家殃曾不知執柯所指跗蕚相從而敗以此而圖萬事未知其髣髴也

南史卷四十四考證

文惠皇太子長懋傳後明帝立果大相誅害○果監本譌東今改从閣本

竟陵文宣王子良傳賜其妻米百斛○斛監本譌解今改正

廬陵王子卿傳又作銀燈金薄裹箭脚亦便速壞去○燈閣本作鐙

魚復侯子響傳子響膽力之士王衝天○衝監本作衛今从閣本

臨賀王子岳傳字雲嶠○嶠監本譌喬本卷文惠皇太子長懋字雲喬此譌復之今从閣本改正

史臣論守器之重邦家所馮○馮監本譌爲今从南本

南史卷四十五

唐　李　延　壽　撰

列傳第三十五

王敬則　陳顯達
張敬兒　崔慧景

王敬則臨淮射陽人也僑居晉陵南沙縣母爲女巫常謂人云敬則生時胞衣紫色應得鳴鼓角人笑之曰汝子得爲人吹角可矣敬則年長而兩腋下生乳各長數寸夢騎五色獅子性倜儻不羈好刀劍嘗與既陽縣吏鬬謂曰我若得既陽縣當鞭汝小吏背吏唾其面曰汝得既陽縣我亦得司徒公矣屠狗商販徧於三吳使於高麗與其國女子私通因不肯還被收錄然後反善拍張補刀戟左右宋前廢帝使敬則跳刀高出白虎幢五六尺接無不中仍撫髀拍張甚爲儇捷補俠轂隊主領細鎧左右與壽寂之殺前廢帝及明帝卽位以爲直閤將軍封重安縣子敬則少時於草中射獵有蟲如烏豆集其身摘去乃脫其處皆流血敬則惡之詣道士卜道士曰此封侯瑞也敬則聞之喜故出都自效後補既陽令昔日鬬吏亡叛勒令出遇之甚厚曰我已得既陽縣汝何時得司徒公邪初至既陽縣陸主山下宗侶十餘船同發敬則船獨不進乃令弟入水推之見烏漆棺敬則呪云若是吉使船速進吾富貴當改葬爾船須臾入縣收此棺葬之時軍荒後縣有一部劫逃入山中爲人患敬則遣人致意劫帥使出首當相申論郭下廟神甚酷烈百姓信之敬則引神爲誓必不相負劫帥既出敬則於廟中設酒會於坐收縛曰吾啓神若負誓還神十牛今不得違誓卽殺十牛解神幷斬諸劫百姓悅之元徽三年隨齊高帝拒桂陽賊於新亭敬則與羽林監陳顯達寧朔將軍高道慶乘舸迎戰大破賊水軍事寧帶南太山守右俠轂主轉越騎校尉安成王車騎參軍蒼梧王狂虐左右不自安敬則以高帝有威名歸誠奉事每下直輒往領軍府夜著青衣扶匐道路爲高帝聽察高帝令敬則於殿內伺機及楊玉夫將首投敬則敬則馳謁高帝乃戎服入宮至永明門門郎疑非蒼梧還敬則慮人覘見以刀環塞窐孔呼開門甚急衛尉丞顏靈寶窺見高帝乘馬在外竊謂親人今若不開內領軍天下會是亂爾門開敬則隨帝入殿昇明元年遷輔國將軍領臨淮太守知殿內宿衛兵事沈攸之事起進敬則冠軍將軍高帝入守朝堂袁粲起兵召領軍劉韞直閤將軍卜伯興等於宮內相應戒嚴將發敬則開關掩襲皆殺之殿內竊發盡平敬則之力也政事無大小帝並以委之敬則不識書止下名然甚善決斷齊臺建爲中領軍高帝將受禪材官薦易太極殿柱順帝欲避土不肯出宮遜位明日當臨軒順帝又逃宮內敬則將輿入迎帝啓譬令出引令升車順帝不肯卽上收淚謂敬則曰欲見殺乎敬則荅曰出居別宮爾官先取司馬家亦復如此順帝泣而彈指唯願後身生生世世不復天王作因緣宮內盡哭聲徹於外順帝拍敬則手曰必無過慮當餉輔國十萬錢齊建元元年出爲都督南兗州刺史封尋陽郡公加敬則妻懷氏爵爲尋陽國夫人二年魏軍攻淮泗敬則恐委鎭還都百姓皆驚散奔走上以其功臣不問以爲都官尚書遷吳興太守郡舊多剽掠有十數歲小兒於路取遺物敬則殺之以狥自此路不拾遺郡無劫盜又錄得一偷召其親屬於前鞭之令偷身長掃街路久之乃令偷舉舊偷自代諸偷恐爲所識皆逃走境內以清仍入烏程從市過見屠肉枅歎曰吳興昔無此枅是我少時在此所作也召故人飲酒說平生不以屑也還護軍以家爲府三年以改葬去職詔贈敬則母尋陽國太夫人改授侍中撫軍高帝遺詔敬則以本官領丹陽尹尋遷會稽太守加都督永明二年給鼓吹一部會土邊帶湖海人丁無士庶皆保塘役敬則以功力有餘悉評斂爲錢送臺庫以爲便宜上許之三年進號征東將軍宋廣州刺史王翼之子妾路氏酷暴殺婢媵翼之子法朗告之敬則付山陰獄殺之路氏家訴爲有司所奏山陰令劉岱坐棄市刑敬則入朝上謂敬則曰人命至重是誰下意殺之都不啓聞敬則曰是臣愚意臣知何物科法見背後有節便言應得殺人劉岱亦引罪上乃赦之敬則免官以公領郡後與王儉俱卽本號開府儀同三司時徐孝嗣於崇禮門候儉因嘲之曰今日可謂連璧儉曰不意老子遂與韓非同傳入以告敬則敬則欣然曰我南沙縣吏徼倖得細鎧左右逮風雲以至於此遂與王衞軍同日拜三公王敬則復何恨了無恨色朝士以此多之十一年授司空敬則名位雖達不以富貴自遇初爲散輩使魏於北館種楊柳後員外郎虞長曜北使還敬則問我昔種楊柳樹今若大小長曜曰虜中以爲甘棠武帝令羣臣賦詩敬則曰臣幾落此奴度上問之敬則對曰臣若解書不過作尚書都令史爾那得今日敬則雖不大識書而性甚警黠臨郡令省事讀辭下教制決皆不失理明帝輔政密有廢立意隆昌元年出敬則爲會稽太守加都督海陵王立進位太尉明帝卽位爲大司馬臺使拜授日雨大洪注敬則文武皆失色一客旁曰公由來如此昔拜丹陽尹吳興時亦然敬則大悅曰我宿命應得雨乃引羽儀備朝服導引出聽事拜受意猶不自得吐舌久之帝既多殺害敬則自以高武舊臣心懷憂懼帝雖外厚其禮而內相疑備數訪問敬則飲食體幹聞其衰老且以居內地故得少安後遣蕭坦之將齋仗五百人行晉陵敬則諸子在都憂怖無計上知之問計於梁武帝武帝曰敬則豎夫易爲感唯應錫以子女玉帛厚其使人如斯而已上納之吳人張思祖敬則謀主也爲府司馬頻銜

使上僞傾意待之以爲游擊將軍遣敬則世子仲雄入東仲雄善彈琴江左有蔡邕焦尾琴在主衣庫上敕五日一給仲雄仲雄在御前鼓琴作懊儂曲歌曰常歎負情儂郎今果行許又曰君行不淨心那得惡人題帝愈猜愧永泰元年帝疾屢經危殆以張瓌爲平東將軍吳郡太守置兵佐密防敬則內外傳言當有處分敬則聞之竊曰東今有誰秪是欲平我耳東亦何易可平吾終不受金甖金甖謂鴆酒也諸子怖懼第五子幼隆遣正員將軍徐嶽以情告徐州行事謝朓爲計若同者當往報敬則朓執嶽馳啓之敬則城局參軍徐庶家在京口其子密以報庶庶以告敬則五官王公林公林敬則族子也常所委信公林勸敬則急送啓賜兒死單舟星夜還都敬則曰若爾諸郎要應有信且忍一夕其夜呼僚佐文武樗蒱賭錢謂衆曰卿諸人欲令我作何計莫敢先荅防閤丁興懷曰官秪應作爾敬則不聲明旦召山陰令王詢臺傳御史鍾離祖願敬則橫刀跂坐問詢等發丁可得幾人庫見有幾錢物詢祖願對並乖旨敬則怒將出斬之王公林又諫敬則曰官詎不更思敬則唾其面曰小子我作事何關汝小子乃起兵招集配衣二三日便發欲劫前中書令何胤還爲尚書令長史王弄璋司馬張思祖止之曰何令高蹈必不從不從便應殺之舉大事先殺朝賢事必不濟及率實甲萬人過浙江謂曰應須作檄思祖曰公今自還朝何用作此乃止朝廷遣輔國將軍前軍司馬左興盛直閤將軍馬軍主胡松三千餘人築壘於曲阿長岡尚書左僕射沈文秀爲持節都督屯湖頭備京口路敬則以舊將舉事百姓擔篙荷鍤隨逐之十餘萬衆至武進陵口慟哭乘肩輿而前遇興盛山陽二柴盡力攻之官軍不敵欲退而圍不開各死戰胡松領馬軍突其後白丁無器仗皆驚散敬則大叫索馬再上不得上興盛軍容袁文曠斬之傳首是時上疾已篤敬則倉卒東起朝廷震懼東昏侯在東宮議欲叛使人上屋望見征虜亭失火謂敬則至急裝欲走有告敬則者敬則曰檀公三十六策走是上計汝父子唯應急走耳蓋譏檀道濟避魏事也敬則之來聲勢甚盛凡十日而敗時年六十四朝廷漆其首藏在武庫至梁天監元年其故吏夏侯亶表請收葬許之

陳顯達南彭城人也仕宋以軍功封彭澤縣子位羽林監濮陽太守隸齊高帝討桂陽賊於新亭壘劉勔大桁敗賊進杜姥宅及休範死顯達出杜姥宅大戰於宣陽津陽門大破賊矢中左目而鏃不出地黃村潘嫗善禁先以釘釘柱嫗禹步作氣釘卽出乃禁顯達目中鏃出之事平封彭城侯再遷平越中郎將廣州刺史加都督沈攸之事起顯達遣軍援臺長史到遁司馬諸葛導勸顯達保境蓄衆密通彼此顯達於坐手斬之遣表疏歸心齊高帝帝卽位拜護軍將軍後御膳不宰牲顯達上熊蒸一盤上卽以充飯後拜都督益州刺史武帝卽位進號鎭西將軍益部山險多不賓服大度村獠前刺史不能制顯達遣使責其租賧獠帥曰兩眼刺史尚不敢調我遂殺其使顯達分部將吏聲將出獵夜往襲之男女無少長皆斬之自此山夷震服永明二年徵爲侍中護軍將軍顯達累任在外經高帝之憂及見武帝流涕悲咽上亦泣心甚嘉之八年爲征南大將軍江州刺史顯達謙厚有智計自以人微位重每遷官常有愧懼之色子十餘人誡之曰我本意不及此汝等勿以富貴陵人家既豪富諸子與王敬則諸兒並精車牛麗服飾當世快牛稱陳世子青王三郎烏呂文顯折角江瞿曇白鼻而皆集陳舍顯達知此不悅及子休尚爲郢府主簿過九江拜別顯達曰凡奢侈者鮮有不敗麈尾蠅拂是王謝家物汝不須捉此自隨卽取於前燒除之其靜退如此豫廢鬱林之勳延興元年爲司空進爵爲公明帝卽位進太尉封鄱陽郡公加兵二百人給油絡車後以太尉判鄱陽郡公爲三公事而職典連率人以爲格外三公上欲悉除高武諸孫上微言問顯達荅曰此等豈足介慮上乃止顯達建武世心懷不安深自貶退車乘朽敗導從鹵簿皆用羸小侍宴酒後啓上借枕帝令與之顯達撫枕曰臣年已老富貴已足唯少枕枕死特就陛下乞之上失色曰公醉矣以年老告退不許永泰元年乃遣顯達北侵永元元年顯達督平北將軍崔慧景衆軍四萬圍南鄉界馬圈城去襄陽三百里攻之四十日魏軍食盡噉死人肉及樹皮外圍急魏軍突走顯達入據其城遣軍主莊丘黑進取南鄉縣魏孝文帝自領十餘萬騎奄至軍主崔恭祖胡松以烏布幔盛顯達數人擔之出均水口臺軍緣道奔退死者三萬餘人顯達素有威名著於外境至是大損喪焉御史中丞范岫奏免顯達官又表解職並不許以爲江州刺史鎭彭城初王敬則事起始安王遙光啓明帝慮顯達爲變欲追軍還事平乃寢顯達亦懷危怖及東昏立彌不樂還都得此授甚喜尋加領征南大將軍給三望車顯達聞都下大相殺戮徐孝嗣等皆死傳聞當遣兵襲江州顯達懼禍十一月十五日舉兵欲直襲建業以掩不備又遙指郢州刺史建安王寶寅爲主朝廷遣後軍將軍胡松等據梁山顯達率衆數千人發尋陽與松戰於采石大破之都下震恐十二月潛軍度取石頭北上襲城宮掖大駭閉門守備顯達馬矟從步軍數百人於西州前與臺軍戰再合大勝矟折手猶殺十餘人官軍繼至顯達不能抗退走至西州後烏榜村騎官趙潭注矟刺落馬斬之籬側血涌湔籬似淳于伯之被刑時年七十三顯達在江州遇疾不療之而差意甚不悅是時連冬大雪梟首朱雀而雪不集諸子皆伏誅

張敬兒南陽冠軍人也父醜爲郡將軍官至節府參軍敬兒年少便弓馬有膽氣好射猛獸發無不中南陽新野風俗出騎射而敬兒尤多膂力稍官至寧蠻行參軍隨郡人劉胡伐襄陽諸山蠻深人險阻所向皆破又擊胡陽蠻官軍引退敬兒單馬在後賊不能抗山陽王休祐鎭壽陽求善騎射士敬兒及襄陽俞湛應選敬兒善事人遂見寵爲長兼行參軍泰始初隨府轉驃騎參軍署中兵領軍討義嘉賊與劉胡相拒於鵲尾洲啓明帝乞本郡事平除南陽太守敬兒之爲襄陽府將也家貧每休假輒傭賃自給嘗爲城東吳泰家擔水通泰所愛婢事發將被泰殺逃匱棺材中以蓋加上乃免及在鵲尾洲啓明帝云泰以緣助雍州刺史袁覬爲弩弦黨同逆若事平之日乞其家財帝許之至是收籍吳氏唯家人倮身得出僮役財貨直數千萬敬兒皆有之先所通婢卽以爲妾後爲越騎校尉桂陽王事起隸齊高帝頓新亭賊矢石既交休範白服乘輿勞樓下敬兒與黃回白高帝求詐降以取之高帝曰卿若辦事當以本州相賞敬兒相與出城南放仗走大呼稱降休範喜召至輿側回陽致高帝密意休範信之回目敬兒敬兒奪取休範防身刀斬之其左右百人皆散敬兒持首歸新亭除驍騎將軍加輔國將軍高帝置酒謂敬兒曰非卿之功無今日安帝以敬兒人位既輕不欲使便爲襄陽重鎭敬兒求之不已乃微動高帝曰沈攸之在荊州公知其欲何所作不出敬兒以防之恐非公之利也帝笑而無言乃除雍州刺史加都督封襄縣侯部伍泊沔口敬兒乘舴艋過江詣晉熙王燮中江遇風船覆左右丁壯者各泅水走餘二小史沒船下求敬兒救敬兒兩掖挾之隨船仰得在水上如此翻覆行數十里方得迎接失所持節更給之至鎭厚結攸之得其事迹密白高帝終無二心又與攸之司馬劉攘兵情欵及蒼梧廢敬兒疑攸之當因此起兵密問攘兵所言寄敬兒馬鐙一隻敬兒乃爲備昇明元年冬攸之乃遣使報敬兒勞接周至爲設食訖列仗於聽事前斬之集部曲頓攸之下當襲江陵敬兒告變使至高帝大喜進號鎭軍將軍改督攸之至郢城敗走其子元琰與兼長史江乂別駕傅宣等還江陵敬兒軍至白水元琰聞城外鶴唳謂是叫聲恐懼欲走其夜乂宣開門出奔城潰元琰奔寵洲見殺敬兒至江陵誅攸之親黨沒入其財物數千萬善者悉以入私送臺者百不一焉攸之於湯渚村自經死居人送首荊州敬兒使楯擎之蓋以青繖徇諸市郭乃送建鄴進爵爲公敬兒在雍州貪殘人間一物堪用莫不奪取於襄陽城西起宅聚物貨宅大小殆侔襄陽又欲移羊叔子墮淚碑於其處置臺綱紀諫曰此羊太傅遺德不宜遷動敬兒曰太傅是誰我不識及齊受禪轉侍中中軍將軍遷散騎常侍車騎將軍置佐史高帝崩遺詔加開府儀同三司於家竊泣曰官家大老天子可惜太子年少向我所不及也及拜王敬則戲之呼爲褚彥回敬兒曰我馬上所得終不能作華林閤勳也敬則甚恨焉初敬兒微時有妻毛氏生子道門而鄉里尚氏女有色貌敬兒悅之遂棄毛氏而納尚氏爲室及居三司尚氏猶居襄陽宅慮不復外出乃迎家口悉下至都啓武帝不蒙勞問敬兒心自疑及垣崇祖死愈恐懼性好卜術信夢尤甚初征荊州每見諸將帥不遑有餘計唯敘夢云未貴時夢居村中社樹欻高數十丈及在雍州又夢社樹直上至天以此誘說部曲自云貴不可言由是不自測量無知又使於鄉里爲謠言使小兒輩歌曰天子在何處宅在赤谷口天子是阿誰非猪如是狗敬兒家在冠軍宅前有地名赤谷既得開府又望班劒語人曰我車邊猶少班蘭物敬兒長自荒遠少習武事既從容都下又四方寧靖益不得志其妾尚氏亦曰吾昔夢一手熱如火而君得南陽郡元徽中夢一髀熱如火君得本州建元中夢半體熱尋得開府今復舉體熱矣以告所親言其妻初夢次夢又言今舉體熱矣閹人聞其言說之事達武帝敬兒又遣使與蠻中交關武帝疑有異志永明元年敕朝臣華林八關齋於坐收敬兒初左右雷仲顯常以盈滿誡敬兒不能從至是知有變抱敬兒泣敬兒脫冠貂投地曰用此物誤我及子道門道暢道休並伏誅少子道慶見宥後數年上與豫章王嶷三日曲水內宴舴艋船流至御坐前覆沒上由是言及敬兒悔殺之敬兒始不識書及爲方伯乃習學讀孝經論語初徵爲護軍乃潛於密室中屛人學揖讓答對空中俯仰妾

侍竊窺笑焉將拜三司謂其妻嫂曰我拜後府開黃閤因口自爲鼓聲初得鼓吹羞便奏之又於新林姥廟爲妾祈子祝神口自稱三公其鄙俚如此始其母於田中臥夢犬子有角舐之已而有娠而生敬兒故初名狗兒又生一子因狗兒之名復名猪兒宋明帝嫌狗兒名鄙改爲敬兒故猪兒亦改爲恭兒位正員郎謝病歸本縣常居上保村不肯出仕與居人不異與敬兒愛友甚篤及聞敬兒敗走入蠻後首出原其罪

崔慧景字君山清河東武城人也祖構奉朝請父系之州別駕慧景少有志業仕宋爲長水校尉齊高帝在淮陰慧景與宗人祖思同時自結及高帝受禪封樂安縣子爲都督梁南秦二州刺史永明四年爲司州刺史母喪詔起復本任慧景每罷州輒傾貲獻奉動數百萬武帝以此嘉之十年爲都督豫州刺史鬱林即位慧景以少主新立密與魏通朝廷疑之明帝輔政遣梁武帝至壽春安慰之慧景密啓送誠勸進建武四年爲度支尚書領太子左率東昏即位爲護軍將軍時輔國將軍徐世標專權號令慧景備員而已帝既誅戮將相舊臣皆盡慧景自以年宿位重轉不自安及裴叔業以壽陽降魏即授慧景平西將軍假節侍中護軍如故率軍水路征壽陽軍頓白下將發帝長圍屏除出琅邪城送之帝戎服坐樓上召慧景騎進圍內無一人自隨裁交數言拜辭而去慧景出至白下甚喜曰頸非復小豎等所折也子覺爲直閤將軍慧景密與之期時江夏王寶玄鎭京口聞慧景北行遣左右余文興說之曰朝廷任用羣小猜害忠賢江劉徐沈君之所見身雖魯衞亦不知滅亡何時君今段之舉有功亦死無功亦死欲何求所免機不可失今擁彊兵北取廣陵收吳楚勁卒身舉州以相應取大功如反掌耳慧景常不自安聞言響應於時廬陵王長史蕭寅司馬崔恭祖守廣陵城慧景以寶玄事告恭祖恭祖先無宿契口雖相和心實不同還以事告寅共爲閉城計寅心謂恭祖與慧景同謂曰廢昏立明人情所樂寧可違拒恭祖猶執不同俄而慧景至恭祖閉門不敢出慧景知其異己泣數行而去中兵參軍張慶延明巖卿等勸慧景襲取廣陵及密遣軍主劉靈運間行突入慧景俄係至遂據其城子覺至仍使領兵襲京口寶玄本謂大軍併來及見人少極失所望拒覺擊走之恭祖及覺精兵八千濟江恭祖心本不同及至蒜山欲斬覺以軍降京口事既不果而止覺等軍器精嚴柳燈沈佚等謂寶玄曰崔護軍威名既重乃誠可見既已屓齒忽中道立異彼以樂歸之衆亂江而濟誰能拒之於是登北固樓並千蠟燭爲烽火舉以應覺帝聞變以右衞將軍左興盛假節督都下水陸衆軍慧景停二日便率大衆一時俱濟江趣京口寶玄仍以覺爲前鋒恭祖次之慧景領大都督爲衆軍節度東府石頭白下新亭諸城皆潰左興盛走不得入宮逃淮渚荻船中慧景擒殺之慧景稱宣德皇后令廢帝爲吳王時柳燈別推寶玄恭祖爲寶玄羽翼不復承奉慧景嫌之巴陵王昭胄先逃人間出投慧景意更向之故猶豫未知所立此聲頗泄燈恭祖始貳於慧景又恭祖勸慧景射火箭燒北掖樓慧景以大事垂定後若更造費用功多不從其計性好談義兼解佛理頓法輪寺對客高談恭祖深懷怨望先是衞尉蕭懿爲豫州刺史自歷陽步道征壽陽帝遣密使告之懿率軍主胡松李居士等自采石濟岸頓越城舉火臺城中鼓叫稱慶恭祖先勸慧景遣二千人斷西岸軍令不得度慧景以城旦夕降外救自然應散不許恭祖請擊義師又不許乃遣子覺將精甲數千人度南岸義師昧旦進戰覺大敗慧景人情離沮恭祖頓軍興皇寺於東宮掠得女妓覺來逼奪由是忿恨其夜崔恭祖與驍騎劉靈運詣城降慧景乃將腹心數人潛去欲北度江城北諸軍不知猶爲拒戰城內出盪殺數百人慧景餘衆皆奔慧景圍城凡十二日軍旅散在都下不爲營壘及走衆於道稍散單馬至蟹浦投漁人太叔榮之榮之故爲慧景門人時爲蟹浦戍謂之曰吾以樂賜汝汝爲吾覓酒既而爲榮之所斬以頭內鰌鮝中擔送都恭祖者慧景宗人驍果便馬矟氣力絕人頻經軍陣討王敬則與左興盛軍容袁文曠爭敬則首訴明帝曰恭祖禿馬絳衫手刺倒敬則故文曠得斬其首以死易勳而見枉奪若失此勳要當刺殺左興盛帝以其勇健謂興盛曰何容令恭祖與文曠爭功慧景平後恭祖繫尚方少時殺之覺亡命爲道人見執伏法覺弟偃年十八便身長八尺博涉書記善蟲篆爲始安內史藏竄得免和帝西臺立以爲寧朔將軍中興元年詣公車尚書申寃言多指斥尋下獄死先是東陽女子婁逞變服詐爲丈夫粗知圍棊解文義徧游公卿仕至揚州議曹從事事發明帝驅令還東逞始作婦人服而去歎曰如此伎還之爲老嫗豈不惜哉此人妖也陰而欲爲陽事不果故泄敬則遙光顯達慧景之應也舊史裴叔業有傳事終於魏今畧之云

論曰光武功臣所以能終身名者豈唯不任職事亦以繼奉章明心存正嫡王陳拔迹奮飛則建元永明之運身極鼎將則建武永元之朝勳非往時位踰昔等禮授雖重情分不交加以主猜政亂危亡慮及舉手扞頭人思自免干戈既用誠淪犯上之跡敵國起於同舟況又疎於此也敬兒挾震主之勇當鳥盡之運內惑邪夢跡涉覬覦其至殲亡亦其理也慧景以亂濟亂能無及乎

南史卷四十五考證

王敬則傳敬則問我昔種楊柳樹今若大小長曜曰虜中以爲甘棠○甘監本譌明今从閣本

陳顯達傳麈尾蠅拂是王謝家物汝不須捉此自隨○物閣本作許隨一作遂一作逐今从監本

以爲江州刺史鎭彭城○彭一本作盆

張敬兒傳敬則甚恨焉○恨監本譌敬今从閣本

南史卷四十六

唐　李　延　壽　撰

列傳第三十六

李安人 子元履　戴僧靜　桓康

焦度　曹武 子世宗　呂安國

周山圖　周盤龍 子奉叔　王廣之 子珍國 張齊

李安人蘭陵承人也祖嶷衞軍將軍父欽之薛令安人少有大志常拊髀歎曰大丈夫處世富貴不可希取三將五校何難之有隨父在縣宋元嘉中縣被魏剋安人尋率部曲自拔南歸明帝時稍遷武衞將軍領水軍討晉安王子勛所向剋捷事平明帝大會新亭樓勞諸軍主樗蒱官賭安人五擲皆盧帝大驚目安人曰卿面方如田封侯相也安人少時貧有一人從門過相之曰君後當大富貴與天子交手共戲至是安人尋此人不知所在後爲廣陵太守行南兗州事齊高帝在淮陰安人遙相結事元徽初除司州刺史領義陽太守及桂陽王休範起事安人遣軍援都建平王景素起兵安人破其軍於葛橋景素誅留安人行南徐州事城局參軍王回素爲安人所親盜絹二匹安人流涕謂曰我與卿契闊備嘗今日犯王法乃卿負我也於軍門斬之後爲斂祭軍府皆震服轉東中郎司馬行會稽郡事時蒼梧縱虐齊高帝憂迫無計安人白高帝欲於東奉江夏王躋起兵高帝不許乃止高帝即位爲中領軍封康樂侯自宋泰始以來內外頻有賊寇將帥以下各募部曲屯聚都下安人上表以爲自非淮北常備其外餘軍悉皆輸遣若親近宜立隨身者聽限人數上納之故詔斷衆募時王敬則以勳誠見親至於家國密事上唯與安人論議謂曰署事有卿名我便不復細覽也尋爲領軍將軍魏攻壽春至馬頭詔安人禦之魏軍退安人沿淮進壽春先是宋時亡命王元初聚黨六合山僭大號自云垂手過膝州郡討不能擒積十餘年安人生擒之斬建康市高帝崩遺詔加侍中武帝即位爲丹陽尹遷尚書左僕射安人時屢啓密謀見賞又善結尚書令王儉故世傳儉啓有此授尋上表以年疾求退爲吳興太守於家載米往郡時服其清吳興有項羽神護郡聽事太守到郡必須祀以軛下牛安人奉佛法不與神牛著屐上聽事又於聽上八關齋俄而牛死葬廟側今呼爲李公牛冢安人尋卒世以神爲祟謚肅侯子元履幼有操業甚閑政體爲司徒竟陵王子良法曹參軍與王融游狎及王融誅鬱林敕元履隨右衞將軍王廣之北征密令於北殺之廣之先爲安人所厚又知元履無過甚擁護之會鬱林敗死元履拜謝廣之曰二十二載父母之年自此以外丈人之賜也仕梁爲吳郡太守度支尚書衡廣青冀四州刺史

戴僧靜會稽永興人也少有膽力便弓馬事刺史沈文秀俱被魏虜後將家屬叛還淮陰齊高帝撫畜常在左右後於都私齎錦出事發繫南兗州獄高帝遣薛深餉僧靜酒食以刀子置魚腹中僧靜與獄吏飲酒及醉以刀刻械手自折鎖發屋而出歸高帝帝匿之齋內以其家貧年給穀千斛會魏軍至僧靜應募出戰單刀直前魏軍奔退又追斬三級時天寒甚乃脫衣口銜三頭拍浮而還沈攸之事起高帝入朝堂遣僧靜將腹心先至石頭經略袁粲時蘇烈據倉城門僧靜射書與烈夜縋入城粲登城西南門列燭火坐臺軍至射之火乃滅回登東門其黨孫曇瓘驍勇善戰每盪一合輒大殺傷官軍死者百餘人軍主王天生殊死拒戰故得相持自亥至丑有流星赤色照地墜城中僧靜率力攻倉門手斬粲於東門外軍燒門入以功除前軍將軍寧朔將軍高帝即位封建昌縣侯位太子左衞率武帝踐阼出爲北徐州刺史買牛給貧人令耕種甚得荒情後除南中郎

司馬淮南太守永明八年巴東王子響殺僚佐武帝召僧靜使領軍向江陵僧靜面啓上曰巴東王年少長史司馬捉之太急忿不思難故耳天子兒過誤殺人有何大罪今急遣軍西上人情惶懼無所不至臣不敢奉敕上不答而心善之徙廬陵王中軍司馬高平太守卒謚壯侯

桓康北蘭陵承人也勇果驍悍宋大明中隨齊高帝爲軍容從武帝在贛縣泰始初武帝起義爲郡所縶衆皆散康裝擔一頭貯穆后一頭貯文惠太子及竟陵王子良自負置山中與門客蕭欣祖等四十餘人相結破郡獄出武帝郡追兵急康等死戰破之隨武帝起兵摧堅陷陣膂力絕人所經村邑恣行暴害江南人畏之以其名怖小兒畫其形於寺中病瘧者寫形帖著牀壁無不立愈後除襄賁令貴陽王休範事起康棄縣還都就高帝會事已平除員外郎元徽五年七月六日夜少帝微行至領軍府帝左右人曰一府皆眠何不緣牆入帝曰我今夕欲一處作適待明日夜康與高帝所養健兒盧荒向黑於門間聽得其語明旦王敬則將帝首至扣府門康謂是變與荒黑拔白刃欲出仍隨高帝入宮高帝鎮東府除武陵王中兵寧朔將軍帶蘭陵太守常衞左右高帝誅黃回回時爲南兗州部曲數千欲收恐爲亂召入東府停外齋使康數回罪然後殺之時人爲之語曰欲侜張問桓康除後軍將軍直閤將軍南濮陽太守建元元年封吳平縣侯高帝謂康曰卿隨我日久未得方伯亦當未解我意正欲與卿先共滅虜耳三年魏軍動康大破魏軍於淮陽武帝即位卒於驍騎將軍

焦度字文績南安氐也祖文珪避難居仇池宋元嘉中裴方明平楊難當度父明與千餘家隨居襄陽乃立天水郡略陽縣以居之度少有氣幹便弓馬孝武初青州刺史顏師伯出鎮滑臺度領幢主送之與魏豹皮公遇交槊鬭豹皮公墮地禽其具裝馬手殺數十人師伯啓孝武稱度氣力弓馬並絕人帝召還充左右見度形狀謂師伯曰此眞健人也補晉安王子勛夾轂隊主隨鎮江州子勛起兵以度爲龍驤將軍爲前鋒所向無不勝事敗逃宮亭湖爲賊朝廷聞其勇甚患之使江州刺史王景文誘降之景文以爲己鎮南參軍領中軍直兵厚待之隨景文還都常在府州內景文被害夕度大怒勸景文拒命景文不從明帝不知也以度武勇補晉熙王燮防閤隨鎮夏口武陵王贊代燮爲郢州度仍留鎮爲贊前軍參軍沈攸之事起轉度中直兵齊高帝又使假度輔國將軍屯騎校尉轉右將軍度容貌壯醜皮膚若漆質直木訥口不能出言晉熙王使轂主周彥與度俱在郢州彥有左右人與度父同名彥常呼其名使役之度積忿呵責彥曰汝知我諱明而恒呼明何也及在郢城尤爲沈攸之所忿攸之大衆至夏口將直下都留偏兵守郢而已度於城樓上肆言罵辱攸之至自發露形體穢辱之故攸之怒改計攻城度親力戰攸之衆蒙楯將登度令投以穢器賊衆不能冒後呼此樓爲焦度樓事寧度功居多封東昌縣子東宮直閤將軍還都爲貴戚追敘郢城時褰露穢褻之事其戇如此爲人朴澀欲就高帝求州比及見竟不涉一語帝以其不閑政事竟不用後求竟陵郡不知所以置辭親人授之辭百餘言度習誦數日皆得上口會高帝履行石頭城度於大衆中欲自陳臨時卒忘所教乃大言曰度啓公度啓公度無食帝笑曰卿何憂無食即賜米百斛建元四年乃除淮陽太守性好酒醉輒暴怒上常使人節之度雖老而氣力如故除游擊將軍卒

曹武字士威下邳人也本名虎頭齊高帝鎮東府使武與戴僧靜各領白直三百人後爲屯騎校尉帶南城令石頭平封羅江縣男及高帝受禪改封監利縣武帝即位累遷驍騎將軍帝以虎頭名鄙敕改之鬱林即位進號前將軍隆昌元年爲雍州刺史建武二年進爵爲侯東昏即位爲前將軍鎮軍司馬永元元年始安王遙光反武領軍屯青溪大橋事寧轉散騎常侍右衞將軍武形幹甚毅善於誘納晩節在雍州致見錢七千萬悉厚輪大郭他物稱是馬八百匹僕妾蔬食膳無膏腴嘗爲梅蟲兒茹法珍設女妓金翠曜眼器服精華蟲兒等因是欲誣而奪之人傳武每好風景輒開庫招拍張武戲帝疑武舊將領兼利其財新除未及拜遇誅及收兵至歎曰諸人知我無異意所以殺我政欲取吾財貨伎女耳恨令衆輩見之諸子長成者皆見誅唯子世宗兄弟三人未冠繫尚方梁武帝兵至得免武雖武士頗有知人鑒梁武及崔慧景之在襄陽于時崔方貴盛武性儉嗇無所餉遺獨饋梁武謂曰卿必大貴我當不及見今以弱子相託每密送錢物并好馬時帝在戎多乏就武換借未嘗不得遂至十七萬及帝即位忘其惠天監二年帝忽夢如田塍下行兩邊水深無底夢中甚懼忽見武來負武帝得過曰卿今爲天下主乃爾忘我顧託之言邪我兒飢寒無衣昔所換十七萬可還其市宅帝覺即使主書送錢還之使用市宅子世澄世宗並蒙抽擢三二年間迭爲大郡世宗性嚴明頗識兵勢末遂封侯富顯歷位太子左衞率卒贈左散騎常侍左衞將軍謚曰壯侯

呂安國廣陵人也宋大明末以將領見任隱重有幹局爲劉勔所稱泰始二年爲勔軍副征殷琰以功封鍾武縣男累遷兗州刺史及沈攸之事起齊高帝以安國爲湘州刺史建元元年進爵爲侯轉右衞將軍加給事中後改封湘鄉侯武帝即位累遷光祿大夫加散騎常侍安國欣有文授謂其子曰汝後勿袴褶驅使單衣猶恨不稱當爲朱衣官也歷都官尚書太子左率領軍將軍安國累居將率在朝以宿舊見遇尋遷散騎常侍金紫光祿大夫給扶永明八年卒謚肅侯

周山圖字季寂義興義鄉人也家世寒賤年十五六氣力絕衆食噉恒兼數人鄉里獵戲集聚常爲主帥指麾處分皆見從不事產業恒願爲將雖勇健而不閑弓馬於書題甚拙謹直少言不嘗說人短長與人周旋皆白首不異宋元嘉二十七年魏軍至瓜步臺符取健兒山圖應募領白衣隊主軍功除員外郎加振武將軍及鎮軍將軍張永侵魏山圖領二千人迎運至武原爲魏軍所追合戰多傷殺魏軍稱其勇呼爲武原將及永軍大敗山圖收散卒守下邳城還除給事中冗從僕射直閤將軍山圖好酒多失明帝數加怒誚後遂自改累遷淮南太守時盜發桓溫冢大獲寶物客竊取以遺山圖山圖不受簿以還官遷左中郎將齊高帝輔政山圖密啓沈攸之久有異圖宜爲之備帝笑而納之攸之事起武帝爲西討都督啓山圖爲軍副攸之攻郢城武帝令山圖量其形勢山圖曰攸之爲人性度險刻無以結固士心如頓兵堅城之下適所以爲離散之漸耳及攸之敗高帝謂曰周公前言可謂明於見事矣建元元年封晉興縣男武帝踐阼遷竟陵王鎮北司馬帶南平昌太守以盆城之舊出入殿省甚見親信義鄉縣長風廟神姓鄧先經爲縣令死遂發靈山圖啓乞加神位輔國將軍上答曰足狗肉便了事何用階級爲轉黃門郎領羽林監四廂直衞山圖於新林立墅舍晨夜往還上謂曰卿罷萬人都督而輕行郊外自今往墅可以仗身自隨以備不虞及疾上手敕問疾尋卒年六十四

周盤龍北蘭陵人也膽氣過人尤便弓馬宋泰始中以軍功封晉安子元徽二年桂陽構難盤龍始爲冗從僕射隨齊高帝頓新亭稍至驍騎將軍改封沌陽侯高帝即位進號右將軍建元元年魏攻壽春以盤龍爲軍主假節助豫州刺史垣崇祖拒魏大破之上聞之喜下詔稱美送金釵以二十枚與其愛妾杜氏手敕曰餉周公阿杜明年魏攻淮陽圍角城先是上遣軍主成買戍角城辭於王儉曰今段之行必以死報衞門蓬戶不朱斯白小人弱息當得一子儉問其故荅曰若不殺賊便爲賊殺弱息不爲世子便爲孝子孝子則門加素堊世子則門施丹赭至是買被圍上遣領軍將軍李安人救之敕盤龍率馬步下淮陽就李安人買與魏拒戰手所傷殺無數晨起手中忽有數升血其日遂戰死首見斬猶尸據鞍奔還軍然後僵盤龍子奉叔單馬率二百餘人陷陣魏軍萬餘騎張左右翼圍之一騎走還報奉叔已沒盤龍方食棄筯馳馬奮矟直奔魏陣自稱周公來魏人素畏盤龍驍名莫不披靡時奉叔已大殺魏軍得出在外盤龍不知乃東西觸擊魏軍莫敢當奉叔見其父久不出復躍馬入陣父子兩騎縈攪數萬人魏軍大敗盤龍父子由是名播北國形甚羸而臨軍勇果諸將莫逮永明五年爲大司馬加征虜將軍濟陽太守武帝數講武嘗令盤龍領馬軍校騎騁矟後以疾爲光祿大夫尋出爲兗州刺史進爵爲侯角城戍將張蒲與魏潛通因大霧乘船入清中採樵載魏人直向城東門坐爲有司所奏詔白衣領職八坐尋奏復位加領東平太守盤龍表年老才弱不可鎮邊求解職見許還爲散騎常侍光祿大夫武帝戲之曰卿著貂蟬何如兜鍪盤龍曰此貂蟬從兜鍪中生耳尋病卒年七十九子奉叔勇力絕人少隨盤龍征討所在暴掠爲東宮直閤將軍鬱林在西州奉叔密得自進及即位與直閤將軍曹道剛爲心膂奉叔善騎馬帝從其學騎尤見親寵得入內無所忌憚陵轢朝士就司空王敬則換米二百斛敬則以百斛與之不受敬則大懼乃更餉二百斛并金鉿等物敬則有一內妓帝令奉叔求奉叔不通逕前從者執單刀皆半拔敬則跣走入內既而自計不免乃出遙呼奉叔曰弟那忽能顧奉叔宣旨求妓意乃得釋與碁母珍曹道剛朱隆之共相脣齒煽弄威權奉叔常翼單刀二十口出入禁闥既無別詔門衞莫敢訶每語人云周郎刀不識君求武帝御角及輿并求御仗以給左右事無不從又求黃門郎明帝作輔固執不能得乃令蕭諶蕭坦之說帝出奉叔爲外鎮樹腹心又說奉叔以方伯之重奉叔納其言隆昌元年出爲青冀二州刺史奉叔就帝求千戶侯帝許之明帝以爲不可忽謂蕭諶曰若不能見與千戶侯不復應減五百戶不爾周郎當就刀頭取辦

耳既而封曲江縣男奉叔大怒於衆中攘刀厲目切齒明帝說諭乃受及將之鎭明帝慮其不可復制因其早入引往後堂執送廷尉盡之

王廣之字士林一字林之沛郡相人也少好弓馬便捷有勇力初爲馬隊主隨劉勔征殷琰兵既盛而合肥戍又阻兵爲寇勔宣令軍中求征合肥者以大郡賞之廣之曰若得將軍所乘馬判能制之勔幢主皇甫肅謂勔曰廣之敢奪節下馬可斬勔曰觀其意必能立功卽推鞍下馬與之及行合肥果拔勔大賞之卽擢爲軍主廣之於勔前謂肅曰節下若從卿言非唯斬壯士亦自無以平賊卿不賞才乃至此邪廣之由此知名初封蒲圻子肅有學術善舉止廣之亦雅相推慕勔亡後肅更依廣之廣之盛相賞接啓武帝以爲東海太守不念舊惡如此廣之後以征伐功位給事中冠軍將軍改封寧都縣子齊高帝廢蒼梧出廣之爲徐州刺史鍾離太守沈攸之事起廣之留都下豫平石頭仍從高帝頓新亭高帝誅黃回回弟駟及從弟馬兄子奴亡逸高帝與廣之書曰黃回雖有微勳而罪過轉不可容近遂啓請御大小二輿爲刺史服飾吾乃不惜爲其啓聞政恐得輿復求畫輪車此外罪不可勝數第自悉之今啓依法令虛之於江西搜捕駟等建元元年進爵爲侯武帝卽位累遷右衞將軍散騎常侍前軍將軍延興元年爲豫州刺史豫廢鬱林後拜鎭南將軍江州刺史進應城縣公建武中位侍中鎭軍將軍給扶後卒贈車騎將軍謚壯公

子珍國字德重仕齊爲南譙太守有能名時郡境苦饑乃發米散財以賑窮乏高帝手敕云卿愛人治國甚副吾意永明初遷桂陽內史討捕賊盜境內肅清罷任還都路經江州刺史柳世隆臨渚餞別見珍國還裝輕素歎曰此眞良二千石也還爲大司馬中兵參軍武帝雅相知賞謂其父廣之曰珍國應堪大用卿可謂老蚌也廣之曰臣不敢辭帝大笑帝每歎曰晩代將家子弟如珍國者少矣累遷游擊將軍父憂去職建武末魏軍圍司州明帝使徐州刺史裴叔業攻拔渦陽以爲聲援起珍國爲輔國將軍助焉魏將楊大眼大衆奄至叔業懼棄軍走珍國率其衆殿故不至大敗及會稽太守王敬則反珍國又率衆拒之永元中爲北徐州刺史將軍如故梁武起兵東昏召珍國以衆還都使出屯朱雀門爲王茂所敗乃入城密遣郗纂奉明鏡獻誠於梁武帝帝斷金以報之時侍中衞尉張稷都督衆軍珍國潛結稷腹心張齊要稷稷許之十二月丙寅旦珍國引稷於衞尉府勒兵入自雲龍門殺東昏於內殿與稷會尚書僕射王亮等於西鍾下使國子博士范雲等奉東昏首歸梁武後因侍宴帝曰卿明鏡尚存昔金何在珍國曰黃金謹在臣肘不敢失墜歷位左衞將軍加散騎常侍封灄陽侯遷都官尚書初珍國自以廢殺東昏意望台鼎先是出爲梁秦二州刺史心常鬱怏酒後於坐啓云臣近入梁山便哭帝大驚曰卿若哭東昏則已晩若哭我我復未死珍國起拜謝竟不答坐卽散因此疎退久方有此進天監五年魏任城王澄攻鍾離帝遣珍國爲援因問討賊方略對曰臣常患魏衆少不苦其多武帝壯其言乃假節與衆軍同赴魏軍退班師又出爲南秦梁二州刺史會梁州長史夏侯道遷以州降魏珍國步道出魏與將襲之不果遂留鎭焉改封宜陽縣侯累遷丹陽尹卒贈車騎將軍謚曰威子僧度嗣

張齊字子響馮翊郡人少有膽氣初事荆州司馬垣歷生歷生酗酒遇下嚴酷不禮之及吳郡張稷爲荆府司馬齊復從之甚見重以爲腹心齊盡心事稷稷爲南兗州擢爲府中兵參軍梁武帝起兵東昏徵稷歸都督宮城諸軍事齊夜引珍國就稷齊手自執燭定謀明旦與稷珍國卽東昏於殿內齊手殺焉武帝受禪封齊安昌侯位歷陽太守齊手不知書目不識字在郡清整吏事甚脩天監四年魏將王足攻蜀圍巴西帝以齊爲輔國將軍救蜀未至足退齊進戍南安遷巴郡太守初南鄭沒於魏乃於益州西置南梁州州鎭草創皆仰益州取足齊上夷獠義租得米二十萬斛十一年進假節督益州外水諸軍齊在益部累年討擊蠻獠身無寧歲其居軍中能身親勞辱與士卒同勤苦自頓舍城壘皆委曲得其便調給衣糧資用人無困乏旣爲物情所歸蠻獠亦不敢犯是以威名行於庸蜀巴西郡居益州之半又當東道衝要刺史經過軍府遠涉多窮匱齊緣路聚糧食種蔬菜行者皆取給焉歷南梁州刺史遷信武將軍征西鄱陽王司馬新興永寧二郡太守未發卒謚曰壯

論曰宋氏將季亂離日兆家懷逐鹿人有異圖高帝觀釁深視將符興運李安人戴僧靜桓康焦度曹武呂安國周山圖周盤龍王廣之等或早見誠款或備盡心力或受委方面或功成麾下其所以自致榮寵夫豈徒然蓋亦驗人心之有歸樂推之非妄也語云勇而無禮則亂觀夫奉叔取進之道不亦幾於亂乎其致屠戮亦其宜矣珍國明鏡雖在而斷金莫驗報罵之義理則宜然台輔之冀其何爽也張齊人位本下志望易充績宣所蒞其殆優也

南史卷四十六考證

李安人傳吳興有項羽神護郡聽事○又一項羽神事顧炎武曰知錄所謂一事而互異者也

曹武傳後爲屯騎校尉帶南城令○帶監本譌帝今改正

呂安國傳諡肅侯○侯監本訛侯今改正

史臣論報罵之義理則宜然台輔之冀其何爽也○報罵二字不可解本傳意望台鼎心常鬱怏及酒後啓帝因致疎退一段梁書不載所謂報罵者或指此然必有訛字

南史卷四十七

唐　李　延　壽

列傳第三十七

荀伯玉　崔祖思（叔父景眞　景眞子元祖　祖思宗人文仲）

蘇侃　虞悰　胡諧之（范栢年）

虞玩之　劉休　江祏（劉暄）

荀伯玉字弄璋廣陵人也祖永南譙太守父闓之給事中伯玉仕宋爲晉安王子勛鎭軍行參軍泰始初隨子勛舉事及事敗還都賣卜自業齊高帝鎭淮陰伯玉爲高帝冠軍刑獄參軍高帝爲宋明帝所疑被徵爲黃門郞深懷憂慮見平澤有羣鶴乃命筆詠之曰八風儛遙翮九野弄清音一摧雲間志爲君苑中禽以示伯玉深指伯玉勸高帝遣數十騎入魏界安置標榜魏果遣游騎數百履行界上高帝以聞猶懼不得留令伯玉占伯玉言不成行而帝卒復本任由是見親待高帝有故吏東莞竺景秀嘗以過繫作部高帝謂伯玉卿比看景秀不答曰數往候之備加責誚云若許某自新必吞刀刮腸飲灰洗胃帝善其答卽釋之卒爲忠信士後隨高帝還都除奉朝請高帝使主家事武帝罷廣興還立別宅遣人於大宅掘樹數株伯玉不與馳以聞高帝善之高帝爲南兗州伯玉從轉鎭軍中兵參軍帶廣陵令初高帝在淮陰伯玉假還廣陵夢上廣陵城南樓上有二青衣小兒語伯玉云草中肅九五相追逐伯玉視城下人頭皆有草泰始七年又夢高帝乘船在廣陵北渚兩腋下有翅不舒伯玉問何當舒帝曰却後三年伯玉夢中自謂是呪師凡六唾呪之有六龍出兩腋下翅皆舒還復斂元徽二年而高帝破桂陽威名大震五年而廢蒼梧謂伯玉曰卿夢今且効矣昇平初仍爲高帝驃騎中兵參軍帶濟陽太守霸業既建伯玉忠勤盡心常衞左右加前將軍大見委信齊建元元年封南豐縣子爲豫章王司空諮議太守如故時武帝在東宮自以年長與高帝同創大業朝事大小悉皆專斷多違制度左右張景眞偏見任遇又多僭侈武帝拜陵還景眞白服乘畫舴艋坐胡牀觀者咸疑是太子內外祗畏莫敢有言者驍騎將軍陳胤叔先已陳景眞及太子前後得失伯玉因武帝拜陵之後密啓之上大怒豫章王嶷素有寵政以武帝長嫡又南郡王兄弟並列故武帝爲太子至是有改易之意武帝東還遣文惠太子聞喜公子良宣敕詰責并示以景眞罪狀使以太子令收景眞殺之胤叔因白武帝皆言伯玉以聞武帝憂懼稱疾月餘日上怒不解晝臥太陽殿王敬則直入叩頭啓請往東宮以慰太子高帝無言敬則因大聲宣旨往東宮命裝束又敕太官設饌密遣人報武帝令奉迎因呼左右索輿高帝了無動意敬則索衣以衣高帝仍牽上輿遂幸東宮召諸王宴飲因遊玄圃園長沙王晃捉華蓋臨川王映執雉尾扇聞喜公子良持酒鎗南郡王行酒武帝與豫章王嶷及敬則自持肴饌高帝大飲賜武帝以下酒並大醉盡歡日暮乃去是日微敬則則東宮殆廢高帝重伯玉盡心愈見信使掌軍國密事權動朝右每暫休外軒蓋塡門嘗遭母憂成服日左率蕭景先侍中王晏共載弔之五更使巾車未到伯玉宅二里許王侯朝士已盈巷至下鼓尚未得前司徒褚彥回衞軍王儉俱進繼後方得前又倚聽事久之中詔遣中書舍人徐希秀斷哭止客久方得弔比出二人飢乏氣息惙然切齒形于聲貌明日入宮言便云臣等所見二宮門及齊閤方荀伯玉宅政可設雀羅續復言外論云千敕萬令不如荀公一命武帝深怨伯玉高帝臨崩指伯玉以屬武帝卽位伯玉憂懼上聞之以其與垣崇祖善崇祖田業在江西慮相扇爲亂加意撫之伯玉乃安永明元年與崇祖並見誣伏誅而胤叔爲太子左率呂文顯歎曰伯玉能謀

太祖而不能自謀豈非天哉初伯玉微時有善相墓者謂其父曰君墓當出暴貴者但不得久耳又出失行女子伯玉問之曰朝聞道夕死可矣頃之伯玉姊當嫁明日應行今夕逃隨人去家尋求不能得後遂出家爲尼伯玉卒敗亡

崔祖思字敬元清河東武城人魏中尉琰七世孫也祖諲宋冀州刺史父僧護州秀才祖思少有志氣好讀書年十八爲都昌令隨青州刺史垣護之入堯廟廟有蘇侯神偶坐護之曰唐堯聖人而與蘇侯神共坐今欲正之何如祖思曰使君若清蕩此坐則是唐堯重去四凶由是諸雜神並除齊高帝在淮陰祖思聞風自結爲上輔國主簿甚見親待參豫謀議宋朝初議封高帝爲梁公祖思啓高帝曰讖云金刀利刃齊刈之今宜稱齊實應天命從之自相國從事中郎遷齊國內史高帝既爲齊王置酒爲樂羹膾既至祖思曰此味故爲南北所推侍中沈文季曰羹膾吳食非祖思所解祖思曰炰鱉膾鯉似非句吳之詩文季曰千里蓴羹豈關魯衞帝甚悅曰蓴羹故應還沈帝之輔政衆議將加九錫內外皆贊成之祖思獨曰公以仁恕匡社稷執股肱之義君子愛人以德不宜如此帝聞而非之曰祖思遠同荀令豈孤所望也由此不復處任職之官而禮見甚重垣崇祖受密旨參訪朝臣光祿大夫垣閎曰身受宋氏厚恩復蒙明公眷接進不敢同退不敢異祖思又曰公退讓誠節故宜受之以禮次問冠軍將軍崔文仲文仲問崇祖曰卿意云何對曰聖人云知幾其神又云見幾而作文仲撫髀曰政與吾意同崇祖具說之及帝受禪閎存故爵文仲崇祖皆封侯祖思加官而已除給事中黃門侍郎武帝即位祖思啓陳政事以爲自古開物成務必以教學爲先宜太廟之南弘脩文序司農以北廣開武校又曰劉備取帳構銅鑄錢以充國用魏武遣女皁帳婢十人東阿婦以繡衣賜死王景興以折米見誚宋武節儉過人張妃房唯碧綃蚊幬三齊苮席五盞盤桃花米飯殷仲文勸令畜伎答云我不解聲仲文曰但畜自解又曰畏解故不畜歷觀帝王未嘗不以約素興侈麗亡也伏惟陛下體唐成儉踵虞爲樸寢殿則素木卑構膳器則陶瓢充御瓊簪玉笏碎以爲塵珍裘繡服焚之如草宜察朝士有柴車蓬館高以殊等馳禽荒色長違清編則調風變俗不俟終日又曰憲律之重由來尚矣寔宜清置廷尉茂簡三宮漢來習律有家子孫並傳其業今廷尉律生乃令史門戶刑之不厝抑此之由又曰案前漢編戶千萬太樂伶官方八百二十九人孔光等奏罷不合經法者四百四十一人正樂定員唯置三百八十八人今戶口不能百萬而太樂雅鄭元徽時校試千有餘人後堂雜伎不在其數糜費力役傷敗風俗今欲撥邪歸道莫若罷雜伎王庭唯置鍾虡羽戚登歌而已上詔報答後爲青冀二州刺史在政清勤而謙卑下士言議未嘗及時事上更以敬重之未幾卒上深加歎惜祖思叔父景眞位平昌太守有惠政常懸一蒲鞭而未嘗用去任之日土人思之爲立祠子元祖有學行好屬文仕至射聲校尉武帝取爲延昌主帥從駕至何美人墓上爲悼亡詩特詔元祖使和稱以爲善永明九年魏使李道固及蔣少游至元祖言臣甥少游有班倕之功今來必令模寫宮掖未可令反上不從少游果圖畫而歸元祖歷位驍騎將軍出爲東海太守上每思之時節恒賜手敕賞賜有加時青州刺史張沖啓淮北頻歲不熟今秋始稔此境鄰接戎寇彌須沃實乞權斷穀過淮南而徐兗豫司諸州又各私斷穀米不聽出境自是江北荒儉有流亡之弊元祖乃上書謂宜豐儉均之書奏見從祖思宗人文仲位徐州刺史封建陽縣子在政爲百姓所懼除黃門侍郎領越騎校尉徙封隨縣嘗獻高帝纏髮繩一枚上納受後卒於汝陰太守贈徐州刺史諡襄子

蘇侃字休烈武邑人也祖護本郡太守父端州中從事侃涉獵書傳薛安都反引侃爲其府參軍使掌書記侃自拔南歸齊高帝在淮上便自委結高帝鎭淮陰取爲冠軍錄事參軍時高帝在兵久見疑乃作塞客吟以諭志曰寶緯紊宗神經淡序德晦河晉歷宣江楚雲雷兆壯天山繇武直髮指秦關凝精越漢渚秋風起塞草衰雕鴻思邊馬悲平原千里顧但見轉蓬飛星嚴海淨月澈河明淸暉映幕素液凝庭金笳夜厲羽轄晨征幹精潭而悵泗栧松洲而悼情蘭含風而寫艷菊籠泉而散英曲繞首燕之歎吹軫絕越之聲欹園琴之孤弄想庭藿之餘馨青關望斷白日西斜恬源靚霧壟首暉霞戒旋鵾躍遠波情緜緜而方遠思裊裊而遂多粵擊秦中之筑因爲塞上之歌歌曰朝發兮江泉日夕兮陵山驚飇兮瀄汨淮流兮潺湲胡埃兮雲聚楚旆兮星懸愁墉兮思宇惻愴兮何言定寰中之逸鑒審雕陵之迷泉悟樊籠之或累悵遐心以棲玄侃達高帝此旨更自勤厲遂見委付事深被知待桂陽之難帝以侃爲平南錄事領軍主從頓新亭使分金銀賦賜將士後爲帝太尉諮議侃事高帝既久備悉起居乃與丘巨源撰蕭太尉記載帝征伐之功封新建縣侯齊臺建爲黃門郎領射聲校尉任以心膂帝即位侃撰聖皇瑞命記一卷奏之建元元年卒上惜之甚至諡質侯

虞悰字景豫會稽餘姚人也祖嘯父晉左戶尚書父秀之黃門郎悰少以孝聞父病不欲見人雖子弟亦不得前時悰年十二三晝夜伏戶外問內豎消息問未知轉嗚咽流涕如此者百餘日及亡終喪日唯食麥餅二枚仕宋位黃門郎宋明帝誅山陽王休祐至葬日寒雪厚三尺故人無至者唯悰一人來赴初齊武帝始從官家尚貧薄悰數相分遺每行必呼帝同載帝甚德之齊建元初爲太子中庶子累遷豫章內史悰家富於財而善爲滋味豫章王嶷盛饌享賓謂悰曰肴羞有所遺不悰曰何曾食疏有黃頷臛恨無之累遷太子右率永明八年大水百官戎服救太廟悰朱衣乘車鹵簿於宣陽門外入行馬內驅逐人被奏見原上以悰布衣之舊從容謂悰曰我當令卿復祖業轉侍中朝廷咸驚其美遷祠部尚書武帝幸芳林園就悰求味悰獻粣及雜肴數十輿大官鼎味不及也上就悰求諸飲食方悰祕不出上醉後體不快悰乃獻醒酒鯖鮓一方而已鬱林王立兼大匠卿起休安陵於陵所受局下牛酒坐免官隆昌元年以白衣領職鬱林廢悰竊歎曰王徐遂縛袴廢天子天下豈有此理邪延興元年領右軍明帝立悰稱疾不陪位帝使尚書令王晏齎廢立事示悰以悰舊人引參佐命悰謂晏曰主上聖明公卿戮力寧假休老以匡贊惟新乎不敢聞命因慟不自勝朝議欲糾之僕射徐孝嗣曰此亦古之遺直衆議乃止悰稱疾篤還東詔賜假百日轉給事中光祿大夫尋加正員常侍卒悰性敦實與人知識必相存訪親疎皆有終始世以此稱之

胡諧之豫章南昌人也祖廉之書侍御史父翼之州辟不就諧之仕宋爲邵陵王左軍諮議齊武帝爲江州以諧之爲別駕委以事任建元二年爲給事中驍騎將軍上方欲獎以貴族盛姻以諧之家人語傒音不正乃遣宮內四五人往諧之家教子女語二年後帝問曰卿家人語音已正未諧之答曰宮人少臣家人多非唯不能得正音遂使宮人頓成傒語帝大笑徧向朝臣說之永明五年爲左衞將軍加給事中諧之風采瓌潤善自居處兼以舊恩見遇朝士多與交游六年遷都官尚書上欲遷諧之嘗從容謂曰江州有幾侍中邪答曰近世唯程道惠一人而已上曰當令有二後以語尚書令王儉儉意更異乃以爲太子中庶子領左衞率諧之有識具每朝廷官缺及應遷代密量上所用人皆如其言虞悰以此稱服之既居權要多所徵求就梁州刺史范栢年求佳馬栢年患之謂使曰馬非狗子那可得爲應無極之求接使人薄使人致恨歸謂諧之曰栢年云胡諧是何傒狗無厭之求諧之切齒致忿時王玄邈代栢年栢年稱疾推遷不時還諧之言於帝曰栢年恃其山川險固聚衆欲擅一州及栢年下帝欲不問諧之又言見獸格得而放上山於是賜死十年諧之轉度支尚書領衞尉明年卒諡肅侯栢年本梓潼人土斷屬梁州華陽郡初爲州將劉亮使出都諮事見宋明帝帝言次及廣州貪泉因問栢年卿州復有此水不荅曰梁州唯有文川武鄉廉泉讓水又問卿宅在何處曰臣所居廉讓之間帝嗟其善荅因見知歷位內外終於梁州刺史

虞玩之字茂瑤會稽餘姚人也祖宗晉尚書庫部郎父玫通直常侍玩之少閑刀筆汎涉書史仕宋爲烏程令路太后外親朱仁彌犯罪玩之依法案之太后怨訴孝武坐免官元徽中爲尚書右丞齊高帝參政與玩之書曰張華爲度支尚書事不徒然今漕藏有闕吾賢居右丞已覺金粟可積也玩之上表陳府庫錢帛器械役力州縣轉多興用漸廣慮不支月朝議優報之高帝鎭東府朝廷致敬玩之爲少府猶躡屐造席高帝取屐親視之訛黑斜銳蔑斷以芒接之問曰卿此屐已幾載玩之曰初釋褐拜征北行佐買之著已三十年貧士竟不辦易高帝咨嗟因賜以新屐玩之不受帝問其故荅曰今日之賜恩華俱重但著簪弊席復不可遺所以不敢當帝善之拜驍騎諮議參軍霸府初開賓客輻湊高帝留意簡接玩之與樂安任遐俱以應對有席上之美齊名見遇玩之遷黃門郎先時宋世人籍欺巧及高帝即位敕玩之與驃騎將軍傅堅意檢定之建元二年詔朝臣曰黃籍人之大綱國之政端自頃甿俗巧僞乃至竊注爵位盜易年月增損三狀貿襲萬端或戶存而文書已絕或人在而反託死叛停私而云隸役身强而稱六疾此皆政之巨蠹教之深疵若約之以刑則人僞已遠若綏之以德則勝殘未易諸賢並深明政體各獻嘉謀玩之表言便宜多見采納於是朝廷乃別置校籍官置令史限人一日得數巧以防懈怠既連年不已貨賄潛通百姓怨望富陽人唐寓之僑居桐廬父祖相傳圖墓爲業寓之自云其家墓有王氣山中得金印轉相誑惑永明二年冬寓之聚黨遂陷富陽至錢唐僭號置太子賊

遂據郡又遣僞會稽太守孫泓取山陰時會稽太守王敬則朝正故寓之謂可乘虛而襲泓至浦陽江而郡丞張思祖遣浹口戍主楊休武拒戰大破之朝廷遣禁兵東討至錢唐一戰便散擒斬寓之進兵平諸郡縣臺軍乘勝百姓頗被強奪軍還上聞之收軍主前軍將軍陳天福棄市天福善馬矟爲諸將法上寵將也既伏誅內外莫不震肅玩之以久宦衰疾上表告退許之玩之於人物好臧否宋末王儉舉員外郎孔逷使覛玩之言論不相饒逷儉並恨之至是玩之東歸儉不出送朝廷無祖餞者中丞劉休與親知書曰虞公散髮海隅同古人之美而東都之送殊不藹藹玩之歸家數年卒其後員外郎孔瓊就儉求會稽五官儉方盥投皁莢於地曰卿鄉俗惡虞玩之至死煩人

劉休字弘明沛郡相人也初爲駙馬都尉宋明帝居藩休爲湘東國常侍不爲帝所知襲祖南鄉侯友人陳郡謝儼同丞相義宣反休坐匿之被繫尚方孝武崩乃得出泰始初諸州反休素能筮知明帝當勝靜處不預異謀休之繫尚方也尚方令吳喜愛其才後投吳喜爲喜輔師府錄事參軍喜進之明帝得在左右板桂陽王征北參軍帝頗有好尚尤嗜飲食休多藝能爰至鼎味莫不閑解遂見親賞長直殿內後宮孕者帝使筮其男女無不如占帝憎婦人妬尚書右丞勞彥遠以善棊見親婦妬傷其面帝曰我爲卿斷之何如彥遠爾爾從旨其夕遂賜藥殺其妻休妻王氏亦妬帝聞之賜休妾敕與王氏二十杖令休於宅後開小店使王氏親賣皁莢掃帚以此辱之其見親如此尋除員外郎領輔國司馬中書通事舍人帶南城令後爲都水使者南康相善談政體而在郡無異績齊建元初爲御史中丞頃之啓言宋世載記六十歷斯任者五十有三校其年月不過盈歲於臣叨濫宜請骸骨四年出爲豫章內史卒宋末造指南車高帝以休有思理使與王僧虔對共監試又元嘉中羊欣重王子敬正隸書世共宗之右軍之體微輕不復見貴及休始好右軍法因此大行云

江祏字弘業濟陽考城人也祖遵寧朔參軍父德驎司徒右長史祏姑爲齊高帝兄始安貞王道生妃追謚景皇后生齊明帝祏少爲明帝所親恩如兄弟明帝爲吳興以祏爲郡丞後除通直郎補南徐州別駕明帝輔政委以腹心引爲驃騎諮議參軍領南平昌太守時新立海陵人情未服祏每說明帝以君臣大節明帝轉顧而不言明帝胛上有赤誌常秘不傳既而祏勸帝出以示人晉壽太守王洪範罷任還上袒示之曰人皆謂此是日月相卿幸無泄之洪範曰公日月在軀如何可隱轉當言之公卿上大悅會直後張伯尹瓚等屢謀竊發祏憂虞無計每夕輒託事外出及明帝入纂議定加祏寧朔將軍明帝爲宣城王太史密奏圖緯云一號當得十四年祏入帝喜以示祏曰得此復何所望及即位遷守衞尉安陸縣侯祏祖遵以后父贈金紫光祿大夫父德驎以帝舅亦贈光祿建武二年遷左衞將軍掌甲仗廉察四年轉太子詹事祏以外戚親要權冠當時魏軍南伐明帝欲以劉暄爲雍州暄時方希內職不願遠役投於祏祏謂明帝曰昔人相暄得一州便躓今爲雍州儻相中乎上默然俄召梁武帝謂曰今使卿爲雍州閫外一以相委祏既見任遂遠致餉遺或取諸王名書好物然家行甚睦待子姪有恩永泰元年明帝寢疾轉祏侍中中書令出入殿省及崩遺詔轉尚書左僕射祏弟衞尉祀爲侍中皇后弟劉暄爲衞尉與始安王遙光徐孝嗣蕭坦之等輔政誡東昏曰五年中汝勿厝意過此自覽勿復委人及即位祏參掌選事明帝雖顧命羣臣而意寄多在祏兄弟至是更直殿內動止關諮永元元年領太子詹事劉暄遷散騎常侍右衞將軍帝稍欲行意徐孝嗣不能奪蕭坦之雖時有異同而祏堅意執制帝深忌之孝嗣謂祏曰主上稍有異同詎可爲相乖反祏曰但以見付必無所憂左右小人會稽茹法珍吳興梅蟲兒東海祝靈勇東冶軍人俞靈韻右衞軍人豐勇之等並爲帝所委任祏常裁折之羣小切齒帝失德既彰祏議欲立江夏王寶玄劉暄初爲寶玄郢州行事執事過刻有人獻馬寶玄欲看之暄曰馬何用看妃索煑肫帳下諮暄暄曰旦已煑鵞不煩復此寶玄恚曰舅殊無渭陽之情暄聞之亦不悅至是不同祏議欲立建安王寶寅密謀於遙光遙光自以年長屬當鼎命微旨動祏祏弟祀以少主難保勸祏立遙光暄以遙光若立己失元舅之望不肯同故祏遲疑久不決遙光大怒遣左右黃曇慶於青溪橋道中刺殺暄曇慶見暄部伍人多不敢發事覺暄告祏謀帝處分收祏兄弟祀時在殿內疑有異遣信報祏曰劉暄似有謀今作何計祏曰政當靜以鎮之俄而召祏入見停中書省先是直齋袁文曠以王敬則勳當封祏執不與帝使文曠取祏以刀環築其心曰復能奪我封不祏祀同日見殺祏任寄雖重而不忘財利論者以此少之祏等既誅帝恣意遊走單騎奔馳謂左右曰祏常禁吾騎馬小子若在吾豈能得此因問祏親親餘誰答曰江祥今猶在也乃於馬上作敕賜祥死祀字景昌位晉安王鎭北長史南東海太守行府州事祀弟禧早卒有子廞字偉卿年十二聞收至謂家人曰伯既如此無心獨存赴井死劉暄字士穆彭城人及聞祏等戮眠中大驚投出戶外問左右收至未良久意定還坐大悲曰不念江行自痛也遙光事起以討暄爲名事平暄遷領軍將軍封平都縣侯其年茹法珍梅蟲兒徐世標譖暄有異志帝曰領軍是我舅豈應有此世標曰明帝是武帝同堂恩遇如此尚滅害都盡舅復焉可信乃誅之暄爲人性軟弱當軸居政每事讓江祏羣弟不得進官死之日皆怨之和帝中興元年贈祏衞將軍暄散騎常侍撫軍將軍並開府儀同三司祀散騎常侍太常卿

論曰君老不事太子義烈之遺訓也欲夫專心所奉在節無二伯玉始遵其事旋及誅夷有以驗行之惟艱且知齊武之非弘量矣高帝作牧淮兗將興霸業崔蘇睹微知著自同奔走虞悰筍餌之恩諸之心腹之寄並得攀光日月亦各時運之所躋乎玩之臧否之尤著在懸車之日是知嗣宗所誡蓋亦遠有致乎江祏立辟非時竟蹈龍逢之血人之多僻蓋詩人所深懼也

南史卷四十八

唐　李　延　壽　撰

列傳第三十八

陸澄　陸慧曉（子倕　兄子閑　閑子絳　絳弟厥　厥弟襄　襄兄子雲公　雲公子瓊　瓊子從典　瓊從父弟琰　琰弟瑜　瑜從父兄玠）　陸杲（子罩）

陸澄字彥深吳郡吳人也祖劭臨海太守父瑗州從事澄少好學博覽無所不知行坐眠食手不釋卷宋泰始初爲尚書殿中郎議皇后諱班下應依舊稱姓左丞徐爰案司馬孚議皇后春秋逆王后于齊並不言姓澄以意立議坐免官白衣領職郎官舊坐杖有名無實澄在官積前後罰凡至千數後兼左丞泰始六年詔皇太子朝服袞冕九章澄與儀曹郎丘仲起議服冕以朝實著經文秦除六冕漢明還備魏晉以來不欲令臣下服袞冕故位公者加侍官今皇太子禮絕羣后宜遵聖王盛典革近代之制累遷御史中丞齊建元元年驃騎諮議沈憲等家奴客爲劫子弟被劾憲等晏然左丞任遐奏澄不糾請免澄官上表自理言舊例無左丞糾中丞之義詔外詳議尚書令褚彥回檢宋以來左丞糾正而中丞不糾免官者甚衆奏澄謏聞膚見貽撓後昆上掩皇明下籠朝議請以見事免澄所居官詔澄以白衣領職永明元年累遷度支尚書尋領國子博士尚書令王儉謂之曰昔曹志繆悅爲此官以君係之始無慙德儉嘗問澄曰崇禮門有鼓而未嘗鳴其義安在答曰江左草創崇禮闥皆是茅茨故設鼓有火則扣以集衆相傳至今又與儉書陳王弼注易玄學之所宗今若弘儒鄭注不可廢并言左氏杜學之長穀梁舊有麋信近益以范甯不足兩立世有一孝經題爲鄭玄注觀其用辭不與注書相類案玄自序所注衆書亦無孝經且爲小學之類不宜列在帝典儉答曰易體微遠實貫羣籍豈可專據小王便爲該備依舊存鄭高同來說元凱注傳超邁前儒穀梁小書無俟兩注存麋略范率由舊式凡此諸議並同雅論疑孝經非鄭所注僕以此書明百行之首實人倫所先七略藝文並陳之六藝不與蒼頡凡將之流也鄭注虛實前代不嫌意謂可安仍舊立置儉自以博聞多識讀書過澄澄謂曰僕少來無事唯以讀書爲業且年位已高今君少便鞅掌王務雖復一覽便諳然見卷軸未必多僕儉集學士何憲等盛自商略澄待儉語畢然後談所遺漏數百千條皆儉所未覩儉乃歎服儉在尚書省出巾箱几案雜服飾令學士隸事事多者與之人人各得一兩物澄後來更出諸人所不知事復各數條并舊物奪將去轉散騎常侍祕書監吳郡中正光祿大夫加給事中尋領國子祭酒竟陵王子良得古器小口方腹而底平可容七八升以問澄澄曰此名服匿單于以與蘇武子良詳視器底有字彷彿可識如澄所言隆昌元年以老疾轉光祿大夫加散騎常侍未拜卒諡靖子澄當世稱爲碩學讀易三年不解文義欲撰宋書竟不成王儉戲之曰陸公書廚也家多墳籍人所罕見撰地理書及雜傳死後乃出澄弟鮮得罪宋世當死澄於路見舍人王道隆叩頭流血以此見原揚州主簿顧測以兩奴就鮮質錢鮮死子暉誣爲買券澄爲中丞測遂爲澄所抑世以此少之

陸慧曉字叔明吳郡吳人晉太尉玩之玄孫也自玩至慧曉祖萬載世爲侍中皆有名行慧曉伯父仲元又爲侍中時人方之金張二族父子真仕宋爲海陵太守時中書舍人秋當見幸家在海陵假還葬父子真不與相聞當請發人修橋又以妨農不許彭城王義康聞而賞之王僧達貴公子孫以才傲物爲吳郡太守入昌門曰彼有人焉顧琛一公兩掾英英門戶陸子真五世內侍我之流亞子真自臨海太守眼疾歸爲中散大夫卒慧

曉淸介正立不雜交游會稽內史同郡張緒稱之曰江東裴樂也初應州郡辟舉秀才歷諸府行參軍以母老還家侍養十餘年不仕齊高帝輔政除爲尚書殿中郎鄰族來相賀慧曉舉酒曰陸慧曉年踰三十婦父領選始作尙書郎卿輩乃復以爲慶邪高帝表禁奢侈慧曉撰荅詔草爲帝所賞引爲太傅東閤祭酒齊建元初遷太子洗馬廬江何點常稱慧曉心如照鏡遇形觸物無不朗然王思遠恒如懷冰暑月亦有霜氣當時以爲實錄慧曉與張融並宅其間有池池上有二株楊柳點歎曰此池便是醴泉此木便是交讓及武陵王曄守會稽上爲精選僚吏以慧曉爲征虜功曹與府參軍沛國劉璡同從述職璡淸介士也行至吳謂人曰吾聞張融與慧曉並宅其間有水此必有異味故命駕往酌而飲之曰飲此水則鄙吝之萌盡矣何點薦慧曉於豫章王嶷補司空掾加以恩禮累遷安西諮議領冠軍錄事參軍武帝第三子廬陵王子卿爲南豫州刺史帝稱其小名謂司徒竟陵王子良曰烏熊癡如熊不得天下第一人爲行事無以壓一州既而曰吾思得人矣乃使慧曉爲長史行事別帝問曰卿何以輔持廬陵荅曰靜以修身儉以養性靜則人不擾儉則人不煩王大悅後爲司徒右長史時陳郡謝朏爲左長史府公竟陵王子良謂王融曰我府前世誰比融曰明公二上佐天下英奇古來少見其比子良西邸抄書令慧曉參知其事尋遷西陽王征虜巴陵王後軍臨汝公輔國三府長史行府州事復爲西陽王左軍長史領會稽郡丞行郡事隆昌元年徙爲晉熙王冠軍長史江夏內史行郢州事慧曉歷輔五政立身淸肅僚佐以下造詣必起送之或謂慧曉曰長史貴重不宜妄自謙屈荅曰我性惡人無禮不容不以禮處人未嘗卿士大夫或問其故慧曉曰貴人不可卿而賤者乃可卿人生何容立輕重於懷抱終身常呼人位建武初除西中郎長史行事內史如故俄徵黃門郎未拜遷吏部郎尙書令王晏選門生補內外要局慧曉爲用數人而止晏恨之送女妓一人欲與申好慧曉不納吏曹郎令史歷政來諮執選事慧曉任已獨行未嘗與語帝遣主書單景儁謂曰都令史諳悉舊貫可共參懷慧曉謂景儁曰六十之年不復能諮都令史爲吏部郎也上若謂身不堪便當拂衣而退帝甚憚之後欲用爲侍中以形短小乃止出爲晉安王鎭北司馬征北長史東海太守行府州事入爲五兵尙書行揚州事崔慧景事平領右軍將軍出監南徐州朝議又欲以爲侍中王亮曰濟河須人今且就朝廷借之以鎭南兗州王瑩王志皆曰侍中彌須英華方鎭猶應有選者亮曰角其二者則貂璫緩拒寇切當今朝廷甚弱宜從切者乃以爲輔國將軍南兗州刺史加督王鎭俄爾以疾歸卒贈太常三子僚任倕並有美名時人謂之三陸初授慧曉兗州三子依次第各作一讓表辭並雅麗時人歎服僚學涉子史長於微言美姿容鬚眉如畫位西昌侯長史蜀郡太守

倕字佐公少勤學善屬文於宅內起兩茅屋杜絕往來晝夜讀書如此者數歲所讀一徧必誦於口嘗借人漢書失五行志四卷乃暗寫還之畧無遺脫幼爲外祖張岱所異岱嘗謂諸子曰此兒汝家陽元也十七舉本州秀才刺史竟陵王子良開西邸延英俊倕預焉梁天監初爲右軍安成王主簿與樂安任昉友爲感知已賦以贈昉昉因此名以報之及昉爲中丞簪裾輻湊預其讌者殷芸到溉劉苞劉孺劉顯劉孝綽及倕而已號曰龍門之游雖貴公子孫不得預也遷臨川王東曹掾梁武帝雅愛倕才乃敕撰新漏刻銘其文甚美遷太子中舍人又詔爲石闕銘敕褒美之賜絹三十匹累遷太常卿卒子纘早慧七歲通經爲童子郎卒次緬有似於倕一看殆不能別

繕字士儒倕兄子也父任御史中丞劾有志尙以雅正知名梁承聖中爲中書侍郎掌東宮管記魏平江陵繕微服遁還建鄴紹泰元年除司徒右長史御史中丞以父任所終固辭陳武帝作輔爲司徒司馬及受命位侍中出爲新安太守文帝嗣位徵爲中庶子領步兵校尉掌東宮管記繕儀表端麗進退閑雅趣步躡履文帝使太子諸王咸取則焉後復拜御史中丞猶以父所終固辭不許乃權換廨宇徙以居之太建中歷度支尙書侍中太子詹事尙書右僕射尋遷左僕射參掌選事別敕與徐陵等七人參議政事卒贈特進謚曰安子以繕東宮舊臣特賜祖奠繕子辯慧年數歲詔引入殿內進止有父風宣帝因賜名辯慧字敬仁繕兄子見賢亦方雅位少府卿卒

閑字遐業慧曉兄子也有風槩與人交不苟合少爲同郡張緒所知仕至揚州別駕齊明帝崩閑謂所親人曰宮車晏駕百司將聽冢宰主上地重才弱必不能振難將至矣乃感心疾不復預州事永元末刺史始安王遙光據東府作亂或勸去之閑曰吾爲人吏何可逃死臺軍攻陷城閑以綱佐被收至杜姥宅尙書令徐孝嗣啓閑不預逆謀未及報徐世標命殺之閑四子厥絳完襄也絳字魏卿時隨閑抱頸求代死不獲遂以身蔽刃刃行刑者俱害之

厥字韓卿少有風槩好屬文齊永明九年詔百官舉士同郡司徒左西曹掾顧暠之表薦厥州舉秀才時盛爲文章吳興沈約陳郡謝朓琅邪王融以氣類相推轂汝南周顒善識聲韻約等文皆用宮商將平上去入四聲以此制韻有平頭上尾蠭腰鶴膝五字之中音韻悉異兩句之內角徵不同不可增減世呼爲永明體沈約宋書謝靈運傳後又論其事厥與約書曰范詹事自序性別宮商識淸濁特能適輕重濟艱難古今文人多不全了斯處縱有會此者不必從根本中來尙書亦云自靈均以來此祕未覩或暗與理合匪由思至張蔡曹王曾無先覺潘陸顏謝去之彌遠大旨欲宮商相變低昂舛節若前有浮聲則後須切響一簡之內音韻盡殊兩句之中輕重悉異辭既美矣理又善焉但觀歷代衆賢似不都闇此處而云此祕未覩近於誣乎案范云不從根本中來尙書云匪由思至斯則揣情謬於玄黃擿句著其音律也范又云時有會此者尙書云或闇與理合則美韻淸謳有辭章調韻者雖有差謬亦有會合推此以往可得而言夫思有合離前哲同所不免文有開塞卽事不得無之子建所以好人譏彈士衡所以遺恨終篇既曰遺恨非盡美之作理可詆訶君子執其詆訶便謂合理爲闇豈如指其合理而寄詆訶爲遺恨邪自魏文屬論深以淸濁爲言劉楨奏書大明體勢之致齟齬妥怗之談操末續顚之說興玄黃於律呂比五色之相宣苟此祕未覩茲論爲何所指邪愚謂前英已早識宮徵但未屈曲指的若今論所申至於掩瑕藏疾合少謬多則臨淄所云人之著述不能無病者也非知之而不改謂不改則不知斯曹陸又稱竭情多悔不可力強者也今許以有病有悔爲言則必自知無悔無病之地引其不了不合爲闇何獨誣其一合一了之地乎意者亦質文時異今古好殊將急在情物而緩於章句情物文之所急美惡猶且相半章句意之所緩故合少語謬多義兼於斯必非不知明矣長門上林殆非一家之賦洛神池鴈便成二體之作孟堅精正詠史無虧於東主平子恢富羽獵不累於憑虛王粲初征他文未能稱是楊修敏捷暑賦彌日不獻率意寡尤則事促乎一日翳翳愈伏而理賒於七步一人之思遲速天懸一家之文工拙壤隔何獨宮商律呂必責其如一邪論者乃可言未窮其致不得言曾無先覺也約荅曰宮商之聲有五文字之別累萬以累萬之繁配五聲之約高下低昂非思力所學又非止若斯而已十字之文顚倒相配字不過十巧歷已不能盡何況復過於此者乎靈均以來未經用之於懷抱固無從得其髣髴矣若斯之妙而聖人不尙何邪此蓋曲折聲韻之巧無當於訓義非聖哲玄言之所急也是以子雲譬之雕蟲篆刻云壯夫不爲自古辭人豈不知宮羽之殊商徵之別雖知五音之異而其中參差變動所昧實多故鄙意所謂此祕未覩者也以此而推則知前世文士便未悟此處若以文章之音韻同弦管之聲曲美惡妍蚩不得頓相乖反譬猶子野操曲安得忽有闡緩失調之聲以洛神比陳思他賦有似異手之作故知天機啓則律呂自調六情滯則音律頓舛也士衡雖云煥若縟錦寧有濯色江波其中復有一片是衞文之服此則陸生之言卽復不盡者矣韻與不韻復有精麤輪扁不能言之老夫亦不辯盡此約論四聲妙有詮辯而諸賦亦往往與聲韻乖時有王斌者不知何許人著四聲論行於時斌初爲道人博涉經籍雅有才辯善屬文能唱導而修容儀嘗弊衣於瓦官寺聽雲法師講成實論無復坐處唯僧正慧超尙空席斌直坐其側慧超不能平乃罵曰那得此道人祿蔌似隊父唐突人因命驅之斌笑曰既有敘勳僧正何爲無隊父道人不爲動而撫機問難辭理淸舉四坐皆屬目後還俗以詩樂自樂人莫能名之永元元年始安王遙光反厥父閑被誅厥坐繫尙方尋有赦厥感慟而卒年二十八文集行於世時有會稽虞炎以文學與沈約俱爲文惠太子所遇意眄殊常官至驍騎將軍

襄字師卿厥第四弟也本名衰字趙卿有奏事者誤字爲襄梁武帝乃改爲襄字師卿天監三年都官尙書范岫表薦襄起家著作佐郎後昭明太子統聞襄業行啓武帝引與遊處自廬陵王記室除太子洗馬遷中舍人並掌管記出爲揚州中從事以父終此官固辭武帝不許聽與府司馬換廨居之昭明太子敬耆老襄母年將八十與蕭琛傅昭陸杲每月常遣存問加賜珍羞衣服襄母常卒患心痛醫方須三升粟漿時冬月日又逼暮求索無所忽有老人詣門貨漿量如方劑始欲酬直無何失之時以襄孝感所致後爲太子家令復掌管記母憂去職襄年已五十毀頓過禮太子憂之日遣使誡喻大通七年爲鄱陽內史先是郡人鮮于琮服食修道法常入山採藥拾得五色幡毦又於地中得石璽竊怪之

琮先與妻別室望琮所處常有異氣益以爲神大同元年遂結門徒殺廣晉令王筠號上願元年署置官屬其黨轉相誑惑有衆萬餘人將出攻郡襄先巳率人吏修城隍爲備及賊至破之生獲琮時鄱郡豫章安成等守宰案其黨與因求貨賄皆不得其實或有善人盡室罹禍唯襄郡枉直無濫人作歌曰鮮于抄後善惡分人無横死賴陸君又有彭李二家先因忿爭遂相誣告襄引入內室不加責誚但和言解喻之二人感恩深自悔咎乃爲設酒食令其盡歡酒罷同載而還因相親厚人又歌曰陸君政無怨家鬬既罷讎共車在政六年郡中大寧郡人李睍等四百二十人詣闕拜表陳襄德化求於郡立碑降敕許之又表乞留襄因乞還太淸元年爲度支尙書侯景圍臺城以襄直侍中省城陷襄逃還吳景將宋子仙進攻錢唐會海鹽人陸黯舉義襲郡殺僞太守蘇單于推襄行郡事時淮南太守文成侯蕭寧逃賊入吳襄遣迎寧爲盟主遣黯及兄子映公帥衆距子仙與戰黯敗走吳下軍聞之亦散襄匿于墓下一夜憂憤卒襄弱冠遭家禍釋服猶若居憂終身蔬食布衣不聽音樂口不言殺害五十年侯景平元帝贈侍中追封餘干縣侯

雲公字子龍襄兄完子也完位寧遠長史琅邪彭城二郡丞雲公五歲誦論語毛詩九歲讀漢書略能記憶從祖倕與沛國劉顯質問十事雲公對無所失顯歎異之及長好學有才思爲平西湘東王繹行參軍雲公先製太伯廟碑吳興太守張纘罷郡經途讀其文歎曰今之蔡伯喈也纘至都掌選言之武帝召爲尙書儀曹郎入直壽光省以本官知著作郎事累遷中書黃門郎兼掌著作雲公善弈碁嘗夜侍武帝冠觸燭火帝笑謂曰燭燒卿貂帝將用爲侍中故以此戲之時天泉池新製編魚舟形狹而短帝暇日常泛此舟朝中唯引太常劉之遴國子祭酒到溉右衞朱异雲公時年位尙輕亦預焉太淸元年卒張纘時爲湘州與雲公叔襄兄晏子書曰都信至承賢兄子賢弟黃門殞逝非唯貴門喪寶實有識同悲其爲士流稱重如此雲公從父兄才子亦有才名位太子中庶子廷尉與雲公並有文集行於世

雲公子瓊字伯玉幼聰慧有思理六歲爲五言詩頗有詞采大同末雲公受梁武帝詔校定碁品到溉朱异以下並集瓊時年八歲於客前覆局由是都下號曰神童异言之武帝召見瓊風神警亮進退詳審帝甚異之十一丁父憂毀瘠有至性從祖襄歎曰此兒必荷門基所謂一不爲少及侯景作逆攜母避地于縣之西鄉勤苦讀書晝夜無怠遂博學善屬文陳天嘉中以文學累遷尙書殿中郎瓊素有令名深爲陳文帝所賞及討周廸陳寶應等都官符及諸大手筆並中敕付瓊遷新安王文學掌東宮管記及宣帝爲司徒妙簡僚佐吏部尙書徐陵薦瓊於宣帝言瓊識具優敏文史足用進居郎署歲巳過淹左西掾缺允膺茲選雖階次小踰其屈滯巳積乃除司徒左西掾尋兼通直散騎常侍聘齊太建中爲給事黃門侍郎轉中庶子領大著作撰國史後主即位直中書省掌詔誥至德元年除度支尙書參選事掌詔誥并判廷尉建康二獄事初瓊父雲公奉梁武敕撰嘉瑞記瓊述其旨而續焉自永定訖于至德勒成一家之言還吏部尙書著作如故瓊詳練譜牒雅有識鑒先是吏部尙書宗元饒卒尙書左僕射袁憲舉瓊宣帝未之用至是居之號爲稱職瓊性謙儉不自封植雖位望日隆而執志逾下園池室宇無所改作車馬衣服不尙鮮華四時祿俸皆散之宗族家無餘財暮年深懷止足思避權要恒謝疾不視事俄丁母憂初瓊之侍東宮母隨在官舍及喪還鄉詔加賻後主自制誌銘朝野榮之瓊哀慕過毀以至德四年卒有集二十卷行於世子從典字由儀幼聰敏年八歲讀沈約集見回文研銘援筆擬之便有佳致十二作柳賦其詞甚美從父瑜特所賞愛及瑜將終命家中墳籍皆付之從典乃集瑜文爲十卷仍製集序其文甚工從典篤好學業博涉羣書位太子洗馬司徒左西掾陳亡入隋位著作佐郎尙書右僕射楊素奏從典續司馬遷史記迄于隋其書未就坐弟受漢王諒職免後卒於南陽縣主簿

琰字温玉瓊之從父弟也父令公梁中軍宣城王記室參軍琰幼孤好學有志操州舉秀才累遷宣惠始興王外兵參軍直嘉德殿學士陳文帝聽覽餘暇頗留心史籍以琰博學善占誦引置左右嘗使製刀銘琰援筆即成無所點竄帝嗟賞久之賜衣一襲俄兼通直散騎常侍副琅邪王厚聘齊至鄴而厚卒琰爲使主時年二十餘風氣韶亮占對閑敏齊士大夫甚傾心焉太建初爲武陵王明威府功曹史兼東宮管記丁母憂去官卒至德二年追贈司農卿琰寡慾鮮矜競遊心經籍晏如也所製文筆多不存本後主求其遺文撰成二卷

弟瑜字幹玉少篤學美詞藻州舉秀才再遷軍師晉安王外兵參軍東宮學士兄琰時爲管記並以才學娛侍左右時人比之二應太建中累遷太子洗馬中舍人瑜聰敏强記常受莊老於汝南周弘正學成實論於僧滔法師並通大旨時皇太子好學欲博覽羣書以子集繁多命瑜抄撰未就而卒太子爲之流涕親製祭文仍與詹事江總論述其美詞甚傷切至德二年追贈光祿卿有集十卷瑜有從父兄玠從父弟琛

玠字潤玉梁大匠卿晏子之子也弘雅有識度好學能屬文後主在東宮徵爲管記仍兼中舍人尋以疾失明將還鄉里太子解衣贈之爲之流涕太建八年卒至德二年追贈少府卿有集十卷

琛字潔玉宣毅臨川王長史丘公之子也少警俊事後母以孝聞後主嗣位爲給事黃門侍郎中書舍人參掌機密琛性頗疎坐漏泄禁中語詔賜死

陸杲字明霞吳郡吳人也祖徽字休猷宋補建康令淸平無私爲文帝所善元嘉十五年除平越中郎將廣州刺史加督淸名亞王鎮之爲士庶所愛詠二十三年爲益州刺史亦加督郵隱有方威惠兼著寇盜靜息人物殷阜蜀土安之卒於官身亡之日家無餘財文帝甚痛惜之謚曰簡子父叡揚州中從事杲少好學工書畫舅張融有高名杲風韻舉止頗類時稱曰無對日下唯舅與甥爲尙書殿中曹郎拜日入坐丞郎並到上省交禮而杲至晚不及時刻坐免官後爲司徒從事中郎梁臺建爲相國西曹掾天監五年位御史中丞性婞直無所顧望時山陰令虞肩在任贓汙數百萬杲奏收劾之中書舍人黃睦之以肩事託杲杲不荅梁武聞之以問杲杲荅曰有之帝曰識睦之不荅曰臣不識其人時睦之在御側上指示曰此人是也杲謂曰君小人何敢以罪人屬南司睦之失色領軍將軍張稷是杲從舅杲嘗以公事彈稷稷因侍宴訴帝曰陸杲是臣親通小事彈臣不貸帝曰杲職司其事卿何得爲嫌杲在臺號不畏强禦爲義興太守在郡寬惠爲下所稱歷左戶尙書太常卿出爲臨川內史將發辭武帝於坐通啓求募部曲帝問何不付所由呈聞杲荅所由不爲受帝頗怪之以其臨路不咎聞後入爲金紫光祿大夫特進卒謚質子杲素信佛法持戒甚精著沙門傳三十卷弟煦學涉有思理位太子家令撰晉書未就又著陸史十五卷陸氏驪泉志一卷並行於時子罩字洞元少篤學多所該覽善屬文簡文居藩爲記室參軍撰帝集序稍遷太子中庶子掌管記禮遇甚厚大同七年以母老求去公卿以下祖道於征虜亭皇太子賜黃金五十斤時人方之疏廣母終後位終光祿卿初簡文在雍州撰法寶聯璧罩與羣賢並抄掇區分者數歲中大通六年而書成命湘東王爲序其作者有侍中國子祭酒南蘭陵蕭子顯等三十人以比王象劉邵之皇覽焉•

論曰陸澄學稱博古而用不合今夫千將見重於時貴其所以立斷於事未能周務書厨得所譏矣叔明持身有檢殆爲人望雅道相傳可謂載德者也杲諒直見稱罩文以取達亦足美乎舊陸徽著傳事迹蓋寡今以附孫杲上云

南史卷四十八考證

陸慧曉傳父子眞仕宋爲海陵太守○海陵梁書作東陽

陸襄傳出爲揚州中從事以父終此官固辭○中從事梁書作治中本卷襄父閑傳仕至揚州別駕

先是郡人鮮于琮服食修道法○琮梁書作琛

鮮于抄後善惡分人無横死賴陸君○抄梁書作平又賴字下衍有字

陸雲公傳時天泉池新製編魚舟形狹而短○狹梁書作闊

南史卷四十九

唐　李　延　壽　撰

列傳第三十九

庾杲之 叔父蓽　王諶 從叔摛　何憲　孔逷

孔珪　劉懷珍 子靈哲 從父弟峻 劉沼 從子懷慰

懷慰子霽 杳 歊 懷珍族弟善明 懷珍從孫訏

庾杲之字景行新野人也祖深之位義興太守以善政聞父粲爲宋南郡王義宣丞相城局參軍王舉兵見殺杲之幼有孝行宋司空劉勔見而奇之謂曰見卿足使江漢崇望杞梓發聲解褐奉朝請稍遷尙書駕部郎淸貧自業食唯有韮葅瀹韮生韮雜菜任昉嘗戲之曰誰謂庾郎貧食鮭嘗有二十七種累遷尙書左丞王儉謂人曰昔袁公作衞軍欲用我爲長史雖不獲就要是意向如此今亦應須如我輩人也乃用杲之爲衞將軍長史安陸侯蕭緬與儉書曰盛府元僚寔難其選庾景行汎渌水依芙蓉何其麗也時人以入儉府爲蓮花池故緬書美之歷位黃門吏部郎御史中丞參大選美容質善言笑嘗兼侍中夾侍柳世隆在御坐謂齊武帝曰庾杲之爲蟬冕所映彌有華采陛下故當與其卽眞上甚悅王儉仍曰國家以杲之淸美所以許其假職若以其

卽與當在朝諸之後武帝嘗與朝臣商畧酒後謂羣臣曰我後當得何謚羣臣莫有荅者王儉因目杲之從容曰陛下壽等南山方與日月齊明千載之後豈是臣子輕所仰量時人雅歎其辯荅杲之嘗兼主客郎對魏使使問杲之曰百姓那得家家題門帖賣宅荅曰朝廷旣欲掃蕩京洛剋復神州所以家家賣宅耳魏使縮鼻而不荅時諸王年少不得妄稱接人敕杲之及濟陽江淹五日一詣諸王使申遊好再遷尚書吏部郎參大選事太子右衞率加通直常侍九年卒上甚惜之謚曰貞子

華字休野杲之叔父也仕齊爲驃騎功曹史博涉羣書有口辯永明中與魏和親以華兼散騎常侍報使還拜散騎侍郎知東宮管記事後爲荊州別駕前後紀綱皆致富饒華再爲之清身率下杜絕請託布被蔬食妻子不免飢寒齊明帝聞而嘉焉手敕褒美州里榮之初梁州人益州刺史鄧元起功勳甚著名地卑瑣願名挂士流時始興忠武王憺爲州將元起位已高而解巾不先州官則不爲鄉里所悉元起乞上籍出身州從事憺命華用之華不從憺大怒召華責之曰元起已經我府卿何爲苟惜從事華曰府是尊府州是華州宜須品藻憺不能折遂止累遷會稽郡丞行郡府事時承彫弊之後百姓凶荒米斗至數千人多流散華撫循甚有理唯守公祿清節愈厲至有經日不舉火太守永陽王聞而饋之華謝不受天監元年卒停屍無以歛柩不能歸梁武帝聞之詔賜絹百疋穀五百斛初華爲西楚望族兄子杲之又有寵於齊武帝華早歷顯官鄉人樂藹有幹用素與華不平互相陵競藹事齊豫章王嶷嶷薨藹仕不得志自步兵校尉求助戍歸荊州時華爲州別駕益忽藹及梁武帝踐阼藹以西朝勳爲御史中丞華始得會稽行事旣恥之矣會職事微有譴帝以藹其鄉人也使宣旨誨之華大憤故發病卒子喬復仕爲荊州別駕時元帝爲荊州刺史而州人范興話以寒賤仕叨九流選爲州主簿又皇太子令及之故元帝勒喬聽興話到職及屬元日府州朝賀喬不肯就列曰庾喬忝爲端右不能與小人范興話爲鴈行元帝聞乃進喬而停興話興話羞慙還家憤卒世以喬爲不墜家風喬子夐少聰慧家富於財好賓客食必列鼎又狀貌豐美頤頰開張人皆謂夐必爲方伯無餧乏之慮及魏剋江陵卒致餓死時又有水軍都督褚蘿面甚尖危有從理入口竟保衣食而終

王諶字仲和東海郯人晉少傅雅玄孫也祖慶員外常侍父元閔護軍司馬宋大明中沈曇慶爲徐州辟諶爲迎主簿又爲州迎從事湘東王彧國常侍鎭北行參軍及彧卽帝位是爲明帝除司徒參軍帶薛令兼中書舍人諶有學義見親遇常在左右帝所行慘僻諶屢諫不從請退坐此繫尚方後拜中書侍郎明帝好圍棊置圍棊州邑以建安王休仁爲圍棊州都大中正諶與太子右率沈勃尚書水部郎庾珪之彭城丞王抗四人爲小中正朝請褚思莊傅楚之爲清定訪問後爲尚書左丞領東觀祭酒卽明帝所置總明觀也遷黃門郎齊永明初累遷豫章王太尉司馬武帝與諶相遇於宋明之世甚委任之歷黃門郎領驍騎將軍太子中庶子諶貞正和謹朝廷稱爲善人多與之厚八年轉冠軍將軍長沙王車騎長史從盧江王中軍長史又從西陽王子明征虜長史行南兗府州事諶少貧常自紡績及通貴後每爲人說之世稱其達九年卒

諶從叔摛以博學見知尚書令王儉嘗集才學之士總校虛實類物隸之謂之隸事自此始也儉嘗使賓客隸事多者賞之事皆窮唯盧江何憲爲勝乃賞以五花簟白團扇坐簟執扇容氣甚自得摛後至儉以所隸示之曰卿能奪之乎摛操筆便成文章旣奧辭亦華美舉坐擊賞摛乃命左右抽憲簟手自掣取扇登車而去儉笑曰所謂大力者負之而趨竟陵王子良校試諸學士唯摛問無不對爲秣陵令清直請謁不行羽林隊主潘敞有寵二宮勢傾人主婦弟犯法敞爲之請摛投書於地更鞭四十敞怒譖之明日而見代永明八年天忽黃色照地衆莫能解司徒法曹王融上金天頌摛曰是非金天所謂榮光武帝大悅用爲永陽郡後卒於尚書左丞

何憲字子思盧江灊人博涉該通羣籍畢覽天閣寶祕人間散逸無遺漏焉任昉劉渢共執祕閣四部書試問其所知自甲至丁書說一事并敘述作之體連日累夜莫見所遺宗人何遁退讓士也見而美之願與爲友憲位本州別駕國子博士永明十年使于魏時又有孔逷字世遠會稽山陰人也好典故學與王儉至交昇明中爲齊臺尚書儀曹郎屢箴闕禮多見信納上謂王儉曰逷眞所謂儀曹不忝厥職也儉爲宰相逷常謀議幄帳每及選用頗失鄉曲情儉從容啓上曰臣有孔逷猶陛下之有臣永明中爲太子家令卒時人呼孔逷何憲爲王儉三公及卒儉惜之爲撰祭文

孔珪字德璋會稽山陰人也祖道隆位侍中父靈產泰始中晉安太守有隱遁之志於禹井山立館事道精篤吉日於靜屋四向朝拜涕泣滂沲東出過錢唐北郭輒於舟中遙拜杜子恭墓自此至都東向坐不敢背側元徽中爲中散大夫頗解星文好術數齊高帝輔政沈攸之起兵靈產白高帝曰攸之兵衆雖强以天時冥數而觀無能爲也高帝驗其言擢遷光祿大夫以簏盛靈產上靈臺令其占候餉靈產白羽扇素隱几曰君有古人之風故贈君古人之服當世榮之珪少學涉有美譽太守王僧虔見而重之引爲主簿舉秀才再遷殿中郎高帝爲驃騎取爲記室參軍與江淹對掌辭筆爲尚書左丞父憂去官與兄仲智還居父山舍仲智妾李氏驕妬無禮珪白太守王敬則殺之永明中歷位黃門郎太子中庶子廷尉江左承用晉時張杜律二十卷武帝留心法令數訊囚徒詔獄官詳正舊注先是尚書刪定郎王植撰定律奏之削其煩害錄其允衷取張斐注七百三十一條杜預注七百九十一條或二家兩釋於義乃備者又取一百七條其注相同者取一百三條集爲一書凡一千五百三十二條爲二十卷請付外詳校摘其違謬詔從之於是公卿八座參議考正舊注有輕重處竟陵王子良下意多使從輕其中朝議不能斷者則制旨平決至九年珪表上律文二十卷錄序一卷又立律學助教依五經例詔報從之事竟不行轉御史中丞建武初爲平西長史南郡太守珪以魏連歲南伐百姓死傷乃上表陳通和之策帝不從徵侍中不行留本任珪風韻淸疎好文詠飲酒七八斗與外兄張融情趣相得又與琅邪王思遠盧江何點點弟胤並款交不樂世務居宅盛營山水憑几獨酌傍無雜事門庭之內草萊不翦中有蛙鳴或問之曰欲爲陳蕃乎珪笑荅曰我以此當兩部鼓吹何必効蕃王晏嘗鳴鼓吹候之聞羣蛙鳴曰此殊聒人耳珪曰我聽鼓吹殆不及此晏甚有慙色永元元年爲都官尚書遷太子詹事加散騎常侍三年珪疾東昏屛除以牀舁之走因此疾甚遂卒贈金紫光祿大夫

劉懷珍字道玉平原人漢膠東康王寄之後也其先劉植爲平原太守因家焉祖昶從慕容德南度河因家于北海都昌宋武帝平齊以爲青州中從事位至員外常侍伯父奉伯宋世位至陳南頓二郡太守懷珍幼隨奉伯至壽陽豫州刺史趙伯符出獵百姓聚觀懷珍獨避不視奉伯異之曰此兒方興吾家本州辟主簿元嘉二十八年亡命司馬順則聚黨東陽州遣懷珍將數千人討平之宋文帝問破賊事懷珍讓功不肯當親人怪問焉懷珍曰昔國子尼恥陳河間之級吾豈能論邦域之捷哉時人稱之江夏王義恭出鎭盱台道遇懷珍以應對見重取爲驃騎長史兼墨曹行參軍孝建初爲義恭大司馬參軍直閤將軍隨府轉太宰參軍大明二年以軍功拜樂陵河間二郡太守賜爵廣晉縣侯司空竟陵王誕反郡人王弼門族甚盛勸懷珍起兵助誕懷珍殺之帝嘉其誠除豫章王子尚車騎參軍母憂去職服闋見江夏王義恭義恭曰別子多年那得不老對曰公恩未報何敢便老義恭善其對累遷黃門郎領虎賁中郎將桂陽王休範反加懷珍前將軍守石頭出爲豫州刺史加督建平王景素反懷珍遣子靈哲領兵赴建鄴沈攸之在荊楚遣使人許天保說結懷珍斬之送首於齊高帝封中宿縣侯進平南將軍增督二州初宋孝武世齊高帝爲舍人懷珍爲直閤相遇早舊懷珍假還青州高帝有白驄馬齧人不可騎送與懷珍別懷珍報上百匹絹或謂懷珍曰蕭公此馬不中騎是以與君耳君報百匹不亦多乎懷珍曰蕭君局量堂堂寧應負人此絹吾方欲以身名託之豈計錢物多少高帝輔政以懷珍內資未多徵爲都官尚書領前將軍以第四子晃代爲豫州刺史或疑懷珍不受代高帝曰我布衣時懷珍便推懷投款況在今日寧當有異晃發經日疑論不止上乃遣軍主房靈人領百騎進送晃謂靈人曰論者謂懷珍必有異同我期之有素必不應爾卿是其鄉里故遣卿行非唯衞新亦以迎故懷珍還乃授相國右司馬及齊臺建朝士人人爭爲臣吏以懷珍爲宋臺右衞懷珍謂帝曰人皆迎新臣獨送故豈以臣篤於本乎齊建元元年轉左衞將軍加給事中改封霄城侯懷珍年老以禁旅辛勤求爲閑職轉光祿大夫卒遺言薄葬贈雍州刺史謚敬侯

子靈哲字文明位齊郡太守前軍將軍靈哲所生母嘗病靈哲躬自祈禱夢見黃衣老公與藥曰可取此食之疾立可愈靈哲驚覺於枕間得之如言而疾愈藥似竹根於齋前種葉似葛芘嫡母崔氏及兄子景煥泰始中爲魏所獲靈哲爲布衣不聽樂及懷珍卒當襲爵靈哲固辭以兄子在魏存亡未測無容越當茅土朝廷義之靈哲傾產贖嫡母及景煥累年不能得武帝哀之令北使者請之魏人送以還南襲懷珍封爵靈哲位兗州刺史隆昌元年卒

峻字孝標本名法武懷珍從父弟也父珽之仕宋爲始

典內史峻生朞月而孤之卒其母許氏攜峻及其兄法鳳還鄉里宋泰始初魏剋青州峻時年八歲爲人所略爲奴至中山中山富人劉寶愍峻以束帛贖之教以書學魏人聞其江南有戚屬更徙之代都居貧不自立與母竝出家爲尼僧旣而還俗峻好學寄人廡下自課讀書常燎麻炬從夕達旦時或昏睡爇其鬚髮及覺復讀其精力如此時魏孝文選盡物望江南人士才學之徒咸見申擢峻兄弟不蒙選拔齊永明中俱奔江南更改名峻字孝標自以少時未開悟晚更厲精明慧過人若所見不博聞有異書必往祈借清河崔慰祖謂之書淫於是博極羣書文藻秀出故其自序云黌中濟濟皆升堂亦有愚者解衣裳言其少年魯鈍也時竟陵王子良招學士峻因人求爲子良國職吏部尙書徐孝嗣抑而不許用爲南海王侍郎不就至齊明帝時蕭遙欣爲豫州引爲府刑獄禮遇甚厚遙欣尋卒久不調梁天監初召入西省與學士賀蹤典校祕閣峻兄孝慶時爲青州刺史峻請假省之坐私載禁物爲有司所奏免官安成王秀雅重峻及安成王遷荆州引爲戶曹參軍給其書籍使撰類苑未及成復以疾去因遊東陽紫巖山築室居焉爲山栖志其文甚美初梁武帝招文學之士有高才者多被引進擢以不次峻率性而動不能隨衆沉浮武帝每集文士策經史事時范雲沈約之徒皆引短推長帝乃悅加其賞賚曾策錦被事咸言已罄帝試呼問峻峻時貧悴冗散忽請紙筆疏十餘事坐客皆驚帝不覺失色自是惡之不復引見及峻類苑成凡一百二十卷帝卽命諸學士撰華林徧略以高之竟不見用乃著辯命論以寄其懷論成中山劉沼致書以難之凡再反峻竝爲申析以荅之會沼卒不見峻後報者峻乃爲書以序其事其文論竝多不載峻又嘗爲自序其略云余自比馮敬通而有同之者三異之者四何則敬通雄才冠世志剛金石余雖不及之而節亮慷慨此一同也敬通逢中興明君而終不試用余逢命世英主亦擯斥當年此二同也敬通有忌妻至於身操井臼余有悍室亦令家道轗軻此三同也敬通當更始世手握兵符躍馬肉食余自少迄長戚戚無懽此一異也敬通有子仲文官成名立余禍同伯道永無血胤此二異也敬通旅力剛強老而益壯余有犬馬之疾溘死無時此三異也敬通雖芝殘蕙焚終塡溝壑而爲名賢所慕其風流郁烈芬芳久而彌盛余聲塵寂寞世不吾知魂魄一去將同秋草此四異也所以力自爲序遺之好事云峻本將門兄法鳳自北歸改名孝慶字仲昌早有幹略齊末爲兗州刺史舉兵應梁武封餘干男歷官顯重峻獨篤志好學居東陽吳會人士多從其學普通三年卒年六十門人謚曰玄靖先生

劉沼字明信中山魏昌人六世祖輿晉驃騎將軍沼幼善屬文及長博學位終秣陵令

懷慰字彥泰懷珍從子也祖奉伯宋元嘉中爲冠軍長史父乘人冀州刺史死於義嘉事懷慰持喪不食醯醬冬日不用絮衣養孤弟妹事寡叔母皆有恩義仕宋爲尙書駕部郎懷慰宗從善明等爲齊高帝心腹懷慰亦預焉齊國建上欲置齊郡於都下議者以江右土沃流人所歸乃置於瓜步以懷慰爲輔國將軍齊郡太守上謂懷慰曰齊邦是王業所基吾方欲以爲顯任經理之事一以委卿有手敕曰有文事必有武備今賜卿玉環刀一口懷慰至郡修城郭安集居人墾廢田二百頃決沉湖灌溉不受禮謁人有餉其新米一斛者懷慰出所食麥飯示之曰食有餘幸不煩此因著廉吏論以達其意高帝聞之手敕褒賞進督秦沛二郡妻子在都賜米三百石兗州刺史柳世隆與懷慰書曰膠東流化潁川致美以今方古曾何足云懷慰本名聞慰武帝卽位以與舅氏名同敕改之後兼安陸王北中郎司馬卒明帝卽位謂僕射徐孝嗣曰劉懷慰若在朝廷不憂無清吏也子霽杳歊

霽字士湮九歲能誦左氏傳十四居父憂有至性每哭輒嘔血家貧與弟杳歊勵志勤學及長博涉多通梁天監中歷位西昌相尙書主客侍郎海鹽令霽前後宰二邑竝以和理稱後除建康令不拜母胡氏寢疾霽年已五十衣不解帶者七旬誦觀世音經數萬遍夜中感夢見一僧謂曰夫人算盡君精誠篤志當相爲申延後六十日餘乃亡霽廬于墓哀慟過禮常有雙白鶴循翔廬側處士阮孝緒致書抑譬焉霽思慕不已未終喪而卒著釋俗語八卷文集十卷

杳字士深年數歲徵士明僧紹見之撫而言曰此兒實千里之駒十三丁父憂每哭哀感行路梁天監中爲宣惠豫章王行參軍杳博綜羣書沈約任昉以下每有遺忘皆訪問焉嘗於約坐語及宗廟犧樽約云鄭玄荅張逸謂爲畫鳳皇尾婆娑然今無復此器則不依古杳曰此言未必可安古者樽彝皆刻木爲鳥獸鑿頂及背以出內酒魏時魯郡地中得齊大夫子尾送女器有犧樽作犧牛形晉永嘉中賊曹嶷於青州發齊景公冢又得二樽形亦爲牛象二處皆古之遺器知非虛也約大以爲然約又云何承天纂文奇博其書載張仲師及長頸王事此何所出杳曰仲師長尺二寸唯出論衡長頸是毗騫王朱建安扶南以南記云古來至今不死約卽取二書尋檢一如杳言約郊居宅時新構閣齋杳爲贊二首并以所撰文章呈約約卽命工書人題其贊於壁仍報杳書共相歎美又在任昉坐有人餉昉桸酒而作攝字昉問杳此字是不杳曰葛洪字苑作木旁吝昉又曰酒有千日醉當是虛言杳曰桂陽程鄉有千里酒飲之至家而醉亦其例昉大驚曰吾自當遺忘實不憶此杳云出楊元鳳所撰置郡事元鳳是魏代人此書仍載其賦三重五品商溪摖里昉卽檢楊記言皆不差王僧孺被使撰譜訪杳血脈所因杳云桓譚新論云太史三代世表旁行邪上竝效周譜以此而推當起周代僧孺歎曰可謂得所未聞周捨又問杳尙書着紫荷橐相傳云挈囊竟何所出杳曰張安世傳云持橐簪筆事孝武皇帝數十年韋昭張晏注竝曰橐囊也簪筆以待顧問范岫撰字書音訓又訪杳焉尋佐周捨撰國史出爲臨津令有善績秩滿縣三百餘人詣闕請留敕許焉後詹事徐勉舉杳及顧協等五人入華林撰徧略書成以晉安王府參軍兼廷尉正以足疾解因著林庭賦王僧孺見而歎曰郊居以後無復此作累遷尙書儀曹郎僕射徐勉以臺閣文議專委杳焉出爲餘姚令在縣清絜湘東王繹發教褒美之大通元年爲步兵校尉兼東宮通事舍人昭明太子謂曰酒非卿所好而爲酒廚之職政爲卿不愧古人耳太子有瓠食器因以賜焉曰卿有古人之風故遺卿古人之器俄有敕代裴子野知著作郎事昭明太子薨新宮建舊人例無停者敕特留杳焉僕射何敬容奏轉杳王府諮議武帝曰劉杳須先經中書仍除中書侍郎尋爲平西湘東諮議參軍兼舍人著作如故遷尙書左丞卒杳清儉無所嗜好自居母憂便長斷腥羶持齋蔬食臨終遺命斂以法服載以露車還葬舊墓隨得一地容棺而已不得設靈筵及祭酹其子遵行之撰要雅五卷楚辭草木疏一卷高士傳二卷東宮新舊記三十卷古今四部書目五卷文集十五卷竝行於世

歊字士光生夕有香氣氛氳滿室幼有識慧四歲喪父與羣兒同處獨不戲弄六歲誦論語毛詩意所不解便能問難十二讀莊子逍遙篇曰此可解耳客問之隨問而荅皆有情理家人每異之謂爲神童及長博學有文才不娶不仕與族弟訏竝隱居求志遨遊林澤以山水書籍相娛而已奉母兄以孝悌稱寢食不離左右母意有所須口未及言歊已先知手自營辦狼狽供奉母每疾病夢歊進藥及翌日轉有間効其誠感如此性重興樂尤愛山水登危履嶮必盡幽遐人莫能及皆歎其有濟勝之具常欲避人世以母老不忍違每隨兄霽杳從宦少時好施務周人之急人或遺之亦不拒也久而歎曰受人者必報不則有愧於人吾固無以報人豈可常有愧乎天監十七年忽著革終論以爲形者無知之質神者有知之性有知不獨存依無知以自立故形之於神逆旅之館耳及其死也神去此館速朽得理是以子羽沉川漢伯方壙文楚黃壤士安麻索此四子者得理也若從四子而遊則平生之志得矣然積習生常難卒改革一朝肆志儻不見從今欲翦截煩厚務存儉易進不裸尸退畢常俗不傷存者之念有合至人之道且張奐止用幅巾王肅唯盥手足范冉斂畢便葬爰珍無設筵几文度故舟爲槨子廉牛車載柩叔起誡絕墳隴康成使無卜吉此數公者尙或如之況爲吾人而尙華泰今欲髣髴景行以爲軌則氣絕不須復魂盥漱而斂以一千錢市成棺單故裙衫衣巾枕履此外送往之具棺中常物一不得有所施世多信李彭之言可謂惑矣余以孔釋爲師差無此惑斂訖載以露車歸於舊山隨得一地地足爲坎坎足容棺不須塼甓不勞封樹勿設祭饗勿置几筵其蒸嘗繼嗣言象所絕事止余身無傷世教初訏之疾歊盡心救療及卒哀傷爲之誄又著悲友賦以序哀情忽有老人無因而至謂曰君心力堅猛必破死生但運會所至不得久留一方耳彈指而去歊心知其異試遺尋之莫知其所於是信心彌篤旣而寢疾恐貽母憂乃自言笑勉進湯藥謂兄霽杳曰兩兄祿仕足伸供養歊之歸泉復何所憾願深割無益之悲十八年年三十二卒始沙門釋寶誌遇歊於興皇寺驚起曰隱居學道清淨登仙如此三說歊未死之春有人爲其庭中栽柿歊謂兄子弇曰吾不見此實爾其勿言至秋而亡人以爲知命親故誄其行迹謚曰貞節處士先是有太中大夫琅邪王敬偷以天監八年卒遺命不得設復魄旌旐一蘆蓆藉下一枚覆上吾氣絕便沐浴籃輿載尸還忠侯大夫隧中若不行此則戮吾尸於九泉敬偷外甥許慧詔因阮研以聞詔曰敬偷令其息崇素氣絕便沐浴藉以二蘆蓆鑿地周身歸葬忠侯此達生之格言賢夫玉匣石槨遠矣然子於父命亦有所從有所

不從今崇素若信遺意土周淺薄㔽辟不施一朝見侵
狐鼠戮屍已甚父可以訓子子亦不可行之外內易棺
此自奉親之情藉土而葬亦通人之意宜兩捨兩取以
達父子之志棺周於身土周於槨去其牲奠斂以時服
一可以申情二可以稱家禮教無違生死無辱此故當
爲安也

訏字彥度懷珍從孫也祖承宗宋太宰參軍父靈眞齊
鎭西諮議武昌太守訏幼稱純孝數歲父母繼卒訏居
喪哭泣孺慕幾至滅性赴弔者莫不傷焉後爲伯父所
養事伯母及昆姊孝友篤至爲宗族所稱自傷早孤人
有誤觸其諱者未嘗不感結流涕長兄絜爲聘妻剋日
成婚訏聞而逃匿事息乃還本州刺史張稷辟爲主簿
主者檄召訏乃挂檄於樹而逃陳留阮孝緒博學隱居
不交當世恒居一鹿牀環植竹木寢處其中時人造之
未嘗見也訏經一造孝緒卽顧以神交訏族兄歊又履
高操三人日夕招攜故都下謂之三隱訏善玄言尤精
意釋典曾與歊聽講鍾山諸寺因共卜築宋熙寺東澗
有終焉之志尙書郎何烱嘗遇之於路曰此人風神穎
俊蓋荀奉倩衛叔寶之流也命駕造門拒而不見族祖
孝標與書稱之曰訏超超越俗如半天朱霞歊矯矯出
塵如雲中白鶴皆儉歲之粱稷寒年之纖纊訏嘗著穀
皮巾披納衣每遊山澤輒留連忘返神理閑正姿貌甚
華在林谷之間意氣彌遠或有遇之者皆謂神人家甚
貧苦併日而食隆冬之月或無氈絮訏處之晏然人不
覺其飢寒也自少至長無喜慍之色每於可競之地輒
以不競勝之或有加陵之者莫不退而愧服由是衆論
咸歸重焉天監七年卒於歊舍臨終執歊手曰氣絕便
斂斂畢卽埋靈筵一不須立勿設饗祀無求繼嗣歊從
而行之宗人至友相與刊石立銘謚曰玄貞處士

善明懷珍族弟也父懷人仕宋爲齊北海二郡太守元
嘉末青州饑荒人相食善明家有積粟躬食饘粥開倉
以救鄉里多獲全濟百姓呼其家田爲續命田善明少
而靜處讀書刺史杜驥聞名候之辭不相見年四十刺
史劉道隆辟爲中從事懷人謂善明曰我已知汝立身
復欲見汝立官也善明應辟仍舉秀才宋孝武見其策
強直甚異之泰始初徐州刺史薛安都反青州刺史沈
文秀應之時州居東陽城善明家在郭內不能自拔伯
父彌之詭說文秀求自効文秀使領軍主張靈慶等五
千人援安都彌之出門密謂部曲曰始免禍坑矣行至
下邳乃背文秀善明從伯懷恭爲北海太守據郡相應
善明密契收集門宗部曲得三千人夜斬關奔北海族
兄乘人又聚渤海以應朝廷而彌之尋爲薛安都所殺
明帝贈青州刺史以乘人爲冀州刺史善明爲北海太
守除尙書金部郎乘人病卒仍以善明爲冀州刺史文
秀既降除善明海陵太守郡境邊海無樹木善明課人
種楡檟雜果遂獲其利還爲直閤將軍五年魏剋青州
善明母在焉移置代郡善明布衣蔬食哀戚如持喪明
帝每見爲之歎息轉巴西梓潼二郡太守善明以母在
魏不願西行泣涕固請見許朝廷多哀善明心事元徽
初遣北使朝議令善明舉人善明舉州鄉北平田惠紹
使魏贖母還時宋後廢帝新立羣臣執政善明獨事齊
高帝委身歸誠出爲西海太守行青冀二州刺史善明
從弟僧副與善明俱知名於鄉里泰始初魏攻淮北僧
副將部曲二千人東依海島齊高帝在淮陰壯其所爲
召與相見引爲安成王撫軍參軍後廢帝肆暴高帝憂
恐常令僧副微行伺察聲論使密告善明及東海太守
垣崇祖使動魏兵善明勸靜以待之高帝納焉廢帝見
殺善明爲高帝驃騎諮議南東海太守行南徐州事沈
攸之反高帝深以爲憂善明獻計曰沈攸之控引八州
縱情蓄斂苞藏賊志於焉十年性既險躁才非持重起
逆累旬遲回不進豈應有所待也一則闇於兵機二則
人情離怨三則有掣肘之患四則天奪其魄本疑其輕
速掩襲未備今六師齊奮諸侯同舉此已籠之鳥耳事
平高帝召善明還都謂曰卿策沈攸之雖張良陳平適
如此耳仍遷太尉右司馬齊臺建爲右衛將軍辭疾不
拜司空褚彥回謂善明曰高尙之事乃卿從來素意今
朝廷方相委待詎得便學松喬邪善明荅曰我本無宦
情既逢知己所以戮力驅馳天地廓清朝廷濟濟鄙吝
既申不敢昧於富貴矣高帝踐阼以善明勳誠欲與之
祿召謂曰淮南近畿國之形勝非親賢不居卿與我臥
理之乃代明帝爲淮南宣城二郡太守遣使拜授封新
塗伯善明至都上表陳事凡一十一條其一以爲天地
開創宜存問遠方廣宣慈澤其二以爲京都遠近所歸
宜遣醫藥問其疾苦年九十以上及六疾不能自存者
隨宜量賜其三以爲宋氏赦令蒙原者寡愚謂今下赦
書宜令事實相副其四以爲劉昶猶存容能送死境上
諸城宜應嚴備其五以爲宜除宋氏大明以來苛政細
制以崇簡易其六以爲凡諸土木之費且可權停其七
以爲帝子王女宜崇儉約其八以爲宜詔百官及府州
郡縣各貢讜言以弘廣唐虞之美其九以爲忠貞孝悌
宜擢以殊階清儉苦節應授以政務其十以爲革命惟
始宜擇才北使其十一以爲交州險夐要荒之表宋末
政苛遂至怨叛今宜懷以恩德未應遠勞將士搖動邊
甿又撰賢聖雜語奏之託以諷諫上優詔荅之又諫起
宣陽門表陳宜明守宰賞罰立學校制齊禮開賓館以
接鄰國上荅曰夫賞罰以懲守宰飾館以待遐荒皆古
之善政吾所宜勉更撰新禮或非易制國學之美已敕
公卿宣陽門今敕停寡德多闕思復有聞善明身長七
尺九寸質素不好聲色所居茅齋斧木而已牀榻几案
不加刻削少立節行常云在家當孝爲吏當清子孫楷
栻足矣及累爲州郡頗黷財賄崔祖思怪而問之荅曰
管子云夷吾知我因流涕曰方寸亂矣豈暇爲廉所得
金錢皆以贖母及母至清節方峻所歷之職廉簡不煩
俸祿散之親友與崔祖思友善祖思出爲青冀二州善
明遺書欽舊因相勗以忠槩及聞祖思死慟哭仍得病
建元二年卒豫命薄殯贈左將軍豫州刺史謚烈伯子
滌嗣善明家無遺儲唯有書八千卷高帝聞其清貧賜
滌家葛塘屯穀五百斛曰葛屯亦吾之垣下令後世知
其見異善明從弟僧副字士雲位前將軍封豐陽男卒
於巴西梓潼二郡太守上圖功臣像贊僧副亦在焉兄
法護字士伯有學業位濟陰太守

論曰詩稱抑抑威儀惟人之則又云其儀不忒正是四
國觀夫杲之風流所得休野行己之度蓋其有焉仲和
性履所遵德璋業尙所守殆人望也懷珍宗族文質斌
斌自宋至梁時移三代或以隱節取高或以文雅見重
古人云立言立德斯門其有之乎

南史卷四十九考證

庾杲之傳父粲爲宋南郡王義宣丞相城局參軍○監
本缺宋南二字今增正

孔珪傳王晏嘗鳴鼓吹候之○候監本訛侯今改正

劉霽傳字士湮○湮梁書作烜

常有雙白鶴循翔廬側○循梁書作馴

劉杳傳鄭玄荅張逸謂爲畫鳳皇尾婆娑然○婆娑梁
書作娑娑

杳曰此言未必可安○安一本作按

有人餉昉桰酒而作樶字○樶監本訛撮今改从梁書

卿有古人之風故遺卿古人之器○此與本卷孔珪傳
齊高帝餉珪父靈產白羽扇素隱几曰君有古人之
風故贈君古人之服二語相同

文集十五卷○一本無此五字

劉歊傳忽有一老人無因而至○梁書歊幼時嘗獨坐
空室有一老公至門與此小異

南史卷五十

唐　李延壽　撰

列傳第四十

劉瓛 弟璡 顯從弟數　族子顯　明僧紹 子山賓
庾易 子黔婁 肩吾　於陵　劉虬 子之遴 虬從弟坦　之亨

劉瓛字子珪沛郡相人晉丹陽尹惔六世孫也祖弘之
給事中父惠臨賀太守瓛篤志好學博通訓義年五歲
聞舅孔熙先讀管寧傳欣然欲讀舅更爲說之精意聽
受曰此可及也宋大明四年舉秀才兄璲亦有名先應
州舉至是別駕東海王元曾與瓛父惠書曰此歲賢子
充秀州閭可謂得人除奉朝請不就兄弟三人共處蓬
室一間爲風所倒無以葺之怡然自樂習業不廢聚徒
教授常有數十丹陽尹袁粲於後堂夜集聞而請之指
聽事前古柳樹謂瓛曰人謂此是劉尹時樹每想高風
今復見卿清德可謂不衰矣薦爲祕書郎不見用後拜
安成王撫軍行參軍公事免瓛素無宦情自此不復仕
袁粲誅瓛微服往哭并致賻助齊高帝踐阼召瓛入華
林園談語問以政道荅曰政在孝經宋氏所以亡陛下
所以得之是也帝咨嗟曰儒者之言可寶萬世又謂瓛
曰吾應天革命物議以爲何如瓛曰陛下戒前軌之失
加之以寬厚雖危可安若循其覆轍雖安必危及出帝
謂司徒褚彥回曰方直乃耳學士故自過人敕瓛使數
入而瓛自非詔見未嘗到宮門上欲用瓛爲中書郎使
吏部尙書何戢喻旨戢謂瓛曰上意欲以鳳池相處恨
君資輕可且就前除少日當轉國子博士便卽所授瓛
笑曰平生無榮進意今聞得中書郎而拜記室豈本心
哉後以母老闕養拜彭城郡丞司徒褚彥回宣旨喻之
荅曰自省無廊廟才所願唯保彭城丞耳上又以瓛兼
總明觀祭酒除豫章王驃騎記室參軍丞如故瓛終不
就武陵王曄爲會稽太守上欲令瓛爲曄講除會稽郡

丞學徒從之者轉衆永明初竟陵王子良請爲征北司徒記室瓛與張融王思遠書曰奉教使恭召會當停公事但念生平素抱有乖恩顧吾性拙人間不習仕進昔嘗爲行佐便以不能及公事免黜此眷者所共知也量已審分不敢期榮夙嬰貧困加以疎懶衣裳容髮有足駭者中以親老供養褰裳徒步慨爾遂今二代一紀先朝使其更自修正勉勵於階級之次見其纏纏或復賜以衣裳袁褚諸公咸加勸勵終於不能自反也一不復爲安可重爲哉昔人有以冠一免不重加於首每謂此得進止之儀又上下年尊益不願居官次廢晨昏也先朝爲此曲申從許故得連年不拜既習此歲久又齒長疾侵豈宜攝齋河間之聽廁迹東平之僚本無絕俗之操亦非能偃蹇爲高此又聽覽所當深察者也近初奉教便自希得託迹客游之末而固辭榮級其故何邪以古之王侯大人或以此延四方之士有追申白而入楚羨鄒枚而游梁吾非敢叨夫曩賢庶欲從九九之遺迹既於聞道集泮不殊而幸無職司拘礙可得奉溫凊展私計志在此耳除步兵校尉不拜瓛姿狀纖小儒業冠於當時都下士子貴游莫不下席受業當世推其大儒以比古之曹鄭性謙率不以高名自居之詣於人唯一門生持胡牀隨後主人未通便坐門待答住在檀橋瓦屋數間上皆穿漏學徒敬慕不敢指斥呼爲清溪焉竟陵王子良親往修謁七年表武帝爲瓛立館以揚烈橋故主第給之生徒皆賀瓛曰室美豈爲人哉此華宇豈吾宅邪幸可詔作講堂猶恐見害也未及徙居遇疾子良遣從瓛學者彭城劉繪順陽范縝將廚於瓛宅營齋及卒門人受學者竝弔服臨送瓛有至性祖母病疽經年手持膏藥漬指爲爛母孔氏甚嚴明謂親戚曰阿稱便是今世曾子稱瓛小名也年四十餘未有婚對建元中高帝與司徒褚彥回爲瓛娶王氏女王氏穿壁挂履上落孔氏牀上孔氏不悅瓛即出其妻及居母憂住墓下不出廬足爲之屈杖不能起此山常有鵂鶹鳥瓛在山三年不敢來服釋還家此鳥乃至梁武帝少時嘗經伏膺及天監元年下詔爲瓛立碑諡曰貞簡先生所著文集行於世初瓛講月令畢謂學生嚴植之曰江左以來陰陽律數之學廢矣吾今講此曾不得其彷彿學者美其退讓時濟陽蔡仲熊禮學博聞謂人曰五音本在中土故氣韻調平今既東南土氣偏誠故不能感動木石瓛亦以爲然仲熊執經議論往往與時宰不合亦終不改操求同故坎壈不進歷年方至尙書左丞當時恨其不遇又東陽婁幼瑜字季玉著禮捃拾三十卷

瓛弟璡字子瓛方軌正直儒雅不及瓛而文采過之宋泰豫中爲明帝挽郎齊建元初爲武陵王曅冠軍征虜參軍曅與僚佐飲自割鵝炙璡曰應刃落俎是膳夫之事殿下親執鸞刀下官未敢安席因起請退與友人會稽孔逷同舟入東於塘上遇一女子逷目送曰美而豔璡曰斯豈君子所宜言乎非吾友也於是解裳自隔或曰與友孔徹同舟入東徹留目觀岸上女子璡舉席自隔不復同坐兄瓛夜隔壁呼璡璡不答方下牀著衣立然後應瓛怪其久璡曰向束帶未竟其立操如此文惠太子召璡入侍東宮每上事輒削草尋署射聲校尉卒於官時濟陽江重欣亦淸介雖處闇室如對嚴賓而不及璡也重欣位至射聲校尉

顯字嗣芳瓛族子也父鬷字仲翔博識强正名行自居幼爲外祖臧質所鞠養質既富盛恒有音樂質亡後母没十許年鬷每聞絲竹之聲未嘗不歔欷流涕梁天監初終於晉安內史顯幼而聰敏六歲能誦呂相絕秦賈誼過秦琅邪王思遠吳國張融見而稱之號曰神童族伯瓛儒學有重名卒無嗣齊武帝詔顯爲後時年八歲本名頲齊武帝以字難識改名顯天監初舉秀才解褐中軍臨川王行參軍俄署法曹顯博涉多通任昉嘗得一篇缺簡文字零落示諸人莫能識者顯見云是古文尙書所刪逸篇昉檢周書果如其說昉因大相賞異丁母憂服闋尙書令沈約時領太子少傅引爲少傅五官約爲丹陽尹命駕造焉於坐策顯經史十事顯對其九約曰老夫昏忘不可受策雖然聊試數事不可至十顯問其五約對其二陸倕聞之擊席喜曰劉郎子可謂差人雖吾家平原詣張壯武王粲謁伯喈必無此對其爲名流推賞如此五兵尙書傅昭掌著作撰國史顯自兼廷尉正被引爲佐及革選尙書五都顯以法曹兼吏部郎後爲尙書儀曹郎嘗爲上朝詩沈約見而美之命工書人題之於郊居宅壁後兼中書通事舍人再遷驃騎鄱陽王記室兼中書舍人後爲中書郎舍人如故顯與河東裴子野南陽劉之遴吳郡顧協連職禁中遞相師友人莫不慕之顯博聞强記過於裴顧時波斯獻生師子帝問曰師子有何色顯曰黃師子超不及白師子超魏人送古器有隱起字無識者顯案文讀之無滯考校年月一字不差武帝甚嘉焉遷尙書左丞除國子博士時有沙門訟田帝大署曰貞有司未辯徧問莫知顯曰貞字文爲與上人帝因忌其能出之後爲雲麾邵陵王長史尋陽太守魏使李諧至聞之恨不相識歎曰梁德衰矣善人國之紀也而出之無乃不可乎王遷鎭郢州除平西府諮議參軍久在府不得志大同九年終于夏口時年六十三凡佐兩府竝事驕王人爲之憂而反見禮重友人劉之遴啓皇太子爲之銘誌葬於秣陵縣劉眞長舊塋子莠恁臻臻早有名載北史

顯從弟𣪍字仲寶形貌短小儒雅博洽善辭翰隨湘東王在蕃十餘年寵寄甚深當時文檄皆其所爲位吏部尙書國子祭酒魏剋江陵入長安

明僧紹字休烈平原鬲人一字承烈其先吳太伯之裔百里奚子孟明以名爲姓其後也祖玩州中從事父略給事中僧紹明經有儒術宋元嘉中再舉秀才永光中鎭北府辟功曹竝不就隱長廣郡嶗山聚徒立學魏剋淮南乃度江昇明中齊高帝爲太傅教辟僧紹及顧歡臧榮緒以旌幣之禮徵爲記室參軍不至僧紹弟慶符爲青州僧紹乏糧食隨慶符之鬱洲住弇榆山栖雲精舍欣玩水石竟不一入州城泰始季年岷益有山崩淮水竭齊郡僧紹竊謂其弟曰夫天地之氣不失其序若夫陽伏而不泄陰迫而不蒸於是乎有山崩川竭之變故伊洛竭而夏亡河竭而殷亡三川竭岐山崩而周亡五山崩而漢亡夫有國必依山川而爲固山川作變不亡何待今宋德如四代之季爾誌吾言而勿泄也竟如其言齊建元元年冬徵爲正員郎稱疾不就其後帝與崔思祖書令僧紹與慶符俱歸僧紹又曰不食周粟而食周薇古猶發議在今寧得息談邪聊以爲笑慶符罷任僧紹隨歸住江乘攝山僧紹聞沙門釋僧遠風德往候定林寺高帝欲出寺見之僧遠問僧紹曰天子若來居士若爲相對僧紹曰山藪之人政當鑿坯以遁若辭不獲命便當依戴公故事既而遁還攝山建栖霞寺而居之高帝甚以爲恨昔戴顒高臥牖下以山人之服加其身僧紹故云高帝後謂慶符曰卿兄高尙其事亦堯之外臣朕夢想幽人固已勤矣所謂逕路絕風雲通仍賜竹根如意筍籜冠隱者以爲榮焉勃海封延伯者高行士也聞之歎曰明居士身彌後而名彌先亦宋齊之儒仲也永明中徵國子博士不就卒僧紹長兄僧胤能言玄仕宋爲江夏王義恭參軍王別爲立榻比之徐孺子位冀州刺史子惠照元徽中爲齊高帝平南主簿從拒桂陽累至驃騎中兵參軍與伯玉對領直建元元年爲巴州刺史綏懷蠻蜒上許爲益州刺史未遷卒僧胤次弟僧暠亦好學宋大明中再使魏于時新誅司空劉誕孝武謂曰若問廣陵之事何以答之對曰周之管蔡漢之淮南帝大悅及至魏魏問曰卿銜此命當緣上國無相踰者邪答曰聰明特達舉袂成帷比屋之甿又無下僕晏子所謂看國善惡故再辱此庭位至青州刺史僧紹子元琳仲璋山賓竝傳家業山賓最知名

山賓字孝若七歲能言玄理十三博通經傳居喪盡禮起家奉朝請兄仲璋瘑疾家道屢空山賓乃行干祿後爲廣陽令頃之去官會詔使公卿舉士左衛將軍江祏上書薦山賓才堪理劇齊明帝不重學謂祏曰聞山賓談書不輟何堪官邪遂不用梁臺建累遷右軍記室參軍掌吉禮時初置五經博士山賓首應其選歷中書侍郎國子博士太子率更令中庶子天監十五年出爲持節都督緣淮諸軍事北兗州刺史普通二年徵爲太子右衛率加給事中遷御史中丞以公事左遷黃門侍郎四年爲散騎常侍東宮新置學士又以山賓居之俄以本官兼國子祭酒初山賓在州所部平陸縣不稔啓出倉米以賑百姓後刺史檢州曹失簿以山賓爲耗損有司追責籍其宅入官山賓不自理更市地造宅昭明太子聞築室不就有令曰明祭酒雖出撫大蕃擁旄推轂珥金拖紫而恒事屢空聞構宇未成今送薄助并詒詩曰平仲古稱奇夷齊昔擅美令則挺伊賢東秦固多士築室非道傍置宅歸仁里庚桑方有係原生今易擬必來三徑人將招五經士山賓性篤實家中嘗乏困貨所乘牛既售受錢乃謂買主曰此牛經患漏蹄療差已久恐後脫發無容不相語買主遽追取錢處士阮孝緒聞之歎曰此言足使還淳反朴激薄停澆矣五年又假節攝北兗州事後卒官贈侍中諡曰質子山賓累居學官甚有訓導之益然性頗疎通接於諸生多狎比人皆愛之所著吉禮儀注二百二十四卷禮儀二十卷孝經喪服義十五卷子震字興道亦傳父業位太子舍人尙書祠部郎餘姚令山賓弟少遐字處默亦知名位都官尙書簡文謂人曰我不喜明得尙書更喜朝廷得人後拜靑州刺史太淸之亂奔魏仕北齊卒于太子中庶子子罕司空記室明氏南度雖晚竝有名位自宋至梁爲刺史者六人

庾易字幼簡新野人也徙居江陵祖玫巴郡太守父道驥安西參軍易志性恬靜不交外物齊臨川王映臨州表薦之餉麥百斛易謂使人曰走樵採麋鹿之伍終其解之毛衣馳騁日月之車得保自耕之祿於大王之恩亦已深矣辭不受以文義自樂安西長史袁彖欽其風

贈以鹿角書格蚌盤蚌研白象牙筆并贈詩曰白日清明青雲遼亮昔聞巢許今覩臺尙易以連理几竹翹書格報之建武三年詔徵爲司空主簿不就卒子黔婁嗣

黔婁字子貞一字貞正少好學多所講誦性至孝不嘗失色於人南陽高士劉虬宗測並歎異之仕齊爲編令政有異績先是縣境多猛獸暴黔婁至猛獸皆度往臨沮界時以爲仁化所感徙孱陵令到縣未旬易在家遘疾黔婁忽心驚舉身流汗卽日棄官歸家家人悉驚其忽至時易疾始二日醫云欲知差劇但嘗糞甜苦易泄利黔婁輒取嘗之味轉甜滑心愈憂苦至夕每稽顙北辰求以身代俄聞空中有聲曰徵君壽命盡不復可延汝誠禱既至政得至月末晦而易亡黔婁居喪過禮廬于冢側梁臺建黔婁自西臺尙書儀曹郎爲益州刺史鄧元起表爲府長史巴西梓潼二郡太守及成都平城中珍寶山積元起悉分與僚佐唯黔婁一無所取元起惡其異衆厲聲曰長史何獨爲高黔婁示不違之請書數篋尋除蜀郡太守在職清素百姓便之元起死于蜀郡部曲皆散黔婁身營殯斂攜持喪柩歸鄉里東宮建以中軍記室參軍侍皇太子讀甚見知重詔與太子中庶子殷鈞中書舍人到洽國子博士明山賓遞日爲太子講五經義遷散騎侍郎卒弟於陵

於陵字子介七歲能言玄理及長淸警博學有才思齊隨王子隆爲荊州召爲主簿使與謝朓宗夬抄撰羣書子隆代還又以爲送故主簿子隆爲明帝所害僚吏畏避莫至唯於陵與夬獨留經理喪事永元末除東陽遂安令爲人吏所稱梁天監初爲建康獄平遷尙書功論郎待詔文德殿後兼中書通事舍人拜太子洗馬舊東宮官屬通爲淸選洗馬掌文翰尤其淸者近代用人皆取甲族有才望者時於陵與周捨並擢充此職武帝曰官以人淸豈限甲族時論以爲美累遷中書黃門侍郎舍人如故後終於鴻臚卿弟肩吾

肩吾字愼之八歲能賦詩爲兄於陵所友愛初爲晉安王國常侍王每徙鎭肩吾常隨府在雍州被命與劉孝威江伯搖孔敬通申子悅徐防徐摛王囿孔鑠鮑至等十人抄撰衆籍豐其果饌號高齋學士王爲皇太子兼東宮通事舍人後爲安西湘東王中錄事諮議參軍太子率更令中庶子簡文開文德省置學士肩吾子信徐摛子陵吳郡張長公北地傅弘東海鮑至等充其選齊永明中王融謝朓沈約文章始用四聲以爲新變至是轉拘聲韻彌爲麗靡復踰往時簡文與湘東王書論之曰比見京師文體懦鈍殊常競學浮疎爭事闡緩既殊比興正背風騷若夫六典三禮所施則有地吉凶嘉賓用之則有所未聞吟詠情性反擬內則之篇操筆寫志更模酒誥之作遲遲春日翻學歸藏湛湛江水遂同大傳吾既拙於爲文不敢輕有掎摭但以當世之作歷萬古之才人遠則楊馬曹王近則潘陸顏謝觀其遣辭用心了不相似若以今文爲是則昔賢爲非若以昔賢可稱則今體宜棄俱爲盍各則未之敢許又時有効謝康樂裴鴻臚文者亦頗有惑焉何者謝客吐言天拔出於自然時有不拘是其糟粕裴氏乃是良史之才了無篇什之美是爲學謝則不屆其精華但得其冗長師裴則蔑絕其所長唯得其所短謝故巧不可階裴亦質不宜慕故胸馳臆斷之侶好名忘實之類決羽謝生豈三千之可及伏膺裴氏懼兩唐之不傳故玉徽金銑反爲拙目所嗤巴人下俚更合郢中之聽陽春高而不和妙聲絕而不尋竟不精討錙銖覈量文質有異巧心終愧妍耳是以握瑜懷玉之士瞻鄭邦而知退章甫翠履之人望閩鄉而歎息詩既若此筆又如之徒以煙墨不言受其驅染紙札無情任其搖襞甚矣哉文章橫流一至於此至如近世謝朓沈約之詩任昉陸倕之筆斯文章之冠冕述作之楷模張士簡之賦周升逸之辯亦成佳手難可復遇文章未墜必有英絕領袖之者非弟而誰每欲論之無可與語思吾子建一共商推辯茲清濁使如涇渭論茲月旦類彼汝南朱白既定雌黃有別使夫懷鼠知慚濫竽自恥相思不見我勞如何及簡文卽位以肩吾爲度支尙書時上流蕃鎭並據州拒侯景景矯詔遣肩吾使江州喻當陽公大心大心乃降賊肩吾因逃入東後賊宋子仙破會稽購得肩吾欲殺之先謂曰吾聞汝能作詩今可卽作若能將貸汝命肩吾操筆便成辭采甚美子仙乃釋以爲建昌令仍間道奔江陵歷江州刺史領義陽太守封武康縣侯卒贈散騎常侍中書令子信

劉虬字靈預一字德明南陽涅陽人晉豫州刺史喬七世孫也徙居江陵虬少而抗節好學須得祿便隱宋泰始中仕至晉平王驃騎記室當陽令罷官歸家靜處常服鹿皮袷斷穀餌术及胡麻齊建元初豫章王嶷爲荊州教辟虬爲別駕與同郡宗測新野庾易並遺書禮請之虬等各脩牋答而不應命永明三年刺史廬陵王子卿表虬及同郡宗測宗尙之庾易劉昭五人請加蒲車束帛之命詔徵爲通直郎不就竟陵王致書通意虬荅曰虬四節卧疾病三時營灌植暢餘陰於山澤託暮情於魚鳥寧非唐虞重恩周邵宏施虬精信釋氏衣麤布禮佛長齋注法華經自講佛義以江陵西沙洲去人遠乃徙居之建武二年詔徵國子博士不就其冬虬病正晝有白雲徘徊簷戶之內又有香氣及磬聲其日卒年五十八虬子之遴

之遴字思貞八歲能屬文虬曰此兒必以文興吾宗常謂諸子曰若比之顏氏之遴得吾之文由是州里稱之時有沙門僧惠有異識每詣虬必呼之遴小字曰僧伽福德兒握手而進之年十五舉茂才明經對策沈約任昉見而異之吏部尙書王瞻嘗候任昉遇之遴在坐昉謂瞻曰此南陽劉之遴學優未仕水鏡所宜甄擢卽調爲太學博士昉曰爲之美談不如面試時張稷新除尙書僕射託昉爲讓表昉令之遴代作操筆立成昉曰荆南秀氣果有異才後位必當過僕御史中丞樂藹卽之遴之舅憲臺奏彈皆令之遴草焉後爲荆州中從事梁簡文臨荆州仍遷宣惠記室之遴篤學明審博覽羣籍時劉顯韋稜並稱强記之遴每與討論或不過也累遷中書侍郎後除南郡太守武帝謂曰卿母年德並高故令卿衣錦還鄉盡榮養之理轉西中郎湘東王繹長史太守如故初之遴在荆府常寄居南郡忽夢前太守袁彖謂曰卿後當爲折臂太守卽居此中之遴後牛奔墮車折臂右手偏直不復得屈伸書則以手就筆歎曰豈鰥而王乎周捨嘗戲之曰雖復並坐可橫政恐陋巷無枕後連相兩王再爲此郡歷祕書監出爲郢州行事之遴意不願出固辭曰去歲命絕離巽不敢東下今年所忌又在西方武帝手敕曰朕聞妻子具孝衰於親爵祿具忠衰於君卿既內足理忘奉公之節遂爲有司奏免後爲都官尙書太常卿之遴好古愛奇在荆州聚古器數十百種有一器似甌可容一斛上有金錯字時人無能知者又獻古器四種於東宮其第一種鏤銅鴟夷榼二枚兩耳有銀鏤銘云建平二年造其第二種金銀錯鏤古鐏二枚有篆銘云秦容成侯適楚之歲造其第三種外國澡灌一口有銘云元封二年龜茲國獻其第四種古製澡盤一枚銘云初平二年造時鄱陽嗣王範得班固所撰漢書眞本獻東宮皇太子令之遴與張纘到溉陸襄等參校異同之遴錄其異狀數十事其大略云案古本漢書稱永平十六年五月二十一日己酉郎班固上而今本無上書年月日子又案古本敍傳號爲中篇今本稱爲敍傳又今本敍傳載班彪事行而古本云彪自有傳又今本紀及表志列傳不相合爲次而古本相合爲次總成三十八卷又今本外戚在西域後古本外戚次帝紀下又今本高五子文三王景十三王孝武六子宣元六王雜在諸傳表中古本諸王悉次外戚下在陳項傳上又今本韓彭英盧吳述云信惟餓隸布實黥徒越亦狗盜芮尹江湖雲起龍驤化爲侯王古本述云淮陰毅毅伏劒周章邦之傑子寔惟彭英化爲侯王雲起龍驤又古本第三十七卷解音釋義以助雅詁而今本無此卷也之遴好屬文多學古體與河東裴子野沛國劉顯恒共討論古籍因爲交好時周易尙書禮記毛詩並有武帝義疏唯左氏傳尙闕之遴乃著春秋大意十科左氏十科三傳同異十科合三十事上之帝大悅詔荅曰省所撰春秋義比事論書辭微旨遠編年之教言闡義繁丘明傳洙泗之風公羊宗西河之學鐸椒之解不追瑕丘之說無取繼踵胡毋仲舒云盛因循穀梁千秋最篤張蒼之傳左氏賈誼之襲荀卿源本分鑣指歸殊致詳略紛然其來舊矣昔在弱年久經研味一從遺置迄將五紀兼曉秋晷促機事罕暇夜分求衣未遑披括須待夏景試欲推尋若温故可求別酬所問也始武帝於齊代爲荆府諮議時之遴父虬隱在百里洲早相知聞帝偶匱乏遣就虬換穀百斛之遴時在父側曰蕭諮議躓士云何能得舂願與其米虬從之及帝卽位常懷之侯景初以蕭正德爲帝之遴時落景所將使授璽紱之遴預知仍剃髮披法服乃免先是平昌伏挺出家之遴爲詩嘲之曰傳聞伏不鬬化爲支道林及之遴遇亂遂披染服時人笑之尋避難還鄉湘東王繹嘗嫉其才學聞其西上至夏口乃密送藥殺之不欲使人知乃自製誌銘厚其賻贈前後文集五十卷子三達字三善數歲能清言及屬文州將湘東王繹聞之盛集賓客召而試之說義屬詩皆有理致年十二聽江陵令賀革講禮還仍覆述不遺一句年十八卒之遴深懷悼恨乃題墓曰梁妙士以旌之之遴弟之亨

之亨字嘉會年四歲出後叔父嵩及長好學美風姿善占對武帝之臨荆州唯與虬談虬見之遴之亨帝曰之遴必以文章顯之亨當以功名著後州舉秀才除太學博士仍代兄之遴爲中書通事舍人累遷步兵校尉湘東王繹諮議參軍敕賜金策井賜詩焉大通六年出師南鄭詔湘東王節度諸軍之亨以司農卿爲行臺承制途出本州北界總督衆軍杖節而西樓船戈甲甚盛老小緣岸觀曰是前舉秀才者鄉部偉之是行也大致剋

復軍士有功皆錄雅之亨爲蘭欽所訟執政因而陷之故封賞不行但復本位而已久之帝讀陳湯傳恨其立功絕域而爲文吏所抵宦者張僧胤曰外間論者竊謂劉之亨似之帝感悟乃封爲臨江子固辭不拜之亨美績嘉聲在朱异之右既不協懼爲所害故美出之以代之遴爲安西湘東王繹長史南郡太守上問朱异曰之亨代兄喜不兄弟因循豈直大焉小焉而已又謂尚書令何敬容曰荆州長史南郡太守皆是僕射出入今者之亨便是九轉在郡有異績吏人稱之卒荆土懷之不復稱名號爲大南郡小南郡子廣德亦好學負才任氣承聖中位湘東太守魏平荆州依于王琳琳平陳太建中歷河東太守卒官之亨弟之遲位荆州中從事史子仲威少有志氣頗涉文史梁承聖中爲中書侍郎蕭莊稱尊號以爲御史中丞隨莊終鄴中

坦字德度虬從弟也仕齊歷屠陵令南中郎錄事參軍所居以幹濟稱梁武帝起兵時輔國將軍楊公則爲湘州刺史帥師赴夏口西朝議行州事者坦求行乃除輔國長史長沙太守行湘州刺史坦嘗在湘州多舊恩道迎者甚衆齊東昏遣安成太守劉希祖破西臺所選太守范僧簡於平都希祖移檄湘部於是始興內史王僧粲應之湘部諸郡悉皆蜂起州人咸欲汎舟逃走坦悉聚船焚之前湘州鎮軍鍾玄紹潛應僧粲坦聞其謀僞爲不知因理訟至夜城門遂不閉以疑之玄紹未及發明旦詣坦問其故久留與語密遣親兵收其家玄紹在坐未起而收兵已報具得其文書本末玄紹即首伏於坐斬之焚其文書餘黨悉無所問梁天監初論功封荔浦子三年遷西中郎長史蜀郡太守行益州事未至蜀道卒

論曰劉瓛弟兄僧紹父子竝業盛專門飾以儒行持身之節異夫苟得患失者焉庾易劉虬取高一代其所以行已事兼隱德諸子學業之美各著家聲顯及之遴見嫉時主或以非罪而斥或以非疾而亡異夫自古哲王居己下賢之道有以知武皇之不弘元后之多忌梁祚之不永也不亦宜哉

南史卷五十考證

劉瓛弟璡傳與友孔徹同舟入東○與監本訛與今改正

劉顯傳陸倕聞之擊席喜曰劉郎子可謂差人○梁書聞之下無擊席二字郎字下無子字又喜作歎今各本俱同从之

明僧紹傳隱長廣郡嶗山○嶗一本作勞顧炎武日知錄本草天麻生太山嶗山諸山則字本作嶗若魏書地形志唐書姜撫傳宋史甄棲眞傳作勞並傳寫之訛乃齊乘以爲登之者勞又云一作牢邱長春又改爲鼇皆鄙淺可笑今从監本

勃海封延伯者高行士也○延監本誤追今从閣本

明山賓傳平仲古稱奇夷齊昔擅美○齊梁書作吾誤

庾易傳易謂使人曰走棄採麋鹿之伍終其解之毛衣○終其解之毛衣一本作終歲鮮毛之衣

庾於陵傳遷尚書功論郎○功論梁書作工部

庾肩吾傳朱白既定雌黃有別○白梁書作丹

劉之遴傳必呼之遴小字曰僧伽福德兒○監本脫伽字今增正

劉之亨傳故美出之以代之遴爲安西湘東王繹長史○上文云之亨美績嘉聲在朱异之右既不協懼爲所害則美字尚係异字之誤也今各本俱同姑仍之

南史卷五十一

唐　李延壽　撰

列傳第四十一

梁宗室上

吳平侯景 子勵 勸 勔 勃 弟昌 昂 昱

長沙宣武王懿 子業 孫孝儼 業弟藻 猷 猷子韶 駿 猷弟朗 明

永陽昭王敷　衡陽宣王暢

桂陽簡王融 子象 象子慥　臨川靜惠王宏 子正仁 正義 正義弟正德 正德子見理 正德弟正則 正則弟正立 正立子賁 正立弟正表 正表弟正信

吳平侯景字子昭梁武帝從父弟也祖道賜以禮讓稱居鄉有爭訟專賴平之又周其疾急鄉里號曰墟王皆竊言曰其後必大仕宋終于書侍御史齊末追贈左光祿大夫三子長曰尚之次曰文帝次曰崇之尚之敦厚有器業爲司徒建安王中兵參軍一府稱爲長者遷步兵校尉卒官梁天監初追諡曰文宣侯子靈鈞仕齊爲廣德令武帝起兵行會稽郡事項之卒追封東昌縣侯子謇嗣崇之仕齊官至東陽太守以幹能顯政尚嚴厲永明中錢唐唐瑀之反別衆破東陽崇之遇害天監初追諡忠簡侯景崇之子也八歲隨父在郡居喪以毀聞及長好學才辯有識斷仕齊爲永寧令政爲百城最永嘉太守范述曾居郡號稱廉平雅服景爲政乃牓郡門曰諸縣有疑滯者可就永寧令決以疾去官永嘉人胡仲宣等千人詣闕表請景爲郡不許永元二年以長沙宣武王懿勳除步兵校尉是冬懿遇害景亦逃難武帝起兵以景行南兗州事時天下未定江北傖楚各據塢壁景示以威信渠帥相率面縛請罪旬日境內皆平武帝踐阼封吳平縣侯南兗州刺史加都督詔景母毛氏爲國太夫人禮如王國太妃假金章紫綬景居州清恪有威裁明解吏職文案無擁下不敢欺吏人畏敬如神會年荒計口振恤又爲饘粥於路以賦之死者給棺具人甚賴焉天監七年爲左驍騎將軍兼領軍將軍領軍管天下兵要宋孝建以來制局用事與領軍分權典事以上皆得呈奏領軍垂拱而已及景在職峻切官曹肅然制局監皆近倖頗不堪命以是不得久留中尋出爲寧蠻校尉雍州刺史加都督八年魏荆州刺史元志攻潺溝驅迫羣蠻羣蠻悉度漢水來降議者以爲蠻累爲邊患可因此除之景曰窮來歸我誅之不祥且魏人來侵每爲矛楯若悉誅蠻則軍無礙非長策也乃開樊城受降因命司馬朱思遠寧蠻長史曹義宗中兵參軍孟惠儁擊志於潺溝大破之景初到州省除參迎羽儀器服不得煩擾吏人修葺城壘申警邊備理辭訟勸農桑郡縣皆改節自勵州內清靜抄盜絕迹十三年復爲領軍將軍直殿省知十州損益事月加祿五萬景爲人雅有風力長於辭令其在朝廷爲衆所瞻仰於武帝雖屬爲從弟而禮寄甚隆軍國大事皆與議決十五年加侍中及太尉揚州刺史臨川王宏坐法免詔景以爲安右將軍監揚州置佐史即宅爲府景越親居揚州固讓至於涕泣帝弗許在州尤稱明斷符敎嚴整有田舍老姥訴得符還至縣縣吏未即發姥語曰蕭監州符如火汝手何敢留之其爲人所畏敬如此遷都督郢州刺史將發帝幸建興苑餞別爲之流涕在州復有能名齊安竟陵郡接魏界多盜賊景移書告示魏即禁塢戍保境不復侵略卒于州贈開府儀同三司諡曰忠子勵

勵字文約弱不好弄喜慍不形於色仕太子洗馬母憂去職殆不勝喪每一思至必徒步之墓或遇風雨仆臥中路坐地號慟起而復前家人不能禁景特所鍾愛曰吾百年後其無此子乎使左右飾哭服闋除太子中舍人景薨于郢鎮或以路遠祕其凶問以疾漸爲辭勵乃奔波屆于江夏不進水漿者七日廬于墓所親友隔絕會叔父昺下詔獄勵乃率昆弟羣從同詣大理雖門生故吏莫能識之後襲封吳平侯對揚王人悲慟嗚咽傍人亦爲隕涕除淮南太守以善政稱遷宣城內史郡多猛獸常爲人患及勵在任獸暴爲息又遷豫章內史道不拾遺男女異路徙廣州刺史去郡之日吏人悲泣數百里中舟乘塡塞各齎糧食以送勵勵人爲納受隨以錢帛與之至新淦縣岍山村有一老姥以槃擎鮓魚自送舟側奉上之童兒數十人入水扳舟或歌或泣廣州邊海舊饒外國舶至多爲刺史所侵每年舶至不過三數及勵至纖毫不犯歲十餘至俚人不賓多爲海暴勵征討所獲生口寶物軍賞之外悉送還臺前後刺史皆營私蓄方物之貢少登天府自勵在州歲中數獻軍國所須相繼不絕武帝歎曰朝廷便是更有廣州有詔以本號還朝而江西俚帥陳文徹出寇高要又詔勵重申蕃任未幾文徹降附勵以南江危險宜立重鎮乃表臺於高涼郡立州敕仍以爲高州以西江督護孫固爲刺史徵爲太子左衛率勵性率儉而器度寬裕左右嘗將羹至胸前翻之顏色不異徐呼更衣聚書至三萬卷披翫不倦尤好東觀漢記略皆誦憶劉顯執卷策勵酬應如流乃至卷次行數亦不差失少交結唯與河東裴子野范陽張纘善卒於道贈侍中諡曰光侯勵弟勸勸字文肅少以清靜自立封西鄉侯位南康內史太舟卿大寶元年與南康王會理謀誅侯景事發遇害勸弟勔勔字文祇封東鄉侯位太子洗馬及勸同見害勔弟勃位定州刺史封曲江鄉侯大寶初廣州刺史元景仲將謀應侯景西江督護陳霸先攻景仲迎勃爲刺史時湘東王繹在荆州雖承制授職力不能制遂從之勃乃鎮嶺南爲廣州刺史後江表定以王琳代爲廣州以勃爲晉州刺史魏尅江陵勃復據廣州敬帝承制加司徒紹泰中爲太尉尋進爲太保及陳武禪代之際舉兵不從尋敗遇害

昌字子建景弟也位衡州刺史性好酒在州每醉徑出人家或獨詣草野刑戮頗無期度醉時所殺醒或求焉亦無悔也累遷兼宗正卿屢爲有司所劾久留都忽忽不樂遂縱酒虛悸在石頭東齋引刀自刺而卒弟昂

昂字子明位輕車將軍監南兗州初元景再爲兗州德惠在人及昂來代時人方之馮氏徵爲琅邪彭城二郡太守時有女子年二十許散髮黃衣在武窟山石室中無所修行唯不甚食或出人間時飲少酒鵝卵一兩枚人呼爲聖姑就求子往往有効造者充滿山谷昂呼問

無所對以爲祅惑搒之二十創卽差失所在中大通元年爲領軍將軍久之封湘陰侯出爲江州刺史卒謚曰恭侯

昂弟昱字子真少而狂狷不拘禮度異服危冠交遊冗雜尤善屠牛業以爲常於宅內酤酒好騎射歷位中書侍郎每求試邊州武帝以其輕脫無威望抑而不許遷給事黃門侍郎上表請自解帝手詔責之坐免官因此杜門絕朝覲普通五年坐於宅內鑄錢爲有司所奏下廷尉得免官徙臨海郡行至上虞有敕追還令受菩薩戒旣至恂恂盡禮改意蹈道持戒又精潔帝甚嘉之爲晉陵太守下車勵名迹除煩苛明法憲嚴於姧吏旬日之間郡中大安俄而暴卒百姓行號巷哭市里爲之諠沸設祭奠於郡庭者四百餘人田舍有婦女夏氏年百餘歲扶曾孫出郡悲泣不自勝其惠化所感如此百姓相率爲立廟建碑以紀其德又詣都表求贈謚詔贈湘州刺史謚曰恭子

文帝十男張皇后生長沙宣武王懿永陽昭王敷武帝衡陽宣王暢李太妃生桂陽簡王融融爲東昏所害數暢齊建武中卒武帝踐阼竝追封郡王陳太妃生臨川靜惠王宏南平元襄王偉吳太妃生安成康王秀始興忠武王憺費太后生鄱陽忠烈王恢

長沙宣武王懿字元達文帝長子也少有令譽解褐齊安南邵陵王行參軍襲爵臨湘縣侯歷位晉陵太守以善政稱永明末爲梁南秦二州刺史加督是歲魏軍入漢中遂圍南鄭懿隨機拒擊乃解圍遁去又遣氐帥楊元秀攻取魏歷城等六戍魏人震懼邊境遂寧永元二年裴叔業據豫州反懿以豫州刺史領歷陽南譙二郡太守討之叔業懼遂降魏武帝時在雍州遣典籤趙景悅說懿與晉陽之甲誅君側之罪懿不荅旣而平西將軍崔慧景入寇奉江夏王寶玄圍臺城齊室大亂馳信召懿懿時方食投箸而起率銳卒三千人入援武帝馳遣虞安福下都說懿曰誅賊之後則有不賞之功當明君賢主尚或難立況於亂朝何以自免若賊滅之後仍勒兵入宮行伊霍故事此萬世一時若不欲爾便放表還歷陽託以外拒爲事則威振內外誰敢不從一朝放兵受其厚爵高而無人必生後悔長史徐曜甫亦苦勸竝不從慧景遣其子覺來拒懿擊大破之乘勝而進慧景衆潰追斬之授中書令都督征討水陸諸軍事時東昏肆虐茹法珍王咺之等執政宿臣舊將竝見誅夷懿旣勳高獨居朝右深爲法珍等所憚乃說東昏將加酷害徐曜甫知之密具舟江渚勸令西奔懿不從曰古皆有死豈有叛走中書令邪尋見留省賜藥與弟融俱殞謂使者曰家弟在雍深爲朝廷憂之中興元年贈司徒宣德太后臨朝改贈太傅天監元年追崇丞相封長沙郡王謚曰宣武給九旒鸞輅黃屋左纛葬禮依晉安平王故事懿名望功業素重武帝本所崇敬帝以天監元年四月丙寅卽位是日卽見褒崇戊辰乃崇贈第二兄敷第四弟暢第五弟融至五月有司方奏追皇考皇妣尊號遷神主于太廟帝不親奉命臨川王宏侍從七月帝臨軒遣兼太尉散騎常侍王份奉策上太祖文皇帝獻皇后及德皇后尊號旣先卑後尊又臨軒命策議者頗致譏議焉

懿子業字靜曠幼而明敏仕齊爲太子舍人宣武之難與二弟藻象俱逃匿於王嚴秀家東昏知之收嚴秀付建康獄考掠備極乃以鉗拔手爪至死不言竟以免禍天監二年襲封長沙王歷位祕書監侍中都督南兗州刺史運私邸米僦人作甓以砌城武帝善之徙湘州尤著善政零陵舊有二猛獸爲暴無故相枕而死郡人唐睿見猛獸傍一人曰刺史德感神明所以兩猛獸自斃言訖不見衆竝異之業性敦篤所在留意普通四年爲侍中金紫光祿大夫薨謚曰元王文集行於世子孝儼嗣

孝儼字希莊射策甲科除祕書郎太子舍人從幸華林園於坐獻相風烏華光殿景陽山等頌其文甚美帝深賞異之薨謚曰章子眘嗣業弟藻

藻字靖藝仕齊位著作佐郎天監元年封西昌縣侯爲益州刺史時鄧元起在蜀自以有剋劉季連功恃宿將輕少藻藻怒乃殺之旣天下草創邊徼未安州人焦僧護聚衆數萬據郫繁作亂藻年未弱冠集僚佐議欲自擊之或陳不可藻大怒斬之階側乃乘平肩輿巡行賊壘賊聚弓亂射矢下如雨從者舉楯禦箭又命除之由此人心大安賊乃夜遁藻命騎追擊平之元年徵爲太子中庶子初鄧元起之在蜀也崇於聚斂財貨山積金玉珍帛爲一室名曰內藏綺縠錦罽爲一室號曰外府藻以外府賜將帥內藏歸王府不有私焉及是還朝輕裝就路再遷侍中藻性謙退不求聞達善屬文尤好古體自非公宴未嘗妄有所爲縱有小文成輒棄本歷雍兗二州刺史頻涖州鎭人吏咸稱之推善下人常如弗及普通六年爲軍師將軍與西豐侯正德北侵渦陽輒班師爲有司奏免官削爵土八年復封爵中大通三年爲中軍將軍太子詹事出爲丹陽尹帝每稱其小字歎曰子弟竝如迦葉吾復何憂入爲尚書左僕射加侍中固辭不許大同五年遷中衞將軍開府儀同三司中書令侍中如故藻性恬靜獨處一室牀有膝痕宗室衣冠莫不楷則常以爵祿大過每思屏退門庭閑寂賓客罕通簡文尤敬愛之自遭家禍恒布衣蒲席不食鮮禽非公庭不聽音樂武帝每以此稱之出爲南徐州刺史侯景亂藻遣世子彧率兵入援及城開加散騎常侍侯景遣其儀同蕭邕代之據京口藻因感氣疾或勸奔江北藻曰吾國之台鉉任寄特隆旣不能誅翦逆賊正當同死朝廷耳因不食而薨

藻弟猷封臨汝侯爲吳興郡守性倜儻與楚王廟神交飲至一斛每酹祀盡歡極醉神影亦有酒色所禱必從後爲益州刺史侍中中護軍時江陽人齊苟兒反衆十萬攻州城猷兵糧俱盡人有異心乃遙禱請救是日有田老逢一騎浴鐵從東方來問去城幾里曰百四十時日已晡騎舉稍曰後人來可令之疾馬欲及日破賊俄有數百騎如風一騎過請飲田老問爲誰曰吳興楚王來救臨汝侯當此時廟中請祈無驗十餘日乃見侍衞上偶皆泥濕如汗者是月猷大破苟兒猷在州頗僭濫客筵內遂有香橙不置連榻武帝末知之以此爲愆還都以憂愧成疾卒謚曰靈以與神交也

猷子韶字德茂初封上甲縣鄉侯太清初爲舍人城陷奉詔西奔及至江陵人士多往尋覓令韶說城內事韶不能人人爲說乃疏爲一卷客問者便示之湘東王聞而取看謂曰昔王韶之爲隆安紀十卷說晉末之亂離今之蕭韶亦可爲太清紀十卷矣韶乃更爲太清紀其諸議論多謝吳爲之韶旣承旨撰著多非實錄湘東王德之改超繼宣武王封長沙王遂至郢州刺史韶昔爲幼童庾信愛之有斷袖之歡衣食所資皆信所給遇客韶亦爲信傳酒後爲郢州信西上江陵途經江夏韶接信甚薄坐青油幕下引信入宴坐信別榻有自矜色信稍不堪因酒酣乃徑上韶牀踐蹋肴饌直視韶面謂曰官今日形容大異近日時賓客滿坐韶甚慙恥

韶弟駿字德款善草隸工文章晚更習武旅力絕人與永安侯確相類位尚書殿中郎起武將軍封南安侯城陷爲賊任約所禮謀召鄱陽王範襲約反爲所害

猷弟朗字靖徹天監五年例以王子封侯歷太子洗馬桂州刺史加都督性倨而虐羣下患之記室庾丹以忠諫見害帝聞之使於嶺表以功自効丹父景休位御史中丞丹少有儁才與伏挺何子朗俱爲周捨所狎初景休罷巴東郡頗有資產丹貸錢數百萬責者塡門景休怒不爲之償旣而朝賢之丹不之景休景休悅乃悉爲還之爲建康正坐事流廣州

朗弟明字靖通少被武帝親愛封貞陽侯太清元年爲豫州刺史百姓詣闕拜表言其德政樹碑于州門內及碑匠採石出自肥陵明乃廣營廚帳多召人物躬自率領牽至州識者笑之曰王自立碑非州人也武帝旣納侯景大舉北侵使南康王會理總兵明乃拜表求行固請乃許之會理已至宿預詔改以明代爲都督水陸諸軍趣彭城大圖進取敕曰侯景志清鄴洛以雪讎恥其先率大軍隨機撫定汝等衆軍可止於寒山築堰引淸水以灌彭城大水一沉孤城自殄愼勿妄動明師次呂梁十八里作寒山堰以灌彭城水及于堞不沒者三板魏遣將慕容紹宗赴救明謀略不出號令莫行諸將每諮事輒怒曰吾自臨機制變勿多言衆乃各掠居人明亦不能制唯禁其一軍無所侵掠紹宗至決堰水明命將救之莫肯出魏軍轉逼人情大駭胡貴孫謂趙伯超曰不戰何待伯超懼不能對貴孫乃入陳苦戰伯超擁衆弗敢救曰與戰必敗不如全軍早歸乃使具良馬載其愛妾自隨貴孫遂沒伯超子威方將赴戰伯超懼其出使人召之遂相與南還明醉不能興衆軍大敗明見俘執北人懷其不侵掠謂之義王及至魏魏帝引見明及諸將帥釋其禁送晉陽勃海王高澄禮明甚重謂曰先王與梁主和好十有餘年聞彼禮佛文常云奉爲魏主并及先王此甚是梁主厚意不謂一朝失信致此紛擾因欲與梁通和使人以明書告武帝方致書以慰高澄東魏除明散騎常侍及聞社稷淪蕩哀泣不捨晝夜魏平江陵齊文宣使送明至梁并前所獲梁將湛海珍等皆聽從明歸令上黨王渙率衆送之是時太尉王僧辯司空陳霸先在建康推晉安王方智爲太宰都督中外諸軍事承制置百官渙軍漸進明與僧辯書求迎僧辯不從及渙破東關斬裴之橫僧辯懼乃納明於是梁輿東度齊師北反明至望朱雀門便長慟迄至所止道俗參問皆以哭對之及稱尊號改承聖四年爲天成元年大赦境內以方智爲太子授王僧辯大司馬遣其子章馳到齊拜謝齊遇明及僧辯使人在館供給宴會豐厚一同武帝時使及陳霸先襲殺僧辯復奉晉安王是爲敬帝而以明爲太傅建安王報齊云僧辯陰謀篡逆故誅之仍請稱臣于齊永爲蕃國齊遣行臺司馬恭及

梁人盟於歷陽明年齊人徵明霸先猶稱蕃將遣使送明疽發背死時王琳與霸先相抗齊文宣遣兵納永嘉王莊主梁祀追謚明曰閔皇帝

永陽昭王敷字仲達文帝第二子也少有學業仕齊爲隨郡內史招懷遠近士庶安之以爲前後之政莫及明帝謂徐孝嗣曰學士舊聞例不解理官聞蕭隨郡唯置酒清言而路不拾遺行何風化以至於此荅曰古者修文德以來遠人況止郡境而已帝稱善徵爲廬陵王諮議參軍卒武帝即位贈司空封永陽郡王謚曰昭天監二年子伯游嗣伯游字士仁位會稽太守薨謚曰恭

衡陽宣王暢文帝第四子也有美名仕齊位太常封江陵縣侯卒天監元年追贈開府儀同三司封衡陽郡王謚曰宣三年子元簡位郢州刺史卒於官謚曰孝葬將引柩有聲議者欲開視王妃柳氏曰晉文已有前例不聞開棺無益亡者之生徒增生者之痛遂止少子獻嗣

桂陽簡王融文帝第五子也仕齊位太子洗馬與宣武王懿俱遇害天監元年贈撫軍大將軍封桂陽郡王謚曰簡無子詔以長沙宣武王第九子象嗣

象字世翼容止閑雅簡於交游事所生母以孝聞位丹陽尹象生長深宮始親庶政舉無失德朝廷稱之再遷湘州刺史加都督湘州舊多猛獸爲暴及象任州日四猛獸死於郭外自此靜息故老咸稱政德所感歷位太常卿加侍中兼還祕書監薨謚曰敦子慥嗣

慥字元貞位信州刺史有威惠太清二年赴援臺城遇赦還蕃尋爲張纘所構書報湘東王曰河東桂陽二蕃掎角欲襲江陵湘東乃水步兼行至荆鎮慥尚軍江津不以爲意湘東至乃召慥深加慰喻慥心乃安後留止省內慥心知禍及遂肆醜言湘東大怒付獄殺之

臨川靜惠王宏字宣達文帝第六子也長八尺美鬚眉容止可觀仕齊爲北中郎桂陽王功曹史宣武之難兄弟皆被收道人釋惠思藏宏及武帝師下宏至新林奉迎建康平爲中護軍領石頭戍事天監元年封臨川郡王位揚州刺史加都督四年武帝詔宏都督諸軍侵魏宏以帝之介弟所領皆器械精新軍容甚盛北人以爲百數十年所未之有軍次洛口前軍剋梁城宏部分乖方多違朝制諸將欲乘勝深入宏聞魏援近畏懦不敢進召諸將欲議旋師呂僧珍曰知難而退不亦善乎宏曰我亦以爲然柳惔曰自我大衆所臨何城不服何謂難乎裴邃曰是行也固敵是求何難之避馬仙琕曰王安得亡國之言天子掃境內以屬王有前死一尺無却生一寸昌義之怒鬚盡磔曰呂僧珍可斬也豈有百萬之師輕言可退何面目得見聖主乎朱僧勇胡辛生拔劒而起曰欲退自退下官當前向取死議者已罷僧珍謝諸將曰殿下昨來風動意不在軍深恐大致沮喪欲使全師而反又私裴邃曰王非止全無經略庸怯過甚吾與言軍事都不相入觀此形勢豈能成功宏不敢便違羣議停軍不前魏人知其不武遺以巾幗北軍歌曰不畏蕭娘與呂姥但畏合肥有韋武武謂韋叡也僧珍歎曰使始興吳平爲元帥我相毗輔中原不足平今遂敵人見欺如此乃欲遣裴邃分軍取壽陽大衆停洛口宏固執不聽乃令軍中曰人馬有前行者斬自是軍政不和人懷憤怒魏奚康生馳遣楊大眼謂元英曰梁人自剋梁城已後久不進軍其勢可見當是懼我王若進據洛水彼自奔敗元英曰蕭臨川雖騃其下有好將韋裴之屬亦未可當望氣者言九月賊退今且觀形勢未可便與交鋒張惠紹次下邳號令嚴明所至獨剋下邳人多有欲來降惠紹曰我若得城諸卿皆是國人若不能破賊徒令公等失鄉非朝廷弔人本意也今且安堵復業勿妄自辛苦降人咸悅九月洛口軍潰宏棄衆走其夜暴風雨軍驚宏與數騎逃亡諸將求宏不得衆散而歸棄甲投戈塡滿水陸捐棄病者强壯僅得脫身宏乘小船濟江夜至白石壘款城門求入臨汝侯登城謂曰百萬之師一朝奔潰國之存亡未可知也恐姦人乘間爲變城門不可夜開宏無辭以對乃縋食饋之惠紹聞洛口敗亦退軍六年遷司徒領太子太傅八年爲司空揚州刺史十一年正月爲太尉其年冬以公事左遷驃騎大將軍開府同三司之儀未拜遷揚州刺史十二年加司空十五年所生母陳太妃薨去職尋起爲中書監驃騎大將軍揚州刺史如故宏妾弟吳法壽性麤狡恃宏無所畏忌輒殺人死家訴有敕嚴討法壽在宏府內無如之何武帝制宏出之即日償辜南司奏免宏司徒驃騎揚州刺史武帝注曰愛宏者兄弟私親免宏者王者正法所奏可宏自洛口之敗常懷愧憤都下每有竊發輒以宏爲名屢爲有司所奏帝每貰之十七年帝將幸光宅寺有士伏於驃騎航待帝夜出帝將行心動乃於朱雀航過事發稱爲宏所使帝泣謂宏曰我人才勝汝百倍當此猶恐顚墜汝何爲者我非不能爲周公漢文念汝愚故宏頓首曰無是無是於是以罪免而縱恣不悛奢侈過度修第擬於帝宮後庭數百千人皆極天下之選所幸江無畏服玩侔於齊東昏潘妃寶屧直千萬好食鯖魚頭常日進三百其佗珍膳盈溢後房食之不盡棄諸道路江本吳氏女也世有國色親從子女偏游王侯後宮難免兄弟九人因權勢橫於都下宏未幾復爲司徒普通元年遷太尉揚州刺史侍中如故七年四月薨自疾至薨輿駕七出臨視及薨詔贈侍中大將軍揚州牧假黃鉞并給羽葆鼓吹一部增班劒爲六十人謚曰靖惠宏以介弟之貴無佗量能恣意聚斂庫室垂有百間在內堂之後關籥甚嚴有疑是鎧仗者密以聞武帝於友于甚厚殊不悅宏愛妾江氏寢膳不能暫離上佗日送盛饌與江曰當來就汝懽宴唯攜布衣之舊射聲校尉丘佗卿往與宏及江大飲半醉後謂曰我今欲履行汝後房便呼後閤輿徑往屋所宏恐上見其賄貨顏色怖懼上意彌言是仗屋屋檢視宏性愛錢百萬一聚黃牓標之千萬一庫懸一紫標如此三十餘間帝與佗卿屈指計見錢三億餘萬餘屋貯布絹絲綿漆蜜紵蠟朱沙黃屑雜貨但見滿庫不知多少帝始知非仗大悅謂曰阿六汝生活大可方更劇飲至夜舉燭而還兄弟情方更敦睦宏都下有數十邸出懸錢立券每以田宅邸店懸上文券期訖便驅券主奪其宅都下東土百姓失業非一帝後知制懸券不得復驅奪自此後貧庶不復失居業晉時有錢神論豫章王綜以宏貪吝遂爲錢愚論其文甚切帝知以激宏宣旨與綜天下文章何限那忽作此雖令急毁而流布已遠宏深病之聚斂稍改宏又與帝女永興主私通因是遂謀弒逆許事捷以爲皇后帝嘗爲三日齋諸主竝豫永興乃使二僮衣以婢服僮踰閾失屨閤帥疑之密言於丁貴嬪欲上言懼或不信乃使宮帥圖之帥令內輿人八人纏以純綿立於幕下齋坐散主果請問帝許之主升階而僮先趣帝後八人抱而擒之帝驚墜於扆搜僮得刀辭爲宏所使帝祕之殺二僮於內以漆車載主出主恚死帝竟不臨之帝諸女臨安安吉長城三主竝有文才而安吉最得令稱宏性好內樂酒沉湎聲色侍女千人皆極綺麗愼衛寡方故屢致降免宏子十人許可知者七人長子正仁字公業位祕書丞早卒謚哀世子正仁弟正義嗣

正義字公威初以王子封平樂侯位太常卿南徐州刺史屬武帝幸朱方正義修解宇以待輿駕初京城之西有別嶺入江高數十丈三面臨水號曰北固蔡謨起樓其上以置軍實是後崩壞項猶有小亭登降甚狹及上升之下輦步進正義乃廣其路傍施欄楯翌日上幸遂通小輿上悅登望久之敕曰此嶺不足須固守然京口實乃壯觀乃改曰北顧賜正義束帛役爲東揚州刺史薨正義弟正德

正德字公和少而凶慝招聚亡命破冢屠牛兼好弋獵齊建武中武帝肩嗣未立養以爲子及平建康生昭明太子正德還本天監初封西豐縣侯累遷吳郡太守正德自謂應居儲嫡心常怏怏每形於言普通三年以黃門侍郎爲輕車將軍置佐史頃之奔魏初去之始爲詩一絕內火籠中即詠竹火籠曰楨幹屈曲盡蘭麝氛氳銷欲知懷炭日正是履冰朝至魏稱是被廢太子時齊蕭寶夤先在魏乃上表魏帝曰豈有伯爲天子父作揚州棄彼密親遠投佗國不若殺之魏既不禮之正德乃殺一小兒稱爲巳子遠營葬地魏人不疑又自魏逃歸見於文德殿至庭叩頭武帝泣而誨之特復本封正德志行無悛常公行剝掠時東府有正德及樂山侯正則潮溝有董當門子暹世謂之董世子者也南岸有夏侯夔世子洪此四凶者爲百姓巨蠹多聚亡命黃昏多殺人於道謂之打稽時勳豪子弟多縱恣以淫盜屠殺爲業父祖不能制尉邏莫能禦車服牛馬號西豐駱馬樂山烏牛董暹金帖織成戰襖直七百萬後正則爲劫殺沙門徙嶺南死洪爲其父夔奏繫東冶死於徙邏坐與永陽王妃王氏亂誅三人既除百姓少安正德淫虐不革尋除給事黃門侍郎六年爲輕車將軍隨豫章王北侵正德輒棄軍委走爲有司所奏下獄帝復詔曰汝以猶子情兼常愛故越先汝兄剖符連郡往年在蜀昵近小人猶謂少年情志未定更於吳郡殺戮無辜劫盜財物雅然無畏及還京師專爲逋逃乃至江乘要道湖頭斷路遂使京邑士女早閉晏開又奪人妻妾略人子女徐敖非直失其配匹乃橫屍道路王伯敖列卿之女誘爲妾媵我每加掩抑冀汝自新了無悛革怨讐逾甚遂匹馬奔亡志懷反噬遣信慰問冀汝能還果能來歸遂我夙志謂汝不好文史志在武功令汝杖節董戎前驅豈謂汝狼心不改包藏禍胎志欲覆敗國計以快汝心今當宥汝以遠無令房累自隨敕所在給汝廩餼王新婦見理等當停太尉間汝餘房累悉許同行於是免官削爵土徙臨海郡未至徙所道追赦之八年復封爵正德北還求交朱异帝既封昭明諸子异言正德失職大通四年特封臨賀郡王後爲丹陽尹坐所部多劫盜復爲有司所奏去職出爲南兗州在任苛刻人不堪命廣陵沃壤遂爲之荒至人相食噉既累試無能從是黜廢

轉增憤恨乃陰養死士常思國釁聚蓄米粟宅內五十間室並以爲倉自征虜亭至于方山悉略爲墅蓄奴僮數百皆黥其面太清二年秋侯景反知其有姦心景黨徐思玉在北經與正德相知至是景遣思玉至建業具以事告又與正德書曰今天子年尊姦臣亂國以景觀之計日必敗大王屬當儲貳中被廢辱天下義士竊所忿慨大王豈得顧此私情棄茲億兆景雖不武實思自奮正德得書大喜曰侯景之意暗與人同天贊我也遂許之及景至正德潛運空舫詐稱迎荻以濟景焉朝廷未知其謀以正德爲平北將軍屯朱雀航景至正德乃北向望闕三拜跪辭歔欷流涕引賊入宣陽門與景交揖馬上退據左衞府先是其軍並著絳袍袍裏皆碧至是悉反之賊以正德爲天子號曰正平元年初童謠有之故以應也又世人相傳必稱正平耳正德乃以長子見理爲太子以女妻景景爲丞相與約曰平城之日不得全二宮又令釁內王侯三日不出者誅之及臺城開正德率衆揮刀欲入賊先使其徒守門故正德不果乃復太清之號降正德爲侍中大司馬正德入問訊拜且泣武帝曰啜其泣矣何嗟及矣正德知爲賊所賣深自咎悔密書與鄱陽嗣王範以兵入賊邀得書乃矯詔殺之先是正德妹長樂主適陳郡謝禧正德姦之燒主第縛一婢加玉釧於手以金寶附身聲云主被燒死檢取婢屍幷金玉葬之仍與主通呼爲柳夫人生一子焉日月稍久風聲漸露後黃門郎張準有一雉媒正德見而奪之尋會重雲殿爲淨供皇儲以下莫不畢集準於衆中叱罵曰張準雉媒非長樂主何可略奪皇太子恐帝聞之令武陵王和止之乃休及出送雉媒還之其後梁室傾覆既由正德百姓至聞臨賀郡名亦不欲道童謠云寧逢五虎入市不欲見臨賀父子其惡之如是

見理字孟飾性甚凶麤長劍短衣出入廛里不爲宗室所齒及肆逆甚得志焉招聚羣盜每夜輒掠劫於大航爲流矢所中死正德弟正則

正則字公衡天監初以王子封樂山侯累遷太子洗馬舍人恒於第內私械百姓令養馬又盜鑄錢大通二年坐匿劫盜削爵徙鬱林帝敕廣州日給酒肉南中官司猶處以侯禮正則滋怨諸父與西江督護靳山顧通室招誘亡命將襲番禺未及期而事發遂鳴鼓會將攻州城刺史元景仲命長史元孝深討之正則敗逃于廁村人縛送之詔斬於南海有司請絕屬籍收妻子詔聽絕屬籍妻子特原正則弟正立

正立字公山初封羅平侯母江有寵初正仁之亡宏溺情曲制以正立爲世子正立徵有學宏薨後知非朝議表求讓兄帝甚嘉焉諸侯例封五百戶正立改封實土建安縣侯食邑一千戶後位丹陽尹薨謚曰敏子賁嗣

賁字世文性躁薄正德爲侯景所立賁出投之專監造攻具以攻臺城常爲賊耳目南康嗣王會理謀襲景賁與中宿世子子邕告之賊矯封賁竟陵王子邕隨郡王並改姓侯氏賁爲宗正卿子邕都官尚書專權陵蔑朝政居嘗晝臥見柳敬禮蕭勸入室毆之賁驚起乞恩俄而賊惡其翻覆殺之

正立弟正表封封山侯後奔樂山表弟正信

正信字公理封武化侯與正立同生亦被宏鍾愛然幼不慧常執白團扇湘東王取題八字銘玩之正信不知嗤之終常搖握位給事中卒

南史卷五十一考證

吳平侯景傳梁武帝從父弟也○從父弟監本誤從弟父今从梁書改正

長沙宣武王懿子猷傳爲吳興郡守性倜儻與楚王廟神交飮至一斗○下文遂禱請救大破齊苟兒與南齊書蕭惠休事神謹故得美遷畧同

猷子韶傳湘東王德之改超繼宣武王封長沙王○超疑係韶字之訛但各本俱同姑仍之

桂陽簡王融子象傳位丹陽尹○位監本訛於今改正

臨川靜惠王宏傳豈有百萬之師輕言可退○輕監本作卿今从閣本

親從子女徧游王侯後宮難免兄弟九人因權勢橫於都下○難一本作男又注云一作難然俱不可解

南史卷五十二

唐　李　延　壽　撰

列傳第四十二

梁宗室下

安成康王秀 子機 機弟推

南平元襄王偉 子恪 恪弟恭 恭子靜 恭弟祗

鄱陽忠烈王恢 子範 範子嗣 範弟諮 諮弟修 修弟泰

始興忠武王憺 子亮 亮弟暎 暎弟曄

安成康王秀字彥達文帝第七子也年十三吳太妃亡秀母弟始興王憺時年九歲與秀並以孝聞居喪累日不進飮文帝親取粥授之哀其早孤命側室陳氏并母二子陳亦無子有母德視二子如已生秀美風儀性方靜雖左右近侍非正衣冠弗之見由是親友及家人咸敬焉仕齊爲太子舍人長沙王懿平崔慧景後爲尙書令居端右衡陽王暢爲衞尉掌管籥東昏日夕逸游衆頗勸懿廢之懿弗聽東昏左右惡懿勳高又慮廢立並間懿懿亦危之自是諸親咸爲之備及難作臨川王宏以下諸弟姪俱隱人間罕有發泄唯桂陽王融及禍武帝兵至新林秀及諸親並自拔赴軍建康平爲南徐州刺史天監元年封安成郡王京口自崔慧景亂後累被兵革人戶流散秀招懷撫納惠愛大行仍屬饑年以私財贍百姓所濟甚多六年爲江州刺史將發主者求堅船以爲齋舫秀曰吾豈愛財而不愛士乃敎以牢者給參佐下者載齋物既而遭風齋舫遂破及至州聞前刺史取徵士陶潛曾孫爲里司歎曰陶潛之德豈可不及後倘即日辟爲西曹時夏水汎長津梁斷絕外司請依舊僦度收其價秀教曰刺史不德水潦爲患可利之乎給船而已七年遭慈母陳太妃憂詔起視事尋遷荊州刺史加都督立學校招隱逸辟處士河東韓懷明南平韓望南郡庾承先河東郭麻等是歲魏縣瓠城人反殺豫州刺史司馬懷悅引司州刺史馬仙琕仙琕籤荊州求應赴衆咸謂宜待臺報秀曰彼待我爲援援之宜速待敕非應急也即遣兵赴之及沮水暴長頗敗人田秀以穀二萬斛贍之使長史蕭琛簡州貧老單丁吏一日散遣百餘人百姓甚悅荊州嘗苦旱咸欲徙市開渠秀乃責躬親祈楚望俄而甘雨即降遂獲有年又武寧太守爲弟所殺乃僞云士反秀照其姦慝望風首欵咸謂之神於荊州起天居寺以武帝游梁館也及去任行次大雷風波暴起船艫淪溺秀所問惟恐傷人十三年爲郢州刺史加都督郢州地居衝要賦斂殷煩人力不堪至以婦人供作秀務存約已省去游費百姓安堵境內晏然夏口常爲戰地多暴露骸骨秀於黃鶴樓下祭而埋之一夜夢數百人拜謝而去每冬月常作襦袴以賜凍者時司州叛蠻田魯生魯賢超秀據蒙籠來降武帝以魯生爲北司州刺史魯賢北豫州刺史超秀定州刺史爲北境捍蔽而魯生超秀互相讒毀有去就心秀撫喻懷納各得其用當時賴之遷雍州刺史在路薨武帝聞之甚痛悼焉遣南康王績緣道迎候初秀之西也郢州人相送出境聞其疾百姓商賈咸爲請命及薨四州人裂裳爲白帽哀哭以迎送之雍州蠻迎秀聞薨祭哭而去喪至都贈司空謚曰康秀美容儀每在朝百寮屬目性仁恕喜慍不形於色左右嘗以石擲殺所養鵠齋帥請按其罪秀曰吾豈以鳥傷人在都旦臨公事廚人進食誤覆之去而登車竟朝不飯亦弗之誚也時諸王並下士建安安成二王尤好人物世以二安重士方之四豪秀精意學術搜集經記招學士平原劉孝標使撰類苑書未及畢而已行於世秀於武帝布衣昆季及爲君臣小心畏敬過於疏賤者帝益以此賢之少偏孤於始興王憺尤篤憺久爲荊州刺史常以所得奉中分秀秀稱心受之不辭多也昆弟之睦時議歸之佐史夏侯亶等表立墓碑誌詔許焉當世高才游王門者東海王僧孺吳郡陸倕彭城劉孝綽河東裴子野各製其文欲擇用之而咸稱實錄遂四碑並建世子機嗣

機字智通位湘州刺史薨於州機美姿容善吐納家既多書博學強記然而好弄尚力遠士子邇小人爲州專意聚斂無政績頻被案劾將葬有司請謚詔曰王好內怠政宜謚曰煬所著詩賦數千言元帝集而序之子操嗣

機弟推字智進少清敏好屬文深爲簡文所親賞普通六年以王子封南浦侯歷淮南晉陵吳郡太守所臨必赤地大旱吳人號旱母焉侯景之亂守東府城陷推握節死之

南平元襄王偉字文達文帝第八子也幼清警好學仕齊爲晉安王驃騎外兵參軍武帝爲雍州慮天下將亂求迎偉及始興王憺俄聞已入沔帝欣然謂佐史曰阿八十一行至吾無憂矣及起兵留行雍州州府事及帝尅郢魯下尋陽圍建鄴而巴東太守蕭惠訓子璝及巴西太守魯休烈起兵逼荊州蕭穎胄憂憤暴卒西朝兇懼徵兵於偉偉乃割州府將吏配始興王憺往赴之憺至璝等皆降齊和帝詔以偉爲都督雍州刺史天監元年封建安王初武帝軍東下用度不足偉取襄陽寺銅佛毀以爲錢富僧藏鏹多加毒害後遂惡疾十三年累遷爲左光祿大夫加親信四十人歲給米萬斛藥直二百四十萬廚供月二十萬并二衞兩營雜役二百人倍先置防閤白直左右職局一百人以疾甚故不復出蕃而加奉秩十五年所生母陳太妃薨毀頓過禮水漿不入口累日帝每臨幸抑譬之偉雖奉詔而殆不勝喪惡疾轉增因求改封十七年改封南平郡位侍中左光祿大夫開府儀同三司大通四年爲中書令大司馬薨贈侍中太宰謚曰元襄偉性端雅持軌度少好學篤誠通

惢趨賢重士常如弗及由是四方游士當時知名者莫不畢至疾亟喪明便不復出齊世青溪宮改爲芳林苑天監初賜偉爲第又加穿築果木珍奇窮極彫靡有侔造化立游客省寒暑得宜冬有籠爐夏設飲扇每與賓客游其中命從事中郎蕭子範爲之記梁蕃邸之盛無過焉而性多恩惠尤愍窮乏常遣腹心左右歷訪閭里人士有貧困吉凶不舉者卽遣賵卹之平原王曼穎卒家貧無以殯友人江革往哭之其妻兒對革號訴革曰建安王當知必爲營理言未訖而偉使至給其喪事得周濟焉每祁寒積雪則遣人載樵米隨乏絕者賦給之晚年崇信佛理尤精玄學著二諦義製性情幾神等論義僧寵及周捨殷鈞陸倕並名精解而不能屈朝廷得失時有匡正子姪邪僻義方訓誘斯人斯疾而不得助主興化梁政漸替自公薨焉世子恪嗣

世子恪字敬則弘雅有風則姿容端麗位雍州刺史年少未閑庶務委之羣下百姓每通一辭數處輸錢方得聞徹賓客有江仲舉蔡薳王臺卿庾仲容四人俱被接遇並有蓄積故人間歌曰江千萬蔡五百王新車庾大宅遂達武帝帝接之曰主人憒憒不如客尋以盧陵王代爲刺史恪還奉見武帝以人間語問之恪大慙不敢一言後折節學問所歷以善政稱太淸中爲郢州刺史及亂邵陵王至郢恪郊迎之讓位焉邵陵不受及王僧辯至郢恪歸荆州元帝以爲尙書令司空賊平爲揚州刺史時帝未還都以恪宗室令譽故先使歸鎭社稷大寶三年薨于長沙未之鎭也贈太尉謚曰靖節王恪弟恭

恭字敬範天監八年封衡山縣侯初樂山侯正則有罪敕讓諸王獨謂元襄王曰汝兒非直無過並有義方歷位監南徐州事時衡州刺史武會超在州子姪縱暴州人朱朗聚黨反武帝以恭爲刺史時朗已圍始興恭至綏服狥賊示以恩信羣賊伏其勇是夜退三舍以避軍吏請追恭曰賊以政苛致叛非有陳吳之心緩之則自潰急之則併力諸君置之明日朗遣使請降恭杖節受之一無所問卽日收始興太守張寶生及會超弟之子子仁斬之軍門以其賄而虐也有司奏恭縱罪人專戮二千石有詔宥之遷湘州刺史善解吏事所在見稱而性尙華侈廣營第宅重齋步閣模寫宮殿尤好賓友酣宴終辰坐客滿筵言談不倦時元帝居蕃頗事聲譽勤心著述卮酒未嘗妄進恭每從容謂曰下官歷觀時人多有不好懽興乃仰眠牀上看屋梁著書千秋萬歲誰傳此者勞神苦思竟不成名豈如臨淸風對朗月登山泛水肆意酣歌也尋除寧蠻校尉雍州刺史便道之鎭簡文少與恭游特被賞狎至是手令勗以政事恭至州政績有聲百姓請於城南立碑頌德詔許焉名爲政德碑是夜聞數百人大叫碑石明旦視之碑涌起一尺恭命以大柱置于碑上使力士數十人抑之不下又以酒脯祭之使人守視俄而自復視者竟不見之恭聞而惡焉先是武帝以雍爲邊鎭運數州粟以實儲倉恭乃多取官米還贍私宅又典籤陳保印侵剋百姓爲荆州刺史盧陵王所啓被詔徵還在都朝謁白服隨例帝曰白衣者爲誰對曰前衡山侯恭帝厲色曰不還我陳保印吾當白汝未已而保印實投湘東王王改其姓名曰袁逢恭竟不敍用侯景亂卒於城中詔特復本封元帝追謚曰僖侯

子靜字安仁少有美名號爲宗室後進有文才而篤志好學旣內足於財多聚經史散書滿席手自讎校何敬容欲以女妻之靜忌其太盛拒而不納時論服焉然好戲笑輕論人物時以此少之位給事黃門侍郎深爲簡文所愛賞太淸三年卒贈侍中

恭弟祗字敬謨美風儀幼有令譽天監中封定襄縣侯後歷位北兗州刺史侯景亂與從弟湘潭侯退謀起兵內援會州人反城應景祗遂奔東魏

鄱陽忠烈王恢字弘達文帝第十子也幼聰穎七歲能通孝經論語義發擿無遺及長美風儀涉獵史籍仕齊位北中郎外兵參軍前軍主簿宣武王之難逃在都下武帝起兵恢藏伏得免大軍至新林乃奉迎天監元年封鄱陽郡王除郢州刺史加都督初郢城內疾疫死者甚多不及藏殯恢下車遽命瘞埋又遣四使巡行州部境內大寧時有進筒中布者恢以奇貨異服卽命焚之於是百姓仰德累遷都督益州刺史成都去新城五百里陸路往來悉訂私馬百姓患焉累政不能改恢乃市馬千匹以付所訂之家須則以次發之百姓賴焉再遷開府儀同三司都督荆州刺史普通七年薨於州詔贈侍中司徒謚曰忠烈恢美容質善談笑愛文酒有士大夫風則所在雖無皎察亦不傷物有孝性初鎭蜀所生費太妃猶停都後於都不豫恢未之知一夜忽夢還侍疾及覺憂遑廢寢食俄而都信至太妃已瘳後有目疾久廢視瞻有道人慧龍得療眼術恢請之及至空中忽見聖僧及慧龍下針豁然開朗咸謂精誠所致恢性通恕輕財好施凡歷四州所得奉祿隨而散之在荆州嘗從容問賓僚曰中山好酒趙王好吏二者孰愈衆未有對者顧謂長史蕭琛曰漢時王侯蕃屛而已視事親人自有其職中山聽樂可得任悅彭祖代吏近於侵官今之王侯不守蕃國當佐天子臨人淸白其優乎坐者咸服有男女百人男封侯者三十九人女主三十八人世子範嗣

範字世儀溫和有器識爲衞尉卿每夜自巡警武帝嘉其勞苦出爲益州刺史行至荆州而忠烈王薨因停自解武帝不許詔權監荆州及湘東王至範依舊述職遣弟湘潭侯退隨喪而下大同元年以開通劒道剋復華陽增封尋徵爲領軍將軍侍中範雖無學術而以籌略自命愛奇翫古招集文才率意題章亦時有奇致嘗得舊琵琶題云齊竟陵世子範嗟人往物存攬筆爲詠以示湘東王王吟咏其辭作琵琶賦和之後爲都督雍州刺史範作牧莅人甚得時譽撫循將士盡獲歡心於是養士馬修城郭聚軍糧於私邸時盧陵王爲荆州旣是都督府又素不相能乃啓稱範謀亂範亦馳啓自理武帝恕焉時論者猶謂範欲爲賊又童謠云莫怨怨且寬公誰當作天子草覆車邊已時武帝年高諸王莫肯相服簡文雖居儲貳亦不自安而與司空邵陵王綸特相疑阻綸時爲丹陽尹威震都下簡文乃選精兵以衞宮內兄弟相貳聲聞四方範以名應謠言而求爲公未幾加開府儀同三司範心密喜以爲謠驗武帝若崩諸王必亂範旣得衆又有重名謂可因機以定天下乃更收士衆希望非常太淸元年大舉北侵初謀元帥帝欲用範時朱异取急外還聞之遽入曰嗣王雄豪蓋世得人死力然所至殘暴非弔人之材昔陛下登北顧亭以望謂江右有反氣骨肉爲戎首今日之事尤宜詳擇帝默然曰會理何如對曰陛下得之臣無恨矣會理懦而無謀所乘襻輿施版屋冠以牛皮帝聞不悅行至宿預貞陽侯明請行又以明代之而以範爲征北大將軍總督漢北征討諸軍事尋遷南豫州刺史侯景敗於渦陽退保壽陽乃改範爲合州刺史鎭合肥時景不臣迹露範屢啓言之朱异每抑而不奏及景圍都範遣世子嗣與裴之高等入援遷開府儀同三司臺城不守範乃棄合肥出守東關請兵于魏遣二子爲質魏人據合肥竟不助範範進退無計乃泝流西上軍於樅陽遣信告尋陽王大心大心要還九江欲共兵西上範得書大喜乃引軍至盆城以晉熙爲晉州遣子嗣爲刺史江州郡縣輒更改易於是尋陽政令所行唯在一郡又疑畏範市糴不通範乃復遣其弟觀寧侯永將兵通南川助莊鐵時二鎭相猜無復圖賊之志範數萬之衆皆無復食人多餓死範竟發背而薨衆祕不發喪奉弟南安侯恬爲主有衆數千範將侯瑱襲莊鐵於豫章殺之盡併其軍乃迎喪往郡於松門遇風柩沉於水鉤求得之及于慶之逼豫章侯瑱以範子十六人降賊賊盡於石頭坑殺之

世子嗣字長胤容貌豐偉腰帶十圍性驍果有膽略倜儻不護細行而復傾身養士皆得死力範之薨也嗣猶據晉熙城中食盡士皆乏絕侯景遣任約攻嗣時賊方盛咸勸且止嗣按劒叱之曰今日之戰蕭嗣效命死節之秋也及戰遇流矢中頸不許拔帶箭手殺數人賊退方命拔之應時氣絕妻子爲任約所禽初範旣與尋陽王大心相持及嗣之死猶未敢發範喪

範弟諮字世恭位衞尉卿封武林侯簡文卽位之後景周衞轉嚴外人莫得見唯諮及王克殷不害並以文弱得出入臥內晨昏左右天子與之講論六藝不輟於時及南康王會理事敗克不害懼禍乃自疏諮不忍離帝朝覲無絕賊惡之令其仇人刁戌刺殺諮於廣莫門外

諮弟修字世和封宜豐侯局力貞固風儀嚴整九歲通論語十一能屬文鴻臚卿裴子野見而賞之性至孝年十一丁所生徐氏艱自荆州反葬中江遇風前後部伍多致沉溺修抱柩長號血淚俱下隨波搖蕩終得無佗葬訖因廬墓次先時山中多猛獸至是絕迹野鳥馴狎棲宿簷宇武帝嘉之以班告宗室爲兼衞尉卿美姿貌每屯兵周衞武帝視之移輦初嗣王範爲衞尉夜中行城常因風便鞭箠宿衞欲令帝知其勤及修在職夜必百巡而不欲人知或問其故曰夜中警邏實有其勞主上慈愛聞之容或賜止違詔則不可奉詔則廢事且胡質之淸尙畏人知此職司之常何足自顯聞者歎服時王子侯多爲近畿小郡歷試有績乃得出爲邊州帝以修識量宏達自衞尉出鎭鍾離徙爲梁秦二州刺史在漢中七年移風改俗人號慈父長史范洪胄有田一頃將秋遇蝗修躬至田所深自咎責功曹史琅邪王廉勸修捕之修曰此由刺史無德所致捕之何補言卒忽有飛鳥千羣蔽日而至瞬息之間食蟲遂盡而去莫知何鳥適有臺使見之具言於帝璽書勞問手詔曰犬牙不入無以過也州人表請立碑頌德嗣王範在盆城頗有異論武陵王大生疑防流言噂喈修深自分釋求送質子并請助防武陵王乃遣從事中郎蕭固諮以當世之

事具觀修意修泣涕爲言忠臣孝子之節王敬納之故終修之時不爲不義一夕忽有狗據修所臥牀而臥修曰此其戎乎因大修城壘承聖元年魏將達奚武來攻修遣記室參軍劉璠至益州求救於武陵王紀遣將楊乾運援之拜修隨郡王璠還至嶓冢乃降于魏乾運班師璠至城下說城中降魏修數之曰卿不能死節反爲說客邪命射之間信遣至荆州元帝遣與相聞修中直兵參軍陳晷甚勇有口求爲覘候見獲以辭烈被害乃遣諮議虞馨致武牛酒武謂曰梁已爲侯景所敗王何爲守此孤城修荅之以死誓爲斷頭將軍魏相安定公宇文泰遣書喻之力屈乃降安定公禮之甚厚未幾令還江陵厚遣之以文武千家爲編紀之僕元帝慮其爲變中使覘伺不絕於道至之夕命劫竊之及旦修表輸馬仗而後帝安修入覲望闕悲不自勝元帝亦慟盡朝皆泣尋拜湘州刺史長沙頻遇兵荒人口凋弊修勸稽務分未朞流人至者三千餘家元帝多忌勳加誅翦修靜恭自守埋聲晦迹元帝亦以宗室長年深相敬禮及江陵被圍問至卽日登舟赴救至巴陵西而江陵覆滅敬帝立遙授修太尉遷太保時王室浸微修雖圖義舉力弱不能自振遂發背歐血而薨年五十二

修弟泰字世怡封豐城侯歷位中書舍人傾竭財產以事時要超爲譙州刺史江北人情獷强前後刺史並綏撫之泰至州便偏發人丁使擔腰輿扇繖等物不限士庶恥爲之者重加杖責多輸財者卽放免之於是人皆思亂及侯景至人無戰心乃先覆敗

始興忠武王憺字僧達文帝第十一子也仕齊爲西中郎外兵參軍武帝起兵憺爲相國從事中郎與南平王偉留守齊和帝卽位以憺爲給事黃門侍郎時巴東太守蕭惠訓子璝等兵逼荆州蕭穎胄暴卒尚書僕射夏侯詳議迎憺行荆州事憺率雍州將吏赴之以書諭璝等皆降是冬武帝平建鄴明年和帝詔以憺爲都督荆州刺史天監元年加安西將軍封始興郡王時軍旅之後公私匱乏憺厲精爲政廣闢屯田減省力役存問兵死之家供其窮困人甚安之是歲嘉禾生一莖六穗甘露降于黃閣四年荆州大旱憺使祠于天井有巨蛇長二丈出遶祠壇俄而注雨歲大豐憺自以少年始居重任開導物情辭訟者皆立待符教決於俄頃曹無留事下無滯獄六年州大水江溢堤壞憺親率將吏冒雨賦丈尺築之而雨甚水壯衆皆恐或請避焉憺曰王尊尙欲身塞河堤我獨何心以免乃登堤歎息終日轂膳刑白馬祭江神酹酒於流以身爲百姓請命言終而水退堤立郡洲在南岸數百家見水長驚走登屋緣樹憺募人救之一口賞一萬估客數十人應募洲人皆以免吏人歎服咸稱神勇又分遣諸郡遭水死者給棺櫬失田者與糧種是歲嘉禾生於州界吏人歸美焉七年慈母陳太妃薨水漿不入口六日居喪過禮武帝優詔勉之使攝州任是冬詔徵以本號還朝人歌曰始興王人之爹（徒我反）赴人急如水火何時復來哺乳我荆土方言謂父爲爹故云後爲中衞將軍中書令領衞尉卿憺性好謙降意接士常與賓客連榻坐時論稱之九年拜都督益州刺史舊守宰丞尉歲時乞丐躬歷村里百姓苦之習以爲常憺至州停斷嚴切百姓以蘇又興學校祭漢蜀郡太守文翁由是人多向方者十四年遷都督荆州刺史同母兄安成王秀將之雍州薨于道憺聞喪自投于地席稾哭泣不飲不食者數日傾財產賻送部伍大小皆取足焉天下稱其悌十八年徵爲侍中中撫軍將軍開府儀同三司領軍將軍卽開府黃閣薨二宮悲惜輿駕臨幸者七焉贈司徒謚曰忠武憺未薨前夢改封中山王策授如他日意頗惡之數旬而卒憺有惠西土荆州人聞薨皆哭於巷嫁娶有吉日移以避哀子亮嗣

亮弟暎字文明年十二爲國子生天監十七年詔諸生口策宗室可否帝知暎聰解特令問策又口對並見奇謂祭酒袁昂曰吾家千里駒也起家淮南太守諸兄未有除命乃抗表讓焉暎美容儀普通二年封廣信縣侯丁父憂隆冬地席哭不絕聲不嘗穀粒唯飲冷水因患癥結除太子洗馬詔以憺艱難王業追增國封嗣王陳讓旣不獲許乃乞頒邑諸弟帝許之改封新渝縣侯後居太妃憂泣血三年服闋爲吳興太守郡累不稔中大通三年野穀生武康凡二十二處自此豐穰暎製嘉穀頌以聞中詔稱美後爲北徐州刺史在任弘恕人吏懷之嘗載粟帛遊於境內有遇貧者卽以振焉勝境名山多所尋履及徵將還鍾離人顧思遠挺叉行部伍中暎見甚老使人問對曰年一百一十二歲凡七娶有子十二死亡略盡今唯小者年已六十又無孫息家闕養乏是以行役暎大異之召賜之食食兼於人檢其頭有肉角長寸遂命後舟載還都謁見天子與之言往事多異所傳擢爲散騎侍郎賜以奉宅朝夕進見年百二十卒又普通中北侵攻穰城城內有人年二百四十歲不復能食穀唯飮曾孫婦乳簡文帝命勞之賜以束帛荆州上津鄉人張元始年一百一十六歲膂力過人進食不異至年九十七方生皃皃遂無影將亡人人告別乃至山林樹木處處履行少日而終時人以爲知命湘東王愛奇重異遂留其枕暎後歷給事黃門侍郎衞尉卿廣州刺史卒官謚曰寬侯

暎弟曄字通明美姿容善談吐初封安陸侯憺特所鍾愛常目送之曰吾所深憂左右問其故荅曰其過俊發恐必無年及憺不豫侍疾衣不釋帶言與淚并憺薨扶而後起服闋改封上黃侯位兼宗正卿簡文入居監撫曄獻儲德頌遷給事黃門侍郎出爲晉陵太守美才仕氣言多激揚常乘折角牛穀木屐被服必於儒者名盛海內爲宗室推重特被簡文友愛與新渝建安南浦並預密宴號東宮四友簡文日有五六使來往曄初至郡屬旱躬自祈禱果獲甘澍郡雀林村舊多猛獸爲害曄在政六年此暴遂息卒于郡初曄寢疾歷年官曹擁滯有司案謚法言行相違曰替乃謚替侯

論曰自昔王者創業莫不廣植親親割裂州國分建子弟是以大旆少帛崇於魯衞盤石犬牙寄深梁楚梁武遠遵前軌蕃屏懿親至於戚枝咸被任遇若蕭景才辯固亦梁之令望者乎臨川不才頓叨重寄古者睦親之道粲而不殊加之重名則有之矣而宏屢黷彝典一撓師徒梁之不綱於斯爲甚正德穢行早顯逆心夙構比齊襄而迹可四似吳濞而勢不侔徒爲賊景之階梯竟取國敗而身滅哀哉安成南平鄱陽始興俱以名迹著美蓋亦有梁之間平也

南史卷五十二考證

南平元襄王偉傳偉先置防閣白直左右職局一百人○偉監本誤陪今改從梁書

平原王曼穎卒家貧無以殯○平原梁書作太原

子恭傳下官歷觀時人多有不好懽興○興一本作樂

恭乃多取官米還贍私宅○私梁書作弘誤

鄱陽忠烈王恢傳文帝第十子也○十梁書作九蓋文帝十男恢居其末此總計高祖兄弟而稱爲第十子耳

中山聽樂可得任悅○悅梁書作說

子範傳乃泝流西上軍於巖陽○巖梁書作擬

大心要還九江欲共兵西上○梁書共字下有治字

範將侯瑱襲莊鐵於豫章○瑱監本訛塡今从陳書改

始興忠武王憺傳人歌曰始興王人之爹（徒我反）○徒梁書作徒

史臣論盤石犬牙寄深梁楚○梁書犬牙作凝脂寄深作樹斯

南史卷五十三

唐　李延壽　撰

列傳第四十三

梁武帝諸子

武帝八男丁貴嬪生昭明太子統簡文皇帝廬陵威王續阮修容生孝元皇帝吳淑媛生豫章王綜董昭儀生南康簡王績丁充華生邵陵攜王綸葛修容生武陵王紀

昭明太子統字德施小字維摩武帝長子也以齊中興元年九月生于襄陽武帝既年垂强仕方有冢嗣時徐元瑜降而續又荆州使至云蕭穎冑暴卒時人謂之三慶少日而建鄴平識者知天命所集天監元年十一月立爲皇太子時年幼依舊於內拜東宮官屬文武皆入直永福省五年五月庚戌出居東宮太子生而聰叡三歲受孝經論語五歲徧讀五經悉通諷誦性仁孝自出宮恒思戀不樂帝知之每五日一朝多便留永福省或五日三日乃還宮八年九月於壽安殿講孝經盡通大義講畢親臨釋奠于國學年十二於內省見獄官將讞事問左右曰是皂衣何爲者曰廷尉官屬召視其書曰是皆可念我得判否有司以統幼紿之曰得其獄皆刑罪上統皆署杖五十有司抱具獄不知所爲具言於帝帝笑而從之自是數使聽訟每有欲寬縱者卽使太子決之建康縣讞誣人誘口獄翻縣以太子仁愛故輕當杖四十令曰彼若得罪便合家孥戮今縱不以其罪罪之豈可輕罰而已可付冶十年十四年正月朔旦帝臨軒冠太子於太極殿舊制太子著遠游冠金蟬翠緌纓至是詔加金博山太子美姿容善舉止讀書數行並下過目皆憶每游宴祖道賦詩至十數韻或作劇韻皆屬思便成無所點易帝大弘佛教親自講說太子亦素信三寶徧覽衆經乃於宮內別立慧義殿專爲法集之所

招引名僧自立三諦法義普通元年四月甘露降于慧義殿咸以爲至德所感時俗稍奢太子欲以己率物服御朴素身衣浣衣膳不兼肉三年十一月始興王憺薨舊事以東宮禮絕傍親書翰並依常儀太子以爲疑命僕射劉孝綽議其事孝綽議曰案張鏡撰東宮儀記稱三朝發哀者踰月不舉樂鼓吹寢奏服限亦然尋傍絕之義義在去服服雖可奪情豈無悲鐃歌輟奏良亦爲此既有悲情宜稱兼慕卒哭之後依常舉樂稱悲竟此理例相符謂猶應兼慕請至卒哭僕射徐勉左率周捨家令陸襄並同孝綽議太子令曰張鏡儀記云依士禮終服月稱慕悼又云凡三朝發哀者踰月不舉劉僕議云傍絕之義義在去服服雖可奪情豈無悲卒哭之後依常舉樂稱悲竟此理例相符尋情悲之說非止卒哭之後緣情爲論此自難一也用張鏡之舉樂棄張鏡之稱悲一鏡之言取捨有異此自難二也陸家令止云多歷年所恐非事證雖復累稔所用意常未安近亦嘗以此問外由來立意謂猶應有慕悼之言張豈不以舉樂爲大稱悲事小所以用小而忽大良亦有以至如元正六佾事爲國章雖情或未安而禮不可廢鐃吹軍樂比之亦然書疏方之事則成小差可緣心聲樂自外書疏自內樂自他書自己劉僕之議即情未安可令諸賢更共詳衷司農卿明山賓步兵校尉朱异議稱慕悼之辭宜終服月於是付典書遵用以爲永準七年十一月貴嬪有疾太子還永福省朝夕侍疾衣不解帶及薨步從喪還宮至殯水漿不入口每哭輒慟絕武帝敕中書舍人顧協宣旨曰毀不滅性聖人之制不勝喪比於不孝有我在那得自毀如此可即強進飲粥太子奉敕乃進數合自是至葬日進麥粥一升武帝又敕曰聞汝所進過少轉就羸瘦我比更無餘病政爲汝如此胷中亦塡塞成疾故應彊加饘粥不俠我恒爾懸心雖屢奉敕勸逼終喪日止一溢不嘗菜果之味體素壯腰帶十圍至是減削過半每入朝士庶見者莫不下泣太子自加元服帝便使省萬機內外百司奏事者塡塞於前太子明於庶事每所奏謬誤巧妄皆即辯析示其可否徐令改正未嘗彈糾一人平斷法獄多所全宥天下皆稱仁性寬和容衆喜慍不形於色引納才學之士賞愛無倦恒自討論墳籍或與學士商榷古今繼以文章著述率以爲常于時東宮有書幾三萬卷名才並集文學之盛晉宋以來未之有也性愛山水於玄圃穿築更立亭館與朝士名素者遊其中嘗泛舟後池番禺侯軌盛稱此中宜奏女樂太子不荅詠左思招隱詩云何必絲與竹山水有清音軌慙而止出宮二十餘年不畜音聲未薨少時敕賜太樂女伎一部略非所好普通中大軍北侵都下米貴太子因命菲衣減膳每霖雨積雪遣腹心左右周行閭巷視貧困家及有流離道路以米密加振賜人十石又出主衣絹帛年常多作襦袴各三千領冬月以施寒者不令人知若死亡無可斂則爲備棺槥每聞遠近百姓賦役勤苦輒斂容變色常以戶口未實重於勞擾吳郡屢以水災不熟有上言當漕大瀆以瀉浙江中大通二年春詔遣前交州刺史王弈假節發吳吳興信義三郡人丁就役太子上疏曰伏聞當遣王弈等上東三郡人丁開漕溝渠導洩震澤使吳興一境無復水災蹔勞永逸必獲後利未萌難覩竊有愚懷所聞吳興累年失收人頗流移吳郡十城亦不全熟唯信義去秋有稔復非恒役之民今日東境穀稼猶貴劫盜屢起所在有司皆不聞奏今征戍未歸強丁疎少此雖小舉竊恐難合吏一呼門動爲人蠹又出丁之處遠近不一比得齊集已妨蠶農去年稱爲豐歲公私未能足食如復今茲失業慮恐爲弊更深且草竊多伺候人間虛實若善人從役則抄盜彌增吳興未受其益內地已離其弊不審可得權停此功待優實以不武帝優詔以喻焉太子孝謹天至每入朝未五鼓便守城門開東宮雖燕居內殿一坐一起恒向西南面臺宿被召當入危坐達旦三年三月游後池乘彫文舸摘芙蓉姬人蕩舟沒溺而得出因動股恐貽帝憂深誡不言以寢疾聞武帝敕看問輒自力手書啓及稍篤左右欲啓聞猶不許曰云何令至尊知我如此惡因便嗚咽四月乙巳暴惡馳啓武帝比至已薨時年三十一帝臨哭盡哀詔斂以袞冕謚曰昭明五月庚寅葬安寧陵詔司徒左長史王筠爲哀冊文朝野惋愕都下男女奔走宮門號泣滿路四方甿庶及疆徼之人聞喪者哀慟太子性仁恕見在宮禁防捉荆子者問之云以清道驅人太子恐復致痛使捉手板代之頻食中得蠅蟲之屬密置梓邊恐廚人獲罪不令人知又見後閤小兒攤戲後屬有獄牒攤者法士人結流徙庶人結徒太子曰私錢自戲不犯公物此科太重令注刑止三歲士人免官獄牒應死者必降長徒自此以下莫不減半所著文集二十卷又撰古今典誥文言爲正序十卷五言詩之善者爲英華集二十卷文選三十卷薨後長子東中郎將南徐州刺史華容公歡封豫章郡王次子枝江公譽封河東郡王曲江公詧封岳陽郡王詧封武昌郡王鑒封義陽郡王各三千戶女悉同正主蔡妃供侍一同常儀唯別立金華宮爲異帝既廢嫡立庶海內噂𠴲故各封諸子大郡以慰其心岳陽王詧流涕受拜累日不食初丁貴嬪薨太子遣人求得善墓地將斬草有賣地者因閹人俞三副求市若得三百萬許以百萬與之三副密啓武帝言太子所得地不如今所得地於帝吉帝末年多忌便命市之葬畢有道士善圖墓云地不利長子若厭伏或可申延乃爲蠟鵞及諸物埋墓側長子位有宮監鮑邈之魏雅者二人初並爲太子所愛邈之晚見疎於雅密啓武帝云雅爲太子厭禱帝密遣檢掘果得鵞等物大驚將窮其事徐勉固諫得止於是惟誅道士由是太子迄終以此慙慨故其嗣不立後邵陵王臨丹陽郡因邈之與鄉人爭婢議以爲誘略之罪牒宮簡文追感太子冤揮淚誅之邈之兄子僧隆爲宮直前未知邈之姪即日驅出先是人間謠曰鹿子開城門城門鹿子開當開復未開使我心徘徊城中諸少年逐歡歸去來鹿子開者反語爲來子哭云帝哭也歡前爲南徐州太子果薨遣中書舍人臧厥追歡於崇正殿解髮臨哭歡既嫡孫次應嗣位而遲疑未決帝既新有天下恐不可以少主主大業又以心銜故意在晉安王猶豫自四月上旬至五月二十一日方決歡止封豫章王還任往謠言心徘徊者未定也城中諸少年逐歡歸去來復還徐方之象也歡字孟孫位雲麾將軍江州刺史薨謚安王子棟嗣

棟字元吉及簡文見廢侯景奉以爲主棟方與妃張氏鋤葵而法駕奄至棟驚不知所爲泣而升輦及即位升武德殿欻有迴風從地涌起翻飛華蓋徑出端門時人知其不終於是年號天正追尊昭明太子曰昭明皇帝安王爲安皇帝金華敬妃蔡氏爲敬皇后太后王氏爲皇太后妃爲皇后未幾行禪讓禮棟封淮陰王及二弟橋樛並鎖於密室景敗走兄弟相扶出逢杜崱於道崱去其鎖弟曰今日免橫死矣棟曰倚伏難知吾猶有懼初王僧辯之爲都督將發諮元帝曰平賊之後嗣君萬福未審有何儀注帝曰六門之內自極兵威僧辯曰平賊之謀臣爲己任成濟之事請別舉人由是帝別敕宣猛將軍朱買臣使行忍酷會簡文已被害棟等與買臣遇見呼往船共飲未竟並沉于水

河東王譽字重孫普通二年封枝江縣公中大通三年改封河東郡王累遷南中郎將湘州刺史未幾侯景寇建鄴譽入援至青草湖臺城沒有詔班師譽還湘鎮時元帝軍于武城新除雍州刺史張纘密報元帝曰河東起兵岳陽聚米將來襲江陵元帝甚懼沉米斷纜而歸因遣諮議周弘直至譽所督其糧衆譽曰各自軍府何忽疑人使三反譽並不從元帝大怒遣世子方等征之反爲譽敗死又令信州刺史鮑泉討譽并陳示禍福譽謂曰欲前即前無所多說泉軍于石槨寺譽逆擊不利而還泉進軍橘洲譽攻之又見敗於是遂圍之譽幼而有驍勇馬上用弩兼有膽氣能撫士卒甚得衆心元帝又遣領軍王僧辯代鮑泉攻譽譽將潰圍而出會其麾下將慕容華引僧辯入城遂被執謂守者曰勿殺我得一見七官申此讒賊死無恨主者曰奉令不許遂斬首送荆鎮元帝返其首以葬焉初譽之將敗引鏡照面不見其頭又見長人蓋屋兩手據地瞰其齋又見白狗大如驢從城出不知所在譽甚惡之俄而城陷

豫章王綜字世謙武帝第二子也天監三年封豫章郡王累遷北中郎將南徐州刺史入爲侍中鎮右將軍初綜母吳淑媛在齊東昏宮寵在潘余之亞及得幸於武帝七月而生綜宮中多疑之淑媛寵衰怨望及綜年十四五恒夢一年少肥壯自挈其首對綜如此非一綜轉成長心驚不已頻密問淑媛曰夢何所如夢既不一淑媛問夢中形色頗類東昏因密報之曰汝七月日生兒安得比諸皇子汝今太子次弟幸保富貴勿洩綜相抱哭每日夜恒泣泣又每靖室閉戶藉地被髮席藁輕財好士分施不輟唯留身上故衣外齋接客分蠶服廚庫恒致罄之常於內齋布沙於地終日跣行足下生胝日能行三百里宮有人士姓王以屯癡投告綜于時大乏唯有眠牀故皂複帳即下付之其降意下士以伺風雲之會諸侯王妃主及外人並知此懷唯武帝不疑及長有才學善屬文武帝御諸子以禮朝見不甚數綜恒怨不見知每出藩淑媛恒隨之至鎮時年十五尚裸袒嬉戲於前晝夜無別妃袁氏尚書令昂之女也淑媛恒節其宿止遇袁妃尤不以道內外咸有穢聲綜後在徐州政刑酷暴又有勇力制及奔馬攘殺駒犢常陰服微行著烏絲布帽夜出無有期度招引道士探求數術性聰敏多通每武帝有敕疏至輒忿恚形於顏色帝性嚴峻臣不敢輕言得失凡綜所行弗之知也於徐州還頻裁表陳便宜求經略邊境帝並優敕荅之徐州所有練樹並令斬殺以帝小名練故累致意尚書僕射徐勉求出鎮襄陽勉未敢言因是怒勉餉以白團扇圖伏檀之詩言其賄也在西州於別室歲時設席祠齊氏七廟又累

微行至曲阿拜齊明帝陵然猶無以自信聞俗說以生者血瀝死者骨滲卽爲父子綜乃私發齊東昏墓出其骨瀝血試之既有徵矣在西州生次男月餘日潛殺之既瘞夜遣人發取其骨又試之其酷忍如此每對東宮及諸王辭色不恭遜嘗改歲後問訊臨川王宏出至中閤登宏羊車次遺糞而出居都下所爲多如此者普通四年爲都督南兗州刺史頗勤於事而不見賓客其辭訟則隔簾理之方幅出行垂帷於輿每云惡人識其面也初齊故建安王蕭寶寅在魏綜求得北來道人釋法鸞使入北通問於寶寅謂爲叔父襄陽人梁話母死法鸞說綜厚賜之言終可任使綜遺話錢五萬及葬畢引在左右法鸞在廣陵往來通魏尤數每舍淮陰苗文寵家言文寵於綜綜引爲國常侍六年魏將元法僧以彭城降帝使綜都督衆軍權鎮彭城并攝徐州府事武帝曉別玄象知當更有敗軍失將恐綜爲北所禽手敕綜令拔軍每使居前勿在人後綜恐帝覺與魏安豐王元延明相持夜潛與梁話苗寵三騎開北門涉汴河遂奔蕭城自稱隊主見延明而拜延明坐之問其名氏不荅曰殿下問人有見識者延明召使視之曰豫章王也延明喜下地執其手荅其拜送于洛陽及旦齋內諸閤猶閉不開衆莫知所以唯見城外魏軍呼曰汝豫章王昨夜已來在我軍中城中既失王所在衆軍皆退不得還者甚衆湘州益陽人任煥常有騅馬乘之退走煥腳爲抄所傷人馬俱弊煥於橋下歇抄復至煥腳痛不復得上馬於是向馬泣曰騅子我於此死矣馬因跪其前腳煥乃得上馬遂免難綜長史江華大府卿祖晅並爲魏軍所擒武帝聞之驚駭綜至魏位侍中司空高平公丹陽王梁話苗寵並爲光祿大夫綜改名纘字德文追服齊東昏斬衰魏太后及羣臣並弔八月有司奏削爵土絕其屬籍改子直姓悖氏未及旬日有詔復屬籍封直永新侯久之乃策免吳淑媛俄遇鴆而卒有詔復其品秩謚曰敬使直主其喪及蕭寶寅據長安反綜復去洛陽欲奔之魏法度河橋不得乘馬綜乘馬而行橋吏執之送洛陽魏孝莊初歷位司徒太尉尚帝姊壽陽長公主陳慶之之至洛也送綜啓求還時吳淑媛尚在敕使以綜小時衣寄之信未達而慶之敗未幾終於魏初綜在魏不得志嘗作聽鍾鳴悲落葉以申其志當時莫不悲之後梁人盜其柩來奔武帝猶以子禮祔葬陵次直字思方位晉陵太守沙州刺史

南康簡王績字世謹小字四果武帝第四子也天監七年封南康郡王十年爲南徐州刺史時年七歲主者有受貨洗改解書長史王僧孺弗之覺績見而詰之便卽首服衆咸歎其聰警十七年爲都督南兗州刺史在州以善政稱尋有詔徵還百姓曹樂等三百七十人詣闕上表稱績尤異一十五條乞留爲州任優詔許之普通四年徵爲侍中雲麾將軍領石頭戍軍事五年出爲江州刺史丁董淑媛憂居喪過禮固求解職乃徵授安右將軍領石頭戍軍事尋加護軍羸瘠不親視事大通三年因感疾薨于任贈開府儀同三司謚曰簡績寡玩好少嗜欲居無僕妾躬事儉約所有租秩悉寄天府既薨後少府有南康國無名錢數千萬子會理嗣

會理字長才少聰慧好文史年十一而孤特爲武帝所愛衣服禮秩與正王不殊十五爲湘州刺史多信左右行事劉納每禁之會理心不平譖以贓貨收送建業納歎曰我一見天子使汝等知會理厚送資糧數遣慰喻令心腹於青草湖爲盜殺納百口俱盡累遷都督南兗州刺史太清元年督衆軍北侵至彭城爲魏師所敗退歸本鎮二年侯景圍城會理入援會北徐州刺史封山侯正表將應其兄正德外託赴援實謀襲廣陵會理擊破之方得進路臺城陷會理歸鎮侯景遣前臨江太守董紹先以武帝手敕召會理其僚佐曰紹先書豈天子意咸勸拒之會理用其典籤范子鸞計曰天子年尊受制賊虜今有手敕召我入朝臣子之心豈得違背且處江北功業難成不若身赴京都圖之肘腋遂納紹先紹先入以烏幡麾衆單馬遣之至都景以爲司空兼尚書令雖在寇手每思匡復與西鄉侯勸等潛布腹心要結壯士時范陽祖皓斬董紹先據廣陵城起義期以會理爲內應皓敗辭相連及侯景矯詔免會理官猶以白衣領尚書令是冬景往晉熙都下虛弱會理復與柳敬禮及北兗州司馬成欽謀之敬禮曰舉大事必有所資今無寸兵安可以動會理曰湖熟有吾故舊三千餘人昨來相知剋期響集計賊守兵不過千人若大兵外攻吾等內應直取王偉事必有成縱景後歸無能爲也敬禮曰善于時百姓厭賊咸思用命建安侯賁以謀告王偉偉遂收會理及其弟通理特有錢唐褚晃會理之舊亦囚於省問事之所起考掠千計終無所言會理隔壁聞之遙曰褚郎卿豈不爲吾致此邪然勿言王偉害會理等晃竟以不服偉赦之會理弟通理字仲宣位太子洗馬封祈陽侯至是亦遇害

通理弟乂理字季英生十旬而簡王薨至三歲能言見內人分散涕泣相送問其故或曰此簡王宮人喪畢去耳乂理便號泣悲不自勝諸宮人見之莫不哀感爲之停者三人服闋見武帝升殿又悲不自勝帝爲之收涕謂左右曰此兒大必爲奇士大同八年封安樂縣侯乂理慷慨慕立功名每讀書見忠臣烈士未嘗不廢卷歎曰一生之內當無愧古人博覽多識有文才嘗祭孔文舉墓并爲立碑製文甚美及侯景內寇乂理聚客赴南兗州隨兄會理入援及城陷又隨會理還廣陵因入齊爲質乞師行二日會景遣董紹先據廣陵遂追獲之防嚴不得與兄相見乃僞請先還都入辭母因謂其姊固安主曰兄若至願使善爲計自勉勿顧以爲念前途亦思立效但未知天命何如耳至都以魏降人元貞忠正可以託孤乃以玉柄扇贈之貞怪不受乂理曰後當見憶會祖皓起兵乂理奔長蘆爲景所害元貞始悟其前言往收葬焉

廬陵威王續字世訢武帝第五子也天監八年封廬陵王少英果旅力絕人馳射應發命中武帝歎曰此我之任城也嘗馳射於帝前續中兩麞冠於諸人帝大悅中大通二年爲都督雍州刺史寧蠻校尉大同元年遷江州刺史又爲驃騎將軍開府儀同三司又爲都督荆州刺史薨贈司空謚曰威始元帝母阮脩容得幸由丁貴嬪之力故元帝與簡文相得而與廬陵王少相狎長相謗元帝之臨荆州有宮人李桃兒者以才慧得進及還以李氏行時行宮戶禁重續具狀以聞元帝泣對使訴於簡文簡文和之不得元帝猶懼送李氏還荆州世所謂西歸內人者自是二王書問不通及續薨元帝時爲江州聞問入閤而躍屧爲之破尋自江州復爲荆州荆州人迎于我境帝數而遣之吏人失望續多聚馬仗蓄養趫雄耽色愛財極意收斂倉儲庫藏盈溢臨終有啓遣中錄事參軍謝宣融送所上金銀器千餘件武帝始知其富以爲財多德寡因問宣融曰王金盡於此乎宣融曰此之謂多安可知也夫王之過如日月之蝕欲令陛下知之故終而不隱帝意乃解世子憑以非前誅死次子應嗣應不慧王薨至內庫閱珍物見金鋌問左右曰此可食否荅曰不可應曰既不可食並特乞汝他皆此類

邵陵攜王綸字世調小字六眞武帝第六子也少聰穎博學善屬文尤工尺牘天監十三年封邵陵郡王普通五年以西中郎將權攝南徐州事在州輕險躁虐喜怒不恒車服僭擬肆行非法遨遊市里雜於廝隷嘗問賣鉏者曰刺史何如對者言其躁虐綸怒令吞鉏以死自是百姓惶駭道路以目嘗逢喪車奪孝子服而著之匍匐號叫籤帥懼罪密以聞帝始嚴責綸不能改於是遣代綸悖慢逾甚乃取一老公短瘦類帝者加以袞冕置之高坐朝以爲君自陳無罪使就坐剝褫捶之於庭忽作新棺木貯司馬崔會意以轜車挽歌爲送葬之法使嫗乘車悲號會意不堪輕騎還都以聞帝恐其奔逸以禁兵取之將於獄賜盡昭明太子流涕固諫得免免官削爵土還第大通元年復封爵中大通四年爲揚州刺史綸素驕縱欲盛器服遣人就市賖買錦綵絲布數百疋擬與左右職局防閤爲絳衫內人帳幔百姓並關閉邸店不出臺續使少府市綵經時不能得敕責府丞何智通具以聞因被責還第恒遣心腹馬容戴子高戴瓜李撤趙智英等於路尋何智通於白馬巷逢之以槊刺之刃出於背智通以血書壁作邵陵字乃絕遂知之帝懸錢百萬購賊有西州游軍將宋鵲子條姓名以啓敕遣舍人諸曇粲領齋仗五百人圍綸第於內人檻中禽瓜撤智英子高驍勇踰牆突圍遂免智通子敞之割炙食之卽載出新亭四面火炙之焦熟噉車載錢設鹽蒜屋百姓食撤一臠賞錢一千徒黨并母肉遂盡綸頊在第舍人諸曇粲并主帥領仗身守視免爲庶人經三旬乃脫鎖頃之復封爵後預餞衡州刺史元慶和於坐賦詩十二韻末云方同廣川國寂寞久無聲大爲武帝賞曰汝人才如此何慮無聲旬日間拜郢州刺史太清二年位中衞將軍開府儀同三司侯景構逆加征討大都督率衆討景將發帝誡曰侯景小豎頗習行陣未可以一戰卽殄當以歲月圖之綸發白下中江而浪起有物蕩舟將覆識者尤異之及次鍾離景已度采石綸乃晝夜兼道旋軍入赴濟江中流風起人馬溺者十一二遂率西豐公大春新塗公大成等步騎三萬發京口將軍趙伯超請從徑路直指鍾山出其不意綸從之衆軍奄至賊徒大駭分爲三道攻綸綸大破之翊日賊又來攻日晚賊稍退南安侯駿以數十騎馳之賊回拒駿駿部亂賊因逼大軍大軍潰綸至鍾山戰敗奔還京口軍主霍俊見獲賊送于城下逼云已禽邵陵王俊僞許之乃曰王小失利政爲糧盡還京口俊爲託還所獲非軍敗也賊以刀背毆其髀俊色不變賊義而捨之俊中書舍人靈超子也三年正月綸與東揚州刺史大連等入援至驃騎洲進位司空臺城陷綸奔禹穴東土皆附臨城公大連懼將害己乃圖之綸覺乃去至尋陽尋陽公大

心欲以州讓之不受大寶元年綸至郢州刺史南平王恪讓州於綸綸不受乃上綸爲假黃鉞都督中外諸軍事綸於是置百官改聽事爲正陽殿內外齋省悉題署焉而數有變怪祭城隍神將烹牛有赤蛇繞牛口出南浦施安幄帳無何風起飄没于江于時元帝圍河東王譽於長沙既久譽請救於綸綸欲往救之爲軍糧不繼遂止乃與元帝書曰道之斯美以和爲貴況天時地利不及人和豈可手足肱支自相屠害卽日大敵猶彊天讐未雪余爾昆弟在外三人如不匡救安用臣子如使逆寇未除家禍仍搆料今訪古未或弗亡夫征戰之理義在克勝至於骨肉之戰愈勝愈酷捷則非功敗則有喪勞兵損義虧失多矣侯景之軍所以未窺江外者政爲藩屏盤固宗鎮彊密若自相魚肉是謂代景行師景便不勞兵力坐致成勍醜徒聞此何快如之元帝復書陳譽有罪不可解圍之狀綸省書流涕曰天下之事一至於斯左右聞之莫不掩泣於是大脩器甲將討侯景元帝聞其盛乃遣王僧辯帥舟師一萬以逼綸綸將劉龍武等降僧辯綸遂與子躓等十餘人輕舟走武昌沙門法馨與綸有舊藏之巖石之下時綸長史韋質司馬姜偉先在外聞綸敗馳往迎元帝復遣將徐文盛追攻之綸復收卒屯于齊昌郡將引魏軍共攻南陽侯景將任約襲綸綸敗走定州刺史田龍祖迎綸綸懼爲所執復歸齊昌行收兵至汝南魏所署汝南城主李素孝者綸之故吏開城納之綸乃脩復城池收集士卒將攻竟陵魏聞之遣大將楊忠儀同侯幾通攻破城執綸綸不爲屈通乃臥大鼓使綸坐上殺之投于江岸經日色不變鳥獸莫敢近時飛雪飄零屍橫道路周回數步獨不霑灑舊主帥安陸人郝破敵斂之於襄陽葬之日黃雪霏糅唯冢壙所獨不下雪楊忠知而悔焉使以太牢往祭殯焉百姓憐之爲立祠廟岳陽王詧遣迎喪葬於襄陽望楚山南貽太宰謚曰安後元帝議追加謚尚書左丞劉瑴議謚法意政交外曰攜從之綸任情卓越輕財愛士不競人利府無儲積聞有輒求既得卽散士亦以此歸之初鎮京口大造器甲既涉聲論投之于江及後出征戎備頗闕乃歎曰吾昔造仗本備非常無事涉疑遂使零散今日討抄卒無所資初昭明之薨簡文入居監撫綸不謂德舉而云時無豫章故以次立及廬陵之没綸觖望滋甚於是伏兵于莽用伺車駕而臺舍人張僧胤知之其謀頗洩又綸獻曲阿酒百器上以賜寺人飲之而斃上乃不自安頗加衞士以警宮內於是傳者諸相疑阻而綸亦不懼武帝竟不能有所廢黜卒至宗室爭競爲天下笑

長子堅字長白大同元年以例封汝南侯亦善草隸性頗庸短嘗與所親書題云嗣王其人得書大駭執以諫堅堅曰前言戲耳人曰不願以此爲戲耳侯景圍城堅屯太陽門終日蒱飲不撫軍政吏士有功未嘗申理疫癘所加亦不存恤士咸憤怨太清三年堅書佐董勛華白曇朗等以堅私室醞釀亟有烹宰不相霑及忿恨夜遣賊登樓城遂陷堅遇害弟確

確字仲正少驍勇有文才尤工楷隸公家碑碣皆使書之除祕書丞武帝謂曰爲汝能文所以特有此授大同二年封爲正階侯復徙封永福常在第中習騎射學兵法時人以爲狂左右或進諫確曰聽吾爲國家破賊使汝知之鍾山之役確所向披靡羣賊憚之確每臨陣對敵意甚詳贍帶甲據鞍自朝及夕馳驟往返不以爲勞諸將服其壯勇軍敗賊使負砲不之知也確因隙自拔得達朱方及侯景乞盟憚確及趙威方在外慮爲後患啓求召確入城詔乃召確爲南中郎將廣州刺史確知此盟多貳城必淪没欲先遣趙威方入確因南奔綸聞之逼確使入確猶不肯綸流涕謂曰汝欲反邪時臺使周石珍在坐確曰侯景雖云欲去而不解長圍以意而推其事可見今召我入未見益也石珍曰敕旨如此侯豈得辭確執意猶堅綸大怒謂趙伯超曰譙州卿爲我斬之當齎首赴闕伯超揮刃眄曰我識君耳刀豈識君確流涕而出遂入城及景背盟復圍城城陷確排闥入啓時武帝方寢確曰城已陷矣帝曰猶可一戰否對曰人心不可臣向格戰不禁絕下僅得至此武帝歎曰自我得之自我失之亦復何恨幸不累子孫乃使確爲慰勞文謂曰爾速去謂汝父無以二宮爲念及出見景景愛其旅力恒令在左右後從景仰見飛鳶羣賊爭射不中確射之應弦卽落賊徒忿嫉咸勸除之先是綸遺典籤唐法隆密導確確謂使者曰侯景輕佻可一夫力致確不惜死欲手刃之卿還啓家王願勿以一子爲念後與景獵鍾山同逐禽引弓將射景弦斷不得發賊覺殺之

武陵王紀字世詢武帝第八子也少而寬和喜怒不形於色勤學有文才天監十三年封武陵王尋授揚州刺史中書詔成武帝加四句曰貞白儉素是其清也臨財能讓是其廉也知法不犯是其慎也庶事無留是其勤也紀特爲帝愛故先作牧揚州大同三年爲都督益州刺史以路遠固辭帝曰天下方亂惟益州可免故以處汝汝其勉之紀歔欷既出復入帝曰汝嘗言我老我猶再見汝還益州也紀在蜀開建寧越巂貢獻方物十倍前人朝嘉其績加開府儀同三司初天監中震太陽門成字曰紹宗梁位唯武王解者以武陵王於是朝野屬意焉及侯景陷臺城上甲侯韶西上至硤出武帝密勅加紀侍中假黃鉞都督征討諸軍事驃騎大將軍太尉承制大寶元年六月辛酉紀乃移告諸州征鎮遣世子圓照領二蜀精兵三萬受湘東王繹節度繹命圓照且頓白帝未許東下七月甲辰湘東王繹遣鮑檢報紀以武帝崩問十一月壬寅紀總戎將發益鎮繹使胡智監至蜀書止之曰蜀中斗絕易動難安弟可鎮之吾自當滅賊又別紙云地擬孫劉各安境界情深魯衞書信恒通二年四月乙丑紀乃僭號於蜀改年曰天正暗與蕭棟同名識者尤之以爲於文天爲二人正爲一止言各一年而止也紀又立子圓照爲皇太子圓正爲西陽王圓滿竟陵王圓普南譙王圓肅宜都王以巴西梓潼二郡太守永豐侯撝爲征西大將軍益州刺史封秦郡王司馬王僧略直兵參軍徐怦並固諫皆殺之僧略僧辯弟怦勉從子也以諫且以怦與將帥書云事事往人口具以爲反於已誅之永豐侯撝歎曰王不克矣夫善人國之基也今乃誅之不亡何待又謂所親曰昔桓玄年號大亨識者爲謂二月了而玄之敗實在仲春今年曰天正在文爲一止其能久乎丁卯元帝遣萬州刺史宋造襲圓照於白帝圓照弟圓正時爲西陽太守召至鎖于省內初楊乾運求爲梁州刺史不得紀以爲潼州刺史楊法深求爲黎州刺史亦不得以爲沙州刺史二人不獲所請各遣使通西魏及聞魏軍侵蜀紀遣其將譙淹回軍赴援魏將尉遲迥逼涪水楊乾運降之迥卽趨成都五月己巳紀次西陵軍容甚盛元帝命護軍將軍陸法和立二城於峽口名七勝城鎖江以斷峽時陸納未平蜀軍復逼元帝甚憂法和告急旬日相繼元帝乃拔任約於獄以爲晉安王司馬撤禁兵以配之并遣宣猛將軍劉棻共約西赴六月紀築連城攻絕鐵鎖元帝復於獄拔謝荅仁爲步兵校尉配衆一旅上赴紀之將發也江水可揭前部不得行及登舟無雨而水長六尺劉孝勝喜曰殆天贊也將至峽有黑龍負舟其將帥咸謂天助及頓兵日久頻戰不利師老糧盡智力俱殫又魏人入劒閣成都虛弱憂懣不知所爲先是元帝已平侯景執所俘馘頻遣報紀世子圓照鎭巴東留執不遣啓紀云侯景未平宜急征討已聞荆鎮爲景所滅疾下大軍紀謂爲實然故仍率衆沿江急進於路方知侯景己平便有悔色召圓照責之圓照曰侯景雖誅江陵未服宜速平蕩紀亦以既居尊位宣言於衆敢諫者死蜀中將卒日夜思歸所署江州刺史王開業進曰宜還救根本更思後圖諸將僉以爲然圓照劉孝勝獨言不可紀乃止既而聞王琳將至潛遣將軍侯叡傍險出法和後臨水築壘禦琳及法和元帝書遺紀遣光州刺史鄭安中往喻意於紀許其還蜀專制㟙方紀不從命報書如家人禮既而侯叡爲任約謝荅仁所破又陸納平諸軍並西赴元帝乃與紀書曰甚苦大智季月煩暑流金鑠石聚蚊成雷封狐千里以茲玉體辛苦行陣乃眷西顧我勞如何自獯醜憑陵羯胡叛換吾年爲一日之長屬有平亂之功膺此樂推事歸當璧儻遣使乎良所希也如曰不然於此投筆友于兄弟分形共氣兄肥弟瘦無復相代之期讓棗推梨長罷懽愉之日上林靜拱聞四鳥之哀鳴宣室披圖嗟萬始之長逝心乎愛矣書不盡言大智紀別字也帝又爲詩曰回首望荆門驚浪且雷奔四鳥嗟長別三聲悲夜猿圓正在獄中連句曰水長二江急雲生三峽昏願貰淮南罪思報阜陵恩帝看詩而泣紀頻敗知不振遣署度支尚書樂奉業往江陵論和緝之計元帝知紀必破遂拒而不許於是兩岸十餘城遂俱降游擊將軍樊猛率所領至紀所紀在船中遶牀而走以金擲猛等曰此顧卿送我一見七官卿必當富貴猛曰天子何由可見殺足下此金何之猶不敢逼圍而守之法和馳啓上密敕樊猛曰生還不成功也猛率甲士祝文簡張天成拔刀升舟豬左右奔鄰第五子圓滿馳來就父紀首既落圓滿亦分法和收太子圓照兄弟三人問圓照曰阿耶何以至此圓照曰失計願爲公作奴法和叱遣之

圓照字明周中大同初爲益州東齋郎宋寧宋興二郡太守遠鎭諸王世子皆在建鄴質守帝特愛紀故遣以副紀紀之搆釁悉其謀也次弟圓正先見鎖在江陵及紀既以兵終元帝使謂曰西軍已敗汝父不知存亡意欲使其自裁而圓正既奉此問便號哭盡哀以禍難之興皆由圓照於是唯哭世子言不絕聲上謂圓正問問悲慼必應自殺頻看知不能死又付廷尉獄及見圓照曰阿兄何乃亂人骨肉使酷痛如此圓照更無所言唯云計誤並命絕食於獄齧臂啖之十三日死天下聞而悲之

圖正字明允紀第二子美風儀善談論寬和好施愛接士人封江安侯歷西陽太守有惠政既居上流人附者甚衆及侯景作逆圓正收兵衆且一萬後遂跋扈中流不從王命及景破復謀入蜀元帝將圖之署爲平南將軍及至弗見使南平嗣王恪等醉而囚之時紀稱梁王及紀敗死爲有司奏請絕紀屬籍元帝許之賜姓饕餮氏紀最爲武帝所愛武帝諸子罕登公位唯紀以功業顯著先啓黃屏兄邵陵王綸屢以罪黜心每不平及聞紀爲征西綸撫枕歎曰武陵有何功業而位乃前我朝廷憒憒似不知人武帝聞之大怒曰武陵有憧人拓境之勳汝有何績太清初帝思之使善畫者張僧繇至蜀圖其狀在蜀十七年南開寧州越嶲西通資陵吐谷渾內脩耕桑鹽鐵之功外通商賈遠方之利故能殖其財用器甲殷積馬八千匹上足者置之內廄開寢殿以通之日落輒出步馬便騎射尤工舞矟九日講武躬領幢隊及聞國難謂僚佐曰七官文士豈能匡濟既東下黃金一斤爲餅百餅爲篋至有百篋銀五倍之其他錦罽繒采稱是每戰則懸金帛以示將士終不賞賜寧州刺史陳知祖請散金銀募勇士不聽慟哭而去自是人有離心莫肯爲用紀頗學觀占善風角亦知不復能濟瞻望氣色歎吒天道椎牀聲聞于外有請事者以疾辭不見既死埋於沙州不封無櫬元帝以劉孝勝付廷尉尋免之初紀將僭號祅怪不一內寢柏殿柱繞節生花其莖四十有六靃靡可愛狀似荷花識者曰王敦祅花非佳事也時蜀知星人說紀曰官若東下當用申年太白出西從之爲利申歲發蜀酉年入荆不可失也發蜀之歲太白在西北及明年則已東出矣

論曰甚矣讒佞之爲巧也夫言附正直跡在恭敬悅目會心無施不可至乃離父子間兄弟廢楚嫡疎漢嗣可爲太息良非一塗以昭明之親之賢梁武帝之愛之信謗言一及至死不能自明況於下此者也綜處秦政之疑懷覓尺之志肆行狂悖卒致奔亡廬陵多財爲累雄心自立未及騁暴早卒爲幸南康爲政有方居喪以禮惜乎早夭不拯危季邵陵少而險躁人道頓忘晚致勤王其殆優矣武陵地居勢勝卒致傾覆才輕志大能無及乎

南史卷五十三考證

昭明太子統傳徐元瑜降而續又荆州使至○又監本譌入今从南本

時年幼依舊於內○梁書於字上有居字應增入

五歲徧讀五經悉通諷誦○通一本作融

胸中亦塡塞成疾○塡梁書作圯

不俟我恒爾懸心○俟梁書作使

不畜音聲未囂少時敕賜太樂女妓一部畧非所好○梁書無未囂二字又太作大

詔遣前交州刺史王奕○奕梁書作弁

唯信義去秋有稔○信義梁書作義興

爲英華集二十卷○梁書同應从南本改爲文章英華集二十卷

復還徐方之象也○還監本作遠

河東王譽傳譽曰各自軍府何忽疑人○疑梁書作隸

南康簡王績傳天監七年封南康郡王○七梁書作八

少府有南康國無名錢數千萬○梁書無少字

子乂理傳大同八年封安樂縣侯○八監本譌三今改从閣本又安樂梁書作建安

邵陵攜王綸傳以西中郎將權攝南徐州事○徐梁書作兗又云中大同元年出爲統東將軍南徐州刺史本書不載殆彼此互訛也

恒遣心腹馬容戴子高戴瓜李撤趙智英等於路尋何智通於白馬巷逢之以槊刺之○梁書作令客戴子高於都巷刺殺之

綸遂與子躓等十餘人輕舟走武昌○躓梁書作確下文確傳確自臺城出卽在景左右旋欲手刃景爲賊所殺則確未嘗有走武昌事當以躓爲是

子確傳後徙封永安○安監本訛福今从梁書

武陵王紀傳震太陽門成字曰紹宗梁位唯武王解者以武陵王○解者以武陵王梁書作解者以爲武王者武陵王也較明

六月紀築連城攻絕鐵鎖○紀梁書作約誤也上文元帝命陸法和鎖江以斷峽遣劉棻共任約西赴下文元帝復以謝答仁上赴所謂赴者皆赴法和也則此攻絕鐵鎖自當屬紀不當屬約矣

武陵王紀子圓正傳識者曰王敦祅花非佳事也○祅梁書作枤

南史卷五十四

唐　李延壽　撰

列傳第四十四

梁簡文帝諸子　元帝諸子

簡文二十子王皇后生哀太子大器南郡王大連陳淑容生尋陽王大心左夫人生南海王大臨安陸王大春謝夫人生瀏陽公大雅張夫人生新興王大莊包昭華生西陽王大鈞范夫人生武寧王大威褚修華生建平王大球陳夫人生義安王大昕朱夫人生綏建王大摯其臨川王大款桂陽王大成汝南王大封樂良王大圜並不知母氏潘美人生皇子大訓早亡無封其餘不知不載

哀太子大器字仁宗簡文嫡長子也中大通三年封宣城郡王太清二年十月侯景寇建鄴敕太子爲臺內大都督三年五月簡文卽位六月癸酉立爲皇太子大寶二年八月景廢簡文將害太子時景黨稱景命召之太子方講老子將下牀而刑人掩至太子顏色不變徐曰久知此事嗟其晚耳刑者將以衣帶絞之太子曰此不能見殺乃指繫帳竿下繩命取絞之而絕時年二十八太子性寬和兼神用端凝在賊中每不屈意左右竊問其故荅曰賊若未須見殺雖復陵傲呵叱其終不敢言若見害時至雖一日百拜無益於死問者又曰官今憂逼而神貌怡然未喻此意荅曰吾自度死必在賊前若諸叔外來平夷羯寇必前見殺然後就死若其遂開拓上流必先見殺後取富貴何能以無益之愁橫憂必死之命景之西上攜太子同行及敗歸舩往往相失所乘舩入樅陽浦舟中腹心並勸因此入北太子曰自國家喪敗志不圖生主上蒙塵寧忍違離吾今若去乃是叛父非謂避賊天下豈有無父之國便涕泗嗚咽命卽前進賊以太子有器度每憚之恐爲後患故先及禍承聖元年四月追謚哀太子祔太廟陰室

尋陽王大心字仁恕簡文第二子也幼而聰朗善屬文中大通四年以皇孫封當陽縣公大同元年爲都督郢州刺史時年十三簡文以其幼戒之曰事無大小悉委行事大心雖不親州務發言每合於理衆皆驚服太清元年爲雲麾將軍江州刺史貪冒財賄不能綏接百姓二年侯景寇都大心招集士卒與上流諸軍赴援宮闕三年臺城陷上甲侯蕭韶南奔宣密詔加散騎常侍進號平南將軍大寶元年封尋陽王初歷陽太守莊鐵以城降侯景既而又奉其母來奔大心以鐵舊將厚爲其禮軍旅之事悉以委之以爲豫章內史景數遣軍西上寇抄大心輒令鐵擊破之禽其將趙加婁賊不能越嶺鄱陽王範率衆棄合肥屯于柵口待援兵總集欲俱進大心聞之遣要範西上以盆城處之廩饋甚厚欲與戮力共除禍難會鐵據豫章反大心令中兵參軍韋約討之鐵敗乞降鄱陽世子嗣先與鐵善乃請範曰昔與鐵游處其人才略從橫若降江州必不全其首領請援之乃遣將侯瑱救鐵夜破韋約等營大心大懼於是二蕃釁起景將任約略地至盆城大心遣司馬韋質拒戰敗績時帳下猶有勇士千餘人咸說曰既無糧儲難以守固若輕騎往建州以圖後舉策之上也其母陳淑容不從撫胸慟哭大心乃止遂與約和二年將遇害遠牀謂賊廂公王僧貴曰我以全州歸命何忍相苦乃見射而殞

臨川王大款字仁師簡文第三子也初封石城縣公位中書侍郎太清三年簡文卽位封江夏郡王大寶元年奔江陵湘東王承制改封臨川王魏尅江陵遇害

南海王大臨字仁宣簡文帝第四子也大同二年封寧國縣公少而敏慧年十一遭左夫人憂哭泣毀瘠以孝聞後入國學明經射策甲科拜中書侍郎遷給事黃門侍郎十一年長兼侍中出爲琅邪彭城二郡太守侯景亂屯端門都督城南諸軍事大寶元年封南海郡王出爲都督東揚州刺史又除吳郡太守時張彪起義於會稽吳人陸令公潁川庾孟卿等勸大臨投之大臨曰彪若成功不藉我力如其撓敗以我說焉不可往也二年遇害

南郡王大連字仁靖簡文第五子也少俊爽能屬文舉止風流雅有巧思妙達音樂兼善丹青大同二年封臨城縣公七年與南海王俱入國學並射策甲科皆拜中書侍郎十年武帝幸朱方大連與兄大臨並從武帝問曰汝等習騎不對曰臣等未奉詔不敢輒習敕令給馬試之大連兄弟據鞍往還各得馳驟之節帝大悅卽賜所乘馬及爲啓謝辭又甚美帝他日謂簡文曰昨見大臨大連風韻可愛足慰吾老年遷給事黃門侍郎轉侍中太清元年出爲東揚州刺史侯景入寇建鄴大連率衆四萬來赴及臺城沒援軍散還東揚州會稽豐沃糧仗山積東人懲景苛虐咸樂爲用而大連恒沉湎于酒宋子仙攻之大連棄城走追及於信安縣大連猶醉弗之覺於是三吳悉爲賊有大寶元年封南郡王賊遣將趙伯超劉神茂攻大連專委部將留異以城應賊大

連棄走爲賊所獲侯景以爲江州刺史二年遇害

安陸王大春字仁經簡文第六子也少博涉書記善吹笙天性孝謹體貌瓌偉腰帶十圍大同六年封西豐縣侯拜中書侍郎後爲寧遠將軍知石頭戍軍事侯景內寇大春奔京口隨邵陵王入援戰于鍾山軍敗肥大不能行爲賊所獲大寶元年封安陸郡王出爲東揚州刺史二年遇害

桂陽王大成字仁和簡文第八子也初封新塗公太清三年簡文即位封山陽郡王大寶元年奔江陵湘東王承制改封桂陽王大成性甚兇麤兼便弓馬至江陵披甲夜出人謂爲劫斫之遂失左髻魏剋江陵遇害

汝南王大封字仁敬簡文第九子也初封臨汝公太清二年簡文即位封宜都郡王大寶元年奔江陵湘東王承制封汝南王魏剋江陵遇害

瀏陽公大雅字仁風簡文第十二子也大同九年封瀏陽縣公少聰警美姿儀特爲武帝所愛臺城陷大雅猶命左右格戰賊至漸衆乃自縋而下發憤感疾薨

新興王大莊字仁禮簡文第十三子也性躁動大同元年封高唐縣公大寶元年封新興郡王位南徐州刺史二年遇害

西陽王大鈞字仁博簡文第十四子也性厚重不妄戲弄年七歲武帝嘗問讀何書對曰學詩因令諷誦即誦周南音韻清雅帝重之因賜王羲之書一卷大寶元年封西陽郡王位丹陽尹二年監揚州遇害

武寧王大威字仁容簡文第十五子也美風儀眉目如畫大寶元年封武寧郡王二年爲丹陽尹遇害

皇子大訓字仁德簡文第十六子也少而脚疾不敢躡履太清三年未封而亡年十歲

建平王大球字仁玉簡文帝第十七子也大寶元年封建平郡王性明慧夙成初侯景圍臺城武帝素歸心釋教每發誓願恒云若有衆生應受諸苦衍身代當時大球年甫七歲聞而驚謂母曰官家尙爾兒安敢辭乃六時禮佛亦云凡有衆生應獲苦報悉大球代受其早慧如此二年遇害

義安王大昕字仁朗簡文帝第十八子也年四歲母陳夫人卒便哀毁有若成人晨夕涕泣眼爲之傷及武帝崩大昕奉慰簡文嗚噎不自勝左右莫不掩泣大寶元年封義安郡王二年遇害

綏建王大摯字仁瑛簡文第十九子也幼雄壯有膽氣及臺城陷乃歎曰大丈夫會當滅虜屬奴媪驚掩其口曰勿妄言禍將及大摯笑曰禍至非由此大寶元年封二年遇害

樂良王大圜簡文第二十子也大寶元年封後入周仕隋位內史侍郎

元帝諸子徐妃生忠壯世子方等王貴嬪生貞惠世子方諸始安王方略袁貴人生愍懷太子方矩夏貴妃生敬皇帝自餘不顯

忠壯世子方等字實相元帝長子也少聰敏有俊才善騎射尤長巧思性愛林泉特好散逸嘗著論曰人生處世如白駒過隙耳一壺之酒足以養性一簞之食足以怡形生在蓬蒿死葬溝壑瓦棺石槨何以異茲吾嘗夢爲魚因化爲鳥方其夢也何樂如之及其覺也何憂斯類良由吾之不及魚鳥者遠矣故魚鳥飛浮任其志性吾之進退恒在掌握舉首懼觸搖足恐墮若使吾終得與魚鳥同遊則去人間如脫屣耳初徐妃以嫉妒失寵方諸母王氏以容倖嬖及王夫人終元帝歸咎徐妃方等意不自安元帝聞之又惡方等方等益懼故述此論以申其志時武帝年高欲見諸王長子元帝遣方等之方等啓曰昔申生不愛其死方等豈顧其生元帝省書歎息知無還意乃配步騎一萬使援臺城賊每來攻方等必身當矢石城陷方等歸荆州收集士馬甚得衆和元帝始歎其能方等又勸修築城柵以備不虞既成樓雉相望周迴七十餘里元帝觀之甚悅入謂徐妃曰若更有一子如此吾復何憂徐妃不荅垂泣而退元帝忿之因疏其穢行牓于大閤方等入見益以自危時河東王爲湘州刺史不受令方等求征之元帝謂曰汝有木厄深宜慎之拜爲都督令南討方等臨行謂所親曰吾此段出征必死死無二死而獲所吾豈愛生及至麻溪軍敗溺死方等之死元帝聞之心喜不以爲戚後追思其才贈侍中中軍將軍揚州刺史謚忠壯世子并招魂以葬之方等注范曄後漢書未就所撰三十國春秋及篤靜子行於世元帝即位改謚武烈世子封子莊爲永嘉王及魏剋江陵莊年甫七歲爲人家所匿後王琳迎送建鄴及敬帝立出質于齊敬帝太平二年陳武帝將受禪王琳請莊于齊以主梁嗣自盆城濟江二月即帝位于郢州年號天啓置百官王琳總其軍國明年莊爲陳人所敗其御史中丞劉仲威奉以奔壽陽遂入齊齊武平元年授特進開府儀同三司封梁王齊朝許以興復竟不果而齊亡莊在鄴飲氣而死

貞惠世子方諸字明智元帝第二子也幼聰警博學明老易善談玄風采清越特爲元帝所愛母王氏又有寵及方等敗後元帝謂曰不有所廢其何以興勿以汝兄爲念因拜中撫軍將軍以自副又出爲郢州刺史鎮江夏以鮑泉爲行事時元帝遣徐文盛與侯景將任約相持方諸年十五童心未革恃文盛在近不恤軍政日與鮑泉蒱酒爲樂侯景知之乃遣其將宋子仙從間道襲之百姓奔告方諸與鮑泉並不信曰文盛大軍在下虜安得來始命閉門賊已入城方諸方踞泉腹以五色綵辮其鬢子仙執方諸以歸王僧辯軍至蔡洲景遂害之元帝追謚貞惠世子

愍懷太子方矩字德規元帝第四子也少勤學美容止初封南安侯太清初累遷侍中中衞將軍元帝承制拜王太子改名元良承聖元年十一月丙子立爲皇太子及升儲位昵狎羣下好著微服嘗入朝公服中著碧絲布袴褊衣高元帝見之大怪遣尙書周弘正責之因使太子師弘正佗日弘正謁見元帝問曰太子比頗受卿導不對曰太子聖德乃未極日新幸無大過帝曰卿以我父子故未直言從容之間無失和嶠之對便有廢立計未及行而江陵喪亡遇害太子聰穎凶暴猜忍俱有元帝風敬帝承制追謚愍懷太子

始安王方略元帝第十子貞惠世子母弟也母王氏王琳之次姊元帝即位拜貴嬪次妹又爲良人並蒙寵幸方略益鍾愛侯景亂元帝結好于魏方略年數歲便遣入關元帝親送近畿執手歔欷既而旋駕愴之賦詩曰如何吾幼子勝衣已別離十日無由宴千里送遠垂至長安即得還贈遣甚厚江陵喪亡遇害貴嬪良人並更誕子未出閤無封失名

論曰簡文提挈寇戎元帝崎嶇危亂諸子之備踐艱棘蓋時運之所鍾乎忠烈以幹蠱之材出冢嗣之任竟亦當年擯落通塞亦云命也哀哉

南史卷五十四考證

簡文二十子傳范夫人生武寧王大威○威一本作咸今从梁書

建平王大球傳大寶元年封建安郡王○安梁書作平

義安王大昕傳大寶元年封義安郡王○年封二字監本誤寶云今改正

元帝諸子傳徐妃生忠壯世子方等○壯一本作烈今从梁書又下文袁貴人生愍懷太子方矩梁書不載所生

貞惠世子方諸傳字明智○明智梁書作智相

史臣論忠烈以幹蠱之材○忠烈即忠壯本傳元帝即位改謚武烈世子故也

南史卷五十五

唐 李延壽 撰

列傳第四十五

王茂　曹景宗　席闡文　夏侯詳 子亶 魚弘 蘷
吉士瞻　蔡道恭　楊公則　鄧元起 羅研 李膺
張惠紹　馮道根　康絢　昌義之

王茂字休連一字茂先太原祁人也祖深北中郎司馬父天生宋末爲列將剋司徒袁粲以勳歷位郡守封上黃縣男茂年數歲爲大父深所異常曰此吾家千里駒成門戶者必此兒也及長好讀兵書究其大指性隱不交游身長八尺絜白美容儀齊武帝布衣時嘗見之歎曰王茂先年少堂堂如此必爲公輔後爲臺郎累年不調亦知齊之將亡求爲邊職久之爲雍州長史襄陽太守梁武便以王佐許之事無大小皆詢焉人或譖茂反帝弗之信譖者懼言之遣視其甲矟則蟲網焉乃誅言者或云茂與帝不睦帝諸腹心並勸除之而茂少有驍名帝又惜其用曰將舉大事便害健將此非上策乃令腹心鄭紹叔往候之遇其臥因問疾茂曰我病可耳紹叔曰都下殺害日甚使君家門塗炭今欲起義長史那猶臥茂因擲枕起即袴褶隨紹叔入見武帝大喜下牀迎因結兄弟被推赤心遂得盡力發雍部遣茂爲前驅郢魯既平從武帝東下爲軍鋒師次秣陵東昏遣大將王珍國盛兵朱雀門衆號二十萬及戰梁武軍引却茂下馬單刀直前外甥韋欣慶勇力絕人執鐵纏矟翼茂而進故大破之茂勳第一欣慶力也建康城平以茂爲護軍將軍遷侍中領軍將軍時東昏妃潘玉兒有國色武帝將留之以問茂茂曰亡齊者此物留之恐貽外議帝乃出之軍主田安啓求爲婦玉兒泣曰昔者見遇時主今豈下匹非類死而後已義不受辱及見縊絜美如生輿出尉吏俱行非禮乃以余妃賜茂亦潘之亞也羣

盜之燒神虎門茂率所領應赴爲盜所射茂躍馬而進羣盜反走茂以不能式遏姦盜自表解職優詔不許加鎮軍將軍封望蔡縣公是歲江州刺史陳伯之叛茂出爲江州刺史南討之伯之奔魏時九江新經軍寇茂務農省役百姓安之四年魏攻漢中茂受詔西禦魏乃班師歷位侍中中衞將軍太子詹事車騎將軍開府儀同三司丹陽尹時天下無事武帝方敦文雅茂心頗怏怏侍宴醉後每見顏色武帝宥而不責進位司空茂性寬厚居官雖無美譽亦爲吏人所安居處方正在一室衣冠儼然雖僕妾莫見其惰容姿表瓌麗須眉如畫爲衆所瞻望徙驃騎將軍開府同三司之儀江州刺史在州不取奉獄無滯囚居處菝服同於儒素薨于州武帝甚悼惜之詔贈太尉謚曰忠烈公初茂以元勳武帝賜鐘磬之樂茂在州夢鐘磬在格無故自墮心惡之及覺命奏樂既成列鐘磬在格果無故編皆絕墮地茂謂長史江詮曰此樂天子所以惠勞臣也樂既極矣能無憂乎俄而病卒子貞秀嗣以居憂無禮爲有司所奏徙越州後詔留廣州與魏降人杜景欲襲州城長史蕭昂斬之

曹景宗字子震新野人也父欣之仕宋位徐州刺史景宗幼善騎射好畋獵常與少年數十人澤中逐麞鹿每衆騎赴鹿鹿馬相亂景宗於衆中射之人皆懼中馬足應弦輒斃以此爲樂未弱冠欣之於新野遣出州以匹馬將數人於中路卒逢蠻賊數百圍之景宗帶百餘箭每箭殺蠻蠻遂散走因以膽勇聞頗愛史書每讀穰苴樂毅傳輒放卷歎息曰丈夫當如是少與州里張道門善道門車騎將軍敬兒少子也爲武陵太守敬兒誅道門於郡伏法親屬故吏莫敢收景宗自襄陽遣船到武陵收其屍迎還殯葬鄉里以此義之仕齊以軍功累加游擊將軍建武四年隨太尉陳顯達北圍馬圈以奇兵二千破魏援中山王英四萬人及剋馬圈顯達論功以景宗爲後景宗退無怨言魏孝文率衆大至顯達宵奔景宗導入山道故顯達父子獲全梁武爲雍州刺史景宗深自結附數請帝臨其宅時天下方亂帝亦厚加意焉表爲竟陵太守及帝起兵景宗聚衆并率五服內子弟三百人從軍遣親人杜思沖勸先迎南康王於襄陽即位武帝不從及至竟陵以景宗爲軍鋒道次江寧東昏將李居士以重兵鎮新亭景宗被甲馳戰居士棄甲奔走景宗皆獲之又與王茂呂僧珍犄角破王珍國於大航景宗軍士皆桀黠無賴御道左右莫非富室抄掠財物畧奪子女景宗不能禁及武帝入頓西城嚴申號令然後稍息城平封湘西縣侯除郢州刺史加都督天監元年改封竟陵縣侯景宗在州鬻貨聚斂於城南起宅長堤以東夏口以北開街列門東西數里而部曲殘橫部下厭之二年十月魏攻司州圍刺史蔡道恭城中負板而汲景宗望闕門不出但耀軍游獵而已及司州城陷爲御史中丞任昉所奏帝以功臣不問徵爲右衞將軍五年魏中山王英攻鍾離圍徐州刺史昌義之武帝詔景宗督衆軍援義之豫州刺史韋叡亦援焉而受景宗節度詔景宗頓道人洲待衆軍齊集俱進景宗欲專其功乃違敕而進遇暴風卒起頗有沉溺復還守先頓帝聞之曰此所以破賊也景宗不進蓋天意乎若孤軍獨往城不時立必見狼狽今得待軍同進始可大捷矣及韋叡至與景宗進頓邵陽洲立壘與魏城相去百餘步魏連戰不能却傷殺者十二三自是魏軍不敢逼景宗等器甲精新魏人望而奪氣魏將楊大眼對橋北岸立城以通糧運每牧人過岸伐芻藁皆爲大眼所略景宗乃募勇敢士千餘人徑度大眼城南數里築壘親自舉築大眼來攻景宗破之因得壘成使別將趙草守之因謂爲趙草城是後恣芻牧焉大眼遣抄掠輒爲趙草所獲先是詔景宗等預裝高艦使與魏橋等爲火攻計令景宗與叡各攻一橋叡攻其南景宗攻其北六年三月因春水生淮水暴長六七尺叡遣所督將馮道根李文釗裴邃韋寂等乘艦登岸擊魏洲上軍盡殪景宗使衆軍復鼓噪亂登諸城呼聲震天地大眼於西岸燒營英自東岸棄城走諸壘相次土崩悉棄其器甲爭投水死淮水爲之不流景宗命軍主馬廣躡大眼至濊水上四十餘里伏屍相枕義之出逐英至洛口英以匹馬入梁城緣淮百餘里屍骸相藉虜五萬餘人收其軍糧器械山積牛馬驢騾不可勝計景宗乃搜所得生口萬餘人馬千匹遣獻捷先是旱甚詔祈蔣帝神求雨十旬不降帝怒命載荻欲焚蔣廟并神影爾日開朗欲起火當神上忽有雲如轍倏忽驟雨如瀉臺中宮殿皆自振動帝懼馳詔追停少時還靜自此帝畏信遂深自踐阼以來未嘗躬自到廟於是備法駕將朝臣脩謁是時魏軍攻圍鍾離蔣帝神報敕必許扶助既而無雨水長遂挫敵人亦神之力焉凱旋之後廟中人馬腳盡有泥濕當時並目覩焉景宗振旅凱入帝於華光殿宴飲連句令左僕射沈約賦韻景宗不得韻意色不平啓求賦詩帝曰卿伎能甚多人才英拔何必止在一詩景宗已醉求作不已詔令約賦韻時韻已盡唯餘競病二字景宗便操筆斯須而成其辭曰去時兒女悲歸來笳鼓競借問行路人何如霍去病帝歎不已約及朝賢驚嗟竟日詔令上左史於是進爵爲公拜侍中領軍將軍景宗爲人自恃尚勝每作書字有不解不以問人皆以意造雖公卿無所推唯以韋叡年長且州里勝流特相敬重同宴御筵亦曲躬謙遜武帝以此嘉之景宗好內妓妾至數百窮極錦繡性躁動不能沉默出行常欲褰車帷幔左右輒諫以位望隆重人所具瞻不宜然景宗謂所親曰我昔在鄉里騎快馬如龍與年少輩數十騎拓弓弦作霹靂聲箭如餓鴟叫平澤中逐麞數肋射之渴飲其血飢食其胃甜如甘露漿覺耳後生風鼻頭出火此樂使人忘死不知老之將至今來揚州作貴人動轉不得路行開車幔小人輒言不可閉置車中如三日新婦此邑邑使人氣盡爲人嗜酒好樂臘月於宅中使人作邪呼逐除徧往人家乞酒食本以爲戲而部下多剽輕因弄人婦女奪人財貨帝頗知之景宗懼乃止帝數宴見功臣共道故舊景宗酒後謬妄或誤稱下官帝故縱之以爲笑樂後爲江州刺史赴任卒於道贈雍州刺史開府儀同三司謚曰壯子皎嗣景宗齊永元初任竟陵郡其第九弟義宗年少未有位宦居在雍州既方伯之弟又是豪彊之門市邊富人姓向以見錢百萬欲埤義宗以妹適之義宗遣人送書竟陵詣景宗景宗題書後荅曰買豬未得云何已賣義宗貪錢遂成後隨武帝西下歷位梁秦二州刺史向家兄弟憑附曹氏位登列卿後義宗爲都督征穰城軍敗見獲於魏卒

席闡文安定臨涇人也孤貧涉獵書史齊初爲雍州刺史蕭赤斧中兵參軍由是與其子穎胄善復歷西中郎中兵參軍領城局梁武帝之將起兵闡文勸穎胄同焉仍遣客田祖恭私報帝并獻銀裝刀帝報以金如意和帝稱尊號爲衞尉卿穎胄暴卒州府騷擾闡文以和帝幼弱中流任重時始興王憺留鎮雍部乃與西朝羣臣迎憺總州事故賴以寧輯帝受禪除都官尚書封山陽伯出爲東陽太守在郡有能名冬至悉放獄中囚依期而至改封湘西侯卒官謚曰威

夏侯詳字叔業譙郡譙人也年十六遭父艱居喪哀毀三年廬于墓側嘗有三足雀來集其廬戶衆咸異焉仕宋爲新汲令政有異績豫州刺史段佛榮班下境內爲屬城表轉中從事史仍遷別駕歷事八將州部稱之齊明帝爲刺史雅相器遇及輔政引詳及裴叔業日夜與語詳輒不酬帝以問叔業叔業以告詳詳曰不爲禍始不爲禍先由此徵有忤出爲征虜長史義陽太守及南康王爲荊州詳爲西中郎司馬新興太守梁武帝起兵長史蕭穎胄同創大舉慮詳不同以告柳忱忱曰易耳近詳求昏未之許令成昏而告之不憂立異於是以女適其子夔大事方建西臺以詳爲中領軍加散騎常侍南郡太守凡軍國大事穎胄多決於詳頃之穎胄卒梁武帝始興王憺留守襄陽詳乃遣使憺共參軍國還侍中尚書右僕射尋授荊州刺史詳又固讓于憺天監元年徵爲侍中車騎將軍封寧都縣侯詳累讓乃更授右光祿大夫侍中如故給親信二十人改封豐城縣公三年遷湘州刺史詳善吏事在州四載爲百姓所稱州城南臨水有峻峯舊傳云刺史登此山輒代由是歷政莫敢至詳於其地起臺榭延僚屬以表損挹之志後徵爲尚書左僕射金紫光祿大夫道病卒上爲素服舉哀贈開府儀同三司謚曰景子亶嗣

亶字世龍齊永元末父詳爲西中郎南康王司馬隨府鎮荊州亶留都下爲東昏聽政主帥及崔慧景作亂亶以捍禦功除驍騎將軍及梁武起兵詳與長史蕭穎胄協同密遣迎亶亶乃齎宣德皇后令令南康王纂承大統建鄴平以亶爲尚書吏部郎俄遷侍中奉璽於帝天監六年累遷南郡太守父憂解職居喪盡禮廬于墓側遺財悉推諸弟八年起爲司州刺史領安陸太守服闋襲封豐城縣公居州甚有威惠爲邊人悅服歷都官尚書遷給事中右衞將軍累遷吳興太守在郡復有惠政吏人圖其像立碑頌美焉普通五年爲中護軍六年大舉北侵先遣豫州刺史裴邃帥譙州刺史湛僧智等自南道攻壽陽未剋而邃卒乃加亶使持節代邃與魏將河間王琛臨淮王彧等相拒頻戰剋捷尋敕班師合肥須堰成復進七年夏淮堰水盛壽陽城將沒武帝復遣北道軍元樹帥彭寶孫陳慶等稍進亶帥湛僧智魚弘張澄等通流清瀾將入淮肥魏軍夾肥築城出亶後亶與僧智還襲破之進攻黎漿貞威將軍韋放自北道會焉兩軍既合所向皆降凡降城五十二獲男女口七萬五千人詔以壽陽依前代置豫州合肥鎮改爲南豫州以亶爲豫南豫二州刺史加都督壽春久離兵荒百姓多流散亶輕刑薄賦務農省役頃之人戶充復卒于州鎮帝聞之即日素服舉哀贈車騎將軍謚曰襄州人夏侯簡等表請爲亶立碑置祠詔許之亶美風儀寬厚有器量涉獵文史能專對宗人夏侯溢爲衡陽內史辭日亶侍御坐帝謂亶曰夏侯溢於卿疏近亶荅云是臣從

弟帝知溢於亶已疏乃曰卿傖人如何不辯族從亶對曰臣聞服屬易疏所以不忍言族時以爲能亶歷六郡三州不爲產業祿賜所得隨散親故性儉率居處服用充足而已不事華侈晚年頗好音樂有妓妾十數人並無被服姿容每有客常隔簾奏之時謂簾爲夏侯妓衣

子誼襲封豐城縣侯

亶弟夔字季龍位大匠卿累遷司州刺史領安陸太守帥壯武將軍裴之禮直閤將軍任思祖出義陽道攻平靜穆陵陰山三關剋之時譙州刺史湛僧智圍東豫州刺史元慶和於廣陵入其郛魏將元顯伯率軍赴援僧智逆擊破之夔自武陽出會僧智斷魏軍歸路慶和於內築柵自固及夔至遂請降凡降男女口萬餘人顯伯聞之夜遁衆軍追虜二萬餘人斬獲不可勝數由是義陽北道遂與魏絕及郢州刺史元願達降詔改爲北司州以夔爲刺史兼督司州封保城縣侯中大通六年爲豫州刺史加督豫州積歲連兵人頗失業夔乃率軍人於蒼陵立堰溉田千餘頃歲收穀百餘萬石以充儲備兼贍貧人境內賴之夔兄亶先經此任至是夔又居焉兄弟並有恩惠於鄉里百姓歌曰我之有州頻得夏侯前兄後弟布政優優夔在州七年遠近多附之有部曲萬人馬二千匹並服習精彊爲當時之盛性奢豪後房伎妾曳羅綺飾金翠者百數愛好人士不以貴位自高文武賓客常滿坐時亦以此稱之卒于州諡曰桓子譔嗣官至太僕卿譔弟譒少麤險薄行常停鄉里領其父部曲爲州助防刺史貞陽侯明引爲府長史明被魏囚復爲侯景長史景反譒前驅濟江頓兵上林館破邸第及居人富室子女財貨盡略有之明在州有四妾章於王阮竝有國色明被魏囚其妾竝還都第譒至破第納焉

魚弘襄陽人身長八尺白晳美姿容累從征討常爲軍鋒歷南譙盱台竟陵太守嘗謂人曰我爲郡有四盡水中魚鼈盡山中麞鹿盡田中米穀盡村里人庶盡丈夫生如輕塵棲弱草白駒之過隙人生但歡樂富貴在何時於是恣意酣賞侍妾百餘人不勝金翠服翫車馬皆窮一時之驚絕有眠牀一張皆是蹙柏四面周匝無一有異通用銀鏤金花壽福兩重爲腳爲湘東王鎮西司馬述職西上道中乏食緣路採菱作菱米飯給所部弘度之所後人覓一菱不得又於窮洲之上捕得數百獼猴膊以爲脯以供酒食比及江陵資食復振逢敕迎瑞像王令送像下都弘率部曲數百悉衣錦袍赫奕滿道頗爲人所慕塗經夏首李抗數其爲人抗舅元法僧聞之杖抗三百後爲新興永寧太守卒官

吉士瞻字梁容馮翊蓮勺人也少有志氣不事生業時徵士吳苞見其姿容勸以經學因誦鮑照詩云豎儒守一經未足識行藏拂衣不顧年逾四十怱怱不得志乃就江陵卜者王先生計祿命王生曰君擁旄杖節非一州後一年當得戎馬大郡及梁武起兵義陽太守王撫之天門太守王智遜武陵太守蕭彊等竝不從命鎮軍蕭穎胄遣士瞻討平之齊和帝即位以爲領軍司馬士瞻少時嘗於南蠻國中摴博無褌褰露爲儕輩所侮及平魯休烈軍得絹三萬疋乃作百褌其外竝賜軍士不以入室以軍功除輔國將軍步兵校尉建康平爲巴東相建平太守初士瞻爲荊府城局參軍浚萬人仗庫防池得一金革鉤隱起鏤甚精巧篆文曰錫爾金鉤且公且侯士瞻娶夏侯詳兄女女竊以與詳詳喜佩之及是革命詳果封侯而士瞻不錫茅土天監二年入爲直閤將軍歷位秦梁二州刺史加都督後爲太子右衞率又出爲西陽武昌二郡太守在郡清約家無私積始士瞻夢得一積鹿皮從而數之有十一領及覺喜曰鹿者祿也吾當居十一祿乎自其仕進所莅已久及除二郡心惡之遇疾不肯療普通七年卒於郡贈左衞將軍諡曰胡子子琨時在戎役聞問一踊而絕良久乃蘇不顧軍制輒離所部遂以孝聞詔下旌異

蔡道恭字懷儉南陽冠軍人也父那宋益州刺史道恭少寬厚有大量仕齊爲西中郎中兵參軍加輔國將軍梁武帝起兵蕭穎胄以道恭素著威略專相委任齊和帝即位爲右衞將軍出爲司州刺史梁天監初論功封漢壽縣伯進號平北將軍三年魏圍司州時城中衆不滿五千人食裁半歲魏軍攻之晝夜不息乃作大車載土四面俱前欲以填塹道恭塹內作艨艟鬬艦以待之魏人不得進又潛作伏道以決塹水道恭載土㹠塞之相持百餘日前後斬獲不可勝計魏大造梯衝攻圍日急道恭用四石烏漆大弓射所中皆洞甲飲羽一發或貫兩人敵人望弓皆靡又於城內作土山多作大矟長二丈五尺施長刃使壯士執以刺魏人魏軍甚憚之將退會道恭疾篤乃呼兄子僧勰從弟靈恩及將率謂曰吾所苦勢不能久汝等當以死固節無令吾沒有遺恨又令取所持節授僧勰曰稟命出疆既不得奉以還朝方欲攜之同逝可與棺柩相隨衆皆流涕其年五月卒魏知道恭死攻之轉急先是朝廷遣郢州刺史曹景宗赴援景宗不前至八月城內糧盡魏剋之贈鎮西將軍井尋購喪櫬八年魏許還道恭喪其家以女樂易之葬襄陽傳國至孫固早卒國除

楊公則字君翼天水西縣人也父仲懷爲宋豫州刺史殷琰將琰叛輔國將軍劉勔討琰仲懷力戰死於橫塘公則隨父在軍年未弱冠冒陣抱尸號哭氣絕良久勔命還仲懷首公則斂畢徒步負喪歸鄉里由此著名後梁州刺史范栢年板爲宋熙太守領白馬戍主時氐賊李烏奴攻白馬公則矢盡糧竭陷于寇抗聲罵賊烏奴壯之要與同事公則僞許而圖之謀泄單馬逃歸齊高帝下詔褒美除晉壽太守在任清絜自守遷扶風太守母憂去官雍州刺史陳顯達起爲寧朔將軍復領太守頃之荊州刺史巴東王子響搆亂公則進討事平還武寧太守百姓便之入爲前軍將軍和帝爲荊州刺史公則爲西中郎中兵參軍及蕭穎胄協同梁武以公則爲輔國將軍領西中郎諮議參軍率兵東下和帝即位授湘州刺史梁武軍次沔口公則率湘府之衆會于夏口時荊州諸軍悉受公則節度雖蕭穎達宗室之貴亦隸焉郢城平武帝命衆軍即日俱下公則受命先驅江州既定連旌東下直造建鄴公則號命嚴明秋豪不犯所在莫不賴焉大軍至新林公則自越城移屯領軍府壘北樓與南掖門相對嘗登樓望戰城中遙見麾蓋縱神鋒弩射之矢貫胡牀左右皆失色公則曰虜幾中吾腳談笑如初東昏夜選勇士攻公則柵軍中驚擾公則堅卧不起徐命擊之東昏軍乃退公則所領多是湘溪人性懦怯城內輕之以爲易與每出盪輒先犯公則壘公則獎厲軍士剋獲更多及城平內出者或被剝奪公則親率麾下列陳東掖門衞送公卿士庶故出者多由公則營焉進號左將軍還鎮南藩初公則東下湘部諸郡多未賓從及公則還州然後諸屯聚竝散天監元年進號平南將軍封寧都縣侯湘州寇亂累年人多流散公則輕刑薄斂頃之戶口克復爲政雖無威嚴然勵己廉慎爲吏人所悅湘俗單門多以賂求州職公則至皆斷之所辟皆州郡著姓武帝班下諸州以爲法四年徵中護軍代至乘二舸便發送故一無所取還衞尉卿時朝廷始議北侵公則威名素著至都詔假節先屯洛口公則受命將發遘疾謂親人曰昔廉頗馬援以年老見遺猶自力請用今國家不以吾朽懦任以前驅方於古人見知重矣雖臨塗疾苦豈可僶俛辭事馬革還葬此吾志也遂彊起登舟至洛口壽春士女歸降者數千戶魏豫州刺史薛恭度遣長史石榮等前鋒接戰即斬石榮遂北至壽春去城數十里而返疾篤卒于師武帝深痛惜之即日舉哀諡烈侯公則爲人敦厚慈愛居家篤睦視兄子過於己子家財悉委焉性好學雖居軍旅手不輟卷士大夫以此稱之子瞟嗣有罪國除帝以公則勳臣特聽庶長子眺嗣眺固讓歷年乃受

鄧元起字仲居南郡當陽人也少有膽幹性任俠仕齊爲武寧太守梁武起兵蕭穎胄與書招之即日上道率衆與武帝會于夏口齊和帝即位拜廣州刺史中興元年爲益州刺史仍爲前軍建康城平進號征虜將軍天監初封爲當陽縣侯始述職焉初梁武之起益州刺史劉季連持兩端及聞元起至遂發兵拒守元起至巴西巴西太守朱士略開門以待先時蜀人多逃亡至是競出投元起皆稱起義應朝廷元起在道久軍糧乏絕或說之曰蜀郡政慢若檢巴西一郡籍注因而罰之所獲必厚元起然之涪令李膺諫曰使君前有嚴敵後無繼援山人始附於我觀德若料以刻薄人必不堪衆心一離雖悔無及膺請出圖之不患資糧不足也元起曰善一以委卿膺退率富人上軍資米俄得三萬斛元起進屯西平季連始嬰城自守時益州兵亂既久人廢耕農內外苦饑人多相食道路斷絕季連計窮會明年武帝使赦季連罪許之降季連即日開城納元起元起送季連于建康元起以鄉人庾黔婁爲錄事參軍又得荊州刺史蕭遙欣故客蔣光濟竝厚待之任以州事黔婁甚清潔光濟多計謀竝勸爲善政元起之剋季連也城內財寶無所私勤恤人事口不論財色性能飲酒至一斛不亂及是絕之爲蜀土所稱元起舅子梁矜孫性輕脫與庾黔婁志行不同乃言於元起曰城中稱有三刺史節下何以堪之元起由此疏黔婁而政迹稍損在政二年以母老乞歸供養詔許焉徵爲右衞將軍以西昌侯蕭藻代之時梁州長史夏侯道遷以南鄭叛引魏將王景胤孔陵攻東西晉壽竝遣告急衆勸元起急救之元起曰朝廷萬里軍不卒至若寇賊侵淫方須撲討董督之任非我而誰何事怱怱便相催督黔婁等苦諫之皆不從武帝亦假元起節征討諸軍將救漢中比是魏已攻剋兩晉壽蕭藻將至元起頗營還裝糧儲器械略無遺者蕭藻入城求其良馬元起曰年少郎子何用馬爲藻恚醉而殺之元起麾下圍城哭且問其故藻懼曰天子有詔衆乃散遂誣以反帝疑焉有司追劾削爵土詔減邑之半封松滋縣侯故吏廣漢羅研詣闕訟之帝曰

果如我所量也使讓藻曰元起爲汝報讐汝爲讐報讐忠孝之道如何乃貶藻號爲冠軍將軍贈元起征西將軍給鼓吹謚忠侯

羅研字深微少有才辯元起平蜀辟爲主簿後爲信安令故事置觀農謁者圍桑度田勞擾百姓研請除其弊帝從之鄱陽忠烈王恢臨蜀聞其名請爲別駕及西昌侯藻重爲刺史州人爲之懼研舉止自若侯謂曰非我無以容卿非卿無以事我齊苟兒之役臨汝侯嘲之曰卿蜀人樂禍貪亂一至於此對曰蜀中積弊實非一朝百家爲村不過數家有食窮迫之人什有八九束縛之使旬有二三貪亂樂禍無足多怪若令家畜五母之雞一母之豕牀上有百錢布被甑中有數升麥飯雖蘇張巧說於前韓白按劍於後將不能使一夫爲盜況貪亂乎大通二年爲散騎侍郎嗣王範將西忠烈王恢謂曰吾昔在蜀每事委羅研汝遵而勿失範至復以爲別駕升堂拜母蜀人榮之數年卒官蜀士以文達者唯研與同郡李膺

膺字公胤有才辯西昌侯藻爲益州以爲主簿使至都武帝悅之謂曰今李膺何如昔李膺對曰今勝昔問其故對曰昔事桓靈之主今逢堯舜之君帝嘉其對以如意擊席者久之乃以爲益州別駕著益州記三卷行於世初元起在荊州刺史隨王板元起爲從事別駕庾華堅執不可元起恨之及大軍至都華在城內甚懼城平而元起先遣迎華語人曰庾別駕若爲亂兵所殺我無以自明因厚遣之少時又嘗至其西沮田舍有沙門造之乞元起有稻幾二千斛悉以施之時人稱其二者有大度元起初爲益州過江陵迎其母母事道方居館不肯出元起拜請同行母曰汝貧賤家兒忽得富貴詎可久保我寧死此不能與汝共入禍敗及至巴東聞蜀亂使蔣光濟筮之遇蹇喟然歎曰吾豈鄧艾而及此乎後果如筮子鏗嗣

張惠紹字德繼義陽人也少有武幹仕齊爲竟陵橫桑戍主母喪歸鄉里聞梁武帝起兵乃自歸累有戰功武帝踐阼封石陽縣侯位驍騎將軍直閤左細仗主時東昏餘黨數百人竊入南北掖門夜燒神虎門害衛尉張弘策惠紹馳率所領赴戰賊乃散走遷太子右衛率以軍功累增爵邑歷位衛尉卿左衛將軍司州刺史領安陸太守在州和理吏人親愛之徵還爲左衛將軍加通直散騎常侍仗甲百人直衛殿中卒謚曰忠子登嗣累有戰功與湛僧智胡紹世魚弘並爲當時驍將歷官衛尉卿太子左衛率卒官謚曰愍

馮道根字巨基廣平酇人也少孤家貧傭賃以養母行得甘肥未嘗先食必遽還以遺母年十三以孝聞郡召爲主簿不就曰吾當使封侯廟食安能爲儒吏邪年十六鄉人蔡道班爲湖陽戍主攻蠻錫城反爲蠻困道根救之匹馬轉戰提雙劒左右奮擊殺傷甚多道班以免由是知名齊建武末魏孝文攻陷南陽等五郡明帝遣太尉陳顯達爭之師入汋均口道根說顯達曰汋均水急不如悉棄船於酇城方道步進顯達不聽道根猶以私屬從軍及顯達敗夜走頓道根指路以全尋爲汋均口戍副以母喪還家聞梁武帝起兵乃謂所親曰金革奪禮古人不避揚名後世豈非孝乎因率鄉人歸武帝隸於王茂常爲前鋒武帝即位爲驍騎將軍封增城縣男天監二年爲南梁太守領阜陵城戍初到阜陵修城隍遠斥候如敵將至者衆頗笑之道根曰怯防勇戰此之謂也修城未畢魏將党法宗傅豎眼率衆二萬奄至城下道根塹壘未固城中衆少莫不失色道根命開城門緩服登城選精銳二百人出與魏軍戰敗之魏軍因退還輔國將軍六年魏攻鍾離武帝詔豫州刺史韋叡救之道根爲叡前驅至徐州建計據邵陽洲築壘掘塹逼魏城道根能走馬步地計馬足以賦功城隍立辦及淮水長道根乘戰艦斷魏連橋魏軍敗績進爵爲伯改封豫寧縣八年拜豫州刺史領汝陰太守爲政清簡境內安之累遷右衛將軍道根性謹厚木訥少言爲將能檢御部曲所過村陌將士不敢虜掠每征伐終不言功其部曲或怨非之道根喻曰明主自鑒功之多少吾將何事武帝嘗指道根示尚書令沈約美其口不論勳約曰此陛下之大樹將軍也歷處州郡和理清靜爲下所懷在朝廷雖貴顯而性儉約所居宅不修牆屋無器服侍衛入室則蕭然如素士之貧賤者當世服其清退武帝亦雅重之微時不學既貴粗讀書自謂少文常慕周勃之器量十六年復爲豫州將行武帝引朝臣宴別道根於武德殿召畫工使圖其形道根踧踖謝曰臣所可報國家唯餘一死但天下太平恨無可死之地豫部重得道根人皆喜悅武帝每稱曰馮道根所在能使朝廷不復憶有一州居州少時遇疾乞還朝廷徵爲散騎常侍左軍將軍卒于官是日輿駕春祠二廟及出宮有司以聞帝問中書舍人朱异曰吉凶同日今可行乎對曰昔柳莊寢疾衛獻公當祭請尸曰有臣柳莊非寡人之臣社稷之臣也聞其死請往不釋祭服而往遂以襚之道根雖未爲社稷臣亦有勞王室臨之禮也帝即駕幸其宅哭之甚慟謚曰威子懷嗣

康絢字長明華山藍田人也其先出自康居初漢置都護盡臣西域康居亦遣侍子待詔河西因留不去其後遂氏焉晉時隴右亂遷于藍田絢曾祖因爲苻堅太子詹事生穆穆爲姚萇河南尹宋永初中穆率鄉族三千餘家入襄陽之峴南宋爲置華山郡藍田縣寄立於襄陽以穆爲秦梁二州刺史未拜卒絢伯元隆父元撫並爲流人所推相繼爲華山太守絢少俶儻有志氣仕齊爲華山太守推誠撫循荒餘悅服梁武起兵絢舉郡以應天監元年封南陽縣男除竟陵太守累遷太子左衛率甲仗百人與領軍蕭景直殿內絢身長八尺容貌絕倫雖居顯職猶習武藝帝幸德陽殿戲馬敕絢馬射撫弦貫的觀者悅之其日上使畫工圖絢形遣中使持以問絢曰卿識此圖不其見親如此時魏降人王足陳計求堰淮水以灌壽陽足引北方童謠曰荊山爲上格浮山爲下格潼沱爲激溝并灌鉅野澤帝以爲然使水工陳承伯材官將軍祖暅視地形咸謂淮內沙土漂輕不堅實其功不可就帝弗納發徐揚人率二十戶取五丁以築之假絢節都督淮上諸軍事并護堰作役人及戰士有衆二十萬於鍾離南起浮山北抵巉石依岸築土合脊於中流十四年四月堰將合淮水漂疾復決潰衆患之或謂江淮多蛟能乘風雨決壞崖岸其性惡鐵因是引東西二冶鐵器大則釜鬵小則鋘鋤數千萬斤沉於堰所猶不能合乃伐樹爲幹塡以巨石加土其上緣淮百里內岡陵木石無巨細必盡負擔者肩穿夏日疾疫死者相枕蠅蟲晝夜聲合武帝愍之遣尚書右僕射袁昂侍中謝舉假節慰勞并加蠲復是冬寒甚淮泗盡凍士卒死者十七八帝遣賜以衣袴十二月魏遣將楊大眼揚聲決堰絢命諸軍撤營露次以待之遣其子悅挑戰斬魏咸陽王府司馬徐方興魏軍小却十五年四月堰成其長九里下闊一百四十丈上廣四十五丈高二十丈深十九丈五尺夾之以堤并樹杞柳軍人安堵列居其上其水清潔俯視邑居墳墓了然皆在其下或謂絢曰四瀆天所以節宣其氣不可久塞若鑿湫東注則游波寬緩堰得不壞絢然之開湫東注又縱反間於魏曰梁所懼開湫魏人信之果鑿山深五丈開湫北注水日夜分流湫猶不減其月魏軍竟潰而歸水之所及夾淮方數百里地魏壽陽城戍稍徙頓八公山此南居人散就岡壟初堰起徐州界刺史張豹子謂己必尸其事既而絢以佗官求監作豹子甚慙由是譖絢與魏交通帝雖不納猶以事畢徵絢尋除司州刺史領安陸太守絢還徵豹子不脩堰至其秋淮水暴長堰壞奔流于海殺數萬人其聲若雷聞三百里水中怪物隨流而下或人頭魚身或龍形馬首殊類詭狀不可勝名祖暅坐下獄絢在州三年大修城隍號爲嚴整普通元年除衛尉卿未拜卒輿駕即日臨哭謚曰莊絢寬和少喜懼在朝廷見人如不能言號爲長厚在省每寒見省官有藍縷者輒遣遺以襦衣其好施如此子悅嗣

昌義之歷陽烏江人也少有武幹爲馮翊戍主梁武帝爲雍州因事帝帝亦厚遇之及起兵板爲輔國將軍軍主每戰必捷天監元年封永豐侯累遷北徐州刺史鎮鍾離四年大舉北侵臨川王宏督衆軍向洛口義之爲前軍攻魏梁城戍剋之五年冬武帝以征役久詔班師魏中山王元英乘勢追躡攻沒馬頭等城城內糧貯魏悉移歸北議者咸謂無復南向帝曰此必進兵非其實也乃遣脩鍾離城敕義之爲戰守備是冬英果率衆數十萬圍鍾離衝車毀西墉時城中衆纔三千義之督帥隨方抗禦前後殺傷萬計魏軍死者與城平六年帝遣曹景宗韋叡率衆二十萬救焉大破魏軍義之率輕兵追至洛口而還以功進號軍師將軍再遷都督南兗州刺史坐以禁物出蕃爲有司所奏免十三年累遷左衛將軍是冬帝遣太子右衛率康絢督衆軍作荊山堰魏將李曇定大衆逼荊山揚聲決堰詔假義之節救絢軍未至絢等已破魏軍魏又遣大將軍李平攻硤石義之又率朱衣直閤王神念救之魏克硤石義之班師爲有司所奏帝以其功臣不問十五年授北徐州刺史義之不知書所識不過十字性寬厚爲將能得人死力及居藩任吏人安之改封營道縣侯徵爲護軍將軍卒於官帝深痛惜之謚曰烈子寶景嗣

論曰永元之季雖時主昏狂荊雍二州尚未有釁武皇迹緣家酷首唱孟津之師王茂等運接昌期自致勤王之舉若非天人啓期豈得若斯之速乎其隆名顯秩亦各風雲之感會也元起勤乃胥附切惟闢土勞之不圖禍機先陷冠軍之貶於罰已輕梁之政刑於斯爲失私戚之端自斯而啓年之不永不亦宜乎張惠紹馮道根康絢昌義之攀附之始其功則未及搴盜樊門張以力戰自著鍾離邵陽之逼馮昌勞効居多浮山之役而康絢實典其事互有厥勞寵進宜矣先是鎮星守天江而堰實與退舍而決豈人事乎其天道也

南史卷五十五考證

王茂傳字休遠○遠梁書作遠

好讀兵書究其大旨○兵書下梁書有駿畧二字

曹景宗傳每箭殺蠻蠻遂敗走○殺字下梁書有一字

義之出逐英至洛口○義之昌義之也洛梁書作浴誤

夏侯亶傳武帝復遣北道軍元樹帥彭寶孫陳慶等稍進○慶字下梁書有之字

亶對曰臣聞服屬易疏所以不忍言族○顧炎武云書以親九族注同族高祖以下是也非疏遠之謂漢書張敞傳廣川王同族宗室劉調等同族言其與王近親也顏氏家訓凡宗親世數有從父有從祖有族祖此云不忍言族當時雖爲敏對於理未通

亶弟夔傳不以貴位自高○高監本譌事今改正

魚弘傳通用銀鏤金花壽福兩重○兩監本訛雨今改正

羅研傳鄱陽忠烈王恢臨蜀聞其名請爲別駕○請監本譌謂今改正

史臣論其功則未○未梁書作輕今各本俱同姑仍其舊

南史卷五十六

唐　李　延　壽　撰

列傳第四十六

張弘策子緬　緬弟纘　綰　庾域子子輿

鄭紹叔　呂僧珍　樂藹子法才

張弘策字真簡范陽方城人梁文獻皇后之從父弟也父安之青州主簿南蠻行參軍弘策幼以孝聞母嘗有疾五日不食弘策亦不食母强爲進粥弘策乃食母所餘遭母憂三年不食鹽菜幾至滅性兄弟友愛不忍暫離雖各有室常同臥起世比之姜肱兄弟弘策與梁武帝年相輩幼見親狎恒隨帝游處每入室常覺有雲氣體輒肅然弘策由此特加敬異建武末與兄弘胄從武帝宿酒酣移席星下語及時事帝曰天下方亂舅知之乎冬下魏軍方動則亡漢北王敬則猜嫌已久當乘間而作弘策曰敬則張兩赤眼容能立事帝曰敬則庸才爲天下唱先爾主上運祚盡於來年國權當歸江劉而江甚隘劉又闇弱都下當大亂死人如亂麻齊之歷數自兹亡矣梁楚漢當有英雄與弘策曰瞻烏爰止于誰之屋帝笑曰光武所云安知非僕弘策起曰今夜之言是天意也請定君臣之分帝曰舅欲歎鄧晨乎是冬魏軍攻新野齊明帝密詔武帝代曹武監雍州事弘策聞之心喜謂帝曰夜中言當驗帝笑曰且勿多言弘策從帝西行仍參帷幄身親勞役不憚辛苦齊明帝崩遺詔以帝爲雍州刺史乃表弘策爲錄事參軍帶襄陽令帝觀海內方亂有匡濟之心密爲儲備謀猷所及惟弘策而已時帝長兄懿罷益州還爲西中郎長史行郢州事帝使弘策到郢陳計於懿曰昔晉惠庸主諸王爭權遂內難九興外寇三作方今喪亂有甚於此六貴爭權人握王憲制主畫勑各欲專成且嗣主在宮本無令譽媟近左右蜂目忍人一居萬機恣其所欲豈肯虛坐主諾委政朝臣積相嫌貳必大誅戮始安欲爲趙倫形迹已露蹇人上天信無此理且性甚猜狹徒取禍機所可當軸江劉而已祏怯而無斷瑄弱而不才折鼎覆餗跂踵可待蕭坦胷懷猜忌動言相傷徐孝嗣才非柱石聽人穿鼻若隙開釁起必中外土崩今得外藩幸圖身計及今猜防未生宜召諸弟以時聚集郢州控帶荆湘西注漢沔雍州士馬呼吸數萬時安則竭誠本朝時亂則爲國翦暴如不早圖悔無及也懿聞之變色心未之許及懿遇禍帝將起兵夜召弘策呂僧珍入定議旦乃發兵以弘策爲輔國將軍主領萬人督後部事及郢城平蕭穎達楊公則諸將皆欲頓軍夏口帝以爲宜乘勢長驅直指建鄴弘策與帝意合又訪寧朔將軍庾域域又同卽日上道凡磯浦村落軍行宿次立頓處所弘策預爲圖皆在目中城平帝遣弘策與呂僧珍先往清宮封檢府庫于時城內珍寶委積弘策申勒部曲秋毫無犯遷衛尉卿加給事中天監初加散騎常侍封洮陽縣侯弘策盡忠奉上知無不爲交友故舊隨才薦拔搢紳皆趨焉時東昏餘黨孫文明等初逢赦令多未自安文明又嘗夢乘馬至雲龍門心惑其夢遂作亂帥數百人因運荻炬束仗得入南北掖門至夜燒神獸門總章觀入衛尉府弘策踰垣匿于龍廄遇賊見害賊又進燒尚書省及閤道雲龍門前軍司馬呂僧珍直殿省帥羽林兵邀擊不能卻上戎服御前殿謂僧珍曰賊夜來是衆少曉則走矣命打五鼓賊謂已曉乃散官軍捕文明斬于東市張氏親屬臠食之帝哭之慟曰痛哉衛尉天下事當復與誰論詔贈車騎將軍謚曰閔侯弘策爲人寬厚通率篤舊故及居隆重不以貴地自高故人賓客接之如布衣祿賜皆散之親友及遇害莫不痛惜焉子緬嗣

緬字元長年數歲外祖中山劉仲德異之曰此兒非常器非止爲張氏寶方爲海內令名也齊永元末兵起弘策從武帝向都留緬襄陽年始十歲每聞軍有勝負憂喜形於顏色及弘策遇害緬喪過于禮武帝每遣喻之服闋襲封洮陽縣侯起家祕書郎出爲淮南太守時年十八武帝疑其年少未閑吏事遣主書封取郡曹文案見其斷決允愜甚稱賞之再遷雲麾外兵參軍緬少勤學自課讀書手不輟卷有質疑者隨問便對略無遺失殿中郎缺帝謂徐勉曰此曹舊用文學且鴈行之首宜詳擇其人勉舉緬充選頃之爲武陵太守還拜太子洗馬中舍人緬母劉氏以父没家貧葬禮有闕遂終身不居正室不隨子入官府緬在郡所得俸祿不敢用至乃妻子不易衣裳及還都並供之母振遺親屬雖累載所蓄一朝隨盡緬私室常閴然如貧素者累遷豫章內史緬爲政任恩惠不設鉤距吏人化其德亦不敢欺故老咸云數十年未有也後爲御史中丞坐收捕人與外國使鬭左降黃門兼領先職俄復舊任緬居憲司推繩無所顧望號爲勁直武帝乃遣圖其形於臺省以勵當官遷侍中未拜卒詔便舉哀昭明太子亦往臨哭緬抄後漢晉書抄三十卷又抄江左集未及成文集三卷緬弟纘

纘字伯緒出繼從伯弘籍武帝舅也梁初贈廷尉卿纘年十一尚武帝第四女富陽公主拜駙馬都尉封利亭侯召補國子生起家祕書郎時年十七身長七尺四寸眉目疎朗神采爽發武帝異之嘗曰張壯武云後八世有逮吾者其此子乎纘好學兄緬有書萬餘卷晝夜披讀殆不輟手祕書郎四員宋齊以來爲甲族起家之選待次入補其居職例不數十日便遷任纘固求不徙欲遍觀閣內書籍帝執四部書目曰君讀此畢可言優仕矣如此三載方遷太子舍人轉洗馬中舍人並掌管記纘與琅邪王錫齊名普通初魏使彭城人劉善明通和求識纘與錫纘時年二十三善明見而嗟服累遷尚書吏部郎俄而長兼侍中時人以爲早達河東裴子野曰張吏部有喉脣之任己恨其晚矣子野性曠達自云年出三十不復詣人初未與纘遇便虛相推重因爲忘年之交大通中爲吳興太守居郡省煩苛務清靜人吏便之大同二年徵爲吏部尚書後門寒素一介者皆見引拔不爲貴門屈意人士翕然稱之負其才氣無所與讓定襄侯祗無學術頗有文性與兄衡山侯恭俱爲皇太子愛賞時纘從兄謐聿並不學問性又凡愚恭祇嘗預東宮盛集太子戲纘曰丈人謐聿皆何在纘從容曰纘有謐聿亦殿下之衡定太子色慙或云纘從兄聿及弼愚短湘東王在坐問纘曰丈人二從聿弼藝業何如纘曰下官從弟雖並無多猶賢殿下之有衡定舉坐愕然其忤物如此五年武帝詔曰纘外氏英華朝中領袖司空已後名冠范陽可尚書僕射纘本寒門以外戚顯重高自擬倫而詔有司空范陽之言深用爲狹以朱异草詔與异不平初纘與參掌何敬容意趣不協敬容居權軸賓客輻湊有過詣纘纘輒距不前曰吾不能對何敬容殘客及是遷爲讓表曰自出守股肱入居衡尺可以仰首伸眉論列是非者矣而寸衿所滯近蔽耳目深淺清濁豈有能預加以矯心飾貌酷非所閑不喜俗人與之共事此言以指敬容也在職議南郊御乘素輦適古今之衷又議印綬官若備朝服宜並著綬時並施行改爲湘州刺史述職經塗作南征賦初吳興吳規頗有才學邵陵王綸引爲賓客深相禮遇及綸作牧郢蕃規隨從江夏遇纘出之湘鎮路經郢服綸餞之南浦纘見規在坐意不能平忽舉盃曰吳規此酒慶汝得陪今宴規尋起還其子翁孺見父不悅問而知之翁孺因氣結爾夜便卒規恨纘慟兒憤哭兼至信次之間又致殞規妻深痛夫子翌日又亡時人謂張纘一盃酒殺吳氏三人其輕傲皆此類也至州務公平遣十郡慰勞解放老疾吏役及關市戍邏先所防人一皆省併州界零陵衡陽等郡有莫傜蠻者依山險爲居歷政不賓服因此向化益陽縣人作田二頃皆異畝同穎在政四年流人自歸戶口增十餘萬州境大寧晚頗好積聚多寫圖書數萬卷有油二百斛米四千石佗物稱是太清二年徙授領軍俄改雍州刺史初聞邵陵王綸當代巳爲湘州其後更用河東王譽纘素輕少王州府候迎及資待甚薄譽深銜之及至州譽遂託疾不見纘仍檢括州府付度事留纘不遣會聞侯景寇建鄴譽當下援湘東王時鎮江陵與纘有舊纘將因之以斃譽兄弟時湘東王與譽及信州刺史桂陽王慥各率所領入援臺下陝至江津譽次江口湘東王屆郢州之武城屬侯景已請和武帝詔罷援軍譽自江口將旋湘鎮欲待湘東至謁督府方還州纘乃貽湘東書曰河東戴檣上水欲襲江陵岳陽在雍共謀不逞江陵遊軍主朱榮又遣使報云桂陽住此欲應譽譽湘東信之乃覆船沈米斬纜而歸至江陵收慥殺之荆湘因構嫌隙纘尋棄其部曲攜其二女單舸赴江陵湘東遣使責讓譽索纘部下仍遣纘向雍州前刺史岳陽王詧推遷未去鎮但以城西白馬寺處之會聞賊陷臺城詧因不受代州助防杜岸給纘曰觀岳陽

不容使君使君素得物情若走入西山舉義事無不濟纘以爲然因與岸兄弟盟乃要雍州人席引等於西山聚衆乃服婦人衣乘青布輿與親信十餘人奔引等杜岸馳告詧詧令中兵參軍尹正等追討纘以爲赴期大喜及至並禽之纘懼不免請爲沙門名法緒詧襲江陵常載纘隨後逼使爲檄固辭以疾及軍退敗行至湕水南防守纘者慮追兵至遂害之棄尸而去元帝承制贈開府儀同三司謚簡憲公元帝少時纘便推誠委結及帝即位追思之嘗爲詩序云簡憲之爲人也不事王侯負才任氣見余則申旦達夕不能已已懷夫人之德何日忘之纘著鴻寶一百卷文集二十卷初纘之往雍州貲產悉留江陵性既貪婪南中貲賄塡積及死湘東王皆使收之書二萬卷並摙還齊珍寶貨物悉付庫以綜覈之罔還其家次子希字子顏早知名尚簡文第九女海鹽公主承聖初位侍中纘弟綰

綰字孝卿少與兄纘齊名湘東王繹嘗策之百事綰對闕其六號爲百六公位員外散騎常侍中軍宣城王長史遷御史中丞武帝遣其弟中書舍人緬宣旨曰爲國之急惟在執憲直繩用人之本不限升降晉宋時周閔蔡廓兼以侍中爲之卿勿疑是左遷時宣城王府望重故有此旨焉大同四年元日舊制僕射中丞坐位東西時當綰兄纘爲僕射及百司就列兄弟並導騶分騶兩塗前代未有時人榮之出爲豫章內史在郡述制旨禮記正言義四姓衣冠士子聽者常數百人八年安成人劉敬宮挾祇道遂聚黨攻郡進寇豫州刺史湘東王遣司馬王僧辯討賊受綰節度旬月間賊黨悉平十年復爲御史中丞綰再爲憲司彈糾無所回避豪右憚之時城西開士林館聚學者綰與右衞朱异太府卿賀琛遞述制旨禮記中庸義太清三年爲吏部尚書宮城陷奔江陵位尚書右僕射魏剋江陵朝士皆俘入關綰以疾免卒於江陵次子交字少游尚簡文第十一女定陽公主承聖二年官至祕書丞掌東宮管記

庾域字司大新野人也少沉靜有名鄉曲梁文帝爲郢州辟爲主簿歎美其才曰荆南杞梓其在斯乎加以恩禮長沙宣武王爲梁州以爲錄事參軍帶華陽太守時魏軍攻圍南鄭州有空倉數十所域手自封題指示將士曰此中粟皆滿足支二年但努力堅守衆心以安軍退以功拜羽林監及長沙王爲益州域隨爲懷寧太守罷任還家妻子猶事井臼而域所衣大布餘俸專充供養母好鶴唳域在位營求孜孜不息一旦雙鶴來下論者以爲孝感所致永元初南康王板西中郎諮議參軍母憂去職梁武帝舉兵起爲寧朔將軍領行選武帝東下師次楊口和帝遣御史中丞宗夬勞軍域乃諷夬曰黃鉞未加非所以總率侯伯夬反西臺即授武帝黃鉞蕭穎冑既都督中外諸軍事論者謂武帝應致牋域爭不聽乃止郢城平域及張弘策議與武帝意同即命衆軍便下域謀多被納用霸府初開爲諮議參軍天監初封廣牧縣子後軍司馬出爲寧朔將軍巴西梓潼二郡太守梁州長史夏侯道遷降魏魏襲巴西域固守城中糧盡將士皆齕草食土無有離心魏軍退進爵爲伯于時兵後人飢域上表振貸不待報輒開倉爲有司所糾上還域西中郎司馬輔國將軍寧蜀太守卒于官子子輿

子輿字孝卿幼而歧嶷五歲讀孝經手不釋卷或曰此書文句不多何用自苦荅曰孝德之本何謂不多齊永明末除州主簿時父在梁州遇疾子輿奔侍醫藥言淚恒并長沙宣武王省疾見之顧曰庾錄事雖危殆可憂更在子輿尋丁母憂哀至輒嘔血父戒以滅性乃禁其哭泣梁初爲尚書郎天監三年父出守巴西子輿以蜀路險難啓求侍從以孝養獲許父還寧蜀子輿亦相隨父於路感心疾每至必叫子輿亦悶絕及父卒哀慟將絕者再奉喪還鄉秋水猶壯巴東有淫預石高出二十許丈及秋至則纔如見焉次有瞿塘大灘行侶忌之部伍至此石猶不見子輿撫心長叫其夜五更水忽退減安流南下及度水復舊行人爲之語曰淫預如幞本不通瞿塘水退爲庾公初發蜀有雙鳩巢舟中及至又栖廬側每聞哭泣之聲必飛翔簷宇悲鳴激切欲爲父立佛寺未有定處夢有僧謂曰將修勝業嶺南原即可營造明往履歷果見標度處所有若人功因立精舍居墓所以終喪服闋手足枯攣待人而起仍布衣蔬食志守墳墓叔該謂曰汝若固志吾亦抽簪於是始仕雖以嫡長襲爵國秩盡推諸弟累遷兼中郎司馬大通二年除巴陵內史便道之官路中遇疾或勸上郡就醫子輿曰吾疾患危重全濟理難豈可貪官陳戶公廨因勸門生不得輒入城市即於渚次卒遺令單衣帢履以斂酒脯施靈而已

鄭紹叔字仲明滎陽開封人也累世居壽陽祖琨宋高平太守紹叔年二十餘爲安豐令有能名後爲本州中從事史時刺史蕭誕弟諶被誅臺遣收誕兵使卒至左右驚散紹叔獨馳赴焉誕死侍送喪柩衆咸稱之到都司空徐孝嗣見而異之曰祖逖之流也梁武帝臨司州命爲中兵參軍領長流因是厚自結附帝罷州還都謝遣賓客紹叔獨固請願留帝曰卿才幸自有用我今未能相益宜更思佗塗固不許於是乃還壽陽刺史蕭遙昌苦要引紹叔終不受命遙昌將囚之鄉人救解得免及帝爲雍州紹叔閒道西歸補寧蠻長史扶風太守東昏既害朝宰頗疑于帝紹叔兄植爲東昏直後東昏遣至雍州託候紹叔潛使爲刺客紹叔知之密白帝及植至帝於紹叔處置酒宴之戲植曰朝廷遣卿見圖今日閒宴是見取良會也賓主大笑令植登城隍周觀府署士卒器械舟艫戎馬莫不富實植退謂紹叔曰雍州實力未易圖也紹叔曰兄還具爲天子言之兄若取雍州紹叔請以此衆一戰送兄於南峴相持慟哭而別續復遣主帥杜伯符亦欲爲刺客詐言作使上亦密知宴接如常伯符懼不敢發上後即位作五百字詩具及之初起兵紹叔爲冠軍將軍改驍騎將軍從東下江州平留紹叔監州事曰昔蕭何鎮關中漢祖得成山東之業寇恂守河內光武建河北之基今之九江昔之河內我故留卿以爲羽翼前途不捷我當其咎糧運不繼卿任其責紹叔流涕拜辭於是督江湘糧運無闕乏天監初入爲衞尉卿紹叔少孤貧事母及祖母以孝聞奉兄恭謹及居顯要糧賜所得及四方遺餉悉歸之兄室忠於事上所聞纖毫無隱每爲帝言事善則曰臣愚不及此皆聖主之策不善則曰臣智慮淺短以爲其事當如是殆以此誤朝廷也臣之罪深矣帝甚親信之母憂去職紹叔有至性帝常使人節其哭頃之封營道縣侯復爲衞尉卿以營道縣戶凋弊改封東興縣侯三年魏圍合肥紹叔以本號督衆軍鎮東關事平復爲衞尉既而義陽入魏司州移鎮關南以紹叔爲司州刺史紹叔至創立城隍繕兵積穀流人百姓安之性頗矜躁以權勢自居然能傾心接物多所舉薦士亦以此歸之徵爲左衞將軍至家疾篤詔於宅拜授輿載還府中使醫藥一日數至卒於府舍帝將臨其殯紹叔宅巷陋不容輿駕乃止詔贈散騎常侍護軍將軍謚曰忠紹叔卒後帝嘗潸然謂朝臣曰鄭紹叔立志忠烈善必稱君過則歸己當今殆無其比見賞惜如此子貞嗣

呂僧珍字元瑜東海范陽人也世居廣陵家甚寒微童兒時從師學有相工歷觀諸生指僧珍曰此兒有奇聲封侯相也事梁文帝爲門下書佐身長七尺七寸容貌甚偉曹輩皆敬之文帝爲豫州刺史以爲典籤帶蒙令帝遷領軍將軍補主簿祇賊唐寓之寇東陽文帝率衆東討使僧珍知行軍衆局事僧珍宅在建陽門東自受命當行每日由建陽門道不過私室文帝益以此知之司空陳顯達出軍沔北見而呼坐謂曰卿有貴相後當不見減深自努力建武二年魏軍南攻五道並進武帝帥師援義陽僧珍從在軍中時長沙宣武王爲梁州刺史魏軍圍守連月義陽與雍州路斷武帝欲遣使至襄陽求梁州問衆莫敢行僧珍固請充使即日單舸上道及至襄陽督遣援軍且獲宣武王書而反武帝甚嘉之東昏即位司空徐孝嗣管朝政欲要僧珍與共事僧珍知不久當敗竟弗往武帝臨雍州僧珍固求西歸得補邛令及至武帝命爲中兵參軍委以心膂僧珍陰養死士歸之者甚衆武帝頗招武猛士庶響從會者萬餘人因命按行城西空地將起數千間屋爲止舍多伐材竹沉於檀溪積茅蓋若山阜皆未之用僧珍獨悟其指因私具櫓數百張及兵起悉取檀溪材竹裝爲船艦葺之以茅並立辦衆軍將發諸將須櫓甚多僧珍乃出先所具每船付二張爭者乃息武帝以僧珍爲輔國將軍步兵校尉出入臥內宣通意旨大軍次江寧武帝使僧珍與王茂率精兵先登赤鼻邏其日東昏將李居士來戰僧珍等大破之乃與茂進白板橋壘立茂移頓越城僧珍守白板李居士知城中衆少直來薄城僧珍謂將士曰今力不敵不可戰亦勿遙射須至壍裏當井力破之俄而皆越壍僧珍分人上城自率馬步三百人出其後內外齊擊居士等應時奔散及武帝受禪爲冠軍將軍前軍司馬封平固縣侯再遷左衞將軍加散騎常侍入直祕書省總知宿衞天監四年大舉北侵自是僧珍晝直中省夜還祕書五年旋軍以本官領太子中庶子僧珍去家久表求拜墓武帝欲榮以本州乃拜南兗州刺史僧珍在任見士大夫迎送過禮平心率下不私親戚兄弟皆在外堂並不得坐指客位謂曰此兗州刺史坐非呂僧珍牀及別室促膝如故從父兄子先以販葱爲業僧珍至乃棄業求州官僧珍曰吾荷國重恩無以報効汝等自有常分豈可妄求叨越當速反葱肆耳僧珍舊宅在市北前有督郵廨鄉人咸勸徙廨以益其宅僧珍怒曰豈可徙官廨以益吾私宅乎姊適于氏住市西小屋臨路與列肆雜僧珍常導從鹵簿到其宅不以爲恥在州百日徵爲領軍將軍直祕書省如先常以私車輦水灑御路僧珍既有大勳任總心膂性甚恭慎當直禁中盛暑不敢解衣每侍御坐屏氣鞠躬對果食未嘗

舉箸因醉後取一甘食武帝笑謂曰卿今日便是大有所進祿俸外又月給錢十萬其餘賜賚不絕於時初武帝起兵攻郢州久不下咸欲走北僧珍獨不肯累日乃見從一夜僧珍忽頭痛壯熱及明而顙骨益大其骨法蓋有異焉十年疾病車駕臨幸中使醫藥日有數四僧珍語親舊曰吾昔在蒙縣熱病發黃時必謂不濟主上見語卿有富貴相必當不死俄而果愈吾今已富貴而復發黃所苦與昔政同必不復起竟如言卒于領軍官舍武帝即日臨殯贈驃騎將軍開府儀同三司謚曰忠敬武帝痛惜之言爲流涕子淡嗣初宋季雅罷南康郡市宅居僧珍宅側僧珍問宅價曰一千一百萬怪其貴季雅曰一百萬買宅千萬買鄰及僧珍生子季雅往賀署函曰錢一千閽人少之弗爲通強之乃進僧珍疑其故親自發乃金錢也遂言於帝陳其才能以爲壯武將軍衡州刺史將行謂所親曰不可以負呂公在州大有政績

樂藹字蔚遠南陽淯陽人晉尚書令廣之六世孫也家居江陵方頤隆準舉動醞藉其舅雍州刺史宗慤嘗陳器物試諸甥姪藹時尚幼而無所取慤由此奇之又取史傳各一卷授藹等使讀畢言所記藹略讀具舉慤益善之齊豫章王嶷爲荊州刺史以藹爲驃騎行參軍領州主簿參知州事嶷嘗問藹城隍風俗山川險易藹隨問立對若案圖牒嶷益重焉州人嫉之或譖藹廨門如市嶷遣覘之方見藹閉閤讀書後爲大司馬記室永明八年荊州刺史巴東王子響稱兵反及敗焚燒府舍官曹文書一時蕩盡齊武帝見藹問以西事藹占對詳敏帝悅用爲荊州中從事敕付以脩復府州事藹還州繕脩廨署數百區頃之咸畢豫章王嶷薨藹解官赴喪率荊湘二州故吏建碑墓所南康王爲西中郎以藹爲諮議參軍蕭穎胄引藹及宗夬劉坦任以經略天監初累遷御史中丞初藹發江陵無故於船得八車輻如中丞健步避道者至是果遷焉性公彊居憲臺甚稱職時長沙宣武王將葬而車府忽於庫火油絡欲推主者藹曰昔晉武庫火張華以爲積油久灰必然今庫若灰非吏罪也既而檢之果有積灰時稱其博物弘恕二年出爲平越中郎將廣州刺史前刺史徐元瑜罷歸遇始興人士反逐內史崔睦舒因掠元瑜財產元瑜走歸廣州借兵於藹託欲討賊而實謀襲藹藹覺誅之尋卒於官藹姊適徵士同郡劉虯亦明識有禮訓藹爲州迎姊居官舍三分祿秩以供焉西土稱之子法才

法才字元備幼與弟法藏俱有美名沈約見之曰法才實才子爲建康令不受奉秩比去將至百金縣曹啓輸臺庫武帝嘉其清節曰居職若斯可以爲百城表矣遷太舟卿尋除南康內史恥以讓奉受名辭不拜歷位少府卿江夏太守因被代表求便道還鄉至家割宅爲寺棲心物表尋卒法藏位征西錄事參軍早亡子子雲美容貌善舉止位江陵令承制除光祿卿魏尅江陵衆奔散呼子雲曰終爲虜矣不如守以死節遂仆地卒於馬蹄之下

論曰張弘策惇厚慎密首預帝圖其位遇之隆豈徒外戚云爾至如太清板蕩親屬離貳纘不能叶和蕃岳克濟陶冶之功而苟懷私怨以成釁隙之首風格若此而爲梁之亂階惜乎庾域鄭紹叔呂僧珍等或忠誠亮藎或恪勤匪解締構王業皆有力焉僧珍之肅恭禁省紹叔之勤誠靡貳蓋有人臣之節矣藹雖異帷幄之勳亦讚雲雷之業其當官任事寵秩不亦宜乎

南史卷五十六考證

張緬傳俄復舊任○舊任閣本作爲眞

張纘傳帝執四部書目曰君讀此畢可言優仕矣○梁書帝作常君作若

以椶密之屬還其家○密閣本作蜜應改从之

張綰傳太清三年爲吏部尚書○三梁書作二

呂僧珍傳姊適于氏○于一本作干

因醉後取一甘食○甘監本譌升梁書嘗因醉後取一柑食之應改从之

樂藹傳張華以爲積油久灰必然○久灰閣本作萬匹又注云匹一作石

史臣論克濟陶冶之功○陶冶梁書作溫陶應改从之

南史卷五十七

唐　李延壽　撰

列傳第四十七

沈約 子旋 孫衆　范雲 從兄縝

沈約字休文吳興武康人也昔金天氏有裔子曰昧爲玄冥師生子允格臺駘臺駘能業其官宣汾洮障大澤以處太原帝顓頊嘉之封諸汾川其後四國沈姒蓐黃沈子國今汝南平輿沈亭是也春秋之時列於盟會魯昭四年晉使蔡滅沈其後因國爲氏自茲以降譜諜罔存秦末有沈逞徵丞相不就漢初逞曾孫保封竹邑侯保子遵自本國還居九江之壽春官至齊王太傅封敷德侯遵生驃騎將軍達達生尚書令乾乾生南陽太守弘弘生河內太守勗勗生御史中丞奮奮生將作大匠恪恪生尚書關內侯謙謙生濟陽太守靖靖生戎戎字威卿仕爲州從事說降劇賊尹良漢光武嘉其功封爲海昏縣侯辭不受因避地徙居會稽烏程縣之餘不鄉遂家焉順帝永建元年分會稽爲吳郡復爲吳郡人靈帝初平五年分烏程餘杭爲永安縣吳孫皓寶鼎二年分吳郡爲吳興郡晉太康三年改永安爲武康縣復爲吳興武康人焉雖邦邑屢改而築室不遷戎子酆字聖通任零陵太守致黃龍芝草之瑞第二子仲高安平相少子景河閒相演之慶之曇慶懷文其後也仲高子鸞字建光少有高名州舉茂才公府辟州別駕從事史時廣陵太守陸稠鸞之舅也以義烈政績顯名漢朝復以女妻鸞早卒子直字伯平州舉茂才亦有清名卒子瑜儀俱少有至行瑜十歲儀九歲而父亡居喪毀瘠過於成人外祖會稽盛孝章漢末名士也深加憂傷每撫慰之曰汝並黃中英爽終成奇器何遽逾制自取殄滅邪三年禮畢殆至滅性故兄弟並以孝著瑜早卒儀字仲則篤學有雅才以儒素自業時海內大亂兵革並起經術廢弛士少全行而儀淳深隱默守道不移風操貞整不妄交納唯與族子仲山叔山及吳郡陸公紀友善州郡禮請二府交辟公車徵並不屈以壽終子曼字元禪左中郎新都都尉定陽侯才志顯於吳朝子矯字仲桓以節氣立名仕爲立武校尉偏將軍孫皓時有將帥之稱吳平爲鬱林長沙二太守不就太康末卒子陵字景高晉元帝之爲鎮東將軍命參軍事子延字思長潁川太守始居縣東鄉之博陸里餘烏村延子賀字子寧桓沖南中郎參軍賀子警字世明惇篤有行業學通左氏春秋家產累千金後將軍謝安命爲參軍甚相敬重警內足於財爲東南豪士無進仕意謝病歸安固留不止乃謂曰沈參軍卿有獨善之志不亦高乎警曰使君以道御物前所以懷德而至既無用佐時故遂飲啄之願爾還家積載以素業自娛前將軍王恭鎮京口與警有舊好復引爲參軍手書殷勤苦相招致不得已而應之尋復謝去子穆夫字彥和少好學通左氏春秋王恭命爲前將軍主簿謂警曰足下既執不拔之志高臥東南故屈賢子共事非吏職嬰之也初錢唐人杜炅字子恭通靈有道術東土豪家及都下貴望並事之爲弟子執在三之敬警累世事道亦敬事子恭子恭死門徒孫泰泰弟子恩傳其業警復事之隆安三年恩於會稽作亂自稱征東將軍三吳皆響應穆夫在會稽恩以爲餘姚令及恩爲劉牢之所破穆夫見害先是穆夫宗人沈預與穆夫父警不協至是告警及穆夫弟仲夫任夫預夫佩夫並遇害唯穆夫子深子雲子田子林子虔子獲全田子林子知名田子字敬光從武帝剋京城進平建鄴參鎮軍事封營道縣五等侯帝北伐廣固田子領偏師與龍驤將軍孟龍符爲前鋒龍符戰沒田子力戰破之及盧循逼都帝遣田子與建威將軍孫季高海道襲破廣州還除太尉參軍淮陵內史賜爵都鄉侯義熙八年從討劉毅十年從討司馬休之除振武將軍扶風太守十二年武帝北伐田子與順陽太守傅弘之各領別軍從武關入屯據青泥姚泓將自禦大軍慮田子襲其後欲先平田子然後傾國東出乃率步騎數萬奄至青泥田子本爲疑兵所領裁數百欲擊之傅弘之曰彼衆我寡難可與敵田子曰師貴用奇不必在衆弘猶固執田子曰衆寡相傾勢不兩立若使賊圍既固人情喪沮事便去矣及其未整薄之必剋所謂先人有奪人之志也便獨率所領鼓譟而進賊合圍數重田子乃棄糧毀舍躬勒士卒前後奮擊賊衆一時潰散所殺萬餘人得泓僞乘輿服御武帝表言其狀長安既平武帝讌于文昌殿舉酒賜田子曰咸陽之平卿之功也即以咸陽相賞即授咸陽始平二郡太守大軍既還桂陽公義眞留鎮長安以田子爲安西中兵參軍龍驤將軍始平太守時赫連勃勃來寇田子與安西司馬王鎮惡俱出北地禦之初武帝將還田子及傅弘之等並以鎮惡家在關中不可保信屢言之帝曰今留卿文武將士精兵萬人彼若欲爲不善政足自滅耳勿復多言及俱出北地論者謂鎮惡欲盡殺諸南人以數十人送義眞南還因據關中反叛田子乃於弘之營內請鎮惡計事使宗人敬仁於坐殺之率左右數十人自歸義眞長史王脩收殺田子於長安稾倉門外是歲十四年正月十五日也武帝表天子以田子卒發狂易不深罪也林子字敬士少有大度年數歲隨王父在京口王恭見而奇之曰此兒王子師之流也嘗與衆人共見遺寶咸爭趨之林子直去不顧年十三遇家禍既門陷祅黨兄弟並應從誅而沈預家甚彊富志相陷滅林子兄弟沉伏山澤無所投厝會孫恩屢出會稽武帝致討林子乃自歸陳情率老弱歸罪請命因流涕哽咽三軍爲之感動帝甚奇之乃載以別船遂盡室移京口帝分宅給焉林子博覽衆書留

心文義從剋京城進平都邑時年十八身長七尺五寸沈預慮林子爲害常被甲持戈至是林子與兄田子還東報讐五月夏節日至預政大集會子弟盈堂林子兄弟挺身直入斬預首男女無論長幼悉屠之以預首祭父祖墓及帝爲揚州辟爲從事領建熙令封資中縣五等侯從伐慕容超平盧循並著軍功後從征劉毅參太尉軍事復從討司馬休之武帝每征討林子輒摧鋒居前時賊黨郭亮之招集蠻晉屯據武陵武陵太守王鎮惡出奔林子率軍討之斬亮之於七里澗而納鎮惡武陵既平復討魯軌於石城軌棄衆走襄陽復追躡之襄陽既定權留守江陵武帝伐姚泓復參征西軍事加建武將軍統軍爲前鋒從汴入河偽并州刺史河東太守尹昭據蒲坂林子於陝城與冠軍檀道濟同攻蒲坂龍驤王鎮惡攻潼關姚泓聞大軍至遣偽東平公姚紹爭據潼關林子謂道濟曰潼關天岨所謂形勝之地鎮惡孤軍勢危力屈若使姚紹據之則難圖也及其未至當并力爭之若潼關事捷尹昭可不戰而服道濟從之及至紹舉關右之衆設重圍圍林子及道濟鎮惡等道濟議欲度河避其鋒或欲棄捐輜重還赴武帝林子按劍曰下官今日之事自爲將軍辦之然二三君子或同業艱難或荷恩罔極以此退撓亦何以見相公旗鼓邪塞井焚舍示無全志率麾下數百人犯其西北紹衆小靡乘其亂而薄之紹乃大潰俘虜以千數悉獲紹器械資實時諸將破賊皆多其首級而林子獻捷書至每以實聞武帝問其故林子曰夫王者之師本有征無戰豈可復增張虜獲以示誇誕昔魏尚以盈級受罰此亦後乘之良轍也武帝曰乃所望於卿也初紹退走還保定城留偽武衛將軍姚鸞精兵守嶮林子銜枚夜襲卽屠其城劓鸞而坑其衆紹復遣撫軍將軍姚讚將兵屯河上林子連破之紹又遣長史姚伯子等屯據九泉憑河固險以絕糧援武帝復遣林子累戰大破之卽斬伯子所俘獲悉以還紹使知王師之弘紹志節沉勇林子每戰輒勝白武帝曰姚紹氣蓋關右而力以勢屈但恐凶命先盡不得以釁齊斧爾尋紹疽發背死武帝以林子之驗乃賜書嘉美之於是讚統後軍復襲林子林子禦之連戰皆捷帝至閿鄉姚泓掃境內兵屯嶢柳時田子自武關北入屯軍藍田泓自率大衆攻之帝慮衆寡不敵遣林子步自秦嶺以相接援比至泓已破走田子欲窮追進取長安林子止之曰往取長安如指掌爾復剋賊城便爲獨平一國不賞之功也田子乃止林子威震關中豪右望風請附帝以林子田子綏略有方頻賜書褒美并令深慰納之長安既平姚氏十餘萬口西奔隴上林子追討至寡婦水轉鬭至槐里大軍東歸林子領水軍於石門以爲聲援還至彭城帝令林子差次勳勤隨才授用文帝出鎮荊州議以林子及謝晦爲蕃佐帝曰吾不可頓無二人林子行則晦不宜出乃以林子爲西中郎中兵參軍領新興太守林子以行役久士有歸心乃深陳事宜并言聖王所以戒慎祇肅非以崇威立武寔乃經國長吒宜廣建蕃屏崇嚴宿衞武帝深相訓納俄而謝翼謀反帝歎曰林子之見何其明也文帝進號鎮西隨府轉加建威將軍河東太守時武帝以方隅未靜復欲親戎林子固諫帝答曰吾輒當不復自行帝踐阼以佐命功封漢壽縣伯固讓不許永初三年卒追贈征虜將軍元嘉二十五年諡曰懷少子璞嗣璞字道眞童孺時神意閑審文帝召見奇璞應對謂林子曰此非常兒也初除南平王左常侍文帝引見謂之曰吾昔以弱年出蕃卿家以親要見輔今日之授意在不薄王家之事一以相委勿以國官乖清塗爲罔罔也元嘉十七年始興王濬爲揚州刺史寵愛殊異以爲主簿時順陽范曄爲長史行州事曄性頗疎文帝謂璞曰范曄性疎必多不同卿腹心所寄當密以在意彼行事其實卿也璞以任遇既深所懷輒以密啓每至施行必從中出曄政謂聖明留察故深更恭愼而莫見其際也在職八年神州大寧又無謗讟璞有力焉二十二年范曄坐事誅時濬雖曰親覽州事一以付璞濬年既長璞固求辭事以璞爲濬始興國大農累遷淮南太守三十年元凶弒立璞以奉迎之晚見殺有子曰約其制自序大略如此約十三而遭家難潛竄會赦乃免既而流寓孤貧篤志好學晝夜不釋卷母恐其以勞生疾常遣減油滅火而晝之所讀夜輒誦之遂博通羣籍善屬文濟陽蔡興宗聞其才而善之及爲郢州引爲安西外兵參軍兼記室興宗常謂其諸子曰沈記室人倫師表宜善事之及爲荊州又爲征西記室帶關西令齊初爲征虜記室帶襄陽令所奉主卽齊文惠太子太子入居東宮爲步兵校尉管書記直永壽省校四部圖書時東宮多士約特被親遇每旦入見景斜方出時王侯到宮或不得進約每以爲言太子曰吾平生嬾起是卿所悉得卿談論然後忘寢卿欲我夙興可恒早入遷太子家令後爲司徒右長史黃門侍郎時竟陵王招士約與蘭陵蕭琛琅邪王融陳郡謝朓南郡范雲樂安任昉等皆游焉當世號爲得人隆昌元年除吏部郎出爲東陽太守齊明帝卽位徵爲五兵尚書遷國子祭酒明帝崩政歸冢宰尚書令徐孝嗣使約撰定遺詔永元中復爲司徒左長史進號征虜將軍南清河太守初梁武在西邸與約游舊建康城平引爲驃騎司馬時帝勳業既就天人允屬約嘗扣其端帝默然而不應佗日又進曰今與古異不可以淳風期萬物士大夫攀龍附鳳者皆望有尺寸之功以保其福祿今童兒牧豎悉知齊祚之終且天文人事表革運之徵永元以來尤爲彰著讖云行中水作天子此又歷然在記天心不可違人情不可失帝曰吾方思之約曰公初起兵樊沔此時應思今日王業已就何所復思昔武王伐紂始入人便曰吾君武王不違人意亦無所思公自至京邑已移氣序比於周武遲速不同若不早定大業稽天人之望脫一人立異便損威德且人非金石時事難保豈可以建安之封遺之子孫若天子還都公卿在位則君臣分定無復異圖君明於上臣忠於下豈復有人方更同公作賊帝然之約出召范雲告之雲對略同約旨帝曰智者乃爾暗同卿明早將休文更來雲出語約約曰卿必待我雲許諾而約先期入帝令草其事約乃出懷中詔書并諸選置帝初無所改俄而雲自外來至殿門不得入徘徊壽光閤外但云咄咄約出雲問曰何以見處約舉手向左雲笑曰不乖所望有頃帝召雲謂曰生平與沈休文羣居不覺有異人處今日才智縱橫可謂明識雲曰公今知約不異約今知公帝曰我起兵於今三年矣功臣諸將寔有其勞然成帝業者乃卿二人也梁臺建爲散騎常侍吏部尚書兼右僕射及受禪爲尚書僕射封建昌縣侯又拜約母謝爲建昌國太夫人奉策之日吏部尚書范雲等二十餘人咸來致拜朝野以爲榮俄遷右僕射天監二年遭母憂輿駕親出臨弔以約年衰不宜致毀遣中書舍人斷客節哭起爲鎭軍將軍丹陽尹置佐史服闋遷侍中右光祿大夫領太子詹事奏尚書八條事遷尚書令累表陳讓改授左僕射領中書令尋遷尚書令領太子少傅九年轉左光祿大夫初約久處端揆有志台司論者咸謂爲宜而帝終不用乃求外出又不見許與徐勉素善遂以書陳情於勉言已老病百日數旬革帶常應移孔以手握臂率計月小半分欲謝事求歸老之秩勉爲言於帝請三司之儀弗許但加鼓吹而已約性不飲酒少嗜慾雖時遇隆重而居處儉素立宅東田矚望郊阜常爲郊居賦以序其事尋加特進遷中軍將軍丹陽尹侍中特進如故十二年卒官年七十三諡曰隱約左目重瞳子腰有紫志聰明過人好墳籍聚書至二萬卷都下無比少孤貧約干宗黨得米數百斛爲宗人所侮覆米而去及貴不以爲憾用爲郡部傳嘗侍宴有妓婢師是齊文惠宮人帝問識坐中客不曰唯識沈家令約伏地流涕帝亦悲焉爲之罷酒約歷仕三代該悉舊章博物洽聞當世取則謝玄暉善爲詩任彥昇工於筆約兼而有之然不能過也自負高才昧於榮利乘時射勢頗累清談及居端揆稍弘止足每進一官輒殷勤請退而終不能去論者方之山濤用事十餘年未常有所薦達政之得失唯唯而已初武帝有憾於張稷及卒因與約言之約曰左僕射出則邊州刺史已往之事何足復論帝以爲約昏家相爲怒約曰卿言如此是忠臣邪乃輦歸內殿約懼不覺帝起猶坐如初及還未至牀憑空頓於戶下因病夢齊和帝劍斷其舌召巫視之巫言如夢乃呼道士奏赤章於天稱禪代之事不由己出先此約嘗侍宴會豫州獻栗徑寸半帝奇之問栗事多少與約各疏所憶少帝三事約出謂人曰此公護前不讓卽羞死帝以其言不遜欲抵其罪徐勉固諫乃止及疾上遣主書黃穆之專知省視穆之夕還增損不卽啓聞懼罪竊以赤章事因上省醫徐奘以聞又積前失帝大怒中使遣責者數焉約懼遂卒有司諡曰文帝曰懷情不盡曰隱故改爲隱約少時常以晉氏一代竟無全書年二十許便有撰述之意宋泰始初征西將軍蔡興宗爲啓明帝有勑許焉自此踰二十年所撰之書方就凡一百餘卷條流雖舉而採綴未周永明初遇盜失第五帙又齊建元四年被勑撰國史永明二年又兼著作郎撰次起居注五年春又被勑撰宋書六年二月畢功表上之其所撰國史爲齊紀二十卷天監中又撰梁武紀十四卷又撰邇言十卷諡例十卷文章志三十卷文集一百卷皆行於世又撰四聲譜以爲在昔詞人累千載而不悟而獨得胷衿窮其妙旨自謂入神之作武帝雅不好焉嘗問周捨曰何謂四聲捨曰天子聖哲是也然帝竟不甚遵用約也

子旋字士規襲爵位司徒右長史太子僕以母憂去官因蔬食辟穀服除猶絕粳粱終于南康內史諡曰恭集注邇言行於世旋弟趨字孝鯉亦知名位黃門郎旋卒子寔嗣寔弟衆衆字仲師好學頗有文詞仕梁爲太子舍人時梁武帝制千文詩衆爲之注解與陳郡謝景同時召見于文德殿帝令衆爲竹賦賦成奏之手勑答曰

卿文體翩翩可謂無忝爾祖累遷太子中舍人兼散騎常侍聘魏還爲驃騎廬陵王諮議參軍侯景之亂表求還吳興召募故義部曲以討賊梁武許之及景圍臺城衆率宗族及義附五千餘人入援都軍容甚整景深憚之梁武於城內遙授太子右衞率臺城陷衆乃降景景平元帝以爲司徒左長史魏剋江陵見虜尋亦逃歸陳武帝受命位中書令帝以衆州里知名甚敬重之賞賜超於時輩性吝嗇財帛億計無所分遺自奉甚薄每朝會中衣裳破裂或躬提冠屨永定二年兼起部尚書監起太極殿恒服布袍芒屩以麻繩爲帶又囊麥飯餅以噉之朝士咸共誚其所爲衆性猾急因忿恨遂歷詆公卿非毀朝廷武帝大怒以衆素有令望不欲顯誅因其休假還武康遂於吳中賜死

范雲字彥龍南鄉舞陰人晉平北將軍汪六世孫也祖璩之宋中書侍郎雲六歲就其姑夫袁叔明讀毛詩日誦九紙陳郡殷琰名知人候叔明見之曰公輔才也雲性機警有識且善屬文下筆輒成時人每疑其宿構父抗爲郢府參軍雲隨在郢時吳興沈約新野庾杲之與抗同府見而友之起家郢州西曹佐書轉法曹行參軍俄而沈攸之舉兵圍郢城抗時爲府長流入城固守留家屬居外雲爲軍人所得攸之召與語聲色甚厲雲容貌不變徐自陳說攸之笑曰卿定可兒且出就舍明旦又召雲令送書入城內餉武陵王酒一石犢一頭餉長史柳世隆鱠魚二十頭皆去其首城內或欲誅雲雲曰老母弱弟懸命沈氏若其違命禍必及親今日就戮甘心如薺世隆素與雲善乃免之後除員外散騎郎齊建元初竟陵王子良爲會稽太守雲爲府主簿王未之知後剋日登秦望山乃命雲雲以山上有秦始皇刻石此文三句一韻人多作兩句讀之並不得韻又皆大篆人多不識乃夜取史記讀之令上口明日登山子良令賓僚讀之皆茫然不識末問雲雲曰下官嘗讀史記見此刻石文進乃讀之如流子良大悅因以爲上賓自是寵冠府朝王爲丹陽尹復爲主簿深相親任時進見齊高帝會有獻白烏帝問此何瑞雲位卑最後答曰臣聞王者敬宗廟則白烏至時謁廟始畢帝曰卿言是也感應之理一至此乎子良爲南徐州南兗州雲並隨府遷每陳朝政得失於子良尋除尚書殿中郎子良爲雲求祿齊武帝曰聞范雲諂事汝政當流之子良對曰雲之事臣動相箴諫諫書存者百有餘紙帝索視之言皆切至咨嗟良久曰不意范雲乃爾方令弼汝子良爲司徒又補記室時巴東王子響在荊州殺上佐都下匈匈人多異志而豫章王嶷鎮東府多還私邸動移旬日子良築第西郊游戲而已而梁武帝時爲南郡王文學與雲俱爲子良所禮梁武勸子良還石頭并言大司馬宜還東府子良不納梁武以告雲時廷尉平王植爲齊武帝所狎雲謂植曰西夏不靜人情甚惡大司馬詎得久還私第司徒亦宜鎮石頭卿入旣數言之差易植因求雲作啓自呈之俄而二王各鎮一城文惠太子嘗幸東田觀穫稻雲時從文惠顧雲曰此刈甚快雲曰三時之務亦甚勤勞願殿下知稼穡之艱難無徇一朝之宴逸也文惠改容謝之及出侍中蕭緬先不相識就車握雲手曰不謂今日復見讜言永明十年使魏魏使李彪宣命至雲所甚見稱美彪爲設甘蔗黃甘粽隨盡絕益彪笑謂曰范散騎小復儉之一盡不可復得使還再遷零陵內史初零陵舊政公田奉米之外別雜調四千石及雲至郡止其半百姓悅之深爲齊明帝所知還除正員郎時高武王侯並懼大禍雲因帝召次曰昔太宰文宣王語臣言嘗夢在一高山上上有一深阬見文惠太子先墜次武帝次文宣望見僕射在室坐御牀備王者羽儀不知此是何夢卿愼勿向人道明帝流涕曰文宣此惠亦難負於是處昭胄兄弟異於餘宗室雲之幸於子良江祏求雲女婚姻酒酣巾箱中取剪刀與雲曰且以爲娉雲笑受之至是祏貴雲又因酣曰昔與將軍俱爲黃鵠今將軍化爲鳳皇荊布之室理隔華盛因出剪刀還之祏亦更姻他族及祏敗妻子流離每相經理又爲始興內史舊郡界得亡奴婢悉付作部曲卽貨去買銀輸官雲乃先聽百姓誌之若百日無主依判送臺又郡相承後堂有雜工作雲悉省還役並爲帝所賞郡多豪猾大姓二千石有不善者輒共殺害不則逐之邊帶蠻俚尤多盜賊前內史皆以兵刃自衞雲入境撫以恩德罷亭候商賈露宿郡中稱爲神明遷廣州刺史平越中郎將至任遣使祭孝子南海羅威唐頌蒼梧丁密頓琦等墓時江祏姨弟徐藝爲曲江令祏深以託雲有譚儼者縣之豪族藝鞭之儼以爲恥至都訴雲雲坐徵還下獄會赦免初梁武爲司徒祭酒與雲俱在竟陵王西邸情好歡甚永明末梁武與兄懿卜居東郊之外雲亦築室相依梁武每至雲所其妻嘗聞蹕聲又嘗與梁武同宿顧暠之舍暠之妻方產有鬼在外曰此中有王有相雲起曰王當仰屬相以見歸因是盡心推事及帝起兵將至都雲雖無官自以與帝素欵慮爲昏主所疑將求入城先以車迎太原孫伯翳謀之伯翳曰今天文顯於上災變應於下蕭征東以濟世雄武挾天子而令諸侯天時人事寧俟多說雲曰此政會吾心今羽翮未備不得不就籠檻希足下善聽之及入城除國子博士未拜而東昏遇弒侍中張稷使雲銜命至石頭梁武恩待如舊遂參讚謨謀毗佐大業仍拜黃門侍郎與沈約同心翊贊俄遷大司馬諮議參軍領錄事梁臺建遷侍中武帝時納齊東昏余妃頗妨政事雲嘗以爲言未之納後與王茂同入臥內雲又諫王茂因起拜曰范雲言是公必以天下爲念無宜留惜帝默然雲便疏令以余氏賚茂帝賢其意而許之明日賜雲茂錢各百萬及帝受禪柴燎南郊雲以侍中參乘禮畢帝升輦謂雲曰朕之今日所謂懔乎若朽索之馭六馬雲對曰亦願陛下日愼一日帝善其言卽日還散騎常侍吏部尚書以佐命功封霄城縣侯雲以舊恩超居佐命盡誠翊亮知無不爲帝亦推心仗之所奏多允雲本大武帝十三歲嘗侍宴帝謂臨川王宏鄱陽王恢曰我與范尚書少親善申四海之敬今爲天下主此禮旣革汝宜代我呼范爲兄二王下席拜與雲同車還尚書下省時人榮之帝嘗與雲言及舊事云朕司州還在三橋宅門生王道牽衣云聞外迹圖讖云齊祚不久別應有主者官應取富貴朕齋中坐讀書內感其言而外迹不得無怪欲呼人縛之道叩頭求哀乃不復敢言今道爲羽林監文德主帥知管籥雲曰此乃天意令道發耳帝又云布衣時嘗夢拜兩舊妾爲六宮有天下此嫗已卒所拜非復其人恒以爲恨其年雲以本官領太子中庶子二年遷尚書右僕射猶領吏部頃之坐違詔用人免吏部猶爲右僕射雲性篤睦事寡嫂盡禮家事必先諮而後行好節尚奇專趣人之急少與領軍長史王畡善雲起宅新成移家始畢畡亡於官舍屍無所歸雲以東廂給之移屍自門入躬自營唅招復如禮時人以爲難及居選官任寄隆重書牘盈案賓客滿門雲應答如流無所壅滯官曹文墨發擿若神時人咸服其明贍性頗激厲少威重有所是非形於造次士或以此少之初雲爲郡號廉潔及貴重頗通饋遺然家無蓄積隨散之親友武帝九錫之出雲忽中疾居二日半召醫徐文伯視之文伯曰緩之一月乃復欲速卽時愈政恐二年不復可救雲曰朝聞夕死而況二年文伯乃下火而牀焉重衣以覆之有頃汗流於此卽起二年果卒帝爲流涕卽日輿駕臨殯詔贈侍中衞將軍禮官請謚曰宣勑賜謚曰文有集三十卷子孝才嗣

孫伯翳太原人晉祕書監盛之玄孫曾祖放晉國子博士長沙太守父康起部郎貧常映雪讀書淸介交游不雜伯翳位終驃騎鄱陽王參軍事雲從父兄縝

縝字子眞父濛奉朝請早卒縝少孤貧事母孝謹年未弱冠從沛國劉瓛學瓛甚奇之親爲之冠在瓛門下積年恒芒屩布衣徒行於路瓛門下多車馬貴游縝在其間聊無恥愧及長博通經術尤精三禮性質直好危言高論不爲士友所安唯與外弟蕭琛善琛名曰口辯每服縝簡詣年二十九髮白皤然乃作傷暮詩白髮詠以自嗟仕齊位尚書殿中郎永明中與魏氏和親簡才學之士以爲行人縝及從弟雲蕭琛瑯邪顏幼明河東裴昭明相繼將命皆著名鄰國時竟陵王子良盛招賓客縝亦預焉嘗侍子良子良精信釋教而縝盛稱無佛子良問曰君不信因果何得富貴貧賤縝答曰人生如樹花同發隨風而墮自有拂簾幌墜於茵席之上自有關籬牆落於糞溷之中墜茵席者殿下是也落糞溷者下官是也貴賤雖復殊途因果竟在何處子良不能屈然深怪之退論其理著神滅論以爲神卽形也形卽神也形存則神存形謝則神滅形者神之質神者形之用是則形稱其質神言其用形之與神不得相異神之於質猶利之於刀形之於用猶刀之於利利之名非刀也刀之名非利也然而捨利無刀捨刀無利未聞刀沒而利存豈容形亡而神在此論出朝野諠譁子良集僧難之而不能屈太原王琰乃著論譏縝曰嗚呼范子曾不知其先祖神靈所在欲杜縝後對縝又對曰嗚呼王子知其先祖神靈所在而不能殺身以從之其險詣皆此類也子良使王融謂之曰神滅旣自非理而卿堅執之恐傷名教以卿之大美何患不至中書郎而故乖剌爲此可便毀棄之縝大笑曰使范縝賣論取官已至令僕矣何但中書郎邪後爲宜都太守性不信神鬼時夷陵有伍相廟唐漢三神廟胡里神廟縝乃下教斷不祠後以母憂去職居于南州梁武至縝墨縗來迎武帝與縝有西邸之舊見之甚悅及建康城平以縝爲晉安太守在郡淸約資公祿而已遷尚書左丞及還雖親戚無所遺唯餉前尚書令王亮縝在齊時與亮同臺爲郎舊相友愛至是亮擯棄在家縝自以首迎武帝志在權軸而所懷未滿亦怏怏故私相親結以矯於時竟坐亮徙廣州在南累年追爲中書郎國子博士卒文集十五卷子胥字長才傳父業位國子博士有口辯大同中常兼主客郎應接北使卒於鄱陽內史

論曰齊德將謝昏虐君臨喋喋黔黎命懸晷刻梁武撫茲歸運嘯召風雲范雲恩結龍潛沈約情深惟舊並以茲文義首居帷幄追蹤亂傑各其時之遇也而約以高才博洽名亞董遷未迹爲顯亦鳳德之衰乎嶺婞直之節著于終始其以王亮爲尤亦不足非也

南史卷五十七考證

沈約傳林子輒摧鋒居前○摧監本作推今改从閣本

子旋傳衆字仲師○師一本作輿

時梁武帝制千文詩衆爲之注解○顧炎武曰千字文有二本舊唐書經籍志千字文一卷蕭子範撰又一卷周輿嗣撰是也今云梁武制千文詩則不獨輿嗣子範二人矣又隋書經籍志輿嗣千字文國子祭酒蕭子雲注而梁書蕭子範傳謂子範作之記室蔡薳注釋今云衆爲之注解亦彼此互異

范雲傳雲入境撫以恩德罷亭候○亭監本訛停今改从閣本

梁武與兄懿卜居東郊之外○東監本誤桑又下文梁武每至雲所其妻嘗聞蹕聲句蹕誤跋今俱改正

家事必先諮而後行○先諮監本誤元諮今改从閣本

交游不雜○監本脫不雜二字今增入

南史卷五十八

唐　李延壽　撰

列傳第四十八

韋叡 兄纂 闡 叡子放 孫粲 放弟正 正子載 鼎 正弟稜 稜弟黯

裴邃 邃子之禮 兄子之高 之高弟之平 子忌 之高弟之橫

韋叡字懷文京兆杜陵人也世爲三輔著姓祖玄避吏隱長安南山宋武帝入關以太尉掾徵不至伯父祖征宋末爲光祿勳父祖歸寧遠長史叡事繼母以孝聞祖征累爲郡守每攜叡之職視之如子時叡內兄王憕姨弟杜惲並有鄉里盛名祖征謂叡曰汝自謂何如憕惲叡謙不敢對祖征曰汝文章或小減學識當過之然幹國家成功業皆莫汝逮也外兄杜幼文爲梁州刺史要叡俱行梁土富饒往者多以賄敗叡雖幼獨以廉聞宋永元初袁顗爲雍州刺史見而異之引爲主簿顗到州與鄧琬起兵叡求出爲義成郡故免顗之禍累遷齊興太守本州別駕長水校尉右軍將軍齊末多故欲還鄉里求爲上庸太守俄而太尉陳顯達護軍將軍崔慧景頻逼建鄴人心惶駭西土人謀之叡曰陳雖舊將非高人才崔頗更事懦而不武天下眞人殆興吾州矣乃遣其二子自結於梁武及兵起檄至叡率郡人伐竹爲筏倍道來赴有衆二千馬二百匹帝見叡甚悅撫几曰他日見君之面今日見君之心吾事就矣師剋郢魯平茄湖叡多建策皆見用大軍發郢謀留守將上難其人久之顧叡曰棄騏驥而不乘焉遑遑而更索即日以爲江夏太守行郢州府事初郢城之拒守也男女垂十萬閉壘經年疾疫死者十七八皆積屍於牀下而生者寢處其上每屋盈滿叡料簡隱䘏咸爲營理百姓賴之梁臺建徵爲大理武帝即位遷廷尉封梁都子天監二年改封永昌再遷豫州刺史領歷陽太守魏遣衆來伐叡率州兵擊走之四年侵魏詔叡都督衆軍叡遣長史王超宗梁郡太守馮道根攻魏小峴城未能拔叡巡行圍柵魏城中忽出數百人陳於門外叡欲擊之諸將皆曰向本輕來請還授甲而後戰叡曰魏城中二千餘人閉門堅守足以自保今無故出人於外必其驍勇若能挫之其城自拔衆猶遲疑叡指其節曰朝廷授此非以爲飾韋叡之法不可犯也乃進兵魏軍敗因急攻之中宿而城拔遂進討合肥先是右軍司馬胡景略至合肥久未能下叡案行山川曰吾聞汾水可以灌平陽即此是也乃堰肥水頃之堰成水通舟艦繼至魏初分築東西小城夾肥叡先攻二城既而魏援將楊靈胤帥軍五萬奄至衆懼不敵請表益兵叡曰賊已至城下方復求軍且吾求濟師彼亦徵衆師克在和古人之義也因戰破之軍人少安初肥水堰立使軍主王懷靜築城於岸守之魏攻陷城乘勝至叡城下軍監潘靈祐勸叡退還巢湖諸將又請走保三叉叡怒曰將軍死綏有前無却因令取繖扇麾幢樹之堤下示無動志叡素羸每戰不嘗騎馬以板輿自載督厲衆軍魏兵鑿堤叡親與爭魏軍却因築壘於堤以自固起鬭艦高與合肥城等四面臨之城潰俘獲萬餘所獲軍實無所私焉初胡景略與前軍趙祖悅同軍交惡志相陷害景略一怒自齧其齒齒皆流血叡以將帥不和將致患禍酌酒自勸景略曰且願兩虎勿復私鬭故終於此役得無害焉叡每晝接客旅夜算軍書三更起張燈達曙撫循其衆常如不及故投募之士爭歸之所至頓舍修立館宇藩籬墉壁皆應準繩合肥既平有詔班師去魏軍既近懼爲所躡叡悉遣輜重居前身乘小輿殿後魏人服叡威名望之不敢逼全軍而還於是遷豫州於合肥五年魏中山王元英攻北徐州圍刺史昌義之於鍾離衆兵百萬連城四十餘武帝遣征北將軍曹景宗拒之次邵陽洲築壘相守未敢進帝怒詔叡會焉賜以龍環御刀曰諸將有不用命者斬之叡自合肥徑陰陵大澤過澗谷輒飛橋以濟師人畏魏軍盛多勸叡緩行叡曰鍾離今鑿穴而處負戶而汲車馳卒奔猶恐其後而況緩乎旬日而至邵陽初帝勅景宗曰韋叡卿鄉望宜善敬之景宗見叡甚謹帝聞曰二將和師必濟矣叡於景宗營前二十里夜掘長塹樹鹿角截洲爲城比曉而營立元英大驚以杖擊地曰是何神也景宗慮城中危懼乃募軍士言文達洪㬂驍等齎勅入城使固城守潛行水底得達東城城中戰守日苦始知有援於是人百其勇魏將楊大眼將萬餘騎來戰大眼以勇冠三軍所向皆靡叡結車爲陣大眼聚騎圍之叡以彊弩二千一時俱發洞甲穿中殺傷者衆矢貫大眼右臂亡魂而走明旦元英自率衆來戰叡乘素木輿執白角如意以麾軍一日數合英甚憚其彊魏軍又夜來攻城飛矢雨集叡子黯請下城以避箭叡不許軍中驚叡於城上厲聲呵之乃定魏人先於邵陽洲兩岸爲兩橋樹柵數百步跨淮通道叡裝大艦使梁郡太守馮道根廬江太守裴邃秦郡太守李文釗等爲水軍會淮水暴長叡即遣之鬭艦競發皆臨賊壘以小船載草灌之以膏從而焚其橋風怒火盛敢死之士拔柵斫橋水又漂疾倏忽之間橋柵盡壞道根等皆身自搏戰軍人奮勇呼聲動天地無不一當百魏人大潰元英脫身遁走魏軍趨水死者十餘萬斬首亦如之其餘釋甲稽顙乞爲囚奴猶數十萬叡遣報昌義之義之且悲且喜不暇答但叫曰更生更生帝遣中書郎周捨勞軍於淮上叡積所獲於軍門捨觀之謂叡曰君此獲復與熊耳山等矣以功進爵爲侯七年遷左衞將軍俄爲安西長史南郡太守會司州刺史馬仙琕自北還軍爲魏人所躡三關擾動詔叡督衆軍援焉叡至安陸增築城二丈餘更開大塹起高樓衆頗譏其示弱叡曰不然爲將當有怯時是時元英復追仙琕將復邵陽之恥聞叡至乃退帝亦詔罷軍十三年爲丹陽尹以公事免十四年爲雍州刺史初叡起兵鄉中客陰雙光泣止叡叡還爲州雙光道候叡叡笑曰若從公言乞食於路矣餉耕牛十頭叡於故舊無所惜士大夫年七十以上多與假板縣令鄉里甚懷之十五年拜表致仕優詔不許徵拜護軍給鼓吹一部入直殿省居朝廷恂恂未嘗忤視武帝甚禮敬之性慈愛撫孤兄子過於己子歷官所得祿賜皆散之親故家無餘財後爲護軍居家無事慕萬石陸賈之爲人因畫之於壁以自玩時雖老暇日猶課諸兒以學第三子稜尤明經史世稱其治聞叡每坐使稜說書其所發擿稜猶弗之逮武帝方銳意釋氏天下咸從風而化叡自以信受素薄位居大臣不欲與衆俯仰所行略如他日普通元年遷侍中車騎將軍未拜卒於家年七十九遺令薄葬斂以時服武帝即日臨哭甚慟贈車騎將軍開府儀同三司諡曰嚴叡雅有曠世之度涖人以愛惠爲本所居必有政績將兵仁愛士卒營幕未立終不肯舍井竈未成亦不先食被服必於儒者雖臨陣交鋒常緩服乘輿執竹如意以麾進止與裴邃俱爲梁世名將餘人莫及初邵陽之役昌義之甚德叡請曹景宗與叡會因設錢二十萬官賭之景宗擲得雉叡徐擲得盧遽取一子反之曰異事遂作塞景宗時與羣帥爭先啓之捷叡獨居後其不尚勝率多如是世尤以此賢之叡兄纂闡並早知名纂仕齊位司徒記室特進沈約嘗稱纂於上曰恨陛下不與此人同時其學非臣輩也闡爲建寧縣所得俸祿百餘萬還家悉委伯父處分鄉里宗事之位通直郎

叡子放字元直身長七尺七寸腰帶八圍容貌甚偉襲封永昌縣侯位竟陵太守在郡和理爲吏人所稱大通元年武帝遣兼領軍曹仲宗等攻渦陽又以放爲明威將軍總兵會之魏大將軍費穆帥衆奄至放軍營未立麾下止有二百餘人放從弟洵驍果有勇力單騎擊刺屢折魏軍洵馬亦被傷不能進放冑又三貫矢衆皆失色請放突去放厲聲叱之曰今日唯有死爾乃免冑下馬據胡牀處分士卒皆殊死戰莫不一當百逐北至渦陽魏又遣常山王元昭大將軍李奬乞伏寶費穆等五萬人來援放大破之渦陽城主王偉以城降魏人棄諸營壘一時奔潰衆軍乘之斬獲略盡禽穆弟超并王偉送建鄴還爲太子右衞率中大通二年徙北徐州刺史卒於鎮諡曰宜侯放性弘厚篤實輕財好施於諸弟尤雍穆每將遠別及行役初還常同一室臥起時比之三

姜初放與吳郡張率皆有側室懷孕因指爲婚姻其後各產男女未及成長而率亡遺嗣孤弱放常贍卹之及爲北徐州時有貴族請昏者放曰吾不失信於故友乃以息岐娶率女又以女適率子時稱放能篤舊子粲

粲字長倩少有父風好學仗氣身長八尺容觀甚偉初爲雲麾晉安王行參軍後爲外兵參軍兼中兵時潁川庾仲容吳郡張率前輩才名與粲同府並忘年交好及王爲皇太子粲自記室遷步兵校尉入爲東宮領直後襲爵永昌縣侯累遷右衞率領直粲以舊恩任寄稠密雖居職累徙常留宿衞頗擅權誕倨不爲時輩所平右衞朱异嘗於酒席厲色謂粲曰卿何得已作領軍面向人大同中帝嘗不豫一日暴劇皇太子以下並入侍疾內外咸云帝崩粲將率宮甲度臺微有喜色問所由那不見辦長梯以爲大行幸前殿須長梯以復也帝後聞之怒曰韋粲願我死有司奏推之帝曰各爲其主不足推故出爲衡州刺史皇太子出餞新亭執粲手曰與卿不爲久別久之帝復召還爲散騎常侍還至廬陵聞侯景作逆便簡閱部下倍道赴援至豫章卽就內史劉孝儀共謀之孝儀曰必如此當有勑安可輕信單使妄相驚動或恐不然時孝儀置酒粲怒以杯抵地曰賊已度江便逼宮闕水陸阻斷何暇有報假令無勑豈得自安韋粲今日何情飲酒卽馳馬出部分將發會江州刺史當陽公大心遣使要粲粲乃分麾下配第八弟助第九弟警爲前軍粲馳往見大心曰上游蕃鎮江州去都最近殿下情計實宜在先但中流任重當須應接不可闕鎮今宜張軍聲勢移鎮盆城遣偏將賜隨於事便足大心然之遣中兵柳昕帥兵二千隨粲粲悉留家累於江州以輕舸就路至南洲粲外弟司州刺史柳仲禮亦帥步騎萬餘人至橫江粲卽送糧仗給之并散私金帛以賞其戰士先是安北鄱陽王範亦自合肥遣西豫州刺史裴之高與其世子嗣帥江西之衆赴都屯于張公洲待上流諸軍至是之高遣船度仲禮與粲合軍進屯新林王游苑粲建議推仲禮爲大都督報下流衆軍裴之高自以年位高恥居其下乃云柳節下已是州將何須我復鞭板累日不決粲乃抗言於衆曰今同赴國難義在除賊所推柳司州者政以久捍邊彊先爲侯景所憚且士馬精銳無出其前若論位次柳在粲下語其年齒亦少於粲直以社稷之計不得復論今日貴在將和若人心不同大事去矣裴公朝之舊齒豈應復挾私以阻大計粲請爲諸君解釋之乃單舸至之高營切讓之之高泣曰吾荷國榮自應帥先士卒顧恨衰老不能効命企望柳使君共平凶逆前謂衆議已定無俟老夫爾若必有疑當剖心相示於是諸將定議仲禮方得進軍次新亭賊列陣於中興寺相持至晚各解歸是夜仲禮入粲營部分衆軍旦日將戰諸將各有據守令粲頓青塘當石頭中路粲慮柵壘未立賊爭之頗以爲憚謂仲禮曰下官才非禦武直欲以身狥國節下善量其宜不可致有虧喪仲禮曰青塘立營迫近淮渚欲以糧儲船乘盡就泊之此事大非兄不可若疑兵少當更差軍相助粲帥所部水陸俱進時昏霧軍人失道比及青塘夜已過半壘柵至曉未合景登禪靈寺門望粲營未立便率銳卒來攻軍敗乘勝入營左右高馮牽粲避賊粲不動兵死略盡遂見害粲子尼及三弟助警構從弟昂皆戰死親戚死者數百人賊傳粲首闕下以示城內簡文聞之流涕謂御史中丞蕭愷曰社稷所寄惟在韋公如何不幸先死行陣詔贈護軍將軍元帝平侯景追謚忠貞子諒以學業爲陳始興王叔陵所引爲中錄事參軍兼記室叔陵敗伏誅放弟正

正字敬直位襄陵太守初正與東海王僧孺善及僧孺爲吏部郎參掌大選賓友故人莫不傾意正獨澹然及僧孺擯廢正復篤素分有踰曩日論者稱焉卒於給事黃門侍郎子載

載字德基少聰慧篤志好學年十二隨叔父稜見沛國劉顯顯問漢書十事載隨問應無疑滯及長博涉文史沉敏有器局仕梁爲尚書三公郎侯景之亂元帝承制以爲中書侍郎尋爲尋陽太守隨都督王僧辯東討侯景景平歷位琅邪義興太守陳武帝誅王僧辯乃遣周文育襲載載嬰城自守載所屬縣並陳武舊兵多善用弩載收得數十人繫以長鎖令所親監之使射文育軍約曰十發不兩中者死每發輒中所中皆斃相持數旬陳武帝聞文育軍不利以書喻載以誅王僧辯意并奉梁敬帝勑勑載解兵載得書乃以衆降陳武帝引載恒置左右與之謀議徐嗣徽任約等引齊軍濟江據石頭城帝問計於載載曰齊軍若分兵先據三吳之路略地東境則時事去矣今可急於淮南卽侯景故壘築城以通東道轉輸別令輕兵絕其糧運使進無所虜退無所資則齊將之首旬日可致帝從之永定中位散騎常侍太子右衞率天嘉元年以疾去官載有田十餘頃在江乘縣之白山至是遂築室而居屏絕人事吉凶慶弔無所往來不入籬門者幾十載卒於家載弟鼎

鼎字超盛少通驍博涉經史明陰陽逆刺尤善相術仕梁起家湘東王法曹參軍遭父憂水漿不入口者五日哀毀過禮殆將滅性服闋爲邵陵王主簿侯景之亂鼎兄昂於京口戰死鼎負屍出寄于中興寺求棺無所得鼎哀憤慟哭忽見江中有物流至鼎所竊異之往視乃新棺也因以充斂元帝聞之以爲精誠所感侯景平司徒王僧辯以爲戶曹屬累遷中書侍郎陳武帝在南徐州鼎望氣知其當王遂寄孥焉因謂陳武帝曰明年有大臣誅死後四歲梁其代終天之歷數當歸舜後昔周滅殷氏封嬀汭于宛丘其裔子孫因爲陳氏僕觀明公天縱神武繼絕統者無乃是乎武帝陰有圖僧辯意聞其言大喜因而定策及受禪拜黃門侍郎太建中以廷尉卿爲聘周使加散騎常侍後爲太府卿至德初鼎盡貨田宅寓居僧寺友人大匠卿毛彪問其故答曰江東王氣盡於此矣吾與爾當葬長安期運將及故破產爾初鼎之聘周也嘗遇隋文帝謂曰觀公容貌不久必大貴貴則天下一家歲一周天老夫當委質願深自愛及陳亡驛召入京授上儀同三司待遇甚厚每公宴鼎恒預焉性簡貴雖爲亡國之臣未嘗俯仰當世時吏部尚書韋世康兄弟顯貴隋文帝從容謂鼎曰世康與公遠近對曰臣宗族南徙昭穆非臣所知帝曰卿百代卿族豈忘本也命官給酒肴遣世康請鼎還杜陵鼎乃自楚太傅孟以下二十餘世並考論昭穆作韋氏譜七卷示之歡飲十餘日乃還時蘭陵公主寡上爲之求夫選親衞柳述及蕭瑒等以示鼎鼎曰瑒當封侯而無貴妻之相述亦通顯而守位不終上曰位由我爾遂以主降述上又問鼎諸兒誰爲嗣位答曰至尊皇后所最愛者當與之非臣敢預知也上笑曰不肯顯言乎開皇十三年除光州刺史以仁義教導務弘清靜州中有土豪外修邊幅而內行不軌常爲劫盜鼎於都會時謂之曰卿是好人那忽作賊因條其徒黨姦謀逗遛其人驚懼卽自首伏又有人客游通主家之妾及其還去妾盜珍物於夜逃亡尋於草中爲人所殺主家知客與妾通因告客殺之縣司鞫問具得姦狀因斷客死獄成上於鼎鼎覽之曰此客實姦而不殺也乃某寺僧詃妾盜物令奴殺之贓在某處卽放此客遣人掩僧并獲贓物自是部內肅然咸稱其神道無拾遺尋追入京頃之而卒于長安年七十九正弟稜

稜字威直性恬素以書史爲業博物彊記當世士咸就質疑位終光祿卿著漢書續訓二卷稜弟黯

黯字務直性彊正少習經史位太府卿侯景濟江黯屯六門尋改爲都督城西面諸軍時景於城外起東西二土山城內亦應之簡文親自負土哀太子以下躬執畚鍤黯守西土山晝夜苦戰以功授輕車將軍加持節卒於城內初黯爲太僕卿而兄子粲爲左衞率黯以常快快謂人曰韋粲已落驊騮前朝廷是能用才不識者頗以此閒之

裴邃字深明河東聞喜人魏冀州刺史徽之後也祖壽孫寓居壽陽爲宋武帝前軍長史父仲穆驍騎將軍邃十歲能屬文善左氏春秋齊東昏踐阼始安王蕭遙光爲揚州刺史引邃爲參軍遙光敗邃還壽陽會刺史裴叔業以壽陽降魏邃遂隨衆北徙魏宣武帝雅重之仕魏爲魏郡太守魏遣王肅鎮壽陽邃固求隨肅密圖南歸梁天監初自拔南還除後軍諮議參軍邃求邊境自効以爲廬江太守五年征邵陽洲魏人爲長橋斷淮以濟邃築壘逼橋每戰輒剋於是密作沒突艦會甚雨淮水暴溢邃乘艦徑造橋側進擊大破之以功封夷陵縣子遷廣陵太守與鄉人共入魏武廟因論帝王功業其妻甥王篆之密啟梁武帝云裴邃多大言有不臣跡由是左遷始安太守邃志立功邊垂不願閑遠乃致書於呂僧珍曰昔阮咸顏延有二始之歎吾才不逮古人今爲三始非其願也將如之何俄爲竟陵太守開置屯田公私便之再遷西戎校尉北梁秦二州刺史復開創屯田數千頃倉廩盈實省息邊運人吏獲安乃相率餉絹千餘匹邃從容曰汝等不應爾吾又不可逆納其二匹而已入爲大匠卿普通二年義州刺史文僧明以州入魏魏軍來援以邃爲信武將軍督衆軍討焉邃深入魏境出其不意魏所署義州刺史封壽據檀公峴邃擊破之遂圍其城壽請降義州平除豫州刺史加督鎮合肥四年大軍北侵以邃督征討諸軍事先襲壽陽攻其郛斬門而入一日戰九合爲後軍蔡秀成失道不至邃以援絕拔還於是邃復整兵收集士卒令諸將各以服色相別邃自爲黃袍騎先攻拔狄丘甓城黎漿又屠安成馬頭沙陵等戍明年略地至汝潁間所在響應魏壽陽守將長孫承業河間王元琛出城挑戰邃臨淮歎曰今日不破河間方爲謝玄所笑乃爲四甄以待之令直閤將軍李祖憐僞遁以引承業承業等悉衆追之四甄競發魏衆大敗斬首萬餘級承業奔走閉門不敢復出在軍疾篤命衆軍守備送喪還合肥尋卒贈侍中左衞將軍進爵爲侯謚曰烈邃沉深有思略爲政寬明能得士

心居身方正有威重將吏憚之少敢犯法及卒淮肥間莫不流涕以爲遂不死當大闢土宇子之禮嗣

之禮字子義美儀容能言玄理爲西豫州刺史母憂居喪惟食麥飯遂廟在光宅寺西堂宇弘敞松栢鬱茂范雲廟在三橋蓬蒿不翦梁武帝南郊道經二廟顧而歎曰范爲已死裴爲更生大同初都下旱蝗四籬門外桐栢凋盡唯遂墓犬牙不入當時異之歷位黃門侍郎武帝設無遮會僊象驚排突陛衞王公皆散唯之禮與散騎常侍臧盾不動帝壯之以之禮爲壯勇將軍比徐州刺史盾兼中領軍將軍之禮卒於少府卿謚曰壯子政承聖中位給事黃門侍郎魏剋江陵隨例入長安

之高字如山遂兄中散大夫髦之子也頗讀書少負意氣常隨叔父遂征討所在立功甚爲遂所器重戎政咸以委焉壽陽之役遂卒於軍所之高隸夏侯夔平壽陽仍除梁郡太守封都城縣男時魏汝陰來附敕之高應接仍除潁州刺史父憂還都起爲光遠將軍令討平陰陵盜以爲譙州刺史侯景之亂之高爲西豫州刺史率衆入援南豫州刺史鄱陽嗣王範命之高總督江右援軍諸軍事頓張公洲柳仲禮至橫江之高遣船舸迎致仲禮與韋粲等俱會青塘及城陷之高還合肥與鄱陽王範西上元帝遣召之以爲侍中護軍將軍到江陵時之高第六弟之悌在侯景中或傳之悌斬侯景元帝使兼中書舍人黃羅漢報之高之高竟無言直云賊自殺賊非之高所聞元帝深嗟其介直承制除特進金紫光祿大夫卒謚曰恭子鑠官至太子右衞率魏剋江陵力戰死之

之高第五弟之平字如原少倜儻有志略以軍功封費縣侯承聖中累遷散騎常侍太子詹事陳文帝初除光祿大夫慈訓宮衞尉並不就乃築山穿池植以卉木居處其中有終焉志天康元年卒謚曰僖子子忌

忌字無畏少聰敏有識量頗涉史傳爲當時所稱侯景之亂招集勇力乃隨陳武帝征討及陳武帝誅王僧辯僧辯弟僧智舉兵據吳郡陳武帝遣黃他攻之不能剋命忌勒部下精兵自錢唐直趣吳郡夜至城下鼓譟薄之僧智疑大軍至輕舟奔杜龕忌入據吳郡陳武帝嘉之表授吳郡太守天嘉五年累遷衞尉卿封東興縣侯及華皎稱兵上流宣帝時爲錄尚書輔政盡命衆軍出討委忌總知中外城防諸軍事宣帝卽位改封樂安縣侯歷位都官尚書及吳明徹督衆北伐詔忌以本官監明徹軍淮南平授豫州刺史忌善於綏撫甚得人和及明徹進軍彭汴以明徹爲都督與明徹俱進呂梁軍敗見囚于周授上開府隋開皇十四年卒於長安年七十三之高第十二弟之橫

之橫字如岳少好賓游重氣俠不事產業之高以其縱誕乃爲狹被蔬食以激厲之之橫歎曰大丈夫富貴必作百幅被遂與僮屬數百人於芍陂大營田墅遂致殷積梁簡文在東宮聞而要之以爲河東王常侍遷直閤將軍侯景之亂隸鄱陽王範討景景濟江仍與範世子嗣入援臺城城陷退還合肥侯景遣任約逼晉熙範令之橫下援未及至範薨之橫乃還時尋陽王大心在江州範副梅思立密要大心襲盆城之橫斬思立而拒大心大心以州降侯景之橫與兄之高歸元帝位廷尉卿河東內史隨王僧辯拒侯景景退還東徐州刺史封豫寧侯又隨僧辯破景景東奔僧辯命之橫與杜崱入守臺城及陸納據湘州叛又隸僧辯南討斬納將李賢明平之又破武陵王於峽口還除吳興太守乃作百幅被以成其志魏剋江陵齊遣上黨王高渙挾貞陽侯明攻東關晉安王承制以之橫爲徐州刺史都督衆軍出守蘄城之橫營壘未周而齊軍大至兵盡矢窮遂於陣沒贈司空謚曰忠壯子鳳寶嗣

論曰韋裴少年屬操俱以學尚自立晚節驅馳各著功於戎馬觀叡制勝之道謂爲魁梧之傑然而形甚羸瘠身不跨鞌板輿指麾隱如敵國其器分有在隆名豈虛得乎遂自劾邊疆盛績克舉其志不遂良可悲夫二門子弟各著名節與梁終始克荷隆構將門有將斯言豈曰妄乎

南史卷五十九

唐　李延壽　撰

列傳第四十九

江淹　任昉　王僧孺

江淹字文通濟陽考城人也父康之南沙令雅有才思淹少孤貧常慕司馬長卿梁伯鸞之爲人不事章句之學留情於文章早爲高平檀超所知常升以上席甚加禮焉起家南徐州從事轉奉朝請宋建平王景素好士淹隨景素在南兗州廣陵令郭彥文得罪辭連淹言受金淹被繫獄自獄中上書曰昔者賤臣叩心飛霜擊於燕地庶女告天振風襲於齊臺下官每讀其書未嘗不廢卷流涕何者士有一定之論女有不易之行信而見疑貞而爲戮是以壯夫義士伏死而不顧者以此也下官聞仁不可恃善不可依謂徒虛語乃今知之伏願大王甄停左右少加矜察下官本蓬戶桑樞之人布衣韋帶之士退不飾詩書以驚愚進不買聲名於天下日者謬得升降承明之闕出入金華之殿何嘗不局影凝嚴側身扃禁者乎竊慕大王之義復爲門下之賓備鳴盜淺術之餘豫三五賤伎之末大王惠以恩光顧以顏色實佩荆卿黃金之賜竊感豫讓國士之分矣常欲結纓伏劍少謝萬一剖心摩踵以報所天不圖小人固陋坐貽謗鋏迹墜昭憲身限幽圄履影弔心酸鼻痛骨下官聞虧名爲辱虧形次之是以每一念來忽若有遺加以涉旬月迫季秋天光沉陰左右無色身非木石與獄吏爲伍此少卿所以仰天搥心泣盡而繼之以血者也下官雖乏鄉曲之譽然嘗聞君子之行矣其上則隱於簾肆之間臥於巖石之下次則結綬金馬之庭高議雲臺之上退則虜南越之君係單于之頸俱啓丹冊並圖青史寧爭分寸之末競錐刀之利哉下官聞積毀銷金積讒摩骨遠則直生取疑於盜金近則伯魚被名於不義彼之二才猶或如是況在下官焉能自免昔上將之耻絳侯幽獄名臣之羞史遷下室至如下官當何言哉夫以魯連之智辭祿而不反接輿之賢行歌而忘歸子陵閉關於東越仲蔚杜門於西秦亦良可知也若使下官事非其虛罪得其實亦當鉗口吞舌伏匕首以殞身何以見齊魯奇節之人燕趙悲歌之士乎方今聖曆欽明天下樂業青雲浮洛榮光塞河西洎臨洮狄道北距飛狐陽原莫不浠仁沐義昭景飲醴而已下官抱痛圜門含憤獄戶一物之徵有足悲者仰惟大王少垂明白則梧丘之魂不愧於沉首鵠亭之鬼無恨於灰骨景素覽書卽日出之尋舉南徐州秀才對策上第再遷府主簿景素爲荆州淹從之鎮少帝卽位多失德景素專據上流咸勸因此舉事淹每從容進諫景素不納及鎮京口淹爲鎮軍參軍領南東海郡丞景素與腹心日夜謀議淹知禍機將發乃贈詩十五首以諷焉會東海太守陸澄丁艱淹自謂郡丞應行郡事景素用司馬柳世隆淹固求之景素大怒言於選部黜爲建安吳興令及齊高帝輔政聞其才召爲尚書駕部郎驃騎參軍事俄而荆州刺史沈攸之作亂高帝謂淹曰天下紛紛若是君謂何如淹曰昔項彊而劉弱袁衆而曹寡羽卒受一劍之辱紹終爲奔北之虜此所謂在德不在鼎公何疑哉帝曰試爲我言之淹曰公雄武有奇略一勝也寬容而仁恕二勝也賢能畢力三勝也人望所歸四勝也奉天子而伐叛逆五勝也彼志銳而器小一敗也有恩無威二敗也士卒解體三敗也搢紳不懷四敗也懸兵數千里而無同惡相濟五敗也雖豺狼十萬而終爲我獲焉帝笑曰君談過矣桂陽之役朝廷周章詔檄久之未就齊高帝引淹入中書省先賜酒食淹素能飲啖食鵝炙垂盡進酒數升訖文誥亦辦相府建補記室參軍高帝讓九錫及諸章表皆淹製也齊受禪復爲驃騎豫章王嶷記室參軍建元二年始置史官淹與司徒左長史檀超共掌其任所爲條例並爲王儉所駁其言不行淹任性文雅不以著述在懷所撰十三篇竟無次序又領東武令參掌詔策後拜中書侍郎王儉嘗謂曰卿年二十五已爲中書侍郎才學如此何憂不至尚書金紫所謂富貴卿自取之但問年壽何如爾淹曰不悟明公見眷之重永明三年兼尚書左丞時襄陽人開古冢得玉鏡及竹簡古書字不可識王僧虔善識字體亦不能諳直云似是科斗書淹以科斗字推之則周宣王之簡也簡殆如新少帝初兼御史中丞明帝作相謂淹曰君昔在尚書中非公事不妄行在官寬猛能折衷今爲南司足以振肅百僚也淹曰今日之事可謂當官而行更恐不足仰稱明旨爾於是彈中書令謝朏司徒左長史王繢護軍長史庾弘遠並以託疾不預山陵公事又奏收前益州刺史劉悛梁州刺史陰智伯並贓貨巨萬輒收赴廷尉臨海太守沈昭略永嘉太守庾曇隆及諸郡二千石并大縣官長多被劾內外肅然明帝謂曰自宋以來不復有嚴明中丞君今日可謂近世獨步累遷祕書監侍中衞尉卿初淹年十三時孤貧常采薪以養母曾於樵所得貂蟬一具將鬻以供養其母曰此故汝之休徵也汝才行若此豈長貧賤也可留待得侍中著之至是果如母言永元中崔慧景舉兵圍都衣冠悉投名刺淹稱病不往及事平時人服其先見東昏末淹以祕書監兼衞尉又副領軍王瑩及梁武至新林淹微服來奔位相國右長史天監元年爲散騎常侍左衞將軍封臨沮縣伯淹乃謂子弟曰吾本素宦不求富貴今之忝竊遂至於此平生言止足之事亦以備矣人生行樂須富貴何時吾功名既立正欲歸身草萊耳以疾還金紫光祿大夫改封醴陵侯卒武帝爲素服舉哀謚曰憲淹少以文章顯晚節才思微退云爲宣城太守時罷歸始泊禪靈

寺渚夜夢一人自稱張景陽謂曰前以一匹錦相寄今可見還淹探懷中得數尺與之此人大恚曰那得割截都盡顧見丘遲謂曰餘此數尺既無所用以遺君自爾淹文章躓矣又嘗宿於冶亭夢一丈夫自稱郭璞謂淹曰吾有筆在卿處多年可以見還淹乃探懷中得五色筆一以授之爾後爲詩絶無美句時人謂之才盡凡所著述自撰爲前後集并齊史傳志並行於世嘗欲爲赤縣經以補山海之闕竟不成子蒍嗣

任昉字彥升樂安博昌人也父遙齊中散大夫遙兄遐字景遠少敦學業家行甚謹位御史中丞金紫光祿大夫始與永明中遐以罪將徙荒裔遙懷名請訴言淚交下齊武帝聞而哀之竟得免遙妻河東裴氏高明有德行嘗晝臥夢有五色采旗蓋四角懸鈴自天而墜其一鈴落入懷中心悸因而有娠占者曰必生才子及生昉身長七尺五寸幼而聰敏早稱神悟四歲誦詩數十篇八歲能屬文自製月儀辭義甚美褚彥回嘗謂遙曰聞卿有令子相爲喜之所謂百不爲多一不爲少由是聞聲藉甚年十二從叔晷有知人之量見而稱其小名曰阿堆吾家千里駒也昉孝友純至每侍親疾衣不解帶言與淚并湯藥飲食必先經口初爲奉朝請舉兗州秀才拜太學博士永明初衞將軍王儉領丹陽尹復引爲主簿儉每見其文必三復殷勤以爲當時無輩曰自傳季友以來始復見於任子若孔門是用其入室升堂於是令昉作一文及見曰正得吾腹中之欲乃出自作文令昉點正昉因定數字儉拊几歎曰後世誰知子定吾文其見知如此後爲司徒竟陵王記室參軍時琅邪王融有才儁自謂無對當時見昉之文怳然自失以父喪去官泣血三年杖而後起齊武帝謂昉伯遐曰聞昉哀瘠過禮使人憂之非直亡卿之寶亦時才可惜宜深相全譬遐使進飲食當時勉勵回即歐出昉父遙本性重檳榔以爲常餌臨終嘗求之剖百許口不得好者昉亦所嗜好深以爲恨遂終身不嘗檳榔遭繼母憂昉先以毀瘠每一慟絶良久乃蘇因廬於墓側以終喪禮哭泣之地草爲不生昉素强壯腰帶甚充服闋後不復可識齊明帝深加器異欲大相擢引爲愛憎所白乃除太子步兵校尉掌東宮書記齊明帝廢鬱林王始爲侍中中書監驃騎大將軍開府儀同三司揚州刺史錄尚書事封宣城郡公使昉具草帝惡其辭斥甚慍昉亦由是終建武中位不過列校昉尤長載筆頗慕傅亮才思無窮當時王公表奏無不請焉昉起草即成不加點竄沈約一代辭宗深所推挹永元中紆意於梅虫兒東昏中旨用爲中書郎謝尚書令王亮亮曰卿宜謝梅那忽謝我昉慙而退末爲司徒右長史梁武帝剋建鄴霸府初開以爲驃騎記室參軍專主文翰每制書草沈約輒求同署嘗被急召昉出而約在是後文筆約參製焉始梁武與昉遇竟陵王西邸從容謂昉曰我登三府當以卿爲記室昉亦戲帝曰我若登三事當以卿爲騎兵以帝善騎也至是引昉符昔言焉昉奉牋云昔承清宴屬有緒言提挈之旨形乎善謔豈謂多幸斯言不渝蓋謂此也梁臺建禪讓文誥多昉所具奉世叔父母不異嚴親事兄嫂恭謹外氏貧闕恒營奉供養祿奉所收四方餉遺皆班之親戚即日便盡性通脫不事儀形喜慍未嘗形於色車服亦不鮮明武帝踐阼歷給事黃門侍郎吏部郎出爲宜興太守歲荒民散以私奉米豆爲粥活三千餘人時產子者不舉昉嚴其制罪同殺人孕者供其資費濟者千室在郡所得公田奉秩八百餘石昉五分督一餘者悉原兒妾食麥而已友人彭城到溉溉弟洽從昉共爲山澤游及被代登舟止有絹七匹米五石至都無衣鎮軍將軍沈約遣裙衫迎之重除吏部郎參掌大選居職不稱尋轉御史中丞祕書監自齊永元以來祕閣四部篇卷分雜昉手自讎校由是篇目定焉出爲新安太守在郡不事邊幅率然曳杖徒行邑郭人通辭訟者就路決焉爲政清省吏人便之卒於官唯有桃花米二十石無以爲斂遺言不許以新安一物還都雜木爲棺浣衣爲斂闔境痛惜百姓共立祠堂於城南歲時祠之武帝聞問方食西苑綠沉瓜投之於盤悲不自勝因屈指曰昉少時常恐不滿五十今四十九可謂知命即日舉哀哭之甚慟追贈太常諡曰敬子昉好交結獎進士友不附之者亦不稱述得其延譽者多見升擢故衣冠貴游莫不多與交好坐上客恒有數十時人慕之號曰任君言如漢之三君也在郡尤以清潔著名百姓年八十以上者遣戶曹掾訪其寒溫嘗欲營佛齋調楓香二石始入三斗便出教長斷曰與奪自己不欲貽之後人郡有蜜嶺及楊梅舊爲太守所采昉以冒險多物故即時停絕吏人咸以百餘年未之有也爲家誡殷勤甚有條貫陳郡殷芸與建安太守到溉書曰哲人云亡儀表長謝元龜何寄指南誰託其爲士友所推如此昉不事生產至乃居無室宅時或譏其多乞貸亦隨復散之親故常自歎曰知我者亦以叔則不知我者亦以叔則既以文才見知時人云任筆沈詩昉聞甚以爲病晚節轉好著詩欲以傾沈用事過多屬辭不得流便自爾都下士子慕之轉爲穿鑿於是有才盡之談矣博學於書無所不見家雖貧聚書至萬餘卷率多異本及卒後武帝使學士賀縱共沈約勘其書目官無者就其家取之所著文章數十萬言盛行於時東海王僧孺嘗論之以爲過於董生揚子昉樂人之樂憂人之憂虛往實歸忘貧去吝行可以厲風俗義可以厚人倫能使貪夫不取懦夫有立其見重如此有子東里西華南容北叟並無術業墜其家聲兄弟流離不能自振生平舊交莫有收卹西華冬月著葛帔練裙道逢平原劉孝標泫然矜之謂曰我當爲卿作計乃著廣絕交論以譏其舊交曰客問主人曰朱公叔絕交論爲是乎爲非乎主人曰客奚此之問客曰夫草虫鳴則阜螽躍彫虎嘯而清風起故氛氳相感霧涌雲蒸嚶鳴相召星流電激是以王陽登則貢公喜罕生逝而國子悲且心同琴瑟言鬱郁於蘭茝道叶膠漆志婉孌於塤篪聖賢以此鏤金板而鐫盤盂書玉牒而刻鍾鼎若乃匠石輟成風之妙巧伯牙息流波之雅引范張款款於下泉尹班陶陶於永夕駱驛從橫烟霏雨散巧歷所不知心計莫能測而朱益州汨彝敘粤謨訓捶直切絕交遊視黔首以鷹鸇媲人靈於豺虎蒙有猜焉請辯其惑主人听然曰客所謂撫弦徽音未達燥濕變響張羅沮澤不睹鴻鴈高飛蓋聖人握金鏡闡風烈龍驤蠖屈從道汙隆日月連璧贊亹亹之弘致雲飛雷薄顯棣華之微旨若五音之變化濟九成之妙曲此朱生得玄珠於赤水謨神睿以爲言至夫組織仁義琢磨道德懽其愉樂恤其陵夷寄通靈臺之下遺跡江湖之上風雨急而不輟其音霜雪零而不渝其色斯賢達之素交歷萬古而一遇逮叔世人訛狙詐飈起溪谷不能踰其險鬼神無以究其變競毛羽之輕趨錐刀之末於是素交盡利交興天下蚩蚩鳥驚雷駭然利交同源派流則異較言其略有五術焉若其寵均董石權壓梁竇彫刻百工鑪錘萬物吐嗽興雲雨呼噏下霜露九域聳其風塵四海疊其熏灼靡不望影星奔藉響川鶩雞人始唱鶴蓋成陰高門旦開流水接軫皆願摩頂至踵隳膽抽腸約同要離焚妻子誓殉荆卿湛七族是曰勢交其流一也富埒陶白貲巨程羅山擅銅陵家藏金穴出平原而聯騎居里閈而鳴鐘則有窮巷之賓繩樞之士冀宵燭之末光邀潤屋之微澤魚貫鳧踊颯沓鱗萃分鴈鶩之稻粱霑玉斗之餘瀝衘恩遇進款誠援青松以示心指白水而旌信是曰賄交其流二也陸大夫宴喜西都郭有道人倫東國公卿貴其籍甚搢紳美其登仙加以斂頤蹙頞涕唾流沫騁黃馬之劇談縱碧雞之雄辯敘溫燠則寒谷成暄論嚴苦則春叢零葉飛沉出其顧指榮辱定其一言於是有弱冠王孫綺紈公子道不挂於通人聲未遒於雲閣攀其鱗翼丐其餘論附騏驥之旄端軼歸鴻於碣石是曰談交其流三也陽舒陰慘生靈大情憂合歡離品物恒性故魚以泉涸而呴沫鳥因將死而鳴哀同病相憐綴河上之悲曲恐懼寘懷昭谷風之盛典斯則斷金由於湫隘刎頸起於苫蓋是以伍員濯溉於宰嚭張王撫翼於陳相是曰窮交其流四也馳騖之俗澆薄之倫無不操權衡執纖纊衡所以揣其輕重纊所以屬其鼻息若衡不能舉纊不能飛雖顏冉龍翰鳳雛曾史蘭薰雪白舒向金玉淵海卿雲黼黻河漢視若游塵遇同土梗莫肯費其半菽罕有落其一毛若衡重錙銖纊微影撇雖共工之蒐慝驩兜之掩義南荆之跋扈東陵之巨猾皆爲匍匐委蛇折支舐痔金膏翠羽將其意脂韋便辟導其誠故輪蓋所游必非夷惠之室包苴所入寔行張霍之家謀而後動芒豪寡忒是曰量交其流五也凡斯五交義同賈鬻故桓譚譬之於闤闠林回諭之於甘醴夫寒暑遞進盛衰相襲或前榮而後悴或始富而終貧或初存而末亡或古約而今泰循環翻覆迅若波瀾此則徇利之情未嘗異變化之道不得一由是觀之張陳所以凶終蕭朱所以隙末斷焉可知矣而翟公方規規然勒門以箴客何所見之晚乎然因此五交是生三釁敗德殄義禽獸相若一釁也難固易攜讎訟所聚二釁也名陷饕餮貞介所羞三釁也古人知三釁之爲梗懼五交之速尤故王丹威子以檟楚朱穆昌言而示絕有旨哉有旨哉近世有樂安任昉海內髦傑早綰銀黃夙昭人譽遒文麗藻方駕曹王英跱俊邁聯衡許郭類田文之愛客同鄭莊之好賢見一善則盱衡扼腕遇一才則揚眉抵掌雌黃出其脣吻朱紫由其月旦於是冠蓋輻湊衣裳雲合輜軿擊轊坐客恒滿蹈其閫閾若升闕里之堂入其隩隅謂登龍門之坂至於顧盼增其倍價翦拂使其長鳴彯組雲臺者摩肩趨走丹墀者疊跡莫不締恩狎結綢繆想惠莊之清塵庶羊左之徽烈及瞑目東粵歸骸洛浦繐帳猶懸門罕漬酒之彥墳未宿草野絕動輪之賓藐爾諸孤朝不謀夕流離大海之南寄命瘴癘之地自昔把臂之英金蘭之友曾無羊舌下泣之仁寧慕郈成分宅之德嗚呼世路險巇一至於此太行孟門豈云嶄

絕是以耿介之士疾其若斯裂裳裹足棄之長騖獨立高山之頂懽與麋鹿同羣瞰瞰然絕其雰濁誠恥之也誠畏之也到溉見其論抵之於地終身恨之昉撰雜傳二百四十七卷地記二百五十二卷文章三十三卷東里位尚書外兵郎

王僧孺字僧孺東海郯人也魏衞將軍肅八世孫也曾祖雅晉左光祿大夫儀同三司祖準之宋司徒左長史父延年員外常侍未拜卒僧孺幼聰慧年五歲便機警初讀孝經問授者曰此書何所述曰論忠孝二事僧孺曰若爾願常讀之又有餽其父冬李先以一與之僧孺不受曰大人未見不容先嘗七歲能讀十萬言及長篤愛墳籍家貧常傭書以養母寫畢諷誦亦了仕齊爲太學博士尚書僕射王晏深相賞好晏爲丹陽尹召補功曹使撰東宮新記司徒竟陵王子良開西邸招文學僧孺與太學生虞羲丘國賓蕭文琰丘令楷江洪劉孝孫並以善辭藻游焉而僧孺與高平徐夤俱爲學林文惠太子欲以爲宮僚乃召入直崇明殿會甍出爲晉安郡丞仍除候官令建武初舉士爲始安王遙光所薦除儀曹郎遷書侍御史出爲錢唐令初僧孺與樂安任昉遇於竟陵王西邸以文學會友及將之縣昉贈詩曰唯子見知唯余知子觀行視言要終猶始敬之重之如蘭如芷形應影隨曩行今止百行之首立人斯著子之有之誰毀誰譽修名既立老至何遽誰其執鞭吾爲子御劉略班藝虞志荀錄伊昔有懷交相欣勗下帷無倦升高有屬嘉爾晨登惜余夜燭其爲士友推重如此梁天監初除臨川王後軍記室待詔文德省出爲南海太守南海俗殺牛曾無限忌僧孺至便禁斷又外國舶物高涼生口歲數至皆外國賈人以通貨易舊時州郡就市回而卽賣其利數倍歷政以爲常僧孺歎曰昔人爲蜀郡長史終身無蜀物吾欲遺子孫者不在越裝並無所取視事二歲聲績有聞詔徵將還郡中道俗六百人詣闕請留不許至拜中書侍郎領著作復直文德省撰起居注中表簿遷尚書左丞俄兼御史中丞僧孺幼貧其母鬻紗布以自業嘗携僧孺至市道遇中丞鹵簿驅迫墜溝中及是拜日引騶清道悲感不自勝頃之卽真時武帝制春景明志詩五百字勑沈約以下辭人同作帝以僧孺爲工歷少府卿尚書吏部郎參大選請謁不行出爲仁威南康王長史蘭陵太守行府州國事初帝問僧孺妾媵之數對曰臣室無傾視及在南徐州友人以妾寓之行還妾遂懷孕爲王典籤湯道愍所糾逮詣南司坐免官久之不調友人廬江何炯猶爲王府記室僧孺乃與炯書以見其意後爲安成王參軍事鎭右中記室參軍僧孺工屬文善楷隸多識古事侍郎金元起欲注素問訪以砭石僧孺答曰古人當以石爲針必不用鐵說文有此砭字許慎云以石刺病也東山經高氏之山多針石郭璞云可以爲砭針春秋美疢不如惡石服子愼注云石砭石也季世無復佳石故以鐵代之爾轉北中郎諮議參軍入直西省知撰譜事先是尚書令沈約以爲晉咸和初蘇峻作亂文籍無遺後起咸和二年以至于宋所書並皆詳實並在下省左戶曹前廂謂之晉籍有東西二庫此籍既並精詳寔可寶惜位宦高卑皆可依案宋元嘉二十七年始以七條徵發既立此科人姦互起僞狀巧籍歲月滋廣以至于齊患其不實於是東堂校籍置郎令史以掌之競行姦貨以新換故昨日卑細今日便成士流凡此姦巧並出愚下不辨年號不識官階或注隆安在元興之後或以義熙在寧康之前此時無此府此時無此國元興唯有三年而猥稱四五詔書甲子不與長歷相應校籍諸郎亦所不覺不才令史固自忘言臣謂宋齊二代士庶不分雜役減闕職由於此竊以晉籍所餘宜加寶愛武帝以是留意譜籍州郡多離其罪因詔僧孺改定百家譜始晉太元中員外散騎侍郎平陽賈弼篤好簿狀乃廣集衆家大搜羣族所撰十八州一百一十六郡合七百一十二卷凡諸大品略無遺闕藏在秘閣副在左戶及弼子太宰參軍匪之匪之子長水校尉深世傳其業太保王弘領軍將軍劉湛並好其書弘日對千客不犯一人之諱湛爲選曹始撰百家以助銓序而傷於寡略齊衞將軍王儉復加去取得繁省之衷僧孺之撰通范陽張等九族以代雁門解等九姓其東南諸族別爲一部不在百家之數焉普通二年卒僧孺好墳籍聚書至萬餘卷率多異本與沈約任昉家書埒少篤志精力於書無所不覩其文麗逸多用新事人所未見者時重其富博集十八州譜七百一十卷百家譜集抄十五卷東南譜集抄十卷文集三十卷兩臺彈事不入集別爲五卷及東宮新記並行於世虞羲字士光會稽餘姚人盛有才藻卒於晉安王侍郎丘國賓吳興人以才志不遇著書以譏楊雄蕭文琰蘭陵人丘令楷吳興人江洪濟陽人竟陵王子良嘗夜集學士刻燭爲詩四韻者則刻一寸以此爲率文琰曰頓燒一寸燭而成四韻詩何難之有乃與令楷江洪等共打銅鉢立韻響滅則詩成皆可觀覽劉孝孫彭城人博學通敏而仕多不遂常歎曰古人或開一說而致卿相立談間而降白璧書籍妄耳徐夤高平人有學行父榮祖位祕書監嘗有罪繫獄旦日原之而髮皓白齊武問其故曰臣思愆於內而髮變於外當時稱之

論曰二漢求士率先經術近代取人多由文史觀江任之所以効用蓋亦會其時焉而淹實先覺加之以沉靜昉乃舊恩持之以內行其所以名位自畢各其宜乎僧孺碩學而中年遭躓非爲不遇斯乃窮通之數也

南史卷五十九考證

江淹傳豫三五賤伎之末○五閣本注一作王

任昉傳東昏中旨用爲中書郎謝尚書令王亮○郎閣本作令誤也

主人所然○所監本作忻梁書同今从閣本

王僧孺傳東海郯人也○監本缺也字今增入

撰起居注中表簿○簿一本作薄今从梁書

南史卷六十

唐　李延壽　撰

列傳第五十

范岫　傅昭弟映　孔休源
江革子德藻　徐勉　許懋子亨
殷鈞宗人芸

范岫字懋賓濟陽考城人也高祖宣晉徵士父義宋尚書殿中郎本州別駕竟陵王誕反義在城中事平遇誅岫幼而好學早孤事母以孝聞外祖顏延之早相題目以爲中外之寶蔡興宗臨荆州引爲主簿及蔡將卒以岫貧乏遺旨賜錢二十萬固辭拒之仕齊爲太子家令文惠太子之在東宮沈約之徒以文才見引岫亦預焉岫文雖不逮約而名行爲時輩所與博涉多通尤悉魏晉以來吉凶故事約常稱曰范公好事該博胡廣無以加南鄉范雲謂人曰諸君進止威儀當問范長頭以岫多識前代舊事也遷國子博士岫長七尺八寸姿容奇偉永明中魏使至詔妙選朝士有辭辯者接使於界首故以岫兼淮陰長史迎焉入爲尚書左丞丁母憂居喪過禮朝廷頻起並不拜朝廷亮其哀款得終喪制出爲安成內史創立鈞折行倉公私弘益徵黃門侍郎兼御史中丞吏將送一無所納永元末爲輔國將軍冠軍晉安王長史行南徐州事梁武帝平建鄴承制徵爲尚書吏部郎參大選天監五年爲散騎常侍光祿大夫侍皇太子給扶累遷祠部尚書金紫光祿大夫卒官岫恭敬儼恪進止以禮自親喪後蔬食布衣以終身每所居官恒以廉潔著稱爲長城令時有梓材巾箱至數十年經貴遂不改易在晉陵唯作牙管筆一雙猶以爲費所著文集禮論雜儀字訓行於世二子褒偉

傅昭字茂遠北地靈州人晉司隸校尉咸七世孫也祖和之父淡善三禮知名宋世淡事宋竟陵王誕誕反坐誅昭六歲而孤哀毀如成人爲外祖所養十歲於朱雀航賣曆日雍州刺史袁顗見而奇之顗嘗來昭所昭讀書自若神色不改顗歎曰此兒神情不凡必成佳器司徒建安王休仁聞而悅之固欲致昭昭以宋氏多故遂不往或有稱昭於廷尉虞愿乃遣車迎昭時愿宗人通之在坐並當時名流通之贈昭詩曰英妙擅山東才子傾洛陽清塵誰能嗣及爾遘遺芳太原王延秀薦昭於丹陽尹袁粲深見禮辟爲郡主簿使諸子從昭受學會明帝崩粲造哀策文乃引昭定其所製昭有其半焉粲每經昭戶輒歎曰經其戶寂若無人披其室其人斯在豈非名賢尋爲總明學士奉朝請齊永明中累遷尚書儀曹郎先是御史中丞劉休薦昭於齊武帝永明初以昭爲南郡王侍讀王嗣帝位故時臣隸爭求權寵唯昭及南陽宗夬保身而已守正無所參入竟不罹禍明帝踐阼引昭爲中書通事舍人時居此職者皆權傾天下昭獨廉靜無所干豫器服率陋身安麤糲常插燭板牀明帝聞之賜漆合燭盤敕曰卿有古人之風故賜卿古人之物累遷尚書左丞梁武帝素重昭梁臺建以爲給事黃門侍郎領著作兼御史中丞天監三年兼五兵尚書參選事四年卽真歷位左戶尚書安成內史郡自宋來兵亂相接府舍稱凶每昏旦聞人鬼相觸在任者鮮以吉終及昭至有人夜見甲兵出曰傅公善人不可侵犯乃騰虛而去有頃風雨忽至飄郡聽事入隍中自是郡遂無患咸以昭貞正所致郡溪無魚或有暑月薦昭魚者昭既不納又不欲拒遂餒于門側郡多猛獸爲害常設檻穽昭曰人不害猛獸猛獸亦不害人乃命去檻穽猛獸竟不爲害歷祕書監太常卿遷臨海太守郡有蜜巖前後太守皆自封固專收其利昭以周文之囿與百姓共之大可喻小乃教勿封縣令嘗餉栗置絹于簿下昭笑而還之普通五年爲散騎常侍金紫光祿大夫

昭所莅官常以清靜爲政不尚嚴肅居朝廷無所請謁不畜私門生不交私利終日端居以書記爲樂雖老不衰博極古今尤善人物魏晉以來官宦簿伐姻通內外舉而論之無所遺失世稱爲學府性尤篤慎子婦嘗得家餉牛肉以進昭昭召其子曰食之則犯法告之則不可取而埋之其居身行已不負闇室類皆如此後進宗其學重其道人人自以爲不逮卒謚曰貞長子諝位尚書郎湘東王外兵參軍諝子準有文才梁宣帝時位度支尚書昭弟昳字徽遠三歲而孤兄弟友睦脩身勵行非禮不動始昭之守臨海陸倕餞之賓主俱懽日暮不反昳以昭年高不可連夜極樂乃自往候接同乘而歸兄弟並已斑白時人美而服焉及昭卒昳喪之如父年踰七十哀戚過禮服制雖除每言輒慟天監中位烏程令卒於太中大夫子弘

孔休源字慶緒會稽山陰人晉尚書沖之八世孫沖卽開府儀同三司愉之世父也曾祖遙之宋尚書水部郎父佩齊通直郎休源十一而孤居喪盡禮每見父手所寫書必哀慟流涕不能自勝見者莫不爲之垂泣後就吳興沈驎士受經略通大義州舉秀才太尉徐孝嗣省其策深善之謂同坐曰董仲舒華令思何以尚此可謂後生之準的也觀此足稱王佐之才琅邪王融雅相友善乃薦之於司徒竟陵王爲西邸學士梁臺建與南陽劉之遴同爲太學博士當時以爲美選休源初到都寓於宗人少府孔登曾以祠事入廟侍中范雲一與相遇深加褒賞曰不期忽覯清顏頓祛鄙吝觀天披霧驗之今日後雲命駕到少府登便拂筵整帶謂當詣已備水陸之品雲駐筯命休源及至命取其常膳止有赤倉米飯蒸鮑魚雲食休源食不舉主人之饌高談盡日同載還家登深以爲愧尚書令沈約當朝貴顯軒蓋盈門休源或時後來必虛襟引接處之坐右商略文義其爲通人所推如此武帝嘗問吏部尚書徐勉求一有學藝解朝儀者爲尚書儀曹郎勉曰孔休源識見清通諳練故事自晉宋起居注誦略上口武帝亦素聞之卽日除兼尚書儀曹郎時多所改作每逮訪前事休源卽以所誦記隨機斷決曾無疑滯吏部郎任昉常謂之爲孔獨誦遷建康獄正平反辯析時罕冤人後有選人爲獄司者帝常引休源以勵之除中書舍人後爲尚書左丞彈肅禮闈雅允朝望時周捨撰禮疑義自漢魏至于齊梁並皆搜采休源所有奏議咸預編錄再遷長兼御史中丞正色直繩無所迴避百僚憚之後爲晉安王長史南郡太守行荊州府州事帝謂曰荊州總上流衝要義高分陝今以十歲兒委卿善匡翼之勿憚周昌之舉也乃敕晉安王曰孔休源人倫儀表汝年尚幼當每事師之尋始興王憺代鎮荊州復爲憺府長史太守行府事如故在州累政甚有政績平心決斷請託弗行帝深嘉之歷祕書監復爲晉安王府長史南蘭陵太守別敕專行南徐州事休源累佐名蕃甚得人譽王深相倚仗常於中齋別施一榻云此是孔長史坐人莫得預焉其見敬如此歷都官尚書普通七年揚州刺史臨川王宏薨武帝與羣臣議代居州任者時貴戚王公咸望遷授帝曰朕已得人孔休源才識通敏實應此選乃授宣惠將軍監揚州事休源初爲臨川王行佐及王薨而管州任時論榮之神州都會簿領殷繁休源剖斷如流傍無私謁中大通二年加金紫光祿大夫在州晝決辭訟夜覽墳籍每車駕巡幸常以軍國事委之昭明太子薨有敕夜召休源入宴居殿與羣公參定謀議立晉安王綱爲皇太子自公卿珥貂揷筆奏決於休源前休源怡然無愧時人名爲兼天子四年卒遺令薄葬節朔薦蔬菲而已帝爲之流涕顧謝舉曰孔休源居職清忠方欲共康政道奄至隕沒朕甚痛之舉曰此人清介彊直臣竊爲陛下惜之謚曰貞子休源風範彊正明練政體常以天下爲己任武帝深委仗之累居顯職性縝密未嘗言禁中事聚書盈七千卷手自校練凡奏議彈文勒成十五卷長子雲章頗有父風位東揚州別駕少子宗範聰敏有識度位中書郎

江革字休映濟陽考城人也祖齊之宋都水使者尚書金部郎父柔之齊尚書倉部郎有孝行以母憂毀卒革幼而聰敏早有才思六歲便解屬文柔之深加賞器曰此兒必興吾門九歲丁父艱與第四弟觀同生少孤貧傍無師友兄弟自相訓勗讀書精力不倦十六喪母以孝聞服闋與觀俱詣太學補國子生舉高第齊中書郎王融吏部郎謝朓雅相欽重朓嘗行還過候革時大寒雪見革弊絮單席而耽學不倦嗟歎久之乃脫其所著襦幷手割半氈與革充臥具而去司徒竟陵王聞其名引爲西邸學士弱冠舉南徐州秀才時豫章胡諧之行州事王融與諧之書令薦革諧之方貢琅邪王泯便以革代之僕射江祏深相引接祏爲太子詹事啓革爲丞祏時權傾朝右以革才堪經國令參掌機務詔誥文檄皆委以具革防杜形迹外人不知祏誅賓客皆罹其罪革獨以智免除尚書駕部郎中興元年梁武帝入石頭時吳興太守袁昂據郡拒義不從革製書與昂於坐立成辭義典雅帝深賞歎之令與徐勉同掌書記建安王爲雍州刺史表求管記以革爲征北記室參軍帶中盧令與弟觀少長共居不忍離別苦求同行以觀爲征北行參軍兼記室時吳興沈約樂安任昉與革書云比聞雍府妙選英才文房之職總卿昆季可謂馭二龍於長途騁騏驥於千里途次江夏觀卒革在雍州爲府王所禮款若布衣後爲建康正頻遷秣陵建康令爲政明肅豪彊憚之歷中書舍人尚書左丞晉安王長史尋陽太守行江州府事徙廬陵王長史太守行事如故以清嚴爲屬城所憚時少王行事多傾意於籤帥革以正直自居不與典籤趙道智坐道智因還都啓事面陳革墮事好酒以琅邪王曇聰代爲行事南州士庶爲之語曰故人不道智新人佞散騎莫知度不度新人不如故遷御史中丞彈奏豪權一無所避後爲鎮北豫章王長史廣陵太守時魏徐州刺史元法僧降附革被敕隨府王鎮彭城城旣失守革素不便馬泛舟而還途經下邳爲魏人所執魏徐州刺史安豐王延明聞革才名厚加接待革稱腳疾不拜延明將害之見革辭色嚴正更加敬重時祖暅同被拘縶延明使暅作欹器漏刻銘革唾罵暅曰卿荷國厚恩已無報答乃爲虜立銘孤負朝廷延明聞之乃令革作丈八寺碑幷祭彭祖文革辭以囚執旣久無復心思延明將加箠朴革厲色曰江革年六十不能殺身報主今日得死爲幸誓不爲人執筆延明知不可屈乃止日給脫粟三升僅餘性命會魏帝請中山王元略反北乃放革及祖暅還朝上大宴舉酒勸革曰卿那不畏延明害對曰臣行年六十死不爲夭豈畏延明帝曰今日始見蘇武之節於是以爲太尉臨川王長史時帝惑於佛教朝賢多啓求受戒革精信因果而帝未知謂革不奉佛法乃賜革覺意詩五百字云唯當勤精進自彊行勝脩豈可作底突如彼必死囚以此告革及諸貴遊又手敕曰果報不可不信豈可底突如對元延明邪革因乞受菩薩戒時武陵王紀在東州頗驕縱上以臧盾性弱不能匡正召革慰遣乃除武陵王長史會稽郡丞行府州事革門生故吏家多在東聞革應至並賫持緣道迎候革曰我通不受餉不容獨當故人篋筐至鎮唯資公俸食不兼味郡境殷廣辭訟日數百革分判辯析曾無疑滯人安吏畏百城震恐琅邪王騫爲山陰令贓貨狼籍望風自解府王憚之每侍讌言論必以詩書王因此耽學好文典籤沈熾文以王所制詩呈武帝帝謂僕射徐勉曰革果稱職乃除都官尚書將還贈遺一無所受送故依舊訂舫革並不納唯乘臺所給一舸舸艚偏欹不得安臥或請濟江徙重物以迮輕艚革旣無物乃於西陵岸取石十餘片以實之其清貧如此尋監吳郡時境內荒儉劫盜公行革至郡唯有公給仗身二十人百姓皆懼不能靜寇革乃省游軍尉百姓逾恐革乃廣施恩惠盜賊盡息武陵王出鎮江州乃曰我得江革又得革清貧豈能一日忘之當與其同飽乃表革同行除南中郎長史尋陽太守徵入爲度支尚書好奬進閭閻爲後生延譽由是衣冠士子翕然歸之時尚書令何敬容掌選序用多非其人革性彊直每朝宴恒有褒貶以此爲權貴所疾乃謝病還家除光祿大夫優游閑放以文酒自娛卒謚曰彊子有集二十卷行於世革歷官八府長史四王行事三爲二千石傍無姬侍家徒壁立時以此高之長子敏早卒次子德藻

德藻字德藻好學美風儀身長七尺四寸性至孝事親盡禮與異產昆弟居恩惠甚篤涉獵經籍善屬文仕梁爲尚書比部郎以父憂去職服闋後容貌毀瘠如居喪時及陳武帝受禪爲祕書監兼尚書左丞尋以本官兼中書舍人天監中兼散騎常侍與中書郎劉師知使齊著北征道里記三卷還除太子中庶子遷御史中丞坐公事免後自求宰縣補新淦令政尚恩惠頗有異績卒於官文帝贈散騎常侍文筆十五卷子椿亦善屬文位尚書右丞德藻弟從簡少有文情年十七作采荷調以刺何敬容爲當時所賞位司徒從事中郎侯景亂爲任約所害子兼叩頭流血乞代父命以身蔽刃遂俱見殺天下痛之

徐勉字脩仁東海郯人也祖長宗宋武帝霸府行參軍父融南昌相勉幼孤貧早勵清節年六歲屬霖雨家人祈霽率爾爲文見稱耆宿及長好學宗人孝嗣見之歎曰此所謂人中之騏驥必能致千里又嘗謂諸子曰此人師也爾等則而行之年十八召爲國子生便下帷專學精力無怠同時儕輩肅而敬之祭酒王儉每見常目送之曰此子非常器也每稱有宰輔之量射策甲科起家王國侍郎補太學博士時每有議定勉理證明允莫能貶奪同官咸取則焉遷臨海王西中郎田曹行參軍俄徙署都曹時琅邪王融一時才儁特相慕悅嘗請交焉勉謂所親曰王郎名高望促難可輕襲衣裾融後果陷於法以此見推識鑒累遷領軍長史初與長沙宣武王游梁武帝深器賞之及武帝兵至建鄴勉於新林謁

見帝甚加恩禮，使管書記及帝即位拜中書侍郎進領中書通事舍人直內省遷臨川王後軍諮議尚書左丞自掌樞憲多所糾舉時論以爲稱職天監三年除給事黃門侍郎尚書吏部郎參掌大選遷侍中時師方侵魏候驛塡委勉參掌軍書劬勞夙夜動經數旬乃一還家羣大驚吠勉歎曰吾憂國忘家乃至於此若吾亡後亦是傳中一事六年除給事中五兵尚書遷吏部尚書勉居選官彝倫有序既閑尺牘兼善辭令雖文案塡積坐客充滿應對如流手不停筆又該綜百氏皆避其諱嘗與門人夜集客有虞暠求詹事五官勉正色荅云今夕止可談風月不宜及公事故時人服其無私天監初官名互有省置勉撰立選簿奏之有詔施用其制開九品爲十八班自是貪冒苟進者以財貨取通守道淪退者以貧寒見沒矣後爲左衞將軍領太子中庶子侍東宮昭明太子尚幼敕知宮事太子禮之甚重每事詢謀嘗於殿講孝經臨川王宏尚書令沈約備二傳勉與國子祭酒張充爲執經王瑩張稷柳憕王暕爲侍講時選極親賢妙盡人譽勉陳讓數四又與沈約書求換侍講詔弗許然後就焉舊揚徐首迎主簿盡選國華中正取勉子崧充南徐選首帝敕之曰卿寒士而子與王志子同迎偃王以來未之有也勉恥以其先爲戲荅旨不恭由是左遷散騎常侍領游擊將軍後爲太子詹事又遷尚書右僕射詹事如故時人間喪事多不遵禮朝終夕殯相尚以速勉上疏曰禮記問喪云三日而後斂者以俟其生也三日而不生亦不生矣頃來不遵斯制送終之禮殯以朞日潤屋豪家乃或半晷衣衾棺槨以速爲榮親戚徒隷各念休反故屬纊纔畢灰釘已具忘狐鼠之顧步媿燕雀之徊翔傷情滅理莫此爲大且人子承衾之時志懣心絕喪事所資悉關他手愛憎深淺事寔難原如覘視或爽存沒違濫使萬有其一怨酷已多豈不緩其告斂之辰申其望生之冀請自今士庶宜悉依古三日大斂如其不奉加以糾繩詔可其奏又除尚書僕射中衞將軍勉以舊恩繼升重位盡心奉上知無不爲爰自小選迄于此職常參掌衡石甚得士心禁省中事未嘗漏泄每有表奏輒焚藁草博通經史多識前載齊世王儉居職已後莫有逮者朝儀國典昏冠吉凶勉皆預圖議初勉受詔知撰五禮普通六年功畢表上之曰夫禮以安上化人弘風訓俗經國家利後嗣者也唐虞三代咸必由之在乎有周憲章尤備因殷革夏損益可知雖復經禮三百曲禮三千經文三百威儀三千其大歸有五即宗伯所掌典禮吉爲上凶次之賓次之軍次之嘉爲下也故祠祭不以禮則不齊不莊喪紀不以禮則背死忘生者衆賓客不以禮則朝覲失其儀軍旅不以禮則致亂於師律冠昏不以禮則男女失其時爲國脩身於斯攸急洎周室大壞王道既衰官守斯文日失其序暴秦滅學埽地無餘漢氏鬱興日不暇給猶命叔孫於外野方知帝王之爲貴末葉紛綸遞有興毀及東京曹褒南宮制述集其散略百有餘篇雖寫以尺簡而終闕平奏其後兵革相尋異端互起章句既淪俎豆斯輟方領矩步之容事滅於旌鼓蘭臺石室之典用盡於帷蓋至乎晉氏爰定新禮荀顗制之於前摯虞刪之於末既而中原喪亂罕有所遺江左草創因循而已釐革之風是則未暇伏惟陛下睿明啓運先天改物撥亂惟武經俗以文作樂在乎功成制禮弘於業定伏尋所定五禮起齊永明二年太子步兵校尉伏曼容表求制一代禮樂于時參議置新舊學士十人止脩五禮諮稟衞將軍丹陽尹王儉學士亦分住郡中制作歷年猶未克就及文憲薨遺文散逸又以事付國子祭酒何胤經涉九載猶復未畢建武四年胤還東山齊明帝敕委尚書令徐孝嗣舊事本末隨在南第永元中孝嗣於此遇禍又多零落當時鳩集所餘權付尚書左丞蔡仲熊驍騎將軍何佟之共掌其事時禮局住在國子學中門外東昏之時頻有軍火其所散失又踰太半天監元年佟之啓審省置之宜敕使外詳時尚書參詳以天地初革庶務權輿宜俟隆平徐議刪撰欲且省禮局併還尚書儀曹詔旨云禮壞樂缺故國異家殊寔宜以時修定以爲永準於是尚書僕射沈約等參議請五禮各置舊學士一人人各自舉學士二人相助抄撰其中有疑者依前漢石渠後漢白虎隨源以聞請旨斷決乃以舊學士右軍記室參軍明山賓掌吉禮中軍騎兵參軍嚴植之掌凶禮中軍田曹行參軍兼太常丞賀瑒掌賓禮征虜記室參軍陸璉掌軍禮右軍參軍事司馬褧掌嘉禮尚書右丞何佟之總參其事佟之亡後以鎮北諮議參軍伏暅代之後又以暅代嚴植之掌凶禮暅尋遷官以五經博士繆昭掌凶禮復以禮儀深廣記載殘缺宜須博論共盡其致更使鎮軍將軍丹陽尹沈約太常卿張充及臣三人同參厥務臣又奉別敕總知其事末又使中書侍郎周捨庾於陵二人復豫參知若有疑義所掌學士當職先立議通諮五禮舊學士及參知各言同異條牒啓聞決之制旨疑事既多歲時又積制旨裁斷其數不少莫不網羅經誥玉振金聲凡諸奏決皆載篇首具列聖旨爲不刊之則寧孝宣之能擬豈孝章之足云五禮之職事有繁簡及其列畢不得同時嘉禮儀注以天監六年五月七日上尚書合十有二帙一百一十六卷五百三十六條賓禮儀注以天監六年五月二十日上尚書合十有七帙一百三十三卷五百四十五條軍禮儀注以天監九年十月二十九日上尚書合十有八帙一百八十九卷二百四十條吉禮儀注以天監十一年十一月十日上尚書合二十有六帙二百二十四卷一千五條凶禮儀注以天監十一年十一月十七日上尚書合四十有七帙五百一十四卷五千六百九十三條大凡一百二十帙一千一百七十六卷八千一十九條又列副祕閣及五經典書各一通繕寫校定以普通五年二月始獲完畢竊以撰正履禮歷代罕就皇明在運厥功克成周代三千舉其盈數今之八千隨事附益質文相變故其數兼倍猶如八卦之爻因而重之錯綜成六十四也臣以庸識謬司其任淹留歷稔允當斯責兼勒成之初未遑表上寔由才輕務廣思力不周永言慙惕無忘寤寐自今春輿駕將親六師搜尋軍禮閱其條章靡不該備可以懸諸日月頒之天下者矣詔有司案以遵行尋加中書令勉以疾求解內任詔不許乃令停下省三日一朝有事遣主書論決患腳轉劇久闕朝覲固求陳解詔許疾差還省勉雖居顯職不營產業家無畜積奉祿分贍親族之貧乏者門人故舊或從容致言勉乃答曰人遺子孫以財我遺之清白子孫才也則自致輜軿如不才終爲佗有嘗爲書戒其子崧曰吾家本清廉故常居貧素至於產業之事所未嘗言非直不經營而已薄躬遭逢遂至今日尊官厚祿可謂備之每念叨竊若斯豈由才致仰藉先門風範及以福慶故臻此爾古人所謂以清白遺子孫不亦厚乎又云遺子黃金滿籯不如一經詳求此言信非徒語吾雖不敏寔有本志庶得遵奉斯義不敢墜失所以顯貴以來將三十載門人故舊承薦便宜或使創闢田園或勸興立邸店又欲舳艫運致亦令貨殖聚斂若此衆事皆距而不納非謂拔葵去織且欲省息紛紜中年聊於東田開營小園者非存播藝以要利政欲穿池種樹少寄情賞又以郊際閑曠終可爲宅儻獲懸車致事寔欲歌哭於斯慧日十住等既應營昏又須住止吾清明門宅無相容處所以爾者亦復有以前割西邊施宣武寺既失西廂不復方幅意亦謂此逆旅舍爾何事須華常恨時人謂是我宅古往今來豪富繼踵高門甲第連闥洞房宛其死矣定是誰室但不能不爲培塿之山聚石移果雜以花卉以娛休沐用託性靈隨便架立不存廣大唯功德處小以爲好所以內中逼促無復房宇近脩東邊兒孫二宅乃藉十住南還之資其中所須猶爲不少既牽挽不至又不可中塗而輟郊間之園遂不辦保貨與韋黯乃獲百金成就兩宅已消其半尋園價所得何以至此由吾經始歷年粗已成立桃李茂密桐竹成陰塍陌交通渠畎相屬華樓迥榭頗有臨眺之美孤峯叢薄不無糾紛之興瀆中並饒荷茭湖裏殊富芰蓮雖云人外城闕密邇韋生欲之亦雅有情趣追述此事非有吝心蓋是事意所至爾憶謝靈運山家詩云中爲天地物今成鄙夫有吾此園有之二十載今爲天地物物之與我相校幾何哉此直所餘今以分汝營小田舍親累既多理亦須此且釋氏之教以財物謂之外命外典亦稱何以聚人曰財況汝常情安得忘此聞汝所買湖熟田地甚爲舄鹵彌復可安所以如此非物競故也雖事異寢丘聊可髣髴孔子曰居家理事可移於官既已營之宜使成立進退兩亡更貽耻笑若有所收獲汝可自分贍內外大小宜令得所非吾所知又復應沾之諸女爾汝既居長故有此及凡爲人長殊復不易當使中外諧緝人無間言先物後己然後可貴老生云後其身而身先若能爾者更招巨利汝當自勗見賢思齊不宜忽略以棄日也棄日乃是棄身身名美惡豈不大哉可不慎歟今之所敕略言此意政謂爲家以來不事資產暨立墅舍似乖舊業陳其始末無愧懷抱兼吾年時朽暮心力稍單牽課奉公略不克舉其中餘暇裁可自休或復冬日之陽夏日之陰良辰美景文案間隙負杖躡履逍遙陋館臨池觀魚披林聽鳥濁酒一杯彈琴一曲求數刻之暫樂庶居常以待終不宜復勞家間細務汝交關既定此書又行凡所資須付給如別自茲以後吾不復言及田事汝亦勿復與吾言之假使堯水湯旱豈如之何若其滿庾盈箱爾之幸遇如斯之事過並無俟令吾知也記云夫孝者善繼人之志善述人之事今且望汝全吾此志則無所恨矣第二子悱卒痛悼甚至不欲久廢王務乃爲答客以自喻焉普通末武帝自算擇後宮吳聲西曲女妓各一部並華少賚勉因此頗好聲酒祿奉之外月別給錢十萬信遇之深故無與匹中大通中又以疾自陳移授特進右光祿大夫侍中中衞將軍置佐史扶如故增親信四十人兩宮參問冠蓋結轍有敕每欲臨幸勉以拜伏有虧頻啓停出詔許之遂停輿駕及卒帝聞而流涕即日車駕臨殯贈右光祿大夫開府儀同三司皇太子亦舉哀朝堂有司奏謚居敬行簡曰簡帝益執心決斷曰肅因謚簡肅公勉雖骨鯁不及范雲亦不阿意苟合後知政事者莫及梁世之言相者稱范徐云善屬文勤著述雖當機務下筆不休常以起居注煩雜乃撰爲流別起居注六百六十卷左丞彈事五卷在選曹撰選品三卷齊時撰太廟祝文二卷以孔釋二教殊途同歸撰會林五十卷凡所著前後二集五十卷又爲人章表集十卷大同三年故佐史尚書左丞劉覽等詣闕陳勉行狀請刊石紀德即降詔立碑於墓焉徘字敬業幼聰敏能屬文位太子舍人掌書記累遷洗馬中舍人猶管書記出入宮坊者歷稔以足疾出爲湘東王友俄遷晉安內史

許懋字昭哲高陽新城人魏鎭北將軍允九世孫也五世祖詢晉徵士祖珪宋給事著作郎桂陽太守父勇慧齊太子家令冗從僕射懋少孤性至孝居父憂執喪過禮篤志好學爲州黨所稱十四入太學受毛詩旦領師說晚而覆講坐下聽者常數十百人因撰風雅比興義十五卷盛行於時尤明故事稱爲儀注學起家後爲豫章王行參軍轉法曹舉秀才遷驃騎大將軍儀同中記室文惠太子聞而召之侍講於崇明殿後兼國子博士與司馬褧同志友善僕射江祏甚推重之號爲經史笥梁天監初吏部尚書范雲舉懋參詳五禮除征西鄱陽王諮議參軍兼著作郎待詔文德省時有請會稽封禪者武帝因集儒學士草封禪儀將行焉懋建議獨以爲不可帝見其議嘉納之由是遂停十年轉太子家令凡諸禮儀多所刊正以足疾出爲始平太守政有能名加散騎常侍轉天門太守中大通三年皇太子召與諸儒錄長春義記四年拜中庶子是歲卒撰述行記四卷有集十五卷子亨

亨字亨道少傳家業孤介有節行博通羣書多識前代舊事甚爲南陽劉之遴所重梁太清初爲西中郎記室兼太常丞侯景之亂避地郢州會梁邵陵王自東至引爲諮議參軍王僧辯之襲郢州素聞其名召爲儀同從事中郎遷太尉從事中郎與吳興沈烱對掌書記府政朝務一以委之晉安王承制授給事黃門侍郎陳武帝受禪爲太中大夫領大著作知梁史事初僧辯之誅也所司收僧辯及其子頠屍於方山同坎埋瘞至是無敢言者亨以故吏抗表請葬之與故義徐陵張種孔奐等相率以家財營葬凡七柩皆改窆焉光大中宣帝入輔以亨貞正有古人風甚相欽重常以師禮事之及到仲舉之謀出宣帝問亨亨勸勿奉詔宣帝即位拜衛尉卿卒於官亨初撰齊書并志五十卷遇亂亡失後撰梁史成者五十八卷梁太清之後所製文筆六卷子善心位尚書度支侍郎

殷鈞字季和陳郡長平人晉荊州刺史仲堪五世孫也曾祖元素宋南康相坐元凶事誅元素娶尚書僕射琅邪王僧朗女生子寧早卒寧遺腹生子叡亦當從戮僧朗啓孝武救之得免叡有口辯司徒褚彥回甚重之謂曰諸殷自荊州以來無出卿叡斂容答曰殷族衰悴誠不如昔若此旨爲虛故不足降此旨爲實彌不可聞仕齊歷司徒從事中郎叡妻瑯邪王奐女奐爲雍州刺史啓叡爲府長史奐誅叡亦見害鈞九歲以孝聞及長恬靜簡交游好學有思理善隸書爲當時楷法南鄉范雲樂安任昉並稱美之梁武帝與叡少故舊以女永興公主妻鈞拜駙馬都尉歷祕書丞在職啓校定祕閣四部書更爲目錄又受詔料檢西省法書古迹列爲品目累遷侍中東宮學士自宋齊以來公主多驕淫無行永興主加以險虐鈞形貌短小爲主所憎每被召入先滿壁爲殷叡字鈞輒流涕以出主命婢束而反之鈞不勝怒而言於帝帝以犀如意擊主碎於背然猶恨鈞自侍中出爲王府諮議後爲明威將軍臨川內史鈞體羸多疾閉閤臥理而百姓化其德劫盜皆奔出境嘗禽劫帥不加考掠和言誚責劫帥稽顙乞改過鈞便命遣之後遂爲善人郡舊多山瘧更暑必動自鈞在任郡境無復瘧疾母憂去職居喪過禮昭明太子憂之手書誡喻服闋爲散騎常侍領步兵校尉侍東宮改領中庶子後爲國子祭酒卒謚貞二子構渥鈞宗人芸

芸字灌蔬倜儻不拘細行然不妄交游門無雜客勵精勤學博洽羣書幼而廬江何憲見之深相歎賞天監中位祕書監司徒左長史後直東宮學士省卒

論曰范懋賓之德美傳茂遠之清令孔休源之政事江休映之彊直並加之以學植飾之以文采其所以取高時主豈徒然哉徐勉少而勵志發憤忘食脩身愼行運屬興王依光日月致位公輔提衡端執時無異議爲梁氏宗臣信爲美矣許懋業藝以經術見推亨懷道好古以博覽歸譽其所以折議封禪求葬僧辯正直存焉豈唯文義而已古人云仁者有勇斯言近之殷鈞德業自居又加之以政績文質斌斌亦足稱也

南史卷六十考證

傳昭傳父淡善三禮知名宋世事宋竟陵王誕○事監本作仕今从閣本

郡有蜜巖○監本脫蜜字今从閣本增入

縣令常餉栗置絹於簿下○栗一本作粟

孔休源傳時周捨撰禮疑義○監本缺義字又下文休源所有奏議咸預編錄句缺錄字今俱增入

江革傳會魏帝請中山王元畧反北○請監本誤討今从魏書改正

武陵王出鎭江州乃曰我得江革又得革清貧豈能一日忘之○又一本作文

許亨傳凡七柩皆改窆焉○柩監本誤樞今改正

南史卷六十一

唐　李延壽　撰

列傳第五十一

陳伯之　陳慶之子昕　暄　蘭欽

陳伯之濟陰睢陵人也年十三四好著獺皮冠帶刺刀候鄰里稻熟輒偷刈之嘗爲田主所見呵之曰楚子莫動伯之曰君稻幸多取一擔何苦田主將執之因拔刀而進曰楚子定何如田主皆反走徐擔稻而歸及年長在鍾離數爲劫盜嘗授面覘人船船人斫之獲其左耳後隨鄉人車騎將軍王廣之廣之愛其勇每夜臥下榻征伐常將自隨頻以戰功累遷驃騎司馬封魚復縣伯梁武起兵東昏假伯之節督前驅諸軍事豫州刺史轉江州據尋陽以拒梁武郢城平武帝使說伯之即以爲江州刺史子虎牙爲徐州刺史伯之雖受命猶懷兩端帝及其猶豫逼之伯之退保南湖然後歸附與衆軍俱下建康城未平每降人出伯之輒喚與耳語帝疑其復懷翻覆會東昏將鄭伯倫降帝使過伯之謂曰城中甚忿卿欲遣信誘卿須卿降當生割卿手腳卿若不降復欲遣刺客殺卿伯之大懼自是無異志矣城平封豐城縣公遣之鎭伯之不識書及還江州得文牒辭訟唯作大諾而已有事典籤傳口語與奪決於主者伯之與豫章人鄧繕永興人戴承忠並有舊繕經藏伯之息免禍伯之尤德之及在州用繕爲別駕承忠爲記室參軍河南褚緭都下之薄行者武帝即位頻造尚書范雲雲不好緭堅拒之緭益怒私語所知曰建武以後草澤底下悉成貴人吾何罪而見棄今天下草創喪亂未可知陳伯之擁强兵在江州非代來臣有自疑之意且復熒惑守南斗詎非爲我出今者一行事若無成入魏何減作河南郡於是投伯之書佐王思穆事之大見親狎及伯之鄉人朱龍符爲長流參軍並乘伯之愚闇恣行姦險伯之子虎牙時爲直閣將軍武帝手疏龍符罪親付虎牙虎牙封示伯之帝又遣代江州別駕鄧繕伯之並不受命曰龍符健兒鄧繕在事有績臺所遣別駕請以爲中從事繕於是日夜說伯之云臺家府庫空竭無復器仗三倉無米此萬世一時機不可失緭承忠等每贊成之伯之謂繕今段啓卿若復不得便與卿共下使反武帝赦部內一郡處繕伯之於是集府州佐史謂曰奉齊建安王教率江北義勇十萬已次六合見使以江州見力運糧速下我荷明帝厚恩誓以死報使緭詐爲蕭寶寅書以示僚佐於聽事前爲壇殺牲以盟伯之先歃長史以下次第歃緭說伯之今舉大事宜引人望程元沖不與人同心臨川內史王觀僧虔之孫人身不惡可召爲長史以代元沖伯之從之仍以緭爲尋陽太守承忠輔義將軍龍符豫州刺史豫章太守鄭伯倫起郡兵拒守程元沖既失職於家合率數百人使伯之典籤呂孝通戴元則爲內應伯之每旦常作伎日晡輒臥左右仗身皆休息元沖因其解弛從北門入徑至聽事前伯之聞叫自率出蘯元沖力不能敵走逃廬山伯之遣使還報虎牙兄弟虎牙等走盱眙盱眙人徐文安莊興紹張顯明邀擊之不能禁反見殺武帝遣王茂討伯之敗走間道亡命出江北與子虎牙及褚緭俱入魏魏以伯之爲使持節散騎常侍都督淮南諸軍事平南將軍光祿大夫曲江縣侯天監四年詔太尉臨川王宏北侵宏命記室丘遲私與之書曰陳將軍足下無恙幸甚幸甚將軍勇冠三軍才爲世出棄燕雀之毛羽慕鴻鵠以高翔昔因機變化遭遇明主立功立事開國稱孤朱輪華轂擁旄萬里何其壯也如何一旦爲奔亡之虜聞鳴鏑而股戰對穹廬以屈膝又何劣邪尋君去就之際非有他故直以不能內審諸己外受流言沉迷猖蹶以至於此聖朝赦罪責功棄瑕錄用推赤心於天下安反側於萬

物此將軍之所知非假僕一二談也昔朱鮪涉血於友于張繡剚刃於愛子漢主不以爲疑魏君待之若舊況將軍無昔人之罪而勳重於當代夫迷塗知反往哲是與不遠而復先典攸高主上屈法申恩吞舟是漏將軍松柏不翦親戚安居高堂未傾愛妾尚在悠悠爾心亦何可言當今功臣名將鴈行有序佩紫懷黃讚帷幄之謀乘軺建節奉疆埸之任並刑馬作誓傳之子孫將軍獨覥顏借命驅馳氊裘之長寧不哀哉夫以慕容超之强身送東市姚泓之盛面縛西都故知霜露所均不育異類姬漢舊邦無取雜種北虜僭號中原多歷年所惡積禍盈理至焦爛況僞孽昏狡自相夷戮部落攜離酋豪猜貳方當係頸蠻邸縣首藁街而將軍魚游於沸鼎之中燕巢於飛幕之上不亦惑乎暮春三月江南草長雜花生樹羣鸎亂飛見故國之旗鼓感生平於疇日撫絃登陴豈不愴恨所以廉公之思趙將吳子之泣西河人之情也將軍獨無情哉想早勵良規自求多福當今皇帝盛明天下安樂白環西獻楛矢東來夜郎滇池解辮請職朝鮮昌海蹶角受化唯北狄野心倔强沙塞之間欲延歲月之命耳中軍臨川殿下明德茂親總茲戎重方弔民洛汭伐罪秦中若遂不改方思僕言聊布往懷君其詳之伯之得書乃於壽陽擁衆八千歸降虎牙爲魏人所殺伯之既至以爲平北將軍西豫州刺史永新縣侯未之任復爲驍騎將軍又爲太中大夫久之卒於家其子猶有在魏者褚緭在魏魏人欲用之魏元會緭戲爲詩曰帽上著籠冠袴上著朱衣不知是今是不知非昔非魏人怒出爲始平太守日日行獵墮馬而死

陳慶之字子雲義興國山人也幼隨從梁武帝帝性好棊每從夜至旦不輟等輩皆寐唯慶之不寢聞呼卽至甚見親賞從平建鄴稍爲主書散財聚士恒思立效除奉朝請普通中魏徐州刺史元法僧於彭城求入內附以慶之爲武威將軍與胡龍牙成景儁率諸軍應接還除宣猛將軍文德主帥仍率軍送豫章王綜入鎭徐州魏遣安豐王元延明臨淮王元彧率衆十萬來拒延明先遣其別將丘大千觀兵近境慶之擊破之後豫章王棄軍奔魏慶之乃斬關夜退軍士獲全普通七年安西將軍元樹出征壽春除慶之假節總知軍事魏豫州刺史李憲遣其子長鈞別築兩城相拒慶之攻拔之憲力屈遂降慶之入據其城轉東宮直閤大通元年隸領軍曹仲宗伐渦陽魏遣常山王元昭等東援前軍至駞澗去渦陽四十里韋放曰賊鋒必是輕銳戰捷不足爲功如不利沮我軍勢不如勿擊慶之曰魏人遠來皆已疲倦須挫其氣必無不敗之理於是與麾下五百騎奔擊破其前軍魏人震恐慶之還共諸將連營西進據渦陽城與魏相持自春至冬各數十百戰師老氣衰魏之援兵復欲築壘於軍後仲宗等恐腹背受敵謀退慶之杖節軍門曰須虜圍合然後與戰若欲班師慶之別有密敕仲宗壯其計乃從之魏人掎角作十三城慶之陷其四壘九城兵甲猶盛乃陳其俘馘鼓譟攻之遂奔潰斬獲略盡渦水咽流詔以渦陽之地置西徐州衆軍乘勝前頓城父武帝嘉焉手詔慰勉之大通初魏北海王元顥來降武帝以慶之爲假節飈勇將軍送顥還北顥於渙水卽魏帝號授慶之前軍大都督自銍縣進遂至睢陽魏將丘大千有衆七萬分築九壘以拒慶之自旦至中攻陷其三大千乃退時魏濟陰王元徽業率羽林庶子二萬人來救梁宋進屯考城慶之攻陷其城禽徽業仍趣大梁顥進慶之徐州刺史武都郡王仍率衆而西魏左僕射楊昱等率御仗羽林宗子庶子衆七萬據滎陽拒顥兵强城固魏將元天穆大軍復將至先遣其驃騎將軍尒朱兆騎將魯安等援楊昱又遣右僕射尒朱世隆西荆州刺史王羆據虎牢時滎陽未拔士衆皆恐慶之乃解鞍秣馬宣喻衆曰我等纔有七千賊衆四十餘萬今日之事義不圖存須平其城壘一鼓悉使登城壯士東陽宋景休義興魚天愍踰堞而入遂剋之俄而魏陣外合慶之率精兵三千大破之魯安於陣乞降天穆兆單騎獲免進赴虎牢尒朱世隆棄城走魏孝莊出居河北其臨淮王彧安豐王延明率百僚備法駕迎顥入洛陽宮御前殿改元大赦顥以慶之爲車騎大將軍魏上黨王元天穆又攻拔大梁分遣王老生費穆據虎牢刁宣刁雙入梁宋慶之隨方掩襲並降天穆與十餘騎北度河慶之麾下悉著白袍所向披靡先是洛中謠曰名軍大將莫自牢千兵萬馬避白袍自發銍縣至洛陽十四旬平三十二城四十七戰所向無前初魏莊帝單騎度河宮衞嬪侍無改於常顥既得志荒于酒色不復視事與安豐臨淮計將背梁以時事未安且資慶之力用慶之心知之乃說顥曰今遠來至此未伏尚多宜啓天子更請精兵并勅諸州有南人沒此者悉須部送顥欲從之元延明說顥曰慶之兵不出數千已自難制今更增其衆寧肯爲用魏之宗社於斯而滅顥由是疑慶之乃密啓武帝停軍洛下南人不出一萬魏人十倍軍副馬佛念言於慶之曰勳高不賞震主身危二事既有將軍豈得無慮今將軍威震中原聲動河塞屠顥據洛則千載一時慶之不從顥前以慶之爲徐州刺史因求之鎭顥心憚之遂不遣魏將尒朱榮尒朱世隆元天穆尒朱兆等衆號百萬挾魏帝來攻顥顥據洛陽六十五日凡所得城一時歸魏慶之度河守北中郎城三日十一戰傷殺甚衆榮將退還時有善天文人劉靈助謂榮曰不出十日河南大定榮乃爲栰濟自硤石與顥戰於河橋顥大敗走至臨潁被禽洛陽復入魏慶之馬步數千結陣東反榮親自來追軍人死散慶之乃落鬚髮爲沙門間行至豫州州人程道雍等潛送出汝陰至都仍以功除右衞將軍封永興侯出爲北兗州刺史都督緣淮諸軍事會有祆賊沙門僧强自稱爲帝土豪蔡伯寵起兵應之攻陷北徐州詔慶之討焉慶之斬伯寵僧强傳其首中大通二年除南北司二州刺史加都督慶之至鎭遂圍縣瓠破魏潁州刺史婁起揚州刺史是云寶於溱水又破行臺孫騰豫州刺史堯雄梁州刺史司馬恭於楚城罷義陽鎭兵停水陸轉運江湘諸州並得休息開田六千頃二年之後倉廩充實又表省南司州復安陸郡置上明郡大同二年魏遣將侯景攻下楚州執刺史桓和景仍進軍淮上慶之破之時大寒雪景棄輜重走是歲豫州饑慶之開倉振給多所全濟州人李昇等八百人表求樹碑頌德詔許焉五年卒謚曰武慶之性祗慎每奉詔敕必洗沐拜受儉素不衣紈綺不好絲竹射不穿札馬非所便而善撫軍士能得其死力長子昭嗣梁世寒門達者唯慶之與俞藥藥初爲武帝左右帝謂曰俞氏無先賢世人云俞錢非君子所宜改姓喩藥曰當令姓自於臣歷位雲旗將軍安州刺史

慶之第五子昕字君章七歲能騎射十二隨父入洛遇疾還都詣鴻臚卿朱异异訪北間事昕聚土畫城指麾分別异甚奇之慶之在縣瓠魏驍將堯雄子寶樂特爲敢勇求單騎校戰昕躍馬直趣寶樂雄卽潰散後爲臨川太守太清二年侯景圍歷陽敕召昕還昕啓云採石急須重鎭王質水軍輕弱恐虜必濟乃板昕爲雲騎將軍代質未及下渚景已度江爲景所禽令收集部曲將用之昕誓而不許景使其儀同范桃棒嚴禁之昕因說桃棒令率所領歸降襲殺王偉宋子仙桃棒許之遂立盟射城中遣昕夜縋而入武帝大喜敕卽受降簡文遲疑累日不決外事泄昕弗之知猶依期而下景邀得之逼昕令更射書城中云桃棒且輕將數十人先入景欲裹甲隨之昕不從遂見害

少弟暄學不師受文才俊逸尤嗜酒無節操徧歷王公門沉湎諠譊過差非度其兄子秀常憂之致書於暄友人何胥冀以諷諫暄聞之與秀書曰旦見汝書與孝典陳吾飲酒過差吾有此好五十餘年昔吳國張長公亦稱耽嗜吾見張時伊已六十自言引滿大勝少年時吾今所進亦多於往日老而彌篤唯吾與張季舒耳吾方與此子交歡於地下汝欲笑吾所志邪昔阮咸阮籍同遊竹林宣子不聞斯言王湛能玄言巧騎武子呼爲癡叔何陳留之風不嗣太原之氣巋然翻成可怪吾旣寂漠當世朽病殘年產不異於顏原名未動於卿相若不日飲醇酒復欲安歸汝以飲酒爲非吾以不飲酒爲過昔周伯仁度江唯三日醒吾不以爲少鄭康成一飲三百盃吾不以爲多然洪醉之後有得有失成厮養之志是其得也使次公之狂是其失也吾常譬酒之猶水亦可以濟舟亦可以覆舟故江諮議有言酒猶兵也兵可千日而不用不可一日而不備酒可千日而不飲不可一飲而不醉美哉江公可與共論酒矣汝驚吾墮馬侍中之門陷池武陵之第徧布朝野自言焦悚丘也幸苟有過人必知之吾生平所願身沒之後題吾墓云陳故酒徒陳君之神道若斯志意豈避南征之不復賈誼之慟哭者哉何水曹眼不識盃鐺吾口不離瓢杓汝寧與何同日而醒與吾同日而醉乎政言其醒可及其醉不可及也速營糟丘吾將老焉爾無多言非爾所及暄以落魄不爲中正所品久不得調陳太康中徐陵爲吏部尚書精簡人物縉紳之士皆嚮慕焉暄以玉帽簪插髻紅絲布裹頭袍拂踝靴至膝不陳爵里直上陵坐陵不之識命吏持下暄徐步而出舉止自若竟無怍容作書謗陵陵甚病之後主之在東宮引爲學士及卽位遷通直散騎常侍與義陽王叔達尚書孔範度支尚書袁權侍王儀等恒入禁中陪侍游宴謂爲狎客暄素通脫以俳優自居文章諧謬語言不節後主甚親昵而輕侮之嘗倒縣于梁臨之以刃命使作賦仍限以晷刻暄援筆卽成不以爲病而傲弄轉甚後主稍不能容後遂搏艾爲帽加于其首火以爇之然及於髮垂泣求哀聲聞于外而弗之釋會衞尉卿柳莊在坐遽起撥之拜謝曰陳暄無罪臣恐陛下有翫人之失輒矯赦之造次之愆伏待刑憲後主素重莊意稍解赦引暄出命莊就坐經數日暄發悸而死

蘭欽字休明中昌魏人也幼而果決趫捷過人宋末隨

父子雲在洛陽恒於市騙橐駞後子雲還南梁天監中以軍功至冀州刺史欽兼文德主帥征南中五郡諸洞反者所至皆平欽有謀畧勇決善戰步行日二百里勇武過人善撫馭得人死力以軍功封安懷縣男累遷都督梁南秦二州刺史進爵爲侯征梁漢事平進號智武將軍改授都督衡州刺史未及赴職會西魏攻圍南鄭梁州刺史杜懷瑤來請救欽乃大破魏軍追入斜谷斬獲畧盡魏相安定公遣致馬二千疋請結鄰好欽百日之中再破魏軍威振鄰國詔加散騎常侍仍令赴職經廣州因破俚帥陳文徹兄弟並禽之至衡州進號平南將軍改封曲江縣公在州有惠政吏人詣闕請立碑頌德詔許焉後爲廣州刺史前刺史新渝侯暎之薨南安侯恬權行州事冀得即眞及聞欽至嶺厚貨廚人塗刀以毒削瓜進之欽及愛妾俱死帝聞大怒檻車收恬削爵土欽子夏禮侯景至歷陽率其部曲邀景兵敗死之

論曰陳伯之雖輕狡爲心而勇勁自立其累至爵位蓋有由焉及喪亂既平去就不已卒得其死亦爲幸哉慶之初同鷰雀之游終懷鴻鵠之志及乎一見任委長驅伊洛前無强陣攻靡堅城雖南風不競晩致傾覆其所尅捷亦足稱之蘭欽戰有先鳴位非虛受終逢鴆毒唯命也夫

南史卷六十一考證

陳伯之傳張繡剚刃於愛子○剚監本作手今从閣本

自旦至中攻陷其三大千乃退○梁書中作申退作降

顥由是疑慶之乃密啓武帝○疑監本訛陳今改正又梁書云顥由是致疑稍成疎貳慮慶之密啓乃表高祖與此小異

破魏潁州刺史婁起揚州刺史是玄寶於溱水○玄魏書作云

南史卷六十二

唐　李延壽　撰

列傳第五十二

賀瑒子革 弟子琛　司馬褧　朱异　顧協

徐摛子陵 陵子儉 份 儀 陵弟孝克　鮑泉鮑行卿 行卿弟客卿

賀瑒字德璉會稽山陰人晉司空循之玄孫也世以儒術顯伯祖道養工卜筮經遇工歌女人病死爲筮之曰此非死也天帝召之歌耳乃以土塊加其心上俄頃而蘇祖道力善三禮有盛名仕宋爲尚書三公郎建康令父損亦傳家業瑒少聰敏齊時沛國劉瓛爲會稽府丞見瑒深器異之嘗與俱造吳郡張融指瑒謂曰此生將來爲儒者宗矣薦之爲國子生舉明經後爲太學博士梁天監初爲太常丞有司舉脩賓禮召見說禮義武帝異之詔朝朔望預華林講四年初開五館以瑒兼五經博士別詔爲皇太子定禮撰五經義時武帝方創定禮樂瑒所建議多見施行七年拜步兵校尉領五經博士卒于館所著禮易老莊講疏朝廷博士議數百篇賓禮儀注一百四十五卷瑒於禮尤精館中生徒常數百弟子明經對策至數十人二子革季弟子琛並傳瑒業

革字文明少以家貧躬耕供養年二十始輟耒就文受業精力不怠有六尺方牀思義未達則横臥其上不盡其義終不肯食通三禮及長徧治孝經論語毛詩左傳爲兼太學博士長七尺八寸雍容都雅吐納蘊藉敕於永福省爲邵陵湘東武陵三王講禮後爲國子博士於學講授生徒常數百人出爲西中郎湘東王諮議參軍帶江陵令王於州置學以革領儒林祭酒講三禮荆楚衣冠聽者甚衆前後再監南平郡爲人吏所懷尋兼平西長史南郡太守革至孝常恨食祿代耕不及爲養在荆州歷爲郡縣所得俸秩不及妻孥專擬還鄉造寺以申感思子徽美風儀能談吐深爲革愛先革卒革哭之因遘疾而卒季亦明三禮位中書黃門郎兼著作

琛字國寶幼孤伯父瑒授其經業一聞便通義理瑒異之常曰此兒當以明經致貴瑒卒後琛家貧常往還諸暨販粟以養母雖自執舟檝閑則習業尤精三禮年二十餘瑒之門徒稍從問道初瑒於鄉里聚徒教授四方受業者三千餘人瑒天監中亡至是復集琛乃築室郊郭之際茅茨數間年將三十便事講授既世習禮學究其精微古述先儒吐言辯絜坐之聽授終日不疲湘東王幼年臨郡彭城到漑爲行事聞琛美名命駕相造會琛正講學侶滿筵既聞上佐忽來莫不傾動琛說經無輟曾不降意漑下車欣然就席便申問難往復從容義理該贍漑嘆曰通儒碩學復見賀生今且還城尋當相屈琛了不酬答神用頹然漑言之王請補郡功曹史琛辭以母老終於固執俄遭母憂廬於墓所服闋猶未還舍生徒復從之琛哀毀積年骨立而已未堪講授諸生營救稍稍習業普通中太尉臨川王宏臨州召補祭酒從事琛年已四十餘始應辟命武帝聞其有學術召見文德殿與語悅之謂僕射徐勉曰琛殊有門業仍補王國侍郎稍遷兼中書通事舍人參軍禮事累遷尚書左丞詔琛撰新謚法便即施用時皇太子議大功之末可以冠子嫁女琛駮議曰令旨以大功之末可得冠子嫁女不自冠自嫁推以記文竊猶致惑案嫁冠之禮本是父之所成無父之人乃可自冠故記稱大功小功並以冠子嫁子爲文非關唯得爲子已身不得也小功之末既得自娶而亦云冠子娶婦其義益明故先列二服每明冠子嫁子結於後句方顯自娶之義既明小功自娶即知大功自冠矣蓋是約言而見旨若謂緣父服大功子服小功小功服輕故得爲子冠嫁大功服重故不得自嫁自冠者則小功之末非明父子服殊不應復云冠子嫁子也若謂小功之文言已可娶大功之文不言已冠故知身有大功不得自行嘉禮但得爲子冠嫁竊謂有服不行嘉禮本爲吉凶不可相干子雖小功之末可得行冠嫁猶應須父得爲其冠嫁若父於大功之末可以冠子嫁子是於吉凶禮無礙吉凶禮無礙豈不得自冠自嫁若自冠自嫁於事有礙則冠子嫁子寧獨可通今許其冠子而塞其自冠是琛之所惑也又令旨推下殤小功不可娶婦則降服大功亦不得爲子冠嫁伏尋此旨若爲降服大功不可冠子嫁子則降服小功亦不可自冠自嫁是爲凡厥降服大功小功皆不得冠娶矣記文應云降服則不可寧得唯稱下殤今不言降服的舉下殤實有其義夫出嫁出後或有再降出後之身於本姊妹降爲大功若是大夫服士父又以尊降則成小功其於冠嫁義無以異所以然者出嫁則有受我出後則有傳重並欲使薄於此而厚於彼此服雖降彼服則隆昔實朞親雖復再降猶依小功之禮可冠可娶若夫朞降大功大功降爲小功止是一等降殺有倫服末嫁冠故無有異唯下殤之服特明不娶之義者蓋緣以幼弱之故夭喪情深既無受厚他姓又異傳重彼宗嫌其年幼頓成殺畧故特明不娶以示本重之恩是以凡厥降服冠嫁不殊唯在下殤乃明不娶其義若此則不得言大功之降服皆不冠嫁也且記云下殤小功言下殤則不得通於中上語小功又不兼於大功若實大功小功降服皆不冠嫁上中二殤亦不冠嫁者記不得直云下殤小功則不可恐非文意此又琛之所疑也遂從琛議加員外散騎常侍舊尚書南坐無貂貂自琛始也遷御史中丞參禮儀如先琛性貪嗇多受賕賂家產既豐買主第爲宅爲有司奏坐免官後爲通直散騎常侍領尚書左丞參禮儀事琛前後居職凡郊廟諸儀多所創定每進見武帝與語常移晷刻故省中語曰上殿不下有賀雅琛容止閑雅故時人呼之遷散騎常侍參禮儀如故時武帝年高任職者緣飾奸諂深害時政琛啓陳事條封奏大畧其一曰今北邊稽服政是生聚教訓之時而天下戶口減落誠當今之急務國家之於關外賦稅蓋微乃至年常租調動致逋積而人失安居寧非牧守之過其二事曰今天下宰守所以皆尚貪殘罕有廉白者良由風俗侈靡使之然也欲使人守廉隅吏尚清白安可得邪今誠宜嚴爲禁制導之以節儉貶黜雕飾糾奏浮華使衆皆知變其耳目改其好惡則易於反掌其三事曰斗筲之人詭競求進運挈瓶之智徼分外之求以深刻爲能以繩逐爲務長弊增奸寔由於此今誠願責其公平之効黜其殘愚之心則下安上謐無徼倖之患矣其四事曰自征伐北境帑藏空虛今天下無事而猶日不暇給良有以也夫國弊則省其事而息其費事省則養人費息則財聚若言小費不足害財則終年不息矣以小役不足妨人則終年不止矣書奏武帝大怒召主書於前口受敕責琛曰朕有天下四十餘年公車讜言日關聽覽每苦倥傯更增惛惑卿珥貂紆組博問洽聞不宜同於闒茸止取名字言我能上事恨朝廷不能受卿云今北邊稽服政是生聚教訓之時而人失安居牧守之過但大澤之中有龍有蛇縱不盡善不能皆惡卿可分明顯出其人卿云宜導之以節儉又云至道者必以淳素爲先此言大善夫子言其身正不令而行其身不正雖令不從朕絕房室三十餘年不與女人同屋而寢亦三十餘年於居處不過一牀之地雕飾之物不入於宮此亦人所共知受生不飲酒受生不好音聲所以朝中曲宴未嘗奏樂朕三更出理事隨事多少事或少中前得竟事多至日昃方得就食既常一食若晝若夜無有定時疾苦之日或亦再食昔腰過於十圍今之瘦削裁二尺餘舊帶猶存非爲妄說爲誰爲之救物故也書云股肱惟人良臣惟聖向使朕有股肱可得中主今乃不免居九品之下不令而行徒虛言耳卿又云百司莫不奏事詭競求進今不許外人呈事於義可否以噎廢飡此之謂也若斷呈事誰尸其任專委之人云何可得是故古人云專聽生姦獨任成亂何者是宜具以奏聞琛奉敕但謝過而已不敢有所指斥太清二年爲中軍宣城王長史侯景陷城琛被創未死賊求得之輿至闕下求見僕射王克領軍朱异勸開城納賊克等讓之涕泣而止賊復與送莊嚴寺療之明年臺城不守琛逃歸鄉里其年賊寇會稽復執琛送出都以爲金紫光祿大夫卒琛所撰三禮講疏五經滯義及諸儀注

凡百餘篇子翊位巴山太守

司馬褧字元表河內溫人也曾祖純之晉大司農高密敬王祖讓之員外常侍父燮善三禮仕齊位國子博士褧少傳家業强力專精手不釋卷沛國劉瓛爲儒者宗嘉其學深相賞好與樂安任昉善昉亦推重之梁天監初詔通儒定五禮有舉褧脩嘉禮除尚書祠部郎時創定禮樂褧所建議多見施行兼中書通事舍人每吉凶禮當時名儒明山賓賀瑒等疑不能斷者皆取決焉累遷御史中丞十六年出爲宣毅南康王長史行府國并石頭戍軍事褧雖居外官有敕預文德武德二殿長名問訊不限日還晉安王長史卒王命記室庾肩吾集其文爲十卷所撰嘉禮儀注一百一十二卷

朱异字彥和吳郡錢塘人也祖昭之以學解稱於鄉叔父謙之字處光以義烈知名年數歲所生母亡昭之假葬於田側爲族人朱幼方燎火所焚同産姊密語之謙之雖小便哀感如持喪長不昏娶齊永明中手刃殺幼方詣獄自繫縣令申靈勗表上之齊武帝嘉其義慮相報復乃遣謙之隨曹武西行將發幼方子懌於津陽門伺殺謙之兄巽之卽异父也又刺殺懌有司以聞武帝曰此皆是義事不可問悉赦之吳興沈顗聞而歎曰弟死於孝兄狥於義孝友之節萃此一門巽之字處林有志節著辯相論幼時顧歡見而異之以女妻焉仕齊官至吳平令异年數歲外祖顧歡撫之謂其祖昭之曰此兒非常器當成卿門戶年十餘好羣聚蒱博頗爲鄉黨所患及長乃折節從師梁初開五館异服膺於博士明山賓居貧以傭書自業寫畢便誦徧覽五經尤明禮易涉獵文史兼通雜藝博奕書算皆其所長年二十出都詣尚書令沈約面試之因戲异曰卿年少何乃不廉异逡巡未達其旨約乃曰天下唯有文義棊書卿一時將去可謂不廉也尋上書言建康宜置獄司比廷尉敕付尚書詳議從之舊制年二十五方得釋褐時异適二十一特敕擢爲揚州議曹從事史尋有詔求異能之士五經博士明山賓表薦异年時尚少德備老成在獨無散逸之想處闇有對賓之色器宇弘深神表峰峻金山萬丈緣陟未登玉海千尋窺映不測加以珪璋新琢錦組初構觸響鏗鏘遇采便發觀其信行非唯十室所稀若使負重遙途必有千里之用武帝召見使說孝經周易義甚悅之謂左右曰朱异實異後見明山賓曰卿所舉殊得人仍召直西省俄兼太學博士其年帝自講孝經使异執讀遷尚書儀曹郎入兼中書通事舍人後除中書郎時秋日始拜有飛蟬正集异武冠上時咸謂蟬珥之兆遷太子右衛率普通五年大舉北侵魏徐州刺史元法僧遣使請舉地內屬詔有司議其虛實异曰自王師北討剋獲相繼徐州地轉削弱咸願歸罪法僧懼禍其降必非僞也帝仍遣异報法僧并敕衆軍應接受异節度及至法僧遵承朝旨如异策焉遷散騎常侍异容貌魁梧能舉止雖出自諸生甚閑軍國故實自周捨卒後异代掌機密其軍旅謀謨方鎭改換朝儀國典詔誥敕書並典掌之每四方表疏當局簿領諮詳請斷塡委於前异屬辭落紙覽事下議縱橫敏贍不暫停筆頃刻之間諸事便了遷右衞將軍啓求於儀賢堂奉述武帝老子義敕許之及就講朝士及道俗聽者千餘人爲一時之盛時城西又開士林館以延學士异與左丞賀琛遞日述武帝禮記中庸義皇太子又召异於玄圃講易大同八年改加侍中异博解多藝圍棊上品而貪財冒賄欺罔視聽以伺候人主意不肯進賢黜惡四方餉饋曾無推拒故遠近莫不忿疾起宅東陂窮乎美麗晚朝來下酣飲其中每迫曛黃慮臺門將闔乃引其鹵簿自宅至城使捉城門停留管籥既而聲勢所驅薰灼內外產與羊侃相埒好飲食極滋味聲色之娛子鵝炰鰌不輟於口雖朝謁從車中必齎飴餌而輕傲朝賢不避貴戚人或誨之异曰我寒士也遭逢以至今日諸貴皆恃枯骨見輕我下之則爲蔑尤甚我是以先之自徐勉周捨卒後外朝則何敬容內省則异敬容質慤無文以綱維爲己任异文華敏洽曲營世譽二人行異而俱見倖异在內省十餘年未嘗被譴司農卿傅岐嘗謂异曰今聖上委政於君安得每事從旨頃者外聞殊有異論异曰政言我不能諫爭耳當今天子聖明吾豈可以其所聞干忤天聽太清二年爲中領軍舍人如故初武帝夢中原盡平舉朝稱慶甚悅以語异曰吾生平少夢夢必有實异曰此宇內方一之徵及侯景降敕召羣臣廷議尚書僕射謝舉等以爲不可許武帝欲納之未決嘗夙興至武德閤口獨言我國家猶若金甌無一傷缺承平若此今便受地詎是事宜脫至紛紜悔無所及异探帝微旨答曰聖明御寓上應蒼玄北土遺黎誰不慕仰爲無機會未達其心今侯景分魏國大半遠歸聖朝若不容受恐絕後來之望帝深納异言又感前夢遂納之及貞陽侯敗沒帝憂曰今乃作晉家事乎尋而貞陽自魏遣使述魏相高澄欲申和睦敕有司定議异又議以和爲允帝從之其年六月遣建康令謝挺通直郎徐陵使北通好時侯景鎭壽春疑懼累啓請絕和及致書與异餉金二百兩又致書於制局監周石珍令具申聞异納其金而不停北使景遂反初景謀反合州刺史鄱陽王範司州刺史羊鴉仁並累有啓聞异以景孤立寄命必不應爾乃謂使曰鄱陽王遂不許國家有一客並不爲聞奏及賊至板橋使前壽州司馬徐思玉先至求見於上上召問之思玉紿稱反賊請閒陳事上將屏左右舍人高善寶曰思玉從賊中來情僞難測安可使其獨在殿上時异侍坐乃曰徐思玉豈是刺客邪何言之僻善寶曰思玉已將臨賀入北詎可輕信言未卒思玉果出賊啓异大慙賊遂以討异及陸驗爲名及景至城下又射啓言朱异等蔑弄朝權輕作威福臣爲讒臣所陷欲加屠戮陛下誅异等臣歛轡北歸帝問簡文曰有是乎對曰然帝召有司將誅之簡文曰賊特以异等爲名耳今日殺异無救於急適足貽笑將來若祆氛既息誅之未晚帝乃止异之方倖在朝莫不側目雖皇太子亦不能平至是城內咸尤异簡文爲四言愍亂詩曰愍彼阪田嗟斯氛霧謀之不臧褰我王度又製圍城賦末章云彼高冠及厚履並鼎食而乘肥升紫霄之丹地排玉殿之金扉陳謀謨之啓沃宣政刑之福威四郊以之多壘萬邦以之未綏問豺狼其何者訪虺蜴之爲誰並以指异又帝登南樓望賊顧謂异曰四郊多壘誰之罪歟异流汗不能對慙憤發病卒時年六十七詔贈尚書右僕射舊尚書官不以爲贈及异卒武帝悼惜之方議贈事左右有善异者乃啓曰异生平所懷願得執法帝因其宿志特有此贈异居權要三十餘年善承上旨故特被寵任歷官自員外常侍至侍中四官皆珥貂自右衞率至領軍四職並驅鹵簿近代未之有也异及諸子自潮溝列宅至靑溪其中有臺池翫好每暇日與賓客遊焉四方饋遺財貨充積性吝嗇未嘗有散施廚下珍羞恒腐爛每月常棄十數車雖諸子別房亦不分贍所撰禮易講疏及儀注文集百餘篇子肅位國子博士次閏司徒掾並遇亂卒

顧協字正禮吳郡吳人晉司空和六世孫也幼孤隨母養於外氏外從祖右光祿大夫張永嘗攜內外孫姪游虎丘山協年數歲永撫之曰兒欲何戲協曰兒政欲枕石漱流永歎息曰顧氏興於此子及長好學以精力稱外氏諸張多賢達有識鑒內弟率尤推重焉初爲揚州議曹從事舉秀才尚書令沈約覽其策而歎曰江左以來未有斯作爲兼廷尉正太尉臨川王聞其名召掌書記仍侍西豐侯正德讀正德爲巴西梓潼郡協除所部新安令未至縣遭母憂刺史始興王厚資遺之送喪還於峽江遇風同旅皆漂溺唯協一舫觸石得泊焉咸謂精誠所致張率嘗薦之於帝問協年率言三十有五帝曰北方高京四十强仕南方卑濕三十已衰如協便爲已老但其事親孝與友信亦不可遺於草澤卿便稱敕喚出於是以協爲兼太學博士累遷湘東王參軍兼記室普通中有詔舉士湘東王表薦之卽召拜通直散騎侍郎兼中書通事舍人大通三年霆擊大航華表然盡建康縣馳啓協以爲非吉祥未卽呈聞後帝知之曰霆之所擊一本罰惡龍二彰陝之有過協掩惡揚善非曰忠公由是見免後守鴻臚卿員外散騎常侍卿舍人並如故自爲近臣便繁幾密每有述製敕前示協時輩榮之卒官無衾以斂爲士子所嗟歎武帝悼惜之爲舉哀贈散騎常侍謚曰溫子協少淸介有志操初爲廷尉正冬服單薄寺卿蔡法度欲解襦與之憚其淸嚴不敢發口謂人曰我願解身上襦與顧郎顧郎難衣食者竟不敢以遺之及爲舍人同官者皆潤屋協在省十六載器服飲食不改於常有門生始來事協知其廉潔不敢厚餉止送錢二千協發怒杖二十因此事者絕於饋遺自丁艱憂遂終身布衣蔬食少時將娉舅息女未成昏而協母亡免喪後不復娶年六十餘此女猶未他適協義而迎之晩雖判合卒無胤嗣協博極羣書於文字及禽獸草木尤稱精詳撰異姓苑五卷瑣語十卷文集十卷並行於世

徐摛字士秀東海郯人也一字士績祖憑道宋海陵太守父超之梁天監初位員外散騎常侍摛幼好學及長徧覽經史屬文好爲新變不拘舊體晉安王綱出戍石頭武帝謂周捨曰爲我求一人文學俱長兼有行者欲令與晉安遊處捨曰臣外弟徐摛形質陋小若不勝衣而堪此選帝曰必有仲宣之才亦不簡貌乃以摛爲侍讀大通初王總戎北侵以摛兼寧蠻府長史參贊戎政教命軍書多自摛出王入爲皇太子轉家令兼管記尋帶領直摛文體旣別春坊盡學之宮體之號自斯而始帝聞之怒召摛加誚責及見應對明敏辭義可觀乃意釋因問五經大義次問歷代史及百家雜記末論釋教摛商較從橫應答如響帝甚加歎異更被親狎寵遇日隆領軍朱异不悅謂所親曰徐叟出入兩宮漸來見逼我須早爲之所遂承閒白帝曰摛年老又愛泉石意在一郡自養帝謂摛欲之乃召摛曰新安大好山水任昉

等並經爲之鄉爲我臨此郡中大通三年遂出爲新安太守爲政清靜教人禮義勸課農桑期月風俗便改秩滿爲中庶子時臨城公納夫人王氏卽簡文妃姪女晉宋以來初昏三日婦見舅姑衆賓皆列觀引春秋義云丁丑夫人姜氏至戊寅公使大夫宗婦覿用幣戊寅卽丁丑之明日故禮官據此皆云宜依舊貫簡文問摛摛議曰儀禮云質明贊見婦於舅姑雜記又云婦見舅姑兄弟姊妹皆立於堂下政言婦是外宗未審嫺令所以舅延外客姑率內賓堂下之儀以備盛禮近代婦於舅姑本有戚屬不相瞻者夫人乃妃姪女有異他姻覿見之儀謂應可略簡文從其議除太子左衞率及侯景攻陷臺城時簡文居永福省賊衆奔入侍衞走散莫有存者摛獨侍立不動徐謂景曰侯公當以禮見何得如此凶威遂折侯景乃拜由是常憚摛簡文嗣位進授左衞將軍固辭不拜簡文被閉摛不獲朝謁因感氣疾而卒年七十八贈侍中太子詹事謚貞子長子陵最知名

陵字孝穆母臧氏嘗夢五色雲化爲鳳集左肩上已而誕陵年數歲家人攜以候沙門釋寶誌寶誌摩其頂曰天上石麒麟也光宅寺慧雲法師每嗟陵早就謂之顏回八歲屬文十三通莊老義及長博涉史籍從橫有口辯父摛爲晉安王諮議王又引陵參寧蠻府軍事王立爲皇太子東宮置學士陵充其選稍遷尚書度支郎出爲上虞令御史中丞劉孝儀與陵先有隙風聞劾陵在縣贓汚因坐免久之爲通直散騎侍郎梁簡文在東宮撰長春殿義記使陵爲序又令於少傅府述今所製莊子義太清二年兼通直散騎常侍使魏魏人授館宴賓是日甚熱其主客魏收謿陵曰今日之熱當由徐常侍來陵卽答曰昔王肅至此爲魏始制禮儀今我來聘使卿復知寒暑收大慙齊文襄爲相以收失言囚之累日及侯景入寇陵父摛先在圍城之內陵不奉家信便蔬食布衣若居哀恤會齊受魏禪梁元帝承制於江陵復通使於齊陵累求復命終拘留不遣乃致書於僕射楊遵彥不報及魏平江陵齊送貞陽侯明爲梁嗣乃遣陵隨還太尉王僧辯初拒境不納明往復致書皆陵辭也及明入僧辯得陵大喜以爲尚書吏部郎兼掌詔誥其年陳武帝誅僧辯仍進討韋載而任約徐嗣徽乘虛襲石頭陵感僧辯舊恩往赴約約平武帝釋陵不問以爲尚書左丞紹泰二年又使齊還除給事黃門侍郎祕書監陳受禪加散騎常侍天嘉四年爲五兵尚書領大著作六年除散騎常侍御史中丞時安成王頊爲司空以帝弟之尊權傾朝野直兵鮑僧叡假王威風抑塞辭訟大臣莫敢言陵乃奏彈之文帝見陵服章嚴肅若不可犯爲斂容正坐陵進讀奏狀時安成王殿上侍立仰視文帝流汗失色陵遣殿中郎引王下殿自是朝廷肅然遷吏部尚書領大著作陵以梁末以來選授多失其所於是提舉綱維綜覈名實時有冒進求官驩競不已者乃爲書宣示之曰永定之時聖朝草創干戈未息尚無條序府庫空虛賞賜懸乏白銀難得黃札易營權以官階代於錢絹義在撫接無計多少致令員外常侍路上比肩諮議參軍市中無數豈是朝章應其如此今衣冠禮樂日富年華何可猶作舊意非理望也所見諸君多踰本分猶言大屈未諭高懷若問梁朝朱領軍异亦爲卿相此不踰其本分耶比是天子所拔非關選序梁武帝云世間人言有目色我特不目色范悌宋文帝亦云人豈無運命每有好官缺輒憶羊玄保此則清階顯職不由選也既忝衡流諸賢深明鄙意自是衆咸服焉時論比之毛玠及宣帝入輔謀黜異志者引陵預其議廢帝卽位封建昌縣侯太建中爲尚書左僕射抗表推周弘正王勱等帝召入內殿曰卿何爲固辭而舉人乎陵曰弘正舊藩長史王勱太平中相府長史張種帝鄉賢戚若選賢舊臣宜居後固辭累日乃奉詔及朝議北侵宣帝命舉元帥衆議在淳于量陵獨曰不然吳明徹家在淮左悉彼風俗將畧人才當今無過者於是爭論數日不能決都官尚書裴忌曰臣同徐僕射陵應聲曰非但明徹良將忌卽良副也是日詔明徹爲大都督令忌監軍事遂剋淮南數十州地宣帝因置酒舉杯屬陵曰賞卿知人七年領國子祭酒以公事免侍中僕射尋加侍中給扶十二年爲中書監領太子詹事以年老累表求致事宣帝亦優禮之詔將作爲造大齋令陵就第攝事後主卽位遷左光祿大夫太子少傅至德元年卒年七十七詔贈特進初後主爲文示陵云他日所作陵嗤之曰都不成辭句後主銜之至是謚曰章僞侯陵器局深遠容止可觀性又清簡無所營樹俸祿與親族共之太建中食建昌戶戶送米至水次親戚有貧匱者皆召令取焉數日便盡陵家尋致乏絶府寮怪問其故陵云我有車牛衣裳可賣餘家有可賣不其周給如此少而崇信釋教經論多有釋解後主在東宮令陵講大品經義學名僧自遠雲集每講筵商較四坐莫能與抗目有青精時人以爲聰慧之相也自陳創業文檄軍書及受禪詔策皆陵所製爲一代文宗亦不以矜物未嘗詆訶作者其於後進接引無倦文宣之時國家有大手筆必命陵草之其文頗變舊體緝裁巧密多有新意每一文出好事者已傳寫成誦遂傳于周齊家有其本後逢喪亂多散失存者三十卷陵有四子儉份儀僔

儉一名報幼而脩立勤學有志操汝南周弘直重其爲人妻之以女梁元帝召爲尚書金部郎中常侍宴賦詩元帝歎賞之曰徐氏之子復有文矣魏平江陵還建鄴累遷中書侍郎太建初廣州刺史歐陽紇舉兵反宣帝令儉持節喻旨紇見儉盛列仗衞言辭不恭儉曰呂嘉之事誠當已遠將軍獨不見周廸陳寶應乎紇默然不荅懼儉沮衆不許入城置儉於孤園寺紇嘗出見儉儉謂曰將軍業已舉事儉須還報天子儉之性命雖在將軍將軍成敗不在於儉幸不見留紇於是遣儉從間道馳還宣帝乃命章昭達討紇以儉監昭達軍紇平爲兼中書通事舍人後主立累遷尋陽內史爲政嚴明盗賊靜息遷散騎常侍襲封建昌侯入爲御史中丞儉公平無所阿附尚書令江總望重一時爲儉所劾後主深委任焉禎明二年卒

份少有父風九歲爲夢賦陵見之謂所親曰吾幼屬文亦不加此爲海鹽令有政績入爲太子洗馬性孝弟陵嘗疾篤份燒香泣涕跪誦孝經日夜不息如是者三日陵疾豁然而愈親戚皆謂份孝感所致先陵卒

儀少聰警仕陳位尚書殿中郎陳亡隱于錢塘之赭山隋煬帝召爲學士尋除著作佐郎大業四年卒

陵弟孝克有口辯能談玄理性至孝遭父憂殆不勝喪事所生母陳氏盡就養之道梁末侯景寇亂孝克養母饘粥不能給妻東莞臧氏領軍將軍盾女也甚有容色孝克乃謂曰今饑荒如此供養交闕欲嫁卿與當世人望彼此俱濟於卿如何臧氏弗許之時有孔景行者爲侯景將多從左右逼而迎之臧氏涕泣而去所得穀帛悉以遺母孝克又剃髮爲沙門改名法整兼乞食以充給焉臧氏亦深念舊恩數私致饋餉故不乏絶後景行戰死臧氏伺孝克於途中累日乃見謂孝克曰往日之事非爲相負今既得脫當歸供養孝克嘿然無答於是歸俗更爲夫妻後東遊居錢塘之佳義里與諸僧討論釋典遂通三論每日二時講旦講佛經晚講禮傳道俗受業者數百人天嘉中除剡令非其好尋去職太建四年徵爲祕書丞不就乃蔬食長齋持菩薩戒晝夜講誦法華經宣帝甚嘉其操行後爲國子祭酒孝克每侍宴無所食噉至席散當其前膳羞損減帝密記以問中書舍人管斌斌自是伺之見孝克取珍果納紳帶中斌當時莫識其意後尋訪方知其以遺母斌以啓宣帝嗟歎良久乃敕自今宴享孝克前饌並遣將還以餉其母時論美之至德中皇太子入學釋奠百司陪列孝克發孝經題後主詔皇太子北面致敬禎明元年入爲都官尚書自晉以來尚書官僚皆攜家屬居省省在臺城內下舍門中有閣道東西跨路通于朝堂其第一卽都官省西抵閣道年代久遠多有鬼怪每夜昏之際無故有聲光或見人著衣冠從井中出須臾復沒或門閤自然開閉居多死亡尚書周確卒於此省孝克代確便卽居之經兩載祆變皆息時人咸以爲貞正所致孝克性清素好施惠故不免飢寒後主敕以石頭津稅給之孝克悉用設齋寫經隨盡二年爲散騎常侍侍東宮陳亡隨例入長安家道壁立所生母患欲粳米爲粥不能常辦母亡後孝克遂常噉麥有遺粳米者孝克對而悲泣終身不復食焉開皇十二年長安疾疫隋文帝聞其名行召令於尚書都堂講金剛般若經尋授國子博士後侍東宮講禮傳十九年以疾卒年七十三臨終正坐念佛室內有非常香氣鄰里皆驚異之子萬載位太子洗馬

鮑泉字潤岳東海人也父幾字景玄家貧以母老詣吏部尚書王亮干祿亮一見嗟賞舉爲春陵令後爲明山賓所薦爲太常丞以外兄傅昭爲太常依制緦服不得相臨改爲尚書郎終於湘東王諮議參軍泉美鬚髯善舉止身長八尺性甚警悟博涉史傳兼有文筆少事元帝爲國常侍早見擢任謂曰我文之外無出卿者後爲通直侍郎常乘高幰車從數十左右繖蓋服玩甚精道逢國子祭酒王承承疑非舊貴遣訪之泉從者答曰鮑通直承怪焉復欲辱之遣逼車問鮑通直復是何許人而得如此都下少年遂爲口實見尚豪華人相戲曰鮑通直復是何許人而得如此以爲笑謔及元帝承制累遷至信州刺史方等之敗元帝大怒泉與王僧辯討之僧辯曰計將安出泉曰事等沃雪何所多慮僧辯曰君言文士常談耳江東少有武幹非精兵一萬不可以往竟陵甲卒不久當至猶可重中欲與卿入言之泉許諾及僧辯如向言泉嘿然不繼元帝大怒於是械繫僧辯時人比泉爲鄖寄泉既專征長沙久而不剋元帝乃數泉二十罪爲書責之曰面如冠玉還疑木偶鬚似蝟毛徒勞繞喙乃從獄中起王僧辯代泉爲都督使舍人羅重歡領齋仗三百人與僧辯往及至長沙遣通泉曰羅舍人被令送王竟陵來泉愕然顧左右曰得王竟陵助

我經畧賊不足平矣乃拂席坐而待之僧辯入乃背泉而坐曰鮑郎卿有罪令旨使我鏁卿卿勿以故意見期命重歎出令示泉鏁之牀下泉顏色自若了無懼容曰稽緩王師罪乃甘分但恐後人更思鮑泉之憒憒耳僧辯色甚不平泉乃啓陳淹遲之罪元帝尋復其任令與僧辯等東逼邵陵王於郢州郢州平元帝以世子方諸爲刺史泉爲長史行州府事方諸見泉和弱每有諂陳未嘗用使泉伏牀騎背爲馬書其衣作其姓名由是州府盡相欺侯景密遣將宋子仙任約襲之方諸與泉不恤軍政唯蒱酒自樂云賊何由得至既而傳告者衆始命閉門城陷賊執方諸及泉送之景所後景攻王僧辯於巴陵不剋收還乃殺泉於江夏沉其屍於黃鶴磯初泉夢著朱衣行水上及死舉身帶血而沉于江如其夢泉於儀禮尤明撰新儀三十卷行於世時又有鮑行卿以博學大才稱位後軍臨川王錄事兼中書舍人遷步兵校尉上玉璧銘武帝發詔褒賞好韻語及拜步兵面謝帝曰作舍人不免貧得五校實大校例皆如此有集二十卷撰皇室儀十三卷乘輿龍飛記二卷

弟客卿位南康太守客卿三子檢正至並才藝知名俱爲湘東王五佐正好交遊無日不適人人爲之語曰無處不逢烏噪無處不逢鮑佐正不爲湘東王所知獻書告退王恨之及建鄴城陷正爲尚書外兵郎病不能起景雜於死屍焚之王聞之曰忠非紀信利非象菑焚如棄如於是乎得君子以此知湘東王不仁檢爲湘東鎮西府中記室使蜀不屈於武陵王見害

論曰夏侯勝云士患不明經術經術明取青紫如拾地芥耳於賀瑒賀琛朱异司馬褧其得之矣而异遂徼寵倖任事居權不能以道佐時苟取容媚及延寇敗國實异之由禍難既彰不明其罪亦既身死寵贈猶殊罰既弗加賞亦斯濫夫太清之亂固其宜矣顧協清介足以追蹤古人徐摛貞正仁者信乎有勇孝穆聰明特達締構興王獻替謀猷亮直斯在泉本文房之士每處荷戈之任非材之責勝任不亦難乎

南史卷六十二考證

朱异傳起宅東坡窮乎美麗晚朝來下酣飲其中○朝一本作日

子鵠忽匐不輟於戶○匐一本作蹈字書匐音蘇與趧同若匐恐非佳品疑有訛字

愍彼阪田○阪南本作陂

徐摛傳簡文被閉摛不獲朝謁○梁書閉字上有幽字

徐陵傳既忝衡流諸賢深明鄙意○忝監本誤㕘今改正又陳書云既忝衡流應須粉墨所望諸賢深明鄙意較明白

弘正舊藩長史王勱太平中相府長史○陳書無中字

徐儉傳儉一名報○報陳書作衆

汝南周弘直重其爲人○直陳書作正

徐陵弟孝克傳欲嫁卿與當世人望彼此俱濟○當世陳書作富應改从之

鮑泉傳父幾○幾梁書作機

泉於儀禮尤明撰新儀三十卷行於世○三梁書作四

南史卷六十三

唐　李　延　壽　撰

列傳第五十三

王神念 子僧辯　羊侃 子球　鵾　羊鴉仁

王神念太原祁人也少好儒術尤明內典仕魏位潁川太守與子僧辯據郡歸梁封南城縣侯歷安成武陽宣城內史皆著政績後爲青冀二州刺史神念性剛正所更州郡必禁止淫祠時青州東北有石鹿山臨海先有神廟祆巫欺惑百姓遠近祈禱糜費極多及神念至便令毁撤風俗遂改後徵爲右衛將軍卒於官謚曰莊及元帝初追贈侍中中書令改謚忠公神念少善騎射及老不衰嘗於武帝前手執二刀楯左右交度馭馬往來冠絶羣伍時復有楊華者能作驚軍騎亦一時妙捷帝深賞之華本名白花武都仇池人父大眼爲魏名將華少有勇力容貌瓌偉魏胡太后逼幸之華懼禍及大眼死擁部曲載父屍改名華來降胡太后追思不已爲作楊白花歌辭使宮人晝夜連臂蹋蹄歌之聲甚悽斷華後位太子左衛率卒於侯景軍中神念長子遵業位太僕卿次子僧辯

僧辯字君才學涉該博尤明左氏春秋言辭辯捷器宇肅然雖射不穿札而有陵雲之氣元帝後爲江州刺史僧辯隨府爲中兵參軍時有安成望族劉敬躬者田間得白蛆化爲金龜將銷之龜生光照室敬躬以爲神而禱之所請多驗無賴者多依之平生有德有怨者必報遂謀作亂遠近響應元帝命中直兵參軍曹子郢討之使僧辯襲安成子郢既破其軍敬躬走安成僧辯禽之又討平安州反蠻由是以勇畧稱元帝除荆州僧辯爲貞毅府諮議參軍代柳仲禮爲竟陵太守及侯景反元帝命僧辯總督舟師一萬赴援及至臺城陷沒侯景悉收其軍實而厚加綏撫遣歸竟陵於是倍道兼行西就元帝元帝承制以爲領軍將軍及荆湘疑貳元帝令僧辯及鮑泉討之時僧辯以竟陵間部下皆勁勇猶未盡來意欲待集然後上頓與泉俱入使泉先言之泉入不敢言元帝問僧辯僧辯以情對元帝性忌以爲遷延不去大怒厲聲曰卿憚行拒命欲同賊邪今唯死耳僧辯對曰今日就戮甘心但恨不見老母帝自斫之中其髀流血至地悶絶久之方蘇即送廷尉并收其子姪並繫之其母脫簪珥待罪帝意解賜以良藥故不死會岳陽軍襲江陵人情搔擾元帝遣就獄出僧辯以爲城內都督俄而岳陽奔退而鮑泉力不能剋長沙帝命僧辯代之僧辯仍部分將帥并力攻圍遂平湘土還復領軍將軍侯景浮江西寇軍次夏首僧辯爲大都督軍次巴陵景既陷郢城將進寇荆州於是緣江屯戍望風請服僧辯並沉公私船於水分命衆軍乘城固守偃旗臥鼓安若無人翌日賊衆濟江輕騎至城下謂城中曰語王領軍何不早降僧辯使答曰大軍但向荆州此城自當非礙僧辯百口在人掌握豈得便降景軍肉薄苦攻城內同時鼓譟矢石雨下賊乃引退元帝又命平北將軍胡僧祐率兵援僧辯是日賊復攻城不剋又爲火艦燒柵風不便自焚而退有流星墮其營中賊徒大駭相顧失色賊帥任約又爲陸法和所禽景乃燒營夜遁旋軍夏首元帝以僧辯爲征東將軍開府儀同三司江州刺史封長寧縣公命即率巴陵諸軍沿流討景攻拔魯山仍攻郢即入羅城又有大星如車輪墜賊營去地十丈變成火一時碎散有龍自城出五色光曜入城前鸚鵡洲水中景聞之倍道歸建鄴賊帥宋子仙等困蹙求輸郢城身還就景僧辯僞許之子仙謂爲信然浮舟將發僧辯命杜龕鼓譟掩至大破之禽子仙丁和等送江陵元帝命生釘和舌臠殺之郢州既平僧辯進師尋陽軍人多夢周何二廟神云吾已助天子討賊自稱征討大將軍並乘朱航俄而反曰已殺景同夢者數十百焉元帝加僧辯侍中尚書令征東大將軍僧辯頻表勸進並蒙優答於是發江州直指建鄴乃先命南兗州刺史侯瑱襲南陵鵲頭等戍並剋之先是陳武帝率衆五萬出自南江前軍五千行至湓口陳武名蓋僧辯僧辯憚之既至湓口與僧辯會于白茅洲爲盟於是升壇歃血共讀盟文辭氣慷慨皆淚下霑衿及發鵲頭中江而風浪師人咸懼僧辯再拜告天曰僧辯忠臣奉辭伐罪社稷中興當使風息若鼎命中淪請從此逝言訖風止自此遂泛安流有羣魚躍水飛空引導賊望官軍上有五色雲雙龍挾艦行甚迅疾景自出戰於石頭城北僧辯等大破之盧暉畧聞景戰敗以石頭城降僧辯引軍入據之景走朱方僧辯命衆將入據臺城其夜軍人失火燒太極殿及東西堂僧辯雖有滅賊之功而馭下無法軍人鹵掠驅逼居人都下百姓父子兄弟相哭自石頭至于東城被執縛者男女裸露袒衣不免緣淮號叫翻思景焉僧辯命侯瑱裴之横東追景僞行臺趙伯超自吳松江降侯瑱瑱送至僧辯僧辯謂曰卿荷國重恩遂復同逆今日之事將欲如何因命送江陵伯超既出僧辯顧坐客曰朝廷昔唯知有趙伯超豈識王僧辯乎社稷既傾爲我所復人之興廢亦復何常賓客皆前稱歎功德僧辯慢然乃謬答曰此乃聖上威德羣帥用命老夫雖濫居戎首何力之有焉於是逆寇悉平元帝即位授鎮衛將軍司徒加班劍二十人改封永寧郡公侍中尚書令如故先是天監中沙門釋寶誌爲讖云太歲龍將無理蕭經霜草應死餘人散十八子時言蕭氏當滅李氏代興及湘州賊陸納等攻破衡州刺史丁道貴而李洪雅又自零陵稱助討納既而朝廷未達其心詔徵僧辯就宜豐侯循南征爲都督東上諸軍事以陳武帝爲都督西下諸軍事先是陳武讓都督於僧辯僧辯不受故元帝分爲東西都督而俱南討焉尋而洪雅降納納以爲應符於是共議拜洪雅爲大將軍等事爲主洪雅乘平肩大輿纖蓋鼓吹羽儀悉備翼從入長沙城時納等據車輪夾岸爲城士卒皆百戰之餘器甲精嚴徒黨勇鋭蒙衝鬬艦亘水陵山時天日清明初無雲霧軍發之際忽然風雨時人謂爲泣軍百姓竊言知其敗也三月庚寅有兩龍自城西江中騰躍升天五色分明遥映江水百姓咸仰面目之父老咸聚而悲竊相謂曰地龍已去國其亡乎初納造大艦一名曰三王艦者邵陵王河東王桂陽嗣王三人並爲元帝所害故立其像於艦祭

以大牢加其節蓋羽儀鼓吹每戰輒祭之以求福又造二艦一曰青龍艦一曰白虎艦皆衣以牛皮並高十五丈選其中尤勇健者乘之僧辯憚之稍作連城以逼焉賊不敢交鋒並懷解怠僧辯因其無備親執旗鼓以誡進止羣賊大敗歸保長沙僧辯乃命築壘圍之而自出臨視賊知不設備其黨吳藏李賢明等蒙楯直進僧辯尚據胡牀不爲之動指麾勇敢遂斬賢明賊乃退歸初陸納作逆以王琳爲辭云若放琳則自服時衆軍未之許而武陵王紀擁衆上流內外駭懼元帝乃遣琳和解之湘州乃平因被詔會衆軍西討尋而武陵敗績是時齊遣郭元建謀襲建鄴又遣其大將東方老等繼之陳武帝聞之馳報江陵元年即詔僧辯急下赴援僧辯次姑孰即留鎭焉先命豫州刺史侯瑱築壘於東關以拒北軍徵吳郡太守張彪吳興太守裴之橫會瑱而大敗之僧辯振旅歸建鄴承聖三年二月詔以僧辯爲太尉車騎大將軍頃之丁母憂母姓魏氏性甚安和善於綏接家門內外莫不懷之初僧辯下獄母流淚徒行將入謝罪元帝不與相見時貞惠世子有寵母詣閤自陳無訓涕泗嗚咽衆並矜之及僧辯罪免母深相責厲辭色俱嚴雖剋復舊都功蓋宇宙母恒自謙損不以富貴驕物朝野稱之謂爲明哲婦人及亡甚見愍悼且以僧辯勳重故喪禮加焉命侍中謁者監護喪事謚曰貞敬太夫人靈柩將歸建康又遣謁者至舟渚弔祭其年十月魏遣兵及梁王詧合衆將襲江陵元帝徵僧辯於建鄴爲大都督荊州刺史未至而荊州已滅及敬帝初即梁王位僧辯預援立功承制進驃騎大將軍中書監都督中外諸軍事錄尚書與陳武帝參謀討伐時齊文宣又納貞陽侯明以爲梁嗣與僧辯書幷貞陽亦頻與僧辯書論還國繼統之事僧辯不納及貞陽與齊上黨王高渙至東關散騎常侍裴之橫軍敗僧辯遂謀納貞陽仍書定君臣之禮因遣第七子顯顯所生劉并弟子珍往充質遣左戶尚書周弘正至歷陽迎明又遣吏部尚書王通送啓因求以敬帝爲皇太子明報書許之僧辯遣使送質于鄴貞陽求度衞士三千僧辯慮其爲變止受散卒千人而已并遣龍舟法駕往迎貞陽濟江之日僧辯擁檝中流不敢就岸末乃同會于江寧浦明踐位授僧辯大司馬領太子太傅揚州牧餘如故陳武帝時爲司空南徐州刺史因自京口舉兵襲之僧辯常處石頭城是日視事軍人已踰城北而入南門又白有兵來僧辯與子頠遽走出閤計無所出乃據南門樓拜請求哀陳武縱火焚之方共頠下就執陳武謂曰我有何辜公欲與齊師賜討又曰何意全無防備僧辯曰委公北門何謂無備是夜及子頠俱被絞殺初僧辯平建鄴遣陳武守京口推以赤心結廉藺之分且爲第三子頠許娶陳武章后所生女未昏而僧辯母亡雖然情好甚密其長子顗屢諫不聽至是會江淮人報云齊兵大舉至壽春僧辯謂齊軍必出江表因遣記室參軍江旰以事報陳武仍使整舟艦器械陳武宿有圖僧辯志及聞命留旰城中銜枚而進知謀者唯侯安都周文育而已外人但謂江旰徵兵扞北安都舟艦將趣石頭陳武控馬未進安都大懼乃追陳武罵曰今日作賊事勢已成生死須決在後欲何所望若敗俱死後期得免斫頭邪陳武曰安都嗔我乃敢進遂剋之時壽春竟無齊軍又非陳武之譎殆天授也顗承聖初位侍中魏剋江陵隨王琳入齊爲竟陵郡守齊遣王琳鎭壽春將圖江左及陳平淮南殺琳顗聞之乃出郡城南登高冢上號哭一慟而絕顗弟頒少有志節恒隨梁元帝及荊州覆滅入于魏僧辯既亡弟僧智得就任約敗走僧智肥不能行又遇害僧智弟僧愔位譙州刺史征蕭勃及聞兄死引軍還時吳州刺史羊亮隸在僧愔下與僧愔不平密召侯瑱見禽僧愔以名義責瑱瑱乃委罪於將羊鯤斬之僧愔復得奔齊與徐嗣徽等挾齊軍攻陳軍敗竄逸荒野莫知所之仰天歎曰讐恥不雪未欲自膏野草若精誠有感當得道路誓不受辱人手拔刀將自刎闇空中催令急去僧愔異之勉力馳進行一里許顧向處已有陳人踰越江山僅得歸齊徐嗣徽高平人父雲伯自青部南歸位終新蔡太守侯景之亂嗣徽歸荊州元帝以爲羅州刺史及弟嗣宗並有武用嗣徽從征巴丘以功爲太子右衞率監南荊州徐州之亡任秦州刺史嗣產先在建鄴嗣宗自荊州滅亡中逃得至都從弟嗣先即僧辯之甥復爲比丘慧暹藏得脫俱還及僧辯見害兄弟抽刀裂眦志在立功俱逃就兄嗣徽密結南豫州刺史任約與僧辯故舊圖陳武帝帝遣江旰說之嗣徽執旰送鄴乞師焉齊文宣帝授爲儀同命將應赴及石頭敗退復請兵於齊與任約王曅席皐同心度江及戰敗嗣徽墜馬嗣宗援兄見害嗣產爲陳武軍所禽辭色不撓而死任約王曅得北歸

羊侃字祖忻泰山梁父人也父祉北史有傳侃少而瓌偉身長七尺八寸雅愛文史弱冠隨父在梁州立功初爲尚書郎以力聞魏帝常謂曰郎官謂卿爲虎豈羊質虎皮乎試作虎狀侃因伏以手抉殿沒指魏帝壯之賜以珠劍正光中秦州羌莫折念生據州反仍遣其弟天生攻陷岐州寇雍州侃爲偏將隸蕭寶寅往討之射殺天生其衆即潰以功爲征東大將軍東道行臺領泰山太守進爵鉅平侯初其父祉恒使侃南歸侃至是將舉濟河以成先志其從兄兗州刺史敦密知之據州拒侃侃乃率精兵三萬襲之不剋仍築十餘城以守之梁朝賞授一與元法僧同魏帝聞之使授侃驃騎大將軍司徒泰山郡公長爲兗州刺史侃斬其使魏人大駭令僕射于暉率衆十萬及高歡尒朱陽都等相繼而至柵中矢盡南軍不進乃夜潰圍而出一日一夜乃出魏境至渣口衆尚萬餘人馬二千匹將入南士卒竟夜悲歌侃乃謝曰卿等懷土幸適去留各拜辭而去侃以大通三年至建鄴授徐州刺史幷其兄默及三弟忱給元皆拜刺史侃封高昌縣侯累遷太子左衞率侍中車駕幸樂游苑侃預宴時少府奏新造兩刃矟成長二丈四尺圍一尺三寸帝因賜侃河南國紫騮令試之侃執矟上馬左右擊刺特盡其妙觀者登樹帝曰此樹必爲侍中折矣俄而果折因號此矟爲折樹矟北人降者唯侃是衣冠餘緒帝寵之踰於他者謂曰朕少時捉矟形勢似卿今失其舊體殊覺不奇上又製武宴詩三十韻示侃侃即席上應詔帝覽曰吾聞仁者有勇今見勇者有仁可謂鄒魯遺風英賢不絕是日詔入直殿省啓尚方仗不堪用上大怒坐者非一及侯景作逆果弊於仗蠹後遷都官尚書尚書令何敬容用事與之並省未嘗游造左衞蘭欽同侍宮宴詞色少交侃於坐折之曰小子汝以銅鼓買朱异作父韋粲作兄何敢無宜適朱時在席後華林法會欽拜謝於省中王銓謂欽曰卿能屈膝廉公彌見盡美然羊公意猶未釋容能更置一拜欽從之宦者張僧胤嘗候侃侃曰我牀非閹人所坐竟不前之時論美其貞正太清元年爲侍中會大舉北侵以侃爲冠軍將軍監作寒山堰事堰立侃勸元帥貞陽侯明乘水攻彭城不見納既而魏援大至侃頻言乘其遠來可擊旦日又勸出戰並不從侃乃率所領頓堰上及衆軍敗侃結陣徐還二年復爲都官尚書侯景反攻陷歷陽帝問侃討景之策侃求以二千人急據采石令邵陵王襲取壽春使景進不得前退失巢窟烏合之衆自然瓦解議者謂景未敢便逼都遂寢其策令王質往侃曰今茲敗矣乃令侃率千餘騎頓望國門景至新林追侃入副宣城王都督城內諸軍事時景既卒至百姓競入公私混亂無復次序侃乃區分防擬皆以宗室間之軍人爭入武庫自取器甲所司不能禁侃命斬數人方得止是時梁興四十七年境內無事公卿在位及閭里士大夫莫見兵甲賊至卒迫公私駭震時宿將已盡後進少年並出在外城中唯有侃及柳津韋黯津年老且疾黯懦而無謀軍旅指撝一決於侃膽力俱壯簡文深仗之及賊逼城衆皆兇懼侃僞稱得外射書云邵陵西昌侯已至近路衆皆少安賊攻東掖門縱火甚盛侃以水沃滅火射殺數人賊乃退加侍中軍師將軍有詔送金五千兩銀萬兩絹萬匹賜戰士侃辭不受部曲千餘人並私加賞賚賊爲尖項木驢攻城矢石所不能制侃作雉尾炬施鐵鏃以油灌之擲驢上焚之俄盡賊又東西起二土山以臨城城中震駭侃命爲地道潛引其土山不能立賊又作登城樓高十餘丈欲臨射城中侃曰車高塹虛彼來必倒可臥而觀之及車動果倒衆皆服焉賊旣頻攻不捷乃築長圍朱异張綰議出擊之帝以問侃侃曰不可賊多日攻城既不能下故立長圍欲引城中降者耳今擊之出人若少不足破賊若多則一旦失利門隘橋小必大致挫衂不從遂使千餘人出戰未及交鋒望風退走果以爭橋赴水死者大半初侃長子鷟爲景所獲執來城下示侃侃謂曰我傾宗報主猶恨不足豈復計此一子幸早殺之數日復持來侃謂鷟曰久以汝爲死猶在邪吾以身許國誓死行陣終不以爾而生進退因引弓射之賊以其忠義亦弗之害景遣儀同傅士哲呼侃與語曰侯王遠來問訊天子何爲閉拒不時進納尚書國家大臣宜啓朝廷侃曰侯將軍奔亡之後歸命國家重鎭方城懸相任寄何所患苦忽致稱兵豈有人臣而至於此吾不能妄受浮說開門揖盜士哲曰在北之日久挹風猷願去戎服得一相見侃爲免胄士哲瞻望久之而去其爲北人所欽慕如此後大雨城內土山崩賊乘之垂入苦戰不能禁侃乃令多擲火爲火城以斷其路徐於城內築城賊不能進尋以疾卒於城內贈侍中護軍將軍子球嗣侃少雄勇旅力絕人所用弓至二十石馬上用六石弓嘗於兗州堯廟蹋壁直上至五尋橫行得七跡泗橋有數石人長八尺大十圍侃執以相擊悉皆破碎性豪侈善音律自造采蓮棹歌兩曲甚有新致姬妾列侍窮極奢靡有彈箏人陸大喜著鹿角爪長七寸儛人張淨琬腰圍一尺六寸時人咸推能掌上儛又有孫荊玉能反腰帖地銜得席上玉簪敕賚歌人王娥兒東宮亦賚歌者屈偶之並妙盡奇曲一時

無對初赴衡州於兩艖䑵起三間通梁水齋飾以珠玉加之錦繢盛設帷屏列女樂乘潮解纜臨波置酒緣塘傍水觀者塡咽大同中魏使陽斐與侃在北嘗同學有詔命侃延斐同宴賓客三百餘人食器皆金玉雜寶奏三部女樂至夕侍婢百餘人俱執金花燭侃不飲酒而好賓游終日獻酬同其醉醒性寬厚有器局嘗南還至漣口置酒有客張孺才者醉於船中失火延燒七十餘艘所燔金帛不可勝數侃聞聊不挂意命酒不輟孺才慙懼自逃侃慰喻使還待之如舊第三子鶤字子鵬隨侃臺內城陷竄於陽平侯景以其妹爲小妻呼還待之甚厚以爲庫眞都督及景敗鶤密圖之乃隨其東走景於松江戰敗惟餘三舸下海欲向蒙山會景晝寢鶤語海師此中何處有蒙山汝但聽我處分遂直向京口至胡豆洲景覺大驚問岸上云郭元建猶在廣陵景大喜將依之鶤拔刀叱海師使向京口鶤與王元禮謝答仁弟葳蕤並景之昵也三人謂景曰我等爲王百戰百勝自謂無敵卒至於此豈非天乎今就王乞頭以取富貴景欲透水鶤抽刀斫之景乃走入船中以小刀抉船鶤以矟入刺殺之景僕射索超世在別船葳蕤以景命召之斬于京口元帝以鶤爲青州刺史封昌國縣侯又領東陽太守征陸納加散騎常侍除西晉州刺史破郭元建於東關遷東晉州刺史承聖三年西魏圍江陵鶤赴援不及從王僧愔征蕭勃於嶺表聞僧辯敗乃還爲侯瑱所破遇害年二十八

羊鴉仁字孝穆太山鉅平人也少驍勇仕郡爲主簿普通中率兄弟自魏歸梁封廣晉侯征伐青齊間累有功績位至都督北司州刺史及侯景降詔鴉仁督土州刺史桓和之仁州刺史湛海珍等趣懸瓠應接景至仍爲都督司豫二州刺史鎭懸瓠會侯景敗於渦陽魏軍漸逼鴉仁恐糧運不繼遂還北司上表陳謝帝大怒鴉仁鴉仁懼頓軍入淮上及侯景反鴉仁率所部入援太清二年景既背盟鴉仁乃與趙伯超及南康王會理共攻賊於東府城反爲賊敗臺城陷景以爲五兵尚書鴉仁常思奮發謂所親曰吾以凡流受寵朝廷竟無報效以答重恩今若以此終沒有餘責因泣下見者傷焉三年出奔江西將赴江陵至東莞爲故北徐州刺史荀伯道子晷所害臨死以報效不終因而泣下後鴉仁兄子海珍知之掘晷父伯并祖及所生母合五喪各分其半骨共棺焚之半骨雜他骨作五袋盛之銘袋上曰荀晷祖父母某之骨雅仁子亮侯景亂後移至吳州刺史隨王琳以名將子見禮甚隆爲人多酒無賴酒醉爲閹豎所殺

論曰王神念羊侃羊鴉仁等自北徂南咸受寵任既而侃及鴉仁晚遇屯剝侃則臨危不撓鴉仁則守義以殞古人所謂心同鐵石此之謂乎僧辯風格秀舉有文武奇才而逢茲酷濫幾致隕覆幸全首領卒樹奇功事人之道於斯爲得及時鍾交喪地居元宰內有與主而外求君遂使尊卑易位親疏貿序既同兒戲且類奕棊延敵開釁實基於此喪國傾宗爲天下笑豈天將啓陳何斯人而斯謬也哀哉

南史卷六十三考證

王僧辯傳旣至盆口與僧辯會於白茅洲爲盟○陳書盆作湓洲作灣

自石頭至于東城○監本缺于字今从閣本增入

南史卷六十四

唐　李　延　壽　撰

列傳第五十四

江子一　胡僧祐　徐文盛

陰子春 子鏗　杜崱 兄岸　弟幼安　兄子龕

王琳　張彪

江子一字元亮濟陽考城人晉散騎常侍統之七世孫也父法成奉朝請子一少慷慨有大志家貧以孝聞苦侍養多闕因終身蔬食仕梁起家爲王國侍郎奉朝請上書言事爲當軸所排乃拜表求入北爲刺客武帝異之又啓求觀書祕閣武帝許之有敕直華林省其姑夫左衞將軍朱异權要當朝休下之日賓客輻湊异不爲物議所歸欲引子一爲助子一未嘗造門其高潔如此爲遂昌曲阿令皆著美績後爲南津校尉弟子四歷尚書金部郎大同初遷右丞兄弟性並剛烈子四自右丞上封事極言得失武帝甚善之詔曰屋漏在上知之在下其令尚書詳擇施於時政左戶郎沈炯少府丞顧璵嘗奏事不允帝厲色呵責之子四乃趨前代炯等對對甚激切帝怒呼縛之子四乃據地不受帝怒亦歇乃釋之猶坐免職及侯景攻陷歷陽自橫江將度子一帥舟師千餘人於下流欲邀之其副董桃生走子一乃退還南洲收餘衆步赴建鄴見於文德殿帝怒之具以事對且曰臣以身許國常恐不得其死今日之事何所復惜不死闕前終死闕後耳及城被圍開承明門出戰子一及弟尚書左丞子四東宮直殿主帥子五並力戰直前賊坐甲不起子一引矟撞之賊縱突騎衆並縮子一刺其騎騎倒矟折賊解其肩時年六十二弟曰與兄俱出何面獨旋乃免胄赴敵子四矟洞胷死子五傷脰還至塹一慟而絕賊義子一之勇歸之面如生詔贈子一給事黃門侍郎子四中書侍郎子五散騎侍郎侯景平元帝又追贈子一侍中謚義子子四黃門侍郎謚毅子子五中書侍郎謚烈子子一續黃圖及班固九品并辭賦文章數十篇行於世

胡僧祐字願果南陽冠軍人也少勇決有武幹仕魏位銀青光祿大夫以大通三年避尒朱氏之難歸梁頻上封事武帝器之拜文德主帥歸使戍項城魏剋項城因入北中大通元年陳慶之送魏北海王元顥入洛陽僧祐又歸梁除南天水天門二郡太守有善政性好讀書愛緝綴然文辭鄙野多被嘲謔而自謂實工矜伐彌甚晚事梁元帝侯景之亂西沮蠻反元帝令僧祐討之使盡誅其渠帥僧祐諫忤旨下獄大寶二年景圍王僧辯於巴陵元帝乃引僧祐於獄拜爲假節武猛將軍封新市縣侯令援[illegible]將發泣下謂其子玘曰汝可開朱白二門吾不捷則死吉則由朱凶則由白也元帝聞而壯之前至赤沙亭會陸法和至乃與幷軍大敗景將任約軍禽約送江陵侯景聞之遂遁後拜領軍將軍厚自封殖以所加鼓吹恒置齋中對之自娛人曰此是羽儀公名望隆重不宜若此答曰我性愛之恒須見耳或出游亦以自隨人士笑之承聖二年爲車騎將軍開府儀同三司及魏軍至以僧祐爲都督城東諸軍事俄中流矢卒城遂潰

徐文盛字道茂彭城人也家本魏將父慶之梁天監初自北歸南未至道卒文盛仍統其衆稍立功績大同末爲寧州刺史州在僻遠羣蠻劫竊相尋前後刺史莫能制文盛推心撫慰夷人感之風俗遂改太清二年聞國難乃召募得數萬人來赴元帝以爲秦州刺史加都督授以東討之畧東下至武昌遇侯景將任約遂與相持元帝又命護軍將軍尹悅平東將軍杜幼安巴州刺史王珣等會之並受文盛節度大敗約於貝磯約退保西陽文盛進據蘆洲又與相持景聞之率大衆西上援約至西陽諸將咸曰景水軍輕進又甚飢疲擊之必大捷文盛不許文盛妻石氏先在建鄴至是景載以還之文盛深德景遂私通信使都無戰心衆咸憤怨杜幼安宋簉等乃率所領獨進大破景獲其舟艦以歸會景密遣騎間道襲陷郢州軍中懼遂大潰文盛奔還荆州元帝仍以爲城北面大都督又聚斂贓汙甚多元帝大怒下令數其十罪除其官爵文盛私懷怨望帝聞之乃以下獄時任約被禽與文盛同禁文盛謂約曰何不早降令我至此約曰門外不見卿馬跡使我何處得降文盛無以答遂死獄中

陰子春字幼文武威姑臧人也晉義熙末曾祖襲隨宋武帝南遷至南平因家焉父智伯與梁武帝鄰居少相善嘗入帝臥內見有異光成五色因握帝手曰公後必大貴非人臣也天下方亂安蒼生者其在君乎帝曰幸勿多言於是情好轉密帝每有求如外府焉及帝踐阼官至梁秦二州刺史子春仕歷位朐山戍主東莞太守時青州石鹿山臨海先有神廟刺史王神念以百姓祈禱糜費毀神影壞屋舍當坐棟上有一大蛇長丈餘役夫打撲不禽得入海水爾夜子春夢見人通名詣子春云有人見苦破壞宅舍既無所託欽君厚德欲憩此境子春心密記之經二日而知之甚驚以爲前所夢神因辦牲醑請召安置一處數日復夢一朱衣人相聞辭謝云得君厚惠當以一州相報子春心喜供事彌勤經月餘魏欲襲朐山間諜前知子春設伏摧破之詔授南青州刺史鎭朐山又遷都督梁秦二州刺史子春雖無佗才行臨人以廉潔稱閨門混雜而身服垢汙腳數年一洗言每洗則失財敗事云在梁州以洗足致梁州敗太清二年徵爲左衞將軍遷侍中屬侯景亂元帝令子春隨王僧辯攻平邵陵王又與左衞將軍徐文盛東討景至貝磯與景遇子春力戰恒冠諸軍會郢州陷沒軍遂退卒於江陵子鏗

鏗字子堅博涉史傳尤善五言詩被當時所重爲梁湘東王法曹行參軍初鏗嘗與賓友宴飲見行觴者因回酒炙以授之衆坐皆笑鏗曰吾儕終日酣酒而執爵者不知其味非人情也及侯景之亂鏗嘗爲賊禽或救之獲免鏗問之乃前所行觴者陳天嘉中爲始興王中錄事參軍文帝嘗宴羣臣賦詩徐陵言之帝即日召鏗預宴使賦新成安樂宮鏗援筆便就帝甚歎賞之累遷晉陵太守員外散騎常侍頃之卒有文集三卷行於世

杜崱京兆杜陵人也其先自北歸南居於雍州之襄陽

子孫因家焉。父懷珤，少有志節，梁天監中累有軍功，後又立功南鄭，位梁秦二州刺史。大同初，魏軍復圍南鄭，懷珤命第三子嶷帥二百人與魏前鋒戰於光道寺溪，矢中其目，失馬，敵人交矟將至，嶷斬其一騎而上，馳以歸。嶷旅力絕人，便馬善射，一日中戰七八合，所佩霜明朱弓四石餘力，斑絲纏矟長二丈五，同心敢死士百七十人，每出殺傷數百人，敵人憚之，號爲杜彪。懷珤卒於州，諡曰桓侯。嶷位西荊州刺史。時讖言獨梁之下有瞎天子，元帝以嶷其人也。會嶷改葬父祖，帝敕圖墓者惡爲之，逾年而嶷卒。蔚，嶷弟也。幼有志氣，居鄉里以膽勇稱，後爲新興太守。太清三年，隨岳陽王來襲荊州。元帝與蔚兄岸舊，密書邀之，蔚乃與岸弟幼安、兄子龕等夜歸元帝，以爲武州刺史，封枝江縣侯，令隨領軍王僧辯東討侯景。至巴陵，景遁，加侍中，進爵爲公，仍隨僧辯追景至石頭。景敗，蔚入據臺城。景平，加散騎常侍、江州刺史。是月，齊將郭元建攻秦州刺史嚴超達於秦郡，王僧辯令蔚赴援，陳武帝亦自歐陽來會，元建衆却，蔚因縱兵大破之，元建遁。時元帝執王琳於江陵，琳長史陸納等於長沙反，元帝徵蔚與王僧辯討之，及納等戰于車輪，大敗之。後納等降，蔚又與王僧辯西討平武陵王於硤石。旋鎮遘疾卒，諡曰武。蔚兄弟九人，兄嵩、岑、嶷、岌、獻、岸及弟嵸、幼安並知名。

岸字公衡，太清中與蔚隨岳陽王詧攻荊州，同歸元帝。帝以爲北梁州刺史，封江陵縣侯。岸請以五百騎襲襄陽，去城三十里，城中覺之。詧夜知其師掩襄陽，以岸等襄陽豪帥，於是夜遁歸襄陽。岸等知詧至，遂奔其兄南陽太守獻於廣平。詧遣將尹正、薛暉等攻拔之，獲獻、岸等，并其母妻子女並斬於襄陽北門。詧母龔保林數岸於衆，岸曰：「老婢教汝兒殺汝叔，乃枉殺忠良。」詧命拔其舌，臠殺而烹之。盡誅諸杜宗族親者，幼弱下蠶室。又發其墳墓，燒其骸骨，灰而揚之，幷以爲漆椀。及建鄴平，蔚兄弟發安寧陵焚之，以報漆椀之酷，元帝亦不責也。

幼安性至孝，寬厚雄勇過人，與兄蔚同歸元帝。帝以爲西荊州刺史，封華容縣侯。與王僧辯討河東王譽於長沙，平之。又令助徐文盛東討侯景，至貝磯，大破景將任約，斬其儀同叱羅子通、湘州刺史趙威方等，仍進軍大舉漢口，別攻拔武昌。景度蘆洲上流以壓文盛，幼安與衆軍大敗之。會景密遣騎襲陷郢州，執刺史方諸，人情大駭，文盛由漢口遁歸，衆軍大敗。幼安降景，景以其多反覆，殺之。

龕，岑之子也。少驍勇，善用兵，與諸父歸元帝，帝以爲郢州刺史，封中盧縣侯。與王僧辯討平河東王譽，又隨僧辯下繼徐文盛軍，至巴陵，聞侯景陷郢州，西上將至，乃與僧辯等守巴陵。景至圍之，數旬不剋而遁。遷太府卿、定州刺史。及衆軍至姑孰，景將侯子鑒逆戰，龕與陳武帝、王琳等擊之，大敗子鑒，遂至石頭。景親會戰，龕與衆軍大破之，論功爲最，授東揚州刺史。又與王僧辯降陸納，平武陵王。及魏平江陵，後齊納貞陽侯明以紹梁嗣，以龕爲震州刺史、吳興太守，遷南豫州刺史，封溧陽縣侯，又加散騎常侍、鎮南大將軍。龕，僧辯壻也。始爲吳興太守，以陳武帝既非素貴，及爲之本郡，以法繩其宗門，無所縱捨，武帝銜之切齒。及僧辯敗，龕乃據吳興以拒之，頻敗陳文帝軍。龕好飲酒，終日恒醉，勇而無畧。部將杜泰私通於文帝，說龕降，文帝龕然之。其妻王氏曰：「霸先讐隙如此，何可求和。」因出私財賞募，復大敗文帝軍。後杜泰降文帝，龕尚醉不覺，文帝遣人負出項王寺前斬之。王氏因截髮出家。杜氏一門覆矣。

王琳字子珩，會稽山陰人也。本兵家。元帝居藩，琳姊妹並入後庭見幸，琳由此未弱冠得在左右。少好武，遂爲將帥。太清二年，帝遣琳獻米萬石，未至，都城陷，乃中江沉米，輕舸還荊。稍遷岳陽內史，以軍功封建寧縣侯。侯景遣將宋子仙據郢州，琳攻剋之，禽子仙。又隨王僧辯破景，後拜湘州刺史。琳果勁絕人，又能傾身下士，所得賞物不以入家，麾下萬人多是江淮羣盜。平景之勳，與杜龕俱爲第一，恃寵縱暴於建鄴。王僧辯禁之不可，懼將爲亂，啓請誅之。琳亦疑禍，令長史陸納率部曲前赴湘州，身徑上江陵陳謝。將行，謂納等曰：「吾若不反，子將安之？」咸曰：「請死。」相泣而別。及至，帝以下吏，而使廷尉卿黃羅漢、太舟卿張載宣喻琳軍。陸納等及軍人並哭，對使者莫肯受命，乃縶黃羅漢，殺張載。載性刻，爲帝所信，荊州疾之如讐，故納等因人之欲，抽其腸繫馬腳，使繞而走，腸盡氣絕，又臠割被五刑而斬之。元帝遣王僧辯討納，納等敗走長沙。是時湘州未平，武陵王兵下，又甚盛，江陵公私恐懼，人有異圖。納啓申琳無罪，請復本位，求爲奴婢。元帝乃鎖琳送。時納出兵方戰，會琳至，僧辯升諸樓車以示之，納等投戈俱拜，舉軍皆哭，曰：「乞王郎入城，卽出。」及放琳入，納等乃降。湘州平，仍復琳本位，使拒武陵王紀。紀平，授衡州刺史。元帝性多忌，以琳所部甚盛，又得衆心，故出之嶺外，又授都督、廣州刺史。其友人主書李膺，帝所任遇，琳告之曰：「琳蒙拔擢，常欲畢命以報國恩。今天下未平，遷琳嶺外，如有萬一不虞，安得琳力？忖官正疑琳耳。琳分望有限，可得與官爭爲帝乎？何不以琳爲雍州刺史，使鎮武寧，琳自放兵作田，爲國禦捍。若警急動靜相知，孰若遠棄嶺南，相去萬里，一日有變，將欲如何？琳非願長坐荊南，政以國計如此耳。」膺然其言而不敢啓，故遂率其衆鎮嶺南。元帝爲魏圍逼，乃徵琳赴援，除湘州刺史。琳師次長沙，知魏平江陵，已立梁王詧，乃爲元帝舉哀，三軍縞素。遣別將侯平率舟師攻梁。琳屯兵長沙，傳檄諸方，爲進趣之計。時長沙蕃王蕭韶及上游諸將推琳主盟。侯平雖不能度江，頻破梁軍，又以琳兵威不接，翻更不受指麾。琳遣將討之，不剋，又師老兵疲不能進，乃遣使奉表詣齊，幷獻馴象；又使獻款于魏，求其妻子；亦稱臣于梁。陳武帝既殺王僧辯，推立敬帝，以侍中、司空徵琳，不從命，乃大營樓艦，將圖義舉。琳將張平宅乘一艦，每將戰勝，艦則有聲如野猪，故琳戰艦以千數，以野猪爲名。陳武帝遣將侯安都、周文育等討琳，仍受梁禪。安都歎曰：「我其敗乎，師無名矣。」逆戰於沌口，琳乘平輿，執鉞而麾之，禽安都、文育，其餘無所漏，唯以周鐵武一人背恩，斬之。鎖安都、文育置琳所坐艦中，令一閹豎監守之。琳乃移湘州軍府就郢城，帶甲十萬，練兵於白水浦。琳巡軍而言曰：「可以爲勤王之師矣。溫太眞何人哉。」南江渠帥熊曇朗、周迪懷貳，琳遣李孝欽、樊猛與余孝頃同討之，三將軍敗，並爲迪所囚。安都、文育等盡逃還建鄴。初，魏剋江陵之時，永嘉王莊年甫七歲，逃匿人家，後琳迎還湘中，衞送東下。及敬帝立，出質于齊。請納莊爲梁主，齊文宣遣兵援送，仍遣兼中書令李騊駼冊拜琳爲梁丞相、都督中外諸軍、錄尚書事，又遣中書舍人辛愨、游詮之等齎璽書江表宣勞，自琳以下皆有頒賜。琳乃遣兄子叔寶率所部十州刺史子弟赴鄴，奉莊纂梁祚於郢州。莊授琳侍中、使持節、大將軍、中書監，改封安成郡公，其餘並依齊朝前命。及陳文帝立，琳乃輔莊次于濡須口，齊遣揚州道行臺慕容儼率衆臨江，爲其聲援。陳遣安州刺史吳明徹江中夜上，將襲湓城，琳遣巴陵太守任忠大敗之，明徹僅以身免。琳兵因東下，陳遣太尉侯瑱、司空侯安都等拒之。瑱等以琳軍方盛，引軍入蕪湖避之。時西南風至急，琳謂得天道，將直取揚州，侯瑱等徐出蕪湖躡其後。比及兵交，西南風翻爲瑱用，琳兵放火燧以擲瑱船者，皆反燒其船。琳船艦潰亂，兵士投水死者十二三，其餘皆棄船上岸，爲陳軍所殺殆盡。初，琳命左長史袁泌、御史中丞劉仲威同典兵侍衞莊，及軍敗，泌遂降陳，仲威以莊投歷陽，又送壽陽。琳尋與莊同入齊。齊孝昭帝遣琳出合肥，鳩集義故，更圖進取。琳乃繕艦分遣招募，淮南傖楚皆願戮力。陳合州刺史裴景暉，琳兄珉之壻也，請以私屬導引齊師。孝昭委琳與行臺左丞盧潛率兵應赴，沉吟不決。景暉懼事泄，挺身歸齊。齊孝昭賜琳璽書，令鎮壽陽，其部下將帥悉聽以從。乃除琳驃騎大將軍、開府儀同三司、揚州刺史，封會稽郡公，又增兵秩，兼給鐃吹。琳水陸戒嚴，將觀釁而動。屬陳氏結好於齊，使琳更聽後圖。琳在壽陽，與行臺尚書盧潛不協，更相是非，被召還鄴。齊武成置而不問，除滄州刺史。後以琳爲特進、侍中。所居屋脊無故剝破，出赤蛆數升，汁落地化爲血，蠕動。有龍出於門外之地，雲霧起，晝晦。會陳將吳明徹寇齊，齊帝敕領軍將軍尉破胡等出援秦州，令琳共爲經畧。琳謂所親曰：「今太歲在東南，歲星居牛斗分，太白已高，皆利爲客，我將有喪。」又謂破胡曰：「吳兵甚銳，宜長策制之，愼勿輕鬭。」破胡不從，戰，軍大敗，琳單馬突圍，僅而獲免。還至彭城，齊令便赴壽陽，幷許召募。又進封琳巴陵郡王。陳將吳明徹進兵圍之，堰肥水灌城。而齊將皮景和等屯於淮西，竟不赴救。明徹晝夜攻擊，城內水氣轉侵，人皆患腫，死病相枕。從七月至十月，城陷被執，百姓泣而從之。吳明徹恐其爲變，殺之城東北二十里，時年四十八。哭者聲如雷。有一叟以酒脯來至，號酹盡哀，收其血，懷之而去。傳首建康，懸之於市。琳故吏梁驃騎府倉曹參軍朱瑒致書陳尚書僕射徐陵求琳首，曰：「竊以朝市遷貿，時傳骨鯁之風；歷運推移，間表忠貞之迹。故典午將滅，徐廣爲晉家遺老；當塗已謝，馬孚稱魏室忠臣。用能播美於前書，垂名於後世。梁故建寧公琳，洛濱餘胄，沂川舊族，立功代邸，効績中朝。當離亂之辰，總藩伯之任，爾乃輕躬殉主，以身許國，寔追蹤於往彥，信踵武於前脩。而天厭梁德，尚思匡繼，徒蘊包胥之念，終遘萇弘之眚。洎王業光啓，鼎祚有歸，於是遠跡山東，寄命河北，雖輕旅臣之歎，猶懷客卿之禮，感茲知己，忘此捐軀，至使身沒九泉，頭行萬里。誠復馬革裹屍，遂其生平之志；原野暴骸，會彼人臣之節。然身首異處，有足悲者；封樹靡卜，良可愴焉。瑒早造末僚，預參下席，降薛君之吐握，荷魏公之知遇，是用霑巾雨袂，痛可識之顏，回腸疾首，切猶生之面。伏惟聖恩博厚，明詔爰發，赦王經之哭，許田橫之葬。瑒雖芻賤，竊亦有心。琳經莅壽陽，頗存遺愛，曾游江右，非無舊德。比肩東閣之吏，繼踵西園之賓願歸彼境還修窀穸庶孤墳既築或飛銜土之驚豐碑式樹時留墮淚之人近故舊王綰等已有論牒仰蒙制議不遂所陳昔廉公告逝即肥川而建營域叔孫云亡仍芍陂而植楸檟由此言之抑有其例不昧死陳祈伏待刑憲陵嘉其志節又明徹亦數夢琳求首並爲啓陳主而許之仍與開府主簿劉韶慧等持其首還于淮南權瘞八公山側義故會葬者數千人瑒等乃間道北歸別議迎接尋有揚州人茅智勝等五人密送喪柩達于鄴贈十五州諸軍事揚州刺史侍中特進開府錄尚書事謚曰忠武王葬給轀輬車琳體貌閑雅立髮委地喜怒不形於色雖無學業而强記內敏軍府佐史千數皆識其姓名刑罰不濫輕財愛士得將卒之心少爲將帥屢經喪亂雅有忠義之節雖本圖不遂齊人亦以此重之待遇甚厚及敗爲陳軍所執吳明徹欲全之而其下將領多琳故吏爭來致請并相資給明徹由此忌之故及於難當時田夫野老知與不知莫不爲之歔欷流泣觀其誠信感物雖李將軍之恂恂善誘殆無以加焉琳十七子長子敬在齊襲王爵武平末通直常侍第九子衍隋開皇中開府儀同三司大業初卒於渝州刺史

張彪不知何許人自云家本襄陽或云左衞將軍衡州刺史蘭欽外弟也少亡命在若邪山爲盜頗有部曲臨城公大連出牧東揚州彪率所領客焉始爲防閤後爲中兵參軍禮遇甚厚及侯景將宋子仙攻下東揚州復爲子仙所知後去子仙還入若邪義舉征子仙不捷仍走向剡趙伯超兄子稜爲侯景山陰令去職從彪後懷異心僞就彪計請酒爲盟引刀子披心出血自歃彪信之亦取刀刺血報之刀始至心稜便以手案之望入彪心刀斜傷得不深稜重取刀刺彪頭面被傷頓絕稜謂已死因出外告彪諸將言已殺訖欲與求富貴彪左右韓武入視彪已蘇細聲謂曰我尚活可與手於是武遂誅稜彪不死復奉表元帝帝甚嘉之及侯景平王僧辯遇之甚厚引爲爪牙與杜龕相似世謂之張杜貞陽侯踐位爲東揚州刺史并給鼓吹室富於財晝夜樂聲不息剡令王懷之不從彪自征之留長史謝岐居守會僧辯見害彪不自展拔時陳文帝已據震澤將及會稽彪乃遣沈泰吳寶眞還州助岐保城彪後至泰等反與岐迎陳文帝入城彪因其未定踰城而入陳文帝遂走出彪復城守沈泰說陳文帝曰彪部曲家口並在香巖寺可往收取遂往盡獲之彪將申進密與泰相知因又叛彪彪復敗走不敢還城據城之西山樓子及暗得與弟崑崙妻楊氏去猶左右數人追隨彪疑之皆發遣唯常所養一犬名黃蒼在彪前後未曾捨離乃還入若邪山中沈泰說陳文帝遣章昭達領千兵重購之并圖其妻彪眠未覺黃蒼驚吠劫來便嚙一人中喉即死彪拔刀逐之映火識之曰何忍舉惡卿須我者但可取頭誓不生見陳蒨劫曰官不肯去請就平地彪知不免謂妻楊呼爲鄉里曰我不忍令鄉里落佗處今當先殺鄉里然後就死楊引頸受刀曾不辭憚彪不下刀便相隨下嶺到平處謂劫曰卿須我頭我身不去也呼妻與訣曰生死從此而別若見沈泰申進等爲語曰功名未立猶望鬼道相逢劫不能生得遂殺彪并弟致二首於昭達黃蒼號叫彪屍側宛轉血中若有哀狀昭達進軍迎彪妻便拜稱陳文帝敎迎爲家主楊便改啼爲笑欣然意悅請昭達殯彪喪墳冢既畢黃蒼又俯伏冢間號叫不肯離楊還經彪宅謂昭達曰婦人本在容貌辛苦日久請暫過宅莊飾昭達許之楊入屋便以刀割髮毀面哀哭慟絕誓不更行陳文帝聞之歎息不已遂許爲尼後陳武帝軍人求取之楊投井決命時寒比出之垂死積火溫燎乃蘇復起投於火彪始起於若邪興於若邪終於若邪及妻犬皆爲時所重異楊氏天水人散騎常侍曒之女也有容貌先爲河東裴仁林妻因亂爲彪所納彪友人吳中陸山才嗟泰等翻背刊吳昌門爲詩一絕曰

田橫感義士韓王報主臣若爲留意氣持寄禹川人

論曰忠義之道安有常哉善言者不必能行蹈之者恒在所忽江子一胡僧祐太清之季名宦蓋微江則自致亡軀胡亦期之殞命然則貞勁之節歲寒自有性也文盛克終有鮮詩人得所誡焉子春戰乃先鳴幽通有助及乎梁州之敗而以濯足爲尤杜氏終致覆亡亦云圖墓之告吉凶之兆二者豈易知乎王琳亂朝忠節志雪仇耻然天方相陳義難弘濟斯則大厦落構豈一木所能支也張彪一遇何懷死而後已唯妻及犬義悉感人記傳所陳何以加此異乎

南史卷六十四考證

江子一傳字元亮○亮梁書作貞

帝怒亦歇○歇一本作止

胡僧祐傳以大通三年避尒朱氏之難歸梁○梁書作以大通二年歸國

徐文盛傳文盛深德景遂私通信使都無戰心○私闕本作密

門外不見卿馬跡使我何處得降○處梁書作遽

杜崱傳太清三年○三梁書作二

王琳傳有龍出於門外之地○地一本作池

張彪傳彪後至泰等反與岐迎陳文帝入城○迎監本誤後今改从陳書

南史卷六十五

唐　李　延　壽　撰

列傳第五十五

陳宗室諸王

永修侯擬　遂興侯詳

宜黃侯慧紀　衡陽獻王昌子伯信

南康愍王曇朗子方泰方慶　文帝諸子

宣帝諸子　後主諸子

永修侯擬字公正陳武帝之疎屬也少孤貧質直强記武帝南征交阯擬從焉梁紹泰二年除員外散騎常侍明威將軍以雍州刺史貣監南徐州事武帝踐阼廣封宗室詔從子監南徐州擬封永修縣侯北徐州刺史襃封鍾陵縣侯晃封建城縣侯炅封上饒縣侯從孫明威將軍詗封虔化縣侯吉陽縣侯詎仍前封信威將軍祏封豫寧縣侯青州刺史詳封遂興縣侯貞威將軍慧紀封宜黃縣侯敬雅封寧都縣侯敬泰封平固縣侯文帝嗣位擬除丹陽尹坐事以白衣知郡尋復本職卒謚曰定天嘉二年配享武帝廟庭子黨嗣

遂興侯詳字文幾少出家爲沙門善書記談論清雅武帝討侯景召令還俗配以兵馬從定建鄴永定二年封遂興縣侯天嘉三年累遷吳州刺史五年討周廸戰敗死之以所統失律無贈謚子正理嗣

宜黃侯慧紀字元方武帝之從孫也涉獵書史負材任氣從武帝平侯景及帝踐阼封宜黃縣侯除黃門侍郎太建十年吳明徹北侵敗績以慧紀爲緣江都督兗州刺史至德二年爲都督荆州刺史及梁安平王蕭巖晉熙王蕭瓛等詣慧紀請降慧紀以兵迎之以應接功位開府儀同三司禎明三年隋師濟江慧紀率將士三萬人船艦千餘乘沿江而下欲趣臺城遣南康太守呂肅將兵據巫峽以五條鐵鎖橫江肅竭其私財以充軍用隋將楊素奮兵擊之四十餘戰爭馬鞍山及磨刀澗守險隋軍死者五千餘人陳人盡取其鼻以求功賞既而隋軍屢捷獲陳之士三縱之肅乃遁保延洲別帥廖世寵領大舫詐降欲燒隋艦更決一死戰於是有五黃龍備衆色各長十餘丈驤首連接順流而東風浪大起雲霧晦冥陳人震駭不覺火自焚隋軍乘高艦張大弩以射之陳軍大敗風浪應時頓息肅收餘衆東走慧紀時至漢口爲隋秦王俊拒不得進聞肅敗盡燒公安之儲僞引兵東下因推湘州刺史晉熙王叔文爲盟主大軍都督周羅睺與郢州刺史荀法尚守江夏及建鄴平隋晉王廣遣一使以慧紀子正業來諭又使樊毅諭羅睺其上流城戍悉解甲於是慧紀及巴州刺史畢寶並慟哭俱降慧紀入隋依例授儀同三司卒子正平頗有文學

衡陽獻王昌字敬業武帝第六子也梁太清末武帝南征李賁命昌與宣后隨沈恪還吳興及武帝東討侯景昌與宣后文帝並爲景囚景平拜長城國世子吳興太守時年十六昌容貌偉麗神情秀朗雅性聰辯明習政事武帝遣陳郡謝哲濟陽蔡景歷輔昌臨郡又遣吳郡杜之偉授昌以經昌讀書一覽便誦明於義理剖析如流尋與宣帝俱往荆州魏剋荆州又與宣帝俱遷長安武帝即位頻遣使請宣帝及昌周人許而未遣及武帝崩乃遣之時王琳作梗中流昌不得還居于安陸王琳平後天嘉元年二月昌發自安陸由魯山濟江而巴陵王蕭沇等率百僚上表請以昌爲湘州牧封衡陽郡王詔曰可三月甲戌入境詔令主書舍人緣道迎接丙子濟江於中流殞之使以溺告四月庚寅喪柩至都上親臨哭乃下詔贈假黃鉞都督中外諸軍事太宰揚州牧葬送之儀一依漢東平憲王齊豫章文獻王故事謚曰獻無子文帝以第七皇子伯信嗣伯信字孚之位西衡州刺史及隋師濟江與臨汝侯方慶並爲東衡州刺史王勇所害

南康愍王曇朗武帝母弟忠壯王休先之子也休先少倜儻有大志梁簡文之在東宮深被知遇爲文德主帥頊之卒敬帝即位追贈南徐州刺史封武康縣公武帝受禪贈司徒封南康郡王謚曰忠壯曇朗少孤尤爲武帝所愛有膽力善綏御侯景平後起家著作郎武帝誅王僧辯留曇朗鎮京口知留府事紹泰元年除中書侍郎監南徐州二年齊兵攻逼建鄴因請和求武帝子姪爲質時四方州郡並多未賓本根虛弱糧運不繼在朝

文武咸願與齊和親武帝難之而重違衆議乃決遣曇朗恐曇朗憚行或當奔竄乃自率步騎京口迎之使質於齊齊背約遣蕭軌等隨徐嗣徽度江武帝大破之虜蕭軌東方老等誅之齊人亦害曇朗于晉陽時陳與齊絕弗之知武帝踐阼猶以曇朗襲封南康郡王奉忠壯王祀禮秩一同皇子天嘉二年齊人結好始知其亡文帝詔贈開府儀同三司南徐州刺史謚曰愍乃遣兼中郎令隨聘使江德藻迎曇朗喪柩三年春至都初曇朗未質於齊生子方泰方慶及將適齊以二妾自隨在北又生二子方華方曠亦同得還

方泰少麤獷與諸惡少年羣聚游逸無度文帝以南康王故特寬宥之天嘉二年以爲南康王世子及聞曇朗薨於是襲爵南康王太建四年爲都督廣州刺史爲政殘暴爲有司奏免六年授豫章內史在郡不修政事秩滿之際屢放部曲爲劫又縱火延燒邑居因行暴掠驅錄富人徵求財賄代至又淹留不還至都以爲宗正卿未拜爲御史中丞宗元饒所劾免官以王還第十一年起爲寧遠將軍直殿省尋加散騎常侍其年八月宣帝幸大壯觀因大閱武命都督任忠領步騎十萬陣於玄武湖都督陳景領樓艦五百出於瓜步江上登玄武門親宴羣臣以觀之因幸樂游苑設絲竹會仍重幸大壯觀集衆軍振旅而還時方泰當從啓稱所生母疾不行因與亡命楊鍾期等二十人微行往人間淫淳于岑妻爲州長流所錄又率人仗抗拒傷損禁司爲有司所奏上大怒下方泰獄方泰初承行淫不承拒格禁司上曰不承則上測方泰乃投列承引於是兼御史中丞徐君整奏請解方泰所居官下宗正削爵土上可其奏禎明初爲侍中陳亡與後主俱入長安隋大業中爲掖縣令

方慶少清警涉獵書傳及長有幹略天嘉中封臨汝縣侯至德二年累遷智武將軍武州刺史初廣州刺史馬靖久居嶺表大得人心士馬強盛朝廷疑之以方慶爲廣州刺史以兵襲靖靖誅進號宣毅將軍方慶性清謹甚得人和禎明三年隋師濟江都督東衡州刺史王勇徵兵於方慶欲與赴援臺城時隋行軍總管韋洸帥兵度嶺宣隋文帝敕云若嶺南平定留勇與豐州刺史鄭萬頃且依舊職方慶聞之恐勇賣己且欲觀變乃不從勇使高州刺史戴智烈斬方慶於廣州而收其兵鄭萬頃滎陽人梁司州刺史紹叔之族子也父旻梁末入魏萬頃通達有材幹周武帝時爲司城大夫出爲溫州刺史至德中與司馬消難奔陳拜散騎常侍昭武將軍豐州刺史在州甚有惠政吏人表請立碑詔許焉初萬頃在州甚被隋文帝知遇及隋文帝踐阼常思還北及王勇殺方慶萬頃乃率州兵拒勇降隋隋授上儀同尋卒

文帝十三男沈皇后生廢帝始興王伯茂嚴淑媛生鄱陽王伯山晉安王伯恭潘容華生新安王伯固劉昭華生衡陽王伯信王充華生廬陵王伯仁張修容生江夏王伯義韓修華生武陵王伯禮江貴妃生永陽王伯智孔貴妃生桂陽王伯謀二男早卒無名伯信出繼衡陽王昌

始興王伯茂字鬱之文帝第二子也初武帝兄始興昭烈王道談仕梁爲東宮直閤將軍侯景之亂援臺中流矢卒紹泰二年贈南兗州刺史封義興郡公謚曰昭烈武帝受禪重贈太傅改封始興郡王道談生文帝及宣帝宣帝以梁承聖末遷於長安至是武帝遙以宣帝襲封始興嗣王以奉昭烈王祀武帝崩文帝入纂帝位時宣帝在周未還文帝以本宗乏饗徙封宣帝爲安成王封伯茂爲始興王以奉昭烈王祀賜天下爲父後者爵一級舊制諸王受封未加戎號者不置佐使於是尚書八坐奏加伯茂寧遠將軍置佐使除揚州刺史伯茂性聰敏好學謙恭下士又以太子母弟文帝深愛重之時軍人於丹徒盜發晉郗曇墓大獲晉右將軍王羲之書及諸名賢遺跡事覺其書並沒縣官藏于祕府文帝以伯茂好古多以賜之由是伯茂大工草隸書甚得右軍法遷東揚州刺史鎮東將軍開府儀同三司廢帝時伯茂在都劉師知等矯詔出宣帝伯茂勸成之師知等誅後宣帝恐伯茂扇動朝廷乃進號中衞將軍令入居禁中專與廢帝游處時四海之望咸歸宣帝伯茂深不平數肆惡言宣帝以其無能不以爲意及建安人蔣裕與韓子高等謀反伯茂並陰豫其事光大二年皇太后令黜廢帝爲臨海王其日又下令降伯茂爲溫麻侯時六門之外有別館以爲諸王冠昏之所名爲昏第至是命伯茂出居之宣帝遣盜殞之於車中年十八

鄱陽王伯山字靜之文帝第三子也偉容儀舉止閑雅喜慍不形於色武帝時天下草創諸王受封儀注多闕及伯山受封文帝欲重其事天嘉元年七月丙辰尚書八坐奏封鄱陽郡王乃遣度支尚書蕭睿持節兼太宰告于太廟又遣五兵尚書王質持節兼太宰告于太社其年十月上臨軒策命策訖令王公以下並宴於王第六年爲緣江都督平北將軍南徐州刺史宣帝輔政不欲令伯山處邊光大元年徙爲東揚州刺史累遷征南將軍護軍將軍加開府儀同三司給鼓吹幷扶伯山性寬厚美風儀又於諸王最長後主深敬重之每朝廷有冠昏饗宴恒使爲主及遭所生憂居喪以孝聞後主嘗幸吏部尚書蔡徵宅因往弔之伯山號慟殆絕因起爲鎮衞將軍乃謂羣臣曰鄱陽王至性可嘉又是西第之長豫章已兼司空其亦須遷太尉未及發詔禎明三年薨尋屬陳亡遂無贈謚長子君範未襲爵而隋師至時宗室王侯在都者百餘人後主恐其爲變乃並召入屯朝堂使豫章王叔英總督之又陰爲之備六軍敗績相率出降因從後主入長安隋文帝並配隴右及河西諸州各給田業以處之大業二年隋煬帝以後主第六女婤爲貴人絕愛幸因召陳氏子弟盡還京師隨才敘用由是並爲守宰徧於天下君範位溫縣令

新安王伯固字牢之文帝第五子也生而龜胸目通睛揚白形狀眇小而俊辯善言論天嘉六年立爲新安郡王太建七年累遷都督南徐州刺史伯固性嗜酒不好積聚所得祿奉用度無節酣醉以後多所乞丐於諸王中最爲貧窶宣帝每矜之特加賞賜性輕率好行鞭捶在州不知政事日出田獵或乘眠輿至於草間輒呼人從游動至旬日所捕麞鹿多使生致宣帝頗知之遣使責讓者數矣十年爲國子祭酒頗知玄理而墮業無所通至於擿句問難往往有奇意爲政嚴苛國學有墮游不修習者重加榎楚生徒懼焉由是學業頗進十三年爲都督揚州刺史後主初在東宮與伯固甚親狎伯固又善謝謔宣帝每宴集多引之叔陵在江州心害其寵陰求瑕疵將中以法及叔陵入朝伯固懼罪詔求其意乃共訕毀朝賢歷詆文武雖耆年高位皆面折無所畏忌伯固性好射雉叔陵又好開發冢墓出游田野必與偕行於是情好大協遂謀不軌伯固侍禁中每有密語必報叔陵及叔陵奔東府遣使告之伯固單馬馳赴助叔陵指麾知事不捷便欲走會四門已閉不得出因趣白楊道臺馬容至爲亂兵所殺尸於昌館門時年二十八詔特許以庶人禮葬子及所生王氏並特宥爲庶人國除

晉安王伯恭字肅之文帝第六子天嘉六年封尋爲吳郡太守時年十餘歲便留心政事官曹緝理歷位尚書左僕射後爲中衞將軍右光祿大夫陳亡入長安大業初爲成州刺史太常少卿

廬陵王伯仁字壽之文帝第八子天嘉六年立爲侍中國子祭酒領太子左庶子陳亡卒于長安

江夏王伯義字堅之文帝第九子天嘉六年封位金紫光祿大夫陳亡入長安遷於瓜州道卒

武陵王伯禮字用之文帝第十子天嘉六年立太建初爲吳興太守在郡恣行暴掠後爲有司所劾十一年被代徵還遂遷延不發爲御史中丞徐君整所劾免陳亡入長安大業中爲臨洮太守

永陽王伯智字策之文帝第十二子少敦厚有器局博涉經史太建中立累遷尚書左僕射後爲特進陳亡入長安大業中爲國子司業

桂陽王伯謀字深之文帝第十三子太建中立位散騎常侍薨子鄱大業中爲番禾令

宣帝四十二男柳皇后生後主彭貴人生始興王叔陵曹淑華生豫章王叔英何淑儀生長沙王叔堅宜都王叔明魏昭華生建安王叔卿錢貴妃生河東王叔獻劉昭儀生新蔡王叔齊袁昭容生晉熙王叔文義陽王叔達新會王叔坦王姬生淮南王叔彪巴山王叔雄吳姬生始興王叔重徐姬生尋陽王叔儼淳于姬生岳陽王叔慎王修華生武昌王叔虞韋修容生湘東王叔平施姬生臨賀王叔敖沅陵王叔興曾姬生陽山王叔宣楊姬生西陽王叔穆申婕好生南安王叔儉南郡王叔澄岳山王叔韶太原王叔匡袁姬生新興王叔純吳姬生巴東王叔謨劉姬生臨海王叔顯秦姬生新寧王叔隆新昌王叔榮其皇子叔叡叔忠叔泓叔毅叔訓叔武叔處叔封八人並未及封三子早卒無名

始興王叔陵字子嵩宣帝之第二子也梁承聖中生於江陵魏剋江陵宣帝遷關右叔陵留穰城宣帝之還以後主及叔陵爲質天嘉三年隨後主還朝封康樂縣侯叔陵少機辯狥聲名強粱無所推屈太建元年封始興王奉昭烈王祀位都督江州刺史時年十六政自己出僚佐莫預焉性嚴刻部下慴憚諸公子姪及罷縣令長皆逼令事己豫章內史錢法成誥府進謁即配其子季卿將領馬仗季卿慙恥不時至叔陵大怒侵辱法成法成憤怨自縊而死州縣非其部內亦徵攝案之朝貴及下吏有乖忤者輒誣奏其罪陷以重辟四年遷都督湘州刺史諸州鎮聞其至皆震恐股慄叔陵日益橫征伐夷獠所得皆入己絲毫不以賞賜徵求役使無有紀極夜常不臥執燭達曉呼召賓客說人間細事戲謔無所不爲性不飲酒唯多置餚胾晝夜食噉而已自旦至中方始寢寐曹局文案非呼不得輒白笞罪者皆繫獄動

數年不省視瀟湘以南皆逼爲左右廛里殆無遺者其中脫有逃竄輒殺其妻子州縣無敢上言宣帝弗之知九年除都督揚州刺史十年至都加扶給油幢車叔陵居東府事務多關涉省閣執事之司承意順旨即諷上進用之微致違忤必抵大罪重者至殊死道路藉藉皆言其有非常志叔陵修飾虛名每入朝常於車中馬上執卷讀書高聲長誦陽陽自若歸坐齋中或自執斧斤爲沐猴百戲又好游冢墓間遇有塋表主名可知者輒命左右發掘取其石誌古器并骸骨肘脛持爲翫弄藏之府庫人間少妻處女微有色貌者並即逼納十一年丁所生母彭氏憂去職頃之起爲本職晉世王公貴人多葬梅嶺及彭氏卒叔陵啓求梅嶺葬之乃發故太傅謝安舊墓棄去安柩以葬其母初喪日僞爲哀毀自稱刺血寫涅槃經未及十旬乃日進甘膳又私召左右妻女與之姦合所作尤不軌侵淫上聞宣帝責御史中丞王政以不舉奏免政官又黜其典籤親事仍加鞭捶宣帝素愛叔陵不繩以法但責讓而已服闋又爲侍中中軍大將軍及宣帝不豫後主諸王並入侍疾叔陵陰有異志命典藥吏礪切藥刀及倉卒之際又命左右取劒左右不悟乃取朝服所佩木劒以進叔陵怒及翌日小斂後主哀頓俯伏叔陵以剉藥刀斫後主中項太后馳來救焉叔陵又斫太后數下後主乳媼樂安君吳氏時在太后側自後掣肘後主因得起叔陵仍持後主衣後主自奮得免長沙王叔堅以手搤叔陵奪去其刀仍牽就柱以其褶袖縛之棄池水中將殺之問後主曰即盡之爲待也時吳媼已扶後主避賊叔堅求後主所在將受命叔陵多力因奮得脫突出雲龍門馳車還東府呼其甲士斷靑溪橋道放東城囚以充戰士又遣人往新林追所部兵馬仍自被甲著白帽登城西門招募百姓散金銀以賞賜外召諸王將帥無有應者唯新安王伯固聞而赴之叔陵聚兵僅得千人欲據城保守時衆軍並緣江防守臺內空虛叔堅白太后使太子舍人司馬申急召右衛將軍蕭摩訶將兵至府西門叔陵事急遣記室韋諒送鼓吹與摩訶謂曰事捷以公爲台鼎摩訶給報曰須王心膂節將自來方敢從命叔陵即遣戴溫譚騏驎二人詣摩訶執以送臺斬於閣道下持其首徇東城仍懸於朱雀門叔陵自知不濟遂入沉其妃張氏及寵妾七人于井中叔陵有部下兵先在新林於是率人馬數百自小航度欲趣新林以舟艦入北行至白楊路爲臺軍所邀伯固見兵至旋避入巷叔陵拔刀追之伯固復還叔陵部下多棄甲潰散摩訶馬容陳智深迎刺叔陵閹豎王飛禽斫之數十下馬容陳仲華就斬首送臺自寅至巳乃定尙書八坐奏請依宋世故事流尸江中汙瀦其室并毀其所生彭氏墳廟還謝氏之塋後主從所奏叔陵諸子即日並賜死

豫章王叔英字子烈宣帝第三子也寬厚仁愛太建元年封後位司空隋大業中位涪陵太守卒

長沙王叔堅字子成宣帝第四子也母本吳中酒家婢相者言當生貴子宣帝微時因飮通焉生叔堅及貴召拜淑儀叔堅少而嚴整又頗使酒兄弟憚之好數術卜筮風角鎔金琢玉並究其妙初封豐城侯太建元年封累遷丹陽尹初叔堅與始興王叔陵並招聚賓客各爭權寵甚不平每朝會鹵簿不肯爲先後必分道而趨左右或爭道而鬬至有死者及宣帝不豫叔堅與叔陵等並從後主侍疾叔陵陰有異志叔堅疑之微伺其所爲及行逆賴叔堅以免以功進驃騎將軍開府儀同三司揚州刺史尋遷司空將軍刺史如故時後主患創不能視事政無大小悉決于叔堅權傾朝廷後主由是疎忌之孔範管斌施文慶等並東宮舊臣日夕陰持其短至德元年乃詔令即本號用三司之儀出爲江州刺史未發尋以爲司空實欲奪其權又陰令人造其厭魅刻木爲偶人衣以道士服施機關能拜跪晝夜於星月下醮之祝詛於上又令人上書告其事案驗令實後主召叔堅囚于西省將黜之令近侍宣敕數之叔堅自陳爲佞人所構死且慙見叔陵後主感其前功乃赦之免所居官以王還第後位中軍大將軍開府儀同三司荆州刺史秩滿還都陳亡入隋遷于瓜州叔堅素貴不知家人生產至是與妃沈氏酤酒不以耕種爲事大業中爲遂寧郡太守卒

建安王叔卿字子弼宣帝第五子也性質直有材器容貌甚偉太建四年立位中書監陳亡入隋大業中爲都官郎上黨通守

宜都王叔明字子昭宣帝第六子也儀容美麗舉止和柔狀似婦人太建五年立位侍中陳亡入隋大業中爲鴻臚少卿

河東王叔獻字子恭宣帝第九子也性恭謹聰敏好學太建五年立位南徐州刺史薨贈司空諡康簡子孝寬嗣隋大業中爲汶城令

新蔡王叔齊字子肅宣帝第十一子也風采明贍博涉經史善屬文太建七年立位侍中陳亡入隋大業中爲尙書主客郎

晉熙王叔文字子才宣帝第十二子也性輕險好虛譽頗涉書史太建七年立位都督湘州刺史徵爲侍中未還而隋軍濟江隋秦王至漢口時叔文自湘州還朝至巴州乃率巴州刺史畢寶等請降致書於秦王王遣使往巴州迎勞叔文叔文與畢寶荆州刺史陳慧紀及文武將吏赴漢口秦王並厚待之及至京隋文帝坐于廣陽門觀叔文從後主至朝堂文帝使內史令李德林宣旨責其君臣不能相弼以致喪亡後主與其羣臣並愧懼拜伏莫能仰視叔文獨欣然有自得志後上表陳在巴州先送款望異常例文帝嫌其不忠而方懷柔江表遂授開府宜州刺史

淮南王叔彪字子華宣帝第十三子也少聰慧善屬文太建八年立位侍中入隋卒于長安

始興王叔重字子厚宣帝第十四子也性質朴無伎藝宣帝崩始興王叔陵爲逆誅其年立叔重爲始興王以奉昭烈王後位江州刺史隋大業中爲太府少卿

尋陽王叔儼字子思宣帝第十五子也性凝重舉止方正後主即位立位侍中入隋卒

岳陽王叔愼字子敬宣帝第十六子也少聰敏十歲能屬文太建十四年立至德中爲丹陽尹時後主尤愛文章叔愼與衡陽王伯信新蔡王叔齊等日夕陪侍賦詩恒被嗟賞禎明元年出爲湘州刺史加都督及隋師濟江淸和公楊素兵下荆州遣將龐暉略地至湘州州內將士刻日請降叔愼置酒會文武酒酣歎曰君臣之義盡於此乎長史謝基伏而流涕湘州助防遂興侯正理在坐起曰主辱臣死諸君獨非陳國臣乎縱其無成猶見臣節靑門之外有死不能今日後應者斬衆咸許諾乃刑牲結盟遣人詐奉降書於龐暉叔愼伏甲待之暉入伏兵發縛暉等以徇皆斬之叔愼招士衆數日中兵至五千人隋遣內陽公薛冑爲湘州刺史聞龐暉死乃益請兵隋又遣行軍總管劉仁恩救之未至薛冑禽叔愼秦王斬之漢口

義陽王叔達字子聰宣帝第十七子也太建十四年立位丹陽尹入隋大業中爲內史舍人絳郡通守武德中位侍中封江國公歷禮部尙書卒

巴山王叔雄字子猛宣帝第十八子也太建十四年立入隋卒于長安

武昌王叔虞字子安宣帝第十九子也太建十四年立入隋大業中爲高苑令

湘東王叔平字子康宣帝第二十子也至德元年立入隋大業中爲胡蘇令

臨賀王叔敖字子仁宣帝第二十一子也至德元年立入隋大業中位儀同三司

陽山王叔宣字子通宣帝第二十二子也至德元年立入隋大業中爲涇城令

西陽王叔穆字子和宣帝第二十三子也至德元年立入隋卒于長安

南安王叔儉字子約宣帝第二十四子也至德元年立入隋卒于長安

南郡王叔澄字子泉宣帝第二十五子也至德元年立入隋大業中爲靈武令

沅陵王叔興字子推宣帝第二十六子也至德元年立入隋大業中爲給事郎

岳山王叔韶字子欽宣帝第二十七子也至德元年立位丹陽尹入隋卒于長安

新興王叔純字子洪宣帝第二十八子也至德元年立入隋大業中爲河北令

巴東王叔謨字子軌宣帝第二十九子也至德四年立入隋大業中爲汧陽令

臨海王叔顯字子亮宣帝第三十子也至德四年立入隋大業中爲鶉觚令

新會王叔坦字子開宣帝第三十一子也至德四年立入隋大業中爲涉縣令

新寧王叔隆字子遠宣帝第三十二子也至德四年立入隋卒于長安

新昌王叔榮字子徹宣帝第三十三子也禎明三年立入隋大業中爲內黃令

太原王叔匡字子佐宣帝第三十四子也禎明二年立入隋大業中爲壽光令

後主二十二男張貴妃生太子深會稽王莊孫姬生吳興王胤高昭儀生南平王嶷呂淑媛生永嘉王彥邵陵王兢龔貴嬪生南海王虔錢塘王恬張淑華生信義王祗徐淑儀生東陽王恮孔貴人生吳郡王蕃其皇子總觀明綱統沖洽緄綽威辯十一人並未及封

太子深字承源後主第四子也少聰慧有志操容止儼然左右近侍未嘗見其喜慍以母張貴妃故特爲後主所愛至德元年封始安王位揚州刺史禎明二年皇太子胤廢後主乃立深爲皇太子隋師濟江隋將韓擒虎自南掖門入百寮奔散深時年十餘歲閉閤而坐舍人

孔伯魚侍隋軍排闥入深使宣令勞之曰軍旅在道不乃勞也軍人咸致敬焉隋大業中爲枹罕太守武德初爲祕書丞卒官

吳興王胤字承業後主長子也太建五年二月乙丑生於東宮母孫姬因産卒沈皇后哀而養之以爲己子後主年長未有嗣宣帝命以爲嫡孫詔爲父後者賜爵一級十年封永康公後主卽位爲皇太子胤性聰敏好學執經肄業終日不倦博通大義兼善屬文時張貴妃孔貴嬪並愛幸沈皇后無寵日夜構成后及太子之短孔範之徒又於外合成其事禎明二年廢爲吳興王加侍中衞將軍入隋卒于長安

南平王嶷字承岳後主第二子也方正有器局年數歲風采舉動有若成人至德元年立位揚州刺史遷都督郢州刺史入隋卒于長安

永嘉王彥字承懿後主第三子也至德元年立位都督江州刺史入隋大業中爲襄武令

南海王虔字承恪後主第五子也至德元年立位南徐州刺史入隋大業中爲涿令

信義王祗字承敬後主第六子也至德元年立位瑯邪彭城二郡太守入隋大業中爲通議郎

邵陵王兢字承檢後主第七子也禎明元年立入隋大業中爲國子監丞

會稽王莊字承肅後主第八子也容貌蕞陋性嚴酷數歲時左右有不如意輒剟刺其面或加燒爇性嗜酒愛傅以母張貴妃寵後主甚愛之至德元年立位揚州刺史入隋大業中爲昌隆令

東陽王恮字承厚後主第九子也禎明二年立入隋大業中爲通議郎

吳郡王藩字承廣後主第十子也禎明二年封入隋大業中爲任城令

錢唐王恬字承恢後主第十一子也禎明二年封入隋卒于長安

江左承西晉諸王開國並以戶數相差爲大小三品大國置上中下三將軍又置司馬一人次國置中下二將軍小國置將軍一人餘官亦準此爲差武帝受命自永定訖于禎明唯衡陽王昌特加禮命至五千戶自餘大國不過二千小國則千戶云

論曰有陳受命雖疆土日蹙然封建之典無革先王永修等並以疎屬列居蕃屏慧紀始終之迹其殆優乎衡陽南康地皆懿戚提攜以殞惟命也夫文宣二帝諸子不一鄱陽岳陽風迹可紀古所謂維城盤石叔慎其近之乎

南史卷六十五考證

遂興侯詳傳少出家爲沙門○沙陳書作桑

衡陽獻王昌傳並爲東衡州刺史王勇所害○監本脫王字今从陳書增入

南康愍王曇朗傳武帝母弟忠壯王休先之子也○先監本訛光今改从陳書

子方泰傳上登玄武門親宴羣臣以觀之○親監本訛觀今改正

上曰不承則上測○測陳書作刑

始興王伯茂傳舊制諸王受封未加戎號者不置佐使○使据陳書應作史今各本俱同仍之

新安王伯固傳目通睛揚白○睛陳書作精

因趣白楊道臺馬容至爲亂兵所殺尸於昌館門○陳書容作客應改从之又昌館門上有東字

晉安王伯恭傳年十餘歲便留心政事官曹緝理○官閣本作宮今从陳書以監本爲是

始興王叔陵傳命典藥吏礪切藥刀○刀監本訛乃今改从閣本

叔陵有部下兵生在新林○林監本作安殆因新安王伯固而訛也上文云放東城囚以充戰士又遣人往新林追所部兵馬則爲林字之譌無疑矣

湘東王叔平傳大業中爲胡蘇令○胡應从陳書作湖

會稽王莊傳隋大業中爲昌隆令○昌隆陳書作會昌

吳郡王藩傳爲任城令○任陳書作浩

南史卷六十六

唐 李延壽 撰

列傳第五十六

杜僧明 周文育子寶安 侯瑱

侯安都 歐陽頠子紇 黃法氍

淳于量 章昭達 吳明徹裴子烈

杜僧明字弘照廣陵臨澤人也形貌眇小而有膽氣善騎射梁大同中盧安興爲廣州刺史南江督護僧明與兄天合及周文育並爲安興所啓請與俱行頻征俚獠有功爲新州助防天合亦有材幹預在征伐安興死僧明復副其子子雄及交州豪士李賁反逐刺史蕭諮諮奔廣州臺遣子雄與高州刺史孫冏討賁時春草已生瘴癘方起子雄請待秋討之廣州刺史新渝侯蕭暎不聽蕭諮又促之子雄等不得已遂行至合浦死者十六七衆並憚役潰散禁之不可乃引其餘兵退還蕭諮啓子雄及冏與賊交通逗遛不進梁武帝敕於廣州賜死子雄弟子略子烈並豪俠家屬在南江天合謀於衆曰盧公累葉待遇我等亦甚厚矣今見枉死而不能爲報非丈夫也我弟僧明萬人之敵若圍州城召百姓誰敢不從城破斬二侯然後待臺使至束手詣廷尉死猶勝生縱其不捷亦無恨矣衆咸忼慨曰是所願也唯足下命之乃與周文育等率衆結盟奉子雄弟子略爲主以攻刺史蕭暎子略頓城南天合頓城北僧明文育分據東西吏人並應之一日之中衆至數萬陳武帝時在高要聞事起率衆來討大破之殺天合禽僧明及文育等並釋之引爲主帥武帝征交阯及討元景仲僧明文育並有功侯景之亂俱隨武帝入援建鄴武帝於始興破蘭裕僧明爲前鋒斬裕又與蔡路養戰於南野僧明馬被傷武帝馳救之以所乘馬授僧明僧明上馬復進殺數十人因而乘之大敗路養高州刺史李遷仕又據大皋入灨石以逼武帝武帝遣周文育爲前軍與僧明擊走之遷仕與寧都人劉孝尚幷力將襲南康陳武又令僧明與文育等拒之相持連戰百餘日卒禽遷仕送于武帝及帝下南康留僧明頓西昌督安城廬陵二郡軍事梁元帝承制授新州刺史臨江縣子侯景遣于慶等寇南江武帝頓豫章命僧明爲前驅所向剋捷武帝表僧明爲長史仍隨東討軍至蔡洲僧明率麾下燒賊水門大艦及景平除南兗州刺史進爵爲侯仍領晉陵太守及荆州覆亡武帝使僧明率吳明徹等隨侯瑱西援於江州病卒贈散騎常侍謚曰威陳文帝卽位追贈開府儀同三司配享武帝廟庭子晉嗣

周文育字景德義興陽羨人也少孤貧本居新安壽昌縣姓項氏名猛奴年十一能反覆游水中數里跳高六尺與羣兒聚戲衆莫能及義興人周薈爲壽昌浦口戍主見而奇之因召與語文育對曰母老家貧兄弟姊並長大困於賦役薈哀之乃隨文育至家就其母請文育養爲己子母遂與之及薈秩滿與文育還都見太子詹事周捨請制名字捨因爲立名爲文育字景德命兄子弘讓敎之書計弘讓善隸書寫蔡邕勸學及古詩以遺之文育不之省謂弘讓曰誰能學此取富貴但有大槊耳弘讓壯之敎之騎射文育大悅司州刺史陳慶之與薈同郡素相善啓薈爲前軍主慶之使薈將五百人往新蔡懸瓠慰勞白水蠻蠻謀執薈以入魏事覺薈與文育拒之時賊徒甚盛一日中戰數十合文育前鋒陷陣勇冠軍中薈於陣戰死文育馳取其尸賊不敢逼及夕各引去文育身被九創創愈辭請還葬慶之壯其節厚加賵遺而遣之葬訖會盧安興爲南江督護啓文育同行累征有功除南海令安興死後文育與杜僧明攻廣州爲陳武帝所敗帝赦之後監州王勱以文育爲長流深被委任勱被代文育欲與勱俱下至大庾嶺詣卜者卜者曰君北下不過作令長南入則爲公侯文育曰足錢便可誰望公侯卜人又曰君須臾當暴得銀至二千兩若不見信以此爲驗其夕宿逆旅有賈人求與文育博文育勝之得銀二千兩旦辭勱勱問其故文育以告勱乃遣之武帝聞其還大喜分麾下配焉武帝之討侯景文育與杜僧明爲前軍剋蘭裕援歐陽頠皆有功武帝破蔡路養於南野文育爲路養所圍四面數重矢石雨下所乘馬死文育右手搏戰左手解鞍潰圍而出與杜僧明等相得并力復進遂大敗之武帝乃表文育爲府司馬李遷仕之據大皋遣其將軍杜平虜入灨石魚梁作城武帝命文育擊之平虜棄城走文育據其城遷仕聞平虜敗留老弱於大皋悉選精兵自將以攻文育文育與戰遷仕稍却相持未解會武帝遣杜僧明來援別破遷仕水軍遷仕衆潰不敢過大皋直走新淦梁元帝授文育義州刺史遷仕又與劉孝尚謀拒義軍武帝遣文育與侯安都杜僧明徐度杜稜築城於白口拒之文育頻出與戰遂禽遷仕武帝發自南康遣文育將兵五千開通江路侯景將王伯醜據豫章文育擊走之遂據其城累功封東遷縣侯武帝軍至白茅灣命文育與杜僧明常爲軍鋒及至姑熟與侯景將侯子鑒戰破之景平改封南移縣侯累遷散騎常侍武帝誅王僧辯令文育督衆軍會文帝於吳興圍剋杜龕又濟江襲會稽太守張彪得其郡城及文帝爲彪所襲文育時頓城北香巖寺文帝夜往趨之彪又來攻文育苦戰遂破平彪武帝以侯瑱擁據江州命文育討之仍除南豫州刺史率兵襲盆城未剋徐嗣徽引齊人度江據蕪湖詔徵文育還都嗣徽等乃列艦於青墩至于七磯以斷文育歸路及夕文育鼓譟而發嗣徽等不能制至旦反攻嗣徽嗣徽驍將鮑砰獨以小艦殿文育乘單舴艋跳入砰艦斬砰仍牽其艦而還賊衆大駭因留船蕪湖自丹陽步

上時武帝拒嗣徽於白城適與文育會將戰風急武帝曰矢不逆風文育曰事急矣當決之何用古法抽槊上馬而進衆軍隨之風亦尋轉殺傷數百人嗣徽等移營莫府山文育徙頓對之頻戰有功最進爵壽昌縣公給鼓吹一部及廣州刺史蕭勃舉兵踰嶺詔文育督衆軍討之時新吳洞主余孝頃舉兵應勃遣其弟孝勱守郡城自出豫章據于石頭勃使其子孜將兵與孝頃相會又遣其別將歐陽頠頓軍苦竹灘傅泰據墌口城以拒官軍官軍船少孝頃有舴艋三百艘艦百餘乘在上牢文育遣軍主焦僧度羊柬潛軍襲之悉取而歸仍於豫章立柵時官軍食盡欲退還文育不許乃使人間行遺周迪書約爲兄弟并陳利害迪得書甚喜許饋以糧於是文育分遣老小乘故船舫沿流俱下燒豫章所立柵僞退孝頃望之大喜因不設備文育由閒道信宿達芊韶芊韶上流則歐陽頠蕭勃下流則傅泰余孝頃文育據其中間築城饗士賊徒大駭歐陽頠乃退入泥溪作城自守文育遣嚴威將軍周鐵虎與長史陸山才襲頠禽之於是盛陳兵甲與頠乘舟而宴以巡傅泰城下因攻泰剋之蕭勃在南康聞之衆皆股慄其將譚世遠斬勃欲降爲人所害世遠軍主夏侯明徹持勃首以降蕭孜余孝頃猶據石頭武帝遣侯安都助文育攻之孜降文育孝頃退走新吳廣州平文育還頓豫章以功授開府儀同三司王琳擁據上流詔侯安都爲西道都督文育爲南道都督同會武昌與琳戰於沌口爲琳所執後得逃歸請罪詔不問復其官爵及周迪破余孝頃孝頃子公颺弟孝勱猶據舊柵擾動南土武帝復遣文育及周迪黃法𣰋等討之豫章內史熊曇朗亦率衆來會文育遣吳明徹爲水軍配周迪運糧自率衆軍入象牙江築城於金口公颺僞降謀執文育事覺文育囚之送都以其部曲分隸衆軍乃捨舟爲步軍進據三陂王琳遣將曹慶救孝勱分遣主帥常衆愛與文育相拒自帥所領攻周迪吳明徹軍迪等敗文育退據金口熊曇朗因其失利謀害文育以應衆愛文育監軍孫白象頗知其事勸令先之文育曰不可我舊兵少客軍多若取曇朗人皆驚懼亡立至矣不如推心撫之初周迪之敗棄船走莫知所在及得迪書文育喜齎示曇朗曇朗害之於坐武帝聞之即日舉哀贈侍中司空謚曰忠愍初文育之據三陂有流星墜地其聲如雷地陷方一丈中有碎炭數斗又軍市中忽聞小兒啼一市並驚聽之在土下軍人掘焉得棺長三尺文育惡之俄而迪敗文育見殺天嘉二年有詔配享武帝廟庭子寶安嗣文育本族兄景曜因文育官至新安太守

寶安字安民年十餘歲便習騎射以貴公子驕蹇游逸好狗馬樂驅馳靡衣媮食文育之爲晉陵以征討不遑之郡令寶安監知郡事尤聚惡少年武帝患之及文育西征敗績縶於王琳寶安便折節讀書與士君子游綏御文育士卒甚有威惠文育歸復除吳興太守文育爲熊曇朗所害徵寶安還起爲猛烈將軍領其舊兵仍令南討文帝即位深器重之寄以心膂精卒多配焉及平王琳頗有功周迪之破熊曇朗寶安南入窮其餘燼天嘉二年重拜吳興太守襲封壽昌縣公三年征留異爲侯安都前軍異平除給事黃門侍郎衞尉卿再遷左衞將軍領衞尉卿卒謚曰成子碧嗣位晉陵定遠二郡

侯瑱字伯玉巴西充國人也父弘遠累世爲西蜀酋豪蜀賊張文萼據白崖山有衆萬人梁益州刺史鄱陽王蕭範命弘遠討之弘遠戰死瑱固請復讎每戰先鋒遂斬文萼由是知名因事範範委以將帥之任山谷夷獠不附者並遣瑱征之累功授輕車府中兵參軍晉康太守範爲雍州刺史瑱除馮翊太守範還鎮合肥瑱又隨之侯景圍臺城範乃遣瑱輔其世子嗣入援都及城陷瑱嗣同退還合肥仍隨範徙鎮盆城俄而範及嗣皆卒瑱領其衆依于豫章太守莊鐵鐵疑之瑱懼不自安詐引鐵謀事因刃之據豫章之地後降於侯景景將于慶送瑱於景景以瑱與己同姓託爲宗族待之甚厚留其妻子及弟爲質遣瑱隨慶平蠡南諸郡及景敗巴陵景將宋子仙任約等並爲西軍所獲瑱乃誅景黨與以應義師景亦誅其弟及妻子梁元帝授瑱南兗州刺史鄖縣侯仍隨都督王僧辯討景恒爲前鋒既復臺城景奔吳郡僧辯使瑱追景大敗之於吳松江以功除南豫州刺史鎮姑熟及齊遣郭元建出濡須僧辯遣瑱扞之大敗元建魏攻荊州王僧辯以瑱爲前軍赴援未至而魏剋荊州瑱頓九江因衞晉安王還都承制以瑱爲侍中江州刺史加都督改封康樂縣公及司徒陸法和據郢州引齊兵來寇乃使瑱西討未至而法和入齊齊遣慕容恃德鎮夏首瑱攻之恃德食盡請和瑱還鎮豫章僧辯使其弟僧愔與瑱共討蕭勃及陳武帝誅僧辯僧愔陰欲圖瑱而奪其軍瑱知之盡收僧愔徒黨僧愔奔齊是時瑱據中流甚强又以本事王僧辯雖外示臣節未肯入朝初余孝頃爲豫章太守及瑱鎮豫章乃於新吳縣別立城柵與瑱相拒瑱留軍人妻子於豫章令從弟齎知後事悉衆以攻孝頃自夏迄冬弗能剋齎與其部下侯方兒不協方兒下攻齎虜瑱軍府妓妾金玉歸于武帝瑱既失根本輕歸豫章豫章人拒之乃趨盆城就其將焦僧度僧度勸瑱投齊瑱以武帝有大量必能容已乃詣闕請罪武帝復其爵位永定二年進位司空文帝即位進授太尉王琳至柵口又以瑱爲都督侯安都等並隸焉天嘉元年二月王琳引合肥漅湖之衆舳艫相次而下瑱率軍進獸檻洲明日合戰琳軍少却及夕東西風吹其舟艦並壞夜中有流星墜于賊營及旦風靜琳入浦以鹿角繞岸不敢復出時西魏將史寧躡其上流瑱聞之知琳不能持久收軍却據湖浦以待其弊及史寧至圍郢州琳恐衆潰乃率船來下去蕪湖十里而泊明日齊人遣兵助琳瑱令軍中晨炊蓐食頓蕪湖洲尾以待之將戰有微風至自東南衆軍施拍縱火定州刺史章昭達乘平虜大艦中江而進琳軍大敗脫走以免者十二三琳因此入齊其年詔以瑱爲都督五州諸軍事鎮盆城周將賀若敦獨孤盛等來攻巴湘又以瑱爲西討都督大敗盛軍以功授湘州刺史改封零陵郡公二年薨贈大司馬謚曰壯肅配享武帝廟庭子淨藏嗣尚文帝女富陽公主

侯安都字成師始興曲江人也爲郡著姓父捍少仕州郡以忠謹稱安都貴後官至光祿大夫始興內史安都工隸書能鼓琴涉獵書傳爲五言詩頗清靡兼善騎射爲邑里雄豪侯景之亂招集兵甲至三千人陳武帝入援臺城安都引兵從武帝攻蔡路養破李遷仕剋平侯景並力戰有功封富川縣子隨武帝鎮京口除蘭陵太守武帝謀襲王僧辯唯與安都定計仍使安都率水軍自京口趣石頭武帝自從江乘羅落會之安都至石頭北棄舟登岸僧辯弗之覺石頭城北接岡阜不甚危峻安都被甲帶長刀軍人捧之投於女垣內衆隨而入進逼僧辯臥室武帝大軍亦至與僧辯戰于聽事前安都自內閤出腹背擊之遂禽僧辯以功授南徐州刺史武帝東討杜龕安都留臺居守徐嗣徽任約等引齊寇入據石頭游騎至于闕下安都閉門示弱令城中登陴看賊者斬及夕賊收軍還石頭安都夜令士卒密營禦敵之具將旦賊騎至安都與戰大敗之賊乃退還石頭不敢逼臺城及武帝至以安都爲水軍於中流斷賊糧運又襲秦郡破嗣徽柵收其家口得嗣徽所彈琵琶及所養鷹遣信餉之曰昨至弟住處得此今以相還嗣徽等見之大懼尋求和武帝聽其還北及嗣徽等濟江齊之餘軍猶據採石守備甚嚴又遣安都攻之多所俘獲明年春詔安都率兵鎮梁山以備齊徐嗣徽等復入至湖熟武帝追安都還拒之戰於耕壇南安都率十二騎突其陣破之禽齊儀同乞伏無芳又刺齊將東方老墮馬會賊騎至救老獲免賊北度蔣山安都又與齊將王敬寶戰於龍尾使從弟曉軍主張纂前犯其陣曉被創墜馬張纂死之安都馳往救曉斬其騎士十二人取纂尸而還齊軍不敢逼武帝與齊軍戰於幕府山命安都自白下橫擊其後大敗之以功進爵爲侯又進號平南將軍改封西江縣公仍督水軍出豫章助豫州刺史周文育討蕭勃安都未至文育已斬勃并禽其將歐陽頠傅泰等唯余孝頃與勃子孜猶據豫章之石頭作兩城孝頃與孜各據其一又多設船艦夾水而陣安都至乃銜枚夜燒其艦文育率水軍安都領步騎登岸結陣孝頃俄斷後路安都乃令軍士豎柵引營漸進頻致剋獲孜乃降孝頃奔歸新吳請入子爲質許之以功加開府儀同三司仍率衆會武昌與周文育西討王琳將發王公以下餞於新林安都躍馬度橋人馬俱墜水中又坐𦨴內墜於櫓井時以爲不祥至武昌琳將樊猛棄城走文育亦自豫章至時兩將俱行不相統攝因部下交爭稍不平軍至郢州琳將潘純於城中遙射官軍安都怒圍之未剋而王琳至弇口安都乃釋郢州悉衆往沌口以禦之遇風不得進琳據東岸官軍據西岸相持數日乃合戰安都等敗與周文育徐敬成並爲琳囚總以一長鏁繫之置于艙下令所親宦者王子晉掌視之琳下至盆城白水浦安都等甘言許賂子晉子晉乃僞以小船住艙而釣夜載安都文育敬成上岸入深草步投官軍還都自劾詔並赦之復其官爵尋爲丹陽尹出爲南豫州刺史令繼周文育攻余孝勱及王琳將曹慶常衆愛等安都自宮亭湖出松門躡衆愛後文育爲熊曇朗所害安都回取大艦遇琳將周炅周協南歸與戰破之禽炅協孝勱弟孝猷率部下四千家欲就王琳遇炅敗乃詣安都降安都又進軍於禽奇洲破曹慶常衆愛等焚其船艦衆愛奔廬山爲村人所殺餘衆悉平還軍至南皖而武帝崩安都隨文帝還朝乃與羣臣議翼奉文帝時帝謙讓弗敢當太后又以衡陽王故未肯下令羣臣不能決安都曰今四方未定何暇及遠臨川王有功天下須共立之今日之事後應者斬便按劒上殿白太后出璽又手解文帝髮推就喪次文帝即位遷司空仍授南徐州刺史給扶王琳下至柵口大軍出頓蕪湖時侯

瑱爲大都督而指麾經略多出安都及王琳入齊安都進軍盆城討琳餘黨所向皆下仍別奉中旨迎衡陽獻王昌初昌之將入致書於文帝辭甚不遜帝不懌召安都從容而言曰太子將至須別求一蕃吾其老焉安都對曰自古豈有被代天子愚臣不敢奉詔因自迎昌中流而殺之以功進爵清遠郡公自是威名甚重羣臣無出其右安都父捍爲始興內史卒於官文帝徵安都爲發喪尋起復本官贈其父散騎常侍金紫光祿大夫拜其母爲清遠國太夫人仍迎赴都母固求停鄉里上乃下詔改桂陽郡之汝城縣爲盧陽郡分衡州之始興安遠二郡合三郡爲東衡州以安都從弟曉爲刺史安都第三子祕年九歲上以爲始興內史並令在鄉侍養改封安都桂陽郡公王琳敗後周兵入據巴湘安都奉詔西捍及留異擁據東陽又奉詔東討異本謂臺軍自錢唐江上安都乃步由會稽之諸暨出永康異大恐奔桃枝嶺處巖谷間豎柵以拒守安都躬自接戰爲流矢所中血流至踝安都乘輿麾軍容止不變因其山隴爲堰屬夏潦水漲安都引船入堰樓船與異城等放拍碎其樓異與第二子忠臣脫身奔晉安虜其妻子振旅而歸加侍中征北大將軍仍還本鎭吏人詣闕表請立碑頌美安都功績詔許之自王琳平後安都勳庸轉大又自以功安社稷漸驕矜招聚文武士騎馭馳騁或命以詩筆第其高下以差次賞賜之文士則褚玠馬樞陰鏗張正見徐伯陽劉刪祖孫登武士則蕭摩訶裴子烈等並爲之賓齋內動至千人部官將帥多不遵法度檢問收攝則奔歸安都文帝性嚴察深銜之安都日益驕慢表啓封訖有事未盡乃開封自書之云又啓某事及侍宴酒酣或箕踞傾倚嘗陪樂游禊飲乃白帝曰何如作臨川王時帝不應安都再三言之帝曰此雖天命抑亦明公之力宴訖又啓便借供張水飾將載妻妾於御堂歡會帝雖許其請甚不懌明日安都坐於御坐賓客居羣臣位稱觴上壽初重雲殿災安都率將士帶甲入殿帝甚惡之自是陰爲之備又周迪之反朝望當使安都討之帝乃使吳明徹討迪又頻遣臺使案問安都部下檢括亡叛安都內不自安天嘉三年冬遣其別駕周弘實自託於舍人蔡景歷并問省中事景歷錄其狀奏之稱安都謀反帝慮其不受召明年春乃除安都爲征南大將軍江州刺史自京口還都部伍入於石頭帝引安都宴於嘉德殿又集其部下將帥會于尚書朝堂於坐收安都囚于西省又收其將帥盡奪馬仗而釋之因出景歷表於朝乃下詔暴其罪明日於西省賜死尋有詔宥其妻子家口葬以士禮初武帝嘗與諸將宴杜僧明周文育侯安都爲壽各稱功伐帝曰卿等悉良將也而並有所短杜公志大而識暗狎於下而驕於尊矜其功不收其拙周侯交不擇人而推心過差居危履嶮猜防不設侯郎傲誕而無厭輕佻而肆志並非全身之道卒皆如言太建三年宣帝追封安都陳集縣侯子亶爲嗣

歐陽頠字靖世長沙臨湘人也爲郡豪族少質直有思理以言行著於嶺表父喪哀毀甚至家產累積悉讓諸兄廬於麓山寺傍專精習業博通經史年三十其兄逼令從宦梁左衞將軍蘭欽少與頠善故頠常隨欽征討欽南征夷獠禽陳文徹所獲不可勝計大獻銅鼓累代所無頠預其功還爲直閤將軍欽征交州復啓頠同行欽度嶺而卒頠除臨賀內史啓乞送欽喪還都然後之任時湘衡界五十餘洞不賓敕衡州刺史韋粲討之粲委頠爲都督悉皆平殄侯景構逆粲自解還都征景以頠監衡州臺城陷後嶺南互相吞併蘭欽弟前高州刺史裕攻始興內史蕭昭基奪其郡以兄欽與頠舊遣招之頠不從謂使曰高州昆季隆顯莫非國恩今應赴難援都豈可自爲跋扈及陳武帝入援都將至始興頠乃深自結託裕遣兵攻頠武帝援之裕敗武帝以王懷明爲衡州刺史遷頠爲始興內史武帝之討蔡路養李遷仕也頠助討平之梁元帝承制以始興郡爲東衡州以頠爲刺史封新豐縣伯侯景平元帝徧問朝宰使各舉所知羣臣未對元帝曰吾已得一人矣歐陽頠甚公正本有匡濟才恐蕭廣州不肯致之乃授武州刺史尋授郢州欲令出嶺蕭勃留之不獲拜命尋授衡州刺史進封始興縣侯時蕭勃在廣州兵强位重元帝深患之遣王琳代爲刺史琳已至小桂嶺勃遣其將孫瑒監州盡率部下至始興避琳兵鋒頠別據一城不往謁勃閉門高壘亦不相戰勃怒遣兵襲頠盡收其貲財馬仗尋赦之還復其所復與結盟魏平荆州頠委質於勃及勃度嶺出南康以頠爲前軍都督周文育破禽之送于武帝帝釋而禮之蕭勃死後嶺南亂頠有聲南土且與武帝有舊乃授安南將軍衡州刺史封始興縣侯未至嶺頠子紇已剋始興及頠至嶺南皆慴伏仍進廣州盡有越地改授都督交廣等十九州諸軍事平越中郎將廣州刺史王琳據有中流頠自海道及東嶺奉使不絕永定三年即本號開府儀同三司文帝即位進號征南將軍改封陽山郡公初交州刺史袁曇緩密以金五百兩寄頠令以百兩還合浦太守龔䲨四百兩付兒智矩餘人弗之知頠尋爲蕭勃所破貲財並盡唯所寄金獨存曇緩亦尋卒至是頠並依信還之時人莫不歎伏之時頠合門顯貴威振南土又多致銅鼓生口獻奉珍異前後委積頗有助軍國天嘉四年薨贈司空謚曰穆子紇嗣紇字奉聖頗有幹略襲父官爵在州十餘年威惠著於百姓宣帝以紇久在南服頗疑之太建元年徵爲左衞將軍其部下多勸之反遂舉兵攻衡州刺史錢道戢詔儀同章昭達討禽之送至都伏誅子詢以年幼免

黃法𣰰字仲昭巴山新建人也少勁捷有膽力日步行二百里能距躍三丈頗便書疏閑明簿領出入州郡中爲鄉閭所憚侯景之亂於鄉里合徒衆太守賀詡下江州法𣰰監知郡事陳武帝將踰嶺入援建鄴李遷仕作梗中途武帝命周文育屯西昌法𣰰遣兵助文育時法𣰰出頓新淦縣景遣行臺于慶來襲新淦法𣰰敗之梁元帝承制授交州刺史領新淦縣令封巴山縣子敬帝即位改封新建縣侯太平元年割江西四郡置高州以法𣰰爲刺史鎭巴山蕭勃歐陽頠來攻法𣰰破之永定三年王琳遣李孝欽樊猛余孝頃攻周迪且謀取法𣰰法𣰰援迪禽孝頃等三將以功授平南將軍開府儀同三司熊曇朗於金口害周文育法𣰰共周迪討平之天嘉三年周迪反法𣰰與吳明徹討平迪法𣰰功居多廢帝即位進爵爲公太建五年大舉北侵法𣰰爲都督出歷陽於是爲拋車及步艦豎拍以逼之砲加其樓堞尅之盡誅其戍卒進兵合肥望旗降款法𣰰禁侵掠躬自勞撫而與之盟並放還北以功加侍中改封義陽郡公七年爲豫州刺史鎭壽陽薨贈司空謚曰威子玩嗣

淳于量字思明其先濟北人也世居建鄴父文成仕梁爲將帥位梁州刺史量少善自居處偉姿容有幹略便弓馬梁元帝爲荆州刺史文成分量人馬令往事焉以軍功封廣晉縣男侯景之亂梁元帝凡遣五軍入援臺量預其一臺城陷量還荆州元帝承制以爲巴州刺史侯景西上攻巴州元帝使都督王僧辯入據巴陵量與僧辯并力拒景大敗之禽其將任約進攻郢州獲宋子仙仍隨僧辯平侯景封謝沐縣侯尋出爲都督桂陽刺史及魏剋荆州量保桂州王琳擁割湘郢累遣召量量外雖與琳往來而別遣使歸陳武帝武帝受禪進位鎭西大將軍開府儀同三司天嘉五年徵爲中撫軍大將軍量所部將率多戀本土並欲逃入山谷不願入朝文帝使湘州刺史華皎征衡州且以兵迎量天康元年至都以在道淹留爲有司奏免儀同餘如故華皎構逆以量爲征南大將軍西討大都督總率大艦自郢州樊浦拒之皎平并降周將長湖公元定等以功授侍中中軍大將軍開府儀同三司進封醴陵縣公未拜出爲南徐州刺史太建元年進號征北大將軍給扶三年就江陰王蕭季卿買梁陵中樹季卿坐免量免侍中尋復侍中吳明徹之北侵也量讚成其事又遣第六子岑率所領從軍淮南剋定量改封始安郡公及周獲吳明徹乃以吳爲都督水陸諸軍事車騎將軍都督南兗州刺史十四年薨贈司空

章昭達字伯通吳興武康人也性倜儻輕財尚氣少時遇相者謂曰卿容貌甚善須小虧則當富貴梁大同中昭達爲東宮直後因醉墮馬鬢角小傷昭達喜之相者曰未也侯景之亂昭達率鄉人援臺爲流矢所中眇其一目相者見之曰卿相善矣不久當富貴臺城陷昭達還鄉里與陳文帝游因結君臣分侯景平文帝爲吳興太守昭達杖策來謁文帝見之大喜因委以將帥恩寵超於儕等陳武帝謀討王僧辯令文帝還長城招聚兵衆以備杜龕頻使昭達往京口稟承計畫僧辯誅後杜龕遣其將杜泰來攻長城昭達因從文帝進軍吳興以討龕龕平又從討張彪於會稽剋之累功除定州刺史時留異擁據東陽武帝患之乃使昭達爲長山令居其心腹天嘉元年追論長城功封欣樂縣侯尋隨侯安都拒王琳昭達乘平虜大艦中流而進先鋒發拍中賊艦王琳平昭達策勳第一二年除都督郢州刺史周迪據臨川反詔昭達便道征之迪敗走徵爲護軍將軍改封邵武縣侯四年陳寶應納周迪共寇臨川又以昭達爲都督討迪迪走昭達乃踰嶺討陳寶應與戰不利因據上流爲筏施拍其上壞其水柵又出兵攻其步軍方大合戰會文帝遣余孝頃出自海道適至因并力乘之遂定閩中盡禽留異寶應以功授鎭軍將軍開府儀同三司初文帝嘗夢昭達升台鉉及旦以夢告之至是侍宴酒酣顧昭達曰卿憶夢否何以償夢昭達對曰當效犬馬之用以盡臣節自餘無以奉償尋出爲都督江州刺史廢帝即位改封邵陵郡公華皎之反其移文並假以昭達爲辭又頻遣使招之昭達盡執其使送都秩滿徵爲中撫大將軍宣帝即位進號車騎大將軍以還朝遲留爲有司所劾降號車騎將軍歐陽紇據嶺南反詔昭達都督衆軍征之紇聞昭達奄至乃出頓洭口聚沙石盛以竹籠置於水柵之外用遏舟艦昭達居其上流裝

艦造拍以臨賊橋又令人銜刀潛行水中以斫竹籠籠篾皆解因縱大艦突之大敗紇禽之送都廣州平進位司空太建二年征江陵時梁明帝與周軍大蓄舟艦於青泥中昭達分遣偏將錢道戢程文季乘輕舟焚之周又於峽口南岸築壘名安蜀城於江上橫引大索編葦爲橋以度軍糧昭達乃命軍士爲長戟施樓船上仰割其索索斷糧絕因縱兵攻其城降之三年於軍中病薨贈大將軍昭達性嚴刻每奉命出征必晝夜倍道然其所剋必推功將帥廚膳飲食並同羣下將士亦以此附之每飲食必盛設女伎雜樂備羌胡之聲音律姿容並一時之妙雖臨敵弗之廢也四年配享文帝廟庭子大寶襲邵陵郡公位豐州刺史在州貪縱百姓怨酷後主以太僕卿李暈代之乃襲殺暈而反尋被禽梟首朱雀航夷三族

吳明徹字通炤秦郡人也父樹梁右軍將軍明徹幼孤性至孝年十四感墳塋未修家貧無以取給乃勤力耕種時天下亢旱苗稼焦枯明徹哀憤每之田中號哭仰天自訴居數日有自田還者云苗已更生明徹疑其紿已及往如言秋而大獲足充葬用時有伊氏者善占墓謂其兄曰君葬日必有乘白馬逐鹿者經墳此是最小孝子大貴之徵至時果有應明徹即樹之小子也及侯景寇都明徹有粟麥三千餘斛而鄰里飢餧乃白諸兄曰今人不圖久奈何不與鄉里共此於是計口平分同其豐儉羣盜聞而避焉賴以存者甚衆陳武帝鎮京口深相要結明徹乃詣武帝帝爲之降堦執手即席明徹亦微涉書史經傳就汝南周弘正學天文孤虛遁甲略通其術頗以英雄自許武帝亦深奇之及受禪授安南將軍與侯安都周文育將兵討王琳及衆軍敗沒明徹自拔還都文帝即位以本官加右衞將軍及周迪反詔以明徹爲江州刺史領豫章太守總衆軍以討迪明徹稚性剛直統內不甚和文帝聞之遣安成王頊代明徹令以本號還朝天嘉五年遷吳興太守及引辭之郡帝謂曰吳興雖郡帝鄉之重故以相授廢帝即位授領軍將軍尋遷丹陽尹仍詔以甲仗四十人出入殿省到仲舉之矯令出宣帝也毛喜知其詐宣帝懼遣喜與明徹籌焉明徹曰嗣君諒闇萬機多闕殿下親實周召德冠伊霍願留中深計愼勿致疑及湘州刺史華皎陰有異志詔授明徹都督湘州刺史仍與征南大將軍淳于量等討皎皎平授開府儀同三司進爵爲公太建五年朝議北征公卿互有異同明徹決策請行詔加侍中都督征討諸軍事總衆軍十餘萬發都緣江城鎮相續降款軍至秦郡齊大將軍尉破胡將兵爲援破走之秦郡降宣帝以秦郡明徹舊邑詔具太牢令拜祠上冢文武羽儀甚盛鄉里榮之進剋仁州授征北大將軍進封南平郡公進逼壽陽齊遣王琳拒守明徹乘夜攻之中宵而潰齊兵退據相國城及金城明徹令軍中益修攻具又遏肥水灌城城中苦濕多腹疾手足皆腫死者十六七會齊遣大將皮景和率兵數十萬來援去壽春三十里頓軍不進諸將咸曰計將安出明徹曰兵貴在速而彼結營不進自挫其鋒吾知其不敢戰明矣於是躬擐甲冑四面疾攻城中震恐一鼓而禽王琳等送建鄴景和懼而遁走詔以爲車騎大將軍豫州刺史增封并前三千五百戶遣謁者蕭淳就壽陽授策明徹於城南設壇士卒二十萬陳旗鼓戈甲登壇拜受成禮而退六年自壽陽入朝輿駕幸其第賜鍾磬一部七年進攻彭城軍至吕梁又大破齊軍八年進位司空給大都督鈇鉞龍麾尋授都督南兗州刺史及周滅齊宣帝將事徐兗九年詔明徹北侵令其世子慧覺攝行州事軍至吕梁周徐州總管梁士彥率衆拒戰明徹頻破之仍迮清水以灌其城攻之甚急環列舟艦於城下周遣上大將軍王軌救之軌輕行自清水入灌口橫流豎木以鐵鎖貫車輪遏斷船路諸將聞之甚恐議欲破堰拔軍以舫載馬馬明戌裴子烈曰君若決堰下船船必傾倒豈可得乎不如前遣馬出適會明徹若背疾甚篤知事不濟遂從之乃遣蕭摩訶帥馬軍數千前還明徹仍自決其堰乘水力以退軍及至清口水力微舟艦並不得度衆軍皆潰明徹窮蹙乃就執周封懷德郡公位大將軍以憂遘疾卒於長安後故吏盜其柩歸至德元年詔追封邵陵侯以其息慧覺嗣

裴子烈字大士河東聞喜人梁員外散騎常侍猗之子少孤有志氣以驍勇聞位北譙太守岳陽內史封海安伯

論曰古人云知臣莫若君書曰知人則哲觀夫陳武論將而周侯遇禍有以知斯言之非妄矣若不然者亦何以驅駕雄傑而創基撥亂者乎故瑱頠並自奔四翻同有亂鈍量望風景附自等誠臣良有以也昭達勤王之略遠符耿弇行已之方頗同吳漢既盼而貴亦踈而王吉凶之算豈人事也明徹屬運否之期當閫土之任才非韓白識暗孫吳知進而不知止知得而不知喪犯斯不韙師亡國蹙宜矣哉

南史卷六十六考證

杜僧明傳武帝頓豫章命僧明爲前驅○命陳書作會誤

周文育傳文育對曰母老家貧兄弟姊並長大○陳書無弟字

後監州王勸以文育爲長流深被委任○長流下陳書有令字

侯瑱傳是時瑱據中流甚強○甚強陳書作兵甚強

侯安都傳父捍少仕州郡○捍陳書作文捍

禽齊儀同乞伏無芳○伏閣本作扶又芳陳書作勞

故拍碎其樓○陳書樓字下有雉字

歐陽頠傳蘭欽弟前高州刺史裕攻始興內史蕭昭基奪其郡○昭陳書作紹

黃法𣰰傳日步行二百里○陳書步行日三百里

於是爲拋車及步艦豎拍以逼之○拋陳書作拍

章昭達傳眇其一目○眇監本訛盼今改正

吳明徹傳字通炤○炤陳書作昭

年十四感墳塋未脩○脩陳書作修

到仲舉之矯令出宣帝也毛喜知其詐○詐一本作謀

又遏肥水灌城○又監本訛尺陳書云又迮肥水以灌城今改正

南史卷六十七

唐　李延壽　撰

列傳第五十七

胡穎字方秀吳興人也偉姿容性寬厚梁末陳武帝在廣州穎深自結託從克元景仲平蔡路養李遷仕皆有功武帝進軍頓西昌以穎爲巴丘令鎮大皐督糧運下至豫章以穎監豫章郡武帝率衆與王僧辯會白茅灣同討侯景以穎知留府事梁承聖初元帝授穎羅州刺史封漢陽縣侯尋除豫章內史隨武帝鎮京口齊遣郭元建出東關武帝令穎率府內驍勇隨侯瑱於東關大破之後從武帝襲王僧辯又隨周文育於吳興討杜龕武帝受禪兼左衞將軍天嘉元年除散騎常侍吳興太守卒官謚曰壯二年配享武帝廟庭子六同嗣

徐度字孝節安陸人也少倜儻不拘小節及長姿貌瓌偉嗜酒好博恒使僮僕屠酤爲事初從梁始興內史蕭介征諸山洞以驍勇聞陳武帝在交阯乃委質爲侯景之亂武帝剋廣州平蔡路養破李遷仕計畫多出於度侯景平後追錄前後戰功封廣德縣侯武帝鎮朱方除蘭陵太守武帝遣衡陽獻王往荊州度率所領從爲江陵覆亡間行東歸武帝東討杜龕奉敬帝幸京口以度領宿衞并知留府事徐嗣徽任約等來寇武帝與敬帝還都時賊已據石頭使度頓軍於冶城寺明年嗣徽等又引齊寇濟江度隨衆軍破之於北郊壇以功除郢州刺史兼領吳興太守文帝即位累遷侍中中撫將軍開府儀同三司進爵爲公天嘉元年以平王琳功改封湘東郡公及太尉侯瑱薨于湘州以度代瑱爲都督湘州刺史秩滿復爲侍中中軍大將軍文帝崩度預顧命許以甲仗五十人入殿省廢帝即位進位司空薨贈太尉謚曰忠肅太建四年配享武帝廟庭子敬成嗣

敬成幼聰慧好讀書起家著作佐郎永定元年領度所部士卒隨周文育侯安都征王琳於沌口敗績爲琳所縶二年隨文育安都得歸父度爲吳郡太守以敬成監郡光大元年爲巴州刺史尋領水軍隨吳明徹平華皎太建二年以父憂去職尋起爲南豫州刺史襲爵湘東郡公五年除吳興太守隨都督吳明徹北討出秦郡別遣敬成爲都督乘金翅自歐陽引埭泝江由廣陵齊人皆城守弗敢出自繁梁湖下淮剋淮陰山陽鹽城三郡仍進剋鬱州進號壯武將軍鎮朐山坐於軍中輒科訂井誅新附者免官尋除安州刺史鎮宿豫卒謚曰思子敞嗣

杜稜字雄盛吳郡錢唐人也少落泊不爲時知頗涉書傳游嶺南事梁廣州刺史新渝侯蕭暎暎卒從陳武帝平蔡路養李遷仕皆有功梁元帝承制授石州刺史上陌縣侯侯景平後武帝鎮朱方以稜監義興琅邪二郡

武帝謀誅王僧辯，引稜與侯安都等共議，稜難之。武帝懼其泄己，乃以手巾絞稜，稜悶絕於地，因閉於別室。軍發，召與同行。及僧辯平後，武帝東征杜龕等，留稜與安都居守。徐嗣徽、任約引齊師濟江攻臺城，安都與稜隨方抗拒，未嘗解帶。賊平，以功除右衞將軍、丹陽尹。永定元年，位侍中、中領軍。武帝崩，文帝在南皖，時內無嫡嗣，外有强敵，侯瑱、侯安都、徐度等並在軍中，朝廷宿將唯稜在都，獨典禁兵，乃與蔡景歷等祕不發喪，奉迎文帝。文帝卽位，遷領軍將軍，以預建立功，改封永城縣侯，位丹陽尹。廢帝卽位，加特進、侍中。光大元年，解尹，量置佐史，給扶。太建元年，出爲吳興太守。二年，徵爲侍中，尋加特進、護軍將軍。三年，以公事免侍中、護軍。四年，復爲侍中、右光祿大夫，將軍、佐史、扶並如故。稜歷事三帝，並見恩寵，末年不預征役，優游都下。頃之，卒于官，贈開府儀同三司，諡曰成，配享武帝廟廷。子安世嗣。

周鐵虎，不知何許人也。語音傖重，驍力過人，便馬槊。事梁河東王蕭譽，以勇敢聞。譽爲湘州，以爲臨蒸令。侯景之亂，梁元帝遣世子方等伐譽，譽拒戰大捷，方等死，鐵虎功最。及王僧辯討譽，於陣獲之，將烹焉，鐵虎呼曰：「侯景未滅，柰何殺壯士？」僧辯奇其言，宥之，還其麾下。及侯景西上，鐵虎從僧辯尅任約，獲宋子仙，每戰有功。元帝承制，授潼州刺史，封沌陽縣子。又從僧辯定建鄴，降謝答仁，平陸納於湘州，錄前後功，進爵爲侯。陳武帝誅僧辯，鐵虎率所部降，因復其本職。徐嗣徽引齊寇度江，鐵虎破其水軍。嗣徽平，遷太子左衞率。尋隨周文育拒蕭勃，文育命鐵虎偏軍襲勃，禽勃前軍歐陽頠。又隨文育西征王琳，於沌口敗績，與文育、侯安都並爲琳所禽。琳見諸將與語，唯鐵虎辭氣不屈，故琳盡宥文育之徒，獨鐵虎見害。贈侍中、護軍。天嘉三年，文帝又詔配食武帝廟庭。子瑜嗣。

程靈洗字玄滌，新安海寧人也。少以勇力聞，步行日二百里，便騎善游，素爲鄉里畏伏。侯景之亂，據黟、歙聚徒以拒景。景軍據有新安，新安太守湘西鄉侯蕭隱奔依靈洗，靈洗奉以主盟。梁元帝授靈洗譙州刺史，資領新安太守，封巴丘縣侯。後助王僧辯鎮防。及武帝誅僧辯，靈洗率所領來援，其夜力戰於石頭西門，武帝軍不利，遣使招諭，久之乃降。帝深義之，授蘭陵太守，仍助防京口。及平徐嗣徽，靈洗有功，除南丹陽太守，封遂安縣侯。後隨周文育西討王琳，軍敗，爲琳所拘，尋與侯安都等逃歸。累遷太子左衞率。武帝崩，王琳前軍東下，靈洗於南陵破之，虜其兵士，并獲青龍十餘乘，以功授都督南豫州刺史。侯瑱等敗王琳于柵口，靈洗逐北，據有魯山，徵爲左衞將軍。天嘉四年，周迪重寇臨川，以靈洗爲都督，自鄱陽別道擊之，迪又走山谷間。遷中護軍，出爲都督、郢州刺史。廢帝卽位，進號雲麾將軍。華皎之反，遣使招靈洗，靈洗斬皎使以聞，朝廷深嘉其忠，因推心待之，使其子文季領水軍助防。時周將元定率步騎二萬助皎圍靈洗，靈洗嬰城固守，及皎敗，乃出軍躡定，定不獲濟江，以其衆降，因進攻尅周沔州，禽其刺史裴寬。以功改封重安縣公。靈洗性嚴急，御下甚苛刻，士卒有小罪，必以軍法誅之，號令分明，與士卒同甘苦，衆亦以此德之。性好播植，躬勤耕稼，至於水陸所宜，刈穫早晚，雖老農不能及也。妓妾無游手，並督之紡績。至於散用貲財，亦弗儉吝。卒，贈鎮西將軍、開府儀同三司，諡曰忠壯。太建四年，配享武帝廟庭。子文季嗣。

文季字少卿，幼習騎射，多幹略，果決有父風。靈洗與周文育、侯安都等敗於沌口，爲王琳所執，武帝召陷賊諸子弟厚遇之，文季最有禮容，深見賞。文帝嗣位，除宣惠始興王府限內中直兵參軍，累遷臨海太守。後乘金翅助父鎮郢城。華皎平，靈洗及文季並有扞禦之功。及靈洗卒，文季盡領其衆，起爲超武將軍，仍助防郢州。文季性至孝，雖軍旅奪禮，而毀瘠甚至。服闋，襲封重安縣公。隨都督章昭達率軍往荊州征梁，梁人與周軍多造舟艦，置于青泥水中，昭達遣文季共錢道戢盡焚其舟艦。旣而周兵大出，文季僅以身免。以功加通直散騎常侍。太建五年，都督吳明徹北討，至秦郡，秦郡前江浦通涂水，齊人並下大柱爲杙，柵水中，文季乃前領驍勇拔開其柵。明徹率大軍自後而至，攻尅秦郡。又別遣文季攻涇州，屠其城，進拔盱眙，仍隨明徹圍壽陽。文季臨事謹飭，御下嚴整，前後所克城壘，率皆迮水爲堰，土木之功，動踰數萬，置陣役人，文季必先於諸將，夜則早起，迄暮不休，軍中莫不服其勤幹。每戰爲前鋒，齊軍深憚之，謂爲程彪。以功除散騎常侍，帶新安內史。累遷北徐州刺史，加都督。後隨明徹北侵，軍敗，爲周所囚，仍授開府儀同三司。十一年，自周逃歸，至渦陽，爲邊吏執送長安，死于獄。是時旣與周絕，不之知。至德元年，後主知之，贈散騎常侍，又詔傷其廢絕，降封重安縣侯，以子饗襲封。

沈恪字子恭，吳興武康人也。深沉有幹局。梁新渝侯蕭暎之爲廣州，兼暎府中兵參軍。陳武帝與恪同郡，情好甚昵。蕭暎卒後，武帝南討李賁，仍遣妻子附恪還鄉。尋補東宮直後，以嶺南勳除員外散騎侍郎，仍令總集宗從子弟。侯景圍臺城，起東西二土山以逼城，城內亦作土山應之，恪爲東土山主，晝夜拒戰，以功封東興侯。及城陷，間行歸鄉。武帝討景，遣使報恪，恪於東起兵相應。賊平後，授都軍副。及武帝謀討王僧辯，恪預兵事。武帝使文帝還長城立柵備杜龕，使恪還武康招集兵衆。及僧辯誅，龕果遣副將杜泰襲文帝於長城，恪時已出縣誅龕黨與，武帝尋遣周文育來援長城，文育至，泰乃走。及龕平，文帝襲東揚州刺史張彪，以恪監吳興郡。武帝受禪，將恪自吳興入朝，武帝使中書舍人劉師知引恪令勒兵入，因衞敬帝如別宮。恪排闥入見武帝，叩頭謝曰：「恪身經事蕭家來，今日不忍見此事，分受死耳，決不奉命。」武帝嘉其意，不復逼，更以盪主王僧志代之。帝踐阼，除吳興太守。永定三年，除散騎常侍、會稽太守。歷事文帝及廢帝，累遷護軍將軍。至宣帝卽位，除平越中郎將、都督、廣州刺史。恪未至嶺，前刺史歐陽紇舉兵拒嶮，不得進，朝廷遣司空章昭達討平紇，乃得入州。兵荒之後，所在殘毀，恪綏懷安輯，被以恩惠，嶺表賴之。後主卽位，爲特進、金紫光祿大夫。卒，諡曰光。子法興嗣。

陸子隆字興世，吳郡人也。祖敞之，梁嘉興令。父悛，封氏令。子隆少慷慨，有志功名。侯景之亂，於鄉里聚徒。時張彪爲吳郡太守，引爲將帥，仍隨彪徙鎮會稽。及文帝討彪，彪將沈泰、吳寶眞、申縉等皆降，而子隆力戰敗績，文帝義之，復使領其部曲。文帝嗣位，子隆力戰領甲仗宿衞，封益陽縣子。累遷廬陵太守。周迪據臨川反，子隆隨章昭達討迪，迪退走。因隨昭達討陳寶應，晉安平，子隆功最，遷武州刺史，改封朝陽縣伯。華皎據湘州反，以子隆居其心腹，皎深患之，頻遣使招子隆，不從，攻又不尅。及皎敗於郢州，子隆出兵襲其後，因與大軍相會。進爵爲侯。尋遷都督、荊州刺史。荊州新置，居公安，城池未固，子隆修立城郭，綏集夷夏，甚得人和，號爲稱職。吏人詣闕求立碑頌美功績，詔許之。卒，諡威。子之武嗣。之武年十六，領其舊軍。後爲弘農太守，乃隸吳明徹於呂梁，軍敗逃歸，爲人所害。子隆弟子才，亦有幹略，從子隆征討有功，除始平太守，封始康縣子，卒於信州刺史。

錢道戢字子韜，吳興長城人也。父景深，梁漢壽令。道戢少以孝行著聞，及長頗有材幹。陳武帝微時，以從妹妻焉。武帝輔政，道戢隨文帝平張彪于會稽，以功拜東徐州刺史，封永嘉縣侯。天嘉元年，爲臨海太守。侯安都之討留異，道戢帥軍出松陽以斷其後。異平，以功拜都督、衡州刺史，領始興內史。後與章昭達討歐陽紇，紇平，除左衞將軍。太建二年，又隨昭達征江陵，以功加散騎常侍。後爲都督、郢州刺史，與儀同黃法𣰰攻下歷陽，因以道戢鎮之。卒官，諡曰肅。子邈嗣。

駱文牙字旗門，吳興臨安人也。父裕，梁鄱陽嗣王中兵參軍事。牙年十二，宗人有善相者云：「此郎容貌非常，必將遠致。」梁太清末，陳文帝避地臨安，文牙母陳觀帝儀表，知非常人，賓待甚厚。及帝爲吳興太守，引文牙爲將帥，從平杜龕、張彪，勇冠衆軍。文帝卽位，封臨安縣侯，位越州刺史。初，文牙母卒，時兵荒，至是始葬，詔贈臨安國太夫人，諡曰恭。太建八年，文牙累遷散騎常侍，入直殿省。十年，授豐州刺史。至德二年，卒，贈廣州刺史。子義嗣。

孫瑒字德璉，吳郡吳人也。父修道，梁中散大夫，以雅素知名。瑒少倜儻，好謀略，博涉經史，尤便書翰。仕梁爲邵陵王中兵參軍事。太淸之難，授假節、宣猛將軍、軍主。王僧辯之討侯景也，王琳爲前軍，琳與瑒親婭，乃表薦爲宜都太守。後以軍功封富陽侯。敬帝立，累遷巴州刺史。及陳武帝受禪，王琳立梁永嘉王蕭莊於郢州，徵瑒爲少府卿，仍徙都督、郢州刺史，總留府之任。周遣大將軍史寧乘虛攻之，瑒兵不滿千人，乘城拒守，周兵不能尅。及王琳乘勝而進，周兵乃解，瑒於是盡有中流之地。旣而遣使奉表歸陳。天嘉元年，授湘州刺史，封定襄縣侯。瑒懷不自安，乃固請入朝，徵爲侍中、領軍將軍。未拜，文帝謂曰：「昔朱買臣願爲本郡，卿豈有意乎？」改授吳郡太守，給鼓吹一部。秩滿，徵拜散騎常侍、中護軍。及留異反據東陽，詔瑒督舟師進討。異平，遷鎮右將軍。頃之，出爲建安太守。太建四年，爲都督、荊州刺史，出鎮公安，爲鄰境所憚。居職六年，以公事免。及吳明徹軍敗呂梁，詔授都督緣江水陸諸軍事，尋授都督、郢州刺史。十二年，坐疆埸交通抵罪。後主嗣位，復爵邑，歷位度支尚書、侍中、祠部尚書。後主頻幸其宅，賦詩述勳德之美。遷五兵尚書，領左軍將軍，侍中如故。禎明元年，卒官，諡曰桓。瑒事親以孝聞，於諸弟甚篤睦。性通泰，有財散之親友。居家頗失於侈，家庭穿築，極林泉之致，歌鍾舞女，當世罕儔，賓客塡門，軒蓋不絕。及出鎮郢州，乃合十餘船爲大舫，於中立亭池，植荷芰，每良辰美景，賓僚並集，泛長江而置酒，亦一時之勝賞焉。常於山齋設講肆，集玄儒之士，冬夏資奉，爲學者所稱。而處已率易，不以名位驕物。時興皇寺朗法師該通釋典，瑒每造講筵，時有抗論，法侶莫不傾心。又巧思過人，爲起部尚書，軍國器械多所創立有壁識男女婚姻皆擇素貴及卒尙書令江總爲之銘誌後主又題銘後四十字遣左戶尙書蔡徵就宅宣敕鐫之其詞曰秋風動竹烟水驚波幾人樵徑何處山阿今時日月宿昔綺羅天長路遠地久靈多功臣未勒此意如何時論以爲榮瑒二十一子第二子訓頗知名位高唐太守陳亡入隋

徐世譜字興宗巴東魚復人也世居荆州爲主帥征伐蠻蜒至世譜尤勇敢有旅力善水戰梁元帝之爲荆州刺史世譜將領鄉人事焉侯景之亂因預征討累遷至員外散騎常侍尋領水軍從司徒陸法和與景戰於赤亭湖時景軍甚盛世譜乃別造樓船拍艦火舫水車以益軍勢將戰又乘大艦居前大敗景軍禽景將任約景退走因隨王僧辯攻郢州世譜復乘大艦臨其倉門賊將宋子仙摽城降以功除信州刺史封魚復縣侯仍隨僧辯東下恒爲軍鋒景平以衡州刺史資領河東太守西魏攻荆門世譜鎭馬頭岸據有龍洲元帝授侍中都督江南諸軍事鎭南將軍護軍將軍魏剋江陵世譜東下依侯瑱紹泰元年徵爲侍中左衞將軍陳武帝之拒王琳其水戰之具悉委世譜世譜性機巧諳解舊法所造器械並隨機損益妙思出人永定二年還護軍將軍文帝卽位歷特進右光祿大夫以疾失明謝病不朝卒諡曰桓

周敷字仲遠臨川人也爲郡豪族敷形貌眇小如不勝衣膽力勁果超出時輩性豪俠輕財重士鄉黨少年任氣者咸歸之侯景之亂鄉人周續合衆以討賊爲事梁內史始興蕃王蕭毅以郡讓續續所部有欲侵掠毅者敷擁護之親率其黨捍送至豫章時梁觀寧侯蕭永長梁侯蕭基豐城侯蕭泰避難流寓聞敷信義皆往依之敷愍其危懼屈體崇敬厚加給卹送之西上俄而續部下將帥爭權殺續以降周迪迪素無簿閥又失衆心倚敷族望深求交結敷未能自固事迪甚恭迪大悉杖之迪據臨川之工塘敷鎭臨川故郡侯景平梁元帝授敷寧州刺史封西豐縣侯陳武帝受禪王琳據有上流余孝頃與琳黨李孝欽等共圍周迪敷助於迪迪禽孝頃等敷功最多熊曇朗之殺周文育據豫章將兵襲敷敷大破之曇朗走巴山郡敷因與周迪黃法氍等進兵屠之王琳平授散騎常侍豫章太守時南江酋帥並顧戀巢窟唯敷獨先入朝天嘉二年詣闕進號安西將軍令還鎭豫章周迪以敷素出己下超致顯達深不平乃舉兵反遣弟方興襲敷敷大破之仍從都督吳明徹攻破迪禽方興再遷都督南豫州刺史迪又收餘衆襲東興文帝遣都督章昭達征迪敷又從軍至定川縣與迪相對迪紿敷求還朝欲立盟敷許之方登壇爲迪所害諡日脫子智安嗣位至太僕卿

荀朗字深明潁川潁陰人也祖延祖梁潁川太守父伯通衞尉卿朗少慷慨有將帥大略侯景之亂據巢湖無所屬臺城陷後梁簡文帝密詔授朗豫州刺史令與外蕃討景景使儀同宋子仙任約等頻征之不能剋時都下饑朗更招致部曲衆至數萬侯景敗於巴陵朗截破其後軍景平後又別破齊將郭元建於踟蹰山及魏剋荆州陳武帝入輔齊遣蕭軌東方老等來寇據石頭朗自宣城來赴與侯安都等大破之武帝受禪賜爵興寧縣侯以朗兄昻爲左衞將軍弟晷爲太子右衞率武帝崩宣太后與舍人蔡景歷祕不發喪朗弟曉在都微知之謀率其家兵襲臺事覺景歷殺曉仍繫其兄弟文帝卽位並釋之因厚撫朗令與侯安都等拒王琳琳平遷都督合州刺史卒諡曰壯子法尙嗣法尙少倜儻有文武幹略禎明中爲都督郢州刺史及隋軍濟江法尙降入隋歷邵觀綿豐四州刺史巴東敦煌二郡太守

周炅字文昭汝南安成人也祖强齊梁州刺史父靈起梁廬桂二州刺史保城縣侯炅少豪俠任氣有將帥才梁太清元年爲弋陽太守侯景之亂元帝承制改授西陽太守封西陽縣伯以軍功累遷都督江州刺史進爲侯陳武帝踐阼王琳擁據上流炅以州從之後爲侯安都所禽送都文帝釋之授定州刺史帶西陽武昌二郡太守太建五年爲都督安州刺史改封龍源縣侯其年隨都督吳明徹北討所向剋捷一月之中獲十二城敗齊尙書左丞陸騫軍進攻巴州剋之於是江北諸城及穀陽士人並誅其渠帥以城降進號和戎將軍仍敕追炅入朝後梁定州刺史田龍昇以城降詔以爲定州刺史封赤亭王及炅入朝龍昇以江北六州七鎭叛入于齊齊遣歷陽王高景安應之於是令炅爲江北道大都督總統衆軍以討龍昇斬之盡復江北之地進號平北將軍卒於官贈司州刺史改封武昌郡公諡曰壯

魯悉達字志通扶風郿人也祖斐齊衡州刺史陽塘侯父益之梁雲麾將軍新蔡義陽二郡太守悉達幼以孝聞侯景之亂糾合鄉人保新蔡力田蓄穀時兵荒都下及上川餓死者十八九有得存者皆攜老幼以歸焉悉達所濟活者甚衆招集晉熙等五部盡有其地使其弟廣達領兵隨王僧辯討平侯景梁元帝授北江州刺史敬帝卽位王琳據有上流留異余孝頃周迪等所在蠭起悉達撫綏五郡甚得人和琳授悉達鎭北將軍陳武帝亦遣趙知禮授征西將軍江州刺史悉達兩受之遷延顧望武帝遣安西將軍沈泰潛師襲之不能剋齊遣行臺慕容紹宗來攻鬱口諸鎭悉達與戰大敗齊軍紹宗僅以身免王琳欲圖東下以悉達制其中流遣使招誘悉達終不從琳不得下乃連結於齊齊遣淸河王高岳助之會裨將梅天養等懼罪乃引齊軍入城悉達勒麾下數千人濟江而歸武帝見之喜曰來何遲也授北江州刺史彭澤縣侯悉達雖杖氣任俠不以富貴驕人雅好詞賦招禮賢才與之賞會文帝卽位遷吳州刺史遭母憂哀毀過禮因遘疾卒諡孝侯子覽嗣弟廣達

廣達字徧覽少慷慨志立功名虛心愛士賓客自遠而至時江表將帥各領部曲動以千數而魯氏尤爲多仕梁爲平南當陽公府中兵參軍侯景之亂與兄悉達聚衆保新蔡梁元帝承制授晉州刺史王僧辯之討侯景廣達出境候接資奉軍儲僧辯謂沈炯曰魯晉州亦是王師東道主人仍率衆隨僧辯景平加員外散騎常侍陳武受禪授東海太守後代兄悉達爲吳州刺史封中宿縣侯光大元年遷南豫州刺史華皎稱兵上流詔司空淳于量進討軍至夏口見皎舟師强盛莫敢進廣達首率驍勇直衝賊軍廣達墮水沉溺久之因救獲免皎平授巴州刺史太建初與儀同章昭達入峽口招定安蜀等諸州鎭時周圖江左大造舟艦於蜀并運糧青泥廣達與錢道戢等將兵掩襲縱火焚之仍還本鎭廣達爲政簡要推誠任下吏人便之及秩滿皆詣闕表請於是詔申二年衆軍北伐略淮南舊地廣達與齊軍會於大峴大破之斬其敕城主張元範進剋北徐州仍授北徐州刺史十年授都督合州刺史十一年周將梁士彥圍壽春詔遣中領軍樊毅左衞將軍任忠等分部趣陽平秦郡廣達率衆入淮爲掎角以擊之周軍攻陷豫霍二州南北兗晉等各自拔諸將並無功盡失淮南之地廣達因免官以侯還第十二年與南豫州刺史樊毅北討剋郭默城尋授平西將軍都督郢州以上七州諸軍事頓兵江夏周安州總管元景征江外廣達命偏師擊走之至德二年爲侍中改封綏越郡公尋爲中領軍及賀若弼進軍鍾山廣達於白土岡置陣與弼旗鼓相對廣達躬擐甲冑手執桴鼓率勵敢死而進隋軍退走如是者數四及弼乘勝至宮城燒北掖門廣達猶督餘兵苦戰不息會日暮乃解甲面臺再拜慟哭謂衆曰我身不能救國負罪深矣士卒皆涕泣歔欷於是就執禎明三年依例入隋廣達追愴本朝淪覆遘疾不療尋以憤慨卒尙書令江總撫柩慟哭乃命筆題其棺頭爲詩曰黃泉雖抱恨白日自留名悲君感義死不作負恩生又製廣達墓銘述其忠槩初隋將韓擒虎濟江廣達長子世眞在新蔡乃與其弟世雄及所部奔擒虎遣使致書招廣達廣達時屯兵都下乃自劾廷尉請罪後主謂曰世眞雖異路中大夫公國之重臣吾所恃賴豈得自同嫌疑之間乎加賜黃金卽日還營廣達有隊主楊孝辯時從廣達在軍中力戰陷陣其子亦隨孝辯揮刀殺隋兵十餘人力窮父子俱死

蕭摩訶字元胤蘭陵人也父諒梁始興郡丞摩訶隨父之郡年數歲而父卒其姊夫蔡路養時在南康乃收養之稍長果毅有勇力侯景之亂陳武帝赴援建鄴路養起兵拒武帝摩訶時年十三單騎出戰軍中莫有當者及路養敗摩訶歸侯安都常從征討安都遇之甚厚及任約徐嗣徽引齊兵爲寇武帝遣安都北拒齊軍於鍾山龍尾及北郊壇安都謂摩訶曰卿驍勇有名千聞不如一見摩訶對曰今日令公見之及戰安都墜馬被圍摩訶獨騎大呼直衝齊軍齊軍稍解去安都乃免以平留異歐陽紇功累遷巴山太守太建五年衆軍北伐摩訶隨都督吳明徹濟江攻秦郡時齊遣大將尉破胡等率衆十萬來援其前隊有蒼頭犀角大力之號皆身長八尺膂力絕倫其鋒甚銳又有西域胡妙於弓矢弦無虛發衆軍尤憚之及將戰明徹謂摩訶曰若殪此胡則彼軍奪氣君有關張之名可斬顏良矣摩訶曰願得識其形狀明徹乃召降人有識胡者云胡絳衣樺皮裝弓兩端骨弭明徹遣人覘伺知胡在陣仍自酌酒飲摩訶摩訶飲訖馳馬衝齊軍胡挺身出陣前十餘步彀弓未發摩訶遙擲銑鋧正中其額應手而仆齊軍大力十餘人出戰摩訶又斬之於是齊師退走以功封廉平縣伯尋進爲侯位太僕卿又隨明徹進圍宿豫擊走齊將王康德以功除晉熙太守九年明徹進軍呂梁與齊大戰摩訶率七騎先入手奪齊軍大旗齊衆大潰以功授譙州刺史及周武帝滅齊遣其將宇文忻爭呂梁忻時有精騎數千摩訶領十二騎深入周軍從横奮擊斬馘甚衆及周遣大將王軌來赴結長圍連鏁於呂梁下流斷大軍還路摩訶謂明徹曰聞軌始鏁下流其兩頭築城今尙未立公若見遣擊之彼必不敢相拒彼城若立則吾屬虜矣明徹奮髯曰搴旗陷陣將軍事也長算遠略

老夫事也摩訶失色而退一旬之中水路遂斷周兵益至摩訶又請曰今求戰不得進退無路若潛軍突圍未足爲恥願公率步卒乘馬輿徐行摩訶驅馳前後必使公安達京邑明徹曰弟計乃良圖也然老夫受脤專征今被圍逼慙實無地且步軍既多吾爲總督必須身居其後相率兼行弟馬軍宜須在前摩訶因夜發選精騎八千率先衝突自後衆騎繼焉比旦達淮南宣帝徵還授右衞將軍及宣帝崩始興王叔陵於殿內手刃後主遂奔東府城摩訶入受敕乃率馬步數百趣東府城斬之以功授車騎大將軍封綏建郡公叔陵素所蓄聚金帛累巨萬後主悉以賜之改授侍中驃騎大將軍左光祿大夫舊制三公黃閤聽事置鴟尾後主特詔摩訶開黃閤門施行馬聽事寢堂並置鴟尾仍以其女爲皇太子妃會隋總管賀若弼鎮廣陵後主委摩訶禦之授南徐州刺史禎明三年元會徵摩訶還朝弼乘虛濟江襲京口摩訶請率兵逆戰後主不許及弼進鍾山摩訶又曰弼懸軍深入壍壘未堅出兵掩襲必剋又不許及將出戰後主謂曰公可爲我一決摩訶曰從來行陣爲國爲身今日之事兼爲妻子後主多出金帛賦諸軍以充賞賜令中領軍魯廣達陳兵白土岡居衆軍南鎮東大將軍任忠次之護軍將軍樊毅都官尚書孔範又次之摩訶軍最居北衆軍南北亘二十里首尾進退不相知弼初謂未戰將輕騎登山望見衆軍因馳下置陣後主通於摩訶之妻故摩訶雖領勁兵八千初無戰意唯魯廣達田端以其徒力戰賀若弼及所部行軍七總管楊牙韓洪員明黃斯張默言達奚隆張辯等甲士凡八千人各勒陣以待之弼躬當魯廣達麾下戰死者二百七十三人弼縱煙以自隱窘而復振陳兵得人頭皆走獻後主求賞金銀弼更趣孔範範兵暫交便敗走陳軍盡潰死者五千人諸門衞皆走黃斯馳燒北掖門而入員明禽摩訶以送弼弼以刀臨頸詞色不撓乃釋而禮之及城平弼置後主於德教殿令兵衞守摩訶請弼曰今爲囚虜命在斯須願一見舊主死無所恨弼哀而許之入見後主俯伏號泣仍於舊廚取食進之辭訣而出守衞者皆不能仰視隋文帝聞摩訶抗答賀若弼曰壯士也此亦人之所難入隋授開府儀同三司尋從漢王諒詣并州同諒作逆伏誅年七十三摩訶訥於言恂恂長者至於臨戎對寇志氣奮發所向無前年未弱冠隨侯安都在京口性好獵無日不畋游及安都征伐摩訶功居多子世廉有父風性至孝及摩訶凶終服闋後追慕彌切其父時賓故脫有所言及世廉對之哀慟不自勝言者爲之歔欷終身不執刀斧時人嘉焉摩訶有騎士陳智深者勇力過人以平叔陵功爲巴陵內史摩訶之戮也其子先已籍沒智深收摩訶屍手自殯斂哀感行路君子義之頴川陳禹亦隨摩訶征討聰敏有識量涉獵經史解風角兵書頗能屬文便騎射官至王府諮議

任忠字奉誠小名蠻奴汝陰人也少孤微不爲鄉黨所齒及長譎詭多計略旅力過人尤善騎射州里少年皆附之梁鄱陽王蕭範爲合州刺史聞其名引置左右侯景之亂忠率鄉黨數百人隨晉熙太守梅伯龍討景將王貴顯於壽春每戰却敵會土人胡通聚衆寇抄範命忠與主帥梅思立并軍討平之仍隨範世子嗣率衆入援會京城陷旋戍晉熙侯景平授蕩寇將軍王琳立蕭莊署忠爲巴陵太守琳敗還朝授明毅將軍安湘太守仍隨侯瑱進討巴湘累遷豫寧太守衡陽內史華晈之舉兵也忠預其謀及晈平宣帝以忠先有密啓於朝廷釋而不問太建初隨章昭達討歐陽紇於廣州以功授直閤將軍遷武毅將軍廬陵內史秩滿入爲右軍將軍五年衆軍北伐忠將出西道擊走齊歷陽王高景安於大峴逐北至東關仍剋其東西二城進軍蘄譙竝拔之徑襲合肥入其郛進剋霍州以功授員外散騎常侍封安復縣侯呂梁之喪師也忠全軍而還尋授忠都督壽陽新蔡霍州緣淮衆軍霍州刺史入爲左衞將軍遷平南將軍南豫州刺史加都督率步騎趣歷陽周遣王延貴率衆爲援忠大破之生禽延貴後主嗣位進號鎮南將軍給鼓吹一部入爲領軍將軍加侍中改封梁信郡公出爲吳興內史及隋兵濟江忠自吳興入赴屯軍朱雀門後主召蕭摩訶以下於內殿定議忠曰兵法客貴速戰主貴持重今國家足食足兵宜固守臺城緣淮立柵北軍雖來勿與交戰分兵斷江路無令彼信得通給臣精兵一萬金翅三百艘下江徑掩六合彼大軍必言其度江將士已被獲自然挫氣淮南土人與臣舊相知悉今聞臣往必皆景從臣復揚聲欲往徐州斷彼歸路則諸軍不擊而自去待春水長上江周羅睺等衆軍必沿流赴援此良計矣後主不能從明日欻然曰腹煩殺人喚蕭郎作一打忠叩頭苦請勿戰後主從孔範言乃戰於是據白土岡陣及軍敗忠馳入臺見後主言敗狀曰官好住無所用力後主與之金兩縢爲我南岸收募人猶可一戰忠曰陛下唯當具舟檝就上流衆軍臣以死奉衞後主信之敕忠出部分忠辭云臣處分訖卽奉迎後主令宮人裝束以待忠久望不至時隋將韓擒虎自新林進軍忠率數騎往石子岡降之仍引擒虎軍共入南掖門臺城平入長安隋授開府儀同三司卒年七十七隋文帝後以散騎常侍袁元友能直言於後主嘉之擢拜主爵侍郎謂羣臣曰平陳之初我悔不殺任蠻奴受人榮祿兼當重寄不能橫屍云無所用力與弘演納肝何其遠也子幼武位儀同三司

樊毅字智烈南陽湖陽人也祖方興梁散騎常侍司州刺史魚復縣侯父文熾梁散騎常侍東益州刺史新蔡縣侯毅家本將門少習武善騎射侯景之亂率部曲隨叔父文皎援臺城文皎於青溪戰歿毅赴江陵仍隸王僧辯討河東王蕭譽以功除右中郎將代兄俊爲梁興太守領三州游軍隨宜豐侯蕭循討陸納於湘州軍次巴陵營頓未立納潛軍夜至薄營大譟軍中將士皆驚擾毅獨與左右數十人當營門力戰斬十餘級擊鼓申令衆乃定焉以功封夷道縣伯尋除天門太守進爵爲侯及西魏圍江陵毅率郡兵赴援會魏剋江陵爲後梁所俘久之遁歸陳武帝受禪毅與弟猛舉兵應王琳琳敗奔齊太尉侯瑱遣使招毅毅率子弟部曲還朝太建初爲豐州刺史封高昌縣侯入爲左衞將軍五年衆軍北伐毅攻廣陵楚子城拔之擊走齊軍及呂梁喪師詔以毅爲大都督率衆度淮對清口築城與周人相拒霖雨城壞毅全軍自拔尋遷中領軍十一年周將梁士彥圍壽陽詔以毅爲都督北討前軍事十三年爲荆州刺史後主卽位改封逍遙郡公入爲侍中護軍將軍及隋軍濟江毅謂僕射袁憲曰京口采石俱是要所各須銳卒數千金翅二百都下江中上下防捍如其不然大事去矣諸將咸從其議會施文慶等寢隋兵消息毅計不行臺城平隨例入關卒

毅弟猛字智武幼倜儻有幹略及長便弓馬膽氣過人青溪之戰猛自旦訖暮與侯景軍短兵接戰殺傷甚衆臺城平隨兄毅西上梁南安侯方矩爲湘州刺史以猛爲司馬會武陵王紀舉兵自漢江東下方矩遣猛隨都督陸法和進軍拒之猛手禽紀父子三人斬於艑中盡收其船艦器械以功封安山縣伯進軍撫定梁益還遷司州刺史進爵爲侯陳永定元年周文育等敗於沌口爲王琳所獲琳乘勝將事南中諸郡遣猛與李孝欽等將兵攻豫章進逼周迪軍敗爲迪所執尋遁歸王琳琳敗還朝天嘉二年授永陽太守太建中以軍功封富川縣侯歷散騎常侍荆州刺史入爲左衞將軍後主卽位爲南豫州刺史隋將韓擒虎之濟江猛在都下第六子巡攝行州事擒虎進軍攻陷之巡及家口竝見執時猛與左衞將軍蔣元遜領青龍八十艘爲水軍於白下游奕以禦隋六合兵後主知猛妻子在隋懼有異志欲使任忠代之令蕭摩訶徐喻毅毅不悅摩訶以聞後主重傷其意乃止禎明三年入隋

論曰梁氏云季運屬雲雷陳武帝杖旗掃難經綸伊始胡頴徐度杜稜周鐵武程靈洗等或感會風雲畢力驅馳之日或擢自降附乃贊興王之始咸得配享清廟豈徒然哉沈恪行己之方不踐非義之迹子隆持身之節無失事人之道仁矣乎錢道戢騶文牙孫瑒徐世譜周敷荀朗周炅魯悉達廣達蕭摩訶任忠樊毅等所以獲用當年其道雖異至於功名自立亦各因時當金陵覆沒抑惟天數然任忠興亡之義無乃致虧與夫蕭曾所行固不同日持此百心而事二主欲求取信不亦難乎首領獲全亦爲幸也

南史卷六十七考證

胡頴傳吳興人也○一本吳興東遷人也

徐敬成傳起家著作佐郎永定元年○陳書無佐字又元誤爲九

程靈洗傳遣使招諭久之乃降○諭監本訛俞今改从陳書

子文季傳秦郡前江浦通涂水○涂陳書作塗

齊軍深憚之謂爲程彪○彪一本作虎

駱文牙傳駱文牙字旗門○陳書無文字

文牙母陳覩帝儀表知非常人○陳監本訛陵今改从閣本

魯廣達傳太建初與儀同章昭達入峽口招定安蜀等諸州鎮○招陳書作拓

時周圍江左○一本周字下有氏將二字

初隋將韓擒虎濟江廣達長子世眞在新蔡乃與其弟世雄及所部奔擒擒遣使致書招廣達○各卷或稱擒或稱擒虎此則兩行內亦有異同皆後人或加或刪而未盡者也

蕭摩訶傳一旬之中水路遂斷周兵益至○陳書無水路遂斷四字

南史卷六十八

唐　李　延　壽　撰

列傳第五十八

趙知禮　蔡景歷 子徵　宗元饒
韓子高　華皎　劉師知
謝岐　毛喜　沈君理
陸山才

趙知禮字齊旦天水隴西人也父孝穆梁候官令知禮涉獵文史善書翰陳武帝之討元景仲也或薦之引爲書記知禮爲文贍速每占授軍書下筆便就率皆稱旨由是恒侍左右深被委任當時計畫莫不預焉武帝征侯景至白茅灣上表於梁元帝及與王僧辯論軍事其文並知禮所製及景平授中書侍郎封始平縣子陳受命位散騎常侍太府卿權知領軍事天嘉元年進爵爲伯王琳平授吳州刺史知禮沉靜有謀謨每軍國大事文帝輒令璽書問之再遷右將軍領前軍卒贈侍中謚曰忠子元恭嗣

蔡景歷字茂世濟陽考城人也祖點梁尚書左戶侍郎父大同輕車岳陽王記室參軍景歷少俊爽有孝行家貧好學善尺牘工草隸爲海陽令政有能名在侯景中與南康嗣王會理通謀匡復事泄被執賊黨王偉保護之獲免因客游京口侯景平陳武帝鎮朱方素聞其名以書要之景歷對使人答書筆不停輟文無所改帝得書甚加欽賞即日授征北府中記室參軍仍領記室衡陽獻王昌爲吳興太守帝以鄉里父老尊卑有數恐昌年少接對乖禮乃遣景歷輔之承聖中還掌記室武帝將討王僧辯獨與侯安都等數人謀之景歷弗之知部分既畢召令草檄景歷援筆立成辭義感激事皆稱旨及受禪遷祕書監中書通事舍人掌詔誥永定二年坐妻弟受周寶安餉馬爲御史中丞沈炯所劾降爲中書侍郎舍人如故三年武帝崩時外有強寇文帝鎮南皖朝無重臣宣后呼景歷及江大權杜稜定議祕不發喪疾召文帝景歷躬共宦者及內人密營斂服時既暑熱須營梓宮恐斤斧之聲聞外乃以蠟爲祕器文詔依舊宣行文帝即位復爲祕書監舍人如故以定策功封新豐縣子累遷散騎常侍文帝誅侯安都景歷勸成其事以功遷太子左衞率進爵爲侯常侍舍人如故坐妻兄劉裕依倚景歷權前後姦詭并受歐陽威餉絹百匹免官華皎反以景歷爲武勝將軍吳明徹軍司皎平明徹於軍中輒戮安成內史楊文通又受降人馬仗有不分明景歷又坐不能匡正被收久之獲宥宣帝即位累遷通直散騎常侍中書通事舍人掌詔誥仍復封邑太建五年都督吳明徹北侵所向剋捷大破周梁士彥於呂梁方進圍彭城時宣帝銳意河南以爲指麾可定景歷稱師老將驕不宜過窮遠略帝惡其沮衆大怒猶以朝廷舊臣不加深罪出爲豫章內史未行爲飛章所劾以在省之日贓污狼籍帝令有司案問景歷但承其半於是御史中丞宗元饒奏免景歷所居官徙居會稽及吳明徹敗帝追憶景歷前言即日追還以爲征南鄱陽王諮議數日遷員外散騎常侍兼御史中丞復本爵封入守度支尚書舊式拜官在午後景歷拜日適逢輿駕幸玄武觀在位皆侍宴帝恐景歷不預特令早拜其見重如此卒官贈太常卿謚曰敬十三年改葬重贈中領軍禎明元年配享武帝廟庭二年車駕親幸其宅重贈景歷侍中中撫軍將軍謚曰忠敬給鼓吹一部於墓所立碑景歷屬文不尚雕靡而長於敘事應機敏速爲當時所稱有文集三十卷子徵嗣江大權字伯謀濟陽考城人位少府封四會縣伯太建二年卒於通直散騎常侍

徵字希祥幼聰敏精識強記年六歲詣梁吏部尚書河南褚翔嗟其穎悟七歲丁母憂居喪如成人禮繼母劉氏性悍忌視之不以道徵供侍益謹初無怨色徵本名覽景歷以其有王祥之性更名字焉陳武帝爲南徐州召補迎主簿尋授太學博士太建中累遷太子中舍人兼東宮領直襲封新豐侯至德中位太子中庶子中書舍人掌詔誥尋授左戶尚書與僕射江總知撰五禮事後主器其才幹任寄日重遷吏部尚書每十日一往東宮於皇太子前論述古今得喪及當時政務又敕以廷尉寺獄事無大小取徵議決俄敕遣徵收募兵士自爲部曲徵善撫卹得物情旬月之間衆近一萬位望既重兼聲位熏灼物議咸忌憚之尋徙中書令中書清簡無事或云徵有怨言後主聞之大怒收奪人馬將誅之左右致諫獲免禎明二年隋軍濟江後主以徵有幹用令權知中領軍事徵日夜勤苦備盡心力後主嘉焉謂曰事寧有以相報及決戰於鍾山南岡敕徵守宮城西北大營尋令督衆軍戰事陳亡隨例入長安徵美容儀有口辯多所詳究至於士流官宦陳宗戚屬及當朝制度憲章儀軌戶口風俗山川土地問無不對然性頗便佞進取不能以退素自業初拜吏部尚書啓後主借鼓吹後主謂所司曰鼓吹軍樂有功乃授蔡徵不自量揆紊我朝章然其父景歷既有締構之功宜且如啓拜訖即追還徵不修廉隅皆此類也隋文帝聞其敏贍召見顧問言輒會旨然累年不調久之除太常丞歷尚書戶部儀曹郎轉給事郎卒子翼位司徒屬入隋爲東宮學士

宗元饒南郡江陵人也少好學以孝聞仕梁爲征南府外兵參軍及司徒王僧辯幕府初建元饒與沛國劉師知同爲主簿陳武帝受禪稍遷廷尉卿尚書左丞宣帝初軍國務廣事無巨細一以貫之臺省號爲稱職遷御史中丞知五禮事時合州刺史陳裒贓汚狼籍遣使就渚斂魚又令人於六郡乞米百姓甚苦之元饒劾奏免之吳興太守武陵王伯禮豫章內史南康嗣王方泰等驕蹇放橫元饒案奏皆見削黜元饒性公平善持法諳曉故事明練政體吏有犯法政不便時及於名教不足者隨事糾正多所裨益遷南康內史以秩米三千餘斛助人租課存問高年拯救乏絕百姓甚賴焉以課最入朝詔加散騎常侍後爲吏部尚書卒

韓子高會稽山陰人也家本微賤侯景之亂寓都下景平陳文帝出守吳興子高年十六爲總角容貌美麗狀似婦人於淮渚附部伍寄載欲還鄉里文帝見而問曰能事我乎子高許諾子高本名蠻子帝改名之性恭謹恒執備身刀及傳酒炙帝性急子高恒會意旨稍長習騎射頗有膽決願爲將帥及平杜龕配以士卒文帝甚愛之未嘗離左右帝嘗夢騎馬登山路危欲墮子高推捧而升文帝之討張彪也沈泰等先降帝據有州城周文育鎮北郭香巖寺張彪自剡縣夜還襲城文帝自北門出倉卒闇夕軍人擾亂唯子高在側文帝乃遣子高自亂兵中往見文育反命酬答於闇中又往慰勞衆軍文帝散兵稍集子高引入文育營因共立柵明日敗彪彪奔松山浙東平文帝乃分麾下多配子高子高亦輕財禮士歸之者甚衆文帝嗣位除右軍將軍封文招縣子及王琳平子高所統益多將士依附之其有所論進帝皆任使焉天嘉六年爲右衞將軍文帝不豫入侍醫藥廢帝即位加散騎常侍宣帝入輔子高兵權過重深不自安好參訪臺閣又求出爲衡廣諸鎮光大元年八月前上虞縣令陸昉及子高軍主告其謀反宣帝在尚書省因召文武在位議立皇太子子高預焉執送廷尉其夕與到仲舉同賜死父延慶及子弟並原宥

華皎晉陵暨陽人也世爲小吏皎梁代爲尚書比部令史侯景之亂事景之黨王偉陳武帝南下文帝爲景所囚皎遇文帝甚厚及景平文帝爲吳興太守以皎爲都錄事深見委任及文帝平杜龕仍配以甲兵御下分明善於撫接解衣推食多少必均天嘉元年封懷仁縣伯王琳東下皎隨侯瑱拒之琳平知江州事後隨都督吳明徹征周迪迪平以功進爵爲侯仍授都督湘州刺史皎起自下吏善營產業又征川洞多致銅鼓及生口並送都下廢帝即位改封重安縣公韓子高誅後皎內不自安光大元年密啓求廣州以觀時主意宣帝僞許之而詔書未出皎亦遣使引周兵又崇奉梁明帝士馬甚盛詔乃以吳明徹爲湘州刺史實欲以輕兵襲之慮皎先發乃前遣明徹率衆三萬乘金翅直趣郢州又遣撫軍大將軍淳于量率衆五萬乘大艦繼之時梁明帝遣水軍爲皎聲援周武帝遣衞公宇文直頓魯山又遣柱國長湖公元定攻圍郢州梁明帝授皎司空巴州刺史戴僧朔衡陽內史任蠻奴巴陵內史潘智虔岳陽太守章昭裕桂陽太守曹宣湘東太守錢明並隸於皎又長沙太守曹慶等本隸皎下因爲之用帝恐上流宰守並爲皎扇惑乃下詔曲赦湘巴二州其賊主帥節將並許開恩出首皎以大艦載薪因風放火俄而風轉自焚皎大敗乃與戴僧朔奔江陵元定等無復船度步趣巴陵巴陵城已爲陳軍所據乃降送于建鄴皎遂終於江陵其黨並誅唯任蠻奴章昭裕曹宣劉廣業獲免

劉師知沛國相人也家本素族祖奚之齊淮南太守以善政聞父景彥梁司農卿師知本名師智以與敬帝諱同改焉好學有當務才博涉書傳工文筆善儀體臺閣故事多所詳悉紹泰初陳武帝入輔以師知爲中書舍人掌詔誥時兵亂後朝儀多闕武帝爲丞相及加九錫并受禪其儀注多師知所定梁敬帝在內殿師知常侍左右及將加害師知詐帝令出帝覺遶牀走曰師知賣我陳霸先反我本不須作天子何意見殺師知執帝衣行事者加刃焉既而報陳武帝曰事已了武帝曰卿乃忠於我後莫復爾師知不對武帝受命仍兼舍人性疎簡與物多忤雖位宦不遷而任遇甚重其所獻替皆有弘益及武帝崩六日成服時朝臣共議大行皇帝靈坐俠御人衣服吉凶之制博士沈文阿議宜服吉師知議云既稱成服本備喪禮案梁昭明太子薨成服俠侍之官悉著衰斬唯著鎧不異此即可擬愚謂六日成服俠靈坐須服衰絰中書舍人蔡景歷江德藻謝岐等同師知議時以二議不同乃啓取左丞徐陵決斷陵云案山陵鹵簿吉部伍中公卿以下導引者爰及武賁鼓吹執蓋奉車並是吉服豈容俠御獨爲衰絰若言公卿胥吏並服衰絰此與梓宮部伍有何差別若言文物並吉司

事者因豈容衵經而奉華蓋衮衣而升玉路邪同博士議謝岐議曰靈筵祔宗廟梓宮還山陵實如左丞議但山陵鹵簿備有吉凶從靈輿者儀服無變從梓宮者皆服苴衰爰至士禮忝同此制此自是山陵之儀非關成服今謂梓宮靈扆共在西階稱爲成服亦無鹵簿直是爰自胥吏上至王公四海之內必備衰絰案梁昭明太子甍略是成例豈容凡百士庶悉此日服重而侍中至於武衞最是近官反鳴玉紆青與平吉不異左丞旣推以山陵事愚意或謂與成服有殊陵重答云老病屬纊不能多說古人爭議多成怨府傳玄見尤於晉代王商取陷於漢朝謹自三緘敬同高命若萬一不死猶得展言庶與羣賢更申揚搉文阿猶執所見衆議不能決乃具錄二議奏聞上從師知議遷鴻臚卿舍人如故天嘉元年坐事免尋起爲中書舍人復掌詔誥天康元年文帝不豫師知與尚書僕射到仲舉等入侍醫藥帝崩豫顧命宣帝入輔師知與仲舉等遣舍人殷不佞矯詔令宣帝還府事覺於北獄賜死初文帝敕師知撰起居注自永定二年秋至天嘉元年爲十卷

謝岐會稽山陰人也父達梁太學博士岐少機警好學仕梁爲山陰令侯景亂流寓東陽景平依于張彪彪在吳郡及會稽庶事委之彪每征討恒留岐監郡知後事彪敗陳武帝引參機密爲兼尚書右丞時軍旅屢興糧儲多闕岐所在幹理深被知遇永定元年爲給事黃門侍郎中書舍人兼右丞如故天嘉二年卒贈通直散騎常侍弟嶠篤學爲通儒

毛喜字伯武滎陽陽武人也祖稱梁散騎侍郎父栖忠中權司馬喜少好學善草隸陳武帝素知之及鎭京口命喜與宣帝往江陵仍敕宣帝諸稟之及梁元帝即位以宣帝爲領直喜爲尚書功論侍郎及魏平江陵喜與宣帝俱遷長安文帝即位喜自周還進和好之策陳朝乃遣周弘正等通聘及宣帝反國又遣喜入周以家屬爲請周冢宰宇文護執喜手曰能結二國之好者卿也仍迎柳皇后及後主還天嘉三年至都宣帝時爲驃騎將軍仍以喜爲府諮議參軍領中記室府朝文翰皆喜詞也文帝嘗謂宣帝曰我諸子皆以伯爲名汝諸子宜用叔爲稱宣帝以訪喜喜即條自古名賢杜叔英虞叔卿等二十餘人以啓之文帝稱善文帝崩廢帝沖眛宣帝錄尚書輔政僕射到仲舉等矯太后令遣宣帝還東府當時疑懼無敢厝言喜即馳入謂宣帝曰今日之言必非太后之意宗社至重願加三思竟如其策右衞將軍韓子高始與仲舉通謀其事未發喜謂宣帝曰宜簡人馬配與子高并賜鐵炭使修器甲宣帝曰子高即欲收執何更如是喜曰山陵始畢邊寇尚多而子高受委前朝名爲杖順宜推心安誘使不自疑圖之一壯士之力耳宣帝卒行其計及帝即位除給事黃門侍郎兼中書舍人典軍國機密宣帝議北侵敕喜撰軍制十三條詔頒天下文多不載論定策功封東昌縣侯以太子右衞率右將軍行江夏武陵桂陽三王府國事母憂去職詔封喜母庾氏東昌國太夫人遣員外散騎常侍杜緬圖其墓田上親與緬案圖指畫其見重如此歷位御史中丞五兵尚書參掌選事及得淮南之地喜陳安邊之術宣帝納之即日施行帝又欲進兵彭汴以問喜喜以爲淮左新平邊人未輯周氏始吞齊國難與爭鋒未若安人保境斯久長之術也上不從吳明徹卒俘于周喜後歷丹陽尹吏部尚書及宣帝崩叔陵構逆敕中庶子陸瓊宣旨令南北諸軍皆取喜處分賊平加侍中初宣帝委政於喜喜數有諫爭事並見從自明徹敗後帝深悔不用其言謂袁憲曰不用喜計遂令至此由是益見親重喜乃言無回避時皇太子好酒德每共親幸人爲長夜之宴喜嘗言之宣帝太子遂銜之即位後稍見疏遠及被始興王傷創愈置酒引江總以下展樂賦詩醉酣而命喜于時山陵初畢未及踰年喜見之不懌欲諫而後主已醉喜言心疾仆于階下移出省中後主醒乃謂江總曰我悔召毛喜知其無病但欲阻我懽宴非我所爲耳乃與司馬申謀曰此人負氣吾欲將乞鄱陽兄弟聽其報讎可乎對曰終不爲官用願如聖旨傅縡爭之曰若許報讎欲置先皇何地後主曰當與一小郡勿令見人事耳至德元年授永嘉內史喜至郡不受奉秩政弘清靜人吏安之遇豐州刺史章大寶舉兵反郡與豐州接而素無備喜乃修城隍器械又遣兵援建安賊平授南安內史禎明元年徵爲光祿大夫領左驍騎將軍道卒有集十卷子處沖嗣

沈君理字仲倫吳興人也祖僧旻梁左戶尚書父巡元帝時位少府卿魏平荊州梁宣帝署金紫光祿大夫君理美風儀博涉有識鑒陳武帝鎭南徐州巡遣君理致謁深見器重命尚會稽長公主及帝受禪拜駙馬都尉封永安亭侯爲吳郡太守時兵革未寧百姓荒弊君理總集士卒修飾器械深以幹理見稱文帝嗣位累還左戶尚書天嘉六年爲東陽太守天康元年以父憂去職自請往荊州迎柩朝議以在位重臣難令出境乃遣長兄君嚴往焉及還將葬詔贈巡侍中領軍將軍謚曰敬子太建中歷位太子詹事吏部尚書宣帝以君理女爲皇太子妃賜爵望蔡縣侯位侍中尚書右僕射卒贈翊左將軍開府儀同三司謚曰貞憲君理弟君高君公君高字季高少知名性剛直有吏能位衞尉卿平越中郎將都督廣州刺史甚得人和卒謚祁子君公自梁元帝敗後常在江陵禎明中與蕭瓛蕭巖叛隋歸陳後主擢爲太子詹事君公博學有才辯善談論後主深器之陳亡入隋文帝以其叛亡命斬于建康君理弟叔邁亦方正有幹局位通直散騎常侍侍東宮

陸山才字孔章吳郡吳人也祖翁寶梁尚書水部郎父汎中散大夫山才倜儻好尚文史范陽張纘纘弟綰並欽重之紹泰中都督周文育出鎭南豫州不知書疏以山才爲長史政事悉以委之文育南討蕭勃禽歐陽頠計畫多出山才後文育重鎭豫章金口山才復爲鎭南長史豫章太守文育爲熊曇朗所害曇朗囚山才等送于王琳未至而侯安都敗琳將常衆愛由是山才獲反累遷度支尚書坐侍宴與蔡景歷言語過差爲有司所奏免官尋授散騎常侍遷西陽武昌二郡太守卒謚曰簡子

論曰趙知禮蔡景歷屬陳武經綸之日居文房書記之任此乃宋齊之初傅亮王儉之職若乃校其才用理不同年而卒能膺務濟時蓋其遇也希祥勞臣之子才名自致迹涉便佞貞介所羞元饒始終任遇無虧公道名位自卒其殆優乎子高權重爲戮亦其宜也華皎經綸云始旣蹈元功殷憂之辰自同勁草雖致斧敗未足爲非師知送往多闕見忌新主謀人之義可無慎哉然覩遇誅夷非其過也毛喜逢時遇主好謀而成見廢昏朝不致公輔惜矣沈陸所以見重固亦雅望之所致焉

南史卷六十八考證

蔡景歷傳景歷對使人答書筆不停輟文無所改○筆監本誤等今改从陳書

前後姦詭并受歐陽威餉絹百匹○陳書詭作訛又歐陽下有武字今各本俱同仍之

宗元饒傳事無巨細一以貫之○貫陳書作咨

劉師知傳好學有當務才○務陳書作世

毛喜傳宣帝曰子高即欲收執何更如是○陳書高祖驚曰子高謀反即欲收執何爲更如是耶較詳

南史卷六十九

唐 李延壽 撰

列傳第五十九

沈炯 虞荔 弟寄 傅縡 章華

顧野王 蕭濟 姚察

沈炯字初明吳興武康人也祖瑀梁尋陽太守父續王府記室參軍炯少有儁才爲當時所重仕梁爲尚書左戶侍郎吳令侯景之難吳郡太守袁君正入援建鄴以炯監郡臺城陷景將宋子仙據吳興使召炯方委以書記炯辭以疾子仙怒命斬之炯解衣將就戮礙於路間桑樹乃更牽往他所或救之僅而獲免子仙愛其才終逼之令掌書記及子仙敗王僧辯素聞其名軍中購得之酬所獲者錢十萬自是羽檄軍書皆出於炯及簡文遇害四方岳牧上表勸進僧辯令炯制表當時莫有逮者陳武帝南下與僧辯會白茅灣登壇設盟炯爲其文及景東奔至吳郡獲炯妻虞氏及子行簡並殺之炯弟攜其母逃免侯景平梁元帝愍其妻子嬰戮特封原鄉侯僧辯爲司徒以炯爲從事中郎梁元帝徵爲給事黃門侍郎領尚書左丞魏剋荊州被虜甚見禮遇授儀同三司以母在東恒思歸國恐以文才被留閉門卻掃無所交接時有文章隨即棄毀不令流布嘗獨行經漢武通天臺爲表奏之陳已思鄉之意曰臣聞喬山雖掩鼎湖之竈可祠有魯遂荒大庭之跡無泯伏惟陛下降德猗蘭纂靈豐谷漢道旣登神仙可望射之罘於海浦禮日觀而稱功橫中流於汾河指柏梁而高宴何其甚樂豈不然歟旣而運屬上僊道窮晏駕甲帳珠簾一朝零落茂陵玉盌遂出人間陵雲故基與原田而膴膴別風餘跡帶陵阜而芒芒羈旅縲臣豈不落淚昔承明見厭嚴助東歸駟馬可乘長卿西反恭聞故實竊有愚心黍稷非馨敢望徵福但雀臺之弔空愴魏君雍丘之祠未光夏后瞻仰煙霞伏增悽戀奏訖其夜夢有宮禁之所兵衞甚嚴炯便以情事陳訴聞有人言甚不惜放卿還幾時可至少日便與王克等並獲東歸歷司農卿御史中丞陳武帝受禪加通直散騎常侍表求歸養詔不許文帝嗣位又表求去詔答曰當敕所由相迎尊累使卿公私無廢也初武帝嘗稱炯宜居王佐軍國大政多預謀謨文帝又重其才欲寵貴之會王琳入寇大雷留異擁據東境帝欲使炯因是立功乃解中丞加明威將軍遣還鄉里收徒衆以疾卒於吳中贈侍中謚恭子有書二十卷行於世

虞荔字山披，會稽餘姚人也。祖權，梁廷尉卿、永嘉太守。父檢，平北始興王諮議參軍。荔幼聰敏，有志槩。年九歲，隨從伯闡候太常陸倕，倕問五經十事，荔對無遺失，倕甚異之。又嘗詣徵士何胤，時太守衡陽王亦造之，胤言於王，王欲見荔，荔辭曰：「未有板刺，無容拜謁。」王以荔有高尚之志，雅相欽重。還郡，即辟爲主簿，荔又辭以年小不就。及長，美風儀，博覽墳籍，善屬文。仕梁爲西中郎法曹外兵參軍，兼丹陽詔獄正。梁武帝於城西置士林館，荔乃制碑奏上，帝命勒之於館，仍用荔爲士林學士。尋爲司文郎，遷通直散騎侍郎，兼中書舍人。時左右之任，多參權軸，內外機務，互有帶掌，唯荔與顧協泊然靜退，居於西省，但以文史見知。尋領大著作。及侯景之亂，荔率親屬入臺，除鎮西諮議參軍，如故。臺城陷，逃歸鄉里。侯景平，元帝徵爲中書侍郎，貞陽侯僭位，授揚州別駕，並不就。張彪之據會稽，荔時在焉。及文帝平彪，武帝及文帝並書招之，迫切不得已，乃應命至都，而武帝崩。文帝嗣位，除太子中庶子，仍侍太子讀，尋領大著作。初，荔母隨荔入臺，卒於臺內，尋而城陷，情禮不申，由是終身蔬食布衣，不聽音樂，雖任遇隆重，而居止儉素，淡然無營。文帝深器之，常引在左右，朝夕顧訪。荔性沉密，少言論，凡所獻替，莫有見其際者。第二弟寄寓於閩中，依陳寶應，荔每言之輒流涕。文帝哀而謂曰：「我亦有弟在遠，此情甚切，他人豈知。」乃勑寶應求寄，寶應終不遣。荔因以感疾，帝欲數往臨視，令將家口入省。荔以禁中非私居之所，乞停城外，帝不許，乃令住蘭臺，乘輿再三臨問，手勑中使相望於道。又以蔬食積久，非羸疾所堪，乃勑曰：「卿年事已多，氣力稍減，方欲杖委，良須克壯，今給卿魚肉，不得固從所執。」荔終不從。卒，贈侍中，謚曰德子。及喪柩還鄉里，上親出臨送，當時榮之。子世基、世南，並少知名。

寄字次安，少聰敏。年數歲，客有造其父，遇寄於門，嘲曰：「郎子姓虞，必當無智。」寄應聲曰：「文字不辨，豈得非愚。」客大慙，入謂其父：「此子非常人，文舉之對，不是過也。」及長，好學，善屬文，性沖靜，有栖遁志。弱冠舉秀才，對策高第。起家梁宣城王國左常侍。大同中，嘗驟雨，殿前往往有雜色寶珠，梁武觀之甚有喜色，寄因上瑞雨頌。帝謂寄兄荔曰：「此頌典裁清拔，卿之士龍也，將如何擢用？」寄聞之歎曰：「美盛德之形容，以申擊壤之情耳，吾豈買名求仕者乎。」乃閉門稱疾，唯以書籍自娛。岳陽王詧爲會稽太守，寄爲中記室，領郡五官掾，在職簡略煩苛，務存大體，曹局之內，終日寂然。侯景之亂，寄隨兄荔入臺。及城陷，遁還鄉里。張彪往臨川，強寄俱行，寄與彪將鄭瑋同舟而載，瑋嘗忤彪意，乃劫寄奔晉安。時陳寶應據有閩中，得寄甚喜。陳武帝平侯景，寄勸令自結，寶應從之，乃遣使歸誠。承聖元年，除中書侍郎，寶應愛其才，託以道阻不遣，每欲引寄爲僚屬，委以文翰，寄固辭獲免。及寶應結昏留異，潛有逆謀，寄微知其意，言說之際，每陳逆順之理，微以諷諫，寶應輒引說他事以拒之。又嘗令左右讀漢書，卧而聽之，至蒯通說韓信曰「相君之背，貴不可言」，寶應蹶然起曰：「可謂智士。」寄正色曰：「覆酈驕韓，未足稱智，豈若班彪王命，識所歸乎。」寄知寶應不可諫，慮禍及己，乃爲居士服以拒絕之。常居東山寺，僞稱腳疾，不復起。寶應以爲假託，遣人燒寄所卧屋，寄安卧不動。親近將扶寄出，寄曰：「吾命有所懸，避欲安往。」所縱火者旋自救之，寶應自此方信之。及留異稱兵，寶應資其部曲，寄乃因書極諫曰：

東山居士虞寄致書於明將軍使君節下：寄流離艱故，飄寓貴鄉，將軍待以上賓之禮，申以國士之眷，意氣所感，何日忘之。而寄沉痼彌留，愒陰將盡，常恐卒塡溝壑，涓塵莫報，是以敢布腹心，冒陳丹款，願將軍留須臾之慮，少思察之，則瞑目之日，所懷畢矣。夫安危之兆，禍福之機，匪獨天時，亦由人事。失之毫釐，差以千里。是以明智之士，據重位而不傾，執大節而不失，豈惑於浮辭哉。將軍文武兼資，英威動俗，往因多難，杖劒興師，援旗誓衆，抗威千里，豈不以四郊多壘，共謀王室，匡時報主，寧國庇人乎。此所以五尺童子，皆願荷戟而隨將軍者也。及高祖武皇帝肇基草昧，初濟艱難，於時天下沸騰，人無定主，豺狼當道，鯨鯢橫擊，海內業業，未知所從。將軍運動微之鑒，折從衡之辨，策名委質，自託宗盟，此將軍妙筭遠圖，發於衷誠者也。及主上纘業，欽明睿聖，選賢與能，羣臣輯睦，結將軍以維城之重，崇將軍以裂土之封，豈非宏謨廟畧，推赤心於物者也。屢申明詔，款篤慇懃，君臣之分定矣，骨肉之恩深矣。不意將軍惑於邪說，翻於異計，寄所以疾首痛心，泣盡繼之以血。萬全之策，竊爲將軍惜之。寄雖疾侵耄及，言無足采，千慮一得，請陳愚算，願將軍少戢雷霆，賒其晷刻，使得盡狂瞽之說，披肝膽之誠，則雖死之日，猶生之年也。自天厭梁德，多難薦臻，寰宇分崩，英雄互起，不可勝紀，人人自以爲得之。然夷凶翦亂，拯溺扶危，四海樂推，三靈眷命，揖讓而居南面者，陳氏也。豈非歷數有在，惟天所授，當璧應運，其事甚明一也。主上承基，明德遠被，天綱再張，地維重紐。夫以王琳之彊，侯瑱之力，進足以搖蕩中原，爭衡天下，退足以屈彊江外，雄張偏隅。然或命一旅之師，或資一士之說，琳即瓦解冰泮，投身異域，瑱則厥角稽顙，委命闕庭。斯又天假之威而除其患，其事甚明二也。今將軍以藩戚之重，擁東南之衆，盡忠奉上，戮力勤王，豈不勳高竇融，寵過吳芮，析珪判野，南面稱孤，其事甚明三也。且聖朝棄瑕忘過，寬厚得人，改過自新，咸加敘擢。至如余孝頃、潘純陀、李孝欽、歐陽頠等，悉委以心腹，任以爪牙，胸中豁然，曾無纖芥。況將軍釁非張繡，罪異畢諶，當何慮於危亡，何失於富貴，此又其事甚明四也。方今周齊鄰睦，境外無虞，幷兵一向，匪朝伊夕，非有劉項競逐之機，楚趙連從之事，可得雍容高拱，坐論西伯，其事甚明五也。且留將軍狼狽一隅，亟經摧衄，聲實虧喪，膽氣衰沮。高𤩽、向文政、留瑜、黃子玉，此數人者，將軍所知，首鼠兩端，唯利是視，其餘將帥，亦可見矣。孰能被堅執鋭，長驅深入，擊馬埋輪，奮不顧命，以先士卒者乎，此又其事甚明六也。且將軍之強，孰如侯景，將軍之衆，孰如王琳。武皇滅侯景於前，今上摧王琳於後，此乃天時，非復人力。且兵革已後，人皆厭亂，其孰能棄墳墓，捐妻子，出萬死不顧之計，從將軍於白刃之間乎，此又其事甚明七也。歷觀前古，鑒之往事，子陽、季孟，傾蓋相尋，餘善、右渠，危亡繼及，天命可畏，山川難恃。況將軍欲以數郡之地，當天下之兵，以諸侯之資，拒天子之命，強弱逆順，可得侔乎，此又其事甚明八也。且非我族類，其心必異，不愛其親，豈能及物。留將軍身縻國爵，子尚王姬，猶且棄天屬而弗顧，背明君而孤立，危急之日，豈能同憂共患，不背將軍者乎。至於師老力屈，懼誅利賞，必有韓智晉陽之謀，張陳井陘之事，此又其事甚明九也。且北軍萬里遠鬭，鋒不可當，將軍自戰其地，人多顧後。梁安背向爲心，修眝匹夫之力，衆寡不敵，將帥不侔，師以無名而出，事以無機而動，以此稱兵，未知其利。以漢朝吳楚，晉室穎顒，連城數十，長戟百萬，拔本塞源，自圖家國，其有成功者乎，又其事甚明十也。爲將軍計者，莫若不遠而復，絕親留氏，秦郎、快郎，隨遣入質，釋甲偃兵，一遵詔旨。且朝廷許以鐵券之要，申以白馬之盟，朕不食言，誓之宗社。寄聞明者鑒未形，智者不再計，此成敗之効，將軍勿疑，吉凶之幾，間不容髮。方今藩維尚少，皇子幼沖，凡預宗枝，皆蒙寵樹。況以將軍之地，將軍之才，將軍之名，將軍之勢，而能克脩藩服，北面稱臣，寧與劉澤同年而語其功業哉。豈不身與山河等安，名與金石相弊。願加三思，慮之無忽。寄氣力綿微，餘陰無幾，感恩懷德，不覺狂言，鈇鉞之誅，甘之如薺。

寶應覽書大怒。或謂寶應曰：「虞公病篤，言多錯謬。」寶應乃小釋，亦以寄人望，且容之。及寶應敗走，夜至蒲田，顧謂其子扞秦曰：「早從虞公計，不至今日。」扞秦但泣而已。寶應既禽，凡諸賓客微有交涉者皆誅，唯寄以先識免禍。初，沙門慧摽涉獵有才思，及寶應起兵，作五言詩以送之曰：「送馬猶臨水，離旗稍引風，好看今夜月，當照紫微宮。」寶應得之甚悅。慧摽以示寄，寄一覽便止，正色無言。慧摽退，寄謂所親曰：「摽公既以此始，必以此終。」後竟坐是誅。文帝尋敕都督章昭達發遣寄還朝。及至，謂曰：「管寧無恙。」甚慰勞懷。頃之，帝謂到仲舉曰：「衡陽王既出閣，須得一人旦夕游處，兼掌書記，宜求宿士有行業者。」仲舉未知所對，帝曰：「吾自得之。」乃手敕用寄。寄入謝，帝曰：「所以暫屈卿游藩，非止以文翰相煩，乃令以師表相事也。」後除東中郎建安王諮議，加戎昭將軍，寄乃辭以疾，不堪旦夕陪列。王於是令長停公事，其有疑議，就以決之，但朔旦牋脩而已。太建八年，加太中大夫。後卒。寄少篤行，造次必於仁厚，雖僮豎未嘗加以聲色，至臨危執節，則辭氣凜然，白刃不憚也。自流寓南土，與兄荔隔絕，因感氣病，每得荔書，氣輒奔劇，危殆者數矣。前後所居官，未嘗至秩滿，裁朞月，便自求解退。常曰：「知足不辱，吾知足矣。」及謝病私庭，每諸王爲州將，下車必造門致禮，命釋鞭板，以几杖侍坐。嘗出游近寺，閭里傳相告語，老幼羅列，望拜道左。或言誓爲約者，但指寄便不欺，其至行所感如此。所制文筆，遭亂並多散失。

傅縡字宜事，北地靈州人也。父彝，梁臨沂令。縡幼聰敏，七歲誦古詩賦至十餘萬言。長好學，能屬文。太清末，丁母憂，在兵亂中，居喪盡禮，哀毀骨立，士友以此稱之。後依湘州刺史蕭循，循好士，廣集墳籍，縡肆志尋閱，因博通羣書。王琳聞其名，引爲府記室。琳敗，隨琳將孫瑒還都。時陳文帝使顏晃賜雜物，瑒託縡啓謝，詞理周洽，文無加點，晃還言之，文帝召爲撰史學士。再遷驃騎安成王中記室，撰史如故。縡篤信佛教，從興皇寺慧朗法師受三論，盡通其學。尋以本官兼通直散騎侍郎，使齊，還，累遷太子庶子。後主即位，遷祕書監、右衛將軍，兼中書通事舍人，掌詔誥。縡爲文典麗，性又敏速，雖軍國大事，下筆輒成，未嘗起草，沈思者亦無以加，甚爲後主所重。然性木強，不持檢操，負才使氣，陵傳人物，朝士多銜之。會施文慶、沈客卿以佞見幸，專制衡軸，而縡益疎文慶等因共譖之後主收縡下獄縡素剛因憤恚於獄中上書曰夫人君者恭事上帝子愛黔黎省嗜慾遠諂佞未明求衣日旰忘食是以澤被區宇慶流子孫陛下頃來酒色過度不虔郊廟之神專媚淫昏之鬼小人在側宦豎弄權惡忠直若仇讎視百姓如草芥後宮曳綺繡廐馬餘菽粟兆庶流離轉尸蔽野貨賄公行帑藏損耗神怒人怨衆叛親離恐東南王氣自斯而盡書奏後主大怒頃之稍解使謂曰我欲赦卿卿能改過不縡對曰臣心如面臣面可改則臣心可改後主於是益怒令宦者李善度窮其事賜死獄中有集十卷縡雖强直有才而毒惡傲慢爲當世所疾及死有惡蛇屈尾來上靈牀當前受祭酹去而復來者百餘日時時有彈指聲時有

吳興章華字仲宗家本農夫至華獨好學與士君子游處頗通經史善屬文侯景之亂游嶺南居羅浮山寺專精習業歐陽頠爲廣州刺史署爲南海太守頠子紇敗乃還都後主時除太市令非其所好乃辭以疾禎明初上書極諫其大畧曰陛下即位於今五年不思先帝之艱難不知天命之可畏溺於嬖寵惑於酒色祠七廟而不出拜妃嬪而臨軒老臣宿將棄之草莽諂佞讒邪升之朝廷今疆埸日蹙隋軍壓境陛下如不改絃易張臣見麋鹿復游於姑蘇矣書奏後主大怒即日斬之

顧野王字希馮吳郡吳人也祖子喬梁東中武陵王府參軍事父烜信威臨賀王記室兼本郡五官掾以儒術知名野王幼好學七歲讀五經畧知大指九歲能屬文嘗制日賦領軍朱异見而奇之十二隨父之建安撰建安地記二篇長而徧觀經史精記嘿識天文地理蓍龜占候蟲篆奇字無所不通爲臨賀王府記室宣城王爲揚州刺史野王及琅邪王褒並爲賓客王甚愛其才野王又善丹青王於東府起齋令野王畫古賢命王褒書贊時人稱爲二絶及侯景之亂野王丁父憂歸本郡乃召募鄉黨隨義軍援都野王體素清羸裁長六尺又居喪過毀殆不勝哀及杖戈被甲陳君臣之義逆順之理抗辭作色見者莫不壯之城陷逃會稽陳天嘉中敕補撰史學士太建中爲太子率更令尋領大著作掌國史知梁史事後爲黃門侍郎光祿卿知五禮事卒贈祕書監右衛將軍野王少以篤學至性知名在物無過辭失色觀其容貌似不能言其厲精力行皆人所莫及所撰玉篇三十卷輿地志三十卷符瑞圖十卷顧氏譜傳十卷分野樞要一卷續洞冥記一卷玄象表一卷並行於世又撰通史要略一百卷國史紀傳二百卷未就而卒有文集二十卷時有蕭濟字孝康東海蘭陵人也好學博通經史仕梁爲太子舍人預平侯景功封松陽縣侯陳文帝爲會稽太守以濟爲宣毅府長史及即位授侍中太建中歷位五兵度支祠部三尚書卒

姚察字伯審吳興武康人吳太常卿信之九世孫也父僧坦梁太醫正及元帝在荆州爲晉安王諮議參軍後入周位遇甚重察幼有至性六歲誦書萬餘言不好戲弄勵精學業十二能屬文僧坦精醫術知名梁代二宮所得供賜皆回給察兄弟爲游學之資察並用聚蓄圖書由是聞見日博年十三梁簡文帝時在東宮盛修文義即引於宣猷堂聽講論難爲儒者所稱及簡文嗣位尤加禮接起家南海王國左常侍兼司文侍郎後兼尚書駕部郎遇梁室喪亂隨二親還鄉里在亂離間篤學不廢元帝於荆州即位授察原鄉令後爲佐著作撰史陳永定中吏部尚書徐陵領大著作復引爲史佐太建初補宣明殿學士尋爲通直散騎常侍報聘於周江左耆舊先在關右者咸相傾慕沛國劉臻竊於公館訪漢書疑事十餘條並爲剖析皆有經據臻謂所親曰名下定無虛士著西聘道里記使還補東宮學士遷尚書祠部侍郎舊魏王肅奏祀天地設宮懸之樂八佾之舞爾後因循不革至梁武帝以爲事人禮縟事神禮簡古無宮懸之文陳初承用莫有損益宣帝欲設備樂付有司立議以梁武爲非時碩學名儒朝端在位咸希旨注同察乃博引經籍獨違羣議據梁樂爲是當時驚駭莫不慙服僕射徐陵因改同察議其不順時隨俗皆此類也後歷仁威淮南王平南建安王二府諮議參軍丁內憂去職俄起爲戎昭將軍知撰梁史後主立兼東宮通事舍人知撰史至德元年除中書侍郎轉太子僕餘並如故初梁室淪沒察父僧坦入長安察蔬食布衣不聽音樂至是凶問因聘使到江南時察母韋氏喪制適除後主以察羸瘠慮加毀頓乃密遣中書舍人司馬申就宅發哀仍敕申專加譬抑尋以忠毅將軍起兼東宮通事舍人察頻讓不許俄敕知著作郎事服闋除給事黃門侍郎領著作察既累居憂戚齋素日久因加氣疾後主嘗別召見爲之動容命停長齋令從晚食又詔授祕書監領著作奏撰中書表集歷度支吏部二尚書察自居顯要一不交通嘗有私門生不敢厚餉送南布一端花練一匹察謂曰吾所衣著止是麻布蕭練此物於吾無用既欲相款接幸不煩爾此人遜請察厲色驅出自是莫敢饋遺陳亡入隋詔授祕書丞別敕成梁陳二史又敕於朱華閣長參文帝知察蔬菲別日獨召入內殿賜果菜指謂朝臣曰聞姚察學行當今無比我平陳唯得此一人開皇十三年襲封北絳郡公察在陳時聘周因得與父僧坦相見將別之際絶而復蘇至是承襲愈更悲感見者莫不爲之歔欷丁後母杜氏喪解職在服制之中有白鳩巢於戶上仁壽二年詔除員外散騎常侍晉王侍讀煬帝即位授太子內舍人及改易衣冠刪定朝式預參對問大業二年終於東都遺命薄葬以松板薄棺纔可容身土周於棺而已葬日止鹿車即送厝舊塋北不須立靈置一小牀每日設清水六齋日設齋食菜果任家有無不須別經營也初察欲讀一藏經並已究竟將終曾無痛惱但西向坐正念云一切空寂其後身體柔軟顏色如恒兩宮悼惜賵賻甚厚察至孝有人倫鑒識沖虛謙遜不以所長矜人專志著書白首不倦所著漢書訓纂三十卷說林十卷西聘玉璽建康三鍾等記各一卷文集二十卷所撰梁陳史雖未畢功隋開皇中文帝遣中書舍人虞世基索本且進臨亡戒子思廉撰續思廉在陳爲衡陽王府法曹參軍會稽王主簿

論曰沈炯才思之美足以繼踵前良然仕於梁朝年已知命主非不文而位裁邑宰及於運逢交喪驅馳戎馬所在稱美用捨信有時焉虞荔弟兄才行兼著崎嶇喪亂保茲貞一並取貴時主豈虛得乎傅縡聰警特達才氣自負行之平日其猶殆諸處以危邦死其宜矣顧姚栖託藝文蹈履清直文質彬彬各踐通賢之域美矣乎

南史卷六十九考證

虞荔傳方欲杖委貞須克壯○一本杖作仗克作克

弟寄傳高壤向文政留瑜黃子玉此數人者○玉監本訛王今改正

至於師老力屈懼誅利賞○屈監本譌君今改从南本

脩肸匹夫之力衆寡不敵將帥不侔○脩肸監木譌宵肸今改从陳書

南史卷七十

唐　李延壽　撰

列傳第六十

循吏

昔漢宣帝以爲政平訟理其惟良二千石乎前史亦云今之郡守古之諸侯也故長吏之職號曰親人至於道德齊禮移風易俗未有不由之矣宋武起自匹庶知人事艱難及登庸作宰留心吏職而王畧外舉未遑內務奉師之費日耗千金播茲寬簡雖所未暇而黜已屏欲以儉御身左右無幸謁之私閨房無文綺之飾故能戎車歲駕邦甸不擾文帝幼而寬仁入纂大業及難興陝服六戎薄伐興師命將動在濟時費由府實事無外擾自此方內晏安甿庶蕃息奉上供徭止於歲賦晨出暮歸自事而已守宰之職以六朞爲斷雖没世不徙未及曩時而人有所係吏無苟得家給人足即事雖難轉死溝渠於時可免凡百戶之鄉有市之邑歌謠舞蹈觸處成羣蓋宋時之極盛也暨元嘉二十七年舉境外捍於是傾資掃蓄猶有未供深賦厚斂天下騷動自茲迄於孝建兵連不息以區區江東蕞爾迫隘薦之以師旅因之以凶荒向時之盛自此衰矣晉世諸帝多處內房朝晏所臨東西二堂而已孝武末年淸暑方搆及永初受命無所改作所居唯稱西殿不制嘉名文帝因之亦有合殿之稱及孝武承統制度滋長犬馬餘菽粟土木衣綈繡追陋前規更造正光玉燭紫極諸殿彫欒綺節珠窓網戶嬖女幸臣賜傾府藏竭四海不供其欲殫人命未快其心明皇繼祚彌篤浮侈恩不卹下以至橫流莅人之官遷變歲屬突不得黔竈未暇暖蒲密之化事未易階豈徒吏不及古人乖於昔蓋由爲上所擾致化莫從齊高帝承斯奢縱輔立幼主思振人瘼風移百城爲政未朞擢山陰令傅琰爲益州刺史乃損華反樸恭己南面導人以躬意存勿擾以山陰大邑獄訟繁滋建元三年別置獄丞與建康爲比永明繼運垂心政術杖威善斷猶多漏網長吏犯法封刃行誅郡縣居職以三周爲小滿水旱之災輒加振卹十許年中百姓無犬吠之驚都邑之盛士女昌逸歌聲舞節袨服華粧桃花淥水

之間，秋月春風之下無往非適明帝自在布衣達於吏事及居宸扆專務刀筆未嘗枉法申恩守宰由斯而震屬以魏軍入伐疆埸大擾兵車連歲不遑啓居軍國糜耗從此衰矣繼以昏亂政由羣孽賦調雲起徭役無度守宰多倚附權門互長貪虐裒刻聚斂侵擾黎甿天下搖動無所措其手足梁武在田知人疾苦及定亂之始仍下寬書東昏時雜調咸悉除省於是四海之內始得息肩及踐皇極躬覽庶事日昃聽政求瘼卹隱乃命輶軒以省方俗置肺石以達窮人務己所先事唯急病元年始去人貲計丁爲布在身服浣濯之衣御府無文錦之飾太官常膳唯以菜蔬圓案所陳不過三盞蓄以儉先海內也故每選長吏務簡廉平皆召見於前親勗政道始擢尚書殿中郎到溉爲建安內史左戶侍郎劉鬷爲晉安太守溉等居官並以廉潔著又著令小縣有能遷爲大縣令大縣有能遷爲二千石於是山陰令丘仲孚有異績以爲長沙內史武康令何遠清公以爲宣城太守剖符爲吏者往往承風焉斯亦近代獎勸之方也案前史各立循吏傳序其德美今並掇采其事以備此篇云

吉翰字休文馮翊池陽人也初爲龍驤將軍劉道憐參軍隨府轉征虜左軍參軍隨道憐北征廣固賜爵建城縣五等侯參宋武帝中軍軍事臨淮太守復爲道憐驃騎中兵參軍從事中郎爲將佐十餘年清謹勤正甚爲武帝所知賞元嘉中歷位梁南秦二州刺史徙益州刺史加督在任著美績甚得方伯之體論者稱之累遷徐州刺史監徐兗二州豫州梁郡諸軍事時有死罪囚典籤意欲活之因翰八關齋呈事翰省訖語令且去明可更呈明旦典籤不敢復入呼之乃來取昨所呈事視訖謂曰卿意當欲宥此囚死命昨於齋坐見其事亦有心活之但此囚罪重不可全貸既欲加恩卿便當代任其罪因命左右收典籤付獄殺之原此囚生命其刑政類如此自下畏服莫敢犯禁卒於官

杜驥字度世京兆杜陵人也高祖預晉征南將軍曾祖耽避難河西因仕張氏苻堅平涼州父祖始還關中兄坦頗涉史傳宋武帝平長安隨從南還元嘉中位青冀二州刺史晚度北入南朝常以傖荒遇之雖復人才可施每爲清途所隔坦恒以慨然嘗與文帝言及史籍上曰金日磾忠孝淳深漢朝莫及恨今世無復此輩人坦曰日磾之美誠如聖詔假使出乎今世養馬不暇豈辨見知上變色曰卿何量朝廷之薄也坦曰請以臣言之臣本中華高族亡高祖因晉氏喪亂播遷涼土直以南度不早便以荒傖賜隔日磾胡人身爲牧圉便超入內侍齒列名賢聖朝雖復拔才臣恐未必能也上默然北土舊法問疾必遣子弟驥年十三父使候同郡韋華華子玄有高名見而異之以女妻焉累遷長沙王義欣後軍錄事參軍元嘉七年隨到彥之入河南加建武將軍魏撤河南戍悉歸河北彥之使驥守洛陽洛陽城廢久又無糧食及彥之敗退驥欲棄城走慮爲文帝誅初武帝平關洛致鍾虡舊器南還一大鍾墜洛水中至是帝遣將姚聳夫領千五百人迎致之時聳夫政率所領牽鍾於洛水驥乃遣使紿之曰虜既南度洛城勢弱今修理城池並已堅固軍糧又足所乏者人耳君率衆見就共守此城大功既立取鍾無晚聳夫信之率所領就驥及至城不可守又無糧食於是引衆去驥亦委城南奔白文帝本欲以死固守姚聳夫入城便走人情沮敗不可復禁上怒使建威將軍鄭順之殺聳夫於壽陽聳夫吳興武康人勇果有氣力宋偏裨小將莫及十七年驥爲青冀二州刺史在任八年惠化著於齊土自義熙至於宋末刺史唯羊穆之及驥爲吏人所稱詠後徵爲左軍將軍兄坦代爲刺史北土以爲榮焉坦長子琬爲員外散騎侍郎文帝嘗有函詔敕坦琬輒開視信未及發又追取之敕函已發大相推檢上遣主書詰責驥并檢開函之主驥荅曰開函是臣第四息季文伏待刑坐上特原不問卒官第五子幼文薄於行明帝初以軍功封邵陽縣男尋坐巧妄奪爵後以發太尉廬江王禕謀反事拜給事黃門侍郎廢帝元徽中爲散騎常侍幼文所莅貪橫家累千金與沈勃孫超之居止接近又並與阮佃夫厚善佃夫既死廢帝深疾之帝微行夜輒在幼文門墉間聽其絃管積久轉不能平於是自率宿衛兵誅幼文勃超之等兄叔文爲長水校尉亦誅

申恬字公休魏郡魏人也曾祖鍾爲石季龍司徒宋武帝平廣固恬父宣宣從父兄永皆得歸晉並以幹用見知武帝踐阼拜太中大夫宣元嘉初歷兗青二州刺史恬兄謨與朱脩之守滑臺魏剋滑臺見虜後得還爲竟陵太守恬初爲驃騎劉道憐長兼行參軍宋受命辟東宮殿中將軍度還臺直省十年不請休息歷下邳北海二郡太守所至皆有政績又爲北譙梁二郡太守郡境邊接任榛屢被寇抄恬到任密知賊來乃伏兵要害出其不意悉皆禽殄元嘉十二年遷督魯東平濟北三郡諸軍事太山太守威惠兼著吏人便之二十一年冀州移鎮歷下以恬爲冀州刺史加督明年加濟南太守孝武踐阼爲青州刺史尋加督齊地連歲興兵百姓彫弊恬防禦邊境勸課農桑二三年間遂皆優實性清約頻處州郡妻子不免飢寒世以此稱之後拜豫州刺史以疾徵還道卒死之日家無遺財子寔南譙太守謨子元嗣海陵太守元嗣弟謙臨川內史永子坦孝建初爲太子右衞率徐州刺史大明元年魏攻兗州孝武遣太子左衞率薛安都東陽太守沈法系北捍至兗州魏軍已去坦建議任榛亡命屢犯邊人今軍出無功宜因此翦撲上從之亡命先已聞知舉村逃走安都法系坐白衣領職坦棄市羣臣爲請莫得將行刑始興公沈慶之入市抱坦痛哭曰卿無罪爲朝廷所枉誅我入市亦當不久市官以白上乃原生命繫尚方尋被宥復爲驍騎將軍疾卒子令孫明帝時爲徐州刺史討薛安都行至淮陽即與安都合弟闡時爲濟陰太守戍睢陵城奉順不同安都安都攻圍不能剋會令孫至遣往睢陵說闡闡降殺之令孫亦見殺

杜慧慶交阯朱䳒人也本屬京兆曾祖元爲寧浦太守遂居交阯父瑗字道言仕州府爲日南九德交阯太守初九眞太守李遜父子勇壯有權力威制交土聞刺史滕遯之當至分遣二子斷遏水陸津要瑗收衆斬遜州境獲寧後爲龍驤將軍交州刺史宋武帝義旗建進號冠軍將軍盧循竊據廣州遣使通好瑗斬之義熙六年卒年八十四贈右將軍慧慶瑗第五子也七年除交州刺史詔書未到其年春盧循襲破合浦徑向交州慧慶乃率文武六千人拒循於石碕破之循雖破餘黨皆習兵事李遜子孫李奕李移李脫等皆奔竄石碕盤結俚獠各有部曲循知奕等與杜氏有怨遣使招之奕等受循節度六月庚子循晨造南津令三軍入城乃食慧慶悉出宗族私財以充勸賞自登高艦合戰放火箭循衆艦俱然一時散潰循中箭赴水死斬循及父嘏幷循二子並傳首建鄴封慧慶龍編縣侯武帝踐阼進號輔國將軍其年南討林邑林邑乞降輸生口大象金銀古貝等乃釋之遣長史江攸奉表獻捷慧慶布衣蔬食儉約質素能彈琴頗好莊老禁斷淫祀崇脩學校歲荒人飢則以私祿振給爲政纖密有如居家由是威惠霑洽姦盜不起乃至城門不夜閉道不拾遺卒追贈左將軍以慧慶長子弘文爲振遠將軍交州刺史初武帝北征關洛慧慶板弘文行九眞太守乃繼父爲刺史亦以寬和得衆襲爵龍編侯元嘉四年文帝以廷尉王徵爲交州刺史弘文被徵會得重疾牽以就路親舊見其患篤勸待病愈弘文曰吾世荷皇恩杖節三世常欲投軀帝庭以報所荷況親被徵命而可晏然者乎弘文母阮年老見弘文輿疾就路不忍別與到廣州遂卒臨死遣弟弘猷詣建鄴朝廷甚哀之孝建中以豫章太守檀和之爲豫州刺史和之先歷始興太守交州刺史所在有威名盜賊屏迹每出獵猛獸伏不敢起

阮長之字景茂一字善業陳留尉氏人也祖思曠金紫光祿大夫父普驃騎諮議參軍長之年十五喪父有孝性哀感傍人除服蔬食者猶積載閑居篤學未嘗有惰容初爲諸府參軍母老求補襄垣令督郵無禮鞭之去職後拜武昌太守時王弘爲江州雅相知重引爲車騎從事中郎元嘉十一年除臨海太守在官常擁敗絮至郡少時母亡葬畢不勝憂卒時郡田祿以芒種爲斷此前去官者則一年秩祿皆入後人始以元嘉末改此科計月分祿長之去武昌郡代人未至以芒種前一日解印綬初發郡親故或以器物贈別得便緘錄後歸悉以還之爲中書郎直省夜往鄰省誤著屐出閤依事自列門下以闇夜人不知不受列長之固遣送曰一生不侮暗室前後所莅官皆有風政爲後人所思宋世言善政者咸稱之文帝深惜之曰景茂方堪大用豈直以清苦見惜子師門原鄉令元嘉初文帝遣大使巡行四方兼散騎常侍王歆之等上言宣威將軍陳南頓二郡太守李元德清勤均平姦盜止息彭城內史魏恭子廉惜脩慎在公忘私安約守儉久而彌固前宋縣令成浦爲政寬濟遺詠在人前鄱陽令李熙國在事有方人思其政故山桑令何道自少清廉白首彌厲悉加褒賚以勸於後各被褒賜歆之字叔道河東人曾祖愆期有名晉世官至南蠻校尉歆位左戶尚書光祿大夫卒官

甄法崇中山人也父匡位少府卿以清聞法崇宋永初中爲江陵令在任嚴整縣境肅然於時南平繆士遜爲江安令卒官至其年末法崇在聽事士遜前見法崇知其已亡愕然未言坐定云卿縣人宋雅見負米千餘石不還令兒窮弊不自存故自訴法崇因命口受爲辭因遜謝下席而法崇爲問繆家狼狽輸送太守王華聞而歎美之法崇孫彬彬有行業鄉黨稱善嘗以一束苧就州長沙寺庫質錢後贖苧還於苧束中得五兩金以手巾裹之彬得送還寺庫道人驚云近有人以此金質錢時有事不得舉而失檀越乃能見還輒以金半仰酬往復十餘彬堅然不受因謂曰五月披羊裘而負薪豈拾

還金者邢卒還金。梁武帝布衣而聞之，及踐阼，以西昌侯藻爲益州刺史，乃以彬爲府錄事參軍，帶郫縣令。將行，同列五人，帝誡以廉慎，至彬獨曰卿昔有還金之美，故不復以此言相屬。由此名德益彰。及在蜀，藻禮之甚厚云。

傅琰字季珪，北地靈州人也。曾祖弘仁，宋武帝之外弟，以中表歷顯官，位太常卿。祖劭字彥先，員外散騎侍郎。父僧祐，山陰令，有能名。琰美姿儀，仕宋爲武康令，還山陰令，並著能名，二縣皆謂之傅聖。賜爵新亭侯。元徽中，還尚書左丞。母喪，鄰家失火，延燒琰屋，抱柩不動，鄰人競來赴救，乃得俱全，琰股髀之間已被烟焰。齊高帝輔政，以山陰獄訟煩積，復以琰爲山陰令。賣針賣糖老姥爭團絲來詣琰，琰挂團絲於柱鞭之，密視有鐵屑，乃罰賣糖者。又二野父爭雞，琰各問何以食雞，一人云粟，一人云豆，乃破雞得粟，罪言豆者。縣內稱神明，無敢爲偷。琰父子並著奇績，時云諸傅有理縣譜，子孫相傳，不以示人。昇明中，遷益州刺史，自縣遷州，近世罕有。齊建元四年，徵驍騎將軍、黃門郎。永明中，爲廬陵王安西長史、南郡內史，行荊州事，卒。琰喪西還，有詔出臨哭。時長沙太守王沉、新蔡太守劉聞慰、晉平太守丘仲起、長城縣令何敬叔、故鄣縣令丘寂之皆有能名，而不及琰也。沉字彥流，東海人，歷錢唐、山陰、秣陵令，南平、長沙太守，清廉戒慎，身恒居祿，而居處日貧，死之日無宅可憩，故吏爲營棺柩。聞慰自有傳。仲起見沈憲傳。敬叔見子思澄傳。寂之字德玄，吳興烏程人，年十七，爲州西曹，兼直主簿。刺史王彧行夜還，前驅已至，而寂之不肯開門，曰不奉墨旨。彧方於車中爲教，然後開。彧歎曰：「不意郅君章近在閤下。」即轉爲主簿。在縣專以廉潔御下。於時丹徒縣令沈巑之以清廉抵罪，寂之聞之曰：「清吏眞不可爲也，政當處季孟之間。」巑之吳興武康人，性疎直，在縣自以清廉，不事左右，浸潤日至，遂鎖繫尚方，歎曰：「一見天子足矣。」上召問曰：「復欲何陳？」答曰：「臣坐清所以獲罪。」上曰：「清復何以獲罪？」曰：「無以承奉要人。」上曰：「要人爲誰？」巑之以手板四面指曰：「此赤衣諸賢皆是。若臣得更鳴，必令清譽日至。」巑之雖危言，上亦不責，後知其無罪，重除丹徒令。入縣界，吏人候之，謂曰：「我今重來，當以人肝代米，不然，清名不立。」又有汝南周洽，歷句容、曲阿、上虞、吳令，廉約無私，卒於都水使者，無以殯斂，吏人爲買棺器。齊武帝聞而非之，曰：「洽累歷名邑，而居處不理，遂坐無車宅，死令吏衣棺之，此故宜罪貶，無論褒恤。」乃敕不給贈賻。琰子翽，爲官亦有能名，後爲吳令，別建康令孫廉，廉因問曰：「聞丈人發姦擿伏，惠化如神，何以至此？」答曰：「無他也，唯勤而清。清則憲綱自行，勤則事無不理。憲綱自行則吏不能欺，事自理則物無疑滯，欲不理得乎？」時臨淮劉玄明亦有吏能，歷山陰、建康令，政常爲天下第一，終於司農卿。後翽又代玄明爲山陰令，問玄明曰：「願以舊政告新令尹。」答曰：「我有奇術，卿家譜所不載，臨別當相示。」既而曰：「作縣令唯日食一升飯而莫飲酒，此第一策也。」翽天監中爲建康令，復有能名，位驃騎諮議。子岐。

岐字景平，仕梁，起家南康王左常侍，後兼尚書金部郎。母憂去職，居喪盡禮，服闋後疾廢久之。復除始新令。縣人有因鬭相毆而死，死家訴郡，郡錄其仇人，考掠備至，終不引咎。郡乃移獄於縣，岐即令脫械，以和言問之，便即首服。法當償死，會冬節至，岐乃放其還家。獄曹掾固爭曰：「古者有此，今不可行。」岐曰：「其若負信，縣令當坐。」竟如期而反。太守深相歎異，遽以狀聞。岐後去縣，人無老少皆出境拜送，號哭聞數十里。至都，除廷尉正，入兼中書通事舍人，累遷安西中記室，兼舍人如故。岐美容止，博涉能占對。大同中，與魏和親，其使歲中再至，常遣岐接對焉。太清元年，累遷太僕、司農卿，舍人如故。岐在禁省十餘年，機事密勿，亞於朱异。此年冬，貞陽侯蕭明伐彭城，兵敗，囚於魏。三年，明遣使還，述魏欲通和好，敕有司及近臣定議。左衛朱异曰：「邊境且得靜寇息人，於事爲便。」議者並然之。岐獨曰：「高澄既新得志，何事須和？必是設間，故令貞陽遣使，令侯景自疑，當以貞陽易景。景意不安，必圖禍亂。若許通好，政是墮其計中。且彭城去歲喪師，渦陽復新敗退，令使就和，益示國家之弱。和不可許。」异等固執，帝遂從之。及遣使，景果有此疑，遂舉兵入寇，請誅朱异。三年，遷中領軍，舍人如故。二月，侯景於闕前通表，乞割江右四州安置部下，當解圍還鎮。敕許之，乃於城西立盟，求遣召宣城王出送。岐固執宣城王嫡嗣之重，不宜許之，乃遣石城公大款送之。及與景盟訖，城中文武喜躍，冀得解圍，岐獨言於衆曰：「賊舉兵爲逆，豈有求和？」及景背盟，莫不歎服。尋有詔以岐勤勞，封南豐縣侯，固辭不受。宮城失守，岐帶疾出圍，卒於宅。

虞愿字士恭，會稽餘姚人也。祖賚，給事中、監利侯。父望之，早卒。賚中庭橘樹冬熟，子孫競來取之，愿年數歲，獨不取，賚及家人皆異之。宋元嘉中，爲湘東王國常侍。及明帝立，以愿儒吏學涉，兼蕃國舊恩，意遇甚厚，除太常丞、尚書祠部郎、通直散騎侍郎。帝性猜忌，體肥憎風，夏月常著小皮衣，拜左右二人爲司風令史，風起方面，輒先啓聞。星文災變，不信太史，不聽外奏，敕靈臺知星二人給愿，常內省直，有異先啓，以相檢察。帝以故宅起湘宮寺，費極奢侈，以孝武莊嚴刹七層，帝欲起十層，不可立，分爲兩刹，各五層。新安太守巢尚之罷郡還，見帝，曰：「卿至湘宮寺未？我起此寺，是大功德。」愿在側曰：「陛下起此寺，皆是百姓賣兒貼婦，佛若有知，當悲哭哀愍，罪高佛圖，有何功德？」尚書令袁粲在坐，爲之失色。帝大怒，使人驅曳下殿，愿徐去無異容。以舊恩，少日中已復召入。帝好圍碁，甚拙，去格七八道，物議共欺爲第三品。與第一品王抗圍碁，依品賭戲，抗饒借帝，曰：「皇帝飛碁，臣抗不能斷。」帝終不覺，以爲信然，好之愈篤。愿又曰：「堯以此教丹朱，非人主所宜好也。」雖數忤旨，而蒙賞賜猶異餘人。遷兼中書郎。帝寢疾，愿常侍醫藥。帝尤好逐夷，以銀鉢盛蜜漬之，一食數鉢。謂揚州刺史王景文曰：「此是奇味，卿頗足不？」景文答曰：「臣夙好此物，貧素尋之甚難。」帝甚悅。食逐夷積多，胷腹痞脹，氣將絕。左右啓飲數升酢酒，乃消。疾大困，一食汁滓猶至三升，水患積久，藥不復効。大漸日，正坐呼道人，合掌便絕。愿以侍疾久，轉正員郎，出爲晉安太守。在郡不事生業。前政與百姓交關，質錄其兒婦，愿遣人於道奪取將還。在郡立學堂教授。郡舊出髯蛇膽，可爲藥，有遺愿蛇者，愿不忍殺，放二十里外山中，一夜蛇還牀下。復送四十里山，經宿復歸，論者以爲仁心所致。海邊有越王石，常隱雲霧，相傳云清廉太守乃得見。愿往就觀視，清徹無所隱蔽。後琅邪王秀之爲郡，與朝士書曰：「此郡承虞公之後，善政猶存，遺風易遵，差得無事。」以母老解職，除後軍將軍。褚彥回嘗詣愿，愿不在，見其眠牀上積塵埃，有書數袠。彥回歎曰：「虞君之清，至於此。」令人掃地拂牀而去。遷中書郎，領東觀祭酒。兄季爲上虞令，卒，愿從省步出還家，不得詔便歸東。除驍騎將軍，遷廷尉，祭酒如故。愿嘗事宋明帝，齊初，神主遷汝陰廟，愿拜辭流涕。建元元年卒。愿著五經論問，撰會稽記，文翰數十篇。

王洪軌，上谷人也。宋太始中，魏剋青州，洪軌得別駕清河崔祖歡女，仍以爲妻。祖歡女說洪軌南歸。宋桂陽王之難，隨齊高帝鎮新亭，常以身捍矢。高帝曰：「我自有楯，卿可自防。」答曰：「天下無洪軌，何有哉？蒼生方亂，豈可一日無公。」帝甚賞之。後爲晉壽太守，多昧贓賄，爲州所按，大懼，棄郡奔建鄴。高帝輔政，以爲腹心。建武初，爲青冀二州刺史，悔爲晉壽時貨賕所敗，更勵清節。先是青州資魚鹽之貨，或彊借百姓麥地以種紅花，多與部下交以祈利益。洪軌至，一皆斷之。啓求侵魏，得黃郭、鹽倉等數戍。後遇敗，死傷塗地，深自咎責，乃於謝祿山南除地，廣設茵席，殺三牲，招戰亡者寬祭之，人人呼名，躬自沃酹，仍慟哭不自勝，因發病而亡。洪軌既北人而有清正，州人呼爲虜父使君，言之咸落淚。永明中，有江夏李珪之字孔璋，位尚書右丞，兼都水使者，歷職稱爲清能，後兼少府，卒。

沈瑀字伯瑜，吳興武康人也。父昶，事宋建平王景素，景素謀反，昶先去之，及敗，坐繫獄，瑀詣臺陳請，得免罪，由是知名。爲奉朝請，嘗詣齊尚書左丞殷濔，濔與語及政事，甚器之，謂曰：「觀卿才幹，當居吾此職。」司徒竟陵王子良聞瑀名，引爲府行參軍，領揚州部傳從事。時建康令沈徽孚恃勢傲瑀，瑀以法繩之，衆憚其強。子良甚相知賞，雖家事皆以委瑀。子良薨，瑀復事刺史始安王遙光。嘗使送人丁，速而無怨，遙光謂同使吏曰：「爾何不學沈瑀所爲？」乃令瑀專知州獄事。湖熟縣方山埭高峻，冬月公私行侶以爲艱，明帝使瑀行脩之。瑀乃開四洪，斷行客就作，三日便辦。揚州書佐私行，詐稱州使，不肯就作，瑀鞭之四十。書佐歸訴遙光，遙光曰：「沈瑀必不枉鞭汝。」覆之果有詐。明帝復使瑀築赤山塘，所費減材官所量數十萬，帝益善之。爲建德令，教人一丁種十五株桑、四株柿及梨栗，女子丁半之，人咸歡悅，頃之成林。去官還都，兼行選曹郎。隨陳伯之軍至江州，會梁武起兵圍郢城，瑀說伯之迎武帝。伯之泣曰：「余子在都。」瑀曰：「不然，人情匈匈，皆思改計，若不早圖，衆散難合。」伯之遂降。初，瑀在竟陵王家，素與范雲善，齊末嘗就雲宿，夢坐屋梁柱上，仰見天中有字曰「范氏宅」。至是，瑀爲帝說之，帝曰：「雲得不死，此夢可驗。」及帝即位，雲深薦瑀，自既陽令擢兼尚書右丞。時天下初定，陳伯之言瑀催督運輸，軍國獲濟，帝以爲能，遷尚書駕部郎，兼右丞如故。瑀薦族人沈僧隆、僧照有吏幹，帝並納之。以母憂去職，起爲餘姚令。縣大姓虞氏千餘家，請謁如市，前後令長莫能絕。自瑀到，非訟訴無所通，以法繩之。縣南又豪族數百家，子弟縱橫，遞相庇廕，厚自封植，百姓甚患之。瑀召其老者爲石頭倉監，少者補縣僮，皆號泣道路，自是權右屛跡。瑀初至，富吏皆鮮衣美服以自彰別，瑀怒曰：「汝等下縣吏，何得自擬貴人！」悉使著芒屩麤布，侍立終日，足有蹉跌，輒加榜捶。瑀微時嘗至此鬻瓦器，爲富人所辱，故因以報焉。由是士庶駭怨。瑀廉潔自守，故得遂行其意。後爲安南長史尋陽太守江州刺史曹景宗卒仍爲信威蕭穎達長史太守如故瑀性屈强每忤穎達穎達銜之天監八年因入諮事辭又激厲穎達作色曰朝廷用君作行事邪瑀出謂人曰我死而後已終不能傾側面從是日於路爲人所殺多以穎達害焉子績累訟之遇穎達尋卒事不窮竟績乃布衣蔬食終其身

范述曾字子玄一字穎彥吳郡錢唐人也幼好學從餘杭呂道惠受五經畧通章句道惠曰此子必爲王者師齊文惠太子竟陵文宣王幼時齊高帝引述曾爲之師友起家宋晉熙王國侍郎齊初至南郡王國郎中令遷太子步兵校尉帶開陽令述曾爲人謇諤在宮多所諫爭太子雖不能全用然亦弗之罪也竟陵王深相器重號爲周舍太子左衞率沈約亦以述曾方汲黯齊明帝即位爲永嘉太守爲政清平不尚威猛民俗便之所部横陽縣山谷嶮峻爲逋逃所聚前後二千石討捕莫能息述曾下車開示恩信凡諸凶黨襁負而出編戶屬籍者二百餘家自是商旅流通居人安業勵志清白不受饋遺明帝下詔褒美徵爲游擊將軍郡送故舊錢二十餘萬一無所受唯得白桐木火籠朴十餘枚而已東昏時拜中散大夫還鄉里梁武帝踐阼乃輕行詣闕仍辭還武帝下詔褒美以爲太中大夫述曾生平所得奉祿皆以分施及老遂壁立無資以天監八年卒注易文言著雜詩賦數十篇後有吳興丘師施亦廉潔稱罷臨安縣還唯有二十籠簿書並是倉庫券帖當時以比述曾位至臺郎

孫謙字長遜東莞莒人也客居歷陽躬耕以養弟妹鄉里稱其敦睦仕宋爲句容令清愼强記縣人號爲神明宋明帝以爲巴東建平二郡太守郡居三峽恒以威力鎭之謙將述職敕募千人自隨謙曰蠻夷不賓蓋待之失節耳何煩兵役以爲國費固辭不受至郡布恩惠之化蠻獠懷之競餉金寶謙慰諭而遣一無所納及掠得生口皆放還家奉秩出吏人者悉原除之郡境翕然威恩大著視事三年徵還爲撫軍中兵參軍遷越騎校尉征北司馬府主建平王將稱兵患謙强直託事遣使至郡然後作亂及建平誅遷左軍將軍齊初爲錢唐令御煩以簡獄無繫囚及去官百姓以謙在職不受餉遺追載縑帛以送之謙辭不受每去官輒無私宅借空車廄居焉永明初爲江夏太守坐被代輒去郡繫尚方頃之免爲中散大夫明帝將廢立欲引謙爲心膂使兼衞尉給甲仗百人謙不願處際會輒散甲士帝雖不罪而弗復任焉梁天監六年爲零陵太守年已衰老猶强力爲政吏人安之先是郡多猛獸暴謙至絶迹及去官之夜猛獸即害居人謙爲郡縣常勤勸課農桑務盡地利收入常多於鄰境九年以老徵爲光祿大夫及至帝嘉其清潔甚禮異焉每朝見猶請劇職自効帝笑之曰朕當使卿智不使卿力十四年詔加優秩給親信二十人并給扶謙自少及老歷二縣五郡所在廉潔居身儉素牀施蘧蒢屏風冬則布被莞席夏日無幬帳而夜卧未嘗有蚤蚋人多異焉年逾九十强壯如五六十者每朝會輒先衆到公門力於仁義行已過人甚遠從兄靈慶嘗病寄謙謙行出還問起居靈慶曰向飲冷熱不調即時猶渴謙退遣其妻有彭城劉融行乞疾篤無所歸友人輿送謙舍謙開聽事以受之及融死以禮殯葬衆咸服其行義末年頭生二肉角各長一寸十五年卒官時年九十二臨終遺命諸子曰吾少無人間意故自不求聞達而仕歷三代官成兩朝如我資名或蒙贈謚自公體耳氣絶即以幅巾就葬每存儉率比見輤車過精非吾志也士安東以蘧蒢王孫倮入后地雖是匹夫之節取於人情未允今使棺足周身壙足容柩旐書爵里無曰不然旒表命數差可停息直儭輤牀裝之以蘧以常所乘者爲魂車他無所用第二子貞巧乃織細蘧裝輤以篋爲鈴佩雖素而華帝爲舉哀甚悼惜之

從子廉字思約父奉伯位少府卿淮南太守廉便辟巧宦齊時已歷大縣尚書右丞天監初沈約范雲當朝用事廉傾意奉之及中書舍人黃睦之等亦尤所結附凡貴要每食廉必日進滋旨皆手自煎調不辭勤劇遂得爲列卿御史中丞晉陵吳興太守廣陵高爽有險薄才客於廉廉委以文記爽嘗有求不遂乃爲屐謎以喻廉曰刺鼻不知嚏蹋面不知嗔齧齒作步數持此得勝人譏其不計恥辱以此取名位然處官平直遂以善政稱武帝嘗曰東莞二孫謙廉而已

何遠字義方東海郯人也父慧炬齊尚書郎遠仕齊爲奉朝請豫崔慧景敗亡事抵尚書令蕭懿懿深保匿焉會赦出頃之懿遭難子弟皆潛伏遠求得懿弟融藏之既而發覺遠踰垣以免融遇禍遠家屬繫尚方遠遂亡度江因降魏入壽陽見刺史王肅求迎梁武帝肅遣兵援送武帝見遠謂張弘策曰何遠丈夫而能破家報舊德未易人也武帝踐阼以奉迎勳封廣興男爲後軍鄱陽王恢錄事參軍遠與恢素善在府盡其志力知無不爲恢亦推心仗之恩寄甚密遷武昌太守遠本倜儻尚輕俠至是乃折節爲吏杜絶交游饋遺秋毫無所受武昌俗皆汲江水盛夏遠患水温每以錢買人井寒水不取錢者則摙水還之其他事率多如此跡雖似僞而能委曲用意車服尤弊素器物無銅漆江左水族甚賤遠每食不過乾魚數片而已然性剛嚴吏人多以細事受鞭罰遂爲人所訟徵下廷尉被劾十數條當時士大夫坐法皆不受測遠度已無贓就測立三七日不款猶以私藏禁仗除名後爲武康令愈厲廉節除淫祀正身率職人甚稱之太守王彬巡屬縣諸皆盛供帳以待焉至武康遠獨設糗水而已彬去遠送至境進斗酒隻鵝而別彬戲曰卿禮有過陸納將不爲古人所笑乎武帝聞其能擢爲宣城太守自縣爲近畿大郡近代未之有也郡經寇抄遠盡心綏理復著名迹朞年遷樹功將軍始興內史時泉陵侯朗爲桂州緣道多剽掠入始興界草木無所犯遠在官好開途巷修葺牆屋人居市里城隍廐庫所過若營家焉田秩奉錢並無所取歲暮擇人尤窮者充其租調以此爲常然其聽訟猶人也不能過絶而性果斷人畏而惜之所至皆生爲立祠表言政狀帝每優詔答焉後歷給事黃門侍郎信武將軍監吳郡在吳頗有酒失遷東陽太守遠處職疾强富如仇讐視貧細如子弟特爲豪右所畏憚在東陽歲餘復爲受罰者所謗坐免歸遠性耿介無私曲居人間絶請謁不造詣與貴賤書疏抗禮如一其所會遇未嘗以顏色下人是以多爲俗士所疾惡其清公實爲天下第一居數郡見可欲終不變其心妻子飢寒如下貧者及去東陽歸家經年歲口不言榮辱士類益以此多之其輕財好義周人之急言不虛妄蓋天性也每戲語人云卿能得我一妄語則謝卿以一縑衆共伺之不能記也後爲征西諮議參軍中撫軍司馬卒

郭祖深襄陽人也梁武帝初起以客從後隨蔡道恭在司州陷北還上書言境上事不見用選爲長兼南梁郡丞徙後軍行參軍帝溺情內教朝政縱弛祖深輿櫬詣闕上封事其畧曰大梁應運功高百王慈悲既弘憲律如替愚輩罔識褫慢斯作各競奢侈貪穢遂生頗由陛下寵勳太過馭下太寬故廉潔者自進無途貪苛者取人多徑直弦者淪溺溝壑曲鉤者升進重沓飾口利辭競相推薦訥直守信坐見埋没勞深勳厚祿賞未均無功側入反加寵擢昔宋人賣酒犬惡致酸陛下之犬其甚矣哉臣聞人爲國本食爲人命故禮曰國無六年之儲謂非其國也推此而言農爲急務而郡縣苛暴不加勸獎本年豐歲稔猶人有饑色設遇水旱何以救之陛下昔歲尚學置立五館行吟坐詠誦聲溢境比來慕法普天信向家家齋戒人人懺禮不務農桑空談彼岸夫農桑者今日濟育功德者將來勝因豈可墮本勤末置邇効賒也今商旅轉繁游食轉衆耕夫日少杼軸日空陛下若廣興屯田賤金貴粟勤農桑者擢以階級惰耕織者告以明刑如此數年則家給人足廉讓可生夫君子小人智計不同君子志於道小人謀於利志於道者安國濟人志於利者損物圖己道人者害國小人也忠良者捍國君子也臣見疾者詣道士則勸奏章僧尼則令齋講俗師則鬼禍須解醫診則湯熨散丸皆先自爲也臣謂爲國之本與療病相類療病當去巫鬼尋華扁爲國當黜佞邪用管晏今之所任腹背之毛耳論外則有勉捨說內則有雲旻雲旻所議則傷俗盛法勉捨之志唯願安枕江東主慈臣恇息謀外甸使中國士女南望懷寃若賈誼重生豈不慟哭臣今直言犯顏罪或容宥而乖忤貴臣則禍在不測所以不憚鼎鑊區區必聞者正以社稷計重而螻蟻命輕使臣言入身滅臣何所恨夫謀臣良將何代無之貴在見知要在用耳陛下皇基兆運二十餘載臣子之節諫爭是誰執事皆同而不和答問唯唯而已入對則言聖旨神衷出論則云誰敢逆耳過實在下而譴見於上遂使聖皇降誠躬自引咎宰輔晏然曾無謙退且百僚卿士尠有奉公尸祿競利不尚廉潔累金積鏹侍列如仙不田不商何故而爾法生惡惡不可長欲不可縱伏願去貪濁進廉平明法令嚴刑罰禁奢侈薄賦斂則天下幸甚謹上封事二十九條伏願抑獨斷之明少察愚瞽時帝大弘釋典將以易俗故祖深尤言其事條以爲都下佛寺五百餘所窮極宏麗僧尼十餘萬資產豐沃所在郡縣不可勝言道人又有白徒尼則皆畜養女皆不貫人籍天下戶口幾亡其半而僧尼多非法養女皆服羅紈其蠹俗傷法抑由於此請精加檢括若無道行四十已下皆使還俗附農罷白徒養女聽畜奴婢婢唯著青布衣僧尼皆令蔬食如此則法興俗盛國富人殷不然恐方來處處成寺家家剃落尺土一人非復國有朝廷擢用勳舊爲三陲州郡不顧御人之道唯以貪殘爲務迫脅良善害甚豺狼江湘人尤受其弊自三關以外是處遭毒而此勳人投化之始但有一身及被任用皆募部曲而揚徐之人逼以衆投多役其募利其貨財皆虛名上簿止送出三津

名在遠役身歸鄉里又懼本屬檢問於是逃亡他境僑戶之興良由此故又梁興以來發人征役號爲三五及投募將客主將無恩存卹失理多有物故輒刺叛亡或有身殞戰場而名在叛目監符下討稱爲逋叛錄質家丁合家又叛則取同籍同籍又叛則取比伍比伍又叛則望村而取一人有犯則合村皆空華肆眚時降蕩滌惟始而監符猶下舊日限以嚴程上下任信下轉相督促臺使到州州又遣押使至郡州郡競急切同趣下城令宰多庸才望風畏伏於是斂戶課薦其筐篚使人納重貨許立空文其百里微欲矯俗則嚴科立至自是所在恣意貪利以事上官又請斷界首將生口入北及關津廢替須加糾擿又言廬陵年少不宜鎮襄陽左僕射王暕在喪被起爲吳郡曾無辭讓其言深刻又請復郊四星帝雖不能悉用然嘉其正直擢爲豫章鍾陵令員外散騎常侍普通七年改南州津爲南津校尉以祖深爲之加雲騎將軍秩二千石使募部曲二千及至南州公嚴清刻由來王侯勢家出入津不忌憲綱俠藏亡命祖深搜檢姦惡不避强禦動致刑辟奏江州刺史邵陵王太子詹事周捨贓罪遠近側足莫敢縱恣淮南太守畏之如上府常服故布襦素木案食不敢一肉有姥餉一早青瓜祖深報以疋帛後有富人效之以貨鞭而徇衆朝野憚之絕於干請所領皆精兵令行禁止有所討逐越境追禽江中嘗有賊祖深自率討之列陣未敢進仍令所親人先登不時追斬之遂大破賊威振遠近長江肅清

論曰善政之於人猶良工之於埴也用功寬而成器多爲漢世戶口殷盛刑務簡闊郡縣之職外無橫擾勸賞威刑事多專斷尺一詔書希經邦邑吏居官者或長子孫皆敷德政以盡人和興義讓以存簡久故龔黃之化易以有成降及晚代情僞繁起人滅昔時務殷前世立績垂風難易百倍若以上古之化御此世之人今吏之良撫前代之俗則武城弦歌將有未暇淮陽卧鎮如或可勉未必今才陋古蓋化有醇薄者也

南史卷七十考證

循吏傳敘彫欒綺節珠窗網戶○欒監本訛奕一本作栾今从南本

杜驥傳年十三父使候同郡韋華○韋監本訛世今从閣本改

杜慧慶傳慧慶悉出宗族私財以充勸賞○出監本訛爲今改正

傳琰傳久之復除始新令○始監本訛如今改从南本

虞愿傳帝尤好逐夷以銀鉢盛蜜漬之一食數鉢○逐夷魚腸胃之別名也

沈瑀傳司徒竟陵王子良聞瑀名引爲府行參軍領揚州部傳從事○閣本無傳字

郭祖深傳僧尼十餘萬資產豐沃○監本缺僧字今增入

南史卷七十一

唐　李延壽　撰

列傳第六十一

儒林

伏曼容 子暅 暅子挺　何佟之

嚴植之　司馬筠　卞華

崔靈恩　孔僉　盧廣

沈峻 太史叔明 峻子文阿　孔子祛

皇侃　沈洙　戚袞

鄭灼 張崖 陸詡 沈德威 賀德基　全緩

張譏　顧越 龔孟舒　沈不害

王元規 陸慶

蓋今之儒者本因古之六學以弘風正俗斯則王政之所先也自秦氏坑焚其道用缺及漢武帝時開設學校立五經博士置弟子員射策設科勸以官祿傳業者故益衆矣其後大學生徒動至萬數郡國黌舍悉皆充滿其學於山澤者或就而爲列肆焉故自兩漢登賢咸資經術洎魏正始以後更尚玄虛公卿士庶罕通經業時荀顗摯虞之徒雖議創制未有能易俗移風者也自是中原橫潰衣冠道盡逮江左草創日不暇給以迄宋齊國學時或開置而勸課未博建之不能十年蓋取文具而已是時鄉里莫或開館公卿罕通經術朝廷大儒獨學而弗肯養衆後生孤陋擁經而無所講習大道之鬱也久矣乎至梁武創業深愍其弊天監四年乃詔開五館建立國學總以五經教授置五經博士各一人於是以平原明山賓吳郡陸璉吳興沈峻建平嚴植之會稽賀瑒補博士各主一館館有數百生給其餼廩其射策通明經者卽除爲吏於是懷經負笈者雲會矣又選學生遣就會稽雲門山受業於廬江何胤分遣博士祭酒到州郡立學七年又詔皇太子宗室王侯始就學受業武帝親屈輿駕釋奠於先師先聖申之以讌語勞之以束帛濟濟焉洋洋焉大道之行也如是及陳武創業時經喪亂衣冠殄瘁寇賊未寧敦獎之方所未遑也天嘉以後稍置學官雖博延生徒成業蓋寡其所采綴蓋亦梁之遺儒今並集之以備儒林云

伏曼容字公儀平昌安丘人晉著作郎滔之曾孫也父胤之宋司空主簿曼容早孤與母兄客居南海少篤學善老易倜儻好大言常云何晏疑易中九事以吾觀之晏了不學也故知平叔有所短聚徒教授以自業爲驃騎行參軍宋明帝好周易常集朝臣於清暑殿講詔曼容執經曼容素美風采明帝恒以方嵇叔夜使吳人陸探微畫叔夜像以賜之爲尚書外兵郎嘗與袁粲罷朝相會言玄理時論以爲一臺二絕昇明末爲輔國長史南海太守至石門作貪泉銘齊建元中上書勸封禪高帝以爲其禮雖備不從仕爲太子率更令侍皇太子講衞將軍王儉深相愛好令與河內司馬憲吳郡陸澄共撰喪服及竟又欲與定禮樂會儉薨建武中拜中散大夫時明帝不重儒術曼容宅在瓦官寺東施高坐於聽事有賓客輒升高坐爲講說生徒常數十百人梁臺建召拜司徒司馬出爲臨海太守天監元年卒官年八十二曼容多伎術善音律射馭風角醫筭莫不閑了爲周易毛詩喪服集解老莊論語義子暅

暅字玄曜幼傳父業能言玄理與樂安任昉彭城劉曼俱知名仕齊位東陽郡丞鄞令時曼容已致仕故頻以外職處暅令得養焉梁武帝踐阼兼五經博士與吏部尚書徐勉中書侍郎周捨總知五禮事出爲永陽內史在郡清潔政務安靜郡人何貞秀等一百五十四人詣州言狀湘州刺史以聞詔勘有十五事爲吏人所懷帝善之徙新安太守在郡清恪如永陽時人賦稅不登者輒以太守田米助之郡多麻苧家人乃至無以爲繩其厲志如此屬縣始新遂安海寧並同時生爲立祠徵爲國子博士領長水校尉時始興內史何遠累著清績武帝擢爲黃門侍郎俄遷信武將軍監吳郡事暅自以名輩素在遠前爲吏俱稱廉白遠累見擢暅循階而已意望不滿多託疾居家尋求假到東陽迎妹喪因留會稽築宅自表解職詔以爲豫章內史乃出拜書侍御史虞皭奏曰風聞豫章內史伏暅去歲啓假以迎妹喪爲辭因停會稽不去入東之始貨宅賣車以此而推則是本無還意暅歷典二邦少免貪濁此自爲政之本豈得稱功常謂人才品望居何遠之右而遠以清見擢在位轉隆暅深懷誹怨形於辭色天高聽甲無私不照去年十二月二十一日下詔曰國子博士領長水校尉伏暅爲政廉平宜加將養勿使恚望致虧士風可豫章內史豈有人臣奉如此之詔而不亡魂破膽歸罪有司而冒寵不辭吝斯苟得故以士流解體行路沸騰辨跡求心無一可恕請以暅大不敬論有詔勿論暅遂得就郡徵爲給事黃門侍郎領國子博士未赴卒初暅父曼容與樂安任遙皆昵於齊太尉王儉遙子昉及暅並見知頃之昉才遇稍盛齊末已爲司徒左長史暅獨滯於參軍事及終名位略相侔暅性儉素車服麤惡外雖退靜內不免心競故見譏於時然能推薦後來常若不及少年士子或以此依之子挺

挺字士標幼敏悟七歲通孝經論語及長博學有才思爲五言詩善效謝康樂體父友樂安任昉深相歎異常曰此子日下無雙齊末州舉秀才策爲當時第一梁武帝師至挺迎謁於新林帝見之甚悅謂之顏子引爲征東行參軍時年十八天監初除中軍參軍事居宅在潮溝於宅講論語聽者傾朝挺三世同時聚徒教授罕有其比累爲晉陵武康令罷縣還仍於東郊築室不復仕挺少有盛名又善處當世朝中勢素多與交遊故不能久事隱靜後遂出仕除南臺書侍御史因事納賄被劾懼罪乃變服出家名僧挺久之藏匿後遇赦乃出大心寺會邵陵王爲江州攜挺之鎮王好文義深被恩禮挺不堪蔬素因此還俗侯景亂中卒著邇說十卷文集二十卷子知命以其父宦途不進怨朝廷後遂盡心侯景襲郢州圍巴陵軍中書檄皆其文也言及西臺莫不劇筆及景簒位爲中書舍人權傾內外景敗被送江陵於獄幽死挺弟捶亦有才名爲邵陵王記室參軍

何佟之字士威廬江灊人晉豫州刺史惲六世孫也祖邵之宋員外散騎常侍父歆齊奉朝請佟之少好三禮師心獨學强力專精手不輟卷讀禮論三百餘篇畧皆上口太尉王儉雅相推重起家揚州從事仍爲總明館學士仕齊初爲國子助教爲諸王講喪服結草爲絰屈手巾爲冠諸生有未曉者委曲誘誨都下稱其高儒建武中爲鎮北記室參軍侍皇太子講時步兵校尉劉瓛徵士吳苞皆已卒都下碩儒唯佟之而已當時國家吉凶禮則皆取決焉後爲驃騎司馬永元末都下兵亂佟之常集諸生講論孜孜不怠性好絜一日之中洗滌者十餘遍猶恨不足時人稱爲水淫有至性父母亡後常設一屋晦朔拜伏流涕如此者二十餘年當世服其孝

行於時。又有遂安令劉澄爲性彌絜，在縣埽拂郭邑路無橫草，水翦蟲穢，百姓不堪命，坐免官，然甚貞正，善醫術，與徐嗣伯埒名。子聰能世其家業。佟之自東昏即位，以其兇虐，乃謝病終身不涉其流。梁武帝踐阼，以爲尚書左丞。時百度草創，佟之依禮定議，多所裨益。天監二年卒官。故事，左丞無贈官者，帝特詔贈黃門侍郎，儒者榮之。所著文章禮議百許篇。子朝隱、朝晦。

嚴植之字孝源，建平秭歸人也。少善莊老，能玄言，精解喪服、孝經、論語。及長，偏習鄭氏禮、周易、毛詩、左氏春秋。性淳孝謹厚，不以所長高人。少遭父憂，因菜食二十三載。仕齊爲廣漢王國右常侍，仍侍王讀。及王誅，國人莫敢視，植之獨奔哭，手營殯斂，徒跣送喪墓所，爲起冢，葬畢乃還，當時義之。後爲康樂令。植之在縣清白，人吏稱之。梁天監二年，詔求通儒脩五禮，有司奏植之主凶禮。四年，初置五經博士，各開館教授，以植之兼五經博士。植之館在潮溝，生徒常百數。講說有區段次第，析理分明，每當登講，五館生畢至，聽者千餘人。還中撫記室參軍，猶兼博士。卒於館。植之自疾後，便不受廩奉，妻子困乏。及卒，喪無所寄，生徒爲市宅，乃得成喪。植之性慈仁，好行陰德，在闇室未嘗怠也。少嘗山行，見一患者，問其姓名，不能答，載與俱歸，爲營醫藥，六日而死，爲棺斂殯之，卒不知何許人也。又嘗緣柵塘行，見患人臥塘側，問之，云姓黃，家本荊州，爲人傭賃，疾篤，船主將發，棄之於岸。植之惻然，載還療之，經年而愈，請終身充奴僕以報厚恩。植之不受，遺以資糧遣之。所撰凶禮儀注四百七十九卷。

司馬筠字貞素，河內溫人也，晉譙王承七代孫。祖亮，宋司空從事中郎。父端字敬文，齊奉朝請，始安王遙光使掌文記。遙光之敗，曹武入城見之，端曰：「身蒙始安厚恩，君宜見殺。」武叱令速去，答曰：「死生命也。君見事不捷，便以義師爲賊。」武捨之去，尋兵至見殺。筠少孤貧好學，師沛國劉瓛，彊力專精，深爲瓛所器。及長，博通經術，尤明三禮。梁天監初，爲暨陽令，有清績，入拜尚書祠部郎。七年，安成國太妃陳氏薨，江州刺史安成王秀、荊州刺史始興王憺並以慈母表解職，詔不許，還攝本任。而太妃在都，喪祭無主。中書舍人周捨議曰：「賀彥先稱慈母之子不服慈母之黨，婦又不從夫而服慈姑，小功服無從故也。庾蔚之云非徒子不從母而服其黨，孫又不從父而服其慈，由斯而言，慈祖母無服明矣。尋門內之哀，不容自同於常。案父之祥禫，子並受弔。今二王諸子宜以成服日單衣一日，爲位受弔。」制曰：「二王在遠，世子宜攝祭事。」捨又曰：「禮云縞冠玄武，子姓之冠，則世子衣服宜異於常，可著細布衣，絹爲領帶，三年不聽樂。又禮及春秋，庶母不世祭，蓋謂無王命者耳。吳太妃既朝命所加，得用安成禮秩，則當祔廟，五世親盡乃毀。陳太妃命數之重，雖則不異，慈孫既不從服，廟食理無傳祀，子祭孫止，是會經文。」武帝由是敕禮官議皇子慈母之服。筠議：「宋朝五服制，皇子服訓養母，禮依庶母慈己，宜從小功之制。案曾子問云：『子游曰：喪慈母禮歟？孔子曰：非禮也。古者男子外有傳，內有慈母，君命所使教子也，何服之有。』鄭玄注云：『此指謂國君之子也。』若國君之子不服，則王者之子不服可知。又喪服經云：『君子子爲庶母慈己者。』傳曰：『君子子者，貴人子也。』鄭玄引內則，三母止施於卿大夫。以此而推，則慈母之服，上不在五等之嗣，下不逮三士之息，儻其服者止卿大夫。尋諸侯之子尚無此服，況乃施之皇子。謂宜依禮刊除，以反前代之惑。」武帝以爲不然，曰：「禮言慈母，凡有三條：一則妾子之無母，使妾之無子者養之，命爲母子，服以三年，喪服齊衰章所言『慈母如母』是也。二則嫡妻之子無母，使妾養之，慈撫隆至，雖均乎慈愛，但嫡妻之子，妾無爲母之義，而恩深事重，故服以小功，喪服小功章所以不直言慈母，而云『庶母慈己』者，明異於三年之慈母也。其三則子非無母，正是擇賤者視之，義同師保，而不無慈愛，故亦有慈母之名。師保既無其服，則此慈亦無服矣。內則云：『擇於諸母與可者，使爲子師，其次爲慈母，次爲保母。』此其明文。言擇諸母，是擇人而爲此三母，非謂擇取兄弟之母也。何以知之？若是兄弟之母，其先有子者，則是長妾，長妾之禮，寔有殊加，何容次妾生子，乃退成保母，斯不可也。又有多兄弟之人，於義或可，若始生之子，便應三母俱闕邪？由是推之，內則所言諸母，是謂三母，非兄弟之母明矣。子游所問，自是師保之慈，非三年小功之慈也。故夫子得有此對，豈非師保之慈母無服之證乎。鄭玄不辯三慈，混爲訓釋，引彼無服，以注慈己，後人致謬，實此之由。經言君子子者，此雖起於大夫，明大夫猶爾，自斯以上，彌應不異，故傳云『君子子者，貴人之子也』。總言曰貴，無所不包。經傳互文，交相顯發，則知慈加之義，通乎大夫以上矣。宋代此科，不乖禮意，便加除削，良是所疑。」於是筠等請依制改定：嫡妻之子，母沒爲父妾所養，服之五月，貴賤並同，以爲永制。後爲尚書左丞，卒於始興內史。子壽傳父業，明三禮，位尚書祠部郎、曲阿令。

卞華字昭岳，濟陰宛句人，晉驃騎將軍壼六世孫也。父倫之，齊給事中。華幼孤貧好學，年十四，召補國子生，通周易。及長，偏習五經，與平原明山賓、會稽賀瑒同業友善。梁天監中，爲安成王功曹參軍，兼五經博士，聚徒教授。華博涉有機辯，說經析理，爲當時之冠。江左以來，鍾律絕學，至華乃通焉。位尚書儀曹郎、吳令，卒。

崔靈恩，清河東武城人也。少篤學，偏習五經，尤精三禮、三傳。仕魏爲太常博士。天監十三年歸梁，累遷步兵校尉，兼國子博士。靈恩聚徒講授，聽者常數百人。性拙朴無風采，及解析經理，甚有精致，都下舊儒咸稱重之。助教孔僉尤好其學。靈恩先習左傳服解，不爲江東所行，乃改說杜義。每文句常申服以難杜，遂著左氏條義以明之。時助教虞僧誕又精杜學，因作申杜難服以答靈恩，世並傳焉。僧誕，會稽餘姚人，以左氏教授，聽者亦數百人，該通義例，當世莫及。先是儒者論天，互執渾、蓋二義，論蓋不合渾，論渾不合蓋。靈恩立義，以渾、蓋爲一焉。出爲長沙內史，還除國子博士，講衆尤盛。又出爲桂州刺史，卒官。靈恩集注毛詩二十二卷，集注周禮四十卷，制三禮義宗三十卷，左氏經傳義二十二卷，左氏條例十卷，公羊穀梁文句義十卷。

孔僉，會稽山陰人。少師事何胤，通五經，尤明三禮、孝經、論語，講說並數十篇，生徒亦數百人。三爲五經博士，後爲海鹽、山陰二縣令。僉儒者，不長政術，在縣無績。太清亂，卒於家。子淑玄，頗涉文學，官至太學博士。僉兄子元素，又善三禮，有盛名，早卒。

盧廣，范陽涿人，自云晉司空從事中郎諶之後也。少明經，有儒術。天監中歸梁，位步兵校尉，兼國子博士，徧講五經。時北來人儒學者有崔靈恩、孫詳、蔣顯，並聚徒講說，而音辭鄙拙，唯廣言論淸雅，不類北人。僕射徐勉兼通經術，深相賞好。後爲尋陽太守、武陵王長史，卒官。

沈峻字士嵩，吳興武康人也。家世農夫，至峻好學，與舅太史叔明師事宗人沈驎士，在門下積年，晝夜自課，睡則以杖自擊，其篤志如此。遂博通五經，尤長三禮。爲兼國子助教。時吏部郎陸倕與僕射徐勉書薦峻曰：「凡聖賢所講之書，必以周官立義，則周官一書，實爲羣經源本。此學不傳，多歷年世，北人孫詳、蔣顯亦經聽習，而音革楚夏，故學徒不至。唯助教沈峻特精此書，比日時開講肆，羣儒劉嵒、沈宏、沈熊之徒，並執經下坐，北面受業，莫不歎服，人無間言。弟謂宜即用此人，令其專此一學，周而復始，使聖人正典，廢而更興。」勉從之，奏峻兼五經博士。於館講授，聽者常數百人。及中書舍人賀琛奉敕撰梁官，乃啓峻及孔子袪補西省學士，助撰錄。書成，入兼中書通事舍人。出爲武康令，卒官。傳峻業者又有吳郡張及、會稽孔子雲，官皆至五經博士、尚書祠部郎。太史叔明，吳興烏程人，吳太史慈後也。少善莊老，兼通孝經、論語、禮記，尤精三玄。每講說，聽者常五百餘人。爲國子助教。邵陵王綸好其學，及出爲江州，攜叔明之鎮。王遷郢州，又隨府，所至輒講授，故江州人士皆傳其學。峻子文阿。

文阿字國衞，性剛強，有旅力。少習父業，研精章句。祖舅太史叔明、舅王慧興並通經術，而文阿頗傳之。又博采先儒異同，自爲義疏，通三禮、三傳。位五經博士。梁簡文引爲東宮學士，及撰長春義記，多使文阿撮異聞以廣之。及侯景寇逆，簡文別遣文阿募士援都。臺城陷，與張嵊保吳興。嵊敗，文阿竄於山野。景素聞其名，求之甚急。文阿窮迫，登樹自縊，遇有所親救之，自投而下，折其左臂。及景平，陳武帝以文阿州里，表爲原鄉令，監江陰郡。紹泰元年，入爲國子博士，尋領步兵校尉，兼掌儀禮。自太清之亂，臺閣故事無有在者，文阿父峻梁武時常掌朝儀，頗有遺藁，於是斟酌裁撰，禮度皆自之出。及陳武帝受禪，文阿輒棄官還武康。帝大怒，發使往誅之。時文阿宗人沈恪爲郡，請使者寬其死，即面縛鎖頸致於上前。上視而笑之曰：「腐儒復何爲者。」遂赦之。武帝崩，文阿與尚書左丞徐陵、中書舍人劉師知等議大行皇帝靈座俠御衣服之制，語在師知傳。及文帝即位，剋日謁廟，尚書左丞庾持奉詔遣博士議其禮。文阿議曰：「人物推移，質文殊軌，聖賢因機而立教，王公隨時以適宜。夫千人無君，不敗則亂，萬乘無主，不危則亡。當隆周之日，公旦叔父，呂、召爪牙，成王在喪，禍幾覆國。是以既葬便有公冠之儀，始殯受麻冕之策，斯蓋示天下以有主，慮社稷之艱難。逮乎末葉，從橫漢承其弊，雖文、景刑厝，而七國連兵，或踰月即尊，或崩日稱詔，此皆有爲而爲之，非無心於禮制也。今國諱之日，雖抑哀於璽紱之重，猶未序於君臣之儀。古禮，朝廟退坐正寢，聽羣臣之政。今皇帝拜廟還，宜御太極前殿，以正南面之尊，此即周康在朝，一二臣衞者也。其壤奠之節，周禮以玉作贄，公侯以珪，子男執璧，此玉作瑞也。奠贄竟，又復致享，天子以璧，王后用琮。秦燒經典，威儀散滅，叔孫通定禮，尤失前憲，奠贄不珪，致享無帛，公王同璧，鴻臚奏賀。若此數事，未聞於古，後相沿襲，至梁行之。夫稱觴奉壽，家國大慶，四廂雅樂歌奏懽欣今君臣吞哀兆庶抑割豈同於惟新之禮乎且周康賓稱奉珪無萬壽之獻此則前準明矣愚以今坐正殿止行薦璧之儀無賀酒之禮謹撰謁廟還升正寢羣臣陪薦儀注如別詔可施行尋遷通直散騎常侍兼國子博士領羽林監仍令於東宮講孝經論語天嘉中卒贈廷尉卿所撰儀禮八十餘條春秋禮記孝經論語義記七十餘卷經典大義十八卷並行於時儒者多傳其學

孔子袪會稽山陰人也少孤貧好學耕耘樵採常懷書自隨役閑則誦讀勤苦自勵遂通經術尤明古文尚書爲兼國子助教講尚書四十徧聽者常數百人爲西省學士助賀琛撰錄書成兼司文侍郎不就累遷兼中書通事舍人加步兵校尉梁武帝撰五經講疏及孔子正言專使子袪檢閱羣書以爲義證事竟敕子袪與右衞朱异左丞賀琛於士林館遞日執經後加通直正員郎卒官子袪凡著尚書義二十卷集注尚書二十卷續朱异集注周易一百卷續何承天集禮論一百五十卷

皇侃吳郡人青州刺史皇象九世孫也少好學師事賀瑒精力專門盡通其業尤明三禮孝經論語爲兼國子助教於學講說聽者常數百人撰禮記講疏五十卷書成奏上詔付祕閣頃之召入壽光殿說禮記義梁武帝善之加員外散騎侍郎侃性至孝常日限誦孝經二十徧以擬觀世音經丁母憂還鄉里平西邵陵王欽其學厚禮迎之及至因感心疾卒所撰論語義禮記義見重於世學者傳焉

沈洙字弘道吳興武康人也祖休季梁餘杭令父山卿梁國子博士中散大夫洙少方雅好學不妄交游通三禮春秋左氏傳精識强記五經章句諸子史書問無不答仕梁爲尚書祠部郎時年蓋二十餘大同中學者多涉獵文史不爲章句而洙獨積思經術吳郡朱异會稽賀琛甚嘉之及异琛於士林館講制旨義常使洙爲都講侯景之亂洙竄於臨安時陳文帝在焉親就習業及陳武帝入輔除國子博士與沈文阿同掌儀禮武帝受禪加員外散騎常侍位揚州別駕從事史大匠卿有司奏建康令沈孝軌門生陳三兒牒稱主人翁靈柩在周主人奉使關右因欲迎喪久而未反此月晦即是再周主人弟息見在此者爲至月末除靈內外即吉爲待主人還情禮申竟以事諮左丞江德藻德藻議謂王衞軍云久喪不葬唯主人不變其餘親各終月數而除此蓋引禮文論在家內有事故未得葬者耳孝軌既在異域雖己迎喪還期無指諸弟若遂不除永絕昏嫁此於人情或未爲允中原淪陷以後理有事例宜諮沈常侍詳議洙議曰禮有變正又有從宜禮小記云久而不葬者唯主喪者不除其餘以麻終月數者除喪則已注云其餘謂傍親如鄭所解衆子皆應不除王衞軍所引此蓋禮之正也但魏氏東關之役既失亡屍柩葬禮無期時議以爲禮無終身之喪故制使除服晉氏喪亂或死於虜庭無由迎殯江左故復申明其制李胤之祖王華之父並存亡不測其子制服依時釋衰此並變禮之宜也孝軌雖因奉使便欲迎喪而還期未剋宜依東關故事在此者並應釋除衰麻毀靈祔祭若喪柩得還別行改葬之禮自天下寇亂西朝傾覆若此之徒諒非一二寧可喪期無數而弗除衰服朝廷自應爲之限制以義斷恩德藻依洙議奏可文帝即位累遷光祿卿侍東宮讀廢帝嗣位歷尚書左丞衡陽王長史行府國事梁代舊律測囚之法日一上起自晡鼓盡於二更及比部郎范泉刪定律令以舊法測立時久非人所堪分其刻數日再上廷尉以爲新制過輕請集八座丞郎幷祭酒孔奐行事沈洙五舍人會尚書省詳議時宣帝錄尚書集衆議之都官尚書周弘正議曰凡小大之獄必應以情政言依準五聽驗其虛實豈可令恣考掠以判刑罪且測人時節本非古制近代以來方有此法起自晡鼓迄於二更豈是常人所能堪忍所以重械之下危墮之上無人不服誣枉者多朝晚二時同等刻數進退而求于事爲衷若謂小促前期數致實罪不服如復時節延長則無愆妄款且人之所堪既有强弱人之立意固亦多途至如貫高榜笞刺爇身無完膚戴就熏針並極困篤不移豈關時刻長短掠測優劣夫與殺不辜寧失不經罪疑惟輕功疑惟重斯則古之聖王垂此明法愚謂依范泉著制爲允洙議曰夜中測立緩急易欺兼用晝漏於事爲允但漏刻賖促今古不同漢書律歷何承天祖冲之祖暅父子漏經並自關鼓至下鼓自晡鼓至關鼓皆十三刻冬夏四時不異若其日有長短分在中時前後今用梁末改漏下鼓之後分其短長夏至之日各十七刻冬至之日各十二刻廷尉今牒以時刻短促致罪人不欵愚意願去夜測之昧從晝漏之明斟酌今古之間參會二漏之義捨秋冬之少刻從夏日之長晷不問寒暑並依今之夏至朝夕上測各十七刻比之古漏則一上多昔四刻即用今漏則冬至多五刻雖冬至之時數刻侵夜正是少日於事非疑庶罪人不以漏短而爲捍獄囚無以在夜而致誣求之鄙意竊謂爲宜依范泉前制宣帝曰沈長史議得中宜更博議左丞宗元饒議曰沈議非頓異范正是欲使四時均其刻數請寫還刪定曹詳改前制宣帝依事施行洙以太建元年卒

戚袞字公文吳郡鹽官人也少聰慧游學都下受三禮於國子助教劉文紹一二年中大義略舉年十九梁武帝敕策孔子正言幷周禮禮記義袞對高第除揚州祭酒從事史就國子博士宋懷方質儀禮義懷方北人自魏攜儀禮禮記疏祕惜不傳及將亡謂家人曰吾死後戚生若赴便以儀禮禮記義本付之若其不來即隨屍而殯爲儒者推許如此尋兼太學博士簡文在東宮召袞講論又嘗置晏集玄儒之士先命道學互相質難次令中庶子徐摛馳騁大義間以劇談摛辭辯從橫難以答抗諸儒懾氣時袞說朝聘義摛與往復袞精采自若領答如流簡文深加歎賞敬帝立爲江州長史仍隨沈泰鎮南豫州泰之奔齊逼袞俱行後自齊逃還又隨程文季於呂梁軍敗入周久之得歸卒於始興王府錄事參軍袞於梁代撰三禮義記逢亂亡失禮記義四十卷行於世

鄭灼字茂昭東陽信安人也幼聰敏勵志儒學少受業於皇侃梁簡文在東宮雅愛經術引灼爲西省義學士承聖中爲兼中書通事舍人仕陳武帝文帝時累遷中散大夫後兼國子博士未拜卒灼性精勤尤明三禮少時嘗夢與皇侃遇於途侃謂曰鄭郎開口侃因唾灼口中自後義理益進灼家貧抄義疏以日繼夜筆毫盡每削用之常蔬食講授多苦心熱若瓜時輒偃臥以瓜鎮心起便讀誦其篤志如此時有晉陵張崖吳郡陸詡吳興沈德威會稽賀德基俱以禮學自命張崖傳三禮於同郡劉文紹天嘉元年爲尚書儀曹郎廣沈文阿儀注撰五禮後爲國子博士陸詡少習崔靈恩三禮義梁時百濟國表求講禮博士詔令詡行天嘉中位尚書祠部郎沈德威字懷遠少有操行梁太清末遁於天目山築室以居雖處亂離而篤學無倦天嘉元年徵出都後爲國子助教每自學還私室講授道俗受業數百人率常如此遷太常丞兼五禮學士後爲尚書祠部郎陳亡入隋官至秦王府主簿卒年五十五賀德基字承業世傳禮學祖文發父淹仕梁俱爲祠部郎並有名當世德基少游學都下積年不歸衣資罄乏又恥服故弊盛冬止衣裌襦袴嘗於白馬寺前逢一婦人容服甚盛呼德基入寺門脫白綸巾以贈之仍謂曰君方爲重器不久貧寒故以此相遺耳問姓名不答而去德基於禮記稱爲精明位尚書祠部郎雖不至大官而三世儒學俱爲祠部郎時論美其不墜

全緩字弘立吳郡錢唐人也幼受易於博士褚仲都篤志研翫得其精微陳太建中位鎮南始興王府諮議參軍緩通周易老莊時人言玄者咸推之

張譏字直言清河武城人也祖僧寶梁太子洗馬父仲悅梁尚書祠部郎譏幼聰俊有思理年十四通孝經論語篤好玄言受學於汝南周弘正每有新意爲先輩推服梁大同中召補國子正言生梁武帝嘗於文德殿釋乾坤文言譏與陳郡袁憲等預焉敕令論議諸儒莫敢先出譏乃整容而進諮審循環辭令溫雅帝甚異之賜襄襦絹等云表卿稽古之力譏幼喪母有錯綵經帕即母之遺制及有所識家人具以告之每歲時輒對帕哽噎不能勝及丁父憂居喪過禮爲士林館學士簡文在東宮出士林館發孝經題譏論議往復甚見嗟賞及侯景寇逆於圍城之中獨侍哀太子於武德後殿講老莊臺城陷譏崎嶇避難卒不事景陳天嘉中爲國子助教時周弘正在國學發周易題弘正第四弟弘直亦在講席譏於弘正論議弘正屈弘直危坐厲聲助其申理譏乃正色謂弘直曰今日義集辯正名理雖知兄弟急難四公不得有助弘直謂曰僕助君師何爲不可舉坐以爲笑樂弘正嘗謂人曰吾每登坐見張譏在席使人懍然宣帝時爲武陵王限內記室兼東宮學士後主在東宮集宮僚置宴時造玉柄麈尾新成後主親執之曰當今雖復多士如林至於堪捉此者獨張譏耳即手授譏仍令於溫文殿講莊老宣帝幸宮臨聽賜御所服衣一襲後主嗣位爲國子博士東宮學士後主嘗幸鍾山開善寺召從臣坐於寺西南松林下敕譏豎義時索麈尾未至後主敕取松枝手以屬譏曰可代麈尾顧羣臣曰此即張譏後事陳亡入隋終於長安年七十六譏性恬靜不求榮利常慕閑逸所居宅營山池植花果講周易老莊而教授焉吳郡陸元朗朱孟博一乘寺沙門法才法雲寺沙門慧拔至眞觀道士姚綏皆傳其業譏所撰周易義三十卷尚書義十五卷毛詩義二十卷孝經義八卷論語義二十卷老子義十一卷莊子內篇義十二卷外篇義二十卷雜篇義十卷玄部通義十二卷游玄桂林二十四卷後主嘗敕就其家寫入祕閣子孝則官至始安王記室參軍

顧越字允南吳郡鹽官人也所居新坂黃岡世有鄉校

由是顧氏多儒學爲祖道奎齊散騎侍郎父仲成梁護軍司馬豫章王府諮議參軍家傳儒學並專門教授越幼明慧有口辯勵精學業不捨晝夜弱冠游學都下通儒碩學必造門質疑討論無倦至於微言玄旨九章七曜音律圖緯咸盡其精微時太子詹事周捨以儒學見重名知人一見越便相歎異命與兄子弘正弘直游厚爲之談由是聲譽日重時又有會稽賀文發學兼經史與越名相埒故都下謂之發越爲初爲南平元襄王偉國右常侍與文發俱入府並見禮重尋轉行參軍大通中詔驍勇將軍陳慶之送魏北海王顥還北主魏慶之請越參其軍事時慶之所向剋捷直至洛陽旣而顥遂肆驕縱又上下離心越料其必敗以疾得歸裁至彭城慶之果見摧衂越竟得先反時稱其見機及至除安西湘東王府參軍及武帝撰制旨新義選諸儒在所流通遣越還吳敷揚講說越徧該經藝深明毛詩傍通異義特善莊老尤長論難兼工綴文閑尺牘長七尺三寸美鬚眉武帝嘗於重雲殿自講老子僕射徐勉舉越論義越抗首而請音響若鍾容止可觀帝深贊美之由是擢爲中軍宣城王記室參軍尋除五經博士仍令侍宣城王講大同八年轉安西武陵王府內中錄事參軍尋還府諮議及侯景之亂越與同志沈文阿等逃難東歸賊黨數授以爵位越誓不受命承聖二年詔授宣惠晉安王府諮議參軍領國子博士越以世路未平無心仕進因歸鄉棲隱於虎丘山與吳興沈炯同郡張種會稽孔奐等每爲文會紹泰元年復徵爲國子博士陳天嘉中詔侍東宮讀除東中郎鄱陽王府諮議參軍甚見優禮尋領羽林監遷給事中黃門侍郎國子博士侍讀如故時朝廷草創疑議多所取決咸見施用每侍講東宮皇太子常虛己禮接越以宮僚未盡時彥且太子仁弱宣帝有奪宗之兆內懷憤激乃上疏曰臣梁世薄宦祿不代耕季年板蕩竄身窮谷幸屬聖期得奉昌運朝廷以臣微涉藝學遠垂徵引擢臣以貴仕賚臣以厚秩二宮恩遇有異凡流木石知感犬馬識養臣獨何人罔懷報德伏惟皇太子天下之本養善春宮臣陪侍經籍於今五載如愚所見多有曠官輔弼丞疑未極時選至如文宗學府廉潔正人當趨奉龍樓晨游夕論恒闕前聖格言往賢政道如此則非僻之語無從而入臣年事侵迫非有邀求政是懷此不言則爲有負明聖敢奏狂瞽願留中不泄疏奏帝深感焉而竟不能改革及廢帝即位拜散騎常侍兼中書舍人黃門侍郎如故領天保博士掌儀禮猶爲帝師入講授甚見尊寵時宣帝輔政華皎舉兵不從越因講假東還或譖之宣帝言越將扇動蕃鎮遂免官太建元年卒於家年七十七所著喪服毛詩老子孝經論語等義疏四十餘卷詩頌碑誌牋表凡二百餘篇時有東陽龔孟舒者亦通毛詩善談名理仕梁位尋陽郡丞元帝在江州遇之甚重躬師事焉天嘉中位太中大夫

沈不害字孝和吳興武康人也幼孤而修立好學陳天嘉初除衡陽王府中記室參軍兼嘉德殿學士自梁季喪亂至是國學未立不害上書請崇建儒宮帝優詔答之又表改定樂章詔使製三朝樂歌詞八首合二十曲行之樂府後爲國子博士領羽林監敕修五禮掌策文謚議等事太建中位光祿卿通直散騎常侍兼尚書左丞卒不害通經術善屬文雖博綜經典而家無卷軸每製文操筆立成曾無尋檢汝南周弘正常稱之曰沈生可謂意聖人乎著五禮儀一百卷文集十四卷子志道字崇基少知名位安東新蔡王記室參軍陳亡入隋卒

王元規字正範太原晉陽人也祖道實齊晉安郡守父瑋梁武陵王府中記室參軍元規八歲而孤兄弟三人隨母依舅氏往臨海郡時年十二郡土豪劉瑱者資財巨萬欲妻以女母以其兄弟幼弱欲結強援元規泣請曰因不失親古人所重豈得苟安異壤輒昏非類母感其言而止元規性孝事母甚謹晨昏未嘗離左右梁時山陰縣有暴水流漂居宅元規唯有一小船倉卒引其母妹幷姑姪入船元規自執檝棹而去留其男女三人閣於樹杪及水退俱獲全時人稱其至行少從吳興沈文阿受業十八通春秋左氏孝經論語喪服仕梁位中軍宣城王記室參軍陳天嘉中爲鎮東鄱陽王府記室參軍領國子助教後主在東宮引爲學士就受禮記左傳喪服等義國子祭酒新安王伯固嘗因入宮適會元規將講乃啟請執經時論榮之俄除尚書祠部郎自梁代諸儒相傳爲左氏學者皆以賈逵服虔之義難駮杜預凡一百八十條元規引證通析無復疑滯每國家議吉凶大禮常參預焉後爲南平王府限內參軍王爲江州元規隨府之鎮四方學徒不遠千里來請道者常數十百人陳亡入隋卒於秦王府東閤祭酒元規著春秋發題辭及義記十一卷續經典大義十四卷孝經義記兩卷左傳音三卷禮記音兩卷子大業聰敏知名時有吳郡陸慶少好學徧通五經尤明春秋左氏傳節操甚高仕梁爲婁令陳天嘉初徵爲通直散騎侍郎不就永陽王爲吳郡太守聞其名欲與相見慶辭以疾時宗人陸榮爲郡五官掾慶嘗詣焉王乃微服往榮宅穿壁以觀之王謂榮曰觀陸慶風神凝峻殆不可測嚴君平鄭子眞何以尚茲鄱陽晉安王俱以記室徵不就乃築室屛居以禪誦爲事由是經傳受業者蓋鮮焉

論曰語云上好之下必有甚焉者是以鄒纓齊紫且以移俗況祿在其中可無尚歟當天監之際時主方崇儒業如崔嚴何伏之徒前後互見升寵於時四方學者靡然向風斯亦曩時之盛也自梁迄陳年且數十雖時經屯詖郊生戎馬而風流不替豈俗化之移人乎古人稱上德若風下應猶草美矣豈斯之謂也

南史卷七十一考證

伏曼容傳曼容多伎術○伎監本訛伎今改从閣本

何佟之傳都下稱其高儒○高一本作醇

沈洙傳所以重械之下危墮之上無人不服誣枉者多○一本墮作墮上作士

顧越傳詩頌碑誌牋表凡二百餘篇○監本缺牋字今增从南本

南史卷七十二

唐　李　延　壽　撰

列傳第六十二

文學

丘靈鞠 子遲 從孫仲孚　檀超 熊襄 超叔道鸞　吳邁遠

卞彬 諸葛勗 袁嘏 高爽 孫抱

丘巨源 孔廣 司馬憲 孔逭 袁仲明 虞通之 孫詵 虞龢

王智深　崔慰祖　祖沖之 子暅之 孫皓 來嶷

賈希鏡　袁峻　劉昭 子縚 緩

鍾嶸 兄岏 岏弟嶼　周興嗣

吳均 江洪　劉勰　何思澄 子朗 王子雲

任孝恭　顏協　紀少瑜

杜之偉　顏晃　岑之敬

何之元　徐伯陽　張正見

阮卓

易云觀乎人文以化成天下孔子曰煥乎其有文章自漢以來辭人代有大則憲章典誥小則申抒性靈至於經禮樂而緯國家通古今而述美惡非斯則莫可也是以哲王在上咸所敦悅故云言之不文行之不遠自中原沸騰五馬南渡綴文之士無乏於時降及梁朝其流彌盛蓋由時主儒雅篤好文章故才秀之士煥乎俱集於時武帝每所臨幸輒命羣臣賦詩其文之善者賜以金帛是以縉紳之士咸知自勵至有陳受命運接亂離雖加獎勵而向時之風流息矣詩云人之云亡邦國殄悴豈金陵之數將終三百年乎不然何至是也宋史不立文學傳齊梁皆有其目今綴而序之以備此篇云爾

丘靈鞠吳興烏程人也祖系祕書監父道眞護軍長史靈鞠少好學善屬文州辟從事詣領軍沈演之演之曰身昔爲州職詣領軍謝晦賓主坐處政如今日卿將來復如此也累遷員外郎宋孝武殷貴妃亡靈鞠獻挽歌三首云雲橫廣階闇霜深高殿寒帝擿句嗟賞後爲烏程令不得志泰始初坐事禁錮數年褚彥回爲吳興太守謂人曰此郡才士唯有丘靈鞠及沈勃耳乃啟申之明帝使著大駕南討記論久之除太尉參軍昇明中爲正員郎兼中書郎時方禪讓齊高帝使靈鞠參掌詔策建元元年轉中書郎敕知東宮手筆嘗還東詣司徒褚彥回別彥回不起曰比脚疾更增不復能起靈鞠曰脚疾亦是大事公爲一代鼎臣不可復爲覆餗其彊切如此不持形儀唯取笑適尋又掌知國史武帝即位爲通直常侍尋領東觀祭酒靈鞠曰人居官願數遷使我終身爲祭酒不恨也永明二年領驍騎將軍靈鞠不樂武位謂人曰我應還東掘顧榮冢江南地方數千里士子風流皆出此中顧榮忽引諸傖輩度妨我輩塗轍死有餘罪靈鞠好飲酒臧否人物在沈淵坐見王儉詩淵曰王令文章大進靈鞠曰何如我未進時此言達儉靈鞠宋時文名甚盛入齊頗減蓬髮弛縱無形儀不事家業王儉謂人曰丘公仕宦不進才亦退矣位長沙王車騎長史卒著江左文章錄序起大興訖元熙文集行於時子遲

遲字希範八歲便屬文靈鞠常謂氣骨似我黃門郎謝超宗徵士何點並見而異之在齊以秀才累遷殿中郎梁武帝平建鄴引爲驃騎主簿甚被禮遇時勸進梁王及殊禮皆遲文也及踐阼遷中書郎待詔文德殿時帝著連珠詔羣臣繼作者數十人遲文最美坐事免乃獻責躬詩上優辭答之後出爲永嘉太守在郡不稱職爲有司所糾帝愛其才寢其奏天監四年中軍將軍臨川王宏北侵魏以爲諮議參軍領記室時陳伯之在北與魏軍來拒遲以書喻之伯之遂降還拜中書侍郎遷司空從事中郎卒官遲辭采麗逸時有鍾嶸著詩評云范雲婉轉淸便如流風回雪遲點綴映媚似落花依草雖

取賤文通而秀於敬子其見稱如此

仲孚字公信靈鞠從孫也少好學讀書常以中宵鐘鳴爲限靈鞠嘗稱爲千里駒也齊永明初爲國子生王儉曰東南之美復見丘生舉高第未調還鄉里家貧乃結羣盜爲之計劫掠三吳仲孚聰明有智略羣盜畏服所行皆果故亦不發爲于湖令有能名太守呂文顯當時倖臣陵詆屬縣仲孚獨不爲屈明帝即位爲曲阿令會稽太守王敬則反乘朝廷不備反問至而前鋒已屆曲阿仲孚鑿長岡埭瀉瀆水以阻其路敬則軍至遇瀆涸果頓兵不得進遂敗仲孚以拒守功遷山陰令居職甚有聲稱百姓謠曰二傅沈劉不如一丘前世傅琰父子沈憲劉玄明相繼宰山陰並有政績言仲孚皆過之齊末政亂頗有贓賄爲有司所舉將見收竊逃還都會赦不問梁武帝踐阼復爲山陰令仲孚長於撥煩善適權變吏人敬服號稱神明政爲天下第一後爲衞尉卿恩任甚厚初起雙闕以仲孚領大匠累遷豫章內史在郡更勵清節頃之卒贈給事黃門侍郎喪將還豫章老幼號哭攀送車輪不得前仲孚爲左丞撰皇典二十卷南宮故事百卷又撰尚書具事雜儀行於世

檀超字悅祖高平金鄉人也祖嶷之字弘宗宋南琅邪太守父道彪字萬壽位正員郎超少好文學放誕任氣解褐州西曹蕭惠開爲別駕超便抗禮惠開自以地位居前稍相陵辱而超舉動嘯傲不以地勢推之張目謂曰我與卿俱是國家微賤時外戚耳何足以一爵高人蕭太后惠開之祖姑長沙景王妃超祖姑也故超以此議之惠開欣然更爲刎頸之交後位國子博士兼左丞超嗜酒好談詠自比晉郗超言高平有二超又謂人曰猶覺我爲優也齊高帝賞愛之後爲司徒右長史建元二年初置史官以超與驃騎記室江淹掌史職上表立條例開元紀號不取宋年封爵各詳本傳無假年表又制著十志多爲左僕射王儉所不同既與物多忤史功未就徙交州於路見殺江淹撰成之猶不備也時有豫章熊襄著齊典上起十代其序云尚書堯典謂之虞書則附所述通謂之齊書名爲河洛金匱又有吳邁遠者好爲篇章宋明帝聞而召之及見曰此人連絕之外無所復有邁遠好自誇而蚩鄙他人每作詩得稱意語輒擲地呼曰曹子建何足數哉超聞而笑曰昔劉季緒才不逮於作者而好抵訶人文章季緒瑣瑣焉足道哉至於邁遠何爲者乎超叔父道鸞字萬安位國子博士永嘉太守亦有文學撰續晉陽秋二十卷

卞彬字士蔚濟陰冤句人也祖嗣之中領軍父延之弱冠爲上虞令有剛氣會稽太守孟顗以令長裁之積不能容脫幘投地曰我所以屈卿者政爲此幘耳今已投之卿矣卿以一世勳門而傲天下國士拂衣而去彬險拔有才而與物多忤齊高帝輔政袁粲劉彥節王蘊等皆不同而沈攸之又稱兵反粲蘊雖敗攸之尚存彬意猶以高帝事無所成乃謂帝曰比聞謠云可憐可念尸著服孝子不在日代哭列管暫鳴死滅族公頗聞不時蘊居父憂與粲同死故云尸著服也服者衣也孝子不在日代哭者褚字也彬謂沈攸之得志褚彥回當敗故言哭也列管謂蕭也高帝不悅及彬退曰彬自作此後常於東府謁高帝高帝時爲齊王彬曰殿下即東宮府則以青溪爲鴻溝鴻溝以東爲齊以西爲宋仍詠詩云誰謂宋遠跂予望之遂大忤旨因此擯廢數年不得仕進乃擬趙壹窮鳥爲枯魚賦以喻意後爲南康郡丞彬頗飮酒擯棄形骸仕既不遂乃著蚤蝨蝸蟲蝦蟆等賦皆大有指斥其蚤蝨賦序曰余居貧布衣十年不製一袍之縕有生所託資其寒暑無與易之爲人多病起居甚疎縈寢敗絮不能自釋兼攝性懈墮懶事皮膚澡刷不謹澣沐失時四體䩄䩄加以臭穢故葦席蓬纓之間蚤蝨猥流淫癢渭濩無時恕肉探揣擭撮日不替手蝨有諺云朝生暮孫若吾之蝨者無湯沐之慮絕相弔之憂晏聚乎久衿爛布之裳復不勤之討捕孫孫子子三十五歲焉其略言皆實錄也又爲禽獸決錄目禽獸云羊性淫而很豬性卑而率鵝性頑而傲狗性險而出皆指斥貴勢其羊淫很謂呂文顯豬卑率謂朱隆之鵝頑傲謂潘敞狗險出謂文度其險詣如此蝦蟆賦云紆青拖紫名爲蛤魚世謂比令僕也又云蝌斗唯唯羣浮闇水唯朝繼夕聿役如鬼比令史諮事也文章傳於閭巷後歷尚書比部郎安吉令車騎記室彬性飮酒以瓠壺瓢勺杬皮爲肴著帛冠十二年不改易以大瓠爲火籠什物多諸詭異自稱卞田居婦爲傅蠶室或謂曰卿都不持操名器何由得升彬曰擲五木子十擲輒鞕豈復是擲子之拙吾好擲政極此耳後爲綏建太守卒官永明中琅邪諸葛勖爲國子生作雲中賦指祭酒以下皆有形似之目坐事繫東冶作東冶徒賦武帝見赦之又有陳郡袁嘏自重其文謂人云我詩應須大材迮之不爾飛去建武末爲諸暨令被王敬則所殺時有廣陵高爽博學多材劉蒨爲晉陵縣爽經途詣之了不相接爽甚銜之俄而爽代蒨爲縣蒨遺迎贈甚厚爽受餉答書云高晉陵自答人問其所以答云劉蒨餉晉陵令耳何關爽事又有人送書於爽告躓云比日守羊困苦爽答曰守羊無食何不貨羊糴米孫抱爲延陵縣爽又詣之抱了無故人之懷爽出從縣閣下過取筆書鼓云徒有八尺圍腹無一寸腸面皮如許厚受打未詎央爽機悟多如此坐事被繫作鑊魚賦以自況其文甚工後遇赦免卒抱東莞人父廉吳興太守抱善吏職形體肥壯腰帶十圍爽故以此激之

丘巨源蘭陵蘭陵人也少舉丹陽郡孝廉爲宋孝武所知大明五年敕助徐爰撰國史帝崩江夏王義恭取掌書記明帝即位使參詔誥引在左右自南臺御史爲王景文鎭軍參軍寧喪還家元徽初桂陽王休範在尋陽以巨源有筆翰遣船迎之餉以錢物巨源因齊高帝自啓敕板起之使留都下桂陽事起使於中書省撰符檄事平除奉朝請巨源望有封賞既而不獲乃與尚書令袁粲書自陳竟不被申沈攸之事高帝又使爲尚書符荆州以此又望賞異自此意常不滿後除武昌太守拜竟不樂江外行武帝問之巨源曰古人云寧飮建鄴水不食武昌魚臣年已老寧死於建鄴乃以爲餘杭令明帝爲吳興巨源作秋胡詩有譏刺語以事見殺時又有會稽孔廣孔道皆才學知名廣字淹源美容止善吐論王儉張緒咸美之儉常云廣來使人廢簿領匠不須來來則莫聽去緒數巾車詣之每歎云孔廣使吾成輕薄祭酒仕至揚州中從事道抗直有才藻製東都賦於時才士稱之陳郡謝藩年少時遊會稽還父莊問入東何見見孔道不見重如此著三吳決錄不傳卒於衞軍武陵王東曹掾又時有虞通之虞龢司馬憲袁仲明孫詵等皆有學行與廣埒名通之龢皆會稽餘姚人通之善言易至步兵校尉龢位中書郎廷尉少好學居貧屋漏恐濕墳典乃舒被覆書書獲全而被大濕時人以比高鳳憲字景思河內溫人待詔東觀爲學士至殿中郎口辯有才地使魏見稱於北仲明陳郡人撰晉史未成而卒初仲明與劉融卞鑠俱爲袁粲所賞恒在坐席粲爲丹陽尹取鑠爲主簿好詩賦多譏刺世人坐徙巴州詵字休羣太原中都人愛文尤賞泉石卒于御史中丞

王智深字雲才琅邪臨沂人也少從陳郡謝超宗學屬文好飮酒拙澀乏風儀仕齊爲豫章王大司馬參軍兼記室武帝使太子家令沈約撰宋書疑立袁粲傳以審武帝帝曰袁粲自是宋家忠臣約又多載孝武明帝諸褻黷事上遣左右語約曰孝武事迹不容頓爾我昔經事宋明帝卿可思諱惡之義於是多所省除又敕智深撰宋紀召見扶容堂賜衣服給宅智深告貧於豫章王王曰須卿書成當相論以祿書成三十卷武帝後召見智深於璿明殿令拜表奏上表未奏而武帝崩隆昌元年敕索其書智深遷爲竟陵王司徒參軍免官家貧無人事嘗餓五日不得食掘莧根食之司空王僧虔及子志分與衣食卒於家

崔慰祖字悅宗淸河東武城人也父慶緒永明中爲梁州刺史慰祖解褐奉朝請父喪不食鹽母曰汝既無兄弟又未有子毀不滅性政當不進肴羞耳如何絕鹽吾今亦不食矣慰祖不得已從之父梁州之資家財千萬散與宗族漆器題爲日字日字之器流乎遠近料得父時假貰文疏謂族子紘曰彼有自當見還彼無吾何言哉悉火焚之好學聚書至萬卷鄰里年少好事者來從假借日數十袠慰祖親自取與未嘗爲辭爲始安王遙光撫軍刑獄兼記室遙光好棊數召慰祖對戲慰祖輒辭拙非朔望不見也建武中詔舉士從兄慧景舉慰祖及平原劉孝標並碩學帝欲試以百里慰祖辭不就國子祭酒沈約吏部郎謝朓嘗於吏部省中賓友俱集各問慰祖地理中所不悉十餘事慰祖口喫無華辭而酬據精悉一坐稱服之朓歎曰假使班馬復生無以過此慰祖賣宅須四十五萬買者云寧有減不答曰誠異韓伯休何容二價買者又曰君但責四十六萬一萬見與慰祖曰豈是我心乎少與侍中江祀款及祀貴常來候之而慰祖不往也與丹陽丞劉渢素善遙光據東府反慰祖在城內城未潰一日渢謂之曰卿有老母宜出命門者出之慰祖詣闕自首繫尚方病卒慰祖著海岱志起太公迄西晉人物爲四十卷半成臨卒與從弟緯書云常欲更注遷固二史採史漢所漏二百餘事在厨簏可檢寫之以存大意海岱志良未周悉可寫數本付護軍諸從事人一通及友人任昉徐寅劉洋裴揆令後世知吾微有素業也又令以棺親土不須甎勿設靈坐

祖沖之字文遠范陽遒人也曾祖台之晉侍中祖昌宋大匠卿父朔之奉朝請沖之稽古有機思宋孝武使直華林學省賜宅宇車服解褐南徐州從事公府參軍始元嘉中用何承天所製歷比古十一家爲密沖之以爲尚疎乃更造新法上表言之孝武令朝士善歷者難之不能屈會帝崩而施行歷位爲婁縣令謁者僕射初宋武平關中得姚興指南車有外形而無機杼每行使人於內轉之昇明中齊高帝輔政使沖之追修古法沖之

改造銅機圓轉不窮而司方如一馬均以來未之有也時有北人索馭驎者亦云能造指南車高帝使與沖之各造使於樂游苑對共校試而頗有差僻乃毀而焚之晉時杜預有巧思造欹器三改不成永明中竟陵王子良好古沖之造欹器獻之與周廟不異文惠太子在東宮見沖之歷法啓武帝施行文惠尋薨又寢轉長水校尉領本職沖之造安邊論欲開屯田廣農殖建武中明帝欲使沖之巡行四方興造大業可以利百姓者會連有軍事事竟不行沖之解鍾律博塞當時獨絕莫能對者以諸葛亮有木牛流馬乃造一器不因風水施機自運不勞人力又造千里船於新亭江試之日行百餘里於樂游苑造水碓磨武帝親自臨視又特善算永元二年卒年七十二著易老莊義釋論語孝經注九章造綴述數十篇子暅之

暅之字景爍少傳家業究極精微亦有巧思入神之妙般倕無以過也當其詣微之時雷霆不能入嘗行遇僕射徐勉以頭觸之勉呼乃悟父所改何承天歷時尚未行梁天監初暅之更修之於是始行焉位至太府卿

暅之子皓志節慷慨有文武才畧少傳家業善算歷大同中爲江都令後拜廣陵太守侯景陷臺城皓在城中將見害乃逃歸江西百姓感其遺惠每相蔽匿廣陵人來嶷乃說皓曰逆豎滔天王室如燬正是義夫發憤之秋志士忘軀之日府君荷恩重世又不爲賊所容今逃竄草間知者非一危亡之甚累棊非喻董紹先雖景之心腹輕而無謀新尅此州人情不附襲而殺之此亦壯士之任耳今若糺率義勇立可得三二百人意欲奉戴府君勦除兇逆遠近義徒自當投赴如此尅捷可立桓文之勲必天未悔禍事生理外百代之下猶爲梁室忠臣若何皓曰僕所願也死且甘心爲要勇士耿光等百餘人襲殺景兗州刺史董紹先推前太子舍人蕭勔爲刺史結東魏爲援馳檄遠近將討景景大懼即日率侯子鑒等攻之城陷皓見執被縛射之箭遍體然後車裂以徇城中無少長皆埋而射之來嶷字德山幼有奇節兼資文武既與皓義舉邵陵王承制除步兵校尉秦郡太守封永寧縣侯及皓敗幷兄弟子姪遇害者十六人子法敏逃免仕陳爲海陵令

賈希鏡平陽襄陵人也祖弼之晉員外郎父匪之驃騎參軍家傳譜學宋孝武時青州人發古冢銘云青州世子東海女郎帝問學士鮑照徐爰蘇寶生並不能悉希鏡對曰此是司馬越女嫁苟晞兒檢訪果然由是見遇敕希鏡注郭子昇明中齊高帝嘉希鏡世學取爲驃騎參軍武陵王國郎中令歷大司馬司徒府參軍竟陵王子良使希鏡撰見客譜出爲句容令先是譜學未有名家希鏡祖弼之廣集百氏譜記專心習業晉太元中朝廷給弼之令史書史撰定繕寫藏祕閣及左戶曹希鏡三世傳學凡十八州士族譜合百帙七百餘卷該究精悉皆如貫珠當時莫比永明中衛將軍王儉抄次百家譜與希鏡參懷撰定建元初希鏡遷長水校尉傖人王泰寶買襲琅邪譜尚書令王晏以啓明帝希鏡坐被收當極法子棲長謝罪稽顙流血朝廷哀之免希鏡罪後爲北中郎參軍卒撰氏族要狀及人名書並行於時

袁峻字孝高陳郡陽夏人魏郎中令渙之八世孫也早孤篤志好學家貧無書每從人假借必皆抄寫自課日五十紙紙數不登則不止訥言語工文辭梁武帝雅好辭賦時獻文章於南闕者相望焉天監六年峻乃擬揚雄言箴奏之帝嘉焉賜束帛除員外郎散騎侍郎直文德學士省抄史記漢書各爲二十卷又奉敕與陸倕各製新闕銘云

劉昭字宣卿平原高唐人晉太尉寔九世孫也祖伯龍居父憂以孝聞宋武帝敕皇太子諸王並往弔慰官至少府卿父彪齊征虜晉安王記室昭幼清警通老莊義及長勤學善屬文外兄江淹早相稱賞梁天監中累遷中軍臨川王記室初昭伯父彤集衆家晉書注干寶晉紀爲四十卷至昭集後漢同異以注范曄後漢世稱博悉卒於剡令集注後漢一百八十卷幼童傳一卷文集十卷子縚字言明亦好學通三禮位尚書祠部郎著先聖本記十卷行於世縚弟緩字合度爲湘東王中錄事性虛遠有氣調風流跌宕名高一府常云不須名位所須衣食不用身後之譽唯重目前知見

鍾嶸字仲偉潁川長社人晉侍中雅七世孫也父蹈齊中軍參軍嶸與兄岏弟嶼並好學有思理嶸齊永明中爲國子生明周易衞將軍王儉領祭酒頗賞接之建武初爲南康王侍郎時齊明帝躬親細務綱目亦密於是郡縣及六署九府常行職事莫不爭自啓聞取決詔敕文武勲舊皆不歸選部於是憑勢互相通進人君之務粗爲繁密嶸乃上書言古者明君揆才頒政量能授職三公坐而論道九卿作而成務天子可恭己南面而已書奏上不懌謂太中大夫顧暠曰鍾嶸何人欲斷朕機務卿識之不答曰嶸雖位末名卑而所言或有可採且繁碎職事各有司存今人主總而親之是人主愈勞而人臣愈逸所謂代庖人宰而爲大匠斲也上不顧而他言永元末除司徒行參軍梁天監初制度雖革而未能盡改前弊嶸上言曰永元肇亂坐弄天爵勲非即戎官以賄就揮一金而取九列寄片札以招六校騎都塞市郎將塡街服既纓組尚爲臧獲之事職雖黃散猶躬胥徒之役名實淆紊茲爲莫甚臣愚謂永元諸軍官是素族士人自有清貫而因斯受爵一宜削除以懲澆競若吏姓寒人聽極其門品不當因軍遂濫清級若僑雜傖楚應在綏撫正宜嚴斷祿力絶其妨正直乞虛號而已敕付尚書行之衡陽王元簡出守會稽引爲寧朔記室專掌文翰時居士何胤築室若邪山山發洪水漂拔樹石此室獨存元簡令嶸作瑞室頌以旌表之辭甚典麗遷西中郎晉安王記室嶸嘗求譽於沈約約拒之及約卒嶸品古今詩爲評言其優劣云觀休文衆製五言最優齊永明中相王愛文王元長等皆宗附約于時謝朓未遒江淹才盡范雲名級又微故稱獨步故當辭密于范意淺于江蓋追宿憾以此報約也頃之卒官岏字長丘位建康令卒著良吏傳十卷嶼字季望永嘉郡丞

周興嗣字思纂陳郡項人也世居姑孰博學善屬文嘗步白姑孰投宿逆旅夜有人謂曰子才學邁世初當見識貴臣卒被知英主言終不測所之齊隆昌中侍郎謝朏爲吳興太守唯與興嗣談文史而已及罷郡因大相談薦梁天監初奏休平賦其文甚美武帝嘉之拜安成王國侍郎直華林省其年河南獻舞馬詔興嗣與待詔到沆張率爲賦帝以興嗣爲工擢拜員外散騎侍郎進直文德壽光省時武帝以三橋舊宅爲光宅寺敕興嗣與陸倕各製寺碑及成俱奏帝用興嗣所製自是銅表銘柵塘碣檄魏文次韻王羲之書千字並使興嗣爲文每奏帝稱善賜金帛後佐撰國史興嗣兩手先患風疽十二年又染癘疾左目盲帝撫其手嗟曰斯人而有斯疾手疏疽方以賜之任昉又愛其才常曰興嗣若無此疾旬日當至御史中丞十七年爲給事中直西省周捨奉敕注武帝所製歷代賦啓興嗣助焉普通二年卒所撰皇帝實錄皇德記起居注職儀等百餘卷文集十卷

吳均字叔庠吳興故鄣人也家世寒賤至均好學有俊才沈約嘗見均文頗相稱賞梁天監初柳惲爲吳興召補主簿日引與賦詩均文體清拔有古氣好事者或斆之謂爲吳均體均嘗不得意贈惲詩而去久之復來惲遇之如故弗之憾也薦之臨川靖惠王王稱之於武帝即日召之賦詩悅焉待詔著作累遷奉朝請先是均將著史以自名欲撰齊書求借齊起居注及羣臣行狀武帝不許遂私撰齊春秋奏之書稱帝爲齊明帝佐命帝惡其實錄以其書不實使中書舍人劉之遴詰問數十條竟支離無對敕付省焚之坐免職尋有敕召見使撰通史起三皇訖齊代均草本紀世家已畢唯列傳未就卒均注范曄後漢書九十卷著齊春秋三十卷廟記十卷十二州記十六卷錢塘先賢傳五卷續文釋五卷文集二十卷先是有濟陽江洪工屬文爲建陽令坐事死

劉勰字彥和東莞莒人也父尚越騎校尉勰早孤篤志好學家貧不婚娶依沙門僧祐居遂博通經論因區別部類錄而序之定林寺經藏勰所定也梁天監中兼東宮通事舍人時七廟饗薦已用蔬果而二郊農社猶有犧牲勰乃表言二郊宜與七廟同改詔付尚書議依勰所陳遷步兵校尉兼舍人如故深被昭明太子愛接初勰撰文心雕龍五十篇論古今文體其序略云予齒在踰立嘗夜夢執丹漆之禮器隨仲尼而南行寤而喜曰大哉聖人之難見也迺小子之垂夢歟自生靈以來未有如夫子者也敷讚聖旨莫若注經而馬鄭諸儒弘之已精就有深解未足立家唯文章之用實經典枝條五禮資之以成六典因之致用於是搦筆和墨乃始論文其爲文用四十九篇而已既成未爲時流所稱勰欲取定於沈約無由自達乃負書候約於車前狀若貨鬻者約取讀大重之謂深得文理常陳諸几案勰爲文長於佛理都下寺塔及名僧碑誌必請勰製文敕與慧震沙門於定林寺撰經證功畢遂求出家先燔鬢髮自誓敕許之乃變服改名慧地云

何思澄字元靜東海郯人也父敬叔齊長城令有能名在縣清廉不受禮遺夏節至忽榜門受餉數日中得米二千餘斛他物稱是悉以代貧人輸租思澄少勤學工文爲遊廬山詩沈約見之大相稱賞自以爲弗逮約郊居宅新構閣齋因命工書人題此詩於壁傅昭嘗請思澄製釋奠詩辭文典麗天監十五年敕太子詹事徐勉舉學士入華林撰遍略勉舉思澄顧協劉杳王子雲鍾嶼等五人以應選八年乃書成合七百卷思澄重交結分書與諸賓朋校定而終日造謁每宿昔作名一束曉便命駕朝賢無不悉狎狎處即命食有人方之婁護欣然當之投曉還家所齋名必盡自廷尉正遷治書侍御史宋齊以來此職甚輕天監初始重其選車前依尚書二丞給三騶執盛印青囊舊事糾彈官印綬在前故也後除安西湘東王錄事參軍兼東宮通事舍人時徐勉

周捨以才具當朝並好思澄學常遜日招致之後卒於宣惠武陵王中錄事參軍文集十五卷初思澄與宗人遜及子朗俱擅文名時人語曰東海三何子朗最多思澄聞之曰此言誤耳如其不然故當歸遜思澄意謂宜在已也子朗字世明早有才思周捨每與談服其精理嘗爲敗冢賦擬莊周馬棰其文甚工世人語曰人中爽爽有子朗卒于國山令年二十四集行於世王子雲太原人及江夏費昶並爲閭里才子昶善爲樂府又作鼓吹曲武帝重之敕曰才意新拔有足嘉異昔郎惲博物卞蘭巧辭束帛之賜寔惟勸善可賜絹十匹子雲嘗爲自弔文甚美

任孝恭字孝恭臨淮人也曾祖農夫宋南豫州刺史農夫弟候伯位輔國將軍行湘州事並任將帥孝恭幼孤事母以孝聞精力勤學家貧無書嘗崎嶇從人假借每讀一遍諷誦略無所遺外祖丘它與武帝有舊帝聞其有才學召入西省撰史初爲奉朝請進直壽光省爲司文侍郎俄兼中書通事舍人敕遣製建陵寺刹下銘又啓撰武帝集序文並富麗自是專掌公家筆翰孝恭爲文敏速若不留思每奏稱善累賜金帛少從蕭寺雲法師讀經論明佛理至是蔬食持戒信受甚篤而性頗自伐以才能尚人於流輩中多有忽略世以此少之太清三年侯景寇逼孝恭啓募兵隸蕭正德正德入賊孝恭還赴臺臺門閉侯景獲之使作檄求還私第檢討景許之因走入東府城陷景斬剉之文集行于世

顏協字子和琅邪臨沂人也晉侍中含七世孫也父見遠博學有志行初齊和帝鎮荊州以爲錄事參軍及即位兼御史中丞梁武帝受禪見遠不食發憤數日而卒帝聞之曰我自應天從人何豫天下士大夫事而顏見遠乃至於此協幼孤養於舅氏少以器局稱博涉羣書工於草隸飛白時吳人范懷約能隸書協學其書殆過直也荊楚碑碣皆協所書時又有會稽謝善勛能爲八體六文方寸千言京兆韋仲善飛白並在湘東王府善勛爲錄事參軍仲爲中兵參軍府中以協優於韋仲而減於善勛善勛飲酒至數斗醉後輒張眼大罵雖復貴賤親疎無所擇也時謂之謝方眼而胷襟夷坦有士君子之操焉協家雖貧素而脩飾邊幅非車馬未嘗出游湘東王出鎮荊州以爲記室時吳郡顧協亦在蕃邸與協同名才學相亞府中稱爲二協舅陳郡謝暕卒協以有鞠養恩居喪如伯叔禮議者甚重焉又感家門事義不求顯達恒辭徵辟游於蕃府而已卒元帝甚歎惜之爲懷舊詩以傷之協所撰晉仙傳五篇日月災異圖兩卷行於世其文集二十卷遇火湮滅子之儀之推並早知名

紀少瑜字幼瑒丹陽秣陵人也本姓吳養於紀氏因而命族早孤幼有志節常慕王安期之爲人年十三能屬文初爲京華樂王僧孺見而賞之曰此子才藻新拔方有高名少瑜嘗夢陸倕以一束青鏤管筆授之云我以此筆猶可用卿自擇其善者其文因此遒進年十九始遊太學備探六經博士東海鮑皦雅相欽悅時皦有疾請少瑜代講少瑜既妙玄言善談吐辯捷如流爲晉安國中尉即梁簡文也深被恩遇後侍宣城王讀當陽公爲郢州以爲功曹參軍轉輕車限內記室坐事免大同七年始引爲東宮學士邵陵王在郢啓求學士武帝以少瑜充行少瑜美容貌工藁草吏部尚書到溉嘗曰此人有大才而無貴仕將拔之會溉去職後除武陵王記室參軍卒

杜之偉字子大吳郡錢塘人也家世儒學以三禮專門父規梁奉朝請之偉幼精敏有逸才年十五遍觀文史及儀禮故事時輩稱其早成僕射徐勉嘗見其文重其有筆力中大同元年梁武帝幸同泰寺捨身敕勉撰儀注勉以先無此禮召之偉草具其儀乃啓補東宮學士與學士劉陟等抄撰羣書各爲題目所撰富教政道二篇皆之偉爲序後兼太學限內博士大同七年梁皇太子釋奠於國學時樂府無孔子顏子登歌詞令之偉製文伶人傳習以爲故事再遷安前邵陵王刑獄參軍之偉年位甚卑特以强識俊才頗有名當世吏部尚書張纘深知之以爲廊廟之器陳武帝爲丞相素聞其名召補記室參軍遷中書侍郎領大著作及受禪除鴻臚卿餘並如故之偉求解著作優敕不許再遷太中大夫仍敕撰梁史卒官文集十七卷

顏晃字元明琅邪臨沂人也少孤貧好學有辭采解褐梁邵陵王兼記室參軍時東宮學士庾信使府中王使晃接對信輕其少曰此府兼記室幾人晃曰猶當少於宮中學士當時以爲善對侯景之亂奔荊州承聖初除中書侍郎陳天嘉初累遷員外散騎常侍兼中書舍人掌詔誥卒贈司農卿謚曰貞子晃家世單門傍無戚援而介然修立爲當世所知其表奏詔誥下筆立成便得事理有集二十卷

岑之敬字思禮南陽棘陽人也父善紆梁世以經學聞官至吳寧令司義郎之敬年五歲讀孝經每燒香正坐親戚咸加歎異十六策春秋左氏制旨孝經義擢爲高第御史奏曰皇朝多士例止明經若顏閔之流乃應高第梁武帝省其策曰何妨我復有顏閔邪因召入面試令之敬升講坐敕中書舍人朱异執孝經唱士孝章武帝親自論難之敬剖釋從橫左右莫不嗟服仍除童子奉車郎賞賜優厚十八預重雲殿法會時武帝親行香熟視之敬曰未幾見兮突而弁兮即日除太學限內博士尋爲壽光學士司義郎太清元年表試吏除南沙令承聖二年除晉安王宣惠府中記室參軍時蕭勃據嶺表敕之敬宣旨慰喻會魏剋江陵仍留廣州陳太建初還朝授東宮義省學士累遷南臺書侍御史征南府諮議參軍之敬始以經業進而博涉文史雅有詞筆不爲醇儒性謙謹未嘗以才學矜物接引後進恂恂如也每母忌日營齋必躬自洒掃涕泣終日士君子以篤行稱之十一年卒有集十卷行於世子德潤有父風位中軍吳興王記室

何之元廬江灊人也祖僧達齊南臺書侍御史父法勝以行業聞之元幼好學有才思居喪過禮梁天監末司空袁昂表薦之因得召見累遷信義令其宗人敬容位望隆重頻相顧訪之元終不造焉或問其故之元曰昔楚人得寵於觀起有馬者皆亡夫德薄任隆必近覆敗吾恐不獲其利而招其禍識者以是稱之侯景之亂武陵王以太尉承制授南梁州刺史北巴西太守武陵王自成都舉兵東下之元與蜀中人庶抗表請無行王以爲沮衆囚之元於艦中及武陵兵敗之元從邵陵太守劉棻之郡俄而魏剋江陵劉棻卒王琳召爲記室參軍及琳立蕭莊署爲中書侍郎王琳敗齊王以爲揚州別駕所居即壽春也及衆軍北伐湘州刺史始興王叔陵遣功曹史柳咸齎書召之之元始與陳朝有隙書至大惶恐讀書至孔璋無罪左車見用遂隨咸至湘州再遷中衞府諮議參軍及叔陵誅之元乃屏絕人事著梁典起齊永元元年迄于琳遇獲七十五年行事爲三十卷陳亡移居常州之晉陵縣隋開皇十三年卒於家

徐伯陽字隱忍東海人也父僧權梁東宮通事舍人領祕書以善書知名伯陽敏而好學善色養家有史書所讀者近三千餘卷梁大同中爲候官令甚得人和侯景之亂至廣州依蕭勃勃平還都陳天嘉中除司空侯安都府記室參軍太建初與中記室李爽記室張正見左戶郎賀徹學士阮卓黃門郎蕭詮三公郎王由禮處士馬樞記室祖孫登比部郎賀循長史劉刪等爲文會友後有蔡凝劉助陳暄孔範亦預焉皆一時士也遊宴賦詩動成卷軸伯陽爲其集序盛傳於世後除鎮北新安王府中記室參軍兼南徐州別駕帶東海郡丞鄱陽王爲江州刺史伯陽常奉使造焉王率府僚與伯陽登匡嶺置宴酒酣命筆賦劇韻三十伯陽與祖孫登前成王賜以奴婢雜物後除鎮右新安王府諮議參軍事聞姊喪發疾卒

張正見字見賾清河東武城人也祖善之魏散騎常侍勃海長樂二郡太守父脩禮魏散騎侍郎歸梁仍拜本職遷懷方太守正見幼好學有清才梁簡文在東宮正見年十三獻頌簡文深贊賞之梁元帝即位爲彭澤令屬喪亂避地匡俗山陳武帝受禪正見還都累遷尚書度支郎撰史著士卒有集十四卷其五言尤善

阮卓陳留尉氏人也祖詮梁散騎侍郎父問道梁岳陽王府記室參軍卓幼聰敏篤志經籍尤工五言性至孝父隨岳陽王出鎮江州卒時年十五自都奔赴水漿不入口者累日載柩還都度彭蠡湖中流遇疾風船幾沒者數四卓仰天悲號俄而風息人以爲孝感之至陳天嘉元年爲新安王府記室參軍隨府轉翊右記室帶撰史著士及平歐陽紇交阯夷獠往往聚爲寇抄卓奉使招慰交阯通日南象郡多金翠珠貝珍怪之產前後使者皆致之唯卓挺身而還時論咸伏其廉後爲始興王中衞府記室參軍及叔陵誅後主謂朝臣曰阮卓素不同逆宜加旌異至德元年入爲德教殿學士尋兼通直散騎常侍副王話聘隋隋文帝夙聞其名遣河東薛道衡琅邪顏之推等與卓談宴賦詩賜遺加禮還除南海王府諮議參軍以目疾不之官退居里舍改構亭宇修山池卉木招致賓友以文酒自娛陳亡入隋行至江州追感其父所終遘疾卒

論曰文章者蓋情性之風標神明之律呂也蘊思含毫遊心內運放言落紙氣韻天成莫不稟以生靈遷乎愛嗜機見殊門賞悟紛雜感召無象變化不窮發五聲之音響而出言異句寫萬物之情狀而下筆殊形暢自心靈而宣之簡素輪扁之言或未能盡然縱假之天性終資好習是以古之賢哲咸所用心至若丘靈鞠等或克荷門業或夙懷慕尚雖位有窮通而名不可滅然則立身之道可無務乎

南史卷七十二考證

文學傳敘大則憲章典誥小則申抒性靈〇憲監本訛

獻今改正

丘靈鞠傳在沈淵坐見王儉詩○一本淵作深儉注云一作徐

丘遲傳遲字希範○遲監本訛達今改正

卞彬傳我詩應須大材迮之不爾飛去○迮監本作迂今从閣本

崔慰祖傳悉火焚之○火監本訛人今从南本改正

可寫數本付護軍諸從事人一通○南本脫事字今以監本爲是

何思澄傳又作鼓吹曲○鼓吹監本誤取次今改从閣本

任孝恭傳初爲奉朝請○奉監本訛舉今改正

少從蕭寺雲法師讀經論明佛理○師監本訛諦今从閣本改正

顏協傳晉侍中含七世孫也○含監本訛舍今改从南本

杜之偉傳年十五遍觀文史及儀禮故事○禮一本作體

岑之敬傳位中軍吳興王記室○吳興監本誤英與今改从閣本

史臣論然則立身之道可無務乎○身監本誤少今从南本改正

南史卷七十三

唐　李　延　壽　撰

列傳第六十三

孝義上

龔穎　劉瑜董陽　賈恩

郭世通子原平　嚴世期　吳逵

潘綜陳遺秦緜　張進之俞僉張楚　丘傑

師覺授　王彭　蔣恭

徐耕嚴成王道蓋　孫法宗　范叔孫吳國夫

卜天與張弘之等天與弟天生　許昭先

余齊人　孫棘錢延慶妻許　徐元妻許

何子平　崔懷順　王虛之顧昌衍

江軻　吳慶之　蕭叡明江柔之宗鮮于文

文宗姊文英　蕭矯妻羊羊緝之女佩任吳康之妻趙

蔣雋之妻黃會稽陳氏三女諸暨屠氏女吳郡范法恂妻褚　吳翼之母丁永興概中里王氏女吳興乘公濟妻姚

公孫僧遠　吳欣之　韓係伯　聞人夐

丘冠先　孫淡　華寶薛天生劉懷胤

解叔謙宗元卿魯康祚　庾震謝昌寓　朱文濟匡昕

韓靈敏　劉渢弟溓卿叔夜　封延伯陳玄子邵榮興

文獻叔范道根　徐生之譚弘寶　范安祖何弘　李聖伯陽黑頭

王續祖郗道瀰　吳達之蔡曇智何伯璵　王文殊

樂頤之弟預沈昇之沙彌子持　江泌　庾道愍族孫沙彌

易曰立人之道曰仁與義夫仁義者合君親之至理實忠孝之所資雖義發因心情非外感然企及之旨聖哲遺言至於風離化薄禮違道喪忠不樹國孝亦愆家而一代之甿權利相引仕以勢招榮非行立乏嗥翔之感棄捨生之分霜露未改大痛已忘於心名節不變戎車遽爲其首斯並軌訓之理未弘汲引之塗多闕若夫情發於天行成乎已捐軀捨命濟主安親雖秉理闇至匪由勸賞而宰世之人曾微誘激乃至事隱閭閻無聞視聽考于載籍何代無之故宜被之圖篆用存旌勸今搜綴湮落以備闕文云爾

龔穎遂寧人也少好學益州刺史毛璩辟爲勸學從事璩爲譙縱所殺故佐吏並逃亡穎號哭奔赴殯送以禮縱後設宴延穎不獲已而至樂奏穎流涕起曰北面事人亡不能死何忍舉觴聞樂蹈跡逆亂乎縱大將譙道福引出將斬之道福母即穎姑也跣出救之得免及縱僭號備禮徵又不至乃脅以兵刃執志終無回改至于蜀平遂不屈節其後刺史至輒加辟引歷府參軍州別駕從事史宋文帝元嘉二十四年刺史陸徽表穎節義遂不被朝命終於家

劉瑜歷陽人也七歲喪父事母至孝年五十二又喪母三年不進鹽酪號泣晝夜不絕聲勤身力以營葬事服除二十餘年布衣蔬食言輒流涕常居墓側未嘗暫違宋文帝元嘉初卒又元嘉七年南豫州舉所統西陽縣人董陽三世同居外無異門內無異煙詔榜門曰篤行董氏之閭蠲一門租布

賈恩會稽諸暨人也少有志行元嘉三年母亡居喪過禮未葬爲隣火所逼恩及妻栢氏號哭奔救隣近赴助棺櫬得免恩及栢俱燒死有司奏改其里爲孝義里蠲租布三世追贈恩天水郡顯親左尉

郭世通會稽永興人也年十四喪父居喪殆不勝哀家貧傭力以養繼母婦生一男夫妻恐廢侍養乃垂泣瘞之母亡負土成墳親戚或共賻助微有所受葬畢傭賃還先直服除後思慕終身如喪者未嘗釋衣帽仁孝之風行於鄉黨隣村小大莫有呼其名者嘗與人共於山陰市貨物誤得一千錢當時不覺分背方悟追還本主錢主驚歎以半直與之世通委之而去元嘉四年大使巡行天下散騎常侍袁愉表其淳行文帝嘉之敕榜表門閭蠲其租調改所居獨楓里爲孝行焉太守孟顗察孝廉不就

子原平字長恭幼稟至行養親必以己力傭賃以給供養性甚巧每爲人作止取散夫價主人設食原平自以家貧父母不辦有肴味唯餐鹽飯而已若家或無食則虛中竟日義不獨飽須日暮作畢受直歸家於里糴買然後舉爨父篤疾彌年原平衣不解帶口不嘗鹽菜者跨積寒暑又未嘗睡臥父亡哭踊慟絕數日方蘇以爲奉終之義情禮自畢心壙凶功不欲假人本雖巧而不解作墓乃訪邑中有營墓者助人運力經時展勤久乃閑練又自賣十夫以供衆費窀穸之事儉而當禮性無術學因心自然葬畢詣所買主執役無懈與諸奴分務讓逸取勞主人不忍使每遣之原平服勤未嘗暫替傭賃養母有餘聚以自贖既學構冢尤善其事每至吉歲求者盈門原平所起必自貧始既取賤價又以夫力助之及父喪終自起兩間小屋以爲祠堂每至節歲常於此數日中哀思絕飲粥父服除後不復食肉高陽許瑤之罷建安郡丞還家以緜一斤遺之不受瑤之乃自往曰今歲過寒而建安緜好以此奉尊上下耳原平乃拜而受之及母終毀瘠彌甚僅乃免喪墓前有數十畝田不屬原平每至農月耕者恒裸袒原平不欲使人慢其墳墓乃貿家貲貴買此田三農之月輒束帶垂泣躬自耕墾每出賣物裁求半價邑人皆共識悉輒加本價與之彼此相讓要使微賤然後取直宅上種竹夜有盜其筍者原平遇見之盜者奔走墜溝原平乃於所植竹處溝上立小橋令通又採筍置籬外隣里慙愧無復取者宋文帝崩原平號慟日食麥䴵一枚如此五日人曰誰非王臣何獨如此原平泣而答曰吾家見異先朝蒙襃贊之賞不能報恩私心感動耳又以種瓜爲業大明七年大旱瓜瀆不復通船縣令劉僧秀愍其窮老下瀆水與之原平曰普天大旱百姓俱困豈可減溉田之水以通運瓜之船乃步從他道往錢塘貨賣每行來見人牽埭未過輒迅檝助之己自引船不假旁人若自船已度後人未及常停住須待以此爲常嘗於縣南郭鳳埭助人引船遇有鬬者爲吏所錄鬬者逃散唯原平獨住吏執以送縣縣令新到未相諳悉將加嚴罰原平解衣就罪義無一言左右小大咸稽顙請救然後得免由來不謁官長自此乃始脩敬太守蔡興宗臨郡深加貴異以私米饋原平及山陰朱百年妻各百斛原平誓死不受百年妻亦固辭會稽郡貴重望計及望孝盛族出身不減秘著明帝泰始七年興宗欲舉山陰孔仲智子爲望計原平次息爲望孝仲智會土高門原平一邦至行欲以相敵會明帝別敕用人故二選並寢興宗徵還都表其殊行舉爲太學博士會興宗薨事不行卒於家三子一弟並有門行

嚴世期會稽山陰人也性好施同里張邁等三人妻各產子歲饑欲棄而不舉世期分食解衣以贍其乏三子並得成長同縣俞陽妻莊年九十莊女蘭七十並老病無所依世期飴之二十年死並殯葬宗親嚴弘鄉人潘伯等十五人荒年並餓死露骸不收世期買棺殯埋存育孩幼宋元嘉四年有司奏榜門曰義行嚴氏之門復其身徭役蠲租稅十年

吳逵吳興烏程人也經荒饑饉係以疾疫父母兄嫂及羣從小功之親男女死者十三人逵時病困隣里以葦席裹之埋于村側既而親屬皆盡唯逵夫妻獲全家徒四壁立冬無被袴晝則傭賃夜則伐木燒塼妻亦同逵此誠無有懈倦逵夜行遇猛獸猛獸輒下道避之朞年中成七墓葬十三棺隣里嘉之葬日悉出赴助送終之事亦儉而周禮逵時逆取隣人夫直葬畢衆悉以放之逵一無所受皆傭力報答焉太守張崇之三加禮命太守王韶之擢補功曹史逵以門寒固辭不就舉爲孝廉

潘綜吳興烏程人也孫恩之亂祆黨攻破村邑綜與父驃共走避賊驃年老行遲賊轉逼驃語綜我不能去汝走可脫幸勿俱死驃困乏坐地綜迎賊叩頭曰父年老乞賜生命賊至驃亦請賊曰兒年少自能走今爲老子不去老子不惜死乞活此兒賊因斫驃綜抱父於腹下賊斫綜頭面凡四創綜當時悶絕有一賊從傍來相謂曰卿欲舉大事此兒以死救父云何可殺殺孝子不祥賊乃止父子並得免鄉人祕書監丘系祖廷尉沈赤

黥以綵異行薦補左戶令史除遂昌長歲滿還家太守王韶之臨郡發教列上州臺陳其行跡及將行設祖道贈以四言詩元嘉四年有司奏改其里爲純孝里蠲租布三世又宋初吳郡人陳遺少爲郡吏母好食鐺底飯遺在役恒帶一囊每煮食輒錄其焦以貽母後孫恩亂聚得數升恒帶自隨及敗逃竄多有餓死遺以此得活母晝夜泣涕目爲失明耳無所聞遺還入戶再拜號咽母豁然卽明後又有河南孝廉秦綿遭母喪送葬不忍復還鄉人爲作茅菴仍止其中若遇有米則食粥無米食菜而已哀號之聲行者爲之潸淚服訖猶不還家遇疾不療卒臨亡告人曰若死者無知固不宜獨存有知則大獲吾志

張進之永嘉安固人也爲郡大族少有志行歷五官主簿永寧安固二縣領校尉家世富足經荒年散財救贍鄉里遂以貧罄全濟者甚多太守王味之有罪當見收逃避進之家供奉經時盡其誠力味之嘗避地墮水沉沒進之投水拯救相與沉淪久而得免時劫掠充斥每入村抄暴至進之門輒相約勒不得侵犯其信義所感如此元嘉初詔在所蠲其徭役又孫恩之亂永嘉太守司馬逸之被害妻子並死兵寇之際莫敢收藏郡吏俞僉以家財買棺斂逸之等六喪送至都葬畢乃歸鄉里元嘉中老病卒時又益州梓潼人張楚母疾命在屬纊楚祈禱苦至燒指自誓精誠感悟疾時得愈見榜門曰孝行張氏之閭易其里爲孝行里蠲租布三世身加旌命

丘傑字偉跱吳興烏程人也十四遭喪以熟菜有味不嘗於口歲餘忽夢見母曰死止是分別耳何事乃爾荼苦汝噉生菜遇蝦蟇毒靈牀前有三丸藥可取服之傑驚起果得甌甌中有藥服之下科斗子數升丘氏世保此甌大明七年災火焚失之

師覺授字覺授南陽涅陽人也與外兄宗少文並有素業以琴書自娛於路忽見一人持書一函題曰至孝師君苦前俄而不見捨車奔歸聞家哭聲一叫而絕良久乃蘇後撰孝子傳八卷宋臨川王義慶辟爲州祭酒主簿並不就乃表薦之會卒

王彭盱台直瀆人也少喪母元嘉初父又喪亡家貧力弱無以營葬兄弟二人晝則傭力夜則號感鄉里並哀之乃各出夫力助作塼塼須水而天旱穿井數十丈泉不出墓處去淮五里荷擔遠汲困而不周彭號天自訴如此積日一旦大霧霧歇塼竈前忽生泉水鄉鄰助之者並嗟神異縣邑近遠悉往觀之葬竟水便自竭元嘉九年太守劉伯龍依事表言改其里爲通靈里蠲租布三世

蔣恭義興臨津人也元嘉中晉陵蔣崇平爲劫見禽云與恭妻弟吳睎張爲侶睎張先行不在本村遇水妻息避水移寄恭家時錄睎張不獲禽收恭及兄協付獄科罪恭協並款舍住睎張家口而不知劫情恭列睎張妻息是婦之親親今有罪恭身甘分求免兄協協列是戶主求免弟恭兄弟二人爭求受罪郡縣不能制依事上詳州議以爲並不合罪後除恭義成令協義招令

徐耕晉陵延陵人也元嘉二十一年大旱人飢耕詣縣陳辭以米千斛助官振貸縣爲言上當時議以耕比漢卜式詔書褒美酬以縣令大明八年東土飢旱東海嚴成東莞王道蓋各以私穀五百斛助官振䘏

孫法宗一名宗之吳興人也父隨孫恩入海澨被害屍骸不收母兄並餓死法宗年小流迸至十六方得還單身勤苦霜行草宿營辦棺槨造立冢墓葬送母兄儉而有禮以父屍不測入海尋求聞世間論是至親以血瀝骨當悉凝浸乃操刀沿海見枯骸則刻肉灌血如此十餘年臂脛無完皮血脉枯竭終不能逢遂衰絰終身常居墓所山禽野獸皆悉馴附每麛鹿觸網必解放之償以錢物後忽苦頭創夜有女人至曰我是天使來相謝行創本不關善人使者遠相及取牛糞煮傳之卽驗一傳便差一境賴之終身不娶饋遺無所受宋孝武初揚州辟爲文學從事不就卒

范叔孫吳郡錢唐人也少而仁厚周窮濟急同里范法先父母兄弟七人同時疫死唯餘法先病又危篤喪屍經日不收叔孫悉備棺器親爲殯埋又同里施夫疾病父死不殯范苗父子並亡范敬宗家口六人俱得病二人喪沒親隣畏遠莫敢營視叔孫並爲殯瘞躬䘏病者並皆得全鄉曲貴其義行莫有呼其名者宋孝武孝建初除竟陵王國中軍不就義興吳國夫亦有義讓之美人有竊其稻者乃引還爲設酒食以米送之

卜天與吳興餘杭人也父名祖宋武帝聞其有幹力召補隊主從征伐封關中侯歷二縣令天與善射弓力兼倍容貌嚴毅笑不解顏文帝以其舊將使教皇子射元嘉二十九年爲廣威將軍領左細仗元凶入弒事變倉卒舊將羅訓徐罕皆望風屈謝天與不暇被甲執刀持弓疾呼左右出戰徐罕曰殿下入汝欲何爲天與罵曰殿下常來去云何卽時方作此語只汝是賊手射劭於東堂幾中逆徒擊之臂斷乃見殺其隊將張弘之朱道欽陳滿與天與同出拒戰並死孝武卽位贈天與龍驤將軍益州刺史謚曰壯侯車駕臨哭弘之等各贈郡守給天與家長廩子伯宗殿中將軍明帝泰始初領幢擊南賊於赭圻戰沒伯宗弟伯興官至南平昌太守直閤領細仗隊主昇明元年與袁粲同謀伏誅天與弟天生少爲隊將十人同火屋後有一坑廣二丈餘十人共跳之皆度唯天生墜天生乃取實中苦竹剡其端使利交橫布坑內更呼等類共跳並懼不敢天生乃復跳之往反十餘曾無留礙衆並歎服以兄死節爲孝武所留心大明末爲弋陽太守明帝泰始初與殷琰同逆被斬

許昭先義興人也叔父肇之坐事繫獄七年不判子姪二十許人昭先家最貧薄專獨料訴無日在家餉饋肇之莫非珍新資產既盡賣宅以充之肇之諸子倦怠唯昭先無有懈息如是七載尚書沈演之嘉其操行肇之事由此得釋昭先舅夫妻並疫病死亡家貧無以殯送昭先賣衣物以營殯葬舅子三人並幼贍護皆得成長昭先父母皆老病家無僮役竭力致養甘旨必從宗黨嘉其孝行雍州刺史劉眞道板爲征虜參軍昭先以親老不就補迎主簿昭先以叔未仕又固辭

余齊人晉陵人也少有孝行爲邑書吏宋大明二年父殖在家病亡信未至齊人謂人曰比肉痛心煩有如割截居常惶駭必有異故信尋至以父病報之四百餘里一日而至至門方知父死號踊慟絕良久乃蘇問父所遺言母曰汝父臨終恨不見汝齊人卽曰相見何難於是號叫殯所須臾便絕州縣上言有司奏改其里爲孝義里蠲租布賜其母穀百斛

孫棘彭城人也宋大明五年發三五丁弟薩應充行坐違期不至棘詣郡辭列棘爲家長令弟不行罪應百死乞以身代薩薩又辭列自引太守張岱疑其不實以棘薩各置一處報云聽其相代顏色並悅甘心赴死棘妻許又寄語屬棘君當門戶豈可委罪小郎且大家臨亡以小郎屬君竟未妻娶家道不立君已有二兒死復何恨岱依事表上孝武詔特原罪州加辟命幷賜帛二十疋先是新蔡徐元妻許二十一喪夫子甄年三歲父攬愍其年少以更適同縣張買許自誓不行父逼載送買許自經氣絕家人奔赴良久乃蘇買夜送還攬許歸徐氏養元父季元嘉中八十餘卒又明帝泰始二年長城奚慶恩殺同郡錢仲期子延慶屬役在都聞父死馳還於庚浦埭逢慶恩手刃殺之自繫烏程獄吳興太守郗顒表不加罪許之

何子平廬江灊人也曾祖楷晉侍中祖友會稽王道子驃騎諮議參軍父子先建安太守子平世居會稽少有志行事母至孝揚州辟從事史月奉得白米輒貨市粟麥人曰所利無幾何足爲煩子平曰尊老在東不辦得米何心獨饗白粲每有贈鮮肴者若不可寄致至家則不肯受母本側庶籍注失實實未及養而籍年已滿便去職歸家時鎮軍將軍顧覬之爲州上綱謂曰尊上年實未八十親故所知州中差有微祿當啓相留子平曰公家正取信黃籍籍年旣至便應扶侍何容苟冒榮利乃歸家竭力供養元嘉二十年元凶弒逆隨王誕入討以爲行參軍子平以凶逆滅理故廢已受職事寧自解末除吳郡海虞令縣祿唯供養母一身不以及妻子人疑其儉薄子平曰希祿本在養親不在爲己問者慙而退母喪去官哀毀踰禮每至哭踊頓絕方蘇屬大明末東土飢荒繼以師旅八年不得營葬晝夜號哭常如袒括之日冬不衣絮暑不避清凉一日以數合米爲粥不進鹽菜所居屋敗不蔽風日兄子伯興欲爲葺理子平不肯曰我情事未申天地一罪人耳屋何宜覆蔡興宗爲會稽太守甚加矜賞爲營冢壙子平居喪毀甚及免喪殆至不立幼持操檢敦厲名行雖處闇室如接大賓學義堅明處之以默安貧守善不求榮進好退之士彌以此貴之卒年六十

崔懷順清河東武城人也父邪利魯郡太守宋元嘉中爲魏所獲懷順與妻房氏篤愛聞父見虜卽日遣妻布衣蔬食如居喪禮歲時北向流涕邪利後仕魏書戒懷順不許如此懷順得書更號泣懷順從叔模爲滎陽太守亦入魏模子雖居處改節不廢婚宦宋大明中懷順宗人冀州刺史元孫北使魏魏人問之曰崔邪利模並力屈歸命二家子姪出處不同義將安在元孫曰王尊驅驥王陽回車欲令忠孝並弘臣子兩遂泰始初淮北入魏懷順因此歸北至代都而邪利已卒懷順絕而後蘇載喪還青州徒跣水雪土氣寒酷而手足不傷時人以爲孝感喪畢以弟在南齊建元初又逃歸而弟已亡懷順孤貧宗黨哀之日斂給其斗米永明中卒

王虛之字文靜廬江石陽人也十三喪母三十三喪父二十五年鹽酢不入口疾病著牀忽有一人來問疾謂之曰君病尋差俄而不見病果尋差庭中楊梅樹隆冬三實又每夜所居有光如燭墓上橘樹一冬再實時人咸以爲孝感所致齊永明中詔榜門蠲其三世時又有

顧昌衍江柔之江軻並以篤行知名昌衍吳人居喪幾致滅性王儉言之天子曰昌衍既有至行且張永之甥宜居禮闈以光郎署乃以爲尚書庫部郎柔之軻並濟陽人柔之字叔遠孝悌通亮亦至臺郎軻字伯倫貞嚴有行宗人江槃位至侍中性豪侈唯見軻則敬挹焉

吳慶之字文悅濮陽人也寓居江陵宋江夏王義恭爲揚州召爲西曹書佐及義恭誅慶之自傷爲吏無狀不復肯仕終身蔬食後王琨爲吳興太守欲召爲功曹答曰走素無人世情直以明府見接有禮所以奔走歲時若欲見吏則是蓄魚於樹栖鳥於泉耳不辭而退琨追謝之望塵不及矣

蕭叡明字景濟南蘭陵人也母病風積年沈臥叡明晝夜祈禱時寒叡明下淚爲之氷如筯額上叩頭血亦氷不溜忽有一人以小石函授之曰此療夫人病叡明跪受之忽不見以函奉母函中唯有三寸絹丹書爲日月字母服之即平復于時秣陵朱緒無行母病積年忽思菰羹緒妻到市買菰爲羹欲奉母緒曰病復安能食先嘗之遂併食盡母怒曰我病欲此羹汝何心併啖盡天若有知當令汝哽死緒便聞心中介介然即利血明日而死叡明聞之大悲慟不食積日問緒尸在何處欲手自戮之既而曰洿吾刀乃止永明五年居母喪不勝哀卒詔贈中書郎時又有鮮于文宗漁陽人年七歲喪父父以種芋時亡至明年芋時對芋嗚咽如此終身姊文英適荀氏七日而夫亡執節不嫁及母卒晝夜哭泣遂喪明

蕭矯妻羊字淑禕性至孝居父喪哭輒吐血母嘗有疾淑禕於中夜祈禱忽見一人在樹下自稱枯桑君曰若人無患今泄氣在亥西南求白石鎮之言訖不見明日如言而疾愈又時有羊緝之女佩任者烏程人隨母還舅氏母亡晝夜號哭不飲食三日而亡鄉里號曰女表又有晉陵吳康之妻趙氏父亡弟幼遇歲饑母老病篤趙詣鄉里告乞言辭哀苦鄉里憐之各分升米遂得免及嫁康之少時夫亡家欲更嫁誓言不貳焉又義興蔣儁之妻黃氏夫亡不重嫁家逼之欲自殺乃止建元三年詔蠲表門閭又會稽永興吳翼之母丁氏少喪夫性仁愛遭年荒分衣食以飴里中飢餓者鄰里求借未嘗違同里陳穰父母死孤單無親戚丁收養之及長爲營婚娶又同里王禮妻徐荒年客死丁塋爲買棺器自往斂葬元徽末大雪商旅斷行村里比室飢餓丁自出鹽米計口分賦同里左僑家露四喪無以葬丁爲辦冢槨有三調不登者代爲送丁長子婦王氏守寡執志不再醮州郡上言詔表門閭蠲租稅又會稽寒人陳氏有三女無男祖父母年八九十老無所知父篤癃病母不安其室遇歲饑三女相率於西湖採菱蓴更日至市貨賣未嘗虧怠鄉里稱爲義門多欲娶爲婦長女自傷煢獨誓不肯行祖父母尋相繼卒三女自營殯葬爲菴舍居墓側又永興槪中里王氏女年五歲得毒病兩目皆盲性至孝年二十父死臨尸一叫眼皆血出小妹娥舐其血左目即開時人稱爲孝感又諸曁東洿里屠氏女父失明母痼疾親戚相棄鄉里不容女移父母遠住紵舍晝採樵夜紡績以供養父母俱卒親營殯葬負土成墳忽空中有聲云汝至性可重山神欲相驅使汝可爲人療病必得大富貴女謂是魅魅弗敢從遂得病積時鄰舍人有溪蜮毒者女試療之自覺病便差遂以巫道爲人療疾無不愈家產日益鄉里多欲娶之女以無兄弟誓守墳墓不嫁爲山劫所殺又吳興乘公濟妻姚氏生二男而公濟及兄公願乾伯並卒各有一子姚養育之賣田宅爲取婦自與二男寄比鄰家明帝詔爲其二子婚表閭復徭役又吳郡范法恂妻褚氏亦勤苦執婦業宋昇明中孫曇瓘謀反亡命褚謂其子僧簡曰孫越州先姑之姊子與汝父親則從母兄弟交則義重古人逃竄脫不免汝宜收之曇瓘尋伏法褚氏令僧簡往斂葬年七十餘永明中卒僧簡在都聞病馳歸未至褚已卒將殯舉尸不起尋而僧簡至焉

公孫僧遠會稽剡人也居父喪至孝事母及伯父甚謹年饑僧遠省食減食以養母及伯父兄弟亡貧無以葬身自販貼與鄰里供斂送終之費躬負土手種松栢兄姊未婚嫁乃自賣爲之成禮名聞郡縣齊高帝即位遣兼散騎常侍虞炎等十二部使表列僧遠等二十三人詔並表門閭蠲租稅

吳欣之晉陵利城人也宋元嘉末弟尉之爲武進縣吏隨王誕起義元凶遣軍主華欽討之吏人皆散尉之獨留見執將死欣之詣欽乞代弟命辭淚哀切兄弟皆見原齊建元三年有詔蠲表之永明初廣陵人童超之二息犯罪爭死大守劉悛表以聞

韓係伯襄陽人也事父母謹孝襄陽人鄰居種桑樹於界上爲誌係伯以桑枝蔭妨他地遷界上開數尺鄰畔隨復侵之係伯輒更改種久之鄰人慙愧還所侵地躬往謝之齊建元三年蠲表門閭以壽終時有吳興人聞人敻年十七結客報父仇爲高帝所賞位至長水校尉

丘冠先字道玄吳興烏程人也少有節義齊永明中位給事中時求使蠕蠕國尚書令王儉言冠先雖名位未升而義行甚重若爲行人則蘇武鄭衆之流也於是使蠕蠕蠕蠕逼令拜冠先執節不從以刃臨之冠先曰能殺我者蠕蠕也不能以天子使拜戎狄者我也遂見殺武帝以冠先不辱命賜其子雄錢一萬布三十疋雄不受詣闕上書曰臣父執節如蘇武守死如谷吉遂不書之良史甄之褒策萬代之後誰死社稷建元四年車僧朗銜使不異抗節是同詔贈正員外郎此天朝舊準臣父成例也今僧朗反葬冢塋臣父湮棄絕域語忠烈則亦不謝車論荼苦則彼優而此劇名位不殊禮數宜等乞申哀贈書奏不省

孫淡太原人也世居長沙事母至孝母疾不眠食以差爲期母哀之後有疾不使知也齊建元三年蠲表門閭卒於家

華寶晉陵無錫人也父豪晉義熙末戍長安年八歲臨別謂寶曰須我還當爲汝上頭長安陷寶年至七十不婚冠或問之寶輒號慟彌日不忍答也同郡薛天生母遭艱菜食天生亦菜食母未免喪而死天生終身不食魚肉又同郡劉懷胤與弟懷則年十歲遭父喪不衣絮帛不食鹽菜齊建元三年並表門閭

解叔謙字楚梁鴈門人也母有疾叔謙夜於庭中稽顙祈福聞空中語云此病得丁公藤爲酒便差即訪醫及本草注皆無識者乃求訪至宜都郡遙見山中一老公伐木問其所用答曰此丁公藤療風尤驗叔謙便拜伏流涕具言來意此公愴然以四段與之并示以漬酒法叔謙受之顧視此人不復知處依法爲酒母病即差齊建武初以奉朝請徵不至時又有宗元卿庾震朱文濟匡昕魯康祚謝昌寓皆有素履而叔謙尤高元卿字希蔣南陽人有至行早孤爲祖母所養祖母病元卿在遠輒心痛大病則大痛小病則小痛以此爲常鄉里宗事之號曰宗曾子震字彥文新野人喪父母居貧無以葬賃書以營事至手掌穿然後葬事獲濟南陽劉虯因此爲撰孝子傳文濟字敬達吳興人自賣以葬母太守謝瀹命爲儒林不就昕字令先廬陵人有至性隱金華山服食不與俗人交母病亡已經日昕奔還號叫母即蘇皆以爲孝感所致康祚扶風人亦有至行母患乳癰諸醫療不愈康祚乃跪兩手捧癰大悲泣母即覺小寬因此漸差時人以其有冥應康祚位至屯騎校尉昌寓陳郡人也爲劉悛廣州叅軍孝性甚至嘗養一鵠昌寓病二旬而鵠二旬不食昌寓亡而鵠遂飛去

韓靈敏會稽剡人也早孤與兄靈珍並有孝性母尋又亡家貧無以營凶兄弟共種瓜朝採瓜子暮生已復遂辦葬事靈珍亡無子妻胡氏守節不嫁慮家人奪其志未嘗告歸靈敏事之如母

劉渢字處和南陽人也父紹仕宋位中書郎渢母早亡紹被敕納路太后兄女爲繼室渢年數歲路氏不以爲子奴婢輩捶打之無期度渢母亡日輒悲啼不食彌爲婢輩所苦路氏生漼兄渢憐愛之不忍捨恒在牀帳側輒被驅捶終不肯去路氏病經年渢晝夜不離左右每有增加輒流涕不食路氏病差感其意慈愛遂隆路氏富盛一旦爲渢立齋宇筵席不減侯王漼有議事渢過於同產事無大小必諮兄而後行渢妹適江祏弟禧與祏兄弟異常自尚書比部郎後爲遙光諮議專知腹心任時遙光任當顧託朝野向渢如雲渢忌之求出爲丹陽丞雖外遷而意任無改及遙光舉事旦方召渢渢以爲宜悉呼佐史渢之徙丹陽丞也遙光以蕭懿第四弟晉安王之文學暢爲諮議領錄事及召入遙光謂曰劉暄欲有異志今夕當取之遙光去歲暴風性理乖錯多時方愈暢曰公去歲違和今欲發動顧左右急呼師視脉遙光厲聲曰諮議欲作異邪因訶令出須臾渢入暢謂曰公昔年風疾今復發渢曰卿視今夕處分云何而作此語及迎垣歷生至與渢俱勸夜攻臺既不見納渢歷生並撫膺曰今欲作賊而坐守此城今年坐公滅族矣及遙光敗渢靜坐圍舍漼爲度支郎亦奔亡過渢仍不復肯去渢曰吾爲人作吏自不避死汝可去無相守同盡答曰向若不逢兄亦草間苟免今既相逢何忍獨生因以衣帶結兄衣俱見殺何胤聞之歎曰兄死君難弟死兄禍美哉又卿叔夜河東人父宗宋黃門郎叔夜年十六爲新野太守甚有名績補遙光諮議叅軍及事敗左右扶上馬欲與俱亡答曰吾已許始安以死豈可負之也遂自殺

封延伯字仲連渤海人也世爲州郡著姓寓居東海三世同財爲北州所宗附延伯好學退讓事寡嫂甚謹垣崇祖爲兖州請爲長史不就崇祖軾其門不肯相見後爲豫州上表薦之詔書優禮起家爲平西長史梁郡太守爲政清靜有高士風俄以疾免還東海于時四州入魏士子皆依海曲爭往宗之如還東之仰邴原也建元三年大使巡行天下義興陳玄子四世同居一百七口武陵邵榮興文獻叔並八世同居東海徐生之武陵范

安祖李聖伯范道根並五世同居零陵譚弘寶衡陽何弘華陽陽黑頭疎從四世同居詔俱表門閭蠲租稅又蜀郡王續祖華陽郗道福並累世同爨建武三年明帝詔表門蠲調役

吳達之義興人也嫂亡無以葬自賣爲十夫客以營冢椁從祖弟敬伯夫妻荒年被略賣江北達之有田十畝貨以贖之與同財共宅郡命爲主簿固以讓兄又讓世舊田與族弟弟亦不受田遂閑廢齊建元三年詔表門閭先是有蔡曇智鄉里號蔡曾子廬江何伯璵兄弟鄉里號爲何展禽並爲高士沈顗所重常云聞蔡曇智之風怯夫勇鄙夫有立志聞何伯璵之風僞夫正薄夫厚云伯璵與弟幼璵俱厲節操養孤兄子及長爲婚推家業盡與之安貧枯槁誨人不倦郡守下車莫不修謁伯璵卒幼璵末好佛法翦落長齋持行精苦梁初卒兄弟年八十餘

王文殊字令章吳興故鄣人也父沒魏文殊思慕泣血終身蔬食不衣帛服麻縕而已不婚不交人物吳興太守謝瀹聘爲功曹不就立小屋於縣西端拱其中歲時伏臘月朝十五未嘗不北望長悲如此三十餘年太守孔琇之表其行鬱林詔榜門改所居爲孝行里

樂頤之字文德南陽湼陽人也世居南郡少而言行和謹仕爲京府參軍父在郢病亡頤之忽悲戀涕泣因請假還中路果得父凶問便徒跣號咷出陶後渚遇商人附載西上水漿不入口數日嘗遇病與母隔壁忍病不言嚙被至碎恐母之哀已也湘州刺史王僧虔引爲主簿以同僚非人棄官去吏部郎庾杲之嘗往候頤之爲設食唯枯魚菜葅杲之曰我不能食此母聞之自出常膳魚羹數種杲之曰卿過於茅季偉我非郭林宗仕至郢州中從事

弟預字文介亦至孝父臨亡執手以託郢州行事王英預悲感悶絕吐血數升遂發病官至驃騎錄事參軍隆昌末預謂丹陽尹徐孝嗣曰外傳藉藉似有伊周之事君蒙武帝殊常之恩荷託付之重恐不得同人此事人笑褚公至今齒冷無爲効尤孝嗣故吏吳興沈昇之亦說之曰昇之與君俱有項領之功今一言而二功俱解豈願聞之乎君受恩二祖而更參惟新之政以君爲反覆人事成則無處逃咎矣昇之草萊百姓言出禍已隨之孰與超然謝病高枕家園則與松栢比操風霜等烈豈不美邪孝嗣並改容謝之預建武中爲永世令人懷其德卒官時有一嫗年可六七十擔檞蔌葉造市貨之聞預亡大泣棄溪中曰失樂令我輩孤獨老姥政應就死耳市人亦皆泣其惠化如此

江泌字士清濟陽考城人也父亮之員外郎泌少貧晝日斫屧爲業夜讀書隨月光光斜則握卷升屋睡極墮地則更登性行仁義衣弊蝨多綿裏置壁上恐蝨飢死乃復置衣中數日間終身無復蝨母亡後以生鬬供養遇鮭不忍食菜不食心以其有生意唯食老葉而已母墓爲野火所燒依新宮災三日哭淚盡繼之以血歷仕南中郎行參軍所給募吏去役得時病莫有舍之者吏扶杖投泌泌自隱卹吏死泌爲買棺無僮役兄弟共輿理之後領國子助教乘牽車至染烏頭見一老公步行下車載之躬自步去梁武帝以爲南康王子琳侍讀建武中明帝害諸王後泌憂念子琳訪誌公道人問其禍福誌公覆香鑪灰示之曰都盡無餘及子琳被害泌往哭之淚盡續以血親視殯葬畢乃去泌尋卒族人兗州中從事泌黃門郎悆子也與泌同名世謂泌爲孝泌以別之

庾道愍潁川鄢陵人晉司空冰之玄孫也有孝行頗能屬文少出孤悴時人莫知其所生母流漂交州道愍尚在繦褓及長知之求爲廣州綏寧府佐至南而去交州尚遠乃自負擔冒險僅得自達及至交州尋求母雖經年日夜悲泣嘗入村日暮雨驟乃寄止一家且有一嫗負薪外還而道愍心動因訪之乃其母也於是行伏號泣遠近赴之莫不揮淚道愍尤精相板宋明帝時山陽王休祐屢以言語忤顏見道愍託以己板爲他物令道愍占之道愍曰此乃甚貴然使人多愆忤休祐以褚彥回詳密求換其板他日彥回侍明帝自稱下官帝多忌甚不悅休祐具以狀言帝乃意解道愍仕齊位射聲校尉族孫沙彌亦以孝行著

沙彌晉司空冰之六世孫也父佩玉仕宋位長沙內史昇明中坐沈攸之事誅時沙彌始生及年五歲所生母爲製采衣輒不肯服母問其故流涕對曰家門禍酷用是何爲及長終身布衣蔬食爲中軍田曹行參軍嫡母劉氏寢疾沙彌晨昏侍側衣不解帶或應針灸輒以身先試及母亡水漿不入口累日初進大麥薄飲經十旬方爲薄粥終喪不食鹽酢冬日不衣綿纊夏日不解衰絰不出廬戶晝夜號慟鄰人不忍聞所坐薦淚霑爲爛墓在新林忽生旅松百許株枝葉鬱茂有異常松劉好噉甘蔗沙彌遂不食焉宗人都官尚書詠表言其狀應純孝之舉梁武帝召見嘉之以補歙令還除輕車邵陵王參軍事隨府會稽復丁所生憂喪還都濟浙江中流遇風舫將覆沒沙彌抱柩號哭俄而風靜咸以爲孝感所致後卒於長城令子持

持字元德少孤性至孝父憂居喪過禮篤志好學仕梁爲尚書左戶郎後兼建康監陳文帝爲吳興太守以爲郡丞兼掌書翰天嘉初爲尚書左丞封崇德縣子拜封之日請令史爲客受其餉遺文帝怒之因坐免後爲臨安令坐杖殺人免還爲給事黃門侍郎歷鹽官令祕書監知國史事又爲少府卿遷太中大夫領步兵校尉卒持善字書每屬辭好爲奇字文士亦以此譏之有集十卷

南史卷七十三考證

孫法宗傳一境賴之○監本缺賴字今增入

余齊人傳余齊人晉陵人也○晉陵下闕本尚有晉陵二字

何子平傳元嘉二十年元凶弒逆○二係三之譌

蕭矯妻羊傳同里陳攘父母死孤單無親戚丁收養之○攘一本作穰

又同里王禮妻徐荒年客死丁陰爲買棺器自往斂葬○丁一本作山當以此爲正

隣舍人有溪蜮毒者女試療之○蜮監本作蛾今改从閣本

鄉里多欲娶之○娶監本譌要今改正

褚氏令僧簡往斂葬○往監本誤猛今改从閣本

南史卷七十四

唐　李　延　壽　撰

列傳第六十四

孝義下

滕曇恭豫章南昌人也年五歲母楊氏患熱思食寒瓜土俗所不產曇恭歷訪不能得銜悲哀切俄遇一桑門問其故曇恭具以告桑門曰我有兩瓜分一相遺還以與母舉室驚異尋訪桑門莫知所在及父母卒曇恭並水漿不入口者旬日感慟嘔血絕而復蘇隆冬不著繭絮蔬食終身每至忌日思慕不自堪晝夜哀慟其門外有冬生樹二株時忽有神光自樹而起俄見佛像及夾侍之儀容光顯著自門而入曇恭家人大小咸共禮拜久之乃滅遠近道俗咸傳之太守王僧虔引曇恭爲功曹固辭不就王儉時隨僧虔在郡號爲滕曾子梁天監元年陸璉奉使巡行風俗表言其狀曇恭有子三人皆有行業時有徐普濟者長沙臨湘人居喪未葬而鄰家火起延及其舍普濟號慟伏棺上以身蔽火鄰人往救之焚炙已悶絕累日方蘇又有建康人張悌家貧無以供養以情告鄰富人富人不與不勝忿遂結四人作劫所得衣物三劫持去實無一錢入己縣抵悌死罪悌兄松訴稱與弟景是前母子後母唯生悌松長不能教誨乞代悌死景又曰松是嫡長後母唯生悌若從法母亦不全亦請死母又云悌應死豈以弟罪枉及諸兄悌亦引分全兩兄供養縣以上讞帝以爲孝義特降死後不得爲例

陶季直丹陽秣陵人也祖愍祖宋廣州刺史父景仁中散大夫季直早慧愍祖甚愛異之嘗以四函銀列置於前令諸孫各取其一季直時年四歲獨不取曰若有賜當先父伯不應度及諸孫故不取愍祖益奇之五歲喪母哀若成人初母未病令於外染衣卒後家人始贖季直抱之號慟聞者莫不酸感及長好學澹於榮利徵召不起時人號曰聘君後爲望蔡令以病免時劉彥節袁粲以齊高帝權盛將圖之彥節素重季直欲與謀季直以袁劉儒者必致顛殞固辭不赴俄而彥節等敗齊初爲尚書比部郎時褚彥回爲尚書令素與季直善頻以爲司空司徒主簿委以府事彥回卒尚書令王儉以彥回有至行欲謚文孝公季直曰文孝是司馬道子謚恐其人非具美不如文簡儉從之季直又請爲彥回立碑始終營護甚有吏節再遷東莞太守在郡號爲清和後爲鎮西諮議參軍齊武帝崩明帝作相誅鋤異己季直不能阿意取容明帝頗忌之出爲輔國長史北海太守邊職上佐素士罕爲之者或勸季直造門致謝明帝留以爲驃騎諮議參軍兼尚書左丞遷建安太守爲政清靜百姓便之梁臺建爲給事黃門侍郎常稱仕至二千

石始願畢矣，無爲久預人間事。乃辭疾還鄉里。梁天監初就拜太中大夫。武帝曰：「梁有天下，遂不見此人。」十年卒于家。季直素清苦絕倫，又屏居十餘載，及死家徒四壁，子孫無以殯斂，聞者莫不傷其志事云。

沈崇傃字思整，吳興武康人也。父懷明，宋兗州刺史。崇傃六歲丁父憂，哭踊過禮。及長，事所生母至孝。家貧，常傭書以養。天監二年，太守柳惲辟爲主簿。崇傃從惲到郡，還迎其母，未至而母卒。崇傃以不及侍疾，將欲致死，水漿不入口，晝夜號哭，旬日殆將絕氣。兄弟謂曰：「殯葬未申，遽自毀滅，非全孝道也。」崇傃心悟，乃稍進食。母權瘞去家數里，哀至輒之瘞所，不避雨雪。每倚墳哀慟，飛鳥翔集。夜恒有猛獸來望之，有聲狀如歎息者。家貧無以遷厝，乃行乞經年，始獲葬焉。既而廬于墓側，自以初行喪禮不備，復以葬後更行服三年。久食麥屑，不噉鹽酢，坐臥於單薦，因虛腫不能起。郡縣舉至孝。梁武聞，即遣中書舍人慰勉之，乃詔令釋服，擢補太子洗馬，旌其門閭。崇傃奉詔釋服，而涕泣如居喪，固辭不受官，乃除永寧令。自以祿不及養，哀思不自堪，未至縣卒。

荀匠字文師，潁陰人，晉太保勗九世孫也。祖瓊，年十五復父仇於成都市，以孝聞。宋元嘉末度淮，逢武陵王舉義，爲元凶追兵所殺，贈員外散騎侍郎。父法超，仕齊爲安復令，卒官。匠號慟氣絕，身體皆冷，至夜乃蘇。既而奔喪，每宿江渚，商侶不忍聞其哭聲。梁天監元年，其兄斐爲鬱林太守，征俚賊，爲流矢所中，死於陣。喪還，匠迎于豫章，望舟投水，傍人赴救，僅而得全。及至，家貧不時葬，居父憂并兄服，歷四年不出廬戶。自括髮不復櫛沐，髮皆秃落。哭無時，聲盡則係之以泣，目眥皆爛，形骸枯顇，皮骨裁連，雖家人不復識。郡縣以狀言，武帝詔遣中書舍人爲其除服，擢爲豫章王國左常侍。匠雖即吉而毁顇逾甚。外祖孫謙誡之曰：「主上以孝臨天下，汝行過古人，故擢汝此職。非唯君父之命難拒，故亦揚名後世，所顯豈獨汝身哉。」匠乃拜，竟以毁卒。

吉翂字彥霄，馮翊蓮勺人也。家居襄陽。翂幼有孝性，年十一遭所生母憂，水漿不入口，殆將滅性，親黨異之。梁天監初，父爲吳興原鄉令，爲吏所誣，逮詣廷尉。翂年十五，號泣衢路，祈請公卿，行人見者皆爲隕涕。其父理雖清白，而恥爲吏訊，乃虛自引咎，罪當大辟。翂乃撾登聞鼓，乞代父命。武帝異之，尚以其童幼，疑受教於人，敕廷尉蔡法度嚴加脅誘，取其款實。法度乃還寺，盛陳徽纆，厲色問曰：「爾求代父死，敕已相許，便應伏法。然刀鋸至劇，審能死不？且爾童孺，志不及此，必爲人所教，姓名是誰？若有悔異，亦相聽許。」對曰：「囚雖蒙弱，豈不知死可畏憚。顧諸弟幼藐，唯囚爲長，不忍見父極刑，自延視息，所以內斷胷臆，上干萬乘。今欲殉身不測，委骨泉壤，此非細故，奈何受人教邪？」法度知不可屈撓，乃更和顏誘語之曰：「主上知尊侯無罪，行當釋亮。觀君神儀明秀，足稱佳童，今若轉辭，幸父子同濟，奚以此妙年苦求湯鑊？」翂曰：「凡鯤鮞螻蟻，尚惜其生，況在人斯，豈願虀粉。但父挂深劾，必正刑書，故思殞仆，冀延父命。」翂初見囚，獄掾依法備加桎梏；法度矜之，命脫其二械，更令著一小者。翂弗聽，曰：「翂求代父死，死囚豈可減乎？」竟不脫械。法度以聞，帝乃宥其父。丹陽尹王志求其在廷尉故事，并諸鄉居，欲於歲首舉充純孝。翂曰：「異哉王尹，何量翂之薄。夫父辱子死，斯道固然。若翂有靦面目，當其此舉，則是因父買名，一何甚辱。」拒之而止。年十七，應辟爲本州主簿，出監萬年縣，攝官朞月，風化大行。自雍還郢，湘州刺史柳忱復召爲主簿。後秣陵鄉人裴儉、丹陽郡守臧盾、揚州中正張仄連名薦翂，以爲孝行純至，明通易老。敕付太常旌舉。初，翂以父陷罪，因成悸疾，後因廢而卒。

甄恬字彥約，中山無極人也。世居江陵。數歲喪父，哀感有若成人。家人矜其小，以肉汁和飯飼之，恬不肯食。年八歲，嘗問其母，恨生不識父，遂悲泣累日，忽若有見，言形貌則其父也，時以爲孝感。家貧，養母常得珍羞。及居喪，廬於墓側，恒有鳥玄黃雜色集於廬樹，恬哭則鳴，哭止則止。又有白鳩、白雀栖宿其廬。州將始興王憺表其行狀，詔旌表門閭，加以爵位。恬官至安南行參軍。

趙拔扈，新城人也。兄震動富於財，太守樊文茂求之不已。震動怒曰：「無厭將及我。」文茂聞其語，聚其族誅之。拔扈走免，亡命聚黨，至社樹呪曰：「文茂殺拔扈兄，今欲報之，若事克，斫樹處更生；不克，即死。」三宿三枿生，十丈餘，人間傳以爲神，附者十餘萬。既殺文茂，轉攻傍邑。將至成都十餘日，戰敗，退保新城，求降。文茂，黎州刺史文熾弟，襄陽人也。

韓懷明，上黨人也，客居荊州。十歲，母患尸疰，每發輒危殆。懷明夜於星下稽顙祈禱。時寒甚切，忽聞香氣，空中有人曰：「童子母須臾永差，無勞自苦。」未曉而母平復，鄉里以此異之。十五喪父，幾至滅性，負土成墳，贈助無所受。免喪，與鄉人郭麻俱師南陽劉虬。虬嘗一日廢講，獨居涕泣。懷明竊問虬家人，答云是外祖亡日。時虬母亦已亡矣。懷明聞之，即日罷學，還家就養。虬歎曰：「韓生無丘吾之恨矣。」家貧，肆力以供甘脆，嬉怡膝下，朝夕不離母側。母年九十，以壽終。懷明水漿不入口一旬，號哭不絕聲。有雙白鳩巢其廬上，字乳馴狎，若家禽焉，服釋乃去。及除喪，蔬食終身，衣衾無所改。梁天監初，刺史始興王憺表言之，州累辟不就，卒于家。

褚脩，吳郡錢塘人也。父仲都，善周易，爲當時之冠，梁天監中歷位五經博士。脩少傳父業。武陵王紀爲揚州，引爲宣惠參軍，兼限內記室。脩性至孝，父喪毁瘠過禮，因患冷氣。及丁母憂，水漿不入口二十三日，每號慟輒嘔血，遂以毁卒。

張景仁，廣平人也。父梁天監初爲同縣韋法所殺。景仁時年八歲，及長，志在復讐。普通七年，遇法於公田渚，手斬其首以祭父墓。事竟，詣郡自縛，乞依刑法。太守蔡天起上言於州。時簡文在鎮，乃下教褒美之，原其罪，下屬長蠲其一戶租調，以旌孝行。又天監中，宣城宛陵女子與母同床眠，母爲猛獸所取，女啼號隨挐猛獸行數十里，獸毛盡落，獸乃置其母而去。女抱母猶有氣息，經時乃絕。鄉里言於郡縣，太守蕭琮表上，詔榜其門閭。又霸城王整之姊嫁爲衞敬瑜妻，年十六而敬瑜亡，父母舅姑咸欲嫁之，誓而不許，乃截耳置盤中爲誓，乃止。遂手爲亡婿種樹數百株，墓前栢樹忽成連理，一年許還復分散。女乃爲詩曰：「墓前一株栢，根連復並枝。妾心能感木，頹城何足奇。」所住戶有鷰巢，常雙飛來去，後忽孤飛。女感其偏棲，乃以縷繫脚爲誌。後歲此鷰果復更來，猶帶前縷。女復爲詩曰：「昔年無偶去，今春猶獨歸。故人恩既重，不忍復雙飛。」雍州刺史西昌侯藻嘉其美節，乃起樓於門，題曰「貞義衞婦之閭」，又表於臺。後有河東劉景昕，事母孝謹，母常病癖三十餘年，一朝而瘳，鄉里以爲景昕誠感。荊州刺史湘東王繹辟爲主簿。

陶子鏘字海育，丹陽秣陵人也。父延，尚書比部郎。兄尚，宋末爲倖臣所怨被繫，子鏘公私緣訴，流血稽顙，行路嗟傷。逢謝超宗下車相訪，同入縣詣建康令勞彥遠曰：「豈忍見人昆季如此而不留心。」勞感之，兄得釋。母終，居喪盡禮。與范雲鄰，雲每聞其哭聲，必動容改色，欲相申薦，會雲卒。初，子鏘母嗜蓴，母沒後恒以供奠。梁武義師初至，此年冬營蓴不得，子鏘痛恨，慟哭而絕，久之乃蘇，遂長斷蓴味。

成景儁字超，范陽人也。祖興，仕魏爲五兵尚書。父安樂，淮陽太守。梁天監六年，常邕和殺安樂，以城內附。景儁謀復讐，因殺魏宿預城主，以地南入。普通六年，邕和爲鄱陽內史，景儁購人刺殺之。未久，重購邕和家人鴆殺其子弟，噍類俱盡。武帝義之，每爲屈法。景儁家讐既雪，每思報効，後除北豫州刺史，侵魏所向必推其智勇，時以比馬仙琕。兼有政績，見懷北豫州，吏人樹碑紀德。卒，謚曰忠烈云。

李慶緒字孝緒，廣漢郪人也。父爲人所害，慶緒九歲而孤，爲兄所養，日夜號泣，志在復讐。投州將陳顯達，仍於部伍白日手刃其仇，自縛歸罪，州將義而釋之。梁天監中，爲東莞太守，丁母憂去職，廬于墓側，每慟嘔血數升。後爲巴郡太守，號良吏。累遷衞尉，封安陸縣侯。益州一二百年無復貴仕，慶緒承恩至此，便欲西歸，尋徙太子右衞率，未拜而卒。

謝藺字希如，陳郡陽夏人，晉太傅安之八世孫也。父經，北中郎諮議參軍。藺五歲時，父未食，乳媼欲令先飯，藺終不進。舅阮孝緒聞之，歎曰：「此兒在家則曾子之流，事君則藺生之匹。」因名曰藺。稍授以經史，過目便能諷誦。孝緒每曰：「吾家陽元也。」及丁父憂，晝夜號慟，毁瘠骨立，母阮氏常自守視譬抑之。服闋，吏部尚書蕭子顯嘉其至行，擢爲王府法曹行參軍，累遷外兵記室參軍。時甘露降士林館，藺獻頌，武帝嘉之，有詔使製北兗州刺史蕭楷德政碑，又奉詔令製宣城王奉述中庸頌。後爲兼散騎常侍使魏，會侯景入附，境上交兵，藺母既慮不得還，感氣而卒。及藺還入境，夜夢不祥，旦便投列馳歸。及至，號慟嘔血，氣絕久之，水漿不入口。每哭，眼耳口鼻皆血流。經月餘日，因夜臨而卒。所製詩賦碑頌數十篇。子貞。

貞字元正，幼聰敏，有至性。祖母阮氏先苦風眩，每發便一二日不能飲食，貞時年七歲，祖母不食，貞亦不食，往往如此。母王氏授以論語、孝經，讀訖便誦。八歲，嘗爲春日閑居詩，從舅王筠奇之，謂所親曰：「至如『風定花猶落』，乃追步惠連矣。」年十三，尤善左氏春秋，工草隸蟲篆。十四，丁父艱，號頓於地，絕而復蘇者數矣。初，貞父藺以憂毁卒，家人賓客復憂貞，從父洽、族兄暠乃共請華嚴寺長爪禪師爲貞說法，仍譬以母須侍養，不宜毁滅，乃少進饘粥。及魏剋江陵，入長安，暠逃難番禺，貞母出家于宣明寺。及陳武帝受禪，暠還鄉里，供養貞母將二十年。初，貞在周，嘗侍周武帝愛弟趙王招讀，招厚禮之。聞其獨處必晝夜涕泣，私問知母在鄉，乃謂曰：「寡人若出居藩，當遣侍讀還家。」後數年，招果出，因辭面奏請放貞還。帝奇招仁愛，遣隨聘使杜子暉歸國。是歲陳太建五年也始自周還時始興王叔陵爲揚州刺史引祠部侍郎阮卓爲記室辟貞爲主簿尋遷府錄事參軍領丹陽丞貞知叔陵有異志因與卓自疎每有宴遊輒以疾辭未嘗參預叔陵雅重之弗之罪也及叔陵肆逆唯貞與卓不坐再遷南平王友掌記室事府長史汝南周確新除都官尚書請貞爲讓表後主覽而奇之及問知貞所作因敕舍人施文慶曰謝貞在王家未有祿秩可賜米百石以母憂去職頃之敕起還府累啓固辭敕不許貞哀毀羸瘠終不能之官舍吏部尚書姚察與貞友善及貞病篤問以後事貞曰孤子疊禍所集將隨灰壤族子凱等粗自成立已有疏付之此固不足仰塵厚德弱兒年甫六歲名靖字依仁情累所不能忘敢以爲託是夜卒後主問察曰謝貞有何親屬察以靖答即敕長給衣糧初貞之病有遺疏告族子凱氣絕之後若依僧家尸陁林法是吾所願正恐過爲獨異可用薄板周身載以露車覆以草席坎山次而埋之又靖年尚小未閑人事但可三月施小床設香水盡卿兄弟相厚之情即除之無益之事勿爲也

殷不害字長卿陳郡長平人也祖汪齊豫章王行參軍父高明梁尚書兵部郎不害性至孝居父憂過禮由是少知名家世儉約居甚貧窶有弟五人皆幼弱不害事老母養小弟勤劇無所不至士大夫以篤行稱之年十七仕梁爲廷尉平長於政事兼飾以儒術名法有輕重不便者輒上書言之多見納用大同五年兼東宮通事舍人時朝政多委東宮不害與舍人庾肩吾直日奏事梁武帝嘗謂肩吾曰卿是文學之士吏事非卿所長何不使殷不害來邪其見知如此簡文以不害善事親賜其母蔡氏錦裙氈席被褥單複畢備侯景之亂不害從簡文入臺及臺城陷簡文在中書省景帶甲將兵入朝陛見過謁簡文左右甚不遜侍衛者莫不驚恐辟易唯不害與中庶子徐摛侍側不動簡文爲景所幽遣人請不害與居處景許之不害供侍益謹梁元帝立以不害爲中書郎兼廷尉卿魏平江陵失母所在時甚寒雪凍死者塡滿溝壑不害行哭尋求聲不暫輟過見死人溝中即投身捧視舉體凍僵水漿不入口者七日始得母屍憑屍而哭每輒氣絕行路皆爲流涕即江陵權殯與王褒庾信俱入長安自是蔬食布衣枯槁骨立見者莫不哀之太建七年自周還陳除司農卿遷晉陵太守在郡感疾詔以光祿大夫徵還養疾後主即位加給事中初不害之還也周留其長子僧首因居關中禎明三年陳亡僧首來迎不害道卒年八十五不害弟不佞

不佞字季卿少立名節居父喪以至孝稱好讀書尤長吏術梁承聖初爲武康令時兵荒饑饉百姓流移不佞循撫招集繈負至者以千數會魏剋江陵而母卒道路隔絕久不得奔赴四載之中晝夜號泣居處飲食常爲居喪之禮陳武帝受禪除婁令至是第四兄不齊始於江陵迎母喪柩歸葬不佞居處之節如始聞問若此者又三年身自負土手植松栢每歲時伏臘必三日不食文帝時兼尚書右丞遷東宮通事舍人及廢帝嗣立宣帝爲太傅錄尚書輔政甚爲朝望所歸不佞素以名節自立又受委東宮乃與僕射到仲舉中書舍人劉師知尚書左丞王暹等謀矯詔出宣帝衆人猶豫未敢先發不佞乃馳詣相府面宣詔旨令相王還第及事發仲舉等皆伏誅宣帝雅重不佞特赦之免其官而已及即位以爲軍師始興王諮議參軍後兼尚書左丞加通直散騎常侍卒官不佞兄不疑不占不齊並早亡事第二寡嫂張氏甚謹所得祿奉不入私室長子梵童位尚書金部郎

司馬暠字文昇河內溫人也高祖柔之晉侍中以南頓王孫紹齊文獻王攸後父子產即梁武帝之外兄也位岳陽太守暠幼聰警有至性年十二丁內艱哀慕過禮水漿不入口殆經一旬每號慟必至悶絕父母喻之令進粥然猶毀瘠骨立服闋以姻戚子弟入問訊梁武帝見其羸疾歎息久之字其小字謂其父曰昨見羅兒面顏顦顇使人惻然便是不墜家風爲有子矣後累遷正員郎丁父艱哀毀愈甚廬于墓側日進薄麥粥一升墓在新林連接山阜舊多猛獸暠結廬數載豺狼絕迹常有兩鳩栖宿廬所馴狎異常承聖中除太子庶子魏剋江陵隨例入長安而梁宗屠戮太子殯瘞失所及周受禪暠以宮臣乃抗表求還江陵改葬辭甚酸切周朝優詔答之即敕荊州以禮安厝陳太建八年自周還宣帝特降殊禮歷位通直散騎常侍太中大夫卒有集十卷子延義字希忠少沉敏好學初隨父入關丁母憂喪過于禮及暠還都延義乃躬負靈櫬晝伏宵行冒履水霜手足皸瘃至都遂致攣廢數年乃愈位司徒從事中郎

張昭字德明吳郡吳人也幼有孝性父熯常患消渴嗜鮮魚昭乃身自結網捕魚以供朝夕弟乾字玄明聰敏好學亦有至性及父卒兄弟並不衣綿帛不食鹽酢日唯食一升麥屑粥每一感慟必致歐血隣里聞之皆爲涕泣父服未終母陸氏又卒兄弟遂六年哀毀形容骨立家貧未得大葬遂布衣蔬食十有餘年杜門不出屛絕人事時衡陽王伯信臨郡舉乾孝廉固辭不就兄弟並因毀成疾昭一眼失明乾亦中冷苦癖年並未五十終于家子胤俱絕宣帝時有太原王知玄者僑居會稽剡縣居家以孝聞及丁憂哀毀而卒帝嘉之詔改所居靑苦里爲孝家里

論曰自澆風一起人倫毀薄蓋抑引之教導俗所先變里旌閭義存勸獎是以漢世士務修身故忠孝成俗至于乘軒服冕非此莫由晉宋以來風衰義缺刻身厲行事薄膏腴若使孝立閨庭忠被史策多發溝畎之中非出衣簪之下以此而言聲教不亦卿大夫之恥乎

南史卷七十四考證

吉翂傳冀延父命○監本缺冀字今增入

甄恬傳又有白鳩白雀栖宿其廬○一本無白鳩二字

褚脩傳脩少傳父業○梁書此下有兼通孝經論語善尺牘頗解文章數語

謝藺傳旦便投列馳歸○列一本作劾

殷不害傳大同五年兼東宮通事舍人○監本缺事字今从閩本增正

南史卷七十五

唐　李　延　壽　撰

列傳第六十五

隱逸上

陶潛　宗少文孫測從弟彧之　沈道虔

孔淳之　周續之　戴顒

翟法賜　雷次宗　郭希林

劉凝之　龔祈　朱百年

關康之辛普明樓惠明　漁父　褚伯玉

顧歡盧度　杜京產孔道徽剡縣小兒　京產子栖

易有君子之道四焉語默之謂也故有入廟堂而不出徇江湖而永歸隱避紛紜情迹萬品若道義內足希微兩亡藏景窮巖蔽名愚谷解桎梏於仁義示形神於天壤則名教之外別有風猷故堯封有非聖之人孔門謬鷄黍之客次則揚獨往之高節重去就之虛名或慮全後悔事歸知殆或道有不申行吟山澤皆用宇宙而成心借風雲以爲氣求志達道未或非然故須含貞養素文以藝業不爾則與夫樵者在山何殊異也若夫陶潛之徒或仕不求聞退不譏俗或全身幽履服道儒門或遁迹江湖之上或藏名巖石之下斯並向時隱淪之徒歟今並綴緝以備隱逸篇焉又齊梁之際有釋寶誌者雖處非顯晦而道合希夷求其行事蓋亦俗外之徒也故附之云

陶潛字淵明或云字深明名元亮尋陽柴桑人晉大司馬侃之曾孫也少有高趣宅邊有五柳樹故嘗著五柳先生傳云先生不知何許人不詳姓字閑靜少言不慕榮利好讀書不求甚解每有會意欣然忘食性嗜酒而家貧不能恒得親舊知其如此或置酒招之造飲輒盡期在必醉既醉而退曾不吝情去留環堵蕭然不蔽風日短褐穿結簞瓢屢空晏如也常著文章自娛頗示己志忘懷得失以此自終其自序如此蓋以自況時人謂之實錄親老家貧起爲州祭酒不堪吏職少日自解而歸州召主簿不就躬耕自資遂抱羸疾江州刺史檀道濟往候之偃臥瘠餒有日矣道濟謂曰夫賢者處世天下無道則隱有道則至今子生文明之世奈何自苦如此對曰潛也何敢望賢志不及也道濟饋以粱肉麾而去之後爲鎮軍建威參軍謂親朋曰聊欲絃歌以爲三徑之資可乎執事者聞之以爲彭澤令不以家累自隨送一力給其子書曰汝旦夕之費自給爲難今遣此力助汝薪水之勞此亦人子也可善遇之公田悉令吏種秫稻妻子固請種粳乃使二頃五十畝種秫五十畝種粳郡遣督郵至縣吏白應束帶見之潛歎曰我不能爲五米斗折腰向鄉里小人即日解印綬去職賦歸去來以遂其志曰歸去來兮田園將蕪胡不歸既自以心爲形役奚惆悵而獨悲悟已往之不諫知來者之可追實迷塗其未遠覺今是而昨非舟遙遙以輕颺風飄飄而吹衣問征夫以前路恨晨光之熹微乃瞻衡宇載欣載奔僮僕歡迎弱子候門三徑就荒松菊猶存攜幼入室有酒盈罇引壺觴而自酌眄庭柯以怡顏倚南牕而寄傲審容膝之易安園日涉而成趣門雖設而常關策扶老以流憩時矯首而遐觀雲無心以出岫鳥勌飛而知還景翳翳其將入撫孤松而盤桓歸去來兮請息交而絕遊世與我而相遺復駕言兮焉求悅親戚之情話樂琴書以消憂農人告余以春及將有事於西疇或命巾車或棹扁舟既窈窕以窮壑亦崎嶇而經丘木欣欣以向榮泉涓涓而始流善萬物之得時感吾生之行休已矣乎寓形宇內復幾時曷不委心任去留胡爲遑遑欲何之富貴非吾願帝鄉不可期懷良辰以孤往或植杖而芸耔登東皐以舒嘯臨清流而賦詩聊乘化以歸盡樂夫天命復奚疑義熙末徵爲著作佐郎不就江州刺

史王弘欲識之不能致也潛嘗往廬山弘令潛故人龐通之齎酒具於半道栗里要之潛有脚疾使一門生二兒轝籃轝及至欣然便共飲酌俄頃弘至亦無忤也先是顏延之爲劉柳後軍功曹在尋陽與潛情款後爲始安郡經過潛每往必酣飲至醉弘欲要延之一坐彌日不得延之臨去留二萬錢與潛潛悉送酒家稍就取酒嘗九月九日無酒出宅邊菊叢中坐久之逢弘送酒至卽便就酌醉而後歸潛不解音聲而畜素琴一張每有酒適輒撫弄以寄其意貴賤造之者有酒輒設潛若先醉便語客我醉欲眠卿可去其眞率如此郡將候潛逢其酒熟取頭上葛巾漉酒畢還復著之潛弱年薄宦不絜去就之迹自以曾祖晉世宰輔耻復屈身後代自宋武帝王業漸隆不復肯仕所著文章皆題其年月義熙以前明書晉氏年號自永初以來唯云甲子而已與子書以言其志并爲訓戒曰吾年過五十而窮苦荼毒性剛才拙與物多忤自量爲已必貽俗患僶俛辭事使汝幼而飢寒耳常感孺仲賢妻之言敗絮自擁何慙兒子此旣一事矣但恨隣靡二仲室無萊婦抱玆苦心良獨罔罔少來好書偶愛閑情開卷有得便欣然忘食見樹木交蔭時鳥變聲亦復歡爾有喜嘗言五六月北窗下臥遇凉風暫至自謂是羲皇上人意淺識陋日月遂往疾患以來漸就衰損親舊不遺每有藥石見救自恐大分將有限也汝輩幼小家貧無役柴水之勞何時可免念之在心若何可言然雖不同生當思四海皆兄弟之義鮑叔敬仲分財無猜歸生伍舉班荆道舊遂能以敗爲成因喪立功佗人尚爾況共父之人哉潁川韓元長漢末名士身處卿佐八十而終兄弟同居至於沒齒濟北氾幼春晉時操行人也七世同財家人無怨色詩云高山景行汝其愼哉又爲命子詩以貽之元嘉四年將復徵命會卒世號靖節先生其妻翟氏志趣亦同能安苦節夫耕於前妻鋤於後云

宗少文南陽涅陽人也祖承宜都太守父繇之湘鄉令母同郡師氏聰辯有學義敎授諸子少文善居喪爲鄉閭所稱宋武帝旣誅劉毅領荆州問毅府諮議參軍申永曰今日何施而可永曰除其宿釁倍其惠澤貫敘門次顯擢才能如此而已武帝納之乃辟少文爲主簿不起問其故答曰栖丘飲谷三十餘年武帝善其對而止少文妙善琴書圖畫精於言理每游山水往輒忘歸征西長史王敬弘每從之未嘗不彌日也乃下入廬山就釋慧遠考尋文義兄臧爲南平太守逼與俱還乃於江陵三湖立宅閑居無事武帝召爲太尉行參軍驃騎道憐命爲記室參軍並不就二兄早卒孤累甚多家貧無以相贍頗營稼穡人有餉饋並受之武帝敕南郡長給吏役又數致餼賚後子弟從仕乃悉不復受武帝開府辟召下書召少文與鴈門周續之並爲太尉掾皆不起宋受禪及元嘉中頻徵並不應妻羅氏亦有高情與少文協趣羅氏沒少文哀之過甚旣乃悲情頓釋謂沙門釋慧堅曰死生之分未易可達三復至教方能遣哀衡陽王義季爲荆州親至其室與之歡宴命爲諮議參軍不起好山水愛遠遊西陟荆巫南登衡岳因結宇衡山欲懷尚平之志有疾還江陵歎曰老疾俱至名山恐難徧覩唯澄懷觀道臥以游之凡所游履皆圖之於室謂之撫琴動操欲令衆山皆響古有金石弄爲諸桓所重桓氏亡其聲遂絕唯少文傳焉文帝遣樂師楊觀就受之少文孫測亦有祖風

測字敬微一字茂深家居江陵少靜退不樂人間歎曰家貧親老不擇官而仕先哲以爲美談余竊有惑誠不能潛感地金冥致江鯉但當用天之道分地之利孰能食人厚祿憂人重事乎齊驃騎豫章王嶷徵爲參軍不起測答府云何爲謬傷海鳥橫斤山木母喪身自負土植松栢嶷復遣書請之辟爲參軍測答曰性同鱗羽愛止山壑眷戀松雲輕迷人路縱宕巖流有若狂者忽不知老至而今鬢已白豈容課虛責有限魚鳥慕哉永明三年詔徵太子舍人不就欲游名山乃寫祖少文所作尚子平圖於壁上測長子賓官在都知父此旨便求祿還爲南郡丞付以家事刺史安陸王子敬長史劉寅以下皆贈送之測無所受齎老子莊子二書自隨子孫拜辭悲泣測長嘯不視遂往廬山止祖少文舊宅魚復侯子響爲江州厚遺贈測曰少有狂疾尋山採藥遠來至此量腹而進松木度形而衣薜蘿淡然已足豈容當此橫施子響命駕造之測不見後子響不告而來奄至所住測不得已巾褐對之竟不交言子響不悅而退侍中王秀之彌所欽慕乃令陸探微畫其形與己相對又貽書曰昔人有圖畫僑札輕以自方耳王儉亦雅重之贈以蒲褥筍席頃之測送弟喪還西仍留舊宅永業寺絕賓友唯與同志庾易劉虬宗人尚之等往來講說荆州刺史隨王子隆至遣別駕宗忻口致勞問測笑曰貴賤理隔何以及此竟不答建武二年徵爲司徒主簿不就卒測善畫自圖阮籍遇蘇門於行鄣上坐臥對之又畫永業佛影臺皆爲妙作好音律善易老續皇甫謐高士傳三卷嘗游衡山七嶺著衡山廬山記尚之字敬之亦好山澤徵辟一無所就以壽終

彧之字叔粲少文從父弟也早孤事兄恭謹家貧好學雖文義不逮少文而眞澹過之徵辟一無所就宋元嘉初大使陸子眞觀採風俗三詣彧之每辭疾不見告人曰我布衣草萊之人少長壟畝何宜枉軒冕之客子眞還表薦之又不就徵卒於家

沈道虔吳興武康人也少仁愛好老易居縣北石山下孫恩亂後飢荒縣令庾肅之迎出縣南廢頭里爲立宅臨溪有山水之玩時復還石山精廬與諸孤兄子共釜庾之資困不改節受琴於戴逵王敬弘深貴重之郡州府凡十二命皆不就有人竊其園菜者外還見之乃自逃隱待竊者去後乃出人又拔其屋後大筍令人止之曰惜此筍欲令成林更有佳者相與乃令人買大筍送與之盜者慙不取道虔使置其門內而還常以捃拾自資同捃者或爭穟道虔諫之不止悉以其所得與之爭者愧恧後每事輒云勿令居士知冬月無複衣戴顒聞而迎之爲作衣服并與錢一萬及還分身上衣及錢悉供諸兄弟子無衣者鄉里少年相率受學道虔常無食以立學徒武康令孔欣之厚相資給受業者咸得有成宋文帝聞之遣使存問賜錢三萬米二百斛悉供孤兄子嫁娶徵員外散騎侍郎不就累世事佛推父祖舊宅爲寺至四月八日每請像請像之日輒舉家感慟焉道虔年老菜食恒無經日之資而琴書爲樂孜孜不倦文帝敕郡縣使隨時資給卒子慧鋒修父業不就州辟

孔淳之字彥深魯人也祖惔尚書祠部郎父粲祕書監徵不就淳之少有高尚愛好墳籍爲太原王恭所稱居會稽剡縣性好山水每有所游必窮其幽峻或旬日忘歸嘗游山遇沙門釋法崇因留共止遂停三載法崇歎曰緬息人外三十年矣今乃傾蓋于茲不覺老之將至也及淳之還乃不告以姓除著作佐郎太尉參軍並不就居喪至孝廬于墓側服闋與徵士戴顒王弘之及王敬弘等共爲人外之游又申以婚姻敬弘以女適淳之子尚遂以烏羊繫所乘車轅提壺爲禮至則盡歡共飲迄暮而歸或怪其如此答曰固亦農夫田父之禮也會稽太守謝方明苦要之不能致使謂曰苟不入吾郡何爲入吾郭淳之笑曰潛游者不識其水巢棲者非辯其林飛沉所至何問其主終不肯往茅室蓬戶庭草蕪徑唯牀上有數帙書元嘉初復徵爲散騎侍郎乃逃于上虞縣界家人莫知所在弟默之爲廣州刺史出都與別司徒王弘要淳之集冶城卽日命駕東歸遂不顧也元嘉七年卒默之儒學注穀梁春秋默之子熙先事在范曄傳

周續之字道祖鴈門廣武人也其先過江居豫章建昌縣續之八歲喪母哀戚過於成人奉兄如事父豫章太守范甯於郡立學招集生徒遠方至者甚衆續之年十二詣甯受業居學數年通五經五緯號曰十經名冠同門稱爲顏子旣而閑居讀老易入廬山事沙門釋慧遠時彭城劉遺人遁迹廬山陶深明亦不應徵命謂之尋陽三隱劉毅鎭姑孰命爲撫軍參軍徵太學博士並不就江州刺史每相招請續之不尚峻節頗從之游常以嵇康高士傳得出處之美因爲之注武帝北討世子居守迎續之館於安樂寺延入講禮月餘復還山江州刺史劉柳薦之武帝俄辟太尉掾不就武帝北伐還鎭彭城遣使迎之禮賜甚厚每日眞高士也尋復南還武帝踐阼復召之上爲開館東郭外招集生徒乘輿降幸幷見諸生問續之禮記慠不可長與我九齡射於矍圃之義辯析精奧稱爲名通續之素患風痺不復堪講乃移病鍾山景平元年卒通毛詩六義及禮論注公羊傳於世無子兄子景遠有續之風

戴顒字仲若譙郡銍人也父逵兄勃並隱遯有高名顒十六遭父憂幾於毀滅因此長抱羸患以父不仕復修其業父善琴書顒並傳之凡諸音律皆能揮手會稽剡縣多名山故世居剡下顒及兄勃並受琴於父父沒所傳之聲不忍復奏各造新弄勃制五部顒制十五部顒又制長弄一部並傳於世中書令王綏嘗攜客造之勃等方進豆粥綏曰聞卿善琴試欲一聽不答綏恨而去桐廬縣又多名山兄弟復共游之因留居止勃疾患醫藥不給顒謂勃曰顒隨兄得閑非有心於語默兄今疾篤無可營療顒當干祿以自濟耳乃求海虞令事垂行而勃卒乃止桐廬僻遠難以養疾及出居吳下吳下士人共爲築室聚石引水植林開澗少時繁密有若自然乃述莊周大旨著逍遙論禮記中庸篇三吳將守及郡內衣冠要其同游野澤堪行便去不爲矯介衆論以此多之宋國初建元嘉中徵並不就衡陽王義季鎭京口長史張邵與顒姻通迎來止黃鵠山山北有竹林精舍林澗甚美顒憩于此澗義季亟從之游顒服其野服不改常度爲義季鼓琴並新聲變曲其三調游弦廣陵止息之流皆與世異文帝每欲見之嘗謂黃門侍郎張敷曰吾東巡之日當宴戴公山下也以其好音長給正聲

伎一部顒合何嘗白鵠二聲以爲一調號爲清曠自漢世始有佛像形制未工逵特善其事顒亦參焉宋世子鑄丈六銅像於瓦官寺既成面恨瘦工人不能改乃迎顒看之顒曰非面瘦乃臂胛肥耳及減臂胛瘦患即除無不歎服十八年卒無子景陽山成顒已亡矣上歎曰恨不得使戴顒觀之

翟法賜尋陽柴桑人也曾祖湯祖莊父矯並高尚不仕逃避徵辟法賜少守家業立室廬山頂喪親後便不復還家不食五穀以獸皮及結草爲衣雖鄉親中表莫得見焉徵辟一無所就後家人至石室尋求因復遠徙違避徵聘遁跡幽深卒於巖石間

雷次宗字仲倫豫章南昌人也少入廬山事沙門釋慧遠篤志好學尤明三禮毛詩隱退不受徵辟宋元嘉十五年徵至都開館於鷄籠山聚徒教授置生百餘人會稽朱膺之潁川庾蔚之並以儒學總監諸生時國子學未立上留意藝文使丹陽尹何尚之立玄學太子率更令何承天立史學司徒參軍謝元立文學凡四學並建車駕數至次宗館資給甚厚久之還廬山公卿以下並設祖道後又徵詣都爲築室於鍾山西巖下謂之招隱館使爲皇太子諸王講喪服經次宗不入公門乃使自華林東門入延賢堂就業二十五年卒于鍾山子肅之頗傳其業

郭希林武昌人也曾祖翻晉世高尚不仕希林少守家業徵召一無所就卒子蒙亦隱居不仕

劉凝之字隱安小名長生南郡枝江人也父期公衡陽太守兄盛公高尚不仕凝之慕老萊嚴子陵爲人推家財與弟及兄子立屋於野外非其力不食州里重其行辟召一無所就妻梁州刺史郭銓女也遣送豐麗凝之悉散之屬親妻亦能不慕榮華與凝之共居儉苦夫妻共乘蒲笨車出市買易周用之外輒以施人爲村里所誣一年三輸公調求輒與之又嘗認其所著屐笑曰僕著已敗今家中覓新者備君此人後田中得所失屐送還不肯復取臨川王義慶衡陽王義季鎮江陵並遣使存問凝之答書曰頓首稱僕不爲百姓禮人或譏焉凝之曰昔老萊向楚王稱僕嚴陵亦抗禮光武未聞巢許稱臣堯舜時戴顒與衡陽王義季書亦稱僕荆州年饑義季慮凝之餒斃餉錢十萬凝之大喜將錢至市門觀有飢色者悉分與之俄頃立盡性好山水一旦攜妻子泛江湖隱居衡山之陽登高嶺絕人迹爲小屋居之採藥服食妻子皆從其志卒年五十九

龔祈字盖道武陵漢壽人也從祖玄之父黎人並不應徵辟祈風姿端雅容止可觀中書郎范述見之歎曰此荆楚之僊人也自少及長徵辟一無所就時或賦詩而言不及世事卒年四十二

朱百年會稽山陰人也祖凱之晉左衞將軍父濤揚州主簿百年少有高情親亡服闋攜妻孔氏入會稽南山伐樵採若爲業以樵若置道頭輒爲行人所取明旦已復如此人稍怪之積久方知是朱隱士所賣須者隨其所堪多少留錢取樵若而去或遇寒雪樵若不售無以自資輒自榜船送妻還孔氏天晴迎之有時出山陰爲妻買繒采五三尺好飲酒遇醉或失之頗言玄理時爲詩詠往往有高勝之言隱迹避人唯與同縣孔顗友善顗亦嗜酒相得輒酣對盡歡百年室家素貧母以冬月亡衣並無絮自此不衣緜帛嘗寒時就顗宿衣悉裌布飲酒醉眠顗以臥具覆之百年不覺也既覺引臥具去體謂顗曰緜定奇溫因流涕悲慟顗亦爲之傷感除太子舍人不就顏竣爲東陽州發教餉百年穀五百斛不受時山陰又有寒人姚吟亦有高趣爲衣冠所重竣餉吟米二百斛吟亦辭之百年卒山中蔡興宗爲會稽太守餉百年妻米百斛百年妻遣婢詣郡門奉辭固讓時人美之以比梁鴻妻

關康之字伯愉河東楊人也世居京口寓居南平昌少而篤學姿狀豐偉下邳趙繹以文義見稱康之與友善特進顏延之等當時名士十許人入山候之見其散髮被黃布帊席松葉枕一塊白石而臥了不相盼延之等咨嗟而退不敢干也晉陵顧悅之難王弼易義四十餘條康之申王難顧遠有情理又爲毛詩義經籍疑滯多所論釋嘗就沙門支僧納學算妙盡其能徵辟一無所就棄絕人事守志閑居弟雙之爲臧質車騎參軍與質俱下至赭圻病卒瘞於水濱康之時得病小差牽以迎喪因得虛勞病寢頓二十餘年時有閒日輒臥論文義宋孝武即位遣大使巡行天下使反薦康之宜加徵聘不見省康之性清約獨處一室希與妻子相見不通賓客弟子以業傳受尤善左氏春秋齊高帝爲領軍時素好此學送本與康之康之手自點定又造禮論十卷高帝絕賞愛之及崩遺詔以入玄宮康之以宋明帝太始初與平原明僧紹俱徵辭以疾時又有河南辛普明東陽樓惠明皆以篤行聞普明字文達少就康之受業至性過人居貧與兄共處一帳兄亡仍帳施靈蚊甚多通夕不得寢而終不道侵螫僑居會稽會稽士子高其行當葬兄皆送金爲贈後至者不復受人問其故答曰本以兄墓不周故不逆親友之意今寔已足豈可利亡者餘贈邪齊豫章王嶷爲揚州徵爲議曹從事不就惠明字智遠立性貞固有道術居金華山舊多毒害自惠明居之無復辛螫之苦藏名匿迹人莫之知宋明帝召不至齊高帝徵又不至文惠太子在東宮苦延方至仍又辭歸俄自金華輕棹西下及就路回之豊安旬日之間唐寓之祆賊入城塗地唯豊安獨全時人以爲有先覺齊武帝敕爲立館

漁父者不知姓名亦不知何許人也太康孫緬爲尋陽太守落日逍遙渚際見一輕舟陵波隱顯俄而漁父至神韻蕭灑垂綸長嘯緬甚異之乃問有魚賣乎漁父笑而答曰其釣非釣寧賣魚者邪緬益怪焉遂褰裳涉水謂曰竊觀先生有道者也終朝鼓枻良亦勞止吾聞黃金白璧重利也駟馬高蓋榮勢也今方王道文明守在海外隱鱗之士靡然向風子胡不贊緝熙之美何晦用其若是也漁父曰僕山海狂人不達世務未辯賤貧無論榮貴乃歌曰竹竿籊籊河水滺滺相忘爲樂貪餌吞鉤非夷非惠聊以忘憂於是悠然鼓棹而去緬字伯緒太子僕興曾之子也有學義宋明帝甚知之位尚書左丞東中郎司馬

褚伯玉字元璩吳郡錢唐人也高祖含始平太守父逷征虜參軍伯玉少有隱操寡慾年十八父爲之昏婦入前門伯玉從後門出遂往剡居瀑布山性耐寒暑時人比之王仲都在山三十餘年隔絕人物王僧達爲吳郡苦禮致之伯玉不得已停郡信宿纔交數言而退寧朔將軍丘珍孫與僧達書曰聞褚先生出居貴館此子滅景雲棲不事王侯抗高木食有年載矣自非折節好賢何以致之昔文舉棲冶城安道入昌門於茲而三焉却粒之士飡霞之人乃可暫致不宜久羈君當思遂其高步成其羽化望其還策之日暫紆清塵亦願助爲譬說僧達答曰褚先生從白雲游舊矣古之逸人或留慮兒女或使華陰成市而此子索然唯朋松石介於孤峯絕嶺者積數十載近故要其來此冀慰日夜比談討芝桂借訪荔蘿若已窺煙液臨滄洲矣知君欲見之輒當申譬宋孝建二年散騎常侍樂詢行風俗表薦伯玉加徵聘本州議曹從事不就齊高帝即位手詔吳會二郡以禮迎遣又辭疾上不欲違其志敕於剡白石山立太平館居之建元元年卒年八十六伯玉常居一樓上仍葬樓所孔珪從其受道法爲於館側立碑

顧歡字景怡一字玄平吳興鹽官人也家世寒賤父祖並爲農夫歡獨好學年六七歲知推六甲家貧父使田中驅雀歡作黃雀賦而歸雀食稻過半父怒欲撻之見賦乃止鄉中有學舍歡貧無以受業於舍壁後倚聽無遺忘者夕則然糠自照及長篤志不倦聞吳興東遷邵玄之能傳五經文句假爲書師從之受業同郡顧顗之臨縣見而異之遣諸子與游及孫憲之並受經焉年二十餘更從豫章雷次宗諮玄儒諸義母亡水漿不入口六七日廬于墓次遂隱不仕於剡天台山開館聚徒受業者常近百人歡早孤讀詩至哀哀父母輒執書慟泣由是受學者廢蓼莪篇不復講焉晚節服食不與人通每旦出戶山鳥集其掌取食好黃老通解陰陽書爲數術多効驗初以元嘉中出都寄住東府忽題柱云三十年二月二十一日因東歸後元凶弒逆是其年月日也弟子鮑靈綬門前有一株樹大十餘圍上有精魅數見影歡印樹樹即枯死山陰白石村多邪病村人告訴求哀歡往村中爲講老子規地作獄有頃見狐狸黿鼉自入獄中者甚多即命殺之病者皆愈又有病邪者問歡歡曰家有何書答曰唯有孝經而已歡曰可取仲尼居置病人枕邊恭敬之自差也而後病者果愈後人問其故答曰善禳惡正勝邪此病者所以差也齊高帝輔政徵爲揚州主簿及踐阼乃至稱山谷臣顧歡上表進政綱一卷時員外郎劉思効表陳讜言優詔並稱美之歡東歸上賜麈尾素琴永明元年詔徵爲太學博士同郡顧黯爲散騎侍郎黯字長孺有隱操與歡不就徵會稽孔珪嘗登嶺尋歡共談四本歡曰蘭石危而密宣國安而疎士季似而非公深謬而是總而言之其失則同曲而辯之其塗則異何者同昧其本而競談其末猶未識辰緯而意斷南北羣迷暗爭失得無準情長則申意短則屈所以四本並通莫能相塞夫中理唯一豈容有二四本無正失中故也於是著三名論以正之尚書劉澄臨川王常侍朱廣之並立論難與之往復而廣之才理尤精詣也廣之字處深吳郡錢塘人也善清言初歡以佛道二家教異學者互相非毀乃著夷夏論曰夫辯是與非宜據聖典道經云老子入關之天竺維衞國國王夫人名曰淨妙老子因其晝寢乘日精入淨妙口中後年四月八日夜半時剖右腋而生墜地即行七步於是佛道興焉此出玄妙內篇佛經云釋迦成佛有塵劫之數出法華無量壽或爲國師道士儒林之宗出瑞應本起歡論之曰五帝三皇不聞有佛國師

道士無過老莊儒林之宗孰出周孔若孔老非聖誰則當之然二經所說如合符契道則佛也佛則道也其聖則符其跡則反或和光以明近或曜靈以示遠道濟天下故無方而不入智周萬物故無物而不爲其入不同其爲必異各成其性不易其事是以端委搢紳諸華之容剪髮曠衣羣夷之服擎跽磬折侯甸之恭狐蹲狗踞荒流之肅棺殯槨葬中夏之風火焚水沉西戎之俗全形守禮繼善之教毀貌易性絕惡之學豈伊同人爰及異物鳥王獸長往往是佛無窮世界聖人代興或昭五典或布三乘在鳥而鳥鳴在獸而獸吼教華而華言化夷而夷語耳雖舟車均於致遠而有川陸之節佛道齊乎達化而有夷夏之別若謂其致既均其法可換者而車可涉川舟可行陸乎今以中夏之性效西戎之法既不全同又不全異下育妻孥上絕宗祀嗜欲之物皆以禮伸孝敬之典獨以法屈悖禮犯順曾莫之覺弱喪忘歸孰識其舊且理之可貴者道也事之可賤者俗也捨華效夷義將安取若以道邪道固符合矣若以俗邪俗則大乖矣屢見刻舷沙門守株道士交諍小大互相彈射或域道以爲兩或混俗以爲一是牽異以爲同破同以爲異則乖爭之由淆亂之本也尋聖道雖同而法有左右始乎無端終乎無末泥洹仙化各是一術佛號正眞道稱正一一歸無死眞會無生在名則反在實則合但無生之教賒無死之化切切法可以進謙弱賒法可以退夸強佛教文而博道教質而精精非麤人所信博非精人所能佛言華而引道言實而抑抑則明者獨進引則昧者競前佛經繁而顯道經簡而幽幽則妙門難見顯則正路易遵此二法之辯也聖匠無心方圓有體器既殊用教亦易施佛是破惡之方道是興善之術興善則自然爲高破惡則勇猛爲貴佛跡光大宜以化物道跡密微利用爲己優劣之分大略在茲夫蹲夷之儀婁羅之辯各出彼俗自相聆解猶蟲躍鳥聒何足述效歡雖同二法而意黨道教宋司徒袁粲託爲道人通公駁之其略曰白日停光恒星隱照誕降之應事在老先似非入關方昭斯瑞又西域之記佛經之說俗以膝行爲禮不慕蹲坐爲恭道以三遶爲虔不尚踞傲爲肅豈專戎土爰亦茲方襄童謁帝膝行而進趙王見周三環而止今佛法垂化或因或革清信之士容衣不改息心之人服貌必變變本從道不遵彼俗俗風自殊無患其亂孔老釋迦其人或同觀方設教其道必異孔老敎俗爲本釋氏出世爲宗發軫既殊其歸亦異又仙化以變形爲上泥洹以陶神爲先變形者白首還緇而未能無死陶神者使塵惑日損湛然常存泥洹之道無死之地乖詭若此何謂其同歡答曰案道經之作著自西周佛經之來始乎東漢年踰八百代懸數十若謂黃老雖久而濫在釋前是呂尚盜陳恒之齊劉季竊王莽之漢也又夷俗長跽法與華異翹左跂右全是蹲踞故周公禁之於前仲尼誡之於後又佛起於戎豈非戎俗素惡邪道出於華豈非華風本善邪今華風既變惡同戎狄佛來破之良有以矣佛道實貴故戒業可遵戎俗實賤故言貌可棄今諸華士女氏族弗革而露首偏踞濫用夷禮又若觀風流敎其道必異佛非東華之道道非西夷之法魚鳥異川永不相關安得老釋二教交行八表今佛既東流道亦西邁故知俗有精麤教有文質然則道教執本以領末佛教救末以存本請問所歸異在何許若以翦落爲異則胥靡翦落矣若以立像爲異則俗巫立像矣此非所歸歸在常住常住之象常道孰異神仙有死權便之說神仙是大化之總稱非窮妙之至名至名無名其有名者二十七品仙變成眞眞變成神或謂之聖各有九品品極則入空寂無爲無名若服食茹芝延壽萬億壽盡則死藥極則枯此修考之士非神仙之流也明僧紹正二教論以爲佛明其宗老全其生守生者蔽明宗者通今道家稱長生不死名補天曹大乖老莊立言本理文惠太子竟陵王子良並好釋法吳興孟景翼爲道士太子召入玄圃衆僧大會子良使景翼禮佛景翼不肯子良送十地經與之景翼造正一論大略曰寶積云佛以一音廣說法老子云聖人抱一以爲天下式一之爲妙空玄絕於有境神化贍於無窮爲萬物而無爲處一數而無數莫之能名強號爲一在佛曰實相在道曰玄牝道之大象卽佛之法身以不守之守守法身以不執之執執大象但物有八萬四千行說有八萬四千法法乃至於無數行亦達於無央等級隨緣須導歸一歸一曰回向向正卽無邪邪觀既遣億善日新三五四六隨用而施獨立不改絕學無憂曠劫諸聖共遵斯一老釋未始於嘗分迷者分之而未合億善偏修修偏成聖雖十號千稱終不能盡終不能盡豈可思議司徒從事中郎張融作門律云道之與佛逗極無二吾見道士與道人戰儒墨道人與道士辨是非昔有鴻飛天首積遠難亮越人以爲鳧楚人以爲乙人自楚越鴻常一耳以示太子僕周顒顒難之曰虛無法性其寂雖同位寂之方其旨則別論所謂逗極無二者爲逗極於虛無當無二於法性邪足下所宗之本一物爲鴻乙耳驅馳佛道無免二末未知高鑒緣何識本輕而宗之其有旨乎往復文多不載歡口不辯善於著論又注王弼易二繫學者傳之知將終賦詩言志曰五塗無恒宅三清有常舍精氣因天行游魂隨物化鵬鷃適大海蜩鳩之桑柘達生任去留善死均日夜委命安所乘何方不可駕翹心企前覺融然從此謝自剋死日自擇葬時卒於剡山時年六十四身體香軟道家謂之尸解仙化焉還葬舊墓木連理出墓側縣令江山圖表狀武帝詔歡諸子撰歡文議三十卷又始興人盧度字孝章亦有道術少隨張永北侵魏永敗魏人追急阻淮水不得過度心誓曰若得免死從今不復殺生須臾見兩楯流來接之得過然後隱居廬陵西昌三顧山鳥獸隨之夜有鹿觸其壁度曰汝壞我壁鹿應聲去屋前有池養魚皆名呼之次第來取食乃去逆知死年月與親友別永明末以壽終

杜京產字景齊吳郡錢塘人也祖運劉毅衛軍參軍父道鞠州從事善彈棊京產少恬靜閉意榮宦頗涉文義專修黃老會稽孔顗清剛有峻節一見而爲款交郡命主簿州辟從事稱疾去與同郡顧歡同契始寧東山開舍授學齊建元中武陵王曄爲會稽齊高帝遣儒士劉瓛入東爲曄講瓛故往與之游曰杜生當今之臺尚也京產請瓛至山舍講書傾資供待子栖躬自屣履爲瓛生徒下食孔珪周顒謝瀹並致書以通殷勤永明十年珪及光祿大夫陸澄祠部尚書虞悰太子右率沈約司徒右長史張融表薦京產徵爲奉朝請不至於會稽日門山聚徒教授建武初徵員外散騎侍郎京產曰莊生持釣豈爲白璧所回辭疾不就卒會稽山陰人孔道徵守志業不仕與京產友善道徵父祐至行通神隱於四明山嘗見山谷中有數百斛錢視之如瓦石不異採樵者競取入手卽成沙礫曾有鹿中箭來投祐祐爲之養創愈然後去太守王僧虔與張緒書曰孔祐敬康曾孫也行動幽祇德標松桂引爲主簿遂不可屈此古之遺德也道徵少厲高行能世其家風隱居南山終身不窺都邑豫章王嶷爲揚州辟西曹書佐不至鄉里宗慕之道徵兄子總有操行遇飢寒不可得衣食縣令吳興丘仲孚薦之除竟陵王侍郎竟不至永明中會稽鍾山有人姓蔡不知名隱山中養鼠數千頭呼來卽來遣去卽去言語狂易時謂之謫仙不知所終京產高祖子恭以來及子栖世傳五斗米道不替栖字孟山善清言能彈琴刺史齊豫章王嶷聞其名辟議曹從事仍轉西曹書佐竟陵王子良數致禮接國子祭酒何胤掌禮又重栖以爲學士掌昏冠儀以父老歸養栖肥白長壯及京產病旬日間便皮骨自支京產亡水漿不入口七日晨夜不罷哭不食鹽菜每營買祭奠身自看視號泣不自持朔望節歲絕而復續嘔血數升時何胤謝朏並隱東山遺書敦譬誡以毀滅至祥禫暮夢見其父慟哭而絕初胤兄點見栖歎曰卿風韻如此雖獲嘉譽不永年矣卒時年三十六當時咸嗟惜焉建武二年剡縣有小兒年八歲與母俱得赤班病母死家人以小兒猶惡不令其知小兒疑之問云母嘗數問我病昨來覺聲羸今不復問何也因自投下牀扶匐至母尸側頓絕而死鄉鄰告之縣令宗善才求表廬事竟不行

南史卷七十五考證

宗測傳荆州刺史隨王子隆至道别駕宗忻口致勞問○忻一本作昕

宗彧之傳宋元嘉初大使陸子眞觀採風俗○眞監本作貞今从閣本

沈道虔傳道虔常無食以立學徒武康令孔欣之厚相資給受業者咸得有成○監本脫者字今从閣本增入

孔淳之傳祖惔尚書祠部郎○惔一本作琰

闞康之傳河東楊人也○楊監本訛揚今改正

蛟甚多通夕不得寢而終不道侵螫○道監本訛間今改从閣本

顧歡傳司徒從事中郎張融作門律○融南本作融

南史卷七十六

唐 李延壽 撰

列傳第六十六

隱逸下

臧榮緒 吳苞 趙僧巖 蔡薈 孔嗣之
徐伯珍 婁幼瑜 沈麟士 阮孝緒
鄧郁 陶弘景 釋寶誌 諸葛璩
劉慧斐 兄慧鏡 慧鏡子曇淨 范元琰
庾詵 張孝秀 庾承先
馬樞

臧榮緒東莞莒人也祖奉先建陵令父庸人國子助教榮緒幼孤躬自灌園以供祭祀母喪後乃著嫡寢論掃灑堂宇置筵席朔望輒拜薦焉甘珍未嘗先食純篤好學括東西晉爲一書紀錄志傳百一十卷隱居京口教授齊高帝爲揚州刺史徵榮緒爲主簿不到建元中司徒褚彥回啓高帝稱述其美以置祕閣榮緒惇愛五經謂人曰昔呂尚奉丹書武王致齋降位李釋教誡並有禮敬之儀因甄明至道乃著拜五經序論常以宣尼庚子日生其日陳五經拜之自號披褐先生又以飲酒亂德言常爲誡永明六年卒初榮緒與關康之俱隱在京口時號爲二隱

吳苞字天蓋一字懷德濮陽鄄城人也儒學善三禮及老莊宋太始中過江聚徒教學冠黃葛巾竹麈尾蔬食二十餘年與劉瓛俱於褚彥回宅講授瓛講禮苞講論語孝經諸生朝聽瓛晚聽苞也齊隆昌元年徵爲太學博士不就始安王遙光及江祏徐孝嗣共爲立館於鍾山下教授朝士多到門焉當時稱其儒者自劉瓛以後聚徒講授唯苞一人而已以壽終時有趙僧巖蔡薈皆有景行慕苞爲人僧巖北海人寥廓無常人不能測與劉善明友善明爲青州欲舉爲秀才大驚拂衣而去後忽爲沙門棲遲山谷常以一壺自隨一旦謂弟子曰吾今夕當死壺中大錢一千以通九泉之路臘燭一挺以照七尺之尸至夜而亡時人以爲知命蔡薈字休明陳留人清抗不與俗人交李撝謂江斆曰古人稱安貧清白曰夷涅而不緇曰白至如蔡休明者可不謂之夷白乎又有魯國孔嗣之字敬伯宋時與齊高帝俱爲中書舍人並非所好自廬江郡守去官隱居鍾山朝廷以爲太中大夫卒

徐伯珍字文楚東陽太末人也祖父並郡掾史伯珍少孤貧學書無紙常以竹箭若葉甘蕉及地上學書山水暴出漂溺宅舍村鄰皆奔走伯珍累牀而坐誦書不輟叔父璠之與顏延之友善還祛蒙山立精舍講授伯珍往從學積十年究尋經史游學者多依之太守瑯邪王曇生吳郡張淹並加禮辟伯珍應召便退如此者凡十二焉徵士沈儼造膝談論申以素交吳郡顧歡擿出尚書滯義伯珍訓答甚有條理儒者宗之好釋氏老莊兼明道術歲嘗旱伯珍筮之如期而雨舉動有禮過曲木之下趨而避之早喪妻晚不復重娶自比曾參宅南九里有高山班固謂之九巖山後漢龍丘萇隱處也山多龍鬚檉柏望之五采世呼爲婦人巖二年伯珍移居之階戶之間木生皆連理門前生梓樹一年便合抱館東石壁夜忽有赤光洞然俄爾而滅白雀一雙棲其戶牖論者以爲隱德之感焉刺史豫章王辟議曹從事不就家甚貧窶弟兄四人皆白首相對時人呼爲四皓建武四年卒年八十四受業生凡千餘人伯珍同郡婁幼瑜字季亦聚徒教授不應徵辟彌爲臨川王暎所賞異著禮捃拾三十卷

沈麟士字雲禎吳興武康人也祖膺期晉太中大夫父虔之宋樂安令麟士幼而俊敏年七歲聽叔父岳言玄賓散言無所遺失岳撫其肩曰若斯文不絕其在爾乎及長博通經史有高尚之心親亡居喪盡禮服闋忌日輒流涙彌旬居貧織簾誦書口手不息鄉里號爲織簾先生嘗爲人作竹誤傷手便流涙而還同作者謂曰此不足損何至涕零答曰此本不痛但遺體毀傷感而悲耳嘗行路鄰人認其所著屐麟士曰是卿屐邪即跣而反鄰人得屐送前者還之麟士曰非卿屐邪笑而受之宋元嘉末文帝令僕射何尚之抄撰五經訪舉學士縣以麟士應選不得已至都尚之深相接及至尚之謂子偃曰山藪故多奇士沈麟士黃叔度之流也豈可澄清淆濁邪汝師之麟士嘗苦無書因游都下歷觀四部畢乃歎曰古人亦何人哉少時稱疾歸鄉不與人物通養孤兄子義著鄉曲或勸之仕答曰魚縣獸檻天下一契聖人玄悟所以每履吉先吾誠未能景行坐忘何爲不希企日損乃作玄散賦以絕世太守孔山士辟不應宗人徐州刺史曇慶侍中懷文左率勃來候之麟士未嘗答也隱居餘干吳差山講經教授從學士數十百人各營屋宇依止其側時爲之語曰差山中有賢士開門教授居成市麟士重陸機連珠每爲諸生講之征北張永爲吳興請麟士入郡麟士聞郡後堂有好山水即戴安道游吳興因古墓爲山池也欲一觀之乃往停數月永欲請爲功曹麟士曰明府德履冲素留心山谷是以被褐負杖忘其疲病必欲飾混沌以蛾眉冠越客於文冕走雖不敏請附高卿有蹈東海死耳不忍受此黥劓永乃止昇明末太守王奐永明中中書郎沈約並表薦之徵皆不就乃與約書曰名者實之賓本所不庶中央無心空勤南北爲惠反凶將在於斯麟士無所營求以篤學爲務恒憑素几鼓素琴不爲新聲負薪汲水并日而食守操終老讀書不倦遭火燒書數千卷年過八十耳目猶聰明以反故抄寫火下細書復成二三千卷滿數十篋時人以爲養身靜嘿所致製黑蝶賦以寄意著周易兩繫莊子內篇訓註易經禮記春秋尚書論語孝經喪服老子要略數十卷梁天監元年與何點同徵又不就二年卒於家年八十五以楊王孫皇甫謐深達生死而終禮矯俗乃自爲終制遺令氣絕剔被取三幅布以覆屍及斂仍移布於屍下以爲斂服反被左右兩際以周上不復製覆被不須沐浴唅珠以米裴衫先着褌凡二服上加單衣幅巾履枕棺中唯此依士安用孝經既殯不復立靈座四節及祥權鋪席於地以設玄酒之奠人家相承漆棺今不復爾亦不須旐成服後即葬作冢令小後祔更作小冢於濱合葬非古也冢不須聚土成墳使上與地平王祥終制亦爾葬不須轜車靈舫魌頭也不得朝夕下食祭奠之法至于葬唯清水一盃子彝奉而行之州鄉皆稱歎焉

阮孝緒字士宗陳留尉氏人也父彥之宋太尉從事中郎以清幹流譽孝緒七歲出繼從伯胤之胤之母周氏卒遺財百餘萬應歸孝緒孝緒一無所納盡以歸胤之姊瑯邪王晏之母聞者咸歎異之乳人憐其傳重辛苦輒竊玉羊金獸等物與之孝緒見而駭愕啓彥之送還王氏幼至孝性沉靜雖與童兒游戲恒以穿池築山爲樂年十三徧通五經十五冠而見其父彥之彥之誡曰三加彌尊人倫之始宜思自勗以庇爾躬答曰願迹松子於瀛海追許由於穹谷庶保促生以免塵累自是屏居一室非定省未嘗出戶家人莫見其面親友因呼爲居士年十六父喪不服縣纊雖蔬菜有味亦吐之外兄王晏貴顯屢至其門孝緒度之必至顛覆聞其笳管穿籬逃匿不與相見曾食醬美問之云是王家所得便吐餐覆醬及晏誅親戚咸爲之懼孝緒曰親而不黨何坐之及竟獲免梁武起兵圍建鄴家貧無以爨僮妾竊鄰人墓樵以繼火孝緒知之乃不食更令撤屋而炊所居以一鹿牀爲精舍以樹環繞天監初御史中丞任昉尋其兄履之欲造而不敢望而歎曰其室雖邇其人甚遠其爲名流所欽尚如此自是欽慕風譽者莫不懷刺斂衽望塵而息殷芸欲贈以詩昉曰趣舍既異何必相干芸乃止唯與比部郎裴子野交子野薦之尚書徐勉言其年十餘歲隨父爲湘州行事不書官紙以成親之清白論其志行粗類管幼安以采章如似皇甫謐天監十二年詔公卿舉士祕書監傅照上疏薦之與吳郡范元琰俱徵並不到陳郡袁峻謂曰往者天地閉賢人隱今世路已清而子猶遁可乎答曰昔周德雖興夷齊不厭薇蕨漢道方盛黃綺無悶山林爲仁由己何關人世況僕非往賢之類邪初謝朏及伏暅應徵天子以爲隱者苟立虛名以要顯譽故孝緒與何胤並得遂其高志後於鍾山聽講母王氏忽有疾兄弟欲召之母曰孝緒至性冥通必當自到果心驚而反鄰里嗟異之合藥須得生人蔘舊傳鍾山所出孝緒躬歷幽險累日不逢忽見一鹿前行孝緒感而隨後至一所遂滅就視果獲此草母得服之遂愈時皆言其孝感所致有善筮者張有道曰見子隱迹而心難明自非考之蓍龜無以驗也及布卦既揲五爻曰此將爲咸應感之法非嘉遁之兆孝緒曰安知後爻不爲上九果成遁卦有道歎曰此所謂肥遁無不利象實應德心迹并也孝緒曰雖獲遁卦而上九爻不發升遐之道便當高謝許生乃著高隱傳上自炎皇終于天監末斟酌分爲三品言行超逸名氏弗傳爲上篇始終不耗姓名可錄爲中篇挂冠人世栖心塵表爲下篇湘東王著忠臣傳集釋氏碑銘丹陽尹錄研神記並先簡孝緒而後施行南平元襄王聞其名致書要之不赴曰非志驕富貴但性畏廟堂若使麏麚可駭何以異夫驥騄初建武末青溪宮東門無故自崩大風拔東宮門外楊樹或以問孝緒孝緒曰青溪皇家舊宅齊爲木行東爲木位今東門自壞木其衰矣武帝禁畜讖緯孝緒兼有其書或勸藏之答曰昔劉德重淮南祕要適爲更生之禍杜瓊所謂不如不知此言美矣客有求之答曰已所不欲豈可嫁禍於人乃焚之鄱陽忠烈王妃孝緒姊也王嘗命駕欲就之游孝緒鑿垣而逃卒不肯見王恨然歎息王諸子篤渭陽之情歲時之貢無所受納未嘗相見竟不之識或問其故孝緒曰我本素賤不應爲王侯姻戚邂逅所逢豈關始願劉歊曾以米饋之孝緒不納歊亦棄之末年以蔬食斷酒其恒供養石像先有損壞心欲補之磬心敬禮經一夜忽然完復衆並異之大同二年正月孝緒自筮卦吾壽與劉著作同年及劉杳卒孝緒曰劉侯逝矣吾其幾何其年十月卒年五十八梁簡文在東宮隆恩厚贈子恕等述先志不受顧協以爲恩異常均議令恭受門徒追論德行謚曰文貞處士所著七錄削繁等一百八十一卷並行於世初孝緒所撰高隱傳中篇所載一百三十七人劉歊劉訏覽其書曰昔嵇康所贊缺一自擬今四十之數將待吾等成邪對曰所謂苟君雖少後事當付鍾君若素車白馬之日輒獲麟於二子歊訏果卒乃益二傳及孝緒亡訏兄絜錄其所遺行次篇末成絕筆之意云

南嶽鄧先生名郁荊州建平人也少而不仕隱居衡山

極峻之嶺立小板屋兩間足不下山斷穀三十餘載唯以澗水服雲母屑日夜誦大洞經梁武帝敬信殊篤爲帝合丹帝不敢服起五嶽樓貯之供養道家吉日躬往禮拜白日神仙魏夫人忽來臨降乘雲而至從少嫗三十並著絳紫羅繡袿襹年皆可十七八許色豔桃李質勝瓊瑤言語良久謂郁日君有仙分所以故來尋當相候至天監十四年忽見二青鳥悉如鶴大鼓翼鳴舞移晷方去謂弟子等曰求之甚勞得之甚逸近青鳥旣來期會至矣少日無病而終山內唯聞香氣世未嘗有武帝後令周捨爲鄧立傳具序其事

陶弘景字通明丹陽秣陵人也祖隆王府參軍父貞孝昌令初弘景母郝氏夢兩天人手執香鑪來至其所已而有娠以宋孝建三年丙申歲夏至日生幼有異操年四五歲恒以荻爲筆畫灰中學書至十歲得葛洪神仙傳晝夜研尋便有養生之志謂人曰仰青雲覩白日不覺爲遠矣父爲妾所害弘景終身不娶及長身長七尺七寸神儀明秀朗目疎眉細形長額聳耳耳孔各有十餘毛出外二寸許右膝有數十黑子作七星文讀書萬餘卷一事不知以爲深恥善琴碁工草隸未弱冠齊高帝作相引爲諸王侍讀除奉朝請雖在朱門閉影不交外物唯以披閱爲務朝儀故事多所取焉家貧求宰縣不遂永明十年脫朝服挂神虎門上表辭祿詔許之賜以東帛敕所在月給伏苓五斤白蜜二升以供服餌及發公卿祖之征虜亭供帳甚盛車馬填咽咸云宋齊以來未有斯事於是止于句容之句曲山恒曰此山下是第八洞宮名金陵華陽之天周回一百五十里昔漢有咸陽三茅君得道來掌此山故謂之茅山乃中山立館自號華陽陶隱居人間書札即以隱居代名始從東陽孫游嶽受符圖經法徧歷名山尋訪仙藥身旣輕捷性愛山水每經澗谷必坐臥其間吟詠盤桓不能已已謂門人曰吾見朱門廣廈雖識其華樂而無欲往之心望高巖瞰大澤知此難立止自恒欲就之且永明中求祿得輒差舛若不爾豈得爲今日之事豈唯身有仙相亦緣勢使之然沈約爲東陽郡守高其志節累書要之不至弘景爲人員通謙謹出處冥會心如明鏡遇物便了言無煩舛有亦隨覺永元初更築三層樓弘景處其上弟子居其中賓客至其下與物遂絕唯一家僮得至其所本便馬善射晚皆不爲唯聽吹笙而已特愛松風庭院皆植松每聞其響欣然爲樂有時獨游泉石望見者以爲仙人性好著述尚奇異顧惜光景老而彌篤尤明陰陽五行風角星算山川地理方圓產物醫術本草帝代年歷以算推知漢熹平三年丁丑冬至加時在日中而天實以乙亥冬至加時在夜半凡差三十八刻是漢歷後天二日十二刻也又以歷代皆取其先妣母后配饗地祇以爲神理宜然碩學通儒咸所不悟又常造渾天象高三尺許地居中央天轉而地不動以機動之悉與天相會云修道所須非止史官用是深慕張良爲人云古賢無比齊末爲歌曰水丑木爲梁字及梁武兵至新林遣弟子戴猛之假道奉表及聞議禪代弘景援引圖讖數處皆成梁字令弟子進之武帝旣早與之游及卽位後恩禮愈篤書問不絕冠蓋相望弘景旣得神符祕訣以爲神丹可成而苦無藥物帝給黃金朱砂曾青雄黃等後合飛丹色如霜雪服之體輕及帝服飛丹有驗益敬重之每得其書燒香虔受帝使造年歷至己巳歲而加朱點實太清三年也帝手敕招之錫以鹿皮巾後屢加禮聘並不出唯畫作兩牛一牛散放水草之間一牛著金籠頭有人執繩以杖驅之武帝笑曰此人無所不作欲敩曳尾之龜豈有可致之理國家每有吉凶征討大事無不前以諮詢月中常有數信時人謂爲山中宰相二宮及公王貴要參候相繼贈遺未嘗脫時多不納受縱留者卽作功德天監四年移居積金東澗弘景辟穀導引之法自隱處四十許年年逾八十而有壯容仙書云眼方者壽千歲弘景末年一眼有時而方曾夢佛授其菩提記云名爲勝力菩薩乃詣鄮縣阿育王塔自誓受五大戒後簡文臨南徐州欽其風素召至後堂以葛巾進見與談論數日而去簡文甚敬異之天監中獻丹於武帝中大通初又獻二丹其一名善勝一名成勝並爲佳寶無疾自知應逝逆尅亡日仍爲告逝詩大同二年卒時年八十五顏色不變屈申如常香氣累日氛氳滿山遺令旣沒不須沐浴不須施牀止兩重席於地因所著舊衣上加生裓裙及臂衣靺冠巾法服左肘錄鈴右肘藥鈴佩符絡左腋下繞腰穿環結於前釵符於髻上通以大袈裟覆衾蒙首足明器有車馬道人道士並在門中道人左道士右百日內夜常然燈旦常香火弟子遵而行之詔贈太中大夫謚曰貞白先生弘景妙解術數逆知梁祚覆沒預制詩云夷甫任散誕平叔坐論空豈悟昭陽殿遂作單于宮詩祕在篋裏化後門人方稍出之大同末人士競談玄理不習武事後侯景篡果在昭陽殿初弘景母夢青龍無尾自己升天弘景果不妻無子從兄以子松喬嗣所著學苑百卷孝經論語集注帝代年歷本草集注効驗方肘後百一方古今州郡記圖像集要及玉匱記七曜新舊術疏占候合丹法式共祕密不傳及撰而未訖又十部唯弟子得之

時有沙門釋寶誌者不知何許人有於宋太始中見之出入鍾山往來都邑年已五六十矣齊宋之交稍顯靈跡被髮徒跣語嘿不倫或被錦袍飲啖同於凡俗恒以鏡銅剪刀鑷屬挂杖負之而趍或徵索酒肴或累日不食預言未兆識他心智一日中分身易所遠近驚赴所居噂喈齊武帝忿其惑衆收付建康獄旦日咸見游行市里旣而檢校猶在獄中其夜又語獄吏門外有兩輿食金鉢盛飯汝可取之果是文惠太子及竟陵王子良所供養縣令呂文顯以啓武帝帝乃迎入華林園少時忽重著三布帽亦不知於何得之俄而武帝崩文惠太子豫章文獻王相繼薨齊亦於此季矣靈味寺沙門釋寶亮欲以納被遺之未及有言寶誌忽來牽被而去蔡仲熊嘗問仕何所至了自不答直解杖頭左索繩擲與之莫之解仲熊至尚書左丞方知言驗永明中住東宮後堂從平旦門中出入末年忽云門上血汚衣褰裳走過至鬱林見害果以犢車載屍出自此門舍故閹人徐龍駒宅而帝頸血流於門限焉梁武帝尤深敬事嘗問年祚遠近答曰元嘉元嘉帝欣然以爲享祚倍宋文之年雖剃鬚髮而常冠下君帽納袍故俗呼爲誌公好爲讖記所謂誌公符是也高麗聞之遣使齎綿帽供養天監十三年卒將死忽移寺金剛像出置戶外語人云菩薩當去旬日無疾而終先是琅邪王筠至莊嚴寺寶誌遇之與交言歡飲至亡敕命筠爲碑蓋先覺也

諸葛璩字幼玫琅邪陽都人也世居京口璩幼事徵士關康之博涉經史復師徵士臧榮緒榮緒著晉書稱璩有發擿之功方之壺遂齊建武初南徐州行事江祀薦璩於明帝言璩安貧守道悅禮敦詩如其簡退可揚清厲俗請辟爲議曹從事帝許之璩辭不赴陳郡謝朓爲東海太守下教揚其風槩餉穀百斛梁天監中舉秀才不就璩性勤於誨誘後生就學者日至居宅狹陋無以容之太守張友爲起講舍璩處身清正妻子不見喜慍之色旦夕孜孜講誦不輟時人益以此宗之卒於家璩所著文章二十卷門人劉曒集而錄之

劉慧斐字宣文彭城人也父元直淮南太守慧斐少博學能屬文起家梁安成王法曹行參軍嘗還都途經尋陽游於匡山過處士張孝秀相得甚歡遂有終焉之志因不仕居東林寺又於山北構園一所號曰離垢園時人仍謂爲離垢先生慧斐尤明釋典工篆隸在山手寫佛經二千餘卷常所誦者百餘卷晝夜行道孜孜不怠遠近欽慕之簡文臨江州遺以几杖論者云自遠法師沒後將二百年始有張劉之盛矣元帝及武陵王等書問不絕大同三年卒慧斐兄慧鏡安成內史初元直居郡得罪慧鏡歷詣朝士乞哀懇惻甚至遂以孝聞子曇淨字元光篤行有父風解褐安成王國左常侍父卒於郡曇淨奔喪不食飲者累日絕而又蘇每哭輒嘔血服闋因毀成疾會有詔士姓各舉四科曇淨叔父慧斐舉以應孝行武帝用爲海寧令曇淨又以兄未爲縣因以讓兄乃除安西行參軍父亡後事母尤淳至身營飧粥不以委人母疾衣不解帶及母亡水漿不入口者殆一旬母喪權瘞藥王寺時天寒曇淨身衣單布衣廬於瘞所晝夜哭臨不絕聲哀感行路未期而卒

范元琰字伯珪一字長玉吳郡錢塘人也祖悅之太學博士徵不至父靈瑜居父憂以毀卒元琰時童孺哀慕盡禮親黨異之及長好學博通經史兼精佛義然謙敬不以所長驕人祖母患癰恒自含吮與人言常恐傷物居家不出城市雖獨居如對賓客見者莫不改容憚之家貧唯以園蔬爲業嘗出行見人盜其菘元琰遽退走母問其故具以實答母問盜者爲誰答曰向所以退畏其愧恥今啓其名願不泄也於是母子祕之或有涉溝盜其筍者元琰因伐木爲橋以度之自是盜者大慙一鄉無復草竊齊建武初徵爲曹虎平西參軍不至于時始安王遙光爲揚州謂徐孝嗣曰曹虎參軍豈是禮賢之職欲以西曹書佐聘之會遙光敗不果時人以爲恨沛國劉瓛深加器異嘗表稱之天監九年縣令管慧辯上言義行揚州刺史臨川王宏辟命不至卒于家

庾詵字彥寶新野人也幼聰警篤學經史百家無不該綜緯候書射碁筭機巧並一時之絕而性託夷簡特愛林泉十畝之宅山池居半蔬食弊衣不修產業遇火止出書數簣坐於池上有爲火來者答云唯恐損竹乘舟從沮中山舍還載米一百五十石有人寄載三十石及至宅寄載者曰君三十斛我百五十斛詵嘿然不言恣其取足鄰人有被執爲盜見劾妄款詵矜之乃以書質錢二萬令門生詐爲其親代之酬備鄰人獲免謝詵詵曰吾矜天下無辜豈期謝也梁武帝少與詵善及起兵署爲平西府記室參軍詵不屈平生少所游狎河東柳惲欲與交拒而弗納普通中詔以爲黃門侍郎稱疾不起晚年尤遵釋教宅內立道場環繞禮懺六時不輟

誦法華經每日一徧後夜中忽見一道人自稱願公容止甚異呼謂為上行先生授香而去中大通四年因寢忽驚覺曰願公復來不可久住顏色不變言終而亡年七十八舉室咸聞空中唱上行先生已生彌陁淨域矣武帝聞而下詔諡貞節處士以顯高烈謂所撰帝歷二十卷易林二十卷續伍端休江陵記一卷晉朝雜事五卷總抄八十卷行於世子曼倩字世華亦早有令譽元帝在荊州為中錄事每出帝常目送之謂劉之遴曰荊南信多君子後轉諮議參軍所著喪服儀文字體例老子義疏算經及七曜歷術并所製文章凡九十五卷子季才有學行承聖中位中書侍郎江陵平隨例入長安

張孝秀字文逸南陽宛人也從居尋陽曾祖須無祖僧監父希並別駕從事孝秀長六尺餘白皙美鬚眉仕州中從事史遇刺史陳伯之叛孝秀與州中士大夫謀襲之事覺逃於盆水側有商人寘諸褚中展轉入東林伯之得其母郭以蠟灌殺之孝秀遣妻妾入匡山修行學道服闋建安王召為別駕因去職歸山居于東林寺有田數十頃部曲數百人率以力田盡供山衆遠近歸慕赴之如市孝秀性通率不好浮華常冠穀皮巾躡蒲履手執并閭皮麈尾服寒食散盛冬臥於石上博涉羣書專精釋典僧有虧戒律者集衆佛前作羯磨而笞之多能改過善談論工隸書凡諸藝能莫不明習普通三年卒室中皆聞非常香梁簡文甚傷悼焉與劉慧斐書述其貞白云

庾承先字子通潁川鄢陵人也少沉靜有志操是非不涉於言喜慍不形於色人莫能窺也弱歲受學於南陽劉虯強記敏識出於羣輩玄經釋典靡不該悉九流七畧咸所精練辟功曹不就乃與道士王僧鎮同游衡岳晚以弟疾還鄉里遂居土臺山梁鄱陽忠烈王在州欽其風味要與游處令講老子遠近名僧咸來赴集論難鋒起異端競至承先徐相酬答皆得所未聞忠烈王尤所欽重中大通三年廬山劉慧斐至荊州承先與之有舊往從之荊峽學徒因請承先講老子湘東王親命駕臨聽論議終日留連月餘乃還山王親祖道并贈篇什隱者美之其年卒刺史厚有賵賻門人黃士龍讓曰先師平素食不求飽衣不求輕凡有贈遺皆無所受臨終之日誡約家門薄棺周形巾褐為斂雖蒙賚及不敢輕承教旨以違平生之操錢布輒付使反時論高之

馬樞字要理扶風郿人也祖靈慶齊竟陵王錄事參軍樞數歲而孤為其姑所養六歲能誦孝經論語老子及長博極經史尤善佛經及周易老子義梁邵陵王綸為南徐州刺史素聞其名引為學士綸時自講大品經令樞講維摩老子周易同日發題道俗聽者二千人王欲極觀優劣乃謂衆曰與馬學士論義必使屈服不得空立客主於是數家學者各起問端樞乃依次剖判開其宗旨然後枝分派別轉變無窮論者拱默聽受而已綸甚嘉之尋遇侯景之亂綸舉兵援臺乃留書二萬卷付樞樞肆志尋覽殆將周遍乃喟然歎曰吾聞貴爵位者以巢由為桎梏愛山林者以伊呂為管庫束名實則芻芥柱下之言翫清虛則糠粃席上之說稽之篤論亦各從其好也比求志之士望塗而息豈天之不惠高尚何山林之無聞甚乎乃隱于茅山有終焉之志陳天嘉元年文帝徵為度支尚書辭不應命時樞親故並居京口每秋冬之際時往游焉及鄱陽王為南徐州刺史欽其高尚鄙不能致乃卑辭厚意令使邀之樞固辭以疾門人勸請不得已乃行王別築室以處之樞惡其崇麗乃於竹林間自營茅茨而居每以王公餽餉辭不獲已者率十分受一樞少屬亂離凡所居處盜賊不入依託者常數百家目精洞黃能視闇中物有白鷰一雙巢其庭樹馴狎櫩廡時至几案春來秋去幾三十年太建十三年卒撰道覺論行于世

論曰夫獨往之人皆稟偏介之性不能摧志屈道借譽期通若使夫遇見信之主逢時來之運豈其放情江海取逸丘樊不得已而然故也且巖壑閑遠水石清華雖復崇門八襲高城萬雉莫不蓄壤開泉髣髴林澤故知松山桂渚非止素玩碧澗清潭翻成麗矚挂冕東都夫何難之有

南史卷七十六考證

臧榮緒傳自號披褐先生○披監本訛彼今改正

吳苞傳臘燭一挺○臘應作蠟今各本俱同仍之

沈驎士傳走雖不敏請附高卿有蹈東海死耳○卿一本作節

昇明末太守王奐永明中中書郎沈約並表薦之○並監本訛呈今改从南本

陶弘景傳梁武帝尤深敬事問年秭遠近○秭南本作數今从監本

南史卷七十七

唐　李　延　壽　撰

列傳第六十七

恩倖

戴法興（戴明寶）　徐爰　阮佃夫
紀僧真　劉係宗　茹法亮　呂文顯
茹法珍（梅蟲兒）　周石珍　陸驗（徐驎）
司馬申　施文慶　沈客卿　孔範

夫鮑魚芳蘭在於所習中人之性可以上下然則謀於管仲齊桓有邵陵之師遷於易牙小白掩陽門之扇夫以霸者一身且有洿隆之別況下於此胡可勝言者乎故古之哲王莫不斯愼自漢氏以來年且千祀而近習用事無乏於時莫不官由近親情因狎重至如中書所司掌在機務漢元以令僕用事魏明以監令專權在晉中朝常為重寄故公曾之歎恨於失職于時舍人之任位居九品江左置通事郎管司詔誥其後郎還為侍郎而舍人亦稱通事元帝用琅邪劉超以謹愼居職宋文世秋當周赳並出寒門孝武以來士庶雜選如東海鮑照以才學知名又用魯郡巢尚之江夏王義恭以為非選帝遣尚之送尚書四十餘牒宜敕論辯義恭乃歎曰人主誠知人及明帝世胡母顥阮佃夫之徒專為佞倖矣齊初亦用久勞及以親信關讞表啓發署詔敕頗涉辭翰者亦為詔文侍郎之局復見侵矣建武世詔命始不關中書專出舍人省內舍人四人所直四省其下有主書令史舊用武官宋改文吏人數無員莫非左右要密天下文簿板籍入副其省萬機嚴祕有如尚書外司領武官有制局監外監領器仗兵役亦用寒人爰及梁陳斯風未改其四代之被恩倖者今立以為篇以繼前史之作云爾

戴法興會稽山陰人也家貧父碩子以販紵為業法興二兄延壽延興並修立延壽善書法興好學山陰有陳戴者家富有錢三千萬鄉人或云戴碩子三兒敵陳戴三千萬錢法興少賣葛山陰市後為尚書倉部令史大將軍彭城王義康於尚書中覓了了令史得法興等五人以法興為記室令史義康敗仍為孝武征虜撫軍記室掾及徙江州仍補南中郎典籤帝於巴口建義法興與典籤戴明寶蔡閑俱轉參軍督護上即位並為南臺侍御史同兼中書通事舍人法興等專管內務權重當時孝建元年為南魯郡太守解舍人侍太子於東宮大明二年以南下預密謀封法興吳昌縣男明寶湘鄉縣男閑時已卒追加爵封法興轉太子旅賁中郎將孝武親覽朝政不任大臣而腹心耳目不得無所委寄法興頗知古今素見親待雖出侍東宮而意任隆密魯郡巢尚之人士之末元嘉中侍始興王濬讀書亦涉獵文史為上所知孝建初補東海國侍郎仍兼中書通事舍人凡選授遷轉誅賞大處分上皆與法興尚之參懷內外諸雜事多委明寶上性嚴暴睚眦之間動至罪戮尚之每臨事解釋多得全免殿省甚賴之而法興明寶大通人事多納貨賄凡所薦達言無不行天下輻湊門外成市家產並累千金明寶驕縱尤甚長子敬為揚州從事與上爭買御物六宮嘗出敬盛服騎馬於車左右馳驟去來上大怒賜敬死繫明寶尚方尋被原釋委任如初孝武崩前廢帝即位法興遷越騎校尉時太宰江夏王義恭錄尚書事任同總己而法興尚之執權日久威行內外義恭積相畏服至是懾憚尤甚廢帝未親萬機凡詔敕施為悉決法興之手尚書中事無大小專斷之顏師伯義恭守空名而已尚之甚聰敏時百姓欲為孝武立寺疑其名尚之應聲曰宜名天保詩云天保下報上也時服其機速廢帝年已漸長凶志轉成欲有所為法興每相禁制謂帝曰官所為如此欲作營陽邪帝意稍不能平所愛幸閹人華願兒有盛寵賜與金帛無算法興常加裁減願兒甚恨之帝嘗使願兒出入市里察聽風謠而道路之言謂法興為眞天子帝為贗天子願兒因此告帝曰外間云宮中有兩天子官是一人戴法興是一人官在深宮中人物不相接法興與太宰顏柳一體往來門客恒有數百內外士庶莫不畏服之法興是孝武左右復久在宮闈今將他人作一家深恐此坐席非復官許帝遂免法興官徙付遠郡尋於家賜死法興臨死封閉庫藏使家人謹錄鑰牡死一宿又殺其二子截法興棺焚之籍沒財物法興能為文章頗行於世死後帝敕巢尚之曰不謂法興積釁累愆遂至於此吾今自覽萬機卿等宜竭誠盡力尚之時為新安王子鸞撫軍中兵參軍淮陵太守乃解舍人轉為撫軍諮議參軍太守如故明帝初復以尚之兼中書通事舍人南清河太守累遷黃門侍郎出為新安太守病卒戴明寶南東海丹徒人亦歷員外散騎侍郎給事史孝武時帶南清河太守前廢帝即位權任悉歸法興而明寶輕矣明帝初天下反叛以明寶舊人屢經戎事復委任之後坐納貨賄繫尚方尋被宥位宣城太守昇明初老拜太中大夫病卒武陵國典書令董元嗣與法興明寶等俱為孝

武南中郎典籤元嘉三十年奉使還都會元凶弑立遣元嗣南還報上以徐湛之等反上時在巴口元嗣具言弑狀上遣元嗣下都奉表於劭既而上舉義兵劭詔責元嗣元嗣荅云始下未有反謀劭不信備加考掠不服遂死孝武事剋贈員外散騎侍郎使文士蘇寶生爲之誄焉大明中又有奚顯度者南東海郯人官至員外散騎侍郎孝武嘗使主領人功而苛虐無道動加捶撲暑雨寒雪不聽暫休人不堪命或自經死時建康縣考囚或用方材壓額及踝脛人間謠曰寧得建康壓額不能受奚度拍又相戲曰勿反顧付奚度其酷暴如此前廢帝嘗戲云顯度刻虐爲百姓疾比當除之左右因唱爾卽日宣殺焉時人比之孫晧殺岑昏

徐爰字長玉南琅邪開陽人也本名瑗後以與傅亮父同名亮啓改爲爰初爲晉琅邪王大司馬府中典軍從北征微密有意理爲武帝所知少帝在東宮入侍左右文帝初又見親任遂至殿中侍御史元嘉十二年轉南臺御史始興王濬後行參軍復侍太子於東宮遷員外散騎侍郎文帝每出軍常懸授兵略二十九年重遣王玄謨等北侵配爰五百人隨軍碻磝銜中旨臨時宣示孝武至新亭江夏王義恭南奔爰時在殿內詐劭追義恭因卽得南走時孝武將卽大位軍府造次不曉朝章爰素諳其事及至莫不喜悅以兼太常丞撰立儀注後兼尚書右丞遷左丞先是元嘉中使著作郎何承天草創國史孝武初又使奉朝請山謙之南臺御史蘇寶生踵成之孝建六年又以爰領著作郎使終其業爰雖因前作而專爲一家之書上表起元義熙爲王業之始載序宣力爲功臣之斷於是內外博議太宰江夏王義恭等二十五人同爰宜以義熙元年爲斷散騎常侍巴陵王休若尚書金部郎檀道鸞二人謂宜以元興三年爲始太學博士虞龢謂宜以開國爲宋公元年詔曰項籍聖公編錄二漢前史已有成例桓玄傳宜在宋典餘如爰議孝武崩營景寧陵以本官兼將作大匠爰便僻善事人能得人主微旨頗涉書傳尤悉朝儀元嘉初便入侍左右預參顧問長於附會又飾以典文故爲文帝所任遇大明世委寄尤重朝廷大禮儀非爰議不行雖復當時碩學所解過之者既不敢立異議所言亦不見從孝武崩公除後晉安王子勛侍讀博士諮爰宜習業與不爰答曰居喪讀喪禮習業何嫌少日始安王子眞博士諮爰爰曰小功廢業三年喪何容讀書其專斷乖謬皆如此前廢帝凶暴無道殿省舊人多見罪黜唯爰巧於將迎始終無忤誅羣公後以爰爲黃門侍郎領射聲校尉著作如故封吳平縣子寵待隆密羣臣莫二帝每出行常與沈慶之山陰公主同輦爰亦預焉明帝卽位以黃門侍郎改領長水校尉兼尚書左丞明年除太中大夫著作並如故爰執權日久上在蕃素所不悅及景和世屈辱卑約爰禮敬甚簡益銜之泰始三年詔暴其罪徙交州及行又詔除廣州統內郡有司奏以爲宋隆太守除命既下爰已至交州久之聽還仍除南康郡丞明帝崩還都以爰爲濟南太守復除中散大夫元徽三年卒年八十二爰子希秀甚有學解亦閑篆隸正覺禪靈二寺碑卽希秀書也爰之徙交州明帝召希秀謂曰比當令卿父還希秀再拜荅曰臣父年老恐不及後恩帝大嗟賞卽召爰還希秀位驍騎將軍淮南太守子泓甚閑吏職而在事刻薄於人少恩仕齊歷位臺郎秣陵建康令湘東太守

阮佃夫會稽諸暨人也明帝初出閤選爲主衣後又請爲世子師甚見信待景和末明帝被拘於殿內住在祕書省爲帝所疑大禍將至佃夫與王道隆李道兒及帝左右琅邪淳于文祖謀共廢立時直閤將軍柳光世亦與帝左右蘭陵繆方盛丹陽周登之有密謀未知所奉登之與明帝有舊方盛等乃使登之結佃夫佃夫大悅先是帝立皇后普暫撤諸王奄人明帝左右錢藍生亦在例事畢未被遣密使藍生候帝處事泄藍生不欲自出帝動止輒以告淳于文祖令報佃夫景和元年十一月二十九日晡時帝出華林園建安王休仁山陽王休祐山陰主並侍側明帝猶在祕書省不被召益懼佃夫以告外監典事東陽朱幼又告主衣吳興壽寂之細鎧主南彭城姜產之產之又語所領細鎧將臨淮王敬則幼又告中書舍人戴明寶並響應明寶幼欲取其日向曉佃夫等勸取開門鼓幼預約勒內外使錢藍生密報建安王休仁等時帝欲南巡腹心直閤將軍宗越等其夕並聽出外裝束唯有隊主樊僧整防華林閤是柳光世鄉人光世要之卽受命姜產之又要隊副陽平聶慶及所領壯士會稽富靈符吳郡俞道龍丹陽宋逵之陽平田嗣並聚於慶省佃夫慮力少更欲招合壽寂之曰謀廣或泄不煩多人時巫覡言後堂有鬼其夕帝於竹林堂前與巫共射之建安王休仁等山陰主並從帝素不悅寂之見輒切齒寂之既與佃夫等成謀又慮禍至抽刀前入姜產之隨其後淳于文祖繆方盛周登之富靈符聶慶田嗣王敬則俞道龍宋逵之又繼進休仁聞行聲甚疾謂休祐曰作矣相隨奔景陽山帝見寂之至引弓射之不中乃走寂之追殺之事定宣令宿衞曰湘東王受太后令除狂主今已太平明帝卽位論功壽寂之封應城縣侯產之汝南縣侯佃夫建城縣侯王道隆吳平縣侯淳于文祖陽城縣侯李道兒新渝縣侯繆方盛劉陽縣侯周登之曲陵縣侯富靈符惠懷縣子聶慶建陽縣子田嗣將樂縣子王敬則重安縣子俞道隆茶陵縣子宋逵之零陵縣子佃夫遷南臺侍御史薛索兒度淮爲寇山陽太守程天祚又反佃夫與諸軍破薛索兒降天祚後轉太子步兵校尉南魯郡太守侍太子於東宮泰始四年以本官兼游擊將軍及輔國將軍蓋次陽與二衞參員直次陽字崇基平昌安丘人也位冠軍將軍卒時佃夫及王道隆楊運夫並執權亞於人主巢藏大明之世方之蔑如也嘗正旦應合朔尚書奏遷元會佃夫曰元正慶會國之大禮何不還合朔日邪其不稽古如此大通貨賄凡事非重賂不行人有餉絹二百疋嫌少不荅書宅舍園池諸王邸第莫及女妓數十藝貌冠絕當時金玉錦繡之飾宮掖不逮也每製一衣造一物都下莫不法效焉於宅內開瀆東出十許里塘岸整潔汎輕舟奏女樂中書舍人劉休嘗詣之遇佃夫出行中路相逢要休同反就席便命施設一時珍羞莫不畢備凡諸火劑並皆始熟如此者數十種佃夫常作數千人饌以待賓客故造次便辦類皆如此雖晉世王石不能過也泰始初軍功既多爵秩無序佃夫僕從附隸皆受不次之位捉車人武賁中郎將傍馬者員外郎朝士貴賤莫不自結而矜傲無所降意入其室者唯吳興沈勃吳郡張澹數人而已明帝晏駕後廢帝卽位佃夫權任轉重兼中書通事舍人加給事中輔國將軍餘如故欲用張澹爲武陵郡衞將軍袁粲以下皆不同而佃夫稱敕施行又廬江何恢有妓張耀華美而有寵爲廣州刺史將發要佃夫飲設樂見張氏悅之頻求恢曰恢可得此人不可得也佃夫拂衣出戶曰惜指失掌邪遂諷有司以公事彈恢凡如此槃等並不敢執元徽三年遷黃門侍郎領右衞將軍明年改領驍騎將軍還南豫州刺史歷陽太守猶管內任時廢帝猖狂好出游走始出宮猶整羽儀隊仗俄而棄部伍單騎與數人相隨或出郊野或入市鄽內外莫不憂懼佃夫密與直閤將軍申伯宗步兵校尉朱幼于天寶謀共廢帝立安成王五年春帝欲往江乘射雉帝每出常留隊仗在樂游苑前棄之而去佃夫欲稱太后令喚隊仗還閉城門分人守石頭東府遣人執帝廢之自爲揚州刺史輔政與幼等已成謀會帝不成向江乘故事不行于天寶因以其謀告帝帝乃收佃夫幼伯宗於光祿外部賜死佃夫幼等罪止一身其餘無所問幼泰始初爲外監配衣諸軍征討有濟辦之能遂官涉三品爲奉朝請南高平太守封安浦縣侯于天寶其先胡人豫竹林堂功元徽中封鄂縣子發佃夫謀以爲清河太守右軍將軍昇明中齊高帝以其反覆賜死壽寂之位太子屯騎校尉南泰山太守多納貨賄請謁無窮有一不從便切齒罵詈常云利刀在手何憂不辦鞭尉吏斫邏將後爲有司所奏徙送越州至豫章謀叛乃殺之姜產之位南濟陽太守後北侵魏戰敗見殺王道隆吳興烏程人兄道迄涉學善書形貌又美吳興太守王韶之謂人曰有子弟如王道迄無所少道隆亦知書泰始二年兼中書通事舍人道隆爲明帝所委過於佃夫而和謹自保不妄毀傷人執權既久家產豐積豪麗雖不及佃夫而精整過之元徽二年桂陽王休範舉兵乃以討佃夫道隆及楊運長爲名休範奄至新亭見殺楊運長宣城懷安人素善射爲射師性謹愨爲明帝委信及卽位親遇甚厚後廢帝卽位與佃夫俱兼通事舍人以平桂陽王休範功封南城縣子運長質木廉正修身甚清不事園宅不受餉遺而凡鄙無識唯與寒人潘智徐文盛厚善動止施爲必與二人量議文盛爲奉朝請預平桂陽王休範封廣晉縣男順帝卽位運長爲宣城太守尋還家沈攸之反運長有異志齊高帝遣驍騎司馬崔文仲誅之

紀僧眞丹陽建康人也少隨逐征西將軍蕭思話及子惠開皆被賞遇惠開性苛僧眞以微過見罰既而委任如舊及罷益州還都不得志而僧眞事之愈謹惠開臨終歎曰紀僧眞方當富貴我不見也以僧眞託劉彥節周顒初惠開在益州土反被圍危急有道人謂之曰城圍尋解檀越貴門後方大興無憂外賊也惠開密謂僧眞曰我子弟見在者並無異才政是蕭道成耳僧眞憶其言乃請事齊高帝隨從在淮陰以閑書題令荅遠近書疏自寒官歷至高帝冠軍府參軍主簿僧眞夢蒿艾生滿江鷩而白之高帝曰詩人採蕭蕭卽艾也蕭生斷流卿勿廣言其見親如此後除南臺御史高帝領軍功曹上將廢立謀之袁粲褚彥回僧眞啓上曰今朝廷猖狂人不自保天下之望不在袁褚明公豈得默已坐受夷滅存亡之機仰希熟慮高帝納之高帝欲度廣陵起兵僧眞又曰主上雖復狂疊而累代皇基猶固磐石今

百戶北度何必得俱縱得廣陵城天子居深宮施號令目明公爲逆何以避此如其不勝則應北走竊謂此非萬全策也上曰卿顧家豈能逐我行邪僧眞頓首稱無貳昇明元年除員外郎帶東武城令尋除給事中高帝坐東府高樓望石頭城僧眞在側上曰諸將勸我誅袁劉我意未願便爾及沈攸之事起從高帝入朝堂石頭反夜高帝遣衆軍掩討宮城中望石頭火光及叫聲甚盛人懷不測僧眞謂衆曰叫聲不絕是必官軍所攻火光起者賊不容自燒其城此必官軍勝也尋而啓石頭平上出頓新亭使僧眞領千人在帳內初上在領軍府令僧眞學上手迹下名至是報荅書疏皆付僧眞上觀之笑曰我亦不復能別也初上在淮陰修理城得古錫趺九枚下有篆文莫能識者僧眞省事獨曰何須辯此文字此自久遠之物錫而有九九錫之徵也高帝曰卿勿妄言及上將拜齊公已尅日有楊祖之謀於臨軒作難僧眞請上更選吉辰尋而祖之事覺上曰無卿言亦當致小狼狽此亦何異呼沲之冰轉齊國中書舍人建元初帶東燕令封新陽縣男轉羽林監遷尚書主客郎太尉中兵參軍兼中書舍人高帝疾甚令僧眞典遺詔永明元年丁父喪起爲建威將軍尋除南太山太守又爲舍人僧眞容貌言吐雅有士風武帝嘗目送之笑曰人生何必計門戶紀僧眞堂堂貴人所不及也諸權要中最被眄遇後除前軍將軍遭母喪開冢得五色兩頭蛇武帝崩僧眞號泣思慕明帝以僧眞歷朝驅使建武初除游擊將軍兼司農待之如舊欲令僧眞臨郡僧眞啓進其弟僧猛爲鎭蠻護軍晉熙太守永泰元年除司農卿明帝崩掌山陵事出爲廬陵內史卒于官僧猛後卒於晉熙太守兄弟皆有風姿舉止並善隸書僧猛又能飛白書作飛白賦僧眞子交卿甚有解用宋時道人楊法持與高帝有舊元徽末宣傳密謀昇明中以爲僧正建元初罷道爲寧朔將軍封州陵男二年遣法持爲軍主領支軍救援朐山永明四年坐役使將客奪其鮭稟削封卒

劉係宗丹陽人也少便書畫爲宋竟陵王誕子景粹侍書誕舉兵廣陵城內皆死敕沈慶之赦係宗以爲東宮侍書泰始中爲主書以寒官累至勳品元徽初爲奉朝請兼中書通事舍人員外郎封始興南亭侯帶秣陵令齊高帝廢蒼梧明旦呼正直舍人虞整醉不能起係宗歡喜奉敕高帝曰今天地重開是卿盡力之日使寫諸處分敕令及四方書疏使主書十人書吏二十人配之事皆稱旨高帝卽位除龍驤將軍建康令永明初爲右軍將軍淮陵太守兼中書通事舍人母喪自解起復本職四年白賊唐寓之起宿衞兵東討遣係宗隨軍慰勞遍至遺賊郡縣百姓被驅逼者悉無所問還復人伍係宗還上曰此段有征無戰以時平蕩百姓安帖甚快也賜係宗錢帛上欲修白下城難於動役係宗啓讁役在東人丁隨寓之爲逆者上從之後車駕出講武上履行白下城曰劉係宗爲國家得此一城永明中魏使書常令係宗題荅祕書局皆隸之再爲少府鬱林卽位除寧朔將軍宣城太守係宗久在朝省閑於職事武帝常云學士輩不堪經國唯大讀書耳經國一劉係宗足矣沈約王融數百人於事何用其重吏事如此建武二年卒官

茹法亮吳興武康人也宋大明中出身爲小史歷齋幹扶侍孝武末年鞭罰過度校獵江右選白衣左右百八十人皆面首富室從至南州得鞭者過半法亮憂懼因緣啓出家得爲道人明帝初罷道結事阮佃夫累至齊高帝冠軍府行參軍及武帝鎭盆城須舊驅使人法亮求留爲武帝江州典籤除南臺御史帶松滋令法亮便僻解事善於承奉稍見委信建元初度東宮主書除奉朝請補東宮通事舍人武帝卽位仍爲中書通事舍人除員外郎帶南濟陰太守與會稽呂文度臨海呂文顯並以姦佞諂事武帝文度爲外監專制兵權領軍將軍守虛位而已天文寺常以上將星占文度吉凶文度尤見委信上嘗云公卿中有憂國如文度者復何憂天下不寧文度既見委用大納財賄廣開宅宇盛起土山奇禽怪樹皆聚其中後房羅綺王侯不能及又啓上籍被却者悉充遠戍百姓嗟怨或逃亡避咎富陽人唐寓之因此聚黨爲亂鼓行而東乃於錢塘縣僭號以新城戍爲僞宮以錢塘縣爲僞太子宮置百官皆備三吳却籍者奔之衆至三萬竊稱吳國僞年號興平其源始於虞玩之而成於文度事見虞玩之傳法亮文度並勢傾天下太尉王儉常謂人曰我雖有大位權寄豈及茹公永明二年封望蔡縣男七年除臨淮太守轉竟陵王司徒中兵參軍巴東王子響於荊州殺僚佐上遣軍西上使法亮宣旨安撫子響法亮至江津子響呼法亮疑畏不肯往又求見傳詔法亮又不遣故子響怒遣兵破尹略軍事平法亮至江陵誅賞處分皆稱敕斷決軍還上悔誅子響法亮被責少時親任如舊廣開宅宇杉齋光麗與延昌殿相埒延昌殿武帝中齋也宅後爲魚池釣臺土山樓館長廊將一里竹林花藥之美公家苑囿所不能及鬱林卽位除步兵校尉時有綦母珍之居舍人之任凡所論薦事無不允內外要職及郡丞尉皆論價而後施行貨賄交至旬月之間累至千金帝給珍之宅宅邊又有空宅從卽併取輒令材官營作不關詔旨材官將軍細作丞相語云寧拒至尊敕不可違舍人命珍之母隨弟欽之作暨陽令欽之罷縣還珍之迎母至湖熟輒將青氅百人自隨鼓角橫吹都下富人追從者百數欽之自行佐作縣還除廬陵王驃騎正將軍又詐宣敕使欽之領青氅珍之有一銅鏡背有三公字常語人云徵祥如此何患三公不至乃就將王廟乞願得三公封郡王啓帝求封朝議未許又自陳曰珍之西州伏事侍從入宮契闊心膂竭盡誠力王融姦謀潛構自非珍之翼衞扶侍事在不測今惜千戶侯誰爲官使者又有牒自論於朝廷曰當世祖晏駕之時內外紛擾珍之手抱至尊口行處分忠誠契闊人誰不知今希千戶侯於分非過乃許三百戶嗔恚形於言色進爲五百戶又不肯受明帝議誅之乃許封汝南縣有杜文謙者吳郡錢塘人帝爲南郡王文謙侍五經文句歷太學博士出爲溧陽令未之職會明帝知權蕭諶用事文謙乃謂珍之曰天下事可知灰盡粉滅匪朝伊夕不早爲計吾徒無類矣珍之曰計將安出荅曰先帝故人多見擯斥今召而使之誰不慷慨近聞王洪軌與趙越常徐僧亮萬靈會共語皆攘袂搥牀君其密報周奉叔使萬靈會魏僧勔殺蕭諶則宮內之兵皆我用也卽勒兵入尚書斬蕭令兩都伯力耳其次則遣荆卿豫讓之徒因諮事左手頓其胷則方寸之刃足以立事亦萬世一時也今舉大事亦死不舉事亦死二死等耳死社稷可乎若遲疑不斷復少日錄君稱敕賜死父母爲殉在眼中矣珍之不能用時徐龍駒亦當得封珍之恥與龍駒共詔因求別立事未及行而事敗珍之在西州時有一手板相者云當貴每以此言動帝又圖黃門郎帝嘗問之曰西州時手板何在珍之曰此是黃門手板官何須問帝大笑珍之時爲左將軍南彭城太守領中書通事舍人正直宿宣旨使卽往蔣王廟祈福因收送廷尉與周奉叔杜文謙同死文謙有學行善言吐其父聞其死曰吾所以憂者恐其不得死地耳今以忠義死復何恨哉王經母所以欣王經之義也時人美其言龍駒以奄人本給安陸侯後度東宮爲齋師帝卽位以後便佞見寵凡諸鄙黷雜事皆所誘勸位羽林監後閤舍人黃門署令淮陵太守帝爲龍駒置嬪御妓樂常住含章殿著黃綸帽被貂裘南面向案代帝畫敕內左右侍直與帝不異前代趙忠張讓之徒莫之能比封惠懷縣男事未行明帝請誅之懇至乃見許曹道剛廢帝之日直閤省蕭諶先入若欲論事兵隨後奄進以刀刺之洞胷死因進宮內廢帝直後徐僧亮甚怒大言於衆曰吾等荷恩今日應死報又見殺道剛字景昭彭城人性質直帝雖與之狎而未嘗敢訓帝悅市里雜事以爲歡樂道剛輒避之益州人韓護善騎馬帝嘗呼入華林園令騎大賞狎之道剛出謂明帝主上猶是小兒左右皆須正人使日見禮則近聞韓護與天子齊馬並馳此道人君於危地道剛欲殺之既而遣人刺殺護及道剛死張融謂劉繪曰道剛似不爲諂亦復不免也荅曰夫徑寸之珠非不寶也而蜂之所病云何不療之哉此道剛所以死也明帝卽位高武舊人鮮有存者法亮以主者久事故不見疑位任如故先是延昌殿爲武帝陰室藏諸服御二少帝並居西殿及明帝居東齋開陰室出武帝白紗帽防身刀法亮歔欷流涕永泰元年王敬則事平法亮復受敕宣慰諸郡無所納受東昏卽位出法亮爲大司農中書權利之職法亮不樂去固辭不受既而代人已到法亮垂涕而出卒官

呂文顯臨海人也昇平初爲齊高帝錄尚書省事累遷殿中御史後爲秣陵令封劉陽縣男永明元年爲中書通事舍人文顯臨事以刻覈被知三年帶南清河太守與茹法亮等迭出入爲舍人並見親幸多四方餉遺並造大宅聚山開池時中書舍人四人各住一省世謂之四戶既總重權勢傾天下晉宋舊制宰人之官以六年爲限近世以六年過久又以三周爲期謂之小滿而遷換去來又不依三周之制送故迎新吏人疲於道路四方守宰餉遺一年咸數百萬舍人茹法亮於衆中語人曰何須覓外祿此一戶內年辦百萬蓋約言之也其後玄象失度史官奏宜修祈禳之禮王儉聞之謂上曰天文乖忤此禍由四戶仍奏文顯等專擅愆和極言其事上雖納之而不能改也文顯累遷左中郎將南東莞太守故事府州部內論事皆籤前直敘所論之事後云謹籤日月下又云某官某籤故府州置典籤以典之本五品吏宋初改爲七職宋氏晚運多以幼少皇子爲方鎭時主皆以親近左右領典籤典籤之權稍重大明泰始長王臨藩素族出鎭莫不皆出內教命刺史不得專其任也宗慤爲豫州吳喜公爲典籤慤刑政所施喜公每

多違執愨大怒曰宗愨年將六十為國竭命政得一州如斗大不能復與典籤共臨喜公稽顙流血乃止自此以後權寄彌隆典籤遞互還都一歲數反時主輒與閒言訪以方事刺史行事之美惡係於典籤之口莫不折節推奉恒慮不及於是威行州郡權重蕃君劉道濟柯孟孫等姦慝發露雖即顯戮而權任之重不異明帝輔政深知之始制諸州急事宜密有所論不得遣典籤還都而典籤之任輕矣後以文顯守少府見任使歷建武永元之世尚書右丞少府卿卒官

茹法珍會稽人梅蟲兒吳興人齊東昏時並為制局監俱見愛幸自江祏始安王遙光等誅後及左右應敕捉刀之徒並專國命人間謂之刀敕權奪人主都下為之語曰欲求貴職依刀敕須得富豪事御刀時又有新蔡人徐世檦尤見寵信自殿內主帥為直閤驍騎將軍凡諸殺戮皆世檦所勸殺徐孝嗣後封臨汝縣子陳顯達事起加輔國將軍雖用護軍崔慧景為都督而兵權實在世檦當時權勢傾法珍蟲兒又謂法珍蟲兒曰何世天子無要人但阿儂貨主惡耳法珍等與之爭權遂以白帝帝稍惡其凶強世檦竊欲生心左右徐僧重密知之發其事收得千餘人仗及咒詛文又畫帝十餘形像備為刑斬刻射支解之狀而自作己像著通天冠袞服題云徐氏皇帝永元二年事發乃族之自是法珍蟲兒並為外監口稱詔敕中書舍人王咺之與相脣齒專掌文翰其餘二十餘人皆有勢力崔慧景平後法珍封餘干縣男蟲兒封竟陵縣男崔慧景之平曲赦都下及南兗州本以宥賊黨而羣凶用事刑辟不依詔書無罪家富者不論赦令莫不受戮籍其家產與慧景深相關為盡力而家貧者一無所問始安顯達時亦已如此至慧景平復然或說王咺之云赦書無信人情大惡咺之曰政當復有赦耳復赦羣小誅戮亦復如先帝自羣公誅後無復忌憚無日不游走所有潘妃本姓俞名尼子王敬則妓也或云宋文帝有潘妃在位三十年於是改姓曰潘其父寶慶亦從改焉帝呼寶慶及法珍為阿丈蟲兒及東冶營兵俞靈韻為阿兄帝與法珍等俱詣寶慶帝躬自汲水助廚人作膳為市中雜語以為諧謔又帝輕騎戎服往諸刀敕家游宴有吉凶輒往慶弔奄人王寶孫年十三四號為倀子最有寵參預朝政雖王咺之蟲兒之徒亦下之控制大臣移易敕詔乃至騎馬入殿詆訶天子公卿見之莫不懾息其佐成昏亂者法珍蟲兒及王咺之俞寶慶俞靈韻祝靈勇范亮之徐僧重時崇濟芮安泰劉文泰呂文慶胡耀光繆買養章道之楊敬子李粲之周管之范曇濟石曇悅張惡奴王勝公王懷藻梅師濟鄒伯兒史元益王靈範席休文解滂及太史令駱文叔大巫朱光尚凡三十一人又有奄官王寶孫王法昭許朗之許伯孫方佛念馬僧猛盛劭王竺兒隨要袁係世等十人梁武平建鄴皆誅又朱興光為茹法珍所疾得罪被繫豐勇之與王珍國相知行殺皆免初左右刀敕之徒悉號為鬼宮中訛云趙鬼食鴨劇諸鬼盡著調當時莫解梁武平建鄴東昏死羣小一時誅滅故稱為諸鬼也俗間以細剉肉糅以薑桂曰劇意者以凶黨皆當細剉而烹之也

周石珍建康之廝隸也世以販絹為業梁天監中稍遷至宣傳左右身長七尺頗閑應對後遂至制局監帶開陽令歷位直閤將軍太清三年封南豐縣侯猶領制局臺城未陷已射書與侯景相結門初開石珍猶侍左右時賊遣其徒入直殿內或驅驢馬出入殿庭武帝方坐文德殿怪問之石珍曰皆丞相甲士上曰何物丞相對曰侯丞相上怒叱之曰是名侯景何謂丞相石珍求媚於賊乃養其黨田遷以為己子遷亦父事之景纂位制度羽儀皆石珍自出景平後及中書舍人嚴亶等送于江陵亶本為齋監居臺省積久多閑故實在賊居要亞於石珍及簡文建立亶學北人著靴上殿無肅恭之禮有怪之者亶曰吾豈畏劉禪乎從景圍巴陵郡叫曰荊州那不送降及至江陵將刑于市泣謂石珍曰吾等死亦是罪盈石珍與其子昇相抱哭亶謂監刑人曰倩語湘東王不有廢也君何以興俱要斬自是更殺賊黨以板柙舌釘釘之不復得語

陸驗徐驎並吳郡吳人驗少而貧苦落魄無行邑人郁吉卿者甚富驗傾身事之吉卿貸以錢米驗借以商販遂致千金因出都下散貲以事權貴朱异其邑子也故嘗有德遂言於武帝拔之與徐驎兩人遞為少府丞大市令驗本無藝業而容貌特醜先是外國獻生犀其形甚陋故閭里咸謂驗為生犀驗驎並以苛刻為務百賈畏之异尤與之昵世人謂之三蠹司農卿傅岐梗直士也嘗謂异曰卿任參國鈞榮寵如此比日所聞鄙穢狼藉若使聖主發悟欲免得乎异曰外間謗讟知之久矣心苟無愧何卹人言岐謂人曰朱彥和將死矣恃諂以求容肆辯以拒諫聞難而不懼知惡而不改天奪其鑒其能久乎驗竟以侵削為能數年遂登列棘鳴佩珥貂並肩英彥仕至太子右衛率卒贈右衛將軍遠近聞其死莫不快之驎素為邵陵王綸所憾太清二年為綸所殺

司馬申字季和河內溫人也祖慧遠梁都水使者父玄通梁尚書左戶郎申早有風鑒十四便善弈棊嘗隨父候吏部尚書到溉時梁州刺史陰子春領軍朱异在焉呼與棊申每有妙思异觀而奇之因引申游處太清之難父母俱沒因此自誓擔土菜食終身梁元帝承制累遷鎮西外兵記室參軍及侯景寇郢州申隨都督王僧辯據巴陵每進策皆見行用僧辯歎曰此生要鞬汗馬或非所長若使撫眾守城必有奇績僧辯之討陸納也于時賊眾奄至左右披靡申躬蔽僧辯蒙楯而前會裴之橫救至賊乃退僧辯顧而笑曰仁者必有勇豈虛言哉陳太建中除秣陵令在職以清能見紀有白雀集于縣庭復為東宮通事舍人叔陵之肆逆也事既不捷出據東府申馳召右衛將軍蕭摩訶帥兵先至追斬之後主深嘉焉以功除太子左衛率封文始縣伯兼中書通事舍人遷右衛將軍歷事三帝內掌機密頗作威福性忍害好飛書以譖毀朝之端士遍罹其殃參預謀謨乃於外宣說以為己力省中祕事往往泄漏性又果敢善應對能候人主顏色有忤己者必有微言譖之附己者因機進之是以朝廷內外皆從風靡初尚書右僕射沈君理卒朝廷議以毛喜代之申慮喜預政乃短喜於後主曰喜臣之妻兄高帝時稱陛下有酒德請逐去宮臣陛下寧忘之邪喜由是廢錮又與施文慶李脫兒比周譖殺傅縡奪任忠部曲以配蔡徵孔範是以文武解體至於覆滅申嘗晝寢於尚書下省有烏啄其口流血及地時論以為譖賢之效也後加散騎常侍右衛舍人如故至德四年卒後主嗟悼久之贈侍中護軍將軍進爵為侯諡曰忠及葬後主自為製誌銘子琇嗣官至太子舍人

施文慶不知何許人也家本吏門至文慶好學頗涉書史陳後主之在東宮文慶事焉及即位擢為中書舍人仍屬叔陵作亂隋師臨境軍國事務多起倉卒文慶聰敏強記明閑吏職心籌口占應時條理由是大被親幸又自太建以來吏道疏簡百司弛縱文慶盡其力用無所縱捨分官聯事莫不振懼又引沈客卿陽惠朗徐哲暨惠景等云有吏能後主信之然並不達大體督責苛碎聚斂無厭王公大人咸共疾之後主益以文慶為能尤更親重內外眾事無不任委累遷太子左衛率舍人如故禎明三年湘州刺史晉熙王叔文在職既久大得人和後主以其據有上流陰忌之自度素與羣臣少恩恐不為用無所任者乃擢文慶為都督湘州刺史配以精兵欲令西上仍徵叔文還朝文慶深喜其事然懼居外後執事者持己短長因進其黨沈客卿以自代未發間二人共掌機密時隋軍大舉分道而進尚書僕射袁憲驃騎將軍蕭摩訶及文武羣臣共議請於京口採石各置兵五千并出金翅二百緣江上下以為防備文慶恐無兵從己廢其述職而客卿又利文慶之任己得專權俱言於朝曰必有論議不假面陳但作文啟即為通奏憲等以為然二人齎啟入白後主曰此是常事邊城將帥足以當之若出人船必恐驚擾及隋軍臨江間諜驟至憲等懇懃奏請至于再三文慶等曰元會將逼南郊之日太子多從今若出兵事便廢闕後主曰今且出兵若北邊無事因以水軍從郊何為不可又對曰如此則聲聞鄰境便謂國弱後又以貨動江總總內為之游說後主重違其意而迫羣官之請乃令付外詳議又抑憲等由是未決而隋師濟江後主性怯懦不達軍事晝夜啼泣臺內處分一以委之文慶既知諸將疾己恐其有功乃奏曰此等怏怏素不服官迫此事機那可專信凡有所啟請經略之計並皆不行尋敕文慶領兵頓于樂游苑陳亡隋晉王廣以文慶受委不忠曲為諂佞以蔽耳目比黨數人並於石闕前斬之以謝百姓

沈客卿吳興武康人也美風采善談論博涉羣書與施文慶少相親昵仕陳累遷至尚書儀曹郎聰明有口辯頗知故事每朝廷體式吉凶儀注凡所疑議客卿斟酌裁斷理雖有不經而眾莫能屈事多施行至德初以為中書舍人兼步兵校尉掌金帛局以舊制軍人士人二品清官並無關市之稅後主盛修宮室窮極耳目府庫空虛有所興造恒苦不給客卿每立異端唯以刻削百姓為事奏請不問士庶並責關市之估而又增重其舊於是以陽惠朗為太市令暨慧景為尚書金倉都令史二人家本小吏考校簿領毫釐不差糺謫嚴急百姓嗟怨而客卿居舍人總以督之每歲所入過於常格數十倍後主大悅尋加客卿散騎常侍左衛將軍舍人如故惠朗慧景奉朝請禎明三年客卿遂與文慶俱掌機密隋師至文慶出頓樂游苑內外事客卿總焉臺城失守隋晉王以客卿重賦厚斂以悅於上與文慶暨慧景陽惠朗等俱斬於石闕前徐哲不知何許人施文慶引為制局監掌刑法亦與客卿同誅

孔範字法言會稽山陰人也曾祖景偉齊散騎常侍祖

滔梁海鹽令文岱歷職清顯範少好學博涉書史陳太建中位宣惠江夏王長史後主即位爲都官尚書與江總等並爲狎客範容止都雅文章贍麗又善五言詩尤見親愛後主性愚佷惡聞過失每有惡事範必曲爲文飾稱揚贊美時孔貴人絕愛幸範與孔氏結爲兄妹寵遇優渥言聽計從朝廷公卿咸畏範因驕矜以爲文武才能舉朝莫及從容白後主曰外間諸將起自行伍匹夫敵耳深見遠慮豈其所知後主以問施文慶文慶畏範益以爲然自是將帥微有過失即奪其兵分配文吏隋師將濟江羣官請爲備防文慶沮壞之後主未決範奏曰長江天塹古來限隔虜軍豈能飛度邊將欲作功勞妄言事急臣自恨位卑虜若能來定作太尉公矣或妄言北軍馬死範曰此是我馬何因死去後主笑以爲然故不深備尋而隋將賀若弼陷南徐州執城主莊元始韓擒虎陷南豫州敗水軍都督高文泰與中領軍魯廣達頓于白塔寺後主多出金帛募人立功範素於武士不接莫有至者唯負販輕薄多從之高麗百濟崑崙諸夷並受督時任蠻奴請不戰而已度江攻其大軍又司馬消難言於後主曰弼若登高舉烽與韓擒虎相應鼓聲交震人情必離請急遣兵北據蔣山南斷淮水質其妻子重其賞賜陛下以精兵萬人守城莫出不過十日食盡二將之頭可致闕下範冀欲立功志在於戰乃曰司馬消難狠子野心任蠻奴淮南傖士語並不可信事遂不行隋軍既逼蠻奴又欲爲持久計範又奏請作一決當爲官勒石燕然後主從之明日範以其徒居中以抗隋師未陣而北範脫身遁免尋與後主俱入長安初晉王廣所戮陳五佞人範與散騎常侍王瑳王儀御史中丞沈瓘過惡未彰故免及至長安事並露隋文帝以其姦佞諂惑並暴其過惡名爲四罪人流之遠裔以謝吳越之人瑳儀並琅邪人瑳刻薄貪鄙忌害才能儀候意承顏傾巧側媚又獻其二女以求親昵瓘險慘苛酷發言邪諂故同罪焉

論曰自宋中世以來宰御朝政萬機碎密不關外司尚書八坐五曹各有恒任係以九卿六府事存副職至於冠冕搢紳仕疏人貴伏奏之務既寢趨走之勞亦息關宣所寄屬當事有所歸通驛內外切自音旨若夫竭忠盡節仕子恒圖隨方致用明君盛典舊非本舊因新以成舊者也狎非先狎因疎以成狎者也而任隔情疎殊塗一致權歸近狎異世同揆故環纓斂笏俯仰長昏瞻幄坐而竦躬陪蘭檻而高眄探求恩色習覩威顏遷蘭變鮑久而彌信因城社之固執開塞之機長主君世振裘持領賞罰事殷能不踰漏宮省咳唾義必先知故窺盈縮於望景獲蠼珠於龍睡坐歸聲勢卧震都鄙賄賂日積苞苴歲通富擬公侯威行州郡制局小司專典兵力雲陛天居亘設蘭錡羽林精卒重屯廣衛至於元戎啓轍武候還麾遮迥清道神行按轡督察往來馳騖輦轂驅役分部親承几案領護所攝示總成規若徵兵動衆大興人役優劇遠近斷於外監之心譴辱詆訶恣於典事之口抑符緩詔姦僞非一書死爲生請謁成市左臂揮金右手刊字紙爲銅落筆由利染故門同王署家號金穴嬙媛侍女燕秦蔡鄭之聲琁池碧沼魚龍雀馬之翫莫不充牣錦室照徹青雲害政傷人於斯爲切況乎主幼時昏讒慝亦何可勝也

南史卷七十七考證

戴法興傳使家人謹錄鑰牡○鑰監本訛籥今改从閣本

徐爰傳上表起元義熙爲王業之始○王業一本作三乘

紀僧真傳歷至高帝冠軍府參軍主簿○冠監本訛尉今改正

人生何必計門戶紀僧真堂堂貴人所不及也○堂堂一本作常常

茹法亮傳珍之迎母至湖熟輜將青鷩百人自隨○鷩一本作鷩

茹法珍傳帝呼寶慶及法珍爲阿丈蟲兒及東冶營兵俞靈韻爲阿兄○冶各本俱訛治今从齊書劉休傳改正

孔範傳曾祖景偉齊散騎常侍○監本缺曾字今增入

南史卷七十八

唐　李延壽　撰

列傳第六十八

夷貊上

海南諸國　西南夷

海南諸國大抵在交州南及西南大海洲上相去或四五千里遠者二三萬里其西與西域諸國接漢元鼎中遣伏波將軍路博德開百越置日南郡其徼外諸國自武帝以來皆朝貢後漢桓帝世大秦天竺皆由此道遣使貢獻及吳孫權時遣宣化從事朱應中郎康泰通焉其所經過及傳聞則有百數十國因立記傳晉代通中國者蓋鮮故不載史官及宋齊至梁其奉正朔脩貢職航海往往至矣今采其風俗粗著者列爲海南云

林邑國本漢日南郡象林縣古越裳界也伏波將軍馬援開南境置此縣其地從廣可六百里城去海百二十里去日南南界四百餘里北接九德郡其南界水步道二百餘里有西國夷亦稱王馬援所植二銅柱表漢家界處也其國有金山石皆赤色其中生金金夜則出飛狀如螢火又出瑇瑁貝齒古貝沉木香古貝者樹名也其華成時如鵝毳抽其緒紡之以作布布與紵布不殊亦染成五色織爲斑布沉木香者土人斫斷積以歲年朽爛而心節獨在置水中則沉故名曰沉香次浮者棧香漢末大亂功曹區連殺縣令自立爲王數世其後王無嗣外甥范熊代立死子逸嗣晉成帝咸康三年逸死奴文篡立文本日南西卷縣夷帥范稚家奴嘗牧牛於山澗得鱧魚二化而爲鐵因以鑄刀刀成文向石咒曰若斫石破者文當王此國因斫石如斷芻藁文心異之范稚嘗使之商賈至林邑因敎林邑王作宮室及兵車器械王寵任之後乃讒言諸子各奔餘國及王死無嗣文僞於隣國迓王子置毒於漿中殺之遂脅國人自立特交州刺史姜莊使所親韓戢謝稚前後監日南郡並貪殘諸國患之穆帝永和三年臺遣夏侯覽爲太守侵刻尤甚林邑素無田土貪日南地肥沃常欲略有之至是因人之怨襲殺覽以其屍祭天留日南三年乃還林邑交州刺史朱蕃後遣督護劉雄戍日南文復滅之進寇九德郡害吏人遣使告蕃願以日南北境橫山爲界蕃不許文歸林邑尋復屯日南文死子佛立猶屯日南征西將軍桓溫遣督護滕畯九真太守灌邃討之追至林邑佛乃請降安帝隆安三年佛孫須達復寇日南九德諸郡無歲不至殺傷甚多交州遂致虛弱須達死子敵真立其弟敵鎧攜母出奔敵真追恨不能容其母弟捨國而之天竺禪位於其甥國相藏驎固諫不從其甥立而殺藏驎藏驎子又攻殺之而立敵鎧同母異父弟曰文敵文敵復爲扶南王子當根純所殺大臣范諸農平其亂自立爲王諸農死子陽邁立陽邁初在孕其母夢生兒有人以金席藉之其色光麗夷人謂金之精者爲陽邁若中國云紫磨者因以爲名宋永初二年遣使貢獻以陽邁爲林邑王陽邁死子咄立慕其父復曰陽邁其國俗居處爲閣名曰干闌門戶皆北向書樹葉爲紙男女皆以橫幅古貝繞腰以下謂之干漫亦曰都漫穿耳貫小環貴者著革屣賤者跣行自林邑扶南以南諸國皆然也其王者著法服加瓔珞如佛像之飾出則乘象吹螺擊鼓罩古貝繖以古貝爲幡旗國不設刑法有罪者使象蹋殺之其大姓號婆羅門嫁娶必用八月女先求男由賤男而貴女同姓還相婚姻使婆羅門引壻見婦握手相付咒曰吉利吉利爲成禮死者焚之中野謂之火葬其寡婦孤居散髮至老國王事尼乾道鑄金銀人像大十圍元嘉初陽邁侵暴日南九德諸郡交州刺史杜弘文建牙欲討之聞有代乃止八年又寇九德郡入四會浦口交州刺史阮彌之遣隊主相道生帥兵赴討攻區粟城不剋乃還十二年十五年十六年十八年每遣使貢獻獻亦陋薄而寇盜不已文帝忿其違傲二十三年使交州刺史檀和之振武將軍宗慤伐之和之遣司馬蕭景憲爲前鋒陽邁聞之懼欲輸金一萬斤銀十萬斤銅三十萬斤還所略日南戶其大臣毒僧達諫止之乃遣大帥范扶龍戍其北界區粟城景憲攻城剋之乘勝即剋林邑陽邁父子並挺身逃奔獲其珍異皆是未名之寶又銷其金人得黃金數十萬斤和之高平金鄉人檀憑之子也以功封雲杜縣子孝建三年爲南兗州刺史坐酣飲黷貨迎獄中女子入內免官禁錮後病死見胡神爲祟追贈左將軍謚曰襄子孝武孝建二年林邑又遣長史范龍跋奉使貢獻除龍跋揚武將軍大明二年林邑王范神成又遣長史范流奉表獻金銀器香布諸物明帝泰豫元年又遣使獻方物齊永明中范文贊累遣使貢獻梁天監九年文贊子天凱奉獻白猴詔加持節督緣海諸軍事威南將軍林邑王死子弼毳跋摩立奉表貢獻普通七年王高戍勝鎧遣使獻方物詔以爲持節督緣海諸軍事綏南將軍林邑王大通元年又遣使貢獻大通二年行林邑王高戍律陁羅跋摩遣使貢獻詔以爲持節督緣海諸軍事綏南將軍林邑王六年又遣使獻方物廣州諸山並狸獠種類繁熾前後屢爲侵暴歷世患之宋孝武大明中合浦大帥陳檀歸順拜龍驤將軍檀乞官軍征討未附乃以檀爲高興太守遣前朱提太守費沉龍驤將軍武期南伐并通朱崖道並無功輒殺檀而反沉下獄死

扶南國日南郡之南海西大灣中去日南可七千里在林邑西南三千餘里城去海五百里有大江廣十里從西流東入海其國廣輪三千餘里土地洿下而平博氣候風俗大較與林邑同出金銀銅錫沉木香象犀孔翠五色鸚鵡其南界三千餘里有頓遜國在海崎上地方

千里城去海十里有五王並羈屬扶南頓遜之東界通交州諸賈人其西界接天竺安息徼外諸國往還交易其市東西交會日有萬餘人珍物寶貨無不有又有酒樹似安石榴采其花汁停瓮中數日成酒頓遜之外大海洲中又有毗騫國去扶南八千里傳其王身長丈二頭長三尺自古不死莫知其年王神聖國中人善惡及將來事王皆知之是以無敢欺者南方號曰長頸王國俗有室屋衣服噉粳米其人言語小異扶南有山出金金露生石上無央限也國法刑人並於王前噉其肉國內不受估客有往者亦殺而噉之是以商旅不敢至王常樓居不血食不事鬼神其子孫生死如常人唯王不死扶南王數使與書相報荅常遺扶南王純金五十人食器形如圓盤又如瓦塸名爲多羅受五升又如椀者受一升王亦能作天竺書書可三千言說其宿命所由與佛經相似並論善事又傳扶南東界即大漲海海中有大洲洲上有諸薄國國東有馬五洲復東行漲海千餘里至自然大洲其上有樹生火中洲左近人剝取其皮紡績作布以爲手巾與蕉麻無異而色微青黑若小垢汚則投火中復更精絜或作燈炷用之不知盡扶南國俗本躶文身被髮不製衣裳以女人爲王號曰柳葉年少壯健有似男子其南有激國有事鬼神者字混塡夢神賜之弓乘賈人舶入海混塡晨起即詣廟於神樹下得弓便依夢乘舶入海遂至扶南外邑柳葉人衆見舶至欲劫取之混塡即張弓射其舶穿度一面矢及侍者柳葉大懼舉衆降混塡塡乃敎柳葉穿布貫頭形不復露遂君其國納柳葉爲妻生子分王七邑其後王混盤況以詐力間諸邑令相疑阻因舉兵攻并之乃選子孫中分居諸邑號曰小王盤況年九十餘乃死立中子盤盤以國事委其大將范蔓盤盤立三年死國人共舉蔓爲王蔓勇健有權略復以兵威攻伐旁國咸服屬之自號扶南大王乃作大船窮漲海開國十餘闢地五六千里次當代金鄰國蔓遇疾遣太子金生代行蔓姊子旃因篡蔓自立遣人詐金生而殺之蔓死時有乳下兒名長在人間至年二十乃結國中壯士襲殺旃旃大將范尋又攻殺長而代立更繕國內起觀閣遊戲之朝旦中晡三四見客百姓以蕉蔗龜鳥爲禮國法無牢獄有訟者先齋三日乃燒斧極赤令訟者捧行七步又以金鐶鷄卵投沸湯中令探取之若無實者手即爛有理者則不又於城溝中養鱷魚門外圈猛獸有罪者輒以餧猛獸及鱷魚魚獸不食爲無罪三日乃放之鱷大者長三丈餘狀似鼉有四足喙長六七尺兩邊有齒利如刀劒常食魚遇得麞鹿及人亦噉之蒼梧以南及外國皆有之吳時遣中郞康泰宣化從事朱應使於尋國國人猶裸唯婦人著貫頭泰應謂曰國中實佳但人褻露可怪耳尋始令國內男子著橫幅橫幅今干漫也大家乃截錦爲之貧者乃用布晉武帝太康中尋始遣使貢獻穆帝升平元年王竺旃檀奉表獻馴象詔以勞費停之其後王憍陳如本天竺婆羅門也有神語曰應王扶南憍陳如心悅南至盤盤扶南人聞之舉國欣戴迎而立焉復改制度用天竺法憍陳如死後王持黎陁跋摩宋文帝元嘉十一年十二年十五年奉表獻方物齊永明中王憍陳如闍邪跋摩遣使貢獻梁天監二年跋摩復遣使送珊瑚佛像并獻方物詔授安南將軍扶南王其國人皆醜黑拳髮所居不穿井數十家共一池引汲之俗事天神天神以銅爲像二面者四手四面者八手手各有所持或小兒或鳥獸或日月其王出入乘象嬪侍亦然王坐則偏踞翹膝垂左膝至地以白疊敷前設金盆香爐於其上國俗居喪則剃除鬚髮死者有四葬水葬則投之江流火葬則焚爲灰燼土葬則瘞埋之鳥葬則棄之中野人性貪吝無禮義男女恣其奔隨十年十三年跋摩累遣使貢獻其年死庶子留陁跋摩殺其嫡弟自立十六年遣使竺當抱老奉表貢獻十八年復遣使送天竺旃檀瑞像婆羅樹葉并獻火齊珠鬱金蘇合等香普通元年中大通二年大同元年累遣使獻方物五年復遣使獻生犀又言其國有佛髮長一丈二尺詔遣沙門釋曇寶隨使往迎之先是三年八月武帝改造阿育王佛塔出舊塔下舍利及佛爪髮髮青紺色衆僧以手伸之隨手長短放之則旋屈爲蠡形按僧伽經云佛髮青而細猶如藕莖絲佛三昧經云我昔在宮沐頭以尺量髮長一丈二尺放已右旋還成蠡文則與帝所得同也阿育王即鐵輪王王閻浮提一天下佛滅度後一日一夜役鬼神造八萬四千塔此即其一吳時有尼居其地爲小精舍孫綝尋毀除之塔亦同滅吳平後諸道人復於舊處建立焉晉元帝初度江更修飾之至簡文咸安中使沙門安法程造小塔未及成而亡弟子僧顯繼而修立至孝武太元九年上金相輪及承露其後有西河離石縣胡人劉薩何遇疾暴亡而心猶暖其家未敢便殯經七日更蘇說云有兩吏見錄向西北行不測遠近至十八地獄隨報重輕受諸楚毒觀世音語云汝緣未盡若得活可作沙門洛下齊城丹陽會稽並有阿育王塔可往禮拜乃若壽終則不墮地獄語竟如墜高巖忽然醒寤因此出家名慧達遊行禮塔次至丹陽未知塔處及登越城四望見長干里有異氣因就禮拜果是先阿育王塔所屢放光明由是定知必有舍利乃集衆就掘入一丈得三石碑並長六尺中一碑有鐵函函中有銀函函中又有金函盛三舍利及髮爪各一枚髮長數尺即遷舍利近北對簡文所造塔西造一層塔十六年又使沙門僧尚加爲三層即是武帝所開者也初穿土四尺得龍窟及昔人所捨金銀環釧釵鑷等諸雜寶物可深九尺許至石磉磉下有石函函內有鐵壺以盛銀坩坩內有金鏤罌盛三舍利如粟粒大圓正光潔函內有琉璃椀椀內得四舍利及髮爪爪有四枚並爲沉香色至其月二十七日帝又到寺禮拜設無礙大會大赦是日以金鉢盛水泛舍利其最小者隱不出帝禮數十拜舍利乃於鉢內放光旋回久之乃當中而止帝問大僧正慧念曰見不可思議事不慧念荅曰法身常住湛然不動帝曰弟子欲請一舍利還臺供養至九月五日又於寺設無礙大會遣皇太子王侯朝貴等奉迎是日風景明淨傾都觀屬所設金銀供具等物並留寺供養并施錢一千萬爲寺基業至四年九月十五日帝又至寺設無礙大會竪二剎各以金罌次玉罌重盛舍利及爪髮內七寶塔內又以石函盛寶塔分入兩剎剎下及王侯妃主百姓富室所捨金銀環釧等珍寶充積十一年十一月二日寺僧又請帝於寺發般若經題爾夕二塔俱放光明敕鎭東邵陵王綸製寺大功德碑文先是二年改造會稽鄮縣塔開舊塔出舍利遣光宅寺釋敬脫等四僧及舍人孫照暫迎還臺帝禮拜竟即送還縣入新塔下此縣塔亦是劉薩何所得也晉咸和中丹楊尹高悝行至張侯橋見浦中五色光長數尺不知何怪乃令人於光處得金像無有光趺悝乃下車載像還至長干巷首牛不肯進悝乃令馭人任牛所之牛徑牽至寺悝因留像付寺僧每至夜中常放光明又聞空中有金石之響經一歲臨海漁人張係世於海口忽見有銅花趺浮出取送縣縣人以送臺乃施像足宛然合會簡文咸安元年交州合浦人董宗之採珠沒水底得佛光燄交州送臺以施於像又合焉自咸和中得像至咸安初歷三十餘年光趺始具初高悝得像後有西域胡僧五人來詣悝曰昔於天竺得阿育王造像來至鄴下逢胡亂埋於河邊今尋覓失所五人嘗一夜俱夢見像曰已出江東爲高悝所得悝乃送此五僧至寺見像欷歔涕泣像便放光照燭殿宇又瓦官寺慧邃欲摸寫像形寺主僧尚慮損金色謂邃曰若能令像放光回身西向乃可相許慧邃便懇拜請其夜像即轉坐放光回身西向明旦便許摸之像趺先有外國書莫有識者後有三藏那跋摩識之云是阿育王爲第四女所造也及大同中出舊塔舍利敕市寺側數百家宅地以廣寺域造諸堂殿并瑞像周回閣等窮於輪奐焉其圖諸經變並吳人張繇運手繇丹青之工一時冠絕

西南夷訶羅陁國宋元嘉七年遣使奉表曰伏承聖主信重三寶興立塔寺周滿世界今故遣使一人表此微心

呵羅單國都闍婆洲元嘉七年遣使獻金剛指環赤鸚鵡鳥天竺國白疊古貝葉波國古貝等物十年呵羅單國王毗沙跋摩奉表曰常勝天子陛下諸佛世尊常樂安隱三達六通爲世間導是名如來是故至誠五體敬禮其後爲子所篡奪十三年又上表二十六年文帝詔曰呵羅單婆皇婆達三國頻越遐海欵化納貢遠誠宜甄可並加除授乃遣使策命之二十九年又遣長史婆和沙彌獻方物

婆皇國元嘉二十六年國王舍利婆羅跋摩遣使獻方物四十一種文帝策命之爲婆皇國王二十八年復遣使貢獻孝武孝建三年又遣長史竺那婆智奉表獻方物以那婆智爲振威將軍大明三年獻赤白鸚鵡大明八年明帝泰始二年又遣使貢獻明帝以其長史竺須羅遠前長史振威將軍竺那婆智並爲龍驤將軍

婆達國元嘉二十六年國王舍利不陵伽跋摩遣使獻方物文帝策命之爲婆達國王二十六年二十八年復遣使獻方物

闍婆達國元嘉十二年國王師黎婆達呵陁羅跋摩遣使奉表曰宋國大主大吉天子足下敎化一切種智安隱天人師降伏四魔成等正覺轉尊法輪度脫衆生我雖在遠亦霑靈潤

槃槃國元嘉孝建大明中並遣使貢獻梁中大通元年四年其王使使奉表累送佛牙及畫塔并獻沉檀等香數十種六年八月復遣使送菩提國舍利及畫塔圖并菩提樹葉詹糖等香

丹丹國中大通二年其王遣使奉表送牙像及畫塔二軀并獻火齊珠古貝雜香藥大同元年復遣使獻金銀琉璃雜寶香藥等物

干陁利國在海南洲上其俗與林邑扶南略同出斑布

古貝檳榔檳榔特精好爲諸國之極宋孝武世王釋婆羅那鄰陁遣長史竺留陁獻金銀寶器梁天監元年其王瞿曇修跋陁羅以四月八日夢一僧謂曰中國今有聖主十年之後佛法大興汝若遣使貢奉禮敬則土地豐樂商旅百倍若不信我則境土不得自安初未之信旣而又夢此僧曰汝若不信我當與汝往觀乃於夢中至中國拜覲天子旣覺心異之陁羅本工畫乃寫夢中所見武帝容質飾以丹青仍遣使并畫工奉表獻玉盤等物使人旣至摸寫帝形以還其國比本畫則符同焉因盛以寶函日加敬禮後跋陁死子毗邪跋摩立十七年遣長史毗員跋摩奉表獻金芙蓉雜香藥等普通元年復遣使獻方物

狼牙脩國在南海中其界東西三十日行南北二十日行北去廣州二萬四千里土氣物產與扶南略同偏多棧沉婆律香等其俗男女皆袒而被髮以古貝爲干漫其王及貴臣乃加雲霞布覆胛以金繩爲絡帶金環貫耳女子則布以瓔珞繞身其國累塼爲城重門樓閣王出乘象有幡旄旗鼓罩白蓋兵衛甚嚴國人說立國以來四百餘年後嗣衰弱王族有賢者國人歸向之王聞乃加囚執其鎖無故自斷王以爲神因不敢害乃逐出境遂奔天竺天竺妻以長女俄而狼牙王死大臣迎還爲王二十餘年死子婆伽達多立天監十四年遣使阿撤多奉表

婆利國在廣州東南海中洲上去廣州二月日行國界東西五十日行南北二十日行有一百三十六聚土氣暑熱如中國之盛夏穀一歲再熟草木常榮海出文螺紫貝有石名坩貝羅初采之柔軟及刻削爲物暴乾之遂大硬其國人披古貝如帊及爲都縵王乃用斑絲者以瓔珞繞身頭著金冠高尺餘形如弁綴以七寶之飾帶金裝劍偏坐金高坐以銀蹬支足侍女皆爲金花雜寶之飾或持白毦拂及孔雀扇王出以象駕輿輿以雜香爲之上施羽蓋珠簾其導從吹螺擊鼓王姓憍陳如自古未通中國問其先及年數不能記自言白淨王夫人卽其國女天監十六年遣使奉表獻金席等普通三年其王頻伽復遣使珠智獻白鸚鵡青蟲兜鍪琉璃器古貝螺杯雜香藥等數十種

中天竺國在大月支東南數千里地方三萬里一名身毒漢世張騫使大夏見邛竹杖蜀布國人云市之身毒卽天竺也從月支高附西南至西海東至盤越列國數十每國置王其名雖異皆身毒也漢時羈屬月支其俗土著與月支同而卑濕暑熱人畏戰弱於月支國臨大江名新陶源出崑崙分爲五江總名恒水其水甘美下有眞鹽色正白如水精土出犀象貂鼠瑇瑁火齊金銀銅鐵金縷織成金罽細靡白疊好裘毾㲪火齊狀如雲母色如紫金有光耀別之則蟬翼積之則如紗縠之重沓也西與大秦安息交市海中多大秦珍物珊瑚琥珀金碧珠璣琅玕鬱金蘇合蘇合是諸香汁煎之非自然一物也又云大秦人采蘇合先笮其汁以爲香膏乃賣其滓與諸國賈人是以展轉來達中國不大香也鬱金獨出罽賓國華色正黃而細與芙蓉華裏被蓮者相似國人先取以上佛寺積日槁乃糞去之賈人以轉賣與他國也漢桓帝延熹九年大秦王安敦遣使自日南徼外來獻漢世唯一通焉其國人行賈往往至扶南日南交阯其南徼諸國人少有到大秦者孫權黃武五年有大秦賈人字秦論來到交阯太守吳邈遣送詣權權問論方土風俗論具以事對時諸葛恪討丹陽獲黝歙短人論見之曰大秦希見此人權以男女各十人差吏會稽劉咸送論咸於道物故乃徑還本國也漢和帝時天竺數遣使貢獻後西域反叛遂絕至桓帝延熹二年四年頻從日南徼外來獻魏晉世絕不復通唯吳時扶南王范旃遣親人蘇勿使其國從扶南發投拘利口循海大灣中正西北入歷灣邊數國可一年餘到天竺江口逆水行七千里乃至焉天竺王驚曰海濱極遠猶有此人乎卽令觀視國內仍差陳宋等二人以月支馬四疋報旃勿積四年方至其時吳遣中郎康泰使扶南及見陳宋等具問天竺土俗云佛道所興國也人敦厖土饒沃其王號茂論所都城郭水泉分流繞于渠塹下注大江其宮殿皆雕文鏤刻街曲市里屋舍樓觀鐘鼓音樂服飾香華水陸通流百賈交會器玩珍瑋恣心所欲左右嘉維舍衛葉波等十六大國去天竺或二三千里共尊奉之以爲在天地之中天監初其王屈多遣長史竺羅達奉表獻琉璃唾壺雜香古貝等物

天竺迦毗黎國元嘉五年國王月愛遣使奉表獻金剛指環摩勒金環諸寶物赤白鸚鵡各一頭明帝泰始二年又遣貢獻以其使主竺扶大竺阿珍並爲建威將軍元嘉十八年蘇摩黎國王那羅跋摩遣使獻方物孝武孝建二年斤陁利國王釋婆羅那隣陁遣長史竺留陁及多獻金銀寶器後廢帝元徽元年婆黎國遣使貢獻凡此諸國皆事佛道佛道自後漢明帝法始東流自此以來其敎稍廣別爲一家之學元嘉十二年丹陽尹蕭摹之奏曰佛化被于中國已歷四代而自頃以來更以奢競爲重請自今以後有欲鑄銅像者悉詣臺自聞興造塔寺精舍皆先列言須許報然後就功詔可又沙汰沙門罷道者數百人孝武大明二年有曇標道人與羌人高闍謀反上因是下詔所在精加沙汰後有違犯嚴其誅坐於是設諸條禁自非戒行精苦並使還俗而諸寺尼出入宮掖交關妃后此制竟不能行先是晉世庾冰始創議欲使沙門敬王者後桓玄復述其義並不果行大明六年孝武使有司奏沙門接見皆盡敬詔可前廢帝初復舊孝武寵姬殷貴妃薨爲之立寺貴妃子子鸞封新安王故以新安爲寺號前廢帝殺子鸞乃毀廢新安寺驅斥僧徒尋又毀中興天寶諸寺明帝定亂下令修復宋世名僧有道生道人彭城人父爲廣戚令道生爲沙門法大弟子幼而聰悟年十五便能講經及長有異解立頓悟義時人推服元嘉十一年卒於廬山沙門慧琳爲之誄慧琳者秦郡秦縣人姓劉氏少出家住冶城寺有才章兼內外之學爲廬陵王義眞所知嘗著均善論頗貶裁佛法云有白學先生以爲中國聖人經綸百世其德弘矣智周萬變天人之理盡矣道無隱旨敎罔遺筌聰叡廸哲何負於殊論哉有黑學道士陋之謂不照幽冥之塗弗及來生之化雖尚虛心未能虛事不逮西域之深也爲客主詶答其歸以爲六度與五敎並行信順與慈悲齊立論行於世舊僧謂其貶黜釋氏欲加擯斥文帝見論賞之元嘉中遂參權要朝廷大事皆與議焉賓客輻湊門車常有數十兩四方贈賂相係勢傾一時方筵七八座上恒滿琳著高屐披貂裘置通呈書佐權侔宰輔會稽孔顗嘗詣之遇賓客塡咽暄涼而已顗慨然曰遂有黑衣宰相可謂冠履失所矣注孝經及莊子逍遙篇文論傳於世又有慧嚴慧議道人並住東安寺學行精整爲道俗所推時鬭場寺多禪僧都下爲之語曰鬭場禪師窟東安談義林孝武大明四年於中興寺設齋有一異僧衆莫之識問名答言名明慧從天安寺來忽然不見天下無此寺名乃改中興曰天安寺大明中外國沙門摩訶衍苦節有精理於都下出新經勝鬘經尤見重釋學

師子國天竺旁國也其地和適無冬夏之異五穀隨人種不須時節其國舊無人止有鬼神及龍居之諸國商估來共市易鬼神不見其形但出珍寶顯其所堪價商人依價取之諸國人聞其土樂因此競至或有住者遂成大國晉義熙初始遣使獻玉像經十載乃至像高四尺二寸玉色潔潤形制殊特殆非人工此像歷晉宋在瓦官寺先有徵士戴安道手製佛像五軀及顧長康維摩畫圖世人號之三絕至齊東昏遂毀玉像前截臂次取身爲嬖妾潘貴妃作釵釧宋元嘉五年其王刹利摩訶遣使奉表貢獻十二年又遣使奉獻梁大通元年後王迦葉伽羅訶黎邪使使奉表貢獻

南史卷七十八考證

林邑國傳故名曰沈香次浮者棧香〇棧梁書作篯

扶南國傳王當樓居〇當梁書作常今各本俱同仍之

開國十餘闢地五六千里〇餘監本訛徐今改正

橫幅今干漫也〇漫梁書作縵

穆帝升平元年王竺旃檀奉表獻馴象〇王各本訛天今从梁書

火葬則焚爲灰燼〇爲監本訛於今从闕本

大同三年累遣使獻方物五年復遣使獻生犀〇三年監本誤九年今从梁書及下五年改正

詔遣沙門釋曇寶隨使往迎之〇曇梁書作雲

干陁利國傳宋孝武世王釋婆羅那鄰陁〇鄰一本作憐

婆利國傳有石名坩貝羅〇梁書坩作蚶

其國人披古貝如帊及爲都縵王乃用班絲者〇梁書古作吉者作布

南史卷七十九

唐　李　延　壽　撰

列傳第六十九

夷貊下

東夷　西戎　蠻　西域諸國

北狄

東夷之國朝鮮爲大得箕子之化其器物猶有禮樂云魏時朝鮮以東馬韓辰韓之屬世通中國自晉過江泛海來使有高句麗百濟而宋齊間常通職貢梁興又有加焉扶桑國在昔未聞也梁普通中有道人稱自彼而

至其言元本尤悉故并錄焉

高句麗在遼東之東千里其先所出事詳北史地方可二千里中有遼山遼水所出漢魏世南與朝鮮獩貊東與沃沮北與夫餘接其王都於九都山下地多大山深谷無原澤百姓依之以居食澗水雖土著無良田故其俗節食好修宮室於所居之左大立屋祭鬼神又祠零星社稷人性凶急喜寇鈔其官有相加對盧沛者古鄒加主簿優台使者帛衣先人尊卑各有等級言語諸事多與夫餘同其性氣衣服有異本有五族有消奴部絕奴部愼奴部灌奴部桂婁部本消奴部爲王微弱桂婁部代之其置官有對盧則不置沛者有沛者則不置對盧俗喜歌儛國中邑落男女每夜羣聚歌戲其人潔淨自喜善藏釀跪拜申一腳行皆走以十月祭天大會其公會衣服皆錦繡金銀以自飾大加主簿頭所著似幘而無後其小加著折風形如弁其國無牢獄有罪者則會諸加評議重者便殺之沒入其妻子其俗好淫男女多相奔誘已嫁娶便稍作送終之衣其死有槨無棺好厚葬金銀財幣盡於送死積石爲封列植松柏兄死妻嫂其馬皆小便登山國人尚氣力便弓矢刀矛有鎧甲習戰鬬沃沮東獩皆屬焉晉安帝義熙九年高麗王高璉遣長史高翼奉表獻赭白馬晉以璉爲使持節都督營州諸軍事征東將軍高麗王樂浪公宋武帝踐阼加璉鎮東大將軍餘官竝如故三年加璉散騎常侍增督平州諸軍事少帝景平二年璉遣長史馬婁等來獻方物遣謁者朱邵伯王邵子等慰勞之元嘉十五年馮弘爲魏所攻敗奔高麗北豐城表求迎接文帝遣使王白駒趙次興迎之幷令高麗資遣璉不欲弘南乃遣將孫漱高仇等襲殺之白駒等率所領七千餘人生擒漱殺仇等二人璉以白駒等專殺遣使執送之上以遠國不欲違其意白駒等下獄見原璉每歲遣使十六年文帝欲侵魏詔璉送馬獻八百疋孝武孝建二年璉遣長史董騰奉表慰國哀再周幷獻方物大明二年又獻肅愼氏楛矢石砮七年詔進璉爲車騎大將軍開府儀同三司餘官竝如故明帝泰始後廢帝元徽中貢獻不絕歷齊竝授爵位百餘歲死子雲立齊隆昌中以爲使持節散騎常侍都督營平二州征東大將軍樂浪公梁武帝卽位進雲車騎大將軍天監七年詔爲撫東大將軍開府儀同三司持節常侍都督王竝如故十一年十五年累遣使貢獻十七年雲死子安立普通元年詔安纂襲封爵持節督營平二州諸軍事寧東將軍七年安卒子延立遣使貢獻詔以延襲爵中大通四年六年大同元年七年累奉表獻方物太清二年延卒詔其子成襲延爵位

百濟者其先東夷有三韓國一曰馬韓二曰辰韓三曰弁韓弁韓辰韓各十二國馬韓有五十四國大國萬餘家小國數千家總十餘萬戶百濟卽其一也後漸强大兼諸小國其國本與句麗俱在遼東之東千餘里晉世句麗既略有遼東百濟亦據有遼西晉平二郡地矣自置百濟郡晉義熙十三年以百濟王餘映爲使持節都督百濟諸軍事鎮東將軍百濟王宋武帝踐阼進號鎮東大將軍少帝景平二年映遣長史張威詣闕貢獻元嘉二年文帝詔兼謁者閭丘恩子兼副謁者丁敬子等往宣旨慰勞其後每歲遣使奉獻方物七年百濟王餘毗復修貢職以映爵號授之二十七年毗上書獻方物私假臺使馮野夫西河太守表求易林式占腰弩文帝竝與之毗死子慶代立孝武大明元年遣使求除授詔許之二年慶遣上表言行冠軍將軍右賢王餘紀十一人忠勤竝求顯進於是詔竝加優進明帝泰始七年又遣使貢獻慶死立子牟都都死立子牟大齊永明中除大都督百濟諸軍事鎮東大將軍百濟王梁天監元年進大號征東將軍尋爲高句麗所破衰弱累年遷居南韓地普通二年王餘隆始復遣使奉表稱累破高麗今始與通好百濟更爲强國其年梁武帝詔隆爲使持節都督百濟諸軍事寧東大將軍百濟王五年隆死詔復以其子明爲持節督百濟諸軍事綏東將軍百濟王號所都城曰固麻謂邑曰檐魯如中國之言郡縣也其國之有二十二檐魯皆以子弟宗族分據之其人形長衣服潔淨其國近倭頗有文身者言語服章略與高麗同呼帽曰冠襦曰複衫袴曰褌其言參諸夏亦秦韓之遺俗云中大通六年大同七年累遣使獻方物幷請涅槃等經義毛詩博士幷工匠畫師等竝給之太清三年遣使貢獻及至見城闕荒毀竝號慟涕泣侯景怒囚執之景平乃得還國

新羅其先事詳北史在百濟東南五十餘里其地東濱大海南北與句麗百濟接魏時曰新盧宋時曰新羅或曰斯羅其國小不能自通使聘梁普通二年王姓募名秦始使隨百濟奉獻方物其俗呼城曰健牟羅其邑在內曰啄評在外曰邑勒亦中國之言郡縣也國有六啄評五十二邑勒土地肥美宜植五穀多桑麻作縑布服牛乘馬男女有別其官名有子賁旱支壹旱支齊旱支謁旱支壹吉支奇貝旱支其冠曰遺子禮襦曰尉解袴曰柯半靴曰洗其拜及行與高麗相類無文字刻木爲信語言待百濟而後通焉

倭國其先所出及所在事詳北史其官有伊支馬次曰彌馬獲支次曰奴往鞮人種禾稻紵麻蠶桑織績有薑桂橘椒蘇出黑雉眞珠青玉有獸如牛名山鼠又有大蛇吞此獸蛇皮堅不可斫其上有孔乍開乍閉時或有光射中而蛇則死矣物產略與儋耳朱崖同地氣溫暖風俗不淫男女皆露紒富貴者以錦繡雜采爲帽似中國胡公頭食飲用籩豆其死有棺無槨封土作冢人性皆嗜酒俗不知正歲多壽考或至八九十或至百歲其俗女多男少貴者至四五妻賤者猶至兩三妻婦人不婬妬無盜竊少諍訟若犯法輕者沒其妻子重則滅其宗族晉安帝時有倭王讚遣使朝貢及宋武帝永初二年詔曰倭讚遠誠宜甄可賜除授文帝元嘉二年讚又遣司馬曹達奉表獻方物讚死弟珍立遣使貢獻自稱使持節都督倭百濟新羅任那秦韓慕韓六國諸軍事安東大將軍倭國王表求除正詔除安東將軍倭國王珍又求除正倭洧等十三人平西征虜冠軍輔國將軍等號詔竝聽之二十年倭國王濟遣使奉獻復以爲安東將軍倭國王二十八年加使持節都督倭新羅任那加羅秦韓慕韓六國諸軍事安東將軍如故幷除所上二十三人職濟死世子興遣使貢獻孝武大明六年詔授興安東將軍倭國王興死弟武立自稱使持節都督倭百濟新羅任那加羅秦韓慕韓七國諸軍事安東大將軍倭國王順帝昇明二年遣使上表言自昔祖禰躬擐甲冑跋涉山川不遑寧處東征毛人五十五國西服衆夷六十六國陵平海北九十五國王道融泰廓土遐畿累葉朝宗不愆于歲道遥百濟裝飾船舫而句麗無道圖欲見吞臣亡考濟方欲大舉奄喪父兄使垂成之功不獲一簣今欲練兵申父兄之志竊自假開府儀同三司其餘咸各假授以勸忠節詔除武使持節都督倭新羅任那加羅秦韓慕韓六國諸軍事安東大將軍倭王齊建元中除武持節都督倭新羅任那加羅秦韓慕韓六國諸軍事鎮東大將軍梁武帝卽位進武號征東大將軍其南有侏儒國人長四尺又南有黑齒國裸國去倭四千餘里船行可一年至又西南萬里有海人身黑眼白裸而醜其肉美行者或射而食之文身國在倭東北七千餘里人體有文如獸其額上有三文文直者貴文小者賤土俗歡樂物豐而賤行客不齎糧有屋宇無城郭國王所居飾以金銀珍麗繞屋爲塹廣一丈實以水銀雨則流于水銀之上市用珍寶犯輕罪者則鞭杖犯死罪則置猛獸食之有枉則獸避而不食經宿則赦之大漢國在文身國東五千餘里無兵戈不攻戰風俗竝與文身國同而言語異

扶桑國者齊永元元年其國有沙門慧深來至荆州說云扶桑在大漢國東二萬餘里地在中國之東其上多扶桑木故以爲名扶桑葉似桐初生如筍國人食之實如梨而赤績其皮爲布以爲衣亦以爲錦作板屋無城郭有文字以扶桑皮爲紙無兵甲不攻戰其國法有南北獄若有犯輕罪者入南獄重罪者入北獄有赦則放南獄不赦北獄在北獄者男女相配生男八歲爲奴生女九歲爲婢犯罪之身至死不出貴人有罪國人大會坐罪人於坑對之宴飲分訣若死別焉以灰繞之其一重則一身屏退二重則及子孫三重者則及七世名國王爲乙祁貴人第一者爲對盧第二者爲小對盧第三者爲納咄沙國王行有鼓角導從其衣色隨年改易甲乙年青丙丁年赤戊己年黃庚辛年白壬癸年黑有牛角甚長以角載物至勝二十斛有馬車牛車鹿車國人養鹿如中國畜牛以乳爲酪有赤梨經年不壞多蒲桃其地無鐵有銅不貴金銀市無租估其昏姻法則壻往女家門外作屋晨夕灑掃經年而女不悅卽驅之相悅乃成昏昏禮大抵與中國同親喪七日不食祖父母喪五日不食兄弟伯叔姑姊妹三日不食設坐爲神像朝夕拜奠不制衰絰嗣王立三年不親國事其俗舊無佛法宋大明二年罽賓國嘗有比丘五人游行其國流通佛法經像敎令出家風俗遂改慧深又云扶桑東千餘里有女國容貌端正色甚潔白身體有毛髮長委地至二三月競入水則任娠六七月產子女人胷前無乳項後生毛根白毛中有汁以乳子百日能行三四年則成人矣見人驚避偏畏丈夫食鹹草如禽獸鹹草葉似邪蒿而氣香味鹹梁天監六年有晉安人度海爲風所飄至一島登岸有人居止女則如中國而言語不可曉男則人身而狗頭其聲如吠其食有小豆其衣如布築土爲牆其形圓其戶如竇云

河南宕昌鄧至武興其本竝爲氐羌之地自晉南遷九州分裂此等諸國地分西垂提挈于魏時通江左今採其舊土編于西戎云

河南王者其先出自鮮卑慕容氏初慕容奕洛干有二子庶長曰吐谷渾嫡曰廆洛干卒廆嗣位吐谷渾避之

西從上隴度枹罕出涼州西南至赤水而居之地在河南故以爲號事詳北史其界東至疊川西隣于闐北接高昌東北通秦嶺方千餘里蓋古之流沙地焉乏草木少水潦四時恒有冰雪唯六七月雨雹甚盛若晴則風飄沙礫常蔽光景其地有麥無穀有青海方數百里放牝馬其側輒生駒土人謂之龍種故其國多善馬有屋宇雜以百子帳卽穹廬也著小袖袍小口袴大頭長裙帽女子被髮爲辮其後吐谷渾孫葉延頗識書記自謂曾祖奕洛干始封昌黎公吾蓋公孫之子也禮以王父字爲氏因姓吐谷渾亦爲國號至其末孫阿豺始通江左受官爵弟子慕延宋元嘉末又自號河南王慕延死從弟拾寅立乃用書契起城池築宮殿其小王並立宅國中有佛法拾寅死子度易侯立易侯死子休留代立齊永明中以代爲使持節都督西秦河沙三州鎮西將軍護羌校尉西秦河二州刺史梁興進代爲征西將軍代死子休運籌襲爵位天監十三年遣使獻金裝馬腦鍾二口又表於益州立九層佛寺詔許焉十五年又遣使獻赤舞龍駒及方物其使或歲再三至或再歲一至其地與益州隣常通商賈普通元年又奉表獻方物籌死子呵羅眞立大通三年詔以爲寧西將軍護羌校尉西秦河二州刺史眞死子佛輔襲爵位其世子又遣使獻白龍駒於皇太子

宕昌國在河南國之東益州之西北隴西之地西羌種也宋孝武世其王梁瑾忽始獻方物梁天監四年王梁彌博來獻甘草當歸詔以爲使持節都督河梁二州諸軍事安西將軍東羌校尉河梁二州刺史隴西公宕昌王佩以金章彌博死子彌泰立大同七年復策授以父爵位其衣服風俗與河南略同

鄧至國居西涼州界羌別種也世號持節平北將軍西涼州刺史宋文帝時王象屈耽遣使獻馬梁天監元年詔以鄧至王象舒彭爲督西涼州諸軍事進號安北將軍五年舒彭遣使獻黃耆四百斤馬四疋其俗呼帽曰突何其衣服與宕昌同

武興國本仇池楊難當自立爲秦王宋文帝遣裴方明討之難當奔魏其兄子文德又聚衆葭蘆宋因授以爵位魏又攻之文德奔漢中從弟僧嗣又自立復戍葭蘆卒文德弟文度立以弟文洪爲白水太守屯武興宋世以爲武都王武興之國自於此矣難當族弟廣香又攻殺文度自立爲陰平王葭蘆鎮主死子炅立炅死子崇祖立崇祖死子孟孫立齊永明中魏南梁州刺史仇池公楊靈珍據泥切山歸齊齊武帝以靈珍爲北梁州刺史仇池公文洪死以族人集始爲北秦州刺史武都王梁天監初以集始爲持節都督秦雍二州諸軍事輔國將軍平羌校尉北秦州刺史武都王靈珍爲冠軍將軍孟孫爲假節督沙州諸軍事平羌校尉沙州刺史陰平王集始死子紹先襲爵位二年以靈珍爲持節督隴右諸軍事左將軍北涼州刺史仇池王十年孟孫死詔贈安沙將軍北雍州刺史子定襲封爵紹先死子智慧立大同元年剋復漢中智慧遣使上表求率四千戶歸梁詔許焉卽以爲東益州其國東連秦嶺西接宕昌其大姓有苻氏姜氏梁氏言語與中國同著烏皁突騎帽長身小袖袍小口袴皮鞾地植九穀婚姻備六禮知書疏種桑麻出紬絹布漆蠟椒等山出銅鐵

書云蠻夷猾夏其作梗也已舊及于宋之方盛蓋亦屢與戎役豈詩所謂蠢爾蠻荆大邦爲讎者乎今亦編錄以備諸蠻云爾

荆雍州蠻盤瓠之後也種落布在諸郡縣宋時因晉於荆州置南蠻雍州置寧蠻校尉以領之孝武初罷南蠻併大府而寧蠻如故蠻之順附者一戶輸穀數斛其餘無雜調而宋人賦役嚴苦貧者不復堪命多逃亡入蠻蠻無徭役强者又不供官稅結黨連郡動有數百千人州郡力弱則起爲盜賊種類稍多戶口不可知也所在多深險居武陵者有雄溪樠溪辰溪酉溪武溪謂之五溪蠻而宜都天門巴東建平江北諸郡蠻所居皆深山重阻人跡罕至焉前世以來屢爲人患少帝景平二年宜都蠻帥石寧等一百二十三人詣闕上獻文帝元嘉六年建平蠻張維之等五十人七年宜都蠻田生等一百一十三人並詣闕獻見其後沔中蠻大動行旅殆絕天門漊中令宋矯之徭賦過重蠻不堪命十八年蠻田向求等爲寇破漊中虜掠百姓荆州刺史衡陽王義季遣行參軍曾孫念討破之免矯之官二十年南郡臨沮當陽蠻反縛臨沮令傅僧驥荆州刺史南譙王義宣遣中兵參軍王諶討破之先是雍州刺史劉道產善撫諸蠻前後不附者皆引出平土多緣沔爲居及道產亡蠻又反叛至孝武出爲雍州羣蠻斷道臺遣軍主沈慶之連年討蠻所向皆平事在慶之傳二十八年正月龍山雉水蠻寇鈔涅陽縣南陽太守朱部遣軍討之失利部又遣二千人係之蠻乃散走是歲漵水諸蠻因險爲寇雍州刺史隨王誕遣使說之又遣軍討沔北諸蠻蘘濁山如口蜀松三砦剋之又圍斗錢柏義諸砦蠻悉力距戰軍大破之孝武大明中建平蠻向光侯寇暴峽川巴東太守王濟荆州刺史朱修之遣軍討之光侯走清江清江去巴東千餘里時巴東建平宜都天門四郡蠻爲寇諸郡人戶流散百不存一明帝順帝世尤甚荆州爲之虛弊云

豫州蠻廩君後也盤瓠廩君事並具前史西陽有巴水蘄水希水赤亭水西歸水謂之五水蠻所在並深岨種落熾盛歷世爲盜賊北接淮汝南極江漢地方數千里宋元嘉二十八年西陽蠻殺南川令劉臺二十九年新蔡蠻破大雷戍略公私船入湖有亡命司馬黑石逃在蠻中共爲寇文帝遣太子步兵校尉沈慶之討之孝武大明四年又遣慶之討西陽蠻大剋獲而反司馬黑石徒黨三人其一名智黑石號曰太公以爲謀主一人名安陽號譙王一人名續之號梁王蠻文山羅等討禽續之爲蠻世財所篡山羅等相率斬世財父子六人豫州刺史王玄謨遣殿中將軍郭元封慰勞諸蠻使縛送亡命蠻乃執智安陽二人送詣玄謨孝武使於壽陽斬之明帝初卽位四方反叛及南賊敗於鵲尾西陽蠻田益之田義之成邪財田光興等起義攻郢州剋之以益之爲輔國將軍都統四山軍事又以蠻戶立宋安光城二郡以義之爲宋安太守光興爲光城太守封益之邊城縣王成邪財陽城縣王成邪財死子婆思襲爵云

玉門以西達于西海考之漢史通爲西域高昌迄于波斯則其所也自晉宋以還雖有時而至論其風土甚未能詳今略備西域諸國編之于次云

高昌國初闞氏爲主其後爲河西王沮渠茂虔弟無諱襲破之其王闞爽奔於蠕蠕無諱據之稱王一世而滅於魏其國人又推麴氏爲王名嘉魏授爲車騎將軍司空公都督秦州諸軍事秦州刺史金城郡公在位二十四年卒國謚曰昭武王子堅嗣位魏授使持節驃騎大將軍散騎常侍都督瓜州刺史西平郡公開府儀同三司高昌王其國蓋車師之故地南接河南東近敦煌西次龜茲北隣敕勒置四十六鎭交河田地高寧臨川橫截柳婆洿林新興寧由始昌篤進白刃等鎭官有四鎭將軍及雜號將軍長史司馬門下校郎中兵校郎通事舍人通事令史諮議諫議校尉主簿國人言語與華略同有五經歷代史諸子集面貌類高麗辮髮垂之於背著長身小袖袍縵襠袴女子頭髮辮而不垂著錦纈纓珞環釧昏姻有六禮其地高燥築土爲城架木爲屋土覆其上寒暑與益州相似備植九穀人多噉麨及牛羊肉出良馬蒲桃酒石鹽多草木有草實如繭繭中絲如細纑名曰白疊子國人取織以爲布布甚軟白交市用焉有朝烏者旦旦集王殿前爲行列不畏人日出然後散去梁大同中子堅遣使獻鳴鹽枕蒲桃良馬氍毹等物

滑國者車師之別種也漢永建元年八滑從班勇擊北虜有功勇上八滑爲後部親漢侯自魏晉以來不通中國至梁天監十五年其王厭帶夷栗陁始遣使獻方物普通元年遣使獻黃師子白貂裘波斯錦等物七年又奉表貢獻魏之居代都滑猶爲小國屬蠕蠕後稍强大征其旁國波斯盤盤罽賓焉耆龜茲疏勒姑墨于闐句般等國開地千餘里土地溫暖多山川少樹木有五穀國人以麨及羊肉爲糧其獸有師子兩腳駱駝野驢有角人皆善騎射著小袖長身袍用金玉爲帶女人被裘頭上刻木爲角長六尺以金銀飾之少女子兄弟共妻無城郭氈屋爲居東向開戶其王坐金牀隨太歲轉與妻並坐接客無文字以木爲契與旁國通則使旁國胡爲胡書羊皮爲紙無職官事天神火神每日則出戶祀神而後食其跪一拜而止葬以木爲槨父母死其子截一耳葬訖卽吉其言語待河南人譯然後通

呵跋檀周古柯胡密丹等國並滑旁小國也凡滑旁之國衣服容貌皆與滑同普通元年使使隨滑使來貢獻方物

白題國王姓支名史稽毅其先蓋匈奴之別種胡也漢灌嬰與匈奴戰斬白題騎一人是也在滑國東去滑六日行西極波斯土地出粟麥瓜果食物略與滑同普通三年遣使獻方物

龜茲者西域之舊國也自晉度江不通至梁普通二年王尼瑞摩珠那勝遣使奉表貢獻

于闐者西域之舊國也梁天監九年始通江左遣使獻方物十三年又獻波羅婆步障十八年又獻琉璃甖大同七年又獻外國刻玉佛

渴盤陁國于闐西小國也西隣滑國南接罽賓國北連沙勒國都在山谷中城周回十餘里國有十二城風俗與于闐相類衣吉貝布著長身小袖袍小口袴地宜小麥資以爲糧多牛馬駱駝羊等出好氈王姓葛沙氏梁中大同七年始通江左遣獻方物

末國漢世且末國也勝兵萬餘戶北與丁零東與白題西與波斯接土人剪髮著氈帽小袖衣爲衫則開頸而縫前多牛羊騾驢其王安末深盤梁普通五年始通江

左遣使來貢獻

波斯國其先有波斯匿王者子孫以王父字爲氏因爲國號國有城周回三十二里城高四丈皆有樓觀城內屋宇數百千間城外佛寺二三百所西去城十五里有土山山非過高其勢連接甚遠中有鷲鳥噉羊土人極以爲患國中有優鉢曇花鮮華可愛出龍駒馬鹹池生珊瑚樹長一二尺亦有虎魄馬腦眞珠玫瑰等國內不以爲珍市買用金銀昏姻法下娉財訖女壻將數十人迎婦壻著金線錦袍師子錦袴戴天冠婦亦如之婦兄弟便來捉手付度夫婦之禮於茲永畢國西及南俱與婆羅門國北與泛慄國接梁中大通二年始通江左遣使獻佛牙

北狄種類寔繁蠕蠕爲族蓋匈奴之別種也魏自南遷因擅其地故無城郭隨水草畜牧以穹廬居辮髮衣錦小袖袍小口袴深雍鞾其地苦寒七月流澌亘河宋昇明中遣王洪軌使焉引之共謀魏齊建元三年洪軌始至是歲通使求井力攻魏其相國刑基祇羅回表言京房讖云卯金卒草肅應王歷觀圖緯代宋者齊又獻師子皮袴褶其國後稍侵弱永明中爲丁零所破更爲小國而移其居梁天監十四年遣使獻馬貂裘普通元年又遣使獻方物是後數歲一至焉大同七年又獻馬一疋金一斤其國能以衡祭天而致風雪前對皎日後則泥潦橫流故其戰敗莫能追及或於中夏爲之則不能兩問其故蓋以暵云

論曰自晉氏南度介居江左北荒西裔隔礙莫通至於南徼東邊界壤所接洎宋元嘉撫運爰命干戈象浦之絕威震冥海於是鞮譯相係無絕歲時以洎齊梁職貢有序及侯景之亂邊鄙日蹙陳氏基命衰微已甚救首救尾身其幾何故西賮南琛無聞竹素豈所謂有德則來無道則去者也

南史卷七十九考證

新羅傳梁普通二年王姓募名泰始使隨百濟獻方物○泰閣本作秦

倭國傳安東大將軍倭王齊建元中除武持節都督倭新羅任那加羅秦韓慕韓六國諸軍事鎮東大將軍○鎮東大將軍上閣本脫去三十字今從監本

豫州蠻傳西陽有巴水蘄水希水赤亭水西歸水謂之五水○蘄監本訛斬今从閣本

蠻所在並深岨○岨監本訛岨今从閣本

波斯國傳西去城十五里有土山○土監本訛上今改正

南史卷八十

唐　李延壽　撰

列傳第七十

賊臣

侯景　王偉　熊曇朗

周迪　留異　陳寶應

侯景字萬景魏之懷朔鎮人也少而不羈爲鎮功曹史魏末北方大亂乃事邊將爾朱榮甚見器重初學兵法於榮部將慕容超宗未幾超宗每詢問焉後以軍功爲定州刺史始魏相高歡微時與景甚相友好及歡誅爾朱氏景以衆降仍爲歡用稍至吏部尚書非其好也每獨曰何當離此反故紙邪尋封濮陽郡公歡之敗於沙苑景謂歡曰宇文泰恃於戰勝今必致怠請以數千勁騎至關中取之歡以告其妃婁氏曰彼若得泰亦將不歸得泰失景於事奚益歡乃止後爲河南道大行臺位司徒又言於歡曰恨不得泰請兵三萬橫行天下要須濟江縛取蕭衍老公以作太平寺主歡壯其言使擁兵十萬專制河南杖任若己之半體景右足短弓馬非其長所在唯以智謀時歡部將高昂彭樂皆雄勇冠時唯景常輕之言似豕突爾勢何所至及將鎮河南請于歡曰今握兵在遠姦人易生詐僞大王若賜以書請異於他者許之每與景書別加微點雖子弟弗之知及歡疾篤其世子澄矯書召之景知僞懼禍因用王偉計乃以太清元年二月遣其行臺郎中丁和上表求降帝召羣臣議之尚書僕射謝舉等皆議納景非便武帝不從初帝以是歲正月乙卯於善言殿讀佛經因謂左右黃慧弼曰我昨夢天下太平爾其識之及和至校景實以正月乙卯日定計帝由是納之於是封景河南王大將軍使持節督河南北諸軍事大行臺承制如鄧禹故事高澄嗣事爲渤海王遣其將慕容紹宗圍景於長社景急乃求割魯陽長社東荆北兗請救于西魏魏遣五城王元慶等率兵救之紹宗乃退景復請兵於司州刺史羊鴉仁鴉仁遣長史鄧鴻率兵至汝水元慶軍夜遁鴉仁乃據懸瓠時景將蔡道遵北歸言景有悔過志高澄以爲信然乃以書喩景若還許以豫州刺史終其身所部文武更不追攝閨門無恙幷還寵妻愛子景報書不從澄知景無歸志乃遣軍相繼討景帝聞鴉仁已據懸瓠遂命羣帥指授方略大舉攻東魏以貞陽侯蕭明爲都督明軍敗見俘紹宗攻潼州刺史郭鳳棄城走景乃遣其行臺左丞王偉左戶郎中王則詣闕獻策請元氏子弟立爲魏王詔遣太子舍人元貞爲咸陽王須度江許卽位以乘輿之副資給之高澄又遣慕容紹宗追景景退保渦陽使謂紹宗曰欲送客邪將定雌雄邪紹宗曰將決戰遂順風以陣景閉壘頃之乃出紹宗曰景多詭好乘人背使備之果如其言景命戰士皆被短甲短刀但低視斫人脛馬足遂敗紹宗軍裨將斛律光尤之紹宗曰吾戰多矣未見此賊之難也爾其當之光被甲將出紹宗戒之曰勿度渦水旣而又爲景敗紹宗謂曰定何如也相持連月景食盡誑其衆以爲家口並見殺衆皆信之紹宗遙謂曰爾等家並完乃被髮向北斗以誓之景士卒並北人不樂南度其將暴顯等各率所部降紹宗景軍潰散喪甲士四萬人馬四千疋輜重萬餘兩乃與腹心數騎自硤石濟淮稍收散卒得馬步八百人南過小城人登陴詬之曰跛脚奴何爲邪景怒破城殺言者而去晝夜兼行追軍不敢逼使謂紹宗曰景若就禽公復何用紹宗乃縱之旣而莫適所歸馬頭戍主劉神茂者爲韋黯所不容因是踣馬乃馳謂景曰壽陽去此不遠城池險固韋黯是監州耳王若次近郊必郊迎因而執之可以集事得城之後徐以啓聞朝廷喜王南歸必不責也景執其手曰天教也及至而黯授甲登陴景謂神茂曰事不諧矣對曰黯懦而寡智可說下也乃遣豫州司馬徐思玉夜入說之黯乃開門納景景執黯數將斬之久而見釋乃遣于子悅馳以敗聞自求貶削優詔不許復求資給卽授南豫州刺史本官如故帝以景兵新破未忍移易故以鄱陽王範爲合州刺史卽鎮合肥魏人攻懸瓠懸瓠糧少羊鴉仁去懸瓠歸義陽魏人入懸瓠更求和親帝召公卿謀之張綰朱异咸請許之景聞未之信乃僞作鄴人書求以貞陽侯換景帝將許之舍人傅岐曰侯景以窮歸義棄之不祥且百戰之餘寧肯束手受縶謝舉朱异曰景奔敗之將一使之力耳帝從之復書曰貞陽旦至侯景夕反景謂左右曰我知吳兒老公薄心腸又請娶於王謝帝曰王謝門高非偶可於朱張以下訪之景恚曰會將吳兒女以配奴王偉曰今坐聽亦死舉大事亦死王其圖之於是遂懷反計屬城居人悉占募爲軍士輒停責市估及田租百姓子女悉以配將士又啓求錦萬疋爲軍人袍中領軍朱异議以御府錦署止充頒賞不容以供邊用請送青布以給之又以臺所給仗多不能精啓請東冶鍛工欲更營造敕並給之景自渦陽敗後多所徵求朝廷含弘未嘗拒絕是時貞陽侯明遣使還梁述魏人請追前好許放之還武帝覽之流涕乃報明啓當別遣行人帝亦欲息兵乃與魏和通景聞之懼馳啓固諫帝不從爾後表疏跋扈言辭不遜又聞遣伏挺徐陵使魏不知所爲元貞知景異志累啓還朝景謂曰將定江南何不少忍貞益懼奔還建鄴具以事聞景又招司州刺史羊鴉仁同逆鴉仁錄送其使時鄱陽王範鎮合肥及鴉仁俱累啓稱景有異志朱异曰侯景數百叛虜何能爲役並抑不奏聞景所以姦謀益果乃上言曰高澄狡猾寧可全信陛下納其詭語求與連和臣亦竊所笑也臣行年四十有六未聞江左有佞邪之臣一旦入朝乃致躡譾寧堪粉骨投命讎門請乞江西一境受臣控督如其不許卽領甲臨江上向閩越非唯朝廷自恥亦是三公旰食帝使朱异宣語答景使曰譬如貧家畜十客五客尚能得意朕唯有一客致有忿言亦是朕之失也景又知臨賀王正德怨望朝廷密令要結正德許爲內啓二年八月景遂發兵反於豫州城內集其將帥登壇歃血是日地大震於是以誅中領軍朱异少府卿徐驎太子左率陸驗制局監周石珍爲辭以爲姦臣亂政請帶甲入朝先攻馬頭木柵執太守劉神茂戍主曹璆等武帝聞之笑曰是何能爲吾以折箠笞之乃敕斬景者不問南北人同賞封二千戶兼一州刺史其人主帥欲還北不須州者賞以絹布二萬以禮發遣於是詔合州刺史鄱陽王範爲南道都督北徐州刺史封山侯正表爲北道都督司州刺史柳仲禮爲西道都督通直散騎常侍裴之高爲東道都督同討景濟自歷陽又令侍中開府儀同三司邵陵王綸持節董督衆軍景聞之謀於王偉偉曰莫若直掩揚都臨賀反其內大王攻其外天下不足定也兵聞拙速不聞工遲今便須進路不然邵陵及人九月景發壽春聲云游獵人不覺也留僞中軍大都督王貴顯守壽春城出軍僞向合肥遂襲譙州助防董紹先

降之執刺史豐城侯泰武帝聞之遣太子家令王質率兵三千巡江遏防景進攻歷陽太守莊鐵鐵遣弟均夜斫景營戰沒鐵母愛其子勸鐵降景拜其母鐵乃勸景曰急則應機緩必致禍景乃使鐵爲導是時鎭戍相次啓聞朱异尚曰景必無度江志蕭正德先遣大船數十艘僞載荻實擬濟景景至江將度慮王質爲梗俄而質被追爲丹陽尹無故自退景聞未之信乃密遣覘之謂使者質若退折江東樹枝爲驗覘人如言而返景大喜曰吾事辦矣乃自采石濟馬數百疋兵八千人都下弗之覺景卽分襲姑熟執淮南太守文成侯寧遂至慈湖南津校尉江子一奔還建鄴皇太子見事急入面啓武帝曰請以事垂付願不勞聖心帝曰此自汝事何更問爲太子仍停中書省指授內外擾亂相劫不復通於是詔以揚州刺史宣城王大器爲都督內外諸軍事都官尚書羊侃爲軍師將軍以副焉遣南浦侯推守東府城西豐公大春守石頭輕車長史謝禧守白下既而景至朱雀航遣徐思玉入啓乞帶甲入朝除君側之惡請遣了事舍人出相領解實欲觀城中虛實帝遣中書舍人賀季主書郭寶亮隨思玉往勞之于板橋景北面受敕季曰今者之舉何以爲名景曰欲爲帝也王偉進曰朱异徐驎諂黷亂政欲除姦臣耳景既出惡言留季不遣寶亮還宮先是大同中童謠曰青絲白馬壽陽來景渦陽之敗求錦朝廷所給青布及是皆用爲袍采色尚青景乘白馬青絲爲轡欲以應謠蕭正德先屯丹陽郡至是率所部與景合建康令庾信率兵千餘人屯航北及景至徹航始除一舶見賊軍皆著鐵面遂棄軍走南塘游軍復閉航度景皇太子以所乘馬授王質配精兵三千使援庾信質至領軍府與賊遇未陣便奔景乘勝至闕下西豐公大春棄石頭城走景遣其儀同于子悅據之謝禧亦棄白下城走景遣百道攻城縱火焚大司馬東西華諸門城中倉卒未有備乃鑿門樓下水沃火久之方滅賊又斫東掖門將入羊侃鑿門扇刺殺人賊乃退又登東宮墻射城內至夜簡文募人出燒東宮臺殿遂盡所聚圖籍數百廚一皆灰燼先是簡文夢有人畫作秦始皇云此人復焚書至是而驗景又燒城西馬廐士林館太府寺明日景又作木驢數百攻城上擲以石並皆碎破賊又作尖頂木其狀似櫓石不能破乃作雉尾炬灌以膏蠟叢下焚之賊既不剋士卒死者甚多乃止攻築長圍以絕內外又啓求誅朱异陸驗徐驎周石珍等城內亦射賞格出外有能斬景首授以景位并錢一億萬布絹各萬疋女樂二部莊鐵乃奔歷陽給言景已梟首景城守郭駱懼棄城走壽陽鐵得入城遂奔尋陽十一月景立蕭正德爲帝卽僞位居於儀賢堂改年曰正平初童謠有正平之言故立號以應之議者以爲正德卒當平殄也景自爲相國天柱將軍正德以女妻之景又攻東府城設百尺樓車鉤城堞盡落城陷景使其儀同盧暉略率數千人持長刀夾城門悉驅城內文武倮身而出賊交兵殺之死者三千餘人南浦侯推是日遇害景使正德子見理及暉略守東府城初景至都便唱云武帝已晏駕雖城中亦以爲然簡文慮人情有變乃請上輿駕巡城上將登城陸驗諫曰陛下萬乘之重豈可輕脫因泣下帝深感其言乃幸大司馬門城上聞蹕聲皆鼓譟軍人莫不屑涕百姓乃安景又於城東西各起土山以臨城城內亦作兩山以應之簡文以下皆親畚鍤初景至便望剋定建鄴號令甚明不犯百姓既攻不下人心離沮又恐援軍總集衆必潰散乃縱兵殺掠交尸塞路富室豪家恣意裒剝子女妻妾悉入軍營又募北人先爲奴者竝令自拔賞以不次朱异家黥奴乃與其儕踰城投賊景以爲儀同使至闕下以誘城內乘馬披錦袍詬曰朱异五十年仕宦方得中領軍我始事侯王已爲儀同於是奴僮競出盡皆得志景食石頭常平倉既盡便掠居人爾後米一升七八萬錢人相食有食其子者又築土山不限貴賤晝夜不息亂加毆棰疲羸者因殺以填山號哭之聲動天地百姓不敢藏隱並出從之旬日間衆至數萬景儀同范桃棒密貪重賞求以甲士二千人來降以景首應購遣文德主帥前白馬游軍王陳昕夜踰城入密啓言狀簡文以啓上上大悅使報桃棒事定許封河南王鐫銀券以與之簡文恐其詐猶豫不決上怒曰受降常理何忽致疑朱异傳岐同請納之簡文曰吾卽堅城自守所望外援外援若至賊豈足平今若開門以納桃棒桃棒之意尚且難知一旦傾危悔無及矣桃棒又曰今止將所領五百餘人若至城門自皆脫甲乞朝廷賜容事濟之時保禽侯景簡文見其言愈疑之朱异以手搥胷曰今年社稷去矣俄而桃棒軍人魯伯和告景竝烹之至是邵陵王綸率西豐公大春新淦公大成永安侯確南安鄉侯駿前譙州刺史趙伯超武州刺史蕭弄璋步兵校尉尹思合等馬步二萬發自京口直據鍾山景黨大駭咸欲逃散分遣萬餘人拒戰綸大破之於愛敬寺下景初聞綸至懼形於色及敗軍還尤言其盛愈恐命具舟石頭將北濟任約曰去鄉萬里走欲何之戰若不捷君臣同死草間乞活約所不爲景乃留宋子仙守壁自將銳卒拒綸陣於覆舟山北與綸相持會暮景退還南安侯駿率數十騎挑之景回軍駿退時趙伯超陣於玄武湖北見駿退仍率軍前走衆軍前亂遂敗績綸奔京口賊執西豐公大春綸司馬莊丘慧達直閤將軍胡子約廣陵令霍儁等來送城下逼令云已禽邵陵王霍儁獨云王小失利已全軍還京口城中但堅守援軍尋至語未卒賊以刀傷其口景義而釋焉正德乃收而害之是日鄱陽世子嗣裴之高至後渚結營于蔡洲景分軍屯南岸十二月景造諸攻具及飛樓橦車登城車鉤堞車階道車火車並高數丈車至二十輪陳於闕前百道攻城以火焚城東南隅大樓因火勢以攻城城上縱火悉焚其攻具賊乃退是時景土山成城內土山亦成以太府卿韋黯守西土山左衞將軍柳津守東土山山起芙蓉層樓高四丈飾以錦罽捍以烏笙山峯相近募敢死士厚衣袍鎧名曰僧騰客配二山交矟以戰鼓呌沸騰昏旦不息土山攻戰既苦人不堪命柳津命作地道毀外山擲雉尾炬燒其櫓堞外山崩壓賊且盡賊又作蝦蟇車運土石填塹戰士升之樓車四面竝至城內飛石碎其車賊死積於城下賊又掘城東南角城內作迂城形如却月以捍之賊乃退材官將軍宋嶷降賊因爲立計引玄武湖水灌臺城闕前御街竝爲洪波矣又燒南岸居人營寺莫不咸盡司州刺史柳仲禮衡州刺史韋粲南陵太守陳文徹宣猛將軍李孝欽等皆來赴援鄱陽世子嗣裴之高又濟江柳仲禮營朱雀航南裴之高營南苑韋粲營青塘陳文徹李欽屯丹陽郡鄱陽世子嗣營小航南竝緣淮造柵及旦景方覺乃登禪靈寺門樓以望之見韋粲營壘未合度兵擊之粲敗景斬粲首徇城下柳仲禮聞粲敗不遑貫甲與數十人赴之遇賊斬首數百仍投水死者千餘人仲禮深入馬陷泥亦被重創自是賊不敢濟岸邵陵王綸又與臨城公大連等自東道集于南岸荊州刺史湘東王繹遣世子方等兼司馬吳曅天門太守樊文皎赴援營于洲子岸前高州刺史李遷仕前司州刺史羊鴉仁又率兵繼至既而鄱陽世子嗣永安侯確羊鴉仁李遷仕樊文皎率衆度淮攻破賊東府城前柵遂營于靑溪水東景遣其儀同宋子仙緣水西立柵以相拒景食稍盡人相食者十五六初援兵至北岸衆號百萬百姓扶老攜幼以候王師纔過淮便競剝掠徵責金銀列營而立互相疑貳邵陵王綸柳仲禮甚於讎敵臨城公大連永安侯確逾於水火無有鬭心賊黨有欲自拔者聞之咸止賊之始至城中纔得固守平蕩之事期望援軍既而中外斷絕有羊車兒獻計作紙鴟繫以長繩藏敕於中簡文出太極殿前因西北風而放冀得書達羣賊駭之謂是厭勝之術又射下之其危急如此是時城中圍逼既久膜味頓絕簡文上廚僅有一肉之膳軍士煑弩熏鼠捕雀食之殿堂舊多鴿羣聚至是殲焉初宮門之閉公卿以食爲念男女貴賤並出負米得四十萬斛收諸府藏錢帛五十億萬竝聚德陽堂魚鹽樵採所取蓋寡至是乃壞尚書省爲薪撤薦剉以飼馬盡又食飯焉御甘露廚有乾苔味酸鹹分給戰士軍人屠馬於殿省間鶩之雜以人肉食者必病賊又置毒於水竇於是稍行腫滿之疾城中疫死者大半初景之未度江魏人遣檄極言景反覆猜忍又言帝飾智驚愚將爲景欺至是禍敗之狀皆如所陳南人咸以爲識時景軍亦飢不能復戰東城有積粟其路爲援軍所斷且聞湘東王下荊州兵彭城劉邈乃說景曰大軍頓兵已久攻城不拔今衆軍雲集未易可破如聞軍糧不支一月運漕路絕野無所掠嬰兒掌上信在於今未若乞和全師而反景乃與王偉計遣任約至城北拜表僞降以河南自効帝曰吾有死而已寧有是議且賊凶逆多詐此言云何可信既而城中日蹙簡文乃請武帝曰侯景圍逼既無勤王之師今欲許和更思後計帝大怒曰和不如死簡文曰城下之盟乃是深恥白刃交前流矢不顧上遲回久之曰爾自圖之無令取笑千載乃聽焉景請割江右四州地并求宣城王大器出送然後解圍濟江仍許遣其儀同于子悅左丞王偉入城爲質中領軍傅岐議以宣城王嫡嗣之重有輕言者請劍斬之乃請石城公大款出送詔許焉遂於西華門外設壇遣尚書僕射王克兼侍中上甲鄉侯韶兼散騎常侍蕭瑳與于子悅王偉等登壇共盟右衞將軍柳津出西華門下景出其柵門與津遙相對刑牲歃血南兗州刺史南康嗣王會理前青冀二州刺史湘潭侯退西昌侯世子彧率衆三萬至於馬卬洲景慮北軍自白下而上斷其江路請悉勒聚南岸敕乃遣北軍並進江潭苑景又啓稱永安侯趙威方頻隔柵詬臣云天子自與爾盟我終當逐爾乞召入城卽進發敕竝召之景遂運東城米于石頭食乃足又啓云西岸信至高澄已得壽春鍾離便無處安足權借廣陵譙州須征得壽春鍾離卽以奉還朝廷時荊州刺史湘東王繹師於武成河東王譽次巴

陵前信州刺史桂陽王慥頓江津竝未之進既而有敕班師湘東王欲旋中記室參軍蕭賁曰景以人臣舉兵向闕今若放兵未及度江童子能斬之必不爲也大王以十萬之師未見賊而退若何湘東王不悅賁骨鯁士也每恨湘東不入援嘗與王雙六食子未下賁曰殿下都無下意王深爲憾遂因事害之景既知援軍號令不一終無勤王之効又聞城中死疾轉多當有應之者既却湘東王等兵又得城中之米王偉且說景曰王以人臣舉兵背叛圍守宮闕已盈十旬逼辱妃主陵穢宗廟今日持此何處容身願且觀變景然之乃表陳武帝十失三年三月丙辰朔城內於太極殿前設壇使兼太宰尚書僕射王克等告天地神祇以景違盟舉烽鼓譟初城圍之日男女十餘萬貫甲者三萬至是疾疫且盡守埤者止二三千人竝悉羸懦橫屍滿路無人埋瘞臭氣熏數里爛汁滿溝洫於是羊鴉仁柳仲禮鄱陽世子嗣進軍於東府城北柵壘未立爲景將宋子仙所敗送首級於闕下景又遣于子悅乞城內遣御史中丞沈浚至景所無去意浚因責之景大怒即決石闕前水百道攻城晝夜不息丁卯邵陵王世子堅帳內白雲朗董勛華於城西北樓納賊五鼓賊四面飛梯衆悉上永安侯確與其兄堅力戰不能却乃還見文德殿言狀須臾景乃先使王偉儀同陳慶入殿陳謝曰臣既與高氏有隙所以歸投每啓不蒙爲奏所以入朝而姦佞懼誅深見推拒連兵多日罪合萬誅武帝曰景今何在可召來景入朝以甲士五百人自衞帶劍升殿拜訖帝神色不變使引向三公榻坐謂曰卿在戎日久無乃爲勞景默然又問卿何州人而來至此又不對其從者任約代對又問初度江有幾人景曰千人圍臺城有幾人曰十萬今有幾人曰率土之內莫非己有帝俛首不言景出謂其廂公王僧貴曰吾常據鞍對敵矢刃交下而意了無怖今見蕭公使人自慴豈非天威難犯吾不可以再見之出見簡文于永福省簡文坐與相見亦無懼色初簡文寒夕詩云雪花無有蔕冰鏡不安臺又詠月云飛輪了無轍明鏡不安臺後人以爲詩讖謂無蔕者是無帝不安臺者臺城不安輪無轍者以邵陵名綸空有赴援名也既而景屯兵西州使僞儀同陳慶以甲防太極殿悉鹵掠乘輿服玩後宮嬪妾收王侯朝士送永福省撤二宮侍衞使王偉守武德殿于子悅屯太極東堂矯詔大赦自爲大都督都督中外諸軍錄尚書事其侍中使持節大丞相王如故先是城中積屍不暇埋瘞又有已死未斂或將死未絕景悉令聚而焚之臭氣聞十餘里尚書外兵郎鮑正疾篤賊曳出焚之宛轉火中久而方絕景又矯詔征鎮牧守各復本位於是諸軍竝散降蕭正德爲侍中大司馬百官皆復其職帝雖外迹不屈而意猶忿憤景欲以宋子仙爲司空帝曰調和陰陽豈在此物景又請以文德主帥鄧仲爲城門校尉帝曰不置此官簡文重入奏帝怒曰誰令汝來景聞亦不敢逼後每徵求多不稱旨至於御膳亦被裁抑遂懷憂憤五月感疾餧崩于文德殿景祕不發喪權殯于昭陽殿自外文武咸莫之知二十餘日然後升梓宮於太極前殿迎簡文即位及葬修陵使衞士以大釘於要地釘之欲令後世絕滅矯詔赦北人爲奴婢者冀收其力用焉時東揚州刺史臨城公大連據州吳興太守張嵊據郡自南陵以上竝各據守景制命所行唯吳郡以西南陵以北而已六月景乃殺蕭正德於永福省封元羅爲西秦王元景襲爲陳留王諸元子弟封王者十餘人以柳仲禮爲使持節大都督隸大丞相參戎事十一月百濟使至見城邑丘墟於端門外號泣行路見者莫不灑泣景聞大怒收小莊嚴寺禁不聽出入大寶元年正月景矯詔自加班劍四十人給前後部羽葆鼓吹置左右長史從事中郎四人三月甲申景請簡文禊宴於樂游苑帳飲三日其逆黨咸以妻子自隨皇太子以下竝令馬射箭中者賞以金錢翌日向晨簡文還宮景拜伏苦請簡文不從及發景即與溧陽主共據御牀南面竝坐羣臣文武列坐侍宴四月辛卯景又召簡文幸西州簡文御素輦侍衞四百餘人景衆數千浴鐵翼衞簡文至西州景等逆拜上冠下屋白紗帽服白布裠襦景服紫紬褶上加金帶與其僞儀同陳慶索超世等西向坐溧陽主與其母范淑妃東向坐上聞絲竹悽然下泣景起謝曰陛下何不樂上爲笑曰丞相言索超世聞此以爲何聲景曰臣且不知豈獨超世上乃命景起儛景即下席應弦而歌上顧命淑妃淑妃固辭乃止景又上禮遂逼上起儛酒闌坐散上抱景于牀曰我念丞相景曰陛下如不念臣臣何至此上索筌蹄曰我爲公講命景離席使其唱經景問超世何經最小超世曰唯觀世音小景即唱爾時無盡意菩薩上大笑夜乃罷時江南大饑江揚彌甚旱蝗相係年穀不登百姓流亡死者塗地父子攜手共入江湖或弟兄相要俱緣山岳芰實荇花所在皆罄草根木葉爲之凋殘雖假命須臾亦終死山澤其絕粒久者鳥面鵠形俯伏牀帷不出戶牖者莫不衣羅綺懷金玉交相枕藉待命聽終於是千里絕烟人跡罕見白骨成聚如丘隴焉而景虐於用刑酷忍無道於石頭立大舂碓有犯法者擣殺之東陽人李瞻起兵爲賊所執送詣建鄴景先出之市中斷其手足刻析心腹破出肝腸瞻正色整容言笑自若見其膽者乃如升焉又禁人偶語不許大酺有犯則刑及外族其官人任兼閫外者位必行臺入附凶徒者竝稱開府其親寄隆重則號曰左右廂公勇力兼人名爲庫眞部督七月景又矯詔自進位相國封太山等二十郡爲漢王入朝不趨贊拜不名劒履上殿依漢蕭何故事十月景又矯詔自加宇宙大將軍都督六合諸軍事以詔文呈簡文簡文大驚曰將軍乃有宇宙之號乎初武帝既崩景立簡文升重雲殿禮佛爲盟曰臣乞自今兩無疑貳臣固不負陛下陛下亦不得負臣及南康王會理之事景稍猜懼謂簡文欲謀之王偉因搆扇遂懷逆謀矣二年正月景以王克爲太宰宋子仙爲太保元羅爲太傅郭元建爲太尉張化仁爲司徒任約爲司空于慶爲太師紇奚斤爲太子太傅時靈護爲太子太保王偉爲尚書左僕射索超世爲右僕射於大桁跨水築城名曰捍國四月景遣宋子仙襲陷郢州刺史方諸景乘勝西上號二十萬聯旗千里江左以來水軍之盛未有也帝聞之謂御史中丞宗懍曰賊若分守巴陵鼓行西上荆郢殆危此上策也身頓長沙徇地零桂運糧以至洞庭非吾有此中策也擁衆江口連攻巴陵銳氣盡於堅城士卒飢於半菽此下策也吾安枕而臥無所多憂及犬巴陵王僧辯沉船臥鼓若將已遁景遂圍城元帝遣平北將軍胡僧祐與居士陸法和大破之禽其將任約景乃夜遁還都左右有泣者景命斬之王僧辯乃東下自是衆軍所至皆捷先是景每出師戒諸將曰吾破城邑淨殺却使天下知吾威名故諸將以殺人爲戲笑百姓雖死不從之是月景乃廢簡文幽於永福省迎豫章王棟即皇帝位升太極前殿大赦改元爲天正元年有回風自永福省吹其文物皆倒折見者莫不驚駭初景既平建鄴便有纂奪志以四方須定故未自立既而巴陵失律江郢喪師猛將外殲雄心內沮便欲速僭大號又王偉云自古移鼎必須廢立故景從之其太尉郭元建聞之自秦郡馳還諫曰主上仁明何得廢之景曰王偉勸吾元建固陳不可景意遂回欲復帝位以棟爲太孫王偉固執不可乃禪位于棟景以哀太子妃賜郭元建元建曰豈有皇太子妃而降爲人妾竟不與相見景司空劉神茂儀同尹思合劉歸義王曄桑乾王元頵等據東陽歸順十一月景矯蕭棟詔自加九錫漢國置丞相以下百官陳備物於庭忽有鳥似山鵲翔于景冊書上赤足丹嘴都下左右所無賊徒悉駭競射之不能中景又矯棟詔追崇其祖爲大將軍父爲大丞相自加冕十有二旒建天子旌旗出警入蹕乘金根車駕六馬備五時副車置旄頭雲罕樂儛八佾鍾簴宮懸之樂一如舊儀尋又矯蕭棟詔禪位使僞太宰王克奉璽紱于巴先夕景宿大莊嚴寺即南郊柴燎于天升壇受禪大風拔木旂蓋盡偃文物竝失舊儀既唱警蹕識者以爲名景而言警蹕非久祥也景聞惡之改爲備蹕人又曰備於此便畢矣有司乃奏改云永蹕乃以廣柳車載鼓吹橐駝負犧牲輦上置垂腳坐焉景所帶劍水精摽無故墮落手自拾取甚惡之將登壇有兔自前而走俄失所在又白虹貫日三重日青無色還將登太極殿醜徒數萬同共吹脣唱吼而上及升御牀牀腳自陷大赦改元爲太始元年方饗羣臣中會而起觸扆墜地封蕭棟爲淮陰王幽之改梁律爲漢律改左戶尚書爲殿中尚書五兵尚書爲七兵尚書直殿主帥爲直寢景三公之官動置十數儀同尤多或定馬孤行自執羈紲以宋子仙郭元建張化仁任約爲佐命元功竝加三公之位王偉索超世爲謀主于子悅彭儁主擊斷陳慶呂季略盧暉略丁和史安和爲爪牙斯皆尤毒於百姓者其餘王伯醜任延和等復有數十人梁人而爲景用者則故將軍趙伯超前制局監嚴石珍內監嚴亶邵陵王記室伏知命此四人盡心竭力者若太宰王克太傅元羅侍中殷不害太常姬弘正等雖官尊止從人望非腹心任也景祖名乙羽周及篡以周爲廟諱故改周弘正石珍姓姬焉王偉請立七廟景曰何謂七廟偉曰天子祭七世祖考故置七廟并請七世諱敕太常具祭祀之禮景曰前世吾不復憶唯阿爺名摽且在朔州伊那得來噉是衆聞咸笑之景黨有知景祖名乙羽周者自外悉是王偉制其名位以漢司徒侯霸爲始祖晉徵士侯瑾爲七世祖於是推尊其祖周爲大丞相父摽爲元皇帝于時景修飾臺城及朱雀宣陽等門童謠曰的脰烏拂朱雀還與吳又曰脫靑袍著芒屩荆州天子挺應著時都下王侯庶姓五等廟樹咸見殘毀唯文宣太后廟四周栢樹獨鬱茂及景纂修南郊路僞都官尚書呂季略說景令伐此樹以立三橋始斫南面十餘株再宿悉枿生便長數尺時既冬月翠茂若春賊乃大驚惡之使悉斫殺識者以爲昔僵柳起於上林

乃表漢宣之典今廟樹重青必彰陝西之瑞又景牀東邊香爐無故墮地景呼東西南北皆謂爲廂景曰此東廂香爐那忽下地議者以爲湘東軍下之徵十二月謝荅仁李慶等軍至建德攻元頵李占柵大破之執頵占送京口截其手足徇之經日乃死景二年謝荅仁攻東陽劉神茂降以送建康景爲大剉碓先進其脚寸寸斬之至頭方止使衆觀之以示威王僧辯軍至蕪湖城主宵遁侯子鑒率步騎萬餘人度州并引水軍俱進僧辯逆擊大破之景聞之大懼涕下覆面引衾卧良久方起歎曰咄叱咄叱誤殺乃公初景之爲丞相居于西州將率謀臣朝必集行列門外謂之牙門以次引進賚以酒食言笑談論善惡必同及篡恒坐內不出舊將稀見面咸有怨心至是登烽火樓望西師看一人以爲十人大懼僧辯及諸將遂於石頭城西步上連營立柵至於落星墩景大恐遣掘王僧辯父墓剖棺焚其屍王僧辯等進營于石頭城北景列陣挑戰僧辯大破之景既退敗不敢入宮斂其散兵屯於闕下遂將逃王偉按劍攬轡諫曰自古豈有叛天子今宮中衞士尚足一戰寧可便走景曰我在北打賀拔勝敗葛榮揚名河朔與高王一種人來南直度大江取臺城如反掌打邵陵王於北山破柳仲禮於南岸皆乃所親見今日之事恐是天亡乃好守城當復一決仰觀石闕逡巡歎息久之乃以皮囊盛二子挂馬鞍與其儀同田遷范希榮等百餘騎東奔王偉遂委臺城竄逸侯子鑒等奔廣陵王克開臺城門引裴之橫入宮縱兵蹂掠是夜遺燼燒太極殿及東西堂延閣祕署皆盡羽儀輦輅莫有孑遺王僧辯命武州刺史杜崱救火僅而得滅故武德五明重雲殿及門下中書尚書省得免僧辯迎簡文梓官升於朝堂三軍縞素踊於哀次命侯瑱裴之橫追賊於東焚僞神主於宣陽門作神主於太廟收圖書八萬卷歸江陵杜崱守臺城都下戶口百遺一二大航南岸極目無煙老小相扶競出纔度淮王琳杜龕軍人掠之甚於寇賊號叫徹于石頭僧辯謂爲有變登城問故亦不禁也衆以王師之酷甚於侯景君子以是知僧辯之不終初景之圍臺城援軍三十萬兵士望青袍則氣消膽奪及赤亭之役胡僧祐以羸卒一千破任約精甲二萬轉戰而東前無橫陣既而侯瑱追及景衆未陣皆舉幡乞降景不能制乃與腹心人數十單舸走推墮二子於水自滬瀆入海至胡豆洲前太子舍人羊鯤殺之送于王僧辯景長不滿七尺長上短下眉目疎秀廣顙高顴色赤少鬢低眎屢顧聲散識者曰此謂豺狼之聲故能食人亦當爲人所食既南奔魏相高澄悉命先剝景妻子面皮以大鐵鑊盛油煎殺之女以入宮爲婢男三歲者竝下蠶室後齊文宣夢獼猴坐御牀乃竝煮景子於鑊其子之在北者殲焉景性猜忍好殺戮恒以手刃爲戲方食斬人於前言笑自若口不輟飡或先斷手足割舌劓鼻經日乃殺之自篡立後時著白紗帽而尚披青袍頭插象牙梳牀上常設胡牀及筌蹄著靴垂脚坐或跂戶限或走馬遨游彈射鵶鳥自爲天子王偉不許輕出於是鬱快更成失志曰吾無事爲帝與受擯不殊及聞義師轉近猜忌彌深牀前蘭錡自遶然後見客每登武帝所常幸殿若有芒刺在身恒聞叱咄者又處宴居殿一夜驚起若有物扣其心自是凡武帝所常居處竝不敢處多在昭陽殿廊下所居殿屋常有鵂鶹鳥鳴呼景惡之每使人窮山野捕鳥景所乘白馬每戰將勝輒躑躅嘶鳴意氣駿逸其有奔衄必低頭不前及石頭之役精神沮喪卧不肯動景使左右拜請或加箠策終不肯進始景左足上有肉瘤狀似龜戰應剋捷瘤則隱起分明如不勝瘤則低至日瘤隱陷肉中天監中沙門釋寶誌曰掘尾狗子自發狂當死未死嚙人傷須臾之間自滅亡起自汝陰死三湘又曰山家小兒果攘臂太極殿前作虎視狗子景小字山家小兒猴狀景遂覆陷都邑毒害皇家起自懸瓠即昔之汝南巴陵有地名三湘景奔敗處其言皆驗景常謂人曰侯字人邊作主下作人此明是人主也臺城既陷武帝嘗語人曰侯景必得爲帝但不久耳破侯景字成小人百曰天子爲帝當得百日案景以辛未年十一月十九日篡位壬申年三月十九日敗得一百二十日而景以三月一日便往姑孰計在宮殿足滿十旬其言竟驗又大同中太醫令朱耽嘗直禁省無何夢犬羊各一在御坐覺而告人曰犬羊非佳物也今據御座將有變乎既而天子蒙塵景登正殿焉及景將敗有僧通道人者意性若狂飲酒噉肉不異凡等世間游行已數十載姓名鄉里人莫能知初言隱伏久乃方驗人竝呼爲闍梨景甚信敬之景常於後堂與其徒共射時僧通在坐奪景弓射景陽山大呼云得奴已景後又宴集其黨又召僧通僧通取肉搵鹽以進景問曰好不景荅所恨大鹹僧通曰不鹹則爛及景死僧辯截其二手送齊文宣傳首江陵果以鹽五斗置腹中送于建康暴之于市百姓爭取屠膾羹食皆盡并溧陽主亦預食例景焚骨揚灰曾罹其禍者乃以灰和酒飲之首至江陵元帝命梟於市三日然後煮而漆之以付武庫先是江陵謠言苦竹町市南有好井荆州軍殺侯景及景首至元帝付諮議參軍李季長宅宅東即苦竹町也既加鼎鑊即用市南水焉景儀同謝荅仁行臺趙伯超降于侯瑱生禽賊行臺田遷儀同房世貴蔡壽樂領軍王伯醜凶黨悉平斬房世貴於建康市餘黨送江陵初郭元建以有禮於皇太子妃將降侯子鑒曰此小惠也不足自全乃奔齊

王偉其先略陽人父略仕魏爲許昌令因居潁川偉學通周易雅高辭采仕魏爲行臺郎景叛後高澄以書招之偉爲景報澄書其文甚美澄覽書曰誰所作也左右稱偉之文澄曰才如此何由不早使知邪偉既協景謀謨其文檄竝偉所製及行篡逆皆偉創謀也景敗與侯子鑒俱走相失潛匿草中直瀆戍主黃公喜禽送之見王僧辯長揖不拜執者促之偉曰各爲人臣何事相敬僧辯謂曰卿爲賊相不能死節而求活草間顛而不扶安用彼相偉曰廢興時也工拙在人向使侯氏早從偉言明公豈有今日之勢僧辯大笑意甚異之命出以狥偉曰昨及朝行八十里願借一驢代步僧辯曰汝頭方行萬里何八十里哉偉笑曰今日之事乃吾心也前尚書左丞虞騭常見辱於偉遇之而唾其面曰死虜庸復能爲惡乎偉曰君不讀書不足與語騭慙而退及呂季略周石珍嚴亶俱送江陵偉尚望見全於獄爲詩贈元帝下要人曰趙壹能爲賦鄒陽解獻書何惜西江水不救轍中魚又上五百字詩於帝帝愛其才將捨之朝士多忌乃請曰前日偉作檄文有異辭句元帝求而視之檄云項羽重瞳尚有烏江之敗湘東一目寧爲四海所歸帝大怒使以釘釘其舌於柱剜其腸顏色自若仇家臠其肉俛而視之至骨方刑之石珍及亶竝夷三族

趙伯超趙革子也初至建鄴王僧辯謂曰卿荷國重恩遂復同逆對曰當今禍福恩在明公僧辯又顧謝荅仁曰聞卿是侯景梟將恨不與卿交兵荅仁曰公英武蓋世荅仁安能仰敵僧辯大笑荅仁以不失禮於簡文見宥伯超及伏知命俱餓死江陵獄中彭儁亦生獲破腹抽出其肝藏儁猶不死然後斬之

熊曇朗豫章南昌人也世爲郡著姓曇朗跅弛不羈有膂力容貌甚偉侯景之亂稍聚少年據豐城縣爲柵桀黠劫盜多附之梁元帝以爲巴山太守魏剋荆州曇朗兵力稍強劫掠鄰縣縛賣居人山谷之中最爲巨患及侯瑱鎮豫章曇朗外示服從陰欲圖瑱侯方兒之反瑱也曇朗爲之謀主瑱敗曇朗獲瑱馬仗子女甚多及蕭勃踰嶺歐陽頠爲前軍曇朗紿頠共往巴山襲黃法氍又報法氍期共破頠且曰事捷與我馬仗乃出軍與頠掎角而進又紿頠曰余孝頃欲相掩襲須分留奇兵頠送甲二百領助之及至城下將戰曇朗僞北法氍乘頠失援狼狽退衂曇朗取其馬仗而歸時巴山陳定亦擁兵立砦曇朗僞以女妻定子又謂定曰周迪余孝頃並不願此昏必須以強兵來迎定信之及至曇朗執之收其馬仗並論價責贖陳初以南川豪帥歷宜新豫章二郡太守抗拒王琳有功封永化縣侯位平西將軍開府儀同三司及周文育攻余孝勱于豫章曇朗出軍會之文育失利曇朗乃害文育以應王琳琳東下文帝徵南川兵江州刺史周迪高州刺史黃法氍欲沿流應赴曇朗乃據城列艦遏迪等及王琳敗走迪攻陷其城曇朗走入村中村人斬之傳首建鄴懸于朱雀航宗族無少長皆棄市

周迪臨川南城人也少居山谷有膂力能挽強弩以弋獵爲事侯景之亂迪宗人周續起兵於臨川梁始興王蕭毅以郡讓續迪占募鄉人從之每戰勇冠諸軍續所部渠帥皆郡中豪族稍驕橫續頗禁之渠帥等乃殺續推迪爲主梁元帝授迪高州刺史封臨汝縣侯紹泰二年爲衡州刺史領臨川內史周文育之討蕭勃也迪按甲保境以觀成敗陳武帝受禪王琳東下迪欲自據南川乃總召所部八郡守宰結盟聲言入赴朝廷恐其爲變因厚撫之琳至盆城新吳洞主余孝頃舉兵應琳琳以爲南川諸郡可傳檄而定乃遣其將李孝欽樊猛等南徵糧餉孝欽等與余孝頃逼迪迪大敗之禽孝欽猛孝頃送建鄴以功加平南將軍開府儀同三司文帝嗣位熊曇朗反迪與周敷黃法氍等圍曇朗屠之王琳敗後文帝徵迪出鎮盆口又徵其子入朝迪趑趄顧望竝不至豫章太守周敷本屬迪至是與法氍率其部詣闕文帝錄其破熊曇朗功並加官賞迪聞之不平乃陰與留異相結及王師討異迪疑懼乃使其弟方興襲周敷數與戰破之又別使兵襲華皎於盆城事覺盡爲皎禽天嘉三年文帝乃使江州刺史吳明徹都督衆軍與高州刺史黃法氍豫章太守周敷討迪不能剋文帝乃遣宣帝總督討之迪衆潰脫身踰嶺之晉安依陳寶應寶應以兵資迪留異又遣第二子忠臣隨之明年秋復越東興嶺文帝遣都督章昭達征迪迪又散于山谷初侯景之亂百姓皆棄本爲盜唯迪所部獨不侵擾耕作肆

業皆有贏儲政令嚴明徵斂必至性質朴不事威儀冬則短身布袍夏則紫紗袜腹居常徒跣雖外列兵衛內有女伎挼繩破篾傍若無人然輕財好施凡所周贍毫釐必均訥於語言而衿懷信實臨川人皆德之至是並藏匿雖加誅戮無肯言者昭達仍度嶺與陳寶應相抗迪復收合出東興文帝遣都督陳霱洗破之迪又與十餘人竄山穴中後遣人潛出臨川郡市魚鮭臨川太守駱文牙執之令取迪自効誘迪出獵伏兵斬之傳首建鄴梟於朱雀航三日

留異東陽長山人也世爲郡著姓異善自居處言語醞藉爲鄉里雄豪多聚惡少陵侮貧賤守宰皆患之仕梁晉安安固二縣令侯景之亂還鄉里占募士卒太守沈巡援臺讓郡於異異使兄子超監知郡事率兵隨巡出都及城陷異隨梁臨城公大連大連委以軍事異性殘暴無遠略私樹威福衆並患之會景將宋子仙濟浙江異奔還鄉里尋以衆降子仙子仙以爲鄉道令執大連邵陵王綸聞之曰姓作去留之留名作同異之異理當同於逆虜侯景署異爲東陽太守收其妻子爲質行臺劉神茂建義拒景異外同神茂而密契於景及神茂敗被景誅異獨獲免景平後王僧辯使異慰勞東陽仍保據巖阻州郡憚焉魏克荊州王僧辯以異爲東陽太守陳文帝平定會稽異雖有糧饋而擁擅一郡威福在己紹泰二年以應接功除縉州刺史領東陽太守封永嘉縣侯又以文帝長女豐安公主配異第三子貞臣陳永定三年徵異爲南徐州刺史遷延不就文帝即位改授縉州刺史領東陽太守異頻遣其長史王澌爲使入朝澌每言朝廷虛弱異信之恒懷兩端與王琳潛通信使及琳敗文帝遣左衞將軍沈恪代異爲郡實以兵襲之異與恪戰敗乃表啓遜謝時朝廷方事湘郢且羈縻之異知終見討乃使兵戍下淮及建德以備江路湘州平文帝乃下詔揚其罪惡使司空侯安都討之異與第二子忠臣奔陳寶應及寶應平并禽異送都斬建康市子姪竝伏誅唯第三子貞臣以尚主獲免

陳寶應晉安侯官人也世爲閩中四姓父羽有材幹爲郡雄豪寶應性反覆多變詐梁時晉安數反累殺郡將羽初竝扇惑成其事後復爲官軍鄉導破之由是一郡兵權皆自已出侯景之亂晉安太守賓化侯蕭雲以郡讓羽羽年老但主郡事令寶應典兵時東境饑饉會稽尤甚死者十七八而晉安獨豐沃士衆强盛侯景平元帝因以羽爲晉安太守陳武帝輔政羽請歸老求傳郡於寶應武帝許之紹泰三年封侯官縣侯武帝受禪授閩州刺史領會稽太守文帝即位加其父光祿大夫仍命宗正錄其本系編爲宗室寶應娶留異女爲妻侯安都之討異寶應遣師助之又資周迪兵糧出寇臨川及都督章昭達破迪文帝因命討寶應詔宗正絕其屬籍寶應據建安湖際逆拒昭達昭達深溝高壘不與戰但命爲簰俄而水盛乘流放之突其水柵寶應衆潰執送都斬建康市

論曰侯景起于邊服備嘗艱險自北而南多行狡算于時江表之地不見干戈梁武以耄期之年溺情釋教外弛藩籬之固內絕防閑之心不備不虞難以爲國加以姦回在側貨賄潛通景乃因機騁詐肆行矯慝王偉爲其謀主飾以文辭武帝溺於知音惑茲邪說遂使乘柎直濟長江喪其天險揚旌指闕金墉亡其地利生靈塗炭宗社丘墟於是村屯塢壁之豪郡邑巖穴之長恣陵侮而爲暴貪剽掠以爲雄陳武應期撫運戡定安輯熊曇朗周迪留異陳寶應等雖逢興運未改迷塗志在亂常自致夷戮亦其宜矣

南史卷八十考證

侯景傳澄知景無歸志○澄監本訛燈今改从齊書

王若欠近郊必郊迎因而執之○郊迎監本訛迎譬今从閣本改正

遣南浦侯推守東府城○推各本訛持今从監本

陳文徹李欽屯丹陽郡○上文云南陵太守陳文徹宣猛將軍李孝欽此脫孝字

大王以十萬之師未見賊而退若何○大監本訛夫今从閣本

起自懸瓠即昔之汝南○瓠監本訛匏今改正

王偉傳僧辯曰汝頭方行萬里何八十里哉○監本脫八字今从上文偉曰昨及朝行八十里句增正

原任詹事臣陳浩洗馬臣陸宗楷編修臣孫人龍

知州臣王祖庚貢生臣王積光等奉

敕恭校刊

北史

北史目錄

唐　李延壽　撰

北史目錄考證

列傳第一恭帝皇后若干氏○干監本訛于今從本傳改正

列傳第十長孫道生曾孫幼幼曾孫熾熾弟晟晟從祖紹遠○監本誤作元孫幼兒子兒子熾熾弟晟從弟紹遠本傳道生子旃旃子觀觀子稚子冀歸高祖賜名幼則幼爲曾孫也又幼子子裕子裕子義貞義貞弟兕兕子熾則熾又爲幼之曾孫而紹遠係幼之子乃從祖矣今俱改正

列傳第十三慕容白曜○白監本訛日今改正

列傳第二十三鄭羲附譯叔祖儼○祖監本誤孫今改正

列傳第三十二崔光弟子鴻○鴻監本訛湛今改從本傳

列傳第四十二司馬子如附裴藻○裴監本訛斐今改正

列傳第五十二韋瑱○瑱監本訛塡今改正

列傳第五十四泉企○企監本訛金今改從本傳

列傳第六十七宇文述○宇監本訛宋今改正

列傳第六十九邢峙○監本邢峙訛刑峙又郭遵誤郭道今俱改從本傳

列傳第七十一柳謇○謇監本訛替又王胄兄眘訛春南監本誤育今俱改正

列傳第七十三門文愛○監本作文門愛今改從本傳

列傳第七十七庾季才○季監本訛李今改正

列傳第七十九列女○列監本訛烈今改正

列傳第八十三赤土○土監本訛上今改從本傳

北史卷一

唐　李　延　壽　撰

魏本紀第一

魏之先出自黃帝軒轅氏黃帝子曰昌意昌意之少子受封北國有大鮮卑山因以爲號其後世爲君長統幽都之北廣莫之野畜牧遷徙射獵爲業淳樸爲俗簡易爲化不爲文字刻木結繩而已時事遠近人相傳授如史官之紀錄焉黃帝以土德王北俗謂土爲托謂后爲跋故以爲氏其裔始均仕堯時逐女魃於弱水北人賴其勳舜命爲田祖歷三代至秦漢獯鬻獫狁山戎匈奴之屬累代作害中州而始均之裔不交南夏是以載籍無聞積六七十代至成皇帝諱毛立統國三十六大姓九十九威振北方成帝崩節皇帝貸立節帝崩莊皇帝觀立莊帝崩明皇帝樓立明帝崩安皇帝越立安帝崩宣皇帝推寅立宣帝南遷大澤方千餘里厥土昏冥沮洳謀更南徙未行而崩景皇帝利立景帝崩元皇帝俟立元帝崩和皇帝肆立和帝崩定皇帝機立定帝崩僖皇帝蓋立僖帝崩威皇帝儈立威帝崩獻皇帝隣立時有神人言此土荒遐宜徙建都邑獻帝年老乃以位授于聖武皇帝命南移山谷高深九難八阻於是欲止有神獸似馬其聲類牛導引歷年乃出始居匈奴故地其遷徙策略多出宣獻二帝故時人竝號曰推寅蓋俗云鑽研之義

聖武皇帝諱詰汾嘗田於山澤欻見輜軿自天而下既至見美婦人自稱天女受命相偶旦日請還期年周時復會于此言終而別及朞帝至先田處果見天女以所生男授帝曰此君之子也當世爲帝王語訖而去即始祖神元皇帝也故時人諺曰詰汾皇帝無婦家力微皇帝無舅家帝崩神元皇帝立

神元皇帝諱力微元年歲在庚子先是西部內侵依於没鹿回部大人竇賓神元有雄傑之度後與賓攻西部賓軍敗失馬步走神元使以所乘駿馬給之賓歸求馬主帝隱而不言賓後知大驚將分國之半奉帝帝不受乃進其愛女賓猶思報恩乃從帝所欲徙所部北居長川積數年舊部人咸來歸附及賓臨終戒其二子使謹奉神元其子不從乃陰謀逆帝召殺之盡并其衆諸部大人悉服控弦之士二十餘萬三十九年遷於定襄之盛樂四月祭天諸部君長皆來助祭唯白部大人觀望不至徵而戮之遠近肅然帝乃告諸大人爲與晉和親計四十二年遣子文帝如晉且觀風土是歲魏景元二

年也文帝諱沙漠汗以國太子留洛陽後文帝以神元春秋已高求歸晉武帝具禮護送五十六年文帝復如晉其冬還國晉征北將軍衞瓘以文帝雄異恐為後患請留不遣復請以金錦賂國之大人令致間隙五十八年方遣帝神元使諸部大人詣陰館迎帝酒酣帝仰視飛鳥飛丸落之時國俗無彈衆大驚相謂曰太子被服同南夏兼奇術絕人若繼國統變易舊俗吾等必不得志乃謀危害帝並先驅還曰太子引空弓而落飛鳥似得晉人異法自帝在晉後諸子愛寵神元頗有所惑及聞諸大人請因曰當便除之於是諸大人馳詣塞南矯害帝其年神元不豫烏丸王庫賢親近任勢先受衞瓘之貨欲沮動諸部因於庭中礪鉞斧曰上恨汝曹讒殺太子欲盡收諸大人長子殺之大人皆信各各散走神元尋崩凡饗國五十八年年一百四歲道武即位尊為始祖子章皇帝悉鹿立時諸部離叛帝九年而崩弟平皇帝綽立七年而崩文帝少子思皇帝立

思皇帝諱弗政崇寬簡百姓懷服一年而崩神元子昭帝祿官立帝元年分國為三部一居上谷北濡源西東接宇文部自統之一居代郡之參合陂北使文帝長子桓帝諱猗㐌統之一居定襄之盛樂故城使桓帝弟穆帝猗盧統之自神元以來與晉和好是歲穆帝始出并州遷雜胡北徙雲中五原朔方又西度河擊匈奴烏丸諸部自杏城以北八十里迄長城原夾道立碣與晉分界二年葬文帝及皇后封氏初思帝欲改葬未果而崩至是述成前意焉三年桓帝度漠北巡因西略諸國凡積五歲諸部降附者三十餘國桓帝英傑魁岸馬不能勝常乘安車駕大牛牛角容一石帝會中蠱嘔吐之地仍生榆參合陂土無榆故時人異之十年匈奴別種劉元海反晉於離石自號漢王并州刺史司馬騰來乞師桓帝與帝大舉以助之大破元海衆於西河上黨桓帝與騰盟於汾東而還乃使輔相衞雄段繁於參合陂西累石為亭樹碑以記行焉十一年晉假桓帝大單于金印紫綬是歲桓帝崩桓帝統部凡十一年後定襄侯衞操樹碑於大邗城以頌功德子普根代立十三年昭帝崩穆帝遂總攝三部為一統帝天姿英峙勇略過人元年劉元海僭帝號自稱大漢三年晉并州刺史劉琨遣子遵為質乞師帝使弟子平文皇帝助琨破白部大人次攻鐵弗劉武晉懷帝進帝大單于封代公帝以封邑去國縣遠從琨求句注陘北地琨大喜乃徙馬邑陰館樓煩繁畤崞五縣人於陘南更立城邑盡獻其地東接代郡西連西河朔方數百里帝乃徙十萬家以充之六年城盛樂以為北都脩故平城以為南都帝登平城西山觀望地勢乃更南百里於灅水之陽黃瓜堆築新平城晉人謂之小平城使子六脩鎮之統領南部八年晉愍帝進帝為代王置官屬食代常山二郡先是國俗寬簡至是明刑峻法諸部人多以違命得罪凡後期者皆舉部戮之或有室家相攜悉赴死所人問何之曰當就誅其威嚴若此九年帝召六脩不至怒討之失利遂崩普根先守外境聞難來攻六脩滅之普根立月餘薨普根子始生桓帝后立之又薨思帝子平文皇帝立

平文皇帝諱鬱律姿質雄壯甚有威略元年歲在丁丑二年劉武據朔方來侵西部帝大破之西兼烏孫故地東吞勿吉以西控弦士馬將百萬是歲晉元帝即位於江南劉曜僭帝位帝聞晉愍帝為曜所害顧謂大臣曰今中原無主天其資我乎曜遣使請和帝不納三年石勒自稱趙王遣使乞和請為兄弟帝斬其使以絕之五年晉元帝遣使韓暢加崇爵服帝絕之講武有平南夏志桓帝后以帝得衆心恐不利己子害帝遂崩大人死者數十人天興初追尊曰太祖

桓帝中子惠帝賀傉立以五年為元年帝未親政事太后臨朝遣使與石勒通和時人謂之女國使四年帝始臨朝以諸部人情未悉款順乃築城於東木根山徙都之五年帝崩弟煬帝紇那立以五年為元年三年石勒遣石季龍寇邊部帝禦之不利遷於大寧時平文帝長子烈帝居於舅賀蘭部帝遣使求之賀蘭部帥藹頭擁護不遣帝怒召宇文部并力擊藹頭宇文衆敗帝還大寧五年帝出居於宇文部賀蘭及諸部大人共立烈帝烈皇帝諱翳槐以五年為元年石勒遣使求和帝遣弟昭成帝如襄國從者五千餘家七年藹頭不脩臣職召而戮之國人復貳於是煬帝自宇文部還入諸部大人復奉之煬帝以烈帝七年為後元年時烈帝出居於鄴三年石季龍納烈帝於大寧國人六千餘家部落叛煬帝出居於慕容部烈帝復立以煬帝三年為後元年城盛樂城在故城東南十里一年而崩弟昭成皇帝立

昭成皇帝諱什翼犍平文皇帝之次子也生而奇偉寬仁大度身長八尺隆準龍顏立髮委地臥則乳垂至席烈帝臨崩顧命迎帝曰立此人則社稷乃安故帝弟孤自詣鄴奉迎與帝俱還建國元年十一月帝即位於繁畤北時年十九二年春始置百官分掌衆職東自濊貊西及破落那莫不款附五月朝諸大人於參合陂議定都灅源川連日不決乃從太后計而止聘慕容晃妹為皇后三年春移都雲中之盛樂宮四年築盛樂城於故城南八里皇后慕容氏崩十月劉武寇西境帝遣軍大破之武死子務桓立始來歸順帝以女妻之七年二月遣大人長孫秩迎后慕容氏於和龍晃送女於境七月慕容晃遣使來聘求交婚帝許之以烈帝女妻焉十四年帝以中州紛梗將親率六軍乘石氏之亂廓定中原諸大人諫乃止十八年太后王氏崩十九年正月劉務桓死其弟閼頭立潛謀反二十一年閼頭部人多叛懼而東走度河半濟而冰陷後衆盡歸其兄子悉勿祈初閼頭之叛悉勿祈兄弟十二人在帝左右盡遣之歸欲其自相猜離至是悉勿祈奪其衆閼頭窮而歸命帝待之如初二十二年春帝東巡桑乾川四月悉勿祈死弟衞辰立二十三年六月皇后慕容氏崩七月衞辰來會葬因求婚許之二十五年帝南巡君子津二十八年正月衞辰謀反度河東帝討之衞辰懼遁走三十年十月帝征衞辰時河冰未成帝乃以葦絙約澌俄然冰合乃散葦於上冰草相結若浮橋衆軍利涉衞辰與宗族西走收其部落而還三十四年春長孫斤謀反伏誅斤之反也拔刃向御坐太子寔格之傷脅五月薨後追謚焉是為獻明皇帝七月皇孫珪生大赦三十九年苻堅遣其大司馬苻洛帥衆二十萬及其將朱彤張蚝鄧羌等諸道來寇王師不利帝時不豫乃率國人避於陰山之北高車雜種盡叛四面寇抄不得芻牧復度漠南堅軍稍退乃還十二月至雲中旬有二日皇子寔君作亂帝暴崩時年五十七道武即位尊曰高祖帝性寬厚時國少繒帛代人許謙盜絹二疋守者以告帝匿之謂燕鳳曰吾不忍視謙之面卿勿洩之謙或慙而自殺為財辱士非也帝嘗擊西部叛賊流矢中目賊破後諸大臣執射者各持錐刀欲屠割之帝曰各為其主何罪也釋之其仁恕若此

太祖道武皇帝諱珪昭成皇帝之嫡孫獻明帝之子也母曰獻明賀皇后初因遷徙游於雲澤寢夢日出室內寤而見光自牖屬天欻然有感以建國三十四年七月七日生帝於參合陂北其夜復有光明昭成大悅羣臣稱慶大赦告于祖宗保者以帝體重倍於常兒竊獨奇怪明年有榆生於藏胞之坎後遂成林帝弱而能言目有光曜廣顙大耳六歲而昭成崩苻堅遣將內侮將遷帝長安賴燕鳳乃免堅軍既還國衆離散堅使劉庫仁劉衞辰分攝國事南部大人長孫嵩及元他等盡將故人衆南依庫仁帝於是轉在獨孤部元年葬昭成皇帝於金陵營梓宮木柹盡生成林帝雖沖幼而嶷然不羣劉庫仁常謂其子曰帝有高天下之志必興復洪業七年十月晉敗苻堅于淮南慕容文等殺劉庫仁弟眷代攝國部八年慕容暐弟沖僭立姚萇自稱大單于萬年秦王慕容垂僭稱燕王九年劉庫仁子顯殺眷而代之乃將謀逆商人王霸知之履帝足於衆中帝乃馳還是時故大人梁盆子六眷為顯謀主盡知其計密使部人穆崇馳告帝乃陰結舊臣長孫犍元他等因幸賀蘭部其日顯果使人殺帝不及語在獻明太后傳是歲乞伏國仁私署秦河二州牧大單于姚萇殺苻堅堅子丕僭即皇帝位於晉陽

登國元年春正月戊申帝即代王位郊天建元大會於牛川復以長孫嵩為南部大人以叔孫普洛為北部大人是月慕容垂僭即皇帝位于中山國號燕二月幸定襄之盛樂息衆課農慕容沖為其部下所殺夏四月改稱魏王五月姚萇僭即皇帝位於長安國號大秦秋八月劉顯遣弟亢泥迎皇叔父窟咄於慕容永以兵隨之來逼南境帝左右于桓等與諸部大人謀應之事洩誅造謀者五人餘悉不問帝慮內難乃北踰陰山幸賀蘭部阻山為固遣行人安同長孫賀徵師于慕容垂垂令其子賀驎率師隨同等軍未至而寇逼於是北部大人叔孫普洛等十三人及諸烏丸亡奔衞辰帝自弩山幸牛川屯於延水南出代谷會賀驎於高柳大破窟咄悉收其衆冬十月苻丕為晉將馮該所殺慕容永僭即皇帝位於長子十一月苻登僭即皇帝位於隴東十二月慕容垂遣使奉帝西單于印綬封上谷王帝不納

二年夏五月遣安同徵兵於慕容垂垂遣子賀驎率衆來會六月帝親征劉顯顯奔慕容永盡收其部落冬十二月巡松漠還幸牛川

三年夏五月癸亥北征庫莫奚大破之六月乞伏國仁死其弟乾歸立私署河南王秋七月庫莫奚部帥鳩集遺散夜犯行宮縱騎撲討盡滅之八月使九原公儀於慕容垂冬十月垂遣使朝貢

四年春正月甲寅襲高車諸部落二月癸巳遂至女水討叱突隣部並大破之是月呂光自稱三河王夏五月使陳留公虔於慕容垂冬十月垂遣使朝貢

五年春三月甲申西征次鹿渾海襲高車袁紇部大破之慕容垂遣子賀驎來會夏四月景寅行幸意辛山與賀驎討賀蘭紇奚諸部落大破之秋八月還幸牛川使

秦王觚於慕容垂九月壬申討叱奴部囊曲水破之冬十月討高車豆陳部於狼山破之十二月帝還次白漢六年春正月幸紐垤川三月遣九原公儀陳留公虔等西討黜弗部大破之夏四月祭天秋七月壬申講武于牛川慕容垂止秦王觚而求名馬帝絕之乃遣使於慕容永永使其大鴻臚慕容鈞奉表勸進尊號九月帝襲五原屠之收其積穀還紐垤川於棝陽塞北樹碑記功冬十月戊戌征北蠕蠕追破之於大磧南商山下十一月戊辰還幸紐垤川戊寅衞辰遣子直力鞮寇南部壬午帝大破之於鐵岐山南衞辰父子奔遁十二月滅之衞辰少子屈丐亡奔薛干部自河以南諸部悉平收衞辰子弟宗黨無少長五千餘人盡殺之是歲起河南宮

七年春正月幸木根山遂次黑鹽池饗羣臣北之美水三月還幸河南宮秋七月行幸漠南仍築巡臺冬十二月慕容永遣使朝貢

八年春正月南巡二月幸羖羊原赴白樓夏六月北巡秋七月臨幸新壇先是衞辰子屈丐奔薛干部徵之不送八月帝南征薛干部屠其城九月還幸河南宮

九年春三月北巡使東平公元儀屯田於河北五原至於棝陽塞外夏五月田於河東秋七月還幸河南宮冬十月蠕蠕社崘等率部落西走是歲姚萇子興僭立殺苻登慕容垂滅永

十年秋七月慕容垂遣其子寶來寇五原八月帝親兵於河南冬十月辛未寶燒船夜遁己卯帝進軍濟河乙酉夕至參合陂景戌大破之禽其王公以下文武將吏數千人於俘虜中擢其才識者賈彝賈閏晁崇等參謀議憲章故實十二月還幸雲中之盛樂

皇始元年春正月大蒐於定襄因東幸善無北陂三月慕容垂寇桑乾川陳留公虔死之垂遂至平城西北聞帝將至乃築城自守疾甚遂遁死於上谷子寶祕喪還至中山乃僭立夏六月丁亥皇太后賀氏崩是月葬獻明太后呂光僭稱天王國號涼秋七月左司馬許謙上書勸進尊號於是改元始建天子旌旗出警入蹕八月己亥大舉討慕容寶帝親勒六軍四十餘萬南出馬邑踰句注旌旗駱驛二千餘里鼓行而前人屋皆震別詔將軍封眞等從東道襲幽州圍薊九月戊午次陽曲乘西山臨觀晉陽寶并州牧遼西王農棄城遁并州平初建臺省置百官封拜公侯將軍刺史太守尚書郎以下悉用文人帝初拓中原留心慰納諸士大夫詣軍門者無少長皆引入人得盡言苟有微能咸蒙叙用己未詔輔國將軍奚牧略地晉川獲慕容寶丹陽王買得等於平陶城九月晉孝武帝殂冬十一月庚子朔帝至眞定自常山以東守宰或捐城奔竄或稽顙軍門唯中山鄴信都三城不下別詔東平公儀攻鄴冠軍將軍王建左軍將軍李栗等攻信都軍所行不得傷桑棗戊午進軍中山己未圍之帝曰朕量寶不能出戰必憑城自守急攻則傷士久守則費糧不如先平鄴信都然後還取中山諸將稱善丁卯車駕幸魯口城

二年春正月壬戌帝引騎圍信都其夜寶冀州刺史宜都王慕容鳳踰城奔中山癸亥寶輔國將軍張驤護軍將軍徐超舉城降是月鮮卑禿髮烏孤私署大單于西平王二月丁丑帝軍于鉅鹿之柏肆塢臨滹沱水其夜寶悉衆犯營燎及行宮兵人駭散帝驚起不及衣冠跣出擊鼓俄而左右及中軍將士稍集帝設奇陣列烽營外縱騎衝之寶衆大敗走還中山獲其器械數十萬計寶尚書閔亮祕書監崔逞等降者相屬賜拜職爵各有差三月己酉車駕次盧奴寶求和請送秦王觚割常山以西奉魏乞守中山以東帝許之已而寶背約辛亥車駕次中山命將圍之是夜寶弟賀驎將妻子走西山寶恐賀驎先據和龍壬子夜北遁城內共立慕容普驎爲主夏四月帝以軍糧不繼詔東平公儀罷鄴圍徙屯鉅鹿五月庚子帝以中山城內爲普驎所脅乃招喻之甲辰曜兵揚威以示城內命諸軍罷圍南徙以待其變甲寅以東平公儀爲左丞相封衞王進襄城公題爵爲王秋七月普驎遣烏丸張驤率五千餘人出城求食寇靈壽賀驎自丁零中入驤軍因其衆復入中山殺普驎而自立八月景寅朔帝進軍九門時大疫人馬牛死者十五六中山猶拒守羣下咸思北還帝知之謂曰斯固天命將若之何四海之人皆可與爲國在吾所以撫之耳何恤乎無人羣臣乃不敢言九月賀驎飢窮率三萬餘人寇新市甲子晦帝進軍討之太史令晁崇奏曰不吉帝曰何也對曰紂以甲子亡兵家忌之帝曰周武不以甲子勝乎崇無以對冬十月景寅帝進軍新市賀驎退阻泒水依漸洳澤以自固甲戌帝臨其營戰於義臺塢大破之賀驎單馬走鄴慕容德殺之甲申賀驎所署公卿尚書將吏士卒降者二萬餘人其將張驤李沉慕容文等先來降尋皆亡還是日復獲之皆赦而不問獲其所傳皇帝璽綬圖書府庫珍寶中山平乙酉襄城王題薨

天興元年春正月慕容德走保滑臺衞王儀剋鄴庚子行幸眞定遂幸鄴百姓有老病不能自存者詔郡縣賑鄴之帝至鄴巡登臺榭徧覽宮城將有定都之志乃置行臺遂還中山所過存問百姓詔大軍所經州郡皆復貲租一年除山東人租賦之半車駕將北還發卒萬人通直道自望都鐵關鑿恒嶺至代五百餘里帝慮還後山東有變乃於中山置行臺詔衞王儀鎭之使略陽公遵鎭勃海之合口右軍將軍尹國先督租于冀州聞帝將還謀反欲襲信都安南將軍長孫嵩執送斬之辛酉車駕發中山至於望都堯山徙山東六州人吏及徒何高麗雜夷三十六署百工伎巧十餘萬口以充京師車駕次于恒山之陽博陵勃海章武諸郡羣盜並起略陽公遵等討之是月慕容德自稱燕王據廣固二月車駕至自中山幸繁畤宮更選屯衞詔給內徙新戶耕牛計口受田三月徵左丞相衞王儀還京師詔略陽公遵代鎭中山夏四月壬戌以歷陽公穆崇爲太尉鉅鹿公長孫嵩爲司徒進封略陽公遵爲常山王南安公順爲毗陵王祭天於西郊旗幟有加焉廣平太守遼西公意烈謀反與郡人韓奇矯假讖圖將襲鄴城詔反者就郡賜死是月蘭汗殺慕容寶而自立爲大單于昌黎王六月景子詔有司議定國號羣臣奏曰昔周秦以前帝王居所生之土及王天下卽承爲號今國家啓基雲代應以代爲號詔曰昔朕遠祖總御幽都控制遐國雖踐王位未定九州逮于朕躬掃平中土凶逆蕩除遐邇率服宜仍先號爲魏秋七月遷都平城始營宮室建宗廟立社稷慕容寶子盛殺蘭汗而自立爲長樂王八月詔有司正封畿制郊甸端徑術標道里平五權較五量定五度遣使循行郡國舉奏守宰不法者親覽察黜陟之冬十月起天文殿十一月辛亥尚書吏部郎中鄧彥海典官制立爵品定律呂協音樂儀曹郎中董謐撰郊廟社稷朝覲饗宴之儀三公郎中王德定律令申科禁太史令晁崇造渾儀考天象吏部尚書崔宏總裁之閏月左丞相衞王儀及王公卿士詣闕上書曰臣等聞宸極居中則列宿齊其晷帝王順天則羣后仰其度伏惟陛下德協二儀道隆三五仁風被于四海盛化塞于天區澤及昆蟲恩霑行葦謳歌所屬八表歸心而躬履謙虛退身後己宸儀未彰衮服未御非所以上允皇天之意下副樂推之心臣等謹昧死以聞帝三讓乃許之十二月己丑帝臨天文殿太尉司徒進璽綬百官咸稱萬歲大赦改元追尊成帝以下及后號謚樂用皇始之舞詔百司議定行次尚書崔宏等奏從土德服色尚黃數用五祖以未臘以辰饗牲用白五郊立氣宣贊時令敬授人時行夏之正徙六州二十二部守宰豪傑吏人二千家于代都

二年春正月甲子初祀上帝于南郊以始祖神元皇帝配降壇視燎成禮而反乙丑赦京師始制三駕之法庚午北巡分命諸將大襲高車常山王遵三軍從東道出長川高涼王樂眞等七軍從西道出牛川車駕親勒六軍從中道自駁髯水西北出二月丁亥朔諸軍同會破高車雜種三十餘部衞王儀督三將別從西北絕漠千餘里破其遺迸七部還次牛川及薄山並刻石紀功以所獲高車衆起鹿苑於南臺陰北距長城東苞白登屬之西山廣輪數十里鑿渠引武川水注之苑中疏爲三溝分流宮城內外又穿鴻鴈池三月己未車駕至自北伐甲子初令五經羣書各置博士增國子太學生員三千人是月氐人李辯叛慕容德求援於鄴行臺尚書和跋以輕騎應之剋滑臺收德宮人府藏秋七月起天華殿辛酉大閱于鹿苑八月增啓京城十二門作西武庫除州郡人租賦之半辛亥詔禮官備撰衆儀著于新令范陽人盧溥聚衆海濱稱幽州刺史攻掠郡縣殺幽州刺史封沓干是月禿髮烏孤死其弟利鹿孤立遣使朝貢冬十月太廟成遷神元平文昭成獻明皇帝神主于太廟十二月天華殿成呂光立其子紹爲天王自稱太上皇及死庶子纂殺紹而僭立

三年春正月戊午材官將軍和突破盧溥於遼西獲之及其子煥傳送京師轘之癸亥祀北郊分命諸官循行州郡觀風俗察舉不法二月丁亥詔有司祀日于東郊始耕籍田壬寅皇子聰薨三月戊午立皇后慕容氏是月穿城南渠通於城內作東西魚池夏四月姚興遣使朝貢五月戊辰詔謁者僕射張濟使於興己巳東巡遂幸涿鹿遣使者以大牢祀帝堯帝舜廟西幸馬邑觀灅源六月庚辰朔日有蝕之秋七月乞伏乾歸大爲姚興所破壬子車駕還宮起中天殿及雲母堂金華室時太史屢奏天文錯亂帝親覽經占多云宜改王易政於是數革官號欲以防塞凶狡消弭災變已而慮臣下疑惑冬十二月景申下詔述成敗之理鑒殷周之失革秦漢之弊以喻臣下是歲河右諸郡奉涼武昭王李玄盛爲秦涼二州牧涼公肇興霸業年號庚子

四年春二月丁亥命樂師入學習儛釋菜于先聖先師丁酉分命使者巡行州郡聽察辭訟糾劾不法是月呂光弟子隆弑呂纂而自立三月帝親漁薦于寢廟夏四

月辛卯罷鄴行臺詔有司明揚隱逸五月起紫極殿玄武樓涼風觀石池鹿苑臺六月盧水胡沮渠蒙遜私署涼州牧張掖公秋七月詔兖州刺史長孫肥南徇許昌彭城詔賜天下鎮戍將士布帛各有差八月段興殺慕容盛叔父熙盡誅段氏僭卽皇帝位冬十二月集博士儒生比衆經文字義類相從凡四萬餘字號曰衆文經是歲涼武昭王沮渠蒙遜並遣使朝貢

五年春正月帝聞姚興將寇邊庚寅大簡輿徒詔并州諸軍積穀于平陽乾壁三月禿髮利鹿孤死夏五月姚興遣其弟義陽王平來侵平陽攻陷乾壁秋七月戊辰朔車駕西討八月乙巳至乾壁平固守進軍圍之姚興悉舉其衆來救甲子帝度蒙坑逆擊興軍大破之冬十月平赴水而死俘其餘衆三萬餘人獲興尚書左僕射狄伯支以下四品將軍以上四十餘人獲前亡臣王次多斬勒並斬以徇興頻使請和帝不許羣臣請進平蒲坂帝慮蠕蠕爲難戊申班師十一月車駕次晉陽徵相州刺史庾岳爲司空十二月辛亥至自西征越勤莫弗率其部萬餘家內屬

六年春正月辛未朔方尉遲部別帥率萬家內屬入居雲中夏四月癸巳朔日有蝕之五月大簡輿徒將略江淮秋七月鎮西大將軍司隸校尉毗陵王順有罪以王還第戊子北巡築離宮于犲山縱士校獵東北踰罽嶺出參合代谷九月行幸南平城規度㶟南夏屋山背黃瓜堆將建新邑辛未車駕還宮冬十月起西昭陽殿乙卯立皇子嗣爲齊王加車騎大將軍位相國紹爲清河王加征南大將軍熙爲陽平王曜爲河南王封故秦愍王子夔爲豫章王陳留桓王子悅爲朱提王丁巳晉人來聘十一月庚午將軍伊謂大破高車十二月晉桓玄廢其主司馬德宗爲平固王而自立僭號楚

天賜元年春二月晉劉裕起兵誅桓玄三月初限縣戶不滿百罷之夏五月置山東諸冶發州郡徒謫造兵甲秋九月帝臨昭陽殿分置衆職引朝臣文武親自簡擢量能叙用制爵四等曰王公侯子除伯男之號追錄舊臣加封爵各有差是秋江南大亂流人繈負奔淮北者行道相尋冬十月辛巳大赦改元築西宮十一月幸西宮大選臣寮令各辯宗黨保舉才行諸部子孫失業賜爵者二千餘人

二年春正月晉主司馬德宗復位夏四月祀西郊車旗盡黑冬十月慕容德死

三年春正月甲申北巡幸犲山宮校獵還至屋孤山二月乙亥幸代園山建五石亭三月庚子車駕還宮夏四月庚申復幸犲山宮占授著作郎王宜弟造兵法孤虛立成圖三百六十時遂登定襄角史山又幸馬城甲戌車駕還宮六月發八部五百里內男丁築㶟南宮門闕高十餘丈引溝穿池廣苑囿規立外城方二十里分置市里經途洞達三十日罷秋七月太尉穆崇薨八月甲辰行幸犲山宮遂至青牛山景辰西登武要北原觀九十九泉造石亭遂之石漠九月甲戌朔幸漠南鹽池壬午至漠中觀天鹽池度漠北之吐鹽池癸巳南還長川景申臨觀長陂冬十月庚申車駕還宮

四年春二月封皇子脩爲河間王處文爲長樂王連爲廣平王黎爲京兆王夏五月北巡自參合陂東過蟠羊山大雨暴水流輜車數百乘殺百餘人遂東北踰石漠至長川幸濡源常山王遵有罪賜死六月赫連屈丐自稱大單于大夏天王秋七月西幸參合陂築北宮垣三旬而罷乃還宮慕容寶養子高雲殺慕容熙而自立僭號天王八月誅司空庾岳

五年春正月行幸犲山宮遂如參合陂觀漁于延水至寧川三月姚興遣使朝貢秋七月戊戌朔日有蝕之冬十月禿髮傉檀僭卽涼王位

六年夏帝不豫初帝服寒食散自太醫令陰羌死後藥數動發至此愈甚而災變屢見憂懣不安或數日不食或不寢達旦歸咎羣下喜怒乖常謂百寮左右不可信慮如天文之占或有肘腋之虞追思既往成敗得失終日竟夜獨語不止若傍有鬼物對揚者朝臣至前追其舊惡便見殺害其餘或以顏色動變或以喘息不調或以行步乖節或以言辭失錯帝以爲懷惡在心變見於外乃手自毆擊死者皆陳天安殿前於是朝野人情各懷危懼有司廢怠莫相督攝百工偷劫盜賊公行巷里之間人爲稀少帝亦聞之曰朕故縱之使然幸過災年當更清整之耳秋七月慕容氏支屬百餘家謀欲外奔發覺伏誅死者三百餘人八月衞王儀謀叛賜死十月戊辰清河王紹作亂帝崩於天安殿時年三十九永興二年九月甲寅上謚曰宣武皇帝葬於盛樂金陵廟號太祖泰常五年改謚曰道武

太宗明元皇帝諱嗣道武皇帝之長子也母曰劉貴人登國七年生於雲中宮道武晚有男聞而大悅乃大赦帝明叡寬毅非禮不動天興六年封齊王拜相國初帝母既賜死道武召帝告曰昔漢武將立其子而殺其母不令婦人與國政汝當繼統故吾遠同漢武帝素純孝哀不自勝道武怒帝還宮哀不自止道武知而又召帝帝欲入左右諫請待和解而進帝從之及元紹之逆帝還而誅之

永興元年冬十月壬午皇帝卽位大赦改元追尊皇妣爲宣穆皇后公卿大臣先罷歸第者悉復登用之詔南平公長孫嵩北新侯安同對理人訟簡賢任能是月馮跋弑其主高雲僭號天王國號北燕閏十月丁亥朱提王悅謀反賜死詔都兵將軍山陽侯奚斤巡諸州問人疾苦十二月戊戌封衞王儀子良爲南陽王進陰平公列爵爲王改封高涼王樂真爲平陽王己亥帝始居西宮御天文殿蠕蠕犯塞是歲乞伏乾歸自稱秦王

二年春正月甲寅朔詔南平公長孫嵩等北征蠕蠕因留屯漠南夏五月嵩等自大漠還蠕蠕追圍之於牛川壬申帝北伐蠕蠕聞而遁走車駕還幸參合陂六月晉將劉裕滅慕容超秋七月丁巳立射臺於陂西仍講武乙丑至自北伐

三年春二月戊戌詔簡宮人非御及伎巧者悉以賜鰥人己亥詔北新侯安同等持節巡行并定二州及諸山居雜胡丁零問其疾苦察舉守宰不法者辛丑簡宮人工伎之不急者出賜人不能自存者三月己未詔侍臣常佩劒夏五月景寅復出宮人賜鰥人丁卯車駕謁金陵於盛樂己巳昌黎王慕容伯兒謀反伏誅六月姚興遣使朝貢秋七月戊申賜衞士酺三日冬十一月丁未大閱于東郊

四年春二月癸未登獸圈射猛獸夏四月乙未宴羣臣於西宮使各獻直言勿有所諱六月乞伏乾歸爲兄子公府所弑閏月景辰大閱于東郊秋七月己巳朔東巡置四廂大將又放十二時置十二小將以山陽侯奚斤元城公屈行左右丞相己卯大獮于石會山戊子臨去畿陂觀漁庚寅至于濡源西巡幸北部諸落八月壬子幸西宮臨板殿大饗羣臣命百姓大酺二日乙卯賜王公以下至宿衞將士布各有差冬十一月己丑賜宗室近屬南陽王良以下至於緦麻親布帛各有差是月沮渠蒙遜僭稱西河王十二月丁巳北巡至長城而旋

五年春正月己巳大閱畿內男年十二以上悉集己卯幸西宮頒拔大渠帥四十餘人詣闕奉貢賜以繒帛錦罽各有差乙酉詔諸州六十戶出戎馬一匹庚寅大閱于東郊署將帥以山陽侯奚斤爲前軍衆三萬陽平王熙等十二將各一萬騎帝臨白登躬自校覽二月庚戌幸高柳川癸丑穿魚池於北苑庚午姚興遣使朝貢己卯詔使者巡行天下招延儁彥搜揚隱逸夏四月乙卯西巡五月乙亥行幸雲中舊宮之大室景子大赦六月西幸五原校獵于骨羅山獲獸十萬秋七月己巳還幸薄山帝登觀宣武游幸刻石頌德之處乃於其旁起石壇而薦饗焉賜從者大酺於山下前軍奚斤等破越勤倍泥部落於䟦那山西徙二萬餘家而旋景戌車駕自大室西南巡諸部落遂南次定襄大洛城東踰七嶺山田于善無川八月癸卯車駕還宮癸丑奚斤等班師甲寅帝臨白登山觀降人數軍實置新人於大寧給農器計口受田冬十一月癸酉大饗于西宮姚興遣使朝貢請進女帝許之

神瑞元年春正月辛酉以禎瑞頻集大赦改元辛巳行幸繁畤賜王公以下至于士卒百工布帛各有差二月戊戌車駕還宮乙卯起豐宮於平城東北夏六月乞伏熾盤滅禿髮傉檀秋七月晉將朱齡石滅蜀八月戊子詔馬邑侯元陋孫使於姚興姚興遣使朝貢九月丁巳朔日有蝕之冬十一月壬午詔使者巡行諸州校閱守宰資財非自家所齎悉簿爲贓守宰不如法聽百姓詣闕告之十二月景戌朔蠕蠕犯塞景申車駕北伐

二年春正月景辰車駕至自北伐二月丁亥大饗于西宮甲辰立宣武廟于白登西三月丁丑詔以刺史守宰率多逋慢令年貲調縣違者謫出家財以充不聽徵發於人夏四月晉人來聘己卯北巡五月丁亥次於參合東幸大寧丁未田于四岬山六月戊午臨去畿陂觀漁辛酉次于濡源立蜂臺遂射白熊於頹牛山獲之丁卯幸赤城親見長老問人疾苦復租一年南次石亭幸上谷問百年訪賢儁復田租之半壬申幸涿鹿登橋山觀溫泉使以太牢祠黃帝唐堯廟癸酉幸廣寧事如上谷己卯登廣寧之歷山以太牢祠舜廟帝親加禮焉庚辰幸代秋七月癸未車駕還宮復所過田租之半八月庚辰晦日有蝕之九月京師人飢聽就食山東冬十月壬子姚興使奉其西平公主至帝以后禮納之辛酉行幸沮洳城癸亥車駕還宮景寅詔以頻遇霜旱年穀不登命出布帛倉穀以振貧窮

泰常元年春二月丁未姚興死三月己丑長樂王處文薨夏四月壬子大赦改元庚申河間王脩薨五月甲申彗星二見六月丁巳北巡秋七月甲申大獮于牛川登釜山臨殷繁水南觀于九十九泉戊戌車駕還宮辛亥晦日有蝕之九月晉劉裕溯河伐姚泓遣部將王仲德從陸道至梁城兖州刺史尉建畏懦弃守北渡仲德遂

入滑臺詔將軍叔孫建等度河曜威斬尉建於城下冬十一月戊寅起蓬臺于北苑十二月南陽王良薨

二年春正月甲戌朔日有蝕之二月景午詔使者巡行天下觀風俗問其所苦是月涼武昭王薨五月西巡至雲中遂濟河田于大漠秋七月乙亥車駕還宮乙酉起白臺於城南高二十丈是月晉劉裕滅姚泓冬十月癸丑豫章王夔薨十二月己酉詔河東河內購泓子弟播越人間者

三年春三月晉人來聘庚戌幸西宮以渤海范陽郡去年水復其租稅夏四月己巳徙冀定幽三州徒何於京師五月壬子東巡至濡源及甘松遣征東將軍長孫道生帥師襲馮跋遂至龍城徙其居人萬餘家而還秋七月戊午車駕至京師八月鴈門河內大雨水復其租稅冬十月戊辰築宮於西苑十一月赫連屈丐剋長安十二月晉安帝殂

四年春正月壬辰朔車駕臨河大蒐于犢渚癸卯還宮三月赫連屈丐僭卽皇帝位癸丑築宮於蓬臺北夏四月庚辰享東廟遠蕃助祭者數百國辛巳南巡幸鴈門賜所過無出今年租賦五月庚寅朔觀漁于灅水己亥車駕還宮秋八月辛未東巡遣使祠恒岳甲申車駕還宮賜所過無出今年田租九月甲寅築宮於白登山冬十一月丁亥朔日有蝕之十二月癸亥西巡至雲中踰白道北獵野馬於辱孤山至於黃河從君子津西度大狩於薛林山

五年春正月景戌朔自薛林東還至屋竇城饗勞將士大酺二日班禽以賜之己亥車駕還宮三月景戌南陽王意文薨夏四月景寅起灅南宮五月乙酉詔曰宣武皇帝體得一之玄遠應自然之冲妙大行大名未盡盛美今啟緯圖始覩尊號其更上尊謚曰道武皇帝以章靈命之先啟聖德之玄同庚戌淮南侯司馬國璠池陽侯司馬道賜等謀反伏誅六月景寅幸翳犢山是月晉恭帝禪位于宋秋七月丁酉西至五原丁未幸雲中大室賜從者大酺八月癸亥車駕還宮閏月甲午陰平王烈薨是歲西涼亡

六年春二月己亥詔天下戶二十輸戎馬一匹大牛一頭三月甲子陽平王熙薨乙亥制六部人羊滿百口者調戎馬一匹發京師六千餘人築苑起自舊苑東苞白登周回四十餘里夏六月乙酉北巡至于蟠羊山秋七月乙卯車駕還宮癸酉西巡獵于祚山親射猛獸獲之遂至于河八月庚子大獮于犢渚九月庚戌車駕還宮壬申宋人來聘冬十月己亥行幸代十二月景申西巡于雲中

七年春正月甲辰朔自雲中西幸屋竇城賜從者大酺三日二月景戌車駕還宮三月乙丑河南王曜薨夏四月甲戌封皇子燾爲太平王拜相國加大將軍丕爲樂平王加車騎大將軍彌爲安定王加衞大將軍範爲樂安王加中軍大將軍健爲永昌王加撫軍大將軍崇爲建寧王加輔國大將軍俊爲新興王加鎮軍大將軍獻懷長公主子嵇敬爲長樂王拜大司馬大將軍初帝服寒食散頻年發動不堪萬機五月立太平王燾爲皇太子臨朝聽政是月宋武帝殂秋九月詔司空奚斤等帥師伐宋乙巳幸灅南宮遂如廣甯己酉詔皇太子率百國以法駕田於東苑車乘服物皆以乘輿之副辛亥築平城外郭周回三十二里辛酉幸嶠山遣使者祠黃帝唐堯廟因東幸幽州見耆年問其所苦賜以爵號分遣使者巡行州郡觀察風俗冬十月甲戌車駕還宮復所過田租之半奚斤等濟河攻滑臺不拔求濟師帝怒不許議親南征爲其聲援壬辰南巡出自天門關踰恒嶺四方蕃附大人各帥所部從者五萬餘人十一月皇太子親統六軍鎮塞上安定王彌與北新公安同居守景午曲赦司州殊死以下景辰次于中山問人疾苦十二月景戌行幸冀州存問人俗遣壽光侯叔孫達等率衆自平原東度徇下青兖諸郡

八年春正月景辰行幸鄴存問人俗司空奚斤既平兖豫還圍武牢宋守將毛德祖距守不下蠕蠕犯塞二月戊辰築長城於長川之南起自赤城西至五原延袤二千餘里備置戍衞三月乙卯濟自靈昌夏四月丁卯幸成皐觀武牢而城內乏水縣綆汲河帝令連艦上施轒轀絕其汲路又穿地道以奪其井丁丑幸洛陽觀石經閏月丁未還幸河內北登太行幸高都己未武牢潰士衆大疫死者十二三辛酉幸晉陽班賜王公以下至於廝役五月景寅還次鴈門皇太子率留臺王公迎於句注之北庚寅車駕至自南巡六月己亥太尉宜都公穆觀薨景辰北巡至參合陂秋七月幸三會屋侯泉詔皇太子率百官以從八月幸馬邑觀于灅源九月乙亥車駕還宮冬十月癸卯廣西宮起外垣周回二十里是歲饑詔所在開倉振給十一月己巳帝崩於西宮時年三十二遺詔以司空奚斤所獲軍實賜大臣自司徒長孫嵩以下至于士卒各有差十二月庚子上謚曰明元皇帝葬于雲中金陵廟稱太宗帝兼資文武禮愛儒生好覽史傳以劉向所撰新序說苑於經典正義多有所闕乃撰新集三十篇採諸經史該洽古義云

論曰自古帝王之興誠有天命亦賴累功積德方契靈心有魏奄宅幽方代爲君長神元生自天女桓穆勤於晉室宜符人事夫豈徒然昭成以雄傑之姿苞君人之量征伐四剋威被遐荒乃改都立號恢隆大業終百六十載光宅區中其原固有由矣道武顯晦安危之中屈申潛躍之際驅率遺黎奮其靈武克翦方難遂啟中原垂拱人神顯登皇極雖冠履不暇棲遑外土而制作經謨咸出長久所謂大人利見百姓與能抑不世之神武也而屯厄有期禍生非慮將人事不足豈天實爲之乎明元承運之初屬廓定之始于時狼顧鴟跱猶有窺覦加以天賜之末內難尤甚帝孝心叡略權正兼運纂業固基內和外撫終能周鄭歛服聲教南被祖功宗德其義良已遠矣

北史卷一考證

神元皇帝紀是歲魏景元二年也○魏監本訛晉今從歷代甲子圖改正

思皇帝紀元年分國爲三部○元各本俱誤九今改從魏書

帝天姿英峙勇畧過人○峙魏書作特

晉并州刺史劉琨遣子遵爲質乞師○遵監本誤導今改從晉書

平文皇帝紀控弦士馬將百萬○士魏書作上

太祖道武皇帝紀帝於是轉在獨孤部○在魏書作幸

木柹盡生成林○柹監本訛材今改從魏書

審使部人穆崇馳告帝○崇監本訛宗今從本傳改正

八月帝親兵于河南○兵字上魏書有治字

闕高十餘丈引溝穿池廣苑囿○穿監本訛川今改從魏書

太宗明元皇帝紀冬十月壬午皇帝卽位○壬午魏書作壬申

封衞王儀子良爲南陽王進陰平公列爵爲王○陰平公名元烈則列字應改從烈今各本俱同姑仍之

七月丁己立射臺於陂西○射字下魏書有馬字

丁卯車駕謁金陵於盛樂○丁監本訛辛今從上丙寅下己巳改正

詔以刺史守宰率多逋惰今年貲調縣違者謫出家財以充○今監本訛令今改從魏書又魏書縣作懸

登嶠山觀溫泉使以太牢祠黃帝唐堯廟○嶠魏書作橋又無唐堯二字

北史卷二

唐　李　延　壽　撰

魏本紀第二

世祖太武皇帝諱燾明元皇帝之長子也母曰杜貴嬪天賜五年生於東宮體貌瓌異道武奇之曰成吾業者必此兒也泰常七年四月封太平王五月立爲皇太子及明元帝疾命帝總攝百揆帝聰明大度意豁如也八年十一月己巳明元帝崩壬申太子卽皇帝位大赦天下十二月追尊皇妣爲密皇太后進司徒長孫嵩爵爲北平王司空奚斤爲宜城王藍田公長孫翰爲平陽王其餘普增爵位各有差於是除禁錮釋嫌疑開倉庫振窮乏河南流人相率內屬者甚衆

始光元年春正月景寅安定王彌薨夏四月甲辰東巡幸大甯六月宋徐羨之弒其主義符秋七月車駕還宮八月蠕蠕六萬騎入雲中殺畧人吏攻陷盛樂帝帥輕騎討之虜乃退走九月大簡輿徒於東郊將北討冬十二月遣平陽王長孫翰等討蠕蠕車騎次祚山蠕蠕北遁諸軍追之大獲而還

二年春正月己卯車駕至自北伐三月景辰尊保母竇氏曰保太后丁巳以北平王長孫嵩爲太尉平陽王長孫翰爲司徒宜城王奚斤爲司空庚申營故東宮爲萬壽宮起永安安樂二殿臨望觀九華堂初造新字千餘夏四月詔龍驤將軍步堆使宋五月詔天下十家發大牛一頭運粟塞上秋八月赫連屈丐死九月永安安樂二殿成丁卯大饗以落之冬十月癸卯車駕北伐東西五道並出平陽王長孫翰等絕漠追寇蠕蠕北走

三年春正月壬申車駕至自北伐乞伏熾盤遣使朝貢請討赫連昌二月起大學於城東祀孔子以顏回配夏五月辛卯進中山公纂爵爲王復南安公素先爵常山王六月幸雲中舊宮謁陵廟西至五原田於陰山東至

和兜山秋七月築馬射臺于長川帝親登臺走馬王公諸國君長馳射中者賜金錦繒絮各有差八月車駕還宮宋人來聘帝以赫連屈丐死諸子相攻冬十月丁巳車駕西伐幸雲中臨君子津會天暴寒數日水合十一月戊寅率輕騎襲赫連昌壬午徙萬餘家而還至祚山班虜獲以賜將士各有差十二月詔奚斤西據長安秦隴氐羌皆叛昌詣斤降武都王楊玄及沮渠蒙遜等使使內附

四年春正月乙酉車駕至自西伐賜留臺文武各有差從人在道多死到者裁十六七已亥行幸幽州赫連昌遣其弟定向長安帝聞之遣就陰山伐木造攻具二月車駕還宮三月景午詔執金吾桓貸造橋於君子津丁丑廣平王連薨夏四月丁未詔員外散騎常侍步堆使於宋五月車駕西討赫連昌次拔鄰山築城舍輜重以輕騎三萬先行戊戌至黑水帝親祈天告祖宗之靈而誓衆六月癸卯朔日有蝕之甲辰大破赫連昌昌奔上邽乙巳車駕入城虜昌羣弟及其母妹妻妾宮人萬數府庫珍寶車旗器物不可勝計辛酉班師留常山王素執金吾桓貸鎮統萬秋七月己卯築壇於祚嶺戲馬馳射賜中者金帛繒絮各有差蠕蠕寇雲中聞破赫連昌懼而逃八月壬子車駕至自西伐飲至策勳告宗廟班軍實以賜留臺百寮各有差冬十一月以氐王楊玄爲假征南大將軍都督梁州刺史南秦王十二月行幸中山守宰貪汚免者十數人癸卯車駕還宮復所過田租之半

神䴥元年春正月以天下守令多非法精選忠良悉代之辛未京兆王黎薨二月改元司空奚斤進軍安定監軍侍御史安頡出戰禽昌其餘衆立昌弟定爲主走還平涼三月辛巳侍中古弼送赫連昌至于京師司空奚斤追赫連定於平涼馬髦嶺爲定所禽將軍丘堆先在安定聞斤敗東走長安帝大怒詔頡令斬之夏四月赫連定遣使朝貢壬子西巡戊午田于河西大赦南秦王楊玄遣使朝貢五月乞伏熾盤死秋八月東幸廣甯臨觀溫泉以大牢祭黃帝堯舜廟九月車駕還宮冬十二月乙未朔日有蝕之是月行幸河西大校獵十二月甲申車駕還宮

二年夏四月宋人來聘庚寅車駕北伐五月丁未次于沙漠舍輜重輕騎兼馬至栗水蠕蠕震怖焚廬舍絶跡西走冬十月振旅凱旋于京師告于宗廟列置新人于漠南東至濡源西暨五原陰山竟三千里十一月西巡田于河西至祚山而還

三年春正月庚子車駕還宮壬寅大赦癸卯行幸廣甯臨溫泉作溫泉歌二月丁卯司徒平陽王長孫翰薨戊辰車駕還宮三月壬寅進會稽公赫連昌爲秦王夏四月甲子行幸雲中敕勒萬餘落叛走詔尚書封鐵追滅之五月戊午論討敕勒功大明賞罰秋七月己亥詔諸征鎮將軍王公杖節邊遠者聽開府辟召其次增置吏員庚子詔大鴻臚卿杜超假節都督冀定相三州諸軍事行征南大將軍太宰進爵爲王鎮鄴爲諸軍節度八月宋將到彥之自清水入河泝流西行景寅彥之遣將度河攻冶坂冠軍將軍安頡督諸軍擊破之九月癸卯立密皇太后廟于鄴甲辰行幸統萬遂征平涼是月馮跋死冬十月乙卯冠軍將軍安頡濟河攻洛陽景子拔之辛巳安頡平武牢十一月己酉車駕至平涼己亥行幸安定庚子帝自安西還臨平涼遂掘塹圍守之行幸紐城安慰初附赦秦隴之人賜復七年辛酉安頡帥諸軍攻滑臺沮渠蒙遜遣使朝貢壬寅封壽光侯叔孫建爲丹楊王十二月丁卯赫連定弟社于度洛孤面縛出降平涼收其珍寶定長安臨晉武功守將皆奔走關中平壬申車駕還東留巴東公延普等鎮安定

四年春正月壬午車駕自木根山大饗羣臣景申宋將檀道濟王仲德從清水救滑臺丹楊王叔孫建汝陰公長孫道生拒之道濟等不敢進是月赫連定滅乞伏慕末二月辛酉安頡司馬楚之平滑臺癸酉車駕還宮飲至策勳告于宗廟賜留臺百官各有差戰士賜復十年定州人飢詔開倉以振之宋將檀道濟王仲德東走三月庚戌冠軍將軍安頡獻宋俘萬餘人甲兵三萬夏六月赫連定北襲沮渠蒙遜爲吐谷渾慕璝所執閏月乙未蠕蠕國遣使朝貢詔散騎侍郎周紹使于宋秋七月己酉行幸河西起承華宮八月乙酉沮渠蒙遜遣子安周入侍吐谷渾慕璝遣使奉表請送赫連定己丑以慕璝爲大將軍封西秦王九月癸丑車駕還宮庚申加太尉長孫嵩柱國大將軍以左光祿大夫崔浩爲司徒征西大將軍長孫道生爲司空癸亥詔兼太常李順持節拜西河王沮渠蒙遜爲假節加侍中都督涼州持節及西域羌戎諸軍事行征西大將軍太傅涼州牧涼王壬申詔曰范陽盧玄博陵崔綽趙郡李靈河間邢穎勃海高允廣平游雅大原張偉等皆賢儁之胄冠冕州邦有羽儀之用易曰我有好爵吾與爾縻之如玄之比隱跡衡門不曜名譽者盡敕州郡以禮發遣遂徵玄等州郡所遣至者數百人皆差次敘用冬十月戊寅詔司徒崔浩改定律令行幸漠南十一月景辰北部敕勒莫弗庫若于率其部數萬騎驅鹿獸數百萬詣行在所帝因而大狩以賜從者勒石漠南以記功德宜城王奚斤坐事降爵爲公十二月車駕還宮

延和元年春正月景午尊保太后爲皇太后立皇后赫連氏以皇子晃爲皇太子謁于太廟大赦改元三月丁未追贈夫人賀氏爲皇后壬申西秦王吐谷渾慕璝送赫連定於京師夏五月宋人來聘六月庚寅車駕伐和龍詔尚書左僕射安原等屯于漠南以備蠕蠕辛卯詔兼散騎常侍鄧穎使於宋秋七月己巳車駕至和龍穿塹以守之是月築東宮九月乙卯車駕西還徙營丘成周遼東樂浪帶方玄菟六郡人三萬家于幽州開倉以振之冬十月吐谷渾慕璝遣使朝貢十一月己巳車駕至自和龍十二月己丑馮弘子長樂公崇及其母弟朗朗弟邈以遼西內屬先是辟召賢良而州郡多逼遣之詔以禮申喻任其進退

二年春二月庚午詔兼鴻臚卿李繼持節假馮崇車騎大將軍遼西王承制聽置尚書已下壬午詔兼散騎常侍宋宣使於宋夏四月沮渠蒙遜死以其子牧犍爲車騎將軍改封西河王六月遣永昌王健尚書左僕射安原督諸軍討和龍辛巳詔樂安王範發秦雍兵一萬築小城於長安城內秋八月遼西王馮崇上表求說降其父帝不聽九月宋人來聘并獻馴象一戊午詔兼大鴻臚卿崔賾持節拜征虜將軍楊難當爲征南大將軍儀同三司封南秦王冬十二月己巳大赦天下辛未幸陰山北詔兼散騎常侍盧玄使於宋

三年春正月乙未車駕次于女水大饗羣臣戊戌馮弘遣使求和帝不許景辰南秦王楊難當尅漢中送雍州流人七千家于長安二月戊寅詔以頻年屢征有事西北運輸之役百姓勤勞令郡縣括貧富以爲三級富者租賦如常中者復二年下窮者復三年辛卯車駕還宮三月甲寅行幸河西閏月甲戌秦王赫連昌叛走景子河西候將格殺之驗其謀反羣弟皆伏誅己卯車駕還宮進彭城公栗爵爲王秋七月辛巳東宮成備置屯衛三分西宮之一壬午行幸美稷遂至隰城命諸軍討山胡白龍于河西九月戊子尅之斬白龍及其將帥屠其城冬十一月車駕還宮十二月甲辰行幸雲中

太延元年春正月乙未朔日有蝕之壬午降死罪刑已下各一等癸未出道武明元宮人令得嫁甲申大赦改元二月庚子蠕蠕焉耆車師各遣使朝貢詔長安及平涼人徙在京師其孤老不能自存者聽還鄉里丁未車駕還宮夏五月庚申進宜都公穆壽爲宜都王汝陰公長孫道生爲上黨王宜城公奚斤爲恒農王廣陵公婁伏連爲廣陵王遣使者二十輩使西域甲戌行幸雲中六月甲午詔曰去春小旱東作不茂憂勤剋己祈請靈祇豈朕精誠有感何報應之速雲雨震灑流澤霑渥有鄙婦人持方寸玉印詣潞縣侯孫家既而亡去莫知所在印有三字爲龍鳥之形要妙奇巧不類人迹文曰旱疫平推尋其理蓋神靈之報應也比者以來禎瑞仍臻甘露流液降於殿內嘉瓜合蔕生于中山野木連理殖於魏郡在先后載誕之鄉白鷰集于盛樂舊都玄鳥隨之蓋有千數嘉禾頴歲合秀於恒農白兔並見於勃海白雉三隻又集於平陽太祖之廟天降嘉貺將何德以酬之其令天下大酺五日禮報百神守宰祭界內名山大川上答天意景午高麗鄯善國並遣使朝貢秋七月田於棝陽己卯樂平王丕等五將東伐至和龍徙男女六千口而還八月景戌行幸河西粟特國遣使朝貢九月車駕還宮冬十月癸卯尚書左僕射安原謀反伏誅甲辰行幸定州次于新城宮十一月己巳校獵于廣川景子行幸鄴祀密太后廟諸所過親問高年褒禮賢俊十二月癸卯遣使者以太牢祀北岳

二年春正月甲寅車駕還宮二月戊子馮弘遣使朝貢求送侍子帝不許壬辰遣使者十餘輩詣高麗東夷諸國詔喻之三月景辰宋人來聘辛未遣平東將軍娥清安西將軍古弼討馮弘弘求救於高麗高麗遣其大將葛蔓盧迎之夏四月甲寅皇子小兒苗兒並薨五月乙卯馮弘奔高麗戊午詔散騎常侍封撥使高麗徵送馮弘丁卯行幸河西赫連定之西也楊難當竊據上邽秋七月庚戌命樂平王丕等討之詔散騎常侍游雅使於宋八月丁亥遣使六輩使西域帝校獵于河西詔廣平公張黎發定州七郡一萬二千人通莎泉道甲辰高車國遣使朝貢九月庚戌樂平王丕等至略陽公難當奉詔攝上邽守高麗不送馮弘帝將伐之納樂平王丕計而止冬十一月己酉幸棝陽驅野馬於雲中置野馬苑閏月壬子車駕還宮乙丑改封潁川王提爲武昌王河西王沮渠牧犍遣使朝貢是歲吐谷渾慕璝死

三年春正月癸未中山王纂薨戊子太尉北平王長孫嵩薨乙巳丹楊王叔孫建薨二月乙卯行幸幽州存恤孤老問人疾苦還幸上谷遂至代所過復田租之半三

月己卯車駕還宮丁酉宋人來聘夏五月己丑詔天下吏人得舉告守令不如法者景申行幸雲中秋七月戊子使永昌王健上黨王長孫道生討山胡白龍餘黨於西河滅之八月甲辰行幸河西九月甲申車駕還宮丁酉遣使者拜西秦王慕璝弟慕利延爲鎮西大將軍儀同三司改封西平王冬十月癸卯行幸雲中十一月壬申車駕還宮是歲河西王沮渠牧犍世子封壇來朝高麗契丹龜茲悅般焉耆車師粟特疏勒烏孫渴盤陁鄯善破洛者舌等國各遣使朝貢

四年春三月庚辰鄯善王弟素延耆來朝癸未罷沙門年五十以下江陽王根薨是月高麗殺馮弘夏五月戊寅大赦秋七月壬申車駕北伐冬十一月丁卯朔日有蝕之十二月車駕至自北伐上洛巴泉蕈等相帥內附詔兼散騎常侍高雅使于宋

五年春正月庚寅行幸定州三月辛未車駕還宮庚寅以故南秦王世子楊保宗爲征南大將軍秦州牧武都王鎮上邽夏五月癸未遮逸國獻汗血馬六月甲辰車駕西討沮渠牧犍侍中宜都王穆壽輔皇太子決留臺事大將軍長樂王嵇敬輔國大將軍建寧王崇二萬人屯漠南以備蠕蠕秋七月己巳車駕至上都屬國城大饗羣臣講武馬射壬午留輜重分部諸軍八月景申車駕至姑臧牧犍兄子祖踰城來降乃分軍圍之九月景戌牧犍與左右文武五千人面縛軍門帝解其縛待以藩臣之禮收其城內戶口二十餘萬倉庫珍寶不可稱計進張掖公禿髮保周爵爲王與龍驤將軍穆羆安遠將軍源賀分略諸郡收犍弟張掖太守宜得西奔酒泉太守無諱後奔晉昌樂都太守安周南奔吐谷渾戊子蠕蠕犯塞遂至七介山京都大駭皇太子命上黨王長孫道生等拒之冬十月辛酉車駕還宮徙涼州人三萬餘家于京師留樂平王丕征西將軍賀多羅鎮涼州癸亥遣張掖王禿髮保周諭諸部鮮卑保周因率諸部叛於張掖十一月乙巳宋人來聘并獻馴象一十二月壬午車駕至自西伐飲至策勳告于宗廟楊難當寇上邽鎮將元勿頭討走之是歲鄯善龜茲疏勒焉耆高麗粟特渴盤陁破那悉半居等國並遣使朝貢

太平眞君元年春正月己酉沮渠無諱圍酒泉辛亥分遣侍臣巡行州郡觀察風俗問人疾苦二月己巳詔假通直常侍邢穎使於宋發長安人五千浚昆明池三月酒泉陷夏四月戊午朔日有蝕之庚辰沮渠無諱寇張掖禿髮保周屯刪丹六月丁丑皇孫濬生大赦改元秋七月行幸陰山己丑永昌王健大破禿髮保周走之景申保太后竇氏崩于行宮癸丑保周自殺傳首京師八月甲申沮渠無諱降九月壬寅車駕還宮是歲州鎮十五饑詔開倉賑恤之以河南王曜子羯兒爲河間王後改封畧陽王

二年春正月癸卯拜沮渠無諱爲征西大將軍涼州牧酒泉王三月辛卯葬惠太后於崞山庚戌新興王俊畧陽王羯兒有罪黜爲公辛亥封蠕蠕郁久閭乞歸爲朔方王沮渠萬年爲張掖王夏四月丁巳宋人來聘秋八月辛亥詔散騎侍郎張偉使于宋九月戊戌永昌王健薨冬十一月庚子鎮南大將軍奚眷平酒泉十二月景子宋人來聘

三年春正月甲申帝至道壇親受符籙備法駕旗幟盡青三月壬寅北平王長孫頹有罪削爵爲侯夏四月酒泉王沮渠無諱走渡流沙據鄯善涼武昭王孫李寶據敦煌遣使內附五月行幸陰山北六月景戌楊難當朝於行宮先是起殿於陰山北殿成而難當至因曰廣德焉秋八月甲戌晦日有蝕之冬十月己卯封皇子伏羅爲晉王翰爲秦王譚爲燕王建爲楚王余爲吳王十二月辛巳大保襄城公盧魯元薨丁酉車駕還宮李寶遣使朝貢以寶爲鎮西大將軍開府儀同三司沙州牧敦煌公

四年春正月庚午行幸中山二月景子次于恒山之陽詔有司刊石勒銘是月剋仇池三月庚申車駕還宮夏四月武都王楊保宗謀反諸將禽送京師氐羌復推保宗弟文德爲主圍仇池六月庚寅詔復人貲賦三年其田租歲輸如常牧守不得妄有徵發癸巳大閱于西郊九月辛丑行幸漠南甲辰捨輜重以輕騎襲蠕蠕分軍爲四道冬十一月甲子車駕還至朔方詔曰夫陰陽有往復四時有代謝授子任賢蓋古今不易之令典也其令皇太子副理萬機總統百揆諸功臣勤勞日久皆當以爵歸第隨時朝請饗宴朕前論道陳謨而已不宜復煩以劇職更舉賢俊以備百官明爲科制以稱朕心十二月辛卯車駕至自北伐

五年春正月壬寅皇太子始總百揆侍中中書監宜都王穆壽司徒東郡公崔浩侍中廣平公張黎侍中建興公古弼輔太子以決庶政諸上書者皆稱臣上疏儀與表同戊申詔自王公已下至於庶人私養沙門巫及金銀工巧之人在其家者皆遣詣官曹限今年二月十五日過期不出巫沙門身死主人門誅庚戌詔自三公已下至於卿士其子息皆詣太學其百工伎巧騶卒子息當習其父兄所業不聽私立學校違者師身死主人門誅二月辛未中山王辰等八人以北伐後期斬于都南癸酉樂平王丕薨庚辰行幸盧三月戊辰大會于鄴南遣使者四輩使西域甲辰車駕還宮夏四月乙亥太宰陽平王杜超爲帳下所殺五月丁酉行幸陰山北六月西平王吐谷渾慕利延殺其兄子緯代立緯弟叱力延等來奔乞師以叱力延爲歸義王秋八月乙丑田于河西壬午詔員外散騎常侍高濟使於宋九月帝自河西至于馬邑觀于崞川己亥車駕還宮丁未行幸漠南冬十月癸未晉王伏羅大破慕利延慕利延走奔白蘭其部一萬三千內附十一月宋人來聘十二月景戌車駕還宮

六年春正月辛亥行幸定州引見長老存問之詔兼員外散騎常侍宋愔使于宋二月遂西幸上黨觀連理樹於玄氏至吐京討徙叛胡出配郡縣三月庚申車駕還宮詔諸有疑獄皆付中書以經義量決夏六月戊子朔日有蝕之壬辰北巡秋八月壬辰散騎常侍成周公萬度歸以輕騎至鄯善執其王眞達與詣京師帝大悅厚待之車駕幸陰山北次于廣德宮詔發天下兵三取一各當戒嚴以須後命徙諸種雜人五千餘家於北邊令人北徙畜牧至廣漠以餌蠕蠕壬寅征西大將軍高涼王那等討吐谷渾慕利延軍到曼頭城慕利延驅其部落西度流沙那急追故西秦王慕璝世子被囊逆軍拒戰那擊破之中山公杜豐追度三危至雪山禽被囊及慕利延元子什歸熾盤子成龍送于京師慕利延遂西入于闐國九月盧水胡蓋吳聚衆反于杏城冬十一月高涼王那振旅還京師庚申遼東王竇漏頭薨河東蜀薛永宗聚黨入汾曲西通蓋吳受其位號蓋吳自號天台王署百官辛未車駕還宮選六州兵勇猛者使永昌王仁高涼王那分領爲二道南畧淮泗以北徙青徐之人以實河北癸未西巡

七年春正月戊辰車駕自東雍禽薛永宗斬之其男女無少長皆赴水死辛未南幸汾陰蓋吳退走北地二月景戌幸長安存問父老丁亥幸昆明池遂田于岐山之陽所過誅與蓋吳通謀反害守將者三月詔諸州坑沙門毀諸佛像徙長安城內工巧二千家於京師夏四月甲申車駕至自長安戊子毀鄴城五層佛圖於泥像中得玉璽二其文皆曰受命於天既壽永昌其一刻其旁曰魏所受漢傳國璽五月蓋吳復聚杏城自號秦地王景戌發司幽定冀四州十萬人築畿上塞圍起上谷西至于河廣袤皆千里六月癸未朔日有蝕之秋八月蓋吳爲其下人所殺傳首京師復畧陽公羯兒王爵

八年春正月癸未行幸中山三月河西王沮渠牧犍謀反伏誅夏五月車駕還宮六月西征諸將扶風公處眞等八將坐盜沒軍資所在虜掠贓各千萬計並斬之秋八月樂安王範薨冬十一月侍中中書監宜都王穆壽薨十二月晉王伏羅薨

九年春正月宋人來聘二月癸卯行幸定州山東人饑詔開倉振之罷塞圍作遂西幸上黨詔於壺關東北大王山累石爲三封又斬其鳳凰山南足以斷之三月車駕還宮夏五月甲戌以交趾公韓拔爲假征西將軍領護西戎校尉鄯善王鎮鄯善賦役其人比之郡縣六月辛酉行幸廣德宮丁卯悅般國遣使求與王師俱討蠕蠕帝許之秋八月詔中外諸軍戒嚴九月乙酉練兵于西郊景戌幸陰山是月成周公萬度歸千里驛上大破焉耆國其王鳩尸卑那奔龜茲冬十月辛丑恒農王奚斤薨癸卯以婚姻奢靡喪葬過度詔有司更爲科限癸亥大赦十二月詔成周公萬度歸自焉耆西討龜茲皇太子朝于行宮遂從北討至受降城不見蠕蠕因積糧城內留守而還北平王長孫敦坐事降爵爲公

十年春正月戊辰朔帝在漠南大饗百寮甲戌蠕蠕吐賀眞懼遠遁三月蒐于河西庚寅車駕還宮夏四月景申朔日有蝕之九月閱武於磧上遂北伐冬十月庚子皇太子及羣官奉迎於行宮十二月戊申車駕至自北伐己酉以平昌公託眞爲中山王

十一年春正月乙丑行幸洛陽所過郡國皆親對高年存恤孤寡二月甲午大蒐於梁山皇子眞薨是月大修宮室皇太子居于北宮車駕遂征懸瓠夏四月癸卯車駕還宮賜從者及留臺郎吏已上生口各有差六月己亥誅司徒崔浩辛丑北巡陰山秋七月宋將王玄謨攻滑臺八月辛亥田于河西癸未練兵於西郊九月辛卯車駕南伐癸巳皇太子北伐屯於漠南吳王余留守京都庚子曲赦定冀相三州死罪已下冬十月乙丑車駕濟河玄謨棄軍而走乃命諸將分道並進車駕自中道十一月辛卯至鄒山使使者以太牢祀孔子是月頓盾國獻師子一十二月丁卯車駕至淮詔刈雈葦作筏數萬而濟淮南皆降癸未車駕臨江起行宮於瓜步山諸軍同日皆臨江所過城邑莫不望塵奔潰其降附者不可勝數甲申宋文帝使獻百牢貢其方物又請進女於

皇孫以求和好帝以師婚非禮許和而不許婚使散騎侍郎夏侯野報之帝詔皇孫爲書致馬通問焉

正平元年春正月景戌朔大會羣臣於江上文武受爵者二百餘人丁亥車駕北旋二月癸未次于魯口皇太子朝於行宮三月己亥車駕至自南伐飲至策勳告於宗廟以降人五萬餘家分置近畿賜留臺文武所獲軍資生口各有差夏五月壬寅大赦六月壬戌改元車師國王遣子入侍詔以刑網太密犯者更衆命有司其案律令務求厥中自餘有不便於人者依比增損詔太子少傅游雅中書侍郎胡方回等改定律制畧陽王羯兒高涼王那有罪賜死戊辰皇太子薨壬申葬景穆太子於金陵秋七月丁亥行幸陰山省諸曹吏員三分之一九月癸巳車駕還宮冬十月庚申行幸陰山宋人來聘詔殿中將軍郎法祐使於宋己巳司空上黨王長孫道生薨十二月丁丑車駕還宮封皇孫濬爲高陽王尋以皇孫世嫡不宜在藩乃止改封秦王翰爲東平王燕王譚爲臨淮王楚王建爲廣陽王吳王余爲南安王

二年春正月庚辰朔南來降人五千餘家於中山謀叛州軍討平之冀州刺史張掖王沮渠萬年與降人通謀賜死三月甲寅中常侍宗愛構逆帝崩於永安宮時年四十五祕不發喪愛又矯皇后令殺東平王翰迎南安王余立大赦改元爲永平尊謚曰太武皇帝葬於雲中金陵廟號世祖帝生不逮密太后及有所識言則悲慟哀感傍人明元聞而嘉歎及明元不豫衣不釋帶性清儉率素服御飲膳取給而已不好珍麗食不二味所幸昭儀貴人衣無兼綵羣臣白帝更峻京邑城隍以從周易設險之義又陳蕭何壯麗之說帝曰古人有言在德不在險屈丐蒸土築城而朕滅之豈在城也今天下未平方須人力土功之事朕所未爲蕭何之對非雅言也每以財者軍國之本無所輕費至於賞賜皆是勳績之家親戚愛寵未嘗横有所及臨敵常與士卒同在矢石間左右死傷者相繼而帝神色自若是以人思效命所向無前命將出師指授節度從命者無不制勝違爽者率多敗失性又知人拔士於卒伍之中唯其才效所長不論本末兼甚嚴斷明於刑賞功者賞不遺賤罪者刑不避親雖寵愛之終不虧法常曰法者朕與天下共之何敢輕也故大臣犯法無所寬假雅長聽察瞬息之間下無以措其姦隱然果於誅戮後多悔之司徒崔浩死後帝北伐時宣城公李孝伯疾篤傳者以爲卒帝聞而悼之謂左右曰李宣城可惜又曰朕向失言崔司徒可惜李宣城可哀褒貶雅意皆此類也

景穆皇帝諱晃太武皇帝之長子也母曰賀夫人延和元年正月景午立爲皇太子時年五歲明慧强識聞則不忘及長好讀經史皆通大義太武甚奇之及西征涼州皇太子監國初太武之伐河西李順等咸言姑臧無水草不可行師太子有疑色及車駕至姑臧乃詔太子曰姑臧城東西門外涌泉合於城北其大如河澤草茂盛可供大軍數年人之多言亦可惡也太子謂宮臣曰爲人臣不實若此豈是忠乎吾初聞有疑但帝決行耳幾誤人大事言者復何面目見帝也眞君四年從征蠕蠕至鹿渾谷與賊遇虜惶怖擾亂太子言於太武曰宜速進擊掩其不備尚書令劉潔固諫以爲塵盛賊多須軍大集太子曰此由賊恇擾何有營上而有此塵太武疑之遂不急擊蠕蠕遠遁既而獲虜候騎乃云不覺官軍卒至上下惶懼北走經六七日知無追者乃徐行帝深恨之自是太子所言軍國大事多見納用遂知萬機及監國命有司使百姓有牛家以人牛相貿又禁飲酒雜戲棄本沽販者於是墾田大增正平元年六月戊辰薨於東宮時年二十四庚午命持節兼太尉張黎兼司空竇瑾奉策即柩謚景穆太子文成即位追尊爲景穆皇帝廟號恭宗

高宗文成皇帝諱濬景穆皇帝之長子也母曰閭氏眞君元年六月生於東宮帝少聰達太武常置左右號世嫡皇孫年五歲太武北巡帝從在後逢虜帥桎一奴將加罰帝謂曰奴今遭我汝宜釋之帥奉命解縛太武聞之曰此兒雖少欲以天子自處意奇之及長風格異常每參決大政可否正平二年三月中常侍宗愛弑逆立南安王余十月景午朔又賊余於是殿中尚書長孫渴侯與尚書陸麗奉迎世嫡皇孫

興安元年冬十月戊申皇帝即位於永安前殿大赦改元正平二年爲興安以驃騎大將軍元壽樂爲太宰都督中外諸軍錄尚書事以尚書長孫渴侯爲尚書令儀同三司十一月景子二人爭權並賜死癸未廣陽王建臨淮王譚薨甲申皇妣閭氏薨進平南將軍宋子侯周忸爵爲樂陵王南部尚書常安子陸麗爲平原王文武各加位一等壬寅追尊皇考景穆太子爲景穆皇帝妣閭氏爲恭皇后尊保母常氏爲保太后十二月戊申祔葬恭皇后於金陵乙卯初復佛法丁巳以樂陵王周忸爲太尉平原王陸麗爲司徒鎮西將軍杜元寶爲司空保達沙獵等國各遣使朝貢戊寅進建業公陸俟爵爲東平王進廣平公杜遺爵爲王癸亥詔以營州蝗開倉振恤甲子太尉樂陵王周忸有罪賜死進濮陽公閭若文爵爲王

二年春正月辛巳進司空杜元寶爵爲京兆王廣平王杜遺薨進尚書僕射東安公劉尼爵爲王封建寧王崇子麗爲濟南王癸未詔與百姓雜調十五景戌進尚書西平公源賀爵爲王二月己未司空京兆王杜元寶謀反伏誅建寧王崇崇子濟南王麗爲元寶所引各賜死乙丑發京師五千人穿天泉池是月宋太子劭殺文帝三月尊保太后爲皇太后進安豐公閭武皮爵爲河間王夏五月宋孝武帝殺太子劭而自立閏月乙亥太皇太后赫連氏崩秋七月辛亥行幸陰山濮陽王閭若文永昌王仁謀反乙卯仁賜死若文伏誅己巳車駕還宮是月築馬射臺於南郊八月戊戌詔曰朕即位以來風雨順序邊方無事衆瑞兼呈又於苑內獲方寸玉印其文曰子孫長壽羣公卿士咸曰休哉豈朕一人克臻斯應實由天地祖宗降祐之所致也思與兆庶共茲嘉慶其令百姓大酺三日降殊死已下囚九月壬子閱武於南郊冬十一月辛酉行幸信都中山觀察風俗十二月甲午車駕還宮復北平公長孫敦王爵是歲疎勒渴盤陁庫莫奚契丹罽賓等國各遣使朝貢

興光元年春正月乙丑以侍中河南公伊馛爲司空二月甲午帝至道壇登受圖籙禮畢曲赦京師夏六月行幸陰山秋七月景申朔日有蝕之庚子皇子弘生辛丑大赦改元八月甲戌趙王深薨乙亥車駕還宮乙丑皇叔武頭龍頭薨九月庫莫奚國獻名馬有一角狀如麟閉都門大索三日獲姦人亡命數百人冬十一月戊戌行幸中山遂幸信都十二月景子還幸靈丘至溫泉宮庚辰車駕還宮出于叱萬單等國各遣使朝貢

太安元年春正月辛酉奉太武景穆神主于太廟樂平王拔有罪賜死二月癸未武昌王提薨三月己亥以太武景穆神主入太廟改元曲赦京師死囚已下夏六月壬戌詔名皇子弘曲赦癸酉詔尚書穆眞等二十人巡行州郡觀察風俗大明賞罰冬十月庚午以遼西公常英爲太宰進爵爲王是歲遮逸波斯疎勒等國各遣使朝貢

二年春正月乙卯立皇后馮氏二月丁巳立皇子弘爲皇太子大赦夏六月羽林中郞于判元提等謀逆誅秋八月田于河西平西將軍漁陽公尉眷北擊伊吾剋其城大獲而還九月辛巳進河東公閭毗零陵公閭紇爵竝爲王冬十月甲申車駕還宮甲午曲赦京師十一月改封西平王源賀隴西王嚈噠普嵐等國各遣使朝貢

三年春正月徵漁陽公尉眷拜太尉進爵爲王錄尚書事夏五月封皇弟新成爲陽平王六月癸卯行幸陰山秋八月田於陰山之北己亥還宮冬十月將東巡詔太宰常英起行宮於遼西黃山十二月州鎭五蝗百姓饑使開倉振給之是歲粟特于闐等五十餘國竝遣使朝貢

四年春正月景午朔初設酒禁乙卯行幸廣寧溫泉宮遂東巡庚午至遼西黃山宮遊宴數日親對高年勞問疾苦二月景子登碣石山觀滄海大饗羣臣於山上班賞進爵各有差改碣石山爲樂遊山築壇記行於海濱戊寅南幸信都田於廣川三月丁未觀馬射於中山所過郡國賜復一年景辰車駕還宮起太華殿乙丑東平王陸俟薨夏五月壬戌詔曰比年以來雜調減省而所在州郡咸有逋懸非在職之官綏導失所貪穢過度誰使之然自今常調不充人不安業宰人之徒加以死罪六月景申田於松山秋七月庚午行幸河西九月丁巳還宮辛亥太華殿成景寅饗羣臣大赦冬十月甲戌北巡至陰山有故冢毁廢詔曰昔姬文葬枯骨天下歸仁自今有穿墳壠者斬之辛卯次于車輪山累石記行十一月車駕渡漠蠕蠕絕迹遠遁十二月中山王託眞薨

五年春二月己酉司空河南公伊馛薨三月庚寅曲赦京師死罪已下夏四月乙巳封皇弟子推爲京兆王五月居常國遣使朝貢六月戊申行幸陰山秋八月庚戌遂幸雲中壬戌還宮九月戊辰儀同三司敦煌公李寶薨冬十二月戊申詔以六鎭雲中高平二雍秦州徧遇災旱年穀不收開倉振乏有徙流者諭還桑梓

和平元年春正月甲子朔大赦改元庚午詔散騎侍郎馮闡使於宋夏四月戊戌皇太后常氏崩於壽安宮五月癸酉葬昭太后於廣寧鳴雞山六月甲午詔征西大將軍陽平王新成等討吐谷渾什寅崔浩之誅也史官遂廢至是復置秋七月西征諸軍至西平什寅走保南山九月庚申朔日有蝕之是月諸軍濟河追什寅遇瘴氣多病疫乃引還庚午車駕還宮冬十月居常王獻馴象三十一月詔散騎侍郎盧度世使於宋

二年春正月乙酉詔曰刺史牧人爲萬里之表自頃每因發調逼人假貸大商富賈要射時利上下通同分以潤屋爲政之弊莫過於此其一切禁絕犯者十疋以上皆死布告天下咸令知禁二月行幸中山遂幸信都三

月宋人來聘車駕所過皆親對高年問疾苦詔年八十一子不從役靈丘南有山高四百餘丈乃詔羣臣仰射山峯無能踰者帝彎弧發矢出三十餘丈過山南二百二十步遂刊石勒銘是月發并肆州五千餘人脩河西獵道辛巳車駕還宮夏四月乙未河東王閭毗薨五月癸未詔南部尚書黃盧頭李敷業考課諸州秋七月戊寅封皇弟小新成爲濟陰王天賜爲汝陰王萬壽爲樂良王洛侯爲廣平王八月波斯國遣使朝貢冬十月詔假員外散騎常侍游明根使于宋廣平王洛侯薨

三年春正月壬午以東郡公乙渾爲太原王癸未樂良王萬壽薨二月壬子朔日有蝕之癸酉田於崞山遂觀漁于旋鴻池三月甲申宋人來聘高麗蓰王契嚙思厭於師䟕勒石那悉居半渴盤陁等國並遣使朝貢夏六月庚申行幸陰山秋七月壬寅幸河西九月壬辰常山王素薨冬十月詔員外散騎常侍游明根使于宋十一月壬寅車駕還宮十二月乙卯制戰陣之法十有餘條因大儺耀兵有飛龍騰蛇魚麗之變以示威武戊午零陵王閭拔薨

四年春三月乙未賜京師人年七十以上太官厨食以終其年皇子胡仁薨追封樂陵王夏四月癸亥上幸西苑親射猛獸三頭五月壬辰侍中漁陽王尉眷薨壬寅行幸陰山秋七月壬午詔曰朕每歲閑月命羣臣講武所幸之處必立宮壇糜費之功勞損非一宜仍舊貫何必改作也八月景寅遂田于河西九月辛巳車駕還宮冬十月以定相二州隕霜傷稼免其田租詔員外散騎常侍游明根使於宋十二月辛丑詔以喪葬嫁娶大禮未備命有司爲之條格使貴賤有章上下咸序著之于令壬寅詔曰婚姻者人道之始比者以來貴族之門多不率法或貪利財賂或因緣私好在於苟合無所擇選塵穢清化虧損人倫將何以宜示典謨垂之來裔今制皇族師傅王公侯伯及士庶之家不得與百工伎巧卑姓爲婚犯者加罪

五年春正月丁亥封皇弟雲爲任城王二月詔以州鎮十四去歲蟲水開倉振恤夏四月癸卯進封頓丘公李峻爲王閏月戊子帝以旱故減膳責身是夜澍雨大降五月宋孝武帝殂六月丁亥行幸陰山秋七月壬寅行幸河西九月辛丑車駕還宮冬十月琅邪侯司馬楚之薨十二月南秦王楊難當薨吐呼羅國遣使朝貢

六年春正月景申大赦二月丁丑行幸樓煩宮高麗蓰王對勞等國各遣使朝貢三月戊戌相州刺史西平郡王吐谷渾權薨乙巳車駕還宮夏四月破洛那國獻汗血馬普嵐國獻寶劒五月癸卯帝崩于太華殿時年二十六六月景寅奉尊謚曰文成皇帝廟號高宗八月葬雲中之金陵

顯祖獻文皇帝諱弘文成皇帝之長子也母曰李貴人興光元年七月生於陰山之北太安二年二月立爲皇太子和平六年五月甲辰卽皇帝位大赦尊皇后曰皇太后車騎大將軍乙渾矯詔殺尚書楊保年平陽公賈愛仁南陽公張天度于禁中戊申司徒公平原王陸麗自湯泉入朝又殺之己酉以渾爲太尉公以錄尚書事東安王劉尼爲司徒公以尚書左僕射和其奴爲司空公六月封繁陽侯李嶷爲丹楊王征東大將軍馮熙爲昌黎王秋七月癸巳以太尉乙渾爲丞相位居諸王上事無大小皆決焉九月庚子曲赦京師景午詔曰先朝以州牧親人宜置良佐故敕有司班九條之制使前政選吏以待後人然牧司舉非其人僣于典度今制刺史守宰到官之日仰自舉人望忠信以爲選官不論前政共相平置若簡任失所以罔上論是月宋義陽王劉昶自彭城來奔冬十月徵陽平王新成京兆王子推濟陰王小新成汝陰王天賜任城王雲入朝十一月宋湘東王彧殺其主子業而自立

天安元年春正月乙丑朔大赦改元二月庚申丞相太原王乙渾謀反伏誅乙亥以侍中元孔雀爲濮陽王侍中陸定國爲東郡王三月庚子以隴西王源賀爲太尉公辛丑高宗文成皇帝神主祔于太廟辛亥帝幸道壇親受符籙曲赦京師秋九月己酉初立鄉學郡置博士二人助教二人學生六十人冬十二月皇弟安平王薨是歲州鎮十一旱人飢開倉振恤

皇興元年春正月癸巳鎮南大將軍尉元大破宋將張永沈攸之於呂梁東宋人來聘庚子東平王道符謀反於長安其司馬段大陽斬之傳首京師道符兄弟皆伏誅閏月以頓丘王李峻爲太宰二月濟陰王小新成薨宋東平太守申纂戍無鹽遏絕王使詔征南大將軍慕容白曜督諸軍往討三月甲寅剋之秋八月丁酉幸武州山石窟寺戊申皇子宏生大赦改元九月己巳進馮翊公李白爲梁郡王冬十月己亥朔日有蝕之癸卯田於鄁男池濮陽王孔雀坐怠慢降爲公

二年春二月癸未田于西山親射武豹三月慕容白曜進圍東陽戊午宋人來聘夏四月景子朔日有蝕之辛丑進南郡公李惠爵爲王五月乙卯田于崞山遂幸繁畤辛酉車駕還宮六月庚辰以河南關地曲赦京師殊死已下以昌黎王馮熙爲太傅秋九月辛亥封皇叔禎爲南安王長壽爲城陽王太洛爲章武王休爲安定王冬十月癸酉朔日有蝕之辛丑田于冷泉十一月州鎮二十七水旱詔開倉振恤十二月甲午詔曰頃張永敢拒王威暴骨原隰天下之人一也其永軍殘廢之士聽還江南露骸草莽者敕州縣收瘞之

三年春正月乙丑東陽潰虜沈文秀戊辰司空平昌公和其奴薨二月己卯進上黨公慕容白曜爵爲濟南王夏四月壬辰宋人來聘景申名皇子宏大赦丁酉田于崞山五月徙青齊人於京師六月辛未立皇子宏爲皇太子冬十月丁酉朔日有蝕之是月太宰頓丘王李峻薨十一月進襄城公韓頹爵爲王

四年春正月州鎮大飢詔開倉振恤二月以東郡王陸定國爲司空公詔征西大將軍上黨王長孫觀討吐谷渾什寅廣陽王石侯薨三月景戌詔天下人病者所在官司遣醫就家診視所須藥任醫所量給之夏四月辛丑大赦戊申長孫觀軍至曼頭山大破什寅五月封皇弟長樂爲建昌王六月宋人來聘秋八月蠕蠕犯塞九月景寅車駕北伐諸將俱會于女水大破虜軍司徒東安公劉尼坐事免壬申車駕至自北伐飲至策勳告于宗廟冬十月誅濟南王慕容白曜高平公李敷十一月詔弛山澤禁十二月甲辰幸鹿野苑石窟寺陽平王新成薨

五年春二月乙亥詔假員外散騎常侍邢祐使于宋夏四月北平王長孫敦薨六月丁未行幸河西秋七月景寅遂至陰山八月丁亥車駕還宮帝幼而神武聰叡機悟有濟人之規仁孝純至禮敬師友及卽位雅薄時務常有遺世之心欲禪位于叔父京兆王子推羣臣固請乃止景午使太保建安王陸馛太尉源賀奉皇帝璽綬冊命皇太子升帝位於是羣公奏上尊號太上皇帝己酉太上皇帝徙御崇光宮采椽不斲土階而已國之大事咸以聞承明元年文明太后有憾帝崩於永安殿年二十三上尊謚曰獻文皇帝廟號顯祖葬雲中金陵

論曰太武聰明雄斷威靈傑立藉二世之資奮征伐之氣遂戎軒四出周旋夷險平秦隴掃統萬翦遼海蕩河源南夷荷擔北蠕絕迹廓定四表混一華戎其爲武功也大矣遂使有魏之業光邁百王豈非神叡經綸事當命世至於初則東儲不終末乃釁成所忽固本貽防殆弗思乎景穆明德令聞夙世殂夭其戾園之悼歟文成屬太武之後內頗虛耗既而國釁時艱朝野楚楚帝輿時消息靜以鎮之養威布德懷緝中外自非機悟深裕矜濟爲心亦何能若此可謂有君人之度矣獻文聰叡夙成兼資雄斷故能更清漠野大啓南服而早有厭世之心終致宮闈之變將天意也

北史卷二考證

世祖太武皇帝紀初造新字千餘○字監本作宇葢以上文營造萬壽宮永安安樂二殿臨望觀九華堂而訛也今改從魏書

將軍丘堆先在安定○堆監本訛惟今改從本傳

赫連定弟社于度洛孤面縛出降平凉收其珍寶○魏書平凉下有平字

八月乙酉沮渠蒙遜遣子安周入侍○乙監本訛己今據上文秋七月己酉并從魏書改正

延和元年○延監本訛廷今改正

太延元年春正月乙未○臣人龍按以下文壬午癸未甲申等日計之則此乙未當係辛未之訛

牧犍弟張掖太守宜得西奔酒泉太守無諱從奔晉昌二 臣人龍按魏書宜得西奔酒泉魏將奚眷討之牧犍弟酒泉太守無諱復奔晉昌此處疑有訛字

禽破囊及慕利延元子什歸○元魏書作兄

八年春正月癸未行幸中山○據魏書乃二月癸未延壽删上數行乃致訛耳

乃命諸將分道並進車駕自中道○中魏書作卬

高凉王那有罪○凉監本訛梁今改正

改元爲永平○永監本訛承承平係高祖年號今改正

高祖文成皇帝紀五月居常國遣使朝貢○居常監本訛常居今從下文有居常王獻馴象改正

以東郡公乙渾爲太原王○原監本訛源今改正

顯祖獻文皇帝紀使前政選吏以待後人○後人魏書作役又又下文不論前政共相平置魏書作不聽前政共相干冒

北史卷三

唐　李　延　壽　撰

魏本紀第三

高祖孝文皇帝諱宏獻文皇帝之太子也母曰李夫人皇興元年八月戊申生於平城紫宮神光照室天地氛氳和氣充塞帝潔白有異姿襁褓岐嶷長而弘裕仁孝綽然有人君之表獻文尤愛異之三年六月辛未立爲皇太子五年受禪延興元年秋八月景午皇帝即位於太華前殿改皇興五年爲延興丁未宋人來聘九月壬戌詔在位及人庶進直言壬午青州高陽人封辯聚黨自號齊王州軍討平之冬十月丁亥沃野統萬二鎮敕勒叛詔太尉隴西王源賀追擊至枹罕滅之徙其遺迸於冀定相三州爲營戶十二月乙酉封駙馬都尉穆亮爲趙郡王壬辰詔求舜後獲東萊人嬀苟之復其家畢世以彰盛德之不朽復前濮陽王孔雀本封辛丑徙趙郡王穆亮爲長樂王癸卯日有蝕之

二年春正月大陽蠻酋桓誕率戶內屬拜征南將軍封襄陽王曲赦京師及河西南至秦涇西至枹罕北至涼州及諸鎮詔假員外散騎常侍邢祐使於宋二月丁巳詔曰頃者淮徐未賓尼父廟隔非所致令禋典寢頓禮章殄滅遂使女巫妖覡淫進非禮自今有祭孔廟制用酒脯而已不聽婦女雜合以祈非望之福犯者以違制論其公家有事自如常禮蠕蠕犯塞太上皇帝次於北郊詔諸將討之虜遁走北部敕勒叛奔蠕蠕太上皇帝追至石磧不及而還三月戊辰以散騎常侍駙馬都尉萬安國爲大司馬大將軍封安城王庚午親耕藉田連川敕勒謀叛徙配青徐齊兗四州爲戶夏四月庚子詔工商雜伎盡聽赴農諸州課人益種菜果辛亥宋人來聘癸酉詔沙門不得去寺行者以公文是月宋明帝殂五月丁巳詔軍警給璽印傳符次給馬印六月安州遣水雹詔丐租振恤景申詔今年貢舉尤爲猥濫自今所遣皆可門盡州郡之高才極鄉閭之選戊午行幸陰山秋七月壬寅詔州郡縣各遣二人才堪專對者赴九月講武當親問風俗八月百濟遣使請兵伐高麗九月辛巳車駕還宮戊申統萬鎮將河間王閭武皮坐貪殘賜死己酉詔以州鎮十一水旱丐其田租開倉振恤又詔流迸之人皆令還本違者徙邊冬十月蠕蠕犯塞及五原十一月太上皇帝親討之將度漠蠕蠕聞之北走數千里丁亥封皇叔略爲廣川王壬辰分遣使者巡省風俗問人疾苦帝每月一朝崇光宮十二月庚戌詔曰頃者以來官以勞升未久而代牧守無恤人之心競爲聚斂送故迎新相屬於路非所以固人志隆政道也自今牧守溫良仁儉克己奉公者可久於其任歲積有成遷位一級其貪殘非道侵削黎庶者雖在官甫爾必加黜罰著之於令以爲彝準詔以代郡事同豐沛代人先配邊戍者免之是歲高麗地豆干庫莫奚高昌等國並遣使朝貢

三年春正月庚辰詔員外散騎常侍崔演使於宋丁亥改崇光宮爲寧光宮二月戊午太上皇帝至自北討飲至策勳告于宗廟甲戌詔縣令能靜一縣劫盜者兼理二縣即食其祿能靜二縣者三年遷爲郡守二千石能靜二郡上至三郡亦如之三年遷爲刺史三月壬午詔諸倉屯穀麥充積者出賜貧人夏四月戊申詔假司空上黨王長孫觀等討吐谷渾拾寅壬子詔以孔子二十八世孫魯郡孔乘爲崇聖大夫給十戶以供灑掃六月甲子詔曰往年縣召秀才二人問守宰善惡而賞者未幾罪者衆多肆法傷生情所未忍諸爲人所列者特原其罪盡可代之秋七月詔河南六州人戶收絹一匹綿一斤租三十石乙亥行幸陰山八月庚申帝從太上皇帝幸河西拾寅謝罪請降許之九月辛巳車駕還宮丁亥宋人來聘己亥詔曰今京師及天下囚未判在獄致死無近親者給衣衾棺櫝葬之不得暴露辛丑詔遣十使循行州郡檢括戶口冬十月太上皇帝將南討詔州郡之人十丁取一充行戶租五十石以備軍糧十一月戊寅詔以河南州郡牧守多不奉法致新邦百姓莫能上達遣使者觀風察獄黜陟幽明搜揚振恤癸巳太上皇帝南巡至懷州所過問人疾苦賜高年孝悌力田布帛十二月癸卯朔日有蝕之庚戌詔關外苑囿聽人樵採是歲高麗契丹庫莫奚悉萬斤等國並遣使朝貢州鎮十一水旱丐人田租開倉振恤相州人餓死者二千八百四十五人秋人劉舉自稱天子齊州刺史武昌王平原捕斬之

四年春正月癸酉朔日有蝕之丁丑太尉隴西王源賀以病辭位二月甲辰太上皇帝至自南巡辛未禁寒食三月丁亥詔員外散騎常侍許赤武使於宋夏四月丁卯詔自今非謀反大逆干紀外奔罪止其身而已秋七月己卯曲赦仇池八月戊申大閱於北郊九月以宋亂故詔將軍元蘭等伐蜀漢冬十月庚子宋人來聘十一月分遣侍臣循河南七州觀察風俗撫慰初附是歲粟特敕勒吐谷渾高麗曹利闊悉契丹庫莫奚地豆干等國並遣使朝貢州鎮十三大饑丐人田租開倉振之

五年春二月癸丑詔定考課明黜陟夏四月詔禁畜鷹鷂開相告之制五月景午詔員外散騎常侍許赤武使於宋丁未幸武州山辛酉幸車輪山六月庚午禁殺牛馬壬申曲赦京師死罪遣備蠕蠕秋九月癸卯洛州人賈伯奴稱恒農王豫州人田智度稱上洛王郡討平之冬十月太上皇帝大閱於北郊十二月景寅改封建昌王長樂爲安樂王己丑城陽王長壽薨庚寅宋人來聘是歲高麗吐谷渾龜茲契丹庫莫奚地豆干蠕蠕等國並遣使朝貢

承明元年春二月司空東郡王陸定國坐事免官爵爲兵夏五月冀州人宋伏龍聚衆自稱南平王郡縣捕斬之六月甲子詔中外戒嚴分京師見兵爲二等第一軍出遣第一兵二等亦如之辛未太上皇帝崩壬申大赦改元大司馬大將軍安城王萬安國坐法賜死戊寅以征西大將軍安樂王長樂爲太尉尚書左僕射南平公目辰爲司徒進封宜都王以南部尚書李訢爲司空尊皇太后爲太皇太后臨朝稱制秋七月甲辰追尊皇妣李貴人爲思皇后濮陽王孔雀有罪賜死八月甲子詔羣公卿士有便人益國者具狀以聞甲戌以長安二蠶多死丐人歲賦之半九月丁亥曲赦京師冬十月丁巳起七寶永安行殿乙丑進假東陽王丕爵爲王己未詔羣官卿士下及吏人各聽上書直言極諫勿有所隱諸有益政利人可以正風俗者有司以聞辛未幸建明佛寺大宥罪人進濟南公羅拔爲王是歲蠕蠕高麗庫莫奚波斯契丹宕昌悉萬斤等國並遣使朝貢

太和元年春正月乙酉改元辛亥起太和安昌二殿己酉秦州略陽人王元壽聚衆自號衝天王雲中饑開倉振恤二月辛未秦益二州刺史武都公尉洛侯討破王元壽三月庚子以雍州刺史東陽王丕爲司徒景午詔曰去年牛疫死傷大半今東作既興人須肆業其敕在所督課田農有牛者加勤於常歲無牛者倍庸於餘年一夫制田四十畝中男二十畝無令人有餘力地有遺利夏四月樂安王良薨詔復前東郡王陸定國官爵五月車駕祈雨於武州山俄而澍雨大洽秋七月壬辰京兆王子推薨庚子定三等死刑己酉起朱明思賢門是月宋人殺其主昱八月壬子大赦景子詔曰工商皁隸各有厥分而有司縱濫或染清流自今戶內有工役者唯止本部丞已下準次而授若階藉元勳以勞定國者不從此制戊寅宋人來聘九月乙酉詔羣臣定律令於太華殿庚子起永樂遊觀殿於北苑穿神泉池冬十月辛亥朔日有蝕之癸酉宴京邑耆老年七十已上於太華殿賜以衣服詔七十以上一子不從役宋葭蘆戍主楊文度遣弟鼠襲陷仇池十一月丁亥懷州人伊祁苟自稱堯後應王聚衆於重山洛州刺史馮熙討平之九月庚午詔員外散騎常侍李長仁使於宋十二月壬寅征西將軍皮喜攻陷葭蘆斬楊文度傳首京師丁未州郡八水旱蝗人飢詔開倉振恤是歲高麗契丹庫莫奚蠕蠕車多羅西天竺舍衛疊伏羅粟陽婆員闊等國並遣使朝貢

二年春正月丁巳封昌黎王馮熙第二子始興爲北平王二月丁亥行幸代之湯泉所過問人疾苦以宮女賜貧人無妻者癸卯車駕還宮乙酉晦日有蝕之三月景子以河南公梁彌機爲宕昌王夏四月己丑宋人來聘京師旱甲辰祈天災於苑北親自禮焉減膳避正殿景午澍雨大洽曲赦京師五月詔曰迺者人漸奢尚婚葬越軌又皇族貴戚及士庶之家不惟氏族高下與非類婚偶先帝親發明詔爲之科禁而百姓習常仍不肅改朕念憲章舊典永爲定準犯者以違制論六月庚子皇叔若薨秋八月分遣使者考察守宰問人疾苦景戌詔罷諸州禽獸之貢九月乙巳朔日有蝕之景辰曲赦京師冬十月壬辰詔員外散騎常侍鄭羲使於宋十二月癸巳誅南郡王李惠是歲龜茲國獻名駝龍馬珍寶甚衆吐谷渾蠕蠕勿吉等國並遣使朝貢州鎮二十餘水旱人飢詔開倉振恤

三年春正月癸丑巛德六合殿成庚申詔罷行察官二月辛巳帝太皇太后幸代郡湯泉問人疾苦鰥寡貧者妻以宮女己亥還宮三月癸卯朔日有蝕之甲辰曲赦京師夏四月壬申宋人來聘癸未樂良王樂平薨甲午宋順帝禪位于齊庚子進淮陽公尉元爵爲王宜都王目辰有罪賜死五月丁巳帝祈雨於北苑閉陽門是日澍雨大洽六月辛未以雍州人飢開倉振恤起文石室靈泉殿於方山秋七月壬寅詔免宮人年老及病者八月壬申詔羣臣進直言乙亥幸方山起思遠佛寺丁丑還宮九月壬子以司徒東陽王丕爲太尉趙郡公陳建爲司徒進爵魏郡王河南公苟頹爲司空進爵河東王進太原公王叡中山王隴東公張祐新平王乙未定州刺史安樂王長樂有罪賜死庚申隴西王源賀薨冬十月己巳朔大赦十一月癸卯賜京師貧窮高年疾患不能自存衣服布帛各有差癸丑進假梁郡公元嘉爵爲

假王督二將出淮陰隴西公元琛三將出廣陵河東公薛豹子三將出廣固至壽春是歲吐谷渾高麗蠕蠕地豆干契丹庫莫奚龜茲粟特州逸河龔疊伏羅員闊悉萬斤等國各遣使朝貢

四年春正月癸卯乾象六合殿成乙卯廣川王略薨丁巳罷畜鷹鷂之所以其地爲報德佛寺戊午襄城王韓頹有罪削爵徙邊二月癸巳以旱故詔天下祀山川羣神及能興雲雨者修飾祠堂薦以牲璧人有疾苦所在存問夏四月乙卯幸廷尉籍坊二獄引見諸囚詔隨輕重決遣以赴耕耘甲申賜天下貧人一戶之內無雜財穀帛者廩一年六月丁卯以澍雨大洽曲赦京師秋七月辛亥行幸太山壬子詔會京師耆老賜錦綵衣服几杖稻米蜜麪復家人不徭役閏月丁亥幸獸圈親錄囚徒輕者皆免之壬辰頓丘王李鍾葵有罪賜死八月乙酉詔諸州置冰室九月乙亥思義殿成壬午東明觀成戊子詔曰隆寒雪降可遣侍臣詣廷尉獄及囚所察飢寒者給以衣食桎梏者代以輕鎖是歲郡鎮十八水旱人飢詔開倉振恤蠕蠕悉萬斤等國並遣使朝貢

五年春正月己卯南巡丁亥至中山親見高年問人疾苦二月辛卯輿大赦賜孝悌力田孤貧不能自存者穀帛各有差免宮人之老者還其親丁酉至信都存問如中山癸卯還中山己酉講武于唐水之陽庚戌車駕還宮沙門法秀謀反伏誅假梁郡王嘉大破齊俘獲三萬餘口送京師三月辛酉朔幸肆州癸亥講武于雲水之陽所經考察守宰黜陟之己巳車駕還宮詔曰法秀妖詐亂常忘說符瑞蘭臺御史張求等一百餘人招結奴隸謀爲大逆有司科以族誅誠合刑憲但矜愚重命猶所不忍其五族者降止同祖三族止一門門誅止身夏四月己亥行幸方山建永固石室於山立碑焉銘太皇太后終制于金冊又起鑒玄殿甲寅以旱故詔所在掩骸骨祈禱神祇任城王雲薨五月庚申以農月時要詔天下勿使有留獄六月甲辰中山王叡薨戊午封皇叔簡爲齊郡王猛爲安豐王秋七月庚申朔日有蝕之甲子齊人來聘九月庚午閱武於南郊大饗羣臣齊使車僧朗以班在宋使殷靈誕後辭不就席宋降人解奉君刃僧朗於會中詔誅奉君等己亥封昌黎王馮熙世子誕爲南平王冬十二月癸巳州鎮十二饑詔開倉振恤是歲鄧至蠕蠕國並遣使朝貢

六年春正月甲戌大赦二月辛卯詔以靈丘郡土旣褊埆又諸州路衝復其人租十五年癸巳白蘭王吐谷渾襲世以誣罔伏誅乙未詔曰蕭道成逆亂江淮戈旗頻舉七州之人旣有征運之勞深乖輕徭之義其復常調三年癸丑賜王公已下清勤著稱者穀帛有差三月庚辰幸獸圈詔曰武狼猛暴食肉殘生從今勿復捕貢辛巳幸武州山石窟寺賜貧老衣服是月齊高帝殂夏四月甲辰賜畿內鰥寡孤獨不能自存者粟帛各有差秋七月發州郡五萬人修靈丘道八月癸未朔分遣大使巡行天下遭水之處丐其租賦貧儉不自存者賜以粟帛庚子罷山澤禁九月辛酉以氐楊後起爲武都王是歲地豆干吐谷渾等國並遣使朝貢

七年春正月庚申詔曰朕每思知百姓疾苦以增修寬政故具問守宰苛虐之狀於州郡使者今秀孝計掾對多不實甚乖朕虛求之意宜案以大辟明罔上必誅然情猶未忍可恕罪聽歸申下天下使知後犯無恕丁卯詔青齊光東徐四州戶運倉粟一十萬石送瑕丘琅邪復租筭一年三月甲戌以冀定二州饑詔郡縣爲粥於路以食之又弛關津之禁夏四月庚子幸崞山賜所過鰥寡不能自存者衣服粟帛壬寅車駕還宮閏月癸丑皇子生大赦六月定州上言爲粥所活九十四萬七千餘口秋七月甲申詔假員外散騎常侍李彪使於齊改封濟南王羅拔爲趙郡王九月壬寅詔求讜言冀州上言爲粥所活七十三萬一千七百餘口冬十月戊午皇信堂成十一月辛丑齊人來聘十二月乙巳朔日有蝕之癸丑詔曰夏殷不嫌一族之婚周世始絕同姓之娶斯皆教隨時設政因事改者也皇運初基日不暇給古風遺樸未遑釐改自今悉禁絕之有犯者以不道論庚午開林慮山禁與人共之州鎮十三饑詔開倉振恤

八年春正月詔隴西公琛尚書陸叡爲東西二道大使褒善罰惡夏五月己卯詔振賜河南七州戍兵甲申詔員外散騎常侍李彪使於齊六月丁卯詔曰置官班祿行之尚矣自中原喪亂茲制中絕先朝因循未遑釐改朕顧憲章舊典始班俸祿罷諸商人以簡人事戶增調三匹穀二斛九升以爲官司之祿均預調爲二匹之賦卽兼商用雖有一時之煩終克永逸之益祿行之後贓滿一匹者死變法改度宜爲更始其大赦天下與之惟新戊辰武州水壞人居秋八月甲辰詔以班制俸祿更興刑書寬猛未允人或異議制百辟卿士工商吏人各上便宜勿有所隱九月甲午齊人來聘戊戌詔俸制十月爲首每季一請於是內外百官受祿有差冬十一月乙未詔員外散騎常侍李彪使于齊十二月州鎮十五水旱人飢詔使者開倉振恤是歲蠕蠕高麗等國各遣使朝貢

九年春正月戊寅詔禁圖讖祕緯及名孔子閉房記留者以大辟論又諸巫覡假稱神鬼妄說吉凶及委巷諸非墳典所載者嚴加禁斷癸未大饗羣臣于太華殿班賜皇誥二月己亥制皇子封王者皇孫曾孫紹封者皇女封者歲祿各有差封廣陽王建第二子嘉爲廣陽王乙巳詔百辟卿士工商吏人各上書極諫靡有所隱三月景申封皇弟禧爲咸陽王幹爲河南王羽爲廣陵王雍爲頻川王勰爲始平王詳爲北海王夏五月齊人來聘秋七月景午朔新作諸門癸未遣使拜宕昌王梁彌機兄子彌承爲宕昌王八月庚申詔曰數州災水饑饉荐臻民有賣鬻男女者天譴在予一人百姓橫罹艱毒今自太和六年已來買定冀幽相四州丐人良口者盡還所親雖娉爲妻妾遇之非理情不樂者亦離之冬十月丁未詔使者循行州郡與牧守均給天下之田還受以生死爲斷勸課農桑興富人之本辛酉司徒魏郡王陳建薨詔員外散騎常侍李彪使於齊十二月乙卯以侍中淮南王他爲司徒是歲京師及州鎮十三水旱傷稼宕昌高麗吐谷渾等國並遣使朝貢

十年春正月癸亥朔帝始服袞冕朝饗萬國二月甲戌初立黨里鄰三長定人戶籍三月庚戌齊人來聘夏四月辛酉朔始制五等公服甲子帝初法服御輦祀西郊六月己卯名皇子曰恂大赦秋八月乙亥給尚書五等品爵已上朱衣玉佩大小組綬九月辛卯詔起明堂辟雍冬十月癸酉有司議依故事配始祖於南郊十一月議定州郡縣官依口給俸十二月乙酉汝南頴川饑詔丐人田租開倉振恤是歲蠕蠕高麗吐谷渾勿吉等國並遣使朝貢

十一年春正月丁亥朔詔定樂章非雅者除之二月甲子肆州之鴈門及代郡人飢詔開倉振恤夏五月癸巳南平王渾薨甲午詔復七廟子孫及外戚緦服已上賦役無所與六月辛巳秦州人饑詔開倉振恤秋七月己丑詔今年穀不登聽人出關就食遣使者造籍分遣去留所在開倉振恤八月壬申蠕蠕犯塞遣平原王陸叡討之庚辰大議北伐辛巳罷山北苑以其地賜貧人冬十月辛未詔罷起部無益之作出宮人不執機杼者甲戌詔曰鄉飲之禮廢則長幼之序亂孟冬十月人閑歲隙宜於此時導以德義可下諸州黨里之內推賢而長者教其里人父慈子孝兄友弟順夫和妻柔不率長教者具以名聞十一月丁未詔罷尚方錦繡綾羅之工百姓欲造任之無禁其御府衣服金銀珠玉綾紬錦太官雜器太僕乘具內庫弓矢出其太半班賚百官及京師人庶下至工商皁隸逮於六鎮戍士各有差戊申詔今寒氣勁切杖篋難任自今月至來年孟夏不聽拷問罪人又歲饑輕囚宜速決了無令薄罪久留獄犴十二月詔祕書丞李彪著作郎崔光改析國記依紀傳體是歲大饑詔所在開倉振恤吐谷渾高麗悉萬斤等國並遣使朝貢

十二年春正月辛巳朔初建五牛旌旗乙未詔鎮戍流徙之人年滿七十孤單窮獨無成人子孫旁無朞親者具狀以聞二月辛亥朔日有蝕之三月丁亥中散梁衆保等謀反伏誅夏四月甲子大赦己巳齊將陳顯達攻陷澧陽長樂王穆亮率騎討之五月丁酉詔六鎮雲中河西及關內郡各修水田通渠溉灌壬寅增置彝器於太廟秋九月甲午詔曰日蝕修德月蝕修刑迺者癸巳夜月蝕盡公卿已下宜慎刑罰以荅天意丁酉起宣文堂經武殿癸卯淮南王他薨冬閏十月甲子帝觀築圓丘于南郊十一月雍豫二州人飢詔開倉振恤梁州刺史臨淮王提坐貪縱配北鎮是歲高麗宕昌吐谷渾勿吉武興等國並遣使朝貢

十三年春正月辛亥祀圓丘初備大駕乙丑兖州人王伯恭聚衆勞山自稱齊王東萊鎮將孔伯孫討斬之戊辰齊人寇邊淮南太守王僧儁擊走之二月庚子引羣臣訪政道得失損益之宜三月夏州刺史章武王彬以貪財削封夏四月丁丑詔曰升樓散物以賚百姓至使人馬騰踐多有毀傷今可斷之以本所費之物賜窮老貧獨者州鎮十五大饑詔所在開倉振恤五月庚戌祀方澤六月汝陰王天賜南安王楨並坐贓賄免爲庶人秋七月立孔子廟於京師八月乙亥詔兼員外散騎常侍邢產使于齊九月出宮人賜北鎮人貧鰥者冬十一月己未安豐王猛薨十二月景子司空河東王苟頹薨甲午齊人來聘己亥以尚書令尉元爲司徒左僕射穆亮爲司空是歲高麗吐谷渾陰平中赤武興宕昌等國各遣使朝貢

十四年春正月己巳朔日有蝕之三月戊寅初詔定起居注制詔遣侍臣巡行州郡問人疾苦夏四月地豆干頻犯塞甲戌征西大將軍陽平王熙擊走之甲午詔兼員外散騎常侍邢產使于齊五月己酉庫莫奚犯塞安州都將樓龍兒擊走之沙門司馬御惠自言聖王謀破

平原郡禽獲伏誅秋七月甲辰詔罷都牧雜制八月詔議國之行次九月癸丑太皇太后馮氏崩詔聽藩鎮會經內侍者前後奔赴冬十月戊辰詔將親侍龍輿奉訣陵隧諸常從之具悉可停之其武衞之官防侍如法癸酉葬文明太皇太后於永固陵甲戌車駕謁永固陵羣臣固請公除帝不許己卯車駕謁永固陵庚辰帝居廬引見羣寮於太和殿太尉東陽王丕等據權制固請帝引古禮往復羣臣乃止京兆王太興有罪免官削爵詔曰公卿屢依金冊遺旨中代權制式請過葬即吉朕思遵遠古終三年之制依禮既虞卒哭此月二十一日授服以葛易麻既以衰服在上公卿不得獨釋於下故於朕之授服變從練禮已下復爲節降斟酌古今以制厥衷且取遺旨速除之一端粗申臣子罔極之巨痛癸未詔曰朕遠遵古式欲終三年之禮百辟羣臣據金冊顧命將奪朕心從先朝之制朕仰惟金冊俯自推省取諸二衷不許衆議以衰服過期終四節之慕又奉遵聖訓聿脩誥旨不敢暗默自居以曠機政庶不傚遺令之意差展哀慕之情並下州鎮長至三元絕告慶之禮甲申車駕謁永固陵十一月甲寅詔內外職人先朝班次及諸方雜客冬至之日盡聽入臨三品已下衰服者至夕復臨其餘唯旦臨而已其拜哭之節一依別議丁巳齊人來聘十二月壬午詔依準丘井之式遣使與州郡宣行條制隱口漏丁即聽附實若朋附豪勢陵抑孤獨罪有常刑是歲吐谷渾宕昌武興陰平高麗等國並遣使朝貢

十五年春正月丁巳帝始聽政於皇信東室初分置左右史官癸亥晦日有蝕之二月己丑齊人來聘三月甲辰車駕謁永固陵夏四月癸亥帝始進蔬食乙丑謁永固陵自正月不雨至于癸酉有司奏祈百神詔曰何宜四氣未周便行禮事唯當考躬責己以待天譴甲戌詔員外散騎常侍李彪使于齊己卯經始明堂改營太廟五月己亥議改律令於東明觀折疑獄乙卯枹罕鎮將長孫百年攻吐谷渾所置洮陽泥和二戍尅之俘獲三萬餘人詔悉免歸景辰詔造五輅六月丁未濟陰王鬱以貪殘賜死秋七月乙丑謁永固陵規建壽陵己卯詔議祖宗以道武皇帝爲太祖乙酉車駕巡省京邑聽訟而還八月壬辰議養老又議肆類上帝禋于六宗禮帝親臨決詔郡國有時物可以薦宗廟者貢之戊戌移道壇於桑乾之陰改曰崇虛寺己亥詔諸州舉秀才先盡才學乙巳親定禘祫禮丁巳議律令事仍省雜祀九月辛巳齊人來聘冬十月庚寅車駕謁永固陵是月明堂太廟成十一月丁卯遷七廟神主於新廟乙亥大定官品戊寅考諸牧守詔假通直散騎常侍李彪聘於齊景戌初罷小歲賀丁亥詔二千石考上上者假四品將軍賜乘黃馬一匹上中者五品將軍上下者衣一襲十二月壬辰遷社於內城之西癸巳班賜刺史已下衣冠以安定王休爲太傅齊郡王簡爲太保帝爲高麗王璉舉哀於城東行宮己酉車駕迎春於東郊辛卯詔簡選樂官是歲吐谷渾悉萬斤高麗鄧至宕昌等國並遣使朝貢

十六年春正月戊午朔朝饗羣臣於太華殿帝始爲王公興縣而不樂己未宗祀顯祖獻文皇帝於明堂以配上帝遂升臺以觀雲物降居青陽左个布政事每朔依以爲常辛酉始以太祖配南郊壬戌詔定行次以水承金甲子詔罷祖裸乙丑制諸遠屬非太祖子孫及異姓爲王者皆降爲公公爲侯侯爲伯子男仍舊皆除將軍之號戊辰帝臨思義殿策問秀孝景子始以孟月祭廟二月戊子帝移御永樂宮庚寅壞太華殿經始太極殿辛卯罷寒食享壬辰幸北部曹歷觀諸省巡省京邑聽理冤訟甲午車駕初朝日于東郊遂以爲常丁酉詔祀唐堯於平陽虞舜於廣寗夏禹於安邑周文於洛陽丁未改謚宣尼曰文聖尼父告謚孔廟三月丁卯巡省京邑癸酉省西郊郊天雜事乙亥車駕初迎氣於南郊自此爲常辛巳以高麗王璉孫雲爲其國王齊人來聘夏四月丁亥朔頒新律令大赦甲寅幸皇宗學親問博士經義五月癸未詔羣臣於皇信堂更定律條流徒限制帝親臨決之秋七月壬戌詔曰自今選舉每以季月本曹與吏部銓簡甲戌詔兼員外散騎常侍宋弁使於齊八月庚寅車駕初祀夕月於西郊遂以爲常乙未詔陽平王頤左僕射陸叡督十二將北討蠕蠕景午宕昌王梁彌承來朝司徒尉元以老遜位己酉以尉元爲三老游明根爲五更又養國老庶老將行大射之禮雨不克成癸丑詔曰國家雖宗文以懷九服修武以寧八荒然於習武之方猶爲未盡將於馬射之前先行講武之式可勅有司豫修場埒其列陣之儀五戎之數別俟後勅九月甲寅朔大序昭穆於明堂祀文明太皇太后於玄堂辛未帝以文明太皇太后再周忌日哭於陵左絕膳三日哭不輟聲辛巳武興王楊集始來朝冬十月己亥以太傅安定王休爲大司馬特進馮誕爲司徒甲辰詔以功臣配饗太廟庚戌太極殿成饗羣臣十一月乙卯依古六寢權制二室以安昌殿爲內寢皇信堂爲中寢四下爲外寢十二月賜京邑老人鳩杖齊人來聘是歲高麗鄧至契丹罽吐谷渾等國並遣使朝貢

十七年春正月壬子朔饗百寮於太極殿乙丑詔大賜諸蕃君長車旗衣馬錦綵繒纊多者一千少者三百各以命數爲差詔兼員外散騎常侍邢巒使於齊景子以吐谷渾伏連籌爲其國王庚辰蠲大司馬安定王休太保齊郡王簡朔望之朝二月乙酉詔賜議律令之官各有差己酉車駕始藉田於都南三月戊辰改作後宮夏四月戊戌立皇后馮氏是月齊直閤將軍蠻酋田益宗率部落內屬五月壬戌宴四廟子孫於宣文堂帝親與之齒行家人禮甲子帝臨朝堂引見公卿以下決疑政錄囚徒丁丑以旱撤膳襄陽蠻酋雷婆思等率其部內徙居於太和川六月庚辰朔日有蝕之景戌帝將南伐詔造河橋乙未講武乙巳詔曰比百秩雖陳事典未敘自八元樹位躬加省覽作職員令二十一卷事迫戎期未善周悉須待軍回更論所闕權可付外施行立皇子恂爲皇太子秋七月癸丑以皇太子立詔賜人爲父後者爵一級爲公士曾爲吏屬者爵二級爲上造鰥寡孤獨不能自存者人粟五斛戊午中外戒嚴是月齊武帝殂八月乙酉三老山陽郡公尉元薨景戌車駕類於上帝遂臨尉元喪丁亥帝辭永固陵己丑發京師南伐步騎三十餘萬太尉丕奏請以宮人從詔以臨戎不語內事不許壬寅車駕至肆州人年七十以上賜爵一級路見眇跛停駕親問賜衣食復終身戊申幸并州親見高年問疾苦九月壬子詔兼員外散騎常侍高聰聘於齊丁巳詔車駕所經傷人秋稼者畝給穀五斛戊辰濟河詔洛懷并肆所過四州賜高年爵恤鰥寡孤獨各有差孝悌廉義文武應求者皆以名聞又詔厮養戶不得與庶士婚有文武之才積勞應進者同庶族例聽之庚午幸洛陽周巡故宮基跡帝顧謂侍臣曰晉德不修荒毀至此遂詠黍離詩爲之流涕壬申觀河橋幸太學觀石經景子六軍發軫丁丑帝戎服執鞭御馬而出羣臣稽顙於馬前請停南伐帝乃止仍議遷都計冬十月戊寅朔幸金墉城詔徵司空穆亮與尚書李沖將作大匠董爵經始洛京己卯幸河南城乙酉幸豫州癸巳次於石濟乙未解嚴設壇於滑臺宮詔京師及諸州從戎者賜爵一級應募者加二級主將加三級癸卯幸鄴城乙巳詔安定王休率從官迎家口於代車駕送於漳水上初帝之南伐起宮殿於鄴西十一月癸亥宮成徙御焉十二月戊寅巡省六軍乙未詔隱恤軍士死亡疾病務令優給是歲勿吉吐谷渾宕昌陰平契丹庫莫奚高麗鄧至等國並遣使朝貢

十八年春正月丁未朔朝羣臣於鄴宮澄鸞殿癸亥南巡詔相兗豫三州賜高年爵恤鰥寡孤老各有差孝悌廉義文武應求者皆以名聞戊辰經殷比干墓祭以太牢乙亥幸洛陽西宮二月己丑行幸河陰規建方澤之所景申徙封河南王幹爲趙郡王潁川王雍爲高陽王壬寅北巡癸卯齊人來聘甲辰詔諭天下以遷都意閏月癸亥次句注陘南皇太子朝于蒲地壬申至平城宮癸酉臨朝堂部分遷留甲戌謁永固陵三月庚辰罷西郊祭天壬辰帝臨太極殿喻在代羣臣遷移之略夏五月甲戌朔日有蝕之乙亥詔罷五月五日七月七日饗六月己巳詔兼員外散騎常侍盧昶使於齊秋七月乙亥以宋王劉昶爲大將軍壬辰北巡戊戌謁金陵辛丑幸朔州是月齊蕭鸞殺其主昭業八月癸亥皇太子朝於行宮甲辰行幸陰山觀雲川丁未幸閱武臺臨觀講武因幸懷朔武川撫冥柔玄等四鎮乙丑南還所過皆親見高年問人疾苦貧窘孤老者賜以粟帛景寅詔六鎮及禦夷城人年老孤貧廢疾者賜粟宥罪各有差戊辰車駕次旋鴻池庚午謁永固陵辛未還平城宮九月壬申朔詔曰三載考績自古通經三考黜陟以彰能否朕今三載一考考即黜陟欲令愚滯無妨於賢者才能不擁於下位各令當曹考其優劣爲三等六品以下尚書重問五品已上朕將親與公卿論其善惡上上者遷之下下者黜之中中者守其本任壬午帝臨朝堂親加黜陟壬辰陰平王楊炅來朝冬十月甲辰以太尉東陽王丕爲太傅戊申親告太廟奉遷神主辛亥車駕發平城宮壬戌次於中山之唐湖乙丑分遣侍臣巡問疾苦己巳幸信都庚午詔曰比聞緣邊之蠻多有竊掠致有父子乖離室家分絕可詔荆郢東荆三州勒諸蠻人勿有侵暴是月齊蕭鸞殺其主昭文而自立十一月辛未朔詔冀定二州賜高年爵恤鰥寡孤老各有差孝義廉貞文武應求者具以名聞丁丑幸鄴甲申經比干墓親爲弔文樹碑刊之己丑車駕至洛陽十二月辛丑朔分命諸將南征壬寅革衣服之制癸卯詔中外戒嚴戊申復代遷戶租賦三歲己酉詔王公伯子男開國食邑者王食半公三分食一侯伯四分食一子男五分食一辛亥車駕南伐丁卯詔郢豫二州賜高年爵恤孤寡鰥老各有差緣路之丁復田租一歲孝悌廉貞文武應求者

具以名聞戊辰車駕至懸瓠己巳詔壽陽鍾離馬頭之師所獲男女口皆放還南是歲高麗國遣使朝貢

十九年春正月辛未朔詔饗羣臣於懸瓠癸酉詔禁淮北人不得侵掠犯者以大辟論壬午講武於汝水西大賚六軍平南將軍王肅左將軍元麗並大破齊軍己亥車駕濟淮二月甲辰幸八公山路中雨甚詔去蓋見軍士病者親隱恤之戊申車駕巡淮南東人皆安堵租運屬路景辰幸鍾離戊午軍士禽齊人三千帝曰在君爲君其人何罪於是免歸辛酉發鍾離將臨江水司徒馮誕薨壬戌詔班師丁卯遣使臨江數齊主罪惡三月戊子太師馮熙薨夏四月丁未曲赦徐豫二州其運轉之士復租三年辛亥詔賜高年爵恤孤寡老疾各有差德著丘園者具以名聞齊人降者給復十五年癸丑幸小沛使以太牢祭漢高祖廟己未幸瑕丘使以太牢祠岱嶽詔宿衞武官增位一級庚申幸魯城親祠孔子廟辛酉詔拜孔氏四人顏氏二人爲官詔兗州刺史舉部內士人堪軍國及守宰政績者具以名聞詔賜兗州人爵及粟帛如徐州又詔選諸孔宗子一人封崇聖侯邑一百戶以奉孔子祀命兗州爲孔子起園柏修飾墳隴更建碑銘褒揚聖德戊辰行幸碻磝太和廟成五月己巳城陽王鸞赭陽失利降爲定襄縣王廣川王諧薨庚午遷文成皇后馮氏神主於太和廟甲戌行幸滑臺景子次于石濟庚辰皇太子朝於平桃城癸未車駕至自南伐甲申減閑官祿以裨軍國之用乙酉行飲至禮班賜各有差甲午皇太子冠於廟六月己亥詔不得以北俗之語言於朝廷違者免所居官辛丑詔復軍士從駕渡淮者租賦三年癸卯詔皇太子赴平城宮壬子詔濟州東郡滎陽及河南諸縣車駕所經者賜高年爵恤孤寡老疾各有差孝悌廉義文武應求者具以名聞癸丑求天下遺書祕閣所無有裨時用者加以厚賞乙卯曲赦梁州復人田租三歲景辰詔遷洛人死葬河南不得還北於是代人南遷者悉爲河南洛陽人戊午詔改長尺大斗依周禮制度班之天下秋八月幸西宮路見壞冢露棺駐輦埋之乙巳詔選天下勇士十五萬人爲羽林武賁以充宿衞丁巳詔諸從兵從征被傷者皆聽還本金墉宮成甲子引羣臣歷宴殿堂九月六宮及文武盡遷洛陽景戌行幸鄴丁亥詔諸墓舊銘記見存昭然爲時人所知者三公及位從公者去墓三十步尚書令僕九列十五步黃門五校十步各不聽墾殖壬辰遣黃門郎以太牢祭比干墓乙未車駕還宮冬十月甲辰曲赦相州賜高年爵恤孤老癃疾各有差景辰車駕至自鄴辛酉詔州郡舉士壬戌詔諸州牧考屬官爲三等之科以聞將加親覽以定升降詔徐兗光南青荆洛六州嚴纂戎備應須赴集十一月行幸委粟山議定圓丘甲申祀圓丘景戌大赦十二月乙未朔引見羣臣光極堂宣下品令爲大選之始辛酉以咸陽王禧爲長兼太尉復前南安王楨本爵甲子引見羣臣光極堂班賜冠服是歲高麗鄧至吐谷渾等國各遣使朝貢

二十年春正月丁卯詔改姓元氏壬辰封始平王勰爲彭城王復封定襄王鸞爲城陽王二月辛丑幸華林聽訟於都亭壬寅詔自非金革皆聽終三年喪景午詔畿內七十已上暮春赴京師將行養老禮庚戌幸華林聽訟於都亭癸丑詔介山之邑聽爲寒食自餘禁斷三月景寅宴羣臣及國老庶老於華林園詔國老黃耇以上假中散大夫郡守耋年以上假給事中縣令庶老直假郡縣各賜鳩杖衣裳丁丑詔諸州中正各舉其鄉人望年五十已上守素衡門者授以令長夏五月景子詔敦勸農功令畿內嚴加課督墮業者申以楚撻力田者具以名聞景戌初營方澤於河陰遣使以太牢祭漢光武及明章三帝陵又詔漢魏晉諸帝陵各禁方百步不得樵蘇踐藉丁亥祀方澤秋七月廢皇后馮氏戊寅帝以久旱咸秩羣神自癸未不食至于乙酉是夜澍雨大洽八月壬辰朔幸華林園親錄囚徒咸降本罪二等決遣之丁巳南安王楨薨幸華林園聽訟九月戊辰車駕閱武于小平津癸酉還宮丁亥將通洛水入穀帝親臨觀庚寅晦日有蝕之冬十月戊戌以代遷之士皆爲羽林武賁司州之人十二夫調一吏爲四年更卒歲開番假以供公私力役己酉曲赦京師十一月乙酉復封前汝陰王天賜孫景和爲汝陰王前京兆王大興爲西河王十二月甲子以西北州郡旱儉遣侍臣巡察開倉振恤乙丑開鹽池禁景寅廢皇太子恂爲庶人戊辰置常平倉樂陵王思譽知恒州刺史穆泰謀反不告削爵爲庶人

二十一年春正月景申立皇子恪爲皇太子賜天下爲父後者爵一級己亥遣侍臣巡方省察問人疾苦黜陟守宰乙巳北巡二月壬戌次於太原親見高年問所不便乙丑詔并州士人年六十已上假以郡守先是定州人王金鉤訛言自稱應王景寅州郡捕斬之癸酉車駕至平城甲戌謁永固陵乙未南巡甲寅詔汾州賜高年爵各有差景辰次平陽使以太牢祭唐堯夏四月庚申幸龍門使以太牢祭夏禹癸亥幸蒲坂使以太牢祭虞舜修堯舜夏禹廟辛未幸長安壬申武興王楊集始來朝乙亥親見高年問所疾苦景子遣侍臣分省縣邑振賜穀帛戊寅幸未央殿阿房宮遂幸昆明池癸未宋王劉昶薨景戌使以太牢祀漢帝諸陵五月丁亥朔衞大國遣使朝貢己丑車駕東旋汎渭入河庚寅詔雍州士人百年已上假華郡太守九十以上假荒郡八十已上假華縣七十以上假荒縣庶老以年各減一等七十已上賜爵三級其營船夫賜爵一級孤寡鰥貧各賜穀帛其孝友德義文武才幹悉仰貢舉壬辰使以太牢祭周文王於酆祭周武王於鎬癸卯遣使祭華岳六月庚申車駕至自長安壬戌詔冀定瀛相濟五州發卒士二十萬將以南討癸亥司空穆亮遜位秋七月甲午立昭儀馮氏爲皇后甲寅帝親爲羣臣講喪服於清徽堂八月景辰詔中外戒嚴壬戌立皇子愉爲京兆王懌爲清河王懷爲廣平王戊辰講武於華林園庚辰車駕南討九月景申詔司州洛陽人年七十以上無子孫六十以上無朞親貧不自存者給以衣食及不滿六十而有廢痼之疾無大功親窮困無以自療者皆於別坊遣醫救護給太醫師四人豫請藥物療之辛丑帝留諸將攻赭陽引師南討丁未車駕發南陽留太尉咸陽王禧前將軍元英攻之己酉車駕至新野冬十月丁巳四面進攻不剋詔左右軍築長圍以守之乙亥追廢貞皇后林氏爲庶人十一月丁酉大破齊軍於沔北於是人皆復業九十以上假以郡守六十五以上假以縣令十二月丁卯詔流徙之囚皆勿決遣登城之際令其先鋒自効庚午車駕臨河遂東還戊寅還新野己卯親行營壘恤六軍以齊郡王子琛紹河間王若後高昌國遣使朝貢

二十二年春正月癸未朔饗羣臣於新野行宮丁亥拔新野斬其太守劉忌於宛庚午至自新野辛未詔以穰人首歸大順始終若一者給復三十年標其所居曰歸義鄉次降者給復十五年三月壬午朔大破齊將崔惠景蕭衍軍於鄧城庚寅行幸樊城觀兵襄沔耀武而還曲赦二荆魯陽辛亥行幸懸瓠夏四月趙郡王幹薨秋七月壬午詔后之私府損半六宮嬪御五服男女恒恤恒供亦令減半在戎之親三分省一以供賞是月齊明帝殂八月辛亥皇太子自京師來朝壬戌高麗國遣使朝貢九月己亥帝以禮不伐喪詔反師景午車駕發懸瓠冬十月己酉朔曲赦二豫州殊死已下復人田租一歲十一月辛巳幸鄴

二十三年春正月戊寅朔朝饗羣臣於鄴先是帝不豫至是有瘳庚辰羣臣上壽大饗於澄鸞殿壬午幸西門豹祠遂歷漳水而還戊戌車駕至自鄴癸卯行飲至策勳之禮甲辰大赦太保齊郡王簡薨二月辛亥以長兼太尉咸陽王禧爲太尉癸亥以中軍大將軍彭城王勰爲司徒復樂陵王思譽本封癸酉齊將陳顯達攻陷馬圈戍三月庚辰車駕南伐癸未次梁城景戌帝不豫丁酉車駕至馬圈戍頻戰破之己亥收其戎資億計諸將追奔漢水斬獲及赴水死者十八九庚子帝疾甚車駕北次穀塘原甲辰詔賜皇后馮氏死詔司徒勰徵太子於魯陽踐阼以北海王詳爲司空王肅爲尚書令廣陽王嘉爲左僕射尚書宋弁爲吏部尚書與太尉咸陽王禧右僕射任城王澄等六人輔政夏四月景午朔帝崩于穀塘原之行宮時年三十三祕諱至魯陽發喪還京師上謚曰孝文皇帝廟曰高祖五月景申葬長陵帝幼有至性年四歲時獻文患癰帝親自吮膿五歲受禪悲泣不自勝獻文問其故對曰代親之感內切於心獻文甚歎異之文明太后以帝聰聖後或不利馮氏將謀廢帝乃於寒月單衣閉室絕食三朝召咸陽王禧將立之元丕穆泰李沖固諫乃止帝初不有憾唯深德丕等撫念諸弟始終曾無纖介惇睦九族禮敬俱深雖於大臣持法不縱然性寬慈進食者曾以熱羹覆帝手又曾於食中得蟲穢物並笑而恕之宦者先有譖帝於太后太后杖帝數十帝默受不自申明太后崩後亦不以介意聽覽政事從善如流哀矜百姓恒思所以濟益天地五郊宗廟二分之禮常必躬親不以寒暑爲倦尚書奏案多自尋省百官大小無不留心務於周洽每言凡爲人君患於不均不能推誠遇物苟能均誠胡越之人亦可親如兄弟常從容謂史官曰直書時事無諱國惡人君威福自己史復不書將何所懼南北征巡有司奏請脩道帝曰粗修橋梁通輿馬便止不須去草剗令平也凡所修造不得已而爲之不爲不急之事重損人力巡幸淮南如在內地軍事須伐人樹者必留絹以酬其直人苗稼無所傷踐諸有禁忌禳厭之方非典籍所載者一皆除罷雅好讀書手不釋卷五經之義覽之便講學不師受探其精奧史傳百家無不該涉善談莊老尤精釋義才藻富贍好爲文章詩賦銘頌任興而作有大文筆馬上口授及其成也不改一字自太和十年已後詔冊皆帝文也自餘文章百有餘篇愛奇好士情如飢渴待納朝賢隨才輕重常寄以布素之意悠然玄邁不以

世務嬰心又少善射有膂力年十餘能以指彈碎羊髆骨射禽獸莫不隨行所至而斃之至十五便不復殺生射獵之事悉止性儉素常服澣濯之衣鞍勒鐵木而已帝之雅志皆此類也

論曰有魏始基代朔廓平南夏闢土經世咸以威武爲業文教之事所未遑也孝文纂承洪緒早著叡聖之風時以文明攝事優游恭己亶覽獨得著自不言神契所標固以符於冥化及躬總大政一日萬機十許年間曾不暇給殊塗同歸百慮一致夫生靈所難行人倫之高迹雖尊居黃屋盡蹈之矣若乃欽明稽古協御天人帝王制作朝野軌度斟酌用舍煥乎其有文章海內黔黎咸受耳目之賜加以雄才大略愛奇好士視下如傷役己利物亦無得而稱之其經緯天地豈虛諡也

北史卷三考證

高祖孝文皇帝紀丁亥宋人來聘○丁監本譌乙魏書同今據上文云九月辛巳車駕還宮下文云己亥詔囚死不得暴露則此十九日內定應作丁

秋七月辛亥行幸太山○太魏書作火

五月庚申以農月時要詔天下勿使有留獄○農月時要魏書作農時要月

置官班祿○祿監本譌錄今改正

甲子詔罷租祿○租祿魏書作祖祿

閏月癸亥次勾注陘南皇太子朝于蒲地○地魏書作池

己酉詔王公伯子男開國食邑者○王公伯子男魏書作王公侯伯子男

戊午詔改長尺大斗○尺監本譌赤今改正

復前南安王楨本爵○南安監本譌安南今改從魏書及本傳

庚午至自新野○以上文正月癸未朔計之則此庚午上脫二月二字

詩賦銘頌任興而作○任監本譌在今改從南本

北史卷四

唐 李延壽 撰

魏本紀第四

世宗宣武皇帝諱恪孝文皇帝第二子也母曰高夫人初夢爲日所逐避於牀下日化爲龍繞己數匝寤而驚悸遂有娠太和七年閏四月生帝於平城宮二十一年正月景申立爲皇太子二十三年四月景午孝文帝崩丁巳太子卽皇帝位諒闇委政宰輔五月高麗國遣使朝貢六月乙卯分遣侍臣巡行州郡問人疾苦考察守令黜陟幽明褒禮名賢戊辰追尊皇妣曰文昭皇后秋八月戊申遵遺詔孝文皇帝三夫人已下悉免歸家癸丑增宮臣位一級冬十月癸未鄧至國王象舒彭來朝景戌謁長陵丁酉享太廟十一月幽州人王惠定聚衆反自稱明法皇帝刺史李肅捕斬之是歲州鎮十八水饑分遣使者開倉振恤

景明元年春正月辛丑朔日有蝕之壬寅謁長陵乙巳大赦改元丁未齊豫州刺史裴叔業以壽春內屬二月戊戌復以彭城王勰爲司徒齊將胡松李居士軍屯宛陳伯之水軍逼壽春夏四月景申司徒彭城王勰車騎將軍王肅大破之己亥皇弟愉薨五月甲寅北鎮饑遣兼侍中楊播巡撫振恤六月景子以司徒彭城王勰爲大司馬秋七月己亥朔日有蝕之齊將陳伯之寇淮南八月乙酉彭城王勰破伯之於肥口九月齊州人柳世明聚衆反冬十月丁卯朔謁長陵庚寅齊兗二州討世明平之丁亥改授彭城王勰司徒錄尚書事十一月丁巳陽平王頤薨是歲州鎮十七大饑分遣使者開倉振恤高麗吐谷渾等國竝遣使朝貢

二年春正月景申朔謁長陵庚戌帝始親政遵遺詔聽司徒彭城王勰以老歸第進太尉咸陽王禧位太保以司空北海王詳爲大將軍錄尚書事丁巳引見羣臣於太極前殿告以覽政之意壬戌以太保咸陽王禧領太尉以大將軍廣陵王羽爲司空分遣大使黜陟幽明二月庚午進宿衞之官位一級甲戌大赦三月乙未朔詔以比年連有軍旅正調之外皆蠲罷壬戌青齊徐兗四州大饑人死者萬餘口是月齊雍州刺史蕭衍奉其南康王寶融爲主東赴建鄴夏五月壬子廣陵王羽薨壬戌大保咸陽王禧謀反賜死六月丁亥考諸州刺史加以黜陟秋七月癸巳朔日有蝕之乙巳蠕蠕犯塞辛酉大赦九月丁酉發畿內夫五萬五千人築京師三百二十坊四旬罷己亥立皇后于氏乙卯免壽春營戶竝隸揚州冬十一月景申以驃騎大將軍穆亮爲司空丁酉以大將軍北海王詳爲太傅領司徒壬寅改築圜丘於伊水之陽乙卯仍有事焉十二月齊直後張齊殺其主蕭寶卷以降蕭衍是歲高麗吐谷渾等國竝遣使朝貢

三年春二月戊寅以旱故詔州郡掩骼骨三月齊建安王寶貪來奔夏四月詔撫軍將軍李崇討魯陽反蠻齊主蕭寶融遜位於梁閏四月丁巳司空穆亮薨秋七月丁巳朔日有蝕之八月丁卯以前太傅平陽公元丕爲三老九月丁巳行幸鄴丁卯詔使者弔比干墓戊寅閱武於鄴南冬十月庚子帝躬御弧矢射遠及一里五十步羣臣勒銘於射所甲辰車駕還宮十二月壬寅以太極前殿初成饗羣臣賜布帛有差是歲河州大饑死者二千餘戶西域二十七國竝遣使朝貢

四年春正月乙亥親耕藉田三月己巳皇后先蠶於北郊四月癸未朔以蕭寶貪爲東揚州刺史封丹陽郡公齊王庚寅南天竺國獻辟支佛牙戊戌爲旱故命鞫寃獄己亥減膳徹懸辛丑澍雨大洽五月甲戌行梁州事楊椿大破反氐六月壬午朔封皇弟悅爲汝南王秋七月乙卯三老平陽公元丕薨庚午詔復收鹽池利辛未以彭城王勰爲太師八月勿吉國貢楛矢冬十一月己未封武興國世子楊紹先爲武興王

正始元年春正月景寅大赦改元夏五月丁未朔太傅北海王詳以罪廢爲庶人六月以旱故徹樂減膳癸巳詔有司修案舊典祇行六事甲午帝以旱故親薦享於太廟戊戌詔立周旦夷齊廟於首陽山庚子以旱故公卿以下引咎責躬又錄京師見囚殊死以下皆減一等鞭杖之坐悉原之秋七月景子假鎮南將軍李崇大破諸蠻八月景子假鎮南將軍元英破梁將馬仙琕於義陽詔洛陽令有大事聽面數奏乙酉元英攻拔義陽辛卯英又大破梁軍仍清三關丁酉封英爲中山王九月詔諸州蠲停徭役不得橫有徵發蠕蠕犯塞詔左僕射源懷討之冬十月乙未詔斷羣臣白衣募吏十一月戊午詔有司依漢魏舊章營繕國學十二月景子以苑牧公田分賜代遷戶己卯詔羣臣議定律令閏月癸卯朔行梁州事夏侯道遷據漢中來降乙丑以高陽王雍爲司空是歲高麗遣使來朝貢

二年春正月景子封宕昌世子梁彌博爲宕昌王二月梁州氐蜀反絕漢中運路州刺史邢巒頻大破之夏四月己未城陽王鸞薨乙丑詔曰中正所銓但爲門第吏部彝倫仍不才舉八坐可審議往代擢賢之體必令才學竝申資望兼致邢巒遣統軍王足西伐頻破梁諸軍遂入劍閣秋七月戊子王足擊破梁軍因逼涪城八月壬寅詔中山王英南討襄沔冬十一月戊辰朔武興王楊紹先叔父集起謀反詔光祿大夫楊椿討之王足圍涪城益州諸郡戍降者十二三送編籍者五萬餘戶旣而足引軍退是歲鄧至國遣使朝貢

三年春正月丁卯朔皇子昌生大赦壬申梁秦二州刺史邢巒連破氐賊剋武興秦州人王智等聚衆自號王公尋推秦州主簿呂苟兒爲主年號建明己卯楊集起兄弟相率降二月景辰詔求讜言戊午詔右衞將軍元麗等討呂苟兒三月己巳以戎旅興詔停諸作己卯樂良王長命坐殺人賜死庚寅平南將軍曲江縣公陳伯之自梁城南奔夏四月丁未詔罷鹽池禁五月景寅詔以時澤未降春稼已旱或有孤老餧疾無人贍救因以致死暴露溝塹者令洛陽部尉依法棺埋秋七月庚辰元麗大破秦賊降呂苟兒及其王公三十餘人秦涇二州平戊子中山王英大破梁徐州刺史王伯敖於陰陵己丑詔發定冀瀛相幷肆六州卒十萬以濟南軍八月壬寅安東將軍邢巒破梁將桓和於孤山諸將所在剋捷兗州平壬戌曲赦涇秦岐涼河五州九月癸酉邢巒大破梁軍於淮南遂攻鍾離冬十一月甲子帝爲京兆王愉清河王懌廣平王懷汝南王悅講孝經於式乾殿是歲高麗蠕蠕國竝遣使朝貢

四年夏四月戊戌鍾離大水中山王英敗績而還六月己丑朔詔有司準前式置國子立太學樹小學於四門秋八月己亥中山王英齊王蕭寶貪坐鍾離敗除名辛丑敦煌人饑詔開倉振恤九月己未詔以從亞宮極庸績未酬以司空高陽王雍爲太尉尚書令廣陽王嘉爲司空百官悉進位一級庚申夏州長史曹明謀反伏誅甲子開斜谷舊道景戌司州人饑詔開倉振恤閏月甲午禁大司馬門不得車馬出入冬十月丁卯皇后于氏崩自碣石至於劒閣東西七千里置二十二郡尉是歲西域東夷四十餘國竝遣使朝貢

永平元年春三月戊子皇子昌薨景午以去年旱儉遣使者所在振恤夏五月辛卯帝以旱故減膳徹懸六月壬申詔依洛陽舊圖修聽訟觀秋七月甲午立夫人高氏爲皇后八月壬子朔日有蝕之癸亥冀州刺史京兆王愉據州反丁卯大赦改元九月景戌復前中山王英本封戊戌殺太師彭城王勰癸亥假鎮北將軍李平剋信都冀州平冬十月豫州彭城人白早生殺刺史司馬

悅據城南叛十二月己未尚書邢巒剋懸瓠斬早生禽梁將齊苟兒等是歲北狄東夷西域十八國並遣使朝貢高昌國王麴嘉表求內徙

二年春正月涇州沙門劉慧汪聚衆反詔華州刺史奚康生討之夏四月己酉武川鎮饑詔開倉振恤甲子詔緣邊州鎮自今一不聽寇盜境外犯者罪同境內五月辛丑帝以旱故減膳徹懸禁斷屠殺甲辰幸華林都亭錄囚徒死罪以下降一等六月辛亥詔曰江海方同車書宜一諸州軌轍南北不等今可申敕四方遠近無二秋八月景午朔日有蝕之戊申以鄧至國世子像覽蹄爲其國王九月辛巳封故北海王子顥爲北海王壬午詔定諸門閭名冬十月癸丑以司空廣陽王嘉爲司徒庚午郢州獻七寶牀詔不納冬十一月甲申詔禁屠殺含孕以爲永制己丑帝於式乾殿爲諸僧朝臣講維詰經十二月詔五等諸侯其同姓者出身公正六下侯從六上伯從六下子正七上男正七下異族出身公從七上侯從七下伯正八上子正八下男從八上清修出身公從八下侯正九上伯正九下子從九上男從九下是歲西域東夷二十四國並遣使朝貢

三年春二月壬子秦州沙門劉光秀謀反州郡捕斬之癸亥秦州隴西羌殺鎮將趙儁反州軍討平之三月景戌皇子詡生大赦夏四月平陽郡之禽昌襄陵二縣大疫自正月至此月死者二千七百三十人五月丁亥冀定二州旱儉詔開倉振恤六月壬寅詔重求遺書於天下冬十月辛卯中山王英薨景申詔太常立館使京畿內外疾病之徒咸令居處嚴敕醫署分師救療考其能否而行賞罰又令有司集諸醫工惟簡精要取三十卷以班九服十二月辛巳江陽王繼坐事除名甲申詔於青州立孝文皇帝廟殿中侍御史王敞謀反伏誅是歲西域東夷北狄十六國並遣使朝貢

四年春正月丁巳汾州劉龍駒聚衆反詔諫議大夫薛和討之二月壬午青齊徐兗四州人饑甚遣使振恤三月壬戌司徒廣陽王嘉薨夏四月梁遣其鎮北將軍張稷及馬仙琕寇朐山詔徐州刺史盧昶率衆赴之五月己亥遷代京銅龍置天泉池西景辰詔禁天文學冬十一月朐山城陷盧昶大敗而還十二月壬戌朔日有蝕之是歲西域東夷北狄二十九國並遣使朝貢

延昌元年春正月乙巳以頻年水旱百姓饑敝分遣使者開倉振恤景辰以尚書令高肇爲司徒清河王懌爲司空三月甲午州郡十一大水詔開倉振恤以京師穀貴出倉粟八十萬石以振恤貧者己未安樂王詮薨夏四月詔以旱故斷食粟之畜丁卯詔曰遷京嵩縣年將二紀博士端然虛祿靖言念之有兼愧慨可嚴敕有司國子學孟冬使成太學四門明年暮春令就戊辰以旱故詔尚書與羣司鞫理獄訟辛未詔饑人就穀六鎮丁丑帝以旱故減膳徹懸癸未詔曰肆州地震陷裂死傷甚多亡者不可復追生病宜加療救可遣太醫折傷醫并給所須藥就療乙酉大赦改元詔立理訴殿申訟車以盡冤窮之理五月景午詔天下有粟之家供年之外悉貸饑人自二月不雨至於是月己未晦日有蝕之六月壬申澍雨大洽戊寅通河南牝馬之禁庚辰詔出太倉粟五十萬石以振京師及州郡饑人冬十月乙亥立皇子詡爲皇太子十一月景申詔以東宮建賜天下爲父後者爵一級孝子順孫廉夫節婦旌表門閭量給粟帛十二月己巳詔守宰爲御史彈赦免者及考在中第皆代之是歲西域東夷十國並遣使朝貢

二年春正月戊戌帝御申訟車親理冤訟二月景辰朔振恤京師貧人甲戌以六鎮大饑開倉拯贍己卯進太尉高陽王雍位太保閏月辛丑以苑牧地賜代遷人無田者是春人饑死者數萬口夏四月庚子以絹十五萬疋振河南郡人五月甲寅朔日有蝕之是月壽春大水遣平東將軍奚康生等步騎數千赴之六月乙酉青州人饑詔使者開倉振恤甲午曲赦揚州辛亥帝御申訟車親理冤訟是夏十三郡大水秋八月辛卯詔以水旱饑儉百姓多陷罪辜降死以下刑九月景辰以貴族豪門崇習奢侈詔尚書嚴立限級節其流宕冬十月詔以恒肆地震人多死傷重丐一年租賦十二月景戌丐洛陽河陰二縣租賦乙巳詔以恒肆地震人多離災其有課丁沒盡老幼單立家無受復者各賜廩粟以接來稔是歲東夷西域十餘國並遣使朝貢

三年春二月乙未詔曰肆州秀容郡敷城縣鴈門郡原平縣並自去年四月以來山鳴地震于今不已告譴彰咎朕甚懼焉可恤瘼寬刑以荅災譴夏四月青州人饑辛巳開倉振恤乙巳上御申訟車親理冤訟秋八月甲申帝臨朝堂考百司而加黜陟冬十一月辛亥詔司徒高肇爲大將軍平蜀大都督步騎十五萬西伐益州丁巳幽州沙門劉僧紹聚衆反自號淨居國明法王州郡捕斬之十二月庚寅詔立明堂是歲東夷西域八國並遣使朝貢

四年春正月甲寅帝不豫丁巳崩于式乾殿時年三十三二月甲戌朔上尊謚曰宣武皇帝廟號世宗甲午葬景陵帝幼有大度喜怒不形於色雅性儉素初孝文欲觀諸子志尚大陳寶物任其所取京兆王愉等皆競取珍玩帝唯取骨如意而已孝文大奇之及庶人恂失德孝文謂彭城王勰曰吾固疑此兒有非常志相今果然矣乃見立爲儲貳雅愛經史尤長釋氏之義每至講論連夜忘疲善風儀美容貌臨朝深嘿端嚴若神有人君之量矣

肅宗孝明皇帝諱詡宣武皇帝之第二子也母曰胡充華永平三年三月景戌生於宣光殿之東北有光照於庭中延昌元年十月乙亥立爲皇太子四年正月丁巳宣武帝崩是夜太子卽皇帝位戊午大赦己未徵下西討東防諸軍庚申詔太保高陽王雍入居西柏堂決庶政以任城王澄爲尚書令百官總已以聽二王二月庚辰尊皇后高氏爲皇太后辛巳司徒高肇至京師以罪賜死癸未進太保高陽王雍位太傅領太尉以司空清河王懌爲司徒以驃騎大將軍廣平王懷爲司空乙亥尊胡充華爲皇太妃三月甲辰朔皇太后出俗爲尼徙御金墉城景辰詔進宮臣位一級乙丑進文武羣官位一級夏六月沙門法慶聚衆反於冀州殺阜城令自稱大乘秋八月乙亥領軍于忠矯詔殺左僕射郭祚尚書裴植免太傅高陽王雍官以王還第景子尊皇太妃爲皇太后戊子帝朝太后於宣光殿大赦己丑進司徒清河王懌爲太傅領太尉以司空廣平王懷爲太保領司徒任城王澄爲司空庚寅以車騎大將軍于忠爲尚書令特進崔光爲車騎大將軍並儀同三司壬辰復江陽王繼本國復濟南王彧先封爲臨淮王羣臣奏請皇太后臨朝稱制九月乙巳皇太后親覽萬機甲寅征西大將軍元遙破斬法慶傳首京師安定王燮薨冬十二月辛丑以高陽王雍爲太師己酉鎮南將軍崔亮破梁將趙祖悅軍遂圍硤石丁卯帝皇太后謁景陵是歲東夷西域北狄十八國並遣使朝貢

熙平元年春正月戊辰朔大赦改元荆沔都督元志大破梁軍以吏部尚書李平爲行臺節度討硤石諸軍二月乙巳鎮東將軍蕭寶夤大破梁將於淮北癸亥初聽秀才對策第中上已上敘之乙丑鎮南崔亮鎮將李平等剋硤石斬趙祖悅傳首京師盡俘其衆三月戊辰朔日有蝕之夏四月戊戌以瀛州人饑開倉振恤五月丁卯朔以炎旱命釐察獄訟權停作役庚午詔放華林野獸於山澤秋七月庚午重申殺牛禁八月景午詔古帝諸陵四面各五十步勿聽耕稼九月丁丑淮堰破梁緣淮城戍村落十餘萬口皆漂入海是歲吐谷渾宕昌鄧至高昌陰平等國並遣使朝貢

二年春正月大乘餘賊復相聚攻瀛州刺史宇文福討平之甲戌大赦庚寅詔遣大使巡行四方問疾苦恤孤寡黜陟幽明二月丁未封御史中尉元匡爲東平王三月丁亥太保領司徒廣平王懷薨夏四月丁酉詔京尹所統年高者板賜郡各有差戊申以開府儀同三司胡國珍爲司徒乙卯皇太后幸伊闕石窟寺卽日還宮改封安定王超爲北平王五月庚辰重申天文禁犯者以大辟論秋七月乙亥儀同三司汝南王悅坐殺人免官以王還第己巳享太廟八月戊戌宴道武以來宗室年十五以上於顯陽殿申家人禮己亥詔庶族子弟年未十五不聽入仕庚子詔咸陽京兆二王子女還附屬籍丁未詔太師高陽王雍入居門下參決尚書奏事冬十月以幽冀滄瀛光五州饑遣使巡撫開倉振恤是歲東夷西域氐羌等十一國並遣使朝貢

神龜元年春正月甲子詔以氐酋楊定爲陰平王壬申詔給京畿及諸州老人板郡縣各有差及賜鰥寡孤獨粟帛庚辰詔以雜役戶或冒入清流所在職人皆令五人相保無人任保者奪官還役乙酉秦州羌反幽州大饑死者三千七百九十人詔刺史開倉振恤二月己酉詔以神龜表瑞大赦改元東益州氐反三月南秦州氐反夏四月丁酉司徒胡國珍薨甲辰改封江陽王繼爲京兆王六月自正月不雨是月辛卯澍雨乃降秋七月河州人却鐵忽聚衆反自稱水池王閏月甲辰開恒州銀山禁八月癸丑朔詔京師見囚殊死以下悉減一等甲子却鐵忽詣行臺源子恭降九月戊申皇太后高氏崩于瑤光寺冬十月丁卯以尼禮葬高太后於芒山十二月辛未詔曰人生有終下歸兆域京邑隱振口盈億萬貴賤依憑未有定所今制乾脯山以西擬爲九原是歲東夷西域北狄十一國並遣使朝貢

二年春正月辛巳朔日有蝕之丁亥詔曰皇太后撝挹自居稱號弗備宜遵舊典稱詔宇內以副黎蒸元元之望是月改葬文昭皇太后高氏二月乙丑齊郡王祐薨庚午羽林千餘人焚征西將軍張彝第毆傷彝燒殺其子均乙亥大赦丁丑詔求直言壬寅詔以旱故命依舊雩祈察理冤獄掩骼埋胔振窮恤寡三月甲辰澍雨大洽夏五月戊戌以司空任城王澄爲司徒京兆王繼爲司空秋八月乙未御史中尉東平王匡坐事削除官爵

九月庚寅皇太后幸嵩高山癸巳還宮冬十一月癸丑司徒任城王澄薨庚申大赦詔除淫祀焚諸雜神是歲吐谷渾宕昌嚈噠等國並遣使朝貢

正光元年春正月乙亥朔日有蝕之夏四月景辰詔尚書長孫承業巡撫北蕃觀察風俗五月辛巳以炎旱故詔八座鞫見囚申枉濫秋七月景子侍中元叉中常侍劉騰奉帝幸前殿矯皇太后詔歸政遜位乃幽皇太后北宮殺太傅清河王懌總勒禁旅決事殿中辛卯帝加元服大赦改元內外百官進位一等八月甲寅相州刺史中山王熙舉兵欲誅騰不果見殺九月壬辰蠕蠕主阿那瓌來奔戊戌以太師高陽王雍爲丞相冬十月乙卯以儀同三司汝南王悅爲太尉十一月己亥封阿那瓌爲朔方郡公蠕蠕王十二月壬子詔送蠕蠕王阿那瓌歸北辛酉以司空京兆王繼爲司徒

二年春正月南秦州氐反二月車駕幸國子學講孝經三月庚午幸國子學祠孔子以顏回配甲午右衞將軍奚康生於禁中將殺元叉不果爲叉所害以儀同三司劉騰爲司空夏四月庚子進司徒京兆王繼位太保壬寅以儀同三司崔光爲司徒五月丁酉朔日有蝕之秋七月己丑以旱故詔有司修案舊典祗行六事八月己巳蠕蠕後主郁久閭侯匿代來奔懷朔鎮十二月甲戌詔司徒崔光安豐王延明等議定服章庚辰以東益南秦州氐反詔河間王琛討之失利是歲烏萇居密波斯高昌勿吉伏羅高車等國並遣使朝貢

三年春正月辛亥耕藉田夏四月庚辰以高車國主覆羅伊匐爲鎮西將軍西海郡公高車國王五月壬辰朔日有蝕之六月已巳以旱故詔分遣有司馳祈岳瀆及諸山川百神能興雲雨者命理寃獄止土功減膳徹懸禁止屠殺冬十一月己丑朔日有蝕之乙巳祀圓丘景午詔班歷大赦十二月癸酉以太保京兆王繼爲太傅司徒崔光爲太保是歲波斯不漢龜茲吐谷渾並遣使朝貢

四年春二月壬申追封故咸陽王禧爲敷城王京兆王愉爲臨洮王清河王懌爲范陽王以禮加葬丁丑河間王琛章武王融並以貪汚削爵除名己卯蠕蠕主阿那瓌率衆犯塞遣尚書左丞元孚爲北道行臺持節喩之蠕蠕後主郁久閭侯匿代來朝司空劉騰薨夏四月阿那瓌執元孚北遁秋八月癸未追復故范陽王懌爲河間王九月丁酉詔太尉汝南王悅入居門下與丞相高陽王雍參決尚書奏事冬十一月癸未朔日有蝕之景申趙郡王謐薨丁酉太保崔光薨十二月以太尉汝南王悅爲太保徐州刺史北海王顥坐貪汙削爵除官是歲宕昌庫莫奚國並遣使朝貢

五年春正月辛丑祀南郊三月沃野鎮人破六韓拔陵反聚衆殺鎮將號眞王元年夏四月高平酋長胡琛反自稱高平王攻鎮以應拔陵別將盧祖遷擊破之五月都督北征諸軍事臨淮王彧攻討敗於五原削除官爵壬申詔尚書令李崇爲大都督率廣陽王淵等北討六月秦州城人莫折大提據城反自稱秦王殺刺史李彥大提尋死子念生代立僭稱天子年號天建置立百官丁酉大赦秋七月戊午復河間王琛臨淮王彧本封是月涼州幢帥于菩提呼延雄執刺史宋穎據州反念生遣其兄高陽王天生下隴東寇八月甲午雍州刺史元志西討大敗於隴東退守岐州景申詔諸州鎮軍元非犯配者悉免爲編戶改鎮爲州依舊立稱九月壬申詔尚書左僕射齊王蕭寶夤爲西道行臺大都督復撫軍北海王顥官爵爲都督並率諸將西討乙亥帝幸明堂餞寶夤等吐谷渾主伏連籌遣兵討涼州于菩提走追斬之城人趙天安復推宋穎爲刺史冬十月營州城人劉安定就德興據城反執刺史李仲遵城人王惡兒斬安定以降德興東走自號燕王十二月詔太傅京兆王繼爲太師大將軍率諸將西討汾州正平平陽胡叛逆詔復征東將軍章武王融封爵爲大都督率衆討之莫折念生遣兵攻涼州城人趙天安復執刺史以應之是歲嚈噠契丹地豆干庫莫奚等國並遣使朝貢

孝昌元年春正月庚申徐州刺史元法僧據城反自稱宋王年號天啓遣其子景仲歸梁梁遣其將豫章王綜入守彭城法僧擁其僚屬南入詔臨海王彧尚書李憲爲都督安豐王延明爲東道行臺俱討徐州癸亥蕭寶夤及征西將軍崔延伯大破賊於黑水天生退走入隴涇岐及隴悉平以太師大將軍京兆王繼爲太尉二月詔追復故樂良王長命爵以其子忠紹之戊戌大赦三月甲戌詔五品以上各薦所知夏四月辛卯皇太后復臨朝攝政引羣臣面陳得失壬辰征西將軍都督崔延伯大敗於涇州戰歿六月癸未大赦改元蠕蠕主阿那瓌大破拔陵是月諸將逼彭城蕭綜夜潛出降梁諸將奔退衆軍追躡免者十一二秋八月癸酉詔斷遠近貢獻珍麗違者免官柔玄鎮人杜洛周反於上谷年號眞王九月乙卯詔減天下諸調之半壬戌詔五品以上各舉所知辛未曲赦南北秦州冬十月蠕蠕遣使朝貢十一月辛亥詔父母年八十以上者皆聽居官祿四方多事諸蠻復反十二月山胡劉蠡升反自稱天子

二年春正月庚戌封廣平王懷長子誨爲范陽王壬子以太保汝南王悅領太尉是月五原鮮于修禮反於定州年號魯興二月庚申帝及皇太后臨大夏門親覽寃訟三月庚子追復中山王熙本爵以其子叔仁紹之夏四月大赦戊申北討都督河間王琛長孫承業失利奔還詔並免官爵五月丁未車駕將北討內外戒嚴前給事黃門侍郎元略自梁還朝封義陽王以丞相高陽王雍爲大司馬六月己巳曲赦齊州絳蜀陳雙熾聚衆反自號始建王曲赦平陽建興正平三郡詔假鎮西將軍都督長孫承業討雙熾平之景子改封義陽王略爲東平王戊寅詔復京兆王繼本封江陽王戊子詔曰自運屬艱棘歷載於茲朕威德不能遐被經略無以及遠何以苟安黃屋無愧黔黎今便避居正殿蔬飱素服當親自招募收集忠勇其有直言正諫之士敢決徇義之夫二十五日悉集華林東門人別引見共論得失秋八月景子進封廣川縣公元邵爲常山王戊子進武城縣公子攸爲長樂王癸巳賊帥元洪業斬鮮于修禮請降爲賊黨葛榮所殺九月辛亥葛榮敗都督廣陽王深章武王融於博野白牛邏融歿於陣榮自稱天子國號齊年稱廣安冬十一月戊戌杜洛周攻陷幽州執刺史王延年及行臺常景景午稅京師田租畝五升借賃公田者畝一斗閏月稅市人出入者各一錢店舍爲五等梁將元樹逼壽春揚州刺史李憲力屈而降初留州縣及長史司馬戍主副質子於京師詔頃舊京淪覆中原喪亂宗室子女屬籍在七廟內爲雜戶濫門拘辱者悉聽離絕是歲壘伏羅庫莫奚國並遣使朝貢

三年春正月甲戌以司空皇甫度爲司徒儀同三司蕭寶夤爲司空辛巳葛榮陷殷州刺史崔楷固節死之甲申詔峻鑄錢之制蕭寶夤大敗于涇州北海王顥尋亦敗走曲赦關西及正平平陽建興戊子以司徒皇甫度爲太尉己丑以四方未平詔內外戒嚴將親征二月丁酉詔開輸賞格輸粟入瀛定岐雍四州者官斗二百斛賞一階入二華州者五百石賞一階不限多少粟畢授官虜賊據潼關三月甲子詔將西討中外戒嚴虜賊走復潼關秋七月相州刺史安樂王鑒據州反己丑大赦八月都督源子邕李神軌裴衍攻鄴丁未斬鑒相州平九月己未東豫州刺史元慶和以城南叛秦州城人杜粲殺莫折念生自行州事冬十月戊申曲赦恒農巴西河北正平平陽邵郡及關西諸州軍甲寅雍州刺史蕭寶夤據州反自號齊年稱隆緒十一月己丑葛榮攻陷冀州執刺史元孚逐出居人凍死者十六七十二月戊申都督源子邕裴衍與榮戰敗於陽平東北並歿是月杜粲爲駱超所殺超遣使歸罪是歲蠕蠕遣使朝貢

武泰元年春正月乙丑生皇女祕言皇子景寅大赦改元丁丑雍州人侯終德相率攻蕭寶夤寶夤度渭走雍州平二月癸丑帝崩於顯陽殿時年十九甲寅皇子即位大赦皇太后詔曰皇家握歷受圖年將二百祖宗累聖社稷載安高祖以文思先天世宗以下武繼世大行在御重以寬仁奉養率由溫明恭順實望穹靈降祐麟趾衆繁自潘充華有孕椒宮冀誕儲兩而熊羆無兆唯虺遂彰于時直以國步未康假稱統胤欲以底定物情係仰宸極何圖一旦弓劍莫追皇曾孫故臨洮王寶暉世子釗體自高祖天表卓異大行平日養愛特深義齊若子事符當璧允膺大寶即日踐阼可班宣遠邇咸使知之乙卯幼主即位儀同三司大都督尒朱榮抗表請入奔赴勒兵而南是月杜洛周爲葛榮所并三月甲申上尊諡曰孝明皇帝乙酉葬於定陵廟號肅宗四月戊戌尒朱榮濟河庚子皇太后幼主崩

論曰宣武承聖考德業天下想望風化垂拱無爲邊徼稽服而寬以攝下從容不斷太和之風替矣比之漢世安順宣武之後繼以元成孝明沖齡統業靈后婦人專制任用非人賞罰乖舛於是釁起宇內禍延邦畿卒於享國不長抑亦淪胥之始也

北史卷四考證

世宗宣武皇帝紀已亥立皇后于氏○于監本訛干今從魏書改正

秋七月景子假鎮南將軍李崇大破諸蠻八月景子假鎮南將軍元英破梁將馬仙琕於義陽○上景子魏書作癸丑此必因下文俱係假鎮南將軍而誤也

冬十一月甲申詔禁屠殺含孕以爲永制○上旣書冬十月矣此冬字衍

戊辰以旱故詔尚書與羣司鞫理獄訟○鞫監本訛鞠今改從南本

肅宗孝明皇帝紀年未十五不聽入仕○仕監本訛任今改從魏書

壬申詔尚書令李崇爲大都督○李監本訛季今從本傳改正

壬辰征西將軍都督崔延伯大敗于涇州○延監本訛延今改從南本

辛未曲赦南北秦州○赦監本訛政今改正

戊寅詔復京兆王繼本封江陽王○繼監本訛維今改從南本

是歲疊伏羅庫莫奚國並遣使朝貢○庫字下監本脫莫奚二字今從魏書增入

北史卷五

唐　李　延　壽　撰

魏本紀第五

敬宗孝莊皇帝諱子攸彭城王勰之第三子也母曰李妃明帝初以勰有魯陽翼衛之勳封帝武城縣公幼侍明帝書於禁中及長風神秀慧姿貌甚美雅爲明帝親待孝昌二年八月進封長樂王歷位侍中中軍將軍以兄彭城王劭事轉爲衛將軍左光祿大夫中書監寔見出也武泰元年二月明帝崩大都督尒朱榮謀廢立以帝家有忠勳且兼人望陰與帝通率衆來赴帝與兄弟夜北度河會榮於河陽

永安元年夏四月戊戌帝南濟河即皇帝位以皇兄彭城王劭爲無上王皇弟霸城公子正爲始平王以尒朱榮爲使持節侍中都督中外諸軍事大將軍尚書令領軍將軍領左右封太原王己亥百僚相率有司奉璽綬備法駕奉迎於河梁西至陶渚榮以兵權在已遂有異志乃害靈太后及幼主次害無上王劭始平王子正又害丞相高陽王雍已下王公卿士二千人列騎衛帝遷於便幕榮尋悔稽顙謝罪辛丑車駕入宮御太極殿大赦改武泰爲建義元年壬寅榮表請追謚無上王爲皇帝餘死河陰者諸王刺史贈三司三品者令僕五品者刺史七品以下及庶人郡鎮諸死者子孫聽立後授封爵詔從之癸卯以前太尉江陽王繼爲太師以司州牧相州刺史北海王顥爲太傅開府仍刺史封光祿大夫清泉縣侯李延寔爲陽平王位太保遷太傅以幷州刺史元天穆爲太尉封上黨王以儀同三司楊椿爲司徒以儀同三司頓丘郡公穆紹爲司空領尚書令進爵爲王以雍州刺史長孫承業爲開府儀同三司進爵馮翊王以殿中尚書元諶爲尚書右僕射封魏郡王以給事黃門侍郎元頊爲東海王甲辰以敷城王坦爲咸陽王以諫議大夫元貴平爲東萊王以直閤將軍元肅爲魯郡王以祕書郎中元曄爲長廣王以馮翊郡公源紹景復先爵隴西王扶風郡公馮冏東郡公陸子彰北平公長孫悅並復先王爵以北平王超還復爲安定王丁未詔中外解嚴庚戌封大將軍尒朱榮次子义羅爲梁郡王詔蠕蠕王阿那瓌讚拜不名上書不稱臣是月汝南王悅北海王顥臨淮王彧前後奔梁五月丁巳朔以右僕射元羅爲東道大使光祿勳元欣副之循方黜陟先行後聞辛酉大將軍尒朱榮還晉陽帝餞於邙陰六月癸卯以高昌王世子光爲平西將軍瓜州刺史襲爵泰臨縣伯高昌王帝以寇難未夷避正殿責躬撤膳又班募格收集忠勇有直言正諫之士者集華林園面論時事幽州平北府主簿河間邢杲率河北流移人萬餘戶反於北海自署漢王年號天統秋七月乙丑加大將軍尒朱榮柱國大將軍錄尚書事壬子光州人劉舉聚衆反於濮陽自稱皇武大將是月高平鎮人萬俟醜奴僭稱大位臨淮王彧自江南還朝八月太山太守羊侃據郡反甲辰詔大都督宗正珍孫討劉舉平之九月己巳以齊州刺史元欣爲沛郡王壬申柱國大將軍尒朱榮率騎七千討葛榮於滏口破禽之冀定滄瀛殷五州平乙亥以葛榮平大赦改元爲永安辛巳以尒朱榮爲大丞相進榮子平昌郡公文殊樂昌郡公文暢爵並爲王以司徒楊椿爲太保城陽王徽爲司徒冬十月丁亥尒朱榮檻送葛榮於京師帝臨閶闔門榮稽顙謝罪斬於都市戊戌江陽王繼薨癸丑復膠東縣侯李侃希祖爵南郡王是月大都督費穆大破梁軍禽其將曹義宗檻送京師梁以北海王顥爲魏主年號孝基入據南兗之銍城十一月戊午以無上王世子韶爲彭城王陳留王子寬爲陳留王寬弟剛爲浮陽王剛弟質爲林慮王癸亥行臺于暉等大破羊侃於瑕丘侃奔梁戊寅封前軍元凝爲東安王是歲葛榮遺黨韓樓復據幽州反

二年春二月甲午追尊皇考爲文穆皇帝廟號肅祖皇妣爲文穆皇后夏四月癸未遷文穆皇帝及文穆皇后神主于太廟降畿內死罪已下刑辛丑上黨王天穆大破邢杲於濟南杲降送赴京師斬於都市五月壬子朔元顥剋梁國乙丑內外戒嚴癸酉元顥陷滎陽甲戌夜車駕北巡乙亥幸河內景子元顥入洛丁丑進封城陽縣公元祉爲平原王安昌縣公元鷙爲華山王戊寅太原王尒朱榮會車駕於長子即日反旆上黨王天穆北度會車駕於河內秋七月戊辰都督尒朱兆賀拔勝從硤石夜濟破顥子冠受及安豐王延明軍元顥敗走庚午車駕入居華林園升大夏門大赦壬申以柱國大將軍太原王尒朱榮爲天柱大將軍上黨王天穆爲太宰以司徒城陽王徽爲大司馬太尉己卯以南青州刺史元旭爲襄城王南兗州刺史元暹爲汝陽王閏月辛巳帝始居宮內辛卯以兼吏部尚書楊津爲司空八月己未以太傅李延實爲司徒丁卯封瓜州刺史元太宗爲東陽王九月大都督侯深破韓樓於薊斬之幽州平冬十月乙酉朔日有蝕之丁丑以前司空丹陽王蕭贊爲司徒十一月己卯就德興自營州遣使請降景午以大司馬太尉城陽王徽爲太保以司徒丹陽王蕭贊爲太尉以雍州刺史長孫承業爲司徒

三年夏四月丁卯雍州刺史尒朱天光討萬俟醜奴蕭寶夤於安定破禽之囚送京師甲戌以關中平大赦斬醜奴於都市賜寶夤死六月戊午蠕蠕國獻師子一是月白馬龍涸胡王慶雲僭稱帝號於永洛城秋七月景子尒朱天光平永洛城禽慶雲九月辛卯天柱大將軍尒朱榮上黨王天穆自晉陽來朝戊戌帝殺榮天穆於明光殿及榮子菩提乃升閶闔門大赦遣武衛將軍奚毅前燕州刺史侯深率衆鎮北中是夜左僕射尒朱世隆榮妻鄉郡長公主率榮部曲自西陽門出屯河陰己亥攻河橋禽毅等屠害之據北中城南逼京師冬十月癸卯朔封大鴻臚卿寶炬爲南陽王汝陽縣公脩爲平陽王新陽伯誕爲昌樂王琅邪公昶爲太原王甲辰徙封魏郡王諶爲趙郡王諶弟子趙郡王宣爲平昌王戊申皇子生大赦乙卯通直散騎常侍李苗以火船焚河橋尒朱世隆退走壬申世隆停建興之高都尒朱兆自晉陽來會之共推長廣王曄爲主大赦所部年號建明徐州刺史尒朱仲遠反率衆向京師十一月己亥以司徒長孫承業爲太尉以臨淮王彧爲司徒景子進雍州刺史廣宗郡公尒朱天光爵爲王十二月甲辰尒朱兆尒朱度律自富平津上率騎涉度以襲京城事出倉卒禁衛不守帝步出雲龍門兆逼帝幸永寧寺殺皇子亂兵殺司徒臨淮王彧左僕射范陽王誨戊申尒朱度律自鎮京師甲寅尒朱兆遷帝於晉陽甲子帝遇弒於城內三級佛寺時年二十四幷害陳留王寬中興二年廢帝奉謚爲武懷皇帝及孝武立又以廟諱故改謚孝莊皇帝廟號敬宗葬靜陵

節閔皇帝諱恭字修業廣陵惠王羽之子也母曰王氏帝少有志度事祖母嫡母以孝聞正始中襲爵位給事黃門侍郎帝以元乂擅權託稱瘖病絕言垂一紀居於龍花佛寺無所交通永安末有白莊帝言帝不語將有異圖人間遊聲又云常有天子氣帝懼禍遂逃匿上洛尋見追躡送京師拘禁多日以無狀獲免及莊帝崩尒朱世隆等以元曄疏遠又非人望所推以帝有過人之量將謀廢立恐實不語乃令帝所親申意兼迫脅帝曰天何言哉世隆等大悅及元曄至邙南世隆等奉帝東郭外行禪讓禮太尉尒朱度律奉路車進璽紱服袞冕百官侍衛入自建春雲龍門

普泰元年春二月己巳皇帝即位於太極前殿羣臣拜賀禮畢遂登閶闔門大赦以魏爲大魏改建明二年爲普泰元年罷稅市及稅鹽之官庚午詔曰自秦之末競爲皇帝忘負乘之深殃垂貪鄙於萬葉予今稱帝已爲褒矣可普告令知是月鎮遠將軍清河崔祖螭聚青州七郡之衆圍東陽幽州刺史劉靈助起兵於薊河北大使高乾及其弟昂夜襲冀州執刺史元嶷共推前河內太守封隆之行州事三月癸酉封長廣王曄爲東海王以青州刺史魯郡王肅爲太師沛郡王欣爲太傅司州牧改封淮陽王以徐州刺史彭城王尒朱仲遠雍州刺史隴西王尒朱天光並爲大將軍以柱國大將軍幷州刺史潁川王尒朱兆爲天柱大將軍封晉州刺史平陽郡公高歡爲勃海王以特進清河王亶爲太傅以尚書令樂平王尒朱世隆爲太保以趙郡王諶爲司空景申定州刺史侯深破劉靈助於安國城斬之傳首京師夏四月壬子亨太廟癸亥隴西王尒朱天光破宿勤明達禽送京師斬之景寅以侍中尒朱彥伯爲司徒詔有司不得復稱僞梁罷細作之條無禁隣國還往五月景子尒朱仲遠使其都督魏僧勗等討崔祖螭於東陽斬之六月己亥朔日有蝕之庚申勃海王高歡起兵信都以誅尒朱氏爲名秋七月壬申尒朱世隆等害前太保楊椿前司空楊津景戌司徒尒朱彥伯以旱遜位九月以彭城王尒朱仲遠爲太宰庚辰以隴西王尒朱天光爲大司馬癸巳追尊皇考爲先帝皇妣王氏爲先太妣封皇弟永業爲高密王皇子恕爲勃海王冬十月壬寅高歡推勃海太守元朗即皇帝位於信都

二年春閏二月高歡敗尒朱天光等於韓陵夏四月辛巳高歡與廢帝至芒山使魏蘭根慰喻洛邑且觀帝之爲人蘭根忌帝雅德還致毀謗竟從崔陵議廢帝於崇訓佛寺而立平陽王修是爲孝武帝帝既失位乃賦詩曰朱門久可患紫極非情翫顛覆立可待一年三易換

時運正如此唯有修眞觀五月景申帝遇弒殂於門下外省時年三十五孝武帝詔百司赴會葬用王禮加九旒鑾輅黃屋左纛班劒百二十人後西魏追謚節閔皇帝

廢帝諱朗字仲哲章武王融第三子也母曰程氏帝少稱明悟元曄建明二年正月戊子爲勃海太守普泰元年十月勃海王高歡奉帝以主號令

中興元年冬十月壬寅皇帝即位於信都西大赦改普泰元年爲中興以勃海王高歡爲丞相都督中外諸軍事以河北大使高乾爲司空辛亥高歡大破尒朱兆於廣阿十一月梁將元樹入據譙城

二年春二月甲子以勃海王高歡爲大丞相柱國大將軍太師及歡敗尒朱氏於韓陵四月辛巳帝於河陽遜位於別邸五月孝武封帝爲安定郡王十一月殂於門下外省時年二十永熙二年葬於鄴西南野馬崗

孝武皇帝諱修字孝則廣平武穆王懷之第三子也母曰李氏帝性沉厚學涉好武事遍體有鱗文年十八封汝陽縣公夢人有從諱謂己曰汝當大貴得二十五年永安三年封平陽王普泰中爲侍中尚書左僕射中興二年高歡既敗尒朱氏廢帝自以疎遠請遜大位歡乃與百寮議以孝文不可無後時召汝南王悅於梁至將立之宿昔而止又諸王皆逃匿帝在田舍先是嵩山道士潘彌望見洛陽城西有天子氣候之乃帝也於是造第密言之居五旬而高歡使斛斯椿求帝椿從帝所親王思政見帝帝變色曰非賣我耶椿遂以白歡歡遣四百騎奉迎帝入氈帳陳誠泣下霑襟讓以寡德歡再拜帝亦拜歡出備服御進湯沐達夜嚴警昧爽文武執鞭以朝使斛斯椿奉勸進表椿入帷門磬折延首而不敢前帝令思政取表曰視便不得不稱朕矣於是假廢帝安定王詔策而禪位焉即位于東郭之外用代都舊制以黑氊蒙七人歡居其一帝於氊上西向拜天訖自東陽雲龍門入

永熙元年夏四月戊子皇帝御太極前殿羣臣朝賀禮畢升閶闔門大赦改中興二年爲太昌元年壬辰高歡還鄴五月景申節閔帝殂以太傅淮陽王欣爲太師改封沛郡王以司徒趙郡王諶爲太保以司徒南陽王寶炬爲太尉以太保長孫承業爲太傅辛丑復前司空高乾位己酉以儀同三司清河王亶爲司徒乙卯內外解嚴六月癸亥朔帝於華林園納訟丁卯南陽王寶炬坐事降爲驃騎大將軍開府以王歸第己卯臨顯陽殿納訟景戌詔曰閽者凶權誕恣法令變常遂立夷貊輕賦冀收天下之意隨以箕斂之重終納十倍之征掩目捕雀何能過此今歲租調且兩收一丐明年復舊秋七月庚子以南陽王寶炬爲太尉乙卯帝臨顯陽殿親理寃獄是月東南道大行臺樊子鵠大破梁軍於譙城禽其將元樹八月丁卯封西中郎將元寧爲高平王九月癸卯進燕郡公賀拔允爵爲王癸丑改封沛郡王欣爲廣陵王節閔子勃海王子恕爲沛郡王冬十月辛酉朔日有蝕之十一月丁酉祀圓丘甲辰殺安定王朗及東海王曄己酉以汝南王悅爲侍中大司馬開府葬太后胡氏十二月丁亥殺大司馬汝南王悅大赦改元爲永興以同明元時年號尋改爲永熙是歲蠕蠕嚈噠高麗契丹厙莫奚高昌等國並遣使朝貢

二年春正月庚寅朔朝饗羣臣于太極前殿丁酉勃海王高歡大敗尒朱氏山東平罷諸行臺丁巳追尊皇考爲武穆皇帝太妃馮氏爲武穆皇后皇妣李氏曰皇太妃二月以咸陽王坦爲司空三月甲午太師魯郡王肅薨丁巳以太保趙郡王諶爲太尉以太尉南陽王寶炬爲尚書令太保開府是月阿至羅十萬戶內附詔復以勃海王高歡爲大行臺隨機裁處夏四月己未朔日有蝕之秋七月壬辰以太師廣陵王欣爲大司馬以太尉趙郡王諶爲太師並開府庚戌以前司徒燕郡王賀拔允爲太尉冬十月癸未以衞將軍瓜州刺史泰臨縣伯高昌王麴子堅爲儀同三司進爵郡公十二月丁巳狩於嵩陽士卒寒苦己巳遂幸溫湯丁丑還宮

三年春二月壬戌大赦壬午封左衞將軍元斌之爲潁川王夏四月癸丑朔日有蝕之辛未高平王寧坐事降爵爲公五月景戌置勳府庶子箱別六百人騎官箱別二百人閤內部曲數千人帝內圖高歡乃以斛斯椿爲領軍使與王思政等統之以爲心膂軍謀朝政咸決於椿分置督將及河南關西諸刺史辛卯下詔戒嚴揚聲伐梁實謀北討是夏契丹高麗吐谷渾並遣使朝貢秋七月己丑帝親總六軍十餘萬次河橋高歡引軍東度景午帝率南陽王寶炬清河王亶廣陽王湛斛斯椿以五千騎宿於瀍西楊王別舍沙門都維那惠臻負璽持千牛刀以從有牛百頭盡殺以食軍士衆知帝將出其夜亡者過半清河廣陽二王亦逃歸略陽公宇文泰遣都督駱超李賢和各領數百騎赴駱超先至甲戌賢和會帝於崤中己酉高歡入洛遣婁昭及河南尹元子思領左右侍官追帝請迴駕高昂率勁騎及帝於陝西帝鞭馬長騖至湖城饑渴甚有王思村人以麥飯壺漿獻帝帝甘之復一村十年是歲二月熒惑入南斗衆星北流羣鼠浮河向鄴梁武跣而下殿以禳星變及聞帝之西慙曰虜亦應天乎帝至稠桑潼關大都督毛洪賓迎獻食八月宇文泰遣大都督趙貴梁禦甲騎二千來赴乃奉迎帝過河謂禦曰此水東流而朕西上若得重謁洛陽廟是卿等功也帝及左右皆流涕宇文泰迎帝於東陽帝勞之將士皆呼萬歲遂入長安以雍州公廨爲宮大赦甲寅高歡推司徒清河王亶爲大司馬承制總萬機居尚書省歡追車駕至潼關九月己酉歡東還洛陽帝親督衆攻潼關斬其行臺華長瑜又剋華州其冬十月高歡推清河王亶子善見爲主徙都鄴是爲東魏魏於此始分爲二帝之在洛也從妹不嫁者三一曰平原公主明月南陽王同產也二曰安德公主清河王懌女也三曰蒺䔧亦封公主帝內宴令諸婦人詠詩或詠鮑照樂府曰朱門九重門九閨願逐明月入君懷帝既以明月入關蒺䔧自縊宇文泰使元氏諸王取明月殺之帝不悅或時彎弓或時推案君臣由此不安平閏十二月癸巳潘彌奏言今日當慎有急兵其夜帝在逍遙園宴阿至羅顧侍臣曰此處彷彿華林園使人聊增悽怨命取所乘波斯騮馬使南陽王躍之將攀鞍蹶而死帝惡之日宴還宮至後門馬驚不前鞭打入謂潘彌曰今日幸無他不彌曰過夜半則大吉須臾帝飲酒遇酖而崩時年二十五謚曰孝武殯於草堂佛寺十餘年乃葬雲陵始宣武孝明間謠曰狐非狐貉非貉焦梨狗子齧斷索識者以爲索謂本索髮焦梨狗子指宇文泰俗謂之黑獺也

文皇帝諱寶炬孝文皇帝之孫京兆王愉之子也母曰楊氏帝正始初坐父愉罪兄弟皆幽宗正寺及宣武崩乃得雪正光中拜直閤將軍時胡太后多嬖寵帝與明帝謀誅之事泄免官武泰中封邵縣侯永安三年進封南陽王孝武即位拜太尉加侍中永熙二年進位太保開府尚書令三年孝武與高歡構難以帝爲中軍四面大都督及從入關拜太宰錄尚書事孝武崩丞相略陽公宇文泰率羣公卿士奉表勸進三讓乃許焉

大統元年春正月戊申皇帝即位於城西大赦改元追尊皇考爲文景皇帝皇妣楊氏爲皇后己酉進丞相略陽公宇文泰都督中外諸軍錄尚書事大行臺改封安定郡公以尚書令斛斯椿爲太保廣平王贊爲司徒乙卯立妃乙氏爲皇后立皇子欽爲皇太子甲子以廣陵王欣爲太傅以儀同三司万俟壽樂干爲司空東魏將侯景攻陷荊州二月前南青州刺史大野拔斬兗州刺史樊子鵠以州降東魏夏五月降罪人加安定公宇文泰位柱國秋七月以開府儀同三司念賢爲太尉以司空万俟壽樂干爲司徒以開府儀同三司越勒肱爲司空梁州刺史元羅以州降梁九月有司詔煎御香澤須錢萬貫帝以軍旅在外停之冬十月太師上黨王長孫承業薨十二月以太尉念賢爲太傅以河州刺史梁景叡爲太尉

二年春正月辛亥祀南郊改以神元皇帝配東魏攻陷夏州二月儀同三司段敬討叛羌梁仙定平之三月以涼州刺史李叔仁爲司徒以司徒万俟壽樂干爲太宰夏五月司空越勒肱薨秦州刺史建中王万俟普撥及其子太宰壽樂干率所部奔東魏秋九月以扶風王孚爲司空以太保斛斯椿爲太傅冬十一月追改始祖神元皇帝爲太祖道武皇帝爲烈祖是歲關中大饑人相食死者十七八

三年春二月槐里獲神璽大赦夏四月太傅斛斯椿薨五月以廣陵王欣爲太宰賀拔勝爲太師六月以司空扶風王孚爲太保以太尉梁景叡爲太傅以司徒廣平王贊爲太尉以開府儀同三司王盟爲司空冬十月安定公宇文泰大破東魏軍於沙苑拜泰柱國大將軍十二月司徒李叔仁自梁州通使於東魏建昌太守賀蘭植攻斬之

四年春正月辛酉拜天於清暉室終帝世遂爲常二月東魏攻陷南汾潁豫廣四州廢皇后乙氏三月立蠕蠕女郁久閭氏爲皇后大赦以司空王盟爲司徒秋七月東魏將侯景等圍洛陽帝與安定公宇文泰東伐九月車駕至自東伐以撫軍將軍梁仙定爲南洮州刺史安西蕃

五年春二月赦京城內夏五月以開府儀同三司李弼爲司空免妓樂雜役之徒皆從編戶秋七月詔自今恒以朔望親閱京師見禁囚徒以司空扶風王孚爲太尉冬十月於陽武門外縣鼓置紙筆以求得失

六年春正月庚戌朝羣臣自西還至此禮樂始備太尉扶風王孚薨二月鑄五銖錢降罪人冬十一月太師念賢薨

七年春二月幽州刺史順陽王仲景以罪賜死三月夏州刺史劉平謀反大都督于謹討禽之秋九月詔班政事之法六條冬十一月叛羌梁仙定徙黨屯於赤水城

秦州刺史獨孤信擊平之尚書奏班十二條制十二月御憑雲觀引見諸王敍家人之禮手詔爲宗誡十條以賜之

八年春三月初置六軍夏四月鄯善王兄鄯朱那率衆內附秋八月以太尉王盟爲太保冬十月詔皇太子欽河東十二月行幸華州起萬壽殿於沙苑北

九年春正月降罪人禁中外及從母兄弟姊妹爲婚閏月車駕至自華州二月東魏北豫州刺史高仲密據武牢內附以仲密爲侍中司徒封勃海郡公秋七月大赦以太保王盟爲太傅以太尉廣平王贊爲司空冬十二月以司空李弼爲太尉

十年春正月甲子詔公卿已下每月上封事三條極言得失刺史二千石銅墨已上有讜言嘉謀勿有所諱夏五月太師賀拔勝薨秋七月更權衡度量

十一年夏五月太傅王盟薨詔諸鞫大辟獄皆命三公覆審然後加刑冬始築圓丘於城南封皇子儉

十二年春二月涼州刺史宇文仲和反秦州刺史獨孤信討平之三月鑄五銖錢夏五月詔女年不滿十三以上勿得以嫁秋九月東魏勃海王高歡攻玉壁晉州刺史韋孝寬力戰禦之冬十二月歡燒營而退

十三年春正月開白渠以溉田二月詔自今應宮刑者直沒官勿刑亡奴婢應黥者止科亡罪以開府儀同三司若干惠爲司空東魏勃海王高歡薨其司徒侯景據潁川率河南六州內附授景太傅河南大行臺上谷郡公三月大赦夏五月以太傅侯景爲大將軍以開府儀同三司獨孤信爲大司馬晉王謹薨秋七月司空若干惠薨大將軍侯景據豫州叛封皇子寧爲趙王

十四年春正月赦潁豫廣北洛東荊襄等七州以開府儀同三司趙貴爲司空皇孫生大赦夏五月以安定公宇文泰爲太師廣陵王欣爲太傅太尉李弼爲大宗伯前太尉趙貴爲大司寇以司空于謹爲大司空

十五年己巳五月侯景殺梁武帝初詔諸代人太和中改姓者並令復舊六月東魏勃海王高澄攻陷潁川秋八月盜殺東魏勃海王高澄冬十二月封梁雍州刺史岳陽王蕭詧爲梁王

十六年夏四月封皇子儒爲燕王公爲吳王五月東魏靜帝遜位于齊秋七月安定公宇文泰東伐至恒農齊師不出乃還九月大赦

十七年春三月庚戌帝崩于乾安殿時年四十五夏四月庚辰葬於永陵上諡曰文皇帝帝性強果始爲太尉時侍中高隆之恃勃海王高歡之黨驕狎公卿因公會帝勸酒不飲怒而毆之罵曰鎭兵何敢爾也孝武以歡故免帝太尉歸第命羽林守衛月餘復位及歡將改葬其父朝廷追贈太師百僚會弔者盡拜帝獨不屈曰安有生三公而拜贈太師耶及躋大位權歸周室嘗登逍遙觀望嵯峨山因謂左右曰望此令人有脫屣之意若使朕年五十便委政儲宮尋山餌藥不能一日萬機也旣而大運未終竟保天祿云

廢帝諱欽文皇帝之長子也母曰乙皇后大統元年正月乙卯立爲皇太子十七年三月卽皇帝位是月梁邵陵王蕭綸侵安陸大將軍楊忠討禽之

元年冬十一月梁湘東王蕭繹討侯景禽之遣其舍人魏彥來告仍嗣位於江陵

二年秋八月大將軍尉遲迥尅城都劒南平冬十一月安定公宇文泰殺尚書元烈

三年春正月安定公宇文泰廢帝而立齊王廓帝自元烈之誅有怨言淮安王育廣平王贊等並垂泣諫帝不聽故及於辱

恭皇帝諱廓文皇之第四子也大統十四年封爲齊王廢帝三年正月卽皇帝位改元

元年夏四月蠕蠕乙旃達官寇廣武五月柱國李弼追擊之斬首數千級收輜重而還冬十一月魏師滅梁戕梁元帝梁太尉王僧辯奉元帝子方智爲王承制居建業

二年秋七月梁太尉王僧辯納貞陽侯蕭明於齊奉以爲主梁王方智爲太子九月梁司空陳霸先殺僧辯廢蕭明復奉方智爲帝是歲梁廣州刺史王琳寇邊大將軍豆盧寧帥師討之

三年春正月丁丑初行周禮建六官以安定公宇文泰爲太師冢宰以柱國李弼爲大司徒趙貴爲太保大宗伯以尚書令獨孤信爲大司馬以于謹爲大司寇以侯莫陳崇爲大司空冬十月乙亥安定公宇文泰薨十二月庚子帝遜位於周

周閔帝元年正月封帝爲宋公尋殂

東魏孝靜皇帝諱善見淸河文宣王亶之世子也母曰胡妃永熙三年八月拜開府儀同三司孝武帝旣入關勃海王高歡乃與百僚會議推帝以奉明帝之後時年十一

天平元年冬十月景寅皇帝卽位于城東北大赦改元庚午以太師趙郡王諶爲大司馬以司空咸陽王坦爲太尉以開府儀同三司高盛爲司徒以開府儀同三司高昂爲司空壬申享太廟景子車駕北遷于鄴詔勃海王高歡留後部分改司州爲洛州以尚書令元弼爲儀同三司洛州刺史鎭洛陽十一月兗州刺史樊子鵠南青州刺史大野拔據瑕丘反庚寅車駕至鄴居北城相州之廨改相州刺史爲司州牧魏郡太守爲魏尹徙鄴舊人西徑百里以居新遷人分鄴置臨漳縣以魏郡林慮廣平陽丘汲郡黎陽東濮陽清河廣宗等郡爲皇畿十二月丁卯燕郡王賀拔允薨庚午詔內外戒嚴百司悉依舊章從容雅服不得以務衫從事景子進侍中封隆之等五人爲大使巡喻天下丁丑赦畿內閏月梁以元慶和爲魏王入據平瀨鄉孝武崩于長安初置四中郎將於礓石橋置東中蒲泉置西中濟北置南中洛水置北中

二年春正月乙亥兼尚書右僕射東南道行臺元晏討元慶和破走之二月壬午以太尉咸陽王坦爲太傅以司州牧西河王悰爲太尉己丑前南青州刺史大野拔斬樊子鵠以降兗州平戊戌梁司州刺史陳慶之寇豫州刺史堯雄擊走之三月辛酉以司徒高盛爲太尉以司空高昂爲司徒濟陰王暉業爲司空勃海王高歡討平山胡劉蠡升辛未以旱故詔京邑及諸州郡縣收瘞骸骨是春高麗契丹並遣使朝貢夏四月前青州刺史侯梁反攻掠青齊癸未濟州刺史蔡儁討平之壬辰降京師見囚夏五月大旱勒城門殿門及省府寺署坊門澆人不簡王公無限日得雨乃止六月元慶和寇南頓豫州刺史堯雄大破之秋七月甲戌封汝南王悅孫綽爲琅邪王八月辛卯司空濟陰王暉業坐事免甲午發衆七萬六千人營新宮九月丁巳以開府儀同三司襄城王旭爲司空冬十月丁未梁柳仲禮寇荊州刺史王元擊破之癸丑祀圓丘甲寅閶闔門災龍見并州人家井中十二月壬午車駕狩于鄴東甲午文武百官量事各給祿是歲西魏文帝大統元年也

三年春正月癸卯朔饗羣臣於前殿戊申詔百官舉士舉不稱才者兩免之二月丁未梁光州刺史郝樹以州內附丁酉加勃海王世子澄爲尚書令大行臺大都督三月甲寅以開府儀同三司華山王鷙爲大司馬丁卯陽夏太守盧公纂據郡南叛大都督元整破之夏四月丁酉昌樂王誕薨五月癸卯賜鰥寡孤獨貧窮者衣物各有差景辰以錄尚書事西河王悰爲司州牧戊辰太尉高盛薨六月辛巳趙郡王諶薨秋七月庚子大赦梁夏州刺史田獨鞞潁川防城都督劉鸞慶並以州內附八月井肆涿建四州霜賞大饑九月壬寅以定州刺史侯景兼尚書右僕射南道行臺節度諸軍南討景辰平陽人路季禮聚衆反辛酉御史中尉竇泰討平之冬十一月戊申詔遣使巡檢河北流移飢人侯景攻尅梁楚州獲刺史桓和十二月以并州刺史尉景爲太保辛未遣使者板假老人官百歲已下各有差壬申大司馬淸河王亶薨癸未以太傅咸陽王坦爲太師是歲高麗勿吉並遣使朝貢

四年春正月以汝南王暹爲錄尚書事夏四月辛未遷七帝神主入新廟大赦內外百官普進一階先是滎陽人張儉等聚衆反於大騩山通西魏壬辰武衞將軍高元咸討破之六月己巳幸華林園理訟辛未詔尚書掩骼埋胔推錄囚徒壬午閶闔門災秋七月甲辰遣兼散騎常侍李楷聘於梁八月西魏尅陝州刺史李徽伯死之九月侍中元子思與其弟子華謀西入並賜死閏月乙丑衞將軍右光祿大夫蔣天樂謀反伏誅禁京師酤酒冬十月以咸陽王坦爲錄尚書事壬辰勃海王高歡西討敗于沙苑己酉西魏行臺宮景壽都督楊白駒寇洛州大都督韓賢大破之西魏又遣其大行臺元季海大都督獨孤信逼洛州刺史廣陽王湛棄城歸闕季海信遂據金墉十一月景子以驃騎大將軍儀同三司万俟普爲太尉十二月甲寅梁人來聘河間人邢磨納范陽人盧仲禮等各聚衆反是歲高麗蠕蠕並遣使朝貢

元象元年春正月辛酉朔日有蝕之有巨象自至碭郡陂中南兗州獲送于鄴丁卯大赦改元二月景辰遣兼散騎常侍鄭伯猷聘于梁夏四月庚寅曲赦畿內開酒禁六月壬辰帝幸華林都堂聽訟秋七月乙亥高麗遣使朝貢是夏山東大水蝦蟆鳴于樹上秋八月辛卯大敗西魏于河陰九月大都督賀拔仁擊邢磨納盧仲禮等破平之冬十月梁人來聘十二月庚寅遣陸操聘于梁

興和元年春正月辛酉以尚書令孫騰爲司徒三月甲寅朔封常山郡王邵第二子曜爲陳郡王五月甲戌立皇后高氏乙亥大赦是月高麗遣使朝貢六月乙酉以尚書左僕射司馬子如爲山東黜陟大使尋爲東北道行臺差選勇士庚寅前潁川刺史奚思業爲河南大使簡發勇士丁酉梁人來聘戊申開府儀同三司汝陽王暹薨秋八月壬辰遣兼散騎常侍王元景聘于梁九月甲子發畿內十萬人城鄴四十日罷辛未曲赦畿內死

罪已下各有差冬十一月癸亥以新宮成大赦改元八十已上賜綾帽及杖七十旁無朞親及有疾廢者各賜粟帛築城之夫給復一年

二年春正月壬申以太保尉景爲太傅以驃騎大將軍開府儀同三司庫狄干爲太保丁丑從御新宮大赦內外百官並進一階營構主將別優一階三月乙卯梁人來聘夏五月己酉西魏行臺宮延和陝州刺史宮元慶率戶內屬置之河北馬場振廩各有差壬子遣兼散騎常侍李象聘于梁閏月丁丑朔日有蝕之己丑封皇兄景植爲宜陽王皇弟威爲清河王謙爲潁川王六月壬子大司馬華山王鷙薨冬十月丁未梁人來聘十二月乙卯遣兼散騎常侍崔長謙聘於梁是歲高麗蠕蠕勿吉並遣使朝貢

三年春二月甲辰阿至羅出吐拔那渾大率部來降三月乙酉梁州人公孫貴賓聚衆反自號天王陽夏鎮將討禽之夏四月戊申阿至羅國主副伏羅越君子去賓來降封爲高車王六月乙丑梁人來聘秋七月己卯宜陽王景植薨八月甲子遣兼散騎常侍李騫聘於梁先是詔羣官於麟趾閣議定新制冬十月甲寅班於天下己巳發夫五萬人築漳濱堰三十五日罷癸亥車駕狩于西山十一月戊寅還宮景戌以開府儀同三司彭城王韶爲太尉以度支尚書胡僧敬爲司空是歲蠕蠕高麗勿吉國並遣使朝貢

四年春正月景辰梁人來聘夏四月景寅遣兼散騎常侍李繪聘于梁乙酉以侍中廣陽王湛爲太尉以尚書右僕射高隆之爲司徒以太尉彭城王韶爲錄尚書事丁亥太傅尉景坐事降爲驃騎大將軍開府儀同三司辛卯以太保庫狄干爲太傅以領軍將軍婁昭爲大司馬封祖裔爲尚書右僕射六月景申復前侍中樂良王忠爵丁酉復陳留王景皓常山王紹宗高密王永業爵秋八月庚戌以開府儀同三司吏部尚書侯景爲兼尚書僕射河南行臺隨機討防冬十月甲寅梁人來聘十一月壬午驃騎大將軍開府儀同三司青州刺史西河王悰薨十二月辛亥使兼散騎常侍陽裴使于梁是歲蠕蠕高麗吐谷渾並遣使朝貢

武定元年春正月壬戌朔大赦改元己巳車駕蒐于邯鄲之西山癸酉還宮二月壬申北豫州刺史高仲密據武牢西叛三月景午帝親納訟戊申勃海王高歡大敗西魏師于邙山追奔至恒農而還豫洛二州平夏四月封彭城王韶弟襲爲武安王五月壬辰以剋復武牢降天下死罪已下四乙未以吏部尚書侯景爲司空六月乙亥梁人來聘戊寅封前員外散騎侍郎元長春爲南郡王八月乙丑以汾州刺史斛律金爲大司馬壬午遣兼散騎常侍李渾聘于梁冬十一月甲午車駕狩于西山乙巳還宮是歲吐谷渾高麗蠕蠕並遣使朝貢

二年春二月丁卯徐州人劉烏黑聚衆反遣行臺慕容紹宗討平之三月梁人來聘以旱故宥死罪已下四景午以開府儀同三司孫騰爲太保壬子以勃海王世子高澄爲大將軍領中書監元弼爲錄尚書事以尚書左僕射司馬子如爲尚書令以太原公高洋爲左僕射夏五月甲午遣散騎常侍魏季景聘于梁丁酉太尉廣陽王湛薨秋八月癸酉尚書令司馬子如坐事免九月甲申以開府儀同三司濟陰王暉業爲太尉太師咸陽王坦坐事免以王還第冬十月丁巳太保孫騰大司馬高隆之各爲括戶大使凡獲逃戶六十餘萬十一月西河地陷有火出甲申以司徒高隆之爲尚書令以前大司馬婁昭爲司徒庚子祀圜丘辛丑梁人來聘是歲吐谷渾地豆干室韋高麗蠕蠕勿吉等並遣使朝貢

三年春正月景申遣兼散騎常侍李獎聘于梁二月庚申吐谷渾國奉其從妹以備後庭納爲容華嬪夏五月甲辰大赦秋七月庚子梁人來聘冬十月遣中書舍人尉瑾聘于梁十二月以司空侯景爲司徒以中書令韓軌爲司空戊子以太保孫騰爲錄尚書事是歲高麗吐谷渾蠕蠕並遣使朝貢

四年夏五月壬寅梁人來聘六月庚子以司徒侯景爲河南大行臺應機討防秋七月壬寅遣兼散騎常侍元廓聘于梁八月移洛陽漢魏石經于鄴是歲室韋勿吉地豆干高麗蠕蠕並遣使朝貢

五年春正月己亥朔日有蝕之景午勃海王高歡薨辛亥司徒侯景降于西魏以求救西魏遣其將李弼王思政赴之思政等入據潁川景乃出走豫州乙丑梁人來聘二月侯景復背西魏歸梁夏四月壬申大將軍高澄來朝甲午遣兼散騎常侍李緯聘於梁五月丁酉朔大赦戊戌以尚書右僕射襄城王旭爲太尉甲辰以太原公高洋爲尚書令領中書監以青州刺史尉景爲大司馬以開府儀同三司庫狄干爲太師以錄尚書事孫騰爲太傅以汾州刺史賀拔仁爲太保以司空韓軌爲司徒以領軍將軍可朱渾道元爲司空以司徒高隆之錄尚書事以徐州刺史慕容紹宗爲尚書左僕射高陽王斌爲右僕射戊午大司馬尉景薨六月乙酉帝爲勃海王舉哀於東堂服緦衰秋九月辛丑梁貞陽侯蕭明寇徐州堰泗水於寒山灌彭城以應侯景冬十一月乙酉以尚書左僕射慕容紹宗爲東南道行臺與大都督高岳潘相樂大破禽之及其二子禑道十二月乙亥蕭明至帝御閶闔門讓而宥之岳等迴師討侯景是歲高麗勿吉並遣使朝貢

六年春正月己亥大都督高岳等於渦陽大破侯景俘斬五萬餘人其餘溺死於渦水水爲不流景走淮南二月己卯梁遣使求和許之三月癸巳以太尉襄城王旭爲大司馬以開府儀同三司高岳爲太尉辛亥以冬春亢旱赦罪人各有差夏四月甲子吏部令史張永和青州人崔闊等僞假人官事覺糺檢首者六萬餘人甲戌太尉高岳司徒韓軌大都督劉豐等討王思政於潁川引洧水灌其城九月乙酉梁人來聘冬十月戊申侯景濟江推梁臨賀王正德爲主以攻建業是歲高麗室韋蠕蠕吐谷渾並遣使朝貢

七年春正月戊辰梁北徐州刺史中山侯蕭正表以鎮內附封蘭陵郡公吳郡王三月丁卯侯景剋建業夏五月景辰侯景殺梁武帝戊寅勃海王高澄帥師赴潁川六月剋之獲西魏大將軍王思政等秋八月辛卯立皇子長仁爲太子盜殺勃海王高澄癸巳大赦內外百官並進二級甲午太原公高洋如晉陽冬十月癸未以開府儀同三司咸陽王坦爲太傅甲午以開府儀同三司潘相樂爲司空十二月甲辰吳郡王蕭正表薨己酉以并州刺史彭樂爲司徒是歲蠕蠕地豆干室韋高麗吐谷渾並遣使朝貢

八年春正月辛酉帝爲勃海王高澄舉哀於東堂戊辰詔太原公高洋嗣事徙封齊郡王甲戌地豆干契丹並遣使朝貢二月庚寅以尚書令高隆之爲太保三月庚申進齊郡王高洋爵爲齊王夏四月乙巳蠕蠕遣使朝貢五月甲寅詔齊王爲相國總百揆備九錫之禮以齊國大妃爲王太后王妃爲王后景辰遜帝位於齊

天保元年己未封帝爲中山王邑一萬戶上書不稱臣荅不稱詔載天子旌旗行魏正朔乘五時副車封王諸子爲縣公邑各一千戶奉絹一萬疋錢一萬貫粟二萬石奴婢三百人水碾一具田百頃園一所於中山國立魏宗廟

二年十二月己酉中山王殂時年二十八

三年二月奉謚曰孝靜皇帝葬於鄴西漳北其後發之陵崩死者六十人帝好文美容儀力能挾石師子以踰牆射無不中嘉辰宴會多命羣臣賦詩從容沉雅有孝文風勃海王高澄嗣事甚忌焉以大將軍中兵參軍崔季舒爲中書黃門侍郎令監察動靜小大皆令季舒知澄與季舒書曰癡人復何似癡勢小差未帝嘗與獵於鄴東馳逐如飛監衞都督烏那羅受工伐從後呼帝曰天子莫走馬大將軍怒澄嘗侍帝飲大舉觴曰臣澄勸陛下帝不悅曰自古無不亡之國朕亦何用此活澄怒曰朕朕狗腳朕澄使季舒毆帝三拳奮衣而出明日澄使季舒勞帝帝亦謝焉賜絹季舒未敢受以啓澄澄使取一段帝束百疋以與之曰亦一段爾帝不堪憂辱詠謝靈運詩曰韓亡子房奮秦帝魯連恥本自江海人忠義動君子常侍侍講荀濟知帝意乃與華山王大器元瑾密謀於宮中僞爲山而作地道向北城至千秋門門者覺地下響動以告澄澄勒兵入宮曰陛下何意反耶臣父子功存社稷何負陛下耶及將殺諸妃嬪帝正色曰王自欲反何關於我我尚不惜身何況妃嬪澄下牀叩頭大啼謝罪於是酣飲夜久乃出居三日幽帝於含章堂大器瑾等皆見烹於市及將禪位於文宣襄城王昶及司徒潘相樂侍中張亮黃門郎趙彥深等求入奏事帝在昭陽殿見之昶曰五行遞運有始有終齊王聖德欽明萬姓歸仰臣等昧死聞奏願陛下則堯禪舜帝便斂容荅曰此事推挹已久謹當遜避又云若爾須作詔書侍郎崔劼裴讓之奏云詔已作訖卽付楊愔進於帝凡十條書訖曰將安朕何所復若爲而去楊愔對曰在北城別有館宇還備法駕依常仗衞而去帝乃下御座步就東廊口詠范蔚宗後漢書贊云獻生不辰身播國屯終我四百永作虞賓所司奏請發帝曰古人念遺簪弊履欲與六宮別可乎高隆之曰今天下猶陛下之天下況在後宮乃與夫人嬪以下訣莫不歔欷掩涕嬪趙國李氏誦陳思王詩云王其愛玉體俱享黃髮期皇后已下皆哭直長趙德以故犢車一乘候於東上閤帝上車德超上車持帝肘之曰朕畏天順人授位相國何物奴敢逼人趙德尚不下及出雲龍門王公百僚衣冠拜辭帝曰今日不減常道鄉公漢獻帝衆皆悲愴高隆之泣灑遂入北城下司馬子如南宅及文宣行幸常以帝自隨帝后封太原公主常爲帝嘗食以護視焉竟遇酖而崩

論曰莊宗運接交喪招納勤王雖時事孔棘而卒有四海猾逆剪除權強擅命神處獨斷芒刺未除而天未忘亂禍不旋踵自茲之後魏室土崩始則制屈強胡終乃

權歸霸政主祭祀者不殊於寄坐遇黜辱者有甚於弈棊雖以節閔之明孝武之長秖以速是奔波文帝以剛强之質終以守雌自寶靜恭運終天祿高路唐虞各得其時也

北史卷五考證

敬宗孝莊皇帝紀辛酉大將軍尒朱榮還晉陽帝餞於邙陰○邙監本訛卭今改從魏書

又班募格收集忠勇有直言正諫之士者集華林園面論時事○者字上脫數字應從魏書增入今各本俱同仍之

甲戌夜車駕北巡○魏書無夜字

丁卯封瓜州刺史元太宗爲東陽王○宗魏書作榮

遣武衞將軍奚毅前燕州刺史侯深率衆鎮北中○侯深魏書作崔淵

景子進雍州刺史廣宗郡公尒朱天光爵爲王○據上文十一月己亥十二月甲辰則此景子應作庚子

節閔皇帝紀○此節閔皇帝魏書作前廢帝

討崔祖螭于東陽○祖監本訛袓今改從本傳

孝武皇帝紀○孝武皇帝魏書作出帝

己卯臨顯陽殿納訟○納監本訛訥今改正

奉臨縣伯高昌王麴子堅○麴監本訛趙今改正

以五千騎宿於瀍西楊王別舍○瀍監本訛湹字書無湹字今改從閣本

文皇帝紀冬十月安定公宇文泰大破東魏軍於沙菀○菀魏書齊書俱作苑今各本皆同仍之

十五年己巳五月○本書每年不紀干支此獨書之衍文也

東魏孝靜皇帝紀先是滎陽人張儉等聚衆反於大騩山通西魏壬辰武衞將軍高元咸討破之○魏書騩作隗咸作盛

秋七月乙亥高麗遣使朝貢是夏山東大水蝦蟆鳴于樹上○是夏下十二字魏書本在秋七月上

癸酉還宮二月壬申○上文春正月壬戌朔則二月安得有壬申此必有誤

天保元年己未封帝爲中山王○臣人龍按此五月也己未上不書月殆以齊顯祖文宣皇帝天保元年即孝靜帝武定八年而五月甲寅詔齊王總百揆景辰遜位于齊已見于上文故耶

北史卷六

唐　李　延　壽　撰

齊本紀上第六

齊高祖神武皇帝姓高氏諱歡字賀六渾渤海脩人也六世祖隱晉玄菟太守隱生慶慶生泰泰生湖三世仕慕容氏及慕容寶敗國亂湖率衆歸魏爲右將軍湖生四子第三子謐仕魏位至侍御史坐法徙居懷朔鎮謐生皇考樹生性通率不事家業住居白道南數有赤光紫氣之異隣人以爲怪勸徙居以避之皇考曰安知非吉居之自若及神武生而皇妣韓氏殂養於同產姊婿鎮獄隊尉景家神武既累世北邊故習其俗遂同鮮卑長而深沉有大度輕財重士爲豪俠所宗目有精光長頭高權齒白如玉少有人傑表家貧及娉武明皇后始有馬得給鎮爲隊主鎮將遼西段長常奇神武貌謂曰君有康濟才終不徒然便以子孫爲託及貴追贈長司空擢其子寧而用之神武自隊主轉爲函使嘗乘驛過建興雲霧晝晦雷聲隨之半日乃絕若有神應者每行道路往來無風塵之色又嘗夢履衆星而行覺而內喜爲函使六年每至洛陽給令史麻祥使祥嘗以肉啗神武神武性不立食坐而進之祥以爲慢已笞神武四十及自洛陽還傾產以結客親故怪問之荅曰吾至洛陽宿衞羽林相率焚領軍張彝宅朝廷懼其亂而不問爲政若此事可知也財物豈可常守邪自是乃有澄清天下之志與懷朔省事雲中司馬子如及秀容人劉貴中山人賈顯智爲奔走之友懷朔戶曹史孫騰外兵史侯景亦相友結劉貴常得一白鷹與神武及尉景蔡儁子如賈顯智等獵於沃野見一赤兎每搏輒逸遂至迴澤澤中有茅屋將奔入有狗自屋中出噬之鷹兎俱死神武怒以鳴鏑射之狗斃屋中乃有二人出持神武襟甚急其母兩目盲曳杖呵其二子曰何故觸大家出甕中酒烹羊以待客因自言善暗相偏捫諸人言皆貴而指麾俱由神武又曰子如歷位顯智不善終飲竟出行數里還更訪之則本無人居乃向非人也由是諸人益加敬異孝昌元年柔玄鎮人杜洛周反於上谷神武乃與同志從之醜其行事私與尉景段榮蔡儁圖之不果而逃爲其騎所追文襄及魏永熙后皆幼武明后於牛上抱負之文襄屢落牛神武彎弓將射之以決去后呼榮求救賴榮遽下取之以免遂奔葛榮又亡歸尒朱榮於秀容先是劉貴事榮甚言神武美至是始得見以憔悴故未之奇也貴乃爲神武更衣復求見焉因隨榮之廄廄有惡馬榮命翦之神武乃不加羈絆而翦竟不蹄齧已而起曰御惡人亦如此馬矣榮遂坐神武於牀下屏左右而訪時事神武曰聞公有馬十二谷色別爲羣將此竟何用也榮曰但言爾意神武曰方今天子愚弱太后淫亂孽寵擅命朝政不行以明公雄武乘時奮發討鄭儼徐紇而清帝側霸業可舉鞭而成此賀六渾之意也榮大悅語自日中至夜半乃出自是每參軍謀後從榮徙據幷州抵揚州邑人龐蒼鷹止團焦中每從外歸主人遙聞行響動地蒼鷹母數見團焦上赤氣赫然屬天又蒼鷹嘗夜欲入有青衣人拔刀叱曰何故觸王言訖不見始以爲異密覘之唯見赤蛇蟠牀上乃益驚異因殺牛分肉厚以相奉蒼鷹母求以神武爲義子及得志以其宅爲第號爲南宅雖門巷深廣堂宇崇麗其本所住團焦以石堊塗之留而不毀至文宣時遂爲宮既而榮以神武爲親信都督于時魏明帝銜鄭儼徐紇逼靈太后未敢制私使榮舉兵內向榮以神武爲前鋒至上黨明帝又私詔停之及帝暴崩榮遂入洛因將篡位神武諫恐不聽請鑄像卜之鑄不成乃止孝莊帝立以定策勳封銅鞮伯及尒朱榮擊葛榮令神武喻下賊別稱王者七人後與行臺于暉破羊侃于太山尋與元天穆破邢杲于濟南累遷第三鎮人酋長嘗在榮帳內榮嘗問左右曰一日無我誰可主軍皆稱尒朱兆榮曰此正可統三千騎以還堪代我主衆者唯賀六渾耳因誡兆曰爾非其匹終當爲其穿鼻乃以神武爲晉州刺史於是大聚斂因劉貴貨榮下要人盡得其意時州庫角無故自鳴神武異之無幾而孝莊誅榮及尒朱兆自晉陽將舉兵赴洛召神武神武使長史孫騰辭以絳蜀汾胡欲反不可委去兆恨焉騰復命神武曰兆舉兵犯上此大賊也吾不能久事之自是始有圖兆計及兆入洛執莊帝以北神武聞之大驚又使孫騰僞賀兆因密覘孝莊所在將劫以舉義不果乃以書喻之言不宜執天子以受惡名於海內兆不納殺帝而與尒朱世隆等立長廣王曄改元建明封神武爲平陽郡公及費也頭紇豆陵步藩入秀容逼晉陽兆徵神武神武將往賀拔焉過兒請緩行以弊之神武乃往逗留辭以河無橋不得渡步藩軍盛兆敗走初孝莊之誅尒朱榮知其黨必有逆謀乃密勑步藩令襲其後步藩既敗兆等以兵勢日盛兆又請救於神武神武內圖兆復慮步藩後之難除乃與兆悉力破之藩死深德神武誓爲兄弟時世隆度律彥伯共執朝政天光據關右兆據幷州仲遠據東郡各擁兵爲暴天下苦之葛榮衆流入幷肆者二十餘萬爲契胡陵暴皆不聊生大小二十六反誅夷者半猶草竊不止兆患之問計於神武神武曰六鎮反殘不可盡殺宜選王素腹心者私使統焉若有犯者罪其帥則所罪者寡兆曰善誰可行也賀拔允時在坐請神武神武拳毆之折其一齒曰生平天柱時奴輩伏處分如鷹犬今日天下安置在王而阿鞠泥敢誣下罔上請殺之兆以神武爲誠遂以委焉神武以兆醉恐醒後或致疑貳遂出宣言受委統州鎮兵可集汾東受令乃建牙陽曲川陳部分有款軍門者絳巾袍自稱梗楊驛子願厠左右訪之則以力聞嘗於幷州市搤殺人者乃署爲親信兵士素惡兆而樂神武於是莫不皆至居無何又使劉貴請兆以幷肆頻歲霜旱降戶掘黃鼠而食之皆面無穀色徒汚人國土請令就食山東待溫飽而處分之兆從其議其長史慕容紹宗諫曰不可今四方擾擾人懷異望況高公雄略又握大兵將不可爲兆曰香火重誓何所慮邪紹宗曰親兄弟尚難信何論香火時兆左右已受神武金因譖紹宗與神武舊隙兆乃禁紹宗而催神武發神武乃自晉陽出滏口路逢尒朱榮妻鄉郡長公主自洛陽來馬三百疋盡奪易之兆聞乃釋紹宗而問焉紹宗曰猶掌握中物也於是自追神武至襄垣會漳水暴長橋壞神武隔水拜曰所以借公主馬非有他故備山東盜耳王受公主言自來賜追今渡河而死不辭此衆便叛兆自陳無此意因輕馬渡與神武坐幕下陳謝遂授刀引頭使神武斫己神武大哭曰自天柱薨背賀六渾更何所仰願大家千萬歲以申力用今旁人構間至此大家何忍復出此言兆投刀於地遂刑白馬而盟誓爲兄弟留宿夜飲尉景伏壯士欲執兆神武齧臂止之曰今殺之其黨必奔歸聚結兵饑馬瘦不可相支若英雄崛起則爲害滋甚不如且置之兆雖勁捷而兇狡無謀不足圖也旦日兆歸營又召神武神武將上馬詣之孫騰牽衣乃止隔水肆罵馳還晉陽兆心腹念賢領降戶家累別爲營神武僞與之善觀其佩刀因取之以殺其從者盡散於是士衆咸悅倍願附從初魏真君中內學者奏言上黨有天子氣云在壺關大王山武帝於是南巡以厭當之累石爲三封斬其北鳳皇山以毀其形後上黨人居晉陽者號上黨坊神武寔居之及是行舍大王山六旬而進將出滏口倍加約束纖毫之物不聽侵犯將過麥地神武輒步牽馬遠近聞之皆稱高儀同將兵整肅益歸心焉遂前行屯鄴北求糧於

相州刺史劉誕誕不供有軍營租米神武自取之魏普泰元年二月神武軍次信都高乾封隆之開門以待遂據冀州是月尒朱度律廢元曄而立節閔帝欲羈縻神武三月乃白節閔帝封神武爲渤海王徵使入覲神武辭四月癸巳又加授東道大行臺第一鎭人酋長龐蒼鷹自太原來奔神武以爲行臺郎尋以爲安州刺史神武自向山東養士繕甲禁兵侵掠百姓歸心乃詐爲書言尒朱兆將以六鎭人配契胡爲部曲衆皆愁又爲并州符徵兵討步落稽發萬人將遣之孫騰尉景僞請留五日如此者再神武親送之郊雪涕執別人號慟哭聲動地神武乃喻之曰與爾俱失鄉客義同一家不意在上乃爾徵名直向西已當死後軍期又當死配國人又當死奈何衆曰唯有反耳神武曰反是急計須推一人爲主衆願奉神武神武曰爾鄉里難制不見葛榮乎雖百萬衆無刑法終自灰滅今以吾爲主當與前異不得欺漢兒不得犯軍令生死任吾則可不爾不能爲取笑天下衆皆頓顙死生唯命神武曰若不得已明日椎牛饗士喻以討尒朱兆之意封隆之進曰千載一時普天幸甚神武曰討賊大順也拯時大業也吾雖不武以死繼之何敢讓焉六月庚子建義於信都尙未顯背尒朱氏及李元忠與高乾平殷州斬尒朱羽生首來謁神武撫膺曰今日反決矣乃以元忠爲殷州刺史是歲兵威旣振乃抗表罪狀尒朱氏世隆等祕表不通八月尒朱兆攻陷殷州李元忠來奔孫騰以爲朝廷隔絕不權立天子則衆望無所係十月壬寅奉章武王融子渤海太守朗爲皇帝年號中興是爲廢帝時度律仲遠軍次晉陽尒朱兆會之神武用竇泰策縱反間度律仲遠不戰而還神武乃敗兆於廣阿十一月攻鄴相州刺史劉誕嬰城固守神武起土山爲地道往往建大柱一時焚之城陷入地麻祥時爲湯陰令神武呼之曰麻都祥慚而逃永熙元年正月壬午拔鄴城據之廢帝進神武大丞相柱國大將軍太師是時青州建義大都督崔靈珍大都督耿翔皆遣使歸附行汾州事劉貴棄城來降閏三月尒朱天光自長安兆自井州度律自洛陽仲遠自東郡同會鄴衆號二十萬挾洹水而軍節閔以長孫承業爲大行臺總督焉神武令封隆之守鄴自出頓紫陌時馬不滿二千步兵不至三萬衆寡不敵乃於韓陵爲圓陣連牛驢以塞歸道於是將士皆爲死志四面赴擊之尒朱兆責神武以背己神武曰本戮力者共輔王室今帝何在兆曰永安枉害天柱我報讐耳神武曰我昔日親聞天柱計汝在戸前立豈得言不反耶且以君殺臣何報之有今日義絕矣乃合戰大敗之尒朱兆對慕容紹宗叩心曰不用公言以此將輕走紹宗反旗鳴角收聚散卒成軍容而西上高季式以七騎追奔度野馬崗與兆遇高昂望之不見哭曰喪吾弟矣夜久季式還血滿袖斛斯椿倍道先據河橋初普泰元年十月歲星熒惑鎭星太白聚於觜參色甚明太史占曰當有王者興是時神武起於信都至是而破兆等四月斛斯椿執天光度律以送洛陽長孫承業遣都督賈顯智張歡入洛陽執世隆彥伯斬之兆奔并州仲遠奔梁州遂死焉時凶蠢旣除朝廷慶悅初未戰之前月章武人張紹夜中忽被數騎將踰城至一大將軍前勑紹爲軍導向鄴云佐受命者除殘賊紹回視之兵不測整疾無聲將至鄴乃放焉及戰之日尒朱氏軍人見陣外士馬四合蓋神助也旣而神武至洛陽廢節閔及中興主而立孝武孝武旣卽位授神武大丞相天柱大將軍太師世襲定州刺史增封并前十五萬戸神武辭天柱減戸五萬壬辰還鄴魏帝餞於乾脯山執手而別七月壬寅神武帥師北伐尒朱兆封隆之言侍中斛斯椿賀拔勝賈顯智等往事尒朱普皆反噬今在京師寵任必構禍隙神武深以爲然乃歸天光度律於京師斬之遂自滏口入尒朱兆大掠晉陽北保秀容并州平神武以晉陽四塞乃建大丞相府而定居焉尒朱兆旣至秀容分兵守險出入寇抄神武揚聲討之師出止者數四兆意怠神武揣其歲首當宴會遣竇泰以精騎馳之一日一夜行三百里神武以大軍繼之

二年正月竇泰奄至尒朱兆庭軍人因宴休惰忽見泰軍驚走追破之於赤洪嶺兆自縊神武親臨厚葬之慕容紹宗以尒朱榮妻子及餘衆自保爲突城降神武以義故待之甚厚神武之入洛也尒朱仲遠部下都督橋寧張子期自滑臺歸命神武以其助亂且數反覆皆斬之斛斯椿由是內不自安乃與南陽王寶炬及武衞將軍元毗魏光祿王思政構神武於魏帝舍人元士弼又奏神武受勑大不敬故魏帝心貳於賀拔岳初孝明之時洛下以兩拔相擊謠言銅拔打鐵拔元家世將末好事者以二拔謂拓拔賀拔言俱將衰敗之兆時司空高乾密啓神武言魏帝之貳神武封呈魏帝殺之又遣東徐州刺史潘紹業密勑長樂太守龐蒼鷹令殺其弟昂昂先聞其兄死以稍刺柱伏壯士執紹業於路得勑書於袍領遂來奔神武抱其首哭曰天子枉害司空遂使以白武幡勞其家屬時乾次弟愼在光州爲政嚴猛又縱部下取納魏帝使代之愼聞難將奔梁其屬曰公家勳重必不兄弟相及乃弊衣推鹿車歸渤海逢使者亦來奔於是魏帝與神武隙矣阿至羅虜正光以前常稱藩自魏朝多事皆叛神武遣使招納便附欵先是詔以寇賊平罷行臺至是以殊俗歸降復授神武大行臺隨機處分神武賚其粟帛議者以爲徒費無益神武不從撫慰如初其酋帥吐陳等感恩皆從指麾救曹泥取万俟受洛干大收其用河西費也頭虜紇豆陵伊利居苦池河恃險擁衆神武遣長史侯景屢招不從

天平元年正月壬辰神武西伐費也頭虜紇豆陵伊利於河西滅之遷其部落於河東二月永寧寺九層浮屠災旣而人有從東萊至云及海上人咸見之於海中俄而霧起乃滅說者以爲天意若曰永寧見災魏不寧矣飛入東海渤海應矣魏帝旣有異圖時侍中封隆之與孫騰私言隆之喪妻魏帝欲妻以從妹騰亦未之信心害隆之泄其言於斛斯椿椿以白魏帝又孫騰帶仗入省擅殺御史並亡來奔稱魏帝撾舍人梁續於前光祿少卿元子幹攘臂擊之謂騰曰語爾高王元家兒拳正如此領軍婁昭辭疾歸晉陽魏帝於是以斛斯椿兼領軍分置督將及河南關西諸刺史華山王鷙在徐州神武使邸珍奪其管籥建州刺史韓賢濟州刺史蔡儁皆神武同義魏帝忌之故省建州以去賢使御史中尉綦儁察儁罪以開府賈顯智爲濟州儁拒之魏帝逾怒五月下詔云將征句吳發河南諸州兵增宿衞守河橋六月丁巳密詔神武曰宇文黑獺自平破秦隴多求非分脫有變非常事資經略但表啓未全背戾進討事涉忽忽遂召羣臣議其可否僉言假稱南伐內外戒嚴一則防黑獺不虞二則可威吳楚時魏帝將伐神武神武部署將帥慮疑故有此詔神武乃表曰荆州綰接蠻左密邇畿服關隴恃遠將有逆圖臣今潛勒兵馬三萬擬從河東而渡又遣恆州刺史庫狄干瀛州刺史郭瓊汾州刺史斛律金前武衞大將軍彭樂擬兵四萬從其來違津渡遣領軍將軍婁昭相州刺史竇泰前瀛州刺史堯雄并州刺史高隆之擬兵五萬以討荆州遣冀州刺史尉景前冀州刺史高敖曹濟州刺史蔡儁前侍中封隆之擬山東兵七萬突騎五萬以征江左皆約勒所部伏聽處分魏帝知覺其變乃出神武表命羣官議之欲止神武諸軍神武乃集在幷僚佐令其博議還以表聞仍以信誓自明忠欵曰臣爲嬖佞所間陛下一旦賜疑今猖狂之罪尒朱時討臣若不盡誠竭節敢負陛下則使身受天殃子孫殄絕陛下若垂信赤心使干戈不動佞臣一二人願斟量廢出辛未帝復錄在京文武議意以荅神武使舍人溫子昇草勑子昇逡巡未敢作帝據胡牀拔劍作色子昇乃爲勑曰前持心血遠以示王深冀彼此共相體悉而不良之徒坐生間貳近孫騰倉卒向彼致使聞者疑有異謀故遣御史中尉綦儁具申朕懷今得王啓言誓懇惻反覆思之猶所未解以朕眇身遇王武略不勞尺刃坐爲天子所謂生我者父母貴我者高王今若無事背王規相攻討則使身及子孫還如王誓皇天后土實聞此言近慮宇文爲亂賀拔勝應之故纂嚴欲與王俱爲聲援宇文今日使者相望觀其所爲更無異迹賀拔在南開拓邊境爲國立功念無可責君若欲分討何以爲辭東南不賓爲日已久先朝已來置之度外今天下戸口減半未宜窮兵極武朕旣闇昧不知佞人是誰可列其姓名令朕知也如聞庫狄干語王云本欲取懦弱者爲主無事立此長君使其不可駕御今但作十五日行自可廢之更立餘者如此議論自是王間勳人豈出佞臣之口去歲封隆之背叛今年孫騰逃走不罪不送誰不怪王騰旣爲禍始曾無愧懼王若事君盡誠何不斬送二首王雖啓圖西去而四道俱進或欲南度洛陽或欲東臨江左言之者猶應自怪聞之者寧能不疑王若守誠不貳晏然居北在此雖有百萬之衆終無圖彼之心王脫信邪棄義舉旗南指縱無匹馬隻輪猶欲奮空拳而爭死朕本寡德王已立之百姓無知或謂實可若爲他所圖則彰朕之惡假令還爲王殺幽辱齏粉了無遺恨何者王旣以德見推以義見舉一朝背德舍義便是過有所歸本望君臣一體若合符契不圖今日分疎到此古語云越人射我笑而道之吾兄射我泣而道之朕旣親王情如兄弟所以投筆拊膺不覺歔欷初神武自京師將北以爲洛陽久經喪亂王氣衰盡雖有山河之固土地褊狹不如鄴請遷都魏帝曰高祖定鼎河洛爲永永之基經營制度至世宗乃畢王旣功在社稷宜遵太和舊事神武奉詔至是復謀焉遣兵千騎鎭建興益河東及濟州兵於白溝虜船不聽向洛諸州和糴粟運入鄴城魏帝又勑神武曰王若厭伏人情杜絕物議唯有歸河東之兵罷建興之戍送相州之粟追濟州之軍令蔡儁受代使邸珍出徐止戈散馬各事家業朕須糧廩別遣轉輸則讒人結舌疑悔不生王高枕太原朕垂拱京洛終不舉足渡河以干戈相

指王若馬首南向問鼎輕重朕雖無武欲止不能必爲社稷宗廟出萬死之策決在於王非朕能定爲山止簣相爲惜之魏帝時以任祥爲兼尚書左僕射加開府祥棄官走至河北據郡待神武魏帝乃勑文武官北來者任去留下詔罪狀神武爲北伐經營神武亦勒兵宣告曰孤遇尒朱擅權舉大義於四海奉戴主上義貫幽明橫爲斛斯椿讒構以誠節爲逆首昔趙鞅興晉陽之甲誅君側惡人今者南邁誅椿而已以高昂爲前鋒曰若用司空言豈有今日之舉司馬子如荅神武曰本欲立小者正爲此耳魏帝徵兵關右召賀拔勝赴行在所遣大行臺長孫承業大都督潁川王斌之斛斯椿共鎮武牢汝陽王暹鎮石濟行臺長孫子彥帥前恒農太守元洪略鎮陝賈顯智率豫州刺史斛斯元壽伐蔡儁神武使竇泰與左箱大都督莫多婁貸文逆顯智韓賢逆暹元壽軍降泰貸文與顯智遇於長壽津顯智陰約降引軍退軍司元玄覺之馳還請益師魏帝遣大都督侯幾紹赴之戰於滑臺東顯智以軍降紹死之七月魏帝躬率大衆屯河橋神武至河北十餘里再遣口申誠欵魏帝不報神武乃引軍度河魏帝問計於羣臣或云南依賀拔勝或云西就關中或云守洛口死戰未決而元斌之與斛斯椿爭權不睦斌之棄椿徑還紿帝云神武兵至卽日魏帝遜於長安己酉神武入洛停於永寧寺八月甲寅召集百官謂曰爲臣奉主匡救危亂若處不諫爭出不陪隨緩則躭寵爭榮急便竄失臣節安在遂收開府儀同三司叱列延慶兼尚書左僕射辛雄兼吏部尚書崔孝芬都官尚書劉廞兼度支尚書楊機散騎常侍元士弼並殺之誅其貳也士弼籍没家口神武以萬機不可曠廢乃與百僚議以清河王亶爲大司馬居尚書下舍而承制決事焉王稱警蹕神武醜之神武尋至弘農遂西剋潼關執毛洪賓進軍長城龍門都督薛崇禮降神武退舍河東命行臺尚書長史薛瑜守潼關大都督庫狄溫守封陵於蒲津西岸築城守華州以薛紹宗爲刺史高昂行豫州事神武自發晉陽至此凡四十啓魏帝皆不荅九月庚寅神武還至洛陽乃遣僧道榮奉表關中又不荅乃集百寮沙門耆老議所推立以爲自孝昌喪亂國統中絕神主靡依昭穆失序永安以孝文爲伯考永熙遷孝明於夾室業喪祚短職此之由遂議立清河王世子善見議定白清河王王曰天子無父苟使兒立不惜餘生乃立之是爲孝靜帝魏於是始分爲二神武以孝武旣西恐逼崤陝洛陽復在河外接近梁境如向晉陽形勢不能相接依議遷鄴護軍祖瑩贊焉詔下三日車駕便發戶四十萬狼狽就道神武留洛陽部分事畢還晉陽自是軍國政務皆歸相府先是童謠曰可憐青雀子飛來鄴城裏羽翮垂欲成化作鸚鵡子好事者竊言雀子謂魏帝清河王鸚鵡謂神武也初孝昌中山胡劉蠡升自稱天子年號神嘉居雲陽谷西上歲被其寇謂之胡荒

二年正月西魏渭州刺史可朱渾道元擁衆內屬神武迎納之壬戌神武襲擊劉蠡升大破之己巳魏帝褒詔以神武爲相國假黃鉞劍履上殿入朝不趨神武固辭二月神武欲以女妻蠡升太子候其不設備辛酉潛師襲之其北部王斬蠡升首以送其衆復立其子南海王神武進擊之又獲南海王及其弟西海王北海王皇后公卿已下四百餘人胡魏五萬戶壬申神武朝于鄴四月神武請給遷人廪各有差九月甲寅神武以州郡縣官多乖法請出使問人疾苦

三年正月甲子神武帥庫狄干等萬騎襲西魏夏州身不火食四日而至縛矟爲梯夜入其城禽其刺史費也頭賀拔俄彌突因而用之留都督張瓊以鎮守遷其部落五千戶以歸西魏靈州刺史曹泥與其壻涼州刺史劉豐遣使請內屬周文圍泥水灌其城不没者四尺神武命阿至羅發騎三萬徑度靈州繞出西軍後獲馬五十匹西師乃退神武率騎迎泥豐生拔其遺戶五千以歸復泥官爵魏帝詔加神武九錫固讓乃止二月神武令阿至羅逼西魏秦州刺史建忠王万俟普撥神武以衆應之六月甲午普撥與其子太宰受洛干豳州刺史叱于寶樂右衛將軍破六韓常及督將三百餘人擁部來降八月丁亥神武請均斗尺班於天下九月辛亥汾州胡王迢觸曹貳龍聚衆反署立百官年號平都神武討平之十二月丁丑神武自晉陽西討遣兼僕射行臺汝陽王暹司徒高昂等趣上洛大都督竇泰入自潼關四年正月癸丑竇泰軍敗自殺神武軍次蒲津以冰薄不得赴救乃班師高昂攻剋上洛二月乙酉神武以并肆汾建晉東雍南汾秦陝九州霜旱人饑流散請所在開倉振給六月壬申神武如天池獲瑞石隱起成文曰六王三川十一月壬辰神武西討自蒲津濟衆二十萬周文軍於沙苑神武以地阨少却西人鼓譟而進軍大亂棄器甲十有八萬神武跨橐駝候船以歸

元象元年三月辛酉神武固請解丞相魏帝許之四月庚寅神武朝于鄴壬辰還晉陽請開酒禁并振恤宿衛武官七月壬午行臺侯景司徒高昂圍西魏將獨孤信於金墉西魏帝及周文並來赴救大都督庫狄干帥諸將前驅神武總衆繼進八月辛卯戰於河陰大破西魏軍俘獲數萬司徒高昂大都督李猛宗顯死之西師之敗獨孤信先入關周文留其都督長孫子彥守金墉遂燒營以遁神武遣兵追奔至崤不及而還初神武知西師來侵自晉陽率衆馳赴至孟津未濟而軍有勝負旣而神武渡河子彥亦棄城走神武遂毀金墉而還十一月庚午神武朝於京師十二月壬辰還晉陽

興和元年七月丁丑魏帝進神武爲相國錄尚書事固讓乃止十一月乙丑神武以新宮成朝於鄴魏帝與神武讌射神武降階下稱賀又辭渤海王及都督中外諸軍事詔不許十二月戊戌神武還晉陽

二年十二月阿至羅別部遣使請降神武率衆迎之出武州塞不見大獵而還

三年五月神武巡北境使使與蠕蠕通和

四年五月辛巳神武朝于鄴請令百官每月面敷政事明揚仄陋納諫屏邪親理獄訟褒黜勤怠牧守有愆節級相坐椒掖之內進御以序後園鷹犬悉皆棄之六月甲辰神武還晉陽九月神武西征十月己亥圍西魏儀同三司王思政於玉壁城欲以致敵西師不敢出十一月癸未神武以大雪士卒多死乃班師

武定元年二月壬申北豫州刺史高慎據武牢西叛三月壬辰周文率衆援高慎圍河橋南城戊申神武大敗之於芒山禽西魏督將以下四百餘人俘斬六萬計是時軍士有盜殺驢者軍令應死神武弗殺將至并州決之明日復戰奔西軍告神武所在西師盡銳來攻衆潰神武失馬赫連陽順下馬以授神武與蒼頭馮文洛扶上俱走從者步騎六七人追騎至親信都督尉興慶曰王去矣興慶腰邊百箭足殺百人神武勉之曰事濟以爾爲懷州若死則用爾子興慶曰兒小願用兄許之興慶鬬矢盡而死西魏太師賀拔勝以十三騎逐神武河州刺史劉洪徽射中其二勝矟將中神武段孝先橫射勝馬殪遂免豫洛二州平神武使劉豐追奔拓地至恒農而還七月神武貽周文書責以殺孝武之罪八月辛未魏帝詔神武爲相國錄尚書事大行臺餘如故固辭乃止是月神武命於肆州北山築城西自馬陵戍東至土隥四十日罷十二月己卯神武朝於京師庚辰還晉陽

二年三月癸巳神武巡行冀定二州因朝京師以冬春亢旱請蠲縣責振窮乏宥死罪以下又請授老人板職各有差四月景辰神武還晉陽十一月神武討山胡破平之俘獲一萬餘戶分配諸州

三年正月甲午開府儀同三司尒朱文暢開府司馬任胄都督鄭仲禮中府主簿李世林前開府參軍房子遠等謀賊神武因十五日夜打簇懷刃而入其黨薛季孝以告並伏誅丁未神武請於并州置晉陽宮以處配口三月乙未神武朝鄴景午還晉陽十月丁卯神武上言幽安定三州北接奚蠕蠕請於險要脩立城戍以防之躬自臨履莫不嚴固乙未神武請釋芒山俘桎梏配以人間寡婦

四年八月癸巳神武將西伐自鄴會兵於晉陽殿中將軍曹魏祖曰不可今八月西方王以死氣逆生氣爲客不利主人則可兵果行傷大將神武不從自東西魏構兵鄴下每先有黃黑蝗陣鬬占者以爲黃者東魏戎衣色黑者西魏戎衣色人間以此候勝負是時黃蝗盡死九月神武圍玉壁以挑西師不敢應西魏晉州刺史韋孝寬守玉壁城中出鐵面神武使元盜射之每中其目用李業興孤虛術萃其北北天險也乃起土山鑿十道又於東面鑿二十一道以攻之城中無水汲於汾神武使移汾一夜而畢孝寬奪據土山頓軍五旬城不拔死者七萬人聚爲一冢有星墜於神武營衆驢並鳴士皆讋懼神武有疾十一月庚子輿疾班師庚戌遣太原公洋鎮鄴辛亥徵世子澄至晉陽有惡鳥集於亭樹世子使斛律光射殺之己卯神武以無功表解都督中外諸軍事魏帝優詔許焉是時西魏言神武中弩神武聞之乃勉坐見諸貴使斛律金敕勒歌神武自和之哀感流涕侯景素輕世子嘗謂司馬子如曰王在吾不敢有異王無吾不能與鮮卑小兒共事子如掩其口至是世子爲神武書召景景先與神武約得書書背微點乃來書至無點景不至又聞神武疾遂擁兵自固神武謂世子曰我雖疾爾面更有餘憂色何也世子未對又問曰豈非憂侯景叛邪曰然神武曰景專制河南十四年矣常有飛揚跋扈志顧我能養豈爲汝駕御也今四方未定勿遽發哀庫狄干鮮卑老公斛律金敕勒老公並性遒直終不負汝可朱渾道元劉豐生遠來投我必無異心賀拔焉過兒樸實無罪過潘相樂本作道人心和厚汝兄弟當得其力韓軌少戇宜寬借之彭相樂心腹難得宜防護之少堪敵侯景者唯有慕容紹宗我故不貴之留以與汝宜深加殊禮委以經略

五年正月朔日蝕神武曰日蝕其為我邪死亦何恨景午陳啓於魏帝是日崩於晉陽時年五十二祕不發喪六月壬午魏帝於東堂舉哀三日制緦衰詔凶禮依漢大將軍霍光東平王蒼故事贈假黃鉞使持節相國都督中外諸軍事齊王璽紱轀輬車黃屋左纛前後羽葆鼓吹輕車介士兼備九錫殊禮諡獻武王八月甲申葬於鄴西北漳水之西魏帝臨送於紫陌天保初追崇為獻武帝廟號太祖陵曰義平天統元年改諡神武皇帝廟號高祖神武性深密高岸終日儼然人不能測機權之際變化若神至於軍國大略獨運懷抱文武將吏罕有預之統馭軍衆法令嚴肅臨敵制勝策出無方聽斷昭察不可欺犯知人好士全護勳舊性周給每有文教常殷勤欵悉指事論心不尚綺靡擢人授任在於得才苟其所堪乃至拔於厮養有虛聲無實者稀見任用諸將出討奉行方略罔不克捷違失指畫多致奔亡雅尚儉素刀劍鞍勒無金玉之飾少能劇飲自當大任不過三爵居家如軍仁恕愛士始范陽盧景裕以明經稱魯郡韓毅以工書顯咸以謀逆見禽並蒙恩置之第館教授諸子其文武之士盡節所事見執獲而不罪者甚多故遐邇歸心皆思效力至南和梁國北懷蠕蠕吐谷渾阿至羅咸所招納獲其力用規略遠矣

世宗文襄皇帝諱澄字子惠神武長子也母曰婁太后生而岐嶷神武異之魏中興元年立為渤海王世子就杜詢講學敏悟過人詢甚歎服二年加侍中開府儀同三司尚孝靜帝妹馮翊長公主時年十二神情儁爽便若成人神武試問以時事得失辨析無不中理自是軍國籌策皆預之天平元年加使持節尚書令大行臺并州刺史三年入輔朝政加領軍左右京畿大都督時人雖聞器識猶以少年期之而機略嚴明事無疑滯於是朝野振肅元象元年攝吏部尚書魏自崔亮以後選人常以年勞為制文襄乃釐改前式銓擢唯在得人又沙汰尚書郎妙選人地以充之至于才名之士咸被薦擢假有未居顯位者皆致之門下以為賓客每山園游宴必見招攜執射賦詩各盡其所長以為娛適興和二年加大將軍領中書監仍攝吏部尚書自正光已後天下多事在任羣官廉潔者寡文襄乃奏吏部郎崔暹為御史中尉糾劾權豪無所縱捨於是風俗更始私枉路絕乃牓於街衢具論經國政術仍開直言之路有論事上書苦言切至者皆優容之武定四年十一月神武西討不豫班師文襄馳赴軍所侍衛還晉陽五年正月景午神武崩祕不發喪辛亥司徒侯景據河南反潁州刺史司馬世雲以城應之景誘執豫州刺史高元成襄州刺史李密廣州刺史暴顯等遣司空韓軌率衆討之四月壬申文襄朝于鄴六月己巳韓軌等自潁州班師丁丑文襄還晉陽乃發喪告喻文武陳神武遺志七月戊戌魏帝詔以文襄為使持節大丞相都督中外諸軍錄尚書事大行臺勃海王文襄啓辭位願停王爵壬寅魏帝詔太原公洋攝理軍國遣中使敦喻八月戊辰文襄啓申神武遺令請減國邑分封將督各有差辛未朝于鄴固辭丞相魏帝詔曰既朝野攸憑安危所繫不得令遂本懷須有權奪可復前大將軍餘如故壬辰尚書祠部郎中元瑾梁降人荀濟長秋卿劉思逸及淮南王宣洪華山王大器濟北王徽等謀害文襄事發伏誅九月己亥文襄請舊勳灼然未蒙齒錄者悉求班賞朝士名行有聞或以年耆疾滿告謝者准其本秩授以州郡不得莅事聽蔭子孫自天平元年以來遇事亡官者聽復本資豪貴之家不得占護山澤其第宇車服婚姻送葬奢僭無限者並令禁斷從太昌元年以來將帥有殊功異效者其子弟年十歲以上請聽依第出身其兵士從征身殞陣場者蠲其家租課若有藏器避世者以禮招致隨才擢敘罷營構之官在朝百司怠惰不勤有所曠廢者免所居官若清幹克濟皎然可知者即宜超敘不拘常式辛丑文襄還晉陽武定六年正月己未文襄朝于鄴二月己卯梁遣使慰文襄并請通和文襄許其和而不荅書侯景之叛也南兗州刺史石長宣頗相影響諸州刺史守令佐史多被詿誤景破後悉被禽獲尚書咸處極刑文襄並請減降於是斬長宣其餘並從寬宥三月戊申文襄請朝臣及牧守令長各舉賢良及驍武膽略堪守邊城者務在得才不拘職素其稱事六品散官五品以上朝廷所悉不在舉限其稱事七品散官六品以下并及州郡縣雜白身不限在官解職並任舉之隨才進擢辛亥文襄南臨黎陽濟於武牢自洛陽從太行而反晉陽於路遺書朝士以相戒厲於是朝野承風莫不震肅六月文襄巡北邊城戍振賜各有差七月乙卯文襄朝于鄴八月庚寅還晉陽使大行臺慕容紹宗與太尉高岳大都督劉豐討王思政於潁川先是文襄遣行臺尚書辛術率諸將略江淮之北至是凡所獲二十三州七年四月甲辰魏帝進文襄位相國封齊王綠綟綬贊拜不名入朝不趨劍履上殿食冀州之勃海長樂安德武邑瀛州之河間五郡邑十五萬戶使持節都督中外諸軍事錄尚書大行臺並如故丁未文襄入朝固讓魏帝不許五月戊寅文襄帥師自鄴赴潁川六月景申克潁川禽西魏大將軍王思政以忠於所事釋而待之七月文襄朝于鄴請魏帝立皇太子復辭爵位殊禮未報八月辛卯遇盜而崩初梁將蘭欽子京見虜文襄以配廚欽求贖之不許京再訴文襄使監廚蒼頭薛豐洛杖之曰更訴當殺汝京與其黨六人謀作亂時文襄將受魏禪與陳元康崔季舒屏左右謀于北城東柏堂太史啓言宰輔星甚微變不一月時京將進食文襄卻之謂人曰昨夜夢此奴斫我又曰急殺卻京聞之寘刀於盤下冒言進食文襄見之怒曰我未索食何遽來京揮刀曰欲殺汝文襄自投傷足入牀下賊黨至去牀因見弒時年二十九祕不發喪明年正月辛酉魏帝舉哀於太極東堂詔贈物八萬段凶事依漢大將軍霍光東平王蒼故事贈假黃鉞使持節相國都督中外諸軍事齊王璽紱轀輬車黃屋左纛後部羽葆鼓吹輕車介士備九錫禮諡曰文襄王二月甲申葬於義平陵之北天保初追尊曰文襄皇帝廟號世宗陵曰峻成文襄美姿容善言笑談謔之際從容弘雅性聰警多籌策當朝作相聽斷如流愛士好賢待之以禮有神武之風焉然少壯氣猛嚴峻刑法高慎西叛侯景南翻非直本懷狼戾兼亦有懼威略情欲奢淫動乖制度嘗於宮西造宅牆院高廣聽事宏壯亞太極殿神武入朝責之乃止

論曰昔魏氏失馭中原蕩析齊神武爰從晉部大號冀方屢戰而翦凶徒一麾以清京洛尊主匡國功濟天下既而魏武帝規避權逼曆數既盡適所以速關河之分焉文襄嗣膺霸道威略昭著內除姦逆外拓淮夷擯斥貪殘存情人物而志在峻法急於御下於前王之德有所未同蓋天意人心好生惡殺雖吉凶報應未皆影響總而論之積善多慶然文襄之禍生所忽蓋有由焉

北史卷六考證

齊高祖神武皇帝紀諡生皇考樹生○魏書同齊書無生字誤

長頭高權齒白如玉○權齊書作顴

爾非其匹終當為其子穿鼻○監本爾訛尒匹訛疋今俱改正又隋書無其字

乃署為親信○齊書親信下有都督二字

若英雄屈起○屈一本作崛

隔水肆罵馳還晉陽○齊書隔水上有光字謂尒朱兆也

覩其佩刀因取之以殺其從者盡散○齊書從者下尚有從者二字

不用公言以此○齊書作不用公言以至于此語意較足

神武揣其歲首當宴會○當監本訛賞今改正

魏帝遣大都督侯幾紹赴之○侯監本訛候今改正

神武使劉豐追奔狥地至恒農而還○狥齊書作拓

使斛律金敕勒歌神武自和之○敕勒歌上齊書有作字

顧我能養豈為汝駕御也○養字上齊書有畜字

彭相樂心腹難得宜防護之○齊書無相字殆因上有潘相樂而訛也

世宗文襄皇帝紀齊王璽紱轀輬車○轀監本訛縕今改正

史臣論天意人心好生惡殺○生監本訛主今改從南本

北史卷七

唐　李　延　壽　撰

齊本紀中第七

顯祖文宣皇帝諱洋字子進神武第二子文襄之母弟也武明太后初孕帝每夜有赤光照室太后私怪之及產命之曰侯尼于鮮卑言有相子也以生於晉陽一名晉陽樂時神武家徒壁立后與親姻相對共憂寒餒帝生始數月尚未能言欻然曰得活太后及左右大驚不敢言及長黑色大頰兌下鱗身重踝瞻視審定不好戲弄深沉有大度晉陽有沙門乍愚乍智時人不測呼為阿禿師太后見諸子焉歷問祿位至帝再三舉手指天而已口無所言見者異之神武嘗從諸子過鳳陽門有龍在上唯神武與帝見之內雖明敏貌若不足文襄每嗤之曰此人亦得富貴相法亦何由可解神武以帝貌陋神彩不甚發揚曾問以時事帝畧有所辨儻語一事必得事要又嘗令諸子各使理亂絲帝獨抽刀斬之曰亂者須斬神武以為然又各配兵四出而使彭樂率甲騎偽攻之文襄等怖撓帝勒衆與彭樂相格樂免胄言情猶禽之以獻由是神武稱異之謂長史薛琡曰此兒意識過吾琡亦私怪之幼時師事范陽盧景裕默識過

人未嘗有所自明景裕不能測也天平二年封太原郡公累遷尚書左僕射後從文襄行過遼陽山獨見天門開餘無人見者武定五年神武崩猶祕凶事衆情疑駭帝雖內嬰巨痛外若平常人情頗安魏帝授帝尚書令中書監京畿大都督七年八月文襄遇賊帝在城東雙堂事出倉卒內外震駭帝神色不變指麾部分自臠斬羣賊而漆其首祕不發喪徐言奴反大將軍被傷無大苦也當時內外莫不驚異乃還魏朝立皇太子因以大赦乃赴晉陽總庶政帝內雖明察外若不了老臣宿將皆輕帝於是帝推誠接下務從寬厚事有不便者咸蠲省焉羣情始服八年正月辛酉魏帝爲文襄舉哀於東堂戊辰詔進帝位使持節丞相都督中外諸軍錄尚書事大行臺齊郡王食邑一萬戶二月庚申又進封齊王食冀州之勃海長樂安德武邑瀛州之河間五郡邑十萬戶帝自居晉陽寢室每夜有光如晝既爲王夢人以筆點己額旦日以語館客王曇哲曰吾其退乎曇哲拜賀曰王上加點爲主當進也五月辛亥帝如鄴光州獲九尾狐以獻甲寅魏帝遣兼太尉彭城王韶司空潘相樂奉冊進帝位相國總百揆以冀州之勃海長樂安德武邑瀛州之河間高陽章武定州之中山常山博陵十郡邑二十萬戶加九錫殊禮齊王如故景辰魏帝遜位別宮又使兼太尉彭城王韶兼司空敬顯儁奉冊禪位致璽書於帝并奉皇帝璽綬禪代之禮一依唐虞漢魏故事帝累表固辭詔不許於是尚書令高隆之率百寮勸進天保元年夏五月戊午皇帝即位於南郊升壇柴燎告天是日鄴下獲赤雀獻于郊所事畢還宮御太極前殿大赦改元百官進兩大階六州緣邊職人三大階自魏孝莊已後百官絕祿至是復給焉己未詔封魏帝爲中山王追尊皇祖文穆王爲文穆皇帝皇祖妣爲文穆皇后皇考獻武王爲獻武皇帝皇兄文襄王爲文襄皇帝命有司議祖宗以聞辛酉尊王太后爲皇太后乙酉降魏朝封爵各有差其信都從義及宣力霸朝者又西來人并武定六年以來南來投化者不在降限辛未遣大使於四方觀察風俗問人疾苦甲戌遷神主於太廟六月辛巳詔改封崇聖侯孔長爲恭聖侯邑一百戶以奉孔子祀并下魯郡以時修葺廟宇又詔吉凶車服制度各爲等差具立條式使儉而獲中分遣使人致祭於五岳四瀆其堯祠舜廟下及孔父老君等載於祀典者咸秩罔遺又詔冀州之勃海長樂二郡先帝始封之國義旗初起之地并州之太原青州之齊郡霸朝所在王命是基君子有作貴不忘本齊郡勃海可並復一年長樂復二年太原復三年壬午詔故太傅孫騰故太保尉景故大司馬婁昭故司徒高敖曹故尚書左僕射慕容紹宗故領軍万俟干故定州刺史段榮故御史中尉劉貴故御史中尉竇泰故殷州刺史劉豐故濟州刺史蔡儁等並左右先帝經贊皇基或不幸早殂或隕身王事可遣使者就墓致祭并撫問妻子又詔封宗室太尉高岳爲清河王太保高隆之爲平原王開府儀同三司高歸彥爲平秦王徐州刺史高思宗爲上洛王營州刺史高長弼爲廣武王兼武衛將軍高普爲武興王兼武衛將軍高子瑗爲平昌王兼北中郎將高顯國爲襄樂王前太子庶子高叡爲趙郡王揚州縣開國公高孝緒爲修城王又詔封功臣太師庫狄干爲章武王大司馬斛律金爲咸陽王并州刺史賀拔仁爲安定王殷州刺史韓軌爲安德王瀛州刺史可朱渾道元爲扶風王司徒公彭樂爲陳留王司空公潘相樂爲河東王癸未詔封諸弟青州刺史浚爲永安王尚書左僕射淹爲平陽王定州刺史澈爲彭城王儀同三司演爲常山王冀州刺史渙爲上黨王儀同三司淯爲襄城王儀同三司湛爲長廣王湝爲任城王湜爲高陽王濟爲博陵王凝爲新平王潤爲馮翊王洽爲漢陽王丁亥詔立王子殷爲皇太子王后李氏爲皇后庚寅詔以太師庫狄干爲太宰司徒彭樂爲太尉司空潘相樂爲司徒開府儀同三司司馬子如爲司空己亥以皇太子初入東宮赦畿內及并州死罪已下降餘州死罪已下囚秋七月辛亥尊文襄妃元氏爲文襄皇后宮曰靜德又封文襄子孝琬爲河間王孝瑜爲河南王乙卯以尚書令平原王封隆之爲錄尚書事尚書左僕射平陽王淹爲尚書令改御史中尉還爲中丞詔魏御府所有珍奇雜綵常所不給人者悉送內後園以供七日宴賜八月詔郡國修立黌序廣延髦俊敦述儒風其國子學生亦依舊銓補往者文襄皇帝所運蔡邕石經五十二枚移置學館依次修立又詔求直言正諫之士待以不次命牧人之官廣勸農桑庚寅詔曰朕以虛薄嗣弘王業思所以贊揚盛績播之萬古雖史官執筆有聞無墜猶恐緒言遺美時或未書在位王公文武大小降及庶人爰至僧徒或親奉音旨或承傳旁說凡可載之文籍悉條封上甲午詔曰魏世議定麟趾格遂爲通制官司施用猶未盡善羣官可更論討新令未成之間仍以舊格從事九月癸丑以領東夷校尉遼東郡開國公高麗王成爲使持節侍中驃騎大將軍領護東夷校尉王公如故丁卯詔以梁侍中使持節假黃鉞都督中外諸軍事大將軍承制邵陵王蕭綸爲梁王庚午幸晉陽是日皇太子入居涼風堂監國冬十月己卯法駕御金輅入晉陽宮朝皇太后於內殿辛巳曲赦并州太原郡晉陽縣及相國府四獄囚乙酉以特進元韶爲尚書左僕射并州刺史段韶爲右僕射壬辰罷相國府留騎兵外兵曹各立一省別掌機密十一月周文帝帥師至陝城分騎北度至建州甲寅梁湘東王蕭繹遣使朝貢景寅帝親戎出次城東周文帝見軍容嚴盛歎曰高歡不死矣遂班師十二月辛丑車駕至自晉陽是歲高麗蠕蠕吐谷渾庫莫奚並遣使朝貢

二年春正月丁未梁湘東王蕭繹遣使朝貢辛亥祀圜丘以神武皇帝配癸亥親耕籍田乙丑享太廟二月壬辰太尉彭樂謀反伏誅三月景午襄城王淯薨己未詔梁承制湘東王繹爲梁使持節假黃鉞相國建梁臺總百揆承制梁王庚申司空司馬子如坐事免是月梁交梁義新四州刺史各以地內附西魏文帝崩夏四月壬辰梁王蕭繹遣使朝貢六月庚午以前司空司馬子如爲太尉秋七月己卯改顯陽殿還爲昭陽殿辛卯改殷州爲趙州以避太子之諱是月侯景廢梁簡文帝立蕭棟爲主九月壬申免諸伎作屯牧雜色役隸之徒爲白戶癸巳行幸趙定二州因至晉陽冬十月戊申起宣光建始嘉福仁壽諸殿庚申蕭繹遣使朝貢丁卯文襄皇帝神主入于廟十一月侯景廢梁主棟僭卽僞位於建鄴自稱曰漢十二月中山王殂是歲蠕蠕室韋高麗並遣使朝貢

三年春正月景申帝親討庫莫奚於代郡大破之以其口配山東爲百姓二月蠕蠕主阿那瓌爲突厥所破瓌自殺其太子菴羅辰及瓌從弟登注俟利登注子庫提並擁衆來奔蠕蠕餘衆立注次子鐵伐爲主辛丑契丹遣使朝貢三月戊子詔清河王岳司徒潘相樂行臺辛術帥師南伐癸巳詔進梁王蕭繹爲梁主夏四月壬申東南道行臺辛術於廣陵送傳國八璽甲申以吏部尚書楊愔爲尚書右僕射六月己亥清河王岳等班師乙卯車駕幸晉陽冬十月乙未次黃櫨嶺仍起長城北至社于戍四百餘里立三十六戍十一月辛巳梁王蕭繹即位於江陵是爲元帝遣使來聘十二月壬子車駕還宮戊午幸晉陽是歲西魏廢帝元年

四年春正月景子山胡圍離石戍帝親討之未至而逃因巡三堆戍大狩而旋戊寅庫莫奚遣使朝貢自魏末用永安錢又有數品皆輕濫己丑鑄新錢文曰常平五銖二月送蠕蠕鐵伐父登注及子庫提還北鐵伐尋爲契丹所殺國人復立登注爲主仍爲其大人阿富提等所殺國人復立庫提爲主夏四月車駕還宮戊午西南有大聲如雷五月庚午校獵於林慮山戊子還宮六月甲辰章武王庫狄干薨秋北巡冀定幽安仍北討契丹冬十月丁酉車駕至平州遂西道趣長塹甲辰帝步踰山嶺爲士卒先指麾奮擊大破契丹是行也帝露頭袒身晝夜不息行千餘里唯食肉飲水氣色彌厲丁巳登碣石山臨滄海十一月己未帝自平州還遂如晉陽閏月壬寅梁人來聘十二月己未突厥復攻蠕蠕蠕蠕舉國來奔癸亥帝北討突厥迎納蠕蠕乃廢其主庫提立阿那瓌子菴羅辰爲主置之馬邑川追突厥於朔方突厥請降許之而還自是貢獻相繼

五年春正月癸丑帝討山胡大破之男子十二已上皆斬女子及幼弱以賞軍士遂平石樓石樓絕險自魏代所不能至於是遠近山胡莫不懾伏是役也有都督戰傷其什長路暉禮不能救帝命刳其五藏使九人分食之肉及穢惡皆盡自是始行威虐是月周文帝廢西魏帝而立齊王廓是爲恭帝三月蠕蠕菴羅辰叛帝親討大破之辰父子北遁太保賀拔仁坐違緩拔其髮免爲庶人使負炭輸晉陽宮夏四月蠕蠕寇肆州丁巳帝自晉陽討之至恒州時虜騎散走大軍已還帝帥麾下二千餘騎爲殿夜宿黃瓜堆蠕蠕別部數萬騎扣鞍而進四面圍逼帝安睡平明方起神色自若指畫軍形潰圍而出虜走追擊之伏尸二十里獲菴羅辰妻子生口三萬餘五月丁亥地豆干契丹並遣使朝貢丁未北討蠕蠕又大破之六月蠕蠕遠遁秋七月戊子肅慎遣使朝貢壬辰降罪人庚戌至自北伐八月庚午以司州牧清河王岳爲太保以安德王軌爲大司馬以扶風王可朱渾道元爲大將軍以司空尉粲爲司徒以太子少師侯莫陳相爲司空以尚書令平陽王淹爲錄尚書事以常山王演爲尚書令以上黨王渙爲尚書右僕射丁丑行幸晉陽辛巳錄尚書事平原王高隆之薨封冀州刺史段韶爲平原王是月詔常山王演上黨王渙清河王岳平原王段韶率衆於洛陽西南築伐惡城新城嚴城河南城四鎮九月帝親自臨幸欲以致西師西師不出乃如晉陽冬十月西魏攻陷江陵殺梁元帝梁將王僧辯在建業推其晉安王蕭方智爲太宰都督中外諸軍事

承制置百官十二月庚申車駕北巡至達速嶺親覽山川險要將起長城是歲西魏恭帝元年

六年春正月壬寅清河王岳度江剋夏首梁司徒郢州刺史陸法和請降詔以梁貞陽侯蕭明爲梁主遣尚書右僕射上黨王渙送之江南二月甲子以陸法和爲使持節都督十州諸軍事太尉大都督西南道大行臺三月景戌上黨王渙剋東關斬梁將裴之横景申車駕至自晉陽封文襄二子孝珩爲廣寧王延宗爲安德王戊戌帝臨昭陽殿決獄是月發寡婦以配軍士築長城夏五月蕭明入于建業六月甲子河東王潘相樂薨壬申帝親討蠕蠕甲戌諸軍大會祁連池乙亥出塞至庫狄谷百餘里無水泉六軍渴乏俄而大雨秋七月己卯帝頓白道留輜重親率輕騎五千追蠕蠕壬午及之懷朔鎮帝躬犯矢石頻大破之遂至沃野壬辰還晉陽九月己卯車駕至自晉陽冬十月梁將陳霸先襲殺王僧辯廢蕭明復立蕭方智爲主辛亥行幸晉陽十一月梁秦州刺史徐嗣徽南豫州刺史任約等襲據石頭城並以州內附壬辰大都督蕭軌帥衆至江遣都督柳達摩等度江鎮石頭己亥太保清河王岳薨柳達摩爲霸先攻逼以石頭降是歲高麗庫莫奚並遣使朝貢詔發夫一百八十萬人築城自幽州北夏口西至恒州九百餘里

七年春正月辛丑封司空侯莫陳相爲白水郡王車駕至自晉陽於鄴城西馬射大集衆庶觀之二月辛未詔常山王演等於涼風堂讀尚書奏案論定得失帝親決之三月丁酉大都督蕭軌等帥衆濟江夏四月乙丑儀同三司婁叡討魯陽蠻大破之丁卯造金華殿五月漢陽王洽薨帝以肉爲斷慈遂不復食六月乙卯蕭軌等與梁師戰於鍾山西遇霖雨失利軌及都督李希光王敬寶東方老軍司裴英起並沒士卒還者十二三乙丑梁湘州刺史王琳獻馴象秋七月乙亥周文帝殂是月發山東寡婦二千六百人配軍士有夫而濫奪者十二三十一月壬子併省州三郡一百五十三縣五百八十九鎮三戍二十六十二月庚子魏恭帝遜位於周是歲庫莫奚契丹遣使朝貢修廣三臺宮殿先是自西河總秦戍築長城東至海前後所築東西凡三千餘里六十里一戍其要害置州鎮凡二十五所

八年春三月大熱人或暍死夏四月庚午詔禁取蝦蟹蜆蛤之類唯許私家捕魚乙酉詔公私禁取鷹鷂以太師咸陽王斛律金爲右丞相以前大將軍扶風王可朱渾道元爲太傅以開府儀同三司賀拔仁爲太保尚書令常山王演爲司空以錄尚書事長廣王湛爲尚書令以尚書右僕射楊愔爲左僕射以并省尚書右僕射崔暹爲左僕射以上黨王渙爲錄尚書事是月帝在城東馬射敕京師士女悉赴觀不赴者罪以軍法七日乃止五月辛酉冀州人劉向於鄴謀逆黨與皆伏誅秋八月己巳庫莫奚遣使朝貢庚辰詔丘郊禘祫時祭皆市取少牢不得刲割有司監視必令豐備農社先蠶酒肉而已雩禖風雨司人司祿靈星雜祀果餅酒脯唯當務盡誠敬義同如在辛巳制権酤自夏至九月河北六州河南十三州畿內八郡大蝗飛至鄴蔽日聲如風雨甲辰詔今年遭蝗處免租冬十月乙亥梁主蕭方智遜位於陳陳武帝遣使稱藩朝貢是歲周閔帝元年周冢宰宇文護殺閔帝而立明帝又改元焉初於長城內築重城自庫洛拔而東至於塢紇戍凡四百餘里

九年春二月丁亥降罪人己丑詔燎野限以仲冬不得他時行火損昆蟲草木三月丁酉車駕至自晉陽夏四月辛巳大赦是月北豫州刺史司馬消難以城叛于周大旱帝以祈雨不降毀西門豹祠掘其冢五月辛丑以尚書令長廣王湛爲錄尚書事以驃騎大將軍平秦王歸彥爲右僕射甲辰以前左僕射楊愔爲尚書令六月乙丑帝自晉陽北巡己巳至祁連池戊寅還晉陽是夏山東大蝗差人夫捕而坑之秋七月辛丑給畿內老人劉奴等九百四十三人版職及杖帽各有差戊申詔趙燕瀛定南營五州及司州廣平清河二郡去年螽澇損田兼春夏少雨苗稼薄者免今年租稅八月乙丑車駕至自晉陽甲戌行幸晉陽先是發丁匠三十餘萬人營三臺於鄴因其舊基而高博之大起宮室及遊豫園至是三臺成改銅爵曰金鳳金武曰聖應冰井曰崇光冬十一月甲午車駕至自晉陽登三臺御乾象殿朝宴羣臣以新宮成丁酉大赦內外文武官並進一大階丁巳梁湘州刺史王琳遣使請立蕭莊爲梁主仍以江州內屬令莊居之十二月癸酉詔以梁王蕭莊爲梁主進居九派戊寅以太傅可朱渾道元爲太師以司徒尉粲爲太尉以冀州刺史段韶爲司空以錄尚書事常山王演爲大司馬以錄尚書事長廣王湛爲司徒起大莊嚴寺是歲殺永安王浚上黨王渙

十年春正月戊戌以司空侯莫陳相爲大將軍辛丑太尉長樂郡公尉粲肆州刺史濮陽公婁仲遠並進爵爲王甲寅行幸遼陽甘露寺二月丙戌帝於甘露寺禪居深觀唯軍國大政奏聞三月戊戌以侍中高德正爲尚書右僕射景辰車駕至自遼陽是月梁主蕭莊至郢州遣使朝貢夏閏四月丁酉以司州牧彭城王浟爲兼司空以侍中高陽王湜爲尚書左僕射乙巳以兼司空彭城王浟爲兼太尉攝司空事封皇子紹廉爲長樂王五月癸未誅始平公元世東平公元景式等二十五家禁止特進元韶等十九家尋並誅之男子無少長皆斬所殺三千人並投漳水六月陳武帝殂秋八月戊戌封皇子紹義爲廣陽王以尚書右僕射河間王孝琬爲左僕射癸卯詔諸軍人或有父祖改姓冒入元氏或假託攜認妄稱姓元者不問世數遠近悉聽改復本姓是月殺左僕射高德正九月己巳行幸晉陽冬十月甲午帝暴崩於晉陽宮德陽堂時年三十一遺詔凶事一從儉約喪月之斷限以三十六日嗣子百寮內外遐邇奉制割情悉從公除癸卯發喪斂於宣德殿十一月辛未梓宮還鄴十二月乙酉殯於太極前殿乾明元年二月丙申葬於武寧陵謚曰文宣帝廟號顯祖帝沉敏有遠量外若不遠內鑒甚明文襄年長英秀神武特所愛重百僚承風莫不震懼而帝善自晦迹言不出口恒自貶退言咸順從故深見輕雖家人亦以爲不及文襄嗣業帝以次長見猜嫌帝后李氏色美每預宴會容貌遠過靖德皇后文襄彌不平焉帝每爲后私營服翫小佳文襄卽令逼取后恚有時未與帝笑曰此物猶應可求兄須何容恡文襄或愧而不取便恭受亦無飾讓每退朝還第輒閉閤靜坐雖對妻子能竟日不言或袒跣奔躍后問其故對曰爲爾漫戲此蓋習勞而不肯言也所寢至夜曾有光巨細可察后驚告帝帝曰慎勿妄言自此唯與后寢侍御皆令出外文襄崩祕不發喪其後漸露魏帝竊謂左右曰大將軍此殂似是天意威權當歸王室矣及帝將赴晉陽親入辭謁於昭陽殿從者千人居前持劒者十餘輩帝在殿下數十步立而衞士升階已二百許人皆攘袂扣刃若對嚴敵帝令主者傳奏須詣晉陽言訖再拜而出魏帝失色目送帝曰此人似不能見容吾不知死在何日及至并州慰諭將士措辭款實衆皆欣然曰誰謂左僕射翻不減令公令公卽指文襄也時訛言上黨出聖人帝聞之將徙一郡而郡人張思進上言殿下生於南宮坊名上黨卽是上黨出聖人帝悅而止先是童謠曰一束藁兩頭然河邊羖攊飛上天藁然兩頭於文爲高河邊羖攊爲水邊羊指帝名也於是徐之才盛陳宜受禪帝曰先父亡兄功德如此尚終北面吾又何敢當之才曰正爲不及父兄須早升九五如其不作人將生心且讖云羊飲盟津角拄天盟津水也羊飲水王名也角拄天大位也又陽平郡界回星驛傍有大水土人常見羣羊數百立臥其中就視不見事與讖合願王勿疑帝以問高德正德正又贊成之於是始決乃使李密卜之遇大横曰大吉漢文帝之封也帝乃鑄象以卜之一寫而成使段韶問斛律金於肆州金來朝深言不可以鎧曹宗景業首陳符命請殺之乃議於太后前太后謂諸貴曰我兒獰直必自無此意直高德正樂禍教之耳帝意決乃整兵而東使高德正之鄴諷喻公卿莫有應者司馬子如逆帝於遼陽固言未可杜弼亦抱馬諫帝欲還尚食丞李集曰此行事非小而言還帝僞言使向東門殺之而別令賜絹十疋四月夜禾生於魏帝銅研旦長數寸有穗五月帝復東赴鄴令左右日異言者斬是月光州獻九尾狐帝至鄴城南召入并齋板築旦高隆之進謁曰用此何爲帝作色曰我自事若欲族滅耶隆之謝而退於是乃作圓丘備法物草禪讓事及登極之後神明轉茂外柔內剛果於斷割人莫能窺又特明吏事留心政術簡靖寬和坦於任使故楊愔等得盡於匡贊朝政粲然兼以法馭下不避權貴或有違犯不容勳戚內外莫不肅然至於軍國機策獨決懷抱規謀宏遠有人君大略又以三方鼎峙繕甲練兵左右宿衞置百保軍士每臨行陣親當矢石鋒刃交接唯恐前敵不多屢犯艱厄常致剋捷嘗追及蠕蠕令都督高阿那肱率騎數千塞其走道時虜軍猶盛五萬餘人肱以兵少請益帝更減其半那肱奮擊遂大破之虜主踰越巖谷僅以身免都督高元海王師羅並無武藝先稱怯弱一旦交鋒有踰驍壯嘗於東山游宴以關隴未平投盃震怒召魏收於前立爲詔書宣示遠近將事西行是歲周文帝殂西人震恐常爲度隴之計既征伐四剋威振戎夏六七年後以功業自矜遂留情躭湎肆行淫暴或躬自鼓舞歌謳不息從旦通宵以夜繼晝或袒露形體塗傅粉黛散髮胡服雜衣錦綵拔刀張弓游行市肆勳戚之第朝夕臨幸時乘鹿車白象駱駝牛驢並不施鞍勒或盛暑炎赫日中暴身隆冬酷寒去衣馳走從者不堪帝居之自若街坐巷宿處處游行多使劉桃枝崔季舒負之而行或擔胡鼓而拍之親戚貴臣左右近習侍從錯雜無復差等徵集淫嫗悉去衣裳分付從官朝夕臨視或聚棘爲馬紐草爲索逼遣乘騎牽引來去流血灑地以爲娛樂凡諸殺害多令支解或焚之於火或投之於河沉酗既久彌以狂惑每至將醉輒

拔劒挂手或張弓傅矢或執持牟槊游行市鄽問婦人曰天子何如答曰顛顛癡癡何成天子帝乃殺之或馳騁衢路散擲錢物恣人拾取爭競諠譁方以爲喜太后嘗在北宮坐一小榻帝時已醉手自舉牀后便墜落頗有傷損醒悟之後大懷慙恨遂令多聚柴火將入其中太后驚懼親自持挽又設地席令平秦王高歸彥執杖口自責疏脫背就罰敕歸彥杖不出血當即斬汝太后涕泣前自抱之帝流涕苦請不肯受於太后太后聽許力搭背杖笞腳五十莫不至到衣冠拜謝悲不自勝因此戒酒一旬還復如初自是躭湎轉劇遂幸李后家以鳴鏑射后母崔正中其頰因罵曰吾醉時尚不識太后老婢何事馬鞭亂打一百有餘三臺構木高二十七丈兩棟相距二百餘尺工匠危怯皆繫繩自防帝登脊疾走都無怖畏時復雅儛折旋中節傍人見者莫不寒心又召死囚以席爲翅從臺飛下免其罪戮果敢不慮者盡皆獲全疑怯猶豫者或致損跌沉酗既久轉虧本性怒大司農穆子容使之脫衣而伏親射之不中以橛貫其下竅入腸雖以楊愔爲宰輔使進廁籌以其體肥呼爲楊大肚馬鞭鞭其背流血浹袍以刀子剺其腹崔季舒託俳言曰老小公子惡戲因掣刀子而去之又置愔於棺中載以轜車幾下釘者數四曾至彭城王浟宅謂其母尒朱曰憶汝辱我母壻時向何由可耐手自刃殺又至故僕射崔暹第謂暹妻李曰頗憶暹不李曰結髮義深實懷追憶帝曰若憶時自往看也親自斬之棄頭牆外嘗在晉陽以矟戲刺都督尉子耀應手而死在三臺太光殿上鋸殺都督穆嵩又幸開府暴顯家有都督韓哲無罪忽衆中召斬之數段魏安樂王元昂后之姊壻其妻有色帝數幸之欲納爲昭儀召昂令伏以鳴鏑射一百餘下凝血垂將一石竟至於死後帝自往弔哭於喪次逼擁其妻仍令從官脫衣助襚兼錢綵號爲信物一日所得將踰巨萬后啼不食乞讓位於姊太后又爲言帝意乃釋所幸薛嬪甚被寵愛忽意其輕與高岳私通無故斬首藏之於懷於東山宴勸酬始合忽探出頭投於柈上支解其屍弄其髀爲琵琶一座驚怖莫不喪膽帝方收取對之流淚云佳人難再得甚可惜也載屍以出被髮步哭而隨之至有閭巷庸猥人無識知者忽令召斬鄴下繫徒罪至大辟簡取隨駕號爲供御囚手自刃殺持以爲戲凡所屠害動多支解或投之烈火或棄之漳流兼以外築長城內營臺殿賞費過度天下騷然內外憯憯各懷怨毒而素嚴斷臨下加之默識強記百寮戰慄不敢爲非曾有典御丞李集面諫比帝有甚於桀紂帝令縛置流中沉沒久之復令引出謂曰吾何如桀紂集曰回來彌不及矣帝又令沈之引出更問如此數四集對如初帝大笑曰天下有如此癡漢方知龍逢比干非是俊物遂解放之又被引入見似有所諫帝令將出要斬其或斬或赦莫能測焉初帝登阼改年爲天保士有深識者曰天保之字爲一大人只十帝其不過十乎又先是謠云馬子入石室三千六百日帝以午年生故曰馬子三臺石季龍舊居故曰石室三千六百日十年也又帝曾問太山道士曰吾得幾年爲天子答曰得三十年道士出後帝謂李后曰十年十月十日得非三十也吾甚畏之過此無慮人生有死何得致惜但憐正道尚幼人將奪之耳帝及期而崩濟南竟不終位時以爲知命曾幸晉陽夜宿杻門嶺嶺有數株栢樹皆將千年枝葉嫩茂似有神物所託時帝已被酒向嶺瞋罵射中一株未幾立枯而死又出言屢中時人故謂之神靈雖爲狷獗不專云昏暴末年遂不能進食唯數飲酒麴糵成災因而致斃先是霍州發楚夷王女冢尸如生焉得珠襦玉匣帝珍之還以斂焉如祖珽以險薄多過帝數罪之每謂爲老賊及武成時珽被任遇乃說武成曰文宣甚暴何得稱文既非創業何得稱祖若宣帝爲祖陛下萬歲後將何以稱武成溺於珽說天統初有詔改謚景烈廟號威宗武平初趙彥深執政又奏復帝本謚廟號顯祖云

廢帝殷字正道小名道人文宣帝之長子也母曰李皇后天保元年立爲皇太子時年六歲性敏慧初學反語於跡字下注云自反時侍者未達其故太子曰跡字足傍亦爲跡豈非自反邪嘗宴北宮獨令河間王勿入左右問其故太子曰世宗遇賊處河間王復何宜在此文宣每言太子得漢家性質不似我欲廢之立太原王初詔國子博士李寶鼎傅之寶鼎卒復詔國子博士邢峙侍講太子雖富於春秋而温裕開朗有人君之度貫綜經業省覽時政甚有美名七年冬文宣召朝臣文學者及禮學官於宮宴會令以經義相質親身臨聽太子手筆措問在坐莫不歎美九年文宣在晉陽太子監國集諸儒講孝經令楊愔傳旨謂國子助教許散愁曰先生在世何以自資對曰散愁自少以來不登孌童之牀不入季女之室服膺簡策不知老之將至平生素懷若斯而已太子曰顏子縮屋稱貞柳下嫗而不亂未若此翁白首不娶者也乃賚絹百疋後文宣登金鳳臺召太子使手刃囚太子惻然有難色再三不斷其首文宣怒親以馬鞭撞太子三下由是氣悸語吃精神時復昏擾十年十月文宣崩癸卯太子卽帝位於晉陽宣德殿大赦內外百官普加汎級亡官失爵聽復資品庚戌尊皇太后爲太皇太后皇后爲皇太后詔九州軍人七十已上授以板職武官年六十已上及癃病不堪驅使者並皆放免土木營造金銅鐵諸雜作工一切停罷十一月乙卯以右丞相咸陽王斛律金爲左丞相以錄尚書事常山王演爲太傅以司徒長廣王湛爲太尉以司空段韶爲司徒以平陽王淹爲司空高陽王湜爲尚書左僕射河間王孝琬爲司州牧侍中燕子獻爲右僕射戊午分命使者巡省四方求政得失省察風俗問人疾苦十二月戊戌改封上黨王紹仁爲漁陽王廣陽王紹義爲范陽王長樂王紹廣爲隴西王是歲周武成元年

乾明元年春正月癸丑朔改元己未詔寬徭賦癸亥高陽王湜薨是月車駕至自晉陽己亥以太傅常山王演爲太師錄尚書事以太尉長廣王湛爲大司馬并省錄尚書事以尚書左僕射平秦王歸彥爲司空趙郡王叡爲尚書左僕射詔諸元良口配沒宮內及賜人者並放免甲辰帝幸芳林園親錄囚徒死罪已下降免各有差乙巳太師常山王演矯詔誅尚書令楊愔尚書右僕射燕子獻領軍大將軍可朱渾天和侍中宋欽道散騎常侍鄭子默戊申以常山王演爲大丞相都督中外諸軍錄尚書事以大司馬長廣王湛爲太傅京畿大都督以司徒段韶爲大將軍以前司空平陽王淹爲太尉以司空平秦王歸彥爲司徒彭城王浟爲尚書令又以高麗王世子湯爲使持節領東夷校尉遼東郡公高麗王是月王琳爲陳所敗蕭莊自拔至和州三月甲寅詔軍國事皆申晉陽稟大丞相常山王規葬壬申封文襄第二子孝珩爲廣寧王第三子長恭爲蘭陵王夏四月癸亥詔河南定冀趙瀛滄南膠光南青九州往因螽水頗傷時稼遣使分塗贍恤是月周明帝崩五月壬子以開府儀同三司劉洪徽爲尚書右僕射秋八月壬午太皇太后令廢帝爲濟南王全食一郡以大丞相常山王演入纂大統是日王居別宮皇建二年九月殂於晉陽時年十七帝聰慧夙成寬厚仁智天保間雅有令名及承大位楊愔燕子獻宋欽道等同輔以常山王地親望重內外畏服加以文宣初崩之日太后本欲立之故愔等並懷猜忌常山王憂悵乃白太后誅其黨時平秦王歸彥亦預謀焉皇建二年秋天文告變歸彥慮有後害仍白孝昭以王當咎乃遣歸彥馳驛至晉陽害之王薨後孝昭不豫見文宣爲祟孝昭深惡之厭勝術備設而無益也薨三旬而孝昭崩大寧二年葬於武寧之西北謚閔悼王初文宣命邢邵制帝名殷字正道從而尤之殷家弟及正字一止吾身後兒不得也邵懼請改焉文宣不許曰天也因謂昭帝曰奪時但奪慎勿殺也

孝昭皇帝演字延安神武皇帝第六子文宣皇帝之母弟也幼而英峙早有大成之量武明皇太后早所愛重魏元象元年封常山郡公及文襄執政遣中書侍郎李同軌就霸府爲諸弟師帝所覽文籍源其指歸而不好辭彩每歎云雖盟津之師左驂震而不衄以爲能遂篤志讀漢書至李陵傳恒壯其所爲焉聰敏過人所與游處一知其家諱終身未嘗誤犯同軌病卒又命開府長流參軍刁柔代之性嚴褊不適誘訓之宜中被遣出帝送出閤慘然斂容淚數行下左右莫不歔欷其敬業重舊如此天保初進爵爲王五年除并省尚書令帝善斷割長思理省內畏服七年從文宣還鄴文宣以尚書奏事多有異同令帝與朝臣先論定得失然後敷奏帝長於政術剖斷咸盡其理文宣歎重之八年轉司空錄尚書事九年除大司馬仍錄尚書事時文宣溺於游宴帝憂憤表於神色文宣覺之謂帝曰但令汝在我何爲不縱樂帝唯啼泣拜伏竟無所言文宣亦大悲抵盃於地曰汝似嫌我自今敢進酒者斬之因取所御盃盡皆壞棄後益沉湎或入諸貴戚家角力批拉不限貴賤唯常山王至內外肅然帝又密撰事條將諫其友王晞以爲不可帝不從因間極言遂逢大怒順成后本魏朝宗室文宣欲帝離之陰爲帝廣求淑媛望移其寵帝雖承旨有納而情義彌重帝性頗嚴尚書郎中剖斷有失輒加捶楚令史姦慝便卽考竟文宣乃立帝於前以刀環擬脅召被立罰者臨以白刃求帝之短咸無所陳方見解釋自是不許笞箠郎中後賜帝魏時宮人醒而忘之謂帝擅取遂令刀環亂築因此致困皇太后日夜啼泣文宣不知所爲先是禁友王晞乃捨之令侍帝帝月餘漸瘳不敢復諫及文宣崩帝居禁中護喪事幼主卽位乃卽朝班除太傅錄尚書事朝政皆決於帝月餘乃居藩邸自是詔敕多不關帝客或言於帝曰鷙鳥捨巢必有探卵之患今日之地何宜屢出乾明元年從廢帝赴鄴居於領軍府時楊愔燕子獻可朱渾天和宋欽道鄭子默等以帝威望既重內懼權逼請以帝爲太師司州牧錄尚書事長廣王湛爲大司馬錄并省尚書事解京畿

大都督帝既以尊親而見猜斥乃與長廣王期獵謀之於野三月甲戌帝初上省旦發領軍府大風暴起壞所御車幔帝甚惡之及至省朝士咸集坐定酒數行於坐執尚書令楊愔右僕射燕子獻領軍可朱渾天和侍中宋欽道等於坐帝戎服與平原王段韶平秦王高歸彥領軍劉洪徽入自雲龍門於中書省前遇散騎常侍鄭子默又執之同斬於御府之內帝至東閤門都督成休寧抽刃呵帝帝令高歸彥喻之休寧厲聲大呼不從歸彥既為領軍素為兵士所服悉皆弛仗休寧方歎息而罷帝入至昭陽殿幼主太皇太后皇太后竝出臨御坐帝奏愔等罪求伏專擅之辜時庭中及兩廊下衞士二千餘人皆被甲待詔武衞娥永樂武力絕倫又被文宣重遇撫刃思效廢帝吃訥兼倉卒不知所言太皇太后又為皇太后誓言帝無異志唯云遇而已高歸彥敕勞衞士戒嚴永樂乃內刀而泣帝乃令歸彥引侍衞之士向華林園以京畿軍入守門閤斬娥永樂於園詔以帝為大丞相都督中外諸軍錄尚書事相府佐史進位一等帝尋如晉陽有詔軍國大政咸諮決焉帝既當大位知無不為擇其令典考綜名實廢帝恭己以聽政太皇太后尋下令廢少主命帝統大業

皇建元年八月壬午皇帝即位於晉陽宣德殿大赦改乾明元年為皇建詔奉太皇太后還稱皇太后皇太后稱文宣皇后宮曰昭信乙酉詔自太祖創業已來諸有佐命功臣子孫絕滅國統不傳者有司搜訪近親以名聞當量為立後諸郡國老人各授板職賜黃帽鳩杖又詔謇正之士竝聽進見陳事軍人戰亡死王事者以時申聞當加榮贈督將朝士名望素高位歷通顯天保以來未蒙追贈者亦皆錄奏又以廷尉中丞執法所在繩違案罪不得僻文弄法其官奴婢年六十已上免為庶人戊子以太傅長廣王湛為右丞相以太尉平陽王淹為太傅以尚書令彭城王浟為大司馬壬辰詔分遣大使巡省四方觀察風俗問人疾苦考求得失搜訪賢良甲午詔曰昔武王剋殷先封往代兩漢魏晉無廢茲典及元氏統歷不率舊章朕纂承大業思弘古典但二王三恪舊說不同可議定是非列名條奏其禮儀體式亦仰議之又詔國子寺可備立官屬依舊置生講習經典歲時考試其文襄帝所運石經宜即施列於學館外州大學亦仰典司勤加督課景申詔九州勳人有重封者聽分授子弟以廣骨肉之恩九月壬申詔議定三祖樂冬十一月辛亥立妃元氏為皇后世子百年為皇太子

賜天下為父後者爵一級癸丑有司奏太祖獻武皇帝廟宜奏武德之樂舞昭烈之舞太宗文襄皇帝廟宜奏文德之樂舞宣政之舞高祖文宣皇帝廟宜奏文正之樂舞光大之舞詔曰可庚申詔以故太師尉景故太師竇泰故太師太原王婁昭故太宰章武王庫狄干故太尉段榮故太師万俟普故司徒蔡儁故太師高乾故司徒莫多婁貸文故太保劉貴故太保封祖裔故廣州刺史王懷十二人配饗太祖廟庭故太師清河王岳故太宰安德王韓軌故太宰扶風王可朱渾道元故太師高昂故大司馬劉豐故太師万俟受洛于故太尉慕容紹宗十一人配饗世宗廟庭故太尉河東王潘相樂故司空薛修義故太傅破六韓常三人配饗高祖廟庭是月帝親戎北討庫莫奚出長城虜奔遁分兵致討大獲牛馬括總入晉陽宮十二月景午車駕至晉陽

二年春正月辛亥祀圓丘壬子禘於太廟癸丑詔降罪人各有差二月丁丑詔內外執事之官從五品已上及三府主簿錄事參軍諸王文學侍御史廷尉三官尚書郎中中書舍人每二年之內各舉一人冬十月景子以尚書令彭城王浟為太保長樂王尉粲為太尉己酉野雉栖于前殿之庭十一月甲辰詔曰朕嬰此暴疾奄忽無逮今嗣子沖眇未閑政術社稷業重理歸上德右丞相長廣王湛研機測化體道居宗人雄之望海內瞻仰同胞共氣家國所憑可遣尚書左僕射趙郡王叡喻旨徵王統茲大寶其喪紀之禮一同漢文三十六日悉從公除山陵施用務從儉約先是帝不豫而無闕聽覽是日崩於晉陽宮時年二十七大寧元年閏十二月癸卯梓宮還鄴上諡曰孝昭皇帝庚午葬於文靜陵帝聰敏有識度深沉能斷不可窺測身長八尺腰帶十圍儀望風表迥然獨秀自居臺省留心政術閑明簿領吏所不逮及正位宸居彌所克勵輕徭薄賦勤恤人隱內無私寵外收人物雖后父位亦特進無別日昃臨朝務知人之善惡每訪問左右冀獲直言曾問舍人裴澤在外議論得失澤率爾對曰陛下聰明至公自可遠侔古昔而有識之士咸言傷細帝王之度頗為未弘帝笑曰誠如卿言朕初臨萬機慮不周悉故致爾耳此事安可久行恐後又嫌疎漏澤因被寵遇其樂聞過也如此趙郡王叡與庫狄顯安侍坐帝曰須拔我同堂弟顯安我親姑子今序家人禮除君臣之敬可言我之不逮顯安曰陛下多妄言曰若何對曰陛下昔見文宣以馬鞭撻人常以為非而今行之非妄言邪帝握其手謝之又使直言

對曰陛下太細天子乃更似吏帝曰朕甚知之然無法來久將整之以至無為耳又問王晞晞答如顯安皆從容受納性至孝太后不豫出居南宮帝行不正履容色貶悴衣不解帶殆將四旬殿去南宮五百餘步雞鳴而去辰時方還來去徒行不乘輿輦太后所苦小增便即寢伏閤外食飲藥物盡皆躬親太后嘗心痛不自堪忍帝立侍帷前以爪掐手心血流出袖友愛諸弟無君臣之隔雄勇有謀于時國富兵强將雪神武遺恨意在頓駕平陽為進取之策遠圖不遂惜哉初帝與濟南約不相害及輿駕在晉陽武成鎮鄴望氣者云鄴城有天子氣帝恐濟南復興乃密行鴆毒濟南不從乃扼而殺之後頗愧悔初苦內熱頻進湯散時有尚書令史姓趙於鄴見文宣從楊愔燕子獻等西行言相與復讐帝在晉陽宮與毛夫人亦見焉遂漸危篤備禳厭之事或煮油四灑或持炬燒逐諸厲方出殿梁山騎棟上歌呼自若了無懼容時有天狗下乃於其所講武以厭之有兔驚馬帝墜而絕肋太后視疾問濟南所在者三帝不對太后怒曰殺去邪不用吾言死其宜矣臨終之際唯扶服牀枕叩頭求哀遣使詔追長廣王入纂大統又手書云宜將吾妻子置一好處勿學前人也

論曰神武平定四方威權在己遷鄴之後雖主祭有人號令所加政皆自出文宣因循鴻業內外叶從自朝及野羣心屬望東魏之地舉國樂推曾未期月遂登宸極始則存心政事風化肅然數年之間朝野安乂其後縱酒肆欲事極猖狂昏邪殘暴近代未有饗國不永實由斯疾濟南繼業大革其弊風教粲然搢紳稱幸股肱輔弼雖懷厥誠既不能贊弘道德和睦親懿又不能遠慮防身深謀衞主應斷不斷自取其災臣既誅夷君尋廢辱皆任非其器之所致爾孝昭早居臺閣故事通明人吏之間無所不委文宣崩後大革前弊及臨尊極留心更深時人服其明而譏其細也情好稽古率由禮度將封先代之胤且敦學校之風徵召才賢文武畢集于時周氏朝政移於宰臣主將相猜不無危殆乃睠關右實懷兼并之志經謀宏曠諒近代之明主而降年不永其故何哉豈幽顯之塗別有復報將齊之基宇止在於斯帝欲大之天不許也

北史卷七考證

顯祖文宣皇帝紀乙卯以尚書令平原王封隆之為錄尚書事○齊書無封字

乙酉以特進元韶為尚書左僕射并州刺史段韶為右僕射○韶監本訛紹殆承上元紹而訛也今改從本傳

夏四月壬申東南道行臺辛術於廣陵送傳國八璽○齊書無八字

帝露頭袒身晝夜不息行千餘里○身齊書作膞

東西凡三千餘里六十里一戍○六一本作率

帝以祈雨不降毀西門豹祠掘其冢○降一本作應

以功業自矜遂留情躭湎○躭齊書作沉

廢帝紀廢帝殷○監本連書于文宣紀廟號顯祖下與前後例不畫一今改正

文宣怒親以馬鞭撞太子三下○撞監本訛揰今改從南本

乃遣歸彥馳驛至晉陽害之○驛當作馹今各本俱仍之

孝昭皇帝紀名被立罰者臨以白刃求帝之短○立齊書作帝

有司搜訪近親以名聞當量為立後○立監本訛主今改從齊書

故司徒蔡儁○儁監本誤携今改從本傳

十二人配饗太祖廟庭○二監本訛三今從南本改正

十一人配饗世宗廟庭○以上文計之止七人但各本○俱同姑仍其舊

太后怒曰殺去邪○去齊書作之

北史卷八

唐　李　延　壽　撰

齊本紀下第八

世祖武成皇帝諱湛神武皇帝第九子孝昭皇帝之母弟也儀表瓌傑神武尤所鍾愛神武方招懷荒遠乃為帝娉蠕蠕太子菴羅辰女號隣和公主帝時年八歲冠服端嚴神情閑遠華戎歎異元象中封長廣郡公天保初進爵為王拜尚書令尋兼司徒遷太尉乾明初楊愔等密相疎忌以帝為大司馬領并州刺史帝既與孝昭謀誅諸執政遷太傅錄尚書事領京畿大都督皇建初

進位右丞相孝昭幸晉陽帝以懿親居守鄴政事咸見委託二年孝昭崩遺詔徵帝入統大位及晉陽宮發喪於崇德殿皇太后令所司宣遺詔左丞相斛律金率百寮敦勸三奏乃許之

大寧元年冬十一月癸丑皇帝卽位於南宮大赦改皇建二年爲大寧乙卯以司徒平秦王歸彥爲太傅以尚書右僕射趙郡王叡爲尚書令以太尉尉粲爲太保以尚書令段韶爲大司馬以豐州刺史婁叡爲司空以太傅平陽王淹爲太宰以太保彭城王浟爲太師錄尚書事以冀州刺史博陵王濟爲太尉以中書監任城王湝爲尚書左僕射以并州刺史斛律光爲右僕射封孝昭皇帝太子百年爲樂陵郡王庚申詔大使巡行天下求政善惡問人疾苦擢進賢良是歲周武帝保定元年

河淸元年春正月乙亥車駕至自晉陽辛巳祀南郊壬午享太廟景戌立妃胡氏爲皇后子緯爲皇太子戊子大赦內外百官普加汎級諸爲父後者賜爵一級己亥以前定州刺史馮翊王潤爲尚書左僕射詔普斷屠殺以順春令二月丁未以太宰平陽王淹爲靑州刺史太傅領司徒以領軍大將軍宗師平秦王歸彥爲太宰冀州刺史乙卯以兼尚書令任城王湝爲司徒詔散騎常侍崔瞻聘于陳夏四月辛丑皇太后婁氏崩乙巳靑州刺史上言今月庚寅河濟淸以河濟淸改太寧二年爲河淸降罪人各有差五月甲申祔葬武明皇后於義平陵己丑以尚書右僕射斛律光爲尚書令秋七月太宰冀州刺史平秦王歸彥據州反詔大司馬段韶司空婁叡討禽之乙未斬歸彥幷其三子及黨與二十人於都市丁酉以大司馬段韶爲太傅以司空婁叡爲司徒以太傅平陽王淹爲太宰以尚書令斛律光爲司空以太子太傅趙郡王叡爲尚書令中書監河間王孝琬爲尚書左僕射癸亥行幸晉陽陳人來聘冬十一月丁丑詔兼散騎常侍封孝琰使於陳十二月景辰車駕至自晉陽是歲殺太原王紹德

二年春正月乙亥帝詔臨朝堂策試秀孝以太子少傅魏收爲兼尚書右僕射己卯兼右僕射魏收以阿縱除名丁丑以武明皇后配祭北郊辛卯帝臨都亭錄見囚降在京罪人各有差三月己丑詔司空斛律光督五營軍士築成於軹關壬申室韋國遣使朝貢景戌以兼尚書右僕射趙彥深爲左僕射夏四月并汾晉東雍南汾五州蟲旱傷稼遣使賑恤戊午陳人來聘五月壬午詔以城南雙堂之苑迴造大總持寺六月乙巳齊州上言濟河水口見八龍升天乙卯詔兼散騎常侍崔子武使于陳庚申司州牧河南王孝瑜薨秋八月辛丑詔以三臺宮爲大興聖寺冬十二月癸巳陳人來聘己酉周將楊忠帥突厥阿史那木可汗等一十餘萬人自恒州分爲三道殺掠吏人是時大雨雪連月南北千餘里平地數尺霜晝下雨血於太原戊午帝至晉陽己未周軍逼并州又遣大將達奚武帥衆數萬至東雍及晉州與突厥相應是歲室韋庫莫奚靺鞨契丹並遣使朝貢

三年春正月庚申朔周軍至城下而陳戰於城西周軍及突厥大敗人畜死者相枕數百里不絕詔平原王段韶追出塞而還三月辛酉以律令班下大赦己巳盜殺太師彭城王浟庚辰以司空斛律光爲司徒以侍中武興王普爲尚書左僕射甲申以尚書令馮翊王潤爲司空夏四月辛卯詔兼散騎常侍皇甫亮使於陳五月甲子帝至自晉陽壬午以尚書令趙郡王叡爲錄尚書事以前司徒婁叡爲太尉甲申以太傅段韶爲太師丁亥以太尉任城王湝爲大將軍壬辰行幸晉陽六月庚子大雨晝夜不息至甲辰乃止是月晉陽訛言有鬼兵百姓競擊銅鐵以捍之殺樂陵王百年歸宇文媼于周秋九月乙丑封皇子綽爲南陽王儼爲東平王是月歸閻媼于周陳人來聘突厥寇幽州入長城虜掠而還閏月乙未詔遣十二使巡行水潦州免其租調乙巳突厥寇幽州周軍三道並出使其將尉迥寇洛陽楊檦入軹關權景宣趣懸瓠冬十一月甲午迥等圍洛陽戊戌詔兼散騎常侍劉逖使於陳甲辰太尉婁叡大破周軍於軹關禽楊檦十二月乙卯豫州刺史王士良以城降周將權景宣丁巳帝自晉陽南討己未太宰平陽王淹薨壬戌太師段韶大破尉迥等解洛陽圍丁卯帝至洛陽免洛州經周軍處一年租賦赦州城內死罪已下囚己巳以太師段韶爲太宰以司徒斛律光爲太尉并州刺史蘭陵王長恭爲尚書令壬申帝至武牢經滑臺次於黎陽所經減降罪人景子車駕至自洛陽是歲高麗靺鞨新羅並遣使朝貢山東大水飢死者不可勝計詔發賑給事竟不行

四年春正月癸卯以大將軍任城王湝爲大司馬辛未幸晉陽二月甲寅詔以新羅國王金眞興爲使持節東夷校尉樂浪郡公新羅王壬申以年穀不登禁酤酒己卯詔減百官食禀各有差三月戊子詔給西兗梁滄趙州司州之東郡陽平淸河武都冀州之長樂勃海遭水潦之處貧下戶粟各有差家別斗升而已又多不付是月彗星見有物隕於殿廷如赤漆鼓帶小鈴殿上石自起兩兩相對又有神見於後園萬壽堂前山穴中其體壯大不辨其面兩齒絕白長出於脣帝直宿嬪御已下七百人咸見焉帝又夢之夏四月戊午大將軍東安王婁叡坐事免乙亥陳人來聘太史奏天文有變其占當有易主景子乃使太宰段韶兼太尉持節奉皇帝璽綬傳位於皇太子大赦改元爲天統元年百官進級降罪各有差又詔皇太子妃斛律氏爲皇后於是羣公上尊號爲太上皇帝軍國大事咸以奏聞始將傳政使內參乘子尚乘驛送詔書於鄴子尚出晉陽城見人騎隨後忽失之尚未至鄴而其言已布矣天統四年十二月辛未太上皇帝崩於鄴宮乾壽堂時年三十二諡曰武成皇帝廟號世祖五年二月甲申葬於永平陵

後主諱緯字仁綱武成皇帝之長子也母曰胡皇后夢於海上坐玉盆日入裙下遂有娠天保七年五月五日生帝於并州邸帝少美容儀武成特所愛寵拜世子及武成入纂大業大寧二年正月景戌立爲皇太子河淸四年武成禪位於帝

天統元年夏四月景子皇帝卽位於晉陽宮大赦改河淸四年爲天統丁丑以太保賀拔仁爲太師太尉侯莫陳相爲太保司空馮翊王潤爲司徒錄尚書事趙郡王叡爲司空尚書左僕射河間王孝琬爲尚書令戊寅以瀛州刺史尉粲爲太尉斛律光爲大將軍東安王婁叡爲太尉尚書右僕射趙彥深爲左僕射六月壬戌彗星出文昌東北其大如手後稍長乃至丈餘百日乃滅己巳太上皇帝詔兼散騎常侍王季高使於陳秋七月乙未太上皇帝詔增置都水使者一人冬十一月癸未太上皇帝至自晉陽己丑太上皇帝詔改太祖獻武皇帝爲神武皇帝廟號高祖獻明皇后爲武明皇后其文宣諡號委有司議定十二月庚戌太上皇帝狩於北郊壬子狩於南郊乙卯狩於西郊壬戌太上皇帝幸晉陽丁卯帝至自晉陽庚午有司奏改高祖文宣皇帝爲威宗景烈皇帝是歲高麗契丹靺鞨並遣使朝貢河南大疫

二年春正月辛卯祀圓丘癸巳祫祭於太廟詔降罪人各有差景申以吏部尚書尉瑾爲尚書右僕射庚子行幸晉陽二月庚戌太上皇帝至自晉陽壬子陳人來聘三月乙巳太上皇帝詔以三臺施興聖寺以旱故降禁囚夏四月陳文帝殂五月乙酉以兼尚書左僕射武興王普爲尚書令己亥封太上皇帝子儼爲東平王仁弘爲齊安王仁固爲北平王仁英爲高平王仁光爲淮南王六月太上皇帝詔兼散騎常侍韋道儒聘於陳秋八月太上皇帝幸晉陽冬十月乙卯以太保侯莫陳相爲太傅大司馬任城王湝爲太保太尉婁叡爲大司馬徙馮翊王潤爲太尉開府儀同三司韓祖念爲司徒十一月大雨雪盜竊太廟御服十二月乙丑陳人來聘是歲殺河間王孝琬突厥靺鞨國並遣使朝貢於周爲天和元年

三年春正月壬辰太上皇帝至自晉陽乙未大雪平地二尺戊戌太上皇帝詔京官執事散官三品已上舉三人五品已上各舉二人稱事七品已上及殿中侍御史尚書都檢校御史主書及門下錄事各舉一人鄴宮九龍殿災延燒西廊二月壬寅朔帝加元服大赦九州職人各進四級內外百官普進二級夏四月癸丑太上皇帝詔兼散騎常侍司馬幼之使於陳五月甲午太上皇帝詔以領軍大將軍東平王儼爲尚書令乙未大風晝晦發屋拔樹六月己未太上皇帝詔封皇子仁機爲西河王仁約爲樂浪王仁儉爲潁川王仁雅爲安樂王統爲丹楊王仁謙爲東海王閏六月辛巳左丞相斛律金薨壬午太上皇帝詔尚書令東平王儼錄尚書事以尚書左僕射趙彥深爲尚書令并省尚書右僕射婁定遠爲尚書左僕射中書監徐之才爲右僕射秋八月辛未太上皇帝詔以太保任城王湝爲太師太尉馮翊王潤爲大司馬太宰段韶爲左丞相太師賀拔仁爲右丞相太傅侯莫陳相爲太宰大司馬婁叡爲太傅大將軍斛律光爲太保司徒韓祖念爲大將軍司空趙郡王叡爲太尉尚書令東平王儼爲司徒九月己酉太上皇帝詔諸寺署所綰雜保戶姓高者天保之初雖有優放權假力用未免者今可悉蠲雜戶任屬郡縣一准平人丁巳太上皇帝幸晉陽是秋山東大水人饑僵尸滿道冬十月突厥大莫婁室韋百濟靺鞨等國各遣使朝貢十一月景午以晉陽大明殿成故大赦文武百官進二級免并州居城太原一郡來年租癸未太上皇帝至自晉陽十二月己巳太上皇帝詔以故左丞相趙郡王琛配饗神武廟廷

四年春正月壬子詔以故淸河王岳河東王潘相樂十人並配饗神武廟廷癸亥太上皇帝詔兼散騎常侍鄭大護使於陳三月乙巳太上皇帝詔以司徒東平王儼爲大將軍南陽王綽爲司徒開府儀同三司廣寧王孝珩爲尚書令夏四月辛未鄴宮昭陽殿災及宣光瑤華等殿辛巳太上皇帝幸晉陽五月癸卯以尚書右僕射

胡長仁爲左僕射中書監和士開爲右僕射壬戌太上皇帝至自晉陽自正月不雨至於是月六月甲子朔大雨甲申大風拔木折樹是月彗星見于東井秋九月景申周人來通和太上皇帝詔侍中斛斯文略報聘于周冬十月辛巳以尚書令廣寧王孝珩爲錄尚書事左僕射胡長仁爲尚書令右僕射和士開爲左僕射中書監唐邕爲右僕射十一月壬辰太上皇帝詔兼散騎常侍李翥使於陳是月陳安成王頊廢其主伯宗而自立十二月辛未太上皇帝崩景子大赦九州職人普加一級內外百官並加兩級戊寅上太上皇后尊號爲皇太后甲申詔細作之務及所在百工悉罷之又詔掖廷晉陽中山宮人等及鄴下并州太官官口二處其年六十已上及有癃患者仰所司簡放庚寅詔天保七年已來諸家緣坐配流者所在令還是歲契丹靺鞨國並遣使朝貢

五年春正月辛亥詔以金鳳等三臺未入寺者施大興聖寺是月殺定州刺史博陵王濟二月乙丑詔應宮刑者普免刑爲官口又詔禁網捕鷹鷂及畜養籠放之物癸酉大莫婁國遣使朝貢己丑改東平王儼爲琅邪王詔侍中叱列長文使於周是月殺太尉趙郡王叡三月丁酉以司空徐顯秀爲太尉并省尚書令婁定遠爲司空是月行幸晉陽夏四月甲子詔以并州尚書省爲大基聖寺晉祠爲大崇皇寺乙丑車駕至自晉陽秋七月己丑詔降罪人各有差戊申詔使巡省河北諸州無雨處境內偏旱者優免租調冬十月壬戌詔禁造酒十一月辛丑詔以太保斛律光爲太傅大司馬馮翊王潤爲太保大將軍琅邪王儼爲大司馬十二月庚午以開府儀同三司蘭陵王長恭爲尚書令庚辰以中書監魏收爲尚書右僕射

武平元年春正月乙酉朔改元太師并州刺史東安王婁叡薨戊申詔兼散騎常侍裴獻之聘于陳二月癸亥以百濟王餘昌爲使持節侍中驃騎大將軍帶方郡公王如故己巳以太傅咸陽王斛律光爲右丞相并州刺史右丞相安定王賀拔仁爲錄尚書事冀州刺史任城王湝爲太師景子降死罪已下四閏月戊戌錄尚書事安定王賀拔仁薨三月辛酉以開府儀同三司徐之才爲尚書左僕射夏六月乙酉以廣寧王孝珩爲司空甲辰以皇子恒生故大赦內外百官普進二級九州職人普進四級己酉詔以開府儀同三司唐邕爲尚書右僕射秋七月癸丑封孝昭皇帝子彥基爲城陽王彥康爲定陵王彥忠爲梁郡王甲寅以尚書令蘭陵王長恭爲錄尚書事中領軍和士開爲尚書令癸亥靺鞨遣使朝貢癸酉以華山王凝爲太傅八月辛卯行幸晉陽九月乙巳立皇子恒爲皇太子冬十月辛巳以司空廣寧王孝珩爲司徒以上洛王思宗爲司空封蕭莊爲梁王戊子曲降并州死罪已下四己丑復改威宗景烈皇帝謚號爲顯祖文宣皇帝十二月丁亥車駕至自晉陽詔左丞相斛律光出晉州道脩城戍

二年春正月丁巳詔兼散騎常侍劉瓌儁使於陳戊寅以百濟王餘昌爲使持節都督東青州刺史二月壬寅以錄尚書事蘭陵王長恭爲太尉并省錄尚書事趙彥深爲司空尚書令和士開爲錄尚書事左僕射徐之才爲尚書令右僕射唐邕爲左僕射吏部尚書馮子琮爲右僕射夏四月壬午以大司馬琅邪王儼爲太保甲午陳遣使連和謀伐周朝議弗許六月段部攻周汾州剋之獲刺史楊敷秋七月庚午太保琅邪王儼矯詔殺錄尚書事和士開於南臺即日誅領軍大將軍庫狄伏連書侍御史王子宣等尚書右僕射馮子琮賜死殿中八月己亥行幸晉陽九月辛亥以太師任城王湝爲太宰馮翊王潤爲太師己未左丞相平原王段韶薨戊午曲降并州界內死罪已下各有差庚午殺太保琅邪王儼壬申陳人來聘冬十月罷京畿府入領軍府己亥車駕至自晉陽十一月庚戌詔侍中赫連子悅使於周景寅以徐州行臺廣寧王孝珩爲錄尚書事庚午以錄尚書事廣寧王孝珩爲司徒癸酉以右丞相斛律光爲左丞相

三年春正月己巳祀南郊辛亥追贈故琅邪王儼爲楚帝二月己卯以衞菩薩爲太尉辛巳以并省吏部尚書高元海爲尚書右僕射庚寅以左僕射唐邕爲尚書令侍中祖珽爲左僕射是月敕撰玄洲苑御覽後改名聖壽堂御覽三月辛酉詔文武官五品已上各舉一人是月周誅冢宰宇文護夏四月周人來聘秋七月戊辰誅左丞相咸陽王斛律光及其弟幽州行臺荊山公豐樂八月庚寅廢皇后斛律氏爲庶人以太宰任城王湝爲右丞相太師馮翊王潤爲太尉蘭陵王長恭爲大司馬廣寧王孝珩爲大將軍安德王延宗爲司徒使領軍封輔相聘于周戊子拜右昭儀胡氏爲皇后己丑以司州牧北平王仁堅爲尚書令特進許季良爲左僕射彭城王寶德爲右僕射癸巳行幸晉陽是月聖壽堂御覽成敕付史閣後改爲修文殿御覽九月陳人來聘冬十月降死罪已下四甲午拜弘德夫人穆氏爲左皇后大赦十二月辛丑廢皇后胡氏爲庶人是歲新羅百濟勿吉突厥並遣使朝貢於周爲建德元年

四年春正月戊寅以并省尚書令高阿那肱爲錄尚書事庚辰詔兼散騎常侍崔象使於陳是月鄴都并州並有狐媚多截人髮二月乙巳拜左皇后穆氏爲皇后景午置文林館乙卯以尚書令北平王仁堅爲錄尚書事丁巳行幸晉陽是月周人來聘三月辛未盜入信州殺刺史和士休南兗州刺史鮮于世榮討之庚辰車駕至晉陽夏四月戊午以大司馬蘭陵王長恭爲太保大將軍定州刺史南陽王綽爲大司馬大司馬太尉衞菩薩爲大將軍司徒安德王延宗爲太尉司空武興王普爲司徒開府儀同三司宜陽王趙彥深爲司空癸丑祈皇祠壇壝蕝之內忽有車軌之轍案驗傍無人跡不知車所從來乙卯詔以爲大慶班告天下己未周人來聘五月景子詔史官更撰魏書癸巳以領軍穆提婆爲尚書左僕射以侍中中書監段孝言爲右僕射是月開府儀同三司尉破胡長孫洪略等與陳將吳明徹戰於呂梁南大敗破胡走以免洪略戰歿遂陷秦涇二州明徹進陷和合二州是月殺太保蘭陵王長恭六月明徹進軍圍壽陽壬子幸南苑從官暍死者六十人以錄尚書事高阿那肱爲司徒景辰詔開府王師羅使於周秋七月校獵于鄴東冬十月陳將吳明徹陷壽陽辛丑殺侍中崔季舒張彫虎散騎常侍劉逖封孝琰黃門侍郎裴澤郭遵癸卯行幸晉陽十二月戊寅以司徒高阿那肱爲右丞相是歲高麗靺鞨並遣使朝貢突厥使求婚

五年春正月乙丑置左右娥英各一人二月乙未車駕至自晉陽朔州行臺南安王思好反辛丑行幸晉陽尚書令唐邕等大破思好投火死焚其尸并其妻李氏丁未車駕至自晉陽甲寅以尚書令唐邕爲錄尚書事夏五月大旱晉陽得死魃長二尺面頂各二目帝聞之使刻木爲其形以獻庚申大赦丁亥陳人寇淮北秋八月癸卯行幸晉陽甲辰以高勱爲尚書右僕射是歲殺南陽王綽

六年春三月乙亥車駕至自晉陽丁丑烹祅賊鄭子饒於都市是月周人來聘夏四月庚子以中書監陽休之爲尚書右僕射癸卯靺鞨遣使朝貢秋七月甲戌行幸晉陽八月丁酉冀定趙幽滄瀛六州大水是月周師入洛川屯芒山攻逼洛城縱火船焚浮橋河橋絕閏月己丑遣右丞相高阿那肱自晉陽禦之師次河陽周師夜遁庚辰以司空趙彥深爲司徒斛律阿列羅爲司空辛巳以軍國資用不足稅關市舟車山澤鹽鐵店肆輕重各有差開酒禁

七年春正月壬辰詔去秋已來水潦人飢不自立者所在付大寺及諸富戶濟其性命甲寅大赦乙卯車駕至自晉陽二月辛酉括雜戶女年二十已下十四已上未嫁悉集省隱匿者家長處死刑二月景寅風從西北起發屋拔樹五日乃止夏六月戊申朔日有蝕之庚申司徒趙彥深薨秋七月丁丑大雨霖是月以水澇遣使巡撫流亡人戶八月丁卯行幸晉陽雉集於御坐獲之有司不敢以聞詔營邯鄲宮冬十月景辰帝大狩於祁連池周師攻晉州癸亥帝還晉陽甲子出兵大集晉祠庚午帝發晉陽癸酉帝列陣而行上雞棲原與周齊王憲相對至夜不戰周師斂陣而退十一月周武帝退還長安留偏師守晉州高阿那肱等圍晉州城戊寅帝至圍所十二月戊申周武帝來救晉州庚戌戰于城南齊軍大敗帝棄軍先還癸丑入晉陽憂懼不知所之甲寅大赦帝謂朝臣曰周師甚盛若何羣臣咸曰天命未改一得一失自古皆然宜停百賦安朝野收遺兵背城死戰以存社稷帝意猶豫欲向北朔州乃留安德王延宗廣寧王孝珩等守晉陽若晉陽不守卽欲奔突厥羣臣皆曰不可帝不從其言開府儀同三司賀拔伏恩封輔相慕容鍾葵等宿衞近臣三十餘人西奔周師乙卯詔募兵遣安德王延宗爲左廣廣寧王孝珩爲右廣延宗入見帝告欲向北朔州延宗泣諫不從帝密遣王康德與中人齊紹等送皇太后皇太子於北朔州景辰帝幸城南軍營勞將士其夜欲遁諸將不從丁巳大赦改武平七年爲隆化元年其日穆提婆降周詔除安德王延宗爲相國委以備禦延宗流涕受命帝乃夜斬五龍門而出欲走突厥從官多散領軍梅勝郎叩馬諫乃迴之鄴時唯高阿那肱等十餘騎廣寧王孝珩襄城王彥道續至得數十人同行戊午延宗從衆議卽皇帝位於晉陽改隆化爲德昌元年庚申帝入鄴辛酉延宗與周師戰於晉陽大敗爲周師所虜帝遣募人重加官賞雖有此言而竟不出物廣寧王孝珩奏請出宮人及珍寶班賜將士帝不悅斛律孝卿居中受委帶甲以處分請帝親勞爲帝撰辭且曰宜慷慨流涕感激人心帝既出臨衆將令之不復記所受言遂大笑左右亦羣咍將士莫不解體於是自大丞相已下太宰大司馬三師大將軍三公等官並增員而授或三或四不可勝數甲子皇太

后從北道至引文武一品已上入朱華門賜酒食及紙筆問以禦周之方略羣臣各異議帝莫知所從又引高元海宋士素盧思道李德林等欲議禪位皇太子先是望氣者言當有革易於是依天統故事授位幼主

幼主名恒帝之長子也母曰穆皇后武平元年六月生於鄴其年十月立爲皇太子隆化二年春正月乙亥卽皇帝位時年八歲改元爲承光元年大赦尊皇太后爲太皇太后帝爲太上皇帝后爲太上皇后於是黃門侍郎顏之推中書侍郎薛道衡侍中陳德信等勸太上皇帝往河外募兵更爲經略若不濟南投陳國從之丁丑太皇太后太上皇后自鄴先趣濟州周師漸逼癸未幼主又自鄴東走己丑周師至紫陌橋癸巳燒城西門太上皇將百餘騎東走乙亥度河入濟州其日幼主禪位於大丞相任城王湝令侍中斛律孝卿送禪文及璽紱於瀛州孝卿乃以之歸周又爲任城王詔尊太上皇爲無上皇幼主爲守國天王留太皇太后濟州遣高阿那肱留守太上皇并皇后携幼主走青州韓長鸞鄧顒等數十人從太上皇既至青州卽爲入陳之計而高阿那肱召周軍約生致齊主而屢使人告言賊軍在遠已令人燒斷橋路太上所以停緩周軍奄至青州太上窘急將遜於陳置金囊於鞍後與長鸞淑妃等十數騎至青州南鄧村爲周將尉遲綱所獲送鄴周武帝與抗賓主禮并太后幼主諸王俱送長安封帝溫國公至建德七年誣與宜州刺史穆提婆謀反及延宗等數十人無少長咸賜死神武子孫所存者一二而已至大象末陽休之陳德信等啓大丞相隋公請收葬聽之葬於長安北原洪瀆川帝幼而令善及長頗學綴文置文林館引諸文士焉而言語澁吶無志度不喜見朝士自非寵私昵狎未嘗交語性懦不堪人視者卽有忿責其奏事者雖三公令錄莫得仰視皆略陳大旨驚走而出每災異寇盜水旱亦不自貶損唯諸處設齋以此爲修德雅信巫覡解禱無方初琅邪王舉兵人告者誤云庫狄伏連反帝曰此必仁威也又斛律光死後諸武官舉高思好堪大將軍帝曰思好喜反皆如所言遂自以策無遺算乃益驕縱盛爲無愁之曲帝自彈胡琵琶而唱之侍和之者以百數人間謂之無愁天子嘗出見羣厲盡殺之或殺人剝面皮而視之任陸令萱和士開高阿那肱穆提婆韓長鸞等宰制天下陳德信鄧長顒何洪珍參預機權各引親黨超居非次官由財進獄以賄成其所以亂政害人難以備載諸官奴婢閹人商人胡戶雜戶歌舞人見鬼人濫得富貴者將以萬數庶姓封王者百數不復可紀開府千餘儀同無數領軍一時三十連判文書各作依字不具姓名莫知誰也諸貴寵祖禰追贈官歲一進位極乃止宮掖婢皆封郡君宮女寶衣玉食者五百餘人一裙直萬疋鏡臺直千金競爲變巧朝衣夕弊承武成之奢麗以爲帝王當然乃更增益宮苑造偃武修文臺其嬪嬙諸院中起鏡殿寶殿瑇瑁殿丹青彫刻妙極當時又於晉陽起十二院壯麗逾於鄴下所愛不恒數毀而又復夜則以火照作寒則以湯爲泥百工困窮無時休息鑿晉陽西山爲大佛像一夜燃油萬盆光照宮內又爲胡昭儀起大慈寺未成改爲穆皇后大寶林寺窮極工巧運石塡泉勞費億計人牛死者不可勝紀御馬則藉以氈罽食物有十餘種將合牝牡則設青廬具牢饌而親觀之狗則飼以粱肉馬及鷹犬乃有儀同郡君之號故有赤彪儀同逍遙郡君陵霄郡君高思好書所謂駛龍逍遙著也犬於馬上設褥以抱之鬬鷄亦號開府犬馬鷄鷹多食縣幹鷹之入養者稍割犬肉以飼之至數日乃死又於華林園立貧窮村舍帝自弊衣爲乞食兒又爲窮兒之市躬自交易寫築西鄙諸城黑衣爲羌兵鼓譟陵之親率內參臨拒或實彎弓射人自晉陽東巡單馬馳騖衣解髮散而歸又好不急之務曾一夜索蝎及旦得三升特愛非時之物取求火急皆須朝徵夕辦當勢者因之貸一而責十焉賦斂日重徭役日煩人力既殫帑藏空竭乃賜諸佞幸賣官或得郡兩三或得縣六七各分州郡下逮鄉官亦多降中者故有敕用州主簿敕用郡功曹於是州縣職司多出富商大賈競爲貪縱人不聊生爰自鄴都及諸州郡所在徵稅百端俱起凡此諸役皆漸於武成至帝而增廣焉然未嘗有帷薄淫穢唯此事頗優於武成云初河清末武成夢大蝟攻破鄴城故索境內蝟膏以絕之識者以後主名聲與蝟相協亡齊徵也又婦人皆翦剔以著假髻而危邪之狀如飛鳥至於南面則髻心正西始自宮內爲之被於四遠天意若曰元首翦落危側當走西也又爲刀子者刃皆狹細名曰盡勢遊童戲者好以兩手持繩拂地而却上跳且唱曰高末高末之言蓋高氏運祚之末也然則亂亡之數蓋有兆云

論曰武成風度高爽經算弘長文武之官俱盡謀力有帝王之量矣但愛狎庸豎委以朝權帷薄之間淫侈過度滅亡之兆其在斯乎玄象告變傳位元子名號雖殊政猶已出迹有虛飾事非憲典聰明臨下何易可誣又河南河間樂陵等諸王或以時嫌或以猜忌皆無罪而殞非所謂知命任天體大道之義也後主以中庸之姿懷易染之性永言先訓教匪義方始自襁褓至于傳位隔以正人閉其善道養德所履異乎春誦夏弦過庭所聞莫非不軌不物輔之以中官嬭媼屬之以麗色淫聲縱韝紲之娛恣朋淫之好語曰從惡若崩蓋言其易武平在御彌見淪胥罕接朝士不親政事一日萬機委諸凶族內侍帷幄外吐絲綸威厲風霜志迴天日虐人害物搏噬無厭賣獄鬻官谿壑難滿重以名將貽禍忠臣顯戮始見浸溺之萌俄觀土崩之勢周武因機遂混區夏悲夫蓋桀紂罪人其亡也忽焉自然之理矣

鄭文貞公魏徵總而論之曰神武以雄傑之姿始基霸業文襄以英明之略伐叛柔遠于時喪君有君師出以律河陰之役摧宇文如反掌渦陽之戰掃侯景如拉枯故能氣懾西鄰威加南服王室是賴東夏宅心文宣因累世之資膺樂推之會地居當璧遂遷魏鼎懷譎詭非常之才運屈奇不測之智網羅俊乂明察臨下文武名臣盡其力用親戎出塞命將臨江定單于於龍城納長君於梁國外內克實疆場無警胡騎息其南侵秦人不敢東顧既而荒淫敗德罔念作狂爲善未能亡身餘殃足以傳後得以壽終幸也肖嗣不永宜哉孝昭地逼身危逆取順守外敷文教內蘊雄圖將以牢籠區域奄有函夏享齡不永績用無成若或天假之年足使秦吳旰食武成卽位雅道陵遲昭襄之風摧焉已墜暨乎後主外內崩離衆潰於平陽身禽于青土天道深遠或未易談吉凶由人抑可揚榷觀夫有齊全盛控帶遐阻西包汾晉南極江淮東盡海隅北漸沙漠六國之地我獲其五九州之境彼分其四料甲兵之衆寡校帑藏之虛實折衝千里之將帷幄六奇之士比二方之優劣無等級以寄言然其太行長城之固自若也江淮汾晉之險不移也帑藏輸稅之富未虧也士庶甲兵之衆不缺也然而前王用之而有餘後主守之而不足其故何哉前王之御時也沐雨櫛風拯其溺而救其焚信必賞過必罰安而利之既與共其存亡故得同其生死後主則不然以人從欲損物益己雕墻峻宇甘酒嗜音鄽肆遍於宮園禽色荒於外內俾晝作夜罔水行舟所欲必成所求必得既不軌不物又暗於聽受忠信弗聞萋斐必入視人如草芥從惡如順流佞閹處當軸之權婢媼擅回天之力賣官鬻獄亂政淫刑刳剒被於忠良祿位加於犬馬讒邪並進法令多聞持瓢者非止百人搖樹者不唯一手於是土崩瓦解衆叛親離顧瞻周道咸有西歸之志方更盛其宮觀窮極荒淫謂黔首之可誣指白日以自保驅倒戈之旅抗前歌之師五世崇基一舉而滅豈非鐫金石者難爲功摧枯朽者易爲力歟抑又聞之皇天無親唯德是輔天時不如地利地利不如人和齊自河清之後逮于武平之末土木之功不息嬪嬙之選無已征稅盡人力殫物產無以給其求江海不能贍其欲所謂火既熾矣更負薪以足之數既窮矣又爲惡以促之欲求大廈不燔延期過歷不亦難乎由此言之齊氏之敗亡蓋亦由人匪惟天道也

北史卷八考證

世祖武成皇帝紀五月壬午詔以城南雙堂之苑迴造大總持寺○雙堂下齊書有閏位二字

甲申以太傅段韶爲太師○段韶監本誤改詔今改從南本

九月乙丑封皇子緯爲南陽王儼爲東平王○顧炎武云本卷後主天統二年五月己亥封太上皇帝子儼爲東平王一事兩書必有一誤

閏月乙未○月監本訛年今改正

十二月乙卯豫州刺史王似貞以城降周將權景宣○似齊書作士

後主紀詔侍中叱列長文使於周○文監本誤又今改從南本

丁巳詔兼散騎常侍劉環儁使于陳○環監本訛瓌今從各本改正

帝意猶豫欲向北朔州○豫監本訛預今改從南本

幼主紀造偃武修文臺○造監本訛進今改正

高思好書所謂駛龍逍遙者也○駛齊書作駿

寫築西鄙諸城○寫一本作嘗齊書同

曾一夜索蝎及旦得三升○曾監本作會今從齊書

史臣論屬之以麗色淫聲○屬齊書作蠱

孝昭地逼身危○監本逼訛道又下文武成卽位句成訛城今俱改正

北史卷九

唐　李　延　壽　撰

周帝紀上第九

周太祖文皇帝姓宇文氏諱泰字黑獺代郡武川人也其先出自炎帝炎帝爲黃帝所滅子孫遁居朔野其後有葛烏兔者雄武多算略鮮卑奉以爲主遂總十二部落世爲大人及其裔孫曰普回因狩得玉璽三紐文曰皇帝璽普回以爲天授己獨異之其俗謂天子曰宇文故國號宇文並以爲氏普回子莫那自陰山南徙始居遼西是曰獻侯爲魏舅甥之國自莫那九世至侯歸豆爲慕容晃所滅其子陵仕燕拜駙馬都尉封玄菟公及慕容寶敗歸魏拜都牧主賜爵安定侯天興初魏遷豪傑於代都陵隨例徙居武川即爲其郡縣人焉陵生系系生韜韜生皇考肱並以武略稱肱任俠有氣幹正光末沃野鎮人破六韓拔陵作亂其僞署王衞可瓌最盛肱乃糺合鄉里斬瓌其衆乃散後陷鮮于修禮爲定州軍所破戰没於陣武成初追謚曰德皇帝帝德皇帝之少子也母曰王氏初孕五月夜夢抱子升天纔不至而止寤以告德皇帝德皇帝喜曰雖不至天貴亦極矣帝生而有黑氣如蓋下覆其身及長身長八尺方顙廣額美鬚髯髮長委地垂手過膝背有黑子宛轉若盤龍之形面色紫光人望而敬畏之少有大度不事家人生業輕財好施以交結賢士大夫爲務隨德皇帝在鮮于修禮軍及葛榮殺修禮帝時年十八榮下任將帥察其無成謀與諸兄去之計未行會榮滅因隨尒朱榮遷晉陽榮忌帝兄弟雄傑遂託以他罪誅帝第三兄洛生帝以家寃自理辭旨慷慨榮感而免之益加敬待始以統軍從榮征討後以別將從賀拔岳討北海王顥於洛陽孝莊反正以功封寧都子後從岳入關平万俟醜奴行原州事時關隴寇亂帝撫以恩信百姓皆喜曰早遇宇文使君吾等豈從逆亂帝嘗從數騎於野忽聞簫鼓之音以問從者皆莫之聞意獨異之普泰二年尒朱天光東拒齊神武留弟顥壽鎮長安召秦州刺史侯莫陳悅東下岳知天光必敗欲留悅共圖顥壽計無所出帝謂岳曰今天光尚近悅未必貳心若以此事告之恐其驚懼然悅雖爲主將不能制物若先說其衆必人有留心進失尒朱之期退恐人情變動若乘此說悅事無不遂岳大喜即令帝入悅軍說之悅遂與岳襲長安帝輕騎爲前鋒追至華陰禽顥壽及岳爲關西大行臺以帝爲左丞領岳府司馬事無巨細皆委決焉齊神武既除尒朱氏遂專朝政帝請往觀之至并州神武以帝非常人曰此小兒眼目異將留之帝詭陳忠款具託左右苦求復命倍道而行行一日而神武乃悔發上驛千里追帝至關不及而反帝還謂岳曰高歡豈人臣邪逆謀未發者憚公兄弟耳侯莫陳悅本實庸材亦不爲歡忌但爲之備圖之不難今費也頭控弦之騎不下一萬夏州刺史解拔彌俄突勝兵三千餘人及靈州刺史曹泥並恃僻遠常懷異望河西流人紇豆陵伊利等戶口富實未奉朝風今若移軍近隴扼其要害示之以威懷之以德即可收其士馬以實吾軍西輯氐羌北撫沙塞還軍長安匡輔魏室此桓文之舉也岳大悅復遣帝詣闕請事密陳其狀魏帝納之加帝武衞將軍還令報岳岳遂引軍西次平涼岳以夏州鄰接寇賊欲求良刺史以鎮之衆皆舉帝岳曰宇文左丞吾左右手何可廢也沉吟累日乃從衆議表帝爲夏州刺史帝至州伊利望風款附而曹泥猶通使於齊神武魏永熙三年正月賀拔岳欲討曹泥遣都督趙貴至夏州與帝謀帝曰曹泥孤城阻遠未足爲憂侯莫陳悅貪而無信是宜先圖也岳不聽遂與悅俱討泥二月至河曲果爲悅所害衆散還平涼唯大都督趙貴率部曲收岳屍還營三軍未知所屬諸將以都督寇洛年最長推總兵事洛素無雄略威令不行乃請避位於是趙貴言於衆稱帝英姿雄略若告喪必來赴難因而奉之大事濟矣諸將皆稱善乃令赫連達馳至夏州告帝士吏咸泣請留以觀其變帝曰難得而易失者時也不俟終日者機也今不早赴將恐衆心自離都督彌姐元進規應悅密圖帝事發斬之帝乃率帳下輕騎馳赴平涼時齊神武遣長史侯景招引岳衆帝至安定遇之於傳舍吐哺上馬謂曰賀拔公雖死宇文泰尚存卿何爲也景失色曰我猶箭耳隨人所射者也景於此還帝至平涼哭岳甚慟將士悲且喜曰宇文公至無所憂矣齊神武又使景與常侍張華原義寧太守王基勞帝帝不受命與基有舊將留之并欲留景並不屈乃遣之時斛斯椿在帝所曰景人傑也何故放之帝亦悔驛追之不及基亦逃歸言帝雄傑請及其未定滅之神武曰卿不見賀拔侯莫陳乎吾當以計拱手取之及沙苑之敗神武乃始追悔于時魏帝將圖神武聞岳被害遣武衞將軍元毗宣旨勞岳軍追還洛陽毗到平涼會諸將已推帝侯莫陳悅亦被勑追還悅既附神武不肯應召帝曰悅枉害忠良復不應詔命此國之大賊乃令諸軍戒嚴將討悅及毗還帝表於魏帝辭以高歡至河東侯莫陳悅在永洛首尾受敵乞少停緩帝志在討悅而未測朝旨且衆未集假爲此辭因與元毗及諸將刑牲盟誓同奬王室初賀拔岳營河曲軍吏獨行忽見一翁謂曰賀拔雖據此衆終無所成當有一宇文家從東北來後必大盛言訖不見至是方驗魏帝因詔帝爲大都督即統賀拔岳軍帝乃與悅書責以殺賀拔岳罪又諭令歸朝悅乃詐爲詔書與秦州刺史万俟普撥令爲己援普撥疑之封以呈帝帝表奏之魏帝因問帝安秦隴計帝請召悅授以內官及處以瓜涼一藩不然則終致猜虞三月帝進軍至原州衆軍悉集諭以討悅意士卒莫不懷憤四月引兵上隴留兄子導爲都督鎮原州帝軍令嚴肅秋毫無犯百姓大悅軍出木狹關大雪平地二尺帝知悅怯而多猜乃倍道兼行出其不意悅果疑其左右有異志左右不自安衆遂離貳聞大軍且至退保略陽留一萬餘人據守永洛帝至圍之城降帝即輕騎數百趣略陽以臨悅軍其部將皆勸悅退保上邽時南秦州刺史李弼亦在悅軍間遣使請爲內應其夜悅出軍軍自驚潰將卒或來降帝縱兵奮擊大破之悅與其子弟及麾下數十騎遁走帝乃命原州都督導追悅至牽屯山斬之傳首洛陽帝至上邽悅府庫財物山積皆以賞士卒毫釐無所取左右竊以一銀甕歸帝知而罪之即剖賜將士衆大悅齊神武聞關隴剋捷遣使於帝深相倚結帝拒而不納封神武書以聞時神武已有異志故魏帝深仗於帝仍令帝稍引軍而東帝乃令大都督梁禦率步騎五千將鎮河渭合口爲圖河東計魏帝進帝侍中驃騎大將軍開府儀同三司關西大都督略陽縣公承制封拜使持節如故時魏帝方圖齊神武又遣徵兵帝乃令前秦州刺史駱超爲大都督率輕騎一千赴洛魏帝進授帝兼尚書左僕射關西大行臺餘官如故帝乃傳檄方鎮曰蓋聞陰陽遞用盛衰相襲苟當百六無聞三五皇家創歷陶鑄蒼生保安四海仁育萬物運距孝昌屯沴屢起隴冀騷動燕河狼顧雖靈命重啓蕩定有期而乘釁之徒因翼生羽賊臣高歡器識庸下出自輿皁罕聞禮義直以一介鷹犬効力戎行覗冒恩私遂階榮寵不能竭誠盡節專挾姦回乃勸尒朱榮行玆篡逆及榮以專政伏誅世隆以凶黨外叛歡苦相敦勉令取京師又勸吐万兒復爲弒虐暫立建明以令天下假推普泰欲竊威權並歸廢斥俱見酷害於是稱兵河北假討尒朱亟通表奏云取讒賊既行廢黜遂將篡弒以人望未改恐鼎鑊交及乃求宗室權允人心天方與魏必將有主翊戴聖明誠非歡力而歡阻兵安忍自以爲功廣布腹心跨州連郡端揆禁闥莫非親黨皆行貪虐窫窳生靈而舊將名臣正人直士橫生瘡痏動挂網羅故武衞將軍伊琳清直武毅禁旅攸屬直閤將軍鮮于康仁忠亮驍傑爪牙斯在歡收而戮之曾無聞奏司空高乾是其黨與每相影響謀危社稷但姦志未從恐先泄漏乃密白朝廷使殺高乾方哭對其弟稱天子橫戮孫騰任祥歡之心膂並使入居樞近伺國間隙知歡逆謀將發相繼歸逃歡益加撫待亦無陳白然歡入洛之始本有姦謀令親人蔡儁作牧河濟厚相恩贍爲東道主人故關西大都督清水公賀拔岳勳德隆重興亡攸寄歡好亂樂禍深相忌毒乃與侯莫陳悅陰圖陷害幕府以受律專征便即討戮歡知逆狀已露稍懷旅拒遂遣蔡儁拒代令竇泰佐之又遣侯景等云向白馬輔世珍等徑趣石濟高隆之及婁昭等屯據壺關韓軌之徒擁衆蒲坂於是上書天子數論得失訾毀乘輿威侮朝廷藉此微庸冀玆大寶溪壑可盈禍心不測或言徑赴荆楚開疆於外或言分詣伊洛取彼讒人或言欲來入關與幕府決戰今聖明御運天下清夷百寮師師四隩來暨人盡忠良誰爲君側而歡威福自己生是亂階緝構南箕指鹿爲馬包藏凶逆伺我神器是而可忍孰不可容幕府折衝宇宙親當受脤銳師百萬彀騎千羣裹糧坐甲唯敵是俟義之所在糜軀匪恡頻有詔書班告天下稱歡逆亂徵兵致伐今便分命將帥應機進討或趣其要害或襲其窟穴電繞蛇擊霧合星羅而歡違負天地毒被人鬼乘此掃蕩易同俯拾歡若度河稍逼宮廟則分命諸將直取并州幕府躬自東轅電赴伊洛若固其巢穴未敢發動亦命羣帥百道俱前轘裂賊臣以謝天下其州鎮郡縣率土黎人或州鄉冠冕或勳庸世濟並宜捨逆歸順立効軍門封賞之科已有別格凡百君子可不勉哉帝謂諸軍曰高歡雖智不足而詐有餘今聲言欲西其意在入洛吾欲令寇洛率馬步萬餘自涇州東引王羆率甲士一萬先據華州歡若西來王羆足得抗拒如其入洛寇洛即襲汾晉吾便速駕直赴京邑使其進有內顧之憂退有被躡之勢一舉大定此爲上策衆咸稱善七月帝帥衆發自高平前軍至于弘農而齊神武稍逼京師魏帝親總六軍屯河橋令左衞元斌之領軍斛斯椿鎮武牢帝謂左右曰高歡數日行八九百里曉兵者所忌正須乘便擊之而主上以萬乘之重不能度河決戰方緣津據守且長

河萬里扞禦爲難一處得度大事去矣即以大都督趙貴爲別道行臺自蒲坂濟趣并州遣大都督李賢將精騎一千赴洛陽會斌之與斛斯椿爭權鎮防不守魏帝遂輕騎入關帝備儀衞奉迎謁見於東驛免冠流涕謝罪乃奉魏帝都長安披草萊立朝廷軍國之政咸取決於帝仍加授大將軍雍州刺史兼尚書令進封略陽郡公別置二尚書隨機處分解尚書僕射餘如故初魏帝在洛陽許以馮翊長公主配帝未及結納而魏帝西遷至是詔帝尚之拜駙馬都尉八月齊神武襲陷潼關侵華陰帝率諸軍屯霸上以待之神武留其將薛瑾守關而退帝乃進軍斬瑾虜其卒七千還長安進位丞相十一月遣儀同李諱與李弼趙貴等討曹泥於靈州諱引河灌之明年泥降遷其豪帥于咸陽十二月魏孝武帝崩帝與羣公定冊尊立魏南陽王寶炬爲嗣是爲文帝

大統元年正月己酉魏帝進帝都督中外諸軍錄尚書事大行臺改封安定郡王帝固讓王及錄尚書魏帝許之乃改封安定郡公東魏將司馬子如寇潼關帝軍霸上子如乃回軍自蒲津寇華州刺史王羆擊走之三月帝命有司爲二十四條新制奏行之

二年五月秦州刺史建忠王万俟普撥率所部入東魏帝輕騎追之至河北千餘里不及而還

三年正月東魏寇龍門屯軍蒲坂造三道浮橋度河又遣其將竇泰趣潼關高昂圍洛州帝出軍廣陽召諸將謂曰賊掎吾三面又造橋示欲必度是欲綴吾軍使竇泰得西入耳且歡起兵以來泰每先驅下多銳卒屢勝而驕今襲之必剋剋泰則歡不戰而走矣諸將咸曰賊在近捨而襲遠若差跌悔何及也帝曰歡前再襲潼關吾軍不過霸上今者大來謂吾但自守耳又狃於得志有輕我之心乘此擊之何往不剋賊雖造橋未能徑度比五日中吾取泰必矣庚戌帝還長安聲言欲向隴右辛亥謁魏帝而潛軍至小關竇泰卒聞軍至陳未成帝擊之盡俘其衆斬泰傳首長安高昂聞之焚輜重而走齊神武亦撤橋而退帝乃還六月帝請罷行臺魏帝復申前命授帝錄尚書事固讓乃止八月丁丑帝率李弼獨孤信梁禦趙貴于謹若干惠怡峯劉亮王德侯莫陳崇李遠達奚武等十二將東伐至潼關帝乃誓於師曰與爾有衆奉天威誅暴亂惟爾衆士整爾甲兵戒爾戎事無貪財以輕敵無暴人以作威用命則有賞不用命則有戮爾衆士其勉之乃遣于謹先徇地至盤豆拔之獲東魏將高叔禮送于長安戊子至弘農攻之城潰禽東魏陝州刺史李徽伯虜其戰士八千守將高千走度河命賀拔勝追禽之并送長安於是宜陽邵郡皆歸附先是河南豪傑應東魏者皆降齊神武懼率衆下蒲坂將自后土濟遣其將高昂以三萬人出河南是歲關中饑帝館穀於弘農五十餘日時軍士不滿萬人聞神武將度乃還神武遂度河逼華州刺史王羆嚴守乃涉洛軍於許原西帝至渭南徵諸州兵未會將擊之諸將以衆寡不敵請且待歡更西以觀之帝曰歡若至咸陽人情轉騷擾今及其新至可擊之即造浮橋於渭令軍士齎三日糧輕騎度渭輜重自渭南夾渭而西十月壬辰至沙苑距齊軍六十餘里神武引軍來會癸巳候騎告齊軍至帝召諸將謀李弼曰彼衆我寡不可平地置陣此東十里有渭曲可先據以待之遂進至渭背水東西爲陣李弼爲右拒趙貴爲左拒命將士皆偃戈於葭蘆中聞鼓聲而起日晡齊師至望見軍少競萃於左軍亂不成列兵將交帝鳴鼓士皆奮起于謹等六軍與之合戰李弼等率鐵騎橫擊之絕其軍爲二遂大破之斬六千餘級臨陣降者二萬餘人神武夜遁追至河上復大剋前後虜其卒七萬留其甲兵二萬餘悉縱歸收其輜重兵甲獻俘長安李穆曰高歡膽破矣逐之可獲帝不聽乃還軍渭南時所徵諸州兵始至乃於戰所準當時兵人種樹一株栽柳七千根以旌武功魏帝進帝柱國大將軍增邑并前五千戶李弼等十二將亦進爵增邑以左僕射馮翊王元季海爲行臺與開府獨孤信帥步騎二萬向洛陽賀拔勝李弼度河圍蒲坂蒲坂鎮將高子信開門納勝軍東魏將薛崇禮棄城走勝等追獲之帝進軍蒲坂略定汾絳初帝自弘農入關後東魏將高昂圍弘農聞其軍敗退守洛陽獨孤信至新安昂復走度河遂入洛陽自梁陳已西將吏降者相屬於是東魏將堯雄趙育是云寶出潁川欲復降地帝遣儀同宇文貴梁遷等逆擊大破之趙育來降東魏復遣任祥率河南兵與堯雄合儀同怡峯與貴遷等復擊破之又遣都督韋孝寬取豫州是云寶殺其東揚州刺史那椿以州來降

四年三月帝率諸將入朝禮畢還華州七月東魏將侯景等圍獨孤信於洛陽齊神武繼之帝奉魏帝至穀城臨陣斬東魏將莫多婁貸文悉虜其衆送弘農遂進軍瀍東景等夜解圍去及旦帝率輕騎追至河上景等北據河橋南屬芒山爲陣與諸軍戰帝馬中流矢驚逸軍中擾亂都督李穆下馬授帝軍復振於是大捷斬其將高昂李猛宋顯等虜其甲士一萬五千人赴河死者萬數是日置陣既大首尾懸遠從旦至未戰數十合氛露四塞莫能相知獨孤信李遠居右趙貴怡峯居左戰並不利又未知魏帝及帝所在皆棄其卒先歸開府李諱念賢等爲後軍遇信等退即與俱還由是班師洛陽亦失守大軍至弘農守將皆已棄城西走所虜降卒在弘農者因相與閉門拒守進攻拔之誅其魁首數百人大軍之東伐也關中留守兵少而前後所虜東魏士卒皆散在百姓間乃謀亂及李諱等至長安計無所出乃與太尉王明僕射周惠達輔魏太子出次渭北關中大震恐百姓相剽劫於是沙苑所俘軍人趙青雀雍州人于伏德等遂反青雀據長安子城伏德保咸陽與太守慕容思度各收降卒以拒還師長安城人皆相率拒青雀每日接戰魏帝留止閿鄉令帝討之長安父老見帝且悲且喜曰不意今日復得見公士女咸相賀華州刺史宇文導襲咸陽斬思度禽伏德南度渭與帝會攻破青雀太傅梁景叡先以疾留長安遂與青雀通謀至是亦伏誅關中乃定魏帝還長安帝復屯華州十二月是云寶襲洛陽東魏將王元軌棄城走都督趙剛襲廣州拔之自襄廣以西城鎮復西屬

五年冬大閱於華陰

六年春東魏將侯景出三鵶將侵荊州帝遣開府李弼獨孤信各率騎出武關景乃還夏蠕蠕度河至夏州帝召諸軍屯沙苑以備之

七年十一月帝奏行十二條制恐百官不勉於職事又下令申明之

八年十月齊神武侵汾絳圍玉壁帝出軍蒲坂神武退度汾追之遂遁去十二月魏帝狩於華陰大饗將士帝帥諸將朝於行在所

九年二月東魏北豫州刺史高慎舉州來附帝帥師迎之三月齊神武據芒山陣不進者數日帝留輜重於瀍曲軍士銜枚夜登芒山未明擊之神武單騎爲賀拔勝所逐僅免帝率右軍若干惠大破神武軍悉虜其步卒趙貴等五將軍居右戰不利神武復合戰帝又不利夜引還入關屯渭上神武進至陝開府達奚武等禦之乃退帝以芒山諸將失律上表自貶魏帝不許於是廣募關隴豪右以增軍旅十月大閱於櫟陽還屯華州

十年五月帝朝京師七月魏帝以帝前後所上二十四條及十二條新制定爲中興永式命尚書蘇綽更損益之總爲五卷班於天下於是搜簡賢才爲牧守令習新制而遣焉數年間百姓便之十月大閱於白水

十一年十月大閱于白水遂西狩岐陽

十二年春涼州刺史宇文仲和據州反瓜州人張保害刺史成慶以應之帝遣開府獨孤信討之東魏將侯景侵襄州帝遣開府若干惠禦之至穰景遁去五月獨孤信平涼州禽仲和遷其百姓六千餘家於長安瓜州都督令狐延起義誅張保瓜州平七月帝大會諸軍於咸陽

十三年正月東魏河南大行臺侯景舉河南六州來附被圍於潁川六月帝遣開府李弼援之東魏將韓軌等遁去景遂徙鎮豫州於是遣開府王思政據潁川弼引軍還七月侯景密圖附梁帝知其謀悉追還前後所配景將士景懼遂叛冬帝奉魏帝西狩咸陽

十四年春魏帝詔封帝長子覺爲寧都郡公初帝以平元顥納孝莊帝功封寧都縣子至是改以爲郡以封覺用彰勤王之始也五月魏帝進帝位太師帝奉魏太子巡撫西境登隴刻石紀事遂至原州歷北長城大狩東趣五原至蒲州聞魏帝不豫而還及至魏帝疾已愈乃還華州是歲東魏將高岳圍王思政於潁川

十五年春帝遣大將軍趙貴帥師援王思政高岳堰洧水以灌城潁川以北皆爲陂澤救兵不得至六月潁川陷初侯景圍建鄴梁司州刺史柳仲禮赴臺城梁竟陵郡守孫暠以郡內附帝使大都督符貴鎮之及建鄴陷仲禮還司州來寇暠以郡叛帝大怒十一月遣開府楊忠攻剋隨州進圍仲禮長史馬岫於安陸

十六年正月仲禮來援安陸楊忠逆擊於漴頭大破之禽仲禮馬岫以城降三月魏帝封帝第二子震爲武邑公七月帝東伐拜章武公導爲大將軍總督留守諸軍屯涇北鎮關中九月丁巳軍出長安連雨自秋及冬諸軍馬驢多死遂於弘農北造橋濟河自蒲坂還於是河南自洛陽河北自平陽以東遂入齊

十七年三月魏文帝崩皇太子嗣位帝以冢宰總百揆十月帝遣大將軍王雄出子午伐上津魏興大將軍達奚武出散關伐南鄭

廢帝元年春王雄平上津魏興以其地置東梁州四月達奚武圍南鄭月餘梁州刺史宜豐侯蕭循以州降武八月東梁州百姓圍州城帝復遣王雄討之

二年正月魏帝詔帝爲左丞相大行臺都督中外諸軍事二月東梁州平遷其豪帥於雍州三月帝遣大將軍魏安公尉遲迥帥師伐梁武陵王蕭紀於蜀四月帝勒

鈇騎三萬西踰隴度金城河至姑臧吐谷渾震懼遣使獻其方物七月帝至自姑臧八月尉遲迥剋成都劒南平十一月尚書元烈謀亂伏誅

三年正月始作九命之典以敘內外官爵以第一品爲九命第九品爲一命改流外品爲九秩亦以九爲上又改置州郡縣凡改州四十六置州一改郡一百六改縣三百三十魏帝有怨言於是帝與公卿議廢帝立齊王廓是爲恭帝

恭帝元年四月帝大饗羣臣魏史柳虬執簡書告于朝曰廢帝文皇帝之嗣子年七歲文皇帝託於安定公曰是子也才由于公不才亦由于公公宜勉之公既受茲重寄居元輔之任又納女爲皇后遂不能訓誨有成致令廢黜負文皇帝付屬之意此咎非安定公而誰帝乃令太常盧辯作誥諭公卿曰嗚呼我羣后暨衆士維文皇帝以襁褓之嗣託於予訓之誨之庶厥有成而予罔能弗變厥心庸暨乎廢墜我文皇帝之志嗚呼茲咎予其焉避予實知之矧爾衆人之心哉惟予之顏豈惟今厚將恐來世以予爲口實乙亥魏帝詔封帝子邕爲輔城公憲爲安城公七月西狩至原州梁元帝遣使請據舊圖以定疆界又連結於齊言辭悖慢帝曰古人有言天之所棄誰能興之其蕭繹之謂乎十月壬戌遣柱國于謹中山公護與大將軍楊忠韋孝寬等步騎五萬討之十一月癸未師濟漢中山公護與楊忠率銳騎先屯其城下景申于謹至江陵列營圍守辛亥剋其城戕梁元帝虜其百官士庶以歸沒爲奴婢者十餘萬免者二百餘家立蕭詧爲梁主居江陵爲魏附庸魏氏之初統國三十六大姓九十九後多絕滅至是以諸將功高者爲三十六國後次者爲九十九姓後所統軍人亦改從其姓

二年梁廣州刺史王琳寇邊十月帝遣大將軍豆盧寧帥師討之

三年正月丁丑初行周禮建六官魏帝進帝位太師大冢宰帝以漢魏官繁思革前弊大統中乃令蘇綽盧辯依周制改創其事尋亦置六卿官然爲撰次未成衆務猶歸臺閣至是始畢乃命行之四月帝北巡七月度北河魏帝封帝子直爲秦郡公招爲正平公九月帝不豫還至雲陽命中山公護受遺輔嗣子十月乙亥帝薨于雲陽宮還長安發喪時年五十十二月甲申葬于成陵謚文公及孝閔帝受禪追尊爲文王廟曰太祖武成元年追尊爲文皇帝帝知人善任使從諫如順流崇尚儒術明達政事恩信被物能駕馭英豪一見之者咸思用命沙苑所獲囚俘釋而用之及河橋之役以克戰士皆得其死力諸將出征授以方略無不制勝性好朴素不尚虛飾恒以反風俗復古始爲心云

孝閔皇帝諱覺字陁羅尼文帝第三子也母曰元皇后大統八年生於同州七歲封略陽郡公時善相者史元華見帝退謂所親曰此公子有至貴相但恨不壽耳魏恭帝三年三月命爲安定公世子四月拜大將軍十月乙亥文帝崩景子世子嗣位爲太師大冢宰十二月丁亥魏帝詔以岐陽地封帝爲周公庚子詔禪位于帝曰予聞皇天之命不于常惟歸于德故堯授舜舜授禹時宜也天厭我魏邦垂變以告惟爾罔弗知予雖不明敢弗龔天命格有德哉今踵唐虞舊典禪位于周庸布告爾焉使大宗伯趙貴持節奉冊書曰咨爾周公帝王之位弗常有德者受命時乃天道子式時庸荒求于唐虞之彝踵曰我魏德之終舊矣我邦小大罔弗知今其可亢怫于天道而不歸有德歟時用詢謀僉曰公昭考文公格勳德于天地丕濟黔黎洎公又躬宣重光故玄象徵見于上謳訟奔走于下天之歷數用實在焉予安敢弗若是以欽祗聖典遜位于公公其享茲天命保有萬國可不愼歟魏帝臨朝遣戶部中大夫濟北公元迪致皇帝璽紱帝固辭公卿百辟勸進太史陳祥瑞乃從之是日魏帝遜位于大司馬府

元年春正月天王卽位柴燎告天朝百官于路門追尊皇考文公爲文王皇妣爲文后大赦封魏帝爲宋公是日槐里獻赤雀百官奏議曰帝王之興罔弗更正朔明受之於天革人視聽也逮于尼甫稽諸陰陽云行夏之時後王所不易今魏歷告終周室受命以木承水實當行錄正用夏時式遵聖道惟文王誕玄氣之祥有黑水之讖服色宜尚焉制曰可以大司徒趙郡王李弼爲太師以大宗伯南陽公趙貴爲太傅大冢宰以大司馬河內公獨孤信爲太保以大宗伯中山公護爲大司馬以大將軍寧都公毓高陽公達奚武武陽公豆盧寧小司寇陽平公李遠小司馬博陵公賀蘭祥小宗伯魏安公尉遲迥並爲柱國壬寅祀圓丘詔曰予本自神農其於二丘宜作厥主始祖獻侯啓于遼海配南北郊文考德符五運受天明命祖于明堂以配上帝癸卯祀方澤甲辰遂祭太社初除市門稅乙巳享太廟丁未會于乾安殿班賞各有差戊申詔有司分命使者巡察風俗求人得失禮餼高年恤于鰥寡辛亥祀南郊壬子立王后元氏辛酉享太廟癸亥親耕籍田二月癸酉朔朝日于東郊戊寅祭太社丁亥柱國楚國公趙貴謀反伏誅太保獨孤信罪免甲午以大司空梁國公侯莫陳崇爲太保大司馬晉國公護爲大冢宰柱國博陵公賀蘭祥爲大司馬高陽公達奚武爲大司寇大將軍化政公宇文貴爲柱國三月己酉衞國公獨孤信賜死癸亥省六府士員二分之一夏四月壬申降死罪已下囚壬午謁成陵丁亥享太廟五月己酉帝將觀漁於昆明池博士姜須諫乃止秋七月壬寅帝聽訟於右寢多所哀宥辛亥享太廟八月戊辰祭太社辛未降死罪已下囚甲午詔二十四軍舉賢良九月庚申改太守爲郡守帝性剛果忌晉公護之專司會李植軍司馬孫恒以先朝佐命入侍左右亦疾護權重乃與宮伯乙鳳賀拔提等潛請帝誅護帝許之又引宮伯張先洛先洛以白護乃出植爲梁州刺史恒爲潼州刺史鳳等更奏帝將召羣臣入因此誅護先洛又白之時小司馬尉綱總統宿衞兵護乃召綱入殿中詐呼鳳等論事以次執送護第並誅之綱仍罷禁兵帝無左右獨在內殿以宮人執兵自守護遣大司馬賀蘭祥逼帝遜位貶爲略陽公遂幽於舊邸月餘日以弒崩時年十六植恒等亦遇害及武帝誅護後乃詔曰故略陽公至德純粹天姿秀傑屬魏祚告終寶命將改謳歌允集歷數攸歸上協蒼靈之慶下昭后祇之錫而禍生肘腋釁起蕭墻白武噬驂蒼鷹集殿幽辱神器弒酷乘輿冤結生靈毒流寓縣今河海澄清氛沴消蕩追尊之禮宜崇徽號遣太師蜀國公迥於南郊上謚曰孝閔皇帝陵曰靜陵

世宗明皇帝諱毓小名統萬突文皇帝之長子也母曰姚夫人永熙三年文帝臨夏州生於統萬城因以名焉大統十四年封寧都郡公魏恭帝三年累遷大將軍鎮隴右孝閔踐阼進位柱國轉岐州刺史有美政及孝閔廢晉公護遣迎帝於岐州九月癸亥至京師止於舊邸羣臣上表勸進備法駕奉迎帝固讓羣臣固請乃許之

元年秋九月天王卽位大赦乙丑朝羣臣於延壽殿冬十月癸酉太師趙國公李弼薨己卯以大將軍昌平公尉綱爲柱國乙酉祀圓丘景戌祀方丘甲午祭太社陽平公李遠賜死辛未梁敬帝遜位于陳十一月庚子享太廟丁未祀圓丘十二月庚午謁成陵庚辰以大將軍輔城公邕爲柱國戊子赦長安見囚甲午詔元氏子女自坐趙貴等事以來所有沒入爲官口者悉免之

二年春正月乙未以大冢宰晉公護爲太師辛亥親耕籍田癸丑立王后獨孤氏丁巳於雍州置十二郡三月甲午北豫州刺史司馬消難舉州來附改雍州刺史爲牧京兆郡守爲尹庚申詔三十六國九十九姓自魏南徙皆稱河南人今周室既都關中宜改稱京兆人夏四月己巳以太師晉公護爲雍州牧辛未降死罪囚一等五歲刑已下皆原之甲戌天王后獨孤氏崩甲申葬敬后五月乙未以大司空梁國公侯莫陳崇爲大宗伯六月癸亥嚈噠國遣使朝貢己巳板授高年刺史守令恤鰥寡孤獨各有差分長安爲萬年縣並居京城壬申遣使分行州郡理囚徒察風俗掩骼埋胔秋七月順陽獻三足烏八月甲子羣臣上表稱慶於是大赦文武普進級九月辛卯以大將軍楊忠王雄並爲柱國甲辰封少師元羅爲韓國公以紹魏後丁未行幸同州故宅賦詩冬十月辛酉突厥遣使朝貢癸亥太廟成乙亥以功臣琅邪貞獻公賀拔勝等十三人配享文帝廟庭壬午大赦

武成元年春正月己酉太師晉公護上表歸政帝始親萬機軍旅猶總於護初改都督諸州軍事爲總管三月癸巳陳六軍帝親擐甲冑迎太白於東方吐谷渾寇邊庚戌遣大司馬博陵公賀蘭祥率衆討之夏五月戊子詔有司造周歷己亥聽訟於正武殿辛亥以太宗伯梁國公侯莫陳崇爲大司徒大司寇高陽公達奚武爲大宗伯武陽公豆盧寧爲大司寇柱國輔城公邕爲大司空乙卯詔曰比屢有糺發官司赦前事者有司自今勿推究唯廩廄倉庫與海內所共漢帝有云朕爲天下守財耳若有侵盜公家財畜錢粟者魏朝之事年月既遠一不須問自周有天下以來雖經赦宥事迹可知者有司宜卽推窮得實之日免其罪徵備如法賀蘭祥攻拔洮陽洪和二城吐谷渾遁走閏月高昌遣使朝貢六月戊子大雨霖詔公卿大夫士爰及牧守黎庶等令各上封事讜言極諫無有所諱其遭水者有司可時巡檢條列以聞庚子詔曰潁川從我是曰元勳無忘父城實起王業文考屬天地草昧造化權輿拯彼流亡匡茲頹運頼英賢盡力文武同心翼贊大功克隆帝業而被堅執鋭櫛風沐雨不言疇昔良用憮然若功成名遂建國剖符子唯休也其有致死王事妻子無歸者朕甚傷之凡從先王向夏州發夏州從來見在及薨亡者並量賜錢帛稱朕意焉是月陳武帝殂秋八月己亥改天王稱皇帝追尊文王爲文皇帝大赦改元癸丑增御正四人位上大夫冬十月齊文皇帝殂

二年春正月癸丑朔大會羣臣于紫極殿始用百戲三月辛酉重陽閣成會羣臣公侯列將卿大夫及突厥使於芳林園賜錢帛各有差夏四月帝因食糖䭔遇毒庚子大漸詔曰人生天地之間稟五常之氣天地有窮已五常有推移人安得長在是以有生有死者物理之必然處必然之理脩短之間何足多恨朕雖不德性好典墳披覽聖賢餘論未嘗不以此自曉今乃命也夫復何言諸公及在朝卿大夫士軍中大小督將軍人等並立勳効積有年載輔翼太祖成我周家今朕纘承大業處萬乘之上此上不負太祖下不負朕躬朕得啓手啓足從先帝於地下實無恨于心矣所可恨者朕享大位可謂四年矣不能使政化修理黎庶豐足九州未一二方猶梗顧此恨恨目用不瞑唯冀仁兄冢宰洎朕先正先父公卿大臣等協和爲心勉力相勸勿忘太祖遺志提挈後人朕雖沒九泉形骸不朽今大位虛曠社稷無主朕兒幼少未堪當國魯國公邕朕之介弟寬仁大度海內共聞能弘我周家必此子也夫人貴有始終公等事太祖輔朕躬可謂有始矣若克念政道顧其艱難輔邕以王天下者可謂有終矣哀死事生人臣大節公等可思念此言令萬代稱歎朕稟生儉素非能力行菲薄每寢大布之被服大帛之衣凡是器用皆無彫刻身終之日豈容違棄此好喪事所須務從儉約斂以時服勿使有金玉之飾若以禮不可闕皆令用瓦小斂訖七日哭文武百官各權辟麻苴以素服從事葬日選擇不毛之地因勢爲墳勿封勿樹且厚葬傷生聖人所誡既服膺聖人之教安敢違之凡百官司勿異朕意四方州鎭使到各令三日哭哭訖權辟凶服還以素服從事待大例除非有呼召各按部自守不得輒奔赴闕庭禮有通塞隨時之義葬訖內外悉除服從吉三年之內勿禁婚娶一令如平常也時事殷猥病困心亂止能及此如事有不盡準此以類爲斷死而可忍古人有之朕今忍死盡此懷抱其詔卽帝口授也辛丑帝崩於延壽殿時年二十七謚曰明皇帝廟號世宗五月辛未葬於昭陵帝寬明仁厚敦睦九族有君人之量幼而好學博覽羣書善屬文詞彩溫麗及卽位集公卿已下有文學者八十餘人於麟趾殿刊校經史又捃採衆書自羲農已來訖于魏末敍爲世譜凡百卷所著文章十卷

論曰昔者水運將終羣凶放命或權威震主或釁逆滔天咸謂大寶可以力致神器可以求得而卒誅夷繼及亡不旋踵是知天命有底庸可慆乎周文爰自潛躍衆無一旅驅馳戎馬之際躡足行伍之間時屬與能運膺啓聖鳩集義勇糾合同盟一舉而殄仇讐再駕而匡帝室於是內詢帷幄外杖材雄推至誠以待人弘大順以訓物高氏藉甲兵之衆恃戎馬之強屢入近畿志圖吞噬及英謀電發神旆風馳弘農建城濮之勳沙苑有昆陽之捷取威定覇以弱爲強紹元宗之衰緒創隆周之景命南清江漢西舉巴蜀北控沙漠東據伊瀍乃擯落魏晉憲章古昔修六官之廢典成一代之鴻規德刑並用勳賢兼敍遠安邇悅俗阜人和億兆之望有歸揖讓之期允集功業若此人臣以終盛矣哉非求雄略冠時英姿不世天與神授緯武經文者孰能與於此乎昔漢獻蒙塵曹公成夾輔之業晉安播蕩宋武建匡合之勳校德論功綽有餘裕至於渚宮制勝闔城孥戮蠕蠕歸命盡種誅夷雖事出於權道而用乖於德教斯爲過矣孝閔承既安之業膺樂推之運明皇處代邸之尊纂大宗之緒始則權臣專命終乃政出私門俱懷芒刺之疑用致幽縶之禍惜哉

北史卷九考證

周太祖文皇帝紀自莫那九世至侯歸豆○侯歸豆周書作侯豆歸

其僞署王衛可瓌最盛○瓌周書作孤

後陷鮮于修禮○鮮于上脫於字今各本俱同姑仍之

四月引兵上隴留兄子導爲都督鎭原州○導周書作導

軍出木狹關○狹一本作峽

世隆以凶黨外叛歡苦相敦勉令取京師○苦監本訛若今改從閣本

謁見于東驛○東驛周書作東陽驛

帝至渭南徵諸州兵未會將擊之○未周書作皆下文云乃還軍渭南時所徵諸州兵始至則此處當以未爲正

三月齊神武據芒山陣不進者數日○陣字上周書有爲字

十四年春魏帝詔封帝長子覺爲寧都郡公○覺周書作毓本卷明帝紀諱毓爲文皇帝長子大統十四年封寧都郡公應改從之今各本俱同姑仍其舊

四月帝勒銳騎三萬西踰隴○勒監本誤勤今改從南本

孝閔皇帝紀洎公叉躬宣重光○叉監本作入今從南本

始祖獻侯啓于遼海○周書于作土又下文五月己酉帝將觀漁於昆明池博士姜項諫乃止句項作須又引宮伯張先洛句先作光

世宗明皇帝紀庚辰以大將軍輔城公邕爲柱國○城一本作成周書同然據高祖武皇帝紀年十二封輔城郡公當以此爲正

長安爲萬年縣並居京城○居周書作治

建國剖符子唯休也○剖監本訛割今改從南本又子周書作予

史臣論非求雄略冠時英姿不世○求周書作夫

至於渚宮制勝○宮監本訛官今改從南本

北史卷十

唐　李延壽　撰

周本紀下第十

高祖武皇帝諱邕字禰羅突文帝第四子也母曰叱奴太后魏大統九年生於同州有神光照室帝幼而孝敬聰敏有器質文帝異之曰成吾志者此兒也年十二封輔城郡公孝閔帝踐阼拜大將軍出鎭同州明帝卽位遷柱國授蒲州刺史入爲大司空行御正進封魯國公領宗師甚見親愛參議朝廷大事性沉深有遠識非因問終無所言帝每歎曰夫人不言言必有中武成二年四月帝崩遺詔傳位於帝帝固讓百官勸進乃從之壬寅卽皇帝位大赦冬十二月改作路門是歲齊孝昭帝廢其主殷而自立

保定元年春正月戊申改元文武百官各增四級以大冢宰晉公護爲都督中外諸軍事令五府總於天官庚戌祀圜丘壬子祀方丘甲寅祀感帝於南郊乙卯祭太社己巳享太廟班文帝所述六官於廟庭甲戌板授高年官各有差乙亥親耕籍田景子大射於正武殿賜百官各有差二月己卯遣大使巡察天下風俗甲午朝日於東郊景午省鑾輿去百戲三月景寅改八丁兵爲十二丁兵率歲一月役夏四月景子朔日有蝕之庚寅以少傅吳公尉綱爲大司空丁酉白蘭遣使獻犀甲鐵鎧五月景午封孝閔皇帝子康爲紀國公皇子贇爲魯國公晉公護獲玉斗以獻六月乙酉遣御正殷不害使於陳秋七月戊申以旱故詔所在降死罪已下四更鑄錢文曰布泉以一當五與五銖並行九月甲辰南寧州使獻滇馬及蜀鎧冬十月甲戌朔日有蝕之十一月乙巳陳人來聘丁巳狩於岐陽是月齊孝昭帝殂十二月車駕至自岐陽是歲突厥吐谷渾高昌宕昌龜茲等國並遣使朝貢

二年春正月壬寅初於蒲州開河渠同州開龍首渠以廣漑灌丁未以陳主弟頊爲柱國送還江南閏月己亥大司馬涼公賀蘭祥薨二月癸丑以久不雨宥罪人京城三十里內禁酒梁主蕭詧薨夏四月甲辰以旱故禁屠宰癸亥詔曰諸柱國等勳德隆重宜有優崇各準別制邑戶聽寄食他縣五月庚午以南山衆瑞並集免今年役及租賦之半壬辰以柱國隋公楊忠爲大司空六月己亥以柱國蜀公尉迥爲大司馬分山南荊州安州襄州江陵爲四總管秋九月戊辰朔日有蝕之陳人來聘冬十月辛亥帝御大武殿大射戊午講武於少陵原十一月丁卯以大將軍衞公直趙公招並爲柱國

三年春正月辛未改光遷國爲遷州乙酉太保梁公侯莫陳崇賜死二月庚子初頒新律辛酉詔自今舉大事行大政非軍機急速皆依月令以順天心三月乙丑朔日有蝕之景子宕昌國獻生猛獸二詔放之南山夏四月乙未以柱國鄭公達奚武爲太保大將軍韓果爲柱國己亥帝御正武殿錄囚徒癸卯大雩癸丑有牛足生於背戊午幸太學以太傅燕公于謹爲三老而問道焉初禁天下報讎犯者以殺人論壬戌詔百官及庶人上封事極言得失五月甲午朔以旱故避正寢不受朝甲戌雨秋七月戊辰行幸原州庚午陳人來聘丁丑幸津門問百年賜以金帛又賜高年板職各有差降死罪囚一等八月丁未改作路寢九月甲子自原州登隴山景戌幸同州戊子詔柱國楊忠率騎一萬與突厥伐齊己丑初令世襲州郡縣者悉改爲五等爵州封伯郡封子縣封男冬十月庚戌陳人來聘十二月辛卯車駕至自同州遣太保達奚武率騎三萬出平陽以應楊忠是月有人生子男而陰在背後如尾兩足指如獸爪有犬生子腰以後分爲二身兩尾六足

四年春正月庚申楊忠破齊長城至晉陽而還二月庚

寅朔日有蝕之三月庚辰初令百官執笏夏四月癸卯以柱國鄧公竇熾爲大宗伯五月壬戌封明帝長子賢爲畢公癸酉以大將軍安武公李穆爲柱國丁亥改禮部爲司宗大司禮爲禮部大司樂爲樂部六月庚寅改御伯爲納言秋七月焉耆國遣使獻名馬八月丁亥朔日有蝕之詔柱國楊忠帥師與突厥東伐至北河而還戊子以柱國齊公憲爲雍州牧以許公宇文貴爲大司徒九月丁巳以柱國衞公直爲大司空陳人來聘是月以皇世母閻氏自齊至大赦閏月己亥以大將軍韋孝寬長孫儉並爲柱國冬十月癸亥以大將軍陸通宇文盛蔡公廣並爲柱國甲子詔大冢宰晉公護伐齊齋於太廟庭授以斧鉞於是護總大軍出潼關大將軍權景宣帥山南諸軍出豫州少師楊摽出軹關丁卯帝幸沙苑勞師癸酉還宮十一月甲午柱國尉遲迥圍洛陽柱國齊公憲營芒山晉公護次陝州十二月景辰齊豫州刺史王士良以州降壬戌齊師度河晨至洛陽諸軍驚散尉迥帥麾下數十騎扞敵得郤至夜引還柱國王雄力戰死之遂班師楊摽於軹關戰沒權景宣亦棄豫州而還是歲突厥粟特等國並遣使朝貢

五年春正月甲申朔以柱國王雄死王事故廢朝乙巳以雄世子謙爲柱國二月辛丑詔陳公純等逆皇后于突厥景寅以柱國李穆爲大司空綏德公陸通爲大司寇壬申行幸岐州戊子柱國豆盧寧薨夏四月齊武成帝禪位於其太子緯自稱太上皇帝五月己亥左右武伯各置中大夫一人六月庚申彗星出三台入文昌犯上將經紫宮入苑漸長丈餘百餘日乃滅辛未詔江陵人年六十五已上爲官奴婢者已令放免其公私奴婢年七十以外者所在官私宜贖爲庶人秋七月辛巳朔日有蝕之庚寅行幸秦州降死罪已下刑辛丑遣大使巡察天下八月景子車駕至自秦州冬十月辛亥改函谷關城爲通洛防十一月丁未陳人來聘是歲吐谷渾遣使朝貢

天和元年春正月己卯朔日有蝕之辛巳考路寢命羣臣賦古詩京邑耆老亦會焉頒賜各有差癸未大赦改元百官普加四級己亥親耕藉田丁未於宕昌國置宕州遣小載師杜杲使於陳二月戊辰詔三公已下各舉所知庚午日闕光遂微日中見烏三月景午祀南郊夏四月辛亥雩是月陳文帝殂五月庚辰帝御正武殿集羣臣親講禮記吐谷渾龍涸王莫昌率戶內附以其地爲扶州甲午詔曰甲子乙卯禮云不樂萇弘表昆吾之稔杜蕢有揚觶之文自世道喪亂禮儀紊毀此典茫然已墜於地宜依是日有事停樂庶知爲君之難爲臣不易貽之後昆殷鑒斯在六月景午以大將軍辛威爲柱國秋七月戊寅築武功郿斜谷武都留谷津坑諸城以置軍人壬午詔諸胄子入學但束脩於師不勞釋奠釋奠者學成之祭自今卽爲恒式八月己未詔諸有三年之喪或負土成墳或寢苫骨立一志一行可稱獎者本部官司隨事上言當加弔勉以勵薄俗九月乙亥信州蠻反詔開府陸騰討平之冬十月甲子初造山雲儛以備六代樂十一月景戌行幸武功等城十二月庚申還宮

二年春正月癸酉朔日有蝕之己亥親耕藉田三月癸酉改武遊園爲道會苑丁亥初立郊丘壇壝制度夏四月乙巳省併東南諸州以大將軍陳公純爲柱國六月辛亥尊所生叱奴氏爲皇太后閏月庚午地震戊寅陳湘州刺史華皎帥衆來附壬辰以大將軍譙公儉爲柱國秋七月辛丑梁州上言鳳凰集楓樹羣鳥列侍以萬數甲辰立路門學置生七十二人壬子以太傅燕公于謹爲雍州牧九月衞公直等與陳將淳于量吳明徹戰于沌口王師敗績元定以步騎數千先度遂沒江南冬十一月戊戌朔日有蝕之癸丑太保許國公宇文貴薨是歲突厥吐谷渾安息等國並遣使朝貢

三年春正月辛丑祀南郊三月癸卯皇后阿史那氏至自突厥甲辰大赦丁未大會百寮及賓客於路寢戊午太傅燕公于謹薨夏四月辛巳以太保達奚武爲太傅大司馬尉迥爲太保柱國齊公憲爲大司馬五月庚戌享太廟六月甲戌有星孛於東井秋七月壬寅柱國隋公楊忠薨八月乙丑韓公元羅薨齊人來聘請和親詔軍司馬陸逞報聘癸酉帝御大德殿集百寮及沙門道士等親講禮記冬十月癸亥享太廟丁亥上親帥六軍講武於城南京邑觀者輿馬彌漫數十里諸蕃使咸在焉十一月壬辰朔日有蝕之壬子遣開府崔彥穆使於齊甲寅陳安成王頊廢其主伯宗而自立辛未齊武成帝殂

四年春正月辛卯朔以齊武成殂故廢朝遣司會李綸等會葬於齊二月戊辰帝御大德殿集百寮道士沙門等討論釋老夏四月己巳齊人來聘五月己丑帝製象經成集百寮講說封魏廣平公子元謙爲韓國公以紹魏後丁巳柱國吳公尉綱薨六月築原州及涇州東城秋七月突厥遣使獻馬柱國昌寧公長孫儉薨

五年春三月甲辰初令宿衞官住關外者將家累入京不樂者解宿衞夏四月甲寅以柱國宇文盛爲大宗伯省帥都督官景寅遣大使巡察天下六月景子以皇女生故降宥罪人幷免逋租懸調冬十月辛巳朔日有蝕之丁酉太傅鄭公達奚武薨十一月丁卯柱國幽公廣薨十二月癸巳大將軍鄭恪帥師平越巂置西寧州是月齊將斛律光侵邊於汾北築城自華谷至龍門

六年春正月己酉朔以路門未成故廢朝丁卯以大將軍王傑譚公會鴈門公田弘魏公李暉等並爲柱國三月己酉齊公憲自龍門度河斛律光退保華谷憲攻拔其新築五城夏四月戊寅朔日有蝕之辛卯信州蠻反遣大將軍趙闇帥師討平之庚子以大將軍司馬消難侯莫陳瓊大安公閻慶神武公竇毅南陽公叱羅協平高公侯伏侯龍恩並爲柱國五月癸亥遣納言鄭詡使於陳景寅以大將軍李諱中山公訓杞公亮上庸公陸騰安義公宇文丘北平公寇紹許公宇文善犍爲公高琳鄭公達奚震隴東公楊纂常山公于翼並爲柱國六月乙未以大將軍太原公王秉爲柱國是月齊將段孝先攻陷汾州秋七月乙丑以大將軍越公盛爲柱國八月癸酉省掖庭四夷樂後宮羅綺工五百餘人冬十月壬午冀公通薨乙未遣右武伯谷會琨使於齊壬寅上親帥六軍講武於城南十一月壬子以大將軍梁公侯莫陳芮大將軍李意並爲柱國景辰齊人來聘丁巳行幸散關十二月己丑還宮是冬牛疫死者十六七

建德元年春正月戊午帝幸玄都觀親御法座講說公卿道俗論難事畢還宮降死罪及流罪一等其五歲刑已下並宥之二月癸酉遣大將軍昌城公深使於突厥司宗李際使於齊乙酉柱國安義公宇文丘薨三月癸卯朔日有蝕之齊人來聘景辰誅大冢宰晉公護及其子柱國譚公會幷柱國侯伏侯龍恩及其弟大將軍萬壽大將軍劉勇等大赦改元罷中外府癸亥以太傅尉迥爲太師柱國竇熾爲太傅大司空李穆爲太保齊公憲爲大冢宰衞公直爲大司徒趙公招爲大司空柱國辛威爲大司寇綏德公陸通爲大司馬詔曰人勞不止則星動於天作事不時則石言於國頃興造無度徵發不已加以頻歲師旅農畝廢業去秋災蝗年穀不登自今正調以外無妄徵發夏四月甲戌以代公達滕公逌並爲柱國己卯詔公卿已下各舉所知遣工部代公達使於齊景戌詔百官軍人上封事極言得失丁亥詔斷四方非常貢獻庚寅追尊略陽公爲孝閔皇帝癸巳立魯公贇爲皇太子大赦百官各加封級五月壬戌以大旱集百官於庭詔之曰亢陽不雨豈朕德薄刑賞乖中歟將公卿大臣或非其人歟宜盡直言無有所隱公卿各引咎自責其夜澍雨六月庚子改置宿衞官員秋七月辛丑陳人來聘九月庚子朔日有蝕之庚申扶風掘地得玉盃以獻冬十月庚午詔江陵所獲俘虜充官口者悉免爲百姓辛未遣小匠師楊勰使於陳大司馬綏德公陸通薨十一月景午上親御六軍講武于城南庚戌行幸羌橋集京城東諸都督以上頒賜各有差乙卯還宮壬戌以大司空趙公招爲大司馬十二月壬申行幸斜谷集京城以西諸軍都督以上頒賜有差景戌還宮己丑帝御正武殿親錄四徒至夜而罷庚寅幸道會苑以上善殿壯麗遂焚之

二年春正月辛丑祀南郊乙巳以柱國田弘爲大司空大將軍若干鳳爲柱國庚戌復置帥都督官乙卯享太廟閏月己巳陳人來聘二月甲寅詔皇太子贇巡撫西土壬戌遣司會侯莫陳凱使於齊省雍州內八部幷入京兆馮翊扶風咸陽等郡三月己卯皇太子於岐州獲白鹿二以獻詔答曰在德不在瑞癸巳省六府諸司中大夫以下官府置四司以下大夫爲官之長上士貳之夏四月己亥享太廟景辰增改東宮官員五月丁丑以柱國侯莫陳瓊爲大宗伯滎陽公司馬消難爲大司寇上庸公陸騰爲大司空六月庚子省六府員外諸官皆爲丞壬子皇孫衍生文武官普加一級大階大選諸軍將帥景辰帝御路寢集諸軍將勗以戎事庚申詔諸軍旗旌皆畫以猛獸鷙鳥之象秋七月己巳享太廟自春末不雨至於是月壬申集百寮於大德殿帝責躬罪己問以時政得失戊子雨八月景午改三夫人爲三妃關中大蝗九月乙丑陳人來聘戊寅詔曰頃者婚嫁競爲奢靡有司宜加宣勒使遵禮制冬十月癸卯齊人來聘甲辰奏六代樂成帝御崇信殿集百官觀之十一月辛巳帝親帥六軍講武於城東癸未集諸軍都督以上五十人於道會苑大射帝親臨射堂大備軍容十二月癸巳集羣官及沙門道士等帝升高座辨釋三教先後以儒教爲先道教次之佛教爲後以大將軍赫連達爲柱國詔軍人之間年多耆壽可頒授老職使榮沾邑里戊午聽訟於正武殿自旦及夜繼之以燭

三年春正月壬戌朝羣臣於路門冊柱國齊公憲衞公直趙公招譙公儉陳公純越公盛代公達滕公逌並進爵爲王己巳享太廟庚午突厥遣使獻馬癸酉詔自今

男年十五女年十三以上爰及鰥寡所在以時嫁娶務從節儉乙亥親耕藉田景子初服短衣享二十四軍督將以下試以軍旅之法縱酒盡歡詔以往歲年穀不登令公私道俗凡有貯積粟麥者皆準口聽留已外盡糶二月壬辰朔日有蝕之丁酉紀公康畢公賢鄷公貞宋公實漢公贊秦公贄曹公允並進爵爲王景午令六府各舉賢良淸正之士癸丑柱國許公宇文善有罪免景辰大赦三月癸酉皇太后叱奴氏崩帝居倚廬朝夕共一溢米羣臣表請累旬乃止詔皇太子贇總庶政夏四月乙卯齊人來弔賵會葬丁巳有星孛於東井五月庚申葬文宣后於永固陵帝袒跣至陵所辛酉詔曰齊斬之情經籍彝訓近代沿革遂亡斯禮伏奉遺令旣葬便除攀慕几筵情實未忍三年之喪達於天子古今無易之道王者之所常行但時有未諧不得全制軍國務重庶有聽朝衰麻之節苫盧之禮率遵前典以申罔極百寮以下宜遵遺令公卿上表固請俯就權制過葬卽吉帝不許引古答之羣臣乃止於是遂申三年之制五服之內亦令依禮初置太子諫議員四人文學十人皇子皇弟友員各二人學士六人戊辰詔故晉公護及諸子並追復先封改葬加謚景子初斷佛道二教經像悉毀罷沙門道士並令還俗幷禁諸淫祀非祀典所載者盡除之六月丁未集諸軍將教以戰陣之法壬子更鑄五行大布錢以一當十與布泉錢並行戊午詔曰至道弘深混成無際體包空有理極幽玄但岐路既分源流逾遠淳離朴散形器斯乖遂使三墨八儒朱紫交競九流七略異說相騰道隱小成其來舊矣不有會歸爭驅靡息今可立通道觀聖哲微言先賢典訓金科玉篆祕賾玄文可以濟養黎元扶成教義者並宜弘闡一以貫之俾夫翫培塿者識嵩岱之崇崛守磧礫者悟渤澥之泓澄不亦可乎秋七月庚申行幸雲陽宮乙酉衞王直在京反欲突入肅章門司武尉遲運等拒守直敗遁走戊子車駕至自雲陽宮八月辛卯禽直於荆州免爲庶人冬十月景申詔御正楊尚希使於陳庚子詔蒲州人遭饑乏絕者令向郿城以西及荆州管內就食甲寅行幸蒲州乙卯曲赦蒲州見囚大辟以下景辰行幸同州十一月戊午于闐遣使獻名馬己巳大閱於同州城東甲戌車駕至自同州十二月戊子大會衞官及軍人以上賜錢帛各有差景申改諸軍軍人並名侍官癸卯集諸軍講武於臨皋澤涼州比年地震壞城郭地裂涌泉出

四年春正月戊辰初置營軍器監壬申布寬大之詔多所錮免二月景戌朔日有蝕之辛卯改置宿衞官員己酉柱國廣德公李意有罪免三月景辰遣小司寇元衞使於齊郡縣各省主簿一人甲戌以柱國趙王招爲雍州牧夏四月甲午柱國燕公于寔有罪免丁酉初令上書者並爲表於皇太子以下稱啓秋七月己未禁五行大布錢不得出入關布泉錢聽入而不聽出甲戌陳人來聘景子召大將軍以上於大德殿帝親諭以伐齊之旨言往以政出權宰無所措懷自親覽萬機便圖東討惡衣菲食繕甲練兵數年以來戰備稍足而僞主昏虐恣行無道伐暴除亂斯實其時羣臣咸稱善丁丑下詔暴齊氏過惡以柱國陳王純爲前一軍總管滎陽公司馬消難爲前二軍總管鄭公達奚震爲前三軍總管越王盛爲後一軍總管周昌公侯莫陳瓊爲後二軍總管趙王招爲後三軍總管齊王憲帥衆二萬趣黎陽隋公楊堅廣寧公侯莫陳迥舟師三萬自渭入河柱國梁公侯莫陳芮帥衆一萬守太行道申國公李穆帥衆三萬守河陽道常山公于翼帥衆二萬出陳汝壬午上親帥六軍衆六萬直指河陰八月癸卯入齊境禁伐樹殘苗稼犯者以軍法從事丁未上親帥諸軍攻拔河陰大城攻子城未剋上有疾九月辛酉夜班師水軍焚舟而退齊王憲于翼李穆等所在剋捷降拔三十餘城皆棄而不守唯以王藥城要害令儀同三司韓正守之正尋以城降齊戊寅至自東伐冬十月戊子初置上柱國上大將軍官改開府儀同三司爲開府儀同大將軍又置上開府上儀同官閏月以柱國齊王憲蜀公尉遲迥爲上柱國詔諸畿郡各舉賢良十一月己亥改置司內官員十二月辛亥朔日有蝕之景子陳人來聘是歲岐寧二州人饑開倉振恤

五年春正月辛卯行幸河東涑川集關河東諸軍校獵甲午還同州丁酉詔分遣大使周省四方察訟聽謠問人卹隱廢布泉錢戊申初令鑄錢者至絞從者遠配二月辛酉遣皇太子贇巡撫西土仍討吐谷渾三月壬寅車駕至自同州文宣皇太后服再朞戊申祥夏六月戊申朔日有蝕之辛亥享太廟景辰利州總管紀王康有罪賜死秋七月乙未京師旱八月戊申皇太子入吐谷渾至伏俟城而還乙丑陳人來聘九月丁丑大醮於正武殿以祈東伐冬十月帝復諭羣臣伐齊以去歲屬有疹疾遂不得剋平逋寇于時出軍河外直爲撫背未扼其喉然晉州本高歡所起統攝要重今往攻之彼必來援嚴軍以待擊之必剋然後乘破竹之勢鼓行而東足以窮其窟穴諸將多不願行帝曰機者事之微不可失矣沮軍事者以軍法裁之己酉帝總戎東伐以越王盛爲右一軍總管杞公亮爲右二軍總管隋公楊堅爲右三軍總管譙王儉爲左一軍總管大將軍竇泰爲左二軍總管廣化公丘崇爲左三軍總管齊王憲陳王純爲前軍癸亥帝至晉州遣齊王憲帥精騎二萬守雀鼠谷陳王純步騎二萬守千里徑鄭公達奚震步騎一萬守統軍川大將軍韓明步兵五千守齊子嶺烏氏公尹升步騎五千守鼓鍾鎭涼城公辛韶步騎五千守蒲津關柱國趙王招步騎一萬自華谷攻汾州諸城柱國宇文盛步兵一萬守汾水關遣內史王誼監六軍攻晉州城帝屯於汾曲齊王憲攻洪洞永安二城並拔之是夜虹見於晉州城上首向南尾入紫宮帝每日自汾曲赴城下親督戰庚午齊行臺左丞侯子欽出降壬申齊晉州刺史崔嵩夜密使送款上開府王軌應之未明登城遂剋晉州甲戌以上開府梁士彥爲晉州刺史以鎭之十一月己卯齊主自幷州帥衆來援帝以其兵新集且避之乃詔諸軍班師齊主遂圍晉州齊王憲屯諸軍於涑水爲晉州聲援河東地震癸巳至自東伐獻俘于太廟景申放齊諸城鎭降人還丁酉帝發京師壬寅度河與諸軍合十二月戊申次晉州庚戌帝帥諸軍八萬置陣東西二十餘里乘常御馬從數人巡陣所至輒呼主帥姓名以慰勉之將士咸見知之恩各思自厲將戰有司請換馬帝曰朕獨乘良馬何所之齊主亦於塹北列陣申後齊人塡塹南引帝大喜勒諸軍擊之齊人便退齊主與其麾下數十騎走還幷州齊衆大潰軍資甲仗數百里間委棄山積辛亥帝幸晉州仍率諸軍追齊主諸將固請還師帝曰縱敵患生卿等若疑朕將獨往諸將不敢言甲寅齊主遣其丞相高阿那肱守高壁帝麾軍直進那肱望風退散景辰師次介休齊將韓建業舉城降以爲上柱國封郇國公丁巳大軍次幷州齊主留其從兄安德王延宗守幷州自將輕騎走鄴是日詔齊王公以下示以逆順之道於是齊將帥降者相繼戊午高延宗僭卽僞位改年曰德昌己卯軍次幷州帝帥諸軍合戰齊人退帝逐北及城東門諸軍遶城置陣至夜延宗帥其衆排陣而前城中軍却人相蹂踐大爲延宗所敗齊人欲閉門以閫下積尸扉不得闔帝從數騎崎嶇危險僅得出門至明帥諸軍更戰大破之禽延宗幷州平壬戌詔曰昔天厭水運龍戰於野兩京否隔四紀于茲朕垂拱巖廊君臨宇縣相邠人於海內混楚弓於天下一物失所有若推溝方欲德綏未服義征不譓僞主高緯放命燕齊怠慢典刑俶擾天紀加以背惠怒鄰棄信忘義朕應天從物伐罪弔人一鼓而蕩平陽再舉而摧強敵僞署王公相繼道左高緯智窮數屈逃竄草間僞安德王高延宗擾攘之閒遂竊名號與僞齊昌王莫多婁敬顯等收合餘燼背城借一王威旣振魚潰鳥離破竹更難建瓴非易延宗衆散矜甲軍門根本旣傾枝葉自實幽青海岱折簡而來冀北河南傳檄可定八紘共貫六合同風方當偃伯靈臺休牛桃塞無疆之慶非獨在予漢皇約法除其苛政姬王輕典刑彼新邦思覃惠澤被之率土新集臣庶皆從蕩滌可大赦天下高緯及王公以下若釋然歸順咸許自新諸亡人僞朝亦從寬宥官榮次序依例無失齊制僞令卽宜削除鄒魯縉紳幽幷騎士一介可稱並宜銓錄景寅出齊宮中金銀寶器珠玉麗服及宮女二千人班賜將士以柱國趙王招陳王純越王盛杞公亮梁公侯莫陳芮庸公王謙北平公寇紹鄭公達奚震並爲上柱國封齊王憲子安城郡公質爲河間王諸有功者封授各有差癸酉帝帥六軍趣鄴

六年春正月乙亥齊主傳位於其太子恒改年曰承光自號太上皇壬辰帝至鄴癸巳帥諸軍圍之齊人拒守諸軍奮擊大破之遂平齊主先送其母及妻子於青州及城陷帥數十騎走青州遣大將軍尉勤追之是戰也於陣獲其齊昌王莫多婁敬顯帝數之曰汝有死罪三前從幷州走鄴棄母攜妻妾是不孝外爲僞主戮力內實通啓於朕是不忠送款之後猶持兩端是不信如此用懷不死何待遂斬之是日西方有聲如雷甲子帝入鄴城詔去年大赦班宣未及之處皆從赦例己亥詔曰晉州大陣至鄴身殞戰場者其子卽授父本官尉勤禽齊主及其太子恒於青州庚子詔曰僞齊之末姦佞擅權濫罰淫刑動挂羅網僞右丞相咸陽王故斛律明月僞侍中特進開府故崔季舒等七人或功高獲罪或直言見誅朕兵以義動翦除凶暴表閭封墓事切下車宜追贈謚幷加窆措其見在子孫各隨蔭敘錄家口田宅沒官者幷還之辛丑詔僞齊東山南園及三臺並毀撤瓦木諸物凡入用者盡賜百姓山園之田各還本主二月景午論定諸軍勳置酒於齊太極殿會軍士以上班賜有差丁未齊主至帝降自阼階見以賓主禮齊任城王湝在冀州擁兵未下遣上柱國齊王憲與柱國隋公楊堅討平之齊范陽王高紹義叛入突厥齊諸行臺州

鎭悉降關東平合州五十五郡一百六十二縣三百八十五戶三十萬二千五百八十八口二千萬六千八百八十六乃於河陽及幽青南兗豫徐北朔定州置總管府相并二總管各置官及六府官癸丑詔自僞武平三年以來河南諸州人僞齊破掠爲奴婢者不問公私並放免之其住在淮南者亦卽聽還願住淮北者可隨便安置癃疾孤老不能自存者所在矜恤乙卯車駕發自鄴三月壬午詔山東諸州各舉士夏四月乙巳至自東伐列齊主於前其王公等並從車輿旌旗及器物以次陳於其後大駕布六軍備凱樂獻俘於太廟京邑觀者皆稱萬歲戊申封齊王爲溫國公庚戌大會羣臣及諸蕃客於路寢乙卯廢蒲陝涇寧四州總管己巳享太廟詔分遣使人巡方撫慰觀風省俗五月丁丑以柱國譙王儉爲大冢宰庚辰以上柱國杞公亮爲大司徒鄭公達奚震爲大宗伯梁公侯莫陳芮爲大司馬柱國應公獨孤永業爲大司寇鄖公韋孝寬爲大司空辛巳大醮於正武殿以報功己丑祀方丘詔曰往者冢臣專任制度有違正殿別寢事窮壯麗非直彫牆峻宇深戒前王而締構弘敞有踰清廟不軌不物何以示後兼東夏初平人未見德率先海內宜自朕始其路寢會義崇信含仁雲和思齊諸殿等農隙之時悉可毀撤彫斲之物並賜貧人繕造之宜務從卑朴戊戌詔曰京師宮殿已從撤毀并鄴二所華侈過度誠復作之非我豈容因而弗革諸堂殿壯麗並宜除蕩甍宇雜物分賜窮人三農之隙別漸營構止蔽風雨務在卑狹庚子陳人來聘是月青城門無故自崩六月辛亥御正武殿錄囚徒甲子東巡丁卯詔曰自今不得娶母同姓以爲妻妾秋七月景戌行幸洛州己丑詔山東諸州舉有才望者赴行在所共論政事得失八月壬寅議權衡度量頒於天下其不依新式者悉追停之詔曰以刑止刑以輕代重罪不及嗣皆有定科雜役之徒獨異常憲一從罪配百代不免罰既無窮刑何以措凡諸雜戶悉放爲百姓配雜之科因之永削甲子鄭州獻九尾狐皮肉銷盡骨體猶具帝曰瑞應之來必昭有德若使五品時序四海和平家識孝慈乃能致此今無其時恐非實錄乃令焚之九月壬申以柱國鄧公竇熾申公李穆爲上柱國戊寅初令庶人以上非朝祭之服唯得衣綢綿綢絲布圓綾紗絹綃葛布等九種壬辰詔東土諸州儒生明一經以上並舉送州郡以禮發遣冬十月戊申行幸鄴宮戊午改葬德皇帝於冀州帝服緦哭於太極殿百官素服哭是月誅溫公高緯十一月壬申封皇子充爲道王兌爲蔡王癸酉陳將吳明徹侵呂梁徐州總管梁士彥與戰不利退守徐州遣上大將軍郯公王軌討之是月稽胡反遣齊王憲討平之詔自永熙三年七月以來十月以前東土人被鈔在化內爲奴婢者及平江陵日良人沒爲奴婢者並免同人伍詔曰正位於中有聖通典質文相革損益不同五帝則四星之象三王制六宮之數劉曹已降等列彌繁選擇徧於生靈命秩方於庶職椒房丹地有衆如雲本由嗜欲之情非關風化之義朕運當澆季思復古始弘贊後庭事從簡約可置妃二人世婦三人御妻三人自茲以外宜悉減省己亥晦日有蝕之初行刑書要制持杖羣強盜一疋以上不持杖羣強盜五疋以上監臨主掌自盜二十疋以上小盜及詐請官物三十疋以上正長隱五戶及十丁以上隱地三頃以上皆至死刑書所不載者自依律科十二月北營州刺史高寶寧據州反庚申行幸并州宮移并州軍人四萬戶於關中戊辰廢并州宮及六府是歲吐谷渾百濟並遣使朝貢

宣政元年春正月癸酉吐谷渾僞趙王他婁屯來降壬午行幸鄴宮辛卯幸懷州癸巳幸洛州詔於懷州置宮二月甲辰柱國大冢宰譙王儉薨丁巳車駕至自東巡乙丑以上柱國越王盛爲大冢宰陳王純爲雍州牧三月戊辰於蒲州置宮廢同州及長春二宮壬申突厥遣使朝貢甲戌初服常冠以皁紗爲之加簪而不施纓導其制若今之折角巾也上大將軍王軌破陳師於呂梁禽其將吳明徹等俘斬三萬餘人丁亥詔柱國豆盧寧征江南武陵南平等郡所有士庶爲人奴婢者悉依江陵放免壬辰改元夏四月壬子初令遭父母喪者聽終制庚申突厥入寇幽州五月己丑帝總戎北伐遣柱國原公姬願東平公宇文神舉等五道俱入發關中公私馬驢悉從軍癸巳帝不豫止于雲陽宮景申詔停諸軍六月丁酉帝疾甚還京其夜崩於乘輿時年三十六遺詔曰人肖形天地稟質五常修短之期莫非命也朕君臨宇縣十有九年未能使百姓安樂刑措不用未旦求衣分宵忘寢昔魏室將季海內分崩太祖扶危翼傾肇開王業燕趙榛蕪又竊名號朕上述先志下順人心遂與王公將帥共平東夏雖復祅氛蕩定而人勞未康每一念如此若臨冰谷將欲包舉六合混同文軌今遘疾大漸力氣稍微有志不申以此歎息天下事重萬機不易王公以下爰及庶寮宜輔導太子副朕遺意令上不負太祖下無失爲臣朕雖瞑目九泉無所復恨朕平生居處每存菲薄非直以訓子孫亦乃本心所好喪事資用須使儉而合禮墓而不墳自古通典隨吉卽葬葬訖公除四方士庶各三日哭妃嬪以下無子者悉放還家謚曰武皇帝廟稱高祖己未葬於孝陵帝沉毅有智謀初以晉公護專權常自晦迹人莫測其深淺及誅護之後始親萬機克己勵精聽覽不怠用法嚴整多所罪殺號令懇惻唯屬意於政羣下畏服莫不肅然性既明察少於恩惠凡布懷立行皆欲踰越古人身衣布袍寢布被無金寶之飾諸宮殿華綺者皆撤毀之改爲土階數尺不施櫨栱其彫文刻鏤錦繡纂組一皆禁斷後宮嬪御不過十餘人勞謙接下自強不息以海內未康銳情教習至於校兵閱武步行山谷履涉勤苦皆人所不堪平齊之役見軍士有跣行者帝親脫靴以賜之每宴會將士必自執盃勸酒或手付賜物至於征伐之處躬在行陣性又果決能斷大事故能得士卒死力以弱制強破齊之後遂欲窮兵極武平突厥定江南一二年間必使天下一統此其志也

宣皇帝諱贇字乾伯武帝長子也母曰李太后武成元年生於同州保定元年五月景午封魯國公建德元年四月癸巳武帝親告廟冠於阼階立爲皇太子二年詔皇太子巡撫西土文宣后崩武帝諒闇詔太子總朝政五旬而罷武帝每巡幸四方太子常留監國五年二月又詔太子巡西土因討吐谷渾宣政元年六月丁酉武帝崩戊戌太子卽皇帝位尊皇后曰皇太后甲子誅上柱國齊王憲閏月乙亥詔山東流人新復業及突厥侵掠家口破亡不能存濟者給復一年立妃楊氏爲皇后辛巳以上柱國趙王招爲太師陳王純爲太傅柱國代王達滕王逌盧公尉遲運薛公長孫覽並爲上柱國是月幽州盧昌期據范陽反詔柱國東平公宇文神舉討平之秋七月乙巳享太廟景午祀圜丘戊申祀方澤庚戌以小宗伯歧公斛斯徵爲大宗伯壬戌以南兗州總管隋公楊堅爲上柱國大司馬癸亥尊所生李氏爲帝太后八月景寅夕月於西郊長安萬年二縣人居京城者給復三年壬申幸同州遣大使巡察諸州制九條宣下州郡其母族絕服外者聽婚以上柱國薛公長孫覽爲大司徒柱國楊公王誼爲大司空景戌以柱國永昌公椿爲大司寇九月丁酉以柱國宇文盛張掖公王傑枹罕公辛威鄖國公韋孝寬並爲上柱國庚戌封皇弟元爲荊王詔諸應拜者皆以三拜成禮冬十月癸酉至自同州戊子百濟遣使朝貢十一月己亥講武於道會苑帝親擐甲是月突厥犯邊圍酒泉殺掠吏士十二月甲子以柱國畢王賢爲大司空己丑以上柱國河陽總管滕王逌爲行軍元帥伐陳免京師見徒並令從軍

大象元年春正月己丑受朝於路門帝服通天冠絳紗袍羣臣皆服漢魏衣冠大赦改元爲大成初置四輔官以大冢宰越王盛爲大前疑蜀公尉遲迥爲大右弼申公李穆爲大左輔大司馬隋公楊堅爲大後丞癸卯封皇子衍爲魯王甲辰東巡景午以柱國常山公于翼爲大司徒辛亥以柱國許公宇文善爲大宗伯戊午行幸洛陽立魯王衍爲皇太子二月癸亥詔曰河洛之地舊稱朝市自魏氏失馭城闕爲墟我太祖受命酆鎬有懷光宅高祖往巡東夏布政此宮朕以眇身祗承寶運雖庶幾聿修之志敢忘燕翼之心一昨駐蹕金墉備嘗遊覽百王制度基址尚存今若因循爲功易立宜命邦事修復舊都奢儉取文質之間功役依子來之義北贍河內咫尺非遙前詔經營今宜停罷於是發山東諸州兵增一月功爲四十五日役起洛陽宮常役四萬人以迄晏駕并移相州六府於洛陽稱東京六府殺柱國徐州總管郯公王軌停南討諸軍以趙王招女爲千金公主嫁於突厥乙亥行幸鄴景子初令總管刺史行兵者加持節餘悉罷之辛巳詔傳位於皇太子衍大赦改元大成爲大象帝於是自稱天元皇帝所居稱天臺冕二十有四旒車服旗鼓皆以二十四爲節內史御正皆置上大夫皇帝衍稱正陽宮置納言御正諸衛等官皆准天臺尊皇太后爲天元皇太后癸未日出將入時其中並有烏色大如雞卵經四日乃滅戊子以大前疑越王盛爲太傅大右弼蜀公尉遲迥爲大前疑代王達爲大右弼辛卯詔徙鄴城石經於洛陽又詔洛陽凡是元遷戶並聽還洛州此外欲往者聽之河陽幽相豫亳青徐七總管受東京六府處分三月庚申車駕至自東巡大陳軍伍親擐甲冑入自青門皇帝衍備法駕從百官迎於青門外是時驟雨儀衛失容辛酉封趙王招第二子貫爲永康縣王夏四月壬戌朔有司奏言日蝕不視事過時不蝕乃臨軒立妃朱氏爲天元帝后癸亥以柱國畢王賢爲上柱國己巳享太廟壬午大醮於正武殿五月辛亥以洛州襄國郡爲趙國齊州濟南郡爲陳國豐州武當安富二郡爲越國潞州上黨郡爲代國荊州新野郡爲滕國邑各一萬戶令趙王招陳王純越王盛代王達滕王逌並之國是月遣使簡視京城及諸州士庶女充

選後宮突厥寇并州六月咸陽有池水變爲血徵山東諸州人修長城秋七月庚寅以大司空畢王賢爲雍州牧大後丞隋公楊堅爲大前疑柱國滎陽公司馬消難爲大後丞景申納大後丞司馬消難女爲正陽宮皇后己酉尊帝太后李氏爲天皇太后壬子改天元帝后朱氏爲天皇后立妃元氏爲天右皇后妃陳氏爲天左皇后八月庚申幸同州壬申還宮甲戌以天左皇后父大將軍陳山提天右皇后父開府元晟並爲上柱國初武帝作刑書要制用法嚴重及帝卽位恐物情未附除之至是爲刑經聖制其法深刻大醮於正武殿告天而行焉壬午以上柱國雍州牧畢王賢爲太師上柱國郇公韓建業爲大左輔是月所在蟻羣鬬各四五尺死者十八九九月己卯以鄖王貞爲大冢宰上柱國鄖公韋孝寬爲行軍元帥率行軍總管杞公亮郕公梁士彥伐陳遣御正杜杲使於陳冬十月壬戌幸道會苑大醮以高祖武皇帝配醮初復佛象及天尊象帝與二象俱南坐大陳雜戲令京城士庶縱觀是月相州人段德舉謀反伏誅十一月乙未夜行幸同州壬寅還宮乙巳初鑄永通萬國錢以一當千與五行大布並行是月韋孝寬拔壽陽杞國公亮拔黃城梁士彥拔廣陵陳人退走於是江北盡平十二月戊午以災異屢見帝御路寢見百官詔曰朕以寡德君臨區寓始於秋季及此玄冬幽憂殷勤屢貽深戒至有金入南斗木犯軒轅熒惑干房又與土合流星照夜東南而下然則南斗主於爵祿軒轅爲於後宮房曰明堂布政所也火土則憂孽之兆流星乃兵凶之驗豈其宮人失序女謁尚行政事乖方憂患將至何其昭著若斯之甚將避正寢齋居克念惡衣減膳去飾徹懸披不諱之誠開直言之路欲使刑不濫及賞弗踰等選舉以才宮闈修德宜宣諸內外庶盡弼諧允叶人心用消天譴於是舍仗衞往天興宮百官上表勸復寢膳許之甲子還宮御正武殿集百官及宮人內外命婦大列妓樂又縱胡人乞寒用水澆沃以爲戲樂乙丑行幸洛陽帝親御驛馬日行三百里四皇后及文武侍衞數百人並乘驛以從令四后方駕齊驅或有先後便加譴責人馬頓仆相屬於道己卯還宮

二年春正月丁亥帝受朝于道會苑癸巳享太廟乙巳造二辰畫日月象以置左右戊申雨雪雪止又雨細黃土移時乃息乙卯詔江右諸州新附人給復二十年初稅入市者人一錢二月丁巳帝幸路門學行釋奠禮戊午突厥遣使獻方物且逆千金公主乙丑改制詔爲天制勑爲天勑尊天元皇太后爲天元上皇太后天皇太后李氏曰天元聖皇太后癸未立天元皇后楊氏爲天元大皇后天皇后朱氏爲天大皇后天右皇后元氏爲天右大皇后天左皇后陳氏爲天左大皇后正陽宮皇后直稱皇后是月洛陽有禿鶖鳥集新太極殿前滎州有黑龍見與赤龍鬬於汴水側黑龍死三月丁亥賜百官及百姓大酺詔進封孔子爲鄒國公邑數準舊并立後承襲別於京師置廟以時祭奠戊子行軍總管杞公亮舉兵反行軍元帥韋孝寬獲而殺之辛卯行幸同州增候正前驅式道爲三百六十重自應門至赤岸澤數十里間幡旗相蔽鼓樂俱作又令武賁持鈒馬上稱警蹕以至同州乙未改同州宮爲天成宮庚子車駕至自同州詔天臺侍衞皆着五色及紅紫緑衣以雜色緣名曰品色衣有大事與公服閒服之壬寅詔內外命婦皆執笏其拜宗廟及天臺皆俛伏甲辰初置天中大皇后立天左大皇后陳氏爲天中大皇后立妃尉遲氏爲天左大皇后夏四月己巳享太廟己卯以旱故降見囚死罪已下壬午幸中山祈雨至咸陽宮雨降甲申還宮令京城士女於衢巷作音樂以迎候五月甲午帝備法駕幸天興宮乙未帝不悆還宮詔揚州總管隋公楊堅入侍疾丁未追趙越陳代滕五王入朝己酉大漸御正下大夫劉昉與內史上大夫鄭譯矯制以隋公楊堅受遺輔政是日帝崩於天德殿時年二十二謚宣皇帝七月景申葬定陵帝之在東宮也武帝慮其不堪承嗣遇之甚嚴朝見進止與諸臣無異雖隆寒盛暑亦不得休息性嗜酒武帝遂禁醪醴不許至東宮帝每有過輒加捶扑嘗謂之曰古來太子被廢者幾人餘兒豈不堪立邪於是遣東宮官屬錄帝言語動作每月奏聞帝懼威嚴矯情修飾以是惡不外聞嗣位之初方逞其欲大行在殯曾無戚容卽通亂先帝宮人纔踰年便恣聲樂采擇天下子女以充後宮好自矜夸飾非拒諫禪位之後彌復驕奢躭酗於後宮或旬日不出公卿近臣請事者皆附閹官奏之所居宮殿帷帳皆飾以金玉珠寶光華炫燿極麗窮奢及營洛陽宮雖未成畢其規摹壯麗踰於漢魏遠矣唯自尊崇無所顧憚國典朝儀率情變改後宮位號莫能詳錄每對臣下自稱爲天以五色土塗所御天德殿各隨方色又於後宮與皇后等列坐用宗廟禮器罇彝珪瓚之屬以飲食焉及令羣臣朝天臺者致齋三日清身一日車旗章服倍於前王之數既自比上帝不欲令人同己常自帶綬及冠通天冠加金附蟬顧見侍臣武弁上有金蟬及王公有綬者並令去之又不聽人有高者大者之稱諸姓高者改爲姜九族稱高祖者爲長祖曾爲次長祖官稱名位凡謂上及大者改爲長有天者亦改之又令天下車皆渾成爲輪禁天下婦人皆不得施粉黛唯宮人得乘有輻車加粉黛焉西陽公溫杞公亮之子卽帝從祖兄其妻尉遲氏有容色因入朝帝遂飲以酒逼而婬之亮聞之懼謀反纔誅溫卽追尉遲氏入宮初爲妃尋立爲皇后每左右侍臣論議唯欲興造革易未嘗言及政事其後遊戲無恒出入不節羽儀仗衞晨出夜還或幸天興宮或遊道會苑陪侍之官皆不堪命散樂雜戲魚龍爛漫之伎常在目前好令京城少年爲婦人服飾入殿歌舞與後宮觀之以爲喜樂擯斥近臣多所猜忌又吝於財略無賜與恐羣臣規諫不得行己之志常遣左右密伺察之動止所爲莫不抄錄小有乖違輒加其罪自公卿以下皆被楚撻其間誅戮黜免者不可勝言每捶人皆以百二十爲度名曰天杖宮人內職亦如之后妃嬪御雖被寵嬖亦多被杖背於是內外恐懼人不自安皆求苟免莫有固志重足累息以逮於終矣

靜皇帝諱衍後改名闡宣帝之長子也母曰朱皇后建德二年六月生于東宮大象元年正月癸卯封魯王戊午立爲皇太子二月辛巳宣帝於鄴宮傳位授帝居正陽宮二年五月乙未宣帝寢疾詔帝入宿路門學己酉宣帝崩帝入居天臺廢正陽宮大赦停洛陽宮作庚戌上天元上皇太后尊號爲太皇太后天元聖皇太后李氏爲大帝太后天元太皇后爲皇太后天太皇后朱氏爲帝太后其天中大皇后陳氏天右大皇后元氏天左大皇后尉遲氏並出俗爲尼以柱國漢王贊爲上柱國右大丞相上柱國揚州總管隋公楊堅爲假黃鉞左大丞相柱國秦王贄爲上柱國帝居諒闇百官總己以聽於左大丞相壬子以上柱國鄖公韋孝寬爲相州總管罷入市稅錢六月戊午以柱國許公宇文善神武公竇毅修武公侯莫陳瓊大安公閻慶並爲上柱國趙王招陳王純越王盛代王達滕王逌來朝庚申復佛道二教辛酉以柱國杞公椿燕公于寔郜公賀拔伏恩並爲上柱國甲子相州總管尉遲迥舉兵不受代詔發關中兵卽以韋孝寬爲行軍元帥討之柱國畢王賢以謀執政被誅以上柱國秦王贄爲大冢宰杞公椿爲大司徒己巳詔南定北光衡巴四州人爲宇文亮抑爲奴婢者並免之甲戌有赤氣起西方漸東行徧天庚辰罷諸魚池及山澤公禁者與百姓共之以柱國蔣公梁睿爲益州總管秋七月甲申突厥送齊范陽王高紹義庚寅申州刺史李惠起兵庚子詔趙陳越代滕五王入朝不趨劒履上殿滎州刺史邵公宇文冑舉兵遣大將軍楊素討之青州總管尉遲勤舉兵丁未隋公楊堅都督內外諸軍事己酉鄖州總管司馬消難舉兵以柱國楊公王誼爲行軍元帥討之壬子趙王招越王盛以謀執政被誅癸丑封皇弟衍爲鄴王術爲郢王是月豫州襄州總管諸蠻各帥種落反八月庚申益州總管王謙舉兵不受代卽以梁睿爲行軍元帥討之庚午韋孝寬破尉迥於鄴迥自殺相州平移相州於安陽其鄴城及邑毀廢之景子以漢王贊爲太師以上柱國并州總管申公李穆爲太傅以宋王實爲大前疑以秦王贄爲大右弼以燕公于寔爲大左輔己卯以尉迥平大赦庚辰司馬消難擁衆以魯山甑山二鎭奔陳遣大將軍元景山追擊之鄖州平沙州氐帥開府楊永安聚衆反應王謙遣大將軍達奚儒討之楊素破宇文冑於滎陽斬之以上柱國神武公竇毅爲大司馬以齊公于智爲大司空廢相青荆金晉梁州六總管九月景戌廢河陽總管爲鎭隸洛州以小宗伯竟陵公楊慧爲大宗伯壬辰廢皇后司馬氏爲庶人戊戌以柱國楊公王誼爲上柱國庚戌以柱國常山公于翼化政公宇文忻並爲上柱國壬子丞相去左右號隋公楊堅爲大丞相冬十月甲寅日有蝕之壬戌陳王純以怨執政被誅大丞相隋公楊堅加大冢宰五府總於天官戊寅梁睿破王謙斬之傳首京師益州平十一月甲辰達奚儒破楊永安沙州平丁未上柱國鄖公韋孝寬薨十二月壬子以柱國蔣公梁睿爲上柱國丁巳以柱國邗公楊雄普安公賀蘭譽郕公梁士彥上大將軍新寧公叱列長文武鄉公崔弘度大將軍中山公宇文恩濮陽公宇文述渭原公和干子任城公王景漁陽公楊銳上開府廣宗公李崇隴西公李詢並爲上柱國庚申以柱國楚公豆盧勣爲上柱國癸亥詔曰太祖受命龍德猶潛三分天下志扶魏室多所改作冀允上玄文武羣官賜姓者衆本殊國邑實乖胙土不歆非類異骨肉而共蒸嘗不愛其親嗟行路而敘昭穆且神徵革姓本爲歷數有歸天命在人推讓終而弗獲故君臨區宇累世於茲可不仍遵謙挹之旨久行權宜之制諸改姓者悉宜復舊甲子大丞相隋公楊堅進爵爲王以郡爲隋國己巳以柱國沛公鄭譯爲上柱國辛未代王達滕王逌並以謀執政被誅壬申以大將軍長

寧公楊勇爲上柱國大司馬以小冢宰始平公元孝矩爲大司寇

大定元年春正月壬午改元景戌詔戎秩上開府以上職事下大夫以上外官刺史以上各舉賢良二月甲子帝遜位于隋居于別宮隋氏奉帝爲介國公邑萬戶車服禮樂一如周制上書不稱表答表不稱詔有其文事竟不行隋開皇元年五月壬申帝崩時年九歲隋志也謚曰靜皇帝葬恭陵

論曰自東西否隔二國爭强戎馬生郊干戈日用兵連禍結力敵勢均疆埸之事一彼一此武皇纘業未親萬機慮遠謀深以蒙養正及英威電發朝政惟新內難既除外略方始乃苦心焦思克己勵精勞役爲士卒之先居處同匹夫之儉修富國之政務强兵之將乘讎人之有釁順天道而推亡數年之間大勳斯集攄祖宗之宿憤拯東夏之阽危盛矣哉有成功者也若使翌日之瘳無爽經營之志獲申黷武窮兵雖見譏於良史雄圖遠略足方駕於前王而識嗣子之非才顧宗祊之至重滯愛同於晉武則哲異於宋宣但欲威之覆楚期於懲肅義方之教豈若是乎卒使昏虐君臨姦回肆毒迹宣后之行事身歿已爲幸矣靜帝越自幼沖紹茲衰統內挾有劉之詐戚藩無齊代之强隋氏因之遂遷龜鼎雖復岷峨投袂翻成凌奪之威漳滏勤王無救宗周之殞嗚呼以文皇之經啓鴻基武皇之克隆景業未踰二紀不祀忽諸斯蓋先帝之餘殃非孺子之罪戾也

北史卷十考證

高祖武皇帝紀甲寅祀感帝於南郊○感字下周書有生字

五月庚午以南山衆瑞並集○南山周書作山南

五月甲午朔以旱故避正寢不受朝○據上文云三月乙丑朔則此當係甲子非甲午也

以應楊忠○楊監本誤陽今從上文詔柱國楊忠率騎一萬與突厥伐齊句改正

六月庚申慧星出三台入文昌犯上將經紫宮入苑○苑周書作危

六月乙未以大將軍太原公王秉爲柱國○秉一本作東

以大將軍赫連達爲柱國○大監本誤天今改從南本

廣寧公侯莫陳迥○侯莫陳迥周書作薛迥

集關河東諸軍校獵○關字下周書有中字

烏氏公尹升步騎五千守鼓鍾鎮○烏一本作焉

柱國宇文盛步兵一萬守汾水關○周書兵作騎又下文虹見於晉州城上首向南尾入紫宮紫字下有微字齊晉州刺史崔嵩嵩字上有景字

己卯軍次幷州○卯當係未字之誤以上文十二月戊申計之則戊申距丁丑已爲匝月安得復有己卯乎今各本俱同姑摘出之

延宗衆散矜甲軍門○矜一本作解應改從之

甲子帝入鄴城○以上文癸巳下文己亥計之則子當作午

僞齊破掠爲奴婢者不問公私並放免之○破應從周書作被

梁公侯莫陳芮爲大司馬○芮監本訛內今改從南本

彫斲之物並賜貧人○斲監本訛斷今改從南本

以刑止刑以輕代重○以輕代重周書作世輕世重

詔自永熙三年七月以來十月以前○十月上周書有去年二字應從之

宣皇帝紀是月遣使簡視京城○城周書作兆

大後丞隋公楊堅爲大前疑柱國滎陽公司馬消難爲大後丞○丞監本誤承今俱改從南本

遣御正杜果使於陳○果周書作杲

乙卯詔江右諸州新附人給復二十年○右周書作左

戊午突厥遣使獻方物○午監本誤乎今改從南本

辛卯行幸同州增候正前驅式道爲三百六十重○式周書作戒

其間誅戮黜免者不可勝言○間監本作問今從南本

靜皇帝紀癸丑封皇弟衎爲鄴王○鄴監本訛萊周書同今從列傳改正

史臣論內挾有劉之詐戚藩無齊代之强○內挾有劉之詐周書作內相挾孫劉之詐應改從之

北史卷十一

唐　李　延　壽　撰

隋本紀上第十一

隋高祖文皇帝姓楊氏諱堅小名那羅延本弘農華陰人漢太尉震之十四世孫也震八世孫燕北平太守鉉鉉子元壽魏初爲武川鎮司馬因家于神武樹頹焉元壽生太原太守惠嘏嘏生平原太守烈烈生寧遠將軍禎禎生皇考忠初禎屬魏末喪亂避地中山結義徒以討鮮于修禮遂死之周保定中皇考著勳追贈柱國大將軍少保興城郡公皇考美鬚髯身長七尺八寸狀貌瓌偉武藝絕倫識量深重有將率之略年十八客遊泰山會梁兵陷郡國沒江南及北海王元顥入洛乃與俱歸顥敗尒朱度律召爲帳下統軍後從獨孤信屢有軍功又與信從魏孝武西遷東魏荊州刺史辛纂據穰城皇考從信討之與都督康洛兒元長生乘城而入彎弓大呼斬纂以徇城中懾服居半歲以東魏之逼與信俱歸周文帝召居帳下嘗從周文狩於龍門皇考獨當一猛獸左挾其腰右拔其舌周文壯之北臺謂猛獸爲揜于因以字之從禽竇泰破沙苑陣封襄武縣公河橋之役皇考與壯士五人力戰守橋敵人不敢進又與李遠破黑水稽胡幷與怡峯解玉壁圍以功歷雲洛二州刺史芒山之戰先登陷陣除大都督及侯景度江梁氏喪敗周文將經略乃授皇考都督荊等十五州諸軍事鎮穰城梁雍州刺史岳陽王蕭詧雖曰稱藩而循懷貳心皇考自樊城觀兵漢濱易旗遞進實二千騎詧登樓望之以爲三萬懼而服焉又攻梁隨郡剋之獲其守桓和所過城戍望風請服進圍安陸梁司州刺史柳仲禮恐安陸不守馳歸赴援諸將恐仲禮至則安陸難下請急攻之皇考曰仲禮已在近路吾以奇兵襲之一舉必剋則安陸不攻自拔諸城可傳檄而定於是選騎二千銜枚夜進遇仲禮於漴頭禽之悉俘其衆安陸竟陵並降梁元帝大懼送子方略爲質幷送載書請魏以石城爲限梁以安陸爲界皇考乃旋師進爵陳留郡公位大將軍十七年梁元帝逼其兄邵陵王綸送質於齊欲來寇梁元帝密報周文遣皇考討之禽綸數其罪殺之初皇考禽柳仲禮遇之甚厚仲禮至京反譖皇考言在軍大取金寶周文以皇考功重不問然皇考悔不殺仲禮故至此殺綸皇考間歲再舉盡定漢東地甚得新附心魏恭帝賜姓普六茹氏行同州事及于謹伐江陵皇考爲前軍屯江津遏其走路梁人束刃於象鼻以戰皇考射之二象反走江陵平周文立蕭詧爲梁主令皇考鎮穰城周孝閔踐祚入爲小宗伯及司馬消難請降皇考與柱國達奚武援之入齊境五百里前後遣三使報消難皆不反命及去北豫州三十里武疑有變欲還皇考曰有進死無退生獨以千騎夜趣城下候門開而入乃馳遣召武時齊鎮城伏敬遠勒甲士二千據東陴舉烽嚴警武憚之不欲保城乃多取財寶以消難先歸皇考以三千騎殿到洛南皆解鞍而臥齊衆來追至於洛北皇考謂將士曰但飽食今在死地賊必不敢度水食畢齊兵陽若度水皇考馳將擊之齊兵不敢逼遂徐引而還武歎曰達奚武自言是天下健兒今日服矣進位柱國大將軍武成元年進封隋國公邑萬戶別食竟陵縣一千戶收其租賦保定二年爲大司空時朝議與突厥伐齊公卿咸以齊兵强國富斛律明月不易可當兵非十萬衆不可皇考獨曰萬騎足矣明月豎子亦何能爲三年乃以皇考爲元帥大將軍楊纂李穆王傑尒朱敏及開府元壽田弘慕容近等皆隸焉又令達奚武帥步騎三萬自南道進期會晉陽皇考乃留敏據什賁游兵河上皇考出武川過故宅祭先人饗將士席卷二十餘城齊人守陘嶺之隘皇考縱奇兵大破之留楊纂屯靈丘爲後拒突厥木杆可汗控地頭可汗步離可汗等以十萬騎來會

四年正月朔攻晉陽時大雪風寒齊人乃悉其精銳鼓譟而出突厥引上西山不肯戰衆失色皇考乃率七百人步戰死者十四五以武後期乃班師齊人亦不敢逼突厥乃縱兵大掠自晉陽至平城七百餘里人畜無遺周武帝拜皇考爲太傅晉公護以其不附己以爲涇州總管是歲大軍又東伐晉公護出洛陽令皇考出沃野以應接突厥時軍糧少諸將憂之皇考曰當獲以濟事耳乃招誘稽胡首領咸令在坐使王傑盛軍容鳴鼓而出皇考陽怪問之傑曰大冢宰已至洛陽天子聞銀夏間胡擾動故使傑就攻除之又令突厥使者馳告曰可汗更入幷州留兵馬十萬在長城下故令問公若有稽胡不服欲來共破之坐者皆懼皇考慰喻遣之於是歸命饋輸塡積屬晉公護先退皇考亦罷兵而還鎮又以政績稱詔賜錢三十萬布五百匹穀二千斛以疾還京周武及晉公護屢臨視焉薨贈太保都督同朔等十三州軍事同州刺史本官如故謚曰桓公開皇元年追尊爲武元皇帝廟號太祖帝武元皇帝之長子也皇妣曰呂氏以周大統七年六月癸丑夜生帝於馮翊波若寺有紫氣充庭時有尼來自河東謂皇妣曰此兒所從來甚異不可於俗間處之乃將帝舍於別館躬自撫養皇妣抱帝忽見頭上出角徧體起鱗墜帝于地尼自外見曰已驚我兒致令晚得天下帝龍頷額上有五柱入頂目光外射有文在手曰王字長上短下沉深嚴重初入太學雖至親昵不敢狎也年十四京兆尹薛善辟爲功曹十五以皇考勳授散騎常侍車騎大將軍儀同三司封成紀縣公十六遷驃騎大將軍加開府周文帝見而歎曰此兒風骨非世間人明帝卽位授右小宗伯進封大興郡公明帝嘗遣善相者來和視帝和詭對曰不過

柱國既而私謂帝曰公當爲天下君必大誅殺而後定周武帝卽位遷小宗伯出爲隨州刺史進位大將軍後徵還遇皇妣寢疾三年晝夜不離左右以純孝稱宇文護執政尤忌帝屢將害焉賴大將軍侯伏侯壽等救護以免後襲爵隋國公周武既爲皇太子聘帝長女爲妃益加禮重齊王憲言於周武曰普六茹堅相貌臣每見之不覺自失恐非人下請早除之周武曰此止可爲將耳內史王軌驟諫曰皇太子非社稷主普六茹堅有反相周武不悅曰必天命將若之何帝甚懼深自晦匿後從周武平齊進柱國又與齊王憲破齊任城王湝於冀州除定州總管先是州城門久閉不行齊人白文宣時或請開之文宣不許曰當有聖人啓之及帝至而開之莫不驚異遷亳州總管周宣帝卽位以后父徵拜上柱國大司馬大象初遷大後丞右司武俄轉大前疑周宣每巡幸恒委以居守時周宣爲刑經聖制其法深刻帝以法令滋章非興化之道切諫不納帝位望益隆周宣頗以爲忌時周宣四幸女並爲皇后爭寵相毀周宣每謂后曰必族滅爾家因召帝命左右曰若色動卽殺之帝容色自若遂免大象二年五月以帝爲揚州總管將發暴足疾而止乙未周宣不悆時靜帝幼沖前內史上大夫鄭譯御正大夫劉昉以帝皇后之父衆望所集遂矯詔引帝入侍疾因受遺輔政都督內外諸軍事帝恐周武諸王在藩生變稱趙王招將嫁女於突厥爲詞以徵之己酉周宣崩庚戌靜帝詔假黃鉞左大丞相百官總己而聽焉以正陽宮爲丞相府以鄭譯爲長史劉昉爲司馬具置寮佐周宣時刑政峻酷者悉更以寬大之制天下歸心矣六月趙王招陳王純越王盛代王達滕王逌並至長安相州總管尉遲迥自以宿將至是不能平遂舉兵趙魏之士響應旬日間衆至十餘萬宇文胄以滎州石愻以建州席毗以沛郡毗弟叉羅以兗州皆應迥遣子質於陳以求援帝命上柱國鄖公韋孝寬討之雍州牧畢王賢及趙陳等五王謀作亂帝執賢斬之而掩趙王等罪因詔五王劒履上殿入朝不趨以安之時五王陰謀滋甚帝以酒肴造趙王觀其指趙王伏甲於臥內帝賴元胄以免於是誅趙越二王八月庚午韋孝寬破尉遲迥斬之傳首闕下餘黨悉平初迥之亂鄖州總管司馬消難據州應迥淮南州縣多從之襄州總管王誼討之消難奔陳荆郢羣蠻乘釁而起命亳州總管賀若誼討平之先是上柱國王謙爲益州總管亦擁衆巴蜀以匡復爲辭帝以東夏山南爲事未遑致討謙遂屯劒口陷始州至是乃命上柱國梁睿討平之傳首闕下隳劒閣之險以絕好亂之萌焉九月壬子周帝進帝大丞相十月周帝詔追贈皇曾祖烈爲柱國大保都督十州諸軍事徐州刺史隋國公謚曰康皇祖禎爲柱國都督十三州諸軍事同州刺史隋國公謚曰獻皇考忠爲上柱國太師大冢宰都督十三州諸軍事雍州牧壬戌誅陳王純周帝進帝大冢宰五府總於天官十一月辛未誅代王達滕王逌十二月甲子周帝授帝相國總百揆去都督內外諸軍事大冢宰之號進爵爲王以隋州之崇業鄖州之安陸城陽溫州之宜人應州之平靖上明順州之淮南士州之永川昌州之廣昌安昌申州之義陽淮安息州之新蔡建安豫州之汝南臨潁廣寧初安蔡州之蔡陽郢州之漢東二十郡爲隋國劒履上殿入朝不趨贊拜不名備九錫之禮加璽紱遠游冠相國印綠綟綬位在諸侯王上隋國置丞相以下一依舊式帝再讓乃授王爵十郡而已周帝詔進皇祖皇考爵並爲王夫人爲王妃

大定元年二月壬子下令曰以前賜姓皆復其舊甲寅帝受九錫之禮景辰周帝又詔帝冕十有二旒建天子旌旗出警入蹕乘金根車駕六馬備五時副車置旄頭雲罕樂舞八佾設鍾簴宮縣王妃爲王后世子爲太子前後三讓乃受俄而下詔依唐虞漢魏故事帝三讓不許乃遣太傅上柱國杞國公椿奉冊曰咨爾相國隋王粤若上古之初爰啓清濁降符授聖爲天下君事上帝而理兆庶和百靈而利萬物非以區宇之富未以宸極爲尊大庭軒轅以前驪連赫胥之日咸以無爲無欲不將不迎遐哉其詳不可聞已厥有載籍遺文可觀聖莫逾於堯美未過於舜堯得太尉已作運衡之篇舜遇司空便叙菁華之竭褰裳脫屣二宮設饗百官歸禹若帝之初斯蓋上則天時不敢不授下祗天命不敢不受湯代於夏武革於殷干戈揖讓雖復異揆應天順人其道靡異自漢迄晉有魏至周天曆逐獄訟之歸神鼎隨謳歌之去道高者稱帝籙盡者不王與夫文祖神宗無以別也周德將盡禍難頻興宗戚姦回咸將竊發顧瞻宮闕將圖宗社藩維連率逆亂相尋搖蕩三方不合如礪蛇行鳥攫投足無所王受天明命叡德在躬救頹運之艱匡墜地之業援大川之溺救燎原之火除羣凶於城社廓祆氛於遠服至德合於造化神用洽於天壤八極九野萬方四裔圓首方足莫不樂推往歲長星夜掃經天晝見八風比夏后之作五緯同漢帝之聚除舊之徵昭然在上近者赤雀降祉玄龜效靈鍾石變音蛟魚出穴有新之貺煥焉在下九區歸往百靈協贊人神屬望我不獨知仰祗皇靈俯順人願敬以帝位禪於爾躬天祚告窮天祿永終於戲王其允執厥和儀刑典訓升圓丘而敬蒼昊御皇極而撫黔黎副率土之心恢無疆之祚可不盛歟遣大宗伯大將軍金城公趙煚奉皇帝璽紱百官勸進帝乃受焉

開皇元年春二月甲子自相府常服入宮備禮卽皇帝位於臨光殿設壇於南郊遣兼太傅上柱國鄧公竇熾柴燎告天是日告廟大赦改元京師慶雲見改周官依漢魏之舊制以相國司馬高熲爲尚書左僕射兼納言相國司錄虞慶則爲內史監兼吏部尚書相國內郎李德林爲內史令上開府韋世康爲禮部尚書上開府元暉爲都官尚書開府戶部尚書元巖爲兵部尚書上儀同司宗長孫毗爲工部尚書上儀同司會楊尚希爲度支尚書雍州牧楊惠爲左衞大將軍乙丑追尊皇考爲武元皇帝廟號太祖皇妣呂氏爲元明皇后改周氏左社右廟制爲右社左廟遣八使巡省風俗景寅修廟社立王后獨孤氏爲皇后王太子勇爲皇太子丁卯以大將軍趙煚爲尚書右僕射以上開府伊婁彥恭爲右武候大將軍己巳以五千戶封周帝介國公爲隋室賓旌旗車服禮樂一如其舊上書不爲表答表不稱詔周氏諸王盡降爲公辛未以皇弟同安郡公爽爲雍州牧乙亥封皇弟邵國公慧爲滕王同安公爽爲衞王皇子鴈門公廣爲晉王俊爲秦王秀爲越王諒爲漢王并州總管李穆爲太師上柱國竇熾爲太傅幽州總管于翼爲太尉觀國公田仁恭爲太子太師武德郡公柳敏爲太子太保丁丑以晉王廣爲并州總管封陳留郡公智積爲蔡王興城郡公靜爲道王戊寅改東京府爲尚書省發官牛五千頭分賜貧人三月宣仁門槐樹連理衆枝內附壬午白狼國獻方物丁亥詔犬馬器翫口味不得獻上戊子蒐山澤禁己丑移盩厔連理樹植于宮庭戊戌以太子少保蘇威兼納言吏部尚書庚子詔前代品爵悉依舊定丁未梁蕭巋使其太宰蕭巖來賀夏四月辛巳大赦戊戌太常散樂並免爲編戶禁雜樂百戲辛丑陳人來聘于周至而上已受禪致之介國是月發稽胡修築長城二旬而罷五月戊午封邗國公楊雄爲廣平王永康郡公楊弘爲河間王辛未介公薨上舉哀於朝堂謚曰周靜帝六月癸未詔以初受命赤雀降祥推五德相生爲火色其郊及社廟依服冕之儀而朝會之服旗幟犧牲盡尚赤戎服尚黃秋七月乙卯上始服黃百寮畢賀八月壬午廢東京官甲午遣樂安公元諧擊吐谷渾於青海破而降之九月戊申遣使振給戰亡者家庚午陳將周羅睺攻陷胡墅蕭摩訶寇江北辛未以越王秀爲益州總管改封蜀王壬申以薛公長孫覽宋安公元景山並爲行軍元帥伐陳仍令尚書左僕射高熲節度諸軍是月行五銖錢冬十月乙酉百濟王扶餘昌遣使來賀授昌上開府儀同三司帶方郡公戊子行新律壬辰行幸岐州十一月乙卯以永富郡公竇榮定爲右武候大將軍遣兼散騎侍郎鄭撝使於陳己巳有流星如墜牆光照于地十二月甲申以禮部尚書韋世康爲吏部尚書庚子至自岐州壬寅高麗王高陽遣使朝貢授陽大將軍遼東郡公太子太保柳敏卒是歲靺鞨突厥阿波可汗沙鉢略可汗並遣使朝貢

二年春正月庚申陳宣帝殂辛酉置河北道行臺尚書省於并州以晉王廣爲尚書令置河南道行臺尚書省於洛州以秦王俊爲尚書令置西南道行臺尚書省於益州以蜀王秀爲尚書令戊辰陳人遣使請和求歸胡墅甲戌詔舉賢良二月己丑詔以陳有喪命高熲等班師庚寅加晉王廣左武衞大將軍秦王俊右武衞大將軍庚子京師雨土三月初命入宮殿門通籍戊申開渠引杜陽水於三時原夏四月丁丑以寧州刺史竇榮定爲左武候大將軍庚寅大將軍韓僧壽破突厥於雞頭山上柱國李充破突厥於河北山五月戊申以上開府長孫平爲度支尚書己酉以旱故上親省囚徒其日大雨己未高寶寧寇平州突厥入長城庚申以豫州刺史皇甫績爲都官尚書甲子改傳國璽曰受命璽丁卯制人年六十以上免課六月壬午以太府卿蘇孝慈爲兵部尚書甲申使使弔於陳乙酉上柱國李充破突厥于馬邑景申詔曰朕祗奉上玄君臨萬國屬生靈之弊處前代之宮以爲作之者勞居之者逸改創之事心未遑也而王公大臣陳謀獻策咸云羲農以降至于姬劉有當世而屢遷無革命而不徙曹馬之後時見因循乃末世之宴安非往聖之宏義此城從漢彫殘日久屢爲戰場舊經喪亂今之宮室近代權宜又非謀筮從龜瞻星揆日不足建皇王之邑合大衆所聚論變通之數具幽顯之情同心固請詞情深切然則京師百官之府四海歸向非朕一人之所獨有苟利於物其可違乎且殷之五遷恐人盡死是則以吉凶之土制長短之命謀新去故如農望秋雖則劬勞其究安宅今區宇寧一陰陽順

序安安以遷勿懷胥怨龍首山川原秀麗卉物滋阜卜食相土宜建都邑定鼎之基永固無窮之業在斯公私府宅規模遠近營構資須隨事修葺仍詔左僕射高熲將作大匠劉龍鉅鹿郡公賀婁子幹太府少卿高龍乂等創造新都秋七月癸巳詔新置都處墳墓令悉遷葬設祭仍給人功無主者命官爲殯葬甲午行新令冬十月以撤毀故徙居東宮給內外官人祿癸酉皇太子勇屯兵咸陽以備胡虜庚寅上疾愈享百寮於觀德殿賜錢帛皆任自取盡力以出辛卯以營新都副監賀婁子幹爲工部尚書十一月景午初命爲方陣戰法及制軍營圖樣下諸軍府以擬征突厥十二月辛未上講武于後園甲戌上柱國竇毅卒景子名新都曰大興城乙酉遣彭城公虞慶則屯弘化以備胡突厥寇周槃行軍總管達奚長儒爲虜所敗景戌賜國子生經明者束帛丁亥親錄囚徒是歲高麗百濟並遣使朝貢

三年春正月庚子將遷新都大赦禁大刀長矟始令人以二十一成丁歲役功不過二十日不役者收庸廢遠近酒坊罷鹽井禁二月己巳朔日有蝕之癸酉陳人來聘突厥犯邊癸未以左武衞大將軍李禮成爲右武衞大將軍三月丁未上柱國鮮虞縣公謝慶恩卒景辰以雨故常服入新都京師承明里醴泉出丁巳詔購遺書於天下癸亥城榆關夏四月己巳衞王爽大破突厥於白道山停築原陽雲內紫河等鎮而還上柱國建平郡公于義卒庚午吐谷渾寇臨洮洮州刺史皮子信死之壬申以尚書右僕射趙煚兼內史令丁丑以滕王瓚爲雍州牧庚辰行軍總管陰壽大破高寶寧于黃龍甲申以旱故上親祀雨師景戌詔天下勸學行禮己丑陳郢州城主張子譏遣使請降上以和好不納辛卯遣兼散騎常侍薛舒聘於陳癸巳上親雩五月癸卯太尉任城公于翼薨行軍總管李晃破突厥於摩那渡口乙巳梁太子蕭琮來賀遷都辛酉親祀方澤壬戌行軍元帥竇榮定破突厥及吐谷渾於涼州赦黃龍死罪以下六月庚午封衞王爽子集爲遂安郡王戊寅突厥遣使求和庚辰行軍總管梁遠破吐谷渾於爾汗山斬其名王秋七月壬戌詔曰往者山東河表經此妖亂孤城遠守多不自全濟陰太守杜猷身陷賊徒命懸寇手郡省事范臺玫傾產營護免其戮辱眷言誠節實有可嘉宜超恒賞用明沮勸臺玫可大都督假湘州刺史丁卯日有蝕之八月壬午遣尚書右僕射高熲出寧州道吏部尚書虞慶則出原州道並爲行軍元帥以擊胡戊子親祀太社九月壬子幸城東觀穀稼癸丑大赦冬十月甲戌廢河南道行臺省十一月發使巡省風俗庚辰陳人來聘陳主知帝貌異世人使副使袁彥圖像而去甲午罷天下諸郡十二月乙卯遣兼散騎常侍唐令則使於陳戊午以刑部尚書蘇威爲戶部尚書是歲高麗突厥靺鞨並遣使朝貢

四年春正月甲子朔日有蝕之祀太廟辛未祀南郊壬申梁主蕭巋來朝甲戌大射於北苑十日而罷壬午齊州水辛卯渝州獲獸似麋一角同蹄壬辰班新歷二月乙巳上餞梁主于霸上庚戌行幸隴州突厥可汗阿史那玷厥率其屬來降夏四月己亥勑總管刺史父母及子年十五以上不得將之官庚子以吏部尚書虞慶則爲尚書右僕射瀛州刺史楊尚希爲兵部尚書毛州刺史劉仁恩爲刑部尚書五月癸酉契丹主莫賀弗遣使請降拜大將軍六月庚子降囚徒壬子開通濟渠自渭達河以通運漕甲寅制官人非戰功不授上柱國以下戎官以雍同華岐宜五州旱命無出今年租調戊午秦王俊來朝秋七月景寅陳人來聘八月甲午遣十使巡省天下戊戌衞王爽來朝壬寅上柱國太傅鄧公竇熾薨乙卯陳將夏侯苗請降上以通和不納九月己巳上親錄囚徒庚午契丹內附甲戌以關中饑行幸洛陽冬十一月壬戌遣兼散騎常侍薛道衡使於陳甲戌改周十二月爲臘蜡是歲靺鞨及女國並遣使朝貢

五年春正月戊辰詔行新禮壬申詔罷江陵總管其後梁主請依舊許之三月戊午以尚書左僕射高熲爲左領軍大將軍以上柱國宇文忻爲右領軍大將軍夏四月甲午契丹遣使朝貢壬寅上柱國王誼謀反誅乙卯詔徵山東大儒馬榮伯等戊申車駕至自洛陽五月甲申初置義倉梁主蕭巋殂遣上大將軍元契使于突厥阿波可汗秋七月庚申陳人來聘壬午突厥沙鉢畧可汗上表稱臣八月甲辰河南諸州水遣戶部尚書蘇威振給之戊申有流星數百四散而下九月乙丑改鮑陂曰杜陂霸水曰滋水景子遣兼散騎常侍李若使於陳冬十一月丁卯晉王廣來朝十二月丁未降囚徒

六年春正月甲子党項羌內附庚午班歷於突厥壬申使戶部尚書蘇威巡省山東二月乙酉山南荊淅七州水遣前工部尚書長孫毗振恤之景戌制刺史上佐每歲暮更入朝上考課丁亥發丁男十一萬修築長城二旬而罷庚子大赦三月己未洛陽男子高德上書請帝爲太上皇傳位皇太子帝曰朕承天命撫育蒼生日旰孜孜猶恐不逮豈學近代帝王事不師古傳位於子自求逸樂哉癸亥突厥沙鉢略可汗遣使朝貢夏四月己亥陳人來聘秋七月辛亥河南諸州水乙丑京師雨毛如馬尾長者二尺餘短者有六七寸八月辛卯關內七州旱蠲其賦稅遣散騎常侍裴世豪使于陳戊申上柱國太師申公李穆薨閏月丁卯皇太子鎭洛陽辛未晉王廣秦王俊並來朝景子上柱國郕公梁士彥上柱國杞公宇文忻柱國舒公劉昉謀反伏誅上柱國許公宇文善有罪除名九月辛巳帝素服御射殿詔百寮射梁士彥三家資物景戌上柱國宋安公元景山卒辛丑詔振恤大象以來死事之家冬十月己酉以河北道行臺尚書令并州總管晉王廣爲雍州牧餘官如故以兵部尚書楊尚希爲禮部尚書癸丑置山南道行臺尚書省於襄州以秦王俊爲尚書令

七年春正月癸巳祀太廟乙未制諸州歲貢三人二月丁巳祀朝日於東郊己巳陳人來聘壬申幸醴泉宮是月發丁男十萬修築長城二旬而罷夏四月庚戌於揚州開山陽瀆以通運漕突厥沙鉢畧可汗卒癸亥頒青龍符於東方總管刺史西方以白武南方以朱雀北方以玄武甲戌遣兼散騎常侍楊周使于陳以戶部尚書蘇威爲吏部尚書五月乙亥朔日有蝕之己卯隕石於武安滏陽間十餘里秋七月己丑衞王爽薨八月庚申梁主蕭琮來朝九月乙酉梁安平王蕭巖掠於其國以奔陳辛卯廢梁國曲赦江陵以梁主蕭琮爲柱國封莒國公冬十月庚申行幸同州以先帝所居故曲降囚徒癸亥幸蒲州景寅宴父老上極歡曰此間人物衣服鮮麗容止閑雅良由仕宦之鄉陶染成俗也十一月甲午幸馮翊祭故社父老對詔失旨上大怒免其縣官而去戊戌車駕至自馮翊

八年春正月乙亥陳人來聘二月辛酉陳人寇硤州三月辛未上柱國隴西公李詢卒甲戌遣兼散騎常侍程尚賢使于陳戊寅詔大舉伐陳秋八月丁未河北諸州饑遣吏部尚書蘇威振恤之九月癸巳嘉州言龍見冬十月己未置淮南行臺省於壽春以晉王廣爲尚書令辛酉陳人來聘拘留不遣甲子有星孛於牽牛享太廟授律令晉王廣秦王俊清河公楊素並爲行軍元帥以伐陳於是晉王出六合秦王出襄陽清河公楊素出信州荊州刺史劉仁恩出江陵宜陽公王世積出蘄春新義公韓擒出廬江襄邑公賀若弼出吳州落叢公燕榮出東海合總管九十兵五十一萬八千皆受晉王節度東接滄海西拒巴蜀旌旝舟檝橫亘數千里仍曲赦陳國十一月丁卯車駕餞師詔購陳叔寶位上柱國萬戶公乙亥行幸定城陳師誓衆景子幸河東十二月車駕至自河東

九年春正月癸酉以尚書左僕射虞慶則爲右衞大將軍景子賀若弼敗陳師於蔣山獲其將蕭摩訶韓擒進師入建鄴獲陳主叔寶陳國平合州四十郡一百縣四百戶五十萬口二百萬癸巳遣使持節巡撫之二月乙未廢淮南尚書省景申制五百家爲鄉正一人百家爲里長一人夏四月己亥幸驪山親勞旋師乙巳三軍凱入獻俘於太廟以晉王廣爲太尉庚戌帝御廣陽門宴將士頒賜各有差辛亥大赦以陳都官尚書孔範散騎常侍王瑳王儀御史中丞沈觀等邪佞於其主以致亡滅皆投之邊裔陳人普給復十年軍人畢世免傜役擢陳之文武衆才而用之宮奴數千可歸者歸之其餘盡以分賜將士及王公貴臣其資物皆於五粲賜王公以下大射毀所得秦漢三大鍾越二大鼓又設亡陳女樂謂公卿等曰此聲似啼朕聞之甚不喜故與公等一聽亡國之音俱爲永鑒焉辛酉以吏部侍郎宇文弢爲刑部尚書宗正卿楊异爲工部尚書壬戌詔曰今率土大同含生遂性兵可立威不可不戢刑可助化不可專行禁衞九重之餘鎭守四方之外戎旅軍器皆宜停罷武力之子俱可學文人間甲杖悉皆除毀閏月丁丑須木魚符於總管刺史雌一雄三己卯以吏部尚書蘇威爲尚書右僕射六月乙丑以荊州總管楊素爲納言丁卯以吏部侍郎盧愷爲禮部尚書時羣臣咸請封禪詔不許曰豈可命一將軍除一小國以薄德而封名山用虛言而干上帝邪八月壬戌以廣平王雄爲司空冬十一月壬辰考使定州刺史豆盧通等上表請封禪上不許庚子以右衞大將軍虞慶則爲右武候大將軍右領軍將軍李安爲右領軍大將軍甲寅降囚徒十二月甲子詔太常卿牛弘通直散騎常侍許善心祕書丞姚察通直郎虞世基等議定樂

十年春正月乙未以皇孫昭爲河南王楷爲華陽王二月庚申行幸并州夏五月乙未詔曰魏末喪亂寓縣瓜分役軍歲動未遑休息兵士軍人權置坊府南征北伐居處無定家無完堵地罕苞桑恒爲流寓之人竟無鄉里之號朕甚愍之凡是軍人可悉屬州縣墾田籍帳一同編戶軍府統領宜依舊式罷山東河南及北方緣邊之地新置軍府六月辛酉制人年五十免役折庸秋七

月癸卯以納言楊素爲內史令庚戌上親錄囚徒辛亥高麗遼東郡公高陽卒八月壬申遣柱國韋洸上開府王景並持節巡撫嶺南百越皆服九月丁酉至自并州冬十月甲子頒木魚符於京官五品以上十一月辛卯幸國學頒賜各有差辛丑祀南郊是月婺州人汪文進會稽人高智慧蘇州人沈玄懀皆舉兵反自稱天子樂安蔡道人饒州吳世華永嘉沈孝徹泉州王國慶餘杭楊寶英交阯李春等皆自稱大都督詔內史令楊素討平之是歲吐谷渾契丹並遣使朝貢

十一年春正月丁酉以平陳所得古器多爲禍變悉命毀之景午皇太子妃元氏薨上舉哀於東宮文思殿二月戊午以大將軍蘇孝慈爲工部尚書景子以臨潁令劉曠政績尤異擢爲莒州刺史辛巳晦日有蝕之夏五月乙巳以右衞將軍元旻爲左衞大將軍秋八月壬申滕王瓚薨乙亥上柱國沛國公鄭譯卒是歲高麗靺鞨並遣使朝貢突厥獻七寶盌

十二年春二月己巳以蜀王秀爲內史令兼右領軍大將軍以漢王諒爲雍州牧右衞大將軍秋七月乙巳尚書右僕射邳公蘇威禮部尚書容城侯盧愷並坐事除名壬申晦日有蝕之八月甲戌制天下死罪諸州不得便決皆令大理覆之癸巳制宿衞者不得輒離所守丁酉上柱國楚公豆盧勣卒戊戌上親錄囚徒冬十月丁丑以遂安王集爲衞王壬午祀太廟至太祖神主前帝流涕嗚咽不自勝十一月辛亥祀南郊己未上柱國新義公韓擒卒甲子百寮大射於武德殿十二月乙酉以內史令楊素爲尚書右僕射是歲突厥吐谷渾靺鞨並遣使朝貢

十三年春正月乙巳上柱國郇公韓建業卒壬子祀感帝己未以信州總管韋世康爲吏部尚書壬戌行幸岐州二月景子詔營仁壽宮丁亥至自岐州己卯立皇孫暕爲豫章王戊子晉州刺史南陽郡公賈悉達隰州總管撫寧郡公韓延等以賄伏誅己丑制坐事去官者配防一年丁酉制私家不得隱藏緯候圖讖夏五月癸亥詔禁人間撰集國史臧否人物秋七月戊辰晦日有蝕之九月景辰降囚徒庚申封邵公楊綸爲滕王冬十一月乙卯上柱國華陰公梁彥光卒是歲契丹霫室韋靺鞨並遣使朝貢

十四年夏四月乙丑詔曰比命有司總令研究正樂雅聲詳定已訖宜即施用見行者停人間音樂流僻日久棄其舊體競造繁聲流宕不歸遂以成俗宜加禁約務存其本五月辛酉京師地震關內諸州旱六月丁卯詔省府州縣皆給廨田不得興生與人爭利秋七月乙未以邳公蘇威爲納言八月辛未關中大旱人饑行幸洛陽并命百姓山東就食冬閏十月甲寅詔曰梁齊陳往皆創業一方綿歷年代既宗祀廢絕祭奠無主興言矜念良以愴然莒國公蕭琮及高仁英陳叔寶等宜令以時世脩祭祀所須器物有司給之乙卯制外官九品以上父母及子年十五不得從之官十一月壬戌制州縣佐史三年一代不得重任癸未有星孛于角亢十二月乙未東巡狩

十五年春正月壬戌車駕次齊州親問疾苦景寅旅王符山庚午以歲旱祀太山以謝愆咎大赦二月景辰禁私家畜兵器關中緣邊不在其例禁河以東無得乘馬丁巳上柱國蔣公梁睿卒三月己未車駕至自東巡望祭五嶽海瀆丁亥幸仁壽宮夏四月己丑朔大赦甲辰以趙州刺史楊達爲工部尚書五月丁亥制京官五品以上佩銅魚符六月戊子詔鑿砥柱庚寅相州刺史豆盧通貢綾文布命焚之于朝堂辛丑詔名山未在祀典者悉命祀之秋七月甲戌遣邳公蘇威巡省江南戊寅至自仁壽宮辛巳制九品以上官以理去官者並執聽笏冬十二月戊子勑盜邊糧一升以上皆斬籍沒其家己丑詔文武官以四考更代是歲吐谷渾林邑等國並遣使朝貢

十六年春二月丁亥封皇孫裕爲平原王筠爲安成王嶷爲安平王恪爲襄城王該爲高陽王韶爲建安王煚爲潁川王夏六月甲午制工商不得進仕并州大蝗辛丑詔九品以上妻五品以上妾夫亡不得改嫁秋八月庚戌詔決死罪者三奏而後行刑冬十月己丑幸長春宮十一月壬子至自長春宮

十七年春二月癸未太平公史萬歲伐西寧剋之庚寅行幸仁壽宮庚子上柱國王世積討桂州賊李光仕平之三月景辰詔諸司屬官有犯聽於律令外斟酌決杖辛酉上親錄囚徒癸亥上柱國彭城公劉昶以罪伏誅庚午遣御史柳彧皇甫誕巡省河南北夏四月戊寅頒新歷五月庚申宴百寮於玉女泉班賜各有差己巳蜀王秀來朝閏月己卯羣鹿入殿門馴擾侍衞之內秋七月丁丑桂州人李世賢反遣右武候大將軍虞慶則討平之丁亥并州總管秦王俊坐事免以王就第九月甲申車駕至自仁壽宮庚寅上謂侍臣曰朝廷設樂本以迎神齋祭之日觸目多感當此之際何可爲心在路奏樂禮爲未允公卿宜更詳之冬十月丁未頒銅武符於驃騎車騎府戊申道王靜薨庚午詔曰五帝異樂三王殊禮皆隨事而有損益因情而立節文仰惟祭享宗廟瞻敬如在罔極之感情深茲日而禮畢升路鼓吹發音還入宮門金石振響斯則哀樂同日心事相違情所不安理寔未允宜改茲往式用弘禮教自今享廟日不須備鼓吹殿庭勿設樂縣辛未京下大索十二月壬子上柱國右武候大將軍魯公虞慶則以罪伏誅是歲高麗突厥並遣使朝貢

十八年春正月辛丑詔曰吳越之人往承弊俗所在之處私造大船因相聚結致有侵害江南諸州人間有船長三丈以上悉括入官二月甲辰幸仁壽宮乙巳以漢王諒爲行軍元帥水陸三十萬伐高麗夏五月辛亥詔畜猫鬼蠱毒厭魅野道之家投于四裔六月景寅詔黜高麗王高元官爵秋八月景子詔京官五品以上總管刺史舉志行修謹清平幹濟之士九月己丑漢王諒師遇疾疫而旋死者十二三庚寅勑舍客無公驗者坐及刺史縣令辛卯車駕至自仁壽宮冬十一月甲戌帝親錄囚徒癸未祀南郊十二月庚子上柱國夏州總管東萊公王景以罪伏誅是歲自京師至仁壽宮置行宮十所杞宋陳亳曹戴潁等州水詔並免庸調

十九年春正月癸酉大赦戊寅大射于武德殿二月己亥晉王廣來朝甲寅幸仁壽宮夏四月丁酉突厥利可汗內附達頭可汗犯塞行軍總管史萬歲擊破之六月丁酉以豫章王暕爲內史令秋八月癸卯上柱國尚書左僕射齊公高熲坐事免辛亥上柱國皖城公張威卒甲寅上柱國城陽公李徹卒九月乙丑以太常卿牛弘爲吏部尚書冬十月甲午以突厥利可汗爲啓人可汗築大利城處其部落十一月有司言元年已來日漸長十二月乙未突厥都藍可汗爲部下所殺國大亂星隕於勃海

二十年春正月辛酉朔突厥高麗契丹並遣使朝貢二月丁丑無雲而雷三月辛卯熙州人李英林反遣行軍總管張衡討之夏四月壬戌突厥犯塞以晉王廣爲行軍元帥擊破之乙亥天有聲如寫水自南而北六月丁丑秦王俊薨秋九月丁未車駕至自仁壽宮冬十月乙丑廢皇太子勇及其諸子並爲庶人殺柱國太平公史萬歲己巳殺左衞大將軍五原公元旻十一月戊子以晉王廣爲皇太子天下地震京城大風雪十二月戊午詔東宮官屬於皇太子不得稱臣辛巳詔毀壞偷盜佛及天尊像嶽鎮海瀆神形者以不道論沙門壞佛像道士壞天尊像以惡逆論

仁壽元年春正月乙酉朔大赦改元以尚書右僕射楊素爲左僕射以納言蘇威爲右僕射丁酉徙河南王昭爲晉王突厥寇恒安遣柱國韓洪擊之敗績以晉王昭爲內史令辛丑詔曰投生殉節自古稱難殞身王事禮加二等而世俗之徒不達大義致命戎旅不入兆域虧言念此每深愍歎且入廟祭祀並不廢闕何止墳塋獨在其外自今戰亡之徒宜入墓域二月乙卯朔日有蝕之夏五月己丑突厥男女九萬餘口來降壬辰驟雨震雷大風拔木宜君湫水移於始平六月乙卯遣十六使巡省風俗乙丑廢大學及州縣學唯留國子一學取正三品以上子七十二人克生頒舍利於諸州秋七月戊戌改國子爲太學十一月己丑祀南郊十二月楊素擊突厥大破之

二年春三月己亥幸仁壽宮夏四月庚戌岐雍二州地震秋七月景戌詔內外官各舉所知八月己巳皇后獨孤氏崩九月景戌車駕至自仁壽宮壬辰河南北諸州大水遣工部尚書楊達振恤之乙未上柱國袁州總管金水公周搖卒隴西地震冬十月壬子曲赦益州管內癸丑以工部尚書楊達爲納言閏月甲申詔尚書左僕射楊素與諸術者刊定陰陽舛謬己丑詔楊素右僕射蘇威吏部尚書牛弘內史侍郎薛道衡祕書丞許善心內史舍人虞世基著作郎王劭等修定五禮壬寅葬獻皇后於太陵十二月癸巳益州總管蜀王秀有罪廢爲庶人交州人李佛子舉兵反遣行軍總管劉方討平之

三年春二月戊子以大將軍蔡陽郡公姚辯爲左武候大將軍夏五月癸卯詔曰六月十三日是朕生日其日令海內爲武元皇帝元明皇后斷屠六月甲午詔曰禮云親以朞斷蓋以四時之變易萬物之更始故聖人象之其有三年加隆爾也但家無二尊母爲厭降是以父在喪母還服于朞者服之正也豈容朞內而更小祥然三年之喪而有小祥者禮云朞祭禮也朞而除喪道也以是之故雖未再朞而天地一變不可不祭不可不除故有練焉以存喪祭之本然朞喪有練於理未安雖云十一月而練乃無所法象非朞非時豈可除祭而儒者徒擬三年之喪立練禫之節可謂苟存其變而失其本欲漸於奪乃薄於喪致使子則冠緣去絰黃裏縓緣絰則布葛在躬麤服未改豈非絰衰尚存子情已奪親疏失倫輕重顚倒乃不順人情豈聖人之意也故非先聖

之禮廢於人邪三年之喪尚有不行之者至於祥練之節安能不墜者乎禮云父母之喪無貴賤一也而大夫士之喪父母乃貴賤異服然則禮壞樂崩由來漸矣所以晏平仲之斬麤縗其老謂之非禮滕文公之服三年其臣咸所不欲蓋由王道既衰諸侯異政將踰越於法度惡禮制之害己乃滅去篇籍自制其宜遂至骨肉之恩輕重從俗無易之道降殺任情夫禮不從天降不從地出乃人心而已者謂情緣於恩也故恩厚者其禮隆情輕者其禮殺聖人以是稱情立文別親疏貴賤之節自臣子道消上下失序莫大之恩逐情而薄莫重之化與時而殺此乃服不稱喪容不稱服非所謂聖人緣恩表情制禮之義也然喪與其易也寧在於戚則禮之本也禮有其餘未若於哀則情之實也今十一月而練者非禮之本非情之實由是言之父在喪母不宜有練但依禮十三月而祥中月而禫庶以合聖人之意達人子之心秋七月丁卯詔州縣搜揚賢哲皆取明知古今通識安危究政教之本達禮樂之源不限多少不得不舉徵召將送必須以禮八月壬申上柱國檢校幽州總管落叢公燕榮以罪伏誅九月壬戌置常平官甲子以營州總管韋沖爲戶部尚書十二月癸酉河南諸州遣納言楊達振恤之

四年春正月景辰大赦甲子幸仁壽宮夏四月乙卯上不豫六月庚午大赦有星入月中數日而退長人見於鴈門秋七月乙未日青無光八日乃復甲辰帝疾甚臥於仁壽宮與百寮辭訣上握手歔欷丁未崩于大寶殿時年六十四詔曰嗟乎自昔晉室播遷天下喪亂四海不一以至周齊戰爭相尋年將三百故割疆土者非一所稱帝王者非一人書軌不同生靈塗炭上天降監受命于朕用登大位豈關人力故得撥亂反正偃武修文天下大同聲教遠被此又是天意欲寧區夏所以昧旦臨朝不敢逸豫一日萬幾留心親覽晦明寒暑不憚劬勞匪曰朕躬蓋爲百姓故也王公卿士每日闕庭刺史以下歲時朝集何嘗不罄竭心府誠勅殷勤義乃君臣情兼父子庶藉百寮之智萬國歡心欲令率土之人永得安樂不謂遘疾彌留至於大漸此乃人生常分何足言及但四海百姓衣食不豐教化政刑猶未盡洽興言念此唯以留恨朕今踰六十不復稱夭但筋力精神一時勞竭如此之事本非爲身止欲安養百姓所以致此人生子孫誰不念愛既爲天下事須割情勇及秀等並懷悖惡既無臣子之心所以黜廢古人有云知臣莫若君知子莫若父令勇秀得志共理家國亦當戮辱遍於公卿酷毒流於人庶今惡子孫已爲百姓黜屏好子孫足堪負荷大業此雖朕家事理不容隱前對文武侍衛具已論述皇太子廣地居上嗣仁孝著聞以其行業堪成朕志但念內外羣官同心勠力以此共安天下朕雖瞑目何所復恨國家大事不可限以常禮既葬公除行之自昔今宜遵用不勞改定凶禮所須纔令周事務從節儉不得勞人諸州總管刺史以下宜率其職不須奔赴自古哲王因人作法前帝後帝沿革隨時律令格式有不便於事者宜依前修改務當政要嗚呼敬之哉無墜朕命乙卯發喪河間楊柳四株無故黃落既而花葉復生八月丁卯梓宮至自仁壽宮景子殯於大興前殿十月乙卯葬於太陵同墳而異穴士庶赴葬者皆聽入視陵內帝性嚴重有威容外質木而內明敏有大畧初得政之始羣情不附諸子幼弱內有六王之謀外致三方之亂握强兵居重鎮者皆周之舊臣上推以赤心各盡其用不踰期月剋定三邊未及十年平一四海薄賦歛輕刑罰內修制度外撫戎夷每旦聽朝日仄忘倦居處服翫務存節儉令行禁止上下化之開皇仁壽之間丈夫不衣綾綺而無金玉之飾常服率多布帛裝帶不過以銅鐵骨角而已雖嗇於財至於賞賜有功亦無所愛惜每乘輿四出路逢上表者駐馬親自臨問或潛遣行人采聽風俗吏政得失人間疾苦無不留意嘗遇關中饑遣左右視百姓所食有得豆屑雜糠而奏之者上流涕以示羣臣深自咎責爲之損膳而不御酒肉者殆將一期及東拜太山關中戶口就食洛陽者道路相屬帝勑斥候不得輒有驅逼男女參廁於仗衞之間遇逢扶老攜幼者輒引馬避之慰勉而去至艱嶮之處見負擔者遽令左右扶助之其有將士戰殁必加優賞仍令使者就家勞問自强不息朝夕孜孜人庶殷繁帑藏充實雖未能致臻於至道亦足稱近代之良主然雅性沉猜素無學術好爲小數言神燭聖杖堪能療病又信王劭解石文以爲己瑞焉不達大體如是故忠臣義士莫得盡心竭辭其草創元勳及有功諸將誅夷獲罪罕有存者又不悅詩書楊素由之希旨遂奏除學校雅婦言是用廢黜諸子逮于暮年持法尤峻喜怒失常果於殺戮嘗令左右送西域朝貢使出關其人所經之處受牧宰小物饋鸚鵡麖皮馬鞭之屬聞而大怒又詣武庫見署中蕪穢不理於是執武庫令及諸受遺者出開遠門外親自臨決死者數十人又往往潛令賂遺令史府史受者必死無所寬貸議者以此少之

論曰隋文帝樹基立本積德累仁徒以外戚之尊受託孤之任與能之議未有所許是以周室舊臣咸懷憤惋既而王謙固三蜀之阻不踰期月尉遲迥舉全齊之衆一戰而亡斯乃非止人謀抑亦天之所贊乘茲機運遂遷周鼎于時蠻夷猾夏荊揚未一劬勞日仄經營四方樓船南邁則金陵失險驃騎北指則單于款塞職方所載並入疆理禹貢所圖咸受正朔雖晉武之克平吳會漢宣之推亡固存比義論功不能尚也七德既敷九歌已洽尉候無警遐邇肅清於是躬節儉平徭賦倉廩實法令行君子咸樂其生小人各安其業强不陵弱衆不暴寡人物殷阜朝野歡娛自開皇二十年間天下無事區宇之內晏如也考之前王足以參蹤盛烈而素無術業不能盡下無寬仁之度有刻薄之資暨乎暮年此風愈扇又雅好瑞符暗於大道建彼維城權侔京室皆同帝制靡所適從聽妬婦之言惑邪臣之說溺寵廢嫡託付失所滅父子之道開昆弟之隙縱其尋斧翦伐本根墳土未乾子孫繼踵爲戮松檟纔列天下已非隋有惜哉迹其衰怠之源稽其亂亡之兆起自文皇成於煬帝所由來遠矣非一朝一夕其不祀忽諸未爲不幸也

北史卷十一考證

隋高祖文皇帝紀四年正月朔攻晉陽○此周保定四年也從上文保定二年例不必另行今各本俱同姑仍之

明帝即位授右小宗伯○宗隋書作宮 臣宗萬按帝父于孝閔時曾入爲小宗伯明帝之授俾襲先職耳隋書作宮伯疑誤

明帝嘗遣善相者來和視帝○來和隋書作趙昭本書煬皇帝紀高祖密令善相者來和徧視諸子則此殆因彼而訛也

先是州城門久閉不行○門字上隋書有西字

置旌頭雲旱○旱監本訛空今改從南本

廓祅氛於遠服○祅監本訛祓今改正

以上開府伊婁彥恭爲右武候大將軍○候監本作侯今從隋書改正

以永富郡公竇榮定爲右武候大將軍○富隋書作昌

已巳有流星如墜牆光照于地○流監本訛泣今改從南本

乙酉遣彭城公虞慶則屯弘化以備胡○彭城周書作沁源

乙卯詔徵山東大儒馬榮伯等○隋書作乙巳詔徵山東馬榮伯等六儒 臣宗萬按榮伯本傳云與張仲讓孔籠竇仕榮張買奴劉祖仁等號爲六儒又熊安生傳云有馬榮伯張黑奴竇士榮孔籠劉焯劉炫等皆其門人仕榮作士榮買奴作黑奴未知孰是

庚午班歷於突厥○午監本訛子今據上甲子下壬申改正

詔百寮射梁士彥三家資物○射字下隋書有賜字

閏月丁丑頒木魚符於總管刺史雌一雄三○三隋書作一

六月辛酉制人年五十免役折庸○折隋書作收

丁酉上柱國楚公豆盧勩卒○勩隋書作勣

上柱國郇公韓建業卒○建隋書作逵

己丑制坐事去官者配防○防隋書作流 臣宗萬按古者置兵邊塞以備寇名曰防秋配防疑是遣戍而配作防秋効力者

六月丁卯詔省府州縣皆給廨田不得興生與人爭利○興隋書作治

十二月庚子上柱國夏州總管東萊公王景以罪伏誅○東萊隋書作任城

癸丑以工部尚書楊達爲納言○達監本誤逵今從上文河南北諸州大水遣工部尚書楊達振恤之改正

上天降監受命于朕○受一本作爰

北史卷十二

唐 李 延 壽 撰

隋本紀下第十二

煬皇帝諱廣一名英小字阿麼高祖第二子也母曰文獻獨孤皇后上美姿儀少敏慧高祖及后於諸子中特所鍾愛在周以高祖勳封鴈門郡公開皇元年立爲晉王拜柱國并州總管時年十三尋授武衞大將軍進上柱國河北道行臺尚書令大將軍如故高祖令項城公歆安道公才李徹輔導之上好學善屬文沉深嚴重朝野屬望高祖密令善相者來和徧視諸子和曰晉王眉

上雙骨隆起貴不可言既而高祖幸上所居第見樂器絃多斷絕又有塵埃若不用者以爲不好聲妓之翫上尤自矯飾當時稱爲仁孝嘗觀獵遇雨左右進油衣上曰士卒皆霑濕我獨衣此乎乃令持去六年轉淮南道行臺尚書令其年徵拜雍州牧內史令八年冬大舉伐陳以上爲行軍元帥及陳平執陳湘州刺史施文慶散騎常侍沈客卿市令湯慧朗刑法監徐析尚書都令史暨慧以其邪佞有害於民斬之石闕下以謝三吳於是封府庫資財無所取天下稱賢進位太尉賜路車乘馬袞冕之服玄珪白璧各一復拜并州總管俄而江南高智慧等相聚作亂徙上爲揚州總管鎮江都每歲一朝高祖之祠太山也領武候大將軍明年歸藩後數載突厥寇邊復爲行軍元帥出靈武無虜而旋及太子勇廢立上爲皇太子是月當受冊高祖曰吾以大興公成帝業令上出舍大興其夜烈風大雪地震山崩民舍多壞壓死者百餘口仁壽初奉詔巡撫東南是後高祖每避暑仁壽宮恒令上監國四年七月高祖崩上卽皇帝位於仁壽宮八月奉梓宮還京師并州總管漢王諒舉兵反詔尚書左僕射楊素討平之九月乙巳以備身將軍崔彭爲左領軍大將軍十一月乙未幸洛陽景申發丁男十數萬掘塹自龍門東接長平汲郡抵臨淸關度河至浚儀襄城達于上洛以置關防癸丑詔曰乾道變化陰陽所以消息沿創不同生靈所以順序若使天意不變施化何以成四時人事不易爲政何以利萬姓易不云乎通其變使民不倦變則通通則久有德則可久有功則可大朕又聞之安安而能遷民用丕變是故姬邑兩周如武王之意殷人五徙成湯后之業若不因民順天功業見乎變愛民治國者可不謂歟然雒邑自古之都王畿之內天地之所合陰陽之所和控以三河固以四塞水陸通貢賦等故漢祖曰吾行天下多矣唯見雒陽自古皇王何嘗不留意所不都者蓋有由焉或以九州未一或以困其府庫作雒之制所以未暇也我有隋之始便欲創玆懷雒日復一日越暨于今念玆在玆興言感哽朕肅膺寶歷纂臨萬邦遵而不失心奉先志今者漢王諒悖逆毒被山東遂令州縣或淪非所由關河懸遠兵不赴急加以并州移戶復在河南周遷殷民意在於此況復南服遐遠東夏殷大因機順動今也其時羣司百辟僉諧厥議但成周墟塉弗堪胥宇今可於伊雒營建東京便卽設官分職以爲民極也夫宮室之制本以便生人上棟下宇足以避風露高臺廣厦豈曰適形故傳云儉德之恭侈惡之大宣尼有云與其不遜也寧儉豈謂瑤臺瓊室方爲宮殿者乎土堦采椽而非帝王者乎是知非天下以奉一人乃一人以主天下也民惟國本本固邦寧百姓足孰與不足今所營構務從節儉無令雕牆峻宇復起於當今欲使卑宮菲食將貽於後世有司明爲條格稱朕意焉十二月乙丑以右武衞將軍來護兒爲右驍衞大將軍戊辰以柱國李景爲右武衞大將軍以右衞率周羅睺爲右武候大將軍

大業元年春正月壬辰朔大赦改元立妃蕭氏爲皇后改豫州爲溱州洛州爲豫州廢諸州總管府景申立晉王昭爲皇太子丁酉以上柱國宇文述爲左衞大將軍上柱國郭衍爲左武衞大將軍延壽公于仲文爲右衞大將軍己亥以豫章王暕爲豫州牧戊申發八使巡省風俗下詔曰昔者哲王之理天下也其在愛民乎既富而教家給人足故能風教淳厚遠至邇安理定功成率由斯道朕恭嗣寶位撫育黎獻夙夜戰兢若臨川谷雖則聿遵先緒弗敢失墜永言政術多有缺然況以四海之遠兆民之衆未獲親臨問其疾苦每慮幽仄莫舉冤屈不申一物失所用傷和氣萬方有罪責在朕躬所以興寤增歎而夕惕載懷者也今旣布政惟始宜存寬大可分遣使人巡省方俗宣揚風化薦拔淹滯申達幽枉孝悌力田給以優復鰥寡孤獨不能自存者量加振濟義夫節婦旌表門閭高年之老加其板授並依別條賜以粟帛篤疾之徒給侍丁者雖有侍養之名曾無賙贍之實明加檢校使得存養若有名行顯著操履修潔及學業才能一藝可取咸宜訪採將身入朝所在州縣以禮發遣其蠹政害人不便於時者使還之日具錄奏聞己酉以吳州總管宇文弼爲刑部尚書二月己卯以尚書左僕射楊素爲尚書令三月丁未詔尚書令楊素納言楊達將作大匠宇文愷營建東京徙豫州郭下居民以實之戊申詔曰聽採輿頌謀及黎庶故能審政刑之得失是知昧旦思治欲使幽枉必達彝倫有章而牧宰任稱朝委苟爲僥倖以求考課虛立殿最不存理實綱紀於是不理冤屈所以莫申關河重阻無由自達朕故建立東京躬親存問今將巡歷淮海觀省風俗眷求讜言徒繁詞翰而鄉校之內闕爾無聞恇然夕惕用勞興寢其民下有知州縣官人政理苛刻侵害百姓背公狥私不便於民者聽詣朝堂封奏庶乎四聰以達天下無冤又於皁澗營顯仁宮採海內奇禽異獸草木之類以實園苑徙天下富商大賈數萬家於東京辛亥發河南諸郡男女七百萬開通濟渠自西苑引穀洛水達于河自板渚引河通于淮庚申遣黃門侍郎王弘上儀同於士澄往江南採木造龍舟鳳艒黃龍赤艦樓船等數萬艘夏四月癸亥大將軍劉仲方擊林邑破之五月庚戌戶部尚書義豐侯韋沖卒甲子熒惑入太微秋七月丁酉制戰亡之家給復十年景午滕王綸衞王集並奪爵徙邊閏七月甲子以尚書令楊素爲太子太師安德王雄爲太子太傅河間王弘爲太子太保景子詔曰君民建國教學爲先移風易俗必自玆始而言絕義乖多歷年代進德修業其道寖微漢採坑焚之餘不絕如線晉承板蕩之運掃地將盡自時厥後軍國多虞雖復黌宇時建示同愛禮函丈或陳殆爲虛器遂使紆靑拖紫非以學優製錦操刀類多牆面上陵下替綱維不立雅缺道消實由於此朕纂承洪緒思演大訓將欲尊師重道用闡厥繇講信修睦敦奬名教方今區宇平一文軌攸同十步之內必有芳草四海之中豈乏孝秀諸在家及見入學者若有篤志好古耽典悅禮學行優敏堪膺時務所在採訪具以名聞卽當隨其器能擢以不次若研精經術未願進仕可依其藝業深淺門蔭高卑雖未升朝並量準給祿庶夫恂恂誘善不日成器濟濟盈朝何遠之有其國子等學亦宜申明舊制教習生徒具爲課試之法以盡砥礪之道八月壬寅上御龍舟幸江都以左武衞大將軍郭衍爲前軍右武衞大將軍李景爲後軍文武官五品已上給樓船九品以上給黃篾舳艫相接二百餘里冬十月己丑赦江淮已南揚州給復五年舊總管內給復三年十一月己未以大將軍崔仲方爲禮部尚書

二年春正月辛酉東京成賜監督者有差以大理卿梁毗爲刑部尚書丁卯遣十使併省州縣二月景戌詔尚書令楊素吏部尚書牛弘大將軍宇文愷內史侍郎虞世基禮部侍郎許善心制定輿服始備輦輅及五時副車上常服皮弁十有二琪文官弁服佩玉五品已上給犢車通幰三公親王加油絡武官平巾幘袴褶三品已上給瓟槊下至胥吏服色各有差非庶人不得戎服戊戌置都尉官三月庚午車駕發江都先是太府少卿何稠太府丞雲定興盛修儀仗於是課州縣送羽毛百姓求捕之網羅被水陸禽獸有堪氅毦之用者殆無遺類至是而成夏四月庚戌上自伊闕陳法駕備千乘萬騎入於東京辛亥上御端門大赦天下免今年租賦癸丑以冀州刺史楊文思爲民部尚書五月甲寅金紫光祿大夫兵部尚書李通坐事免乙卯詔曰旌表先哲式在饗祀所以優禮賢能顯彰遺愛朕永鑒前修尚想名德何嘗不興歎九原屬懷千載其自古以來賢人君子有能樹聲立德佐世匡時博利殊功有益於人者並宜營立祠宇以時致祭墳壟之處不得侵踐有司量爲條式稱朕意焉六月壬子以尚書令太子太師楊素爲司徒進封豫章王暕爲齊王秋七月癸丑以衞尉卿衞玄爲工部尚書庚申制百官不得計考增級必有德行功能灼然顯著者擢之壬戌擢藩邸舊臣鮮于羅等二十七人官爵有差甲戌皇太子昭薨乙亥上柱國司徒楚國公楊素薨八月辛卯封皇孫倓爲燕王侗爲越王侑爲代王九月乙丑立秦王俊子浩爲秦王冬十月戊子以靈州刺史段文振爲兵部尚書十二月庚寅詔曰前代帝王因時創業君民建國禮尊南面而歷運推移年代永久丘壟殘毀樵牧相趨塋兆堙蕪封樹莫辨興言淪滅有愴于懷自古以來帝王陵墓可給隨近十戶蠲其雜役以供守視

三年春正月癸亥勅并州逆人已流配而逃亡者所獲之處卽宜斬決景子長星竟天出於東壁二旬而止是月武陽郡上言河水淸二月己丑彗星見於東井文昌歷大陵五車北河入太微埽帝座前後百餘日而止三月辛亥車駕還京師壬子以大將軍姚辯爲左衞將軍癸丑遣羽騎朱寬使於流求國乙卯河間王弘薨夏四月庚辰詔曰古者帝王觀風俗皆所以憂勤兆庶安集遐荒自蕃夷內附未遑親撫山東經亂復加存恤今欲安輯河北巡省趙魏所司依式甲申頒律令大赦天下關內給復三年壬辰改州爲郡改度量衡並依古式改上柱國以下官爲大夫甲午詔曰天下之重非獨理所安帝王之功豈一士之略自古明君哲后立政經邦何嘗不選賢與能振拔淹滯周稱多士漢號得人尙想前風載懷欽佇朕負扆夙興冕旒待旦引領巖谷寘以周行冀與羣才共康庶績而彙茅寂漠投竿罕至豈美璞韜采未值良工將介石在懷確乎難拔永鑒前哲憮然興歎凡厥在位譬諸股肱若濟巨川義同舟檝豈得保玆寵祿晦爾所知優游卒歲甚非謂也祁大夫之舉善良史以爲至公臧文仲之蔽賢尼父譏其竊位求諸往古非無褒貶宜思進善用匡寡薄夫孝悌有聞人倫之本德行敦厚立身之基或節義可稱或操履淸潔所以激貪厲俗有益風化强毅正直執憲不撓學業優敏文才美秀並爲廊廟之用實乃瑚璉之資才堪將略則拔

之以禦侮力有驍壯則任之以爪牙爰及一藝可取亦宜採錄若衆善畢舉與時無棄以此求理庶幾非遠文武有職事者五品已上宜依令十科舉人有一於此不必求備朕當待以不次隨才升用其見任九品已上官者不在舉送之限景申車駕北巡狩丁酉以刑部尚書宇文弼爲禮部尚書戊戌勅百司不得踐暴禾稼其有須開爲路者有司計地所收即以近倉酬賜務從優厚己亥至赤岸澤以太牢祭故太師李穆五月丁巳突厥啓民可汗遣子拓特勒來朝戊午發河北十餘郡丁男自太行山達于并州以通馳道景寅啓民可汗遣其兄子毗黎伽特勒來朝辛酉啓民可汗使請自入塞奉迎輿駕上不許癸酉有星孛于文昌上將星常皆動搖六月辛巳獵於連谷丁亥詔曰聿追孝饗德莫至焉崇建寢廟禮之大者然則質文異代損益殊時學滅坑焚經典散逸憲章湮墜廟堂制度師說不同所以世數多少莫能是正連室異宮亦無定准朕獲奉祖宗欽承景業永惟嚴配葉隆大典於是詢謀在位博訪儒術咸以爲高祖文皇帝受天明命奄有區夏拯羣飛於四海革彫弊於百五恤獄緩刑生靈皆遂其性輕徭薄賦比屋各安其業芟夷宇宙混一車書東漸西被無思不服南征北怨俱荷來蘇駕毳乘風歷代所弗至辮髮左衽聲教所罕及莫不厥角關塞頓顙闕庭譯靡絕時書無虛月韜戈偃伯天下晏如嘉瑞休徵表裏禔福猗歟偉歟無得而名者也朕又聞之德厚者流光理辨者禮縟是以周之文武漢之高光其典章特立諡號斯重豈非緣情稱述即崇顯之義乎高祖文皇帝宜別建廟宇以彰巍巍之德仍遵月祭用表蒸蒸之懷有司以時創造務合典制又名位既殊禮亦異等天子七廟事著前經諸侯二昭義有差降故知以多爲貴王者之禮今可依用貽厥後昆戊子次榆林郡丁酉啓民可汗來朝己亥吐谷渾高昌並遣使貢方物甲辰上御北樓觀漁于河以宴百寮秋七月辛亥啓民可汗上表請變服襲冠帶詔啓民贊拜不名在諸侯王上甲寅上於郡城東御大帳其下備儀衞建旌旗宴啓民及其部落三千五百人奏百戲之樂賜啓民及其部落各有差景子殺光祿大夫賀若弼禮部尚書宇文弼太常卿高熲尚書左僕射蘇威坐事免發丁男百餘萬築長城西距榆林東至紫河二旬而罷死者十五六八月壬午車駕發榆林乙酉啓民飾廬清道以候乘輿帝幸其帳啓民奉觴上壽宴賜極厚上謂高麗使者曰歸語爾王當早來朝見不然者吾與啓民巡彼土矣皇后亦幸義城公主帳己丑啓民可汗歸蕃癸巳入樓煩關壬寅次太原詔營晉陽宮九月己未次濟源幸御史大夫張衡宅宴飲極歡己巳至于東都壬申以齊王暕爲河南尹開府儀同三司癸酉以戶部尚書楊文思爲納言

四年春正月乙巳詔發河北諸郡男女百餘萬開永濟渠引沁水南達于河北通涿郡庚戌百寮大射於允武殿丁卯賜城內居民米各十石壬申以太府卿元壽爲內史令鴻臚卿楊玄感爲禮部尚書癸酉以工部尚書衞玄爲右武候大將軍大理卿長孫熾爲戶部尚書二月己卯遣司朝謁者崔毅使突厥處羅致汗血馬三月辛酉以將作大匠宇文愷爲工部尚書壬戌百濟倭赤土迦羅舍國並遣使貢方物乙丑車駕幸五原因出塞巡長城景寅遣屯田主事常駿使赤土致羅罽夏四月景午以離石之汾源臨泉鴈門之秀容爲樓煩郡起汾陽宮癸丑以河內太守張定和爲左屯衞大將軍乙卯詔曰突厥意利珍豆啓民可汗率領部落保附關塞遵奉朝禮思改戎俗頻入謁覲屢有陳請以氈牆毳幕事窮荒陋上棟下宇願同比屋誠心懇切朕之所重宜於萬壽戍置城造屋其帷帳牀褥以上隨事量給務從優厚稱朕意焉五月壬申蜀郡獲三足烏張掖獲玄狐各一秋七月辛巳發丁男二十餘萬築長城自榆林谷而東乙未左翊衞大將軍宇文述破吐谷渾於曼頭赤水八月辛酉親祠恒岳河北道郡守畢集大赦天下車駕所經郡縣免一年租調九月辛未徵天下鷹師悉集東京至者萬餘人戊寅彗星出五車埽文昌至房而滅辛巳詔免長城役者一年租賦冬十月景午詔曰先師尼父聖德在躬誕發天縱之姿憲章文武之道命世膺期蘊茲素王而頹山之歎忽踰於千祀盛德之美不在於百代永惟懿範宜有優崇可立孔子後爲紹聖侯有司求其苗裔錄以申上辛亥詔曰昔周王下車首封唐虞之胄漢帝承歷亦命殷周之後皆所以褒立先代憲章在昔朕嗣膺景業傍求雅訓有一弘益欽若令典以爲周兼夏殷文質大備漢有天下車書混一魏晉沿襲風流未遠並宜立後以存繼絕之義有司可求其冑緒列聞乙卯頒新式於天下

五年春正月景子改東京爲東都癸未詔天下均田戊子上自東都還京師己丑制民間鐵叉搭鉤穳刃之類皆禁絕之太守每歲密上屬官景迹二月戊戌次于閿鄉詔祭古帝王陵及開皇功臣墓庚子制漢魏周官不得爲蔭辛丑赤土國遣使貢方物戊申車駕至京師景辰宴耆舊四百人於武德殿頒賜各有差己未上御崇德殿之西院愀然不悅顧謂左右曰此先帝所居實用增感情所未安於此院之西別營一殿壬戌制父母聽隨子之官三月己巳車駕西巡河右庚午有司言武功男子史永遵與從父昆弟同居上嘉之賜物一百段米二百石表其門閭乙亥幸扶風舊宅夏四月己亥大獵於隴西壬寅高麗吐谷渾伊吾並遣使來朝乙巳次狄道党項羌來貢方物癸亥出臨津關度黃河至西平陳兵講武五月乙亥上大獵於延山長圍周亘二千里庚辰入長寧谷壬午度星嶺甲申宴羣臣於金山之上景戌梁浩亹御馬度而橋壞斬朝散大夫黃亘及督役者九人吐谷渾主率衆保覆袁川帝分命內史元壽南屯金山兵部尚書段文振北屯雪山太僕卿楊義臣東屯琵琶峽將軍張壽西屯泥嶺四面圍之吐谷渾主伏允以數十騎遁出遣其名王詐稱伏允保車我眞山壬辰詔右屯衞大將軍張定和往捕之定和挺身挑戰爲賊所殺亞將柳武建擊破之斬首數百級甲午其仙頭王窮蹙率男女十餘萬口來降六月丁酉遣左光祿大夫梁默右翊衞將軍李瓊等追吐谷渾主皆遇賊死之癸卯經大斗拔谷山路隘險魚貫而出風霰晦暝與後宮相失士卒凍死者大半景午次張掖辛亥詔諸郡學業該通才藝優洽膂力驍壯超絕等倫在官勤奮堪理政事立性正直不避強禦四科舉人壬子高昌王麴伯雅來朝伊吾吐屯設等獻西域數千里之地上大悅癸丑置西海河源鄯善且末等四郡景辰上御觀風行殿盛陳文物奏九部樂設魚龍曼延宴高昌王吐屯設於殿上以寵異之其蠻夷陪列者三十餘國戊午大赦天下開皇已來流配悉放還鄉晉陽逆黨不在此例隴右諸郡給復三年秋七月丁卯置馬牧於青海渚中以求龍種無効而止九月癸未車駕入長安冬十月癸亥詔曰優德尚齒載之典訓尊事乞言義彰膠序鬻熊爲師無取筋力方叔元老克壯其猷朕永言稽古用求至理是以厖眉黃髮更令收敘務簡秩優無虧藥餌庶等臥理佇其弘益今歲耆老赴集者可於近郡處置年七十已上疾患沈滯不堪居職即給賜帛送還本郡其官至七品以上者量給廩以終厥身十一月景子車駕幸東都

六年春正月癸亥朔旦有盜數十人皆素冠練衣焚香持華自稱彌勒佛入自建國門監門者皆稽首既而奪衞士仗將爲亂齊王暕遇而斬之於是都下大索與相連坐者千餘家丁丑角觝大戲於端門街天下奇伎異藝畢集終月而罷帝數微服往觀之己丑倭國遣使貢方物二月乙巳武賁郎將陳稜朝請大夫張鎮州擊流求破之獻俘萬七千口頒賜百官乙卯詔曰夫帝圖草創王業艱難咸依股肱叶同心德用能救厥頹運克膺大寶然後疇庸茂賞開國承家誓以山河傳之不朽近代凋喪四海未壹茅土妄假名實相乖歷茲永久莫能懲革皇運之初百度伊始猶循舊貫未暇改作今天下交泰文軌攸同宜率遵先典永垂大訓自今已後唯有功勳乃得賜封仍令子孫承襲景辰改封安德王雄爲觀王河間王子慶爲郇王庚申徵魏齊周陳樂人悉配太常三月癸亥幸江都宮甲子以鴻臚卿史祥爲左驍衞大將軍夏四月丁未宴江淮已南父老頒賜各有差六月辛卯室韋赤土並遣使貢方物壬辰鴈門賊帥尉文通聚衆三千保於莫壁谷遣鷹揚楊伯泉擊破之甲寅制江都太守秩同京尹冬十月壬申刑部尚書梁毗卒壬子戶部尚書銀青光祿大夫長孫熾卒十二月己未左光祿大夫吏部尚書牛弘卒辛酉朱崖人王萬昌舉兵作亂遣隴西太守韓洪討平之

七年春正月壬寅左武衞大將軍光祿大夫眞定侯郭衍卒二月己未上升釣臺臨楊子津大宴百寮頒賜各有差庚申百濟遣使朝貢乙亥上自江都御龍舟入通濟渠遂幸于涿郡壬午詔曰武有七德先之以安民政有六本興之以教義高麗虧失藩禮將欲問罪遼左恢宣勝略雖懷代國仍事省方今往涿郡巡撫民俗其河北諸郡及山西山東年九十已上版授太守八十者授縣令三月丁亥右光祿大夫左屯衞大將軍姚辯卒夏四月庚午幸涿郡之臨朔宮五月戊子以武威太守樊子蓋爲民部尚書秋大水山東河南漂沒三十餘郡民相賣爲奴婢冬十月乙卯底柱山崩偃木逆流數十里戊午以東平太守吐萬緒爲左屯衞大將軍十二月己酉突厥處羅多利可汗來朝帝大悅接以殊禮于時遼東戰士及餽運者塡咽於道晝夜不絕苦役者始爲羣盜甲子勅都尉鷹揚與郡縣相知追捕隨獲斬決之

八年春正月辛巳大軍集于涿郡以兵部尚書段文振爲左候衞大將軍壬午下詔曰天地大德降繁霜於秋令聖哲至仁著兵甲於刑典故知造化之有肅殺義在無私帝王之用干戈蓋非獲已版泉丹浦莫匪龔行取亂覆昏咸由順動況乎甘野誓師夏啓承大禹之業商郊問罪周發成文王之志永監載籍屬當朕躬粵我有

隋誕膺靈命兼三才而建極一六合而爲家提封所漸細柳蟠桃之外聲教爰暨紫杏黃枝之域遠至邇安罔弗和會功成理定於是乎在而高麗小醜迷昏不恭崇聚勃碣之間荐食遼獩之境雖復漢魏誅夷巢窟蹔擾亂離多阻種落還集萃川藪於前代播實繁以迄今睠玆華壤翦爲夷類歷年永久惡稔既盈天道禍淫亡徵已兆亂常敗德非可勝圖掩慝懷姦唯日不足移告之嚴未嘗面受朝覲之禮莫肯躬親誘納亡叛不知紀極充斥邊垂亟勞烽候關柝以之不靜生人爲之廢業在昔薄伐已漏天網既緩前禽之戮未卽後服之誅曾不懷恩翻其長惡乃兼契丹之黨虔劉海戍習靺鞨之服侵軼遼西又青丘之表咸修職貢碧海之濱同稟正朔遂復寇攘琛賮遏絕往來虐及弗辜誠而遇禍輶軒奉使爰暨海東旌節所次途經藩境而擁塞道路拒絕王人無事君之心豈爲臣之禮此而可忍孰不可容且法令苛酷賦斂煩重彊臣豪族咸執國均朋黨比周以之成俗賄貨如市寃枉莫申重以仍歲災凶比屋饑饉兵戈不息傜役無期力竭轉輸身塡溝壑百姓愁苦爰誰適從境內哀惶不勝其弊回面內向各懷性命之圖黃髮稚齒咸興酷毒之歎省俗觀風爰屆幽朔弔人問罪無俟再駕親總六師用申九伐拯厥阽危協從天意殄玆逋穢克嗣先謨今宜授律啓行分麾屆路掩勃澥而雷震及扶餘以電埽比戈按甲俟誓而後行三令五申必勝而後戰左第一軍可鏤方道第二軍可長岑道第三軍可海冥道第四軍可蓋馬道第五軍可建安道第六軍可南蘇道第七軍可遼東道第八軍可玄菟道第九軍可扶餘道第十軍可朝鮮道第十一軍可沃沮道第十二軍可樂浪道右第一軍可黏蟬道第二軍可含資道第三軍可渾彌道第四軍可臨屯道第五軍可候城道第六軍可提奚道第七軍可踏頓道第八軍可肅愼道第九軍可碣石道第十軍可東暆道第十一軍可帶方道第十二軍可襄平道凡此衆軍先奉廟略駱驛引途總集平壤莫非如豺如貔之勇百戰百勝之雄顧眄則山岳傾頹叱咤則風雲騰鬱腹心攸同爪牙斯在朕躬馭元戎爲其節度涉遼而東循海之右解倒懸於遐裔問疾苦於遺黎其外輕齎游闕隨機赴響卷甲銜枚出其不意又滄海道軍舟艫千里高颿電逝巨艦雲飛橫斷浿江逕造平壤島嶼之望斯絕坎井之路已窮其餘被髮左衽之人控弦待發微盧彭濮之旅不謀同辭杖順臨逆人百其勇以此衆戰勢等摧枯然則王者之師義存止殺聖人之教必也勝殘天罰有罪本在元惡人之多辟脅從罔理若高元泥首轅門自歸司寇卽解縛焚櫬弘之以恩其餘臣人願歸朝奉化咸加慰撫各安生業隨才任用無隔夷夏營壘所次務在整肅芻蕘有禁秋毫勿犯以布恩宥以喻禍福若其同惡相濟抗拒官軍國有常刑俾無遺類明加曉示稱朕意焉總一百一十三萬三千六百號二百萬其餽運者倍之癸未第一軍發終四十日引師乃盡旌旗亘千里近古出師之盛未之有也乙未以右候衞大將軍衞玄爲刑部尙書甲辰內史令元壽卒二月甲寅詔曰朕觀風燕裔問罪遼濱文武叶力爪牙思奮莫不執銳勤王捨家從役罕蓄倉廩之資兼損播殖之務朕所以夕惕愀然慮其匱乏雖復素飽之衆情在忘私悅使之徒宜從其厚諸行從一品以下佽飛募人以上家口郡縣宜數存問若有糧食乏少皆賑給之或雖有田疇貧弱不能自耕種可於多丁富室勸課相助使夫居者有斂積之豐行役無顧後之慮壬戌司空京兆尹光祿大夫觀王雄薨三月辛卯兵部尙書左候衞大將軍段文振卒癸巳上御師甲午臨戎于遼水橋戊戌大軍爲賊所拒不果濟右屯衞大將軍左光祿大夫麥鐵杖武賁郎將錢士雄孟金叉等皆死之甲午車駕度遼大戰于東岸擊賊破之進圍遼東乙未大頓見二大鳥高丈餘皜身朱足游泳自若上異之命工圖寫并立銘頌五月戊午納言楊達卒于時諸將各奉旨不敢越機既而高麗各固城守攻之不下六月己未幸遼東責怒諸將止城西數里御六合城七月壬午宇文述等敗績于薩水右屯衞將軍薛世雄死之九軍並陷師奔還亡者千餘騎癸卯班師九月庚辰上至東都己丑詔軍國異容文武殊用匡危拯難則霸德攸興化人成俗則王道斯貴時當撥亂屠販可以登朝世屬隆平經術然後升仕豐都爰肇儒服無預於周行建武之朝功臣不參於吏職自三方未一四海交爭不遑文教唯尙武功設官分職罕以才授班朝理人乃由勳敘莫非拔足行陣出自勇夫學斅之道既所不習政事之方故亦無取是非暗於在己威福專於下吏貪冒貨賄不知紀極蠹政害民實由於此自今已後諸授勳官者並不得回授文武職事庶遵彼更張取類於調瑟求諸名製不傷於美錦若吏部輒擬用者御史卽宜糾彈冬十月戊寅工部尙書宇文愷卒十一月己卯以宗女華容公主嫁于高昌王辛巳光祿大夫韓壽卒甲申敗將宇文述于仲文等除名爲民斬尙書右丞劉士龍以謝天下是歲大旱疫人多死山東尤甚密詔江淮南諸郡閱視民間童女姿質端麗者每歲貢之

九年春正月丁丑徵天下兵募民爲驍果集于涿郡壬午賊帥杜彥冰王潤等陷平原郡大掠而去辛卯置折衝果毅武勇雄武等郎將官以領驍果乙未平原李德逸衆數萬稱阿舅賊劫掠山東靈武白榆妄稱奴賊劫掠牧馬北連突厥隴右多被其患遣將軍范貴討之連年不能克戊戌大赦己亥遣代王侑刑部尙書衞玄鎭京師辛丑以右驍衞將軍李渾爲右驍衞大將軍二月己未濟北人韓進洛聚衆數萬爲羣盜壬午復宇文述等官爵又徵兵討高麗三月景子濟北人孟海公起兵爲盜衆至數萬丁丑發丁男十萬城大興戊寅幸遼東以越王侗工部尙書樊子蓋鎭東都庚子北海人郭方預聚徒爲賊自號盧公衆至三萬攻陷郡城大掠而去夏四月庚午車駕度遼壬申遣宇文述楊義臣趣平壤城五月丁丑熒惑入南斗己卯濟北人甄寶車聚衆萬餘寇掠城邑六月乙巳禮部尙書楊玄感反於黎陽景辰玄感逼東都河南贊理裴弘策拒之反爲賊所敗戊辰兵部侍郎斛斯政奔于高麗庚午上班師高麗犯後軍勅右武衞大將軍李景爲後拒遣左翊衞大將軍宇文述左候衞將軍屈突通等馳傳發兵以討玄感秋七月己卯令所在發人城縣府驛癸未餘杭人劉元進舉兵反衆至數萬八月壬寅左翊衞大將軍宇文述等破楊玄感於閿鄉斬之餘黨悉平癸卯吳人朱燮晉陵人管崇擁衆十萬餘自稱將軍寇江左甲辰制驍果之家蠲免賦役丁未詔郡縣城去道過五里已上者徙就之戊申制盜賊籍沒其家乙卯賊帥陳瑱等三萬攻陷信安郡辛酉司農卿光祿大夫葛國公趙元淑以罪伏誅九月己卯濟陰人吳海流東海人彭孝才並舉兵爲盜衆數萬庚辰賊帥梁慧尙聚衆四萬陷蒼梧郡甲午車駕次上谷以供費不給上大怒免太守虞荷等官丁酉東陽人李三兒向但子舉兵作亂衆至萬餘閏月己巳幸博陵庚午上謂侍臣曰朕昔從先朝周旋於此年甫八歲日月不居倏經三紀追惟曩昔不可復希言未卒流涕嗚咽侍衞者皆泣下沾襟冬十月丁丑賊帥呂明星率衆數千圍東郡武賁郎將費青奴擊斬之乙酉詔曰博陵昔爲定州地居衝要先王歷試所基王化斯遠故以道冠豳風義高姚邑朕巡撫氓庶爰屆茲邦瞻望郊壥緬懷敬止思所以宣播慶澤覃被下人崇紀顯號式光令緒可改博陵爲高陽郡赦境內死罪以下給復一年於是召高祖時故吏皆量才授職壬辰以納言蘇威爲開府儀同三司朱燮管崇推劉元進爲天子遣將軍吐萬緒魚俱羅討之連年不能尅齊人孟讓王薄等衆十餘萬據長白山攻剽諸郡清河賊張金稱衆各數萬勃海賊帥格謙自號燕王孫宣雅自號齊王衆各十萬山東苦之丁亥以右候衞將軍郭榮爲右候衞大將軍十一月己酉右候衞將軍馮孝慈討張金稱於清河反爲所敗孝慈死之十二月甲辰車裂楊玄感弟朝散大夫積善及黨與十餘人仍焚而揚之丁亥扶風人向海明舉兵作亂稱皇帝建元白烏遣太僕卿楊義臣擊破之

十年春正月甲寅以宗女爲信義公主嫁於突厥曷娑那可汗二月辛未詔百寮議伐高麗數日無敢言者戊子詔曰竭力王役致身戎事咸由徇義莫非勤誠委命草芥暴骸原野興言念之每懷愍惻往年問罪將屆遼濱廟算勝略具有進止而諒惛凶罔識成敗高熲愎佷本無智謀臨三軍猶兒戲視人命如草芥不遵成規坐貽撓退遂令死亡者衆不及埋藏今宜遣使人分道收葬設祭於遼西郡立道場一所恩加泉壤庶弭窮魂之冤澤及枯骨用弘仁者之惠辛卯詔曰黃帝五十二戰成湯二十七征方乃德施諸侯令行天下盧芳小盜漢祖尙且親戎隗囂餘燼光武猶自登隴豈不欲除暴止戈勞而後逸者哉朕纂承寶業君臨天下日月所照風雨所霑孰非我臣獨隔聲教蕞爾高麗僻居荒裔鴟張狼噬侮慢不恭抄竊我邊垂侵逼我城鎭是以去歲出軍問罪遼碣殪長蛇於玄菟戮封豕於襄平扶餘衆軍風馳電逝追奔逐北徑踰浿水滄海舟艫衝賊腹心焚其城郭汙其宮室高元伏鑕泥首送款軍門尋請入朝歸罪司寇朕以許其改過乃詔班師而長惡靡悛宴安鴆毒此而可忍孰不可容便可分命六師百道俱進朕當親執武節臨御諸軍秣馬丸都觀兵遼水順天誅於海外拯窮民於倒懸征伐以正之明德以誅之止除元惡餘無所問若有識存亡之分悟安危之機翻然北首自求多福必其同惡相濟抗拒王師若火燎原刑茲無赦有司便宜宣布咸使知聞丁酉扶風人唐弼舉兵反衆十萬推李弘爲天子自稱唐王三月壬子行幸涿郡癸亥次臨渝宮親御戎服禡祭黃帝斬叛軍者以釁鼓夏四月辛未彭城賊張大彪聚衆數萬保懸薄山爲盜遣榆林太守董純擊破之甲午車駕次北平五月庚

子詔舉郡孝悌廉潔各十人壬寅賊帥宋世謨陷琅邪庚申延安人劉迦論舉兵反自稱皇王建元大世六月辛未賊帥鄭文雅林寶護等衆三萬陷建安郡太守楊景祥死之秋七月癸丑車駕次懷遠鎮乙卯曹國遣使貢方物甲子高麗遣使請降囚送斛斯政上大悅八月己巳班師右衛大將軍左光祿大夫鄭榮卒冬十月丁卯上至東都己丑還京師十一月景申支解斛斯政於金光門外乙巳有事於南郊己酉賊帥司馬長安破長平郡乙卯離石胡劉苗王舉兵反自稱天子以其弟六兒爲永安王衆至數萬將軍潘長文討之不能尅是月賊帥王德仁擁衆數萬保林慮山爲盜十二月壬申上如東都其日大赦天下戊子入東都庚寅賊帥孟讓衆十餘萬據都梁宮遣江都丞王世充擊破之盡虜其衆

十一年春正月甲午朔宴百寮突厥新羅靺鞨畢大辭訶咄傳越烏那曷波臘吐火羅俱慮建忽論靺鞨訶多沛汗龜茲疏勒于闐安國曹國何國穆國畢衣密失範延伽折契丹等國並遣使朝貢戊戌武賁郎將高建毗破賊帥顏宣政於齊郡虜男女數千口乙卯大會蠻夷設魚龍曼延之樂頒賜各有差二月戊辰賊帥楊仲緒等率衆萬餘攻北平滑公李景破斬之庚午詔曰設險守國著自前經重門禦暴事彰往策所以宅土寧邦禁邪固本而近代戰爭居人散逸田疇無伍郛郭不修遂使遊惰實繁寇攘未息今天下平一海內晏如宜令人悉城居田隨近給使強弱相容力役兼濟穿窬無所厝其姦宄萑蒲不得聚其逋逃有司具爲事條務令得所景子王須拔反自稱漫天王國號燕賊帥魏刀兒自稱歷山飛衆各十餘萬北連突厥南寇趙三月丁酉殺右驍衛大將軍光祿大夫郕公李渾將作監光祿大夫李敏並族滅其家癸卯賊帥司馬長安破西河己酉幸太原避暑汾陽宮秋七月己亥淮南人張起緒舉兵爲盜衆至三萬辛丑光祿大夫右禦衛大將軍張壽卒八月乙卯巡北塞戊辰突厥始畢可汗率騎數十萬謀襲乘輿義成公主遣使告變壬申車駕馳幸鴈門癸酉突厥圍城官軍頻戰不利上大懼欲率精騎潰圍而出民部尚書樊子蓋固諫乃止齊王暕以後軍保于崞縣甲申詔天下諸郡募兵於是守令各來赴難九月甲辰突厥解圍而去丁未曲赦太原鴈門死罪已下冬十月壬戌上至於東都丁卯彭城人魏騏驎聚衆萬餘爲盜寇魯郡壬申賊帥盧明月聚衆十餘萬寇陳汝間東海賊李子通擁衆度淮自號楚王建元明政寇江都十一月乙卯賊帥王須拔破高陽郡十二月戊寅有大流星如斛墜明月營破其衝車庚辰詔民部尚書樊子蓋發關中兵討絳郡賊敬盤陁柴保昌等經年不能尅譙郡人朱粲擁衆數十萬寇荊襄僭稱楚帝建元昌達漢南諸郡多爲所陷焉

十二年春正月甲午鴈門人翟松柏起兵於靈丘衆至數萬轉攻傍縣二月己未真臘遣使貢方物甲子夜有二大鳥似鵰飛入大業殿止于御幄至明而去癸亥東海賊盧公暹率衆萬餘保于蒼山夏四月丁巳顯陽門災癸亥魏刀兒所部將甄翟兒號歷山飛衆十萬轉寇太原將軍潘長文討之反爲所敗長文死之五月景戌朔日有蝕之既癸巳大流星隕於吳郡爲石壬午上於景華宮徵求螢火得數斛夜出遊山而放之光遍巖谷秋七月壬戌民部尚書光祿大夫濟北公樊子蓋卒甲子幸江都宮以越王侗光祿大夫段達太府卿元文都檢校民部尚書韋津右武衛將軍皇甫無逸右司郎盧楚等總留守事奉信郎崔民象以盜賊充斥於建國門表諫不宜巡幸上大怒先解其頤乃斬之戊辰馮翊人孫華自號總管舉兵爲盜高涼通守洗珤徹舉兵作亂嶺南溪洞多應之己巳熒惑守羽林月餘乃退車駕次汜水奉信郎王愛仁以盜賊日盛諫上請還西京上怒斬之而行八月乙巳賊帥趙萬海衆數十萬自恒山寇高陽壬子有大流星如斗出王良閣道聲如壞牆癸丑大流星如甕出羽林九月丁酉東海人杜伏威揚州沈覓敵等作亂衆至數萬右禦衛將軍陳稜擊破之戊午有二枉矢出北斗魁委曲蛇形注於南斗壬戌安定人荔非世雄殺臨涇令舉兵作亂自號將軍冬十月己丑開府儀同三司左翊衛大將軍光祿大夫許公宇文述薨十二月癸未鄱陽賊操天成舉兵反自號元興王建元始興攻陷豫章郡乙酉以右翊衛大將軍來護爲開府儀同三司行左翊衛大將軍壬辰鄱陽人林士弘自稱皇帝國號楚建元太平攻陷九江廬陵郡唐公破甄翟兒於西河虜男女千口

十三年春正月壬子齊郡賊杜伏威率衆度淮攻陷歷陽郡景辰勃海賊竇建德設壇於河間之樂壽自稱長樂王建元丁丑辛巳賊帥徐圓朗率衆數千破東平郡弘化人劉企成聚衆萬餘人爲盜傍郡苦之二月壬午朔方人梁師都殺郡丞唐世宗據郡反自稱大丞相遣銀青光祿大夫張世隆擊之反爲所敗戊子賊率王子英破上谷郡己丑馬邑校尉劉武周殺太守王仁恭舉兵作亂北連突厥自稱定楊可汗庚寅賊帥李密翟讓等陷興洛倉越王侗遣武賁郎將劉長恭光祿少卿房崱擊之反爲所敗死者十五六庚子李密自號魏公稱元年開倉以賑郡盜衆至數十萬河南諸郡相繼皆陷焉壬寅劉武周破武賁郎將王智辯於桑乾鎮智辯死之三月戊午廬江人張子路舉兵反遣右禦衛將軍陳稜討平之丁丑賊帥李通德衆十萬寇廬江左屯衛將軍張鎮州擊破之夏四月癸未金城校尉薛舉率衆反自稱西秦霸王建元秦興攻陷隴右諸郡己丑賊帥孟讓夜入東都外郭燒豐都市而去癸巳李密陷迴洛東倉丁酉賊帥房憲伯陷汝陰郡是月光祿大夫武賁郎將裴仁基淮陽太守趙佗等並以衆叛歸李密五月辛酉夜有流星如甕墜於江都甲子唐公起義師於太原景寅突厥數千寇太原唐公擊破之秋七月壬子熒惑守積屍景辰武威人李軌舉兵反攻陷河西諸郡自稱涼王建元安樂八月辛巳唐公破武牙郎將宋老生於霍邑斬之九月己丑帝括江都人女寡婦以配從兵是月武陽郡丞元寶藏以郡叛歸李密與賊帥李文相攻陷黎陽倉彗星見於營室冬十月丁亥太原楊世洛聚衆萬餘人寇掠城邑景申羅令蕭銑以縣反鄱陽人董景珍以郡反迎銑於羅縣號爲梁王攻陷傍郡戊戌武賁郎將高毗敗濟北郡賊甄寶車於㠊山十一月景辰唐公入京師辛酉遙尊帝爲太上皇立代王侑爲帝改元義寧上起宮丹楊將遜于江左有烏鵲來巢幄帳驅不能止熒惑犯太微有石自江浮入于楊子日光四散如流血上甚惡之二年三月右屯衛將軍宇文化及武賁郎將司馬德戡元禮監門直閤裴虔通將作少監宇文智及武勇郎將趙行樞鷹揚郎將孟景內史舍人元敏符璽郎李覆牛方裕千牛左右李孝本弟孝質直長許弘仁薛世良城門郎唐奉義醫正張愷等以驍果作亂入犯宮闈上崩于溫室時年五十蕭后令宮人撤牀簀爲棺以埋之化及發後右禦衛將軍陳稜奉梓宮於成象殿葬吳公臺下發斂之始容貌若生衆咸異之大唐平江南之後改葬雷塘初上自以蕃王次不當立每矯情飾行以釣虛名陰有奪宗之計時高祖雅重文獻皇后而性忌妾媵皇太子勇內多嬖幸以此失愛帝後庭有子皆不育之示無私寵取媚於后大臣用事者傾心與交中使至第無貴賤皆曲承顏色申以厚禮婢僕往來者無不稱其仁孝又常私入宮掖密謀於文獻后楊素等因機構扇遂成廢立自高祖大漸暨諒闇之中蒸淫無度山陵始就即事巡游以天下承平日久士馬全盛慨然慕秦皇漢武之事乃盛理宮室窮極侈靡召募行人分使絕域諸蕃至者厚加禮賜有不恭命以兵擊之盛興屯田於玉門柳城之外課天下富室分道市武馬疋直十餘萬富強坐是而凍餒者十家而九性多詭譎所幸之處不欲人知每幸之所輒數道置頓四海珍羞殊味水陸必備焉求市者無遠不至郡縣官人競爲獻食豐厚者進擢疎儉者獲罪姦吏侵漁內外虛竭頭會箕斂人不聊生于時軍國多務日不暇給帝方驕怠惡聞政事寃屈不理奏請罕決又猜忌臣下無所專任朝臣有不合意者必構其罪而族滅之高熲賀若弼先皇心膂參謀帷幄張衡李金才藩邸惟舊績著經綸惡其直道忌其正議求其無形之罪加以丹頸之戮其餘事君盡禮謇謇匪躬無辜無罪橫受夷戮者不可勝紀政刑弛紊賄貨公行莫敢有言道路以目六軍不息百役繁興行者不歸居者失業人飢相食邑落爲墟上弗之恤也東西行幸靡有定居每以供費不給逆收數年之賦所至唯與後宮流連耽湎惟日不足招迎姥媼朝夕共肆醜言又引少年令與宮人穢亂不軌不遜以爲娛樂區宇之內盜賊蜂起劫掠從官屠陷城邑近臣互相掩蔽皆隱賊數不以實對或有言賊多者輒大被詰責各求苟免上下相蒙每出師徒敗亡相繼戰士盡力不加賞賜百姓無辜咸受屠戮黎庶積怨天下土崩至於就禽而猶未之寤也

恭皇帝諱侑元德太子之子也母曰韋妃性聰敏有氣度大業三年立爲陳王後數載徙爲代王及煬帝親征遼東令於京師總留事十一年從幸晉陽拜太原太守尋鎮京師義兵入長安尊煬帝爲太上皇奉帝纂業義寧元年十一月壬戌上即皇帝位於大興殿詔曰王道喪亂天步不康屬之於朕逢此百罹殲禍之歲夙遭憫凶孺子之辰太上播越興言感動實疚于懷太尉唐公膺期作宰糾合義兵翼戴皇室爰奉明詔弼予幼沖顯命光臨天威咫尺對揚尊號悼心失圖一人在遠三讓不遂僶俛南面厝身無所苟利社稷莫敢或違俯從羣議奉遵聖旨可大赦天下改大業十三年爲義寧元年十一月十六日昧爽以前大辟罪已下皆赦除之常赦所不免者不在赦限甲子以光祿大夫大將軍太尉唐公爲假黃鉞使持節大都督內外諸軍事尚書令大丞相進封唐王景寅詔曰朕惟孺子未出深宮太上遠巡追蹤穆滿時逢多難委當尊極辭不獲免恭己臨朝若

涉大川罔知所濟民之情僞曾未之聞賴股肱勠力上宰賢良匡佐沖人輔其不逮軍國機務事無大小文武設官位無貴賤憲章賞罰咸歸相府庶績其凝責成斯屬己巳以唐王子隴西公建成爲唐國世子敦煌公爲京兆尹改封秦公元吉爲齊公太原置鎮北府乙亥張掖康老和舉兵反十二月癸未薛舉自稱天子寇扶風秦公爲元帥擊破之丁亥桂陽人曹武徹舉兵反建元通聖丁酉義師會驍衞大將軍屈突通於閿鄉乙巳賊帥張善安陷廬江郡

二年春正月丁未詔唐王劍履上殿入朝不趨贊拜不名加前後羽葆鼓吹壬戌將軍王世充爲李密所敗河內通守孟善誼武賁郎將王辯楊威劉長恭梁德董智通皆死之庚戌河陽郡尉獨孤武都降於李密三月景辰右屯衞將軍宇文化及弑太上皇於江都宮右禦衞將軍獨孤盛死之齊王暕趙王杲燕王倓右翊衞大將軍宇文協內史侍郎虞世基御史大夫裴蘊給事郎許善心皆遇害化及立秦王浩爲帝自稱大丞相朝士文武皆受其官爵光祿大夫宿公麥木折衝郎將朝請大夫沈同謀討賊夜襲化及營反爲所害戊辰詔唐王備九錫之禮加璽紱遠游冠綠綟綬位在諸侯王上唐國置丞相已下一依舊式五月乙巳朔詔唐王冕十有二旒建天子旌旗出警入蹕金根車駕備五時副車置旄頭雲罕車儛八佾設鍾虡宮縣王后王子王女爵命之號一遵舊典戊午詔曰天禍隋國大行太上皇遇盜江都惘予小子哀號永感仰惟荼毒仇復靡申相國唐王膺期命世扶危拯溺自北徂南東征西怨總九合於一匡決百勝於千里糾率夷夏大庇甿黎保乂朕躬繫王是賴德侔造化功格蒼旻兆庶歸心歷數斯在屈爲人臣載違天命當今九服崩離三靈改卜大運去矣請避賢路私僮命駕須歸藩國予本代王及予而代天之所廢豈期如是庶憑稽古之聖以誅四凶幸值惟新之恩預充三恪雪寃恥於皇祖守禋祀爲孝孫朝聞夕殞及泉無恨今遵故事遜於舊邸庶官羣辟改事唐朝宜依前典趣上尊號若釋重負感泰兼懷假手眞人俾除醜逆仍勑有司凡有表奏皆不得以聞是日上遜位於大唐以爲酅國公武德二年夏五月崩時年十五

史臣曰煬帝爰在弱齡早有志尙南平吳會北却匈奴昆弟之中獨著聲績於是矯情飾貌肆厥姦回故得獻后鍾心文皇革慮天方肇亂遂升儲兩踐峻極之榮基承丕顯之休命地廣三代威振八紘單于頓顙越常重譯赤仄之泉流溢于都內紅腐之粟充積於塞下負其富強之資思逞無猒之欲狹殷周之制度尙秦漢之規摹恃才矜已傲佷明德內懷險躁外示凝簡盛冠服以飾其姦除諫官以掩其過淫荒無度法令滋彰教絕四維刑參五虐誅鋤骨肉屠剿忠良受賞者莫見其功爲戮者莫聞其罪驕怒之兵屢動土木之功不息頻出朔方三駕遼左旌旗萬里徵稅百端猾吏侵漁人弗堪命乃急令暴賦以擾之嚴刑峻法以臨之甲兵威武以董之自是海內騷然無聊生矣俄而玄感肇黎陽之亂匈奴有鴈門之圍天子方棄中土遠之揚越姦宄乘釁強弱相陵關梁閉而不通皇輿往而莫返加之以師旅因之以饑饉流離道路轉死溝壑十七八焉於是相聚萑蒲蝟毛而起大則跨州連郡稱帝稱王小則千百爲羣攻城剽邑流血成川澤死人如亂麻炊者不及析骸食者不遑易子茫茫九土並爲麋鹿之塲悚悚黔黎俱充蛇豕之餌四方萬里簡書相續猶謂鼠竊狗盜不足爲虞上下相蒙莫肯念亂振蜉蝣之羽窮長夜之樂土崩魚爛貫盈惡稔普天之下莫匪仇讎左右之人皆爲敵國終然不悟同彼望夷遂以萬乘之尊死於匹夫之手億兆靡感恩之士九牧無勤王之師子弟同就誅夷骸骨棄而莫掩社稷顚隕本枝殄絕自肇有書契以迄于茲宇宙崩離生靈塗炭喪身滅國未有若斯之甚也書曰天作孽猶可違自作孽不可逭傳曰吉凶由人祆不妄作又曰兵猶火也不戢將自焚觀隋室之存亡斯言有徵矣恭帝年在幼沖遭家多難一人失德四海土崩羣盜蠭起豺狼塞路南巢遂往流彘不歸旣鍾百六之期躬踐數終之運謳歌有屬笙鏞變響雖欲不遵堯舜之迹庸可得乎

北史卷十二考證

煬皇帝紀上好學善屬文○臣人龍按凡本紀皆稱帝此獨稱上與前後不畫一殆仍隋書史臣之舊未及改也

斬之石闕下以謝三吳○石隋書作右

造龍舟鳳䑓黃龍赤艦樓船等數萬艘○䑓隋書作艒

甲子熒惑入太微○甲子上隋書有六月二字

是月武陽郡上言河水淸○上監本訛士今改正

二月己丑彗星見於東井文昌○東井隋書作奎掃

改度量衡並依古式○衡字上一本有權字

己亥至赤岸澤以太牢祭故太師李穆○一本穆下有墓字隋書同

壬戌百濟倭赤土迦羅舍國並遣使貢方物○舍隋書作舍

五月乙亥上大獵於延山○一本延上有拔字

冬十月乙卯底柱山崩偃木逆流數十里○木隋書作河此當係水字之訛

十二月己酉○酉一本作未

關㮣以之不靜生人爲之廢業○生監本訛三今改從南本

三令五申○三監本訛先今改正

甲午臨戎於遼水橋○午監本誤子今從上癸巳下戊戌改正

工部尙書樊子蓋○工隋書作民本卷七年五月戊子亦云以武威太守樊子蓋爲民部尙書　臣宗萬按杜氏通典云後周置大司徒其屬有民部中大夫二人掌計人民之衆寡隋改度支爲民部唐以廟諱改民部爲戶部子蓋本傳云還除戶部尙書則工部誤也又魏有農部郎曹隋之民部卽魏之農部

庚子北海人郭方預聚徒爲賊○預隋書作頂

徑踰淇水○一本淇作沮又下文秣馬丸都句丸作九

景子王須拔反○隋書景子下有上谷人三字

高凉通守洗珤徹舉兵作亂○洗隋書作沈

五月辛酉夜有流星如甕墜于江都○酉監本訛卯今從上文丁酉下文甲子改正

二年三月○二當係亢字之訛今各本俱同仍之

恭皇帝紀光祿大夫宿公麥木○木一本作才

北史卷十三

唐　李延壽　撰

列傳第一

后妃上

漢因秦制帝之祖母曰太皇太后母曰皇太后妃曰皇后餘則多稱夫人隨世增損非如周禮有夫人嬪婦御妻之數焉魏晉相因時有升降前史言之具矣魏氏王業之兆雖始於神元然自昭成之前未具言六宮之典而章平思昭穆惠煬烈八帝妃后無聞道武追尊祖妣皆從帝謚爲皇后始立中宮餘妾或稱夫人多少無限然皆有品次太武稍增左右昭儀及貴人椒房等後庭漸已多矣又魏故事將立皇后必令手鑄金人以成者爲吉不則不得立也又太武文成保母劬勞之恩並極尊崇之義雖事乖典禮而觀過知仁孝文改定內官左右昭儀位視大司馬三夫人視三公三嬪視三卿六嬪視六卿世婦視中大夫御女視元士後置女職以典內司視尙書令僕作司大監女侍中三官視二品監女尙書美人女史女賢人女書史書女小書女五官視三品中才人供人中使女生才人恭使宮人視四品青衣女酒女饗女食奚官女奴視五品及齊神武文襄俱未踐尊極神武嫡妻稱妃其所嬖茹茹女稱爲茹茹公主文襄旣尙魏朝公主故無別號兩宮自餘姬侍並稱娘而已文宣後庭雖有夫人嬪御之稱然未具員數孝昭內職甚少唯楊嬪才貌兼美復是貴家襄城王母桑氏有德行並蒙恩禮其餘無聞焉河淸新令內命婦依古制有三夫人九嬪二十七世婦八十一御女又準漢制置昭儀有左右二人比丞相其弘德正德崇德爲三夫人比三公光猷昭訓隆徽爲上嬪比三卿宣徽凝暉宣明順華凝華光訓爲下嬪比六卿正華令則修訓曜儀明淑芳華敬婉昭華光正昭寧貞範弘徽和德弘猷茂光明信靜訓曜德廣訓暉範敬訓芳猷婉華明範豔儀暉則敬信爲二十七世婦比從三品穆光茂德貞懿曜光貞凝光範令儀內範穆閨婉德明婉豔婉妙範暉章敬茂靜肅瓊章穆華愼儀妙儀明懿崇明麗則婉儀彰媛

修閑修靜弘愼豔光漪容徽淑秀儀芳婉貞愼明豔眞穆修範肅容茂儀英淑弘豔正信凝婉英範懷順修媛良則瑤章訓成潤儀寧訓淑懿柔則穆儀修禮昭愼貞媛肅閑敬順柔華昭順敬寧明訓弘儀崇敬修敬承閑昭容麗儀閑華思柔媛光懷德良媛淑猗茂範良信豔華徽娥肅儀妙則爲八十一御女比正四品武成好內並具其員自外又置才人采女以爲散號後主旣立二后昭儀以下皆倍其數又置左右娥英比左右丞相降昭儀比二大夫尋又置淑妃一人比相國周氏率由姬制內職有序文帝創基修衽席以儉約武皇嗣歷節情欲於矯枉宮闈有貫魚之美咸里無私溺之尤可謂得君人之體也宣皇外行其志內逞其欲溪壑難滿采擇無厭恩之所加莫限厮皁榮之所及無隔險詖於是升蘭殿以正位踐椒庭而齊體者非一人焉階房帷而拖青紫緣恩倖而擁玉帛非一族焉雖辛癸之荒淫趙李之傾惑曾未足比其髣髴也人厭苛政獘事實多文帝之祀忽諸特由於此隋文思革前弊大矯其違唯皇后當室傍無私寵婦官位號未詳備焉開皇二年著內官之式略依周禮省減其數嬪三員掌教四德視正三品世婦九員掌賓客祭祀視正五品女御三十八員掌女功絲枲視正七品又采漢晉舊儀置六尚六司六典遞相統攝以掌宮掖之政一曰尚宮掌導引皇后及閨閤稟賜管司令三人掌圖籍法式糺察宣奏典琮三人掌琮璽器玩二曰尚儀掌禮儀教學管司樂三人掌音律之事典贊三人掌導引內外命婦朝見三曰尚服掌服章寶藏管司飾三人掌簪珥花嚴典櫛三人掌巾櫛膏沐四曰尚食掌進膳先嘗管司醫三人掌方藥卜筮典器三人掌罇彝器皿五曰尚寢掌帷帳牀褥管司筵三人掌鋪設灑掃典執三人掌扇傘燈燭六曰尚工掌營造百役管司製三人掌衣服裁縫典會三人掌財帛出入六尚各三員視從九品六司視勳品六典視流外二品初文獻皇后功參歷試外預朝政內擅宮闈懷嫉妬之心虛嬪妾之位不設三妃防其上逼自嬪以下置六十員加又抑損服章降其品秩至文獻崩後始置貴人三員增嬪至九員世婦二十七員御女八十一員貴人等關掌宮闈之務六尚以下皆分隸焉煬帝時后妃嬪御無釐婦職唯端容麗飾陪從宴遊而已帝又參詳典故自製嘉名著之於令貴妃淑妃德妃是爲三夫人品正第一順儀順容順華修儀修容修華充儀充容充華是爲九嬪品正第二婕妤一十二員品正第三美人才人一十五員品正第四是爲世婦寶林二十員品正第五御女二十四員品正第六采女三十七員品正第七是爲女御總一百二十以敘於宴寢又有承衣刀人皆趨侍左右並無員數視六品以下時又增置女官準尚書省以六局管二十四司一曰尚宮局管司言掌宣傳奏啓司簿掌名錄計度司正掌格式推罰司闈掌門閤管鑰二曰尚儀局管司籍掌經史教學紙筆几案司樂掌音律司賓掌賓客司贊掌禮儀贊相導引三曰尚服局管司璽掌琮璽符節司衣掌衣服司飾掌湯沐巾櫛玩弄司仗掌仗衛戎器四曰尚食局管司膳掌膳羞司醞掌酒醴醯醢司藥掌醫巫藥劑司饎掌廩餼柴炭五曰尚寢局管司設掌牀席帷帳鋪設灑掃司輿掌輿輦傘扇執持羽儀司苑掌園籞種植蔬菜瓜果司燈掌火燭六曰尚工局管司製掌營造裁縫司寶掌金玉珠璣錢貨司綵掌繒帛司織掌織染六尚二十二司員各二人唯司樂司膳員各四人每司又置典及掌以貳其職六尚十人品從第五司二十八人品從第六典二十八人品從第七掌二十八人品從第九女史流外量局閑劇多者十人以下無定員數聯事分職各有司存焉

魏神元皇后竇氏沒鹿回部大人賓之女也賓臨終誡其二子速侯回題令善事帝及賓卒速侯等欲因帝會喪爲變語泄帝聞之晨起以佩刀殺后馳使告速侯等言后暴崩速侯等來赴因執殺之

文帝皇后封氏生桓穆二帝早崩桓帝立乃葬焉文成初穿天泉池獲一石銘稱桓帝葬母氏遠近赴會二十餘萬有司以聞命藏之太廟次妃蘭氏是生思帝

桓皇后惟氏生三子長曰普根次惠帝次煬帝平文崩后攝國事時人謂之曰女國后性猛忌平文之崩后所爲也

平文皇后王氏廣寧人也年十三因事入宮得幸於平文生昭成帝平文崩昭成在襁褓時國有內難將害帝子后匿帝於袴中呪曰若天祚未終者汝無聲遂良久不啼得免於難昭成初欲定都於灅源川築城郭起宮室議不決后聞之曰國自上世遷徙爲業今事難之後基業未固若郭而居一旦寇來難卒遷動乃止烈帝之崩國祚殆危興復大業后之力也崩葬雲中金陵道武卽位配饗太廟

昭成皇后慕容氏慕容皝之女也初帝納皝妹爲妃未幾而崩皝後請繼好遺大人長孫秩逆后皝送于境上后至有寵生獻明帝及秦明王后性聰敏多智專夕理內每事多從初昭成遣衞辰兄悉勿祈還部落也后誡之曰汝還必深防衞辰辰姦猾終當滅汝悉勿祈死其子果爲衞辰所殺卒如后言建國二十三年崩道武卽位配饗太廟

獻明皇后賀氏東部大人野干女也少以容儀選入東宮生道武苻洛之內侮也后與道武及故臣吏避難北徙俄而高車來抄掠后乘車避賊而南中路失道乃仰天曰國家胤胄豈正爾絕滅也惟神靈扶助遂馳輪正不傾行百餘里至七箇山南而免難後劉顯使人將害帝帝姑爲顯弟亢埿妻知之密以告后梁眷亦來告難后乃令帝去之后夜飮顯醉向晨故驚廄中羣馬使起視馬后泣謂曰吾諸子始皆在此今盡亡失汝等誰殺之故顯使不急追道武得至賀蘭部羣情未甚歸附后從弟外朝大人悅舉部隨從供奉盡禮顯怒將害后后奔亢埿家匿神車中三日亢埿舉室請救乃得免會劉顯部亂始得亡歸後后弟染干忌道武之得人心舉兵圍逼行宮后出謂染干曰汝等今安所置我而欲殺吾子也染干慙而去後后少子秦王觚使于燕慕容垂止之后以觚不反憂念寢疾皇始元年崩祔葬于盛樂金陵後追加尊諡配饗焉

道武皇后慕容氏寶之季女也中山平入充掖庭得幸左丞相衞王儀等奏請立皇后帝從儀令后鑄金人成乃立之封后母孟爲漂陽君後崩

道武宣穆皇后劉氏劉眷女也登國初納爲夫人生華陰公主後生明元后專理內事寵待有加以鑄金人不成故不登后位魏故事後宮產子將爲儲貳其母皆賜死道武末年后以舊法薨明元卽位追尊諡位配饗太廟自此後宮人爲帝母皆正配饗焉

明元昭哀皇后姚氏姚興女西平長公主也明元以后納之後爲夫人后以鑄金人不成未升尊位然帝寵禮如后是後猶欲正位后謙不當泰常五年薨帝追恨之贈皇后璽綬而加諡焉葬雲中金陵

明元密皇后杜氏魏郡鄴人陽平王超之妹也初以良家子選入太子宮有寵生太武及明元卽位拜貴嬪泰常五年薨諡曰貴嬪葬雲中金陵太武卽位追尊號諡配饗太廟又立廟于鄴刺史四時薦祀以魏郡太后所生之邑復其調役後甘露降于廟庭文成時相州刺史高閭表修后廟詔曰婦人外成理無獨祀陰必配陽以成天地未聞有莘之國立大姒之饗此乃先皇所立一時之至感非經世之遠制便可罷祀先是太武保母竇氏初以夫家坐事誅與二女俱入宮操行純備進退以禮明元命爲太武保母性仁慈帝感其恩訓奉養不異所生及卽位尊爲皇太后封其弟漏頭爲遼東王太后訓釐內外甚有聲稱性恬素寡欲喜怒不形於色好揚人之善隱人之過帝征涼州蠕蠕吳提入寇太后命諸將擊走之眞君元年崩詔天下大臨三日太保盧魯元監護喪事諡曰惠葬崞山從后意也初后嘗登崞山顧謂左右曰吾母養帝躬敬神而愛人若死而不滅必不爲賤鬼然於先朝本無位次不可違禮以從園陵此山之上可以終託故葬焉別立后寢廟於崞山建碑頌德

太武皇后赫連氏屈丐女也太武平統萬納后及二妹俱爲貴人後立爲皇后文成初崩祔葬金陵

太武敬哀皇后賀氏代人也初爲夫人生景穆神䴥元年薨追贈貴嬪葬雲中金陵後追號尊諡配饗太廟

景穆恭皇后郁久閭氏河東王毗妹也少以才選入東宮有寵生文成皇帝而薨文成卽位追尊號諡葬雲中金陵配饗太廟又文成乳母常氏本遼西人因事入宮乳帝有劬勞保護之功文成卽位尊爲保太后尋尊爲皇太后告於郊廟和平元年崩詔天下大臨三日諡曰昭葬於廣寧磨笄山俗謂之鳴雞山太后遺志也依惠太后故事別立寢廟置守陵二百家樹碑頌德

文成文明皇后馮氏長樂信都人也父朗秦雍二州刺史西城郡公母樂浪王氏后生於長安有神光之異朗坐事誅后遂入宮太武左昭儀后之姑也雅有母德撫養教訓年十四文成踐極以選爲貴人後立爲皇后文成崩故事國有大喪三日後御服器物一以燒焚百官及中宮皆號泣而臨之后悲叫自投火左右救之良久乃蘇獻文卽位尊爲皇太后丞相乙渾謀逆獻文年十二居于諒闇太后密定大策誅渾遂臨朝聽政及孝文生太后躬親撫養是後罷令不聽政事太后行不正內寵李弈獻文因事誅之太后不得意遂害帝承明元年尊曰太皇太后復臨朝聽政后性聰達自入宮掖粗學書計及登尊極省決萬機孝文詔罷鷹師曹以其地爲太后立報德佛寺太后與孝文遊于方山顧川阜有終焉之志因謂羣臣曰舜葬蒼梧二妃不從豈必遠祔山陵然後爲貴哉吾百歲後神其安此孝文乃詔有司營建壽陵於方山又起永固石室將終爲清廟焉太和五年起作八年而成刊石立碑頌太后功德太后以帝富於春秋乃作勸戒歌三百餘章又作皇誥十八篇文多不載太后立文宣王廟於長安又立思燕佛圖於龍城

皆刊石立碑太后又制內屬五廟之孫外戚六親緦麻皆受復除性儉素不好華飾躬御縵繒而已宰人上膳案裁徑尺羞膳滋味減於故事十分之八太后嘗以體不安服菴閭子宰人昏而進粥有蝘蜓在焉后舉匕得之帝時侍側大怒將加極罰太后笑而釋之自太后臨朝專政孝文雅性孝謹不欲參決事無巨細一稟於太后太后多智猜忍能行大事殺戮賞罰決之俄頃多有不關帝者是以威福兼作震動內外故杞道德王遇張祐符承祖等拔自微閹歲中而至王公王叡出入臥內數年便爲宰輔賞賚千萬億計金書鐵券許以不死之詔李沖以器能受任亦由見寵幃幄密加錫賚不可勝數后性嚴明假有寵待亦無所縱左右纖介之愆動加捶楚多至百餘少亦數十然性不宿憾尋亦待之如初或因此更加富貴是以人人懷於利欲至死而不思退太后曾與孝文幸靈泉池宴羣臣及蕃國使人諸方渠帥各令爲其方舞孝文上壽太后忻然作歌帝亦和歌遂命羣臣各言其志於是和歌者九十人太后外禮人望元丕游明根等頒賜金帛輿馬每至褒美叡等皆引丕參之以示無私又自以過失懼人議己小有疑忌便見誅戮迄后之崩孝文不知所生至如李訢李惠之徒猜嫌覆滅者十餘家死者數百人率多枉濫天下寃之十四年崩於太和殿年四十九其日有雄雉集于太華殿帝酌飲不入口五日毀慕過禮謚曰文明太皇太后葬于永固陵日中而反虞於鑒玄殿詔曰尊旨從儉不申罔極之痛稱情允禮仰損儉訓之德進退思惟倍用崩感又山陵之節亦有成命內則方丈外裁奄坎脫於孝子之心有所不盡者室中可二丈墳不得過三十步今以陵萬世所仰復廣爲六十步孤負遺旨益以痛絕其幽房大小棺槨質約不設明器至於素帳縵茵瓷瓦之物亦皆不置此則遵先志從冊令俱奉遺事而有從有違未達者或以致怪梓宮之裏玄堂之內聖靈所憑已一一奉遵仰昭儉德其餘外事有所不從以盡痛慕之情其宣示遠近著告羣司上明儉誨之美下彰違命之失及卒哭孝文服衰近臣從服三司以下外臣衰服者變服就練七品以下盡除即吉設祔祭於太和殿公卿以下始親公事帝毀瘠絕酒肉不御者三年初帝孝於太后乃於永固陵東北里餘營壽宮遂有終焉瞻望之志及遷洛陽乃自表瀍西以爲山園之所而方山虛宮號曰萬年堂云

文成元皇后李氏梁國蒙縣人母頓丘王峻之妹也后之生也有異於常父方叔恒言此女當大貴及長姿質美麗太武南征永昌王仁出壽春軍至后宅因得后及仁鎮長安遇事誅后與其家人送平城宮高祖登白樓望見美之乃下臺后得幸於齊庫中遂有娠常太后後問后知之持守庫者亦私書於壁記之別加驗問皆符同及生獻文拜貴人太安二年太后令依故事令后具條記在南兄弟及引所結宗兄洪之悉以付託臨訣每一稱兄弟掮胷慟泣遂薨後謚曰元皇后葬金陵配饗太廟

獻文思皇后李氏中山安喜人南郡王惠之女也姿德婉淑年十八以選入東宮獻文即位爲夫人生孝文帝皇興三年薨葬金陵承明元年追崇號謚配饗太廟

孝文貞皇后林氏平原人也父勝位平涼太守叔父金閭起自閹官獻文初爲定州刺史爲乙渾所誅及勝兄弟皆死勝無子有二女入掖庭后容色美麗得幸於孝文生皇子恂以恂將爲儲貳太和七年后依舊制薨帝仁恕不欲襲前事而稟文明太后意故不果行謚曰貞皇后葬金陵及恂以罪賜死有司奏追廢后爲庶人

孝文廢皇后馮氏太師熙之女也太和十七年孝文既終喪太尉元丕等表以長秋未建六宮無主請正內位孝文從之立后爲皇后恩遇甚厚孝文後重引后姊昭儀至洛稍有寵后禮愛漸衰昭儀自以年長且前入宮掖素見侍念輕后而不率妾禮后雖性不妬忌時有愧恨之色昭儀規爲內主譖構百端尋廢后爲庶人后貞謹有德操遂爲練行尼後終於瑤光佛寺

孝文幽皇后亦馮熙女母曰常氏本賤微得幸於熙熙元妃公主薨後遂主家事生后與北平公夙文明太皇太后欲家世貴寵乃簡熙二女俱入掖庭時年十四其一早卒后有姿媚偏見愛幸未幾疾病太后乃遣還家爲尼帝猶留念焉歲餘而太后崩帝服終頗存訪之又聞后素疹痊除遣閹官雙三念璽書勞問遂迎赴洛陽及至寵愛過本初當夕宮人稀復進見拜爲左昭儀後立爲皇后帝頻歲南征后遂與中官高菩薩私亂及帝在汝南不豫后便公然醜恣中常侍雙蒙等爲其心腹是時彭城公主宋王劉昶子婦也年少嫠居北平公馮夙后之同母弟也后求婚於孝文孝文許之公主志不願后欲强之婚有日矣公主密與侍婢及僮從十餘人乘輕車冒霖雨赴懸瓠奉謁孝文自陳本意因言后與菩薩亂狀帝聞因駭愕未之信而祕匿之此後后漸憂懼與母常氏求託女巫禱厭孝文疾不起一旦得如文明太后輔少主稱命者賞報不貲又取三牲宮中祅祠假言祈福專爲左道母常或自詣宮中或遣侍婢與相報答帝至洛執問菩薩雙蒙等具得情狀帝以疾臥含溫室夜引后并列菩薩等於戶外后臨入令搜衣中稍有寸刃便斬后頓首泣謝乃賜坐東楹去御筵二丈餘孝文令菩薩等陳狀又讓后曰汝有祅術可具言之后乞屏左右有所密狀孝文勅中常侍悉出唯令長秋卿白整在側取衞直刀拄之后猶不言孝文乃以綿堅塞整耳自小語再三呼整無所應乃令后言事隱人莫知之高祖乃喚彭城北海二王令入坐言昔是汝嫂今便他人但入勿避又曰此老嫗欲白刃揷我肋上可窮問本末勿有所難又云馮家女不能復相廢逐且使在宮中空坐有心乃能自死汝等勿謂吾猶有情也帝素至孝猶以文明太后故未行廢二王出乃賜后辭死訣再拜稽首涕泣及入宮後帝命中官有問於后后罵曰我天子婦當面對豈令汝傳也帝怒敕后母常入示與后狀常撻之百餘乃止帝尋南伐后留京師雖以罪失寵而夫人嬪妾奉之如法唯令世宗在東宮無朝謁之事帝疾甚謂彭城王勰曰後宮久乖陰德自絕於天吾死後可賜自盡別宮葬以后禮庶掩馮門之大過帝崩梓宮達魯陽乃行遺詔北海王詳奉宣遺旨長秋卿白整等入授后藥后走呼不肯引決曰官豈有此也是此諸王輩殺我耳整等執持强之乃含椒而盡梓宮次洛南咸陽王禧等知審死相視曰若無遺詔我兄弟亦當作計去之豈可令失行婦人宰制天下殺我輩也謚曰幽皇后葬長陵塋內

孝文文昭皇后高氏司徒公肇之妹也父颺母蓋氏凡四男三女皆生於東裔孝文初乃舉室西歸近龍城鎮鎮表后德色婉豔及至文明太后親幸北部曹見后奇之入掖庭時年十三初后幼曾夢在堂內立而日光自窻中照之灼灼而熱后東西避之光猶斜照不已如是數夕怪之以白其父颺颺以問遼東人閔宗宗曰此奇徵也昔有夢月入懷猶生天子況日照之徵此女將被帝命誕育人君之象也後生宣武及廣平王懷樂安公主馮昭儀寵盛密有母養帝心后自代如洛陽暴薨於汲郡之共縣或云昭儀所賊也宣武之爲皇太子二日一朝幽后后拊念慈愛有加孝文出征宣武入朝必久留后宮親視櫛沐母道隆備其後有司奏請加號謚曰文昭貴人孝文從之宣武踐阼追尊配饗后先葬在長陵東南陵制卑局因就起山陵號終寧陵置邑戶五百家明帝時更上尊號太后以同漢晉之典正姑婦之禮廟號如舊文昭遷靈櫬於長陵兆內西北六十步初開終寧陵數丈於梓宮上獲大虵長丈餘黑色頭有王字蟄而不動靈櫬既遷還置虵舊處

宣武順皇后于氏太尉烈弟勁之女也宣武始親政事烈時爲領軍總心膂之任以嬪御未備左右諷諭稱后有容德帝乃迎入爲貴人時年十四甚見寵愛立爲皇后后靜默寬容性不妬忌生皇子三歲夭沒其後暴崩宮禁事祕莫能知悉而世議歸咎于高夫人葬永泰陵謚曰順皇后

宣武皇后高氏文昭皇后弟偃之女也宣武納爲貴嬪生皇子早夭又生建德公主後拜爲皇后甚見禮重性妬忌宮人希得進御及明帝即位上尊號曰皇太后尋爲尼居瑤光寺非大節慶不入宮中建德公主始五六歲靈太后出覲母武邑君時天文有變靈太后欲以當禍是夜暴崩天下寃之喪還瑤光佛寺殯皆以尼禮初孝文幽后之寵也欲專其愛後宮接御多見阻遏孝文時言于近臣稱婦人妬防雖王者亦不能免況士庶乎宣武高后悍忌嬪御有至帝崩不蒙侍接者由是在洛二十餘年皇子全育者唯明帝而已

宣武靈皇后胡氏安定臨涇人司徒國珍女也母皇甫氏產后之日赤光四照京兆山北縣有趙胡者善於卜相國珍問之胡云賢女有大貴之表方爲天地母生勿過三人知也后姑爲尼頗能講宣武初入講禁中積歲諷左右后有姿行帝聞之乃召入掖庭爲充華世婦而椒庭之中以國舊制相與祈祝皆願生諸王公主不願生太子唯后每稱夫人等言何緣畏一身之死而令皇家不育冢嫡也明帝在孕同列猶以故事相恐勸爲諸計后固意確然幽夜獨誓但使所懷是男次第當長子子生身死不辭既誕明帝進爲充華嬪先是宣武頻喪皇子自以年長深加慎護爲擇乳保皆取良家宜子者養於別宮皇后及充華皆莫得而撫視焉及明帝踐阼尊后爲皇太妃後尊爲皇太后臨朝聽政猶曰殿下後改令稱詔羣臣上書曰陛下自稱曰朕太后以明帝沖幼未堪親祭欲傍周禮夫人與君交獻之義代行祭禮禮官博議以爲不可而太后欲以幃幔自鄣觀三公行事重問侍中崔光光便據漢和熹鄧后薦祭故事太后大悅遂攝行初祀太后性聰悟多才藝姑既爲尼幼相依託略得佛經大義親覽萬機手筆斷決幸西林園法流堂命侍臣射不能者罰之又自射針孔中之大悅賜

左右布帛有差先是太后勅造申訟車時御焉出自雲龍大司馬門從宮西北入自千秋門以納冤訟又親策孝秀州郡計吏於朝堂太后與明帝幸華林園宴羣臣于都亭曲水令王公以下賦七言詩太后詩曰化光造物含氣貞明帝詩曰恭已無爲賴慈英王公以下賜帛有差太后父薨百寮表請公除太后不許尋幸永寧寺親建刹於九級之基僧尼士女赴者數萬人及改葬文昭高后太后不欲令明帝主事乃自爲喪主出至終寧陵親奠遣事還哭於太極殿至於訖事皆自主焉後幸嵩高山夫人九嬪公主以下從者數百人升于頂中廢諸淫祀而胡天神不在其例尋幸闕口溫水登雞頭山自射象牙簪一發中之勅示文武時太后逼幸清河王懌婬亂肆情爲天下所惡領軍元叉長秋卿劉騰等奉明帝於顯陽殿幽太后於北宮於禁中殺懌其後太后從子都統僧敬與備身左右張車渠等數十人謀殺叉復奉太后臨朝事不克僧敬坐徙邊車渠等死胡氏多免黜後明帝朝太后於西林園宴文武侍臣飲至日夕叉乃起至太后前自陳外云太后欲害已及騰太后答云無此語遂至于極昏太后乃起執明帝手下堂言母子不聚久今暮共一宿諸大臣送我入太后與帝向東北小閤左衞將軍奚康生謀殺叉不果自劉騰死叉又寬怠太后與明帝及高陽王雍爲計解叉領軍太后復臨朝大赦改元自是朝政疎緩威恩不立天下牧守所在貪惏鄭儼汙亂宮掖勢傾海內李神軌徐紇並見親侍一二年中位總禁要手握王爵輕重在心宣淫於朝爲四方之所穢文武解體所在亂逆土崩魚爛由於此矣僧敬又因聚集親族遂涕泣諫曰陛下母儀海內豈宜輕脫如此大怒自是不召僧敬內爲朋黨防蔽耳目明帝所親幸者太后多以事害焉有蜜多道人能胡語帝置於左右太后慮其傳致消息三月三日於城南大巷中殺之方懸賞募賊又於禁中殺領左右鴻臚少卿谷會紹達並帝所親也母子之間嫌隙屢起鄭儼慮禍乃與太后計因潘嬪生女妄言皇子便大赦改武泰元年復陰行鴆毒其年二月明帝暴崩乃奉潘嬪女言太子即位經數日見人心已安始言潘嬪本實生女今宜更擇嗣君遂立臨洮王子釗爲主年始二三歲天下愕然及尒朱榮稱兵度河太后盡召明帝六宮皆令入道太后亦自落髮榮遣騎拘送太后及幼主於河陰太后對榮多所陳說榮拂衣而起太后及幼主並沉於河太后妹馮翊君收瘞於雙靈寺武帝時始葬以后禮而追加謚曰靈

孝明皇后胡氏靈太后從兄冀州刺史盛之女靈太后欲榮重門族故立爲皇后明帝頗有酒德專嬖充華潘氏后及嬪御並無過寵太后爲帝選納抑屈人流時博陵崔孝芬范陽盧道約隴西李瓚等女俱爲世婦諸人訴訟咸見忿責武泰初后既入道遂居於瑤光寺

孝武皇后高氏齊神武長女也帝見立乃納爲后及帝西幸關中降爲彭城王韶妃

文帝文皇后乙弗氏河南洛陽人也其先世爲吐谷渾渠帥居青海號青海王涼州平后之高祖莫瓌擁部落入附拜定州刺史封西平公自莫瓌後三世尚公主女乃多爲王妃甚見貴重父瑗儀同三司兗州刺史母淮陽長公主孝文之第四女也后美容儀少言笑年數歲父母異之指示諸親曰生女何妨也若此者實勝男年十六文帝納爲妃及帝即位以大統元年册爲皇后后性好節儉蔬食故衣珠玉羅綺絕於服玩又仁恕不爲嫉妬之心帝益重之生男女十二人多早夭唯太子及武都王戊存焉時新都關中務欲東討蠕蠕寇邊未遑北伐故帝結婚以撫之於是更納悼后命后遜居別宮出家爲尼悼后猶懷猜忌復徙后居秦州依子秦州刺史武都王帝雖限大計恩好不忘後密令養髮有追還之意然事祕禁外無知者六年春蠕蠕舉國度河前驅已過夏頗有言虜爲悼后之故興此役帝曰豈有百萬之衆爲一女子舉也雖然致此物論朕亦何顏以見將帥邪乃遣中常侍曹寵齎手勅令后自盡后奉勅揮淚謂寵曰願至尊享千萬歲天下康寧死無恨也因命武都王前與之決遺語皇太子辭皆悽愴因慟哭久之侍御咸垂涕失聲莫能仰視召僧設供令侍婢數十人出家手爲落髮事畢乃入室引被自覆而崩年三十一鑿麥積崖爲龕而葬神柩將入有二叢雲先入龕中頃之一滅一出後號寂陵及文帝山陵畢手書云萬歲後欲令后配饗公卿乃議追謚曰文皇后祔於太廟廢帝時合葬於永陵

文帝悼皇后郁久閭氏蠕蠕主阿那瓌之長女也容貌端嚴夙有成智大統初蠕蠕屢犯北邊文帝乃與約通好結婚扶風王孚受使奉迎蠕蠕俗以東爲貴后之來營幕戶席一皆東向車七百乘馬萬疋駝千頭到黑鹽池魏朝鹵簿文物始至孚奏請正南面后曰我見魏主故蠕蠕女也魏仗向南我自東面孚無以辭四年正月至京師立爲皇后時年十四六年后懷孕將產居於瑤華殿閤上有狗吠聲心甚惡之又見婦人盛飾來至后所后謂左右此爲何人醫巫傍侍悉無見者時以爲文后之靈產訖而崩年十六葬於少陵原十七年合葬永陵富會攢櫨北后梓宮先至鹿苑帝輼輬後來將就次所軌折不進

廢帝皇后宇文氏周文帝女也后初產之日有雲氣滿室芬氳久之幼有風神好陳列女圖置之左右周文曰每見此女良慰人意廢帝之爲太子納爲妃及即位立爲皇后志操明秀帝深重之專寵後宮不置嬪御帝既廢后亦以忠於魏室罹禍

恭帝皇后若干氏司空長樂正公惠之女也有容色恭帝納之爲妃及即位立爲皇后後出家爲尼在佛寺薨竟無謚

孝靜皇后高氏齊神武之第二女也天平四年詔娉以爲皇后神武前後固辭帝不許興和初詔司徒孫騰司空襄城王昶等奉詔致禮以后駕迎於晉陽之丞相第五月立爲皇后大赦齊受禪降爲中山王妃後降于尚書左僕射楊遵彥

北史卷十三考證

后妃傳敘以典內司視尚書令僕○以典內司魏書作以典內事內司

作司大監女侍中三官視二品○官監本訛宮今改從南本

桓皇后惟氏傳○惟魏書作祁

平文皇后王氏傳將害帝子○帝魏書作皇

昭成皇后慕容氏傳后性聰敏多智專夕理內○專夕理內魏書作專理內事

獻明皇后賀氏傳中路失道○道魏書作轄

道武皇后慕容氏傳帝從儀令后鑄金人成乃立之○儀魏書作羣臣議

明元昭哀皇后姚氏傳明元以后納之○后字下魏書有禮字

文成元皇后李氏傳持守庫者亦私書於壁記之○持魏書作時應改從之

孝文幽皇后傳及至寵愛過本初○魏書無本字

帝怒敕后母常入○敕監本訛刺今改從魏書

宣武皇后高氏傳文昭皇后弟偃之女也○偃監本訛優今改從魏書

宣武靈皇后胡氏傳賢女有大貴之表方爲天地母生勿過三人知也○生字下魏書有天地主三字今脫去

后姑爲尼頗能講宣武初入講禁中○頗能講下魏書有道字今脫去

孝靜皇后高氏傳興和初詔司徒孫騰司空襄城王昶等奉詔致禮○昶一本作旭

北史卷十四

唐　李延壽　撰

列傳第二

后妃下

齊武明皇后婁氏　蠕蠕公主郁久閭氏
彭城太妃尒朱氏（小尒朱氏）　上黨太妃韓氏
馮翊太妃鄭氏　高陽太妃游氏（馮娘　李娘）
文襄敬皇后元氏（琅邪公主）　文宣皇后李氏（段昭儀　王嬪）
薛嬪　孝昭皇后元氏
武成皇后胡氏　弘德李夫人
後主皇后斛律氏　後主皇后胡氏
後主皇后穆氏　馮淑妃
周文皇后元氏　文宣皇后叱奴氏
孝閔皇后元氏　明敬皇后獨孤氏
武成皇后阿史那氏　武皇后李氏
宣皇后楊氏　宣皇后朱氏
宣皇后陳氏　宣皇后元氏
宣皇后尉遲氏　靜皇后司馬氏
隋文獻皇后獨孤氏　宣華夫人陳氏
容華夫人蔡氏　煬愍皇后蕭氏

齊武明皇后婁氏諱昭君贈司徒內干之女也少明悟強族多聘之並不肯行及見神武城上執役驚曰此真吾夫也乃使婢通意又數致私財使以娉已父母不得已而許焉神武既有澄清之志傾產以結英豪密謀祕策后恒參預及拜勃海王妃閫闈之事悉決焉后高明嚴斷雅遵儉約往來外舍侍從不過十人性寬厚不妬忌神武姬侍咸加恩待神武嘗將西討出師后夜孿生一男一女左右以危急請追告神武后弗聽曰王出統大兵何得以我故輕離軍幕死生命也來復何爲神武聞之嗟嘆良久沙苑敗後侯景屢言請精騎二萬必能

取之神武悅以告于后后曰若如其言豈有還理得獮失景亦有何利乃止神武逼於蠕蠕欲娶其女而未決后曰國家大計願不疑也及茹茹公主至后避正室處之神武愧而拜謝焉曰彼將有覺願絕勿顧慈愛諸子不異己出躬自紡績人賜一袍一袴手縫戎服以帥左右弟昭以功名自達其餘親屬未嘗爲請爵位每言有材當用義不以私亂公文襄嗣位進爲太妃文宣將受魏禪后固執不許帝所以中止天保初尊爲皇太后宮曰宣訓濟南卽位尊爲太皇太后尚書令楊愔等受遺詔輔政疎忌諸王太皇太后密與孝昭及諸大將定策誅之下令廢立孝昭卽位復爲皇太后孝昭崩太后又下詔立武成帝大寧二年春太后寢疾衣忽自舉用巫媼言改姓石氏四月辛丑崩於北宮時年六十二五月甲申合葬義平陵太后凡孕六男二女皆感夢孕文襄則夢一斷龍孕文宣則夢大龍首尾屬天地張口動目勢狀驚人孕孝昭則夢蠕龍於地孕武成則夢龍浴於海孕魏二后並夢月入懷孕襄城博陵二王夢鼠入衣下后未崩有童謠曰九龍母死不作孝及后崩武成不改服緋袍如故未幾登三臺置酒作樂宮女進白袍帝怒投諸臺下和士開請止樂帝大怒撻之帝於昆季次寔九蓋其徵驗也

蠕蠕公主者蠕蠕主郁久閭阿那瓌女也蠕蠕強盛與西魏通和欲連兵東伐神武病之令杜弼使蠕蠕爲世子求婚阿那瓌曰高王自娶則可神武猶豫尉景與武明皇后及文襄並勸請乃從之武定三年使慕容儼往娉之號曰蠕蠕公主八月神武迎於下館阿那瓌使其弟秃突佳來送女且報聘仍戒曰待見外孫然後返國公主性嚴毅一生不肯華言神武嘗有病不得往公主所秃突佳怨恚神武自射堂輿疾就公主其見將護如此神武崩文襄從蠕蠕國法烝公主產一女焉

彭城太妃尒朱氏榮之女魏孝莊后也神武納爲別室敬重踰於婁妃見必束帶自稱下官神武迎蠕蠕公主還尒朱氏迎於木井北與蠕蠕公主前後別行不相見公主引角弓仰射翔鴟應弦而落妃引長弓斜射飛鳥亦一發而中神武喜曰我此二婦並堪擊賊後爲尼神武爲起佛寺天保初爲太妃及文宣狂酒將無禮於太妃太妃不從遂遇禍小尒朱者兆之女也初爲建明皇后神武納之生任城王未幾與趙郡公琛私通徙於靈州後適范陽盧景璋

上黨太妃韓氏軌之妹也神武微時欲娉之軌母不許及神武貴韓氏夫已死乃納之

馮翊太妃鄭氏名大車嚴祖妹也初爲魏廣平王妃遷鄴後神武納之寵冠後庭生馮翊王潤神武之征劉蠡升文襄蒸於大車神武還一婢告之二婢爲證神武杖文襄一百而幽之武明后亦見隔絕時彭城尒朱太妃有寵生王子湝神武將有廢立意文襄求救於司馬子如子如來朝僞爲不知者請武明后神武告其故子如曰消難亦姦子如妾如此事正可覆蓋妃是王結髮婦常以父母家財奉王王在懷朔被杖背無完皮妃晝夜供給看瘡後避葛賊同走并州貧困然馬屎自作靴恩義何可忘夫婦相宜女配至尊男承大業又婁領軍勳何宜搖動一女子如草芥況婢言不必信神武因使子如鞫之子如見文襄尤之曰男兒何意畏威自誣因告二婢反辭脅告者自縊乃啓神武曰果虛言神武大悅召后及文襄武明后遙見神武一步一叩頭文襄且拜且進父子夫妻相泣乃如初神武乃置酒曰全我父子者司馬子如賜之黃金百三十斤文襄贈良馬五十疋高陽太妃游氏父京之爲相州長史神武尅鄴欲納之京之不許遂牽曳取之京之尋死游氏於諸太妃中最有德訓諸王公主婚嫁常令主之馮娘者子昂妹也初爲魏任城王妃適尒朱世隆神武納之生浮陽公主李娘者延寔從妹也初爲魏城陽王妃又王娘生永安王浚穆娘生陽平王淹並早卒不爲太妃

文襄敬皇后元氏魏孝靜帝之妹也孝武帝時封馮翊公主而歸於文襄容德兼美曲盡和敬初生河間王孝琬時文襄爲世子三日而孝靜幸世子第贈錦綵及布帛萬匹世子辭求通受諸貴禮遺於是十屋皆滿次生兩公主文宣受禪尊爲文襄皇后居靜德宮及天保六年文宣漸致昏狂乃移居於高陽之宅而取其府庫曰吾兄昔姦我婦我今須報乃淫於后其高氏女婦無親疏皆使左右亂交之於前以葛爲絙令魏安德主騎上使人推引之又命胡人苦辱之帝又自呈露以示羣下武平中后崩祔葬義平陵琅邪公主名玉儀魏高陽王斌庶生妹也初不見齒爲孫騰妓騰又放棄文襄遇諸塗悅而納之遂被殊寵奏魏帝封焉文襄謂崔季舒曰爾由來爲我求色不如我自得一絕異者崔暹必當造直諫我亦有以待之及暹諮事文襄不復假以顏色居三日暹懷刺墜之於前文襄問何用此爲暹悚然曰未得通公主文襄大悅把暹臂入見焉季舒語人曰崔暹常忿吾佞在大將軍前每言叔父合殺及其自作體佞乃體過於吾玉儀同產姊靜儀先適黃門郎崔括文襄亦幸之皆封公主括父子由是超授賞賜甚厚焉

文宣皇后李氏諱祖娥趙郡李希宗女也容德甚美初爲太原公夫人及帝將建中宮高隆之高德正言漢婦人不可爲天下母宜更擇美配楊愔固請依漢魏故事不改元妃而德正猶固請廢后而立段昭儀欲以結勳貴之援帝竟不從而立后焉帝好捶撻嬪御乃至有殺戮者唯后獨蒙禮敬天保十年改爲可賀敦皇后孝昭卽位降居昭信宮號昭信皇后武成踐阼逼后淫亂云若不許我當殺爾兒后懼從之後有娠太原王紹德至閤不得見慍曰兒豈不知耶姊姊腹大故不見兒后聞之大慙由是生女不舉帝橫刀詬曰爾殺我女我何不殺爾兒對后前築殺紹德后大哭帝愈怒裸后亂撾撻之號天不已盛以絹囊流血淋漉投諸渠水良久乃蘇犢車載送妙勝尼寺后性愛佛法因此爲尼齊亡入關隋時得還趙郡段昭儀韶妹也婚夕韶妻元氏爲俗弄女壻法戲文宣文宣銜之後因發怒謂韶曰我會殺爾婦元氏懼匿婁太后家終文宣世不敢出昭儀才色兼美禮遇殆同正嫡後主時改適錄尚書唐邕王嬪者琅邪人也嬪姊先適崔修文宣並幸之數數降其夫家超用修爲尚書郎薛嬪者本倡家女也年十四五時爲清河王岳所好其父求內宮中大被嬖寵其姊亦俱進御文宣後知先與岳通又爲其父乞司徒公帝大怒先鋸殺其姊薛嬪當時有娠過產亦從戮

孝昭皇后元氏開府元蠻女也初爲常山王妃天保末賜姓步六孤孝昭卽位立爲皇后帝崩從梓宮之鄴始度汾橋武成聞后有奇藥追索之不得使閹人就車頓辱降居順成宮武成既殺樂陵王元被閑隔不得與家相知宮闈內忽有飛語帝令檢推得后父兄書信元蠻由是坐免官后以齊亡入周氏宮中隋文帝作相放還山東

武成皇后胡氏安定胡延之女其母范陽盧道約女初懷孕有胡僧詣門曰此宅瓠蘆中有月既而生后天保初選爲長廣王妃產後主日有鴞鳴於產帳上武成崩尊爲皇太后陸媼及和士開密謀殺趙郡王叡出婁定遠高文遙爲刺史和陸諂事太后無所不至初武成時后與諸閹人褻狎武成寵幸和士開每與后握槊因此與后姦通自武成崩後數出詣佛寺又與沙門曇獻通布金錢於獻席下又挂寶裝胡牀於獻屋壁武成平生之所御也乃置百僧於內殿託以聽講日夜與曇獻寢處以獻爲昭玄統僧徒遙指太后以弄曇獻乃至謂之爲太上者帝聞太后不謹而未之信後朝太后見二少尼悅而召之乃男子也於是曇獻事亦發皆伏法并殺元山王三郡君皆太后之所昵也帝自晉陽奉太后還鄴至紫陌卒遇大風舍人魏僧伽明風角奏言卽時當有暴逆事帝詐云鄴中有急彎弓纏矟馳入南城令鄧長顒幽太后北宮仍有勑內外諸親一不得與太后相見久之帝迎復太后太后初聞使者至大驚慮有不測每太后設食帝亦不敢嘗周使元偉來聘作述行賦敍鄭莊公剋段而遷姜氏文雖不工當時深以爲愧齊亡入周恣行姦穢開皇中殂

弘德夫人李氏趙郡李叔讓女也初爲魏靜帝嬪武成納焉生南陽王仁盛爲太妃姊爲南安王思妃坐夫反以燒死太妃聞之發狂而薨文宣王嬪及中人盧勒叉妹武成並以爲嬪武成崩後胡后令二嬪自殺二嬪悲哭後主爲之惻愴私遣衣物令出外避焉盧養淮南王後爲太妃又有馬嬪亦得幸爲后所妬自縊死彭樂任祥並有女因坐父兄事皆入宮爲文宣所幸武成以彭爲夫人養齊安王任生丹陽王並爲太妃

後主皇后斛律氏左丞相光之女也初爲皇太子妃後主受禪立爲皇后武平三年正月生女帝欲悅光詐稱生男爲之大赦光誅后廢在別宮後令爲尼齊滅嫁爲開府元仁妻

後主皇后胡氏隴東王長仁女也胡太后失母儀之道深以爲愧欲求悅後主故飾后於宮中令帝見之帝果悅立爲弘德夫人進左昭儀大被寵愛斛律后廢陸媼欲以穆夫人代之太后不許祖孝徵請立胡昭儀遂登爲皇后陸媼既非勸立又意在穆夫人其後於太后前作色而言曰何物親姪女作如此語言太后問有何言曰不可道固問之乃曰語大家云太后行多非法不可以訓太后大怒喚后出立剃其髮送令還家帝思之每致詩以通意後與斛律廢后俱召入內數日而鄴不守后亦改嫁云

後主皇后穆氏名邪利本斛律后從婢也母名輕霄本穆子倫婢也轉入侍中宋欽道家姦私而生后莫知氏族或云后卽欽道女子也小字黃花後字舍利欽道婦妬輕霄面黥爲宋字欽道伏誅黃花因此入宮有幸於後主宮內稱爲舍利太監女侍中陸大姬知其寵衰以爲女薦爲弘德夫人武平元年六月生皇子恒於時後主未有儲嗣陸陰結待以監撫之任不可無主時皇后

斛律氏丞相光之女也慮其懷恨先令母養之立爲皇太子陸以國姓之重穆陸相對又奏賜姓穆氏胡庶人之廢也陸有助焉故遂立爲皇后大赦初有折衝將軍元正烈於鄴城東水中得璽以獻文曰天皇后璽蓋石氏所作詔書頒告以爲穆后之瑞焉武成爲胡后造眞珠裙袴所費不可稱計被火燒後主既立穆皇后復爲營之屬周武遭太后喪詔侍中薛孤康買等爲弔使又遣商胡齎錦綵三萬疋與弔使同往欲市眞珠爲皇后造七寶車周人不與交易然而竟造焉先是童謠曰黃花勢欲落清觴滿杯酌言黃花不久也後主自立穆后以後昏飲無度故云淸觴滿杯酌陸息駱提婆詔改姓爲穆陸大姬皆以皇后故也后既以陸爲母提婆爲家更不採輕霄輕霄後自療面欲求見爲大姬陸媼使禁掌之竟不得見

馮淑妃名小憐大穆后從婢也穆后愛衰以五月五日進之號曰續命慧黠能彈琵琶工歌舞後主惑之坐則同席出則並馬願得生死一處命淑妃處隆基堂淑妃惡曹昭儀所常居也悉令反換其地周師之取平陽帝獵於三堆晉州亟告急帝將還淑妃請更殺一圍帝從其言識者以爲後主名緯殺圍言非吉徵及帝至晉州城已欲沒矣作地道攻之城陷十餘步將士乘勢欲入帝勑且止召淑妃共觀之淑妃粧點不獲時至周人以木拒塞城遂不下舊俗相傳晉州城西石上有聖人跡淑妃欲往觀之帝恐弩矢及橋故抽攻城木造遠橋監作舍人以不速成受罰帝與淑妃度橋橋壞至夜乃還稱妃有功勳將立爲左皇后即令使馳取褘翟等皇后服御仍與之並騎觀戰東偏少却淑妃怖曰軍敗矣帝遂以淑妃奔還至洪洞戍淑妃方以粉鏡自玩後聲亂唱賊至於是復走內參自晉陽以皇后衣至帝爲按轡命淑妃著之然後去帝奔鄴太后後至帝不出迎淑妃將至鑿城北門出十里迎之復以淑妃奔靑州後主至長安請周武帝乞淑妃帝曰朕視天下如脫屣一老嫗豈與公惜也仍以賜之及帝遇害以淑妃賜代王達甚嬖之淑妃彈琵琶因絃斷作詩曰雖蒙今日寵猶憶昔時憐欲知心斷絕應看膠上弦達妃爲淑妃所譖幾致於死隋文帝將賜達妃兄李詢令著布裙配舂詢母逼令自殺後主以李祖欽女爲左昭儀進爲左娥英裴氏爲右娥英英者兼取舜妃娥皇女英名陽休之所制樂人曹僧奴進二女大者忤旨剝面皮少者彈琵琶爲昭儀以僧奴爲日南王僧奴死後又貴其兄弟妙達等二人同日皆爲郡王爲昭儀別起隆基堂極爲綺麗陸媼誣以左道遂殺之又有董昭儀毛夫人彭夫人王夫人小王夫人二李夫人皆嬖寵之毛能彈箏本和士開薦入帝所幸彭夫人亦音妓進死於晉陽造佛寺與總持相埒一李是隸戶女以五弦進一李即孝貞之女也小王生一男諸閹人在傍皆蒙賜給毛兄思安超登武衞董父賢義爲作軍主田昭儀闕亦超登開府其餘姻屬多至大官

周文皇后元氏魏孝武之妹也初封平原公主適開府張歡歡性貪殘遇后無禮帝殺歡改封后爲馮翊公主以配周文帝生孝閔帝魏大統十七年薨恭帝三年十二月合葬成陵孝閔踐阼追尊爲王后武成初又追尊爲皇后

文宣皇后叱奴氏代人也周文帝爲丞相納爲姬生武帝天和三年六月尊爲皇太后建德三年三月崩五月葬永固陵

孝閔皇后元氏名胡摩魏文帝第五女也初封晉安公主帝之爲略陽公也尚焉及踐阼立爲王后帝被廢后出俗爲尼建德初武帝誅晉公護上帝尊號以后爲孝閔皇后居崇義宮隋革命后出居里第大業十二年殂

明敬皇后獨孤氏太保衞公信之長女也帝之在藩納爲夫人二年正月立爲王后四月崩葬昭陵武成初追崇爲皇后明帝崩與后合葬焉

武成皇后阿史那氏突厥木扞可汗俟斤之女也突厥滅蠕蠕後盡有塞表之地志陵中夏周文方與齊人爭衡結以爲援俟斤初欲以女配帝既而悔之武帝即位前後累遣使焉保定五年二月詔陳公純許公宇文貴神武公竇毅南安公楊荐等備皇后文物及行殿并六宮以下一百二十人至俟斤牙所迎后俟斤又許齊婚將有異志純等累請不得反命會雷風大起飄壞其穹廬俟斤大懼以爲天譴乃禮送后純等奉之以歸天和三年三月至武帝接以親迎之禮后有姿貌善容止帝深敬禮焉宣帝即位尊后爲皇太后大象元年二月改爲天元皇太后二年二月又尊曰天元上皇太后宣帝崩靜帝尊爲太帝太后隋開皇二年殂年三十二隋文詔有司備禮祔葬后於孝陵

武皇后李氏名娥姿楚人也于謹平江陵后家被籍沒至長安周文以后賜武帝後得親幸生宣帝宣政元年七月尊爲帝太后大象元年二月改爲天元帝太后七月又尊爲天皇太后二年二月尊爲天元聖皇太后宣帝崩靜帝尊爲大帝太后隋開皇元年三月出俗爲尼改名常悲八年殂以尼禮葬于京城南

宣皇后楊氏名麗華隋文帝之長女也帝在東宮武帝爲帝納后爲皇太子妃宣政元年閏六月立爲皇后帝後自稱天元皇帝號后爲天元皇后尋又立天皇后及左右皇后與爲四皇后二年二月詔取象四星於是后及三皇后並加大焉冊授后爲天元大皇后又立天中大皇后與后爲五皇后焉后性柔婉不妬忌四皇后及嬪御等咸愛而仰之帝後昏暴滋甚喜怒乖度嘗譴后欲加之罪后進止詳閑辭色不撓帝大怒遂賜后死逼令自引決后母獨孤氏聞之詣閤陳謝叩頭流血然後得免帝崩靜帝尊后爲皇太后居弘聖宮初宣帝不豫詔隋文帝入禁中侍疾及大漸劉昉鄭譯等因矯詔以隋文帝受遺輔政后初雖不豫謀然以嗣主幼沖恐權在他族不利於己聞昉譯已行此詔心甚悅後知隋文有異圖意頗不平及行禪代憤惋愈甚隋文內甚愧之開皇初封后爲樂平公主後又議奪其志后誓不許乃止大業五年從煬帝幸張掖殂於河西詔還京所司備禮祔葬后於定陵

宣帝后朱氏名滿月吳人也其家坐事沒入東宮宣帝之爲太子后被選掌衣服帝召幸之遂生靜帝大象元年四月立爲天元帝后七月改爲天皇后二年二月又改爲天大皇后后本非貴家子又年長於帝十餘歲疎賤無寵以靜帝故特尊崇之班亞楊皇后焉宣帝崩靜帝尊后爲帝太后隋開皇元年二月出俗爲尼改名法淨六年殂以尼禮葬于京城西

宣帝后陳氏名月儀自云潁川人大將軍山提之第八女也大象元年六月以選入宮拜爲德妃月餘日立爲天左皇后二年二月改爲天左大皇后二月又詔以坤儀比德土數惟五四大皇后外增置天中大皇后一人於是以后爲天中大皇后帝崩后出俗爲尼改名華光后永徽初卒父山提本尒朱兆之隸仕齊位特進開府東兗州刺史謝陽王武帝平齊拜大將軍封淅陽公大象元年以后父超授上柱國進鄅國公除大宗伯

宣帝皇后元氏名樂尚河南洛陽人開府晟之第二女也年十五被選入宮拜貴妃大象元年七月立爲天右皇后二年二月改爲天右大皇后帝崩后出家爲尼改名華勝初后與陳皇后同時被選入宮俱拜爲妃及升后又同日受冊帝寵遇二后禮數均等年齒復同特相親愛及爲尼後李朱及尉遲后並相繼殞歿而二后貞觀中尚存后父晟少以元氏宗室拜開府大象元年七月以后父進位上柱國封冀國公

宣帝皇后尉遲氏名繁熾蜀公迥之孫女也有美色初適杞公亮子西陽公溫以宗婦例入朝帝逼幸之及亮謀逆帝誅溫追后入宮拜長貴妃大象二年三月立爲天右大皇后帝崩后出俗爲尼改名華道隋開皇十五年殂

靜帝司馬皇后名令姬柱國滎陽公消難之女也大象元年二月宣帝傳位於帝七月爲帝納后爲皇后二年九月隋文帝以后父奔陳廢后爲庶人後嫁爲隋司州刺史李丹妻貞觀初猶存

隋文獻皇后獨孤氏諱伽羅河南洛陽人周大司馬衞公信之女也信見文帝有奇表故以后妻焉時年十四帝與后相得誓無異生之子后姊爲周明帝后長女爲周宣帝后貴戚之盛莫與爲比而后每謙卑自守及周宣帝崩隋文居禁中總百揆后使李圓通謂文帝曰騎獸之勢必不得下勉之及帝受禪立爲皇后突厥嘗與中國交市有明珠一篋價直八百萬幽州總管陰壽白后市之后曰當今戎狄屢寇將士罷勞未若以八百萬分賞有功者百寮聞而畢賀文帝甚寵憚之帝每臨朝后輒與上方輦而進至閤乃止使宮官伺帝政有所失隨則匡諫多所弘益候帝退朝而同反宴寢相顧欣然后早失二親常懷感慕見公卿有父母者每爲致禮焉有司奏曰周禮百官之妻命於王后憲章在昔請依古制后曰以婦人與政或從此漸不可開其源也不許后每謂諸公主曰周家公主類無婦德失禮於舅姑離薄人骨肉此不順事爾等當誡之后姑子都督崔長仁犯法當斬文帝以后故免之后曰國家之事焉可顧私長仁竟坐死異母弟陁以猫鬼巫蠱呪詛於后坐當死后三日不食爲之請命曰陁若蠹政害民者不敢言今坐爲妾身請其命陁於是減死一等后雅性儉約帝常合止利藥須胡粉一兩宮內不用求之竟不得又欲賜柱國劉嵩妻織成衣領宮內亦無上以后不好華麗時齊七寶車及鏡臺絕巧麗使毀車而以鏡臺賜后后雅好讀書識達今古凡言事皆與上意合宮中稱爲二聖嘗夢周阿史那后言受罪辛苦求營功德明日言之上爲立寺追福焉后兄女夫死於并州后嫂以女有娠請不赴葬后曰婦人事夫何容不往其姑在宜自諮之姑不許女遂行后頗仁愛每聞大理決囚未嘗不流涕然性尤妬忌後宮莫敢進御尉遲迥女孫有美色先在宮中

帝於仁壽宮見而悅之因得幸后伺帝聽朝陰殺之上大怒單騎從苑中出不由徑路入山谷間三十餘里高熲楊素等追及扣馬諫帝太息曰吾貴爲天子不得自由高熲曰陛下豈以一婦人而輕天下帝意少解駐馬良久夜方還宮后候上於閤內及帝至流涕拜謝熲素等和解之上置酒極歡后自此意頗折初后以高熲是父之家客甚見親禮至是聞熲謂已爲一婦人因以銜恨又以熲夫人死其妾生男益不善之漸加譖毀帝亦每事唯后言是用后見諸王及朝士有妾孕者必勸帝斥之時皇太子多內寵妃元氏暴薨后意太子愛妾雲氏害之由是諷帝黜高熲竟廢太子立晉王廣皆后之謀也仁壽二年八月甲子日暈四重己巳太白犯軒轅其夜后崩於永安宮時年五十九葬於太陵其後宣華夫人陳氏容華夫人蔡氏俱有寵帝頗惑之由是發疾及危篤謂侍者曰使皇后在吾不及此云

宣華夫人陳氏陳宣帝女也性聰慧姿貌無雙及陳滅配掖庭後選入宮爲嬪時獨孤皇后性妬後宮罕得進御唯陳氏有寵煬帝之在藩也陰有奪宗之計規爲內助每致禮焉進金駝金虵等物以取媚於陳氏皇太子廢立之際頗有力焉及文獻皇后崩進位爲貴人專房擅寵主斷內事六宮莫與爲比及帝大漸遺詔拜爲宣華夫人初帝寢疾於仁壽宮夫人與皇太子同侍疾平旦更衣爲太子所逼夫人拒之得免歸於上所上怪其神色有異問之夫人泣以實對帝恚曰畜生何堪付大事獨孤誠誤我意謂獻皇后也因呼兵部尚書柳述黃門侍郎元巖曰呼我兒述等呼太子帝曰勇也述巖出閤爲勑書訖示左僕射楊素素以白太子太子遣張衡入寢遂令夫人及後宮同侍疾者並就別室俄聞上崩而未發喪也夫人與諸後宮相顧曰事變矣皆色動股慄晡後太子遣使者齎金合帖紙於際親署封字以賜夫人夫人見惶懼以爲鴆毒不敢發使者促之乃發見合中有同心結數枚諸宮人相謂曰得免死矣陳氏恚而却坐不肯致謝諸宮人共逼之乃拜使者其夜太子烝焉煬帝即位出居仙都宮尋召入歲餘而終時年二十九帝深悼之爲製神傷賦

容華夫人蔡氏丹楊人也陳滅以選入宮爲世婦容儀婉嫕帝甚悅之以文獻后故希得進幸后崩後漸見寵遇拜爲貴人參斷宮掖亞於陳氏帝寢疾加號容華夫人帝崩後亦爲煬帝所烝

煬帝愍皇后蕭氏梁明帝巋之女也江南風俗二月生子者不舉后以二月生由是季父岌收養之未幾岌夫妻俱死轉養舅張軻家軻甚貧窶后躬親勞苦煬帝爲晉王文帝爲選妃於梁卜諸女皆不吉巋乃迎后於舅氏令使者占之曰吉遂冊爲妃后性婉順有智識好學解屬文頗知占候文帝大善之煬帝甚寵敬焉及帝嗣位立爲皇后帝每游幸未嘗不隨從時后見帝失德心知不可不敢措言因爲述志賦以自寄焉其詞曰承積善之餘慶備箕箒於皇庭恐脩名之不立將負累於先靈迺夙夜而匪懈實寅懼於玄冥雖自彊而不息亮愚蒙之多滯思竭節於天衢才追心而弗逮實庸薄之多幸荷隆寵之嘉惠賴天高而地厚屬王道之升平均二儀之覆載與日月而齊明迺春生而夏長等品物而同榮願立志於恭儉私自兢於誡盈孰有念於知足苟無希於濫名惟至德之弘深情弗邇於聲色感懷舊之餘恩求故劒於宸極叨不世之殊盼謬非才而奉職何寵祿之踰分撫胸襟而未識雖沐浴於恩光內慙惶而累息顧微躬之寡昧思令淑之良難實不遑於啓處將有情而自安若臨深而履薄心戰慄其如寒夫居高而必危每處滿而防溢知恣夸之非道乃攝生於沖謐嗟寵辱之易驚尚無爲而抱一履謙光而守志且願安乎容膝珠簾玉箔之奇金屋瑤臺之美雖時俗之崇麗蓋哲人之所鄙愧絺綌之不工豈絲竹而喧耳知道德之可尊明善惡之由已蕩囂煩之俗慮乃服膺於經史綜箴誡以訓心觀女圖而作軌遵古賢之令範冀福祿之能綏時循躬而三省覺今是而昨非嗤黃老之損思信爲善之可歸慕周姒之遺風美虞妃之聖則仰先哲之高才慕至人之休德質菲薄而難蹤心恬愉而去惑乃平生之耿介寔禮義之所遵雖生知之不敏庶積行以成仁懼達人之蓋寡謂何求而自陳誡素志之難寫同絕筆於獲麟及帝幸江都臣下離貳有宮人白后曰外聞人人欲反后曰任汝奏之宮人言於帝帝大怒曰非汝宜言乃斬之後宮人復白后曰宿衛者往往偶語謀反后曰天下事一朝至此勢去已然無可救也何用言徒令帝憂煩耳自是無復言者及宇文化及之亂隨軍至聊城化及敗沒於竇建德建德妻曹氏妬悍煬帝妃嬪美人並使出家并后置於武強縣是時突厥處羅可汗方盛其可賀敦即隋義城公主也遣使迎后建德不敢留遂携其孫正道及諸女入於虜庭大唐貞觀四年破突厥皆以禮致之歸于京師賜宅於興道里二十一年殂詔以皇后禮於揚州合葬於煬帝陵謚曰愍

論曰男女正位人倫大綱三代已還逮於漢晉何嘗不敗於嬌詖而興於聖淑至如后稷稟靈巨迹神元生自天女克昌來葉異世同符魏諸后婦人之識無足論者文明邪險幸不墜國靈后淫恣卒亡天下傾城之誡其在茲乎乙后迫於畏逼有足傷矣昔鉤弋年少子幼漢武所以行權魏世遂爲常制子貴而其母必死矯枉之義不亦過乎孝文終革其失良有以也神武肇興齊業武明追蹤周亂溫公之敗邪家焉妃比跡褒后然則汙隆之義蓋有係焉其餘作孽爲責外平內蠹鑒之近代於齊爲甚周氏粤自文皇逮乎宣帝年踰二紀世歷四君業非草昧之辰事殊權宜之日乃棄同即異以夷亂華汨婚姻之彝序求犲狼之外利旣而報者倦矣施者無厭向之所謂和親未幾已成讐敵奇正之道有異於斯于時武皇雖受制於人未親庶政而謀士韞奇直臣鉗口過矣哉而歷觀前載以外戚而居宰輔者多矣而傾漢室者王族喪周家者楊氏何滅亡之禍若合契焉隋文取鑒於已遠大革前失故母后之家不羅禍敗獨孤權無呂霍獲全仁壽之前蕭氏勢異梁竇不傾大業之後至或不隕舊基或更隆克構豈非處之以道其所致然乎

北史卷十四考證

齊武明皇后婁氏傳○齊一本作神

文襄敬皇后元氏傳玉儀同產姊靜儀○玉監本訛王

武成皇后胡氏傳彎弓纏矟馳入○矟一本作稍

後主皇后胡氏傳送令還家○送監本訛道今改從南本

後主皇后穆氏傳屬周武遣太后喪○遣監本訛曹今改從齊書

周文皇后元氏傳魏大統十七年○周書無十字

明敬皇后獨孤氏傳武成初追崇爲皇后○成監本訛功今改從周書

武成皇后阿史那氏傳至俟斤牙所迎后○牙字下一本有帳字

靜帝尊爲大帝太后○大帝一本作太皇

宣帝后陳氏傳月餘日立爲天左皇后○周書無日字

宣帝皇后元氏傳名樂尚○樂南本作藥

宣帝皇后尉遲氏傳名繁熾○周書名熾繁

隋文獻皇后獨孤氏傳時年五十九○隋書無九字

煬帝愍皇后蕭氏傳後宮人復白后曰○白監本訛日今改從隋書

北史卷十五

唐 李延壽 撰

列傳第三

魏諸宗室

上谷公紇羅 建德公嬰文 真定侯陸

武陵侯因 長樂王壽樂　望都公頹

曲陽侯素延 順陽公郁 宜都王目辰　六修

吉陽男比干 江夏公呂 西河公敦　高涼王孤 司徒石

武衛將軍謂 淮陵侯大頭 扶風公處真　河間公齊 文安公泥

寔君　秦王翰

常山王遵 五世孫亨　陳留王虔 五世孫暉

毗陵王順　遼西公意烈

窟咄

上谷公紇羅神元皇帝之曾孫也初從道武皇帝自獨孤如賀蘭部與弟建勸賀蘭訥推道武爲主及道武即帝位以援立功與建同日賜爵爲公卒子題賜爵襄城公後進爵爲王擊慕容驎於義臺中流矢薨帝以太醫令陰光爲視療不盡術伏法子悉襲降爵爲襄陽公卒贈襄城王神元後又有建德公嬰文眞定侯陸並仕太武特獲封爵

武陵侯因長樂王壽樂並章帝之後也因從道武平中原以功封曲逆侯太武時改爵武陵壽樂位選部尚書南安王改封長樂王文成即位壽樂有援立功拜太宰大都督中外諸軍錄尚書事矜功與尚書令長孫渴侯爭權並伏法

望都公頹昭帝之後也隨道武平中原賜爵望都侯太武以頹美儀容進止可觀使迎左昭儀於蠕蠕進爵爲公卒

曲陽侯素延順陽公郁宜都王目辰並桓帝之後也素延以小統從道武征討諸部初定并州爲刺史道武之

鶩於栢肆也井州守將封寶眞爲逆素延斬之時道武意欲撫悅新附悔參合之誅而素延殺戮過多坐免官中山平拜幽州刺史豪奢放逸左遷上谷太守後賜爵曲陽侯時道武留心黃老欲以純風化俗雖乘輿服御皆去雕飾素延奢侈過度帝深銜之積其過因徵坐賜死郁少忠正亢直文成時位殿中尚書賜爵順陽公文成崩乙渾專權郁從順德門入欲誅渾渾窘怖遂奉獻文臨朝後復謀殺渾爲渾所誅獻文錄郁忠正追贈順陽王謚曰簡目辰文成即位歷侍中尚書左僕射封南平公乙渾謀亂目辰順陽公謀殺之事發目辰逃免獻文傳位有定策勳孝文即位進爵宜都王除雍州刺史鎭長安有罪伏法爵除

六修穆帝長子也少兇悖穆帝五年遣六修與輔相衛雄范班及姬澹等救劉琨帝躬統大兵爲後繼劉粲懼突圍而走殺傷甚衆帝因大獵壽陽山陳閱皮肉山爲變赤穆帝少子比延有寵欲以爲後六修出居新平城而黜其母六修有驊騮駿馬日行五百里穆帝欲取以給比延後六修來朝穆帝又命拜比延六修不從穆帝乃坐比延於已所乘步輦使人導從出遊六修望見以爲穆帝謁伏路左及至乃是比延慙怒而去穆帝怒伐之帝軍不利六修殺比延帝改服微行人閒有賤婦人識帝遂暴崩桓帝子普根先守于外聞難來赴滅之

吉陽男比干江夏公呂並道武族弟也比干以司衞監討白澗丁零有功賜爵吉陽男後爲南道都將戰沒呂以軍功封江夏公位外都大官大見尊重卒贈江夏王陪葬金陵

高涼王孤平文皇帝之第四子也多才藝有志略烈帝之前元年國有內難昭成如襄國後烈帝臨崩顧命迎立昭成及崩羣臣咸以新有大故昭成來未可果宜立長君次弟屈剛猛多變不如孤之寬和柔順於是大人梁蓋等殺屈共推孤不肯乃自詣鄴奉迎請身留爲質石季龍義而從之昭成即王位乃分國半部以與之薨子斤失職懷怒構寔君爲逆死於長安道武時以孤勳高追封高涼王謚曰神武斤子眞樂頻有戰功後襲祖封明元初改封平陽王薨子禮襲本爵高涼王薨謚懿王子那襲爵拜中都大官驍猛善攻戰正平初坐事伏法獻文即位追那功命子紇紹封薨子大曹性愿直孝文時諸王非道武子孫者例降爵爲公以大曹先世讓國功重高祖與樂勳著前朝改封太原郡公卒無子國除宣武又以大曹從兄子洪威紹恭謙好學爲潁川太守有政績孝靜初在潁川聚衆應西魏齊神武遣將討平之禮弟陵太武賜爵襄邑男進爵爲子卒子瓌位桑乾鎭司馬瓌子鷙字孔雀孝文末以軍功賜爵晉陽男武泰元年尒朱榮至河陰殺戮朝士時鷙與榮共登高冢俯而觀之自此後與榮合永安初封華山王莊帝既殺尒朱榮從子兆爲亂帝欲率諸軍親討而鷙與兆陰通乃勸帝曰黃河萬仞寧可卒度帝遂自安及兆入殿鷙又約止衛兵帝見逼京邑破皆由鷙之謀孝靜初入爲大司馬加侍中鷙容貌魁壯腰帶十圍有武藝木訥少言性方厚每息直省閑雖暑月不解衣冠曾於侍中高岳之席咸陽王坦恃力使酒衆皆下之坦謂鷙曰孔雀老武官何因得王鷙荅曰斬反人元禧首是以得之衆皆失色鷙怡然如故興和三年薨贈假黃鉞尚書令司徒公子大器襲爵後與元瑾謀害齊文襄見害孤孫度道武初賜爵松滋侯位比部尚書卒子乙斤襲爵襄陽侯獻文崇舊齒拜外都大官甚優重卒子平字楚國襲世爵松滋侯以軍功賜艾陵男卒子萇孝文時襲爵松滋侯例降侯賜艾陵伯萇性剛毅雖有吉慶事未嘗開口而笑孝文遷都萇以代尹留鎭除懷朔鎭都大將因別賜萇酒雖拜飲而顏色不泰帝曰聞公一生不笑今方隔山當爲朕笑竟不能得帝曰五行之氣偏有所不入六合之間亦何事不有左右見者無不把腕大笑宣武時爲北中郎將帶河內太守萇以河橋船絙路狹不便行旅又秋水汎漲年常破壞乃爲船路遂廣空車從京出者率令輸石一雙累以爲岸橋闊來往便利近橋諸郡無復勞擾公私賴之歷位度支尚書侍中雍州刺史卒謚曰成萇中年以後官位微達乃自尊倨閨門無禮昆季不穆性又貪虐論者鄙之萇子子華字伏榮襲爵孝莊初除齊州刺史先是州境數經反逆邢杲之亂人不自保而子華撫集豪右委之管籥衆皆感悅境內帖然而性甚褊急當其急也下不擇言手自捶擊長史鄭子湛子華親友也湛侮罵遂即去之子華雖自悔厲終不能改在官不爲矯潔之行凡有餽贈者辭多受少故人不厭其取鞫獄訊囚務加仁恕齊人樹碑頌德後除濟州刺史尒朱兆之入洛也齊州城人趙洛周逐刺史丹陽王蕭贊表濟南太守房士達攝行州事洛周子元顯先隨子華在濟州邀路改表請子華復爲齊州刺史子華母房氏曾就親人飲食夜還大吐人以爲中毒母甚憂懼子華遂掬吐盡噉之其母乃安尋以母憂還都孝靜初除南兗州刺史弟子思通使關西朝廷使右衛將軍郭瓊收之子思謂瓊僕曰速可見殺何爲久執國士子華謂子思曰由汝蠹疏令我如此頭叩牀涕泣不自勝子思以手捋鬚顧謂子華曰君惡體氣尋與子思俱賜死於門下外省子思字衆念性剛暴恒以忠烈自許元天穆當朝權以親從薦爲御史中尉先是兼尚書僕射元順奏以尚書百揆之本至於公事不應爲送御史至子思奏曰案御史令文中尉督司百寮闕書侍御史糾察禁內又云中尉出行車輻前驅除道一里王公百辟避路時經四帝前後中尉二十許人奉以周旋未曾暫廢府寺臺省並從此令唯肅宗之世爲臨洮舉哀故兼尚書左僕射臣順不肯與名又不送簿故中尉臣酈道元舉而奏之而順復啓云尚書百揆之本令僕納言之責不宜下隸中尉送名御史尋亦蒙敕聽如其奏從此迄今使無準一臣初上臺具見其事意欲申請決議但以權兼斯未宜便爾日復一日遂歷炎涼去月朔旦臺移尚書索應朝名帳而省稽留不送尋復移催并主吏忽爲尚書郎中裴獻伯後注云案舊事御史中尉逢臺郎於複道中尉下車執板郎中車上舉手禮之以此而言明非敵體臣旣見此深爲怪愕旋省二三未解所以正謂都省別被新式改易高祖舊命即遣移問事何所依又獲尚書中郎王元旭報出蔡氏漢官似非穿鑿始知裴王亦規壞典謨兩人心欲自矯臣案漢書宣秉傳云詔徵秉爲御史中丞與司隸校尉尚書令俱會殿廷並專席而坐京師號之爲三獨坐又尋魏書崔琰傳晉文陽傳嘏傳皆云既爲中丞百寮震悚以此而言則中丞不揖省郎蓋已久矣憲臺不屬都堂亦非今日又尋職令云朝會失時即加彈糾則百官簿帳應送尚臺灼然明矣又皇太子以下違犯憲制皆得糾察則令僕朝名宜付御史又亦彰矣不付名至否臧何驗臣順專執未爲平通先朝曲遂豈是正法謹案尚書郎中臣裴獻伯王元旭等望班士流早參清宦輕弄短札斐然若斯苟執異端忽焉至此此而不綱將虧朝令請以見事免獻伯等所居官付法科處尚書納言之本令僕百揆之要同彼浮虛助茲乖失宜明首從節級其罪詔曰國異政不可據之古事付司檢高祖舊格推處得失以聞尋從子思奏仍爲元天穆所忿遂停元順之敗封安定縣子孝靜時位侍中而死萇弟珍字金省襲爵艾陵男宣武時曲事高肇遂爲帝寵昵彭城王勰之死珍率壯士害之後卒於尚書左僕射平弟長生位游擊將軍卒孝莊時以子天穆貴盛贈司空天穆性和厚美形貌射有能名六鎭之亂尚書令李崇廣陽王深北討天穆以太尉使勞諸軍路出秀容見尒朱榮深相結託約爲兄弟未幾改授別將赴秀容爲榮腹心除并州刺史及榮赴洛天穆參其始謀莊帝踐阼除太尉封上黨王徵赴京師後增封通前三萬戶尋監國史錄尚書事開府世襲并州刺史初杜洛周鮮于修禮爲寇瀛冀諸州人多避亂南向幽州前北平府主簿河間邢杲擁率部曲屯據鄚城以拒洛周葛榮垂將三載及廣陽王深等敗後杲南度居青州北海界靈太后詔流人所在皆置命屬郡縣選豪右爲守令以撫鎭之時青州刺史元世儁表置新安郡以杲爲太守未報會臺中休簡發郡縣以杲從子子瑤資蔭居前乃授河閒太守杲深恥恨於是遂反所在流人先爲土人陵忽聞杲起逆率來從之旬朔之間衆踰十萬先是河南人常笑河北人好食榆葉故齊人號之爲踏榆賊杲東掠光州盡海而還又破都督李叔仁軍詔天穆與齊神武討大破之杲乃請降傳送京師斬之時元顥乘虛陷滎陽天穆聞莊帝北巡自畢公壘北度會車駕於河內尒朱榮以天時炎熱欲還師天穆苦執不可榮乃從之莊帝還宮加太宰羽葆鼓吹增邑通前七萬戶天穆以疎屬本無德望憑藉尒朱爵位隆極當時熏灼朝野王公已下每旦盈門受納財貨珍寶充積而寬柔容物不甚見忌於時莊帝以其榮黨外示優寵詔天穆乘車馬出入大司馬門天穆與榮相倚榮常以兄禮事之世隆等雖榮子姪位遇已重天穆曾言其失榮即加杖其相親任如此莊帝內畏惡之與榮同時見殺節閔初贈丞相柱國大將軍雍州刺史假黃鉞謚曰武昭子儼襲美才貌位都官尚書及齊受禪聞敕召假病遂怖而卒

西河公敦平文帝之曾孫也道武初從征名冠諸將後從征中山所向無前明元時拜中都大官太武時進爵西河公寵遇彌篤卒子撥襲

司徒石平文帝之玄孫也有膽略從太武南討至瓜步山位尚書令雍州刺史歷北部侍郎華州刺史

武衞將軍謂烈帝之第四子也寬雅有將略常從道武征討有功除武衞將軍子烏眞膂力絕人隨道武征伐屢有戰功官至鉅鹿太守子興都聰敏剛毅文成時爲河間太守賜爵樂城子爲政嚴猛百姓憚之獻文初以子丕貴重進爵樂城侯謝老歸家帝益禮之賜几杖服物致膳於第其妻婁氏爲東陽王太妃卒追贈定州刺史河間公謚曰宣子提襲父侯爵提弟丕太武時從駕

臨江賜爵興平子獻文郎位累遷侍中丞相乙渾謀反丕以奏聞詔收渾誅之遷尚書令改封東陽公孝文時封東陽王拜侍中司徒公丕子超生車駕親幸其第以執心不二詔賜丕入八議傳示子孫犯至百聽斬戮責數恕之放其同籍丁口雜使役調求受復除若有姦邪人方便譏毀者卽加斬戮尋遷太尉錄尚書事時淮南王佗淮陽王尉元河東王苟頹並以舊老見禮每有大事引入禁中乘步挽杖于朝進退相隨丕佗元三人皆容貌壯偉腰帶十圍大耳秀眉鬚鬢斑白百寮觀瞻莫不祗聳唯苟頹小爲短劣姿望亦不逮之孝文文明太后重年敬舊存問周渥丕聲氣高朗博記國事饗宴之際恒居坐端必抗音大言敘列既往成敗帝后敬納焉然諂事要人驕侮輕賤每見王叡符承祖常傾身下之時文明太后爲王叡造宅故亦爲造甲第第成帝后幸之率百官文武饗宴焉使尚書令王叡宣詔賜丕金印一紐太后親造勸戒歌辭以賜羣官丕上疏贊謝太后令曰臣哉鄰哉鄰哉臣哉君則亡逸於上臣則履冰於下若能如此太平豈難致乎及丕妻段氏卒謚曰恭妃又特賜丕金券後例降王爵封平陽郡公求致仕詔不許及車駕南伐丕與廣陵王羽留守京師並加使持節詔丕羽曰留守非賢莫可太尉年尊德重位總阿衡羽朕之懿弟溫柔明斷故使二人留守京邑授以二節賞罰在手其祗允成憲以稱朕心丕對曰謹以死奉詔羽對曰太尉宜專節度臣但可副貳而已帝曰老者之智少者之決汝何得辭也及帝還代丕請作歌詔許之歌訖帝曰公傾朕還車故親歌述志今經構已有次第故暫還舊京願後時亦同茲適乃詔丕等以移都之事使各陳志燕州刺史穆羆進曰今四方未平謂可不移臣聞黃帝以天下未定故居于涿鹿既定亦還于河南廣陵王羽曰臣思奉神規光崇丕業請決之卜筮帝曰昔軒轅請卜兆龜焦乃問天老謂爲善遂從其言終致昌吉然則至人之量未然審于龜矣帝又詔羣臣曰昔平文皇帝棄背昭成營居盛樂道武神武應天遷居平城朕幸屬勝殘之運故宅中原北人比及十年使其徙移朕自多積倉儲不令窘乏前懷州刺史青龍前秦州刺史呂受恩等仍守愚固帝皆撫而答之辭屈退帝又將北巡丕遷太傅錄尚書事頻表固讓詔斷表啓就家拜授丕留守詔在代之事一委太傅賜上所乘車馬往來府省丕雅愛本風不達新式至於變俗遷洛改官制服禁絕舊言皆所不願帝亦不逼之但誘示大理令其不生同異至於衣冕已行朱服列位而丕猶常服列在坐隅晚乃稍加弁帶而不能修飾容儀帝以丕年衰體重亦不彊責及罷降非道武子孫及異姓王者雖較於公爵而利享封邑亦不快帝南征丕表乞少留思更圖後舉會司徒馮誕薨詔六軍反旆丕又以熙薨于代都表求鑾駕親臨詔曰今洛邑肇構跂望成勞開闢暨今豈有以天子之重遠赴舅國之喪朕縱欲爲孝其如大孝何縱欲爲義其如大義何天下至重君臣道懸豈宜苟相誘引陷君不德令僕已下可付法官貶之又詔以丕爲都督領并州刺史後詔以平陽畿甸改封新興公初李沖德望所屬既當時貴要有杖情遂與子超娶沖兄女卽伯尚妹也丕前妻子隆同産數人皆與別居後得宮人所生同宅共産父子情因此偏丕父子大意不樂遷洛帝之發平城太子恂留於舊京及將還洛隆與穆泰等密謀留恂因舉兵據陘北丕時以老居并州雖不預始計而隆超咸以告丕丕外慮不成口乃致難心頗然之及帝幸平城推穆泰等首謀隆兄弟並是黨丕亦隨駕至平城每於測問令丕坐觀與元業等兄弟並以謀逆有司奏處孥戮詔以丕應連坐但以先許不死之詔躬非染逆之身聽免死仍爲太原百姓其後妻二子聽隨隆超母弟及餘庶兄弟皆徙敦煌丕時年垂八十猶自平城力載隨駕至洛留洛陽帝每遣左右慰勉之乃還晉陽孝文崩丕自并來赴宣武引見之以丕舊老禮有加焉尋敕留洛陽後宴于華林都亭特令二子扶侍坐起丕仕歷六世垂七十年位極公輔而還爲庶人然猶心戀京邑不能自絕人事詔以丕爲三老景明四年薨年八十二詔贈左光祿大夫冀州刺史謚曰平長子隆先以反誅隆弟乙升超亦同誅超弟儁邕並以軍功儁封新安縣男邕封涇縣男

淮陵侯大頭烈帝之曾孫也善騎射擢爲內三郎文成初封淮陵性謹密帝甚重之位寧北將軍卒贈高平公謚曰烈

河間公齊烈帝之玄孫也少雄傑魁岸太武征赫連昌太武馬蹶賊逼帝齊以身蔽捍決死力戰賊乃退帝得上馬是日微齊帝幾至危殆帝以微服入其城齊固諫不許乃與數人從帝入城內既覺諸門悉閉帝及齊等因入其宮中得婦人裙繫之槊上帝乘而上因此得拔於齊有力焉賜爵浮陽侯從征和龍以功拜尚書進爵爲公後與新興王俊討禿髮保周坐事免官爵宋將裴方明陷仇池太武復授齊前將軍與建興公古弼討之遂剋仇池威振羌氐復賜爵河間公與武都王楊保宗對鎮駱谷時保宗弟文德說閉險自固有期矣秦州主簿邊因知之密告齊晨詣保宗呼曰古弼至欲宣詔保宗出齊叱左右扶保宗上馬馳驛送臺諸氐遂推文德爲主求援於宋宋遣將房亮之符昭啖龍等率衆助文德齊擊斬殺龍禽亮之氐遂平以功拜內都大官卒謚敬王長子陵襲爵陵性抗直天安初爲乙渾所害陵弟蘭以忠謹見寵孝文初賜爵建陽子卒於武川鎮將子志字猛略少清辯彊幹歷覽書傳頗有文才爲洛陽令不避彊禦與御史中尉李彪爭路俱入見面陳得失彪言御史中尉辟承華蓋駐論道劍鼓安有洛陽令與臣抗衡志言神鄉縣主普天之下誰不編戶豈有俯同衆官趨避中尉孝文曰洛陽我之豐沛自應分路揚鑣自今以後可分路而行及出與彪折尺量道各取其半帝謂邢巒曰此兒竟可所謂王孫公子不鏤自彫巒曰露竹霜條故多勁節非鸞則鳳其在本枝也員外郎馮俊昭儀之弟恃勢恣擅所部里正志令主史收繫處刑除官由此忤旨左遷太尉主簿俄爲從事中郎車駕南征帝微服觀戰所有箭欲犯帝志以身鄣之帝便得免矢中志目因此一目喪明以志行恒州事宣武時除荊州刺史還朝御史中尉王顯奏志於在州日抑買良人爲婢兼乘請供朝會赦免明帝初兼廷尉卿後除揚州刺史賜爵建忠伯志在州威名雖減李崇亦爲荊楚所憚尋爲雍州刺史晚年耽好聲伎在揚州日侍側將百人器服珍麗冠於一時及在雍州逾尚華侈聚斂無極聲名遂損及莫折念生反詔志爲西征都督討之念生遣其弟天生屯隴口與志相持爲賊所乘遂棄大衆奔還岐州賊遂攻城州刺史裴芬之疑城人與賊潛通將盡出之志不聽城人果開門引賊鏁志及芬之送念生見害節閔初贈尚書僕射太保

扶風公處眞烈帝之後也少以壯烈聞位殿中尚書賜爵扶風公委以大政甚見尊禮吐京胡曹僕渾等叛招引朔方胡爲援處眞與高涼王那等討滅之性貪婪在軍烈暴坐事伏法

文安公泥魏之疏族也性忠直有智畫道武厚遇之賜爵文安公拜安東將軍卒子屈襲爵明元時居門下出納詔命性明敏善奏事每合上旨賜爵元城侯加功勞將軍與南平公長孫嵩白馬侯崔密等並決獄訟明元東巡命屈行右丞相山陽侯奚斤行左丞相命掌軍國甚有聲譽後吐京胡與離石胡出以兵等叛置立將校外引赫連屈丐屈督會稽劉絜永安侯魏勤捍之勤沒於陣絜墜馬胡執送屈丐唯屈衆猶存明元以屈沒失二將欲斬之時并州刺史元六頭荒淫怠事乃赦屈令攝州事屈嗜酒頗廢政事帝積其前後失檻車徵還斬於市子磨渾少爲明元所知元紹之逆也明元潛隱於外磨渾與叔孫詐云明元所在紹使帳下二人隨磨渾往規爲逆磨渾既得出便縛帳下詣明元斬之帝得磨渾大喜因爲羽翼以勳賜爵長沙公拜尚書出爲定州刺史卒

昭成皇帝九子庶長曰寔君次曰明元帝次曰秦王翰次曰閼婆次曰壽鳩次曰紇根次曰地干次曰力眞次曰窟咄

寔君性愚多不仁昭成季年苻堅遣其行唐公苻洛等來寇南境昭成遣劉庫仁逆戰於石子嶺昭成時不豫不能親勒衆軍乃率諸部避難陰山度漠北高車四面寇抄復度漠南苻洛軍退乃還雲中初昭成以弟孤讓國乃以半部授孤孤子斤失職懷怨欲伺隙爲亂獻明皇帝及秦明王翰皆先終道武年甫五歲慕容后子閼婆等雖長而國統未定斤因是說寔君曰帝將立慕容所生欲先殺汝是以頃來諸子戎服夜以兵仗遶廬舍伺便將發時苻洛等軍猶在君子津夜常警備諸皇子挾仗彷徨廬舍寔君以斤言爲信乃盡殺諸皇子昭成亦暴崩其夜諸皇子婦及宮人奔告苻洛軍堅將李柔張蚝勒兵內逼部衆離散苻堅聞之召燕鳳問其故以狀對堅曰天下之惡一也乃執寔君及斤轘之長安寔君孫勿期位定州刺史賜爵林慮侯卒子六狀眞定侯

秦王翰少有高氣年十五便請征伐昭成壯之使領騎二千長統兵號令嚴信多有剋捷建國十五年卒道武卽位追贈秦王謚曰明子儀長七尺五寸容貌甚偉美鬚有算略少能舞劍騎射絕人道武幸賀蘭部侍從出入登國初賜爵九原公從破諸部有謀戰功及帝將圖慕容垂遣儀觀釁垂問儀道武不自來之意儀曰先人以來世據北土子孫相承不失其舊乃祖受晉正朔爵稱代王東與燕世爲兄弟儀之奉命理謂非失垂壯其對因戲曰吾威加四海卿主不自見吾云何非失儀曰燕若不修文德欲以兵威自強此乃本朝將帥之事非儀所知也及還報曰垂死乃可圖今則未可帝作色問之儀曰垂年已暮其子寶弱而無威謀不能決慕容德自負才氣非弱主之臣釁將內起是可計之帝以爲然後改封平原公道武征衛辰儀出別道獲衛辰尸傳首

行宮帝大喜徙封東平公命督屯田於河北自五原至稒陽塞外分農稼大得人心慕容寶之寇五原儀躡據朔方要其還路及井州平儀功多遷尚書令從圍中山慕容德敗也帝以普驎妻周氏賜儀并其僮僕財物尋遷都督中外諸軍事左丞相進封衛王中山平復遣儀討鄴平之道武將還代都置中山行臺詔儀守尚書令以鎮之遠近懷附尋徵儀以丞相入輔又從征高車儀別從西北破其別部又從討姚平有功賜以絹布綿牛馬羊等儀膂力過人弓力將十石陳留公虔矟大稱異時人云衛王弓桓王矟太武之初育也道武喜夜召儀入曰卿聞夜喚乃不怪懼乎儀曰惟則有之懼實無也帝告以太武生賜儀御馬御帶縑錦等先是上谷侯岌張袞代郡許謙等有名于時初來入軍聞儀待士先就儀儀並禮之共談當世之務謙等三人曰平原公有大才不世之略吾等宜附其尾道武以儀器望待之尤重數幸其第如家人禮儀矜功恃寵遂與宜都公穆崇伏甲謀亂崇子逐留在伏士中道武召之將有所使逐留聞召恐發踰牆告狀帝秘而恕之天賜六年天文多變占者云當有逆臣伏尸流血帝惡之頗殺公卿欲以厭當天災儀內不自安單騎遁走帝使人追執之遂賜死葬以百姓禮儀十五子纂五歲道武命養於宮中恩與諸皇子同太武踐阼除定州刺史封中山公進爵為王賜步挽几以優異之纂好酒愛佞政以賄成太武殺其親嬖人後悔過修謹拜內大將軍居官清約簡慎更稱廉平薨於宗屬最長宗室有事咸就諮焉薨謚曰簡纂弟良性忠篤明元追錄儀功封南陽王以紹儀後良弟幹善弓馬以騎從明元於白登之東北有雙鴟飛鳴於上帝命左右射之莫能中鴟旋飛稍高幹以二箭下雙鴟帝賜之御馬弓矢金帶一以旌其能軍中於是號幹為射鴟都將從太武南巡進爵新蔡公文成卽位拜都官尚書卒謚曰昭子禎膽氣過人太武時為司衛監從征蠕蠕忽遇賊別部多少不敵禎乃就山解鞍放馬以示有伏賊果疑而避之孝文初賜爵沛郡公後拜南豫州刺史大胡山蠻時鈔掠前後守牧多羈縻而已禎乃召新蔡襄城蠻首使之觀射先選左右能射者二十餘人禎自發數箭皆中然後命左右以次而射先出一囚犯死罪者使參射限命不中禎卽責而斬之蠻魁等伏伎畏威相視股慄又預敕左右取死四十人皆著蠻衣云是鈔賊禎乃臨坐僞舉目瞻天微有風動禎謂蠻曰風氣少暴似有鈔賊入境不過十人當在西南五十里許卽命騎追掩果縛送十人禎告諸蠻曰爾鄉里作賊如此合死以不蠻等皆叩頭曰合萬死禎卽斬之因慰喻遣還自是境無暴掠淮南人相率投附者三千餘家置之城東汝水之側名曰歸義坊初豫州城豪胡丘生數與外交通及禎為刺史丘生嘗有犯懷恨圖為不軌詐以婚進城人告云刺史欲遷城中大家送之向代共謀翻城城人石道起以事密告禎速掩丘生并諸預謀者禎曰吾不負人人何以叛但丘生誑誤若卽收掩衆必大懼吾靜以待之不久自當悔服語未訖而城中三百人自縛詣州門陳丘生譎誑之罪而丘生單騎逃走禎恕而不問後徵為都牧尚書卒贈侍中儀同三司謚簡公有八子第五子瑞初瑞母尹氏有娠致傷後晝寢夢一老翁具衣冠告之曰吾賜汝一子汝勿憂也寤而私喜又問筮者筮者曰大吉未幾而生瑞禎以為協夢故名瑞字天賜位大中大夫卒贈太常卿儀弟烈剛武有智略元紹之逆百寮莫敢有聲唯烈行出外詐附紹募執明元紹信之自延秋門出遂迎立明元以功進爵陰平王薨謚曰熹子求襲弟道子位下大夫道子子洛位羽林幢將洛子乙中散大夫乙子晏孝靜初累遷吏部尚書平心不撓時論稱之出為瀛州刺史在任未幾百姓欣賴蔣天樂之逆見引詔錄送定州賜死晏好集圖籍家書多祕閣諸有假借咸不逆其意亦以此見稱烈弟觚勇烈有膽氣少與兄儀從道武侍衛左右使於慕容垂垂末年政在羣下遂止觚以求賂道武絕之觚率左右馳還為垂子寶所執垂待之更厚因留心學業誦讀經書數十萬言垂國人咸稱重之道武之討中山慕容普驎遂害觚以固衆心帝聞之哀慟及平中山發普驎塚斬其尸收議害觚者傅高霸程同等皆夷五族以大刃剉殺之乃葬觚追謚秦愍王封子夔為務章王以紹觚

常山王遵壽鳩之子也少而壯勇不拘小節道武初有佐命勳賜爵略陽公慕容寶之敗也別率騎七百邀其歸路由是有參合之捷及平中山拜尚書左僕射加侍中領勃海之合口及博陵勃海羣盜起遵討平之遷州牧封常山王遵好酒色天賜四年坐醉亂失禮於太原公主賜死葬以百姓禮子素明元從母所生特見親寵太武初復襲爵休屠郁原等叛素討之斬渠率徙千餘家於涿鹿之陽立平原郡以處之及平統萬以素有威懷之略拜假節征西大將軍以鎮之後拜內都大官文成卽位務崇寬政罷諸雜調有司奏國用不足固請復之唯素曰臣聞百姓不足君孰與足帝善而從之素宗屬之懿又年老帝每引入訪以政事固辭疾歸第雅性方正居官五十載終始若一時論賢之薨謚曰康陪葬金陵配饗廟廷長子可悉陵年十七從太武獵逐一猛獸陵遂空手搏之以獻帝曰汝才力絕人當為國立功立事勿如此也卽拜內行阿干又從平涼州沮渠茂虔令一驍將與陵相擊兩槊皆折陵抽箭射之墜馬陵恐其救至未及拔劍以刀子戾其頸使身首異處帝壯之卽日拜都幢將封暨陽子卒于中軍都將弟陪斤襲爵坐事國除陪斤子昭小字阿倪尚書張彝引兼殿中郎孝文將為齊郡王蘭舉哀而昭乃作宮懸帝大怒詔曰阿倪愚騃誰引為郎於是黜彝白衣守尚書昭遂停廢宣武時昭從弟暉親寵用事稍遷左丞宣武崩于忠執政昭為黃門郎又曲事之忠專權擅威枉陷忠賢多昭所指導也靈太后臨朝為尚書河南尹聾而佷戾理務峭急所在患之尋出為雍州刺史在州貪虐大為人害後入為尚書詔事劉騰進號征西將軍卒贈尚書左僕射納貨元叉所以贈禮優越子玄字彥道以節儉知名孝莊時為洛陽令及節閔卽位玄上表乞葬莊帝時議善之後除尚書左丞孝武帝卽位以孫騰為左僕射騰卽齊神武心膂仗入省玄依法舉劾當時咸為玄懼孝武重其強正封臨淄縣子及從入關封陳郡王位儀同三司加開府薨謚曰平昭弟紹字醜倫少聰慧遷尚書右丞紹斷決不避強禦宣武詔令檢趙修獄以修佞幸因此遂加杖罰令其致死帝責紹不重聞紹曰修姦佞甚於董賢臣若不因釁除之恐陛下復被哀帝之名以其言正遂不罪焉及出廣平王懷拜紹賀曰阿翁乃皇家之正直雖朱雲汲黯何以仰過紹曰但恨戮之稍晚以為愧耳卒於涼州刺史陪斤弟忠字仙德以忠謹聞孝文時累遷右僕射賜爵城陽公加侍中鎮西將軍有翼贊之勤百寮咸敬之太和四年病篤辭退養疾於高柳輿駕親送都門之外羣寮侍臣執別者莫不涕泣及卒皆悼惜之謚曰宣命有司為立碑銘子盛字始輿襲爵位謁者僕射卒子懋字伯邕襲爵降為侯從駕入關封北平王薨贈尚書左僕射謚曰貞慧子陟字景升開府儀同三司弟順字敬叔從孝武入關封濮陽王位侍中及武帝崩祕未發喪諸人多舉廣平王為嗣順於別室垂涕謂周文曰廣平雖親年德並茂不宜居大寶周文深然之因宣國諱上南陽王尊號以順為中尉行雍州事又加開府儀同三司秦州刺史順善射初孝武在洛於華林園戲射以銀酒巵容二升許懸於百步外命善射者十餘人共射中者卽以賜之順發矢卽中帝大悅并賞金帛順仍於箭孔處鑄一銀童足蹈金蓮手持劉炙遂勒背上序其射工子偉字大猷有清才大統十六年封南安郡王及尉遲迥伐蜀以偉為司錄書檄文言皆偉所為六官建拜師氏下大夫改淮南縣公周明帝初拜師氏中大夫受詔於麟趾殿刊正經籍建德中累遷小司寇為使主報聘於齊是秋武帝親戎東討偉遂為齊所留齊平偉方見釋加授上開府後除襄州刺史位大將軍偉性溫柔好虛靜篤學愛文初自鄴還庾信贈其詩曰梁亡垂棘反齊平寶鼎歸為辭人所重如此後疾卒盛弟壽興少聰慧好學宣武初為徐州刺史在官貪虐失於人心其從兄侍中暉深害其能因譖之於帝詔尚書崔亮馳驛檢覈亮發日受暉旨遂鞭撻三寡婦令其自誣稱壽興壓己為婢壽興終恐不免乃令其外弟中兵參軍薛修義將車十乘運小麥經其禁之旁壽興因踰牆出修義以大木函盛壽興其上加麥載之而出遂至河東匿修義家逢赦乃出見帝自陳為暉所譖帝亦更無所責初壽興為中庶子時王顯在東宮賤因公事壽興杖之四十及顯有寵為御史中丞奏壽興在家每有怨言誹謗朝廷因帝極飲無所覺悟遂奏其事命帝注可直付壽興賜死帝書半不成字當時見者亦知非本心但懼暉等威不敢申拔及行刑日顯自往看之壽興命筆自作墓誌銘曰洛陽男子姓元名景有道無時其年不永餘文多不載顧謂其子曰我棺中可著百張紙筆兩枚吾欲訟顯於地下若高祖之靈有知百日內必取顯如遂無知亦何足戀及宣武崩顯尋被殺壽興之死時論亦以為前任中尉彈高 闕 讒誣所致靈太后臨朝三公郎中崔鴻上疏理壽興詔書追雪贈豫州刺史謚曰莊子最字幹從孝武入關封樂平王位侍中兼尚書左僕射加特進 闕 壽興弟益生少亡子毗字休弼武帝之在藩邸少親之及卽位出必陪乘入於臥內及帝與齊神武有隙時議者各有異同或勸天子入夷或言與齊神武決戰或云奔梁唯毗數人以關中帝王桑梓慇懃叩頭請西入策功論賞毗與領軍斛斯椿等十三人為首封魏郡王時王者邑止一千戶唯毗邑一千五百齊神武宣告關東云將天子西入事起元毗雖百赦不在原限薨謚曰景子緯忠弟德封河間公卒於鎮南將軍贈曹州刺史德子悝潁川太守卒於光州刺史謚曰恭子嶷字子仲孝武初授兖州刺

史子時城人王奉伯等相扇謀逆棄城出走懸門發斷鎚要而出詔齊州刺史尉景本州刺史蔡儁各部在州士往討之鎚返復任封濮陽縣伯孝靜時轉尚書令攝選部鎚雖居重任隨時而已薨於瀛州刺史贈司徒公諡曰靖懿悝弟暉字景襲少沉敏頗涉文史宣武即位爲給事黃門侍郎初孝文遷洛舊貴皆難移時欲和衆情遂許冬則居南夏便居北宣武頗惑左右之言外人遂有還北之問至乃賸賣田宅不安其居暉乃請間言事具奏所聞曰先皇移都以百姓戀土故發冬夏二居之詔權寧物意耳乃是當時之言先皇深意且比來遷人安居歲久公私計立無復還情伏願陛下終高祖既定之業勿信邪臣不然之說帝納之再遷侍中領右衞將軍雖無補益深被親寵凡在禁中要密之事暉別奉旨藏之於櫃唯暉入乃開其餘侍中黃門莫有知者侍中盧昶亦蒙恩眄故時人號曰餓彪將軍飢鷹侍中遷吏部尚書納貨用官皆有定價大郡二千匹次郡一千匹下郡五百匹其餘官職各有差天下號曰市曹出爲冀州刺史下州之日連車載物發信都至湯陰間首尾相屬道路不斷其車少脂角即於道上所逢之牛生截取角以充其用暉檢括丁戶聽其歸首出調絹五萬匹然聚斂無極百姓患之明帝初徵拜尚書左僕射詔攝吏部選事後詔暉與任城王澄京兆王愉東平王匡共決門下大事暉又上書論政要其一曰御史之職務使得賢必得其人不拘階秩久於其事責其成功其二曰安人寧邊觀時而動頃來邊將亡遠大之略貪萬一之功楚梁之好未聞而蠶婦之怨屢結斯乃庸人所爲鋭於姦利之所致也平吳之計自有良圖不在於一城一戍也又河北數州國之基本飢荒多年戶口流散方今境上兵復徵發即如此日何易舉動愚謂數年以來唯宜靜邊以息召役安人勸農惠此中夏請嚴敕邊將自今有賊戍求內附者不聽輒遣援接皆須表聞違者雖有功請以違詔書論三曰國之資儲唯藉河北饑饉積年戶口逃散生長姦詐因生隱藏出縮老小妄注死失收人租調割入於已人困於下官損於上自非更立權制善加檢括損耗之來方在未已請求其議明宣條格帝納之暉雅好文學招集儒士崔鴻等撰錄百家要事以類相從名爲科錄凡二百七十卷上起伏羲迄於晉凡十四代暉疾篤表上之卒賜東園祕器贈使持節都督中外諸軍事司空公諡曰文憲將葬給羽葆班劍鼓吹二十人羽林百二十人子弼字宗輔性和厚美容儀以莊帝舅子壻特封廣川縣子天平初累遷尚書令弼妹爲孝武所納以親情見委禮遇特隆歷中書監錄尚書事位特進宗師齊受禪除左光祿大夫天保三年卒十年諸子與諸兄同誅死弼弟子士將有巧思至齊武成時位將作大匠德弟贊頗有名譽好陳軍國事宜初置司州以贊爲刺史賜爵上谷侯孝文戒贊化畿甸可宣孝道必令風教洽和文禮大備自今有不孝不悌者比其門樹以刻其柱又詔曰司州刺史官尊位重職總京畿選屬懿親以允具瞻之望但諸王年少未閑政體故以授贊庶能助暉道化今司州始立郡縣初置公卿已下皆有本屬可人率子弟用相展敬於是賜名曰贊詔贊乘步挽入殿門加太子少師遷左僕射孝文將謀遷洛諸公多異同唯贊贊成大策帝每歲南伐執手寄以後事卒贈衞將軍僕射如故後以留守贊輔之功進封晉陽縣伯贊弟淑字買仁彎弓三百斤善騎射孝文時爲河東太守河東俗多商賈罕事農桑人至有年三十不識耒耜淑下車勸課躬往敎示二年間家給人足爲之謠曰泰州河東杼柚代春元公至止田疇始理卒於平城鎮將諡曰靜有七子季海字元泉兄弟中最有名譽位洛州刺史季海妻司空李沖之女莊帝從母也賜爵唐郡君政在尒朱禍難方始勸季海爲外官以避纖介及孝莊之難季海果以在蕃得免從孝武入關封馮翊王位中書令雍州刺史遷司空病薨諡曰穆子亨字德良一名孝才遇周齊分隔時年數歲與母李氏在洛陽齊神武以亨父在關中禁固之其母遂稱凍餒得就食湯陰託大豪李長壽携亨及孤姪數人得至長安周文以功臣子甚禮之大統末襲爵馮翊王累遷勳州刺史改封平涼王周受禪例降爲公隋文帝受禪自洛州刺史徵拜太常卿尋出爲衞州刺史在職八年風化大洽以老病乞骸骨吏人詣闕上表請留上嗟歎者久之其年亨以篤疾重請還京上令使者致醫藥問動靜相望於道卒于家諡曰宣

陳留王虔紇根之子也登國初賜爵陳留公與衞王儀破黜弗部從攻衞辰慕容寶來寇虔絕其左翼寶敗垂恚憤來桑乾虔勇而輕敵於陳戰沒虔姿貌魁傑武力絕倫每以矛細短大作之猶患其輕復綴鈴於刃下其弓力倍加常人以其殊異代京武庫常存而志之虔常以矟刺人遂貫而高舉又嘗以一手頓矟於地馳馬偶退敵人爭取引不能出虔引弓射之一箭殺二三人搖矟之徒亡魂而散徐乃令人取矟而去每從征討及爲偏將常先登陷陣勇冠當時敵無衆寡莫敢抗其前者及薨舉國悲歎爲之流涕道武追惜傷慟者數焉追諡陳留桓王配饗廟廷封其子悅爲朱提王悅外和內佷道武常以桓王死王事特加親寵爲左將軍襲封後爲宗師悅恃寵驕矜每謂所親王洛生之徒言曰一旦宮車晏駕吾止避衞公除此誰在吾前衞王儀美鬚爲內外所重悅故云初姚興之贖狄伯支悅送之路由鴈門悅因背誘姦豪以取其意後遇事譴逃亡投鴈門規收豪傑欲爲不軌爲土人執送帝恕而不罪明元即位引悅入侍仍懷姦計說帝云京師雜人不可保信宜誅其非類者又云鴈門人多詐并可誅之欲以雪其私忿帝不從悅內自疑懼懷刃入侍謀爲大逆叔孫俊疑之竊視其懷有刃執而賜死弟崇太武詔令襲桓王爵崇性沉厚初衞王死後道武欲敦宗親之義詔引諸王子弟入宴常山王素等三十餘人咸謂與衞王相坐疑懼皆出逃遁將奔蠕蠕唯崇獨至道武見之甚悅厚加禮賜遂寵敬之素等於是亦安久之拜并州刺史有政績從征蠕蠕別督諸軍出大澤越涿耶山威懾漠北薨諡曰景王子建襲降爵爲公位鎮北將軍懷荒鎮軍大將卒建子琛位恒肆二州刺史琛子翌尚書左僕射翌子暉暉字叔平鬚眉如畫進止可觀好涉獵書記少得美名於京下周文禮之命與諸子遊處每同硯席情契甚厚再遷武伯下大夫時突厥屢爲寇患朝廷將結和親令暉賫錦綵十萬使突厥暉說以利害可汗大悅遣其名王隨獻方物俄拜儀同三司周武帝之娉突厥后令暉致禮授開府轉司憲大夫及平齊東使暉安集河北封義寧子隋文帝總百揆加上開府進爵爲公開皇初拜都官尚書兼領太僕奉詔決杜陽水灌三時原溉舄鹵之地數千頃人賴其利再遷兵部尚書監漕渠之役未幾坐事免頃之拜魏州刺史頗有惠政後以疾去職卒于京師帝嗟悼久之敕鴻臚監護喪事諡曰元子肅嗣位光祿少卿肅弟仁器性明敏位日南郡丞建弟嫡子祚字龍壽宜武校藝每於歲暮詔令教習講武初建以子罪失爵祚欲求本封有司奏聽祚襲公其王爵不輕共求更議詔從之卒于河州刺史節閔時贈侍中尚書僕射虔兄顗性嚴重少言道武常敬之雅有謀策從平中山以功賜爵蒲城侯特見寵厚給鼓吹羽儀禮同岳牧莅政以威信著稱居官七年乃以元易千代顗爲郡時易千子萬言得寵於道武易千恃其子輕忽於顗不告其狀輕騎卒至排顗墜牀而據其坐顗不知代已謂以罪見捕既而知之耻其侮慢謂易千曰我更滿被代常也汝無禮見辱豈可容哉遂搏而殺之以狀具聞道武壯之萬言累以訴請乃詔顗輸贖顗乃自請罪道武赦之復免其贖病卒子嵩太武時襲父爵以功除統萬鎮將後從永昌王仁南征別出汝陰濟淮宋將劉康祖屯於尉武亭以邀軍路師人患之嵩曰今大風既勁若令推草車方軌並進乘風縱煙火以精兵自後乘之破之必矣從之斬康祖傳首行宮文成即位除秦州刺史進爵隴西公卒諡曰定公子琛襲爵

毗陵王順地干之子也性疎佷登國初賜爵南安公及道武討中山留順守京師栢肆之敗軍人有亡歸者言大軍奔散不知帝所在順聞之欲自立納莫題諫乃止時賀力眷等聚衆作亂於陰館順討之不剋乃從留宮自白登南入繁畤故城阻㶟水爲固以寧人心道武善之進封爲王位司隸校尉道武好黃老數召諸王及朝臣親爲說之在坐莫不祗肅唯順獨坐寐不顧而唾帝怒廢之以王薨於家

遼西公意烈力真之子也先沒於慕容垂道武征中山棄妻子迎於井陘及平中原有戰獲勳賜爵遼西公除廣平太守時和跋爲鄴行臺意烈性雄耿自以帝屬恥居跋下遂陰結徒黨將襲鄴發覺賜死子拔干博知古今父雖有罪道武以拔干宗親委之心腹有計略屢効忠勤明元踐阼除勃海太守吏人樂之賜爵武遂子轉平原鎮將得將士心卒諡曰靈公子受洛襲進爵武邑公卒子叱奴武川鎮將叱奴子洪超頗有學涉大乘賊亂之後詔洪超持節兼黃門侍郎綏慰冀部還上言冀上寬廣界去州六七百里負海險遠宜分置一州鎮遏海曲朝議從之後遂立滄州卒於北軍將光祿大夫意烈弟勃善射御以勳賜爵彭城公卒諡曰闕　陪葬金陵長子粟襲太武時督諸軍屯漠南蠕蠕表聞粟亮直善馭衆撫恤將士必與之同勞逸征和龍以功進封爲王薨陪葬金陵粟弟渾少善弓馬太武嘉之會有諸方使命渾射獸三頭發皆中時舉坐咸以爲善及爲宰官尚書頗以驕縱爲失坐事免徙長社爲人所害子庫汗爲羽林中郎將從北巡有兔起乘輿前命庫汗射之應弦而斃太武悅賜一金兔以旌其能文成起景穆廟賜爵陽豐侯獻文即位復造文成廟拜殿中給事進爵爲公庫汗明於斷決每奉使察行州鎮折獄以情所歷皆稱之秦州父老詣闕乞庫汗爲刺史者前後千餘人朝廷許之未及遣遇病卒子古辰襲

窟咄昭成崩後苻洛以其年長逼徙長安苻堅禮之敎
以書學因亂隨慕容永東遷永以爲新興太守劉顯之
敗遣弟亢埿等迎窟咄遂逼南界於是諸部騷動道武
左右于桓等謀應之同謀人單烏干以告帝帝慮駭人
心沉吟未發後三日桓以謀白其舅穆崇又告之帝乃
誅桓等五人餘莫題等七姓悉原不問帝慮內難乃北
踰陰山幸賀蘭部遣安同及長孫漫徵兵於慕容垂賀
曼亡奔窟咄安同間行遂達中山慕容垂遣子賀驎步
騎六千以隨之安同與垂使人蘭紇俱還達牛川窟咄
兄子意烈捍之安同乃隱藏於商賈囊中至暮乃入空
井得免仍奔賀驎軍旣不至而稍前逼賀染干賀染干
陰懷異端乃爲窟咄來侵北部人皆驚駭莫有固志於
是北部大人叔孫普洛節及諸烏丸亡奔衞辰賀驎聞
之遽遣安同朱譚等來旣知賀驎軍近衆乃少定道武
自弩山幸牛川窟咄進屯高柳道武復使安同詣賀驎
因刻會期安同還帝踰參合出代北與賀驎會於高柳
窟咄窮迫望旗奔走遂爲衞辰殺之帝悉收其衆賀驎
執帝別歸中山

論曰魏氏始自幽都壘基帝業上谷公等分枝若木疏
派天潢或績預經綸大開土宇或迹同凶悖自致殲夷
其禍福之來雅人所召至如神武之不事黄屋高揖萬
乘義感隣國祚隆帝統太伯延陵未足多也高涼讓國
之肩子邪猛壯之風或大位未加或功不贖罪褒德圖
勞其義爲闕松滋氣幹相承聲迹俱顯天穆得不以道
任過其量持盈必悔殺身爲幸武衞父子兼將丕略始
見器重終以姦棄不足觀矣河間扶風武烈宣著宗子
之可稱乎衞王英風猛槩折衝見重謀之不臧卒以自
喪秦王體度恢偉陳留驍氣絶倫亡身强寇志力不展
惜哉常山勇冠戚屬與魏升降亦以優乎陰平忠烈蒲
陰器宇榮寵兼萃盖有由焉毗陵疎佷遼西狷介全身
保位固亦難矣苻堅之輭寔君衞辰之誅窟咄逆子賊
臣蓋亦天下之惡一焉

北史卷十五考證

高涼王孤傳斬反人元㥀首○㥀魏書作禧
頭叩牀涕泣不自勝○頭字上魏書有以字
中尉督司百寮闕書侍御史糾察禁內○闕魏書係治
字李百藥避諱而刪之耳
尙書納言之本令僕百揆之要○納監本訛訥今改正
會臺申休簡授郡縣○休字下一本注疑
司徒石傳從太武南討至瓜步山○魏書無山字
武衞將軍謂傳詔賜丕入八議傳示子孫犯至百聽斬
戮責數恕之○魏書無斬戮二字
河間公齊傳時保宗弟文德說閉險自固有期矣○說
字下魏書有保宗二字
文安公泥傳會稽劉絜永安侯魏勤捍之○會稽下應
從魏書加公字
磨渾與叔孫詐云明元所在○叔孫下脫俊字
寔君傳苻堅遣其行唐公苻洛等來寇南境○其行監
本訛行其今改從魏書
道武年甫五歲慕容后子闕婆等雖長而國統未定○
后監本訛厚今改從魏書
秦王翰傳子求襲○求魏書作表
常山王遵傳上起伏羲迄於晉凡十四代○晉字下魏
書有宋字
窟咄傳遣安同及長孫漫徵兵於慕容垂賀曼亡奔窟
咄○漫魏書作賀又下無曼字此訛
帝悉收其衆賀驎執帝別歸中山○執帝別歸中山魏
書作別帝歸于中山應改從之

北史卷十六

唐　李　延　壽　撰

列傳第四

道武七王　明元六王　太武五王

道武皇帝十男宣穆劉后生明元皇帝賀夫人生清河
王紹大王夫人生穆平王熙王夫人生河南王曜河間
王脩長樂王處文二王母氏闕段夫人生廣平王連京
兆王黎皇子渾及聰母氏並闕皆早薨無傳

清河王紹字受洛拔天興六年封性凶佷險悖好劫剝
行人斫射犬豕以爲戲樂有孕婦紹剖觀其胎道武嘗
怒之倒懸井中垂死乃出明元常以義方責之由此不
協而紹母賀夫人有譴帝將殺之會日暮未決賀氏密
告急於紹紹乃與帳下及宦者數人踰宮犯禁帝驚起
求弓刀不及暴崩明日宮門至日中不開紹稱詔召百
寮於西宮端門前北面紹從門扇間謂曰我有父亦有
兄公卿欲從誰也王公以下皆失色莫有對者良久南
平公長孫嵩曰臣等不審登遐狀唯陰平公元烈哭泣
而去於是朝野兇兇人懷異志肥如侯賀護舉烽於安
陽城北故賀蘭部人皆往赴之其餘舊部亦率子弟招
集故人往往相聚紹聞人情不安乃出布帛班賜王公
以下先是明元在外聞變乃還潛于山中使人夜告北
新侯安同衆皆響應衞士執送紹於是賜紹母子死誅
帳下閹官宮人爲內應者十數人其先犯乘輿者羣臣
於城南都街生臠食之紹時年十六紹母卽獻明皇后
妹也美而豔道武如賀蘭部見而悅之告獻明后請納
焉后曰不可此過美不善且已有夫帝密令人殺其夫
而納之生紹紹終致大逆焉

陽平王熙天興六年封聰達有雅操明元練兵於東部
詔熙督十二軍校閱甚得軍儀賞賜隆厚泰常六年薨
帝哀慟不已長子佗襲爵佗性忠厚武藝無過者後改
封淮南王鎭武牢威名甚著孝文時位司徒賜安車几
杖入朝不趨太和十二年薨時孝文有事太廟始薦聞
之廢祭輿駕親臨哀慟禮賵有加謚曰靖王世子吐万
早卒子僖王顯襲祖爵薨子世遵襲孝明時爲荆州刺
史在邊境前代以來互相抄掠世遵到州不聽侵擾其
弟均時在荆州爲朝陽戍主有南戍主妻三月三日遊
戲沔水側均輒遣部曲掠取世遵聞之責均遂移還本
戍與人感荷後頗行貨賄散費邊儲是以聲名有損薨
於定州刺史謚曰康王吐万弟鍾葵早卒長子法壽累
遷安州刺史法壽先令所親微服入境觀察風俗下車
便大行賞罰於是境內肅然後於河陰遇害子慶智性
貪鄙爲太尉主簿事無大小得物然後判或十數錢或
二十錢得便取之府中號爲十錢主簿法壽弟法僧位
益州刺史殺戮自任威怒無恒王賈諸姓州內人士法
僧皆召爲卒伍無所假縱於是合境皆反招引外寇後
拜徐州刺史法僧本附元义以驕恣恐禍及已將謀爲
逆時領主書兼舍人張文伯奉使徐州法僧謂曰我欲
與卿去危就安能從我否文伯曰安能棄孝義而從叛
逆也法僧將殺之文伯罵曰僕寧死見文陵松柏不能
生作背國之虜法僧殺之孝昌元年法僧殺行臺高諒
反於彭城自稱尊號改元天啓大軍致討法僧奔梁其
武官三千餘人戍彭城者法僧皆印額爲奴逼將南度
梁武帝授法僧司空封始安郡王尋改封宋王甚見優
寵又進位太尉仍立爲魏主不行授開府儀同三司郢
州刺史乃徵爲太尉卒於梁謚曰襄厲王子景仲景隆
初封丹楊公位廣州刺史徙徐州改封彭城王丁父憂
襲封宋王又爲廣州刺史卒梁復以景仲爲廣州刺史
封枝江縣公侯景作亂遣誘召之詐奉爲主景仲將應
之爲西江督護陳霸先所攻乃縊而死

河南王曜天興六年封五歲嘗射雀於道武前中之帝
驚歎焉及長武藝絶人與陽平王熙等並督諸軍講武
衆咸服其勇薨長子提襲驍烈有父風改封潁川王迎
昭儀于塞北時年十六有夙成之量殊域敬焉後改封
武昌鼎還統万鎭都大將甚見寵待薨謚曰成王長子
平原襲爵忠果有智略爲齊州刺史善於懷撫孝文時
祆賊司馬小君自稱晉後屯聚平陵年號聖君平原身
自討擊禽小君送京師斬之又有祆人劉舉自稱天子
復討斬之時歲頻不登齊人饑饉平原以私米三千餘
斛爲粥以全人命北州戍卒一千餘人還者皆給路糧
百姓咸稱詠之還征南大將軍開府雍州刺史鎭長安
薨謚曰簡王長子和字善意襲爵初和聘乙氏公主女
爲妃生子顯薄之以公主故不得遣出因忿遂自落髮
爲沙門旣不幸其母乃捨顯以爵讓其次弟鑒鑒固辭
公主以其外孫不得襲爵訴於孝文孝文詔鑒終之後
令顯襲爵鑒乃受之鑒字紹達沈重少言寬和好士爲
齊州刺史時革變之始鑒上書遵孝文之旨採齊之舊
風軌制粲然皆合規矩孝文下詔襃美班之天下一如
鑒所上齊人愛詠咸曰耳目更新孝文崩後和罷沙門
歸俗棄其妻子納一寡婦曹氏爲妻曹氏年長大和十
五歲攜男女五人隨鑒至歷城干亂政事和與曹及五
子七處受納鑒皆順其意言無不從於是獄以賄成取
受狼籍齊人苦之鑒名大損轉徐州刺史屬徐兗大水
人多飢餓鑒表加賑恤人賴以濟先是京兆王愉爲徐
州王旣年少長史盧陽烏寬以馭下郡縣多不奉法鑒
表梁郡太守程靈虯虐政殘人盜寇並起詔免靈虯於
是徐境肅然薨謚悼王和與鑒子伯崇競求承襲詔聽
和襲位東郡太守先是郡人孫天恩家豪富嘗與和爭
地遣奴客打和垂死至此和誣天恩與北賊來往父子
兄弟一時俱戮資財田宅皆沒於官天恩宗從欲詣闕
訴寃以和元叉之親不敢告列和語其郡人曰我寃一
州亦應可得念此小人痛入骨髓故乞此郡以報宿怨
此後更不求富貴議者曰王當沒於此矣薨贈相州刺
史

河間王脩天賜四年封薨無子太武詔河南王曜子羯
兒襲改封略陽王正平初有罪賜死爵除

長樂王處文天賜四年封聰辯夙成年十四薨明元悼
傷之自小斂至葬常親臨哀慟陪葬金陵無子爵除

廣平王連天賜四年封薨無子太武以陽平王熙第二
子渾爲南平王以繼連後渾好弓馬射鳥輒歷飛而中
之日射兎得五十頭太武嘗命左右分射勝者中的籌

滿詔渾解之三發皆中帝大悅器其藝能常引侍左右累遷涼州鎮將都督西戎諸軍事領護西域校尉恩著涼土更滿還京父老皆涕泣追送如違所親薨子飛襲後賜名霄身長九尺腰帶十圍容貌魁偉雅有風則貞白卓然好直言正諫朝臣憚之孝文特垂欽重除宗正卿詔曰自今奏事諸臣相稱可云姓名唯南平王一人可直言其封邊左光祿大夫薨賜東園第一祕器孝文緦衰臨霄喪宴不舉樂謚曰安王子纂襲

京兆王黎天賜四年封薨子吐根襲改封江陽王薨無子獻文以南平王霄第二子繼字世仁爲後襲封江陽王宣武時爲青州刺史爲家僮取人女爲婦妾又以良人爲婢爲御史所彈坐免官爵及靈太后臨朝繼子叉先納太后妹復繼本封後徙封京兆王歷司徒加侍中繼孝文時已歷內外顯任靈太后臨朝入居心膂歷轉台司頻表遜位轉太保侍中如故加前後部鼓吹詔以至節禮有朝慶繼位高年宿可依齊郡王簡故事朝訖引坐免其拜伏轉太傅侍中如故時叉執殺生之權拜受之日送者傾朝有識者爲之致懼又詔令乘步挽至殿廷兩人扶侍禮與丞相高陽王埒後除使持節侍中太師大將軍錄尚書事大都督節度西道諸軍事及出師車駕臨餞傾朝祖送尋加太尉公及班師繼啓求還復封江陽詔從之繼晚更貪惏牧守令長新除赴官無不受納貨賄以相託付妻子各別請屬至乃郡縣微吏亦不獲平心選舉憑叉威勢法官不敢糺擿天下患之叉黜繼廢於家初尒朱榮之爲直寢數以名馬奉叉叉接以恩意榮甚德之建義初復以繼爲太師司州牧永安二年薨贈假黃鉞都督九州諸軍錄尚書事大丞相如故謚曰武烈叉字伯儁小字夜叉靈太后臨朝以叉妹夫除通直郎叉妻封新平君後遷馮翊君拜女侍中叉女夭靈太后詔贈鄉主叉累加侍中領軍將軍既在門下兼總禁兵深爲靈太后所信委太傅清河王懌以親賢輔政每欲斥黜之叉遂令通直郎宋維告司染都尉韓文殊欲謀逆立懌懌坐禁止後窮案無實懌雖得免猶以兵衛守於宮西別館久之叉恐懌終爲巳害乃與侍中劉騰密謀詐取主食中黃門胡度胡定列誣懌云貨度等金帛令以毒藥置御食中以害帝騰以具奏明帝信之乃御顯陽殿騰閉永巷門靈太后不得出懌入遇叉於含章殿後命宗士及直齋執懌衣袂將入含章東省騰稱詔集公卿議以大逆論咸畏叉無敢異者唯僕射游肇執意不同叉騰持公卿議入奏夜中殺懌於是假爲靈太后辭遜詔叉遂與太師高陽王雍等輔政常直禁中明帝呼爲姨父自後百寮重跡後帝從御徽音殿叉亦入居殿右曲盡佞媚遂出入禁中恒令勇士持刀劍以自先後叉於千秋門外廠下施木闌檻有時出入止息其中腹心防守以備竊發初叉之專政矯情自飾勞謙待士得志之後便自驕愎耽酒好色與奪任情乃於禁中自作別庫掌握之寶充牣其中叉曾臥婦人於食輿以帊覆之輿入禁內出亦如之直衞雖知莫敢言者姑姊婦女朋婬無別政事怠墮綱紀不舉州鎮多非其人於是天下遂亂矣叉自知不法恐被廢黜乃陰遣弟洪業召武州人姬庫根等與之聚宴遂爲誓盟欲令爲亂朝廷必以巳爲大將軍往伐因以共爲表裏如此可得自立根等然其言乃厚遺根等遣還州與洪業買馬從劉騰死後防衞微緩叉頗亦自寬時宿於外每日出遊留連他邑靈太后微察知之正光五年秋靈太后對明帝謂羣臣求出家於嵩山閑居寺欲自下髮帝與羣臣大懼叩頭泣涕遂與太后密謀圖之乃對叉流涕敍太后欲出家憂怖之心叉乃勸帝從太后意於是太后數御顯陽二宮無復禁礙舉其親元法僧爲徐州刺史法僧據州反叛靈太后數以爲言叉深愧悔丞相高陽王雍雖位重於叉而甚畏憚會太后與帝遊洛水遂幸雍第定圖叉之計後雍從帝朝太后乃進言叉父子權重太后曰然元郎若忠於朝廷何故不去領軍以餘官輔政叉聞之甚懼免官求解乃以叉爲儀同三司尚書令侍中領左右叉雖去兵權然總任內外不慮黜廢叉有閹人張景嵩劉思逸屯弘昶伏景謀廢叉嵩以帝嬪潘外憐有幸說云元叉欲害之嬪泣訴於帝云叉非直欲殺妾亦將害陛下帝信之後叉出宿遂解其侍中旦欲入宮門者不納尋除名初咸陽王禧以逆見誅其子樹梁封爲鄴王及法僧反叛後樹遺公卿百寮書暴叉過惡言叉本名夜叉弟羅實名羅剎夜叉羅剎此鬼食人非遇黑風事同飄墮嗚呼魏境離此二災惡木盜泉不息不飲勝名梟稱不入不爲況昆季此名表能噬物日露久矣始信斯言叉爲遠近所惡如此其後靈太后顧謂侍臣曰劉騰元叉昔邀朕索鐵券望得不死朕賴不與中書舍人韓子順對曰臣聞殺活豈計與否陛下昔雖不與何解今日不殺靈太后憮然未幾有人告叉及其弟爪謀反先遣其從弟洪業率六鎮降戶反定州叉令勾魯陽諸蠻侵擾伊闕叉兄弟爲內應起有日矣得其手書靈太后以妹婿故未忍便決羣臣固執不已明帝又以爲言太后乃從之於是叉及弟爪並賜死於家太后猶以妹故復追贈尚書令冀州刺史叉子舒祕書郎叉死後亡奔梁官至征北大將軍青冀二州刺史

子善亦名善住少隨父至江南性好學通涉五經尤明左氏傳侯景之亂善歸周武帝甚禮之以爲太子宮尹賜爵江陽縣公每執經以授太子隋開皇初拜內史侍郎凡有敷奏詞氣抑揚觀者屬目陳使袁雅來聘上令善就館受書雅出門不拜善論舊事有拜之儀雅未能對遂拜成禮而去後遷國子祭酒上嘗親臨釋奠令善講孝經於是敷陳義理兼之以諫上大悅曰聞江陽之說更起朕心賚絹一百匹衣一襲善之通博在何妥之下然以風流醞藉俯仰可觀音韻清朗由是爲後進所歸妥每懷不平心欲屈善因講春秋初發題諸儒畢集善私謂妥曰名望已定幸無相苦妥然之及就講肆妥遂引古今滯義以難善多不能對二人由是有隙善以高熲有宰相之具嘗言於上曰楊素麤疏蘇威怯懦元胄元旻正似鴨耳可以付社稷者唯獨高熲上初然之及熲得罪上以善言爲熲游說深責望之善憂懼先患消渴於是病頓而卒叉弟羅字仲綱雖父兄貴盛而虛已接物累遷青州刺史叉當朝專政羅望傾四海於時才名之士王元景邢子才李奬等咸爲其賓客從遊青土罷州入爲宗正卿叉死後羅通叉妻時人穢之或疑其救命之計也孝武時位尚書令開府儀同三司梁州刺史孝靜初梁遣將圍逼羅以州降封南郡王及侯景自立以羅爲開府儀同三司尚書令改封江陽王梁元帝滅景周文帝求羅遂得還除開府儀同三司侍中少師襲爵江陽王舒子善住在後從南入關羅乃以爵還善住改封羅爲固道郡公羅弟爽字景哲少而機警位給事黃門侍郎金紫光祿大夫卒謚曰懿爽弟蠻仕齊歷位兼度支尚書行潁州事坐不爲繼母服爲左丞所彈後除開府儀同三司齊天保十年大誅元氏昭帝元后蠻之女也爲苦請自市追免之賜姓步孤氏卒贈司空蠻弟爪字景邕位給事中與兄叉同時誅繼弟羅侯遷洛之際以墳陵在北遂家於燕州之昌平郡內豐資產唯以意得爲適不入京師有賓客往來者必厚相禮遺豪據北方甚有聲稱以叉執權尤不樂入仕就拜昌平太守

明元皇帝七男杜密皇后生太武皇帝大慕容夫人生樂平戾王丕安定殤王彌闕母氏慕容夫人生樂安宣王範尹夫人生永昌莊王健建寧王崇新興王俊二王並闕母氏

樂平王丕少有才幹泰常七年封拜車騎大將軍後督河西高平諸軍討南秦王楊難當軍至略陽禁令齊肅所過無私百姓爭致牛酒難當懼還仇池而諸將議曰若不誅豪帥軍還之後必聚而爲寇又以大衆遠出不有所掠則無以充軍實賞將士將從之時中書侍郎高允參丕軍事諫曰今若誅之是傷其向化之心恐大軍一還爲亂必速丕以爲然於是綏懷初附秋毫無犯初馮弘之奔高麗太武詔遣送之高麗不遣太武怒將討之丕上疏以爲和龍新定宜復之使廣脩農殖以饒軍實然後進圖可一舉而滅帝納之乃止後坐劉絜事以憂薨事在絜傳謚曰戾王子拔襲爵後坐事賜死國除丕之薨及日者董道秀之死也高允遂著筮論曰昔明元末起白臺其高二十餘丈樂平王嘗夢登其上四望無所見王以問日者董道秀筮之曰大吉王默而有喜色後事發王遂憂死而道秀棄市道秀若推六爻以對王曰易稱亢龍有悔窮高曰亢高無人而不爲善也夫如是則上寧於王下保於已福祿方至豈有禍哉今舍於本而從其末咎釁之至不亦宜乎

安定王彌泰常七年封薨謚曰殤王無子國除

樂安王範泰常七年封雅性沈厚太武以長安形勝之地乃拜範爲衞大將軍開府儀同三司長安鎮都大將範謙恭惠下推心撫納百姓稱之時秦土新離寇賊流亡者相繼請崇易簡之禮帝納之於是遂寬傜與人休息後劉絜之謀範聞而不告事發因疾暴薨長子良太武未有子嘗曰兄弟之子猶子親撫養之長而壯勇多知嘗參軍國大計文成時襲王拜長安鎮都大將雍州刺史爲內都大官薨謚曰簡王

永昌王健泰常七年封健姿貌魁壯所在征戰常有大功才藝比陳留桓王而智略過之從太武破赫連昌遂西略至木根上討和龍健別攻拔建德後平叛胡白龍餘黨于西海太武襲蠕蠕越涿邪山詔健殿後矢不虛發所中皆應弦而斃威震漠北尋從平涼州健功居多又討破禿髮保周自殺傳首京師復降沮渠無疾薨謚曰莊王子仁襲仁亦驍勇有父風太武奇之後與濮陽王閭若文謀爲不軌發覺賜死國除

建寧王崇泰常七年封文成時封崇子麗濟南王後與京兆王杜元寶謀逆父子並賜死

新興王俊泰常七年封少善騎射多藝坐法削爵爲公

俊好酒色多越法度又以毋先遇罪死而已被貶削恒懷怨望頗有悖心後事發賜死國除

太武皇帝十一男賀皇后生景穆帝越椒房生晉王伏羅舒椒房生東平王翰弗椒房生臨淮王譚伏椒房生廣陽王建閭石昭儀生吳王余其小兒猫兒眞虎頭龍頭並闕母氏皆早薨無傳

晉王伏羅眞君三年封加車騎大將軍後督高平涼州諸軍討吐谷渾慕利延軍至樂都謂諸將曰若從正道恐軍聲先振必當遠遁潛軍出其非意此鄧艾禽蜀之計也諸將咸難之伏羅曰夫將軍制勝萬里擇利專之可也遂間道行至大母橋慕利延衆驚奔白蘭慕利延子拾寅走河曲降其一萬餘部落八年薨無子國除

東平王翰眞君三年封秦王拜侍中中軍大將軍參典都曹事忠貞雅正百寮憚之太傅高允以翰年少作諸侯箴以遺之翰覽之大悅後鎮枹罕羌戎敬服改封東平王太武崩諸大臣等議欲立翰而中常侍宗愛與翰不協矯太后令立南安王余遂殺翰子道符襲爵拜長安鎮都大將皇興元年謀反司馬段太陽斬之傳首京師

臨淮王譚眞君三年封燕王拜侍中參都曹事後改封臨淮王薨諡宣王子提襲爲梁州刺史以貪縱削除加罰從配北鎮久之提子員外郎穎免冠請解所居官代父邊戍孝文不許後詔提從駕南伐至洛陽參定遷都之議尋卒以預參遷都功追封長鄉縣侯宣武時贈雍州刺史諡曰懿提子昌字法顯好文學居父母喪哀號孺慕悲感行人宣武時復封臨淮王未拜而薨贈齊州刺史諡曰康王追改封濟南王子彧字文若紹封彧少有才學當時甚美侍中崔光見而謂人曰黑頭三公當此人也少與從兄安豐王延明中山王熙並以宗室博古文學齊名時人莫能定其優劣尚書郎范陽盧思道謂吏部清河崔休曰三人才學雖並優美然安豐少於造次中山皂白太多未若濟南風流寬雅時人爲之語曰三王楚琳琅未若濟南備員方彧姿制閑裕吐發流美琅邪王誦有名人也見之未嘗不心醉忘疲奏郊廟歌詞時稱其美除給事黃門侍郎彧本名亮字仕明時侍中穆紹與彧同署避紹父諱啓求改名詔曰仕明風神運吐常自以比荀文若可名彧以取定體相倫之美彧求復本封詔許復封臨淮寄食相州魏郡又長兼御史中尉彧以爲倫敘得之不謝領軍于忠忿言之朝廷曰臨淮雖復風流可觀而無骨鯁之操中尉之任恐非所堪遂去威儀單車而還朝流爲之歎息累遷侍中衞將軍左光祿大夫兼尚書左僕射攝選後以本官爲東道行臺會尒朱榮入洛殺害元氏彧撫膺慟哭遂奔梁梁武遣其舍人陳建孫迎接幷觀彧爲人建孫稱彧風神閑儁梁武亦先聞名深相器待見彧於樂遊園因設宴樂彧聞聲歔欷涕淚交下梁武爲之不樂自前後奔叛皆假旨稱魏爲僞唯彧表啓常云魏臨淮王梁武體彧雅性不以爲責及知莊帝踐祚彧以母老請還辭旨懇切梁武惜其人才又難違其意遣其僕射徐勉私勸彧留彧曰死猶願北況於生也梁武乃以禮遣彧性至孝自經違離不進酒肉憔悴容貌見者傷之歷位尚書令大司馬兼錄尚書莊帝追崇武宣王爲文穆皇帝廟號肅祖母李妃爲文穆皇后將遷神主於太廟以孝文爲伯考彧表諫以爲漢祖創業香街有太上之廟光武中興南頓立舂陵之寢元帝之於光武疏爲絶服猶尚身奉子道入繼太宗高祖之於聖躬親實猶子陛下既纂洪緒豈宜加伯考之名且漢宣之繼孝昭斯乃上後叔祖豈忘宗承考妣蓋以大義斯奪及金德將興宣王受寄景王意在毀晃文王心規裂冠雖祭則魏主而勤歸晉室昆之與季實傾曹氏且子元宣王冢肩文王成其大業故晉武繼文祖武宣有伯考之稱以今類古恐或非儔高祖德溢寰中道超無外肅祖雖勳格宇宙猶曾奉贄稱臣穆后稟德坤元復將配享乾位此乃君臣並筵嫂叔同室歷觀墳籍未有其事時莊帝意銳朝臣無敢言者唯彧與吏部尚書李神儁並有表聞詔報曰文穆皇帝勳格四表道邁百王是用考循舊範恭上尊號王表云漢太上於香街南頓於舂陵漢高不因瓜瓞之緒光武又無世及之德皆身受符命不由父祖別廟異寢於理何差文穆皇帝天眷人宅曆數有歸朕忝承下武遂主神器既帝業有統漢氏非倫若以昔況今不當移寢則魏太祖晉景帝雖王跡已顯皆以人臣而終豈得與餘帝別廟有闕餘敘漢郡國立廟者欲尊高祖之德使饗遍天下非關太廟神主獨在外祠薦漢宣之父亦非勳德所出雖不追尊不亦可乎伯考之名自是尊卑之稱何必準古而言非類也復云君臣同列嫂叔共室當以文穆皇帝昔遂臣道以此爲疑禮天子元子猶士禘祫豈不得同室乎且晉文景共爲一代議者云世限七主無定數昭穆既同明有共室之理禮既有祔嫂叔何嫌禮太祖禰一廟豈無婦舅共室也若專以共室爲疑容可更議遷毀莊帝既逼諸妹之請此詞意黃門侍郎常景中書侍郎邢子才所贊成也又追尊兄彭城王爲孝宣帝彧又面諫曰陛下作而不法後世何觀歷尋書籍未有其事帝不從及神主入廟復敕百官悉陪從一依乘輿之式彧上表以爲爰自中古迄於下葉崇尚君親褒明功懿乃有皇號終無帝名今若去帝直留皇名求之古義少有依準又不納尒朱榮死除彧司徒公及尒朱兆率衆奄至出東掖門爲賊所獲見兆辭色不屈爲羣胡所毆薨孝武帝末贈大將軍太師太尉公錄尚書事諡曰文穆彧美風韻善進止衣冠之下雅有容則博覽羣書不爲章句所製文藻雖多亡失猶有傳於世者然居官不能清白所進舉止於親婭爲識者所譏無子弟孝友少有時譽襲爵淮陽王累遷滄州刺史爲政溫和好行小惠不能清白而無所侵犯百姓亦以此便之魏靜帝宴齊文襄於華林園孝友因醉自譽又云陛下許賜臣能帝笑曰朕恒聞王自道清文襄曰臨淮王雅旨舍罪於是君臣俱笑而不罪孝友明於政理嘗奏表曰令制百家爲黨族二十家爲閭五家爲比隣百家之內有帥二十五徵發皆免苦樂不均羊少狼多復有蠶食此之爲弊久矣京邑諸坊或七八百家唯一里正二史庶事無闕而況外州乎請依舊置三正之名不改而百家爲於四閭閭二比計族少十二丁得十二匹貲絹略計見管之戶應二萬餘族一歲出貲絹二十四萬匹十五丁出一番兵計得一萬六千兵此富國安人之道也古諸侯娶九女士有一妻二妾晉令諸王置妾八人郡君侯妾六人官品令第一第二品有四妾第三第四有三妾第五第六有二妾第七第八有一妾所以陰教聿脩繼嗣有廣廣繼嗣孝也脩陰教禮也而聖朝忽棄此數由來漸久將相多尚公主王侯娶后族故無妾媵習以爲常婦人多幸生逢今世舉朝略是無妾天下殆皆一妻設令人強志廣娶則家道離索身事迍邅內外親知共相嗤怪凡今之人通無準節父母嫁女則教之以妬姑姊逢迎必相勸以忌持制夫爲婦德以能妬爲女工自云受人欺畏他笑我王公猶自一心以下何敢二意夫妬忌之心生則妻妾之禮廢妻妾之禮廢則姦淫之兆興斯臣之所以毒恨者也請以王公第一品娶八通妻以備九女稱事二品備七三品四品備五五品六品則一妻二妾限以一周悉令充數若不充數及待妾非禮使妻妬加捶撻免所居官其妻無子而不娶妾斯則自絶無以血食祖父請科不孝之罪離遣其妻臣之赤心義唯家國欲使吉凶無不合禮貴賤各有其宜省人帥以出兵丁立倉儲以豐穀食設賞格以禽姦盜行典令以示朝章庶使足食足兵人信之矣又冒申妻妾之數正欲使王侯將相功臣子弟苗胤滿朝傳祚無窮此臣之志也詔付有司議奏不同孝友又言今人生爲皂隸葬擬王侯存沒異途無復節制崇壯丘隴盛飾祭儀隣里相榮稱爲至孝又夫婦之始王化所先共食合瓢足以成禮而今之富者彌奢同牢之設甚於祭槃累魚成山山有林木林木之上鸞鳳斯存徒有煩勞終成委棄仰惟天意其或不然請自茲以後若婚葬過禮者以違旨論官司不加糾劾卽與同罪孝友在尹積年以法自守甚著聲稱然性無骨鯁善事權勢爲正直者所譏齊天保初準例降爵封臨淮縣公拜光祿大夫二年冬被詔入晉陽宮出與元暉業同被害昌弟孚字秀和少有令譽侍中游肇幷州刺史高聰司徒崔光等見孚咸曰此子當準的人物恨吾徒衰暮不及見耳累遷兼尚書右丞靈太后臨朝宦者干政孚乃總括古今名妃賢后凡爲四卷奏之遷左丞蠕蠕主阿那瓌既得反國其人大飢相率入塞阿那瓌上表請臺振給詔孚爲北道行臺詣彼振恤孚陳便宜表曰皮服之人未嘗粒食宜從俗因利拯其所無昔漢建武中單于款塞時轉河東米糒二萬五千斛牛羊三萬六千頭以給之斯則前代和戎撫新柔遠之長策也乞以牸牛產羊餬其口食且畜牧繁息是其所便毛血之利惠兼衣食又尚書奏云如其仍住七州隨寬置之臣謂人情戀本寧肯徙內若依臣請給振雜畜愛本重鄉必還舊土如其不然禁留益損假令逼徙事非久計何者人面獸心去留難測既易水草痾恙將多憂愁致困死亡必甚兼其餘類尚在沙磧脫出狂勃翻歸舊巢必殘掠邑里遺毒百姓亂而方塞未若杜其未萌又貿遷起於上古交易行於中世漢與胡通亦立關市今北人阻饑命懸溝壑公給之外必求市易彼若願求宜見聽許又云管大者不計小名圖遠者弗拘近利雖戎狄衰盛歷代不同叛服之情略可論討周之北伐僅獲中規漢氏外攘裁收下策昔在代京恒爲重備將師勞止甲士疲力計前世苦之力未能致今天祚大魏亂亡在彼朝廷垂天覆之恩廓大造之德鳩其散亡禮送令反宜因此時善思遠策竊以理雖萬變可以一觀來事雖懸易以往卜昔漢宣之世呼韓款塞漢遣董忠韓昌領邊郡士馬送出朔方因留衞助又光武時亦令中郎將段彬置安集掾史隨單于所在參察動靜斯皆守吉之元龜安邊之

勝策計今朝廷成功不減曩時蠕蠕國弊亦同疇日宜準昔成謀略依舊事借其所閑地聽使田牧粗置官屬示相慰撫嚴戒邊兵以見保衞馭以仁寬廉以久策使親不至矯詐疎不容叛反今北鎮諸將舊常云一人代外邏因令防察所謂天子有道守在四夷者也又云先人有奪人之心待降如受彊敵武非專外亦以防內若從處分割配諸州鎮遼遠非轉輸可到悔叛之情變起難測又居人畜業布在原野戎夷性貪見則思盜防彼肅此少兵不堪渾流之際易相干犯驅之還本未必樂去配州內徙復不肯從既其如此爲費必大朝廷不許孚持白武幡勞阿那瓌於柔玄懷荒二鎮間阿那瓌衆號三十萬陰有異意遂拘留孚載以韞車日給酪一升肉一段每集其衆坐孚東廂稱爲行臺甚加禮敬阿那瓌遂南過至舊京後遣孚等還因上表謝罪有司以孚事下廷尉丞高謙之云孚辱命處孚流罪後拜冀州刺史孚勸課農桑境內稱慈父隣州號曰神君先是州人張孟都張洪建馬潘崔獨憐張叔緒崔醜張天宜崔思哲等八人皆屯保林野不臣王命州郡號曰八王孚至皆請入城願致死効力後爲葛榮所陷爲榮所執兄祐爲防城都督兄子禮爲錄事參軍榮欲先害子禮孚請先死以贖子禮叩頭流血榮乃捨之又大集將士議其死事孚兄弟各誣己引過爭相爲死又都潘紹等數百人皆叩頭就法請活使君榮曰此魏之誠臣義士也凡同禁五百人皆得免榮卒還除冀州刺史元顥入洛授孚東道行臺彭城郡王孚封顥逆書送朝廷天子嘉之顥卒封孚萬年鄉男永安末樂器殘缺莊帝命孚監儀注孚上表曰昔太和中中書監高閭太樂令公孫崇脩造金石數十年間乃奏成功時大集儒生考其得失太常卿劉芳請別營造久而方就復召公卿量校合否論者沸騰莫有適從登被旨敕並見施用往歲大軍入洛戎馬交馳所有樂器亡失垂盡臣至太樂署問太樂令張乾龜等云承前以來置宮懸四箱栒簴六架東北架編黃鍾之磬十四雖器名黃鍾而聲實夷則考之音制不甚諧韻姑洗懸於東北太蔟編於西北蕤賓列於西南並皆器象差位調律不和又有儀鍾十四簴懸架首初不叩擊今便刪廢以從正則臣今據周禮鳧氏脩廣之規磬氏倨句之法吹律求聲叩鍾求音損除繁雜討論實錄依十二月爲十二宮各準辰次當位懸設月聲既備隨用擊奏則會還相爲宮之義又得律呂相生之體今量鍾磬之數各以十二架爲定奏可于時搢紳之士咸往觀聽靡不咨嗟歎服而反太傅錄尚書長孫承業妙解聲律特復稱善後從孝武帝入關除尚書左僕射扶風郡王尋監國史歷位司空兼尚書令太保時蠕蠕主與孚相識先請見孚然後遣女於是乃使孚行蠕蠕君臣見孚莫不懽悅奉皇后來歸孚性機辯好酒貌短而禿周文帝偏所眷顧嘗於室內置酒十瓮瓮餘一斛上皆加帽欲戲孚孚適入室見卽驚喜曰吾兄弟輩甚無禮何爲竊入王家匡坐相對宜早還宅也因持酒歸周文撫手大笑後遇風患手足不隨口不能言乃左手畫地作字乞解所任三奏不許還太傅薨帝親臨百官赴弔贈大司馬錄尚書事謚曰文簡子端嗣位大行臺尚書華州刺史性疎佷頗以基地驕物時論鄙之

廣陽王建眞君三年封楚王後改封廣陽薨謚曰簡王子石侯襲薨謚曰哀王子遺興襲薨謚曰定王無子石侯弟嘉少沈敏喜慍不形於色兼有武略孝文初拜徐州刺史甚有威惠後封廣陽王以紹建後孝文南伐詔嘉斷均口嘉違失指授令賊得免帝怒責之曰叔祖定非世孫何太不上類也及將大漸遺詔以嘉爲尚書左僕射與咸陽王禧等輔政遷司州牧嘉表請於京四面築坊三百二十各周一千二百步乞發三正復丁以充茲役雖有暫勞姦盜永止詔從之拜衞大將軍尚書令除儀同三司嘉好飲酒或沈醉在宣武前言笑自得無所顧忌帝尊年老常優容之與彭城北海高陽諸王每入宴集極懽彌夜數加賞賜帝亦時幸其第性好儀飾車服鮮華既居儀同又任端首出入容衞道路榮之後還司空轉司徒嘉好立功名有益公私多所敷奏帝雅委付之愛敬人物後來才俊未爲時知者侍坐之次轉加談引時人以此稱之薨遺命薄葬宣武悼惜之贈侍中太保謚曰懿烈嘉後妃宜都王穆壽孫女司空徒妹也聰明婦人及爲嘉妃多所匡贊光益家道子深字知遠襲爵孝明初拜肆州刺史預行恩信胡人便之劫盜止息後爲恒州刺史在州多所受納政以賄成私家有馬千匹者必取百匹以此爲恒累還殿中尚書未拜坐淫城陽王徽妃于氏爲徽表訟詔付丞相高陽王雍等宗室議決其罪以王還第及沃野鎮人破六韓拔陵反叛臨淮王彧討之失利詔深爲北道大都督受尚書令李崇節度時東道都督崔暹敗於白道深等諸軍退還朔州深上書曰邊豎構逆以成紛梗其所由來非一朝也昔皇始以移防爲重盛簡親賢擁麾作鎮配以高門子弟以死防遏不但不廢仕宦至乃偏得復除當時人物忻慕爲之及太和在歷僕射李沖當官任事凉州土人悉免廝役豐沛舊門仍防邊戍自非得罪當世莫肯與之爲伍征鎮驅使爲虞候白直一生推遷不過軍主然其往世房分留居京者得上品通官在鎮者便爲清途所隔或投彼有北以御魑魅多復逃胡鄉乃峻邊兵之格鎮人浮遊在外皆聽流兵捉之於是少年不得從師長者不得遊宦獨爲匪人言者流涕自定鼎伊洛邊任益輕唯底滯凡才出爲鎮將轉相模習專事聚斂或有諸方姦吏犯罪配邊爲之指蹤過弄官府政以賄立莫能自改咸言姦吏爲此無不切齒嘗怒及阿那瓌背恩縱掠竊奔命師追之十五萬衆度沙漠不日而還邊人見此援師便自意輕中國尚書令臣崇時卽申聞求改鎮爲州將允其願抑亦先覺朝廷未許而高闕戍主率下失和拔陵殺之爲逆命攻城掠地所見必誅王師屢北賊黨日盛此段之舉指望銷平其崔暹隻輪不反臣崇與臣逡巡復路今者相與還次雲中馬首是瞻未便西邁將士之情莫不解體今日所慮非止西北將恐諸鎮尋亦如此天下之事何易可量時不納其策東西部敕勒之叛朝議更思深言遣兼黃門侍郎酈道元爲大使欲復鎮爲州以順人望會六鎮盡叛不得施行深後上言今六鎮俱叛二部高車亦同惡黨以疲兵討之必不制敵請簡選兵或留守恒州要處更爲後圖及李崇徵還深專總戎政拔陵避蠕蠕南移度河先是別將李叔仁以拔陵來逼請求迎援深赴之前後降附二十萬人深與行臺元纂表求恒州北別立郡縣安置降戶隨宜振賚息其亂心不從詔遣黃門侍郎楊置分散之於冀定瀛三州就食深謂纂曰此輩復爲乞活矣禍亂當由此作既而鮮于脩禮叛於定州杜洛周反於幽州其餘降戶猶在恒州遂欲推深爲主深乃上書還京師令左衞將軍楊津代深爲都督以深爲侍中右衞將軍定州刺史時中山太守趙叔隆別駕崔融討賊失利臺使劉審覈未訖會賊逼中山深乃令叔隆防境審馳驅還京云深擅相放縱城陽王徽與深有隙因此構之乃徵深爲吏部尚書兼中領軍及深至都明帝不欲使徽深相憾敕因宴會令相和解徽銜不已後河間王琛等爲鮮于脩禮所敗乃除深儀同三司大都督章武王融爲左都督裴衍爲右都督並受深節度徽因奏靈太后構深曰廣陽以愛子握兵在外不可測也乃敕章武王等潛相防備融遂以敕示深深懼事無大小不敢自決靈太后聞之乃使問深意狀乃具言曰往者元叉執權移天徙日而徽託附無翼而飛今大明反政任寄唯重以徽褊心銜臣次骨臣以疎滯遠離京輦被其構阻無所不爲然臣昔不在其後自此以來翻成陵谷徽遂一歲八遷位居宰相臣乃積年淹滯有功不錄自徽執政以來非但抑臣而已北征之勳皆被擁塞將士告捷終無片賞雖爲表請多不蒙遂前留元標據乎盛樂後被重圍析骸易子倒懸一隅嬰城二載賊散之後依階乞官徽乃盤退不允所請而徐州下邳戍主賈勳法僧叛後暫被圍逼固守之勳比之未重乃得立州卽授開國天下之事其流一也功同賞異不平謂何又驃騎李崇北征之日啓募八州之人聽用關西之格及臣在後依此科賞復言北道征者不得同於關西定襄陵廟之至重平城守國之要鎭若計此而論功亦何負於秦楚但以嫉臣之故便欲望風排抑然其當途以來何直退勳而已但是隨臣征者卽便爲所嫉統軍袁叔和曾經省訴徽初言有理又聞北征隸臣爲統應時變色復令臣兄子仲顯異端訟臣緝緝翩翩謀相誹謗言臣惡者接以恩顏稱臣善者卽被嫌責甄琛曾理臣屈乃視之若仇讎徐紇頗言臣短卽待之如親戚又驃騎長史祖瑩昔在軍中妄增首級矯亂戎行蠹害軍府獲罪有司避命山澤直以謗臣之故徽乃還雪其罪臣府司馬劉敬比送降人旣到定州翻然背叛賊如決河豈其能擁且以臣府參寮不免身首異處徽旣怒遷捨其元惡及胥徒從臣行者莫不悚懼項恒州之人乞臣爲刺史徽乃斐然言不可測及降戶結謀臣頻表啓徽乃因執言此事及向定州遠彼姦惡又復論臣將有異志翻覆如此欲相陷沒致令國朝遽賜遷代賊起之由誰使然也徽旣優幸任隆一世慕勢之徒於臣何有是故餘人攝選車馬塡門及臣居邊賓遊罕至臣近比爲慮其爲梗是以孜孜乞赴京闕屬流人舉斧元戎垂翅復從後命自安無所僶俛先驅不敢辭事及臣出都行塵未滅已聞在後復生異議言臣將兒自隨證爲可疑之兆忽稱此以構亂悠悠之人復傳音響言左軍臣融右軍臣衍皆受密敕伺察臣事徽旣用心如此臣將何以自安竊以天步未夷國難猶梗方伯之任於斯爲急徽昔臨藩乃有人譽及居端右無聞焉爾今求出之爲州使得申其利用徽若外從所長臣無內慮之功脫蒙公私幸甚深以兵士頻經退散人無鬬情連營轉柵日行十里行達交津隔水而陣賊脩禮常與葛榮謀後稍信朔州人毛普賢榮常銜之普賢昔爲深統軍及在交津深傳人諭

之普賢乃有降意又使錄事參軍元晏說賊程殺鬼果相猜貳葛榮遂殺普賢脩禮而自立榮以新得大衆上下未安遂北度瀛州深便率衆北轉榮東攻章武王融戰敗於白牛邏深遂退走趨定州聞刺史楊津疑其有異志乃止於州南佛寺停二日夜乃召都督毛謐等六七人臂肩爲約危難之際期相拯恤謐疑深意異乃密告津云深謀不軌津遣謐討深深走出謐叫譟追躡深與左右行至博陵郡界逢賊遊騎乃引詣葛榮賊徒見深頗有喜者榮新自立內惡之乃害深莊帝追復王爵贈司徒公謚曰忠武子湛字士淵少有風尚孝莊初襲封孝靜初累遷冀州刺史所在聚斂風政不立入爲侍中後行司州牧時齊神武作相以湛頗有器望啓超拜太尉公薨贈假黃鉞大司馬尚書令謚曰文獻初湛名位漸重留連聲色始以婢紫光遺尚書郎中宋遊道後乃私耽出爲冀州竊而攜去遊道大致紛紜乃云紫光湛父所寵湛母遺已將致公文久乃停息論者兩非之湛弟瑾尚書祠部郎後謀殺齊文襄事泄合門伏法湛子法輪紫光所生也齊王矜湛覆滅乃啓原之復其爵土

南安王余眞君三年封吳王後改封南安王太武暴崩中常侍宗愛矯皇太后令迎立之然後發喪大赦改年爲永平余自以非次而立厚遺羣下取悅於衆爲長夜之飲聲樂不絕旬月之間帑藏空罄尤好弋獵出入無度邊方告難余不恤之百姓憤惋而余晏如也宗愛權恣日甚內外憚之余疑愛變謀奪其權愛因余祭廟夜殺余文成葬以王禮謚曰隱

論曰梟鏡爲物天實生之觀夫元紹所懷蓋亦特鍾沴氣平陽以降並多夭促英才武略未顯高年竫簡二王爲時稱首鑒旣有聲渾亦見器胥繼荷遇太和之日名位豈妄及哉又階緣寵私遂亂天下殺身全祀固爲幸焉樂平樂安俱以將領自効竟以憂迫而逝驍克終之爲鮮莊王才力智謀一時之傑與夫建寧新興不同日也太武之子秦晉才賢而翰之遇酷倚伏豈可量矣臨淮之後或爲盛德廣陽之世嘉實爲美深之鬪惡於元徽所謂盜憎之義余之見殺不其曉歟

北史卷十六考證

京兆王黎傳又自知不法恐被廢黜○自知監本訛知自今改從南本

求出家於嵩山閑居寺○閑監本訛閉今改從南本

永昌王健傳復降沮渠無疾薨○沮渠下魏書有無諱二字

臨淮王譚傳請依舊置三正之名不改而百家爲於四閭○魏書無於字

蠕蠕主阿那瓌旣得反國○瓌監本訛環今改從南本

廣陽王建傳銜臣次骨○次魏書作切應改從之

北史卷十七

唐　李延壽　撰

列傳第五

景穆十二王上

景穆皇帝十四男恭皇后生文成皇帝袁椒房生陽平幽王新成尉椒房生京兆康王子推濟陰王小新成陽椒房生汝陰靈王天賜樂良厲王萬壽廣平殤王洛侯母並闕孟椒房生任城康王雲劉椒房生南安惠王楨城陽康王長壽慕容椒房生章武敬王太洛尉椒房生樂陵康王胡兒孟椒房生安定靖王休趙王深早薨無傳母闕魏舊太子後庭未有位號文成卽位景穆宮人有子者並號爲椒房

陽平王新成太安三年封後爲內都大官薨謚曰幽長子安壽襲爵孝文後賜名頤累遷懷朔鎭大將都督三道諸軍事北討詔徵赴京師以戰伐之事對曰當仰仗廟算使呼韓同渭橋之禮帝歎曰壯哉王言朕所望也未發遭母憂詔遣侍臣以金革敦喻旣殯而發與陸叡集三道諸將議軍途所詣於是中道出黑山東道趣士盧河西道向侯延河軍過大磧大破蠕蠕頤入朝詔曰王之前言果不虛也後除朔州刺史及恒州刺史穆泰謀反遣使推頤爲主頤密以狀聞泰等伏誅帝甚嘉之宣武景明年薨於青州刺史謚曰莊王傳國至孫宗胄明帝時坐殺叔父賜死爵除頤弟衍字安樂賜爵廣陵侯位梁州刺史表請假王以崇威重詔曰可謂無厭求也所請不合轉徐州刺史至州病重帝敕徐成伯乘傳療疾差成伯還帝曰卿定名醫賚絹三千疋成伯辭請受一千帝曰詩云人之云亾邦國殄瘁以是而言豈惟三千疋乎其爲帝所重如此後所生母雷氏卒表請解州詔曰先君餘尊之所厭禮之明文季末陵遲斯典或廢侯旣親王之子宜從餘尊之義便可大功後卒於雍州刺史謚曰康侯衍性清愼所在廉潔又不營產業歷牧四州皆有稱績亾日無斂屍具子暢字叔暢從孝武帝入關拜鴻臚封博陵王大統三年東討沒於陣子敏嗜酒多費家爲之貧其壻柱國乙弗貴大將軍大利稽祐家貲皆千萬每營給之敏隨卽散盡而帝不之責貴祐後遂絕之位儀同三司改封南武縣公暢弟融字叔融貌甚短陋驍武過人莊帝謀殺尒朱榮以融爲直閤將軍及尒朱兆入洛融逃人間後從孝武入關封魏興王位侍郞殿中尚書

衍弟欽字思若位中書監尚書右僕射儀同三司欽色尤黑故時人號爲黑面僕射欽淫從兄麗妻崔氏爲御史中尉封回劾奏遇赦免尋除司州牧欽少好學早有令譽時人語曰皇宗略略壽安思若及晚年貴重不能有所匡益論者輕之欽曾託青州人高僧壽爲子求師師至未幾逃去欽以讓僧壽僧壽性滑稽反謂欽曰凡人絕粒七日乃死始經五朝便爾逃遁去食就信實有所闕欽乃大慙於是待客稍厚後除司空公封鉅平縣公於河陰遇害贈假黃鉞太師太尉公子子孝字季業早有令譽年八歲司徒崔光見而異之曰後生領袖必此人也孝武帝入關不及從駕後赴長安封義陽王子孝美容儀善笑謔好酒愛士縉紳歸之賓客常滿終日無倦性又寬慈敦睦親族乃置學館於私第集羣從弟子晝夜講讀并給衣食與諸子同後歷尚書令柱國大將軍子孝以國運漸移深自貶晦日夜縱酒後例降爲公復姓拓拔氏未幾卒子贇襲

京兆王子推太安五年封位侍中征南大將軍長安鎭大將子推性沉雅善於綏接秦雍之人服其威惠入爲中都大官察獄有稱獻文將禪位於子推以大臣固諫乃傳孝文孝文卽位拜侍中大將軍開府儀同三司青州刺史未至道薨子太興襲拜長安鎭大將以贖貨削除官爵後除秘書監還復前爵改封西河轉守衛尉卿初太興遇患請諸沙門行道所有資財一時布施乞求病愈名曰散生齋及齋後僧皆四散有一沙門方云乞齋餘食太興戲之曰齋食旣盡唯有酒肉沙門曰亦能食之因出酒一斗羊脚一隻食盡猶言不飽及辭出後酒肉俱在出門追之無所見太興遂佛前乞願向者之師當非俗人若此病得差卽捨王爵入道未幾便愈遂請爲沙門表十餘上乃見許時孝文南討在軍詔皇太子於四月八日爲之下髮施帛二千疋旣爲沙門名僧懿居嵩山太和二十二年終子昴字伯暉襲薨昴子悰字魏慶襲孝靜時累遷太尉錄尚書事司州牧青州刺史薨於州贈假黃鉞太傅司徒公謚曰文悰寬和有度量美容貌風望儼然得喪之間不見於色性清儉不營產業身死之日家無餘財昴弟仲景性嚴峭孝莊時兼御史中尉京師肅然每向臺恒駕赤牛時人號赤牛中尉太昌初爲河南尹奉法無私時吏部尚書樊子鵠部下縱橫又爲盜竊仲景密加收捕悉獲之咸卽行決於是豪貴寒心孝武帝將入關授仲景中軍大都督留京師齊神武欲至洛陽仲景遂棄妻子追駕至長安仍除尚書右僕射封順陽王仲景旣失妻子乃娶故尒朱天光妻也列氏本倡女有美色仲景甚重之經數年前妻叔袁紇氏自洛陽間行至也列遂徙居異宅久之有奸事露詔仲景殺之仲景寵情愈至謬殺一婢蒙其屍而厚葬以代焉列徙於密處人莫知其詐仲景三子濟鍾奉叔袁紇氏生也皆以宗室早歷清官仲景以列尚在恐妻子漏之乃謀殺袁紇紇先覺復欲陰害列列謂從奴曰若袁紇殺我我必投我廁中我告丞相冀或不死若不理首愆猶埋我好地爾爲我告之奴遂告周文帝周文依奏詔笞仲景一百免右僕射以王歸第也列以自告而逐之仲景猶私不已又有告者詔重笞一百付宗正官爵盡除仲景仍通焉後周文帝以其歷任有令名且杖策追駕乃奏復官爵也列袁紇於是同居大統五年除幽州刺史仲景多內亂後就州賜死仲景弟暹字叔照孝莊初除南兗州刺史在州猛暴多所殺害元顥入洛暹據州不屈莊帝還宮封汝陽王累遷秦州刺史先秦州城人屢爲反覆暹盡誅之存者十一二普泰元年除涼州刺史貪暴無極欲規府人及商胡富人財物詐一臺符誑諸豪等云欲加賞一時屠戮所有資財生口悉沒自入孝靜時位侍中錄尚書事薨贈太師錄尚書子沖襲無子國絕太興弟遙字太原有器望以左衞將軍從孝文南征賜爵饒陽男宣武初遭所生母憂表請解任詔以餘尊所厭不許明帝初累遷左光祿大夫仍領護軍時冀州沙門法慶旣爲祆幻遂說勃海人李歸伯歸伯合家從之招率鄉人推法慶爲主法慶以歸伯爲十住菩薩平魔軍司定漢王自號大乘殺一人者爲一住菩薩殺十人者爲十住菩薩又合狂藥令人服之父子兄弟不相知識唯以殺害爲事刺史蕭寶夤遣兼長史崔伯驎討之敗於煮棗城伯驎戰沒凶衆遂盛所在屠滅寺舍斬戮僧尼焚燒經像云新佛出世除去衆魔詔以遙爲使持節都督北征諸軍事討破之禽法

慶并其妻尼惠暉等斬法慶傳首京師戮於都市初遙大功昆弟皆是景穆之孫至明帝而本服絕故除遙等屬籍遙表曰竊聞聖人所以南面而聽天下其不可得變革者則親也尊也四世而緦服窮五世而袒免六世而親屬竭矣去茲以往猶繫之以姓而弗別綴之以食而弗殊又律云議親者非唯當世之屬親歷謂先帝之五世謹尋斯旨將以廣帝宗重磐石先皇所以變茲事條爲此別制者太和之季方有意於吳蜀經始之費慮深在初割減之起暫出當時也且臨淮王提分屬籍之始高祖賜帛三千疋所以重分離樂良王長命亦賜繼二千疋所以存慈眷此皆先朝殷勤克念不得已而然者也古人有言百足之蟲至死不僵者以其輔已者衆臣誠不欲妄親太階苟求潤屋但傷大宗一分則天子屬籍不過十數人而已在漢諸王之子不限多少皆列土而封謂之曰侯至於魏晉莫不廣胙河山稱之曰公者蓋惡其大宗之不固骨肉之恩疎矣臣去皇上雖是五世之遠於先帝便是天子之孫高祖所以國秩祿賦復給衣食后族唯給其賦不與衣食者欲以別外內限異同也今諸廟之感在心未忘行道之悲儵然已及其諸封者身亾之日三年服終然後改奪今朝廷猶在遏密之中便議此事實用未安詔付尚書博議以聞尚書令任城王澄尚書左僕射元暉奏同遙表靈太后不從卒謚曰宣公遙弟恒字景安粗涉書史恒以春秋之義爲名不以山川表求改名芝歷位太常卿中書監侍中後於河陰遇害贈太傅司徒公謚曰宣穆公

濟陰王小新成和平二年封頗有武畧庫莫奚侵擾詔新成討之新成乃多爲毒酒賊逼便棄營而去賊至競飲遂簡輕騎縱擊俘馘甚多後位外都大官薨贈大將軍謚曰惠公子鬱字伏生襲位開府爲徐州刺史以黷貨賜死國除長子弼字邕明剛正有文學位中散大夫以世嫡應襲先爵爲季父尚書僕射麗因于氏親寵遂奪弼王爵橫授同母兄子誕於是弼絕棄人事託疾還私第宣武徵爲侍中弼上表固讓入嵩山以穴爲室布衣蔬食卒建義元年子暉業訴復王爵永安三年追贈尚書令司徒公謚曰文獻初弼嘗夢人謂之曰君身不得傳世封其紹先爵者君長子紹遠也弼覺即語暉業終如其言暉業少險薄多與寇盜交通長乃變節涉子史亦頗屬文而慷慨有志節歷位司空太尉加特進領中書監錄尚書事齊文襄嘗問之曰比何所披覽對曰數尋伊霍之傳不讀曹馬之書暉業以時運漸謝不復圖全唯事飲啗一日三羊三日一犢又嘗賦詩云昔居王道泰濟濟富羣英今逢世路阻狐兎鬱縱橫齊初降封美陽縣公開府儀同三司特進暉業之在晉陽也無所交通居常閑暇乃撰魏藩王家世號爲辨宗錄四十卷行於世位望隆重又以性氣不倫每被猜忌天保二年從駕至晉陽於宮門外罵元韶曰爾不及一老嫗背負璽與人何不打碎之我出此言知即死然爾亦詎得幾時文宣聞而殺之并斬臨淮公孝友孝友臨刑驚惶失措暉業神色自若仍鑿冰沉其屍暉業弟昭業頗有學尚位諫議大夫莊帝將幸洛南昭業立於閶闔門外叩馬諫帝避之而過後勞勉之位給事黃門侍郎衞將軍右光祿大夫卒謚曰文侯鬱弟偃位大中大夫子誕字曇首初誕伯父鬱以貪汙賜死爵除詔以誕偃正妃子立爲嫡孫特聽紹封累遷齊州刺史在州貪暴大爲人患牛馬騾驢無不逼奪家之奴隸悉迫取良人爲婦有沙門爲誕採藥還見誕問外消息對曰唯聞王貪願王早代誕曰齊州七萬家吾至來一家未得三十錢何得言貪後爲御史中尉元纂所糾會赦免薨謚靜王子撫字伯懿襲莊帝初爲從兄暉業訴奪王爵偃弟麗字寶掌位兼宗正卿右衞將軍遷光祿勳宗正右衞如故時秦州屠各王法智推州主簿呂苟兒爲主號建明元年置立百官攻逼州郡涇州人陳瞻亦聚衆自稱王號聖明元年以麗爲使持節都督與楊椿討之苟兒率衆十餘萬屯孤山別據諸險圍逼州城麗出擊大破之便進軍永洛賊徒逆戰麗夜擊走之行秦州事李韶破苟兒于孤山乘勝追掩獲其父母妻子諸城之圍亦悉奔散苟兒率其王公三十餘人詣麗請罪麗因平賊之勢枉掠良善七百餘人宣武嘉其功詔有司不聽追檢拜雍州刺史爲政嚴酷吏人患之其妻崔氏誕一男麗遂出州獄囚死及徒流案未申臺者一時放免遷冀州刺史入爲尚書左僕射帝問曰聞公在州殺戮無理枉濫非一又大殺道人對曰臣在冀州可殺道人二百許人亦復何多帝曰一物不得其所若納諸隍況殺道人二百而言不多麗脫冠謝賜坐卒謚曰威子顯和少有節操歷司徒記室參軍司徒崔光每見之曰元參軍風流清秀容止閑雅乃宰相之器除徐州安東府長史刺史元法僧叛顯和與戰被禽執手命與連坐顯和曰顯和與阿翁同源別泒皆是磐石之宗一朝以地外叛若遇董狐能無慙德遂不肯坐法僧猶欲慰喻顯和曰乃可死作惡鬼不能生爲叛臣及將殺之神色自若建義初贈秦州刺史

汝陰王天賜和平三年封後爲內都大官孝文初殿中尚書胡莫寒簡西部敕勒豪富兼丁者爲殿中武士而大治財貨衆怒殺莫寒及高平假鎮將奚陵於是諸部敕勒悉叛詔天賜與給事中羅雲討之前鋒敕勒詐降雲信之副將元伏曰敕勒色動恐有變今不設備將爲所圖雲不從敕勒襲殺雲天賜僅得自全累遷懷朔鎮大將坐貪殘恕死削除官爵卒孝文哭於思政觀贈本爵葬從王禮謚曰靈王子逞字萬安卒於齊州刺史謚曰威逞子慶和東豫州刺史爲梁將所攻舉城降之梁武以爲北道總督魏王至項城朝廷出師討之望風退走梁武責之曰言同百舌膽若鼷鼠遂徙合浦逞弟汎字普安自元士稍遷營州刺史性貪殘人不堪命相率逐之汎走平州後除光祿大夫宗正卿封東燕縣男於河陰遇害汎弟修義字壽安頗有文才自元士稍遷齊州刺史修義以齊州頻喪刺史累表固辭詔不許聽隨便立解宇修義乃移東城爲政寬和遷秦州刺史明帝初表陳庶人禧庶人愉等請宥前愆賜葬陵域靈太后詔曰收葬之恩事由上旨藩岳何得越職干陳在州多受納累遷吏部尚書及在銓衡唯事貨賄授官大小皆有定價時中散大夫高居者有旨先敘上黨郡缺居遂求之修義私已許人抑居不與居大言不遜修義命左左牽曳之居對大衆呼天唱賊人問居曰白日公庭安得有賊居指修義曰此坐上者違天子明詔物多者得官京師白劫此非大賊乎修義失色居行罵而出後欲邀車駕論修義罪狀左僕射蕭寶寅喻之乃止二秦反假修義兼尚書右僕射西道行臺行秦州事爲諸軍節度修義性好酒每飲連日遂遇風病神明昏喪雖至長安竟無部分之益元志敗沒賊東至黑水更遣蕭寶寅討之以修義爲雍州刺史卒於州贈司空謚曰文子均位給事黃門侍郎後入西魏封安昌王位開府儀同三司薨贈司空謚曰平子則字孝規襲爵位義州刺史仕周爲少冢宰江陵總管子文都性梗直仕周爲右侍上士隋開皇初授內史舍人煬帝即位累遷御史大夫坐事免未幾授太府卿甚有當時譽大業十三年帝幸江都宮詔文都與段達皇甫無逸韋津等同爲東都留守帝崩文都與達津等共推越王侗爲帝侗署文都爲內史令開府儀同三司光祿大夫左驍衞大將軍攝右翊衞將軍魯國公既而宇文化及立秦王浩爲帝擁兵至彭城所在響震文都諷侗遣使通於李密密乃請降因授官爵禮其使甚厚王世充不悅文都知之陰有誅世充計侗以文都領御史大夫世充固執而止盧楚說文都誅之文都遂懷奏入殿有人以告世充世充馳還含嘉城至夜難作攻東太陽門而入拜於紫微觀下曰請斬文都歸罪司寇侗見兵勢盛遣其所署將軍黃桃樹執文都以出文都顧謂侗曰臣今朝亾陛下亦當夕及侗慟哭遣之左右莫不憫默出至興教門世充令左右亂斬之諸子並見害則弟矩字孝矩西魏時襲祖爵始平縣公拜南豐州刺史時見元氏將危陰謂昆季曰宇文之心路人所見顛而不扶焉用宗子爲兄則所遏乃止後周文爲兄子晉公護娶其妹爲妻情好甚密及護誅坐徙蜀後拜司憲大夫隋文帝重其門地娶其女爲房陵王妃及爲丞相拜少冢宰位柱國賜爵洵陽郡公及房陵立爲皇太子立其女爲皇太子妃親禮彌厚拜壽州總管時陳將任蠻奴等屢寇江北復以孝矩領行軍總管屯兵江上後以年老上表乞骸骨轉涇州刺史卒于官謚曰簡子無竭嗣矩次弟雅字孝方有文武幹用開皇中歷左領左右將軍集沁二州刺史封順陽郡公雅弟褒字孝整少有成人量年十歲而孤爲諸兄所愛養善事諸兄諸兄議欲別居褒泣諫不從家素富多金寶褒一無所受脫身而出仕周位開府北平縣公趙州刺史從韋孝寬平尉遲迥以功拜柱國進封河間郡公隋開皇中拜原州總管有商人爲賊劫其人疑同宿者而執之褒察其色寃而辭正遂捨之商人詣闕訟褒受金縱賊隋文帝遣窮之使者薄責褒何故利金而捨盜褒引咎無異辭使者與褒俱詣京師遂坐免官其盜尋發他所上謂曰何至自誣褒曰臣受委一州不能息盜臣罪一也百姓爲人所謗不付法司懸即放免臣罪二也無顧形迹至令爲物所疑臣罪三也臣有三罪何所逃責臣又不言受賂使者復將有所窮究然則縲紲横及良善重臣之罪是以自誣上歎異之稱爲長者煬帝即位拜齊郡太守及遼東之役郡官督事者前後相屬有西曹掾當行詐疾褒杖之掾大言曰我將詣行在所欲有所告褒大怒因杖百餘數日死坐免官卒於家

樂良王萬壽和平三年封拜征東大將軍鎮和龍性貪暴徵還道憂薨謚曰厲王子康王樂平襲薨子長命襲坐殺人賜死國除子忠明帝時復前爵位太常少卿孝武帝汎舟天泉池命宗室諸王陪宴忠愚而無智性好衣服遂著紅羅襦繡作領碧紬袴錦爲緣帝謂曰朝廷衣冠應有常式何爲著百戲衣忠曰臣少來所愛情存

綺羅歌衣儛服是臣所願帝曰人之無良乃至此乎

廣平王洛侯和平二年封薨謚曰殤無子後以陽平幽王第五子匡後之匡字建扶性耿介有氣節孝文器之謂曰叔父必能儀形社稷匡輔朕躬今可改名爲匡以成克終之美宣武即位累遷給事黃門侍郎茹皓始有寵百僚微憚之帝曾於山陵還詔匡陪乘又命皓登車皓褰裳將上匡諫帝推之令下皓恨匡失色當時壯其忠謇宣武親政除肆州刺史匡既忤皓懼爲所害廉慎自修甚有聲績遷恒州刺史徵爲大宗正卿河南邑中正匡奏親王及始蕃二蕃王妻悉有妃號而三蕃以下皆謂之妻上不得同爲妃名而下不及五品以上有命婦之號竊以爲疑詔曰夫貴於朝妻榮於室婦女無定升從其夫三蕃既啓王封妃名亦宜同等妻者齊也理與己齊可從妃例自是三蕃王妻名號始定後除度支尚書匡表引樂陵章武之例求紹洛侯封詔付尚書議尚書奏聽襲封以明興絕之義時宣武委政於高肇宗室傾憚唯匡與肇抗衡先自造棺置於聽事意欲輿棺詣闕論肇罪惡自殺切諫肇聞而惡之後因與大常卿劉芳議爭權量遂與肇聲色御史中尉王顯奏匡曰自金行失御羣僞競興禮壞樂崩彝倫攸斁高祖孝文皇帝以睿聖統天克復舊典乃命故中書監高閭廣旌儒林推尋樂府以黍裁寸將均周漢舊章屬雲構中遷尚未云就高祖睿思玄深參考經記以一黍之大用成分體準之爲尺宣布施行暨正始中故太樂令公孫崇輒自立意以黍十二爲寸別造尺度定律刊鍾皆向成訖表求觀試時敕太常卿臣芳以崇造既成請集朝英議其得否芳疑崇尺度與先朝不同察其作者於經史復異推造鮮據非所宜行時尚書令臣肇清河王懌等以崇造乖謬與周禮不同遂奏臣芳依周禮更造成訖量校從其善者而芳以先朝尺度事合古典乃依前詔書以黍刊寸並呈朝廷用裁金石於時議者多云芳是唯黃門侍郎臣孫惠蔚與崇扶同二途參差頻經考議而尚書令臣肇以芳造崇物故之後而惠蔚亦造一尺仍云扶以比崇尺自相乖背量省二三謂芳一尺爲得而尚書臣匡表云劉孫二尺長短相傾稽考兩律所容殊異言取中黍校彼二家云並參差抑中無所自立一途請求議判當時議者或是於匡兩途舛駁未即時定肇又云權斛斗尺班行已久今者所論豈踰先旨宜仰依先朝故尺爲定自爾以後而匡與肇厲言都坐聲色相加高下失其常倫喧競無復彝序匡更表列據已十是云芳十非又云肇前被敕旨共芳營督規立鍾石之名希播制作之譽乃憑樞衡之尊藉舅氏之勢與奪任心臧否自己阿黨劉芳過絕臣事望勢雷同者接以恩言依經案古者即被怒責雖未指鹿化馬移天徙日實使蘊藉之士聳氣坐端懷道之夫結舌筵次又言芳昔與崇競恬言自作今共臣論忽稱先朝豈不前謂可行輒欲自取後知錯謬便推先朝殊非大臣之體深失爲下之義復考校勢臣之前量度偏頗之手臣必刖足內朝抱璞人外謇言肆意彰於朝野然臣職當出納獻替所在斗尺權度正是所司若已有所見能緘臧否宜應首唱義端早辨諸惑何故默心隨從不關一言見芳成事方出此語計芳才學與匡殊懸所見淺深不應相匹今乃始發恐此由心借智於人規成虛譽況匡表云所據銅權形如古誌明是漢作非莽別造及案權銘黃帝始祖德布於虞虞帝始祖德布於新若莽佐漢時事寧有銘僞新之號哉又尋莽傳云莽居攝即變漢制度考校二證非漢權明矣復云芳之所造又短先朝之尺臣既比之權然相合更云芳尺與千金堰不同臣復量比因見其異二三浮濫難可據準又云共搆虛端妄爲疑似託以先朝云非己製臣案此欺詐乃在於匡不在於芳何以言之芳先被敕專造鍾律管籥優劣是其所裁權斛尺度本非其事比前門下索芳尺度而芳牒報云依先朝所班新尺復應下黍更不增損爲造鍾律調正分寸而已檢匡造時在牒後一歲芳於爾日匡未共爭已有此牒豈爲詐也計崇造寸積黍十二羣情共知而芳造寸唯止十黍亦俱見先朝詔書以黍成寸首尾歷然寧有輒欲自取之理肇任居端右百寮是望言行動靜必副具瞻若恃權阿黨詐託先詔將指鹿化馬徙日移天即是魏之趙高何以宰物肇若無此匡既誣毀宰相訕謗時政阻惑朝聽不敬至甚請以肇匡並禁尚書推窮其原付廷尉定罪詔曰可有司奏匡誣肇處匡死刑宣武恕死降爲光祿大夫又兼宗正卿出爲兗州刺史匡臨發帝引見於東堂勞勉之匡猶以尺度金石之事國之大經前雖爲南臺所彈然猶許更議若議之日願聽臣暫赴帝曰劉芳學高一時深明典故其所據者與先朝尺乃寸過一黍何得復云先朝之意也兗州既所執不經後議之日何待赴都也明帝初入爲御史中尉匡嚴於彈糾始奏于忠次彈高聰等免官靈太后並不許違其糾惡之心又慮匡辭解欲奬安之進號安南將軍後加鎮東將軍匡屢請更權衡不已於是詔曰謹權審度自昔令典定章革曆往代良規匡宗室賢亮留心既久可令更集儒貴以時驗決必務權衡得衷令寸籥不舛又詔曰故廣平殤王洛侯體自恭宗茂年薨殞國除祀廢不祀忽諸匡親同若子私繼久歲宜樹維城永茲磐石可特襲王爵封東平郡王匡所制尺度訖請集朝士議定是非詔付門下尚書三府九列議定以聞太師高陽王雍等議以爲晉中書監荀勗所造之尺與高祖所定毫釐畧同侍中崔光得古象尺於時亦準議令施用仰惟孝文皇帝德邁前王叡明下燭不刊之式事難變改臣等參論請停匡議永遵先皇之制詔從之匡每有奏請尚書令任城王澄時致執奪匡剛隘內遂不平先所造棺猶在僧寺乃復修事將與澄相攻澄頗知之後將赴省與匡逢遇騶卒相撾朝野駭愕澄因是奏匡罪狀三十餘條廷尉處以死刑詔付八議特加原宥削爵除官三公郎中辛雄奏理之後特除平州刺史徙青州刺史尋爲關右都督兼尚書行臺遇疾還京孝昌初卒謚曰文貞後追復本爵改封濟南王第四子獻襲薨子祖育襲武定初墜馬薨子勸又襲齊受禪爵例降

北史卷十七考證

陽平王新成傳季末陵遲斯典或廢○末監本訛朱今改從魏書

行弟欽傳時人語曰皇宗畧畧壽安思若○監本畧畧下衍畧字今從魏書刪去

京兆王子推傳入爲中都大官○官監本訛宜今改從南本

其不可得變革者則親也尊也○可監本訛有今改從魏書

濟陰王小新成傳荀兒率衆十餘萬屯孤山○孤監本訛狐今從魏書及下文李韶破荀兒于孤山句改正之

汝陰王天賜傳隋開皇初○隋監本訛隨今改正

廣平王洛侯傳始奏于忠次彈高聰等○于監本訛於今改正

北史卷十八

唐　李延壽　撰

列傳第六

景穆十二王下

任城王雲和平五年封少聰慧年五歲景穆崩號哭不絕聲太武抱之泣曰汝何知而有成人意也獻文時拜都督中外諸軍事中都大官聽訟甚收時譽及獻文欲禪位於京兆王子推王公卿士莫敢先言雲進曰父子相傳久矣皇魏未之有革太尉源賀又進以爲不可願思任城之言東陽公元丕等進曰皇太子雖聖德夙彰然實沖幼陛下欲隆獨善其若宗廟何帝曰儲宮正統羣公相之有何不可於是傳位孝文後蠕蠕犯塞雲爲中軍大都督從獻文討之過大磧雲曰夷狄之馬初不見武頭楯若令此楯在前破之必矣帝從之命敕勒首領執手勞遣之於是相率而歌方駕而前大破之獲其兇首後仇池氐反又命雲討平之除開府徐州刺史雲以太妃蓋氏薨表求解任獻文不許雲悲號動疾乃許之性善撫接深得徐方之心爲百姓所追戀送遺錢貨一無所受再遷冀州刺史甚得下情於是合州請戶輸絹五尺粟五升以報雲恩孝文嘉之詔宣告天下使知勸勵遷長安鎮都大將雍州刺史雲廉謹自修留心庶獄挫抑豪強劫盜止息州人頌之者千餘人太和五年薨於州遺令薄葬勿受贈襚諸子奉遵其旨謚曰康陪葬雲中之金陵長子澄字道鏡少好學美鬚髮善舉止言辭清辯響若縣鍾康王薨居喪以孝聞襲封加征北大將軍以氐羌反叛除征南大將軍梁州刺史文明太后引見誡厲之顧謂中書令李沖曰此兒風神吐發當爲宗室領袖是行當不辱命我不妄談也澄至州誘導懷附西南款順加侍中賜衣一襲乘黃馬一匹以旌其能轉開府徐州刺史甚著聲績朝京師引見於皇信堂孝文詔澄曰昔鄭子產鑄刑書而晉叔向非之此二人皆賢士得失竟誰對曰鄭國寡弱攝於強鄰人情去就非刑莫制故鑄刑書以示威雖乖古式合今權道帝方革變深善其對笑曰任城當欲爲魏子產也朕方創改朝制當與任城共萬世之功後徵爲中書令改授尚書令齊庾蓽來朝見澄音韻遒雅風儀秀逸謂主客郎張彝曰往魏任城以武著稱今魏任城乃以文見美也時詔延四廟之子下逮玄孫之胄申宗宴於皇信堂不以爵秩爲列悉序昭穆爲次用家人之禮帝曰行禮已畢欲令宗室各言其志可率賦詩特命澄爲七言連韻與

孝文往復賭賽遂至極歡際夜乃罷後帝外示南討意在謀遷齊於明堂左个詔太常卿王諶親令龜卜易筮南伐之事其兆遇革澄進曰易言革者更也將欲革君臣之命湯武得之爲吉陛下帝有天下今日卜征不得云革命未可全爲吉也帝厲聲曰此象云大人武變何言不吉也車駕還宮便召澄未及升階遙謂曰向者之革今更欲論之明堂之忿懼衆人競言沮我大計故厲色怖文武耳乃獨謂澄曰國家興自北土徙居平城雖富有四海文軌未一此間用武之地非可興文崤函帝宅河洛王里因茲大舉光宅中原任城意以爲何如澄深贊成其事帝曰任城便是我之子房加撫軍大將軍太子少保又兼尚書左僕射及車駕幸洛陽定遷都之策詔澄馳驛向北問彼百司論擇可否曰近論革今眞所謂革也澄既至代都衆聞遷詔莫不驚駭澄援引今古徐以曉之衆乃開伏遂南馳還報會車駕於滑臺帝大悅曰若非任城朕事業不得就也從幸鄴宮除吏部尚書及車駕自代北巡留澄銓簡舊臣初魏自公侯以下動有萬數冗散無事澄品爲三等量其優劣盡其能否之用咸無怨者駕還洛陽復兼右僕射帝至北芒遂幸洪池命澄侍升龍舟帝曰朕昨夜夢一老公拜立路左云晉侍中嵇紹故此奉迎神爽卑懼似有求焉澄曰陛下經殷墟而弔比干至洛陽而遺嵇紹當是希恩而感夢帝曰朕既有此夢或如任城所言於是求其兆域遣使弔祭焉齊明帝既廢弒自立其雍州刺史曹武請以襄陽內附車駕將自赴之引澄及咸陽王禧彭城王勰司徒馮誕司空穆亮鎮南李沖等議之禧等或云宜行或言宜止帝曰衆人意見不等宜有客主共相起發任城與鎮南爲應留之議朕當爲宜行之論諸公坐聽長者從之於是帝往復數交駕遂南征不從澄及李沖等言後從征至縣瓠以疾篤還京車駕還洛引見王公侍臣於清徽堂帝曰此堂成來未與王公行宴樂之禮今與諸賢欲無高而不升無小而不入因之流化渠帝曰此曲水者取乾道曲成萬物無滯次之洗煩池帝曰此池亦有嘉魚澄曰所謂魚在在藻有頒其首帝曰且取王在靈沼於牣魚躍次之觀德殿帝曰射以觀德故遂命之次之凝閑堂帝曰此堂取夫子閑居之義不可縱奢以忘儉自安以忘危故此堂後作茅茨堂謂李沖曰此東曰步元廡西曰遊凱廡此坐雖無唐堯之君卿等當無愧於元凱沖對曰臣既遭唐堯之君敢辭元凱之譽帝曰光景垂落朕同宗有載考之義卿等將出何

得默爾德音卽命黃門侍郎崔光郭祚通直郎邢巒崔休等賦詩言志燭至公卿辭退李沖再拜上千萬歲壽帝曰卿等以燭至致辭復獻於萬壽朕報卿以南山之詩乃曰燭至辭退庶姓之禮在夜載考宗族之義卿等且還朕與諸王宗室欲成此夜飲後坐公事免官尋兼吏部尚書恆州刺史穆泰在州謀反授澄節銅武竹使符御仗左右仍行恆州事行達鴈門遣書侍御史李煥先赴至卽禽泰窮其黨與罪人皆得鉅鹿公陸叡安樂侯元隆等百餘人並獄禁具狀表聞帝覽表乃大悅曰我任城可謂社稷臣正復臯陶斷獄豈能過之顧咸陽王等曰汝等脫當其處不能辦此也車駕尋幸平城勞澄引見逆徒無一人稱枉時人莫不歎之帝謂左右曰必也無訟今日見之以澄正尚書車駕南伐留澄居守復兼右僕射澄表請以國秩一歲租帛助供軍資詔受其半帝復幸鄴見公卿曰朕昨入城見車上婦人冠帽而著小襦襖者尚書何爲不察澄曰著者猶少帝曰任城欲令全著乎一言可以喪邦其斯之謂可命史官書之又曰王者不降佐於蒼昊拔才而用之朕失於舉人任一羣婦女輩當更銓簡耳任城在省爲舉天下綱維爲當署事而已澄曰臣實署事而已帝曰如此便一令史足矣何待任城尋除尚書左僕射從駕南伐孝文崩受顧命宣武初有降人嚴叔懋告尚書令王肅遣孔思達潛通齊國爲叛逆澄信之乃表肅將叛輒下禁止咸陽北海二王奏澄擅禁宰輔免官還第尋除開府揚州刺史下車封孫叔敖之墓毀蔣子文之廟上表請修復皇宗之學開四門之教詔從之先是朝議有南伐之計以蕭寶寅爲東揚州刺史據東城陳伯之爲江州刺史戍陽石以澄總督二鎮授之節度澄於是遣統軍傅豎眼王神念等進次大峴東關九山淮陵皆分部諸將倍道據之澄總勒大衆絡驛相接所在克捷詔書褒美既而遇雨淮水暴長澄引歸壽春還既狼狽失兵四千餘人澄頻表解州帝不許有司奏奪其開府又降三階轉鎮北大將軍定州刺史初百姓每有橫調恆煩苦之前後牧守未能蠲除澄多所省減又明黜陟賞罰之法表減公園之地以給無業貧人布絹不任衣者禁不聽造百姓欣賴焉母孟太妃薨居喪過毀當世稱之服闋除太子太保時高肇當朝猜忌賢戚澄爲肇間構常恐不全乃終日昏飲以示荒敗所作詭越時謂爲狂宣武夜崩時事倉卒高肇擁兵於外明帝沖幼朝野不安澄雖疎斥而朝望所屬領軍于忠侍中崔光等奏澄爲尚書

令於是衆心欣服尋遷司空加侍中俄詔領尚書令澄表上皇誥宗制并訓詁各一卷欲太后覽之思勸誡之益又奏利國濟人所宜振舉者十條一曰律度量衡公私不同所宜一之二曰宜興學校以明黜陟之法三曰宜興滅繼絕各舉所知四曰五調之外一不煩人任人之力不過三日五曰臨人之官皆須黜陟以旌賞罰六曰逃亾代輸去來年久者若非伎作任聽卽往七曰邊兵逃走或實陷沒皆須精檢三長及近親若實隱之徵其代輸不隱勿論八曰工商世業之戶復徵租調無以堪濟今請免之使專其業九曰三長禁姦不得隔越相領戶不滿者隨近并合十曰羽林武賁邊方有事蹔可赴戰常戍宜遣番兵代之靈太后下其奏百寮議之事有同否時四中郎將兵數寡弱不足以襟帶京師澄奏宜以東中帶滎陽郡南中帶魯陽郡西中帶恆農郡北中帶河內郡選二品三品親賢兼稱者居之省非急之作配以強兵如此則深根固本強幹弱枝之義也靈太后將從之後議者不同乃止尋以疾患表求解任不許澄以北邊鎮將選舉彌輕恐賊虜闚邊山陵危迫奏求重鎮將之選修警備之嚴詔不從後賊虜入寇至於舊都鎮將多非其人所在叛亂犯逼山陵如澄所慮澄奏都城府寺猶未周悉今軍旅初寧無宜發衆請取諸職人及司州郡縣犯十杖以上百鞭以下收贖之物絹一四輸磚二百以漸修造詔從之太傅淸河王懌表駮其事遂寢不行澄又奏司州牧高陽王臣雍拷殺奉朝請韓元昭前門下錄事姚敬賢雖因公事理實未盡何者若昭等狀彰死罪以定應刑於都市與衆棄之如其疑似不分情理未究不宜以三淸九流之官杖下便死輕絕人命傷理敗法往年在州於大市鞭殺五人及檢贓狀全無寸尺今復酷害一至於此朝野云云咸驚懷愕若生殺在下虐專於臣人君之權安所復用請以見事付廷尉推究驗其爲劫之狀察其拷殺之理詔從之澄當官無所回避又奏墾田授受之制八條甚有綱貫西域厭達波斯諸國各因公使並遺澄駿馬一匹澄請付太僕以充國閑詔曰王廉貞之德有過楚相可敕付廐以成君子大哉之美御史中尉東平王匡奏請取景明元年以來內外考簿吏部除書中兵勳案并諸殿最欲以案校竊階盜官之人靈太后許之澄表以爲御史之體風聞是司至於冒勳妄階皆有處別若一處有風謠卽應攝其一簿研檢虛實若差殊不同僞情自露然後徵以典刑人誰不服豈有移一省之事窮革世之尤如

此求過誰堪其罪斯實聖朝所宜重慎也靈太后納之乃止後遷司徒公侍中尚書令如故神龜元年詔加女侍中貂蟬同外侍中之飾澄上表諫曰高祖世宗皆有女侍中官未見綴金蟬於象珥極鼲貂於鬒髮江南僞晉穆何后有女尚書而加貂璫此乃衰亂之世袄妄之服且婦人而服男子之服至陰而陽故自穆哀以降國統二絕因是劉裕所以篡逆禮容舉措風化之本請依常儀追還前詔帝從之時太后銳於興繕在京師則起永寧太上公等佛寺工費不少外州各造五級佛圖又數爲一切齋會施物動至萬計百姓疲於土木之功金銀之價爲之踊上削奪百官祿力費損庫藏兼曲賚左右日有數千澄上表極言得失雖卒不從常優答禮之政無大小皆引參預澄亦盡心匡輔事有不便於人者必於諫諍殷勤不已內外咸敬憚之二年薨贈假黃鉞使持節都督中外諸軍事太傅領太尉公加以殊禮備九錫依晉大司馬齊王攸故事謚曰文宣王澄之葬也凶飾甚盛靈太后親送郊外停輿悲哭哀動左右百官會赴千餘人莫不欷歔當時以爲哀榮之極第四子彝襲彝字子倫繼室馮氏所生頗有父風拜通直散騎常侍及元乂專權而彝恥於託附故不得顯職莊帝初河陰遇害贈儀同三司青州刺史謚曰文彝庶長兄順字子和年九歲師事樂安陳豐初書王羲之小學篇數千言晝夜誦之旬有五日一皆通徹豐奇之白澄曰豐十五從師迄于白首耳目所經未見此比江夏黃童不得無雙也澄笑曰藍田生玉何容不爾十六通杜氏春秋下帷讀書篤志愛古性謇愕淡於榮利好飲酒解鼓琴每長吟永歎吒詠虛室宣武時上魏道頌文多不載起家爲給事中時高肇權重天下人士望塵拜伏順曾懷刺詣肇門門者以其年少答云在坐大有貴客不肯爲通順叱之曰任城王兒可是賤也及見直往登牀捧手抗禮王公先達莫不怪慴而順辭吐傲然若無所覩肇謂衆賓曰此兒豪氣尚爾況其父乎及去肇加敬送之澄聞之大怒杖之數十後拜太常少卿以父憂去職哭泣嘔血身自負土時年二十五便有白髮免喪抽去不復更生世人以爲孝思所致尋除給事黃門侍郎時領軍元乂威勢尤盛凡有遷授莫不造門謝謁順拜表而已曾不詣乂乂謂順曰卿何得聊不見我順正色曰天子富於春秋委政宗輔叔父宜以至公爲心舉士報國如何賣恩責人私謝豈所望也至於朝論得失順常鯁言正議曾不阿旨由此見憚出除恆州刺史順謂乂曰

北鎮紛紜，方爲國梗，請假都督，爲國屏捍。叉心疑難，不欲授以兵官，謂順曰：「此朝廷之事，非我所裁。」順曰：「叔父既殺生由己，自言天歷應在我躬，何得復有朝廷？」叉彌忿憚之，轉齊州刺史。順自負有才，不得居內，每懷鬱怏，形於言色，遂縱酒自娛，不親政事。叉解領軍，徵爲給事黃門侍郎。親友郊迎，賀其得入，順曰：「不患不入，正恐入而復出耳。」俄兼殿中尚書，轉侍中。初，中山王熙起兵討元叉，不果而誅。及靈太后反政，方得改葬。順侍坐西遊園，因奏太后曰：「臣昨往看中山家葬，非唯宗親哀其冤酷，行路士庶見一家十喪，皆爲青旐，莫不酸泣。」叉妻時在太后側，順指之曰：「陛下柰何以一妹之故，不伏元叉之罪，使天下懷冤？」太后嘿然不語。就德興於營州反，使尚書盧同往討之，大敗而還。屬侍中穆紹與順侍坐，因論同之罪。同先有近宅借紹，紹頗欲爲言。順勃然曰：「盧同終將無罪。」太后曰：「何得如侍中之言？」順曰：「同有好宅與要勢侍中，豈慮罪也。」紹懼，不敢復言。靈太后頗事粧飾，數出遊幸，順面諍之曰：「禮，婦人喪夫，自稱未亡人，首去珠珥，衣不被綵。陛下母臨天下，年垂不惑，過修容飾，何以示後世？」靈太后慙而還，入召順責之曰：「千里相徵，豈欲衆中見辱也？」順曰：「陛下盛服炫容，不畏天下所笑，何耻臣之一言乎？」初，城陽王徽慕順才名，偏相賞納。而廣陽王深通徽妻于氏，大爲嫌隙。及深自定州被徵入爲吏部尚書，兼中領軍，順爲詔書，辭頗優美。徽疑順爲深左右，由是與徐紇間順於靈太后，出順爲護軍將軍、太常卿。順奉辭於西遊園，徽、紇侍側，順指謂靈太后曰：「此人魏之宰嚭，魏國不滅，終不死亡。」紇脅肩而出。順因抗聲叱之曰：「一介刀筆小人，正堪爲机案之吏，寧應忝茲執戟，虧我彝倫！」遂振衣而起。靈太后嘿而不言。時追論順父顧託之功，增任城王彝邑二千戶，又析彝邑五百以封順爲東阿縣公。順疾徽等間之，遂爲蒼蠅賦。屬疾在家，杜絕慶弔。後除吏部尚書，兼右僕射，與城陽王徽同日拜職。舍人鄭儼於止車門外先謁徽，後拜順。順怒曰：「卿是佞人，當拜佞王；我是直人，不受曲拜。」儼深懷謝。順曰：「卿是高門子弟，而爲北宮幸臣。僕射李思沖尚與王洛誠同傳，以此度之，卿亦應繼其卷下。」見者爲之震動，而順安然自得。及上省，登階向榻，見榻甚故，問都令史徐仵起。仵起曰：「此榻曾經先王坐。」順即哽塞，涕泗交流，久而不能言，遂令換之。時三公曹令史朱暉素事錄尚書高陽王雍，雍欲以爲廷尉評，頻煩託順，順不爲用。雍遂下命用之，順投之於地。雍聞之大怒，昧爽坐都聽，召尚書及丞郎畢集，欲待順至，於衆挫之。順日高方至，雍攘袂撫几而言曰：「身天子之子，天子之弟，天子之叔，天子之相，四海之內，親尊莫二。元順何人，以身成命，投棄於地！」順鬚鬢俱張，仰面看屋，憤氣奔湧，長歔而不言。久之，搖一白羽扇，徐而謂雍曰：「高祖遷宅中土，創定九流，官方清濁，軌儀萬古。而朱暉小人，身爲省吏，何合爲廷尉清官？殿下既先皇同氣，誠宜遵旨，自有恒規，而復踰之也。」雍曰：「身爲丞相、錄尚書，如何不得用一人爲官？」順曰：「庖人雖不理庖，尸祝不越樽俎而代之，未聞有別旨令殿下參選事。」順又厲聲曰：「殿下必如是，順當依事奏聞。」雍遂笑而言曰：「豈可以朱暉小人，便相忿恨。」遂起呼順入室，與之極飲。順之亢毅不撓，皆此類也。後兼左僕射。尒朱榮之奉莊帝，召百官悉至河陰。素聞順數諫諍，惜其亮直，謂朱瑞曰：「可語元僕射，但在省，不須來。」順不達其旨，聞害衣冠，遂便出走，爲陵戶鮮于康奴所害。家徒四壁，無物斂，止有書數千卷而已。門下通事令史王才達裂裳覆之。莊帝還宮，遣黃門侍郎山偉巡喻京邑。偉臨順喪，悲慟無已。既還，莊帝怪其聲散，偉以狀對。莊帝敕侍中元祉曰：「宗室喪亡非一，不可周贍。元僕射清苦之節，死乃益彰。」特贈絹百匹，餘不得爲例。贈尚書令、司徒公，謚曰文烈。初，帝在藩，順夢一段黑雲從西北直來，觸東南上日月，俱破，復翳諸星，天地盡闇。俄而雲消霧散，便有日出自西南隅，甚明淨，云長樂王日。尋見莊帝從閶闔門入，登太極殿，唱萬歲者三，百官咸加朝服謁帝。唯順集書省步廊西槐樹下脫衣冠臥。既寤，告元暉業曰：「吾昨夜夢於我殊自不佳。」說夢，因解之曰：「黑雲，氣之惡者，是北方之色，終當必有北敵以亂京師，害二宮，殘毀百寮。何者？日，君象也；月，后象也；衆星，百官象也。以此言之，京邑其當禍乎？昔劉曜破晉室，以爲髑髏臺，前途之事，得無此乎？雖然，彭城王勰有文德於天下，今夢其兒爲天子，積德必報，此必然矣。但恨其得之不久，所以然者，出自西南，以時易年，不過三載。但恨我不見之。何者？我夢臥槐樹下，槐字木傍鬼，身與鬼并，復解冠冕，此寧不死乎？然亡後乃得三公贈耳。」皆如其夢。順撰帝錄二十卷，詩、賦、表、頌數十篇，並多亡失。長子朗，時年十七，枕戈潛伏積年，乃手刃康奴，以首祭順墓，然後詣闕請罪，朝廷嘉而不問。朗位司徒屬，天平中爲奴所害，贈尚書右僕射。順弟紀，字子綱，隨孝武入關中，位尚書左僕射、華山郡王。澄弟嵩，字道岳，孝文時位步兵校尉。大司馬安定王休薨，未及卒哭，嵩便遊田。帝聞而大怒，詔曰：「嵩大司馬薨殯甫爾，便以鷹鷂自娛，有如父之痛，無猶子之情，捐心棄禮，何其太速！便可免官。」後兼武衞將軍。孝文南伐，齊將陳顯達率衆拒戰，嵩身備三仗，免冑直前，勇冠三軍，將士從之，顯達奔潰。帝大悅曰：「任城康王大有福德，文武頓出其門。」以功賜爵高平縣侯。初，孝文之發洛也，馮皇后以罪幽於宮內。既平顯達，回次穀唐原，帝疾甚，將賜后死，曰：「使人不易可得。」顧謂任城王澄曰：「任城必不負我，嵩亦當不負任城，可使嵩也。」於是引嵩入內，親詔遣之。宣武即位，爲揚州刺史，威名大振。後并妻穆氏爲蒼頭李太伯等所害，謚曰剛侯。第二子世儁，頗有幹用，而無行業。襲爵。孝莊時遷吏部尚書。尒朱兆寇京師，詔世儁以本官爲都督，守河橋。及兆至河，世儁初無拒守意，便隔岸遙拜，遂將船五艘迎兆軍。兆因得入京都，破殘皆世儁之罪，時論疾之。尤爲尒朱世隆所暱。孝武初，改封武陽縣子。世儁居選曹，不能厲心，多所受納，爲中尉彈糾，坐免官。孝靜時位尚書令。世儁輕薄，好去就。興和中薨，贈太尉，謚曰躁戾。

南安王楨，皇興二年封。孝文時，累遷長安鎮都大將、雍州刺史。楨性忠謹，其母疾篤，憂毀異常，遂有白雉遊其庭前。帝聞其致感，賜帛千匹以襃美之。徵赴講武，引見於皇信堂，戒之曰：「公孝行著於私庭，令聞彰於邦國。既國之懿親，終無貧賤之慮，所宜慎者，略有三事：一者恃親驕矜，違禮僭度；二者傲慢貪奢，不恤政事；三者飲酒遊逸，不擇交友。三者不去，患禍將生。」而楨不能遵奉。後乃聚斂肆情。孝文以楨孝養聞名內外，特加原恕，削除封爵，以庶人歸第，禁錮終身。以議定遷都，復封南安王，爲鎮北大將軍、相州刺史。帝餞楨於華林都亭，詔並賦詩，不能者並可聽射，當使武士彎弓，文人下筆。帝送楨下階，流涕而別。太和二十年五月至鄴，上日暴雨大風，凍死者數十人。楨又以旱祈雨于羣神。鄴城有石季龍廟，人奉祀之。楨告神像云：「三日不雨，當加鞭罰。」請雨不驗，遂鞭像一百。是月疽發背薨，謚曰惠。及恒州刺史穆泰謀反，楨知而不告，雖薨，猶追奪爵封，國除。子英，性識聰敏，善騎射，解音律，微曉醫術。孝文時，爲梁州刺史。帝南伐，爲漢中別道都將。後大駕臨鍾離，英以大駕親動，勢傾東南，漢中有可乘之會，表求追討，帝許之。以功遷安南大將軍，賜爵廣武伯。宣武即位，拜吏部尚書。以前後軍功，進爵常山侯。尋詔英率衆南討，大破梁曹景宗軍。梁司州刺史蔡道恭憂死，三關戍棄城而走。初，孝文平漢陽，英有戰功，許復其封。及爲陳顯達所敗，遂寢。是役也，宣武大悅，乃復之，改封中山王。既而梁入寇肥梁，詔英率衆十萬討之，所在皆以便宜從事。英表陳事機，乃擊破陰陵，斬梁將二十五人及虜首五千餘級。又頻破梁軍於梁城，斬其支將四十二人，殺獲及溺死者將五萬。梁中軍大將軍臨川王蕭宏、尚書左僕射柳惔等大將五人沿淮東走，凡收米四十萬石。英追奔至馬頭，梁馬頭戍主委城遁走，遂圍鍾離。詔以師行已久，命英爲振旅之意。英表：「期至二月將末、三月之初，理在必剋。但自此月一日已來，霖雨連并，可謂天違人願。然王者行師，舉動不易，不可以少致睽淹，便生異議。願聞朝廷特開遠略，少復賜寬，假以日月，無使爲山之功，中塗而廢。」及四月，水盛破橋，英及諸將狼狽奔退，士衆沒者十有五六。英至揚州，遣使送節及衣冠、貂蟬、章綬，詔以付典。有司奏英經算失圖，案劾處死，詔恕死爲百姓。後京兆王愉反，復英王封，除使持節、假征東將軍、都督冀州諸軍事。英未發而冀州已平。時郢州中從事督榮祖潛引梁軍，以義陽應之，三關之戍並據城降梁。郢州刺史婁悅嬰城自守。縣瓠人白早生等殺豫州刺史司馬悅，據城南叛，梁將齊苟兒率衆守縣瓠，悅子尚華陽公主并爲所劫。詔英使持節、都督南征諸軍事、假征南將軍，出自汝南。帝以邢巒頻破早生，詔英南赴義陽。英以衆少，累表請軍，帝不許。而英輒與邢巒分兵共攻縣瓠，剋之。乃引軍而南。既次義陽，將取三關，英策之曰：「三關相須，如左右手，若剋一關，而二關不待攻而定。攻難不如攻易，東關易攻，宜須先取，即黃石公所謂戰如風發，攻如河決也。」英恐其并力於東，乃使長史李華率五統向西關，分其兵勢，身督諸軍向東關。果如英策，凡禽其大將六人，支將二十人，卒七千，米四十萬石，軍資稱是。還朝，除尚書僕射。薨，贈司徒公，謚獻武王。英子熙，字貞興，好學俊爽，有文才，聲著於世。然輕躁浮動，英深慮非保家之主，常欲廢之，立第四子略，略固請乃止。累遷光祿勳。時領軍于忠執政，熙，忠之壻也，故歲中驟遷。後授相州刺史。熙以七月上，其日大風寒雨，凍死者二十餘人，驢馬數十匹。熙聞其祖父前事，心惡之。又有蛆生其庭。矯詔殺懌，熙乃起兵討之。熙起兵甫十日，爲其長史柳元章、別駕游荆、魏郡太守李孝怡執熙，置之高樓，并其子弟。叉遣尚書左丞盧同斬之於鄴街，傳首京師。始熙妃于氏知熙必敗，不從其謀，自初哭泣不絕，至於熙死。熙既藩王，加有文學，風氣甚高，始鎮鄴，知友才學之士責翻李琰之李神儁王誦兄弟裴敬憲等咸餞於河梁賦詩告別及將死復與知故書恨志意不遂時人矜之又熙於任城王澄薨前夢有人告之曰任城當死死後二百日外君亦不免若其不信試看任城家熙夢中顧瞻任城第舍四面牆崩無遺堵焉熙惡之覺而以告所親及熙之死也果如所夢熙兄弟三人每從英征伐在軍貪暴或因迎降逐北至有斬殺無辜多增首級以爲功狀又于忠誣郭祚裴植也忠意未決害之由熙勸奬遂至極法世以爲冤及熙之禍識者以爲有報應焉靈太后反政贈太尉公謚曰文莊王熙弟畧字儁興位給事黃門侍郎熙敗畧潛行自託舊識河內司馬始賓始賓便爲荻筏夜與畧俱渡盟津詣上黨屯留縣栗法光家法光素敦信義忻而納之畧舊識刁雙時爲西河太守畧復歸之停止經年雙乃令從子昌送畧潛遁江左梁武甚禮敬之封中山王宣城太守俄而徐州刺史元法僧據城南叛梁乃以畧爲大都督令詣彭城接誘初附尋徵畧與法僧同還畧雖在江南自以家禍晨夜哭泣身若居喪又惡法僧爲人與法僧言未嘗一笑梁復除畧衡州刺史未行會其豫章王綜以城歸國綜長史江革司馬祖暅將士五千人悉見禽虜明帝敕有司悉遣革等還南因以徵畧梁乃備禮遣之明帝詔光祿大夫刁雙境首勞問除畧侍中義陽王還達石人驛亭詔宗室親黨內外百官先相識者迎之近郊其司馬始賓除給事中領直候栗法光本縣令刁昌東平太守刁雙西兗州刺史畧所經一食一宿處無不霑賞尋改封東平王後爲尚書令靈太后甚寵任之其見委信殆與元徽相埒於時天下多事軍國萬端畧守常自保無他裨益唯具臣而已尒朱榮畧之姑夫畧素所輕忽畧又黨於鄭儼徐紇榮兼銜之榮入洛也見害於河陰加贈太保司空公謚曰文貞英弟怡位鄯善鎮將在鎮貪暴爲有司所糾逃免卒莊帝初以尒朱榮婦兄贈太尉扶風王子肅封魯郡王肅弟曄字華興小字盆子性輕躁有膂力莊帝初封長廣王尒朱榮死世隆等推曄爲主年號建明尋爲世隆廢節閔立封爲東海王孝武初被殺

城陽王長壽皇興二年封位沃野鎮都大將甚有威名薨謚康王子鸞襲鸞字宣明身長八尺腰帶十圍以武藝稱頻爲北都大將孝文初除使持節征南大將軍與安南將軍盧陽烏李佐攻赭陽不剋敗退降爲定襄縣王後以留守功還復本封宣武時爲定州刺史鸞愛樂佛道繕起佛寺勸率百姓大爲土木之勞公私費擾頗爲人患宣武聞之詔奪祿一周薨謚懷王子徽字顯順粗涉文史頗有吏才宣武時襲封爲河內太守在郡清整有時譽明帝時爲并州刺史先是州界夏霜安業者少徽輒開倉振之文武咸共諫止徽曰昔汲長孺郡守耳尚輒開倉救人災弊況我皇家親近受委大藩豈可拘法而不救人困也先給後奏明帝嘉之加安北將軍汾州山胡舊多劫掠自徽爲郡羣胡自相戒勿得侵擾隣州汾肆之人多來詣徽投訴願得口判除秦州刺史還都吏人泣涕攀車不能自已徽車馬羸弊皆京來舊物見者莫不歎其清儉改授度支尚書兼吏部尚書尋爲正徽以選舉法期在得人限以停年有乖體但行之日久難以頓革以德同者盡年勞等者進德于時稱爲中平除侍中餘官如故徽表乞守一官天下士子莫不歎息咸曰城陽離選貧者復何所希悉嗟之聲俄然上徹還令兼吏部尚書累遷尚書令時靈太后專制朝綱頹徽既居寵任無所匡弼與鄭儼之徒更相阿黨外似柔謹內多猜忌睚眦之忿必思報復識者疾之又不能防閑其妻于氏遂與廣陽王深姦通及深受任軍府每有表啓論徽罪過雖涉誣毀頗亦實焉莊帝踐阼拜司州牧尋除司徒仍領牧元顥之入洛徽從莊帝北巡及車駕還宮以與謀之功除侍中大司馬太尉公加羽葆鼓吹增邑通前二萬戶徽表辭官封前後屢上徽爲莊帝親待內懼尒朱榮等故有此辭莊帝識其意聽其辭封不許讓官徽後妻莊帝舅女侍中李彧帝之姊壻徽性佞媚善自取容挾內外之意宗室親寵莫與比焉遂與彧等勸帝圖榮莊帝亦先有意榮死世隆等屯據不解除徽太保仍大司馬宗室錄尚書事總統內外徽本意謂榮死後枝葉散亾及尒朱宗族聚結謀難徽算畧無出憂怖而已性多嫉妬不欲人居其前每入參謀議獨與帝決朝臣有上軍國籌策者並勸帝不納乃云小賊何慮不除又惜財用於時有所賞錫咸出薄少或多而中減與而復追莊帝雅自約狹尤亦徽所贊成太府少卿李苗徽司徒時司馬也徽待之頗厚苗每致忠言徽多不採納苗謂人曰城陽本自蜂目而犲聲復將露也及尒朱兆之入禁衛奔散莊帝步出雲龍門徽乘馬奔度帝頻呼之徽不顧而去遂走山南至故吏寇彌宅彌外雖容納內不自安乃怖徽云官捕將至令其避他所使人於路邀害送屍於尒朱兆孝武初贈使持節侍中太師錄尚書事司州牧謚曰文獻子延襲爵齊受禪例降

章武王太洛皇興二年薨追贈征北大將軍章武郡王謚曰敬無子孝文初以南安惠王第二子彬爲後彬字豹兒勇健有將用爲夏州刺史以貪惏削封後除汾州刺史胡六百餘人保險謀反彬請兵二萬帝大怒曰必須大衆者則先斬刺史然後發兵彬奉詔大懼身先將士討胡平之卒贈散騎常侍子融字永興儀貌壯麗性通率有豪氣宣武初復先爵累遷河南尹融性尤貪欲恣情聚歛爲中尉糾彈削除官爵汾夏山胡叛逆連結正平平陽詔復融前封征東將軍持節都督以討之融寡於經畧爲胡所敗後賊帥鮮于修禮寇暴瀛定二州長孫承業等討之失利除融車騎將軍爲前驅左軍都督與廣陽王深等共討修禮師度交津葛榮殺修禮而自立轉營至白牛邏輕騎擊融於陣見殺贈司空公尋以融死王事進贈司徒公加前後部鼓吹謚莊武子景哲襲景哲弟朗即廢帝也

樂陵王胡兒和平四年薨追封樂陵王謚曰康無子獻文詔胡兒兄汝陰王天賜之第二子永全後之襲封後改名思譽孝文時爲鎮北大將軍穆泰陰謀不軌思譽知而不告削封爲庶人太和末復王封薨謚密王子景畧襲位幽州刺史薨謚惠王

安定王休皇興二年封少聰敏爲外都大官斷獄有稱車駕南伐領大司馬孝文親行諸軍遇休以三盜人徇六軍將斬之有詔赦之休執曰不斬何以息盜詔曰王者之體亦時有非常之澤雖違軍法可特原之休乃奉詔帝謂司徒馮誕曰大司馬嚴而執法諸軍不可不慎於是六軍肅然定都洛邑休從駕幸鄴命休率從駕文武迎家于平城帝親餞休於漳水之北十八年休寢疾帝幸其第流涕問疾中使醫藥相望于路及薨至殯車駕三臨帝至其門改服錫衰素弁加經皇太子百官皆從行弔禮謚曰靖王詔贈假黃鉞加羽葆鼓吹悉準三老尉元之儀帝親送出郭慟哭而返諸王恩禮莫比宣武世配饗廟庭次子燮襲拜太中大夫除華州刺史燮表曰謹惟州居李潤堡雖是少梁舊地晉芮錫壤然胡夷內附遂爲戎落竊以馮翊古城實惟西藩奧府面華渭包原澤井淺地平樵牧饒廣採材華陰陸運七十伐木龍門順流而下陪削舊雉功省力易丁不十錢之費人無八旬之勤損輕益重乞垂昭鑒遂詔曰一勞永逸便可聽移薨於州贈朔州刺史子超字化生襲時以胡國珍封安定公改封北平王後復本封尒朱榮入洛避難見害超弟琰字伏寶大統中封宋安王薨謚曰懿子景山

景山字寶岳少有器局幹畧過人周閔帝時以軍功累遷開府儀同三司從武帝平齊以功拜大將軍平原郡公亳州總管法令明肅賊盜屛迹部內大清徵爲候正宣帝嗣位從上柱國韋孝寬經畧淮南鄖州總管宇文亮反以輕兵襲孝寬寬爲亮所薄景山擊破之以功拜亳州總管隋文帝爲丞相尉遲迥作亂滎州刺史宇文冑與迥通謀陰以書諷景山景山執使封書詣相府進位上大將軍以軍功遷安州總管進柱國隋文帝受禪拜上柱國明年大舉伐陳以景山爲行軍元帥出漢口將濟江會陳宣帝殂有詔班師景山大著威名甚爲敵人所憚後數載坐事免卒于家贈梁州總管謚曰襄子成壽嗣成壽便弓馬爲秦王庫直大業中爲西平郡通守燮弟願平清狂無行宣武初爲給事中悖惡日甚殺人劫盜公私咸患帝以戚近不忍致之法免官禁之別館館名愁思堂冀其克念帝崩乃得出靈太后臨朝以其不悛還於別館依前禁錮久之離禁還家付宗師嚴加誨奬後拜通直散騎常侍前將軍坐倮其妻王氏於其男女前又強姦妻妹於妻母之側御史中尉侯剛案以不道處絞刑會赦免黜爲員外常侍卒

論曰平陽諸子熙乃忠壯京兆之胄悰實有聲匡之謇直有足稱矣當獻文將禪可謂國之大節康王毅然廷諍德音孔昭一言興邦斯之謂歟文宣貞固俊遠鬱爲宗傑身用累朝寧濟夷險社稷是任其梁棟之望乎順蹇諤儆儻有汲黯之風不用於時橫招非命惜矣嵩有行陣之氣儁乃裂冠之徒南安原始要終善不掩惡英將帥之用著聲於時熙畧兄弟早播人譽或才疎志大或器狹任廣咸不能就其功名俱至非命惜也康王不永鸞起家聲徽飾智矯情外諂內忌永安之禍誰任其責宛其死也固其宜哉章武樂陵蓋不足數靖王聰斷威重見稱於太和美矣

北史卷十八考證

任城王雲傳康王薨居喪以孝聞○監本缺康王薨居四字今從魏書增入

賜衣一襲乘黃馬一匹以旌其能○魏書無黃字

不能辦此也○辦監本訛辨今改從魏書

哀動左右○動監本訛慟今改從魏書

皆爲青旄莫不酸泣○青旄魏書作潸然

南安王楨傳至鄴上日暴雨大風○至鄴上日魏書作

至郡入治日

梁將齊荀兒率衆守縣瓠○兒一本作仁

後授相州刺史熙以七月上○上魏書亦作入治殆避治字而然也

京翻李琰之李神儁○魏書無之字

綜長史江革司馬祖暅○革監本訛草今改正

繳爲莊帝親待內懼尒朱榮等○內懼尒朱榮等魏書作內懼榮寵

北史卷十九

唐 李延壽 撰

列傳第七

文成五王　獻文六王　孝文六王

文成皇帝七男孝元皇后生獻文皇帝李夫人生安樂厲王長樂曹夫人生廣川莊王畧沮渠夫人生齊郡順王簡乙夫人生河間孝王若悅夫人生安豐匡王猛玄夫人生韓哀王安平早薨無傳

安樂王長樂皇興四年封建昌王後改封安樂王長樂性凝重獻文器愛之承明元年拜太尉出爲定州刺史頻辱衣冠多不奉法百姓詣闕訟之孝文罰杖三十貪暴彌甚以罪徵詣京師後謀不軌事發賜死於家葬以王禮謚曰厲子詮字搜賢襲宣武初爲涼州刺史在州貪穢政以賄成後除定州刺史及京兆王愉之反詐言國變在北州鎮咸疑朝廷有釁遣使觀詮動靜詮具以狀告州鎮帖然愉奔信都詮以李平高殖等四面攻燒愉突門而出尋除侍中兼以首告之功除尚書左僕射薨謚曰武康子鑒字長文襲後除相州刺史北討大都督討葛榮仍兼尚書左僕射北道行臺尚書令與都督裴衍共攻信都鑒既庸才見天下多事遂謀反降附葛榮都督源子邕與裴衍合圍鑒斬首傳洛詔改姓元氏莊帝初許復本族又特復鑒王爵贈司空鑒弟斌之字子爽性險無行及與鑒反敗遂奔葛榮榮滅得還孝武帝時封潁川郡王委以腹心之任帝入關斌之奔梁大統二年還長安位尚書令薨贈太尉謚武襄

廣川王畧延興二年封位中都大官性明敏鞫獄稱平太和四年薨謚曰莊子諧字仲和襲十九年薨詔曰古者大臣之喪有三臨之禮此蓋三公已上自漢已降多無此禮庶仰遵古典哀感從情雖以尊降伏私痛寧爽欲令親王有期親者爲之三臨大功親者爲之再臨小功緦麻爲之一臨廣川王於朕大功必欲再臨者欲於大斂日親臨盡哀成服之後緦衰而弔既殯之緦麻理在無疑大斂之臨當否何如爲須撫柩於始喪爲應盡哀於闔柩黃門侍郎崔光宋弁通直常侍劉芳典命下大夫李元凱中書侍郎高聰等議曰三臨之事乃自古禮爰及漢魏行之者稀陛下方遵前軌臣等以爲若期親三臨大功宜再始喪之初哀之至極既以情降宜從始喪大斂之臨伏如聖旨詔曰魏晉已來親臨多闕至於戚臣必於東堂哭之頃大司馬安定王薨朕既臨之後受慰東堂今日之事應更哭不光等議曰東堂之哭蓋以不臨之故今陛下躬親撫視羣臣從駕臣等議以爲不宜復哭詔曰若大司馬戚尊位重必哭於東堂而廣川既是諸王之子又年位尚幼卿等議之朕無異焉諧將大斂帝素委貌深衣哭之入室哀慟撫尸而出有司奏廣川王妃薨於代京未審以新尊從於卑舊爲宜卑舊來就新尊詔曰遷洛之人自茲厥後悉可歸骸芒嶺皆不得就塋恒代其有夫先葬北婦今喪在南婦人從夫宜還代葬若欲移父就母亦得任之其有妻墳於恒代夫死於洛不得以尊就卑欲移母就父宜亦從之若異葬亦從之若不在葬限身在代喪葬之彼此皆得任之其戶屬恒燕身官京洛去留之宜亦從所擇其屬諸州者各得任意詔贈諧武衛將軍謚曰剛及葬帝親臨送之子靈道襲卒謚悼王

齊郡王簡字叔亮太和五年封位中都大官簡母沮渠牧犍女也簡性貌特類外祖後爲內都大官孝文嘗與簡俱朝文明太后皇信堂簡居帝之右行家人禮遷太保孝文仁孝以諸父零落存者唯簡每見立以待之俟坐致敬問起居停簡拜伏簡性好酒不能理公私之事妻常氏燕郡公喜女也文明太后以賜簡幹綜家事頗節簡酒乃至盜竊求乞婢侍卒不能禁薨時孝文不豫詔曰叔父薨背痛慕摧絕不自勝任但虛頓牀枕未堪奉赴當力疾發哀謚曰靈王宣武時改謚曰順子祐字伯授母常氏孝文以納不以禮不許其爲妃宣武以母從子貴詔特拜爲齊國太妃祐位涇州刺史薨謚曰敬

河間王若字叔儒未封而薨追封河間謚曰孝詔京兆康王子太安爲後太安於若爲從弟非相後之義廢之以齊郡王子琛繼琛字曇寶幼敏慧孝文愛之宣武時拜定州刺史琛妃宣武舅女高皇后妹琛憑恃內外在州貪惏及還朝靈太后詔曰琛在定州唯不將中山宮來自餘無所不致何可敘用由是廢于家琛以明帝始學獻金字孝經又無方自達乃與劉騰爲養息賂騰金寶巨萬計騰爲言乃得兼都官尚書出爲秦州刺史在州聚斂百姓吁嗟東益南秦二州氐反詔琛爲行臺仍充都督還攝州事既總軍省求欲無厭進討氐羌大被摧破內侍劉騰無所畏憚爲中尉彈糾會赦除名尋復王爵後討鮮于脩禮敗免官爵後討汾晉胡蜀卒於軍追復王爵

安豐王猛字季烈太和五年封加侍中出爲鎮都大將營州刺史猛寬仁雄毅甚有威畧戎夷畏愛之薨于州贈太尉謚曰匡子延明襲宣武時授太中大夫延昌初歲大饑延明乃減家財以拯賓客數十人并贍其家至明帝初爲豫州刺史甚有政績累遷給事黃門侍郎延明既博極羣書兼有文藻鳩集圖籍萬有餘卷性清儉不營產業與中山王熙及弟臨淮王彧等並以文學令望有名於世雖風流造次不及熙彧而稽古淳篤過之遷侍中詔與侍中崔光撰定服制後兼尚書右僕射以延明博識多聞敕監金石事及元法僧反詔爲東道行臺徐州大都督節度諸軍事與都督臨淮王彧尚書李憲等討法僧梁遣其豫章王綜鎮徐州延明先牧徐方甚得人譽招懷舊士遠近歸之綜既降延明因以軍乘之復東南之境至宿豫而還遷都督徐州刺史頻經師旅人物彫弊延明招攜新故人悉安業百姓咸附莊帝時兼大司馬元顥入洛延明受顥委寄顥敗奔梁死於江南莊帝末喪還孝武初贈太保王如故謚曰文宣所著詩賦讚頌銘誄三百餘篇又撰五經宗畧詩禮別義注帝王世紀及列仙傳又以河間人信都芳工筭圖又集器準九篇別爲之注皆行於世矣孫長孫儒孝靜時襲祖爵

獻文皇帝七男思皇后生孝文皇帝封昭儀生咸陽王禧韓貴人生趙郡靈王幹高陽文穆王雍孟椒房生廣陵惠王羽潘貴人生彭城武宣王勰高椒房生北海王詳

咸陽王禧字思永太和九年封加侍中驃騎大將軍中都大官文明太后令皇子皇孫於靜所別置學選忠信博聞之士爲之師傅以匠成之孝文以諸弟典三都職謂禧曰弟等皆幼年任重三都折獄特宜用心夫未能操刀而使割錦非傷錦之尤寔授刀之責文明太后亦致誡焉出爲使持節開府冀州刺史孝文餞於南郊又以濟陽王鬱枉法賜死之事遣告禧因以誡之後禧朝京師詔以廷尉卿李冲爲禧師時王國舍人應取八族及清脩之門禧取任城王隸戶爲之深爲帝責帝以諸王婚多猥濫於是爲禧娉故潁川太守隴西李輔女河南王幹娉故中散代郡穆明樂女廣陵王羽娉驃騎諮議參軍滎陽鄭平城女潁川王雍娉故中書博士范陽盧神寶女始平王勰娉廷尉卿隴西李冲女北海王詳娉吏部郎中滎陽鄭懿女有司奏冀州人蘇僧瓘等三千人稱禧清明有惠政請世胙冀州詔曰畫野由君理非下請入除司州牧詔以禧元弟之重食邑三千戶自餘五王皆邑食二千孝文引見朝臣詔斷北語一從正音禧贊成其事於是詔年三十已上習性已久容或不可卒革三十已下見在朝廷之人語音不聽仍舊若有故爲當降爵黜官若仍舊俗恐數世之後伊洛之下復成被髮之人朕嘗與李冲論此冲言四方之語竟知誰是帝者言之即爲正矣何必改舊從新冲之此言應合死罪乃謂冲曰卿實負社稷冲免冠陳謝又責留京之官曰昨望見婦女之服仍爲夾領小袖何爲而違前詔禧對曰陛下聖過堯舜光化中原奸違之罪實合處刑孝文曰若朕言非卿等當奮臂廷論如何入則順旨退有不從昔舜語禹汝無面從退有後言卿等之謂乎尋以禧長兼太尉公後帝幸禧第謂司空穆亮僕射李冲曰元弟禧戚連皇極且長兼太尉以和餁鼎朕恒恐君有空授之名臣貽彼已之刺今幸其宅徒屈二賓良以爲愧帝篤於兄弟以禧次長禮遇優隆然亦知其性貪每加切誡而終不改操後加侍中正太尉及帝崩禧受遺輔政雖爲宰輔之首而潛受賄賂姬妾數十意尚未已猶欲遠有簡娉以恣其情宣武頗惡之景明二年春召禧等入光極殿詔曰恪比纏尫疾實憑諸父今便親攝百揆且還府司當別處分尋詔進位太保領太尉帝既覽政禧意不安遂與其妃兄兼給事黃門侍郎李伯尚謀反帝時幸小平津禧在城西小宅初欲勒兵直入金墉衆懷沮異禧心因緩自旦達晡計不能決遂約不洩而散直寢苻承祖薛魏孫與禧將害帝是日帝息於芒山止浮圖陰下少時睡臥魏孫便欲赴廷承祖私言於魏孫曰吾聞殺天子者身當癩魏孫且止帝尋覺悟俄有武興王楊集始出便馳告而禧意不疑乃與臣妾向洪池別墅遣其齋帥劉小苟奉啓云檢行田牧小苟至芒嶺已逢軍人怪小苟赤衣將欲殺害小苟言欲告反乃緩之禧是夜宿於洪池不知事露其夜將士所在追禧禧自洪池東南走左右從禧者唯兼防閤尹龍武禧憂迫謂曰試作一謎當思解之以釋毒悶龍武欻憶

舊謎云眠則同眠起則同起貪如豺狼贓不入已都不有心於規刺也禧亦不以爲諷已因解之曰此是眠也而龍武謂之是箸渡洛水至栢堨顧謂龍武曰汝可勉心作與太尉公同死計龍武曰若與殿下同命雖死猶生俄而禧被禽送華林都亭著千斤鎖格龍武羽林掌衞之時熱甚禧渴悶垂死敕斷水漿侍中崔光令左右送酪漿升餘禧一飲而盡初孝文覩台宿有逆謀氣言於禧曰玄象變汝終爲逆謀會無所成但受惡而已至此果如言禧臨盡畏迫喪志乃與諸妹公主等訣言及一二愛妾公主哭且罵之言坐多取此婢輩貪逐財物致今日之事何復囑問此等禧愧而無言遂賜死私第絕其諸子屬籍禧之諸女微給資產奴婢自餘家財悉以賚高肇趙脩二家其餘賜內外百官逮于流外多百匹下至十匹其積聚若此其宮人爲之歌曰可憐咸陽王奈何作事誤金床玉几不能眠夜蹋霜與露洛水湛湛彌岸長行人那得度其歌遂流至江表北人之在南者雖富貴聞弦管奏之莫不灑泣禧八子長子通字曇和竊入河內太守陸琇家初與通情既聞禧敗乃殺之通弟翼字仲和後會赦詣闕上書求葬父不許乃與二弟昌曄奔梁正光中詔咸陽京兆二王諸子並聽附屬籍後復禧王爵葬以王禮詔曄弟坦襲翼與昌申居氏出曄李妃所出也翼容貌魁壯風制可觀梁武甚重之封爲咸陽王翼讓其嫡弟曄梁武不許後爲青冀二州刺史鎮郁州翼謀舉州入國爲梁武所殺翼弟樹字秀和一家獨立美姿貌善吐納兼有將畧位宗正卿後亦奔梁梁武尤器之封爲魏郡王後改封鄴王數爲將領窺覦邊服尒朱榮之害百官也樹時爲郢州刺史請討榮梁武資其士馬侵擾境上孝武初御史中尉樊子鵠爲行臺率徐州刺史杜德舍人李昭等討之樹城守不下子鵠使金紫光祿大夫張安期說之樹請委城還南子鵠許之殺白馬爲盟樹恃誓不爲戰備與杜德別還南德不許送洛陽置在景明寺樹年十五奔南未及富貴每見嵩山雲向南未嘗不引領歔欷初發梁覩其愛妹玉兒以金指環與別樹常著之寄以還梁表必還之意朝廷知之俄而賜死未幾杜德忽得狂病云元樹打我不已至死此驚不絕舍人李昭尋奉使向秦州至潼關驛夜夢樹云我已訴天帝侍卿至隴終不相放昭覺惡之及至隴口爲賀拔岳所殺子鵠尋爲達野拔所殺孝靜時其子貞自建業求隨聘使崔長謙赴鄴葬樹梁武許之詔贈樹太師司徒尚書令貞既葬還江南位太子舍人及侯景南奔梁武以貞爲咸陽王送景使爲魏主未幾景反曄字世茂梁封爲桑乾王卒於南坦一名穆字延和慠佷凶麤因飲醉之際於洛橋左右頓辱行人爲道路所患從叔安豐王延明每切責之曰汝兇悖性與身而長昔宋有東海王禕志性凡劣時人號曰驢王我熟觀汝所作亦恐不免驢號當時聞者號爲驢王禧誅後坦兄翼樹等五人相繼南奔故坦得承襲改封敷城王永安初復本封咸陽郡王累遷侍中莊帝從容謂曰王才非荀蔡中歲屢遷當由少長朕家故有超授初禧死後諸子貧乏坦兄弟爲彭城王勰所收養故有此言孝武初其兄樹見禽坦見樹既長且賢慮其代己密勸朝廷以法除之樹知之泣謂坦曰我往因家難不能死亡寄食江湖受其爵命今者之來非由義至求活而已豈望榮華汝何肆其猜忌忘在原之義腰背雖偉善無可稱坦作色而去樹死竟不臨哭後歷司徒太尉太傅加侍中太師錄尚書事宗師司州牧雖祿厚位尊貪求滋甚賣獄鬻官不知紀極爲御史劾奏免官以王歸第尋起爲冀州刺史專復聚斂每百姓納賦除常別先責絹五匹然後爲受性好畋漁無日不出秋冬獵雉兔春夏捕魚蟹鷹犬常數百頭自言寧三日不食不能一日不獵入爲太傅齊天保初準例降爵封新豐縣公除特進開府儀同三司坐子世寶與通直散騎侍郎彭貴平因酒醉誹謗妄說圖議有司奏當死詔並宥之坦配北營州死配所

趙郡王幹字思直太和九年封河南王位大將軍孝文篤愛諸弟以幹總戎別道誡之曰司空穆亮年器可師散騎常侍盧陽烏才堪詢訪汝其師之遷洛改封趙郡王除都督冀州刺史帝親餞於郊誡曰刑獄之理先哲所難然既有邦國得不自勵也詔以李憑爲長史唐茂爲司馬盧尚之爲諮議參軍以匡弼之而憑等諫幹殊不納州表斬盜馬人於律過重而尚書以幹初臨縱而不劾詔曰尚書曲阿朕意實傷皇度幹闇於政理律外重刑並可推聞後轉特進司州牧車駕南討詔幹都督中外諸軍事給鼓吹一部甲士三百人出入殿門幹貪淫不遵政典御史中尉李彪將糾劾之會遇幹於尚書下舍屏左右誡之而幹悠然不以爲意彪表彈之詔幹與北海王詳俱隨太子詣行在所及至密使左右察其意色無有憂悔乃親數其過杖之一百免所居官以王還第薨謚曰靈王陪葬長陵子謐襲封幹妃穆氏表謐及謐母趙等悖禮僭常詔曰妾於女君猶婦人事姑舅妾子於君母禮加如子之恭何得黷我風猷可付宗正依禮正罪謐在母喪聽聲飲戲爲御史中尉李平所彈遇赦復封後爲岐州刺史謐性暴虐明帝初臺使元延到其州界以驛邏無兵攝帥檢覈隊主高保願列言所有之兵王皆私役謐聞大怒鞭保願等五人各二百數日間謐召近州人夫閉四門內外嚴固搜掩城人楚掠備至又無事而斬六人合城兇懼衆遂大呼屯門謐怖登樓毀梯以自固士人散走城人分守四門靈太后遣游擊將軍王竫馳驛喻之城人既見竫至開門謝罪乃罷謐州除大司農卿遷幽州刺史謐妃胡氏靈太后從女也未發坐毆其妃免官後除都官尚書車駕出拜圓丘謐與妃乘赤馬犯鹵簿爲御史所彈靈太后特不問薨高陽王雍幹之母弟啓論謐贈假侍中司州牧謚貞景謐兄諶字興伯性平和位都官尚書尒朱榮之入洛陽啓莊帝欲遷都晉陽帝以問諶爭之以爲不可榮怒曰何關君而固執也且河陰之役君應之諶曰天下事天下論之何以河陰之酷而恐元諶宗室戚屬位居常伯生既無益死復何損正使今日碎首流腸亦無所懼榮大怒欲罪諶其從弟世隆固諫乃止見者莫不震悚諶顏色自若後數日帝與榮見宮闕壯麗列樹成行乃歎曰臣一昨愚志有遷京之意今見皇居壯觀亦何用去河洛而就晉陽臣熟思元尚書言深不可奪是以遷都議因罷永安元年拜尚書左僕射封魏郡王諶本年長應襲王封爲其父靈王愛其弟謐以爲世子莊帝詔復諶封趙郡王歷位司空太保太尉錄尚書事孝靜初拜大司馬薨謚孝懿諶無他才識歷位雖重時人忽之謐弟譚頗強立少爲宗室推敬卒於秦州刺史譚弟譣貪暴無禮位大中大夫封平鄉男河陰遇害

廣陵王羽字叔翻太和九年封加侍中爲外都大官羽少聰慧有斷獄之稱後罷三都以羽爲大理典決京師獄訟遷特進尚書右僕射又爲太子太保錄尚書事孝文將南討遣羽持節安撫六鎮發其突騎夷夏寧悅還領廷尉卿及車駕發羽與太尉元丕留守帝友愛諸弟及將別不忍早分詔羽從至雁門及令羽歸望其稱効故賜如意以表心十八年羽表辭廷尉不許羽奏外考令文每歲終州鎮列牧守績狀及至再考隨其品第以彰黜陟雖外有成令而內令未班內外考察理應同等臣輒推準外考以定京官績行詔曰論考之事理在不輕問績之方應關朕聽輒爾輕發殊爲躁也今始維夏且待至秋後孝文臨朝堂考羣臣顧謂羽曰上下二等可爲三品中等但爲一品所以然者上下是黜陟之科故旌絲髮之美中等守本事可大通帝又謂羽曰汝功勤之績不聞於朝阿黨之音頻干朕聽今黜汝錄尚書廷尉但居特進太保又謂尚書令陸叡曰叔翻在省之初甚著善稱自近以來偏頗懈怠豈不出卿等隨其邪僞之心今奪卿尚書令祿一周謂左僕射元贊曰計叔翻之黜卿應大辟但以咎歸一人不復相罪今解卿少師之任削祿一周詔吏部尚書澄曰觀叔父神志驕傲可解少保又謂長兼尚書于果曰卿不能勤謹夙夜數辭以疾今解卿長兼可光祿大夫守尚書削祿一周又謂守尚書尉羽曰卿恭勤在集書殊無憂存左史之事今降爲長兼常侍亦削祿一周又謂守尚書盧陽烏曰卿在集書雖非高功爲一省文學之士常不以左史在意今降卿長兼王師守常侍尚書如故奪常侍祿一周謂左丞公孫良右丞乞伏義受曰卿等不能正心直言罪應大辟但以事鍾叔翻故不能別致貶二丞可以白衣守本官冠服祿恤盡皆削奪若三年有成還復本任如其無成則永歸南畝謂散騎常侍元景曰卿等自任集書合省逋墮致使王言遺滯起居不脩今降爲中大夫守常侍奪祿一周又謂諫議大夫李彥卿實不稱職可去諫議退爲元士又謂中庶子游肇及中書舍人李平識學可觀可爲中第初孝文引陸叡元贊等前曰朕爲天子何假中原欲令卿等子孫博見多知若永居恒北遇不好文主卿等子弟不免面墻也陸叡對曰實如明詔金氏若不入仕漢朝七葉知名亦不可得也帝大悅帝幸羽第與諸弟言曰朕親受人訟知廣陵之明了咸陽王禧曰臣年爲廣陵兄明爲廣陵弟帝曰我爲汝兄汝爲羽昆汝復何恨車駕南伐除開府青州刺史詔羽曰海服之寄故唯宗良唯酒唯田可不誡歟宣武即位遷司州牧及帝覽政引入內面授司徒請爲司空乃許之羽先淫員外郎馮俊興妻夜私遊爲俊興所擊積日祕匿薨於府宣武親臨哀贈司徒謚曰惠子恭襲是爲節閔帝恭兄欣字慶樂性麤率好鷹犬孝莊初封沛郡王後封淮陽王孝武時加太師開府復封廣陵王太傅司州牧尋除大司馬孝武入關中欣投託人使達長安爲太傅錄尚書事欣於中興宗室禮遇最隆自廣平諸王悉居其下又爲大宗師進大冢宰中軍大都督大統中爲柱國大將軍太傅文帝謂欣曰王三爲太傅再爲太師自古人臣未聞此例欣遜謝而已後拜司徒恭帝初遷大丞相薨謚曰容欣好營產業多所樹蓺京師

名果皆出其園所汲引及僚佐咸非長者爲世所鄙

高陽王雍字思穆少儌儻不恒孝文曰吾亦未能測此兒之深淺然觀其任眞率素或年器晚成太和九年封潁川王或說雍待士以營聲譽雍曰吾天子之子位爲諸王用聲名何爲改封高陽後爲相州刺史帝誡曰爲牧之道亦易亦難其身正不令而行故便是易其身不正雖令不從故曰是難宣武初遷冀州刺史雍在二州微有聲稱入拜司州牧帝時幸雍第皆盡家人禮遷司空轉太尉加侍中尋除太保領太尉侍中如故明帝初詔雍入居太極西栢堂諮決大政給親信二十人又詔雍爲宗師進太傅侍中領太尉公別敕將作營國子學寺給雍居之領軍于忠擅權專恣僕射郭祚勸雍出之忠矯詔殺祚及尚書裴植廢雍以王歸第朝有大事使黃門就諮訪之忠尋復矯詔將殺雍以問侍中崔光拒之乃止未幾靈太后臨朝出忠爲冀州刺史雍表暴忠罪陳己不能匡正請返私門靈太后感忠保護之勳不問其罪除雍侍中太師領司州牧雍表請王公已下賤妾悉不聽用織成錦繡金玉珠璣違者以違旨論奴婢悉不得衣綾錦纈止於縵繒而已奴則布服並不得以金銀爲釵帶犯者鞭一百太后從之而不能久也詔雍乘步挽出入掖門又以本官錄尚書事朝晡侍講明帝覽政詔雍乘車出入大司馬門進位丞相又詔依齊郡順王簡太和故事朝訖引坐特優拜伏之禮總攝內外與元叉同決庶政歲祿粟至四萬石伎侍盈房榮貴之盛昆弟莫及元妃盧氏薨後更納博陵崔顯妹欲以爲妃宣武初以崔顯世號東崔地寒望劣難之久乃聽許延昌已後疎棄崔氏別房幽禁僅給衣食而已未幾崔暴薨多云雍毆殺也靈太后許賜其女伎未及送之雍遣其閹豎丁鵝自至宮內料簡四人冒以還第太后責其專擅追停之孝莊初於河陰遇害贈假黃鉞相國謚文穆雍識懷短淺又無學業雖位居朝首不爲時情所推自熙平以後朝政褫落及清河王懌之死元叉專政天下大責歸焉嫡子泰字昌頗有時譽位太常卿與雍同時遇害贈太尉公高陽王謚曰文子斌襲斌字善集歷位侍中尚書左僕射斌美儀貌性寬和居官重愼頗爲齊文襄愛賞齊天保初準例降爵爲高陽縣公拜右光祿大夫二年從文宣討契丹還至白狼河以罪賜死

彭城王勰字彥和少而岐嶷姿性不羣太和九年封始平王加侍中勰生而母潘氏卒其年獻文崩及有所知啓求追服文明太后不許乃毀容憔悴心喪三年不參吉慶孝文大奇之敏而就學雅好屬文長直禁內參決軍國大政萬機之事無不預焉及車駕南伐領宗子軍宿衞左右轉中書令侍中如故改封彭城王帝升金墉城顧見堂後桐竹曰鳳皇非梧桐不栖非竹實不食今梧竹並茂詎能降鳳乎勰曰鳳皇應德而來豈桐竹能降帝笑曰朕亦未望降之後宴侍臣於清徽堂日晏移於流化池芳林下帝仰觀桐葉之茂曰其桐其椅其實離離愷悌君子莫不令儀今林下諸賢足敷歌詠遂令黃門侍郎崔光讀暮春羣臣應制詩至勰詩帝乃爲改一字曰昔祁奚舉子天下謂之至公今見勰詩始知中令之舉非私也勰曰臣露此拙方見聖朝之私賴蒙神筆賜刊得有令譽帝曰雖琱琢一字猶是玉之本體勰曰詩三百一言可敝今陛下賜刊一字足以價等連城勰表解侍中詔曰蟬貂之美待汝而光人乏之秋何容方退後從幸代都次于上黨之銅鞮山路傍有大松樹十數根時帝進繖遂住而賦詩令示勰曰吾作詩雖不七步亦不言遠汝可作之比至吾間令就也時勰去帝十步遂且行且作未至帝所而就詩曰問松林松林經幾冬山川何如昔風雲與古同帝大笑曰汝此亦調責吾耳詔贈勰所生母潘氏爲彭城國太妃又除中書監侍中如故帝南討漢陽假勰中軍大將軍加鼓吹一部勰以寵授頻煩乃面陳曰臣聞兼親疏而兩並異同而建此既成文於昔臣願誦之於後陳思求而不允愚臣不請而得豈但今古云殊遇否大異帝大笑執勰手曰二曹才名相忌吾與汝以道德相親緣此而言無慙前烈帝親講喪服於清徽堂從容謂羣臣曰彥和季豫等年在冲蒙早登纓紱失過庭之訓並未習禮每欲令我一解喪服自審義解浮疎抑而不許頃因酒醉坐脫爾言從故屈朝彥遂親傳說御史中尉李彪對曰自古及今未有天子講禮臣得親承音旨千載一時從征沔北除使持節都督南征諸軍事正中軍大將軍開府勰於是親勒大衆須臾有二大鳥從南來一向行宮一向幕府各爲人所獲勰言於帝曰始有一鳥望旗顚仆臣謂大吉帝戲之曰鳥之畏威豈獨中軍之略也吾亦分其一耳此乃大善兵法咸說至明便大破崔慧景蕭衍其夜大雨帝曰昔聞國軍獲勝每逢雲雨今破新野南陽及摧此賊果降時澍誠哉斯言勰對曰水德之應遠稱天心帝令勰爲露布辭曰臣聞露布者布於四海露之耳目以臣小才豈足大用帝曰汝亦爲才達但可爲之及就尤類帝文有人見者咸謂御筆帝曰汝所爲者人謂吾製非兄則弟誰能辨之勰對曰子夏被嗤於先聖臣又荷責於來今及至豫州帝爲家人書於勰曰每欲立一宗師肅我元族汝親則宸極官乃中監風標才器實足軌範宗制之重捨汝誰寄有不遵教典隨事以聞帝不豫勰內侍醫藥外總軍國之務遐邇肅然人無異議徐謇當世上醫先是假歸洛陽及召至勰引之別所泣涕執手祈請悉至左右見者莫不嗚咽及引入謇便欲進藥勰以帝神力虛弱唯令以食味消息勰乃密爲壇於汝水濱依周公故事告天地及獻文爲帝請命乞以身代帝瘳損自懸瓠幸鄴勰常侍坐輿輦晝夜不離其側飲食必先嘗之而後手自進御車駕還京會百寮於宣極堂行飮至策勳之禮以勰功爲羣將之最尋以勰爲司徒太子太傅侍中如故俄而齊將陳顯達內寇帝復親討之詔勰持節都督中外諸軍事總攝六師時帝不豫勰辭侍疾無暇更請一王總當軍要帝曰吾慮不濟安六軍保社稷者捨汝而誰帝至馬圈疾甚謂勰曰今吾當成不濟霍子孟以異姓受付況親賢不可不勉也勰泣曰士於布衣猶爲知己盡命況臣託靈先皇誠應竭股肱之力但臣出入喉膂每跨時要此乃周旦遁逃成王疑惑臣非所以辭勤請免正欲仰成陛下日鏡之明下令愚臣獲避退之福帝久之曰吾尋思汝言理實難奪乃手詔宣武曰汝第六父勰清規懋賞與白雲俱潔厭榮捨紱以松竹爲心吾少與綢繆提攜道趣每請朝纓恬眞丘壑吾以長兄之重未忍離遠何容仍屈素業長嬰世網吾百年之後其聽勰辭蟬捨冕遂其冲挹之性也帝崩于行宮遏祕喪事獨與右僕射任城王澄及左右數人爲計奉遷於安車中勰等出入如平常視疾進膳可決外奏累日達宛城乃夜進安車於郡廳事得加斂櫬還載臥輿六軍內外莫有知者遣中書舍人張儒奉詔徵宣武會駕梓宮至魯陽乃發喪行服宣武卽位勰跪授遺敕數紙咸陽王禧疑勰爲變停於魯陽郡外久之乃入謂勰曰汝非但辛勤亦危險至極勰恨之對曰兄識高年長故知有夷險彥和掘蛇騎武不覺艱難禧曰汝恨吾後至耳自孝文不豫勰常居中親侍醫藥夙夜不離左右至于衣不解帶亂首垢面帝患久多忿因之遷怒勰每被誚詈言至厲切威責近侍動將誅斬勰承顏悉心多所匡濟及帝昇遐齊將陳顯達奔遁始爾慮凶問泄漏致有逼迫勰內雖悲慟外示舍容出入俯仰神貌無異及至魯陽東宮官屬多疑勰有異志竊懷防懼而勰推誠盡禮卒無纖芥之過勰上諡議協時肇享曰孝五宗安之曰孝道德博聞曰文經緯天地曰文上尊號爲孝文皇帝廟號高祖陵曰長陵帝從之既葬帝固以勰爲宰輔勰頻口陳遺旨請遂素懷帝對勰悲慟每不許之頻表懇切帝難違遺敕遂其雅情猶逼以外任乃以勰爲都督定州刺史勰仍陳讓帝不許乃述職帝與勰書極家人敬請勰入京景明初齊豫州刺史裴叔業以壽春內屬詔勰都督南征諸軍事與尚書令王肅迎接壽春復授司徒又詔以本官領揚州刺史進位大司馬領司徒齊將陳伯之屯於肥口胡松又據梁城勰部分將士頻戰破之淮南平徵勰還朝初勰之定壽春獲齊汝陰太守王果豫州中從事庾稷等數人勰傾衿禮之常參坐席果承間求還江外勰矜而許之果又謝曰果等今還仰負慈澤請聽仁駕振旅反跡江外至此乃還其爲遠人所懷如此勰至京師頻表辭大司馬領司徒及所增邑乞還中山有詔不許乃除錄尚書侍中司徒如故固辭不免時咸陽王禧以驕矜頗有不法北海王詳陰言於帝又言勰大得人情不宜久在宰輔勸帝遵遺敕禧等又出領軍于烈爲恒州烈深以爲忿烈子忠常在左右密令忠言於帝宜早自覽政時將礿祭王公並齋於廟東坊帝遣于烈將壯士六十人召禧勰詳等引見帝謂勰曰頃來南北務殷不容仰遂冲操恪是何人而敢久違先敕今遂叔父高蹈之意詔乃爲勰造宅務從簡素以遂其心勰因是作蠅賦以喻懷又以勰爲太師勰遂固辭詔侍中敦喻帝又爲書於勰崇家人之敬勰不得已而應命帝前後頻幸勰第及京兆廣平王暴虐不法制宿衞隊主率羽林武賁幽守諸王於其第勰上表切諫帝不納時議定律令勰與高陽王雍八坐朝士有才學者五日一集參論軌制應否之宜凡所裁決時彥歸仰又加侍中勰敦尚文史撰自古帝王賢達至於魏世子孫族從爲三十卷名曰要略性仁孝言於朝廷以其舅潘僧固爲長樂太守京兆王愉構逆僧固見逼尚書令高肇性既兇愎又肇兄女入爲夫人順皇后崩帝欲以爲后勰固執以爲不可肇於是屢譖勰因僧固之同愉逆肇誣勰與愉通南招蠻賊勰國郎中令魏偃前防閤高祖珍希肇提攜構成事肇初令侍中元暉以奏暉不從又令左衞元珍言之帝訪暉明勰無此帝更以問肇肇以魏偃祖珍爲證乃信之永平元年九月召勰及高陽王雍廣陽王嘉清河王懌廣平王懷及高肇等入時勰妃方產固辭不得已意甚憂懼與妃訣而登車入東掖門度一小橋牛

僞人挽而入宴於禁中夜皆醉各就別所消息俄而元珍將武士賫毒酒至勰曰一見至尊死無恨也珍曰至尊何可復見武士以刀環築勰三下勰大言稱寃武士又以刀築勰乃飲毒酒武士就殺之向晨以褥裹屍輿從屏門出載屍歸第云因飲而薨勰妃李氏司空沖之女也號哭曰高肇枉理殺人天道有靈汝還當惡死及肇以罪見殺還於此屋論者知有報應焉帝爲舉哀於東堂勰既有大功於國無罪見害行路士女皆流涕曰高肇小人枉殺如此賢王在朝貴戚莫不喪氣景明報德寺僧鳴鐘欲飯忽聞勰薨二寺一千餘人皆嗟痛爲之不食但飲水而齋追贈假黃鉞使持節都督中外諸軍事司徒公太師給鑾輅九旒武賁班劒百人前後部羽葆鼓吹轀輬車有司奏太常卿劉芳議勰謚保大定功曰武善問周達曰宣宜謚武宣王詔可及莊帝卽位追號文穆皇帝妃李氏爲文穆皇后遷神主於太廟稱肅祖閔節帝時去其神主嫡子劭字子訥襲封劭善武藝少有氣節明帝初梁將寇邊劭表上粟九千斛資絹六百匹國吏二百人以充軍用靈太后嘉其至意不許累遷青州刺史孝昌末靈太后失德四方紛擾劭遂有異志爲安豐王延明所啓徵入爲御史中尉莊帝卽位尊爲無上王尋遇害河陰追謚曰孝宣皇帝妻李氏爲文恭皇后子韶字世冑好學美容儀初尒朱榮將入洛父劭恐以韶寄所親滎陽太守鄭仲明仲明尋爲城人所殺韶因亂與乳母相失遂與仲明兄子僧副避難路中爲賊逼僧副恐不免因令韶下馬僧副謂客曰窮鳥投人尚或矜愍況諸王如何棄乎僧副舉刃逼之客乃退韶逢一老母姓程哀之隱於私家居十餘日莊帝訪而獲焉襲封彭城王齊神武後以孝武帝后配之魏室奇寶多隨后入韶家有二玉鉢相盛轉而不可出馬腦榼容三升玉縫之皆稱西域鬼作也歷位太尉侍中錄尚書事司州牧特進太傅齊天保元年降爵爲縣公韶性行溫裕以高氏壻頗膺時寵能自謙退臨人有慧政好儒學禮致才彥愛林泉修第宅華而不侈文宣常剃韶鬢鬚加以粉黛衣婦人服以自隨曰以彭城爲嬪御譏元氏微弱比之婦女十年太史奏云今年當除舊布新文宣謂韶曰漢光武何故中興韶曰爲誅諸劉不盡於是乃誅諸元以厭之遂以五月誅元世哲景武等二十五家餘十九家並禁止之韶幽於京畿地牢絕食啗衣袖而死及七月大誅元氏自昭成已下並無遺焉或父祖爲王或身常貴顯或兄弟強壯皆斬東市其嬰兒投於空中承之以矟前後死者凡七百二十一人悉投屍漳水剖魚者多得爪甲都下爲之久不食魚世哲從弟黃頭使與諸囚自金鳳臺各乘紙鴟以飛黃頭獨能至紫陌乃墜仍付御史獄畢義雲餓殺之

北海王詳字季豫美姿容善舉止太和九年封加侍中孝文自洛北巡詳常與侍中彭城王勰並在輿輦陪侍左右至文成射銘所帝停駕詔諸弟及侍臣皆試射遠近諸人皆去一二十步唯詳箭及之帝拊掌欣笑遂詔勒銘親自爲制車駕南伐詳行中領軍留守孝文臨崩顧命詳爲司空輔政宣武覽政爲中大將軍錄尚書事咸陽王禧之謀反詳表求解任制不許除太傅領司徒侍中錄尚書事如故詳之拜命其夜暴風震電拔其廷中桐樹大十圍倒立本處初宣武之覽政詳聞彭城王勰有震主之慮而欲奪其司徒大懼物議故爲大將軍至是乃居之天威如此議者知其不終旣以季父崇寵位望兼極貪冒無壓公私營販又於東掖門外規占第宅至有喪柩在室請延至葬而不見許輿櫬巷次行路哀嗟詳母高太妃頗助威虐怨響嗷然妃宋王劉昶女不見荅禮寵妾范氏愛等伉儷及死葬訖猶毀隧視之又烝於安定王燮妃高氏卽茹皓妻姊詳旣素附於皓又緣淫好往來綢密詳雖貪侈宣武禮敬尚隆常別住華林園西隅與都亭宮館相接帝每潛幸其所肆飲終日與高太妃相見呼爲阿母伏而上酒禮若家人臨出高每拜送舉觴祝言願官家千萬年壽歲一入妾母子舍也初宣武之親政詳與咸陽王禧彭城王勰並被召入共乘犢車防衞嚴固高時惶迫以爲必死亦乘車傍路哭送至金墉及詳得免高云自今以後不願富貴但令母子相保共汝掃市作活也至此貴寵崇盛不復言有禍敗之理後爲高肇所譖云詳與皓等謀逆時詳在南第帝召中尉崔亮入禁糾詳貪淫及茹皓劉冑常季賢陳掃靜等專恣之狀夜卽收禁南臺又武賁百人圍守詳第夜中慮其驚懼奔越遣左右郭翼開金墉門馳出諭之示以中尉彈狀詳母高見翼頓首號泣不能自勝詳言審如中尉所糾何憂也人奉我珍異貨物我實受之果爲取受吾何憂乎至明皓等皆賜死引高陽王雍等五王入議詳罪單車防守還華林館母妻相與哭入所居小奴弱婢數人隨從防援甚嚴徙就太府寺免爲庶人別營坊館於洛陽縣東北隅如法禁衞限以終身名曰思善堂將徙詳居之會其家奴陰結黨輩欲劫出密抄名字潛託侍婢通於詳詳始得執省而門防主司邏見突入就詳手中覽得呈奏帝密令害之詳自至太府令其母妻還居南宅五日一來此夜母妻不來死於奴婢手中詔喪還南宅諸王皇宗悉令奔赴賵物一依廣陵故事詳之初禁乃以淫高事告母母大怒詈之曰汝自有妻妾侍婢少盛如花何共高麗婢姦令致此罪我得高麗婢當噉其肉乃杖詳背及兩脚百餘下自行杖力疲乃使奴代高氏素嚴詳每有微罪常加責罰以絮裹杖至是去絮皆至創膿又杖其妃劉數十云新婦大家女門戶匹敵何所畏而不檢校夫壻劉笑而受罰卒無所言詳貪淫之失雖聞遠近而死之日罪無定名遠近歎怪之永平元年十月詔追復王爵謚曰平王子顥襲顥字子明少慷慨有壯氣爲徐州刺史尋爲御史彈劾除名後賊帥宿懃明達叱干騏驎等寇亂豳華等州乃復顥王爵兼左僕射西道行臺以討明達頻破賊解豳華之圍後蕭寶夤等大敗於平涼顥亦奔還京師武泰初爲相州刺史以禦葛榮屬尒朱榮入洛推莊帝授顥太傅顥以葛榮南侵尒朱縱害遂盤桓顧望圖自安之策事不諧遂與子冠受奔梁梁武以爲魏王假之兵將令其北入永安二年四月於梁國城南登壇燔燎改號孝基元年莊帝詔濟陰王暉業於考城拒之爲顥所禽莊帝北幸顥遂入洛改稱建武元年顥以數千之衆轉戰屢剋據有都邑號令自已天下人情想望風政自謂天之所授頗懷驕怠宿昔賓客近習之徒咸見寵待干擾政事又日夜縱酒不恤軍國所統南兵陵竊市里朝野失望時又酷斂公私不安莊帝與尒朱榮還師討顥顥自於河梁拒戰冠受戰敗被禽顥自轘轅出至臨穎爲臨穎縣卒所斬初顥入洛其日暴風欲入閶闔門馬大驚不進令人執轡乃入有恒農楊曇華告人曰顥必無成假服袞冕不過六十日又諫議大夫元昭業曰昔更始自洛陽而西初發馬驚奔觸北宮鐵柱三馬皆死而更始卒不成帝位以古譬今其兆一也至七月果敗孝武初贈太師大司馬顥弟頊莊帝初封東海王位中書監及顥入洛成敗未分便以意氣自得爲時人笑顥敗潛竄爲人執送斬於都市孝武初贈太尉

孝文七男林廢后生廢太子恂文昭皇后生宣武皇帝廣平文穆王懷袁貴人生京兆王愉羅夫人生清河文獻王懌汝南王悅鄭充華生皇子恌未封早夭

廢太子庶人恂字元道生而母死文明太后撫視之常置左右年四歲太后親爲立名恂字元道於是太赦太和十七年七月癸丑立恂爲皇太子及冠恂於廟孝文臨光極東堂引恂入見誡以冠義曰字汝元道所寄不輕汝當尋名求義以順吾旨二十年改字宣道遷洛詔恂詣代都其進止儀體帝皆爲定及恂入辭帝曰今汝不應向代但太師薨於恒壤朕既居皇極之重不容輕赴舅氏之喪欲使汝展哀舅氏拜汝母墓一寫爲子之情山陵北海汝至彼太師事畢後日宜一拜山陵拜訖汝族祖南安可一就問訊在途當溫讀經籍今日親見吾也後帝每歲征幸恂常留守主執廟祀恂不好書學體貌肥大深忌河洛暑熱意每追樂北方中庶子高道悅數苦言致諫恂甚銜之孝文幸崧岳恂留守金墉謀欲召牧馬輕騎奔代手刃道悅於禁中領軍元儼勒門防遏夜得寧靜帝聞之駭惋外寢其事仍至汴口而還引恂數罪與咸陽王禧等親杖恂又令禧等更代百餘下扶曳出外不起者月餘拘於城西別館引見羣臣於清徽堂議廢之司空太子太傅穆亮尚書僕射少保李沖並免冠稽首而謝帝曰古人有言大義滅親此小兒今日不滅乃是國家之大禍脫待我無後恐有永嘉之亂乃廢爲庶人置之河陽服食所供粗免飢寒而已帝幸代遂如長安中尉李彪承間密表告恂復與左右謀逆帝在長安使中書侍郞邢巒與咸陽王禧奉詔賫椒酒詣河陽賜恂死時年十五斂以麤棺常服瘞於河陽城二十二年冬御史臺令史龍文觀坐法當死告廷尉稱恂前後被攝左右之日有手書自理不知狀而中尉李彪侍御史賈尚寢不爲聞賈坐繫廷尉時彪免歸帝在鄴尚書表收彪赴洛會赦遂不窮其本末賈尚出繫累病數日死初帝將爲恂娶司徒馮誕長女以女幼待年長先爲娉彭城劉長文滎陽鄭懿女爲左右孺子時恂年十三四帝嘗謂郭祚崔光宋弁曰人生須自放不可終朝讀書我欲使恂旦出省經傳食後還內晡時復出日夕而罷卿等以爲何如光曰孔子稱血氣未定戒之在色太子尚以幼年涉學之日不宜于正晝之時捨書御內又非所以安柔弱之體固永年之命帝以光言爲然乃不令恂晝入內無子

京兆王愉字宣德太和二十一年封拜都督徐州刺史以彭城王中宣府長史盧陽烏兼長史州事巨細委之陽烏孝武初爲護軍將軍帝留愛諸弟愉等常出入宮掖晨昏寢處若家人焉遷中書監爲納順皇后妹爲妃而不見禮荅愉在徐州納妾李氏本姓楊東郡人夜聞其歌悅之遂被寵嬖罷州還京欲進貴之託右中郞將趙郡李恃顯爲之養父就之禮迎產子寶月順皇后召

李入宮毀擊之强令為尼於內以子付妃養之歲餘后父于勁以后久無所誕乃表勸廣嬪御因令后歸李於愉舊愛更甚愉好文章頗著詩賦時引才人宋世景李神儁祖瑩邢晏王遵業張始均等共申宴喜招四方儒學賓客嚴懷眞等數十人館而禮之所得穀帛率多散施又崇信佛道用度常至不接與弟廣平王懷頗相夸尚競慕奢麗貪縱不法於是孝武攝愉禁中推案杖愉五十出為冀州刺史始愉自以職求侍要勢劣二弟潛懷愧恨頗見言色又以幸妾屢被頓辱內外離抑及在州謀逆愉遂殺長史羊靈引及司馬李遵稱得清河王密疏云高肇謀為殺害主上遂為壇於信都之南柴燎告天即皇帝位赦天下號建平元年立李氏為皇后孝武詔尚書李平討愉愉出拒王師頻敗遂嬰城自守愉知事窮携李及四子數十騎出門諸軍追之見執以送詔徵赴京師申以家人之訓愉每止宿亭傳必携李手盡其私情雖鎖縶之中飲賞自若畧無愧懼之色至野王愉語人曰雖主上慈深不忍殺我吾亦何以面見至尊於是歔欷流涕絕氣而死年二十一或云高肇令人殺之歛以小棺瘞諸子至洛皆赦之後靈太后令愉之四子皆附屬籍追封愉臨洮王寶月乃改葬父母追服三年

清河王懌字宣仁幼而敏慧美姿貌孝文愛之彭城王勰甚器異之並曰此兒風神外偉黃中內潤若天假之年緫二南矣博涉經史兼綜羣言有文才善談理寬仁容裕喜怒不形於色太和二年封孝武初拜侍中轉尚書僕射懌才長從政明於斷決剖判衆務甚有聲名司空高肇以帝舅寵任既擅威權謀去良宗屢譖懌及愉等愉不勝其忿怒遂舉逆冀州因愉之逆又構殺勰懌恐不免肇又錄囚徒以立私惠懌因侍宴酒酣乃謂肇曰天子兄弟詎有幾人而炎炎不息昔王莽頭禿亦藉渭陽之資遂篡漢室今君曲形見矣恐復終成亂階又言於孝武曰臣聞唯器與名不可以假人是故季氏旅泰山宣尼以為深譏仲叔軒懸丘明以為至誡諒以天尊地卑君臣道別宜杜漸防萌無相僭越至於減膳錄囚人君之事今乃司徒行之詎是人臣之義且陛下修政教解獄訟則時雨可降玉燭知和何使明君失之於上姦臣竊之於下長亂之基於此在矣孝武笑而不應孝明熙平初遷太尉侍中如故懌詔裁門下之事又典經義注時有沙門惠憐者自云呪水飲人能差諸病病人就之者日有千數靈太后詔給衣食事力重使於城西之南治療百姓病懌表諫曰臣聞律深惑衆之科禮絕祆淫之禁皆所以大明居正防遏姦邪昔在漢末有張角者亦以此術熒惑當時論其所行與今不異遂能詿誘生人致黃巾之禍天下塗炭數十年間角之由也昔新垣姦不登於明堂五利僥終嬰於顯戮靈太后以懌孝明懿叔德先具瞻委以朝政事擬周霍懌竭力匡輔以天下為己任領軍元叉太后之妹夫也恃寵驕盈懌裁之以法每抑黜之為叉所疾叉黨人通直郎宗準愛希叉旨告懌謀反禁懌門下訊問左右及朝貴貴人分明得雪乃釋焉懌以忠而獲謗乃鳩集昔忠烈之士為顯忠錄二十卷以見意焉正光元年七月叉與劉騰逼孝明於顯陽殿閉靈太后於後宮囚懌於門下省懌罪伏遂害之時年三十四朝野貴賤知與不知含悲喪氣驚振遠近夷人在京及歸聞懌之喪為之劈面者數百人

廣平王懷 闕 自有魏諸王召入華林別館禁其出入令四門博士董徵授以經傳孝武崩乃得歸

汝南王悅好讀佛經覽書史為性不倫俶儻難測悅妃閭氏即東海公之女也生一子不見禮荅有崖延夏者以左道與悅遊合服仙藥松术之屬時輕與出採之宿於城外小人之所遂斷酒肉粟稻唯食麥飯又絕房中而更好男色輕忿妃妾至加捶撻同之婢使悅之出也妃住於別第靈太后敕檢問之引入窮悅事故妃病杖牀蓐瘡尚未愈太后因悅杖妃乃下令禁斷令諸親王及三蕃其有正妃病患百日已上皆遣奏聞若有猶行捶撻就削封位及清河王懌為元叉所害悅了無讐恨之意乃以桑落酒候伺之盡其私佞叉大喜以悅為侍中太尉臨拜日就懌子亶求懌服翫之物不時稱旨乃召亶杖之百下亶居廬未葬形氣羸弱暴加威撻殆至不濟仍呼阿兒親自循撫 闕 悅乃為大剉碓置於州門盜者便欲斬其手時人懼其無常能行異事姦偷畏之而暫息及尒朱榮舉兵向洛悅遂奔梁梁武厚相資待莊帝崩遂立為魏主號年更興節閔初遣兵送悅置於境上以覬侵逼及齊神武既誅尒朱以悅孝文子宜承大業乃令人示意悅既至清狂如故動為罪失乃止孝武初除大司馬開府孝武以廣陵頗有德望以悅屬尊地近內懷畏忌故前後害之贈假黃鉞太師司州牧大司馬王如故謚曰文宣子頹與父俱奔梁遂卒於江左

皇子恌年七歲景明元年薨就斂於華林東閤堂葬于文昭皇后陵東後以增廣文昭后墳塋徙窆北崗

論曰文成五王安豐特標令望延明學業該贍加以雅談之美及于永安運迹寇戎卒致奔亡亦其命也獻文諸子俱漸太和之訓而咸陽終於逆節廣陵斃于桑中人而無儀各宜遄死高陽器術鈌然終荷棟幹至於橈敗實尸其闕武宣孝以為質忠而樹行及夫在安處危之操送往事居之節周旦匪佗之旨霍光異姓之誠事實兼之竟而功高震主德隆動俗間言一入卒不全生嗚呼周成漢昭未易遇也北海義昧鶺鴒奢淫喪雖禍發青蠅亦自貽伊戚顚取若拾遺亡不旋踵豈守之無術其天將覆之庶人險暴之性自幼而長終以廢黜不得其終斯乃朱均之性堯舜不能訓也京兆早有令聞晚致顚覆習於所染可不慎乎清河器識才譽以懿親作輔時鍾屯詖始遘牆茨之逼運屬道消晚扼兇權之手悲哉廣平早歲驕盈汝南性致狂逸揆其終始俱不足論而悅以天人所棄卒嬰猜懼之毒蓋地逼之尤也魏自西遷之後權移周室而周文天縱寬仁性罕猜忌元氏戚屬並見保全內外任使布於列職孝閔踐阼無替前緒明武纘業亦遵先志雖天厭魏德鼎命已遷枝葉榮茂足以愈於前代矣

北史卷十九考證

咸陽王禧傳為之師傅以匠成之○以匠監本訛匠以今改從南本

帝時幸小平津○監本脫津字今從南本增正

與杜德別還南德不許送洛陽置在景明寺○魏書作杜德襲擊之擒樹送京師禁於永寧佛寺與此小異

廣陵王羽傳詔羽從至雁門○雁監本訛應今改從南本

又謂長兼尚書于果○果一本作杲

彭城王勰傳時將礿祭○礿監本訛初今改從魏書

恪是何人而敢久違先敕○恪監本訛諱蓋沿襲舊文而然也今改正

邵表上粟九千斛資絹六百匹○魏書無資字

有二玉鉢相盛轉而不可出馬瑙榼容三升玉縫之皆稱西域鬼作也○玉監本訛王今改從南本

北海王祥傳武泰初為相州刺史○初監本訛傳今改從閩本

廢太子庶人恂傳時年十五餘○魏書無餘字

北史卷二十

唐 李延壽 撰

列傳第八

衛操 莫含 劉庫仁（弟子羅辰 羅辰曾孫仁之）

尉古眞（從子孫瑾） 穆崇 奚斤

叔孫建 安同 庾業延

王建 羅結 婁伏連（曾孫寶）

閭大肥 奚牧 和跋

莫題 賀狄干 李栗

奚眷

衛操字德元代人也少通俠有才略晉征北將軍衛瓘以操為牙門將當魏神元時頗自結附及神元崩後與從子雄及其宗室鄉親姬澹等來歸說桓穆二帝招納晉人桓帝以為輔相任以國事及劉石之亂桓帝匡助晉氏操稍遷至右將軍封定襄侯桓帝崩後操立碑於大邗城南以頌功德云魏軒轅之苗裔言桓穆二帝統國御衆威禁大行國無姦盜路有頌聲威武所向下無交兵招喻六狄咸來歸誠奉承晉皇扞禦邊疆王室多難天網弛綱豪心遠濟靡離其殃歲躬逆命姦盜豺狼永安元年歲次甲子姦黨猾逆東西狼跱敢逼天王兵甲屢起怙衆肆暴虐用將士鄴洛構隙棄親求疏乃招異類屠各匈奴交刃千里長蛇塞塗晉道應天言展良謨使持節平北將軍并州刺史護匈奴中郎將東嬴公司馬騰才神絕世規略超遠欲求外救朝臣莫應簡賢選士命茲良使遣參軍壺倫牙門中行嘉義陽亭侯衞謨協義亭侯衞鞬等馳奉檄書至晉陽城又稱桓穆二帝心存宸極輔相二衞對揚毗翼操展文謀雄奮武烈承命會議諮論奮發翼衞內外鎮靜四方志在竭力奉戴天王忠恕用暉外動亦攘功濟方州勳烈光延升平之日納貢充藩馮贈鑾蓋步趾三川有德無祿大命不延年三十九以永興二年六月二十四日寢疾薨殂背棄華殿雲中名都國失惠主哀感歔欷悲痛煩冤載呼載號遠近親戚奔赴梓廬仰訴造化痛延悲夫時晉光熙元年也皇輿初雍州別駕鴈門叚榮於大邗掘得此碑文雖非麗事宜載焉故略附於傳操以穆帝三年卒始操所與宗室鄉親入國者衞勲安樂亭侯衞崇衞清並都亭侯衞沉叚繁並信義將軍都鄉侯王發建武將軍都亭侯范班折衝將軍廣武亭侯賈慶建武將軍上洛亭侯賈循都亭侯李壹關中侯郭乳關內侯皆為桓帝所表授也六修之難存者多隨劉琨任子遵南奔衞

雄姬濟莫含等名皆見碑雄字世遠濟字世雅並勇健多計桓帝並以爲將常隨征伐雄稍遷至左將軍雲中侯濟亦以勇績著名桓帝末至信義將軍樓煩侯穆帝初並見委任衞操卒後俱爲左右輔相六修之逆國內大亂雄濟並爲羣情所附乃與劉遵率烏丸晉人數萬而叛劉琨聞之大悅如平城撫納之欲因以滅石勒後爲勒將孔長所滅

莫含鴈門繁畤人也劉琨爲并州辟含從事含居近塞下常交通國中穆帝愛其才器及爲代王備置官屬求含於琨琨遣之乃入參國官常參軍國大謀卒於左將軍關中侯其故宅在桑乾川南世稱莫含壁含音訛或謂之莫回城云子顯昭成世爲左常侍顯子題道武初爲大將以功賜爵東宛侯常與李栗侍宴栗坐不敬獲罪題亦被黜爲濟陽太守後道武欲廣宮室規度平城四方數十里將模鄴洛長安之制運材數百萬根以題機巧徵令監之召入與論興造之制題久侍頗怠賜死題弟雲好學善射道武時常典選曹賜爵安德侯遷執金吾參軍國謀議太武克赫連昌詔雲與常山王素留鎮統萬進爵安定公雲撫慰新舊皆得其所卒諡敬公

劉庫仁字沒根獨孤部人劉武之宗也少豪俠有智略母平文皇帝之女昭成皇帝復以宗女妻之爲南部大人建國三十九年昭成暴崩道武未立苻堅以庫仁爲陵江將軍關內侯令與衞辰分國衆統之河西屬衞辰河東屬庫仁於是獻明皇后攜道武及衞秦二王自賀蘭部來居焉庫仁盡忠奉事不以興廢易節苻堅處衞辰在庫仁下衞辰怒叛攻庫仁庫仁伐衞辰破之苻堅賜庫仁妻公孫氏厚其資送慕容垂圍苻丕於鄴又遣將平規攻堅幽州刺史王永于薊庫仁遣妻兄公孫希助永擊規大破之庫仁復將大舉以救丕發鴈門上谷代郡兵次於繁畤先是慕容文等當徙長安遁依庫仁部常思東歸是役也文等夜率三郡人攻殺庫仁乘其駿馬奔慕容垂公孫希聞亂走丁零庫仁弟眷繼攝國事眷第三子羅辰機警有智謀謂眷曰從兄顯忍人也願早圖之眷不以爲意後庫仁子顯果殺眷而代立顯既殺眷又謀逆及道武即位討顯于馬邑追至彌澤大破之從奔慕容驎驎徙之中山羅辰即宣穆皇后兄也顯既殺眷羅辰遂奔道武顯恃強每謀逆羅辰輒先聞奏拜南部大人從平中原以功賜爵永安公以軍功除征東將軍定州刺史卒諡曰敬子殊暉襲爵位并州刺史卒子求引位武衞將軍卒諡曰貞子尒頭位魏昌夔陶二縣令贈鉅鹿太守子仁之字山靜少有操尚粗涉書史歷位衞將軍西兗州刺史在州有當時之譽武定二年卒贈衞大將軍吏部尚書青州刺史諡曰敬仁之外示長者內多矯詐其對賓客破牀弊席麤飯冷菜衣服故惡乃過逼下善候當塗能爲詭激每於稠人廣衆中或撾一姦吏或縱一孤貧大言自眩淺識皆稱其美公能之譽動過其實性又酷虐在晉陽曾營城雉仁之統監作役以小稽緩遂杖前殷州刺史裴瑗并州刺史王綽齊神武大加譴責性好文字吏書失體便加鞭撻言韻微訛亦見捶楚吏人以此苦之而愛好文史敬重人流與齊帥馮元興交款元興死後積年仁之營視其家常出隆厚時人以此尙之仁之伯乞歸眞君中除中散大夫性寬和與物無競未嘗言人善惡曾遇患晝寢有奴偷竊乞歸詐睡不見亦不泄之此奴走入蠕蠕方笑言之亦無嗔色獻文末除主客尚書孝文初位東雍州刺史賜爵永安侯卒子嵩字阿龍好周人之急與王仲興自平城被追赴洛家貧不能自達嵩事事資遣宣武時仲興寵幸乃奏除給事請疏黃河以通船漕授龍門都將歷年功不就坐流元曄僭立授大鴻臚卿子挑湯位終奉朝請

尉古眞代人也道武之在賀蘭部賀染干遣侯引乙突等將肆逆古眞知之密以馳告染干疑古眞泄其謀乃執栲之以兩車軸押其頭傷其一目不服乃免之後從平中原以功賜爵東州侯明元初爲鴻飛將軍鎮大洛卒於定州刺史子億萬襲古眞弟諾以忠謹著稱從道武圍中山先登傷一目道武歎曰諾兄弟並毀目以建功効誠可嘉也賜安樂子從平姚平還拜國部大人太武時改邑遼西公卒第八子歡襲諾長子眷忠謹有父風明元時執事左右爲太官令時侍臣受斤亡入蠕蠕詔眷追之遂至廣庭禽之大檀前由是以驍烈聞太武即位命眷與散騎侍郎劉庫仁等八人分典四部綰奏機要加陳兵將軍文成時拜侍中太尉封漁陽王與太宰常英等錄尚書事文成北巡狩以寒雪方降議還眷曰今去都不遠而旋敵必疑我有內難方寒雪宜更進前帝遂度漠而還帝以眷元老賜杖履上殿薨諡曰莊子多侯襲爵多侯少有武幹獻文時假節領護羌戎校尉敦煌鎮將至求輕騎五千西入于闐兼平諸國因敵取資平定爲効弗許孝文初又求北取伊吾斷蠕蠕通西域路帝善其計以東作方興難之爲妻元所害多侯弟子慶賓善騎射有將略稍遷太中大夫明帝時朝議送蠕蠕主阿那瓌還國慶賓上表固爭不從後蠕蠕遂執行臺元孚慶賓後拜肆州刺史時尒朱榮兵威漸盛曾經肆州慶賓惡之據城不納榮襲之拘還秀容呼爲假父後以憂還都尋起爲光祿大夫督鎮汝陰還朝卒贈司空子瑾瑾少而敏悟好學慕善以國姓門資稍遷直後司馬子如執政瑾娶其甥皮氏爲妻由此除中書舍人後除吏部郎中齊文襄崩文宣命瑾在鄴北宮共高德正典機密天保中累遷七兵尚書侍郎孝昭輔政除吏部尚書武成踐祚趙彥深本子如賓僚元文遙和士開並帝鄉故舊共相薦達任遇彌重又吏部銓衡所歸事多祕密由是朝之機事頗亦預聞後爲尚書右僕射卒武成方在三臺饗宴文遙奏聞遂命撤樂罷飲瑾外雖通顯內闕風訓閨門穢雜爲世所鄙有女在室忽從奔誘瑾遂以適婦姪皮逸人瑾又通寡嫂元氏瑾昔譏吏部郎中頓丘李構云郎不稽古構對令史云我實不稽古未知通嫂得作稽古不瑾聞大慙然亦能折節下士意在引接名流但不之別也有賈彥始者儀望雖是儒生稱堪充聘陳使司徒戶曹祖崇儒文辯俱不足言將爲當世莫及好學吳人搖脣振足爲人所哂見人好笑時論比之寒蟬又少威儀子德載以蒲鞭責之便自投井瑾自臨井上呼云兒出聞者皆笑及位任重便大躁急省內郎中將論事者逆即瞋罵旣居大選彌自驕俍皮子賤恃其親通多所談薦大有受納瑾死後其弟靜忿而發之子賤坐決鞭二百配北營州初瑾爲聘梁使梁人陳昭善相謂瑾曰二十年後當爲宰相瑾出私謂人曰此公宰相後不過三年當死昭後爲陳使主曰二年當死果如言焉德載位通直散騎侍郎眷弟地干機悟有才藝馳馬立射五的時人莫能及太武時位庫部尚書加散騎常侍領侍輦郎奉上忠謹尤善嘲笑太武見其効人舉措忻悅不能自勝甚見親愛參軍國大謀時征平原試衝車以攻冢地干爲索所羂折脅而卒帝親往哭慟贈中領軍燕郡公諡曰惠子長壽位右曹殿中尚書賜爵會稽公卒於涇州刺史古眞族玄孫聿字成興性耿介明帝時爲武衞將軍時領軍元叉執權百寮莫不加敬聿獨長揖不拜尋出爲涼州刺史涼州緋色天下之最又送白綾二千匹令染聿拒不受又諷御史劾之驛徵至京覆無狀還任卒

穆崇代人也其先代効節於神元桓穆之時崇少以盜竊爲事道武之居獨孤部崇往來奉給時人無及者後劉顯之逆平文皇帝外孫梁眷知之密遣崇告道武眷謂崇曰顯若知之雖刀劍剉割勿泄也因以寵妻及所乘良馬付崇曰事覺吾當以此自明崇來告難道武馳如賀蘭部顯果疑眷泄將囚之崇乃唱言梁眷不顧恩義將顯爲逆今我掠得其妻馬足以雪忿顯聞信之窟咄之難崇外甥于植等與崇謀執道武以應之崇夜告道武道武誅植等北踰陰山復幸賀蘭部道武爲魏王崇從平中原位侍中豫州刺史太尉宜都公天賜三年薨先是衞王儀謀逆崇預焉道武惜其功祕之及有司奏諡帝親覽諡法述義不克曰丁曰此當矣乃諡丁公初道武避窟咄難遣崇還察人心崇留馬與從者微服入其營會有火光爲舂妾所識賊皆驚起崇求從者不得因匿阬中徐乃竊馬奔走宿於大澤有白狼向崇號崇覺悟馳隨狼奔遂免難道武異之命崇立祀子孫世奉焉太和中追錄功臣以崇配饗崇長子遂留以功賜爵零陵侯後以罪廢子乙以功賜爵富城公卒於侍中諡曰靜子眞尚長城公主拜駙馬都尉後敕離婚納文明太后姊位南部尚書侍中卒諡曰宜孝文追思崇勳令著作郎韓顯宗與眞選定碑文建於白登山眞子泰本名石洛孝文賜名焉以功臣子孫尚章武長公主拜駙馬都尉典羽獵四曹事後爲尚書右僕射馮翊侯出爲定州刺史初文明后幽孝文於別室將謀黜廢泰切諫乃止孝文德之故寵待隆至自陳久病乞爲恒州許之泰不願遷都潛圖叛乃與定州刺史陸叡及安樂侯元隆等謀推朔州刺史陽平王頤爲主頤密表其事帝乃遣任城王澄發并肆兵討之澄先遣書侍御史李煥單騎入代出其不意泰等驚駭計無所出煥曉喻逆徒示以禍福於是凶黨離心莫爲之用泰自度必敗乃率麾下攻煥郭門不克走出爲人禽送孝文幸代泰等伏誅子士儒字叔賢徙涼州後得還爲太尉參軍事子子容少好學無所不覽求天下書逢即寫錄所得萬餘卷魏末爲兼通直散騎常侍聘梁齊受禪卒於司農卿逐留弟觀字闥拔襲崇爵少以文藝知名明元中位爲左衞將軍綰門下中書出納詔命及訪舊事未嘗有遺漏尚宜陽公主拜駙馬都尉位太尉太武監國觀爲右弼出則統攝朝政入則應對左右事無巨細皆關決焉終日怡怡無愠色勞謙善誘不以富貴驕人泰常八年暴疾薨年三十五明元親臨其喪悲動左右賜以通身隱起金飾棺喪禮一依安城王叔孫俊故事贈宜都王諡

曰文成太武即位每與羣臣談宴未嘗不歎息殷勤以爲自道武以來佐命勳臣文武兼濟無及之者子壽襲爵尚樂陵公主拜駙馬都尉明敏有父風太武愛重之擢爲下大夫數奏機辯有聲內外遷侍中中書監領南部尚書進爵宜都王加征東大將軍壽辭曰臣祖崇先皇之世屢逢艱危幸天贊梁眷誠心先告故得效功前朝流福於後昔陳平受賞歸功無知今眷元勳未錄臣獨奕世受榮豈惟仰愧古賢抑亦有虧國典太武嘉之乃求眷孫賜爵郡公與駕征涼州命壽輔景穆總錄機要內外聽焉次雲中將濟河帝別御靜室召壽及司徒崔浩尚書李順謂壽曰蠕蠕吳提與牧犍連和今聞朕征涼州必來犯塞若伏兵漠南殄之爲易牧田訖可分伏要害以待虜至引使深入然後擊之若違朕指授爲虜侵害朕還斬卿崔浩李順爲證非虛言也壽信卜筮言謂賊不來竟不設備吳提果至京邑大駭壽不知所爲欲築西郭門請景穆避保南山惠保太后不聽乃止遣司空長孫道生等擊之太武還以無大損傷故不追咎景穆監國壽與崔浩等輔政人皆敬浩壽獨陵之又自恃位任以人莫己及謂其子師曰但令吾兒及我亦足勝人不須苦教之遇諸父兄弟有如僕隸夫妻並坐共食而令諸父餕餘爲時人鄙笑薨贈太尉謚曰文宣子平國襲爵尚城陽長公主拜駙馬都尉侍中中書監爲太子四輔卒子伏干襲尚濟北公主拜駙馬都尉卒謚曰康無子伏干弟羆襲爵尚新平長公主拜駙馬都尉武牢鎮將頻以不法致罪孝文以其勳德之舊讓而赦之轉吐京鎮將深自剋勵後改吐京鎮爲汾州仍以羆爲刺史前吐京太守劉升在郡甚有威惠限滿還都胡人八百餘人詣羆請之前定陽令吳平仁亦有恩信戶增數倍羆以吏人懷之並爲表請孝文皆從焉羆既頻薦升等所部守令咸自砥礪威化大行州人李軌郭及祖七百餘人詣闕稱羆恩德孝文以羆政和人悅增秩延限後復爲光祿勳隨例降王爲魏郡公累遷侍中中書監穆泰之反羆與潛通赦後事發削封爲編戶卒于家宣武時追贈鎮北將軍恒州刺史羆弟亮字幼輔早有風度獻文時起家侍御中散尚中山長公主拜駙馬都尉封趙郡王加侍中徙封長樂王孝文時除征南大將軍領護西戎校尉仇池鎮將宕昌王梁彌機死子彌博立爲吐谷渾所逼來奔仇池亮以彌博兇悖氐羌所棄彌機兄子彌承戎人歸樂表請納之孝文從焉於是擊走吐谷渾立彌承而還氐豪楊卜自延興以來從軍二十一戰前來鎮將抑而不聞亮表卜爲廣業太守豪右咸悅境內大安徵爲侍中尚書左僕射于時復置司州孝文曰司州始立未有寮吏須立中正以定選舉然中正之任必須德望兼資世祖時崔浩爲冀州中正長孫嵩爲司州中正可謂得人公卿等宜審推舉尚書陸叡舉亮爲司州大中正後拜司空參議律令例降爵爲公時文明太后崩已過期月孝文毀瘠猶甚亮表請上承金冊遺訓下稱億兆之心時襲輕服數御常膳修崇郊祠垂惠咸秩詔曰苟孝悌之至無所不通今飄風亢旱時雨不降實由誠慕未濃幽顯無感也尋領太子太傅時將建太極殿帝引見羣臣於太華殿曰將營殿宇今欲徙居永樂以避囂埃土木雖復無心毀之能不僂愴今故臨對卿等與之取別此殿乃高宗所制爰歷顯祖逮朕沖年受位於此但事來奪情將有改制仰惟疇昔唯深悲感亮稽首請稽之卜筮又以去歲役作爲功甚多太廟明堂一年便就若仍歲頻興恐人力彫弊且材幹新伐願待逾年帝曰朕遠覽前王無不興造故有周創業經建靈臺洪漢受命未央是作草創之初猶尚若此況朕承累聖之運屬太平之基欲及此時以就大功人生定分修短命也著蔡雖智其如命何當委之分豈假卜筮移御永樂宮後帝臨朝嘗謂亮曰三代之禮日出視朝自漢魏以降禮儀漸殺晉令有朔望集公卿於朝堂而論政事亦無天子親臨之文今因卿等日中之集中前卿等自論政事中後與卿等共議可否遂命讀奏案帝親決之及遷都加武衛大將軍以本官董攝中軍事帝南伐以亮錄尚書事留鎮洛陽後帝自小平津汎舟幸石濟亮諫曰漢帝欲乘舟渡渭廣德將以首血汙車輪帝乃感而就橋渭之小水猶尚若斯況洪河有不測之慮帝曰司空言是也及羆預穆泰反事覺亮上表自劾帝優詔還令攝事亮固請久乃許之後徙封頓丘郡公以紹崇爵宣武即位拜尚書令司空公薨宣武親臨小歛贈太尉謚曰匡子紹字永業尚琅邪長公主拜駙馬都尉歷位秘書監侍中衛將軍太常卿中書令七兵殿中二尚書遭所生憂免居喪以孝聞又歷衛大將軍中書監侍中領本邑中正紹無他才能而資性方重罕接賓客稀造人門領軍元叉當權薰灼曾往紹宅紹迎送下階而已時人歎尚之及靈太后欲黜叉猶豫未決紹讚成之以功加特進侍中元順與紹同直常因醉入寢所紹擁被而起正色讓順曰老身二十年侍中與卿先君亟連職事縱卿後進何宜相排突也遂謝事還家詔諭乃起除侍中託疾未起故免河陰之害莊帝立尒朱榮徵之紹以爲必死哭辭家廟及見榮捧手不拜榮亦矯意禮之顧謂人曰穆紹不慮作大家兒車駕入宮尋授尚書令司空進爵爲王給班劍四十人仍加侍中時河南尹李獎往詣紹獎以紹郡人謂必致敬紹又恃封邑是獎國主匡坐待之不爲動膝獎懼其位望致拜而還議者兩譏焉未幾降王復本爵普泰元年除驃騎大將軍開府青州刺史加都督未行而薨贈大將軍尚書令太保謚曰文獻子長嵩字子岳襲爵位光祿少卿平國弟正國尚長樂公主拜駙馬都尉正國子平城早卒孝文時始平公主薨於宮追贈平城駙馬都尉與公主冥婚壽弟多侯封長寧子位司衛監文成崩乙渾專權召司徒陸麗麗時在溫湯療疾多侯謂曰渾有無君心大王衆所望也去必危宜徐歸而圖之麗不從遂爲渾害多侯亦見殺觀弟翰平原鎮將西海王薨子龍兒襲爵降爲公卒子弼有風格善自位置涉獵經史與長孫承業陸希道等齊名然而矜己陵物頗以此損焉孝文定氏族欲以弼爲國子助教弼辭以爲屈帝曰朕欲敦勵冑子屈卿先之白玉投泥豈能相汙弼曰既遇明時恥沉泥滓會司州牧咸陽王禧入帝曰朕與卿作州督舉一主簿即命弼謁之因爲帝所知宣武初爲廣平王懷國郎中令數有匡諫之益除中書舍人卒於華州刺史謚曰懿翰弟顗有才力以侍御郎從太武征赫連昌勇冠一時賜爵泥陽子拜司衛監從太武田崞山有虎突出顗搏而獲之帝歎曰詩云有力如武顗乃過之後從征白龍討蠕蠕以功進爵建安公後拜殿中尚書出鎮涼州還加散騎常侍領太倉尚書文成時爲征西大將軍督諸軍西征吐谷渾坐擊賊不進免官爵徙邊文成以顗著勳前朝徵爲內都大官卒贈征西大將軍建安王謚曰康子寄生襲崇宗人醜善道武初率部歸附與崇同心戮力捍禦左右拜天部大人居東蕃子莫提從平中原位相州刺史假陵陽侯其子孫位亦通顯

奚斤代人也世典馬牧父箄有寵於昭成皇帝時國有良馬曰騧騮一夜忽逸後知南部大人劉庫仁所盜養於窟室箄聞而馳往取馬庫仁以國甥恃寵慙而逆擊箄箄捽其髮落傷其一乳及苻堅使庫仁與衛辰分領國部箄懼遂奔衛辰及道武滅衛辰箄曉乃得歸故名位後於舊臣斤機辯有識度登國初與長孫肥等俱統禁兵後以爲侍郎親近左右從征慕容寶於參合皇始初拜越騎校尉典宿衛禁旅車駕還京師博陵勃海章武諸郡羣盜並起斤與略陽公元遵等討平之從征破高車諸部又破庫狄宥連部徙其別部諸落於塞南又進擊侯莫陳部至大峨谷置戍而還遷都水使者出爲晉兵將軍幽州刺史賜爵山陽侯明元即位爲鄭兵將軍詔以斤世忠孝贈其父箄長寧子明元幸雲中斤留守京師昌黎王慕容伯兒謀反斤召入天安殿東廡下誅之詔與南平公長孫嵩等俱坐朝堂錄決囚徒明元大閱于東郊講武以斤行左丞相大蒐於石會山車駕西巡詔斤先驅討越勤部於鹿那山大破之又詔斤與長孫嵩等八人坐止車門左聽理萬機拜天部大人進爵爲公命斤出入乘軺軒備威儀導從太武之爲皇太子臨朝聽政以斤爲左輔宋廢主義符立其國內離阻乃遣斤收河南地假斤節都督前鋒諸軍事司空晉兵大將軍行揚州刺史率吳兵將軍公孫表等南征用表計攻滑臺不拔求濟師帝怒其不先略地切責之乃親南巡次中山斤自滑臺趣洛陽長驅至武牢遂平兗豫諸郡還圍武牢及武牢潰斤置守宰以撫之自魏初大將行兵唯長孫嵩拒宋武斤征河南獨給漏刻及十二牙旗太武即位進爵宜城王仍爲司空太武征赫連昌遣斤率義兵將軍封禮等襲蒲坂斤又西據長城秦雍氐羌皆來歸附斤與赫連定相持累戰破定定聞昌敗走上邽斤追至雍不及而還詔斤班師斤請因其危平之乃進討安定昌退保平涼斤屯軍安定以糧竭馬死深壘自固監軍侍御史安頡擊昌禽之昌衆復立昌弟定爲主守平涼斤耻以元帥而禽昌之功更不在己乃舍輜重追定於平涼定衆將出會一小將有罪亡入賊具告其實定知斤軍無糧乏水乃邀斤前後斤衆大潰斤及將娥清劉拔爲定所禽後太武剋平涼斤等得歸免爲宰人使負酒食從駕還京師以辱之尋拜安東將軍降爵爲公太延初爲衛尉改爲恒農王後爲萬騎大將軍太武議伐涼州斤等三十餘人議以爲不可帝不從涼州平以戰功賜僮隸七十戶又以斤元老賜安車平決獄訟諮訪朝政斤聰辯彊識善於談論遠說先朝故事雖未皆是時有所得聽者歎美之每議大政多見從用朝廷稱焉眞君九年薨時年八十九太武親臨哭慟謚曰昭王斤有數十婦子男二十餘人長子他觀襲爵太武曰斤西征之敗國有常刑以其佐命先朝故復其爵秩將收孟明之効今斤終其天年君臣之分全矣於是降他觀爵爲公傳國至孫緒無子國除太和中孝

文追錄先朝功臣以斤配饗廟庭宣武繼世以緒弟子監紹其後

叔孫建代人也父骨爲昭成母王太后所養與皇子同列建少以智勇著稱道武之幸賀蘭部常從左右登國初爲外朝大人與安同等十三人迭典庶事參軍國之謀隨秦王觚使慕容垂歷六載乃還累遷中領軍賜爵安平公出爲并州刺史後以公事免守鄴城園明元即位念前功以爲正直將軍相州刺史飢胡劉武等聚黨叛明元假建前號安平公督公孫表等以討武斬首萬餘級餘衆奔走投沚水死水爲不流晉將劉裕伐姚泓令其部將王仲德爲前鋒將逼滑臺兗州刺史尉建率所部棄城濟河仲德遂入滑臺乃宣言曰晉本意欲以布帛七萬匹假道於魏不謂魏之守將便爾棄城明元聞之詔建度河曜威斬尉建投其屍於河呼仲德軍人與語詰其侵境之狀尋遷廣阿鎮將威名甚著久之除使持節都督前鋒諸軍事楚兵將軍徐州刺史率衆自平原濟河徇下青兗諸郡遂東入青州園宋刺史竺夔於東陽城宋遣將檀道濟王仲德救夔建不克而還以功賜爵壽光公與汝陰公長孫道生濟河而南仲德等自清入濟東走青州太武以建威名南震爲宋所憚除平原鎮大將封丹楊王加征南大將軍先是簡幽易以南戍兵集于河上一道討洛陽一道攻滑臺宋將檀道濟王仲德救滑臺建與汝陰公道生拒擊之建分軍挾戰縱輕騎邀其前後焚燒穀草以絕其糧道道濟兵飢叛者相繼由是安頡等得拔滑臺建沉敏多智東西征伐常爲謀主容貌清整號曰嚴明又雅尙人倫禮賢愛士在平原十餘年綏懷內外甚得邊稱魏初名將鮮有及之南方憚其威略青兗輟不爲寇太延三年薨時年七十三諡曰襄賜葬金陵長子俊字醜歸少聰敏年十五內侍左右性謹密初無過行以便弓馬轉爲獵郎道武崩清河王紹閉宮門明元在外紹拘逼俊以爲已援外雖從紹內實忠款仍與元磨渾等說紹歸明元時明元左右唯車路頭王洛兒等及得俊等大悅以爲爪牙及即位稍遷衞將軍賜爵安成公及朱提王悅懷刃入禁欲行大逆俊覺悅舉動有異乃於悅懷中得兩刃匕首遂執悅殺之明元以俊前後功重軍國大計一以委之羣官上事先由俊銓校然後奏聞性平正柔和未嘗有喜怒色忠篤愛厚不諂上抑下每奉詔宣外必告示殷懃是以上下嘉歎泰常元年卒時年二十八明元親臨哀慟朝野無不追惜贈司空安成王諡孝元賜溫明祕器載以轀輬車衞士導從陪葬金陵子蒲襲爵後有大功及寵幸貴臣薨賵賻送終禮皆依俊故事無得踰之者初俊卒明元命其妻桓氏曰夫生既共榮沒宜同穴能殉葬者可任意桓氏乃縊遂合葬焉俊既爲安城公俊弟隣襲父爵降爲丹楊公位尙書令涼州鎮大將與鎮副將奚牧並以貴戚子弟競貪財貨遂相糾坐誅

安同遼東胡人也其先祖曰世高漢時以安息王侍子入洛歷魏至晉避亂遼東遂家焉父屈仕慕容暐暐爲苻堅所滅屈友人公孫眷妹沒入苻氏宮出賜劉庫仁爲妻庫仁貴寵之同隨眷商販見道武有濟世才遂留奉侍性端嚴明惠好長者之言登國初道武徵兵於慕容垂同頻使稱旨爲外朝大人與和跋等出入禁中迭典庶事從征姚平於柴壁姚興悉衆救平同進計曰汾東有蒙阬東西三百餘里徑路不通姚興來必從汾西乘高臨下直至柴壁如此則寇內外勢接宜截汾爲南北浮橋乘西岸築園西園既固賊至無所施其智力矣從之興果視平屠滅而不能救以謀功賜爵北新侯明元即位命同與南平公長孫嵩並理人訟又詔同與肥如侯賀護持節循察并定二州及諸山居雜胡丁零宣詔撫慰問其疾苦糾舉守宰不法郡國肅然同東出井陘至鉅鹿發衆欲修大嶺山通天門關又築城於宋子以鎮靜郡縣護嫉同得衆心使人告同築城聚衆欲圖大事太武監國臨朝聽政以同爲左輔及即位進爵高陽公冀青二州刺史同長子屈明元時典太倉事盜官粳米數石欲以養親同大怒求戮屈自劾不能訓子帝嘉而恕之遂詔長給米同在官明察長於校閱家法修整爲世所稱及在冀州年老頗殖財貨大興寺塔爲百姓所苦卒贈高陽王諡曰恭惠屈弟原雅性矜嚴沉勇多智略明元時爲獵郎出監雲中軍事時赫連屈丐犯河西原以數十騎擊之殺十餘人帝以原輕敵違節度加罪然知原驍勇遂任以爲將鎮雲中蠕蠕犯塞原輒破之以功賜爵武原侯加督兵將軍太武即位拜駕部尙書車駕征蠕蠕大檀分爲五道還尙書左僕射進爵河間公原在朝無所比周然恃寵驕恣多所排抑爲子求襄城公盧魯元女魯元不許原告其罪狀事相連逮歷時不決原懼不勝遂謀逆事泄伏誅原兄弟外節儉而內實積聚及誅後籍其財至數萬弟頡辯慧多策略最有父風明元初爲內侍長令察舉百寮糾刺姦慝無所迴避嘗告其父陰事帝以爲忠特親寵之宜城王奚斤自長安追赫連昌至安定頡爲監軍侍御史斤以馬多疫死士衆乏糧乃築壘自固遣太僕丘堆等督租於人間爲昌所敗昌遂驕矜日來侵掠頡曰等死當戰死寧可坐受困乎斤猶以馬死爲辭頡乃陰與尉眷等謀選騎焉昌來攻壘頡出應之昌馬蹶而墜頡禽昌送京師賜爵西平公代堆統攝諸軍赫連定將復入長安詔頡鎮蒲坂以拒之宋將到彥之寇河南以援定列守南岸至於潼關太武西征定以頡爲援軍將軍督諸軍擊彥之遂濟河攻洛陽拔之進攻武牢武牢潰又琅邪王司馬楚之平滑臺禽宋將朱修之李元德及東郡太守申謨乃振旅還京師進爵爲王卒諡曰襄頡爲將善綏士衆及卒宋士卒降者無不歎惜

庾業延代人也後賜名岳其父及兄和辰世典畜牧稍轉中部大人昭成崩苻氏內侮事難之間收斂畜產富擬國君劉顯謀逆道武外幸和辰奉獻明太后歸道武又得其貲用以和辰爲內侍長和辰分別公私舊畜頗不會旨道武由是恨之岳獨恭慎修謹善處危難之間道武嘉之與王建等俱爲外朝大人參預軍國從平中原拜安遠將軍官軍之警於栢肆也賀蘭部帥附力眷紇突鄰部帥匿物尼紇奚部帥叱奴根等聞之反於陰館南安公元順討之不剋詔岳討破離石叛胡帥呼延鐵西河叛胡帥張崇等以功賜爵西昌公遷鄴行臺岳爲將有謀略士衆服其智勇名冠諸將及罷鄴行臺以所統六郡置相州即拜岳爲刺史秉法平當百姓稱之鄴舊有園池時果初熟承吏送之岳不受曰果未進御吾何得先食其謹如此遷司空岳兄子路有罪諸父兄弟悉誅特赦岳父子候官告岳衣服鮮麗行止風采擬儀人君遇道武不豫多所猜忌遂誅之時人咸寃惜焉岳葬在代西善無界後太武征赫連氏經其墓宅愴然改容遂下詔爲立廟令一川之人四時致祭求其子孫任爲帥者得其子陵從征有功襲爵

王建廣寧人也祖姑爲平文后生昭成皇帝伯祖豐以帝舅貴重豐子支尙昭成女甚見親待建少尙公主登國初爲外朝大人與和跋等十三人迭典庶事參與計謀道武遣使慕容垂建辭色高亢垂壯之還爲左大夫建兄迴時爲大夫諸子多不慎法建具以狀聞迴父子伏誅其訐直如此從征伐諸國破二十餘部又從征衞辰破之爲中部大人破慕容寶於參合帝乘勝將席卷南夏於是簡擇俘衆有才能者留之其餘欲悉給衣糧遣歸令中州之人咸知恩德建以爲寶覆敗於此國內空虛獲而歸之縱敵生患不如殺之帝曰若從建言非伐罪弔人之義諸將咸以建言爲然建又固執乃阬之帝既而悔焉并州既平車駕出井陘次常山諸郡皆降唯中山鄴信都三城不下乃遣衞王儀南攻鄴建攻信都等城建等攻城六十餘日不能剋士卒多傷帝自中山幸信都降之車駕幸鉅鹿破寶衆於栢肆塢遂圍中山寶棄城走和龍城內無主將夜入乘勝據守其門建貪而無謀意在虜獲恐士卒肆掠盜亂府庫請候天明帝乃止是夜徒何人共立慕容普驎爲主遂閉門固守帝乃悉衆攻之使人登巢車臨城招其衆皆曰但恐如參合之衆故求全月日命耳帝聞之顧視建而唾其面中山平賜建爵濮陽公遷太僕徙眞定公加散騎常侍冀青二州刺史卒陪葬金陵

羅結代人也其先世領部落爲魏附臣劉顯之逆結從道武幸賀蘭部後賜爵屈蛇侯太武初累遷侍中外都大官總三十六曹事年一百七歲精爽不衰太武以其忠愨甚信待之監典後宮出入臥內因除長秋卿年一百一十詔聽歸老賜大寧東川爲私第別業并爲築城卽號曰羅侯城朝廷每有大事驛馬詢問焉年一百二十卒諡曰貞子斤從太武討赫連昌力戰有功歷位四部尙書從平涼州以功賜爵帶方公除長安鎮都大將會蠕蠕侵境除柔玄鎮都大將卒諡曰靜陪葬金陵子敦襲爵位庫部尙書卒子伊利襲

婁伏連代人也代爲酋帥伏連忠厚有器量年十三襲父位領部落道武初從破賀蘭部又平中山及征姚平於柴壁以功賜爵安邑侯明元時爲晉兵將軍并州刺史太武即位封廣陵公再遷光祿勳進爵爲王後鎮統萬薨諡恭王子眞襲降爵爲公眞弟大拔封鉅鹿子大拔孫寶字道成性淳朴好讀書明帝時仕至朔州刺史時邊事屢興人多流散及寶至稍安集之殘壞舊宅皆命葺構人歸繼路歲考爲天下最後隨大都督源子邕討擊葛榮王師敗績寶因於榮軍變姓名匿於戎伍以免害久之賊中有朔州人識寶者謂寶曰使君寧自苦至此遂將詣榮笑曰婁公吾方圖事何相見之晚因厲謂人曰此公行善天道報之得免亂兵即其驗也寶遇逃者密啓賊形勢規爲內應天子感其壯志召寶弟二子景賢授員外散騎常侍郎葛榮滅寶始得還永安中除假員外散騎常侍使蠕蠕先是蠕蠕稱藩上表後以中州不競書爲敵國之儀寶責之蠕蠕主大驚自知惡謝曰此作書人誤遂更稱藩孝武帝立敕寶與行臺長

孫子彥鎮恒農後從入關封廣寧縣伯大統元年詔領著作郎監修國史事別封平城縣子後授國子祭酒侍中進儀同三司兼太子太傅攝東宮詹事寶爲人淸簡少言頗諳舊事位歷師傅守靖謙恭以此爲人所敬後行涇州事卒於州

閭大肥蠕蠕人也道武時歸魏尚華陽公主賜爵其思子與弟並爲上賓入八議明元即位爲內都大官進爵爲侯宜城王奚斤之攻武牢大肥與娥淸領十二軍出中道太武初復與奚斤出雲中白道討大檀破之後從討赫連昌以功授榮陽公公主薨復尚濩澤公主太武將拜大肥爲王遇疾卒

奚牧代人也重厚有智謀道武寵遇之稱曰仲兄初劉顯害帝梁眷知之潛使牧與穆崇至七箇山以告帝錄先帝舊臣又以牧告顯功使數奏政事參與計謀從征慕容寶以功拜幷州刺史賜爵任城公州與姚興接界興頗寇邊牧乃與興書稱頓首均禮抗之責興侵邊不直之意興以與國和通恨之有言於道武道武戮之

和跋代人也世領部落爲魏附臣至跋以才辯知名道武擢爲外朝大人參軍國大謀雅有智算賜爵日南公從平中原以功進爲尚書鎮鄴以破慕容德軍改封定陵公與常山王遵討賀蘭部別帥木易干破之出爲平原太守道武寵跋於諸將羣臣皆敦尚恭儉而跋好脩虛譽炫耀於時性尤奢淫帝戒之不革後車駕北狩豺山收跋刑之路側妻劉氏自殺以從初將刑跋道武命其諸弟毗等視訣跋謂毗曰灅北地瘠可居水南就耕良田廣爲產業各相勸勵令之背已曰汝曹何忍視吾之死毗等解其微意詐稱使者奔長安道武誅其家後太武幸豺山校獵忽暴霧四塞怪問之羣下僉言跋世居此祠冢猶存或者能致斯變帝遣建興公古弼祭以二牲霧即除後太武蒐狩之日每先遣祭之

莫題代人也多智有才用初爲幢將領禁兵道武之征慕容寶寶夜犯營軍人驚駭遂有亡還京師者言官軍敗於栢肆京師不安南安公元順因欲攝國事題曰大事不可輕爾不然禍將及矣順乃止後封高邑公窟咄寇南鄙題貳於帝遣箭於窟咄謂之曰三歲犢豈勝重載言窟咄長而帝少也帝既銜之後有告題居處倨傲擬則人主帝乃使人示之箭告之曰三歲犢能勝重載不題奉詔父子對泣詰朝乃刑之

賀狄干代人也家本小族世忠厚爲將以平當稱稍遷北部大人登國初與長孫嵩爲對明於聽察爲人愛敬道武遣狄干致馬千匹結婚於姚萇會萇死興立因止狄干而絕婚與弟平寇平陽道武討平之禽其將狄伯支唐小方等四十餘人後興以駿馬千匹贖伯支而遣狄干還帝許之干在長安因習讀書史通論語尚書諸經舉止風流有似儒者初帝普封功臣狄干雖爲姚興所留遙賜狄干爵襄武侯加秦兵將軍及狄干至帝見其言語衣服類中國以爲慕而習之故忿焉既而殺之

李栗鴈門人也昭成時父祖入北栗少辯捷有才能兼將略初隨道武幸賀蘭部愛其藝能時王業草創爪牙心腹多任親近唯栗一介遠寄兼非戚舊數有戰功拜左軍將軍栗性簡慢矜寵不率禮度每在道武前舒放倨傲不自祇肅笑唾任情道武即其宿過誅之於是威嚴始厲制勒羣下盡卑謙之禮自栗始也

奚眷代人也少有將略道武世有戰功明元時爲武牢鎮將爲寇所憚太武時賜爵南陽公及征蠕蠕眷以都曹尚書督偏將出別道詔會鹿渾海眷與中山王辰等諸大將俱後期斬于都南爵除

論曰帝王之興雖則天命經綸所說咸藉股肱元桓穆之際王迹未顯操含託身馳驟之秋自立功名之地可謂志識之士矣而劉庫仁兄弟忠以爲心盛衰不二純節所存其意蓋遠而並貽非命惜乎尉眞兄弟忠勇奮發義以忘生眷威略著時增隆家業穆崇夙奉龍顏早著誠款遂膺寵眷位極台司至乃身豫逆謀卒蒙全護從享於廟抑亦尚功世載公卿奕奕靑紫盛矣奚斤世稱忠孝征代有勳平涼之役師殲身虜雖敗衄之責已赦封尸之効靡立而恩禮隆渥沒祀廟廷叔孫建少展誠勤終著庸伐臨邊有術威震夷楚俊委節明元義彰顚沛察朱提之變有日磾之風加以柔而能正見美朝野安同異類之人智識入用任等時俊當有由哉頡禽赫連昌摧宋氏衆遂爲名將未易輕也庾業延見紀危難之中受事草創之際智勇既申功名尤舉而不免傾覆蓋亦其命王建位遇既高計以求直參合之役不其罪歟羅結枝附葉從子孫榮祿婁伏連閭大肥並征伐著蹟策名前代奚牧和跋莫提賀狄干李栗奚眷有忠勤征伐之功不能以功名自卑俱至誅夷亦各其命也

北史卷二十考證

衞操傳後爲勒將孔長所滅○長魏書作萇

尉古眞傳鳴騶鐃吹○鐃監本訛饒今改從南本

穆崇傳泰常八年○泰監本訛太今改從魏書請景穆避保南山惠保太后不聽○魏書惠字下無保字此衍

奚斤傳後以爲侍郎親近左右○監本脫親字今從南本增入

叔孫建傳投泚水死水爲不流○泚魏書作沁

和跋傳道武寵跋於諸將○於字上魏書有冠字

賀狄干傳帝見其言語衣服類中國○中國魏書作羌俗

北史卷二十一

唐 李延壽 撰

列傳第九

燕鳳 許謙 崔宏 子浩 張袞 弟恂 鄧彥海

燕鳳字子章代人也少好學博綜經史明習陰陽讖緯昭成素聞其名使以禮致之鳳不應聘及軍圍代謂城人曰鳳不來者將屠之代人懼遂送鳳昭成待以賓禮後拜代王左長史參決國事又以經授獻明帝常使苻堅堅問鳳曰代王何如人對曰寬和仁愛經略高遠一時雄主也常有幷吞天下之志堅曰卿輩北人無剛甲利兵敵弱則進敵强則退安能幷兼邪鳳曰北人壯悍上馬持三仗驅馳若飛主上雄儁率服北土控弦百萬號令若一軍無輜重樵爨之苦輕行速捷因敵取資此南方所以疲斃北方所以常勝也堅曰彼國人馬多少鳳曰控弦之士數十萬馬一百萬匹堅曰卿言人衆則可說馬太多鳳曰雲中川自東山至西河二百里北山至南山百餘里每歲孟秋馬常大集略爲滿川以此推之使人言猶未盡鳳還堅厚加賻遺及昭成崩道武將還長安鳳以道武幼弱固請于苻堅曰代主初崩臣子亡叛遺孫沖幼莫相輔立其別部大人劉庫仁勇而有智鐵弗衞辰狡猾多端皆不可獨任宜分部爲二令人統之兩人素有深讎其勢莫能先發此禦邊之上策待其孫長乃存而立之是陛下大惠於亡國也堅從之鳳尋東還及道武即位歷吏部郎給事黃門侍郎行臺尚書甚見器重明元世與崔宏封懿梁越等入講經傳出議朝政太武初以舊勳賜爵平舒侯卒子才襲

許謙字元遜代人也少有文才善天文圖讖學建國時將家歸附昭成擢爲代王郎中令兼掌文記與燕鳳俱授獻明帝經昭成崩後謙徙長安苻堅弟行唐公洛鎮和龍請謙之鎮未幾以繼母老辭歸登國初遂歸道武以爲右司馬與張袞等參贊初基慕容寶之來寇也道武使謙告難於姚興興遣將楊佛嵩來援佛嵩稽緩道武命謙爲書遺之佛嵩乃倍道兼行道武大悅賜謙爵關內侯寶敗佛嵩乃還及慕容垂死謙上書勸進幷州平以謙爲陽曲護軍賜爵平舒侯卒贈幽州刺史高陽公諡曰文子洛陽襲爵明元追錄謙功以洛陽爲鴈門太守洛陽家田三生嘉禾皆異畝同穎太武善之進爵北地公卒諡曰恭

崔宏字玄伯淸河東武城人魏司空林之六世孫也祖悅仕石季龍位司徒右長史父潛仕慕容暐爲黃門侍郎並以才學稱宏少有儁才號曰冀州神童苻融之牧冀州虛心禮敬拜陽平公侍郎領冀州從事出總庶事人爲賓友衆務修理處斷無滯苻堅聞之徵爲太子舍人辭以母疾不就左遷著作佐郎太原郝軒名知人稱宏有王佐之才近代所未有也堅亡避難齊魯間爲丁零翟釗及晉叛將張願所留郝軒歎曰斯人也遇斯時不因扶搖之勢而與鷦雀飛沉豈不惜哉仕慕容垂爲吏部郎尚書左丞高陽內史所歷著稱立身雅正雖在兵亂猶厲志篤學不以資產爲意妻子不免飢寒道武征慕容寶次中山棄郡走海濱帝素聞其名遣求及至以爲黃門侍郎與張袞對總機要草創制度時晉使來聘帝將報之詔有司議國號宏議曰三皇五帝之立號也或因所生之土或以封國之名故虞夏商周始皆諸侯及聖德既隆萬國宗戴稱號隨本不復更立唯商人屢徙改號曰殷然猶兼行不廢始基之號故詩云殷商之旅此其義也國家雖統北方廣漠之土逮于陛下應運龍飛雖曰舊邦受命惟新以是登國之初改代曰魏慕容永亦奉進魏土夫魏者大名州之上國斯乃革命之徵驗利見之玄符也臣愚以爲宜號爲魏道武從之於是稱魏及帝幸鄴歷問故事宏應對若流帝善之還次恒嶺帝親登山頂撫慰新人適遇宏扶老母登嶺賜以牛米因詔諸徙人不能自進者給以車牛遷吏部尚書時命有司制官爵撰朝儀協音樂定律令申科禁宏總而裁之以爲永式及置八部大人以擬八坐宏通署三十六曹如令僕統事深被信任勢傾朝廷約儉自居不營產業家徒四壁出無車乘朝晡步上母年七十供養無重膳帝聞益重之厚加饋賜時人亦或譏其過約而宏居之愈甚常引問古今舊事王者制度宏陳古人制作之體及往代廢興之由甚合上意未嘗謇諤忤旨亦不諂諛苟容及道武季年大臣多犯威怒宏獨無譴

者由於此也帝曾引宏講論漢書至婁敬說漢祖欲以魯元公主妻匈奴善之嗟歎者良久是以諸公主皆嫁于賓附之國朝臣子弟良族美彥不得尙焉尙書職罷賜宏爵白馬侯加周兵將軍與舊功臣庾岳奚斤等同班而信寵過之道武崩明元未即位清河王紹因人心不安大出財帛班賜朝士宏獨不受紹財長孫嵩以下咸愧焉詔遣使者循行郡國糾察守宰不如法者令宏與宜都公穆觀等案之帝稱其平當又詔宏與長孫嵩等朝堂決刑獄明元以郡國豪右大人蠹害乃優詔徵之人多戀本而長吏逼遣之於是輕薄少年因相扇動所在聚結西河建興盜賊並起守宰討之不能禁帝乃引宏及北新侯安同壽光侯叔孫建武元城侯元屈等問焉宏欲大赦以紓之屈曰不如先誅首惡赦其黨類宏曰王者臨天下以安人爲本何顧小曲直也夫赦雖非正道而可以權行若赦而不改誅之不晚明元從之神瑞初詔宏與南平公嵩等坐止車門右聽理機事幷州胡數萬南掠河內遣將軍公孫表等討之敗績帝問計於羣臣宏曰表等諸軍不爲不足但失於處分故使小盜假息耳胡衆雖多而無猛健主將所謂千奴共一膽也宜得大將素爲胡所服信者將數百騎就攝表軍以討之賊聞必望風震怖壽光侯建前在幷州諸將莫及帝從之遂平胡寇壽拜天部大人進爵爲公泰常三年夏宏病篤帝遣侍中穆觀就受遺言侍臣問疾一夜數返卒追贈司空諡文貞公喪禮一依安城王叔孫俊故事詔羣臣及附國渠帥皆會葬自親王以外盡命拜送子浩襲太和中孝文追錄先朝功臣以宏配饗廟廷

浩字伯深少好學博覽經史玄象陰陽百家之言無不該覽研精義理時人莫及弱冠爲通直郎稍遷著作郎道武以其上書常置左右道武季年威嚴頗峻宮省左右多以微過得罪莫不逃避隱匿目下之變浩獨恭勤不怠或終日不歸帝知之輒命賜以御粥其砥直任時不爲窮通改節若此明元初拜博士祭酒賜爵武城子常授帝經書每至郊祀父子並乘軺軒時人榮之明元好陰陽術數聞浩說易及洪範五行善之因命筮吉凶參觀天文考定疑惑浩摠覈天人之際舉其綱紀者數家多有應驗恒與軍國大謀甚爲寵密時有兎在後宮檢無從得入帝令浩推之浩以爲當有鄰國貢嬪嬙者明年姚興果獻女神瑞二年秋穀不登太史令王亮蘇坦因華陰公主等言讖書云國家當都鄴大樂五十年勸帝遷都於鄴可救今年之饑帝以問浩浩曰非長久策也東州之人常謂國家居廣漠之地人畜無算號稱牛毛之衆今留守舊都分家南徙恐不滿諸州之地參居郡縣處榛林之下不便水土疾疫死傷情見事露則百姓意阻四方聞之有輕侮之意屈丐及蠕蠕必提挈而來雲中平城則有危殆之事阻隔恒代千里之險雖欲救援赴之甚難如此則聲實俱損矣今居北方假令山東有變輕騎南出耀威桑梓之中誰知多少百姓見之望塵振伏此是國家威制諸夏之長策也至春草生乳酪將出兼有菜菓足接來秋若得中熟事則濟矣帝深然之復使中貴人問浩曰今既無以至來秋或復不熟將如之何浩曰可簡窮下之戶諸州就穀若秋無年願更圖也但不可遷都帝於是分人詣山東三州就食出倉穀以稟之來年遂大熟賜浩妾各一人及御衣綿絹等初姚興死之前歲太史奏熒惑在匏瓜星中一夜忽然亡失不知所在或謂下入危亡之國將爲童謠妖言而後行其災禍帝乃召諸碩儒與史官求其所詣浩對曰案春秋左氏傳說神降于莘其至之日乃其物也請以日辰推之庚午之夕辛未之朝天有陰雲熒惑之亡當在此二日之內庚與午皆主於秦辛爲西夷今姚興據咸陽是熒惑入秦矣諸人皆作色曰天上失星人安能知其所詣而妄說無徵之言浩笑而不應後八十餘日熒惑果出東井留守盤旋秦中大旱赤地昆明池水竭童謠訛言國中喧擾明年姚興死二子交兵三年國滅於是諸人乃服泰常元年晉將劉裕伐姚泓欲泝河西上求假道詔羣臣議之外朝公卿咸曰函谷天險裕何能西入揚言伐姚意或難測宜先發軍斷河上流勿令西過內朝咸同外計帝將從之浩曰此非上策也司馬休之徒擾其荆州劉裕切齒久矣今興死子幼乘其危亡而伐之臣觀其意必自入關勁躁之人不顧後患今若塞其西路裕必上岸北侵如此則姚無事而我受敵矣蠕蠕內寇人食又乏發軍赴南則北寇進擊若其救北則南州復危未若假之水道從裕西入然後興兵塞其東歸之路所謂卞莊刺虎兩得之勢也使裕勝也必德我假道之惠令姚氏勝也亦不失救鄰之名縱裕得關中懸遠難守彼不能守終爲我物今不勞兵馬坐觀成敗鬭兩虎而收長久之利上策也夫爲國之計擇利爲之豈顧婚姻酬一女子之惠也假國家棄恒山以南裕必不能發吳越之兵爭守河北也議者猶曰裕西入函谷則進退路窮腹背受敵北上岸則姚軍必不出關助我揚聲西行意在北進其勢然也帝遂從羣議遣長孫嵩拒之戰於畔城爲晉將朱超石所敗帝恨不用浩言二年晉齊郡太守王懿來降陳計稱劉裕在洛勸以軍絕其後路則裕軍不戰而可克書奏帝善之會浩在前進講書傳帝問浩曰裕西伐已至潼關卿觀事得濟否浩曰姚興好養虛名而無實用子泓又病衆叛親離乘其危亡兵精將勇克之必矣帝曰裕武能何如慕容垂浩曰垂承父祖之資生便尊貴同類歸之若夜蛾之赴火少加倚仗便足立功劉裕挺出寒微不因一卒之用奮臂大呼而夷滅桓玄北禽慕容超南摧盧循裕若平姚而篡其主秦地戎夷混幷裕亦不能守之秦地亦終當爲國家所有帝曰裕已入關不能進不能退我遣精騎南襲彭城壽春裕亦何能自立浩曰今西北二寇未殄陛下不可親御六師長孫嵩有經國之用無進取之能非劉裕敵也臣謂待之不晚帝笑曰卿量之已審矣浩曰臣常私論近世人物不敢不上聞若王猛之經國苻堅之管仲也慕容恪之輔少主慕容暐之霍光也劉裕之平逆亂司馬德宗之曹操也帝曰卿謂先帝如何浩曰太祖用漠北淳朴之人南入漢地變風易俗化洽四海自與羲農舜禹齊烈臣豈能仰名帝曰屈丐何如浩曰屈丐家國夷滅一身孤寄爲姚氏封植不思樹黨强隣報復讎耻乃結蠕蠕背德於姚撅豎小人無大經略正可殘暴終爲人殘滅耳帝大悅語至中夜賜浩縹醪酒十斛水精戎鹽一兩曰朕味卿言若此鹽酒故與卿同其味也三年彗星出天津入太微經北斗絡紫微犯天棓八十餘日至天漢而滅帝復召諸儒術士問之曰災咎將在何國朕甚畏之浩曰災異由人而起人無釁妖不自作漢書載王莽篡位之前彗星出入正與今同國家主尊臣卑人無異望是爲僭晉將滅劉裕篡之之應也諸人莫能易浩言帝深然之五年宋果代晉南鎮上宋改元赦書時帝幸東南舄滷池射鳥聞之驛馳召浩告曰往年卿言彗星之占驗矣朕今日始信天道初浩父疾篤乃翦爪截髮夜在庭中仰禱斗極爲父請命求以身代叩頭流血歲餘不息家人罕有知者及父終居喪盡禮時人稱之襲爵白馬公自朝廷禮儀優文策詔軍國書記盡關於浩浩能爲雅說不長屬文而留心於制度科律及經術之言作家祭法次序五宗蒸嘗之禮豐儉之節義理可觀性不好莊老之書每讀不過數十行輒棄之曰此矯誣之說不近人情必非老子所作老聃習禮仲尼所師豈設敗法之言以亂先王之教袁生所謂家人筐篋中物不可揚於王庭帝恒有微疾而災異屢見乃使中貴人密問浩曰今茲日蝕於胃昴盡光趙代之分野朕疾彌年恐一旦奄忽諸子並少其爲我設圖後計浩曰陛下春秋富盛聖業方融德以除災幸就平愈昔宋景見災修德熒惑退舍願陛下遣諸憂慮怡神保和無以闇昧之說致損聖思必不得已請陳瞽言自聖化龍興不崇儲貳是以永興之始社稷幾危今宜早建東宮選公卿忠賢陛下素所委仗者使爲師傅左右信臣簡在帝心者以充賓友入總萬機出統戎政監國撫軍六柄在手若此則陛下可以優游無爲頤神養壽此乃萬代之令典塞禍之大備也今長皇子諱年漸一紀明叡溫和衆情所繫時登儲副則天下幸甚立子以長禮之大經若須並大成人而擇倒錯天倫則生履霜堅冰之禍自古以來載籍所記興衰存亡鮮不由此帝納之於是使浩奉策告宗廟令太武爲國副主居正殿臨朝司徒長孫嵩高陽公奚斤北新公安同爲左輔坐東廂西面浩與太尉穆觀散騎常侍丘堆爲右弼坐西廂東面百寮總己以聽焉明元居西宮時隱而窺之聽其決斷大悅謂左右侍臣曰長孫嵩宿德舊臣歷事四世功在社稷奚斤辯捷智謀名聞遐邇安同曉解俗情明於校練穆觀達政事要識吾旨趣崔浩博聞强識精於天人之會丘堆雖無大用然在公專謹以六人輔吾子足以經國吾與汝曹遊行四境伐叛柔服可以得志於天下矣羣臣時奏事所疑帝曰此非我所知當決之於汝曹國主也會聞宋武帝殂帝欲取洛陽武牢滑臺浩曰陛下不以劉裕欻起納其使貢裕亦敬事陛下不幸今死乘喪伐之雖得之不令春秋晉士丐侵齊聞齊侯卒乃還君子大其不伐喪以爲恩足以感孝子義足以動諸侯今國家未能一舉而定江南宜遣人弔祭恤其凶災布義風於天下令德之事也且裕新死黨與未離不如緩之待其惡稔如其强臣爭權變難必起然後命將揚威可不勞士卒而收淮北之地帝銳意南伐語浩曰劉裕因姚興死而滅其國裕死我伐之何爲不可浩固執曰興死二子交爭裕乃伐之帝大怒不從遂遣奚斤等南伐議於監國之前曰先攻城先略地斤請先攻城浩曰南人長於固守苻氏攻襄陽經年不拔今以大國之力攻其小城若不時尅挫損軍勢危道也不如分軍略地至淮爲限列置守宰收斂租穀滑臺武牢反在軍北絕望南救必沿河東走若或不然即是囿中之物公孫表請先圖其城斤等濟河先攻滑臺經時不拔表請濟師帝怒乃親南巡拜浩爲

相州刺史隨軍謀主及車駕還浩從幸西河太原下臨河流傍覽川城慨然有感遂與同寮論五等郡縣之是非考秦皇漢武之違失時伏其言天師寇謙之每與浩言聞其論古興亡之迹常自夜達旦竦意斂容深美之曰斯人言也惠皆可底行亦當今之臯陶也但人貴遠賤近不能深察之耳因謂浩曰吾當兼修儒教輔助太平眞君而學不稽古爲吾撰列王者政典并論其大要浩乃著書二十餘篇上推太初下盡秦漢變弊之迹大旨先以復五等爲本太武左右忌浩正直共排毁之帝雖知其能不免羣議故浩以公歸第及有疑議召問焉浩纖妍白晳如美婦人性敏達長於謀計自比張良謂己稽古過之既歸第因欲修服食養性術而寇謙之有神中錄圖新經浩因師事之始光中進爵東郡公拜太常卿時議伐赫連昌羣臣皆以爲難唯浩曰往年以來熒惑再守羽林越鉤陳其占秦亡又今年五星并出東方利以西伐天應人和時會並集不可不進帝乃使奚斤等擊蒲坂而親率輕騎掠其都城大獲而還後復討昌次其城下收衆僞退昌鼓譟而前舒陣爲兩翼會有風雨從東南來揚沙昏冥宦者趙倪進曰今風雨從賊後來我向彼背天不助人又將士飢渴願陛下攝騎避之更待後日浩叱之曰是何言歟千里制勝一日之中豈得變易賊前行不止後以離絶宜分軍隱出掩擊不意風道在人豈有常也帝曰善分騎奮擊昌軍大潰神䴥二年議擊蠕蠕朝臣內外盡不欲行保太后亦固止帝帝皆不聽唯浩讚成之尚書令劉潔左僕射安原等乃使黃門侍郎仇齊推赫連昌太史張深徐辯說帝曰今年己巳三陰之歲歲星襲月太白在西方不可舉兵北伐必敗雖克不利於上又羣臣共讚深等云深少時常諫苻堅不可南征堅不從而敗今天時人事都不和協如何舉動帝意不快乃召浩與深等辯之浩難深曰陽者德也陰者刑也故月蝕修刑夫王者之用刑大則陳之原野小則肆之市朝戰伐者用刑之大者也以此言之三陰用兵蓋得其類修刑之義也歲星襲月年饑人流應在他國遠期十二年太白行蒼龍宿於天文爲東不妨北伐深等俗生志意淺近牽於術數不達大體難與遠圖臣觀天文比年以來月行掩昴至今猶然其占三年天子大破旄頭之國蠕蠕高車旄頭之衆也夫聖明御時能行非常之事古人語曰非常之原黎人懼焉及其成功天下晏然願陛下勿疑深等慙曰蠕蠕荒外無用之物得其地不可耕而食得其人不可臣而使輕疾無常難得而制有何汲汲而勞苦士馬浩曰深言天時是其所職若論形勢非彼所知斯乃漢世舊說常談施之於今不合事宜何以言之夫蠕蠕者舊是國家北邊叛隸今誅其元惡收其善人令復舊位非無用也漠北高涼不生蚊蚋水草美善夏則北遷田牧其地非不可耕而食也蠕蠕子弟來降貴者尚公主賤者將軍大夫居列滿朝又高車號爲名騎非不可臣而畜也夫以南人追之則患其輕疾於國兵則不然何者彼能遠走我亦能遠逐非難制也往數入塞國人震驚今夏不乘虛掩進破滅其國至秋復來不得安臥自太宗之世迄於今日無歲不警豈不汲汲乎哉世人皆謂深辯通解數術明決成敗臣請試之問其西國未滅之前有何亡徵知而不言是其不忠若實不知是其無術時赫連昌在坐深等自以無先言慙不能對帝大悅謂公卿曰吾意決矣亡國之臣不可與謀信哉而保太后猶疑之復令羣臣至保太后前評議帝命浩善曉之令寤既罷朝或有尤浩曰吳賊侵南舍之北伐師行千里其誰不知蠕蠕遠遁前無所獲後有南侵之患此危道也浩曰今年不摧蠕蠕則無以禦南賊自國家并西國以來南人恐懼揚聲動衆以衞淮北彼北我南彼征我息其勢然矣北破蠕蠕往還之間故不見其至也何以言之劉裕得關中留其愛子精兵數萬良將勁卒猶不能固守舉軍盡沒號哭之聲至今未已如何正當國家休明之世士馬強盛之時而欲以駒犢齒虎口也設國家與之河南彼必不能守之自量不能守是以必不來若或有衆備邊之軍耳夫見瓶水凍知天下之寒嘗肉一臠識鑊中之味物有其類可推而得且蠕蠕恃遠謂國家力不能至自寬來久故夏則散衆放畜秋肥乃聚背寒向溫南來寇抄今掩其不備大軍卒至必驚駭望塵奔走牡馬護牧牝馬戀駒驅馳難制不得水草未過數日朋聚而困弊可一舉而滅暫勞永逸時不可失也唯患上無此意今聖慮已決如何止之遂行天師謂浩曰是行可果乎浩曰必克但恐諸將瑣瑣前後顧慮不能乘勝深入使不全舉耳及軍到入其境蠕蠕先不設備於是分軍搜討東西五千里南北三千里所虜及獲畜產車廬數百萬高車殺蠕蠕種類歸降者三十餘萬落虜遂散亂帝沿弱水西至涿邪山諸大將果慮深入有伏兵勸帝止天師以浩曩日言固勸帝窮討帝不聽後有降人言蠕蠕大檀先被疾不知所爲乃焚穹廬科車自載將百人入山南走人畜窘聚方六十里無人領統相去百八十里追軍不至乃徐西遁唯此得免聞涼州賈胡言若復前行二日則盡滅之矣帝深恨之大軍既還南軍竟不能動如浩所料浩明識天文好觀星變常置金銀銅鋌於酢器中令青夜有所見即以鋌畫紙作字以記其異太武每幸浩第多問以異事或倉卒不及束帶奉進疏食不必精美帝爲舉匕箸或立嘗而還其見寵愛如此於是引浩出入臥內加侍中特進撫軍大將軍左光祿大夫以賞謀謨之功帝從容謂浩曰卿才智深博事朕祖考忠著三世朕故延卿自近其思盡規諫勿有隱懷朕雖當時遷怒若或不用久可不深思卿言也因令歌工歷頌羣臣事在長孫道生傳又召新降高車渠帥數百人賜酒食於前指浩以示之曰汝曹視此人尫纖懦弱手不能彎弓持矛其胸中所懷乃踰於兵甲朕始時雖有征討之志而慮不自決前後尅捷皆此人導吾令至此矣乃敕諸尚書曰凡軍國大計卿等所不能決皆先諮浩然後行俄而南藩諸將表宋師欲犯河南請兵三萬先其未發逆擊之因誅河北流人在界上者絶其鄉導足以挫其銳氣使不敢深入詔公卿議之咸言宜許浩曰此不可從也往年國家大破蠕蠕馬力有餘南賊喪精常恐輕兵奄至故揚聲動衆以備不虞非敢先發又南土下濕夏月蒸暑非行師之時且彼先嚴有備必堅城固守屯軍攻之則糧食不給分兵肆討則無以應敵未見其利就使能來待其勞倦秋涼馬肥因敵取食徐往擊之萬全之計在朝羣臣及西北守將從陛下征討西滅赫連北破蠕蠕多獲美女珍寶馬畜成羣南鎮諸將聞而生美亦欲南抄以取資財是以妄張賊勢披毛求瑕冀得肆心既不獲聽故數稱賊動以恐朝廷背公存私爲國生事非忠也帝從浩議南鎮諸將表賊至而自陳兵少求簡幽州以南戍兵佐守就漳水造船嚴以爲備公卿議者僉然欲遣騎五千并假署司馬楚之魯軌韓延之等令誘引邊人浩曰非上策也彼聞幽州已南精兵悉發大造舟船輕騎在後欲存立司馬誅除宋族必舉國駭擾懼於滅亡當悉發精銳來備北境後審知官軍有聲無實恃其先聚必喜而前行徑來至河肆其侵暴則我守將無以禦之若彼有見機之人善設權譎乘間深入虞我國虛生變不難非制敵之良計今公卿欲以威力攘賊乃所以招令速至也夫張虛聲而召實害此之謂矣不可不思後悔無及我使在彼期四月前還可待使至審而後發猶未晚也楚之人徒是彼所忌將奪其國彼安得端坐視之故楚之往則彼來楚之止則彼息其勢然也且楚之等瑣才能招合輕薄無賴而不能成就大功爲國生事使兵連禍結必此之羣矣臣常聞魯軌說姚興求入荆州至則散敗乃不免蠻賊掠賣爲奴使禍及姚泓已然之効浩又陳天時不利於彼曰今茲害氣在揚州不宜先舉兵一也午歲自刑先發者傷二也日蝕滅光晝昏星見飛鳥墮落宿當斗牛憂在危亡三也熒惑伏匿於翼軫戒亂及喪四也太白未出進兵者敗五也夫興國之君先修人事次盡地利後觀天時故萬舉而萬全國安而身盛今宋新國是人事未周也災變屢見是天時不協也舟行水涸是地利不盡也三事無一成自守猶或不安何得先發而攻人哉彼必聽我虛聲而嚴我亦承彼嚴而動兩推其咎皆自以爲應敵兵法當分災迎受害氣未可舉動也帝不能違衆乃從公卿議浩復固爭不從遂遣陽平王杜超鎮鄴琅邪王司馬楚之等屯潁川於是寇來遂疾到彥之自清水入河泝流西行分兵列守南岸西至潼關帝聞赫連定與宋縣分河北乃先討赫連羣臣皆曰義隆軍猶在河中舍之西行前寇未可必尅而義隆乘虛則東州敗矣帝疑焉問計於浩浩曰義隆與赫連定同惡相連招結馮跋牽引蠕蠕規肆逆心虛相唱和義隆望定進定待義隆前皆莫敢先入以臣觀之有似連雞不得俱飛無能爲害也臣始謂義隆軍屯住河中兩道北上東道向冀州西道衝鄴如此則陛下當自致討不得徐行今則不然東西列兵徑二千里中一處不過千形分勢弱以此觀之儜兒情見正望固河自守免死爲幸無北度意也赫連定殘根易摧擬之必仆剋定之後東出潼關席卷而前威震南極江淮以北無立草矣聖策獨發非愚昧所及願陛下必行無疑平涼既平其日宴會帝執浩手以示蒙遜使曰所云崔公此是也才略之美當今無比朕行止必問成敗決焉若合符契後冠軍安頡軍還獻南俘因說南賊之言云宋敕其諸將若北國兵動先其未至徑前入河若其不動住彭城勿進如浩所量帝謂公卿曰卿輩前謂我用浩計爲謬驚怖固諫常勝之家自謂踰人遠矣至於歸終乃不能及遷浩司徒時方士祁纖奏立四王以日東西南北爲名欲以致禎吉除災異詔浩與學士議之浩曰先王建國以作藩屏不應假召其福夫日月運轉周歷四方京師所居在於其內四王之稱實奄邦畿名之則遊不可承用先是纖奏改代爲萬年浩曰昔太祖道武皇帝應期受命開拓洪業諸所制宜無不循古以始封代

土後稱爲魏故代魏兼用猶彼殷商國家積德著在圖史當享萬億不待假名以爲益也纖之所聞皆非正義帝從之時河西王沮渠牧犍內有貳意帝將討焉先問於浩浩對曰牧犍惡心已露不可不誅官軍往年北伐雖不剋獲實無所損于時行者內外軍馬三十萬匹計在道死傷不滿八千歲常羸死恒不減萬乃不少於前而遠方承虛便謂大損不能復振今出其不圖大軍卒至必驚懼騷擾不知所出擒之必矣牧犍幼弱諸弟驕恣爭權縱橫人心離解加以比年以來天災地變都在秦涼成滅之國也帝命公卿議之恒農王奚斤等三十餘人皆表曰牧犍西垂下國雖心不爲純臣然繼父修職貢朝廷接以蕃禮又王姬釐降罪未甚彰謂且羈縻而已今士馬勞止可宜小息又其地鹵斥略無水草大軍既到不得久停彼聞軍來必完聚城守攻則難拔野無所掠於是尚書古弼李順之徒皆曰自溫圉河以西至於涼州地純枯石了無水草不見流川皆言姑臧城南天梯山上冬有積雪深一丈至春夏消液下流成川引以溉灌彼聞軍至決此渠口水不通流則致渴乏去城百里之內赤地無草不任久停軍馬斤等議是也帝乃命浩以其前言與斤共相難抑諸人不復餘言唯曰彼無水草浩曰漢書地理志稱涼州之畜爲天下饒若無水草何以畜牧又漢人爲居終不於無水草之地築城郭立郡縣也又雪之消液裁不斂塵何得通渠引漕溉灌數百萬頃乎此言大誣誣於人矣李順等復曰吾曹目見何可共辯浩曰汝曹受人金錢欲爲之辭謂我目不見便可欺也帝隱聽聞之乃出親見斤等辭旨嚴厲形於神色羣臣乃不敢復言於是遂討涼州平之多饒水草如浩所言乃詔浩總理史務從實錄於是監祕書事以中書侍郎高允散騎侍郎張偉參著作續成前紀至於損益褒貶折衷潤色浩所總焉浩有鑒識以人倫爲己任明元太武之世徵海內賢才起自仄陋及所得外國遠方名士拔而用之皆浩之由也至於禮樂憲章皆歸宗於浩及景穆始總百揆浩復與宜都王穆壽輔政事又將討蠕蠕劉潔復致異議帝愈欲討之乃召問浩浩對曰往擊蠕蠕師不多日潔等各欲迴還後獲偵書云軍還之時去賊三十里是潔等之計過矣夫北土多積雪至冬時常避寒南徙若因其時潛軍而出必與之遇既與之遇則可禽獲帝以爲然乃分軍四道諸將俱會鹿渾海期日有定而潔恨計不用沮誤諸將無功而還帝西巡至東雍親臨汾曲觀叛賊薛永宗壘進軍圍之永宗出兵欲戰帝問浩曰今日可擊否浩曰永宗未知陛下自來人心安固北風迅疾宜急擊之須臾必破若待明日恐見官軍盛大必夜遁走帝從之永宗潰滅車駕濟河前驅告賊在渭北帝至洛水橋賊已夜遁詔問浩曰蓋吳在長安北九十里渭北地空穀草不備欲度渭南西行何如浩曰蓋吳營去此六十里賊魁所在擊蛇之法當先破頭頭破則尾豈能動宜乘勢先擊吳今軍往一日便到吳平之後迴向長安亦一日而至一日之乏未便損傷愚謂宜從北道若從南道則蓋吳徐入北山卒未可平帝不從乃度渭南吳聞帝至盡散入北山果如浩言軍無所剋帝悔之後以浩輔東宮之勤賜縉絮布各千段帝蒐於河西詔浩詣行所議軍事浩表曰昔漢武患匈奴强盛故開涼州五郡通西域廣農積穀爲滅賊之資東西迭擊故漢未疲而匈奴已弊後遂入朝昔平涼州臣愚以爲北賊未平征役不息可不徙其人案前世故事計之長者若徙其人則土地空虛雖有鎮戍適可禦邊而已至於大舉軍資必乏陛下以此事闊遠竟不施用如臣愚意猶如前議募從豪彊大家充實涼土軍舉之日東西齊勢此計之得者浩又上五寅元曆表曰太宗即位元年敕臣解急就章孝經論語詩尚書春秋禮記周易三年成訖復詔臣學天文星曆易式九宮無不盡看三十九年晝夜無廢臣稟性弱劣力不及健婦人更無餘能是以專心思書忘寢與食至乃夢共鬼爭義遂得周公孔子之要術始知古人有虛有實妄語者多眞正者少自秦始皇燒書之後經典絕滅漢高祖以來世人妄造曆術者十餘家皆不得天道之正大誤四千小誤甚多不可言盡臣愍其如此今遭陛下太平之世除僞從眞宜改誤曆以從天道是以臣前奏造曆今始成訖謹以奏呈惟恩省察以臣曆術宣示中書博士然後施用非但時人天地鬼神知臣得正可以益國家萬世之名過於三皇五帝矣浩又以晉書諸家並多誤著晉後書未就傳世者五十餘卷初道武詔祕書郎鄧彥海著國記十餘卷編年次事體例未成逮于明元廢不著述神䴥二年詔集諸文人撫錄國書浩及弟覽高讜鄧穎晁繼范享黃輔等共參著作敘成國書三十卷著作令史太原閔湛趙郡郄標素諂事浩乃請立石銘載國書以彰直筆并勒浩所注五經浩贊成之景穆善焉遂營於天郊東三里方百步用功三百萬乃訖浩書國事備而不典而石銘顯在衢路北人咸悉忿毒相與構浩於帝帝大怒使有司案浩取祕書郎及長曆生數百人意狀浩服受賕眞君十一年六月誅浩清河崔氏無遠近及范陽盧氏太原郭氏河東柳氏皆浩之姻親盡夷其族其祕書郎吏以下盡死浩始弱冠太原郭逸以女妻之浩晚成不曜華采故時人未知逸妻王氏宋鎮北將軍王仲德姊也每奇浩才能自以爲得壻俄而女亡王氏深以傷恨復欲以少女繼昏逸及親屬以爲不可王氏固執與之逸不能違遂重結好浩非毀佛法而妻郭氏敬好釋典時時讀誦浩怒取而焚之捐灰廁中及浩幽執被置檻內送於城南使衞士數十人溲其上呼聲嗷嗷聞于行路自宰司之被戮辱未有如浩者世皆以爲報應之驗初浩害李順基萌已成夜夢以火爇順寢室火作而順死浩與室家羣立觀之俄而順弟息號哭而出曰此輩吾賊也以戈擊之悉投於河寤而以告館客馮景仁曰此眞不善也夫以火爇人暴之極也且兆始惡者有終殃積不善者無餘慶厲階成矣公其圖之浩曰吾方思之而不能悛至是而族浩既工書人多託寫急就章從少至老初不憚勞所書蓋以百數必稱馮代彊以示不敢犯國其謹也如此浩書體勢及其先人而巧妙不如也世寶其迹多裁割綴連以爲摹楷浩毋盧諶孫女也浩著食經序曰余自少及長耳目聞見諸母諸姑所修婦功無不蘊習酒食朝夕養舅姑四時供祭祀雖有功力不任僮使常手自親焉昔遭喪亂饑饉仍臻饘蔬餬口不能具其物用十餘年間不復備設先妣慮久廢忘後生無所知見而少不習書乃占授爲九篇文辭約舉婉而成章聰辯彊記皆此類也親沒之後遇國龍興之會平暴除亂拓定四方余備位台鉉與參大謀賞獲豐厚牛羊蓋澤貲累巨萬衣則重錦食則粱肉遠惟平生思季路負米之時不可復得故序遺文垂示來世浩弟簡字仲亮一名覽好學少以善書知名道武初歷中書侍郎爵五等侯參著作事卒簡弟恬字叔玄小名白位豫州刺史爵武陽侯坐浩伏誅玄祖悅與范陽盧諶並以博藝齊名諶法鍾繇悅法衞瓘而俱習索靖之草皆盡其妙諶傳子偃偃傳子邈悅傳子潛潛傳子宏世不替業故魏初重崔盧之書宏自非朝廷文誥四方書檄初不妄染故世無遺文尤善草隸爲世摹楷行押特盡精巧而不見遺迹始宏因苻氏亂欲避地江南爲張願所獲本圖不遂乃作詩以自傷而不行於時蓋懼罪也浩誅中書侍郎高允受敕收浩家書始見此詩允知其意允孫綽錄於允集初宏父潛爲兄渾等誅手筆本草延昌初著作佐郎王遵業買書於市遇得之年將二百寶其書迹深藏祕之武定中遵業子松年將以遺黃門郎崔季舒人多摹搨之左光祿大夫姚元標以工書知名於時見潛書以爲過於浩也宏弟嶷字玄猷少有文才與勃海高演俱知名歷位祕書監賜爵具丘侯樂安王範鎮長安選舊德之士與範俱以嶷爲平西將軍副將行樂安王傅進爵濟南公嶷爲政務存大體不親小事性好人倫引接賓客或談及平生或講論道義誨誘後進終日不止以疾徵還京師卒謚曰元公士類無不歎惜始清河崔寬祖彤隨晉南陽王保避地隴右遂仕西涼及沮渠氏彤生剖字伯宗每慷慨有懷東土常歎曰風雨如晦雞鳴不已吾所庶幾及太武西巡剖乃總率同義使子寬送款太武嘉之拜寬岐陽令賜爵延水男遣使與寬俱西撫慰初附徵剖詣京師未至而卒文成以剖誠著先朝贈涼州刺史武陵公謚曰元寬字景仁還京封安國子位弘農太守初寬通款見浩浩與相齒次厚存接之及浩誅以遠來疏族獨得不坐遂家于武城居司空林舊墟以一子繼浩與浩弟覽妻封氏相奉如親寬後襲爵武陵公陝城鎮將三崤地嶮人多寇劫而寬性滑稽誘接豪右宿盜魁帥與相交結傾衿待遇不逆細微莫不感其意氣時官無祿力唯取給於人寬善撫納招致禮遺大有取受而與之者無恨又恒農出漆蠟竹木之饒路與南通貿易來往家產豐富而百姓樂之諸鎮之中號曰能政及解鎮人人追戀詣闕上疏者三百餘人卒遺言薄葬斂以時服長子衡字伯玉少以孝行著稱學崔浩書頗亦類焉天安元年擢爲內祕書中散班下詔命及御所覽書多其迹也衡舉李沖李元愷程駿等終爲名器承明元年遷內都坐令善折獄孝文嘉之太和二年襲爵武陵公衡涉獵書史頗爲文筆蠕蠕時犯塞衡上書陳備禦之方便國利人之策凡五十餘條除秦州刺史徙爵齊郡公先是河東年饑劫盜大起衡至修龔遂法勸課農桑周年間寇盜止息卒贈冀州刺史謚惠公衡五子長子敞字公世襲爵例降爲侯爲平原相敞性狷急與刺史楊椿迭相表列敞坐免官宣武初爲鉅鹿太守弟朏之逆敞爲黃木軍主韓文殊所藏其家悉見籍沒唯敞妻李氏以公主之甥自隨奴婢田宅二百餘口得免正光中普釋禁錮敞復爵郡侯卒於趙郡太守敞弟鍾字公祿奉朝請弟朏之逆以出後被原歷司徒右長史金紫光祿大夫冀州大中正敞亡後鍾貪其財誣敞息子積等三人非兄胄辭訴累歲人

士疾之忝朱世隆爲尚書令奏除其官終身勿齒胐好學有文才爲京兆王愉錄事參軍與愉同逆伏法宏同郡董謐父京與同郡崔康時廣陽霍原等俱以碩學播名遼海謐好學傳父業中山平入朝拜儀曹郎撰朝覲饗宴郊廟社稷之儀

張袞字洪龍上谷沮陽人也祖翼父卓位並太守袞篤實好學有文才道武爲代王選爲左長史從追蠕蠕五六百里諸部帥因袞言糧盡不宜深入帝問袞殺副馬足三日食乎皆言足帝乃倍道追及於廣漠赤地南牀山下大破之旣而帝問袞曰卿曹外人知我前問三日糧意乎蠕蠕奔走數日畜產失飲至水必留計其道程三日足及輕騎卒至出其不意彼必驚散其勢然矣部帥聞之咸曰聖策非所及也袞常參大謀每告人曰主上天資傑邁必能囊括六合夫遭風雲之會不建騰羅之功者非人豪也遂策名委質竭誠伏事時劉顯地廣兵彊跨有朔裔會其兄弟乖離共相疑阻袞言於道武曰顯志大意高今因其內釁宜速乘之帝從之遂破走顯又從破賀納道武登勿居山遊宴從官請聚石爲峯以記功德乃命袞爲文慕容寶之來寇也袞言於道武曰寶乘滑臺功因長子挺傾財竭力難與爭鋒宜羸師以後其心帝從之果破之參合遷給事黃門侍郎道武南伐次中山袞遺寶書喻以成敗寶見書大懼遂奔和龍旣剋中山聽入八議拜幽州刺史賜爵臨渭侯百姓安之天興初徵還京師後與崔逞荅晉將郗恢書失旨黜爲尚書令史袞遇創業之初始以才謀見任率心奉上不顧嫌疑道武曾問南州人於袞袞與盧溥州里數稱薦之又未嘗與崔逞相識聞風稱美及中山平盧溥聚黨爲逆崔逞荅書不允並乖本言故忿之袞年過七十闔門守靜手執經書刊定乖失愛好人物善誘無倦士類以此高之永興二年卒太武後追錄舊勳遣大鴻臚卽墓策贈太保諡文康公子度少有學尚襲爵臨渭侯卒於中都大官度子白澤年十一遭母憂以孝聞長而博學文成初除殿中曹給事中甚見寵任白澤本字鍾葵獻文賜名白澤納其女爲嬪出行雍州刺史清心少欲人吏安之獻文詔諸監臨官取所監羊一口酒一斛者罪至大辟與者以從坐論糾得尚書以下罪狀者各隨所糾官輕重而授之白澤上表以爲此法若行之不已恐姦人窺望劳臣懈節請依律令舊法獻文納之太和初懷州人伊祁苟初三十餘人謀反文明皇太后欲盡誅一城人白澤諫以爲周書父子兄弟罪不相及不誣十室而況一州后從之乃止轉散騎常侍殿中尚書卒贈相州刺史廣平公諡曰簡長子倫字天念大司農少卿燕州大中正熙平中蠕蠕主醜奴遣使來朝抗敵國之禮不修臣敬朝議將依漢荅匈奴故事遣使報之倫表以爲虜雖慕德亦來觀我懼之以彊儻或歸附示之以弱窺覦或起春秋所謂以我卜也高祖世宗知其若此來旣莫逆去又不追必其委贄玉帛之辰屈膝藩方之禮則豊其勞賄籍以珍物至於王人遠役銜命虜庭優以匹敵之尊加之想望之寵恐徒生虜慢無益聖朝不從孝莊初卒於大司農卿袞弟恂

恂字洪讓隨兄袞歸北參代王軍事說道武宜收中土士庶之望以建大業帝深加器異皇始初拜中書侍郎帷幄密謀頗亦參預賜爵平皐子出爲廣平太守恂招集離散勸課農桑流人歸者數千戶遷常山太守恂開建學校優禮儒士吏人歌詠之時喪亂之後罕能克厲者唯恂當官清白仁恕臨下百姓親愛之政爲當時第一明元卽位徵拜太中大夫卒恂性清儉死日家無餘財贈并州刺史平皐侯諡曰宣子紀字道尚襲爵坐事除純弟代字定燕陳留北平二郡太守卒贈營州刺史諡惠侯代所歷著稱有父遺風代子萇年爲汝南太守郡人劉宗之兄弟分析家貧唯一牛爭不能決訟於郡庭萇年悽而見之謂曰汝曹當以一牛故致此競脫有二牛必不爭乃以己牛一頭賜之於是境中各相戒約咸敦敬讓卒于郡子琛字寶貴少有孝行位至太子翊軍校尉卒

鄧彥海安定人也祖羌苻堅車騎將軍父翼河間相慕容垂之圍鄴以爲冀州刺史爵眞定侯拒對使者曰先君忠于秦室翼豈可先叛乎忠臣不事二主未敢聞命垂遣喻之曰吾與車騎結爲異姓兄弟卿亦猶吾子弟安得辭乎翼曰冀州宜任親賢翼請佗役効命垂乃用爲河間太守後卒於趙郡內史彥海性貞素言行可復博覽經書長於易筮道武定中原擢爲著作郎再遷尚書吏部郎彥海明解制度多識故事與尚書崔宏參定朝儀律令音樂及軍國文記詔策多是彥海所爲賜爵下博子道武詔彥海撰國記十餘卷唯次年月起居行事而已未有體例彥海謹於朝事未嘗忤旨其從父弟暉時爲尚書郎兇俠好奇與定陵侯和跋厚跋有罪誅其子弟奔長安或告暉將送出之由是道武疑知情遂賜彥海死旣而悔之時人咸愍惜焉子穎襲爵稍遷中書侍郎太武詔太常卿崔浩集諸文學撰述國書穎與浩弟覽等俱參著作事太武幸漠南高車莫弗庫若干率騎數萬餘驅鹿百餘萬詣行所詔穎爲文銘於漠南以記功德兼散騎常侍使宋進爵爲侯卒諡曰文恭子怡襲爵位荊州刺史賜爵南陽公卒子侍孝文賜名述位齊州刺史初改置百官始重公府元佐以述爲太傅元丕長史卒於司空長史諡曰貞

論曰昭成道武之時雲雷方始至於經邦緯俗文武兼資燕鳳傳識多聞首膺禮命許謙才術俱美驅馳艱虞不然何以成帝業也崔宏家世儁偉仍屬權輿總機任重守正成務禮從清廟固其宜也浩才藝通博究覽天文政事籌策時莫之二此其所以自比於子房焉屬明元爲政之秋太武經營之日言聽計從寧廓區夏遇旣深矣勤亦茂哉謀雖蓋世威未震主末途邂逅遂不自全豈鳥盡弓藏人惡其上將器盈必棄陰害貽禍何斯人而遭斯酷乎至若張袞才策不免其戾彥海貞白禍非其罪亦足痛云洪讓世著循吏家風良可貴矣

北史卷二十一考證

燕鳳傳習陰陽讖緯○監本緯訛諱又下文及軍圍代句圍訛國今俱改從南本

上馬持三仗驅馳若飛○仗監本訛丈今改從魏書

崔宏傳夫魏者大名州之上國○魏書州字上有神字

明元以郡國豪右大人蠹害○大人蠹害魏書作大爲民蠹害

壽光侯叔孫建武元城侯元屈等○武字衍魏書無之

浩傳賜浩妾各一人○魏書敘崔浩事本與周澹並書故云賜浩澹妾各一人今刪去周澹乃仍用各字謬矣

案春秋左氏傳說神降于莘其至之日乃其物也○乃其物也魏書作各以其物祭也

令長皇子諱年漸一紀○諱謂皇長子燾也此亦仍魏書舊文而未改也

居列滿朝○滿監本訛蒲今改正

時方士祁纖○祁監本訛初今改從魏書及南本

收建西垂下國○收監本訛攻今改正

潔等各欲迴還後獲尚書云軍還之時去賊三十里○考魏書則尚書二字乃其生口三字之訛也

敞弟鍾字公祿○鍾南本作鐘

張袞傳帝乃倍道追及於廣漠赤地南牀山下○牀監本訛林今改從閣本

度子白澤○魏書度子陵之弟延延弟孫白澤此恐誤

恂傳子萇年○萇魏書作長

北史卷二十二

唐　李延壽　撰

列傳第十

長孫嵩（五世孫儉　儉子平）　長孫道生（曾孫幼　幼曾孫熾　熾弟晟　從祖紹遠　紹遠子覽　弟澄）　長孫肥

長孫嵩代人也父仁昭成時爲南部大人嵩寬雅有器度昭成賜名焉年十四代父統事昭成末年諸部乖亂苻堅使劉庫仁攝國事嵩與元佗等率部衆歸之劉顯之謀難也嵩率舊人及庶師七百餘家叛顯走將至五原時實君之子渥亦聚衆自立嵩欲歸之見于烏渥稱逆父之子勸嵩歸道武嵩未決烏渥迴其牛首嵩僶俛從之見道武于三漢亭道武以爲南部大人累著軍功後從征中山除冀州刺史賜爵鉅鹿公歷侍中司徒相州刺史封南平公所在著稱明元卽位山陽侯奚斤北新侯安同白馬侯崔宏等八人坐止車門右聽理萬機故世號八公晉將劉裕之伐姚泓明元假嵩節督山東諸軍事傳詣平原緣河北岸列軍次於畔城軍頗失利詔假裕道裕於舟中望嵩麾蓋遺以鄴酒及江南食物嵩皆送京師詔嵩厚荅之又敕簡精兵爲戰備若裕西過者便率精銳南出彭沛如不時過但引軍隨之彼至崤陝間必與姚泓相持一死一傷衆力疲弊比及秋月徐乃乘之則裕首可不戰而縣於是叔孫建等尋河趣洛遂入關嵩與建等自城皐南濟晉諸屯戍皆望塵奔潰裕剋長安嵩乃班師明元寢疾問後事於嵩嵩曰立長則順以德則人服今長皇子賢而世嫡天所命也請立乃定策詔太武臨朝監國嵩爲左輔太武卽位進爵北平王司州中正詔問公卿赫連蠕蠕征討何先嵩與平陽王長孫翰司空奚斤等曰赫連土居未能爲患蠕蠕世爲邊害宜先討大檀及則收其畜產足以富國不及則校獵陰山多殺禽獸皮肉筋角以充軍實亦愈於

破一小國，太常崔浩曰大檀遷徙鳥逝，疾追則不足經久，大衆則不能及之。赫連屈丐土宇不過千里，其刑政殘害，人神所棄，宜先討之。尙書劉絜、武京侯安原請先平馮跋。帝默然，遂西巡狩。後聞屈丐死，關中大亂，議欲征之。嵩等曰：「彼若城守，以逸待勞，大檀聞之，乘虛而寇，危道也。」帝乃問幽徵於天師寇謙之，勸行。杜超之贊成，崔浩又言西伐利。嵩等固諫不可，帝大怒，責嵩在官貪汚，使武士頓辱。尋遷太尉。久之，加柱國大將軍。自是舉爲征伐，嵩以元老多留鎮京師，坐朝堂平斷刑獄。薨年八十，謚曰宣王。後孝文追錄先朝功臣，以嵩配饗廟廷。子頹，善騎射，彎弓三百斤。襲爵，加侍中、征南大將軍。有罪黜爲戍兵。後復爵。薨，謚曰安王。子敦，字孝友，位北鎮都將，坐黷貨降爲公。孝文時，自訟先世勳重，復其王爵。薨，謚簡王。子道，字念僧，襲爵，久之，隨例降爲公。位左衛將軍。卒，謚慎。子悅襲爵，建義初，復本王爵，尋降爲公。位光祿少卿，卒，謚司空。嵩五世孫儉，仕周知名。

儉本名慶明，曾祖地汾，安東將軍、臨川公。祖酌，恒州刺史。父醎，員外散騎侍郎，早卒。儉方正有操行，神彩嚴肅，雖在私室，終日儼然。性不妄交，非其同志，雖貴遊造門，亦不與相見。太昌中，邊方騷動，儉初假東夏州防城大都督，從尒朱大光破宿勤明達等，以功賜爵索盧侯。周文臨夏州，以爲錄事參軍事，深敬器之。及賀拔岳被害，周文赴平涼，凡有經綸謀策，儉皆參預。從平侯莫陳悅，留儉爲秦州長史、防城大都督，委以後事，別封信都縣伯。渭州刺史尒朱渾元奔東魏，後河渭間人情離隔，刺史李弼令儉權鎮渭州。儉將十餘騎冒難赴之，復隨機安撫，羌胡悅服。轉夏州刺史，甚得人和。時西夏州仍未內屬，而東魏遣許和爲刺史，儉以信義招之，和乃歸附。即以儉爲西夏州刺史，總統三夏州諸軍事。荆襄初附，周文表授儉都督三荆等十二州諸軍事、荆州刺史、東南道行臺僕射。所部鄭縣令泉璨爲百姓所訟，推按獲實。儉即大集僚屬，遂於聽事前引己過，肉袒自罰，捨璨不問。於是屬城肅勵，莫敢犯法。魏文帝璽書勞之。周文又與儉書曰：「近聞公部內縣令有罪，遂自杖三十，用肅羣下，聞之嘉歎良久，不可言。」儉清正率下，兼懷仁恕，有竊盜者，原情得實，誨而放之。荆蠻舊俗，少不敬長，儉殷勤勸導，風俗大革。務廣耕桑，兼習武事，故邊境無虞，人安其業。吏人表請爲儉構清德樓，樹碑刻頌，朝議許之。吏人又以儉秩滿，恐有代至，詣闕乞留儉，朝廷嘉而許之。在州遂歷七載。徵授大行臺尚書，兼相府司馬。常與羣公侍坐，及退，周文謂左右曰：「此人閑雅，孤每與語，常肅然畏敬，恐有所失。」他日，周文謂儉曰：「名實須相稱，尙書志安貧素，可改名儉，以彰雅操。」遷尙書左僕射，加侍中。後除東南道行臺僕射、大都督十五州諸軍事、荆州刺史。時梁岳陽王蕭詧內附，初遣使入朝，至荆州。儉於聽事列軍儀，具戎服，以賓主禮見。使容貌魁偉，音聲如鍾，大爲鮮卑語，遣人傳譯以答問。客惶恐不敢仰視。日晚，儉乃著裙襦紗帽，引客宴於別齋，因敍梁國喪亂、朝廷招攜之意，發言可觀。使人大悅，出曰：「吾所不能測也。」魏廢帝二年，授東南道大都督、荆襄等三十三州鎮防諸軍事。及梁元帝嗣位於江陵，外敦隣睦，內懷異計。儉密啓陳攻取之謀，於是徵儉入朝，問以經略。儉陳謀，周文深然之，乃命還州，密爲之備。尋令柱國于謹伐江陵。事平，以儉元謀，賞奴婢三百口，遂令儉鎮江陵，進爵昌寧郡公。後移鎮荆州，授總管荆襄等五十二州諸軍事、行荆州刺史。及周閔帝初，趙貴等將圖晉公護，儉長子僧衍預其謀，坐死。護乃徵儉拜小冢宰。保定四年，拜柱國。朝議以儉操行清白，勳績隆重，乃下詔褒美之，兼賜以雜綵粟麥，以彰其美。天和初，轉陝州總管七州諸軍事、陝州刺史。儉嘗詣闕奏事，時大雪，雪中待報，自旦達暮，竟無惰容。其謹慤若此。以疾還京，詔以儉舊居狹隘，賜甲第一區。後薨於夏州總管。臨終遺令，斂以時服，素車載柩，不設儀仗，親友贈襚，一無所受，諸子並奉行之。又遺啓請葬周文帝陵側，并以所賜宅還官，詔皆從之。贈本官，加涼瓜等十州諸軍事、涼州刺史，追封鄶國公，謚曰文。荆州人儀同趙超等六百九十七人詣闕，請爲儉立廟樹碑，詔許之。建德元年，詔曰：「故柱國鄶國公儉，臨終審正，爰吐德音，以所居之宅本因上賜，制度宏麗，非諸子所居，請以還官，更遷他所。昔叔敖辭沃壤之地，蕭何就窮僻之鄉，以古方今，無慙曩哲。而有司未達大體，遽以其第外給。夫追善念功，先王令典，豈得遂其謙挹，致乖懲勸。令以本宅還其妻子，俾清風遠播，無替聿修。」式子隆，位司金中大夫，從長湖公元定伐陳，沒江南卒。隆弟平最知名。

平字處均，美容儀，有器幹，頗覽書記。爲周衞王侍讀。時武帝逼於宇文護，與衞王謀誅之，王常使平通意於帝。護誅，拜開府儀同三司。宣帝置東京官屬，以平爲少司寇，與宗伯趙芳分掌六府。隋文龍潛時，與平情好款洽，及爲丞相，恩禮彌厚。時賀若弼鎮壽陽，帝恐其懷貳，遣平代之，爲揚州總管，賜爵襄陽公。弼果不從，平麾壯士執弼送京師。隋開皇三年，徵拜度支尙書。平見天下州縣多罹水旱，百姓不給，奏令人間每秋家出粟麥一石以下，貧富爲差，儲之閭里，以備凶年，名曰義倉。帝深嘉納，自是州里豐衍。後轉工部尙書，名曰稱職。時有人告大都督邴紹非毀朝廷爲憒憒者，上怒，將斬之。平進諫曰：「諺云：『不癡不聾，不作大家翁。』此言雖小，可以諭大。邴紹之言，不應聞奏，陛下又復誅之，恐百代之後有虧聖德。」上於是赦紹，因敕羣臣誹謗之罪勿復以聞。後突厥達頭可汗與都藍可汗相攻，各遣使請援。上遣平持節宣諭，令其和解。平至，陳利害，遂各解兵。可汗贈平馬二百疋，還，進所得馬，上盡以賜之。未幾，遇譴，以尙書檢校汴州事。尋除汴州刺史，後歷許、貝二州，俱有善政。鄴都俗薄，前後刺史多不稱職，朝廷以平爲相州刺史，甚有能名。在州數年，坐正月十五日百姓大戲，畫衣裳鍪甲象，上怒免之。俄而上念平鎮淮南時事，進位大將軍，拜太常卿、吏部尙書。卒官，謚曰康。子師孝，性輕狡好利，數犯法。上以其不克負荷，遣使弔平，以師孝爲勃海郡主簿。屬大業之季，恣行貪濁，一郡苦之。後爲王世充所害。

長孫道生，嵩從子也。忠厚廉謹，道武愛其愼重，使掌機密，與賀毗等四人內侍左右，出入詔命。明元即位，除南統將軍、冀州刺史。後取人美女以獻，明元切責之，以舊臣不加罪黜。太武即位，進爵汝陰公，遷廷尉卿。從征蠕蠕，與尉眷等率衆出白黑兩漢間，大捷而還。太武征赫連昌，道生與司徒長孫翰、宗正娥清爲前驅，遂平其國。昌弟定走保平涼，宋遣將到彥之、王仲德寇河南以救定，詔道生與丹陽王太之屯河上以禦之。遂誘宋將檀道濟，邀其前後，追至歷城而還。除司空，加侍中，進封上黨王。薨年八十二，贈太尉，謚曰靖。道生廉約，身爲三司，而衣不華飾，食不兼味，一熊皮鄣泥，數十年不易，時人比之晏嬰。第宅卑陋，出鎮後，其子弟頗更修繕，起堂廡。道生還，歎曰：「昔霍去病以匈奴未滅，無用家爲，今强寇尙遊魂漠北，吾豈可安坐華美也！」乃切責子弟，令毀其宅。太武世，所在著績，每建大議，多合時機。爲將有權略，善待士衆。帝命歌工歷頌羣臣曰：「智如崔浩，廉如道生。」及年老，頗惑其妻孟氏，以此見譏。與從父嵩俱爲三公，當世以爲榮。子旗，位少卿，早卒。旗子觀，少以壯勇知名，後襲祖爵上黨王。時異姓諸王襲爵多降爲公，帝以其祖道生佐命先朝，故特不降。以征西大將軍、假司空，督河西七鎮諸軍討吐谷渾部帥拾寅，遁藏，焚其所居城邑而還。孝文初，拜殿中尙書、侍中。吐谷渾又侵逼，復假觀司空討降之。後爲征南大將軍。薨，謚曰定，葬禮依其祖靖王故事，陪葬雲中金陵。

子冀歸，六歲襲爵，降爲公。孝文以其幼承家業，賜名幼，字承業。承業聰敏有才藝，虛心愛士。爲前將軍，從孝文南討。宣武時，爲揚州刺史，假鎮南大將軍、都督淮南諸軍事。梁將裴邃、虞鴻襲據壽春，承業諸子驍果，邃頗難之，號曰鐵小兒。詔河間王琛總衆援之。琛欲決戰，承業以雨久，更須持重，琛弗從，遂戰，爲賊所乘，承業後殿。初，承業既總强兵，久不決戰，議者疑有異圖。朝廷重遣河間王琛及臨淮王彧、尙書李憲等三都督，外聲助承業，內實防之。會鮮于修禮反於中山，以承業爲大都督北討。尋以本使達鄴城，詔承業解行臺，罷大使，遣河間王琛爲大都督，酈道元爲行臺。承業遣子子裕奉表，稱與琛同在淮南，俱當國難，琛敗臣全，遂生私隙，且臨機奪帥，非策所長。書奏不納。琛與承業前到呼沲，承業未欲戰，而琛不從。行達五鹿，爲修禮邀擊，琛不赴之，賊總至，遂大敗。承業與琛並除名。尋而正平郡蜀反，復假承業鎭西將軍、討蜀都督，頻戰有功，除平東將軍，復本爵。後除尙書右僕射。未幾，雍州刺史蕭寶寅據州反，復以承業爲行臺討之。承業時背疽未愈，靈太后勞之曰：「卿疹源如此，朕欲相停，更無可寄，如何？」承業答曰：「死而後已，敢不自力。」時子彥亦患腳痺，扶杖入辭。尙書僕射元順顧相謂曰：「吾等備爲大臣，各居寵位，危難之日，病者先行，無乃不可乎？」莫有對者。時薛鳳賢反於正平，薛修義屯聚河東，分據鹽池，攻圍蒲坂，東西連結，以應寶寅。承業乃據河東。時有詔廢鹽池稅，承業上表曰：「鹽池天資賄貨，密邇京畿，唯須寶而護之，均贍以理。今四境多虞，府藏罄竭，然冀定二州且亡且亂，常調之絹不復可收。仰惟府庫有出無入，必須經綸，出入相補。略論鹽稅，一年之中，準絹而言，猶不應減三十萬疋也。便是移冀定二州置於畿甸。今若廢之，事同再失。臣前仰違嚴旨，而先討關賊，徑解河東者，非是閑長安而急蒲坂，蒲坂一陷，沒失鹽池，三軍口命，濟贍理絕。天助大魏，茲計不爽。昔高祖昇平之年，無所乏少，猶創置鹽官而加典護，非爲物而競利，恐由利而亂俗也。況今王公素餐，百官尸祿，租徵六年之粟，調折來歲之資，此皆出人私財，奪人膂力，豈是願言，事不獲已。臣輒符司監將尉還率所部，依常收稅，更聽後敕。」及雍州平，除雍州刺史。孝莊初，封上黨王，尋改馮翊王，後降爲郡公。還，司徒公，加侍中，兼尙書令、大行臺，仍鎮長安。節閔立，遷太尉公、錄尙書事，及韓陵之敗，斛斯椿先據河橋謀誅尒朱，使承業入洛啓節閔誅世隆兄弟之意。孝武初，轉太傅，以定策功更封開國子，承業表請迴授其姨兄廷尉卿元洪超次子憚。初，承業生而母亡，爲洪超母所撫養，是以求讓，許之。武帝入關，承業時鎭武牢，亦隨赴長安，位太師、錄尚書事，封上黨王。大統元年薨，贈假黃鉞、大丞相、都督三十州諸軍事、雍州刺史，諡曰文宣。承業少輕俠，鬭雞走馬，力爭殺人，因亡抵龍門將陳興德家，會赦乃免。因以後妻羅前夫女呂氏妻興德兄興恩以報之。羅年大承業十餘歲，酷妬忌，承業雅相敬愛，無姬妾，童侍之中，在承業左右嫌疑致死者，乃有數四。前妻張氏二子：子彥、子裕。羅生三子：紹遠、士亮、季亮。兄弟皆雄武。子彥本名儁，有膂力，以累從父征討功，封槐里縣子。孝武帝與齊神武構隙，加子彥中軍大都督、行臺僕射，鎭恒農，以爲心膂。及從帝入關，封高平郡公，位儀同三司。以從征竇泰、戰沙苑功，加開府、侍中。及東復舊京，以子彥兼尚書令、行司州牧，留鎭洛陽。後以不利班師。大統七年，拜太子太傅。子彥少常墜馬折臂，肘上骨起寸餘，乃命開肉鋸骨，流血數升，言戲自若，時以爲踰於關羽。末年石發，舉體生瘡，雖親戚兄弟以爲惡疾。子彥曰："惡疾如此，難以自明。世無良醫，吾其死矣。嘗聞惡疾蝮蛇螫之不痛，試爲求之，當令兄弟知我。"乃於南山得蛇，以股觸之，痛楚號叫，俄而腫死。文帝聞之慟哭，曰："失我良將。"贈雍州刺史。子裕位衞尉少卿，啓捨泯階十七級，爲子義貞求官，除左將軍，加通直散騎常侍，又以父勳封平原縣伯。

義貞弟兕，字若汗，性機辯，強記博聞，雅重賓游，尤善談論。從魏孝武西遷，別封鄴縣侯。周天和初，進驃騎大將軍、開府儀同三司，歷熊、絳二州刺史，並有能名。襲爵平原縣公。卒，子熾嗣。

熾字仲光，性敏慧，美姿容，頗涉羣書，兼長武藝。建德初，周武帝崇尚道法，求學兼經史者爲通道館學士，熾應其選。隋文帝作相，自御正上士擢爲丞相府功曹參軍，加大都督，封陽平縣子，遷稍伯下大夫。以平王謙，拜儀同三司。及帝受禪，熾率官屬先入淸宮，卽授內史舍人、上儀同三司，攝東宮右庶子，出入兩宮，甚被委遇。累遷太常少卿，改封饒陽縣子，進位開府儀同三司，改授吏部侍郞。大業中，歷位大理卿、戶部尚書。吐谷渾寇張掖，令熾擊之，追至青海，以功授銀青光祿大夫。六年，帝幸江都宮，留熾東都居守，攝左候衞將軍。卒官，諡曰靜。子安世，通事謁者。熾弟晟。

晟字季晟，性通敏，略涉書記，善彈工射，趫捷過人。年十八，仕周爲司衞上士。初未知名，惟隋文帝一見深異焉，謂曰："長孫武藝逸羣，又多奇略，後之名將，非此子邪？"及突厥攝圖請婚，周以趙王招女妻之，周與攝圖各相誇競，妙選驍勇以充使者，因遣晟副汝南公宇文神慶送千金公主至其牙。前後使人數十輩，攝圖多不禮之，獨愛晟，每共游獵，留之竟歲。嘗有二鵰飛而爭肉，因以箭兩隻與晟，請射取之。晟馳往，遇鵰相攫，遂一發雙貫焉。攝圖喜，命諸子弟貴人皆相親友，冀昵近之，以學彈射。其弟處羅侯號突利設，尤得衆心，爲攝圖所忌，密託心腹，陰與晟盟。晟與之游獵，因察山川形勢，部衆强弱，皆盡知之。還，拜奉車都尉。開皇元年，攝圖曰："我周家親也，今隋公自立而不能制，何面目見可賀敦？"因與高寶寧攻陷臨渝鎭，約諸面部落謀共南侵。文帝新立，由是大懼，修長城，發兵屯北境，命陰壽鎭幽州，虞慶則鎭并州，屯兵爲之備。晟先知攝圖、玷厥、阿波、突利等叔姪兄弟各統强兵，俱號可汗，分居四面，內懷猜忌，外示和同，難以力征，易可離間，因上書曰："臣於周末，忝充外使，匈奴倚伏，實所具知。玷厥之於攝圖，兵强而位下，外名相屬，內隙已彰，鼓動其情，必將自戰。又處羅侯者，攝圖之弟，姦多而勢弱，曲取衆心，國人愛之，因爲攝圖所忌，又阿波首鼠，介在其間，頗畏攝圖，受其牽率，唯强是與，未有定心。宜遠交而近攻，離强而合弱，通使玷厥，說合阿波，則攝圖迴兵自防右地；又引處羅，遣連奚、霫，則攝圖分衆還備左方。首尾猜嫌，腹心離阻，十數年後，承釁討之，必可一舉而空其國。"上省表大悅，因召與語。晟口陳形勢，手畫山川，寫其虛實，皆如指掌。上深嗟異，皆納用焉。因遣太僕元暉出伊吾道，使詣玷厥，賜以狼頭纛，謬爲欽敬。玷厥使來，引居攝圖使上。反間旣行，果相猜貳。授晟車騎將軍，出黃龍道，齎幣賜奚、霫、契丹等，遣爲鄉導，得至處羅侯所，深布心腹，誘令內附。二年，攝圖號四十萬騎自蘭州入，至于周盤，破達奚長儒軍，更欲南入。玷厥不從，引兵而去。時晟又說染干詐告攝圖曰："鐵勒等反，欲襲其牙。"攝圖乃懼，迴兵出塞。後數年，突厥大入，發八道元帥出拒之。阿波至涼州，與竇榮定戰，賊帥累北。時晟爲偏將，使謂之曰："攝圖每來，戰皆大勝；阿波纔入，便卽致敗，此乃突厥之恥。且攝圖之與阿波，兵勢本敵，今攝圖日勝，爲衆所崇，阿波不利，爲國生辱。攝圖必當因此以罪歸於阿波，成其夙計，滅北牙矣。"阿波使至，晟又謂曰："今達頭與隋連和，而攝圖不能制，可汗何不依附天子，連結達頭，相合爲强，此萬全之計。豈若喪兵負罪，歸就攝圖，受其戮辱邪？"阿波納之，因留塞上，後使人隨晟入朝。時攝圖與衞王軍遇，戰於白道，敗走至磧閒，阿波懷貳，乃掩北牙，盡獲其衆而殺其母。阿波還無所歸，西奔玷厥，乞師十餘萬，東擊攝圖，復得故地，收散卒與攝圖相攻。阿波頻勝，其勢益强。攝圖又遣使朝貢，公主自請改姓，乞爲帝女，上許之。四年，遣晟副虞慶則使于攝圖，賜公主姓爲楊氏，改封大義公主。攝圖奉詔，不肯起拜，晟進曰："突厥與隋俱是大國天子，可汗不起，安敢違意。但可賀敦爲帝女，則可汗是大隋女壻，奈何不敬婦公？"攝圖笑謂其達官曰："須拜婦公。"乃拜受詔。使還稱旨，授儀同三司、左勳衞車騎將軍。七年，攝圖死，遣晟持節拜其弟處羅侯爲莫何可汗，以其子雍閭爲葉護可汗。處羅侯因晟奏曰："阿波爲天所滅，與五六千騎在山谷間，當取之以獻。"時召文武議焉。樂安公元諧曰："請就彼梟首，以懲其惡。"武陽公李充請生將入朝，顯戮而示百姓。上問晟，晟曰："阿波之惡，非負國家，因其困窮，取而爲戮，恐非招遠之道，不如兩存之。"上曰："善。"八年，處羅侯死，遣晟往弔，仍齎陳國所獻寶器以賜雍閭。十三年，流人楊欽亡入突厥，詐言彭城公劉昶共宇文氏女謀欲反隋，遣其來密告公主。雍閭信之，乃不修貢。又遣晟出使，微觀察焉。公主見晟，言辭不遜，又遣所私胡人安遂迦共欽計議，扇惑雍閭。晟還，以狀奏。又遣晟往索欽，雍閭欲勿與，謬曰："客內無此色人。"晟乃貨其達官，知欽所在，夜掩獲之，以示雍閭，因發公主私事，國人大恥。雍閭執遂迦等，並以付晟。使還，上大喜，加授開府，仍遣入蕃，涖殺大義公主。雍閭又表請婚，僉議將許之。晟奏曰："臣觀雍閭，反覆無信，特共玷厥有隙，所以依倚國家。縱與爲婚，終當必叛。今若得尚公主，承藉威靈，玷厥、染干必又受其徵發。强而更反，後恐難圖。且染干者，處羅侯之子，素有誠款，于今兩世，臣前與相見，亦乞通婚，不如許之，招令南徙，兵少力弱，易可撫馴，使敵雍閭，以爲邊捍。"上曰："善。"又遣慰喻染干，許尚公主。十七年，染干遣使隨晟來逆女，以宗女封安義公主以妻之。晟說染干南徙，居度斤舊鎭。雍閭疾之，亟來抄略。染干伺知動靜，輒遣奏聞，是以賊來每先有備。十九年，染干因晟奏雍閭作攻具，欲打大同城。詔發六總管，並取漢王節度，分道出塞討之。雍閭懼，復共達頭同盟，合力掩襲染干，大戰于大長城下。染干敗績，其兄弟子姪盡見殺，而部落亡散。染干與晟獨以五騎逼夜南走，至旦，行百餘里，收得數百騎，乃相與謀曰："今兵敗入朝，一降人耳，大隋天子豈禮我乎？玷厥雖來，本無寃隙，若往投之，必相存濟。"晟知懷貳，乃密遣使者入伏遠鎭，令速舉烽。染干見四烽俱發，問晟："城上烽然何也？"晟紿之曰："城高地迥，必遙見賊來。我國家法，若賊少舉二烽，來多舉三烽，大逼舉四烽，使見賊多而又近耳。"染干大懼，謂其衆曰："追兵已逼，且可投城。"旣入鎭，晟留其達官執室以領其衆，自將染干馳驛入朝。帝大喜，進晟左勳衞驃騎將軍，持節護突厥。晟遣降虜覘候雍閭，知其牙內屢有災變，夜見赤虹，光照數百里；天狗隕，雨血三日；流星墜其營內，有聲如雷。每夜自驚，言隋師且至。並遣奏知。尋以染干爲意珍豆啓人可汗。賜射於武安殿，選善射者十二人，分爲兩朋。啓人曰："臣由長孫大使得見天子，今日賜射，願入其朋。"許之。給箭六發，皆入鹿，啓人之朋竟勝。時有鳶羣飛，上曰："公善彈，爲我取之。"十發俱中，並應丸而落。是日百官獲賚，晟獨居多。尋遣領五萬人於朔州築大利城以處染干。安義公主死，持節送義城公主，復以妻之。晟又奏："染干部落歸者旣衆，雖在長城內，猶被雍閭抄略，往來辛苦，不得寧居。請徙五原，以河爲固，於夏、勝兩州間，東西至河，南北四百里，掘爲橫塹，令處其內，任情放牧，免於抄掠，人必自安。"上並從之。二十年，都藍大亂，爲部下所殺。晟因奏曰："賊內攜離，其主被殺，乘此招誘，必並來降。請遣染干部下分頭招慰。"上許之，果盡來附。達頭恐怖，又大集兵。詔晟部領降人，爲秦州行軍總管，取晉王廣節度，出討達頭。達頭與王相抗，晟進策曰："突厥飲泉，易可行毒。"因取諸藥毒水上流，達頭人畜飲之多死，大驚曰："天雨惡水，其亡我乎？"因夜遁。晟追之，斬首千餘級，俘百餘口。王大喜，引晟入內，同宴極歡。有突厥達官來降，時亦預坐，說言突厥之內，大畏長孫總管，聞其弓聲，謂爲霹靂，見其走馬，稱爲閃電。王笑曰："將軍震怒，威行域外，遂與雷霆爲比，一何壯哉！"師旋，授上開府儀同三司，復遣還大利城，安撫新附。仁壽元年，晟表奏曰："臣夜登城樓，望見磧北有赤氣，長百餘里，皆如雨足，下垂被地。謹驗兵書，此名灑血，其下之國必且破亡。欲滅匈奴，宜在今日。"詔楊素爲行軍元帥，晟爲受降使者，送染干北伐。二年，軍次北河，逢賊帥思力俟斤等領兵拒戰，晟與大將軍梁默擊走之，賊衆多降。晟又教染干分遣使者往北方鐵勒等部，招攜取之。三年，有鐵勒思結、伏具渾、斛薛、阿拔、僕骨等十餘部，盡背達頭來降附。達頭衆大潰，西奔吐谷渾。晟送染干安置于磧口，事畢入朝。

過文帝崩匿喪未發煬帝引晟於大行前委以內衙宿衞知門禁事即日拜左領軍將軍遇楊諒作逆敕以本官爲相州刺史發山東兵馬與李雄等共經略之晟辭以子行布在逆地帝曰公終不以兒害義其勿辭也於是馳遣赴相州諒破追還轉武衞將軍大業三年煬帝幸榆林欲出塞外陳兵耀武經突厥中指于涿郡仍恐染干驚懼先遣晟往喻旨稱述帝意染干聽之因召所部諸國奚霫室韋等種落數十酋長咸萃晟見牙中草穢欲令染干親自除之示諸部落以明威重乃指帳前草曰此根大香染干遽取嗅之曰殊不香也曰國家法天子行幸所在諸侯並躬親洒掃耘除御路以表至敬之心今牙中蕪穢謂是留香草耳染干乃悟曰奴罪過奴之骨肉皆天子賜也得效筋力豈敢有辭特以邊人不知法耳遂拔所佩刀親自芟草其貴人及諸部落爭放效之乃發榆林北境至于其牙又東達于薊長三千里廣百餘步舉國就役而開御道帝聞益喜焉後除淮陽太守未赴任復爲右驍衞將軍五年卒年五十八帝悼惜之後突厥圍鴈門帝歎曰向使長孫晟在不令匈奴至此晟好奇計務立功名性至孝居憂毀瘠爲朝士所稱大唐貞觀中追贈司空上柱國謚曰獻少子無忌嗣其長子行布亦多謀略有父風起家漢王諒庫直後遇諒并州起逆率衆南拒官軍留行布守城遂與豆盧毓閉門拒守諒城陷遇害次子恒安以兄功授鷹揚郎將

紹遠字師少名仁寬容有大度雅好墳籍聰慧過人父承業作牧壽春時紹遠年十三承業管記有王碩者文學士也聞紹遠强記遂白承業求驗之承業命試之碩乃試以禮記月令於是紹遠讀數紙纔一徧誦之若流碩歎服之起家司徒府參軍事後以別將討平河東蜀薛封東阿縣伯魏孝武西遷紹遠隨承業奔赴以功別封文安縣子大統二年除太常卿還中書令仍襲父爵後例降爲公改馮翊郡恭帝二年累遷錄尚書事周文每謂羣臣曰長孫公任使處令人無反顧憂漢之蕭寇何足多也其容止堂堂足爲當今模楷六官建拜大司樂周閔踐阼復封上黨郡公初紹遠爲太常廣召工人創造樂器唯黃鍾不調每恒恨之嘗經韓使君佛寺聞浮圖三層上鐸鳴其音雅合宮調因取而配奏方始克諧乃啓明帝曰魏氏來宅秦雒雖祖述樂章然黃鍾爲君天子之正位往經創造歷稔無成方知水行將季木運伊始天命有歸靈樂自降此蓋乾坤祐助宗廟致感方當降物和神祚隆萬世詔曰朕以菲薄何德可以當之此蓋天地祖宗之祐亦由公達鑒所致也俄改授禮部中大夫時猶因魏氏舊樂未遑更造但去小呂加大呂而已紹遠上疏陳雅樂詔並行之紹遠所奏樂以八爲數故梁黃門侍郎裴正上書以爲昔者大舜欲聞七始下洎周武爰制七音持林鍾作黃鍾以爲正調之首詔與紹遠詳議正曰天子用八非無典故縣而不擊未聞厥理且黃鍾爲天大呂爲地太蔟爲人今縣黃鍾而擊太蔟便是虛天位專用人矣紹遠曰夫天不言四時行焉地不言萬物生焉人感中和之氣居變通之道今縣黃鍾而擊太蔟是天子端拱羣司奉職從此而議何往不可正曰案呂氏春秋曰楚之衰也爲作巫音齊之衰也爲作大呂且大呂以下七鍾皆是林鍾之調何得稱爲十一月調專用六月之均便是欲迎仲冬猶行季夏以此而奏深非至理紹遠曰卿之所言似欲求勝若窮理盡性自伐更深何者案周禮祀天樂云黃鍾爲宮大呂爲角此則大呂之用宛而成章雖知引呂氏之小文不覺失周公之大禮且今縣大呂則有黃鍾林鍾二均乃備春夏則奏林鍾秋冬則奏黃鍾作黃鍾不擊大呂作林鍾不擊黃鍾此所謂左之右之君子宜之右之左之君子有之而卿不縣大呂止有黃鍾一官便是季夏之時仍作仲冬之調以此爲至理無乃不可乎然周禮又云乃奏黃鍾歌大呂以祀天神謂五帝及日月星辰也王者各以夏之正月祀感帝於南郊又朝日以春分夕月以秋分依如正禮並用仲冬之調又曰奏大蔟歌應鍾以祭地祇謂神州及社稷以春秋二仲依如正禮唯奏孟春之宮自外四望山川先妣先祖並各周宮不依月變略舉大綱則三隅可反然則還相爲宮雖有其義引禮取證乃不月別變宮且黃鍾爲君則陽之正位若隨時變易是君無定體而卿用林鍾以爲正調便是君臣易位陰陽相反正之名器將何取焉正曰今用林鍾爲黃鍾者實得相生之義既清且韻妙合眞體然八音平濁何足可稱紹遠曰天者陽位故其音平而濁濁則君聲地者陰位故其音急而清清則臣調然急清者於體易絕平濁者在義可久可久可大王者之基至於鄭衞新聲非不清韻若欲施之聖世吾所不取也於是遂定以八爲數焉尋拜京兆尹歷少保小司空出爲河州刺史河右戎落向化日近同姓婚姻因以成俗紹遠導之以禮大革弊風政存簡恕百姓悅服入爲小宗伯武帝讀史書見武王克殷而作七始又欲廢八縣七并除黃鍾之正宮用林鍾爲調首紹遠奏云天子縣八百王共軌下逮周武甫修七始之音詳諸經義又無廢八之典且黃鍾爲君天子正位今欲廢之未見其可臣案周禮奏黃鍾歌大呂此則先聖之弘範不易之明證願勿輕變古典趣改樂章帝默然久之曰朕欲廢八縣七者所望體本求直豈苟易名當更思其義後竟行七音屬紹遠遘疾未獲面陳慮有司遽捐樂器乃與樂部齊樹書曰伏聞朝廷前議而欲廢八縣七然則天子縣八有自來矣古先聖殊塗一致逮周武克殷逆取順守專用干戈事乖揖讓反求經義是用七音蓋非萬代不易之典其縣八簨簴不得毀之宜待吾疾瘳當別奏聞此後紹遠疾篤乃命其子覽曰夫黃鍾者天子之宮大呂者皇后之位今廢黃鍾之位是祿去王室若用林鍾爲首是政出私門將恐八百之祚不得同姬周之永也吾既爲人臣義無寢默必輿疾固爭闕庭後疾甚乃上遺表曰謹案春秋隱公傳云天子用八周禮云天子縣二八倕氏之鍾十六句氏之磬十六漢成帝獲古磬十六周禮圖縣十六此數事者照爛典章揚搉而言足爲龜鏡伏惟陛下受圖蒼帝接統玄精秦漢以還獨爲稱首至如周武有事干戈臣獨鄙之而況陛下以臣自揣餘息匪夕伊朝伏願珍御萬機不勞改八從七帝省表涕零重贈柱國大將軍謚曰獻號樂祖配饗廟庭子覽嗣

覽字休因性弘雅有器度喜慍不形於色略涉書記尤曉鍾律周明帝時爲大都督明帝以覽性質淳和堪爲師表使事魯公甚見親善及魯公即位是爲武帝超拜車騎大將軍每公卿上奏必令省讀覽有口辯聲氣雄壯凡所宣傳百寮屬目帝每嘉嘆之覽初名善帝謂曰朕以萬機委卿先覽遂賜名焉及誅宇文護以功進封薛國公累遷小司空從平齊進位柱國公武帝崩受遺輔政宣帝時位上柱國大司徒歷同涇二州刺史隋文帝爲丞相轉宜州刺史開皇二年將有事於江南徵爲東南道行軍元帥統八總管出壽陽水陸俱進師臨江陳人大駭會陳宣帝殂覽欲乘釁滅之監軍高熲以禮不伐喪乃還文帝命覽與安德王楊雄上柱國元諧李充左僕射高熲右衞大將軍虞慶則吳州總管賀若弼等同宴上曰朕昔在周朝備展誠節但苦被猜忌每致寒心爲臣若此竟何情賴朕與公等共享終吉罪非謀逆一無所問朕亦知公至誠侍太子宜數參見之柱臣素望實屬於公宜識朕意其恩禮如此又爲蜀王秀納覽女爲妃後爲涇州刺史卒官子洪嗣位宋順臨三州刺史司農少卿北平太守

澄字士亮年十歲司徒李琰之見而奇之遂以女妻焉十四從父承業征討有智謀勇冠諸將以功封西華縣侯及長容貌魁岸風儀温雅魏大統中歷位豫渭二州刺史以軍功別封永寧縣伯尋進覆津縣侯魏文帝與周文及羣臣宴從容曰孝經一卷人行之本諸君宜各引孝經之要言澄應聲曰夙夜匪懈以事一人座中有人次云匡救其惡既出西閤周文深嘆澄之合機而譴其次答者周孝閔帝踐阼拜大將軍進爵義門郡公出爲玉壁總管頗有威信卒於鎮贈柱國謚曰簡自喪初至及葬明帝三臨之典祀中大夫宇文容諫曰君臨臣喪自有節制今乘輿屢降恐乖典禮帝不從其爲上所追惜如此子嶸嗣嶸弟禮少以父任爲散騎侍郎與襄城公盧魯元等內侍恭敏有才志太武寵信之曰其父親近吾祖子在我左右不亦宜乎

長孫肥代人也昭成時年十三以選內侍少有雅度果毅少言道武之在獨孤及賀蘭部常侍從禦侮左右帝深信仗之登國初與莫題等俱爲大將屢有軍功後從平中山以功賜爵琅邪公遷衞尉卿改爵盧鄉時中山太守仇儒不樂內徙亡匿趙郡推趙準爲主妄造祆言云燕東傾趙當續欲知其名淮水不足準喜而從之自號鉅鹿公儒爲長史據關城連引丁零殺害長吏肥討破準於九門斬仇儒禽準詔以儒肉食準傳送京師轘之於市夷其族除肥兗州刺史姚平之寇平陽道武徵肥與毗陵王順等爲前鋒平退保柴壁帝進攻屠之遣肥還鎮兗州撫慰河南威信著於淮泗善策謀勇冠諸將前後征討未嘗失敗故每有大難令肥當之南平中原西摧羌寇肥功居多賞賜千計後降爵藍田侯卒謚曰武陪葬金陵子翰襲爵翰少有父風道武時以善騎射爲獵郎明元之在外翰與元磨渾等潛謀奉迎明元即位與磨渾等拾遺左右以功累遷平南將軍率衆鎮北境威名甚著太武即位封平陽王蠕蠕大檀之入寇雲中太武親征之遣翰與東平公娥清出長州討大檀大檀北遁追擊尅獲而還遷司徒從襲赫連昌破之翰清正嚴明喜撫將士薨太武爲之流涕親臨其喪喪禮依安城王叔孫俊故事謚曰威陪葬金陵子成襲爵降爲公位南部尚書卒陪葬金陵翰弟陵位駕部尚書性寬厚好學愛士封吳郡公贈吳郡王謚恭陪葬金陵

論曰昭成之末衆叛親離長孫嵩寬厚沉毅任重王室

歷事累世邈爲元老生則宗臣歿祀清廟美矣儉器識明允智謀通贍堂堂焉有公輔之望謇謇焉有王臣之節而處朝廷之日少在方岳之日多何哉平識具該通出內流譽取諸開物成務蓋亦有隋之楨榦也道生恭慎廉約兼著威名見知明主聲入歌奏二公並列輝炫朝野門祉世祿榮被後昆雖漢世八王無以方其茂績張氏七葉不能譬此重光子彥勇烈絕倫紹遠樂聲特妙熾乃早稱英俊覽乃獨擅雄辯不然則何以並統師旅俱司禮閣鐘鼎不墜且公且侯晟體資英武兼包奇略因機制變懾彼戎夷傾巢盡落屈膝稽顙塞垣絕鳴鏑之旅渭橋有單于之拜惠流邊朔功光王府保茲世祿不亦宜乎肥結髮內侍雄武自立軍鋒所指罔不糜散闕張萬人敵未足多也翰有父風不殞先構臨喪加禮抑有由哉

北史卷二十二考證

張孫嵩傳帝乃問幽徵於天師寇謙之勸行○魏書徵作微又謙之下尚有謙之二字

儉傳荊州人儀同趙超等六百九十七人詣闕請爲儉立廟樹碑○上人字監本訛又今改從南本

長孫道生傳子旃○旃魏書作抗

子冀歸傳孝文以其幼承家業賜名幼字承業○魏書賜名稚此唐人所改也

前妻張氏二子子彥子裕○隋書裕字上無子字

晟傳長孫武藝逸羣○隋書長孫下有郎字

大戰于大長城下○隋書長城上無大字

晟與大將軍梁默擊走之○默隋書作毗

有鐵勒思結伏具渾斛薛阿拔僕骨等十餘部○隋書伏字下有利字又斛薛作斜薩

長孫肥傳連引丁零○丁監本訛下今改從閣本

子成襲爵○成魏書作平成

封吳郡公贈吳郡王○監本脫王字今從閣本及魏書增正

史臣論出內流譽○出監本訛外今改從閣本

北史卷二十三

唐　李延壽　撰

列傳第十一

于栗磾（孫勁　六世孫謹　謹子寔　寔子顗　仲文　寔弟翼　翼子璽　翼弟義　義子宣道　宣敏）

于栗磾代人也少習武藝材力過人能左右馳射登國中拜冠軍將軍假新安子與寧朔將軍公孫蘭潛自太原從韓信故道開井陘關路襲慕容寶於中山道武後至見道路修理大悅即賜其名馬及趙魏平帝置酒高會謂栗磾曰卿吾之黥彭也進假新安公道武田於白登山見熊將數子顧栗磾曰能搏之乎對曰若搏之不勝豈不虛斃一壯士自可驅致御前坐而制之尋皆禽獲帝顧而謝之後爲河內鎮將劉裕之伐姚泓栗磾慮北侵擾築壘河上裕憚之遺栗磾書假道西上題書曰黑矟公麾下栗磾以狀表聞明元因之授栗磾黑矟將軍栗磾好持黑矟裕望而異之故有其號遷豫州刺史進爵新安侯洛陽雖歷代所都實爲邊界栗磾勞來安集甚得百姓心明元南幸盟津謂栗磾曰河可橋乎栗磾曰杜預造橋遺事可想乃編大船構橋於野坂六軍既濟帝深歎美之太武之征赫連昌敕栗磾與宋兵將軍周幾襲陝城長驅至三輔進爵爲公累遷外都大官平刑折獄甚有聲稱卒贈太尉栗磾自少總戎迄於白首臨事善斷所向無前加以謙虛下士刑罰不濫太武甚悼惜之子洛拔有姿容善應對拜侍御中散太武甚加愛寵因賜名焉轉監御曹令景穆在東宮厚加禮遇洛拔恒畏避屏退不敢逆自結納頃之襲爵後爲侍中尚書令百寮憚之卒官洛拔有六子長子烈善射少言有不可犯之色少拜羽林中郎累遷侍中殿中尚書于時孝文幼沖文明太后稱制烈與元丕陸叡李沖等各賜金策許以有罪不死進爵洛陽侯轉衞尉卿及遷都洛陽人情戀本多有異議帝以問烈曰陛下聖略深遠非愚管所測若隱心而言樂遷之與戀舊中半耳帝曰卿不唱異同朕深感不言之益敕鎮代留臺庶政一相參委車駕幸代執烈手曰宗廟至重翼衞不輕卿當祗奉靈駕時遷洛邑烈與高陽王雍奉神主於洛陽遷光祿卿十九年大選百僚烈子登引例求進烈表引已素無教訓請乞黜落帝曰此乃有識之言不謂烈能辦此乃引見登詔曰朕今創禮新邑明揚天下卿父乃行謙讓之表而有直士之風故進卿爲太子翊軍校尉又加烈散騎常侍封聊城縣子及穆泰陸叡謀反舊京帝幸代泰等伏法賜烈及李沖璽書述敘金策之意時代鄉舊族同惡者多唯烈一宗無所染豫帝益器重之歎曰元儼決斷威恩深自不惡然盡忠猛法不如烈也爾日烈在代都必即斬其五三元首烈之節槩不謝金日磾詔除領軍將軍以本官從征荊沔加鼓吹一部二十三年齊將陳顯達入寇馬圈帝輿疾討之執烈手以京邑爲託帝崩於行宮彭城王勰祕諱而返稱詔召宣武會駕魯陽以烈留守之重密報凶問烈處分行留神守無變宣武即位寵任如前咸陽王禧爲宰輔權重當時會遣家僮傳言於烈求舊羽林武賁執仗出入烈不許禧遣謂烈曰我是天子兒天子叔元輔之命與詔何異烈厲色答曰向亦不道王非天子兒叔若是詔應遣官人所由若遣私奴索官家羽林烈頭可得羽林不可得也禧惡烈剛直出之爲恒州刺史烈不願藩授謂彭城王勰曰殿下忘先帝南陽之詔乎而逼老夫乃至於此遂以疾辭宣武以禧等專擅潛謀廢之景明二年正月祫祭三公致齋於廟帝夜召烈子忠謂曰卿父明可早入及明烈至詔曰諸父慢怠今欲使卿以兵召之卿其行乎烈曰老臣歷奉累朝頗以幹勇賜識今日之事所不敢辭乃將直閤以下六十餘人宣旨召咸陽王禧彭城王勰北海王詳衞送至帝前諸公各稽首歸政以烈爲領軍進爵爲侯自是長直禁中機密大事皆所參焉咸陽王禧之謀反宣武從禽於野左右分散倉卒之際莫知其計乃敕烈子忠馳覘虛實烈時留守已處分有備因忠奏曰臣雖朽邁心力猶可禧等猖狂不足爲慮願緩蹕徐還以安物望帝甚以爲慰車駕還宮禧已逃詔烈追執之順后既立以世父之重彌見優禮及卒宣武舉哀於朝堂給東園第一祕器贈太尉封鉅鹿郡公子祚襲祚弟忠字思賢本字千年弱冠拜侍御中散文明太后臨朝刑政頗峻侍臣左右多以微譴得罪忠朴直少言終無過譴太和中授武騎侍郎因賜名登累遷左中郎將領直寢元禧之亂車駕在外變起倉卒忠曰臣父爲領軍計必無所慮帝遣忠馳觀之烈嚴備果如所量忠還宣武撫其背曰卿差彊人意先帝賜卿名登誠爲美稱朕嘉卿忠款今改名忠既表貞固之誠亦以名實相副也以父憂去職從爲司空長史時太傅錄尚書北海王詳親尊權重將作大匠王遇多隨詳所欲而給之忠於詳前謂遇曰殿下國之周公阿衡王室何至阿諛附勢損公惠私也遇既不寧詳亦慙謝以平元禧功封魏郡公及遷散騎常侍兼武衞將軍每以鯁氣正辭爲北海所忿面責忠曰我憂在前見爾死不憂爾見我死時也忠曰人生自有定分若應死王手避亦不免不爾王不能殺詳因忠表讓之際密勸帝以忠爲列卿於是詔停其封優進太府卿正始二年詔忠以本官使持節兼侍中爲西道大使刺史鎮將贓罪顯暴者以狀聞守令以下便行決斷與尚書李崇分使二道忠劾并州刺史高聰贓罪二百餘條論以大辟除華州刺史遭繼母憂不行服闋再遷衞尉卿河南邑中正忠與吏部尚書元暉度支尚書元匡河南尹元萇等推定代方姓族高肇忌其爲人乃言於宣武稱中山要鎮作扞須才乃出忠爲定州刺史既而帝悔復授衞尉卿領左衞將軍恒州大中正密遣使詣忠慰勉之延昌初除都官尚書領左衞中正如故又加散騎常侍嘗因侍宴賜之劒杖舉酒屬忠曰卿世執貞節故恒以禁衞相委昔以卿行忠賜名曰忠今以卿才堪禦侮以所御劒杖相錫循名取義意在不輕出入恒以自防也遷侍中領軍將軍忠辭無學識宣武曰學識有文章者不少但心直不如卿欲使卿劬勞於下我當無憂於上及帝崩夜忠與侍中崔光遣右衞將軍侯剛迎明帝於東宮而即位忠與門下議以帝沖年未親機政太尉高陽王雍屬尊望重宜入居西柏堂省決庶政任城王澄明德茂親可爲尚書令總攝百揆奏中宮請即敕授御史中尉王顯欲逞奸計與中常侍給事中孫蓮等厲色不聽寢門下之奏孫蓮等密欲矯太后令以高肇錄尚書事顯與高猛爲侍中忠即殿中收顯殺之忠既居門下又總禁衞遂執朝政權傾一時初太和中軍國多事孝文以用不足百官祿四分減一忠既擅朝欲以惠澤自固乃悉復所減之祿職人進位一級舊制百姓絹布一匹之外各輸綿麻八兩忠悉以與之乃白高陽王雍自云宣武本許優轉雍憚忠威權便順意加忠車騎大將軍忠自謂新故之際有安社稷功諷百寮令加已賞太尉雍清河王懌廣平王懷難違其意封忠常山郡公忠又難於獨受乃諷朝廷同在門下者加封邑尚書左僕射郭祚尚書裴植以忠權勢日盛勸雍出忠忠聞之逼有司誣奏其罪祚有師傅舊恩植擁地入國忠並矯詔殺之朝野憤忿無不切齒王公以下畏之累跡又欲殺高陽王雍侍中崔光固執乃止遂免雍太尉以王還第自此詔命生殺皆出於忠既尊靈太后爲皇太后居崇訓宮忠爲儀同三司尚書令崇訓衞尉侍中領軍如故靈太后臨朝解忠侍中領軍崇訓衞尉止爲儀同尚書令侍中忠爲令旬

餘靈太后引門下侍官問忠在端右聲聽咸曰不稱厥任乃出爲冀州刺史太傅清河王等奏忠擅殺樞納輒廢宰輔朝野駭心遠近怪愕功過相除悉不合賞請悉追奪靈太后從之熙平元年御史中尉元匡奏忠以鴻勳盛德受遇累朝幸國大災專擅朝命無人臣之心裴郭受冤於旣往宰輔黜辱於明世又自矯旨爲儀同三司尚書令領崇訓衞尉原其此意便欲無上自處旣事在恩後宜加顯戮請遣御史一人令史二人就州行決靈太后令以忠事經肆眚遂不追罪又詔以忠歷任禁要誠節皎然賜爵靈壽縣公初宣武崩後高太后將害靈太后劉騰以告侯剛剛以告忠忠請計於崔光光曰宜置胡嬪於別所嚴兵守衞忠從之具以此意啓靈太后太后意乃安故太后深德騰等四人並有寵授忠以毀之者多懼不免禍願還京欲自營救靈太后不許二年四月除尚書右僕射加侍中將軍如故神龜元年三月復儀同三司疾未拜見裴郭爲祟自知必死先表養亡弟第二子司徒掾永超爲子乞以爲嫡靈太后許之薨贈司空有司奏太常少卿元端議案謚法剛强理直曰武怙威肆行曰醜宜謚武醜公太常卿元修義議忠盡心奉上翦除凶逆依謚法除僞寧真曰武夙夜恭事曰敬宜謚武敬公二卿不同靈太后令依正卿議忠性多阻忌不交勝已唯與直閤將軍章初瓌千牛備身楊保元爲斷金之交李世哲求寵於忠私以金帛貨初瓌保元二人談之遂被賞愛引爲腹心忠擅權昧進爲崇訓之由皆世哲計也忠弟景字百年忠薨後爲武衞將軍謀廢元乂乂黜爲懷荒鎮將及蠕蠕主阿那瓌叛鎮人請糧景不給鎮人遂執縛景及其妻拘守別室皆去其衣服令景著皮裘妻著故絳旗襖毀辱如此月餘乃殺之烈弟果嚴毅直亮有父兄風歷朔華并恒四州刺史賜爵武城子果弟勁

勁字鍾葵頗有武略位沃野鎮將賜爵富昌子宣武納其女爲后封勁太原郡公妻劉氏爲章武郡君後爲征北將軍定州刺史卒贈司空謚曰恭莊公自栗磾至勁累世貴盛一皇后四贈公三領軍二尚書令三開國公勁雖以后父但以順后早崩竟不居公輔

子暉字宣明后母弟也少有氣幹襲爵位汾州刺史暉善事人爲尒朱榮所親以女妻其子長儒歷侍中河南尹後兼尚書僕射東南道行臺與齊神武討平羊侃於兗州元顥入洛害之勁弟天恩位內行長遼西太守贈平東將軍燕州刺史天恩子仁生位太中大夫仁生子安定平原郡太守高平郡都將安定子子提隴西郡守茂平縣伯周保定二年以子謹著勳追贈太保建平郡公

謹字思敬小名巨引沉深有識量略窺經史尤好孫子兵書屏居未有仕進志或有勸之者謹曰州郡之職昔人所鄙台鼎之位須待時來太宰元天穆見之歎曰王佐材也及破六韓拔陵首亂北境引蠕蠕爲援大行臺元纂討之夙聞謹名辟爲鎧曹參軍事從軍北伐蠕蠕逃出塞纂令謹追之前後十七戰盡降其衆後率輕騎出塞覘賊屬鐵勒數千騎奄至謹以衆寡不敵乃散其騎使匿叢薄間又遣人升山指麾若分部軍衆賊望見雖疑有伏恃衆不以爲慮乃進逼謹謹以常乘駿馬一紫一騧賊先所識乃使二人各乘一馬突陣而出賊以爲謹爭逐之乃率餘軍擊其追騎賊走因得入塞正光四年行臺廣陽王元深北伐引謹爲長流參軍特相禮接使其世子佛陁拜焉遂與廣陽破賊主斛律野穀祿等謹請馳往喻之謹兼解諸國語乃單騎入賊示以恩信於是西部鐵勒酋長也列河等三萬餘戶並款附相率南遷廣陽與謹至析郭嶺迎接之謹曰拔陵兵衆不少聞也列河等款附必來要擊彼若先據險則難與爭鋒今以也列河等餌之當競來抄掠然後設伏而待必指掌破之廣陽然其計拔陵果來要擊破也列河於嶺上部衆皆沒謹伏兵發賊大敗悉破收也列河之衆孝昌元年又隨廣陽王征鮮于修禮軍次白牛邏會章武王爲修禮所害遂停軍中山侍中元晏宣言於靈太后曰廣陽盤桓不進坐圖非望又有于謹者智略過人爲其謀主恐非陛下純臣靈太后詔於尚書省門外立牓募獲謹者許以重賞謹聞之請詣闕披露腹心廣陽許之謹遂到牓下曰吾知此人衆共詰之謹曰我卽是也有司以聞靈后見之大怒謹備述廣陽忠款兼陳停軍之狀靈后遂捨之後從尒朱天光與齊神武戰於韓陵山天光敗謹遂入關周文帝臨夏州以謹爲防城大都督兼夏州長史及賀拔岳被害周文赴平涼謹言於周文曰關中秦漢舊都古稱天府今若據其要害招集英雄足觀時變且天子在洛逼迫羣兇請都關右然後挾天子而令諸侯千載一時也周文大悅會有敕追謹爲關內大都督謹因進都關中策魏帝西遷仍從周文征潼關破回洛城授北雍州刺史進爵藍田縣公大統三年大軍東伐爲前鋒進拔弘農禽東魏陝州刺史李徽伯神武至沙苑謹力戰進爵常山郡公又從戰河橋拜大丞相府長史兼大行臺尚書再遷太子太保芒山之戰大軍不利謹率麾下僞降立於路左神武乘勝逐北不以爲虞謹自後擊之敵人大駭獨孤信又收兵於後奮擊神武軍亂以此大軍得全十二年拜尚書左僕射領司農卿及侯景款附請兵爲援謹諫以爲景情難測周文不聽尋兼大行臺尚書大丞相長史率兵鎮潼關加授華州刺史賜秬鬯一卣珪瓚副焉俄拜司空恭帝元年除雍州刺史初梁元帝於江陵嗣位密與齊交通將謀侵軼其兄子岳陽王詧時爲雍州刺史以梁元帝殺其兄譽遂結隙據襄陽來附乃命謹出討周文餞於青泥谷長孫儉曰爲蕭繹計將如何謹曰曜兵漢沔席卷度江直據丹陽是其上策移郭內居人退保子城以待援至是其中策若難於移動據守羅郭是其下策儉曰裁繹出何策謹曰必用下儉曰何也對曰蕭氏保據江南綿歷數紀屬中原有故未遑外略又以我有齊氏之患必謂力不能分且繹懦而無謀多疑少斷愚人難與慮始皆戀邑居旣惡遷移當保羅郭所以用下策謹令中山公護及大將軍楊忠等先據江津斷其走路梁人豎木柵於外城廣輪六十里尋而謹至悉衆圍之旬有六日外城遂陷梁主退保子城翌日率其太子以下面縛出降尋殺之虜其男女十餘萬人收其府庫珍寶得宋渾天儀梁日晷銅表魏相風烏銅蟠螭趺大玉徑四尺圍七尺及諸輿輦法物以獻軍無私焉立蕭詧爲梁主振旅而旋周文親至其第宴語極歡賞謹奴婢一千口及梁寶物并金石絲竹樂一部別封新野郡公謹固辭不許又令司樂作常山公平梁歌十首使工人歌之謹自以久當權重功名旣立願保優閑乃上先所乘駿馬及所著鎧甲等周文識其意曰今巨猾未平公豈得便爾獨善遂不受六官建拜大司寇及周文崩孝閔帝尚幼中山公護雖受顧命而名位素下羣公各圖執政護深憂之密訪於謹謹曰夙蒙丞相殊眷今日必以死爭之若對衆定策公必不得讓明日羣公會議謹曰昔帝室傾危丞相志存匡救今上天降禍奄棄百寮嗣子雖幼而中山公親則猶子兼受顧託軍國大事理須歸之辭色抗厲衆皆悚動護曰此是家事護何敢有辭謹旣周文等夷護每申禮敬至是謹乃起而言曰公若統理軍國謹等便有所依遂再拜羣公迫於謹亦拜衆議始定孝閔踐阼進封燕國公邑萬戶遷太傅大宗伯與李弼侯莫陳崇等參議朝政及賀蘭祥討吐谷渾明帝令謹遙統其軍授以方略保定二年謹以年老乞骸骨優詔不許三年以謹爲三老固辭又不許賜延年杖武帝幸太學以食之三老入門皇帝迎拜屏間三老答拜有司設三老席於中楹南向太師晉公護升階設席施几三老升席南面憑几而坐師道自居大司寇楚國公寧升階正舃皇帝升立於斧扆之前西面有司進饌皇帝跪設醬豆親自袒割三老食訖皇帝又親跪授爵以酳有司撤訖皇帝北面立訪道三老乃起立於席皇帝曰猥當天下重任自惟不才不知政術之要公其誨之三老答曰木從繩則正君從諫則聖自古明王聖主皆虛心納諫以知得失天下乃安惟陛下念之又曰爲國之本在乎忠信古人去食去兵信不可失國家興廢莫不由之願陛下守而勿失又曰爲國之道必須有法法者國之綱紀不可不正所正在於賞罰若有功必賞有罪必罰則爲善者日益爲惡者日止若有功不賞有罪不罰則天下善惡不分下人無所措其手足又曰言行者立身之基言出行隨誠願陛下慎之三老言畢皇帝再拜受之三老答拜禮成而出及晉公護東伐謹時有病護以其宿將舊臣猶請與同行詢訪戎略軍還賜鍾磬一部天和二年又賜安車一乘尋授雍州牧三年薨年七十六武帝親臨詔譙王儉監護喪事賜繒千段粟麥千斛贈本官加使持節太師雍恒等二十州諸軍事雍州刺史謚曰文及葬王公以下咸送郊外配享於文帝廟庭謹有智謀善於事上名位雖重愈存謙挹每朝參往來不過從兩三騎而已朝廷凡有軍國之務多與謹決謹亦竭其智能故功臣中特見委信始終若一人無間言每誡諸子務存靜退加以年齒遐長禮遇隆重子孫繁衍皆至顯達當時莫比子寔嗣

寔字賓實少和厚以軍功封萬年縣子大統十四年累遷尚書是歲周文帝與魏太子西巡寔時從行周文刻石隴山上錄功臣名位以次鐫勒預以寔爲開府儀同三司至十五年方授之尋除渭州刺史特給鼓吹一部進爵爲公魏恭帝二年羌東念姐率部落反西連吐谷渾大將軍豆盧寧討之踰時不剋又令寔往遂破之周文手書勞問賜奴婢一百口馬百匹孝閔帝踐阼授戶部中大夫進爵延壽郡公天和二年延州蒲川賊郝三郎反攻丹州遣寔討平之仍除延州刺史五年襲燕國公進位柱國以罪免尋復本官除涼州總管大象二年加上柱國拜大左輔隋開皇元年薨贈司空謚曰安子顗

顗字元武身長八尺美鬚眉周大冢宰宇文護見而器

之以女妻之以父勳賜爵新野郡公歷左右宮伯郢州刺史大象中以水軍總管從韋孝寬經略淮南尉遲迥之反時總管趙文表與顗素不協顗將圖之因臥閤內詐疾文表獨至顗殺之因言文表與迥通謀其麾下無敢動者時隋文帝以迥未平慮顗復生邊患因宥免之即拜吳州總管以頻敗陳師賜綵數百段及隋受禪文表弟詣闕稱兄無罪上令按其事太傅竇熾等議顗當死上以其門著勳績特原之貶爲開府後襲爵燕國公尋拜澤州刺史免卒于家子世虔顗弟仲文

仲文字次武少聰敏髫亂就學躭習不倦父寔異之曰此兒必興吾宗九歲嘗於雲陽宮見周文帝問曰聞兒好讀書書有何事對曰資父事君忠孝而已周文甚嗟嘆之後就博士李詳受周易三禮略通大義及長倜儻有大志氣調英拔起家爲趙王屬安固太守有任杜兩家各失牛後得一牛兩家俱認州郡久不決益州長史韓伯儁曰于安固少年聰察可令決之仲文曰此易解耳乃令二家各驅牛羣至乃放所認者牛遂向任氏羣中又使人微傷其牛任氏嗟惋杜氏自若仲文遂訶詰杜氏服罪而去始州刺史屈突尚宇文護之黨也先坐事下獄無敢繩者仲文至郡窮之遂竟其獄蜀中語曰明斷無雙有于公不避彊禦有次武徵爲御正下大夫封延壽郡公以勳授儀同三司宣帝時爲東郡太守及尉遲迥作亂使誘仲文仲文拒之迥遣其將宇文威攻之仲文迎擊大破威以功授開府迥又遣其將宇文胄度石濟宇文威鄒紹自白馬二道俱進復攻仲文郡人赫連僧伽敬子哲率衆應迥仲文自度不能支棄妻子潰圍而遁達于京師迥屠其三子一女隋文帝引入臥內爲之下泣賜綵五百段黃金二百兩進位大將軍領河南道行軍總管給鼓吹馳傳詣洛陽發兵討迥將檀讓時韋孝寬拒迥於永橋仲文詣之有所計議總管宇文忻頗有自疑心因謂仲文曰尉遲迥誠不足平正恐事寧後更有藏弓之慮仲文懼忻生變謂曰丞相寬仁大度明識有餘仲文在京三日頻見三善非常人也忻曰三善何如仲文曰有陳萬敵新從賊中來丞相即令其弟難敵召募鄉曲從軍討賊此大度一也上士宋謙奉使勾檢謙緣此別求他罪丞相責之曰入網者自可推求何須別訪以虧大體此不求人私二也言及仲文妻子未嘗不潸泫此有仁心三也忻自是遂安仲文軍至汴州東頻破迥將進攻梁郡迥守將劉孝寬棄城走初仲文在蓼堤諸將皆曰軍自遠來疲弊不可決戰仲文令趣食列陳既而破賊諸將問其故笑曰吾所部將士皆山東人果於速進不宜持久乘勢擊之所以制勝諸將皆曰非所及也進擊曹州獲迥所署刺史李仲康及上儀同房勁檀讓以餘衆屯成武謂仲文未能卒至方椎牛饗士仲文選騎襲之遂拔成武迥將席毗羅衆十萬屯沛縣將攻徐州其妻子在金鄉仲文遣人詐作毗羅使謂金鄉城主徐善淨曰檀讓明日午時到金鄉將宣蜀公令賞將士金鄉人謂爲信然皆喜仲文簡精兵僞建迥旗幟善淨以爲檀讓至出城迎謁仲文執之遂取金鄉諸將勸屠之仲文曰當寬其妻子其兵可自歸如即屠之彼皆絕矣衆皆稱善於是毗羅恃衆來薄官軍仲文背城結陣設伏兵發俱拽柴鼓譟毗羅軍潰皆投洙水死水爲不流獲檀讓檻送京師河南悉平毗羅匿滎陽人家執斬之傳首闕下勒石紀功樹於泗上入朝京師文帝引入臥內宴享極歡賜雜綵千段妓女十人拜柱國屬文帝受禪不行未幾其叔父太尉翼坐事下獄仲文亦爲吏所簿於獄中上書曰曩者尉迥逆亂所在景從臣任處關河地居衝要嘗膽枕戈誓以必死迥時購臣位大將軍邑萬戶臣不顧妻子不愛身命冒白刃潰重圍三男一女相繼淪沒披露肝膽馳赴闕庭蒙陛下授臣以高官委臣以兵革于時河南兇寇猖獗鴟張臣以羸兵八千掃除氛祲摧劉寬於梁郡破檀讓於蓼堤平曹州復東郡安成武定永昌解亳州圍破徐州賊席毗羅十萬之衆一戰土崩河南螘聚之徒應時戡定當羣兇問鼎之際生靈乏主之辰臣第二叔翼先在幽州總馭燕趙南鄰羣寇北捍旄頭內安外撫得免罪戾臣第五叔智建旗黑水與王謙爲隣式遏蠻陬鎮綏蜀道臣兄顗作牧淮南坐制勍敵乘機勦定傳首京師王謙竊據二州叛換三蜀臣第三叔義受脤廟庭恭行天罰自外父叔兄弟皆當文武重寄或衛命危難或侍衛鉤陳合門誠款冀有可明伏願垂泣辜之恩降雲雨之施則寒灰更然枯骨還肉上覽表并與釋之明年拜行軍元帥統十二州總管以擊胡出服遠鎮遇虜破之於是從金河出白道總管辛明瑾元滂賀蘭志呂楚段諧等二萬人出盛樂道趣那頡山至護軍州北與虜遇可汗見仲文軍容整肅不戰而退仲文踰山追之及還上以尚書省文簿繁雜吏多奸詐令仲文勘錄省中事所發擿甚多上嘉其明斷厚加勞賞上每憂轉運不給仲文請決渭水開漕渠上然之使仲文總其事及伐陳之役拜行軍總管高智慧等作亂江南仲文復以行軍總管討之時三軍乏食米粟踊貴仲文私糴軍糧坐除名明年復官爵率兵屯馬邑以備胡晉王廣以仲文有將領才每常屬意至是奏之乃令督晉王軍府事後突厥犯塞晉王爲元帥使仲文將前軍大破賊而還煬帝即位遷左翊衛大將軍參掌文武選事從帝討吐谷渾進位光祿大夫甚見親重遼東之役仲文率軍指樂浪道次烏骨城仲文簡羸馬驢數千置於軍後既而率衆東過高麗出兵掩襲輜重仲文因擊大破之至鴨渌水高麗將乙支文德詐降來入其營仲文先奉密旨若遇高元及文德者必禽之至是文德來仲文將執之時尚書右丞劉士龍爲慰撫使固止之仲文遂捨文德尋悔遣人給文德曰更有言議可復來也文德不從遂濟仲文選騎度水追之每戰破賊文德遺仲文詩曰神策究天文妙算窮地理戰勝功既高知足願云止仲文答書諭之文德燒柵而遁時宇文述以糧盡欲還仲文議以精銳追文德可以有功述固止之仲文怒曰將軍仗十萬之衆不能破小賊何顏以見帝且仲文此行也固無功矣述因厲聲曰何以知無功仲文曰昔周亞夫之爲將也見天子軍容不變此決在一人所以功成名遂今者人各其心何以赴敵初帝以仲文有計畫令諸軍諮稟節度故有此言由是述等不得已而從之遂行東至薩水宇文述以兵餧退歸師遂敗績帝以屬吏諸將皆委罪於仲文帝大怒釋諸將獨繫仲文仲文憂恚發病困篤方出之卒於家時年六十八撰漢書刊繁三十卷略覽三十卷有子九人欽明最知名

寔弟翼字文若美風儀有識度年十一尚文帝女平原公主拜員外散騎常侍封安平縣公大統十六年進爵郡公加大都督領文帝帳下左右禁中宿衛遷武衛將軍謹平江陵所賜得軍實分給諸子翼一無所取唯簡賞口內名望子弟有士風者別待遇之文帝聞之賜奴婢二百口翼固辭不受尋授車騎大將軍開府儀同三司六官建除左宮伯孝閔帝踐阼出爲渭州刺史翼兄寔先莅此州頗有惠政翼又推誠布信事存寬簡夷夏感悅比之大小馮君焉時吐谷渾入寇河右涼鄯河三州咸被攻圍使來告急秦州都督遣翼赴援不從寮屬咸以爲言翼曰攻取之術非夷俗所長此寇之來不過鈔掠邊牧耳安能屯兵城下久事攻圍掠而無獲勢將自走勞師以往亦無所及翼揣之已了幸勿復言數日問至果如翼所策賀蘭祥討吐谷渾翼率州兵先鋒深入以功增邑尋徵拜右宮伯明帝雅愛文史立麟趾學在朝有藝業者不限貴賤皆聽預焉乃至蕭撝王褒等與卑鄙之徒同爲學士翼言於帝曰撝梁之宗子褒梁之公卿今與趨走同儕恐非尚賢貴爵之義帝納之詔翼定其班次於是有等差矣明帝崩翼與晉公護同受遺詔立武帝保定元年從軍司馬三年改封常山郡公天和初遷司會中大夫三年皇后阿史那氏至自突厥武帝行親迎之禮命翼總司儀制狄人雖蹲踞無節然咸憚翼之禮法莫敢違犯遭父憂去職居喪過禮爲時輩所稱尋有詔起令視事武帝又以翼有人倫之鑒皇太子及諸王等相傳以下並委翼選置其所擢用皆民譽也時論僉謂得人遷大將軍總中外宿衛兵事晉公護以帝委翼腹心內懷猜忌轉爲小司徒加拜柱國雖外示崇重實疎斥之及誅護帝召翼遣往河東取護子中山公訓仍代鎮蒲州翼曰冢宰無君陵上自取誅夷元惡既除餘孽宜殄然皆陛下骨肉猶謂疎不間親陛下不使諸王而使臣異姓非直物有橫議愚臣亦所未安帝然之乃遣越王盛代翼先是與齊陳二境各修邊防雖通聘好而每歲交兵然一彼一此不能有所克獲武帝既親萬機將圖東討詔邊城鎮竝益儲峙加戍卒二國聞之亦增修守禦翼諫曰壃場相侵互有勝敗徒損兵儲非策之上者不若解邊嚴減兵防繼好息人敬待來者彼必喜於通和懈而無備然後出其不意一舉而山東可圖帝納之建德二年出爲安州總管時大旱溳水絕流舊俗每逢亢旱禱白兆山祈雨帝先禁羣祀山廟已除翼遣主簿祭之即日澍雨歲遂有年百姓咸之聚會歌舞頌之四年武帝將東伐朝臣未有知者遣納言盧韞前後三乘驛詣翼問策翼贊成之及軍出詔翼自宛葉趣襄城旬日下齊一十九城所過秋毫無犯所部都督輒入人村即斬以徇由是百姓欣悅赴者如歸屬帝有疾班師翼亦旋鎮轉宜陽總管以宜陽地非襟帶請移鎮於陝詔從之仍除陝州刺史總管如舊其年大軍復東討翼自陝入徑到洛陽齊洛州刺史獨孤承業開門降河南九州三十鎮一時俱下襄城人庶等喜復見翼竝壺漿道左除河陽總管仍徙豫州陳將曾天念久圍光州聞翼到汝南望風退散大象初徵拜大司徒詔翼巡長城立亭鄣西自鴈門東至碣石創新改舊咸得其要害仍除幽州總管先是突厥屢爲抄掠居人失業翼素有威武兼明斥堠自是不敢犯塞百姓安之及尉遲迥據相州舉兵以書招翼翼執其使并書送之時隋文帝執政賜翼雜繒一千五百段并珍寶服翫

等進位上柱國封任國公增邑通前五千戶別食任城縣一千戶收其租賦翼又遣子讓通表勸進并請入朝許之隋開皇初翼入朝上降榻握手極歡數日拜太尉或有告翼往在幽州欲同尉遲迥按驗以無實見原三年薨於本位加贈六州諸軍事蒲州刺史諡曰穆翼性恭儉與物無競常以滿盈自戒故能以功名終子璽嗣

璽字伯符少有器幹仕周位職方中大夫封黎陽縣公宣帝嗣位轉右勳曹中大夫尋領右忠義隋文帝受禪加上大將軍進爵郡公歷汴邵二州刺史所歷並有恩惠後檢校江陵總管邵州人張願等數十人詣闕上表請留璽上嘉歎良久令還邵州父老相賀尋歷洛熊二州刺史亦粗有惠政以疾還京師卒於家諡曰靜有子志本璽弟詮位上儀同三司吏部下大夫常山公詮弟讓儀同三司翼弟義

義字慈恭少矜嚴有操尚篤志好學大統末以父功賜爵平昌縣伯後改封廣都縣公周閔帝踐阼遷安武太守專崇教化不尚威刑有郡人張善安王叔兒爭財相訟義曰太守德薄不勝所致於是以家財分與二人喻而遣去善安等各懷恥愧移貫他州於是風化大洽進封建平郡公明武世歷西兗瓜邵三州刺史數從征伐進位開府宣帝即位政刑日亂義上疏諫帝時鄭譯劉昉以恩倖當權謂義不利於已先惡之於帝帝覽表色動謂侍臣曰于義謗訕朝廷也御正大夫顏之儀進曰古先哲王立謗訕之木置敢諫之鼓猶懼不聞過于義之言不可罪也帝乃解及王謙構逆隋文帝謀將於高熲熲言義可爲元帥文帝將任之劉昉曰梁睿任望素重不可居義下乃以睿爲元帥義爲行軍總管將左軍破謙將達奚惎於開遠尋拜潼州總管賜奴婢五百口雜綵三千段超拜上柱國歲餘以疾免歸卒於京師贈豫州刺史諡曰剛子宣道宣敏並知名

宣道字元明性謹密不交非類仕周以父功賜爵城安縣男位小承御上士隋文帝爲丞相引爲外兵曹及踐阼遷內史舍人進爵爲子父憂水漿不入口者累日歲餘起令視事免喪拜車騎將軍兼右衞長史舍人如故後遷太子左衞副率進位上儀同卒子志寧早知名出繼叔父宣敏

宣敏字仲達少沈密有才思年十一詣周趙王招命之賦詩宣敏爲詩甚有幽貞之志招大奇之坐客莫不嗟賞起家右侍上士遷千牛備身隋文帝踐阼拜奉車都尉奉使撫慰巴蜀及還上疏曰臣聞磐石之宗漢室於是維永建維城之固周祚所以靈長昔秦皇置牧守而罷諸侯魏后暱諂邪而疎骨肉遂使宗社移於他族神器傳於異姓此事之明甚於觀火然山川設險非親勿居且蜀土沃饒人物殷阜西通邛僰南屬荆巫周德之衰茲土遂成戎首炎政失御此地便爲禍先是以明者防於無形安者制其未亂方可慶隆萬世年逾七百伏惟陛下日角龍顏膺樂推之運參天貳地居揖讓之期億兆宅心百神受職理須樹建藩屏封植子孫繼周漢之宏圖改秦魏之覆軌抑近習之權勢崇公族之本枝但三蜀二齊古稱天險分王戚屬今正其時若使利建合宜封樹得所則巨猾息其非望奸臣杜其邪謀盛業宏基同天地之長久英聲茂實齊日月之照臨臣雖學謝多聞然情深體國輒申管見戰灼惟深帝省表嘉之謂高熲曰于氏世有人焉竟納其言遣蜀王秀鎮於蜀宣敏常以盛滿之誡昔賢所重每懷靜退著述志賦以見志焉未幾卒官年二十九義弟禮上將軍趙州刺史安平郡公禮弟智初爲開府以受宣帝密旨告齊王憲反遂封齊國公尋拜柱國位大司空智弟紹上開府綏州刺史華陽郡公紹弟弼上儀同平恩縣公弼弟蘭上儀同襄陽縣開國公蘭弟曠上儀同贈恒州刺史

論曰魏氏平定中原之後于栗磾有武功於三世兼以盧已下物罰不濫加斯亦諸將所稀矣洛拔任參內外以功名自終烈氣槩沉遠受任艱危之際有柱石之質殆禦侮之臣乎忠以梗朴見親乘非其據遂擅威權生殺自已苟非女主之世何以全其門族不至誅滅抑其幸也謹負佐時之略逢興運之期爲大厦之棟梁擬巨川之舟檝卒以耆年碩德譽高望重禮備上庠功歌司樂而常以滿盈爲誡覆折是憂不有君子何以能國翼旣功臣之子地則姻親荷累葉之恩兼文武之寄理同休戚與存與亡加以總戎馬之權受扞城之託智能足以衞難勢力足以勤王曾無釋位之心但務隨時之義弘名節以高貴豈所望於斯人仲文博涉書記以英略自許尉迥之亂遂立功名自茲厥後屢當推轂遼東之役實喪師徒斯乃大樹將顛蓋非一繩之罪也義運屬時來宣其力用崇基弗墜析薪克荷盛矣

北史卷二十三考證

于栗磾傳構橋於野坂○野魏書作冶

景明二年正月祠祭三公致齋於廟○祠監本訛初今從彭城王勰傳時將祠祭改正

令景著皮裘著故絳旗襖○魏書無旗字

仲文傳後就博士李詳○詳隋書作祥

迥守將劉孝寬棄城走○孝隋書作子

仲文遣人詐作叱羅使謂金鄉城主徐善淨○主監本訛王今從改隋書

仲文因擊大破之○因一本作回

釋諸將獨繫仲文○繫監本訛擊今改從隋書

寔弟翼傳咸被攻圍使來告急○來監本訛必今改從周書

勞師以往亦無所及○亦監本訛非今改從周書

詔邊城鎮並益儲峙加戍卒○峙周書作偫

齊洛州刺史獨孤承業開門降○承周書作永

義傳于義謗訕朝廷也○于監本訛子今改正

熲言義可爲元帥文帝將任之○任隋書作位

北史卷二十四

唐 李延壽 撰

列傳第十二

崔逞 子頤 孫彧 玄孫冏 休 五世孫㥄 六世孫贍 懷 逞兄遹

王憲 曾孫昕 晞 晧 封懿 族曾孫回 回子隆之 回弟肅 回族弟述

崔逞字叔祖清河東武城人魏中尉琰之五世孫也曾祖諒晉中書令祖遇仕石氏爲特進父瑜黃門郎逞少好學有文才仕慕容暐補著作郎撰燕記遷黃門侍郎暐滅苻堅以爲齊郡太守堅敗仕晉歷清河平原二郡太守爲翟遼所虜以爲中書令慕容垂滅翟釗以爲秘書監慕容寶東走和龍爲留臺吏部尚書及慕容驎立逞攜妻子歸魏張袞先稱美之由是道武禮遇甚厚拜尚書錄三十六曹別給吏屬居門下省尋除御史中丞道武攻中山未剋六軍乏糧問計於逞逞曰飛鴞食葚而改音詩稱其事可取以助糧帝雖衘其侮慢然兵既須食乃聽人以葚當租逞又言可使軍人及時自取過時則落盡帝怒曰內賊未平兵人安可解甲收葚乎以中山未拔故不加罪及姚興侵晉襄陽戍將郗恢馳使乞師於常山王遵書云賢兄武步中原道武以爲悖君臣之體敕逞與張袞爲遵書答使亦貶其主號以報之逞袞爲書乃云貴主帝怒其失旨黜袞遂賜逞死後晉荆州刺史司馬休之等數十人爲桓玄所逐皆將來奔至陳留聞逞被殺分爲二輩一奔長安一奔廣固帝聞深悔自是士人有過多見優容逞子禕嚴頤初逞之內徙終慮不免乃使其妻張氏與四子歸慕容德於廣固獨與小子頤在代京及逞死亦以此爲譴

頤字太沖散騎常侍賜爵清河侯太武聞宋以其兄諲爲冀州刺史乃曰義隆用其兄我豈無冀州地邪乃以頤爲冀州刺史入爲大鴻臚持節策拜楊難當爲南秦王奉使數返光揚朝命太武善之後與方士韋文秀詣王屋山造金丹不就眞君初卒始崔浩與頤及滎陽太守模等年皆相次浩爲長次模次頤三人別祖而模頤爲親浩恃其家世魏晉公卿常侮模浩不信佛道模深所歸向雖糞壤中禮拜形像浩大笑曰持此頭顱不淨處跪是胡神也模嘗謂人曰桃簡可欺我何容輕我周兒也浩小名桃簡頤小名周兒太武頗聞之故浩誅時二家獲免頤五子少子叡以交通境外伏誅自逞之死至叡之誅三世積五十餘年在北一門盡矣

彧字文若頤兄禕之孫也父勳之字寧國位大司馬外兵郎贈通直郎彧與兄相如俱自宋入魏相如以才學知名早卒彧少逢隱沙門教以素問甲乙遂善醫術中山王英子略曾病王顯等不能療彧針之抽針卽愈後位冀州別駕性仁恕見疹者喜與療之廣教門生令多救療其弟子清河趙約勃海郝文法之徒咸亦有名彧子景哲豪率亦以醫術知名仕魏大中大夫司徒長史景哲子冏字法峻幼好學汎覽經傳多伎藝尤工相術仕魏爲司空參軍齊天保初爲尚藥典御歷高陽太守太子家令武平中爲散騎常侍假儀同三司從幸晉陽嘗謂中書侍郎李德林曰比日看高相王以下文武官人相表俱盡其事口不忍言唯弟一人更應富貴當在他國不在本朝吾不及見也其精如此冏性廉謹恭儉自修所得俸秩必分親故終鴻臚卿臨終誡其二子曰夫恭儉福之輿傲侈禍之機乘福輿者浸以康休蹈禍機者忽而傾覆汝其誡歟吾沒後斂以時服祭無牢餼棺足周屍瘞不泄露而已及卒長子修遵父命景哲弟景鳳字鸞叔位尚藥典御

休字惠盛曾祖諲仕宋位青冀二州刺史祖靈和宋員外散騎侍郎父宗伯始還魏追贈清河太守休少孤貧矯然自立舉秀才入京師與宋弁邢巒雅相知友尚書王嶷欽其人望爲長子娉休姊贈以財貨由是少振孝

文納休妹爲嬪頻遷兼給事黃門侍郎休勸學公事軍旅之隙手不釋卷禮遇亞于宋弁郭祚孝文南伐以北海王詳爲尚書僕射統留臺事以休爲尚書左丞詔以北海年少百揆務殷便以委休轉長史兼給事黃門侍郎參定禮儀帝嘗閱故府得舊冠題曰南部尚書崔逞制顧謂休曰此卿家舊事也後從駕南行及還幸彭城汎舟泗水詔在侍筵觀者榮之宣武初休以祖父未葬弟夤又亡固求出爲勃海太守性嚴明雅長政體下車先戮豪猾數人姦盜莫不禽翦清身率下部内安之時大儒張吾貴名盛山東弟子恒千餘人所在多不見容休招延禮接使肄業而還儒者稱爲口實入爲吏部郎中遷散騎常侍權兼選任多所拔擢廣平王懷數引談宴以與諸王交游免官後爲司徒右長史公平清潔甚得時譽歷幽青二州刺史皆以清白稱二州懷其德澤入爲度支七兵殿中三尚書休久在臺閣明習典故每朝廷疑議咸取正焉諸公咸謂崔尚書下意處不可異也卒贈尚書右僕射謚曰文貞休少而謙退事母孝謹及爲尚書子仲文娶丞相高陽王雍女女適領軍元叉庶長子舒挾恃二家志氣微改陵藉同列尚書令李崇左僕射蕭寶夤右僕射元欽皆以此憚下之始休母房氏欲以休女妻其外孫邢氏休乃違母情以妻叉子議者非之子㥄

㥄字長儒狀貌偉麗善於容止少知名爲魏宣武挽郎釋褐太學博士累遷散騎侍郎坐事免歸鄉里冀部豪傑之起爭召㥄兄弟㥄中立無所就高敖曹以三百騎劫取之以爲師友齊神武至信都以爲開府諮議參軍歷給事黃門侍郎衛將軍神武入洛議定廢立太僕綦儁盛言節閔帝賢明可主社稷㥄作色而前曰若其賢明自可待我高王既爲逆胡所立何得猶作天子若從儁言王師何名義舉由是節閔及中興主皆廢更立平陽王是爲孝武以建義功封武城縣公㥄恃預義旗頗自矜縱尋以貪汙爲御史糾劾逃還鄉里時清河多盜齊文襄以石愷爲太守令得專殺愷經㥄宅謂少年曰諸郎輩莫作賊太守打殺人㥄顧曰何不答府君下官家作賊止捉一天子牽臂下殿捉一天子推上殿不作偷驢摸犢賊及遇赦出復爲黃門天平中授徐州刺史給廣宗部曲三百清河部曲千㥄性驕慢寵妾馮氏長且姣家人號曰成母朝士邢子才等多姦之至是假其威勢恣情取受風政不立初㥄爲常侍求人修起居注或曰魏收可㥄曰收輕薄徒耳更引祖鴻勳爲之又欲陷收不孝之罪乃以盧元明代收爲中書郎由是收銜之及收聘梁過徐州㥄備刺史鹵簿迎之使人相聞收曰勿怪儀衛多稽古力也收語𡨥急報曰崔徐州建義之勳何稽古之有㥄自以門伐素高特不平此言收乘宿憾故以此挫之罷徐州除祕書監以母憂去官服終兼太常卿轉七兵尚書清河邑中正㥄有文學偉風貌寡言辭端嶷如神以簡貴自處齊神武言崔㥄應作令僕恨其精神太遒趙郡李渾將聘梁名輩畢萃詩酒正讙㥄後到一坐無復談話鄭伯猷歎曰身長八尺面如刻畫謦欬爲洪鍾響胷中貯千卷書使人那得不畏服㥄以籍地自矜常與蕭祇明少遐等高宴終日獨無言少遐晚謂㥄曰鸞風飄白日忽然落西山㥄亦無言直曰爾每謂盧元明曰天下盛門唯我與爾博崔趙李何事者哉崔暹聞而銜之神武葬後㥄又竊言黃頷小兒堪當重任不暹外兄李慎以告暹暹啓文襄絕㥄朝謁㥄要拜道左文襄發怒曰黃頷兒何足拜也於是鏁㥄赴晉陽訊之不服暹引邢子才爲證子才執無此言㥄在禁謂邢曰卿知我意屬太丘不邢出告㥄子瞻曰尊公意正應欲結姻陳元康瞻有新生女乃許妻元康子元康爲言於文襄曰崔㥄名望素重不可以私語殺之文襄曰若免其性命當徙之遐裔元康曰㥄若在邊或將外叛以英賢資寇敵非所宜也文襄曰既有季珪之罪還令輸作可乎元康曰元康常讀崔琰傳追恨魏武不弘㥄若在所作而殞後世豈道公不殺也文襄曰然則奈何元康曰㥄合死朝野皆知公誠能以寬濟猛特輕其罰則仁德彌著天下歸心段孝先亦言㥄勳舊召捨之㥄進謁奉謝文襄猶怒曰我雖無堪忝當大任被卿以爲黃頷小兒金石可銷此言難滅齊天保初除侍中監起居以禪代之際參掌儀禮別封新豐縣男回授第九弟子約㥄一門婚嫁皆衣冠美族吉凶儀範爲當時所稱婁太后爲博陵王納㥄妹爲妃敕其使曰好作法用勿使崔家笑人婚夕文宣帝舉酒祝曰新婦宜男孝順富貴㥄跪對孝順乃自臣門富貴恩由陛下五年爲東兖州刺史復擕馮氏之部爲馮氏厭蠱頗失精爽尋遇偏風馮氏受納狼籍爲御史劾與㥄俱召詔付廷尉諸囚多姦焉獄中致競尋別詔斬馮氏於都市支解爲九段㥄以疾卒獄中㥄歷覽羣書兼有辭藻自中興迄於孝武詔誥表檄多㥄所爲然性侈耽財色於諸弟不能盡雍穆之美世論以此譏之素與魏收不協收後專典國史㥄恐被惡言乃悅之曰昔有班固今則魏子收縮鼻笑之憾不釋㥄子瞻

瞻字彥通潔白善容止神彩嶷然言不妄發才學風流爲後來之秀初潁川荀濟自江南入洛瞻學於濟故得經史有師法侍中李神儁雅有風譽覽年無子見瞻歎謂邢卲曰昨見崔㥄兒便爲後生第一我遂無此物見此使人傷懷年十五刺史高昂召署主簿清河公高岳辟爲開府西閤祭酒博陵崔暹爲中尉啓除侍御史以父與暹隙俄而去官神武召與北海王晞俱爲諸子賓友仍爲相府中兵參軍轉主簿文襄崩祕未發表文宣命瞻兼相府司馬使鄴魏孝靜帝以人日登雲龍門與其父㥄俱侍宴爲詩詔問邢卲等曰今瞻此詩何如其父咸曰㥄博雅弘麗瞻氣調清新並詩人之冠晃宴罷咸共嗟賞之云今日之宴併爲崔瞻父子楊愔欲引瞻爲中書侍郎時盧思道直中書省愔問其文藻優劣思道曰崔瞻文詞之美實有可稱但舉世重其風流所以才華見沒愔云此言有理其日奏用之愔又曰昔裴瓚晉世爲中書郎神情高邁每於禁門出入宿衛者皆肅然動容崔生堂堂亦當無媿裴子乎皇建元年除給事黃門侍郎與趙郡李槩爲莫逆之友槩將東還瞻遺之書曰仗氣使酒我之常弊詆訶指切在卿尤甚足下告歸吾於何聞過也瞻患氣兼性遲重雖居二省竟不堪敷奏孝昭踐阼皇太子就傳受業除太子中庶子徵赴晉陽敕曰東宮弱年未陶訓義卿儀形風德人之師表故勞卿朝夕遊處開發幼蒙一物三善皆以相寄瞻專在東宮調護講讀及進退禮度皆歸委焉太子納妃斛律氏敕瞻與鴻臚崔劼撰定婚禮儀注主司以爲後式時詔議三恪之禮太子少傅魏收爲一議朝士莫不雷同瞻別立異議收讀訖笑而不言瞻正色曰聖上詔羣臣議國家大典少傅名位不輕瞻議若是須贊其所長若非須詰其不允何容讀國士議文直此冷笑崔瞻居聖朝顯職尚不免見嗤草萊諸生欲云何自進瞻容貌方嚴詞旨雄辯收慙遂竟無一言大寧元年除衞尉少卿尋兼散騎常侍聘陳使主行過彭城讀道旁碑文未畢而絕倒從者遙見以爲中惡此碑乃瞻父徐州時所立故哀感焉瞻經熱病面多瘢痕然雍容可觀辭韻溫雅南人大相欽服陳舍人劉師知見而心醉乃言常侍前朝通好之日何意不來今日誰相對揚者其見重如此還襲爵武城公再遷吏部郎中因患耳請急十餘日舊式百日不上解官吏部尚書尉瑾性褊急以瞻舉措舒緩曹務煩劇附驛奏聞因見代遂免歸天統末加驃騎大將軍就拜銀青光祿大夫卒贈大理卿濟州刺史謚曰文瞻性簡傲以才地自矜所與周旋皆一時名望在御史臺恒宅中送食備盡珍羞別室獨食處之自若有一河東人士姓裴亦爲御史伺瞻食便往造焉瞻不與交言又不命匕筯裴坐觀瞻食罷而退明日自擕匕筯恣情飲噉瞻謂曰我初不喚君食亦不共君語遂能不拘小節昔劉毅在京口冒請鵝炙豈亦異是君定名士於是每與之同食性方重好讀書酒後清言聞者莫不傾耳自天保以後重吏事謂容止醞籍者爲潦倒而瞻終不改焉常見選曹以劉逖爲縣令謂之曰官長正應子琮輩乃復屈名人焉子琮聞之大怒及其用事幾敗焉有集二十卷㥄弟仲文有文學與和中爲丞相掾沙苑之敗仲文持馬尾渡河波中乍沒乍出神武望見曰崔掾也遽遣船赴接及至謂曰卿爲君爲親不顧萬死可謂家之孝子國之忠臣也後文襄欲使行青州閤其多醉乃止天保初㥄爲侍中仲文爲銀青光祿大夫同日受拜時云兩鳳連飛嘗被敕召宿醒未解文宣怒將罰之試使爲觀射詩十韻操筆立成乃原之拜散騎常侍光祿大夫卒子偃太子洗馬尚書郎偃弟儦

儦字岐叔少與范陽盧思道隴西辛德源同志友善每以讀書爲務負恃才地大署其戶曰不讀五千卷書者無得入此室初舉秀才爲員外散騎侍郎遷殿中侍御史與熊安生馬敬德等議五禮兼修律令尋兼散騎侍郎使陳還待詔文林館歷尚書郎與頓丘李若俱見稱重時人語曰京師灼灼崔儦李若每謂其子曰盧思道崔儦杳然崖岸吾所重也汝其師之思道與儦嘗酒後相謂儦曰偃蹇無聞思道譏儦云高曾官薄齊亡歸鄉仕郡爲功曹稱主簿隋開皇四年徵授給事郎兼内史舍人後兼通直散騎侍郎聘陳還授員外散騎侍郎以雖常得無事一醉輒八日越國公楊素時方貴幸重儦門地爲子玄縱娶其女爲妻娉禮甚厚親迎之始公卿滿坐素令騎迎之儦敝衣冠騎驢而至素推令上坐儦禮甚倨言又不遜素忿然拂衣而起竟罷坐後數日儦方來謝素待之如初詔授易州刺史或言其未合乃追停儦語人曰易州刺史何必勝道義仁壽中卒於京師子世濟仲文弟叔仁輕俠重矜期仕魏爲潁州刺史以貪汙爲御史中丞高仲密劾賜死於宅臨刑賦詩五絕與諸弟訣別不及其兄㥄以其不甚營救也子彥武有識用隋開皇初位魏州刺史叔仁弟叔義魏孝莊時爲尚書庫部郎初叔義父休爲青州刺史放盜魁令出

其黨遂以爲門客在洛陽與兄叔仁鑄錢事發合家逃逸叔義見執時城陽王徽爲司州牧臨淮王彧以非其身罪爲致言徽以求婚不得遂停赦書而殺之叔義弟子侃以寄名從軍竊級爲中書郎爲尚書左丞和子岳彈糾失官性兼使氣後自修改閉門讀書當時稱爲博洽後兼通直散騎常侍使梁爲陽斐副恥居斐下自負才地呼斐爲陽子語輒折之還卒於路子拯位太子僕武德郡守子侃弟子植位冀州別駕走馬從禽髮挂木而死子珪子植弟子聿位東莞太守子聿弟子約五歲喪父不肯食肉後喪母居喪哀毀骨立人云崔九作孝風吹即倒禫月兄子度死又百日不入房長八尺餘姿神偶異潛觀梁使劉孝儀賓從見者駭目武定中爲平原公開府祭酒與兄子贍俱詣晉陽寄居佛寺贍長於子約二歲每退朝久立子約凴几對之儀望俱華儼然相映諸沙門竊窺之以爲二天人也乾明中爲考功郎病且卒謂贍曰自諸兄歿而門業頹替居家大唯吾與爾命之修短曾何足悲汝能免之吾不餒矣休弟寅字敬禮位太子舍人卒贈樂安太守妻樂安王長女晉寧公主也貞烈有德行子愍字長謙幼聰敏濟州刺史盧尚之欲以長女妻之休子悛爲長謙求尚之次女曰家道多由婦人欲令姊妹爲妯娌尚之感其義於是同日成婚休誡諸子曰汝等宜皆一體勿作同堂意若不用吾言鬼神不享汝祭祀休亡枕中有書如平生所誡諸子奉焉長謙與休第二子仲文同年而月長其家謂之大二小二長謙少與太原王延業俱爲著作佐郎監典校書後爲青州司馬賊圍城二百日長謙讀書不廢凡手抄八千餘紙天文律歷醫方卜相風角鳥言靡不開解曉頗以酒爲損遷司徒諮議修起居注加金紫光祿大夫後兼散騎常侍使梁將行謂人曰我戹在吳國忌在酉年今恐不免及還未入境卒年二十八贈南青州刺史逞兄遹

遹字寧祖亦有名於時爲慕容垂尚書左丞范陽昌黎二郡太守遹曾孫延壽冀州主簿輕財好施甚收鄉曲譽延壽子隆宗簡率友悌居喪以孝聞位蘭陵燕二郡太守仁信待物檢愼至誠故見重於時卒贈齊州刺史謚曰孝子敬保冀州儀同府從事中郎卒贈冀州刺史敬保子子恒位魯郡太守早卒子恒弟子安子昇武安中連元瑾事伏法逞宗人模字思範玟兄霸之後也父遵慕容垂少府卿模仕宋爲榮陽太守神䴥中平滑臺歸降後賜爵武城男模長者篤厚不營榮利雖爲崔浩輕侮而不爲浩屈與崔頤相親往來如一家始模在南妻張氏有二子仲智季柔模至京師賜妻金氏生子幼度仲智等以父隔遠乃聚貨規贖歸之其母張曰汝父志懷無決必不能來行人以賂至都模果顧念幼度等指謂行人曰何忍捨此輩致爲刑辱當爲爾取一人使名位不滅我乃授以申謨宋東郡太守也神䴥中被執賜妻生子靈度申謨聞此乃棄妻子走還江外靈度刑爲閹人初眞君末模兄協子褒利爲宋魯郡太守以郡降賜爵臨淄子拜廣甯太守卒褒利二子懷順次恩仍居宋青州懷順以父入魏故不仕及魏克青州懷順迎褒利喪還青州云

王憲字顯則北海劇人也其先姓田秦始皇滅齊田氏稱王家子孫因以爲氏仍居海岱祖猛仕苻堅位丞相父休河東太守憲幼孤隨伯父永在鄴苻丕稱尊號復以永爲丞相永爲慕容永所殺憲匿於清河人家皇始中乃歸魏道武見之曰此王猛孫也厚禮待之以爲本州中正領選曹事兼掌門下太武即位遷廷尉卿出爲上谷太守賜爵高唐子清身率下風化大行尋拜外都大官復移中都歷任二曹斷獄稱旨進爵劇縣侯出爲并州刺史又進北海公境內清肅及還京師以憲年老特賜錦繡布帛珍羞醴膳天安初卒年八十九謚曰康子崇襲崇弟嶷字道長孝文初爲南部尚書在任十四年時南州多事訟者塡門嶷性儒緩不斷終日昏睡李訢鄧宗慶等號爲明察而二人終見誅戮餘十數人或出或免唯嶷卒得自保時人語曰實癡實昏終得保存後封華山公入爲內都大官卒子祖念襲爵祖念弟雲字羅漢頗有風尚位南兗州刺史坐受所部荆山戍主杜虔財又取官絹因染遂有割易御史糾劾會赦免卒官贈豫州刺史謚文昭長子昕

昕字元景少篤學能誦書日以中壘舉手極上爲率與太原王延業俱詣魏安豐王延明延明歎美之太尉汝南王悅辟爲騎兵參軍舊事王出則騎兵武服持刀陪從昕恥之未嘗肯依行列悅好逸遊或馳騁信宿昕輒棄還悅乃令騎兵在前手爲驅策昕捨轡高拱任馬所之左右言其誕慢悅曰府望唯在此賢不可責也悅數散錢於地令諸佐爭拾之昕獨不拾悅又散銀錢以目昕乃取其一悅與府寮飲酒起自移床人爭進手昕獨執板却立悅作色曰我帝孫帝子帝弟帝叔今親起輿牀卿何偃蹇對曰元景位望微劣不足使殿下式瞻儀形安敢以親王寮寀從厮養之役悅謝焉坐上皆引滿酣暢昕先起臥於閑室頻召不至悅乃自詣呼之曰懷其才而忽府主可謂仁乎昕曰商辛沉湎其亡也忽諸府主自忽微寮佐敢任其咎悅大笑而去後除著作佐郎以兵亂漸起將避地海隅侍中李琰之黃門侍郎王遵業惜其名士不容外任奏除尚書右外兵郎中出爲光州長史故免河陰之難遷東萊太守于時年凶人多相食昕勤恤人隱多所全濟昕少時與河間邢邵俱爲元羅賓友及守東萊邵舉室就之郡人以邵是邢杲從弟會兵將執之昕以身蔽伏其上呼曰欲執子才當先執我邵乃免太昌初還洛吏部尚書李神儁奏言比因多故常侍遂無員限今以王元景等爲常侍定限八員加金紫光祿大夫武帝或時袒露與近臣戲狎每見昕即正冠而斂容焉昕體素甚肥遭喪後遂終身羸瘠楊愔重其德素以爲人之師表元象元年兼散騎常侍聘梁魏收爲副並爲朝廷所重使還高隆之求貨不得諷憲臺劾昕收在江東大將商人市易並坐禁止齊文襄營救之累遷祕書監昕雅好清言詞無淺俗在東萊時獲殺其同行侶者詰之未服昕謂曰彼物故不歸卿無恙而反何以自明邢邵後見文襄說此言以爲笑樂昕聞之詣邵曰卿不識造化還謂人曰子才應死我罵之極深頃之以彼謗左遷陽平太守在郡有稱績文襄謂人曰王元景殊獲我力由吾數戲之其在吏事遂爲良二千石齊文宣踐阼拜七兵尚書以參議禮封宜君縣男嘗有鮮卑聚語崔昂戲問昕曰頗解此不昕曰樓羅樓羅實自難解時唱染干似道我輩文宣以昕疏誕非濟世才罵曰好門戶惡人身又有譖之者云王元景每嗟水運不應遂絕帝愈怒乃下詔曰元景本自庸才素無勳行早霑纓紱遂履清途發自畿邦超居詹事俄佩龍文之劒仍啓帶礪之書語其器分何因到此誠宜清心勵己少酬萬一尚書百揆之本庶務攸歸元景與奪任情威福在己能使直而爲枉曲反成紘害政損公名義安在僞賞賓郎之味好詠輕薄之篇自謂模擬倉楚曲盡風制推此爲長餘何足取此而不繩後將焉肅在身官爵宜從削奪於是徙幽州爲百姓昕任運窮通不改其操未幾徵還奉敕送蕭莊於梁爲主除銀青光祿大夫判祠部尚書帝怒臨漳令嵇曄及舍人李文師以曄賜薛豐洛文師賜崔士順爲奴鄭子默私誘昕曰自古無朝士作奴昕曰箕子爲之奴何言無也子默遂以昕言啓文宣仍曰王元景比陛下於紂楊愔微爲解之帝謂愔曰王元景是爾博士爾語皆元景所教帝後與朝臣酣飲昕稱疾不至帝遣騎執之見其方搖膝吟詠遂斬於御前投屍漳水天統末追贈吏部尚書有文集二十卷子顗嗣卒於燕郡太守昕母清河崔氏學識有風訓生九子皆風流醞籍世號王氏九龍昕弟暉昭晞晧最知名暉字元旭少與昕齊名兼多術藝卒於中書舍人贈兗州刺史昭字仲亮少好儒術又頗以武藝自許性敦篤以友弟知名卒於考功郎中

晞字叔朗小名沙彌幼而孝謹淹雅有器度好學不倦美容儀有風則魏末隨母兄東適海隅與邢子良遊處子良愛其清悟與其在洛兩兄書曰賢弟彌郎意識深遠曠達不羈簡於造次言必詣理吟詠情性麗絕當時恐足下方難爲兄不暇慮其不進也魏永安初第二兄暉聘梁啓晞釋褐除員外散騎侍郎徵署廣平王開府功曹史晞願養母竟不受署母終後仍屬遷鄴遨遊鞏洛悅其山水與范陽盧元明鉅鹿魏季景結侶同契往天陵山浩然有終焉之志及西魏將獨孤信入洛署爲開府記室晞稱先被犬傷困篤不赴有故人疑其所傷非猘書勸令赴晞復書曰辱告存念見令起疾循復眷旨似疑吾所傷未必是猘吾豈顧其必猘但理契無疑耳就足下疑之亦有過說足下既疑其非猘亦可疑其是猘其疑半矣若疑其是猘而營護雖非猘亦無損疑其非猘而不療儻是猘則難救然則過療則致萬全過不療或至於死若王晞無可惜也則不足取既取之便是可惜奈何奪其萬全任其或死且將軍威德所被風飛霧襲方掩八紘豈在一介若必從隗始先須濟其生靈足下何不從容爲將軍言也於是方得見寬俄而信返晞遂歸鄴齊神武訪朝廷子弟忠孝謹密者令與諸子遊晞與清河崔贍頓丘李虔范陽盧正通首應此選文襄時爲大將軍握晞等手曰我弟並向成長志識未定近善狎惡不能不移吾弟不負義方卿祿位常亞吾弟若苟使回邪致相詿誤舉及門族非止一身晞隨神武到晉陽補中外府功曹參軍帶常山王演友齊天保初行太原郡事及文宣昏逸常山王數諫帝疑王假辭於晞欲加大辟王私謂晞曰博士明日當作一條事爲欲相活亦圖自全宜深體勿怪乃於衆中杖晞二十帝尋發怒聞晞得杖以故不殺髡鞭鉗配甲坊居三年王又固諫爭大被敺撻閉口不食太后極憂之帝謂左右曰儻小兒死奈我老母何於是每問王疾謂曰努力彊食當以王晞還汝乃釋晞令往王抱晞曰吾氣息惙然恐不復相見晞流涕曰天道神明豈令殿下遂斃此舍

至尊親爲人兄尊爲人主安可與計殿下不食太后亦不食殿下縱不自惜不惜太后乎言未卒王彊坐而飯晞由是得免徙還爲王友王復錄尚書事新除官者必詣王謝職去必辭晞言於王曰受爵天朝拜恩私第自古以爲干紀朝廷文武出入辭謝宜一約絕主上顒顒賴殿下扶翼王深納焉常從容謂晞曰主上起居不恒卿耳目所具吾豈可以前逢一怒遂爾結舌卿宜爲撰諫草吾當伺便極諫晞遂條十餘事以呈因切諫王曰今朝廷乃爾欲學介子匹夫輕一朝之命狂藥令人不自覺刀箭豈復識親疎一旦禍出理外將奈殿下家業何奈皇太后何乞且將順日愼一日王歔欷不自勝曰乃至是乎明日見晞曰吾長夜九思今便息意便命火對晞焚之後王承間苦諫遂致忤旨帝使力士反接伏白刃注頸罵曰小子何知欲以吏才非我是誰教汝王曰天下禁口除臣誰敢有言帝催遣撻楚亂杖數十會醉臥得解爾後褻黷之好遍於宗戚所往留連俾晝作夜唯常山邸多無適而去及帝崩濟南嗣立王謂晞曰一人垂拱吾曹亦保優閑因言朝廷寬仁慈恕眞守文良主晞曰天保享祚東宮委一胡人今卒覽萬機駕馭雄傑如聖德幼沖未堪多難而使佗姓出納詔命必權有所歸殿下雖欲守藩職其可得也假令得遂沖退自審家祚得保靈長不王黙然思念久之曰何以處我晞曰周公抱成王朝諸侯攝政七年然後復子明辟幸有故事惟殿下慮之王曰我安敢自擬周公晞曰殿下今日地望欲避周公得邪王不答帝臨發敕王從駕除晞并州長史及王至鄴誅楊燕等詔以王爲大丞相都督中外諸軍事督攝文武還并州及至延晞謂曰不早用卿言使羣小弄權幾至傾覆今君側雖獲暫清終當何以處我晞曰殿下將往時地位猶可以名教出處今日事勢遂關天時非復人理所及有頃奏趙郡王叡爲左長史晞爲司馬每夜載入晝則不與語以晞儒緩恐不允武將之意後進晞密室曰比王侯諸貴每見煎迫言我違天不祥恐當或有變起吾正欲以正法繩之晞曰朝廷比者疎遠親戚寧思骨血之重殿下倉卒所行非復人臣之事芒刺在背交戟入頸上下相疑何由可久且天道不恒虧盈迭至神機變化肹蠁斯集雖執謙挹粃糠神器便是違上玄之意墜先人之基王曰卿何敢須發非所宜言須致卿於法晞曰竊謂天時人事同無異揆是以冒犯雷霆不憚斧鉞今日得披肝膽抑亦神明攸贊王曰拯難匡時方俟聖哲吾何敢私議幸勿多言尋有詔以丞相任重普進府僚一班晞以司馬領吏部郎中丞相從事中郎陸杳將出使臨別握晞手曰相王功格區宇天下樂推歌謠滿道物無異望杳等伏隸顧披赤心而忽奉外使無由面盡短誠寸心謹以仰白晞尋述杳言王曰若內外咸有異望趙彥深朝夕左右何因都無所論自以卿意試密與言之晞以事隙問彥深曰我比亦驚此音謠每欲陳聞則口噤心戰弟既發論吾亦欲昧死一披肝膽因亦同勸是時諸王公將相日敦請四方岳牧表陳符命乾明元年八月昭帝踐阼九月除晞散騎常侍仍領兼吏部郎中後因奏事罷帝從容曰比日何爲自同外客略不可見自今假非局司但有所懷隨宜作一牒候少隙即徑進也因敕尚書陽休之鴻臚卿崔劼等三人每日本職務罷並入東廊共舉錄歷代廢禮墜樂職司廢置朝饗異同輿服增損或道德高儁久在沈淪或巧言眩俗妖邪害政爰及田市舟車徵稅通塞婚葬儀軌貴賤等衰有不便於時而古今行用不已者或自古利用而當今毀棄者悉令詳思以漸條奏未待頓備遇憶續聞朝晡給典御食畢景聽還時百官請建東宮敕未許每令晞就東堂監視太子冠服導引趨拜尋拜爲太子太傅晞以局司奉璽授皇太子太子釋奠又兼中庶子帝謂曰今既當劇職不得尋常舒慢也帝將北征敕問比何所聞晞曰道路傳言車駕將行帝曰庫莫奚南侵我未經親戎因此聊欲習武晞曰鑾駕巡狩爲復何爾若輕有征戰恐天下失望帝曰此懦夫常慮吾自當臨時斟酌帝使齋帥裴澤主書蔡暉伺察羣下好相誣枉朝士呼爲裴蔡時二人奏車駕北征後陽休之王晞數與諸人遊宴不以公事在懷帝杖休之晞脛各四十帝斬人於前問晞曰此人合死不晞曰皐實合死但恨其不得死地臣聞刑人於市與衆棄之殿廷非殺戮之所帝改容曰自今當爲王公改之帝欲以晞爲侍中苦辭不受或勸晞勿自疎晞曰我少年以來閱要人多矣充詘少時鮮不敗績且性實疎緩不堪時務人主恩私何由可保萬一披猖求追無地非不愛作熱官但思之爛熟耳百官嘗賜射晞中的當得絹爲不書箭有司不與晞陶陶然曰我今段可謂武有餘文不足矣晞無子帝將賜之妾使小黃門就宅宣旨皇后相聞晞妻晞令妻答妻終不言晞以手撩胷而退帝聞之笑孝昭崩晞哀慕殆不自勝因以羸敗武成本忿其儒緩由是彌嫌之因奏事大被訶叱而雅步晏然歷東徐州刺史祕書監武平初遷大鴻臚加儀同三司監修起居注待詔文林館性閑澹寡欲雖王事鞅掌而雅操不移在并州雖戎馬塡闇未嘗以世務爲累良辰美景嘯詠遨遊登臨山水以談讌爲事人士謂之方外司馬指晉祠賦詩曰日落應歸去魚鳥見留連忽有相王使召晞不時至明日丞相西閤祭酒盧思道謂晞曰昨被召已朱顏得無以魚鳥致怪晞緩笑曰昨晚陶然頗以酒漿被責卿輩亦是留連之一物豈直在魚鳥而已及晉陽陷敗與同志避周兵東北走山路險迥懼有土賊而晞溫酒服膏曾不一廢每不肯疾去行侶尤之晞曰莫尤我我行事若不悔久作三公矣齊亡周武帝以晞爲儀同大將軍太子諫議大夫隋開皇元年卒於洛陽年七十一贈儀同三司曹州刺史

晧字季高少立名行爲士友所稱遭母憂居喪有至性儒緩亦同諸兄嘗從文宣北征乘赤馬旦蒙霜氣遂不復識自言失馬虞候爲求覓不得須臾日出馬體霜盡繫在幕前方云我馬尚在爲司徒掾在府聽午鼓蹀躞待去羣寮嘲之曰王七思歸何太疾季高曰大鵬始欲舉鷰雀何啾唧嘲者曰誰家屋當頭鋪首浪遊逸於是喧笑季高不復得言大寧初兼散騎常侍聘陳使主天統末修國史尋除通直散騎常侍卒贈鄄州刺史子伯奉朝請待詔文林館晧弟曄字季炎卒於滄州司馬

封懿字處德勃海蓨人也曾祖釋晉東夷校尉父放慕容暐吏部尚書兄孚慕容超太尉懿有才器能屬文與孚雖器行有長短而名位略齊仕慕容寶位中書令戶部尚書寶敗歸魏除給事黃門侍郎都坐大官章安子道武引見問以慕容舊事懿應對疎慢廢黜還家明元初復徵拜都坐大官進爵爲侯卒官懿撰燕書頗行於世子玄之坐與司馬國璠溫楷等謀亂伏誅臨刑明元謂曰終不令絕汝種也將宥汝一子玄之以弟虔之子磨奴早孤乞全其命乃殺玄之四子赦磨奴磨奴刑爲宦人崔浩之誅也太武謂磨奴曰汝本應全所以致刑者由浩也後爲中曹監使張掖賜爵富城子卒於懷州刺史贈勃海公謚曰定以族子叔念爲後

回字叔念孝文賜名焉慕容暐太尉奕之後也父鑒磨奴既以回爲後請於獻文贈鑒寧遠將軍滄水太守回襲磨奴爵富城子宣武時累遷安州刺史山人愿朴父子賓旅同寢一室回下車勸令別處其俗遂改明帝時爲瀛州刺史時大乘寇亂之後加以水潦表求振恤免其兵調州內賴之歷度支都官二尚書冀州大中正榮陽鄭雲諂事長秋卿劉騰貨紫纈四百匹得爲安州刺史除書旦出晚往詣回坐未定問回安州興生何事爲便回曰卿荷國寵靈位至方伯雖不能拔園葵去織婦宜思方略以濟百姓如何見造問興生乎封回不爲商賈何以相示雲慙失色轉七兵尚書領御史中尉劾奏尚書右僕射元欽與從兄麗妻崔氏姦通時人稱之後爲殿中尚書右光祿大夫莊帝初遇害河陰贈司空公謚曰孝宣長子隆之

隆之字祖裔小名皮寬和有度量延昌中道人法慶作亂冀州自號大乘衆五萬人隆之以開府中兵參軍與大都督元遙討之獲法慶賜爵武城子累遷河內太守未到郡屬尒朱兆入洛莊帝幽崩隆之以父遇害常懷報雪因持節東歸圖爲義舉遂與高乾等夜襲冀州克之乃推爲刺史及齊神武自晉陽東出隆之遣子子繪贍高乾奉迎於滏口中興初拜吏部尚書韓陵之役留隆之鎮鄴城未幾徵爲侍中封安德郡公于時朝議以尒朱榮宜配食明帝廟庭隆之議曰榮爲人臣親行殺逆豈有害人之母而與子對食之理以參議麟趾閣新制又贈其妻祖氏范陽郡君隆之表以先爵富城子及武城子轉授弟子孝琬等朝廷嘉而從之後爲斛斯椿等所構逃歸鄉里齊神武召赴晉陽魏孝靜立除吏部尚書尋加侍中元象初除冀州刺史加開府累遷尚書右僕射及北豫州刺史高仲密將叛陰招冀州豪望爲內應詔隆之馳驛慰撫遂得安靜隆之首參神武經略奇謀皆密以啓聞手書削藁罕知於外卒於齊州刺史贈司徒神武以追榮未盡復啓贈太保謚宣懿神武後至冀州北境次交津追憶隆之顧冀州行事司馬子如言其德美爲之流涕令以太牢就祭隆之歷事五帝以謹素見知凡四爲侍中再爲吏部尚書一爲僕射四爲冀州刺史每臨冀部州中舊齒咸曰我封公復來其得物情如此子子繪嗣子繪字仲藻小名播性和理有器局釋褐祕書郎累遷平陽太守加散騎常侍晉州北界霍山舊號千里徑者山坂高峻每大軍往來士馬勞苦子繪請於舊徑東谷別開一路神武從之仍令子繪修開旬日而就徵補大行臺吏部郎中神武崩祕未發喪文襄以子繪爲勃海太守執其手曰誠知未允勲臣官望但須鎮撫且衣錦晝遊古人所貴宜善加經略不勞習常太守向州參也仍聽收集部曲一千人大寧三年爲都官尚書高歸彥作逆命子繪參贊軍事賊平敕子繪權行州事徵拜儀同三司尚書右僕射卒謚曰簡子寶蓋襲子繪弟子繡位霍州刺史陳將吳明徹侵淮南

子繡城陷送揚州齊亡後逃歸終於通州刺史子繡外貌儒雅而使氣難犯兄女壻司空婁定遠爲瀛州刺史子繡爲勃海太守定遠過之對妻及諸女讌集言戲微有褻慢子繡鳴鼓集衆將攻之定遠免冠拜謝久之乃釋隆之弟輿之字祖胄經明行修恬素清靜位瀛冀二州刺史平北府長史所歷有當官譽卒以隆之佐命加贈殿中尚書譙州刺史謚曰文子孝琬字士俦七歲而孤爲隆之鞠養慈愛甚篤隆之啓以父爵富城子授焉位東宮洗馬卒贈太府少卿孝琬性恬靜頗好文詠太子少師邢邵七兵尚書王昕並先達高才與孝琬年位懸隔晚相逢遇分好遂深孝琬靈櫬言歸二人送於郊外悲哭悽慟有感路人孝琬弟孝琰字士光少修飭學尚有風儀位祕書丞散騎常侍聘陳使主在道遙授中書侍郎還坐受魏收囑牒其門客從行事發付南都獄決鞭二百除名後除并省吏部郎中南陽王友赴晉陽典機密和士開母喪託附者咸往奔哭鄴中富商丁鄒嚴興等並爲義孝有一士人亦在哭限孝琰入弔出謂人曰嚴興之南丁鄒之北有一朝士號叫甚哀聞者傳之士開知而大怒其後會黃門郎李瓌奏南陽王綽騎忿士開因譖之曰孝琰從綽出外乘其副馬捨離部伍別行戲語時孝琰女爲范陽王妃爲禮事因假入辭帝遂決馬鞭一百放出又遣高阿那肱重決五十幾死還鄴在集書省上下自此沉廢士開死後爲通直散騎常侍後與周和好以爲聘周使副祖珽輔政奏入文林館撰御覽孝琰文筆不高但以風流自立善談戲威儀閑雅容止進退人皆慕之以祖珽好自矜大佞之云是衣冠宰相異於餘人近習聞之大以爲恨尋以本官兼尚書右丞其所彈射多承意旨時有道人曇獻者爲皇太后所幸賞賜隆厚車服過度又乞爲沙門統後主意不許但太后欲之遂得居任然後主常憾焉因僧尼佗事訴者辭引曇獻上令有司推劾孝琰案其受賄致於極法其家珍異悉以沒官由是正授左丞仍奏門下事性頗簡傲不諧時俗恩遇漸高彌自矜誕舉動舒遲無所降屈識者鄙之與崔季舒等以正諫同死子君確君靜二人徙北邊少子君嚴君贊下蠶室南安敗君確等二人皆坐死輿之弟延之字祖業少明辯有世用封琰城子位青州刺史多所受納後行晉州事沙苑之敗延之棄州北走以隆之故免其死卒贈尚書左僕射司徒公謚文恭子纂嗣鑒長子琳字彥寶位中書侍郎與侍中南平王馮誕等議定律令有識者稱之歷位太尉長史司宗下大夫南夏青二州刺史光祿大夫琳弟子肅

肅字元邕博涉經史太傅崔光見而賞焉位尚書左中兵郎中性恭儉不妄交游唯與崔勵勵從兄鴻尤相親善所制文章多亡失存者十餘卷懿從兄子愷字思悌奕之孫也父勸慕容垂侍中太常卿愷位給事黃門侍郎散騎常侍後入代都名出懿子玄之右俱坐司馬氏事死愷妻盧玄女也愷子伯達棄母及妻李氏南奔河表改婚房氏獻文末伯達子休傑內入祖母盧猶存垂百歲矣而李已死休傑位冀州咸陽王府諮議參軍

回族叔軌字廣度好學通覽經傳與光祿大夫武邑孫惠蔚同志友善惠蔚每推軌曰封生之於經義吾所弗如者多矣頗自修潔儀容甚偉或曰學士不事修飾此賢何獨如此軌聞笑曰君子整其衣冠尊其瞻視何必蓬頭垢面而後爲賢言者慙退以兼員外散騎常侍銜命高麗高麗王雲恃其偏遠稱疾不親受詔軌正色詰之喻以大義雲乃北面受旨使還轉考功郎中除本郡中正勃海太守崔休入爲吏部郎中以兄考事干軌軌曰法者天下之事不可以舊君故虧之也休歎其守正軌在臺中稱爲儒雅除國子博士假通直散騎常侍慰勞汾州山胡司空清河王懌表修明堂辟雍詔百寮集議軌議曰周官匠人職云夏后氏世室殷人重屋周人明堂五室九階四戶八牕鄭玄曰或舉宗廟或舉正寢或舉明堂互文以見同制然則三代明堂其制一也案周與夏殷損益不同至於明堂因而弗革明五室之義得天數矣是以鄭玄又曰五室者象五行也然則九階者法九土四戶者達四時八牕者通八風誠不易之大範有國之恒式若其上圓下方以則天地通水環宮以節觀者茅蓋白盛爲之質飾赤綴白綴爲之戶牖皆典籍所載制度之明義也秦焚滅五典非毀三代變更先聖不依舊憲故呂氏月令見九室之義大戴之禮著十二堂之文漢承秦法亦未能改東西二京俱爲九室是以黃圖白虎通蔡邕應劭等咸稱九室以象九州十二堂以象十二辰夫室以祭天堂以布政依行而祭故室不過五依時布政故堂不踰四州之與辰非所可法九與十二厥用安在今聖朝欲尊道訓人備禮化物宜則五室以爲永制至如廟學之嫌臺沼之雜袁準之徒已論正矣後卒於廷尉少卿贈濟州刺史初軌深爲郭祚所知祚常謂子景尚曰封軌高綽二人並幹國之才必應遠至吾平生不妄進舉而每薦此二人非直爲國進賢亦爲汝等之津梁其見重如此軌既以方直自業高綽亦以風槩立名高肇拜司徒綽送迎往來軌竟不詣綽顧不見軌乃遽歸曰吾一生自謂無愆規矩今日舉措不如封生遠矣軌以務德慎言修身之本姦回讒佞世之巨害乃爲務德慎言遠佞防姦四戒文多不載長子偉伯字君良博學有才思弱冠除太學博士每朝廷大議偉伯參焉雅爲太保崔光僕射游肇所知賞太尉清河王懌辟參軍事懌親爲孝經解詁命偉伯爲難例九條皆發起隱漏偉伯又討論禮傳詩易疑事數十條儒者咸稱之時朝廷將經始明堂廣集儒學議其制度九五之論久而不定偉伯乃搜檢經緯上明堂圖說六卷又撰封氏本錄六卷正光末尚書僕射蕭寶夤爲關西行臺引爲行臺郎及寶夤爲逆偉伯與南平王固潛結關中豪右韋子粲等謀舉義兵事發見殺永安中贈瀛州刺史聽一子出身無子轉授弟翼翼弟述

述字君義有幹用天平中爲三公郎中時增損舊事爲麟趾新格其名法科條皆述所刪定齊受禪累遷大理卿清河三年敕與錄尚書趙彥深僕射魏收尚書陽休之國子祭酒馬敬德等議定律令歷位度支五兵殿中三尚書述久爲法官明解律令議斷平允深爲時人所稱而厚積財產一無分饋雖至親密友貧病困篤亦絕於拯濟朝野物論甚鄙之外貌方整而不免請謁回避進趣頗致嗤駭前妻河內司馬氏一息爲娶隴西李士元女大輸財聘及將成禮猶競懸違述忽取所供養像對士元打像爲誓士元笑曰封公何處常得應急像須誓便用一息娶范陽盧莊之女述又經府訴云送驃乃嫌脚跛評田則云鹹薄銅器又嫌古廢皆爲恡嗇所及每致紛紜子元犕位太子舍人述弟詢字景文閱涉經史以清素自持位尚書左丞濟南太守歷官皆有幹局才具臨郡甚著聲績隋開皇中卒

論曰崔逞文學器識當年之俊忽微慮遠俱以爲災休立身有本當官著稱長儒才望之美禍因驕物雖有周公之才猶且爲累況未足論其高下能無及乎贍詞韻溫雅風神秀發固人望也王憲名公之孫老見優異元景昆季履道標映人倫美哉封回克光家世隆之勤勞霸業子繪寔隆堂構可謂載德者矣君義聚歛嗇恡無乃鄙哉

北史卷二十四考證

崔㥄傳別封新豐縣男回授第九弟子約○齊書無子字

贍傳贍字彥通○贍齊書作瞻

吏部尚書尉瑾性褊急○褊監本訛偏今改從閣本

昔劉毅在京卩○齊書無卩字

自天保以後重吏事○天監本訛太今改從閣本

興和中爲丞相掾○興監本訛太今改從閣本

王憲傳坐受所部荊山戍主杜虔財○虔魏書作虞

又取官絹因染遂有割易○魏書無遂有二字

昕傳奉敕送蕭莊於梁爲主○蕭監本訛肅今改從南本

鄭子默私誘昕曰○誘齊書作謂

晞傳髡鞭鉗配甲坊○坊監本訛方今改從閣本

吾正欲以正法繩之○齊書法字上無正字

王曰卿何敢須發非所宜言○齊書無須字應從之

朝晡給典御食畢景聽還○典齊書作與應從之

晞陶陶然曰我今段可謂武有餘文不足矣○齊書無段字

晞以手撩胸而退○撩齊書作拊

昨被召已朱顏得無以魚鳥致怪○朱顏齊書作來頗

隆之傳恩遇漸高彌自矜誕○恩監本訛意今改從閣本

子纂嗣○齊書子字下有孝字

北史卷二十五

唐　李延壽　撰

列傳第十三

古弼　張黎　劉潔　丘堆　娥清
伊馛　乙瓌　周幾　豆代田　車伊洛
王洛兒　車路頭　盧魯元　陳建　來大干
宿石　萬安國　周觀　尉撥　陸眞
呂洛拔　薛彪子子琡　尉元
慕容白曜　和其奴　苟頹　宇文福

古弼代人也少忠謹善騎射初爲獵郎門下奏事以敏

正稱明元嘉其眞而有用賜名曰筆後改名弼言其有輔佐才也令與西部與劉潔等分綰機要敷奏百揆太武即位以功拜立節將軍賜爵靈壽侯歷位侍中吏部尚書典南部奏事後征馮弘弘將奔高麗高麗救軍至弘乃隨之令婦人被甲居中其精卒及高麗陳兵於外弼部將高苟子擊賊軍弼酒醉拔刀止之故弘得東奔太武大怒黜爲廣夏門卒尋復爲侍中與尚書李順使涼州賜爵建興公鎮長安甚有威名及議征涼州弼與順咸言涼州乏水草不宜行帝不從既剋姑臧微嫌之以其有將略弗之責宋將裴方明剋仇池立楊玄庶子保熾於是假弼節督隴右諸軍討仇池平之未幾諸氐復推楊文德爲主圍仇池弼攻解其圍文德走漢川時東道將皮豹子聞仇池圍解議欲還軍弼使謂曰若其班師寇衆復至後舉爲難不出秋冬南寇必來以逸待勞百勝之策也豹子乃止太武聞之曰弼言長策也制有南秦弼謀多矣景穆總攝萬機徵爲東宮四輔與宜都王穆壽並參政事遷尚書令弼雖事務殷湊而讀書不輟端謹愼密口不言禁中事功名等於張黎而廉不及也上谷人上書言苑囿過度人無田業宜減太半以賜貧者弼入欲陳奏遇帝與給事中劉樹碁志不聽事弼侍坐良久不獲申聞乃起於帝前捽樹頭掣下牀以手搏其耳以拳毆其背曰朝廷不理實爾之罪帝失容放碁曰不聽奏事過在朕樹何罪置之弼具狀以聞帝奇弼公直皆可其奏以與百姓弼曰爲臣逞志於君前者非無罪也乃詣公車免冠徒跣自劾請罪帝召之謂曰卿其冠履吾聞築社之役蹇蹙而築之端冕而事之神與之福然則卿有何罪自今以後苟利社稷益國便人者雖復顚沛造次卿則爲之無所顧也太武大閱將校獵於河西弼留守詔以肥馬給騎人弼命給弱者太武大怒曰尖頭奴敢裁量朕也朕還臺先斬此奴弼頭尖帝常名之曰筆頭時人呼爲筆公屬官懼誅弼告之曰吾謂事君使田獵不過盤游其罪小也不備不虞使戎寇恣逸其罪大也今北狄孔熾南虜未滅狡焉之志窺伺邊境是吾憂也故選肥馬備軍實爲不虞之遠慮苟使國家有利吾寧避死乎明主可以理干此自吾罪帝聞而歎曰有臣如此國之寶也賜衣一襲馬二疋鹿十頭後車駕田於山北獲麋鹿數千頭詔尚書發車牛五十乘運之帝尋謂從者曰筆公必不與我汝輩不如馬運之速遂還行百餘里而弼表至曰今秋穀懸黃麻菽布野豬鹿竊食鳥鴈侵費風波所耗朝夕參倍乞賜矜緩使得收載帝謂左右曰筆公果如朕卜可謂社稷之臣初楊難當之來也詔弼悉送其子弟於京師楊玄少子文德以黃金三十斤賂弼弼受金留文德而遇之無禮文德亡入宋太武以其正直有戰功弗加罪責太武崩吳王立以弼爲司徒文成即位與張黎並坐議不合旨俱免有怨謗之言其家人告巫蠱俱伏法時人冤之

張黎鴈門平原人也善書計道武知待之明元器其忠亮賜爵廣平公管綜機要太武以其功舊任以輔弼除大司農卿軍國大議黎常與焉以征赫連定功進號征北大將軍與樂安王範濟南公崔徽鎮長安清約公平甚著聲稱代下之日家無餘財太武征涼州蠕蠕吳提乘虛入寇黎與司空長孫道生拒擊走之景穆初總百揆黎與崔浩等輔政忠於奉上非公事不言詔賜浩黎布帛各千疋以褒舊勳吳王余立以黎爲太尉後文成即位與古弼俱誅

劉潔長樂信都人也昭成時慕容氏獻女潔祖父生爲公主家臣乃隨入魏賜以妻妾生子堤位樂陵太守封信都男卒潔襲堤爵數從征討進爵會稽公後與永安侯魏勤及功勞將軍元屈等擊吐京叛胡爲其所執送赫連屈丐潔聲氣不撓呼其字而與之言神色自若屈丐壯而釋之後得還國典東部事明元寢疾太武監國潔與古弼等選侍東宮對綜機要太武即位奇其有柱石用委以大任及議軍國朝臣咸推其能遷尚書令改爲鉅鹿公車駕西伐潔爲前鋒沮渠牧犍弟董來距戰於城南潔信卜者之言以日辰不協擊鼓却陣故董來得入城太武微嫌之潔久在樞密恃寵自專帝心稍不平時議伐蠕蠕潔言不如廣農積穀以待其來羣臣皆從其議帝決行乃從崔浩議既出與諸將期會鹿渾谷而潔恨其計不用欲沮諸將乃矯詔更期諸將不至時虜衆大亂景穆欲擊之潔執不可停鹿渾谷六日諸將猶不集賊已遠遁追至石水不及而還師次漢中糧盡士卒多死潔陰使人驚軍勸帝棄軍輕還帝不從潔以軍行無功奏歸罪於崔浩帝曰諸將後期及賊不擊罪在諸將豈在於浩又潔矯事遂發輿駕至五原收潔幽之太武之征也潔私謂親人曰若軍出無功車駕不返即吾當立樂平王潔又使右丞張嵩求圖讖問劉氏應王繼國家後我審有名姓不嵩對曰有姓而無名窮驗款引搜嵩家果得讖書潔與南康公秋隣及嵩等皆夷三族死者百餘人潔既居勢要內外憚之側目而視籍其家財產鉅萬太武追忿言則切齒

丘堆代人也美容儀初以忠謹入侍明元即位拾遺左右稍遷散騎常侍太武監國臨朝堆與太尉穆觀等爲右弼及即位賜爵臨淮公位太僕與宗正娥清略地關右而宜城王奚斤表留堆合軍與赫連昌相拒斤進擊赫連定留堆守輜重斤爲定禽堆聞而棄甲走長安帝大怒遣西平公安頡斬堆

娥清代人也少有將略累著戰功稍遷給事黃門侍郎明元南巡幸鄴以清爲中領軍將軍與宋兵將軍周幾等度河略地至湖陸以功賜爵須昌侯與幾等遂鎮枋頭太武初乃還京師進爲東平公後從平統萬遂與奚斤討赫連昌至安定及昌弟定西走斤追之清欲尋水往斤不從遂與斤俱爲定禽剋平涼乃得還後與古弼等東討馮弘以不急戰弘奔高麗檻車徵黜爲門卒而卒於家子延賜爵南平公

伊馛代人也少勇健走及奔馬善射力曳牛却行神麚初擢爲侍郎轉三郎賜爵汾陽子太武將討涼州議者咸以無水草諫唯司徒崔浩勸行羣臣出後馛曰涼州若無水草何得爲國宜從浩言帝善之及剋涼州大會於姑臧帝謂羣臣曰崔公智計有餘吾亦不復奇之正奇馛弓馬士所見能與崔同耳顧謂浩曰馛智力如此終至公相浩曰何必讀書然後爲學衞青霍去病亦不讀書而致公輔帝欲以馛爲尚書封郡公馛以尚書務殷公爵至重辭之中祕二省多諸文士請參其次帝賢之遂拜祕書監賜爵河南公拜司空清約自守爲政舉大綱而已不爲苛碎大安二年領太子太保三年與司徒陸麗等並平尚書事薨子蘭襲爵位庫部尚書卒子盆生驍勇有膽氣累有戰功遂爲名將以勳賜爵平城子爲西道都督歿贈雍州刺史

乙瓌代人也其先世統部落太武時瓌父匹知遣瓌入貢帝留之瓌善騎射手格猛獸尚太武女上谷公主除駙馬都尉賜爵西平公從駕南征都督前鋒諸軍事勇冠三軍後進爵爲王又爲西道都將薨年二十九贈太尉公諡曰恭子乾歸襲爵乾歸有氣幹頗習書疏尤好兵法尚景穆女安樂公主除駙馬都尉侍中獻文初爲秦州刺史有惠政孝文即位爲中道都將卒諡曰康子海字懷仁位散騎侍郎卒諡曰孝海子瑗字雅珍尚孝文女淮陽公主除駙馬都尉累遷西兗州刺史天平元年舉兵應樊子鵠戰敗死

周幾代人也少以善射爲獵郎明元即位爲左部尚書以軍功封交趾侯太武以幾有智勇遣鎮河南威信著于外境幾常嫌奚斤等綏撫關中失和每至言論形于聲色斤等憚焉進號宋兵將軍率洛州刺史于栗磾以萬人襲陝城卒于軍軍人無不歎惜之歸葬京師諡曰桓子步襲爵

豆代田代人也明元時以善騎射爲內細射從攻武牢詔代田登樓射賊矢不虛發以功遷內三郎從射赫連昌乘勝追賊入其宮門門閉代田踰宮而出太武壯之拜勇武將軍後從討平涼破赫連定得奚斤等以定妻賜之詔斤膝行授酒於代田敕斤曰全爾身命者代田功也以從討和龍戰功封長廣公卒於統萬鎮大將贈長廣王諡曰恭子周求襲爵

車伊洛焉耆胡也世爲東境部落帥恒脩職貢延和中授平西將軍封前部王伊洛規欲歸闕爲沮渠無諱斷路伊洛連戰破之無諱卒伊洛前後遣使招喻其子乾壽等及其戶五百餘家送之京師又率部衆二千餘人代高昌討破焉耆東關七城正平二年伊洛朝京師拜都官尚書將軍王如故卒諡康王葬禮依盧魯元故事子歇襲爵

王洛兒京兆人也明元在東宮以善騎射給事帳下謹愿未嘗有過明元嘗獵于㶟南冰陷沒馬洛兒投水奉帝出殆將凍死帝解衣賜之自是恩寵日隆天賜末帝避難居外洛兒晨夜侍衞恭勤發於至誠元紹之逆帝左右唯洛兒與車路頭晝居山嶺夜還洛兒家洛兒隣人李道潛相奉給晨復還山衆庶頗知喜而相告紹聞收道斬之洛兒猶冒難往返京都通問於大臣大臣遂出奉迎百姓奔赴明元還宮社稷獲全洛兒有功焉明元即位拜散騎常侍賜爵新息公加直意將軍又追贈其父爲列侯賜僮隸五十戶卒贈太尉建平王賜溫明祕器載以轀輬車使殿中衞士爲之導從親臨哀慟者四焉乃鴆其妻周氏與合葬子長城襲爵

車路頭代人也少以忠厚選給東宮爲帳下帥天賜末明元出於外路頭隨侍竭力及即位封宣城公忠意將軍帝性明察羣臣多以職事遇譴至有杖罰故路頭優游不任事性無害每評獄處理常獻寬恕之議以此見重於朝帝亦敬納之卒明元親臨哀慟贈太保宣城王諡曰忠貞喪禮一依安城王叔孫俊故事陪葬金陵子眷襲爵

盧魯元昌黎徒河人也曾祖副鳩仕慕容氏爲尚書令臨澤公祖父並至大官魯元寬和有雅度明元時選爲

通直郎以忠謹給侍東宮太武親愛之即位以爲中書侍郎寵待彌渥而魯元益加謹肅帝愈親待之內外大臣莫不敬憚性多容納善與人交好掩人過揚人美由是公卿咸親附之以工書有文才累遷中書監領祕書事賜爵襄城公贈其父爲信都侯從征赫連昌太武親追擊入其城門魯元隨帝出入是日微魯元幾至危殆後遷太保錄尚書事帝貴異之臨幸其第不出旬日欲其居近易往來乃賜甲第於宮門南衣食車馬皆乘輿之副眞君三年駕幸陰山魯元以疾不從侍臣問疾醫藥傳驛相屬於路及薨帝甚悼惜之還臨其喪哭之哀慟東西二宮命大官日送奠晨昏哭臨訖則備奏鍾鼓伎樂輿駕比葬三臨之喪禮依安城王叔孫俊故事而賵送有加贈襄城王謚曰孝葬於崞山爲建碑闕自魏興貴臣恩寵無與爲比子統襲爵以父任侍東宮太武以元舅陽平王杜超女南安長公主所生妻之車駕親自臨送太官設供具賞賜千計文成即位典選部主客二曹卒贈襄城王謚曰景無子弟彌娥襲卒贈襄城王謚曰恭魯元少子內給侍東宮景穆深昵之常與臥起同衣食父子有寵兩宮勢傾天下內性寬厚有父風而恭慎不及正平初宮臣伏誅太武以魯元故唯殺內而厚撫其兄弟

陳建代人也以善騎射擢爲三郎遷下大夫內行長太武討山胡白龍輕之單將騎數十每自登山白龍伏壯士出不意帝墜馬幾至不測建以身捍賊奮擊殺數人被十餘瘡帝壯之賜別戶二十文成初出爲幽州刺史假秦郡公帝以建貪暴懦弱遣使就州罰杖五十孝文初徵爲尚書右僕射加侍中進爵趙郡公建與晉陽侯元仳德長樂王穆亮平原王陸叡密表啓南伐帝嘉之遷司徒進爵魏郡王帝與文明太后頻幸建第賜建妻宴於後庭薨子念生襲有罪爵除

來大千代人也父初眞從道武避難叱候山參刱業功官至後將軍武原侯與在八議大千驍果善騎射永興初襲爵位中散至於朝賀之日大千常著御鎧盤馬殿庭朝臣莫不嗟嘆遷內三郎幢將典宿衞禁旅大千用法嚴明上下齊肅嘗從明元校獵見獸在高巖上持矟直前刺之應手而死帝嘉其勇壯太武踐阼與襄城公盧魯元等七人俱爲常侍常持仗侍衞晝夜不離左右累從征伐以戰功賜爵廬陵公鎮雲中兼統白道軍事太武以其壯勇數有戰功兼悉北境險要詔使廵撫六鎮以防寇虜經略布置甚得事宜後吐京胡反以大千爲都將討平之在吐京卒喪還停於平城南太武出游還見而問之左右以對帝悼歎者良久詔聽其喪入殯城內贈司空謚莊公子丘頹襲爵降爲晉興侯

宿石朔方人赫連屈丐弟文陳之曾孫也天興中文陳父子歸魏道武嘉之以宗女妻焉拜上將軍祖若豆根明元時賜姓宿氏襲上將軍父沓干從太武征平涼有功賜爵漢安男後從討蠕蠕戰沒石年十三襲爵擢爲中散遷內行令從於苑中游獵石走馬引前道峻馬倒殞絕久之乃蘇由是御馬得制文成嘉之賜以綿帛驛馬改爵義陽子又常從獵文成親欲射猛獸石叩馬諫引帝至高原上後猛獸騰躍殺人褒美其忠許後有犯罪宥而勿坐賜駿馬一疋尚上谷公主拜駙馬都尉位吏部尚書進爵太山公爲北征中道都大將卒追贈太原王謚康葬禮依盧魯元故事太和初子倪襲爵

萬安國代人也世爲酋帥父振尚高陽長公主拜駙馬都尉位長安鎮將爵馮翊公安國少明敏以國甥復尚河南公主拜駙馬都尉獻文特親寵之與同臥起拜大司馬大將軍封安城王安國先與神部長奚買奴不平承明初矯詔殺買奴於苑中孝文聞之大怒遂賜死年二十三子翼襲王爵有秳根者世爲紇奚部帥皇始初率部歸魏尚昭成女生子拔位尚書令拔尚華陰公主生子敬元紹之逆也主有功超授敬大司馬封長樂王薨子護襲拜外都大官根事迹遺落故略附云

周觀代人也驍勇有膂力太武以軍功賜爵金城公位高平鎮將善撫士卒號有威名後拜內都大官出爲秦州刺史撫馭失和部人薛永宗聚衆汾曲以叛觀討永宗爲流矢所中太武幸蒲坂觀聞帝至驚怖而起瘡重遂卒帝怒絕其爵云

尉撥代人也父郁濮陽太守撥爲太學生募從兖州刺史羅忸擊賊於陳汝有功賜爵介休男討和龍擊吐谷渾皆有軍功進爵爲子累遷杏城鎮將大得人和文成以撥清平有惠績賜以衣服獻文即位爲北征都將南攻懸瓠進爵安城侯位北豫州刺史卒謚敬侯

陸眞代人也父洛侯秦州刺史眞少善騎射太武以眞膂力過人拜內三郎眞君中從討蠕蠕以功賜爵關內侯後攻懸瓠登樓臨射城中弦不虛發從太武至江還次盱眙眞功居多文成即位進爵都昌侯位選部尚書後拜長安鎮將時初置長蛇鎮眞率衆築城未訖而氐豪仇傉檀等反叛眞擊平之卒城長蛇而還東平王道符反于長安以眞爲長安鎮將賜爵河南公長安平兵人素伏其威信及至皆怗然安靜在鎮數年甚著威稱卒謚曰烈子延字契胡提頗有氣幹襲爵河南公例降改封汝陽侯位懷朔鎮大將太僕卿受使綏慰秀容爲牧子所害

呂洛拔代人也曾祖渴侯昭成時率戶五千歸魏父匹知太武時爲西部長封榮陽公洛拔以壯勇知名文成末爲平原鎮都將隨尉元攻宋將張永大敗之賜爵成武侯卒長子文祖獻文以其勳臣子補龍牧曹奏事中散以牧產不滋坐徙武川鎮後文祖以舊語譯註皇誥辭義通辯爲外都曹奏事中散後坐事伏法

薛彪子代人也祖達頭自姚萇時率部落歸魏道武賜爵聊城侯待以上客禮賜妻鄭氏卒贈兖州刺史謚曰悼父野䐗并太二州刺史封河東公有聲稱卒謚曰簡彪子姿貌壯偉明斷有父風爲內行長典奏諸曹事當官正直內外憚之及文明太后臨朝出爲枋頭鎮將素剛簡爲近臣所嫉因小過黜爲鎮門士及獻文南廵次山陽彪子拜訴於路復除枋頭鎮將累遷開府徐州刺史在州甚多惠政百姓便之沛郡太守邵安下邳太守張攀咸以贓汙彪子案之於法安等遣子弟上書誣彪子南通賊虜孝文曰此妄矣推案果虛卒謚曰文子琡

琡字曇珍形貌瓌偉少以幹用爲典客令每引見儀望甚美宣武謂曰卿風度峻整姿貌秀異後當升進何以處官琡答曰宗廟之禮不敢不敬朝廷之事不敢不忠自此之外非庸臣所及正光中行洛陽令部內肅然時以久旱京師見囚悉召集於都亭理問冤滯洛陽獄唯有三人孝明嘉之賜縑百疋琡本附元乂乂廢憂懼由是政教廢弛坐免官李神軌有寵於靈太后琡復事之累遷吏部郎中先是吏部尚書崔亮奏立停年格不簡人才專問勞舊琡乃上書曰臣聞錦縠雖輕不委之以學割瑚璉任重豈寄之以弱力若使選曹唯取年勞不簡賢否使義均行鴈次若貫魚勘簿呼名一吏足矣數人而用何爲銓衡令黎元之命繫於守長若其得人則蘇息有地任非其器爲患更深請郡縣之職吏部先盡擇才并學通古今曉達政職者以應其選不拘八職遠近年勳多少其積勞之中有才堪牧人者自在先用之限其餘不堪者既壯藉其力豈容老而棄之將佐丞尉去人稍遠小小當否未爲多失宜依次補敘以酬其勞書奏不報後因引見復陳之曰今四方初定務在養人臣請依漢氏更立四科令三公宰貴各薦時賢以補郡縣明立條格防其阿黨之端庶令塗炭之餘戴仰有地詔下公卿議之事亦寢元天穆討邢杲以琡爲行臺尚書軍次東郡時元顥已據鄴城邢杲又逼歷下天穆議其所先議者咸以杲盛宜先經略唯琡以杲爲聚衆無名雖强猶賊元顥皇室昵親來稱義舉自河陰之役人情駭怨今有際會易生感動待顥事決然後迴師天穆以羣情所願遂先討杲杲降軍還至定陶天穆留琡行西兖州事尋爲元顥所陷顥執琡自隨尒朱榮破顥天穆謂琡曰不用君言乃至於此天平初拜七兵尚書齊神武引爲丞相府長史軍國之事多所關知琡亦推誠盡節屢進忠讜神武大舉西伐將度蒲津琡諫曰西賊連年饑饉故冒死來入陝州但宜置兵諸道勿與野戰比及來年麥秋人應餓死寶炬黑獺自然歸降願無渡河侯景亦曰今舉兵極大萬不一捷卒難收斂不如分爲二軍相繼而進前軍若勝後軍合力前軍若敗後軍承之神武皆弗納遂有沙苑之敗後范陽盧仲禮反琡與諸軍討平之轉殷州刺史爲政嚴酷吏人苦之後歷位度支殿中二尚書天保元年卒於兼尚書右僕射臨終敕其子斂以時服踰月便葬不聽干求贈官自制喪車不加彫飾但用麻爲旒蘇繩網絡而已明器等物並不令置琡久在省闥明閑簿領當官剖斷敏速如流然天性險忌情義不篤外若方格內實浮動受納貨賄曲理舞法深文刻薄多所傷害人士畏惡之魏東平王元匡妾張氏淫逸放恣琡初與姦通後納以爲婦惑其讒言遂棄前妻于氏不認其子允家人內忿競相告列深爲世所譏鄙贈開府儀同三司尚書左僕射青州刺史謚曰威恭子允嗣

尉元字苟仁代人也世爲豪宗父目斤勇略聞於當時位中山太守元以善射稱爲羽林中郎以匪懈見知稍遷駕部給事中賜爵富城男和平中遷北部尚書進爵大昌侯天安元年薛安都以徐州內附獻文以元爲持節都督東道諸軍事與城陽公孔伯恭赴之宋兖州刺史畢衆敬遣東平太守章仇樹歸款元並納之遂長驅而進宋遣將張永沈攸之等屯于下礚安都出城見元元依朝旨授其徐州刺史遣中書侍郎高閭李璨等與安都俱還入城別令孔伯恭撫安內外然後元入彭城元以永仍據險要乃命安都與璨等同守身率精銳揚兵於外分擊呂梁絕其糧道永遂捐城夜遁於是遣高閭與張讜對爲東徐州刺史李璨與畢衆敬對爲東兖州刺史拜元開府都督徐州刺史淮陽公太和初徵爲內都大官既而出爲使持節鎮西大將軍開府統萬鎮

都將甚得夷人之心三年進爵淮陽王以舊老見禮聽乘步挽杖於朝齊高帝旣立多遣間諜扇動新人不逞之徒所在蜂起以元威名夙振使總率諸軍以討之東南清晏遠近怗然入爲侍中都曹尚書遷尚書令進位司徒十年例降庶姓王爵封山陽郡公其年頻表以老乞身詔許之元詣闕謝老引見於庭命升殿勞宴賜玄冠素服又詔曰前司徒山陽郡公尉元前大鴻臚卿新太伯游明根並元亨利貞明允誠素位顯台宿歸老私第可謂知始知卒希世之賢也公以八十之年宜處三老之重卿以七十之齡可充五更之選於是養三老五更於明堂國老庶老於階下孝文再拜三老親袒割牲執爵而饋於五更行肅拜之禮賜國老庶老衣服有差旣而元言曰自天地分判五行施則人之所崇莫重於孝順然五孝六順天下之所先願陛下重之以化四方臣旣年衰不究遠趣心耳所及敢不盡誠帝曰孝順之道天地之經今承三老明言銘之于懷明根言曰夫至孝通靈至順感幽故詩云孝悌之至通於神明光于四海如此則孝順之道無所不格願陛下念之以濟黎庶臣年志朽弊識見昧然在於愚慮不敢不盡帝曰五更助三老以言至範敷展德音當克己復禮以行來授禮畢乃賜步挽一乘詔曰夫尊老尚更列聖同致欽年敬德綿哲齊軌朕雖道謝玄風識昧叡則然仰稟先誨企遵猷旨故推老以德立更以元父焉斯彰兄焉斯顯矣前司徒公元前鴻臚卿明根並以沖德懸車懿量歸老故尊老以三事更以五雖老更非官耄耋罔祿然況事旣高宜加殊養三老可給上公祿五更可食元卿俸供食之味亦同其例十七年元疾篤帝親省疾薨謚景桓公葬以殊禮給羽葆鼓吹假黃鉞班劒四十人子翊襲爵遷洛以山陽在畿內改爲博陵郡公卒於恒州刺史謚曰順

慕容白曜慕容晃之玄孫也父琚歷官以廉清著稱賜爵高都侯終尚書左丞謚曰簡白曜少爲中書吏以敦直給事宮中襲爵稍遷北部尚書文成崩與乙渾共執朝政遷尚書右僕射進爵南鄉公宋徐州刺史薛安都兗州刺史畢衆敬並以城內附詔鎮南大將軍尉元鎮東將軍孔伯恭赴之而宋東平太守申纂屯無鹽并州刺史房崇吉屯斗城遏絕王使皇興初加白曜使持節督諸軍事征南大將軍進爵上黨公屯碻磝爲諸軍後繼白曜攻纂於無鹽拔其東郭纂遁遣兵追執之迴攻斗城肥城戍主聞軍至棄城遁走獲粟三十萬石又下襲破麋溝垣苗二戍得粟十餘萬斛由是軍糧充足先是淮陽公皮豹子再征垣苗不剋白曜一旬內頻拔四城威震齊土獻文下詔褒美之斗城不降白曜縱兵陵城殺數百人崇吉夜遁白曜撫其人百姓懷之獲崇吉母妻待之以禮宋遣將吳喜公欲寇彭城鎮南大將軍尉元請濟師獻文詔白曜赴之白曜到瑕丘遇患因停會崇吉與從弟法壽盜宋盤陽城以贖母妻白曜遣將軍長孫觀等率騎入自馬耳關赴之觀至盤陽諸縣悉降白曜自瑕丘進攻歷城二年崔道固及兗州刺史梁鄒守將劉休賓並面縛而降白曜皆釋之送道固休賓及其寮屬于京師後乃徙二城人望於下館朝廷置平齊郡懷寧歸安二縣以居之自餘悉爲奴婢分賜百官白曜雖在軍旅而接待人物寬和有禮所獲崇吉母妻申纂婦女皆別營安置不令士卒喧雜及進克東陽擒沈文秀凡獲倉粟八十五萬斛始末三年築圍攻擊雖士卒死傷無多怨叛三齊欣然安堵樂業剋城之日以沈文秀抗倨不爲之拜忿而撾撻唯以此見譏以功拜開府儀同三司都督青州刺史進爵濟南王初乙渾專權白曜頗所挾附後緣此追以爲責四年見誅云謀反叛時論寃之白曜少子眞安年十一聞父被執將自殺家人止之曰輕重未可知眞安曰王位高功重若小罪終不至此我不忍見父之死遂自縊太和中著作佐郎成淹上表理白曜孝文覽表嘉愍之白曜弟子契輕薄無檢太和初以名家子擢爲中散遷宰官中散南安王楨有貪暴之響遣中散閭文祖詣長安察之文祖受楨金寶之賂爲楨隱而不言事發太后引見羣臣謂曰前論貪清皆云剋俢文祖時亦在中後竟犯法以此言之人心信不可知孝文曰卿等自審不勝貪心者聽辭位歸第契進曰小人之心無定而帝王之法有常以無恒之心奉有常之法非所剋堪乞垂退免帝曰契若知心不可常卽知貪之惡矣何爲求退遷宰官令賜爵定陶男後卒於都督朔州刺史謚曰剋初慕容氏破後種族仍繁天賜末頗忌而誅之時有免者不敢復姓皆以輿爲氏延昌末詔復舊姓而其子女先入掖庭者猶號慕容特多於他族

和其奴代人也少有操行善射御初爲三郎文成初封平昌公累遷尚書左僕射又與河東王閭毗太宰常英等並平尚書事在官愼法不受私請[illegible]空加侍中文成崩乙渾與林金閭擅殺尚書楊保年等時殿中尚書元郁率殿中宿衞士欲加兵於渾渾懼歸咎於金閭執以付郁時其奴以金閭罪惡未分出之爲定州刺史皇興元年長安鎮將東平王道符反詔其奴討之未至而道符敗軍還薨內外歎惜之贈平昌王謚曰宣子受襲爵

苟頹代人也本姓若干父洛拔內行長頹厚重寡言少嚴毅清直武力過人擢爲中散小心謹敬太武至江賜爵建德男累遷司衞監洛州刺史抑强扶弱山蠻畏威不敢爲寇太和中歷位侍中都曹尚書進爵河南公頹方正好直言雖文明太后生殺不允頹亦言至懇切李惠李新之誅頹並致諫遷司空進爵河東王以舊老聽乘步挽杖於朝大駕行幸三川頹留守京師沙門法秀謀反頹率禁旅收掩畢獲內外晏然薨謚信王長子愷襲爵河東王例降爲公

宇文福其先南單于之遠屬也世爲擁部大人祖活撥仕慕容垂爲唐郡內史遼東公道武之平慕容氏活撥入魏爲第一客福少驍果有膂力太和初累遷都牧給事及遷洛敕福檢牧馬所福規石濟以西河內以東拒黃河南北千里爲牧地今之馬場是也及徙代移雜畜牧於其所福善於將養並無損耗孝文嘉之尋補司衞監後以勳封襄樂縣男歷位太僕卿都官尚書營州太中正瀛州刺史性忠清在公嚴毅以信御人甚得聲譽後除都督懷朔沃野武川三鎮諸軍事懷朔鎮將至鎮卒謚曰貞惠子延字慶壽體貌魁岸眉目疏朗位員外散騎侍郎以父老詔聽隨侍在瀛州屬大乘祆黨突入州城延率奴客逆戰身被重瘡賊縱火燒齋閣福時在內延突火入抱福出外支體灼爛鬚髮盡焦於是勒衆與賊苦戰賊乃散走以此見稱累遷直寢與万俟醜奴戰沒

論曰古弼軍謀經國有柱石之量張黎誠謹廉方以勳舊見重並纖介之間一朝殞覆宥及十世乃徒言耳劉潔咎之徒也丘堆敗以亡身娥清伊馛俱以材力見用而馛以謀猷取異其殆優乎乙瓌之驍猛周幾之智勇代田之騎射其位遇豈徒然也車伊洛宅心自遠豈常戎乎王洛兒車路頭盧魯元陳建來大千宿石或誠發于衷竭節危難或忠存衞主義足感人苟非志烈亦何能若此宜其生受恩遇歿盡哀榮至如安國以至覆亡害盈之義也周觀尉撥陸眞呂洛拔等咸以勇毅自進而觀竟致貶黜異夫數子者矣薛彪子世載強正曇珍克盛家聲美矣乎魏之諸將罕方面之績尉元以寬雅之風膺將帥之任威名遠被位極公老自致乞言之地無乃近代之一人歟白曜出專薄伐席卷三齊考績圖勞固不細矣而功名難處追猜嬰戮宥賢議勤未聞於斯日也和其奴之貞正苟頹之剛直宇文福之氣幹咸亦有用之士乎

北史卷二十五考證

古弼傳吾謂事君使田獵不過盤遊其罪小也○過魏書作適

劉潔傳潔與南康公秋隣及嵩等皆夷三族○秋字誤魏書作狄字應從之

豆代田傳子周求襲爵○周求魏書作求周

陳建傳賜建妻宴於後庭○監本脫宴字今從魏書增正

來大干傳至於朝賀之日○日監本訛曰今改從魏書

陸眞傳從太武至江還次盱眙眞功居多○次魏書作攻應從之

薛彪傳遂棄前妻于氏不認其子允○監本缺認字今從閣本增入

慕容白曜傳以名家子擢爲中散遷宰官中散○魏書宰官下無中散二字

皆以輿爲氏○輿監本訛輿今從魏書改正

北史卷二十六

唐 李延壽 撰

列傳第十四

宋隱 從子愔 愔孫弁 弁孫欽道 弁族弟翻 弟子世良 世軌 翻弟世景

許彥 五世孫惇 刁雍 子遵 曾孫沖

辛紹先 韋閬 孫子粲

杜銓

宋隱字處默西河介休人也曾祖奭祖活父恭世仕慕容氏位並通顯慕容儁徙鄴恭始家於廣平列人焉隱性至孝專精好學仕慕容垂位本州別駕道武平中山

拜隱尚書吏部郎積遷行臺右丞領選以老病乞骸骨不許尋以母喪歸列人既葬被徵乃棄妻子匿於長樂數年而卒臨終謂其子經曰汝等苟能入順父兄出悌鄉黨仕郡幸而至功曹史以忠清奉之足矣不勞遠詣臺閣恐汝不能富貴徒延門戶累耳若忘吾言是死若父也使鬼有知吾不歸食矣隱弟宣字道茂與范陽盧玄勃海高允博陵崔建從子愔俱被徵拜中書博士後拜侍郎行司徒校尉卒謚曰簡侯宣子謨字乾仁襲爵卒於遼西太守子鸞襲爵位東莞太守鸞弟瓊字普賢以孝稱母曾病季秋月思瓜瓊夢想見之求而遂獲時人異之卒於家愔歷中書博士員外散騎常侍使江南爵列人子卒於廣平太守長子顯襲爵顯無子養弟子弁爲後

弁字義和父叔珍娶趙郡李敷妹因敷事而死弁至京師見尚書李沖因言論移日沖異之退曰此人一日千里王佐才也顯卒弁襲爵弁與李彪州里迭相祗好彪爲秘書丞請爲著作佐郎遷尚書殿中郎中孝文曾因朝會次歷訪政道弁年少官微自下而對聲姿清亮進止可觀帝稱善者久之因是大被知遇賜名爲弁意取弁和獻玉楚王不知寶之也遷中書侍郎兼員外散騎常侍使齊齊司徒蕭子良秘書丞王融等皆稱美之以爲志氣謇諤不逮李彪而體韻和雅舉止閑邃過之轉散騎侍郎時散騎位在中書之右孝文曾論江左事問弁在南興亡之數弁以爲蕭氏父子無大功於天下旣以逆取不能順守必不能貽厥孫謀保有南海若物憚其威身免爲幸後車駕南征以弁爲司徒司馬東道副將軍人有盜馬靽者斬而狗於是三軍震懼莫敢犯法黃門郎崔光薦弁自代帝不許亦賞光知人未幾以弁兼司徒左長史時大選內外羣官并定四海士族弁專參銓量之任事多稱旨然好言人之陰短高門大族意所不便者弁因毀之至於舊族淪滯而人非可忌者又申達之弁又爲本州大中正世族多所降抑頗爲時人所怨遷散騎常侍尋遷右衛將軍領黃門弁屢自陳讓帝曰吾爲相知者卿亦不可有辭豈得專守一官不助朕爲政且常侍者黃門之麤冗領軍者三衛之假攝不足空存推讓以棄大委其被知遇如此孝文北都之選李沖多所參預頗抑宋氏弁恨沖而與李彪交結雅相知重及彪之抗沖沖謂彪曰爾如狗耳爲人所嗾及沖劾彪不至大罪弁之力也彪除名弁大相嗟慨密圖申復孝文在汝南不豫大漸旬餘日不見侍臣左右唯彭城王勰等數人而已小瘳乃引見門下及宗室長幼諸人入者未能皆致悲泣惟弁與司徒司馬張海歔欷流涕由是益重之車駕征馬圈留弁以本官兼祠部尚書攝七兵事及行執其手曰國之大事在祀與戎故令卿綰攝二曹弁頓首辭謝弁劬勞王事恩遇亞於李沖帝每稱弁可爲吏部尚書及崩遺詔以弁爲之與咸陽王禧等六人輔政而弁先卒年三十八贈瀛州刺史謚曰貞順弁性好矜伐自許膏腴孝文以郭祚晉魏名門從容謂弁曰卿固當推郭祚之門弁笑曰臣家未肯推祚帝曰卿自漢魏以來既無高官又無儁秀何得不推弁曰臣清素自立要爾不推侍臣出後帝謂彭城王勰曰弁人身自不惡乃復欲以門戶自矜殊爲可怪長子維字伯緒襲父爵爲給事中坐謟事高肇出爲益州龍驤府長史辭疾不行太尉清河王懌輔政以維名臣子薦爲通直郎辟其弟紀行參軍靈太后臨政委任元叉侍寵憍盈懌每以公理裁斷叉甚忿恨思害懌遂與維作計以富貴許之維見叉寵勢日隆乃告司染都尉韓文殊父子謀逆立懌懌被錄禁中文殊父子懼而逃遁鞫無反狀以文殊亡走懸處大辟置懌於宮西別館禁兵守之維應反坐叉言於太后欲開將來告者之路乃黜爲燕州昌平郡守紀爲秦州大羌令維及紀頗涉經史而浮薄無行懌親尊望重朝野瞻屬維受懌眷賞而無狀構間天下士人莫不怪忿而賤薄之及叉殺懌專斷朝政以維兄弟前者告懌徵維爲散騎侍郎紀爲太學博士領侍御史又甚昵之維超遷通直常侍又除洛州刺史紀超遷尚書郎紀字仲烈初弁謂族弟世景言維疎險而紀識慧不足終必敗吾業世景以爲不爾至是果然聞者以爲知子莫若父尚書令李崇左僕射郭祚右僕射游肇每云伯緒凶疎終敗宋氏幸得殺身耳論者以爲有徵後除營州刺史靈太后反政以叉黨除名遂還鄉里尋追其前誣告清河王事於鄴賜死子春卿早亡弟紀以次子欽仁嗣欽仁武定末爲太尉祭酒紀明帝末爲北道行臺卒晉陽子欽道

欽道仕齊歷位中山太守長於撫接然好察細事其州府佐吏使人間者先酬錢然後敢食臨莅處稱爲嚴整尋徵爲黃門侍郎又令在東宮教太子吏事時鄭子默以文學見知亦被親寵欽道本文法吏不甚諳識古今凡有疑事必詢子默二人幸於兩宮雖諸王貴臣莫敢不敬憚欽道又遷秘書監仍帶黃門侍郎乾明初遷侍中與楊愔同誅贈吏部尚書趙州刺史弁族弟穎字文賢位魏郡太守納貨劉騰騰言之以爲涼州刺史穎前妻劉氏亡後十五年穎夢見之拜曰新婦今被處分爲高崇妻故來辭君泫然涕流穎旦見崇言之崇後數日而卒穎族弟鴻貴爲定州北平府參軍送戍兵於荊州坐取兵絹四百匹兵欲告之乃斬兵十人又疏凡不達見令律有梟首罪乃生斷兵手以水澆之然後斬決尋坐伏法時人哀兵之苦笑鴻貴之愚弁族弟翻

翻字飛烏少有操行世人以剛斷許之孝莊時除司徒左長史河南尹初翻爲河陰令順陽公主家奴爲劫攝而不送翻將兵圍主宅執主壻馮穆步驅向縣時正炎暑立之日中流汗霑地縣舊有大枷時人號曰彌尾青及翻爲縣主吏請焚之翻曰且置南墻下以待豪右未幾有內監楊小駒詣縣請事辭色不遜翻命取尾青以鎖之小駒既免入訴於宣武宣武大怒敕河南尹推之翻具自陳狀詔曰卿故違朝法豈不欲作威以買名翻對曰造者非臣買名者亦宜非臣所以留者非敢施於百姓欲待凶暴之徒如駒者耳於是威振京師及爲洛陽迄於河南尹畏憚權勢更相承接故當世之名大致減損卒官贈侍中衛將軍相州刺史孝武初重贈驃騎大將軍儀同三司尚書左僕射雍州刺史謚曰貞烈翻弟毓字道和敦篤有志行卒於大中大夫子世良

世良字元友年十五便有膽氣後隨伯父翻在南兗州屢有戰功行臺臨淮王彧與語奇之魏朝以尒朱榮有不臣跡帝將圖之密令彧將兵赴洛彧在梁郡稱疾假世良都督令還南兗發兵以聽期世良請簡見兵三千騎五日必到洛陽并陳三策彧皆不能從尋爲殿中侍御史詣河北括戶大獲浮惰還見汲郡城旁多骸骨移書州郡悉令收瘞其夜甘雨滂沱河內太守田估贓貨百萬世良檢按之未竟遇赦而還孝莊勞之曰知卿所括得丁倍於本帳若官人皆如此用心便是更出一天下也其後還殿中世良奏殿中主齊會之事請改付餘曹帝曰卿意不欲親庖廚邪宜付右兵以爲永式河州刺史梁景叡枹罕羌首恃遠不敬其賀正使人頻年稱疾秦州刺史侯莫陳悅受其贈遺常爲送表世良並奏科其罪帝嘉之謂長孫承業曰宋郎中實有家風甚可重也後拜清河太守世良才識閑明尤善政術在郡未幾聲問甚高陽平郡移掩劫盜三十餘人世良訊其情狀唯送十二人餘皆放之陽平太守魏明朗大怒云輒放吾賊及推問送者皆實放者皆非明朗大服郡東南有曲堤成公一姓阻而居之羣盜多萃於此人爲之語曰寧度東吳會稽不歷成公曲堤世良施八條之制盜奔他境人又謠曰曲堤雖險賊何益但有宋公自屏跡齊天保初大赦郡無一囚率羣吏拜詔而已獄內穭生桃樹蓬蒿亦滿每日牙門虛寂無復訴訟者謂之神門其冬醴泉出於界內及代至傾城祖道有老人丁金剛者泣而前謝曰老人年九十記三十五政府君非唯善政清亦徹底今失賢者人何以濟莫不攀轅涕泣後卒於東郡太守贈信州刺史世良強學好屬文撰字略五篇宋氏別錄十卷子伯宗位侍御史性清退好學多所撰述至齊亡不從職遂不入仕隋大業初卒於家世良弟世軌

世軌幼自脩整好法律天保初歷三尚書三公二千石都官郎中兼并州長史執獄寬平多所全濟爲都官郎中有囚事枉將送垂致法世軌遣騎追止之切奏其狀遂免稍遷廷尉少卿洛州人聚結欲劫河橋吏捕案之連諸元徒黨千七百人崔昂爲廷尉以爲反數年不斷及世軌爲少卿判其事爲劫唯殺魁首餘從坐悉舍焉大理正蘇珍之以平幹知名寺中語曰決定嫌疑蘇珍之視表見裏宋世軌時人以爲寺中二絕南臺囚到廷尉世軌多雪之仍移攝御史將問其濫狀中尉畢義雲不送移往復不止世軌遂上書極言義雲酷擅文宣引見二人親救世軌曰我知臺欺寺久卿能執理抗衡但守此心勿慮不富貴救義雲曰卿比所爲誠合死以志在疾惡故且一恕仍顧謂朝臣曰此二人並我骨鯁臣也及卒廷尉御史諸繫囚皆哭曰宋廷尉死我等豈有生路贈光州刺史謚曰平無子世良以第五子朝基嗣翻弟世景

世景少自脩立事親以孝聞與弟道璵下帷讀誦博覽羣言尤精經義族兄弁甚重之舉秀才上第再遷彭城王勰開府法曹行參軍勰愛其才學雅相器敬孝文甚嘉異之兼司徒法曹行參軍世景明刑理著律令裁決疑獄剖判如流轉尚書祠部郎彭城王勰每稱曰宋世景精微尚書僕射才也臺中疑事右僕射游肇常以委之世景既才長從政加之夙勤不怠兼領數曹深著稱績左僕射源懷引爲行臺郎巡察州鎮十有餘所黜陟賞罰莫不咸允遷七鎮別置諸戍明設亭候以備不虞懷大相委重還薦之宣武以爲不減李沖帝曰朕亦聞之後爲伏波將軍行滎陽太守鄭氏豪橫號爲難制濟州刺史鄭尚弟遠慶先爲苑陵令多所受納百姓患之而世景下車召而誡之遠慶行意自若世景繩之以法

遠慶懼棄官亡走於是屬縣畏威莫不改肅終日坐於聽事未嘗寢息人間之事巨細必知發姦擿伏有若神明嘗有一吏休滿還郡食人鷄豚又有一幹受人一帽又食二鷄世景叱而告之吏幹叩頭伏罪於是上下震悚莫敢犯禁坐弟道璵事除名世景友于之性過絕於人及道璵死哭之酸慼行路歲餘母喪遂不勝哀而卒世景曾撰晉書竟未得就遺腹子季儒位太學博士曾至譙宋間爲文弔嵇康甚有理致後夜寢室壞壓而殞時人悼傷惜之道璵少而敏俊自太學博士轉京兆王愉法曹行參軍坐愉反得罪作詩及挽歌詞寄之朋親以見寃痛道璵又曾贈著作郎張始均詩其末章云子深懷璧憂余有當門病道璵既不免難始均亦遇世禍時咸怪之道璵從孫孝王學涉亦好緝綴文藻形貌矬陋而好臧否人物時論甚疾之爲北平王文學求入文林館不遂因非毀朝士撰朝士別錄二十卷會周武滅齊改爲關東風俗傳更廣見聞成三十卷以上之言多妄謬篇第冗雜無著述體周大象末預尉迥事誅死

許彥字道謨高陽新城人也祖茂仕慕容氏高陽太守彥少孤貧好讀書從沙門法叡受易太武徵令卜筮頻驗遂在左右參與謀議彥質厚愼密與人言不及內事帝以此益親待之賜爵武昌公拜相州刺史在州受納多違法度詔書切讓之然以彥腹心近臣弗之罪也卒謚宣公子熙襲熙卒子安仁襲安仁卒子元康襲降爵爲侯熙弟宗之歷位殿中尚書定州刺史封潁川公受敕討丁零既平宗之因循郡縣求取不節深澤人馬超毀謗宗之宗之怒毆殺超超家人告狀宗之上超謗訕朝政文成聞之曰此必宗之懼罪誣超案驗果然遂斬於都市元康弟護州主簿子恂字伯禮頗有業尚閨門雍睦三世同居吏部尚書李神儁常稱其家風位司徒諮議參軍脩起居注拜大中大夫卒贈吏部尚書冀州刺史恂弟惇

惇字季良清識敏速達於從政位司徒主簿以明斷見知時人號爲入鐵主簿稍遷陽平太守時遷都於鄴陽平爲畿郡軍國責辦賦斂無準又勳貴屬請朝夕徵求惇並御之以道咸以無怨政爲天下第一特加賞異圖形於闕詔頒天下歷魏尹齊梁二州刺史政並有治聲遷大司農會王思政入據潁城王師出討惇常督軍無乏絕引洧水灌城惇之策也遷殿中尚書惇美鬚下垂至帶省中號長鬣公齊文宣嘗因酒酣提惇鬚稱美以刀截之唯留一握惇懼因不復敢長又號齊鬚公歷御史中丞膠州刺史司農大理二卿再爲度支尚書太子少保少師光祿大夫開府儀同三司尚書右僕射特進賜爵萬年縣子食邑下邳郡幹惇年老致仕於家三年卒惇少純直晩更浮動齊朝體式本州大中正以京官爲之乾明中邢邵爲中書監德望甚高惇與邵競中正遂憑附宋欽道出邵爲刺史朝議甚鄙薄之雖久處朝行歷官清顯與邢邵魏收陽休之崔劼徐之才比肩同列諸人或談說經史或吟詠詩賦更相嘲戲欣笑滿堂惇不好劇談又無學術或坐杜口或隱几而睡不爲勝流所重子文紀武平末度支郎中文紀弟文經勤學方雅身無擇行口無戲言武平末殿中侍御史隋開元初侍御史兼通直散騎常侍聘陳使副主爵侍郎卒於相州長史惇兄遜字仲讓有幹局乾明中平原太守卒贈信州刺史遜子文高司徒掾

刁雍字淑和勃海饒安人也曾祖協從晉元帝度江居京口位尚書令父暢晉右衞將軍初晉相劉裕微時負社錢一萬違時不還暢兄逵執而徵焉及誅桓玄以嫌先誅刁氏雍與暢故吏遂奔姚興爲太子中庶子及姚泓滅與司馬休之等歸魏請於南境自効明元假雍建威將軍雍遂於河濟間招集流散傳檄邊境雍弟彌時亦率衆入京口親共討裕裕頻遣兵破之明元南幸鄴雍朝於行宮明元問曰縛劉裕者於卿親疎雍曰伯父帝笑曰劉裕父子當應憚卿於是假雍鎮東將軍青州刺史東光侯使別立義軍又詔雍令隨機立効雍於是招集譙梁彭沛人五千餘家置二十七營遷鎮濟陰遷徐州刺史賜爵東安伯後除薄骨律鎮將雍以西土乏雨表求鑿渠溉公私田又奉詔以高平安定統萬及薄骨律等四鎮出車牛五千乘運屯穀五十萬斛付沃野以供軍糧道多深沙車牛艱阻求於牽屯山河水之次造船水運又以所綰邊表常懼不虞造城儲穀置兵備守詔皆從之詔即名此城爲刁公城以旌功焉皇興中雍與隴西王源賀及中書監高允等並以耆年特見優禮錫雍几杖劒履上殿月致珍羞焉雍性寬柔好尚文典手不釋書明敏多智凡所爲詩賦論頌并諸雜文百有餘篇又汎施愛士怙靜寡欲篤信佛道著教誡一十餘篇以訓子孫太和八年卒年九十五謚曰簡子遵

遵字奉國襲爵遵少不拘小節長更脩改太和中例降爲侯嘗經篤疾幾死見有神明救之言福門子當享長年後卒於洛州刺史謚曰惠侯子楷早卒楷子沖

沖字文朗十三而孤孝慕過人其祖母司空高允女聰明婦人也哀其早孤撫養尤篤沖免喪後便志學他方高氏泣涕留之沖終不止雖家世貴達及從師於外自同諸生于時學制諸生悉日直監厨沖雖有僕隸不令代己身自炊爨每師受之際發志精專不捨晝夜殆忘寒暑學通諸經偏脩鄭說陰陽圖緯筭數天文風氣之書莫不關綜當世服其精博刺史郭祚聞其盛名訪以疑義沖應機解辯無不祛其久惑後太守范陽盧尚之刺史河東裴植並徵沖爲功曹主簿非所好也受署而已不關事務唯以講學爲心四方學徒就其受業者歲有數百沖雖儒生而執心壯烈不畏强禦延昌中帝舅司徒高肇擅恣威權沖乃抗表極言其事辭旨懇直文義忠憤太傅清河王懌覽而歎息先是沖曾祖雍作行孝論以誡子孫稱古之葬者衣之以薪不封不樹後世聖人易之以棺椁至秦以後生則不能致養死則厚葬過度及於末世至蘧蒢褁尸倮而葬者確而爲論並非折衷既知二者之失豈宜同之當令所存者棺厚不過三寸高不過三尺弗用繒綵斂以時服轜車且用白布爲幔不加畫飾名爲清素車又去挽歌方相并明器雜物及沖祖遵將卒敕其子孫令奉雍遺旨河南尹丞張普惠謂爲太儉貽書於沖叔整令與通學議之沖乃致書國學諸儒以論其事學官竟不能答神龜末沖以嫡傳祖爵東安侯京兆王繼爲司空也並以高選頻辟記室參軍明帝將親釋奠於是國子助教韓神固與諸儒詣國子祭酒崔光吏部尚書甄琛舉其才學奏而徵焉及卒國子博士高涼及范陽盧道侃盧景裕等復上狀陳沖業行議奏謚曰安憲先生祭以太牢子欽字志儒早亡楷弟整字景智少有大度頗涉書史太和十五年爲奉朝請孝文都洛親自臨選除司空法曹參軍累遷黃門郎普泰初假征東大將軍滄冀瀛三州刺史大都督尋加車騎將軍右光祿大夫遂逢本鄉賊亂奉母客於齊州既而母卒母即高允之女崔光崔亮皆經允接待是以涼燠之際光等每致拜焉天平四年卒於鄴贈司空公謚曰文獻整解音律輕財好施交結名勝聲酒自娛然貪而好色爲議者所貶子柔

柔字子溫少好學留心儀禮性强記至於氏族內外皆所諳悉居母喪以孝聞初爲魏宣武挽郎解巾司空行參軍齊天保初累遷國子博士中書令魏收撰魏史啓柔等同其事柔性專固自是所聞收常嫌憚又參議律令時議者以爲五等爵邑承襲無嫡子立嫡孫無嫡孫立嫡子弟無嫡子弟立嫡孫弟柔以爲無嫡孫應立嫡曾孫不應立嫡子弟議曰案禮立嫡以長故謂長子爲嫡子嫡子死以嫡子之子爲嫡孫死則曾玄亦然然則嫡子之名本爲傳重故喪服曰庶子不爲長子三年不繼祖與禰也禮公儀仲子之喪檀弓曰我未之前聞也仲子舍其孫而立其子何也子服伯子曰仲子亦猶行古之道也昔者文王舍伯邑考而立武王微子舍其孫腯而立其弟衍鄭注曰仲子爲親者諱耳立子非也文王之立武王權也微子嫡子死立弟衍殷禮也子游問諸孔子孔子曰不立孫注商以嫡子死立嫡子之母弟周以嫡子死立嫡子之子爲嫡孫故春秋公羊之義嫡子有孫而死質家親親先立弟文家尊尊先立孫喪服云爲父後者爲出母無服小記云祖父卒而後爲祖母後者三年爲母無服喪者不祭故也爲祖母三年者大宗傳重故也今議以嫡孫死而立嫡子母弟嫡子母弟者則爲父後矣嫡子母弟本非承嫡以無嫡故得爲父後則嫡孫之弟理亦應得爲父後則是父卒然後爲祖後者服斬既得爲祖服斬而不得爲傳重未之聞也若用商家親親之義本不應舍嫡子而立嫡孫若從周家尊尊之文豈宜舍其孫而立其弟或文或質愚用惑焉小記云嫡婦爲舅姑後者則舅姑爲之小功注云謂夫有廢疾他故若死無子不受重者小功庶婦之服凡父母於子舅姑於婦將不傳重於嫡及將所傳重者非嫡服之皆如衆子庶婦也言死無子者謂絕世無子非謂無嫡子如其子焉得云無後夫雖廢疾無子婦猶以嫡爲名嫡名既在而欲廢其子者如禮何有損益革代相沿必謂宗嫡可得而變者則爲後服斬亦宜有因而改七年卒柔在史館未久勒成之際志在偏黨魏書中與其內外通親者並虛美過實爲時論所譏整弟宣字季達以功封高城縣侯歷位都官尚書衞大將軍滄州刺史卒贈太尉公謚曰武刁氏世有榮貴而門風不甚脩潔爲時所鄙雍族孫雙字子山高祖藪晉齊郡太守藪因晉亂居青州之安樂至雙始歸本鄉雙少好學兼涉文史雅爲中山王英所知賞位西河太守爲政清簡吏人安悅及中山王熙起兵誅元叉事敗熙弟略投命於雙雙藏護周年時購略甚切略懼求送出境雙曰會有一死所難過耳今遭知己視死如歸願不以爲慮略復苦求南轉雙乃遣從子昌送達江左靈太后反政知略因雙獲濟徵拜光祿大夫時略姊饒安主刁宣妻也頻訴靈太后乞徵略還朝廷乃以徐州所獲俘江革祖暅二人易之以雙與略有舊乃令至境迎接明帝末際

西兗州刺史時賊盜蜂起州人張桃弓等招聚亡命公行劫掠雙至境先遣使諭桃弓陳示禍福桃弓卽隨使歸罪雙捨而不問後有盜發之處令桃弓追捕咸悉禽獲於是州境清肅孝莊初行濟州刺史以功封曲成鄉男孝武初遷驍騎大將軍左光祿大夫興和三年卒贈車騎大將軍儀同三司齊州刺史諡曰清穆

辛紹先隴西狄道人也五世祖怡晉幽州刺史父深仕西涼爲驍騎將軍及涼後主歆與沮渠蒙遜戰於蓼泉軍敗失馬深以所乘授歆而身死於難以義烈見稱西上涼州平紹先內徙家於晉陽明敏有識量與廣平游明根范陽盧度世同郡李承昭等甚相友有至性丁父憂三年口不甘味頭不櫛沐髮遂落盡故常著垂裙皁帽自中書博士轉神部令皇興中薛安都以彭城歸魏時朝廷欲綏安初附以紹先爲下邳太守爲政不甚皦察舉其大綱而已唯敎人爲產禦賊之備及宋將陳顯達蕭道成蕭順之來寇道成謂順之曰辛紹先未易侵也宜共愼之於是不歷郡境徑屯呂梁卒於郡贈幷州刺史晉陽侯諡曰惠子鳳達耽道樂古有長者之名卒於京兆王子推國常侍鳳達子祥字萬福舉司州秀才再遷司空主簿咸陽王禧妃卽祥妻之妹也及禧構逆親知多羅塵謗祥獨蕭然不預轉幷州平北府司馬有白壁還兵藥道顯被誣爲賊官屬咸疑之祥曰道顯面有悲色察獄以色其此之謂乎苦執申之月餘別獲眞賊後除郢州龍驤府長史帶義陽太守白早生之反也梁遣來援因此緣淮鎭戍相繼降沒唯祥堅城固守梁又遣將胡武城陶平虜於州南金山之上連營侵逼祥出其不意襲之賊大崩禽平虜斬武城以送京師州境獲全論功方有賞授而刺史婁悅恥動出其下間之執政事竟不行胡賊劉龍駒作逆華州除祥安定王燮征虜府長史仍爲別將與討胡使薛和滅之卒贈南青州刺史祥弟少雍字季和少聰穎有孝行尤爲祖父紹先所愛紹先性嗜羊肝常呼少雍共食及紹先卒少雍終身不食肝性仁厚有禮義門內之法爲時所重稍遷司空高陽王雍田曹參軍少雍淸正不憚强禦積年久訟造次決之請託路絕時稱賢明正始中詔百官各舉所知高陽王雍及吏部郞中李憲俱以少雍爲舉首卒於給事中少雍妻王氏有德義少雍與從弟懷仁兄弟同居懷仁等事之甚謹閨門禮讓人無間焉士大夫以此稱美子元植武定中儀同府司馬元植弟士遜太師開府功曹參軍鳳達弟穆字叔宗舉茂才東雍州別駕初隨父在下邳與彭城陳敬文友善敬文弟敬武少爲沙門從師遠學經久不返敬文病臨卒以雜綾二十匹託穆與敬武穆久不得見經二十年始於洛陽見敬武以物還之封題如故世稱廉信歷東荆州司馬轉長史帶義陽太守領戍雉有恤人之志再轉汝陽太守遇水澇人飢上表請輕租賦帝從之遂敕汝陽一郡聽以小絹爲調除平原相徵爲征虜將軍太中大夫未發卒於郡贈後將軍幽州刺史子子馥字元穎早有學行累遷平原相父子並爲此郡吏人懷安之元顥入洛子馥不從莊帝反政封三門縣男天平中除太尉府司馬白山連接三齊瑕丘數州之界多有賊盜子馥受使檢覆因辯山谷要害宜立鎭戍之所又諸州豪右在山鼓鑄姦黨多依之又得密造兵仗上表請破罷諸冶朝廷善而從之後卒於清河太守子馥以三傳經同說異遂總爲一部傳注並出校比短長會亡未就

韋閬字友觀京兆杜陵人也世爲三輔冠族祖楷晉長樂清河二郡太守父逵慕容垂大長秋卿閬少有器望遇慕容氏政亂避地薊城太武初徵拜咸陽太守轉武都太守卒郡子範試守華山郡賜爵高平男卒範子儁字穎超早有學少孤事祖母以孝聞性溫和廉讓爲州里所稱太和中襲爵歷位都水使者宣武崩領軍于忠矯擅威刑儁與左僕射郭祚昏嫁故亦同時遇害臨終訴枉於尚書元欽欽知而不敢申理儁歎曰吾一生爲善未蒙善報常不爲惡今爲惡終悠悠蒼天抱直無訴時人咸怨傷焉熙平元年追贈洛州刺史諡曰貞子子粲

子粲字暉茂齊王蕭寶夤爲雍州刺史引爲府主簿轉錄事參軍及寶夤反子粲與弟子爽執志不從相率逃免雍州平賜爵長安子普泰中累遷中書侍郞孝武帝入關子粲歷行臺左丞南汾州刺史少弟道諧爲鎭城都督元象中齊神武命將出討子粲及道諧俱被獲送於晉陽子粲累遷南兗州刺史齊天保初封西夾縣男後卒於豫州刺史諡曰忠子粲兄弟十三人並有孝行居父喪毀瘠過禮既葬廬於墓側負土成墳弟榮亮最知名榮亮字子昱博學有文才德行仁孝爲時所重歷諫議大夫衞大將軍卒贈河州刺史子綱字世紀有操行才學見稱領袖本州調爲中正開皇中位趙州長史有子文宗文 闕 並知名閬從叔道福父羆爲苻堅丞相王猛所器重以女妻焉仕堅爲東海太守堅滅奔江左仕宋爲秦州刺史道福有志略仕宋位盱眙南沛二郡太守領鎭北府錄事參軍與徐州刺史薛安都謀擁州內附賜爵高密侯因家彭城卒贈兗州刺史諡曰簡子欣宗以歸國勳別賜爵杜縣侯歷位大中大夫行幽州事卒贈南兗州刺史諡曰簡閬從子崇字洪基父肅字道壽隨劉義眞度江位豫州刺史崇年十歲父卒母鄭氏攜以入魏因寓居河洛少爲舅兗州刺史鄭羲所器賞位司徒從事中郞孝文納其女爲充華嬪除南潁川太守不好發擿細事恒云何用小察以傷大道吏人感之郡中大安帝聞而嘉賞賜帛二百匹遷洛以崇爲司州中正尋除咸陽王禧開府從事中郞復爲河南邑中正崇頻居衡品以平直見稱出爲鄉郡太守更滿應代吏人詣闕乞留復延三年後卒子猷之釋褐奉朝請轉給事中步兵校尉稍遷前後將軍太中大夫卒猷之弟休之貞和自守未嘗言行忤物歷位給事中河南邑中正安西將軍光祿大夫卒子道建道儒閬族弟珍字靈智孝文賜名焉父子尚字文叔位樂安王良安西府從事中郞卒贈雍州刺史珍少有志操歷位尚書南部郞孝文初蠻首桓誕歸款朝廷思安邊之略以誕爲東荆州刺史令珍爲使與誕招慰蠻左珍至桐柏山窮淮源宣揚恩澤莫不懷附淮源舊有祠堂蠻俗恒用人祭之珍乃曉告曰天地明靈卽人之父母豈有父母甘子肉味自今宜悉以酒脯代用羣蠻從約自此而改凡所招降七萬餘戶置郡縣而還以奉使稱旨賜爵霸城子後以軍功進爵爲侯累遷顯武將軍郢州刺史所在有聲績朝廷嘉之遷龍驤將軍賜驊騮二匹帛五十匹穀三百斛珍乃召集州內孤貧者謂曰天子謂我能撫綏卿等故賜以穀帛吾何敢獨當遂以所賜悉分與之尋轉荆州刺史與尚書盧陽烏征赭陽爲齊將垣歷生蔡道恭所敗免歸鄉里臨別謂陽烏曰主上聖明志吞吳會用兵機要在於上流若有事荆楚恐老夫復不得停耳後車駕征鄧沔復起珍爲中軍大將軍彭城王勰長史鄧沔既平試守魯陽郡孝文復南伐路經珍郡加中壘將軍正太守珍從至淸水帝曰朕頃戎車再駕卿恒翼務中軍今日之舉亦欲引卿同行但三鴉險要非卿無以守也因敕還及孝文崩於行宮祕匿而還至珍郡始發大諱還除中散大夫尋加鎭遠將軍太尉諮議參軍卒贈本將軍青州刺史諡曰懿長子纘字遵彥年十三補中書學生聰敏明辯爲博士李彪所稱再遷侍御中散孝文每與德學沙門談論往復纘掌綴錄無所遺漏頗見知賞累遷長兼尚書左丞壽春內附尚書令王肅出鎭揚州請纘行爲州長史加平遠將軍帶梁郡太守肅薨敕纘行州事任城王澄代肅爲州復啓纘爲長史澄出征之後梁將姜慶眞乘虛攻襲遂據外郭離尋克復纘坐免官卒纘弟彧字遵慶亦有學識解褐奉朝請稍遷平遠將軍東豫州刺史綏懷蠻左頗得其心蠻酋田益宗子魯生魯賢先叛父南入數爲寇掠自彧至州魯生等咸賤啓脩敬不復爲害彧以蠻俗不識禮儀乃立太學選諸郡生徒於州總教又於城北置崇武館以習武焉州境淸肅罷還遇大將軍京兆王繼西征請爲長史尋以本官兼尚書爲幽夏行臺以功封陰盤縣男卒贈撫軍將軍雍州刺史諡曰文子彪襲孝莊末爲藍田太守因仕關西彪弟融以軍功賜爵長安伯稍遷大司馬開府司馬融娶司農卿趙郡李瑾女疑其妻與章武王景哲姦通乃刺殺之懼亦自殺弟朏字遵顯少有志業年十八辟州主簿時屬歲儉朏以家粟造粥以飼飢人所活甚衆解褐太學博士稍遷右軍將軍爲荆郢和糴大使南郢州刺史田夷啓稱朏父珍往任荆州恩洽夷夏乞朏充南道別將領荆州驍勇共爲腹背詔從之未幾行南荆州事遷東徐州刺史梁遣其郢州刺史田䨻憘率衆來寇朏於石羊岡破斬之以功封杜縣子卒於侍中雍州刺史諡曰宣長子鴻字道衍頗有幹用累遷中書舍人天平三年坐漏泄賜死於家

杜銓字士衡京兆人晉征南將軍預五世孫也祖胄苻堅太尉長史父嶷慕容垂祕書監仍僑居趙郡銓學涉有長者風與盧玄高允等同被徵爲中書博士初密太后父豹喪在濮陽太武欲令迎葬於鄴謂司徒崔浩曰天下諸杜何處望高朕今方改葬外祖意欲取杜中長老一人以爲宗正令營護凶事浩曰京兆爲美中書博士杜銓其家今在趙郡是杜預後於今爲諸杜最密召見銓器貌瓌雅太武感悅謂浩曰此眞吾所欲也以爲宗正令與杜超子道生送豹喪柩致葬鄴南銓遂與超如親超謂銓曰既是宗正何緣僑居趙郡乃延引同屬魏郡再遷中書侍郞賜爵新豐侯卒贈相州刺史魏縣侯諡曰宣子振字季元舉秀才卒於中書博士振子遇字慶期位尚書起部郞竊官材瓦起立私宅清論鄙之卒於河東太守贈都官尚書豫州刺史諡曰惠銓族孫景字宣明學通經史州府交辟不就景子裕字慶延雖官非貴仕而文學相傳仕齊位止樂陵令齊亡退居教授終于家子正玄字知禮少傳家業耽志經史隋開皇十五年舉秀才試策高第曹司以策過左僕射楊素怒

曰周孔更生尚不得爲秀才刺史何忽妄舉此人可附下考乃以策抵地不視時海內唯正玄一人應秀才餘常貢者隨例銓注訖正玄獨不得進止曹司以選期將盡重以啓素素志在試退正玄乃手題使擬司馬相如上林賦王襃聖主得賢臣頌班固燕然山銘張載劒閣銘白鸚鵡賦曰我不能爲君住宿可至未時令就正玄及時並了素讀數徧大驚曰誠好秀才命曹司錄奏屬吏部選期已過注色令還期年重集素謂曹司曰秀才杜正玄至又試官人有奇器 闕 並立成文不加點素大嗟之命吏部優敘曹司以擬長寧王記室參軍時素情背曹官及見曰小王不盡其才也晉王廣方鎮揚州妙選府寮乃以正玄爲晉王府參軍後豫章王鎮揚州又爲豫章王記室卒正玄弟正藏字爲善亦好學善屬文開皇十六年舉秀才時蘇威監選試擬賈誼過秦論及尚書湯誓匠人箴連理樹賦几賦弓銘應時並就又無點竄時射策甲第者合奏曹司難爲奏抑爲乙科正藏訴屈威怒改爲景第授純州行參軍遷梁郡下邑縣正大業中與劉炫同以學業該通應詔被舉時正藏弟正儀貢充進士正倫爲秀才兄弟三人同時應命當世嗟美之著作郞王劭奏追脩史司隸大夫薛道衡奏擬從事並以見任且放還九年從駕征遼爲夫餘道行軍長史還至涿郡卒正藏爲文迅速有如宿構曾令數人並執紙筆各題一文正藏口授俱成皆有文理爲當時所異又爲文軌二十卷論爲文體則甚有條貫後生寶而行之多資以解褐大行於世謂之杜家新書云

論曰宋隱操行貞白遺略榮名宣愔並保退素咸見徵辟可謂德門者矣義和以才度見知迹參顧命拔萃出類當有以哉無子之歎豈徒羊舌宗祀不亡蓋其幸也翻剛鯁自立猛而斷務世貞昆季雅有家風道謨卜筮取達季貞累於學淺刁廱才識恢遠著聲立事禮遇優隆世有人爵堂構之義也辛韋不殞門風杜銓所在爲重正玄難兄難弟信爲美哉

北史卷二十六考證

宋隱傳隱弟宣○魏書宣爲隱從弟乃洽之子也

弁傳且常侍者黃門之蠹冗○蠹冗監本訛庶兄今改從魏書

世景傳每稱曰宋世景精微尚書僕射才也○微魏書作識

刁廱傳小記云嫡婦爲舅姑後者則舅姑爲之小功○嫡婦下齊書有不字

有損益革代相沿○齊書禮有損益代相沿革

辛紹先傳鳳達弟穆○達監本訛逵今從上文子鳳達改正

韋闐傳儁與左僕射郭祚昏嫁○嫁魏書作家

子粲傳闐從叔道福父熙○熙監本訛罷今改從魏書

稍遷前後將軍○魏書無後字

鑾俗恒用人祭之○俗監本作俚今從魏書及閣本

北史卷二十七

唐 李延壽 撰

列傳第十五

屈遵 張蒲 谷渾曾孫楷 公孫表

張濟 李先 賈彝 竇瑾

李訢 韓延之 袁式 毛修之嚴稜 朱修之

唐和 寇讚孫儁 酈範子道元 韓秀

堯暄孫雄 柳崇

屈遵字子度昌黎徒何人也博學多才藝慕容垂以爲博陵令道武南伐博陵太守申永南奔河外高陽太守崔宏東走海濱屬城長吏率多逃竄遵獨歸道武道武素聞其名拜中書令中原既平賜爵下蔡子卒子須襲爵除長樂太守進爵信都侯卒贈昌黎公謚曰恭須長子恒字長生沈粹有局量歷位尚書右僕射加侍中以破平涼功賜爵濟北公太武委以大政車駕出征常居中留鎮與襄城公盧魯元俱賜甲第眞君四年墜馬卒時帝幸陰山景穆遣使乘傳奏狀帝甚悼惜之謂使人曰汝等殺朕良臣何用乘馬遂令步歸贈征南大將軍謚曰成公子道賜襲爵道賜善騎射機辯有辭氣太武甚器之位尚書右僕射加侍中卒謚曰哀公子拔襲爵帝追思其父祖年十四以爲南部大人時太武南伐禽守將胡盛之以付拔酒醉不覺盛之逃太武令斬之將伏鑕帝愴然曰若鬼有知長生問其子孫朕將何以應乃赦拔後獻文以其功臣子拜營州刺史

張蒲字玄則河內修武人也本名謨父攀仕慕容垂位兵部尚書以清方稱蒲少有父風仕慕容寶爲尚書左丞道武定中山寶官司敘用多降品秩帝既素聞蒲名仍拜尚書左丞明元卽位爲內都大官賜爵泰昌子參決庶獄私謁不行後改爲壽張子太武卽位以蒲清貧妻子衣食不給乃以爲相州刺史扶弱抑彊進善黜惡風化大行卒於官吏人痛惜之蒲在謀臣之列屢出爲將朝廷論之常以爲稱首贈平東將軍廣平公謚曰文恭子昭襲以軍功進爵修武侯位幽州刺史以善政見稱

谷渾字元沖昌黎人也父袞彎弓三百斤勇冠一時仕慕容垂位廣武將軍渾少有父風任俠好氣晚乃折節授經業被服類儒者道武時以善隸書爲內侍左右太武時累遷侍中儀曹尚書賜爵濮陽公渾正直有操行性不苟合然愛重舊故不以富貴驕人時人以此稱之在官廉正爲太武所器重以渾子孫年十五以上悉補中書學生卒謚曰文宣子闡字崇基襲爵位外都大官卒謚曰簡公子洪字元孫位尚書賜爵滎陽公性貪奢僕妾衣服錦綺時獻文舅李峻等初至官給衣服洪輒截沒爲有司所糾并窮其前後贓罪伏法子穎位太府少卿卒贈營州刺史謚曰貞子士恢字紹達位鴻臚少卿封元城縣侯太后嬖幸鄭儼懼紹達間構於帝因言次以紹達爲州紹達耽寵不願出太后誣其罪殺之渾曾孫楷楷有幹局稍遷奉車都尉眇一目性甚嚴忍前後奉使皆以酷暴爲名時人號曰瞎武累遷城門校尉卒

公孫表字玄元燕郡廣陽人也爲慕容沖尚書郞慕容垂破長子從入中山慕容寶走乃歸爲博士初道武以慕容垂諸子分據勢要權柄推移遂至亡滅表詣闕上韓非書二十卷道武稱善明元初賜爵固安子河西飢胡劉武反於上黨詔表討之爲胡所敗帝深銜之泰常七年宋武帝殂時議取河南侵地以奚斤爲都督以表爲吳兵將軍廣州刺史表既剋滑臺遂圍武牢車駕次汲郡始昌子蘇坦太史令王亮奏表置軍武牢東不得形便之地故令賊不時滅明元雅好術數又積前忿及攻武牢士卒多傷乃使人夜就帳中縊殺之以賊未退祕而不宣初表與勃海封愷友善後爲子求愷從女愷不許表甚銜之及封氏爲司馬國璠所逮帝以舊族欲原之表證其罪乃誅封氏表外和內忌時人以此薄之表本與王亮同營署及其出也輕侮亮故及於死第二子軌字元慶明元時爲中書郞出從征討補諸軍司馬太武平赫連昌引諸將帥入其府藏各令任意取金玉諸將取之盈懷軌獨不取帝把手親探金賜之謂曰卿臨財廉朕所以增賜者欲顯廉於衆人後兼大鴻臚持節拜立氏楊玄爲南秦王及境玄不郊迎軌數玄無蕃臣禮玄懼詣郊受命使還稱旨拜尚書賜爵燕郡公出爲武牢鎮將初太武將北征發驢以運糧使軌部調雍州軌令驢主皆加絹一匹乃與受之百姓語曰驢無彊弱輔脊自壯衆共嗤之坐徵還卒軌既死帝謂崔浩曰吾過上黨父老皆曰公孫軌爲將受貨縱賊使至今餘姦不除軌之罪也其初來單馬執鞭及去從車百兩載物而南丁零渠帥乘山罵軌軌怒取罵軌者之母以矛刺其陰而死之曰何以生此逆子從下到劈分磔四支於山樹上是忍行不忍之事軌幸而早死至今在者吾必族誅之軌終得娶封氏生子叡字叔文位儀曹長賜爵陽平公時獻文於苑內立殿敕中祕羣官制名叡奏曰臣聞至尊至貴莫崇於帝王天人挹損莫大於謙光臣愚以爲宜曰崇光奏可卒於南部尚書謚曰宣叡妻崔浩弟女也生子良字遵伯聰明好學爲尚書左丞爲孝文所知遇良弟衡字道津良推爵讓之仕至司直良以別功賜爵昌平子子崇基襲軌弟質字元直有經義爲中書學生稍遷博士太武征涼州留宜都王穆壽輔景穆時蠕蠕乘虛犯塞京師震恐壽雅信任質爲謀主質性好卜筮卜筮者咸云必不來故不設備由質幾敗國後屢進讜言超遷尚書卒贈廣陽侯謚曰恭第二子邃字文慶位南部尚書封襄平伯出爲青州刺史以邃在公遺迹可紀下詔褒述卒官孝文在鄴宮爲之舉哀時百度唯新青州佐吏疑爲邃服詔曰專古也理與今違專今也大乖曩義當斟酌兩途商量得失人吏之情亦不可苟順也主簿云近代相承服斬過葬便可如故自餘無服大成寥落可準諸境內之人爲齊衰三月子同始襲爵卒於給事中邃叡爲從父兄弟叡才器小優又封氏之甥崔氏之壻邃母鴈門李氏地望懸隔鉅鹿太守祖季眞多識北方人物每云士大夫當須好婚親二公孫同堂兄弟耳吉凶會集便有士庶之異

張濟字士度西河人也父千秋慕容永驍騎將軍永滅來奔道武善之拜建節將軍賜爵成紀侯濟涉獵書傳清辯善儀容道武愛之與公孫表等俱爲行人拜散騎侍郞襲爵先是晉雍州刺史楊佺期乞師於常山王遵以禦姚興帝遣濟爲遵從事郞報之濟自襄陽還帝問濟江南事濟曰司馬昌明死子德宗代立君弱臣彊全無綱紀佺期問臣魏初伐中山幾十萬衆臣答曰十餘萬佺期曰魏被甲戎馬可有幾匹臣答中軍精騎十餘萬外軍無數佺期曰以此討羌豈不滅也又曰魏定中山徙幾戶於北臣答七萬餘家佺期曰都何城臣答都平城佺期曰有此大衆何用城爲又曰魏帝欲爲久都

平城將移也臣答非所知也佺期聞朝廷不都山東貌有喜色曰洛城救援仰恃於魏若獲保全當必厚報如爲羌所乘寧使魏取道武嘉其辭厚賞其使許救洛陽後以累使稱旨拜脩兵將軍卒子多羅襲爵坐事除

李先字容仁中山盧奴人少好學善占相術慕容永迎爲謀主勸永據長子城仕永位祕書監永滅徙中山皇始初先於井陘歸道武問先曰卿何國人祖父及身悉歷何官先曰臣本趙郡平棘人大父重晉平陽太守大將軍右司馬父懋石季龍樂安太守左中郎將臣苻丕左主客郎慕容永祕書監高密侯車駕還代以先爲尚書右中兵郎再遷博士定州大中正帝問先何者最善可以益人神智先曰唯有經書三皇五帝政化之典可以補王者神智又問朕欲集天下書籍如何對曰主之所好集亦不難帝於是班制天下經籍稍集大武討姚興於柴壁也問計於先對曰兵以正合戰以奇勝聞姚興欲屯兵天渡利其糧道及其到前遣奇兵先邀天渡柴壁左右嚴設伏兵備其表裏興欲進不得住又乏糧夫高者爲敵所棲深者爲敵所囚兵法所忌而敵居之可不戰而取帝從其計興果敗歸明元即位問左右舊臣中誰爲先帝所親信新息公王洛兒曰有李先者爲先帝所知俄而召先讀韓子連珠論二十二篇太公兵法十一事詔有司曰先所知者皆軍國大事自今當宿於內賜先絹綵及御馬一匹拜安東將軍壽春侯賜隸戶二十二卒於內都大官年九十五詔賜金縷命服一襲贈定州刺史中山公謚曰文懿子國襲爵國子鳳中書博士鳳子預字元凱太和初歷祕書令齊郡王友征西大將軍長史帶馮翊太守府解罷郡遂居長安羨古人飡玉法乃採訪藍田躬往攻掘得若環璧雜器形者大小百餘頗有麤黑者亦篋盛以還至而觀之皆光潤可玩預乃椎七十枚爲屑食之餘多惠人後預及聞者更求玉於故處皆無所見馮翊公源懷弟得其玉琢爲器佩皆鮮明可寶預服經年云有効驗而世事寢食皆不禁節又加好酒損志及疾篤謂妻子曰吾酒色不絕自致於死非藥過也然吾尸體必當有異勿速殯令後人知飡服之妙時七月中旬長安毒熱預停屍四宿而體色不變其妻常氏以玉珠二枚唅之口閉常謂曰君自云飡玉有神驗何不受唅言訖齒啓納珠因噓其口都無穢氣舉斂於棺堅直不傾委死時有遺玉屑數升囊盛納諸棺中先少子皎天興中密問先曰子孫永爲魏臣將復事他姓邪先曰國家政化長遠不可紀極皎爲寇謙之弟子遂服氣絕粒數十年隱於恒山年九十餘顏如少童一旦沐浴冠帶家人異之俄而坐卒道士咸稱其得尸解仙道皎孫義徽太和中以儒學博通有才華補清河王懌府記室牋書表疏文不加點清典贍速當世稱之又爲懌撰輿地圖及顯忠錄性好老莊甚瑩釋教靈太后臨朝屬有沙門惠憐以呪水飲人云能愈疾百姓奔湊日以千數義徽白懌稱其妖妄因令義徽草奏以諫太后納其言元乂惡懌從義徽都水使者俄而懌被害因棄官隱於大房山少子蘭以純孝著聞不受辟召孝昌中旌表門閭正光中文宣王亶嗣位思義徽雅正惇篤薦其孫景儒位至奉車都尉自皇始至齊受禪百五十歲先之所言有明徵焉景儒子昭徽博涉稽古脫略不羈時人稱其爲播郎因以字行於燕趙爲善談論有宏辯屬文任氣不拘常則志好隱逸慕葛洪之爲人尋師訪道不遠千里遇高尚則傾蓋如舊見庸識雖王公蔑如初爲道士中年應詔舉爲高唐尉大業中將妻子隱於嵩山號黃冠子有文集十卷爲學者所稱

賈彝字彥倫本武威姑臧人也六世祖敷魏幽州刺史廣川都亭侯子孫因家焉父爲苻堅鉅鹿太守坐訕謗繫獄彝年十歲詣長安訟父獲申遠近歎之僉曰此子英英賈誼之後莫之與京弱冠爲慕容垂遼西王農記室參軍道武先聞其名常遣使者求彝於垂垂彌增器敬垂遣其太子寶來寇大敗於參合執彝及其從兄代郡太守潤等道武即位拜尚書左丞參預國政天賜末彝請詣溫陽療疾爲叛胡所掠送於姚興積數年遁歸又爲赫連屈丐所執拜祕書監卒太武平赫連昌子秀迎其尸柩葬於代南秀位中庶子賜爵陽都男本州大中正獻文即位進爵陽都子時丞相乙渾妻庶姓而求公主之號屢言於秀秀默然後因公事就第見渾渾夫妻同坐厲色曰爾管攝職事無所不從我請公主不應何意秀慷慨大言對曰公主之稱王姬之號尊寵之極非庶族所宜秀寧就死於今朝不取笑於後日渾左右莫不失色爲之振懼秀神色自若渾夫妻默然含忿他日乃書太醫給事楊惠富臂作老奴官慳字令以示秀渾每欲伺隙陷之會渾伏誅遂免難時秀與中書令勃海高允俱以儒舊重於時皆選擬方岳以詢訪被留各聽長子出爲郡秀固讓不受許之自始及終歷奉五帝雖不至大官常當機要廉清儉約不營資產年七十三遇疾詔給醫藥賜几杖時朝廷舉動及大事不決每遣尚書高平公李敷就第訪決卒贈冀州刺史武邑公謚曰簡子儁字異隣襲爵位荆州刺史依例降爵爲伯先是上洛置荆州後改爲洛州在重山人不知學儁表置學官在州五載清靖寡事爲吏人所安卒贈兗州刺史子叔休襲爵潤曾孫禎字叔願學涉經史居喪以孝聞太和中以中書博士副中書侍郎高聰使江左還以母老患輒在家定省坐免官後爲司徒諮議參軍通直散騎常侍加冠軍將軍卒贈齊州刺史禎兄子景儁亦以學識知名爲京兆王愉府外兵參軍愉起逆於冀州將授其官不受死之贈河東太守謚曰貞景儁弟景興清峻鯁正爲州主簿遂栖遲不仕後葛榮陷冀州稱疾不拜景興每捫膝而言曰吾不負汝以不拜榮也

竇瑾字道瑜頓丘衛國人自云漢司空融之後也高祖成頓丘太守因家焉瑾少以文學知名自中書博士爲中書侍郎賜爵繁陽子參軍國謀屢有功進爵衛國侯轉四部尚書初定三秦人猶去就拜長安鎮將毗陵公在鎮八年甚著威惠徵爲殿中都官尚書太武親待之賞賜甚厚從征蓋吳吳平留瑾鎮長安還京復爲殿中都官典左右執法太武歎曰國之良輔毗陵公之謂矣出爲冀州刺史清約沖素著稱當時還爲內都大官興光初瑾女壻鬱林公司馬彌陀以選尚臨涇公主瑾教彌陀辭託有誹謗呪詛之言與彌陀同誅唯少子遵逃匿得免遵善楷篆北京諸碑及臺殿樓觀宮門題署多遵書位濮陽太守多所受納其子儁演姦通人婦爲部人賈邈告坐免後以善書拜庫部令卒官

李訢字元盛小名真奴范陽人也曾祖產產子績二世知名於慕容氏父崇馮跋吏部尚書石城太守車駕至和龍崇率十餘郡歸降太武甚禮之呼曰李公爲北幽州刺史固安侯卒謚曰襄侯訢母賤爲諸兄所輕崇曰此子之生相者言貴吾每觀或未可知遂使入都爲中書學生太武幸中書學見而異之指謂從者曰此小兒終效用於朕之子孫因識眄之帝舅陽平王杜超有女將許貴戚帝曰李訢後必官達益人門戶可以妻之遂勸成婚南人李哲常言訢必當貴達杜超之死也帝親哭三日訢以超女壻得在喪位出入帝指謂左右曰觀此人舉動豈不異於衆也必爲朕家幹事臣訢聰敏機辯彊記明察初李靈爲文成博士詔崔浩選中書學士器業優者爲助教浩舉其弟子箱子與盧度世李敷三人應之給事高讜子祐尚書段霸兒姪等以爲浩阿黨其親戚言於景穆以浩爲不平聞之於太武太武意在訢曰云何不取幽州刺史李崇老翁兒浩對曰前亦言訢合選但以其先行在外故不取之帝曰可待訢還箱子等罷之遂除中書助教博士入授文成經文成即位訢以舊恩親寵遷儀曹尚書領中祕書賜爵扶風公贈其母孫氏爲容城君帝顧羣臣曰朕始學之歲情未能專既總萬機溫習靡暇是故儒道實有闕焉豈惟予咎抑亦師傅之不勤所以爵賞仍隆蓋不遺舊也訢免冠拜謝出爲相州刺史爲政清簡百姓稱之訢上疏求於州郡各立學官使士望之流衣冠之胄就而受業其經藝通明者上王府書奏獻文從之以訢政爲諸州之最加賜衣服自是遂有驕矜自得之志受納人財物商胡珍寶兵人告言尚書李敷與訢少長相好每左右之或有勸以奏聞敷不許獻文聞訢罪狀檻車徵訢拷劾抵罪敷兄弟將見疎斥有司諷以中旨嫌敷兄弟之意令訢告列敷等隱罪可得自全訢深所不欲且弗之知也乃謂其女壻裴攸曰吾與李敷族世雖遠情如一家在事既有此勸昨來引簪自刺以帶自絞而不能致絕且亦不知其事攸曰何爲爲他死敷兄弟事釁可知有馮闡者先爲敷殺其家切恨之但呼闡弟問之足可知委訢從其言又趙郡范檦具列敷兄弟事狀有司以聞敷坐得罪詔列訢貪冒應死以糾李敷兄弟故免百鞭髡刑配爲厮役訢之廢也平壽侯張讜見訢與語奇之謂人曰此佳士也終不久屈未幾而復爲太倉尚書攝南部事用范檦陳策計令千里之外戶別轉運詣倉輸之使所在委滯停延歲月百姓競以貨賂各求在前於是遠近大爲困弊道路羣議曰畜聚斂之人未若盜臣訢弟左軍將軍璞謂訢曰范檦善能降人以色假人以辭未聞德義之言但有世利之說聽其言也甘察其行也賊所謂諂諛讒慝貪冒姦佞不早絕之後悔無及訢不從彌信之腹心事皆以告檦訢既寵於獻文參決軍國大議兼典選舉權傾內外百寮莫不曲節以事之檦以無功起家拜盧奴令獻文崩訢遷司空進爵范陽公出爲侍中鎮南大將軍開府儀同三司徐州刺史范檦知文明太后之忿訢又知內外疾之太和元年希旨告訢外叛文明太后徵訢至京師言其叛狀訢曰無之引檦證訢訢言爾妄云知我吾又何言雖然爾不顧余之厚德而忍爲此不仁甚矣檦曰公德於檦何若李敷之德於公公昔忍於敷檦今敢不忍公乎訢慨然曰吾不用璞言自貽伊戚萬悔於心何嗟及矣遂見誅璞字季直性惇厚多識人物賜爵宜陽侯太常卿

韓延之字顯宗，南陽堵陽人，魏司徒暨之後也。仕晉位建威將軍、荆州從事，轉平西府錄事參軍。晉將劉裕伐司馬休之，未至江陵，密與延之書招之。延之報書辭甚激厲，曰：「劉裕足下，海內之人，誰不見足下此心，而復欲欺誑國士。」其不屈如此。事見南史宋本紀。延之以裕父名翹字顯宗，於是已字顯宗，名子爲翹，蓋示不臣劉氏也。後奔姚興。泰常二年，與司馬文思等俱入魏。明元以延之爲武牢鎭將，賜爵魯陽侯。初，延之曾來往柏谷塢，省魯宗之墓，有終焉之志。因謂子孫云：「河洛三代所都，朝廷必有居此者。我死不勞向北代葬也，卽可就此。」子從其言，遂葬宗之墓次。延之後五十餘年而孝文徙都，其孫數家卽居於祖墓之北柏谷塢。

袁式字季祖，陳郡陽夏人，漢司徒滂之後。父深，晉侍中。式在南，歷武陵王遵諮議參軍。及劉裕執權，式歸姚興。及姚泓滅，歸魏，爲上客，賜爵陽夏子。與司徒崔浩一面，便盡國士之交。時朝儀典章，悉出於浩，浩以式博於故事，每所草剏，恒顧訪之。性長者，雖羇旅飄泊，而清貧守度，不失士節。時人甚敬重之，皆呼曰袁諮議。至延和二年，衞大將軍樂安王範爲雍州刺史，詔式與中書侍郎高允俱爲從事中郎，辭而獲免。式沉靖樂道，周覽書傳，至於詁訓倉雅，偏所留懷，作字釋未就。以太安二年卒，贈豫州刺史，諡靖侯。子濟，襲父爵，位魏郡太守，政有清稱。加寧遠將軍。及宋王劉昶開府，召爲諮議參軍。

毛脩之字敬文，滎陽陽武人也。世仕晉。劉裕之平關中，留子義眞鎭長安，以脩之爲司馬。及義眞敗，脩之沒統萬。太武平赫連昌，獲之，使領吳兵，以功拜吳兵將軍。脩之能爲南人飲食，手自煎調，多所適意。太武親待之，累遷尚書，賜爵南郡公，常在太官主進御膳。從討和龍，時諸軍攻城，行宮人少，朱故將朱脩之爲雲中將軍，欲率吳兵爲逆，因入和龍，冀浮海南歸。以告脩之，不聽乃止。是日無脩之，大變幾作。脩之遂奔馮弘。脩之又以軍功遷特進、撫軍大將軍，位次崔浩下。浩以其中國舊門，雖不博洽，猶涉獵書傳，與共論說。之次，及陳壽三國志，云有古良史風，其所著述，文義典正，班史以來無及壽者。脩之曰：「昔在蜀中，聞長老言，壽曾爲諸葛亮門下書佐，得撻百下，故其論武侯云應變非其所長。」浩乃與論曰：「承祚之評亮，乃有故義過美之譽，非挾恨之言。夫亮之相備，英雄奮發之時，君臣相得，魚水爲喻，而不能與曹氏爭天下，委棄荆州，退入巴蜀，守窮崎嶇之地，僭號邊夷之間，此策之下者。可以趙他爲偶，而以管蕭之亞匹，不亦過乎？且亮既據蜀，弗量勢力，嚴威切法，控勒蜀人，欲以邊夷之衆抗衡上國。出兵隴右，再攻岐山，一攻陳倉，疎遲失會，摧衂而反。後入秦川，更求野戰，魏人知其意，以不戰屈之。智窮勢盡，發病而死。由是言之，豈合古之善將見可知難乎？」脩之謂浩言爲然。後卒於外都大官，諡恭公。脩之在南有四子，唯子法仁入魏。文成初，爲金部尚書，襲爵，轉殿中尚書。法仁言聲壯大，至於軍旅田狩，唱呼處分，振於山谷。卒，贈征東大將軍、南郡王，諡曰威。朱脩之者，仕宋爲司徒從事中郎，守滑臺，爲安頡所禽。太武善其固守，以宗室女妻之，以爲雲中鎭將。後奔馮弘，弘送之江南。頡之剋滑，宋陳留太守嚴稜戍倉垣，及山陽公奚斤軍至潁川，稜率文武五百人詣斤降。明元嘉其誠款，賜爵郃陽侯，假荆州刺史。隨駕南討，還爲上客。及太武踐阼，以歸化之功，除中山太守，有清廉稱。卒於家。子幼玉襲。稜舊書有傳，今附之云。脩之在宋顯達事，並具南史。

唐和字幼起，晉西宜安人也。父繇，以涼土喪亂，推涼武昭王霸于河右。及涼亡，和與兄契攜其甥武昭王孫寶避難伊吾，招集人衆二千餘家，臣於蠕蠕。蠕蠕以契爲伊吾王。經二十年，和與契遣使降魏，爲蠕蠕所逼，遂擁部至高昌。蠕蠕遣部帥阿若討和，至白力城，和先攻高寧，契與阿若戰沒。和收餘衆，奔前部王國。時沮渠安周屯橫截城，和攻拔之，斬安周兄子樹，又剋高寧、白力二城，遣使表狀。太武嘉之，屢賜之璽書。後和與前部王車伊洛破安周。太武使周公萬度歸討焉耆，詔和與伊洛率所領赴度歸，喻下柳驢以東六城，因共擊波居羅城，拔之。後同征龜茲，度歸令和鎭焉耆。時柳驢戍主乙眞伽將叛，和徑入其城，禽斬乙眞伽。由是西域剋平，和有力焉。正平元年，和詣闕，太武優寵之，待以爲上客。文成以和歸誠先朝，封酒泉公。太安中，爲濟州刺史，甚有稱績。徵爲內都大官，評決獄訟，不加捶楚，察疑獲實者甚多，世以是稱之。卒，贈征西大將軍、太常卿、酒泉王，諡曰宣。子欽字孟眞，位陝州刺史，降爵爲侯。卒，子景宣襲爵，卒於東都太守。契子玄達，性果毅，有父風，與叔父和歸闕，俱爲上客，封晉昌公。獻文時，位華州刺史。太和十六年，降爲侯。子崇字繼祖，襲爵。

寇讚字奉國，上谷人也。因難徙馮翊萬年。父脩之字延期，苻堅東萊太守。讚弟謙有道術，太武敬重之，故追贈脩之安西將軍、秦州刺史、馮翊公，賜命服，諡曰哀公。詔秦雍二州爲立碑墓。又贈脩之母爲馮翊夫人，及宗從追贈太守、縣令、侯、子、男者十六人，其臨職者七郡五縣。讚少以淸潔知名，身長八尺，姿容嚴嶷，非禮不動。苻堅僕射韋華，州里高達，雖年時有異，恒以風味相待。華爲馮翊太守，召爲功曹。後除襄邑令。姚泓滅，秦雍人千餘家推讚爲主，歸魏，拜河南郡太守。其後秦雍人來奔河南、滎陽、河內者，戶至萬數，拜讚南雍州刺史、軹縣侯，於洛陽立雍之郡縣以撫之。由是流人襁負自遠而至，參倍於前。進讚爵河南公，加安南將軍，領南蠻校尉，仍刺史。分洛豫二州之僑郡以益之。雖位高爵重，接待不倦。初，讚之未貴，嘗從相者唐文，相文曰：「君頷上黑子入幘，位當至方伯，封公。」及其貴也，文以百姓禮拜謁，曰：「明公憶疇昔言乎？」延文坐，曰：「往時卿言杜瓊不得官長，人咸謂不然，及瓊爲盩厔令，卿猶言相中不見，而瓊果以暴疾未拜而終。昔魏舒見主人兒死，自知已必至公，吾恒以卿言瓊之驗，亦復不息此望也。」乃賜文衣服、良馬。讚在州十七年，甚收公私之譽。年老求致仕。卒，遺令薄葬，斂以時服。太武悼惜之，諡曰宣穆。子元寶襲爵。元寶弟臻字仙勝，年十二遭父憂，居喪以孝稱。輕財好士。獻文末，爲中川太守。時馮熙爲洛州刺史，政號貪虐，仙勝微能附之，甚得其意。後爲弘農太守，坐受納爲御史所彈，遂廢，卒於家。子祖訓，順陽太守。祖訓弟祖禮，兄弟並孝友敦穆，白首同居。父母亡雖久，猶於平生所處堂宇，備設幃帳几杖，以時節開堂列拜，垂涕陳薦，若宗廟焉。吉凶之事，必先啓告，遠出行反亦如之。祖禮宣武末爲河州刺史，在任數年，遇郤鐵忽反，又爲城人詣都列其貪狀十六條，遇赦免。久之，兼廷尉卿，又兼尚書。畏避勢家，承順顏色，不能有所執據。後蠻反於三鵶，爲都督追討，戰歿。贈衞大將軍、七兵尚書、雍州刺史、昌平男。祖禮弟儁。

儁字祖儁，性寬雅，幼有識量，好學強記。性又廉恕，不以財利爲心。家人曾賣物與人，而利得絹一匹，儁於後知之，乃曰：「得財失行，吾所不取。」訪主還之。以選爲孝文帝挽郎，除奉朝請。大乘賊起，燕趙擾亂，儁參護軍事，東討以功授員外散騎侍郎。累遷司空府主簿。時靈太后臨朝，減食祿官十分之一，造永寧佛寺，令儁典之。資費巨萬，主吏不能欺隱。寺成，又極壯麗。靈太后嘉之，除左軍將軍。孝昌中，朝議以國用不足，乃置鹽池都將，秩比上郡。前後居職者多有侵隱，乃以儁爲之，仍主簿。永安初，華州人史底與司徒楊椿訟田，長史以椿勢貴，皆言椿直，欲以田給椿。儁曰：「史底窮人，楊公橫奪其地。若欲損不足以給有餘，見使雷同，未敢聞命。」遂以地還史底。孝莊帝後知之，嘉儁守正不撓，拜司馬。其附椿者咸責焉。二年，出爲梁州刺史。人俗荒獷，多爲盜賊。儁乃令郡縣爲立庠序，勸其耕桑，敦以禮讓，數年之中，風俗頓革。梁遣其將曹琰之鎭魏興，繼日板築，琰之屢擾疆埸，邊人患之。儁遣長史杜林道攻克其城，并禽琰之。琰之卽梁大將景宗之季弟也。於是梁人懼焉。屬魏室多故，州又僻遠，梁人知無外援，遂大兵頓魏興，志圖攻取。儁撫厲將士，人思效命。梁人知其得衆心也，弗之敢逼。儁在州淸苦，不事產業，其子等並徒步而還。吏人送儁，留連於道，久之乃得出界。大統三年，東魏授儁洛州刺史。儁因此乃謀歸闕。五年，將家及親屬四百口入關，拜祕書監。時軍國草創，墳典散逸，儁始選置令史，抄集經史，四部羣書，稍得周備。加鎭東將軍，封安西縣男。十七年，加散騎常侍，遂稱篤疾，不復朝覲。恭帝三年，賜姓若口引氏。孝閔帝踐阼，進爵爲子。武成元年，進驃騎大將軍、開府儀同三司。儁年齒雖高，而志識未衰，教授子孫，必先典禮。明帝尚儒重德，特欽賞之，數加恩賜，思與相見。儁不得已乃入朝，常與同席而坐，顧訪洛陽故事。儁身長八尺，鬚鬢皓然，容止端詳，音韻淸朗。帝與之談論，不覺膝爲之前。及儁辭還，帝親執其手曰：「公年德俱尊，朕所欽尚，乞言之事，所望於公，宜數相見，以慰虛想。」以御輿令於帝前乘出，顧謂左右曰：「如此事，唯積善者可以致之。」何止見重於今，亦將傳之萬古。時人咸以爲榮。卒年八十二。武帝歎惜之，贈本官，加冀定瀛三州諸軍事、冀州刺史，諡曰元。儁篤於仁義，期功之中有孤幼者，衣食豐約，并與之同。少爲司徒崔光所知，先命其子勵與儁結友。儁每造光，常淸談移日。小宗伯盧辯以儁業行俱崇，待以師友之禮，每有閑暇，輒詣儁譚語彌日。恒謂人曰：「不見西安君，煩憂不遣。」其爲通人所敬重如此。子奉，位至儀同大將軍、順陽郡守、洵州刺史、昌國縣公。奉弟顒，少好學，最知名。居喪哀毀。位儀同大將軍、掌朝、布憲、爲典祀下大夫、小納言、濩澤郡公。

酈範字世則，范陽涿鹿人也。祖紹，慕容寶濮陽太守，以郡迎降，道武授兗州監軍。父嵩，天水太守。範，太武時給事東宮。太武踐阼，追錄先朝舊勳，賜爵永寧男。以奉禮郎奉遷太武、景穆神主於太廟，進爵爲子。爲征南大將軍慕容白曜司馬。及定三齊，範多進策，白曜皆用其謀，遂表爲青州刺史，進爵爲侯，加冠軍將軍。還爲尚書右丞。後除平東將軍、青州刺史，假范陽公。範前解州還京也夜夢陰毛拂踝他日說之時齊人有占夢者史武進云公豪盛於齊下矣使君臨撫東秦道光海岱必當重牧全齊再祿營丘矣範笑答曰吾將爲卿必驗此夢果如言時鎮將元伊利表範與外賊交通孝文詔範曰鎮將伊利表卿造船市玉與外賊交通規陷卿罪窺覦州任有司推驗虛實自顯有罪者今伏其辜矣卿其明爲算略勿復懷疑還朝卒京師謚曰穆子道元

道元字善長初襲爵永寧侯例降爲伯御史中尉李彪以道元執法清刻自太傅掾引爲書侍御史彪爲僕射李沖所奏道元以屬官坐免景明中爲冀州鎮東府長史刺史于勁順皇后父也西討關中亦不至州道元行事三年爲政嚴酷吏人畏之姦盜逃于他境後試守魯陽郡道元表立黌序崇勸學教詔曰魯陽本以蠻人不立大學今可聽之以成良守文翁之化道元在郡山蠻伏其威名不敢爲寇延昌中爲東荆州刺史威猛爲政如在冀州蠻人詣闕訟其刻峻請前刺史寇祖禮及以遣戍兵七十人送道元還京二人並坐免官後爲河南尹明帝以沃野懷朔薄骨律武川撫冥柔玄懷荒禦夷諸鎮並改爲州其郡縣戍名令準古城邑詔道元持節兼黄門侍郎馳驛與大都督李崇籌宜置立裁減去留會諸鎮叛不果而還孝昌初梁遣將揚州刺史元法僧又於彭城反叛詔道元持節兼侍中攝行臺尚書節度諸軍依僕射李平故事軍至渦陽敗退道元追討多有斬獲後除御史中尉道元素有嚴猛之稱權豪始頗憚之而不能有所糾正聲望更損司州牧汝南王悅嬖近左右丘念常與卧起及選州官多由於念念常匿悅第時還其家道元密訪知收念付獄悅啓靈太后請全念身有敕赦之道元遂盡其命因以劾悅時雍州刺史蕭寶夤反狀稍露侍中城陽王徽素忌道元因諷朝廷遣爲關右大使寶夤慮道元圖己遣其行臺郎中郭子帙圍道元於陰盤驛亭亭在岡上嘗食岡下之井既被圍穿井十餘丈不得水水盡力屈賊遂踰墻而入道元與其弟道闕二子俱被害道元瞋目叱賊厲聲而死寶夤猶遣斂其父子殯於長安城東事平喪還贈吏部尚書冀州刺史安定縣男道元好學歷覽奇書撰注水經四十卷本志十三篇又爲七聘及諸文皆行於世然兄弟不能篤睦又多嫌忌時論薄之子孝友襲道元第四弟道慎字善季涉歷史傳有幹局位正平太守有能名遷長樂相卒贈平州刺史道慎弟道約字善禮樸質遲鈍頗愛琴書性多造請好以榮利干謁乞丐不已多爲人所笑弄坎壈於世不免飢寒晚歷東萊魯陽二郡太守爲政清靜吏人安之範弟道峻子惲字幼和好學有文才尤長吏幹舉秀才射策高第歷位尚書外兵郎行臺長孫承業引爲行臺郎惲頗兼武用恒以功名自許每進計於承業多見納用以功賞魏昌縣子惲在軍啓求減身官爵爲父請贈詔授征虜將軍安州刺史惲後與唐州刺史崔元珍固守平陽尒朱榮稱兵赴闕惲與元珍不受爲榮行臺郎中樊子鵠陷城被害所作文章頗行於世撰慕容氏書不成子懷則司空長流參軍

韓秀字白武昌黎人也祖宰慕容儁謁者僕射父景皇始初歸魏拜宣威將軍騎都尉秀歷位尚書郎賜爵遂昌子文成稱秀聰敏清辯才任喉舌遂命出納王言幷掌機密行幸遊獵隨侍左右獻文郎位轉給事中參征南慕容白曜軍事延興中尚書奏以敦煌一鎮介遠西北寇賊路衝慮或不固欲移就涼州羣臣會議僉以爲然秀獨曰此蹙國之事非闢土之宜愚謂敦煌之立其來已久雖隣彊寇而兵人素習循常置戍足以自全若徙就姑臧慮人懷異意或貪留重遷情不願徙脫引寇內侵深爲國患且捨遠就近遙防有闕一旦廢罷是啓戎心則夷狄交構互相來往關右荒擾烽警不息邊役煩興艱難方甚乃從秀議後爲平東將軍青州刺史卒子務襲爵務字道世性端謹有吏幹爲定州平北長史頗有受納爲御史中尉李平所劾付廷尉會赦免後除龍驤將軍郢州刺史務獻七寶牀象牙席詔曰昔晉武帝焚雉頭裘朕常嘉之今務所獻亦此之流也奇麗之物有乖風素可付其家人後以詐表破賊免官久之拜太中大夫進號左將軍卒

堯暄字辟邪上黨長子人也本名鍾葵後賜名暄祖僧賴道武平中山與趙郡呂舍首來歸國暄聰了美容貌爲千人軍將太武以其恭謹擢爲中散後兼北部尚書于時始立三長暄爲東道十三州使更比戶籍賜獨車一乘廐馬四匹暄前後從征及出使檢案三十許度皆有剋己奉公之稱賞賜衣服綵絹奴婢等物賜爵平陽伯及改置百官授太僕卿轉大司農卒於平城孝文爲之舉哀贈相州刺史初暄至徐州見州城樓觀嫌其華盛乃令往往毀徹由是後更損落及孝文幸彭城聞之曰暄猶可追斬暄長子洪襲爵洪子傑字永壽元象中開府儀同三司樂城縣公洪弟遵位臨洮太守卒謚曰思遵弟榮位員外散騎侍郎

子雄字休武少驍果輕財重氣位燕州刺史平城縣伯隨尒朱兆與齊神武戰敗於廣阿率所部據定州歸神武其從兄傑爲北滄州刺史亦遣使降神武以其兄弟俱有誠款使傑便爲行瀛州事使雄代傑爲瀛州刺史進爵爲公時禁網疏闊官司相與聚斂唯雄義然後取接下以恩甚爲吏人所懷魏孝武帝入關雄爲大都督隨高昂破賀拔勝於穰城仍除豫州刺史元洪威據潁川叛人趙繼宗殺潁川太守邵招據樂口北應洪威雄討之繼宗敗走城內因雄之出據州引西魏雄復與行臺侯景討平之梁將李洪芝王當伯襲破平鄉城雄並禽之又破梁司州刺史陳慶之復圍南荆州東救未至雄陷其城梁以元慶和爲魏王侵擾南境雄大破之於南頓尋與行臺侯景破梁楚城豫州人上書更乞雄爲刺史復行豫州事潁川長史賀若統執刺史田迅據州降西魏詔雄與廣州刺史趙育揚州刺史是寶隨行臺任祥攻之西魏將怡鋒敗祥等育寶各還據城降敵雄收散卒保大梁周文帝遣其右丞韋孝寬尋攻豫州雄都督程多寶降之執刺史馮邕幷雄家屬及部下妻子數千口欲送長安至樂口雄外兵參軍王恒伽都督赫連儁等從大梁邀之斬多寶收雄家口還大梁雄別破樂口禽丞伯進討縣瓠復以雄行豫州事西魏以是寶爲揚州刺史據項城義州刺史韓顯據南頓雄一日拔其二城禽顯及長史岳寶遁走加驃騎大將軍儀同三司仍隨侯景平魯陽復除豫州刺史雄雖武將性質寬厚爲政舉其大綱而已在邊十年屢有功績愛人物多所施與亦以此稱興和四年卒於鄴贈司徒謚曰武恭子師嗣

柳崇字僧生河東解人也七世祖軌晉廷尉卿崇方雅有器量身長八尺美鬚明目兼有學行舉秀才射策高第解褐太尉主簿轉尚書右外兵郎中于時河東河北二郡爭境其間有鹽池之饒虞坂之便守宰百姓皆恐外割公私朋競紛嚻臺府孝文乃遣崇檢斷上下息訟屬荆郢新附南寇窺擾又詔崇持節與州郡經略加慰喻還遷太子洗馬本郡中正累遷河中太守崇初屆郡郡人張明失馬疑執十餘人崇見之不問賊事人別借以溫顏更問其親老存不農業多少而微察其辭色即獲真賊呂穆等二人餘皆放遣郡中畏服境內怗然卒於官贈岐州刺史謚曰穆崇所製文章寇亂遺失長子慶和性沉靜不競於時位給事中本郡中正卒慶和弟楷字士則身長八尺善草書頗涉文史位撫軍司馬

論曰屈遵學藝知機恒乃局量受委張蒲谷渾文武爲用人世仍顯不亦善乎公孫表初則一介見知終以輕薄致戾軌始受探金之賞末陷財利之嫌鮮克有終固不虛也張濟使於四方有延譽之美李先學術嘉謀荷遇三世賈彝早播時譽秀則不畏彊禦竇瑾李訢時日良幹瑾以片言疑似訢以夙故猜嫌而嬰合門之戮良可悲也韓延之忠於所事有國士之烈袁式取遇崔公以博雅而重修之晚著誠欵唐和萬里慕義寇讚誠信見嘉酈範智器而達道元遭命有銜鬢之風韓秀議邊得馭遠之策堯暄聰察致位禮加存没柳崇素業有資器行仍世盛矣乎

北史卷二十七考證

屈遵傳屈遵字子度○度魏書作皮

公孫表傳車駕次汲郡○駕監本誤騎今改從南本

生子叡字叔文○叔文魏書作文叔

李先傳李先字容仁○魏書先本字宏仁以犯高祖諱故改容此則不必諱而改之矣

父懋石季龍樂安太守○懋魏書作楙

子國襲爵○國魏書作冏

馮翊公源懷弟得其玉琢爲器佩○弟魏書作等

時人稱其爲播郎○播監本訛潘今從南本

賈彝傳在重山人不知學○一本山字下有中字

景儁弟景輿○輿一本作興

李訢傳此子之生相者言貴吾每觀或未可知○一本觀字下有察字

足可知委○一本委字下有曲字

用范檦陳策計○一本作用范檦陳端等計

寇讚傳讚弟謙有道術○謙魏書作謙字

爲立碑墓○碑字下一本有於字

酈道元傳馳驛與大都督李崇籌宜置立裁減去留○監本置訛等去訛法今俱改從魏書

北史卷二十八

唐　李延壽　撰

列傳第十六

陸俟　源賀曾孫彪　師從叔雄　玄孫師

劉尼　薛提

陸俟代人也曾祖幹祖引世領部落父突道武初帥部人從征伐數有戰功位離石鎮將上黨太守關內侯俟少聰慧明元踐阼襲爵關內侯位給事中典選部蘭臺事當官無所撓太武征赫連昌詔俟督諸軍鎮以備蠕蠕與西平公安頡攻剋武牢賜爵建鄴公拜冀州刺史時考州郡唯俟與河內太守丘陳爲天下第一轉武步鎮大將平涼休屠金崖羌狄子玉等叛復轉爲安定鎮大將追討崖等皆獲之遷懷荒鎮大將未期諸高車莫弗訖懼俟嚴急請前鎮將郎孤太武許之徵俟至京朝見言不過周年孤身必敗高車必叛帝疑不實切責之以公歸第明年諸莫弗果殺孤以叛帝聞之大驚召俟問其故俟曰夫高車之俗上下無禮無禮之人難爲其上臣莅以威嚴節之憲綱欲漸加訓導使知分限而惡直醜正實繁有徒故訟臣無恩稱孤之美孤獲還鎮欣其名譽必加恩於百姓譏臣爲失專欲以寬惠臨之仁恕待之無禮之人易生陵傲不過期年無復上下既無上下然後收之以威則人懷怨憝怨憝既多敗亂彰矣帝歎曰卿身乃短慮何長也卽日復除散騎常侍帝征蠕蠕破涼州常隨駕別督輜重又與高涼王那復渡河南略地仍遷長安鎮大將與高涼王那擊蓋吳於杏城獲吳二叔諸將欲送京師俟獨不許曰若不斬吳恐長安之變未已一身藏竄非其親信誰能獲之若停十萬衆追一人非上策也不如私許吳叔免其妻子使自追吳諸將咸曰今獲其二叔唯吳一人何所復至俟曰諸君不見毒蛇乎不斷其頭猶能爲害況除腹心之疾而曰必遺其類可乎遂捨吳二叔與之期及期吳叔不至諸將皆咎俟俟曰此未得其便耳必不背也後數日果斬吳以至皆如其言俟之明略獨決皆此類也遷內都大官安定盧水劉超等叛太武以俟威恩被關中詔以本官加都督秦雍諸軍鎮長安帝曰超等恃險不順王命朕若以重兵與卿則超等必合爲一若以輕兵與卿則不制矣今使卿以方略定之於是俟單馬之鎮既至申以威信示以成敗超猶無降意俟乃率其帳下見超超使人逆曰三百人以外當以弓馬相待三百人以內當以酒食相供乃將二百騎詣超超備甚嚴遂縱酒盡醉而還後僞獵詣超與士卒約曰今會發機當以醉爲限俟乃詐醉上馬大呼斬超首士卒應聲縱擊遂平之帝大悅徵拜外都大官文成踐阼以子麗有定策勳進爵東平王薨年六十七謚成王有子十二人長子馛多智有父風文成見而悅之謂朝臣曰吾常歎其父智過其軀是復踰於父矣少爲內都下大夫奉上接下行止取與每能逆曉人意與其從事者無不愛之興安初賜爵聊城侯出爲相州刺史假長廣公爲政清平抑彊扶弱州中有德宿老名望素重者以友禮待之詢之政事責以方略如此者十人號曰十善又簡取諸縣彊門百餘人以爲假子誘接殷勤賜以衣服令各歸家爲耳目於是發姦擿伏事無不驗百姓以爲神明無敢劫盜者在州七年家至貧約徵爲散騎常侍百姓乞留馛者千餘人獻文不許謂羣臣曰馛之善政雖古人何以加之賜絹五百匹奴婢十口馛之代還也吏人大斂布帛以遺之馛皆不受人亦不取於是以此物起佛寺焉因名長廣公寺後襲父改封建安王時宋司州刺史常珍奇以懸瓠內附新人猶懷去就馛銜旨撫慰諸有陷軍爲奴婢者馛皆免之百姓欣悅人情乃定車駕討蠕蠕詔馛爲選部尚書錄留臺事及獻文將禪位於京兆王子推任城王雲隴西王源賀並固諫馛抗言曰皇太子聖德承基四海瞻望不可橫議干國之紀臣請刎頸殿庭有死無貳久之帝乃解詔曰馛直臣也其能保吾子乎遂以馛爲太保與太尉源賀持節奉皇帝璽紱傳位子孝文延興四年薨贈以本官謚曰貞王馛有六子琇凱知名琇字伯琳馛第五子也母赫連氏身長七尺九寸甚有婦德馛有以爵傳琇之意琇年九歲馛謂之曰汝祖東平王有十二子我爲嫡長承襲家業今已年老屬汝幼沖詎堪爲陸氏宗首乎琇對曰苟非鬬力何患童幼馛奇之遂立琇爲世子馛薨襲爵琇沉毅少言雅好讀書以功臣子孫爲侍御長累遷祠部尚書司州大中正會從兄叡事免官景明初試守河內郡咸陽王禧謀反令子曇和等先據河內琇聞禧反斬曇和首時以琇不先送曇和禧敗始斬責其通情徵詣廷尉少卿崔振窮罪狀案琇大逆陸宗大小咸見收捕會將赦先斃於獄琇弟凱仍上書訴冤宣武詔復琇爵子景祚襲凱字智君謹重好學位太子庶子給事黃門侍郎凱在樞要十餘年以忠厚見稱後遇患頻上書乞骸骨除正平太守在郡七年號爲良吏初孝文將議革變舊風大臣並有難色又每引劉芳郭祚等常與規謀共論政事而國戚謂遂疎已怏怏有不平之色帝乃令凱私喻之曰至尊但欲廣知前事直當問其古式耳終無寵彼而疎國戚舊人意乃稍解及兄琇陷罪凱亦被收遇赦乃免凱痛兄之死哭無時節目幾失明訴冤不已至正始初宣武復琇官爵凱大喜置酒集諸親曰吾所以數年之中抱病忍死者顧門計耳今願已遂以其年卒贈龍驤將軍南青州刺史謚曰惠長子暐字道暉與弟恭之並有時譽洛陽令賈禎見其兄弟歎曰僕以老年更覩雙璧又嘗兄弟共候黃門郎孫惠蔚謂諸賓曰不意二陸復在坐隅吾德謝張公無以延譽暐位尚書右丞三公郎坐事免後除伏波將軍卒贈冠軍恒州刺史暐擬急就篇爲悟蒙章及七誘十醉章表數十篇暐與恭之晚不和睦爲時所鄙子元規位尚書郎元規子撥陰陽律曆多所通解位并州長流參軍恭之字季順有操尚位東荆州刺史贈吏部尚書謚曰懿恭之所著文章詩賦凡千餘篇子彝字仁崇篤志文學齊律序則仁崇之詞位終通直散騎常侍弟寬字仁惠太子中舍人待詔文林館寬兄弟並有才品議者稱爲三武馛弟歸位東宮舍人駕部校尉子珍夏州刺史贈太僕卿謚曰靜珍子旭性雅淡好易緯候之學撰五星要決及兩儀眞圖頗得其指要太和中徵拜中書博士稍遷散騎常侍知天下將亂遂隱於太行山屢徵不起卒後贈并汾恒肆四州刺史子騰

騰字顯聖少慷慨有大節從尒朱榮平葛榮以功賜爵清河縣伯稍遷通直散騎常侍及孝武西遷時使青州遂留鄴爲陽城郡守大統九年大軍東討陽城破執周文帝釋而與語騰盛論東州人物又叙述時事辭理抑揚周文嘆曰卿眞不背本也卽拜帳內大都督未幾除太子庶子遷武衞將軍騰既爲周文所知思欲立功不願內職及安康賊黃衆寶等作亂攻圍東梁州城中糧盡詔騰率軍大破之軍還拜龍州刺史使通江由路直出南秦周文謂曰此是卿取柱國之日卽解所服金帶賜之州人李廣嗣李武等憑據巖險歷政不能制騰密令多造飛梯夜襲破之執廣嗣等於鼓下其黨有任公忻圍逼州城請免廣嗣及武卽散兵請罪騰謂將士曰吾不殺廣嗣等可謂墮軍實而長寇讎卽斬廣嗣及武以首示之於是出兵奮擊盡獲之進位驃騎大將軍開府儀同三司轉江州刺史進爵上庸縣公陵州木籠獠恃險每行抄劫詔騰討之獠因山爲城攻之未可拔騰遂於城下多設聲樂及諸雜伎示無戰心諸賊果棄其兵仗或攜妻子臨城觀樂騰知其無備遂縱兵討擊盡殺破之周明帝初陵眉等八州夷夏並反攻破郡縣騰率兵討平之及齊公憲作鎮於蜀以騰爲隆州刺史令憲入蜀兵馬鎮防皆委騰統攝趙公招代憲復請留之遷隆州總管領刺史保定二年資州石槃人反殺郡守據險自守州軍不能制騰率軍討擊盡破斬之而蠻子反所在蠭起山路險阻難得掩襲遂量山川形勢隨便開道蠻獠畏威承風請服所開之路多得古銘並是諸葛亮桓溫舊道是年鐵山獠抄斷內江路使驛不通騰乃進軍討之一日下其三城招納降附者三萬戶帝以騰母在齊未令東討適有其親屬自齊還朝者晉公護奏令告騰云齊已誅公母兄蓋欲發其怒也騰乃發哀泣血志在復讎四年齊公憲與晉公護東征請騰爲副趙公招時在蜀復欲留之晉公護與招書於是令騰馳傳還朝副憲東伐天和初信州蠻蜑據江硤反叛連結二千餘里又詔騰討之騰沿江而下軍至湯口分道奮擊所向摧破乃築京觀以旌武功涪陵郡守蘭休祖又阻兵爲亂方二千餘里復詔騰討之巴蜀悉定詔令樹碑紀功績焉騰自在龍州至是前後破平諸賊凡賞得奴婢八百口馬牛稱是四年遷江陵總管陳遣其將章昭達圍江陵衞王直聞有陳寇遣大將軍趙誾李遷哲等率步騎赴之並受騰節度時遷哲等守外城陳將程文季雷道勤夜來掩襲遷哲等驚亂不能抗禦騰夜遣開門奮擊大破之陳人奔潰道勤中流矢而斃陳人決龍川寧朔堤引水灌江陵城騰親率將士戰於西堤破之陳人乃遁加位柱國進爵上庸郡公建德二年徵拜大司空尋出爲涇州總管宣政元年冬薨於京師贈太尉公謚曰定子玄嗣玄字士鑒入關時年七歲仕齊爲奉朝請成平縣令齊平武帝見玄特加勞勉卽拜地官府都上士大象末爲隋文帝相府內兵參軍玄弟融字士傾最知名少歷顯職大象末位至大將軍定陵縣公弟麗少以忠謹入侍左右太武特親昵之舉動審愼初無愆失賜爵章安子稍遷南部尚書太武崩南安王余立既而爲常侍宗愛等所殺百寮憂惶莫知所立麗首建大議與殿中尚書長孫渴侯尚書源賀羽林中郎劉尼奉迎文成於苑中而立之社稷獲安麗之謀也由是受心膂之任在朝者無出其右興安初封平原王麗頻讓不聽乃啓以讓父文成曰朕爲天下主豈不能得二王封卿父子也以其父俟爲東平王麗尋遷侍中撫寧大將軍司徒公復其子孫賜妻妃號麗以優寵既頻

固辭不受帝益重之領太子太傅麗好學愛士常以講習爲業甚孝遭父憂毁瘠過禮和平六年文成崩先是麗療疾於代郡溫泉聞凶欲赴左右止之曰宮車晏駕王德望素重姦臣若疾人譽慮有不測之禍麗曰安有聞君父之喪方慮禍難便馳赴初乙弗渾悖傲每爲不法麗數諍之由是見忌害之謚曰簡王陪葬金陵孝文追錄先朝功臣以麗配饗廟庭麗二妻長曰杜氏次張氏長子定國杜氏所生次叡張氏所出定國在襁抱文成幸其第詔養宮內至於游止常與獻文同處年六歲爲中庶子及獻文踐阼拜散騎常侍賜封東郡王定國以承父爵辭不許又以父爵讓弟叡乃聽之俄遷侍中儀曹尚書轉殿中尚書前後大駕征巡擢爲行臺錄都曹事超遷司空定國恃恩不循法度延興五年坐事免官爵爲兵太和初復除侍中鎮南將軍秦益二州刺史復王爵八年薨於州贈以本官謚曰莊王

子昕之字慶始風望端雅襲爵例降爲公尚獻文女常山公主拜駙馬都尉歷通直郎景明中以從叔琇罪免官尋以主壻除通直散騎常侍歷兖青二州刺史並有政績轉安北將軍相州刺史卒贈鎮東將軍冀州刺史謚曰惠初定國娶河東柳氏生子安保後娶范陽盧度世女生昕之二室俱爲舊族而嫡妾不分定國亡後兩子爭襲父爵僕射李沖有寵於時與度世子伯源婚親相好沖遂左右助之昕之由是承爵尚主職位赫弈安保沉廢貧賤不免飢寒昕之容貌柔謹孝文以其主壻特垂昵眷宣武時年未四十頻撫三藩當世以此榮之昕之卒後母盧悼念傷過而亡公主奉姑有孝稱神龜初與穆氏琅邪長公主並爲女侍中又性不妬忌以昕之無子爲納妾媵而皆育女公主有三女無男以昕之從兄希道第四子子彰爲後子彰字明遠本名士沉年十六出後事公主盡禮丞相高陽王雍常言曰常山妹雖無男以子彰爲兒乃過自生矣正光初襲爵東郡公累遷給事黃門侍郎子彰妻卽咸陽王禧女禧誅養於彭城王第莊帝親之略同諸姊建義初尒朱榮欲循舊事庶姓封王由是封子彰濮陽郡王尋而詔罷仍復先爵天平中拜衞將軍潁州刺史以母憂去職元象中以本將軍除齊州刺史又加驃騎將軍行懷州事轉北豫州刺史仍除徐州刺史將軍並如故一年歷三州當世榮之還朝除衞大將軍右光祿大夫行瀛州事尋拜侍中復行滄州事進號驃騎大將軍行冀州事除侍讀兼七兵尚書行青州事子彰初爲州以聚斂爲事晚節脩改自行青冀滄瀛甚有時譽加以虛己納物人士敬愛之除中書監卒贈開府儀同三司謚曰文宣子彰崇好道術曾嬰重病藥中須桑螵蛸子彰不忍害物遂不服爲其仁如此敎訓六子雅有法度子卬

卬字雲駒少機悟美風神好學不倦博覽羣書五經多通大義善屬文甚爲河間邢卲所賞卲又與子彰交游嘗謂子彰曰吾以卿老蚌遂出明珠意欲爲羣拜紀可乎由是名譽日高雅爲搢紳所推許起家員外散騎侍郎歷文襄大將軍主簿中書舍人兼中書侍郎以本職兼太子洗馬自梁魏通和歲有交聘卬每兼官讌接在席賦詩卬必先成雖未能盡工以敏速見美除中書侍郎修國史以父憂去職居喪盡禮哀毁骨立詔以本官起文襄時鎮鄴嘉其至行親詣門以慰勉之卬母魏上庸公主初封藍田高明婦人也甚有志操卬昆季六人並主所出故邢卲常謂人云藍田生玉固不虛矣主敎訓諸子皆以義方雖創巨痛深出於天性然動依禮度亦母氏之訓焉卬兄弟相率廬於墓側負土成墳朝廷所嗟尚發詔褒揚改其所居里爲孝居里服竟當襲不忍嗣侯使迄未應受齊天保初常山王薦卬器幹文宣面授給事黃門侍郎遷吏部郎中上洛王思宗爲淸都尹辟爲邑中正食貝丘縣幹遭母喪哀慕毁悴殆不勝喪遂至沉篤頓伏牀枕又成風疾第五弟摶遇疾臨終謂其兄弟曰大兄尫病如此性至慈愛摶之死日必不得使大兄知之哭泣聲必不可聞徹致有感動家人至於祖載方始告之卬聞而悲痛一慟便絕年四十八卬自在朝行篤愼周密不說人短不伐已長言論淸遠有人倫鑒裁朝野甚悲惜之贈衞將軍青州刺史謚曰文所著文章十四卷行於世齊之郊廟諸歌多卬所制子乂字旦襲爵始平侯乂聰敏博學有文才年十九舉司州秀才歷祕書郎南陽王文學通直散騎侍郎待詔文林館兼散騎侍郎迎陳使還兼中書舍人加通直散騎常侍乂於五經最精熟館中謂之石經人謂之語曰五經無對有陸乂卬第二弟騤字雲驥自中書舍人歷黃門侍郎散騎常侍卒於東廣州刺史騤弟杳字雲邁亦歷中書舍人黃門常侍假儀同三司秦州刺史武平中爲寇所圍經百餘日就加開府儀同三司城中多疫癘死者過半人無異心遇疾卒及城陷陳將吳明徹以杳有善政吏人所懷啓陳主還其屍家累貲物無所犯贈開府儀同三司尚書僕射子玄卿位尚書膳部郎杳弟騫字雲儀亦歷中書舍人黃門常侍武平末吏部郎中騫弟摶字雲征好學有行檢卒於著作佐郎摶弟彥師字雲房少以行檢稱及長好學解屬文魏襄城王元旭引爲參軍事以父艱去職哀毁殆不勝喪與兄卬廬於墓次鄉人重之皆就墓側存問晦朔之際車馬不絕中書令河間邢卲表薦之未報彭城王澂爲司州牧召補主簿後歷中外府東閤祭酒兄卬當襲父始平侯以彥師昆弟中最幼表讓封焉彥師固辭而止世稱友悌孝義總萃一門爲中書舍人通直散騎侍郎每陳使至必高選主客彥師所接對者前後六輩歷中書黃門侍郎後以不阿宦者遇讒出爲中山太守有惠政數年徵爲吏部郎中散騎常侍又拜銀青光祿大夫假儀同三司行鄭州刺史尋除給事黃門侍郎武平末車駕如晉陽北平王鎮鄴彥師留臺機密以重愼見知周武帝平齊授彥師下大夫轉少納言賜爵臨水縣男及隋文爲丞相彥師遇疾請假還鄴尉遲迥將爲亂彥師知之遂將妻子潛歸長安文帝嘉之授內史下大夫拜上儀同及帝授禪拜尚書左丞進爵爲子彥師素多病未幾以務劇病動乞解所職有詔聽以本官就第歲餘轉吏部侍郎隋承周制官無淸濁彥師在職凡所任人頗甄別於士庶論者美之後復以病出爲汾州刺史卒官

叡字思弼年十餘襲爵撫軍大將軍平原王沉雅好學折節下士年未二十時人便以宰輔許之娶東徐州刺史博陵崔鑒女時孝文尚未改北人姓鑒謂所親云平原王才度不惡但恨其姓名殊爲重複叡婚自東徐還經鄴見李彪甚敬悅之仍與趣京以爲館客後爲北征都督擊蠕蠕大破之還侍中都曹尚書時蠕蠕又犯塞詔叡討之追至石磧禽其帥赤阿突等數百人還加散騎常侍遷尚書左僕射領北部尚書十六年降五等之爵以麗勳著前朝封叡鉅鹿郡公尋爲使持節鎮北大將軍尚書令衞將軍討蠕蠕大破之而還以母憂解孝文將有南伐之事以本官起授征南將軍叡固辭請終情禮敕有司敦喻不許復除使持節都督恒州刺史行尚書令時車駕南征上表諫帝不從叡又表請車駕還代親臨大師馮熙葬坐削奪都督三州諸軍事尋進號征北大將軍以有順遷之表加邑四百戶時穆泰爲定州刺史以疾病請恒州自効乃以叡爲定州刺史未發遂與泰等同謀構逆賜死獄中聽免孥戮徙其妻子於遼西叡長子希道字洪度有風貌美鬚髯歷覽經史頗有文致初拜中散遷通直郎坐父事徙於遼西於後得還從征自效以軍功賜爵淮陽男拜諫議大夫累遷前將軍郢州刺史希道善於馭邊甚有威略轉平西將軍涇州刺史卒官贈撫軍將軍定州刺史希道有六子士懋字元偉天平中以其曾祖麗有翼戴之勳詔特復鉅鹿郡公令士懋襲位營州刺史士懋弟士宗字仲彥尚書左外兵郎中士宗弟士述字幼文符壐郎中建義初並於河陰遇害士述弟士沉出繼叔昕之士沉弟士廉字季脩建州平北府長史永安末尒朱世隆攻陷州城見害士廉弟士佩字季偉武定中安東將軍司州從事希道弟希悅尚書外兵郎中麗季弟騤侍御中散轉侍御史太和初新平太守子高貴孝昌中兖州鎮東府法曹參軍高貴子操字仲志高簡有風格早以學業知名雅好文操仕魏兼散騎常侍聘梁使還爲廷尉卿齊文襄爲世子甚好色崔季舒爲掌媒焉薛氏寘書妻元氏有色迎入欲通之元氏正辭且哭世子使季舒送付廷尉罪之操曰廷尉守天子法須知罪狀世子怒召操命刀環築之更令科罪操終不撓乃口責之後徙御史中丞天保中卒於殿中尚書子孔璋武平中卒於高陽太守高貴弟孟遠位奉朝請孟遠子槃之位司農卿槃之子爽字開明少聰敏年九歲就學日誦二千餘言齊尚書僕射楊遵彥見而異之曰陸氏世有人焉仕齊位中書侍郎齊滅周武帝聞其名與陽休之袁叔德等俱徵入關諸人多將輜重爽獨載數千卷書至長安授宣納上士隋文帝受禪頻遷太子洗馬與左庶子宇文愷等撰東宮典記七十卷朝廷以其博學有口辯陳人至境常令迎勞卒官贈上儀同宣州刺史子法言敏學有家風釋褐承奉郎初爽之爲洗馬常奏文帝云皇太子諸子未有嘉名請依春秋之義更立名字上從之及太子廢上追怒爽曰我孫製名寧不自解陸爽乃爾多事扇惑於勇亦由此人其身雖故子孫並宜屏黜終身不齒法言竟坐除名

源賀西平樂都人私署河西王禿髮傉檀之子也傉檀爲乞伏熾盤所滅賀自樂都奔魏賀偉容貌善風儀太武素聞其名及見器其機辯賜爵西平侯謂曰卿與朕同源因事分姓今可爲源氏從擊叛胡白龍又討吐京胡皆先登陷陣以功進號平西將軍大武征涼州以爲鄉導問攻戰之計賀曰姑臧外有四部鮮卑各爲之援然皆臣祖父舊人臣願軍前宣國威信必相率請降外援旣服然後攻其孤城拔之如反掌耳帝曰善乃遣賀招慰下三萬餘落及圍姑臧由是無外慮故得專力攻之涼州平以功進爵西平公又從征蠕蠕擊五城吐京

胡討蓋吳諸賊皆有功拜散騎常侍從駕臨江爲前鋒大將善撫士卒加有料敵制勝之謀賀爲人雄果每遇強寇輒自奮擊帝深誡之賀本名破羌是役也帝謂曰人之立名宜保其實何可濫也賜名賀焉拜殿中尚書南安王余爲宗愛所殺賀部勒禁兵靜遏外內與南部尚書陸麗決議定策翼戴文成令麗與劉尼馳詣苑中奉迎賀督營中爲內應俄而麗抱文成單騎而至及即位賀有力焉以定策勳進爵西平王及班賜百僚敕賀任意取之辭以江南未賓漠北不款府庫不宜致匱固使取之唯取戎馬一疋時斷獄多濫賀上書曰案律謀反之家其子孫雖養他族追還就戮所以絕罪人之類彰大逆之辜其爲劫賊應誅者兄弟子姪在遠道隔關津皆不坐竊惟先朝制律之意以不同謀非絕類之罪故特垂不死之詔若年十三已下家人首惡計所不及臣愚以爲可原其命沒入官帝納之出爲冀州刺史改封隴西王既受除上書曰臣聞人之所寶莫寶於生命德之厚者莫厚於宥死然犯死之罪難以盡恕權其輕重有可矜恤今勍寇游魂於北狡賊負險於南其在壃埸猶須戍防臣愚以爲自非大逆赤手殺人之罪其坐贓及盜與過誤之愆應入死者皆可原命謫守邊境是則已斷之體更受生成之恩徭役之家漸蒙休息之惠刑措之化庶幾在茲帝嘉納之已後入死者皆恕死徙邊久之帝謂羣臣曰昔源賀勸朕宥諸死刑徙充北藩諸戍自爾至今一歲所活殊爲不少濟命之理既多邊戍之兵有益苟人人如賀朕臨天下復何憂哉羣臣咸曰非忠臣不能進此計非聖明不能納此言賀之臨州鞫獄以情徭役簡省清約寬裕甚得人心時武邑郡姦人石華告沙門道可與賀謀反有司以聞文成曰賀保無此乃精加訊檢華果引誣乃遣使慰勉之帝顧左右曰賀忠誠尚致誣謗其不若是者可無慎乎時考殿最賀政爲上第賜衣馬器物班宣天下後徵拜太尉蠕蠕寇邊賀從駕討破之及獻文將傳位于京兆王子推時賀都督諸軍事屯漠南乃馳傳徵賀賀至正色固執不可即詔持節奉皇帝璽綬以授孝文是歲河西叛敕遣賀討之多所降破賀依古今兵法及先儒舊說略採至要爲十二陳圖上之獻文覽而嘉焉又都督三道諸軍屯漠南時每歲秋冬遣軍三道並出以備北寇至春中乃班歸賀以勞役京都又非禦邊長計乃上言請募諸州鎮有武勇者三萬人復其徭賦厚加振恤分爲三部二鎮之間築城城置萬人給強弩十二牀武衞三百乘弩一牀給牛六頭武衞一乘給牛二頭多造馬槍及諸器械使武略大將二人以鎮撫之冬則講武春則種植並戍並耕則兵未勞而有盈蓄矣又於白道南三處立倉運近州鎮租粟以充之足食足兵以備不虞於事爲便不可歲常舉衆事寢不報上書稱病乞骸骨至于再三乃許之朝有大議皆就詢訪又給衣藥珍羞太和元年二月療疾於溫湯孝文文明太后遣使屢問消息太醫視疾患篤還于京師乃遺令諸子曰吾頃以老患辭事不悟天慈降恩爵逮於汝汝其毋傲悋毋荒怠毋奢越毋嫉妬疑思問言思審行思恭服思度遏惡揚善親賢遠佞目觀必真耳屬必正忠勤以事君清約以臨己吾終之後所葬時服單櫝足申孝心芻靈明器一無用也三年薨贈侍中太尉隴西王印綬謚曰宣王賜轀輬車及命服溫明祕器陪葬金陵長子延性謹厚少好學位侍御中散賜爵廣武子卒贈涼州刺史廣武侯謚曰簡子鱗襲延弟思禮後賜名懷謙恭寬雅有大度文成末爲侍御中散父賀辭老詔受父爵後持節督諸屯於漠南蠕蠕甚憚之還除殿中尚書出爲長安鎮將雍州刺史清儉有惠政善撫恤劫盜息止復拜殿中尚書加侍中參都曹事又督諸軍征蠕蠕六道大將咸受節度遷尚書令參議律令後例降爲公除司州刺史又從駕南征加衞大將軍領中軍事以母憂去職賜帛三百匹穀一千石車駕幸代詔使者弔慰景明二年除尚書左僕射加位特進時詔以姦吏犯罪每多逃遁肆眚乃出並皆釋然自今犯罪不問輕重藏竄者悉皆遠流若永避不出兄弟代徙懷乃奏曰謹案條制逃吏不在赦限竊惟聖朝之恩事異前宥諸流徙在路尚蒙旋返況有未發而仍遣邊戍案守宰犯罪逃走者衆祿潤既優尚有茲失及蒙恩宥卒然得還今獨苦此等恐非均一之法書奏門下以成式既班駁奏不許懷重奏曰臣以爲法貴經通政尚簡要刑憲之設所以網羅罪人苟理之所備不在繁典伏尋條例制勳品以下罪發逃亡遇恩不宥雖欲抑絕姦途匪爲通式謹按事條侵官敗法專據流外豈九品已上人皆貞白也其諸州守宰職任清流至有貪濁事發逃竄而遇恩免罪勳品已下獨求斯例如此則寬縱上流法切於下育物有差惠罰不等又謀逆滔天經恩尚免吏犯微罪獨不蒙赦使大宥之經不通開生之路致壅進違古典退乖今律臣少踐天官老荷樞要每見訴訟出入嗟苦輒率愚見以爲宜停書奏宣武納之其年除車騎大將軍涼州大中正懷又表曰昔世祖升遐南安在位出拜東廟爲賊臣宗愛所賊時高宗避難龍潛苑中宗愛異圖神位未立先臣賀與長孫渴侯陸麗等奉迎高宗纂徽寶命麗以扶負聖躬親所見識蒙授撫軍司徒公平原王興安二年追論定策之勳進先臣爵西平王皇興季年顯祖將傳大位於京兆王先臣時都督諸將屯於武川被徵詣京特見顧問先臣固執不可顯祖久乃許之遂命先臣持節授皇帝璽綬於高祖至太和十六年麗息叡狀祕書稱其亡父與先臣援立高宗朝廷追錄封叡鉅鹿郡開國公臣時丁艱草土不容及例至二十年除臣雍州刺史臨發奉辭面奏先帝申先臣舊勳時蒙敕旨但赴所臨尋當別判至二十一年車駕幸雍臣復陳聞時蒙敕旨征還當授自宮車晏駕遂爾不申竊惟先臣遠則援立高宗寶歷不墜近則陳力顯祖神器有歸如斯之勳超世之事也麗以父功而獲山河之賞臣有家勳不霑茆土之錫得否相懸請垂裁處詔曰宿老元臣云如所訴訪之史官頗亦言此可依授北馮翊郡開國公食邑九百戶又詔爲使持節加侍中行臺巡行北邊六鎮恒燕朔三州賑給貧乏兼採風謠考論殿最事之得失先決後聞自京師遷洛邊朔遙遠加以連年旱儉百姓困弊懷銜命撫導存恤有方便宜運轉有無通濟時后父于勁勢傾朝野勁兄子祚與懷宿昔通婚時爲沃野鎮將頗有受納將入鎮祚郊迎道左懷不與相聞即劾祚免官懷朔鎮將元尼須與懷少舊亦貪穢狼籍置酒請懷曰命之長短由卿之口豈可不相寬貸懷曰今日之集乃是源懷與故人飲酒之坐非鞫獄之所也明日公庭始爲使人檢鎮將罪狀之處尼須揮淚而已無以對之既而懷表劾尼須其奉公不撓皆此類也時百姓爲豪強陵壓積年枉滯一朝見申者日有百數所上事宜便於北邊者凡三十餘條皆見嘉納正始元年九月有告蠕蠕率十二萬騎六道並進欲直趣沃野懷朔南寇恒代詔懷以本官加使持節侍中出據北蕃指授規略隨須徵發諸所處分皆以便宜從事又詔懷子直寢徵隨懷北行詔賜馬一匹細鎧一具御矟一枚懷拜受既訖乃於其庭跨鞍執矟躍馬大呼顧謂賓客曰氣力雖衰尚得如此蠕蠕雖畏壯輕老我亦未便可欺今奉廟勝之規總驍捍之衆足以禽其酋帥獻俘闕下耳時年六十一懷至雲中蠕蠕亡遁旋至恒代乃案視諸鎮左右要害之地可以築城置戍之處皆量其高下揣其厚薄及儲糧積仗之宜犬牙相救之勢凡表五十八條宣武並從之卒贈司徒公謚曰惠懷性寬簡不好煩碎恒語人曰爲政貴當舉綱何必須大子細也如爲屋但外望高顯楹棟平正足矣斧斤不平非屋病也性不飲酒而喜以飲人好接賓客雅善音律雖在白首至宴居之暇常自操絲竹子子邕字靈和少好文雅篤志於學推誠待士士多歸之累遷夏州刺史時沃野鎮人破六韓拔陵首爲反亂統萬逆徒寇害應接子邕嬰城自守城中糧盡煑馬皮而食之子邕善綏撫無有離貳以饑饉轉切欲自出求糧留子延伯據守寮屬僉云未若棄城俱去更展規略子邕泣謂於衆曰吾世荷國恩此是吾死地更欲何求遂自率羸弱向東夏運糧延伯與將士送出城哭而拜辭三軍莫不嗚咽子邕爲朔方胡帥曹阿各拔所邀力屈被執乃密遣人齎書間行與城中云大軍在近汝其奉忠勿移其操子邕雖被囚束雅爲胡人所敬常以百姓禮事之子邕爲陳安危禍福之端勸阿各拔令降將從之未果而死拔弟桑生代總部衆竟隨子邕降時北海王顥爲大行臺子邕具陳諸賊可滅狀顥給子邕兵令其先出時東夏合境反叛所在屯結子邕轉戰而前九旬之中凡數十戰乃平東夏徵稅租粟運糧統萬於是二夏漸寧及蕭寶寅等爲賊所敗關右騷擾時子邕新平黑城遂率士馬幷夏州募義人鼓行南出賊帥康維摩守鋸谷斷紹甑棠橋子邕與戰大破之禽維摩又攻破賊帥契官斤於楊氏堡出自西夏至於東夏轉戰千里至是朝廷始得委問除兼行臺尚書復破賊帥紇單步胡提於曲沃明帝璽書勞勉之子邕在白水郡破賊率宿勤明達子阿非軍多所斬獲除給事黃門侍郎封樂平縣公以葛榮久逼信都詔子邕爲北討都督時相州刺史安樂王鑒據鄴反敕子邕與都督李神軌先討平之改封陽平縣公遂與裴衍發鄴討葛榮而信都城陷除子邕冀州刺史與裴衍俱進子邕戰敗而歿贈司空謚曰莊穆子邕弟子恭字靈順聰敏好學稍遷尚書北主客郎攝南主客事時梁亡人許周自云梁給事黃門侍郎朝士咸共信待子恭奏以爲眞僞難辯請下徐揚二州密訪周果以罪歸闕詐假職位如子恭所疑河州羌却鐵忽反詔子恭爲行臺討之子恭示以威恩兩旬間悉降朝廷嘉之正光元年爲行臺左丞巡北邊轉爲起部郎中明堂辟雍並未建就子恭上書求加經綜書奏從之稍遷豫州刺史頻以軍功加鎮南將軍兼尚書行臺元顥之入洛也加子恭車騎將軍子恭不敢拒之而頻遣間使參莊帝動靜未幾顥敗車駕

還洛錄前後征討功封臨潁縣侯侍中尒朱榮之死也世隆度律斷據河橋詔子恭爲都督以討之尋而太府卿李苗夜燒河橋世隆退走以子恭兼尚書僕射爲大行臺大都督節閔帝初以預定策勲封臨汝縣子永熙中入爲吏部尚書以子恭前在豫州戰功追賞襄城縣男又論子恭餘劾封新城縣子子恭尋表請轉授第五子文盛許之天平初除中書監三年拜魏尹又爲齊神武王軍司卒贈司空公謚曰文獻子彪

彪字文宗學涉機警少有名譽魏永安中以功賜爵臨潁縣伯天平四年爲涼州大中正及齊文襄攝選沙汰臺郎以文宗爲尚書祠部郎中皇建二年累遷涇州刺史文宗以恩信待物甚得邊境之和爲隣人所欽服前政被抄掠者多被放遣累遷秦州刺史秉傳之府特給後部鼓吹時李貞聘陳陳主云齊朝還遣源涇州來在瓜步眞可謂通和矣武平三年授祕書監陳將吳明徹寇淮南歷陽瓜步相尋失守趙彥深於起居省密訪文宗討捍之計文宗曰國家待遇淮南失之同於蒿箭以爲宜以淮南委之王琳琳於曇項不肯北面事之明矣彥深曰第此良圖但以口舌爭來十日已是不見從時事如此安可盡言因相顧流涕及齊平與陽休之等十八人入京授儀同大將軍司成下大夫隋開皇中拜莒州刺史遇病去官卒文宗以貴族子弟升朝列才識敏贍以幹局見知然好游貴要之門時論以爲善附會子師字踐言少知名明辯有識悟尤以吏事自許仕齊爲尚書左外兵郎中又攝祠部後屬孟夏以龍見請雩時高阿那肱爲錄尚書事謂爲眞龍出見大驚喜問龍所在云作何顏色師整容云此是龍星初見依禮當雩祭郊壇非謂眞龍別有所降阿那肱忿然作色曰漢兒多事强知星宿祭事不行師出竊歎曰國家大事在祀與戎禮既廢也其能久乎齊亡無日矣尋周武帝平齊授司賦上士隋文帝受禪累遷尚書左丞以明幹著稱時蜀王秀頗違法度乃以師爲益州總管司馬俄而秀被徵秀恐京師有變將謝病師數勸之不可違命秀乃作色曰此我家事何預卿也師垂涕苦諫秀乃從徵秀發後州官屬多相連坐師以此獲免後加儀同三司煬帝即位拜大理少卿帝在顯仁宮敕宮外衛士不得輒離所守有一主帥私令衛士出外帝付大理師據法奏徒帝令斬之師奏曰若陛下初便殺之自可不關文墨既付有司義歸恒典脫宿衛近侍者更有此犯將何以加之帝乃止師居職强明有口辯而無廉平之稱卒於刑部侍郎子恭弟纂字靈秀位太府少卿遇害河陰贈定州刺史子雄

雄字世略少寬厚美姿容初仕魏歷位祕書郎在周以伐齊功封朔方公歷冀平二州刺史檢校徐州總管及尉遲迥作亂時雄家累在相州迥潛以書誘之雄卒不顧隋文帝遺書慰勉之迥遣其將畢義緒據蘭陵席毗陷昌慮下邑雄遣衆悉平之陳人見中原多故遣其將陳紀蕭摩訶任蠻奴周羅睺樊毅等侵江北自江陵東距壽陽人多應之攻陷城鎭雄與吳州總管于顗等擊走之悉復故地進位上大將軍拜徐州總管遷朔州總管平陳之役從秦王俊出信州道陳平以功進位上柱國賜子崇爵端氏縣伯褒爲安化縣伯復鎭朔方後歲上表乞骸骨徵還京師卒于家子嵩嗣大業中爲尚書虞部郎討北海賊力戰死之贈正議大夫

劉尼代人也曾祖敦有功於道武爲方面大人父婁爲冠軍將軍尼勇果善射太武見而善之拜羽林中郎賜爵昌國子宗愛既殺南安王余於東廟祕之唯尼知狀尼勸愛立文成愛自以負罪於景穆聞而驚曰君大癡人皇孫若立豈忘正平時事乎尼曰若爾立誰愛曰待還宮擢諸王子賢者而立之尼懼其有變密以狀告殿中尚書源賀時與尼俱典兵宿衛仍共南部尚書陸麗謀密奉皇孫於是賀與尚書長孫渴侯嚴兵守衛尼與麗迎文成於苑中麗抱文成於馬上入於京城尼馳還東廟大呼曰宗愛殺南安王大逆不道皇孫已登大位有詔宿衛之士皆可還宮衆咸唱萬歲賀及渴侯登執宗愛賈周等勒兵而入奉文成於宮門外入登永安殿以尼爲內行長封東安公尋遷尚書右僕射爲定州刺史在州清愼然率多酒醉文成末爲司徒獻文即位以尼有大功於先朝特加尊重賜別戶四十皇興四年車駕北征帝親誓衆而尼昏醉兵陳不整帝以其功重特恕之免官而已延興四年薨子社生襲

薛提太原人皇始中補太學生拜侍御史累遷晉王丕衛兵將軍冀州刺史封太原公有政績徵拜侍中攝都曹事太武崩祕不發喪尚書左僕射蘭延侍中和延等議以皇孫幼冲宜立長君徵秦王翰置之祕室提曰皇孫有世嫡之重人望所係春秋雖少令問聞於天下廢所宜立而更別求必有不可延等未決中常侍宗愛知其謀矯皇后令徵提等入殺之文成即位以提有謀立之誠詔提弟浮子襲先爵太原公有司奏降爲侯

論曰陸俟以智識見稱馥乃不替風範雅杖名節自立功名其傳芳銘典豈徒然也麗忠國奉主鬱爲梁棟賁忠履義赴難如歸世載克昌名不虛得叡琇以沉雅顯達何末亦披猖子彰令終之美家聲孔振卬及彥師俱以孝爲本出處之譽並可作範人倫爽學業有聞亦人譽也源賀堂堂非徒武節觀其翼佐文成廷抑禪讓殆乎社稷之臣懷幹略兼舉出內馳譽繼迹賢孝不隳先業子邕功立夏方身亡冀野彪著名齊朝師雄官成隋代美矣劉尼忠國豈徒驍猛之用薛提正議忠謀見害姦閹痛乎

北史卷二十八考證

陸俟傳平涼休屠金崖羌狄子玉等叛〇子監本誤于今改從魏書

又與高涼王那復渡河南畧地〇魏書無復字疑衍

後襲父改封建安王〇父字下似脫爵字

抱病忍死者顧門計耳〇一本門字下有戶字應從之

弟麗〇麗俟之子馥之弟今敘於馥五世從孫融之後而云弟麗誤亦甚矣此蓋因引魏書後復歷引齊周書而至此復引魏書不及檢耳

卬傳卬字雲駒〇卬魏書作昂

叡傳高貴弟孟遠位奉朝請〇魏書高貴弟順宗員外郎祕書中散與此小異

源賀傳擊五城吐京胡〇吐監本訛以今改從魏書

賊帥康維摩守鋸谷斷紹驟棠橋〇魏書無紹字疑衍

河州羌却鐵忽反〇忽監本訛忠今改從南本

彪傳子師字踐言〇閣本脫子字今從齊書增正

北史卷二十九

唐　李延壽　撰

列傳第十七

司馬休之　司馬楚之（曾孫裔　司馬叔璠　司馬景之　司馬天助）

劉昶　蕭寶夤（兄子贊）　蕭正表

蕭祗　蕭退　蕭泰

蕭撝　蕭圓肅　蕭大圜

司馬休之字季豫河內溫人晉宣帝季弟譙王進之後也晉度江之後進子孫襲封譙王至休之父恬爲鎭北將軍青兗二州刺史天興五年休之爲荊州刺史被桓玄逼逐遂奔慕容德及玄誅還建業復爲荊州刺史休之頗得江漢人心其子文思繼其兄尚之爲譙王謀圖劉裕裕執送休之令爲其所休之表廢文思并與裕書陳謝神瑞中裕收休之子文寶兄子文祖並殺之乃討休之休之與魯宗之及宗之子軌起兵討裕兵敗遂與子文思及宗之奔姚興裕滅姚泓休之與文思及晉河間王子道賜等數百人皆將妻子降長孫嵩卒贈征西大將軍右光祿大夫始平公謚曰聲文思與淮南公國璠池陽子道賜不平而僞親之國璠性疏直因醉欲外叛文思告之皆坐誅以文思爲廷尉賜爵鬱林公文思善於其職聽斷百姓不得匿其情進爵譙王位懷荒鎭將薨

司馬楚之字德秀晉宣帝太常馗之八世孫也父榮期晉益州刺史爲其參軍楊承祖所殺楚之時年十七送父喪還丹楊會劉裕誅夷司馬氏叔父宣期兄貞之並遇害楚之乃逃匿諸沙門中濟江至汝潁間楚之少有英氣能折節待士及宋受禪規欲報復收衆據長社歸之者常萬餘人宋武深憚之遣刺客沐謙圖害楚之楚之待謙甚厚謙夜詐疾知楚之必來欲因殺之楚之聞謙病果自齎湯藥往省之謙感其意出匕首於席下以狀告遂委身以事之其推誠信物得士心皆此類也明元末山陽公奚斤略地河南楚之遣使請降授荊州刺史奚斤既平河南以楚之所率人戶分置汝南汝陽南頓新蔡四郡以益豫州太武初楚之遣妻子內居於鄴尋徵入朝授安南大將軍封琅邪王以拒宋師賜前後部鼓吹破宋將到彥之別軍於長社又與冠軍安頡攻拔滑臺禽宋將朱修之李元德及東郡太守申謨俘萬餘人上疏求更進討太武以兵久勞不從以散騎常侍徵還宋將裴方明胡崇之寇仇池楚之與淮南公皮豹子等督關中諸軍擊走方明禽崇之仇池平而還車駕征蠕蠕楚之與濟陰公盧中山等督運以繼大軍時鎭北將軍封沓亡入蠕蠕說令擊楚之以絕糧運蠕蠕乃遣覘楚之軍截驢耳而去有告失驢耳者楚之曰必覘賊截之爲驗耳賊將至矣乃伐柳爲城灌水令凍城立而賊至不可攻逼乃走散太武聞而嘉之尋拜假節侍中鎭西大將軍開府儀同三司雲中鎭大將朔州刺史在邊二十餘年以淸儉著聞及薨贈征南大將軍領護西戎校尉揚州刺史謚貞王陪葬金陵長子寶胤與楚之同入魏拜中書博士鴈門太守卒楚之後尚諸王女河內公主生子金龍字榮則少有父風後襲爵拜侍中

鎮西大將軍開府雲中鎮大將朔州刺史吏部尚書薨贈司空公諡康王金龍初納太尉隴西王源賀女生子延宗次纂次悅後娶沮渠氏生子徽亮即河西王沮渠牧犍女太武妹武威公主所生也有寵於文明太后故以徽亮襲例降爲公坐連穆泰罪失爵卒悅字慶宗歷位豫州刺史時有汝南上蔡董毛奴者齎錢五千死於道路郡縣人疑張堤爲劫又於堤家得錢五千堤懼掠自誣言殺至州悅觀色疑其不實引見毛奴兄靈之謂曰殺人取錢當時狼狽應有所遺得何物靈之曰唯得一刀鞘悅取視之曰此非里巷所爲也乃召州內刀匠示之有郭門前曰此刀鞘門手所作去歲賣與郭人董及祖悅收及祖詰之及祖款引靈之又於及祖身上得毛奴所衣皂襦及祖伏法悅察獄多此類也俄與鎮南將軍元英攻克義陽詔改梁司州爲郢州以悅爲刺史改爲豫州刺史論前勳封漁陽子永平元年城人白早生謀爲叛遂斬悅首送梁詔揚州移購悅首贈青州刺史諡曰莊子子朏襲朏尚宣武妹華陽公主拜駙馬都尉員外散騎常侍卒贈滄州刺史子鴻字慶雲性麤武襲爵位都水使者坐通西魏賜死子孝政襲齊受禪例降朏弟裔

裔字遵胄少孤有志操起家司徒府參軍事後爲員外散騎常侍大統三年大軍復弘農乃於溫城送款歸西魏六年授北徐州刺史八年入朝周文帝嘉之特蒙賞勞頃之河內有四千餘家歸附並裔之鄉舊乃命領河內郡守令安集流人十五年周文令山東立義諸將等能率衆入關者並加重賞裔領戶千室先至周文欲以封裔裔辭曰立義之士遠歸皇化者皆是其誠心內發豈裔能率之乎今以封裔便是賣義士以求榮周文善而從之授帥都督拜其妻元爲襄城郡公主周孝閔帝踐阼除巴州刺史進使持節驃騎大將軍開府儀同三司進爵瑯邪縣伯四年爲御正中大夫進爵爲公大軍東討裔與少師楊摽守軹關即授懷州刺史天和初隨上庸公陸騰討信州反蠻冉令賢等裔自開州道入先遣使宣示禍福羣蠻率服歷信澧二州刺史六年徵拜大將軍除西寧州刺史未及部卒於京師裔性清約不事生產所得俸祿並散之親戚身死之日家無餘財宅宇卑陋喪庭無所詔爲起祠堂焉贈本官加泗州刺史諡曰定子侃嗣侃字道遷少果勇未弱冠便從戎旅位樂安郡守以軍功加驃騎大將軍開府儀同三司遷兗州刺史未之部卒贈本官加豫州刺史諡曰惠子運嗣

金龍弟躍字寶龍尚趙郡公主拜駙馬都尉代兄爲雲中鎮將拜朔州刺史假安北將軍河內公表求罷河西苑封丐人墾殖有司執奏此苑麋鹿所聚太官取給若丐人懼有所闕躍固請孝文從之還爲祠部尚書大鴻臚卿潁川王師卒楚之父子相繼鎮雲中朔土服其威德司馬氏桓玄劉裕之際歸北者又有司馬景之叔璠天助位並崇顯

景之字洪略晉汝南王亮之後明元時歸闕賜爵蒼梧公加征南大將軍清直有節操卒贈汝南王子師子襲爵景之兄準字巨之以泰常末歸魏封新安公除廣寧太守改密陵侯卒子安國襲爵

叔璠晉安平獻王孚之後父曇之晉河間王桓玄劉裕之際叔璠與兄國璠奔慕容超後投姚泓泓滅奔屈丐統萬平兄弟俱入魏國璠賜爵淮南公叔璠賜爵丹楊侯

天助自云晉驃騎將軍元顯之子歸闕封東海公歷青兗二州刺史

劉昶字休道宋文帝子也在宋封義陽王位徐州刺史及廢主子業立疑昶有異志昶和平六年遂委母妻攜妾吳氏間行降魏朝廷嘉重之尚武邑公主拜侍中征南將軍駙馬都尉封丹楊王歲餘主薨更尚建興長公主皇興中宋明帝使至獻文詔昶與書爲兄弟式宋明帝不答責昶以母爲其國妾宜如春秋荀罃對楚稱外臣之禮尋敕昶更爲書辭曰臣若改書事爲二敬猶脩往文彼所不納請停今答朝廷從之拜外都坐大官公主復薨更尚平陽長公主昶好犬馬愛武事入魏歷紀猶布衣皂冠同凶素之服然呵罵僮僕音雜夷夏雖在公坐諸王每侮弄之或戾手齧臂至於痛傷笑呼之聲聞于御聽孝文每優假之不以怪問至於陳奏本國事故語及征役則斂容涕泗悲動左右而天性偏躁喜怒不恒每至威忿楚朴特苦引待南士禮多不足緣此人懷畏避太和初轉內都坐大官及齊初詔昶與諸將南伐路經徐州哭拜其母舊堂哀感從者乃徧循故居處處隕涕左右亦莫不酸鼻及至軍所將臨陣四面拜諸將士自陳家國滅亡蒙朝廷慈覆辭理切至聲氣激揚涕泗橫流三軍咸爲感歎後昶恐水雨方降表請還師從之又加儀同三司領儀曹尚書於時改革朝儀詔昶與蔣少遊專主其事昶條上舊式略不遺忘孝文臨宣文堂引武興王楊集始入宴詔昶曰集始邊方之酋不足以當諸侯之禮但王者不遺小國之臣故勞公卿於此又爲中書監開建五等封昶齊郡公加宋王之號十七年孝文臨經武殿大議南伐語及劉蕭篡奪之事昶每悲泣不已帝亦爲之流涕禮之彌崇十八年除使持節都督吳越楚彭城諸軍事大將軍開府鎮徐州昶頻表辭大將軍詔不許及發帝親餞之命百僚賦詩贈昶又以其文集一部賜昶帝因以所製文筆示之曰時契勝殘事鍾文業雖則不學欲罷不能脫思一見故以相示雖無足味聊復爲一笑耳其重昶如是自昶背彭城至是久矣昔齊宇山池並尚存立昶更脩繕還處其中不能綏邊懷物撫接義故而閨門喧猥內外奸雜舊吏莫不慨歎預營墓於彭城西南與三公主同塋而異穴發石累之墳崩壓殺十餘人後復移改公私費害十九年昶朝京師孝文臨光極堂大選曰國家昔在恒代隨時制宜非通世之長法或言唯能是寄不必拘門朕以爲不然何者清濁同流混齊一等君子小人名品無別此殊爲不可我今八族以上士人品第有九九品之外小人之官復有七等若苟有其人可起家爲三公正恐賢才難得不可止爲一人混我典制故令班鏡九流使千載之後我得髣像唐虞卿等依俙元凱及論大將軍帝曰劉昶卽其人也後給班劍二十人薨於彭城孝文爲之舉哀給溫明祕器贈假黃鉞太傅領揚州刺史加以殊禮備九錫給前後部羽葆鼓吹依晉瑯邪王伷故事諡曰明昶嫡子承緒主所生也少而尫疾尚孝文妹彭城長公主爲駙馬都尉先昶卒承緒子暉字重昌爲世子襲封尚宣武第二姊蘭陵長公主主嚴妒暉嘗私幸主侍婢有身主笞殺之剖其孕子節解以草裝實婢腹裸以示暉暉遂忿憾疎薄公主公主姊因入聽講言其故於靈太后太后敕清河王懌窮其事懌與高陽王雍廣平王懷奏其不和狀請離婚削除封位太后從之公主在宮內周歲雍等屢請聽復舊義太后流涕送公主誡令謹敕正光初暉又私淫張陳二氏女公主更不檢忌主姑陳留公主共將扇獎與暉復致忿諍暉推主墜牀手腳毆蹈主遂傷胎暉懼罪逃逸靈太后召清河王懌決其事二家女髡笞付宮兄弟皆坐鞭刑徙配敦煌爲兵主因傷致薨太后親臨慟哭舉哀太極東堂出葬城西太后親送數里盡哀而還後執暉於河內溫縣幽于司州將加死刑會赦免後復其官爵遷征虜將軍中散大夫卒家遂衰頓

蕭寶夤字智亮齊明帝第六子廢主寶卷之母弟也在齊封建安王及和帝立改封鄱陽王梁武克建業以兵守之將加害焉其家閹人顏文智與左右麻拱黃神密計穿牆夜出寶夤具小船於江岸脫本衣服着烏巾襦腰繫千許錢潛赴江畔躡屩徒步腳無全皮防守者至明追之寶夤假爲釣者隨流上下十餘里追者不疑待散乃渡西岸遂委命投華文榮文榮與其從天龍惠連等三人棄家將寶夤遁匿山澗賃驢乘之晝伏宵行景明二年至壽春東城戍戍主杜元倫推檢知實蕭氏子以禮延待馳告揚州刺史任城王澄澄以車馬侍衛迎之時年十六徒步憔悴見者以爲掠賣生口也澄待以客禮乃請喪君斬衰之服澄遣人曉示情禮以喪兄之制給其齊衰寶夤從命澄率官僚赴弔寶夤居處有禮不飲酒食肉輟笑簡言一同極哀之節壽春多其故義皆受慰唁唯不見夏侯一族以其同梁故也改日造澄澄深器重之及至京師宣武禮之甚重伏訴闕下請兵南伐雖遇暴風大雨終不暫移是年梁江州刺史陳伯之與其長史褚胄等自壽春歸降請軍立效帝謂伯之所陳時不可失以寶夤懇誠除使持節都督東揚州刺史鎮東將軍丹陽郡公齊王配兵一萬令據東城待秋冬大舉寶夤明當拜命其夜慟哭至晨備禮策授賜車馬什物事從豐厚猶不及劉昶之優隆也又任其募天下壯勇得數千人以文智三人等爲積弩將軍文榮等三人爲強弩將軍並爲軍主寶夤雖少羈寓而志性雅重過期猶絕酒肉慘悴形色蔬食麤衣未嘗嬉笑及被命當南伐貴要多相憑托門庭賓客若市而書記相尋寶夤接對報復不失其理正始元年寶夤行達汝陰東城已陷遂停壽春之栖賢寺逢梁將姜慶真內侵圍逼壽春寶夤率衆力戰破走之寶夤勇冠諸軍聞見者莫不壯之還改封梁郡公及中山王英南伐寶夤又表求征與英頻破梁軍乘勝攻鍾離淮水汎溢寶夤與英狼狽引退士卒死沒者十四五有司奏處以極法詔恕死免官削爵還第尋尚南陽長公主公主有婦德寶夤盡雍和之禮雖好合而敬事不替寶夤每入室公主必立以待之相遇如賓自非太妃疾篤未嘗歸休寶夤器性溫順自處以禮奉敬公主內外諧穆清河王懌親而重之永平四年盧昶克梁朐山戍以瑯邪戍主傅文驥守之梁師攻文驥昶督衆軍救之詔寶夤爲使持節假安南將軍別將長驅往赴授昶節度寶夤受詔泣涕橫流哽咽良久後昶軍敗唯寶夤全師而還延昌初除瀛州刺史復其齊王遷冀州刺史及大乘賊起寶夤遣軍討之頻爲賊破臺軍至乃滅之靈太后臨朝還京師梁將

康絢於浮山堰淮以灌揚徐除寶夤使持節都督東討軍事鎮東將軍以討之復封梁郡公熙平初梁堰既成淮水將爲揚徐之患寶夤乃於堰上流更鑿新渠水乃小減乃遣壯士千餘人夜度淮燒其竹木營聚破其三壘火數日不滅又分遣將破梁將垣孟孫張僧副等於淮北仍度淮南焚梁徐州刺史張豹子等十一營及還京師爲殿中尚書寶夤之在淮堰梁武寓書招誘之寶夤表送其書陳其忿毒之意志存雪復屢請居邊神龜中爲都督徐州刺史車騎大將軍乃起學館於清東朔望引見土姓子弟接以恩顏與論經義勤於聽理吏人愛之正光二年徵爲尚書左僕射善於吏職甚有聲名四年上表曰竊惟文武之名在人之極地德行之稱爲生之最首忠貞之美立朝之譽仁義之號處身之端自非職惟九官任當四嶽授曰爾諧讓稱俞往將何以克厭大名允茲令問自比以來官罔高卑人無貴賤皆飾辭假說用相褒舉求者不能量其多少與者不能覈其是非遂使冠履相貿名實皆爽謂之考功事同汎陟紛紛漫漫焉可勝言又在京之官積年十考其中或所事之主遷移數四或所奉之君身亡廢絕雖當時文簿記其殿最日久月遙散落都盡累年之後方求追訪無不苟相悅附共爲脣齒飾垢掩疵妄加丹素趣令得階而已無所顧惜賢達君子未免斯患中庸已降夫復何論官以求成身以請立上下相蒙莫斯爲甚又勤恤人隱咸歸守令厥任非輕所責實重然及其考課悉以六載爲約既而限滿代還復經六年而敍是則歲周十二始得一階於東南兩省文武閑職公府散佐無事冗官或數旬方應一直或朔望止於暫朝及其考日更得四年爲限是則一紀之中便登三級彼以實勞劇任而還貴之路至難此以散位虛名而升陟之方甚易何內外之相懸令厚薄之若此孟子曰仁義忠信天爵也公卿大夫人爵也古之人脩其天爵而人爵從之故雖文質異時汚隆殊世莫不寶茲名器不以假人是以賞罰之科恒自持也乃至周之藹藹五叔無官漢之察察館陶徒請誠以賞罰一差則無以懲勸至公暫替則覬覦相欺故至愼至惜殷勤若此況乎親非肺腑才乖秀逸或充單介之使始無汗馬之勞或說興利之規終驟十一之潤皆虛張無功妄指羸益坐獲數階之官藉成通顯之貴於是巧詐萌生僞辯鋒出役萬慮以求榮開百方而逐利抑之則其流已往引之則有何紀極夫琴瑟在於必和更張求其適調去者既不可追來者猶或宜改案周官太宰之職歲終則令官府各正所司受其會計聽其事致而詔於王三歲則大計羣吏之政而誅賞之愚謂今可粗依其準見居官者每歲終本曹皆明辯在官日月具覈才行能否審其實用而注其上下游辭宕說一無取焉列上尚書覆其合否如此紕繆即正而罰之不得方復推詰委下容其進退既定其優劣善惡交分經奏之後考功曹別書於黃紙油帛一通則本曹尚書與令僕印署留於門下一通則以侍中黃門印署掌在尚書嚴加緘密不得開視考績之日然後對共裁量其外內考格裁非庸管乞求博議以爲畫一若殊謀異策事關廢興遐邇所談物無異議者自可臨時斟酌匪拘恒例至如援流引比之訴貪榮求級之請如不限以關鍵肆其傍通則蔓草難除涓流遂積穢我彝章撓茲大典謂宜明加禁斷以全至化詔付外博議以爲永式竟無所改時梁武弟子西豐侯正德來降寶夤表曰正德既不親親安能親人脫包此凶醜寘之列位百官是象其何誅焉臣釁結禍深痛纏骨髓日暮途遙報復無日豈區區於一豎哉但才雖庸近職居獻替愚衷寸抱敢不申陳正德既至京師朝廷待之尤薄歲餘還叛初秦州城人薛伯珍劉慶杜遷等反執刺史李彥推莫折大提爲首自稱秦王大提尋死其第四子念生竊號天子年曰天建置官僚以息阿胡爲太子其兄阿倪爲西河王弟天生爲高陽王伯珍爲東郡王安保爲平陽王天生率衆出隴東遂寇雍州屯於黑水朝廷甚憂之除寶夤開府西道行臺爲大都督西征明帝幸明堂以餞之寶夤與大都督崔延伯擊天生大破之追奔至小隴進討高平賊帥万俟醜奴於安定更有負捷時有天水人呂伯度兄弟始共念生同逆後與兄衆保於顯親聚衆討念生戰敗奔於胡琛琛以伯度爲大都督秦王資其士馬還征秦州大破念生將杜粲於城紀又破其金城王莫折普賢於永洛城遂至顯親念生率衆身自拒戰又大敗伯度乃背胡琛遣其兄子忻和率騎東引大軍念生事迫乃詐降於寶夤朝廷嘉伯度立義之功授涇州刺史平秦郡公而大都督元脩義高聿停軍隴口久不西進念生復反伯度爲醜奴所殺故賊勢更甚寶夤不能制孝昌二年除寶夤侍中驃騎大將軍儀同三司假大將軍尚書令給前後部鼓吹寶夤初自黑水終至平涼與賊相對年年攻擊賊亦憚之關中保全寶夤之力三年正月除司空公出師既久兵將疲弊是月大敗還雍州有司處寶夤死罪詔恕爲編戶四月除征西將軍雍州刺史開府西討大都督自關以西皆受節度九月念生爲其常山王杜粲所殺合門皆盡粲降寶夤十月除尚書令復其舊封時山東關西寇賊充斥王師屢北人情沮喪寶夤自以出師累年糜費尤廣一旦覆敗慮見猜責內不自安朝廷頗亦疑阻及遣御史中尉酈道元爲關中大使寶夤謂密欲取己將有異圖問河東柳楷楷曰大王齊明帝子天下所屬今日之舉實允人望且謠言鸞生十子九子毈一子不毈關中亂武王有亂臣十人亂者理也大王當理關中何所疑慮道元行達陰盤驛寶夤密遣其將郭子恢等攻殺之而詐收道元尸表言白賊所害遂反僭舉大號大赦其部內稱隆緒元年立百官詔尚書僕射行臺長孫承業討之時北地毛鴻賓與其兄遐糾率鄉義將討寶夤寶夤遣其將侯終德往攻遐終德還圖寶夤軍至白門寶夤始覺與終德戰敗攜公主及其少子與部下百餘騎從後門出遂奔万俟醜奴醜奴以寶夤爲太傅尒朱天光遣賀拔岳等破醜奴於安定追禽醜奴及寶夤並送京師詔置閶闔門外都街中京師士女聚觀凡經三日吏部尚書李神儁黃門侍郎高道穆並與寶夤素舊二人相與左右言於莊帝云其逆迹事在前朝冀將救免會應詔王道習時自外至莊帝問道習在外所聞道習曰唯聞陛下欲不殺蕭寶夤人云李尚書高黃門與寶夤周款並居得言之地必能全之道習因曰若謂寶夤逆在前朝便將恕之敗在長安爲醜奴太傅豈非陛下御歷之日賊臣不翦法欲安施帝然其言乃於太僕駝牛署賜死將刑神儁攜酒就之敘故舊因對之下泣寶夤夷然自持了不憂懼唯稱推天委命恨不終臣節公主攜男女就寶夤訣別慟哭極哀寶夤亦色貌不改寶夤三子皆公主所生並凡劣長子烈復尚明帝妹建德公主拜駙馬都尉坐寶夤反伏法次子權與小子凱射戲凱矢激中之死凱妻長孫承業女也輕薄無禮公主數加罪責凱竊銜恨妻復惑說之天平中凱遣奴害公主乃轘凱於東市妻梟首家遂滅寶夤兄子贊

贊字德文本名綜初梁武滅齊齊廢主東昏侯寶卷宮人吳氏始孕匿不言及生贊梁武以爲己子封豫章王及長學涉有才思其母告之以實贊晝則談謔夜則銜悲涕泣有濟陰苗文寵安定梁話贊曲加禮接割血自誓布以心腹寵話感其情義深相然諾會元法僧以彭城叛入梁梁武命贊都督江北諸軍事鎮彭城時明帝遣安豐王延明臨淮王彧討之贊與寵話夜奔延明孝昌元年秋屆于洛陽陛見後就館舉哀追服三載寶夤時在關西遣使觀察問其形貌斂眉悲感朝廷賞賜豐渥禮遇隆厚授司空封高平郡公丹楊王及寶夤反贊怖欲奔白鹿山至河橋爲北中所執朝議明其不相干預仍業慰免建義初轉司徒遷太尉尚帝姊壽陽長公主拜駙馬都尉出爲都督齊州刺史驃騎大將軍開府儀同三司寶夤見禽贊拜表請寶夤命尒朱兆父洛爲城人趙洛周所逐公主被錄送京尒朱世隆欲相陵逼公主守操被害贊既棄州爲沙門潛詣長白山未幾至陽平病卒贊機辯文義頗有可觀而輕薄似儻猶有父風普泰初迎其喪以王禮與公主合葬嵩山元象初吳人盜其喪還江東梁武猶以爲子祔葬蕭氏墓焉贊江南有子在魏無後

蕭正表字公儀梁武帝弟臨川王宏之子也在梁封山陰縣侯位北徐州刺史鎮鍾離正表長七尺九寸雖質貌豐美而性理短暗初梁武未有子以正表兄西豐侯正德爲子及自有子正德歸本私懷忿憾以正光三年背梁奔魏魏朝以其人才庸劣不禮焉尋逃歸梁梁武不之罪封爲臨賀王侯景將濟江知正德有恨密與交通許推爲主正德以船迎之景度攻揚州正表聞正德爲侯景所推盤桓不赴援景尋以正表爲南兗州刺史封南郡王正表遂於歐陽立柵斷梁援軍南兗州刺史南康王蕭會理遣兵擊破之正表走還鍾離以武定七年據州內屬封蘭陵郡王尋除侍中太子太保開府儀同三司薨贈司空公謚曰昭烈子廣壽

蕭祗字敬式梁武帝弟南平王偉之子也少聰敏美容儀在梁封定襄縣侯位東揚州刺史于時江左承平政寬人慢祗獨莅以嚴切梁武悅之遷北兗州刺史太清二年侯景圍建業祗聞臺城失守遂來奔以武定七年至鄴齊文襄令魏收邢邵與相接對歷位太子少傅領平陽王師封清河郡公齊天保初授右光祿大夫領國子祭酒時梁元帝平侯景復與齊通好文宣欲放祗等還南俄而西魏克江陵遂留鄴卒贈中書監車騎大將軍揚州刺史子放字希逸隨祗至鄴祗卒放居喪以孝聞所居廬室前有二慈烏來集各據一樹爲巢自午以前馴庭飲啄午後更不下樹每臨時舒翅悲鳴全似哀泣家人則之未嘗有闕時以爲至孝所感服闋襲爵武平中待詔文林館放性好文詠頗善丹青因此在宮中披覽書史及近世詩賦監畫工作屏風雜物見知遂被眷待累遷太子中庶子散騎常侍

蕭退梁武帝弟司空鄱陽王恢之子也退在梁封湘潭侯位青州刺史建業陷與從兄祗俱入東魏齊天保中位金紫光祿大夫卒子慨深沉有體表好學善草隸書南士中稱爲長者歷著作佐郎待詔文林館卒於司徒從事中郎

蕭泰字世怡亦恢之子也在梁封豐城侯位譙州刺史侯景襲而陷之因被執尋逃至江陵梁元帝平侯景以泰爲兼太常卿桂陽内史未至郡屬于謹平江陵遂隨兄脩佐郢州及脩卒即以泰爲刺史湘州刺史王琳襲泰泰以州輸琳時陳武帝執政徵爲侍中不就乃奔齊爲永州刺史保定四年大將軍權景宣略地河南泰遂歸西魏以名犯周文帝諱稱字爲拜開府儀同三司封義興郡公授蔡州刺史政存簡惠深爲吏人所安卒官子寶嗣寶字季珍美風儀善談笑未弱冠名重一時隋文帝輔政引爲丞相府典籤開皇中至吏部侍郎後坐太子勇事誅時人冤之

蕭撝字智遐梁武帝弟安成王秀之子也性溫裕有儀表在梁封永豐縣侯東魏遣李諧盧元明使梁梁武帝以撝辭令可觀令兼中書侍郎受幣於賓館歷黃門侍郎累遷東巴西梓潼二郡守及侯景作亂武陵王紀稱尊號時宗室在蜀唯撝一人封撝秦郡王紀率衆東下以撝爲尚書令征西大將軍都督益州刺史守成都又令梁州刺史楊乾運守潼州周文帝知蜀兵寡弱遣大將軍尉遲迥總衆討之迥入劒閣長驅至成都撝見兵不滿萬人而倉庫空竭於是率文武於益州城北共迥升壇歃血立盟以城歸魏授侍中開府儀同三司封歸善縣公周閔帝踐阼進爵黃臺郡公武成中明帝令諸文儒於麟趾殿校定經史仍撰世譜撝亦豫焉尋以母老兼有疾疹請在外著書詔許之保定元年授禮部中大夫又以歸款功別賜食多陵縣五百戶收其租賦三年出爲上州刺史爲政以禮讓爲本嘗至元日獄中囚繫悉放歸家聽三日然後赴獄主者爭之撝曰昔王長虞延見稱前史吾雖寡德竊懷景行以之獲罪彌所甘心諸囚荷恩並依限而至吏人稱其惠化秩滿回還部人李漆等三百餘人上表乞留更兩載詔雖不許甚嘉美之及撝入朝屬置露門學武帝以撝與唐瑾元偉王褒等四人俱爲文學博士撝以母老表請歸養私門帝弗許尋以母憂去職歷少保少傅改封蔡陽郡公卒武帝舉哀於正武殿贈使持節大將軍大都督少傅益州刺史謚曰襄撝善草隸書名亞王褒算數醫方咸亦留意所著詩賦雜文數萬言頗行於世子濟字德成少仁厚頗好屬文爲東中郎將從撝入朝周孝閔帝踐阼除中外府記室後至蒲陽郡守

蕭圓肅字明恭梁武帝之孫武陵王紀之子也風度淹雅敏而好學紀稱尊號封宜都王除侍中紀下峽令圓肅副蕭撝守成都及尉遲迥至與撝俱降授開府儀同三司侍中封安化縣公周明帝初進棘城郡公以歸款勲別賜食思君縣五百戶收其租賦後拜咸陽郡守甚有政績尋改授太子少傅作少傅箴太子見而悅之致書勞問改授豐州刺史尋進位上開府儀同大將軍歷司宗中大夫洛州刺史進位大將軍隋開皇初授貝州刺史以母老請歸就養許之卒於家有文集十卷又撰時人詩筆爲文海四十卷廣堪十卷淮海離亂志四卷行於世

蕭大圜字仁顯梁簡文帝第二十子也幼而聰敏年四歲能誦三都賦及孝經論語七歲居母喪便有成人性梁大寶元年封樂梁郡王丹楊尹屬侯景殺簡文大圜潛遁獲免景平歸建業時喪亂之後無所依乃寓居善覺佛寺人有以告王僧辯乃給船餼得往江陵梁元帝見之甚悅賜以越衫胡帶改封晉熙郡王除琅邪彭城二郡太守時大圜兄汝南王大封等猶未通謁元帝性忌刻甚恨望之乃使大圜召之大圜即日曉諭兩兄相繼出謁元帝乃安之大圜恐讒愬生乃屏絕人事門客左右不過三兩人不妄遊狎兄姊間止牋疏而已恒以讀詩禮書易爲事元帝嘗自問五經要事數十條大圜詞約指明應答無滯帝甚歎美之因曰昔河間好學爾既有之臨淄好文爾亦兼之然有東平爲善彌高前載及于謹軍至元帝乃令大封充使請和大圜副焉其實質也出至軍所信宿元帝降魏恭帝二年大圜至長安周文帝以客禮待之保定二年大封爲晉陵縣公大圜始寧縣公尋加大圜車騎大將軍儀同三司俄而開麟趾殿招集學士大圜預焉梁武帝集四十卷簡文集九十卷各止一本江陵平後並藏祕閣大圜入麟趾方得見之乃手寫二集一年並畢識者稱歎之大圜深信因果心安閑放嘗云拂衣褰裳無吞舟之漏網挂冠縣節慮我志之未從儻獲展禽之免有美慈明之進如蒙北叟之放實勝濟南之徵其故何哉夫閭閻者有優遊之美朝廷者有簪佩之累蓋由來久矣留侯追蹤於松子陶朱成術於辛文良有以焉況乎智不逸羣行不高物而欲辛苦一生何其僻也豈如知足知止蕭然無累北山之北棄絕人間南山之南超踰世網面脩原而帶流水倚郊甸而枕平皋築蝸舍於叢林構環堵於幽薄近瞻烟霧遠睇風雲藉纖草以蔭長松結幽蘭而援芳桂仰翔禽於百仞俯泳鱗於千尋果園在後開窻以臨花卉蔬圃居前坐簷而看灌畦二頃以供饘粥十畝以給絲麻侍兒五三可充紝織家僮數四足代耕耘沽酪牧羊協潘生之志畜雞種黍應莊叟之言獲菽尋汜氏之書露葵徵尹君之錄烹羔豚而介春酒迎伏臘而候歲時披良書採至賾歌纂纂唱烏烏可以娛神可以散慮有朋自遠揚榷古今田畯相過劇談稼穡斯亦足矣樂不可支永保性命何畏憂責豈若蹙足入絆申頸就覊遊帝王之門趨宰衡之勢不知飄塵之少選寧覺年祀之斯須萬物營營靡存其意天道昧昧安可問哉嗟乎人生若浮朝露寧俟長繩繫景實所願言執燭夜遊驚其迅邁百年幾何擊隱曲拳四時如流俛眉躡足出處無成語默奚當非直丘明所恥抑亦宣尼耻之建德四年除滕王逌友逌嘗問大圜曰吾聞湘東王作梁史有之乎餘傳乃可抑揚帝紀奚若隱則非實記則攘羊對曰言之妄也如使有之亦不足怪昔漢明爲世祖紀章帝爲顯宗紀殷鑒不遠足爲成例且君子之過如日月之蝕彰於四海安得而隱之蓋子爲父隱直在其中諱國之惡抑又禮也逌乃大笑後大軍拔晉州或問大圜師遂克不對曰高歡昔以晉州肇基僞迹今本既拔矣能無亡乎所謂君以此始必以此終居數月齊氏果滅聞者以爲知言隋開皇初拜内史侍郎卒於西河郡守撰梁舊事三十卷寓記三卷士喪儀注五卷要決兩卷并文集二十卷大封位開府儀同三司陳州刺史

論曰諸司馬以亂亡歸命楚之最可稱乎其餘碌碌未足論也而以往代遺緒並當位遇可謂幸矣劉昶猜疑懼禍蕭贊亡破之餘並潛骸竄影委命上國俱稱曉了盛當位遇雖有枕戈之志終無鞭墓之成昶諸子狂疎喪其家業寶夤背恩忘義梟獍其心蕭贊臨邊脫身晚去讐賊寵祿頓臻顚狽旋至信吉凶之相倚也梁氏云季子弟奔亡正表動不由仁胡顏之甚祗退泰撝圓肅大圜等羈旅異國而終享榮名非素有鎡基懷文抱質亦何能至於此也方武陵擁衆東下任撝以蕭何之事君臣之道既篤家國之情亦隆金石不足比其心河水不足明其誓及魏安之至城下旬日而智力俱竭委金湯而不守舉庸蜀而來王若乃見機而作誠有之矣守節沒齒則未可焉

北史卷二十九考證

司馬楚之傳唯得一刀削○削魏書作鞘

劉昶傳承緒子暉字重昌爲世子襲封○魏書昶長子文遠次輝字重昌今上文云昶嫡子承緒此云承緒子暉恐有誤

蕭寶夤傳文榮與其從天龍惠連等三人○從字下魏書有子字

尊尚南陽長公主公主有婦德寶夤盡雍和之禮○寶夤上魏書有事字

初秦州城人薛伯珍劉慶杜遷等反○魏書無伯字殆因下文莫折念生有弟伯珍而誤也

贊傳孝昌元年○元年監本誤宗悲今改從魏書

蕭正表傳景度攻楊州○度字下一本有江字

北史卷三十

唐　李　延　壽　撰

列傳第十八

盧玄 玄孫思道 昌衡 元明 潛　盧柔 子愷

盧觀 弟仲宣 叔彪 從子文偉　盧同 子斐 兄子景裕 景裕弟辯 光

光子賁 光從弟勇　盧誕

盧玄字子眞范陽涿人也曾祖諶晉司空劉琨從事中郎祖偃父邈並仕慕容氏偃爲營丘太守邈爲范陽太守皆以儒雅稱神䴥四年太武辟召天下儒儁以玄爲首授中書博士遷侍郎本州大中正使馮弘稱臣請附外兄司徒崔浩每與言輒歎曰對子眞使我懷古之情更深浩大欲齊整人倫分明姓族玄曰創制立事各有其時樂爲此者詎幾人也宜三思浩當時雖無以異之竟於不納浩敗頗亦由此後賜爵固安子散騎常侍使宋宋文帝與之言嘉歎良久曰中郎卿曾祖也還遇疾歸鄉卒贈平東將軍幽州刺史固安侯謚曰宣子度世字子遷幼聰達有計數爲中書學生應選東宮弱冠與從兄遐俱以學行爲時流所重遐特爲崔浩所敬位至尚書光祿大夫范陽子度世後以崔浩事棄官逃於高陽鄭羆家羆匿之使者囚羆長子將加捶楚羆誡之曰

君子殺身以成仁汝雖死勿言子奉父命遂被拷掠乃至火爇其體因以物故卒無所言度世後令弟娶𥝢妹以報其恩大武臨江宋文使其殿上將軍黃延年至帝問曰盧度世坐與崔浩親通逃命江表應已至彼延年對曰都下無聞當必不至帝詔東宮赦度世宗族逃亡籍沒者度世乃出拜中書侍郎襲爵興安初兼太常卿立保太后父遼西獻王廟進爵爲侯後除散騎侍郎使宋應對宋侍中柳元景失衷還被禁劾經年乃釋除濟州刺史州接邊境將士數相侵掠度世乃禁勒所統還其俘虜二境以寧後坐事免尋除青州刺史未拜卒謚曰惠四子伯源敏昶尚之初玄有五子唯度世嫡餘皆別生崔浩之難其庶兄弟栢欲害之度世常深忿恨及度世有子每誡絕妾孽以防後患至伯源兄弟婢妾生子雖形貌相類皆不舉接爲識者所非伯源小名陽烏性溫雅寡欲有祖父風敦尚學業閨門和睦襲侯爵降爲伯累加祕書監本州大中正時孝文帝將立馮后先問伯源請更簡卜帝曰以先后之姪朕意已定伯源曰雖奉勑如此然臣心實有未盡及朝臣集議執意如前馮誕有盛寵深以爲恨伯源不以介懷及孝文議伐齊伯源表以爲萬乘親戎轉運難繼詔雖不從而優答之尋以齊武帝殂停師時涇州羌叛殘破城邑伯源以步騎六千號三萬徐行而進未經三旬賊衆逃散降者數萬口唯梟首惡餘悉不問詔兼侍中初伯源年十四嘗詣長安將還餞送者五十餘人別於渭北有相者扶風人王遼曰諸君皆不如此盧郎雖位不副實然得聲名甚盛望踰公輔後二十餘年當制命關右願不相忘此行也相者年過八十詣軍門請見言叙平生未幾守儀曹尚書及齊雍州刺史曹武請降乃以伯源爲使持節安南將軍督前鋒諸軍徑赴樊鄧辭以儒生不行軍事帝不許伯源曰臣恐曹武爲周魴耳陛下宜審之武果僞降伯源乃進攻赭陽師敗坐免官爵尋遭母憂服闋兼太尉長史後爲徐州京兆王愉兼長史愉時年少事無巨細多決於伯源伯源以誠信御物甚得東南人和南徐州刺史沈陵密謀叛伯源屢有表聞朝廷不納陵果逃叛陵之餘黨伯源皆撫而赦之唯歸罪於陵由是衆心乃安景明初卒於祕書監年四十八贈幽州刺史復本爵固安伯謚曰懿初湛父志法鍾繇書子孫傳業累世有能名至邈以上兼善草跡伯源習家法代京宮殿多其所題白馬公崔宏亦善書世傳衞瓘體魏初工書者崔盧二門伯源與李沖特相友善沖重伯源門風伯源私沖才官故結爲婚姻往來親密至於伯源荷孝文意遇頗亦由沖伯源有八子長子道將字祖業應襲父爵而讓第八弟道舒詔不許道將引清河王國常侍韓子熙讓弟禾魯陽男之例詔乃許之道將涉獵經史風氣謇諤頗有文才爲一家後來之冠諸父並敬憚之彭城王勰任城王澄皆虛衿相待勰爲中軍大將軍辟行參軍累遷燕郡太守道將下車表樂毅霍原之墓爲之立祠優禮儒生厲勸學業敦課農桑墾田歲倍卒於司徒司馬贈太常卿謚曰獻所爲文筆數十篇子懷祖太學博士員外散騎侍郎卒子莊少有美名位都水使者卒官懷祖弟懷仁字子友涉學有辭性恬靜蕭然有閑雅致歷太尉記室弘農郡守不之任卜居陳留界所著詩賦銘頌二萬餘言撰中表實錄二十卷懷仁有行檢善與人交與琅邪王衍隴西李壽之情好相得常語衍云昔太丘道廣許劭知而不顧嵇生峭立鍾會遇而絕言吾處季孟之間去其太甚衍以爲然子彥卿有學尚仕隋位御史撰後魏紀三十卷貞觀中位石門令東宮學士道將弟道亮字仲業隱居不仕子思道

思道字子行聰爽俊辯通侻不羈年十六中山劉松爲人作碑銘以示思道思道讀之多所不解乃感激讀書師事河間邢子才後復爲文示松松不能甚解乃喟然歎曰學之有益豈徒然哉因就魏收借異書數年間才學兼著然不持操行好輕侮人物齊天保中魏史成思道多所非毀由是前後再被笞辱因而落泊不調後左僕射楊遵彥薦之於朝解褐司空行參軍長兼員外散騎侍郎直中書省文宣帝崩當朝文士各作挽歌十首擇其善者而用之魏收陽休之祖孝徵等不過得一二首唯思道獨有八篇故時人稱爲八米盧郎後漏泄省中語出爲丞相西閤祭酒歷太子舍人司徒錄事參軍每居官多被譴辱後以擅用庫錢免歸家嘗於薊北悵然感慨爲五言詩見意世以爲工後爲給事黃門侍郎待詔文林館周武帝平齊授儀同三司追赴長安與同輩陽休之等數人作聽蟬鳴篇思道所爲詞意清切爲時人所重新野庾信徧覽諸同作者而深歎美之未幾母疾還鄉遇同郡祖英伯及從兄昌期等舉兵作亂思道預焉柱國宇文神舉討平之思道罪當斬已在死中神舉素聞其名引出令作露布援筆立成文不加點神舉嘉而宥之後除掌教上士隋文帝爲丞相遷武陽太守位下不得志爲孤鴻賦以寄其情其序曰余志學之歲自鄉里遊京師便見識知音歷受羣公之眷年登弱冠甫就朝列談者過誤遂竊虛名通人楊令君邢特進以下皆分庭致敬倒屣相接翦拂吹噓長其光價而才本駑拙性實疏嬾勢力貨殖淡然不營雖籠絆朝市且三十載而獨往之心未始去懷抱也攝生舛和有少氣疾分符坐嘯作守東原洪河之湄沃野彌望囂務既屏魚鳥爲鄰有離羣之鴻爲羅者所獲野人馴養貢之於余置諸池庭朝夕賞翫既用銷憂兼以輕疾大易稱鴻漸於陸羽儀盛也揚子曰鴻飛冥冥騫翥高也淮南子云東歸碣石違溽暑也平子賦南翔衡陽避祁寒也若其雅步清音遠心高韻鵷鸞已降罕見其儔而鎩翮墻陰偶影獨立唼喋粃稗雞鶩爲伍不亦傷乎余五十之年忽焉已至永言身事慨然多緒乃爲之賦聊以自慰云開皇初以母老表請解職優詔許之思道恃才地多所陵轢由是官途淪滯既而又著勞生論指切當世歲餘奉詔郊勞陳使頃之遭母憂未幾起爲散騎侍郎參內史侍郎事于時議置六卿將除大理思道上奏曰省有駕部寺留太僕省有刑部寺除大理斯則重畜產而賤刑名誠爲不可又陳殿庭非杖罰之所朝臣犯笞罪請以贖論上悉嘉納之是歲卒于京師上甚惜之遣使吊祭焉集二十卷行於世子赤松大業中位河東縣長道亮弟道裕字寧祖少以學尚知名風儀兼美尚獻文女樂浪長公主拜駙馬都尉歷位中書侍郎太子中庶子幽州大中正卒於涇州刺史謚曰文道裕弟道虔字慶祖粗閑經史兼通算術尚孝文女濟南長公主拜駙馬都尉公主驕淫聲穢遐邇無疾暴薨時云道虔所害宣武祕其事不苦窮之後靈太后追主薨事黜道虔令終身不仕道虔外生李或尚莊帝姊豐亭公主因相藉託永安中除輔國將軍通直常侍以議曆勳賜爵臨淄伯天平中歷都官尚書本州大中正幽州刺史加衞大將軍卒官贈尚書右僕射司空公瀛州刺史謚曰文恭道虔好禮學難齊尚書令王儉喪服集記七十餘條爲尚書同寮於草屋下設雞黍之膳談者以爲高昧旦將上省必見其弟然後去奴在馬上彈琵琶道虔聞之杖奴一百公主二子昌寓昌仁昌寓不慧昌仁早卒道虔又娶司馬氏有子昌裕後司馬氏見出更娉元氏甚聰悟常升高座講老子道虔從弟元明隔紗幃以聽焉元氏生二子昌期昌衡昌衡最知名

昌衡字子均小字龍子沉靖有才識風神澹雅容止可法博涉經史工草行書從弟思道小字釋奴宗中稱英妙昌衡與之俱被推重故幽州語曰盧家千里釋奴龍子仕魏兼太尉外兵參軍齊受禪歷平恩令右僕射祖孝徵薦爲尚書金部郎孝徵每曰吾用盧子均爲尚書郎自謂無愧幽明始天保中尚書王昕以雅談獲罪諸弟尚守而不墜自茲以後此道浸微昌衡與頓丘李若彭城劉珉河南陸彥師隴西辛德源王循並爲後進風流之士後兼散騎侍郎迎勞周使周武平齊授司玉中士與太宗伯斛斯徵修禮令隋開皇初拜尚書祠部侍郎文帝嘗大集羣下令自陳功人皆競進昌衡獨無所言左僕射高熲目而異之陳使賀徹周濆相繼來聘朝廷每令昌衡接對之未幾出爲徐州總管長史甚有能名吏部尚書蘇威考之曰德爲世表行爲士則論之者以爲美談常行至浚儀所乘馬爲人牛所觸致死牛主陳謝求還價直昌衡謂曰六畜相觸自關常理此豈人情也君何謝焉拒而不受性寬厚不校皆此類也轉壽州總管長史宇文述甚敬之委以州務歲餘遷金州刺史仁壽中奉詔持節爲河南道巡省大使及還以奉使稱旨授儀同三司賜物二百段昌衡自以年在縣車上表乞骸骨優詔不許大業初徵爲太子左庶子行詣洛陽道卒子寶素寶胄道虔弟道侃字希祖沉雅有學尚位州主簿卒以弟道約子正達爲後道侃弟道和字叔雍兄弟之中人望最下位冀州中軍府中兵參軍卒子景猷弘農太守景猷子士彥有風槩隋開皇中爲蜀王秀屬以秀所爲不軌辭疾終於家道和弟道約字季恭位司徒屬幽州大中正興和末除衞大將軍兗州刺史在州頗得人和卒贈儀同三司幽州刺史子正通少有令譽位開府諮議卒妻謝氏與正通弟正思淫亂爲御史所劾人士疾之正思弟正山字公順早以文學見知爲符璽郎待詔文林館正思兄弟以齊太后舅氏武平中並得優贈道約弟道舒字幼安襲父爵位中書侍郎卒子熙裕清虛守道有古人風襲熙裕爲親表所敬伯源弟敏字仲通小字洪崖少有大量孝文器之納其女爲嬪位儀曹郎早卒贈威遠將軍范陽太守謚曰靖五子長義僖字遠慶早有學尚識度沈雅年九歲喪父便有至性少爲僕射李沖所歎美起家祕書郎累遷冠軍將軍中散大夫以母憂去職幽州刺史王誦與之交款每與故舊李神儁等書曰盧冠軍在此時復惠存輒連數日得以諮詢政道其見重若此後拜征虜將軍太中大夫散秩多年澹然自得李神儁勸其干謁當途義僖曰既學先王之道貴行先王之志何得苟求富貴也孝昌中除散騎常侍時靈太后臨朝黃門侍郎李神軌勢

傾朝野求結婚姻義僖慮其必敗拒而不許王誦謂義僖曰昔人不以一女易五男卿易之也義僖曰所以不從正謂此耳從恐禍大而連速誦乃握義僖手曰我聞有命不敢以告人遂適他族臨婚之夕靈太后遣中常侍服景就家勑停內外惶怖義僖夷然自若普泰中除都官尚書驃騎大將軍左光祿大夫義僖寬和畏慎不妄交款性清儉不營財利少時幽州頻遭水旱先有數萬石穀貸人義僖以年穀不熟乃燔其契州閭悅其恩德雖居顯位每至困乏麥飯蔬食怡然甘之卒贈大將軍儀同三司瀛州刺史諡曰孝簡子遜之淸蕭寡欲位太尉記室參軍義僖四弟並遠不逮兄也

敏弟昶字叔達小字師顏學涉經史早有時譽太和中兼員外散騎常侍使於齊孝文詔昶曰密邇江揚不早當晚會是朕物卿等欲言便言無相疑難又勑副使王淸石曰卿莫以南人語致疑盧昶若彼先有知識欲見但見須論即論昶正寬柔君子無多文才或主客命卿作詩莫以昶不作便罷也凡使人以和爲貴勿相矜夸見於色貌及至彼遇齊明立孝文南討昶兄伯源爲別道將而齊明以朝廷加兵遂酷遇之昶等本非骨鯁大怖淚汗橫流齊明以腐米臭魚莝豆供之而謁者張思寧辭氣謇愕遂以壯烈死於館中昶還孝文責之曰銜命之禮有死無辱雖流放海隅猶宜抱節致殞卿不能長纓羈首已是可恨乃俛眉飲啄自同犬馬有生必死修短幾何卿若殺身成名貽之竹素何如甘彼芻菽以辱君父縱不能遠慙蘇武寧不近愧思寧遂見罷黜景明初除中書侍郎遷給事黃門侍郎本州大中正散騎常侍兼尚書時洛陽縣獲白鼠昶奏以爲案瑞典外鎮刺史二千石令長不祗上命刻暴百姓怨嗟則白鼠至因陳時政多所勸誡詔書褒美其意轉侍中又兼吏部尚書尋即正仍侍中昶守職而已無所激揚與侍中元暉等更相朋附爲宣武所寵時人鄙之出爲徐州刺史昶既儒生本少將略又羊祉子燮爲昶司馬專任戎事掩昶耳目將士怨之朐山戍主傅文驥糧樵俱罄以城降梁昶見城降先走退諸軍相尋奔遁遇大寒軍人凍死及落手足者太半自魏經略江右唯中山王英敗於鍾離昶於朐山失利最爲甚焉宣武遣黃門甄琛馳驛鎖昶窮其敗狀詔以免官論月餘將統以下悉聽依赦復任未幾拜太常卿仍除雍州刺史進號鎮西將軍加散騎常侍卒官諡曰穆昶寬和矜恕善於綏懷其在徐州戍兵有疾親自檢恤至畨兵年滿不歸容克後役終昶一政然後始還人庶稱之

子元聿字仲訓無他才能尚孝文女義陽長公主拜駙馬都尉位太尉司馬光祿大夫卒贈中書監子士晟儀同開府掾元聿第五弟元明字幼章涉歷羣書兼有文義風彩閑潤進退可觀永安初長兼尚書令臨淮王彧欽愛之及彧開府引爲兼屬仍領部曲孝武登阼以郎任行禮封城陽縣子遷中書侍郎永熙末居洛東緱山乃作幽居賦焉於時元明友人王由居潁川忽夢由攜酒就之言別賦詩爲贈及明憶其詩十字云自茲一去後市朝不復遊元明歎曰由性不狎俗旅寄人間乃有今夢詩復如此必有他故經三日果聞由爲亂兵所害尋其亡日即是發夢之夜天平中兼吏部郎中副李諧使梁南人稱之還拜尚書右丞相轉散騎常侍監起居積年在史館了不措意又兼黃門郎本州大中正元明善自標置不妄交遊飲酒賦詩遇興忘返性好玄理作史子雜論數十篇諸文別有集錄少時常從鄉還洛途遇相州刺史中山王熙熙博識之士見而歎曰盧郎有如此風神唯須誦離騷飲美酒自爲佳器遂留之數日贈帛及馬而別元明凡三娶次妻鄭氏與元明兄子士啓淫汙元明不能離絕又好以世地自矜時論以此貶之元明弟元緝字幼緒兗蠢好酒曾於婦氏飲宴小有不平手刃其客位輔國將軍司徒司馬贈驃騎大將軍吏部尚書幽州刺史諡曰宣昶弟尚之字季儒小字羨夏亦以儒素見重位司徒左長史前將軍濟州刺史光祿大夫長子文甫字元祐涉歷文史有名譽於時位司空行參軍文甫弟文翼字仲祐少甚輕躁晚頗改節以軍功賜爵范陽子位太中大夫文翼弟文符字叔偉性通率位通直散騎侍郎子潛潛容貌瓌偉善言談少有成人志尚累遷大將軍府中兵參軍機事强濟爲文襄所知言其終可大用王思政見獲於潁川文襄重其才識潛常從容白文襄思政不能死節何足可重文襄謂左右曰我有盧潛便是更得一王思政天保中除左戶郎中坐譏議魏書與王松年李庶等俱被禁止會淸河王岳救江陵特赦潛爲岳行臺郎還歷中書黃門侍郎爲奴誣告謀反文宣明之以奴付潛潛不之責黃門鄭子默奏潛從清河王岳南討岳令潛說梁將侯瑱大納瑱賂遺還不奏聞文宣杖潛一百仍截其鬚潛顏色不變歷魏尹丞司州別駕江州刺史所在有善政孝昭作相以潛爲揚州道行臺左丞先是梁將王琳擁其主蕭莊歸壽陽朝廷以琳爲揚州刺史勑潛與琳爲南討經略後除行臺尚書儀同三司王琳銳意圖南潛以爲時事未可由是與琳有隙更相表列武成追琳入鄴除潛揚州刺史領行臺尚書潛在淮南十三年大樹風績爲陳人所憚陳主與其邊將書云盧潛猶在卿宜深備之文宣初平淮南給復十年年滿後逮天統武平中徵稅頗雜又高元海執政斷漁獵人家無以自資諸商胡負官責息者宦者陳德信縱其妄注淮南富家令州縣徵責又勑送突厥馬數千匹於揚州管內令土豪貴買之錢直始入便出勑括江淮間馬並送官廐由是百姓騷擾切齒嗟怨潛隨事撫慰兼行權略故得寧靖武平三年徵爲五兵尚書揚州吏人以潛斷酒肉篤信釋氏大設僧會以香花緣道流涕送之潛歎曰正恐不久復來耳至鄴未幾復爲揚州道行臺尚書四年陳將吳明徹來寇領軍封輔相赴援陳兵及峴輔相不從潛固爭不得憂情發病臥幕下果敗陳人遂圍壽陽壅芍陂以水灌之詔王長春爲南討都督長春軍次河南多給兵士糧便鳴角欲引而賤糴其米及頓兵更貴糴其米乃之虞景和擁衆十萬於淮北不進壽陽城中青黑龍升天城尋陷潛及行臺僕射王貴顯特進巴陵王王琳扶風王可朱渾孝裕武衞將軍奚永樂儀同索景和仁州刺史鄭伯偉霍州刺史封子繡泰州刺史高子植行臺左丞李騊駼等督將五十八軍士一萬皆沒焉陳人殺王琳餘皆囚於東冶陳主欲知齊之虛實乃出潛曰囚本屬幽州於河北最小口有五十萬落陳者唯與鄭伯偉二人耳時李騊駼將逃歸并要潛潛曰我此頭面何可誑人吾少時相者云沒在吳越地死生已定弟其行也因寄書與弟士邃曰吾夢汝以某月某日得患某月某日漸損皆如其言既而歎曰壽陽陷吾以頸血濺城而死佛教不聽自殺故荏苒偷生今可死矣於是閉氣而絕其家購屍歸葬贈開府儀同三司尚書左僕射兗州刺史無子以弟士邃子元孝嗣潛雅性貞固祖珽常要潛陷仁州刺史劉逖許以高位潛曰如此事吾不爲也行臺慕容侍德常所推重有疾謂其子曰盧尚書教我爲人有如昆弟我死持上騂馬與之其子以他馬往侍德柩出門自停不可動巫祝以爲侍德聲怒曰何不與盧尚書我所騎騂馬其子遽奉命柩乃行潛以馬價爲營福事其爲時重如此士邃字子淹少爲崔昂所知昂云此昆季足爲後生之俊但恨其俱不讀書耳位尚書左右丞吏部郎中中山太守帶定州長史齊亡後卒度世之爲濟州也魏初平升城無鹽房崇吉母傅度世繼外祖母兄之子婦也兗州刺史申纂妻賈氏崇吉之姑女也皆亡被老病樵悴而度世推計中表致其供恤每覲見傅氏跪問起居隨時奉送衣被食物亦存賑賈氏供其服膳青州既陷諸崔墜落多所收贖及伯源昶等竝循父風遠親疎屬叙爲尊行長者莫不畢拜致敬閨門之禮爲世所推謙退簡約不與世競父母亡後同居共財自祖至孫家內百口在洛時有饑年無以自贍然尊卑怡穆豐儉同之親從昆季常旦省諸父出坐別室暮乃入內朝府之外不妄交遊其相勗以禮如此又一門二主當世以爲榮伯源兄弟亡及道將卒後家風衰損子孫多有非法幃薄混穢爲時所鄙度世從祖弟神寶位中書博士孝文爲弟高陽王雍納其女爲妃初立從祖兄溥慕容寶之末統攝鄉部屯海濱殺其鄉姻諸祖十餘人稱征北大將軍幽州刺史攻掠郡縣天興中討禽之溥玄孫洪字曾孫太和中位中書博士樂陵陽平二郡太守幽州中正洪三子長子崇少立美名有識者許之以遠大卒於驃騎府曹參軍崇子柔

柔字子剛少孤爲叔母所養撫視甚於其子柔盡心溫清亦同己親親族歎重之性聰敏好學未冠解屬文但口吃不能持論頗使酒誕節爲世所譏司徒臨淮王彧見而器之以女妻焉及魏孝武與齊神武有隙詔賀拔勝出牧荊州柔謂因此可著功績遂從勝之荊州以柔爲大行臺郎中掌書記軍之機務柔多預之及勝爲太保以柔爲掾孝武後召勝引兵赴洛勝以問柔柔曰高歡託晉陽之甲意實難知公宜席卷赴都與決勝負存沒以之此忠之上策也若北阻魯陽南并舊楚東連兗預西接關中帶甲十萬觀釁而動亦中策也舉三荊之地通款梁國可以庇身功名去矣策之下者勝輕柔年少笑而不應及孝武西遷東魏遣侯景襲穰勝敗遂南奔梁柔亦從之勝頻表梁武帝求歸關中梁武帝覽表嘉其辭彩既知柔所製因遣舍人勞問并遺縑錦後與勝俱還行至襄陽齊神武懼勝西入遣侯景以輕騎邀之勝及柔懼乃棄船山行贏糧冒險經數百里時屬秋霖徒侶凍餒者大半至於死大統二年至長安封容城縣男周文帝引爲行臺郎中除從事中郎與郎中蘇綽掌機密時沙苑之役大軍屢捷汝潁之間多舉義來附書翰往反日百餘牒柔隨機報答皆合事宜進爵爲子累遷中書侍郎兼著作撰起居注後爲黃門侍郎周文知其貧解衣賜之後遷中書監周孝閔帝踐阼拜小內史大夫進位開府儀同三司卒於位所作詩頌碑銘檄

表啓行於世者數十篇子愷嗣

愷字長仁性孝友神清穎悟涉獵經史有當世幹能頗解屬文周齊王憲引爲記室從憲伐齊說齊栢社鎭下之遷小吏部大夫時染工王神歡者以賂自進冢宰宇文護擢爲計部下大夫愷諫曰古者登高能賦可爲大夫求賢審官理須詳愼今神歡出自染工更無殊異徒以家富自通遂與縉紳並列實恐鵜翼之刺聞之外境護竟寢其事轉內史下大夫武帝在雲陽宮勑諸屯簡老牛欲以享士愷諫曰昔田子方贖老馬君子以爲美談向奉明勑欲以老牛享士有虧仁政帝美其言而止轉禮部大夫爲聘陳使副先是行人多行其國禮及愷爲使一依本朝陳人莫能屈建德四年李穆攻拔軹關栢崖二鎭命愷作露布帝讀大悅曰盧愷文章大進荀景蒨故是令君之子大象元年拜東都吏部大夫隋開皇初加上儀同三司除尚書吏部侍郎進爵爲侯仍攝尚書左丞每有敷奏侃然正色雖逢喜怒不改其常加散騎常侍八年上親考百寮以愷爲上固讓不敢受文帝曰當仁不讓何愧之有皆在朕心無勞飾讓歲餘拜禮部尚書攝吏部尚書事會國子博士何妥與右僕射蘇威不平奏威陰事愷坐與相連憲司奏愷曰房恭懿者尉遲迥之黨不當仕進威愷一人曲相薦達累轉海州刺史吏部預選者甚多愷不卽授官皆注色而遣威之從父弟徹肅二人並以鄉正徵諸吏部徹文狀後至而先任用肅左足攣蹇才用無算愷以威故授朝請郎愷之朋黨事甚明白上大怒曰愷敢將天官以爲私惠愷免冠頓首曰皇太子將以通事舍人蘇夔爲舍人夔威之子臣以夔未當遷固啓而止臣若與威有私豈當如此上曰威子朝廷共知卿乃固執以徼身幸至所不知便行朋附姦臣之行也於是除名卒於家自周氏以降選無清濁及愷攝吏部與薛道衡陸彥師等甄別士流故涉黨固之譖遂及於此崇弟仲義字小黑知名於世位員外散騎侍郎幽州刺史崇兄弟官雖不達婚姻常與玄家齊等洪弟光宗位尚書郎光宗子觀

觀字伯舉少好學有儁才舉秀才射策甲科除太學博士著作佐郎與太常少卿李神儁光祿大夫王誦等在尚書上省撰定朝儀遷尚書儀曹郎中孝昌元年卒

觀弟仲宣小名金才學優洽乃踰於觀但文體頗細兄弟俱以文章顯論者美之位太尉屬魏孝莊帝初遇害河陰乃兄觀竝無子文集莫爲撰次罕有存者仲宣弟叔彪

叔彪少機悟豪率輕俠好奇策慕諸葛亮之爲人爲賀拔勝荆州開府長史勝不用其計棄城奔梁叔彪歸本縣築室臨陂優遊自適齊文襄辟書辭疾不到天保初復徵不得已布裙露車至鄴楊愔往候之以爲司徒諮議辭疾不受孝昭卽位召爲中庶子問以世事叔彪勸討關西畫地陳兵勢請立重鎭於平陽與彼蒲州相對深溝高壘運糧實之帝深納之又願自居平陽成此謀畧帝命元文遙與叔彪參謀撰平西策一卷未幾帝崩事寢武成卽位拜儀同三司判都官尚書出爲金州刺史遷太子詹事叔彪在鄉時有粟千石每至春夏鄉人無食者令自載取至秋任還其價而不計歲歲常得倍餘旣在朝通貴自以年老兒子又多遂營一大屋曰歌於斯哭於斯魏收常來詣之訪以洛京舊事不待食而起云難爲子費叔彪留之良久食至但有粟飧葵菜木椀盛之片脯而已所將僕從亦盡設食一與此同齊滅歸范陽遭亂城陷與族弟士邃皆以寒餒斃周將宇文神舉以二人有名德收而葬之洪從弟附伯附伯弟侍伯竝有學識附伯位滄州平東府長史侍伯南岐州刺史侍伯從弟文偉

文偉字休族父敞位議郎後以文偉勳贈幽州刺史文偉少孤有志尚頗涉經史州辟主簿年三十八始舉秀才除本州平北府長流參軍說刺史裴儁案舊迹修督亢陂溉田萬餘頃人賴其利儁修立之功多以委之文偉旣善於營理兼展私力家素貧儉因此致富及北方將亂文偉積稻穀於范陽城時經荒儉多所振贍彌爲鄉里所歸及韓樓據薊城文偉率鄉閭守范陽樓平以功封大夏縣男除范陽太守莊帝崩文偉與幽州刺史劉靈助同謀起義靈助克瀛州留文偉行州事自率兵赴定州爲尒朱榮將侯深所敗文偉走還本郡仍與高乾兄弟相影響屬神武至信都文偉遣子懷道奉啓陳謝中興初除安州刺史不之官尋轉幽州刺史安州刺史盧曹亦從靈助舉兵靈助敗因據幽州降爾朱兆兆仍以爲刺史儀城不下文偉不得入後除青州刺史文偉輕財愛客善於撫接好爲小惠是以所在頗得人情經紀生資常若不遺致財積聚承候寵要餉遺不絕卒贈司徒公尚書右僕射謚曰孝威子恭道性溫良頗有文學位范陽郡太守有德惠先文偉卒贈度支尚書謚山定子詢祖襲祖爵大夏男有術學文辭華美爲後生之俊舉秀才至鄴趙郡李祖勳嘗宴諸文士齊文宣使小黃門勑祖勳母曰蠕蠕旣破何無賀表使者時之諸賓皆爲表詢祖俄頃便成其詞云昔十萬横行樊將軍請而受屈五千深入李都尉降而不歸時重其工後朝廷大遷除同日催拜詢祖立於東止車門外爲二十餘人作表文不加點辭理可觀詢祖初襲爵有宿德朝士謂曰大夏初成詢祖應聲曰且得燕雀相賀天保末爲築長城子使自負其才內懷鬱怏遂毀容服如賤役者以見楊愔愔曰故舊皆有所縻唯大夏未加處分詢祖厲聲曰是誰之咎旣至役所作築長城賦以寄其意其畧曰板則紫栢杵則木瓜何斯材而斯用也草則離離靡靡緣岡而殖但使十步而有一芳余亦何辭間於荆棘邢卲常戲曰卿小年才學富盛戴角者無上齒恐卿不壽對曰詢祖初聞此言實懷惕懼見丈人蒼蒼在鬢差以自安卲甚重其敏贍旣有口辯好臧否人物衆共嫉之言其淫於從妹宗人思道謂曰大夏何爲招四海議詢祖曰骨肉還相殘何況執玉帛者萬國與思道俱爲北州人俊魏收揚畧思道而以詢祖爲不及詢祖謂人曰見未能高飛者借其羽毛知逸勢沖天者翦其翅翮旣諸謗毀日至素論皆薄其爲人長廣太守邢子廣曰詢祖有規檢禰衡思道無冰稜文舉後頗折節歷太子舍人司徒記室卒有文集十卷皆遺逸恭道弟懷道性輕率好酒頗有慕尚旣家預義舉神武親待之卒於烏蘇鎭城都督懷道弟宗道性麤率動作狂俠位南營州刺史嘗於晉陽置酒賓遊滿座中書舍人馬士達目其彈箜篌女妓云手甚纖素宗道卽以遺之士達固辭宗道便命其家人將解其腕士達不得已而受之將赴營州於督亢城坡大集鄉人殺牛聚會有一舊門人醉言疎失宗道令沈之於水後坐酷濫除名玄族子輔字顯光本州別駕子同

同字叔倫身長八尺容貌魁偉善於處世太和中起家北海王詳國常侍熙平初累遷尚書左丞時相州刺史奚康生徵百姓歲調皆長七八十尺以邀憂公之譽部內患之同於歲祿官給長絹同乃舉案康生度外徵調書奏詔科康生罪兼褒同在公之績明帝世朝政稍衰人多竊冒軍功同閱吏部勳書因加檢覈得竊階者三百餘人乃表言竊見吏部勳簿多皆改換乃校中兵奏案並復乖舛愚謂罪雖恩免猶須刊定請遣一都令史與令僕省事各一人總集吏部中兵二局勳簿對句奏案若名級相應者卽於黃素楷書大字具件階級數令本曹尚書以朱印印之明造兩通一關吏部一留兵局與奏案對掌進則防揩洗之僞退則無改易之理從前以來勳書上省唯列姓名不載本屬致令竊濫之徒輕爲苟且今請征職白身具列本州郡縣三長之所其實官正職者亦列官名曹別錄曆皆仰本軍印記其上然後印縫各上所司統將都督並皆印記然後列上行臺行臺關太尉太尉檢練精實乃始關刺省重究括然後奏申奏出之日黃素朱印關付吏部頃來非但偸階冒名改換勳簿而已或一階再取或易名受級凡如此者其人不少良由吏部無法防塞失方何者吏部加階之後簿不注記緣此之故易生僥倖自今叙階之後名簿具注加補日月尚書印記然後付曹郎中別作抄目還代相付此制一行差止姦罔詔從之同又奏曰臣伏思黃素勳簿政可麤止姦僞然在軍虛詐猶未可盡請自今在軍閱簿之日行臺軍司監軍都督各明立文案處處記之斬首成一階以上卽令給券其券一紙之上當中大書起行臺統軍位號勳人甲乙斬三賊及被傷成階以上亦具書於券各盡一行當行竪裂其券前後皆起年號日月破某處陣某官某勳印記爲驗一支付勳人一支行臺記至京師送門下別函守錄又自遷都以來戎車屢捷所以征勳轉多叙不可盡者良由歲久生姦積年長爲巧吏階緣偸增遂甚請自今爲始諸有勳簿已經奏賞者卽廣下遠近云某處勳判咸令知聞立格酬叙以三年爲斷其職人及出身限內悉令銓除實官及外號隨才加授庶使酬勤速申立効者勸事不經久僥倖易息或遭窮難州無中正者不在此限又勳簿之法征還之日卽應申送然頃來行臺督將至京始造或一年二歲方上勳書姦僞之原實自由此於今以後軍還之日便通勳簿不聽隔月詔復依行元乂之廢靈太后也相州刺史中山王熙起兵於鄴敗之乂以同爲持節兼黃門侍郎慰勞使乃就州刑熙還授正黃門同善事在位爲乂所親戮熙之日深窮黨與以希乂旨論者非之同兄琇少多大言常云公侯可致至此始爲都水使者同啓求回身二階以加琇琇遂除安州刺史論者稱之營州城人就德興謀反除同度支尚書持節使營州慰勞聽以便宜從事同乃遣賊家口三十人并免家奴爲良齎書喻之德興乃降安輯其人而還德興復反詔同爲幽州刺史兼尚書行臺慰勞之同慮德興難信勒衆而往爲德興所擊大敗而還靈太后反政以同乂黨除名莊帝踐祚詔復本秩除都官尚書復兼七兵以前慰勞德興功封章武縣伯正除七兵轉殿中普泰初除侍中進號驃騎將軍左光祿大夫同時久病牽強

啓乞儀同初同之爲黃門也與節閔帝俱在門下同異其爲人素相欵託帝以恩舊許之除儀同三司永熙初薨贈尚書右僕射四子長子斐嗣

斐字子章性殘忍以彊斷知名齊文襄引爲大將軍府刑獄參軍謂云狂簡斐然成章非嘉名字也天保中稍遷尚書左丞別典京畿詔獄酷濫非人情所爲無問事之大小拷掠過度於大棒車輻下死者非一或嚴冬至寒置囚於冰雪之上或盛夏酷熱暴之日下枉陷人致死者前後百數人伺察官人罪失動即奏聞朝士見之莫不重跡屏氣皆目之爲校事斐揚揚得志言必自矜後以謗史事與李庶俱病鞭杖死獄中斐弟筠靑州中從事同兄靜好學有風度飲酒至數斗不亂終於太常丞太統初贈太僕卿平州刺史靜子景裕

景裕字仲孺小字白頭少敏專經爲學居拒馬河將一老婢作食妻子不自隨從又避地大寧山不營世事居無二業唯在注解其叔父同職居顯要而景裕止於園舍情均郊野謙恭守道貞素自得由是世號居士節閔初除國子博士參議正聲其見親遇待以不臣之禮永熙初以例解天平中還鄉里與邢子才魏季景魏收邢昕等同徵赴鄴景裕寓託僧寺講聽不已未幾歸本郡河間邢摩納與景裕從兄仲禮據鄉作逆逼其同反以應西魏齊神武命都督賀拔仁討平之聞景裕經明行著驛馬特徵旣而舍之使教諸子在館十日一歸家隨以鼎食景裕風儀言行雅見嗟賞先是景裕注周易尚書孝經論語禮記老子其毛詩春秋左氏未訖齊文襄入相於第開講招延時儁令景裕解所注易景裕理義精微吐發閑雅時有問難或相詆訶大聲厲色言至不遜而景裕神彩儼然風調如一從容往復無際可尋由是士君子嗟美之初元顥入洛以爲中書郎普泰中復除國子博士進退其間未曾有得失之色性清靜淡於榮利弊衣麤食恬然自安終日端嚴如對賓客興和中補齊王開府屬卒於晉陽神武悼惜之景裕雖不聚徒教授所注易大行於世又好釋氏通其大義天竺胡沙門道悕每譯諸經論輒託景裕爲之序景裕之敗也繫晉陽獄至心誦經枷鏁自脫是時又有人負罪當死夢沙門教講經覺時如所夢謂誦千遍臨刑刃折主者以聞赦之此經遂行號曰高王觀世音景裕弟辯

辯字景宣少好學博通經籍正光初舉秀才爲太學博士以大戴禮未有解詁辯乃注之其兄景裕爲當時碩儒謂辯曰昔侍中注小戴今汝注大戴庶纂前修矣節閔帝立除中書舍人屬齊神武起兵信都旣破尒朱氏遂鼓行指洛節閔遣辯持節勞之於鄴神武令辯見其所奉中興主辯抗節不從神武怒曰我舉大義誅羣醜車駕在此誰遣爾來辯抗言酬答守節不撓神武異之捨而不逼孝武卽位除辯爲廣平王贊師永熙二年平等浮居成孝武會萬僧於寺石佛低舉其頭終日乃止帝禮拜之辯曰石立社移自古有此陛下何怪及帝入關事起倉卒辯不及至家單馬而從或問辯曰得辭家不辯曰門外之道以義斷恩復何辭也孝武至長安封范陽縣公歷位給事黃門侍郎領著作加本州大中正周文帝以辯有儒術甚禮之朝廷大議常召顧問遷太子少保領國子祭酒趙青雀之亂魏太子出居渭北辯時隨從亦不告家人其執志敢決皆此類也尋除太常卿太子少傅轉少師魏太子及諸王等皆行束修之禮受業於辯進爵范陽郡公自孝武西遷朝儀湮墜于時朝廷憲章乘輿法服金石律呂晷刻渾儀皆令辯因時制宜皆合軌度多依古禮性彊記默識能斷大事凡所創制處之不疑加驃騎大將軍開府儀同三司累遷尚書令及建六官爲師氏中大夫明帝卽位遷小宗伯進位大將軍帝嘗與諸公幸其第儒者榮之出爲宜州刺史以患不之部卒諡曰獻配食文帝廟庭子愼嗣位復州刺史愼弟銓性趫捷善騎射位儀同三司隋開皇初以辯前代名德追封沈國公初周文欲行周官命蘇綽專掌其事未幾而綽卒乃令辯成之於是依周禮建六官革漢魏之法以魏恭帝三年始命行之六卿之外置太師太傅太保各一人是曰三孤時未建東宮其太子官員改創未畢尋又改典命爲大司禮置中大夫自兹厥後世有損益武成元年增御正四人位上大夫保定四年改宗伯爲納言禮部爲司宗大司禮爲禮部大司樂爲樂部五年左右武伯各置大夫一人以建德元年改增宿衞官員二年省六府諸司中大夫以下官府置四司以下大夫爲官之長士貳之是歲又增改東宮官員三年初置太子諫議大夫員四人文學十人皇弟皇子友員各二人學士六人四年又改置宿衞官員其司武司衞之類皆後所增改太子正宮尹之屬亦後所創置而典章散滅弗可復知宣帝嗣位事不師古官員班品隨情變革至如初置四輔官及六府諸司復置中大夫幷御正內史增置上大夫等則今載於外史餘則朝出夕改莫能詳錄于時雖行周禮內外衆職又兼用秦漢等官今略舉其名號及命數附之於左其紀傳內更有餘官而於此不載者亦史之闕文也柱國大將軍建德四年增置上柱國上將軍也正九命驃騎大將軍開府儀同三司建德四年爲開府儀同大將軍仍增上開府儀同大將軍車騎大將軍儀同三司建德四年改爲儀同大將軍仍增上儀同大將軍雍州牧九命驃騎大將軍右光祿大夫車騎將軍左光祿大夫戶三萬以上州刺史正八命征東征南征西征北等將軍右金紫光祿大夫中軍鎭軍撫軍等將軍左金紫光祿大夫大都督戶二萬以上州刺史京兆尹八命平東平西平南平北等將軍右銀青光祿大夫前右左後等將軍左銀青光祿大夫帥都督柱國大將軍府長史司馬司錄戶一萬以上州刺史正七命冠軍將軍太中大夫輔國將軍中散大夫都督戶五千以上州刺史戶一萬五千以上郡守七命鎭遠將軍建議大夫建忠將軍誠議大夫別將開府長史司馬司錄戶不滿五千以下州刺史戶一萬以上郡守正六命中堅將軍右中郎將寧朔將軍左中郎將儀同府正八命州長史司馬司錄戶五千以上郡守大呼藥六命寧遠將軍右員外常侍揚烈將軍左員外常侍統軍驃騎車騎將軍府八命州長史司馬司錄柱國大將軍府中郎掾屬戶一千以上郡守長安萬年縣令正五命伏波將軍奉車都尉輕車將軍奉騎都尉四征中鎭撫將軍府正七命州長史司馬司錄開府府中郎掾屬戶不滿一千以下郡守戶七千以上縣令正八命州呼藥七命宣威將軍武賁給事明威將軍穴從給事儀同府中郎掾屬柱國大將軍府列曹參軍四平前右左後將軍府七命州長史司馬司錄正八命州別駕戶四千以上縣令八命州呼藥正四命襄威將軍給事中厲威將軍奉朝請軍主開府列曹參軍冠軍輔國將軍府正六命州長史司馬司錄正七命州別駕正八命州中從事七命郡丞戶二千以上縣令正七命州呼藥四命威烈將軍右員外侍郎討寇將軍左員外侍郎幢主儀同府正八命州列曹參軍柱國大將軍府參軍鎭遠建忠中堅寧朔將軍府長史司馬正六命州別駕正七命州中從事正六命郡丞戶五百以上縣令七命州呼藥正三命蕩寇將軍武騎常侍蕩難將軍武騎侍郎開府參軍驃騎車騎將軍府八命州列曹參軍寧遠揚烈伏波輕車將軍府長史正六命州中從事六命郡丞戶不滿五百以下縣令戍主正六命州呼藥三命殄寇將軍強弩司馬殄難將軍積弩司馬四征中鎭撫將軍府正七命州列曹參軍正五命郡丞正二命掃寇將軍武騎司馬掃難將軍武威司馬四平前右左後將軍府七命州列曹參軍五命郡丞戍副二命曠野將軍殿中司馬橫野將軍員外司馬冠軍輔國將軍府正六命州列曹參軍正一命武威將軍淮海都尉武牙將軍山林都尉鎭遠建忠中堅寧朔寧遠揚烈伏波輕車將軍府列曹參軍一命周制封郡縣五等爵者皆加開國授柱國大將軍開府儀同者並加使持節大都督其開府又加驃騎大將軍侍中其儀同又加車騎大將軍散騎常侍其授總管刺史則加使持節諸軍事以此爲常大象元年詔總管刺史及行兵者加持節餘悉罷之辯所制定之後又有改革今粗附之云辯弟光

光字景仁性溫謹博覽羣書精於三禮善陰陽解鍾律又好玄言孝昌初釋褐司空府參軍事及魏孝武西遷光於山東立義遙授晉州刺史大統六年攜家西入除丞相府記室參軍賜爵范陽縣伯俄拜行臺郎中專掌書記改封安息縣伯歷位京兆郡守侍中開府儀同三司匠師中大夫進爵燕郡公虞州刺史行陝州總管府長史卒官周武帝少嘗受業於光故贈賻有加恒典贈少傅諡曰簡光性崇佛道至誠信敬常從周文狩於檀臺山時獵圍既合帝遙指山上謂羣公曰公等有所見不咸曰無所見光獨曰見一桑門帝曰是也卽解圍而還令光於桑門立處造浮圖掘基一丈得瓦鉢錫杖各一帝稱歎因立寺焉及爲京兆而郡舍先是數有妖怪前後郡將無敢居者光曰吉凶由人妖不妄作遂入居之未幾光所乘馬忽升聽事登牀南首而立食器無故自破光並不以介懷其精誠守正如此注道德經章句行於世子賁

賁字子徵略涉書記頗解鍾律在周襲爵燕郡公歷位魯陽太守太子少宮尹儀同三司武上士時隋文帝爲大司馬賁知帝非常人深自推結宣帝嗣位加開府及文帝被顧託羣情未一引賁置左右帝將之東第百官皆不知所去帝潛令賁部伍仗衞因召公卿而謂曰欲富貴者當相隨來往往偶語欲有去就賁嚴兵而至衆莫敢動出崇陽門至東宮門者拒不內賁諭之不去瞋目叱之門者遂却旣而帝得入賁恒典宿衞承間進說以應天順人之事帝從之及受禪命賁清宮因典宿衞賁乃奏改周旗幟更爲嘉名其青龍騶虞朱雀玄武千秋萬歲之旗皆賁所創也尋拜散騎常侍兼太子左庶子左領軍將軍及高熲蘇威共掌朝政賁甚不平時柱國劉昉被疏忌賁諷昉及上柱國元諧李詢華州刺

史張賓等謀黜熲威五人相與輔政又以晉王上之愛子謀行廢立復私謂皇太子曰賁將數謁殿下恐爲上譴願察區區之心謀泄昉等委罪於賓賁公卿奏二人坐當死帝以龍潛之舊不忍加誅並除名賓未幾卒歲餘賁復爵位檢校太常卿以古樂宮縣七八損益不同歷代通儒議無定準乃上表曰殷人以上通用五音周武克殷得鶉火天駟之應其音用七漢與加應鍾故十六枚而在一簴鄭玄注周禮二八十六爲簴此則七八之義其來遠矣然世有沿革用捨不同至周武帝復改縣七以林鍾爲宮夫樂者政之本也故移風易俗莫善於樂是以吳札觀而辯興亡然則樂也者所以動天地感鬼神情發於聲安危斯應周武以林鍾爲宮蓋將亡之徵也且林鍾之管卽黃鍾下生之義黃鍾君也而生於臣明於皇朝九五之應又陰者臣也而居君位更顯國家登極之祥斯實冥數相符非關人事臣聞五帝不相沿樂三王不相襲禮此蓋隨時改制而不失雅正者也帝竟從之改七縣八黃鍾爲宮詔賁與儀同楊慶和刊定周齊音律未幾歷郢虢懷三州刺史在懷州決沁水東注名曰利人渠又派入溫縣名曰溫潤渠以溉舄鹵人賴其利後爲齊州刺史糴官米而自糶坐除名後從幸洛陽帝從容謂曰我始爲大司馬及總百揆頻繁左右與卿足爲恩舊卿若無過位與高熲齊坐與凶人交搆由是廢黜言念疇昔之恩復處牧伯之位何乃不思報効以至於此吾不忍殺卿是屈法申私耳賁俯伏陳謝詔復本官後數日對詔失旨又自叙功績有怨言帝大怒謂羣臣曰吾將與賁一州觀此不可復用後皇太子爲其言曰此輩並有佐命功雖性行輕險誠不可棄帝曰我抑屈之全其命也微劉昉鄭譯及賁柳裘皇甫績等則我不至此然此等皆反覆子也當周宣帝時以無賴得幸及帝大漸顏之儀等請以趙王輔政此輩行詐顧命於我我將爲政又欲亂之故昉謀大逆於前譯爲巫蠱於後如賁之例皆不滿志任之則不遜致之則怨自難信也非我棄之衆人見此或有竊議謂我薄於功臣斯不然矣蘇威進曰漢光武欲全功臣皆以列侯奉朝請至尊仁育復用此道以安之上曰然遂廢卒於家

勇字季禮景裕從弟也父壁魏下邳太守勇初與景裕俱在學其叔同曰白頭必以文通季禮當以武達與吾門者二子也幽州反者僕骨邪以勇爲本郡范陽王時年十八後葛榮又以勇爲燕王齊神武起兵盧文偉召之不應尒朱氏滅乃赴晉陽神武署丞相主簿屬山西霜儉運山東租輸皆令實載違者罪之令勇典其事鄉郡公主虛僦千餘車勇劾之公主訴於神武而勇守法不虧神武謂郭秀曰盧勇懍懍有不可犯色眞公人也方當委之大事豈止納租而已後行洛州事元象初官軍圍廣州未拔行臺侯景聞西魏救兵將至集諸將議之勇請進觀形勢於是率百騎各攏一馬至大隗山知西魏將李景和將至勇乃多置幡旗於樹頭分騎爲數十隊鳴角直前禽西魏儀同程華斬儀同王征蠻而還再遷揚州刺史鎭宜陽叛人韓木蘭陳忻等常爲邊患勇大破之啓求入朝神武賜勇書曰吾委卿揚州安枕高卧無西南之慮矣表啓宜停當使漢兒之中無在卿前者卒年三十二勇有馬五百匹私造甲仗遺啓盡獻之贈司空冀州刺史謚武貞

誕本名恭祖曾祖晏博學善隸書有名於世仕慕容氏位給事黃門侍郎營丘成周二郡守祖壽太子洗馬慕容氏滅入魏爲魯郡守父叔仁年十八州辟主簿舉秀才除員外郎以親老乃辭歸就養父母既沒哀毀六年躬營墳壠遂有終焉之志景明中被徵入洛授武賁中郎將非其好也尋除鎭遠將軍通直散騎常侍並稱疾不朝乃出爲幽州司馬又辭歸鄉里當時咸稱其高尚焉誕於度世爲族弟幼而通亮博學有詞彩郡辟功曹州舉秀才不行起家侍御史累遷輔國大將軍太中大夫幽州別駕北豫州都督府長史時刺史高仲密以州歸西魏遣大將軍李遠率軍赴援誕與文武二千餘人奉侯大軍以功授鎭東將軍金紫光祿大夫封固安縣伯尋加散騎侍郎拜給事黃門侍郎魏帝詔曰經師易求人師難得朕諸兒稍長欲令卿爲師於是親幸晉王第勑晉王以下皆拜之於帝前因賜名曰誕加征東將軍散騎常侍周文帝又以誕儒宗學府爲當世所推乃拜國子祭酒進車騎大將軍儀同三司恭帝二年除祕書監後以疾卒

論曰盧玄緒業著聞首應旌命子孫繼迹爲世盛門其文武功烈殆無足紀而見重於時聲高冠帶蓋德業儒素有過人者伯源兄弟亦有二方之風流雅道家聲諸子不逮思道一代俊偉而宦途寥落雖曰窮通抑亦不護細行之所致乎潛及昌衡雅素之紀家風克嗣堂構無虧子剛使酒誕節蓋亦明珠之類長仁諫說可重一簣而傾惜矣伯舉仲宣文雅俱劭叔彪志尚宏遠任俠好謀文偉望重地華早有志尚間關夷險之際終遇英雄之主雖禮秩未弘亦爲佐命之一也詢祖辭情艶發早著聲名負其才地肆情矜矯位遇未聞弱年夭逝若得終介眉壽通塞未可量焉叔倫質器洪厚卷舒兼濟子章殘忍爲志咎之徒也景裕兄弟雅業可宗雖擇木異邦而立名俱劭辯損益成務其殆優乎勇雖文武異趣各其美也賁二三其德雖取悅於報已而移之在我亦安能其罵人見遺末路尚何足怪誕不殞儒業亦足稱云

北史卷三十考證

盧玄傳初湛父志法鍾繇書○湛監本訛諶今從上文曾祖湛句改正

昌衡傳昌衡獨無所言左僕射高熲目而異之○熲監本訛頴今改從隋書

元聿傳諸商胡負官責息者宦者陳德信縱其妄注○宦監本訛官今改從南本

柔傳大軍屢捷○大監本訛太今改從南本

文偉傳邻甚重其敏贍○邻謂邢邻也監本誤郡今從上文改正

同傳明帝世朝政稍衰○衰監本誤稀今改從魏書

同時久病牽強○魏書牽強下有從務二字

景裕傳夢沙門教講經覺時如所夢講誦千遍臨刑刃折○謂魏書作熈

北史卷三十一

唐　李延壽　撰

列傳第十九

高允 從祖弟祐　祐曾孫德正　祐從子乾　昂　季式

高允字伯恭勃海蓨人漢太傅裒之後也曾祖慶慕容垂司空祖父泰吏部尚書父韜少以英朗知名同郡封懿雅相推敬亦仕慕容垂爲太尉從事中郎道武平中山以爲丞相參軍早卒允少孤夙成有奇度清河崔宏見而異之歎曰高子黃中內潤文明外照必爲一代偉器但吾恐不見耳年十餘歲祖父泰喪還本郡允推財與二弟而爲沙門名法淨未久而罷性好文學擔笈負書千里就業博通經史天文術數尤好春秋公羊曾作塞上公詩有混欣戚遺得喪之致神䴥三年太武舅陽平王杜超行征南大將軍鎭鄴以允爲從事中郎年四十餘矣超以方春而諸州囚不決表允與中郎呂熙等分詣諸州共評獄事熙等皆以貪穢得罪唯允以清平獲賞府解還家敎授受業者千餘人四年與盧玄等俱被徵拜中書博士遷侍郎與太原張偉並以本官領衞大將軍樂安王範從事中郎範太武寵弟西鎭長安允甚有匡益秦人稱之尋被徵還樂平王丕西討上邽復以本官參丕軍事以謀平涼州之勳賜爵汶陽子後奉詔領著作郎與司徒崔浩述成國記時浩集諸術士考校漢元以來日月薄蝕五星行度幷譏前史之失別爲魏歷以示允允曰善言遠者必先驗於近且漢元年冬十月五星聚於東井此乃歷術之淺事今譏漢史而不覺此謬恐後之譏今猶今之譏古浩曰所謬云何允曰案星傳金水二星常附日而行冬十月日且在尾箕昏沒於申南而東井方出於寅北二星何因背日而行是史官欲神其事不復推之於理浩曰欲爲變者何所不可君獨不疑三星之聚而怪二星之來允曰此不可以空言爭宜更審之時坐者咸怪唯東宮少傅游雅曰高君長於歷當不虛言也後歲餘浩謂允曰先所論者本不經心及更考究果如君語以前三月聚於東井非十月也又謂雅曰高允之術陽源之射也衆乃歎服允雖明於歷數初不推步有所論說惟游雅數以災異問允允曰昔人有言知之甚難既知復恐漏泄不如不知也天下妙理至多何遽問此雅乃止尋以本官爲秦王翰傅後勑以經授景穆甚見禮待又詔允與侍郎公孫質李靈胡方回共定律令太武引允與論刑政言甚稱旨因問允萬機何者爲先時多禁封良田又京師遊食衆允因曰臣少也賤所知唯田請言農事古人云方一里則爲田三頃七十畝方百里則田三萬七千頃若勤之則畝益三升不勤則畝損三升方百里損益之率爲粟二百二十二萬斛況以天下之廣乎若公私有儲雖遇饑年復何憂乎帝善之遂除田禁悉以授百姓初崔浩薦冀定相幽并五州士數十人各起家爲郡守景穆謂浩曰先召之人亦州郡選也在職已久勤勞未答今可先補前召外任郡縣以新召者代爲郎吏又守令宰人宜使更事者浩固爭而遣之允聞之謂東宮博士管恬曰崔其不免乎苟逞其非而校勝於上何以能濟遂東

公翟黑子有寵於太武奉使并州受布千疋事發黑子問允主上問我首乎諱乎允曰公幃幄寵臣答詔宜實中書侍郎崔鑒公孫質等咸言宜諱之黑子以鑒等爲親已怒而絕允而不以實對終獲罪戮時著作令史閔湛郗標性巧佞爲崔浩信待見浩所著詩書論語及易遂上疏言馬鄭王賈不如浩之精微請收藏境內諸書班浩所注并求勑浩注禮傳浩亦表薦湛有著述才湛等又勸浩刊所撰國史于石以彰直筆允聞之謂著作郎宗欽曰閔湛所營分寸之間恐爲崔門萬世之禍吾徒無類矣未幾而難作初浩之被收允直中書省景穆使召允留宿宮內翌日命驂乘至宮門謂曰入當見至尊吾自導卿脫至尊有問但依吾說既入見景穆言允小心愼密且微賤制由於浩請赦之帝召允謂曰國書皆浩作不允曰太祖記前著作郎鄧彥海所撰先帝記及今記臣與浩同作然而臣多於浩帝大怒曰此甚於浩安有生路景穆曰天威嚴重允逃亂失次耳臣向問皆云浩作帝問如東宮不允曰臣罪應滅族不敢虛妄殿下以臣侍講日久哀臣乞命耳實不問臣不敢迷亂帝謂景穆曰直哉此亦人情所難而能臨死不移且對君以實貞臣也寧失一有罪宜宥之允竟得免于是召浩前使人詰惶惑不能對允事事申明皆有條理時帝怒甚勑允爲詔自浩以下僮吏以上一百二十八人皆夷五族允持疑不爲頻詔催切允乞更一見然後爲詔詔引前允曰浩之所坐若更有餘釁非臣敢知直以犯觸罪不至死帝怒命介士執允景穆拜請帝曰無此人忿朕當有數千口死矣浩竟族滅餘皆身死宗欽臨刑歎曰高允其殆聖乎景穆後讓允以不同已所導之言而令帝怒允曰夫史籍帝王之實錄將來之炯誡今之所以觀往後之所以知今是以言行舉動莫不備載故人君愼焉然浩世受殊遇榮耀當時私欲沒其公廉愛憎蔽其直理此浩之責也至於書朝廷起動之跡言國家得失之事此爲史之本體未爲多違然臣與浩寔同其事死生義無獨殊誠荷殿下再造之慈違心苟免非臣之意景穆動容稱歎允後與人言曰我不奉東宮導旨者恐負翟黑子也景穆季年頗親近左右營立田園以收其利允諫曰殿下國之儲貳四海屬心言行舉動萬方所則而營立私田畜養雞犬乃至販酤市廛與人爭利議聲流布不可追掩夫天下者殿下之天下富有四海何求而不獲何欲而弗從而與販夫販婦競此尺寸願殿下少察過言斥出佞邪所在田園分給貧下如此則休聲日至謗議可除景穆不納景穆之崩也允久不進見後見升階歔欷悲不能止帝流淚命允使出左右莫知其故相謂曰允無何悲泣令至尊哀傷何也帝聞之召而謂曰汝不知高允悲乎崔浩誅時允亦應死東宮苦請是以得免今無東宮允見朕悲耳先是勑允集天文災異使事類相從約而可觀允依洪範傳天文志撮其事要略其文辭凡爲八篇帝覽而善之曰高允之明災異亦豈減崔浩乎及文成卽位允頗有謀焉司徒陸麗等皆受重賞允既不蒙褒異又終身不言其忠而不伐皆此類也給事中郭善明性多機巧欲逞其能勸文成大起宮室允諫曰臣聞太祖道武皇帝既定天下始建都邑其所營立必因農隙今建國已久宮室已備永安前殿足以朝會萬國西堂溫室足以安御聖躬紫樓臨望可以周覽遠近若廣修壯麗爲異觀者宜漸致之不可倉卒計斫材軍士及諸雜役須二萬丁夫充作老小供餉合四萬人半年可訖古人有言一夫不耕或受其飢一婦不織或受其寒況數萬之衆其所損費亦已多矣帝納之允以文成纂承平之業而風俗仍舊婚娶喪葬不依古式乃諫曰前朝之世屢發明詔禁諸婚娶不得作樂及葬送之日歌謠鼓舞殺牲燒葬一切禁絕雖條旨久班而不革變將由居上者未能悛改爲下者習以成俗敎化陵遲一至於此詩云爾之敎矣人胥效矣人君舉動不可不愼禮云嫁女之家三日不息火娶妻之家三日不舉樂今諸王納室皆樂部給伎以爲嬉戲而獨禁細人不得作樂此一異也古之婚者皆采德義之門妙簡貞閑之女先之以媒娉繼之以禮物集寮友以重其別親御輪以崇其敬今諸王十五便賜妻別居然所配者或長少差舛或罪入掖庭而以作合宗王妃嬪藩懿失禮之甚無復此過今皇子娶妻多出宮掖令天下小人必依禮限此二異也凡萬物之生靡不有死然葬者藏也死者不可再見故深藏之昔堯葬穀林農不易畝舜葬蒼梧市不改肆秦始皇作爲地市下錮三泉死不旋踵尸焚墓掘由此推之堯舜之儉始皇之奢是非可見今國家營葬費損巨億一旦焚之以爲灰燼上爲之而不輟而禁下人之必止此三異也古者祭必立尸序其昭穆使亡者有憑致食饗之禮今葬之魂人直求貌類者事之如父母宴好如夫妻損敗風化黷亂情禮莫此之甚上未禁之下不改絕此四異也夫大饗者所以定禮儀訓萬國故聖王重之至乃爵盈而不飲肴乾而不食樂非雅聲則不奏物非正色則不列今之大會內外相混酒醉喧嘵罔有儀式又俳優鄙褻汙辱視聽朝廷積習以爲美而責風俗之清純此五異也今陛下當百王之末踵晉亂之弊而不矯然釐改以厲頹俗臣恐天下蒼生永不聞見禮敎矣允如此非一帝從容聽之或有觸迕帝所不忍聞者命左右扶出事有不便允輒求見帝知允意逆屏左右以待之禮敬甚重晨入暮出或積日居中朝臣莫知所論或有上事陳得失者帝省而謂羣臣曰君父一也父有是非子何爲不作書於人中諫之使人知惡而於家內隱處也豈不以父親恐惡彰於外也今國家善惡不能面陳而上表顯諫以此豈不彰君之短明已之美至如高允者眞忠臣矣朕有是非恒正言面論至朕所不忍聞者皆侃侃論說無所避就朕聞其過而天下不知其諫豈不忠乎汝等在左右不曾聞一正言但伺朕喜以求官汝等以弓刀侍朕徒立勞耳皆至公王此人執筆匡我不過著作郎汝等不亦愧乎於是拜允中書令著作如故司徒陸麗曰高允雖蒙寵待而家貧布衣妻子不立帝怒曰何不先言今見朕用之方言其貧是日幸允第唯草屋數間布被縕袍廚中鹽菜而已帝歎息曰古人之清貧豈有此乎卽賜帛五百疋粟千斛拜長子忱爲長樂太守允頻表固讓帝不許初與允同徵游雅等多至通官封侯及允部下吏百數十人亦至刺史二千石而允爲郎二十七年不徙官時百官無祿允恒使諸子樵採自給初尚書竇瑾坐事誅瑾子遵亡在山澤遵母焦沒入縣官後焦以老得免瑾之親故莫有恤者允愍焦年老保護在家積六年遵始蒙赦其篤行如此轉太常卿本官如故允上代都賦因以規諷亦二京之流也時中書博士索敞與侍郎傅默梁祚論名字貴賤著議紛紜允遂著名字論以釋其惑甚有典證復以本官領祕書監解太常卿進爵梁城侯初允與游雅及太原張偉同業相友雅嘗論允曰夫喜怒者有生所不能無也而前史載卓公寬中文饒洪量褊心者或之弗信余與高子游處四十餘年未見是非慍喜之色不亦信哉高子內文明而外柔弱其言吶吶不能出口余常呼爲文子崔公謂余云高生豐才博學一代佳士所乏者矯矯風節耳余亦然之司徒之譴起於纖微及於詔責崔公聲嘶股戰不能一言宗欽以下伏地流汗都無人色高子敷陳事理申釋是非辭義淸辯音韻高亮明主爲之動容聽者無不稱善仁及寮友保茲元吉向之所謂矯矯者更在斯乎宗愛之任勢也威振四海嘗召百司於都堂王公以下望庭畢拜高子獨升階長揖由此觀之汲長孺可臥見衞青何抗禮之有向之所謂風節者得不謂此乎知人故不易人亦不易知吾既失之於心內崔亦漏之於形外鍾期止聽於伯牙夷吾見明於鮑叔良有以也其爲人物所推如此文成重允常不名之恒呼爲令公令公之號播於四遠矣文成崩獻文居諒闇乙弗渾專擅朝命謀危社稷文明太后誅之引允禁中參決大政又詔允曰朕稽之舊典欲置學官與郡國卿儒宗元老宜與中祕二省參議以聞允表請制大郡立博士二人助敎四人學生一百人次郡立博士二人助敎二人學生八十人中郡立博士一人助敎二人學生六十人下郡立博士一人助敎一人學生四十人其博士取博關經典履行忠清堪爲人師者年限四十以上助敎亦與博士同年限四十以上若道業夙成才任敎授不拘年齒學生取郡中清望人行脩謹堪束脩名敎者先盡高門次及中等帝從之郡國立學自此始也後允以老疾頻上表乞骸骨詔不許於是乃著告老詩又以昔歲同徵零落將盡感逝懷人作徵士頌蓋止於應命其有命而不至則闕焉其著頌者中書侍郎固安侯范陽盧玄子眞郡功曹史博陵崔綽茂祖河內太守下樂侯廣甯燕崇玄略上黨太守高邑侯廣甯常陟公山征南大將軍從事中郎勃海高毗子翼征南大將軍從事中郎勃海李欽道賜河西太守饒陽子博陵許堪祖根中書郎新豐侯京兆杜銓士衡征西大將軍從事中郎京兆韋閬友規京兆太守趙郡李詵令孫太常博士鉅鹿公趙郡李靈武符中書郎中卽丘子趙郡李遐仲熙營州刺史建安公太原張偉仲業輔國大將軍從事中郎范陽祖邁征東大將軍從事中郎范陽祖侃士倫東郡太守蒲陰子中山劉策濮陽太守眞定子常山許琛行司隸校尉中都侯西河宋宣道茂中書郎燕郡劉遐彥鑒中書郎武恒子河間邢穎宗敬滄水太守浮陽侯勃海高濟叔仁太平太守原平子鴈門李熙士元祕書監梁郡公廣平游雅伯度廷尉正安平子博陵崔建興祖廣平太守列人侯西河宋愔州主簿長樂潘符郡功曹長樂杜熙征東大將軍從事中郎中山張綱中書郎上谷張誕叔術祕書郎鴈門王道雅祕書郎鴈門閔弼衞大將軍從事中郎中山郎苗大司馬從事中郎上谷侯辯陳郡太守高邑子趙郡呂季才合三十四人其詞曰紫氣干天羣雄亂夏王襲徂征戎車屢駕掃盪遊氛克翦袄霸四海從風八垠漸化政敎無外既寧且壹偃武

櫜兵唯文是恤帝乃虛求搜賢採逸巖隱投竿異人並出亹亹盧生量遠思純鑽道據德遊藝依仁旌弓旣招釋褐投巾攝齊升堂嘉謀日陳自東徂南躍馬馳輪僭馮影附劉以和親茂祖兇單夙離不造克己勉躬聿隆家道敦心六經遊思文藻終辭寵命以之自保燕常篤信百行靡遺仕不苟進任理栖遲居沖守約好讓善推思賢樂古如渴如饑子翼致遠道賜悟深相期以義和若瑟琴並參幕府俱發德音優遊卒歲聊以寄心祖根運會克光厥猷仰緣朝恩俯因德友功雖後建爵寔先受班同舊臣位並羣后士衡孤立內省靡疚言不崇華交不遺舊以產則貧論道則富所謂伊人寔邦之秀卓矣友規稟茲淑量存彼大方擯此細讓神與理冥形隨流浪雖屈王侯莫廢其尚趙寔名區世多奇士山岳所鍾挺生三李矯矯清風抑抑容止初九而濟望雲而起訦尹西都靈惟作傳載訓皇宮截理雲霧熙雖中天迹階郎署餘塵可挹終亦顯著仲業深長雅性清到憲章古式綢繆典誥時逢嶮艱常一其操納衆以仁訓下以孝化洽龍川人歸其教邁則英賢侃亦稱選聞達邦家名行素顯志在兼濟豈伊獨善繩匠弗顧功不獲展劉許履忠竭力致躬出則騁說入獻其功輶軒一舉橈燕下崇名彰魏世享業亦隆道茂夙成弱冠播名與朋以信行物以誠怡怡昆弟穆穆家庭發響九皐翰飛紫宸頻煩省闥亦司于京刑以之中政以之平猗歟彥鑒思參文雅率性任眞器成非假靡矜于高莫恥于下乃謝朱門歸迹林野宗敬延舉號爲四儁華藻雲飛金聲夙振中遇沉痾賦詩以諷忠顯于辭理出于韻高滄朗達默識該通領新悟異發自心胷質侔和璧文照雕龍耀姿天邑衣錦舊邦士元先覺介焉不惑振袂來庭始賓王國蹈方履正好是繩墨淑人君子其儀不忒孔稱游夏漢美卿雲越哉伯度出類踰羣司言祕閣作牧河汾移風易俗理亂解紛融彼滯義渙此潛文儒道以析九流以分崔宋二賢誕性英偉擢穎閭閻聞名象魏謇謇儀形邈邈風氣達而不矜素而能貴潘符樹尚杜熙好和清不潔流渾不同波絕希龍津止分常科幽而逾顯損而逾多張綱柔謙叔衡正直道雅治聞弱爲兼識拔萃衛門俱漸鴻翼發憤忘飡豈要斗食率禮從仁罔愆于式失不繫心得不形色郎苗始舉用均已試智足周身言足爲誌性協於時情敏於事與今而同與古而異物以利移人以酒昏侯生潔已唯義是敦日縱醇醪逾敬逾温其在私室如涉公門季才之性柔而執競屈彼南秦申威致命誘之以權矯之以正帝道用光邊王內慶羣賢遭世顯名有代志竭其忠才盡其槩體襲朱裳腰紉雙佩榮曜當時風高千載君臣相遇理實難階昔因朝命與之克諧披衿散想解帶舒懷此昕猶昨存亡奄乖靜言思之衷心九摧揮毫頌德潛爾增哀皇興中詔允兼太常至兗州祭孔子廟謂允曰此簡德而行勿有辭也後允從獻文北伐大捷而還至武川鎭上北伐頌帝覽而善之帝時有不豫以孝文沖幼欲立京兆王子推集諸大臣以次召問允進跪上前涕泣曰臣不敢多言以勞神聽願陛下上思宗廟託附之重追念周公抱成王之事帝於是傳位於孝文賜允帛百疋以摽忠亮又遷中書監加散騎常侍雖久典史事然不能專勤屬述時與校書郎劉模有所緝綴大較依續崔浩故事準春秋之體而時有刊正自文成迄于獻文軍國書檄多允作也末乃薦高閭以自代以定議之勳進爵咸陽公尋授懷州刺史允秋月巡境問人疾苦至邵縣見邵公廟廢毀不立乃歎曰邵公之德闕而不祀爲善者何望乃表修葺之允於時年將九十矣勸人學業風化頗行然儒者優遊不以斷決爲事後正光中中書舍人河內常景追思允率郡中故老爲允立祠於野王之南樹碑紀德焉太和二年又以老乞還鄉章十餘上卒不聽許遂以疾告歸其年詔以安車徵允勑州郡發遣至都復拜鎭軍大將軍領中祕書事固辭不許扶引就內改定皇誥又被勑論集往世酒之敗德以爲酒訓孝文覽而悅之常置左右詔允乘車上殿朝賀不拜明年詔允議定律令雖年漸期頤而志識無損猶心存舊職披考史書又詔曰允年涉危境而家貧養薄可令樂部絲竹十人五日一詣允以娛其志特賜允蜀牛一頭四望蜀車一乘素几杖各一蜀刀一口又賜珍味每春秋致之尋詔朝晡給御膳朔望致牛酒衣服綿絹每月送給允皆分之親故是時貴臣之門並羅列顯官而允子弟皆無官爵其廉退若此遷尚書散騎常侍時延入備几杖詢以政事十年加光祿大夫金章紫綬朝之大議皆諮訪焉其年四月有事西郊詔御馬車迎允就郊所板殿觀矚馬忽驚奔車覆傷眉三處孝文文明太后遣醫藥護療存問相望司駕將處重坐允啓陳無恙乞免其罪先是命中黃門蘇興壽扶侍允存雪中遇犬驚倒扶者大懼允慰勉之不令聞徹興壽稱共允接事三年未嘗見其忿色恂恂善誘誨人不倦晝夜手常執書吟咏尋覽篤親念故虛己存納雖處貴重志同貧素性好音樂每至伶人弦歌鼓舞常擊節稱善又雅信佛道時設齋講好生惡殺魏初法嚴朝士多見杖罰允歷事五帝出入三省五十餘年初無譴咎始眞君中以獄訟留滯始令中書以經義斷諸疑事允據律評刑三十餘載內外稱平允以獄者人命所係常歎曰臯陶至德也其後英蓼先亡劉項之際英布黥而王經世雖久猶有刑之餘釁況凡人能無咎乎性簡至不妄交遊獻文之平青齊徙其族望於代時諸士人流移遠至率皆飢寒徙人之中多允姻媾皆徒步造門允散財竭產以相贍振慰問周至無不感其仁厚又隨其才能表奏申用時議者皆以新附致異允謂取材任能無宜抑屈先是允被召在方山作頌志氣猶不多損談說舊事了無所遺十一年正月卒年九十八初允每謂人曰吾在中書時有陰德濟救人命若陽報不差吾壽應享百年矣先卒旬外微有不適猶不寢臥呼醫請藥出入行止吟咏如常孝文文明太后聞而遣醫李修往脈視之告以無恙李修密陳允榮衞有異懼其不久於是遣使備賜御膳珍羞自酒米至于鹽醢百有餘品皆盡時味及牀帳衣服茵被几杖羅列於庭王官往還慰問相屬允喜形於色語人曰天恩以我篤老大有所賚得以贍客矣表謝而已不有他慮如是數日夜中卒家人莫覺詔給絹一千疋布二千疋綿五百斤錦五十疋雜綵百疋穀千斛以周喪用魏初以來存亡蒙賚者莫及朝廷榮之將葬贈侍中司空公冀州刺史將軍公如故謚曰文賜命服一襲允所製詩賦詠頌箴論表讚誄左氏釋公羊釋毛詩拾遺雜解議何鄭膏肓事凡百餘篇別有集行於世允尤明算法爲算術三卷子忱字士和位長安太守爲政寬惠百姓安之後例降爵爲侯卒子貴賓襲忱弟懷字士仁恬淡退靜位太尉東陽王丕諮議參軍子綽字僧裕少孤恭敏自立身長八尺腰帶十圍沉雅有度量博涉經史稍遷洛陽令爲政強直不避豪右京邑憚之延昌初尚書右丞後爲御史中尉元匡奏高聰及綽朋附高肇詔並原罪歷豫并二州刺史卒謚文簡允弟推字仲讓早有名譽太延中以前後南使不稱妙簡行人游雅薦推應選詔兼散騎常侍使宋南人稱其才辯卒於建業贈臨邑子謚曰恭推弟燮字季和亦有文才太武每詔徵辭疾不應恒笑允屈折久官栖泊京邑常從容於家州辟主簿卒孫市賓永熙中開府從事中郎始神䴥中允與從叔濟族兄眺及同郡李金俱被徵濟位滄水太守浮陽子卒贈冀州刺史謚曰宣子矯襲矯弟遵字世禮賤出其兄矯等常欺侮之及父亡不令在喪位遵遂馳赴平城歸允允爲作計乃爲遵父舉哀以遵爲喪主京邑無不弔集朝貴咸識之徐歸奔赴免喪後爲營宦路遵感成益之恩事允如諸父涉歷文史頗有筆扎隨都將長廣公侯窮奇等平定三齊以功賜爵高昌男補安定王相撰太和安昌二殿畫圖後與中書令高閭增改律令進中書侍郎假中書令詣長安刋燕宣王廟碑進爵安昌子使濟兗徐三州觀風理訟進中都令及新制衣冠孝文恭薦宗廟遵形貌莊潔音氣雄暢常兼太祝令跪贊禮事爲俯仰之節粗合儀矩由是帝頗識待之後與游明根高閭李沖等入議律令親對御坐時有陳奏出爲齊州刺史建節歷本州宗鄉改觀而矯等彌妬毀之遵性不廉清在中書時每假歸山東必借備騶馬將從百餘屯逼人家不得絲縑滿意則詬詈不去旬月之間縑布千數郡邑苦之旣莅方岳本意未弭選召僚吏多所取納又其妻明氏家在齊州母弟舅甥共相憑屬爭取貨利嚴暴非理殺害甚多貪酷之響帝頗聞之及車駕幸鄴遵自州來朝會有赦宥遵臨還州請辭帝於行宮引見誚讓之遵自陳無負帝厲聲曰若無遷都赦必無高遵矣又卿非唯貪惏又虐於刑法謂何如濟陰王猶不免於法卿何人而爲此行自今宜自謹約還州仍不悛革齊州人孟僧振至洛訟遵詔廷尉少卿鄧述窮鞫皆如所訴先沙門道登過遵遵以道登荷眷於孝文多奉以貨深託仗之道登屢因言次申啓救遵帝不省納遂詔述賜遵死時遵子元榮詣洛訟寃猶恃道登不時還赴道登知事決方乃遣之遵恨其妻不與訣別處沐浴引椒而死元榮學尚有文才長於几案位兼尚書右丞爲西道行臺至高平鎭遇城翻被害遵弟次文雖無位宦而貲產巨萬遵每責其財又結憾於遵吉凶不相往反時論責之眺字子翼鄉邑稱爲長者位征南從事中郎初允所引劉模者長樂信都人頗涉經籍允撰修國記選爲校書郎與其緝著常令模帶持管籥每日同入史閣接膝對筵屬述時事允年已九十手目稍衰多遺模執筆而占授裁斷之如此者五六歲允所成篇卷模預有功太和中除南潁川太守王肅之歸闕路經縣瓠羈旅窮悴時人莫識模獨經給所須弔待以禮肅深感其意及肅臨豫州模猶在郡徵報復之由是爲新蔡太守在二郡積十年寬猛相濟頗有聲稱遷陳留太守時年七十餘矣而飾老隱年昧禁自劾遂家於南潁川不復歸其舊鄉矣

祐字子集，允之從祖弟也。本名禧，以與咸陽王同名，孝文賜名焉。祖展，慕容寶黃門郎，道武平中山，徙京師，卒於三都大官。父讜，從太武滅赫連昌，以功賜爵南皮子，與崔浩共參著作，位中書侍郎、給事中、冀青二州中正，假散騎常侍、脩縣侯，使高麗，卒，贈冀州刺史、假滄水公，謚曰康。祐兄祚，襲爵，位東青州刺史。祐博涉書史，好文字雜說，性通放，不拘小節。自中書學生再遷中書侍郎，賜爵建康子。文成末，兗州東郡吏獲一異獸，送之京師，時無識者。詔以問祐，祐曰：「此是三吳所出，厥名鯪鯉，餘域率無，今我獲之，吳楚之地其有歸國乎？」又有人於靈丘得玉印一以獻，詔以示祐，祐曰：「印上有籀書二字，文曰宋壽。壽者命也，我獲其命，亦是歸我之徵。」獻文初，宋義陽王昶來奔，薛安都等以五州降附，時謂祐言有驗。孝文初，拜祕書令，後與丞李彪等奏曰：「尚書者，記言之體；春秋者，錄事之辭。尋覽前志，斯皆司動之實錄也。惟聖朝創制上古，開基長發，自始祖以後，至於文成，其間世數久遠，是以史弗能傳。臣等疏漏，忝當史職，披覽國記，竊有志焉。愚謂自王業始基，庶事草創，皇始以降，光宅中土，宜依遷、固大體，令事類相從，紀傳區別，表志殊貫。如此修緝，事可備書。著作郎已下，請取有才用者參造國書，如得其人，三年有成矣。」帝從之。孝文嘗問祐：「比水旱不調，何以止災而致豐稔？」祐曰：「堯湯之運，不能去陽九之會，陛下道同前聖，其如小旱何？但當旌賢佐政，則災消穰至矣。」又問止盜之方，祐曰：「苟訓之有方，寧不易息？當須宰守貞良，則盜賊止矣。」祐又上疏云：「今選舉不采職政之優劣，專簡年勞之多少，斯非盡才之謂。宜棄彼朽勞，唯才是舉。又勳舊之臣，年勤可錄而才非撫人者，則可加以爵賞，不宜委以方任，所謂王者可私人以財，不私人以官者也。」帝皆善之，加給事中、冀州大中正。時李彪事統著作，祐爲令，時關豫而已。出爲西兗州刺史、假東光侯，鎮滑臺。祐以郡國雖有太學，縣黨宜有黌序，乃縣立講學，黨立教學，村立小學。又令一家之中，自立一碓，五家之外，共造一井，以給行客，不聽婦人寄舂取水。又設禁賊之方，令五五相保，若盜發則連其坐。初似煩碎，後風化大行，寇盜止息。轉宋王劉昶傅，以參定律令，賜帛粟馬等。昶以其舊官年耆，雅相祇重。拜光祿大夫，傅如故。昶薨，徵爲宗正卿，而祐留連彭城，久不赴。僕射李沖奏祐無事稽命，處刑三歲，以贖論，免卿任，復爲光祿。卒，太常謚曰煬侯，詔曰：「不遵上命曰靈，可謚爲靈。」子和璧，字僧壽，有學尚，位中書博士，早卒。和璧子顒，字門賢，學涉有時譽，襲爵建康子，仕輔國將軍、朝散大夫，贈滄州刺史，謚曰惠。子德正襲。

德正幼而敏慧，有風神儀表。初爲齊文宣儀同開府參軍，尋知管記事，甚相親狎。累遷相府掾。神武委以腹心，從給事黃門侍郎，方雅周慎，動見稱述。文襄嗣業，如晉陽，文宣在鄴居守，令德正參機密，彌見親重。文襄之崩，勳將等以纘戎事重，勸文宣早赴晉陽，文宣不決，夜中召楊愔、杜弼、崔季舒及德正等，策始定。以愔從，令德正居守，以爲相府司馬，專知門下事。德正與文宣舊昵，愛言無不盡。散騎常侍徐之才、館客宋景業先爲天文圖讖學，又陳山提家客楊子術有所援引，並因德政勸文宣行禪代事。德正又固請，文宣恐愔不決，自請赴鄴與愔言，乃定。還未至，而文宣便發晉陽，至平城都，召諸勳將入，告以禪讓事，諸將莫敢答者。時杜弼爲長史，密啓文宣，恐關西因此自稱義兵，挾天子而東向，將何以待之？才云：「今若先受魏禪，關西自應息心；縱欲屈强，止當逐我稱帝。」弼無以答。文宣以衆意未叶，又先得太后旨云：「汝父如龍，汝兄如猛獸，皆以帝王之重，不敢妄據，尚以人臣終，何欲行舜禹事？此正是高德正敎汝。」又說者以爲昔周武王再駕盟津，然始革命，於是乃旋晉陽。自是居常不悅。徐之才、宋景業等每言卜筮雜占陰陽緯候，必宜以五月應天命，德正亦敦勸不已。仍白文宣追魏收，收至，令撰禪讓詔冊、九錫、建臺及勸進文表。至五月初，文宣發晉陽，德正又錄在鄴諸事條進於文宣。文宣令陳山提馳驛齎事條并密書與楊愔，山提以五月至鄴，楊愔即召太常卿邢邵、七兵尚書崔㥄、度支尚書陸操、太子詹事王昕、給事黃門侍郎楊休之、中書侍郎裴讓之等議撰儀注。六日，要魏太傅咸陽王坦、錄尚書事濟陰王暉業等總集，引入北宮，留于東齋，受禪後乃放還宅。文宣發至前亭，所乘馬忽倒，意甚惡之，至平城都，便不復肯進。德正與徐之才苦請曰：「山提先去，恐其漏泄。」不果，即命司馬子如、杜弼馳驛續入，觀察物情。七日，子如等至鄴，衆人以事勢已決，無敢異言。九日，文宣至城南頓所。時既未行詔勑，諸公文書唯云奉約束，德正及楊愔宣署而已。受禪日，堯難宗染赤雀以獻，帝尋知之，亦弗責也。是日，即除德正爲侍中，又領宗正卿，尋遷吏部尚書，侍中如故，封藍田縣公。天保七年，遷尚書右僕射，兼侍中，食勃海郡幹。德正與尚書令楊愔綱紀朝政，多有弘益。文宣末年，縱酒酣醉，德正屢進忠言，帝不悅，又謂左右云：「高德正恒以精神陵逼人。」德正甚憂懼，乃移疾屏居佛寺，兼學坐禪，爲退身之計。帝謂楊愔曰：「我大憂高德正，其疾何似？」愔知帝內忌之，由是答云：「陛下若用作冀州刺史，病即自差。」帝從之。德正見除書而起，帝大怒，謂曰：「聞爾病，我爲爾針。」親以刀子刺之，血流霑地。又使曳下斬去其趾，劉桃枝捉刀不敢下，帝起臨陛切責桃枝，桃枝乃斬足之三指，帝怒不解，禁德正於門下省。其夜開城門，以氈輿送還家。旦日，德正妻出寶物滿四牀，欲以寄人，帝奄至其宅，見而怒曰：「我府藏猶無此物。」詰其所從得，皆諸元賂之也，遂曳出斬之。妻出拜謝，又斬之，并其子司徒東閤祭酒伯堅亦見害。後文宣謂羣臣曰：「高德正常言宜用漢除鮮卑，此即合死。又敎我誅諸元，我今殺之，爲諸元報讎也。」帝後悔，贈太保、冀州刺史，謚曰康。嫡孫王臣襲爵藍田縣公，給事中、通直散騎侍郎。德正次子仲武，京畿司馬、平原郡守。顒弟雅，字興賢，有風度，位定州撫軍府長史，天平中，追贈冀州刺史。子德範，早有令問，位任城太守，卒。雅弟諒，字修賢，少好學，多識强記，居喪以孝聞。太和末，京兆王愉開府辟召，孝文妙簡僚佐，諒與隴西李仲尚、趙郡李鳳起等同時應選。正光中，加驍騎將軍，爲徐州行臺。至彭城，屬元法僧反，逼諒同之，不從，見害，贈滄州刺史。又詔以諒臨危受命，復贈使持節、平北將軍、幽州刺史，優授一子出身，謚曰忠侯。諒造親表譜錄四十餘卷，自五世以下，內外曲盡，覽者服其博記。祐從父弟翼，字次同，豪俠有風神。孝昌末，葛榮作亂，朝廷以翼山東豪右，即家拜勃海太守。翼率合境徙居河濟間，魏朝因置東冀州，以翼爲刺史，封樂城縣侯。俄除定州刺史，以賊亂不行。及尒朱兆弒莊帝，翼保境自守。卒，中興初，贈使持節、侍中、太保、錄尚書、六州諸軍事、冀州刺史，謚曰文宣。子乾。乾字乾邕，性明悟，俊偉有智略，美音容，進止都雅。少時輕俠，長而修改，輕財重義，多所交結。起家拜員外散騎侍郎，稍遷員外散騎常侍。魏孝莊之居藩也，乾潛相託附。及尒朱榮入洛，乾東奔於翼。乾兄弟本有從橫志，見榮殺害人士，謂天下遂亂，乃率河北流人於河濟間，受葛榮官爵。莊帝遣右僕射元羅巡撫三齊，乾兄弟相率出降。朝廷以乾爲給事黃門侍郎，兼武衞將軍。尒朱榮以乾前罪，不應復居近要，莊帝聽乾解官歸鄉里。於是招納驍勇，以射獵自娛。及榮死，乃馳赴洛陽，莊帝見之大喜，以乾兼侍中，加撫軍將軍、金紫光祿大夫，鎮河北。又以弟昂爲通直散騎常侍、平北將軍，令俱歸招集鄉閭，爲表裏形援。帝親送於河橋，上舉酒指水曰：「卿兄弟冀部豪傑，能令士卒致死，京城儻有變，可爲朕河上一揚塵。」乾垂涕受詔，昂援劒起舞，誓以死繼之。及尒朱氏既弒害，遣其監軍孫白雞率百餘騎至冀州，託言括馬，其實欲因乾兄弟送馬收之。乾既宿有報復之心，而白雞忽至，知欲見圖，將先發，以告前河內太守封隆之。隆之父先爲尒朱榮所殺，聞之喜曰：「國恥家怨，痛入骨髓，乘機而發，今正其時，謹聞命矣。」二月，乾與昂潛勒壯士夜襲州城，執刺史元嶷，射白雞，殺之於葛榮殿。爲莊帝舉哀，素服，乾升壇誓衆，詞氣激揚，涕泗交集，將士莫不感憤。欲奉次同爲王，次同曰：「和鄉里我不及封皮。」乃推隆之爲大都督，行州事。隆之欲逃，昂勃然作色，拔刀將斫隆之，隆之懼，乃受命。北受幽州刺史劉靈助節度。俄而靈助被尒朱氏禽，屬齊神武出山東，揚聲以討乾爲辭，衆情惶懼。乾謂之曰：「高晉州雄材蓋世，不居人下，且尒朱氏主肆虐，正是英雄効節之時，今者之來，必有深計，勿憂，吾將諸君見之。」乃間行與封隆之子子繪俱迎於滏陽，因說神武曰：「尒朱氏酷逆，痛結人神，凡厥生靈，莫不思奮。明公威德素著，天下傾心，若兵以忠亡，則屈强之徒不足爲明公敵矣。鄙州雖小，戶口不減十萬，穀秸之稅，足濟軍資。願公熟詳其計。」神武大笑曰：「吾事諧矣。」遂與乾同帳而寢，呼乾爲叔父。乾旦日受命而去。時神武雖內有遠圖，而外迹未見，尒朱羽生爲殷州刺史，神武密遣李元忠於封龍山舉兵逼其城，令乾率衆僞往救之。乾遂輕騎入見羽生，僞之計，羽生出勞軍，彭樂側從馬上禽斬之，遂平殷州。又共定策推立中興主，拜侍中、司空公。是時軍國草創，乾父喪不得終制。及孝武立，天下初定，乾乃表請解職，行三年之禮，詔聽解侍中，司空如故，封長樂郡公。乾雖求退，不謂便見從許，既去內侍，朝政空關，居常怏怏。孝武將貳於神武，欲乘此撫之，於華林園宴罷，獨留乾，謂曰：「司空奕世忠良，今日復建殊效，相與雖則君臣，實義同兄弟，宜共立盟約。」勤逼之。乾曰：「臣以身許國，何敢有二。」乾雖有此對，然非其本心，事出倉卒，又不謂孝武便有異志，遂不固辭，亦不啓神武。帝以乾爲誠已。時禁園養部曲，稍至千人，驟令元士弼、王思政詣賀拔岳計，又以岳兄勝爲荊州刺史。乾謂所親曰：「難將作矣，禍必及吾。」乃密以啓神武。神武召乾問之，乾因勸神武受禪。神武以袖掩其口曰：「勿復言，今啓叔復爲侍中，門下之事，一以仰委。」及頻請而帝不答，乾懼變，啓神武求爲徐州，乃以乾爲開府儀同三司、徐州刺史。將行，帝聞其與神武言，怒，使謂神武曰：「高乾與朕私盟今復反覆神武聞其與帝盟亦惡之乃封其前後密啓以聞帝對神武使詰乾乾曰臣以身奉國義盡忠貞陛下既有異圖更言臣反覆以匹夫加諸尚或難免況人主推惡何以逃命所謂欲加之罪其無辭乎功大身危自昔然也若死而有知差無負莊帝詔遂賜死於門下省年三十七臨死時武衞將軍元整監刑謂曰頗有書及家人乎乾曰吾諸弟分張各在異處今日之事想無全者兒子既小未有所識亦恐巢傾卵破夫欲何言後神武討斛斯椿等謂高昂曰若早用司空策豈有今日之舉天平初贈太師錄尚書事冀州刺史諡曰文昭以長子繼叔襲祖次同樂成縣侯令第二子呂兒襲乾爵乾弟愼字仲密頗涉文史與兄弟志尚不同偏爲父所愛歷位滄州刺史東南道行臺尚書光州刺史加驃騎大將軍儀同三司時天下初定聽愼以本鄉部曲數千自隨爲政嚴酷又縱左右吏人苦之乾死仲密棄州將歸神武武帝勑青州斷其歸路愼間行至晉陽神武以爲大行臺左丞轉尚書當官無所迴避累遷御史中尉選用御史多其親戚鄉閭不稱朝望文襄奏令改選焉愼前妻吏部郎中崔暹妹爲愼棄還時爲文襄委任乃爲暹高嫁其妹禮夕親臨之愼後妻趙郡李徽伯女也豔且慧兼善書記工騎乘愼之爲滄州甚重沙門顯公夜常語久不寢李氏患之構之於愼遂被拉殺文襄聞其美挑之不從衣盡破裂李以告愼愼由是積憾且謂暹構已遂罕所糾劾多行縱捨神武嫌責之彌不自安出爲北豫州刺史遂據武牢降西魏愼先入關周文率衆東出敗於芒山愼妻子盡見禽神武以其家勳啓愼一房配沒而已仲密妻逆口行中文襄盛服見之乃從焉西魏以愼爲侍中司徒遷太尉愼弟昂昂字敖曹其母張氏始生一男二歲令婢爲湯將浴之婢置而去養猿繫解以兒投鼎中爛而死張使積薪於村外縛婢及猿焚殺之楊其灰於漳水然後哭之昂性似其母幼時便有壯氣及長俶儻膽力過人龍眉豹頸姿體雄異其父爲求嚴師令加捶撻昂不遵師訓專事馳騁每言男兒當橫行天下自取富貴誰能端坐讀書作老博士也其父曰此兒不滅吾族當大吾門以其昂藏敖曹故以名字之少與兄乾數爲劫掠鄉閭畏之無敢違忤兄乾求博陵崔聖念女爲婚崔氏不許昂與兄往劫之置女村外謂兄曰何不行禮於是野合而歸乾及昂等並劫掠父次同常繫獄中唯遇赦乃出次同語人曰吾四子皆五眼我死後豈有人與我一鍬土邪及次同死昂大起冢對之曰老公子生平畏不得一鍬土今被壓竟知爲人不昂以建義初兄弟共舉兵既而奉魏莊帝旨散衆仍除通直散騎侍郎封武城縣伯與兄乾俱爲尒朱榮所黜免歸鄉里陰養壯士又行抄掠榮聞惡之密令刺史元仲宗誘執昂卽送晉陽及入洛將昂自隨禁於駝牛署既而榮死莊帝卽引見勞勉之時尒朱世隆還逼宮闕帝親臨大夏門指麾處分昂既免縲紲被甲橫戈與其從子長命推鋒徑進所向披靡帝及觀者莫不壯之卽除直閤將軍賜帛千疋昂以寇難尚繁乃請還本鄉招集部曲仍除通直散騎常侍加北平將軍及聞莊帝見害京師不守遂與父兄據信都起兵尒朱世隆從叔殷州刺史羽生率五千人掩至龍尾坂昂將十餘騎不擐甲而馳之乾城守繩下五百人追救未及而昂已交兵羽生敗走昂馬矟絕世左右無不一當百時人比之項籍神武至信都開門奉迎昂時在外略地聞之以乾爲婦人遺以布裙神武使世子澄以子孫禮見之昂乃與俱來後廢帝立除冀州刺史以終其身仍爲大都督率衆從神武破尒朱兆於廣阿又討四胡於韓陵昂自領鄉人部曲王桃湯東方老等三千人神武將割鮮卑兵千餘人共相參合對曰敖曹所將部曲練習已久不煩更配神武從之及戰神武軍小卻兆等方乘之昂與蔡儁以千騎自栗園出橫擊兆軍大敗是日微昂等神武幾殆太昌初始之冀州尋加侍中開府進爵爲侯及兄乾被殺乃將十餘騎奔晉陽神武向洛陽令昂爲前驅武帝入關中昂率五百騎倍道兼行至崤陝不及而還尋行豫州刺史天平初除侍中司空公昂以兄乾薨此位固辭不拜轉司徒公好著小帽世因稱司徒帽神武以昂爲西南道大都督徑趣商洛經君所故相決醉時山道峻阻巴寇守險昂轉鬬而進莫有當鋒遂克上洛獲西魏洛州刺史泉企并將數十人欲入藍田關會竇泰失利神武召昂昂不忍棄衆力戰全軍而還時昂爲流矢所中創甚顧左右曰吾死無恨恨不見季式作刺史耳神武聞之馳驛啓季式爲濟州刺史昂還復爲軍司大都督統七十六都督與行臺侯景練兵於武牢御史中尉劉貴時亦率衆在焉昂與北豫州刺史鄭嚴祖握槊貴召嚴祖昂不時遣枷其使使者曰枷時易脫時難昂使以刀就枷刎之曰何難之有貴不敢較明日貴與昂坐外白河役夫多溺死貴曰頭錢價漢隨之死昂怒拔刀斫貴貴走出還營昂便鳴鼓會兵攻之侯景與冀州刺史萬俟受洛解之乃止時鮮卑共輕中華朝士唯憚昂神武每申令三軍常爲鮮卑言昂若在列時則爲華言昂常詣相府欲直入門者不聽昂怒引弓射之神武知而不責性好爲詩言甚陋鄙神武每容之元年進封京兆郡公與侯景等同攻獨孤信於金墉與周文帝戰敗於芒陰死之是役也昂使奴京兆侯西軍京兆於傳婢強取昂佩刀以行昂執殺之京兆曰三度救公大急何忍以小事賜殺其夜夢京兆以血塗已窟而怒使折其二脛時劉桃棒在勃海亦夢京兆言訴得理將公付賊桃棒知昂必死遽奔焉昂心輕敵建旗蓋以陵陣西人盡銳攻之一軍皆沒昂輕騎東走河陽城太守高永洛先與昂隙閉門不受昂仰呼求繩又不得拔刀穿闔未徹而追兵至伏於橋下追者見其從奴持金帶問昂所在奴示之昂奮頭曰來與爾開國公追者斬之以去先是昂夢爲此奴所殺以告盧武將殺之武諫乃止果及難時年四十八桃棒會喪於路神武聞之如喪肝膽杖永洛二百西魏賞斬昂首者布絹萬段歲歲稍與之周亡猶未充贈太師大司馬太尉公錄尚書事冀州刺史諡曰忠武西魏尋歸敖曹首猶可識先是有鵲巢於庭中地上家人怪之及其首函至置正當巢處葬後其妻張氏常見敖曹夜來旦去有若生平傍人莫見唯犬隨而吠之歲餘乃絕其故吏東方老爲南兗州刺史追慕其恩爲立祠廟靈像既成頭上坼裂改而更作裂如初見者咸稱神異子突騎嗣早卒文襄復親簡昂諸子以第三子道額嗣皇建初追封昂永昌王以道額襲武平末開皇儀同三司入周爲儀同大將軍隋開皇中卒於黃州刺史

昂弟季式字子通亦有膽氣太昌初累遷尚食典御尋加驃騎大將軍天平中爲濟州刺史季式兄弟貴盛並有勳於時自領部曲千餘人馬八百疋衣甲器仗皆備故能追督境內賊盜多致克捷時濮陽人杜靈椿等又陽平路叔文徒黨各爲亂季式並討平之有客嘗謂季式曰濮陽陽平乃是畿內何忽遣私軍遠戰季氏曰我與國家同安危豈有見賊不討之理若以此獲罪吾亦無恨芒山之敗所親部曲請季式奔梁季式曰吾兄弟受國厚恩與高王共定天下一旦傾危而亡之不義是役也兄昂歿焉與和中行晉州事解州仍鎭永安季式兄愼以武牢叛遣信報季式季式奔告神武神武待之如初武定中除侍中尋加冀州大中正都督以前後功加儀同三司天保初封乘氏縣子尋遷太常卿仍爲都督隨司徒潘樂征江淮間爲私使樂人於邊境交易還京坐被禁止尋赦之四年夏發疽卒贈侍中開府儀同三司冀州刺史諡曰恭穆季式豪率好酒又恃舉家勳功不拘檢節與光州刺史李元忠生平遊款在濟州夜飲憶元忠開城門令左右乘驛馬持一壺酒往光州勸之朝廷知而容之兄愼叛後少時解職黃門郎司馬消難左僕射子如之子又是神武壻勢盛當時因還食暇尋季式酣歌留宿旦日重門竝關消難固請去季式曰君以地勢脅我邪消難拜謝請出終不見許酒至不肯飲季式索車輪括消難頸又更索一車輪自括頸引滿相勸消難不得已笑而從之方俱脫車輪更留一宿及消難出方具言之文襄輔政白魏帝賜消難美酒數石珍羞十轝并令朝士與季式親狎者就季式宅宴集其被優遇如此自昂起兵爲羽翼者有呼延族劉貴珍劉長秋東方老劉士榮成五彪韓願生劉桃棒隨其建義者有李希光劉叔宗劉孟和等名顯可知者列之後云東方老安德鬲人與昂爲部曲文宣受禪封陽平縣伯位南兗州刺史後與蕭軌等度江沒李希光勃海蓨人初隨高乾起兵後位儀同三司揚州刺史文宣責陳武帝廢蕭明命儀同蕭軌率希光東方老裴英起王敬寶步騎數萬以天保七年三月度江襲克石頭城五將名位相侔英起以侍中爲軍司蕭軌與希光竝爲都督軍中抗禮動必乖張頓軍丹楊城下遇霖雨五十餘日故致敗將卒俱死軍士得還者十二三劉叔宗名纂樂陵平昌人歸昂位車騎將軍左光祿大夫劉孟和名協浮陽饒安人聚衆附昂兄弟位終大丞相司馬坐事死其餘竝不知所終云神武初起兵范陽盧曹亦以勇力稱爲尒朱氏守薊神武厚禮召之以昂相擬曰宜來與從叔爲二曹曹慍田將曰舍兒比國士遂率其徒自薊入海島得長人骨以髑髏爲馬皁脛長丈六尺以爲二矟送其一於神武諸將莫能用唯彭樂強舉之未幾曹遇疾惆聲聞於外巫言海神爲崇遂卒其徒五百人皆服斬衰葬畢潛散曹身長九尺鬢面甚雄臂毛逆如豬鬣力能拔樹性弘毅方重常從容雅服北州敬仰之嘗臥疾猶申足以舉二人蠕蠕寇范陽曹登城射之矢出三百步投弓於外羣虜莫能彎乃去之時有沙門曇讚號爲神力唯曹與之角焉曇讚聞叫聲則勝

論曰高允踐危禍之機抗雷電之氣處死夷然忘身濟難卒悟明主保已全名自非體隣知命鑒昭窮達亦何能若此宜光寵四世終享百齡有魏以來斯人而已僧

裕藝用有聞聿脩之義世禮貪而無道能無及乎子集學業優道知名前世儒俊之風門舊不殞德正受終之際契叶亂臣雖鍾淫虐而名亦茂矣乾邕兄弟不階尺土之資奮臂河朔自致勤王之舉神武因之以成霸業但以非潁川元從異豐沛故人腹心之寄有所未允露其啓疏假手天誅枉濫之極莫或過此昂之膽力氣冠萬夫韓陵之下風飛電擊然則齊氏元功一門而已其餘託而義唱亦足稱云

北史卷三十一考證

高允傳昔堯葬穀林農不易畝○穀監本作槃今從南本

今國家善惡不能面陳而上表顯諫以此豈不彰君之短明己之美○魏書無以字

先盡高門次及中等○等魏書作第

和若瑟琴○魏書作相和琴瑟

時逢喩艱常一其操○常監本作當

絕悕龍津○魏書悕作希又下文言足爲誌句誌作治

未嘗見其忿色○未監本作不今從南本

德正傳以愔從令德正居守○齊書作以愔居守與此有異觀下文云自請赴鄴與愔言則愔實在鄴居守而此處爲訛矣

聞爾病我爲爾針親以刀子刺之○針監本訛計今改從齊書

乾傳遣其監軍孫白雞○雞齊書作鷄

勸逼之○齊書作殷勸逼之

啓神武求爲徐州○求監本訛永今改從齊書

昂傳龍眉豹頸○眉監本作犀今從齊書

神武軍小却○却監本誤超今改從南本

是日徵昂等神武幾殆○幾監本訛帝今改從南本

以第三道纈嗣○嗣監本訛賜今改從齊書

北史卷三十二

唐　李延壽　撰

列傳第二十

崔鑒 兄孫伯謙

崔辯 孫士謙 士謙子彭 士謙弟說 說子弘度

崔挺 子孝芬 孫宣猷 曾孫仲方 仲方從叔昂 挺從子季舒 挺族孫暹

崔鑒字神具博陵安平人也六世祖贊魏尚書僕射五世祖洪晉吏部尚書曾祖懿字世茂仕燕位祕書監祖遵字景遇位鉅鹿令父綽少孤學行修明有名於世與范陽盧玄勃海高允趙郡李靈等俱被徵尋以母老固辭後爲郡功曹卒鑒頗有文學自中書博士轉侍郎賜爵桐廬子出爲東徐州刺史鑒欲安新附人有年老者表求假以守令詔從之又於州內銅冶爲農具兵人獲利卒贈青州刺史安平侯謚曰康子合字貴和少有時譽襲爵桐廬子位終常山太守合弟秉少有志氣陽平王頤之爲定州秉爲衛軍府錄事帶毋極令時甄琛爲長史曾因公事言競之間以拳擊琛墜牀琛以本縣長笑而不論其豪率若此彭城王勰行壽春秉從行招致壯俠以爲部下勰目之謂左右曰吾當寄膽氣於此人累遷廣平內史大納財貨爲淸論所鄙後爲燕州刺史爲杜洛周攻圍堅守歷年朝廷遣都督元譚赴救譚敗秉奔定州坐免官太昌中除驃騎大將軍儀同三司頻以老病求解永熙三年去職薨贈尚書令司徒公謚曰靖穆長子忻字伯悅有世幹以鄭儼之甥累遷兼尚書左丞莊帝初遇害河陰追贈殿中尚書冀州刺史忻弟仲哲早喪所生爲祖母宋氏所養六歲宋亡啼慕不止見者悲之性恢達常以將略自許以軍功賜爵安平縣男及父秉於燕被圍泣訴朝廷遂除別將與都督元譚赴援戰歿子長瑜位至開府中兵參軍長瑜子子樞學涉好文詞强辯有才幹仕齊位考功郎中參議五禮待詔文林館兼散騎常侍聘周使還除通直散騎常侍兼知度支子樞明解世務所居稱職因度支有受納風聞爲御史劾遇赦免仕周位至上士預尉遲迥事被誅子樞次弟子端亦有才幹而文藝爲優歷殿中侍御史卒於通直散騎侍郎子端弟子博武平末爲河陽道行臺郎隋開皇末卒於泗州刺史子博弟子發有文才武平末祕書郎修起居注仕隋爲秦王文學卒於國子博士長瑜弟叔瓚頗有學識性好直言其妻卽齊昭信皇后姊也文宣擢爲魏尹丞屬蝗蟲爲災帝以問叔瓚對曰案漢書五行志土功不時蝗蟲作屬當今外築長城內興三臺故致此災帝大怒令左右毆之又擢其髮以溷汁沃其頭曳以出由是廢頓久之後卒於陽平太守贈本州刺史仲弟叔彥位撫軍叔彥弟季通位司農少卿季通子德立好學愛屬文預撰御覽位濟州別駕季通弟季良風望閑雅位太學博士以征討功賜爵蒲陰縣子累遷太尉長史及康東還鄉季良亦去職歸養後位中軍將軍光祿大夫先康卒於家贈尚書右僕射謚曰簡康弟習字貴禮有世用卒於河東太守贈并州刺史鑒兄樹字洛祖行博陵太守樹子文業中書郎鉅鹿太守文業子伯謙

伯謙字士遜貧居養母齊神武召補相府兼功曹稱之曰崔伯謙清直奉公眞良佐也轉七兵殿中左戶三曹郎中弟仲讓爲北豫州司馬與高愼同叛坐免官後歷瀛州別駕京畿司馬文襄將之晉陽勞之曰卿騁足瀛部已著康歌督府務總是用相授臨別又馬上執手曰執子之手與子偕老卿宜深體此情族弟暹當時寵要伯謙與之舊寮同門非吉凶未嘗造請以雅道自居天保初除濟北太守恩信大行富者禁其奢侈貧者勸課周給縣公田多沃壤伯謙咸易之以給人又改鞭用熟皮爲之不忍見血示恥而已朝貴行過郡境問人太守政何似對曰府君恩化古者所無誦人爲歌曰崔府君能臨政退田易鞭布威德人無爭客曰旣稱恩化何因復威對曰長吏憚其威嚴人庶蒙其恩惠故兼言之以相府舊寮例有加授徵赴鄴百姓號泣遮道數日不得前以弟仲讓在關中不復居內任除南鉅鹿太守下車道以禮讓豪族皆改心整肅事無巨細必自親覽在縣有貧弱未理者皆曰我自告白鬚公不慮不決在郡七年獄無停囚每有大使巡察恒處上第徵拜銀青光祿大夫伯謙少時讀經史晚年好老莊容止儼然無愠色親賓至則置酒相娛淸言不及俗事士大夫以爲儀表卒贈南兗州刺史謚曰懿伯謙弟仲讓仕西魏位至鴻臚少卿

崔辯字神通鑒之從祖弟也祖瑰字景龍行本郡太守父經贈兗州刺史辯學涉經史風儀整峻獻文徵拜中書博士武邑太守政事之餘專以勸學卒贈安南將軍定州刺史謚曰恭長子景儁鯁正有高風好古博涉以經明行修徵拜中書博士歷侍御史主文中散孝文賜名爲逸後爲員外散騎侍郎與著作郎韓興宗參定朝儀雅爲孝文所知重遷國子博士每有公事逸常被詔獨進博士特命自逸始轉通直散騎常侍廷尉少卿卒子巨倫字孝宗幼孤及長歷涉經史有文學武藝叔楷爲殷州巨倫仍爲長史北道別將在州陷賊欲恤存亡爲賊所義葛榮聞其才名欲用爲黃門郎巨倫心惡之至五月五日會集官寮令巨倫賦詩巨倫乃曰五月五日時天氣已大熱狗便呀欲死牛復喘吐舌以此自晦獲免結死士夜中南走逢賊俱恐不濟巨倫曰寧南死一寸豈北死一尺便欺賊曰吾受敕而行賊爇火觀敕火未然巨倫手刃賊十餘人賊乃四潰得馬數匹夜陰失道唯看佛塔戶而行到洛陽持節別將北討初楷喪之始巨倫收殯倉卒事不周固至是遂偷路改殯并竊家口以歸尋授國子博士莊帝卽位除東濮陽太守時河北紛梗人避賊多入郡界歲儉飢乏巨倫傾資贍恤務相全濟時類高之元顥入洛據郡不從莊帝還宮封漁陽縣男後除光祿大夫卒子子武襲初巨倫有姊明慧有才行因患眇一目內外親族莫有求者其家議欲下嫁之巨倫姑趙國李叔胤之妻聞而悲感曰吾兄盛德不幸早世豈令此女屈事卑族乃爲子翼納之時人歎其義識逸弟模字叔軌身長八尺圍亦如之出後其叔雅有志度蕭寶夤討關隴引爲西征別將屢有戰功封槐里縣伯後行岐州事擊賊歿於陣永熙中贈驃騎大將軍儀同三司都督相州刺史模弟楷字季則爲廣平王懷文學正始中以王國官非其人多被戮唯楷與楊昱以數諫諍獲免後爲太子中舍人左中郎將以黨附高肇爲中尉所劾事在高聰傳楷性嚴烈能摧挫豪强時人語曰莫䳑郁買反獬孤楷反付崔楷時冀定數州頻遭水害楷上疏導之便宜事遂施行孝昌初置殷州以楷爲刺史加後將軍楷將之州人咸勸單身述職楷曰單身赴任朝廷謂吾有進退之計將士又誰肯固志遂闔家赴州賊勢已逼或勸減小弱以避之乃遣弟四女第三男夜出旣而曰一朝送兒女將謂吾心不固遂命追還及賊來攻楷率力拒抗莫不爭奮咸稱崔公尚不惜百口吾等何愛一身力竭城陷楷執節不屈賊遂害之楷兄弟父子並死王事朝野傷歎焉贈侍中鎮軍將軍定州刺史永熙中又特贈驃騎大將軍儀同三司都督冀州刺史長子士元沉雅有學尚州陷戰沒贈平州刺史子育王少以器幹稱仕齊至起部郎子文豹字蔚少有文才本州大中正士元弟士謙

士謙孝昌初解褐著作佐郎後賀拔勝出鎮荆州以士謙爲行臺左丞孝武西遷士謙勸勝倍道兼行謁帝關右勝不能用州人劉誕引侯景軍奄至勝與戰敗績遂

奔梁士謙與俱行及至梁每乞師赴援梁武雖不爲出軍而嘉勝等志節並許其還國乃令士謙先且通隣好周文素聞其名甚禮之賜爵千乘縣男及勝至拜太師長史以功進爵爲子拜尚書右丞從周文解洛陽圍經河橋戰加定州大中正瀛州刺史又破柳仲禮於隨郡討李遷哲於魏興並有功進驃騎大將軍開府儀同三司直州刺史賜姓宇文氏恭帝初轉利州刺史士謙性明悟深曉政術吏人畏而愛之周保定二年遷總管安州刺史加大將軍進爵武康郡公天和中授江陵總管荆州刺史州既統攝遐長俗兼夷夏又南接陳境東隣齊寇士謙外禦強敵內撫軍人風化大行號稱良牧每年考績常爲天下之最屢有詔褒美焉士謙隨賀拔勝之在荆州也雖被親遇而名位未顯及踐其位朝野以爲榮卒於州闔境痛惜之立祠堂四時祭饗子曠嗣士謙性至孝與弟說特相友愛雖復年位並高資產皆無私焉居家嚴肅曠及說子弘度並奉其遺訓云曠少溫雅大業末位開府儀同三司大將軍浙州刺史曠弟彭彭字子彭少孤事母以孝聞性剛毅有武略工騎射善周官尚書並略通大義仕周累遷門正上士隋文帝爲相周陳王純鎮齊州帝恐其爲變遣彭以兩騎徵純入朝彭未至齊州三十里因詐病止傳舍遣人召純純疑有變多將從騎至彭所彭請間因顧騎士執而鏁之乃大言曰陳王有罪詔徵入朝左右不得輒動左右愕然而去至拜上儀同及踐阼遷監門郎將兼領右衛長史賜爵安陽縣男再遷驃騎將軍恒典宿衛性謹密在省闥二十餘年當上在仗危坐終日未嘗有懈容上每謂曰卿當上日我寢處自安又嘗曰卿弓馬固以絕人頗知學不彭曰臣少愛周禮尚書休沐之暇不敢廢也上曰試爲我言之彭因說君臣戒慎之義上稱善觀者以爲知言後加上開府遷備身將軍上嘗宴達頭可汗使者於武德殿有鴿鳴於梁上命彭射之中上大悅賜錢一萬及使者反可汗復遣使請崔將軍一與相見上曰此必善射聞於虜庭遂遣之及至可汗召善射者數十人因擲肉於野以集飛鳶遣其善射者射之多不中彭連發數矢皆應弦而落突厥莫不歎服仁壽末進爵安陽縣公煬帝即位遷左領軍大將軍時漢王諒初平令彭鎮遏山東復領慈州事卒贈大將軍謚曰肅子寶德嗣士謙弟說

說本名士約少有氣槩膂力過人尤工騎射賀拔勝攻荆州以爲假節冠軍將軍防城都督又隨奔梁復自梁歸西魏授武衛將軍都督封安昌縣子從周文復弘農戰沙苑皆有功進爵爲侯除京兆郡守累遷都官尚書定州大中正改封安固縣侯賜姓宇文并賜名說焉進驃騎大將軍開府儀同三司加侍中進爵萬年縣公再遷總管涼州刺史說莅政強毅百姓畏之後除使持節能和忠三州崇德等十三防諸軍事加授大將軍改封安平縣公建德四年卒贈鄜延等五州刺史謚曰莊子弘度

弘度字摩訶衍膂力絕人儀貌魁岸鬚面甚偉性嚴酷年十七周大冢宰宇文護引爲親信累轉大都督時護子中山公訓爲蒲州刺史令弘度從焉嘗與訓登樓至上層去地四五丈俯臨之訓曰可畏也弘度曰此何足畏欻擲下至地無所損訓大奇之後以戰功授儀同從平齊進上開府鄴縣公尋從汝南公宇文神舉破盧昌期於范陽鄖公韋孝寬經略淮南以前後勳進位上大將軍襲父爵安平縣公及尉遲迥反弘度以行軍總管從韋孝寬討之所當無不披靡弘度妹先適迥子爲妻及破鄴城迥窘迫升樓弘度直上龍尾追之迥將射弘度弘度脫兜鍪謂曰今日各圖國事不得顧私事旣如此早爲身計何所待也迥擲弓於地罵大丞相極口自殺弘度顧弟弘昇使取迥頭進位上柱國時行軍總管例封國公以弘度不時殺迥縱致惡言由是降爵一等爲武鄉郡公開皇初以行軍總管拒突厥於原州還拜華州刺史納妹爲秦孝王妃尋遷襄州總管弘度素貴御下嚴急所在令行禁止盜賊屏跡梁主蕭琮來朝被旨以弘度爲江陵總管鎮荆州陳人憚之不敢窺境以行軍總管從秦孝王平陳賜物五千段高智慧等作亂復以行軍總管隸楊素弘度與素品同而年長於素素每屈下之一旦隸素意甚不平素亦優容之及還以行軍總管檢校原州事以備胡無虜而還上甚禮之復以其弟弘昇女爲河南王妃仁壽中檢校太府卿自以一門二妃無所降下每誡其寮吏曰人當誠恕無得欺誑皆曰諾後嘗食鼈侍者八九人弘度問之曰鼈美乎人懼之皆曰美弘度大罵曰傭奴何敢誑我汝初未食鼈安知其美俱杖之八十官屬百工見之莫不汗流無敢欺隱時有屈突蓋爲武候車騎亦嚴刻長安爲之語曰寧飲三斗醋不見崔弘度寧炙三斗艾不逢屈突蓋然弘度居家子弟班白動行捶楚閨門整肅爲當世所稱未幾秦王妃以罪誅河南王妃復被廢弘度憂恚謝病於家諸弟乃與之別居彌不得志煬帝即位河南王爲太子帝將復立崔妃遣中使就第宣旨使者詣弘昇家弘度不之知使者反帝曰弘度有何言使者曰弘度稱疾不起帝默然其事竟寢弘度憂憤未幾卒弘昇字上客在周爲右侍上士從平尉遲迥以功拜上儀同尋加上開府封黃臺縣侯隋文受禪進爵爲公授驃騎將軍歷慈鄭二州刺史襄州總管以戚屬故待遇隆重及河南王妃罪廢弘昇亦免官煬帝即位歷冀州刺史信都太守位金紫光祿大夫轉涿郡太守遼東之役檢校左武衛大將軍事指平壤與宇文述等同敗奔還發病卒

崔挺字雙根辯之從父弟也父鬱位濮陽太守挺幼孤居喪盡禮少敦學五代同居後頻年儉家始分析挺與弟振推讓田宅舊資惟守墓田而已家徒壁立兄弟怡然手不釋卷鄉人有贍遺挺辭而後受仍亦散之舉秀才射策高第拜中書博士轉侍郎以工書受敕於長安書文明太后父燕宣王碑賜爵秦昌子轉登聞令遷典屬國下大夫以參議律令賜帛穀馬牛等尚書李沖甚重之孝文以挺女爲嬪宋王劉昶南鎮彭城詔挺爲長史以疾辭免乃以王肅爲長史其被遇如此後拜昭武將軍光州刺史風化大行及車駕幸兗州召挺赴行在所問以臨邊之略因及文章帝甚悅謂曰別卿以來倏焉二載吾所綴文以成一集今當給卿副本顧謂侍臣曰擁旄者皆如此何憂哉復還州及散騎常侍張彝巡行風俗謂曰彝受使巡方採察謠訟入境觀政寔愧清使之名州舊掖城西北數里有斧山峯嶺高峻北臨滄海南望岱岳挺於頂上欲營觀宇故老曰此嶺上秋夏之際常有暴雨相傳云是龍道恐此觀不可久立挺曰人龍相去何遠之有虯龍倏忽豈一路乎遂營之數年間果無風雨之異挺既代即爲風雨所毀遂莫能立衆以爲善化所感時以犯罪配邊者多有逃越遂立重制一人犯罪逋亡闔門充役挺上書以爲周書父子罪不相及以一人犯罪延及闔門豈不哀哉辭甚雅切帝納之先是州內少鐵器用皆求之他境挺表復鐵官公私有賴孝文將辨天下氏族仍亦訪定乃遙授挺本州大中正掖縣有人年踰九十板輿造州自稱少曾充使林邑得一美玉方尺四寸甚有光采藏之海島垂六十歲忻逢明政今願奉之挺曰吾雖德謝古人未能以玉爲寶遣船隨取光潤果然迄不肯受乃表送都景明初見代老幼泣涕追隨縑帛送贈悉不納散騎常侍趙修得幸宣武挺雖同州壤未嘗詣門北海王詳爲司徒錄尚書事以挺爲司馬固辭不免世人皆歎其屈而挺處之夷然詳攝選衆人競稱考第以求遷敘挺終無言詳曰崔光州考級並未加授宜投一牒當爲申請蘧伯玉恥獨爲君子亦何故嘿然挺曰階級是聖朝大例考課亦國之恒典至於自衒求進竊以羞之詳大相稱歎其爲司馬詳未曾呼名常稱州號以示優禮卒贈輔國將軍幽州刺史謚曰景光州故吏聞凶問莫不悲感共鑄八尺銅像於城東廣固寺起八關齋追奉冥福初崔光貧賤挺贍遺衣食常親敬焉又識邢巒宋弁於童幼世稱其知人歷官三十餘年家資不益食不重味室無綺羅閨門之內雍雍如也欲諸子恭敬廉讓因以孝爲字及葬親故多有贈賵諸子推挺素志一無所受有子六人長子孝芬

孝芬字恭梓早有才識博學好文章孝文召見甚嗟賞之李彪謂挺曰比見賢子謁帝旨諭殊優今當爲絕羣耳挺曰卿自欲善處人父子之間然斯言吾不敢聞也後襲父爵累遷司空屬定州大中正長於剖判甚有能名府主任城王澄雅重之澄奏地制八條孝芬所參定也遷廷尉少卿孝昌初梁將裴邃等寇淮南詔行臺酈道元都督河間王琛討之敕孝芬持節催令赴接賊退而還遷荆州刺史兼尚書南道行臺領軍司率諸將以援神儁因代焉孝芬遂從恒農道南入敵便奔散人還安堵明帝嘉勞之後以元叉之黨與盧同李奬等並除名徵還又除孝芬爲廷尉章武王融以贓貨被劾孝芬案以重法及融爲都督北討鮮于修禮時孝芬弟孝演率宗從在博陵爲賊攻陷遇害融密啓云孝演入賊爲逆遂見收捕全家投梁遇赦乃還後梁將成景儁逼彭城孝芬兼尚書右丞爲徐州行臺孝芬將發入辭靈太后謂曰卿女今事我兒與卿是親曾何相負而內頭元叉車內稱此嫗須了却孝芬曰臣蒙國厚恩義無斯語假有斯語誰能得聞若有此聞即此人於元叉親密過臣遠矣乞對之足辨虛實太后乃有愧色孝芬既至景儁等力屈退走以孝芬兼尚書爲徐兗二州行臺建義初太山太守羊侃據郡反引南賊圍兗州行臺除孝芬散騎常侍鎮東將軍金紫光祿大夫仍兼尚書東道行臺與大都督刁宣往救援與行臺于暉時相接至便圍之侃突圍奔梁永安中授西兗州刺史孝芬倦外役固辭不行仍爲太常卿太昌初兼殿中尚書後加儀同三司兼吏部尚書孝武帝入關齊神武至洛與尚書辛雄劉廞等並被誅沒其家口天平中乃免之孝芬博聞口辨善談論愛好後進終日忻然商榷古今間以嘲謔聽

者忘疲文筆數十篇有子八人長子勉字宣祖頗涉史傳普泰中兼尚書右丞勉善附會世論以浮競譏之爲尚書令尒朱世隆所親待而尚書郎魏季景尤爲世隆所知勉與季景内頗不睦季景與世隆求右丞奪勉所兼世隆啓用季景勉遂悵怏自失太昌初除散騎常侍征東將軍金紫光祿大夫定州大中正敕左右廂出入其家被收之際逃免後見齊神武勞撫之天平初遣勉送勳貴妻子赴定州因得還屬母李氏喪亡勉哀號過性遇病卒無子弟宣度以子龍子爲後勉弟猷

猷字宣猷少好學風度閑雅性鯁正有軍國籌略普泰初累遷司徒從事中郎既遭家難遂間行入關及謁魏孝武哀動左右帝爲之改容目送曰忠孝之道萃此一門即以本官奏門下事大統初兼給事黃門郎平原縣伯二年正黃門行軍禽竇泰復弘農破沙苑猷常以本官從軍典文翰五年除司徒左長史加驃騎將軍時太廟初成四時祭祀猶設俳優角抵之戲其郊廟祭官多有假兼猷上疏諫書奏並納焉遷京兆尹時婚姻禮嫁聚會之辰多舉音樂又廛里富室衣服奢淫乃有織成文繡者猷請禁斷事並施行與盧辯等刱修六官十二年除浙州刺史十四年侯景據河南歸款遣行臺王思政赴之周文與思政書曰崔宣猷智略明贍有應變之才若有所疑宜與量其可不思政初頓兵襄城後於潁川爲行臺并致書於猷猷書曰襄城控帶京洛寔當今之要地如有動靜易相應接潁川既隣寇境又無山川之固賊若潛來徑至城下莫若頓兵襄城爲行臺所潁川置州遣郭賢守則表裏膠固人心易安縱有不虞豈能爲患使人見周文具以啓聞周文令依猷策思政重啓求與朝廷立約賊若水攻乞一周爲斷陸攻請三歲爲期限内有事不煩赴援過此以往惟朝廷所裁乃許之及潁川沒周文深追悔焉以疾去職屬大軍東征周文賜以馬隨軍與之籌略十七年進侍中驃騎大將軍開府儀同三司本州大中正賜姓宇文氏恭帝元年周文欲開梁漢舊路乃命猷督儀同劉道通等五人開通車路鑿山堙谷五百餘里至于梁州即以猷爲都督梁州刺史及周文崩始利沙興等諸州阻兵爲逆信合開楚四州亦叛惟梁州境内人無二心利州刺史崔士謙請援猷遣兵六千赴之信州蠻盡猷爲送米四千斛於是二鎭獲全猷第二女帝養爲己女封富平公主周明帝即位徵拜御正中大夫時依周禮稱天王又不建年號猷以爲世有澆淳故帝王因以沿革今天子稱王不足以威天下請遵秦漢稱皇帝建年號朝議從之除司會中大夫御正如故明帝崩遺詔立武帝晉公護謂猷曰今奉遵遺旨君以爲何如對曰殷道尊尊周道親親今朝廷既遵周禮無容輒違此義雖不行時稱其守正及陳將蔡畯來附晉公護議欲南伐公卿莫敢言猷獨進曰前歲東征死傷過半比雖加撫循而創痍未復近者長星爲災乃上玄所以垂鑒誡也豈可窮兵極武而重其譴責哉議不從後水軍果敗而裨將元定等遂沒江南建德六年拜少司徒加上開府儀同大將軍隋文帝受禪以猷前代舊齒授大將軍進爵汲郡公開皇四年卒謚曰明子仲方嗣

仲方字不齊少好讀書有文武才略年十五周文帝見而異之令與諸子同就學隋文帝亦在其中由是與帝少相款密後以明經爲晉公宇文護參軍轉記室遷司正大夫與斛斯徵柳敏等同修禮律後以軍功授平東將軍銀青光祿大夫賜爵石城縣男時武帝陰有滅齊志仲方獻二十策帝大奇之復與少内史趙芬刪定格式尋從帝攻下晉州又令仲方說下翼城等四城授儀同進爵范陽縣侯後以行軍長史從郯國公王軌禽陳將吳明徹於呂梁仲方策居多宣帝嗣位爲少内史會帝崩隋文帝爲丞相與仲方相見握手極歡仲方亦歸心焉其夜上便宜十八事帝並嘉納之又勸帝應天受命從之及受禪上召仲方與高熲議正朔服色事仲方曰晉爲金行後魏爲水周爲木皇家以火承木德之統又聖躬載誕之初有赤光之瑞車服旗牲並宜用赤又勸上除六官依漢魏之舊並從之進位上開府授司農少卿進爵固安縣公令發丁三萬於朔方靈武築長城東至黃河西拒綏州南至勃出嶺綿歷七百里明年復令仲方發丁十萬於朔方已東緣邊險要築數十城以遏胡寇丁父艱去職未朞起爲虢州刺史上書論取陳之策曰臣謹案晉太康元年歲在庚子晉武帝平吳至今開皇六年歲次庚午合三百七載春秋寶乾圖云王者三百年一蠲法今三百之期可謂至矣陳氏草竊起於庚子至今庚午又子午爲衝陰陽之忌昔史趙有言曰陳顓頊之族爲水故歲在鶉火以滅又云周武王克商封胡公滿於陳至魯昭九年陳災裨竈曰歲五及鶉火而後陳亡楚克之楚祝融後也爲火正故復滅陳陳承舜後舜承顓頊太歲左行歲星右轉鶉火之歲陳族再亡戊午之年嫣虞運盡語跡雖殊考事無別皇朝五運相承感火德而國號爲隋隋與楚同分楚是火正午爲鶉火未爲鶉首申爲實沈酉爲大梁既當周秦晉趙之分若當此分發兵將得歲之助以今量古陳滅不疑臣謂午未申酉並其數極蓋聞天時不如地利地利不如人和況主聖臣良兵强國富陳既主昏於上人讟於下險無百二之固衆非九國之師獨此島夷而稽天討伏度朝廷自有宏謨蕘芻所見冀申螢爝今唯須武昌以下蘄和徐方吳海等州更帖精兵密營渡計益信襄荆基郢等州速造舟檝多張形勢爲水戰之具蜀漢二江是其上流水路衝要必爭之所賊雖於流頭荆門延洲公安巴陵隱磯夏口盆城置船然終聚漢口峽口以水戰火決若賊必以上流有軍令精兵赴援者下流諸將即須擇便橫度如擁衆自衞上江水軍鼓行以前雖恃九江五湖之險非德無以爲固徒有三吳百越之兵無恩不能自立上覽大悅轉基州刺史徵入朝仲方因陳經略上善之賜以御袍袴并雜綵五百段進位開府及大舉伐陳以仲方爲行軍總管與秦王會及陳平坐事免未幾復位後數載授會州總管時諸羌猶未賓附詔仲方擊之與賊三十餘戰紫祖四隣望方涉題干碉小鐵圍山白男弱水等諸部諸賊悉平賜奴婢一百二十口黃金三十斤遷代州總管後被徵入朝會文帝崩漢王餘黨據呂州不下煬帝遣周羅睺攻之中流矢卒及令仲方代總其衆拔之進位大將軍歷戶部禮部尚書坐事免尋爲國子祭酒轉太常卿朝廷以其衰老出拜上郡太守以母憂去職歲餘起爲信都太守後乞骸骨優詔許之卒於家子燾位定陶令宣猷弟宣度位齊王開府司馬恒農太守宣度弟宣軌頗有才學位尚書考功郎中與弟宣質宣靜宣略並早卒孝芬弟孝偉趙郡太守郡經葛榮離亂後人皆賣鬻兒女夏椹大熟孝偉勸戶人多收之郡内乃安敎其人種殖招撫遺散先恩後威一周之後流戶大至興立學校親加勸厲百姓賴之卒郡贈瀛州刺史謚曰簡朝議謂爲未申復贈安北將軍定州刺史一子昂

昂字懷遠七歲而孤事母以孝聞祖父吏部尚書孝芬嘗謂親友曰此兒終當遠至是吾家千里駒也昂性端直頗綜文詞天平二年文襄引爲記室參軍委以腹心之任及輔國政召爲開府長史并攝京畿長史事時勳將親族賓客多行不軌孫騰司馬子如之門尤劇昂授文襄密旨以法繩之未幾間内外齊肅尋遷司徒右長史時左府有陽平人吳賓爲妄認繼嗣事披訴經久長史王昕郎中鄭憑掾盧斐屬王敬寶等窮其獄始末積年鞫掠不獲實司徒婁昭付昂推問即日詰根緒獲其眞狀昭歎曰左府都官數人不如右府一長史昕憑甚以爲愧武定中文襄普令内外極言得失昂上書曰屯田之設其來尚矣曹魏破蜀業以興師馬晉平吳兵因取給朝廷頃以懷洛兩邑隣接邊境薄屯豐稔糧儲已贍準此而論龜鏡非遠其幽安二州控帶奚賊蠕蠕徐揚兗豫連接吳越强隣實藉轉輸之資常勞私糴之費諸道別遣使營之每考其勤惰則人加勸勵倉廩充實供軍濟國實謂在茲其次法獄之重人命所懸頃者官司料察多不審練乃聞緣淺入深未有雪大爲小咸以畏避嫌疑共相殘劾至如錢絹粟麥其狀難分徑指爲贓罪從此定乞勒羣司務存獲實如此則有息將來必無枉濫文襄納之後除尚書左丞其年兼度支尚書左丞之兼尚書近代未有朝野榮之度支水漕陸運昂設轉輸相入之差付給新陳之法有利於人遂爲常式右僕射崔暹奏請海沂煮鹽有利軍國文襄以問昂昂曰亦既官煮須斷人竈官力雖多不及人廣請準關市薄爲竈稅私館官給彼此有宜朝廷從之武定六年甘露降宮闕文武同賀魏帝問右僕射崔暹尚書楊愔崔㥄邢邵散騎常侍魏收御史中丞陸操國子祭酒李澤曰可各言德績感致所由次至昂昂曰吉凶兩門不由符瑞故桑雉之戒實啓中興小鳥孕大未聞福感所願陛下雖休勿休允荅天意帝爲斂容後攝都官尚書上勸田事七條尋兼太府卿齊受禪改散騎常侍兼太司農卿二寺所掌世號繁劇昂校理有術下無姦僞又奏上橫市妄費事三十四條其年與太子少師邢邵議定國初禮式仍封華陽縣男又詔刪定律令損益禮樂令尚書右僕射琡等四十三人在領軍府議定帝尋幸晉陽將發敕遞相遵率不耆命昂以聞昂部分科條校正今古手所增損十有七八轉廷尉卿昂號深文世論不以平恕相許又與尚書盧斐別典京畿詔獄並有殘刻之聲至於推繩大事理可明言是非不至冤酷有濮陽子沈子遐齎侯景鈇券告徐州都督府長史畢義緒期舉兵應景又衞尉卿杜弼門生郝子寬告弼誹謗并與元子雄謀逆帝盛怒付昂窮鞫昂皆執正雪免告者引妄獲罪天保三年除度支尚書時有儲藏小吏因内臣投書告事又別有飛書告事者並付昂窮檢昂言笑間咸得情告者辭窮竝引嫌狀於是飛書遂絶轉都官尚書仍兼都官事食濟州北郡幹文宣幸東山謂曰舊人多出爲州當用卿爲令僕勿望刺史卿六十外當與卿本

州中間州不可得也後九卿以上陪集東宮帝指昂及尉瑾司馬子瑞謂皇太子曰此是國家名臣汝宜記之未幾復侍宴金鳳臺歷數諸人咸有罪負至昂曰崔昂直臣魏收才士婦兄妹夫俱省罪過十年除兼右僕射數日即拜爲眞未幾還爲兼楊愔少時與昂不平文宣崩後遂免昂右僕射除儀同三司光祿勳皇建元年轉太常卿河清元年兼御史中丞太常如故昂從甥李公統坐高歸彥事誅依律婦人年六十以上免配官時公統母年始五十餘而稱六十公統舅宣寶求吏以免其姊昂弗知錄尚書彭城王浟發其事竟坐除名三年復爲五兵尚書還祠部天統元年卒贈趙州刺史昂有風調才識舊立堅正剛直之名然好揣上情感激時主或陳便宜竊省或列陰私罪失深爲文宣所知賞朝之大事多以委之情尚嚴猛每行鞭撻雖苦楚萬端對之自若前則崔暹季舒爲之親援後乃高德正是其中表常有俠侍意色矜高以此不爲名流歸服有五子第二子液字君洽頗習文藻有學涉風儀器局爲時論所許以奉朝請待詔文林館隋開皇中爲中書侍郞孝偉弟孝演字則伯出繼伯父性通率美鬚髯姿貌魁傑少無宦情沉浮鄕里位瀛州安西府外兵參軍因罷歸及鮮于修禮起逆遇害無子弟孝直以子士游爲後孝直字叔廣身長八尺眉目疎朗早有志尚稍遷直閤將軍通直散騎常侍尒朱兆入洛孝直以天下未寧去職歸鄕里太昌中除衛將軍右光祿大夫辭不赴卒於家誡諸子曰吾才疎効薄於國無功若朝廷復加贈謚宜循吾意不得祇受若致干求則非吾意子士順位太府卿孝直弟孝政字季讓十歲挺卒號哭不絕見者爲之悲慘志尚貞立博學經史雅好辭賦喪紀特所留情衣服制度手能執造位太尉汝南王悅行參軍孝芬兄弟孝義慈厚弟孝演孝政先亡孝芬等哭泣哀慟絕肉蔬食容貌毁瘠見者傷之孝偉等奉孝芬盡恭順之禮坐食進退孝芬不命則不敢也鷄鳴而起且溫顏色一錢尺帛不入私房吉凶有須聚對分給諸婦亦相親愛有無共之始挺兄弟同居孝芬叔振既亡後孝芬等承奉叔母李氏若事所生旦夕溫凊出入啓覲家事巨細一以諮決每兄弟出行有獲財物尺寸以上皆入李之庫四時分賚李氏自裁之如此二十餘歲撫從弟宣伯子朗如同氣焉挺弟振

振字延根少有學行居家孝爲宗族所稱爲祕書中散在內謹敕爲孝文所知孝文南討自高陽內史徵兼尚書左丞留京振既才幹被擢當世以爲榮遷太子庶子景明初除長兼廷尉少卿振有公斷以明察稱河內太守陸琇與咸陽王禧同謀爲逆禧敗事發振窮案之時琇內外親黨及當朝貴要咸爲言之振研覈切至終無縱緩遂斃之於獄其奉法如此除肆州刺史在任有政績卒於河東太守贈南兗州刺史謚曰定振歷官四十餘載考課恒爲稱職議者善之子子朗美容貌涉獵經史少溫厚有風尚位侍御史加平東將軍卒挺從父子瑜字仲璉少孤有學業位鴻臚少卿封高邑男贈瀛州刺史子孟舒字長才襲父爵位廣平太守卒贈殷州刺史鎭東將軍謚曰康孟舒弟仲舒位鄴縣令仲舒弟季舒最知名

季舒字叔正少孤性明敏涉獵經史長於尺牘有當世才具年十七爲州主簿爲大將軍趙郡公琛所器重言之齊神武神武親簡丞郞補季舒大行臺都官郞中文襄輔政轉大將軍中兵參軍甚見親寵以魏帝左右須置腹心擢拜中書侍郞文襄爲中書監移門下機事總歸中書又季舒善音樂故內伎亦回隸焉內伎屬中書自季舒始也文襄每進書魏帝有所諫請或文詞繁雜季舒輒修飾通之得申勸戒而已靜帝報荅霸朝恒與季舒論之云崔中書是我妳母轉給事黃門侍郞領主衣都統雖迹在魏朝而歸心霸府密謀大計皆得預聞於是賓客輻湊傾身接禮甚得名譽勢傾崔暹暹嘗於朝堂屏人拜之曰暹若得僕射皆叔父之恩其權重如此時勳貴多不法文襄無所縱捨外議以季舒及崔暹等所爲甚被怨嫉及文襄遇難文宣將赴晉陽黃門郞陽休之勸季舒從曰一日不朝其間容刀季舒性愛聲色心在閑放遂不請行欲恣其行樂司馬子如緣宿憾及尚食典御陳山提等列其過狀由是季舒及暹各鞭二百徙北邊天保初文宣知其無罪追爲將作大匠再遷侍中俄兼尚書左僕射儀同三司大被恩遇乾明初楊愔以文宣遺旨停其僕射遭母喪解任起服除光祿勳兼中兵尚書出爲齊州刺史坐遣人度淮平市亦有贓賄事爲御史所劾會赦不問武成居藩曾病文宣令季舒療病備盡心力太寧初追還引入慰勉累遷度支尚書開府儀同三司營昭陽殿敕令監造以判事式爲胡長仁密言其短出爲西兗州刺史爲進典籤於吏部被責免官又以詣廣寧王宅決韋鞭數十及武成崩不得預於哭泣久之除膠州刺史遷侍中開府食新安河陰二郡幹加左光祿大夫待詔文林館監撰御覽加特進監國史季舒素好圖籍暮年轉更精勤兼推薦人士奬勸文學議聲翕然遠近稱美祖珽受委奏季舒總監內作珽被出韓長鸞以爲珽黨亦欲出之屬車駕將適晉陽季舒與張雕議以爲壽春被圍大軍出拒言使往還須稟節度兼道路小人或相驚恐云大駕向并州畏避南寇若不啓諫必動人情遂與從駕文官連名進諫時貴臣趙彥深唐邕段孝言等初亦同心臨時疑貳季舒與爭未決長鸞遂奏云漢兒文官連名總署聲云諫止向并州其實未必不反宜加誅戮帝即召已署表官人集含章殿以季舒張雕劉逖封孝琰裴澤郭遵等爲首竝斬之殿庭長鸞令棄其屍於漳水自外同署將加鞭撻趙彥深執諫獲免季舒等家屬男女從北邊妻女及子婦配奚官小男下蠶室沒入貲產季舒本好醫術天保中於徙所無事更銳意研精遂爲名手多所全濟雖位望轉高未曾懈怠縱貧賤厮養亦爲之療護庶子長君尚書右外兵郞中次鏡玄著作佐郞竝流於長城未幾季舒等六人妻以年老放出後南安王思好更稱朝廷罪惡以季舒等見害爲詞悉召六人兄弟子姪隨軍趣晉陽事敗長君等竝從戮六人之妻又追入官周武帝滅齊詔斛律光與季舒等六人同被優贈季舒贈開府儀同大將軍定州刺史挺從祖弟敬邕性長者爲左中郞將以軍功賜爵臨淄男位營州刺史庫莫奚國有馬數百疋因風入境敬邕悉令送還於是夷人感附卒於太中大夫贈濟州刺史謚曰恭敬邕從弟接字願賓容貌魁偉放邁自高不拘檢爲中書博士樂陵內史雅爲任城王澄所禮待及澄爲本部接了無人王敬王忻然容下之後爲樂陵太守還鄕卒挺族子纂字叔則博學有文才既不爲時知乃著無談子論尋爲廷尉正每有大獄多所據明有當官之譽時太原王靜自廷尉監遷少卿纂恥居其下乃與靜書辭氣抑揚無上下禮入啓求解位後爲洛陽令卒賜司徒左長史纂兄穆字子和雅有度量州辟主簿卒穆子暹

暹字季倫少爲書生避地勃海依高乾以妹妻其弟慎愼後臨滄光二州啓暹爲長史委以職事趙郡公琛鎭定州辟爲開府諮議隨琛往晉陽神武與語悅之以兼丞相長史神武舉兵將入洛留暹佐琛凡百後事一以屬暹握手殷勤至于三四琛後以罪被責暹亦黜免尉景爲并州起暹爲別駕文襄代景轉暹爲開府諮議仍行別駕事從文襄鎭撫鄴都加散騎常侍遷左丞吏部郞領定州大中正主議麟趾格暹親遇日隆好薦人士言邢邵宜親重言論之際邵遂毁暹文襄不悅謂暹曰卿說子才長子才專言卿短此癡人也暹曰子才言暹短暹說子才長皆是實事不爲癡也高愼之叛僞與暹隙神武後知之欲發其事而殺暹文襄苦救得止遷御史中尉選畢義雲盧潛宋欽道李愔崔贍杜蕤嵇曄酈伯偉崔子武李廣皆爲御史世稱其知人文襄欲假暹威勢諸公在坐朝令暹後通名因遇以殊禮暹乃高視徐步兩人擎裾而入文襄分庭對揖暹不讓席而坐觴再行便辭退文襄曰下官薄有蔬食公少留暹曰適受敕在臺檢校遂不待食而去文襄降送之旬日後文襄與諸公出之東山遇暹在道前騶爲赤棒所擊文襄回馬避之暹前後表彈尚書令司馬子如及尚書元羨殷州刺史慕容獻又彈太師司州牧咸陽王坦并州刺史尒朱渾道元冀州刺史韓軌罪與鄴下諸貴極言褒美且誡屬之先是僧尼猥濫暹奏設科條篇沙門法上爲昭玄都以檢約之神武如鄴羣官迎於紫陌神武握暹手勞之曰小兒任重才輕非中尉何有今日榮華富貴直是中尉自取高歡父子無以相報賜暹馬使騎之以從且行且語暹下拜馬驚走神武親爲擁之而受轡魏帝宴華林園謂神武曰自頃所在百司多有貪暴朝廷中有用心公平直言彈劾不避親戚者王可勸酒神武降階跪言唯御史中尉崔暹一人謹奉明旨敢以酒勸并臣所射賜物千段乞以回賜帝又褒美之於是文襄亦催暹酒神武親爲之抃文襄退謂暹曰我尚畏羨何況餘人神武將還晉陽又以所乘馬加綵物賜暹由是威名日盛內外莫不畏服神武崩未發喪文襄以暹爲度支尚書監國史兼右僕射委以心腹之寄仍爲魏帝侍讀暹憂國如家以天下爲已任文襄盛寵王昭儀欲立爲正室暹諫曰天命未改魏室尚存公主無罪不容棄辱文襄意不悅苦請乃從之文襄車服過度誅戮變常言談進止或有虧失暹每厲色極言文襄亦爲之止臨淮王孝友被文襄狎愛數歌舞戲謔於前顧見暹輒歛容而止有獄囚數百文襄盡欲誅之每催文帳暹故緩之不以時進文襄意釋竟免司州別駕司馬仲粲中從事陸士佩並被文襄毆擊付獄將餓殺暹送食藥爲致言而釋之自出身從官常日宴乃歸侵曉則與兄弟跪問母之起居暮則嘗食視寢然後至外齋對親賓論事或與沙門辨玄理夜久乃還寢一生不問家產魏梁通和要貴皆遣人隨聘使交易暹唯寄求佛經梁武帝聞之繕寫以幡花寶蓋贊唄送至館焉然好大言調戲

無節嘗密令沙門明藏著佛論而署己名傳諸江表子達拏年十三令儒者權會教其解周易兩字乃集朝貴名流命達拏高坐開講同郡眭仲讓陽屈服之暹用仲讓爲司徒中郎鄴下爲之語曰講義兩行得中郎仲讓官至右丞此皆暹之短也文宣初嗣霸業司馬子如韓軌等挾舊怨言暹罪重高隆之亦言宜寬政網去糾察法官黜崔暹則得遠近人意文宣從之及踐阼譖毀者猶不息帝令都督陳山提舍人獨孤永業搜暹家甚貧匱得神武文襄與暹書千餘紙多論軍國大事帝嗟賞之仍不免衆口流暹於馬城晝則負土供役夜則置諸地牢歲餘奴告暹謀反鏁赴晉陽窮驗無實先是文襄疑文宣佯愚慮其有後變將陰圖之以問暹暹曰嘗與二郎俱在行位試以手板拍其背而不顧乃將犀手板換暹竹者自揩拭而翫視之以是知其實癡不足慮也帝既鏁暹責其往昔打背暹自陳所對文襄之言明己功以贖死帝悟曰我免禍乃暹之力釋而勞之使行太原郡事還太常卿謂羣臣曰崔暹清正天下無雙卿等不及也初文襄欲以最小妹嫁與暹子達拏會崩遂寢至是讌於宣光殿羣臣多在焉文宣謂暹曰賢子達拏甚有才學亡兄長女樂安公主魏帝外甥朕諸妹思成大兄宿志故欲作婚姻乃以主降達拏暹尋遷中書監兼并省右僕射是時法網已嚴官司雜於剖決繫獄者千餘人暹初上省便大錄四旬月間斷雪略盡文襄時欲封暹神武亦欲封之暹並固辭文宣數出游多至暹宅以暹女爲皇太子妃孝后不可乃止天保八年遷尚書右僕射儀同三司時調絹以七丈爲匹暹言之乃依舊焉帝謂左右曰崔暹諫我飲酒過多然我飲酒何所廢常山王私謂暹曰至尊威嚴多醉太后尚不能致言吾兄弟杜口僕射獨犯顏內外深相感愧十年卒帝撫靈哭之贈開府儀同三司尚書左僕射定州刺史謚曰貞節達拏溫良廉謹有識學位儀同三司司農卿周御府大夫大象中使鄴屬尉遲迥起兵以爲總管司馬迥平伏誅初文宣嘗問樂安公主達拏於汝何如荅云甚相敬唯阿家憎兒文宣令宮人召達拏母入而殺之投漳水齊滅達拏殺主以復讐暹兄謀開從祖弟游字延叔少有風槩爲東郡太守郡有鹽戶常供州郡爲兵子孫見丁從役矜其勞苦乃爲表聞請聽更代郡內感之太學舊在城內游移置城南閑敞處親自說經當時學者莫不勸勉號爲良守正光中除南秦州刺史先是州人楊松栢洛德兄弟數爲反叛游深加招慰兄弟俱至松栢既郡之豪帥感恩獎喻郡賊咸來歸款且以過在前政不復自疑游乃因宴會一時俱斬於是外人以其不信合境皆反正光五年秦州城人殺刺史李彥爲逆數日後游知必不安謀欲出外尋爲城人韓祖香等所攻游事窘登樓慨慷悲歎乃推下小女而殺之義不爲羣小所辱爲祖香等害永安中贈散騎常侍鎮北將軍定州刺史子伏護

論曰崔鑒以文業應利用之秋世家有業餘慶不已人位繼軌亦爲盛哉辯器業著聞位不遠到逸德優官薄仍世恨之模雄壯之烈楷忠貞之操殺身成義臨難如歸非大丈夫亦何能若此矣士謙昆弟非爲武毅見重忠公之稱亦足嘉云挺兄弟風操高亮懷文抱質歷事著聞見重朝野繼世承家門族並著市朝可變人焉不絕至若宣猷之立入朝贊務則嘉謀屢陳出撫宣條則威恩具舉仲方之兼資文武雅長謀算伐陳之策信爲深遠奕世載德夫豈徒然昂智足立功能足幹事霸朝委遇良有以焉而謝彼仁心安茲苛政曉途遺躓理其宜也季舒蹈龍逢之節季倫受分庭之遇雖遭逢異日得喪不同考其遺迹而榮名一也蓋所謂彼有人焉

北史卷三十二考證

崔鑒傳以拏擊琛璧琳○琛監本訛琛今從上文甄琛改正

崔辯傳孝昌初置殷州以楷爲刺史○監本缺置字以字今從魏書增入

乃遣第四女第三男○弟魏書作第

彭傳因擲肉於野以集飛鳶○鳶魏書作鳶

士謙弟說○說周書作說

說傳後除使持節能和忠三州○周書能作熊又下文贈廓延等五州刺史謚曰莊二句廓作鄜莊作壯

崔挺傳賜爵泰昌子○泰魏書作秦

挺既代卽爲風雨所毀○雨一本作雹

未能以玉爲贄○贄監本訛貲今改從南本

衆人競稱考第以求遷敘○第監本訛弟今改從南本

遵伯玉恥獨爲君子○遵監本訛遷今改正

起八關齋○起監本訛赴今從南本

孝芬傳今當爲絕羣耳○魏書作今當爲羣拜紀應從之

府主任城王澄雅重之○主監本訛三今改從南本

與行臺于侃時相接○侃魏書作暉

仲方傳復令仲方發丁十萬○十萬隋書作十五萬

臣謂午未申酉並其數極○其隋書作是一本作有

以水戰火決○火隋書作大應從之

豬都諸賊悉平○隋書作諸部悉平

昂傳司徒婁昭付昂推問○昭監本訛昭今改從隋書

季舒傳又季舒善音樂故內伎亦回隸焉○回齊書作通

坐遣人度淮平市亦有賊賄○平齊書作互

邕從弟接字顒賓○顒魏書作顥

北史卷三十三

唐　李延壽　撰

列傳第二十一

李靈 曾孫元忠 璨曾孫得饒 渾 弟子璨 公緒
李順 玄孫元操　李孝伯 兄孫謐 謐弟子士謙
李裔 子子雄　李義深 弟幼廉

李靈字武符趙郡平棘人也父勰字小同恬靜好學有聲趙魏間道武平中原聞其已亡哀惜之贈宣威將軍蘭陵太守神䴥中太武徵天下才儁靈至拜中書博士再遷淮陽太守以學優選授文成皇帝經加中散內博士賜爵高邑子文成踐阼卒於洛州刺史贈定州刺史鉅鹿公謚曰簡子恢襲以師傅子拜長安鎮副將進爵爲侯假鉅鹿公後東平王道符謀反遇害贈定州刺史鉅鹿公謚曰貞恢弟綜事見於後長子悅祖襲爵高邑侯例降爲伯卒悅祖子瑾字伯瓊襲位大司農卿瑾淳謹好學老而不倦卒贈司空悅祖弟顯甫豪俠知名集諸李數千家於殷州西山開李魚川方五六十里居之顯甫爲其宗主以軍功賜爵平棘子位河南太守贈安州刺史謚曰安

子元忠少厲志操粗覽書史及陰陽術數有巧思居喪以孝聞襲爵平棘子魏清河王懌爲營明堂大都督引爲主簿遭母憂去任歸李魚川嘗亡二馬既獲盜卽以與之在母喪哭泣哀動旁人而飲酒騎射不廢曰禮豈爲我初元忠以母多患專心醫藥遂善方技性仁恕無貴賤皆爲救療家素富在鄉多有出貸求利元忠焚契免責鄉人甚敬之孝莊時盜賊蠭起清河有五百人西戍還經南趙郡以路梗共投元忠奉絹千餘匹元忠唯受一匹殺五牛以食之遣奴爲導曰若逢賊但道李元忠遣如言賊皆舍避及葛榮起元忠率宗黨作壘以自保坐於大槲樹下前後斬違命者凡三百人賊至元忠輒卻之葛榮曰我自中山至此連爲趙李所破則何以能成大事乃悉衆攻圍執元忠以隨軍賊平就拜南趙郡太守好酒無政績及莊帝幽崩元忠棄官潛圖義舉會齊神武東出元忠便乘露車載素箏濁酒以奉迎神武聞其酒客未卽見之元忠下車獨坐酌酒擘脯食之謂門者曰本言公招延儁傑今聞國士到門不能吐哺輟洗其人可知還吾刺勿復通也門者以告神武遽見之引入觴再行元忠車上取箏鼓之長歌慷慨歌闋謂神武曰天下形勢可見明公猶欲事尒朱乎神武曰富貴皆由佗安敢不盡節元忠曰非英雄也高乾邕兄弟曾來未是時高乾邕已見神武因紿曰從叔輩麤何肯來元忠曰雖麤竝解事神武曰趙郡醉使人扶出元忠不肯起孫騰進曰此君天遣來不可違也神武乃復留與言元忠慷慨流涕神武亦悲元忠進從橫之策深見嘉納又謂神武曰殷州小無糧仗不足以濟大事冀州大藩若向冀州高乾邕兄弟必爲明公主人殷州便以賜委冀殷合滄瀛幽定自然弭從唯劉誕黠胡或當乖拒然非明公之敵神武急握元忠手而謝焉時殷州刺史尒朱羽生阻兵據州元忠聚衆與大軍禽斬之神武卽令行殷州事累遷太常卿殷州大中正後以從兄瑾年長以中正讓之魏孝武帝納神武女爲后詔元忠致聘於晉陽每宴席論舊事元忠曰昔日建義轟轟大樂比來寂寥無人問更欲覓建義處神武撫掌笑曰此人逼我起兵賜白馬一匹元忠戲曰若不與侍中當更覓建義處神武曰建義不慮無止畏如此老翁不可遇耳元忠曰止爲此翁難遇所以不去因捋神武鬚大笑神武悉其雅意深重之後神武奉送皇后仍田於晉澤元忠馬倒良久乃蘇神武親自撫視封晉陽縣伯後爲光州刺史時州境災儉人皆菜色元忠表求賑貸被報聽用萬石元忠以爲少遂出十五萬石賑之事訖表陳朝廷嘉而不責徵拜侍中元忠雖處要任初不以物務干懷唯以聲酒自娛大率常醉家事大小了不關心園庭羅種果藥親朋尋詣必留連宴賞每挾彈攜壺遨遊里閈每言寧無食不可使我無酒阮步兵吾師也孔少府豈欺我哉後自中書令復求爲太常卿以其有音樂而多美酒故神武欲用爲僕射文襄言其放達常醉不可委以臺閣其子搔聞之請節酒元忠曰我言作僕射不勝飲酒樂爾愛僕射時宜勿飲酒每言於執事云年漸遲暮乞在閑冗以養餘年乃除驃騎大將軍儀同三司曾貢文襄王蒲桃一盤文襄報以百縑其見賞

重如此孫騰司馬子如嘗詣元忠逢其方坐樹下葛巾擁被對壺獨酌庭室蕪曠使婢卷兩褥以質酒肉呼妻出衣不曳地二公相視歎息而去大餉米絹受而散之俄復以本官領衛尉卿卒有米三石酒數斛書籍藥物充滿篋架未及賻至金蟬質絹乃得斂焉贈司徒謚曰敬惠初元忠將仕夢手執炬入其父墓中夜驚起甚惡之旦告其受業師占云大吉可謂光照先人也竟如其占性甚工彈彈桐葉常出一孔鄴棗栗而彈之十中七八嘗從文襄入謁魏帝有梟鳴殿上文襄命元忠彈之問得幾丸而落對曰一丸奉至尊威靈一丸承大將軍意氣兩丸足矣如其言而落之子搔嗣搔字德沉少聰敏有才藝嘗采諸聲別造一器號曰八絃時人稱有思理武定末自丞相記室除河內太守居數載流人盡復代至將還都父老號泣追送二百餘里生爲立碑終於儀曹郎搔妹曰法行幼好道截指自誓不嫁遂爲尼所居去鄴三百里往來恒步在路或不得食飲水而已逢屠牽牛脫衣求贖泣而隨之雉兔馴狎入其山居房室齊亡後遭時大儉施糜粥於路異母弟宗侃與族人孝衡爭地相毀尼曰我有地二家欲得者任來取之何爲輕致忿訟宗侃等慚遂讓爲閑田

渾字季初靈之曾孫也祖綜行河間郡早卒父遵字艮軌有業尚爲魏冀州征東府司馬京兆王愉冀州起逆遇害贈幽州刺史謚曰簡渾以父死王事除給事中後以四方多難求爲青州征東司馬與河間邢卲北海王昕俱奉老母攜妻子同赴青齊未幾而尒朱榮入洛衣冠殲盡物論以爲知幾時河北流移人聚青土衆踰二十萬共劫河間邢杲爲主起自北海襲東陽青州刺史元世儁欲謀誅之府人遂猜貳渾乃與長吏崔光韶具陳禍福由是啼血而盟上下還睦普泰中崔社客反於海岱攻圍青州詔渾爲都官尚書東北道行臺赴援社客諸城各自固保渾以社客賊之根本烏合易離若銜枚夜襲便可禽殄如社客就禽諸郡可傳檄而定諸將尚遲疑渾乃決行果禽社客斬首送洛陽海隅清定天平初丁母憂行喪冢側殆將滅性武定初兼散騎常侍聘梁使主梁武謂曰伯陽之後久而彌盛趙李人物今實居多使還爲東郡太守以贓賄徵還齊文襄王使武士提以入置諸庭渾抗言曰將軍今日猶自禮賢邪文襄笑而舍之齊天保初除太子少保時太常邢卲爲少師吏部尚書楊愔爲少傅論者榮之以參禪代儀注賜爵涇陽縣男文宣以魏麟趾格未精詔渾與邢卲崔㥄魏收王昕李伯倫等脩撰嘗謂魏收曰彫蟲小技我不如卿國典朝章卿不如我尋除海州刺史後土人共圍州城城中多石無井常食海水賊絕其路城內先有一池夏旱涸竭渾齋戒朝服而祈焉一朝天雨泉流涌溢賊以爲神應時駭散渾捕斬渠帥傳首鄴都渾妻郭在州干政納貨坐免卒于鄴子湛字處元涉獵文史有家風兼通直散騎常侍聘陳使副襲爵涇陽男渾與弟繪緯俱爲聘使主湛又爲使副是以趙郡人士目爲四使繪字敬文六歲便求入學家人以偶年俗忌不許遂竊其姊筆牘用之未踰晦朔遂通急就章內外以爲非常兒及長儀貌端偉神情朗儁第五舅河間邢晏每與言歎其高遠曰若披煙霧如對珠玉宅相之寄良在此甥後敕撰五禮繪與太原王乂同掌軍禮魏靜帝於顯揚殿講孝經禮記繪與從弟騫裴伯茂魏收盧元明等俱爲錄議簡舉可觀歷中書侍郎丞相司馬每霸朝文武總集對揚王庭常令繪先發言端爲羣僚之首音詞辯正風儀都雅聽者悚然文襄益加敬異又掌儀注武定初兼散騎常侍爲聘梁使主梁武問高相今在何處黑獺若爲形容高相作何經略繪敷對明辯梁武稱佳與梁人汎言氏族袁狎曰未若我本出自黃帝姓在十四之限繪曰兄所出雖遠當共車千秋分一字耳一坐皆笑前後行人皆通啓求市繪獨守清尚梁人重其廉潔使還拜高陽內史郡境舊有三猛獸人常患之繪欲脩檻遂因鬬俱死於郡西咸以爲化感所致皆勸申上繪曰猛獸因鬬而斃自是偶然貪此爲功人將窺我竟不聽高陽舊多陂淀繪至後淀水皆涸乃置農正專主勸課墾田倍增家給人足瀛州三郡人俱詣州請爲繪立碑于郡街神武東巡郡國在瀛州城西駐馬久立使郎中陳元康喻慰之河間太守崔諶恃其弟暹勢從繪乞麋角鴿羽繪荅書曰鴿有六翮飛則沖天麋有四足走便入海下官膚體疏嬾手足遲鈍不能近追飛走遠事佞人時文襄使暹選司徒左長史暹薦繪既而不果咸謂由此書及文襄嗣業普代山東諸郡其特降書徵者唯繪與清河太守辛術二人而已至補大將軍從事中郎遷司馬文襄以前司徒侯景進賢冠賜繪曰卿但直心事孤當用卿爲三公莫學侯景叛也及文宣嗣事仍爲丞相司馬天保初除司徒右長史繪質性方重未嘗趣事權門以此久而沉屈卒贈南青州刺史謚曰景子君道有父風繪弟緯字乾經少聰慧有才學與舅子河間邢昕少相倫輩晚不逮之位中散大夫聘梁使主侍中李神儁舉緯尚書南主客郎緯前後接對凡十八人頗爲稱職鄴下爲之語曰學則渾繪緯口則繪緯渾齊文襄攝選以緯爲司徒諮議參軍謂曰自郎署至此所謂不次以卿人才故有此舉耳梁謝藺來聘勞之藺問安平諸崔緯曰子玉以還彫龍絕矣崔暹聞之怒緯詣門謝之暹上馬不顧緯語人曰雖失要人意聘梁使不得舍我武定五年兼散騎常侍使梁緯常逸遊放達自號隱君蕭然有絕塵之意使還除太子家令卒齊初贈北徐州刺史謚曰文

璨字世顯靈弟趙郡太守均之子也身長八尺五寸容貌魁偉受學於梁祚位中書郎雅爲高允所知初宋徐二州刺史薛安都舉彭城降詔鎮南大將軍博陵公尉元鎮東將軍城陽公孔伯恭等迎之獻文復以璨參二府軍事安都率文武出迎元不加禮接安都還城遂不降宋將張永沈攸之等先屯下磕元令璨與中書郎高閭入彭城說安都卽與俱載赴軍元等入城收管籥其夜永攻南門不剋退還璨勸元乘永之失據攻永米船大破之於是遂定淮北加璨寧朔將軍與張讜對爲兗州刺史安帖初附以參定徐州功賜爵始豐侯卒謚曰懿子元茂襲爵元茂以寬雅著稱位司徒司馬彭城鎮副將人吏安之卒贈顯武將軍徐州刺史謚曰順子秀之字鳳起襲爵位尚書都官郎秀之弟子雲字鳳昇子雲弟子羽字鳳降子羽弟子岳字鳳時秀之等竝早孤事母孝謹兄弟容貌竝魁偉風度審正而皆早卒鳳昇子道宗位直閤將軍道宗弟德林司徒中兵參軍元茂弟宣茂太和初拜中書博士後兼定州大中正受鄉人財貨爲御史所劾除名正始初除太中大夫遷光祿勳與游肇往復肇善之卒於幽州刺史遺令薄葬贈齊州刺史謚曰惠子籍之字修遠性謹正粗涉書史位司徒諮議參軍太中大夫著忠誥一篇文多不載卒贈定州刺史子徹仕齊位尚書左丞徹子純隋開皇中爲介州長史

純子德饒字世文少聰敏好學有至性弱冠仕隋爲校書郎仍直內史省參掌文翰轉監察御史糾正不避權貴大業三年遷司隸從事每巡四方理冤枉褒孝悌雖位秩未通德行爲當時所重凡與交結皆海內髦彥性至孝父母寢疾輒終日不食十旬不解衣及丁憂水漿不入口五日哀慟歐血數升及送葬會仲冬積雪行四十餘里單縗徒跣號踊幾絕會葬者千餘人莫不爲之流涕後甘露降於庭樹有鳩巢其廬納言楊達巡省河北詣廬弔慰之因改所居村名爲孝敬村里爲和順里後爲金河縣長未之官屬羣盜蠭起賊帥格謙孫宣雅等十餘頭聚衆於勃海有敕許其歸首謙等懼不敢降以德饒信行有聞遣奏曰若德饒來者卽相率歸首帝遣德饒往勃海慰諭至冠氏會佗賊攻陷縣城見害其弟德佋性重然諾大業末爲離石郡司法書佐太守楊子崇特禮之及義兵起子崇遇害棄尸城下德佋赴哭盡哀收瘞之至介休詣義師請葬子崇見許因贈子崇官令德佋爲使者往離石禮葬子崇徹弟公緒

公緒字穆叔性聰敏博通經傳魏末爲冀州司馬屬疾去官絕迹贊皇山齊天保初以侍御史徵不就公緒沉冥樂道又不閑時務故誓心不仕尤明天文善圖緯之學嘗謂子弟曰吾觀齊之分野福德不多國家祚終四七及齊亡歲距天保之元二十八年矣公緒雅好著書撰典言十卷禮質疑五卷喪服章句一卷古今略記二十卷玄子五卷趙記八卷趙語十二卷竝行於世公緒既善陰陽之術有祕記傳之子孫而不好焉臨終取以投火子少通有學行公緒弟槩字季節少好學然性倨傲每對諸兄弟露髻披服略無少長之禮爲齊文襄大將軍府行參軍進側集題云富春公主撰閑綏不任事每被譏訶除殿中侍御史修國史後爲太子舍人爲副使聘于江南江南多以僧寺停客出入常袒露還坐事解後卒於并州功曹參軍撰戰國春秋及音譜竝行於世又自簡詩賦二十四首謂之達生丈人集其序曰達生丈人者生於戰國之世爵里姓名無聞焉爾時人援其行已彊爲之號頗好屬文成輒棄藁常持論文云古人有言性情生於慾又曰人之性靜慾實汩之然則性也者所受於天神識是也故爲形骸之主情也者所受於性嗜慾是也故爲形骸之役由此言之情性之辯斷焉殊異故其身泰則均齊死生塵垢名利縱酒恣色所以養情否則屏除愛著擯落枝體收視反聽所以養識是以遇榮樂而無染遭厄窮而不悶或出人間或栖物表逍遙寄託莫知所終

李順字德正鉅鹿公靈之從父弟也父系慕容垂散騎侍郎東武城令道武定中原以爲平棘令卒贈趙郡太守平棘男順博涉經史有計策神瑞中拜中書博士轉中書侍郎從征蠕蠕以籌略賜爵平棘子太武將討赫連昌謂崔浩曰朕前北征李順獻策數事實合經略大謀今欲使總前驅之事何如浩曰順智足周務實如聖旨但臣與之昏姻深知其行然性果於去就不可專委

帝乃止初浩弟娶順女又以弟子娶順女雖昏婣而浩頗輕順順又不伏由是潛相猜忌故浩毀之至統萬大破昌軍順謀功居多後征統萬昌出逆戰順破其左軍及剋統萬帝賜諸將珍寶雜物順固辭唯取書數千卷帝善之遷給事黃門侍郎又從擊赫連定於平涼三秦平進爵為侯遷四部尚書甚見寵待沮渠蒙遜以河西內附帝欲簡行人崔浩曰宜令淸德重臣奉詔褒慰尚書順卽其人也帝曰順納言大臣不宜方為此使若蒙遜身執玉帛而朝於朕復何以加之浩曰邢貞使吳亦魏之太常苟事是宜無嫌於重帝從之以順為太常策拜蒙遜為太傅涼王使還拜使持節都督四州諸軍事長安鎮都大將寧西將軍開府進爵高平公未幾徵為四部尚書加散騎常侍延和初使涼蒙遜辭疾箕坐隱几無起動狀順正色大言曰不謂此叟無禮乃至於是握節而出蒙遜使中兵校郎楊定歸追順曰太常云朝廷賜不拜之詔是以敢自安耳若曰爾拜爾跽而不承命乃小臣之罪矣順曰齊桓公九合諸侯一匡天下周公賜胙命曰伯舅無拜而桓公降而拜受今朝廷未有不拜之詔而便偃蹇自取此乃速禍之道蒙遜拜伏盡禮順還帝問與蒙遜往復辭及其政教得失順曰蒙遜專威河右三十許年經涉艱難粗識機變雖不能貽厥孫謀猶足以終其一世但前歲表許十月送曇無讖及臣往迎便乖本意不臣不信於是而甚以臣觀之不復周矣帝曰若如卿言則效在無遠襲世之後早晚當滅對曰臣略見其子竝非才俊如聞燉煌太守牧犍器性粗立若繼蒙遜必此人也然比之於父僉云不逮殆天所用資聖明也帝曰朕方事于東未暇營西如卿所言三五年間不足為晚及蒙遜死問至太武謂順曰卿言蒙遜死驗矣又言牧犍立何其妙哉朕剋涼州亦當不遠於是賜絹千匹廐馬一乘寵待彌厚政無巨細無所不參崔浩惡之順凡使涼州十二回太武稱其能而蒙遜數與順游宴頗有悖言恐順泄之以金寶納順懷中故蒙遜罪釁得不聞又西域沙門曇無讖有方術在涼州詔追之順受蒙遜金聽殺之浩竝知之密言於帝帝未之信太延三年順復使涼州及還帝問以將平河右計順以人勞既久不可頻動帝從之五年議征涼州順以涼州乏水草不宜遠征崔浩固以為宜征帝從浩議及至姑臧甚豐水草帝與景穆書頗嫌順後謂浩曰卿昔所言今果驗矣克涼州後聞受蒙遜金而聽其殺曇無讖益嫌之猶以寵舊未加其罪尚詔順差次羣臣賜以爵位順頗受納品第不平涼州人徐桀發其事浩又毀之帝大怒刑順於城西順死後數年其從父弟孝伯為太武知重居中用事及浩誅帝怒甚謂孝伯曰卿從兄往雖誤國朕意亦未至此由浩遂殺卿從兄皇興初順子敷等貴寵獻文追贈順侍中鎮西大將軍太尉公高平王諡曰宣王妻邢氏曰孝妃順四子長子敷字景文眞君二年選入中書教學以忠謹給侍東宮又為中散與李訢盧遐度世等竝以聰敏內參機密敷性謙恭加有文學文成寵遇之遷祕書下大夫賜爵平棘子後兼錄南部遷散騎常侍南部尚書中書監領內外祕書襲爵高平公朝政大議事無不關及宋徐州刺史薛安都司州刺史常珍奇等以彭城懸瓠降于時朝議謂未必可信敷乃固執必然乃遣師接援淮海寧輯敷既見待二世兄弟親戚在朝者十餘人弟奕又有寵於文明太后李訢列其隱罪二十餘條獻文大怒皇興四年誅敷兄弟削順位號為庶人敷從弟顯德妹夫廣平宋叔珍等皆坐關亂公私同時伏法敷兄弟敦崇孝義家門有禮至於居喪法度吉凶書記皆合典則為北州所稱美既致斯禍時人歎惜之敷弟式字景則學業知名位西兗州刺史濮陽侯式自以家據權要心慮危禍常敕津吏臺有使者必先啓然後度之既而使人卒至始云南過既濟突入執式赴都與兄俱死子憲字仲軌淸粹善風儀好學有器度太和初襲爵又降為伯拜祕書中散雅為孝文知賞後拜趙郡太守趙脩與其州里脩歸葬父母也敕守以下畏之累跡憲不為屈時人高之後以黨附高肇為御史所劾正光五年行雍州刺史尋除七兵尚書孝昌中除征東將軍揚州刺史淮南大都督及梁平北大將軍元樹等來寇憲力屈而降因求還國既至敕付廷尉憲女婿安樂王鑒據相州反靈太后謂鑒心懷劫脅遂詔賜憲死永熙中贈儀同三司尚書令定州刺史諡曰文靜子希遠字景沖早卒希遠子祖俊襲祖爵希遠弟希宗字景玄性寬和儀貌雅麗有才學位金紫光祿大夫齊神武擢為中外府長史文宣帝納其第二女為皇后位上黨太守卒贈司空公殷州刺史諡曰文簡希宗長子祖昇儀容瓌麗垂手過膝文學足以自通位齊州刺史淫於從兵妻見殺祖昇弟祖勳位給事黃門侍郎齊文宣以其女為濟南王妃除侍中封丹楊郡王尋改封公濟南卽位除趙州刺史濟南廢還除金紫光祿大夫太寧中昭信后有寵於武成除齊州刺州贓賄狼籍坐免官復起為光州刺史祖勳性貪慢兼其妻崔氏驕豪干政時論鄙之女侍中陸嫗母元氏卽祖勳妻姨為此附會又除西兗州刺史殿中尚書祖勳無才幹自少及長居官無可稱述卒贈尚書右僕射武平中將封后兄君璧等為王還復祖勳王爵其弟祖欽封竟陵王位光祿卿祖勳第三弟祖納兄弟中最有識尚以經史被知卒於散騎常侍希宗弟希仁字景山有學識卒於侍中太子詹事子公統仕齊位員外郎高歸彥之反公統為之謀主歸彥敗伏法其母崔氏當沒官其弟宣寶行賕改籍注老事發武成帝棓殺之肝腦塗地希仁弟騫字希義博涉經史文藻富贍位散騎常侍殷州大中正尚書左丞以本官兼散騎常侍使梁後坐事免論者以為非罪騫嘗贈親友盧元明魏收詩云監河愛升水蘇子惜餘明益州達友趣廷尉辯交情蓋失職之志云後除給事黃門侍郎卒其文筆別有集錄齊受禪贈儀同三司諡曰文惠騫弟希禮字景節性敦厚容止樞機動遵禮度起家著作佐郎脩起居注歷位大常少卿兼廷尉少卿行魏尹事豫州刺史仍居議曹與邢邵等議定禮律卒於信州刺史

子孝貞字元操好學善屬文仕齊釋褐司徒府參軍事與弟孝基同見吏部郎中陸昂昂戲之曰弟名孝基兄其替矣孝貞對曰禮雖不肖請附子臧昂握手曰士固不妄有名吾賢必當遠至簡靜不妄通接賓客射策甲科拜給事中稍遷兼通直散騎常侍副李羲使陳孝貞從姊則昭信皇后從兄祖勳女為廢帝濟南王妃祖欽女一為後主娥英一為琅邪王儼妃祖勳叔騫女為安德王延宗妃諸房子女多有才貌又因昭信后所以與帝室姻婣重疊兄弟竝以文學自達恥為外戚家于時黃門侍郎高乾和親要用事求昏於孝貞孝貞拒之由是有隙陰譖之出為太尉府外兵參軍後歷中書舍人武平中出為博陵太守不得志尋為司州別駕後復兼散騎常侍聘周使副還除給事黃門侍郎待詔文林館假儀同三司以美於詞令敕與中書侍郎李若李德林別掌宣傳詔敕周武帝平齊授儀同三司小典祀下大夫宣帝卽位轉吏部下大夫隋文帝為丞相孝貞從韋孝寬討尉遲迥以功授上儀同三司開皇初拜馮翊太守為犯廟諱於是稱字元操後數歲遷蒙州刺史吏人安之自此不復留意文筆人問其故慨然歎曰五十之年倏焉已過鬢垂素髮筋力已衰宦意文情一時盡矣悲夫然每暇日輒引賓客絃歌對酒終日為歡後徵拜內史侍郎與內史令李德林參典文翰元操無幹劇之用頗稱不理上譴怒之敕御史劾其事由是出為金州刺史卒官所著文集三十卷行於世子元玉元操弟孝基亦有才學風詞甚美以衛尉丞待詔文林館位儀曹郎中孝基弟孝儁太子洗馬孝儁弟孝威字季重涉學有器幹兄弟之中最為敦篤位太尉外兵參軍修起居注仕隋禮部侍郎大理少卿式弟彝字景世美容貌有才藝位都官尚書安平侯與兄敷同死太和初文明太后追念彝兄弟及誅李訢存問憲等一二家歲時賜以布帛彝弟冏字道度少為中散逃避得免後歷位度支尚書太和二十一年孝文幸長安冏以咸陽山河險固秦漢舊都勸帝去洛陽都之後孝文引見冏笑謂曰昔婁敬一說漢祖卽日西駕尚書今以西京說朕使朕不廢東轅當是獻可理殊所以今古相反耳冏曰昔漢祖起於布衣欲藉險以自固婁敬之言符於本旨今陛下德洽四海事同隆周是以愚臣獻說不能上動帝大悅冏性鯁烈敢直言常面折孝文彈駮公卿無所迴避百寮皆憚之孝文常加優禮每車駕巡幸恒兼尚書右僕射雖才學不及諸兄然公彊當世堪濟過之卒子祐字長禧篤穆友于見稱於世歷位給事中累遷博陵太守所在亦以淸幹著順弟脩基陳留太守卒子探幽高平太守探幽兄子洪鸞河間太守

李孝伯高平公順從父弟也父曾少以鄭氏禮左氏春秋教授為業郡三辟功曹竝不就曰功曹之職雖曰鄉選高第猶是郡吏耳北面事人亦何容易州辟主簿到官月餘乃歎曰梁敬叔云州郡之職徒勞人耳道之不行身之憂也遂還家講授道武時為趙郡太守令行禁止并州丁零數為山東害知曾能得百姓死力憚不入境賊於常山界得一死鹿賊長謂趙郡地上責之還令送鹿故處郡謠曰詐作趙郡鹿猶勝常山粟其見憚如此卒贈荊州刺史栢仁子諡曰懿孝伯少傳父業博綜羣言美風儀動有法度從兄順言之太武徵為中散謂曰眞卿家千里駒也遷祕書奏事中散轉散騎侍郎光祿大夫賜爵魏昌子以軍國機密甚見親寵謀謨切祕時人莫能知遷北部尚書以頻從征伐規略之功進爵壽光侯眞君末宋文帝闚車駕南伐遣其弟太尉江夏王義恭率衆赴彭城太武至彭城登亞父冢以望城內遣送其俘蒯應至小市門宣詔勞問義恭等問應士馬數曰中軍四十餘萬宋徐州刺史武陵王駿遣人獻酒二器甘蔗百挺并請駱駝帝明旦復登亞父冢遣孝伯至小市門駿亦使其長史張暢對孝伯曰主上有詔詔

太尉安北可暫出門欲與相見今遣賜駱駝及貂裘雜物暢曰有詔之言何得稱之於此孝伯曰卿家太尉安北是人臣不縱爲隣國之君何爲不稱詔於隣國之臣又何至杜門絕橋暢曰二王以魏帝營壘未立此精甲十萬恐輕相陵踐故且閉城待彼休息兵士然後共脩戰場剋日交戲孝伯曰令行禁止主將常事何用廢橋杜門復何以十萬誇大我亦有良馬百萬復可以此相矜旣開門暢屏人却仗出受賜物孝伯曰詔以貂裘賜太尉駱駝騾馬賜安北義恭獻皮袴褶一具駿奉酒二器甘蔗百挺帝又遣賜義恭駿等氈各一領鹽各九種并胡豉孝伯曰有後詔凡此諸鹽各有所宜白鹽食鹽主上自所食黑鹽療腹脹氣滿末之六銖以酒而服胡鹽療目痛戎鹽療諸瘡赤鹽駮鹽臭鹽馬齒鹽四種竝非食鹽太尉安北何不遣人來至朕間見朕小大知朕老少觀朕爲人暢曰魏帝爲人久爲往來所具故不復遣信義恭獻蠟燭十挺駿獻錦一匹孝伯風容閑雅應荅如流暢及左右甚相嗟歎帝大喜進爵宣城公爲使持節散騎常侍秦州刺史卒贈征南大將軍定州刺史謚曰文昭公孝伯體度恢雅明達政事朝野貴賤咸推重之景穆曾啓太武廣徵俊秀帝曰朕有一孝伯足理天下何用多爲假復求訪此人輩亦何可得其見貴如此性方愼忠厚每朝廷事有所不足必手自書表切言陳諫或不從者至於再三削滅藁草家人不見公廷論議常引綱紀或有言事者孝伯恣其所陳假有是非終不抑折及見帝言其所長初不隱人姓名以爲已善故衣冠之士服其雅正自崔浩誅後軍國謀謨咸出孝伯太武寵眷有亞於浩亦以宰輔遇之獻替補闕其迹不見時人莫得而知卒之日遠近哀傷焉孝伯美名聞於遐邇李彪使江南齊武帝謂曰北有李孝伯於卿遠近其爲遠人所知若此其妻崔賾女高明婦人生一子元顯崔氏卒後納翟氏不以爲妻憎忌元顯後遇劫元顯見害世云翟氏所爲也元顯志氣甚高爲時人所傷惜翟氏二子安人安上竝有風度安人襲爵壽光侯司徒司馬無子爵除安上鉅鹿太守亦早卒安人弟豹子後追理先封卒不得襲孝伯兄祥字元善學傳家業鄉黨宗之位中書博士時尚書韓元興率衆出青州以祥爲軍司略地至陳汝淮北之人詣軍降者七千餘戸遷之兗豫之南置淮陽郡以撫之拜祥太守流人歸者萬餘家百姓安業遷河間太守有威恩之稱徵拜中書侍郎人有千餘上書乞留數年朝廷不許卒官追贈定州刺史平棘子謚曰憲子安世幼聰悟興安二年文成帝引見侍郎博士子簡其秀儁欲以爲中書學生安世年十一帝見其尚小引問之安世陳說父祖甚有次第即以爲生帝每幸國學恒獨被引問詔曰汝但守此至大不慮不富貴天安初拜中散以謹愼帝親愛之累遷主客令齊使劉纘朝貢安世奉詔勞之安世美容貌善舉止纘等自相謂曰不有君子其能國乎纘等呼安世爲典客安世曰何以亡秦之官稱於上國纘曰世異之號凡有幾也安世曰周謂掌客秦改典客漢名鴻臚今曰主客君等不欲影響文武而殷勤亡秦纘又指方山曰此山去燕然遠近安世曰亦石頭之與番禺耳時每有江南使至多出藏內珍物令都下富室好容服者貨之令使任情交易使至金玉肆問價纘曰北方金玉大賤當是山川所出安世曰聖朝不貴金玉所以同於瓦礫又皇上德通神明山不愛寶故川無金山無玉纘初將大市得安世言慙而罷還主客給事中時人困饑流散豪右多有占奪安世乃上疏陳均量之制孝文深納之後均田之制起於此矣出爲相州刺史假趙郡公敦農桑斷淫祀西門豹史起有功於人者爲之脩飾廟堂表薦廣平宋翻陽平路恃慶皆爲朝廷善士初廣平人李波宗族强盛殘掠不已前刺史薛道𢷬親往討之大爲波敗遂爲逋逃之藪公私成患百姓語曰李波小妹字雍容褰裙逐馬如卷蓬左射右射必疊雙婦女尚如此男子那可逢安世設方略誘波及諸子姪三十餘人斬于鄴市州內肅然病卒于家安世妻博陵崔氏生一子瑒崔氏以妬悍見出又尚滄水公主生二子謐郁瑒字琚羅涉歷史傳頗有文才氣尚豪爽公彊當世太師高陽王雍表薦瑒爲友時人多絕戸爲沙門瑒上言三千之罪莫大於不孝不孝之大無過於絕祀安得輕縱背禮之情而肆其向法之意缺當世之禮而求將來之益棄堂堂之政而從鬼敎乎沙門都統僧暹等忿瑒鬼敎之言以瑒爲謗毀佛法泣訴靈太后責之瑒自理曰鬼神之名皆是通靈達稱佛非天非地本出於人名之爲鬼愚謂非謗靈太后雖以瑒言爲允然不免暹等意猶罰瑒金一兩轉尚書郎隨蕭寶夤西征以瑒爲統軍瑒德洽鄉閭招募雄勇其樂從者數百騎瑒傾家賑恤率之西討寶夤見瑒至拊其肩曰子遠來吾事辦矣故其下每有戰功軍中號曰李公騎寶夤啓瑒爲左丞仍爲別將軍機戎政皆與參決寶夤又啓爲中書侍郎還朝除岐州刺史坐辭不赴任免官建義初河陰遇害初贈尚書右僕射殷州刺史後又贈散騎常侍驃騎大將軍儀同三司冀州刺史瑒俶儻有大志好飲酒篤於親知每謂弟郁曰士大夫學問稽博古今而罷何用專經爲老博士也與弟謐特相友愛謐在鄉物故瑒慟哭絕氣久而方蘇不食數日朞年形骸毀悴人倫哀歎之

謐字永和少好學周覽百氏初師事小學博士孔璠數年後璠還就謐請業同門生爲之語曰靑成藍藍謝靑師何常在明經謐以公子徵拜著作佐郎辭以授弟郁詔許之州再舉秀才公府二辟竝不就唯以琴書爲業有絕世之心覽考工記大戴禮盛德篇以明堂之制不同遂著明堂制度論曰余謂論事辯物當取正於經典之眞文援證定疑必有驗於周孔之遺訓然後可以稱準的矣今禮文殘缺聖言靡存明堂之制誰使正之是以後人紛糾競興異論五九之說各信其習是非無準得失相半故歷代紛紜靡所取正乃使裴頠云今羣儒紛糾互相掎摭就令其象可得而圖其所以居用之禮莫能通也爲設虛器耳況漢氏所作四維之个復不能令各處其辰愚以爲尊祖配天其義明著廟宇之制理據未分直可爲殿屋以崇嚴父之祀其餘雜碎一皆除之斯豈不以羣儒舛互並乖其實據義求衷莫適可從哉但恨典文殘滅求之靡據而已矣乃復遂去室屬諸制施之於敎未知其所隆政求之於情未可愉其所以必須惜哉言乎仲尼有言曰賜也爾愛其羊我愛其禮余以爲隆政必須其禮豈彼一羊哉推此而論則聖八賢於仲尼矣以斯觀之裴氏子以不達失禮之旨也余竊不自量頗有鄙意據理尋義以求其眞貴合雅衷不苟偏信乃藉之以禮傳考之以訓注博採先賢之言廣捜通儒之說量其當否參其同異棄其所短收其所長推義察圖以折厥衷豈敢必善聊亦合其言志矣凡論明堂之制者雖衆然校其大略則一途而已言五室者則據周禮考工之記以爲本是康成之徒所執言九室者則案大戴盛德之篇以爲源是伯喈之倫所持此二書雖非聖言然是先賢之中博見洽通者也但各記所聞未能全正可謂旣盡美矣未盡善也而先儒不能考其當否便各是所習卒相非毀豈達士之確論哉小戴氏傳禮事四十九篇號曰禮記雖未能全當然多得其衷方之前賢亦無愧矣而月令玉藻明堂三篇頗有明堂之義余故採掇二家參之月令以爲明堂五室古今通則其室居中者謂之太廟太室之東者謂之靑陽當太室之南者謂之明堂太室之西者謂之總章當太室之北者謂之玄堂四面之室各有夾房謂之左右个三十六戸七十二牖矣室个之形今之殿前是其遺像耳个者卽寢之房也但明堂與寢施用旣殊故房个之名亦隨事而遷耳今粗書其像以見鄙意案圖察義略可驗矣故檢之五室則義明於考工校之戸牖則數協於盛德考之施用則事著於月令求之閏也合周禮與玉藻旣同夏殷又符周秦雖乖衆儒儻或在斯矣考工記曰周人明堂度以九尺之筵東西九筵南北七筵堂崇一筵五室凡室二筵室中度以几堂上度以筵余謂記得之於五室而謬於堂之脩廣何者當以理推之令愜古今之情也夫明堂者蓋所以告月朔布時令宗文王祀五帝者也然營構之範自當因宜刱制耳故五室者合於五帝各居一室之義且四時之祀皆據其方之正又聽朔布令咸得其月之辰可謂施政及俱二三但允求之古義竊爲當矣鄭康成漢末之通儒後學所取正釋五室之位謂土居中木火金水各居四維然四維之室旣乖其正施令聽朔各失厥衷左右之个棄而不顧乃反文之以美說飾之以巧辭言水木用事交於東北木火用事交於東南火土用事交於西南金水用事交於西北旣依五行當從其用事之交出何經典可謂工於異端言非而博疑誤後學非所望於先儒也禮記玉藻曰天子聽朔於南門之外閏月則闔門左扉立於其中鄭玄注曰天子之廟及路寢皆如明堂制明堂在國之陽每月就其時之堂而聽朔焉卒事反宿路寢亦如之閏月非常月聽其朔於明堂門下還處路寢門終月也而考工記周人明堂玄注曰或舉王寢或舉明堂互言之以明其制同也其同制之言皆出鄭注然則明堂與寢不得異矣而尚書顧命篇曰迎子釗南門之外延入翼室此之翼室卽路寢矣其下曰大貝賁鼓在西房垂之竹矢在東房此則路寢有左右房見於經史者也禮記喪服大記曰君夫人卒於路寢小斂婦人髽帶麻於房中鄭玄注曰此蓋諸侯禮帶麻於房中則西南天子諸侯左右房見於注者也論路寢則明其左右言明堂則闕其左右个同制之說還相矛楯通儒之注何其然乎使九室之徒奮筆而爭鋒者豈不由處室之不當哉記云東西九筵南北七筵五室凡室二筵置五室於斯堂雖使班倕構思王爾營度則不能令三室不居其南北也然則三室之間便居六筵之地而室壁之外裁有四尺五寸之堂焉豈有天子布政施令之所宗祀文

王以配上帝之堂周公負扆以朝諸侯之處而室戶之外僅餘四尺而已哉假在儉約爲陋過矣論其堂宇則偏而非制求之道理則未愜人情其不然一也余恐爲鄭學者苟求必勝競生異端以相訾抑云二筵者乃室之東西耳南北則狹焉余故備論之曰若東西二筵則室戶之外爲丈三尺五寸矣南北戶外復如此則三室之中南北裁各丈二尺耳記云四旁兩夾窻若爲三尺之戶二尺窻窻戶之間裁盈一尺繩樞甕牖之室蓽門圭窬之堂尚不然矣假令復欲小廣之則四面之外闊狹不齊東西既深南北更淺屋宇之制不爲通矣驗之衆塗略無算焉且凡室二筵丈八地耳然則戶牖之間不踰二尺也禮記明堂天子負斧扆南向而立鄭玄注曰設斧於戶牖之間而鄭氏禮圖說扆制曰從廣八尺畫斧文於其上今之屏風也以八尺扆置二尺之間此之叵通不待智者較然可見矣且若二筵之室爲四尺之戶則戶之兩頰裁各七尺耳全以置之猶自不容矧復戶牖之間哉其不然二也又復以世代驗之卽虞夏尚朴殷周稍文制造之差每加崇飾而夏后世室堂修二七周人之制反更促狹豈是夏禹卑宮之意周監郁郁之美哉以斯察之其不然三也又云堂崇一筵便基高九尺而壁戶之外裁四尺五寸於營制之法自不相稱其不然四也又云室中度以几堂上度以筵而復云凡室二筵而不以几還自相違其不然五也以此驗之記者之謬抑可見矣盛德篇云明堂凡九室三十六戶七十二牖上員下方東西九仞南北十筵堂高三尺也余謂盛德篇得之於戶牖失之於九室何者五室之制傍有夾房面各有戶戶有兩牖此乃因事立則非拘異術戶牖之數固自然矣九室者論之五帝事既不合施之時令又失其辰左右之个重置一隅兩辰同處參差出入斯乃義無所據未足稱也且又堂之修廣裁六十三尺耳假使四尺五寸爲外之基其中五十四尺便是五室之地計其一室之中僅可一丈置其戶牖則於何容之哉若必小而爲之以容其數則令帝王側身出入斯爲怪矣此匪直不合典制抑亦可哂之甚也余謂其九室之言誠亦有由然竊以爲戴氏聞三十六戶七十二牖弗見其制靡知所置便謂一室有四戶之窻計其戶牖之數卽以爲九室耳或未之思也蔡伯喈漢末之時學士而見重於當時卽識其僣廣之不當而必未思其九室之爲謬更脩而廣之假其法象可謂因僞飾辭順非而澤諒可歎矣余今省彼衆家委心從善庶探其衷不爲苟異但是古非今俗間之常情愛遠惡近世中之恒事而千載之下獨論古制驚俗之談固延多誚脫有深賞君子者覽而揣之儻或存焉謐不飲酒好音律愛樂山水高尚之情長而彌固一遇其賞悠爾忘歸乃作神士賦延昌四年卒年三十二遐邇悼惜之其年四門小學博士孔璠等學官四十五人上書曰竊見故處士趙郡李謐十歲喪父哀號罷隣人之相幼事兄瑒恭順盡友于之誠十三通孝經論語毛詩尚書歷數之術尤盡其長州閭鄉黨有神童之號年十八詣學受業時博士卽孔璠也覽始要終論端究緒授者無不欣其言矣於是鳩集諸經廣校同異比三傳事例名春秋叢林十有二卷爲璠等判析隱伏垂盈百條滯無常滯纖豪必舉通不長通有枉斯屈不苟言以違經弗飾辭而背理辭氣磊落觀者忘疲每曰丈夫擁書萬卷何假南面百城遂絕跡下帷杜門却掃棄產營書手自刪削卷無重複者四千有餘矣猶括次專家搜比黨議隆冬達曙盛暑通宵雖仲舒不闚園君伯之閉戶高氏之遺漂張生之忘食方之斯人未足爲踰謐嘗詣故太常卿劉芳推問音義語及中代興廢之由芳乃歎曰君若遇高祖侍中太常非僕有也前河南尹黃門侍郎甄琛內贊近機朝野傾目于時親識有求官者荅云趙郡李謐耽學守道不悶于時常欲致言但未有次耳諸君何爲輕自媒衒謂其子曰昔鄭玄盧植不遠數千里詣扶風馬融今汝明師甚邇何不就業也又謂朝士曰甄琛行不媿時但未薦李謐以此負朝廷耳又結宇依巖憑崖鑿室方欲訓彼青衿宣揚墳典冀西河之教重興北海之風不墜而祐善空聞暴疾而卒邦國銜殄悴之哀儒生結摧梁之慕況璠等或服議下風或親承音旨師儒之義其可默乎事奏詔曰謐屢辭徵辟志守沖素儒隱之操深可嘉美可遠傍惠康近準玄晏謚曰貞靜處士并表其門閭以旌高節於是表其門曰文德里曰孝義云

郁字永穆好學沉靖博通經史爲廣平王懷友深見禮遇時學士徐遵明教授山東生徒甚盛懷徵遵明在館令郁問其五經義例十餘條遵明所荅數條而已稍遷國子博士自國學之建諸博士率不講說其朝夕教授唯郁而已謙虛寬雅甚有儒者之風再遷通直散騎常侍建義中以兄瑒卒遂撫育孤姪歸於鄉里永熙初除散騎常侍衛大將軍左光祿大夫兼都官尚書尋領給事黃門侍郎三年於顯陽殿講禮記詔郁執經郁解說不窮羣難鋒起無廢談笑孝武及諸王凡預聽者莫不嗟善尋病卒贈散騎常侍驃騎大將軍尚書左僕射儀同三司都督定州刺史

謐子士謙字子約一名容郎髫齔喪父事母以孝聞母曾歐吐疑中毒因跪嘗之伯父瑒深所嗟尚每稱此兒吾家顏子也年十二魏廣平王贊辟開府參軍事後丁母憂居喪骨立有姊適宋氏不勝哀而死士謙服闋捨宅爲伽藍脫身而出詣學請業研精不倦遂博覽羣籍善天文術數齊吏部尚書辛術召署員外郎趙郡王叡舉德行皆稱疾不就和士開亦重其名將諷朝廷擢爲國子祭酒固辭得免刺史高元海以禮再致之稱爲善薩隋有天下畢志不仕自以少孤未嘗飲酒食肉口無殺害之言親賓至輒陳罇俎對之危坐終日不倦李氏宗黨豪盛每春秋二社必高會極宴無不沉醉諠亂嘗集士謙所盛饌盈前而先爲設黍謂羣從曰孔子稱黍爲五穀之長荀卿亦云食先黍稷古人所尚寧可違乎少長肅然無敢弛惰退而相謂曰既見君子方覺吾徒之不德也士謙聞而自責曰何乃爲人疏頓至於此家富於財躬處節儉每以振施爲務州里有喪事不均至相鬩訟士謙聞而出財補其少者令與多者相埒兄弟媿懼更相推讓卒爲善士有牛犯其田者士謙牽置涼處飼之過於本主望見盜刈禾黍者默而避之其家僮嘗執盜粟者士謙慰諭之曰窮困所致義無相責遽令放之其奴嘗與鄉人董震因醉角力震扼其喉斃於手下震懼請罪士謙謂曰卿本無殺心何爲相謝然可遠去無爲吏拘性寬厚皆此類也後出粟萬石以貸鄉人屬年穀不登責家無以償皆來致謝士謙曰吾家餘粟本圖賑贍豈求利哉於是悉召責家爲設酒食對之燔契曰責了矣幸勿爲念也各令罷去明年大熟責家爭來償士謙拒之一無所受他年饑多有死者士謙罄家資爲之糜粥賴以全活者萬計收埋骸骨所見無遺至春又出田糧種子分給貧乏趙郡農人德之撫其子孫曰此李參軍遺惠也仁心感物羣犬生子交共相乳凶年散穀至萬餘石合諸藥以救疾癘如此積三十年或謂士謙曰子多陰德士謙曰夫言陰德其猶耳鳴己獨知之人無知者今吾所作吾子皆知何陰德之有士謙善談玄理嘗有客坐不信佛家應報義士謙諭之曰積善餘慶積惡餘殃豈非休咎邪佛經云轉輪五道無復窮已此則賈誼所言千變萬化未始有極忽然爲人之謂也佛道未來而賢者已知其然矣至若鯀爲黃熊杜宇爲鶗鴂褒君爲龍牛哀爲猛獸君子爲鵠小人爲猨彭生爲豕如意爲犬黃母爲黿宣武爲鼈鄧艾爲牛徐伯爲魚鈴下爲烏書生爲蛇羊祜前身李氏之子此非佛家變受異形之謂邪客曰邢子才云豈有松柏後身化爲樗櫟僕以爲然士謙曰此不類之談也變化皆由心作木豈有心乎客又問三教優劣士謙曰佛日也道月也儒五星也客亦不能難而止士謙平生時爲詠懷詩輒毀其本不示人又嘗論刑罰遺文不具其略曰帝王制法沿革不同自可損益無爲頓改今之贓重者死是酷而不懲也語曰人不畏死不可以死恐之愚謂此罪宜從肉刑刖其一趾再犯者斷其左腕流刑刖去右手三指又犯者下其腕小盜宜黥又犯刖落其所用三指又不悛則下其腕無不止也無賴之人竄之邊裔職爲亂階適所以召戎矣非求安之道也博弈淫遊盜之萌也禁而不止黥之則可有識者頗以爲得政體隋開皇八年終於家趙州之士女聞之莫不流淚曰我曹不死而令李參軍死乎會葬者萬餘人李景伯等以士謙道著丘園條其行狀詣尚書省請先生之謚事寢不行遂相與樹碑於墓其妻范陽盧氏亦有婦德及夫終所有賻贈一無所受謂州里父老曰參軍平生好施今雖殞歿安可奪其志哉乃散粟五百石以賑窮乏免奴婢六十人案趙郡李氏出自趙將武安君牧當楚漢之際廣武君左車則其先也左車十四世孫恢字仲興漢桓靈間高尚不仕號有道大夫恢生定字文義仕魏位漁陽太守有子四人竝仕晉平字伯括爲樂平太守機字仲括位國子博士隱字叔括保字季括位竝尚書郎兄弟皆以儒素著名時謂之四括機子楷字雄方位書侍御史家于平棘南有男子五人輯晃芬勁叡輯字護宗晃字仲黃芬字季黃勁字少黃叡字幼黃竝以友悌著美爲當世所宗時所謂四黃者也輯位高密郡守二子愼敦晃位鎮南府長史一子義勁位書侍御史四子盛敏隆喜叡位高平太守二子勗充其後愼敦居栢仁子孫甚微義南徙故壘世謂之南祖勗兄弟居巷東盛兄弟居巷西世人指其所居因以爲目蓋自此也義字敬仲位司空長史生東宮舍人吉字彥同吉生尚書郞聰字小時聰生眞字義深事列于後勗字景賢位頓丘太守勗生趙郡太守頤字彥祖頤生勰系曾各有令子事竝列于前盛位中書郞三子續襲閣續字緯業位太尉祭酒生四子誕休重苞誕字紹元假趙郡太守生四子建追確龜字神龜位州主簿生二子鳳林秀林

李裔字伯徽伯父秀林小名榼性溫直太和中中書博

士爲頓丘相豪右畏之景明初試守博陵郡抑彊扶弱政以嚴威爲名以母憂去職後爲司徒司馬定州大中正太中大夫卒贈齊州刺史裔出後伯父鳳林孝昌中爲定州鎭軍長史帶博陵太守于時逆賊杜洛周侵亂州界裔潛引洛周州遂陷沒洛周特無綱紀至于市令驛帥咸以爲王呼曰市王驛王乃封裔定州王洛周尋爲葛榮所滅裔仍事榮尒朱榮禽葛榮遂縶裔及高昂薛脩義李無爲等於晉陽從榮至洛榮死乃免天平初以齊神武大丞相諮議參軍參定策功封固安縣伯爲侯衛大將軍陝州刺史及周文帝攻剋州城見害東魏贈尚書令司徒定州刺史子子旦襲子旦弟子雄

子雄少慷慨有大志陝州破因隨周軍入長安家世竝以學業自通子雄獨習騎射其兄子旦讓之曰棄文尚武非士大夫素業子雄曰自古誠臣貴仕文武不備而能濟功業者鮮矣旣文且武兄何病焉子旦無以應仕周累遷小賓部後從達奚武與齊人戰於芒山諸軍大破子雄所領獨全累遷涼州總管長史從滕王逌破吐谷渾於青海以功加上儀同宣帝卽位行軍總管韋孝寬略定淮南拜亳州刺史隋文帝總百揆徵爲司會中大夫以淮南功加位上開府及受禪拜鴻臚卿進爵高都郡公及晉王廣出鎭幷州以子雄爲河北行臺兵部尚書上謂曰吾兒旣少卿兼文武之才今者推誠相委吾無北顧憂矣子雄頓首流涕誓以效命子雄當官正直侃然有不可犯色王甚敬憚吏人稱焉歲餘卒官子公挺嗣裔從祖詵字令世誕弟休之子也休字紹則散騎常侍詵與族兄靈族弟熙等俱被徵事在高允徵士頌詵位中書侍郎京兆太守詵從祖弟善見位趙郡太守善見子顯進位州主簿濮陽太守顯進子暎字暉道位相州中從事步兵校尉贈殷州刺史暎子普濟學涉有名性和韻位濟北太守時人語曰入麤入細李普濟武定中位北海太守暎弟育字仲遠位相州防城別將以拒葛榮之勳賜爵趙郡公後除金紫光祿大夫卒贈都官尚書謚曰貞子愔襲與從父兄普濟竝應秀才舉時人謂其所居爲秀才村愔位太子舍人愔族叔肅字彥邕位員外常侍初謟附侍中元暉後以左道事侍中穆紹常裸身被髮畫腹銜刀於隱屛處爲紹求福故紹愛之薦爲黃門郎性酒狂從靈太后幸江陽王繼第侍飲頗醉言辭不遜抗辱太傅淸河王懌爲有司彈劾太后怒之卒於夏州刺史肅從弟皦字景林有學識位廷尉少卿贈齊州刺史謚曰宣子愼武定中位東平太守皦從弟仲旋司徒左長史恒農太守先是宮牛二姓阻險爲害仲旋示以威惠卽竝歸伏累遷右光祿大夫天平初遷都於鄴以仲旋爲營構將進號衛大將軍出爲兗州刺史還除將作大匠所歷竝著聲績卒贈驃騎大將軍儀同三司青州刺史子希良侍御史煥字仲文小字醜瓌中書侍郎盛弟隆之後也隆字太彝位阜城令隆生幕縣令謀謀生始平太守景名犯太祖元皇帝諱景生東郡太守伯應伯應生煥煥有幹用與酈道元俱爲李彪所知恒州刺史穆泰據代都謀反煥以書侍御史與任城王澄推究之煥先驅至州宣旨曉喩乃執泰等景明初齊豫州刺史裴叔業以壽春歸附煥以司空從事中郞爲軍司馬與楊大眼奚康生等迎接仍行揚州事賜爵容城伯及荆蠻擾動敕煥兼通直散騎常侍慰勞之降者萬餘家除梁州刺史時武興氐楊集起舉兵作逆敕假煥平西將軍督別將大破集起軍又破秦州賊呂苟兒及斬氐王楊定還朝遇患卒贈幽州刺史謚曰昭子密字希邕少有節操母患積年名醫療之不愈乃精習經方洞閑針藥母疾得除由是以醫術知名屬尒朱兆弒逆與勃海高昂爲報復計後從神武封容城縣侯位襄州刺史

李義深趙郡高邑人也祖真字令才位中書侍郎父紹字嗣宗殷州別駕義深有當世才用而心胷險峭時人語曰歛戟森森李義深初以殷州別駕歸齊神武再遷鴻臚少卿見尒朱兆兵盛叛歸之兆平神武恕其罪遷齊州刺史好利多所受納轉行梁州刺史爲陽夏太守段業告其在州聚歛被禁止卒於禁所子騊駼有才辯位兼通直散騎常侍聘陳陳人稱之後爲壽陽道行臺左丞與王琳同陷陳周末逃歸隋開皇中爲永安郡太守絳州長史卒子政藻明敏有才幹騊駼沒陳政藻時爲開府行參軍判集書省事便謝病解職居處若在喪禮人士稱之開皇中歷尚書工部員外郞卒於宜州長史騊駼弟文師歷中書舍人齊郡太守義深弟同軌體貌魁岸腰帶十圍學綜諸經兼該釋氏又好醫術年二十舉秀才再遷著作郎典儀注脩國子博士與和中兼通直散騎常侍使梁梁武深耽釋學遂集名僧於其愛敬同泰二寺講涅槃大品經引同軌豫席兼遣其朝士議共觀聽同軌論難久之道俗咸以爲善盧景裕卒齊神武引同軌在館敎諸公子甚嘉禮之每旦入授日暮始歸緇素請業者同軌夜爲解說四時恒爾不以爲倦卒時人傷惜之神武亦嗟悼之贈瀛州刺史謚曰康同軌弟幼舉安德太守以貪汙棄市幼舉弟之良有幹用位金部郞中

之良弟幼廉少寡欲爲兒童時初不從人家有所求諸嘗故以金寶授之終不取彊付輒擲之地州牧以其蒙幼而廉故以名焉性聰敏累遷齊文襄驃騎府長史文襄薦爲濟州儀同府長史又遷瀛州長史齊神武行經異部總合河北六州文籍商榷戶口增損親自部分多在馬上徵責文簿指影取備事非一緒幼廉應機立成恒先期會爲諸州準的神武深加慰勉仍責諸人曰碎卿等諸人作得李長史一脚指不是時諸人竝謝罪幼廉獨前拜恩觀者咸歎美之神武還并州以告文襄文襄喜謂人曰吾是知人矣文襄嗣事除霸府掾時以并州王政所基求好長史舉者多不見納後因大集謂陳元康曰我敎你好長史處李幼廉卽其人也遂命爲并州長史常在文襄第內與隴西辛術等六人號爲館客天保初除太原郡太守文宣嘗與語及楊愔誤稱爲楊公以應對失宜除濟陰郡守累遷太僕大司農二卿趙州大中正大理卿所在稱職後主時和士開權重百寮盡傾幼廉高揖而已由是出爲南青州刺史主簿徐乾富而暴橫歷政不能禁幼廉初至因其有犯收繫之乾密通疏奉黃金百挺妓婢二十人幼廉不受遂殺之罷還鄴祖孝徵執政求紫石英於幼廉以其南青州所出幼廉辭無好者固請乃與二兩孝徵有不平之言或以告幼廉幼廉抗聲曰李幼廉結髮從宦誓不曲意求人天生德于予孝徵其如予何假欲挫頓不過遣向并州耳時已授并省都官尚書辭而未報遂發敕遣之齊末官至三品已上悉加儀同獨不霑此例語人曰我不作儀同更覺爲榮卒贈吏部尚書義深族弟神威幼有風裁家業禮學又善音樂撰集樂書近百卷卒於尚書左丞又有李翥字彥鴻世居柏仁弱冠以文章知仕齊位東平太守後待詔文林館除通直散騎常侍聘于梁晚節頗以貪酒爲累貧無居宅寄止佛寺中常著巾帔終日對酒招致賓客風調詳雅翥從兄子朗才辭翥之亞兼有吏能位中書舍人

論曰古人云燕趙多奇士觀夫李靈兄弟竝有焉靈則首應弓旌道光師傅順則器標棟幹一時推重孝伯風範鑒略蓋亦過人各能克廣門業道風不殞餘慶之美豈非此之謂乎至如元忠之倜儻從橫功名自卒季初之家風素業昆季兼舉有齊之日雅道方振憲之子弟特盛衣纓豈唯戚里是憑固亦文雅所得安世識具通雅時幹之良瑒以豪俊達郁則儒博顯謚之高逸固可謂世有人焉義深弟兄人位兼美子雄才官不替門緒茂矣

北史卷三十三考證

李渾傳繪弟緯字乾經○緯魏書作系誤

除太子家令卒○各本卒字上有闕字魏書有七年八月四字本書例應刪去本無闕字也

璨傳璨勸元乘之失據攻永米船○之監本訛永今改從魏書

李順傳順納言大臣不宜方爲此使○方魏書作先

令朝廷未有不拜之詔而便偃蹇自取○取魏書作大

騫嘗贈親友盧元明魏收詩云監河受升水○升一本作斗

李孝伯傳真君末宋文帝閒車駕南伐○車駕二字亦訛仍魏史之舊也

謚傳設斧於戶牖之間○牖監本訛牗今改正

隆冬達曙盛暑通宵○宵監本訛霄今改正

謚子士謙傳謚子士謙○本書本卷目錄俱作謚弟子士謙魏書亦作謚弟郁之子此誤也

李裔傳裔字伯徵○伯徵魏書作徵伯

子雄傳詵從祖弟善見○從祖弟魏書作從子與此異

李義深傳典儀注修國子博士○齊書典儀注修國史遷國子博士此脫三字

之良弟幼廉傳和士開權重百寮盡傾幼廉高揖而已○高監本訛髙今從齊書改正

北史卷三十四

唐 李延壽 撰

列傳第二十二

游雅 從祖弟明根　高閭　趙逸 兄子琰
胡叟　胡方回　張湛
段承根 宗欽　闞駰　劉延明
趙柔　索敞　宋繇 曾孫游道
江式

游雅字伯度小名黃頭廣平任人也太武時與勃海高允等俱知名徵拜中書博士後使宋授散騎侍郎賜爵

廣平子稍遷太子少傅領禁兵進爵爲侯受詔與中書侍郎胡方回等改定律制出爲東雍州刺史假梁郡公在任廉白甚有惠政徵爲秘書監委以國史之任竟無所成雅性剛戇好自矜誕凌獵人物高允重雅文學而雅輕允才允性柔寬不以爲恨允將婚于邢氏雅勸允娶其族允不從雅曰人貴河間邢不勝廣平游人自棄伯度我自敬黃頭其貴己賤人皆此類也允著徵士頌殊重雅雅因議論長短忿儒者陳奇遂陷奇至族議者深責之卒贈相州刺史諡曰宣侯

明根字志遠雅從祖弟也祖鱓慕容熙樂浪太守父幼馮跋假廣平太守明根幼年遭亂爲棣陽王氏奴主使牧羊明根以漿壺倩人書字路邊書地學之長安鎮將寶瑾見之呼問知其姓名乃告游雅雅使人贖之敎書年十六辭雅歸鄉里於白渠坎爲窟讀書積歲雅稱薦之太武擢爲中書學生性寡欲綜習經史文成踐阼爲都曹主書帝以其敬愼每嗟美之假員外散騎常侍安樂侯使宋宋孝武稱其長者迎送禮加常使獻文時累遷東兗州刺史封新泰侯爲政清平孝文時爲儀曹長清約恭謹號爲稱職歷儀曹尚書加散騎常侍遷大鴻臚卿河南王幹師尚書如故隨例降侯爲伯又參定律令屢進讜言明根以年踰七十表求致仕優詔許之引入陳謝悲不自勝帝言別殷勤仍爲流涕賜青紗單衣委貌冠被褥錦袍等物其年以司徒尉元爲三老明根爲五更行禮辟雍賜步挽一乘給上卿祿供食之味太官就第月送以定律令賜布帛等歸本郡又賜安車兩馬幄帳被褥車駕幸鄴明根朝于行宮優詔賜以穀帛敕太官備送珍羞爲造甲第國有大事恒璽書訪之舊疾發動手詔問疾太醫送藥卒於家宣武弔祭贈賵甚厚贈光祿大夫金章紫綬諡靖侯明根歷官內外五十餘年處身以仁和接物以禮讓時論貴之孝文初明根與高閭以儒老學業特被禮遇公私出入每相追隨而閭以才筆時侮明根世號高游焉子肇

肇字伯始孝文賜名焉博綜經史孝文初爲內祕書侍御中散稍遷典命中大夫車駕南伐肇表諫不納尋遷太子中庶子肇謙素敦重文雅見任以父老求解官扶侍孝文欲令祿養出爲本州南安王楨鎮北府長史帶魏郡太守王薨復爲高陽王雍鎮北府長史太守如故爲政淸簡加以匡贊歷佐二王甚有聲績以父憂解任復授黃門侍郎兼侍中爲畿內大使黜陟善惡賞罰分明歷太府廷尉卿兼御史中尉黃門如故肇儒者動存名教直繩所舉莫非傷風敗俗持法仁平斷獄務於矜恕尚書令高肇宣武之舅百寮慴憚以肇名與己同欲令改易肇以孝文所賜執志不許高肇甚銜之宣武嘉其剛梗盧昶之在朐山也肇諫曰朐山蕞爾僻在海濵於我非急於賊爲利如聞賊將屢以宿豫求易朐山持此無用之地復彼舊有之疆兵役時解其利爲大帝將從之尋而昶敗遷侍中梁軍主徐玄明斬其青冀二州刺史張稷首以郁州內附朝議遣兵赴援肇表以爲不宜勞師爭海島之地帝不納及大將軍高肇伐蜀肇又陳願後圖又不納明帝卽位遷中書令相州刺史有惠政再遷尚書右僕射肇於吏事斷決不速主者諮呈反覆至於再三必窮其理然後下筆雖寵勢干請終無迴撓方正之操時人服之及元叉廢靈太后將害太傅淸河王懌乃集公卿會議其事於時羣官莫不失色順旨肇獨抗言以爲不可終不下署卒諡文貞公肇外寬柔內剛直耽好經傳手不釋書善周易毛詩尤精三禮爲易集解撰冠婚儀白珪論詩賦表啓凡七十五篇謙廉不競曾撰儒碁以表其志淸貧寡欲資仰俸祿而已爲廷尉時宣武嘗敕肇有所降恕執而不從曰陛下自能恕之豈可令臣曲筆也其執意如此及明帝初近侍羣官預在奉迎者自侍中崔光以下竝加封封肇文安縣侯肇獨曰子襲父位今古之常因此獲封何以自處固辭不應論者高之子祥字宗良頗有才學襲爵新泰伯位國子博士領尚書郎中明帝以肇昔辭文安之封復欲封祥祥守其父志卒不受又追論肇前議淸河守正不屈乃封祥高邑縣侯卒贈給事黃門侍郎幽州刺史諡曰文

高閭字閭士漁陽雍奴人也五世祖原晉安北將軍上谷太守關中侯有碑在薊中祖雅少有令名位州別駕父洪字季願位陳留王從事中郎閭貴乃贈幽州刺史固安貞子閭早孤少好學博綜經史下筆成章少爲車子送租至平城脩刺詣崔浩浩與語奇之使爲謝中書監表明日浩歷租車過駐馬呼閭諸車子皆驚閭本名驢浩乃改爲閭而字焉由是知名和平末爲中書侍郎文成崩乙渾擅權內外危懼文明太后臨朝誅渾引閭與中書令高允入禁中參決大政賜爵安樂子與鎮南大將軍尉元南赴徐州以功進爵爲侯獻文卽位徙崇光宮閭表上至德頌高允以閭文章富逸舉以自代遂爲獻文所知參論政事永明初爲中書令給事中委以機密文明太后甚重閭詔令書檄碑銘贊頌皆其文也太和三年出師討淮北閭表諫陳四疑請時速返旆文明太后曰六軍電發有若摧朽何慮四難也遷尚書中書監淮南王他奏求依舊斷祿閭表以爲若不班祿則貪者肆其姦情淸者不能自保詔從閭議孝文又引見王公以下於皇信堂令辯忠佞閭曰佞者飾知以行事忠者發心以附道譬如玉石皦然可知帝曰玉石同體而異名忠佞異名而同理求之於同則得其所以異尋之於異則失其所以同出處同異之間交換忠佞之境豈是皦然易明哉或有託佞以成忠或有假忠以飾佞如楚之子綦後事雖忠初非佞也閭曰子綦諫楚初雖隨述終致忠言此適欲幾諫非爲佞也子綦若不設初權後忠無由得顯帝善閭對後上表曰臣聞爲國之道其要有五一曰文德二曰武功三曰法度四曰防固五曰刑賞故遠人不服則脩文德以來之荒狡放命則播武功以威之人未知戰則制法度以齊之暴敵輕侵則設防固以禦之臨事制勝則明賞罰以勸之用能闢國寧方征伐四剋北狄悍愚同於禽獸所長者野戰所短者攻城若以狄之所短奪其所長則雖衆不能成患雖來不能內逼又狄散居野澤隨逐水草戰則與室家竝至奔則與畜牧俱逃是以古人伐北方攘其侵掠而已歷代爲邊患者良以儵忽無常故也六鎮勢分倍衆不鬬互相圍逼難以制之昔周命南仲城彼朔方趙靈秦始長城是築漢之孝武踵其前事此四代之君皆帝王之雄傑所以同此役者非智術之不長兵衆之不足乃防狄之要事理宜然也今故宜於六鎮之北築長城以禦北虜雖有暫勞之勤乃有永逸之益卽於要害往往開門造小城於其側因施却敵多置弓弩狄來有城可守有兵可捍旣不攻城野掠無獲草盡則走終始必懲又宜發近州武勇四萬人及京師二萬人合六萬人爲武士於苑內立征北大將軍府選忠勇有志幹者以充其選下置官屬分爲三軍二萬人專習弓射二萬人專習刀楯二萬人專習騎矟修立戰場十日一習採諸葛亮八陣之法爲平地禦敵之方使其解兵革之宜識旌旗之節兵器精堅必堪禦寇使將有定兵兵有常主上下相信晝夜如一七月發六郡兵萬人各備戎作之具敕臺北諸屯倉庫隨近往來俱送北鎮至八月征北部率所鎮與六鎮之兵直至磧南揚威漠北狄若來拒與決戰若其不來然後散分其地以築長城計六鎮東西不過千里若一夫一月之功當二步之地三百人三里三千人三十里三萬人三百里則千里之地彊弱相兼計十萬人一月必就軍糧一月不足爲多人懷永逸勞而無怨計築長城其利有五罷遊防之苦其利一也北部放牧無抄掠之患其利二也登城觀敵以逸待勞其利三也省境防之虞息無時之備其利四也歲常遊運永得不匱其利五也孝文詔曰比當與卿面論又詔閭爲書問蠕蠕時蠕蠕國有喪而書不敘凶事帝曰卿職典文辭不論彼之凶事若知而不作罪在灼然若情思不至應謝所任對曰昔蠕蠕主敦崇和親其子屢犯邊境如臣愚見謂不宜弔帝曰敬其父則子悅敬其君則臣悅卿云不合弔慰是何言歟閭遂免冠謝罪帝曰蠕蠕使牟提小心恭愼同行疾其敦厚恐其還北必被謗誣昔劉準使殷靈誕每禁下人不爲非禮事及還果被譖愬以致極刑今書可明牟提忠於其國使蠕蠕主知之是年冬至大饗羣官孝文親舞於太后前羣臣皆舞帝乃長歌仍率羣臣再拜上壽閭進曰臣聞大夫行孝行合一家諸侯行孝聲著一國天子行孝德被四海今陛下敦行孝道臣等不勝慶踊謹上千萬歲壽帝大悅又議政於皇信堂閭曰伏思太皇太后十八條之令及仰尋聖朝所行事周於百揆願終成其事帝曰刑法者王道所用何者爲法何者爲刑施行之日何先何後對曰刑制之會軌物齊衆謂之法犯違制約致之於憲謂之刑然則法必先施刑必後著帝曰論語稱冉子退朝孔子曰何晏也曰有政子曰其事也如其有政雖不吾以吾其與聞之何者爲政何者爲事對曰政者上之所行事者下之所綜後詔閭與太常採雅樂以營金石又領廣陵王師出除鎮南將軍相州刺史以參定律令之勤賜布帛粟牛馬等遷都洛陽閭表諫言遷有十損必不獲已請遷於鄴帝頗嫌之雍州刺史曹武據襄陽請降車駕親幸懸瓠閭表諫洛陽草創武旣不遣質任必非誠心帝不納武果虛詐諸將皆無功而還車駕還幸石濟閭朝於行宮帝謂曰朕往年之意不欲決征但兵士已集恐爲幽王之失不容中止遂至淮南而彼諸將竝列州鎮至無所獲實由晚一月日故耳閭曰古攻戰法倍則攻之十則圍之聖駕親征誠應大捷所以無大獲良由兵少故也今京邑甫爾庶事造刱願陛下當從容伊瀍使德被四海帝曰願從容伊瀍實亦不少但未獲耳閭曰司馬相如臨終恨不封禪今雖江介不賓然中州地略以盡平豈可聖明之辰而闕盛禮帝曰荆揚未一豈得如卿言也閭以江南非中國且三代之境亦不能遠帝曰淮海惟揚州荆及衡陽惟荆州此非近中國乎及車駕至鄴孝文頻幸其州館下詔褒揚之閭每

請本州以自效詔曰閭以懸車之年方求衣錦知進忘退有塵謙德可降號平北將軍朝之老成宜遂情願從授幽州刺史令存勸兼行恩法並舉閭以諸州罷從事依府置參軍於政體不便表宜復舊帝不悅歲餘表求致仕優荅不許徵爲太常卿頻表陳遜不聽又車駕南討漢陽閭上表諫求迴師帝不納漢陽平賜閭璽書閭上表陳謝宣武踐阼閭累表遜位優詔授光祿大夫金章紫綬使吏部尚書邢巒就家拜授及辭引見東堂賜以肴羞訪之大政以其先朝儒舊告老求歸帝爲之流涕優詔賜安車几杖輿馬繒綵衣服布帛事從豐厚百僚餞之猶羣公之祖二疏也閭進陟北芒上望闕表以示戀慕之誠卒於家謚文貞閭好爲文章集四十卷其文亦高允之流後稱二高爲當時所服閭强果敢直諫其在私室言裁聞耳及於朝廷廣衆之中則談論鋒起人莫能敵孝文以其文雅之美每優禮之然貪褊矜慢初在中書好詈辱諸博士學生百餘人有所干求者無不受其賄及老爲二州乃更廉儉自謹有良牧之譽子元昌襲爵位遼西博陵二郡太守閭弟悅篤志好學有美於閭早卒

趙逸字思羣天水人也父昌石勒黃門郎逸好學夙成仕姚興歷中書侍郎後爲赫連屈丐所虜拜著作郎太武平統萬見逸所著曰此豎無道安得爲此言乎作者誰也速推之司徒崔浩進曰彼之謬述亦子雲美新固宜容之帝乃止歷中書侍郎赤城鎭將頻表乞免久乃見許性好墳典白首彌勤年踰七十手不釋卷凡所著述詩賦銘頌五十餘篇

逸兄溫字思恭博學有高名爲姚泓天水太守劉裕滅泓遂歿於氐氐王楊難當稱藩太武以溫爲難當府司馬卒于仇池令溫子琰字叔起初苻氏亂琰爲乳母攜奔壽春年十四乃歸孝心色養饘熟之節必親調之皇興中京師儉婢簡粟糴之琰遇見切責敕留輕粃嘗送子應冀州娉室從者於路遇得一羊行三十里而琰知之令送於本處又過路旁主人設羊羹琰訪知盜殺卒辭不食遣人買耜刃得剩六耜卽命送還刃主刃主高之義而不受琰命委之而去初爲兗州司馬轉團城鎭副將還京爲淮南王他府長史時禁制甚嚴不聽越關葬於舊兆琰積四十餘年不得葬二親及蒸嘗拜獻未曾不嬰慕卒事每於時節不受子孫慶賀年餘耳順而孝思彌篤慨歲月推移遷窆無冀乃絕鹽粟斷諸餚味食麥而已年八十卒遷都洛陽子應等乃還鄉葬焉應弟煦字賓育好音律以善歌聞於世位秦州刺史

胡叟字倫許安定臨涇人也世爲西夏著姓叟少聰慧年十三辯疑釋理鮮有屈焉學不師受披讀羣籍再閱於目皆誦焉好屬文旣善典雅之詞又工鄙俗之句以姚氏將衰遂入長安觀風化隱匿名行懼人見知時京兆韋祖思少閱典墳多蔑時彥待叟不足叟拂衣而出祖思固留之曰當與君論天人之際何遽返乎叟曰論天人者其亡久矣與君相知何夸言若是遂歸主人賦常杜二族一宿而成時年十八矣其述前載無違舊美敘中世有協時事而末及鄙黷人皆奇其才畏其筆叟孤飄坎壈未有仕路遂入漢中宋梁秦二州刺史馮翊吉翰頗相禮接授叟末佐不稱其懷未幾翰遷益州叟隨入蜀時蜀沙門法成率僧數千人鑄丈六金像宋文帝惡其聚衆將加大辟叟聞之卽赴丹楊啓申其美遂免復還蜀法成遺其珍物價直千餘匹叟一無所受後入沮渠牧犍牧犍遇之不重叟乃爲詩示所知廣平程伯達其略曰羣犬吠新客佞暗排疏賓直途旣已塞曲路非所遵望衞惋祝鮀眄楚悼靈均何用宣憂懷託翰寄輔仁伯達見詩謂曰涼州雖地居戎域然自張氏以來號有華風今則憲章無虧何祝鮀之有叟曰貴主奉正朔而弗淳慕仁義而未允吾之擇木夙在大魏與子暫違非久闊也歲餘牧犍破降叟旣先歸魏朝廷以其識機賜爵始復男家於密雲蓬室草筵唯以酒自適謂友人金城宗舒曰我此生活似勝焦先志意所栖謝其高矣文成時召叟及舒並使作檄檄宋蠕蠕舒文劣於叟尋歸家不事產業常若飢貧然不以爲恥養子字螟蛉以自給養每至貴勝門恒乘一牸牛弊韋袴褶而已作布囊容三四斛飲噉醉飽盛餘肉餅以付螟蛉見車馬榮華者視之蔑如也尚書李敷嘗遺以財都無所取初叟一見高允曰吳鄭之交以紵縞爲美談吾之於子以弦韋爲幽贊以此言之彼可無愧也於允館見中書侍郎趙郡李璨被服華靡叟貧老衣褐璨頗忽之叟謂曰李子今若相脫體上袴褶衣帽君欲作何許也譏其唯假成服璨惕然失色叟少孤每言及父母則淚下若孺子號春秋當祭之前則先求旨酒美膳將其所知廣寧常順陽馮翊田文宗上谷侯法儁提壺執俎至郭外空靜處設坐奠拜盡孝思之敬時敦煌氾潛家善釀酒每節送一壺與叟著作佐郎博陵許赤武河東裴定宗等謂潛曰再三之惠以爲過厚子惠於叟何其恒也潛曰我恒給祭者以其恒於孝思也論者以潛爲君子矣順陽等數子稟叟獎示頗涉文流高閭曾造其家遇叟短褐曳柴從田歸舍爲閭設濁酒蔬食皆手自辦然案其館宇卑陋園疇褊局而飯菜精潔醯醬調美見其二妾並年衰跛眇衣布穿弊閭見其貧以衣物直十餘匹贈之亦無辭免閭作宣命賦叟爲之序密雲左右皆祗仰其德歲時奉以布麻穀麥叟隨分散之家無餘財卒無子無家人營主凶事胡始昌迎殯之于家葬於墓次卽令弟繼之襲其爵復始男武威將軍叟與始昌雖宗室性氣殊詭不相附其存往來乃簡及亡而收恤至厚議者以爲非必敦哀疏宗或緣求利品秩也

胡方回安定臨涇人也父義周姚泓黃門侍郎方回仕赫連屈丐爲中書侍郎涉獵史籍辭彩可觀爲屈丐統萬城銘蛇祠碑諸文頗行於世太武破赫連昌方回入魏未爲時知後爲北鎭司馬爲鎭脩表有所稱薦帝覽之嗟美問知方回召爲中書博士賜爵臨涇子遷侍郎與太子少傅游雅等改定律制司徒崔浩及當時朝賢並愛重之清貧守道以壽終

張湛字子然一字仲玄敦煌深泉人也魏執金吾恭九葉孫爲河西著姓祖質仕涼位金城太守父顯有遠量武昭王據有西夏引爲功曹甚器異之嘗稱曰吾之臧子原也位酒泉太守湛弱冠知名涼土好學能屬文冲素有大志仕沮渠蒙遜位兵部尚書涼州平拜寧遠將軍賜爵南浦男司徒崔浩識而禮之浩注易敘曰敦煌張湛金城宗欽武威段承根三人皆儒者並有儁才見稱西州每與余論易余以左氏傳卦解之遂相勸爲解注故爲之解其見稱如此湛至京師家貧不立操尚無虧浩常給其衣食薦爲中書侍郎湛知浩必敗固辭每贈浩詩頌多箴規之言浩亦欽敬其志每常報荅極推崇之美浩誅湛懼悉燒之閉門却掃慶弔皆絕以壽終

兄銑字懷義閑粹有才幹仕沮渠蒙遜位建昌令性至孝母憂哀毀過人服制雖除而蔬糲弗改崔浩禮之與湛等卒於征西參軍懷義孫通字彥綽博通經史沉冥不預時事頓丘李彪欽其學行與之遊款及彪用事言於中書令李冲冲召見甚器重之太和中徵中書博士中書侍郎永平中又徵汾州刺史皆不赴終於家通四子徽麟儉鳳皆傳家業知名於世徽字方明位侍中衞尉卿封西平縣公子敢之襲位太中大夫樂陵郡守麟字嘉應位廣平太守儉字元愼位涼州刺史鳳字孔鸞位國子博士散騎常侍著五經異同評十卷爲儒者所稱

段承根武威姑臧人自云漢太尉熲九世孫也父暉字長祚身八尺餘師事歐陽湯湯甚器愛之有一童子與暉同志後二年童子辭歸從暉請馬暉戲作木馬與童子甚悅謝暉曰吾太山府君子奉敕遊學今將歸損子厚贈無以報德子後至常伯封侯非報也且以爲好言終乘馬騰虛而去暉乃自知必將貴仕乞伏熾盤爲輔國大將軍涼州刺史御史大夫西海侯熾盤子慕末襲位政亂暉父子奔吐谷渾慕容璝內附暉與承根歸魏太武至長安人告暉欲南奔云置金於馬韉中帝密遣視之果如告者言斬之於市暴尸數日時有儒生京兆林白奴欽暉德音夜竊其尸置之枯井女爲敦煌張氏婦聞之乃向長安收葬承根好學機辯有文思而性行疏薄有始無終司徒崔浩見而奇之與同郡陰仲達俱被浩引以爲俱涼土文華才堪注述言之太武並請爲著作郎引與同事世咸重承根文而薄其行甚爲敦煌公李寶所敬待浩誅承根與宗欽等俱死

宗欽字景若金城人少好學有儒者風仕沮渠蒙遜爲中書郎世子洗馬上東宮侍臣箴太武平涼州入魏賜爵臥樹男拜著作郎與高允書贈詩允荅書并詩甚相褒美在河西撰蒙遜記十卷無足可稱

闞駰字玄陰敦煌人也祖倞父玖並有名於西土玖位會稽令駰博通經傳聰敏過人三史羣言經目則誦時人謂之宿讀注王朗易傳撰十三州志沮渠蒙遜甚重之常侍左右訪以政事損益拜祕書考課郎中給文吏三十人典校經籍刊定諸子三千餘卷牧犍待之彌重拜大行臺遷尚書及姑臧平樂安王丕鎭涼州引爲從事中郎王薨還京師家甚貧不免饑寒性能多食一飯至三升乃飽卒無後

劉延明敦煌人也父寶字子玉以儒學稱延明年十四就博士郭瑀瑀弟子五百餘人通經業者八十餘人瑀有女始笄妙選良偶有心於延明遂別設一席謂弟子曰吾有一女欲覓一快女壻誰坐此席者吾當婚焉延明遂奮衣坐神志湛然曰延明其人也瑀遂以女妻之延明後隱居酒泉不應州郡命弟子受業者五百餘人涼武昭王徵爲儒林祭酒從事中郎昭王好尚文典書史穿落者親自補葺延明時侍側請代其事王曰躬自執者欲人重此典籍吾與卿相遇何異孔明之會玄德遷撫夷護軍雖有政務手不釋卷昭王曰卿注記篇籍以燭繼晝白日且然夜可休息延明曰朝聞道夕死可矣不知老之將至孔聖稱焉延明何人斯敢不如此延

明以三史文繁著略記百三十篇八十四卷燉煌實錄二十卷方言三卷靖恭堂銘一卷注周易韓子人物志黃石公三略行於世蒙遜平酒泉拜秘書郎專管注記築陸沉觀於西苑躬往禮焉號玄處先生學徒數百月致羊酒牧犍尊爲國師親自致拜命官屬以下皆北面受業時同郡索敞陰興爲助教竝以文學見稱每巾衣而入太武平涼州士庶東遷夙聞其名拜樂平王從事中郎太武詔諸年七十以上聽留本鄉一子扶養延明時老矣在姑臧歲餘思鄉而返至涼州西四百里韮谷窟疾卒太和十四年尚書李沖奏延明河右碩儒今子孫沉屈未有祿潤賢者子孫宜蒙顯異於是除其一子爲鄖州雲陽令正光三年太保崔光奏曰故樂平王從事中郎燉煌劉延明著業涼城遺文在茲如或愆釁當蒙數世之宥況乃維祖逮孫相去未遠而令久淪皁隸不獲收異儒學之士所爲竊歎乞敕尚書推檢所屬甄免碎役敦化厲俗於是乎在詔曰太保啓陳深合勸善其孫等三家特可聽免河西人以爲榮

趙柔字元順金城人也少以德行才學知名河右沮渠牧犍時爲金部郎太武平涼州內徙京師歷著作郎河內太守甚著信惠柔嘗在路得人所遺金珠一貫價直數百縑柔呼主還之後有人遺柔鏵數百枚者柔與子善明鬻之市有人從柔買柔索絹二十疋有商人知其賤與柔三十匹善明欲取之柔曰與人交易一言便定豈可以利動心遂與之搢紳之流聞而敬服隴西王源賀采佛經幽旨作祇洹精舍圖偈六卷柔爲之注解爲當時俊僧所欽味又憑立銘讚頗行於世子默字冲明武威太守

索敞字巨振燉煌人也爲劉延明助教專心經籍盡能傳延明業涼州平入魏以儒學爲中書博士京師貴遊之子皆敬憚威嚴多所成益前後顯達位至尚書牧守者數十人皆受業於敞敞以喪服散在衆篇遂撰比爲喪服要記出補扶風太守在位清貧卒官時舊同學生等爲請謚詔贈涼州刺史謚曰獻初敞之在涼州與鄉人陰世隆文才相友世隆至京師被罪徙和龍居上谷困不前達土人徐能抑掠爲奴敞因行至上谷遇見世隆對泣而別敞爲訴理得免世隆子孟貴性至孝每向田芸耨早朝拜父來亦如之鄉人欽焉

宋繇字體業燉煌人也世仕張氏父僚張玄靚武興太守繇生而僚爲張邕所誅五歲喪母事伯母張氏以孝聞八歲而張氏卒居喪過禮嘒然謂妹夫張彥曰門戶傾覆負荷在繇不銜膽自厲何以繼承先業遂隨彥至酒泉追師就學閉室讀書晝夜不倦博通經史呂光時舉秀才除郎中後奔段業爲中散騎常侍以業無遠略西奔涼武昭王歷位通顯家無餘財雖兵革間講誦不廢每聞儒士在門常倒屣出迎引談經籍尤明斷決時事亦無滯也沮渠蒙遜平酒泉於繇室得書數千卷鹽米數十斛而已蒙遜歎曰孤不喜克李氏欣得宋繇耳拜尚書吏部郎中委以銓衡蒙遜將死以子牧犍託之牧犍以爲左丞送其妹興平公主於京師太武拜繇河西王右丞相錫爵清水公及平涼州從牧犍至京師卒謚恭公長子巖襲爵改爲西平侯巖子藍中書議郎樂安王範從事中郎卒贈咸陽太守藍子季預性清嚴居家如官位勃海太守子遊道遊道弱冠隨父在郡父亡吏人贈遺一無所受事母以孝聞與叔父別居叔父爲奴誣以構逆遊道誘令返雪而殺之魏廣陽王深北伐請爲鎧曹及爲定州刺史又以爲府佐廣陽爲葛榮所殺元徽誣其降賊收錄妻子遊道爲訴得釋與廣陽子迎喪返葬中尉酈善長嘉其氣節引爲殿中侍御史臺中語曰見惡能討宋遊道孝莊即位除左兵中軍爲尚書令臨淮王彧譴責遊道乃執版長揖曰下官謝王瞋不謝王理即日詣闕上書曰徐州刺史元孚頻有表云偽梁廣發士卒圖彭城乞增羽林二千以孚宗室重臣告請應實所以量奏給武官千人孚今代下以路阻自防遂納在防羽林八百人辭云疆境無事乞將還家臣忝局司深知不可尚書令臨淮王彧即孚之兄子遣省事謝遠三日之中八度逼迫云宜依判許臣不敢附下罔上孤負聖明但孚身在任乞師相繼及其代下便請放還進退爲身無憂國之意所請不合其罪下科彧乃召臣於尚書都堂云卿一小郎憂國之心豈厚於我醜罵溢口不顧朝章右僕射臣世隆吏部郎中臣薛琡已下百餘人竝皆聞見臣實獻直言云忠臣奉國事在其心亦復何簡貴賤比自北海入洛王不能致身死難方清宮以迎篡賊鄭先護立義廣州王復建旗往討趣惡如流伐善何速今得冠冕百寮乃欲爲私害政爲臣此言彧賜怒更甚臣既不佞干犯貴臣乞解郎中帝召見遊道嘉勞之彧亦奏言臣忝冠百寮遂使一郎攘袂高聲肆言頓挫乞解尚書令帝乃下敕聽解臺郎後除司州中從事時將還鄴會霖雨行旅擁於河橋遊道於幕下朝夕宴歌行者曰何時節作此聲也固大癡遊道應曰何時節而不作此聲也亦大癡後齊神武自太原來朝見之曰此人是遊道邪常聞其名今日始識其面遷遊道別駕後日神武之司州饗朝士舉觴屬遊道曰飲高歡手中酒者大丈夫卿之爲人合飲此酒及還晉陽百官辭於紫陌神武執遊道手曰甚知朝貴中有憎忌卿者但用心莫懷畏慮當使卿位與之相似於是啓以遊道爲中尉文襄執請乃以吏部郎中崔暹爲御史中尉以遊道爲尚書左丞文襄謂暹遊道曰卿一人處南臺一人處北省當使天下肅然遊道入省劾太師咸陽王但太保孫騰司徒高隆之司空侯景錄尚書元弼尚書令司馬子如官貸金銀催徵酬價雖非指事贓賄終是不避權豪又奏駮尚書違失數百條省中豪吏王儒之徒竝鞭斥之始依故事於尚書省立門名以記出入早晚令僕已下皆側目魏安平王坐事亡章武二王及諸王妃太妃是其近親者皆被徵責都官郎中畢義雲主其事有奏而禁有不奏輒禁者遊道判下廷尉科罪高隆之不同於是反誣遊道厲色挫辱已遂枉栲羣令史證成之與左僕射襄城王旭尚書鄭述祖等上言曰飾偽亂眞國法所必去附下罔上王政所不容謹案尚書左丞宋遊道名望本闕功績何紀屬永安之始朝士亡散乏人之際叨竊臺郎躁行謟言肆其姦詐空識名義不顧典文人鄙其心衆畏其口出州入省歷忝清資而長惡不悛會無忌諱毀譽由己憎惡任情比因安平王事遂肆其褊心因公報隙與郎中畢義雲遞相糾舉又左外兵郎中魏叔道牒云局內降人左澤等爲京畿送省令取保放出大將軍在省日判聽遊道發怒曰往日官府成何物官府將此爲例又云乘前旨格成何物旨格依事請問遊道竝皆承引案律對捍詔使無人臣之禮大不敬者死對捍使者尚得死坐況遊道吐不臣之言犯慢上之罪口稱夷齊心懷盜跖欺公賣法受納苞苴產隨官厚財與位積雖贓汙未露而姦詐如是舉此一隅餘詐可驗今依禮據律處遊道死罪是時朝士皆忿爲遊道不濟而文襄聞其與隆之相抗之言謂楊遵彥曰此眞是鯁直大剛惡人遵彥曰譬之畜狗本取其吠今以數吠殺之恐將來無復吠狗詔付廷尉遊道坐除名文襄使元景康謂曰卿早逐我向并州他經略不忍殺卿遊道從至晉陽以爲大行臺吏部又以爲太原公開府諮議及平陽公爲中尉遊道以諮議領書侍御史尋以本官兼司徒左長史及文襄疑黃門郎溫子昇知元瑾之謀繫諸獄而餓之食弊襦而死棄屍路隅遊道收而葬之文襄謂曰吾近書與京師諸貴論及朝士云卿僻於朋黨將爲一病今卿眞是重舊節義人此情不可奪子昇吾本不殺之卿葬之何所憚天下人代卿怖者是不知吾心也尋除御史中尉東萊王道習叅御史選限外投狀道習與游道有舊使令史受之文襄怒收游道辯而判之曰游道稟性擴悍是非肆己吹毛洗垢創疵人物往與郎中蘭景雲忿競列事十條及加推窮便是虛妄方共道習陵侮朝典法官而犯特是難原宜付省科游道被禁獄吏欲爲脫枷游道不肯曰此令公命所著不可輒脫文襄聞而免之游道抗志不改天保元年以游道兼太府卿乃於少府覆檢主司盜截得鉅萬計姦吏反誣奏之下獄尋得出不歸家徑之府理事卒遺令薄葬不立碑表不求贈謚贈瓜州刺史武平中以子士素久典機密重贈儀同三司謚曰貞惠游道剛直疾惡如讎見人犯罪皆欲致之極法彈糾見事又好察陰私問獄察情捶撻嚴酷兗州刺史李子貞在州貪暴游道案之文襄以子貞預建義勳意將含忍游道疑陳元康爲其內助密啓云子貞元康交游恐其別有請屬文襄怒於尚書都堂集百寮撲殺子貞又兗州人爲游道生立祠堂像題曰忠清君游道別劾吉寧等五人同死有欣悅色朝士甚鄙之然重交游存然諾之分歷官嚴整而時大納賄分及親故之艱匱者其男女孤弱爲嫁娶之臨喪必哀躬親營視爲司州綱紀與牧樂昌西河二王乖忤及二王薨每事經恤之與頓丘李奬一面便定死交奬曰我年位已高會用弟爲佐史令弟北面於我足矣游道曰不能既而奬爲河南尹辟游道爲中正使者相屬以衣帢待之握手歡謔元顥入洛奬受其命出使徐州都督元孚與城人趙紹兵殺之游道爲奬訟冤得雪又表爲請贈回已考一泯階以益之又與劉廞結交託廞弟粹於徐州殺趙紹後劉廞伏法於洛陽粹以徐州叛官軍討平之梟粹首於鄴市孫騰使客告市司得五百匹後聽收游道時爲司州中從事令家人作劉粹所親於州陳訴依律判許而奏之敕至市司猶不許游道杖市司勒使速付騰聞大怒游道立理以抗之既收粹尸厚加贈遺李奬二子構訓居貧游道後令其求三富人死事判免之凡得錢百五十萬盡以入構訓其使氣黨俠如此時人語曰游道獼猴面陸操科斗形意識不關見何謂醜者必無情構嘗因游道會客因戲之曰賢從在門外大好人宜自迎接爲通名稱族弟游山游道出見之乃獼猴而衣帽也將與構絕構謝之豁然如舊游道死後構爲定州長史游道第三

子士遜爲墨曹博陵王管記與典籤共誣奏構構於禁所祭游道而訴焉士遜晝卧如夢者見游道怒曰我與構恩義汝豈不知何共小人謀陷清直之士士遜驚跪曰不敢不敢旬日而卒游道每戒其子士素士約士慎等曰吾執法太剛數遭屯蹇性自如此子孫不足以師之諸子奉父言柔和謙遜士素沉密少言有才識稍遷中書舍人趙彦深引入內省參典機密歷中書黃門侍郎遷儀同三司散騎常侍仍領黃門侍郎自處機要近二十年周慎溫恭甚爲彦深所重初祖珽知朝政出彦深爲刺史珽奏以士素爲東郡守中書侍郎李德林白珽留之由是還除黃門侍郎共典機密士約亦爲善士官尚書左丞

江式字法安陳留濟陽人也六世祖瓊字孟琚晉馮翊太守善蟲篆詁訓永嘉大亂瓊棄官投張軌子孫因居涼土世傳家業祖强字文威涼州平內徙代京上書三十餘法各有體例又獻經史諸子千餘卷由是拜中書博士卒贈敦煌太守父紹興高允奏爲秘書郎掌國史二十餘年以謹厚稱卒於趙郡太守式少專家學數年中常夢兩人時相教授及寤每有記識初拜司徒長史兼行參軍檢校御史尋除符節令以書文昭太后尊號謚冊除奉朝請仍符節令篆體尤工洛京宮殿諸門板題皆式書也延昌三年三月式表曰臣聞伏犧氏作而八卦形其畫軒轅氏興而靈龜彰其彩古史倉頡覽二象之文觀鳥獸之迹別剏文字以代結繩用書契以維事宣之王迹則百工以敘載之方冊則萬品以明迄於三代厥體頗異雖依類取制未能殊蒼氏矣故周禮八歲入小學保氏教國子以六書一曰指事二曰象形三曰諧聲四曰會意五曰轉注六曰假借蓋是史頡之遺法及宣王太史史籀著大篆十五篇與古文或同或異時人即謂之籀書孔子脩六經左丘明述春秋皆以古文厥意可得而言其後七國殊軌文字乖別暨秦兼天下丞相李斯乃奏蠲罷不合秦文者斯作倉頡篇車府令趙高作爰歷篇太史令胡毋敬作博學篇皆取史籀式頗有省改所謂小篆者也於是秦燒經書滌除舊典官獄繁多以趣約易始用隸書古文由此息矣隸書者始皇使下杜人程邈附於小篆所作也世人以邈徒隸即謂之隸書故秦有八體一曰大篆二曰小篆三曰符書四曰蟲書五曰摹印六曰署書七曰殳書八曰隸書漢興有尉律學復教以籀書又習八體試之課最以爲尚書史書省字不正輒舉劾焉又有草書莫知誰始其形書雖無厥誼亦是一時之變通也孝宣時召通蒼頡讀者獨張敞從受之涼州刺史杜業沛人爰禮講學大夫秦近亦能言之孝平時徵禮等百餘人說文字於未央宮中以禮爲小學元士黃門侍郎揚雄採以作訓纂篇及亡新居攝自以運應制作大司馬甄豐校文字之部頗改定古文時有六書一曰古文孔子壁中書也二曰奇字即古文而異者三曰篆書云小篆也四曰佐書秦隸書也五曰繆篆所以摹印也六曰鳥蟲所以幡信也壁中書者魯恭王壞孔子宅而得尚書春秋論語孝經也又北平侯張倉獻春秋左氏傳書體與孔氏相類即前代之古文矣後漢郎中扶風曹喜號曰工篆小異斯法而甚精巧自是後學皆其法也又詔侍中賈逵脩理舊文殊藝異術王教一端苟有可以加於國者靡不悉集逵即汝南許慎古學之師也後慎嗟時人之好奇歎俗儒之穿鑿故撰說文解字十五篇首一終亥各有部屬可謂類聚羣分雜而不越文質彬彬最可得而論也左中郎將陳留蔡邕採李斯曹喜之法爲古今雜形詔於太學立石碑刊載五經題書楷法多是邕書也後開鴻都書畫奇能莫不雲集時諸方獻篆無出邕者魏初博士清河張揖著埤倉廣雅古今字詁究諸埤廣綴拾遺漏增長事類抑亦於文爲益者然其字詁方之許篇古今體用或得或失陳留邯鄲淳亦與揖同博開古藝特善倉雅許氏字指八體六書精究閑理有名於揖以書教諸皇子又建三字石經於漢碑西其文蔚煥三體復宣校之說文篆隸大同而古字少異又有京兆韋誕河東衞覬二家竝號能篆當時臺觀牓題寶器之銘悉是誕書咸傳之子孫世稱其妙晉世義陽王典祠令任城呂忱表上字林六卷尋其況趣附託許慎說文而按偶章句隱別古籀奇惑之字文得正隸不差篆意也忱弟靜別放故左校令李登聲類之法作韻集五卷使宮商龣徵羽各爲一篇而文字與兄便是魯衞音讀楚夏時有不同皇魏承百王之季紹五運之緒世易風移文字改變篆形謬錯隸體失眞俗學鄙習復加虛造巧談辯士以意爲疑炫惑於時難以釐改乃曰追來爲歸巧言爲辯小兔爲覦神蟲爲蠶如斯甚衆皆不合孔氏古書史籀大篆許氏說文石經三字也凡所闕古莫不惆悵焉嗟夫文字者六籍之宗王教之始前人所以垂今今人所以識古臣六世祖瓊家世陳留往晉之初與從父兄俱受學於衞覬古篆之法倉雅方言說文之誼當時竝收善譽而祖遇洛陽之亂避地河西數世傳習斯業所以不墜也世祖太延中牧犍內附臣亡祖文威杖策歸國奉獻五世傳掌之書古篆八體之法時蒙褒錄敘列於儒林官班文省家號世業暨臣闇短識學庸薄漸漬家風有忝無顯是籍六世之資奉遵祖考之訓竊慕古人之軌企踐儒門之轍求撰集古來文字以許慎說文爲主及孔氏尚書五經音注籀篇爾雅三倉凡將方言通俗文祖文宗埤倉廣雅古今字詁三字石經字林韻集諸賦文字有六書之誼者以類編聯文無復重統爲一部其古籀奇惑俗隸諸體咸使班於篆下各有區別詁訓假借之誼僉隨文而解音讀楚夏之聲竝逐字而注其所不知者則闕如也脫蒙遂許冀省百氏之觀而同文字之域典書秘書所須之書乞垂敕給并學士五人嘗習文字者助臣披覽書生各五人專令抄寫侍中黃門國子祭酒一月一監詮議疑隱庶無紕繆所撰名目伏聽明旨詔曰可如所請併就太常冀兼教八書史也其有所須依請給之名目待書成重聞式於是撰集字書號曰古今文字凡四十卷大體依許氏說文爲本上篆下隸正光中兼著作郎卒官贈巴州刺史其書竟未能成式兄子征虜將軍順和亦工篆書先是太和中兗州人沈法會能隸書宣武之在東宮敕法會侍書後以隸迹見知於閭里者甚衆未有如崔浩之妙

論曰游雅才業亦高允之亞至於陷族陳奇斯所以絶世而莫祀明根雅道儒風終受非常之遇以太和之盛有乞言之重抑乃曠世一時肇既聿脩克隆堂構正清梗槩顛沛不渝辭爵主幼之年抗節臣權之日顧視羣公其風固已遠矣高閭發言有章句下筆富文詞故能受遇累朝見重明主挂冠謝事禮備懸輿美矣趙逸文雅自業琰加之孝義可謂世有人焉胡叟顯晦之間優遊無悶亦一代之異人歟胡方回張湛段承根闞駰劉延明趙柔索敞皆通涉經史才志不羣價重西州有聞東國故流播之中自拔泥滓人之不可以無能信也宋繇處屈能申終致顯達遊道剛直自立任使爲累江式能世其業亦足稱云

北史卷三十四考證

游明根傳肇又陳顯侯後圖○圖監本誤圓今改從魏書

高閭傳引閭與中書令高允入禁中參決大政○決大二字監本訛大夫今改正

劉延明傳延明年十四就博士郭瑀瑀弟子五百餘人○郭瑀下魏書有學字。

索敞傳土人徐能抑掠爲奴○土監本訛士今改從南本

宋繇傳西奔涼武昭王○涼監本訛梁今改從晉書

江式傳一曰古文孔子壁中書也○壁監本訛璧今改正

逵即汝南許慎古學之師也○魏書學字上有文字

冀省百氏之觀○氏一本作代

北史卷三十五

唐 李 延 壽 撰

列傳第二十三

王慧龍 玄孫松年 五世孫劭

鄭羲 孫述祖 從曾孫道邕 道邕子譯 譯叔祖儼 儼族孫偉

王慧龍太原晉陽人晉尚書僕射愉之孫散騎常侍郎緝之子也幼聰慧愉以爲諸孫之龍故名焉初宋武微時愉不爲之禮及得志愉合家見誅慧龍年十四爲沙門僧彬所匿因將過江津人見其行意怱怱疑爲王氏子孫彬稱爲受業者乃免既濟遂西上江陵依叔祖忱故吏荊州前中從事習辟彊時刺史魏詠之卒辟彊與江陵令羅修前別駕劉期公土人王騰等謀舉兵推慧龍爲盟主剋日襲州城而宋武聞詠之卒亦懼江陵有變遣其弟道規爲荊州衆遂不果羅修等將慧龍又與僧彬北詣襄陽晉雍州刺史魯宗之資給慧龍送度江遂奔姚興自言也如此姚泓滅慧龍歸魏明元引見與言慧龍請効力南討言終俯而流涕天子爲之動容謂曰朕方混一車書席卷吳會卿情計如此豈不能相資以衆乎然亦未之用後拜洛城鎮將鎮金墉會明元崩太武初即位咸謂南人不宜委以師旅之任遂停前授初崔浩弟恬聞慧龍王氏子以女妻之浩既昏姻及見慧龍曰信王家兒也王氏世齇鼻江東謂之齇王慧龍鼻漸大浩曰眞貴種矣數向諸公稱其美司徒長孫嵩聞之不悅言於太武以其嗟服南人則有訕鄙國化之意太武怒召浩責之浩免冠陳謝得釋慧龍由是不調久之除樂安王範傅領并荊揚三州大中正慧龍抗表願得南垂自效崔浩固言之乃授南蠻校尉安南大將軍左長史及宋荊州刺史謝晦起兵江陵引慧龍爲援慧龍督司馬靈壽等一萬人拔其思陵戍進圍項城晦敗乃班師後宋將王玄謨寇滑臺詔假慧龍楚兵將軍

與安頡等同討之相持五十餘日諸將以賊盛莫敢先慧龍設奇兵大破之太武賜以劒馬錢帛授龍驤將軍賜爵長社侯拜滎陽太守仍領長史在任十年農戰並修大著聲績招攜邊遠歸附者萬餘家號爲善政其後宋將到彥之檀道濟頻頓淮潁大相侵掠慧龍力戰屢摧其鋒彥之與友人蕭斌書曰魯軌頑鈍馬楚麤狂亡人之中唯王慧龍及韓延之可爲深憚不意儒生儒夫乃令老子訝之宋文縱反間云慧龍自以功高而位不至欲引寇入邊因執安南大將軍司馬楚之以叛太武聞曰此必不然是齊人忌樂毅耳乃賜慧龍璽書曰義隆畏將軍如虎欲相中害朕自知之風塵之言想不足介意也宋文計既不行復遣刺客呂玄伯購慧龍首二百戶男絹一千匹玄伯爲反間來屏人有所論慧龍疑之使人探其懷有尺刀玄伯叩頭請死慧龍曰各爲其主也吾不忍害此人左右皆言義隆賊心未已不殺玄伯無以制將來慧龍曰死生有命彼亦安能害我且吾方以仁義爲干鹵又何憂于刺客遂捨之時人服其寬恕慧龍自以遭難流離常懷憂悴乃作祭伍子胥文以寄意焉生一男一女遂絕房室布衣蔬食不參吉事舉動必以禮太子少傅游雅言於朝曰慧龍古之遺孝也撰帝王制度十八篇號曰國典眞君元年拜使持節寧南將軍武牢鎮都副將未至鎮而卒臨沒謂功曹鄭曄曰吾羈旅南人恩非舊結蒙聖朝殊特之慈得在疆埸效命誓願鞭屍吳市戮墳江陰不謂嬰此重疾有心莫遂非唯仰愧國靈實亦俯慚后土修短命也夫復何言身歿後乞葬河內州縣之東鄉依古墓而不墳足藏髮齒而已庶其魂而有知猶希結草之報時制南人入國者皆葬桑乾曄等申遺意詔許之贈安南將軍荊州刺史謚穆侯吏人及將士共於墓所起佛寺圖慧龍及僧彬像而讚之呂玄伯感全宥之恩留守墓側終身不去子寶興襲爵寶興少孤事母至孝尚書盧遐妻崔浩女也初寶興母及遐妻俱孕浩謂曰汝等將來所生皆我之自出可指腹爲親及昏浩爲撰儀躬自監視謂諸客曰此家禮事宜盡其美及浩被誅盧遐後妻寶興從母也緣坐沒官寶興亦逃避未幾得出盧遐妻時官賜度斤鎮高車滑骨寶興盡賣貨產自出塞贖之以歸州辟中從事別駕舉秀才皆不就閉門不交人事襲爵封長社侯龍驤將軍卒子瓊襲爵瓊字世珍孝文賜名焉太和九年爲典寺令六十年降侯爲伯帝納其長女爲嬪拜前將軍并州大中正正始中爲光州刺史有受納響爲中尉王顯所劾終得雪免神龜中除左將軍兗州刺史去州歸京多年沉滯所居在司空劉騰宅西騰雖勢傾朝野初不候之騰既權重吞并鄰宅增廣舊居唯瓊終不肯與以此久見屈抑瓊女適范陽盧道亮不聽歸其夫家女卒哀慟無已瓊仍葬之別所冢不即塞常於壙內哭泣久之乃掩當時深怪之加以聾疾每見道俗乞丐無已造次見之令人笑愕遵逢太保廣平王懷據鞍抗禮自言馬瘦懷即以誕馬并乘具與之嘗詣尚書令李崇騎馬至其黃閤見崇子世哲直問繼伯在否崇遽出瓊乃下崇儉而好以紙帖衣領瓊哂而掣去之崇小子青肫嘗盛服就褫之崇亦不恨領軍元乂使奴遺瓊馬瓊并留奴王誦聞之笑曰東海之風於茲墜矣孝昌三年除鎮東將軍金紫光祿大夫中書令時瓊子遵業爲黃門郎故有此授卒贈征北將軍中書監并州刺史自慧龍入國三世一身至瓊始有四子長子遵業風儀清秀涉歷經史位著作佐郎與司徒左長史崔鴻同撰起居注遷右軍將軍兼散騎常侍慰勞蠕蠕乃詣代京采拾遺文以補起居所闕與崔光安豐王延明等參定服章及光爲孝明講孝經遵業預講延業錄義並應詔作釋奠侍宴詩時人語曰英英濟濟王家兄弟轉司徒左長史黃門郎監典儀注遵業有譽當時與中書令陳郡袁翻尚書琅邪王誦並領黃門郎號曰三哲時政歸門下世謂侍中黃門爲小宰相而遵業從容恬素若處丘園嘗着穿角履好事者多毀新履以學之以胡太后臨朝天下方亂謀避地自求徐州太后曰王誦罷幽州始作黃門卿何乃欲徐州也更待一二年當有好處分遵業兄弟並交游時俊乃爲當時所美及尒朱榮入洛兄弟在父喪中以於莊帝有從姨兄弟之親相率奉迎俱見害河陰議者惜其人才而譏其躁競贈并州刺史著三晉記十卷子松年少知名齊文襄臨并州辟爲主簿累遷通直散騎常侍副李緯使梁使還歷位尚書郎中魏收撰魏書成松年有謗言文宣怒禁止之仍加杖罰歲餘得免除臨漳令遷司馬別駕本州大中正孝昭擢拜給事黃門侍郎帝每賜坐與論政事甚善之孝昭崩松年馳驛至鄴都宣遺詔發言涕泗迄於宣罷容色無改辭吐諧韻宣訖號慟自絕於地百官莫不感慟還晉陽兼侍中護梓宮還鄴諸舊臣避形迹無敢盡哀唯松年哭必流涕朝士咸恐武成雖忿松年戀舊情切亦雅重之以本官加散騎常侍食高邑縣幹參定律令前後大獄多委焉兼御史中丞發晉陽之鄴在道遇疾卒贈吏部尚書并州刺史謚曰平弟二子劭最知名

劭字君懋少沉默好讀書仕齊累遷太子舍人待詔文林館時祖孝徵魏收陽休之等嘗論古事有所遺忘討閱不能得問劭劭具論所出取書驗之一無舛誤自是大爲時人所許稱其博物後遷中書舍人齊滅入周不得調隋文帝受禪授著作佐郎以母憂去職在家著齊書時制禁私撰史爲內史侍郎李元操所奏上怒遣收其書覽而悅之於是起爲員外散騎侍郎修起居注劭以上古有鑽燧改火之義近代廢絕於是上表請變火曰臣謹案周官四時變火以救時疾明火不數變時疾必興聖人作法豈徒然也在晉時有人以洛陽火度江者世世事之相續不滅火色變青昔師曠食飯云是勞薪所爨晉平公使視之果然車輞今溫酒及炙肉用石炭木炭火竹火草火麻荄火氣味各不同以此推之新火舊火理應有異伏願遠遵先聖於五時取五木以變火用功甚少救益方大縱使百姓習久未能頓同尚食內廚及東宮諸王食廚不可不依古法上從之劭又言上有龍顏戴干之表指示羣臣上大悅賜物數百段拜著作郎上表言符命曰昔周保定二年歲在壬午五月五日青州黃河變清十里鏡澈齊氏以爲已瑞改元年曰河清是月至尊以大興公始作隨州刺史歷年二十隋果大興臣謹案易坤靈圖曰聖人受命瑞必先見於河河者最濁未能清也竊以靈貺休祥理無虛發河清啓聖實屬大隋午爲鶉火以明火德仲夏火王亦明火德月五日五合天地數既得受命之辰允當先見之兆開皇初邵州人楊令悊近河得青石圖一紫石圖一皆隱起成文有至尊名下云八方天心永州又得石圖剖爲兩段有楊樹之形黃根青葉汝水得神龜腹下有文曰天卜楊興安邑掘地得古鐵板文曰皇始天年資楊鐵券王興同州得石龜文曰天子延千年大吉臣以前之三石不異龍圖何以用石石體久固義與上名符合龜腹七字何以著龜龜亦久固兼是神靈之物孔子歎河不出圖洛不出書今於大隋聖世圖書屢出建德六年亳州大周村有龍鬬白者勝黑者死大象元年夏滎陽汴水北有龍鬬初見白氣屬天自東方歷陽武而來及至白龍也長十許丈有黑龍乘雲而至雲雨相薄乍合乍離自午至申白龍昇天黑龍墜地謹案龍君象也前鬬於亳州周村者蓋象至尊以龍鬬之歲爲亳州總管遂代周有天下後鬬於滎陽者滎字三火明火德之盛也白龍從東方來歷陽武者蓋象至尊將登帝位從東第入自崇陽門也西北昇天者當乾位天門坤靈圖曰聖人殺龍龍不可得而殺皆感氣也又曰泰姓商名宮黃色長八尺六十世河龍以正月辰見白龍與五黑龍鬬白龍陵故泰人有命謹案此言皆爲大隋而發也聖人殺龍者前後龍死是也姓商者皇家於五姓爲商也名宮者武元皇帝諱於五聲爲宮黃色者隋色尚黃長八尺者武元皇帝身長八尺河龍以正月辰見者泰正月卦龍見之所於京師爲辰地白龍與黑龍鬬者亳州滎陽龍鬬是也勝龍所以白者楊姓納音爲商至尊又辛酉歲生位皆在西方西方白色也死龍所以黑者周色黑所以稱五者周閔明武宣靖凡五帝趙陳代越滕五王一時伏法亦當五數白龍陵者陵猶勝也鄭玄說陵當爲除凡鬬能去敵曰除臣以泰人有命者泰之爲言通也大也明其人道通德大有天命也乾鑿度曰泰表戴干鄭玄注云表者人形體之彰識也干盾也泰人之表戴干臣伏見至尊有戴干之表益知泰人之表不爽亳釐坤靈圖所云字字皆驗緯書又稱漢四百年終如其言則知六十世亦必然矣昔宗周卜世三十今則倍之稽覽圖曰太平時陰陽和合風雨會同海內不偏地有阻險故風有遲疾雖太平之政猶有不能均惟平均乃不鳴條故欲風於亳亳者陳留也謹案此言蓋明至尊昔爲陳留公世子亳州總管遂受天命海內均同不偏不黨以成太平之風化也在大統十六年武元皇帝改封陳留公是時齊國有祕記云天王陳留入并州齊主高洋爲是誅陳留王彭樂其後武元皇帝果將兵入并州周武帝時望氣者云亳州有天子氣於是殺亳州刺史紇豆陵恭至尊代爲之又陳留老子祠有枯栢世傳云老子將度世云待枯栢生東南枝迴指當有聖人出吾道復行至齊枯栢從下生枝東南上指夜有三童子相與歌曰老子廟前古枯樹東南枝如繖聖主從此去及至尊牧亳州親至祠樹之下自是栢枝回抱其枯枝漸指西北道教果行考校衆事太平主出於亳州陳留之地皆如所言稽覽圖又云政道得則陰物變爲陽物鄭玄注云葱變爲韭亦是謹案自六年以來遠近山石多變爲玉石爲陰玉爲陽又左衞園中葱皆變爲韭上覽之大悅賜物五百段未幾劭復上書曰易乾鑿度曰隨上六拘係之乃從維之王用亨于西山隨者二月卦陽德施行藩決難解萬物隨陽而出故上六欲九五拘係之維持之明被陽化而欲陰隨從之也易稽覽圖坤六月有子女任政一年傳爲復五月貧之從東

北來立大起土邑西北地動星墜陽衛屯十一月神人從中山出趙地動北方三十日千里馬數至謹案凡此易緯所言皆是大隋符命隨者二月之卦明大隋以二月卽皇帝位也陽德施行者明楊氏之德教施行於天下也蕃決難解者明當時蕃彰皆通決險難皆解散也萬物隨陽而出者明天地間萬物盡隨楊氏而出見也上六欲九五拘係之者五爲王六爲宗廟明宗廟神靈欲命登九五之位帝王拘人以禮係人以義也拘人以禮係人以義此二句亦是乾鑿度之言維持之者明能以綱維持正天下也被陽化而欲陰隨從之者明諸陰類被服楊氏之風化莫不隨從陰謂臣下也王用亨于西山者蓋明至尊常以歲二月幸西山仁壽宮也凡四稱隨三稱陽欲美隨楊丁寧之至也坤六月者坤位在未六月建未言至尊以六月生也有子女任政者言樂平公主是皇帝子女而爲周后任理內政也一年傳爲復者復是坤之一世卦陽氣初起言周宣帝崩後一年傳位與楊氏也五月貧之從東北來立貧之當爲眞人字之誤也言周宣帝以五月崩眞人革命當在此時至尊謙讓而逆天意故踰年乃立昔爲定州總管在京師東北本而言之故曰眞人從東北來立大起土邑者大起卽大興城邑也西北地動星墜者蓋天意去周授隋故變動也陽衛者言楊氏得天衛助也屯十一月神人從中山出者此卦動而大亨作故至尊以十一月被授亳州總管將從中山而出也趙地動者中山爲趙地以神人將去故變動也北方三十日者蓋至尊從北方將往亳州之時停留三十日也千里馬者蓋至尊舊所乘騊駼馬也屯卦震下坎上震於馬爲作足坎於馬爲美脊是故騊馬脊有肉鞍行則先作弄四足也數至者言歷數至也河圖帝通紀曰形瑞出變矩衡赤應隨叶靈皇河圖皇參持曰皇辟出承元訖道無爲安幸被遂矩戲作衡開皇色握神日投輔提象不絕立皇後翼不格道終始德優劣帝任政河典出叶輔嬉爛可述謹案凡此河圖所言亦是大隋符命行瑞出變矩衡者矩法也衡北斗星名所謂璿璣玉衡者也大隋受命形兆之瑞始出天象則爲之變動北斗主天之法度故曰矩衡易緯伏戲矩衡神鄭玄注以爲法玉衡之神與此河圖矩衡義同赤應隨者言赤帝降精感應而生隋也故隋以火德爲赤帝天子叶靈皇者叶合也言大隋德合上靈天皇大帝也又年號開皇與靈寶經之開皇年相合故曰叶靈皇皇辟出者皇大也辟君也大君出蓋謂至尊

受命出爲天子也承元訖者言承周天元終訖之運也道無爲安幸者安下脫一字言大道無爲安定天下幸從被遂矩戲作衡者矩法也昔遂皇握機矩伏戲作八卦之衡言大隋被服彼二皇之法衡也遂皇機矩語見易緯開皇色者言開皇年易服色也握神日者言握持羣神明照如日也又開皇以來日漸長亦其義也投輔提者言投授政事於輔佐使之提挈也象不絕者法象不廢絕也立皇後翼不格者格至也言本立太子以爲皇家後嗣而其輔翼之人不能至於善也道終始德優劣者言前東宮道終而德劣今皇太子道始而德優也帝任政河典出者言皇帝親任政事而邵州河濱得石圖也叶輔嬉爛可述者叶合也嬉興也言羣臣合心輔佐以興政教爛然可紀述也所以於皇參持帝通紀二篇大陳符命者明皇道帝德盡在於隋也上大悅以劭至誠寵錫日隆時有人於黃鳳泉浴得二白石頗有文理遂附其文以爲字復言有諸物象而上奏曰其大玉有日月星辰八卦五岳及二麟雙鳳青龍朱雀騶虞玄武各當其方位又有五行十日十二辰之名凡二十七字又有天門地戶人門鬼門閉九字又有却非及二鳥其鳥皆人面則抱朴子所謂千秋萬歲者也其小玉亦有五岳却非虬犀之象二玉俱有仙人玉女乘雲控鶴之象別有異狀諸神不可盡識蓋是風伯雨師山精海若之類又有天皇大帝皇帝及四帝坐鉤陳北斗三公天將軍土司空老人天倉南河北河五星二十八宿凡四十五官諸字本無行伍皆往往偶對於大玉則有皇帝日名並臨南面與日字正鼎足復有老人星蓋明南面象日而長壽也皇后二字在西上有月形蓋明象月也於次玉則皇帝名與九千字次比兩楊字與萬年字次比隋與吉字正並蓋明長久吉慶也劭復廻互其字作詩二百八十篇奏之上以爲誠賜帛千匹劭於是採人間歌謠引圖書讖緯依約符命捃摭佛經撰爲皇隋靈感誌合三十卷奏之上令宣示天下劭集諸州朝集使洗手焚香閉目讀之曲折其聲有如歌詠經涉旬朔徧而後罷上益喜賞賜優洽及文獻皇后崩劭復上言佛經說人應生天上及上品上生無量壽國之時天佛放大光明以香花妓樂來迎之如來以明星出時入涅盤伏惟大行皇后聖德仁慈福善禎符備諸祕記皆云是妙善菩薩臣謹案八月二十二日仁壽宮內再雨金銀之花二十三日大寶殿後夜有神光二十四日卯時永安宮北有自然種種音樂震滿虛空至五更中奄然

如寐便卽升遐與經文所說事皆符驗臣又以愚意思之皇后遷化不在仁壽大興宮者蓋避至尊常居正處也在永安宮者象京師永安門平生所出入也后升遐後二日苑內夜有鍾聲二百餘響者則生天之應顯然也上覽之且悲且喜時蜀王秀以罪廢上謂劭曰嗟乎吾有五子三子不才劭進曰自古聖帝明王皆不能移不肖之子黃帝二十五子同姓者二餘各異德堯十子舜九子皆不肖夏有五觀周有三監上然其言後上夢欲上高山而不能得崔彭捧脚李盛扶肘乃得上因謂彭曰死生當與爾俱劭曰此夢大吉上高山者明高崇大安永如山也彭猶彭祖李猶李老二人扶侍實爲長壽之徵上聞之喜見容色其年上崩未幾崔彭亦卒煬帝嗣位漢王諒作亂帝不忍誅劭上書曰臣聞黃帝滅炎蓋曰母弟周公誅管信亦天倫叔向戮叔魚仲尼謂之遺直石碏殺石厚丘明以爲大義此皆經籍明文帝王常法今陛下置此逆賊度越前聖謹案賊諒毒被生靈者也古者同德則同姓德不同則異姓故黃帝有二十五子其得姓者十有四人唯青陽夷鼓與黃帝同爲姬姓諒既自絕請改其氏劭以此求媚帝依違不從後遷祕書少監卒於官劭在著作將二十年專典國史撰隋書八十卷多錄口敕又採迂怪不經之語及委巷之言以類相從爲其題目詞義繁雜無足稱者遂使隋代文武名臣善惡之迹堙滅無聞初撰齊志爲編年體二十卷復爲齊書紀傳一百卷及平賊記三卷或文詞鄙野或不軌不物駭人視聽大爲有識嗤鄙然其指摘經史謬誤爲讀書記三十卷時人服其精博爰自志學暨于暮齒篤好經史遺畧世事用思既專性頗恍忽每至對食閉目凝思盤中之肉輒爲僕從所噉劭弗之覺唯責肉少數罰厨人厨人以情白劭劭依前閉目伺而獲之厨人方免笞辱其專固如此遵業弟廣業性沉雅涉歷書傳位太尉祭酒遷屬卒於太中大夫贈徐州刺史子乂有儀望以幹用見稱卒於南鉅鹿太守廣業弟延業博學多聞頗有才藻位中書郎河陰之役遂亡骸骨乂無子贈齊州刺史延業弟季和位書侍御史幷州大中正贈華州刺史

鄭羲字幼驎滎陽開封人魏將作大匠渾之八世孫也曾祖豁慕容垂太常卿父曄不仕娶長樂潘氏生六子粗有志氣而羲第六文學爲優弱冠舉秀才尚書李孝伯以女妻之文成末拜中書博士天安初宋司州刺史常珍奇據汝南來降獻文詔殿中尚書元石爲都將赴

之遣羲參石軍事到上蔡珍奇率文武三百人來迎既相見羲欲頓軍汝北未卽入城羲謂石曰機事尚速今珍奇雖來意未可量不如直入其城奪其管籥據有府庫雖出珍奇非意要以全制爲勝石從羲言遂策馬徑入其城城中尚有珍奇親兵數百人在珍奇宅內石既克城意益憍怠置酒嬉戲無警防之虞羲勸嚴兵設備以待非常其夜珍奇果使人燒府欲因救火作難以石有備乃止明旦羲齎白武幡安慰郭邑衆心乃定明年又引軍東討汝陰宋汝陰太守張超城守不下石攻之不克議欲還軍長社待秋擊之羲曰今超驅市人命不延月宜安心守之超食已盡不降當走而欲棄還長社超必修城深塹多積薪穀將來恐難圖矣石不納遂旋師長社至冬復往攻超超果設備無功而還歷年超死楊文長代戍食盡城潰乃克之竟如羲策淮北平遷中書侍郎延興初陽武人田智度年十五妖惑動衆擾亂京索以羲河南人望爲州郡所信遣乘傳慰喻羲到宣示禍福衆皆散智度尋見禽斬以功賜爵泰昌男孝文初兼員外散騎常侍寧朔將軍陽武子使於宋中山王叡寵幸當世並置王官羲爲其傅是後歷年不轉資產亦乏因請假歸遂盤桓不返及李沖貴寵與羲昏姻乃就家徵爲中書令文明太后爲父燕宣王立廟於長安初成以羲兼太常卿假滎陽侯具官屬詣長安拜廟建碑於廟門還以使功仍賜侯爵出爲西兗州刺史假南陽公羲多所受納政以賄成性又嗇恡人有禮餉者不與杯酒臠肉而西門受羊酒東門沽賣之以李沖之親法官不之糾也酸棗令鄭伯孫鄄城令董騰別駕賈懷德中從事申靈度並在任廉貞勤恤百姓羲皆申表稱薦時論多之文明太后爲孝文納其女爲嬪徵爲祕書監太和十六年卒尚書奏諡曰宣詔曰蓋棺定諡先典成式激揚清濁政道明範羲雖宿有文業而政闕廉清尚書何乃情遺至公愆違明典依諡法博聞多見曰文不勤成名曰靈可贈以本官加諡文靈長子懿字景伯涉歷經史位太子中庶子襲爵滎陽伯懿閑雅有政事才爲孝文所器遇拜長兼給事黃門侍郎司徒左長史宣武初以從弟思和同咸陽王禧逆與弟通直常侍道昭俱坐緦親出禁拜太常少卿出爲齊州刺史懿好勸課善斷決雖不清潔義然後取百姓猶思之卒贈兗州刺史諡曰穆子恭業襲爵武定三年坐與房子遠謀害齊神武伏誅懿弟道昭字僖伯少好學綜覽羣言兼中書侍郎從征沔北孝文饗侍臣於縣瓠方丈竹堂道昭

與兄懿俱侍坐樂作酒酣孝文歌曰白日光天兮無不曜江左一隅獨未照彭城王勰續曰願從聖明兮登衡會萬國馳誠混日外鄭懿歌曰雲雷大振兮天門闢率土來賓一正歷邢巒歌曰舜舞干戚兮天下歸文德遠被莫不思道昭歌曰皇風一鼓兮九地匝戴日依天淸六合孝文又歌曰遵彼汝墳兮昔化貞未若今日道風明宋弁歌曰文王政教兮暉江沼寧如大化光四表孝文謂道昭曰自北遷蕃雖猥與諸才儁不廢詠綴未若今日遂命邢巒總集敘記當爾之年卿頻丁艱私每眷文席常用慨然尋正除中書郎累遷國子祭酒廣平王懷爲司州牧以道昭與宗正卿元匡爲州都督道昭上表曰臣聞唐虞啓運以文德爲本殷周創業以道藝爲先然則禮樂者爲國之基不可斯須廢也伏惟大魏定鼎伊瀍惟新寶歷九服感至德之和四垠懷擊壤之慶而蠢爾閩吳阻化江湫先帝爰震武怒戎車不息而停鑾駐蹕留心典墳命故御史中尉臣李彪與吏部尚書任城王臣澄等妙選英儒以崇學敎澄等依旨置四門博士四十人其國子博士太學博士及國子助教宿已簡置伏尋先旨意在速就但軍國多事未遑營立自爾迄今垂將一紀學官彫落四術寢廢遂使碩儒耆德卷經而不談俗學後生遺本而逐末進競之風寔由於此矣伏惟陛下欽明文思玄鑒洞遠垂心經素優柔墳籍覺發中旨敎營學館房宇既修生徒未立臣往年刪定律令謬預議筵謹依準前修尋訪舊事參定學令事訖封呈請早敕施行使選授有依生徒可準詔褒美之而尚未允遂道昭又表曰臣自往年以來頻請學令並置生員前後累上未蒙一報當以臣識淺濫官無能有所感悟者也館宇既修生房粗構博士見員足可講習雖新令未班請依舊權置國子學生漸開訓業使播敎有章儒風不墜至若孔廟既成釋奠告始揖讓之容請俟令出不報遷祕書監滎陽邑中正出歷光青二州刺史復入爲祕書監卒謚曰文恭道昭好爲詩賦凡數十篇其在二州政務寬厚不任威刑爲吏人所愛子嚴祖頗有風儀粗觀文史輕躁薄行不修士業孝武時御史中尉綦儁劾嚴祖與宋氏從姊姦通人士咸恥言之而嚴祖聊無愧色孝靜初除驃騎將軍左光祿大夫鴻臚卿出爲北豫州刺史還除鴻臚卿卒贈司空公庶子仲禮少輕險有膂力齊神武嬖寵其姊火車以親戚被昵擢爲帳內都督掌神武弓矢出入隨從與任胄俱好酒不憂公事神武責之胄懼潛通西魏爲人糾告懼遂謀逆事發火車欲乞哀神武避不見賴武明皇后及文襄爭爲言故仲禮死而不及其家嚴祖更無子弟敬祖以子紹元嗣紹元小字安都位太尉諮議趙郡太守卒子子繇字靈雀少有器識學涉好文章齊武平末位司徒記室參軍尋遇齊亡歷周隋遂不仕隱居滎陽三窟山撒誕不自羈束或有所之造乘驢衣韉破獘而往遠近欽其高名皆謂有異狀觀者如堵及見形乃短陋不副所聞然風神俊發無貴賤並敬服之納言楊素聞其名因使過滎陽迎與相見言談彌日深加禮重及歸言之朝廷累徵不至終於家子繇二弟子騰天壽俱仕隋子騰位蔣州司馬天壽開府參軍並以雅素稱嚴祖弟敬祖起家著作郎鄭儼之敗也爲鄉人所害子元禮字文規少好學愛文藻有名望齊文襄引爲館客歷兼中書舍人南主客郎中太尉諮議參軍長廣樂陵二郡守待詔文林館太子中舍人崔昂後妻元禮姊也魏收又昂之妹夫昂嘗持元禮數篇詩示盧思道乃曰看元禮比來詩詠亦曾不減魏收思道荅云未覺元禮賢於魏收且知妹夫疎於婦弟元禮大象中卒於始州別駕

敬祖弟述祖字恭文少聰敏好屬文有風檢爲先達所稱譽歷位司徒左長史尚書侍中太常卿丞相右長史齊天保中歷太子少保左光祿大夫儀同三司兗州刺史時穆子容爲巡省使歎曰古人有言聞伯夷之風貪夫廉懦夫有立志今於鄭兗州見之矣遷光州刺史初述祖父爲兗州於鄭城南小山起齋亭刻石爲記述祖時年九歲及爲刺史往尋舊迹得一破石有銘云中岳先生鄭道昭之白雲堂述祖對之嗚咽悲動羣寮有人入市盜布其父怒曰何負吾君執之以歸首述祖特原之自是境內無盜百姓歌曰大鄭公小鄭公相去五十載風敎猶相同述祖能鼓琴自造龍吟十弄云嘗夢人彈琴寤而寫得當時以爲絕妙所在好爲山池松竹交植盛餚饌以待賓客將迎不倦少時在鄉單馬出行忽有騎者數百見述祖皆下馬曰公在此行列而拜述祖顧問從人皆不見心甚異之未幾被徵終歷顯位及病篤乃自言之且曰吾老矣一生富貴足矣以淸白之名遺子孫死無所恨前後行瀛殷冀滄趙定六州事正除懷兗光三州刺史又重行殷懷趙三州刺史所在皆有惠政天統元年卒年八十一贈開府中書監北豫州刺史謚曰平簡公述祖女爲趙郡王叡妃述祖常坐受王拜命坐王乃坐妃薨後王更娶鄭道蔭女王坐受道蔭拜王命坐乃敢坐王謂道蔭曰鄭尚書風德如此又貴重宿舊君不得並之述祖子元德多藝術官琅邪太守述祖弟遵祖祕書郎贈光州刺史遵祖弟順祖卒於太常丞自靈太后豫政淫風稍行及元乂擅權公爲姧穢自此素族名家遂多亂雜法官不加糾正昏宦無貶於時有識咸以歎息矣羲長兄白驎次小白次洞林次叔夜次連山並恃豪門多行無禮鄉黨之內疾之若讎小白位中書博士子胄伯有當世器幹孝文納其女爲嬪位東徐州刺史卒於鴻臚少卿謚曰簡子希儁未官而卒子道育武定中開封太守希儁弟幼儒好學修謹丞相高陽王雍以女妻之位司州別駕有當官稱卒贈散騎常侍兗州刺史謚曰肅幼儒亡後妻淫蕩兇悖肆行無禮幼儒時望甚優其從兄伯猷每謂所親曰從弟人才足爲令德不幸得如此婦今死復重死可爲悲歎幼儒子敬道敬德俱仕西魏敬道位巴開新三州刺史敬道子正則仕周復州刺史胄伯弟平城廣陵王羽納其女爲妃位東平原太守性猜狂使酒爲政貪殘卒贈南青州刺史長子伯猷博學有文才早知名舉司州秀才歷太學博士領殿中御史與當時名勝咸申遊款明帝釋奠詔伯猷錄義後爲尚書外兵郎中典起居注以軍功賜爵陽武子節閔帝初以舅氏超授征東將軍金紫光祿大夫領國子祭酒轉護軍將軍賜爵武城子元象初以本官兼散騎常侍使梁前後使人梁武令其侯王於馬射之日宴對申禮伯猷之行梁武令其領軍將軍臧盾與之接議者以此貶之使還除南青州刺史在官貪惏妻安豐王元延明女專爲聚斂貨賄公行潤及親戚戶口逃散邑落空虛乃誣陷良善云欲反叛籍其資財盡以入已誅其丈夫婦女配沒百姓寃苦聲聞四方爲御史糾劾死罪數十條遇赦免因以頓廢齊文襄作相每誡厲朝士常以伯猷及崔叔仁爲喻武定七年除太常卿卒贈驃騎大將軍中書監兗州刺史子蘊太子舍人陽夏太守伯猷弟仲衡武定中儀同開府中郎仲衡弟輯之司徒諮議齊大寧中以軍功賜爵成皋男位金紫光祿大夫東濟北太守肥城戍主卒贈度支尚書北豫州刺史輯之弟懷孝司徒諮議齊大寧中仁州刺史洞林子敬叔滎陽邑中正濮陽太守坐貪穢除名子籍字承宗徐州平東府長史籍弟瓊字祖珍有強幹稱位范陽太守頗有聲卒孝昌中弟儼寵要重贈青州刺史瓊兄弟雍睦其諸姊姒亦咸相親愛閨門之內有無相通爲時人所稱美子道邕

道邕字孝穆幼謹厚以淸約自居年未弱冠涉歷經史父叔四人並早歿昆季之中道邕居長撫訓諸弟有如同生閨庭之中怡怡如也魏孝昌初解褐太尉行參軍累以戰功進至左光祿大夫太師咸陽王長史及孝武西遷從入關除司徒左長史領臨洮王友賜爵永寧縣侯大統中行岐州刺史在任未幾有能名王羆時爲雍州刺史欽其善政貽書盛相稱述先是所部百姓久遭離亂逃散殆盡道邕下車之日戶止三千留情綏撫遠近咸至數年之內有四萬家歲考績爲天下最周文帝賜書歎美之徵拜京兆尹及梁岳陽王蕭詧稱藩乃假道邕散騎常侍持節拜詧爲梁王使還稱旨進儀同三司加散騎常侍時周文東討除大丞相府右長史封金鄉縣男軍次潼關命道邕與左長史孫儉司馬楊寬尚書蘇亮諮議劉孟良等分掌衆務仍令道邕引接關東歸附人士并品藻才行而任用之撫納銓敘咸得其宜後拜中書令賜姓宇文氏尋以疾免周孝閔帝踐阼加驃騎大將軍開府儀同三司進爵爲子歷御伯中大夫御正宜華虞陝四州刺史頻歷數州皆有政績入爲少司空卒贈本官加鄭梁北豫三州刺史謚曰貞子詡嗣歷位納言爲聘陳使後至開府儀同大將軍邵州刺史詡弟譯於隋文帝有詡贊功開皇初又追贈道邕大將軍徐兗等六州刺史改謚曰文

譯字正義幼聰敏涉獵羣書工騎射尤善音樂有名於世譯從祖文寬尚周文帝元后妹魏平陽公主無子周文命譯後之由是譯少爲周文所親恒令與諸子遊集年十餘歲嘗詣府司錄李長宗長宗於衆中戲之譯斂容謂曰明公位望不輕瞻仰斯屬輒相褻狎無乃喪德也長宗甚異之文寬後誕二子譯復歸本生周明帝時詔令事輔城公是爲武帝及帝卽位爲左侍上士與儀同劉昉恒侍帝側譯時喪妻帝令譯尚梁安固公主及帝親總萬機以爲御正下大夫頗被顧遇東宮建轉太子宮尹下大夫特被太子親待時太子多失德內史中大夫烏丸軌每勸帝廢太子立秦王由是太子恒不自安建德二年爲聘齊使副後詔太子西征吐谷渾太子陰謂譯曰秦王上愛子也烏丸軌上信臣也今吾此行得無扶蘇之事乎譯曰願殿下勉著仁孝無失子道而已太子然之既破賊譯以功最賜爵開國子後坐褻狎皇太子烏丸軌宇文孝伯等以聞帝大怒除譯名宮臣親幸者咸被譴太子復召譯戲狎如初因曰殿下何時可得據天下太子悅而益昵之俄復官仍拜吏部下大夫及武帝崩宣帝嗣位超拜開府儀同大將軍內史中

大夫封歸昌縣公既以恩舊任遇甚重委以朝政還內史上大夫進封沛國公上大夫之官自譯始也以其子善願爲歸昌公元琮爲永安縣男又監國史譯頗專權時帝幸東京譯擅取官材自營私第坐除名劉昉數言於帝帝復召之顧待如初詔領內史事初隋文帝與譯有同學之舊譯又素知隋文相表有奇傾心相結至是隋文爲宣帝所忌情不自安嘗在永巷私於譯曰久願出藩公所悉也敢布心腹少留意焉譯曰以公德望天下歸心欲求多福豈敢忘也謹卽言之時將遣譯南征譯曰若定江東自非懿戚重臣無以鎮撫可令隋公行且爲壽陽總管以督軍事帝從之乃下詔以隋文爲揚州總管譯發兵俱會壽陽以伐陳行有日矣帝不悆譯遂與御正下大夫劉昉謀引隋文入受顧託既而譯宣詔文武百官皆受隋文節度時御正中大夫顏之儀與宦者謀引大將軍宇文仲輔政仲已至御坐譯知之遽率開府楊惠及劉昉皇甫績柳裘俱入仲與之儀見譯等愕然逡巡欲出隋文因執之於是矯詔復以譯爲內史上大夫明日隋文爲丞相拜譯柱國府長史行內史上大夫事及隋文爲大冢宰總百揆以譯兼領天官都府司會總六府事出入臥內言無不從賞賜玉帛不可勝計每出入以甲士從拜其子元璹爲儀同時尉遲迥王謙司馬消難等作亂隋文逾加親禮進上柱國恕以十死譯性輕險不親職務而贓貨狼籍隋文陰疎之然以其有定冊功不忍廢放陰敕官屬不得白事於譯譯猶坐聽事無所關預懼頓首求解職隋文寬喻之接以恩禮及帝受禪譯以上柱國歸第賞賜豐厚進子元璹成皐郡公元珣永安男追贈其父及亡兄二人並爲刺史譯自以被疎陰呼道士章醮以祈福助其婢奏譯厭蠱左道帝謂譯曰我不負公此何意也譯無以對譯又與母別居爲憲司所劾由是除名下詔云譯嘉謀良策寂爾無聞鬻獄賣官沸騰盈耳若留之於世在人爲不道之臣戮之於朝入地爲不孝之鬼有累幽顯無以置之宜賜以孝經令其熟讀仍遣與母共居未幾詔譯參撰律令復授開府隆州刺史請還療疾有詔徵之見於醴泉宮賜宴甚歡因謂譯曰貶退已久情相矜愍於是顧謂侍臣曰鄭譯與朕同生共死閒關危難興言念此何日忘之譯因奉觴上壽帝令內史李德林立作詔書復爵沛國公位上柱國高熲戲謂譯曰筆乾荅曰出爲方岳杖策言歸不得一錢何以潤筆上大笑未幾詔譯參議樂事譯以周代七聲廢缺自大隋受命禮樂宜新更修七始之議名曰樂府聲調凡八篇奏之帝嘉美焉俄拜岐州刺史歲餘復奉詔定樂於太常帝勞譯曰律令則公定之音樂則公正之禮樂律令公居其三良足美也尋還岐州開皇十一年卒年五十二謚曰達子元璹嗣煬帝初立五等悉除以譯佐命元功詔追改封譯莘公以元璹襲元璹歷位右光祿大夫右衞將軍大業末爲文城太守以城歸國瓊弟儼儼字季然容貌壯麗初爲司徒胡國珍行參軍因爲靈太后所幸時人未知之後太后廢蕭寶夤西征以儼爲友及太后反政儼請使還朝復見寵待拜諫議大夫中書舍人領尚食典御晝夜禁中寵愛尤甚儼每休沐太后常遣閹童隨侍儼見其妻唯得言家事而已與徐紇俱爲舍人儼以紇有智數仗爲謀主紇以儼寵幸既盛傾身承接共相表裏勢傾內外城陽王徽亦與之合當時政令歸於儼等遷散騎常侍車騎將軍舍人常侍如故明帝崩事出倉卒天下咸言儼計尒朱榮舉兵向洛陽以儼紇爲辭榮逼京師儼走歸鄉里儼從兄仲明欲據郡起衆尋爲其部下所殺與仲明俱傳首洛陽子文寬從武帝入關西敬叔弟子恭燕郡太守孝昌中因儼勢除衞尉少卿遷衞將軍左光祿大夫卒後贈尚書右僕射謚曰貞叔夜子伯夏位東萊太守卒贈青州刺史伯夏弟謹字仲恭琅邪太守連山性嚴暴撾撻僮僕酷過人理父子一時爲奴所害斷首投馬槽下乘馬北逃其第二子思明驍勇善騎射被髮率材義馳追之及河奴乘馬投水思明止將從自射之一發而中落馬墮流禽至家臠殺之思明弟思和並以武力自效思明位直閤將軍坐弟思和同元禧逆徙邊會赦免卒後贈濟州刺史子先護少有武幹莊帝居藩也先護得自結託及尒朱榮稱兵向洛靈太后令先護與鄭季明等守河梁先護聞莊帝卽位於河北遂開門納榮以功封平昌縣侯廣州刺史元顥入洛莊帝北巡先護據州起義兵不受命莊帝還京進爵郡公歷東雍豫二州刺史兼尚書右僕射及尒朱榮死徐州刺史尒朱仲遠擁兵向洛詔先護與都督賀拔勝行臺楊昱同討之聞京師不守先護部衆逃散因奔梁尋歸爲仲遠所害孝武初贈使持節都督四州刺史子偉偉字子直少倜儻有大志每以功名自許善騎射膽力過人尒朱氏滅後自梁歸魏及武帝西遷偉亦歸鄉里不求仕進大統三年河內公獨孤信既復洛陽偉乃與宗人榮業糾合州里舉兵於陳留信宿閒衆有萬人遂拔梁州禽東魏刺史鹿永及鎮城守將令狐德并護陳留郡守趙季和乃率衆西附因是梁陳閒相次降款偉馳入關西周文帝與語歎美之拜北徐州刺史封武陽縣伯從戰河橋及解玉壁圍偉常先鋒陷陣侯景歸款周文命偉率所部應接及景叛偉亦全軍而還除滎陽郡守進爵襄城郡公侍中驃騎大將軍開府儀同三司魏恭帝二年進位大將軍江陵防主都督十五州諸軍事偉性麤獷不遵法度睚眦之閒便行殺戮朝廷以其有立義之效每優容之及在江陵乃專戮副防主杞賓王坐除名保定元年詔復官爵天保六年爲華州刺史偉前後莅職皆以威猛爲政吏人莫敢犯禁盜賊亦爲之休止雖非仁政然頗以此見稱卒於州贈本官加少傅都督司州刺史謚曰肅偉性吃少時嘗逐鹿於野失之遇牧豎問焉牧豎荅之其言亦吃偉怒謂其效已遂射殺之其忍暴如此子大士嗣述祖族子雛有識尚操行清整仕至廖州刺史初齊文宣爲皇太子納其女爲良娣雛時爲尚書郎趙郡李祖昇兄弟徵相敬憚楊愔奏授雛趙郡太守祖昇兄弟具服至雛門投刺拜謁文宣聞之喜笑曰足得殺李家兒矣

論曰王慧龍拔難自歸閒關夷嶮撫人督衆見憚嚴敵世珍實有令子克播家聲松年之送終戀舊有古人風矣劭爰自幼童訖于白首好學不倦究極羣書縉紳洽聞之士無不推其博物雅好著述久在史官既撰齊書兼修隋典好詭怪之說尚委曲之談文詞鄙穢體統煩雜直愧南董才無遷固徒煩翰墨不足觀采經營符瑞雜以妖訛爲河朔清流而乾沒榮利得不以道而頹其家聲惜矣鄭羲機識明悟爲時所許懿兄弟風尚俱有可觀故能並當榮遇共濟其美述祖德業足嗣家聲嚴祖仲禮大虧門素幼儒令聞促年伯猷以賄敗德道邕撫寧離散仁惠克舉譯實受顧託適足爲敗及帝遷明德義非簡在鹽梅之寄固有攸歸言追昔款內懷鞅望恥居吳耿之末羞與絳灌爲伍事君盡禮既闕於夙心不愛其親遽彰於物議格之名教君子所深尤也儼名編恩倖取辱前載偉驤然豹變蓋知機之士乎

北史卷二十五考證

王慧龍傳慧龍鼻漸大浩曰眞貴種矣○魏書無漸字

領并荆揚三州大中正○三監本訛二今改正

懷卽以誕馬并乘具與之○誕南本訛收乘蓋未知諸王儀衞之有誕馬也

崇小子青肫嘗盛服就禰之崇亦不恨○就禰之崇亦不恨監本訛作寵勢亦不足恨今改從南本

劭傳河者最濁未能清也○最監本訛取今改從隋書

大象元年夏滎陽汴水北有龍鬭○滎南本訛榮今從隋書

皆是大隋符命○隋監本訛隨今改從南本

蓋明南面象日而長壽也○日監本訛月今改從南本

臣又以愚意思之○以監本訛有今改從南本

子乂有儀望以幹用見稱○乂一本訛又今從南本及下文改正

鄭羲傳邢巒歌曰○巒監本訛鑾今改從南本

敬祖弟述祖傳洞林子敬叔○子魏書作字誤

譯傳譯從祖文寬○據上文瓊子道邕道邕子譯下文瓊弟儼儼子文寬則文寬乃譯從父也祖字誤

瓊弟儼○瓊各本俱誤璹 臣人龍按以上下文考之璹爲道邕之孫道邕爲祖珍之子祖珍既以弟儼重贈而此以儼爲璹弟直誤以從曾祖爲兄弟行矣今改正

敬叔弟子恭○子魏書作士

子先護○魏書先護亦連山子也今上文於連山下敘其第二子思明思明弟思和事乃接云子先護殊欠分明矣

北史卷三十六

唐 李延壽 撰

列傳第二十四

薛辯 五世孫端 端從祖弟湖 端子胄 湖子聰 端從子濬 聰子孝通 通子道衡 聰弟子善 善弟慎

薛寘

薛憕

薛辯字允白河東汾陰人也曾祖興晉尚書右僕射冀州刺史安邑公謚曰莊祖濤襲爵位梁州刺史謚曰忠惠京都傾覆皆以義烈著聞父強字威明幼有大志懷

軍國籌略與北海王猛同志友善及桓溫入關中猛以中褐謁之溫曰江東無卿比也秦國定多奇士如生輩尚有幾人吾欲與之俱南猛曰公求可與撥亂濟時者友人薛威明其人也溫曰聞之久矣方致朝命强聞之自商山來謁與猛皆署軍謀祭酒强察溫有大志而無成功乃勸猛止俄而溫敗及苻堅立猛見委任其平陽公融爲書將以車馬聘强猛以爲不可屈乃止及堅如河東伐張平自與數百騎馳至强壘下求與相見强使主簿責之因慷慨宣言曰此城終無生降之臣但有死節之將耳堅諸將請攻之堅曰須吾平晉自當面縛捨之以勸事君者後堅伐晉軍敗强遂總宗室强兵威振河輔破慕容永於陳川姚興聞而憚之遣使重加禮命徵拜右光祿大夫七兵尚書封馮翊郡公轉左戶尚書年九十八卒贈輔國大將軍司徒公謚曰宣辯幼而儁爽倜儻多大略由是豪傑多歸慕之强卒復襲統其營仕姚興歷太子中庶子河北太守辯知姚氏運衰遂棄歸家保鄉邑及晉將劉裕平姚泓即署相國掾尋除平陽太守委以北道鎮捍及長安失守辯遂歸魏仍立功於河際位平西將軍東雍州刺史賜爵汾陰侯其年詣闕明元深加器重明年方得旋鎮帝謂之曰朕委卿西蕃志在關右卿宜克終良算與朕爲長安主人辯旣還任務農教戰佰以數千之衆摧抗赫連氏帝甚褒獎之又除并州刺史徵授大羽眞泰常七年卒於官帝以所圖未遂深悼惜之贈并雍二州刺史子謹字法順容貌魁偉高才博學隨劉裕度江位府記室參軍辯將歸魏密報謹謹遂亦來奔授河東太守後襲爵汾陰侯始光三年與宜都王奚斤共討赫連昌禽其東平公乙兜剋蒲坂遂以新舊百姓并爲一郡除平西將軍復爲太守神䴥三年除使持節秦州刺史山胡白龍憑險作逆太武詔南陽公奚眷與謹竝爲都將討平之封涪陵郡公太延初征吐沒骨平之謹自郡遷州威恩兼被風化大行時兵荒之後儒雅道息謹命立庠序敎以詩書三農之暇悉令受業躬巡邑里親加考試河汾之地儒道更興眞君元年徵授內都坐大官輔政深見賞重每訪以政道車駕臨幸者前後數四後從駕北討與中山王辰等後期見殺尋贈鎮西將軍秦雍二州刺史謚曰元公長子初古拔一曰車轂拔本名洪祚太武賜名焉沉毅有器識弱冠司徒崔浩見而奇之眞君中蓋吳擾動關右薛永宗屯據河側太武親討之詔拔糾合宗鄉壁於河際斷二寇往來之路事平除中散賜爵永康侯太武南討以拔爲都將從駕臨江而還又共陸眞討反氐仇傉檀强免生平之皇興三年除散騎常侍尚文成女西河長公主拜駙馬都尉其年拔族叔徐州刺史安都據城歸順敕拔詣彭城勞迎除南豫州刺史延興二年除鎮西大將軍開府儀同進爵平陽公三年拔與南兗州刺史游明根南平太守許含等以善政徵詣京師獻文親自勞勉復令還州太和六年改爵河東公卒贈左光祿大夫謚曰康長子胤字寧宗少有父風弱冠拜中散襲爵鎮西大將軍河東公除懸瓠鎮將尋授持節義陽道都將後除立忠將軍河北太守郡帶山河俗多盜賊有韓馬兩姓各二千餘家恃强憑險最爲狡害劫掠道路侵暴鄉閭胤至郡即收其姦魁二十餘人一時戮之於是羣盜懾氣郡中淸肅卒於郡謚曰敬子裔字豫孫襲爵性豪爽盛營園宅賓客聲伎以恣嬉游卒於洛州刺史子孝紳襲爵位太中大夫孝紳立行險薄坐事爲河南尹元世儁所劾死後贈華州刺史拔弟洪隆字菩提位河東太守長子驎駒好讀書舉秀才除中書博士齊使至詔驎駒兼主客郎以接之卒贈河東太守謚曰宣始拔尚西河主有賜田在馮翊驎駒徙居之遂家於馮翊之夏陽長子慶之字慶集頗有學業閑解几案位廷尉丞廷尉寺鄰北城曾夏日寺傍得一狐慶之與廷尉正博陵崔纂或以城狐狡害宜速殺之或以長育之月宜待秋分二卿裴延儁袁翻互有同異雖曰戲謔詞義可觀事傳於世後兼左丞爲并肆行臺賜爵龍丘子行滄州刺史爲葛榮攻圍城陷尋患卒贈華州刺史慶之弟英集性通率隨舅李崇在揚州以軍功累至書侍御史通直散騎常侍卒英集子端

端字仁直本名沙陁有志操遭父憂居喪合禮與弟裕勵精篤學不交人事年十七司空高乾邕辟爲參軍賜爵平陰男端以天下擾亂遂棄官歸鄉里魏孝武西遷周文令大都督薛崇禮據龍門引端同行崇禮尋失守降東魏東魏遣行臺薛脩義督乙千貴西度據楊氏壁與宗親及家僮等先在壁中脩義乃令其兵逼端等東度方欲濟河會日暮端密與宗室及家僮等叛之脩義亦遣騎追端且戰且馳遂入石城柵得免柵中先有百家端與并力固守貴等數來慰喻知端無降意遂拔還河東東魏又遣其將賀蘭懿南汾州刺史薛琰達守楊氏壁端率其屬并招喻村人多設奇兵以臨之懿等疑有大軍便東遁赴船溺死者數千人端收其器械復還楊氏壁周文遣南汾州刺史蘇景恕鎮之降書勞問徵端赴闕以爲大丞相府戶曹參軍從禽竇泰復弘農戰沙苑竝有功進爵爲伯後改封文城縣伯累遷吏部郎中端性强直每有奏請不避權貴周文嘉之故賜名端欲令名質相副自居選曹先盡賢能雖貴游子弟才劣行薄者未嘗升擢之每啓周文云設官分職本康時務苟非其人不如曠職周文深然之大統十六年軍東討柱國李弼爲別道元帥妙簡英寮數日不定周文謂弼曰爲公思得一長史無過薛端弼對曰眞才也乃遣之轉尚書右丞仍掌選事梁主蕭詧曾獻瑪瑙鍾周文帝執之顧丞郎曰能擲摴蒱頭得盧者便與鍾已經數人不得頭至端乃執摴蒱頭而言曰非爲此鍾可貴但思露其誠耳便擲之五子皆黑文帝大悅即以賜之魏帝廢近臣有勸文帝踐極文帝召端告之端以爲三方未一遽正名號示天下以不廣請待龕翦僭僞然後俯順樂推文帝撫端背曰成我者卿也卿心旣與我同身豈與我異遂脫所著冠帶袍袴竝以賜之進授吏部尚書賜姓宇文氏端久處選曹雅有人倫之鑒其所擢用咸得其才六官建拜軍司馬加侍中驃騎大將軍開府儀同三司進爵爲侯周孝閔帝踐阼再遷戶部中大夫進爵爲公晉公護將廢帝召羣臣議之端頗具同異護不悅出爲蔡州刺史爲政寬惠人吏愛之轉基州刺史基州地接梁陳事藉鎮撫總管史寧遣司馬梁榮催令赴任蔡州父老詣榮請留端者千餘人至基州未幾卒遺誡薄葬府州贈遺勿有所受贈本官加大將軍進封文城郡公謚曰質子冑嗣

冑字紹玄少聰明每覽異書便曉其義常歎訓注者不會聖人深旨輒以意辯之諸儒莫不稱善性慷慨志立功名周明帝時襲爵文城郡公累遷上儀同尋拜司金大夫後加開府隋文帝受禪三遷爲兗州刺史到官繫囚數百冑剖斷旬日便了囹圄空虛有陳州人向道力僞作高平郡守將之官冑遇諸塗察其有異將留詰之司馬王君馥固諫乃聽詣郡旣而悔之即遣主簿追道力有部人徐俱羅嘗任海陵郡守先是已爲道力僞代之比至秩滿公私不悟俱羅遂語君馥曰向道力經賜代爲郡使君豈容疑之君馥以俱羅所陳又固請冑冑呵君馥乃止遂收之道力懼而引僞其發姦擿伏皆此類也時人謂爲神明先是兗州城東沂泗二水合而南流汎濫大澤中冑遂積石堰之決令西注陂澤盡爲良田又通轉運利盡淮海百姓賴之號爲薛公豐兗渠冑以天下太平遂遣博士登太山觀古迹撰封禪圖及儀上之帝謙讓不許轉郢州刺史有惠政徵拜衞尉卿轉大理卿持法寬平名爲稱職遷刑部尚書時左僕射高熲稍被疏忌及王世積誅熲事與相連上因此欲成熲罪冑明雪之正議其獄由是忤旨械繫之久而得免檢校相州事甚有能名漢王諒作亂并州遣其將綦良東略地攻逼慈州刺史上官政請援於冑冑畏諒兵鋒不敢拒良又引兵攻冑冑欲以計却之遣親人魯世範說良曰天下事未可知冑爲人臣去就須得其所何遽相攻也良乃釋去進圖黎陽及良爲史祥所攻棄軍歸冑朝廷以冑懷貳心鎖詣大理相州吏人素懷其恩詣闕理冑者百餘人冑竟坐除名配防嶺南道卒子筠獻知名端弟裕字仁友少以孝悌聞於州里弱冠丞相參軍事時京兆韋敻志安放逸不干世務裕慕其恬靜數載酒肴候之談宴終日敻遂以從孫女妻之裕嘗謂親友曰大丈夫當聖明之運而無灼然文武之用爲世所知雖復栖遑徒爲勞苦耳至如韋居士退不丘壑進不市朝怡然守道榮辱弗及何其樂也裕曾宿宴于敻之廬後庭有井裕夜出戶若有人欲牽其手裕便却行遂落井同坐共出之因勸裕酒曰向慮卿不測憂幸得無他宜盡此爵裕曰墜井蓋小小耳方當逾於此也人問其故裕曰近夢恐有兩楹之憂尋卒文章之士誄之者數人周文傷惜之追贈洛州刺史

冑從祖弟濬字道賾父琰周渭南太守濬少孤養母以孝聞幼好學有志行周天和中襲爵虞城侯位新豐令隋開皇中歷尚書虞部考功侍郎帝聞濬事母孝以其母老賜與服几杖四時珍味當世榮之後其母疾病濬貌甚憂瘁親故弗之識曁丁母艱詔鴻臚監護喪事歸葬夏陽時隆冬極寒濬衰絰徒跣冒犯霜雪自京及鄉五百餘里足凍墮指創血流離朝野爲之傷痛州里賵助一無所受尋起令視事上見其毀瘠過甚爲之改容顧羣臣曰吾見薛濬哀毀不覺悲感傷懷嗟異久之濬竟不勝喪病且卒其弟謨時爲晉王府兵曹參軍事在揚州濬遺書於謨曰吾以不造幼丁艱酷窮游約處屢絕簞瓢晚生早孤不聞詩禮賴奉先人貽厥之訓獲稟母氏聖善之規負笈裹糧不憚艱遠從師就業欲罷不能砥行礪心困而彌篤服膺敎義爰至長成自釋耒登朝于茲二十三年矣雖官非聞達而祿喜逮親庶保期頤得終色養何圖精誠無感禍酷荐臻兄弟俱被奪情苫廬靡申哀訴是用叩心泣血貫氣摧魂者也旣而創鉅釁深不勝荼毒啓手啓足幸及全歸使夫死而有知

得從先人於地下矣，豈非至願哉。但念爾伶俜孤宦遠在邊服，顧此恨恨，如何可言。適已有書，冀得與汝面訣，忍死待汝，已歷一旬，汝旣未來，便成今古。緬然永別，爲恨何言。勉之哉，勉之哉。書成而絕。有司以聞，文帝爲之屑涕，降使齎冊書弔祭。濬性清儉，死日家無遺財。濬初爲兒時，與宗中兒戲澗濱，見一黃蛇有角及足，召羣童共視，了無見者，以爲不祥，歸大憂悴。母問之，以實對。時有胡僧詣宅乞食，母以告之。僧曰：「此兒之吉應。且此兒早有名位，然壽不過六七耳。」言終而出，忽然不見。後終於四十二，六七之言驗矣。子乾福，武安郡司倉書佐。

洪隆弟湖，字破胡，少有節操，篤志於學，專精講習，不干時務，與物無競，好以德義服人。或有兄弟忿鬩，隣里爭訟者，恐湖聞之，皆內自改悔。鄉閭化其風教，咸以敬讓爲先。三召州都，再辟主簿，州將傾心致禮，竝不獲已而應之。爲本州中從事、別駕，除河東太守。兄弟竝爲本郡，當世榮之。復受詔爲仇池都將，後罷郡，終於家。有八子，長子聰知名。

聰字延智，方正有理識，善自標致，不妄游處。雖在闇室，終日矜莊，見者莫不懍然加敬。博覽墳籍，精力過人，至於前言往行，多所究悉，詞辯占對，尤是所長。遭父憂，廬於墓側，哭泣之聲，酸感行路。友于篤睦，而家教甚嚴，諸弟雖昬宦，恒不免杖罰，對之肅如也。未弱冠，州辟主簿。太和十五年，釋褐著作佐郎。于時孝文留心氏族，正定官品，士大夫解巾，優者不過奉朝請，聰起家便佐著作，時論美之。後遷書侍御史，凡所彈劾，不避强禦，孝文或欲寬貸者，聰輒爭之。帝每言：「朕見薛聰，不能不憚，何況諸人也。」自是貴戚斂手。累遷直閣將軍，兼給事黃門侍郎、散騎常侍，直閣如故。聰深爲孝文所知，外以德器遇之，內以心膂爲寄，親衞禁兵，委總管領，故終太和之世，恒帶直閣將軍。羣臣罷朝之後，聰恒陪侍帷幄，言兼晝夜，時政得失，預以謀謨，動輒匡諫，事多聽允。而重厚沈密，外莫窺其際。帝欲進以名位，輒苦讓不受。帝亦雅相體悉，謂之曰：「卿天爵自高，固非人爵之所榮也。」又除羽林監。帝曾與朝臣論海內姓地人物，戲謂聰曰：「世人謂卿諸薛是蜀人，定是蜀人不？」聰對曰：「臣遠祖廣德，世仕漢朝，時人呼爲漢臣。九世祖永隨劉備入蜀，時人呼爲蜀臣。今事陛下，是虜非蜀也。」帝撫掌笑曰：「卿幸可自明非蜀，何乃遂復苦朕？」聰因投戟而出。帝曰：「薛監醉耳。」其見知如此。二十三年，從駕南征，兼御史中尉。及宣武卽位，除都督、齊州刺史，政存簡靜。卒於州，吏人追思，留其所坐榻，以存遺愛。贈征虜將軍、華州刺史，諡曰簡懿侯。魏前二年，重贈車騎大將軍、儀同三司、延州刺史。子孝通最知名。

孝通字士達，博學有儁才。蕭寶夤征關中，引參驃騎大將軍府事，禮遇甚隆。及寶夤將有異志，孝通悟其萌，託以拜埽求歸，乃見許。同寮咸怪止之，但笑而不答。遠還鄉里，寶夤後果逆命。北海王元顥入洛，宗人薛永宗、脩義等又聚徒作亂，欲以應之。孝通與所親計曰：「北海乘虛遠入，吳兵不能久住，事必無成。今若與永宗等同舉，滅族道也。」乃率其近親，與河東太守元襲嬰城固守。及寶夤平定，元顥退走，預其事者咸罹禍，唯同孝通者皆免。事寧入洛，除員外散騎侍郎。尒朱天光鎭關右，表爲關西大行臺郎中，深見任遇。關中平定，預有其力，以功賜爵汾陰侯。莊帝旣幽崩，元瞱地又疏遠，更議主社稷。孝通以廣陵王恭高祖猶子，又在茂親，夙有令望，不言多載，理必陽瘖，奉以爲主，天人允叶。世隆等竝以爲疑，孝通密贊天光察之。廣陵王曰：「天何言哉。」於是定冊，卽節閔帝也。以首創大議，拜銀青光祿大夫、散騎常侍，兼中書舍人，封藍田縣子。孝通求以官贈亡兄景懋，又言已有侯爵，請轉授兄息子舒。節閔覽啓傷感，以侯爵旣重，不容轉授，乃下詔褒美，特贈景懋撫軍、北雍州刺史。孝通尋遷中書郎，深爲節閔所知重。普泰二年正月乙酉，中書舍人元翽獻酒肴，帝因與元翌及孝通等宴，兼奏絃管，命翽吹笛，帝亦親以和之。因使元翌等嘲，以酒爲韻。孝通曰：「旣逢堯舜君，願上萬年壽。」帝曰：「平生好玄默，蹔爲萬國首。」帝曰：「卿所謂壽，豈容徒然。」便命酌酒賜孝通，仍命更嘲，不得中絕。孝通卽竪忠爲韻。帝曰：「卿不忘忠臣之心。」翽曰：「聖主臨萬機，享世永無窮。」孝通曰：「豈唯被草木，方亦及昆蟲。」翌曰：「朝賢旣濟濟，野苗又芃芃。」帝曰：「君臣體魚水，書軌一華戎。」孝通曰：「微臣信慶渥，何以答華嵩。」于時孝通內典機密，外參朝政，軍國動靜，預以謀謨。加以汲引人物，知名之士，多見推薦。外兄裴伯茂性峻，多所輕忽，唯欽賞孝通，每有著述，共參同異。孝通以裴宏放過甚，每謂之曰：「兄以阮籍、嵇康何如管仲、樂毅？」蓋自許經綸，抑裴傲也。裴笑而不答，宏放自若。屬齊神武起兵河朔，攻陷相州，刺史劉誕、尒朱天光自關中討之。孝通以關中險固，秦漢舊都，須預謀鎭遏，以爲後計，縱河北失利，猶足據之。節閔深以爲然，問誰可任者。孝通與賀拔岳同事天光，又與周文帝有舊，二人竝先在關右，因竝推薦之。乃超授岳岐華秦雍諸軍事、關西大行臺、雍州牧，周文帝爲左丞，孝通爲右丞，齎詔書馳驛入關，授岳等同鎭長安。岳深相器重，待以師友之禮，與周文帝結爲兄弟，情寄特隆。後天光敗於韓陵，節閔遂不得入關，爲齊神武幽廢。孝武帝卽位後，神武方得志，徵賀拔岳爲冀州刺史。岳懼，欲單馬入朝。孝通乃謂岳曰：「高王以數千鮮卑破尒朱百萬之衆，其鋒誠亦難敵。然公兩兄太師、領軍宿在其上，侯深、樊子鵠、賈知、斛斯椿、大野胡也、杖吒、呂延慶之徒，於尒朱之世，皆其夷等。韓陵之役，此輩前後降附，皆由事勢危逼，非其本心在於高王。曹操之孔融，馬懿之葛誕，今或在京師，或據州鎭，除之又失人望，留之腹心之疾。雖令孫騰在闕下，婁昭處鈎陳，必不能如建安之時明矣。以今觀之，隙難未已，吐萬仁雖復退逸，猶在并州，高王之計，先須平殄。今方綏撫羣雄，安置內外，何能去其巢穴，與公事關中地也。且六郡良家之子，三輔禮義之人，踰幽并之驍騎，勝汝潁之奇士，皆係仰於公，效其智力。據華山以爲城雉，因黃河而爲池塹，退守不失封泥，進兵同於建水，乃欲束手受制於人，不亦鄙乎。」言未卒，岳執孝通手曰：「君言是也。」乃遜辭爲啓而不就徵。太昌元年，孝通因使入朝，仍被留京師，重除中書侍郎。永熙三年三月，出爲常山太守，仍以經節閔任遇故也。及孝武西遷，或稱孝通與周文友密，及樹置賀拔岳鎭關中之計，遂見拘執，將赴晉陽。及引見，咸爲之憂，孝通神氣從容，辭理切正，齊神武更相欽歎，卽日原免。然猶致疑忌，不加位秩，但引爲坐客，時訪文典大事而已。齊神武讓劍履上殿表，猶使爲文。會與諸人同詣晉祠，皆屈膝盡禮，孝通獨捧手不拜，顧而言曰：「此乃諸侯之國，去吾何遠，恭而非禮，將爲神笑。」拜者慙焉。興和二年，卒於鄴。魏前二年，周文帝追軫舊好，奏贈車騎將軍、儀同三司、青州刺史。齊神武武平初，又贈鄭州刺史。文集八十卷，行於時。

子道衡，字玄卿，六歲而孤，專精好學。年十歲，講左傳，見子產相鄭之功，作國僑贊，頗有詞致，見者奇之。其後才名益著。齊司州牧彭城王浟引爲兵曹從事。尚書左僕射楊愔見而嗟賞，授奉朝請。吏部尚書隴西辛術與語，歎曰：「鄭公業不亡矣。」河東裴讞目之曰：「鼎遷河朔，吾謂關西孔子罕遇其人，今復遇薛君矣。」武成卽位，兼散騎常侍，接對周、陳二使。武平初，詔與諸儒脩定五禮，除尚書左外兵郎。陳使傅縡聘齊，以道衡兼主客郎接對之。縡贈詩五十韻，道衡和之，南北稱美。魏收曰：「傅縡所謂以蚓投魚耳。」待詔文林館，與范陽盧思道、安平李德林齊名友善。復以本官直中書省，尋拜中書侍郎，仍參太子侍讀。齊後主之世，漸見親用，與侍中斛律孝卿參預政事。道衡具陳備周之策，孝卿不能用。及齊亡，周武帝引爲御史二命士。後歸鄉里，自州主簿入爲司祿上士。隋文作相，從元帥梁睿擊王謙，攝陵州刺史。大定中，授儀同，守邛州刺史。文帝受禪，坐事除名。河間王弘北征突厥，召典軍書，還除內史舍人。其年，兼散騎常侍，聘陳使主。道衡因奏曰：「陛下比隆三代，平一九州，豈容區區之陳久在天網之外。臣今奉使，請責以稱藩。」帝曰：「朕且含養，致之度外，勿以言辭相折。」江東雅好篇什，陳主尤愛彫蟲，道衡每有所作，南人無不吟誦焉。及八年伐陳，拜淮南道行臺尚書吏部郎，兼掌文翰。王師臨江，高熲夜坐幕中，謂曰：「今段定克江東以不？君試言之。」道衡荅曰：「凡論大事成敗，先須以至理斷之。禹貢所載九州，本是王者封域。郭璞有云：『江東偏王三百年，還與中國合。』今數將滿矣。以運數而言，其必剋一也。有德者昌，無德者亡，自古興滅，皆由此道。主上躬履恭儉，憂勞庶政；叔寶峻宇彫牆，酣酒荒色。其必剋二也。爲國之體，在於任寄，彼之公卿，備員而已，拔小人施文慶，委以政事，尚書令江總唯事詩酒，本非經略之才，蕭摩訶、任蠻奴是其大將，一夫之用耳。其必剋三也。我有道而大，彼無德而小，量其甲士，不過十萬，西自巫峽，東極滄海，分之則勢懸而力弱，聚之則守此而失彼。其必剋四也。席卷之勢，其在不疑。」熲忻然曰：「君言成敗，理甚分明，本以才學相期，不意籌略乃耳。」還除吏部侍郎。後坐抽擢人物，有言其黨蘇威，任人有意，故除名，配防嶺表。晉王廣時在揚州，陰令人諷道衡遣從揚州路，將奏留之。道衡不樂王府，用漢王諒之計，遂出江陵道而去。尋詔徵還，直內史省。晉王由是銜之，然愛其才，猶頗見禮。後數歲，授內史侍郎，加上儀同三司。道衡每搆文，必隱坐空齋，蹋壁而臥，聞戶外有人便怒，其沈思如此。帝每曰：「道衡作文書稱我意。」然誡之以迂誕。後帝謂楊素、牛弘曰：「道衡老矣，驅使勤勞，宜使朱門陳戟。」於是進上開府，賜物百段。道衡辭以無功，帝曰：「爾久勞階陛，國家大事，皆爾宜行，豈非爾功也。」道衡久當樞要，才名益顯，太子諸王爭與交好，高熲、楊素雅相推重，聲名籍甚，無競一時。仁壽中，楊素專掌朝政，道衡旣與素善，上不欲道衡久知機密，因出檢校襄州總管。道衡一旦見出，不勝悲戀，言之哽咽。帝愴然改容曰：「爾光陰晚暮，侍奉誠勞。朕欲令爾將攝，今爾之去，朕如斷一臂。」於是賚物三百段、九環金帶并時服一襲馬十匹慰勉遣之在任清簡吏人懷其惠煬帝嗣位轉潘州刺史歲餘上表求致仕帝謂內史侍郎虞世基曰道衡將至當以秘書監待之道衡既至上高祖文皇帝頌帝覽之不悅顧謂蘇威曰道衡致美先朝此魚藻之義也於是拜司隸大夫將置之罪道衡不悟司隸刺史房彥謙素與相善知必及禍勸之杜絕賓客卑辭下氣而道衡不能用會議新令久不能決道衡謂朝士曰向使高熲不死令當久行有人奏之帝怒曰汝憶高熲乎付執法者推之道衡自以非大過促憲司早解奏日冀帝赦之敕家人具饌以備客來候者及奏帝令自盡道衡殊不意未能引訣憲司重奏縊而殺之妻子徙且末時年七十天下寃之有集七十卷行於世有子五人收最知名出後族父孺孺清貞孤介不交流俗涉歷經史有才思雖不爲大文所有詩詠大致清遠開皇中爲侍御史揚州總管司功參軍每以方直自處府寮多不便之卒於襄城郡掾所涖官皆有能名道衡偏相友愛收初生卽與孺爲後養於孺宅至於成長殆不識本生太常丞胡仲操曾在朝堂就孺借刀子割爪甲孺以仲操非雅士竟不與之其不肯妄交清介獨行皆此類也道衡兄溫字尼卿沉敏有器局博覽墳典尤善隸書仕周爲上黃郡守周平齊從燕郡太守以簡惠稱宜政元年賜爵齊安縣子卒於郡子邁嗣邁字弘仁性寡言長於詞辯開皇初襲爵齊安子改封鐘山歷位太子舍人大業中爲刑部選部二侍郎道衡從父弟道實位禮部侍郎離石郡太守知名於世從子德音有儁才起家游騎尉佐魏澹修魏史史成遷著作佐郎及越王侗稱制東都王世充之僭號軍書羽檄皆出其手世充平以罪誅其文筆多行於世聰弟和南青州刺史和子善善字仲良少爲司空府參軍再遷鹽池都將孝武西遷魏改河東爲秦州以善爲別駕善家素富僮僕數百人兄元信仗氣豪侈每食方丈坐客恒滿絃歌不絕而善獨恭己率素愛樂閑靜大統三年齊神武敗於沙苑留善族兄崇禮守河東周文帝遣李弼圍之崇禮固守不下善密說崇禮猶持疑不決會善從弟馥妹夫高子信爲防城都督守城南面遣馥來詣善云意欲應接西軍但恐力所不制善卽令弟濟將門生數十人與信馥等斬關引弼軍入時預謀者竝賞五等爵善以背逆歸順臣子常情豈容闔門大小俱叨封邑遂與弟愼竝固辭不受周文嘉之以善爲汾陰令善幹用强明一郡稱最太守王羆美之令善兼督六縣事尋爲行臺郎中時欲廣置屯田以供軍費乃除司農少卿領同州夏陽縣二十屯監又於夏陽諸山置鐵冶復令善爲監每月役八千人營造軍器善自督課兼加慰撫甲兵精利而皆忘其苦焉遷大丞相府從事中郎追論屯田功賜爵龍門縣子遷黃門侍郎除河東郡守進驃騎大將軍開府儀同三司賜姓宇文氏六官建拜工部中大夫進爵博平縣公再遷戶部中大夫時晉公護執政儀同齊軌語善云兵馬萬機須歸天子何因猶在權門善白之護乃殺軌以善忠於己爲中外府司馬遷司會中大夫副總六府事加授京兆尹仍行司會出爲隆州刺史兼益州總管府長史徵拜武威少府卒贈三州刺史帝以善告齊軌事謚曰繆公子裒嗣官至高陽郡守

善弟愼字伯護好學能屬文善草書與同郡裴叔逸裴諏之柳虯范陽盧柔隴西李璨竝友善起家丞相府墨曹參軍周文於行臺省置學取丞郎及府佐德行明敏者充生悉令旦理公務晩就講習先六經後子史又於諸生中簡德行淳懿者侍讀書愼與李璨及隴西李伯良辛韶武功蘇衡譙郡夏侯裕安定梁曠梁禮河南長孫璋河東裴舉薛同滎陽鄭朝等十二人竝應其選又以愼爲學師以知諸生課業周文雅好談論并簡名僧深識玄宗者一百人於第內講說又命愼等十二人兼學佛義使內外俱通由是四方競爲大乘學在學數年復以愼爲宜都公侍讀累遷禮部郎中六官建拜膳部下大夫愼兄善又任工部竝居清顯時人榮之周孝閔帝踐阼除御正下大夫封淮南縣子歷師氏御伯中大夫保定初出爲湖州刺史界既雜蠻夷恒以劫掠爲務愼乃集諸豪帥具宣朝旨仍令首領每月一參或須言事者不限時節愼每見必殷勤勸誡及賜酒食一年之間翕然從化諸蠻乃相謂曰今日始知刺史眞人父母也莫不欣悅自是襁負而至者千餘戶蠻俗昏娶之後父母雖在卽與別居愼謂守令曰牧守令長是化人者也豈有其子娶妻便與父母離析非唯萌俗之失亦是牧守之罪愼乃親自誘導示以孝慈并遣守令各喻所部有數戶蠻別居數年遂還侍養及行得果膳歸奉父母愼以其從善之速具以狀聞有詔蠲其賦役於是風化大行有同華俗尋爲蕃部中大夫以疾去職卒於家有文集頗爲世所傳

薛寘河東汾陰人也祖遵顏魏河東郡守安邑侯父乂清河廣平二郡守寘幼覽篇籍好屬文起家奉朝請從魏孝武西遷封郃陽縣子廢帝元年領著作佐郎脩國史尋拜中書侍郎脩起居注遷中書令燕公于謹征江陵以寘爲司錄軍中謀略寘竝參之江陵平進爵爲伯朝廷方改物創制欲行周禮乃令寘與小宗伯盧辯斟酌古今共詳定之六官建授內史下大夫周孝閔帝踐阼進爵爲侯轉御正中大夫時前中書監盧柔學業優深文藻華贍而寘與之方駕故世號曰盧薛焉久之進位驃騎大將軍開府儀同三司出爲淅州刺史卒於位吏人哀惜之贈虞州刺史謚曰理所著文筆三千餘卷行於世又撰西京記三卷引據該洽世稱其博聞焉寘性至孝雖年齒已衰職務繁廣至於溫清之禮朝夕無違當時以此稱之子明嗣大象末儀同大將軍清水郡守

薛憕字景猷河東汾陰人也曾祖弘敞遭赫連之亂率宗人避地襄陽憕早喪父家貧躬耕以養祖母有暇則覽文籍疎宕不拘時人未之奇也江表取人多以世族憕世無貴仕解褐不過侍郎旣羇旅不被擢用常歎曰豈能五十年戴幘死一校尉低頭傾首俯仰而向人也常鬱鬱不得志每在人間輒陵架勝達負才使氣未嘗趨世祿之門左中郎將京兆韋潛度謂曰君門地非下身材不劣何不斂裾數參吏部憕曰世冑躡高位英俊沉下寮古人以爲歎息竊所未能也潛度告人曰此年少實慷慨但不遭時耳孝昌中杖策還洛陽先是憕從祖眞度與族祖安都擁徐兗歸魏其子懷儁見憕甚相親善屬尒朱榮廢立憕遂還河東止懷儁家不交人物終日讀書手自抄略將二百卷唯郡守元襲時相要屈與之抗禮懷儁每謂曰汝還鄉里不營產業不肯取妻豈復欲南乎憕亦不介意普泰中拜給事中加伏波將軍及齊神武起兵憕乃東游陳梁間謂族人孝通曰高歡阻兵陵上喪亂方始關中形勝之地必有霸王據之乃與孝通俱游長安侯莫陳悅聞之召爲行臺郎除鎮遠將軍步兵校尉及悅害賀拔岳軍人咸相慶慰憕獨謂所親曰悅才略本寡輒害良將敗亡之事其則不遠吾屬今卽爲人所虜何慶之有乎長高以憕言爲然竝有憂色尋而周文平悅引憕爲記室參軍武帝西遷授征虜將軍中散大夫封夏陽縣男文帝卽位拜中書侍郎加安東將軍進爵爲伯大統四年宣光清徽殿初成憕爲之頌文帝又造二欹器一爲二仙人共持一鉢同處一盤鉢蓋有山山有香氣一仙人又持金缾以臨器上傾水灌山而注乎器煙氣通發山中謂之仙人欹器一爲二荷同處一盤相去盈尺中有蓮下垂器上以水注荷則出於蓮而盈乎器爲鳧鴈蟾以飾之謂之水芝欹器二盤各處一牀鉢圓而牀方中有人三才之象也皆置清徽殿前形似觥而方滿而平溢則傾憕各爲頌大統初儀制多闕周文令憕與盧辯檀翥等參定之以流離世故不聽音樂雖幽室獨處常有戚容後坐事死子舒嗣官至禮部下大夫儀同大將軍聘陳使副

論曰薛辯有魏之初功業早樹門膺人爵無替榮名端以謙直見知冑以公平自命濬之孝悌素緒之所得也道衡雅道奕葉世擅文宗令望攸歸豈徒然矣而運逢季叔卒蹈誅戮痛乎仲良任惟繁劇弘益流譽而陷齊諂護以要權寵易名爲繆斯豈虛哉寘憕竝學稱該博文擅彫龍或揮翰鳳池或著書麟閣咸居祿位各逞琳琅擬彼徐陳慙後生之可畏論其任遇實當時之良選也

北史卷三十六考證

薛辯傳朕委卿西蕃志在關右○關監本訛闕今改從南本

授大羽眞○眞南本作鎭將

長子初古拔○古監本訛名今從魏書及南本改正

端傳柱國李弼爲別道元帥○柱監本訛相今改從南本

梁主蕭詧曾獻瑪瑙○監本詧訛察瑪訛馬今俱從南本改正

聰傳魏前二年重贈車騎大將軍○魏前二字定係訛字

道衡傳開皇初襲爵齊安子改封鐘山○鐘應作鍾

北史卷三十七

唐　李延壽　撰

列傳第二十五

韓茂　皮豹子　封敕文　呂羅漢　孔伯恭
田益宗　孟表　奚康生　楊大眼　崔延伯
李叔仁

韓茂字元興安定安武人也父耆字黃耇永興中自赫連屈丐來降位常山太守假安武侯仍居常山之九門卒贈涇州刺史謚曰成茂年十七膂力過人尤善騎射明元曾親征丁零翟猛茂爲中軍執幢時大風諸軍旌

旗皆偃仆茂於馬上持幢初不傾倒帝異而問之謂左右曰記之尋徵詣行在所以爲武賁郎將後從太武討赫連昌大破之以功賜爵蒲陰子遷侍輦郎又從破統萬平平涼當茂所衝莫不應弦而殪拜內侍長進爵九門侯後從征蠕蠕頻戰大捷與樂平王丕等伐和龍茂爲前鋒都將戰功居多遷司衛監錄前後功拜散騎常侍殿中尚書進爵安定公從破薛永宗蓋吳轉都官尚書從車駕南征拜徐州刺史還拜侍中尚書左僕射文成踐阼拜尚書令加侍中征南大將軍茂沉毅篤實雖無文學每議論合理爲將善於撫衆勇冠當世爲朝廷所稱太安二年領太子少師卒贈涇州刺史安定王謚曰桓長子備字延德賜爵行唐侯歷太子庶子寧西將軍典遊獵曹加散騎常侍襲爵安定公征南大將軍卒贈雍州刺史謚曰簡備弟均字天德少善射有將畧初爲中散賜爵范陽子遷金部尚書加散騎常侍兄備卒無子均襲爵安定公征南大將軍歷定青冀三州刺史甚有譽廣阿澤在定冀相三州界土曠人稀多有寇盜乃置鎮以靜之以均在冀州劫盜止息除大將軍廣阿鎮大將加都督三州諸軍事均清身率下禁斷奸邪於是趙郡屠各西山丁零聚黨山澤以劫害爲業者均皆誘慰追捕遠近震跼先是河外未賓人多去就故權立東青州爲招懷之本新附人咸受優復然舊人奸逃者多往投焉均表陳非便朝議罷之後均所統劫盜頗起獻文詔書讓之又以五州人戶殷多編籍不實詔均檢括出十餘萬戶復授定州刺史百姓安之卒謚康公

皮豹子漁陽人也少有武畧泰常中爲中散太武時爲散騎常侍賜爵新安侯又拜選部尚書後除開府儀同三司進爵淮陽公鎮長安坐盜官財徙於統萬眞君三年宋將裴方明等侵南秦王楊難當遂陷仇池太武徵豹子復其爵位尋拜使持節仇池鎮將督關中諸軍與建興公古弼等分命諸將十道並進四年正月豹子進擊樂鄉大破之宋使其秦州刺史胡崇之鎮仇池至漢中聞官軍已西懼不敢進豹子與司馬楚之至濁水擊禽崇之盡虜其衆仇池平未幾諸氐復推楊文德爲主以圍仇池古弼討平之時豹子次下辯聞圍解欲還弼使謂豹子曰賊恥其負敗必求報復不如陳兵以待之豹子以爲然尋除都督秦雍荊梁益五州諸軍事進號征西大將軍開府仇池鎮將持節公如故宋復遣楊文德姜道盛寇濁水別遣將青陽顯伯守斧山以拒豹子濁木城兵射殺道盛豹子至斧山斬顯伯悉俘其衆初南秦王楊難當歸命詔送楊氏子弟詣京師文德以行賂得留出奔漢中宋以文德爲武都王守葭蘆城招誘氐羌於是武都陰平五郡氐人叛應文德詔豹子討之文德阻兵固險以拒豹子文德將楊高來降文德棄城南走收其妻子僚屬及故武都王保宗妻公主送京師宋白水太守郭啓玄率衆救文德豹子大破之啓玄文德走還漢中興安二年宋遣蕭道成等入漢中別令楊文德楊頭等率氐羌圍武都豹子分兵將救之聞宋人增兵益將表狀求助詔高平鎮將苟莫干率突騎二千以赴之道成等乃退徵豹子爲尚書出爲內都大官宋遣其將殷孝祖修兩當城於清東以逼南境天水公封敕文擊之不剋詔豹子與給事中周丘等助擊之宋瑕丘鎮遣步卒五千助戍兩當豹子大破之追至城下其免者千餘人而已旣而班師先是河西諸胡亾匿避命豹子討之不捷而還又坐免官尋以前後戰功復擢爲內都大官卒文成追惜之贈淮陽王謚曰襄子道明襲道明第八弟懷喜文成以其名臣子擢爲侍御中散遷侍御長孝文初吐谷渾拾寅部落飢窘侵掠澆河詔假平西將軍廣川公與上黨王長孫觀討拾寅又以其父豹子昔鎮仇池有威信拜使持節侍中都督秦雍荊梁益五州諸軍事本將軍開府仇池鎮將假公如故懷喜至申布恩惠夷人大悅酋帥率戶歸附置廣業固道二郡以居之徵爲南部尚書賜爵南康侯太和元年宋葭蘆戍生楊文度遣弟鼠據仇池詔懷喜討鼠鼠棄城南走進次濁水遂軍於覆津文度將强大黑固守津道懷喜部分將士擊大黑走之追奔攻拔葭蘆城斬文度傳首京師詔慰勉之又詔於駱谷築城懷喜表求待來年築城詔責之曰若不時築築而不成成而不固以軍法繩之南天水人柳旂據嶮不順懷喜討滅之後爲豫州刺史詔讓其在州寬怠以飲酒廢事威不禁下遣使就州決杖罰卒謚曰恭公子承宗襲

封敕文代人也本姓是賁祖豆位開府冀青二州刺史關內侯父涅侍御長贈定州刺史章武侯謚曰隱敕文始光初爲中散稍遷西部尚書出爲使持節開府領護西夷校尉秦益二州刺史賜爵天水公鎮上邽詔敕文征吐谷渾慕利延兄子拾歸於枹罕衆少不制詔廣川公乙烏頭等二軍與敕文會隴右軍次武始拾歸夜遁敕文引軍入枹罕虜拾歸妻子及其人戶分徙千家於上邽留烏頭守枹罕金城邊冏天水梁會謀反據上邽東城南城攻逼西城敕文先已設備賊乃退冏會復攻城氐羌一萬屯南嶺休官屠各及雜戶二萬餘人屯北嶺爲冏等形援敕文設奇兵大破之斬冏衆復推梁會爲主安豐公閭根率軍助敕文敕文又表求助未及報梁會欲謀逃遁先是敕文掘重塹於東城之外斷賊走路夜半會乃飛梯騰塹而走敕文先嚴兵於塹外拒鬭從夜至旦敕文謀於衆曰困獸猶鬭而況於人乃以白武幡宣告賊衆若能歸降原其生命應時降者六百餘人會知人心沮壞於是分遁敕文縱騎騰躡死者大半畧陽王元達因梁會之亂聚黨攻城招引休官屠各之衆推天水休官王官興爲秦地王敕文與臨淮公莫眞討破之天安元年卒長子萬護讓爵於弟翰于時議者唯萬護及元氏侯趙辟惡子元伯讓其弟文與朝廷義而許之

呂羅漢本東平壽張人也其先石勒時徙居幽州祖顯字子明少好學性廉直鄉人有忿爭者皆就質焉慕容垂以爲河間太守皇始初以郡降道武賜爵魏昌男拜鉅鹿太守清身奉公妻子不免飢寒百姓頌之曰時惟府君克清克明緝我荒土人胥樂生願壽無疆以享長齡卒官父温字晞陽善書好施有文武才畧位上黨太守有能名卒贈豫州刺史野王侯謚曰敬羅漢仁厚篤愼弱冠以武幹知名父温之爲秦州司馬羅漢隨侍隴右氐楊難當寇上邽鎮將元意頭知羅漢善射共登西城樓令射難當隊將及兵二十三人應弦而殪賊衆轉盛羅漢曰今不出戰示敵以弱意頭善之卽簡千餘人令羅漢出戰衆皆披靡難當大驚會太武賜難當璽書責其跋扈難當還仇池意頭具以狀聞徵爲羽林郎上邽休官呂豐屠各王飛鹿等據嶮爲逆詔羅漢討禽之後從征懸瓠以功遷羽林中郎幢將賜爵烏程子及南安王余立羅漢猶典宿衞文成之立羅漢有力焉加龍驤將軍仍幢將進爵野王侯拜司衛監遷散騎常侍殿中尚書進爵山陽公後爲鎮西將軍秦益二州刺史時仇池氐羌反逼駱谷鎮將吳保元走登百頃請援於羅漢羅漢帥步騎隨長孫觀掩擊氐羌大破之賊衆退散詔書慰勉之涇州人張羌郎聚衆千人州軍討之不能制羅漢擊禽之仇池氐羌叛逆其賊帥蛩廉苻忻等皆受宋官爵鐵券畧陽公伏阿奴爲都將與羅漢赴討所在破之禽廉忻等秦益阻遠南連仇池西接赤水諸羌恃險數爲叛逆自羅漢莅州撫以威惠西戎懷德土境怗然孝文下詔褒美之徵拜內都大官聽察多得其情卒官謚莊公長子興祖襲爵山陽公後例降爲侯

孔伯恭魏郡鄴人也父昭位侍中幽州刺史魯郡公卒謚曰康伯恭以父任拜給事中後賜爵濟陽男進彭城公獻文初宋徐州刺史薛安都以彭城內附宋遣將張永沈攸之等擊安都安都請援獻文進伯恭號鎮東將軍副尚書尉元救之永與攸之棄船而走伯恭以書喻下邳宿豫城內時攸之吳喜公等率衆來援下邳屯軍焦墟曲去下邳五十餘里伯恭密造火車攻其營水陸俱進攸之等旣聞將戰引軍退保樊階城宋寧朔將軍陳顯達領衆溯清而上以迎攸之屯于睢清合口伯恭率衆渡水大破顯達攸之聞顯達軍敗順流退下伯恭從清西與攸之合戰大破之吳喜公輕騎遁走乘勝追奔八十餘里軍資器械虜獲萬計進攻宿豫宋戍將魯僧遵棄城夜遁又遣將孔大恒等南討淮陽宋太守崔武仲焚城南走遂據淮陽皇興二年以伯恭爲散騎常侍彭城鎮將都督徐南北兗州諸軍事假東海公卒贈鎮東大將軍東海王謚曰桓伯恭弟伯遜襲父爵魯郡公位東萊鎮將東徐州刺史坐事免官卒于家

田益宗光城蠻也身長八尺雄果有將畧貌狀舉止有異常蠻世爲四山蠻帥受制於齊太和十七年遣使張超奉表歸魏十九年拜員外散騎常侍都督南司州刺史光城縣伯食蠻邑一千戶所統守宰任其銓置後以益宗旣度淮北不可仍爲司州乃於新蔡立東豫州以益宗爲刺史尋改封安昌縣伯景明初梁師寇三關益宗遣光城太守楊興之進至陰山關南據長風城逆擊大破之二十二年梁建寧太守黃天賜築城赤亭復遣其將黃公賞屯於漴城與長風相持益宗命安蠻太守梅景秀與興之犄角擊討破之獲其二城上表陳攻取之術宣武納之遣鎮南將軍元英攻義陽益宗遣其息魯生斷梁人糧運破梁戍主趙文興倉米運舟焚燒蕩盡時樂口已南郢豫二州諸縣皆沒於梁唯有義陽而已梁招益宗以車騎大將軍開府儀同三司五千戶郡公當時安危在益宗去就而益宗守節不移郢豫克平益宗力也益宗年稍衰老聚斂無厭兵人患其侵擾諸子及孫競規賄貨部內苦之咸言欲叛宣武深亦慮焉乃遣中書舍人劉桃符宣旨慰喻庶以安之桃符還啓益宗侵掠之狀詔之曰聞卿息魯生在淮南貪暴橫殺梅伏生爲爾不已損卿誠效可令魯生與使赴闕當加任使魯生久未至延昌中詔以益宗爲使持節鎮東將軍濟州刺史常侍如故帝慮其不受代遣後將軍李世哲與桃符率衆襲之奄入廣陵益宗子魯生魯賢等奔

於關南招引梁兵光城已南皆爲梁所保世哲擊破之復置郡戍以益宗還授征南將軍金紫光祿大夫加散騎常侍改封曲陽縣伯益宗生長邊地不願內榮雖位秩崇重猶以爲恨表陳桃符讒毀之狀詔曰既經大宥不容方更爲獄熙平初益宗又表乞東豫以招二子靈太后令答不許卒贈征東大將軍郢州刺史謚曰莊少子纂襲位中散大夫卒贈東豫州刺史益宗長子隨與位弋陽東汝南二郡太守益宗兄輿祖位江州刺史

孟表字武達濟北蛇丘人也自云本屬北地號索里諸孟青徐內屬後表因事南度仕齊爲馬頭太守太和十八年表據郡歸魏除南兗州刺史領馬頭太守賜爵譙縣侯鎮渦陽後齊遣其豫州刺史裴叔業攻圍六十餘日城中食盡唯以朽革及草木皮葉爲糧表撫循將士戮力固守會鎮南將軍王肅救之叔業乃退初有一南人自云姓邊字叔珍攜妻息從壽春投表未及送闕會叔業圍城表後察叔珍言色頗有異即推覈乃是叔業姑兒規爲內應所攜妻子並亦假妄於北門外斬之人情乃安孝文嘉其誠封汶陽縣伯歷濟州刺史散騎常侍光祿大夫齊州刺史卒贈兗州刺史謚曰恭

奚康生河南陽翟人也本姓達奚其先居代世爲部落大人祖眞柔玄鎮將內外三都大官賜爵長進侯卒贈幽州刺史謚曰簡康生少驍武彎弓十石矢異常箭爲當時所服太和初蠕蠕頻寇康生爲前驅軍主壯氣有聞由是爲宗子隊主從駕征鍾離駕旋濟淮五將未度齊將據渚斷津路孝文募破中渚賊者以爲直閤將軍康生應募縛筏積柴因風放火燒其船艦依烟直過飛刀亂斫投河溺死者甚衆乃假康生直閤將軍後以勳除太子三校西臺直後吐京胡反自號辛支王康生爲軍主從章武王彬討之分爲五軍四軍俱敗康生軍獨全率精騎一千追胡至車突谷詐爲墜馬胡皆謂死爭欲取之康生騰騎奮矛殺傷數十人射殺辛支齊置義陽招誘邊人康生復爲統軍從王肅討之齊將張伏護自昇城樓言辭不遜肅令康生射之望樓射窻扉開即入應箭而斃彼人見箭皆以爲狂弩齊將裴叔業率衆圍渦陽欲解義陽之急詔遣高聰元衍等援之並敗退帝乃遣康生馳往一戰大破之及壽春來降遣康生領羽林千人給龍廄馬兩匹馳赴之破走其將桓和陳伯之以功除征虜將軍封武安縣男出爲南青州刺史後梁郁州遣軍主徐濟寇邊康生破禽之時梁闕康生能引强弓故特作大弓兩張長八尺把中圍尺有二十箭矗殆如今之長笛送與康生康生便集文武用之平射猶有餘力觀者以爲絶倫弓即表送置之武庫後梁遣都督臨川王蕭宏勒甲十萬規寇徐州詔授康生武衛將軍一戰敗之還京召見宴會賞帛千匹賜驊騮御胡馬一匹出爲華州刺史頗有聲績轉涇州刺史以輒用官炭瓦爲御史所劾削除官爵尋復之梁直閤將軍徐玄明戍郁州殺其刺史張稷以城內附詔康生迎接賜細御銀纏槊一張并棗柰果面敕曰果者果如朕心棗者早遂朕意未發間郁州刺史復叛及大舉征蜀假康生安西將軍邪趣綿竹至隴右宣武崩班師後除相州刺史在州以天旱命人鞭石季龍畫像復就西門豹祠祈雨不獲令吏取豹舌未幾二兒暴喪身亦遇疾巫以爲季龍豹之祟徵拜光祿勳領右衛將軍與元义同謀廢靈太后遷河南尹仍右衛領左右與子難娶左衛將軍侯剛女即元义妹夫也义以其通姻深相委託三人多宿禁內或迭出入义以康生子難爲千牛備身康生性麤武言氣高下义稍憚之見于顏色康生亦微懼不安正光二年二月明帝朝靈太后于西林園文武侍坐酒酣迭儛次至康生乃爲力士儛及於折旋每顧視太后舉手蹈足瞋目頷首爲殺縛之勢太后解其意而不敢言日暮太后欲攜帝宿宣光殿侯剛曰至尊已朝訖嬪御在南何勞留宿康生曰至尊陛下兒隨陛下將東西更復訪問誰羣臣莫敢應靈太后自起援帝臂下堂而去康生大呼唱萬歲於後近侍皆唱萬歲明帝引前入閤左右競相排閤不得閉康生奪其子難千牛刀斫直後元思輔乃得定明帝既上殿康生時有酒勢將出處分遂爲义所執鏁於門下至曉义不出令侍中黃門僕射尚書等十餘人就康生所訊其事處康生斬刑難處絞刑义與剛並在內矯詔決之康生如奏難恕死從流難哭拜辭父康生忻子免死慷慨了不悲泣語其子云我不反死汝何爲哭也有司驅逼奔走赴市時已昏闇行刑人注刀數下不死於地刻截咸言稟义意旨過至苦痛嘗食典御奚混與康生同執刀入內亦就市絞刑康生久爲將及臨州多所殺戮而乃信向佛道每捨居宅立寺塔凡歷四州皆有建置死時年五十四子難年十八以侯剛壻得停百日竟徙安州後尚書盧同爲行臺义令殺之康生於南山立佛圖三層先死忽夢崩壞沙門有爲解云檀越當不吉利無人供養佛圖故崩耳康生稱然竟及於禍靈太后反政贈都督冀瀛滄三州諸軍事驃騎大將軍司空冀州刺史謚曰武貞又追封壽張縣侯子剛襲

楊大眼武都氐難當之孫也少驍捷跳走如飛然庶孽不爲宗親顧待不免飢寒太和中起家奉朝請時將南伐尚書李沖典選征官大眼往求焉沖弗許大眼曰尚書不見知聽下官出一技便出長繩三丈許繫髻而走繩直如矢馬馳不及見者無不驚歎沖因曰千載以來未有逸材若此者也遂用爲軍主大眼顧謂同寮曰吾之今日所謂蛟龍得水之秋自此一舉不復與諸君齊列矣未幾遷統軍從車駕征宛葉穰鄧九江鍾離之間所經戰陣莫不勇冠六軍宣武初裴叔業以壽春內附大眼與奚康生等率衆先入以功封安成縣子除直閤將軍出爲東荆州刺史時蠻酋樊秀安等反詔大眼爲別將隸都督李崇討平之大眼功尤多妻潘氏善騎射自詣軍省大眼至攻戰遊獵之際潘亦戎裝齊鑣並驅及至還營同坐幕下對諸寮佐言笑自得大眼時指謂諸人曰此潘將軍也梁武遣其將張惠紹總率衆軍竊據宿豫又假大眼平東將軍爲別將與都督邢巒討破之遂與中山王英同圍鍾離大眼軍城東守淮橋東西道屬水汎長大眼所綰統軍劉神符公孫祉兩軍夜中爭橋奔退大眼不能禁相尋而走坐徙營州爲兵永平中追其前勳起爲試守中山內史時高肇征蜀宣武慮梁人侵軼乃徵大眼爲太尉長史持節假平南將軍東征別將隸都督元遙遏禦淮肥大眼至京師時人思其雄勇喜於更用臺省門巷觀者如市後梁將康絢於浮山遏淮規浸壽春明帝加大眼光祿大夫率諸軍鎮荆山復其封邑後與蕭寶夤俱征淮堰不能克遂於堰上流鑿渠決水而還加平東將軍大眼撫循士卒呼爲兒子及見傷痍爲之流泣自爲將帥恒身先兵士當其鋒者莫不摧拉南賊所遣督將皆懷畏懼時傳言淮泗荆沔之間童兒啼者恐之云楊大眼至無不即止王肅弟康之初歸國也謂大眼曰在南聞君之名以爲眼如車輪及見乃不異於人大眼曰旗鼓相望瞋眸奮發足使君目不能視何必大如車輪當世推其驍果以爲關張弗之過也然征淮堰之役喜怒無常捶撻過度軍士頗憾焉議者以爲性移所致又爲荆州刺史常縛蒿爲人衣以青布而射之召諸蠻渠指示之曰卿等若作賊吾政如此相殺也又北淯郡嘗有虎害大眼搏而獲之斬其頭縣於穰市自是荆蠻相謂曰楊公惡人常作我蠻形以射之又深山之虎尚所不免遂不敢復爲寇盜在州二年卒大眼雖不學恒遣人讀書而坐聽之悉皆記識令作露布皆口授之而竟不多識字也有三子長甑生次領軍次征南皆潘氏所生咸有父風初大眼徙營州潘在洛陽頗有失行及爲中山大眼側生女夫趙延寶告之於大眼大眼怒幽潘而殺之後娶繼室元氏大眼之死也甑生等問印綬所在時元始懷孕自指其腹謂甑生等曰開國當我兒襲之汝等婢子勿有所望甑生等深以爲恨及大眼喪將還京出於城東七里營車而宿夜二更甑生等開大眼棺延實怪而問焉征南射殺之元怖走入水征南又彎弓將射之甑生曰天下豈有害母之人乃止遂取大眼屍令人馬上抱之左右扶挾以叛荆人畏甑生等驍武不敢苦追遂奔梁

崔延伯博陵人也祖壽於彭城陷入江南延伯少以武壯聞仕齊爲緣淮遊軍帶濠口戍主太和中入魏常爲統帥膽氣絶人兼有謀畧積勞稍進除征虜將軍荆州刺史賜爵定陵男荆州土險蠻左爲寇每有聚結延伯輒自討之莫不摧殄由是穰土怗然無敢爲患永平中轉幽州刺史梁遣左遊擊將軍趙祖悅率衆偷據硤石詔延伯爲別將與都督崔亮討之亮令延伯守下蔡延伯與別將伊瓮生挾淮爲營延伯遂取車輪去輞削銳其輻兩兩接對揉竹爲絙貫連相屬並十餘道橫水爲橋兩頭施大鹿盧出沒任情不可燒斫既斷祖悅走路又令舟舸不通由是梁軍不能赴救祖悅合軍咸見俘虜於軍拜征南將軍光祿大夫延伯與楊大眼等至自淮陽靈太后幸西林園引見謂曰卿等志尚雄猛皆國之名將比平硤石公私慶快此乃卿等之功也但淮堰仍在宜須預謀故引卿等親共量算各出一圖以爲後計大眼對曰臣輒謂水陸二道一時俱下往無不剋延伯曰既對聖顏答旨宜實水南水北各有溝瀆陸地之計如何可前愚臣短見願聖心思水兵之勤若給復一年專習水戰脫有不虞召便可用靈太后曰卿之所言深是宜要當敕如請二年除并州刺史在州貪汙聞於遠近還爲金紫光祿大夫出爲鎮南將軍行岐州刺史假征西將軍賜驊騮馬一匹正光五年秋以往在揚州建淮橋之勳封當利縣男改封新豐子時莫折念生兄天生下隴東寇征西將軍元志爲天生所擒賊衆甚盛進屯黑水詔延伯爲使持節征西將軍西道都督行臺蕭寶夤與延伯結壘馬嵬南北相去百餘步延伯日令當仰爲明公參賊勇怯延伯選精兵數千下度黑水列陣而進以向賊營寶夤率騎於水東尋原西北以示後繼於時賊衆大盛水西一里營營連接延伯徑至賊壘

揚威脅之徐而還退賊以延伯衆少開營競追衆過十倍臨水逼賊寶夤親觀之懼有虧損延伯不與其戰身自殿後抽衆東度轉運如神須臾濟盡徐乃自度賊徒奪氣相率還營寶夤大悅謂官屬曰崔公古之關張也今年何患不制賊延伯馳見寶夤曰此賊非老奴敵公但坐看後日延伯勒衆而出寶夤爲後拒天生悉衆來戰延伯身先士卒陷其前鋒於是驍銳競進大破之俘斬十餘萬追奔及於小隴秦賊勁強諸將所憚初議遣將咸云非延伯無以定之果能克敵詔授左衞將軍餘如故於時万俟醜奴宿勤明達等寇掠涇州先是盧祖遷伊甕生數將皆以元志前行之始同時發雍從六陌道將取高平志敗仍停涇部延伯既破秦賊乃與寶夤率衆會於安定甲卒十二萬鐵馬八千匹軍威甚盛時醜奴置營涇州西北七十里當原城時或輕騎蹔來挑戰大兵未交便示奔北延伯矜功負勝遂唱議先驅伐木別造大排內爲鎖柱教習強兵負而趨走號爲排城戰士在外輜重居中自涇州緣原北上衆軍將出討賊未戰之間有賊數百騎詐持文書云是降簿乞緩師寶夤延伯謂其事實逡巡未閱俄而宿勤明達率衆自東北而至乞降之賊從西競下諸軍前後受敵延伯上馬突陣賊勢摧挫便爾逐北徑造其營賊本輕騎延伯軍兼步卒兵力疲怠賊乃乘間得入排城延伯軍大敗死傷者將有二萬寶夤斂軍退保涇州延伯修繕器械購募驍勇復從涇州西進去賊彭阬谷柵七里結營延伯恥前挫辱不報寶夤獨出襲賊大破之俄頃間平其數柵賊皆逃迸見兵人采掠散亂不整還來衝突遂大奔敗延伯中流矢爲賊所害士卒死者萬餘人延伯善將撫能得衆心與康生大眼爲諸將之冠延伯末路功名尤重時大寇未平而延伯死朝野歎懼焉贈使持節車騎大將軍儀同三司定州刺史謚曰武烈

李叔仁隴西人也驍健有武力前後數從征討以功賜爵獲城鄉男梁豫州刺史王超宗內侵叔仁時爲兼統軍隸揚州刺史薛真度真度遣叔仁討超宗大破之以功累遷洛州刺史假撫軍將軍後以軍功封陳郡公又除光祿大夫朔州刺史齊州廣川人劉執情河太守邵懷聚衆反自署大行臺詔叔仁爲都督討平之除鎮西將軍金紫光祿大夫轉車騎大將軍儀同三司邢果反於青州叔仁爲大都督出討於淮失利而還永平三年坐事除名尋復官爵節閔帝初加散騎常侍開府後除涼州刺史遣使密通款於東魏事覺見殺叔仁所用之槊長大異於常槊時人壯之

論曰韓茂皮豹子封敕文呂羅漢孔伯恭之爲將也皆以沉勇篤實仁厚撫衆功成事立不徒然矣輿夫苟要一戰之利僥倖蹔勝之名豈同年而語也田益宗蠻夷荒帥翻然效欵終於懷金曳紫不其美歟孟表之致名位不徒然也夫人主聞鞞鼓之響則思將帥之臣何則夷難平暴折衝禦侮爲國之所繫也奚康生等俱以熊虎之姿奮征伐之氣亦一時之驍猛壯士之功名乎

北史卷三十七考證

孔伯恭傳時攸之與喜公等率衆來援下邳○喜公一本作憘

田益宗傳闡卿息魯生在淮南貪暴橫殺悔伏生爲爾不已損卿誠效○橫殺上魏書有又字

奚康生傳遷河南尹仍右衞領左右與子難娶左衞將軍侯剛女○與應作其

楊大眼傳南賊所遣督將皆懷畏懼○南賊二字乃仍魏書而未及改者

又北淯郡嘗有虎害○唐避虎字故本書皆改爲武或爲彪或爲猛獸此其改而未盡者耳

李叔仁傳邢果反於青州○果應作杲今各本俱同仍之

北史卷三十八

唐　李延壽　撰

列傳第二十六

裴駿（從孫敬憲　莊伯　從弟安祖）　裴延儁
裴佗（子讓之　皇甫和）　孫矩　裴果　裴寬
裴俠（子祥　肅）　裴文舉　裴仁基

裴駿字神駒小名皮河東聞喜人也父雙碩位恒農太守安邑子贈東雍州刺史聞喜侯駿幼而聰慧親表稱爲神駒因以爲字弱冠通涉經史方撿有禮度鄉里宗敬焉蓋吳作亂於關中汾陰人薛永宗聚衆應之來襲聞喜縣令憂惶計無所出駿在家聞之便率厲鄉豪奔赴之賊退刺史以狀聞會太武親討蓋吳引見駿駿陳敘事宜帝大悅謂崔浩曰裴駿有當世才其忠義可嘉補中書博士浩亦深器駿目爲三河領袖轉中書侍郎宋使明僧暠來聘以駿有才學假給事中散騎常侍於境上勞接卒贈秦州刺史聞喜侯謚曰康子修字元寄清辯好學歷位祕書中散主客令累遷中大夫兼祠部曹事職主禮樂每有疑議修斟酌故實咸有條貫卒謚曰恭伯宣武時追贈東秦州刺史修早孤居喪以孝聞二弟三妹並在幼弱撫養訓誨甚有義方次弟務早喪修哀傷之感於行路愛育孤姪同於己子及將異居奴婢田宅悉推與之時人以此稱焉子詢字敬叔美儀貌多藝能音律博弈咸所閑解位平昌太守時太原長公主寡居與詢私姦明帝仍詔詢尚焉尋以主壻特除散騎常侍時本邑中正闕司徒召詢爲之詢族叔昞自陳情願此官詢遂讓焉時論善之尋監起居事遷祕書監出爲郢州刺史詢以凡司戍主蠻酋田朴特地居要嶮衆踰數萬足爲邊捍遂表朴特爲西郢州刺史朝議許之梁將李國興寇邊朴特與部曲爲表裏聲援郢州獲全朴特頗有力焉徵爲七兵尚書武泰中以本官兼侍中爲關中大使未及發於河陰遇害贈司空公謚曰貞烈無子修弟宣字叔令通辯博物早有聲譽少孤事母兄以孝友稱司空李沖有人倫鑒見而重之孝文初徵爲尚書主客郎累遷太尉長史宣上言自遷都以來凡戰陣之處及軍罷兵還之道所有骸骼無人覆藏者請悉令州郡戍邏檢行埋掩并符出兵之鄉其家有死於戎役者皆使招魂復魄祔祭先靈復其年租調身被傷痍者免其兵役朝廷從之出爲益州刺史宣至州綏撫甚得戎羌之心後晉壽更置益州改宣所莅爲南秦州宣家世以儒學爲業常慕廉退每歎曰以賈誼之才漢文之世而不歷公卿將非運也乃謂親賓曰吾本無當世之志直隨牒至此祿厚養親効不光國可以言歸矣因奉表求解宣武不許乃作懷田賦以敘心焉宣素明陰陽之書自始患便尅亡日果如其言贈豫州刺史謚曰定尋改爲穆子敬憲嗣

敬憲字孝虞少有志行學博才清撫訓諸弟專以讀誦爲業澹於榮利風氣俊遠郡徵功曹不就諸府辟命先進其弟世人歎美之司州牧高陽王雍舉秀才射策高第除大學博士性和雅未嘗失色於人工隸草解音律五言之作獨擅於時名聲甚重後進咸共宗慕之中山將之部朝賢送於河梁賦詩言別皆以敬憲爲最其文不能贍逸而有清麗之美少有氣病年三十三卒人物甚悼之敬憲世有仁義於鄉里孝昌中蜀賊陳雙熾所過殘暴至敬憲宅輒相約束不得焚燒爲物所伏如此永興三年贈中書侍郎謚曰文

敬憲弟莊伯字孝夏亦有文才器度閑雅喜愠不形於色博識多聞善以約言辯物司空任城王澄辟爲行參軍甚加知賞年二十一上神龜頌時人異之文筆與敬憲相亞臨淮王彧北討引爲記室參軍委以章奏之事及聞敬憲寢疾求假不許遂徑自還亦矜而不問扶侍兄病晝夜不離於側形容憔悴因葬敬憲於鄉遇疾卒年二十八兄弟才學知名同年俱喪世共嗟惜之永安三年贈通直散騎侍郎謚曰獻兄弟並無子所著詞藻莫爲集錄莊伯弟獻伯廷尉卿濟州刺史少以學尚風流有名京洛爲政嚴酷不得吏人之和但以清白流譽卒於殿中尚書

駿從弟安祖少聰慧年八九歲就師講詩至鹿鳴篇語諸兄云鹿得食相呼而況人乎自此未曾獨食弱冠州辟主簿人有兄弟爭財詣州相訟安祖召其兄弟以禮義責讓之此人兄弟明日相率謝罪州內欽服之後有人勸其仕進安祖曰高尚之事非敢庶幾但京師遼遠實憚於棲屑耳於是閑居養志不出城邑曾天熱舍於樹下有鷙鳥逐雉雉急投之遂觸樹而死安祖愍之乃取置陰地徐徐護視良久得蘇喜而放之後夜忽夢一丈夫衣冠甚偉著繡衣曲領向安祖再拜安祖怪問之此人云感君前日見放故來謝德聞者異焉後孝文幸長安至河東存訪故老安祖朝於蒲坂帝與語甚悅仍拜安邑令以老病固辭詔給一時俸以供湯藥焉年八十三卒於家

裴延儁字平子河東聞喜人也魏冀州刺史徽之八世孫也曾祖奇諮議參軍并州別駕祖雙虎河東太守贈雍州刺史謚曰順父山崧州主簿行平陽郡事以平蜀賊丁虫功贈東雍州刺史延儁少孤事後母以孝聞涉獵墳史頗有才筆舉秀才射策高第除著作佐郎累遷太子洗馬又領本邑中正及太子恂廢以宮官例免宣武即位爲中書侍郎時帝專心釋典不事墳籍延儁上疏致諫後除司州別駕及詔立明堂羣官博議延儁獨著一堂之論太傅清河王懌時典衆議讀而笑曰子故欲遠符僕射也明帝時累遷幽州刺史范陽郡有舊督亢渠徑五十里漁陽燕郡有故戾陵諸堨廣袤三十里

皆廢毀多時莫能修復時水旱不調延儁乃表求營造遂躬自履行相度形勢隨力分督未幾而就溉田百萬餘畝爲利十倍百姓賴之又命主簿酈惲修起學校禮教大行人歌謠之在州五年考績爲天下最拜太常卿歷七兵殿中二尙書散騎常侍中書令御史中尉又以本官兼侍中吏部尙書延儁在臺閣守職而已不能有所裁斷直繩也莊帝初於河陰遇害贈儀同三司都督雍州刺史子元直敬猷竝有學尙與父同時遇害元直贈光州刺史敬猷妻丞相高陽王雍外孫超贈尙書僕射延儁從叔愛䫌桃弓竝見稱於鄉里子夙字買奧沉雅有器識儀望甚偉孝文見而異之吏部尙書任城王澄有知人鑒每歎美夙以遠大許之位河北太守以忠恕接下百姓感而懷之卒於郡三子範昇之鑒鑒字道徹性强正有學涉卒於廷尉卿鑒居官清苦時論稱之贈東雍州刺史子澤頗有文學齊孝昭初爲齊帥奏舍人孝昭崩魏收議爲恭烈皇帝澤正色抗論曰魏收死後亦不肯爲恭烈之謚何容以擬大行且比皇太后不豫先帝殯寢失常聖躬貶損今者易名必須加孝遂改爲孝昭因此忤旨出爲廣州司馬尋歷位中書侍郎兼給事黃門侍郎以漏泄免後爲散騎侍郎尋爲誹毀大臣趙彥深等兼詠石榴詩微以託意有人以奏武成武成決杖六十髡頭除名後主卽位爲淸河郡守與祖珽有舊珽奏除尙書左丞又引爲兼黃門執政疾其祖珽之黨與崔季舒等同見誅澤本勁直無所回避及被出追還折節和光然好戲笑無規檢故頻敗妻鉅鹿魏氏恩好甚隆不能暫相離澤每從駕其妻不宿亦至性强立時人以爲健婦夫半延儁從祖弟良字元賓稍遷尙書考功郎中時汾州吐京胡薛羽等作逆以良兼尙書左丞爲西北道行臺時有五城郡山胡馮宜都賀悅回成等以妖妄惑衆假稱帝號服素衣持白傘白幡率諸逆衆於雲臺郊抗王師良大破之又山胡劉蠡升自云聖術胡人信之咸相影附旬日之間逆徒還振以良爲汾州刺史加輔國將軍行臺如故良以城人饑窘夜率衆奔西河汾州之居西河自良始也孝靜初爲衞大將軍大府卿卒於官贈吏部尙書謚曰貞又重贈侍中尙書僕射子叔祉粗涉文學居官甚著聲績位終司空右長史良從父兄子慶孫字紹遠少孤性倜儻重然諾正光末汾州吐京羣胡薛悉公馬牒騰竝自立爲王衆至數萬詔慶孫爲募人別將招率鄉豪以討之慶孫每摧其鋒進軍深入至雲臺郊大戰郊西賊衆大潰徵赴都除直後於是賊復鳩集北連蠡升南通絳蜀兇徒轉盛以慶孫爲別將從軹關入討深入二百餘里至陽胡城朝廷以此地被山帶河衿要之所明帝末遂立邵郡因以慶孫爲太守慶孫務安緝之咸來歸業尒朱榮之死也世隆擁衆北度詔慶孫爲大都督與行臺源子恭率衆追擊慶孫與世隆密通事洩追還河內斬之慶孫任俠有氣鄉曲壯士及好事者多相依附撫養咸有恩紀在郡日逢歲饑凶四方遊客恒有百餘慶孫自以家糧贍之性雖麤武愛好文流與諸才學之士咸相交結輕財重義坐客恒滿是以爲時所稱延儁從祖弟仲規少好經史頗有志節咸陽王禧爲司州牧辟爲主簿仍表行建興郡事車駕自代還洛次於郡境仲規備供帳朝於路側詔仲規曰畿郡望重卿何能自致此也仲規曰陛下棄彼玄壤來宅紫縣臣方躍馬吳會冀功銘帝籍豈一郡而已孝文笑曰冀卿必副此言駕還見咸陽王曰非得汝主簿爲南道主人六軍豐贍元弟之寄殊副所望除司徒主簿仲規父在鄉疾病棄官奔赴以違制免久之中山王英征義陽引爲統軍奏復本資於陣戰沒贈河東太守謚曰貞無子弟叔義以第二子伯茂後之伯茂少有風望學涉羣書文藻富贍釋褐奉朝請大將軍京兆王繼西討引爲鎧曹參軍南征絳蜀陳雙熾爲行臺長孫承業行臺郎中承業還京師留伯茂仍知行臺事以平薛鳳賢等賞平陽伯再遷散騎常侍典起居注太昌初爲中書侍郎永熙中孝武帝兄子廣平王贊盛選賓寮以伯茂爲文學後加中軍大將軍伯茂好飲酒頗涉疏傲久不徙官曾爲豁情賦天平初遷鄴又爲遷都賦二年因內宴伯茂侮慢殿中尙書章武王景哲景哲遂申啓稱伯茂棄其本列與監同行以梨擊案傍汙冠服禁庭之內令人挈衣詔付所司後竟無坐伯茂旣出後其伯仲規與兄景融別居景融貧窘伯茂了無賑恤殆同行路世以此貶薄之卒年三十九知舊歎惜焉伯茂末年劇飲不已乃至傷性多有愆失未亡前數日忽云吾得密信將被收掩乃與婦乘車西逃避後因顧指壁中言有官人追逐其妻方知其病卒後殯於家園友人常景李渾王元景盧元明魏季景李騫等十許人於墓傍置酒設祭哀哭涕泣一飲一酹曰裴中書魂而有靈知吾曹也乃各賦詩一篇李騫以魏收亦與之友寄以示收收時在晉陽乃同其作論敘伯茂其十字云臨風想玄度對酒思公榮時人以伯茂性侮傲謂收詩頗得事實贈散騎常侍衞將軍度支尙書雍州刺史重贈吏部尙書謚曰文伯茂曾撰晉書竟未能成無子兄景融以第二子孝才繼齊武平末位中書舍人叔義亦有學行累遷太山太守爲政清靜吏人安之遷司徒從事中郎卒贈東秦州刺史謚曰宣子景融字孔明篤學好屬文舉秀才射策高第除太學博士稍遷諫議大夫領著作元象中儀同高岳以爲錄事參軍弟景龍景顏被劾廷尉獄景融入選吏部擬郡爲御史中尉崔暹所彈云其貪榮昧進遂坐免官病卒景融卑退廉謹無競於時雖才不稱學而緝綴無倦文詞汎濫理會處寡所作文章別有集錄景顏頗有學尙孝靜初爲司空長史在官貪穢爲中尉崔暹所劾遇病死獄中延儁族兄聿字外興以操尙貞立被孝文所知爲北中府長史時帝以聿與中書侍郎崔亮清貧欲以幹祿優之乃以亮帶野王縣事聿帶溫縣時人榮之卒於平秦郡太守贈洛州刺史子子袖入關西延儁族人瑗字珍寶太和中析屬河北郡少孤貧清苦自立爲汝南王悅郎中令孝靜初卒於雍州刺史延儁從父兄宣明位華州刺史有惠政謚曰簡二子景鸞景鴻竝有逸才河東呼景鸞爲驥子景鴻爲龍文景鸞位華州刺史子文端齊行臺郎四子顧安志弘振景鴻齊和夷郡守子叔卿博涉有孝行時人號曰裴曾子隋貝丘令子神舉神符而神舉最知名

裴佗字元化河東聞喜人也六世祖詵仕晉位太常卿因晉亂避地涼州苻堅平河西東歸因居解縣世以文學顯五舉秀才再舉孝廉時人美之父景惠州別駕佗容貌魁偉隤然有器望舉秀才以高第除中書博士累遷趙郡太守爲政有方威惠甚著狡吏姦人莫不改貫所得俸祿分恤貧窮轉前將軍荊州刺史郡人戀仰傾境餞送蠻酋田盤石田敬宗等部落萬餘家恃衆阻險不賓王命前後牧守未能降款佗至州單使宣慰示以禍福敬宗聞風歸附於是合境淸晏襁負至者千餘家後加中軍將軍以老乞還卒遺令不聽請贈不受賵襚諸子皆遵行之佗性剛直不好與俗人交游其投分者必當時名勝淸白任眞不事家產宅不過三十步又無田園暑不張蓋寒不衣裘其貞儉若此子讓之

讓之字士禮年十六喪父殆不勝哀其母辛氏泣撫之曰棄我滅性得爲孝子乎由是自勉辛氏高明婦人又閑禮度夫喪諸子多幼弱廣延師友或親自教授內外親屬有吉凶禮制多取則焉讓之少好學有文情淸明俊辯早得聲譽魏天平中舉秀才對策高第累遷屯田主客郎中省中語曰能賦詩裴讓之爲太原公開府記室與楊愔友善相遇則淸談竟日愔每云此人風流警拔裴文季爲不亡矣梁使至常令讓之攝主客郎第二弟諏之奔關右兄弟五人皆拘繫齊神武問云諏之何在答曰昔吳蜀二國諸葛兄弟各得盡心況讓之老母在此君臣分定失忠與孝愚夫不爲伏願明公以誠信待物若以不信處物物亦安能自信以此定霸猶却行而求道耳神武善其言兄弟俱釋歷文襄大將軍主簿兼中書舍人後兼散騎常侍聘梁文襄嘗入朝讓之導引容儀醞籍文襄目之曰士禮佳舍人也遷長兼中書侍郎領舍人齊受禪靜帝遜居別宮與諸臣別讓之流涕歔欷以參掌儀注封寧都縣男帝欲以爲黃門侍郎或言其體重不堪趨侍乃除淸河太守至郡未幾楊愔謂讓之諸弟曰我與賢兄交款企聞善政適有人從淸河來云姦吏斂迹盜賊淸靖期月之期翻更非速淸河有二豪吏田轉貴孫舍興久吏姦猾多有侵削因事遂脅人取財計贓依律不至死讓之以其亂法殺之時淸河王岳爲司州牧遣部從事案之侍中高德政舊與讓之不協密奏言當陛下受禪之時讓之眷戀魏朝嗚咽流涕比爲內官情非所願旣而楊愔請救之云罪不合死文宣大怒謂愔曰欲得與裴讓之同冢邪於是無敢言者事奏竟賜死於家讓之次弟諏之字士正少好儒學釋褐太學博士嘗從常景借書百卷十許日便返景疑其不能讀每卷策問應答無遺景歎曰應奉五行俱下禰衡一覽便記今復見之於裴生矣楊愔闔門改葬託諏之頓作十餘墓誌文皆可觀讓之諏之及皇甫和和弟亮竝知名於洛下時人語曰諏勝於讓和不如亮司空高乾致書曰相屈爲戶曹參軍諏之復書不受署沛王開大司馬府辟爲記室遷鄴後諏之留在河南西魏領軍獨孤信入據金墉以諏之爲開府屬號曰洛陽遺彥信敗諏之居南山洛州刺史王元軌召爲中從事西師忽至尋退遂隨西師入關周文帝以爲大行臺倉曹郎中卒贈徐州刺史次譓之字士平七歲便勤學早知名累遷司徒主簿楊愔每稱歎曰河東士族京官不少唯此家兄弟全無鄉音譓之雖年少不妄交游唯與隴西辛術趙郡李繪頓丘李構淸河崔贍爲忘年友昭帝梓宮將還鄴轉儀曹郎尤悉歷代故事儀注喪禮皆能裁正爲許昌太守客旅過郡皆出私財供給人間無所預代下日爲吏人所懷仕周卒伊川太守次謨之字士令少有風格邢邵每云我裴四武成爲開府辟爲參

軍掌書記次誦之字士言純謹有局量弱冠爲平原公開府墨曹掌書記從至并州其母在鄴忽得心痛誦之是日不勝思慕心亦驚痛乃請急而還當時以爲孝感文宣踐阼幸晉陽皇太子監國留誦之與杜臺卿並爲齊帥領東宮管記轉太子舍人奏中書舍人事衛尉杜弼被其家客誣云有怨言誹訕時政并稱誦之與弼交好亦知之坐免官卒天統中追贈平州刺史長子曰樊出後讓之次子矩最知名

矩字弘大襁褓而孤及長好學頗愛文藻有智數世父讓之謂曰觀汝神識足成才士欲求宦達當資幹世之務矩由是始留情世事仕齊爲高平王文學齊亡不得調隋文帝爲定州總管補記室甚親敬之以母憂去職及帝作相遣使馳召之參相府記室事受禪遷給事郎奏舍人事伐陳之役領元帥記室既破丹陽晉王廣令矩與高熲收陳圖籍明年奉詔巡撫嶺南未行而高智慧汪文進等作亂吳越道閉上難遣矩行矩請速進上許之行至南康得兵數千人時俚帥王仲宣逼廣州遣其部將周師舉圍東衡州矩與大將軍鹿愿赴之賊立九柵屯大庾嶺共爲聲援矩進擊破之賊懼釋東衡州據原長嶺又擊敗之遂斬師舉進軍自南海拔廣州仲宣懼而潰散矩所綏集者二十餘州又承制署渠帥爲刺史縣令及還上大悅命升殿勞苦之謂高熲楊素曰韋洸將二萬兵不能早度嶺每患其兵少裴矩以三千弊卒徑至南海有臣若此朕亦何憂以功拜開府賜爵聞喜縣公賚物二千段除戶部侍郎遷內史侍郎時突厥强盛都藍可汗妻大義公主即宇文氏女由是數爲邊患後因公主與從胡私通長孫晟先發其事矩請出使說都藍顯戮宇文上從之竟如其言公主見殺後都藍與突利可汗構難屢犯亭鄣詔太平公史萬歲爲行軍總管出定襄道以矩爲行軍長史破達頭可汗於塞外萬歲被誅功竟不錄上以啓人可汗初附令矩撫慰之還爲尚書左丞其年文獻皇后崩太常舊無儀注矩與牛弘李百藥等據齊禮參定轉吏部侍郎名爲稱職煬帝即位營建東都矩職修府省九旬功就時西域諸蕃多至張掖與中國交市帝令矩掌其事矩知帝方勤遠略諸胡至者矩誘令言其國俗山川險易撰西域圖記三卷入朝奏之其序曰臣聞禹定九州導河不踰積石秦兼六國設防止於臨洮故知西胡雜種僻居遐裔禮教之所不及書典之所罕傳自漢氏興基開拓河右始稱名號者有四十六國其後分立乃五十五王仍置校尉都護以存招撫然叛服不恒屢經征戰後漢之世頻廢此官雖大宛以來略知戶數而諸國山川未有名目至如姓氏風土服章物產全無纂錄世所弗聞復以春秋遞謝年代久遠兼并誅討互有興亡或地是故邦改從今號或人非舊類同襲昔名兼復部人交錯封疆移改戎狄音殊事難窮驗于闐之北蔥嶺以東考于前史三十餘國其後更相屠滅僅有十存自餘淪沒埽地俱盡空有丘墟不可記識皇上應天育物無隔華夷率土黔黎莫不慕化風行所及日入以來職貢皆通無遠不至臣既因撫納監知關市尋討書籍訪采胡人或有所疑即詳衆口依其本國服飾儀形王及庶人各顯容止即丹青摸寫爲西域圖記共成三卷合四十五國仍別造地圖窮其要害從西頃以去北海之南縱橫所亘將二萬里諒由富商大賈周游經涉故諸國之事罔不徧知復有幽荒遠地卒訪難曉不可憑虛是以致闕而二漢相踵西域爲傳戶人數十即稱國王徒有名號有乖其實今者所編皆餘千戶利盡西海多產珍異見山居之屬非有國名及部落小者多亦不載發自敦煌至于西海凡爲三道各有襟帶北道從伊吾經蒲類海鐵勒部突厥可汗庭度北流河水至拂菻國達于西海其中道從高昌焉耆龜茲疏勒度蔥嶺又經鏺汗蘇勒沙那國康國曹國何國大小安國穆國至波斯達于西海其南道從鄯善于闐朱俱波喝盤陁度蔥嶺又經護密吐火羅挹怛忛延漕國至北婆羅門達于西海其三道諸國亦各自有路南北交通其東女國南婆羅門國等並隨其所往諸處得達故知伊吾高昌鄯善並西域之門戶也總湊敦煌是其咽喉之地以國家威德將士驍雄汎濛汜而揚旌越崑崙而躍馬易如反掌何往不至但突厥吐谷渾分領羌胡之國爲其擁遏故朝貢不通今並因商人密送誠款引領翹首願爲臣妾聖情含養澤及普天服而撫之務在安輯故皇華遣使弗動兵車諸蕃既從突厥可滅混一戎夏其在茲乎不有所記無以表威化之遠也帝大悅賜物五百段每日引矩至御坐親問西方之事矩盛言胡中多諸寶物吐谷渾易可并吞帝由是甘心將通西域四夷經略咸以委之後遷黃門侍郎復令往張掖引致西蕃至者十餘國大業三年帝有事於恒嶽咸來助祭帝將巡河右復令矩往敦煌矩遣使說高昌王麴伯雅及伊吾吐屯設等啗以厚利導之使入朝及帝西巡次燕支山高昌王伊吾設等及西蕃胡二十七國謁於道左皆令佩金玉被錦罽焚香奏樂歌儛喧噪復令張掖武威士女盛飾縱觀塡咽周亘數十里以示中國之盛帝見而大悅竟破吐谷渾拓地數千里並遣兵戍之每歲委輸巨億萬計諸蕃懾懼朝貢相續帝謂矩有綏懷略進位銀青光祿大夫其年冬帝至東都矩以蠻夷朝貢者多諷帝令都下大戲徵四方奇伎異藝陳於端門街衣錦綺珥金翠者以十萬數又勒百官及百姓士女列坐棚閣而縱觀焉皆被服鮮麗終月而罷又令交市店肆皆設帷帳盛酒食遣掌蕃率蠻夷與人貿易所至處悉令邀延就坐醉飽而散蠻夷嗟歎謂中國爲神仙帝稱矩至誠謂宇文述牛弘曰裴矩凡所陳奏皆朕之成算朕未發矩輒以聞自非奉國孰能若是帝遣將軍薛世雄城伊吾令矩共往經略矩諷諭西域諸國曰天子爲蕃人交易懸遠所以城耳咸以爲然不復來競及還賜錢四十萬矩又白狀令反間射匱潛攻處羅後處羅爲射匱所迫竟隨使者入朝帝大悅賜矩貂裘及西域珍器從帝巡塞北幸啓人帳時高麗遣使先通于突厥啓人不敢隱引之見帝矩因奏曰高麗地本孤竹國周代以之封箕子漢世分爲三郡晉氏亦統遼東今乃不臣列爲外域故先帝欲征之久矣但以楊諒不肖師出無功當陛下時安得不事使此冠帶之境仍爲蠻貊之鄉乎今其使朝於突厥親見啓人合國從化必懼皇靈之遠暢慮後服之先亡脅令入朝當可致也帝曰如何矩曰請面詔其使放還本國遣語其王令速朝覲不然者當率突厥即日誅之帝納焉高元不用命始建征遼之策王師臨遼以本官領武賁郎將明年復從至遼東兵部侍郎斛斯政亡入高麗帝令矩兼掌兵事以前後度遼功進位右光祿大夫時皇綱不振人皆變節左翊衛大將軍宇文述內史侍郎虞世基等用事文武多以賄聞唯矩守常無贓穢之響以是爲世所稱後以楊玄感初平帝令矩安集隴右因之會寧存問曷薩那部落遣闕達度設寇吐谷渾頻有虜獲部落致富還而奏狀帝大賞之後從至懷遠鎮詔護北蕃軍事矩以始畢可汗部衆漸盛獻策分其勢將以宗女嫁其弟叱吉設拜爲南面可汗叱吉不敢受始畢聞而漸怨矩又曰突厥本淳易可離間由其內多有羣胡盡皆桀黠教導之耳臣聞史蜀胡悉尤多姦計幸於始畢請誘殺之帝曰善矩因遣人告胡悉曰天子大出珍物今在馬邑欲共蕃內多作交關若前來者即得好物胡悉信之不告始畢率其部落盡驅六畜爭進冀先互市矩伏兵馬邑誘而斬之詔報始畢曰史蜀胡悉忽領部落走來至此云背可汗請我容納今已斬之故令往報始畢亦知其狀由是不朝十一年帝北巡狩始畢率騎數十萬圍帝於鴈門詔矩與虞世基宿朝堂以待顧問及圍解從至東都屬射匱可汗遣其猶子率西蕃諸胡朝貢詔矩宴接之尋從幸江都宮時四方盜賊蜂起郡縣上奏者不可勝計矩言之帝怒遣矩詣京師接蕃客以疾不行及義兵入關帝遣虞世基就宅問矩方略矩曰太原有變京畿不靜遙爲處分恐失事機唯願鑾輿早還俄而驍衛大將軍屈突通敗問至矩以聞帝失色矩素勤謹未嘗忤物又見天下方亂恐爲身禍其待遇人多過其所望故雖廝役皆得其歡心時從駕驍果數有逃散帝憂之以問矩矩曰今車駕留此已經二年驍果之徒盡無家口人無匹合則不能久安臣請聽兵士於此納室帝大喜曰公定多智此奇計也因令矩檢校爲將士等娶妻矩召江都境內寡婦及未嫁女皆集宮監又召諸將帥及兵等恣其所取因聽自首先有姦通婦女及尼女官等並即配之由是驍果等悅咸相謂曰裴公之惠也宇文化及反矩晨起將朝至坊門遇逆黨數人控矩馬詣孟景所賊皆曰不關裴黃門既而化及從百餘騎至矩迎拜化及慰諭之令矩參定儀注推秦王子浩爲帝以矩爲侍內隨化及至河北化及僭帝號以矩爲尚書右僕射加光祿大夫封蔡國公爲河北道宣撫大使及宇文氏敗爲竇建德所獲以矩隋代舊臣遇之甚厚復以爲吏部尚書轉尚書右僕射建德起自羣盜未有節文矩爲之制定朝儀旬月之間憲章頗擬於王者建德大悅及建德敗時矩與其將曹旦等於洛州留守旦長史李公淹及大唐使人魏徵等說旦及齊善行令矩歸順旦等從之乃令矩與徵公淹領旦及八璽與山東之地歸降授左庶子轉詹事戶部尚書卒讓之第六弟謁之字士敬少有志節好直言文宣末年昏縱朝臣罕有言者謁之上書正諫言甚切直文宣將殺之白刃臨頸謁之辭色不變帝曰癡漢何敢如此楊愔曰望陛下放以取後世名帝投刀歎曰小子望我殺爾以取後世名我終不成爾名遣人送出齊亡卒於壺關令

皇甫和者字長諧安定朝那人其先因官寓居漢中祖澄南齊秦梁二州刺史父徽字子玄梁安定略陽二郡守魏正始二年隨其妻父夏侯道遷入魏道遷別上勳書欲以徽爲元謀徽曰創謀之始本不關預雖貪榮賞內媿於心遂拒而不許梁州刺史羊靈祐重其敦實表

爲征虜府司馬卒和十一而孤母夏侯氏才明有禮則親授以經書及長深沈有雅量尤明禮義宗親吉凶多相諮訪卒於濟陰太守子聿道以幹局知名位廣平令隋大業初比部郎和弟亮字君翼九歲喪父哀毁有若成人齊神武起義爲大行臺郎中亮率性任眞不樂劇職除司徒東閤祭酒思還鄉里啓乞梁州褒中郎本郡也後降梁以母兄在北求還梁武不奪也至鄴無復宦情遂入白鹿山恣泉石之賞縱酒賦詩超然自樂復爲尙書殿中郎攝儀曹事以參撰禪代儀注封楡中男亮疎慢自任無幹務才每有禮儀大事常令餘司攝焉性質朴純厚終無片言矯飾屬有敕下司各列勤惰亮三日不上省文宣親詰其故亮曰一日雨一日醉一日病酒文宣以其恕實優容之杖脛三十而已所居宅湾下標牓賣之將買者或問其故亮每荅云爲宅中水淹不洩雨即流入牀下出此宅終不售其淳實如此以兼散騎常侍聘陳使主以不稱免官後除任城大守病不之官卒於鄴贈驃騎大將軍安州刺史

裴果字戎昭河東聞喜人也祖思賢魏青州刺史父遵齊州刺史果少慷慨有志略魏太昌中爲陽平郡丞周文帝曾使并州與果遇果知非常人密託附焉永安末盜賊蜂起果從軍征討乘黃驄馬衣青袍每先登陷陣時人號爲黃驄年少永熙中授河北郡守及齊神武敗於沙苑果乃率其宗黨歸闕周文嘉之賜田宅奴婢牛馬什物等從戰河橋解玉壁圍摧鋒奮擊所向披靡大統九年又從戰芒山於周文前挺身陷陣禽東魏都督賀婁爲邏蘭勇冠當時衆人莫不歎服以此周文愈親待之補帳內都督遷帥都督平東將軍後從開府楊忠平隨安陸以功加大都督除正平郡守正平果本郡也以威猛爲政百姓畏之盜賊亦爲之屏息還司農卿又從大將軍尉遲迥代蜀果率所部爲前軍開劍閣破李慶堡降楊乾運皆有功廢帝二年授龍州刺史封冠軍縣侯俄而州人張遁李拓驅率百姓圍逼州城時糧仗皆闕兵士又寡果設方略以拒之賊便退走於是出兵追擊累戰破之旬日之間州境清晏轉陵州刺史周孝閔帝踐祚除隆州刺史加持節驃騎大將軍開府儀同三司進爵爲公歷眉復二州刺史果性嚴猛能斷決抑挫豪右申理屈滯歷牧數州號爲稱職卒於位贈本官加絳晉建州刺史謚曰質子孝仁嗣孝仁幼聰敏涉獵經史有譽於時起家舍人上士累遷長寧鎭將扞禦齊人甚有威邊之略歷建譙亳三州刺史

裴寬字長寬河東聞喜人也祖德歡魏中書侍郎河內郡守父靜慮銀青光祿大夫贈汾州刺史寬儀貌瓌偉博涉羣書弱冠爲州里所稱親没撫諸弟以篤友聞滎陽鄭孝穆嘗謂其從弟文直曰裴長寬兄弟天倫篤睦人之師表吾愛之重之汝可與之游處年十三以選爲魏孝明帝挽郎釋褐員外散騎侍郎及孝武西遷寬謂其諸弟曰君臣逆順大義昭然今天子西幸理無東面以虧臣節乃將家屬避難於大石嶺獨孤信鎭洛陽始出見焉時汾州刺史韋子粲降於東魏子粲兄弟在關中者咸已從坐其季弟子爽先在洛窘急乃投寬寬開懷納之遇有大赦或傳子爽合免因而遂出子爽卒以伏法獨孤信知而責之寬曰窮來見歸義無執送今日獲罪是所甘心以經赦宥遂得不坐大統五年授都督同軌防長史加征虜將軍十三年從防主韋法保向潁川解侯景圍景密謀南叛僞親狎於法保寬謂法保曰侯景狡猾必不肯入關雖託款於公恐未可信若伏兵以斬之亦一時之功也如日不然便須深加嚴警不得信其誑誘自貽後悔法保納之然不能圖景但自固而已十四年與東魏將彭樂樂恂戰於新城因傷被禽至河陰見齊文襄寬舉止詳雅善於占對文襄甚賞異之解鏁付館厚加禮遇寬乃裁所臥氈夜縋而出因得遁還見於周文帝帝顧謂諸公曰被堅執銳或有其人疾風勁草歲寒方驗裴長寬爲高澄如此厚遇乃能冒死歸我雖古之竹帛所載何以加之乃手書署寬名下授持節帥都督封夏陽縣男仍除孔城城主十六年遷河南郡守仍鎭孔城廢帝元年進使持節車騎大將軍儀同三司散騎常侍周孝閔帝踐阼進爵爲子寬在孔城十三年與齊洛州刺史獨孤永業相對永業有計謀多譎詐或聲言春發秋乃出兵或掩蔽消息倏忽而至寬每揣知其情出兵邀擊無不尅之天和三年除温州刺史初陳氏與周通和每修聘好自華皎附後乃圖寇掠沔州既接敵境於是以寬爲沔州刺史陳將程靈洗攻之力屈城陷陳人乃執寬至楊州尋被送嶺外經數載復還建鄴遂卒於江左子義宣後從御正杜果使於陳始得將寬柩還隋開皇元年文帝詔贈襄郢二州刺史義宣位司金二命士合江令寬弟漢字仲霄操尚弘雅聰敏好學嘗見人作百字詩一覽便誦魏孝武初解褐員外散騎侍郎大統五年除大丞相府士曹行參軍轉墨曹漢善尺牘尤便簿領理識明贍斷割如流相府爲之語曰日下粲爛有裴漢武成中爲司車路下大夫與工部郭彥大府高賓等參議格令每較量府事必有條理天和五年加車騎大將軍儀同三司漢少有宿疾恆帶虛羸劇職煩官非其好也時晉公護擅權搢紳等多諂附之以圖仕進漢直道自守故八年不徙職性不飲酒而雅好賓游每良辰美景必招引時彥宴賞留連閒以篇什當時人物以此重之自寬没後遂斷絕游從不聽琴瑟歲時伏臘哀慟而已撫養兄弟子情甚篤至借人異書必躬自錄本至于疾疹彌年亦未嘗釋卷卒贈晉州刺史子鏡人少聰敏涉獵經史爲大將軍譚公會記室參軍累遷春官府都上士仕隋位兵曹郎漢弟尼字景尼性弘雅有器局位御正下大夫卒贈隨州刺史子之隱趙王招府記室參軍之隱弟師人好學有識度見稱於時起家秦王贄府記室參軍仍兼侍讀寬族弟鴻少恭謹有幹略歷官內外周天和初拜郢州刺史轉襄州總管府長史賜爵高邑縣侯從衞公直南征軍敗遂没尋卒於陳朝廷哀之贈豐資遂三州刺史

裴俠字嵩和河東解人也祖思齊舉秀才拜議郎父欣西河郡守贈晉州刺史俠年七歲猶不能言後於洛城見羣烏蔽天從西來舉手指之而言遂志識聰慧有異常童年十三遭父憂哀毁有若成人將擇葬地而行空中有人曰童子何悲葬於桑東封公侯俠懼以告其母母曰神也吾聞鬼神福善爾家未嘗有惡當以吉祥告汝耳時俠宅側有大桑林因葬焉州辟主簿舉秀才魏正光中解巾奉朝請稍遷義陽郡守元顥入洛使執其使人焚其赦書孝莊嘉之授東郡太守帶防城別將及孝武與齊神武有隙徵兵俠率所部赴洛陽武衞將軍王思政謂曰當今權臣擅命王室日卑若何俠曰宇文泰爲三軍所推居百二之地所謂已操戈矛寧肯授人以柄雖欲撫之恐是據於蒺藜也思政曰奈何俠曰圖歡有立至之憂西巡有將來之慮日至關右日愼一日徐思其宜耳思政然之乃進俠於帝授左中郎將及帝西遷俠將行而妻子猶在東郡滎陽鄭偉謂俠曰天下方亂未知烏之所集何如東就妻子徐擇木焉俠曰既食人祿寧以妻子易圖也遂從入關賜爵清河縣伯除丞相府士曹參軍大統三年領鄉兵從戰沙苑先鋒陷陣俠本名協至是周文帝嘉其勇決乃曰仁者必勇因命名俠焉以功進爵爲侯王思政鎭玉壁以俠爲長史齊神武以書招思政思政令俠草報書甚壯烈周文善之曰雖魯仲連無以加也除河北郡守俠躬履儉素愛人如子所食唯菽麥鹽菜而已吏人莫不懷之此郡舊制有漁獵夫三十人以供郡守俠曰以口腹役人吾所不爲也乃悉罷之又有丁三十人供郡守役俠亦不以入私並收庸爲市官馬歲時既積馬遂成羣去職之日一無所取人歌曰肥鮮不食丁庸不取裴公貞惠爲世規矩俠嘗與諸牧守俱謁周文周文命俠別立謂諸牧守曰裴俠清愼奉公爲天下之最今衆中有如俠者可與之俱立衆皆默然無敢應者周文乃厚賜俠朝野服焉號爲獨立使君又撰九世伯祖貞侯潛傳述裴氏清公欲使後生奉而行之宗室中知名者咸付一通從弟伯鳳世彥時並爲丞相府佐笑曰人生仕進須身名並裕清苦若此竟欲何爲俠曰夫清者莅職之本儉者持身之基況我大宗世濟其美故能存見稱於朝廷没流芳於典策今吾幸以凡庸濫蒙殊遇固其窮困非慕名也志在自修懼辱先也翻被嗤笑知復何言伯鳳等慚而退再遷郢州刺史加儀同三司梁竟陵守孫暠鄰城守張建並以郡來附俠見之密謂人曰暠目動言肆輕於去就者也建神情審定當無異心乃馳啓其狀周文曰裴俠有鑒深得之矣遣大都督苻貴鎭竟陵而鄰城竟不遣監統及柳仲禮軍至暠還以郢叛卒如俠言尋轉大將軍拓州刺史徵拜雍州別駕周孝閔帝踐阼除司邑下大夫加驃騎大將軍開府儀同三司進爵爲公還戶部中大夫時有姦吏主守倉儲積年隱没至千萬者及俠在官厲精發擿數旬之內姦盜略盡轉工部中大夫有大司空掌錢物典李貴乃於府中悲泣或問其故對曰所掌官物多有費用裴公清嚴有名懼遭罪責所以泣耳俠聞之許其自首貴自言隱費錢五百萬俠嘗遇疾沈頓士友憂之忽聞五皷便即驚起顧左右曰可向府耶所苦因此而瘳晉公護聞之曰裴俠危篤若此而不廢憂公因聞皷聲疾病遂愈此豈非天祐其勤恪也又司空許國公宇文貴小司空北海公申徵並來候俠疾所居第屋不免霜露貴等還言之於帝帝矜其貧苦乃爲起宅并賜良田十頃奴隸耕耒糧粟莫不備足搢紳咸以爲榮卒於位贈太子少師蒲州刺史謚曰貞河北郡前功曹張回及吏人等感俠遺愛乃作頌紀其清德焉子祥性忠謹有理劇才少爲城都令清不及俠斷決過之後除長安令爲權貴所憚遷司倉下大夫俠之終也以毁卒祥弟肅

肅字神封貞亮有才藝少與安定梁毗同志友善天和中舉秀才累遷御正下大夫以行軍長史從韋孝寬征淮南屬隋文帝爲丞相肅聞而歎曰武帝以雄才定六

合墳土未乾而一朝遷革豈天道歟文帝聞之甚不悅由是廢于家開皇五年授膳部侍郎歷朔州總管長史貝州長史俱有能名仁壽中肅見皇太子勇蜀王秀左僕射高熲俱廢黜遺使上書言高熲天挺良才元勳佐命願錄其大功忘其小過二庶人得罪已久寧無革心願各封小國觀其所爲若得遷善漸更增益如或不悛貶削非晚書奏上謂楊素曰肅憂我家事如此亦至誠也於是徵肅入朝皇太子聞之謂左庶子張衡曰使勇自新欲何爲也衡曰觀肅意欲令如吳太伯漢東海王耳太子甚不悅肅至京見上於含章殿上謂曰貴爲天子富有四海後宮寵幸不過數人自勇以下竝皆同母非爲憎愛輕事廢立因言勇不可復收之意既已罷遣之未幾上崩煬帝嗣位不得調者久之肅亦杜門不出後執政者以嶺表遐遠希旨授肅永平郡丞甚得夷人心歲餘卒夷獠思之爲立廟於漳江之浦有子尙賢

裴文舉字道裕河東聞喜人也祖秀業魏天水郡守贈平州刺史父邃性方嚴爲州里所推挹大統三年東魏來寇邃乃糾合鄉人分據險要以自固及李弼略地東境邃爲之鄉導多所降下周文帝嘉之特賞衣物封澄城縣子卒於正平郡守贈儀同三司定州刺史文舉少忠謹涉獵經史大統十年起家奉朝請時周文帝諸子年幼盛簡賓友文舉以選與諸公子游雅相欽敬未嘗戲狎遷著作郎中外府參軍恭帝二年賜姓賀蘭氏周孝閔帝踐阼襲爵澄城縣子齊公憲初開幕府以文舉爲司錄及憲出鎭劍南復以文舉爲總管府中郎武成二年就加使持節車騎大將軍儀同三司蜀土沃饒商販百倍或有勸文舉以利者文舉答之曰利之爲貴莫若安身身安則道隆非貨之謂是以不爲非惡財也憲矜其貧窶每欲資給之文舉恒自謙遜辭多受少保定三年遷絳州刺史邃之任正平也以廉約自守每行春省俗單車而已及文舉臨州一遵其法百姓美而化之總管韋孝寬特相欽重每與談論不覺膝前於席天和初進驃騎大將軍開府儀同三司尋爲孝寬柱國府司馬六年入爲司憲中大夫進爵爲伯轉軍司馬文舉早喪父其兄又在山東唯與弟璣幼相訓養友愛甚篤璣又早亡文舉撫視遺孤逾於己子時人以此稱之初文舉叔父季和爲曲沃令終於聞喜川而叔母韋氏卒於正平縣屬東西分隔韋氏墳隴遂在齊境及文舉在本州每加賞募齊人感其孝義潛相要結以韋柩西歸竟得合葬六年除南靑州刺史宣政元年卒於位子胄嗣位至大都督子神安邑通守有子知禮

裴仁基字德本河東人也祖伯鳳周汾州刺史父定上儀同仁基少驍武便弓馬平陳之役以親衞從征先登陷陣拜儀同賜物千段以本官領漢王諒府親信諒反仁基苦諫見囚諒敗超拜護軍後改授武賁郎將從將軍李景討叛蠻向思多於黔安以功進銀靑光祿大夫擊破吐谷渾加授金紫光祿大夫斬獲寇掠靺鞨拜左光祿大夫從征高麗進位光祿大夫李密據洛口帝令仁基爲河南道討捕大使據武牢拒密仁基見强寇在前士卒勞弊所得軍資卽用分賞監軍御史蕭懷靜止之衆咸怨懷靜懷靜又陰持仁基長短欲有奏劾仁基懼殺懷靜以其衆歸密密以爲河東郡公其子行儼驍勇善戰密復以爲絳郡公甚相委暱王世充以東都食盡悉衆詣偃師求決戰密與諸將計仁基曰世充盡銳而至洛下必虛可分兵守其要路令不得東簡精兵三萬傍河西出以逼東都世充卻還我且按甲世充重出我又逼之如此則我有餘力彼勞奔命兵法所謂彼出我歸彼歸我出數戰以疲之多方以誤之者也密曰公知其一不知其二東都兵馬有三不可當器械精一也決計而來二也食盡求鬬三也我按兵蓄力以觀其弊彼求鬬不得欲走無路不過十日世充之首可懸於麾下單雄信等諸將輕世充皆請戰仁基苦爭不得密難違諸將言戰遂大敗仁基爲世充所虜世充以仁基父子竝驍勇深禮之以兄女妻行儼及僭尊號署仁基爲禮部尙書行儼爲左輔大將軍行儼每戰所當皆披靡號萬人敵世充憚其威名頗加猜防仁基知之甚不自安遂與世充所署尙書左丞宇文儒童尙食直長陳謙祕書丞崔德本等謀令陳謙於上食之際持匕首劫世充行儼以兵應之事定然後輔越王侗事臨發將軍張童兒告之俱爲世充所殺

論曰裴駿雅業有資器行仍世所以布於列位不替其美廷儁器能位望有可稱乎伯茂才名亦時之良也元化以文學傳業而又修史著美讓之弟兄修身厲行觀夫出處之跡良足稱乎矩學涉經史頗有幹局至於恪勤匪懈夙夜在公求之古人殆未之有與聞政事多歷歲年雖處危亂之中未虧廉謹之節然與時消息承望風旨使高昌入朝伊吾獻地聚糧且末師出玉門關右騷然頗亦矩之由矣果及長寬早知去就而寬淪迹異域蓋乃命乎嵩和廉約居身忠勤奉上人懷其惠吏畏其威雖古之良吏何以加此肅歷官周隋志存鯁正竟而忠誠慷慨犯忤龍鱗固知嫠婦憂宗周之亡處女悲太子之少非徒語也文舉之在絳州世載清德辭多受少有廉讓之風焉仁基以武略見知自升顯級竟而蹈履非所身名隳壞時也

北史卷三十八考證

裴駿傳宣武時追贈東秦州刺史○時監本訛待今改正

敬憲傳中山將之部朝賢送於河梁○魏書中山下注云闕一字

裴讓之傳姦吏斂迹盜賊淸靖朞月之期翻更非速○翻更非速齊書作翻然更速

文謙之字士平○士平齊書作正平然以上文文弟諏之字士正觀之當以此書爲是又下文淸河崔贍齊書贍作瞻

矩傳皇上應天育物○天監本誤大今改從閣本

以矩隨代舊臣遇之甚厚○隨應改作隋

北史卷三十九

唐　李延壽　撰

列傳第二十七

薛安都 曾孫義雲　劉休賓　房法壽 曾孫豹 族子景伯 玄孫彥謙

畢衆敬　羊祉 子深 孫肅 弟子敦 烈

薛安都字休達河東汾陰人也父廣晉上黨太守安都少驍勇善騎射頗結輕俠諸兄患之安都乃求以一身分出不取片資兄許之居於別廄遠近交遊者爭有送遺馬牛衣服什物充滿其庭眞君五年與東雍州刺史沮渠康謀逆事發奔宋在南以武力見叙遇宋孝武起江州遂以爲將和平六年宋湘東王殺其主子業而自立是爲明帝羣情不協共立子業弟晉安王子勛安都與沈文秀崔道固常珍奇等舉兵應之宋明帝遣將張永討安都安都遣使降魏請兵救援遣第四子道次爲質獻文乃遣鎭東大將軍尉元等赴之拜安都鎭南大將軍徐州刺史賜爵河東公元等既入彭城安都中悔謀圖元等元知之遂不果發安都因重貨元等委罪於女壻裴祖隆元乃殺祖隆而隱安都謀皇興二年與畢衆敬朝于京師甚見禮重子姪羣從竝處上客皆封侯至於門生無不收敘又爲起第宅館宇崇麗資給甚厚卒贈假黃鉞秦州刺史河東王諡曰康子道摽襲爵位平州刺史政有聲稱歷相秦二州刺史卒道摽弟道異亦以勳爲第一客早卒贈秦州刺史安邑侯道異弟道次既質京師賜爵安邑侯位秦州刺史進河南公安都從祖弟眞度初亦與安都南奔及從安都來降爲上客太和初賜爵河北侯出爲平州刺史假陽平公後降爲伯歷荊州東荊州刺史初遷洛後眞度每獻計勸先取樊鄧後攻南陽故大爲帝所賞改封臨晉縣伯轉豫州刺史景明初豫州大饑眞度表輒日別出倉米五十斛爲粥救其甚者詔曰眞度所表甚有憂濟百姓之意宜在拯卹歷華荊二州刺史入爲大司農卿正始初除楊州刺史還朝除金紫光祿大夫加散騎常侍改封敷西卒贈左光祿大夫諡曰莊有子十二人嫡子懷徹襲封初眞度有女妓數十人每集賓客輒命之絲竹歌舞不輟於前盡聲色之適庶長子懷吉居喪過周以父妓十餘人并樂器獻之宣武納焉懷吉好勇有膂力雖不善書學亦解達時事卒於汾州刺史懷吉本不勵淸節及爲汾州偏有聚納之響自以支庶餌誘勝己共爲婚姻多攜親戚悉令同行兼爲之彌縫恣其取受而將勞賓客曲盡物情送去迎來不避寒熱性少言每有接對但嘿然而返既指授先期明人馬之數左右密已記錄俄而酒饌相尋芻粟繼至逮于將別贈以錢縑下及厮傭咸過本望眞度諸子既多其母非一同產相朋因有憎愛興和中遂致訴列云以毒藥相害顯在公府發揚疵釁時人恥焉

劉休賓字處幹本平原人也祖昶從慕容德度河家于北海都昌縣父奉伯宋北海太守休賓少好學有文才仕宋爲兗州刺史娶崔邪利女生子文曅崔氏先歸寧在魯郡邪利之降文曅母子與俱入魏及慕容白曜軍至休賓不降白曜請崔氏與文曅至以報休賓又執休賓兄延和妻子巡視城下休賓答白曜許待歷城降當卽歸順密遣主簿尹文達向歷城觀魏軍形勢文達詣白曜詐祇候白曜令文達往升城見其妻子文曅哭泣以爪髮爲信文達回復經白曜誓約而還見休賓休賓撫爪髮泣遣文達與白曜期白曜喜以酒灌地啓告山河誓不負休賓文達還謂休賓可早決計休賓於是告兄子聞慰聞慰固執不可遂差本契白曜等遣著作佐郎許赤彪夜至梁鄒南門告城上人曰休賓遣文達頻造僕射許降何得無信於是城內遂相維持欲降不得歷城降休賓乃出請命及立平齊郡乃以梁鄒人爲

懷寧縣以休賓爲令延興二年卒文曄有志尚綜覽羣書輕財重義太和中坐從兄聞慰南叛被徙北邊孝文特聽還代帝曾幸方山文曄大言求見申父功厚賞屆於是賜爵都昌子深見待遇拜協律中郎卒於高陽太守贈兗州刺史謚曰貞休賓叔父旋之其妻許氏生二子法鳳法武而旋之早卒東陽平許氏攜二子入魏孤貧不自立母子並出家爲尼僧既而反俗俱奔江南法武後改名峻字孝標南史有傳

房法壽小名烏頭清河東武城人也曾祖諶仕燕位太尉掾隨慕容氏遷于齊子孫因家之遂爲東清河繹幕人焉法壽幼孤少好射獵輕率勇果結諸羣小爲劫盜宗族患之弱冠州迎主簿後以母老不復應州郡命常盜殺猪羊以供母招集壯士恒有數百仕宋爲魏郡太守法壽從祖弟崇吉母妻爲慕容白曜所獲託法壽爲計法壽與崇吉歸欵於白曜詔以法壽爲平遠將軍與韓騏驎對爲冀州刺史及歷城梁鄒降法壽崇吉等與崔道固劉休賓俱至京師以法壽爲上客崇吉爲次客崔劉爲下客法壽供給亞於薛安都等以功賜爵壯武侯給以田宅奴婢性愛酒好施親舊賓客率同飢飽坎壈常不豐足畢衆敬等皆尚其通愛卒贈青州刺史謚敬侯子伯祖襲例降爲伯歷齊郡內史伯祖闇弱委事於功曹張僧浩大有受納伯祖衣食不充後卒於幽州輔國府長史免官卒子翼大城戍主帶宗安太守襲爵壯武侯

翼子豹字仲幹體貌魁岸美音儀年十七州辟主簿王思政入據潁川慕容紹宗出討豹爲紹宗開府主簿兼行臺郎中紹宗自云有水厄遂於戰艦中浴并自投於水冀以猒當之豹白紹宗曰夫命也在天豈人理所能延保公若實有水厄非禳辟所能却若其實無何禳之有今三軍之事在於明公雖應達命任理以保元吉方乃乘船入水云以防災豈如岸上指麾以保萬全也紹宗笑曰不能免俗爲復爾耳未幾而紹宗遇溺時論以爲知微清河中除謁者僕射拜西河太守地接周境俗雜稽胡豹政貴清靜甚著聲績遷博陵太守亦有能名又遷樂陵太守風敎修理稱爲美政郡瀕海水味多鹹苦豹命鑿一井遂得甘泉遐邇以爲政化所致豹罷歸後井味復鹹齊滅遂還本鄉丘園自養頻被徵命固辭以疾每牧守初臨必遣致禮官佐邑宰皆投刺申敬終於家無子以兄熊子彥詡嗣彥詡明辯有學識位殿中侍御史千乘益都二縣令有惠政熊字子威性至孝聰明有節槩州辟主簿行清河廣川二郡事七子長子彥詢最知名以魏勳門嫡孫賜爵永始縣子特爲叔豹所愛重病卒豹取急親送柩還鄉悲痛傷惜以爲喪當家之寶初彥詢少時爲監館嘗接陳使江總及陳滅總入關見彥詢弟彥謙曰公是監館弟耶因慘然曰昔因將命得申言欵彥詢所贈總詩今見載總集彥謙早孤不識父爲母兄鞠養長兄彥詢雅有清鑒以彥謙天性穎悟每奇之親敎讀書年七歲誦數萬言爲宗黨所異十五出後叔父子貞事所繼有踰本生子貞哀之撫養甚厚後丁繼母憂勺飲不入口者五日事伯父豹竭盡心力每四時珍果弗敢先嘗遇朞功之戚必蔬食終禮宗從取則焉其後受學于博士尹琳手不釋卷遂通涉五經解屬文雅有詞辯風槩高人年十八屬齊廣寧王孝珩爲齊州刺史辟爲主簿時禁網疎闊州郡之職尤多縱弛及彥謙在職清簡守法州境肅然莫不敬憚及周師入鄴齊主東奔以彥謙爲齊州中從事彥謙痛本朝傾覆將糾率忠義潛謀匡輔事不果而止齊亾歸于家周武帝遣柱國辛遵爲齊州刺史爲賊帥輔帶劒所執彥謙以書諭之帶劒慙懼送遵還州諸賊並各歸首及隋文受禪之後遂優游鄉曲誓無仕心開皇七年刺史韋藝固薦之不得已而應命吏部尚書盧愷一見重之擢授承奉郎俄遷監察御史後屬陳平奉詔安撫泉括等十州以銜命稱旨賜物百段米百石衣一襲奴婢七口遷秦州總管錄事參軍因朝集時左僕射高熲定考課彥謙謂熲曰書稱三載考績黜陟幽明唐虞以降代有其法黜陟合理褒貶無虧便是進必得賢退皆不肖如或舛謬法乃虛設比見諸州考校執見不同進退多少參差不類況復愛憎肆意致乖平坦清介孤直未必高第卑謟巧官翻居上等眞僞混淆是非瞀亂宰貴旣不精練斟酌取捨曾經驅使者多以蒙識獲成未歷臺省者皆爲不知被退又四方懸遠難可詳悉唯準量人數半破半成徒計官員之少多莫顧善惡之衆寡欲求允當其道無由明公鑒達幽微平心遇物今所考校必無阿枉脫有前件數事未審何以裁之唯願遠布耳目精加采訪褒秋毫之善貶纖介之惡非直有光至道亦足標獎賢能詞氣侃然觀者屬目熲爲之動容深見嗟賞因歷問河西隴右官人景行彥謙對之如響熲謂諸州總管刺史曰與公言不如獨共秦州考使語後數日熲言於帝帝弗能用以秩滿遷長葛縣令甚有惠化百姓號爲慈父仁壽中帝令持節使者巡行州縣察長吏能不以彥謙爲天下第一超授鄀州司馬吏人號哭相謂曰房明府今去吾屬何用生爲其後百姓思之立碑頌德鄀州久無刺史州務皆歸彥謙名有異政內史侍郎薛道衡一代文宗位望清顯所與交結皆海內名賢重彥謙爲人深加友敬及爲襄州總管辭翰往來交錯道路煬帝嗣位道衡轉牧番州路經彥謙所留連數日屑涕而別黃門侍郎張衡亦與彥謙相善于時帝營東都窮極侈麗天下失望又漢王構逆罹罪者多彥謙見衡當塗而不能匡救書諭之曰竊聞賞者所以勸善刑者所以懲惡故疏賤之人有善必賞尊貴之戚犯惡必刑未有罰則避親賞則遺賤者也今國家祇承靈命作人父母刑賞曲直升聞於天夤畏照臨亦宜謹肅故文王云我其夙夜畏天之威以此而論雖州國有殊高下懸邈憂人愼法其理一也至如并州畔逆須有甄明若楊諒實以詔命不通慮宗社危逼徵兵聚衆非爲干紀則當原其本情議其刑罰上副聖主友于之意下曉愚人疑惑之心若審知外內無虞嗣后纂統而好亂樂禍妄有覬覦則管蔡之誅當在於諒同惡相濟無所逃罪梟縣孥戮國有常刑遂使籍沒流移恐爲寬濫恢恢天網豈其然乎罪疑從輕斯義安在昔叔向寘鬻獄之死晉國所嘉釋之斷犯蹕之刑漢文稱善羊舌寧不愛弟廷尉非苟違君但以執法無私不容輕重且聖人大寶是曰神器苟非天命不可妄得故蚩尤項籍之驍勇伊尹霍光之權勢李老孔丘之才智呂望孫武之兵術吳楚連盤石之據產祿承母弟之基不應歷運之兆終無帝主之位況乎蕞爾一隅蜂扇蟻聚楊諒之愚鄙羣小之凶慝而欲憑陵畿甸覬幸非望者哉開闢以降書契云及帝皇之跡可得而詳自非積德累仁豐功厚利孰能道洽幽顯義感靈祇是以古之哲王昧旦丕顯履冰在念御朽兢懷逮叔世驕荒曾無戒懼肆於人上騁嗜奔欲不可具載請略陳之曩者齊陳二國並居大位自謂與天地合德日月齊明罔念憂虞不卹刑政近臣懷寵稱善而隱惡史官曲筆掩瑕而錄美是以人庶呼嗟終閉塞於視聽公卿虛譽日敷陳於左右法網嚴密刑辟日多賦役煩興老幼疲苦昔鄭有子產齊有晏嬰楚有叔敖晉有士會凡此小國尚足名臣齊陳之强豈無良佐但以執政壅蔽懷私殉軀忘國憂家外同內忌設有正直之士才堪幹時於已非宜即加擯棄儻遇諂佞之輩行多穢慝於我有益遂蒙薦舉以此求賢何從而至夫賢材者非尚膂力豈繫文華唯須正身負載確乎不動譬棟之處屋如骨之在身所謂棟梁骨鯁之材也齊陳不任骨鯁信近讒諛天高聽卑監其淫僻故總收神器歸我大隋向使二國祇敬上玄惠恤鰥寡委任方直斥遠浮華卑菲爲心惻隱是務河朔强富江湖險隔各保其業人不思亂泰山之固弗可動也然而寢臥積薪宴安鴆毒遂使禾黍生廟霧露沾衣弔影撫心何嗟及矣故詩云殷之未喪師克配上帝宜鑒于殷駿命不易萬機之事何者不須熟慮哉伏惟皇帝望雲就日仁孝夙彰錫社分珪大成規矩及總統淮海盛德日新當璧之符遐邇僉屬纘曆甫爾寬仁已布率土蒼生翹足而喜并州之亂變起倉卒職由楊諒詭惑詿誤吏人非有構怨本朝棄德從賊者也而有司將帥稱其願反非止詿陷良善亦恐大玷皇猷足下宿當重寄早預心膂粵自藩邸柱石見知方當書名竹帛傳芳萬古稷契伊呂彼獨何人旣屬明時須存謇諤立當世之大誠作將來之憲範豈容曲順人主以愛虧刑又使脅從之徒橫貽罪譴忝蒙眷遇輒寫微誠野人愚贅不知忌諱衡得書歎息而不敢奏聞彥謙知王綱不振遂去官隱居不仕將結構蒙山之下以求其志會置司隸官盛選天下知名之士朝廷以彥謙公方宿著時望所歸徵授司隸刺史彥謙亦慨然有澄清天下之志凡所薦舉皆人倫表式其有彈射當之者曾無怨言司隸別駕劉炫陵上侮下訐以爲直刺史憚之皆爲之拜唯彥謙執志不撓抗禮長揖有識嘉之炫亦不恨大業九年從駕度遼監扶餘道軍事其後隋政漸亂莫不變節彥謙直道守常頗爲執政者所嫉出爲涇陽令終於官彥謙居家每子姪定省常爲講說督勉之亹亹不倦家有舊業資產素殷又前後居官所得俸祿皆以周恤親友家無餘財車服器用務存素儉自少及長一言一行未嘗涉私雖致屢空怡然自得嘗從容獨笑顧謂其子玄齡曰人皆因祿富我獨以官貧所遺子孫在於清白耳所有文筆恢廓閑雅有古人之深致又善草隸人有得其尺牘者皆寶翫之大原王邵北海高構蓚縣李綱中山郎茂郎潁河東柳彧薛孺皆一時知名雅澹之士彥謙並與爲友雖冠蓋成列而門無雜賓體資文雅深達政務有識者咸以遠大許之初開皇中平陳之後天下一統論者咸云將致太平彥謙私謂所親趙郡李少通曰主上性多忌刻不納諫諍太子卑弱諸王擅威在朝惟行苛酷之政未弘遠大之體天下雖安方憂危亂少通初謂不然及仁壽大業之際其言皆驗貞觀初以子玄齡著勳庸

贈徐州都督臨淄縣公諡曰定伯祖弟幼悊安豐新蔡二郡太守坐事奪官居家忽聞門有客聲出無所見還至庭中爲家猘犬所噬卒

景伯字長暉法壽族子也祖元慶仕宋歷七郡太守後爲沈文秀青州建威府司馬宋明帝之殺廢帝子業子業弟子勛起兵文秀後歸子勛元慶不同爲文秀所害父愛親獻文時三齊平隨例內徙爲平齊人以父非命疏服終身景伯生於桑乾少喪父以孝聞家貧傭書自給養母甚謹尚書盧陽烏稱之於李沖沖時典選拔爲奉朝請累遷齊州輔國長史會刺史亡敕行州事政存寬簡百姓安之後除清河太守郡人劉簡武曾失禮於景伯聞其臨郡闔家逃亡景伯督切屬縣追捕禽之即署其子爲西曹掾令喻山賊賊以景伯不念舊惡一時俱下論者稱之舊制守令六年爲限限滿將代郡人韓靈和等三百餘人表訴乞留復加二載後爲司空長史以母疾去官景伯性淳和涉獵經史諸弟宗之如事嚴親及弟亡蔬食終喪朞不內御憂毀之容有如居重其次弟景先亡其幼弟景遠朞年哭臨亦不內寢鄉里爲之語曰有義有禮房家兄弟廷尉卿崔光韶好標牓人物無所推尚每云景伯有士大夫之行業及母亡景伯居喪不食鹽菜因此遂爲水病積年不愈卒於家贈左將軍齊州刺史景伯子文烈位司徒左長史與從父弟逸祐並有名文烈性温柔未嘗嗔怒爲吏部郎時經霖雨絕糧遣婢糴米因爾逃竄三四日方還文烈徐謂曰擧家無食汝何處來竟無捶撻子山基仕隋歷戶部考功侍郎並著能名見稱於時景先字光胄幼孤貧無資從師其母自授毛詩曲禮年十二請其母曰豈可使兄傭賃以供景先也請自求衣然後就學母哀其小不許苦請乃從之遂得一羊裘忻然自足晝則樵蘇夜誦經史遂大通贍太和中例得還鄉解褐太學博士時太常劉芳侍中崔光當世儒宗歎其精博奏兼著作佐郎修國史侍中穆紹又啓景先撰宣武起居注累遷步兵校尉領尚書郎齊州中正所歷著有當官稱景先沉敏方正事兄恭謹出告反面晨昏參省側立移時兄亦危坐相敬如賓兄曾寢疾景先侍湯藥衣冠不解形容毀瘁親友見者莫不哀之卒特贈洛州刺史諡曰文景先作五經疑問百餘篇其言典該符璽郎王神貴益之名爲辯疑合成十卷亦有可觀節閔帝時奏上之帝親自執卷與神貴往復嘉其用心子延祐武定末太子家令後隸魏收修史景遠字叔遐重然諾好施與頻歲凶儉分贍宗親又於通衢以飼餓者存濟甚衆平原劉郁行經齊兗之境忽遇劫賊已殺十餘人次至郁呼曰與君鄉近何忍見殺賊曰若言鄉里親親是誰郁曰齊州主簿房陽是我姨兄陽是景遠小字賊曰我食其粥得活何得殺其親遂還衣物蒙活者二十餘人景遠好史傳不爲章句天性小急不類家風然事二兄至謹撫養兄孤恩訓甚篤益州刺史傅豎眼慕其名義啓爲昭武府功曹參軍以母老不應豎眼頗恨之卒于家子敬道丞熙中開府參軍

畢衆敬小名奈東平須昌人也少好弓馬射獵交結輕果常於疆境盜掠爲業仕宋位太山太守湘東王彧殺其主子業而自立是爲明帝遣衆敬詣兗州募人到彭城刺史薛安都召與密謀云晉安有上流之名且孝武第三子當共卿西從晉安衆敬從之東平太守申纂據無鹽城不與之同及宋明平子勛授纂兗州刺史會有人發衆敬父墓令其母骸首散落衆敬發喪行服疑纂所爲弟衆愛爲薛安都長史亦遣人密至濟陰掘纂父墓以相報答及安都以城入魏衆敬不同其謀子元賓以母并百口悉在彭城恐交致禍日夜啼泣遣請衆敬衆敬猶未從之衆敬先已遣表謝宋宋明授衆敬兗州刺史而以元賓有佗罪獨不捨之衆敬拔刀破柱曰皓首之年唯有此子今不原貸何用獨全及尉元至乃以城降元遣將入城事定衆敬悔恚數日不食皇興初就拜散騎常侍兗州刺史賜爵東平公與中書侍郎李璨對爲刺史慕容白曜攻剋無鹽獲申纂無殺纂意而城中火起纂爲所燒死衆敬聞剋無鹽懼不殺纂乃與白曜書并表朝廷云家酷由纂聞纂死乃悅二年與薛安都朝京師賜甲第一區後復爲兗州刺史徵還京師衆敬善自奉養食膳豐華必致佗方遠味年已七十鬢鬚皓白而氣力未衰跨鞍馳騁有若少壯篤於姻類深有國士之風張讜之亡躬往營視有若至親太和中孝文賓禮舊老衆敬與高允引至方山雖文武奢儉好尚不同然亦與允甚相愛敬接膝談款有若平生後以篤老乞還桑梓朝廷許之衆敬臨還獻眞珠璫四具銀裝劒一口刺虎矛一枚仙人文綾一百匹文明太后與帝引見於皇信堂賜以酒饌車馬絹等勞遣之卒於兗州子元賓少豪俠有武幹涉獵書史與父同建勳誠至京師俱爲上賓賜爵須昌侯後拜兗州刺史假彭城公父子相代爲本州當世榮之時衆敬以老還鄉常呼元賓爲使君每元賓聽政時乘板輿出至元賓所先遣左右敕不聽起觀其斷決忻忻然喜見顏色衆敬善持家業猶能督課田產大致儲積元賓爲政清平善撫人物百姓愛樂之以父憂解任喪中遙授長兼殿中尚書卒贈衛尉卿諡曰平元賓入魏初娶東平劉氏有四子祖朽祖髦祖歸祖旋賜妻元氏生二子祖榮祖暉祖朽最長祖暉次祖髦故事前妻雖先有子後賜之妻子皆承嫡所以劉氏先亡祖暉不服重元氏後卒祖朽等三年終禮祖榮早卒子義允襲祖爵東平公例降爲侯卒子僧安襲祖朽身長八尺腰帶十圍涉獵經史好爲文詠善與人交襲父爵須昌侯例降爲伯以本州中正爲統軍隸邢巒討梁師以功封南城縣男歷散騎侍郎中書侍郎神龜末除東豫州刺史祖朽善撫邊清平有信百姓稱之後爲瀛州刺史卒贈吏部尚書兗州刺史無子以弟祖歸子義暢爲後襲爵義暢傾巧無士業善通時要位中書侍郎兗州大中正後除散騎常侍坐事伏法祖髦以兄祖朽別封南城以須昌伯回授之位東平太守卒於本州別駕祖暉早有器幹爲幽州刺史以全守勳封新昌縣子逢蕭寶夤退敗祖暉拔城東趣華陰坐免官爵尋行幽州事建義中詔復州爵後爲賊宿勤明達所攻沒長子義緦襲爵齊受禪例降義緦弟義雲

義雲小字陁兒少麤俠家在兗州北境常劫掠行旅州里患之晚方折節從官累遷尚書都官郎中性嚴酷事多幹了齊文襄作相以爲稱職令普勾僞官專以車輻考掠所獲甚多然大起怨謗曾爲司州吏所訟云其有所減截并改換文書文襄以其推僞衆人怨望並無所問乃拘吏數而斬之因此銳情訊鞫威名日盛文宣受禪除書侍御史彈射不避勳親累遷御史中丞繩劾更切然豪橫不平頻被怨訟前爲汲郡太守翟嵩啓列義雲從父兄僧明負官債先任京畿長史不受其屬立限切徵由此挾嫌數遣御史過郡訪察欲相推繩又坐私藏工匠家有十餘機織錦并造金銀器物乃被禁止尋見釋以爲司徒左長史尚書左丞司馬子瑞奏彈義雲稱天保元年四月竇氏皇姨殯載日內外百官赴第弔省義雲唯遣御史投名身遂不赴又義雲啓云喪婦孤貧後娶李世安女爲妻世安身雖父服未終其女爲祖已就平吉特乞闇迎不敢備禮及義雲成昏之夕衆禮備設剋日拜閣鳴騶清路盛列羽儀兼差臺吏二十人責其鮮服侍從車後直是苟求成昏誣罔干上義雲資產宅宇足稱豪室忽通孤貧亦爲矯詐又駕幸晉陽都坐判拜起居表四品以下五品以上令預前一日赴南都署表三品以上臨日署訖義雲乃乖例署表之日索表就家先署臨日遂稱私忌不來於是詔付廷尉科罪尋赦免推子瑞又奏彈義雲事十餘條多煩碎罪止罰金不至除免子瑞從兄消難爲北豫州刺史義雲遣御史張子階詣州采風聞先禁其典籤家客等消難危懼遂叛入周時論歸罪義雲云其規報子瑞事亦上聞爾前讌賞義雲常預從此後集見稍疏聲望大損乾明初子瑞遷御史中丞鄭子默正被任用義雲之姑即子默祖母遂除度支尚書攝左丞子默誅後左丞便解孝昭赴晉陽高元海留鄴義雲深相依附知其信向釋氏常隨之聽講爲此款密無所不至及孝昭大漸顧命武成高歸彥至都武成猶致疑惑元海遣犢車迎義雲入北宮參審遂與元海等勸進仍從幸晉陽參預時政尋除兗州刺史給後部鼓吹即本州也軒昂自得意望銓衡之擧見諸人自陳逆許引接又言離別暫時非久在州先有鐃吹至於按部行游兩部並用猶作書與元海論敘時事元海入內不覺遺落給事中李孝貞得而奏之爲此元海漸疎孝貞因是兼中舍人又高歸彥起逆義雲在州私集人馬并聚甲仗將以自防實無佗意爲人密啓及歸彥被禽又列其朋黨專擅爲此追還武成猶錄其往誠竟不加罪除兼七兵尚書義雲性豪縱頗以施惠爲心累世本州刺史家富於財士之匱乏者多有拯濟及貴恣情驕侈營造第宅宏壯未幾而成閨門穢雜聲徧朝野爲郎時與左丞宋游道因公事忿競游道廷辱之云雄狐之詩千載爲汝義雲一無所答然酷暴殘忍非人理所及爲家尤甚子姪僕隸恒瘡痍徧體有孽子善昭性至凶頑與義雲侍婢姦通搒掠無數爲其著籠頭繫之庭樹食以芻秣十餘日乃釋之夜中義雲被賊害即善昭所佩刀也遺之於善昭庭中善昭聞難奔哭家人得佩刀善昭怖便走出投平恩墅舍旦日武成令舍人是蘭子暢就宅推之爾前義雲新納少室范陽盧氏有色貌子暢疑盧姦人所爲將加拷掠盧具列善昭云爾乃收捕繫臨漳獄將斬之邢邵上言此乃大逆義雲又是朝貴不可發乃斬之於獄棄尸漳水祖歸並豪率天平以後梁使人還往經歷兗城前後州將以位建寧太守子義遠位平原太守義遠弟義顯義攜性義攜兄弟善營鮭膳器物鮮華常兼長史接宴賓客祖旋太尉行參軍卒贈都官尚書齊兗二州刺史衆敬弟衆愛隨兄歸魏以勳爲第一客賜爵鉅平侯卒贈徐州刺史諡曰康子聞慰字子安有器幹襲爵例降爲伯延

昌初累遷清河內史固以疾辭後試守廣平內史正光初相州刺史中山王熙起兵謀誅元乂聞慰斬其使發兵拒之乂以爲忠於已遷滄州刺史甚有政績後除散騎常侍東道行臺尋爲都督安樂王鑒軍司馬攻元法僧敗奔還京師被劾遇赦免卒贈散騎常侍兗州刺史伯如故謚曰恭子祖彥字修賢涉獵書傳風度閑雅爲時所知以侍御史爲元法僧監軍法僧反被逼南入後還歷中書侍郎襲爵鉅平伯卒贈尚書右僕射兗州刺史祖彥弟祖晢祕書郎諸畢當朝不乏榮貴但帷薄不修爲時所鄙申纂者本魏郡人申鍾曾孫也皇始初道武平中山纂舉室南奔家於濟陰及在無鹽仕宋爲兗州刺史既敗子景義入魏

羊祉字靈祐太山鉅平人晉太僕卿琇之六世孫也父規之宋任城令太武南討至鄒山規之與魯郡太守崔邪利及其屬縣徐遜愛猛之等俱降賜爵鉅平子拜鴈門太守祉性剛愎好刑名爲司空令輔國長史襲爵鉅平子侵盜公貲私營居宅有司按之抵死孝文特恕遠徙後還景明初爲將作都將加左軍將軍四年持節爲梁州軍司討叛氐正始二年王師伐蜀以祉假節龍驤將軍益州刺史出劍閣而還又以本將軍爲秦梁二州刺史加征虜將軍天性酷忍又不清潔坐掠人爲奴婢爲御史中尉王顯所彈免高肇秉政祉復被起爲光祿大夫假平南將軍持節領步騎三萬先驅趣涪未至宣武崩班師夜中引軍山有二徑軍人迷而失路祉便斬隊副楊明達梟首路側爲中尉元昭所劾會赦免後加平北將軍未拜而卒贈安東將軍兗州刺史太常少卿元端博士劉臺龍議謚曰祉志存埋輪不避強禦及贊戎律熊武斯裁仗節撫藩邊夷識德化沾殊類襁負懷仁謹依謚法布德行剛曰景宜謚爲景侍中侯剛給事黃門侍郎元纂等駁曰臣聞唯名與器弗可妄假定謚準行必當其迹按祉志性急酷所在過威布德罕聞暴聲屢發而禮官虛述謚之爲景非直失於一人實毀朝則請還付外準行更量虛實靈太后令曰依駁更議元端臺龍上言竊惟謚者行之迹狀者迹之稱然尚書銓衡是司釐品庶物若狀與迹乖應抑而不受錄其實狀然後下寺依謚法準狀科上豈有捨其行迹外有所求去狀去稱將何所準檢祉以母老辭藩乃降手詔云卿綏撫有年聲實兼著安邊寧境實稱朝望及其沒也又加顯贈言祉誠著累朝効彰出內作牧岷區字萌之績驟聞詔冊褒美無替倫望然君子使人器之義無求備德有數德優劣不同剛而能剋亦爲德焉謹依謚法布德行剛曰景謂前議爲允司徒右長史張烈主簿李瑒刺稱按祉歷官累朝當官允稱委捍西南邊隅靖遏準行易名獎誠攸在竊謂無虧體例尚書李韶又述奏以府寺爲允靈太后可其奏祉自當官不憚彊禦朝廷以爲剛斷時有檢覆每令出使然好慕刑名頗爲深文所經之處人號天狗下及出將臨州並無恩潤兵人患其嚴虐子深

深字文泉早有風尚學涉經史兼長几案少與隴西李神儁同志相友自司空記室參軍再遷尚書駕部郎中于時沙汰郎官務精才實深以才堪見留在公明斷尚書僕射崔亮吏部尚書甄琛咸敬重之明帝行釋奠之禮講孝經深儕輩中獨蒙引聽時論美之正光末北地人車金雀等率羌胡反叛高平賊宿勤明達寇幽夏諸州北海王顥爲都督行臺討之以深爲行臺右丞軍司仍領郎中顥敗還京項之遷尚書左丞蕭寶夤反攻圍華州王平薛鳳賢等作逆敕深兼給事黃門侍郎與大行臺僕射長孫承業共會潼關規模進止事平以功賜爵新泰男靈太后曾幸芒山集僧尼齋會公卿盡在坐太后引見深欣然勞問之顧謂左右曰羊深眞忠臣也舉坐傾心莊帝踐阼除太府卿又爲二兗行臺深處分軍國損益隨機亦有時譽初介朱榮殺害朝士深第七弟侃爲太山太守性麤武遂率鄉人外招梁寇深在彭城忽得侃書招深同逆深慨然流涕斬使人并書表聞莊帝乃下詔褒其忠烈令還朝受敕乃歸京師除名久之除金紫光祿大夫元顥入洛以深兼黃門侍郎顥平免官普泰初爲散騎常侍衛將軍右光祿大夫監起居注自天下多事東西二省官員委積節閔帝敕深與常侍盧道虔元晏元法壽選人補定自奉朝請以上各有沙汰尋兼侍中節閔帝甚親待之時膠序廢替名教陵遲深乃上疏請修立國學廣延胄子帝善之孝武初除中書令永熙二年以深兼御史中尉東道軍司及帝入關深與樊子鵠不從齊神武起兵於兗州子鵠署深爲齊州刺史天平二年正月東魏軍討破之斬於陣

深子肅武定末儀同開府東閤祭酒以學尚知名乾明初爲冀州中從事趙郡王爲巡省大使肅以遲緩不任職解朝議以肅無罪尋復之武平中入文林館撰書尋爲武德郡守祉弟靈引好法律李彪爲中丞以爲書侍御史固辭彪頗銜之及爲三公郎坐兄祉事知而不糾彪劾奏免官甚爲尚書令高肇所昵京兆王愉與肇深相嫌忌及愉出鎮冀州肇與靈引爲愉長史以相間伺靈引私恃肇勢每折於愉及愉作逆先斬靈引於門時論云非直愉自不臣抑亦由肇及靈引所致事平贈平東將軍兗州刺史謚曰威

子敦字元禮性尚閑素學涉書史以父死王事除給事中出爲本州別駕公平正直見非法終不判署後爲衛將軍廣平太守甚有能名姦吏跼蹐秋毫無犯雅性清儉屬歲饑家餽未至使人外尋陂澤採藕根食之遇有疾苦家人解衣質米以供之然政尚威嚴朝廷以其清白賜穀一千斛絹一百匹卒官吏人奔哭莫不悲慟贈衛大將軍吏部尚書兗州刺史謚曰貞武定初齊神武以敦及中山太守蘇淑在官奉法清約自居宜見追褒乃上言請加旌錄詔各賞帛一百疋粟五百斛下郡國咸使聞知靈引弟瑩字靈珍兗州別駕從事子烈

烈字信卿少通敏頗自修立有成人風好讀書能言名理以玄學知名魏孝昌末烈從兄侃爲太山太守據郡起兵外叛烈潛知其謀深懼家禍與從兄廣平太守敦馳赴洛陽告難朝廷將加厚賞烈告人云譬如斬手全軀所存者大故爾豈有幸從兄之敗以爲已利乎卒無所受天保中累遷尚書祠部左右戶郎中在官咸爲稱職除陽平太守有能名時頻有災蝗犬牙不入陽平境敕書褒美焉遷光祿少卿兗州大中正天平初除義州刺史以老還鄉卒于家烈家傳素業閨門修飾爲世所稱一門女不再醮魏太和中於兗州造一尼寺女寡居無子者並出家爲尼咸存戒行烈天統中與尚書畢義雲爭兗州大中正義雲盛稱門代累世本州刺史卿世爲我家故吏烈云自畢軌被誅以還寂無人物近日刺史皆疆埸之上彼此而得何足爲言豈若我之漢河南尹晉朝太傅名德學行百世傳美且男清女貞足以相冠自外多可稱也蓋儀義雲之帷薄焉烈弟修有才幹卒於尚書左丞子玄正武平末將作丞隋開皇中戶部侍郎卒於隴西郡贊務

論曰薛安都一武夫耳雖輕於去就實啓東南事窘圖變而竟保寵祿優矣休賓窮而委質孝標名重東南法壽拓落不羈克昌厥後景伯兄弟儒素良可稱乎衆敬舉地納誠榮耀朝國人位並列無乏於時羊祉剛酷之風得死爲幸深以才幹從事聲迹可稱敦烈持己所遵殆時彥也

北史卷三十九考證

薛安都傳安都於沈文秀崔道固常珍奇等舉兵應之○秀南史作季

宋明帝遣將張永○南史明帝遣齊高帝率前將軍張永等

劉休賓傳祖昶從慕容德度河○德監本訛南今改從南本

房翼子豹傳楊諒之愚鄙○楊監本訛揚今從上文改正

但以執政壅蔽○壅監本訛雍今改正

畢衆敬傳畢衆敬小名奈○奈一本作捺

義雲傳竇氏皇姨殂載曰○殂南本作祖

羊祉傳依謚法準狀科上豈有捨其行迹外有所求○捨監本訛拾今從魏書改正

北史卷四十

唐 李延壽 撰

列傳第二十八

韓麒麟 程駿 李彪孫昶 高道悅

甄琛 高聰

韓麒麟昌黎棘城人自云漢大司馬增之後也父瑚秀容平原二郡太守麒麟幼而好學美姿容善騎射景穆監國爲東曹主書文成即位賜爵漁陽男父亡在喪有禮後參征南慕容白曜軍事進攻升城師人多傷及城潰白曜將坑之麒麟諫曰今方圖進趣宜示寬厚勍敵在前而便坑其衆恐三齊未易圖也白曜從之皆令復業齊人大悅後白曜表麒麟與房法壽對爲冀州刺史白曜攻東陽麒麟上義租六十萬斛并攻戰器械於是軍須無乏及白曜被誅麒麟停滯多年孝文時拜齊州刺史假魏昌侯在官寡於刑罰從事劉普慶說麒麟曰明公仗節方夏無所斬戮何以示威麒麟曰人不犯法何所戮乎若必須斬斷以立威名當以卿應之普慶慙懼而退麒麟以新附之人未階臺宦士人沉抑乃表請守宰有闕宜推用豪望增置吏員廣延賢哲則華族蒙榮良才獲叙懷德安土庶或在茲朝議從之太和十一

年京都大饑麒麟表陳時務曰古先哲王經國立政積儲九稔謂之太平故躬藉千畝以率百姓用能衣食滋茂禮教興行逮於中代亦崇斯業入粟者與斬敵同爵力田者與孝悌均賞寔百王之常軌爲政之所先今京師人庶不田者多游食之口三分居二蓋一夫不耕或受其飢況於今者動以萬計故頃年山東遭水而人有餒終今秋京都遇旱穀價踊貴寔由農人不勸素無儲積故也伏惟陛下天縱欽明道高三五上垂覆載之澤下有凍餒之人皆由有司不爲其制長吏不恤其本自承平日久豐穰積年競相矜夸浸成侈俗故令耕者日少田者日荒穀帛罄於府庫寶貨盈於市里衣食匱於室麗服溢於路飢寒之本寔在於斯愚謂凡珍玩之物皆宜禁斷吉凶之禮備爲格式令貴賤有別人歸朴素制天下男女計口受田宰司四時巡行臺使歲一案檢勤相勸課嚴加賞罰數年之中必有盈贍雖遇凶災免於流亡矣往年校比戶貫租賦輕少臣所統齊州租粟纔可給俸略無入倉雖於人爲利而不可長久脫有戎役或遭天災恐供給之方無所取濟請減絹布增益穀租年豐多積歲儉出振所謂私人之穀寄積於官官有宿積則人無荒年矣卒官遺敕其子殯以素棺事從儉約麒麟立性恭慎恒置律令於坐傍臨終之日唯有俸絹數十疋其清貧如此贈散騎常侍燕郡公謚曰康長子興宗字茂先好學有文才位祕書中散卒賜漁陽太守子子熙字元雍少自修整頗有學識爲清河王懌郎中令初子熙父以爵讓弟顯宗不受子熙成父素懷卒亦不襲及顯宗卒子熙別蒙賜爵乃以先爵讓弟仲穆兄弟友愛如此母亡居喪有禮子熙爲懌所眷遇遂闕位待其畢喪後復引用及元乂害懌久不得葬子熙爲之憂悴屏居田野每言王若不得復封以禮遷葬誓以終身不仕後靈太后反政以乂爲尚書令解其領軍子熙與懌中大夫劉定興學官令傅靈樹賓客張子慎伏闕上書理懌之冤極言元乂劉騰誣調書奏靈太后義之乃引子熙爲中書舍人後遂剖騰棺賜乂死尋修國史建義初兼黃門尋爲正字熙清白自守不交人事又少孤爲叔顯宗所撫養及顯宗卒顯宗子伯華又幼子熙愛友等於同生長猶共居車馬資財隨其費用未嘗見於言色又上書求析階與伯華於是除伯華東太原太守及伯華在郡爲刺史元弼所辱子熙乃泣訴朝廷明帝詔遣案檢弼遂大見詰讓尒朱榮之禽葛榮送至京師莊帝欲面數之子熙以爲榮既元凶自知必死恐或不遜無宜見之尒朱榮聞而大怒請罪子熙莊帝恕而不責及邢杲起逆詔子熙慰勞杲詐降子熙信之還至樂陵杲復反子熙還坐付廷尉論以大辟恕死免官孝武初領著作以奉冊勳封歷城縣子天平初爲侍讀除國子祭酒子熙儉素安貧常好退靜遷鄴之始百司並給兵力時以祭酒閑務止給二人或有令其陳請者子熙曰朝廷自不與祭酒兵何關韓子熙事論者高之元象中加衞大將軍先是子熙與弟娉王氏爲妻姑之女也生二子子熙尚未婚後遂與寡媼李氏姦合而生三子王李不穆迭相告言子熙因此慙恨遂以發疾卒遺戒不求贈謚其子不能遵奉遂至干謁武定初贈驃騎大將軍儀同三司幽州刺史與宗弟顯宗字茂親剛直能面折廷諍亦有才學沙門法撫三齊稱其聰悟嘗與顯宗校試抄百餘人名各讀一徧隨即覆呼法撫猶有一二舛謬顯宗了無誤錯法撫歎曰貧道生平以來唯服郎耳太和初舉秀才對策甲科除著作佐郎後兼中書侍郎既定遷都顯宗上書一曰竊聞輿駕今夏若不巡三齊當幸中山竊以爲非計也何者當今徭役宜早息洛京宜速成省費則徭役可簡并功則洛京易就願早還北京以省諸州供帳之費則南州免雜徭之煩北都息分析之歎洛京可以時就遷者僉爾如歸二曰自古聖帝必以儉約爲美亂主必以奢侈貽患抑惟先朝皆卑宮室而致力於經略故能基宇開廣業祚隆泰今洛陽基址魏明所營取譏前代伏惟陛下損之又損之頃來北都富室競以第宅相尚今因遷徙宜申禁約令貴賤有檢無得踰制端廣衢路通利溝洫使寺署有別士庶異居永垂百世不刊之範三曰竊聞輿駕還洛陽輕將數千騎臣甚爲陛下不取也夫千金之子猶坐不垂堂況萬乘之尊富有四海乎清道而行尚恐銜蹶之失況履涉山河而不加三思哉四曰竊惟陛下耳聽法音目翫墳典口對百辟心慮萬機晷昃而食夜分而寢加以孝思之至與時而深文章之業日成篇卷雖叡明所用未足爲煩然非所以嗇神養性熙無疆之祚莊周有言形有待而智無涯以有待之形役無涯之智殆矣此愚臣所不安也孝文頗納之顯宗又上言前代取士必先正名故有賢良方正之稱今州郡貢察徒有秀孝之名而無秀孝之實而朝廷但檢其門望不復彈坐如此則可令別貢門望以敘士人何假冒秀孝之名也夫門望者是其父祖之遺烈亦何益於皇家益於時者賢才而已苟有其才雖屠釣奴虜之賤聖皇不恥以爲臣苟非其才雖三后之亂自墜於皁隸矣議者或云今世等無奇才不若取士於門此亦失矣豈可以世無周邵便廢宰相而不置哉但當校其有寸長銖重者既先敘之則賢才無遺矣又曰夫帝皇所以居尊以御下者威也兆庶所以徙惡以從善者法也是以有國有家必以刑法爲政生人之命於是而在有罪必罰罰必當辜則雖以捶撻薄刑而人莫敢犯有制不行人得僥倖則雖參夷之誅不足以肅自太和以來未多坐盜棄市而遠近肅清由此言之止姦在於防檢不在嚴刑今州郡牧守邀當時之名行一切之法臺閣百官亦咸以深酷爲無私以仁恕爲容盜迭相敦厲遂成風俗陛下居九重之內視人如赤子百司分萬務之要遇下如仇讎是則堯舜止一人而桀紂以千百和氣不至蓋由於此宜敕示百官以惠元元之命又曰昔周王爲犬戎所逐東遷河洛鎬京猶稱宗周以存本也光武雖曰中興寔自草創西京尚置京尹亦不廢舊今陛下光隆先業遷宅中土稽古復禮於斯爲盛按春秋之義有宗廟謂之都無謂之邑此不刊之典也況北代宗廟在焉山陵託焉王業所基聖躬所載其爲神鄉福地寔亦遠矣今便同之郡國臣竊不安愚謂代京宜建畿置尹一如故事崇本重舊以光萬葉又曰伏見洛京之制居人以官位相從不依族類然官位非常有朝榮而夕悴則衣冠淪於廝豎之邑臧獲顯於膏腴之里物之顛倒或至於斯古之聖王必令四人異居者欲其業定而志專業定則不僞志專則不淫故耳目所習不督而就父兄之教不肅而成仰惟太祖道武皇帝創基撥亂日不暇給然猶分別士庶不令雜居伎作屠沽各有攸處但不設科禁買賣任情販貴易賤錯居渾雜假令一處彈箏吹笛緩舞長歌一處嚴師苦訓誦詩講禮宣令童齔任意所從其走赴舞堂者萬數往就學館者無一此則伎作不可雜居士人不宜異處之明驗也故孔父云里仁之美孟母弘三徙之訓賢聖明誨若此之重今令伎作之家習士人風禮則百年難成令士人兒童效伎作容態則一朝可得以士人同處則禮教易興伎作雜居則風俗難改朝廷每選舉人士則校其一婚一宦以爲升降何其密也至於伎作宦塗得與膏粱華望接閈連甍何其略也今稽古建極光宅中區凡所徙居皆是公地分別伎作在於一言有何爲疑而虧盛美又曰自南僞相承竊有淮北欲擅中華之稱且以招誘邊人故僑置中州郡縣自皇風南被仍而不改凡有重名其數甚衆非所以疆域物土必也正名之謂也愚以爲可依地理舊名一皆釐革小者并合大者分置及中州郡縣昔以戶少并省今人口既多亦可復舊君人者以天下爲家不得有所私也故倉庫儲貯以俟水旱之災供軍國之用至於有功德者然後加賜爰及末代乃寵之所隆賜賚無限自比以來亦爲太過在朝諸貴受祿不輕土木被綺羅僕妾厭粱肉而復厚賚屢加動以千計若分賜鰥寡贍濟實多如不悛革豈周急不繼富之謂也又曰諸宿衞內直者宜令武官習弓矢文官諷書傳無令繕其蒲博之具以成褻狎之容徒損朝儀無益事實如此之類一宜禁止帝善之孝文曾謂顯宗及程靈虯曰著作之任國書是司卿等之文朕自委悉中省之品卿等所聞若欲取況古人班馬之徒固自遼闊若求之當世文學之能卿等應推崔孝伯又謂顯宗曰校卿才能可居中第謂程靈虯曰卿與顯宗復有差降可居下上顯宗曰臣才第短淺比於崔光實爲隆渥然臣竊謂陛下貴古而賤今昔揚雄著太玄經當時不免覆醬之譏二百年外則越諸子今臣所撰雖未足光述帝載然萬祀之後仰觀祖宗巍巍之功上覩陛下明明之德亦何謝欽明於唐典慎徽於虞書帝曰假使朕無愧於虞舜卿復何如堯臣顯宗曰陛下齊蹤堯舜公卿寧非二八之儔帝曰卿爲著作僅名奉職未是良史也顯宗曰臣仰遭明時直筆無懼又不受金安眠美食此優於遷固也帝哂之後與員外郎崔逸等參定朝儀帝曾詔諸官曰近代已來高卑出身恒有常分朕意所爲可復以爲不可宜校量之李沖曰未審上古已來置官列位爲欲爲膏粱兒地爲欲益政贊時帝曰俱欲爲人沖曰若欲爲人陛下今日何爲專崇門品不有拔才之詔帝曰苟有殊人之技不患不知然君子之門假使無當世之用者要自德行純篤朕是以用之沖曰傅巖呂望豈可以門見舉帝曰如此濟世者希曠代有一兩耳沖謂諸卿士曰適欲請救諸賢祕書令李彪曰師旅寡少未足爲援意有所懷敢不盡言於聖日陛下若專以地望不審魯之三卿孰若四科帝曰猶如向解顯宗進曰陛下光宅洛邑百禮惟新國之興否指此一選且以國事論之不審中祕監令之子必爲祕書郎頃來爲監令者子皆可爲不帝曰卿何不論當世膏腴爲監令者顯宗曰陛下以物不可類不應以貴承貴以賤襲賤帝曰若有高明卓爾才具儁出者朕亦不拘此例後爲本州中正二十一年車駕南征以顯宗爲右軍府長史統軍大赭陽齊戍主成公

期遣其軍主胡松高法援等并引蠻賊來擊軍營顯宗拒戰斬法援首顯宗至新野帝曰何不作露布也顯宗曰臣頃見鎭南將軍王肅獲賊二三驢馬數匹皆爲露布臣在東觀私每哂之近雖仰憑威靈得摧醜虜兵寡力弱禽斬不多脫復高曳長縑虛張功捷尤而效之其罪彌甚所以斂毫卷帛解上而已帝笑曰如卿此勳誠合茅社須赭陽平定檢審相酬新野平以顯宗爲鎭南廣陽王嘉諮議參軍顯宗上表頗自矜伐訴前征勳詔曰顯宗進退無檢虧我清風付尚書推列以聞兼尚書張彝奏免顯宗官詔以白衣守諮議展其後効顯宗既失意遇信向洛乃爲五言詩贈御史中尉李彪以申憤結二十三年卒顯宗撰馮氏燕志孝友傳各十卷景明初追赭陽勳賜爵章武男子伯華襲

程駿字驎駒本廣平曲安人也六世祖良晉都水使者坐事流涼州祖父肇呂光人部尚書駿少孤貧居喪以孝稱師事劉延明性機敏好學晝夜無倦延明謂門人曰舉一隅而以三隅反者此子亞之也駿白延明曰今名教之儒咸謂老莊其言虛誕不切實要不可以經世駿爲不然夫老子著抱一之言莊生申性本之旨若斯者可謂至順矣人若乖一則煩僞生爽性則沖眞喪延明曰卿年尚幼言若老成美哉由是聲譽益播沮渠牧犍擢爲東宮侍講太延五年涼州平遷于京師爲司徒崔浩所知文成踐阼爲著作郎皇興中除高密太守尚書李敷奏駿實史才方申直筆請留之書奏從之獻文屢引駿與論易老義顧謂羣臣曰朕與此人言意甚開暢問駿年對曰六十一帝曰昔太公老而遭文王卿今遇朕豈非早也駿曰臣雖才謝呂望陛下尊過西伯覬天假餘年竭六韜之効延興末高麗王璉求納女於掖庭假駿散騎常侍賜爵安豐男持節如高麗迎女駿至平壤城或勸璉曰魏昔與燕婚既而伐之由行人具其夷嶮故也今若送女恐不異於馮氏璉遂謬言女喪駿與璉往復經年責璉以義方璉不勝其忿遂斷駿從者酒食欲逼辱之憚而不敢害會獻文崩乃還拜祕書令初遷神主于太廟有司奏舊事廟中執事官例皆賜爵今宜依舊詔百寮評議羣臣咸以爲宜依舊事駿獨以爲不可表曰臣聞名器爲帝王所貴山河爲區夏之重是以漢祖有約非功不侯未見預事於宗廟而獲賞於疆土雖復帝王制作弗相沿襲然一時恩澤豈足爲長世之軌乎書奏從之文明太后謂羣臣曰言事固當正直而準古典安可依附暫時舊事乎賜駿衣一襲帛二百匹又詔曰駿歷官清愼言事每愜門無挾貨之賓室有懷道之士可賜帛六百匹旌其儉德駿悉散之親舊性介直不競時榮太和九年正月病篤遺命曰吾存尚儉薄豈可沒爲奢厚哉昔王孫裸葬有感而然士安籧篨頗亦矯厲可斂以時服明器從古初駿病甚孝文文明太后遣使者更問其疾勑侍御師徐謇診視賜以湯藥臨終詔以少子公稱爲中散從子靈虬爲著作佐郎及卒孝文文明太后傷惜之賜東園祕器朝服一稱帛三百匹贈兗州刺史曲安侯謚曰憲所作文章自有集錄

李彪字道固頓丘衞國人也孝文賜名焉家寒微少孤貧有大志好學不倦初受業於長樂監伯陽伯陽稱美之晩與漁陽高悅北平陽尼等將隱名山不果而罷悅兄閭博學高才家富典籍彪遂於悅家手抄口誦不暇寢食既而還鄉里平原王陸叡年將弱冠雅有志業娶東徐州刺史博陵崔鑒女路由冀相聞彪名而詣之修師友之禮稱之州郡遂舉孝廉至京師館而受業焉高閭稱之朝貴李沖禮之甚厚彪深宗附之孝文初爲中書教學博士後假散騎常侍衞國子使於齊還祕書丞參著作事自成帝已來至於太和崔浩高允著述國書編年序錄爲春秋體遺落時事彪與祕書令高祐始奏從遷固體創爲記傳表志之目焉彪又表上封事七條曰古先哲王之爲制也自天子以至公卿下及抱關擊柝其宮室車服各有差品小不得僭大賤不得踰貴夫然故上下序而人志定今時浮華相競情無常守大爲消功之物巨制費力之事豈不謬哉夫消功者錦繡彫文是也費力者廣宅高宇壯制麗飾是也其妨男業害女工者可勝言哉漢文時賈誼上疏云今之王政可爲長太息者六此卽是其一也夫上之所好下必從之故越王好勇而士多輕死楚王好瘠而國有飢人今二聖躬行儉素詔令殷勤而百姓之奢猶未革者豈楚越之人易變如彼大魏之士難化如此此蓋朝制不宜人未見德使之然耳臣愚以爲第宅車服自百官以下至於庶人宜爲其等制使貴不逼賤卑不僭高不可以稱其侈意用違經典其二曰易稱主器者莫若長子傳曰太子奉冢嫡之粢盛然則祭無主則宗廟無所饗冢嫡廢則神器無所傳聖賢知其如此故垂誥以爲長世之法昔姬王得斯道也故恢崇儒術以訓世嫡世嫡於是乎習成懿德用大協於黎蒸是以世統黎元載祀八百逮嬴氏之君於秦也弗以義方教厥冢子冢子於是習成兇德肆虐以臨黔首是以饗年不永二世而亡亡之與興道在於師傅故禮云冢子生因舉以禮使士負之有司齊肅端冕見于南郊明冢嫡之重見乎天也過闕則下過廟則趨明孝敬之道也然古之太子自爲赤子而教固以行矣此則遠世之鏡也高宗文成皇帝慨少時師不勤教嘗謂羣臣曰朕始學之日年尚幼沖情未能專旣臨萬機不遑溫習今而思之豈非唯予之咎抑師傅之不勤尚書李訢免冠而謝此則近日之可鑒也伏惟太皇太后翼贊高宗訓成顯祖使巍巍之功邈乎前王陛下幼蒙鞠誨聖敬日躋及儲宮誕育復親撫誥日省月課寔勞神慮今誠宜準古立師傅以詔導太子詔導正則太子正太子正則皇家慶皇家慶則人事幸甚矣其三曰記云國無三年之儲謂國非其國光武以一畝不實罪及牧守聖人之憂世重穀殷勤如彼明君之恤人勸農相切若此頃年山東饑去歲京師儉內外人庶出入就豐旣廢營產疲困乃加又於國體實有虛損若先多積穀安而給之豈有驅督老弱餬口千里之外以今況古誠可懼也臣以爲宜析州郡常調九分之二京都度支歲用之餘各立官司年豐糴積於倉時儉則加私之二糶之於人如此人必事田以買官絹又務貯財以取官粟年登則常積歲凶則直給又別立農官取州郡戶十分之一以爲屯人相水陸之宜料頃畝之數以贓贖雜物餘財市牛科給令其肆力一夫之田歲責六十斛甄其正課并征戍雜役行此二事數年之中則穀積而人足雖災不害臣又聞前代明王皆務懷遠人禮賢引滯故漢高過趙求樂毅之胄晉武廓定旌吳蜀之彥臣謂宜於河表七州人中擢其門才引令赴闕依中州官比隨能序之一可以廣聖朝均新舊之義二可以懷江漢歸有道之情其四曰漢制舊斷獄報重盡季冬至孝章時改盡十月以育三微後歲旱論者以不十月斷獄陰氣微陽氣泄以故致旱事下公卿尚書陳寵曰冬至陽氣始萌故十一月有射干芸荔之應周以爲春十二月陽氣上通雉雊雞乳殷以爲春十三月陽氣已至蟄蟲皆震夏以爲春三微成著以通三統三統之月斷獄流血是不稽天意也章帝善其言卒以十月斷今京都及四方斷獄報重常竟季冬不推三正以育三微寬宥之情每過於昔遵之典憲猶或闕然今豈所謂助陽發生垂奉微之仁也誠宜遠稽周典近採漢制天下斷獄起自初秋盡於孟冬不於三統之春行斬絞之刑如此則道協幽顯仁垂後昆矣其五曰古者大臣有坐不廉而廢者不謂之不廉乃曰簠簋不飾此君之所以禮貴臣不明言其過也臣有大譴則白冠氂纓盤水加劍造室而請死此臣之所以知罪而不敢逃刑也聖朝賓遇大臣禮崇古典自太和降有負罪當陷大辟者多得歸第自盡遣之日深垂隱愍言發悽淚百官莫不見四海莫不聞誠足以感將死之心慰戚屬之情然恩發於衷未著永制此愚臣所以敢陳末見昔漢文時人有告丞相勃謀反者逮繫長安獄頓辱之與皂隸同賈誼乃上書極陳君臣之義不宜如是夫貴臣者天子爲其改容而體貌之吏人爲其俯伏而敬貴之其有罪過廢之可也賜之死可也若束縛之輸之司寇搒笞之小吏詈罵之殆非所以令衆庶見也及將刑也臣則北面再拜跪而自裁天子曰子大夫自有過耳吾遇子有禮矣上不使人抑而刑之也孝文深納其言是後大臣有罪皆自殺不受刑至孝武時稍復下獄良由孝文行之當時不爲永制故耳今天下有道庶人不議之時安可陳瞽言於朝且恐萬世之後繼體之主有若漢武之事焉得行恩當時不著長世之制乎其六曰孝經稱父子之道天性蓋明一體而同氣可共而不可離者也及其有罪不相及者乃君上之厚恩也而無情之人父兄繫獄子弟無慘惕之容子弟卽刑父兄無愧恧之色宴安榮位游從自若車馬仍華衣冠猶飾寧是同體共氣分憂均戚之理也臣愚以爲父兄有犯宜令子弟素服肉袒詣闕請罪子弟有坐宜令父兄露板引咎乞解所司若職任必要不宜許者慰勉留之如此足以敦厲凡薄使人知有所耻矣其七曰禮云臣有大喪君三年不呼其門此聖人緣情制禮以終孝子之情也周季陵夷喪禮稍亡是以要經卽戎素冠作刺逮乎虐秦殆皆泯矣漢初軍旅屢興未能遵古至宣帝時人當從軍屯者遭大父母父母死未滿三月皆弗徭役其朝臣喪制未有定聞至後漢元初中大臣有重憂始得去官終服暨魏武孫劉之世日尋干戈前世禮制復廢不行晉時鴻臚鄭默喪親固請終服武帝感其孝誠遂著令以爲常聖魏之初撥亂反正未遑建終喪之制今四方無虞百姓安逸誠是孝慈道洽禮敎興行之日也然愚臣所懷竊有未盡伏見朝臣丁大憂者假滿赴職衣錦乘軒從郊廟之祀鳴玉垂緌同節慶之醼傷人子之道虧天地之經愚謂如有遭父母喪者皆得終服若無其人有曠官者則優旨慰喻起令視事但綜理所司出納敷奏而已國之吉慶一令無預其軍戎之警墨縗從役雖愆於禮

事所宜行也帝覽而善之尋皆施行彪稍見禮遇詔曰彪雖宿非清第代闕華資然識性嚴聰學博墳籍剛辯之才頗堪時用兼優吏職載宣朝美若不賞庸敘績將何以勸獎勤能特遷祕書令以參議律令之勤賜帛五百匹馬一匹牛二頭其年加員外散騎常侍使於齊齊遣其主客郎劉繪接對并設讌樂彪辭樂及坐彪曰向辭樂者或卿未相體我皇孝性自天追慕罔極故有今者喪除之議去三月晦朝臣始除縗裳猶以素服從事裴謝在北固應具此今辭樂想卿無怪繪答言請問魏朝喪禮竟何所依彪曰高宗三年孝文踰月今聖上追鞠育之深恩感慈訓之厚德報於殷漢之間可謂得禮之變繪復問若欲遵古何不終三年彪曰萬機不可久曠故割至慕俯從羣議服變不異三年而限同一朞可謂失禮繪言汰哉叔氏專以禮許人彪曰聖朝自爲曠代之制何關許人繪言百官總己聽於冢宰萬機何慮於曠彪曰五帝之臣臣不若君故君親攬其事三王君臣智等故共理機務主上親攬蓋遠軌軒唐彪將還齊主親謂彪曰卿前使還日賦阮詩云但願長閑暇後歲復來遊果如今日卿此還也復有來理否彪答請重賦阮詩曰宴衍清都中一去永矣哉齊主惘然曰清都可爾一去何事觀卿此言似成長闊朕當以殊禮相送遂親至琅邪城登山臨水命羣臣賦詩以送別其見重如此彪前後六度銜命南人奇其謇博後爲御史中尉領著作郎彪既爲孝文所寵性又剛直遂多劾糾遠近畏之豪右屏氣帝常呼爲李生從容謂羣臣曰吾之有李生猶漢之有汲黯後除散騎常侍領御史中尉解著作事帝宴羣臣於流化池謂僕射李沖曰崔光之博李彪之直是我國得賢之基車駕南征彪兼支度尚書與僕射李沖任城王澄等參理留臺事彪素性剛豪與沖等意議乖異遂形於聲色殊無降下之心沖積其前後罪過乃於尚書省禁止彪上表曰案臣彪昔於凡品特以才拔等望清華司文東觀綢繆恩眷繩直憲臺加金璫右珥蟬冕東省宜感恩厲節忠以報德而竊名忝職身爲違傲矜勢高亢公行僭逸坐與禁省冒取官材輒駕乘黃無所憚懼肆志傲然愚聾視聽此而可忍誰不可懷臣今請以見事免彪所居職付廷尉獄沖又表曰臣與彪相識以來垂二十載彪始南使之時見其色厲辭辯臣之愚識謂是拔萃之一人及彪官位升達參與言宴聞彪平章古今商略人物興言於侍筵之次啓論於衆英之中賞忠識正發言懇惻惟直是語辭無隱避臣雖下愚輒亦欽其正直及其始居司直執志徑行其所彈劾應弦而倒赫赫之威振於下國肅肅之稱著自京師天下改目貪暴斂手然時有私於臣云其威暴者臣以直繩之官人所忌疾風謗之際易生音謡心不承信往年以河陽事曾與彪在領軍府共太尉司空及領軍諸卿等集閱廷尉所問囚徒時有人訴枉者二公及臣少欲聽採語理未盡彪便振怒東坐攘袂揮赫口稱賊奴叱吒左右高聲大呼曰南臺中取我木手去搭奴肋折雖有此言終竟不取即言南臺所問唯恐枉活終無枉死時諸人以所枉至重有首實者多又心難彪遂各嘿爾因緣此事臣遂心疑有濫知其威虐猶謂益多損少故不以申徹實失爲臣知無不聞之義及去年大駕南行以來彪兼尚書日夕共事始乃知其言與行舛是己非人專恣無忌尊身忽物臣與任城卑躬曲己其所欲者無不屈從依事求實悉有成驗如臣列得實宜亟投彪於有北以除姦矯之亂政如臣列無證宜放臣於四裔以息青蠅之白黑帝在懸瓠覽表歎愕曰何意留京如此也有司處彪大辟帝恕之除名而已彪尋歸本鄉帝北幸鄴彪野服稱草茅臣拜迎鄴南帝曰朕以卿爲已死彪對曰子在回何敢死帝悅因謂曰朕期卿每以貞松爲志歲寒爲心卿應報國盡心爲用近見彈文殊乖所以卿罹此譴爲朕與卿爲宰事爲卿自取彪曰臣愆由己至罪自身招實非陛下橫與臣罪又非宰事無辜濫臣臣罪既如此宜伏東皐之下不應遠黷屬車之清塵但伏承聖躬不豫臣肝膽塗地是以敢至非謝罪而來帝曰朕欲用卿憶李僕射不得帝尋納宋弁之言將復採用會留臺表至言彪與御史賈尚往窮庶人恂事理有誣抑奏請收彪彪自言事枉帝明彪無此遣左右慰勉之聽以牛車散載送之洛陽會赦得免宣武踐阼彪自託於王肅又與郭祚崔光劉芳甄琛邢巒等詩書往來迭相稱重因論求復舊職修史官之事肅等許爲左右彪乃表曰惟我皇魏之奄有中華也歲越百齡年幾十紀史官叙錄未充其盛加以東觀中圮冊勳有闕美隨日落善因月稀故諺曰一日不書百事荒蕪至于太和之十一月先帝先后召名儒博達之士以充麟閣之選于時忘臣衆短采臣片志令臣出納授臣丞職猥屬斯事無所與讓高祖時詔臣曰平爾雅志正爾筆端書而不法後世何觀臣奉以周旋不敢失墜伏惟孝文皇帝承天地之寶崇祖宗之業景功未就奄焉崩殂凡百黎民若無天地賴遇陛下體明叡之眞應保合之量恢大明以燭物履靜恭以和邦天清其氣地樂其靜可謂重明疊聖元首康哉記曰善述者欲人繼其行善歌者欲人繼其聲故傳曰文王基之周公成之然先皇之茂勛聖達今王之懿美洞鑒準之前代其德靡悔也時哉時哉可不光昭哉合德二儀者先皇之陶鈞也齊明日月者先皇之洞照也慮周四時者先皇之茂功也合契鬼神者先皇之玄燭也遷都改邑者先皇之達也變是協和者先皇之鑒也思同書軌者先皇之遠也守在四夷者先皇之略也海外有截者先皇之威也禮由岐陽者先皇之義也張樂岱郊者先皇之仁也鑾幸幽漠者先皇之智也變伐南荊者先皇之禮也升中告成者先皇之肅也親虔宗社者先皇之敬也袞實無闕者先皇之德也開物成務者先皇之貞也觀乎人文者先皇之蘊也革弊創新者先皇之志也孝慈道洽者先皇之衷也先皇有大功二十加以謙尊而光爲而弗有者可謂四三王而六五帝矣誠宜功書於竹素聲播於金石臣竊謂史官之達者大則與日月齊其明小則與四時竝其茂故能聲流無窮義昭來裔是以金石可滅而風流不泯者其惟載籍乎諺曰相門有相將門有將斯不唯其性蓋言習之所得也竊謂天文之官太史之職如有其人宜其世矣是以談遷世事而功立彪固世事而名成此乃前鑒之軌轍後鏡之蓍龜也然前代史官之不終業者皆陵遲之世不能容善是以平子去史而成賦伯喈違閣而就志近僭晉之世有佐郎王隱爲著作虞預所毀亡官在家晝則樵薪供爨夜則觀文屬綴集成晉書存一代之事司馬紹敕尚書唯給筆札而已國之大籍成於私家末世之弊乃至如此此史官之不遇時也今大魏之史職則身貴祿則親榮優哉游哉式穀令爾休矣而典謩弗恢者其有以也而故著作漁陽傅毗北平陽尼河間邢產廣平宋弁昌黎韓顯宗竝以文才見舉注述是同竝登年不永弗終茂績前著作程靈虯時同應舉共掌此務今徙他職官非所司唯著作崔光一人雖不移任然侍官兩兼故載述致闕臣聞載籍之興由於大業雅頌垂薦起於德美昔史談誡其子遷曰當世有美而不書汝之罪也是以久而見美孔明在蜀不以史官留意是以久而受譏書稱無曠庶官詩有職思其憂臣雖今非所司然昔忝斯任故不以草茅自疏敢言及於此語曰患爲之者不必知知之者不得爲臣誠不知強欲爲之耳竊尋先朝賜臣名彪者遠則擬漢史之叔皮近則準晉史之紹統推名求義欲罷不能今求都下乞一靜處綜理國籍以終前志官給事力以充所須雖不能光啓大錄庶不爲飽食終日耳近則朞月可就遠則三年有成正本蘊之麟閣副貳藏之名山時司空北海王詳尚書令王肅許之肅以其無祿頗相賑餉遂在祕書省同王隱故事白衣修史宣武親政崔光表曰臣昔爲彪所致與之同業積年其志力貞強考述無倦頃來契闊多所廢離近蒙收起還綜厥事老而彌厲史才日新若克復舊職專功不殆必能昭明春秋闡成皇籍既先帝厚委宿歷高班纖負微愆應從滌洗愚謂宜申以常伯正綰著作宣武不許詔彪兼通直散騎常侍行汾州事非彪好也固請不行卒於洛陽始彪爲中尉號爲嚴酷以姦款難得乃爲木手擊其脅腋氣絕而復屬者時有焉又慰喻汾州叛胡得其兇渠皆鞭面殺之及彪病體上往往創潰痛毒備極贈汾州刺史謚曰剛憲彪在祕書歲餘史業竟未及就然區分書體皆彪之功述春秋三傳合成十卷其餘著詩頌賦誄章表別有集彪雖與宋弁結管鮑交弁爲大中正與孝文私議猶以寒地處之殊不欲微相優假彪亦知之不以爲恨弁卒彪痛之無已爲之哀誄備盡辛酸郭祚爲吏部彪爲子志求官祚仍以舊第處之彪以位經常伯又兼尚書謂祚應以貴游拔之深用忿怨形於言色時論以此非祚祚每曰爾與義和至友豈能饒爾而怨我乎任城王澄與彪先亦不穆及爲雍州彪詣澄爲志求其府寮澄釋然爲啓得爲列曹行參軍時稱澄之美志字鴻道博學有才幹年十餘便能屬文彪奇之謂崔鴻曰子宜與鴻道爲二鴻於洛陽鴻遂與交款往來彪有女幼而聰令彪每奇之教之書學讀誦經傳嘗竊謂所親曰此當興我家卿曹容得其力彪亡後宣武聞其名召爲婕妤在宮常教帝妹書誦授經史始彪奇志及婕妤特加器愛公私坐集必自稱詠由是爲孝文所責及彪亡後婕妤果入掖廷後宮咸師宗之宣武崩後爲比丘尼通習經義法座講說諸僧歎重之志歷官所在著績桓叔興外叛南荊荒毀領軍元乂舉其才任撫導擢爲南荊州刺史建義初叛入梁志弟游有才行隨兄志在南荊州屬尒朱之亂與志俱奔江左子昶

昶小名那性峻急不雜交游幼年已解屬文有聲洛下時洛陽初置明堂昶年十數歲爲明堂賦雖優洽未足才制可觀見者咸曰有家風也初謁周文周文深奇之厚加資給令入太學周文每見學生必問才行於昶昶神情清悟應對明辯周文每稱歎之綏德公陸通盛選

倣宋請以昶爲司馬周文許之昶雖年少通特加接待公私之事咸取決焉又兼二千石郎中典儀注累遷都官郎中相州大中正昶雖處郎官周文恒欲以書記委之於是以爲丞相府記室參軍著作郎修國史轉大行臺郎中中書侍郎又轉黃門侍郎封臨黃縣伯嘗謂曰卿祖昔在中朝爲御史中尉卿操尚貞固理應不墜家風但孤以中尉彈劾之官愛憎所在故未即授卿耳然此職久曠無以易卿乃奏昶爲御史中尉賜姓宇文氏六官建拜內史下大夫進爵爲侯明帝初行御伯中大夫武成元年除中外府司錄保定初進驃騎大將軍開府儀同三司轉御正中大夫時以近侍清要盛選國華乃以昶及安昌公元則中都公陸逞臨淄公唐瑾等竝爲納言尋進爵爲公五年出爲昌州刺史在州遇疾求入朝詔許之未至京卒贈相瀛二州刺史昶周文世已當樞要兵馬處分專以委之詔冊文筆皆昶所作也及晉公護執政委任如舊昶常曰文章之事不足流於後世經邦致化庶及古人故所作文筆了無藁草唯留心政事而已又以父在江南身寓關右自少及終不飲酒聽樂時論以此稱焉子丹嗣

高道悅字文欣遼東新昌人也曾祖策馮跋散騎常侍新昌侯祖育馮弘建德令太武東討率部歸命授建忠將軍齊郡建德二郡太守賜爵肥如子父立起武邑太守遂居勃海蓨縣道悅少爲中書學生侍御主文中散後爲諫議大夫正色當官不憚強禦車駕南征徵兵秦雍大期秋季閱集洛陽道悅以使者書侍御史薛聰侍御史主文中散元志等稽違期會奏舉其罪又奏兼左僕射吏部尚書任城王澄位總朝右任屬戎機兵使會否曾不檢奏尚書左丞公孫良職綰樞轄蒙冒莫舉請以見事免澄良等所居官時道悅兄觀爲外兵郎中澄奏道悅有黨兄之負孝文詔責然以事經恩宥遂寢而不論詔曰道悅資性忠篤稟操貞亮居法樹平肅之規處諫著必犯之節王公憚其風鯁朕寔嘉其一至謇諤之誠何愧黯鮑也其以爲主爵下大夫諫議如故車駕幸鄴又兼御史中尉留守洛京時宮闕初基廟庫未構車駕將水路幸鄴已詔都水回營構之材以造舟楫道悅表諫以爲闕居宇之功作游嬉之用損耗殊倍又深薄之危古今共慎於是帝遂從陸路轉道悅太子中庶子正色立朝儼然難犯宮官上下咸畏憚之太和二十年秋車駕幸中岳詔太子恂入居金墉而恂潛謀還代忿道悅前後規諫遂於禁中殺之帝甚加悲惜贈散騎常侍營州刺史并遣王人慰其妻子又詔使者監護喪事葬于舊塋謚曰貞侯宣武又追錄忠槩拜長子顯族給事中顯族亦以忠厚見稱卒於右軍將軍顯族弟敬猷有風度蕭寶夤西征引爲驃騎司馬及寶夤謀逆敬猷與行臺郎中封偉伯等潛圖義舉謀洩見殺贈滄州刺史聽一子出身道悅長兄嵩字崐崘魏郡太守嵩弟雙清河太守坐贓貨將刑於市遇赦免時北海王詳爲錄尚書事雙多納金寶除司空長史後爲涼州刺史專肆貪暴以罪免後貨高肇復起爲幽州刺史以貪穢被劾罪未判遇赦復任未幾而卒雙弟觀尚書左外兵郎中城陽王鸞司馬南征赭陽先驅而歿謚曰閔

甄琛字思伯中山毋極人漢太保邯之後也父凝州主簿琛少敏悟閨門之內兄弟戲狎不以禮法自居學覽經史稱有刀筆而形貌短陋鮮風儀舉秀才入都積歲頗以奕棊棄日至乃通夜不止手下倉頭常令執燭或時睡頓大加其杖如此非一奴後不勝楚痛乃曰郎君辭父母仕宦若爲讀書執燭不敢辭罪乃以圍棊日夜不息豈是向京之意而賜加杖罰不亦非理琛悵然慙感遂從許赤彪假書研習聞見日優太和初拜中書博士遷諫議大夫時有所陳亦爲孝文知賞宣武踐阼以琛爲中散大夫兼御史中尉琛表曰月令稱山林藪澤有能取蔬食禽獸者皆野虞教導之其迭相侵奪者罪之無赦此明導人而弗禁通有無以相濟也周禮雖有川澤之禁正所以防其殘盡必令取之有時斯所謂鄣護在公更所以爲人守之耳今者天爲黔首生鹽國爲黔首鄣護假獲其利猶是富專口斷不及四體也且天下夫婦歲貢粟帛四海之有備奉一人軍國之資取給百姓天子亦何患乎貧而苟禁一池臣每觀上古愛人之迹時讀中葉驟稅之書未嘗不歎彼遠大惜此近狹今僞弊相承仍崇關廛之稅大魏宏博唯受穀帛之輸是使遠方聞者莫不歌德語稱出內之吝有司之福施惠之難人君之禍夫以府藏之物猶以不施而爲災況府外之利而可吝之於黔首願弛鹽禁使沛然遠及依周禮置川衡之法使之監導而已詔付八坐議可否以聞彭城王勰兼尚書邢巒等奏琛之所列但恐坐談則理高行之則事闕是用遲回未謂爲可竊惟大道既往恩惠生焉下奉上施卑高理睦恒恐才不瞻國澤不厚人故多方以達其情立法以行其志至乃取貨山澤輕在人之貢立稅關市裨十一之儲收此與彼非利已也回彼就此非爲身也所謂集天地之產惠天地之人藉造物之富賑造物之貧禁此泉池不專太官之御斂此匹帛豈爲後宮之資既潤不在己彼我理一積而散之將焉所吝然自行以來典司多怠出入之間事不如法此乃用之者無方非興之者有謬至使朝廷議者聽營其間今而罷之懼失前旨宜依前式詔曰司鹽之稅乃自古通典然興制利人亦世或不同甄琛之表寔所謂助政毗俗者也可從其前計尚書嚴爲禁豪強之制也詔琛參八坐議事尋正中尉遷侍中領中尉琛俛眉畏避不能繩糾貴游凡所劾者率多下吏於時趙脩寵貴琛傾身事之琛父凝爲中散大夫弟僧林爲本州別駕皆託脩申達至脩姦詐事露明當收考今日乃舉其罪及監決脩鞭猶相隱惻然告人曰趙脩小人背如土牛殊耐鞭杖有識以此非之脩死之明日琛與黃門郎李憑以朋黨被召詣尚書兼尚書元英邢巒窮其阿附之狀琛曾拜官諸賓悉集巒乃晚至琛謂巒何處放蛆來今晚始顧雖以言戲巒變色銜忿及此大相推窮司徒錄尚書事北海王詳等奏曰謹案侍中領御史中尉甄琛身居直法糾擿是司風邪響黷猶宜劾糾況趙脩侵公害私朝野切齒而琛嘗不陳奏方更往來中外影響致其談譽令布衣之父超登正四之官七品之弟越陵三階之祿虧先皇之選典塵聖明之官人又與黃門郎李憑相爲表裏憑兄叨封知而不言及脩釁彰方加彈奏生則附其形勢死則就地排之竊天之功以爲己力仰欺朝廷俯罔百司其爲鄙詐於茲甚矣謹依律科從請以職除其父中散寔爲叨越雖皇族帝孫未有此例既得不以倫請下收奪李憑朋附趙脩是親是仗緇點皇風塵鄙正化此而不糾將何以肅整阿諛獎厲忠槩請免所居官以肅風軌奏可琛遂免歸本郡左右相連死黜者二十餘人始琛以父母老常求解官扶侍故孝文授以本州長史及貴達不復請歸至是乃還供養數年遭母憂母鉅鹿曹氏有孝性夫氏去家路踰百里每得魚肉菜果珍美口實者必令僮僕走奉其母乃後食爲琛母服未闋復喪父琛於塋兆內手種松柏隆冬負擔木土鄉老哀之咸助加力十餘年中墳成木茂與弟僧林誓以同居沒齒專事產業躬親農圃時以鷹犬馳逐自娛朝廷有大事猶上表陳情久之復除散騎常侍領給事黃門侍郎定州大中正大見親寵委以門下庶事出參尚書入厠帷幄孝文時琛兼主客郎迎送齊使彭城劉纘琛欽其器貌常歎詠之纘子昕爲朐山戍主昕死家屬入洛有女年未二十琛乃納昕女爲妻婚日詔給廚費琛所好悅宣武時調戲之遷河南尹黃門中正如故琛表曰國家居代患多盜竊世祖太武皇帝親自發憤廣置主司里宰皆以下代令長及五等散男有經略者乃得爲之又多置吏士爲其羽翼崇而重之始得禁止今遷都已來天下轉廣四遠赴會事過代都寇盜公行劫害不絕此由諸坊混雜釐比不精主司闇弱不堪檢察故也今擇尹既非南金里尉鉛刀而割欲望清肅都邑不可得也里正乃流外四品職輕任碎多是下才人懷苟且不能督察故使盜得容姦百賦失理邊外小縣所領不過百戶而令長皆以將軍居之京邑諸坊大者或千戶五百戶其中皆王公卿尹貴勢姻戚豪猾僕隸蔭養姦徒高門邃宇不可干問比之邊縣難易不同今難彼易此寔爲未愜王者立法隨時從宜先朝立品不必卽定施而觀之不便則改今閑官靜任猶聽長兼況煩劇要務不得簡能下領請取武官中八品將軍以下幹用貞濟者以本官俸恤領里尉之任各食其祿高者領六部尉中者領經途尉下者領里正不爾請少高里尉之品選下品中應遷者進而爲之則督責有所輦轂可清詔曰里正可進至勳品經途從九品六部尉正九品諸職中簡取何必須武人也琛又奏以羽林爲游軍於諸坊巷司察盜賊於是京邑清靜後皆踵焉轉太子少保黃門如故及高肇死琛以黨不宜復參朝政出爲營州刺史遷涼州刺史猶以高氏之昵不欲取之於內久之爲吏部尚書未幾除定州刺史固辭曰陛下在東宮崔光爲少傅臣爲少保今光爲車騎大將軍儀同三司開國公故僕射游肇時爲侍中與臣官階相似肇在省爲僕射死贈車騎將軍儀同三司冀州刺史臣今適爲征北將軍定州刺史生師保不如死游肇詔書慰遣之琛既至鄉衣錦晝游大爲稱滿政體嚴細甚無聲譽崔光辭司徒之授也琛與光書外相抑揚內實附會光亦揣其意復書以悅之徵爲車騎將軍特進又拜侍中以其衰老詔賜御府杖朝直杖以出入卒詔給東園祕器贈司徒公尚書左僕射加後部鼓吹太常議謚文穆吏部郎袁翻奏曰案禮謚者行之迹也號者公之表也車服者位之章也是以大行受大名細行受細名行生於己名生於人故闔棺然後定謚皆累其生時美惡所以爲將來勸戒身雖死使名常存也凡薨亡者屬所卽言大鴻臚移本郡大中正條其行迹功過承中正移言公府下太常部博士評議爲謚列上謚不應法者博士坐如選舉不以實論若行狀失實中正坐如博

士自古帝王莫不殷勤重慎以爲褒貶之實也今之行狀皆出自其家任其臣子自言君父之行無復是非之事臣子之欲光揚君父但苦迹之不高行之不美是以極辭肆意無復限量觀其狀也則周孔聯鑣伊顏接衽論其諡也雖窮文盡武無或加焉然今之博士與古不同唯知依其行狀又先問其家人之意臣子所求便爲議上都不復斟酌與奪商量是非致號諡之加與汎階莫異專以極美爲稱無復貶降之名禮官之失一至於此案甄司徒行狀至德與聖人齊蹤鴻名共大賢比跡文穆之諡何足加焉但比來贈諡於例普重如甄之流無不復諡謂宜依諡法慈惠愛人曰孝宜諡曰孝穆公自今以後明勒太常司徒有行狀如此言辭流宕無復節限者悉請裁量不聽爲受仍踵前來之失者皆付法司科罪詔從之琛祖載明帝親送降車就輿弔服哭之遣舍人慰其諸子琛性輕簡好嘲謔故少風望然明解有幹具在官清白自孝文宣武咸相知待明帝以師傅之義而加禮焉所著文章鄙碎無大體時有理詣磔四聲姓族廢興會通緇素三論及家誨二十篇篤學文一卷頗行於世琛長子侃字道正位祕書郎性險薄多與盜劫交通隨琛在京以酒色夜宿洛水亭舍毆擊主人爲司州所劾淹在州獄琛大以慙慨廣平王懷爲牧與琛先不協欲具案窮推琛託左右以聞宣武敕懷寬放懷固執之久乃特旨出侃自此沉廢卒家侃弟楷字德方粗有文學頗更吏事琛啓除祕書郎宣武崩未葬楷與河南尹丞張普惠等飲戲免官後稍遷尚書儀曹郎有當官之稱明帝末丁憂在鄉定州刺史廣陽王深召楷兼長史委以州任尋屬鮮于脩禮毛普賢等率北鎮流人反於州西北之左人城屠村掠野引向州城州城內先有燕恒雲三州避難戶脩禮等聲云欲將此輩共爲舉動楷見人情不安慮有變起乃走收三州人中麤暴者殺之以威外賊及刺史元固大都督揚津等至楷乃還家後脩禮等忿楷屠害北人遂掘其父墓載棺巡城示相報復孝莊時徵爲中書侍郎後齊文襄取爲儀同府諮議參軍卒贈驃騎將軍祕書監滄州刺史琛從父弟密字叔雍清謹少嗜慾頗涉書史疾世俗貪競乾沒榮寵曾爲風賦以見意後參中山王英軍事英鍾離敗退鄉人蘇良沒於賊中密盡私財以贖之良歸傾資報密密一皆不受曰濟君之日本不求貨豈相贖之意及葛榮侵擾河北詔密爲相州行臺援守鄴城莊帝以密全鄴勳賞安市縣子孝靜初爲衞尉卿在官有平直之譽出爲北徐州刺史卒官贈驃騎將軍儀同三司瀛州刺史諡曰靖琛同郡張纂字伯業祖珍字文表慕容寶度支尚書道武平中山入魏卒於涼州刺史諡曰穆纂頗涉經史雅有氣尚交結勝流爲樂陵太守在郡多所受納聞御史至棄郡逃走於是除名乃卒天平初贈定州刺史纂叔感字崇仁有器業不應州郡之命子宣軌少孤事母以孝聞累遷相州撫軍府司馬宣軌性通率輕財好施屬葛榮圍城與刺史李神有固守劾以功賜爵中山公後坐事死鄴纂從弟元賓位奉朝請及外生高昂貴達啓贈瀛州刺史

高聰字僧智本勃海人也曾祖軌隨慕容德徙青州因居北海之劇縣父法昂少隨其舅宋車騎將軍王玄謨征伐以功至員外郎早卒聰生而喪母祖母王撫育之大軍攻剋東陽聰徙平城與蔣少游爲雲中兵戶窘困無所不爲族祖允視之若孫大加賙給聰涉獵經史頗有文才允嘉之數稱其美言之朝廷由是與少游同拜中書博士轉侍郎爲高陽王雍傅稍爲孝文知賞太和十七年兼員外散騎常侍使於齊後兼太子左率聰微習弓馬乃以將略自許孝文銳意南討專訪王肅以軍事聰託肅願以偏裨自効肅言之於帝故假聰輔國將軍受肅節度同溪渦陽聰躁怯少威重及與賊交望風退敗孝文恕死徙平州行屆瀛州刺史王質獲白兔將獻託聰爲表帝見表顧王肅曰在下那得有此才令朕不知肅曰比高聰北徙或其所製帝悟曰必應然也宣武初聰復竊還京師說高肇廢六輔宣武親政除給事黃門侍郎後加散騎常侍及幸鄴還於河內懷界帝射矢一里五十餘步侍中高顯等奏盛事奇迹必宜表述請勒銘射宮永彰聖藝遂刊銘射所聰爲之詞趙脩嬖幸聰深朋附及詔追贈脩父聰爲碑文出入同載觀視碑石聰每見脩迎送盡禮聰又爲脩作表陳當時便宜教其自安之術由是迭相親狎脩死甄琛李憑皆被黜落聰深用危慮而先以疎宗之情曲事高肇竟獲自免肇之力也脩之任勢聰傾身事之及死言必毀惡茹皓之寵聰又媚附每相招命稱皓才識非脩之儔乃因皓啓請田宅皆被遂許及皓見罪戮聰以爲死之晚也其薄於情義皆如此侍中高顯爲護軍聰代兼其任顯與兄肇疑聰間構而求之聰居兼十餘旬出入機要言飾貞無遠慮藉貴因權耽於聲色賄納之音聞於遐邇中尉崔亮知肇微恨遂面陳聰罪出爲并州刺史聰善於去就知肇嫌之側身承奉肇遂待之如舊聰在并州數歲多不率法又與太原太守王椿有隙再爲大使御史舉奏肇每以宗私相援事得寢緩宣武末拜散騎常侍平北將軍明帝踐阼以其素附高肇出爲幽州刺史尋以高肇之黨與王世義高綽李憲崔楷蘭氛之爲中尉元匡所彈靈太后竝特原之聰遂廢于家斷絕人事唯脩營園果世稱高聰梨以爲珍異又唯以聲色自娛後拜光祿大夫卒靈太后聞其亡嗟惋良久贈青州刺史諡曰獻聰有妓十餘人有子無子皆注籍爲妾以悅其情及病欲不適他人竝令燒指吞炭出家爲尼聰所作文筆二十卷長子雲字彥鴻位輔國將軍中散大夫河陰遇害贈兗州刺史

論曰韓麒麟由才器識用遂見紀於齊士顯宗以文學自立而時務屢陳至於實錄之功未之聞也子熙清尚自守榮過其器程駿才業見知蓋當時之長策李彪生自微族見擢明世輪軒驟指聲駭江南執筆立言遂爲良史逮於直繩在手厲氣明目持堅無術末路蹉跎行百里者半於九十彪之謂也高道悅謇直之風見憚於世醜正貽禍有可悲乎甄琛以學尚刀筆早樹聲名受遇三朝終至崇重高聰才高見知名位顯著而異軌同奔咸經於危覆之轍惜乎

北史卷四十考證

韓麒麟傳遷鄴之始百司竝給兵力○力監本訛刀今改從閣本

形有待而智無涯○涯監本訛厓今從南本

則雖參夷之誅不足以肅○參監本誤叄今從南本

程駿傳孝文文明太后傷惜之○惜監本訛借今改正

李彪傳豈非唯予之咎抑師傅之不勤○馮夢禎云魏書豈唯予之咎今增作唯予之咎文遂謬甚

加金璫右珥蟬冕東省○魏書加字上有左字東省下注闕字

親虔宗社者先皇之敬也○虔監本訛度今改從南本

式穀令爾休矣○魏書無令字

又慰喻汾州叛胡○慰監本誤尉今改從南本

由是爲孝文所責○監本脫爲字今從南本增入

高道悅傳道悅以使者書侍御史薛聰侍御史主文中散元志等○書侍御史馮夢禎以爲當作侍書御史臣人龍按前後卷內大約治書侍御史俱作書侍御史乃唐人避諱而刪治字耳又侍御史主文中散魏書無史字

甄琛傳手下倉頭常令執燭○倉魏書作蒼

郎君辭父母仕宦○宦監本訛官今改從南本

遂從許赤彪假書○許赤彪魏書作許赤李彪

始琛以父母老常求解官扶侍○監本脫琛字今從閣本增入

乃走收三州人中麤暴者殺之以威外賊○監本此句下衍賊字今刪去

北史卷四十一

唐 李延壽 撰

列傳第二十九

楊播 子侃 播弟椿 椿子昱 椿弟津 津子遁 逸 謐 謐弟愔 燕子獻 鄭頤

楊敷 子素 孫玄感 素弟約 約從叔异 敷叔父寬 寬子文思 文紀

楊播字延慶弘農華陰人也高祖結仕慕容氏位中山相曾祖珍道武時歸國位上谷太守祖眞河內清河二郡太守父懿延興末爲廣平太守有稱績孝文南巡吏人頌之徵爲選部給事中有公平譽除安南將軍洛州刺史未之任卒贈本官加弘農公諡曰簡播本字元休孝文賜改焉母王氏文明太后之外姑播少脩飭奉養盡禮擢爲中散累遷衞尉少卿與陽平王頤等出漢北擊蠕蠕大致克獲遷武衞將軍復征蠕蠕至居然山而還及車駕南討假前將軍從至鍾離師迴詔播爲圍陣禦之相拒再宿軍人食盡賊圍更急播乃領精騎三百歷其船大呼曰我今欲度能戰者出遂擁而濟賊莫敢動賜爵華陰子後從駕討破崔慧景蕭衍於鄧城進號平東將軍時車駕耀威沔水上已設宴帝與中軍彭城王勰賭射左衞元遙在勰朋內而播居帝曹遙射侯正中籌限已滿帝曰左衞籌足右衞不得不解對曰仰恃聖恩庶幾必爭於是箭中正帝笑曰雖養由之妙何復過是遂舉巵以賜播曰古人酒以養病朕今賞卿之能可謂古今殊也除太府卿進爵爲伯後爲華州刺史至州借人田爲御史王基所劾除官爵卒于家子侃等停柩不葬披訴積年至熙平中乃贈鎮西將軍雍州刺史并復其爵諡曰壯

侃字士業頗愛琴書尤好計畫時播一門貴滿朝廷子姪早通而侃獨不交遊公卿罕有識者親朋勸其出仕侃曰苟有良田何憂晚歲但恨無才具耳年三十一襲爵華陰伯揚州刺史長孫承業請爲錄事參軍梁豫州

刺史裴邃規相掩襲密購壽春人李瓜花袁建等令爲內應邃已纂勒兵士慮壽春疑覺遂謬移云魏始於馬頭置戍如聞復欲脩白捺舊城若爾便稍相侵逼此亦須營歐陽設交境之備今板卒已集唯聽信還佐寮咸欲以實答之云無脩白捺意而侃曰白捺小城本非形勝邃集兵遣移虛構是言得無有別圖也承業乃云錄事可造移報移曰彼之纂兵想別有意何爲妄構白捺他人有心予忖度之勿謂秦無人也邃得移謂已覺便散兵瓜花等以期契不會便相告發伏辜者十數家邃後竟襲壽春入羅城而退遂列營於黎漿梁城日夕鈔掠承業乃奏侃爲統軍後雍州刺史蕭寶夤據州反承業討之除侃爲承業行臺左丞軍次恒農侃白承業曰今賊守潼關全據形勝須北取蒲坂飛棹西岸置兵死地人有鬭心華州之圍可不戰而解潼關之賊必望風潰散諸處既平長安自克愚計可錄請爲明公前驅承業從之令其子子產等領騎與侃於恒農北度便據石錐壁乃班告曰今且停軍於此以待步卒兼觀人情向背若送降名者各自還村候臺軍舉三烽火各亦應之以明降款其無應烽卽是不降之村理須殄戮人遂傳相告報實未降者亦詐舉烽一宿之間火光遍數百里內圍城之寇不測所以各自散歸長安平侃頗有力焉建義初除岐州刺史屬元顥內逼詔行北中郎將孝莊從河北執侃手曰朕停卿蕃寄移任此者正爲今日但卿尊卑百口若隨朕行所累處大卿可還洛寄之後圖侃曰寧可以臣微族頓廢君臣之義固求陪從除度支尚書兼給事黃門侍郎敷西縣公及車駕南還顥令梁將陳慶之守北中城自據南岸有夏州義士爲顥守河中渚乃密信通款求破橋立効尒朱榮赴之及橋破應接不果皆爲顥屠榮將爲還計欲更圖後舉侃曰若今卽還人情失望未若召發人材唯多縛筏間以舟楫沿河廣布令數百里中皆爲度勢顥知防何處一旦得度必立大功榮大笑從之於是尒朱兆等於馬渚諸楊南度顥便南走車駕入都侃解尚書正黃門以濟河功進爵濟北郡公復除其長子師仲爲祕書郎時所用錢人多私鑄稍就薄小乃至風飄水浮米斗幾直一千侃奏聽人與官並鑄五銖使人樂爲而俗弊得改莊帝從之後除侍中加衞將軍右光祿大夫莊帝將圖尒朱榮侃與內弟李晞城陽王徽侍中李彧等咸預其謀尒朱兆入洛侃時休沐遂竄歸華陰普泰初天光在關西遣侃子婦父韋義遠招慰之立盟許恕其罪侃從兄昱恐爲家禍令侃出應假其食言不過一人身沒冀全百口侃赴之爲天光所害太昌初贈車騎將軍儀同三司幽州刺史子純陁襲播弟椿

椿字延壽本字仲考孝文賜改焉性寬謹爲內給事與兄播並侍禁闈後爲中部法曹折訟公正孝文嘉之及文明太后崩孝文五日不食椿諫曰聖人之禮毀不滅性縱陛下欲自賢於萬代其若宗廟何帝感其言乃一進粥轉授宮輿曹少卿加給事中出爲豫州刺史再遷梁州刺史初武興王楊集始降於齊自漢中而北規復舊土椿貽書集始開以利害集始執書對使者曰楊使君此書除我心腹疾遂來降尋以母老解還後兼太僕卿秦州羌呂苟兒涇州屠各陳瞻等反詔椿爲別將隸安西將軍元麗討之賊守崍自固或謀伏兵斷其出入待糧盡攻之或云斬山木縱火焚之椿曰並非計也賊深竄正避死耳今宜勒三軍勿更侵掠賊必謂見嶮不前心輕我軍然後掩其不備可一舉而平乃緩師賊果出掠仍以軍中驢馬餌之銜枚夜襲斬瞻傳首入正太僕卿初獻文世有蠕蠕萬餘戶降附居於高平薄骨律二鎮太和末叛走唯有一千餘家太中大夫王通高平鎮將郎育等求徙置淮北防其後叛詔椿徙焉椿上書以爲裔不謀夏夷不亂華是以先朝居之荒服之間正欲悅近來遠今新附者衆若舊者見徙新者必不安愚謂不可時八坐不從遂於濟州緣河居之及冀州元愉之難果悉浮河赴賊所在鈔掠如椿所策後除朔州刺史在州爲廷尉奏椿前爲太僕卿招引百姓盜種牧田三百四十頃依律處刑五歲尚書邢巒據正始別格奏罪應除名注籍盜門同籍合門不仕宣武以新律既班不宜雜用舊制詔依斷以贖論後除定州刺史自道武平中山多置軍府以相威攝凡有八軍軍各配兵五千食祿主帥軍各四十六人自中原稍定八軍之兵漸割南戍一軍兵纔千餘然主帥如故費祿不少椿表罷四軍減其主帥百八十四人椿在州因修黑山道餘功伐木私造佛寺役兵爲御史所劾除名後累遷爲雍州刺史進號車騎大將軍儀同三司尋以本官加侍中兼尚書右僕射爲行臺節度關西諸將遇暴疾頻啓乞解詔許之以蕭寶夤代爲刺史行臺椿還鄉里遇子昱將還京師使陳寶夤賞罰云爲不依常憲恐有異心昱還面啓明帝及靈太后並不納及寶夤邀害御史中尉酈道元猶上表自理稱爲椿父子所謗建義元年爲司徒永安初進位太保加侍中給後部鼓吹元顥入洛椿子昱爲顥禽又椿弟順順子仲宣兄子保弟子遁並從駕河內爲顥嫌疑以椿家世顯重恐失人望未及加罪時人助其憂或勸椿攜家避禍椿曰吾內外百口何處逃竄正當坐任運耳莊帝還宮椿上書頻請歸老詔聽服侍中服賜朝服一襲八尺牀帳几杖不朝乘安車駕駟馬給扶傳詔二人仰所在郡縣四時以禮存問安否椿奉辭於華林園帝下御座執手流淚曰公先帝舊臣實爲元老但高尚其志決意不留既難相違深用悽切椿亦獻欷欲拜帝親執不聽賜以絹布給羽林衞送羣公百寮餞於城西張方橋行路觀者莫不稱歎椿臨行誡子孫曰我家入魏之始卽爲上客自爾至今二千石方伯不絕祿郵甚多於親姻知故吉凶之際必厚加贈禭來往賓寮必以酒肉飲食故六姻朋友無憾焉國家初丈夫好服綵色吾雖不記上谷翁時事然記清河翁時服飾恒見翁著布衣韋帶常自約敕諸父曰汝等後世若富貴於今日者愼勿積金一斤綵帛百匹已上用爲富也不聽與生求利又不聽與勢家作昏姻至吾兄弟不能遵奉今汝等服乘漸華好吾是以知恭儉之德漸不如上也又吾兄弟若在家必同盤而食若有近行不至必待其還亦有過中不食忍飢相待吾兄弟八人今存者有三是故不忍別食也又願畢吾兄弟不異居異財汝等眼見非爲虛假如聞汝等兄弟時有別齋獨食者此又不如吾等一世也吾今日不爲貧賤然居住舍宅不作壯麗華飾者正慮汝等後世不賢不能保守之將爲勢家所奪北都時朝法嚴急太和初吾兄弟三人並居內職兄在高祖左右吾與津在文明太后左右于時口敕責諸內官十日仰密得一事不列便大嗔嫌諸人多有依敕密列者亦有太后高祖中間傳言構間者吾兄弟自相誡曰今忝二聖近臣居母子間難宜深愼之又列人事亦何容易縱被嗔責勿輕言十餘年中不嘗言一人罪過時大被嫌責答曰臣等非不聞人語正恐不審仰誤聖聽以是不敢言於後終以不言蒙賞及二聖間言語終不敢輒爾傳通太和二十一年吾從濟州來朝在清徽堂豫宴高祖謂諸貴曰北京之日太后嚴明吾每得杖左右因此有是非言和朕母子者唯楊播兄弟遂舉爵賜兄及我酒汝等脫若萬一蒙明主知遇宜深愼言語不可輕論人惡也吾自惟文武才藝門望姻援不勝他人一旦位登侍中尚書四歷九卿十爲刺史光祿大夫儀同開府司徒太保津今復爲司空者正由忠謹愼口不嘗論人之過無貴無賤待之以禮以是故至此耳聞汝等學時俗人乃有坐待客者有驛馳勢門者有輕論人惡者及見貴勝則敬重之見貧賤則慢易之此人行之大失立身之大病也汝家仕皇魏以來高祖以下乃有七郡太守三十二州刺史內外顯職時流少比汝等若能存禮節不爲奢淫驕慢假不勝人足免尤誚足成名家吾今年始七十五自惟氣力尚堪朝覲天子所以孜孜求退者正欲使汝等知天下滿足之義爲一門法耳非是苟求千載之名汝等能記吾言吾百年後終無恨矣椿還華陰踰年爲尒朱天光所害時人莫不怨痛之太昌初贈太師丞相都督冀州刺史子昱

昱字元略起家廣平王懷左常侍懷好武事數遊獵昱每規諫正始中以京兆廣平二王國臣多縱恣詔御史中尉崔亮窮案之伏法都市者三十餘人不死者悉除名唯昱與博陵崔楷以忠諫免後除太學博士員外散騎侍郎初尚書令王肅除揚州刺史出頓洛陽東亭酣後廣陽王嘉北海王詳等與播論議競理播不爲屈北海王顧昱曰尊伯性剛不伏理大不如尊使君也昱對曰昱父道隆則從其隆道洿則從其洿伯父剛則不吐柔亦不茹一坐歎其能言肅曰非此郎何得申二父之美延昌三年以本官帶詹事丞時明帝在懷抱中至於出入左右乳母而已不令宮寮聞知昱諫曰陛下不以臣等凡淺備位宮臣太子動止宜令翼從自比以來輕爾出入進無二傅導引之美退闕羣寮陪侍之式非所謂示人軌儀著君臣之義陛下若召太子必降手敕令臣下咸知爲後世法於是詔自今若非手敕勿令兒輒出宮臣在直者從至萬歲門轉太尉掾兼中書舍人靈太后常謂昱曰親姻在外不稱人心卿有所聞愼勿諱隱昱奏揚州刺史李崇五車載貨恒州刺史楊鈞造銀食器十具並餉領軍元乂靈太后令召乂夫妻泣而責之乂深恨昱昱第六叔舒妻武昌王和之妹和卽乂之從祖父舒早喪有一男六女及終喪元氏請別居昱父椿集親姻泣謂曰我弟不幸早終今男未婚女未嫁何便求別居不聽遂懷憾神龜二年瀛州人劉宣明謀反事覺逃竄乂使和及元氏誣告昱藏宣明云昱父椿叔津並送甲杖三百具謀圖不逞乂又構成其事乃遣夜圍昱宅收之並無所獲太后問狀昱具對元氏構釁之端言至哀切太后乃解昱縛和及元氏並處死刑而乂相左右和直免官元氏卒亦不坐及乂之廢太后也乃出昱爲齊陰內史中山王熙起兵於鄴又遣黃門盧同

詣鄴刑熙幷窮黨與同希乂旨就郡鎖昱赴鄴因訊百日乃還任孝昌初除中書侍郎遷給事黃門侍郎後賊圍幽州詔昱兼侍中持節催西北道大都督北海王顥仍隨軍監察幽州圍解雍州蜀賊張映龍姜神達知州內虛謀欲攻掩刺史元脩義懼而請援一日一夜書移九通都督李叔仁遲疑不赴昱曰若長安不守大軍自然瓦散此軍雖往有何益也遂與叔仁等俱進於陣斬神達諸賊迸散詔以昱受旨催督而顥軍稽緩遂免昱官尋除涇州刺史未幾昱父椿爲雍州徵昱除吏部郎中及蕭寶夤等敗於關中以昱兼七兵尚書持節假撫軍都督防守雍州昱遇賊失利而返後除鎮東將軍假車騎將軍東南道都督又加散騎常侍於後太山守羊侃據郡南叛侃兄深時爲徐州行臺府州咸欲禁深昱曰昔叔向不以鮒也見廢奈何以侃罪深宜聽朝旨不許羣議還朝未幾元顥侵逼大梁除昱南道大都督鎮滎陽顥禽濟陰王暉業乘虛徑進城陷昱與弟息五人在門樓上顥至執昱下責曰卿今死甘心不答曰分不望生向所以不下樓正慮亂兵耳但恨八十老父無人供養乞小弟一命便是死不朽也顥將陳慶之胡光等伏顥帳前曰陛下度江三千里無遺鏃費昨日殺傷五百餘人求乞楊昱以快意顥曰我在江東聞梁主言初下都袁昂爲吳郡不降稱其忠節奈何殺昱於是斬昱下統帥三十七人皆令蜀兵刳腹取心食之孝莊還復前官尒朱榮之死昱爲東道行臺拒尒朱仲遠會尒朱兆入洛昱還京師後歸鄉里亦爲天光所害太昌初贈司空公定州刺史子孝邕員外郎奔免匿蠻中潛結渠率謀報尒朱氏微服入洛爲尒朱世隆所殺椿弟顥字惠哲本州別駕顥弟順字延和寬裕謹厚豫立莊帝功封三門縣伯位冀州刺史罷州還遇害太昌初贈太尉公錄尚書事相州刺史子辯字僧達位東雍州刺史辯弟仲宣有風度才學位正平太守爵恒農伯在郡有能名還京兄弟與父同遇害太昌初辯贈儀同三司恒州刺史仲宣贈尚書右僕射青州刺史仲宣子玄就幼而儁拔收捕時年九歲牽挽兵人曰欲害諸尊乞先就死兵以刀斫斷其臂猶請死不止遂先殺之永熙初贈汝陰太守順弟津

津字羅漢本字延祚孝文賜改焉少端謹以器度見稱年十一除侍御中散時孝文幼沖文明太后臨朝津曾入侍左右忽欬逆失聲遂吐血數升藏之衣袖太后聞聲閣而不見問其故具以實言遂以敬慎見知賜縑百匹遷符璽郎中津以身在禁密不外交遊至宗族姻表罕相參候司徒馮誕與津少結交友而津見其貴寵每恒退避及相招命多辭疾不往誕以爲恨而津逾遠焉人或謂之曰司徒君之少舊何自外也津曰爲勢家所厚復何容易但全吾今日亦足矣轉振威將軍領監曹奏事令孝文南征以津爲都督征南府長史後遷長水校尉仍直閤景明中宣武遊於北芒津時陪從太尉咸陽王禧謀反帝馳入華林時直閤中有同禧謀皆在從限及禧平帝顧謂朝臣曰直閤半爲逆黨非至忠者安能不豫此謀因拜津左右中郎將遷驍騎將軍仍直閤出除岐州刺史津巨細躬親孜孜不倦有武功人齎絹三匹去城十里爲賊所劫時有使者馳驛而至被劫人因以告之使者到州以狀白津津乃下教云有人著某色衣乘某色馬在城東十里被殺不知姓名若有家人可速收視有一老母行哭而出云是己子於是遣騎追收并絹俱獲自是闔境畏服至於守令寮佐有濁貨者未曾公言其罪常以私書切責之於是官屬感厲莫有犯法者以母憂去職延昌末起爲華州刺史與兄播前後牧本州當世榮之先是受調絹度尺特長在事因緣共相進退百姓苦之津乃令依公尺度其輸物尤好者賜以杯酒而出其所輸少劣者爲受之但無酒以示其耻於是競相勸厲官調更勝孝昌中北鎮擾亂侵逼舊京乃加津安北將軍北道大都督尋轉左衞加撫軍將軍津始受命出據靈丘而賊帥鮮于脩禮起於博陵定州危急遂回師南赴始至城下營壘未立而州軍新敗津以賊既乘勝士衆勞疲柵壘未安不可擬敵欲移軍入城更圖後舉刺史元固稱賊既逼城不可示弱乃閉門不內津揮刃欲斬門者軍乃得入賊果夜至見柵空而去其後賊攻州城東面已入羅城刺史閉小城東門城中騷擾津開門出戰賊退人心少安尋除定州刺史又兼吏部尚書北道行臺初津兄椿得罪此州由鉅鹿人趙略投書所致及津至略舉家逃走津乃下教慰喻令其還業於是闔州愧服遠近稱之時賊帥鮮于脩禮杜洛周殘掠州境孤城獨立在兩寇之間津脩理戰具更營雉堞又於城中去城十步掘地至泉廣作地道潛兵涌出置爐鑄鐵持以灌賊賊遂相告曰不畏利槊堅城唯畏楊公鐵星津與賊帥元洪業等書喻之并授鐵券許之爵位令圖賊帥毛普賢洪業等感寤復書云欲殺普賢又云賊欲圍城正爲取北人城中所有北人必須盡殺津以城內北人雖是惡黨然掌握中物未忍便殺但收內子城防禁而已將吏無不感其仁恕朝廷初送鐵券二十枚委津分給津隨賊中首領間行送之脩禮普賢頗亦由此而死既而杜洛周圍州城津盡力捍守詔加衞將軍將士有功者任津科賞兵人給復八年葛榮以司徒說津津大怒斬其使以絕之自受攻圍經歷三稔朝廷不能拯赴乃遣長子遁突圍出詣蠕蠕主阿那瓌令其討賊遁日夜泣訴阿那瓌遣其從祖吐豆發率精騎南出前鋒已達廣昌賊防塞隘口蠕蠕遂還津長史李裔引賊入津苦戰不敵遂見拘執洛周脫津衣服置地牢下數日將烹之諸賊還相諫止遂得免害津曾與裔相見對諸賊帥以大義責之辭淚俱發裔大慙典守者以告洛周弗之責及葛榮併洛周復爲榮所拘榮破始得還洛永安二年兼吏部尚書元顥內逼莊帝將親出討以津爲中軍大都督兼領軍將軍未行顥入及顥敗津乃入宿殿中埽洒宮掖遣第二子逸封閉府庫各令防守及帝入也津迎於北芒流涕謝罪帝深嘉慰之尋以津爲司空加侍中尒朱榮死使津以本官爲兼尚書令北道大行臺都督幷州刺史委以討胡經略津馳至鄴將從滏口而入遇尒朱兆等已克洛相州刺史李神等議欲與津舉城通款津不從以子逸既爲光州刺史兄子昱時爲東道行臺鳩率部曲在於梁沛津規欲東轉更爲方略乃率輕騎望於濟州度河而尒朱仲遠已陷東郡所圖不果遂還京師普泰元年亦遇害於洛太昌初贈大將軍太傅都督雍州刺史謚曰孝穆將葬本鄉詔大鴻臚持節監護喪事長子遁

遁字山才其家貴顯諸子弱冠咸縻王爵而遁性靜退年近三十方爲鎮西府主簿累遷尚書左丞金紫光祿大夫亦被害於洛太昌初贈車騎大將軍儀同三司幽州刺史謚曰恭定遁弟逸字遵道有當世才起家員外散騎侍郎以功賜爵華陰男建義初莊帝猶在河陽逸獨往謁帝特除給事黃門侍郎領中書舍人及朝士濫禍帝益憂怖詔逸晝夜陪侍常寢御床前帝曾夜中謂逸曰昨來舉目唯見異人賴卿差以自慰再遷南秦州刺史加散騎常侍時年二十九時方伯之少未有先之者仍以路阻不行改光州刺史時災儉連歲逸欲以倉粟振給而所司懼罪不敢逸曰國以人爲本人以食爲命假令以此獲戾吾所甘心遂出粟然後申表右僕射元羅以下謂公儲難闕竝執不許尚書令臨淮王彧以爲宜貸二萬詔聽貸二萬逸既出粟之後其老小殘疾不能自存活者又於州門造粥飼之將死而得濟者以萬數帝聞而善之逸爲政愛人尤憎豪猾廣設耳目善惡畢聞其兵出使下邑皆自持糧人或爲設食者雖在闇室終不敢進咸言楊使君有千里眼那可欺之在州政績尤美及其家禍尒朱仲遠遣使於州害之吏人如喪親戚城邑村落營齋供一月之中所在不絕太昌初贈都督豫郢二州刺史謚曰貞逸弟謐字遵和歷員外散騎常侍以功賜爵恒農伯鎮軍將軍金紫光祿大夫衞將軍在晉陽爲尒朱兆所害太昌初贈驃騎將軍兗州刺史謐弟愔事列于後津弟暐字延季弘厚頗有文學位武衞將軍加散騎常侍安南將軍莊帝初遇害河陰贈儀同三司雍州刺史播家世純厚竝敦義讓昆季相事有如父子播性剛毅椿津恭謙兄弟旦則聚於廳堂終日相對未曾入內有一美味不集不食廳堂間往往幃幔隔障爲寢息之所時就休偃還共談笑椿年老曾他處醉歸津扶侍還室仍假寢閤前承候安否椿津年過六十竝登台鼎而津常旦暮參問子姪羅列階下椿不命坐津不敢坐椿每近出或日斜不至津不先飯椿還然後共食食則津親授匙箸味皆先嘗椿命食然後食津爲司空於時府主皆自引寮佐人有就津求官者津曰此事須家兄裁之何爲見問初津爲肆州椿在京宅每有四時嘉味輒因使次附之若或未寄不先入口椿每得所寄輒對之下泣兄弟竝皆有孫唯椿有曾孫年十五六矣椿常欲爲之早娶望見玄孫自昱已下率多學尚時人莫不欽焉一家之內男女百口緦服同爨庭無間言魏世以來唯有盧陽烏兄弟及播昆季當世莫逮焉尒朱世隆等將害椿家誣其爲逆奏請收之節閔不許世隆復苦執不得已乃下詔世隆遂遣步騎夜圍其宅天光亦同日收椿於華陰東西兩處無少長皆遇禍籍沒其家節閔悵惋久之

愔字遵彥小名秦王兒童時口若不能言而風度深敏出入門閭未嘗戲弄六歲學史書十一受詩易好左氏春秋幼喪母曾詣舅源子恭子恭與之飲問讀何書曰誦詩子恭曰誦至渭陽未邪愔便號泣感噎子恭亦對之歔欷遂爲之罷酒子恭後謂津曰常謂秦王不甚察慧從今已後更欲刮目視之愔一門四世同居家甚隆盛昆季就學者三十餘人學庭前有柰樹實落地羣兒咸爭之愔頹然獨坐其季父暐適入學館見之大用嗟異顧謂賓客曰此兒恬裕有我家風宅內有茂竹遂爲愔於林邊別葺一室命獨處其中常銅盤具盛饌以飯之因以督厲諸子曰汝輩但如遵彥謹慎自得竹林別

室銅盤重肉之食愔從父兄黃門侍郎昱特相器重曾謂人曰此兒駒齒未落已是我家龍文更十歲後當求之千里外昱嘗與十餘人賦詩愔一覽便誦無所遺失及長能清言美音制風神俊悟容止可觀人士見之莫不敬異有識者多以遠大許之正光中隨父之并州性既恬默又好山水遂入晉陽西縣甕山讀書孝昌初津爲定州刺史愔亦隨父之職以軍功除羽林監賜爵魏昌男不拜及中山爲杜洛周陷全家被囚繫未幾洛周滅又沒葛榮榮欲以女妻之又逼以僞職愔乃託疾密含牛血數合於衆中吐之仍陽喑不語榮以爲信然乃止永安初還洛拜通直散騎侍郎年十八元顥入洛時愔從父兄侃爲北中郎將鎮河梁愔適至侃處便屬乘輿失守夜至河侃雖奉迎車駕北度而潛南奔愔固諫止之遂相與扈從達建州除通直散騎常侍愔以世故未夷志在潛退乃謝病與友人中直侍郎河間邢邵隱於嵩山及莊帝誅尒朱榮其從兄侃參讚帷幄朝廷以其父津爲并州刺史北道大行臺愔隨之任有邯鄲人楊寬者求義從出藩愔請津納之俄而孝莊幽崩愔時適欲還都行達邯鄲過楊寬家爲寬所執至相州見刺史劉誕以愔名家盛德甚相哀念付長史慕容白澤禁止焉遣隊主鞏榮貴防禁送都至安陽亭愔謂榮貴曰僕百世忠臣輸誠魏室家亡國破一至於此雖曰囚虜復何面目見君父之讎得自縊於一繩傳首而去君之惠也榮貴深相矜感遂與俱逃愔乃投高昂兄弟既潛竄累載屬齊神武至信都遂投刺轅門便蒙引見賞揚興運陳訴家禍言辭哀壯涕泗橫集神武爲之改容卽署行臺郎中南攻鄴歷楊寬村寬於馬前叩頭請罪愔謂曰人不識恩義蓋亦常理我不恨卿無假驚怖時鄴未下神武命愔作祭天文燎畢而城陷由是轉大行臺右丞于時霸圖草創軍國務廣文檄教令皆自愔及崔㥄出遭離家難常以喪禮自居所食唯鹽米而已哀毀骨立神武愍之常相開慰及韓陵之戰愔每陣先登朋僚咸共怪歎曰楊氏儒生今遂爲武士仁者必勇定非虛論頃之表請解職還葬一門之內贈太師太傅丞相大將軍者一人太尉錄尚書及尚書令者三人僕射尚書者五人刺史太守者二十餘人追榮之盛古今未之有也及喪柩進發吉凶儀衞亘二十餘里會葬者將萬人是日隆冬盛寒風雪嚴厚愔跣步號哭見者無不哀之尋徵赴晉陽仍居本職愔從兄幼卿爲岐州刺史以直言忤旨見誅愔聞之悲懼因哀感發疾後取急就鴈門溫湯療疾郭季素害其能因致書恐之曰高王欲送卿於帝所仍勸其逃亡愔遂棄衣冠於水濱若見沉者變易名姓自稱劉士安入嵩山與沙門曇謨徵等屏居削跡又潛之光州因東入田橫島以講誦爲業海隅之士謂之劉先生太守王元景陰佑之神武知愔存遣愔從兄寶猗齎書慰喻仍遣光州刺史奚思業令搜訪以禮發遣神武見之悅除太原公開府司馬轉長史復授大行臺右丞封華陰縣侯遷給事黃門侍郎妻以庶女又兼散騎常侍爲聘梁使主至碻磝州內有愔家舊佛寺精廬禮拜見太傅容像悲感慟哭歐血數升遂發病不成行輿疾還鄴久之以本官兼尚書吏部郎中武定末以望實之美超拜吏部尚書加侍中衞將軍侍學典選如故天保初以本官領太子少傅別封陽夏縣男又詔監太史遷尚書右僕射尚太原長公主卽魏孝靜后也會有雉集其舍又拜開府儀同三司尚書右僕射改封華山郡公九年徙尚書令又拜特進驃騎大將軍十年改開封王文宣之崩百寮莫有下淚愔悲不自勝濟南嗣業任遇益隆朝章國命一人而已推誠體道時無異議乾明元年二月爲孝昭帝所誅時年五十天統末追贈司空公愔貴公子早著聲譽風表鑒裁爲朝野所稱家門遇禍唯有二弟一妹及兄孫女數人撫養孤幼慈旨溫顏咸出仁厚重分義輕貨財前後賜與多散之親族羣從弟姪十數人竝待而舉火頻遭迍厄冒履艱危一飡之惠酬答必重性命之讎捨而不問典選二十餘年獎擢人倫以爲己任然取士多以言貌時致謗言以爲愔之用人似貧士市瓜取其大者愔聞不以爲意其聰記彊識半面不忘每有所召或單稱姓或單稱名無有誤者後有選人魯漫漢自言猥賤獨不見識愔曰卿前在元子思坊騎禿尾草驢經見我不下以方麴鄣面我何不識卿漫漢驚服又調之曰名以定體漫漢果自不虛又令吏唱人名誤以盧士琛爲士深士琛自言愔曰盧郎潤朗所以比玉自尚公主後衣紫羅袍金縷大帶遇李庶頗以爲恥謂曰我此衣服都是內裁既見子將不能無愧及居端揆經綜機衡千端萬緒神無滯用自天保五年已後一人喪德維持匡救實有賴焉每天子臨軒公卿拜授施號發令宣揚詔冊愔辭氣溫辯神儀秀發百寮觀聽莫不悚動自居大位門絕私交輕貨財重仁義前後賞賜積累巨萬散之九族架篋之中唯有書數千卷太保平原王隆之與愔隣宅嘗見其門外有富胡數人謂左右曰我門前幸無此物性周密畏愼悟若不足每聞後命愀然變色文宣大漸以常山長廣二王位地親逼深以後事爲念愔與尚書左僕射平秦王歸彥侍中燕子獻黃門侍郎鄭子默受遺詔輔政竝以二王威望先重咸有猜忌之心初在晉陽以大行在殯天子諒闇議令常山王在東館欲奏之事皆先諮決二旬而止仍欲以常山王隨梓宮之鄴留長廣鎮晉陽執政復生疑貳兩王又俱從至于鄴子獻立計欲處太皇太后於北宮政歸皇太后又自天保八年已來爵賞多濫至是愔先自表解其開封王諸叨竊榮恩者皆從黜免由是嬖寵失職之徒盡歸心二叔高歸彥初雖同德後尋反動以疎忌之跡盡告兩王可朱渾天和又每云若不誅二王少主無自安之理宋欽道面奏帝稱二叔威權既重宜速去之帝不許曰可與令公共詳其事愔等議出二王爲刺史以帝仁慈恐不可所奏乃通啓皇太后具述安危有宮人李昌儀者北豫州刺史高仲密之妻坐仲密事入宮太后與昌儀宗情甚相昵愛太后以啓示之昌儀密白太皇太后愔又議不可令二王俱出乃奏以長廣王爲大司馬并州刺史常山王爲太師錄尚書事及二王拜職於尚書省大會百僚愔等竝將同赴子默止之云事不可量不可輕脫愔云吾等至誠體國豈有常山拜職有不赴之理何爲忽有此慮長廣旦伏家僮數十人於錄尚書後室仍與席上勳貴數人相知并與諸勳胄約行酒至愔等我各勸雙盃彼必致辭我一曰捉酒二曰捉酒三曰何不捉爾輩卽捉及宴如之愔大言曰諸王反逆欲殺忠良邪尊天子削諸侯赤心奉國未應及此常山王欲緩之長廣王曰不可於是愔及天和欽道皆被拳杖亂毆擊頭面血流各十人持之使薛孤延康買執子默於尚藥局子默曰不用智者言以至於此豈非命也二叔率高歸彥賀拔仁斛律金擁愔等唐突入雲龍門見都督叱利騷招之不進使騎殺之開府成休寧拒門歸彥喻之乃得入送愔等於御前長廣王及歸彥在朱華門外太皇太后臨昭陽殿太后及帝側立常山王以塼叩頭進而言曰臣與陛下骨肉相連楊遵彥等欲擅朝權威福自己自王公以還皆重足屏氣共相脣齒以成亂階若不早圖必爲宗社之害臣與湛等爲國事重賀拔仁斛律金等惜獻皇帝業共執遵彥等領入宮未敢刑戮專輒之失罪合萬死帝時嘿然領軍劉桃枝之徒陛衞叩刀仰視帝不覗之太皇太后令却仗不肯又厲聲曰奴輩卽今頭落乃却因問楊郎何在賀拔仁曰一目已出太皇太后愴然曰楊郎何所能留使不好邪乃讓帝曰此等懷逆欲殺我二兒次及我耳何縱之帝猶不能言太皇太后怒且悲王公皆泣太皇太后曰豈可使我母子受漢老嫗斟酌太后拜謝常山王叩頭不止太皇太后謂帝何不安慰爾叔帝乃曰天子亦不敢與叔惜豈敢惜此漢輩但願乞兒性命兒自下殿去此等任叔父處分遂皆斬之長廣王以子默昔讒己作詔書故先拔其舌截其手太皇太后臨愔喪哭曰楊郎忠而獲罪以御金爲之一眼親內之曰以表我意常山王亦悔殺之先是童謠曰白羊頭毼禿羖䍽頭生角又曰羊羊喫野草不喫野草遠我道不遠打爾腦又曰阿麼姑禍也道人姑夫死也羊爲愔也角文爲用刀道人謂廢帝小名太原公主嘗作尼故曰阿麼姑愔子獻天和皆尚帝姑故曰道人姑夫云於是乃以天子之命下詔罪之罪止一身家口不問復尋簿錄五家王晞固諫乃各沒一房孩幼盡死兄弟皆除名遵彥死仍以中書令趙彥深代總機務鴻臚少卿陽休之私謂人曰將涉千里殺騏驎而策蹇驢可悲之甚愔所著詩賦表奏書論甚多誅後散失門生鳩集所得者萬餘言

燕子獻字季則廣漢下洛人少時相者謂曰使役在胡代富貴在齊趙後遇周文於關中創業用爲典籤將命使於蠕蠕子獻欲驗相者之言來歸神武見之大悅神武舊養韓長鸞姑爲女是爲陽翟公主遂以嫁之甚被待遇文宣時官至侍中濟南卽位委任彌重除尚書右僕射子獻素多力頭少髮當狼狽之際排衆走出省門斛律光逐而禽之子獻歎曰丈夫爲計遲遂至此天統五年追贈司空天和事見兄元傳

鄭頤字子默彭城人高祖據魏彭城太守自榮陽徙焉頤聰敏頗涉文義而邪險不良初爲太原公東閤祭酒天保世稍遷中書侍郎與宋欽道特相友愛欽道每師事之楊愔始輕宋鄭不爲之禮俄而自結人主稍不可制欽道舊與濟南款狎共相引致無所不言乾明初拜散騎常侍兼中書侍郎二人權將楊愔相埒愔見害之時邢子才流涕曰楊令君雖其人死日恨不得一佳伴頤後與愔同詔追贈殿中尚書廣州刺史頤弟抗字子信頗有文學武平末兼左右郎中待詔文林館

楊敷字文衍播族孫也高祖暉洛州刺史贈恒農公謚曰簡曾祖恩河間太守祖鈞博學彊識頗有幹用位七兵尚書北道行臺恒州刺史懷朔鎭將贈侍中司空公進封臨貞縣伯謚曰恭父暄字宣和性通朗彊識有學

位諫議大夫，以別將從廣陽王深征葛榮遇害，贈殿中尚書、華州刺史。敷少有志操，重然諾，人景慕之。魏建義初，襲祖鈞爵臨貞縣伯，稍遷廷尉少卿，斷獄以平允稱。周孝閔踐阼，進爵爲侯。天和中，爲汾州刺史，進爵爲公。齊將段孝先率衆來寇，城陷見禽。齊人方任用之，敷不爲屈，遂以憂憤卒於鄴。子素。

素字處道，少落拓，有大志，不拘小節，世人多未之知，唯從祖寬深異之，每謂子孫曰：「處道逸羣絕倫，非常之器，非汝曹所逮。」後與安定牛弘同志好學，研精不倦，多所通涉。善屬文，工草隸書，頗留意風角。美鬚髯，有英傑之表。周大冢宰宇文護引爲中外記室，轉禮曹，加大都督。周武帝親總萬機，素以其父守節陷齊，未蒙朝命，上表申理。至於再三，帝大怒，命左右斬之。素又言曰：「臣事無道天子，死其分也。」帝壯其言，贈敷使持節、大將軍、淮廣復三州刺史，諡曰忠壯。拜素車騎大將軍、儀同三司，漸見禮遇。帝令爲詔，下筆立成，詞義兼美。帝嘉之，謂曰：「善相自勉，勿憂不富貴。」素應聲曰：「臣但恐富貴來逼臣，臣無心圖富貴。」及平齊之役，素請率麾下先驅。帝從之，賜以竹策，曰：「朕方欲大相驅策，故用此物賜卿。」從齊王憲與齊人戰於河陰，以功封清河縣子，授司城大夫。復從憲拔晉州。屯兵雞棲原，齊主以大軍至，憲懼，宵遁，爲齊兵躡，衆多敗散。素與驍將十餘人盡力苦戰，憲僅而獲免。齊平，加上開府，改封成安縣公。尋從王軌破陳將吳明徹於呂梁，行東楚州事。封弟慎爲義安侯。陳將樊毅築城泗口，素擊走之，夷毅所築城。宣帝即位，襲父爵臨貞縣公，以弟約爲安成公。尋從韋孝寬徇淮南。及隋文帝爲丞相，素深自結納，帝甚器之，以爲汴州刺史。至洛陽，會尉遲迥作亂，滎州刺史宇文冑據武牢應迥，素不得進。帝拜素大將軍，擊冑破之，遷徐州總管，位柱國，封清河郡公，以弟約爲臨貞公。及隋受禪，加上柱國，拜御史大夫。其妻鄭氏性妬悍，素忿之曰：「我若作天子，卿定不堪爲皇后。」鄭氏奏之，由是坐免。上方圖江表，先是，素數進取陳計，未幾，拜信州總管，賜錢百萬、錦千段、馬二百匹遣之。素居永安，造大艦，名曰五牙，上起樓五層，高百餘尺，左右前後置六檣竿，並高百五十尺，容戰士八百人，旗幟加於上。次曰黃龍，置兵百餘人。自餘平乘、舴艋等各有差。及大舉伐陳，以素爲行軍元帥，引舟師趣三硤。至流頭灘，陳將戚欣以青龍百餘艘屯兵守狼尾灘，以遏軍路。其地險峭，諸將患之。素曰：「勝負在此一舉。若晝日下船，彼則見我，灘流迅激，制不由人，則吾失其便。」乃夜掩之。素親率黃龍十艘，銜枚而下，遣開府王長襲從南岸擊欣別柵，令大將軍劉仁恩趣白沙北岸，比明而至，擊之，欣敗。虜其衆，勞而遣之，秋毫不犯，陳人大悅。素率水軍東下，舟艫被江，旌甲曜日。素坐平乘大船，容貌雄偉，陳人望之懼曰：「清河公即江神也。」陳南康內史呂仲肅屯岐亭，正據江峽，於北岸鑿巖，綴鐵鎖三條，橫截上流，以遏戰船。素與仁恩登陸俱發，先攻其柵。仲肅軍夜潰，素徐去其鎖。仲肅復據荊州之延洲。素遣巴蜑卒數千，乘五牙四艘，以檣竿碎賊十餘艦，遂大破之。仲肅僅以身免。陳主遣其信州刺史顧覺鎮安蜀城，荊州刺史陳紀鎮公安，皆懼而走。巴陵以東，無敢守者。荊州刺史岳陽王陳叔慎請降。素下至漢口，與秦孝王會。乃還，拜荊州總管，進爵郢國公，邑食長壽縣千戶。以其子玄感爲儀同三司，玄獎爲清河郡公。賜物萬段，粟萬石，加之金寶。又賜陳主妹、女妓十四人。素言於上曰：「里名勝母，曾子不入。逆人王誼前封郢，臣不願與同。」於是改封越國公。尋拜納言，轉內史令。俄而江南人李稜等爲亂，以素爲行軍總管討之。帝命平定日，男子悉斬，女婦賞征人，在陣免者從賤。朱莫問自稱南徐州刺史，以盛兵據京口。素舟師入自揚子津，進擊破之。晉陵顧世興自稱太守，與其都督鮑遷等復來拒戰，素逆擊破之，執遷，虜三千餘人。進擊無錫賊帥葉略，又平之。吳郡沈玄懀、沈傑等以兵圍蘇州，刺史皇甫績頻戰不利。素率衆援之，玄懀勢迫，走投南沙賊帥陸孟孫。素擊孟孫於松江，大破之，禽孟孫、玄懀。黝歙賊帥沈雪、沈能據柵自固，又攻拔之。江浙賊高智慧自號東揚州刺史，吳州總管五原公元契鎮會稽，以其兵盛而降之。智慧盡居其衆，契自殺。智慧有船艦千餘艘，屯據要害，兵甚勁。素擊之，自旦至中，苦戰破之。智慧逃入海，躡之，從餘姚汎海趣永嘉。智慧來拒戰，素擊走。賊帥汪文進自稱天子，據東陽，署其徒蔡道人爲司空，守樂安。素進討，悉平之。又破永嘉賊帥沈孝徹。於是步道向天台，指臨海郡，逐捕遺逸，前後百餘戰。智慧遁守閩越。上以素久勞於外，詔令馳傳入朝，加子玄感上開府，賜綵八千段。素以餘寇未殄，恐爲後患，又自請行。詔以素爲元帥，復乘傳至會稽。先是，泉州人王國慶，南安豪族也，殺刺史劉弘，據州爲亂，自以海路艱阻，非北人所習，不設備伍。素汎海奄至，國慶遑遽，棄州走。素分遣諸將水陸追捕。時南海先有五六百家居水爲亡命，號曰遊艇子，智慧、國慶欲往依之。素乃密令人說國慶，令斬智慧以自效。國慶乃斬智慧於泉州，自餘支黨悉降，江南大定。上遣左領軍將軍獨孤陀至浚儀迎勞，比到京師，問者日至。拜素子玄獎儀同，賜黃金四十斤，加銀缾，實以金錢，縑三千段，馬二百匹，羊二千口，田百頃，宅一區。代蘇威爲尚書右僕射，與高熲專掌朝政。素性疏而辯，高下在心，朝貴之內，頗推高熲，敬牛弘，厚接薛道衡，視蘇威蔑如也，自餘朝臣多被陵轢。其才藝風調優於高熲，至於推誠體國，處物平當，有宰相識度，不如熲遠矣。尋令素監營仁壽宮，素遂夷山堙谷，督役嚴急，作者多死，宮側時聞鬼哭。及宮成，上令高熲前視，奏稱頗傷綺麗，大損人丁，帝不悅。素懼，即於北門啓獨孤皇后曰：「帝王法有離宮別館，今天下太平，造一宮何足損費。」后以此理論上，上乃解。於是賜錢百萬，綿絹三千段。開皇十八年，突厥達頭可汗犯塞，以素爲靈州道行軍總管，出塞討之，賜物二千段，黃金百斤。先是，諸將與虜戰，每慮胡騎奔突，皆戎車步騎相參，與鹿角爲方陣，騎在內。素曰：「此乃自固之道。」於是悉除舊法，令諸軍爲騎陣。達頭聞之大喜，以爲天賜，下馬仰天而拜，率精騎十餘萬至。素奮擊，大破達頭，被重創而遁，衆號哭而去。優詔賜縑二萬匹及萬釘寶帶，加子玄感位大將軍，玄獎、玄縱、積善並上儀同。素多權略，乘機赴敵，應變無方，然大抵馭戎嚴整，有犯令者，立斬無所寬貸。每將臨寇，輒求人過失而斬之，多者百餘人，少不下數十，流血盈前，言笑自若。及對陣，先令一二百人赴敵，陷陣則已，如不能陷而還，無問多少悉斬之。又令二百人復進，還如向法。將士股慄，有必死心，由是戰無不勝，稱爲名將。素時貴倖，言無不從，其從素征伐者，微功必錄，至於佗將，雖大功多爲文吏所譴却，故素雖嚴忍，士亦以此願從。二十年，晉王廣爲靈朔道行軍元帥，素爲長史。王卑躬交素，及爲太子，素之謀也。仁壽初，代高熲爲尚書左僕射，賜良馬十匹，牝馬二百匹，奴婢百口。其年，以素爲行軍元帥，出雲中擊突厥，連破之。突厥走，追至夜，及之，將復戰，恐賊越逸，令其騎稍後，於是親將兩騎并降突厥二人與虜並行，不之覺也。候其頓舍未定，趣後騎掩擊，大破之。自是突厥遠遁，磧南無復虜庭。以功進子玄感位柱國，玄縱爲淮南郡公，賞物二萬段。及獻皇后崩，山陵制度多出於素。上善之，下詔曰：「君爲元首，臣則股肱，共理百姓，義同一體。上柱國、尚書左僕射、仁壽宮大監、越國公素，志度恢弘，機鑒明遠，懷佐時之略，包經國之才。王業初基，霸圖肇建，策名委質，受脤出師，禽翦凶魁，克平號鄭。頻承廟算，揚旆江表，每稟戎律，長驅塞垣。南指而吳越肅清，北臨而獯獫摧服。自居端揆，參贊機衡，當朝正色，直言無隱。論文則詞藻從橫，語武則權奇間出，既文且武，唯朕所命，任使之處，夙夜無怠。獻皇后奄離六宮，遠日云及，塋兆安厝，委素經紀。然葬事依禮，唯卜泉石，至如吉凶，不由於素。義存奉上，情深體國，欲使幽明俱泰，永保無窮。以爲陰陽之書，聖人所作，禍福之理，特須審慎。乃遍歷川原，親自占擇，志圖元吉，孜孜不已，遂得神皐福壤，營建山陵。論素此心，事極誠孝，豈與平戎定寇比其功業。若不加褒賞，何以申茲勸勵。可別封一子義康郡公，邑萬戶，子子孫孫承襲不絕。餘如故。」并賜田三十頃，絹萬匹，米萬石，金鉢一，實以金，銀鉢一，實以珠，并綾錦五百段。時素貴寵日隆，其弟約、從父文思、弟紀及族父异，並尚書列卿，諸子無汗馬勞，位柱國、刺史。家僮數千，後庭妓妾曳綺羅者以千數。第宅華侈，制擬宮禁。有鮑亨者善屬文，殷胄者工草隸，並江南士人，因高智慧沒爲奴。親戚故吏，布列清顯，其盛近古未聞。煬帝初爲太子，忌蜀王秀，與素謀之，構成其罪，後竟廢黜。朝臣有違忤者，雖至誠體國，如賀若弼、史萬歲、李綱、柳彧等，素皆陰中之。若有附會及親戚，雖無才用，必加進擢。朝廷靡然，莫不畏附。惟兵部尚書柳述以帝壻之重，數於上前面折素；大理卿梁毗抗表言素作威作福。上漸疏忌之，後因出敕曰：「僕射國之宰輔，不可躬親細務，但三五日一度向省評論大事。」外示優崇，實奪之權。終仁壽之末，不復通判省事。上賜王公已下射，素箭爲第一，上手以外國所獻金精盤，價直巨萬，以賜之。四年，從幸仁壽宮，宴賜重疊。及上不豫，素與兵部尚書柳述、黃門侍郎元巖等入侍疾。時皇太子入居大寶殿，慮上有不諱，須豫防擬，乃手自爲書，封出問素。素條錄事狀以報太子，宮人潛送於上，上覽而大恚。所寵陳貴人又言太子無禮，上遂發怒，欲召庶人勇。太子謀之於素，素矯詔追東宮兵士帖上臺宿衞，門禁出入，並取宇文述、郭衍節度，又令張衡侍疾。上以此日崩，由是頗有異論。會漢王諒反，遣茹茹天保往東蒲州，燒斷河橋，又遣王躭子并力拒守。素將輕騎五千襲之，潛於渭口宵濟，比明擊之，天保敗，躭子懼，以城降。有詔徵還。初，素將行，計日破賊，皆如所量。帝於是以素爲并州道行軍總管、河北道安撫大使，討諒。時晉、絳、呂三州並爲諒城守，素各以二千人縻之而去。諒遣趙子開擁衆十餘萬，柵絕徑路，屯據高壁，布陣五十里。素令諸將以兵臨之，自以奇兵深入霍山，緣崖谷而進，直指其營一戰破之諒所署介州刺史梁脩羅屯介休聞素至懼棄城而走進至清源去并州三十里諒率其將王世宗趙子開蕭摩訶等來拒戰又擊破之禽蕭摩訶退保并州素進兵圍之諒窮而降餘黨悉平帝遣素弟脩武公約齎手詔勞素素上表陳謝其月還京師從駕幸洛陽以素領營東京大監以平諒功拜其子萬石仁行姪玄挺皆儀同三司賚物五萬段羅綺千匹諒之妓妾二十人大業元年遷尚書令賜東京甲第一區物二千段尋拜太師餘官如故前後賞錫不可勝計明年拜司徒改封楚公眞食二千五百戶其年病薨諡曰景武贈光祿大夫太尉公弘農河東絳郡臨汾文城河內汲郡長平上黨西河十郡太守給轀輬車班劍三十人前後部羽葆鼓吹粟麥五千石物五千段鴻臚監護喪事帝又下詔立碑以彰盛美素嘗以五言詩七百字贈番州刺史薛道衡詞氣頴拔風韻秀上爲一時盛作未幾而卒道衡歎曰人之將死其言也善若是乎集十卷素雖有建立策及平楊諒功然特爲帝猜忌外示殊禮內情甚薄太史言楚分野有大喪因改封素於楚寢疾之日帝每令名醫診候賜以上藥然密問醫人恒恐不死素又自知名位已極不肯服藥亦不將愼每語弟約曰我豈須更活邪素貪財貨營求產業東西京居宅侈麗朝毀夕復營繕無已爰及諸方都會之處邸店水磑田宅以千百數時議以此鄙之子玄感

玄感少時晚成人多謂之癡唯素每謂所親曰此兒不癡也及長美鬚髯儀貌雄俊好讀書便騎射弱冠以父軍功位柱國與其父俱爲第二品朝會則齊列後文帝命玄感降一等玄感拜謝曰不意陛下寵臣之甚許以公庭獲展私敬初拜郢州刺史到官潛布耳目察長吏能不纖介必知吏人敬服皆稱其能後轉宋州刺史父憂去職歲餘拜鴻臚卿襲爵楚公遷禮部尚書性雖驕倨而愛重文學四海知名之士多趨其門後見朝綱漸紊帝又猜忌日甚內不自安遂與諸弟潛謀廢帝立秦王浩及從征吐谷渾還至達斗拔谷時從官狼狽玄感欲襲擊行宮其叔愼曰士心尚一國未有釁不可圖也玄感乃止時帝好征伐玄感欲立威名陰求將領以告兵部尚書段文振振以白帝帝嘉之謂羣臣曰將門有將故不虛也於是賚物千段禮遇益隆頗預朝政帝征遼東命玄感於黎陽督運遂與武賁郎將王仲伯汲郡贊治趙懷義等議謀不時進發帝遣使者逼促玄感揚言曰水路多盜不可前後而廢其弟武賁郎將玄縱鷹揚郎將萬石並從幸遼東玄感潛遣人召之時來護兒以舟師自東萊將入海趣平壤城軍未發玄感無以動衆乃遣家奴僞爲使從東方來謬稱護失軍期而反玄感遂入黎陽縣閉城大募勇夫於是取颿布爲牟甲署置官屬皆準開皇之舊移書傍郡以討護爲名令發兵會於倉所以東光縣尉元務本爲黎州刺史趙懷義爲衞州刺史河內郡主簿唐禕爲懷州刺史有衆且一萬將襲洛陽唐禕至河內馳往東都告之越王侗戶部尚書樊子蓋等勒兵備禦脩武縣人相率守臨清關玄感不得濟遂於汲郡南度河從亂如市數日屯兵上春門衆至十餘萬子蓋令河南贊務裴弘策拒之弘策戰敗父老競致牛酒玄感屯兵尚書省每有誓衆曰我身爲上柱國家累巨萬金至富貴無所求也今者不顧破家滅族者爲天下解倒縣之急救黎元之命耳衆皆悅詣轅門請自効者日數千及與樊子蓋書曰夫建忠立義事有多途見機而作蓋非一揆昔伊尹放太甲於桐宮霍光廢劉賀於昌邑此並公度內不能一二披陳高祖文皇帝誕膺天命造茲區宇在璇璣以齊七政握金鏡以馭六龍無爲而至化流垂拱而天下乂今上纂承寶歷宜固洪基乃自絕于天殄人敗德頻年肆眚盜賊於是滋多所在脩營人力爲之凋盡荒淫酒色子女必被其侵躭玩鷹犬禽獸皆離其毒朋黨相扇貨賄公行納邪佞之言杜正直之口加以轉輸不息徭役無期士卒塡溝壑骸骨蔽原野黃河之北則千里無烟江淮之間則鞠爲茂草玄感世荷國恩位居上將先公奉遺詔曰好子孫爲我輔佐之惡子孫爲我屏黜之所以上稟先旨下順人心廢其淫昏更立明哲今四海同心九有感應士卒用命如赴私讎人庶相趨義形公道天意人事較然可知公獨守孤城勢何支久願以黔黎在念社稷爲心勿拘小禮自貽伊戚誰謂國家一旦至此執筆潸然言無所具遂進逼東都城刑部尚書衞玄率衆自關中來援東都以步騎二萬度瀍澗挑戰玄感僞北玄逐之伏兵發前軍盡沒後數日玄復與玄感戰兵始合玄感詐令人大呼曰官軍已得玄感矣玄軍稍怠玄感與數千騎乘之大潰擁八千人而去玄感驍勇多力每戰親運長矛身先士卒喑嗚叱咤所當莫不震懾論者方之項羽又善撫馭士樂致死由是戰無不捷玄軍日蹙糧又盡乃悉衆決戰陣於北邙一日間戰十餘合玄感弟玄挺中流矢而斃玄感稍却樊子蓋復遣兵攻尚書省又殺數百人帝遣武賁郎將陳稜攻元務本於黎陽武衞將軍屈突通屯河陽左翊衞大將軍宇文述發兵繼進右驍衞大將軍來護兒復來赴援玄感與前戶部尚書李子雄計曰屈突通曉兵事若度河則勝負難決不如分兵拒之不能濟則樊衞失援玄感然之將拒通子蓋知其謀數擊其營玄感不果進通遂濟河軍於破陵玄感爲兩軍西拒衞玄東拒屈突通子蓋復出兵大戰玄感軍頻北復與子雄計子雄勸之直入關中開永豐倉振貧乏三輔可指麾而定據有府庫東面而爭天下此亦霸王之業會華陰諸楊請爲鄉導玄感遂釋洛陽西圖關中宣言已破東都取關西宇文述等諸軍躡之至弘農宮父老遮說玄感曰宮城空虛又多積粟攻之易下進可絕敵人之食退可割宜陽之地玄感以爲然留攻三日城不下追兵遂至玄感西至閿鄉上槃豆布陣亘五十里與官軍且戰且行一日三敗復陣於董杜原諸軍大敗之玄感獨與十餘騎竄林木間將奔上洛追騎至玄感叱之皆懼而返走至葭蘆戍窘迫獨與弟積善步行謂積善曰事敗矣我不能受人戮辱汝可殺我積善殺之因自刺不死爲追兵所執與玄感首俱送行在所磔其屍於東都市三日復臠而焚之餘黨悉平其弟玄獎爲義陽太守將歸玄感爲郡丞周旋玉所殺玄縱弟萬石自帝所逃歸至高陽止傳舍監事許華與郡兵執之斬於涿郡萬石弟仁行官至朝議大夫斬於長安並具梟磔公卿請改玄感姓爲梟氏詔可之玄感之亂有趙元淑者預謀誅又有劉元進亦舉兵應之元淑博陵人父世模初從高寶後以衆歸周授上開府寓居京兆之雲陽隋文帝踐阼恒典宿衞後從晉王伐陳力戰而死朝廷以其身死王事以元淑襲父本官賜物三千段元淑性疎誕不事產業家徒壁立後授驃騎將軍將之官無以自給時長安富人宗連家累千金仕周爲三原令有季女慧而有色連每求賢夫聞元淑請與相見連有風儀美談笑元淑亦慕之及至其家服玩居處擬於將相酒酣奏女樂元淑所未見也及出連又致殷勤元淑再三來宴樂更侈於前因問所須盡買與之元淑致謝連復拜求以女妻之元淑感而納焉遂爲富人從楊素平楊諒以功進位柱國歷德州刺史潁川太守並有威惠入爲司農卿玄感有異志遂與結交遼東之役領將軍典宿衞加光祿大夫封葛國公明年帝復征高麗以元淑鎭臨渝及玄感作亂其弟玄縱自駕所逃歸路經臨渝元淑出其小妻魏氏見玄縱對宴極歡因與通謀幷受玄縱賂遺及玄感敗人有告其事者帝以屬吏元淑及魏氏俱斬於涿郡籍沒其家元進餘杭人少好任俠爲州里所宗兩手各長尺餘臂垂過膝屬遼東之役百姓騷動元進自以相表非常遂聚亡命會玄感起於黎陽元進應之旬月衆至數萬將度江而玄感敗吳郡朱燮晉陵管崇亦舉兵有衆七萬共迎元進奉以爲主據吳郡稱爲天子以燮崇俱爲僕射置百官帝令將軍吐萬緒光祿大夫魚俱羅討焉爲緒所敗朱燮戰死俄而緒俱羅並得罪江都郡丞王世充發兵擊之有大流星墜於江都未及地而南逝磨拂竹木皆有聲至吳郡而落于地元進惡之令掘地入二丈得一石徑丈餘數日失石所在世充度江元進遣兵人各持茅因風縱火世充大懼將棄營遇反風火轉元進衆懼燒而退世充大破之元進及崇俱爲世充所殺世充坑其衆於黃亭澗死者三萬人其後董道沖沈法興李子通等並乘此而起素母弟約

約字惠伯童兒時嘗登樹墜地爲查傷由是竟爲宦者性好沈靜內多譎詐好學彊記素友愛之凡有所爲先籌於約而行在周末以素軍功賜爵安成縣公拜上儀同三司文帝受禪歷位長秋卿鄖州刺史宗正大理二少卿時皇太子無寵晉王廣規奪宗以素幸於上而雅信約乃用張衡計遣宇文述大以金寶賂約因通王意說之曰夫守正履道固人臣之常致反經合義亦達者之令圖自古賢人君子莫不與時消息以避禍患公兄弟功名蓋世用事有年朝臣爲足下家所屈辱者可勝數哉又儲宮以所欲不行每切齒於執政公雖自結於人主而欲危公者亦多矣主上一旦棄羣臣公亦何以取庇今皇太子失愛於皇后主上素有廢黜之心此公所知也今若請立晉王在賢兄之口耳誠能因此時建大功王必鎭銘於骨髓斯則去累卵之危成太山之安也約然之以白素素本凶險聞之大喜乃撫掌曰吾智慧殊不及此賴汝起余約知其計行復謂素曰今皇后之言上無不用宜因機會早自結託則匪惟長保榮祿傳祚子孫又晉王傾身禮士聲名日盛躬履節儉有主上之風以約料之必能安天下兄若遲疑一旦有變令太子用事恐禍至無日素遂行其策太子果廢及晉王入東宮引約爲左庶子封脩武公進位大將軍及帝崩遣約入京易留守者縊殺庶人勇然後陳兵發凶問煬帝聞之曰令兄之弟果堪大任卽位數日拜內史令約有學術兼達時務帝甚任之後加右光祿大夫及帝在東都令約詣京師享廟行至華陰見其先墓遂枉道拜

哭爲憲司所劾坐免官尋拜淅陽太守其兄子玄感時
爲禮部尚書與約恩義甚篤旣愴分離形於顏色帝謂
曰公比憂悴得非爲叔也玄感再拜流涕曰誠如聖旨
帝亦思約廢立功由是徵入朝未幾卒以素子玄挺後
之
穆字紹叔暄弟也仕魏華州別駕孝武末弟寬請以登
城縣伯讓穆詔許之終于并州刺史贈開府儀同三司
華州刺史穆弟儉字景則偉容儀有才行位北雍州刺
史政尚寬惠夷夏安之從破齊神武於沙苑封夏陽
縣侯位開府儀同三司華州刺史卒謚靜
子异字文殊美風儀有器局髫亂就學日誦千言見者
奇之九歲丁父憂哀毀過禮殆將滅性及免喪之後絕
慶弔閉戶讀書數年之間博涉書記周閔帝時爲寧都
郡太守甚有能名賜爵樂昌縣子後數以軍功進爵爲
侯隋文帝作相行濟州事及踐阼拜宗正少卿加上開
府蜀王秀之鎭益州也朝廷盛選綱紀以异方直拜益
州總管長史尋遷西南道行臺兵部尚書後歷宗正卿
刑部尚書出爲吳州總管甚有能名時晉王廣鎭揚州
詔令异每歲一與王相見評論得失規諫疑闕卒於官
子虔遜
寬字蒙仁儉弟也少有大志每與諸兒童遊處必擇高
大之物坐之見者咸異焉及長頗解屬文尤尚武藝弱
冠除奉朝請父鈞出鎭恒州請隨從展効乃授高闕戍
主旣而蠕蠕亂其主阿那瓌奔魏魏帝詔鈞衞送寬亦
從行時北邊賊起攻圍鎭城鈞卒城人等推寬守禦尋
而城陷寬乃北走蠕蠕後討六鎭賊破寬始得還朝廣
陽王深與寬素相暱深犯法得罪寬被逮捕孝莊時爲
侍中與寬有舊藏之於宅遇赦得免除宗正丞北海王
顥少相器重時爲大行臺北征葛榮欲啓寬爲左丞寬
辭以孝莊厚恩未報義不見利而動顥未之許顥妹壻
李神軌謂顥曰匹夫猶不可奪志況義士乎乃止孝莊
踐阼累遷洛陽令以都督從太宰上黨王元天穆討平
邢杲師未還屬元顥入洛莊帝出居河內天穆懼集諸
將謀之寬勸天穆徑取成皐會兵伊洛天穆然之乃趣
成皐令寬與尒朱兆爲後拒尋以衆議不同乃回赴石
濟寬夜行失道遂後期諸將咸言寬少與北海周旋今
不來矣天穆答曰楊寬非輕去就者也吾當謂諸君明
之言訖候騎白寬至天穆撫髀而笑曰吾固知其必來
遽出帳迎握其手曰是所望也與天穆俱謁孝莊於大
行仍爲都督從平河內進圍北中時梁陳慶之爲顥勒
兵守北門天穆駐馬圍外遣寬至城下說慶之不答久
之乃曰賢兄撫軍在頽欲相見不寬答僕兄旣力屈凶
威迹淪逆黨人臣之理何煩相見天穆聞之自此彌敬
孝莊反正除太府卿華州大中正封澄城縣伯尒朱榮
被誅其從弟世隆等出據河橋還逼京師進寬使持節
大都督隨機捍禦世隆謂寬曰豈忘太宰相知之深也
寬答曰太宰見愛以禮人臣之交耳今日之事事君之
節及尒朱兆陷洛陽囚執孝莊帝寬還洛不可遂自成
皐奔梁至建鄴聞莊帝弑崩寬發喪盡禮梁武義之尋
而禮送還孝武初除給事黃門侍郎孝武與齊神武有
隙遂召募驍勇廣增宿衞以寬爲閤內大都督專總禁
旅從孝武入關兼吏部尚書錄從駕勳進爵華山郡公
大統初遷太子太傅五年除驃騎大將軍開府儀同三
司都督東雍州刺史卽本州也廢帝初爲尚書左僕射
將作大監坐事免周明帝初拜大將軍從賀蘭祥討吐
谷渾破之別封宜陽縣公除小冢宰轉御正中大夫武
成二年詔寬與麟趾殿學士參定經籍寬性通敏有器
幹頻牧數州號稱淸簡歷居臺閣有當官之譽然與柳
機不協案成其罪時論頗以此譏之保定元年除總管
梁興等十九州諸軍事梁州刺史薨於州贈華陝虞上
潞五州刺史謚曰元子文恩
文恩字溫才在周年十一拜車騎大將軍儀同三司散
騎常侍尋以父功封新豐縣子天和初行武都太守十
姓獠反文恩討平之復行冀州事党項羌叛文恩又討
平之進擊資中武康隆山等生獠及東山獠並破之從
陳王攻齊河陰城又從武帝攻拔晉州授上儀同三司
改封承寧縣公壽陽劉叔仁作亂從淸河公宇文神舉
討之戰於塼井在陣禽叔仁又別從王誼破賊於鯉魚
柵後累以軍功遷果毅左旅下大夫隋文帝爲丞相從
韋孝寬拒尉遲迥於武陟與行軍總管宇文述擊走其
將李儁遂解懷州圍破尉遲惇平鄴城皆有功進授上
大將軍改封洛川縣公尋拜隆州刺史開皇元年進爵
正平郡公復爲魏州刺史甚有惠政及去職吏人思之
爲立碑頌德轉冀州刺史煬帝嗣位徵爲戶部尚書轉
納言改授右光祿大夫從幸江都宮以足疾不堪趨奏
復授戶部尚書位右光祿大夫卒官謚曰定初文恩當
襲父爵自以非嫡遂讓弟紀當世多之紀字溫範少剛
正有器局在周襲爵華山郡公累遷安州總管長史將
兵迎陳降將王瑗於齊安與陳將周法尚遇擊走之以
功進開府入爲虞部下大夫文帝爲丞相改封汾陰縣
公從梁睿討王謙以功進授上大將軍歷資州刺史宗
正少卿坐事除名後尋復其爵位拜熊州刺史改封上
明郡公除宗正卿兼給事黃門侍郎判禮部尚書事遷
荆州總管卒謚曰恭
論曰楊播兄弟俱以忠毅謙謹荷內外之任公卿牧守
榮赫累朝所謂門生故吏遍於天下而言色恂恂出於
誠至恭德慎行爲世師範漢之陳紀門法所不過焉後
魏以來一門而已諸子秀立青紫盈庭積善之慶蓋有
憑也及逆胡擅朝淫刑肆毒以斯族而遇斯禍何報施
之反哉愔雅道風流早同摽致公望人物所推夫處亂
虐之世當機衡之重朝有善政是也及寄天下之命託
六尺之孤旬朔未幾身亡君辱進不能送往事居觀幾
衞主退不能保身全名辭寵招福朝庭之釁旣已仗義
斷恩猜忌之途無容推心受亂是知變通之術非所長
也處道少而輕俠微黨不羈兼文武之資包英奇之略
志懷遠大以功名自許屬隋文帝將淸六合委以腹心
之寄埽祅氛於牛斗江海恬波摧驍猛於龍庭匈奴遠
遁若其夷凶靜亂功臣莫居其右覽其奇策高文足爲
一時之傑然以智詐自立不由仁義之道阿諛時主高
下其心營構離宮陷君於奢侈謀廢冢嫡致國於傾危
終使宗廟丘墟市朝霜露究其禍敗之源實乃素之由
也玄感宰相之子荷恩二世君之失德當竭腹心未議
致身先圖問鼎假稱伊霍之事將肆莽卓之心人神同
疾敗不旋踵昆弟就菹醢之誅先人受焚如之酷不亦
甚乎約外示溫柔內懷狡筭爲蛇畫足終傾國本俾無
遺育不亦宜哉寬間關夷嶮竟以功名自卒文恩能以
爵讓其殆仁乎

北史卷四十一考證

楊播傳時車駕耀威城沔水上已設晏○馮夢禎云車
駕耀威城沔水文義欠順臣人龍按魏書本無城字
應刪之
侃傳若送降名者各自還村候臺軍舉三烽火各亦應
之以明降欵○魏書無三字
於是尒朱兆等於馬渚諸楊南度○臣人龍按馮夢楨
云疑重渚字復訛水爲言旁不知魏書本無此渚字
也
昱傳昱字元晷○晷魏書作略
惟昱與博陵崔楷以忠諫免○博監本訛傳今攺從閩
本
愔傳有宮人李倡儀者○李監本訛季下文太后與倡
儀宗情甚相昵愛則知其訛矣今攺從齊書
甚相昵愛○昵監本訛尼今攺正
燕子獻傳相者謂曰使役在胡代○胡代監本訛朝大
今攺從齊書
楊素傳帝晤其言○晤隋書作壯
爲齊兵躡衆多敗散○躡字上隋書有所字
尋從韋孝寬徇譙南○譙隋書作淮
以弟約爲臨貞公○約監本訛岳今攺從隋書
於北岸纜艦綴鐵鎖三條○纜隋書作鑿馮夢楨云當
以鑿爲是
素遣巴蜒卒數千○蜒監本訛蛇今攺從隋書
進擊無錫賊帥葉晧又平之○晧隋書作畧
然葬事依禮唯卜泉石至如吉凶不由於素義存奉上
情深體國○隋書素字上有此字
玄感傳復陣於董杜原○董隋書作董
以元淑襲父本官○父監本訛公今攺從隋書
約傳王必鎭銘於骨體○馮夢楨云鎭疑作鐫
文恩傳文恩字溫才○恩一本作思又才監本作仁上
文文思父寬傳字蒙仁當以才爲是今從隋書
紀字溫範○紀隋書作文紀

北史卷四十二

唐　李　延　壽　撰

列傳第三十

王肅　劉芳孫逖　芳從子懋　常爽孫景

王肅字恭懿瑯邪臨沂人也父奐齊雍州刺史南史有
傳肅少聰辯涉獵經史頗有大志仕齊位祕書丞父奐
及兄弟並爲齊武帝所殺太和十七年肅自建鄴來奔
孝文時幸鄴聞其至虛衿待之引見問故肅辭義敏切
辯而有禮帝甚哀惻之遂語及爲國之道肅所陳說深
會旨帝促席移景不覺坐之疲也肅因言蕭氏危亡之

兆可以乘機帝於是圖南之規轉銳器重禮遇日有加焉新貴舊臣莫之間也或屏左右談說至夜分不罷肅亦盡忠輸誠無所隱避自謂君臣之際猶孔明之遇玄德也尋除輔國大將軍長史賜爵開陽伯肅固辭伯爵許之詔肅討齊義陽聽招募壯勇以爲爪牙其募士有功賞加等其從肅行者六品已下聽先擬用以後聞若投化人聽五品已下先即優授肅至義陽頻破賊軍降持節都督豫州刺史揚州大中正肅善撫接甚有聲稱尋徵入朝帝手詔曰不見君子中心如醉一日三歲我勞如何飾館華林拂席相待卿欲以何日發汝墳也又詔曰肅丁荼酷世志等伍胥窮踰再朞蔬縕不改有司依禮喻解爲裁練禪之制二十年七月帝以久旱不雨輟膳百寮效之帝在崇虛樓遣舍人問肅對曰伏承陛下輟膳已經三日羣臣不敢自寧臣聞堯水湯旱自定之數須聖人以濟未聞由聖以致災是以國儲九年以禦九年之變昨四郊之外已蒙滂澍唯京城之內微爲少澤蒸庶未闕一飧陛下輟膳三日臣庶惶惶無復情地帝遣答曰雖不食數朝猶然無感朕誠心未至之所致也朕志確然死而後已是夜澍雨大降以破齊將裴叔業功進號鎮南將軍加都督四州諸軍事封汝陽縣子肅頻表固讓不許詔加鼓吹一部初齊之收肅父奐也奐司馬黃瑤起攻奐殺之二十二年平漢陽瑤起爲輔國將軍特詔以付肅使紓泄哀情孝文崩遺詔以肅爲尚書令與咸陽王禧等同爲宰輔徵會駕魯陽肅至遂與禧參同謀謨自魯陽至京洛行途喪紀委肅參量憂勤經綜有過舊戚禧兄弟並敬昵之上下稱爲和輯唯任城王澄以其起自羈遠一旦在己之上每謂人曰朝廷以王肅加我上尚可從叔廣陵宗室尊宿歷任內外云何一朝令肅居其右也肅聞恒降避之尋爲澄所奏劾稱肅謀叛事尋申釋詔肅尚陳留長公主本劉昶子婦彭城公主也賜錢二十萬帛三千疋肅奏考以顯能陟由績著升明退闇於是乎在自百寮曠察四稔于玆請依舊例考檢能否從之裴叔業以壽春內附拜肅使持節都督江西諸軍事與彭城王勰率步騎十萬以赴之齊豫州刺史蕭懿屯小峴交州刺史李叔獻屯合肥將圖壽春肅進師討擊大破之禽叔獻走蕭懿還京師宣武臨東堂引見勞之進位開府儀同三司封昌國縣侯尋爲散騎常侍都督淮南諸軍事揚州刺史肅頻在邊悉心撫接遠近歸懷附者若市咸得其心清身好施簡絕聲色終始廉約家無餘財然性微輕佻頗以功名自許護疵稱伐少所推下孝文每以此爲言景明二年薨於壽春年三十八宣武爲舉哀給東園祕器朝服一襲錢三十萬帛一千疋布五百疋蠟三百斤并問其卜遷遠近專遣侍御史一人監護喪事又詔曰杜預之殁窆於首陽司空李沖覆舟是託顧瞻斯所亦二代之九原也故揚州刺史肅忠義結於二世英惠符於李杜平生本意願終京陵既有宿心宜遂先志其令葬於沖預兩墳之間使之神游相得也贈侍中司空公有司奏以肅貞心大度宜謚匡公詔謚宣簡明帝初詔爲肅建碑銘自晉氏喪亂禮樂崩亡孝文雖釐革制度變更風俗其間朴畧未能淳也肅明練舊事虛心受委朝儀國典咸自肅出子紹襲紹字三歸位中書侍郎卒贈徐州刺史子遷襲齊受禪爵例降紹弟理孝靜初得還朝位著作佐郎紹肅前妻謝生也肅臨薨謝始攜女及紹至壽春宣武納其女爲夫人明帝又納紹女爲嬪肅弟康字文政涉獵書史微有兄風宣武初攜兄子誦翊衍等入魏拜中書侍郎卒幽州刺史贈征虜將軍徐州刺史誦字國章肅長兄融之子學涉有文才神氣清儁風流甚美歷位散騎常侍光祿大夫右將軍幽州刺史長兼祕書監給事黃門侍郎明帝崩靈太后之立幼主也於時大赦誦宣讀詔書言制抑揚風神竦秀百寮傾屬莫不歎美孝莊初於河陰遇害贈尚書左僕射司空公謚曰文宣子孝康尚書郎中孝康弟儁賦性清雅頗有文才齊文襄王中外府祭酒誦弟衍字文舒名行器藝亞於誦位光祿大夫廷尉卿揚州刺史大中正度支七兵二尚書太常卿出爲散騎常侍西兗州刺史爲尒朱仲遠所禽以其名望不害令騎牛從軍久乃見釋還洛孝靜初位侍中卒敕給東園祕器贈尚書令司徒公謚曰文獻衍篤於交舊有故人竺虓於西兗州爲仲遠所害其妻子飢寒衍置於家累年贍恤世人稱其敦厚翊字士游肅次兄深子也風神秀立好學有文才位中書侍郎頗銳於榮利結婚於元乂爲濟州刺史清靜有政績入爲散騎常侍金紫光祿大夫領國子祭酒卒贈司空公徐州刺史子琛武定中儀同開府記室參軍

劉芳字伯支彭城叢亭里人漢楚元王交之後也六世祖訥晉司隸校尉祖該宋青徐二州刺史父邕宋兗州長史芳出後宋東平太守遜之邕同劉義宣之事身死彭城芳隨伯母房逃竄青州會赦免舅元慶爲宋青州刺史沈文秀建威府司馬爲文秀所殺芳母子入梁鄒城慕容白曜南討青齊梁鄒降芳北徙爲平齊人時年十六南部尚書李敷妻司徒崔浩之弟女芳祖母浩之姑也芳至京師詣敷門崔恥芳流播拒不見之芳雖處窮窘之中而業尚貞固聰敏過人篤志墳典晝則傭書以自資給夜則誦經不寢至有易衣併日之弊而澹然自守不急急於榮利不戚戚於貧賤乃著窮通論以自慰常爲諸僧傭寫經論筆迹稱善卷直一縑歲中能入百餘疋如此數年賴以頗振由是與德學大僧多有還往時有南方沙門慧度以事被責未幾暴亡芳因緣聞知文明太后召入禁中鞭之一百時中官李豐主其始末知芳篤學有志行言之於太后微愧於心會齊使劉纘至芳之始族兄也擢芳兼主客郎與纘相接拜中書博士後與崔光宋弁邢產等俱爲中書侍郎俄而詔芳與產入授皇太子經遷太子庶子兼員外散騎常侍從駕洛陽自在路及旋京師恒侍坐講讀芳才思深敏特精經義博聞强記兼覽蒼雅尤長音訓辯析無疑於是禮遇日隆賞賚豐渥俄兼通直常侍從駕南巡撰述行事尋而除正王肅之來奔也孝文雅相器重朝野屬目芳未及相見嘗宴羣臣於華林肅語次云古者唯婦人有笄男子則無笄芳曰推經禮正文古者男子婦人俱有笄肅曰喪服稱男子免而婦人髽男子冠而婦人笄如此則男子不應有笄芳曰此專謂凶事也禮初遭喪男子免時則婦人髽男子冠時則婦人笄言俱時變男子婦人免髽冠笄之不同也又冠尊故奪其笄且互言也非謂男子無笄又禮內則稱子事父母雞初鳴櫛縰笄總以玆而言男子有笄明矣高祖稱善者久之肅亦以芳言爲然曰此非劉石經也昔漢世造三字石經於太學學者文字不正多往質焉芳音義明辯疑者皆往詢訪故時人號爲劉石經酒闌芳與肅俱出肅執芳手曰吾少來留意三禮在南諸儒亟共討論皆謂此義如吾向言今聞往釋頓祛平生之惑芳理義精贍類皆如是孝文還洛路由朝歌見殷比干墓愴然悼懷爲文以弔之芳爲注解表上之詔曰覽卿注殊爲富博但文非屈宋理慙張賈既有雅致便可付之集書詔以芳經學精洽超遷國子祭酒以母憂去官帝征宛鄧起爲輔國將軍太尉長史從太尉咸陽王禧攻南陽齊將裴叔業入寇徐州疆場之人頗懷去就帝憂之以芳爲散騎常侍國子祭酒徐州大中正行徐州事後兼侍中從征馬圈孝文崩於行宮及宣武即位芳手加衮冕孝文襲斂暨乎啓祖山陵練祭始末喪事皆芳撰定咸陽王禧等奉申遺旨令芳入授宣武經及南徐州刺史沈淩外叛徐州大水遣芳撫慰振恤之尋正侍中祭酒中正並如故芳表曰夫爲國家者罔不崇儒尊道學敎爲先唐虞以往典籍無據隆周以降任居武門蔡氏勸學篇云周之師氏居武門左今之祭酒則周師氏洛陽記國子學官與天子宮對太學在開陽門外案學記云古之王者建國親人教學爲先鄭氏注內則設師保以教使國子學焉外則有太學庠序之官由斯而言國學在內太學在外明矣臣謂今既從縣崧瀍皇居伊洛宮闕府寺僉復故址至於國學豈宜舛錯校量舊事應在宮門之左至如太學基所見存仍舊營構又云太初太和二十年發敕立四門博士於四門置學臣案自周以上學唯以二或尚東或尚西或貴在國或貴在郊爰暨周室學蓋有六師氏居內太學在國四小在郊禮記云周人養庶老於虞庠虞庠在國之四郊禮又云天子設四學當入學而太子齒注云四學周四郊之虞庠也大戴保傅篇云帝入東學尚親而貴仁帝入南學尚齒而貴信帝入西學尚賢而貴德帝入北學尚貴而尊爵帝入大學承師而問道周之五學於此彌彰案鄭注學記周則六學所以然者注云內則設師保以教使國子學焉外則有太學庠序之官此其證也漢魏已降無復四郊謹尋先旨宜在四門案王肅注云天子四郊有學去都五十里考之鄭氏不云遠近今太學故坊基趾寬廣四郊別置相去遼闊檢督難周計太學坊并作四門猶爲太曠以臣愚量同處無嫌且今時制置多循中代未審四學應從古不求集儒禮官議其定所從之遷中書令祭酒如故出除青州刺史爲政儒緩不能禁止姦盜然廉清寡欲無撓公私還朝議定律令芳斟酌古今爲大議之主其中損益多芳意也宣武以朝儀多闕其一切諸議悉委芳脩正於是朝廷吉凶大事皆就諮訪焉轉太常卿芳以所置五郊及日月之位去城里數於禮有違又靈星周公之祀不應隷太常乃上疏曰臣聞國之大事莫先郊祀郊祀之本實在審位臣學謝全經業乖通古豈可輕薦瞽言妄陳管說竊見所置壇祠遠近之宜考之典制或未允衷既曰職司請陳膚淺孟春令云其數八又云迎春於東郊盧植云東郊八里郊也賈逵云東郊木帝太昊八里許慎云東郊八里郊也鄭玄孟春令注云王居明堂禮曰王出十五里迎歲蓋殷禮也周禮近郊五十里鄭玄別注云東郊去都城八里高誘云迎春氣於東方八里郊也王肅云東郊八里因木數也此皆同謂春郊八里之明據也孟夏令云其數七又云迎夏

於南郊盧植云南郊七里郊賈逵云南郊火帝七里許慎云南郊七里郊也鄭玄云南郊去都城七里高誘云南郊七里之郊也王肅云南郊七里因火數也此又南郊七里之審據也中央令云其數五盧植云中郊五里之郊也賈逵云中兆黃帝之位并南郊之季故云兆五帝於四郊也鄭玄云中郊西南未地去都城五里此又中郊五里之審據也孟秋令云其數九又云以迎秋於西郊盧植云西郊九里郊賈逵云西郊金帝少昊九里許慎云西郊九里郊也鄭玄云西郊去都城九里高誘云西郊九里之郊也王肅云西郊九里因金數也此又西郊九里之審據也孟冬令云其數六又云迎冬於北郊盧植云北郊六里郊也賈逵云北郊水帝顓頊六里許慎云北郊六里郊也鄭玄云北郊去都城六里高誘云北郊六里之郊也王肅云北郊六里因水數也此又北郊六里之審據也宋氏含文嘉注云周禮王畿內千里二十分其一以爲近郊近郊五十里倍之爲遠郊迎王氣蓋於近郊漢不設王畿則以其方數爲郊處故東郊八里南郊七里西郊九里北郊六里中郊在西南未地五里祭祀志云建武二年正月初制郊兆於雒陽城南七里依採元始中故事北郊在雒陽城北四里此又漢世南北郊之明據也今地祇準此至如三十里郊進乖鄭玄所引殷周二代之據退違漢魏所行故事凡邑外曰郊今計四郊各以郭門爲限里數依上禮朝拜日月皆於東西門外今日月之位去城東西路各三十竊又未審禮又云祭日於壇祭月於坎今計造如上禮儀志云立高禖祠于城南不云里數故今仍舊靈星本非禮事兆自漢初專爲祈田恒隸郡縣郊祀志云高祖五年制詔御史其令天下立靈星祠牲用大牢縣邑令長得祠晉祠令云郡縣國祠社稷先農縣又祠靈星此靈星在天下諸縣之明據也周公廟所以別在洛陽者蓋緣姬旦創成洛邑故傳世洛陽崇祠不絕以彰厥庸夷齊廟者亦世爲洛陽界內神祠今並移太常恐乖其本天下此類甚衆皆當部郡縣脩理公私施之禱請竊惟太常所司郊廟神祇自有常限無宜臨時斟酌以意若遂爾妄營則不免淫祀二祠在太常在洛陽於國一也然貴在審本臣以庸蔽謬忝今職考括墳籍博採羣議既無異端謂粗可依據今玄冬務隙野罄人閑遷易郊壇二三爲便詔曰所上乃有明據但先朝置立已久且可從舊先是孝文於代都詔中書監高閭太常少卿陸琇并公孫崇等十餘人脩理金石及八音之器後崇爲太樂令乃上請尚書僕射高肇更共營理宣武詔芳共主之芳表以禮樂事大不容輒決自非博延公卿廣集儒彥討論得失研窮是非無以垂之萬葉爲不朽之式被報聽許數旬之間頻煩三議于時朝士頗以崇專綜既久不應乖謬各嘿然無發論者芳乃探引經誥搜括舊文共相難質皆有明據以爲盈縮有差不合典式崇雖示相酬答而不會問意卒無以自通尚書依事述奏仍詔委芳別更考制於是學者彌歸宗焉芳以社稷無樹又上疏曰依合朔儀注日有變以朱絲爲繩以繞係社樹三匝而今無樹又周禮大司徒職云設其社稷之壝而樹之田主各以其社之所宜木鄭玄注云所宜木謂若松栢栗也此其一證也又小司徒封人職云掌設王之社壝爲畿封而樹之鄭玄注云不言稷者王主於社稷社之細也此其二證也又論語曰哀公問社於宰我宰我對曰夏后氏以松殷人以栢周人以栗是乃土地之所宜也此其三證也又白武通社稷所以有樹何也尊而識之也使人望見即敬之又所以表功也案此正解所以有樹之義了不論有之與無也此其四證也此云社稷所以有樹何然則稷亦有樹明矣又五經通義云天子太社王社諸侯國社侯社制度奈何曰社皆有垣無屋樹其中以木有木者土主生萬物萬物莫善於木故樹木也此其五證也此最其丁寧備解有樹之意也又五經要義云社必樹之以木周禮司徒職曰班社而樹之各以土地所生尚書逸篇曰太社惟松東社惟栢南社惟梓西社惟栗北社惟槐此其六證也此又太社及四方皆有樹別之明據也又見諸家禮圖社稷圖皆畫爲樹唯誡社誡稷無樹此其七證也雖辯有樹之據猶未正所殖之木案論語稱夏后氏以松殷人以栢周人以栗便是世代不同而尚書逸篇則云太社惟松如此便以一代之中而立社各異也愚以爲宜殖以松何以言之逸書云大社惟松今者殖松不慮失禮惟稷無成證稷乃社之細蓋亦不離松也宣武從之芳沉雅方正槩尚甚高經傳多通孝文尤器敬之動相顧訪太子恂之在東宮孝文欲爲納芳女芳辭以年貌非宜帝歎其謙慎更敕芳舉其宗女芳乃稱其族子長文之女孝文乃爲恂娉之與鄭懿女對爲左右孺子焉崔光於芳有中表之敬每事詢仰芳撰鄭玄所注周官儀禮音干寶所注周官音王肅所注尚書音何休所注公羊音范甯所注穀梁音韋昭所注國語音范曄後漢書音各一卷辯類三卷徐州人地錄二十卷急就篇續注音義證三卷毛詩箋音義證十卷禮記義證十卷周官儀禮義證各五卷崔光表求以中書監讓芳宣武不許卒贈鎮東將軍徐州刺史諡文貞侯長子懌字祖欣雅有父風頗好文翰歷徐州别駕兗州左軍府長史司空諮議參軍屢爲行臺出使所歷皆有當官之稱轉通直散騎常侍徐州大中正行郢州事尋遷安南將軍大司農卿卒贈徐州刺史諡曰簡無子弟廞以第三子峻爲後廞字景興好學强立善事當世高肇之盛及清河王懌爲宰輔廞皆與其子姪交游靈太后臨朝又與太后兄子往還相好太后令廞以詩賦授弟元吉稍遷光祿大夫孝武帝初除散騎常侍遷驃騎大將軍國子祭酒孝武於顯陽殿講孝經廞爲執經雖詶答論難未能精盡而風采音制足有可觀尋兼都官尚書又兼殿中尚書及孝武入關齊神武至洛責廞誅之子騭字子昇少有風氣頗涉文史位徐州開府從事中郎父廞之死騭率鄉部赴兗州與刺史樊子鵠抗禦王師每戰流涕突陣城陷禽送晉陽齊神武矜而赦之文襄爲儀同開府以騭爲屬本州大中正轉中書舍人時與梁和通騭前後受敕對其使一十六人爲司徒左長史卒贈南青州刺史廞弟緘位金紫光祿大夫緘子逖

逖字子長少聰敏好弋獵騎射以行樂爲事愛交游善戲謔齊文襄以爲永安公浚開府行參軍逖遠離家鄉倦於羈旅發憤自勵專精讀書晉陽都會之所霸朝人士攸集咸務於宴集逖在游宴之中卷不離手遇有文籍所未見者則終日諷誦或通夜不歸其好學如此亦留心文藻頗工詩詠齊天保初行定陶縣令坐訐事免十餘年不得調其姊爲任氏婦沒入宮敕以賜魏收收所提攜後爲開府參軍及文宣崩文士並作挽歌楊遵彥擇之員外郎盧思道用八首逖用二首餘人多者不過三四中書郎李愔戲逖曰盧八問訊劉二逖銜之乾明元年兼員外散騎常侍使宋梁主蕭莊還兼三公郎中武成時和士開寵要逖附之正授中書侍郎入典機密時李愔獻賦言天保中被讒逖摘其文奏曰誹謗先朝大不敬武成怒大加鞭朴逖喜復前憾曰高搥兩下執鞭一百何如呼劉二時尋兼散騎常侍聘陳使主逖欲獨擅文藻不願與文士同行時黃門侍郎王松年妹夫盧士游性沉密逖求以爲副又逖姊魏家者收時已放出逖因次欲嫁之士游不許逖恐事露亦不逼焉還給事黃門侍郎修國史加散騎常侍除假儀同三司聘周使副二國始通禮儀未定逖與周朝議論往復斟酌古今事多合禮兼文辭可觀甚得名譽使還拜儀同三司及武成崩和士開欲改元議者各異逖請爲武平私謂士開曰武平反爲明輔逖作此以爲公士開悅而從之時士開爲衆口所排斐定遠同輔政逖遂回附之使得西貨悉以餉定遠定遠外任逖不自安又陰結斛律明月胡長仁以自固士開知之未甚信忽於明月門巷逢之彌以爲實初逖名宦未達時欲事祖珽珽未原謂人曰我言彭城楚子應有氣俠唯將崔季舒詩示人殊乖氣望逖乃爲弟娶珽女遂成密好珽之將訴趙彥深和士開也先與逖謀逖乃告二人故二人得爲之計珽被黜令弟出其妻及是逖解士開所嫌尋出爲仁州刺史珽乃要行臺尚書盧潛陷逖許潛重遷潛曰如此事吾不爲也更戒逖而護之後被徵還待詔文林館重除散騎常侍奏門下事未幾與崔季舒等同戮時年四十九所著文筆三十卷子逸人開府行參軍仕隋終於洛陽令芳從子懋

懋字仲華祖泰之父承伯仕宋並有名位懋聰敏好學博綜經史善草隸書識奇字宣武初入朝位尚書外兵郎中芳甚重之凡所撰朝廷軌儀皆與參量尚書博議懋與殿中郎袁翻常爲議主達於從政臺中疑事咸所訪決尚書李平與結莫逆交遷步兵校尉領郎中兼東宮中舍人轉員外常侍鎮遠將軍領考功郎中立考課之科明黜陟之法甚有條貫孝昭初大軍攻硤石懋爲李平行臺郎中城拔懋頗有功太傅清河王懌愛其風雅常目而送之曰劉生堂堂搢紳領袖若天假之年必爲魏朝宰輔詔懋與諸才學之士撰成儀令懌爲宰相積年禮懋尤重令諸子師之遷太尉司馬熙平二年冬暴病卒家甚清貧亡之日徒四壁而已太傅懌及當時才儁莫不痛惜之贈持節前將軍南泰州刺史諡曰宣簡懋詩誄賦頌及文筆見稱於時又撰諸器物造作之始十五卷名曰物祖

常爽字仕明河內溫人魏太常卿林六世孫也祖珍苻堅南安太守因世亂遂居涼州父坦乞伏世鎮遠將軍大夏鎮將顯美侯爽少而聰敏嚴正有志槩雖家人僮隸未嘗見其寬誕之容篤志好學博聞强識明習緯候五經百家多所研綜州郡禮命皆不就武成西征涼土爽與兄士國歸款軍門武成嘉之賜士國爵五品顯美男爽爲六品拜宣威將軍是時戎車屢駕征伐爲事貴游子弟未遑學術爽置館溫水之右教授門徒七百餘人京師學業翕然復興爽立訓甚有勸罰之科弟子之

事若嚴君焉尚書左僕射元贊平原太守司馬眞安著作郎程靈虬皆是奭教所就崔浩高允並稱奭之嚴教獎勵有方允曰文翁柔勝先生剛克立教雖殊成人一也其爲通識歎服如此因教授之暇述六經畧注以廣制作甚有條貫其序曰傳稱立天之道曰陰與陽立地之道曰柔與剛立人之道曰仁與義然則仁義者人之性也經典者身之文也皆以陶鑄神情啓悟耳目未有不由學而能成其器不由習而能利其業是故季路勇士也服道以成忠烈之槩甯越庸夫也講藝以全高尚之節蓋所由者習也所因者本也本立而道生身文而德備焉昔者先王之訓天下也莫不導以詩書教以禮樂移其風俗和其人民故恭儉莊敬而不煩者教深於禮也廣博易良而不奢者教深於樂也溫柔敦厚而不愚者教深於詩也疏通知遠而不誣者教深於書也絜靜精微而不賊者教深於易也屬辭比事而不亂者教深於春秋也夫樂以和神詩以正言禮以明體書以廣聽春秋以斷事五者蓋五常之道相須而備易爲之源故曰易不可見則乾坤其幾乎息矣由是言之六經者先王之遺烈聖人之盛事也安可不游心寓目習性文身哉頃因暇日屬意藝林畧撰所聞討論其本名曰六經畧注以訓門徒焉其畧注行於世奭不事王侯獨守閑靜講肄經典二十餘年時號爲儒林先生年六十三卒於家子文通歷官至鎭西司馬南天水太守西翼校尉文通子景

景字永昌少聰敏初讀論語毛詩一受便覽及長有才思雅好文章廷尉公孫良舉爲協律博士孝文親得其名既而用之爲門下錄事正始初招尚書門下於金墉中書外省考論律令敕景參議宣武季舅護軍將軍高顯卒其兄右僕射肇託景及尚書邢巒并州刺史高聰通直郎徐紇各作碑銘並以呈御帝悉付侍中崔光簡之光奏景名位乃處諸人之下文出諸人之上遂以景文刊石肇尚平陽公主未幾主薨肇欲使公主家令居廬制服已付學官議正施行尚書又以訪景景以婦人無專國之理家令不得有純臣之義乃執議曰喪紀之本寔稱物以立情輕重所因亦緣情以制禮雖理關盛衰事經今古而制作之本降殺之宜其實一焉是故臣之爲君所以資敬而崇重爲君母妻所以從服而制義然而諸侯大夫之爲君者謂其有地土有吏屬無服文者言其非世爵也今王姬降適雖加爵命事非君邑理異列土何者諸王開國備立臣吏生有趣奉之勤死盡致喪之禮而公主家令唯有一人其丞已下命之屬官既無接事之儀實闕爲臣之體原夫公主之貴所以立家令者蓋以主之內事脫須關外理無自達必也因人然則家令唯通內外之職及典主家之事耳無關君臣之理名義之分也由是推之家令不得爲純臣公主不可爲正君明矣且女人之爲君男子之爲臣古禮所不載先朝所未議而四門博士裴道廣孫榮乂等以公主爲之君以家令爲之臣制服以斬乖繆彌甚又張虛景吾難羈等不推君臣之分不尋致服之情猶同其議準母制齊求之名實理未爲允竊謂公主之爵既非食菜之君家令之官又無純臣之式若附如母則情義罔施若準小君則從服無據案如經禮事無成文即之愚見謂不應服朝廷從之景淹滯門下積歲不至顯官以蜀司馬相如王褒嚴君平揚子雲等四賢皆有高才而無重位乃託意以讚之景在樞密十有餘年爲侍中崔光盧昶游肇元暉尤所知賞累遷積射將軍給事中延昌初東宮建兼太子屯騎校尉錄事皆如故受敕撰門下詔書凡四十卷尚書元萇出爲安西將軍雍州刺史請景爲司馬以景階次不及除錄事參軍襄威將軍帶長安令甚有惠政人吏稱之先是太常劉芳與景等撰朝令未及班行別典儀注多所草創未成芳卒景纂成其事及宣武崩召景赴京還脩儀注拜謁者僕射加寧遠將軍又以本官兼中書舍人後授步兵校尉仍舍人又敕撰太和之後朝儀已施行者凡五十餘卷時靈太后詔依漢世陰鄧二后故事親奉廟祀與帝交獻景乃據正以定儀注朝廷是之正光初除龍驤將軍中散大夫舍人如故時明帝行講學之禮於國子寺司徒崔光執經敕景與董紹張徹馮元興王延業鄭伯猷等俱爲錄義事畢又行釋奠之禮並詔百官作釋奠詩以景作爲美是年九月蠕蠕主阿那瓌歸闕朝廷疑其位次高陽王雍訪景曰昔咸寧中南單于來朝晉世處之王公特進之下今日爲班宜在蕃王儀同三司之間雍從之朝廷典章疑而不決則時訪景而行初平齊之後光祿大夫高聰徙於北京中書監高允爲之聘妻給其資宅聰後爲允立碑每云吾以此文報德足矣豫州刺史常綽以未盡其美景尚允才器先爲遺德頌司徒崔光聞而觀之尋味良久乃云高光祿平日每矜其文自許報允之德今見常生此頌高氏不得獨擅其美也侍中崔光安豐王延明受詔議定服章敕景參脩其事尋進號冠軍將軍阿那瓌之還國也境上遷延仍陳窘乏遣尚書左丞元孚奉詔振恤阿那瓌執孚過柔玄奔于漠北遣尚書令李崇御史中尉兼右僕射元纂追討不及乃令景出塞經瓫山臨瀚海宣敕勒衆而返景經涉山水悵然懷古乃擬劉琨扶風歌十二首進號征虜將軍孝昌初給事黃門侍郎尋除左將軍太府少卿仍舍人固辭少卿不拜改授散騎常侍將軍如故徐州刺史元法僧叛入梁梁武遣其豫章王蕭綜入據彭城時安豐王延明爲大都督大行臺率臨淮王彧等衆軍討之既而蕭綜降附徐州清復遣景兼尚書持節馳與行臺都督觀機部分景經洛泗乃作銘焉是時尚書令蕭寶夤都督崔延伯都督北海王顥都督車騎將軍元恒芝等並各出討詔景詣軍宣旨勞問還以本將軍徐州刺史杜洛周反於燕州仍以景兼尚書爲行臺與幽州都督平北將軍元譚以禦之景表求勒幽州諸縣悉入古城山路有通賊之處權發兵夫隨宜置戍以爲防過又以頃來差兵不盡强壯今之三長皆是豪門多丁爲之今求權發爲兵明帝皆從之進號平北將軍別敕譚西至軍都關北從盧龍塞據此二嶮以杜賊出入之路又詔景山中嶮路之處悉令捍塞景遣府錄事參軍裴智成發范陽三長之兵以守白嶠都督元譚據居庸下口俄而安州石離冗城斛鹽三戍兵反結洛周有衆二萬餘落自松岍赴賊譚勒別將崔仲哲等截軍都關以待之仲哲戰沒洛周又自外應之腹背受敵譚遂大敗諸軍夜散詔以景所部別將李琚爲都督代譚征下口降景爲後將軍解州任仍詔景爲幽安玄四州行臺賊既南出鈔畧薊城景命統軍梁仲禮率兵士邀擊破之獲賊將禦夷鎭軍主孫念恒都督李琚爲賊所攻薊城之北軍敗而死率屬城人禦之賊不敢逼洛周還據上谷授景平北將軍光祿大夫行臺如故洛周遣其都督王曹紇眞馬叱斤等率衆薊南以掠人穀乃遇連雨賊衆疲勞景與都督于榮刺史王延年置兵粟國邀其走路大敗之斬曹紇眞洛周率衆南趨范陽景與延年及榮破之又遣別將重破之於州西虎眼泉禽斬之及溺死者甚衆後洛周南圍范陽城人翻降執刺史延年及景送於洛周尋爲葛榮所吞景又入榮榮破景得還朝永安初詔復本官兼黃門侍郎又攝著作固辭不就二年除中軍將軍正黃門先是參議正光壬子曆至是賜爵高陽子元顥內逼莊帝北巡景與侍中大司馬安豐王延明在禁中召諸親賓乃安慰京師顥入洛景乃居本位莊帝還宮解黃門普泰初除車騎將軍右光祿大夫祕書監以預詔命之勤封濮陽縣子後以例追永熙二年監議事景自少及老恒居事任清儉自守不營產業至於衣食取濟而已耽好經史愛翫文詞若遇新異之書殷勤求訪或復質買不問價之貴賤必以得爲期友人刁整每謂曰卿清德自居不事家業雖儉約可尚將何以自濟也吾恐摯太常方餧於栢谷耳遂與衞將軍羊深矜其所乏乃率刁雙司馬彥邕李諸畢祖彥畢義顯等各出錢千文而爲買馬焉天平初遷鄴是時詔下三日戶四十萬狼狽就道收百官馬尚書丞郎已下非陪從者盡乘驢齊神武以景清貧特給車牛四乘妻孥方得達鄴後除儀同三司仍本將軍武定六年以老疾去官詔特給右光祿事力終其身八年薨景善與人交終始若一其游處者皆服其深遠之度未曾見其矜吝之心好飲酒澹於榮利自得懷抱不事權門性和厚恭慎每讀書見韋弦之事深薄之危乃圖古昔可以鑒戒指事爲象讚而述之曰周雅云謂天蓋高不敢不跼謂地蓋厚不敢不蹐有朝隱大夫鑒戒斯文乃惕焉而懼曰夫道喪則性傾利重則身輕是故乘和體遜式銘方冊防微愼獨載象丹青信哉辭人之賦文晦而理明仰瞻高天聽卑視諦俯測厚地岳峻川渟誰其戴之不私不畏誰其踐之不陷不墜故善惡是徵物罔同異論亢匪久人咸敬忌嗟乎唯地厚矣尚亦兢兢浩浩名位孰識其親搏之弗得聆之無聞故有戒於顯而隱於微好爵是冒聲奢是甚身陷於祿利言溺於是非或求欲而未厭或知足而不辭是故位高而勢逾迫正立而邪逾欺安有位極而危不萃邪榮而正不彫故悔多於地厚禍甚於天高夫悔未結誰肯曲躬夫禍未加誰肯累足固機發而後思圖車覆而後改躅悔之無及故狡兎失穴思之在後故逆鱗易觸君子則不然體舒則懷卷視溺則思濟原夫人闕之度遐於無階之天勢位之危深於不測之地餌厚而躬不競爵降而心不係守善於己成懼愆於未敗雖盈而戒沖通而慮滯以知命爲遐齡以樂天爲大惠以戢智而從時以懷愚而游世曲躬焉累足焉苟行之晝已決矣猶夜則思其計誦之口亦明矣故心必賞其契故能不同不誘而弭謗於羣小無毀無譽而貽信於上帝託身與金石俱固立名與天壤相弊囂競無侵優游獨逝夫如是綺閣金門可安其宅錦衣玉食可顧其形柳下三黜不愠其色子文三陟不憘其情而或者見居高可以持勢欲乘高以據榮見直道可以脩已欲專道以邀聲夫去聲然後聲可立豈矜道之所宜

慮危然後安可固豈假道之所全是以君子鑒恃道不可以流聲故去聲而懷道鑒專道不可以守勢故去勢以崇道何者履道雖高不得無亢求聲雖道不得無悔然則聲奢繁則寔儉彫功業進則身迹退如此則精靈遂越憍侈自親情與道絕事與勢隣方欲役思以持勢乘勢以求津故利慾誘其性禍難嬰其身利慾交則幽顯以之變禍難搆則智術無所陳若然者雖縻爵帝局焉得而寧之雖結珮皇廷焉得而榮之故身道未究而崇邪之徑已形成功未立而脩正之術已生福祿交蹇於人事屯難頓萃於時情忠介剖心於白日耿節沉骨於幽靈因斯愚智之所機倚伏之所係全亡之所依其在遜順而已哉嗚呼鑒之嗚呼鑒之景所著述數百篇見行於世删正晉司空張華博物志及撰儒林列女傳各數十篇云長子昶少學識有文才早卒昶弟彪之永安中司空行參軍

論曰古人云才未半古功已過之王肅流寓之士見知一面榮任赫然寄同舊列雖器業自致抑亦逢時之所致焉劉芳矯然特立沉深好古博通洽識爲世儒宗懋才流識學見重於世不虛然也常爽以儒素著稱景以文義見宗美乎

北史卷四十二考證

王肅傳是夜澍雨大降○澍監本訛霔今改從南本

劉芳傳宮闕府寺僉復故址○址監本訛趾今改從閣本

干寶所注周官音○干監本訛于今改正

逖傳楊遵彥擇之○楊監本訛揚今改正

所著文筆三十卷○著監本訛制今改從南本

常景傳友人刁整○刁監本訛刀今改正

北史卷四十三

唐　李　延　壽　撰

列傳第三十一

郭祚　張彝孫晏之　首孫乾威

邢巒弟子昕　族孫臧　李崇從弟平　平子奬

郭祚字季祐太原晉陽人魏車騎將軍淮弟亮之後也祖逸本州別駕前後以二女妻司徒崔浩一女妻浩弟上黨太守恬太武時浩親寵用事拜逸徐州刺史假榆次侯贈光祿大夫父洪之坐浩事誅祚亡竄得免少孤貧姿貌不偉鄉人莫之識有女巫相祚後當富貴祚涉歷經史習崔浩之書尺牘文章見稱於世弱冠爲州主簿刺史孫小委之書記又太原太守王希彥逸妻之姪也共相賙恤乃振孝文初舉秀才對策上第拜中書博士轉中書侍郎遷尚書左丞長兼給事黃門侍郎祚清勤在公夙夜匪懈帝甚賞之從南征及還正黃門車駕幸長安行經渭橋過郭淮廟問祚曰是卿祖宗所承邪祚曰是臣七世伯祖帝曰先賢後哲頓在一門祚對曰昔臣先人以通儒英博唯事魏文微臣虛薄遭奉聖明自惟幸甚因敕以太牢祭淮廟令祚自撰祭文以贊遷洛之規賜爵東光子孝文曾幸華林園因觀故景陽山祚曰山以仁靜水以智流願陛下修之帝曰魏明以奢失於前朕何爲襲之於後祚曰高山仰止帝曰得非景行之謂遷散騎常侍仍領黃門是時孝文銳意典禮兼銓鏡九流又遷都草創征討不息內外規畧號爲多事祚與黃門宋弁參謀帷幄隨其才用各有委寄祚承稟注疏特成勤劇嘗以立馮昭儀百官夕飲清徽後園孝文舉觴賜祚及崔光曰郭祚憂勤庶事獨不欺我崔光温良博物朝之儒秀不勸此兩人當勸誰也其見知若此初孝文以李彪爲散騎常侍祚因入見帝謂祚曰朕昨誤授一人官祚對曰豈容聖詔一行而有差異帝沉吟曰此自應有讓因讓朕欲別授一官須臾彪有啓云伯石辭卿子產所惡臣欲之已久不敢辭讓帝歎謂祚曰卿之忠諫李彪正辭使朕遲回不能復決遂不換李彪官也乘輿南討祚以兼侍中從拜尚書進爵爲伯孝文崩咸陽王禧等奏祚兼吏部尚書尋除長兼吏部尚書并州大中正宣武詔以姦吏逃刑縣配遠戍若永避不出兄弟代之祚奏曰若以姦吏逃竄徙其兄弟罪人妻子復應從之此則一人之罪禍傾二室愚謂罪人既逃止徙妻子走者之身縣名永配於眚不免姦途自塞詔從之尋正吏部祚持身潔清重惜官位至於銓授假令得人必徘徊久之然後下筆下筆即云此人便以貴矣由是事頗稽滯當時每招怨讟然所拔用者皆量才稱職時又以此歸之出爲使持節鎮北將軍瀛州刺史及太極殿成祚朝於京師轉鎮東將軍青州刺史祚逢歲不稔闔境饑弊矜傷愛下多所振恤雖斷決淹留號爲煩緩然士女懷其德澤入爲侍中金紫光祿大夫并州大中正遷尚書右僕射時議定新令詔祚與侍中黃門參議刊正故事令僕中丞騶唱而入宮門至於馬道及祚爲僕射以爲非盡敬之宜言於帝納之下詔御在太極騶唱至止車門御在朝堂至司馬門騶唱不入宮

自此始也詔祚本官領太子少師祚曾從幸東宮明帝幼弱祚持一黃𤓰出奉之時應詔左右趙桃弓與御史中尉王顯迭相脣齒深爲帝所信祚私事之時人謗祚者號爲桃弓僕射黃𤓰少師祚奏曰謹案前後考格雖班天下如臣愚短猶有未悟今須定職人遷轉由狀超越階級者即須量折景明初考格五年者得一階半正始中故尚書中山王英奏考格被旨但可正滿三周爲限不得計殘年之勤又去年中以前二制不同奏請裁決旨云黜陟之體自依舊來恒斷今未審舊來之旨爲從景明之斷爲從正始爲限景明考法東西省文武閑官悉爲三等考同任事而前尚書盧昶奏上等之人三年轉半階今之考格復分爲九等前後不同參差無準詔曰考在上中者得汎以前有六年以上遷一階三年以上遷半階殘年悉除考在上下者得汎以前六年以上遷半階不滿者除其得汎以後考在上下者三年遷一階散官從盧昶所奏祚又奏言考察令公清獨著德績超倫而無負殿者爲上上一殿爲上中二殿爲上下累計八殿品降至九未審今諸曹府寺凡考在事公清然才非獨著績行稱務而德非超倫幹能粗可而守平堪任或人用小劣處官濟事并全無負殿之徒爲依何第景明三年以來至今十有一載準限而判三應升退今既通考未審爲十年之中通其殿最積以爲第隨前後年斷各自除其善惡而爲升降且負注之章數成殿爲差此條以寡愆爲最多戾爲殿未審取何行是寡愆何坐爲多戾結累品次復有幾等諸文案失衷應杖十者爲一負罪依律次過隨負計十年之中三經肆眚赦前之罪不問輕重皆蒙宥免或爲御史所彈案驗未周遇赦復任者未審記殿得除以不詔曰獨著超倫及才備寡咎皆謂文武兼上上之極言耳自此以降猶有八等隨才爲次令文已具其積負累殿及守平得濟皆含在其中何容別疑也所去通考者據總多年之言至於黜陟之體自依舊來年斷何足復請其罰贖已決之殿固非免限遇赦免罪準其殿者除之尋加散騎常侍時詔營明堂國學祚奏曰今雲羅西舉開納岷蜀戎旗東指鎮靖淮荆漢沔之間復須防捍徵兵發衆所在殷廣邊郊多壘烽驛未息不可於師旅之際興板築之功且獻歲云暨東作將始臣愚量謂宜待豐靖之年因子來之力可不時而就從之宣武末年每引祚入東宮密受賞賚多至百餘萬雜以錦繡又特賜以劒杖恩寵甚深遷左僕射先是梁將康絢遏淮將灌揚徐祚表曰蕭衍

狂狡擅斷川瀆役苦人勞危亡已兆宜敕揚州選一猛將遣當州之兵令赴浮山表裏夾攻朝議從之除使持節散騎常侍都督雍州刺史征西將軍太和以前朝法尤峻貴臣蹉跌便致誅夷李冲之用事也欽祚識幹薦爲左丞又兼黃門意便滿足每以孤門往經崔氏之禍常慮危亡苦自陳挹辭色懇然發於誠至冲謂之曰人生有運非可避也但當明白當官何所顧畏自是積十數年位秩隆重而進趣之心更復不息又以東宮師傅之資列辭尚書志在封侯之賞儀同之位尚書令任城王澄爲之奏聞及爲征西雍州雖喜外撫尚以府號不優心望加大執政者頗怪之於時領軍于忠恃寵驕恣崔光之後曲躬承接祚心惡之乃遣子太尉從事中郎景尚說高陽王雍令出忠爲州忠聞而大怒矯詔殺祚祚達於政事凡所經履咸爲稱職每有斷決多爲故事名器既重時望亦深一朝非罪見害遠近莫不惋惜靈太后臨朝遣使弔慰追復伯爵正光中贈使持節車騎將軍儀同三司雍州刺史謚文貞公初孝文之置中正從容謂祚曰并州中正卿家故應推王瓊也祚退謂寮友曰瓊眞僞今自未辯我家何爲減之然主上直信李沖吹噓之說耳祚死後三歲而于忠死見祚爲崇祚子景尚字思和涉歷書傳曉星歷占候言事頗驗初爲彭城王中軍府參軍遷員外郎司徒主簿太尉從事中郎公强當世善事權寵世號曰郭尖位中書侍郎未拜而卒景尚弟慶禮道通直郎慶禮子元貞武定末定州驃騎府長史

張彝字慶賓清河東武城人也曾祖幸慕容超東牟太守歸魏賜爵平陸侯位青州刺史祖準之襲又爲東青州刺史父靈眞早卒彝性公强有風氣歷覽經史襲祖侯爵與盧陽烏李安人等結爲親友往來朝會常相追隨陽烏爲主客令安人與彝並散令彝少而豪放出入殿庭步眄高上無所顧忌文明太后雅尚恭謹因會次見其如此遂召集百寮督責之令其修悔而猶無悛改善於督察每有所廵檢彝常克其選清慎嚴猛所至人皆畏伏儁頻亦以此高之遷主客令例降侯爲伯轉太中大夫仍行主客曹事尋爲黃門後從駕南征母憂解任彝居喪過禮送葬自平城達家千里步從不乘車馬顏貌瘦瘠當世稱之孝文幸冀州遣使弔慰詔以驍騎將軍起之還復本位以參定遷都之勳進爵爲侯轉太常少卿遷散騎常侍兼侍中持節廵察陝東河南十二州甚有聲稱使還以從征之勤遷尚書坐舉元昭爲兼

郎中黜為守尚書宣武初除正尚書兼侍中尋正侍中宣武親政罷六輔彝與兼尚書邢巒聞處分非常懼出京奔走為御史中尉甄琛所彈云非武非兕率彼曠野詔書切責之尋除安西將軍秦州刺史彝務尚典式考訪故事及臨隴右彌加討習於是出入直衛方伯羽儀赫然可觀羌夏畏伏憚其威整一方肅靜號為良牧其年冬太極初就彝與郭祚等俱以勳舊被徵及還州進號撫軍將軍彝表解州任詔不許彝敷政隴右多所制立宣布新風革其舊俗人庶愛仰之為國造佛寺名曰興皇諸有罪咎者隨其輕重謫為土木之功無復鞭杖之罰時陳留公主寡居彝意願尚主主亦許之僕射高肇亦望尚主主意不可肇怒譖彝擅立刑法勞役百姓詔遣直後萬貳興馳驛檢察貳興肇所親愛必欲致彝深罪彝清身奉法求其愆過遂無所得見代還洛猶停廢數年因得偏風手腳不便然志性不移善自將攝稍能朝拜久之除光祿大夫加金章紫綬彝愛好知己輕忽下流非其意者視之蔑爾雖疹疾家庭而志氣彌高上歷帝圖五卷起元庖犧終於晉末凡十六代一百二十八帝歷三千二百七十年雜事五百八十九宣武善之明帝初侍中崔光表彝及李韶朝列之中唯此二人出身官次本在臣右器能幹世又並為多而近來參差便成替後計其階途雖應遷陟然恐班秩猶未賜等昔衛之公叔引下同舉晉之士丐推長伯游古人所高當時見許敢緣斯義乞降臣位一階授彼汎級詔加征西將軍冀州大中正雖年向六十加之風疹而自強人事孜孜無怠公私法集衣冠從事延請道俗修營齋講好善欽賢愛獎人物南北新舊莫不多之大起第宅徵號華侈頗侮其疎宗舊戚不甚存紀時有怨憾焉榮宦之間未能止足屢表在秦州豫有開援漢中之勳希加賞報積年不已朝廷患之第二子仲瑀上封事求銓削選格排抑武人不使預在清品由是眾口喧喧謗讟盈路立榜大巷克期會集屠害其家彝殊無畏避之意父子安然神龜二年二月羽林武賁將幾千人相率至尚書省詬罵求其長子尚書郎始均不獲以瓦石擊打公門上下懾懼莫敢討抑遂持火虜掠道中薪蒿以杖石為兵器直造其第曳彝堂下捶撻極意唱呼焚其屋宇始均仲瑀當時踰北垣而走始均回救其父拜伏羣小以請父命羽林等就加毆擊生投之於烟火中及得尸骸不復可識唯以髻中小釵為驗仲瑀走免彝僅有餘命沙門寺與其比隣輿致於寺遠近聞見莫不惋駭乃卒

官為收掩羽林凶強者八人斬之不能窮誅羣豎即為大赦以安眾心有識者知國紀之將墜矣喪還所焚宅與始均東西分斂於小屋仲瑀遂以創重避居滎陽至五月得漸瘳始奔父喪詔賜以布帛靈太后以其累朝大臣特垂矜惻數月猶追言泣下謂諸侍臣曰吾為張彝飲食不御乃至首髮微有虧落悲痛之若此初彝曾祖幸所招引河東人為州裁千餘家後相依合旋罷入冀州積三十年析別有數萬戶故孝文比校天下人戶最為大州彝為黃門每侍坐以為言孝文謂之曰終當以卿為刺史酬先世誠效彝追孝文往旨累乞本州朝議未許彝亡後靈太后云彝屢乞冀州吾欲用之有人違我此意若從其請或不至是悔之無及乃贈使持節衛將軍冀州刺史諡文侯始均字子衡端潔好學之幹有美於父改陳壽魏書為編年之體廣益異聞為三十卷又著冠帶錄及諸詩賦數十篇並亡失初大乘賊起於冀瀛之間遣都督元遙討平之多所殺戮積尸數萬始均以郎中為行臺忿軍士以首級為功令檢集人首數千一時焚爇至於灰燼用息僥倖見者莫不傷心及始均之死也始末在烟炭之間有焦爛之痛論者或亦推咎焉贈樂陵太守諡曰孝子暠之襲祖爵武定中開府主簿齊受禪爵例降暠之弟晏之

晏之字熙德幼孤有至性為母鄭氏教誨動依禮典從尒朱榮平元顥賜爵武城子累遷尚書二千石郎中高岳征潁川復以為都督中兵參軍兼記室晏之文士兼有武幹每與岳帷帳之謀又嘗以短兵接刃親獲首級深為岳所嗟賞齊天保初文宣為高陽王納晏之女為妃令赴晉陽成禮晏之後園陪讌坐客皆賦詩晏之詩云天下有道主明臣直雖休勿休永貽世則文宣咲曰得卿箴諷深以慰懷後行北徐州事尋即真為吏人所愛御史崔子武督察州郡至北徐無所案劾唯得百姓所制清德頌數篇乃歎曰本求罪狀遂聞頌聲遷兗州刺史未拜卒贈齊州刺史太常卿子乾威

乾威字元敬性聰敏涉獵羣書其世父暠之謂人曰吾家千里駒也仕齊位太常丞仕周為宣納中士隋開皇中累遷晉王屬王甚美其才與河內張衡俱見禮重晉邸稱為二張焉及王為太子遷員外散騎侍郎太子內舍人煬帝即位授內史舍人儀同三司又以藩邸之舊加開府尋拜謁者大夫從幸江都以本官攝江都贊務稱為幹理乾威嘗在塗見一遺囊恐其主求失因令左右負之而行後數日物主來認悉以付之淮南太守楊綝嘗與十餘人同來謁見帝問乾威曰其首立者為誰乾威下殿就視而答曰淮南太守楊綝帝謂乾威曰卿為謁者大夫而乃不識參見何人也乾威對曰臣非不識楊綝但慮不審所以不敢輕對石建數馬足蓋慎之至其廉慎皆此類也帝甚嘉之于時帝數巡幸百姓疲弊乾威因上封事以諫帝不悅自此見疎未幾卒官有子爽仕至蘭陵令乾威弟乾雄亦有才器秦孝王俊為秦州總管選為法曹參軍王嘗親案囚徒乾雄誤不持狀口對百餘人皆盡事情同輩莫不歎服後歷壽春陽城二縣令俱有政績

邢巒字洪賓河間鄚人魏太常貞之後也族五世祖嘏石勒頻徵不至嘏無子巒高祖蓋自旁宗入後蓋孫潁字宗敬以才學知名太武時與范陽盧玄等同徵後拜中書侍郎改通直常侍平城子使宋還以病歸鄉久之帝曰往憶邢潁長者有學義宜侍講東宮今安在司徒崔浩曰潁臥病在家帝遣太醫馳驛就療卒贈定州刺史諡曰康子修年即巒父也位州主簿巒少好學負帙尋師守貧厲節遂博覽書傳有文才幹略美鬚髯姿貌甚偉累遷兼員外散騎常侍使齊還再遷中書侍郎甚見顧遇嘗參坐席孝文因行藥至司空府南見巒宅謂巒曰朝行藥至此見卿宅乃住東望德館情有依然巒對曰陛下移構中京方建無窮之業臣意在與魏升降寧容不務永年之宅帝謂司空穆亮僕射李沖曰巒之此言其意不小有司奏策秀孝詔曰秀孝殊問經權異策邢巒才清可令策秀後兼黃門郎從征漢北巒在新野後至帝曰伯玉天迷其心鬼惑其慮守危邦固逆主至此以來雖未擒滅城隍已崩想在不遠所以緩攻者正待中書為露布耳尋除正黃門兼御史中尉瀛州大中正遷散騎常侍兼尚書宣武時巒奏曰先皇深觀古今去諸奢侈服御尚質不貴彫鏤所珍在素不務奇綵至乃以紙絹為帳扆銅鐵為轡勒訓朝廷以節儉示百姓以憂矜逮景明之初承升平之業四疆清晏遠近來同於是蕃貢繼路商估交入諸所獻貿倍多於常雖加以節約猶歲損萬計珍貨常有餘國用恒不足若不裁其分限便恐無以支歲自今非為要須者請皆不受帝從之尋正尚書梁秦二州行事夏侯道遷以漢中內附詔加巒使持節都督征梁漢諸軍事進退徵攝得以便宜從事巒至漢中遣兵討之賊皆款附乘勝追奔至關城之下詔拜巒使持節梁秦二州刺史於是開地定境東西七百南北千里獲郡四十二部護軍及諸縣戍遂逼涪城巒表曰揚州成都相去萬里陸途既絕唯資水路水軍西上非周年不達外無軍援一可圖也益州頃經劉季連反叛鄧元起攻圍倉庫空竭無復固守之意二可圖也蕭深藻是帬屐少年未洽政務今之所任並非宿將重名是皆左右少年而已三可圖也蜀之所恃惟阻劍閣今既克南安已奪其險據彼界內三分已一從南安向涪方軌任意前軍累破後眾喪魂四可圖也深藻是蕭衍兄子骨肉至親若其逃亡當無死理脫軍走涪城深藻何肯城中坐而受困五可圖也臣聞乘機而動武之善經未有捨干戚而康時不征伐而統一臣以不才屬當戎寄上憑國威頻有薄捷瞻望涪益旦夕可屠正以兵少糧匱未宜前出今若不取後圖便難輒率愚管必將殄克如其無功分受憲坐若朝廷未欲經略臣便為無事乞歸侍養微展烏鳥巒又表曰昔鄧艾鍾會率十八萬眾傾中國資給裁得平蜀所以然者鬬實力也況臣才絕古人何宜請二萬之眾而希平蜀所以敢者正以據得要險士庶慕義此往則易彼來則難任力而行理有可克今王足前進已逼涪城脫得涪城則益州便是成禽之物臣誠知征戎危事未易可為自軍度劍閣以來鬚髮中白所以勉強者既到此地而自退不守恐孤先皇之恩遇負陛下之爵祿是以孜孜頻有陳請宣武不從又王足於涪城輒還遂不定蜀巒既克巴西遣軍主李仲遷守之仲遷得梁將張法養女有美色甚惑之散費兵儲專心酒色公事諮承無能見者巒忿之切齒仲遷懼謀叛城人斬其首以降梁將譙希遠巴西遂沒武興氐楊集起等反巒遣統軍傅豎眼討平之巒之初至漢中從容風雅接豪右以禮撫眾庶以惠歲餘之後頗因其去就誅滅百姓籍為奴婢者二百餘口兼商販聚斂清論鄙之徵授度支尚書時梁人侵軼徐兗朝廷乃以巒為使持節都督東討諸軍事安東將軍尚書如故宣武勞遣巒於東堂曰知將軍旋京未久膝下難違然東南之寄非將軍莫可自古忠臣亦非無孝也巒曰願陛下勿以東南為慮帝曰漢祖有云金吾擊郾吾無憂矣今將軍董戎朕何慮哉巒至乃分遣將帥致討兗州悉平進圍宿豫平之帝賜巒璽書慰勉之及梁城賊走中山王英乘勝攻鍾離又詔巒率眾會巒以為鍾離天嶮朝貴所具若有內應則所不知如其無也必無克狀且俗語云耕則問田奴絹則問織婢臣既謂難何容強遣巒既累表求還帝許之英果敗退時人伏其識畧初侍中盧昶與巒不平昶與元暉俱為宣

武所寵御史中尉崔亮䄍之黨也䄍嘽令亮糾巒事成許言於宣武以亮爲侍中亮奏巒在漢中掠良人爲婢巒懼乃以漢中所得巴西太守龎景仁女化生等二十餘口與嘽化生等數人奇色也嘽大悅乃背䄍爲巒言云巒新有大功已經赦宥不宜方爲此獄帝納之高肇以巒有克敵効而爲䄍等所排助巒申釋故得不坐豫州城人白早生殺刺史司馬悅以城南入梁遣其將齊苟仁率衆入據懸瓠詔巒持節率羽林精騎討之封平舒縣伯賞宿豫之功也宣武臨東堂勞遣巒曰早生走也守也何時平巒曰今王師若臨士人必翻然歸順圍之窮城奔走路絕不度此年必傳首京師願陛下不足爲慮帝笑曰卿言何其壯哉知卿親老頻勞於外然忠孝不俱不得辭也於是巒率騎八百倍道兼行五日次於鮑口擊賊大將胡孝智乘勝至縣瓠因即度汝既而大兵繼至遂長圍圍之詔巒使持節假鎮南將軍都督南討諸軍事中山王英南討三關亦次縣瓠以後軍未至前寇稍多憚不敢進乃與巒分兵將掎角攻之梁將齊苟仁等二十一人開門出降即斬早生等同惡數十人豫州平巒振旅還京師宣武臨東堂勞之巒曰此陛下聖畧威靈英等將士之力臣何功之有帝笑曰卿匪直一月三捷所足稱奇乃存士伯讓功而弗處巒自宿豫大捷及平縣瓠志行修正不復以財賄爲懷戎資軍實絲毫無犯遷殿中尚書加撫軍將軍卒於官巒才兼文武朝野瞻望上下悼惜之贈車騎大將軍瀛州刺史初帝欲贈冀州黃門甄琛以巒前曾劾已乃云瀛州巒之本郡人情所欲乃從之及琛爲詔乃云優贈車騎將軍瀛州刺史議者笑琛淺薄謚曰文定子遜

遜字子言貌雖陋短頗有風氣襲爵後遷國子博士本州中正因謁靈太后自陳功名之子久抱沈屈臣父屢爲大將而臣身無軍功階級臣父雖爲忠臣不爲慈父靈太后慨然以遜爲長兼吏部郎中後位大司農卿與少卿元慶哲至相糾訟遜銳於財利議者鄙之卒贈光祿勳幽州刺史子祖徵開府祭酒父喪未終謀反伏法祖徵弟祖劾貌寢有風尚仕齊卒於尚書郎祖劾弟祖俊開府行參軍開皇中位尚書都官郎中巒弟偉尚書郎中偉子昕

昕字子明幼孤見愛於祖母李氏好學早有才情解褐盪寇將軍累遷太尉記室參軍吏部尚書李神儁奏昕修起居注太昌初除中書侍郎加平東將軍光祿大夫時言冐竊官級爲中尉所劾免官乃爲述躬賦未幾受詔與祕書監常景典儀注事武帝行釋奠禮昕與校書郎裴伯茂等俱爲錄義永熙末昕入爲侍讀與溫子昇魏收參掌文詔遷鄴乃歸河間天平初與侍中從叔子才魏季景魏收同徵赴都尋還鄉里既而復徵時梁使兼散騎常侍劉孝儀等來聘詔昕兼正員郎迎於境上司徒孫騰引爲中郎尋除通直常侍加中軍將軍既有才藻兼長几案自孝昌之後天下多務世人競以吏工取達文學大衰司州中從事宋游道以公斷見知時與昕嘲謔昕謂之曰世事同知文學外游道有慙色與和中以本官副李象使於梁昕好忤物人謂之牛是行也談者謂之牛象鬬於江南齊文襄王攝選擬昕爲司徒右長史未奏遇疾卒士友悲之贈車騎將軍都官尚書冀州刺史謚曰文所著文章自有集錄偉弟晏字幼平美風儀博涉經史善談釋老雅好文詠位滄州刺史爲政清靜吏人安之卒贈尚書左僕射瀛州刺史謚曰文貞晏篤於義讓初爲南兗州例得一子解褐乃啓其孤弟子子慎爲朝請子慎年甫十二而其子已弱冠矣後爲滄州復啓孤兄子昕爲府主簿而其子竝未從宦世人以此多之子亢字子高頗有文學位兼通直散騎常侍使於梁時年二十八後爲中外府屬坐事死於晉陽巒叔祖祐字宗祐少有學尚知名於時假員外散騎常侍使於宋以將命之勤除建威將軍平原太守賜爵城平男政清刑肅百姓安之卒于官子產字神寶好學善屬文少時作孤蓬賦爲時所稱舉秀才除著作佐郎假常侍鄭縣子使於齊產仍世將命時人美之歷中書侍郎太子中庶子卒朝廷嗟惜焉贈平州刺史樂城子謚曰定祐從子虯字神彪著作郎敏之子也少爲三禮鄭氏學明經有文思舉秀才上第爲中書議郎尚書殿中郎孝文因公事與語問朝覲宴饗禮虯以經對大合上旨帝崩尚書令王肅多用新儀虯往往折以五經正禮爲尚書左丞多所糾正臺閣肅然時鴈門人有害母者八坐奏轘之而瀦其室宥其二子虯駮奏云君親無將將而必誅謀逆者戮及朞親害親者令不及子既逆甚梟鏡禽獸之不若而使禋祀不絕遺育承傳非所以勸忠孝之道存三綱之義若聖教含容不加孥戮使父子罪不相及惡止於其身者則宜投之四裔敕所在不聽配匹盤庚言無令易種新邑漢法五月食梟羮皆欲絕其類也奏入宣武從之後爲光祿少卿母在鄉遇患請假歸遇秋水暴長河梁破絕虯得一小船而渡船漏滿不沒時人異之母喪哀毀過禮爲時所稱卒贈幽州刺史謚曰威虯善與人交清河崔亮頓丘李平竝與親善所作碑頌雜筆三十餘篇長子臧

臧字子良幼孤早立文尚博學有藻思年二十一神龜中舉秀才考上第爲太學博士正光中議立明堂臧爲裴頠一室之議事雖不行當時稱其理博出爲本州中從事雅爲鄉情所附永安初徵爲金部郎中以疾不赴轉除東牟太守時天下多事在職少能廉白臧獨清慎奉法吏人愛之隴西李延寔莊帝之舅以太傅出除青州啓臧爲屬領樂安內史有惠政後除濮陽太守尋加安東將軍臧和雅信厚有長者之風爲時人所愛敬爲特進甄琛行狀世稱其工與裴敬憲盧觀兄弟竝結友曾共讀回文集臧獨先通之撰古來文章幷敘作者氏族號曰文譜未就病卒時賢悼惜之其文筆凡百餘篇贈鎮北將軍定州刺史謚曰文子恕涉學有識悟齊武平末尚書屯田郎隋開皇中尚書侍郎卒於沂州長史弟邵

邵字子才小字吉少時有避遂不行名年五歲魏吏部郎清河崔亮見而奇之曰此子後當大成位望通顯十歲便能屬文雅有才思聰明強記日誦萬餘言族兄巒有人倫鑒謂子弟曰宗室中有此兒非常人也少在洛陽會天下無事與時名勝專以山水游宴爲娛不暇勤業嘗霖雨乃讀漢書五日畧能徧之後因飲謔倦方廣尋經史五行俱下一覽便無所遺文章典麗既贍且速年未二十名動衣冠嘗與右北平陽固河東裴伯茂從兄罘河南陸道暉等至北海王昕舍宿飲相與賦詩凡數十首皆在主人奴處旦日奴行諸人求詩不得邵皆爲誦之諸人有不認詩者奴還得本不誤一字諸人方之王粲吏部尚書隴西李神儁大相欽重引爲忘年之交釋巾爲魏宣武挽郎除奉朝請遷著作佐郎深爲領軍元乂所禮乂新除遷尚書令神儁與陳郡袁翻在席乂令邵作謝表須臾便就以示諸賓神儁曰邢邵此表足使袁公變色孝昌初與黃門侍郎李琰之對典朝儀自孝明之後文雅太盛邵彫蟲之美獨步當時每一文初出京師爲之紙貴讀誦俄徧遠近于時袁翻與范陽祖瑩位望通顯文筆之美見稱先達以邵藻思華贍深共嫉之每洛中貴人拜職多憑邵爲謝章表嘗有一貴勝初授官大事賓食翻與邵俱在坐翻意主人託其爲讓表遂命邵作之翻甚不悅每告人云邢家小兒常客作章表自買黃紙寫而送之邵恐爲翻所害乃辭以疾屬尚書令元羅出鎮青州啓爲府司馬遂在青土終日酣賞盡山泉之致永安初累遷中書侍郎所作詔文體宏麗及尒朱兆入洛京師擾亂邵與弘農楊愔避地嵩高山普泰中兼給事黃門侍郎尋爲散騎常侍太昌初敕令恒直內省給御史令覆案尚書門下事凡除大官先問其可不然後施行除衞將軍國子祭酒以親老還鄉詔所在特給兵力五人幷令歲一入朝以備顧問丁母憂哀毀過禮後楊愔與魏元乂及邵請置學奏曰二黌兩學盛自虞殷所以宗配上帝以著莫大之嚴宣布十二以彰則天之軌養黃髮以詢哲言育青衿而敷典教用能享國長久風徽萬祀者也爰暨亡秦改革其道阬儒滅學以蔽黔黎故九服分崩祚終二代炎漢勃興更修儒術故西京有六學之義東都有三本之盛逮自魏晉撥亂相因兵革之中學校不絕仰惟高祖孝文皇帝稟聖自天道鏡今古列教序於鄉黨敦詩書於郡國但經始事殷戎軒屢駕未遑多就弓劍弗追世宗統曆聿遵先緒永平之中大興板築續以水旱戎馬生郊雖逮爲山還停一簣而明堂禮樂之本乃鬱荆棘之林膠序德義之基空盈牧豎之跡城隍嚴固之重闕甎石之工墉構顯望之要少樓榭之飾加以風雨稍侵漸致虧墜非所謂追隆堂構儀刑萬國者也伏聞朝議以高祖大造區夏道侔姬文擬祀明堂式配上帝今若基宇不修仍同丘畎即使高皇神享闕於國陽宗事之典有聲無實此臣子所以匪寧億兆所以佇望也臣又聞官方授能所以任事既任事矣酬之以祿如此則上無曠官之譏下絕尸素之謗今國子雖有學官之名而無教授之實何異兔絲鷰麥南箕北斗哉昔劉向有言王者宜興辟雍陳禮樂以風天下夫禮樂所以養人刑法所以殺人而有司勤勤請定刑法至於禮樂則曰未敢是敢於殺人不敢於養人也臣以爲當今四海清平九服寧晏經國要重理應先營脫復稽延則劉向之言徵矣但事不兩興須有進退以臣愚量宜罷尚方彫靡之作頗省永寧土木之功并減瑤光材瓦之力兼分石窟鐫琢之勞及諸事役非世急者三時農隙修比數條使辟雍之禮蔚爾而復興諷誦之音煥然而更作美榭高墉嚴壯於外槐宮棘寺顯麗於中更明古今重遵鄉飲敦進郡學精課經業如此則元凱可得之於上庠游夏可致之於下國豈不休歟靈太后命曰配饗大禮爲國之本比以戎馬在郊未遑修繕今四表晏寧當敕有司別議經始累遷尚書令加侍中于時與梁和妙簡聘使邵與魏收及從子子明被徵入朝當時文人皆邵之下但以

不持威儀名高難副朝廷不令出境南人會問賓司邢子才故應是北間第一才士何爲不作聘使答云子才文辭實無所愧但官位已高恐非復行限南人曰鄭伯猷護軍猶得將命國子祭酒何爲不可邵既不行復請還故郡武帝在京輔政徵之在第爲賓客除給事黃門侍郎與溫子昇對爲侍讀宣武富於春秋初總朝政崔暹每勸禮接名賢詢訪得失以邵宿有名望故請徵焉宣武甚親重之多別引見邵舊鄙崔暹無學術言論之際遂云暹無所知解宣武還以邵言告暹并道此漢不可親近暹頗銜之邵奏魏帝發敕用妻兄李伯倫爲司徒祭酒詔書已出暹卽啓宣武執其專擅伯倫官事便寢邵由是被疎其後除驃騎西兗州刺史在州有善政桴鼓不鳴吏人姦伏守令長短無不知之定陶縣去州五十里縣令妻日暮取人斗酒束脯邵逼夜攝令未明而去責其取受舉州不識其所以在任都不營生產唯南兗糴粟就濟陽食之邵繕修觀宇頗爲壯麗皆爲之名題有清風觀明月樓而不擾公私唯使兵力吏民爲立生祠并勒碑頌德及代吏人父老及媪嫗皆遠相攀追號泣不絕至都除中書令舊格制生兩男者賞羊五口不然則絹十匹僕射崔暹奏絕之邵云此格不宜輒斷句踐以區區之越賞法生三男者給乳母況以天下之大而絕此條舜藏金於山不以爲乏今藏之於民復何所損又準舊皆訊四取占然後送付廷尉邵以爲不可乃立議曰設官分職各有司存丞相不問鬬人虞官弓招不進豈使尸祝兼刀匕之役家長侵雞犬之功詔竝從之自除太常卿兼中書監攝國子祭酒是時朝臣多守一職帶領二官甚少邵頓居三職竝是文學之首當世榮之幸晉陽路中頻有甘露之瑞朝臣皆作甘露頌尚書符令邵爲之序及文宣崩凶禮多見訊訪敕撰哀策後授特進卒邵率情簡素內行修謹兄弟親姻之間稱爲雍睦博覽墳籍無不通曉晚年尤以五經章句爲意窮其指要吉凶禮儀公私諮稟質疑去惑爲世指南每公卿會議事關典故邵援筆立成證引該洽帝命朝章取定俄頃詞致宏遠獨步當時與濟陰溫子昇爲文士之冠世論謂之溫邢鉅鹿魏收雖天才艷發而年事在二人之後故子昇死後方稱邢魏焉雖望實兼重不以才位傲物脫畧簡易不修威儀車服器用充事而已有齋不居坐臥恒在一小屋果餌之屬或置之梁上賓至下而共噉天姿質素特安異同士無賢愚皆能傾接對客或解衣覓虱且與劇談有書甚多而不甚讐校見人校書笑曰何愚之甚天下書至死讀不可徧焉能始復校此日思誤書更是一適妻弟李季節才學之士謂子才曰世間人多不聰明思誤書何由能得子才曰若思不能得便不勞讀書與婦甚疎未嘗內宿自云嘗晝入內閤爲狗所吠言畢便撫掌大笑性好談賞又不能閑獨公事歸休恒須賓客自伴事寡嫂甚謹養孤子恕慈愛特深在兗州有都信云恕疾便憂之廢寢食顏色貶損及卒人士爲之傷心痛悼雖甚竟不再哭賓客弔慰抆淚而已其高情達識開遣滯累東門吳以還所未有也有集三十卷見行於世邵世息大寶有文情孽子大德大道畧不識字焉

李崇字繼長小名繼伯頓丘人也文成元皇后第二兄誕之子年十四召拜主文中散襲爵陳留公鎭西大將軍孝文初爲荆州刺史鎭上洛敕發秦陝二州兵送崇至理崇辭曰邊人失和本怨刺史奉詔代之但須一宣詔旨而已不勞發兵自防使人懷懼孝文從之乃輕將數十騎馳到上洛宣詔綏慰人卽帖然邊戍掠得齊人者悉令還之南人感德仍送荆州口二百許人兩境交和無復烽燧之警在州四年甚有稱績召還京師賞賜隆厚除兗州刺史兗土舊多劫盜崇乃村置一樓樓懸一鼓盜發之處雙槌亂擊四面諸村聞鼓皆守要路俄頃之間聲布百里其中險要悉有伏人盜竊始發便尒禽送諸州置樓懸鼓自崇始也後例降爲侯改授安東將軍車駕南征詔崇副驃騎大將軍咸陽王禧都督左翼諸軍事徐州降人郭陸聚黨作逆人多應之崇遣高平卜冀州詐稱犯罪逃亡歸陸陸納之以爲謀主數月冀州斬陸送之賊徒潰散入爲河南尹後車駕南討漢陽崇行梁州刺史氐楊靈珍遣弟婆羅與子雙領步騎萬餘襲破武興與齊相結詔崇爲使持節都督隴右諸軍事率衆討之崇槎山分進出其不意表裏以襲羣氐皆棄靈珍散歸靈珍衆減大半崇進據赤土靈珍又遣從弟建率五千人屯龍門躬率精勇一萬據鷲硤龍門之北數十里中伐樹塞路鷲硤之口積大木聚礌石臨崖下之以拒官軍崇乃命統軍慕容拒率衆五千從他路夜襲龍門破之崇自攻靈珍靈珍連戰敗走俘其妻子崇多設疑兵襲克武興齊梁州刺史陰廣宗遣參軍鄭猷王思考率衆援靈珍崇大破之幷斬婆羅首殺千餘人俘獲猷等靈珍走奔漢中孝文在南陽覽表大悅曰使朕無西顧之憂者李崇功也拜梁州刺史手詔曰便可善思經畧去其可除安其可育公私所患悉令芟夷及靈珍偷據白水崇擊破之靈珍遠遁宣武初徵爲右衞將軍兼七兵尚書轉左衞將軍相州大中正魯陽蠻柳北喜魯北鷰等聚衆反叛諸蠻悉應之圍逼湖陽游擊將軍李暉光鎭北城盡力捍禦賊勢甚盛詔以崇爲使持節都督征蠻諸軍事以討之蠻衆數萬屯據形要以拒官軍崇累戰破之斬北鷰等徙萬餘戶於幽幷諸州宣武追賞平氐之功封魏昌縣伯東荆州蠻樊安聚衆於龍山僭稱大號梁武遣兵應之諸將擊不利乃以崇爲鎭南將軍都督征蠻諸軍事率步騎討之崇分遣諸將攻擊賊壘連戰克捷生禽樊安進討西荆諸蠻悉降尋兼侍中東道大使黜陟能否著賞罰之稱出除散騎常侍征南將軍揚州刺史詔曰應敵制變算非一塗救左擊右疾雷均勢今朐山蟻寇久結未殄賊衍狡詐或生詭劫宜遣銳兵備其不意崇可都督淮南諸軍事坐敦威重遙運聲算延昌初加侍中車騎將軍都督江西諸軍事先是壽春縣人苟泰有子三歲遇賊亡失數年不知所在後見在同縣趙奉伯家泰以狀告各言已子竝有鄰證郡縣不能斷崇令二父與兒各在別處禁經數旬然後告之曰君兒遇患向已暴死可出奔哀也苟泰聞卽號咷悲不自勝奉伯咨嗟而已殊無痛意崇察知之乃以兒還泰詰奉伯詐狀奉伯款引云先亡一子故妄認之又定州流人解慶賓兄弟坐事俱徙揚州弟思安背役亡歸慶賓懼後役追責規絕名貫乃認城外死尸詐稱其弟爲人所殺迎歸殯葬頗類思安見者莫辨又有女巫陽氏自云見鬼說思安被害之苦飢渴之意慶賓又誣疑同軍兵蘇顯甫李蓋等所殺經州訟之二人不勝楚毒各自款引獄將決竟崇疑而停之密遣二人非州內所識者僞從外來詣慶賓告曰僕住在北州比有一人見過寄宿夜中共語疑其有異便卽詰問乃云是流兵背役姓解字思安時欲送官苦見求及稱有兄慶賓今住揚州相國城內嫂姓徐君脫矜愍爲往告報見申委曲家兄聞此必重相報今但見質若往不獲送官何晚是故相造指申此意君欲見雇幾何當放賢弟若其不信可見隨看之慶賓悵然失色求其少停此人具以報崇攝慶賓問之伏引更問蓋等乃云自誣數日之間思安亦爲人縛送崇召女巫視之鞭笞一百崇斷獄精審皆此類也時有泉水湧於八公山頂壽春城中有魚數從地湧出野鴨羣飛入城與鵲爭巢五月大霖雨十有三日大水入城屋宇皆沒崇與兵泊於城上水增未已乘船附於女牆城不沒者二版而已州府勸崇棄州保北山崇曰吾受國重恩忝守藩岳淮南萬里繫于吾身一旦動腳百姓瓦解揚州之地恐非國物昔王尊慷慨義感黃河吾豈愛一軀取愧千載但憐茲士庶無辜同死可桴筏隨高人規自脫吾必守死此城時州人裴絢等受梁假豫州刺史因乘大水謀欲爲亂崇皆擊滅之又以洪水爲災請罪解任詔曰夏雨汎濫斯非人力何得以此辭解今水涸路通公私復業使可繕甲積糧修復城雉勞恤士庶務盡綏懷之畧也崇又表解州不聽是時非崇則淮南不守矣崇沈深有將畧寬厚善御衆在州凡十年常養壯士數千人寇賊侵邊所向摧破號曰臥彪賊甚憚之梁武惡其久在淮南屢設反間無所不至宣武雅相委重梁無以措謀乃授崇車騎大將軍開府儀同三司萬戶郡公諸子皆爲縣侯欲以構崇崇表言其狀宣武屢賜璽書慰勉之賞賜珍異歲至五三親待無與爲比梁武每歎息服宣武之能任崇也孝明踐阼褒賜衣馬及梁遣其游擊將軍趙祖悅襲據西硤石更築外城逼徙緣淮之人於城內又遣二將昌義之王神念率水軍泝淮而上規取壽春田道龍寇邊城路長平寇五門胡興茂寇開霍揚州諸戍皆被寇逼崇分遣諸將與之相持密裝船艦二百餘艘教之水戰以待臺軍梁霍州司馬田休等寇建安崇遣統軍李神擊走之又命邊城戍主邵申賢要其走路破之於濡水俘斬三千餘人靈太后璽書勞勉許昌縣令兼紆麻戍主陳平王南引梁軍以戍歸之崇自秋請援表至十餘詔遣鎭南將軍崔亮救硤石鎭東將軍蕭寶夤於梁堰上流決淮東注朝廷以諸將不相赴乃以尚書李平兼右僕射持節節度之崇遣李神乘鬬艦百餘艘沿淮與李平崔亮合攻硤石李神水軍剋其東北外城祖悅力屈乃降朝廷嘉之進號驃騎將軍儀同三司刺史都督如故梁淮堰未破水勢日增崇乃於硤石戍間編舟爲橋北更立船樓十各高三丈十步置一籬至兩岸蕃版裝治四箱解合賊至舉用不戰解下又於樓船之北連覆大船東西竟水防賊火栰又於八公山之東南更起一城以備大水州人號曰魏昌城崇累表解州前後十餘上孝明乃以元志代之尋除中書監驃騎大將軍儀同如故出爲使持節侍中都督四州諸軍事定州刺史徵拜尚書左僕射遷尚書令加侍中崇在官和厚明於決斷然性好財賄販肆聚斂孝明靈太后嘗幸左藏王公嬪主從者百餘人若令任力負布絹卽以賜之多者過二百匹少者百餘唯長樂公兩手持絹

二十匹而出，示不異衆而已，世稱其廉儉。崇與章武王融以所負多，顚仆於地，崇乃傷腰，融至損脚。時人爲之語曰：陳留章武，傷腰折股，貪人敗類，穢我明主。蠕蠕主阿那瓌犯塞，詔崇以本官都督北討諸軍事以討之。崇辭於顯陽殿，戎服武飾，志氣奮揚，時年六十九，幹力如少，孝明目而壯之，朝臣莫不稱善。遂出塞三千餘里，不及賊而還。崇請改六鎭爲州，兵編戶，太后不許。後北鎭人破落汗拔陵反，所在響應，征北將軍臨淮王彧大敗於五原，安北將軍李叔仁尋敗於白道，賊衆日甚。詔引丞相、令、僕、尚書、侍中、黃門於顯陽殿，曰：賊勢侵淫，寇連恒朔，金陵在彼，夙夜憂惶，諸人宜陳良策。吏部尚書元修義以爲須得重貴鎭壓恒朔，揔彼師旅，備衞金湯。詔曰：去歲阿那瓌叛逆，遣李崇北征，崇遂長驅塞北，返旆榆關，此一時之盛。朕以李崇國戚，望重器識，英斷，意欲還遣崇行，總督三軍，揚旌恒朔，諸人謂可爾不？僕射蕭寶夤等曰：陛下此遣，實合羣望。於是詔崇以本官加使持節、開府、北討大都督，撫軍將軍崔暹、鎭軍將軍廣陽王深皆受崇節度。又詔崇子光祿大夫神軌假平北將軍，隨崇北討。崇至五原，崔暹大敗于白道之北，賊遂幷力攻崇。崇與廣陽王深力戰，累破賊衆，相持至冬，乃引還平城。深表崇長史祖瑩詐增功級，盜沒軍資，崇坐免官爵，徵還，以後事付深。後徐州刺史元法僧以彭城南叛，時除安樂王鑒爲徐州刺史以討之，爲法僧所敗，單馬奔歸。乃詔復崇官爵，爲徐州大都督，節度諸軍事。會崇疾篤，乃以衞將軍安豐王延明代之。改除開府、相州刺史，侍中、將軍、儀同竝如故。孝昌元年，薨於位，贈侍中、驃騎大將軍、司徒公、雍州刺史，諡曰武康，後重贈太尉公，餘如故。長子世哲，性輕率，供奉豪侈，少經征伐，頗有將用。爲三關別將，討羣蠻，大破之。還，拜鴻臚少卿。性傾巧，善事人，亦以貨賂自達。高肇、劉騰之處勢也，皆與親善，故世號爲李錐。爲相州刺史，斥逐百姓，遷徙佛寺，逼買其地，部內患之。崇北征之後，徵兼太常卿。御史高道穆毁發其宅，表其罪過。後除涇州刺史，賜爵衞國子。卒，贈吏部尚書、冀州刺史。世哲弟神軌，小名青肫，受父爵陳留侯。累出征伐，頗有將領之氣。孝昌中，靈太后淫縱，分遣腹心嫗姬出外陰求悅人，神軌爲使者所薦，寵遇勢傾朝野，時云見幸帷幄，與鄭儼爲雙。頻遷征東將軍、武衞將軍、給事黃門侍郎，常領中書舍人。時相州刺史安樂王鑒據州反，詔神軌與都督源子邕等討平之。後於河陰遇害。建義初，贈侍中、司空公、相州刺史，諡曰烈。

崇從弟平

平字雲定，少有大度，及長，涉獵羣書，好禮、易，頗有文才。太和初，拜通直散騎侍郎，孝文禮之甚重。頻經大憂，居喪以孝稱。後以例降襲爵彭城公。累遷太子庶子。平請自効一郡，帝曰：卿復欲以吏事自試也。拜長樂太守，政務清靜，吏人懷之。徵行河南尹，豪右權戚憚之。宣武郎位，除黃門郎，遷司徒左長史，行尹如故，尋正尹，長史如故。車駕將幸鄴，平上表諫，以爲：嵩都創構，洛邑俶營，雖年跨十稔，根基未就。代人至洛，始欲向盡，資產罄於遷移，牛畜斃於輦運，陵太行之險，越長津之難，辛勤備經，得達京闕。富者猶損太半，貧者可以意知。兼歷歲從戎，不遑啓處，自景明以來，差得休息，事農者未積一年之儲，築室者裁有數間之屋，莫不肆力伊瀍，人急其務。實宜安靜新人，勸其稼穡，令國有九載之糧，家有水旱之備。若乘之以羈紲，則所廢多矣。不從。詔以本官行相州事。帝至鄴，親幸平第，見其諸子。尋正刺史。平勸課農桑，修飾太學，簡試通儒以充博士，選五郡聰敏者以教之。圖孔子及七十二弟子於講堂，親爲立贊。前來臺使頗好侵漁，平乃畫履武尾、踐薄冰於客館，注頌其下，以示誡焉。徵拜度支尚書，領御史中尉。冀州刺史京兆王愉反於信都，以平爲持節、都督北討諸軍事，行冀州以討之。宣武臨式乾殿勞遣，平因曰：何圖今日言及斯事！歔欷流涕。平對曰：愉天迷其心，構此梟悖。陛下不以臣不武，委以總督之任，如其稽顙軍門，則送之大理；若不悛待戮，則鳴鼓釁鉦，非陛下之事。平進次經縣，諸軍大集。夜有蠻兵數千斫平前壘，矢及平帳，平堅臥不動，俄而乃定。遂至冀州城南十六里，大破逆衆，逐北至城門，遂圍城。愉與百餘騎突門走，平遣統軍叔孫頭追之，去信都八十里禽愉。冀州平，以本官領相州大中正。平先爲尚書令高肇、侍御史王顯所恨，後顯代平爲中尉。平加散騎常侍。顯劾平在冀州隱截官口，肇又扶成其狀，奏除平名。延昌初，詔復官爵，除定、冀二州刺史。前來良賤之訟，多有積年不決，平奏不問眞僞，一以景明年前爲限，於是諍訟止息。武川鎭人飢，鎭將任款請貸未許，擅開倉振恤，有司繩以費散之條，免其官爵。平奏款意在濟人，心無不善，帝原之。遷中書令，尚書如故。孝明初，轉吏部尚書。平高明强濟，所在有聲，但以性急爲累。尚書令任城王澄奏理平定冀之勳，靈太后乃封武邑郡公，賜縑二千五百匹。先是，梁遣其將趙祖悅逼壽春，鎭南崔亮攻之未剋，又與李崇乖貳。詔平以本官使持節、鎭軍大將軍、兼尚書右僕射，爲行臺，節度諸軍事，東西州將一以稟之，如有乖異，以軍法從事。詔平長子獎以通直郎從。於是率步騎二千赴壽春，嚴勒崇、亮，令水陸兼備，剋期齊舉。崇、亮憚之，無敢乖互，頻日交戰，破賊軍。安南將軍崔延伯立橋於下蔡，以拒賊之援，賊將王神念、昌義之等不得進救。祖悅守死窮城，平乃部分攻之，斬祖悅，送首於洛。以功遷尚書右僕射，加散騎常侍。平還京師，靈太后見於宣光殿，賜以金裝刀仗一口。時南徐州表云梁堰淮水，日爲患。詔公卿議之，平以爲不假兵力，終自毁壞。及淮堰破，太后大悅，引羣臣入宴，敕平前，孝明手賜縑布百段。卒，遣令薄葬。詔給東園祕器、朝服一具、衣一襲、帛七百匹，靈太后爲舉哀於東堂。贈侍中、驃騎大將軍、儀同三司、冀州刺史，諡文烈公。平自在度支至於端副，夙夜在公，孜孜匪懈，凡處機密十有餘年，有獻替之稱。所制文筆，別有集錄。長子獎襲。

獎字遵穆，容貌魁偉，有當世才度。位中書侍郎、吏部郎中，以本官兼尚書，出爲相州刺史。初，元乂擅朝，獎爲其親待，頻居顯職。靈太后反政，削除官爵。孝莊初，爲散騎常侍、河南尹。獎前後所歷，皆以明濟著稱。元顥入洛，顥以獎兼尚書右僕射，慰勞徐州羽林及城人，不承顥旨，害獎，傳首洛陽。孝武帝初，獎故吏宋游道上書理獎，詔贈冀州刺史。子搆襲。搆字祖基，少以方正見稱，襲爵武邑郡公。齊天保初，降爵爲縣侯。位終太府卿，贈吏部尚書。搆早有名譽，歷官清顯，常以雅道自居，甚爲名流所重。子丕，有父風，位尚書祠部郎中。丕弟克，通直散騎常侍。獎弟諧。

諧字虔和，幼有風采。趙郡李搔嘗過元乂門下，見之，歸謂其父元忠曰：領軍門下見一神人。元忠曰：必李諧也。問之果然。襲父先爵彭城侯。文辯爲時所稱。歷位中書侍郎。天平末，魏欲與梁和好，朝議將以崔㥄爲使主。㥄曰：文采與識，㥄不推李諧；口頰顧顧，諧乃大勝。於是以諧兼常侍，盧元明兼吏部郎，李業興兼通直常侍，聘焉。梁武使朱异覘客，异言諧、元明之美。諧等見，及出，梁武目送之，謂左右曰：朕今日遇勍敵。卿輩常言北間都無人物，此等何處來？謂异曰：過卿所談。是時鄴下言風流者，以諧及隴西李神儁、范陽盧元明、北海王元景、弘農楊遵彥、清河崔贍爲首。初通梁國，妙簡行人，神儁位已高，故諧等五人繼踵，而遵彥遇疾，道還，竟不行。既南北通好，務以俊乂相矜，銜命接客，必盡一時之選，無才地者不得與焉。梁使每入鄴下，爲之傾動，貴勝子弟盛飾聚觀，禮贈優渥，館門成市。宴日，齊文襄使左右覘之，賓司一言制勝，文襄爲之拊掌。魏使至梁，亦如梁使至魏，梁武親與談說，甚相愛重。諧使還後，遷祕書監，卒於大司農。諧爲人短小六指，因瘦而舉顧，因跛而緩步，因謇而徐言，人言李諧善用三短。文集十餘卷。諧長子岳，字祖仁，官中散大夫。性純至，居喪慘，未曾聽婢過前。追思二親，言則流涕。岳弟庶，方雅好學，甚有家風。歷位尚書郎、司徒掾，以淸辯知名，常攝賓司，接對梁客，梁客徐陵深歎美焉。庶生而天閹，崔諶調之曰：教弟種鬚，以錐徧刺作孔，揷以馬尾。庶曰：先以此方回施貴族，藝眉有効，然後樹鬚。世傳諶門有惡疾，以呼沲爲墓田，故庶言及之。邢子才在傍大笑。除臨漳令。魏書之出，庶與盧斐、王松年等訟其不平。魏收書王慧龍自云太原人，又書王瓊不善事，以盧同附盧玄傳，李平爲陳留人，云其家貧賤，故斐等譏訟。語楊愔云：魏收合誅。愔黨助魏，故遂白齊文宣，庶等竝髡頭，鞭杖二百，庶死於臨漳獄中。庶兄岳痛之，終身不歷臨漳縣門。庶妻元羅女也。庶亡後，岳使妻伴之寢宿，積五年，元氏更適趙起。嘗夢庶謂己曰：我薄福，託劉氏爲女，明旦當出。彼家甚貧，恐不能見養。夫妻舊恩，故來相見，告君宜乞取我。劉家在七帝坊十字街南東入窮巷是也。元氏不應。庶曰：君似懼趙公意，我自說之。於是起亦夢焉。起寤問妻，言之符合，遂持錢帛躬往求劉氏，如所夢得之。養女長而嫁焉。庶弟蔚，少清秀，有襟期倫理，涉觀史傳，兼屬文詞。昆季竝尚風流，長裾廣袖，從容甚美，然頗涉疎放，唯蔚能自持，公幹理甚有時譽。坐兄庶事，從平州。後還，位尚書左中兵郎中。仍聘陳使副江南，以其父曾經將命，甚重焉。還，坐將人度江私市，除名。後卒於祕書丞，士友悼惜之。蔚弟若，聰敏，頗傳家業，風采詞令，有聲鄴下。坐兄庶事，徙臨海。乾明初，追還。後兼散騎常侍，大被親狎，加儀同三司。若性滑稽，善諷誦，數奉旨詠詩，幷使說外間世事可笑樂者，凡所話談，每多會旨。嘗在省中趨而前却，對答學奏事之象，和士開聞而奏之，帝每狎弄之。武成以斛律金舊老，每朝賜羊車上殿。金曾使人奉啓，若爲舍人，誤奏云在闕下，詔命出羊車。若重思知金不至，竊言羊車鹿車何所迎。帝聞亦咲而不責。又帝於後園講武，令若爲吳將，皇后皆出，引若當前，觀其進止俯仰。事罷，遣使謝之，厚加賞賜。韓長鸞等忌惡之，密構其短，坐免官。未幾，詔復本官。隋開皇中，卒於秦王府諮議。諧弟邕，字修穆，幼儁爽，有逸才，位高陽王雍友。凡所交游，皆倍年儁秀。卒

贈洛州刺史謚曰文

論曰郭祚才幹敏實有世務之長孝文經綸之始獨在勤勞之地居官任事可稱述焉張彝風力謇謇有王臣之氣銜命擁旄風聲克舉俱魏氏器能之臣乎遭隨有命二子俱逢世亂悲哉晏之乾威可謂亡焉不絕邢巒以文武才策當軍國之任內參機揆外寄折衝其緯世之器歟子才少有盛名鼓動京洛文宗學府獨秀當年舉必任眞情無飾智疏通簡易罕見其人足爲一代之模楷也及明崔㥄之謗言執侯景之姦使昔人稱孟軻爲勇於文簡公見之唯嘗短崔暹頗爲累德阮籍未嘗品藻人物斯亦良有以焉李崇風質英重毅然秀立任當將相望高朝野平以高明幹畧効智於時出入當官功名剋著贊務之材也諧風流文辯蓋人望乎

北史卷四十三考證

郭祚傳名器既重時望亦深○深監本譌緩今從魏書

邢昕傳世人競以吏工取達○吏魏書作史

郃傳楊愔與魏元叉及郃請置學○臣人龍按下文郃之所奏魏書作李崇所上不知何以移于郃傳也

宣布十二以彰則天之軌○十二魏之作下土

李崇傳率水軍泝流而上○泝監本譌沂今改從魏書

惟長樂公兩手持絹二十匹而出○魏書宣武靈皇后傳此事係長樂公主非長樂公也

北史卷四十四

唐　李　延　壽　撰

列傳第三十二

崔光　子劼　弟子鴻

崔亮　從弟光韶　叔祖道固

崔光清河人本名孝伯字長仁孝文賜名焉祖曠從慕容德南度河居青州之時水慕容氏滅仕宋爲樂陵太守於河南立冀州置郡縣即爲東清河鄃人縣分易更爲南平原貝丘人也父靈延宋長廣太守與宋冀州刺史崔道固共拒魏軍慕容白曜之平三齊光年十七隨父徙代家貧好學晝耕夜誦傭書以養父母太和六年拜中書博士著作郎與祕書丞李彪參撰國書再遷給事黃門侍郎甚爲孝文所知待常曰孝伯才浩浩如黃河東注固今日之文宗也以參贊遷都謀賜爵朝陽子拜散騎常侍著作如故兼太子少傅又以本官兼侍中使持節爲陝西大使巡方省察所經述叙古事因賦詩三十八篇還仍兼侍中以謀謨之功進爵爲伯光少有大度喜怒不見於色有毀惡之者必善言以報雖見誣謗終不自申曲直皇興初有同郡二人並被掠爲奴婢後詣光求哀光乃以二口贖免孝文聞而嘉之雖處機近未曾留心文案唯從容論議參贊大政而已孝文每對羣臣曰以崔光之高才大量若無意外咎譴二十年後當作司空其見重如是宣武即位正除侍中初光與李彪共撰國書太和之末彪解著作專以史事任光彪尋以罪廢宣武居諒闇彪上表求成魏書詔許之彪遂以白衣於祕書省著述光雖領史官以彪意在專功表解侍中著作以讓彪宣武不許遷太常卿領齊州大中正正始元年夏有典事史元顯獻四足四翼雞詔散騎侍郎趙邕以問光光表曰臣謹案漢書五行志宣帝黃龍元年未央殿路軨中雌雞化爲雄毛變而不鳴不將無距元帝初元中丞相府史家雌雞伏子漸化爲雄冠距鳴將永光中有獻雄雞生角劉向以爲雞者小畜主司時起居小臣執事爲政之象也言小臣將乘君之威以害政事猶石顯也竟寧元年石顯伏辜此其效也靈帝光和元年南宮寺雌雞欲化爲雄一身皆似雄但頭冠上未變詔以問議郎蔡邕邕對曰貌之不恭則有雞禍臣竊推之頭爲元首人君之象也今雞一身已變未至於頭而上知之是將有其事而不遂成之象也若政無所改頭冠或成爲患滋大是後張角作亂稱黃巾賊遂破壞四方疲於賦役人多叛者上不改政遂至天下大亂今之雞狀不同其應頗相類矣向邕並博達之士考物驗事信而有證誠可畏也臣以邕言推之翅足衆多亦羣下相扇助之象雛而未大脚羽差小亦其勢尚微易制御也臣聞災異之見皆所以示吉凶明君覩之而懼乃能招福闇主視之彌慢所用致禍詩書春秋秦漢之事多矣此皆陛下所觀者今或有自賤而貴關預政事殆亦前代君房之匹比者南境死亡千計白骨橫野存有酷恨之痛歿爲怨傷之魂義陽屯師盛夏未反荊蠻狡猾征人淹次東州轉輸多往無還百姓困窮絞縊以殞北方霜降蠶婦輟事羣生憔悴莫甚於今此亦賈誼哭歎谷永切諫之時司寇行戮君爲之不舉陛下爲人父母所宜矜恤國重戎戰用兵猶火內外怨弊易以亂離陛下縱欲忽天下豈不仰念太祖取之艱難先帝經營劬勞也誠願陛下留聰明之鑒警天地之意禮處左右節其貴越往者鄧通董賢之盛愛之正所以害之又躬饗如罕宴宗或闕時應親享郊廟延敬諸父檢訪四方務加休息爰發慈旨撫振貧瘼簡費山池減撤聲飲晝存政道夜以安身博采芻蕘進賢黜佞則兆庶幸甚妖弭慶進禎祥集矣帝覽之大悅後數日而茹晧等並以罪失伏法於是禮光逾重二年八月光表曰去二十八日有物出于太極之西序敕以示臣臣案其形即莊子所謂蒸成菌者也又云朝菌不終晦朔雍門周所稱磨蕭斧而伐朝菌指言蒸氣鬱長非有根種柔脆之質彫殞速易不延旬月無擬蕭斧又多生墟落穢濕之地罕起殿堂高華之所今極宇崇麗壇築工密糞朽弗加沾濡不及而茲菌欻構厥狀扶疎誠足異也夫野木生朝野鳥入廟古人以爲敗亡之象然懼災脩德咸致休慶所謂家利而怪先國興而妖豫是故桑穀拱庭太戊以昌雊雉集鼎武丁用熙自比鵶鵲巢于廟殿梟鵩鳴於宮寢菌生賓階軒坐之正準諸往記信可爲誠且東南未靜兵革不息郊甸之內大旱跨時人勞物悴莫此之甚承天子育者所宜矜恤伏願陛下追殷二宗感變之意側躬聳誠惟新聖道節夜飲之忻強朝御之膳養方富之年保金玉之性則魏祚可以永隆皇壽等於山岳四年除中書舍人永平元年秋將誅元愉妾李氏羣官無敢言者敕光爲詔光逡巡不作奏曰伏聞當刑元愉妾李加之屠割妖惑扇亂誠合此罪但外人竊云李今懷姙例待分產且臣尋諸舊典兼推近事戮至刳胎謂之虐刑桀紂之主乃行斯事君舉必書義無隱諱酷而乖法何以示後陛下春秋已長未有儲體皇子襁褓至有夭失臣之愚識知無不言乞停李獄以俟育孕帝納之延昌元年遷中書監侍中如故二年宣武幸東宮召光與黃門甄琛廣陽王深等並賜坐詔光曰卿是朕西臺大臣當今爲太子師傅光起拜固辭詔不許即令明帝出爲從者十餘人敕以光爲傅之意令明帝拜光光又拜辭不當受太子拜復不蒙許明帝遂南面再拜詹事王顯啓請從太子拜於是宮臣畢拜光北面立不敢荅拜唯西面拜謝而出於是賜光繡采一百匹琛深各有差尋授太子少傅遷右光祿大夫侍中監如故四年正月宣武夜崩光與侍中領軍將軍于忠迎明帝於東宮安撫內外光有力焉帝崩後二日廣平王懷扶疾入臨以母弟之親徑至太極西廡哀慟禁內呼侍中黃門領軍二衞云身欲上殿哭大行又須入見主上諸人皆愕然相視無敢抗對者光獨攘衰振杖引漢光武初崩太尉趙熹橫劒當階推下親王故事辭色甚厲聞者莫不稱善壯光理義有據懷聲淚俱止云侍中以古事裁我我不敢不服於是遂還頻遣左右致謝初永平四年以黃門郎孫惠蔚代光領著作惠蔚首尾五歲無所厝懷至是尚書令任城王澄表光宜還史任於是詔光還領著作遷特進以奉迎明帝功封博平縣公領國子祭酒詔乘步挽於雲龍門出入尋遷車騎大將軍儀同三司靈太后臨朝後光累表遜位于忠擅權光依附之及忠稍被疎黜光并送章綬冠服茅土表至十餘上靈太后優荅不許有司奏追于忠及光封邑熙平元年二月太師高陽王雍等奏舉光授明帝經初光有德於靈太后四月更封光平恩縣侯以朝陽伯轉授第二子勗其月敕賜羊車一乘時靈太后臨朝每於後園親執弓矢光乃表上中古婦人文章因以致諫是秋靈太后頻幸王公第宅光表諫曰禮記云諸侯非問疾弔喪入諸臣之家謂之君臣爲謔不言王后夫人明無適臣家之義夫人父母在有時歸寧親沒使卿大夫聘春秋紀陳齊宋之女並爲周王后無適本國之事是制深於士大夫許嫁唁兄又義不得衞女思歸以禮自抑載馳竹竿所爲作也漢上官皇后將廢昌邑霍光外祖也親爲宰輔后猶御武帷以接羣臣示男女之別國之大節伯姬待姆安就炎燎樊姜俟命忍赴洪流傳皆綴集以垂來訓昨軒駕頻出幸馮翊君任城王第雖漸中秋餘熱尚蒸衢蓋往還聖躬煩倦左右僕侍衆過千百扶衞跋涉袍鉀在身昔人稱陛下甚樂臣等至苦或其事也但帝族方衍勳貴增遷祇請遂多將成彝式陛下遵酌前王貽厥後矩天下爲公億兆已任專薦郊廟止決大政輔神養和簡息游幸則率土屬賴含生仰悅矣神龜元年光表曰尋石經之作起自炎劉昔來雖屢經戎亂猶未大崩侵如聞往者刺史臨州多構圖寺官私顯隱漸加剥撤由是經石彌減文字增缺今求遣國子博士一人堪任幹事者專主周視驅禁田牧制其踐穢料閱碑牒所失次第量厥補綴詔曰此乃學者之根原不朽之永格便可一依公表光乃令國子博士李郁與助教韓神固劉燮等勘校石經其殘缺計料石功并字多少欲補脩之後靈太后廢遂寢二年八月靈太后幸永寧

寺躬登九層佛圖光表諫曰伏見親昇上級佇蹕表剎之下祇心圖構誠爲福善聖躬玉趾非所踐陟臣庶恇惶竊謂未可九月靈太后幸嵩山佛寺光上表諫不從正光元年冬賜光几杖衣服二年春明帝親釋奠國學光執經南面百寮陪列司徒京兆王繼頻上表以位讓光四月以光爲司徒侍中國子祭酒領著作如故光表固辭歷年終不肯受八月獲禿鶖鳥於宮內詔以示光光表曰此卽詩所謂有鶖在梁解云禿鶖也貪惡之鳥野澤所育不應入於殿廷昔魏氏黃初中有鵜鶘集于靈芝池文帝下詔以曹恭公遠君子近小人博求賢俊太尉華歆由此遜位而讓管寧者也臣聞野物入舍古人以爲不善是以張竦惡鴞賈誼忌鵩鵜鶘蹔集而去前王猶爲至誠況今親入宮禁爲人所獲方被畜養晏然不以爲懼準諸往義信有殊矣饕餮之禽必資魚肉菽麥稻粱時或飡啄一食之費容過斤鎰今春夏陽旱穀糴稍貴窮窘之家時有菜色陛下爲人父母撫之如傷豈可棄人養鳥留意於醜形惡聲哉衞侯好鶴曹伯愛鴈身死國滅可爲寒心願遠師殷宗近法魏祖脩德進賢消災集慶放無用之物委之川澤取樂琴書頤養神性明帝覽表大悅卽棄之池澤冬詔光與安豐王延明議定服章三年六月詔光乘步挽至東西上閤九月進位太保光又固辭光年耆多務病疾稍增而自强不已常在著作疾篤不歸四年十月帝親臨光疾詔斷賓客中使相望爲止聲樂罷諸游眺拜長子勵爲齊州刺史十一月疾甚敕子姪等曰吾荷先帝厚恩位至於此史功不成歿有遺恨汝等速可送我還宅氣力雖微神明不亂至第而薨年七十三明帝聞而悲泣中使相尋詔給東園溫明祕器朝服一具衣一襲錢六十萬布一千匹蠟四百斤大鴻臚監護喪事車駕親臨撫屍慟哭御輦還宮流涕於路爲減常膳言則追傷每至光坐講讀之處未曾不改容悽悼贈太傅領尚書令驃騎大將軍開府冀州刺史侍中如故又敕加後部鼓吹班劍依太保廣陽王故事謚文宣明帝祖喪建春門外望轜哀感儒者榮之初光太和中依宮商角徵羽本音而爲五韻詩以贈李彪彪爲十二次詩以報光光又爲百三郡國詩以荅之國别爲卷爲百三卷焉光寬和慈善不忤於物進退沈浮自得而已常慕胡廣黃瓊爲人故爲氣槩者所不重始領軍于忠以光舊德事之元乂於光亦深宗敬及郭祚裴植見殺清河王懌遇禍光隨時俛仰竟不匡救於是天下譏之自從貴達罕所申薦曾啓其女壻彭城劉敬徽云敬徽爲荊州五隴戍主女隨夫行常慮寇抄南北分張乞爲徐州長兼別駕暫集京師明帝許之時人比之張禹光初爲黃門則讓宋弁爲中書監讓汝南王悅爲太常讓劉芳爲少傅讓元暉穆紹甄琛爲國子祭酒讓清河王懌任城王澄爲車騎儀同讓江陽王繼又讓靈太后父胡國珍皆顧望時情議者以爲矯飾崇信佛法禮拜讀誦老而逾甚終日怡怡未曾恚忿曾於門下省晝坐讀經有鴿飛集膝前遂入於懷緣臂上肩久之乃去道俗讚詠詩頌者數十人每爲沙門朝貴請講維摩十地經聽者常數百人卽爲二經義疏三十餘卷識者知其疎畧凡所爲詩賦銘贊誄頌表啓數百篇五十餘卷別有集光子勵字彥德器學才德最有父風舉秀才中軍彭城王參軍祕書郎中以父光爲著作固辭不拜後除中書侍郎領軍將軍元乂爲明堂大將以勵爲長史與從兄鴻俱有名於世父光疾甚拜征虜將軍齊州刺史侍父疾衣不解帶及薨孝明每加存慰光葬本鄉詔遣主書張文伯宣弔孝昌元年除太尉長史襲父爵建義初遇害河陰贈侍中衞將軍青州刺史勵弟劼

劼字彥玄少淸虛寡欲好學有家風魏末累遷中書侍郎興和三年兼通直散騎常侍使于梁天保初以議禪代除給事黃門侍郎加國子祭酒直內省典機密淸儉勤慎甚爲齊文宣所知拜南青州刺史有政績入爲祕書監齊州大中正遷并省度支尚書俄授京省尋轉五兵尚書監國史臺閣之中見稱簡正武成之將禪後主先以問劼劼諫以爲不可由是忤意出爲南兗州刺史代還重爲度支尚書儀同三司食文登縣幹尋除中書令加開府待詔文林館監脩撰新書卒贈齊州刺史尚書左僕射謚文貞初和士開擅朝曲求物譽諸公因此頗爲子弟干祿世門之冑多處京官而劼二子拱撝並爲外任弟廓之從容謂劼曰拱幸得不凡何不在省府中清華之所而並出外藩劼曰立身來恥以言自達今若進兒與身何異卒無所求聞者莫不歎服劼常恨魏收書欲更作編年紀而才思竟不能就光弟敬友本州從事頗有受納御史案之乃與守者俱逃後除梁郡太守會遭所生憂不拜敬友精心佛道晝夜誦經免喪之後遂菜食終身恭寬接下脩身厲節自景明已降頻歲不登飢寒請丐者皆取足而去又置逆旅於肅然山南大路之北設食以供行者卒于家弟子鴻

鴻字彥鸞少好讀書博綜經史稍遷尚書都兵郎中詔太師彭城王勰以下公卿朝士儒學才明者三十人議定律令於尚書上省鴻與光俱在其中時論榮之後爲三公郎中加員外散騎常侍延昌二年將大考百寮鴻以考令於體例不通乃建議曰竊惟昔者爲官求才使人以器黜陟幽明揚淸激濁故績效能官才必稱位者朝昇夕進豈拘一階半級者哉二漢以降太和以前苟必官須此人人稱此職或超騰昇陟數歲而至公卿或長兼試守稱允當遷進者披卷則人人而是舉目則朝貴皆然故能時收多士之譽國號豐賢之美竊見景明以來考格三年成一考一考轉一階貴賤內外萬有餘人自非犯罪不問賢愚莫不上中才與不肖比肩同轉雖有善政如黃龔儒學如王鄭才史如班馬文章如張蔡得一分一寸必爲常流所攀選曹亦抑爲一槩不曾甄別琴瑟不調改而更張雖明旨已行猶宜消息武帝不從三年鴻以父憂解任甘露降其廬前樹十一月宣武以本官徵鴻四年復有甘露降其京兆宅之庭樹後遷中散大夫高陽王友仍領郎中正光元年加前將軍修孝文宣武起居注光撰魏史徒有卷目初未考正闕畧尤多每云此史會非我世所成但須記錄時事以待後人臨薨言鴻於孝明五年詔鴻以本官修緝國史孝昌初拜給事黃門侍郎尋加散騎常侍齊州大中正鴻在史甫爾未有所就尋卒贈鎮東將軍度支尚書青州刺史鴻弱冠便有著述志見晉魏前史皆成一家無所措意以劉元海石勒慕容儁苻健慕容垂姚萇慕容德赫連屈孑張軌李雄呂光乞伏國仁禿髮烏孤李暠沮渠蒙遜馮跋等並因世故跨僭一方各有國書未有統一鴻乃撰爲十六國春秋勒成百卷因其舊記時有增損褒貶焉鴻二世仕江左故不錄僭晉劉蕭之書又恐識者責之未敢出行於外宣武聞其撰錄遣散騎常侍趙邕詔鴻曰聞卿撰定諸史甚有條貫便可隨成者送至朕當於機事之暇覽之鴻以其書有與國初相涉言多失體且旣訖不奏聞鴻後典起居乃妄載其表曰臣聞帝王之興也雖誕應圖籙然必有驅除蓋所以翦彼歷政成此樂推故戰國紛紜年過十紀而漢祖夷殄群豪開四百之業歷文景之懷柔蠻夏世宗之奮揚威武始得涼朔同文牂越一軌於是談遷感漢德之盛痛諸史放絕乃鈐括舊書著成太史所謂緝茲人事光彼天時之義也昔晉惠不競華戎亂起三帝受制於姦臣二皇晏駕於非所五都蕭條鞠爲煨燼趙燕旣爲長蛇遼海緬成殊域中原無主八十餘年遺晉僻遠勢畧孤微人殘兵革靡所歸控皇魏龍潛幽代內脩德政外抗諸僞并兾之人懷寶之士襁負而至者日月相尋太祖道武皇帝以神武之姿接金行之運應天順人龍飛受命太宗必世重光業隆玄默世祖雄才叡畧闢曜威靈農戰兼脩埽清氛穢歲垂四紀而寰宇一同百姓始得陶然蘇息欣於堯舜之代自晉永寧以後雖所在稱兵競自尊樹而能建邦命氏成爲戰國者十有六家善惡興滅之形用兵乖會之道亦足以垂之將來昭明勸戒但諸史殘缺體例全虧編錄紛謬繁畧失所宜審正同異定爲一書誠知敏謝允南才非承祚然國志史考之美竊亦輒所庶幾始自景明之初搜集諸國舊史屬遷京甫爾率多分散求諸公私驅馳數歲又臣家貧祿微唯任孤力至於書寫所資每不周接暨正始元年寫乃向備謹於史案之暇草構此書區分時事各繫本錄稽以長歷考諸舊志刪正差謬定爲實錄商較大畧著春秋百篇至三年之末草成九十五卷唯常璩所撰李雄父子據蜀時書尋訪不獲所以未及善成輟筆私求七載于今此書本江南撰錄恐中國所無非臣私力所能終得其起兵僭號事之始末乃亦頗有但不得此書懼簡畧不成久思陳奏乞敕緣邊求採但愚賤無因不敢輕輒散騎常侍太常少卿荊州大中正趙邕忽宣明旨敕臣送呈不悟九皐微志乃得上聞奉敕欣惶慶懼兼至今謹以所訖者附臣邕呈奏臣又別作序例一卷年志一卷仰表皇朝統括大義俯明愚臣著錄微體徒竊慕古人立言美意文致疎鄙無一可觀簡御之日伏深慙悸鴻意如此自正光以前不敢顯行其書自後以其伯光貴重當朝知時人未能發明其事乃頗傳讀然鴻經綜旣廣多有違謬至道武天興二年姚興改號鴻始而鴻以爲改在元年明元永興二年慕容超禽於廣固鴻又以爲在元年太常二年姚泓敗於長安而鴻亦以爲滅在元年如此之失多不考正子子元祕書郎後永安中乃奏其父書稱臣亡考散騎常侍黃門侍郎前將軍齊州大中正鴻正始之末任屬記言撰緝餘暇廼刊著趙燕秦夏西涼乞伏西蜀等遺載爲之贊序褒貶評論先朝之日草構悉了唯有李雄蜀書搜索未獲闕茲一國遲留未成去正光三年購訪始得討論適訖而先臣棄世凡十六國名爲春秋一百二卷近代之事最爲備悉未曾奏上弗敢宣流今繕寫一本敢以仰呈乞藏祕閣以廣異家子元後謀反事發逃竄會赦免尋爲其叔鵑所殺光從祖弟長文字景翰少亦徙於代都聰敏有

學識永安中累遷平州刺史以老還家專讀佛經不關世事卒贈齊州刺史謚曰貞子愍字德林徐州征東府長史長文從弟庠字文序有幹用爲東郡太守元顥寇逼郡界庠拒不從命棄郡走還鄉里孝莊還宮賜爵平原伯拜潁川太守頗有政績永熙初除東徐州刺史二年爲城人王早蘭寶等所害後贈驃騎將軍吏部尚書齊州刺史子罕襲爵齊受禪例降光族弟榮先字隆祖涉歷經史州辟主簿子鐸有文才位中散大夫鐸弟覩羽林監

崔亮字敬儒清河東武城人魏中尉琰之後也高祖瓌爲慕容垂車騎屬官祖輯南徙青州因仕宋爲太山太守祖脩之清河太守父元孫尚書郎青州刺史沈文秀之叛宋明帝使元孫討之爲文秀所害亮母房攜亮依其叔祖冀州刺史道固於歷城及慕容白曜平三齊內徙桑乾爲平齊人時年十歲常依季父幼孫居貧傭書自業時隴西李沖當朝任事亮族兄光往依之謂亮曰安能久事筆硯而不往託李氏也彼家饒書因可得學亮曰弟妹饑寒豈容獨飽自可觀書於市安能看人眉睫乎光言之於沖沖召亮與語因謂曰比見卿先人相命論使人胸中無復怵迫之念今遂亡本卿能記之不亮即爲誦之涕淚交零聲韻不異沖甚奇之迎爲館客沖謂其兄子彥曰大崔生寬和篤雅汝宜友之小崔生峭整清徹汝宜敬之二人終將大至沖薦之爲中書博士轉議郎尋遷尚書二千石孝文在洛欲創革舊制選置百官謂羣臣曰與朕舉一吏部郎必使才望兼允者給卿三日假又一日孝文曰朕已得之不煩卿輩也驛徵亮兼吏部郎俄爲太子中舍人遷中書侍郎兼尚書左丞亮雖歷顯任其妻不免親事舂簸孝文聞之嘉其清貧詔帶野王令孝明親政遷給事黃門侍郎仍兼吏部郎領青州大中正亮自參選事垂將十年廉慎明決爲尚書郭祚所委每云非崔郎中選事不辦尋除散騎常侍仍爲黃門遷度支尚書領御史中尉自遷都之後經畧四方又營洛邑費用甚廣亮在度支別立條格歲省億計又議脩汴蔡二渠以通邊運公私賴焉侍中廣平王懷以母弟之親左右不遵憲法敕亮推究孝明禁懷不通賓客者久之後因宴集懷侍親使忿欲陵突亮亮乃正色責之即起於孝明前脫冠請罪遂拜辭欲出孝明曰廣平麤疎向來又醉卿之所悉何乃如此也遂詔亮復坐令懷謝焉亮外雖方正內亦承候時情宣傳左右郭神安頗被孝明識遇以弟託亮亮引爲御史及神安敗後因集禁中孝明令兼侍中盧昶宣旨責亮曰在法官何故受左右囑請亮拜謝而已無以上對轉都官尚書又轉七兵領廷尉卿加散騎常侍徐州刺史元昞撫御失和詔亮馳驛安撫亮至劾昞處以大辟勞賚綏慰百姓怡然除安西將軍雍州刺史城北渭水淺不通船行人艱阻亮謂寮佐曰昔杜預乃造河梁況此有異長河且魏晉之日亦自有橋吾今決欲營之咸曰水淺不可爲浮橋汎長無恒又不可施柱橋難成立亮曰晉秦居咸陽橫橋度渭以像閣道此即以柱爲橋今唯慮長柱不可得耳會天大雨山水暴至浮出長木數百根籍此爲用橋遂成立百姓利之至今猶名崔公橋亮性公清敏于斷決所在並號稱職三輔服其德政孝明嘉之詔賜衣馬被褥後納其女爲九嬪徵爲太常卿攝吏部事孝明初出爲定州刺史梁左游擊將軍趙祖悅率衆據硤石詔亮假鎮南將軍齊王蕭寶夤鎮東將軍章武王融安南將軍並使持節督諸軍以討之靈太后勞遣亮等賜戎服雜物亮至硤石祖悅出城逆戰大破之祖悅復於城外置二柵欲拒軍亮焚擊破之亮與李崇爲水陸之期日日進攻而崇不至及李平至崇乃進軍共平硤石靈太后賜亮璽書曰硤石既平大勢全舉淮堰孤危自將奔遁若仍敢游魂此當易以立計禽翦蟻徒應在旦夕將軍推轂所馮親對其事處分經畧宜共協齊必令得埽盪之理盡彼遺燼也隨便守禦及分度掠截扼其咽喉防塞走路期之全獲無令漏逸若畏威降首者自加蠲宥以仁爲本任之雅算以功進號鎮北將軍李平部分諸軍將水陸兼進以討堰賊亮違平節度以疾請還隨表而發平表亮輒還京失乘勝之機闕水陸之會令處亮死上議靈太后令曰亮去留自擅違我經畧雖有小捷豈免大咎但吾攝御萬機庶茲惡殺可特聽以功補過及平至亮與爭功於禁中形於聲色尋除殿中尚書遷吏部尚書時羽林新害張彝之後靈太后令武官得依資入選官員既少應選者多前尚書李韶循常擢人百姓大爲怨亮乃奏爲格制不問士之賢愚專以停解日月爲斷雖復官須此人停日後者終於不得庸才下品年月久者灼然先用沈滯者皆稱其能亮外甥司空諮議劉景安書規亮曰殷周以鄉塾貢士兩漢由州郡薦才魏晉因循又置中正諦觀在昔莫不審舉雖未盡美足應亦收六七而朝廷貢才止求其文不取其理察孝廉唯論章句不及治道立中正不考人才行業空辨氏姓高下至於取士之途不溥沙汰之理未精而舅屬當銓衡宜須改張易調如何反爲停年格以限之天下士子誰復脩厲名行哉亮荅書曰汝所言乃有深致吾乘時徼幸得爲吏部尚書當其壯也尚不如人況今朽老而居帝難之任常思同升舉直以報明主之恩盡忠竭力不爲貽厥之累昨爲此格有由而然今已爲汝所怪千載之後誰知我哉可靜念吾言當爲汝論之吾兼正六爲吏部郎三爲尚書銓衡所宜頗知之矣但古今不同時宜須異何者昔有中正品其才第上之尚書尚書據狀量人授職此乃與天下羣賢共爵人也吾謂當爾之時無遺才無濫舉矣而汝猶云十收六七況今日之選專歸尚書以一人之鑒照察天下劉毅所云一吏部兩郎中而欲究鏡人物何異以管窺天而求其博哉今勳人甚多又羽林入選武夫崛起不解書計唯可彍弩前驅指蹤捕噬而已忽令垂組乘軒求其烹鮮之效未曾操刀而使專割又武人至多官員至少不可周溥設令十人共一官猶無官可授況一人望一官何由可不怨哉吾近面執不宜使武人入選請賜其爵厚其祿既不見從是以權立此格限以停年耳昔子產鑄刑書以救敝叔向譏之以正法何異汝以古禮難權宜哉仲尼云德我者春秋罪我者亦春秋吾之此指其由是也但令當來君子知吾意爲後甄琛元脩義城陽王徽相繼爲吏部尚書利其便已踵而行之自是賢愚同貫涇渭無別魏之失才從亮始也歷侍中太常卿左光祿大夫尚書右僕射時劉騰擅權亮託妻劉氏傾身事之故頻年之中名位隆赫有識者譏之轉尚書僕射加散騎常侍疽發於背明帝遣舍人問疾亮上表乞解僕射詔不許尋卒詔給東園祕器贈車騎大將軍儀同三司謚曰貞烈亮在雍州讀杜預傳見其爲八磨嘉其有濟時用遂教人爲碾及爲僕射奏於張方橋東堰穀水造磑磨數十區其利十倍國用便之亮有三子士安士和士泰並强幹善於當世士安歷尚書北部郎卒於諫議大夫贈左將軍光州刺史無子弟士和以子乾亨繼乾亨武定中尚書都兵郎中士和初爲司空主簿蕭寶夤之在關中高選僚佐以爲都督府長史時莫折念生遣使詐降寶夤表士和兼度支尚書爲隴右行臺令入秦撫慰爲念生所害士泰歷給事中司空從事中郎諫議大夫司空司馬明帝末荆蠻侵斥以士泰爲龍驤將軍征蠻別將事平以功賜爵五等男建義初遇害於河陰贈都督青州刺史謚曰文肅子肇師襲爵肇師少時疎放長遂變節更成謹厚涉獵經史頗有文思天平初以通直散騎侍郎爲慰勞青州使至齊州界爲土賊崔迦葉等拘欲逼與同事肇師執志不動喻以禍福賊遂捨之仍巡慰青部而還肇師以從弟乾亨同居事伯母甚謹齊文襄嘗言肇師合誅左右問其故曰崔鴻十六國春秋述諸僭僞而不及江東左右曰肇師與鴻別族乃止天保初以參定禪代禮儀封襄城縣男仍兼中書侍郎卒始鄴下有薛生者能相人言趙彥琛當大貴肇師因問己荅曰公門望雖高爵位不及趙終如其言亮弟敬默奉朝請卒於征虜長史贈南陽太守子思韶從亮征硤石以軍功賜爵武城子爲冀州別駕敬默弟敬遠以其賤出殊不經紀論者譏焉

光韶亮從父弟也父幼孫太原太守光韶事親以孝悌初除奉朝請光韶與弟光伯雙生操業相侔特相友愛遂經吏部尚書李沖讓官於光伯辭色懇至沖爲奏聞孝文嘉而許之太和二十年以光韶爲司空行參軍復請讓從叔和曰臣誠微賤未登讓品屬逢皇朝恥無讓德和亦謙退辭而不當孝文善之遂以和爲廣陵王國常侍尋敕光韶祕書郎掌校華林御書累遷青州中從事後爲司空騎兵參軍又兼司徒戶曹出爲濟州輔國府司馬刺史高植甚知之政事多委訪焉遷青州平東府長史府解敕知州事光韶清直明斷吏人畏愛之入爲司空從事中郎以母老解官歸養賦詩展意朝士屬和者數十人久之欲爲司徒諮議固辭不拜光韶性嚴聲韻抗烈與人平談常若震厲至於兄弟議論外聞謂爲忿怒然孔懷雍睦人少逮之孝莊初河間邢杲率河北流人十餘萬衆攻逼州郡刺史元儁憂不自安州人乞光韶爲長史以鎮之時陽平路回寓居齊土與杲潛相影響引賊入郭光韶臨機處分在難確然賊退之後刺史表光韶忠毅朝廷嘉之發使慰勞尋爲東道軍司及元顥入洛自河以南莫不風靡刺史廣陵王欣集文武以議所從在坐之人莫不失色光韶獨抗言曰元顥受制梁國稱兵本朝亂臣賊子曠代少疇何但大王家事所宜切齒等荷朝眷未敢仰從長史崔景茂前瀛州刺史張烈前郢州刺史房叔祖徵士張僧皓咸云軍司議是欣乃斬顥使尋徵輔國將軍再遷廷尉卿祕書監祖瑩以贓罪被劾光韶必欲致之重法太尉城陽王徽尚書令臨淮王彧吏部尚書李神儁侍中李彧並勢望當時皆爲瑩求寬光韶正色曰朝賢執事於舜之功未聞其一如何反爲罪人言乎其執意不回如此永安擾亂遂還鄉里光韶博學强辯尤好理論至於人倫名教

得失之間權而論之不以一毫假物家足於財而性儉吝衣馬敝瘦食味麤薄始光韶在都同里人王蔓於夜遇盜害其二子孝莊詔黃門高道穆令加撿捕一坊之內家別搜索至光韶宅綾絹錢布匱篋充積議者譏其矯啬其家資產皆光伯所營光伯亡悉焚其契河間邢子才曾貸錢數萬後送還之光韶曰此亡弟相貸僕不知也竟不納刺史元弼前妻是光韶之繼室兄女弼貪惏不法光韶以親情亟相非責弼銜之時耿翔反於州界弼誣光韶子通與賊連結囚其合家考掠非理而光韶與之辯爭詞色不屈會樊子鵠爲東道大使知其見枉理出之時人勸令詣樊陳謝光韶曰羊舌大夫已有成事何勞往也子鵠亦歎尚之後刺史侯深代下疑懼謀爲不軌夜劫光韶以兵脅之責以謀畧光韶曰凡起兵須有名義使君今日舉動直是作賊耳知復何計深雖恨之敬而不敢害尋除征東將軍金紫光祿大夫不起光韶以世道屯邅朝廷屢變閉門却埽吉凶斷絕誡子孫曰吾自謂立身無慙古烈但以祿命有限無容希世取進在官以來不冒一級官雖不達經爲九卿且吾平生素業足以遺汝官閥亦何足言也吾既運薄便經三娶而汝之兄弟各不同生合葬非古吾百年之後不須合也然贈謚之及出自君恩豈容子孫自求之也勿須求贈若違吾志如有神靈不享汝祀吾兄弟自幼及老衣服飲食未嘗一片不同至於兒女冠婚榮利之事未嘗不先以推弟弟頃橫禍權作松櫬亦可爲吾作松棺使吾見之卒年七十一孝靜初侍中賈思同申啓稱述光韶詔贈散騎常侍驃騎將軍青州刺史光韶弟光伯爲青州別駕後以族弟休臨州申牒求解尚書奏案禮始封之君不臣諸父昆弟封君之子臣昆弟不臣諸父封君之孫得盡臣計始封之君即是世繼之祖尚不得臣況今刺史既非世繼而得行臣吏之節執笏稱名者乎檢光伯請解率禮不愆謂宜許遂靈太后令從之尋除北海太守有司以其更滿依例奏代明帝詔曰光伯自蒞海沂清風遠著兼其兄光韶復能辭榮侍養兄弟忠孝宜有甄錄可更申三年以廣風化後歷太傅諮議參軍節閔帝時崔祖螭張僧晧起逆攻東陽旬日間衆十餘萬刺史東萊王貴平欲令光伯出城慰勞兄光韶爭之曰以下官觀之非可慰喻止也貴平逼之不得已光伯遂出城未及曉喻爲飛矢所中卒贈青州刺史子滔武定末殷州別駕脩之弟道固

道固字季堅其母卑賤嫡母兄攸之目連等輕侮之父輯謂攸之曰此兒姿識或能興大門戶汝等何以輕之攸之等遇之彌薄輯乃資給道固令其南仕時宋孝武爲徐兗二州刺史以道固爲從事道固美形貌善舉止習武事孝武嘉之會青州刺史新除過彭城孝武謂曰崔道固人身如此豈可爲寒士而世人以其偏庶侮之可爲歎息刺史至州辟爲主簿後爲宋諸王參軍被遣青州募人長史以下並詣道固道固諸兄等逼其所生自致酒炙於客前道固驚起接取謂客曰家無人力老親自執劬勞諸客皆知其兄所作咸拜其母母謂道固曰我賤不足以報貴賓汝宜荅拜諸客皆歎美道固母子賤其諸兄後爲冀州刺史鎭歷城宋明帝立徐州刺史薛安都與道固等立廢帝子業弟子勛敗乃歸魏獻文帝以爲南冀州刺史清河公宋明帝遣說道固以爲徐州刺史復歸宋皇興初獻文詔征南大將軍慕容白曜討道固道固面縛請罪白曜送赴都詔恕其死乃徙齊士望共道固守城者數百家於桑乾立平齊郡於平城西北北新城以道固爲太守賜爵臨淄子尋徙居京城西南二百餘里舊除館之西延興中卒子景徽襲爵初道固之在客邸與薛安都畢衆敬隣館時以公集相見本既同由武達頗結寮舊時安都志已衰朽於道固踈畧而衆敬每盡殷勤道固謂劉休賓房法壽曰古人云非我族類其心必異安都視人殊自蕭索畢固依依也景徽字文叡卒於平州刺史謚曰定子休纂襲爵道固兄目連子僧祐僧深坐兄僧祐與沙門法秀謀反徙薄骨律鎭後位南青州刺史元妻房氏生子伯驎伯驥後薄房氏納平原杜氏與俱徙生四子伯鳳祖龍祖螭祖虯僧深得還之後絕房氏遂與杜氏及四子寓青州伯驎伯驥與母房居冀州雖往來父間而心存母氏孝慈之道頓阻一門僧深卒伯驎奔赴不敢入家寄哭寺門祖龍剛躁與兄伯驎訟嫡庶並以刀劍自衞若怨讐爲祖螭小字社客普泰初反尒朱仲遠討斬之祖虯少好學不馳競僧深從弟和位平昌太守家巨富而性吝埋錢數百斛其母李春思堇惜錢不買子軌字啓則盜錢百萬背和亡走後至儀同開府鎧曹參軍坐貪僞賜死晉陽

論曰崔光風素虛遠學業深長孝文歸其才博許其大至明主固知臣也歷事三朝師訓少主不出宮省坐致台傅斯亦近世之所希有但顧懷大雅託迹中庸其於容身之譏斯乃胡廣所不免也鴻博綜古今立言爲事亦才志之士乎崔亮既明達從事動有名迹於斷年之選失之逾遠救弊未聞終爲國蠹無荀而已其若是乎光韶居雅仗正有國士之風矣

北史卷四十四考證

崔光傳亦其勢尚徵易制御也○勢字監本注云闕今從南本增入

崔亮傳敬黙弟敬遠以其賤出○魏書敬遠作隱處又以其賤出上有亮字

道固傳畢固依依也○一本畢字下有掠字今從監本

北史卷四十五

唐　李　延　壽　撰

列傳第三十三

裴叔業　夏侯道遷　李元護　席法友
王世弼　江悅之　淳于誕　沈文秀
張讜　李苗　劉藻　傅永
傅豎眼　張烈　李叔彪　路恃慶
房亮　曹世表　潘永基　朱元旭

裴叔業河東聞喜人魏冀州刺史徽之後也五世祖苞晉秦州刺史祖邕自河東居于襄陽父順宗兄叔寶仕宋齊竝有名位叔業少有氣幹頗以將略自許宋元徽末歷官爲羽林監齊高帝驃騎行參軍齊受命累遷爲寧蠻長史廣平太守叔業早與齊明帝同事明帝輔政以爲心腹使領軍奄襲諸蕃鎭盡心用命及即位以爲給事黃門侍郎封武昌縣伯孝文南次鍾離拜叔業爲徐州刺史以水軍入淮帝令郎中裴聿往與之語叔業盛飾左右服翫以夸之聿曰伯父儀服誠爲美麗但恨不晝游爾齊帝崩廢帝即位誅大臣都下屢有變發叔業登壽春城北望肥水謂部下曰卿等欲富貴乎我言富貴亦可辦爾未幾見徙南兗州刺史會陳顯達圍建鄴叔業遣司馬李元護應之及顯達敗而還叔業慮內難未已不願爲南兗州齊廢主嬖臣茹法珍王咺之等疑其有異去來者並云叔業北入叔業兄子植颺瑜粲等棄母奔壽陽法珍等以其既在壃埸且欲羈縻之白齊主遣中書舍人裴穆慰誘之許不須回換叔業雖得停而憂懼不已時梁武帝爲雍州刺史叔業遣親人馬文範以自安之計訪之梁武帝曰雍州若能堅據襄陽輙當戮力自保若不爾回面向北不失河南公梁武報曰唯應送家還都以安慰之自然無患若意外相逼當勒馬二萬人直出橫江以斷其後則天下事一舉可定若欲北向彼必遣人相代以河北一地相處河南公寧復可得如此則南歸望絕矣叔業沉疑未決遣信詣豫州刺史薛眞度訪入北之宜眞度荅書盛陳朝廷風化叔業乃遣子芬之及兄女夫韋伯昕奉表內附景明元年正月宣武詔授叔業使持節散騎常侍都督豫州刺史征南將軍封蘭陵郡公又賜叔業璽書遣彭城王勰尚書令王肅赴接軍未度淮叔業病卒李元護席法友等推叔業兄子植監州事詔贈叔業驃騎大將軍開府儀同三司謚忠武公給東園温明祕器子蒨之字文德仕齊隨郡王左常侍先卒子譚紹封譚麤險好殺所乘牛馬爲小驚逸手自殺之然孝事諸叔盡於子道國除歲入每以分贍世以此稱之位輔國將軍中散大夫卒贈南豫州刺史謚曰敬子測字伯源襲歷通直散騎侍郎天平中走於關中蒨之弟芬之字文馥長者好施篤愛諸弟仕齊位羽林監入魏以父勳封上蔡伯爲東秦州刺史在州有清靜稱後徙封山茌縣遷岐州刺史爲隴賊所圍城陷賊以送上邽爲莫折念生所害贈青州刺史芬之弟藹之字幼重性輕率好琴書其內弟柳諧善鼓琴藹之師而微不及也位汝陽太守叔業長兄子彥先少有志尚叔業以壽春入魏彥先封雍丘縣子位勃海相卒謚曰惠恭彥先子約字元儉性頗剛鯁後襲爵冀州大乘賊起敕爲別將行勃海郡事城陷見害長子英起武定末洛州刺史英起弟威起卒於齊王府中兵參軍贈鴻臚少卿彥先弟絢揚州中從事時揚州霖雨水入城刺史李崇居城上繫船憑焉絢率城南人數千家汎舟南走高原謂崇還北遂與別駕鄭祖起等送子十四人於梁崇勒水軍討之衆潰見獲投水而死植字文遠叔業兄叔寶子也少而好學覽綜經史尤長釋典善談理義隨叔業在壽春叔業卒席法友柳玄達等共舉植監州祕叔業喪問敎命處分皆出於植於是開門納魏軍詔以植爲兗州刺史崇義縣侯入爲大鴻臚卿後以長子昕南叛有司處之大辟詔特恕其罪以表勳誠尋除授揚州大中正出爲瀛州刺史再遷度支尚書加金紫光祿大夫植性非柱石所爲無恒兗州之還也表請解官隱於嵩山宣武不許深以爲怪然公私集論自言人門不後王肅怪朝廷處之不高及爲尚書志意頗滿欲以政事爲己任謂人曰非我須尚書尚書亦須我辭氣激揚見於言色及入參議論時對衆官面有譏毀又表毀征南將軍田益宗言華夷異類不應在百世衣冠之上率多侵侮皆此類也侍中于忠黃門元昭

覽之切齒寢而不奏韋伯昕告植欲謀廢黜尚書又奏羊祉告植姑子皇甫仲達云受植子旨遂詐稱被詔率合部曲欲圖領軍于忠時忠專權既構成其禍又矯詔殺之朝野稱冤臨終神志自若遺令子弟命盡之後翦落鬚髮被以法服以沙門禮葬於嵩高之陰初植與僕射郭祚都水使者韋儁等同時見害後祚儁事雪加贈而植追復封爵而已植故吏勃海刁沖上疏訟之於是贈尚書僕射揚州刺史乃改葬植母夏侯道遷姊也性甚剛峻於諸子皆如嚴君長成後非衣帽不見小有罪過必束帶伏門經五三日乃引見之督以嚴訓唯少子衍得以常服見之旦夕溫凊植在瀛州也其母年踰七十以身爲婢自施三寶布衣麻菲手執箕箒於沙門寺掃灑植弟瑜粲衍竝亦奴僕之服泣涕而從有感道俗諸子各以布帛數百贖免其母於是出家爲比丘入嵩高積歲乃還家植既長嫡母又年老其在州數歲以妻子自隨雖自州送祿奉母及贍諸弟而各別資財同居異㸑一門數竈蓋亦染江南之俗也論者譏焉植弟颺壯果有謀略在齊以軍功位驍騎將軍入魏爲南司州刺史封義安縣伯詔命未至爲賊所殺進爵爲侯宣武以颺勳効未立而卒其子炯不得襲封明帝初炯行貨於執事乃封城平縣伯炯字休光小字黃頭頗有文學善事權門領軍元乂納其金帛除鎮遠將軍散騎常侍揚州大中正進爵爲侯改封高城尋兼尚書右丞出爲東郡太守爲城人所害贈散騎常侍青州刺史謚曰簡颺弟瑜字文琬封下密縣子試守滎陽郡坐虐暴殺人免官後徙封灌津子卒於勃海太守贈豫州刺史謚曰定瑜弟粲字文亮封舒縣子沉重善風儀頗以驕豪爲失歷正平恒農二郡太守高陽王雍曾以事屬粲粲不從雍甚爲恨後因九日馬射敕畿內太守皆赴京師雍時爲州牧粲脩謁雍含怒待之粲神情閑邁舉止抑揚雍目之不覺解顏及坐定謂粲曰可更爲一行粲便下席爲行從容而出坐事免後宣武聞粲善自標置欲觀其風度令傳詔就家急召之須臾間使者相屬合家恇懼不測所以粲更恬然神色不變帝歎異之時僕射高肇以外戚之貴勢傾一時朝士見者咸望塵拜謁粲候肇唯長揖而已及還家人尤責之粲曰何可自同凡俗也又嘗詣清河王懌下車始進便屬暴雨粲容步舒雅不以霑濡改節懌乃令人持蓋覆之歎謂左右曰何代無奇人性好釋學親昇講座雖持義未精而風韻可重但不涉經史終爲知音所輕後爲揚州大中正中書令明帝釋奠以爲侍講轉金紫光祿大夫元顥入洛以粲爲西兗州刺史尋爲濮陽太守崔巨倫所逐棄州入嵩高山節閔帝初復爲中書令後正月晦帝出臨洛濱粲起御前再拜上壽酒帝曰昔北海入朝暫竊神器爾日卿戒之以酒今欲我飲何異於往情粲曰北海志在沉湎故諫其所失陛下齊聖溫克臣敢獻微誠帝曰甚愧來譬仍爲命酌孝武初出爲驃騎大將軍膠州刺史屬時亢旱士人勸令禱於海神粲憚違衆人乃爲祈請直據胡床舉杯曰僕白君左右云前後例皆拜謁粲曰五岳視三公四瀆視諸侯安有方伯致禮海神卒不肯拜時青州叛賊耿翔寇亂三齊粲唯高譚虛論不事防禦之術翔乘其無備掩襲州城左右白言賊至粲云豈有此理左右又言已入州門粲乃徐云耿王可引上聽事自餘部衆且付城人不達時變如此尋爲翔害送首於梁子含字文若員外散騎侍郎粲弟衍字文舒學識優於諸兄才亦過之事親以孝聞兼有將略仕齊位陰平太守歸魏授通直郎衍堅辭朝命上表請隱嵩高詔從之宣武末稍以出山干祿執事後歷建興河內二郡太守歷二郡廉貞寡欲善撫百姓人吏追思之孝昌初梁將曹敬宗寇荊州詔衍爲別將與恒農太守王羆救荊州行大破之荊州圍解除北道都督鎮鄴西之武城封安陽縣子時相州刺史安樂王鑒潛圖叛逆衍覺其有異密表陳之尋而鑒所部別將嵇宗馳驛告變乃詔衍與都督源子邕李神軌等討鑒平之除相州刺史北道大都督進封臨汝縣公詔衍與子邕北討葛榮軍敗見害贈車騎大將軍司空相州刺史子嵩襲叔業之歸魏又有尹挺柳玄達韋伯昕皇甫光梁祐崔高容閭慶胤柳僧習並預其功尹挺天水冀人仕齊位陳郡太守與叔業參謀歸誠歷南司州刺史柳玄達河東解人頗涉經史仕齊諸王參軍與叔業姻婭周旋叔業獻款玄達贊成其計入魏除司徒諮議參軍封南頓縣子卒改封夏陽縣子絳襲絳弟遠字季雲性蠢放無拘檢時人或謂之柳癲好彈琴耽酒時有文詠孝武初除儀同開府參軍事放情琴酒之間每出行返家人或問消息答云無所聞縱聞亦不解後客遊卒玄達弟玄瑜位陰平太守卒子諧頗有文學善鼓琴以新聲手勢京師士子翕然從學除著作佐郎於河陰遇害韋伯昕京兆杜陵人學尚有壯氣自以材智優於裴植常輕之植嫉之如讎卽彥先之妹夫也叔業以其有大志故遣子芬之爲質入魏封零陵縣男歷南陽太守坐事免後拜員外散騎常侍加中壘將軍告裴植謀爲廢黜植坐死後百餘日伯昕亦病卒臨亡見植爲祟口云裴尚書死不獨見由何以見怒皇甫光安定人美鬚髯善言笑入魏卒於勃海太守兄椿齡薛安都於彭城內附除岐州刺史椿齡子璋鄉郡相璋弟瑒位吏部郎性貪婪多所受納鬻賣吏官皆有定價後以丞相高陽王雍之婿爲豫州刺史爲政殘暴百姓患之卒於安南將軍光祿大夫贈尚書左僕射子長卿太尉司馬梁祐北地人叔業從姑子也好學便弓馬隨叔業征伐身被五十餘創景明初賜爵山桑子出爲北地太守清身率下甚有聲稱歷大中大夫從容風雅好爲談詠常與朝廷名賢泛舟洛水以詩酒自娛遷光祿大夫端然養志不歷權門卒於京兆內史崔高容清河人博學善文辭美風彩景明初位散騎侍郎出爲揚州開府掾帶陳留太守卒官閭慶胤天水人博識洽聞善於談論聽其言說不覺忘疲卒於敷城太守柳僧習見其子虯傳

夏侯道遷譙國人也少有志操年十七父母爲結婚韋氏道遷云欲懷四方之志不願取婦家人咸謂戲言及婚求覓不知所在訪問乃云逃入益州後隨裴叔業於壽春爲南譙太守二家雖爲姻好親情不協遂單騎歸魏拜驍騎將軍隨王肅至壽春肅薨道遷棄戍南叛會梁以莊丘黑爲征虜將軍梁秦二州刺史鎮南鄭黑請道遷爲長史帶漢中郡會黑死而道遷陰圖歸順先是仇池鎮將楊靈珍反叛南奔梁以靈珍爲征虜將軍假武都王助戍漢中道遷乃擊靈珍斬其父子送首於京師江悅之等推道遷爲梁秦二州刺史道遷遣表歸闕詔璽書慰勉授持節散騎常侍平南將軍豫州刺史封豐縣侯遣尚書邢巒指授節度道遷表受平南常侍而辭豫州豐縣侯引裴叔業公爵爲例宣武不許道遷自南鄭來朝京師引見於太極東堂免冠徒跣謝曰比在壽春遭韋纘之酷申控無所致此猖狂是改之來希酬昔遇宣武曰卿建爲山之功一簣之玷何足謝也道遷以賞報爲微逡巡不拜尋改封濮陽縣侯歲餘頻表解州宣武許之除南兗州大中正不拜道遷雖學不深洽而歷覽書史閑習尺牘好言宴務口實京師珍羞罔不畢有於京城西水次市地大起園池殖列蔬果延致秀彥時往遊適妓妾十餘常自娛樂國秩歲入三千餘匹專供酒饌不營家產每誦孔融語曰坐上客恒滿罇中酒不空餘非吾事也識者多之歷華瀛二州刺史爲政清嚴善禁盜賊卒贈雍州刺史謚明侯初道遷以拔漢中歸誠本由王穎與之計求分邑戶五百封之宣武不許靈太后臨朝道遷重求分封太后大奇之議欲更以二百戶封穎與會卒遂寢道遷不聘正室唯有子數人長子夬字元廷歷鎮遠將軍南兗州大中正夬性好酒居喪不戚醇醪肥鮮不離於口沽買飲啖多所費用父時田園貨賣略盡人間債猶數千餘匹穀食至常不足弟妹不免飢寒初道遷知夬好酒不欲傳授國封夬未亡前忽夢見征虜將軍房世寶至其家聽事與其父坐屛人密言夬心驚懼謂人曰世寶爲官少閒必擊我也尋有人至云官呼耶隨召即去遣左右杖之二百不勝楚痛大叫良久乃悟流汗徹於寢具至明前京城太守趙卓詣之見其衣濕謂夬曰卿昨夜當大飲溺衣如此夬乃具陳所夢先是旬餘秘書監鄭道昭暴病卒夬聞謂卓曰人生何常唯當縱飲於是昏酣遂甚夢後二日不能言針之乃得語而猶虛劣餓而心悶而死洗浴者視其尸體大有杖處青赤隱起二百下許贈鉅鹿太守初夬與南人辛諶庾遵江文遙等終日遊聚酣飲之際恒相謂曰人生局促何殊朝露坐上相看先後間爾脫有先亡者於良辰美景靈前飲宴儻或有知庶共歆饗及夬亡後三月上巳諸人相率至夬靈前仍共酌飲時日晚天陰室中微闇咸見夬在坐衣服形容不異平昔時執杯酒似若獻酬但無語爾夬家客雍僧明心有畏恐披簾欲出便即僵仆狀若被毆夬從兄欣宗云今是節日諸人憶弟疇昔之言故來共飲僧明何罪而被瞋責僧明便悟而欣宗鬼語如夬平生并怒家人皆得其罪又發陰私竊盜咸有次緒夬妻裴植之女也與道遷諸妾不睦訟鬩徹于公庭子籍年十餘歲襲祖封已數年而夬弟脊等言其眇目痼疾不任承繼自以與夬同庶已應紹襲尚書奏籍承封道遷兄子抱夬位咸陽太守道遷之謀又襄陽羅道珍北海王安世穎川辛諶漢中姜永等皆參其勳末道珍爲齊州東平原相有能名安世符堅丞相王猛玄孫也歷涉書傳位北華州刺史諶魏衞尉辛毗後也有文學位濮陽上黨二郡太守永善彈琴有文學位漢中太守永弟漾亦善士性至孝時穎川庾道者亦與道遷俱入國雖不參勳謀亦爲奇士歷覽史傳善草隸書輕財重義仕梁右中郎將及至洛陽環堵弊廬多與儁秀交舊積二十餘歲殊無宦情後爲饒安縣令罷卒

李元護遼東襄平人晉司徒胤之八世孫也胤子順璠及孫沉志皆有名宦沉孫根仕慕容寶爲中書監根子

後智等隨慕容德南渡河居青州數世無名三齊豪門多輕之元護以魏平齊後隨父懷慶南奔身長八尺美鬚髯少有武力仕齊位馬頭太守雖以將用自達然亦頗覽文史習於簡牘後爲裴叔業司馬帶汝陰太守叔業歸順元護贊同其謀叔業疾病元護督率上下以俟援軍壽春剋定元護頗有力焉景明初以元護爲齊州刺史廣饒縣伯等以州人柳世明圖爲不軌元護誅戮所加徵爲濫酷州內饑儉表請賑貸蠲其賦役但多有部曲時爲侵擾城邑苦之故不得爲良刺史也三年卒病前月餘京師無故傳其凶問又城外送客亭柱有人書曰李齊州死綱佐餞別者見而拭之後復如此元護妾妓十餘聲色自縱情慾既甚支骨稍消鬚長二尺一時落盡贈青州刺史元護爲齊州經拜舊墓巡省故宅饗賜村老莫不欣暢及將亡謂左右曰吾昔以方伯簿伍至青州仕女屬目若喪過東陽不可不好設儀衛哭泣盡哀令觀者改容也家人遵其誡子會襲正始中降爵爲子會頗驍好酒其妻南陽太守清河房伯玉女也甚有姿色會不答之房乃通其弟機因會醉殺之子景宣襲機與房遂如夫婦積十餘年房氏色衰乃更婚娶元護弟靜性貪忍兄亡未歛便剝妓服玩及餘物歷齊郡內史

席法友安定人也祖父南奔法友仕齊以膂力自効任安豐新蔡二郡太守建安戍主後與裴叔業同謀歸魏拜豫州刺史苞信縣伯叔業卒後法友與裴植追尋業志淮南剋定法友有力焉歷華并二州刺史後爲別將出淮南欲解朐山之圍法友始渡淮而朐山敗沒遂停十年恬靜自安不競世利宣武末除濟州刺史廉和著稱又徙封乘氏後卒於光祿大夫贈秦州刺史謚襄侯子景通襲善事元乂兼路乂父繼爲司空引景通爲掾卒贈衞尉少卿子鄖襲走關西

王世弼京兆霸城人也姚泓之滅其祖父南遷世弼身長七尺八寸魁岸有壯氣善草隸書好愛墳典在齊爲軍主助戍壽春遂與裴叔業同謀歸誠除南徐州刺史封慎縣伯後除東秦州刺史政任於刑爲人所怨有受納之響爲御史中尉李平所彈會赦免後爲河北太守有清稱再遷中山內史加平北將軍直閤元羅領軍元乂弟也曾過中山謂曰二州刺史黜復爲郡當恨恨爾世弼白儀同之號起自鄧騭平北爲郡始在下官卒贈豫州刺史謚曰康長子會汝陽太守次子由字茂道好學有文才尤善草隸書性方厚有名士風又工摹畫爲時人所服位東萊太守罷郡寓居潁川天平初元洪威構逆大軍攻討爲亂兵所害名流悼惜之

江悅之字彥和濟陽考城人也七世祖統晉散騎常侍避劉石之亂南渡祖興之父範之並爲宋武所誅悅之少孤仕宋歷諸王參軍好兵書有將略善待士有部曲數百人仕齊爲後軍將軍部曲稱衆千有餘人梁初以討滅劉季連功進號冠軍將軍武興氐攻破白馬進圍南鄭悅之大破氐衆還復白馬梁秦二州刺史莊丘黑死夏侯道遷與悅之及龐樹軍主李忻榮張元亮士孫天與等謀以梁州內附梁華陽太守尹天寶率衆向州城遂圍南鄭悅之晝夜督戰會武興軍至天寶敗道遷克全勳欵悅之天寶有力焉與道遷俱至洛陽尋卒贈梁州刺史追封安平縣子謚曰莊悅之二子文遙文遠文遙少有大度輕財好士士多歸之道遷之圖楊靈珍文遙奮劒請行遂手斬靈珍襲父封拜咸陽太守勤於禮接終日坐聽事至者見之假以恩顏屏人密問於是人所疾苦大盜姓名奸猾吏長無不知悉縣中震肅奸劫息止政爲雍州諸郡之最後爲安州刺史善於綏納甚得物情時杜洛周葛榮等相繼叛逆幽燕已南悉沒唯文遙介在羣賊之外孤城獨守鳩集荒餘且耕且戰百姓皆樂爲用卒官長史許思祖等以文遙有遺受復推其子果行州事既攝州事乃遣使奉表莊帝嘉之除果通直散騎侍郎行安州事既而賊勢轉盛救援不接果乃攜諸弟并率城人東奔高麗天平中詔高麗送果等元象中乃得還朝文遠善騎射勇於攻戰以軍功位中散大夫龍驤將軍

淳于誕字靈遠其先太山博人也後世居蜀漢或家安國之桓陵縣父興宗齊南安太守誕年十二隨父向揚州父於路爲羣盜所害誕雖幼而哀感奮發傾資結客旬朔之內遂得復讎州里之間無不稱歎景明中自漢歸魏陳伐蜀計宣武嘉納之延昌末王旅大舉除驃騎將軍都督別部司馬領鄉導統軍誕不願先受榮爵乃固讓實官止參戎號及奉辭之日詔若剋成都即以益州許之師次晉壽蜀人大震屬宣武晏駕不果而還後以客例起家羽林監正光中秦隴反叛詔誕爲西南道軍司馬與行臺魏子建共參經略時梁益州刺史蕭深猷遣將樊文熾蕭世澄等率衆數萬圍小劒戍子建遣誕勒兵馳赴大敗之禽世澄等十一人文熾先走獲免孝昌初子建以誕行華陽郡帶白馬戍後卒於東梁州刺史贈益州刺史謚曰莊

沈文秀字仲遠吳興武康人也父慶之南史有傳文秀仕宋位青州刺史和平六年宋明帝殺其主子業文秀與諸州推立子業弟子勛子勛敗皇興初文秀與崔道固俱以州降魏宋遣其弟文景來諭之文秀復歸宋爲刺史如故後慕容白曜長驅至東陽文秀始欲降以軍人擄掠遂有悔心乃嬰城固守白曜既下歷城乃并力攻討自夏至春始剋文秀取所持節衣冠儼然坐於齋內亂兵入曰文秀何在文秀厲聲曰身是執而裸送于白曜左右令拜文秀曰各二國大臣無相拜禮白曜忿之因至撾撻後還其衣爲之設饌與長史房天樂司馬沈嵩等鎖送京師面縛數罪宥死待爲下客給以麤衣蔬食獻文重其節義稍亦嘉禮之拜外都下大夫太和三年遷外都大官孝文嘉其忠於其國賜絹綵二百匹後爲南征都將臨發賜以戎服除懷州刺史假吳郡公守清貧而政寬不能禁止盜賊大興水田於公私頗有利益卒官子保冲後爲徐州冠軍長史坐據連口退敗有司處之死刑孝文詔保冲文秀之子可特原命配洛陽作部終身宣武時卒於下邳太守房天樂者清河人滑稽多智文秀板爲長史督齊郡州府事一以委之卒于京師弟子嘉慶漁陽太守

張讜字處言清河東武城人也六世祖弘晉長秋卿父華慕容超左僕射讜仕宋位東徐州刺史及平徐兗讜乃歸順於尉元亦表授東徐州刺史遣中書侍郎高閭與讜對爲刺史後至京師禮遇亞於薛畢賜爵平陸侯讜性開通篤於接恤青齊之士雖疏族末姻咸相敬視李敷李訢等寵要勢家亦推懷陳欵無所顧避畢衆敬等皆敬重之高允之徒亦相器待卒贈青州刺史謚康侯子敬伯求致父喪出葬冀州清河舊墓久不被許停柩在家積五六年第四子敬叔先在徐州初聞父喪不欲奔赴而規南叛爲徐州所勒送至乃自理後得襲父爵敬伯自以隨父歸國功賜爵昌安侯出爲樂陵太守敬叔武邑太守父喪得葬舊墓還屬清河初讜兄弟十人兄忠字處順在南爲合鄉令歸降賜爵新昌侯卒於新興太守贈冀州刺史讜妻皇甫氏被掠賜中官爲婢皇甫遂詐癡不能梳沐後讜爲宋冀州長史因貨千餘匹購求皇甫文成怪其納財之多引見之時皇甫年垂六十矣文成曰南人奇好能重室家之義此老母復何所任乃能如此致費也皇甫氏歸讜令諸妾境上奉迎數年卒後十年而讜入魏讜兄子安世正始中自梁漢同夏侯道遷歸欵爲客積年出爲東河間太守卒

李苗字子宣梓潼涪人也父膺梁太僕卿苗出後叔父畎畎爲梁州刺史大著威名王足之伐蜀梁武命畎拒足於涪許其益州及足退梁武遂改授畎畎怒將有異圖事發被害苗年十五有報雪志延昌中歸魏仍陳圖蜀計將軍高肇西伐詔假苗龍驤將軍鄉導次晉壽宣武晏駕班師後以客例除員外散騎侍郎苗有文武材幹以大功不就家恥未雪常懷慷慨乃上書陳平定江南之計其文理甚切於時明帝幼冲無遠略之意竟不能納正光末三秦反叛侵及三輔時承平既久人不習戰苗以隴兵強悍且羣聚無資乃上書以爲食少兵精利於速戰糧多卒衆事宜持久今隴賊猖狂非有素蓄雖據兩城本無德義其勢在於疾攻日有降納遲則人情離阻坐受崩潰夫飆至風起逆者求萬一之功高壁深壘王師有全制之策今且宜勒大將深溝高壘堅守勿戰別命偏師精卒數千出麥積崖以襲其後則汧岐之下羣妖自散於是詔苗爲統軍與別將淳于誕出梁益隸行臺魏子建子建以苗爲郎中仍領統軍深見知待孝昌中兼尚書左丞爲西北道行臺與大都督宗正珍孫討汾絳蜀賊平之及殺尒朱榮從弟世隆擁部曲還逼都邑孝莊幸大夏門集羣臣博議百寮計無所出苗獨奮衣起曰今朝廷有不測之危正是忠臣烈士効節之時請以一旅之衆爲陛下徑斷河梁莊帝壯而許焉苗乃募人於馬渚上流以師夜下去橋數里放火燒船俄然橋絕賊沒水死者甚衆官軍不至賊乃涉水與苗死鬭衆寡不敵苗浮河而沒帝聞哀傷久之贈都督梁州刺史車騎大將軍儀同三司河陽縣侯謚忠烈苗少有節操志尚功名每讀蜀書見魏延請出長安諸葛不許歎息謂亮無奇計及覽周瑜傳未曾不咨嗟絕倒太保城陽王徽司徒臨淮王彧竝重之二王頗或不穆苗每諫責徽寵勢隆極猜忌彌甚苗謂人曰城陽蜂目豺聲今轉彰矣解鼓琴善屬文詠工尺牘之敏當世罕及死之日朝野悲壯之及帝幽崩世隆入洛主者追苗贈封以白世隆世隆曰吾爾時羣議更三日便欲大縱兵士燒燔都邑任其採掠賴苗京師獲全天下之善一也不宜追之子曇襲爵

劉藻字彥先廣平易陽人也六世祖遐從晉元帝南渡父宗之宋廬江太守藻涉獵羣籍美談笑善與人交飲酒至一石不亂太安中與妹夫李嶷俱來歸魏賜爵易陽子擢拜南部主書號爲稱職時北地諸羌恃險作亂前後宰守不能制朝廷患之以藻爲北地太守藻推誠

布信諸羌咸來歸款朝廷嘉之雍州人王叔保等三百人表乞藻爲騤奴戍主詔曰選曹已用人藻有惠政自宜他敘在任八年遷離城鎮將太和中改鎮爲岐州以藻爲岐州刺史轉秦州刺史秦人恃險率多麤暴或拒課輸或害吏長自前守宰皆遥領不入郡縣藻開示恩信誅戮豪橫羌氐憚之守宰於是始得居其舊所遇車駕南伐以藻爲東道都督秦人紛擾詔藻還州人情乃定仍與安南元英征漢中破賊軍長驅至南鄭垂平梁州奉詔還軍乃不果克後車駕南伐以藻爲征虜將軍督統軍高聰等四軍爲東道別將辭於洛水之南孝文曰與卿石頭相見藻對曰臣雖闕才非古人庶亦不留賊虜而陛下輒當醼曲阿之酒以待百官帝大笑曰今未至曲阿且以河東數石賜卿後與高聰等戰敗俱徙平州景明初宣武追錄舊功拜藻爲太尉司馬卒子紹珍無他才用善附會好飲酒結託劉騰啓爲其國郎中令襲子爵永安中歷河北黎陽二郡太守所在無政績天平中坐子洪業入於關中率衆侵擾伏法

傅永字脩期清河人也幼隨叔父洪仲與張幸自青州入魏尋復南奔有氣幹拳勇過人能手執鞍橋倒立馳騁年二十餘有友人與之書而不能答請洪仲洪仲深讓之而不爲報永乃發憤讀書涉獵經史兼有才幹爲崔道固城局參軍與道固俱降入爲平齊百姓父母並老飢寒十數年賴其强於人事戮力傭丐得以存立晚爲奉禮郎詣長安拜文明太后父燕宣王廟賜爵貝丘男除中書博士王肅之爲豫州又以永爲王肅平南長史咸陽王禧慮肅難信言於孝文曰已選傅脩期爲其長史雖威儀不足而文武有餘矣肅以永宿士禮之甚厚永亦以肅爲帝眷遇盡心事之情義至穆齊將魯康祚趙公政侵豫州之太倉口肅令永擊之永量吳楚兵好以斫營爲事又賊若夜來必於渡淮之所以火記其淺處永既設伏仍密令人以瓠盛火渡南岸當深處置之教云若有火起卽亦然之其夜康祚公政等果親率領來斫營東西二伏俠擊之康祚等奔趨淮水火既競起不能記其本濟遂望永所置火爭渡水深溺死斬首者數千級生禽公政康祚人馬墜淮曉而獲其尸斬首并公政送京師時裴叔業率王茂先李定等東侵楚王戍肅復令永將伏兵擊其後軍破之獲叔業傘扇鼓幕甲仗萬餘兩月之中遂獻再捷帝嘉之遣謁者就豫州策拜永安遠將軍鎮南府長史汝南太守貝丘縣男帝每歎曰上馬能擊賊下馬作露布唯傅修期爾裴叔業又圍渦陽時帝在豫州遣永爲統軍與高聰劉藻成道益任莫問等救之永曰深溝固壘然後圖之聰等不從一戰而敗聰等棄甲奔懸瓠永獨收散卒徐還賊追至又設伏擊之挫其銳藻徙邊永免官爵而已不經旬詔永爲汝陰鎮將帶汝陰太守景明初裴叔業將以壽春歸魏密通於永及將迎納詔永爲統軍與楊大眼奚康生等諸軍俱入壽春同日而永在後故康生大眼二人竝賞列土永唯清河男齊將陳伯之逼壽春沿淮爲寇時司徒彭城王勰廣陵侯元衍同鎮壽春以九江初附人情未洽兼臺援不至深以爲憂詔遣永爲統軍領汝陰三千人先援之永至勰令永引軍入城永曰若如教旨便共殿下同被圍守豈是救援之意遂孤軍城外與勰并勢以擊伯之頻有剋捷中山王英之征義陽永爲寧朔將軍統軍當長圍遏其南門齊將馬僊琕連營稍進規解城圍永乃分兵付長史賈思祖令守營壘自將馬步千人南逆僊琕賊俯射永洞其左股永出箭復入遂大破之僊琕燒營卷甲而遁英曰公傷矣且還營永曰昔漢祖捫足不欲人知下官雖國家一帥奈何使虜有傷將之名遂與諸軍追之極夜而返時年七十餘矣三軍莫不壯之義陽既平英使司馬陸希道爲露布意謂不可令永改之永亦不增文采直與之改陳列軍儀處置形要而英深賞之還京除太中大夫後除恒農太守非心所樂時英東征鍾離表請永求以爲將朝廷不聽永每言曰馬援充國竟何人哉吾獨白首見拘此郡然於御人非其所長故在任無多聲稱後爲南兗州刺史年踰八十猶能馳射盤馬奮矟常諱言老每自稱六十九還京拜光祿大夫卒贈齊州刺史永嘗登北芒於平坦處奮矛躍馬盤旋瞻望有終焉之志遠慕杜預近好李冲王肅欲葬附墓遂買左右地數頃遺勑子叔偉此吾之永宅也永妻賈氏留本鄉永至代都娶妾馮氏生叔偉及數女賈後歸平城無男唯一女馮恃子事賈無禮叔偉亦奉賈不順賈常忿之馮先永卒叔偉稱父命欲葬北芒賈疑叔偉將以馮合葬遂求歸葬永於所封貝丘縣事經司徒司徒胡國珍感其所慕許叔偉葬焉賈乃邀訴靈太后太后從賈意乃葬於東清河又永昔營宅兆葬父母於舊鄉賈於此强徙之與永同處永宗親不能抑葬已數十年矣棺爲桑棗根所遶束去地尺餘甚爲周固以斧斫出之於坎時人咸怪叔偉膂力過人彎弓三百斤左右馳射能立馬上與人角騁見者以爲得永武而不得永文

傅豎眼本清河人也七世祖伷伷子遘石季龍太常祖父融南徙度河家于磐陽爲鄉閭所重性豪俠有三子靈慶靈根靈越竝有材力融以自負謂足爲一時之雄嘗謂人曰吾昨夢夜有一駿馬無堪乘者人曰何由得人乘有一人曰唯傅靈慶堪乘此馬又有弓一張亦無人堪引人曰唯有傅靈根可彎此弓又有數紙文書人皆讀不能解人曰唯有傅靈越能解此文融謂其三子文武材幹以駕馭當世常從容謂鄉人曰汝聞之不鬲蟲之子有三靈此圖讖文也好事者然之故豪勇士多相歸附宋將蕭斌王玄謨寇磝碻時融始死玄謨强引靈慶爲軍主將攻城攻車爲城內所燒靈慶懼軍法詐云傷重令左右輿還營遂與壯士數十騎遁還斌玄謨命追之左右諫曰靈慶兄弟竝有雄材兼其部曲多是壯勇如彭超尸生之徒皆一當數十人援不虛發不可逼也玄謨乃止靈慶至家遂與二弟匿山澤閒時靈慶從叔乾愛爲斌法曹參軍斌遣乾愛誘呼之以腰刀爲信密令壯健者隨之而乾愛不知斌之欲圖靈慶既至斌所遣壯士執靈慶殺之靈慶將死與母崔氏訣言法曹殺人不可忘也靈根靈越奔河北靈越至京師因說齊人慕化青州可平文成大悅拜靈越青州刺史貝丘子鎭羊蘭城靈根爲臨齊副將鎭明潛壘靈越北入之後母崔氏遇赦免宋恐靈越在邊擾三齊乃以靈越叔父琰爲冀州中從事乾愛爲樂陵太守樂陵與羊蘭隔河相對命琰遣其門生與靈越婢詐爲夫婦投化以招之靈越與母分離思積遂與靈根南走靈越與羊蘭奮兵相擊乾愛出遣船迎之得免靈根差期不得俱渡臨齊人知斬殺之乾愛出郡迎靈越問靈根愆期狀靈越殊不應答乾愛不以爲惡勑左右出匣中烏皮袴褶令靈越代所常服靈越言不須乾愛云汝可着體上衣服見垣公也時垣護之爲刺史靈越奮聲言垣公垣公着此當見南方國主豈垣公也竟不肯着及至丹陽宋孝武見而禮之拜兗州司馬而乾愛亦遷青冀司馬帶魏郡後二人俱還建鄴靈越意恒欲爲兄復讐而乾愛初不疑防知乾愛嗜雞肉葵菜食乃爲作之下以毒藥乾愛飯還而卒後數年靈越爲太原太守升城後舉兵同孝武子子勛以靈越爲前軍將軍子勛敗靈越軍衆散亡爲明帝將王廣之軍人所擒厲聲曰我傅靈越也汝得賊何不卽殺廣之生送詣宋輔國司馬劉勔勔躬自慰勞靈越曰人生歸於死實無面求活勔壯其意送詣建康宋明帝欲加原宥靈越辭對如一乃殺之

豎眼卽靈越子也沉毅壯烈少有父風入魏鎮南王肅見而異之且奇其父節傾身禮敬表爲參軍以軍功累遷益州刺史高肇伐蜀假豎眼征虜將軍持節領步兵三萬先討巴北所至剋捷豎眼性既清素不營產業衣食之外俸祿粟帛皆以饗賜夷首振恤士卒撫蜀人以恩信爲本保境安人不以小利侵竊有掠蜀人入境者皆移送還本檢勒部下守宰肅然遠近雜夷相率款謁仰其德化思爲魏人矣宣武甚嘉之明帝初屢請解州乃以元法僧代之益州人追隨戀泣者數百里梁將趙祖悅逼壽春鎮南將軍崔亮討之以豎眼爲持節鎮南軍司法僧既至大失人和梁遣其衡州刺史張齊因人心怨入寇進圍州城朝廷以西南爲憂乃驛徵豎眼於淮南以爲益州刺史尋加散騎常侍西征都督率步騎三千以討齊給銅印千餘須有假職者聽六品已下板之豎眼既出梁州梁軍所在拒塞豎眼三日中轉戰二百餘里甲不去身頻致九捷蜀人聞豎眼復爲刺史人人喜悅迎於路者日有百數豎眼至州白水已東人皆寧業張齊仍阻白水屯寇葭萌豎眼分遣諸將水陸討之大破其軍齊被重創奔而退小劒大劒賊亦捐城西走益州平靈太后璽書慰勞賜驊騮馬一匹寶劒一口後轉岐州刺史仍轉梁州刺史梁州人既得豎眼爲牧人咸自賀而豎眼至州遇患不堪綜理其子敬紹險暴不仁聚貨耽色甚爲人害遠近怨望尋假鎮軍將軍都督梁西益巴三州諸軍事梁遣其北梁州長史錫休儒等十軍率衆三萬入寇直城豎眼遣敬紹總衆赴擊大破之敬紹頗覽書傳微有膽力而奢淫倜儻輕爲殘害又見天下多事陰懷異圖欲杜絕四方擅據南鄭令其妾兄唐崑崙扇擾於外聚衆圍城敬紹謀爲內應賊圍既合事泄在城兵執敬紹白豎眼而殺之豎眼恚發疾卒永安中贈吏部尚書左齊州刺史孝武帝初贈司空公相州刺史長子敬和次敬仲竝好酒薄行傾側勢家敬和孝莊時以其父有遺惠於益州復爲益州刺史至州聚歛無已好酒嗜色遠近失望仍爲梁將樊文熾攻圍城降送於江南後以齊神武威德日廣令敬和還北以申和通之意除北徐州刺史復以躭酒爲土賊掩襲棄城走遂廢棄卒於家

張烈字徽之清河東武城人也孝文帝賜名曰烈仍以本名爲字焉高祖悕爲慕容儁尚書右僕射曾祖恂散騎常侍隨慕容德南度因居齊郡之臨淄縣烈少孤貧涉獵經史有氣槩時青州有崔徵伯房徵叔與烈竝有

令譽時人號三徵孝文時入官代都歷侍御主文中散遷洛爲太子步兵校尉齊將陳顯達謀將入寇時順陽太守二清石世官江南荆州刺史廣陽王禧慮其有異表請代之詔侍臣各舉所知互有申薦者帝曰太子步兵張烈每論軍國事時有會人意處朕欲用之如何彭城王勰稱讚之遂除順陽太守烈到郡二日便爲齊將崔慧景攻圍之七十餘日烈撫厲將士甚得軍人之和會車駕南討慧景遁走帝親勞之曰卿果能不負所寄烈謝曰不遇鑾輿親駕臣不免困於大羊自是陛下不負臣非臣能不負陛下帝善其對宣武即位追錄先勳封清河縣子尋以母老歸養積十餘年頻遇凶儉烈爲粥以食飢人蒙濟者甚衆鄉黨以此稱之明帝即位爲司空長史先是元乂父江陽王繼曾爲青州刺史及乂當權烈託故義之懷遂相諂附歷給事黃門侍郎光祿大夫靈太后反政以乂黨出爲青州刺史時議者以烈家產畜殖家僮甚多慮其有異恐不宜出爲本州改瀛州刺史爲政清靜吏人安之後因辭老還鄉兄弟同居怡然爲親類所慕卒於家烈先爲家誡千餘言并自叙志行及所歷之官臨終勑子姪不聽求贈但勒家誡立碣而已其子質奉行焉質博學有才藝位諫議大夫烈弟僧皓字山容歷涉羣書工於談說有名於當世以諫議大夫國子博士散騎侍郎徵並不起世號徵君焉好營產業孜孜不已藏鏹巨萬他資稱是兄弟自供儉約車馬瘦弊身服布裳而婢妾紈綺僧皓尤好蒲奕戲不擇人是以獲譏於世節閔帝時崔祖螭舉兵攻東陽城僧皓與同事事敗死於獄中

李叔彪勃海蓨人也從祖金神䴥中與高允俱徵位征南從事中郎叔彪好學博聞有識度爲鄉閭所稱太和中拜中書博士與清河崔亮河間邢巒並相親友三遷國子博士本國中正攝樂陵中正性清直甚有公平之稱歷中書侍郎太尉高陽王雍以其器操重之尋除假節行華州事爲吏人所稱卒贈南青州刺史謚曰穆叔彪子述字道興有學識州舉秀才拜太常博士使詣長安冊祭燕宣王廟還除儀曹郎賜爵蓨縣男稍遷興平太守卒子象字孟則清簡有風槩博涉羣書初襲爵稍遷中書侍郎光祿大夫兼散騎常侍使梁卒贈驃騎大將軍儀同三司冀州刺史象從容風素有名於時喪妻無子終竟不娶論者非之

路侍慶字伯瑞陽平清泉人也祖綽陽平太守侍慶有幹用與廣平宋鱗俱知名爲鄉閭所稱太和中除奉朝請侍慶以從兄文舉有才望因推讓之孝文遂並拜爲累遷定州河間王琛長史琛貪暴肆意侍慶每進苦言卒贈左將軍安州刺史謚曰襄子祖璧給事中侍慶弟仲信思令並有令名官位

房亮字景高清河人也父法延譙郡太守亮好學有節操太和中舉秀才爲奉朝請後兼員外常侍使高麗高麗王託疾不拜以亮辱命坐白衣守郎中歷濟北平原二郡太守以清嚴稱後爲東荆州刺史亮留心撫納夷夏安之時邊州刺史例得一子出身亮不言其子而啓弟子起爲奉朝請議者稱之卒於光祿大夫贈撫軍將軍齊州刺史弟詮悅等並歷位清顯

曹世表字景昇魏大司馬休九世孫也祖謨父慶並有學問世表性雅正工尺牘涉獵羣書爲司徒記室與武威賈思伯范陽盧同隴西辛雄並相友善侍中崔光鄉里貴達每稱美之延昌中除清河太守臨官省約百姓安之孝昌中爲尚書左丞出行東豫州刺史遷東南道行臺卒贈齊州刺史

潘永基字紹業長樂廣宗人也父靈乾中書侍郎永基性通率輕財好施爲長樂太守時葛榮攻信都永基與刺史元孚同心防捍力窮城陷榮欲害孚永基請以身代孚死永安二年除潁川太守遷東徐州刺史永熙中爲車騎將軍左光祿大夫尋加衞大將軍復除東徐州刺史前後在州爲吏人所愛卒贈尚書右僕射司徒公冀州刺史子子義子智子義學涉有父風仕隋至尚書右丞

朱元旭字君昇本樂陵人也頗涉子史開解凡案稍遷尚書度支郎中神䴥末以郎選不精大加沙汰元旭與隴西辛雄范陽祖瑩太山羊深西平淳于恭並以才用見留尋兼尚書右丞仍郎中本州中正時關西都督蕭寶夤啓云所統十萬食唯一月明帝大怒詔問所由錄令已下皆推罪元旭入見御坐前屈指校計寶夤兵糧乃踰一年事乃得釋後遷衞將軍左光祿大夫天平中復拜尚書左丞既無風操俛仰隨俗性多機數自容而已於時朝廷分汲郡河內二界扶風之地立義州置關西歸欵戶除元旭義州刺史卒官

論曰壽春形勝南鄭要險乃建鄴之肩髀成都之喉嗌裴叔業夏侯道遷體運知機翻然鵲起舉地而來功誠兩茂其以大啓茅賦兼列旄旟固其宜矣植不恒其德器小志大斯所以顛覆也衍才行將略不遂其終惜哉李席王江雖復因人成事亦爲果決之士淳于誕好立功名有志竟不遂也文秀不回有死節之氣非直身蒙嘉禮遂乃子免刑戮在我欲其罵人忠義可不勉也張讜觀機委質篤恤流離亦仁智矣李苗以文武幹局沉毅過人臨難慨然奮斯大節蹈忠履義沒而後已仁必有勇其斯人之謂乎劉藻傳永暨眼文武器幹知名於時暨眼加以撫邊導俗風化尤美方之二子固已優乎抑又魏世良牧張烈早有氣尚名輩見知趣捨沉浮俱至顯達雅道正路其殆病諸李路器尚所及俱可觀者象風彩詞涉亦當年之俊乂房亮曹世表潘永基朱元旭拔萃從官咸享名器各有由也

北史卷四十五考證

裴叔業傳叔業乃遣子芬之○芬監本訛分今從本傳改正

後徙封山茌縣○茌監本訛在今改從南本

尤長釋典善談理義○典監本訛與今改正

受植子旨遂詐稱被詔○魏書無子字

雖持義未精○持監本訛特今改從閣本

北海志在沉湎○湎監本訛酒今從南本

身被五十餘創○創監本訛鎗今從閣本改

夏侯道遷傳前京城太守趙卓詣之○京魏書作涼

道遷兄子抱夬○抱夬魏書作弇

李元護傳尋以州人柳世明圖爲不軌○柳監本訛聊今改從魏書

支骨稍消○稍消魏書作消削

席法友傳子鄖襲走關西○鄖魏書作鷗

王世弼傳後除東秦州刺史○秦一本作徐

乂工摹畫○畫監本訛書今改從閣本

淳于誕傳其先太山博人也○博閣本誤中今改從魏書

孝昌初子建以誕行華陽郡帶白馬戍○子建謂魏子建也監本訛于遷今從上文改正

張讜傳不能梳沐○梳監本訛疏今改從南本

李苗傳苗出後叔父畎○畎魏書作畧

劉藻傳或拒課輸或害吏長○吏長一本作長吏

奉詔還軍乃不果克○果克監本訛克果今改從魏書

傳永傳能手執鞍橋倒立馳騁○倒監本訛到今改從魏書

義陽既平英使司馬陸希道爲露布○監本脫既平二字今從魏書及閣本增正

傳豎眼傳文武材幹以駕馭當世○魏書以字上有堪字

甲不去身頻至九捷○去監本訛出今改從魏書

尋假鎮軍將軍○軍將監本誤南休今改從魏書

贈吏部尚書左齊州刺史○魏書無左字

張烈傳字徽之○之魏書作仙

烈弟僧皓字山容歷涉羣書工於談說有名于當世以諫議大夫○閣本脫去此二十五字今從監本

北史卷四十六

唐　李　延　壽　撰

列傳第三十四

孫紹　張普惠　成淹　范紹

劉桃符　鹿悆、張燿　劉道斌

董紹　馮元興

孫紹字世慶昌黎人也少好學通涉經史初爲校書郎稍遷給事中後爲門下錄事好言得失與常景共修律令延昌中紹表曰臣聞建國有計雖危必安施化能和雖寡必盛政乖人理雖合必離作用失機雖成必敗此乃古今同然百王之定法也今二虢京門了無嚴防南北二中復闕固守長安鄴城股肱之寄穰城上黨腹背所憑四軍五校之軌領護分事之式徵兵儲粟之要舟車水陸之資山河要害之權緩急去來之用持平赴救之方節用應時之法特宜修置以固堂堂之基持盈之體何得而忽且法開清濁而清濁不平申滯理望而卑寒亦免士庶同悲兵徒懷怨中正賣望於下里主案舞筆於上臺眞僞混淆知而不糾得者不欣失者倍怨使門齊身等而涇渭奄殊類應同役而苦樂縣異士人居職不以爲榮兵士役苦心不忘亂故有競棄本生飄藏他土或詭名託養散沒人間或亡命山藪漁獵爲命或投仗強豪寄命衣食又應遷之戶逐樂諸州應留之徒避寒歸暖職人子弟隨逐浮游南北東西卜居莫定關禁不修任意取適如此之徒不可勝數爪牙不復爲用百工爭棄其業混一之計事實闕如考課之方責辦無日流浪之徒決須精校今強敵窺時邊黎伺隙內人不平久戍懷怨戰國之勢竊謂危矣必造禍源者北邊鎮戍之人也若夫一統之年持平用之者大道之計也亂離之期縱橫作之者行權之勢也故道不可久須文質以換情權不可恒隨汙隆以牧物文質應世道形自安

汚隆獲衷權勢亦濟然則王者計法之趣化物之規圓方務得其境人物不失其地又先帝時律令竝議律尋施行令獨不出十餘年矣臣以令之爲體卽帝王之身分處百揆之儀安置九服之節乃是有爲之樞機世法之大本也然修令之人亦皆博古依古撰置大體可觀比之前令精麤有在但主議之家大用古制若令依古高祖之法復須升降誰敢措意有是非哉以是令故久廢不理然律令相須不可偏用今律班令止於事甚滯若令不班是無典法臣下執事何依而行臣等修律非無勤止署下之日臣乃無名是謂農夫盡力他食其秋功名之所寶慨於悒正光初兼中書侍郎紹性抗直每上封事常至懇切不憚犯忤但天性踈脫言乍高下時人輕之不見採覽紹兄世元善彈箏早卒紹後聞箏聲便涕泗嗚咽捨之而去後爲太府少卿曾因朝見靈太后謂曰卿年稍老矣紹曰臣年雖老臣卿乃少太后笑之遷右將軍太中大夫紹曾與百寮赴朝東掖未開守門侯旦紹於衆中引吏部郎中辛雄於衆外竊謂曰此中諸人尋當死盡唯吾與卿猶享富貴未幾有河陰之難紹善推祿命事驗甚多知者異之永安中拜太府卿以前參議正光壬子歷賜爵新昌子後卒於右光祿大夫贈尚書左僕射諡曰宣子伯元襲爵

張普惠字洪賑常山九門人也身長八尺容貌魁偉精於三禮兼善春秋百家之說太和十九年爲主書帶制局監頗爲孝文所知轉尚書都令史任城王澄重其學業爲其聲價澄爲雍州刺史啓普惠爲府錄事參軍尋行馮翊郡事澄功衰在身欲七月七日集文武北園馬射普惠奏記於澄曰竊聞三殺九親別疎昵之敘五服六術等衰麻之心皆因事飾情不易之道者也然則莫大之痛深於終身之外書策之哀除於喪紀之內外者不可無節故斷之以三年內者不可遂除故敦之以日月況禮大練之日鼓素琴蓋推以卽吉也小功以上非虞祔練除不沐浴此拘之以制也曾子問曰相識有喪服可以與於祭乎孔子曰緦不祭又何助於人祭旣不與疑無宴食之道又曰廢喪服可以與於饋奠之事乎子曰脫衰與奠非禮也注云謂其忘哀疾愚謂除喪之始不與饋奠小功之內其可觀射乎雜記云大功以下旣葬適人人食之其黨也食之非其黨不食食猶擇人於馬射爲或非宜伏見明敎立射會之限將以二七令辰集城中文武肄武藝於北園行揖讓於中否時非大閑之秋景涉妨農之節國家縞禫甫除殿下功衰仍襲釋而爲樂以訓百姓便是易先王之典敎忘哀戚之情恐非所以昭令德視子孫者也案射儀射者以禮樂爲本忘而從事不可謂禮鍾鼓弗設不可謂樂捨此二事何用射爲又七日之戲令制無之班勞所施慮違事體府庫空虛宜待新調乞至九月備飾盡行然後奏狸首之章宣優相之命聲軒縣建雲鉦神人忻暢於斯時也澄意納其言託辭自罷乃答曰今雖非公制而此州承前已有斯式且纂文習武人之常藝豈可於常藝之間要須令制乎禮兄弟內除明哀已殺小功客至主不絕樂聽樂則可觀武豈傷直自事緣須罷先以令停方獲此請深具來意澄轉揚州啓普惠以羽林監領鎭南大將軍開府主簿普惠旣爲澄知歷佐二藩甚有聲譽還朝仍羽林監澄遭太妃憂臣僚爲立碑頌題碑欲云康王元妃之碑澄訪於普惠普惠答曰謹尋朝典但有王妃而無元字魯夫人孟子稱元妃者欲下與繼室聲子相對今烈懿太妃作配先王更無聲子仲子之嫌竊謂不假元字以別名位且以氏配姓愚以爲在生之稱故春秋夫人姜氏至自齊旣葬以諡配姓故經書葬我小君文姜又曰來歸夫人成風之襚皆以諡配姓古者婦人從夫諡今烈懿太妃德冠一世故特蒙褒錫乃萬代之高事豈容於定名之重而不稱烈懿乎澄從之後爲步兵校尉以本官領河南尹丞宣武崩坐與甄楷等飲酒游從免官故事免官者三載之後降一階而敘若才優擢授不拘此限熙平中吏部尚書李韶奏普惠有文學依才優之例敕除寧遠將軍司空倉曹參軍朝議以不降階爲榮時任城王澄爲司空表議書記多出普惠廣陵王恭北海王顥疑爲所生祖母服期與三年詔羣寮會議普惠議曰謹案二王祖母皆受命先朝爲二國太妃可謂受命於天子爲始封之母矣喪服慈母如母在三年章傳曰貴父命也鄭注云大夫之妾子父在爲母大功則士之妾子爲母期父卒則皆得伸此大夫命其妾子以爲母所慈猶曰貴父命爲之三年況天子命其子爲列國王命其所生母爲國太妃反自同公子爲母練冠之與大功乎傳曰始封之君不臣諸父昆弟則當服其親服若魯衞列國相爲服期判無疑矣何以明之喪服君爲姑姊妹女子子嫁於國君者傳曰何以大功尊同也尊同則得服其親服諸侯之子稱公子公子不得禰先君然則兄弟一體位列諸侯自以尊同得相爲服不可還準公子遠厭天王故降有四品君大夫以尊降公子大夫之子以厭降名例不同何可亂也禮大夫之妾子以父命慈已申其三年太妃旣受命先帝光昭一國二王胙土茅社顯錫大邦舍尊同之高據附不禰之公子雖許蔡失位亦不是過服問曰有從輕而重公子之妻爲其皇姑公子雖厭妻尙獲申況廣陵北海論封君則封君之子語妃則命妃之孫承妃纂重遠別先皇更以先后之正統厭其所生之祖嫡方之皇姑不以遙乎今旣許其申服而復限之以期比之慈母不亦爽歟經曰爲君之祖父母父母妻長子傳曰何以期父母長子君服斬妻則小君父卒然後爲祖後者服斬今祖乃獻文皇帝諸侯不得祖之母爲太妃蓋二王三年之證議者近背正經以附非類差之毫毛所失或遠且天子尊則配天莫非臣妾何爲命之爲國母而不聽子服其親乎記曰從服者所從亡則已又曰不爲君母之黨服則爲其母之黨服今所從旣亡不以親服服其所生則屬從之服於何所施若以諸王入爲公卿便同大夫者則當今之議皆不須以國爲言也今之諸王自同列國雖不之國別置臣寮王食一方得不以諸侯言之敢據周禮輒同三年當時議者亦有同異國子博士李郁於議罷之後書難普惠普惠據禮還答鄭重三反郁議遂屈轉諫議大夫澄謂普惠曰不喜君得諫議唯喜諫議得君時靈太后父司徒胡國珍薨贈相國太上秦公普惠以前世后父無太上之號詣闕上疏陳其不可左右畏懼莫敢爲通會閣胡家穿壙下壙有盤石乃密表曰竊見故侍中司徒胡公懷道含靈實誕聖后近樞剋惟允之寄居槐體論道之明胡以功餘九錫褒假鴻蠢深聖上之加隆極慈后之至愛憲章天下不亦可乎而太上之號竊謂未衷何者禮記曰天無二日土無二王嘗禘郊社尊無二上竊謂高祖受禪於獻文皇帝故仰尊爲太上皇此因上上而生名也皇太后稱令以繫敕下蓋取三從之道遠同文母列於十亂則司徒爲太上恐乖繫敕之意易曰困於上者必反於下比剋吉定兆而以淺改卜羣心悲惋亦或天地神靈所以垂至戒啓聖情伏願停司徒逼同之號從卑下不踰之稱則天下幸甚太后覽表親至國珍宅召集五品已上博議其事任城王澄太傅清河王懌侍中崔光御史中尉元匡尚書崔亮竝同有難普惠竝以理正之無所屈廷尉少卿袁翻曰周官上公九命上大夫四命命數雖殊同名爲上何必上者皆是極尊普惠厲聲呵翻曰禮有下卿上士何止大夫與公但今所行以太加上二名雙舉不得非極雕蟲小藝微或相許至於此處豈卿所及翻甚有慙色默不復言議者咸以太后當朝志相黨順遂奏曰張普惠辭雖不屈然非臣等所同渙汗已流請依前詔太后復遣元乂賈璨宣令謂普惠曰朕之所行孝子之志卿之所陳忠臣之道羣公已有成議卿不得苦奪朕懷後有所見勿得難言初普惠被召傳詔馳騂騶馬來甚迅速佇立催去普惠諸子憂怖涕泗普惠謂曰我當休明之朝掌諫議之任若不言所難言諫所難諫便是唯唯曠官尸祿人生有死死得其所夫復何恨然朝廷有道汝輩勿憂及議罷旨勞還宅親故賀其幸甚時中山杜弼遺書普惠曰明侯深儒碩學身負大才執此公方來居諫職謇謇如也諤諤如也一昨承在胡司徒第當庭面諍雖問難鋒至而應對響出宋城之帶始縈魯門之柝裁警終使羣后逡巡庶寮拱嘿雖不見用於一時固已傳美於百代聞風快然敬裁此白普惠美其此書每爲口實普惠以天下人調幅度長廣尙書計奏復徵綿麻恐人不堪命上疏曰伏聞尙書奏復綿麻之調遵先皇之軌夙宵惟度欣戰交集仰惟高祖廢大斗去長尺改重秤所以愛萬姓從薄賦知軍國須綿麻之用故云幅度之間億兆應有綿麻之利故絹上稅綿八兩布上稅麻十五斤萬姓得廢大斗去長尺改重秤荷輕賦之饒不適於綿麻而已故歌儛以供其賦奔走以役其勤夫信行於上則億兆樂輸於下自茲已降漸漸長闊百姓嗟怨聞於朝野伏惟皇太后未臨朝之前陛下居諒闇之日宰輔不尋其本知天下之怨綿麻不察其幅廣度長稱重斗大革其所弊存其可存而特放綿麻之調以悅天下之心此謂悅之不以道愚臣所以未悅者也普惠又表乞朝直之日時聽奉見自此之後月一陛見又以孝明不親視朝過崇佛法郊廟之事多委有司上疏曰伏惟陛下重暉纂統欽明文思天地屬心百神佇望伏願躬致郊廟之虔親紆朔望之澤釋奠成均竭心千畝明發不寐潔誠禋禴孝弟可以通神明德敎可以光四海然後精進三寶信心如來道由化深故諸漏可盡法隨禮積故彼岸可登量撤僧寺不急之華還復百官久折之秩已興之構務從簡成將來之造權令停息但仍舊貫亦何必改作庶節用愛人法俗俱賴尋別敕付外議釋奠之禮時史官尅日蝕豫敕罷朝普惠以逆變非禮上疏陳之又表論時政得失一曰審法度平斗尺租調務輕賦役務省二曰聽輿言察怨訟先皇舊事有不便於政者請悉追改三曰進忠謇退不肖任賢勿貳去邪勿疑四曰興滅國繼絕世勳親之胄所

宜收敘書奏孝明靈太后引普惠於宣光殿隨事難詰廷對移時太后曰小小細務一一翻動更成煩擾普惠曰聖上之養庶物若慈母之養赤子今赤子幾臨危壑將赴水火以煩勞而不救豈赤子所望於慈母太后曰天下蒼生寧有如此苦事普惠曰天下之親懿莫重於太師彭城王然遂不免枉死微細之苦何可得無太后曰彭城之苦吾已封其三子何足復言普惠曰聖后封彭城之三子天下莫不忻至德知慈母之在上臣所以重陳者凡如此枉乞垂聖察太后曰卿云興滅繼絕意復誰是普惠曰昔淮南逆終漢文封其四子蓋骨肉之不可棄親親故也竊見咸陽京兆乃皇子皇孫一德之斛自貽悔戾沉淪幽壤緬焉弗收豈不是興滅繼絕之意太后曰卿言有理當命公卿博議及任城王澄甍普惠荷其恩待躬往奔赴至於禫除雖寒暑風雨無不必至初澄嘉賞普惠臨甍啓爲尚書右丞靈太后既深悼澄覽啓從之詔行之後尚書諸郎以普惠地寒不應便居管轄相與爲約竝欲不放上省紛紜多日乃息正光二年詔遣楊鈞送蠕蠕主阿那瓌還國普惠謂遣之將貽後患上疏極言其不可表奏不從魏子建爲益州刺史有贓罪普惠被使驗之事遂得釋故子建父子甚德之時梁西豐侯正德詐稱降欵朝廷頗事當迎普惠請付楊州移還蕭氏不從俄而正德果逃還後除光祿大夫右丞如故先是仇池武興郡氏數反西垂郡戍租運久絕詔普惠以本官爲持節西道行臺給秦岐涇華雍豳東秦七州兵武三萬人任其召發送南秦東益二州兵租分付諸戍其所部將統聽於關西牧守之中隨機召遣軍貲板印之屬悉以自隨事訖還朝賜絹布一百段時詔訪冤屈普惠上疏多所陳論出除東豫州刺史淮南九戍十三郡猶因梁前弊別郡異縣之人錯雜居止普惠乃依次括比省減郡縣上表陳狀詔許之宰守因此縮攝有方奸盜不起人以爲便普惠不營財業好有進舉敦於故舊冀州人侯堅固少時與其游學早終其子長瑜普惠每於四時請祿無不減贍給其衣食及爲豫州啓長瑜解褐攝其合門拯給之在州卒謚曰宣恭

成淹字季文上谷居庸人也好文學有氣尙仕宋爲員外郎領軍主援東陽歷城皇興中降慕容白曜赴闕授兼著作佐郎時獻文於仲冬月欲巡漠北朝臣以寒甚固諫竝不納淹上接輿釋游論帝覽之詔尙書李訢曰卿諸人不如成淹諭通釋人意乃敕停行太和中文明太后崩齊遣其散騎常侍裴昭明散騎侍郎謝竣等來弔欲以朝服行事主客不許昭明等執志不移孝文敕尙書李沖選一學識者更與論執沖奏遣淹昭明言不聽朝服行禮義出何典淹言玄冠不弔童孺共聞昔季孫將行請遭喪之禮千載之下猶共稱之卿方謂義出何典何其異哉昭明言齊高帝崩魏遣李彪通弔初不素服齊朝亦不爲疑淹言彪通弔之日朝命以弔服自隨彼不遵高宗追遠之慕乃踰月卽吉齊之君臣皆已鳴玉盈庭彪行人何容獨以衰服間衣冠之中我皇處諒闇以來百官聽於冢宰卿豈得以此方彼也昭明乃摇膝而言曰三皇不同禮亦安知得失所歸淹言若如來談卿以虞舜高宗爲非也昭明相顧笑曰非孝者宜尼有成責行人亦弗敢言使人唯齎袴褶不可以弔幸借緇衣帢以申國命今爲魏朝所逼還南日必得罪本朝淹言彼有君子也卿將折中還南日應有高賞若無君子也但令有光國之譽雖非理得罪亦復何嫌南史董狐自當直筆旣而敕送衣帢給昭明等明旦引入皆令文武盡哀後正佐郎其後齊遣其散騎常侍庾蓽散騎侍郎何憲主書邢宗慶等來聘孝文敕淹接於外館宗慶語淹言南北連和旣久而比棄信絕好爲利而動豈是大國善隣之義淹言夫爲王者不拘小節豈得眷眷守尾生之信且齊先主歷事宋朝當應便爾欺奪宗慶庾蓽及從者皆相顧失色何憲知淹昔從南入以手掩目曰卿何不作于禁而作王肅淹言我捨逆効順欲追蹤陳韓何于禁之有憲亦不對王肅之至鑾輿行幸肅多屈從勑淹將引若有古跡皆使知之行到朝歌肅問此是何城淹言紂都朝歌城肅言故應有殷之頑人淹言昔武王滅紂悉居河洛中因劉石亂華仍隨司馬東度肅知淹寓青州乃笑謂曰青州何必無其餘種淹以肅本隸徐州若言青州本非其地徐州間今日重來非所知也肅遂伏馬上掩口笑顧謂侍御史張思寧曰向聊因戲言遂致辭溺思寧馳馬以聞孝文大悅謂彭城王勰曰淹此段足爲制勝輿駕至洛肅因侍宴帝戲肅曰近者行次朝歌聞成淹共卿殊有往復卿試重敘之肅言臣於朝歌失言一之已甚豈宜再說遂大笑肅又言淹才詞宜應敘進帝言若因此進淹恐辱卿轉甚肅言臣屈已達人正可顯臣之美帝曰卿爲人所屈欲求屈已之名復於卿大優肅言淹旣蒙進臣得屈已申人此所謂陛下惠而不費遂酣笑而止賜淹龍廐上馬一疋并鞍勒宛具朝服一襲轉謁者僕射時遷都帝以淹家貧敕給事力送至洛陽使與家累相隨及車駕濟淮敕徵淹淹於路左請見曰敵不可小願聖明保萬全之策伏聞發落已來諸有諫者解官奪職恐非聖明納下之義帝優而容之帝幸徐州敕淹與閭龍駒專主舟楫將汎泗入河泝流還洛軍次碻磝淹以黃河浚急慮有傾危乃上疏陳諫帝敕淹曰朕以恒代無運漕之路故京邑人貧今移都伊洛欲通運四方黃河急浚人皆難涉我因此行乘流所以開百姓之心知卿誠至而不得相納賜驊騮馬一疋衣冠一襲除羽林監主客令于時宮殿初構運材日有萬計伊洛流澌苦於厲涉淹遂啓求敕都水造浮航帝賞納之意欲榮淹於衆朔旦受朝百官在位乃賜帛百疋知左右二都水事景明三年出除平陽太守還朝病卒贈光州刺史謚曰定子霄字景鸞好爲文詠坦率多鄙俗與河東姜質等朋游相好詩賦間起知音之士所共嗤笑卒於書侍御史

范紹字始孫燉煌龍勒人也少聰敏年十二父命就學師事崔光以父憂廢業母又誡之曰汝父卒日令汝遠就崔生希有成立今已過期宜遵成命紹還赴學太和初充太學生轉算生頗涉經史孝文選爲門下通事令史還錄事掌奏文案帝善之又爲侍中李沖黃門崔光所知帝嘗謂近臣曰崔光從容范紹之力後朝廷有南討計發河北數州田兵通緣淮戍兵合五萬餘人廣開屯田八座奏紹爲西道六州營田大使加步兵校尉紹勤於勸課頻歲大獲又詔與都督中山王英論攻鍾離紹觀其城隍恐不可陷勸令班師英不從紹還具以狀奏聞俄而英敗後歷位并州刺史太常卿莊帝初遇害河陰

劉桃符中山盧奴人也生不識父九歲喪母性恭謹好學舉孝廉射策甲科歷碎職累遷中書舍人以勤明見知久不遷職宣武謂曰楊子雲爲黃門頓歷三世卿居此任始十年不足辭也東豫州刺史田益宗居邊貪穢宣武頻詔桃符慰喻之桃符還具稱益宗老耄而諸子非理處物宣武後欲代之恐其背叛拜桃符東豫州刺史與後將軍李世哲領衆襲益宗語在益宗傳桃符善恤蠻左爲人吏所懷久之徵還病卒贈洛州刺史

鹿悆字永吉濟陰乘氏人也祖壽興沮渠氏庫部郎父生再爲濟南太守有政績獻文嘉其能特徵赴季秋馬射賜以驄馬加以青服彰其廉潔時三齊始附人懷苟且蒲博終朝頗廢農業生立制斷之聞者嗟善後卒於淮陽太守追贈兗州刺史悆好兵書陰陽釋氏之學彭城王勰召爲館客嘗詣徐州馬疲附船而至大梁夜賦從者上岸竊禾四束飼馬船行數里悆覺卽停船至取禾處以縑三丈置禾束下而反初爲眞定公子直國中尉恒勸以忠廉之節嘗賦五言詩曰嶧山萬丈樹雕鏤作琵琶由此材高遠絃響藹中華又曰援琴起何調幽蘭與白雪絲管韻未成莫使絃響絕子直少有令問悆欲其善終故以諷焉後隨子直鎭梁州州有兵糧和羅和羅者靡不潤屋悆獨不取子直强之終不從孝莊爲御史中尉悆兼殿中侍御史監臨淮王彧軍時梁遣其豫章王綜據徐州綜密信通彧云欲歸款衆議謂不然悆遂請行曰綜若誠心與之盟約如其詐也豈惜一人命乎時徐州始陷邊方騷擾綜部將成景儁胡龍牙竝總强兵內外嚴固悆遂單馬間出徑趣彭城未至之間爲綜軍主程兵潤所止問其來狀悆曰我爲臨淮王所使兵潤遣人白龍牙等綜旣有誠心聞悆被執語景儁等曰我每疑元略規欲叛城將驗虛實宜遣左右爲元略使入魏軍中喚彼一人其使果至可令人詐作略身在一深室託爲患狀呼使戶外令人傳語時略始被梁武追還綜又遣腹心人梁話迎悆密語意狀令善酬答引悆詣龍牙所龍牙語悆曰元中山甚欲相見故令喚卿又曰安豐臨淮將少弱卒規復此城容可得乎悆曰彭城魏之東鄙勢在必爭可否在天非人所測龍牙曰當如卿言復詣景儁住所停悆外門久而未入時夜已久有綜軍主姜桃來與悆言謂曰元法僧魏之微子拔城歸梁梁王待物有道乃上指日今歲星在斗吳之分野君何不歸梁國悆答曰法僧莒僕之流而梁納之無乃有愧於季孫也今月建鶉首斗牛受破歲星木也逆而尅之吳國敗喪不久且衣錦夜游有識不許言未盡乃引入見景儁景儁良久謂曰卿不爲刺客也答曰今者爲使欲反命本朝相刺之事更卜後圖爲設食悆强飲多食向敵數人徵自夸矜諸人相謂曰壯哉乃引向元略所一人引入戶指牀令坐一人別在室中出謂悆曰中山王有教我昔有以向南且遣相喚欲問卿事曉來患動不獲相見悆遂辭而退須臾天曉綜軍主范勖景儁司馬楊驃等競問北朝士馬多少悆陳士馬之盛尋而與梁話盟契訖未旬綜降詔封悆定陶縣子除員外散騎常侍永安中爲右將軍給事黃門侍郎進爵爲侯雖任居通顯志在謙退迎送親賓加於疇昔而自無屋宅常假賃居止布衣糲食寒暑不變孝莊嘉其清潔時復賜以錢帛及東徐城人呂文欣殺刺史元大賓南

引梁人詔悆以使持節散騎常侍安東將軍爲六州大
使與行臺樊子鵠討破之悆又購斬文欣還拜金紫光
祿大夫兼尚書右僕射東南道三徐行臺與都督賀拔
勝等拒尒朱仲遠軍敗還京天平中除梁州刺史時滎
陽人鄭榮業反圍州城城降榮業送悆於關西
張燿字景世自云南陽西鄂人也仕魏累遷步兵校尉
永寧寺塔大興經營務廣靈太后曾幸作所凡有顧問
燿敷陳指畫無所遺闕太后善之後爲別將以軍功封
長平男歷岐東荆州刺史天平初遷鄴草創右僕射高
隆之吏部尚書元世儁奏曰南京宮殿毀撤送都連筏
竟河首尾大至自非賢明一人專委受納則恐財木耗
損有闕經構燿清直素著有稱一時臣等輒舉爲大將
詔從之燿勤於其事尋轉營構左都將興和初加衞大
將軍官殿成除東徐州刺史卒於州贈司空公謚曰懿
劉道斌武邑灌津人也有器幹履帶十圍鬚髯甚美初
拜校書郎轉主書頗爲孝文所知從征南陽還加積射
將軍給事中帝謂黄門郎邢巒曰道斌是行便異儕流
矣宣武即位遷謁者僕射後歷恒農太守岐州刺史所
在有清貞稱卒於州謚曰康道斌在恒農修立學館建
孔子廟堂圖畫形像去郡後故吏追思之復立道斌形
於孔像之西而拜謁焉
董紹字興遠新蔡鮦陽人也少好學頗有文義起家四
門博士累遷兼中書舍人爲宣武所賞豫州城人白早
生以城南叛詔紹慰勞爲賊鑠禁送江東梁領軍呂僧
珍甓與紹言便相器重梁武聞之使勞紹云忠臣孝子
不可無之今當聽卿還國詔曰老母在洛無復方寸既
奉恩貸實若更生乃引見之謂曰戰爭多年人物塗炭
是以不恥先言欲與魏朝通好卿宜備申此意若欲通
好今以宿豫還彼彼當以漢中見歸及紹還雖陳說和
計朝廷不許後除洛州刺史紹好行小惠頗得人情蕭
寶夤反於長安紹上書求擊之云臣當出瞎巴三千生
噉蜀子孝明謂黄門徐紇曰此巴真瞎也紇答此紹之
壯辭云巴人勁勇見敵無所畏非實瞎也帝大笑敕紹
速行以拒寶夤功賞新蔡縣男尒朱天光爲關右大行
臺啓爲大行臺從事兼吏部尚書天光敗賀拔岳復請
紹爲其開府諮議參軍岳後携紹於高平牧馬紹悲而
賦詩曰走馬山之阿馬渴飲黄河寧謂胡關下復聞楚
客歌岳死周文帝亦重之及孝武西遷除御史中丞非
其好也鬱鬱不得志或行戲街衢或與少年游聚不自
拘持頗類失性孝武崩周文與百官推奉文帝上表勸
進令呂思禮薛憕作表前後再奏帝尚執謙沖不許周
文曰爲文能動至尊唯董公耳乃命紹爲第三表操筆
便成表奏周文曰開進人意不當如此也及登祚方任
用之而紹議論朝廷賜死孫嗣
馮元興字子盛東魏郡肥鄉人也少有操尚舉秀才中
尉王顯召爲檢校御史遷殿中御史司徒江陽王繼召
爲記室參軍遂爲元乂所知乂執朝政引爲尚書殿中
郎領中書舍人仍御史預聞時事卑身克己人無恨焉
家素貧約食客恒數十人同其飢飽時人歎尚之太保
崔光臨薨薦元興爲侍讀尚書賈思伯爲侍講授孝明
杜氏春秋元興常爲摘句儒者榮之乂既賜死元興亦
被廢乃爲浮萍詩以自諭曰有草生碧池無根水上蕩
脆弱惡風波危微苦驚浪普泰初爲光祿大夫領中書
舍人太昌初卒於家贈齊州刺史元興世寒因元乂之
勢託其交道相用爲州主簿論者以爲非倫時有濟郡
曹昂有學識舉秀才永安中除太學博士兼尚書郎常
徒步上省以示清貧忽遇盜大失綾縑時人鄙其矯詐
論曰孫紹闕左之士又能指論時務張普惠明達典故
強直從官侃然不撓其有王臣之風矣成淹范紹劉桃
符鹿悆張燿劉道斌董紹馮元興等身遭際會俱得効
其所能苟曰非才亦何能致於此也

北史卷四十六考證

孫紹傳使門齊身等而涇渭奄殊○奄監本訛淹今改
正
張普惠傳北海王顥○顥監本誤顧今改從南本
周官上公九命○官監本訛宮今改正
成淹傳賜淹龍廐上馬一疋并鞍勒宛具○宛魏書作
完
鹿悆傳安豐臨淮○豐監本訛封今改從魏書
董紹傳岳後儁紹於高平牧馬○儁魏書作攜

北史卷四十七

唐　李延壽　撰

列傳第三十五

袁翻 弟躍 子聿脩　陽尼 從孫固 固子休之 固從弟元景 兄藻 藻子斐　賈思伯　祖瑩 子珽

袁翻字景翔陳郡項人也父宣爲宋青州刺史沈文秀
府主簿隨文秀入魏而大將軍劉昶言是其外祖淑近
親令與其府諮議參軍袁濟爲宗宣時孤寒甚相依附
及翻兄弟官顯與濟子洸演遞各陵競洸等乃經公府
以相排斥翻少入東觀爲徐紇所薦李彪引兼著作佐
郎參史事後拜尚書殿中郎正始初詔尚書門下於金
墉中書外省考論律令翻與門下錄事常景孫紹廷尉
監張彪律博士侯堅固書侍御史高綽前將軍邢苗奉
車都尉程靈虬羽林監王元龜尚書郎祖瑩宋世景員
外郎李琰之太樂令公孫崇等並在議限又詔太師彭
城王勰司州牧高陽王雍中書監京兆王愉青州刺史
劉芳左衞將軍元麗兼將作大匠李韶國子祭酒鄭道
昭廷尉少卿王顯等入豫其事後除豫州中正是時修
明堂辟雍翻議曰謹按明堂之義今古諸儒論之備矣
蓋唐虞以上事難該悉夏殷以降校可知之按周官考
工所記皆記其時事具論夏殷名制豈其紕繆是知明
堂五室三代同焉配帝像行義則明矣及淮南呂氏與
月令同文雖布政班時有堂个之別然推其體則無九
室之證既而正義殘隱妄說斐然明堂九室著自戴禮
探緒求源罔知所出而漢氏因之自欲爲一代之法故
鄭玄云周人明堂五室是帝一室也合於五行之數周
禮依數以爲之室本制著存是周五室也於今不同是
漢異周也漢爲九室略可知矣但就其此制猶有懵焉
何者張衡東京賦云乃營三宮布教班常複廟重屋八
達九房此乃明堂之文也而薛綜注云房室也謂堂後
有九室堂後有九室之制非巨異乎裴頠又云漢氏作
四維之个不能令各據其辰就使其像可圖莫能通其
居用之禮此爲設虛器也甚知漢世徒欲削滅周典捐
棄舊章改物創制故不復拘於載籍且鄭玄之詁訓三
禮及釋五經異義竝盡思窮神不墜周公之舊法也伯
喈損益漢制章句繁雜既違古背新又不能易玄之妙
矣魏晉書紀亦有明堂祀五帝之文而不記其經始之
制又無坦然可準觀夫今之基趾猶或髣髴高卑廣狹
頗與戴禮不同何得以意抑心便謂九室可明且三雍
異所復乖盧蔡之義進退無據何用經通晉朝亦以欑
鑿難明故有一屋之論竝非經典正義皆以意妄作茲
爲不典學家常談不足以範時軌世皇代既乘乾統歷
得一御宸自宜稽古則天憲章文武追蹤周孔述而不
作豈容虛追子氏放篇之浮說徒損經紀雅誥之遺訓
而欲以支離横義指畫妄圖儀刑宇宙而貽來葉者也
又北京制置求皆允怗繕修草創以意良多事移化變
存者無幾理苟宜革何必仍舊且遷都之始日不遑給
先朝規度每事循古是以數年之中悛換非一良以永
法爲難數改爲易何爲宮室府庫多因故迹而明堂辟
雍獨遵此制建立之辰復未可知矣既猥班訪逮輒輕
率瞽言明堂五室請同周制郊建三雍求依故所庶有
會經誥無失典刑後議選邊戍事翻議曰臣聞兩漢警
於西北魏晉備在東南是以鎮邊守塞必寄威重伐叛
柔服實賴温良故田叔魏尚聲高於沙漠當陽鉅平績
流於江漢紀籍用爲美談今古以爲盛德自皇上以叡
明纂御風清化遠威厲秋霜惠霑春露故能使淮海輸
誠華陽即序連城革面比屋歸仁縣車劒閣豈伊曩載
鼓譟金陵復在茲日然荆揚之牧宜盡一時才望梁郢
之君尤須當今秀異自比緣邊州郡官至便登疆埸統
戍階當即用或逢穢德凡人或遇貪家惡子不識字人
温卹之方唯知重役殘忍之法廣開戍邏多置帥領或
用其左右姻親或受人貨財請屬皆無防寇禦賊之心
唯有通商聚斂之意其勇力之兵驅令抄掠若遇強敵
即爲奴虜如有執獲奪爲己富其羸弱老小之輩微解
金鐵之工少閑草木之作無不搜營窮壘苦役百端自
餘或伐木高山或芸草平陸販貨往還相望道路此等
祿既不多資亦有限皆收其實絹給其虛粟窮其力薄
其衣用其工節其食綿冬歷夏加之疾苦死於溝瀆者
常十七八焉是以吳楚間伺審此虛實皆云糧匱兵疲
易可乘擾故驅率犬羊屢犯疆埸頻年已來甲胄生蟣
十萬在郊千金日費爲弊之深一至於此皆由邊任不
得其人故延若斯之患賈生所以痛哭良有以也夫潔
其流者清其源理其末者正其本既失之在始庸可止
乎愚謂自今已後荆揚徐豫梁益諸蕃及所統郡縣府
佐統軍至于戍主皆令朝臣王公已下各舉所知必選
其才不拘階級若能駕御有方清高獨著威足臨戎信
能懷遠撫循將士得其忻心不營私潤專修公利者則
就加爵賞使久於其任以時褒賚厲其忠款所舉之人
亦垂優異獎其得士嘉其誠節若不能一心奉公才非
捍禦貪惏日富經略無聞人不見德兵厭其勞者即加

顯戮用章其罪所舉之人隨事免降責其謬薦罰其僞薄如此則舉人不得挾其私受任不得孤其舉善惡既審沮勸亦明庶邊患永消譏議攸息矣遭母憂去職熙平初除廷尉少卿頗有不平之論爲靈太后所責出爲陽平太守甚不自得遂作思歸賦神龜末遷涼州刺史時蠕蠕主阿那瓌後主婆羅門並以國亂來降朝廷問安置之計翻表曰今蠕蠕內爲高車所討滅外憑大國之威靈兩主投身一期而至百姓歸誠萬里相屬然夷不亂華前鑒無遠覆車在於劉石毀轍固不可尋今蠕蠕雖主奔於上人散於下而餘黨實繁部落猶衆高車亦未能一時并兼盡令率附又高車士馬雖衆主甚愚弱上不制下下不奉上唯以掠盜爲資陵奪爲業而河西捍禦强敵唯涼州燉煌而已涼州土廣人稀糧仗素闕燉煌酒泉空虛尤甚若蠕蠕無復豎立令高車獨擅北垂則西顧之憂匪旦伊夕愚謂蠕蠕二主並宜存之居阿那瓌於東偏處婆羅門於西裔分其降人各有攸屬那瓌住所非所經見其中事勢不可輒陳婆羅門請修西海故城以安處之西海郡本屬涼州今在酒泉直抵張掖西北千二百里去高車所住金山一千餘里正是北虜往來之衝要漢家行軍之舊道土地沃衍大宜耕殖非但今處婆羅門於事爲便即可永爲重戍鎮防西北雖外爲署蠕蠕之聲內實防高車之策一二年後足食足兵斯固安邊保塞之長計也若婆羅門能自克厲使餘燼歸心收離聚散復興其國者乃漸令北轉徙度流沙即是我之外藩高車之勍敵西北之虞可無過慮如其姦回返覆孤恩背德者此不過爲逋逃之寇於我何損今不早圖戎心一啓脫先據西河奪我險要則酒泉張掖自然孤危長河已西終非國有不圖厥始而求憂其終噬臍之恨悔將何及愚見如允乞遣大使往涼州燉煌及於西海躬行山谷要害之所親閱亭障遠近之宜商量士馬校練糧仗部分見定處置得所入春西海之間即令播種至秋收一年之食使不復勞轉輸之功也且西徼北垂即是大磧野獸所聚千百爲羣正是蠕蠕射獵之處殖田以自供籍獸以自給彼此相資足以自固今之豫度似如小損歲終大計其利實多高車豺狼之心何可專信假令稱臣致款正可外加優納而復內備彌深所謂先人有奪人之心者也時朝議是之還拜吏部郎中遷齊州刺史無多政績孝昌中除安南將軍中書令領給事黃門侍郎與徐紇俱在門下並掌文翰翻既才學名重又善附會亦爲靈太后所信待

是時蠻賊充斥六軍將親討之翻乃上表諫止後蕭寶夤大敗於關西翻上表請爲西軍死亡將士舉哀存而還者并加賑賚後拜度支尚書尋轉都官翻上表願以安南尚書換一金紫時天下多事翻雖外請閑秩而內有求進之心識者怪之於是加撫軍將軍明帝靈太后曾宴華林園舉觴謂羣臣曰袁尚書朕之杜預欲以此杯敬屬元凱今爲盡之侍坐者莫不羨仰翻名位俱重當時賢達咸推與之然獨善其身無所獎拔排抑後進論者鄙之建義初遇害河陰所著文筆百餘篇行於世贈使持節侍中車騎將軍儀同三司青州刺史嫡子寶首武定中司徒記室參軍事翻弟躍

躍字景騰博學儁才性不矯俗篤交友翻每謂人曰躍可謂我家千里駒也歷位尚書都兵郎中加員外散騎常侍將立明堂躍乃上議當時稱其博洽蠕蠕主阿那瓌亡破來奔朝廷矜之送復其國既而每使朝貢辭旨頗不盡禮躍爲朝臣書與瓌陳以禍福言辭甚美後遷車騎將軍太傅清河王懌文學雅爲懌所愛賞懌之文表多出於躍卒贈冠軍將軍吏部郎中所制文集行於世無子兄翻以子聿脩繼

聿脩字叔德七歲遭喪居處禮若成人九歲州辟主簿性深沈有鑒識清靖寡欲與物無競姨丈人尚書崔休深所知賞年十八領本州中正兼尚書度支郎中齊天保初除太子庶子以本官行博陵太守大有聲績遠近稱之累遷司徒左長史領兼御史中丞司徒錄事參軍盧思道私貸庫錢三十萬娉太原王乂女爲妻而王氏已先納陸孔文禮娉爲定聿脩爲首僚又國之司憲知而不劾免中丞尋遷祕書監天統中詔與趙郡王叡等議定三禮出爲信州刺史即其本鄉也時久無例莫不榮之爲政清靖不言而化自長史以下爰逮鰥寡孤幼皆得其歡心武平初御史普出過諸州悉有舉劾唯不到信州及還都人庶道俗追別滿道或將酒脯涕泣留連競欲遠送時既盛暑恐其勞敝往往爲之駐馬隨舉一酌示領其意辭謝令去還後州人鄭播宗等七百餘人請爲立碑斂縑布數百疋託中書侍郎李德林爲文以記功德勑許之尋除都官尚書聿脩少年平和溫潤素流之中最爲規檢以名家子歷任清華時望多相器待許其風鑒在郎署之日時趙彥深爲水部郎中同在一院因成交友彥深後重被沙汰停私門生藜藿聿脩猶以故情音問來往彥深任用銘戢甚深雖人才無媿蓋亦由彥深接引爲吏部尚書以後自以物望得之初馬子琮以僕射攝選婚姻相尋聿脩常非笑之語人云馮公營婚日不暇給及自居選曹亦不能免時論以爲地勢然也素品孤官頗有怨讟然在官廉謹當時少匹魏齊世臺郎多不免交通餉饋初聿脩爲尚書郎十年未曾受升酒之遺尚書邢邵與聿脩舊款每省中語戲常呼聿脩爲清郎大寧初聿脩以太常少卿出使巡省仍令考校官人得失經兗州時邢邵爲刺史別後送白紬爲信聿脩不受與邢邵書云今日仰過有異常行瓜田李下古人所慎願得此心不貽厚責邵亦欣然領解報書云老夫忽忽意不及此敬承來旨吾無間然弟昔爲清郎今日復作清卿矣及在吏部屬政衰道喪若違忤要勢禍不旋踵雖以清白自守猶不免請謁之累入周位儀同大將軍吏部下大夫東京司宗中大夫隋開皇初加上儀同遷東京都官尚書東京廢入朝除都官尚書二年出爲熊州刺史卒子知禮大業初卒於太子內舍人躍弟颺卒於豫州冠軍府司馬颺弟昇位正員郎颺死後昇通其妻翻恚爲之發病昇終不止時人鄙穢之亦於河陰見害贈左將軍齊州刺史

陽尼字景文北平無終人也累世仕於慕容氏尼少好學博通羣籍與上谷侯天護頓丘李彪同志齊名幽州刺史胡泥表薦之徵拜祕書著作郎及改中書學爲國子時中書監高閭侍中李沖等以尼碩學舉爲國子祭酒後兼幽州中正孝文臨軒令諸州中正各舉所知尼與齊州大中正房千秋各舉其子帝曰昔有一祁名垂往史今有二奚當聞來牒出爲幽州平北府長史帶漁陽太守未拜坐爲中正時受鄉人貨免官每自傷曰吾昔未仕不曾羨人今日失官與本何異然非吾宿志命也如何既而還家有書數千卷所造字釋數十篇未就而卒其從孫太學博士承慶撰爲字統二十卷行於世承慶從弟固

固字敬安性倜儻不拘小節少任俠好劒客弗事生產年二十六始折節好學博覽篇籍有文才太和中從大將軍宋王劉昶征義陽板府法曹行參軍昶性嚴暴三軍戰慄無敢言者固啓諫并面陳事宜昶大怒欲斬之使監當攻道固在軍勇決意志閑雅了無懼色昶甚奇之軍還言之孝文年三十餘始辟大將軍府參軍事累遷書侍御史多所劾奏宣武廣訪得失固上讜言表曰當今之務宜早正東儲立師傅以保護立官司以防衛以係蒼生之心攬權衡親宗室强幹弱枝以立萬世之計舉賢良黜不肖使野無遺才朝無素飡孜孜萬機躬勤庶政使人無謗讟之響省徭役薄賦斂修學宮遵舊章貴農桑賤工賈絕談虛窮微之論簡桑門無用之費以救飢寒之苦然後備器械修甲兵習水戰滅吳會撰封禪之禮襲軒唐之軌豈不茂哉初帝委任羣下不甚親覽好桑門之法尚書令高肇以外戚權寵專決朝事又咸陽王禧等並有釁故宗室大臣相見疎薄而王畿人庶勞弊益甚固乃作南北二都賦稱恒代田漁聲樂侈靡之事節以中京禮儀之式因以諷諫宣武末中尉王顯起宅既成集寮屬饗宴酒酣問固曰此宅何如固曰晏嬰湫隘流稱于今豐屋生災著於周易此蓋同傳舍耳唯有德能卒願公勉之顯嘿然他日又謂固曰吾作太府卿府庫充實卿以爲何如固對曰公收百官之祿四分之一州郡贓贖悉入京藏以此充府未足爲多且有聚斂之臣寧有盜臣豈不戒歟顯大不悅以此銜固又有人間固於顯因奏固剩請米麥免固官遂闔門自守著演賾賦以明幽微通塞之事又作刺讒疾嬖幸詩二首曰巧佞巧佞讒言興兮營營習習似青蠅兮以白爲黒在汝口兮汝非蝮蠆毒何厚兮巧佞巧佞一何工矣司間司忿言必從矣朋黨噂㗖自相同矣浸潤之譖傾人墉矣成人之美君子貴焉攻人之惡君子恥焉汝何人斯譖毀日繁子實無罪何騁汝言番番緝緝讒言側入君子好讒如或弗及天疾讒說汝其至矣無妄之禍行將及矣泛泛遊鳧弗制弗拘行藏之徒或智或愚維余小子未明茲理毀與行俱言與釁起我其懲矣我其悔矣豈求人兮忠恕在己彼諂諛兮人之蠹兮刺促昔粟罔顧恥辱以求媚兮邪干側入如恐弗及以自容兮志行褊小好習不道朝挾其車夕承其輿或騎或徒載奔載趨或言或笑曲事親要正路不由邪徑是蹈不識大猷不知話言其朋其黨其徒實繁有詭其行有佞其音籧篨戚施邪媚是欽既詭且佞以通其心是信是任敗其以多不始不慎末如之何習習宰嚭營營無極梁丘寡智王鮒淺識伊戾息夫異世同力江充趙高甘言似直豎刁上官擅生羽翼乃如之人僭爽其德豈徒喪邦又亦覆國嗟爾中下其親其昵不謂其非不覺其失好之有年寵之有日我思古人心焉苦疾凡百君子宜其慎矣覆車其鑒近可信矣言既備矣事既至矣反是不思維塵及矣明帝即位除尚書考功郎奏諸秀孝考中第者聽敘自固始大軍征硤石敕爲僕射李平行臺七兵郎平奇固勇敢軍中大事悉與謀之又命固節度水軍固設奇計先期乘賊獲其外城後太傅清河

王懌舉固除步兵校尉領汝南王悅郎中令時悅年少行多不法固上疏諫悅悅甚敬憚之懌大悅以爲舉得其人除洛陽令在縣甚有威風丁母憂號慕毁疾杖而能起練禫之後酒肉不進時固年踰五十而喪過於哀鄴黨親族咸歎服焉清河王懌領太尉辟固從事中郎屬懌被害不奏懌之遇害元乂執政朝野震悚懌諸子及門生寮吏莫不慮禍隱避不出固以嘗被辟命遂獨詣喪所盡哀慟哭良久乃還僕射游肇聞而嘆曰雖欒布王脩何以尚也君子哉若人及汝南王悅爲太尉選舉多非其人又輕肆撾撻固以前爲元卿雖離國猶上疏切諫事在悅傳後悅辟固爲從事中郎不就京兆王繼爲司徒高選官寮辟固從事中郎府解除前軍將軍又典科揚州勳賞初硤石之役固有先登之功而朝賞未及至是與尚書令李崇訟勳更相表崇雖貴盛固據理不撓談者稱焉卒贈輔國將軍太常少卿謚曰文固剛直雅正不畏强禦居官清潔家無餘財終没之日室徒四壁無以供喪親故爲其棺斂初固著終制一篇務從儉約臨終又勅諸子一遵先制五子長子休之

休之字子烈儁爽有風槩好學愛文藻時人爲之語曰能賦能詩陽休之初爲州主簿孝昌中杜洛周陷薊城休之與宗室南奔章武轉至青州葛榮寇亂河北流人多湊青州休之知將有變請其族叔伯彦等潛歸京師避之多不能從休之垂涕別去俄而葛榮邢杲作亂伯彦等咸爲土人所殺諸陽死者數十人唯休之兄弟免莊帝立累遷太尉記室參軍李神儁監起居注啓休之與河東裴伯茂范陽盧元伯河間邢子才俱入撰次普泰中爲太保長孫承業府屬尋敕與魏收李同軌等修國史後行臺賀拔勝經略樊沔請爲南道軍司俄而魏武帝入關勝令休之奉表詣長安參謁時齊神武亦啓除休之太常少卿尋屬勝南奔仍隨勝至江南休之聞神武推奉靜帝乃白勝啓梁武求還文襄以爲大行臺郎中神武幸汾陽之天池池邊得一石上有隱起字文曰六王三川問休之曰此文字何義對曰六者大王字河洛伊爲三川大王若受天命終應統有關右神武曰世人常道我欲反今若聞此更致紛紜愼莫妄言也元象初錄荊州軍功封新泰縣伯武定二年除中書侍郎先是中書專主綸誥魏宣武已來事移門下至是發詔依舊任遇甚顯時魏收爲散騎常侍領兼侍郎與休之參掌詔命世論以爲中興有人士戲嘲休之云有觸藩之羝羊乘連錢之驄馬從晉陽而向鄴懷屬書而盈把左丞盧斐以其文書請謁啓神武禁止會赦不問歷尙食典御太子中庶子給事黃門侍郎中軍將軍幽州大中正兼侍中持節奉璽書詣并州敦喩文宣爲相國齊王時將受魏禪發晉陽至平陽郡爲人心未一且還并州恐漏泄仍斷行人休之性踈放使還遂說其事鄴中悉知後高德正以聞文宣忿之而未發齊受禪除散騎常侍監修起居注頃之坐詔書脫誤左遷驍騎將軍積其前事也文宣郊天百寮咸從休之衣兩襠甲手持白梏時魏收爲中書令嘲之曰義眞服未休之曰我昔爲常伯首戴蟬冕今處驍游身被衫甲允文允武何必減卿談笑晏然議者服其夷曠以禪讓之際參定禮儀別封始平縣男後除中山太守先是韋道建宋欽道代爲定州長史帶中山太守並立制監臨之官出行不得過百姓飲食有者即數錢酬之休之常以爲非及至郡復相因循或問其故休之曰吾昔非之者爲其失仁義今日行之者自欲避嫌疑豈是夙心直是處世難爾在郡三年再致甘露之瑞文宣崩徵休之至晉陽經紀喪禮與魏收俱至尙書令楊遵彦與休之等款狎相遇中書省言及喪事收掩淚失聲休之嚬眉而已他日遵彦謂曰昨聞諱魏少傅悲不自勝卿何容都不流涕休之曰天保之世魏侯時遇甚深鄙夫以衆人見待佞哀詐泣實非本懷皇建初兼度支尙書昭帝留心政道訪以政術休之答以明賞罰愼官方禁淫侈恤人患爲政教之先帝深納之大寧中歷都官七兵祠部三尙書河清三年出爲西兗州刺史天統初徵爲光祿卿監國史尋除吏部尙書休之多識故事諳悉氏族凡所選用莫不才地俱允前國子助教熊安生當時碩儒因喪解職久而不見調休之引爲國子博士儒者以此歸之簡率不樂煩職典選稍久非其所好每謂人曰此官實自淸華但煩劇妨吾賞適眞是樊籠矣武成崩後頻乞就閒武平初除中書監尙書右僕射三年加位特進與朝士撰聖壽堂御覽六年正除尙書左僕射領中書監休之早得才名爲人物所傾服外如踈放內實謹厚少年頗以峻急爲累晚節以通美見稱重矜期好遊賞太常卿盧元明人地華重罕所交接非一時名士不得與之游休之始爲行臺郎便坦然投分文酒會同相得甚款鄉曲人士莫不企羨焉太子中庶子平原明少遐風流名士也梁亡奔鄴昔因通聘與休之同游及少遐卒其妻窮敝休之經紀振恤恩分甚厚尙書僕射崔暹爲文襄所親任勢傾朝列休之未嘗請謁暹子達拏幼而聰敏年十餘已作五言詩時梁國通和聘使在館遣持達拏數首詩示諸朝士有才學者又欲示梁客餘人畏暹皆隨宜應對休之獨正言郎子聰明方成偉器但小兒文藻恐未可以示遠人其方直如此元景每云當今直諫陽子烈其有爲晚節說祖珽撰御覽書成加特進令其子辟彊預修御覽書及珽黜使布言於朝廷云先有隙及鄧長顒顔之推奏立文林館之推本意不欲令耆舊貴人居之便相附會與少年朝請參軍之徒同入待詔時論貶焉魏收監史之日立神武本紀取平西胡之歲爲齊元收在齊州恐史官改奪其志上表論之及收還朝勅集朝賢議其事休之立議從天保爲限斷魏收存日猶兩議未決收死便諷動內外發詔從其議後領中書監謂人云我已三爲中書監用此何爲隆化還鄴舉朝多有還授封休之燕郡王乃謂所親曰我非𢇛奴何忽此授凡此諸事爲識者所譏好學不倦博綜經史文章雖不華靡亦爲典正魏收在日深爲收所輕魏殂後以先達見推位望雖高虛懷接物爲搢紳所愛重周武帝平齊與吏部尙書袁聿脩衛尉卿李祖欽度支尙書元脩伯大理卿司馬幼之司農卿崔達拏祕書監源宗散騎常侍兼中書侍郎李若散騎常侍兼給事黃門侍郎李孝貞給事黃門侍郎盧思道給事黃門侍郎顔之推通直散騎常侍兼中書侍郎李德林通直散騎常侍兼中書舍人陸乂中書侍郎薛道衡中書舍人元行恭辛德源王邵陸開明十八人同徵令隨駕後赴長安尋除開府儀同依例封臨澤縣男歷納言中大夫太子少保進位上開府除和州刺史隋開皇二年罷任終於洛陽所著文集四十卷又撰幽州人物志並行於世初休之在洛將仕夜夢見黃河北驛道上行從東向西道南有一冢極高大休之步登冢頭見一銅柱趺爲蓮花形休之從西北登一柱礎上以手捉一柱柱遂右轉休之咒曰柱轉三匝吾至三公柱遂三匝而止休之尋寤意如在鄴城東南者其夢竟驗云子辟彊字君大性踈脫又無藝休之亦引入文林館爲時人所嗤鄙武平末爲尙書水部郎中休之弟綝之天平中入關次俊之位兼通直常侍聘陳副尙書郎當文襄時多作六言歌辭淫蕩而拙世俗流傳名爲陽五伴侶寫而賣之在市不絕俊之嘗過市取而改之言其字誤賣書者曰陽五古之賢人作此伴侶君何所知輕敢議論俊之大喜後待詔文林館自言有文集十卷家兄亦不知吾是才士也固從兄藻

藻字景德少孤有雅志涉獵經史位中書博士詔兼禮官拜燕宣王廟於長安還賜爵魏昌男累遷瀛州安東府長史以年老歸家爲賊杜洛周所囚發病卒永熙中贈幽州刺史子斐

斐字叔鸞魏孝莊時於西兗州督護流人有功賜爵方城伯歷廣平王開府中郎修起居注除起部郎中兼通直散騎常侍聘梁梁尙書羊偘魏之叛人也與斐舊故欲召斐至宅三致書斐不答梁人曰羊來已久經貴朝遷革李盧亦詣宅相見卿何致難斐曰柳下惠則可吾不可梁武帝又親謂斐曰偘極願相見今二國和好安得復論彼此斐終辭焉還除廷尉少卿石濟河溢橋壞斐移津於白馬中河起石潬兩岸造關城累年乃就東郡太守陸士佩以黎陽關河形勝欲因山壑以爲公家苑囿斐書答以國步始康人勞未息誠宜輕徭薄賦勤恤人隱不從天保中除都水使者詔斐監築長城累遷殿中尙書以本官監瀛州事拜儀同三司卒贈中書監北豫州刺史謚曰簡子師孝中書舍人固從弟昭

昭字元景學涉史傳尤閑案牘爲齊文襄府墨曹參軍甚見親委與陳元康崔暹等參謀機密及崔㥄爲崔暹所告元景劾成其獄賴邢子才證白以免時以元景爲告而順旨初文襄擇日將受魏禪令元景等定儀注草詔册并授官未畢而文襄殂罷府天保初除給事黃門侍郎後以風氣彌留不堪近侍出除青州高陽內史卒於郡文集十卷子靜立性淳孝操履清方美詞令善尺牘仕齊位三公郎中隋開皇初州主簿

賈思伯字仕休齊郡益都人也其先自武威徙焉世父元壽中書侍郎有學行見稱於時思伯自奉朝請累遷中書侍郎頗爲孝文所知任城王澄之圍鍾離也以思伯持節爲其軍司及澄失利思伯爲後殿澄以其儒者謂之必死及至大喜曰仁者必有勇常謂虛談今於軍司見之矣思伯託以失道不伐其功時論稱其長者累遷南青州刺史初思伯與弟思同師事北海陰鳳業竟無資酬之鳳遂質其衣物時人爲之語曰陰生讀書不免癡不識雙鳳脫人衣及思伯之部送縑百匹遺鳳因具車馬迎之鳳慙不往時人稱歎焉昭帝時拜涼州刺史思伯以邊遠不願辭以男女未婚靈太后不許因舍人徐紇言乞得停後除廷尉卿自以儒素爲業不好法律希言事俄轉衞尉卿時議建明堂多有同異思伯上議曰案周禮夏后氏世室殷重屋周明堂皆五室鄭注云此三者或舉宗廟或舉王寢或舉明堂互言之以明

其制同也若然則夏殷之世已有明堂矣唐虞以前其事未聞戴德禮記云明堂凡九室十二堂蔡邕云明堂者天子太廟饗功養老教學選士皆於其中九室十二堂案戴德撰記世所不行且九室十二堂其於規制恐難得厥衷周禮營國左祖右社明堂在國之陽則非天子太廟明矣然則禮記月令四堂及太室皆謂之廟者當以天子暫配享五帝故爾又王制云周人養國老於東膠鄭注云東膠即辟雍在王宮之東又詩大雅云邕邕在宮肅肅在廟鄭注云宮謂辟雍宮也所以助王養老則尚和助祭則尚敬又不在明堂之驗矣案孟子云齊宣王謂孟子曰吾欲毀明堂若明堂是廟則不應有毀之問且蔡邕論明堂之制云堂方百四十尺象坤之策屋圓徑二百一十六尺象乾之策方六丈徑九丈象陰陽九六之數九室以象九州屋高八十一尺象黃鍾九九之數二十八柱以象宿外廣二十四丈以象氣案此皆以天地陰陽氣數爲法而室獨象九州何也若立五室以象五行豈不快也如此蔡邕之論非爲通典九室之言或未可從竊尋考工記雖是補闕之書相承已久諸儒注述無言非者方之後作不亦優乎其孝經援神契五經要義舊禮圖皆作五室及徐劉之論謂同考工者多矣朝廷若獨絕今古自爲一代制作者則所願也若猶祖述舊章規摹前事不應捨殷周成法襲近代妄作且損益之極極於三王後來疑議難可準信鄭玄云周人明堂五室是帝各有一室也合於五行之數周禮依數以爲之室施行于今雖有不同時說然矣尋鄭此論非爲無當案月令亦無九室之文原其制置不乖五室其青陽右个即明堂左个明堂右个即總章左个總章右个即玄堂左个玄堂右个即青陽左个如此則室猶是五而布政十二五室之理謂爲可按其方圓高廣自依時量戴氏九室之言蔡子廟學之議子幹靈臺之說裴逸一屋之論及諸家紛紜並無取焉學者善其議後爲都官尚書時崔光疾甚表薦思伯侍講中書舍人馮元興爲侍讀思伯遂入授明帝杜氏春秋思伯少雖明經從官廢業至是更延儒生夜講晝授性謙和傾身禮士雖在街途停車下馬接誘恂恂曾無惓色客有謂曰公今貴重寧能不驕思伯曰衰至便驕何常之有當世以爲雅言思伯與元興同事大相友昵元興時爲元乂所寵論者譏其趨勢云卒贈青州刺史又贈尚書左僕射謚曰文貞子彥始武定中淮揚大守思伯弟思同字仕明少厲志行雅好經史與兄思伯年少時俱爲鄉里所重累遷襄州刺史雖無明察之譽百姓安之元顥之亂思同與廣州刺史鄭光護並不降莊帝還宮封營陵縣男後與國子祭酒韓子熙並爲侍講授靜帝杜氏春秋加散騎常侍兼七兵尚書尋拜侍中卒贈尚書右僕射司徒公謚曰文獻初思同爲青州别駕清河崔光韶先爲中從事自恃資地恥居其下聞思同還鄉遂便去職州里人物爲思同恨之及光韶亡遺誡子姪不聽求贈思同遂表訟光韶操業特蒙贈謚論者歎尚焉思同之侍講也國子博士遼西衛冀隆精服氏學上書難杜氏春秋六十三事思同復駮冀隆乖錯者一十餘條互相是非積成十卷詔下國學集諸儒考之事未竟而思同卒後魏郡姚文安樂陵秦道靜復述思同意冀隆亦尋物故浮陽劉休和又持冀隆說竟未能裁正

祖瑩字元珍范陽遒人也曾祖敏仕慕容垂爲平原太守道武定中山賜爵安固子拜尚書左丞卒贈并州刺史祖嶷字元達以從征平原功進爵爲侯位馮翊太守贈幽州刺史父季真多識前言往行位中書侍郎鉅鹿太守瑩年八歲能誦詩書十二爲中書學生耽書父母恐其成疾禁之不能止常密於灰中藏火驅逐僮僕父母寢睡之後燃火讀書以衣被蔽塞窗戶恐漏光明爲家人所覺由是聲譽甚盛內外親屬呼爲聖小兒尤好屬文中書監高允每歎曰此子才器非諸生所及終當遠至時中書博士張天龍講尚書選爲都講生徒悉集瑩夜讀勞倦不覺天曉催講既切遂誤持同房生趙郡李孝怡曲禮卷上座博士嚴毅不敢復還乃置禮於前誦尚書三篇不遺一字孝文聞之召入令誦五經章句并陳大義帝戲盧昶曰昔流共工於幽州北裔之地那得忽有此子昶對曰當是才爲世生以才名拜太學博士徵署司徒彭城王勰法曹行參軍帝顧謂勰曰蕭賾以王元長爲子良法曹今爲汝用祖瑩豈非倫匹也勅令掌勰書記瑩與陳郡袁翻齊名秀出時人爲之語曰京師楚楚袁與祖洛中翩翩祖與袁再遷尚書三公郎中尚書令王肅曾於省中詠悲平城詩云悲平城驅馬入雲中陰山常晦雪荒松無罷風彭城王勰甚嗟其美欲使肅更詠乃失語云公可更爲誦悲彭城詩肅因戲勰云何意呼悲平城爲悲彭城也勰有慙色瑩在座即云悲彭城王公自未見肅云可爲誦之瑩應聲云悲彭城楚歌四面起屍積石梁亭血流睢水裏肅甚嗟賞之勰亦大悅退謂瑩曰卿定是神口今日若不得卿幾爲吳子所屈爲冀州鎮東府長史以貨賄事發除名後侍中崔光舉爲國子博士仍領尚書左戶郎李崇爲都督北討引瑩爲長史坐截沒軍資除名未幾爲散騎侍郎孝昌中於廣平王第掘得古玉印勑召瑩與黃門侍郎李琰之辨之瑩云此是于闐國王晉太康中所獻乃以墨塗字觀之果如瑩言時人稱爲博物累遷國子祭酒領給事黃門侍郎幽州大中正監起居事又監議事元顥入洛以瑩爲殿中尚書莊帝還宮坐爲顥作詔罪狀尒朱榮免官後除祕書監中正如故以參議律歷賜爵容城縣子坐事繫於廷尉會尒朱兆入焚燒樂署鍾石管弦略無存者勑瑩與錄尚書事長孫承業侍中元孚典造金石雅樂三載乃就遷車騎大將軍及孝武登阼瑩以太常行禮封文安縣子天平初將遷鄴齊神武因召瑩議之以功進爵爲伯卒贈尚書左僕射司徒公瑩以文學見重常語人云文章須自出機杼成一家風骨何能共人同生活也蓋譏世人好竊他文以爲已用而瑩之筆札亦無乏天才但不能均調玉石兼有其製裁之體減於袁常焉性爽俠有節氣士有窮厄以命歸之必見存拯時亦以此多之其文集行於世子珽襲

珽字孝徵神情機警詞藻遒逸少馳令譽爲當世所推起家祕書郎對策高第爲尚書儀曹郎中典儀注嘗爲冀州刺史万俟受洛製清德頌其文典麗由是齊神武聞之時文宣爲并州刺史署珽開府倉曹參軍神武口授珽三十六事出而疏之一無遺失大爲僚類所賞時神武送魏蘭陵公主出塞嫁蠕蠕魏收賦出塞及公主遠嫁詩二首珽皆和之大爲時人傳詠珽性疏率不能廉慎守道倉曹雖云州局及受山東課輸由此大有受納豐於財產又自解彈琵琶能爲新曲招城市年少歌儛爲娛游集諸倡家與陳元康穆子容任胄元士亮等爲聲色之游諸人嘗就珽宿出山東大文綾并連珠孔雀羅等百餘匹令諸嫗擲樗蒱賭之以爲戲樂參軍元景獻故尚書令元世儁子也其妻司馬慶雲女是魏孝靜帝故博陵長公主所生珽忽迎景獻妻赴席與諸人遞寢亦以貨物所致其豪縱淫逸如此常云丈夫一生不負身已文宣罷州珽例應隨府規爲倉局之間致請於陳元康元康爲白由是還任倉曹珽又委體附參軍事攝典籤陸子先爲畫計請糧之際令子先宣教出倉粟十車爲僚官捉送神武親問之珽自言不署歸罪子先神武信而釋之珽出而言曰此丞相天緣明鑒然實孝徵所爲性不羈放縱曾至膠州刺史司馬世雲家飲酒遂藏銅疊二面廚人請搜諸客果於珽懷中得之見者以爲深恥所乘老馬常稱騮駒又與寡婦王氏姧通每人前相聞往復裴讓之與珽早狎於衆中嘲珽曰卿那得如此詭異老馬年十歲猶號騮駒姧耳順尚稱娠子于時謔然傳之後爲神武中外府功曹神武宴寮屬於坐失金叵羅竇太令飲酒者皆脫帽於珽髻上得之神武不能罪也後爲祕書丞領舍人事文襄州客至請賣華林遍略文襄多集書人一日一夜寫畢退其本曰不須也珽以遍略數帙質錢樗蒱文襄杖之四十又與令史李雙倉督成祖等作晉州啓請粟三千石代功曹參軍趙彥深宣神武教給城局參軍事過典籤高景略景略疑其不實密以問彥深彥深答都無此事遂被推檢珽即引伏神武大怒決鞭二百配甲坊加鉗剔其穀倍徵未及科會并州定國寺成神武謂陳元康溫子昇曰昔作芒山寺碑文時稱妙絕今定國寺碑當使誰作詞也元康因薦珽才學并解鮮卑語乃給筆札就禁所具草二日內成其文甚麗神武以其工而且速特恕不問然猶免官散參相府文襄嗣事以爲功曹參軍及文襄遇害元康被傷創重倩珽作書屬家累事并云祖喜邊有少許物宜早索取珽乃不通此書喚祖喜私問得金二十五挺唯與祖喜二挺餘盡自入又盜元康家書數千卷祖喜懷恨遂告元康二弟叔諶季璩等叔諶以語楊愔愔嚬眉答曰恐不益亡者因此得停文宣作相珽擬補令史十餘人皆有受納而諮取教判并盜官遍略一部時又除珽祕書丞兼中書舍人還鄴後其事皆發文宣付從事中郎王士闔推檢并書與平陽公淹令錄珽付禁勿令越逃淹遣田曹參軍孫子寬往喚珽受命便爾私逃黃門郎高德正副留臺事謀云珽自知有犯驚竄是常但宣一命向祕書稱奉并州約束須五經三部仰丞親檢校催遣如此則珽意安夜當還宅然後掩取珽果如德正圖遂還宅薄晚就家掩之縛珽送廷尉據犯枉法處絞刑文宣以珽伏事先世諷所司命特寬其罰遂奏免死除名天保元年復被召從駕依除免例參於晉陽珽天性聰明事無難學凡諸伎藝莫不措懷文章之外又善音律解四夷語及陰陽占候醫藥之術尤是所長帝雖嫌其數犯刑憲而愛其才技令直中書省掌詔誥珽通密狀列中書侍郎陸元規敕令裴英推問元規以應對忤旨被配甲坊除珽尚藥丞尋遷典御又奏造胡桃油復爲割藏免官文宣每見之常呼爲賊文宣崩普選勞舊除爲章武太守會楊愔等誅不之官授著作郎數上密啓爲孝昭所忿敕中書門下三省

斷珽奏事珽善爲胡桃油以塗畫爲進之長廣王因言殿下有非常骨法孝徵夢殿下乘龍上天王謂曰若然當使兄大富貴及卽位是爲武成皇帝擢拜中書侍郎帝於後園使珽彈琵琶和士開胡舞各賞物百段士開忌之出爲安德太守轉齊郡太守以母老乞還侍養詔許之會南使人聘爲申勞使尋爲太常少卿散騎常侍假儀同三司掌詔誥初珽於乾明皇建之時知武成陰有大志遂深自結納曲相祇奉武成於天保頗被責心常銜之珽至是希旨上書請追尊太祖獻武皇帝爲神武高祖文宣皇帝改爲威宗景烈皇帝以悅武成武成從之時皇后愛少子東平王儼願以爲嗣武成以後主體正居長難於移易珽私於士開曰君之寵幸振古無二宮車一日晚駕欲何以克終士開因求策焉珽曰宜說主上云襄宣昭帝子俱不得立今宜命皇太子早踐大位以定君臣若事成中宮少主皆德君此萬全計也君且微說令主上相解珽當自外表論之士開許諾因有慧星出太史奏云除舊布新之徵珽於是上書言陛下雖爲天子未是極貴案春秋元命苞云乙酉之歲除舊革政今年太歲乙酉宜傳位東宮令君臣之分早定且以上應天道并上魏獻文禪子故事帝從之由是拜祕書監加儀同三司大被親寵既見重二宮遂志於宰相先與黃門侍郎劉逖友善乃疏侍中尚書令趙彥深侍中左僕射元文遙侍中和士開罪狀令逖奏之逖懼不敢通其事頗泄彥深等先詣帝自陳帝大怒執珽詰曰何故毀我士開珽因厲聲曰臣由士開得進本無心毀之陛下今旣問臣臣不敢不以實對士開文遙彥深等專弄威權控制朝廷與吏部尚書尉瑾內外交通共爲表裏賣官鬻獄政以賄成天下歌謠若爲有識所知安可聞於四裔陛下不以爲意臣恐大齊之業隳矣帝曰爾乃誹謗我珽曰不敢誹謗陛下取人女帝曰我以其儉餓故收養之珽曰何不開倉賑給乃買取將入後宮乎帝益怒以刀鐶築口鞭杖亂下將撲殺之大呼曰不殺臣陛下得名殺臣得名若欲得名莫殺臣爲陛下合金丹遂少獲寬放珽又曰陛下有一范增不能用知如何帝又怒曰爾自作范增以我爲項羽邪珽曰項羽人身亦何由可及但天命不至爾項羽布衣率烏合衆五年而成霸王業陛下藉父兄資財得至此臣以謂項羽未易可輕臣何止方於范增縱擬張良亦不能及張良身傅太子猶因四皓方定漢嗣臣位非輔弼疏外之人竭力盡忠勸陛下禪位使陛下尊爲太上子居宸扆於己及子俱保休祚蕞爾張良何足可數帝愈怒令以土塞其口珽且吐且言無所屈撓乃鞭二百配甲坊尋徙於光州刺史李祖勳遇之甚厚別駕張奉禮希大臣意上言珽雖爲流囚常與刺史對坐敕報曰牢掌奉禮曰牢者地牢也乃爲深坑置諸內苦加防禁桎梏不離其身家人親戚不得臨視夜中以蕪菁子燭熏眼因此失明武成崩後主憶之就除海州刺史是時陸令萱外干朝政其子穆提婆愛幸珽乃遺陸媼弟悉達書曰趙彥深心腹陰沉欲行伊霍事儀同姊弟豈得平安何不早用智士邪和士開亦以珽能決大事欲以爲謀主故棄除舊怨虛心待之與陸媼言於帝曰襄宣昭三帝其子皆不得立令至尊獨在帝位者實由祖孝徵又有大功宜重報之孝徵心行雖薄奇略出人緩急眞可憑仗且其雙盲必無反意請喚取問其謀計帝從之入爲銀青光祿大夫祕書監加開府儀同三司和士開死後仍說陸媼出彥深以珽爲侍中在晉陽通密啓請誅琅邪王其計旣行漸被任遇又靈太后之被幽也珽欲以陸媼爲太后撰魏帝皇太后故事爲太姬言之謂人曰太姬雖云婦人實是雄傑女媧已來無有也太姬亦稱珽爲國師國寶由是拜尚書左僕射監國史加特進入文林館總監撰書封燕郡公食太原郡幹給兵七十人所住宅在義井坊旁拓鄰居大事修築陸媼自往案行勢傾朝野斛律光甚惡之遙見竊罵云多事乞索小人欲作何計數嘗謂諸將云邊境消息處分兵馬趙令恒與吾等參論之盲人掌機密來全不共我輩語止恐誤他國家事又珽頗聞其言因其女皇后無寵以謠言聞上曰百升飛上天明月照長安令其妻兄鄭道蓋奏之帝問珽珽證實又說謠云高山崩槲樹舉盲老公背上下大斧多事老母不得語珽并云盲老公是臣自云與國同憂戚勸上行語其多事老母似道女侍中陸氏帝以問韓長鸞穆提婆并令高元海段士良密議之衆人未從因光府參軍封士讓啓告光反遂滅其族珽又附陸媼求爲領軍後主許之詔須覆迹取侍中斛律孝卿署名孝卿密告高元海元海語侯呂芬穆提婆云孝徵漢兒兩眼又不見物豈合作領軍也明旦面奏具陳珽不合之狀并書珽與廣寧王孝珩交結無大臣體珽亦求面見帝令引入珽自分疏并云與元海素嫌必是元海譖臣帝弱顏不能諱曰然珽列元海共司農卿尹子華太府少卿李叔元平準令張叔略等結朋樹黨遂除子華仁州刺史叔元襄城郡守叔略南營州錄事參軍陸媼又唱和之復除元海鄭州刺史珽自是專主機衡總知騎兵外兵事內外親戚皆得顯位後主亦令中要數人扶侍出入著紗帽直至永巷出萬春門向聖壽堂每同御榻論決政事委任之重羣臣莫比自和士開執事以來政體隳壞珽推崇高望官人稱職內外稱美復欲增損政務沙汰人物始奏罷京畿府併於領軍事連百姓皆歸郡縣宿衞都督等號位從舊官名文武服章並依故事又欲黜諸閹豎及羣小輩推誠延士爲致安之方陸媼穆提婆議頗同異珽乃諷御史中丞麗伯律令劾主書王子沖納賂知其事連提婆欲使贓罪相及望因此坐并及陸媼猶恐後主溺於近習欲因后黨爲援請以皇后兄胡君瑜爲侍中中領軍又徵君瑜兄梁州刺史君璧欲以爲御史中丞陸媼聞而懷怒百方排毀卽出君瑜爲金紫光祿大夫解中領軍君璧還鎭梁州皇后之廢頗亦由此王子沖釋而不問珽日以益疏又諸宦者更共譖毀之無所不至後主問諸太姬憫嘿不對三問乃下牀拜曰老婢合死本見和士開道孝徵多才博學言爲善人故舉之此來看之極是罪過人實難容老婢合死後主令韓鳳檢案得其詐出敕受賜十餘事以前與其重誓不殺遂解珽侍中僕射出爲北徐州刺史珽求見分疏韓長鸞積嫌於珽遣人推出柏閤珽固求面見坐不肯行長鸞乃令軍士牽曳而出立珽於朝堂大加誚責上道後令追還解其開府儀同郡公直爲刺史至州會有陳寇百姓多反珽不閉城門守陴者皆令下城靜坐街巷禁斷人行雞犬不聽鳴吠賊無所聞見莫測所以或疑人走城空不設警備至夜珽忽令大叫鼓譟聒天賊衆大驚登時走散後復結陳向城珽乘馬自出令錄事參軍王君植率兵馬仍親臨戰賊先聞其盲謂爲不能拒抗忽見親在戎行彎弧縱鏑相與驚怪畏之而罷時提婆憾之不已欲令城陷沒賊雖知危急不遣救援珽且守且戰十餘日賊竟奔走城卒保全卒於州子君信涉獵書史多諳雜藝位兼通直散騎常侍聘陳使副中書郎珽出亦見廢免君信弟君彥容貌短小言辭澀訥少有才學隋大業中位至東平郡書佐郡陷翟讓因爲李密所得密甚禮之署爲記室軍書羽檄皆成其手及密敗爲王世充所殺珽弟孝隱亦有文學早知名詞章雖不逮兄機警有口辯兼解音律魏末爲兼散騎常侍迎梁使時徐君房庾信來聘名譽甚高魏朝聞而重之接對者多取一時之秀盧元景之徒並降階攝職更遞司賓孝隱少處其中物議稱美孝隱從父弟茂頗有辭情然好酒性率不爲時所重大寧中以經學爲本鄉所薦除給事以疾辭仍不復仕珽受任寄故令呼茂茂不獲已暫來就之珽欲爲奏官茂乃逃去珽族弟崇儒涉學有辭少以幹局知名武平末位司州別駕通直常侍入周爲容昌郡太守隋開皇初終宕州長史

論曰袁翻弟兄可爲一時才秀聿脩行業亦乃不殞家風景文學義見稱敬安正情自立休之加以藻思可謂載德者焉思伯經明行脩乃惟門素祖瑩幹能藝用實曰時良孝徵儁才雖多適足敗國叔鸞器懷淸峻元景才幹知名竝匡佐齊初一時推重美矣哉

北史卷四十七考證

袁翻傳籍歎以自給○籍一本作藉

聿修傳出爲信州刺史卽其本鄉也○鄉監本訛卿今改正

楊固傳集寮屬饗宴○饗監本訛響今改從南本

巧巧佞佞一何工矣○巧巧佞佞南本作巧佞巧佞

休之傳先是中書專主綸誥○誥監本作言今從南本

少年頗以峻急爲累○監本缺少字今從閣本增入

我非蠻奴何忽此授○監本脫蠻字今從閣本增入

賈思伯傳爭言之以明其制同也○爭監本訛牙今改正

饗功養老教學選士皆于其中○教學監本訛學教今從蔡邕本文改正

公令貴重寧能不驕○貴監本訛責今改從南本

祖瑩傳幾爲吳子所屈○吳監本訛矣今改正

珽傳陛下有一范增不能用知如何○增監本作曾今改從閣本

刺史李祖勳遇之甚厚○祖監本作相今改從南本

珽自分疏○疏監本訛疎今改正

北史卷四十八

唐　李延壽　撰

列傳第三十六

尒朱榮 子文暢 從子兆 從弟彥伯 彥伯子敞 彥伯弟仲遠 世隆 世承 榮從祖兄子天光 榮從父弟度律

尒朱榮字天寶北秀容人也世爲部落酋帥其先居尒朱川因爲氏焉高祖羽健魏登國初爲領人酋長率契胡武士從平晉陽定中山拜散騎常侍以居秀容川詔割方三百里封之長爲世業道武初以南秀容川原沃衍欲令居之羽健曰家世奉國給侍左右北秀容既在劃內差近京師豈以沃塉更遷遠地帝許之所居處曾有狗舐地因而穿之得甘泉因名狗舐泉曾祖鬱德祖代勤繼爲酋長代勤太武敬哀皇后舅也既以外親兼數征伐有功給復百年除立義將軍曾圍山而獵部人射虎誤中其髀代勤仍令拔箭竟不推問曰此既過誤何忍加罪部內咸感其意位肆州刺史封梁郡公以老致仕歲賜帛百疋以爲常卒謚曰莊孝莊初追贈太師司徒公錄尚書事父新興太和中繼爲酋長曾行馬羣見一白蛇頭有兩角咒之求畜牧蕃息自是牛羊駝馬日覺滋盛色別爲羣谷量之朝廷每有征討輒獻私馬兼備資糧助裨軍用孝文嘉之及遷洛特聽冬朝京師夏歸部落每入朝諸公王朝貴競以珍翫遺之新興亦報以名馬位散騎常侍平北將軍秀容第一領人酋長新興每春秋二時恒與妻子閱畜牧於川澤射獵自娛明帝時以年老啓求傳爵於榮卒謚曰簡孝莊初贈太師相國西河郡王榮潔白美容貌幼而神機明決及長好射獵每設圍誓衆便爲軍陣之法號令嚴肅衆莫敢犯秀容界有池三所在高山上清深不測相傳曰祁連池魏言天池也父新興曾與榮游池上忽聞簫鼓音謂榮曰古老相傳聞此聲皆至公輔吾年老暮當爲汝耳榮襲爵後除直寢游擊將軍正光中四方兵起遂散畜牧招合義勇以討賊功進封博陵郡公其梁郡前爵聽賜第二子時榮率衆至肆州刺史尉慶賓閉城不納榮怒攻拔之乃署其從叔羽生爲刺史執慶賓還秀容自是兵威漸盛朝廷亦不能罪責及葛榮吞杜洛周榮恐其南逼鄴城表求東援相州帝不許榮以山東賊盛慮其西逸乃遣兵固守滏口以防之於是北捍馬邑東塞井陘尋屬明帝崩事出倉卒榮乃與元天穆等密議入匡朝廷抗表云今海內草草異口一言皆云大行皇帝鴆毒致禍舉潘嬪之女以誑百姓奉未言之兒而臨四海求以徐紇鄭儼之徒付之司敗更召宗親推其明德於是將赴京師靈太后甚懼詔以李神軌爲大都督將於太行杜防榮抗表之始遣從子天光親信奚毅及倉頭王相入洛與從弟世隆密議廢立天光乃見莊帝具論榮心帝許之天光等還北榮發晉陽猶疑所立乃以銅鑄孝文及咸陽王禧等五王子孫像成者當奉爲主唯莊帝獨就師次河內重遣王相密迎莊帝與帝兄彭城王劭弟始平王子正武泰元年四月莊帝自高渚度至榮軍將士咸稱萬歲及莊帝卽位詔以榮爲使持節都督中外諸軍事大將軍開府尚書令領軍將軍領左右太原王及度河太后乃下髮入道內外百官皆向河橋迎駕榮惑武衞將軍費穆之言謂天下乘機可取乃譎朝士共爲盟誓將向河陰西北三里至南北長堤悉命下馬西度卽遣胡騎四面圍之妄言丞相高陽王欲反殺百官王公卿士二千餘人皆斂手就戮又命二三十人拔刀走行宮莊帝及彭城王霸城王俱出帳榮先遣并州人郭羅察共西部高車叱列殺鬼在帝左右相與爲應及見事起假言防衞抱帝入帳餘人卽害彭城霸城二王乃令四五十人遷帝於河橋沉靈太后及少主於河時又有朝士百餘人後至仍於堤東被圍遂臨以白刃唱云能爲禪文者出當原其命時有隴西李神儁頓丘李諧太原溫子昇並當世辭人皆在圍中恥是從命俯伏不應有御史趙元則者恐不免死出作禪文榮令人誡軍士言元氏既滅尒朱氏興其衆咸稱萬歲榮遂鑄金爲己像數四不成時榮所信幽州人劉靈助善卜占言今時人事未可榮乃曰若我作不吉當迎天穆立之靈助曰天穆亦不吉唯長樂王有王兆耳榮亦精神恍惚不自支持遂便愧悔至四更中乃迎莊帝望馬首叩頭請死其士馬三千餘騎既濫殺朝士乃不敢入京卽欲向北爲移都之計持疑經日始奉駕向洛陽宮及上北芒視城闕復懷畏懼不肯更前武衞將軍汎禮苦執不聽復前入城不朝戍北來之人皆乘馬入殿諸貴死散無復次序莊帝左右唯有故舊數人榮猶執移都之議上亦無以拒焉又在明光殿重謝河橋之事誓言無復二心莊帝自起止之因復爲榮誓言無疑心榮喜因求酒一遍及醉熟帝欲誅之左右苦諫乃止卽以牀轝向中常侍省榮夜半方寤遂達旦不眠自此不復禁中宿矣榮女先爲明帝嬪欲上立爲后帝疑未決給事黃門侍郎祖瑩曰昔文公在秦懷嬴入侍事有反經合義陛下獨何疑焉上遂從之榮意甚悅于時人間猶或云榮欲遷都晉陽或云欲肆兵大掠迭相驚恐人情駭震京邑士子十不一存率皆逃竄無敢出者直衞空虛官守廢曠榮聞之上書謝愆無上王請追尊帝號諸王刺史乞贈三司其位班三品請贈令僕五品之官各贈方伯六品已下及白身贈以鎭郡諸死者無後聽繼卽授封爵均其高下節級別科使恩洽存亡有慰生死詔從所表又啓帝遣使巡城勞問於是人情遂安朝士逃亡者亦稍來歸闕榮又奏請番直朔望之日引見三公令僕尚書九卿及司州牧河南尹洛陽河陰執事之官參論國政以爲常式五月榮還晉陽乃令元天穆向京爲侍中太尉公錄尚書事京畿大都督兼領軍將軍封上黨王樹置腹心在列職舉止所爲皆由其意七月詔加榮柱國大將軍時葛榮向京師衆號百萬相州刺史李神儁閉門自守榮率精騎七千馬皆有副倍道兼行東出滏口而與葛榮衆寡非敵葛榮聞之喜見於色乃令其衆辦長繩至便縛取自鄴以北列陣數十里箕張而進榮潛軍山谷爲奇兵分督將已上三人爲一處處有數百騎令所在揚塵鼓譟使賊不測多少又以人馬逼戰刀不如棒密勒軍士馬上各齎袖棒一枚至戰時慮廢騰逐不聽斬級使以棒棒之而已乃分命壯勇所當衝突號令嚴明將士同奮身自陷陣出於賊後表裏合擊大破之於陣擒葛榮餘衆悉降榮恐其疑懼乃普令各從所樂親屬相隨任所居止於是羣情喜悅登卽四散數十萬衆一朝散盡待出百里之外乃始分道押領隨便安置咸得其宜擢其渠帥量才授用新附者咸安時人服其處分機速乃檻車送葛榮赴闕詔加榮大丞相都督河北畿外諸軍事初榮將討葛榮軍次襄垣遂大獵有雙兎起於馬前榮彎弓誓之曰中則擒葛榮不中則否既而竝應弦而殪三軍咸悅及後命立碑於其所號雙兎碑又將戰夜夢一人從葛榮索千牛刀葛榮初不肯與此人自稱已是道武皇帝葛榮乃奉刀此人手持授榮寤而喜自知必勝又詔以冀州之長樂相州之南趙定州之博陵滄州之浮陽平州之遼西燕州之上谷幽州之漁陽七郡各萬戶通前滿十萬爲太原國邑又加位太師建義初北海王元顥南奔梁梁立爲魏主資以兵將時邢杲以三齊應顥朝廷以顥孤弱永安二年春詔元天穆先平齊地然後征顥顥乘虛徑進榮陽武牢並不守車駕出居河北榮聞之馳傳朝行宮於上黨之長子輿駕於是南趣榮爲前驅旬日之間兵馬大集天穆克平邢杲亦度河以會車駕幸河內榮與顥相持於河上無船不得卽度議欲還北更圖後舉黃門郎楊侃高道穆等竝固執以爲不可屬馬渚諸楊云有小船數艘求爲鄉導榮乃令都督尒朱兆等率精騎夜濟顥奔車駕度河入居華林園詔加榮天柱大將軍增封通前二十萬戶加前後部羽葆鼓吹榮尋還晉陽遙制朝廷親戚腹心皆補要職百寮朝廷動靜莫不以申至於除授皆須榮許然後得用莊帝雖受制權臣而勤政事朝夕省納孜孜不已數自理冤獄親覽辭訟又選司多濫與吏部尚書李神儁議正綱紀而榮乃大相嫌責曾關補定州曲陽縣令神儁以階縣不奏別更擬人榮大怒卽遣其所補者往奪其任榮使入京雖復微蔑朝貴見之莫不傾靡及至闕下未得通奏恃榮威勢至乃忿怒神儁遂上表遜位榮欲用世隆攝選上亦不違榮曾啓北人爲河內諸州欲爲掎角勢上不卽從天穆入見論事上猶未許天穆曰天柱既有大功爲國宰相若請普代天下官屬恐陛下亦不得違如何啓數人爲州便停不用帝正色曰天柱若不爲人臣朕亦須代如其猶存臣節無代天下百官理榮聞大怒曰天子由誰得立今乃不用我語皇后復嫉內妃嬪甚有妬恨之事帝遣世隆語以大理后曰天子由我家置立今便如此我父本日卽自作今亦復決世隆曰兄止自不爲若本自作臣今亦得封王帝既外迫強臣內逼皇后恒怏怏不以萬乘爲貴先是葛榮枝黨韓婁仍據幽平二州榮遣都督侯深討斬之時万俟醜奴蕭寶夤擁衆幽涇榮遣其從子天光爲雍州刺史令率都督賀拔岳侯莫陳悅等入關討之天光至雍州以衆少未進榮大怒遣其騎兵參軍劉貴馳驛詣軍加天光杖罰天光等大懼乃進討連破之禽醜奴寶夤竝檻車送闕天光又禽王慶雲万俟道樂關中悉平於是天下大難便盡莊帝恒不慮外寇唯恐榮爲逆常時諸方未定欲使與之相持及告捷之日乃不甚喜謂尚書令臨淮王彧曰卽今天下便是無賊臨淮見帝色不悅曰臣恐賊平以後方勞聖慮帝畏餘人怪還以他語解之曰其實撫寧荒餘彌成不易榮好射獵不捨寒暑法禁嚴重若一鹿出乃有數人殞命曾有一人見猛獸便走謂曰欲求活邪遂卽斬之自此獵如登戰場曾見一猛獸在窮谷中乃令餘人重衣空手搏之不令復損於是數人被殺遂禽得之持此而樂焉列圍而進雖阻險不得迴避其下甚苦之太宰元天穆從容言榮勳業宜調政養人榮便攘肘謂天穆曰太后女主不能自正推奉天子者此是人

臣常節萬榮之徒本是奴才乘時作亂譬奴走禽獲便休頃來受國大寵未能混一海内何宜今日便言勲也如聞朝士猶自寬縱今秋欲共兄戒勒士馬校獵嵩原令貪汙朝貴入圍搏虎仍出魯陽歷三荆悉擁生蠻北塡六鎮廻軍之際因平汾胡明年簡練精騎分出江淮蕭衍若降乞萬戶侯如其不降徑度數千騎便往縛取待六合寧一八表無塵然後共兄奉天子巡四方觀風俗布政教如此乃可稱勲耳今若止獵兵士懈怠安可復用也及見四方無事乃遣人奏曰參軍許周勸臣取九錫臣惡其此言已發遣令去榮時望得殊禮故以意諷朝廷帝實不欲與之因稱其忠榮見帝年長明晤爲衆所歸欲移自近皆使由已每因醉云入將天子拜謁金陵後還復恒朔而侍中朱元龍輒從尚書索太和中還京故事於是復有移都消息榮乃蹔來向京言看皇后娩難帝懲河陰之事終恐難保乃與城陽王徽侍中楊侃李彧尚書右僕射元羅謀皆勸帝刺殺之唯膠東侯李侃晞濟陰王暉業言榮若來必有備恐不可圖又欲殺其黨與發兵拒之帝疑未定而京師人懷憂懼中書侍郎邢子才之徒已避之東出榮乃遍與朝士書相任留中書舍人温子昇以書呈帝帝恒望其不來及見書以榮必來色甚不悅武衛將軍奚毅建義初往來通命帝每期之甚重然以爲榮通親不敢與之言情毅曰若必有變臣寧死陛下難不能事契胡帝曰朕保天柱無異心亦不忘卿忠款三年八月榮將四五千騎發并州向京時人皆言其反復道天子必應圖之九月初榮至京有人告云帝欲圖之榮即具奏帝曰外人亦言王欲害我豈可信之於是榮不自疑每入謁帝從人不過數十皆不持兵仗帝欲止城陽王曰縱不反亦何可耐況何可保耶又北人語訛語尒朱爲人主上又聞其在北言我姓人主先是長星出中台埽大角恒州人高榮祖頗明天文榮問之曰是何祥也答曰除舊布新象也昔長星埽大角秦以之亡榮聞之悅又榮下行臺郎中李顯和曾曰天柱至那無九錫安須王自索也亦是天子不見機都督郭羅察曰今年眞可作禪文何但九錫叅軍褚光曰人言并州城上有紫氣何慮天柱不應榮下人皆陵侮帝左右無所忌憚其事皆上聞奚毅又見求閒帝即下明光殿與語帝又疑其爲榮不告以情及知毅赤誠乃召城陽王徽及楊侃李彧告以殺語榮小女嫁與帝兄子陳留王小字伽邪榮嘗指之曰我終當得此女婿力徵又云榮慮陛下終爲此患脫有東宮必貪立孩幼若皇后不生太子則立陳留以安天下并言榮指陳留語狀帝既有圖榮意夜夢手持一刀自害落十指節都不覺痛惡之以告城陽王徽及楊侃徽解夢曰蝮蛇螫手壯士解腕割指節與解腕何異去患乃是吉祥聞者皆言善九月十五日天穆到京駕迎之榮與天穆竝從入西林園讌射榮乃奏曰近來侍官皆不習武陛下宜將五百騎出獵因省辭訟先是奚毅言榮因獵挾天子移都至是其言相符至十八日召中書舍人温子昇告以殺榮狀并問以殺董卓事子昇具通本上曰王允若即赦涼州人必不應至此良久語子昇曰朕之情理卿所具知死猶須爲況必不死寧與高貴鄉公同日死不與常道鄉公同日生上謂殺榮天穆即赦其黨便應不動應詔王道習曰尒朱世隆司馬子如朱元龍比來偏被委付具知天下虛實謂不宜留城陽王及楊侃曰若世隆不全仲遠天光豈有來理帝亦謂然無復殺意城陽曰榮數征伐腰間有刀或能狠戾傷人臨事願陛下出乃伏侃等十餘人於明光殿東其日榮與天穆竝入坐食未訖起出侃等從東階上殿見榮天穆出至中庭事不果十九日是帝忌日二十日榮忌日二十一日暫入即向陳留王家飲酒極醉遂言病動頻日不入上謀頗泄世隆等以告榮榮輕帝不謂能反預帝謀者皆懼二十五日旦榮天穆同入其日大欲革易上在明光殿東序中西面坐榮與天穆竝御牀西北小牀上南坐城陽入始一拜榮見光祿卿魯安等持刀從東戶入即馳向御坐帝拔千牛刀手斬之時年三十八得其手板上有數牒啓皆左右去留人名非其腹心悉在出限帝曰豎子若過今日便不可制時又天穆與榮子菩提亦就戮於是內外喜叫聲滿京城既而大赦榮雖威名大振而舉止輕脫止以馳射爲伎藝每入朝見更無所爲唯戲上下馬於西林園宴射恒請皇后出觀并召王公妃主共在一堂每見天子射中輒自起舞叫將相卿士悉皆盤旋乃至妃主婦人亦不免隨之舉袂及酒酣耳熱必自匡坐唱虜歌爲樹梨普梨之曲見臨海王彧從容閑雅愛尚風素固令爲敕勒舞日暮罷歸便與左右連手蹋地唱廻波樂而出性甚嚴暴慍喜無恒弓箭刀槊不離於手每有嗔嫌即行忍害左右恒有死憂曾欲出獵有人訴之披陳不已發怒即射殺之曾見沙彌重騎一馬榮即令相觸力窮不復能動遂使傍人以頭相擊死而後已節閔帝初世隆等得志乃詔贈假黃鉞相國錄尚書都督中外諸軍事晉王加九錫給九旒鑾輅武賁班劒三百人轀輬車準晉太宰安平獻王故事諡曰武又詔百官議榮配饗司直劉季明曰晉王若配永安則不能終臣節以此論之無所配世隆作色曰卿合配季明曰下官預在議限據理而言不合上心誅翦唯命衆爲之危季明自若世隆意不已乃配享孝文廟庭菩提位太常卿開府儀同三司侍中特進死時年十四節閔帝初加贈司徒諡曰惠菩提弟义羅武衛將軍梁郡王尋卒贈司空公义羅弟文殊封平昌郡王孝靜初轉襲榮爵太原王薨於晉陽時年九歲文殊弟文暢初封昌樂郡公以榮破葛賊之勲進爵爲王其姊魏孝莊皇后及韓陵之敗齊神武納之待其家甚厚文暢由是拜開府儀同三司肆州刺史家富於財招致賓客窮極豪侈與丞相司馬任胄主簿李世林都督鄭仲禮房子遠等相狎外示盃酒交而潛謀害齊神武自魏氏舊俗以正月十五日夜爲打簇戲能中者即時賞帛胄令仲禮藏刀於袴中因神武臨觀謀竊發事捷共奉文暢爲任氏家客薛季孝所告以姊寵止坐文暢一房文暢死時年十八弟文略以兄义羅卒無後襲义羅爵梁郡王文暢事當從坐靜帝使人往晉陽欲拉殺之神武特加寬貸奏免之文略聰明儁爽多所通習齊文襄嘗令章永興馬上彈琵琶奏十餘曲試使文略寫之遂得八文襄戲之曰聰明人多不老壽梁郡其慎之文略對曰命之修短皆在明公文襄愴然曰此不足慮初神武遺令恕文略十死恃此益橫多所陵忽齊天保末嘗邀平秦王與汝南諸王至宅供設奢麗各有賄賂諸王共假聚寶物以要之文略弊衣而往從奴五十人皆駿馬侯服其豪縱不遜如此平秦王有七百里馬文略敵以好婢賭取之明日平秦王使人致請文略殺馬及婢以二銀器盛婢頭馬肉而遺之平秦王訴之於文宣繫於京畿獄文略彈琵琶吹橫笛謡詠倦極便臥唱挽歌居數月奪防者弓矢以射人曰不然天子不憶我有司奏遂伏法文略嘗大遺魏收金請爲父作佳傳收論榮比韋彭伊霍蓋由是也

兆字萬仁榮從子也少善騎射趫捷過人數從榮游獵至窮巖絶澗人所不能升降者兆必先之手格猛獸無所疑避榮以此特加賞愛任爲爪牙榮曾送臺使見二鹿授兆二箭令取供今食遂構火以待之俄而兆獲其一榮欲誇使人責兆不盡取杖之五十榮之入洛兆兼前鋒都督孝莊即位封潁川郡公後從上黨王天穆平邢杲又與賀拔勝擊斬元顥子冠受禽之進破安豐王延明顥乃退走莊帝還宮論功除車騎大將軍儀同三司汾州刺史尒朱榮死兆自汾州據晉陽元曄立授兆大將軍進爵爲王兆與世隆等定謀攻洛兆遂輕兵倍道掩襲京邑先是河邊人夢神謂已曰尒朱家欲度河用爾作灅波津令爲之縮水脉月餘夢者死及兆至有行人自言知水淺處以草往往表插而導焉忽失其所在兆遂策馬涉度是日暴風鼓怒黃塵張天騎叩宮門宿衛乃覺彎弓欲射袍撥弦矢不得發一時散走莊帝步出雲龍門外爲兆騎所縶幽於永寧佛寺兆撲殺皇子汙辱妃嬪縱兵擄掠停洛旬餘先令衛送莊帝於晉陽兆後於河梁監閱財貨初兆將入洛遣使招齊神武欲與同舉神武時爲晉州刺史謂長史孫騰曰臣而伐君其逆已甚我今不往恐彼致恨卿可往申吾意但云山蜀未平不可委去騰乃詣兆具申意兆不悅曰還白高兄弟有吉夢今行必克吾比夢吾亡父登一高堆堆傍地悉耕熟唯有馬藺草株往往猶在吾父顧我令下拔之吾手所至無不盡出以此而言往必有利騰還具報之神武曰兆等猖狂舉兵犯順吾勢不可反事尒朱也今天子列兵河上兆進不能度必退還吾乘山東下出其不意此徒可一舉而禽俄而兆克京師孝莊幽縶都督尉景從兆南行以書報神武神武大驚召騰令馳驛詣兆示以謁賀密覘天子所在當於路邀迎唱大義於天下騰遇帝於中路神武時率騎東轉聞帝已度於是西還仍與兆書具陳禍福不宜害天子受惡名於海內兆怒不納而帝遂弒初榮既死莊帝詔河西人紇豆陵步蕃等令襲秀容兆入洛後步蕃兵勢甚盛南逼晉陽兆所以不暇留洛廻師禦之頻爲步蕃所敗於是部勒士馬謀出山東令人頻徵神武神武晉州寮屬竝勸不行神武揣其勢迫必無他慮決策赴之兆乃分三州六鎮之人令神武統領神武既分兵別營乃引兵南出避步蕃之銳步蕃至樂平郡神武與兆還討破斬之及節閔帝立授兆使持節侍中都督中外諸軍事柱國大將軍兼錄尚書事大行臺又以兆爲天柱大將軍兆以是榮所終之官固辭不拜尋加都督十州諸軍事世襲并州刺史神武之克殷州也兆與仲遠度律約拒之仲遠度律次陽平兆屯廣阿衆號十萬神武廣縱反間於是兩不相信各致猜疑仲遠等頻使斛斯椿賀拔勝往喻之兆輕騎三百來就仲遠同坐幕下兆性麤獷意色不平手舞馬鞭長嘯凝望深疑仲遠等有變遂趨出馳還仲遠遣椿勝等追而曉讐兆遂拘縛將還經日放

遣仲遠等於是奔退神武乃進擊兆軍大敗兆與仲遠度律遂相疑阻久而不和世隆請節閔納兆女爲皇后兆乃大喜世隆謀抗神武乃降辭厚禮喻兆赴洛兆與天光度律更自信約然後大會韓陵山戰敗復奔晉陽其年秋神武自鄴進討之兆遂大掠并州走於秀容神武又追擊度赤洪嶺破之兆竄於窮山殺所乘馬自縊於樹神武收葬之兆勇於戰鬭而無將領之能榮雖奇其膽決然每云兆不過將三千騎多則亂矣兆弟智虎節閔帝封爲安定王與兆俱走神武禽之後死於晉陽

彥伯榮從弟也祖侯眞文成時并安二州刺史始昌侯父買珍宣武時武衛將軍華州刺史彥伯性和厚永安中爲榮府長史節閔帝潛嘿於龍花佛寺彥伯敦喻往來尤有勤款帝既立尒朱兆以已不豫謀大爲忿恚將攻世隆詔令華山王鷙慰兆兆猶不釋世隆復令彥伯自往喻之兆乃止及還帝醼彥伯於顯陽殿時侍中源子恭黃門郎竇瑗竝侍坐彥伯曰源侍中比爲都督與臣相持於河內當爾之時旗鼓相望眇如天隔寧期同事陛下爲今日之忻也子恭曰蒯通有言犬吠非其主他日之事永安猶今日之事陛下爾帝曰源侍中可謂有射鉤之心也遂令二人極醉而罷後封博陵郡王位司徒公于時炎旱有勸彥伯解司徒者乃上表遜位詔許之俄除儀同三司侍中餘如故彥伯於兄弟之中差無過患天光等敗於韓陵彥伯欲領兵屯河橋世隆不從及張勸等掩襲世隆彥伯時在禁直長孫承業等啓陳神武義功既振將除尒朱節閔令舍人郭崇報彥伯知彥伯狼狽出走爲人所執尋與世隆同斬於閶闔門外縣首於斛斯椿門樹傳於神武先是洛中謠曰三月末四月初揚灰簸土覓眞珠又曰頭去項脚根齊驅上樹不須梯至是竝驗子敞

敞字乾羅彥伯之誅敞小隨母養於宮中年十二敞自竇走至大街見童兒羣戲敞解所着綺羅金翠服易衣而遁追騎至不識敞便執綺衣兒比究問知非會日已暮由是免遂入一村見長孫氏媼踞胡牀坐敞再拜求哀長孫氏愍之藏於複壁之中購之愈急追且至長孫氏貧而遣之遂詐爲道士變姓名隱嵩高山略涉經史數年間人頗異之嘗獨坐巖石下泫然歎曰吾豈終此乎伍子胥獨何人也乃奔長安周文帝見而禮之拜行臺郎中靈壽縣伯保定中遷開府儀同三司進爵爲公後爲膠州刺史迎長孫氏至其第置于家厚資給之隋文帝受禪改封邊城郡公黔安蠻叛命敞討平之師旋拜金州總管政號嚴明吏人懼之後以年老乞骸骨賜二馬輅車歸河內卒于家子最嗣

仲遠彥伯弟也明帝末年尒朱榮兵威稍盛諸有啓謁率多見從而仲遠摹寫榮書又刻榮印與尚書令史通爲姧詐造榮啓表請人爲官大得財貨以資酒色落魄無行業及孝莊即位封清河公徐州刺史兼尚書左僕射三徐大行臺尋進督三徐諸軍事仲遠上言竊見比來行臺采募者皆得權立中正在軍定第斟酌授官今求兼置權濟軍要若立第亦爽關京之日任有司裁奪詔從之於是隨情補授肆意聚斂尒朱榮死仲遠勒其部衆來向京師節閔立進爵彭城王加大將軍又兼尚書令鎮大梁仲遠遣使請準朝式在軍鳴騶節閔帝覽啓笑而許之其肆情如此復進督東道諸軍事本將軍兗州刺史餘如故仲遠天性貪暴心如峻壑大宗富族誣之以反沒其家口簿籍財物皆以入已丈夫死者投之河流如此者不可勝數諸將婦有美色者無不被其淫亂自滎陽以東輸稅悉入其軍不送京師時天光控關右仲遠在大梁兆據并州世隆居京邑各自專恣權強莫比所在竝以貪虐爲事於是四方解體又加太宰解大行臺仲遠專恣尤劇方之彥伯世隆最爲無禮東南牧守下至人俗比之豺狼特爲患苦後移屯東郡率衆與度律等拒齊神武尒朱兆領騎數千自晉陽來會軍次陽平神武縱以間說仲遠等迭相猜貳狼狽遁走中興二年復與天光等於韓陵戰敗南走尋乃奔梁死於江南

世隆字榮宗仲遠弟也明帝末兼直閤加前將軍尒朱榮表請入朝靈太后惡之令世隆詣晉陽慰喻榮榮因欲留之世隆曰朝廷疑兄故令世隆來今遂住便有內備非計之善榮乃遣入榮舉兵南出世隆遂走會榮於上黨建義初除給事黃門侍郎莊帝之立世隆預其謀封樂平郡公元顥逼大梁詔爲前將軍都督鎮武牢顥既克滎陽世隆懼而遁還莊帝倉卒北巡及車駕還宮除尚書左僕射攝選莊帝之將圖尒朱榮每屏人言世隆懼變乃爲匿名書自榜其門曰天子與侍中楊侃黃門高道穆等爲計欲殺天柱還復自以此書與榮妻北鄉郡公主并以呈榮勸其不入榮毀書唾地曰世隆無膽誰敢生心世隆又勸其速發榮曰何怱怱皆不見從榮死世隆奉榮妻燒西陽門夜走北次河橋殺武衛將軍奚毅率衆還戰大夏門外及李苗燒絕河梁世隆乃北遁攻建州克之盡殺人以肆其忿至長子與度律等共推長廣王曄爲主曄小名盆子聞者皆以爲事類赤眉曄以世隆爲尚書令封樂平郡王加太傅行司州牧會兆於河陽兆既平京邑讓世隆曰叔父在朝多時耳目應廣如何令天柱受禍按劒瞋目詞色甚厲世隆遜辭拜謝然後得已而深恨之時仲遠亦自滑臺入京世隆與兄弟密謀慮元曄母干豫朝政伺其母衞氏出行遣數十騎如劫賊於京巷殺之公私驚愕莫識所由尋縣牓以千萬錢募賊百姓知之莫不喪氣尋又以曄踈遠欲推立節閔帝而度律意在南陽王乃曰廣陵不言何以主天下後知能語遂行廢立初世隆之爲僕射尚書文簿在家省閱性聰解又畏榮深自剋勉留心几案傍接賓客遂有解了之名榮死之後無所顧憚及爲令常使尚書郎宋游道邢昕在其宅聽事東西別坐受納訴訟稱命施行既總朝政生殺自由公行淫泆信任羣小隨情與奪又兄弟羣從各擁強兵割剝四海極其貪虐姦諂蛆酷多見信用溫良名士罕豫腹心於是天下之人莫不厭毒世隆尋讓太傅節閔特置儀同三司之官位次上公之下以世隆爲之贈其父買珍相國錄尚書事大司馬及齊神武起義兵仲遠度律等愚戇恃強不以爲慮而世隆獨深憂恐及天光等敗於韓陵世隆請救天下節閔不許斛斯椿既據河橋盡殺世隆黨附令行臺長孫承業詣闕奏狀掩執世隆及兄彥伯俱斬之初世隆會與吏部尚書元世儁握槊忽聞局上詨然有聲一局子盡倒立世隆甚惡之又曾晝寢其妻奚氏忽見一人持世隆首去奚氏驚就視而世隆寢如故既覺謂妻曰向夢人斷我頭持去意殊不適又此年正月晦日令僕竝不上省西門不開忽有河內太守田怗家奴告省門亭長云今旦爲令王借車牛一乘終日於洛濱游觀至晚王還省將車出東掖門始覺車上無褥請爲記識亭長以令僕不上西門不開無跡入者此奴固陳不已公文列訴尚書都令史謝遠疑謂妄有假借白世隆付曹推驗時都官郎中穆子容究之奴言初來時至司空府西欲向省令王嫌遲遣催車車入到省西門王嫌牛小繫於闕下槐樹更將一青牛駕車令王著白紗高頂帽短小黑色儐從皆裙襦袴褶握板不似常時服章遂遣一吏將奴送入省中聽事東閣內東廂第一屋中其屋先常閉奴云入此屋中有板牀牀上無席大有塵土兼有甕米奴拂牀坐兼畫地戲甕中米亦握看之子容與謝遠看之閉極久全無開跡及入狀皆符同具以此對世隆世隆悵然意以爲惡未幾見誅

世隆弟世承莊帝時位侍中領御史中尉人才猥劣備員而已及元顥內逼世承守轘轅爲顥所禽顥讓而臠之莊帝還宮贈司徒世承弟弼字輔伯節閔帝時封河間郡公尋爲青州刺史韓陵之敗欲奔梁數日與左右割臂爲約弼帳下都督馮紹隆爲弼信待乃說弼曰今方同契闊宜當心瀝血示衆以信弼從之大集部下弼乃踞胡床令紹隆持刀披心紹隆因推刃殺之傳首京師

度律榮從父弟也鄙朴少言莊帝初封樂鄉縣伯榮死與世隆赴晉陽元曄之立以度律爲太尉公四面大都督封常山王與尒朱兆入洛兆還晉陽留度律鎮京師節閔帝時爲使持節侍中大將軍太尉公兼尚書令東北道行臺與仲遠出拒義旗與齊神武間之與尒朱兆遂相疑貳自敗而還度律雖在軍戎聚斂無厭所經爲百姓患毒其母山氏聞度律敗遂恚憤發病及至母責之曰汝荷國恩無狀而反我何忍見他屠戮汝也言終而卒時人怪異之後韓陵之敗斛斯椿先據河橋遂西走灅波津爲人執送椿四之送齊神武斬之都市

天光榮從祖兄子也少勇決榮特親愛之常預軍戎謀孝昌末榮據并肆仍以天光爲都將總統肆州兵馬明帝崩榮向京師委以後事建義初爲肆州刺史封長安縣公榮將討葛榮留天光在州鎮其根本謂曰我身不得至處非汝無以稱我心永安中與元天穆東破邢杲元顥入洛天光與天穆會榮於河內榮發後并肆不安詔天光兼尚書僕射爲并肆等九州行臺仍行并州事天光至并州部分約勒所在寧輯顥破還京師改封廣宗郡公初高平鎮城人赫連恩等爲逆共推敕勤酋長胡琛爲主號高平王遣臣沃野鎮賊帥破六韓怮貧琛入據高平城遣其大將万俟醜奴來寇涇州琛後與莫折念生交通侮慢怮貧遣使人費律如至高平誘斬琛爲醜奴所并與蕭寶夤相拒於安定寶夤敗還建義元年夏醜奴擊寶夤於靈州禽之遂僭大號時獲西北貢師子因稱神獸元年置百官朝廷憂之乃除天光使持節都督雍州刺史率大都督武衛將軍賀拔岳大都督侯莫陳悅等討醜奴天光初行唯有軍士千人時東雍赤水蜀賊斷路天光入關擊破之簡取壯健至雍又稅人馬合得萬疋以軍人寡少停留未進榮遣責之杖天光百下榮復遣軍士二千人赴天光天光令賀拔岳率千騎先驅至岐州禽其行臺尉遲菩薩醜奴棄岐州走還安定天光發雍至岐與岳合勢破醜奴獲蕭寶夤

於是涇豳二夏北至靈州及賊黨結聚之類竝降唯賊行臺万俟道洛不下率衆西依牽屯山據嶮自守榮責天光不獲道洛復遣使杖之百詔削爵為侯天光與岳悅等復向牽屯討之道洛戰敗投略陽賊帥王慶雲慶雲以道洛驍果絕倫得之甚喜便謂大事可圖乃自稱皇帝以道洛為大將軍天光乃入隴至慶雲所居永洛城破其東城賊遂併趣西城城中無水衆聚熱渴有人走降言慶雲道洛欲突出天光恐失賊帥乃遣謂慶雲可以早降若水決當聽諸人今夜共議又謂曰相知須水今為小退賊衆安悅無復走心天光密使軍人多作木槍各長七尺至昏布立人馬為防衛之勢又伏人槍中其夜慶雲道洛果突出至槍馬各傷倒伏兵便起同時禽獲賊窮乞降而已天光岳悅等議悉阬之死者萬七千人分其家口於是三秦河渭瓜涼鄯善咸來款順詔復天光前官爵岳聞榮死還涇州以待天光亦下隴與岳圖入洛之策既而莊帝進天光爵為廣宗王元曄又以為隴西王及聞尒朱兆已入京天光乃輕騎向都見世隆等尋便還雍世隆等議廢元曄更舉親賢遣告天光天光與定策立節閔帝又加開府儀同三司尚書令關西大行臺天光北出夏州遣將討宿勤明達禽之送洛時費也頭帥紇豆陵伊利万俟受洛于等據有河西未有所附天光以齊神武起兵信都內懷憂恐不暇他事伊利等但微遣備之而已又除大司馬時神武軍既振尒朱兆仲遠等竝經敗退世隆累使徵天光天光不從後令斛斯椿苦要天光云非王無以能定豈可坐看宗家之滅天光不得已東下與仲遠等敗於韓陵斛斯椿等先還於河橋拒之天光不得度西北走被執與度律竝送於神武神武送於洛斬於都市尒朱專恣分裂天下各據一方賞罰自出而天光有定關西之功差不酷暴比之兆與仲遠為不同矣

論曰魏自宣武之後政道頹虧及明皇幼沖女主南面始則于忠專恣繼以元乂權重居官者肆其聚斂乘勢者極其陵暴於是四海囂然已有羣飛之漸逮於靈后反政宣淫於朝傾覆之徵於此至矣尒朱榮緣將帥之列藉部衆之威屬天下暴虐人神怨憤遂有匡頹拯弊之志援主逐惡之功及夫禽葛榮誅元顥戮邢杲翦韓婁醜奴寶夤咸梟馬市然則榮之功烈亦已茂矣而始則希覬非望睥睨宸極終乃靈后少帝沉流不反河陰之下衣冠塗地其所以得罪人神者焉至於末跡凶忍地逼亦已除矣而朝無謀難之宰國乏折衝之將遂使餘孽相糾還成嚴敵隆實指蹤兆為戎首山河失險莊帝幽崩宗屬分方作威跋扈廢帝立主廻天倒日揃剝黎獻割裂神州刑賞任心征伐自己天下之命懸於數胡喪亂弘多遂至於此豈非天將去之始以共定終於惡稔以至殄滅抑亦魏紓其難齊以驅除矣

北史卷四十八考證

尒朱榮傳于時人間猶或云榮欲遷都晉陽○監本缺猶字今從南本增入

又以人馬逼戰刀不如棒○不監本訛下今改正

於是內外喜叫○叫監本訛叫今改從南本

兆傳莊帝步出雲龍門外為兆騎所擊幽於永寧佛寺○擊魏書作縶今各本俱同仍之

世隆傳乃為匿名書自榜其門○魏書或有榜世隆門以陳其狀者

盡殺人以肆其忿○魏書人字上有城字

忽聞局上譊然有聲○譊魏書作欸

度律傳與齊神武間之○魏書無與字

天光傳並送於神武○送監本訛還今改從魏書

北史卷四十九

唐　李　延　壽　撰

列傳第三十七

朱瑞　叱列延慶　斛斯椿子徵 孫政

賈顯度弟智　樊子鵠　侯深　賀拔允弟勝 弟岳

侯莫陳悅　念賢　梁覽　雷紹

毛遐弟鴻賓　乙弗朗

朱瑞字元龍代郡桑乾人也祖就沛縣令父惠行太原太守瑞貴達竝贈刺史瑞長厚質直敬愛人士尒朱榮引為大行臺郎中甚見親任以為黃門侍郎仍中書舍人榮恐朝廷事意有所不知故居之門下為腹心之寄封陽邑縣公及元顥內逼從車駕於河陽除侍中兼吏部尚書改封北海郡公莊帝還洛改封樂陵郡公仍侍中瑞雖為尒朱榮所委而善處朝廷間帝亦賞遇之嘗謂侍臣曰為人臣當須忠實至如朱元龍者朕待之亦不異餘人瑞以青州樂陵有朱氏意欲歸之故求為青州中正又以滄州樂陵亦有朱氏而心好河北遂乞三從內竝屬滄州樂陵郡詔許之仍轉滄州大中正尒朱榮死瑞與世隆俱北走以莊帝待之素厚且見世隆等竝無雄才終當敗喪於路乃還帝大悅時尒朱天光擁衆關右帝招納之乃以瑞兼尚書左僕射為西道大行臺以慰勞為既達長安會尒朱兆入洛復還京師都督斛斯椿先與瑞有隙數譖之於世隆世隆遂誅之太昌初贈開府儀同三司青州刺史謚曰恭穆

叱列延慶代西部人也世為酋帥延慶娶尒朱世隆姊故被尒朱榮親遇普泰初世隆得志特見委重兼尚書左僕射山東行臺北海郡公時幽州刺史劉靈助以莊帝幽崩遂舉兵唱義世隆白節閔帝以延慶與大都督侯深於定州討之深以靈助善占百姓信惑未易可圖欲還師入據關拒嶮以待其變延慶以靈助庸人彼皆恃其妖術坐看符猒寧肯勠力致死宜詭言西歸可襲而禽深從之乃出頓城西聲云將還詰朝造靈助壘遂破禽之及韓陵戰敗延慶與尒朱仲遠走度石濟仲遠南竄延慶北降齊神武仍從并州後赴洛孝武帝以為中軍大都督孝武之西齊神武誅之

斛斯椿字法壽廣牧富昌人也其先世為莫弗大人父足一名敦明帝時為左牧令時河西賊起牧人不安椿乃將家投尒朱榮征伐有功稍遷中散大夫署外兵事椿性佞巧甚得榮心軍之密謀頗亦關預莊帝初改封陽曲縣公除榮大將軍府司馬後為東徐州刺史及榮死椿甚憂懼時梁以汝南王悅為魏主資其士馬次於境上椿遂棄州歸悅悅授尚書左僕射司空公封靈丘郡公又為大行臺前驅都督會尒朱兆入洛悅知不逮南旋椿復背悅歸兆以參立節閔謀拜侍中驃騎大將軍儀同三司封城陽郡公尋加開府時椿父足先在秀容忽有傳其死問椿請減已階以贈之尋知其父猶存詔復官仍除其父為車騎將軍揚州刺史椿以尒朱兆擅權懼禍乃與賀拔勝俱說世隆以正道世隆不說欲害椿賴尒朱天光救得免及世隆度律與兆自相疑椿與賀拔勝和之兆執椿勝還營椿又陳以正理兆謝而遣之椿謂勝曰天下皆怨毒尒朱吾等附之亡無日矣不如圖之勝曰天光與兆各據一方今俱禽為難椿曰易致耳乃說世隆追天光等赴洛討齊神武及韓陵之敗椿謂都督賈顯智等曰若不先執尒朱我等死無類矣遂與顯智等夜於桑下盟約倍道兼行椿入北中城收尒朱部曲盡殺之令弟元壽與張歡長孫承業顯智等襲世隆彥伯兄弟竝斬於閶闔門外椿入洛縣世隆兄弟首於其門樹椿父出見謂曰汝與尒朱約為兄弟今何忍縣其頭於家門寧不愧負天地椿乃傳世隆等首并囚度律天光送於齊神武及神武入洛椿謂賀拔勝曰今天下事在吾與君若不先制人將為人所制高歡初至圖之不難勝曰彼有心於人害之不祥比數夜與歡同宿具序往昔之懷兼荷兄恩意甚多何苦憚之椿乃止孝武帝立拜椿侍中儀同開府城陽郡公父足亦加開府子悅太中大夫同日受拜當時榮之椿自以數反意常不安遂密勸孝武帝置閤內都督部曲又增武直人數百直閤已下員別數百皆選天下輕剽以充之又說帝數出游幸號令部曲別為行陣椿自約勒指麾其間從此以後軍謀朝政一決於椿又勸帝徵兵詭稱南討將以伐齊神武帝從之以椿為前驅大都督椿因奏請率精騎二千夜度河掩其勞弊帝始然之黃門侍郎楊寬說帝曰高歡以臣伐君何所不至今假兵於人恐生他變今度河萬一有功是滅一高歡復生一高歡矣帝遂勑椿停行椿歎曰頃熒惑入南斗今上信左右間搆不用吾計豈天道乎帝勒兵河橋命椿自洛而東至武牢帝以賈顯智背叛東師失律將幸關中乃遣使命椿因從入關拜尚書令侍中如故封常山郡公歷位司徒太保仍尚書令時寇難未息內外戒嚴唯椿得列威儀鳴騶清路遷太傅薨年四十三帝親臨弔百寮赴哭詔賜東園秘器遣尚書梁郡王景略監護喪事贈大將軍錄尚書三十州諸軍事侍中恒州刺史常山郡王謚曰文宣祭以太牢又詔收大將軍贈大司馬給轀輬車及葬車駕臨於渭陽止紼慟哭帝嘗給椿店數區耕牛三十頭椿以國難未平不可與百姓爭利辭店受牛日烹一頭以饗軍士及死家無餘資有四子悅恢徵演演為齊神武所殺三子入關

徵字士亮博涉羣書尤精三禮兼解音律有至性居父喪朝夕共一溢米少以父勳賜爵城陽郡公大統末起家通直散騎常侍稍遷兼太常少卿自魏孝武遷西雅樂廢缺徵博采遺逸稽諸典故創新改舊方始備焉又樂有錞于者近代絕此器或有自蜀得之皆莫之識徵見之曰此錞于也衆弗信之徵遂依于寶周禮注以芒筒捋之其聲極清衆乃歎服徵仍取以合樂焉六官建拜司樂下大夫遷司樂中大夫進位驃騎大將軍開府儀同三司轉內史下大夫天和三年周武帝以徵經有師法詔令授皇子宣帝時為魯公與諸皇子等咸服青衿行束修之禮受業於徵仍竝呼徵為夫子儒者榮之六年除司宗中大夫行內史仍攝樂部進封岐國公尋轉小宗伯除太子太傅仍小宗伯宣帝嗣位遷上大將軍大宗伯時武帝初崩梓宮在殯帝意欲速葬令朝

臣議之徵與內史宇文孝伯等固請依禮七月帝竟不許帝之爲太子也宮尹鄭譯坐不能以正道調護被謫除名而帝雅親愛譯至是拜譯內史中大夫甚委任之譯乃獻新樂十二月各一笙每笙用十六管帝令與徵議之徵駮而奏之曰禮云十二律轉相生聲五具在十六焉六律十二管還相爲宮然詳一笙十六管總一百九十二管既無相生之理又無還宮之義臣恐鄭聲亂樂未合於古夫音樂之起本於人心天之應人有如影響爲善者天報之以福爲惡者天譴之以殃故舜彈五絃之琴歌南風之詩而天下化紂爲朝歌北里之音而社稷滅是知樂也者和情性移風俗動天地感鬼神禍福所基盛衰攸繫安可不慎哉案譯之所爲不師古始若以月奏一笙則鍾鼓諸色各須一十有二雅樂之備已充廟廷今若益之於何陳列方須更闢堦墀增修廊宇非急之務寧可勞人如謂笙管之外不須加造則樂之損益豈繫於笙進退無據竊謂不可帝頗納之且令停譯所獻及武帝山陵回帝欲作樂復令議其可不徵曰孝經云聞樂不樂聞尚不樂其況作乎鄭譯曰既云聞樂明即非無止可不樂何容不奏帝遂依譯議譯因此銜之帝後肆行非度昏慮日甚徵以荷武帝重恩嘗備位師傅乃上疏極諫指陳帝失不納譯因譖之遂下徵於獄徵懼不免獄卒張元平哀之乃以佩刀穿墻送之出元平被捶拷百數而無所言徵既出匿於人家後遇赦得免然猶坐除名隋文帝踐極例復官爵除太子太傅仍詔徵脩撰樂書開皇四年薨年五十六初隋文帝爲大司馬有外姻喪徵就第弔之久而不出徵怒遂弗之待比出候徵已去矣隋文帝以此常恨之至是詔所司謚之曰闇子該嗣徵所撰樂典十卷兄恢散騎常侍新蔡郡公子政嗣

政明悟有器幹隋開皇中以軍功授儀同甚爲楊素所禮大業中位尚書兵曹郎漸見委遇玄感兄弟俱與之交遼東之役兵部尚書段文振卒侍郎明雅復以罪廢帝彌屬意於政尋遷兵部侍郎稱爲幹理玄感之反政與通謀及玄縱等亡歸亦政之計及帝窮玄縱黨與政亡奔高麗明年帝復東征高麗請和遂送政鏁至京師以告廟左翊衞大將軍宇文述請變常法行刑帝許之以出金光門縛之於柱公卿百寮竝親擊射臠其肉多有噉者然後烹焚揚其骨灰椿弟元壽性剛毅諒直武力過人彎弓兩石左右馳射歷位吏部尚書封桑乾縣伯孝武踐阼進爵爲公除豫州刺史及車駕西巡爲部下所殺贈司空公謚景莊

賈顯度中山無極人也父道監沃野鎮長史顯度形皃偉壯有志氣初爲別將防守薄骨律鎮正光末北鎮擾亂顯度乃率鎮人浮河而下達秀容爲尒朱榮所留隨榮破葛榮封石艾縣公累遷南兗州刺史尒朱榮之死顯度弃梁普泰初還朝後隨尒朱度律等敗於韓陵與斛斯椿及弟智等先據河橋誅尒朱氏孝武帝初除尚書左僕射尋加驃騎大將軍開府儀同三司定州大中正永熙三年爲雍州刺史西道大行臺親故祖餞於張方橋顯度執酒曰顯智性輕躁好去就覆敗吾家其此人也武帝入關後顯智果同於齊神武孝武帝怒乃賜顯度死

智字顯智少有膽決以軍功累遷金紫光祿大夫封義陽縣伯及尒朱仲遠爲徐州刺史智隸仲遠赴彭城尒朱榮死仲遠舉兵向洛智不從之莊帝聞而善之普泰初還洛仲遠忿其乖背議欲殺之智兄顯度先爲世隆所厚世隆爲解喻得全後進爵爲公隨度律等敗於韓陵智與顯度斛斯椿謀誅尒朱氏顯度據守北中城令智等入京禽世隆兄弟孝武帝初除開府儀同三司滄州刺史在州貪縱甚爲人害孝武徵還京師加侍中除濟州刺史率衆達東郡仍停不進於長壽津爲相州刺史竇泰所破天平初赴晉陽智去就多端後坐事死

樊子鵠代郡平城人也其先荊州蠻酋徙代父興平城鎮長史歸義侯普泰中子鵠貴乃贈荊州刺史子鵠逢北鎮擾亂南至并州尒朱榮引爲都督府倉曹參軍使詣京師靈太后問榮兵勢子鵠應對稱旨太后嘉之除直齊封南和縣子令還赴榮建義初拜晉州刺史封永安縣伯永安二年以招納叛蜀進封中都縣公又兼尚書行臺政有威信尋徵授都官尚書西荊州大中正後兼右僕射爲行臺進封西陽郡公尚書如故假驃騎將軍率所部爲都督時尒朱榮在晉陽京師之事子鵠頗預委寄故在臺閣征官不解後出爲殷州刺史屬歲旱儉子鵠恐人流亡乃勸有粟家分濟貧者并遣人牛易力多種二麥州內以此獲安尒朱榮死世隆等遣書招子鵠子鵠不從以母在晉陽啓求移鎮河南莊帝嘉之除都督豫州刺史行達汲郡聞尒朱兆入洛乃度河見仲遠仲遠遣鎮汲郡兆徵子鵠赴洛既見責以乖異之意奪其部衆將還晉陽元曄以爲侍中御史中尉中軍大都督太昌初兼尚書左僕射東南道大行臺總大都督杜德等追討尒朱仲遠仲遠奔梁收其兵馬時梁遣元樹入寇陷據譙城詔子鵠與德討之樹大敗弃入城門遂圍之樹請歸南以地還魏許之及樹衆半出子鵠擊破之禽樹及梁譙州刺史朱文開班師遷吏部尚書轉尚書右僕射尋加驃騎大將軍開府典選後除兗州刺史子鵠先遣腹心緣歷人間採察得失及至境太山太守彭穆參候失儀子鵠責讓穆并數其罪狀穆皆引伏於是州內震悚及孝武帝入關子鵠據城爲應南青州刺史大野拔率衆就子鵠天平初齊神武遣儀同三司婁昭等討之城久不拔昭以水灌城而大野拔因與相見令左右斬子鵠以降

侯深神武尖山人也機警有膽略孝明末年六鎮飢亂深隨杜洛周南寇後與妻兄念賢背洛周歸尒朱榮路中遇寇身被苦禍榮賜其衣帽厚待之以爲中軍副都督莊帝卽位封厭次縣子從榮討葛榮於滏口戰功尤多除燕州刺史時葛榮别帥韓樓郝長等屯據薊城榮令深討樓配衆甚少或以爲言榮曰深臨機設變是其所長若總大衆未必能用止給騎七百深遂廣張軍聲率數百騎深入樓境去薊百餘里遇賊帥陳周馬步萬餘大破之虜其卒五千餘人尋還其馬仗縱令入城左右諫深曰我兵少不可力戰事須爲計以離隙之深度其已至遂率騎夜進昧旦叩其城門韓樓果疑降卒爲內應遂遁走追禽之以功賜爵爲侯尋爲平州刺史仍鎮范陽及尒朱榮死太守盧文偉誘深出獵閉門拒之深率部曲屯於郡南爲榮舉哀勒兵南向莊帝使東萊王貴平爲大使慰勞燕薊乃詐降貴平信之遂執貴平自隨進至中山行臺僕射魏蘭根邀擊之爲深所敗元曄立授深儀同三司定州刺史左軍大都督漁陽郡公節閔帝立仍加開府後隨尒朱兆拒齊神武於廣阿兆敗走深後從神武破尒朱氏於韓陵永熙初除齊州刺史孝武帝末深與兗州刺史樊子鵠青州刺史東萊王貴平使信往來以相連結又遣使通誠於神武及孝武入關復懷顧望汝陽王暹既除齊州刺史深不時迎納城人劉桃符等潛引暹入據西城深爭門不克率騎出奔妻兒部曲爲暹所虜行達廣里會承制以深行青州事齊神武又遺書深曰卿勿以部曲輕少難於東邁齊人澆薄齊州人尚能迎汝陽王青州人豈不能開門待卿也深乃復還暹始歸其部曲而貴平自以斛斯椿黨亦不受代深襲高陽郡克之置部曲家累於城中親率輕騎夜趣青州城人執貴平出降深自惟反覆慮不獲安遂斬貴平傳首于鄴明不同於斛斯椿及子鵠平詔以封延之爲青州刺史深既不獲州任情又恐懼行達廣州遂劫光州庫兵反遣騎詣平原執前膠州刺史賈璐夜襲青州南郭劫前廷尉卿崔光韶以惑人情攻掠郡縣其部下督帥叛拒之遂奔梁達南青州境爲賣漿者斬之傳首于鄴家口配没

賀拔允字可泥神武尖山人也其先與魏氏同出陰山有如回者魏初爲大莫弗祖尒頭驍勇絕倫以良家鎮武川因家焉獻文時以功賜爵龍城縣男爲本鎮軍主父度拔性果毅襲爵亦爲本鎮軍主正光末沃野人破六韓拔陵反懷朔鎮將楊鈞聞度拔名召補統軍配以一旅其賊僞署王衞可瓌徒黨尤盛既攻没武川又陷懷朔度拔父子竝爲賊所虜度拔乃與周德皇帝合謀率州里豪傑珍念賢乙弗庫根尉遲檀等招義勇襲殺可瓌朝廷嘉之未及封賞度拔與鐵勒戰没孝昌中追贈度拔肆州刺史允便弓馬頗有膽略初度拔之死允兄弟俱奔恒州刺史廣陽王深深敗歸尒朱榮允父子兄弟竝以武藝稱榮素聞其名待之甚厚建義初封壽陽縣侯永安中進爵爲公魏長廣王立除開府儀同三司封燕郡王兼侍中使蠕蠕還至晉陽屬齊神武將出山東允素知神武非常人早自結託神武以其北土之望尤親禮之遂與允出信都參定大策中興初轉司徒領尚書令神武入洛進爵爲王轉太尉加侍中魏孝武既忌神武以允弟岳據關中有重兵深相委託潛使來往當時咸慮允爲變及岳死孝武又委岳兄勝心腹之寄神武重舊尤全護之天平元年因與神武獵或告允引弓擬神武乃置於樓上餓殺之年四十八神武親臨哭之贈太保允三子世文世樂難陁興和末齊神武竝召與諸子同學武定中勑居定州賜田宅允弟勝

勝字破胡少有志操善左右馳射北邊莫不推其膽略衞可瓌之圍懷朔勝時亦爲軍主從父度拔鎮守既被圍經年而外援不至勝乃慷慨白鎮將楊鈞請告急於大軍鈞許之乃募勇敢少年得十餘騎夜潰圍出賊追及之勝曰我賀拔破胡也賊不敢逼至朔州白臨淮王彧以懷朔被圍之急彧以勝辭義懇至許以出師還令報命乃復攻圍而入賊追之射殺數人至城下大呼曰賀拔破胡與官軍至矣城中納之鈞復遣勝出覘武川武川已陷勝乃馳還報懷朔懷朔亦潰勝父子遂爲賊所虜尋而襲殺可瓌衆令勝馳告朔州未反而度拔已卒刺史費穆奇勝才略厚禮留之委以兵事時廣陽王深在五原爲破六韓賊所圍召勝爲軍主以功拜統軍

又隸僕射元纂鎮恒州時有鮮于河胡擁朔州流人南下爲寇恒州城人應之勝與兄允弟岳相失勝南投肆州允岳投尒朱榮榮與肆州刺史尉慶賓構隙引岳攻肆州陷榮得勝大悅曰吾得卿兄弟天下不足定勝兄弟三人遂委質事榮時杜洛周據幽定葛榮據冀瀛榮謂勝曰井陘險要我之東門欲屈君鎮之如何勝曰是所願也榮乃表勝鎮井陘以所乘大馬并銀鞍遺之及榮入洛以預定策立孝莊帝功封易陽縣伯後元天穆北征葛榮大破之時杜洛周餘燼韓樓在薊城結聚以勝爲大都督鎮中山樓讋勝威名竟不敢南寇元顥入洛陽榮徵勝使與尒朱兆自硤石度大破顥軍禽其子冠受遂前驅入洛進爵眞定縣公及榮死勝與田怡等奔赴榮第時宮殿之門未加嚴防怡等議卽攻門勝止之曰天子既行大事必當更有奇謀吾衆旅不多何輕爾怡乃止及世隆夜走勝隨至河橋勝以爲臣無讎君之義遂勒所部還都莊帝大悅仲遠逼東郡詔以本官假驃騎大將軍東征都督率騎一千會鄭先護討之爲先護所疑置之營外人馬未得休息俄而仲遠兵至與戰不利降之復與尒朱氏同謀立節閔帝以功拜右衞將軍及尒朱氏將討齊神武勝時從尒朱度律度律與兆不平勝以臨敵搆隙取敗之道乃與斛斯椿詣兆營和之反爲兆所執度律大懼引軍還兆將斬勝數之曰爾殺可瓌罪一也天柱薨後不與世隆等俱來而東征仲遠罪二也我欲殺爾久矣勝曰可瓌作逆勝父子誅之其功不小反以爲罪天柱被戮以君誅臣勝寧負王不負朝廷今日之事生死在王但去賊密邇內搆嫌隙自古迄今未有不破亡者勝不憚死恐王失策兆乃捨之勝既免行百餘里方追及度律齊神武既克相州兵威漸盛於是兆及天光仲遠度律等衆十餘萬陣於韓陵兆率鐵騎陷陣出齊神武後將乘其背而擊之度律惡兆之驍悍懼其陵己勒兵不進勝以其攜貳遂以麾下降齊神武度律軍以此免退遂大敗太昌初以勝爲領軍將軍尋除侍中孝武帝將圖齊神武以勝弟岳擁衆關西欲廣其勢援乃拜都督荆州刺史驃騎大將軍開府儀同三司南道大行臺尚書左僕射勝多所克捷汚北蠻爲丘墟梁武帝敕其子雍州刺史續曰賀拔勝北間驍將爾宜慎之勿與爭鋒續遂城守不敢出尋進位尚書令進爵琅邪郡公及齊神武與孝武帝有隙詔勝引兵赴洛至廣州猶豫未進而帝已入關勝還軍南陽遣右丞楊休之奉表入關又令府長史元穎行州事勝自率所部將西赴關中進至淅陽詔授勝太保錄尚書事聞齊神武已平潼關禽毛鴻賓勝乃還荆州州人鄧誕執元穎引齊師時齊神武已遣行臺侯景大都督高敖曹赴之勝敗中流矢奔梁在南三年梁武帝遇之甚厚勝乞師北討齊神武既不果乃求還梁武帝許之親餞於南苑勝自是之後每執弓矢見鳥獸南向者皆不射之以申懷德之意既至長安詣闕謝罪魏帝握勝手歔欷久之曰初平西從永嘉南度漢晉皆爾事乃關天非公之咎也乃授太師從周文帝禽竇泰於小關攻弘農下河北禽郡守孫晏摧破東魏軍於沙苑奔追至河上仍與李弼別攻河東略定汾絳河橋之役勝大破東魏軍周文令勝收其降卒而還及齊神武率衆攻玉壁勝以前軍大都督從周文見齊武旗鼓識之乃募敢勇三千人配勝以犯其軍勝適與神武遇連叱而字之曰賀六渾賀拔破胡必殺汝也時勝持矟追神武數里刃垂及之神武汗流氣殆盡會勝馬爲流矢所中死比副騎至神武已逸去勝歎曰今日之事吾不執弓矢者天也是歲勝諸子在東者皆爲神武所害勝憤恨因動氣疾大統十年薨于位臨終手書與周文曰勝萬里杖策歸身闕庭冀望與公埽除逋寇不幸殞斃微志不申若死而有知猶望覓飛賊庭以報恩遇爾周文覽書流涕久之勝長於喪亂之中尤工武藝走馬射飛鳥十中其五六周文每云諸將對敵神色皆動唯賀拔公臨陣如平常眞大勇也自居重任始愛墳籍乃招引文儒討論義理性又通率重義輕財身死之日唯有隨身兵仗及書千卷而已初勝至關中自以年位素重見周文不拜尋而自悔周文亦有望焉後從宴昆明池時有雙鳧游池中周文授弓矢於勝曰不見公射久矣請以爲歡勝射之一發俱中因拜曰使勝得奉神武以討不庭皆如此也周文悅因是恩禮日重勝亦盡誠推奉焉贈太宰錄尚書事謚曰貞獻明帝二年以勝配饗文帝廟庭無子以弟岳子仲華嗣位開府儀同三司襲爵琅邪公大象末位江陵總管勝弟岳

岳字阿斗泥少有大志愛施好士初爲太學生及長能左右馳射驍果絕人不讀兵書而暗與之合識者咸異之與父兄赴援懷朔賊王衞可瓌在城西三百餘步岳乘城射之箭中瓌臂賊大駭後廣陽王深以爲帳內軍主與兄勝俱鎮恒州州陷投尒朱榮榮以爲都督每帳下與計事多與榮意合榮與元天穆謀入匡朝廷問計於岳岳曰夫非常之事必俟非常之人將軍士馬精彊位望隆重若首舉義旗伐叛匡救何往不克何向不摧古人云朝謀不及夕言發不俟駕此之謂矣榮與天穆相顧良久曰卿此言眞丈夫之論也未幾孝明帝暴崩榮疑有故乃舉兵赴洛配兵甲卒二千爲先驅至河陰榮既殺朝士因欲稱帝疑未能決岳乃從容致諫榮尋亦自悟乃尊立孝莊以定策功賜爵樊城鄉男從榮破葛榮平元顥累遷左光祿大夫武衞將軍時万俟醜奴僭稱大號關中騷動榮將遣岳討之私謂其兄勝曰醜奴足爲勍敵若岳往無功罪責立至假令克定恐讒愬生焉乃請尒朱氏一人爲元帥岳副貳之榮大悅乃以天光爲使持節大都督雍州刺史以岳爲左廂大都督又以征西將軍侯莫陳悅爲右廂大都督並爲天光之副以討之時赤水蜀賊兵斷路天光衆不滿二千及軍次潼關天光有難色岳乃進破之於渭北軍容大振時醜奴自圍岐州遣其大行臺尉遲菩薩僕射万俟行醜同向武功南度渭水攻圍趨柵天光遣岳率千騎赴援菩薩攻柵已克率步騎二萬至渭北岳以輕騎數十與菩薩隔水交言岳稱揚國威菩薩乃自驕令省事傳語省事恃水應荅不遜岳怒舉弓射之應弦而倒時已逼暮於是各還岳於渭南傍水分精兵數十爲一處隨地形勢置之明日將百餘騎隔水與賊相見且並東行岳漸前進先所置騎隨岳而集騎既漸增賊不復測其多少行二十許里至水淺可濟處岳便馳馬東出似欲奔遁賊謂岳走乃棄步兵南度渭水輕騎追岳岳東行十餘里依橫岡設伏兵以待之身先士卒急擊之賊便退走岳號令所部賊下馬者皆不聽殺賊顧見之便悉投馬俄虜三千人馬亦無遺遂禽菩薩仍度渭北降步卒萬餘醜奴尋棄岐州北走安定天光方自雍至與岳合勢宣言今氣候已熱非征討之時待至秋涼更圖進取醜奴聞之遂以爲實分遣諸軍散營農於岐州北百里細川使太尉侯伏侯元進據險立柵岳知其勢分密與天光嚴備昧旦攻圍元進柵拔之卽禽元進自餘諸柵悉降又輕騎追醜奴及之於平涼之長阬一戰禽之高平城中又執蕭寶夤以歸賊行臺万俟道洛退保牽屯岳攻之道洛敗入隴投略陽賊帥王慶雲以道洛驍果絕倫得之甚喜以爲將天光又與岳度隴至慶雲所居永洛城慶雲道洛頻出城拒戰並禽之餘衆皆悉阬之三秦河渭瓜涼鄯州咸來歸欵賊帥夏州人宿勤明達降復叛岳又討禽之天光雖爲元帥而岳功効居多進封樊城縣伯尋詔岳都督涇州刺史進爵爲公天光入洛使岳行雍州事普泰初除都督岐州刺史進淸水郡公尋加侍中給後部鼓吹進位開府儀同三司兼尚書左僕射隴右行臺仍停高平後以隴中猶有土人不順岳助侯莫陳悅所在討平之二年加都督雍州刺史天光將拒齊神武遣問計於岳岳曰莫若且鎮關中以固根本天光不從後果敗岳率軍下隴赴雍禽天光弟顯壽以應齊神武及孝武卽位加關中大行臺永熙二年孝武密令岳圖齊神武遂刺心血持以寄岳岳懼乃自詣北境安置邊防率衆趨平涼西界布營數十里託以牧馬於原州爲自安之計先是費也頭万俟受洛干鐵勒斛律沙門解拔彌俄突紇豆陵伊利等擁衆自守至是皆欵附秦南秦河渭四州刺史又會平涼受岳節度唯靈州刺史曹泥不應召通使於齊神武神武乃遣左丞翟嵩使至關中閒岳及侯莫陳悅三年岳召悅會於高平將討曹泥令悅前驅而悅受神武指密圖岳岳弗之知而先又輕悅悅乃誘岳入營共論兵事悅詐云腹痛起而徐行令其壻元洪景斬岳於幕中朝野莫不痛惜之贈侍中太傅錄尚書事都督關中二十州諸軍事大將軍雍州刺史謚曰武壯翟嵩復命于神武神武下牀嗚其頰曰除吾病者卿也何日忘之後岳部下收岳尸葬於雍州北石安原葬以王禮子緯嗣拜開府儀同三司周保定中錄岳舊德進爵霍國公尚周文帝女

侯莫陳悅代人也父婆羅門爲駝牛都尉故悅長於河西好田獵便騎射會牧子作亂遂歸尒朱榮榮引爲府長流參軍莊帝初除金紫光祿大夫封栢人縣侯尒朱天光之討關西榮以悅爲天光右廂大都督西伐克獲皆與天光賀拔岳略同除鄯州刺史尒朱榮死後亦隨天光下隴元曄立進爵爲公改封白水郡公普泰中除秦州刺史天光之東出將抗齊神武悅與岳下隴以應神武至雍州會尒朱覆敗永熙初加開府儀同三司都督隴右諸軍事仍兼秦州刺史三年岳召悅共討曹泥悅誘岳斬之岳左右奔散悅遣人安慰衆皆畏服悅心猶豫不卽撫納乃還入隴止永洛城岳所部聚於平涼規還圖悅周文帝時爲夏州刺史衆遣奉迎周文至遂總岳部衆并家口入高平城以自安固乃勒衆入隴征悅悅聞之棄城南據山水之險悅先召南秦州刺史李景和其夜景和遣人詣周文密許翻降至暮景和乃勒其所部使上驢馳云儀同有敎欲還秦州守以拒賊復給帳下云儀同欲還秦州汝等何不裝辦衆謂言實以次相驚皆散趣秦州景和先馳至城據門以慰輯之悅

部衆離散猜畏傍人不聽左右近已與其二弟并兒及謀殺岳者八九人棄軍迸走數日之中盤回往來不知所趣左右勸向靈州而悅不決言下隴後恐爲人見乃放馬山中令從者悉步自乘一騾欲往靈州中路追騎將及縊死野中弟息部下悉見禽殺唯先謀殺岳者悅中兵參軍豆盧光走至靈州後奔晉陽悅自殺岳後精神恍惚不復如常恒言我睡卽夢岳語我兄欲何處去隨逐我不相置因此彌不自安而致敗滅

念賢字蓋盧金城枹罕人也父求就以大家子戍武川鎭仍家焉賢美容質頗涉經史爲兒童時在學中讀書有善相者過學諸生競詣之賢獨不往笑謂諸生曰男兒死生富貴皆在天也何遽相乎少遭父憂居喪有孝稱後以破衞可瓌功除別將又以軍功封屯留縣伯從尒朱榮入洛兼尚書右僕射東道行臺進爵平恩縣公永熙中孝武以賢爲中軍北向大都督進爵安定郡公加侍中開府儀同三司大統初拜太尉爲秦州刺史加太傅給後部鼓吹三年轉太師都督河州刺史大將軍久之還朝兼錄尚書事後與廣陵王欣扶風王孚等同爲正直侍中時行殿初成未有題目帝詔近侍各名之對者非一莫允帝心賢乃爲圓極帝笑曰正與朕意同卽名之河橋之役賢不力戰乃先還自是名頗減五年除都督秦州刺史薨於州謚曰昭定賢於諸公皆爲父黨自周文以下咸拜敬之子華性和厚有長者風官至開府儀同三司合州刺史

梁覽字景叡金城人也其先出自安定避難走西羌世爲部落酋帥曾祖穆以枹罕城歸吐谷渾後又歸魏封臨洮公祖顯爲尚書封南安公父釗河華二州刺史封新陽縣伯覽家世豪富貲累千金孝昌初秦州莫折念生胡琛等反散財招募有二千人鎭河州從大軍平賊歷梁河二州刺史封安德縣侯覽旣爲本州刺史盛修甲仗人馬精銳吐谷渾憚不敢出皆曰梁公在未可行也永安中詔大鴻臚琅邪王皓就策授世爲河州刺史永熙中改封郡公大統二年加太尉其年覽從弟企定反欲圖覽覽與數戰未能平王師至始破之四年還大傳及河橋之役王師敗時病留長安趙青雀反北城覽爲之謀主事平乃見殺子鶴雀位儀同三司大都督後坐事免死

雷紹字道宗武川鎭人也九歲而孤有膂力善騎射年十八給事鎭府嘗使洛陽見京都禮義之美還謂同僚曰徒知邊備尚武以圖富貴不謂文學身之實也生世不學其猶穴處何所見焉遂逃歸辭母求師經年通孝經論語嘗讀書至人行莫大於孝乃投卷嘆曰吾離違侍養非人子之道卽還鄉里躬耕奉養遭母憂哀毀骨立由是知名鎭將召補鎭佐後隨賀拔岳征討爲岳長史岳有大事常訪而後行及齊神武起兵岳恥居其下紹乃勸岳迎孝武西都長安以順討逆岳曰吾本意也後岳信諸將言欲保關中坐觀成敗紹知計不用請爲邊州建功岳曰君有毗佐之力當總大州遂以紹爲京兆太守清平理物甚得人和在郡踰年岳被害初紹見岳數與侯莫陳悅宴語嘗謂岳曰公其愼之岳不從果及於難紹乃棄郡馳赴岳軍與寇洛等迎周文帝悅平以功授大都督涼州刺史紹請留所領兵以助東討請單騎赴州刺史李叔仁擁州逆命紹遂歸永熙三年以紹爲渭州刺史進爵昌國伯初紹爲岳長史周文爲岳左丞及居相常以恩舊接之卒於州紹性好施祿賜皆分贍親故及死日無以送終兼敬信佛道遺勑其子曰吾本鄉葬法必殺犬馬於亡者無益汝宜斷之歛以時服事從約儉還葬長安天子素服臨弔贈太尉賜東園祕器子滇

毛遐字鴻遠北地三原人也世爲酋帥曾祖天愛太武時至定州刺史始昌子傳至遐四世不絕正光中蕭寶夤爲大都督討關中諸賊咸陽太守韋遂時爲都督以遐爲都督府長史寶夤敗還長安三輔騷擾遐因辭遂還北地與弟鴻賓聚鄉曲豪傑遂東西略地氐羌多赴之共推鴻賓爲盟主旣而賊帥宿勤買奴自號京兆王於北地遐詐降之而與鴻賓攻其壁賊自相斫射縱兵追擊七柵皆平後寶夤構逆謀遐知之乃寄書與鴻賓索馬迎接復於馬祇柵建旗鼓以拒寶夤攻其將盧祖遷禽之寶夤以是日拜南郊竊號禮未畢而告敗寶夤懼尸乾色變不遑部伍人皆亂還詔授遐南幽州刺史進爵爲伯遐又攻破其將侯終德寶夤知內外勢異輕將十數騎走巴中冬万俟醜奴陷秦州詔以遐兼尚書二州行臺孝武帝入關敕周文帝置二尚書分掌機事遐與周惠達始爲之稍遷驃騎大將軍儀同三司卒遐少任俠有智謀世爲豪右貲產巨億士流貧乏者多被賑贍故中書郎檀翥尚書郎公孫範等常依託之至於自供衣食蠱弊而已死之日鄉黨赴葬咸共痛惜

鴻賓大鼻眼多鬚鬢黑而且肥狀貌頗異氐羌見者皆畏之加膽略騎射俶儻不拘小節昆季之中尤輕財好施遐雖云早立而名出其下及賊起鄉里推爲盟主常與遐一守一戰後拜岐州刺史散騎常侍開國縣侯遐笑謂鴻賓曰擊賊之功吾不居汝後至於受賞汝在吾前當以德濟物不及汝故明帝以鴻賓兄弟所定處多乃改北地郡爲北雍州鴻賓爲刺史詔曰此以晝錦榮鄉也改三原縣爲建中郡以旌其兄弟後尒朱天光自關中還洛夷夏心所忌者皆將自隨鴻賓亦領鄉中壯武二千人以從洛中素聞其名衣冠貧冗者競與之交尋拜西兗州刺史羈寓倦游之輩四座常滿鴻賓資給衣食與己悉同私物不足頗有公費轉南青州刺史未幾徵還爲有司所糾鴻賓遂逃匿人間月餘特詔原之及孝武帝與齊神武有隙令鴻賓鎭潼關爲西道之寄車駕西幸漿糗乏絕侍官三二日間唯飲澗水鴻賓奉獻酒食迎於稠桑文武從者始解飢渴武帝把其手曰寒松勁草所望於卿也事平之日寧忘主人仍留守潼關後神武來寇見禽至并州憂恚卒鴻賓弟鴻顯位散騎常侍封縣侯遐乳母所產也一字七寶遐養之爲弟因姓毛氏勁悍多力後隨諸兄戰鬬多先鋒陷陣大統四年爲廣州刺史與駱超鎭東陽陷東魏卒子野义

乙弗朗字通照其先東部人也世爲部落大人與魏從代後因家上樂焉朗少有俠氣在鄉里以善騎射稱孝莊末北邊擾亂避地居井肆間尒朱榮見而重之甚相接待以功封蓮勺子後隸賀拔岳從尒朱天光西討爲岳左廂都督孝武帝之禦齊神武授朗閤內大都督及帝西入詔朗爲軍司先驅靖路至長安封長安縣公卒於岐州刺史初朗患積冷周文賜三石東生散令朗法服之使人問疾朝夕相繼見重如此臨終惟云恨不見河洛淸平重反京縣以此爲恨三舉手提牀而便氣盡贈太尉子鳳位宮伯開府儀同三司與周閔帝謀宇文護見殺

論曰朱瑞以向義受戮延慶以違順遇禍各其命焉斛斯椿屢踐危機終獲貞吉豈人謀之所致也徵洽聞強記以夔襄任已終使咸英不墜部濩惟新加以盡心所事無忘直道抗辭正色顚沛不渝蓋有周之忠烈乎賈顯智樊子鵠侯深等並驅馳風塵之際但自陷夷戮觀其遺跡雖獲罪於覇政求之有魏得失未可知也賀拔允昆季以勇略之資當馳競之日並邀時投隙展効立功始則委質尒朱中乃結款高氏太昌之後卽帝圖高察其所由固非守節之士及勝垂翅江左憂魏室之危亡奮翼關西感梁朝之顧遇有長者之風矣終能保榮持寵良有以焉岳以二千羸兵抗三秦勍敵奮其智勇克翦凶渠雜種畏威遐方慕義斯亦一時之盛矣卒以勳高速禍無備嬰戮惜哉昔陳涉首事不終有漢因而創業賀拔功成夙殞周文藉以開基不有所廢君何以興信乎其然矣侯莫陳悅肆行殘慝死不旋踵觀其亡滅蓋自取之念賢有始有卒取敬羣公梁覽終以取禍鮮克之義雷紹馳騖雲雷之秋毛遐兄弟致力經綸之日乙弗朗展轉擾攘之中卒獲歸順美矣

北史卷四十九考證

賀拔允弟勝傳度律軍以此免退遂大敗○免當係先字之訛

勝弟岳傳乃請尒朱氏一人爲元帥○請監本訛謂今改從南本

梁覽傳歷梁河二州刺史○梁南本作涼

毛遐傳咸陽太守韋遂時爲都督○遂南本作邃

史臣論周文藉以開基○藉監本作籍今從南本

北史卷五十

唐　李　延　壽　撰

列傳第三十八

辛雄 族祖琛 琛子術 術族子德源　楊機

高道穆 兄謙之　綦儁　山偉

宇文忠之　費穆　孟威

辛雄字世賔隴西狄道人也父暢汝南鄉郡二郡太守雄有孝性居父憂殆不可識淸河王懌爲司空辟爲左曹懌遷司徒仍授左曹雄用心平直加以閑明政事經其斷割莫不悅服懌每謂人曰必也無訟辛雄有焉歷尚書駕部三公郎會沙汰郎官唯雄與羊深等八人見留餘悉罷遣先是御史中丞東平王匡復欲輿棺諫諍尚書令任城王澄劾匡大不敬詔恕死雄奏理匡曰竊惟白衣元匡歷奉三朝每蒙寵遇謇謇之性簡自帝心故高祖錫之以匡名陛下任之以彈糾當高肇之時匡造棺致諫主聖臣直卒以無咎假欲重造先帝已容之於前陛下亦宜寬之於後未幾匡除平州刺史右僕射元欽稱雄之美左僕射蕭寶夤曰吾聞游僕射云得如雄者四五人共省事足矣今日之賞何其晚哉初廷尉少卿袁翻以犯罪之人經恩競訴枉直難明遂奏曾染

風聞者不問曲直推爲獄成恐不斷理詔門下尚書廷尉議之雄議曰春秋之義不幸而失寧僭不濫僭則失罪人濫乃害善人今議者不忍罪姦吏使出入縱情令君子小人薰猶不別豈所謂賞善罰惡懲慾隱恤者也古人唯患察獄之不精未聞知寃而不理詔從雄議自後每有疑議雄與公卿駁難事多見從於是公能之名甚盛又爲祿養論稱仲尼陳五孝自天子至於庶人無致仕之文禮記八十一子不從政九十家不從政鄭玄注云復除之然則止復庶人非公卿士大夫之謂以爲宜聽祿養不約其年書奏孝明納之後除司空長史時諸公皆慕其名欲屈爲佐莫能得也時諸方賊盛而南寇侵境山蠻作逆孝明欲親討以荊州爲先詔雄爲行臺左丞與臨淮王彧東趣葉城別將裴衍西通鵶路衍稽留未進彧師已次汝濱逢北溝求救議以處分道別不欲應之雄曰王直麾閫外唯利是從見可而進何必守道彧恐後有得失之責要雄符下雄以車駕將親伐蠻夷必懷震動乘彼離心無往不破遂符彧軍令速赴擊賊聞果自走散在軍上疏曰凡人所以臨堅陳而忘身觸白刃而不憚者一則求榮名二則貪重賞三則畏刑罰四則避禍難非此數事雖聖王不能勸其臣慈父不能厲其子明主深知其情故賞必行罰必信使親疏貴賤勇怯賢愚聞鐘鼓之聲見旍旗之列莫不奮激競赴敵場豈厭久生而樂早死也利害懸於前欲罷不能耳自秦隴逆節將歷數年蠻左亂常稍已多載凡在戎役數十萬人三方之師敗多勝少跡其所由不明賞罰故也陛下欲天下之早平愍征夫之勤悴乃降明詔賞不移時然兵將之勳歷稔不決亾軍之卒晏然在家致令節士無所勸慕庸人無所畏慴進而擊賊死交而賞賒退而逃散身全而無罪此其所以望敵奔沮不肯進力者矣爲重發明詔更量賞罰則軍威必張賊難可弭臣聞必不得已去食就信以此推之信不可斯須廢也賞罰陛下之所易尚不能全而行之攻敵士之所難欲其必死寧可得也後爲吏部郎中及尒朱榮入洛河陰之難人情未安雄潛竄不出孝莊欲以雄爲尚書門下奏曰辛雄不出存亾未知孝莊曰寧失亾而用之可失存而不用也遂除度支尚書後以本官兼侍中關西慰勞大使將發請事五條一言逋懸租調宜悉不徵二言簡罷非時徭役以紓人命三言課調之際使豐儉有殊令州郡量檢不得均一四言兵起歷年死亾者衆或父或子辛酸未歇見存耆老請假板職悅生者之意慰死者之魂五言喪亂既久禮儀罕習如有閨門和穆孝悌卓然者宜旌其門閭莊帝從之因詔人年七十者授縣八十授郡九十加四品將軍百歲從三品將軍永熙三年兼吏部尚書時近習專恣雄懼其譖愬不能守正論者頗議之孝武南狩雄兼左僕射留守京師永熙末兼侍中帝入關右齊神武至洛於永寧寺大集朝士責雄及尚書崔孝芬劉厥楊機等曰爲臣奉主匡危救亂若處不諫諍出不陪隨緩則耽寵急便竄避臣節安在乃誅之二子士璨士貞逃入關中雄從父兄纂字伯將學涉文史溫良雅正初爲兗州安東府主簿與祕書丞同郡李伯尚有舊伯尚與咸陽王禧同逆逃竄投纂事覺坐免官後爲太尉騎兵參軍每爲府主清河王懌所賞至定考懌曰辛騎兵有學有才宜爲上第及梁將曹義宗攻新野詔纂爲荊州軍司纂善撫將士人多用命賊甚憚之會孝明崩諱至咸以對敵欲祕凶問纂曰安危在人豈關是也遂發喪號哭三軍縞素還入州城申以盟約尋爲義宗所圍相率固守孝莊即位除兼尚書仍行臺後大都督費穆擊義宗禽之入城因舉酒屬纂曰微辛行臺之在斯吾亦無由見此功也永安二年元顥乘勝至城下爲顥禽之孝莊還宮纂謝不守之罪帝曰於時朕亦北巡東軍不守豈卿之過轉滎陽太守百姓姜落生康乞得者舊是前太守鄭仲明左右豪猾偷竊境內患之纂伺捕禽獲梟於郡市百姓欣然纂僑屬洛陽太昌中乃爲河南邑中正永熙三年除河內太守齊神武赴洛兵集城下纂出城謁神武慰勉之因命前侍中司馬子如曰吾行途疲弊宜代吾執河內手也尋爲兼尚書南道行臺西荊州刺史時蠻酋樊大能應西魏纂攻之不剋而敗爲西魏將獨孤信所害贈司徒公雄族祖琛

琛字僧貴祖敬宗父樹寶並代郡太守琛少孤曾過友人見其父母無恙垂涕久之釋褐奉朝請滎陽郡丞太守元麗性頗使酒琛每諫之麗後醉輒令閉閤曰勿使丞入也孝文南征麗從輿駕詔琛曰委卿郡事如太守也景明中爲揚州征南府長史刺史李崇多事產業琛每諫折崇不從遂相糾舉詔並不問後加龍驤將軍南梁太守崇因置酒謂琛曰長史後必爲刺史但不知得上佐何如人耳琛對曰若萬一叨忝得一方正長史朝夕聞過是所願也崇有慙色卒於官琛寬雅有度量涉獵經史喜慍不形於色當官奉法所在有稱長子悠字元壽早有器業爲侍御史監揚州軍賊平錄勳書埒李崇猶爲刺史欲寄人名悠不許崇曰我昔逢其父今復逢其子早卒悠弟俊字叔義有文才魏子建爲山南行臺以爲郎中有軍國機斷還京於滎陽爲人所劫害贈東秦州刺史俊弟術

術字懷哲少明敏有識度解褐司空胄曹參軍與僕射高隆之共典營搆鄴都宮室術有思理百工剋濟再遷尚書右丞出爲清河太守政有能名追授并州長史遭父憂去職清河父老數百人詣闕上書請立碑頌德齊文襄嗣事與尚書左丞宋游道中書侍郎李繪等並追詣晉陽俱爲上客累遷散騎常侍武定六年侯景叛除東南道行臺尚書封江夏縣男與高岳等破侯景禽蕭明遷東徐州刺史爲淮南經畧使齊天保元年侯景徵江西租稅術率諸軍度淮斷之燒其稻數百萬石還鎮下邳人酈術北度淮者三千餘家東徐州刺史郭志殺郡守文宣聞之敕術自今所統十餘州地諸有犯法者刺史先啓聽報以下先斷後表聞齊代行臺兼總人事自術始也安州刺史臨清太守盱台斬城二鎮將犯法術皆案奏殺之睢州刺史及所部郡守俱犯大辟朝廷以其奴婢百口及貲財盡賜術三辭不見許術乃送詣所司不復以聞邢卲聞之遺術書曰昔鍾離意云孔子忍渴於盜泉便以珠璣委地足下今能如此可謂異代一時及王僧辯破侯景術招攜安撫城鎮相繼款附前後二十餘州於是移鎮廣陵獲傳國璽送鄴文宣以璽告於太廟此璽即秦所制方四寸上紐交盤龍其文曰受命於天既壽永昌二漢相傳又歷魏晉晉懷帝敗沒於劉聰聰敗沒於石氏石氏敗晉穆帝永和中濮陽太守戴僧施得之遣督護何融送于建業歷宋齊梁梁敗侯景得之景敗侍中趙思賢以璽投景南兗州刺史郭元建送于術故術以進焉尋徵爲殿中尚書領太常卿仍與朝賢議定律令遷吏部尚書食南兗州梁郡幹遷鄴以後大選之職知名者數四互有得失未能盡美文襄少年高朗所弊也疎袁叔德沉密謹厚所傷者細楊愔風流辯給取士失於浮華唯術性尚貞明取士以才以器循名責實新舊參舉管庫必擢門閥不遺考之前後銓衡在術最爲折衷甚爲當時所稱舉天保末文宣嘗令術選百員官參選者二三千人術題目士子人無謗讟其所旌擢後亦皆致通顯術清儉寡嗜欲勤於所職未嘗暫懈臨軍以威嚴牧人有惠政少愛文史晚更勤學雖在戎旅手不釋卷及定淮南凡諸貲物一毫無犯唯大收典籍多是宋齊梁時佳本鳩集萬餘卷并顧陸之徒名畫二王已下法書數亦不少俱不上王府唯入私門及還朝頗以饟遺貴要物議以此少之十年卒年六十皇建二年贈開府儀同三司中書監青州刺史子閣卿尚書郎閣卿弟衡卿有識學開府參軍事隋大業初卒於太常丞術族子德源

德源字孝基祖穆魏平原太守父子馥尚書左丞德源沉靜好學十四解屬文及長博覽書記美儀容中書侍郎裴讓之特相愛好兼有龍陽之重齊尚書僕射楊遵彥殿中尚書辛術皆一時名士並虛襟禮敬同舉薦之後爲兼員外散騎侍郎聘梁使副德源本貧素因使薄有資裝遂餉執事爲父求贈時論鄙之中書侍郎劉逖上表薦德源弱齡好古晚節逾厲枕藉六經漁獵百氏文章綺豔體調清華恭慎表於閨門謙撝著於朋執實後進之辭人當今之雅器由是除員外散騎侍郎後兼通直散騎常侍聘陳及還待詔文林館位中書舍人齊滅仕周爲宣納上士因取急詣相州會尉遲迥起逆以爲中郎德源辭不獲免遂亾去隋受禪不得調者久之隱林慮山鬱鬱不得志著幽居賦以自寄素與武陽太守盧思道友善時相往來魏州刺史崔彥武奏德源潛爲交結恐有姦計由是謫令從軍討南寧及還祕書監牛弘以德源才學顯著奏與著作郎王劭同修國史德源每於務隙撰集注春秋三傳三十卷注揚子法言二十三卷蜀王秀奏以爲掾轉諮議參軍卒官有集二十卷又撰政訓內訓各二十卷有子素臣德源從祖兄元植齊天保中司空司馬學涉有名聞於世德源族叔珍之少有氣俠歷位北海太守後行平州事卒於州贈驃騎大將軍洛州刺史謚曰恭子慤武定末開府鎧曹參軍

楊機字顯畧天水冀人也祖伏恩徙居洛陽因家爲機少有志節爲士流所稱河南尹李平元暉並召署功曹暉尤委以郡事或謂暉曰弗躬弗親庶人弗信何得委事於機高臥而已暉曰吾聞君子勞於求士逸於任賢吾既委得其才何爲不可由是聲名更著時皇子國官多非其人詔選清直之士機見舉爲京兆王愉國中尉愉甚敬憚之後爲洛陽令京輦伏其威風訴訟者一經其前後皆識其名姓并記其事理歷司州別駕清河內史河北太守並有能名永熙中除度支尚書機方直之心久而彌厲奉公正已爲時所稱家貧無馬多乘小犢車時論許其清白與辛雄等並爲齊神武所誅

高恭之字道穆自云遼東人也祖潛獻文初賜爵陽關

男詔以沮渠牧犍女賜潛爲妻封武威公主拜駙馬都尉父崇字積善少聰敏以端謹稱家貧富厚而崇志尚儉素初崇舅氏坐事誅公主痛本生絶肩遂以崇繼牧犍後改姓沮渠景明中啓復本姓襲爵除洛陽令爲政清斷吏人畏其威風發擿不避强禦縣内肅然卒贈滄州刺史謚曰成道穆以字行於世學涉經史所交皆名流儁士幼孤事兄如父每謂人曰人生厲心立行貴於見知當使夕脫羊裘朝佩珠玉若時不我知便須退迹江海自求其志御史中尉元匡高選御史道穆奏記求用於匡匡遂引爲御史其所糾擿不避權豪正光中出使相州前刺史李世哲卽尚書令崇之子多有非法逼買人宅廣興屋宇皆置鴟尾又於馬埒堠上爲木人執節道穆繩糾悉毀去之并表發其贓貨尒朱榮討蠕蠕道穆監其軍事榮甚憚之蕭寶夤西征以爲行臺郎中委以軍機之事後屬兄謙之被害情不自安遂託身於孝莊孝莊時爲侍中深相保護及卽位賜爵龍城侯除太尉長史領中書舍人及元顥逼武牢或勸帝赴關西者帝以問道穆道穆言關中殘荒請車駕北度循河東下帝然之其夜到河内郡北帝命道穆燭下作詔書布告遠近於是四方知乘輿所在尋除給事黄門侍郎安喜縣公於時尒朱榮欲廻師待秋道穆謂榮曰大王擁百萬之衆輔天子而令諸侯此桓文之舉也今若還師令顥重完守具可謂養虺成虵悔無及矣榮深然之及孝莊反政因宴次謂尒朱榮曰前若不用高黄門計社稷不安可爲朕勸其酒令醉因榮陳其作監軍時臨事能決實可任用尋除御史中尉仍兼黄門道穆外執直繩内參機密凡是益國利人之事必以奏聞諫諍盡言無所顧憚選用御史皆當世名輩李希宗李繪陽休之陽斐封君義邢子明蘇淑宋世良等三十人於時用錢稍薄道穆表曰百姓之業錢貨爲本救弊改鑄王政所先自頃以來私鑄薄濫官司糾繩挂網非一在市銅價八十一文得銅一斤私鑄薄錢斤餘二百既示之以深利又隨之以重刑得罪者雖多姦鑄者彌衆今錢徒有五銖之文而無二銖之實薄甚榆莢上貫便破置之水上殆欲不沉因循有漸科防不切朝廷失之彼復何罪昔漢文帝以五分錢小改鑄四銖至武帝復改三銖爲半兩此皆以大易小以重代輕也論今據古宜改鑄大錢文載年號以記其始則一斤所成止七十六文銅價至賤五十有餘其中人功食料錫炭松砂縱復私營不能自潤直置無利自應息心況復嚴刑廣設也以臣測之必當錢貨永通公私獲允後遂用楊侃計鑄永安五銖錢僕射尒朱世隆當朝權盛因内見衣冠失儀道穆便卽彈糾帝姊壽陽公主行犯清路執赤棒卒呵之不止道穆令卒棒破其車公主深恨泣以訴帝帝曰高中尉清直人彼所行者公事豈可私恨責之也道穆後見帝帝曰一日家姊行路相犯深以爲愧道穆免冠謝帝曰朕以愧卿卿反謝朕尋敕監儀注又詔祕書圖籍及典書緗素多致零落可令道穆總集帳目并牒儒學之士編比次第道穆又上疏曰高祖太和之初置廷尉司直論刑辟是非雖事非古始交濟時要竊見御史出使悉受風聞雖時獲罪人亦不無枉濫何者得堯之罰不能不怨守令爲政容有愛憎姦猾之徒恒思報惡多有妄造無名共相誣謗御史一經檢究耻於不成杖木之下以虛爲實無罪不能自雪者豈可勝道哉臣雖愚短守不假器繡衣所指冀以清肅若仍更蹱前失或傷善人則尸祿之責無所逃罪如臣鄙見請依太和故事還置司直十人名隸廷尉以五品選歷官有稱心平性正者爲之御史若出糾劾卽移廷尉令知人數廷尉遣司直與御史俱發所到州郡分居别館御史檢了移付司直司直覆問事訖與御史俱還中尉彈聞廷尉科案一如舊式庶使獄成罪定無復稽寬爲惡取敗不得稱枉若御史司直糾劾失實悉依所斷獄罪之聽以所檢送相糾發如二使阿曲有不盡理聽罪家詣門下通訴别加案檢如此則肺石之傷怨從可息叢棘之下受罪吞聲者矣詔從之復置司直及尒朱榮死帝召道穆付赦書令宣於外謂曰今當得精選御史矣先是榮等常欲以其親黨爲御史故有此詔及尒朱世隆等戰於大夏門北道穆受詔督戰又贊成太府卿李苗斷橋之計世隆等於是北遁加衛將軍大都督兼尚書右僕射南道大行臺時雖外託征蠻而帝恐北軍不利欲爲南廵之計未發會尒朱兆入洛道穆慮禍託病去官世隆以其忠於前朝遂害之太昌中贈車騎大將軍儀同三司雍州刺史子士鏡襲爵爲北豫州刺史道穆兄謙之

謙之字道讓少事後母以孝聞專意經史天文算歷圖緯之書多所該涉好文章留心老易襲父爵孝昌中行河陰令先是有人囊盛瓦礫指作錢物詐市人馬因而逃去詔令追捕必得以聞謙之乃僞枷一囚立於馬市宣言是前詐市馬賊今欲刑之密遣腹心察市中私議者有二人相見忻然曰無復憂矣執送案問悉獲其黨并出前後盜處失物之家各得其本物具以狀告尊正河陰令在縣二年損益政體多爲故事時道穆爲御史亦有能名世美其父子兄弟並著當官之稱舊制二縣令得面陳得失時佞幸之輩惡其有所發聞遂共奏罷謙之乃上疏曰臣以無庸謬宰神邑實思奉法不撓稱是官方酬朝廷無貲之恩盡人臣守器之節但豪家支屬戚里親媾縲紲所及舉目多是皆有盜憎之色咸起惡上之心縣令輕弱何能克濟先帝昔發明詔得使面陳所懷臣亾父先臣崇之爲洛陽令常得入奏是非所以朝貴斂手無敢干政近年已來此制遂寢致使神宰威輕下情不達今二聖遠遵堯舜憲章高祖愚臣亦望策其駑蹇少立功名乞行新典更明往制庶姦豪知禁頗自屏心詔付外量聞謙之又上疏以爲自正光以來邊城屢擾命將出師相繼於路但諸將師或非其才多遣親者妄稱入募唯遣奴客充數而已對寇臨敵畧不彎弓則是王爵虛加征夫多闕賦虜何可殄除忠貞何以勸誡也且近習侍臣戚屬朝士請託官曹擅作威福如有清貞奉法不爲回者咸共譖毀橫受罪罰在朝顧望誰肯申聞蔽上擁下虧風損政使讒諂甘心忠讜息義且頻年以來多有徵發人不堪命動致流離苟保妻子競逃王役不復顧其桑井憚此刑書正由還有必困之理歸無自安之路若聽歸其本業徭役微甄則還者必衆墾田增闢數年之後大獲課入今不務以理還之但欲嚴符切勒恐數年之後走者更多故有國有家者不患人不我歸唯患政之不立不恃敵不我攻唯恃吾不可侮此乃千載共遵百王一致伏願少垂覽察靈太后得其疏以責左右近侍諸寵要者由是疾之乃啓太后曰謙之有學藝除爲國子博士謙之與袁翻常景酈道元温子昇之徒或申欵舊好施贍恤言諾無虧居家僮隸對其兒不撻其父母生三子便免其一世無髡黥奴婢常稱俱稟人體如何殘害謙之以父舅氏沮渠蒙遜曾據涼土國書漏闕乃修涼書十卷行於世涼國盛事佛道爲論貶之稱佛是九流之一家當世名流競以佛理來難謙之還以佛義對之竟不能屈以時所行曆多未盡善乃更改元修者撰爲一家之法雖未行於世識者歎其多能時朝議鑄錢以謙之爲鑄錢都將長史乃上表求鑄三銖錢曰蓋錢貨之立本以通有無便交易故錢之輕重世代不同太公爲周置九府圜法至景王時更鑄大錢秦兼海内錢重半兩漢興以秦錢重改鑄榆莢錢至文帝五年復爲四銖孝武時悉復銷壞更鑄三銖至元狩中變爲五銖又造赤仄之錢以一當五王莽攝政錢有六等大錢重十二銖次九銖次七銖次五銖次三銖次一銖魏文帝罷五銖錢至明帝復立孫權江左鑄大錢一當五百權赤烏年復鑄大錢一當千輕重大小莫不隨時而變竊以食貨之要八政爲首聚財之貴詒訓典文是以昔之帝王乘天地之饒御海内之富莫不腐紅粟於太倉藏朽貫於泉府儲畜既盈人無困弊可以寧謐四海如身使臂者矣昔漢之孝武地廣財饒外事四戎遂虛國用於是草茅之臣出財助邊興利之計納税廟堂市列榷酒之官邑有告緡之令鹽法既興錢弊屢改少府遂豐上林饒積外闢百蠻内不增賦者皆計利之由也今群袄未息四郊多壘徵税既煩千金日費倉儲漸耗財用將竭誠楊氏獻税之秋桑兒言利之日夫以西京之盛錢猶屢改並行大小子母相權況今寇難未除州郡淪敗人物彫零軍國用少别鑄小錢可以富益何損於政何妨於人也且政興不以錢大政衰不以錢小唯貴公私得所政化無虧既行之於古亦宜效之於今矣昔禹遭大水以歷山之金鑄錢救人之困湯遭大旱以莊山之金鑄錢贖人之賣子者今百姓窮悴甚於曩日欽明之主豈得垂拱而觀之哉臣今此鑄以濟交乏五銖之錢任使並用行之無損國得其益詔將從之事未就會卒初謙之弟道穆正光中爲御史糾相州刺史李世哲事大相挫辱其家恒以爲憾至是世哲弟神軌爲靈太后深所寵任會謙之家僮訴良神軌左右之入諷尚書判禁謙之於廷尉時將赦神軌乃啓靈太后發詔於獄賜死朝士莫不哀之所著文章百餘篇别有集録永安中贈營州刺史謚曰康又除一子出身以明冤屈謙之弟謹之字道修父崇既還本姓以謹之繼沮渠氏

綦儁字櫑顯河南洛陽人也其先居代儁孝莊時仕累遷爲滄州刺史甚爲吏人畏悅尋除太僕卿及尒朱世隆等誅齊武神召文武百司下及士庶議所立莫有應者儁避席曰廣陵王雖爲尒朱扶戴當今之聖主也神武將從之時黄門崔㥄議不同高乾魏蘭根等固執㥄言遂立孝武帝及帝入關神武深思儁言常以爲恨尋除御史中尉於路與僕射賈顯度相逢顯度恃勳貴排儁騶列倒儁忿見於色自入奏之尋加散騎常侍驃騎大將軍左光祿大夫儀同三司儁佞巧能候當塗斛斯椿賀拔勝皆與友善性多詐賀拔勝出鎮荆州過儁别因辭儁母儁故見敗氊弊被勝更遺之錢物後兼吏部尚書復爲滄州刺史徵還兼中尉章武縣伯尋除殷州

刺史薨於州贈司空公謚曰文貞子洪寔字巨正位尚書左右郎魏郡邑中正嗜酒好色無行檢卒

山偉字仲才河南洛陽人也其先居代祖强美容貌身長八尺五寸工騎射彎弓五石爲奏事中散從獻文獵方山有兩狐起於御前詔强射之百步內二狐俱獲位內行長父幼之位金明太守偉涉獵文史孝明初元匡爲御史中尉以偉兼侍御史入臺五日便遇正會偉司神武門其妻從叔爲羽林隊主撾直長於殿門偉卽劾奏匡善之俄然奏正帖國子助教遷員外郎廷尉評時天下無事進仕路難代遷之人多不霑預及六鎭隴西二方起逆領軍元乂欲用代來寒人爲傳詔以慰悅之而牧守子孫投狀求者百餘人乂因奏立勳附隊令各依貧出身自是北人悉被收敘偉遂奏記贊乂德美乂素不識偉訪侍中安豐王延明黃門郎元順順等因是稱薦之乂令僕射元欽引偉兼尚書二千石郎後正名士郎修起居注僕射元順領選表薦爲諫議大夫尒朱榮之害朝士偉時守直故免禍及孝莊入宮仍除偉給事黃門侍郎先是偉與儀曹郎袁昇屯田郎李延考外兵郎李奂三公郎王延業方駕而行偉少居後路逢一尼望之歎曰此輩緣業同日而死謂偉曰君方近天子當作好官而昇等四人皆於河陰遇害果如其言俄領著作郎節閔帝立除祕書監仍著作初尒朱兆入洛官守奔散國史典書高法顯密埋史書故不遺落偉自以爲功訴求爵賞偉挾附世隆遂封東阿縣伯而法顯止獲男爵偉等進侍中孝靜初除衛大將軍中書令監起居後以本官復領著作卒官贈驃騎大將軍開府儀同三司都督幽州刺史謚曰文貞公國史自鄧彥海崔深崔浩高允李彪崔光以還諸人相繼撰錄綦儁及偉等諂悅上黨王天穆及尒朱世隆以爲國書正應代人修緝不宜委之餘人是以綦偉等更主大籍守舊而已初無述著故自崔鴻死後迄終偉身二十許載時事蕩然萬不記一後人執筆無所憑據史之遺闕偉之由也外示沉厚內實矯競與綦儁少甚相得晚以名位之間遂若水火與宇文忠之之徒代人爲黨時賢畏惡之而愛尚文史老而彌篤偉弟少亾偉撫寡訓孤同居二十餘載恩義甚篤不營產業身亾之後賣宅營葬妻子不免飄泊士友歎愍之長子昂襲爵

宇文忠之河南洛陽人也其先南單于之遠屬世據東部後居代都父侃卒於書侍御史忠之涉獵文史頗有筆札釋褐太學博士天平初除中書侍郎裴伯茂與之同省常侮忽之以忠之色黑呼爲黑宇後敕修國史元象初兼通直散騎常侍副鄭伯猷使梁武定初爲尚書右丞仍修史未幾以事除名忠之好榮利自爲中書郎六七年矣遇尚書省選右丞預選者皆射策忠之試焉旣獲丞職大爲忻滿志氣囂然有驕物之色識者笑之旣失官爵怏怏發疾卒于君山

費穆字朗興代人也祖于位商賈二曹令懷州刺史賜爵松陽男父萬襲爵位梁州鎭將贈冀州刺史穆性剛烈有壯氣頗涉文史好尚功名宣武初襲爵稍遷涇州平西府長史時刺史皇甫集靈太后之元舅恃外戚之親多爲非法穆正色匡諫集亦憚之後蠕蠕主婆羅門自涼州歸降其部衆因飢侵掠邊邑詔穆銜旨宣慰莫不欵附明年復叛入寇涼州除穆兼尚書右丞西北道行臺仍爲別將往討之穆至涼州蠕蠕遁走穆謂其所部曰夷狄獸心見敵便走若不令其破膽終恐疲於奔命乃簡練精騎伏於山谷使羸劣之衆爲外營以誘之賊騎覘見俄而競至伏兵奔擊大破之及六鎭反叛穆爲別將隸都督李崇北伐都督崔暹失利崇將議班師以朔州是白道之衝賊之咽喉若不全則并肆危選將鎭捍僉議舉穆崇乃請穆爲朔州刺史尋改雲州刺史穆招集離散頗得人心北境州鎭皆沒唯穆獨存久之援軍不至穆乃棄城南走投尒朱榮於秀容旣而詣闕請罪詔原之孝昌中以都督討平二絳反蜀拜散騎常侍後祆賊李洪於陽城起逆連結蠻左詔穆兼武衛將軍擊破之及尒朱榮向洛靈太后徵穆令屯小平榮推奉孝莊穆遂先降榮素知穆見之甚悅穆潛說榮曰公士馬不出萬人長驅向洛前無橫陳者政以推奉主上順人心故今以京師之衆百官之盛一知公之虛實必有輕侮之心若不大作討罰更樹親黨公還北之日恐不得度太行而內難行矣榮心然之於是有河陰之事天下聞之莫不切齒榮入洛穆爲吏部尚書魯縣侯進封趙平郡公爲侍中前鋒大都督與大將軍元天穆討平邢杲時元顥入京師穆與天穆旣平齊地將擊顥穆圍武牢將拔屬天穆北度旣無後繼穆遂降顥顥以河陰酷濫事起於穆引入詰讓殺之孝莊還宮贈侍中司徒公謚曰武宣

孟威字能重河南洛陽人也頗有氣尚尤知北土風俗歷東宮齋帥羽林監後以明解北人語敕在著作以備推訪累遷沃野鎭將前後頻使遠藩粗能稱旨普泰中除大鴻臚卿卒贈司空公子恂嗣

論曰辛雄吏能歷職琛以公方行己懷哲體有清監德源雅業無虧並素門之所德也楊機清斷在公道穆兄弟有政事之用綦儁遭逢受職山偉位行頗爽忠之雖文史足用而雅道蔑聞費穆出身効力功名著矣末路一言禍延籓帶其死也宜哉孟威以方言陳力其勤亦可稱矣

北史卷五十考證

辛雄傳先是御史中丞東平王匡復欲輿棺諫諍○復監本訛服今改從魏書

高恭之傳祖潛獻文初賜爵陽關男○陽關魏書作開陽又陽監本作楊今從南本

邢子明蘇淑宋世良等○淑監本訛叔今從閣本

謙之傳時佞幸之輩惡其有所發聞○佞監本訛伎今從南本

山偉傳綦儁及偉等諂悅上黨王天穆及尒朱世隆○悅監本訛亂今從閣本改正

字文忠之傳卒于君山○于魏書作子

北史卷五十一

唐　李　延　壽　撰

列傳第三十九

齊宗室諸王上

趙郡王琛子叡　清河王岳子勱

廣平公盛　陽州公永樂

襄樂王顯國　上洛王思宗子元海弟思好

平秦王歸彥兄子武興王普　長樂王靈山

神武諸子

趙郡王琛字元寶齊神武皇帝之弟也少便弓馬有志氣封南趙郡公累遷定州刺史六州大都督甚有聲譽及斛斯椿等釁結神武帥師入洛陽以晉陽根本召琛留總相府政事天平中除御史中尉正色糾彈無所回避遠近肅然尋亂神武後廷因杖而斃時年二十三贈太尉尚書令謚曰貞天平三年又贈假黃鉞左丞相太師錄尚書事進爵爲王配享神武廟庭子叡嗣

叡小名須拔幼孤聰慧夙成特爲神武所愛養於宮中令游娘母之恩異諸子魏興和中襲爵南趙郡公年至四歲未嘗識母其母魏華山公主也其從母姊鄭氏戲謂曰汝是我姨兒何倒親游氏叡因訪問遂失精神神武疑其感疾叡曰兒無患苦但聞有所生欲得暫見神武驚命元夫人至就宮見之叡前跪拜因抱頸大哭神武甚悲傷謂平秦王曰此兒至孝吾子無及者遂爲休務一日叡讀孝經至資於事父輒流涕歔欷十歲喪母神武親送至領軍府爲發哀舉聲殞絕三日水漿不入口神武與武明太后殷勤敦譬方漸順旨居喪長齋骨立杖而後起神武令常山王與同卧起日夜喻之并敕左右不許進水雖絕清漱午輒不肯食由是神武食必呼與同案神武崩哭泣歐血及壯將婚貌有戚容文襄謂曰我爲爾娶鄭述祖女何嫌而不樂對曰自痛孤遺方從婚冠彌用感切言未卒鳴咽不自勝文襄爲之憫然勵之勤學常夜久方罷文宣受禪進爵爲王叡身長七尺容儀甚偉閑習吏事有知人之鑒天保二年出爲定州刺史六州大都督時年十七稱爲良牧六年詔叡領兵監築長城于時六月叡途中屏蓋扇親與軍人同勞苦定州先常藏氷長史宋欽道以叡冒熱遣倍道送氷正遇炎盛咸謂一時之要叡對之歎曰三軍皆飲溫水吾何義獨進寒氷遂至銷液竟不一嘗兵人感悅先是役罷任其自歸丁壯先返羸弱多致僵殞叡於是親帥營伍强弱相持頓全者十三四焉八年除都督北朔州刺史叡撫慰新遷量置烽戍備有條法大爲兵人所安無水處禱而掘井泉源湧出至今號曰趙郡王泉九年濟南以太子監國因立大都督府與尚書省分理衆事仍開府置佐史文宣特崇其選除叡侍中攝大都督府長史叡後因侍宴帝從容謂常山王演等曰由來亦有如此長史不皇建初兼并州事孝昭帝臨崩預受顧託奉迎武成於鄴拜尚書令天統中追贈父琛假黃鉞母元氏贈趙郡王妃謚曰貞昭華陽長公主如故有司備禮儀就墓拜受時隆冬盛寒叡跣步號哭面皆破裂歐血數升及還不堪參謝帝親就第看問拜司空攝錄尚書事河清三年周師及突厥至并州武成戎服將以宮人避之叡叩馬諫乃止帝親御戎六軍進止竝令取叡節度而使段孝先總焉帝與宮人被緋甲登故北城以望軍營甚整突厥咎周人曰爾言齊亂故來伐之今齊人眼中亦有鐵何可當邪乃還至陘嶺凍滑乃鋪氈以度胡馬寒瘦膝已下皆無毛比至長城死且盡乃截矟杖之以歸是役也段孝先持重不與賊戰自晉陽失道爲虜所屠無遺類焉斛律光自三堆還帝以遭大寇抱其頭哭任城王湝進曰何至此乃止光面折孝先於帝前曰段婆善爲送女客於是以叡爲能加尚書令封

宣城郡公拜太尉監五禮暇節頗以酒色爲和士開所構叡久典朝政眷望日隆漸被疎忌乃撰古忠臣義士號曰要言以致其意武成崩葬後數日叡與馮翊王潤安德王延宗及元文遙奏後主云和士開不宜仍居內并入奏太后因出士開爲兗州刺史太后欲留過百日叡正色不許太后令酌酒賜叡叡正色曰今論國家大事非爲卮酒言訖便出其夜叡方寢見一人長可丈五尺臂丈餘當門向牀以臂壓叡良久遂失甚惡之起坐嘆曰大丈夫運命一朝至此旦欲入朝妻子咸諫止之叡曰社稷事重吾當以死効之吾寧死事先皇不忍見朝廷顛沛至殿門又有人曰願勿入叡曰吾上不負天死亦無恨入見太后太后復以爲言叡執之彌固出至永巷被送華林園於雀離佛院令劉桃枝拉殺之時年三十六大霧三日朝野冤惜之其年詔聽以王禮葬竟無贈謚子整信嗣好學有行檢位儀同三司後終於長安

清河王岳字洪略神武從父弟也父翻字飛雀以器度知名卒於侍御中散元象中贈假黃鉞大將軍太傅太尉錄尚書事謚孝宣公岳幼孤貧人未之知長而敦直姿貌嶷然深沉有器量初居洛邑神武每使入洛必止岳舍岳母山氏嘗夜起見神武室中無火而有光移於別室如前所見怪之詣卜者筮遇乾卦大有占者曰吉易稱飛龍在天大人造也貴不可言山氏歸報神武神武後起兵於信都山氏謂岳曰赤光之瑞今當驗矣汝可從之岳遂往信都神武見之大悅及戰於韓陵神武將中軍高昂將左軍岳將右軍中軍敗岳舉麾大呼橫衝賊陣神武因大破賊以功除衞將軍左光祿大夫封清河郡公母山氏封郡君授女侍中入侍皇后天平二年除侍中六州軍事都督尋加開府岳辟引時賢以爲僚屬論者美之尋授使持節六州大都督冀州大中正俄拜京畿大都督其六州事悉隸京畿時神武統務晉陽岳與侍中孫騰等京師輔政岳性至孝母疾衣不解帶及遭喪去職哀毀骨立神武憂之每日遣人勞勉尋起復本位歷冀晉二州刺史西南道大都督有綏邊之稱及神武崩侯景叛梁武乘間遣其貞陽侯明於寒山擁泗水灌彭城與景爲掎角聲援岳總諸軍南討與行臺慕容紹宗擊破明禽之景仍於渦陽與左衞將軍劉豐等相持岳又破之以功除太尉又統慕容紹宗劉豐等攻王思政於長社岳引洧水灌城紹宗劉豐爲思政所獲西魏出兵援思政岳內外防禦城不沒者三板會文襄親臨數日剋城獲思政等以功別封真定縣男文襄以爲己功故賞典不弘文襄崩文宣出撫晉陽令岳以本官兼尚書左僕射留鎮鄴天保初進封清河郡王五年加太保尋爲西南道大行臺統司徒潘相樂等救江陵師次義陽西魏克荊州因略地克郢州獲梁郢州刺史陸法和送鄴詔岳旋師岳自討寒山長社及出隨陸並有功威名彌重性華侈尤悅酒色歌姬舞女陳鼎擊鍾諸王皆莫及初高歸彥少孤神武令岳撫養輕其年幼情禮甚薄歸彥內銜之及歸彥爲領軍岳謂其德已更倚仗之歸彥密構其短奏岳造城南大宅僭擬爲永巷但無闕耳帝後夜行見壯麗意不平仍屬帝召鄴下婦人薛氏入宮而岳先嘗迎之至宅由其姊也帝縣薛氏姊而鋸殺之讓岳以爲姦人女岳曰臣本欲取之嫌其輕薄非姦也帝益怒使高歸彥就宅賜以鴆岳曰臣無罪彥曰飲之飲而薨朝野惜之時年三十四詔大鴻臚護喪事贈太宰太傅假黃鉞給轀輬車謚曰昭武敕以城南宅爲莊嚴寺初岳與神武經綸天下家有私兵戎器儲甲千餘領文襄末岳表求納之文襄推心相任不許文宣時亦頻請納又不許將薨遺表謝恩并請上甲葬畢方許納焉皇建中配享文襄廟廷後歸彥反武成知其前譖以歸彥良賤百口贈岳家贈岳太師太保餘如故子勱

勱字敬德幼聰敏美風儀以仁孝聞七歲襲爵清河王十四爲青州刺史歷祠部尚書開府儀同三司改封安樂侯性剛直有才幹斛律光雅敬之每征伐則引爲副還侍中尚書右僕射及後主爲周師所敗勱奉太后歸鄴時宦官放縱儀同荀子溢尤幸勱將斬以徇太后救之乃得釋劉文殊竊謂勱曰子溢之徒言成禍福何得如此勱攘袂曰今西軍日侵朝貴多叛正由此輩弄權若今日殺之明日就誅無恨文殊甚愧之勱勸後主五品已下家累悉置三臺上脅之曰若戰不捷則燒之此輩必死戰乃可捷也後主不從遂棄鄴東遷勱恒後殿爲周軍所得武帝與語大悅因問齊亡所由勱發言流涕悲不自勝帝爲改容授開府儀同三司隋文帝爲丞相謂曰齊亡由任邪佞公父子忠良聞於鄰境宜善自愛勱拜謝曰勱亡齊末屬不能扶危定傾既蒙獲宥已多優幸況濫叨名級致速官謗帝甚器之再遷楚州刺史城北有伍子胥廟其俗敬鬼祈者必以牛酒至破產業勱歎曰子胥賢者豈宜損百姓乎告諭所部自是遂止百姓賴之開皇七年轉光州刺史上表曰陳氏數年已來荒悖滋甚天厭亂德祅實人興或空裏時有大聲或行路共傳鬼怪或刳人肝以祠天狗或自捨身以厭祅訛人神怨憤怪異荐發臣以庸才猥蒙朝寄頻歷藩守與其隣接密邇仇讎知其動靜天討有罪此卽其時若戎車雷動戈船電邁臣雖駑怯請効鷹犬井上平陳五策帝嘉之答以優詔及大舉伐陳以勱爲行軍總管從宜陽公王世積下陳江州以功拜上開府賜物三千段時隴右諸羌數爲寇亂朝廷以勱有威名拜洮州刺史下車大崇威惠人夷悅附豪猾屏迹路不拾遺以善政稱後吐谷渾來寇勱時遇疾不能拒戰賊遂大掠而去憲司奏勱亡戶口坐免卒于家大唐襃顯前代名臣追贈都督四州諸軍事定州刺史子士廉最知名

廣平公盛神武從叔祖也寬厚有長者風神武起兵於信都盛來赴以爲中軍大都督封廣平郡公歷位司徒太尉天平三年薨於位贈假黃鉞太尉太師錄尚書事無子以兄子子瑗嗣天保初改封平昌王卒於魏尹

陽州公永樂神武從祖兄子也太昌初封陽州縣伯進爵爲公累遷北豫州刺史河橋之戰司徒高昂失利奔退永樂守洛陽南城昂走趣城南西軍追者將至永樂不開門昂遂爲西軍所禽神武大怒杖之二百後罷豫州家產不立神武問其故對曰裴監爲長史辛公正爲別駕受王委寄斗酒隻雞不敢入神武乃以永樂爲濟州仍以監公正爲長史別駕謂永樂曰爾勿大貪小小義取莫復畏永樂至州監公正諫不見聽以狀啓神武神武封啓以示永樂然後知二人清直並擢用之永樂卒於州贈太師太尉錄尚書事謚曰武昭無子從兄思宗以第二子孝緒爲後襲爵天保初改封修城郡王永樂弟長弼小名阿伽性麤武出入城市好毆擊行路時人皆呼爲阿伽郎君以宗室封廣武王時有天恩道人至凶暴橫行閭肆後入長弼黨專以鬬爲事文宣並收掩付獄天恩等十餘人皆棄市長弼鞭一百尋爲南營州刺史在州無故自驚走叛亡入突厥竟不知死所

襄樂王顯國神武從祖弟也無才伎直以宗室謹厚天保元年封襄樂郡王位右衞將軍卒

上洛王思宗神武從子也性寬和頗有武幹天保初封上洛郡王歷位司空太傅薨於官

子元海累遷散騎常侍願處山林修行釋典文宣許之乃入林慮山經二年絕棄人事志不能固自啓求歸徵復本任便縱酒肆情廣納姬侍又除領軍將軍器小志大頗以智謀自許皇建末孝昭幸晉陽武成居守元海以散騎常侍留典機密初孝昭之誅楊愔等謂武成云事成以汝爲皇太弟及踐位乃使武成在鄴主兵立子百年爲皇太子武成甚不平先是恒留濟南於鄴除領軍庫狄伏連爲幽州刺史以斛律豐樂爲領軍以分武成之權武成留伏連而不聽豐樂視事乃與河陽王孝瑜僞獵謀於野暗乃歸先是童謠云中興寺內白鳧翁四方側聽聲雍雍道人聞之夜打鍾時丞相府在北城中卽舊中興寺也鳧翁謂雄雞蓋指武城小字步落稽也道人濟南王小名也打鍾言將被擊也旣而太史奏言北城有天子氣昭帝以爲濟南應之乃使平秦王歸彥之鄴迎濟南赴并州武成先告元海并問自安之計元海曰皇太后萬福至尊孝性非常殿下不須別慮武成曰此豈我推誠之意邪元海乞還省一夜思之武成卽留元海後堂元海達旦不眠唯遶牀徐步夜漏未盡武成遽出曰神筭如何答云夜中得三策恐不堪用耳因說梁孝王懼誅入關事請乘數騎入晉陽先見太后求哀後見主上請去兵權以死爲限求不干朝政必保太山之安此上策也若不然當具表云威權大盛恐取謗衆口請青齊二州刺史沉靖自居必不招物議此中策也更問下策曰發言卽恐族誅因逼之答曰濟南世嫡主上假太后令而奪之今集文武示以此敕執豐樂斬歸彥尊濟南號令天下以順討逆此萬世一時也武成大悅狐疑竟未能用乃使鄭道謙卜之皆曰不利舉事靜則吉又召曹魏祖問之國事對曰當有大凶又時有林慮令姓藩知占候密謂武成曰宮車當宴駕殿下爲天下主武成拘之於內以候之又令巫覡卜之多云不須舉兵自有大慶武成乃奉詔令數百騎送濟南於晉陽及孝昭崩武成卽位除元海侍中開府儀同三司太子詹事河清二年元海爲和士開譖被馬鞭六十責云爾在鄴城說我以弟反兄幾許不義以鄴城兵馬抗并州幾許無智不義無智若爲可使出爲兗州刺史元海後妻陸太姬甥也故尋被追任使武平中與祖珽共執朝政元海多以太姬密語告珽珽求領軍元海不可珽乃以其所告報太姬姬怒出元海爲鄭州刺史鄴城將敗徵爲尚書令周建德七年於鄴城謀逆伏誅元海好亂樂禍然詐仁慈不飲酒噉肉文宣天保末年敬信內法乃至宗廟不血食皆元海所爲及爲右僕射又說後主禁屠宰斷酤酒然本心非靖故終致覆敗

思宗弟思好本浩氏子也思宗養以爲弟遇之甚薄少以騎射事文襄及文宣受命爲左衞大將軍本名思孝

天保五年討蠕蠕文宣悅其驍勇謂曰爾擊賊如鶻入鵶羣宜思好事故改名焉累遷尚書令朔州道行臺朔州刺史開府南安王甚得邊朔人心後主時斫骨光弁奉使至州思好迎之甚謹光弁倨傲思好因心銜恨武平五年遂舉兵反與并州諸貴書曰主上少長深宮未辨人之情僞暱近凶狡疏遠忠良遂使刀鋸刑餘貴溢軒階商胡醜類擅權帷幄剝削生靈刼掠朝市闇於聽受專行恐害幽母深宮無復人子之禮二弟殘戮頓絕孔懷之義仍縱子立奪馬於東門光弁擊鷹於西市駮龍得儀同之號逍遙受郡君之名犬馬班位榮冠軒冕人不堪役思長亂階趙郡王叡實日宗英社稷惟寄左丞相斛律明月世爲元輔威著鄰國並非有辜奄見誅殄孤既忝預皇枝實蒙殊獎今便擁率義兵指除君側之害幸悉此懷無致疑惑行臺郎王行思之辭也思好至陽曲自號大丞相置百官以行臺左丞王尚之爲長史武衞趙海在晉陽掌兵時倉卒不暇奏矯詔發兵拒之軍士皆曰南安王來我輩唯須唱萬歲奉迎耳帝聞變使唐邕莫多婁敬顯劉桃枝中領軍庫狄士文馳之晉陽帝勒兵續進思好軍敗與行思投水而死其麾下二千人桃枝圍之且殺且招終不降以至於盡時帝在道叱奴世安自晉陽送露布於城平都遇斛斯孝卿孝卿誘使食因馳詣行宮叫已了帝大懽左右呼萬歲良久世安乃以狀自陳帝曰告爾何物事乃得坐食於是賞孝卿而免世安罪暴思好屍七日然後屠剝焚之烹尚之於鄴市令內參射其妃於宮內仍火焚殺之思好反前五旬有人告其謀反韓長鸞女適思好子故奏言有人誣告諸貴事相擾動不殺無以息後乃斬之思好既誅死者弟伏闕下訴求贈兄長鸞不爲通也

平秦王歸彥字仁英神武族弟也父徽魏末坐事當徙涼州行至河渭間遇賊以軍功得免流因於河州積年以解胡言爲西域大使得胡師子以功行河東事遂死焉徽於神武舊恩甚篤及神武平京洛迎徽喪與穆同營葬贈司徒謚曰文宣初徽嘗過長安市與婦人王氏私通而生歸彥至是年已九歲神武追見之撫對悲喜稍遷徐州刺史歸彥少質朴後更改節放縱好聲色朝夕酣歌妻魏上黨王元天穆女也貌不美而甚嬌妒數忿爭密啓文宣求離事寢不報天保元年封平秦王嫡妃康及所生母王氏並爲太妃善事二母以孝聞徵爲兼侍郎稍被親寵以討侯景功別封長樂郡公除領軍大將軍領軍加大自歸彥始也文宣誅高德正金寶財貨悉以賜之乾明初拜司徒仍總知禁衞濟南自晉陽之鄴楊愔宣敕留從駕兵五千於西中陰備非常至鄴數日歸彥乃知之由是陰怨楊燕等楊燕等欲去二王問計於歸彥歸彥詐喜請共元海量之元海亦口許心違馳告長廣長廣於是誅楊燕等孝昭將入雲龍門都督成休寧列杖拒而不內歸彥諭之然後得入進向栢閣永巷亦如之孝昭踐阼以此彌見優重每入常在平原王段韶上以爲司空兼尚書令齊制宮內唯天子紗帽臣下皆戎帽特賜歸彥紗帽以寵之孝昭崩歸彥從晉陽迎武成於鄴及武成即位進位太傅領司徒常聽將私部曲三人帶刀入仗從武成還都諸貴戚等競要之其所往處一坐盡傾歸彥既地居將相志氣盈滿發言陵侮傍若無人議者以威權震主必爲禍亂上亦尋其前翻覆之迹漸忌之高元海畢義雲高乾和等咸數言其短上幸歸彥家召魏收對御作詔草欲加右丞相收曰至尊以右丞相登帝位今爲歸彥威名太盛故出之豈可復加此號乃拜太宰冀州刺史即乾和繕寫畫日仍敕門司不聽輒內時歸彥在家縱酒經宿不知至明欲參至門知之大驚而退及通名謝敕令早發別賜錢帛鼓吹醫藥事事周備又敕武職督將悉送至清陽宮拜而退莫敢共語唯與趙郡王叡久語時無聞者至州不自安謀逆欲待受調訖班賜軍士望車駕如晉陽乘虛入鄴爲其郎中令呂思禮所告詔平原王段韶襲之歸彥舊於南境置私驛聞軍將逼報之便嬰城拒守先是冀州長史宇文仲鸞司馬李祖挹別駕陳季璩中從事房子弼長樂郡守尉普興等疑歸彥有異使連名密啓歸彥追而獲之遂收禁仲鸞等五人仍並不從皆殺之軍已逼城歸彥登城大叫云孝昭皇帝初崩六軍百萬衆悉由臣手投身向鄴迎陛下當時不反今日豈有異心正恨高元海畢義雲高乾和誑惑聖上疾忌忠良但爲殺此三人即臨城自刎其後城破單騎北走至交津見獲鎖送鄴帝令趙郡王叡私問其故歸彥曰使黃頷少兒牽挽我何可不反曰誰邪歸彥曰元海乾和豈是朝廷老宿如趙家老公時又詎懷怨於是帝又使讓焉對曰高元海受畢義雲宅用作本州刺史給後部鼓吹臣爲藩王太宰仍不得鼓吹正殺元海義雲而已上令都督劉桃枝牽入歸彥猶作前語望活帝命議其罪皆云不可赦乃載以露車銜枚面縛劉桃枝臨之以刃擊鼓隨之并子孫十五人皆棄市贈仁州刺史魏時山崩得石角二藏在武庫文宣入庫賜從臣兵器特以二石角與歸彥謂曰爾事常山不得反事長廣得反反時將此角嚇漢歸彥額骨三道着幘不安文宣見之怒使以馬鞭擊其額血被面曰爾反時當以此骨嚇漢其言反竟驗云

武興王普字德廣歸彥兄歸義之子也性寬和有度量九歲歸彥自河州俱入洛神武使與諸子同游處天保初封武興郡王武平二年累遷司空六年爲豫州道行臺尚書令後主奔鄴就加太宰周師逼乃降卒於長安贈上開府豫州刺史

長樂太守靈山字景嵩神武族弟也從神武起兵信都終長樂太守贈大將軍司空謚曰文宣子懿卒於武平鎮將無子文宣以靈山從父兄齊州刺史建國子伏護爲靈山後伏護字臣援粗有刀筆天統初累遷黃門侍郎伏護歷事數朝恒參機要而性嗜酒每多醉失末路逾劇乃至連日不食專事酣酒神識恍惚遂以卒贈兗州刺史建國侯孫又襲又少謹武平末給事黃門侍郎隋開皇中爲太府少卿坐事死

神武皇帝十五男武明婁皇后生文襄皇帝文宣皇帝孝昭皇帝襄城景王淯武成皇帝博陵文簡王濟王氏生永安簡平王浚穆氏生平陽靖翼王淹大尒朱氏生彭城景思王浟華山王凝韓氏生上黨剛肅王渙小尒朱氏生任城王湝游氏生高陽康穆王湜鄭氏生馮翊王潤馬氏生漢陽敬懷王洽

永安簡平王浚字定樂神武第三子也初神武納浚母當月而有孕及產浚疑非己類不甚愛之而浚早慧後更被寵年八歲謂博士盧裕曰祭神如神在爲有神邪無神邪對曰有浚曰有神當云祭神神在何煩如字景裕不能答及長嬉戲不節曾以屬請受納大見杖罰拘禁府獄既而見原後稍折節頗以讀書爲務元象中封永安郡公豪爽有氣力善騎射爲文襄所愛文宣性雌懦每參文襄有時涕出浚恒責帝左右何因不爲二兄拭鼻由是見銜累遷中書監兼侍中出爲青州刺史雖頗好畋獵聰明矜恕上下畏悅之保定初進爵爲王文宣末年多酒浚謂親近曰二兄舊來不甚了了自登阼已後識解頓進今因酒敗德朝臣無敢諫者大敵未滅吾甚以爲憂欲乘驛至鄴面諫不知用吾不人有知密以白帝又見銜八年來朝從幸東山帝裸裎爲樂雜以婦女又作狐掉尾戲浚進言此非人主所宜帝甚不悅浚又於屏處召楊遵彥譏其不諫帝時不欲大臣與諸王交通遵彥懼以奏帝大怒曰小人由來難忍遂罷酒還宮浚尋還州又上書切諫詔令徵浚浚懼禍謝疾不朝上怒馳驛收浚老幼泣送者數千人至盛以鐵籠與上黨王渙俱置北城地牢下飲食溲穢共在一所明年帝親將左右臨穴歌謳令浚等和之浚等惶怖且悲不覺聲戰帝爲愴然因泣將赦之長廣王湛先與浚不睦進曰猛獸安可出穴帝默然浚等聞之呼長廣王小字曰步落稽皇天見汝左右聞者莫不悲傷浚與渙皆有雄略爲諸王所傾服帝恐爲害乃自刺渙又使壯士劉桃枝就籠亂刺槊每下浚渙輒以手拉折之號哭呼天於是薪火亂投籠燒殺之塡以石土後出皮髮皆盡屍色如炭天下爲之痛心後帝以其妃陸氏配儀同劉郁捷舊帝蒼頭也以軍功見寵時令郁捷害浚故以配焉後數日帝以陸氏先無寵於浚敕與離絕乾明元年贈太尉無子詔以彭城王浟第二子準字茂則嗣

平陽靖翼王淹字子邃神武第四子也元象中封平陽郡公累遷尚書左僕射天保初進爵爲王歷位尚書開府儀同三司司空太尉皇建初爲太傅與彭城河間王並給仗衞羽林百人太寧元年遷太宰性沉謹以寬厚稱河清三年薨於晉陽或云以酖終還葬鄴贈假黃鉞太宰錄尚書事子德素嗣

彭城景思王浟字子深神武弟五子也元象二年拜通直散騎常侍封長樂郡公博士韓毅教浟書見浟筆迹未工戲浟曰五郎書畫如此忽爲常侍開國今日後宜更用心浟正色答曰昔甘羅爲秦相未聞能書凡人唯論才具何如豈必勤勤筆迹博士當今能者何爲不作三公時年蓋八歲矣毅甚慙武定六年出爲滄洲刺史爲政嚴察部內肅然守令參佐下及胥吏行游往來皆自齎糧食浟纖介知人間事有隰沃縣主簿張達嘗詣州夜投人舍食雞羹浟察知之守令畢集浟對衆曰食雞羹何不還他價直也達即伏罪合境號爲神明又有一人從幽州來驢馱鹿脯至滄州界腳痛行遲偶會一人爲伴遂盜驢及脯去明旦告州浟乃令左右及府僚吏分市鹿脯不限其價其主見脯識之推獲盜者轉都督定州刺史時有人被盜黑牛背上有白毛長史韋道建謂中從事魏道勝曰使君在滄州日禽姦如神若捉得此賊定神矣浟乃詐爲上符市牛皮倍酬價直使牛主認之因獲其盜建等歎服又有老母姓王孤獨種菜三畝數被偷浟乃令人密往書菜葉爲字明日市中看菜葉有字獲賊爾後境內無盜政化爲當時第一天保初封彭城王四年徵爲侍中人吏送別悲號有老公數

百人相率具饌白浟曰自殿下至來五載人不識吏吏不擾人百姓有識已來始逢今化殿下唯飲此鄉水未食百姓食聊獻疏薄浟重其意爲食一口七年轉司州牧選從事皆取文才士明剖斷者當時稱爲美選州舊案五百餘浟未朞悉斷盡别駕羊脩等恐犯權戚乃詣閤諮陳浟使告曰吾直道而行何憚權戚卿等當成人之美反以權戚爲言脩等慙悚而退後加特進兼司空太尉州牧如故太妃薨解任尋詔復本官俄拜司空兼尚書令濟南嗣位除開府儀同三司尚書令領大宗正卿皇建初拜大司馬兼尚書令轉太保武成入承大業遷太師錄尚書浟明練世務果於斷决事無大小咸悉以情趙郡李公統預高歸彥之逆其母崔氏卽御史中丞崔昂從父姊兼右僕射魏收之內妹也依令年出六十例免入官崔增年陳訴所司以昂收故崔遂獲免浟摘發其事昂等以罪除名自後車駕巡幸浟常留鄴河清三年三月羣盜白子禮等數十人謀劫浟爲主詐稱使者徑向浟第至內室稱敕呼浟牽上馬臨以白刃欲引向南殿浟大呼不從遂遇害時年三十二朝野痛惜爲初浟未被劫前其妃鄭氏夢人斬浟頭持去惡之數日而浟見殺贈假黃鉞太師太尉錄尚書事給轀輬車

子寶德嗣位開府兼尚書左僕射

上黨剛肅王渙字敬壽神武第七子也天姿雄傑俶儻不羣雖在童幼恒以將略自許神武壯而愛之曰此兒似我及長力能扛鼎材武絕倫每謂左右曰人不可無學但要不爲博士耳故讀書頗知梗概而不甚耽習元象中封平原郡公文襄之遇賊渙年尚幼在西學聞宮中讙驚曰大兄必遭難矣彎弓而出武定末除冀州刺史在州有美政天保初封上黨王歷中書令尚書左僕射與常山王演等築伐惡諸城遂聚鄴下輕薄陵犯郡縣爲法司所糺文宣戮其左右數人渙亦被譴六年率衆送梁王蕭明還江南仍破東關斬梁特進裴之橫等威名甚盛八年錄尚書事初術士言亡高者黑衣由是自神武後每出行不欲見桑門爲黑衣故也是時文宣幸晉陽以所忌問左右曰何物最黑對曰莫過漆帝以渙第七爲當之乃使庫眞都督破六韓伯昇之鄴徵渙渙至紫陌橋殺伯昇以逃憑河而度土人執以送帝鐵籠盛之與永安王浚同置地牢下歲餘與浚同見殺時年二十六以其妃李氏配馮文洛是帝家舊奴積勞位至刺史帝令文洛等殺渙故以其妻妻焉至乾明元年收二王餘骨葬之贈司空諡曰剛肅有勑李氏還第而文洛尚以故意脩飾詣李李盛列左右引文洛立於堦下數之曰遭難流離以至大辱志操寡薄不能自盡幸蒙恩詔得反蕃闈汝是誰家奴猶欲見侮於是杖之一百流血灑地渙無嫡子庶長子寶嚴以河清二年襲爵位終金紫光祿大夫開府儀同三司

襄城景王清神武第八子也容貌甚美弱年有器望元象中封章武郡公天保初封襄城郡王二年春薨齊氏諸王選國臣府佐多取富商羣小鷹犬少年唯襄城廣寧蘭陵王等頗引文藝清識之士當時以此稱之乾明元年二月贈假黃鉞太師太尉錄尚書事無子詔以常山王演第二子亮嗣亮字彥道性恭孝美風儀好文學爲徐州刺史坐奪商人財物免官後主敗奔鄴亮從焉遷兼太尉太傅周師入鄴亮於啓夏門拒守諸軍皆不戰而敗周軍於諸城門皆入亮軍方退走亮入太廟行馬內慟哭拜辭然後爲周軍所執入關依例授儀同分配遠邊卒於龍州

任城王湝神武第十子也少明慧天保初封自孝昭武成時車駕還鄴嘗令湝鎭晉陽總并省事歷司徒太尉并省錄尚書事天統三年拜太保并州刺史别封正平郡公時有婦人臨汾水浣衣有乘馬人換其新靴馳而去者婦人持故靴詣州言之湝召居城諸嫗以靴示之紿曰有乘馬人於路被賊劫害遺此靴焉得無親屬乎一嫗撫膺哭曰兒昨着此靴向妻家如其語捕獲之時稱明察武平初遷太師司州牧出爲冀州刺史加太宰遷右丞相都督青州刺史湝頻牧大蕃雖不潔已然寬恕爲吏人所懷五年青州人崔蔚波等夜襲州城湝部分倉卒之際咸得齊整擊賊大破之拜左丞相轉瀛州刺史及後主奔鄴加湝大丞相及安德王稱尊號於晉陽使劉子昂脩啓於湝至尊出奔宗廟既重羣公勸迫權主號令事寧終歸叔父湝曰我人臣何容受此啓執子昂送鄴帝至濟州禪位於湝竟不達湝與廣寧王孝珩於冀州召募得四萬餘人拒周軍周齊王憲來伐先遺送書并赦詔湝竝沉諸井戰敗湝孝珩俱被禽憲曰任城王何苦至此湝曰下官神武帝子兄弟十五人幸而獨存逢宗社顛覆今日得死無愧墳陵憲壯之歸其妻子將至鄴湝馬上大哭自投于地流血滿面至長安尋與後主同死妃盧氏賜斛斯徵盧蓬首垢面長齋不言笑徵放之乃爲尼隋開皇三年表請文帝葬湝及五子於長安北原

高陽康穆王湜神武第十一子也天保元年封十年稍遷尚書令以滑稽便辟有寵於文宣在左右行杖以撻諸王太后深銜之其妃父護軍長史張宴之嘗要道拜湜湜不禮焉帝問其故對曰無官職漢何須禮帝於是擢拜宴之爲徐州刺史文宣崩湜兼司徒導引梓宮吹笛云至尊頗知臣不又擊胡鼓爲樂太后杖湜百餘未幾薨太后哭之哀曰我恐其不成就與杖何期帶創死也乾明初贈假黃鉞太師司徒錄尚書事子士義襲爵

博陵文簡王濟神武第十二子也天保元年封濟嘗從文宣巡幸在路忽憶太后遂逃歸帝怒臨以白刃因此驚悅歷位太尉河清初出爲定州刺史天統五年在州語人云計次第亦應到我後主聞之陰使人殺之贈假黃鉞太尉錄尚書事子智襲爵

華山王凝神武第十三子也天保元年封新平郡王九年改封安定十五年封華山歷位中書令齊州刺史就加太傅薨於州贈左丞相太師錄尚書凝諸王中最爲孱弱妃王氏太子洗馬王洽女也與蒼頭姦凝知而不能限禁後事發王氏賜死詔杖凝一百其愚如此

馮翊王潤字子澤神武第十四子也幼時神武稱曰此吾家千里駒也天保初封歷位東北道行臺右僕射都督定州刺史潤美姿儀年十四五母鄭妃與之同寢有穢雜之聲及長廉慎方雅習於吏職至於摘發隱僞姦吏無所匿其情開府王回洛與六州大都督獨孤枝侵竊官田受納賄賂潤按舉其事二人表言王出送臺使登魏孝文舊壇南望歎息不測其意武成使元文遙就州宣敕曰馮翊王少小勤慎在州不爲非法朕信之熟矣登高遠望人之常情鼠輩欲輕相間構曲生眉目於是回洛決鞭二百獨孤枝決杖一百尋爲尚書令領太子少師歷司徒太尉大司馬司州牧太保河南道行臺錄尚書别封文成郡公太師太宰復爲定州刺史薨贈假黃鉞左丞相子茂德嗣

漢陽敬懷王洽字敬延神武第十五子也天保元年封五年薨年十三乾明元年贈太保司空無子以任城王第二子建德爲後

論曰趙郡王以跗萼之親當顧命之重安夫一德固此貞心踐畏途而不疑履危機而莫懼以斯忠義取斃凶悖豈道光四海不遇周成之明將朝去三仁終見殷墟之禍不然則邦國殄瘁何若斯之速歟清河屬經綸之期靑雲自致出將入相翊成鴻業雖漢朝劉賈魏室曹洪俱未足論其風烈適足以彰文宣之失德焉思好屬昏亂之機歸彥因猜嫌之釁咫尺鄴都以速其禍智小謀大理則宜然神武諸王多有聲譽永安以諫爭遇禍固齊室之比干彭城莅人布政乃與循良比迹求之近古未爲易遇上黨申威淮海受辱牢穽以英俠之氣迫悲歌之思欲食蔡藿之羹處茅茨之下其可得乎馮翊廉慎閑明妄被譏慝以武成陰忌之朝而見免夫角弓之刺已爲幸矣

北史卷五十一考證

趙郡王琛傳琛字元寶○元一本作永

敘傳自痛孤遺方從婚冠○自監本訛目今改正

於雀離佛院令劉桃枝拉殺之○雀監本訛崔今改從齊書

清河王岳傳神武後起兵於信都○兵監本訛岳今改從齊書

俄拜京畿大都督其六州事悉隸京畿○隸齊書作詣

勱傳勱勸後主五品已下家累悉置三臺上○下齊書作上

廣平公盛傳廣平公盛神武從叔祖也○考世系盛爲神武從叔此祖字衍

陽州公永樂傳永樂守洛陽南城○齊書洛作河又無南字

元海傳又時有林慮令姓藩知占候○藩一本作潘

思宗弟思好傳自晉陽送露布于城平都○齊書無城字

令內參射其妃於宮內仍火焚殺之○射監本訛謝今改從齊書

平秦王歸彥傳父徽魏末坐事當徙涼州○徙一本作徒

爲西域大使得胡師子以功行河東事○以功上齊書有來獻二字

神武皇帝十五男傳襄城景王清○清齊書作淯今各本及本傳俱作清故仍之

永安簡平王浚傳與上黨王渙俱寘北城地牢下○牢監本訛空今改從齊書

彭城景思王浟傳豈必勤勤筆迹○勤勤一本作勤苦

使君在滄州日禽姦如神○使監本訛史今改正

任城王湝傳錄尚書事○監本脫書字今增入

北史卷五十二

唐　李延壽　撰

列傳第四十

齊宗室諸王下

文襄諸子　文宣諸子
孝昭諸子　武成諸子
後主諸子

文襄六男文敬元皇后生河間王孝琬宋氏生河南王孝瑜王氏生廣寧王孝珩蘭陵王長恭不得母氏姓陳氏生安德王延宗燕氏生漁陽王紹信

河南康獻王孝瑜字正德文襄長子也初封河南郡公齊受禪進爵爲王歷位中書令司州牧初孝瑜養於神武宮中與武成同年相愛將誅楊愔等孝瑜預其謀及武成卽位禮遇特隆帝在晉陽手敕之曰吾飲汾清二盃勸汝於鄴酌兩盃其親愛如此孝瑜容貌魁偉精彩雄毅謙慎寬厚兼愛文學讀書敏速十行俱下覆棊不失一道初文襄於鄴東起山池游觀時俗眩之孝瑜遂於第作水堂龍舟植幡矟於舟上數集諸弟宴射爲樂武成幸其第見而悅之故盛興後園之翫於是貴賤慕敩處處營造武成嘗使和士開與胡后對坐握槊孝瑜諫曰皇后天下之母不可與臣下接手帝深納之後又言趙郡王父死非命不可而親由是叡及士開皆側目士開密告其奢僭叡又言山東唯聞河南王不聞有陛下帝由是忌之尒朱御女名摩女本事太后孝瑜先與之通後因太子婚夜孝瑜竊與之言武成大怒頓飮其酒三十七盃體至肥大腰帶十圍使婁子彥載以出酖之於車至西華門煩熱躁悶投水而絕贈太尉錄尚書事子弘節嗣孝瑜母魏吏部尚書宋弁孫也本魏潁川王斌之妃爲文襄所納生孝瑜孝瑜還第爲太妃孝瑜妃盧正山女武成胡后之內姊也孝瑜薨後宋太妃爲盧妃所譖訴武成殺之

廣寧王孝珩文襄第二子也歷位司州牧尚書令司空司徒錄尚書大將軍大司馬孝珩愛賞人物學涉經史好綴文有技藝嘗於聽事壁自畫一蒼鷹見者皆以爲眞又作朝士圖亦當時之妙絕後主自晉州敗奔鄴詔王公議於含光殿孝珩以大敵既深事藉機變宜使任城王領幽州道兵入土門揚聲趣并州獨孤永業領洛州道兵趣潼關揚聲取長安臣請領京畿兵出滏口鼓行逆戰敵聞南北有兵自然潰散又請出宮人寶物賞將士帝不能用承光卽位以孝珩爲太宰與呼延族莫多婁敬顯尉相願同謀期正月五日孝珩於千秋門斬高那肱相願在內以禁兵應之族與敬顯自游豫園勒兵出既而阿那肱從別宅取便路入宮事不果乃求出拒西軍謂阿那肱韓長鸞陳德信等云朝廷不賜遣擊賊豈不畏孝珩反邪破宇文邕遂至長安反時何與國家事以今日之急猶作如此猜高韓恐其變出孝珩爲滄洲刺史至州以五千人會任城王於信都共爲匡復計周齊王憲來伐兵弱不能敵怒曰由高阿那肱小人吾道窮矣齊叛臣乞扶令和以矟刺孝珩墜馬奴白澤以身扞之孝珩猶傷數處遂見虜齊王憲問孝珩齊亡所由孝珩自陳國難辭淚俱下俯仰有節憲爲之改容親爲洗瘡傅藥禮遇甚厚孝珩獨歎曰李穆叔言齊氏二十八年今果然矣自神武皇帝以外吾諸父兄弟無一人得至四十者命也嗣君無獨見之明宰相非柱石之寄恨不得握兵符受廟筭展我心力耳至長安依例受開府縣侯後周武帝在雲陽宴齊君臣自彈胡琵琶命孝珩吹笛辭曰亡國之音不足聽也固命之舉笛裁至口淚下嗚咽武帝乃止其年十月疾甚啓歸葬山東從之尋卒還葬鄴

河間王孝琬文襄第三子也天保元年封天統中累遷尚書令初突厥與周師入太原武成將避之而東孝琬叩馬諫請委趙郡王部分之必整齊帝從其言孝琬免胄將出帝使追還之周軍退拜并州刺史孝琬以文襄世嫡驕矜自負河南王之死諸王在宮內莫敢舉聲唯孝琬大哭而出又怨執政爲草人而射之和士開與祖珽譖之云草人擬聖躬也又前突厥至州孝琬脫兜鍪抵地云豈是老嫗須着此此言屬大家也初魏世謠言河南種穀河北生白楊樹頭金雞鳴珽以說曰河南河北河間也金雞鳴孝琬將建金雞而大赦帝頗惑之時孝琬得佛牙置於第內夜有神光照玄都法順請以奏不從帝聞使搜之得塡庫矟幡數百帝聞以爲反狀訊其諸姬有陳氏者無寵誣對曰孝琬畫作陛下形哭之然實是文襄像孝琬時時對之泣帝怒使武衛赫連輔玄倒鞭撾之孝琬呼阿叔帝怒曰誰是爾叔敢喚我作叔孝琬曰神武皇帝嫡孫文襄皇帝嫡子魏孝靜皇帝外甥何爲不得喚作叔也帝愈怒折其兩脛而死瘞諸西山帝崩後乃改葬子正禮嗣幼聰穎能誦左氏春秋齊亡遷綿州卒

蘭陵武王長恭一名孝瓘文襄第四子也累遷并州刺史突厥入晉陽長恭盡力擊之芒山之敗長恭爲中軍卒五百騎再入周軍遂至金墉之下被圍甚急城上人弗識長恭免胄示之面乃下弩手救之於是大捷武士共歌謠之爲蘭陵王入陣曲是也歷司州牧青瀛二州頗受財貨後爲太尉與段韶討柏谷又攻定陽韶病長恭總其衆前後以戰功別封鉅鹿長樂樂平高陽等郡公芒山之捷後主謂長恭曰入陣太深失利悔無所及對曰家事親切不覺遂然帝嫌其稱家事遂忌之及在定陽其屬尉相願謂曰王既受朝寄何得如此貪殘長恭未荅相願曰豈不由芒山大捷恐以威武見忌欲自穢乎長恭曰然相願曰朝廷若忌王於此犯便當行罰求福反以速禍長恭泣下前膝請以安身之術相願曰王前既有勳今復告捷威聲太重宜屬疾在家勿預時事長恭然其言未能退及江淮寇擾恐復爲將歎曰我去年面腫今何不發自是有疾不療武平四年五月帝使徐之範飮以毒藥長恭謂妃鄭氏曰我忠以事上何辜於天而遭鴆也妃曰何不求見天顏長恭曰天顏何由可見遂飮藥而薨贈太尉長恭貌柔心壯音容兼美爲將躬勤細事每得甘美雖一瓜數果必與將士共之初在瀛州行參軍陽士深表列其贓免官及討定陽士深在軍恐禍及長恭聞之曰吾本無此意乃求小失杖深二十以安之嘗入朝而出僕從盡散唯有一人長恭獨還無所譴罰武成賞其功命賈護爲買妾二十人唯受其一有千金責券臨死悉燔之

安德王延宗文襄第五子也母陳氏廣陽王妓也延宗幼爲文宣所養年十二猶騎置腹上令溺己齊中抱之曰可憐止有此一箇問欲作何王對曰欲作衝天王文宣問楊愔愔曰天下無此郡名願使安於德於是封安德焉爲定州刺史於樓上大便使人在下張口承之以烝豬糝和人糞以飼左右有難色者鞭之孝昭帝聞之使趙道德就州杖之一百道德以延宗受杖不謹又加三十又以囚試刀驗其利鈍驕縱多不法武成使撻之殺其昵近九人從是深自改悔蘭陵王芒山凱捷自陳兵勢諸兄弟咸壯之延宗獨曰四兄非大丈夫何不乘勝徑入使延宗當此勢關西豈得復存及蘭陵死妃鄭氏以頸珠施佛廣寧王使贖之延宗手書以諫而淚滿紙河間死延宗哭之淚赤又爲草人以像武成鞭而訊之曰何故殺我兄奴告之武成覆卧延宗於地馬鞭撾之二百幾死後歷司徒太尉及平陽之役後主自槊之命延宗率右軍先戰城下禽周開府宗挺及大戰延宗以麾下再入周軍莫不披靡諸軍敗延宗獨全軍後主將奔晉陽延宗言大家但在營莫動以兵馬付臣臣能破之帝不納及至并州又聞周軍已入鼠谷乃以延宗爲相國并州刺史總山西兵事謂曰并州阿兄取兒今去也延宗曰陛下爲社稷莫動臣爲陛下出死力戰駱提婆曰至尊計已成王不得輒沮後主竟奔鄴在并將卒咸請曰王若不作天子諸人實不能與王出死力延宗不得已卽皇帝位下詔曰武平孱弱政由宦豎釁結蕭墻盜起疆埸斬關夜遁莫知所之則我高祖之業將墜於地王公卿士猥見推逼今便祇承寶位可大赦天下改武平七年爲德昌元年以晉昌王唐邕爲宰輔齊昌王莫多婁敬顯沐陽王和阿于子右衛大將軍段暢武衛將軍相里僧伽開府韓骨胡侯莫陳洛州爲爪牙衆聞之不召而至者前後相屬延宗容貌充壯坐則仰偃則伏人皆笑之及是赫然奮發氣力絕異馳騁行陣勁捷若飛傾府藏及後宮美女以賜將士籍沒內參千餘家後主謂近臣曰我寧使周得并州不欲安德得之左右曰理然延宗見士卒皆親執手陳辭自稱名流涕嗚噎衆皆爭爲死童兒女子亦乘屋攘袂投磚石以禦周軍特進開府那盧安得守太谷以萬兵叛周軍圍晉陽望之如黑雲四合延宗命莫多婁敬顯韓骨胡拒城南和阿于子段暢拒城東延宗親當周齊王於城北奮大矟往來督戰所向無前尚書令史沮山亦肥大多力捉長刀步從殺傷甚多武衛蘭芙蓉綦連延長皆死於陣和阿于子段暢以千騎投周軍周軍攻東門際昏遂入進兵焚佛寺門屋飛焰照天地延宗與敬顯自門入夾擊之周軍大亂爭門相塡齊人後斫刺死者一千餘人周武帝左右略盡自拔無路承御上士張壽輒牽馬頭賀拔佛恩以鞭拂其後以崎嶇僅得出齊人奮擊幾中馬城東阨曲佛恩及降者皮子信爲之導僅免時四更也延宗謂周武帝崩於亂兵使於積屍中求長鬣者不得時齊人既勝入坊飮酒盡醉卧延宗不復能整周武帝出城飢甚欲爲遁逃計齊王憲及柱國王誼諫以爲去必不免延宗叛將段暢亦盛言城內空虛周武帝乃駐馬鳴角收兵俄頃復振詰旦還攻東門克之又入南門延宗戰力屈走至城北於人家見禽周武帝自投下馬執其手延宗辭曰死人手何敢迫至尊帝曰兩國天子有何怨惡直爲百姓來耳勿怖終不相害使復衣帽禮之先是高都郡有山焉絕壁臨水忽有墨書云齊亡延宗洗視逾明帝使人就寫使者改亡爲上至是應焉延宗敗前在鄴聽事以十二月十三日晡時受敕

守并州明日建尊號不間日而被圍經宿至食時而敗年號德昌好事者言其得二日云既而周武帝問取鄴計辭曰亡國大夫不可以圖存此非臣所及强問之乃曰若任城王援鄴臣不能知若今主自守陛下兵不血刃及至長安周武與齊君臣飲酒令後主起舞延宗悲不自持屢欲仰藥自裁侍婢苦執諫而止未幾周武誣後主及延宗等云遥應穆提婆反使並賜死皆自陳無之延宗攘袂泣而不言以椒塞口而死明年李妃收殯之後主之傳位於太子也孫正言竊謂人曰我昔武定中爲廣州士曹聞襄城人曹普演有言高王諸兒阿保當爲天子至高德之承之當滅阿保謂天保德之謂德昌也承之謂後主年號承元其言竟信云

漁陽王紹信文襄第六子也歷特進開府中領軍護軍青州刺史行過漁陽與大富人鍾長命同牀坐太守鄭道蓋來謁長命欲起紹信不聽曰此何物小人主人公爲起乃與長命結爲義兄弟妃與長命妻爲姊妹責其闔家長幼皆有贈賄鍾氏因此遂貧齊滅死於長安

文宣五男李后生廢帝及太原王紹德馮世婦生范陽王紹義裴嬪生西河王紹仁顏嬪生隴西王紹廉

太原王紹德文宣第二子也天保末爲開府儀同三司武成因怒李后罵紹德曰爾父打我時竟不來救以刀環築殺之親以土埋之游豫園武平元年詔以范陽王子辯才爲後襲太原王

范陽王紹義文宣第三子也初封廣陽徙封范陽歷位侍中清都尹好與羣小同飲擅致內参打殺博士任方榮武成嘗杖之二百送付昭信后后又杖一百及後主奔鄴以紹義爲尚書令定州刺史周武帝克并州以封輔相爲北朔州總管此地齊之重鎮諸勇士多聚焉前長史趙穆司馬王當萬等謀執輔相迎任城王於瀛州事不果迎紹義紹義至馬邑輔相及其屬韓阿各奴等數十人皆齊叛臣自肆州以北城戍二百八十餘盡從輔相及紹義至皆反焉紹義與靈州刺史袁洪猛引兵南出欲取并州至新興而肆州已爲周守前隊二儀同以所部降周周兵擊顯州執刺史陸瓊又攻陷諸城紹義還保北朔周將宇文神舉軍逼馬邑紹義遣杜明達拒之兵大敗紹義曰有死而已不能降人遂奔突厥衆三千家令之曰欲還者任意於是哭拜别者大半突厥他鉢可汗謂文宣爲英雄天子以紹義重踝似之甚見愛重凡齊人在北者悉隸紹義高寶寧在營州表上尊號紹義遂即皇帝位稱武平元年以趙穆爲天水王他鉢聞寶寧得平州亦招諸部各舉兵南向云共立范陽王作齊帝爲其報讎周武帝大集兵於雲陽將親北伐遇疾暴崩紹義聞之以爲天贊已盧昌期據范陽亦表迎紹義俄而周將宇文神舉攻滅昌期其日紹義適至幽州聞周總管出兵于外欲乘虛取薊城列天子旌旗登燕昭王冢乘高望遠部分兵衆神舉遣大將軍宇文恩將四千人馳救幽州半爲齊軍所殺紹義聞范陽城陷素服舉哀回軍入突厥周人購之於他鉢又使賀若誼往說之他鉢又不忍遂僞與紹義獵於南境使誼執之流于蜀紹義妃勃海封孝琬女自突厥逃歸紹義在蜀遺妃書云夷狄無信送吾於此竟死蜀中

西河王紹仁文宣第四子也天保末爲開府儀同三司尋薨

隴西王紹廉文宣第五子也初封長樂後改焉性麤暴嘗拔刀逐紹義紹義走入廄閉門拒之紹義初爲清都尹未及理事紹廉先往喚囚悉出率意決遣之能飲酒一舉數升終以此薨

孝昭七男元皇后生樂陵王百年桑氏生襄城王亮出後襄城景王諸姬生汝南王彥理始平王彥德城陽王彥基定陽王彥康汝陽王彥忠

樂陵王百年孝昭第二子也孝昭初即位在晉陽羣臣請建中宮及太子帝謙未許都下百寮又請乃稱太后令立爲皇太子帝臨崩遺詔傳位於武成并有手書其末曰百年無罪汝可以樂處置之勿學前人太寧中封樂陵王河清三年五月白虹圍日再重又横貫而不達赤星見帝以盆水承星影而蓋之一夜盆自破欲以百年厭之會博陵人賈德胄教百年書百年嘗作數敕字德胄封以奏帝帝發怒使召百年百年被召自知不免割帶玦留與妃斛律氏見帝於玄都苑涼風堂使百年書敕字驗與德胄所奏相似遣左右亂捶擊之又令人曳百年遶堂且走且打所過處血皆徧地氣息將盡曰乞命願與阿叔作奴遂斬之棄諸池池水盡赤於後園親看埋之妃把玦哀號不肯食月餘亦死玦猶在手拳不可開時年十四其父光自擘之乃開後主時改九院爲二十七院掘得小屍緋袍金帶一髻一解一足有靴諸內參竊言百年太子也或以爲太原王紹德詔以襄城王子白澤襲爵樂陵王齊亡入關徙蜀死

汝南王彥理武平初封王位開府清都尹齊亡入關隨例授儀同大將軍封縣子女入太子宮故得不死隋開皇初卒於并州刺史

始平王彥德城陽王彥基定陽王彥康汝南王彥忠與汝南王同受封竝加儀同三司後事闕

武成十三男胡皇后生後主及琅邪王儼李夫人生南陽王綽後宮生齊安王廓北平王貞高平王仁英淮南王仁光西河王仁機樂平王仁邕潁川王仁儉安樂王仁雅丹楊王仁直東海王仁謙

南陽王綽字仁通武成長子也以五月五日辰時生至午時後主乃生武成以綽母李夫人非正嫡故貶爲第二初名融字君明出後漢陽王河清三年改封南陽别爲漢陽置後綽始十餘歲留守晉陽愛波斯狗尉破胡諫之欻然斫殺數狗狼藉在地破胡驚走不敢復言後爲司徒冀州刺史好裸人畫爲獸狀縱犬噬而食之左轉定州汲井水爲後池在樓上彈人好微行游獵無度恣情强暴云學文宣伯爲人有婦人抱兒在路走避入草綽奪其兒飼波斯狗婦人號哭綽怒又縱狗使食狗不食塗以兒血乃食焉後主聞之詔鎖綽赴行在所至而宥之問在州何者最樂對曰多取蠍將蛆混看極樂後主即夜索蠍一斗比曉得二三升置諸浴斛使人裸卧浴斛中號叫宛轉帝與綽臨觀喜噱不已謂綽曰如此樂事何不早馳驛奏聞綽由是大爲後主寵拜大將軍朝夕同戲韓長鸞聞之除齊州刺史將發長鸞令綽親信誣告其反奏云此犯國法不可赦後主不忍顯戮使寵胡何猥薩後園與綽相撲搤殺之瘞於興聖佛寺經四百餘日乃大斂顏色毛髮皆如生俗云五月五日生者腦不壞綽兄弟皆呼父爲兄兄嫡母爲家家乳母爲姊姊婦爲妹妹齊亡妃鄭氏爲周武帝所幸請葬綽敕所司葬於永平陵北

琅邪王儼字仁威武成第三子也初封東平王拜開府侍中中書監京畿大都督領軍大將軍領御史中丞遷大司徒尚書令大將軍錄尚書事大司馬魏氏舊制中丞出千步清道與皇太子分路行王公皆遥住車去牛頓軛於地以待中丞過其或遲違則赤棒棒之自都鄴後此儀浸絶武成欲雄寵儼乃使一依舊制儼初從北宮出將上中丞凡京畿步騎領軍之官屬中丞之威儀司徒之鹵簿莫不畢備帝與胡后在華林園東門外張幕隔青紗步障觀之遣中貴驟馬趣仗不得入言自奉敕赤棒應聲碎其鞍馬驚人墜帝大笑以爲善更敕令駐車傳語良久觀者傾京邑儼恒在宮中坐含章殿以視事諸父皆拜焉帝幸并州儼恒居守每送駕或半路或至晉陽乃還王師羅嘗從駕後至武成欲罪之辭曰臣與第三子别留連不覺晚武成憶儼爲之下泣舍師羅不問儼器服翫飾皆與後主同所須悉官給於南宮嘗見新冰綠李還怒曰尊兄已有我何意無從是後主先得新奇屬官及工匠必獲罪太上胡后猶以爲不足儼嘗患喉使醫下針張目不瞬又言於帝曰阿兄懦何能率左右帝每稱曰此黠兒也當有所成以後主爲劣有廢立之意武成崩改封琅邪儼以和士開駱提婆等奢恣盛修第宅意甚不平嘗謂曰君等所營宅早晚當就何太遲也二人相謂曰琅邪王眼光奕奕數步射人向者蹔對不覺汗出天子門奏事尚不然由是忌之武平二年出儼居北宮五日一朝不復得無時見太后四月詔除太保餘官悉解猶帶中丞且京畿以北城有武庫欲移儼於外然後奪其兵權書侍御史王子宜與儼左右開府高舍洛中常侍劉辟强說儼曰殿下被疏正由士開間構何可出北宮入百姓叢中也儼謂侍中馮子琮曰士開罪重兒欲殺之子琮心欲廢帝而立儼因贊成其事儼乃令子宜表彈士開罪請付禁推子琮雜以他文書奏之後主不審省而可之儼誑領軍庫狄伏連曰奉敕令領軍收士開伏連以諮子琮且請覆奏子琮曰琅邪王受敕何須重奏伏連信之伏五十人於神獸門外詰旦執士開送御史儼使馮永洛就臺斬之儼徒本意唯殺士開及是因逼儼曰事既然不可中止儼遂率京畿軍士三千餘人屯千秋門外帝使劉桃枝將禁兵八十人召儼桃枝遥拜儼命反縛將斬之禁兵散走帝又使馮子琮召儼儼辭曰士開昔來實合萬死謀廢至尊剃家家頭使作阿尼故擁兵馬欲坐着孫鳳珍宅上臣爲是矯詔誅之尊兄若欲殺臣不敢逃罪若放臣願遣姊姊來迎臣臣即入見姊姊即陸令萱也儼欲誘出殺之令萱執刀帝後聞之戰慄又使韓長鸞召儼儼將入劉辟强牽衣諫曰若不斬提婆母子殿下無由得入廣寧安德二王適從西來欲助成其事曰何不入辟强曰人少安德王顧衆而言曰孝昭殺楊遵彥止八十人今乃數千何言人少後主泣啓太后曰有緣更見家家無緣永别乃急召斛律光儼亦召之光聞殺士開撫掌大笑曰龍子作事固自不似凡人入見後主於永巷帝率宿衞者步騎四百授甲將出光曰小兒輩弄兵與交手即亂鄙諺云奴見大家心死至尊宜自至千秋門琅邪必不敢動皮景和亦以爲然後主從之光步道使人走出曰大家來儼徒駭散帝駐馬橋上遥呼之儼猶立不進光就謂曰天子弟殺一漢何苦執其手强引

以前請帝曰琅邪王年少腸肥腦滿輕爲舉措長大自不復然願寬其罪帝拔儼帶刀環亂築辯頭良久乃釋之收伏連及高舍洛王子宜劉辟强都督翟顯貴於後園帝親射之而後斬皆支解暴之都街下文武職吏盡欲殺之光以皆勳貴子弟恐人心不安趙彥深亦云春秋責帥於是罪之各有差儼之未獲罪也鄴北城有白馬佛塔是石季龍爲澄公所作儼將修之巫曰若動此浮圖此城失主不從破至第二級得白蛇長數丈回旋失之數旬而敗自是太后處儼於宮內食必自嘗之陸令萱說帝曰人稱琅邪王聰明雄勇當今無敵觀其相表殆非人臣自專殺以來常懷恐懼宜早爲計何洪珍與和士開素善亦請殺之未決以食轝密迎祖珽問之珽稱周公殺管叔季友酖慶父帝納其言以儼之晉陽使右衞大將軍趙元侃誘執儼元侃曰臣昔事先帝日見先帝愛王今寧就死不能行帝出元侃爲豫州刺史九月下旬帝啓太后曰明旦欲與仁威出獵須早還是夜四更帝召儼儼疑之陸令萱曰兄兄喚兒何不去儼出至永巷劉桃枝反接其手儼呼曰乞見家家尊兄桃枝以袖塞其口反袍蒙頭負出至大明宮鼻血滿面立殺之時年十四不脫靴裹以席埋於室內帝使啓太后臨哭十餘聲便擁入殿明年三月葬於鄴西贈謚曰楚恭哀帝以慰太后有遺腹四男生數月皆幽死以平陽王淹孫世俊嗣儼妃李祖欽女也進爲楚帝后居宣則宮齊亡乃嫁焉

齊安王廓字仁弘武成第四子也性長者無過行位特進開府儀同三司定州刺史

北平王貞字仁堅武成第五子也沉審寬恕帝常曰此兒得我鳳毛位司州牧京畿大都督兼尚書令錄尚書事帝行幸總留臺事積年後主以貞長大漸忌之阿那肱承旨令馮士幹劾繫貞於獄奪其留後權

高平王仁英武成第六子也舉止軒昂精神無檢格位定州刺史

淮南王仁光武成第七子也性躁又暴位清都尹次西河王仁機生而無骨不自支持次樂平王仁邕次潁川王仁儉次安樂王仁雅從小有瘖疾次丹楊王仁直次東海王仁謙皆養於北宮琅邪王死後諸王守禁彌切武平末年仁邕已下始得出外供給儉薄取充而已尋後主窮蹙以廓爲光州貞爲青州仁英爲冀州仁儉爲膠州仁直爲濟州刺史自廓已下多與後主死於長安仁英以清狂仁雅以瘖疾獲免俱徙蜀隋開皇中追仁英詔與蕭琮陳叔寶修其本宗祭祀未幾而卒

後主五男穆皇后生幼主諸姬生東平王恪次善德次質德次質錢胡太后以恪嗣琅邪王尋夭折齊滅周武帝以任城已下大小三十王歸長安皆有封爵其後不從戮者散配西土皆死邊

論曰文襄諸子咸有風骨雖文雅之道有謝間平然武藝英姿多堪禦侮縱咸陽賜劒藏覆有徵若使蘭陵獲全未可量也而終見誅翦以至土崩可爲太息者矣安德以時艱主暗晦迹韜光及平陽之陣奮其忠勇蓋以臨難見危義深家國德昌大舉事迫羣情理至淪亡無所歸命廣陵請出後宮竟不獲遂非孝珩辭致有謝李同自是後主心識去平原已遠存亡事異安可同年而說武成殘忍姦穢事極人倫太原跡異猜嫌情非釁逆禍起昭信遂及淫刑嗟呼欲求長世未之有也以孝昭德音庶可慶流後嗣百年之酷蓋濟南之濫觴其云莫效前人之言可爲傷歎各愛其子豈其然乎琅邪雖無師傅之資而早聞氣尚士開淫亂多歷歲年一朝勦絕慶集朝野以之受斃深可痛焉然專戮之釁未之或免贈帝謚恭矯枉過直覘過知仁不亦異於是乎

北史卷五十二考證

河南康獻王孝瑜傳時俗眩之○眩南本作駭

范陽王紹義傳歷位侍中清都尹○都南本作郡下文隴西王紹廉傳亦云紹義初爲清都尹當從此爲是

武成十三男傳安樂王仁雅○監本缺樂王二字今從閣本增入

南陽王綽傳以五月五日辰時生至午時後主乃生○監本缺生至二字今從閣本增入

故貶爲第二○監本缺爲第二字今從閣本增入

琅邪王儼傳王公皆遙住車去牛頓軶於地以待中丞過○軶監本訛軛今改正

北史卷五十三

唐　李延壽　撰

列傳第四十一

万俟普 子洛　可朱渾元　劉豐
破六韓常　金祚　劉貴
蔡儁　韓賢　尉長命
王懷　任祥 子冑　莫多婁貸文 子敬顯
厙狄迴洛　厙狄盛
張保洛 賀拔仁 子相貴 魏珍 康德 段琛 韓建業 尉標 封輔相
范舍樂 牒舍樂　侯莫陳相　薛孤延
斛律羌舉 子孝卿　張瓊　宋顯
王則　慕容紹宗　叱列平
步大汗薩　薛脩義　慕容儼 厙狄伏連
潘樂　彭樂　暴顯
皮景和　綦連猛　元景安
獨孤永業　鮮于世榮　傅伏

万俟普字普撥太平人其先匈奴之別也少雄果有武力正光中破六韓拔陵構逆逼授太尉後歸魏累遷第二鎮人酋長孝武帝初封清水郡公隨入關拜司空神武平夏州普自覆鞦城率部歸齊神武神武躬自迎接封河西郡公位太尉薨贈太師大司馬錄尚書事子洛

洛字受洛干隨孝武入關除尚書左僕射天平中隨父東歸封建昌郡公再遷領軍將軍初神武以其父普尊老特崇禮之嘗親扶上馬洛免冠稽首願出萬死力以報深恩及河陰之戰諸軍北度橋洛以一軍不動謂西人曰万俟受洛干在此能來可來也西人畏而去之神武名其所營地爲迴洛慷慨有氣節勇鋭冠世卒贈太師大司馬太尉錄尚書謚曰武

可朱渾元字道元自云遼東人也曾祖護野肱爲懷朔鎮將遂家焉元寬仁有武畧少與神武相知尒朱榮以爲別將隸尒朱天光平万俟醜奴等以功封東縣伯孝武帝立累遷渭州刺史元既早爲神武知遇兼其母兄在東恒表疏與神武往來周文帝有疑心元乃率所部三千戶發渭州西北度烏蘭津歷河源二州境乃得東出靈州刺史曹埿待元甚厚埿女婿劉豐生與元深相結遂資遣元元從靈州東北入雲州界周文每遣兵邀元元戰必摧之神武聞其來遣平陽太守高崇持金環一枚賜元并運資糧候接元至引見執手後進并州刺史以貪汚劾特見原累以軍功拜司空天保初封扶風郡王位太傅太師薨贈假黃鉞太宰太師錄尚書元用兵務持重未嘗敗皇建初配享文襄廟庭子長舉襲元弟天元亦有將畧便弓馬封昌陽縣伯天保初位殿中七兵二尚書卒贈都督滄州刺史謚曰恭武天元弟天和以道元勳重尚東平長公主賜爵宜安鄉男文宣受禪加駙馬都尉位開府儀同三司封成皐郡公濟南卽位加特進改封博陵郡公與楊愔同被殺追贈司空

劉豐字豐生普樂人也有雄姿壯氣果毅絶人破六韓拔陵之亂以守城功除普樂太守山鹿縣公靈州鎮城大都督賀拔岳與靈州刺史曹埿不睦豐助埿守岳將自討埿爲侯莫陳悅所殺周文帝遣行臺趙善大都督万俟受洛干復來攻圍引河灌之埿與豐堅守不下豐乃東奔神武神武以豐爲南汾州刺史河陰之役豐功居先神武執其手嗟賞之及王思政據長社豐與高岳等攻之先是訛言大魚道上行百姓苦之豐建水攻策遏洧水灌城水長魚鱉皆游焉城將陷豐與行臺慕容紹宗見忽有暴風從東北來正晝昏暗飛沙走礫船纜忽絕漂至城下豐拍浮向土山爲浪激不時至西人鉤之並爲敵所害豐壯勇善戰死日朝野駭惋贈大司馬司徒公尚書令謚武忠子曅嗣第三子龍有巧思位亦通顯隋開皇中歷將作大匠卒於領軍大將軍八子俱非嫡妻所生每一子所生喪諸子皆爲制服三年武平中韓所生喪諸弟並請解官朝廷義而不許

破六韓常單于之裔也初呼廚貌入朝漢爲魏武所留遣其叔父右賢王去卑監本國戶魏氏方興率部南轉去卑遣弟右谷蠡王潘六奚率軍北禦軍敗奚及五子俱沒于魏其子孫遂以潘六奚爲氏後人訛誤以爲破六韓世領部落父孔雀少驍勇背其宗人拔陵率部降尒朱榮詔封永安縣侯第一領人酋長常孔雀少子沉敏有膽畧善騎射尒朱榮死常居河西天平中與冀州刺史万俟受洛干等東歸神武上爲武衞將軍齊受禪封廣川縣公拜太子太保卒於滄州刺史贈尚書令司徒公太傅第一領人酋長假王謚曰忠武

金祚字神敬安定人也性驍雄尚氣俠魏末以軍功至太中大夫隨元天穆討平邢杲歷涇岐二州刺史後大行臺賀拔岳表授東雍州刺史令討仇池氐楊紹先於百頃未還岳爲侯莫陳悅所殺祚克仇池還莫知所歸俄而神武遣行臺侯景慰諭祚遂解甲而還封安定縣公後隨魏孝武西入周文帝以祚爲兗州刺史歷太僕衞尉二卿尋除東北道大都督晉州刺史入據東雍州神武遣尉景攻降之芒山之戰以大都督從破西軍除

華州刺史文宣受禪加開府儀同三司別封臨濟縣子卒贈司空公

劉貴秀容陽曲人也剛格有氣斷歷尒朱榮府騎兵參軍榮性猛急貴尤嚴峻任使多愜榮心普泰初行汾州事棄戍歸齊神武累遷御史中尉肆州大中正加開府西道行臺僕射貴所歷莫不肆其威酷非理殺害視下如草芥性峭直攻訐無所回避雖非佐命元功然與神武布衣舊特見親重卒贈太保太尉公錄尚書事謚忠武齊受禪詔祭告其墓皇建中配享神武廟庭次子洪徽嗣樂縣男卒贈都督燕州刺史

蔡儁廣寧石門人也父普北方擾亂走奔五原守戰有功拜寧朔將軍卒贈燕州刺史儁豪爽有膽畧齊神武微時深相親附儁初爲杜洛周所虜時神武亦在洛周軍中神武謀誅洛周儁預其計事泄奔葛榮仍背榮歸尒朱榮從入洛及從破葛榮平元顥封烏洛縣男隨神武舉義及平鄴破韓陵並有戰功進爵爲侯出爲齊州刺史爲政嚴暴又多受納然亦明解有部分吏人畏服之性好賓客頗稱施惠天平中卒於揚州刺史贈尚書令司空公謚曰威武齊受禪詔祭告其墓皇建初配享神武廟庭

韓賢字普賢廣寧石門人也壯健有武用初隨葛榮作逆榮破後尒朱榮擢充左右榮死尒朱度律以賢爲帳內都督封汾陽縣伯後爲廣州刺史及齊神武起義度律以賢素爲神武所知恐有變遣使徵之不願去乃密遣羣蠻多舉烽若有寇至使者遂爲啓得停賢仍潛使人通誠於神武後拜建州刺史天平初爲洛州刺史州人韓木蘭等起兵賢破之親自案檢收甲仗有一賊窘迫藏屍間見將至忽起斫賢斷其脛而卒始漢明帝時西域以白馬負佛經送洛因立白馬寺其經函傳於此寺形制厚朴世以古物歷代寶之賢知故斫破之未幾而死論者謂因此致禍贈尚書令司空子裔嗣

尉長命太安狄那人也父顯魏代郡太守長命性和厚有器識參預齊神武起兵破尒朱氏於韓陵拜安南將軍樊子鵠據兗州反除東南道大都督與諸軍討平之從幽州刺史督安平二州雖多聚斂然以恩撫人少得安集卒贈司空謚曰武壯子興字敬興便弓馬有武藝位冠軍將軍

王懷字懷周不知何許人也少好弓馬頗有氣尚隨齊神武於冀州起兵討破尒朱兆於廣阿又從破四胡於韓陵以功封盧鄉縣侯天平中爲都督廣州刺史後從神武襲剋西夏州還爲大都督鎮下館除車騎大將軍儀同三司卒贈司徒公尚書僕射懷以武藝勳誠爲神武所知志力未申論者惜其不遂皇建初配饗神武廟庭

任祥字延敬廣寧人也少和厚有器度初從葛榮榮署爲王榮敗擁所部先降拜廣寧太守賜爵西河縣公隨齊神武起兵封魏郡公後兼尚書左僕射進位開府儀同三司祥位望既重能以寬和接物人士稱之及斛斯椿釁發祥棄官北走歸神武天平初拜侍中遷徐州刺史在州大有受納然政不殘不爲人所疾苦潁川長史賀若徽執刺史田迅據城降西魏祥戰失利還北與行臺侯景司徒高昂共攻拔潁川元象元年卒於鄴贈太尉公錄尚書事子冑性輕俠頗敏慧少在神武左右天平中擢爲東郡太守家本豐財又多聚斂動極豪華賓客往來將迎至厚興和末神武攻王壁還留清河公岳爲行臺鎮守晉州以冑隸之冑飲酒游縱不勤防守神武責之懼遂潛遣使送欵於周爲人所糾推勘未得實神武特免之冑內不自安乃與儀同尒朱文暢參軍房子遠鄭仲禮等陰圖弒逆伏誅

莫多婁貸文太安狄那人也驍果有膽氣從神武起兵破尒朱兆於廣阿封石城縣子從破四胡於韓陵進爵爲侯從平尒朱兆於赤洪嶺兆自縊貸文獲其屍天平中進爵爲公晉州刺史元象初除車騎大將軍儀同三司南道大都督與行臺侯景攻獨孤信於金墉城周文帝出函谷景與高昂議待其至貸文請率所部擊其前鋒景等固不許貸文性勇而專不受命以輕騎一千軍前斥候死於周軍贈尚書左僕射司徒公子敬顯嗣彊直勤幹少以武力見知恒從斛律光征討數有戰功光每令敬顯前驅置營中夜巡察或達旦不眠臨敵置陣亦令部分將士深見重位至開府儀同三司武平七年從後主平陽敗歸在并州與唐邕等推立安德王稱尊號安德敗武將皆投周軍唯敬顯走還鄴授司徒周武帝平鄴執之斬於閶闔門外責其不留晉陽也

庫狄迴洛代人也少有武力儀貌魁偉初事尒朱榮榮死隸尒朱兆神武舉兵於信都迴洛擁衆來歸從破四胡於韓陵以軍功封順陽縣子累遷夏州刺史昭帝卽位封順陽郡王大寧初爲朔州刺史轉太子太師卒贈太尉定州刺史

庫狄盛字安盛懷朔人也性和柔少有武用初爲神武親信都督從征伐累遷幽州刺史封長廣縣公齊受禪改封華陽縣公後拜特進卒贈太尉公

張保洛自云本出南陽西鄂家世好賓客尚氣俠頗爲北土所知保洛少便弓馬初從葛榮榮敗仍爲尒朱榮統軍後隸齊神武神武起兵保洛爲帳內從破尒朱兆於廣阿及韓陵戰元象初爲西夏州刺史以前後功封安武縣伯又從戰芒山進爵爲侯文襄嗣事歷梁州刺史進爵爲公齊受禪加開府仍爲刺史聚斂爲百姓所患濟南初兼侍中尋出爲滄州刺史封敷城郡王以聚斂免官奪王爵卒贈前官追復本封從神武出山東又有賀拔仁麴珍段琛尉摽子相貴康德韓建業封輔相范舍樂牒舍樂並以軍功至大官史失其事仁字天惠無善人以帳內都督從神武破尒朱氏於韓陵力戰有功天保初封安定郡王歷數州刺史太保太師右丞相錄尚書事武平元年薨贈假黃鉞相國太尉錄尚書十二州諸軍事朔州刺史謚曰武珍字舍樂西平酒泉人壯勇騎射以帳內從神武天統中封安康郡王武平初爲豫州道行臺尚書令豫州刺史卒贈太尉琛字懷寶代人少有武用從起兵天寶中開府儀同三司兗州刺史摽代人太寧初位司徒封海昌王卒子相貴嗣相貴武平末開府儀同三司晉州道行臺尚書僕射晉州刺史及行臺左丞侯子欽等密啓周武帝請師求爲內應周武自率衆至城下子欽等夜開城門引軍入鎖相貴送長安卒弟相願彊幹有膽畧武平末開府儀同三司領軍大將軍自平陽至并州及到鄴每立計將殺高阿那肱廢後主立廣寧主事竟不果及廣寧被出相願拔佩刀斫柱而歎曰大事去矣知復何言德代人歷數州刺史并省尚書左僕射開府儀同三司封新蔡王建業輔相俱不知所從來建業位領軍大將軍并州刺史以輔相爲朔州總管范舍樂代人有武藝筋力絕人位東雍州刺史開府儀同三司封平舒侯牒舍樂武威人開府儀同三司營州刺史封漢中郡公戰歿關中

侯莫陳相代人也祖社伏頹魏第一領人酋長父斛古提朔州刺史白水公相七歲喪父號慕過人及長性雄傑後從神武起兵破四胡於韓陵力戰有功封陽平縣伯後改封白水郡公天保初累遷司空公進爵白水王又遷大將軍拜太尉公兼瀛州刺史歷太保朔州刺史又授太傅別封義寧郡公薨於州贈假黃鉞右丞相太宰太尉都督朔州刺史次子晉貴嚴重有文武幹畧襲爵白水王武衞將軍開府儀同三司梁州刺史歸周授上大將軍封信安縣公子仲宣太常丞子弘顯弘信雍州司士參軍子行方行儉行恭

薛孤延代人也少驍果從神武起兵以功累加儀同三司從西征至蒲津及竇泰失利神武班師延後殿且戰且行一日斫折十五刀神武嘗閱馬於北牧道逢暴雨大雷震地火燒浮圖神武令延覘之延案矟直前大呼繞浮圖走火遂滅延還鬚及馬鬉尾皆焦神武歎其勇決曰延乃能與霹靂鬬後封平秦公與諸將討潁川延專監造土山以酒醉爲敵所襲據潁川平諸將還京師讌華林園文襄啓魏帝坐延階下以辱之齊受禪別賜爵都昌縣公延性好酒率多昏醉以善戰每大軍征討常爲前鋒位太子太保太傅

斛律羌舉太安人也世爲部落酋長羌舉少驍果從尒朱兆兆破乃歸誠神武神武以其忠於所事亦加嗟賞天平中除大都督從神武戰於沙苑時議進趣計羌舉曰黑獺若欲固守無糧援可恃今揣其情欲一死決有同猘犬或能噬人且渭曲土濘無所用力若不與戰徑趣咸陽咸陽空虛可不戰而剋拔其根本則黑獺之首可懸軍門神武欲縱火焚之侯景曰當禽以示百姓燒殺誰復信之諸將議既有異同遂戰於渭曲大軍敗績後封密縣侯爲東夏州刺史有疾刺句竹箭吮之垂愈因怒創裂而卒贈儀同三司子孝卿嗣孝卿少聰敏機悟有風檢武平末位侍中開府儀同三司封義寧王知內省事典外兵騎兵機密時政由羣豎自趙彥深死後朝貴典機密者唯孝卿一人差居雅道不至貪穢後主至齊州以孝卿爲尚書令又以中書侍郎薛道衡爲侍中封北海王二人勸後主作承光詔禪位任城王令孝卿齎詔策及傳國璽往瀛州孝卿便詣鄴仍從周武帝入關授儀同大將軍宣納上士隋開皇中位太府卿戶部尚書

張瓊字德連代人也少壯健有武用初隨葛榮爲亂榮敗尒朱榮以爲都督後歷位濟州刺史及尒朱氏敗歸神武拜滄州刺史加驃騎大將軍開府儀同三司天平中神武襲剋夏州以瓊爲慰勞大使留鎮之尋爲周文帝所陷卒贈司徒都督恒州刺史瓊子欣尚魏平陽公主除駙馬都尉驃騎大將軍開府儀同三司建州刺史南鄭伯瓊常憂其太盛每謂親識曰凡人官爵莫若處中欣位秩太高深爲憂慮而欣豪險遂與公主情好不篤尋爲孝武所害時人稱瓊先見

宋顯字仲華敦煌効穀人也性果毅有幹用初事尒朱榮稍遷爲記室參軍榮死世隆等以爲晉州刺史後歸

神武爲行臺左丞拜西兗州刺史在州多所受納然勇決有氣幹檢御左右咸得其心力及河陰之戰深入沒于行陣贈司徒公

王則字元軌自云太原人也少驍果有武藝初隨叔父魏廣平內史老生征討每有戰功老生爲朝廷所知則頗有力初以軍功賜白水子元顥入洛則與老生俱降顥顥疑老生遂殺之則奔廣州刺史鄭先護與同拒顥顥敗爲東徐州防城都督尒朱榮之死也東徐州刺史斛斯椿是其枝黨內懷憂懼時梁立魏汝南王悅爲魏主賚其士馬送之境上椿遂降悅則與蘭陵太守李義擊其偏師破之魏因以則行北徐州事隸尒朱仲遠仲遠敗乃歸神武天平初頻以軍功都督荊州刺史則有威武邊人畏伏之渭曲之役則爲西師圍逼棄城奔梁梁尋放還神武恕而不責元象初洛州刺史以前後勳封太原縣伯則性貪在州不法舊京諸像毀以鑄錢於時號河陽錢皆出其家以武用除徐州刺史取受狼藉令送晉陽文襄恕其罪卒贈司空謚烈懿則弟敬寶位東廣州刺史與蕭軌攻建業不剋死焉

慕容紹宗字紹宗晃第四子太原王恪之後也曾祖騰歸魏遂居代祖郁岐州刺史父遠恒州刺史紹宗容貌恢毅少言深沉有膽略尒朱榮卽其從舅子也榮入洛私告曰洛中人士繁盛驕侈成俗不除翦恐難制吾欲因百官出迎悉誅之若何對曰太后淫虐天下共棄公旣執忠義忽欲殲夷多士實謂非策不從後以軍功封索盧侯遷尒朱兆長史及兆敗紹宗於烏突城見神武遂攜尒朱榮妻子并兆餘衆自歸神武神武仍加恩禮所有官爵竝如故軍謀兵略時參預焉及遷鄴令紹宗與高隆之共知府庫圖籍諸事累遷青州刺史時丞相記室孫搴屬紹宗以其兄爲州主簿紹宗不用搴譖之神武曰紹宗嘗登廣固城長歎謂所親云大丈夫有復先業理不由是徵還元象初以軍功進爵爲公累遷御史中尉屬梁人劉烏黑入寇徐方授徐州刺史執烏黑殺之還除尚書左僕射侯景反命紹宗爲東南道行臺加開府改封燕郡公又與大都督高岳禽梁貞陽侯蕭明於寒山迴軍討侯景於渦陽時景軍甚盛初聞韓軌往討之曰噉猪腸小兒聞高岳往曰此兵精人凡爾諸將被輕及聞紹宗至扣鞌曰誰教鮮卑小兒解遣紹宗來若然高王未死邪及與景戰諸將頻敗無肯先者紹宗麾兵徑進諸將從之因大捷西魏遣王思政據潁川又以紹宗爲南道行臺與太尉高岳儀同劉豐圍擊之堰洧水灌城時紹宗數有凶夢每惡之私謂左右曰吾自數年已還恒有蒜髮昨來忽盡蒜者筭也其筭盡乎未幾與劉豐臨堰見北有塵氣乃入艦同坐暴風從東北來纜斷飄艦徑向敵城紹宗自度不免遂投水卒三軍將士莫不悲惋朝廷嗟傷焉贈太尉謚曰景惠長子士肅以謀反伏法朝廷以紹宗功罪止士肅身皇建初配享文襄廟庭士肅弟三藏三藏幼聰敏多武略頗有父風武平初襲爵燕郡公以軍功歷位武衞大將軍周師入鄴齊後主東遁委三藏留守鄴宮齊王公已下皆降三藏猶拒戰及齊平武帝引見恩禮甚厚授儀同大將軍隋開皇元年授吳州刺史九年副襄陽公韋洸討平嶺南至廣州洸中流矢卒詔三藏檢校廣州道行軍事以功授大將軍後遷廓州刺史人歌頌之文帝數有勞問又畜產繁滋獲醍醐奉獻賚物百段十三年州界連雲山響稱萬歲者三詔頒郡國仍遣使醮山所其日景雲浮於上雉兔馴壇側使還以聞上大悅改封河內縣男歷疊州總管和州刺史淮南郡太守所在有惠政改授金紫光祿大夫大業七年卒

叱列平字殺鬼代郡西部人世爲酋帥平有容貌美鬚髯善射馭襲第一領人酋長臨江伯魏末以軍功至武衞將軍隨尒朱榮破葛榮平元顥封夔陶縣伯榮死尒朱氏陵僭平懼禍後歸神武從破四胡於韓陵以軍功天保初累遷兗州刺史開府儀同三司卒贈都督瀛州刺史謚曰莊惠子孝冲嗣孝冲弟長乂武平末侍中開府儀同三司封新寧王隋開皇中位上柱國卒於涇州刺史長乂無他才技在官以清幹稱

步大汗薩代郡西部人祖榮代郡太守父居龍驤將軍領人別將薩初從尒朱榮入洛及平葛榮累功爲都督榮死又從兆入洛及韓陵之敗以所部降神武稍遷車騎大將軍封行唐縣公晉州刺史齊受禪改封義陽郡公

薛脩義字公讓河東汾陰人也曾祖紹魏七兵尚書祖壽仁秦州刺史汾陰公父寶集定陽太守脩義少而姦俠輕財重義魏正光末天下兵起特詔募能得三千人者用爲別將脩義得七千餘人假安北將軍西道別將以軍功拜龍門鎮將後宗人鳳賢等作亂圍鎮城脩義以天下紛擾遂爲逆自號黃鉞大將軍詔都督宗正珍孫討之軍未至脩義慙悔遣表乞一大將招慰乃降鳳賢等猶據嶮不降脩義與書降之乃授鳳賢龍驤將軍陽夏子改封汾陽縣侯尒朱榮以脩義反覆錄送晉陽與高昂等竝見拘防榮赴洛竝以自隨置於駝牛署榮死魏孝莊以脩義爲弘農河北河東正平四郡大都督時神武爲晉州刺史見之相待甚厚及韓陵之捷以脩義行并州事孝武帝入關神武以脩義爲關右行臺自龍門濟河招下西魏北華州刺史薛崇禮初神武欲大城晉中外府司馬房毓曰若使賊到此處雖城何益乃止及沙苑之敗徙秦南汾東雍三州人於并州又欲棄晉以遣家屬向英雄城脩義諫曰若晉州敗定州亦不可保神武怒曰爾輩皆負我前不聽我城并州城使我無所趣脩義曰若失守則請誅斛律金曰還仰漢小兒守收家口爲質勿與兵馬神武從之以脩義行晉州事及西魏儀同長孫子彥圍逼城下脩義開門伏甲待之子彥不測虛實於是遁去神武嘉之就拜晉州刺史後除齊州刺史以黷貨除名追其守晉州功復其官爵俄以軍功進正平郡公加開府天保中卒於太子太保贈司空子文殊嗣脩義從弟嘉族性亦豪爽從神武平四胡於韓陵歷華陽二州刺史卒官子震字文雄位廉州刺史亦著軍功又歷南汾譙二州刺史

慕容儼字恃德清都人廆之後也容貌出羣衣冠盛偉不好讀書頗學兵法尒朱氏敗歸神武以勳累遷五城太守見東雍州刺史潘相樂長揖而已丞尉已下數罹其罪乃謂儼曰府君少爲羣下屈節儼攘袂曰吾狀貌如此行望入拜豈可拜人神武聞三人在邊不和徵相樂還朝以儼代爲刺史遷東荊州刺史行丞長社忽爲其部下人所執將投山賊張儉爲守人王崇祖私放獲免神武乃授以軍司共擊平儉始得達州沙苑之敗時諸州多翻陷唯儼獲全天保初以軍功除開府儀同三司六年梁司徒陸法和儀同宋莅等以郢州城內附時清河王岳帥師江上議以城在江外求忠勇過人者守之衆推儼遂遣鎮郢城始入而梁大都督侯瑱任約率水陸軍奄至城下於上流鸚鵡洲造荻葓竟數里以塞船路衆懼儼悅以安之城中先有神祠一所俗號城隍神儼於是順士卒心祈請須臾衝風驚波漂斷荻葓約復以鐵鏁連緝防禦彌切儼還共祈請風浪夜驚葓復斷絕如此再三城人大喜以爲神助儼出城奮擊大破之瑱約又併力圍城唯煑槐楮葉并紵根水萍葛艾等及靴皮帶筋角等食之人死卽火別分食唯留骸骨儼猶信賞必罰分甘同苦自正月至六月人無異志後蕭方智立請和文宣以城在江表有詔還之及至望帝悲不自勝帝親執其手捋儼鬚脫帽看髮歎息久之曰自古忠烈豈過此也除趙州刺史天統四年別封寄氏縣公并賜金銀酒鍾各一枚胡馬一匹五年進爵爲義安王武平元年爲光州刺史儼少從征討經略雖非所長而有將帥之節所歷諸州雖不能清白守道亦不貪殘害物卒贈司徒子子會位郢州刺史周武帝平鄴使其子送敕諭之子會枷其子付獄尋赦書至云行臺武王已降子會乃與寮屬北面慟哭然後奉命尒朱氏將帥歸神武者又有代人庫狄伏連字仲山本名伏憐語音連事尒朱榮至直閤將軍後從神武賜爵蛇丘男天保初儀同三司尋加開府性質朴勤公事直衞宮闕曉夕不離帝所頗以此見知然鄙恡愚狠爲鄭州刺史好聚斂又嚴酷居室患蠅杖門者曰何故聽入其妻病以百錢買藥每自恨之不識士流開府參軍多是衣冠士族皆加捶撻逼遣築牆武平中封宜都郡王除領軍大將軍尋與琅邪王儼殺和士開伏誅被支解伏連家口百餘盛夏人料倉米二升不給鹽菜常有飢色冬至日親表稱賀其妻爲設豆餅問豆餅得處云於馬豆中分減伏連大怒典馬掌食人竝加杖罰積年賜物藏在別庫遣一婢專掌管籥每入庫檢閱必語妻子此官物不得輒用至死時唯着敝褌而積絹至二萬匹簿錄竝歸天府

潘樂字相貴廣寧石門人也本廣宗大族魏世分鎮北邊因家焉父永有技藝襲爵廣宗男樂初生有一雀止其母左肩占者咸言富貴之徵因名相貴後始爲字及長寬厚有膽略初歸葛榮榮授京兆王時年十九榮敗隨尒朱榮爲別將討元顥以功封敷城縣男齊神武出牧晉州引樂爲鎮城都將後從破尒朱兆於廣阿進爵廣宗縣伯累以軍功拜東雍州刺史神武嘗議欲廢州樂以東雍地帶山河境連胡蜀形勝之會不可棄也遂如故後從破周師於河陰議欲追之令追者在西不願者東唯樂與劉豐居西神武善之以衆之不同而止改封金門郡公文宣嗣事鎮河陽破西將楊標等時帝以懷州刺史平鑒等所築城深入敵境欲棄之樂以軹關要害必須防固乃更修理增置兵將而還還鎮河陽拜司空齊受禪樂進璽綬進封河東郡王遷司徒周文東至崤陝遣其行臺侯莫陳崇齊子嶺趣軹關儀同楊摽從鼓鍾道出帊州陷孤公戍詔樂總大衆禦之樂晝夜兼行至長子遣儀同韓永興從建州西趣崇崇遂遁又爲南道大都督討侯景樂發石鼈南度百餘里至梁涇州涇州舊在石梁侯景改爲淮州樂獲其地仍立涇州

又克安州之地除瀛州刺史仍略淮漢天保六年薨於懸瓠贈假黃鉞太師大司馬尚書令子子晃嗣諸將子弟率多驕縱子晃沉密謹愨以清靖自居尚公主拜駙馬都尉武平末爲幽州道行臺右僕射幽州刺史周師將入鄴子晃率突騎數萬赴援至博陵知鄴城不守詣冀州降周齊王軍授上開府隋大業初卒

彭樂字興安定人也驍勇善騎射初隨杜洛周賊知其不立降尒朱榮從破葛榮於滏口又爲都督從神武與行臺僕射于暉討破羊侃于瑕丘後叛投逆賊韓樓封北平王及尒朱榮遣大都督侯深擊樓樂又叛樓降深神武出山東樂又隨從韓陵之役樂先登陷陣賊衆大崩封樂城縣公後以軍功進爵汨陽郡公除肆州刺史天平四年從神武西討與周文相拒神武欲緩持之樂氣奮請決戰曰我衆賊少百人取一差不可失也神武從之樂因醉入深被刺腸出內之不盡截去復戰身被數創軍勢遂挫不利而還神武每追諭以戒之高仲密之叛也周文援之神武迎擊於芒山候騎言賊去洛州四十里蓐食乾飯神武曰自應渴死何待我殺乃勒陣以待之西軍至皆喉燥樂以數千精騎爲右甄衝西軍北垂所向奔退遂馳入周文營人告樂叛神武曰樂棄韓樓事尒朱榮背尒朱歸我又叛入西事成敗豈在一樂但念小人反覆爾俄而西北塵起樂使告捷虜西魏臨洮王東蜀郡王榮宗江夏王昇鉅鹿王闡譙郡王亮詹事趙善督將寮佐四十八人皆係頸反接平臨以刃歷兩陣而唱名焉諸將乘勝斬首三萬餘西軍退神武使樂追之周文大窘而走曰癡男子今日無我明日豈有汝邪何不急還前營收金寶樂從其言獲周文金帶一束以歸言周文漏刃破膽矣神武詰之樂以周文言對且曰不爲此語放之神武雖喜其勝且怒令伏諸地親稱其頭連頓之并數沙苑之失舉刃將下者三噤齘良久乃止更請五千騎取周文神武曰爾何放而復言捉邪取絹三千匹壓樂因賜之累遷司徒天保初封陳留王遷太尉二年謀反爲前行襄州事劉章等告伏誅

暴顯字思祖魏郡斥丘人也祖喟仕魏爲朔州刺史因家焉父誕恒州刺史樂安公顯幼時見一沙門指之曰此郎子好相表大必爲良將貴極人臣語終失之顯善騎射曾從魏孝莊獵一日中手獲禽獸七十三後從齊神武起義信都累遷北徐州刺史封屯留公天保中以贓貨解州大理禁止處判未訖爲合肥被圍遣顯與步大汗薩等攻梁北徐州爲其刺史王彊天統中累遷位特進封定陽王卒

皮景和琅邪下邳人也父慶賓魏淮南王開府中兵參軍正光中因使遇亂遂家廣寧之石門縣景和少通敏善騎射初以親信事神武後征步落稽疑賊有伏令景和將五六騎深入一谷遇賊百餘人便戰景和射數十人莫不應弦而倒神武嘗令景和射一野豕一箭獲之深見賞異除庫直正都督天保初授通州刺史封永寧縣子景和趫捷有武用從襲庫莫奚度黃龍征契丹定稽胡討蠕蠕每有戰功累遷殿中尚書侍中景和於武職中兼掌吏事又性識平均故頻有美授周通好後冠蓋往來嘗令景和對接每與同射百發百中甚見推重武平中詔獄多令中黃門等監之恒令景和案覆據理執正由是過無枉濫後除特進封廣漢郡公遷領軍將軍琅邪王之殺和士開兵指西闕內外莫知所爲景和請後主出千秋門自號令事平除尚書左僕射陳將吳明徹寇淮南令景和拒之除領軍大將軍封文城郡王又有平陽人鄭子饒詐依佛道設齋會用米麪不多供贍甚廣密從地藏漸出餅飯愚人以爲神力見信於魏衞之間將爲逆亂謀泄乃潛度河聚衆自號長樂王已破乘氏縣景和遣騎擊破之禽子饒送鄴烹之及吳明徹圍壽陽敕景和與賀拔伏恩救之是時拒明徹者多傾覆唯景和全軍而還除尚書令武平六年卒贈太尉錄尚書長子信機悟有風神位開府儀同三司武衞將軍於勳貴子弟中稱其識鑒降周軍授上開府軍正中大夫隋開皇中卒於洮州刺史少子宿達開皇中通事舍人母憂起復將赴京辭靈慟哭而絕久而獲蘇不能下食三日而死

綦連猛字武兒代人也其先姬姓六國末避亂出塞保祈連山因以山爲姓北人語訛故曰綦連父元成燕郡太守猛少有志氣便弓馬初爲尒朱榮親信榮被害從尒朱兆入洛猛父母兄弟皆在山東尒朱京纏欲投神武召之與俱舉稍謂曰不從我者死乃從之去城五十餘里猛以素蒙兆恩卽背京纏復歸兆兆敗猛與斛律羌舉乞伏貴和逃亡及見獲各杖一百以猛配尉景貴和配婁昭羌舉以故舊長子故無所配既而三人並爲神武親信後都督尒朱文暢將爲逆猛曰昔事其父兄寧今日受死不忍告而殺之神武聞之曰事人當如此舍其罪而益親之以軍功封廣興縣侯梁使來聘云求角武藝文襄遣猛就館接之雙帶兩鞬左右馳射校挽彊弓梁人引弓兩張皆三石猛遂併取四張疊挽之過度梁人嗟服天保初除東秦州刺史河清三年加開府突厥侵逼晉陽敕猛拒賊中一騎將超出來鬬猛卽斬之天統五年除并省尚書令領軍大將軍封山陽王猛自和士開死後漸預朝政疑議舉奪咸亦咨稟趙彥深以猛武將之中頗疾姦佞言議時有可采故引知機事祖珽奏言猛與彥深前推瑯邪王事有意故於是出猛爲定州刺史彥深爲西兗州刺史卽日首途先是謠曰七月刈禾太早九月噉餻未好本欲尋山射虎激箭旁中趙老至是其言乃驗猛行至牛蘭有人告和士開被害時猛亦知情遂被追還削王爵以開府赴州在任寬惡清慎吏人稱之淮陰王阿那肱與猛有舊每欲携引之韓長鸞等沮難復授膠州刺史後除大將軍齊亡入周卒初猛與尉興慶謝偃俊並善射小心給事神武左右神武使相者視之曰猛大貴尉謝無官及芒山之役興慶救神武之窘爲軍所殺神武嘆曰富貴定在天也猛竟如相者言卒以榮寵自畢興慶事見齊本紀興慶每入陣常自署名於背神武使求其尸祭之於死處立浮圖世謂高王浮圖云於是超贈儀同涇州刺史謚曰閔壯

元景安河南洛陽人魏昭成皇帝之五世孫也高祖虔陳留王景安沉敏有幹局少工騎射善於事人父永啓迴代郡公授之隨魏孝武帝西入關天平末周齊交戰景安臨陣東歸芒山之戰以功賜爵西華縣男代郡公如故景安妙閑馳騁有容則每梁使至恒與斛律光皮景和等對客騎射見者稱善天保初別封興勢伯帶定襄縣令賜姓高氏累遷兼七兵尚書時初築長城鎮戍未立詔景安與諸將緣塞以備守督領既多且所部軍人富於財物遂賄貨公行文宣聞之遣使推檢唯景安纖毫無犯帝深嘉歎乃以所斂贓絹五百匹賜以彰清節孝昭嘗與功臣西園宴射侯去堂一百三十步中的者賜以良馬及金玉錦綵有一人射中獸頭去鼻寸餘唯景安最後有矢未發帝令景安解之景安引滿正中獸鼻帝嗟異稱善特賞馬二匹玉帛雜物又加常等天統四年除豫州刺史加開府儀同三司武平三年授行臺尚書令刺史如故封歷陽郡王景安久在邊州人物安之又管內蠻多華少景安被以恩威咸得寧輯武平末徵拜領軍大將軍入周以大將軍義寧郡公討稽胡戰沒初永兄祚襲爵陳留王祚卒子景皓嗣天保時誅諸元親近者如景安之徒疏宗議請姓高氏景皓云豈得棄本宗遂他姓大丈夫寧可玉碎不能瓦全景安以白文宣乃收景皓誅之家屬從彭城由是景安獨賜姓高氏自外聽從本姓永弟种子豫字景豫美容儀有器幹景安告景皓慢言引豫云相應和豫占云爾時以衣袖掩景皓口云莫妄言問景皓與豫同獲免卒於東徐州刺史

獨孤永業字世基本姓劉中山人也母改適獨孤氏永業幼隨母爲獨孤家養遂從其姓天保初除中書舍人永業解書計善歌舞甚爲文宣所知後爲洛州刺史河陽行臺左丞甚有威信遷行臺尚書永業久在河陽善於招撫周人憚之性鯁直不交權勢斛律光求二婢弗得毀之於朝廷河清末徵爲太僕卿以乞伏貴和代之於是西境蹙弱河洛人情騷動武平三年遣永業取斛律豐洛因以爲北道行臺僕射幽州刺史河洛人庶多思永業又除河陽道行臺洛州刺史周武帝親攻金墉永業出兵禦之問是何達官作何行動周人曰至尊自來主人何不出看客永業曰客行忩忩故不出看乃通夜辦馬槽二千周人聞之以爲大軍至乃去進位開府臨川王有甲士三萬聞晉州敗請出兵北討奏寢不報永業慨憤又聞并州亦陷乃遣子須達告降於周授上柱國應公宣政末爲襄州總管大象二年爲行軍總管崔彥睦所殺

鮮于世榮漁陽人也父寶業懷朔鎮將武平初贈儀同三司祠部尚書世榮少沉敏有器幹興和二年爲神武親信都督稍遷平西將軍賜爵石門縣子天統二年累加開府儀同三司除鄭州刺史武平中以領軍從平高思好封義陽郡王領軍大將軍太子太傅及周武帝入代送瑪瑙酒鍾與之得便撞破周兵入鄴諸將皆降世榮在三臺之前獨鳴鼓不輟及被執不屈乃見殺世榮雖武人無文藝以朝危政亂每常竊歎見徵稅無厭賞賜過度發言歎息焉子貞武平末假儀同三司

傅伏太安人也少從戎以戰功稍至開府永橋領人大都督周武帝前攻河陰伏自永橋夜入中潬城南城陷被圍二旬不下救兵至周師還後除東雍州刺史周剋晉州執行臺尉相貴招伏伏不從周剋并州遣韋孝寬以伏子世寬來招伏授上大將軍武鄉郡公卽給告身以金瑪瑙二酒鍾爲信伏不受曰事君有死無二此兒爲臣不能竭忠爲子不能盡孝人所讎疾願卽斬之以號令天下周武自鄴還至晉州遣高阿那肱等臨汾召伏伏聞後主已被獲仰天大哭率衆入城於聽事前北面哭良久然後降周武見曰何不早降伏流涕曰臣三

世衣食齊家被任如此革命不能自死羞見天地周武親執手曰爲臣當若此朕平齊唯見公一人乃自食一羊肋以骨賜伏曰骨親肉疎所以相付遂引與同食令於侍伯邑宿衞授上儀同敕之曰若卽與公高官恐歸投者心動勿慮不富貴又問前救河陰得何官曰蒙一轉授特進永昌郡公周武帝謂後主曰朕前三年決意取河陰正爲傅伏不可動公當時賞授何其薄也賜伏金酒巵後以爲岷州刺史尋卒齊軍晉州敗後兵將罕有全節有其殺身成仁者有儀同叱于苟生鎮南兗州周武破鄴赦書至苟生自縊死又有開府中侍中宦者田敬宣本字鵬鸞人也年十四五便好讀書既爲閹寺伺隙便周章詢請每至文林館氣喘汗流問書之外不暇他語及覩古人節義事未嘗不感激沉吟顏之推重其勤學甚加開奬後遂通顯後主之奔青州遣其西出參伺動靜爲周軍所獲問齊主何在給云已去殿捶服之每折一支辭色愈厲竟斷四體而卒又有雷顯和晉州敗後爲建州道行臺左僕射周武帝使其子招焉顯和禁其子而不受聞鄴城敗乃降後主失并州使開府紇奚永安告急於突厥他鉢略可汗及聞齊滅他鉢處永安於吐谷渾使下永安抗言曰本國既敗永安豈惜賤命欲閉氣自絕恐天下不知大齊有死節臣唯乞一刀以顯示遠近他鉢嘉之贈馬七十匹歸之又有代人高寶寧武平末爲營州刺史鎮黃龍夷夏重其威信周武帝平齊遣信招慰不受敕書范陽王紹義在突厥中寶寧上表勸進范陽王署寶寧爲丞相及盧昌期據范陽起兵寶寧引紹義集夷夏兵數萬救之至潞河知周將宇文神舉屠范陽還據黃龍

論曰尒朱殘逆遠劾誠款知神武陵逼隨帝西遷去就之途未爲失節道元感毋兄之戀荷知遇之恩思親懷舊固其宜矣生不屈西朝歸誠河朔保年之於開義異策名並乘幾獨運異夫盜寶竊邑者也神武招携理殊納叛諸將擇木情非背恩故能各立功名終極榮寵神敬力屈東維未虧臣節其被恩化蓋亦明主之仁焉劉貴蔡儁有先見之明匡贊霸業配饗清廟豈徒然也韓賢尉長命王懷任祥莫多婁貸文庫狄廻洛庫狄盛張保洛侯莫陳相薛孤延斛律羌舉張瓊宋顯王則等並運屬時來或因羈旅馮附末光申其志力化爲王侯固爲宜矣孝卿功臣之胄自致公卿立履之地亦足稱也慕容紹宗兵機武略在世見重昔事尒朱固執忠義不用范增之言終見烏江之禍侯景狠戾固非後主之臣神武遺言實表知人之鑒寒山渦水往若摧枯竿盡數奇逢斯禍酷悲夫三藏連屬危亡貞槩自處可謂不隕門節矣叱列平步大汗薩薛脩義慕容儼潘樂彭樂暴顯皮景和綦連猛元景安等策名戎幕備閒夷險位高任重咸遂本誠永業世榮之徒國危方見忠節不然則丹青簡册安所貴乎

北史卷五十三考證

万俟普傳普自覆秣城率部歸齊神武○自監本譌尋今改從齊書

可朱渾元傳封成皐郡公○皐監本譌皇今改從齊書

破六韓常傳詔封永安縣侯第一領人酋長○第字下監本衍第字今刪

斛律羌舉傳後封密縣侯爲東夏州刺史○侯監本譌候今從閣本

慕容紹宗傳獲醍醐奉獻○醍監本譌醍今改從南本

薛修義傳詔都督宗正珍孫討之○監本脫正字今從魏書增正

史臣論咸遂本誠○咸監本譌成今改從南本

北史卷五十四

唐　李　延　壽　撰

列傳第四十二

孫騰　高隆之　司馬子如（子消難　兄子膺之　裴藻）

竇泰　尉景　婁昭（兄子叡）　庫狄干（孫士文）

韓軌　段榮（子韶　孝言）　斛律金（子光　羡）

孫騰字龍雀咸陽石安人也祖通仕沮渠氏爲中書舍人沮渠氏滅因從居北邊及騰貴魏朝贈司徒父機贈太尉騰少質直明解吏事魏正光中北方擾歸尒朱榮尋爲齊神武都督長史神武爲晉州又引爲長史封石安縣伯及起兵於信都常以誠款預謀策累遷郡公入爲侍中尋兼尚書左僕射時魏京兆王愉女平原公主寡騰願尚之而公主欲侍中封隆之騰妬隆之遂相間搆神武啓免騰官俄而復之與斛斯椿同掌機密隆之見忌慮禍奔晉陽神武入討椿留騰行并州事入爲尚書左僕射內外之事騰咸知之兼司空除侍中兼尚書令時西魏攻南兗州詔騰率諸將討之騰性怯無威略失利而還又除司徒餘官如故初北境亂騰亡一女及貴推訪不得疑其爲人婢及爲司徒奴婢訴良者皆免之願免千人冀得其女神武知之大怒解司徒尋爲尚書左僕射太保仍侍中遷太傅初博陵崔孝芬取貧家子賈氏爲養女孝芬死其妻元更適鄭伯猷攜賈於鄭氏賈有色騰納之爲妾其妻袁死騰以賈有子正以爲妻詔封丹楊郡君復請以袁氏爵回授其女其違禮肆情多此類也騰早依神武神武深信待之置於魏朝寄以心腹遂志氣驕盈與奪自己納賄不知紀極官贈非財不行餚藏銀器盜爲家物親狎小人專爲聚斂與高岳高隆之司馬子如號四貴非法專恣騰爲甚焉神武文襄屢加譴讓終不悛改朝野深非笑之武定六年薨贈太師開府錄尚書事謚曰文天保初以騰佐命詔祭告其墓皇建中配饗神武廟庭子鳳珍嗣性庸暗卒於儀同三司

高隆之字延興洛陽人也爲閹人徐成養子少時以傭升爲事或曰父幹爲姑壻高氏所養因從其姓隆之後有參定功神武命爲弟仍云勃海蓚人幹贈司徒公隆之身長八尺美鬚髯深沉有志氣初行臺于暉引爲郎中與神武深相結託後從起兵於山東累遷并州刺史入爲尚書右僕射時初給人田權貴皆占良美貧弱咸受墝薄隆之啓神武更均平之又領營構大將以十萬夫徹洛陽宮殿運於鄴構營之制皆委隆之增築南城周二十五里以漳水近帝城起長堤以防汎溢又鑿渠引漳水周流城郭造水碾磑並有利於時魏自孝昌之後天下多難刺史太守皆爲當部都督雖無兵事皆立佐僚所在頗爲煩擾隆之請非實邊要見兵馬者悉斷之又朝貴多假常侍以取貂蟬之飾隆之自表解侍中并陳諸假侍中服者請亦罷之詔皆如表自軍國多事冒名竊官者不可勝數隆之奏請檢括旬日獲五萬餘人而羣小讙譟隆之懼而止詔監起居事進位司徒武定中除尚書令遷太保文襄作宰風俗肅清隆之時有受納文襄於尚書省大加責讓齊受禪進爵爲王尋以本官錄尚書事領太宗正卿監國史隆之性好小巧至於公家羽儀百戲服制時有改易不循典故時論非之於射堋土上立三人像爲壯勇之勢文宣曾至東山因射謂隆之曰堋上可作猛獸以存古義何爲終日射人隆之無以對先是文襄委任崔暹崔季舒等及文襄崩隆之啓文宣並欲害之不見許文宣以隆之舊齒委以政事隆之子嫡於楊遵彥前妻帝妹也故遵彥譖毀日至崔季舒等仍以前隙譖云隆之每見訴訟者輒加哀矜之意以示非己能裁文宣以其受任既久知有冤狀便宜申滌何過要名非大臣義天保五年禁止尚書省隆之曾與元昶宴語昶曰與王交遊當死生不相背人有密言之者文帝未登庸日隆之意常侮帝帝將受禪大臣咸言未可隆之又在其中帝深銜之因此大怒罵曰徐家老公令壯士築百餘拳放出渴將飲水人止之隆之曰今日何在遂飲之因從駕死於路中贈太尉太保陽夏王竟不得謚隆之雖不學涉而欽尚文雅搢紳名流必存禮接寡姊爲尼事之如母訓督諸子必先文義世以此稱之文宣末年多猜害追忿隆之執其子司徒中兵慧登等二十人於前慧登言乞命帝曰不得已以鞭扣鞍一時頭絕並投之漳水發隆之冢出屍其貌不敗斬骸骨焚之棄於漳流天下冤之隆之嗣遂絕乾明中詔其兄子子遠爲隆之後襲爵陽夏王還其財產隆之見信神武性陰毒儀同三司崔孝芬以結婚姻不果太僕卿任集同加營構頗相乖異瀛州刺史元晏請託不遂並構成其罪誅害之終至家門殄滅論者謂有報應焉

司馬子如字遵業自云河內溫人也徙居雲中因家焉子如初爲懷朔鎮省事與齊神武相結託分義甚深孝昌中并州淪陷子如南奔肆州爲尒朱榮所禮封平遙子稍遷大行臺郎榮死隨榮妻子與尒朱世隆等走出京城節閔帝立以前後功進爵陽平郡公神武入洛以爲大行臺尚書朝夕左右參知軍國天平初除尚書左僕射與高岳孫騰高隆之等共知朝政甚見信重神武鎮晉陽子如時往謁見及還神武明后俱有齎遺率以爲常子如性既豪爽兼恃恩舊簿領之務與奪任情公然受納興和中以北道行臺巡檢諸州守令已下至定州斬深澤令至冀州斬東光令皆稽留時刻致之極刑進退少不合旨者便令武士頓曳白刃臨頸士庶惶懼不知所爲轉尚書令及文襄輔政以賄爲御史中尉崔暹劾在獄一宿而髮皆白辭曰司馬子如本從夏州策一杖投相王王給露車一乘犛牸牛犢犢在道死唯犛角存此外皆人上取得神武書敕文襄曰馬令是吾故舊汝宜寬之文襄駐馬行街以出子如脫其鎖子如懼曰非作事邪於是除削官爵神武後見之哀其顦悴以膝承其首親爲擇蝨賜酒百瓶羊五百口粳米五百石子如曰無事尚被囚幾死若受此豈有生路邪未幾起行冀州事能自改厲甚有聲譽詔復官爵別封野王縣男齊受禪以翼贊功別封須昌縣公尋除司空子如性滑稽不事檢裁言戲穢褻識者非之而事姊有禮撫諸兄子慈篤當時名士並加欽愛復以此稱之然

素無鯁正不能以平道處物文襄時中尉崔暹黃門郎崔季舒俱被任用文襄崩暹等赴晉陽子如以糾劾之嫌乃啓文宣言其罪勸帝誅之後子如以馬度關爲有司所奏文宣讓之曰崔暹季舒事朕先世有何大罪卿令我殺之因此免官久之猶以先帝之舊拜太尉尋以疾薨贈太師太尉謚曰文明長子消難嗣

消難字道融幼聰慧微涉經史有風神好自矯飾以求名譽子如既當朝貴盛消難亦愛賓客邢子才王元景魏收陸卬崔贍等皆遊其門稍遷光祿卿出爲北豫州刺史文宣末年昏虐滋甚消難常有自全之謀曲意撫納頗爲百姓所附不能廉潔爲御史所劾又尚公主而情好不睦公主譖之屬文宣在并州驛召上黨王渙渙懼害斬使者東奔鄴中大擾後竟獲於濟州渙之初走朝士疑赴成皐云若與司馬北豫連謀必爲國患此言達於文宣頗見疑消難懼密令所親人河東裴藻間行入關請降入周封滎陽郡公累遷大司寇從武帝東伐還除梁州總管大象初遷大後丞女爲靜帝后尋出爲鄖州總管及隋文帝輔政消難乃與蜀公尉遲迥合勢舉兵使其子永質於陳以求援隋文帝命襄州總管王誼討之消難奔陳位司空隋郡公初隋武元帝之迎消難結爲兄弟情好甚篤隋文每以叔禮事之及平陳消難至特免死配爲樂戶二旬而免猶以舊恩特被引見尋卒於家消難性貪淫輕於去就故世言反覆者皆以方之其妻高齊神武女也在鄴極加禮敬入關便相棄薄及赴鄖州留妻及三子在京妻言於文帝曰滎陽公攜寵自隨必不顧妻子願防慮之及消難入陳高母子因此獲免子譚卽高氏所生以消難勳拜儀同大將軍坐消難除名

裴藻字文芳少機辯有不羈之志爲子如太傅主簿消難鎭北豫又以爲中兵參軍入周封聞喜縣男除晉州刺史子如兄纂纂長子世雲輕險無行累遷潁州刺史肆行姦穢將見推懼遂從侯景文襄猶以子如恩舊免其諸弟死罪徙北邊世雲以侯景敗於渦陽復有異志爲景所殺世雲弟膺之膺之字仲慶美鬚髯有風貌好學厚自封植神氣甚高歷中書黃門侍郎天平中叔父子如執鈞當軸膺之既宰相猶子兼自有名望所與遊集盡一時名流與邢子才王景等並爲莫逆之交及兄世雲陷於逆亂朞親皆應誅膺之及諸弟並有人才爲朝廷所惜文襄特減死徙近鎭文宣嗣業得還齊受禪子如別封須昌縣公迴授膺之子如撫愛甚慈膺之昆季事之如父性方古不會俗舊與楊愔同爲黃門郎至愔爲尚書令抗禮如初愔嘗有從姊喪尚書卿尹皆跪弔膺之執手而出會路逢愔威儀道引乃於樹下側避之愔於車望見令呼謂曰兄何意避弟膺之曰我自避赤棒本不避卿愔甚重之然以其疎簡傲物竟天保間淪滯不齒乾明中除衞尉少卿遷國子祭酒河淸末拜金紫光祿大夫患泄痢積年不起武平中就家拜儀同三司班台之貴近世專以賞勳勤膺之雖爲猥雜名器猶重初司徒趙彥深起自孤微爲子如管記膺之甚相忽略不爲之禮及彥深爲宰相朝士輻湊膺之自念故被延請而不至門每與相見捧袂而已太常卿段孝言左丞相孝先之弟也位望甚隆嘗詣其弟幼之舉座傾敬膺之時牽疾在外齋憑几而坐不爲動容直言我患痢久太常不得致怪黃門郎陸杳貴遊後進膺之嘗與棊杳忽後至寒溫而已棊遂輟閉宅閑素門無雜客性不飲酒而不愛重賓遊病久不復堪讀書或以奔棊永日名士有素懷者時相尋候無雜言唯論經史好讀太玄經又注揚雄蜀都賦每云我欲與揚子雲周旋患痢十七年竟不愈亡歲以痢疾終膺之弟子瑞爲御史中丞正色舉察爲朝廷所許以疾去職就拜祠部尚書卒贈儀同三司瀛州刺史謚曰文節子瑞妻陸令萱妹及令萱得寵於後主重贈子瑞開府儀同三司中書監溫縣伯諸子亦並居顯職同遊給事黃門侍郎同回太常少卿同憲通直常侍同遊終爲佳吏隋開皇中爲尚書戶部侍郎卒於遂州刺史子瑞弟幼之淸貞有行武平末爲大理卿開皇中卒於眉州刺史

竇泰字世寧太安捍殊人也本出淸河觀津胄祖羅魏統萬鎭將因居北邊父樂魏末破六韓拔陵爲亂與鎭將楊鈞固守遇害泰貴追贈司徒初泰母夢風雷暴起若有雨狀出庭觀之見電光奪目駛雨霑灑寤而驚汗遂有娠朞而不產大懼有巫曰度河湔裙產子必易便向水所忽見一人曰當生貴子可徙而南泰母從之俄而生泰及長善騎射有勇略泰父兄戰歿於鎭泰身負骸骨歸尒朱榮以從討邢杲功賜爵廣阿子神武之爲晉州請泰爲鎭城都督參謀軍事累遷侍中京畿大都督尋領御史中尉泰以勳戚居臺雖無多糾舉而百寮畏懼天平三年神武西討令泰自潼關入四年泰至小關爲周文帝所襲衆盡沒泰自殺初泰將發鄴鄴有惠化尼謠云竇行臺去不迴未行之前夜三更忽有朱衣冠幘數千人入臺云收竇中尉宿直兵吏皆驚其人入數屋俄頃而去旦視關鍵不異方知非人皆知其必敗贈大司馬太尉錄尚書事謚曰武貞泰妻武明婁后妹也泰雖以親見待而功名自建齊受禪祭告其墓皇建初配享神武廟庭子孝敬嗣位儀同三司

尉景字士眞善無人也秦漢置尉堠官其先有居此職者因以氏焉景性溫厚頗有俠氣魏孝昌中北鎭反景與神武入杜洛周中仍共歸尒朱榮以軍功封博野縣伯後從神武起兵信都韓陵之戰唯景所統失利神武入洛留景鎭鄴尋進封爲公景妻常山君神武之姊也以勳戚每有軍事與庫狄干常被委重而不能忘懷財利神武每嫌責之轉冀州刺史又大納賄發夫獵死者三百人庫狄干與景在神武坐請作御史中尉神武曰何意下求卑官干曰欲捉尉景神武大笑令優者石董桶戲之董桶剝景衣曰公剝百姓董桶何爲不剝公神武誡景曰可以無貪也景曰與爾計生活孰多我止人上取爾割天子調神武笑不答改封長樂郡公歷太保太傅坐匿亡人見禁止使崔暹謂文襄曰語阿惠兒富貴欲殺我邪神武聞之泣詣闕曰臣非尉景無以至今日三請帝乃許之於是黜爲驃騎大將軍開府儀同三司神武造景景恚卧不動叫曰殺我時趣邪常山君謂神武曰老人去死近何忍煎迫至此又曰我爲爾汲水胝生因出其掌神武撫景爲之屈膝先是景有果下馬文襄求之景不與曰土相扶爲墻人相扶爲王一馬亦不得畜而索也神武對景及常山君責文襄而杖之常山君泣救之景曰小兒慣去放使作心腹何須乾啼濕哭不聽打邪尋授青州刺史操行頗改百姓安之徵授大司馬遇疾薨於州贈太師尚書令齊受禪以景元勳詔祭告其墓皇建初配享神武廟庭追封長樂王子粲少歷顯職性麤武天保初封庫狄干等爲王粲以父不預王爵大恚恨十餘日閉門不朝帝怪遣使就宅問之隔門謂使人曰天子不封粲父作王粲不如死使云須開門受敕粲遂彎弓隔門射使者以狀聞之文宣使段韶諭旨粲見韶唯撫膺大哭不答一言文宣親詣其宅慰之方復朝請尋追封景長樂王粲襲爵位司徒太傅薨子世辯嗣周師將入鄴令世辯率千餘騎覘候出滏口登高阜西望遙見羣鳥飛起謂是西軍旗幟卽馳還比至紫陌橋不敢顧隋開皇中卒於浙州刺史

婁昭字菩薩代郡平城人也武明皇后之母弟也祖父提雄傑有識度家僮千數牛馬以谷量性好周給士多歸附之魏太武時以功封眞定侯父內干有武力未仕而卒昭貴魏朝贈司徒齊受禪追封太原王昭方雅正直有大度深謀腰帶八尺弓馬冠時神武少親重之昭亦早識人雄曲盡禮敬數隨神武獵每致請不宜乘危歷險神武將出信都昭贊成大策卽以爲中軍大都督從破尒朱兆於廣阿封安喜縣伯改濟北公又從濮陽郡公授領軍將軍魏孝武將貳於神武昭以疾辭還晉陽後從神武入洛兗州刺史樊子鵠反以昭爲東道大都督討之子鵠既死諸將勸昭盡捕誅其黨昭曰此州無狀橫被殘賊其賊是怨其人何罪遂皆捨焉後轉大司馬仍領軍遷司徒出爲定州刺史昭好酒晚得偏風雖愈猶不能處劇務在州事委寮屬昭舉其大綱而已薨於州贈假黃鉞太師太尉謚曰武齊受禪詔祭告其墓封太原王皇建初配享神武廟庭長子仲達嗣改封濮陽王次子定遠少歷顯職外戚中偏爲武成愛狎別封臨淮郡王武成大漸與趙郡王等同受顧命位司空趙郡王之奏黜和士開定遠與其謀遂納士開賄賂成趙郡之禍其貪鄙如此尋除瀛州刺史初定遠弟季略穆提婆求其伎妾定遠不許因高思好作亂提婆令臨淮國郎中金造遠陰與思好通後主令開府段暢率三千騎掩之令侍御史趙秀通至州以贓貨事劾定遠定遠疑有變遂縊而死昭兄子叡

叡字佛仁父拔魏南部尚書叡幼孤被叔父昭所養爲神武帳內都督封掖縣子累遷光州刺史在任貪縱深爲文襄所責後改封九門縣公齊受禪除領軍將軍別封安定侯叡無他器幹以外戚貴幸縱情財色爲瀛州刺史聚斂無厭皇建初封東安王大寧元年進位司空平高歸彥於冀州還拜司徒河淸三年濫殺人爲尚書左丞宋仲羨彈奏經赦乃免尋爲太尉以軍功進大司馬武成至河陽仍遣總偏師赴縣瓠叡在豫境留停百餘日專行非法詔免官以王還第尋除太尉薨贈大司馬子子產嗣位開府儀同三司

庫狄干善無人也曾祖越豆眷魏道武時以功割善無之西臘汗山地方百里以處之後率部落北遷因家朔方干鯁直少言有武藝魏正光初除掃逆黨授將軍宿衞於內以家在寒鄉不宜毒暑冬得入京師夏歸鄉里孝昌元年北邊擾亂奔雲中爲刺史費穆送于尒朱榮以軍主隨榮入洛後從神武起兵破四胡於韓陵封廣平縣公尋進郡公河陰之役諸將大捷唯干兵退神武以其舊功竟不責黜尋轉太保太傅及高仲密以武牢叛神武討之以干爲大都督前驅干上道不過家見侯

景不遑食景使騎追饋之時周文自將兵至洛陽軍容甚盛諸將未欲南度干決計濟河神武大兵繼至遂大破之還爲定州刺史不閑吏事事多煩擾然清約自居不爲吏人所患遷太師天平初以干元勳佐命封章武郡王轉太宰干尚神武妹樂陵長公主以親地見待自預勳王常總大衆威望之重爲諸將所伏而最爲嚴猛會詔京師魏譙王元孝友於公門言戲過常無能面折者干正色責之孝友大慚時人稱善薨贈假黃鉞太宰給轀輬車謚曰景烈干不知書署名爲干字逆上畫之時人謂之穿錐又有武將王周者署名先爲吉而後成其外二人至孫始並知書干皇建初配享神武廟庭子伏敬位儀同三司卒子士文嗣士文性孤直雖鄰里至親莫與通狎在齊襲封章武郡王位領軍將軍周武帝平齊山東衣冠多來迎唯士文閉門自守帝奇之授開府儀同三司隨州刺史隋文受禪加上開府封湖陂縣子尋拜貝州刺史性清苦不受公料家無餘財其子嘗噉官厨餅士文枷之於獄累日杖之二百步送還京僮隸無敢出門所買鹽菜必於外境凡有出入皆封署其門親故絕迹慶弔不通法令嚴肅吏人股戰道不拾遺有細過必深文陷害嘗入朝遇上賜公卿入左藏任取多少人皆極重士文獨口銜絹一匹兩手各持一匹上問其故士文曰臣口手俱足餘無所須上異之別賞遺之士文至州發摘姦諂長吏尺布斗粟之贓無所寬貸得千人奏之悉配防嶺南親戚相送哭聲遍於州境至嶺南遇瘴厲死者十八九於是父母妻子唯哭士文士文聞之令人捕搦捶楚盈前而哭者彌甚司馬京兆韋焜清河令河東趙達二人並苛刻唯長史有惠政時人語曰刺史羅殺政司馬蝮蛇瞋長史含笑判清河生喫人上聞歎曰士文暴過毒獸竟坐免未幾爲雍州長史謂人曰我向法深不能窺候貴要無乃必死此官及下車執法嚴正不避貴戚賓客莫敢至門人多怨望士文從妹爲齊氏嬪有色齊滅後賜薛公長孫覽覽妻鄭氏妬譖之文獻后令覽離絕士文恥之不與相見後應州刺史唐君明居母憂娉以爲妻由是君明士文並爲御史劾士文性剛在獄數日憤恚而死家無餘財有三子朝夕不繼親賓無贍之者

韓軌字伯年太安狄那人也少有志操深沉喜怒不形於色神武鎮晉州引爲鎮城都督及起兵於信都軌贊成大策從破尒朱兆於廣阿又從韓陵陣封平昌縣侯仍督中軍從破尒朱兆於赤谼嶺再遷泰州刺史甚得邊和神武巡泰州欲以軌還仍賜城人戶別絹布兩疋州人田昭等七千戶皆辭不受唯乞留軌神武嘉歎乃留焉頻以軍功進封安德郡公遷瀛州刺史在州聚歛爲御史糾劾削除官爵未幾復其安德郡公歷位中書令司徒齊受禪封安德郡王軌妹爲神武所納生上黨王渙復以勳庸歷登台鉉常以謙恭自處不以富貴驕人後拜大司馬從文宣征蠕蠕在軍暴疾薨贈假黃鉞太宰太師謚曰肅武皇建初配享文襄廟庭子晉明嗣天統中改封東萊王晉明有俠氣諸勳貴子孫中最留心學問好酒誕縱招飲賓客一席之費動至萬錢猶恨儉率朝廷欲處之貴要地必以疾辭告人云廢人飲美酒對名勝安能作刀筆吏披反故紙乎武平末除尚書左僕射百餘日便謝病解官

段榮字子茂姑臧武威人也祖信仕沮渠氏後入魏以豪族徙北邊仍家於五原郡父連安北府司馬榮少好歷術專意星象正光中謂人曰吾今觀玄象察人事不及十年當有亂矣亂起此地天下因此橫流無可避也未幾如言榮初之杜洛周因奔尒朱榮及神武起兵榮贊成之神武南討鄴留榮鎭信都仍授定州刺史時攻鄴未克榮轉輸無闕神武入洛論功封姑臧縣侯轉授瀛州刺史榮妻武明皇后長姊也榮恐神武招私親之議固推諸將竟不之州等歷相濟秦三州所在百姓愛之神武將圖關右榮稱未可及渭曲敗神武曰不用段榮言以至於此尋除山東大行臺領本州流人大都督甚得物情卒贈太尉謚曰昭景皇建初配享神武廟庭二年重贈大司馬尚書令武威王長子韶嗣

韶字孝先少工騎射有將領才略以武明皇后甥神武益器愛之常置左右以爲心腹領親信都督神武拒尒朱兆於廣阿憚兆兵衆韶曰所謂衆者得衆人之死所謂彊者得天下之心尒朱裂冠毀冕拔本塞原芒山之會搢紳何罪殺主立君不脫旬朔天下從亂十室而九王躬昭德義誅君側之惡何往而不克哉神武曰吾雖以順討逆恐無天命韶曰聞小能敵大小道大淫皇天無親唯德是輔今尒朱外賊天下內失善人智者不爲謀勇者不爲鬬不肖失職賢者取之復何疑也遂與挑戰敗之頻以軍功封下洛縣男後廻賜父爵姑臧縣侯芒山之役爲賀拔勝所窘韶從傍馳馬反射斃其馬追騎不敢進遂免賜鞍下馬并金進爵爲公及征玉壁攻城未下神武不豫謂大司馬斛律金司徒韓軌左衞將軍劉豐等曰吾每謂孝先論兵殊有英畧若比來用其謀可無今日之勞矣吾患危篤欲委孝先以鄴下事若何金等咸曰知臣莫若君實無出孝先者仍令韶從文宣鎭鄴召文襄赴軍顧命文襄以孝先爲託令軍旅大事並與籌之及神武崩侯景反文襄還鄴留韶守晉陽委以軍事加驃騎大將軍開府儀同三司文宣受禪除尚書右僕射遷冀州刺史天保四年梁將東方白額潛至宿豫詔韶討之既至會梁將嚴超達等軍逼涇州陳霸先將攻廣陵尹令思謀襲盱眙三軍咸懼韶謂諸將曰自梁氏喪亂國無定主人懷去就霸先外託同德內有離心吾揣之熟矣乃留儀同三司敬顯儁等圍宿豫自倍道赴涇州塗出盱眙令思不虞大軍卒至望旗而奔進破超達軍廻復廣陵霸先道走旋師宿豫遣辯士喻白額白額開門請盟盟訖度白額終不爲用斬之并其諸弟並傳首京師封平原郡王歷司空司徒大將軍尚書令太子太師以繼母憂去職尋起爲大司馬仍爲尚書令遷錄尚書事并州刺史後與東安王婁叡平高歸彥遷太傅仍涖并州爲政不存小察甚得人和周文遣將率羌夷與突厥合衆逼晉陽武成自鄴倍道赴之時大雪諸將或欲逆之韶曰不如陣以待之彼勞我逸破之必矣遂大破之進位太師周冢宰宇文護母閻氏先配中山宮護聞尚存乃因邊境移書請還其母并通隣好韶以爲護外託爲相其實王也爲母請和不通一介之使據移送書恐示以弱且外許之待通和往復放之未晚不聽遂遣使以禮將送護得母仍遣將尉遲廻等襲洛陽詔蘭陵王長恭大將軍斛律光擊之軍次芒山下逗留未進武成召韶欲赴洛陽圍但以突厥爲慮韶曰北虜侵邊事等疥癬西羌闚逼是膏肓之病帝仍令韶督精騎一千發晉陽五日便濟河遇周軍於大和谷與將軍陣以待之韶爲左軍蘭陵王爲中軍律斛光爲右軍上山逆戰韶且却引待其力斃下馬擊之周人大潰洛城圍亦即奔遁除太宰封靈武縣公天統三年除左丞相四年別封永昌郡公食滄州幹武平二年出晉州道到定隴築威敵平寇二城而還二月周師來寇遣韶與右丞相斛律光太尉蘭陵王長恭往行達西境有栢谷城者敵之絕險諸將莫肯攻圍韶曰汾北河東勢爲國家之有若不去栢谷事同痼疾計彼會兵在南道今斷其要路救不能來城勢雖高其中甚狹火弩射之一旦可盡遂攻之城潰仍城華谷置戍而還封廣平郡公是月周又遣將攻邊斛律光先率軍禦之韶亦請行五月到服秦城西人於姚襄城南更起城鎭韶抽壯士從北襲之使人潛度河告姚襄城中內外相應進戰大破之諸將咸欲攻其新城韶曰此城一面阻河三面城險不可攻不如更作一城壅其要道破服秦併力圖之從之六月徙圍定陽七月屠其外城時韶病在軍中謂蘭陵王曰此城三面重澗並無走路唯慮東面一處耳賊若突圍必從此出長恭乃設伏其夜果如策伏兵擊之大潰韶竟以病薨賜溫明祕器轀輬車軍校之士陣送至平恩墓所發卒起冢贈假黃鉞相國太尉錄尚書事謚忠武韶出總軍旅入參幃幄功既居高重以婚媾之故望傾朝野而長於計略善於御衆得將士之心又雅性溫慎有宰相之風教訓子弟閨門雍肅事後母以孝聞齊代勳貴家罕有及者然僻於好色雖居要重微服間行魏黃門郎元瑀妻皇甫氏緣瑀謀逆沒官韶美之上啓固請文襄賜之別宅處之禮同正嫡尤嗇於財親戚故舊略無施與其子深尚公主并省丞郎在家佐事十餘日事畢辭還人唯賜一杯酒元妃所生三子懿深亮皆宦達懿字德猷尚穎川長公主拜駙馬都尉襲封平原王位行臺右僕射兼殿中尚書卒子寶鼎尚中山長公主隋開皇中開府儀同三司大業初卒於饒州刺史深字德深美容貌寬謹有父風天保中受父封姑臧縣公尚東安公主位侍中韶病篤詔封深濟北王以慰其意入周拜大將軍郡公坐事死亮字德堪隋大業初位汴州刺史卒於汝南郡守

韶弟孝言少警發有風儀齊受禪其兄韶以別封霸城縣侯授之歷中書黃門侍郎典機密又歷祕書監度支尚書清都尹孝言本以勳戚致位通顯驕奢無憚會夜過其客宋孝王家呼坊人防援不時赴遂栲殺之又與諸淫婦密遊其夫覺又拷掠而殯時苑內須果木課人間及僧寺備輸孝言悉分向其私宅種植又殿內及園中須石差車從漳河運載復分車廻取事發出爲海州刺史累遷吏部尚書祖珽執政將廢趙彥深引孝言爲助加侍中孝言待物不平抽擢非賄則舊有將作丞崔成於衆中抗言尚書天下尚書豈獨段家尚書也孝言無辭以對唯厲色遣下尋除中書監加特進又託韓長鸞共構祖珽之短及珽出後孝言除尚書右僕射仍掌選恣情用捨請謁大行敕浚京城北隍孝言監作儀同三司崔士順將作大匠元士將太府少卿酈孝裕尚書左戶郎中薛叔昭司州中從事崔龍子清都尹丞李道隆鄴縣令尉長卿臨漳令崔象成安令高子徹等並在孝言部下典作日別置酒高會諸人膝行跪伏稱觴上

壽或自陳屈滯更請轉官孝言意色揚揚以爲己任皆隨事報答許有加授富商大賈多被銓擢所進用人士咸是險縱之流尋遷左僕射特進侍中如故孝言富貴豪侈尤好女色後取妻定遠妾董氏大躭愛之爲此內外不和更相糾列又於晉陽監作坐事除名徙光州隆化主敗後有敕追還孝言雖黷貨無厭恣情酒色然舉止風流招致名士美景良辰未嘗虛棄賦詩奏伎以盡歡洽雖草萊之士粗關文藝多引入賓館與同興賞其貧賤者亦時乞遺時論復以此多之齊亡入周位上開府

斛律金字阿六敦朔州敕勒部人也高祖倍侯利魏道武時內附位大羽眞賜爵孟都公祖幡地斤殿中尚書父那瓌光祿大夫贈司空金性敦直善騎射行兵用匈奴法望塵知馬步多少嗅地知軍度遠近初爲軍主與懷朔鎮將楊鈞送蠕蠕主阿那瓌瓌見金獵射歎其工及破六韓拔陵構逆金擁衆屬焉署金爲王金度陵終敗乃統所部叛陵詣雲州魏除爲第二領人酋長秋朝京師春還部落號曰鴈臣仍稍引南出黃瓜堆爲杜落周所破與兄平二人脫身歸尒朱榮爲別將孝莊立賜爵阜城男位金紫光祿大夫神武密懷匡復金贊成大謀太昌初爲汾州刺史進爵爲侯從神武破紇豆陵於河西沙苑之役神武以地阨少却軍爲西師所乘遂亂張華原以簿帳歷營點兵莫有應者神武將集兵便戰金曰衆散將離其勢可不復用宜急向河東神武據鞍未動金以鞭拂馬神武乃還於是大崩喪甲士八萬侯景欲西魏力人持大棒守河橋衣甲厚射之不入賀拔仁候其轉面射一發斃之是役也無金先請還幾至危矣及高仲密西叛周文攻洛陽從神武破之還除大司馬改封石城郡公金性質直不識文字本名敦苦其難署改名爲金從其便易猶以爲難司馬子如教爲金字作屋況之其字乃就神武重其古質每誡文襄曰爾所使多漢有讒此人者勿信之及文襄嗣事爲肆州刺史文宣受禪封咸陽郡王天保三年就除太師四年解州以太師還晉陽車駕幸其第六宮及諸王盡從置酒極夜方罷帝欣甚詔金第二子豐樂爲武衞大將軍賜帛五十匹謂曰公元勳佐命父子忠誠朕當結以婚姻永爲藩衞仍詔金孫武都尚義寧公主成禮之日帝從皇太后幸金宅皇后太子諸王皆從其見待如此後蠕蠕爲突厥破散慮其犯塞詔金屯兵白道以備之多所俘獲并表陳虜可取狀文宣乃與金共討之進位右丞相食齊州幹遷左丞相帝晚年敗德嘗持矟走馬以擬金胷者三金立不動於是賜物千段孝昭踐阼納其孫女爲皇太子妃詔金朝見聽乘步挽車至階武成即位禮遇彌重又納其孫女爲太子妃金曾遣人獻食中書舍人李若誤奏云金自來武成出昭陽殿敕侍中高文遙將羊車引之若知事誤更不敢出映廊下文遙還覆奏帝罵若云空頭漢合殺亦不加罪金長子光大將軍次子羨及孫武都並開府儀同三司出鎮方岳其餘子孫皆封侯貴達一門一皇后二太子妃三公主尊寵當時莫比金嘗謂光曰我雖不讀書聞古來外戚梁冀等無不傾滅女若有寵諸貴人妬女若無寵天子嫌之我家直以立勳抱忠致富貴豈藉女也辭不獲免常以爲憂天統三年薨年八十贈假黃鉞相國太尉公贈錢百萬諡曰武子光嗣

光字明月馬面彪身神爽雄傑少言笑工騎射初爲侯景部下彭樂謂高敖曹曰解律家小兒不可三度將行後奪人名以庫直事文襄從出野見鴈雙飛來文襄使光馳射之以二矢俱落焉後從金西征周文帝長史莫孝暉在行間光年十七馳馬射中之因禽於陣神武即擢授都督封永樂子又嘗從文襄於洹橋校獵雲表見一大鳥射之正中其頸形如車輪旋轉而下乃鵰也丞相屬邢子高歎曰此射鵰手也當時號落鵰都督齊受禪別封西安縣子皇建元年進爵鉅鹿郡公時樂陵王百年爲皇太子求妃孝昭以光世載醇謹納其長女爲太子妃歷位太子太保尚書令司空司徒河清三年周太司馬尉遲迥齊公憲庸公王雄等衆十萬攻洛陽光率騎五萬馳往戰於芒山迥等大敗光親射雄殺之迥憲僅而獲免仍築京觀武成幸洛陽策勳遷太尉初文宣時周人常懼齊兵之西度恒以冬月中河椎氷及帝即位朝政漸紊齊人椎氷懼周兵之逼光憂曰國家常有吞關隴之志今日至此而唯翫聲色先是武成納光第二女爲太子妃天統元年拜皇后光轉大將軍三年六月父喪去官其月詔起光及弟羨並復位秋除太保襲爵咸陽王遷太傅十二月周軍圍洛陽壅絕糧道武平元年正月詔光率步騎三萬禦之鋒刃纔交周將宇文桀衆大潰直到宜陽軍還擊周齊王憲等衆大潰詔加右丞相并州刺史其年冬光又率步騎五萬於玉壁築華谷龍門二城與憲相持憲不敢動二年率衆築平隴等鎮戍十三所周柱國抱罕公普屯威柱國韋孝寬等來逼平隴光與戰於汾水大破之周遣其柱國紇干廣略圍宜陽光率步騎五萬赴之戰于城下取周建安等四戍捕千餘人而還軍未至鄴敕令便放兵散光以功勳者未得慰勞若散恩澤不施乃密表請使宣旨軍仍且進朝廷發使遲留軍還將至紫陌光駐營待使帝聞光軍營已逼心甚惡之急令舍人追光入見然後宣勞散兵拜左丞相別封清河郡公光嘗在朝堂垂簾而坐祖珽不知乘馬過其前光怒謂人曰此人乃敢爾後珽在內省言聲高慢光過聞之又怒珽知光忿賂其從奴搖頭曰自公用事相王每夜抱膝歎曰盲人用權國必破矣珽省事褚士達夢人倚戶授其詩曰九升八合粟角斗定非眞堰却律中水將留何處人以告珽珽占之曰角斗斛字津却水何留人合成律字非眞者解斛律於我不實士達又言所夢狀乃其父形也珽由是懼又穆提婆求娶光庶女不許帝賜提婆晉陽之田光言於朝曰此田神武以來常種禾飼馬以擬寇難今賜無乃闕軍務也帝又以鄴清風園賜提婆租賃之於是官無菜賖買於人負錢三百萬其人訴焉光曰此菜園賜提婆是一家足若不賜提婆便百官足由是祖穆積怨周將韋孝寬懼光乃作謠言令間諜漏之於鄴曰百斗飛上天明月照長安又曰高山不推自崩槲樹不扶自豎班讀之曰盲老公背上下大斧饒舌老母不得語令小兒歌之於路提婆聞以告其母令萱以饒舌爲斥己盲老公謂祖珽也遂協謀以謠言啓帝曰斛律累世大將明月聲震關西豐樂威行突厥女爲皇后男尚公主謠言可畏帝以問韓長鸞鸞以爲不可事寢光又嘗謂人曰今軍人皆無褌袴後宮內參一賜數萬匹府藏稍空此是何理受賜者聞之皆曰天子自賜我關相王何事珽又通啓求見帝使以庫車載入珽因請間唯何洪珍在側帝曰前得公啓即欲施行長鸞以爲無此理未可珽未對洪珍進曰若本無意則可既有此意不決行萬一事泄如何帝然洪珍言而猶預未決班令武都妾兄顏玄告光謀爲不軌又令曹魏祖奏言上將星盛不誅恐有災禍先是天狗西流占曰秦地桊秦即咸陽也自太廟及光宅並見血先是三日鼠常晝見光寢室常投食與之一朝三鼠俱死又牀下有二物如黑猪從地出走其穴膩滑大蛇屢見屋脊有聲如彈丸落又大門橫木自焚擣衣石自移旣而丞相府佐封士讓密啓云光前西討還敕令便放兵散光令軍逼帝京將爲不軌不果而止家藏弩甲奴僮千數每使豐樂武都處陰謀往來若不早圖恐事不可測帝謂何洪珍曰人心亦大聖我前疑其欲反果然帝性怯恐即有變令洪珍馳召祖珽告之又恐追光不從命珽因請賜其一駿馬令明日乘至東山遊觀須其來謝因執之帝如其言光將上馬頭眩及至引入凉風堂劉桃枝自後撲之不倒光曰桃枝常作如此事我不負國家桃枝與力士三人以弓絃罥其頸遂拉殺之年五十八血流於地剗之迹終不滅於是下詔稱其反族滅之使二千石郎邢祖信掌簿籍其家珽於都省問所得物祖信曰得弓十五張宴射箭一百具刀七口賜矟二張珽又厲聲曰更得何物曰得棗子枝二十束擬奴僕與人鬭者不問曲直即以杖之一百珽大慙乃下聲曰朝廷已加重刑郎中何可分雪及出人尤其抗直祖信慨然曰好宰相尚死我何惜餘生祖信少年時父遜爲李庶所卿因詣庶謂庶曰暫來見卿還辭卿去庶父諸杖庶而謝焉光居家嚴肅見子弟若君臣雖極貴盛性節儉簡聲色不營財利杜絕饋餉門無賓客罕與朝士交言不肯預政事每會議常獨後言言輒合理將有表疏令人執筆口占之務從省實行兵用匈奴卜法吉凶無不中軍營未定終不入幕或竟日不坐身不脫介胄常爲士卒先有罪者唯大杖撾背未嘗妄殺衆皆爭爲之死宜陽之役謂周人曰歸我七年人不然取爾十倍周人即歸之在西境築定誇諸城馬上以鞭指畫所取地皆如其言拓地五百里而未嘗伐功板築之役鞭撻人士頗稱其嚴自結髮從戎未嘗失律深爲鄰敵懾憚罪旣不彰一旦屠滅朝野惜之周武帝聞光死赦其境內後入鄴追贈上柱國崇國公指詔書曰此人若在朕豈得至鄴長子武都位特進開府儀同三司梁兗二州刺史所在唯事聚歛光死遣使於州斬之小子鍾年甫數歲獲免周朝襲封崇國公隋開皇中卒於車騎將軍

羨字豐樂少機警善騎射河清三年爲都督幽州刺史其年突厥十餘萬寇州境羨總諸將禦之突厥望見軍容齊整遂不敢戰遣使求款附天統元年五月突厥可汗遣使請朝貢自是歲時不絕羨有力焉詔加行臺僕射羨以虜屢犯邊塞自庫推戍東拒於海二千餘里其間凡有險要或斬山築城斷谷起障并置立戍邏五十餘所又導高梁水北合易京東會於潞因以灌田公私獲利在州養馬二千匹部曲三千以備邊突厥謂之南面可汗四年遣行臺尚書令別封高城縣侯羨歷事數帝以謹直稱雖極榮寵不自矜尚以合門貴盛深以爲憂武平元年乃上書推讓乞解所職詔不許其年秋進

爵荆山郡王羨慮禍使人騎快騾迎至鄴無日不得音問後二日鄴使不至家人乞養憂之又夢著枷鎖勸豐樂速奔突厥羨不從占其夢曰枷者加官鎖者鎖吉利及光誅敕中領軍賀拔伏恩等十餘人馳驛捕之遣領軍大將軍鮮于桃枝洛州行臺僕射獨孤永業便發定州騎卒續進伏恩等既至門者白羨曰使人衷甲馬汗宜閉城門羨曰敕使豈可疑拒出迎之遂見執死於長史聽事謂其妻曰啓太后臣兄弟死自當知臨刑歎曰富貴如此女爲皇后公主滿家常使三百兵何得不敗并害五子年十五已下者宥之羨未誅前忽令其在州諸子五六人鎖頭乘驢出城合家泣送之至閤日晚而歸吏人莫不驚異行燕郡守馬嗣明道術之士也爲羨所欽竊問之答云須有禳厭數日而有此變羨及光竝工騎射少時獵父金命子孫會射而觀之泣曰明月豐樂用弓不及我諸孫又不及明月豐樂世衰矣每日令出田還卽効所獲光獲少必麗龜達掖羨獲雖多非要害之所光恒蒙賞羨或被捶人問其故云明月必背上著箭豐樂隨處卽下手數雖多去兄遠矣聞者服其

官金兄平少便弓馬神武起以都督從皇建初封定陽郡公後爲青州刺史卒贈太尉

論曰齊神武以晉陽戎馬之地霸圖攸屬練兵訓旅遙制朝權鄴都機務情寄深遠孫騰高隆之司馬子如等俱不能清貞守道以康亂爲懷而厚斂貨財塡彼溪壑昔蕭何之鎭關中荀彧之居許下不亦異於是乎頓文襄入輔責以驕縱厚遇崔暹奮其霜簡不然則君子屬厭豈易間焉子如徒以少相親重情深昵狎義非草昧恩納寵私勳德莫聞坐致台輔消難去齊歸周義非殉國向背不已晚又奔陳一之謂甚胡可而再膺之風素可重功之清簡自立有足稱者竇泰尉景婁昭庫狄干韓軌等竝以外戚近親屬雲雷之舉位非寵進功籍勢成附翼攀鱗爲佐命之首定遠以常人之才而因趙郡忠正將以志除朝蠹謀遂傍臣而信納姦凶反受其亂遂使庸豎肆毒賢戚見誅敗政害時莫大於此鄙語曰利以昏智況定遠非智者乎段榮以姻戚之重遇時來之會功伐之地亦足稱焉韶光輔七君克隆門業每出當閫外或任處留臺以猜忌之朝終其眉壽屬亭候多警爲有齊上將豈其然乎當以志謝矜功名不踰實不以威權御物不以智數要時欲求覆餗其可得也禮云率性之謂道此其効歟斛律金以神武撥亂之始翼成王業忠欵之至成此大功故能終享遐年位高百辟視其盈滿之戒動之微也幾及後嗣遂至誅夷旣處威權之重蓋符道家所忌光以上將之子有沉毅姿戰將兵權暗同韜畧臨敵制勝變化無方自關河分隔年將四紀以高氏霸王之期屬宇文草創之日出軍薄伐屢挫兵威而太寧已還東隣浸弱關西前收巴蜀又殄江陵叶建瓴而用武成并吞之壯志光每臨戎誓衆式遏邊鄙戰則前無完陣攻則罕有全城齊氏必致拘原之師秦人無復啓關之策而世亂讒勝詐以震主之威主暗時艱自毀藩籬之固昔李牧之爲趙將也北覊胡寇西却秦軍郭開譖之牧死趙滅其議誅光者豈秦之反間歟何同術而同亡也內令諸將解體外爲彊隣滅讐嗚呼後之君子可爲深戒者歟

北史卷五十四考證

高隆之傳尋以本官錄尚書事○官監本訛宮今改從南本

司馬消難傳邢子才王元景魏收陸卬崔贍等皆遊其門○贍南本作瞻

尉景傳改封長樂郡公歷太保太傅○歷字下監本衍爲字今從閣本刪去

段韶傳軍次芒山下○芒監本訛芸今改從南本

諸將莫肯攻圍○肯監本訛可今從閣本

斛律金傳位大羽眞○一本作大羽鎭將

光傳懼周兵之逼○逼監本訛遙今改從南本

北史卷五十五

唐　李延壽　撰

列傳第四十三

孫搴　陳元康　杜弼子臺卿
房謨子恭懿　張纂　張亮趙起徐遠
張曜　王峻　王紘
敬顯儁　平鑒　唐邕
白建　元文遙　趙彥深
赫連子悅　馮子琮子慈明　郎基子茂

孫搴字彥舉樂安人世寒賤少勵志勤學自檢校御史再遷國子助教太保崔光引修國史歷行臺郎後預崔祖螭反逃於王元景家遇赦乃出孫騰以宗情薦之齊神武未被知也會神武西征登鳳陵命中外府司馬李義深相府城局李士略共作檄文皆辭請以搴代神武乃引搴入帳自爲吹火催促之搴神色安然援筆立就其文甚美神武大悅卽署相府主簿專典文筆又能通鮮卑語兼宣傳號令當煩劇之任大見賞重賜妻韋氏旣士人子女又兼色貌時人榮之文襄初欲之鄴總知朝政神武以其年少未許搴爲致言乃果行恃此自乞特進文襄但加散騎常侍時大括人爲軍士逃隱者身及主人三長守令罪以大辟沒其家於是所獲甚衆搴之計也搴學淺行薄邢邵嘗謂曰須更讀書搴曰我精騎三千足敵君羸卒數萬搴少時與溫子昇齊名嘗謂子昇卿文何如我子昇謙曰不如卿搴要其爲誓子昇笑曰但知劣於卿便是何勞旦旦搴悵然曰卿不爲誓事可知矣搴常服棘刺丸李諧調之曰卿應自足何假外求坐者皆笑司馬子如與高季式召搴飲酒醉甚而卒神武親臨之曰折我右臂贈吏部尚書青州刺史

陳元康字長猷廣宗人也父終德魏濟陰內史元康貴贈度支尚書諡曰貞元康頗涉文史機敏有幹用魏正光中從李崇北伐以軍功賜爵臨淸男普泰中除主書累遷司徒高昂記室初司馬子如高季式與孫搴劇飲搴醉死神武命求好替子如舉魏收他日神武謂季式曰卿飲殺我孫主簿魏收作文書都不稱我意司徒嘗道一人謹密是誰季式以元康對曰是能夜闇書快吏也召之一見便授大丞相功曹內掌機密善陳事意不爲華藻遷大行臺都官郎封安平子軍國多務元康問無不知神武臨行留元康在後馬上有所號令九十餘條元康屈指數之盡能記憶神武甚親之曰如此人世間希有我今得之乃上天降佐也時趙彥深亦知機密人謂之陳趙而元康勢居趙前性又柔謹神武之伐劉蠡升天寒雪深使人舉氈元康於氈下作軍書颯颯運筆筆不及凍俄頃數紙及出神武目之曰此何如孔子邪神武嘗怒文襄親加歐蹋極口肆罵以告元康元康俯伏泣下霑地曰王教世子過矣神武曰我性急瞋阿惠常如此元康大啼曰一度爲甚況常然邪神武自是爲之懲忿時或恚撻輒曰勿使元康知又謂左右曰元康用心誠實必與我兒相抱死高仲密之叛神武知其由崔暹將殺之文襄匿暹爲之請神武曰我爲爾不殺然須與苦手文襄乃出暹而謂元康曰暹若得杖不須見我及暹見神武將解衣受罰元康趨入止伍伯因歷階升曰王方以天下付世子世子有一崔暹不能免其杖父子尚爾況世間人邪神武意解曰不由元康崔暹得一百乃捨之文襄入輔居鄴下崔暹崔季舒崔昂等竝被任用張亮張徽纂竝爲神武待遇然皆出元康下神武每與元康久語文襄門外待接之時人語曰三崔二張不如一康左衞將軍郭瓊以罪死子婦范陽盧道虞女也沒官神武啓以賜元康爲妻元康地寒時以爲殊賞元康遂棄故妻李氏識者非之元康便辟善事人而不能平心處物溺於財利受納金帛不可勝紀責負交易遍於州郡爲清論所譏從神武於芒山將戰遺失陣圖元康冒險求得之西師旣敗神武會諸將議進取策或以爲人馬疲瘦不可遠追元康曰兩雄交爭歲月已久今得大捷便是天授時不可失必須乘勝追之神武曰若遇伏兵孤何以濟元康曰前沙苑還軍彼尚無伏今者奔敗何能遠謀捨之必成後患神武不從累遷大行臺左丞及神武疾篤謂文襄曰芒山之戰不用元康言方貽汝患以此爲恨死不瞑目事皆當與元康定也神武崩祕不發喪唯元康知之文襄嗣事自晉陽將之鄴令元康預作神武條教數十紙留付段孝先趙彥深在後以次行之別封昌國縣公以從嘉名侯景反文襄逼於諸將欲殺崔暹以謝之元康諫曰今枉殺無辜虧廢刑典豈直上負天神何以下安黎庶鼂錯前事願公愼之文襄乃止高岳討侯景未克文襄欲遣潘相樂副之元康曰相樂緩於機變不如慕容紹宗且先王有命稱堪敵景時紹宗在遠文襄欲召見之恐其驚叛元康曰紹宗知元康特蒙顧待新使人來餉金以致誠欵元康欲安其意故受之而厚荅其書保無異也乃任紹宗遂破景賞元康金五十斤王思政入潁城諸將攻之不能拔元康進曰公自匡朝政未有殊功雖敗侯景本非外賊今潁城將陷願公因而乘之足以取威定業文襄令元康馳驛觀之復命曰必可拔文襄乃親征潁川益發衆軍央旣至而克之賞元康金百鋌初魏朝授文襄相國齊王諸將皆勸恭膺朝命元康以爲未可崔暹因間之薦陸元規爲大行臺郎欲分元康權元康旣貪貨賄文襄內漸嫌之又欲用爲中書令以閑地處之事未施行屬將受魏禪元康與楊愔崔季舒竝在坐將大遷除朝士共品藻之文襄家倉頭蘭固成掌廚與其弟阿改謀害文襄阿改時事文宣常執刀從期聞東齋呌卽加刃於文宣時文宣別有所之未還而難作固成因

進食置刀盤下而殺文襄元康抱文襄文襄曰可惜可惜與賊爭刀髻解被刺傷重腸出猶手書辭母口占祖孝徵陳權宜至夜而終時年四十三時楊愔狼狽走出遺一靴崔季舒逃匿于廁庫直紇奚舍樂捍賊死散都督王師羅戰傷監厨倉頭薛豐洛率宰人持薪以赴難乃禽盜固成一名京事見齊本紀祕文襄凶問故殯元康於宮中託以出使南境虛除中書令明年乃贈司空諡曰文穆元康卒後母李氏哀感發病而終贈廣宗郡君諡曰貞昭元康子善藏嗣善藏温雅有鑒裁位給事黃門侍郎隋開皇中尚書郎大業初卒於彭城郡贊務

杜弼字輔玄中山曲陽人也祖彥衡淮南太守父慈度繁時令弼幼聰敏家貧無書年十二寄郡學受業同郡甄琛爲定州刺史簡試諸生見而策問應荅如響大歎異之命其二子楷寬與交州牧任城王澄聞而召問深相嗟賞許以王佐之才澄琛還洛稱之丞相高陽王等多相招命但以祖官薄不獲優叙以軍功起家征虜府墨曹參軍典管記弼長於筆札每爲時輩所推孝昌初除太學博士遷光州曲城令爲政清靜遠近稱之弼父在鄉爲賊所害弼居喪六年以常調除侍御史臺中彈奏皆見信任儀同竇泰西伐詔弼監軍及泰失利自殺弼與其徒六人走還陝州刺史劉貴鏁送晉陽神武責以不諫爭賴房謨諫以免累遷大行臺郎中又引典掌機密甚見信待或有造次不及書教直付空紙即令宣讀承間密勸受禪神武舉杖擊走之相府法曹辛子炎諮事云取署子炎讀署爲樹神武怒其犯諱杖之於前弼進曰孔子言徵不言在子炎可恕神武罵曰眼看人瞋乃復牽經引禮叱令出去弼行十許步呼還子炎亦蒙宥文襄在鄴聞之謂楊愔曰王左右賴此人天下蒙利豈獨吾家也初神武自晉陽東出改尒朱氏貪政使人入村不敢飲社酒及平京洛貨賄漸行弼以文武在位罕有廉潔言之神武神武曰弼來我語爾天下濁亂習俗已久今督將家屬多在關西黑獺常相招誘人情去留未定江東復有一吳老翁蕭衍專事衣冠禮樂中原士大夫望之以爲正朔所在我若急作法網恐督將盡投黑獺士子悉奔蕭衍則何以爲國爾宜少待吾不忘之及將有沙死之役弼又請先除內賊却討外寇指諸勳貴掠奪百姓神武不荅因令軍人皆張弓挾矢舉刀按矟以夾道使弼冒出其間曰必無傷也弼戰慄流汗神武然後喻之曰箭雖注不射刀雖舉不擊矟雖按不刺爾猶頓喪魂膽諸勳人觸鋒刃百死一生縱其貪鄙所取處大弼頓顙謝曰愚人不識至理後破芒山軍命爲露布弼即書絹曾不起草以功賜爵定陽縣男奉使詣闕魏帝見之九龍殿曰聞卿精學聊有所問經中佛性法性爲異弼曰正是一理又問曰說者妄皆言法性寬佛性恆如何弼曰在寬成寬在恆成恆若論性體非恆非寬詔曰既言成寬成恆何得非恆非寬弼曰若定是寬則不能爲恆若定是恆亦不能爲寬以非寬非恆所成雖異能成恆一上稱善引入經庫賜地持經一部帛百疋弼性好名理探味玄宗在軍恒帶經行注老子道德經二卷表上之遷廷尉卿會梁貞陽侯蕭明等入冦彭城大都督高岳行臺慕容紹宗討之詔弼爲軍司攝行臺左丞臨發文襄賜胡馬一疋曰此廐中第二馬孤恒自乘聊以爲贈又令陳政要可爲鑒誡者弼曰天下大務莫過刑賞二端賞一人使天下之人喜罰一人使天下之人服二事得衷自然盡美文襄大悅曰言雖不多於理甚要握手而別破蕭明迴破侯景於渦陽後魏帝集名僧於顯陽殿講說佛理敕弼升師子座莫有能屈帝歎曰此賢若生孔門則何如也關中遣王思政據潁州朝廷以弼行潁州攝行臺左丞及潁州平文襄曰卿試論思政所以禽弼曰思政不察逆順之理不識大小之形不度強弱之勢有此三蔽宜其俘獲文襄曰古有逆取順守大吳困於小越弱燕能破強齊卿之三義何以自立弼曰王若順而不大大而不強強而不順於義或偏得如聖旨今既兼備鄙言可以還立文宣作相位中書令仍長史進爵爲侯弼志在匡贊知無不爲及受命以預定策功遷衛尉卿別封長安縣伯常與邢卲扈從東山共論名理邢以爲人死還生恐是爲蛇畫足弼曰物之未生本亦無也無而能有不以爲疑因前生後何獨致怪邢云聖人設教本由勸獎故懼以有來望各遂其性弼曰聖人合德天地齊信四時言則爲經行則爲法而云以虛示物以詭勸人安得使北辰降光龍官韞櫝既如所論福果可以鎔鑄性靈弘獎風教爲益之大莫極於斯此即眞教何謂非實邢云季札言無不之亦言散盡若復聚而爲物不得言無不之也弼曰骨肉下歸於土魂氣則無不之此乃形墜魂游往而非盡由其尚有故云無所不之若也全無之將焉適邢云神之在人猶光之在燭燭盡則光窮人死則神滅弼曰燭則因質生光質大光亦大人則神不係形形小神不小故仲尼之智必不短於長狄孟德之雄乃遠奇於崔琰其後別與邢書前後往復再三邢理屈而止文多不藏又以本官行鄭州事未發爲家客告弼謀反案察無實久乃見原因此絕朝見復坐第二子廷尉監臺卿斷獄稽遲與寺官俱爲郎中封静哲所訟徙臨海鎮時楚州人東方白額謀反鎮爲賊帥張綽潘天命等所攻弼率厲城人終得全固文宣嘉之敕行海州事後除膠州刺史弼所在清静廉潔爲吏人懷之躭好玄理注莊子惠施篇并易上下繫辭曰新注義苑竝行於世性質直在霸朝多所匡正及文宣作相致位寮首初聞揖讓之議猶有諫言帝又嘗問弼治國當用何人對曰鮮卑車馬客會須用中國人帝以爲譏已高德正居要不能下之乃至於衆前面折德正德正深以爲恨數言其短又令主書杜永珍密啓弼在長史日受人屬大營婚嫁帝內銜之弼恃舊仍有公事陳請十年夏上因飲酒積其愆失遣使就州斬之尋悔驛追不及子蕤及遠徙臨海鎮次子臺卿先徙東豫州乾明初竝得還鄴天統五年追贈弼開府儀同三司尚書右僕射武平元年又贈驃騎大將軍諡曰文肅蕤字子美學業不如弟臺卿而幹局過之武平中位大理少卿兼散騎常侍聘陳使主吏部郎中隋開皇中終於開州刺史子公贍仕隋位安陽令公贍子之松大業中起居舍人

臺卿字少山好學博覽解屬文仕齊位中書黃門侍郎修國史既居清顯忌害人物趙彥深和士開高阿那肱等親信之後兼尚書左丞省中以其耳聾多戲弄之下辭不得理者乃至大罵臺卿見其口動謂爲自陳令史又故不曉喻訓對往往乖越聽者以爲嗤笑及周武平齊歸鄉里以禮記春秋講授子弟隋開皇初被徵入朝臺卿採月令觸類廣之爲書名玉燭寶典十二卷至是奏之賜帛二百疋患耳不堪吏職請修國史拜著作郎後致仕終於家有集十五卷撰齊記二十卷竝行於世無子

房謨字敬放河南洛陽人也其先代人本姓屋引氏少淳厚雖無造次能而沉深內敏正光末歷位昌平代郡太守所在著廉惠及六鎮亂謨率郡人入九峥山結壘拒守時外無救援乃率所部奔中山遇鮮于脩禮之亂爲脩禮所執仍陷葛榮榮敗尒朱榮啓授行冀州事尋朝廷以謨得北邊人情以爲假燕州事北轉至幽州南除太寧太守榮死其黨徵兵謨不應前後斬其三使遣弟毓詣闕孝莊以毓爲都督毓弟欽爲行臺竝持節詣謨同爲經略及京都淪覆爲賊黨建州刺史是蘭安定執繫州獄蜀人聞謨被囚並叛安定於是給謨弱馬令軍前慰勞諸賊見謨莫不遙拜謨先所乘馬安定別給將士戰敗蜀人得之謂謨遇害莫不悲泣善養其馬不聽乘騎兒童婦女競投草粟皆言此房公馬也其結愛人心如此尒朱世隆聞而嘉之捨其罪以爲東北道行臺及尒朱氏敗濟州刺史侯景以謨先欵附推謨降首謨以受眷尒朱不宜先爲反覆不從其計神武入洛再遷潁川太守魏孝武帝入關神武以謨忠貞遣其弟毓爲大使持節勞問時軍國未寧徵發煩速至有數使同徵一物公私勞擾謨請事遣一使下自催勒朝廷從之徵爲丞相右長史以清直甚被賞遇謨悉心盡力知無不爲前後賜其奴婢率多免放神武後賜其生口多黥面爲房字而付之神武討關右以謨兼大行臺左丞長史如故總知府省務天平三年行定州事請在左右拾遺補闕固不肯行神武責而罷之未幾出爲兗州刺史謨選用廉清廣布恩信寮屬守令有犯必知雖號細密百姓安之轉徐州刺史始謨在兗州彭城慕其政化及爲刺史合境欣悅謨爲政如在瑕丘先是當州兵皆寮佐驅使飢寒死病動至千數謨至皆加檢勒不令煩擾以休假番代洗沐督察主司親自檢視又使傭賃令作衣服終歲還家無不溫飽全濟甚多時梁魏和好使人入其界者咸稱歎之神武與諸州刺史書敘謨及廣平太守羊敦廣宗太守竇瑗平原太守許季良等清能以爲勸勵謨曾啓神武以天下未寧宜降婚勳將收將士心深見納魏朝以河南數州鄉俗絹濫退絹一疋徵錢三百人庶苦之謨乃表請錢絹兩受任人所樂朝廷從之徵拜侍中監國史謨無他材學每求退身不許尋兼吏部尚書加衞大將軍以子子遠罪解官久之詔復本將軍起爲大丞相左長史後除晉州刺史加驃騎大將軍又攝南汾州事先時境接西魏土人多受其官爲之防守至是酋長鎮將及都督守令前後降附者三百餘人謨撫接殷勤人樂爲用爰及深險胡夷咸來歸服謨常以已祿物充其饗賚文襄嘉之聽用公物西魏懼乃增置城戍慕義者自相糾合擊破之自是龍門已北西魏戍皆平文襄特賜粟千石絹二百疋班示天下卒於州州府相師贈物及車牛妻子遵其遺志拒而不納謨寡嗜慾貞白自守然內營家產足爲富贍不假官俸是以世稱清白贈司空諡曰文惠謨與子結婚盧氏謨卒後盧氏將改適他姓有平陽廉景孫者少厲志節以明經舉郡孝廉爲謨所重至是訟之臺府不爲理乃持繩詣神廟前北面大呼曰房謨清吏忠事高祖及其死也

妻子見陵神而有知常助申之今引決訴於地下便以繩自經於樹衞士見之救解送所司朝廷哀其至誠命女歸房族謨前妻子子遠險薄謨甚嫌之不以爲子列時以謨爲後妻盧氏所譖神武亦以責謨謨陳其惡神武弗信自收恤之令與諸子同學久乃令還後與任胄等謀殺神武事發神武歎曰知子莫若父信哉因上言房謨鄭述祖李道璠三家理宜從法竊以謨立身淸白履行忠謹鄭仲禮嚴祖庶兒晚始收拾李世林生自外養屬絶本宗三人特乞罪止一房魏帝許焉及謨卒子廣嗣廣弟恭懿恭懿字愼言沉深有局量達於從政仕齊平恩令濟陰太守並有能名齊亡不得調後預尉遲迥亂廢于家隋開皇初吏部尚書蘇威舉爲新豐令政爲三輔最上聞而嘉之賜物四百段以所得賜分給窮乏未幾復賜米三百石又振貧人上聞止之時雍州諸縣令每朔朝謁上必呼恭懿至榻前訪以化下之術威又薦之歷澤德二州司馬盧愷復奏其政美上甚異之復賜以帛諸州朝集稱爲勸勵之首以爲上天宗廟之所祐助豈朕寡薄能致朕卽拜爲刺史卿等宜師之乃下詔褒美因授海州刺史未幾國子博士何妥奏恭懿尉遲迥之黨威愷曲相舉薦上大怒恭懿竟放嶺南未幾徵還至洪州卒論者冤之

張纂字徵纂代郡平城人也初事尒朱榮又爲尒朱兆長史使於神武遂被顧識及相州城拔參丞相軍事封武安縣伯累遷神武行臺右丞從征玉壁大軍將還山東至晉州忽遇寒雨士卒飢凍有死者州以邊禁不聽入城時纂爲別使遇見輒令開門內之分寄人家給其火食多所全濟神武聞而善之纂性便僻事神武二十餘歲通傳教令甚見親賞文宣時卒於護軍將軍

張亮字伯德西河隰城人也初事尒朱兆兆奔秀容左右皆密通誠欵唯亮獨無啓疏及兆敗竄於窮山令亮及倉頭陳山提斬己首以降皆不忍兆乃自縊於樹亮因伏屍哭神武嘉歎之授丞相府參軍漸見親待委以書記之任天平中爲文襄行臺郎中典七兵事雖爲臺郎常在神武左右遷右丞高仲密之叛與大司馬斛律金守河陽周文帝於上流放火船欲燒河橋亮乃備小艇百餘皆載長鎖鎖頭施釘火船將至卽馳小船以釘釘之引鎖向岸火船不得及橋橋全亮之計也後自太中大夫拜幽州刺史薛琡嘗夢亮於山上持絲以告亮且占之曰山上絲幽字也君其爲幽州乎數月而驗累遷尚書右僕射西南道行臺亮性質直勤力强濟深爲神武文襄信委然少風格好財利久在左右不能廉潔及歷數州咸有贓貨之號天保初別封安定縣男位中領軍卒贈司空時霸府又有趙起徐遠者並見任委起廣平人性沉謹神武頻以爲相府騎兵二局典兵馬十餘載至文宣卽位累遷大鴻臚卿雖歷九卿侍中常以本官監兵馬出內居腹心寄與二張相亞武平中卒於師贈都督滄州刺史遠廣寧人爲丞相騎兵參軍事深爲神武所知累遷東楚州刺史政有恩惠郭邑大火城人亡產業遠躬自赴救對之流涕仍爲經營皆得安立卒於衞尉卿起遠前書並有傳更無異迹今附此云

張曜字靈光上谷昌平人也少貞謹韓軌爲御史劾州府僚佐及軌左右以贓挂網者百餘人唯曜以淸白免天保初賜爵都鄉男累遷尚書右丞文宣曾近出令曜居守帝夜還曜不時開門勒兵嚴備帝駐驛門外久之催迫甚急曜以夜深須火至面識門乃可開於是獨出見帝帝笑曰卿欲效郅君章也乃使曜前開門然後入嗟賞之賜以錦綵大寧初遷秘書監曜歷事累世奉職恪勤咸見親待未嘗有過每得祿賜輒散之宗族性節儉率素車服飲食取給而已好讀春秋月一遍時人比之賈梁道趙彥深嘗謂之曰君研尋左氏豈求杜服繆邪曜曰何爲其然乎左氏之書備叙言事惡者可以自戒善者可以庶幾故勵己溫尋非欲詆訶古人得失也天統元年奏事暴疾仆於御前武成下坐臨視呼不應帝泣曰失我良臣也旬日卒贈尚書右僕射謚曰貞簡

王峻字巒嵩靈丘人也明悟有幹略歷事神武文襄爲相府佐賜爵北平男除營州刺史營州地接邊賊數爲人患峻至州遠設斥候廣置疑兵賊不敢發合境獲安先是刺史陸士茂詐殺室韋八百餘人因此朝貢遂絶至是峻要其行路大破之虜其酋帥厚加恩禮放遣之室韋遂獻誠欵朝貢不絶峻有力焉蠕蠕主菴羅辰東徙峻設伏大破之於此遁走歷位尚書河淸中位南道行臺坐違格私度禁物并盜截軍糧有司定處斬刑家口配沒詔決鞭一百除名配里坊蠲其家口武平初卒於侍中贈司空

王紘字師羅太安狄那人也父基頗讀書有智略初從葛榮與周文帝相知及周文據關中神武遣基與長史侯景同往焉周文留基不遣後乃逃歸歷南益北豫二州刺史所歷皆好聚歛然性和直吏人不甚怨苦後爲奴所害贈吏部尚書紘善騎射愛文學性敏捷年十三見揚州刺史太原郭元貞撫其背曰讀何書曰誦孝經曰孝經云何曰在上不驕爲下不亂元貞曰吾豈驕乎紘曰君子防未萌亦願留意元貞稱善十五隨父在北豫州行臺侯景與人論掩衣法爲當左右尚書敬顯儁曰孔子云微管仲吾其被髮左衽以此言之右衽應是紘進曰國家龍飛朔野雄步中原五帝異儀三王殊制掩衣左右何足是非景奇其早慧賜以名馬與和中文襄召爲庫直奉朝請文襄遇禍紘冒刃捍禦以忠節進爵平春縣男頗爲文宣所知爲領左右都督嘗與左右飲酒曰快哉大樂紘曰亦有大苦帝曰何苦紘曰長夜荒飲不悟國破是謂大苦帝默然後責紘曰爾與紇奚舍樂同事我兄舍樂死爾何不死紘曰君亡臣死自是常節但賊堅力薄故臣不死帝使燕子獻反縛之長廣王捉頭帝手刃將下紘呼曰楊遵彥崔季舒逃難位至僕射尚書冒危效命之士翻見屠戮曠古未有此事帝投刃於地曰王師羅不得殺遂舍之後拜驃騎大將軍武平初加開府儀同三司上言突厥與周男女來往必相影響南北寇邊宜爲之備五年陳人寇淮南封輔相議討之紘曰若復出頓江淮恐北狄西寇乘弊而來莫若薄賦省徭息人養士使朝廷協睦遐邇歸心征之以仁義鼓之以道德天下皆當肅淸豈直江南僞陳而已高阿那肱謂衆曰從王武衞者南席衆皆同焉尋兼侍中聘周使還卽正未幾卒紘好著述作鑒誡二十四篇

敬顯儁字孝英陽平太平人也少英俠從神武信都義舉歷位度支尚書神武攻鄴顯儁督造土山以功封永安縣侯出內多歷顯官所在著名河淸中卒於兗州刺史子長瑜武成時爲廣陵太守多所受納刺史陸駿將表劾之以貨事和士開以書屏風詐爲長瑜獻武成大悅駿表尋至遂不問焉遷合州刺史陷於陳卒子德亮齊亡後負屍歸德亮隋開皇中卒於尚書郎

平鑒字明達燕郡薊人也祖延魏安平太守父勝安州刺史鑒少聰敏受學於徐遵明受詩禮於弘農楊文懿通大義不爲章句雅有豪俠氣孝昌末見天下將亂乃之洛陽與慕容儼以客騎馬爲業兼習弓矢鑒性巧夜則胡畫以供衣食俄奔尒朱榮榮大奇之以軍功累遷襄州刺史神武起兵信都鑒棄州自歸卽授本官文襄輔政封西平縣伯遷懷州刺史鑒奏請於州西故軹關道築城以防西軍從之尋而魏將楊摽來攻時新築之城糧仗未集素乏水南門內有大井隨汲卽竭鑒具衣冠俯井而祝至旦而井泉湧溢有異於常合城取足揚示敵人將士旣覩非常勇氣自立楊摽敗以功進開府儀同三司累遷揚州刺史其妻生男鑒因喜酣醉擅免境內囚誤免關中細作二人醒而知之上表自劾文宣特原其罪賜犢百頭羊二百口酒百石令作樂河淸二年重拜懷州刺史時和士開使求鑒愛妾阿劉卽送之仍謂人曰老公失阿劉與死何異要自爲身計不得不然後卒於都官尚書贈司空謚曰文子子敬嗣輕險無賴姦穢所至禽獸不若隋開皇中爲晉州行參軍爲并州總管秦王所殺

唐邕字道和太原晉陽人也其先自晉昌徙焉父靈芝魏壽陽令邕貴贈司空公邕少明敏有材幹初直神武外兵曹以幹濟見知擢爲文襄大將軍督護文襄崩事出倉卒文宣部分將校鎭壓四方夜中召邕支配造次便了帝甚重之天保初稍遷給事中兼中書舍人封廣漢鄉男及從征奚虜黃門侍郎袁猛舊典騎兵事至是爲割配遲留鞭杖一百仍令邕監騎兵事以猛賜邕文宣頻年出塞邕必陪從專掌兵機承受敏速自軍吏已上勞効由緖無不諳練占對如響或御前簡閱邕多不執文簿唱官名未嘗謬誤七年於羊汾堤講武令邕總爲諸軍節度事畢仍監宴射之禮親執其手引至太后前坐於丞相斛律金上啓太后云邕一人當千仍別賜錢綵邕非唯强濟明辯亦善揣上意是以委任彌重帝嘗白太后云邕手作文書口且處分耳又聽受實是異人一日中六度賜物又嘗解所服靑鼠皮裘賜邕云朕意在與卿共弊除兼給事黃門中書舍人文宣嘗登并州童子佛寺望并州城曰此何等城或曰金城湯池天府之國帝云我謂唐邕是金城此非也後謂邕云高德正妄說卿短而薦主書郭敬朕已殺之卿勿勞旣久欲除卿作州頻敕楊遵彥求堪代卿者如卿實不可得所以遂停文宣或切責侍臣云觀卿等不中與唐邕作奴其愛遇如此孝昭作相署相府司馬皇建元年除給事黃門侍郎太寧元年除大司農卿河淸元年突厥入寇遣邕驛赴晉陽纂集兵馬在路闇虜將逼邕斟酌事宜改敕更促期會由此兵士限前畢集後拜侍中并州大中正護軍將軍從武成幸晉陽帝至武軍驛因醉責虞候都督范洪將殺之邕諫以爲若非酒行戮族誅人無所怨假實有大罪因酒殺人恐招橫議洪因得免死邕又以軍人教習田獵依令十二月月別三圍以爲疲弊請每月兩圍又奏河陽晉州與周連境請於河陽懷州永橋義寧烏籍各徙六州軍人并家立軍府安置以備機急之用帝並從之未幾出爲趙州刺史侍中護軍大

中正悉如故謂曰朝臣未有帶侍中護軍中正臨州者以卿舊勳故有此舉放卿百餘日休息至秋間當即召邕政頗嚴酷然抑挫豪强公事甚理尋除中書監仍侍中遷尚書右僕射武平初坐斷事阿曲爲御史所劾除名久之以舊恩復除將軍開府累遷尚書令封晉昌王高思好構逆令邕赴晉陽監勒諸軍事平錄尚書事屬周師攻洛陽右丞相高阿那肱赴援邕配割不甚從允那肱譖之由是被疎七年車駕將幸晉陽敕斛律孝卿總騎兵事多自決邕恃舊一旦爲孝卿所輕鬱怏形於辭色帝從平陽敗後狼狽歸鄴邕懼那肱譖愬恨孝卿輕己遂留晉陽與莫多婁敬顯等樹安德王爲帝尋降周邕依例授上開府儀同大將軍再遷戶部轉少司馬封安福郡公還鳳州刺史隋開皇初卒邕性識明敏在齊一代典執兵機是以九州軍士四方勇募强弱多少番代往還器械精麤糧儲虛實精心勤事莫不諳知自大寧以來奢侈糜費比及武平之末府藏漸虛邕支度取捨大有裨益然既被任遇意氣漸高其未經府寺陳訴起覽辭牒條數甚多俱爲憲臺及左丞彈劾並御注放免司空從事中郎封長業太尉記室參軍平濤並爲徵官錢違限邕各杖背三十齊時宰相未有撾撻朝士至是大駭物望三子長子君明開府儀同三司開皇初卒於應州刺史次子君徹中書舍人隋戎順二州刺史大業中卒於武賁郎將少子君德以邕降周伏法齊朝因神武作相丞相府外兵騎兵曹分掌兵馬及受禪諸司咸歸尚書唯此二曹不廢令唐邕白建主之謂之外兵省騎兵省後邕建位望轉隆各置省主令中書舍人分判二省事故世稱唐白云

白建字彥舉太原陽邑人初入大丞相府任騎兵曹典文帳明解書計爲同局所推天保末兼中書舍人孝昭輔政除大丞相騎兵參軍河清二年除員外散騎常侍仍舍人三年突厥入境代忻二牧悉是細馬合數萬疋在五臺山北柘谷中避賊賊退敕建送馬定州付人養飼建以馬瘦違敕以便宜從事戎馬無損建有力焉武平末歷位尚書特進侍中中書令封高昌郡公父長命贈開府儀同三司都官尚書建雖無他才伎勤於在公以温柔自處與唐邕俱以典執兵馬致位卿相諸子幼弱俱爲州郡主簿男女婚嫁皆得勝流卒贈司空

元文遙字德遠河南洛陽人也魏昭成皇帝六世孫也五世祖常山王遵父暉有孝行父卒廬於墓側而終文遙貴贈特進開府儀同三司中書監謚曰孝文遙敏慧夙成濟陰王暉業每云此子王佐才也暉業常大會賓客時有人將何遜集初入洛諸賢皆贊賞之召河間邢邵試命文遙誦之幾遍可得文遙一覽便誦時年始十餘歲濟陰王曰我家千里駒今定如何邢云此殆古來未有起家員外散騎侍郎遭父喪服闋除太尉東閤祭酒以天下方亂遂解官侍養隱於林慮山武定中文襄徵爲大將軍府功曹齊受禪於登壇所授中書舍人宣傳文武號令楊遵彥每云堪解穰侯印者必在斯人後忽中旨幽執竟不知所由如此積年文宣後自幸禁獄執手愧謝親解所着金帶及御服賜之即日起爲尚書祠部郎中孝昭攝政大丞相府功曹參典機密及踐阼除中書侍郎封永樂縣伯參軍國大事及帝大漸與平秦王歸彥趙郡王叡等同受顧託迎立武成武成即位任遇轉隆歷給事黃門侍郎散騎常侍侍中中書監天統二年詔特賜姓高氏籍屬宗正子弟依例歲時入廟朝祀再遷尚書左僕射進封寧都郡公仍侍中文遙歷事三王明達世務每臨軒大集多令宣敕號令文武聲韻高朗發吐無滯然探測上旨時有委巷之言故不爲知音所重齊因魏宰縣多用厮濫至於士流恥居百里文遙以縣令爲字人之功遂請革選於是密令搜揚貴游子弟發敕用之猶恐其披訴總召集神武門令趙郡王叡宣旨唱名厚加慰喻士人爲縣自此始也既與趙彥深和士開同被任遇雖不如彥深清貞守道又不爲士開貪淫亂政於季孟之間然性和厚與物無競故時論不在彥深之下初文遙自洛遷鄴唯有地十餘頃家貧所資衣食魏之將季宗姓被侮有人冒相侵奪文遙即以與之及貴此人尚在乃將家逃竄文遙大驚追加慰撫還以與之彼人愧而不受彼此俱讓遂爲閑田至後主嗣位趙郡王叡婁定遠等謀出和士開文遙亦參其議叡見殺文遙由是出爲西兗州刺史詣士開別士開曰處得言地使元家兒作令僕深負朝廷既言而悔仍執手慰勉之猶慮文遙自疑用其子行恭爲尚書郎以慰其心士開死自東徐州刺史徵入朝竟不用卒行恭美姿貌有父風兼俊才位中書舍人待詔文林館齊亡陽休之等十八人同入關稍遷司勳下大夫隋開皇中位尚書郎坐事徙瓜州而卒行恭少頗驕恣文遙令與范陽盧思道交游文遙嘗謂思道云小兒比日微有所知是大弟之力然白擲劇飲甚得師風思道答云六郎辭情俊邁自是克荷堂構而白擲劇飲亦天性所得行恭弟行如亦聰慧早成武平末著作佐郎

趙隱字彥深自云南陽宛人漢太傅喜之後高祖父難爲齊州清河太守有惠政遂家焉清河後改爲平原故爲平原人也隱避齊廟諱改以字行父奉伯仕魏位中書舍人行洛陽縣令彥深貴贈司空彥深幼孤貧事母甚孝年十歲曾候司徒崔光光謂賓客曰古人觀眸子以知人此人當必遠至性聰敏善書計安閑樂道不雜交游爲雅論所歸服昧爽輒自埽門外不使人見率以爲常初爲尚書令司馬子如賤客供寫書子如善其無誤欲將入觀省舍隱靴無氈衣帽穿弊子如給之用爲書令史月餘補正令史神武在晉陽索二史子如舉彥深後拜子如開府參軍超拜水部郎及文襄爲尚書令攝令選沙汰諸曹郎隱以地寒被出爲滄州別駕辭不行子如言於神武徵補大丞相功曹參軍專掌機密文翰多出其手稱爲敏給神武曾與對坐遣造軍令以手捫其額曰若天假卿年必大有所至每謂司徒孫騰曰彥深小心恭慎曠古絕倫及神武崩秘喪事文襄慮河南有變仍自巡撫乃委彥深後事轉大行臺都官郎中臨發握手泣曰以母弟相託幸得此心既而內外寧靜彥深之力及還發喪深加褒美乃披郡縣簿爲選封安國縣伯從征潁川時引水灌城城雉將沒西魏將王思政猶欲死戰文襄令彥深單身入城告喻即日降之便手牽思政出城文襄大悅先是文襄謂彥深曰吾昨夜夢獵遇一羣豕吾射盡獲之獨一大豕不可得卿言當爲吾取須臾獲豕而進至是文襄笑曰夢驗矣即解思政佩刀與彥深曰使卿常獲此利文宣嗣位仍典機密進爵爲侯天保初累遷秘書監以爲忠謹每郊廟必令兼太僕執御陪乘轉大司農帝或巡幸即輔贊太子知後事爲東南道行臺尚書徐州刺史爲政尚恩信爲吏人所懷多所降下所營軍處士庶追思號趙行臺頓文宣璽書勞勉徵爲侍中仍掌機密河清元年進爵安樂公累遷尚書左僕射齊州大中正監國史遷尚書令位特進封宜陽王武平二年拜司空爲祖珽所間出爲西兗州刺史四年徵爲司空轉司徒丁母憂尋起爲本官七年六月暴疾薨時年七十彥深歷事累朝常參機近温柔謹慎喜怒不形於色自皇建以還禮遇稍重每有引見或升御榻常呼官號而不名也凡諸選貢先令銓定提獎人物皆行業爲先輕薄之徒弗之齒也孝昭既執朝權羣臣密多勸進彥深獨不致言孝昭嘗謂王晞云若言衆心皆謂天下有歸何不見彥深有語晞以告彥深不獲已陳請其爲時重如此常遜言恭已未嘗以驕矜待物所以或出或處去而復還母傅氏雅有操識彥深三歲傅便孀居家人欲以改適自誓以死彥深五歲傅謂之曰家貧兒小何以能濟彥深泣而言曰若天哀矜兒大當仰報傅感其意對之流涕及彥深拜太常卿還不脫朝服先入見母跪陳幼小孤露蒙訓得至於此母子相泣久之然後改服後爲宜陽國太妃彥深有七子仲將知名沉敏有父風温良恭儉雖妻子亦未嘗息慢終日儼然學涉羣書善草隸雖與弟書書字楷正云草不可不解若施之於人即似相輕易若當家卑幼又恐其疑所在宜爾是以必須隸筆彥深乞轉萬年縣子授之位給事黃門侍郎散騎常侍隋開皇中位吏部郎終於安州刺史齊朝宰相善始令終唯彥深一人然諷朝廷以子叔堅爲中書侍郎頗招物議時馮子琮子慈明祖珽子君信並相繼居中書故時語云馮祖及趙欌我鳳池然叔堅身才最劣

赫連子悅字士欣僭夏赫連勃勃之後也神武起兵時爲濟州別駕勸刺史侯景赴神武後除林慮太守文襄往晉陽由郡境問所不便悅云臨水武安去郡遙遠山嶺重疊若更屬魏郡則地平路近文襄笑曰卿徒知便人不覺損幹悅荅曰所言者人所疾苦不敢以私潤負公心文襄善之乃敕依事施行自是人屬近便行路稱之天保中爲揚州刺史先是城門早閉晚開廢於農作子悅到乃命以時開閉人吏便之累遷鄭州刺史政爲天下之最入爲都官尚書鄭州人馬子韶崔孝政等八百餘人請立碑頌德有詔許焉加位開府歷行北豫州事兼吏部尚書子悅在官唯以清勤自守既無學術又闕風儀人倫清鑒去之彌遠一旦居銓衡之首大招物議由是除太常卿兼侍中聘周使主卒子仲章中書舍人

馮子琮字子琮長樂信都人北燕主馮弘之後也祖嗣典相州刺史父靈紹尚書郎太中大夫子琮貴贈開府儀同三司子琮性識聰敏爲外祖滎陽鄭伯猷所異初襲爵滎陽縣子齊天保初改爲長安縣男皇建初爲尚書駕部郎中攝庫部孝昭會閱簿領試令口陳子琮闇對無有遺失時梁丞相王琳歸國孝昭詔子琮觀其形勢琳即與赴鄴甚見嘉賞子琮妻胡皇后妹也故詔與胡長粲輔導太子後轉太子中庶子天統元年武成禪位後主謂子琮曰少君左右宜得正人以卿心存正直今以後事相委再遷散騎常侍奏門下事尋兼并省祠部尚書後與胡長粲有隙武成深誡之曰脣亡齒寒勿

復如此武成在晉陽既居舊殿少帝未有別所詔子琮監造大明宮成帝怪其不宏麗子琮曰至尊幼承大業欲令敦儉以示萬邦兼此北連天闕不宜崇峻帝稱善又詔子琮監議五禮與趙郡王叡分爭異同略無降下大爲識者所鄙及武成崩和士開秘喪三日子琮問其故士開引神武文襄初崩竝秘不舉喪至尊年少恐王公貳欲追集然後與詳議時趙郡王叡先預帷幄之謀子琮素知士開忌叡及領軍婁定遠恐其矯遺詔出叡外任奪定遠禁衞權因荅云大行神武之子今上又是先皇傳位羣臣富貴皆至尊父子之恩但令一無改易必無異望世異事殊不得與霸朝相比且公不出宮門已經數日升遐之事行路皆傳久而不舉恐有他變及發喪元文遙以子琮太后妹夫恐其奬成太后干政說趙王叡及和士開出之拜鄭州刺史既非後主本意賞賜甚厚仍轉滄州別駕封寧都縣伯太后爲齊安王納子琮長女爲妃子琮因請假赴鄴遂授侍中轉吏部尚書其妻放縱請謁公行賄貨塡積守宰除授先定錢帛然後奏聞其所通致事無不允子琮亦不禁制又廣拓傍隣增修宅宇以夜繼晝未曾休息斛律光將兵度玉璧至龍門周有移書別須籌議詔子琮乘傳赴軍與周將帥孝寬面相要結龍門等五城因此內附後主以爲子琮之功封昌黎郡公遷尚書右僕射仍攝選侍中如故和士開居要日久子琮舊所附託中雖阻異其後還相彌縫士開弟士休與盧氏成婚子琮檢校趨走與士開府寮不異時內外除授多由士開奏擬子琮既恃內戚兼帶選曹自擅權寵頗生間隙時陸媼勢震天下太后與之結爲姊妹而和士開於太后有醜聲子琮欲陰殺陸媼及士開因廢帝而立琅邪王儼以謀告儼儼許之乃矯詔殺士開及儼見執言子琮教已太后怒又使執子琮遣右衞大將軍侯呂芬就內省以弓弦絞殺之使內參以庫車載尸歸其家諸子方握槊聞庫車來以爲賜物大喜開視乃哭子琮微有識鑒頗慕存公及位望轉隆宿心頓改擢引非類公爲深交縱其子弟不依倫次又專營婚媾歷選上門例以官爵許之旬月便驗頓丘李克范陽盧思道隴西李胄伯李子希滎陽鄭庭堅竝其女婿皆至超遷其矯縱如此祖珽先與子琮有隙於後具奏此事諸子竝坐此除名太后以爲言又被擢用子琮有五子慈明最知名

慈明字無佚在齊爲中書舍人隋開皇中兼內史舍人大業中位尚書兵部郎加朝請大夫十三年攝江都郡丞事李密之逼東都詔慈明追兵擊密爲密黨崔樞所執密延與坐論以舉兵之意慈明曰慈明直道事人有死而已不義之言非所敢對密厚禮之冀其從已慈明潛使奉表江都及致書東都留守論賊形勢密知又義而釋之出至營門爲賊帥翟讓所嗔責慈明勃然曰天子使我來正欲除爾輩不圖爲賊黨所獲我豈從汝求活邪須殺但殺何須罵詈讓益怒亂刀斬之梁郡通守楊汪上狀煬帝歎惜之贈銀青光祿大夫拜其二子忻惇倶爲尚書承務郎王世充推越王侗爲主重贈柱國戶部尚書黎郡公謚曰壯武長子忱先在東都王世充破李密忱亦在軍中遂遣奴負父屍柩詣東都身不自送未幾又盛華燭納室時論醜之

郎基字世業中山新市人也祖智魏魯郡太守贈兗州刺史父道恩開府陽平郡守基身長八尺美鬚髯汎涉墳籍尤長吏事齊天保四年除海西鎮將遇東方白額稱亂淮南州郡皆從逆梁將吳明徹攻圍海西基固守乃至削木爲箭剪紙爲羽圍解還朝僕射楊愔迎勞之曰卿本文吏遂有武略削木翦紙皆無故事班墨之思何以相過御史中丞畢義雲引爲侍御史趙州刺史尉粲文宣外弟揚州刺史郭元貞楊愔妹夫基不憚權威竝劾其贓罪皇建初除鄭州長史帶潁川郡守西界與周接境因侯景背叛其東西分隔士人仍緣姻舊私相交易而禁格嚴重犯者非一基初莅職披檢格條多是權時不爲久長州郡因循失於請讞致密網久放得罪者衆遂條件申臺省仍以情量事科處自非極刑一皆決放積年留滯案狀膠加數日之中剖判咸盡尋而臺省報下竝允基所陳條綱既疎獄訟清靜基性清慎無所營求嘗語人云任官之所木枕亦不須作況重於此乎唯頗令人寫書潘子義曾遺之書云在官寫書亦是風流罪過基荅云觀過知仁斯亦可矣卒於官贈驃騎大將軍和州刺史謚曰惠柩將還遠近赴送莫不攀轅悲哭哀不自勝初基任瀛州騎兵時陳元康爲司馬畢義雲爲屬與基竝有聲譽爲刺史元嶷所目三賢俱有當世才後來皆當遠至惟郎騎兵任眞過甚恐不足自達陳畢後竝貴顯而基位止郡守子茂

茂字蔚之少敏慧七歲誦騷雅日千餘言十五師事國子博士河間權會受詩易三禮及玄象刑名之學又就國子助教長樂張奉禮受三傳羣言至忘寢食家人恐成病常節其燭及長以博學稱歷位保城令有能名周平齊上柱國王誼薦之授陳州戶曹屬隋文帝爲亳州總管命掌書記周武帝爲象經隋文從容謂茂曰人主之所爲也感天地動鬼神而象經多亂法何以致久茂竊歎曰此言豈常人所及陰自結納隋文亦親禮之後還家爲州主簿及隋文爲丞相以書召之言及疇昔甚歡授衞州司錄有能名尋除衞國令時有繫囚二百茂親自究審數日釋免者百餘人歷年辭訟不詣州省魏州刺史元暉謂曰長史言衞國人不敢申訴者畏明府耳茂曰人猶水也法令爲隄防隄防不固必致奔突苟無決溢使君何患哉暉無以應有部人張元預與從父弟思蘭不睦丞尉請加嚴法茂曰元預兄弟本相憎嫉又坐得罪彌益其忿非化人之意也乃遣縣中耆舊更往敦諭道路不絕元預等各生感悔詣縣頓首請罪茂曉之以義遂相親睦稱爲友悌開皇中累遷戶部侍郎時尚書右僕射蘇威立條章每歲責人間五品不遜或荅者乃云管內無五品家不相應領類多如此又爲餘糧簿擬有無相贍茂以爲繁紆不急皆奏罷之又奏身死王事者子不退田品官左貶不減地皆發於茂茂性明敏剖決無滯當時以吏幹見稱煬帝即位爲尚書左丞參掌選事茂尤工政理爲世所稱時工部尚書宇文愷右翊衞大將軍于仲文競河東銀窟茂奏劾愷位望已隆祿賜優厚拔葵去織寂爾無聞求利下交曾無愧色仲文大將宿衞近臣趨侍階庭朝夕聞道虞芮之風抑而不慕分銖之利知而必爭何以貽範庶寮示人軌物愷與仲文竟坐得罪茂與崔祖濬撰州郡圖經一百卷奏之賜帛百段時帝每巡幸王綱已紊茂既先朝舊臣明習世事然無謇諤之節見帝忌刻不敢措言唯竊歎而已以年老乞骸骨不許會帝征遼以茂爲晉陽宮留守其常山贊務王文同與茂有隙奏茂附下罔上詔納言蘇威御史大夫裴蘊雜推之茂素與二人不平因深文其罪及弟司隸別駕楚之皆除名徙且末郡茂怡然任命不以爲憂在途作登隴賦以自慰後附表自陳帝頗悟十年追還京兆歲餘卒子知年

論曰孫搴入幕未久倉卒致斃神武以情寄之重義切折肱若不愛惜才子何以成夫王業元康以知能才幹委質霸朝綢繆帷幄任寄爲重及難無苟免忘生殉義可謂得其地焉杜弼識學甄明發言讜正禪代之際先起異圖王怒未終卒蒙顯戮直言多矣能無及於此乎房謨忠勤之操始終若一恭懿循良之風可謂世有人矣張纂張亮張曜王峻王紘等竝事霸朝中其力用皆有齊之良臣也伯德之慟哭伏屍靈光之拒關駐驊有古人之風焉顯儁明達文武驅馳盡其知力不違寧處可謂德以稱位能以稱官道和爰從霸府以終末路四十餘載典綜兵機識用閑明甚爲朝臣所服及于後主奔遁莫知所之首贊延宗以從權變既而晉陽傾覆運極途窮還鄴則義隔德昌死事則情乖舊主雖復全生握節豈比背叛之流歟夫縣宰之寄綿歷古今親人任功莫尚於此漢氏官人尚書郎出宰百里晉朝設法不宰縣不得爲郎皆所以貴方城之職重臨人之要後魏令長多選舊令史爲之故搢紳之流恥居其位爰逮有齊此途未改寧都公革斯流弊弘之在人固爲美矣司徒器度沉遠有宰臣之量始從文吏終致台輔出內有常夷險若一而世人論之胡廣譏其不能廷爭然古稱見幾而作又曰相時而動若時有開悟或可希舜一功而終遇姦回便恐舟壑俱運斯蓋趙公之志也子悅牧宰流譽子琮簿領見知及居藻鏡俱稱尸祿馮溺於賄貨於斯爲甚慈明赴蹈之義蓋有衒鬚之節郎基政績有聞蔚之克荷堂構美矣乎

北史卷五十五考證

孫搴傳事典文筆○典監本作與今從南本

陳元康傳是能夜闇書快吏也○能夜南本作夜能

崔季舒逃匿于廁○廁監本訛側今從南本

杜弼傳遷先州曲城令○先南本作光

龍官韞櫝○一本官作宮櫝作櫝

大業中起居舍人○監本脫中字今從南本增正

張亮傳天平中爲文襄行臺郎中典七兵事○典監本訛與今改從齊書

唐邕傳夜中召邕○中監本訛申今改從南本

高德正妄說卿短○德監本訛聽今改從南本

惟此二曹不廢○不監本訛六今從上文丞相府外兵騎兵曹分掌兵馬句改正

趙隱傳母傅氏雅有操識○傅監本訛傳今改從閣本

馮慈明傳我豈從汝求活耶○求監本訛永今改從南本

郎基傳基性清慎無所營求○所監本訛好今改從南本

茂傳魏州刺史元暉謂曰○監本史字下衍史字暉字下脫謂字今從閣本改正

唐　李延壽　撰

列傳第四十四

魏收　魏長賢　魏季景子澹

魏蘭根族子愷

魏收字伯起，小字佛助，鉅鹿下曲陽人也自序漢初魏無知封高良侯子均均子恢恢子彥彥子歆字子胡幼孤有志操博洽經史位終本郡太守子悅字處德性沉厚有度量宣城公趙國李孝伯見而重之以女妻焉位濟陰太守以善政稱悅子子建字敬忠釋褐奉朝請累遷太尉從事中郎初宣武時平氏遂於武興立鎮尋改爲東益州其後鎮將刺史乖失人和羣氐作梗遂爲邊患乃除子建東益州刺史子建布以恩信遠近淸靜正光五年南北二秦城人莫折念生韓祖香張長命相繼搆逆僉以州城之人莫不勁勇同類悉反宜先收其器械子建以爲城人數當行陣盡皆驍果安之足以爲用急之腹背爲憂乃悉召居城老壯曉示之并上言諸城人本非罪坐而來者悉求聽免明帝優詔從之子建漸分其父兄子弟外居郡戍內外相顧終獲保全及秦賊乘勝屯營黑水子建乃潛使掩襲前後斬獲甚衆威名赫然先反者及此悉降乃間使上聞帝甚嘉之詔子建兼尚書爲行臺刺史如故於是威振蜀土其梁巴二益兩秦之事皆所節度梁州刺史傅豎眼子故中心以爲愧在洛大行貨賄以圖行臺先是子建亦屢求歸京師至此乃遣刺史唐永代焉豎眼因爲行臺子建將還羣氐慕戀相率斷道主簿楊僧覆先行曉喻諸氐忿曰我留刺史爾送出也斫之數創幾死子建徐加慰譬旬月方得前行吏人贈遺一無所受而東益氏蜀尋反攻逼唐永永棄城而走乃喪一藩矣初永之走子建客有沙門曇璨及鉅鹿人耿顯皆沒落氐手及知子建之客垂泣追衣物還之送出白馬遺愛所被如此初子建爲前軍將軍十年不徙在洛閑暇與吏部尚書李歆歆從弟延寔頗爲奕棊時人謂爲耽好子建每曰棊於廉勇之際得之深矣且吾未爲時用博奕可也及一臨邊事凡經五年未曾對局還洛後累遷衞尉卿初元顥內逼莊帝北幸子建謂所親盧義僖曰北海自絕社稷稱藩蕭衍吾老矣豈能爲陪臣遂携家口居洛南顥平乃歸先苦風痺及此遂甚以卿任有務屢上書乞身特除右光祿大夫邢杲之平太傅李延寔子侍中彧爲大使撫慰東土時外戚貴盛送客塡門子建亦往候別延寔曰小兒今行何以相勗子建曰益以盈滿爲誡延寔悵然久之及莊帝殺尒朱榮遇禍於河陰者其家率相弔賀大尉李虔第二子仁曜子建之女壻往亦見害子建謂姨弟盧道虔曰朝廷誅翦權強兇徒尚梗未聞有奇謀異略恐不可濟此乃李門禍始弔賀無乃怱怱及永安之後李氏宗族流離或遇誅夷如其所慮後歷左光祿大夫加散騎常侍驃騎大將軍子建自出爲藩牧董司山南居脂膏之中遇天下多事正身潔已不以財利經懷及歸京師家人衣食常不周贍淸素之迹著於終始性存重愼不雜交游唯與尚書盧義僖姨弟涇州刺史盧道裕雅相親昵及疾篤顧敕二子曰死生大分含氣所同世有厚葬吾平生不取蘧篨裸身又非吾意氣絕之後斂以時服吾平生契濶前後三娶合葬一事抑又非古且汝二母先在舊塋墳地久固已有定別唯汝次母墓在外耳可遷入兆域依班而定行於吾墓之後如此足矣不須祔合當順吾心勿令吾有遺恨永熙二年春卒於洛陽孝義里舍時年六十又贈儀同三司定州刺史謚曰文靜二子收祚收少機警不持細行年十五頗已屬文及隨父赴邊好習騎射欲以武藝自達滎陽鄭伯調之曰魏郎弄戟多少收慙遂折節讀書夏月坐板牀隨樹陰諷誦積年牀板爲之銳減而精力不輟以文華顯初除太學博士及尒朱榮於河陰濫害朝士收亦在圍中以日晏獲免吏部尚書李神儁重收才學奏授司徒記室參軍永安三年除北主客郎中節閔帝立妙簡近侍詔試收爲封禪書收下筆便就不立藳草文將千言所改無幾時黃門郎賈思同侍立深奇之白帝曰雖七步之才無以過此遷散騎侍郎尋敕典起居注并脩國史俄兼中書侍郎時年二十六孝武初又詔收攝本職文誥塡積事咸稱旨黃門郎崔㥄從齊神武入朝熏灼於世收初不詣門㥄爲齊登阼赦云朕託體孝文收嗤其率直正員郎李愼以告之㥄深忿忌時節閔帝殂令收爲詔㥄乃宣言收普泰世出入幃幄一日造詔優爲詞旨然則義旗之士盡爲逆人又收父老合解官歸侍南臺將加彈劾賴尚書辛雄爲言於中尉綦儁乃解收有賤生弟仲同先未齒錄因此怖懼上籍遣還鄉扶侍孝武嘗大發士卒狩於嵩山之南旬有六日時寒朝野嗟怨帝與從官及諸妃王奇伎異飾多非禮度收欲言則懼欲默不能已乃上南狩賦以諷焉年二十七雖富言淫麗而終歸雅正帝手詔報焉甚見褒美鄭伯謂曰卿不遇老夫猶應逐兎神武固讓天柱大將軍魏帝敕收爲詔令遂所請欲加相國問收相國品秩收以實對帝遂止收既未測主相之意以前事不安求解詔許焉久之除帝兄子廣平王贊開府從事中郎收不敢辭乃爲庭竹賦以致已意尋兼中書舍人與濟陰溫子昇河間邢子才齊譽世號三才時孝武內有間隙收遂以疾固辭而免舅崔孝芬怪而問之收曰懼有晉陽之甲尋而神武南上帝西入關收兼通直散騎常侍副王昕聘梁昕風流文辯收辭藻富逸梁主及其羣臣咸加敬異先是南北初和李諧盧元明首通使命二人才器並爲鄰國所重至此梁主稱曰盧李命世王魏中興未知後來復何如耳收在館遂買吳婢入館其部下有買婢者收亦喚取遍行奸穢梁朝館司皆爲之獲罪人稱其才而鄙其行在途作聘游賦辭甚美盛使還尚書右僕射高隆之求南貨於昕收不能如志遂諷御史中尉高仲密禁止昕收於其臺久之得釋及孫搴死司馬子如薦收召赴晉陽以爲中外府主簿以受旨乖忤頻被嫌責加以箠楚久不得志會司馬子如奉使霸朝收假其餘光子如因宴戲言於神武曰魏收天子中書郎一國大才願大王借與顏色由此轉府屬然未甚優禮收叔季景有文學歷官著名並在收前然收常所欺忽季景收初赴并頓丘李庶者故大司農諧之子也以華辯見稱曾謂收曰霸朝便有二魏收率爾曰以從叔見比便是邢輸之比卿邢輸者故尚書令陳留公繼伯之子愚癡有名好自入市肆高價買物商賈共所嗤翫收忽以季景方之不遜例多如此收本以文才必望穎脫見知位既不遂求脩國史崔暹爲言於文襄曰國史事重公家父子霸王功業皆須具載非收不可文襄乃啓收兼散騎常侍脩國史武定二年除正常侍領兼中書侍郎仍脩國史魏帝宴百僚問何故名人日皆莫能知收對曰晉議郎董勛荅問禮俗云正月一日爲鷄二日爲狗三日爲猪四日爲羊五日爲牛六日爲馬七日爲人時邢邵亦在側甚恧焉自魏梁和好書下紙每云想彼境內寧靜此率土安和梁後使其書乃去彼字自稱猶著此欲示無外之意收定報書云想境內淸晏今萬國安和梁人復書依以爲體後神武入朝靜帝授相國固讓令收爲啓啓成呈上文襄時侍側神武指收曰此人當復爲崔光四年神武於西門豹祠宴集謂司馬子如曰魏收爲史官書吾善惡聞北伐時諸貴常餉史官飲食司馬僕射頗曾餉不因共大笑仍謂收曰卿勿見元康等在吾目下趨走謂吾以爲勤勞我後世身名在卿手勿謂我不知尋加兼著作郎收昔在京洛輕薄尤甚人號云魏收驚蛺蝶文襄曾游東山令給事黃門侍郎顥等宴文襄曰魏收恃才無宜適須出其短往復數番收忽大唱曰楊遵彥理屈已倒愔從容曰我綽有餘暇山立不動若遇當塗恐翩翩遂逝當塗者魏翩翩者蝶也文襄先知之大笑稱善文襄又曰向語猶微宜更指斥愔應聲曰魏收在并作一篇詩對衆讀訖云打從叔季景出六百斛米亦不辨此遠近所知非敢妄說文襄喜曰我亦先聞衆人皆笑收雖自申雪不復抗拒終身病之侯景叛入梁寇南境文襄時在晉陽令收爲檄五十餘紙不日而就又檄梁朝令送侯景初夜執筆三更便了文過七紙文襄善之魏帝曾季秋大射普令賦詩收詩末云尺書徵建鄴折簡召長安文襄壯之顧謂人曰在朝今有魏收便是國之光采雅俗文墨通達縱橫我亦使子才子昇時有所作至於詞氣並不及之吾或意有所懷忘而不語語而不盡意有未及收呈草皆以周悉此亦難有又敕兼主客郎接梁使謝珽徐陵侯景既陷梁梁鄱陽王範時爲合州刺史文襄敕收以書喻之範得書仍率部伍西上州刺史崔聖念入據其城文襄謂收曰今定一州卿有其力猶恨尺書徵建鄴未效耳文襄崩文宣如晉陽令與黃門郎崔季舒高德正吏部郎中尉瑾於北第參掌機密轉祕書監兼著作郎又除定州大中正時齊將受禪楊愔奏收置之別館令撰禪代詔冊諸文遣徐之才守門不聽出天保元年除中書令仍兼著作郎富平縣子二年詔撰魏史四年除魏尹故優以祿力專在史閣不知郡事初帝令羣臣各言志收曰臣願得直筆東觀早出魏書故帝使收專其任又詔平原王高隆之總監之署名而已帝敕收曰好直筆我終不作魏太武誅史官始魏初鄧彥海撰代記十餘卷其後崔浩典史游允程駿李彪崔光李琰之郎世修其業浩爲編年體彪始分作紀表志傳書猶未出宣武時命邢巒追撰孝文起居注書至太和十四年又命崔鴻王遵業補續焉下訖孝明事甚委悉濟陰王暉業撰辯宗室錄三十卷收於是與通直常侍房延祐司空司馬辛元植國子博士刁柔裴昂之尚書郎高孝幹專總斟酌以成魏書辯定名稱隨條甄舉又搜採亡遺綴續後事備一代史籍表而上聞之勒成一代大典凡十一紀九十二列傳合一百一十卷五年三月奏上之秋除梁州刺史收以志未成奏請終業許之十一月復奏十志天象四卷地形三卷律歷二卷禮樂四卷食貨一卷刑罰一卷靈徵二卷官氏二卷釋老一卷凡二十卷續於紀傳合一百三十卷分爲十二袠其史三十五例二十五序九十四論前後二表一啓皆獨出於收收所引史官恐其陵逼唯取學流先相依附者其房延祐辛元植眭仲讓雖夙涉朝位並非史才刁柔裴昂之以儒業見知全不堪編緝高孝幹以左道求進修史諸人宗祖姻戚多被書錄飾以美言收頗急不甚能平夙有怨者多沒其善每言何物小子敢共魏收作色舉之則使上天按之當使入地初收在神武時爲太常少卿脩國史得陽休之助因謝休之曰無以謝德當爲卿作佳傳休之父固魏世爲北平太守以貪虐爲中尉李平所彈獲罪載在魏起居注收書云固爲北平甚有惠政坐公事免官又云李平深相敬重尒朱榮於魏爲賊收以高氏出自尒朱且納榮子金故減其惡而增其善論云若脩德義之風則韓彭伊霍夫何足數時論既言收著史不平文宣詔收於尚書省與諸家子孫共加論討前後投訴百有餘人云遺其家世職位或云其家不見記錄或云妄有非毀收皆隨狀荅之范陽盧斐父同附出族祖玄傳下頓丘李庶家傳稱其本是梁國家人斐庶譏議云史書不直收性急不勝其憤啓誣其欲加屠害帝大怒親自詰責斐曰臣父仕魏位至儀同功業顯著名聞天下與收無親遂不立傳博陵崔綽位至本郡功曹更無事迹是收外親乃爲首傳收曰綽雖無位道義可嘉所以合傳帝曰卿何由知其好人收曰高允曾爲綽讚稱有道德帝曰司空才士爲人作讚正應稱揚亦如卿爲人作文章道其好者豈能皆實收無以對戰慄而已但帝先重收才不欲加罪時太原王松年亦謗史及斐庶並獲罪各被鞭配甲坊或因以致死盧思道亦抵罪然猶以羣口沸騰敕魏史且勿施行令羣官博議聽有家事者入署不實者陳牒於是衆口諠然號爲穢史投牒者相次收無以抗之時左僕射楊愔右僕射高德正二人勢傾朝野與收皆親收遂爲其家並作傳二人不欲言史不實抑塞訴辭終文宣世更不重論又尚書陸操嘗謂愔曰魏收魏書可謂博物宏才有大功於魏室愔嘗謂收曰此謂不刊之書傳之萬古但恨論及諸家枝葉親姻過爲繁碎與舊史體例不同耳收曰往因中原喪亂人士譜牒遺逸畧盡是以具書其枝派望公觀過知仁以免尤責八年夏除太子少傅監國史復參脩律令三臺成文宣曰臺成須有賦愔先以告收收上皇居新殿臺賦其文甚壯麗時所作者自邢邵已下咸不逮焉收上賦前數日乃告邢邵邵後告人曰收甚惡人不早言之帝曾游東山敕收作詔宣揚威德譬喻關西俄頃而訖辭理宏壯帝對百寮大嗟賞之仍兼太子詹事收娶其舅女崔之妹產一女無子魏太常劉芳孫女中書郎崔肇師女夫家坐事帝並賜收爲妻時人比之賈充置左右夫人然無子後病甚恐身後嫡媵不平乃放二姬及疾瘳追憶作懷離賦以申意文宣每以酣宴之次云太子性懦宗社事重終當傳位常山收謂楊愔曰古人云太子國之根本不可動搖至尊三爵後每言傳位常山令臣下疑貳若實便須決行若戲此言魏收既忝師傳正當守之以死但恐國家不安愔以收言奏帝自此便止帝數宴喜收每預侍從皇太子之納鄭良娣也有司備設牢饌帝既酣飲起而自毀覆之仍詔收曰知我意不收曰臣愚謂良娣既東宮之妾理不須牢仰惟聖懷緣此毀去帝大笑握收手曰卿知我意安德王延宗納趙郡李祖收女爲妃後帝幸李宅宴而妃母宋氏薦二石榴於帝前問諸人莫知其意帝投之收曰石榴房中多子王新婚妃母欲子孫衆多帝大喜詔收卿還將來仍賜收美錦二疋十年除儀同三司帝在宴席口敕以爲中書監命中書郎李愔於樹下造詔愔以收一代盛才難於率爾久而未訖比成帝已醉醒遂不重言愔仍不奏事竟寢及帝崩於晉陽驛召收及中山太守陽休之參議吉凶之禮并掌詔誥仍除侍中遷太常卿文宣謚及廟號陵名皆收議也及孝昭居中宰事命收禁中爲諸詔文積日不出轉中書監皇建元年除兼侍中右光祿大夫仍儀同監史收先副王昕使梁不相協睦時昕弟晞親密而孝昭別令休之兼中書在晉陽典詔誥收留在鄴蓋晞所爲收大不平謂太子舍人盧詢祖曰若使卿作文誥我亦不言又除祖珽爲著作郎欲以代收司空主簿李翥文詞士也聞而告人曰詔誥悉歸陽子烈著作復遺祖孝徵文史頓失恐魏公發背於時詔議二王三恪收執王肅杜預義以元司馬氏爲二王通曹備三恪詔諸禮學之官皆執鄭玄五代之議孝昭后姓元議恪不欲廣及故議從收又除兼太子少傅解侍中帝以魏史未行詔收更加研審收奉詔頗有改正及詔行魏史收以爲直置祕閣外人無由得見於是命送一本付并省一本付鄴下任人寫之太寧元年加開府河清二年兼右僕射時武成酣飲終日朝事專委侍中高元海凡庸不堪大任以收才名振俗都官尚書畢義雲長於斷割乃虛心倚仗收畏避不能匡救爲議者所譏帝於華林別起玄洲苑備山水臺觀之麗詔於閣上畫收其見重如此始收比溫子昇邢邵稍爲後進邵既被疎出子昇以罪死收遂大被任用獨步一時議論更相訾毀各有朋黨收每議陋邢文邵又云江南任昉文體本疎魏收非直模擬亦大偷竊收聞乃曰伊常於沈約集中作賊何意道我偷任任沈俱有重名邢魏各有所好武平中黃門郎顏之推以二公意問僕射祖珽珽荅曰見邢魏之臧否卽是任沈之優劣收以溫子昇全不作賦邢雖有一兩首又非所長常云會須能作賦始成大才士唯以章表碑志自許此外更同兒戲自武定二年以後國家大事詔命軍國文詞皆收所作每有警急受詔立成或時中使催促收筆下有同宿構敏速之工邢溫所不逮也其參議典禮與邢相埒既而趙郡公增年獲免收知而過之事發除名其年又以託附陳使封孝琰牒令其門客與行遇崐崘舶至得奇貨果然褥表美玉盈尺等數十件罪當流以贖論三年起除清郡尹尋遣黃門郎元文遙敕收曰卿舊人事我家最久前者之罪情在可恕比令卿爲尹非謂美授但初起卿斟酌如此朕豈可用卿之才而忘卿身待至十月當還卿開府天統元年除左光祿大夫二年行齊州刺史尋爲眞收以子姪年少申以戒厲著枕中篇其詞曰吾曾覽管子之書其言曰任之重者莫如身途之畏者莫如口期之遠者莫如年以重任行畏途至遠期惟君子爲能及矣追而味之喟然長息若夫岳立而重有潛戴而不傾山藏稱固亦趨貿而不停呂梁獨浚能行歌而匪惕焦原作險或躡踵而不驚九陔方集故眇然而迅舉五紀當定想窅乎而上征苟任重也有度則任之而愈固乘危也有術蓋乘之而靡恤彼期遠而能通果應之而可必豈神理之獨爾亦人事其如一鳴呼處天壤之間勞死生之地攻之以嗜欲牽之以名利粱肉不期而共臻珠玉無足而俱致於是乎驕奢仍作危亡旋至然則上智大賢惟幾惟哲或出或處不常其時其舒也濟世成務其卷也聲銷迹滅玉帛子女椒蘭律呂諂諛無所先稱肉度骨膏脣挑舌怨惡莫之先勳名共山河同久志業與金石比堅斯蓋厚棟不撓游刃砉然逮於厥德不常喪其金璞驅騖人世鼓動流俗挾湯日而謂寒包溪壑而未足源不清而流濁表不端而影曲嗟乎膠漆詎堅寒暑甚促反利而成害化榮而就辱欣戚更來得喪仍續至有身禦魑魅魂沉狴獄詎非足力不強迷在當局孰可謂車戒前傾人師先覺聞諸君子雅道之士游遨經術厭飫文史筆有奇鋒談有勝理孝悌之至神明通矣審道而行量路而止自我及物先人後已情無繫於榮悴心靡滯於慍喜不養望於丘壑不待價於城市言行相顧愼終猶始有一於斯鬱爲羽儀恪居展事知無不爲或左或右則髦士攸宜無悔無吝故高而不危異乎勇進忘退苟得患失射千金之產邀萬鍾之秩投烈風之門趣炎火之室載蹶而墜其貽宴或蹲乃喪其貞吉可不畏歟可不戒歟門有倚禍事不可不密墻有伏寇言不可而失宜諦其言宜端其行言之不善行之不正鬼執強梁人囚徑廷幽奪其魄明天其命不服非法不行非道公鼎爲已信私玉非身寶過涅爲紺踰藍作青持繩視直置水觀平時然後取未若無欲知止知足庶免於辱是以爲必察其幾舉必愼於微知幾慮微斯亡則稀旣察且愼福祿攸歸昔蘧瑗識四十九非顏子鱗幾三月不違跬步無已至於千里覆蕢而進及於萬仞故云行遠自卑可大可久與世推移月滿如規後夜則虧槿榮於枝望暮而萎夫奚益而不損孰有損而不害益不欲多利不欲大唯居德者畏其甚體眞者懼其大道尊則羣謗集任重而衆怨會其達也則尼父栖遑其忠也而周公狼狽無曰人之我狹在我不可而覆無曰人之我厚在我不可而咎如山之大無不有也如谷之虛無不受也能剛能柔重可負也能信能順險可走也能智能愚期可久也周廟之人三緘其口漏卮在前欹器留後俾諸來裔傳之坐右其後羣臣多言魏史不實武成復敕更審收又迴換遂爲盧同立傳崔綽反更附出楊愔家傳本云有魏以來一門而已至是加此八字又先云弘農華陰人乃改自云弘農以配王慧龍自云太原人此其失也尋除開府中書監武成崩未發喪在內諸公以後主卽位有年疑於赦令諸公引收訪焉收固執宜有恩澤乃從之掌詔誥除尚書右僕射總議監五禮事位特進收奏請趙彥深和士開徐之才共監先以告士開士開驚辭以不學收曰天下事皆由王五禮非王不決士開謝而許之多引文士令執筆儒者馬敬德熊安生權會實主之武平三年薨贈司空尚書左僕射謚文貞有集七十卷收碩學大才然性褊不能達命體道見當塗貴游每以言色相悅然提獎後輩以名行爲先浮華輕險之徒雖有才能弗重也初河間邢子才子明及季景與收並以文章顯世稱大邢小魏言尤俊也收少子才十歲子才每曰佛助寮人之偉後收稍與子才爭名文宣貶子才曰

爾才不及魏收收益得志自序云先稱溫邢後曰邢魏然收內陋邢心不許也收既輕疾好聲樂善胡舞文宣末數於東山與諸優爲獼猴與狗鬬帝寵狎之收外兄博陵崔巖嘗以雙聲嘲收曰遇魏收衰日愚魏魏荅曰顏巖腥瘦是誰所生羊頤狗頰頭團鼻平飯房荅籠著孔嘲玎其辯捷不拘若是既緣史筆多憾於人齊亡之歲收家被發棄其骨於外先養弟子仁表爲嗣位至尚書膳部郎中隋開皇中卒於溫縣令子建族子悖字仲讓容貌魁偉性通率永安末除安東將軍光祿大夫尒朱仲遠鎮東郡以事捕悖遇出外執悖兄子肩而去悖聞哭曰若害肩寧無吾也乃見仲遠叩頭曰家事在悖肩何知也乞以身罪仲遠義而捨之天平中拜衛將軍右光祿大夫卒悖叔偃字盤蚪有當世幹用位驍騎將軍性浮動晚乃曲附高肇彭城王勰之死也偃構成其事爲時所惡子質字懷素幼有立志年十四啓母求就徐遵明受業母以其年幼不許質遂密將一奴遠赴徐學留書一紙置所臥牀內外見之相視悲歎五六年中便通諸經大義自學言歸生徒輻湊皆同衣食情若兄弟後避葛榮難客居趙國飛龍山爲亂賊所害士友傷惜之興和二年侍中李僞祕書監常景等三十二人申辭於尚書爲請贈謚事下太常博士考行謚曰貞烈先生

魏長賢收之族叔也祖釗本名顯義字弘理魏世祖賜名仍命以顯義爲字雅性俊辯博涉羣書有當世才兼資文武知名梁楚淮泗之間世祖南伐聞而召之既至與語大悅謂釗曰今我此行是卿建功之日勉之勿憂不富貴也授內都直侍左右師次淮南諸城未有下者釗乃進曰陛下百萬之軍風行電掃攻城略地所向無前雖有智者莫能爲計然而師次淮南已經累日義陽諸城猶敢拒守此非不懼亡滅自謂必可保全也但陛下卒徒果鋭殺掠尚多人皆畏威未甚懷惠恐一旦降下妻子不全所以遲疑未肯先發臣請間入城內見其豪右宣達聖心示以誠信必當大小相率面縛請罪陛下拔其英楚因而任之此外諸城可不勞兵而自定世祖大喜曰所以召卿本爲是耳卿今所言副吾所望釗欣悅明旦開門出降自此而南望塵款附世祖謂釗曰卿之一言踰於十萬之師揚我信義播於四表實卿一人之力即授義陽太守陵江將軍又令釗與諸將統兵討襲所當無不摧破軍中服其勇敢世祖益喜謂羣臣曰中國士人吾拔擢咸盡文武膽略未有若釗儔加授建忠將軍追贈其父處順州刺史時經略江左方大用之遇風疾發動頻降醫藥竟不瘥復卒時年六十四父彥字惠卿博學善屬文趙郡王幹辟開府參軍廣陵王羽辟記室並不行陳留公李崇甚重之引爲鎮西參軍事崇討叛氐陽靈珍叛蠻魯北鷰又請爲記室參軍中山王英討淮南又請爲記室參軍軍還求爲著作郎思樹不朽之業以晉書作者多家體制繁雜欲正其紕繆刪其遊辭勒成一家之典俄而彭城王聞李崇稱之復請爲掾兼知主客郎中書遂不成王遇害退歸田里清河王復引爲諮議王勢高名重深爲權倖所疾恐罹其禍固辭以疾肅宗初拜驃騎長史尋轉光州刺史年六十八卒兄伯肩之歸也留長賢與弟德振使宦學於洛中孝靜北遷亦徙居鄴博涉經史詞藻清華舉秀才除汝南王悅參軍事入齊平陽王淹辟爲法曹參軍轉著作佐郎更撰晉書欲還成先志河清中上書譏刺時政大忤權幸爲上黨屯留令親故以長賢不相時而動或爲書以相規責長賢復書曰日者惠書義高旨遠誨僕以自求諸已思不出位國之大事君與執政所圖又謂僕祿不足以代耕位不登於執戟千非其議自貽悔咎勤勤懇懇誠見故人之心靜言再思無忘寤寐僕雖固陋亦嘗奉教於君子矣以爲士之立身其路不一故有負鼎俎以趨世隱漁釣以待時操築傳巖之下取履圯橋之上者矣或有釋貨車以匡霸業委挽輅以定王基由斬袪以見禮因射鉤而受相者矣或有三黜不移屈身以直道九死不悔甘心於苦節者矣皆奮於泥滓自致青雲雖事有萬殊而理終一致權其大要歸乎忠孝而已矣夫孝則竭力所生忠則致身所事未有孝而遺其親忠而後其君者也僕自射策金馬記言麟閣寒暑迭運五稔於茲不能勤成一家潤色鴻業善述人事功既闕如顯親揚名邈爲無冀每一念之曷云其已自頃王室板蕩彝倫攸斁大臣持祿而莫諫小臣畏罪而不言虛痛朝危空哀主辱匪躬之故徒聞其語有犯無隱未見其人此梅福所以獻書朱雲所以請劒者也抑又聞之嫠不恤緯而憂宗周之亡女不懷歸而悲太子之少況僕之先人世傳儒業訓僕以爲子之道厲僕以事君之節今僕之委質有年世矣安可自同於匹庶取笑於兒女子哉是以賜一夕而九回心終朝而百慮懼當年之不立恥没世而無聞慷慨懷古自强不息庶幾伯夷之風以立懦夫之志吾子又謂僕干進務入不畏友朋居下訕上欲益反損僕誠不敏以貽吾子之羞默默苟容又非生平之意故願得鋤彼草茅逐茲鳥雀去一惡樹一善不違先旨以没九泉求仁得仁其誰敢怨但言與不言在我用與不用在時若國道方屯時不我與以忠獲罪以信見疑貝錦成章青蠅變色良田敗於邪徑黃金鑠於衆口窮達運也其如命何吾子忠告之言敢不敬承嘉惠然則僕之所懷未可一二爲俗人道也投筆而已夫復何言是出也人皆爲之快快而長賢處之怡然不屑懷抱識者以此多焉武平中辭疾去職終於齊代不復出仕周武平齊搜揚才俊辟書屢降固以疾辭卒年七十四貞觀中贈定州刺史子徵

魏季景收族叔也父鸞字雙和爲魏文賜名有器幹體貌魁偉以有容儀爲奉車都尉曾升輅車觸毀金翼斂容請罪帝笑曰卿體貌過人素不便習何足懼也車駕南征漢陽除鸞統軍帝歷幸其營嘆賞之及在馬圈不豫敕兼武衛將軍領宿衛左右景明中六輔之廢鸞頗預其事後除光州刺史更滿還朝卒謚曰夷子季景少孤清苦自立博學有文才弱冠有名京師時邢子明稱有才學始與子才相侔季景與收相亞洛中號兩邢二魏莊帝時爲中書侍郎普泰中爲尚書右丞季景善附會宰要當朝必先事其左右尒朱世隆特賞愛之於時才名甚盛頗過其實太昌中位給事黃門侍郎甚見信待除定州大中正孝武帝釋奠季景與溫子昇李業興竇瑗等俱爲摘句天平初因還都遂居柏人西山內懷憂悔乃爲擇居賦元象初兼給事黃門侍郎後兼散騎常侍使梁還歷大司農卿魏郡尹卒家無餘財遺命薄葬贈散騎常侍衞尉卿所著文筆二百餘篇子澹知名

澹字彥深年十五而孤專精好學高才善屬文仕齊殿中侍御史預修五禮及撰御覽除殿中郎中書舍人與李德林脩國史入周爲納言中士隋初爲行臺禮部侍郎尋爲聘陳使主還除太子舍人廢太子勇深禮之令注庾信集撰笑苑世稱博物遷著作郎仍爲太子學士帝以魏收所撰後魏書褒貶失實平繪爲中興書事不倫序詔澹別成魏史澹自道武下及恭帝爲十二紀七十八列傳別爲史論及例各一卷合九十二卷義例與魏收多所不同其一曰臣聞天子者繼天立稱終始絕名故穀梁傳太上不名曲禮天子不言出諸侯不生名諸侯尚不生名況天子乎若爲太子必須書名良由子者對父生稱父前子名禮之意也至如馬遷周之太子並皆言名漢之儲兩俱没其諱以尊漢卑周臣子之意也竊謂雖立此理恐非其義何者春秋禮記太子必書名天王不言出此仲尼之褒貶皇王之稱謂非當時與異代遂爲優劣也班固范曄陳壽王隱沈約參差不同尊卑失序至於魏收諱儲君之名書天子之字過又甚焉今所撰諱皇帝名書太子字欲尊君卑臣依春秋之義二曰魏氏平文以前部落之君長耳太祖遠追二十八帝並極崇高違堯舜憲章越周公典禮但道武出自結繩未師典誥當須南董直筆裁而正之反更飾非豈是觀過但力微天女所誕靈異絕世尊爲始祖得禮之宜平文昭成雄據塞表英風漸盛圖南之業基自此始長孫斤之亂也兵交御坐太子授命昭成獲免道武此時后緡方娠宗廟復存社稷有主大功大孝實在獻明此之三世稱謚可也自茲以外未之敢聞其三曰幽王死於驪山厲王出奔於彘未嘗隱諱直筆書之欲以勸善懲惡詒誡將來如太武獻文並遭非命前史立紀不異天年言論之間頗露首尾殺主害君莫知姓名逆臣賊子何所懼哉今分明直書不敢回避四曰自晉德不競宇宙分崩或帝或王各自署置其生署如敵國書死便同庶人凡處華夏之地者皆書曰卒同之吳楚澹又以爲司馬遷創立紀傳已來述者非一人無善惡皆爲立論計在身行迹具在正書事既無奇不足懲勸再述乍同銘頌重敘唯覺繁文案丘明亞聖之才發揚聖旨言君子曰者無非甚泰其間尋常直言而已今所撰史竊有慕焉可爲勸戒者論其得失其無益者所不論也上覽而善之未幾而卒有集三十卷子罕言澹弟彥玄位洧州司馬子滿行

魏蘭根字蘭根收族叔也父伯成中山太守蘭根身長八尺儀貌奇偉博學高才機警有識悟起家北海王國侍郎母憂居喪有孝稱將葬常山郡境先有董卓祠祠有栢樹蘭根以卓凶逆不應遺祠至今乃啓刺史請伐爲槨左右人言有靈蘭根了無疑懼父喪廬於墓側負土成墳憂毀殆於滅性正光末尚書令李崇爲大都督討蠕蠕以蘭根爲長史因說崇曰緣邊諸鎮控攝長遠昔時初置地廣人稀或徵發中原强宗子弟或國之肺腑寄以爪牙中年以來有司乖實號曰府戶役同廝養官婚班齒致失淸流而本宗舊類各各榮顯顧瞻彼此理當憤怨宜改鎮立州分置郡縣凡是府戶悉免爲平人入仕次第一準其舊此計若行國家庶無北顧之慮崇以奏聞事寢不報孝昌初爲岐州刺史從行臺蕭寶夤討破宛川俘其人爲奴婢以美女十人賞蘭根蘭根

辭曰此縣介於强虜故成背叛今當恤其飢寒奈何並充僕隸於是盡以歸其父兄部內麥多五穗隣州田鼠爲災犬牙不入其境及蕭寶夤敗於涇州岐州人囚蘭根降賊寶夤兵威復振城人復斬賊刺史侯莫陳仲和推蘭根復任朝廷以蘭根得西土人心加都督涇岐東秦南岐四州諸軍事兼四州行臺尚書孝昌末河北流人南度以蘭根兼尚書使齊濟二兗四州安撫并置郡縣蘭根甥邢杲反於青光間復詔蘭根慰勞杲不下仍隨元天穆討之還拜中書令莊帝之將誅尒朱榮蘭根泄之於兄子周達周達告尒朱世隆及榮死蘭根憂不知所出時應詔王道習見信於莊帝蘭根乃託附之求出立功乃兼尚書右僕射河北行臺定州率募鄉曲欲防井陘爲榮將侯深所敗走依勃海高乾乾兄弟義舉因在中山神武以宿望深禮之中興初爲尚書右僕射神武將入洛陽時廢立未決令蘭根察節閔帝帝神采高明蘭根恐於後難測遂與高乾兄弟及黃門侍郎崔㥄同請神武不得已遂立武帝太昌初加侍中開府儀同三司鉅鹿縣侯啓授兄子周達蘭根既預勳業位居端副始敘復岐州勳封永興侯高乾之死蘭根懼以病免天平初言病篤以開府儀同歸本鄉門施行馬武定三年薨贈司徒公謚曰文宣長子相如襲爵相如性亢直有文藻與族兄愷齊名雅爲當時所貴早卒孝昭時佐命功臣配饗不及蘭根次子敬仲表訴竟不允敬仲以才器稱卒於章武太守子餉字孝衡幼孤學涉有時譽居喪以孝聞隋饒州司倉參軍事子景義景禮並有才行鄉人呼爲雙鳳早卒敬仲弟少政位至洛州刺史子孝該孝幾愷自散騎常侍遷青州長史固辭文宣大怒曰何物漢子與官不就時帝已失德朝廷爲之懼愷容色坦然帝曰死與長史任卿所擇荅曰能殺臣者陛下不受長史者愚臣帝謂楊愔曰何慮無人苦用此漢放還永不須收由是積年沈廢後遇愔於路微自陳愔云咸由中旨愷應聲曰雖復零雨自天終待雲興四岳公豈得言不知楊愔欣然曰此言極爲簡要數日除霍州刺史在職有政理後卒於膠州刺史

論曰伯起少頗疎放不拘行檢及折節讀書鬱爲偉器學博今古才極從橫體物之旨尤爲富贍足以入相如之室游尼父之門勒成魏籍追蹤班馬婉而有則繁而不蕪持論序言鈎深致遠但意存實錄好抵陰私至於親故之家一無所說不平之議見於斯矣王松年李庶等並論正家門未爲謗議遂憑附時宰鼓動淫刑庶因鞭撻而終此公之失德長賢思樹風聲抗言昏俗有朱子游之風季景父子雅業相傳抑弓冶之義蘭根道冠時英功參霸業亦一代之偉人也

北史卷五十六考證

魏收傳○查魏書列女傳及所補序傳并齊書收傳多有與本傳不合處

梁州刺史傳暨眼子故中心以爲愧○故魏書作敬和蓋暨眼子之名而此訛爲故耳

收有賤生弟仲同先未齒錄○未監本訛求今改從魏書

時孝武內有間隙○孝武下魏書齊書俱有猜忌神武四字

然收常所欺忽季景○所魏書齊書俱無之

文襄曰魏收恃才無宜適須出其短○齊書作魏收恃才使氣卿須出其短

其後崔浩典史游允程駿李彪崔光李琰之郎知世修其業○郎知二字魏書作徒

收願急不甚能平○一本收字下有性字

稱內度骨膏唇挑舌怨惡莫之先○監本膏字下脫唇字舌字訛古字之先二字訛不字直不成文今據齊書改正

昔蘧瑗識四十九非顏子隣幾三月不違○齊書無隣字

收曰天下事皆由王○監本脫王字今從南本增正

魏長賢傳思樹不朽之業○朽監本訛柃今改正

蘭根傳從行臺蕭寶夤討破宛川○川齊書作州

因在中山神武以宿望深禮之○因監本訛固今從齊書改正又一本神武下有至字

位至洛州刺史○洛監本訛落今改正

北史卷五十七

唐　李　延　壽　撰

列傳第四十五

周宗室

邵惠公顥 子什肥 導 護 吒羅協 馮遷　杞簡公連

莒莊公洛生　虞國公仲

廣川公測 弟深 深子孝伯　東平公神舉 弟慶

邵惠公顥周文帝之長兄也德皇帝娶樂浪王氏是爲德皇后生顥性至孝居德皇后喪哀毀過禮德皇帝與衞可瓌戰墜馬顥與數騎奔救乃免顥遂戰歿保定初追贈大冢宰封邵國公謚曰惠三子什肥導護

什肥事母以孝聞文帝入關不能離母遂留晉陽文帝定秦隴什肥爲齊神武所害保定初追贈大將軍小冢宰襲爵邵國公謚曰景子胄嗣胄少孤頗有幹畧景公之見害以年幼下蠶室保定初詔以晉公護子會紹景公封天和中與齊通好胄歸襲爵邵國公及隋文帝輔政胄爲榮州刺史舉兵應尉遲迥爲清河公楊素所殺國除會字乾仁胄至自齊改封譚國公後與護同誅建德三年追復封爵常武公

導字菩薩少雄豪初與諸父在葛榮中榮敗遷晉陽與文帝隨賀拔岳入關常從征伐文帝討侯莫陳悅導追斬之牽屯山以功封饒陽縣伯及魏文帝東征留導爲華州刺史旣而趙青雀于伏德慕容思慶等作亂導禽伏德斬思慶屯渭橋會文帝軍及事平進爵章武郡公加侍中及高仲密以北豫州降文帝東征復以導爲大都督行華州刺史甚得守扞之方及大軍不利東魏追至稠桑知關中有備乃退侯景來附詔徵隴右大都督獨孤信東下令導代信爲秦州刺史大都督十五州諸軍事及齊氏稱帝文帝討之魏文帝遣齊王廓鎮隴右徵導拜大將軍大都督二十三州諸軍事屯咸陽大軍還乃旋舊鎮導性寬明善撫御文帝每出征導恒居守深爲吏人所附朝廷重之薨於上邽魏帝遣侍中漁陽王綱監護喪事贈尚書令謚曰孝朝議以導撫和西戎威恩顯著欲令世鎮隴右以彰厥德乃葬上邽城西無疆原華戎會葬者萬餘人奠祭於路悲號振野皆曰我君捨我乎大小相與負土成墳高五十餘尺周回八十餘步爲官司所止然後泣辭而去天和五年重贈太師柱國公導五子廣亮翼椿衆亮椿出後於杞

廣字乾歸少方嚴好文學武成初位大將軍梁州總管進封蔡國公累遷秦州刺史總管十三州諸軍事性明察善撫綏人庶畏悅之時晉公護諸子及廣弟杞公亮等侈靡踰制廣獨率禮又折節待士朝野稱焉曾侍於武帝所食瓜美持以奉進帝悅之廣以晉公護擅權勸令挹損護不能納後除陝州總管以病免及孝公追封豳國公詔廣襲爵初廣母李氏以患憂而成疾遂歿廣居喪加篤乃以毀薨世稱母爲廣病廣爲母死慈孝之道極於一門武帝素服親臨其故吏儀同李克信等上表褒述申其宿志庶存儉約詔曰昔河間才藻追敘於中尉東海謙約見稱於身後可斟酌前典率由舊章使易簀之言得申遺志黜殯之請無虧令終於是贈本官加太保隴右十四州諸軍事秦州刺史謚曰文葬於隴右所司一遵儉約之典子洽嗣隋文輔政被害國除翼字乾宜封西陽郡公早薨謚曰昭無子以杞公亮子溫嗣後坐亮反誅國除衆字乾道少不慧封天水郡公爲隋文所誅

護字薩保幼方正有志度特爲德皇帝所愛文帝之入關以年小不從普泰初始自晉陽至平涼時年十七文帝諸子並幼遂委以家務內外無不嚴肅文帝歎之以爲類已及臨夏州留護事賀拔岳岳被害文帝至平涼以護爲都督從破侯莫陳悅後以迎魏帝功封水池縣伯從文帝禽竇泰復弘農破沙苑戰河橋並有功芒山之役爲敵人所圍賴都督侯伏龍恩救乃免坐免官尋復本位大統十三年進封中山公十五年遷大將軍與于謹征江陵進兵徑至江陵城下以待大軍至圍而剋之師還護又討平襄陽蠻帥向天保等萬餘落初行六官拜司空文帝西巡至牽屯山遇疾召護至涇州見文帝帝曰吾形容若此必不濟諸子幼天下事以屬汝護涕泣奉命行至雲陽文帝崩護祕之至長安乃發喪時嗣子沖幼强寇在近人情不安護綱紀內外撫循文武衆心乃定先是文帝常云我得胡力當時莫曉其指時人以護字當之尋拜柱國文帝山陵畢護以天命有歸遣諷魏帝以禪代事孝閔踐阼拜大司馬封晉國公邑萬戶趙貴獨孤信等將謀襲護護因貴入朝執之黨與皆伏誅拜大冢宰時司會李植軍司馬孫恒等密要宮伯乙弗鳳張光洛賀拔提元進等爲腹心說帝言護不守臣節宜圖之帝然之數將武士於後園爲執縛勢護微知之出植爲梁州恒爲同州欲遏其謀後帝思植等每欲召之護諫曰天下至親不過兄弟若兄弟自搆嫌隙他人何易可親但恐除臣後姦回得逞其欲非唯不利陛下亦危社稷因泣涕久之乃止帝猶猜鳳等益懼密謀滋甚遂剋日將誅護光洛告護護乃召柱國賀蘭祥小司馬尉遲綱等以鳳謀告之祥並勸廢帝時綱總領禁兵護乃遣綱入宮召鳳等議事以次執送護第因罷散宿衞兵遣祥逼帝幽於舊邸於是召公卿畢集護第護曰先王勤勞王業三十餘年寇賊未平奄棄萬國寡人地則猶子親受顧命以畧陽公旣居正嫡與公等立而奉之革魏興周爲四海主自即位已來荒淫無度昵近羣小疎忌骨肉大臣重將咸欲誅夷若此謀遂行社稷必致傾覆寡人若死將何面目以見先王今日寧負畧陽公豈可負社稷寧都公年德兼茂仁孝聖慈今

欲廢昏立明公等以爲何如羣公咸曰此公之家事敢不唯命是聽於是斬鳳等於門外并誅植恒尋弑帝迎明帝於岐州而立之二年拜太師賜路車冕服封子至爲崇業郡公初改雍州刺史爲牧以護爲之并賜金石之樂武成元年護上表歸政帝許之軍國大事尚委於護帝性聰睿有識量護深憚之有李安者本以鼎俎得寵於護擢爲膳部下大夫至是護令安自因進食加毒帝遂崩護立武帝百官總已以聽護自文帝爲丞相立左右十二軍總屬相府文帝崩後皆受護處分凡所徵發非護書不行護第屯兵禁衞盛於宮闕事無巨細皆先斷後聞保定元年以護爲都督中外諸軍事令五府總於天官或有希護旨者云周公德重魯立文王之廟以護功比周公宜用此禮於是詔於同州晉國第立德皇帝別廟使護祭焉三年詔自今詔誥及百司文書並不得稱公名以彰殊禮護抗表固讓初文帝創業即與突厥和親謀爲掎角共圖高氏是年乃遣柱國楊忠與突厥東伐破齊長城至并州而還期後年更舉南北相應齊主大懼先是護母閻與皇第四姑及諸戚屬並沒齊皆被幽縶護居宰相後每遣間使尋求莫知音息至是並許還朝且請和好四年皇姑先至齊主以護權重乃留其母以爲後圖仍令人爲閻作書與護曰吾念十九入汝家今以八十矣凡生汝輩三男二女今日目下不覩一人興言及此悲纏肌骨賴皇齊恩卹差安衰暮又得與汝楊氏姑及汝叔母紇干汝嫂劉及汝新婦等同居頗以自適但爲微有耳疾大語方聞行動飲食幸無多損汝與吾別之時年尚幼小以前家事或不委曲昔在武川鎭生汝兄弟大者屬鼠第二屬兎汝身屬蛇鮮于脩禮起日吾合家大小先在博陵郡住相將欲向左人城至唐河北被定州官軍打敗汝祖及第二叔時俱戰亡汝叔母賀拔及兒元寶汝叔母紇干及兒菩提并吾與汝六人同被禽捉入定城未幾間將吾及汝送與元寶掌賀拔紇干各別分散寶掌軍營在唐城內經停二日寶掌所掠得男夫女婦可六七千人悉送向京吾時與汝同被送限至定州城南夜宿同鄉人姬庫根家蠕蠕奴望見鮮于脩禮營火語吾云我今走向本軍既至營遂告吾輩在此明旦日出汝叔將兵邀截吾及汝等還得向營汝時年十二共吾並乘馬隨軍可不記此事由緣也後吾共汝在壽陽住時元寶菩提及汝姑兒賀蘭盛洛并汝身四人同學博士姓成爲人嚴惡汝等四人謀欲加害吾共汝叔母聞知各捉其兒打之唯盛洛無母獨不被打後尒朱天柱亡歲賀拔阿斗泥在關西遣人迎家累汝叔亦遣奴來富迎汝及盛洛等汝時着緋綾袍銀裝帶盛洛着紫織成纈通身黃綾裏並乘騾同去盛洛小於汝三人並喚吾作阿摩敦如此之事當分明記之今又寄汝小時所着錦袍表一領至宜撿看知吾含悲抱戚多歷年祀禽獸草木母子相依吾有何罪與汝分隔今復何福還望見汝世間所有求皆可得母子異國何處可求假汝貴極公王富過山海有一老母八十之年飄然千里死亡旦夕不得一朝暫見不得一日同處寒不得汝衣飢不得汝食汝雖窮榮極盛光耀世間汝何用爲於吾何益吾今日之前汝既不得申其供養事往何論今日以後吾之殘命唯繫於汝載天履地中有鬼神勿云冥昧而可欺負楊氏姑今雖炎暑猶能先發關河阻遠隔絕多年書依常體慮汝致惑是以每存款質兼亦載吾姓名當識此理勿以爲怪護性至孝得書悲不自勝左右莫能仰視報書云區宇分崩遭遇災禍違離膝下三十五年受形稟氣皆知母子誰知薩保如此不孝宿殃積戾唯應賜鍾豈悟網羅上嬰慈母但立身立行不負一物明神有識宜先哀憐而子爲公侯母爲俘隸熱不見母熱寒不見母寒衣不知有無食不知飢飽泯如天地之外無由暫聞晝夜悲號繼之以血分懷冤酷終此一生死若有知冀奉見於泉下耳不謂齊朝解網惠以德音摩敦四姑並許哀放初聞此旨魂爽飛越號天叩地不能自勝四姑即蒙禮送平安入境以今月十八日於河東拜見遙奉顏色崩慟肝腸但離絕多年存亡阻隔相見之始口未忍言唯敘齊朝寬弘每存大德云與摩敦雖處宮禁常蒙優禮今者來鄴恩遇彌隆重降矜哀聽許摩敦垂敕曲盡悲酷備述家事伏讀未周五情屠割書中所道無一事敢忘摩敦年尊又加憂苦常謂寢食貶損或多遺漏伏奉論述次第分明一則以悲一則以喜當鄉里被敗之日薩保年以十歲鄰曲舊事猶自記憶況家門禍難親戚流離奉辭時節先後慈訓刻肌刻骨常纏心府天長喪亂四海橫流太祖乘時齊朝撫運兩河三輔各遇神機源其事迹非相負背太祖升遐未定薩保屬當猶子之長親受顧命雖身居重任職當憂責至於歲時稱慶子孫在庭顧視悲摧心情斷絕胡顏履戴負媿神明齊朝霈然之恩既已霑洽愛敬之至施及傍人草木有心禽魚感澤況在人倫而不銘戴有國有家信義爲本伏度來期已應有日一得奉見慈顏永畢生願生死肉骨豈過今恩負山戴岳未足勝荷二國分隔理無書信主上以彼朝不絕母子之恩亦賜許奉荅不期今日得通家問伏紙鳴咽言不宣心蒙寄薩保別時所留錦袍表年歲雖久宛然猶識抱此悲泣至於拜見事歸忍死知復何心齊朝不即發遣更令重與護書要護重報護復書往返至於再三而母竟不至朝議以其失信令有司移齊移未送而母至舉朝慶悅大赦天下護與母睽隔多年一朝聚集凡所資奉窮極華盛每四時伏臘武帝率諸親戚行家人禮稱觴上壽榮貴之極振古未聞是年突厥復率衆赴朝護以齊氏初送國親未欲即行復慮失信蕃夷不得已遂請東征九月詔徵二十四軍及左右廂散隸秦隴巴蜀兵諸蕃國衆二十萬人十月帝於廟庭授護斧鉞出軍至潼關乃遣柱國尉遲迥爲前鋒大將軍權景宣率山南兵出豫州少師楊標出軹關護連營漸進屯軍弘農迥圍洛陽柱國齊王憲鄭公達奚武等營芒山護性無戎略此行又非本心故師出雖久無所克獲以無功與諸將稽首請罪帝弗之責天和二年護母薨尋詔起令視事五年詔賜護軒懸之樂六佾之舞護性甚寬和然暗於大體自恃建立功久當權軸所任皆非其人兼諸子貪殘僚屬縱溢莫不蠹政害人帝以其暴慢密與衞王直圖之七年三月十八日護自同州還帝御文安殿見護訖引入含仁殿朝皇太后先是帝於禁中見護常行家人禮護謁太后太后必賜之坐帝每立侍至是護將入帝謂曰太后春秋既尊頗好酒諸親朝謁或廢引進喜怒有時乖爽比諫未蒙垂納兄今願更啓請因出懷中酒誥授護曰以此諫太后護入如帝所誡讀示太后未訖帝以玉珽自後擊之踣地又令宦者何泉以御刀斫之泉懼斫不能傷時衞王直先匿於戶內乃出斬之初帝欲圖護王軌宇文神舉宇文孝伯頗預其謀是日軌等並在外更無知者殺護訖乃召宮伯長孫覽等即令收護子柱國譚國公會大將軍莒國公至崇業公靜正平公乾嘉及乾基乾光乾蔚乾祖乾威等并柱國侯伏侯龍恩龍恩弟大將軍萬壽大將軍劉勇中外府司錄尹公正袁傑膳部下大夫李安等於殿中殺之齊王憲曰安出自皁隸所典庖廚而已未足加戮帝曰汝不知耳世宗之崩安所爲也十九日乃詔暴護等罪大赦改天和七年爲建德元年護世子訓爲蒲州刺史其夜遣柱國越公盛乘傳鎭蒲州徵訓赴京師至同州賜死護長史叱羅協司錄馮遷及所親任者皆除名護子昌城公深使突厥遣開府宇文德齎璽書就殺之三年詔復護及諸子先封謚護曰蕩並改葬之叱羅協代郡人本名與武帝諱同後改焉少寒微嘗爲州小吏以恭謹見知寶泰爲御史中尉以協爲書侍御史泰向潼關協爲監軍泰死協見獲文帝授大丞相東閤祭酒累遷相府屬從事中郎協歷事二京詳練故事又深自剋勵文帝頗委任之然猶以家屬在東疑其戀本及河橋戰敗協隨軍還文帝知協不貳封冠軍縣男進爵爲侯後爲大將軍尉遲迥長史率兵伐蜀行潼州事魏恭帝三年文帝徵協入朝論蜀中事乃賜姓宇文氏晉公護既殺孫恒李直等欲委腹心於司會柳慶司憲令狐整等二人並辭俱薦協護遂徵協入朝引與同宿深寄託之協誓以軀命自效護大悅以爲得協之晩稍遷護府長史進爵爲公常在護側明帝知其材識庸淺每按抑之數謂曰汝何知也猶以護所親任每含容之及明帝崩便授協司會中大夫中外府長史協形貌瘦小舉措褊急既以得志每自矜高又其所言多乖事衷當時莫不笑之護以其忠已每提獎之協既受護重委冀得婚連帝室乃求復舊姓叱羅氏許之又進位柱國護以協年老許其致仕而協貪榮未肯告休及護誅除名建德三年以協宿齒授儀同三司賜爵南陽郡公卒子金剛嗣馮遷字羽化弘農人少脩謹有幹能爲護府司錄性質直小心畏慎兼明練時事善於斷決每校閱文簿孜孜不倦以此甚爲護委任後授陝州刺史遷本寒微不爲時輩所重一旦刺舉本州唯以謙恭接待鄉邑人無怨者復入爲司錄累遷小司空自天和後以年老委任稍衰及護誅猶除名卒於家子恕位儀同三司

杞簡公連幼而謹厚臨敵果毅隨德皇帝遇定州軍於唐河俱戰歿保定初追贈太傅柱國大將軍大司徒封杞國公謚曰簡子元寶爲齊神武所害保定初追贈大將軍小司徒襲封杞國公謚曰烈以章武公導子亮嗣亮字乾德位梁州總管及豳國公廣薨以亮爲秦州總管廣所部悉以配焉在州甚無政績尋進柱國從東伐進上柱國仍從平鄴還大司徒大象初以行軍總管與元帥鄖國公韋孝寬等伐陳還至豫州密謀襲孝寬營將反逆孝寬追斬之胲明坐亮誅詔以亮弟椿爲烈公後椿字乾壽位上柱國大司徒大定中爲隋文帝所害并其五子

莒莊公洛生少任俠好施愛士北州賢俊皆與之游而才能多出其下及葛榮破鮮于脩禮以洛生爲漁陽王

仍領德皇帝餘衆時人皆呼爲洛生王洛生善撫將士是以克獲常冠諸軍尒朱榮定山東時洛生在虜中榮雅聞其名心憚焉尋爲榮所害保定初追贈大將軍封莒國公謚曰莊子菩薩爲齊神武所害保定初追贈大將軍小宗伯襲爵謚曰穆以晉公護子至嗣至字乾附後坐父護誅詔以衞王直子賓爲穆公後賓字乾瑞尋坐直誅而齊王憲子廣都郡公貢襲貢字乾貞宣帝初被誅國除

虞國公仲德皇帝從父兄也卒於代保定初追贈太傅柱國大將軍大司徒封虞國公子興嗣興生屬兵亂與仲相失年幼莫知其戚屬遠近與文帝兄弟初不相識沙苑之敗預在行間被虜隨例散配諸軍興性弘厚有志度雖流離世故而風範可觀保定二年詔訪仲子孫與始附屬籍武帝以與帝戚近屬尊禮之甚厚位開府儀同三司宗師襲爵虞國公薨武帝親臨慟焉詔大司空申國公李穆監護喪事贈柱國大將軍謚曰靖子洛嗣位儀同三司隋初爲介國公爲隋室賓云

廣川公測字澄鏡文帝之族子也高祖中山曾祖豆頹祖騏驎父永仕魏位竝顯達測性沉密少篤學仕魏位司徒右長史尚宣武女陽平公主拜駙馬都尉及孝武疑齊神武詔測詣文帝密爲之備還封廣川縣伯尋從孝武西遷進爵爲公文帝爲丞相以測爲右長史委以軍國又令測詳定宗室昭穆遠近附於屬籍歷位侍中開府儀同三司行汾州事政在簡惠頗得人和地接東魏數相抄竊或有獲其爲寇者多縛送之測皆命解縛置之賓館然後引與相見如客禮焉仍宴設放還其國衞送出境自是東魏人大慙乃不爲寇兩界遂通慶弔時論方之羊叔子或有告測懷貳文帝怒曰測爲我安邊何爲間骨肉乃命斬之仍許測便宜從事轉行綏州事每歲河冰合後突厥即來寇掠先是常預遣居人入城堡以避之測至皆令安堵乃於要路數百處竝多積柴仍遠斥候知其動靜是年十二月突厥從連谷入寇去界數十里測命積柴處一時縱火突厥謂大軍至懼而遁走委棄雜畜輜重不可勝數自是不敢復至測因請置戍兵以備之後卒於太子少保文帝親臨慟焉仍令水池公監護喪事謚曰靖測性仁恕好施與在洛陽之日曾被竊盜所失物即其妻陽平公主之衣服也州縣禽盜并物俱獲測恐此盜坐之以死不認焉遂遇赦免盜既感恩請爲測左右及測從孝武西遷事極狼狽盜人亦從測入關竝無異志子該嗣位除州刺史測弟深

深字奴干性鯁正有器局年數歲便累石爲營折草作旌旗布置行伍皆有軍陣之勢父永遇見之喜曰汝自然知此後必爲名將孝武西遷事起倉卒人多逃散深時爲子都督領宿衞兵撫循所部竝得入關以功賜爵長樂縣伯大統中累轉尚書直事郎中及齊神武屯蒲坂分遣其將竇泰趨潼關高敖曹圍洛州周文帝將襲泰諸將咸難之帝隱其事陽若未有謀獨問策於深深曰竇氏高歡驍將歡每仗之禦侮今大軍就蒲坂則歡拒守竇必援之內外受敵取敗道也不如選輕銳潛出小關竇性躁急必來決戰高歡持重未即救之則竇可禽也虜竇歡勢自沮迴師禦之可以制勝文帝喜曰是吾心也軍遂行果獲泰齊神武亦退深又說文帝進取弘農復剋之文帝大悅謂深曰君即吾家陳平也是冬齊神武又率大衆至沙苑諸將皆懼惟深獨賀文帝問其故對曰歡撫河北甚得衆心雖乏智謀人皆用命以此自守未易可圖今懸師度河非衆所欲唯歡恥失竇氏愎諫而來所謂忿兵一戰可禽也不賀何爲文帝然之尋大破齊軍果如所策俄進爵爲侯六官建拜小吏部下大夫遷中大夫武成元年遷幽州刺史改封安化縣公保定初除京兆尹入爲司會中大夫深少喪父事兄甚謹性多奇譎好讀兵書既居近侍每進籌策及在選曹頗有時譽性仁愛從弟神舉神慶幼孤深撫訓之義均同氣世亦以此稱焉卒於位謚曰成康子孝伯

孝伯字胡王其生與武帝同日文帝甚愛之養於第內及長又與武帝同學武成元年拜宗師上士時年十六性沉正謇諤好直言武帝即位欲引置左右時政在家臣不得專制乃託言少與同業受經思相啓發由是護弗之猜得入爲右侍上士恒侍讀及遭父憂詔令服中襲爵武帝嘗謂曰公於我猶漢高與盧綰也賜以十三環金帶自是恒侍左右出入臥內朝務皆得預焉孝伯亦竭心盡力無所回避至於時政得失外間細事皆以奏聞帝信委之當時莫比及將誅晉公護密與衞王直圖之惟孝伯及王軌宇文神舉等頗得參預護誅授開府儀同三司歷司會中大夫左官正皇太子既無令德孝伯言於帝曰皇太子德聲未聞請妙選正人爲其師友調護聖質不然悔無所及帝斂容曰卿世載鯁正竭誠所事觀卿此言有家風矣孝伯拜謝曰非言之難受之難也深願陛下思之帝曰正人豈復過君於是以尉遲運爲右宮正孝伯仍爲左宮正宗師中大夫累遷右宮伯常因侍坐帝問我兒比進不答曰皇太子比懼天威更無罪失及王軌因內宴捋帝鬚言太子之不善帝罷酒責孝伯曰公常謂我云太子無過今軌有此言公爲誑矣孝伯拜曰臣聞父子之際人所難言臣知陛下不能割情忍愛遂爾結舌帝知其意默然久之乃曰朕已委公公其勉之及大軍東討拜內史下大夫令掌留臺事軍還帝曰居守之重無忝戰功於是加授大將軍進爵廣陵郡公并賜金帛女妓等復爲宗師每車駕巡幸常執其手令居守後帝北討至雲陽宮寢疾驛召孝伯赴行所執其手曰吾自量必無濟理以後事付君是夜授司衞上大夫總宿衞兵馬令馳驛入京鎮守宣帝即位授小冢宰帝忌齊王憲意欲除之謂孝伯曰公能圖之當以其官位相授孝伯叩頭曰齊王戚近功高棟梁所寄臣若順旨則臣爲不忠陛下不孝之子也帝因疎之乃與于智鄭譯等圖其事令智告憲謀逆遣孝伯召入誅之帝之西征也在軍有過行鄭譯時亦預焉軍還孝伯及王軌盡以白武帝武帝怒撻帝數十乃除譯名至是帝追憾被杖乃問譯我脚上杖痕誰所爲也譯曰事由宇文孝伯及王軌譯又說軌捋帝鬚事帝乃誅軌尉遲運懼私謂孝伯曰吾徒必不免禍奈何孝伯曰今堂上有老母地下有武帝爲臣爲子知欲何之且委質事人本徇名義諫而不入將焉逃死足下若爲身計宜且遠之於是各行其志運尋出爲秦州總官帝荒淫日甚誅戮無度孝伯頻諫不從由是益疎後稽胡反令孝伯爲行軍總管從越王盛討平之及軍還帝將殺之乃託以齊王事誚之曰公知齊王謀反何以不言對曰臣知齊王忠於社稷爲羣小媒櫱加之以罪臣以言必不用所以不言且先帝屬微臣輔陛下今諫而不從實負顧託以此爲罪是所甘心帝慙俛首不語令賜死於家時年三十六及隋文帝踐極以孝伯王軌忠而獲罪竝令收葬復其官爵嘗謂高熲曰宇文孝伯實有周良臣若此人在朝我輩無措手處子歆嗣

東平公神舉文帝之族子也高祖普陵曾祖求男仕魏位竝顯達祖金殿魏兗州刺史安喜縣侯父顥和少而襲爵性矜嚴頗涉經史膂力絕人彎弓數百斤能左右馳射孝武之在蕃顥和早蒙眷遇時屬多難嘗問計於顥和顥和具陳宜杜門晦迹相時而動帝深納焉及即位拜閤內都督封城陽縣公以恩舊遇之甚厚顥和所居隘陋乃撤殿省賜爲寢室其見重如此及齊神武專政帝每不自安問顥和曰天下洶洶將如之何對曰莫若擇善而從因誦詩云彼美人兮西方之人兮帝曰是吾心也遂定入關策以其母老令預爲計對曰今之事忠孝不竝然臣不密則失身安敢預爲私計帝愴然改容曰卿我之王陵也遷朱衣直閤閤內大都督改封長廣縣公從孝武入關至溙水周文帝素聞其善射而未之見俄而水傍有一小鳥顥和射中之文帝笑曰我知卿工矣進位車騎大將軍儀同三司散騎常侍卒建德三年追贈驃騎大將軍開府儀同三司神舉早孤有夙成之量及長神情倜儻志略英贍眉目疎朗儀貌魁梧明帝初起家中侍上士帝留意翰林而神舉雅好篇什每游幸神舉恒從襲爵長廣縣公天和元年累遷右宮伯中大夫進爵清河郡公建德三年自京兆尹出爲熊州刺史齊人憚其威名及帝東伐從平并州即授刺史州既齊氏別都多有姦猾神舉示以威恩遠近悅服改封武德郡公進柱國大將軍又改封東平郡公宣政元年轉司武上大夫及幽州人盧昌期等據范陽反詔神舉討禽之時齊黃門侍郎盧思道亦在反中賊平將解衣伏法神舉乃釋而禮之即令草露布屬稽胡反寇西河神舉與越王盛討之時突厥赴救神舉以奇兵擊之突厥敗走稽胡欵服即授并州總管神舉見待於武帝處心腹之任王軌宇文孝伯等屢言皇太子之短神舉亦頗預焉及宣帝即位荒淫無度神舉懼及禍懷不自安初定范陽之後威聲甚振帝亦忌其名望兼以宿憾遂使人齎酖酒賜之薨於馬邑時年四十八神舉美風儀善辭令博涉經史性愛篇章尤工騎射臨戎對寇勇而有謀莅職當官每著聲績兼好施愛士以雄豪自居故得任兼文武聲彰外內百寮無不仰其風則先輩舊齒至於今稱之子同嗣位至儀同大將軍神舉弟慶

慶字神慶沉深有器局少以聰敏見知初受業東觀頗涉經史既而謂人曰書足記姓名而已安能久事筆硯爲腐儒業乎時文州賊亂慶應募從征以功授都督衞王直鎮山南引爲左右慶善射有膽氣好格猛獸直甚壯之稍遷車騎大將軍儀同三司及誅宇文護慶有謀焉進授驃騎大將軍加開府從武帝攻河陰先登攀堞與賊短兵接中石乃墜絕而後蘇帝勞之曰卿勇可以賈人也復從武帝拔晉州齊兵大至慶與齊王憲輕騎覘卒與賊窘憲挺身而遁慶退據汾橋衆賊爭進慶射之所中人馬必倒賊乃稍却及拔高壁剋并州下信都禽高湝功竝居最進位大將軍封汝南郡公尋以行軍總管擊延安反胡平之歷延寧二州總管隋文帝爲丞

相以行軍總管征江表次白帝以勞進上大將軍帝與慶有舊甚見親待令督丞相軍事委以心腹尋加柱國開皇初拜左武衛將軍進上柱國數年除涼州總管歲餘徵還不任以職初文帝龍潛時嘗與慶言謂曰天元質無積德其相貌壽亦不長加以法令繁苛耽恣聲色以吾觀之殆將不久又諸侯微弱各令就國曾無深根固本之計羽翮既翦何能及遠尉遲迥貴戚早著聲望國家有釁必爲亂階然智量庸淺子弟輕佻貪而少惠終致亡滅司馬消難反覆之虜亦非池內之物變在俄頃但輕薄無謀未能爲害不過自竄江南耳庸蜀險隘易生艱阻王謙愚惷素無籌畧但恐爲人所誤不足爲虞未幾上言皆驗及此慶恐上遺忘不復收用欲見舊蒙恩顧具錄前言爲表奏之上省表大悅下詔曰朕言之驗自是偶然公乃不忘彌表誠節深感至意嘉尚無已自是上每加優禮卒於家子靜亂尚隋文女廣平公主位儀同安德縣公熊州刺史先慶卒靜亂子協位右翊衛將軍宇文化及之亂遇害協弟晶字婆羅門大業中養于宮內後爲千牛左右煬帝甚親昵之每有游宴必侍從至於出入臥內伺察六宮往來不限門禁時人號爲宇文三郎與宮人淫亂至於妃嬪公主亦有醜聲蕭后言於帝晶聞懼不敢見協因奏晶壯不可久在宮掖帝不之罪召入侍之如初化及殺逆際爲亂兵所害

論曰自古受命之君及守文之王非獨異姓之輔亦有骨肉之助焉其茂親則有魯衛梁楚其疎屬則有凡蔣荆燕咸能飛聲騰實不減於百代之後至若幽孝公之勳烈加之以善政蔡文公之純孝飾之以儉約莪莪焉足以輔於前載矣有周受命之始宇文護實預艱難及文后崩殂諸子沖幼羣公懷等夷之士天下有去就之心卒能變魏爲周捍危獲乂者護之力也向使加之以禮讓經之以忠貞桐宮有悔過之期未央終天年之數則前史所載焉足道哉然護寡於學術昵近羣小威福在已征伐自出有人臣無君之心爲人主不堪之事終於妻子爲戮身首横分蓋其宜也當隋氏之起假天威而服海內胄以葭莩之親據一州而叶義舉可謂忠而能勇功業不遂悲夫亮實庸才圖非常於巨逆古人稱不度德不量力者其斯之謂歟宇文測兄弟驅馳於經綸之日孝伯神舉盡言於父子之間覩其智勇忠槩並可追蹤於古人矣

北史卷五十七考證

邵惠公顥傳德皇帝與衞可瓌戰墜馬○瓌周書作孤

導傳魏帝遣侍中漁陽王綱○綱周書作繩

廣傳初廣母李氏以患憂而成疾遂殁○周書母李氏以廣患彌年憂而成疾因此致殁

護傳以次執送護第○第監本訛弟今改正

先是護母閻與皇第四姑及諸戚屬並沒齊○先是二字監本注闕今從周書增入

不謂齊朝解網惠以德音○網監本訛綱今改從周書

柱國齊王憲鄭公達奚武等○武監本訛成今改從周書

杞簡公連傳子元寶○元周書作光

亮傳胲明坐亮誅○胲周書作子蓋謂亮之子名明也今作胲明應係訛字

深傳深時爲子都督領宿衞兵○子疑大字之訛然下卷李賢傳亦云曾祖富魏太武時以子都督討兩山屠各則當時官名固有子都督也

孝伯傳時政在家臣不得專制○家疑應作宰

北史卷五十八

唐　李延壽　撰

列傳第四十六

周室諸王

文帝十三王　孝閔帝一王

明帝三王　武帝六王

宣帝二王

周文帝十三子姚夫人生明帝後宮生宋獻公震文元皇后生孝閔皇帝文宣叱奴皇后生武帝衞剌王直達步妃生齊煬王憲王姬生趙僭王招後宮生譙孝王儉陳惑王純越野王盛代奰王達冀康公通滕聞王逌

宋獻公震字彌俄突幼而敏達太統十六年封武邑公尚魏文帝女其年薨保定元年追贈大司馬封宋國公無子以明帝第三子實嗣建德三年進爵爲王大象中爲大前疑尋爲隋文帝害國除

衞剌王直字豆羅突魏恭帝三年封秦郡公武成初進封衞國公歷雍州牧大司空襄州總管直武帝母弟也性浮詭以晉公護執政遂貳於帝而昵護及南討軍敗慍於免黜又請帝除護帝宿有誅護意遂與直謀之及護誅帝以齊王憲爲大冢宰直既乖本望又請爲大司馬欲擅威權帝知其意謂曰汝兄弟長幼有序何反居下列也以爲大司徒建德三年進爵爲王初帝以直第爲東宮更使直自擇所居直歷觀府署無稱意者至廢陟屺佛寺遂欲居之齊王憲謂曰弟兒女成長此寺褊小詎是所宜直曰一身尚不自容何論兒女憲恠而疑之直嘗從帝校獵而亂行帝怒對衆撻之自是憤怨滋甚及帝幸雲陽宮直在京師反攻肅章門司武尉遲運閉門不得入退走追至荆州獲之免爲庶人囚諸宮中尋有異志及其子十人並誅之國除

齊煬王憲字毗賀突性通敏有度量初封涪城縣公少與武帝俱受詩傳咸綜機要得其指歸文帝嘗賜諸子良馬惟其所擇憲獨取駁者帝問之對曰此馬色類既殊或多駿逸若從軍征伐牧圉易分帝喜曰此兒智識不凡當成重器後從上隴經官馬牧文帝每見駿馬輒曰此我兒馬也命取以賜之魏恭帝元年進封安城郡公明帝即位授大將軍武成初除益州總管進封齊國公初平蜀之後文帝以其形勝之地不欲使宿將居之諸子中欲有推擇徧問武帝以下誰欲此行並未及對而憲先請文帝曰刺史當撫衆臨人非爾所及以年授者當歸爾兄憲曰才用殊不關大小試而無效甘受面欺文帝以憲年尚幼未之遣明帝追遵先旨故有此授憲時年十六善於撫綏留心政術辭訟輻湊聽受不疲蜀人悅之共立碑頌德保定中徵拜雍州牧及晉公護東伐以尉遲迥爲前鋒圍洛陽齊兵數萬奄出軍後諸軍恇駭並各退散唯憲與王雄達奚武拒之而雄爲齊人所敗三軍震懼憲親自督勵衆心乃安時晉公護執政雅相親委賞罰之際皆得預焉天和三年以憲爲大司馬行小冢宰雍州牧如故四年齊將獨孤永業來寇詔憲與柱國李穆出宜陽築崇德等五城絕其糧道齊將斛律明月築壘洛南五年憲涉洛邀之明月遁走是歲明月又於汾北築城西至龍門晉公護問計於憲憲曰兄宜暫出同州爲威容憲請以精兵居前隨機攻取六年憲率衆出自龍門齊將新蔡王康德潛軍宵遁憲乃度河攻其伏龍等四城二日盡拔又攻張壁克之斛律明月時在華谷弗能救乃北攻姚襄城陷之汾州又見圍日久憲遣柱國宇文盛運粟饋之憲自入兩乳谷襲克齊伯杜城使柱國譚公會築石殿城以爲汾州之援齊平原王段孝先蘭陵王高長恭引兵大至大將軍韓歡爲齊人所乘遂退憲身自督戰齊衆稍卻會日暮乃各收軍及晉公護誅武帝召憲入免冠拜謝帝謂曰汝親則同氣休戚共之事不相涉何煩致謝乃詔憲往護第收兵符及諸簿籍等尋以憲爲大冢宰時帝既誅宰臣親覽朝政方欲齊之以刑爰及親親亦爲刻薄憲既爲護所任自天和後威勢漸隆護欲有所陳多令憲奏其間或有可不憲慮主相嫌隙每曲而暢之帝亦悉其此心故得無患然猶以威名過重終不能平雖遷授冢宰實奪其權也開府裴文舉憲之侍讀帝嘗御內殿引見謂曰昔魏末不綱太祖匡輔元氏有周受命晉公復執威權積習生常便謂法應須爾豈有三十歲天子可爲人所制乎且近代以來又有一弊暫經隸屬使即禮若君臣此乃亂時權宜非經國之術爾雖陪侍齊公不得即同臣主且太祖十兒寧可悉爲天子卿宜規以正道無令兄弟自致嫌疑文舉再拜而出歸以白憲憲指心撫几曰吾心公寧不悉但當盡忠竭節耳知復何言建德三年進爵爲王憲友劉休徵獻王箴一首憲美之休徵後又以箴上之帝方剪削諸弟甚悅其文憲嘗以兵書繁廣自刊爲要略五篇至是表陳之帝覽而稱善其秋帝幸雲陽寢疾衞王直於京師舉兵帝召憲謂曰汝爲前軍吾亦續發直尋敗走帝至京師憲與趙王招俱入拜謝帝曰管蔡爲戮周公作輔人心不同有如其面但愧兄弟親尋干戈於我爲不能耳初直內忌憲憲隱而容之且以帝母弟每加友敬晉公護之誅也直固請及憲帝曰齊公心迹吾自悉之不得更有所疑及文宣皇后崩直又密啓憲飲酒食肉與平昔不異帝曰吾與齊王異生俱非正嫡特爲吾意今袒括是同汝當媿之何論得失汝親太后之子但須自勗直乃止四年帝將東討獨與內史王誼謀之餘人莫知後以諸弟才略無出憲右遂告之憲即贊成其事及大軍將出憲表上金寶等一十六件以助軍資詔不納以憲表示公卿曰人臣當如此朕貴其心耳寧資此物乃詔憲爲前軍趣黎陽帝親圍河陰未尅憲攻拔武濟進圍洛口拔其東西二城以帝疾班師是歲初置上柱國官以憲爲之五年大舉東討憲復爲前鋒守雀鼠谷帝親圍晉州憲進克洪洞永安二城更圖進取齊主聞晉州見圍自來援之時陳王純頓千里徑大將軍永昌公椿屯雞棲原大將軍宇文盛守汾水關並受憲節度憲密謂椿曰兵者詭道汝今爲營不須張幕可伐栢爲菴示有處所令兵去之後賊猶致疑時齊主分軍萬人向千里徑又令其衆出汾水關自率大兵與椿對宇文盛馳告急憲自救之齊人遽退盛與柱國侯莫陳芮逐之多有斬獲俄

而椿告齊衆稍逼憲又救之會被敕追還率兵夜反齊人果謂栢菴爲帳幕不疑軍退翌日始悟時帝已去晉州留憲後拒憲阻水爲陣齊領軍叚暢至橋憲隔水問暢姓名暢曰領軍叚暢也公復爲誰憲曰我虞候大都督耳暢曰觀公言語不是凡人何用隱名位憲乃曰我齊王也徧指陳王純已下竝以告之暢鞭馬去憲卽命旋軍齊人遽追之戈甲甚銳憲與開府宇文忻爲殿拒之斬其驍將賀蘭豹子山褥瓌等齊衆乃退帝又命憲援晉州齊主攻圍晉州帝次于高顯憲率所部先向晉州明日諸軍總集稍逼城下齊人大陣於營南帝召憲馳往觀之憲反命曰請破之而後食帝悅既而諸軍俱進應時大潰齊主遁走齊人復據高壁及洛女帝命憲攻洛女破之齊主已走鄴留其安德王延宗據并州帝進圍其城憲攻其西面尅之延宗遁走追而獲之以功進封第二子安成公質爲河間王拜第三子賓爲大將軍仍詔憲趣鄴進尅鄴城憲善兵謀長於撫御摧鋒陷陣爲士卒先齊人聞風憚其勇略齊任城王湝廣寧王孝珩等守信都復詔憲討之仍令齊主手書招湝湝不納憲軍過趙州湝令間諜二人覘候騎執以白憲憲乃集齊舊將徧將示之曰吾所爭者大不在汝等卽放還令充使乃與湝書憲至信都湝陣於城南登張耳冢望之俄而湝所署領軍尉相願僞出略陣遂降湝殺其妻子明日擒湝及孝珩等先是稽胡劉没鐸自稱皇帝又詔憲督趙王招等平之憲自以威名日重潛思屏退及帝欲親征北蕃乃辭以疾尋而帝崩宣帝嗣位以憲屬尊望重深忌之時尚未葬諸王在內居服司衛長孫覽總兵輔政恐諸王有異志奏令開府于智察其動靜及山陵還帝又命智就宅候憲因是告憲有謀帝遣小冢宰宇文孝伯謂憲曰今欲以叔爲太師九叔爲太傅十一叔爲太保何如憲辭以才輕孝伯返命復來曰詔王晚共諸王俱入既至殿門憲獨被引進帝先伏壯士於別室至卽執之憲辭色不撓固自陳說帝使于智對憲憲目光如炬與智相質或曰以王今日事勢何用多言憲曰我位重屬尊一旦至此死生有命寧復圖存但老母在堂恐留慈恨耳因擲笏於地乃縊之時年四十帝以于智爲柱國封齊國公又殺上大將軍安邑公王興上開府獨孤熊開府豆盧紹等皆以昵於憲也帝既誅憲無以爲辭故託興等與憲結謀遂加戮焉時人知其寃酷咸云伴憲死也憲所生達步干氏蠕蠕人也建德三年上冊爲齊國太妃憲有至性事母以孝聞太妃舊患屢經發動憲衣不解帶扶持左右憲或東西從役每心驚母必有疾乃馳使參問果如所慮六子貴質賓貢乾禧乾洽貴字乾福少聰敏尤便騎射始讀孝經便謂人曰讀此一經足爲立身之本十歲封安定郡公文帝始封此郡未嘗假人至是封焉年十一從憲獵於鹽州一圍中手射野馬及鹿一十有五建德二年拜齊國世子後出爲豳州刺史貴雖出自深宮而留心庶政性聰敏過目輒記嘗道逢二人謂其左右曰此人是縣黨何因輒行左右不識貴便說其姓名莫不嗟伏白獸烽經爲商人所燒烽帥受貨不言其罪他日此帥隨例來參貴乃問云商人燒烽何因私放烽帥愕然遂卽首伏其明察如此卒時年十七武帝甚痛惜之質字乾祐以憲勳封河間郡王賓字乾禮中壩公貢出後莒莊公乾禧安成公乾洽龍涸公竝與憲俱被誅

趙僭王招字豆盧突幼聰穎博涉羣書好屬文學庾信體詞多輕艷魏恭帝三年封正平郡公武成初進封趙國公歷益州總管大司空大司馬進爵爲王除雍州牧建德五年從東伐以功進位上柱國又與齊王憲討平稽胡斬賊帥劉没鐸宣政中拜太師大象元年詔以洺州襄國郡邑萬戶爲趙王國招出就國二年宣帝不豫徵招及陳越代滕五王赴闕比招等至而帝已崩隋文帝輔政加招等殊禮入朝不趨劒履上殿隋文帝將遷周鼎招客欲圖之以匡社稷乃要隋文帝至第飲於寢室招子員貫及妃弟魯封所親人史胄皆先在左右佩刀而立又藏兵刃於帷席間後院亦伏壯士隋文帝從者多在閤外惟楊弘元胄弟威及陶徹坐戶側招屢以佩刀割瓜啖隋文隋文未之疑元胄覺變扣刀而入乃以大觴親飲胄酒又命胄向厨取漿胄不爲之動滕王逌後至隋文降階迎胄因得耳語曰公宜速出隋文共逌等就坐須臾辭出後事覺陷以謀反其年伏誅招及其子德廣公員永康王貫越公乾銑弟乾鏗等國除招所著文集十卷

譙孝王儉字侯幼突武成初封譙國公建德三年進爲王從平鄴拜大冢宰薨子乾惲嗣爲隋文帝所害國除

陳惑王純字堙智突武成初封陳國公保定中使突厥迎皇后歷秦陝二州總管建德三年進爵爲王從平齊進位上柱國歷并州總管雍州牧太傅大象元年詔以濟南郡邑萬戶爲陳國純出就國二年朝京師并其子爲隋文帝所害國除

越野王盛字立久突武成初封越國公建德三年進爵爲王從平齊進位上柱國歷相州總管大冢宰大象元年遷大前疑太保其年詔以豐州武當安昌二郡邑萬戶爲越國盛出就國二年朝京師并其子爲隋文帝所害國除

代奰王達字度斤突性果决善騎射武成初封代國公建德初進位柱國出爲荆州刺史有政績武帝手敕褒美之所管禮州刺史蔡澤黷貨被訟達以其勳庸不可加戮若曲法貸之又非奉上之體乃令所司精加案劾密表奏之事竟得釋終亦不言其處事周愼如此雅好節儉食無兼膳侍姬不過數四皆衣綈衣又未嘗營產國無儲積左右嘗以爲言達曰君子憂道不憂貧何煩於此三年進爲王從平齊齊淑妃馮氏尤爲齊後主所幸見獲帝以達不邇聲色特以馮氏賜之宣帝卽位進上柱國大象元年拜大右弼其年詔以潞州上黨郡邑萬戶爲代國達出就國二年朝京師及其子爲隋文帝所害國除

冀康公通字屈率突武成初封冀國公薨子絢嗣建德三年進爲王大定中亦爲隋文帝所害國除

滕聞王逌字爾固突少好經史解屬文武成初封滕國公建德三年進爵爲王宣政元年進位上柱國大象元年詔以荆州新野郡邑萬戶爲滕國逌出就國三年朝京師爲隋文帝所害并其子國除逌所著文章頗行於世

孝閔帝一男陸夫人生紀厲王康字乾安保定初封紀國公建德三年進爵爲王出爲利州總管康驕侈無度遂有異謀司錄裴融諫康殺之五年詔賜康死子湜嗣大定中爲隋文帝所害國除

明帝三男徐妃生畢剌王賢後宮生酆王貞宋王實出後宋獻公震

畢剌王賢字乾陽保定四年封畢公建德三年進爵爲王歷荆州總管大司空大象初進上柱國雍州牧太師明年宣帝崩賢性彊濟有威略慮隋文帝傾覆宗祏言泄并其子被害國除

酆王貞字乾雅初封酆國公建德三年進爵爲王大象初爲大冢宰大定中并其子爲隋文帝所害國除

武帝七男李皇后生宣帝漢王贊庫汗姬生秦王贄曹王允馮姬生道王充薛世婦生蔡王兌鄭姬生荆王元

漢王贊字乾依初封漢國公建德三年進爵爲王大象末隋文帝輔政欲順物情乃進贊位上柱國拜右大丞相外示尊崇實無所綜理轉太師尋及秦王贄曹王允道王充蔡王兌荆王元竝爲隋文帝所害國除

宣帝三子朱皇后生靜皇帝王姬生萊王衍皇甫姬生郢王術衍及術竝大象二年封竝爲隋文帝所害國除

論曰昔賢之議者咸以周建五等歷載八百秦立郡縣二世而亡雖得失之迹可尋是非之理互起而因循莫變復古未聞良由著論者溺於貴遠司契者難於易業詳求適變之道竝未窮於至當也嘗試論之夫皇王迭興爲國之道匪一聖賢間出立德之指殊塗斯豈故爲相反哉亦云爲政而已矣何則五等之制行於商周之前郡縣之設始於秦漢之後論時則澆淳理隔易地則用捨或殊譬猶干戚日用難以成垓下之業稷嗣所述不可施成周之朝是知因時制宜者爲政之上務也觀人立教者經國之長策也且夫裂封疆建侯伯擇賢能署牧守循名雖曰異軫責實抑亦同歸盛則與之共安衰則與之共患共安繫乎善惡非禮義無以敦風共患寄以存亡非甲兵不能靖亂是以齊晉帥禮鼎業傾而復振溫陶釋位王綱弛而更張然則周之列國非一姓也晉之羣臣非一族也豈齊晉忠於列國溫陶賢於羣臣哉蓋位重者易以立功權輕者難以盡節故也由斯言之建侯置守乃古今之異術兵權爵位蓋安危之所階乎周文之初定關右日不暇給既以人臣禮終未遑藩屏之事晉蕩輔政爰樹其黨宗室長幼竝握兵權雖海內謝隆平之風而國家有盤石之固矣武皇克翦芒刺思弘政術懲專朝之爲患忘維城之遠圖外崇寵任內結猜阻自是配天之基潛有朽壤之墟矣宣皇嗣位凶暴是崇芟刈先其本枝削黜徧於公族以齊王之奇姿傑出可牢籠於前載處周公之地居上將之重智勇冠俗攻戰如神敵國繫以存亡鼎命由其輕重屬道消之日挾震主之威斯人而嬰斯戮君子是以知國祚之不永也其餘雖地惟叔父親則同生假文能輔主武能威敵莫不謝卿士於當年從侯服於郡國號爲千乘位侔疋夫是以權臣乘其機謀士因其隙遷龜鼎速於俯拾殲王侯烈於燎原悠悠遂古未聞茲酷豈非摧枯振朽易爲力乎向使宣皇擇姬劉之制覽聖哲之術分命賢戚布於內外料其輕重間以親疎首尾相持遠近爲用使其位足以扶危其權不能爲亂事業既定僥倖自息雖使卧赤子朝委裘社稷固以久安億兆可以無患矣何后族之地而能窺其神器哉昔張耳陳餘賓客廝役所居皆取卿相而齊王之文武寮吏其後亦多台牧異代相符可謂賢矣哉

北史卷五十八考證

衛刺王直傳四諸宮中○周書作四於別宮

齊煬王憲傳後從上隴經官馬牧文帝每見駮馬輒曰此我兒馬也○後從上隴周書作從獵隴上又駮監本譌駮今從上文憲獨收駮者改正

憲遣柱國宇文盛運粟饋之○遣監本譌追今收從周書

史臣論譬猶干戚日用難以成垓下之業○干監本譌工今從周書改正

北史卷五十九

唐　李延壽　撰

列傳第四十七

寇洛　趙貴從祖兄善

李賢子詢　崇　孫敏　弟遠　穆　穆子渾

梁禦子睿

寇洛上谷昌平人也累世爲將吏父延壽魏和平中以良家子鎭武川因家焉洛性明辯不拘小節賀拔岳西征洛與岳鄉里乃募從入關以功封安鄉縣子及岳爲大行臺以洛爲右都督侯莫陳悅既害岳欲並其衆時初喪元帥洛於諸將中最爲舊齒素爲衆信乃收集將士志在復讎既至原州衆推洛爲盟主統岳之衆至平涼周文帝至以洛爲右都督從討侯莫陳悅平之拜涇州刺史大統初詔加開府進爵京兆郡公封洛母宋爲襄城郡君四年鎭東雍州五年卒於鎭贈太尉尚書令謚曰武子和嗣明帝二年錄舊勳以洛配享文帝廟庭賜和姓若引氏改封松楊郡公

趙貴字元寶天水南安人也祖仁以良家子鎭武川因家焉貴少有節槩尒朱榮以爲别將從討元顥有功賜爵燕樂縣子從賀拔岳平關中累遷大都督岳爲侯莫陳悅所害將吏奔敗莫有守者貴謂其黨曰吾聞仁義豈有常哉行之則爲君子違之則爲小人朱伯厚王脩感意氣微恩尚能蹈履名節況吾等荷賀拔公國士之遇寧可自同衆人乎因涕泣歔欷從之者五十人乃詣悅詐降悅信之因請收葬岳言辭慷慨悅壯而許之貴乃收岳屍還營與寇洛等奔平涼共圖拒悅貴乃首議迎周文帝周文至以貴爲大都督領府司馬悅平行秦州事及以預立魏文帝勳進爵爲公梁企定稱亂河右以貴爲隴西行臺討破之從復弘農沙苑進爵中山郡公河橋之戰貴與怡峯爲左軍戰不利先還及高仲密以北豫州降周文迎之與東魏人戰於芒山貴爲左軍失律坐免官尋復官爵後拜柱國大將軍賜姓乙弗氏六官建爲太保大宗伯改封南陽郡公周孝閔帝踐阼遷大冢宰進封楚國公邑萬戶初貴與獨孤信等皆與文帝等夷及晉公護攝政貴自以元勳每懷怏怏與信謀殺護爲開府宇文盛告被誅

善字僧慶貴之從祖兄也少好學美容儀沉毅有遠量尒朱天光討邢杲万俟醜奴以爲長史普泰初爲大行臺尚書封山北縣伯天光拒齊神武於韓陵敗見殺善請收葬其屍齊神武義而許之賀拔岳摠關中迎善復以爲長史岳爲侯莫陳悅所殺善共諸將翊戴周文帝魏孝武西遷改封襄城縣伯歷位尚書左右僕射進爵爲公善性溫恭有器局雖未居端右而愈自謙退其職務克舉則曰某官之力有罪責則曰善之咎也時人稱其有公輔量大統九年從戰芒山屬大軍不利善爲敵所獲卒於東魏建德初周齊通好齊人乃歸其柩其子詢表請贈謚詔贈大將軍大都督四州諸軍事岐州刺史謚曰敬

李賢字賢和自云隴西成紀人漢騎都尉陵之後也陵没匈奴子孫因居北狄後隨魏南遷復歸汧隴曾祖富魏太武時以子都督討兩山屠各殁於陣贈寧西將軍隴西郡守大統末以賢兄弟著勳追贈司空公賢幼有志節不妄舉動嘗出遊逢一老人鬢眉皓白謂曰我年八十觀士多矣未有如卿卿必爲台牧努力勉之九歲從師受業略觀大指而已或譏其不精荅曰賢豈能領徒授業至如忠孝之道實銘於心問者慙服十四遭父憂撫訓諸弟友愛甚篤魏永安中万俟醜奴據岐涇等州反孝莊遣尒朱光擊破之光令都督長孫邪利行原州事以賢爲主簿累遷高平令賀拔岳爲侯莫陳悅所害周文帝西征賢與其弟遠穆等密應侯莫陳崇以功授都督仍守原州及大軍至秦州悅棄城走周文命兄子導追之以賢爲先鋒至牽屯山及之以功授假節撫軍將軍大都督魏孝武西遷周文令賢率騎迎衞封上邽縣公俄授左大都督還鎭原州大統三年州人豆盧狼害都督大野樹兒等據州城反賢率敢死士一戰敗之狼斬關遁走賢追斬之八年授原州刺史周文之奉魏太子西巡至原州遂幸賢第讓齒而坐行鄉飲酒禮後帝復至原州令賢乘路車備儀服以諸侯會遇禮相見然後幸賢第歡宴終日凡是親族頒賜有差恭帝元年進爵西河郡公後以弟子植被誅賢坐除名保定二年詔復賢官爵仍授瓜州刺史武帝及齊王憲之在襁褓不利居宮中周文令於賢家處之六載乃還宮因賜賢妻吳姓宇文氏養爲姪女賜與甚厚及武帝西巡原州幸賢第詔曰朕昔冲幼爰寓此州使持節驃騎大將軍開府儀同三司大都督瓜州諸軍事瓜州刺史賢斯土良家勳德兼著受委居朕輔導積年念其規弼功勞甚茂今巡撫居此不殊代邑舉目依然益增舊想賢雖無屬籍朕處之若至親凡厥昆季乃至子姪等可並預宴賜於是令中侍上士尉遲愷往瓜州降璽書勞賢賜衣一襲及被褥並御所服十三環金帶一要中廄馬一疋金裝鞍勒雜綵五百段銀錢一萬賜賢弟申國公穆亦如之子姪男女中外諸孫三十四人各賜衣一襲拜賢甥庫狄樂爲儀同賢門生昔經侍奉者二人授大都督四人授帥都督六人别將奴已免賤者五人授軍主未免賤者十二人酬替放之四年王師東討西道空虛慮羌渾侵擾乃授賢河州總管河州舊非總管至是創置賢乃大營屯田以省運漕多設斥候以備寇戎於是羌渾斂迹五年宕昌寇邊乃於洮州置總管府以鎭遏之遂廢河州總管改授賢洮州總管屬羌寇侵擾賢頻破之虜遂震懾不敢犯塞俄廢洮州總管還於河州置總管府復以賢爲之武帝思賢舊恩徵拜大將軍於京師薨帝親臨哀動左右贈使持節柱國大將軍大都督十州諸軍事原州刺史謚曰桓子端嗣端位開府儀同三司從平齊戰没贈上大將軍追封襄陽公謚曰果端弟吉儀同三司吉弟孝軌開府儀同大將軍升遷縣伯後封奇章公孝軌弟詢

詢字孝詢深沉有大畧頗涉書記仕周累遷司衞上士武帝幸雲陽宮委以留府事衞王直作亂焚肅章門詢於內益火故賊不得入武帝善之累遷英果中大夫屢以軍功加位大將軍賜爵平高郡公隋文帝爲丞相尉遲迥作亂遣韋孝擊之以詢爲元帥長史委以心膂軍至永橋諸將不一詢密啓請重臣監護文帝令高熲監軍與熲同心惟詢而已及迥平進位上柱國改封隴西郡公開皇初歷位隰州總管以疾徵還京師卒帝悼惜者久之謚曰襄子元方嗣

詢弟崇字永隆英果有籌算膽力過人周元年以父賢勳封迴樂縣侯時年尚小拜爵日親族相賀崇獨泣下賢問之對曰無勳於國幼少封侯當報主恩不得終於孝養是以悲耳賢由此大奇之起家州主簿非其好也辭不就職求爲將兵都督隨宇文護伐齊以功最授儀同三司歷位少侍伯大夫少承御大夫攝太子宮正周武平齊引參謀議以勳加授開府封襄陽縣公尋改封廣宗縣公隋文帝爲丞相加授上開府儀同大將軍懷州刺史進爵郡公尉遲迥反遣使招之崇初欲相應後知叔父穆以并州附文帝慨然太息曰合家富貴數十人遇國有難竟不能扶傾繼絶何面目處天地間乎韋孝寬亦疑之與俱臥起其兄詢時爲元帥長史每諷諭之崇由是亦歸心焉及迥平授徐州總管進位上柱國開皇三年除幽州總管突厥犯塞崇輒破之奚霫契丹等讋其威略爭來內附後突厥大爲侵掠崇率步騎三千拒之轉戰十餘日師人多死遂保于沙城突厥圍之死亡略盡突厥降之謂曰降者封爲特勤崇知不免令其士卒曰吾喪師徒罪當萬死今効命以謝國家看吾死且可降賊方便散走還見至尊道此意也乃挺刃突賊復殺二人没於陣贈六州諸軍事豫州刺史謚曰壯子敏嗣

敏字樹生文帝以其父死王事養於宮中及長襲爵廣宗公起家左千牛美姿容善騎射工歌儛弦管開皇初周宣帝后樂平公主有女娥英妙擇婚對敕貴公子弟集弘聖宮者日以百數公主選取敏禮儀如尚帝女後將侍宴公主謂敏曰我以天下與至尊唯一女夫當爲汝求柱國若授餘官愼無謝及進見上上親御琵琶遣敏歌舞大悅謂公主曰敏何官對曰一白丁耳謂敏曰今授儀同敏不荅上曰不滿爾意耶今授開府又不謝上曰公主有大功於我我何得向其女壻惜官今授卿柱國敏遒拜而蹈舞遂於坐發詔授柱國以本官宿衞後避煬帝諱改封經城縣公歷豳金華岐數州刺史多不莅職常留京師往來宮內侍從遊宴賞賜超於功臣大業初轉衞尉卿樂平公主將薨遺言於煬帝曰妾唯一女不自憂死深憐之湯沐乞迴與敏帝從之竟食五千戶攝屯衞將軍楊玄感反後城關大興敏之策也轉將作監從征高麗領新城道軍加光祿大夫十年帝復征遼東遣敏黎陽督運時或言敏一名洪兒帝疑洪字當讖嘗面告之冀其引決敏由是大懼數與金才善衡等屏人私語宇文述知而奏之竟與渾同誅其妻宇文氏尋亦賜鴆而終賢弟遠

遠字萬歲幼有器局嘗與羣兒爲戰鬬戲指麾便有軍陣之法郡守見而異之召使更戲羣兒散走遠持杖叱之復爲向陣意氣雄壯殆甚於前郡守曰此小兒必爲將帥非常人也及長涉獵書傳魏正光末天下鼎沸敕

勒賊胡琮侵逼原州遠昆季率厲鄉人欲圖拒守而衆情頗有異同遠乃按劒喻以節義因曰有異同遠議者請斬之衆懼乃聽命相與盟歃深壁自守無援城陷其徒多被害唯遠兄弟並爲人所匿得免遠乃使賢晦迹和光潛身間行入朝求援魏朝嘉之授武騎常侍俄轉別將及尒朱天光西伐配遠精兵爲鄉導天光欽遠才望除爲長城郡守後以應侯莫陳崇功遷高平郡守周文見而悅之令居麾下及魏孝武西遷封安定縣伯魏文帝嗣位之始思享遐年以遠字可嘉令扶帝升殿進爵爲公仍領左右從征竇泰復弘農並有殊勳授都督原州刺史周文謂遠曰孤有卿若身之有臂本州之榮乃私事爾遂令遠兄賢代行州事沙苑之役遠功居最進爵陽平郡公尋除大丞相府司馬參軍國機務時河東初復人情未安周文以河東爲國之要乃領授河東郡守遠敦獎風俗勸課農桑肅遏姦非兼修守禦之備曾未朞月百姓懷之周文降書勞問徵爲侍中遷太子少師東魏北豫州刺史高仲密請舉州來附周文以仲密所據遼遠難爲應接諸將皆憚此行遠曰北豫遠在賊境高歡又屯兵河陽常理而論實難救援但不入獸穴不得獸子若以奇兵出其不意事或可濟脫有利鈍故是兵家之常如其顧望不行便無克定之日周文喜曰李萬歲所言差强人意乃授行臺尚書前驅東出周文率大軍繼進遠乃潛師而往拔仲密以歸仍從周文戰於芒山時大軍不利遠獨整所部爲殿尋授都督義州弘農等二十一郡諸軍事遠善撫馭有幹略戰守之備無不精銳每厚撫境外之人使爲間諜敵中動靜必先知之至有事泄被誅亦不以爲悔嘗獵於莎柵見石於叢薄中以爲伏兎射之鏃入寸餘視之乃石周文聞而異之賜書曰昔李將軍親有此事公今復爾可謂世載其德矣東魏將段孝先趣宜陽以送糧爲名實有窺窬之意遠密知其計遣兵襲破之孝先遁走周文賜所乘馬及金帶牀帳衣被等并綵二千匹拜大將軍頃之除尚書左僕射固辭周文不許遠不得已方拜職周文又以第十一子代王達令遠子之其見親待如此時周文嫡嗣未建明帝居長已有成德孝閔處嫡年尚幼冲乃謂羣公曰孤欲立子以嫡恐大司馬有疑大司馬卽獨孤信明帝敬后父也衆未有荅遠曰立子以嫡不以長略陽公爲嗣公何疑焉若以信爲嫌請卽斬信便起拔劒周文亦起曰何事至此信又自陳說遠乃止於是羣公並從遠議遠出外拜謝信曰臨大事不得不爾信亦謝遠曰今日賴公決此大議六官建授小司寇周孝閔帝踐阼進位柱國大將軍復鎭弘農遠子植文帝時已爲相府司錄參掌朝政及晉公護執權密欲誅護頗泄護乃出植爲梁州刺史尋而廢帝召遠及植還朝遠恐有變沉吟良久乃曰大丈夫寧爲忠鬼安能作叛臣乎遂就徵至京師護以遠功名素重猶欲全宥之謂曰公兒遂有異謀可早爲之所乃以植付遠遠素愛植植又有口辯云初無此謀遠信之詰朝將植謁護護謂植已死乃曰陽平公何意自來左右云植亦在門外護大怒曰陽平公不信我矣召入命遠同坐令帝與植相質於遠前植辭窮謂帝曰本爲此謀欲安社稷利至尊耳今日至此何事云云遠聞之自投於牀曰若爾誠合萬死於是護乃害植並逼遠自殺建德元年晉公護誅贈本官加太保謚曰忠隋開皇初追贈上柱國改謚曰懷植及諸弟並加贈謚植弟基字仲和幼有聲譽美容儀善談論涉獵羣書尤工騎射周文令尚義歸公主以父勳封建安縣公累遷大都督進爵清河郡公及魏廢帝卽位之後猜隙彌深時周文諸子年皆幼冲章武公導中山公護復東西作鎭唯託意諸壻以爲心膂基與義城公李暉常山公于翼等俱爲武衞將軍分掌禁旅魏帝深憚之故密謀遂泄魏恭帝卽位進爲敦煌郡公尋進位驃騎大將軍開府儀同三司拜陽平國世子六官建授御正中大夫周孝閔帝踐阼出爲浙州刺史尋爲兄植合坐死以王壻又爲季父穆所請得免武成二年除江州刺史旣被譴謫常憂憤不得志保定元年卒於位穆尤所鍾愛每哭輙悲慟謂所親曰好兒捨我去門戶豈是欲興宣政元年追贈使持節上開府儀同大將軍曹徐譙三州刺史敦煌郡公謚曰孝子威嗣威字安人又改襲遠爵陽平郡公加上開府大象末進至柱國封公賢弟穆

穆字顯慶少明敏有度量文帝入關便給事左右深被親遇穆亦小心謹肅未嘗懈怠及侯莫陳悅害賀拔岳周文自夏州赴難而悅黨史歸據原州猶爲悅守周文令侯莫陳崇襲之穆時先在城中與兄賢遠應崇遂禽歸以功授都督從迎魏孝武封永平縣子又領鄉兵禽竇泰復弘農並有戰功沙苑之捷穆言歎今日已喪膽矣請速逐之則歡可禽也周文不聽論前後功進爵爲公芒山之戰周文馬中流矢驚逸墜地敵人追及左右皆散穆下馬以策擊周文背因大罵曰籠陳軍士爾曹主何在爾獨住此敵人見其輕侮不疑是貴人遂捨而過穆以馬授周文遂俱逸是日微穆周文已不濟矣旣而與穆相對而泣自是恩眄更隆顧左右曰成我事者其此人乎擢授武衞將軍儀同三司進封安武郡公前後賞賜不可勝計周文歎其忠節曰人所貴唯命穆遂輕命濟孤爵位玉帛未足爲報乃特賜鐵券恕以十死進驃騎大將軍開府儀同三司侍中初芒山之敗穆授周文驄馬後中廐有此色者悉以賜之又賜穆嗣子惇安樂郡公姊一人爲郡君自餘姊妹並爲縣君兄弟子姪及緦麻已上親并舅氏皆霑厚賜其褒崇如此從解玉壁圍拜安定國中尉歷同州刺史太僕卿從于謹平江陵以功別封一子長城縣侯尋進位大將軍賜姓拓拔氏又擊曲沔蠻破之俄除原州刺史拜世子惇爲儀同三司以賢子爲平高郡守遠子爲平高縣令並加鼓吹穆自以叔姪一家三人皆牧宰鄉里恩遇過隆固辭不拜周文不許後入爲雍州刺史兼小冢宰周孝閔帝踐阼又封一子爲升遷縣伯穆請迴授賢子孝軌許之及兄子植謀害宇文護被誅穆亦坐除名先是穆知植非保家主每勸遠除之遠不能用及遠臨刑泣謂穆曰顯慶吾不用汝言以至此將柰何穆以此獲免及其子弟亦免官時植弟基當從坐戮穆求以子惇怡等代死辭理酸切聞者莫不動容護矜之遂特免基死明帝卽位拜驃騎大將軍開府儀同三司大都督復爵安武郡公拜直州刺史武成中子弟免官爵者悉復之累遷大司空天和二年進封申國公舊爵迴授一子建德元年遷太保尋出爲原州總管四年武帝東征令穆別攻軹關及河北諸縣並破之後以帝疾班師棄而不守六年進位上柱國除并州總管時東夏初平人情尚擾穆靖以鎭守百姓懷之大象元年加邑至九千戶遷大左輔總管如舊二年詔加太傅仍總管及隋文作相尉遲迥舉兵遣使招穆穆鎖其使上其書穆子士榮以穆所居天下精兵處陰勸穆應之穆弗聽曰周德旣衰愚智共悉天時若此豈能違天乃遣使謁隋文帝並上十三環金帶蓋天子服也以微申其意時迥子誼爲朔州刺史亦執送京師迥令其署行臺韓長業攻陷潞州執刺史趙威署城人郭子勝爲刺史穆遣兵討獲子勝文帝嘉之以穆勞同破鄴城第一勳加三轉聽分授其二子榮才及賢子孝軌榮及才並儀同大將軍孝軌進開府儀同大將軍又別封子雄爲容國公穆又密表勸進文帝旣受禪詔曰公旣舊德且又父黨敬惠來旨便以今月十三日恭膺天命俄而穆來朝文帝降座禮之拜太師贊拜不名眞食成安縣三千戶穆子孫雖在繈褓悉拜儀同其一門執象笏者百餘人貴盛當時無比穆上表乞骸骨詔曰公年旣耆舊筋力難煩今勒所司敬蠲朝集如有大事須共謀謨別遣侍臣就第詢訪時太史奏當有移都事帝以初受命甚難之穆乃上表極言宜移都之便帝素嫌臺城制度迮小又宮內多鬼魅蘇威嘗勸遷上不納遇太史奏狀意乃惑之至是省穆表帝曰天道聰明已有徵應太師人望復抗此請則可矣遂從之歲餘下詔穆自今已後雖有愆罪但非謀逆縱有百死終不推問開皇六年薨時年七十七遺命以不得陪駕岱宗爲恨詔遣黃門侍郎監護喪事贈十州諸軍事冀州刺史謚曰明賜以石槨前後部羽葆鼓吹轀輬車百寮送之郭外詔太常卿牛弘齎哀冊文祭以大牢長子惇字士獻周文帝令功臣長子並與略陽遊處惇於輦流中特被引接每有遐方服翫珍奇無不班賜封安樂郡公位驃騎大將軍開府儀同三司鳳州刺史先穆卒子筠襲祖爵惇弟怡位儀同三司贈渭州刺史怡弟雅少有識量仕周以軍功封西安縣男位荊州總管開皇初進爵爲公雅弟恒位鹽州刺史封曲陽侯恒弟榮位合州刺史長城縣公榮弟直位車騎將軍歸政縣侯直弟雄位柱國驃騎將軍密國公雄弟渾仁壽初筠忽僥嗇遣兄子善衡賊之求盜不得文帝大怒盡追其親族初筠與從父弟瞿曇有隙渾遂證瞿曇殺之而善衡獲免筠死帝議立嗣邳公蘇威奏筠不軌請絕其封帝不許乃以渾嗣

渾字金才姿貌瓌偉美鬚髯起家左侍上士尉遲迥反於鄴時穆在并州隋文帝甚慮迥遣渾乘驛詣穆穆遽令渾入京奉尉斗曰願執柄以慰天下也文帝大悅又遣渾詣韋孝寬所而述穆意會鄴平以功授上儀同三司封武安郡公開皇中晉王廣出藩渾以驃騎將軍領親信從往揚州及筠死渾規欲紹之謂妻兄太子左衞率宇文述曰若得襲封當以國賦之半每歲相奉述因入白皇太子奏文帝竟詔渾襲申公以奉穆嗣大業六年追改穆封爲郕公渾仍襲焉累加光祿大夫遷右驍騎衞大將軍渾旣紹父業日增豪侈二歲後不以奉物分述述大恚因醉謂其友人于象賢曰我竟爲金才所賣死且不忘渾聞之由是結隙及帝討遼東有方士安伽陁謂帝曰李氏應爲天子宜盡誅天下李姓述知之因構渾於帝曰臣與金才夙親聞其數與李敏善衞等日夜屏語或終夕不寢渾大臣也家世隆盛身捉禁兵

不宜然帝曰卿可覓其事迹乃遣武賁郎將裴仁基表告渾反卽日遣迹掩其家遣左丞元文都御史大夫裴蘊雜推之數日不得反狀帝更遣迹推迹入獄中召出敏妻宇文氏謂曰夫人帝甥也何患無賢夫李敏金才名當祆讖夫人當自求全因敎言金才嘗告敏云汝應圖籙當爲天子今王上好兵勞擾百姓此亦天亡隋時也若復度遼吾與汝必爲大將軍每軍二萬餘兵固以五萬人矣又發諸房子姪內外親婭竝募從征吾家子弟決爲主帥分領兵馬散在諸軍吾與汝前發襲取御營子弟響赴一日之間天下定矣迹口自傳授令敏妻寫表封云上密迹持入奏云已得金才反狀竝有敏妻密表帝覽之泣曰吾宗社幾傾賴親家公而獲全耳於是誅渾敏等自餘無少長皆徙嶺表

梁禦字善通其先安定人也後因官北邊遂家於武川改姓紇豆陵氏高祖俟力提從魏太武征討位揚武將軍定陽侯禦少好學進趣詳雅及長更好弓馬尒朱天光西討知禦有志略引爲左右共平關隴除益州刺史第一領人酋長封白水縣侯從賀拔岳鎭長安及岳被害禦與諸將同謀翊戴周文帝周文旣平秦隴欲引兵東下雍州刺史賈顯持兩端通使於齊神武周文知其意以禦爲大都督雍州刺史領前軍先行及與顯相見因說顯顯卽出迎周文禦遂入鎭雍州大統元年進爵信都縣公授尚書右僕射從周文復弘農破沙苑加侍中開封儀同三司進爵廣平郡公出爲東雍州刺史爲政舉大綱而已人庶稱之薨於州臨終唯以國步未康爲恨言不及家贈太尉尚書令雍州刺史諡曰武昭子睿

睿字恃德少沉敏有行檢周文帝時以功臣子養宮中復命與諸子遊處七歲襲爵廣平郡公累加儀同三司本州大中正開府改封五龍郡公渭州刺史周閔帝受禪徵爲御伯出爲中州刺史鎭新安以備齊齊人來寇睿輒挫之帝甚嘉歎拜大將軍以禦佐命功進爵蔣國公入爲司會後從齊王憲拒齊將斛律明月於洛陽每戰有功遷小冢宰歷敷州刺史涼安二州總管俱有惠政進位柱國隋文帝總百揆代王謙爲益州總管行至漢川西謙反攻始州睿不得進文帝命睿爲行軍元帥率軍總管于義張威達奚長儒梁昇石孝義步騎二十萬討之謙遣開府李三王守通谷睿使張威擊破之進至龍門謙將趙儼秦會擁衆十萬據嶮爲營周亘三十里睿令將士銜枚出自間道四面奮擊力戰破之遂鼓行而進謙將敬豪守劍閣梁巖拒平林竝懼而來降謙又命高阿那瓌達奚惎等以盛兵攻利州聞睿將至惎分兵據開遠睿遣上開府託拔宗趣劍閣大將軍宇文夐指巴西大將軍趙達水軍入嘉陵遣張威王倫賀若震于義韓相貴阿那惠等分道攻惎自午及申破之惎奔歸于謙睿逼成都謙令達奚惎乙弗虔守城親帥精兵五萬背城結陳睿擊敗之謙將入城惎虔以城降謙將麾下三十騎遁走新都令王寶執之睿斬謙于市劍南悉平進位上柱國總管如故賜物五千段奴婢一千口金二千兩銀三千兩邑千戶睿時威振西州夷獠歸附唯南寧首帥爨震恃遠不賓睿上疏曰南寧州漢牂柯之地近代已來分置興古雲南建寧朱提四郡戶口殷衆金寶富饒二河有駿馬明珠益寧出鹽井犀角晉太始七年以益州曠遠分置寧州至僞梁南寧州刺史徐文盛被湘東徵赴荊州屬東夏尚阻未遑遠略土人爨瓚遂竊據一方國家遙授刺史其子震相承至今而震臣禮多虧貢賦不入如聞彼人苦其苛政思被皇風幸因平蜀士衆不煩重興師押獠旣訖卽請略定南寧文帝深納之然以天下初定恐人心不安故未之許後竟遣史萬歲討平之竝因睿之策也睿威惠兼著人夷悅服聲望逾重文帝陰憚之薛道衡從軍在蜀說睿勸進文帝大悅及受禪顧待彌隆睿復上平陳策帝善之下詔曰昔公孫隗囂漢之賊也光武與其通和稱爲皇帝尉佗之於高祖初猶不臣孫皓之答晉文書尚云白或尋款服或卽滅亡王者體大義存遵養雖陳國來朝未盡藩節如公大略誠須責罪尚欲且緩其誅宜加此意淮海未滅必興師旅若命永襲終當相屈以身許國無足致辭也睿乃止睿時見突厥方強恐爲邊患復陳鎭守之策十餘事帝嘉歎久之荅以厚意睿時自以周代舊臣久居重鎭內不自安屢請入朝於是徵還京師及引見上爲之興命睿升殿握手極歡睿退謂所親曰功遂身退今其時也遂謝病闔門自守不交當時帝賜以板輿每有朝覲必令三衞輿上殿睿初平王謙之始自以威名太盛恐爲時所忌遂大受金賄以自穢由是勳簿多不以實詣朝堂稱屈者前後百數人上令有司案驗其事主者多獲罪睿懼上表陳謝請歸大理上慰喻遣之十五年從至洛陽而卒諡曰襄子洋嗣歷位嵩徐二州刺史武賁郎將大業六年詔追改睿封爲戴公命以洋襲焉

論曰賀拔岳變起倉卒侯莫陳悅意在兼并于時人有離心士無固志寇洛撫循散亂抗禦仇讎全師而還敵人絶覬覦之望度德而處覇王建匡合之謀趙貴居二關之險周室定二分之功彼此一時其功固不細也李賢和兄弟屬亂離之際居戎馬之間志略從橫忠勇奮發頻摧勍敵屢涉艱危及逢時遇主策名委質苟生成之恩蒙國士之遇俱縻好爵各著勳庸遂得任兼文武聲彰出內位高望重光國榮家跗蕚連暉聊椒繁衍冠冕之盛當時莫與比焉自周迄隋鬱爲西京盛族雖金張在漢不之尚也然而周文始崩嗣君冲幼內則功臣放命外則強寇臨邊晉公以猶子之親膺負圖之託遂能撫寧家國開翦異端革魏興周遠安邇悅功勤已著過惡未彰李植受遇先朝宿參機務慮威權之去已懼將來之不容生此厲階成茲貝錦乃以小謀大由疎間親主無昭帝之明臣有上官之訴嫌隙旣兆釁故因之啓冢宰無君之心成閔帝廢弑之禍植之由也李遠闕義方之訓又無先見之明以至誅夷非爲不幸梁禦豫奉輿王參謀締構驅馳畢力夷險備嘗雖遠志未申亦云遇其時矣穆及梁睿皆周室功臣隋文王業初基俱受腹心之寄故穆首登師傅睿終膺殊寵觀其見機而動抑亦人之先覺然方魏朝之貞烈有愧王淩比晉室之忠臣終慙徐廣穆之子孫特爲隆盛朱輪華轂凡數十人見忌當時禍難遄及得之非道可不戒歟

北史卷五十九考證

李敏傳數與金才善衡等○下文敏弟穆穆子渾字金才又穆傳內有善衡乃渾之兄子也

遠傳本州之榮乃私事爾○爾監本譌尒今改正

穆傳仁壽初筠忽懷嗇遣兄子善衡賊之○隋書穆長子惇惇子筠其叔父渾忿其悋嗇陰遣兄子善衡賊之

渾傳二歲後不以奉物分述○奉隋書作俸

北史卷六十

唐　李　延　壽　撰

列傳第四十八

李弼曾孫密　宇文貴子忻愷

侯莫陳崇子穎崇兄順　王雄子謙

李弼字景和隴西成紀人六世祖振慕容垂黃門郎父永魏太中大夫贈涼州刺史弼少有大志膂力過人屬魏亂謂所親曰大丈夫生世會須履鋒刃平寇難以取功名安能碌碌依階以求仕初爲別將從尒朱天光西討破赤水蜀以功封石門縣伯又與賀拔岳討万俟醜奴万俟道洛王慶雲皆破之賊咸畏之曰莫當李將軍前也及天光赴洛弼隸侯莫陳悅征討屢有剋捷及悅害賀拔岳周文帝自平京討悅弼陳悅令解兵謝之悅惶惑計無所出弼知悅必敗周文帝至悅乃棄秦州南出據險以自固是日弼密通於周文許背悅至夜弼乃勒所部云悅欲向秦州命皆裝束弼妻悅之姨也時爲悅所親委衆咸信之人皆散走弼慰輯之遂擁以歸周文悅由此敗周文謂曰公與吾同心天下不足平也大統初進位驃騎大將軍開府儀同三司從平竇泰斬獲居多周文以所乘騅馬及泰所著牟甲賜弼又從平弘農與齊神武戰於沙苑弼軍爲敵所乘弼將其麾下九十騎橫截之賊分爲二因大破之以功進爵趙郡公四年從周文東討洛陽弼爲前驅東魏將莫多婁貸文率衆至穀城弼倍道而前進軍士鼓譟曳柴揚塵貸文以爲大軍至遂走弼追斬貸文傳首大軍翌日又從周文與齊神武戰河橋身被七創遂爲所獲陽僵絶於地覘其傍有馬因躍上得免歷位司空太保柱國大將軍魏帝元年賜姓徒何氏六官建拜太傅大司徒及晉公護執政朝之大事皆與于謹及弼等參議周孝閔帝踐阼除太師進封趙國公邑萬戶前後賞賜鉅萬弼每征討朝受命夕便引路略不問私事亦未嘗宿於家兼性沈雅有深識故能以功名終薨於位明帝卽舉哀比葬三臨其喪發卒穿冢結大路龍旂陳軍至墓諡曰武尋追封魏國公配食文帝廟庭子曜居長以次子暉尚文帝女義安長公主故遂以爲嗣暉初賜爵義城郡公嘗卧疾朞年文帝憂之賜錢一千萬供其藥石之費魏恭帝二年加驃騎大將軍開府儀同三司出爲岐州刺史從文帝西巡率公卿子弟別爲一軍後襲趙國公改襲魏國公天和六年進位柱國建德元年出爲梁州總管時渠蓬二州生獠積年侵暴至州綏撫竝來歸附璽書勞

之暉弟衍字拔豆少專武藝慷慨有志略仕周爲義州刺史封眞鄕公王謙作亂以行軍總管從梁睿擊平之進上大將軍隋開皇元年以行軍總管討平叛蠻進位柱國後拜安州總管以疾還京卒子仲威嗣衍弟綸最知名有文武才用以功臣子少居顯職位至司會中大夫開府儀同三司封河陽郡公爲聘齊使主卒子長雅嗣尚隋文帝女襄國公主位內史侍郎河州刺史檢校秦州總管綸弟晏開府儀同三司趙郡公從平齊歿并州子慓以晏死王事即襲其官爵慓旣不得嗣朝廷以弼功重封曜邢國公位開府子寬幹略過人自周及隋數經將領位柱國蒲山郡公號爲名將弼弟摽字雲傑長不盈五尺性果決有膽氣魏永安元年以兼別將從尒朱榮破元顥榮誅隨尒朱兆入洛及魏孝武西遷摽從都督元斌之與齊神武戰敗遂與斌之奔梁後得逃歸進封晉陽縣子尋爲周文帝帳內都督從復弘農破沙苑摽時跨馬運矛衝堅陷陣隱身鞍甲之中敵人見之皆避此小兒不知摽之形貌正自如此周文初亦聞摽驍悍未見其能至是方嗟歎之謂曰但問膽決如何何必要須八尺之軀也以功進爵爲公武成初從豆盧寧征稽胡進爵汝南郡公出爲總管延綏丹三州諸軍事延州刺史卒官無子以弼子椿嗣位開府儀同大將軍右宮伯改封河東郡公

密字法主蒲山公寬之子也才兼文武志氣雄遠少襲爵蒲山公養客禮賢無所愛吝與楊玄感爲刎頸交後更折節躭學尤好兵書誦皆在口師事國子助教包愷受史記漢書愷門徒皆出其下大業初授親衞大都督以疾歸及玄感有逆謀召密令與弟玄挺赴黎陽以爲謀主密進三計曰今天子遠在遼外公長驅入薊直扼其喉前有高麗退無歸路不戰而禽此計上也又關中四塞衞文昇不足爲意今率衆務早入西萬全之勢此計中也若隨近先向東都以引歲月此計之下也玄感曰公下計乃上策矣今百官家口並在東都若不取之安能動物且經城不拔何以示威密計不行玄感旣至東都自謂功在朝夕及獲韋福嗣旣非同謀設籌皆持兩端玄感後使作檄文固辭不肯密揣知其情請斬之玄感不從密退謂所親曰楚公好反而不欲勝吾屬今爲虜矣後玄感將西入福嗣竟亡歸東都時李雄勸玄感速稱尊號玄感以問密密以爲不可玄感笑而止及宇文述來護等軍且至玄感謂密計將安出密曰元弘嗣統強兵於隴右今可揚言其反遣使迎公因此入關可得給衆玄感遂用密謀號令西至陝縣圍弘農不拔西至閿鄕追兵至玄感敗密間行入關與玄感從叔詢相隨匿馮翊詢妻家尋爲隣人告被捕與其黨俱送帝所在途與其衆謀逃其徒多金密令出示使者曰吾等死日此金留付公幸用相瘞其餘即皆報德使者利金遂相許及出關密每夜宴飲行次邯鄲夜宿村中密等七人皆穿牆而遁與王仲伯亡抵平原賊帥郝孝德孝德不甚禮之備遭饑饉削樹皮而食之仲伯潛歸天水密詣淮陽舍於村中變姓名稱劉智遠聚徒教授經數月鬱鬱不得志爲五言詩詩成泣下數行時人有怪之以告太守趙他下縣捕之密亡抵其妹夫雍丘令丘君明君明從子懷義後告之密得遁去君明竟坐死密投東郡賊帥翟讓乃因王伯當以策干讓遣說諸小賊所至輒降讓始敬焉召與計事密以兵衆無糧勸讓直趣滎陽休兵館穀然後爭利讓從之乃掠下滎陽太守郇王慶及通守張須陁以兵討讓讓數爲須陁敗將遠避之密勸讓列陣以待密以奇兵掩擊大破之斬須陁於陣讓於是令密建牙別統所部復說讓以廓清天下爲事令掩據興洛倉發粟以振窮乏於是與讓以義寧元年春出陽城北踰方山自羅口襲興洛倉破之開倉振百姓越王侗遣武賁郎將劉長恭討密密城洛口周圍四十里以居之讓上密號爲魏公設壇場即位稱元年以房彥藻爲左長史邴元眞爲右長史楊德方爲左司馬鄭德韜爲右司馬拜讓爲司徒封東郡公長白山賊孟讓掠東郡燒豐都市而歸密攻下鞏縣獲縣長柴孝和拜爲護軍武賁郎將裴仁基以武牢歸密密因遣仁基與孟讓襲破囬洛倉據之俄而德韜德方俱死復以鄭頲爲左司馬鄭虔象爲右司馬柴孝和說密令裴仁基守囬洛翟讓據洛口身率精銳西襲長安不然他人我先密曰此誠上策然我之所部並山東人旣見未下洛陽恐不肯西入孝和請行間觀隙乃與數十騎至陝縣賊歸之者萬餘人密時兵鋒甚銳每入死與官軍連戰會密爲流矢所中卧於營內東都出兵擊之密衆大潰棄囬洛倉歸洛口孝和之衆聞密敗各分散而去孝和輕騎歸密煬帝遣王世充率江淮勁卒五萬討密敗之孝和溺洛水死密甚傷之世充營於洛西與密相拒百餘日武陽郡丞元寶藏黎陽賊帥李文相洹水賊帥張昇清河賊帥趙君德平原賊帥郝孝德並歸密共襲破黎陽倉據之周法明舉江黃之地以附密齊郡賊帥徐圓朗任城大俠徐師仁淮陽太守趙他等前後歘附以千百數翟讓所部王儒信勸讓爲太宰總衆務以奪密權兄寬復謂讓曰天子止可自作安得與人汝若不作我當爲之密聞惡之會讓拒世充軍退數百步密與單雄信等赴之世充敗走讓欲乘勝破其營會日暮固止之明日讓與數百人至密所欲爲宴樂其所將左右各就食諸門並設備讓不覺密引讓入坐令讓射引滿將發密遣壯士蔡建自後斬之遂殺其兄寬及儒信等從者亦有死焉讓部將徐世勣爲亂兵所斫中重創密止之僅得免雄信等皆叩頭求哀密並釋而慰之於是詣讓營遣王伯當邴元眞單雄信等告以殺讓意令世勣雄信伯當分統其衆世充夜襲倉城密拒破之斬武賁郎將費青奴世充復營洛北於洛水構浮橋悉衆擊密密拒之不利而退世充因薄其城下密擊之大潰爭橋橋陷溺水者數萬人武賁郎將楊威王辯霍世舉劉長恭梁德重董智通等皆沒於陣世充僅而獲免不敢還東都遂走河陽其夜大雪餘衆死亡殆盡密乃修金墉故城居之衆三十餘萬攻上春門留守韋津出戰被執其黨勸密即尊號密不許及義士圍東都密出軍爭之交綏而退俄而宇文化及弒逆自江都北指黎陽密拒之會越王侗稱尊號遣使授密太尉尚書令東南道大行臺行軍元帥魏國公令先平化及然後入朝輔政化及至黎陽徐世勣守倉城不下密共化及隔水語密數之曰卿本何奴皁隸破野頭耳父與兄弟皆受隋恩豈容躬行殺虐今若速來歸義尚可全後嗣化及默然俯仰良久乃瞋目大言曰共你論相殺事何須作書傳雅語密謂從者曰化及庸懦如此忽欲圖帝王吾當折杖驅之知其糧且盡因僞與之和化及大喜恣其兵食冀密饋之會密下有人獲罪亡投之具言密情化及大怒又食盡迺與密戰於童山下自辰達酉密中流矢頓於汲縣化及掠汲郡北趣魏縣以輜重留於東郡遣其刑部尚書王軌守之軌以郡降密以軌爲滑州總管密引兵而西遣記室參軍李儉朝於東都執弒帝人于弘達以獻越王侗以儉爲司農少卿使召密入朝密至溫縣聞世充已殺元文都盧楚等乃歸金墉城世充旣擅權乃厚賜將士時密兵少衣世充乏食乃請交易邴元眞等各求私利遽勸密許焉初東都絕糧人歸密者日有數百至此得食降人益少密悔而止密雖據倉無府庫兵數戰不賞又厚撫初附兵於是衆心漸怨時邴元眞守洛口倉性貪鄙宇文溫每謂密曰不殺元眞公難未已密不答而元眞知之謀叛楊慶聞而告密密因疑焉會世充悉衆來戰密留王伯當守金墉自就偃師北阻芒山以待之世充令數百騎度御河密遣裴行儼等逆之會日暮行儼孫長樂程齩金等驍將十數人皆重創密甚惡之世充夜濳濟詰朝而陣密方覺之狼狽出戰敗績馳向洛口世充夜圍偃師守將鄭頲爲其部下翻城而降世充密將入洛口倉城元眞已遣人引世充密陰知之不發其事欲待世充兵半度洛水然後擊之密候騎不時覺比將出戰世充軍悉已濟密引騎而遁元眞以城降世充密衆漸離將如黎陽人或曰殺翟讓之際徐世勣幾死其心安可保密乃止時王伯當棄金墉城保河陽密自武牢濟歸之謂曰久苦諸君我今日自刎以謝衆衆皆泣莫能仰視密復曰諸君幸不相棄當共歸關中密身雖愧無功諸君必保富貴其府掾柳燮曰明公與長安宗族有疇昔之遇雖不陪起義然阻東都斷隋歸路使唐國不戰而得京師此公之功也衆咸曰然密遂歸朝封邢國公拜光祿卿尋奉使出關安撫至熊州而逃叛見殺

宇文貴字永貴其先昌黎大棘人也徙居夏州父莫豆干保定中以貴勳追贈柱國大將軍少傅夏州刺史安平郡公貴母初孕貴夢老人抱一子授之曰賜爾是子俾壽且貴及生形類所夢故以永貴字之貴少從師受學嘗輟書歎曰男兒當提劒汗馬以取公侯何能爲博士也魏正光末破六韓拔陵圍夏州刺史源子邕嬰城固守以貴爲統軍後從尒朱榮禽葛榮於滏口加別將又從元天穆平邢杲轉都督元顥入洛貴率鄕兵從尒朱榮有功封革融縣侯除郢州刺史入爲武衞將軍閣內大都督從魏孝武西遷進爵化政郡公貴善騎射有將帥才周文帝又以宗室甚親委之大統初與獨孤信入洛陽東魏潁州長史賀若統據潁川來降東魏遣將堯雄趙育是云寶率衆二萬攻潁川貴自洛陽率步騎二千救之軍次陽翟雄等去潁川四十里東魏行臺任祥又率衆四萬將與雄合諸將咸以彼衆我寡不可爭鋒貴曰若賀若一陷吾輩坐此何爲遂入潁川雄等稍進貴率千人背城爲陣與雄合戰貴馬中流矢乃短兵步鬬雄大敗輕走趙育於是降任祥聞雄敗遂不敢進貴乘勝逼祥敗之是云寶亦降師還魏文帝在天游園以金巵置侯上令公卿射中者即賜之貴一發而中帝笑曰由基之妙正當爾耳進侍中驃騎大將軍開府儀同三司十六年遷中外府左長史進位大將軍宕昌王梁彌定爲宗人獠甘所逐來奔又有羌酋傍乞鐵怱因

梁企定反後據有渠株川擁隸數千家與渭州人鄭五醜同反周文令貴與豆盧寧討之貴等禽斬鐵忽及五醜寧又別擊獠甘破之乃納彌定并於渠株川置岷州朝廷重功遂於栗坂立碑以紀其績廢帝三年詔貴代尉遲迥鎮蜀時隆州人開府李光易反於鹽亭攻圍隆州而隆州人李拓亦聚衆反開府張道應之貴乃命開府叱奴與牧隆州又令開府成亞擊拓及道降之並送京師除益州刺史未就拜小司徒先是蜀人多劫盜貴乃召任俠傑健者署爲游軍二十四部令其督捕由是頗息周孝閔帝踐祚進位柱國拜御正中大夫武成初與賀蘭祥討吐谷渾軍還進封許國公邑萬戶舊爵回封一子遷大司空行小冢宰歷大司徒遷太保貴好音樂耽奕碁留連不倦然好施愛士時人頗以此稱之保定末使突厥迎皇后天和二年還至張掖薨贈太傅謚曰穆子善嗣善弘厚有武藝大象末位上柱國封許國公隋文帝受禪遇之甚厚拜其子穎上儀同及善弟愷誅並廢於家善未幾卒穎大業中位司農少卿後没李密善弟忻

忻字仲樂幼而敏慧爲童兒時與羣輩戲輒爲部伍進止行列無不用命者年十二能左右馳射驍捷若飛恒謂所親曰自古名將唯以韓白衛霍爲美談吾察其行事未足多尚使與僕並時不令豎子獨擅高名年十八從周齊王憲討突厥以功拜儀同三司賜爵興固縣公韋孝寬以忻驍勇請與鎮玉壁以戰功加開府進爵化政郡公從武帝攻拔晉州齊後主親總兵六軍憚之欲旋忻諫曰以陛下之聖武乘敵人之荒縱何往而不尅若齊人更得令主君臣協力未易平也帝從之乃戰遂大尅及帝攻陷并州先勝後敗帝爲賊所窘挺身而遁諸將多勸帝還忻勃然曰破城士卒輕敵微有不利何足爲懷今破竹形已成柰何棄之而去帝納其言明日復戰拔晉陽齊平進位大將軍尋與烏丸軌破陳將吳明徹於呂梁進位柱國除豫州總管隋文帝龍潛時與忻情好甚協及爲丞相恩顧彌隆尉遲迥作亂以忻爲行軍總管隨韋孝寬擊之時兵屯河陽帝令高熲馳驛監軍與熲密謀進取者唯忻而已迥遣子惇盛兵武陟忻擊走之進臨相州迥遣精甲三千伏野馬岡忻以五百騎襲之斬獲略盡進至草橋迥又拒守忻以奇兵破之直趣鄴下迥背城結陣大戰官軍不利時鄴城士庶觀戰者數萬人忻謂左右曰事急矣吾當以權道破之於是射觀者走之轉相騰藉聲如雷霆忻乃傳呼曰賊敗矣衆復振齊力急擊之迥軍大敗及平鄴以功遷上柱國文帝謂曰尉遲迥傾山東之衆連百萬之師公舉無遺算策無全陣誠天下英傑也進封英國公自是每參帷幄出入卧內禪代之際忻有力焉後拜左領軍大將軍寵顧彌重忻解兵法馭戎齊整當時六軍有一善事雖非忻建在下輒相謂曰此必英公法也其見推服如此後改封杞國公上嘗欲令忻擊突厥高熲曰忻有異志不可委以大兵乃止忻既佐命功臣頻經將領甚有威名上由是微忌之以譴去官與梁士彥昵狎數相往來士彥時亦怨望陰圖不軌忻謂士彥曰帝王豈有常乎相扶即是公於蒲州起事我必從征兩陣相當然後連結天下可圖也謀泄伏誅家口籍没忻弟愷愷字安樂在周以功臣子年三歲賜爵雙泉伯七歲進封安平公愷少有器局諸兄並以弓馬自達愷獨好學博覽書記解文多伎藝爲名公子累遷御正中大夫儀同三司隋文帝爲丞相加上開府中大夫及踐阼誅宇文氏愷亦將見殺以與周本别又兄忻有功故見赦後拜營宗廟副監太子左庶子廟成别封甑山縣公及遷都上以愷有巧思詔領營新都副監高熲雖總大綱凡所規畫皆出於愷及決渭水達河以通運漕詔愷總督其事後拜萊州刺史甚有能名坐兄忻誅除名於家久不得調會朝廷以魯班故道久絶不行令愷修之既而上建仁壽宮右僕射楊素言愷有巧思於是檢校將作大匠歲餘拜仁壽宮監授儀同三司尋爲將作少監文獻皇后崩愷與楊素營山陵上善之復爵安平郡公煬帝即位遷都洛陽以愷爲營東都副監尋遷將作大匠愷揣帝心在宏侈於是東都制度窮極壯麗帝大悅進位開府拜工部尚書及長城之役詔愷規度之時帝北巡欲誇戎狄令愷爲大帳其下坐數千人帝大悅賜物千段又造觀風行殿上容衛者數百人離合爲之下施輪軸推移倏忽有若神功戎狄見之莫不驚駭帝彌悅前後賞賜不可勝紀是時將復古制明堂議者皆不能決愷博考羣籍爲明堂圖樣奏之又以張衡渾象用三分爲一度裴秀輿地以一寸爲千里臣之此圖以一分爲一尺推而演之又引於時議者或以綺井爲重屋或以圓楣爲隆棟將爲臆說事不經見今録其疑難爲之通釋皆出證據以相發明爲議曰臣愷謹按淮南子曰昔者神農之御天下也甘雨以時五穀蕃植春生夏長秋收冬藏月省時考終歲獻貢以時嘗穀祀於明堂明堂之制有蓋而無四方風雨不能襲燥濕不能傷遷延而入之臣愷以爲上古朴畧剏立典刑尚書帝命驗曰帝者承天立五府以尊天重象赤曰文祖黄曰神斗白曰顯紀黑曰玄矩蒼曰靈府注云唐虞之天府夏之世室殷之重屋周之明堂皆同矣尸子曰有虞氏曰總章周官考工記曰夏后氏世室堂脩二七博四脩一注云脩南北之深也夏度以步合堂脩十四步其博益以四分脩之一則堂博十七步半也臣愷案三王之世夏最爲古從質尚文理應漸就寬大何因夏室乃大殷堂相形爲論理恐不爾記云堂脩二七博四脩一若夏度以步則應脩七步注云今堂脩十四步乃是增益記文殷周二堂獨無加字便是義類例不同山東禮本輒加二七之字何得殷無加尋之文周闕增筵之義研窮其趣或是不然讎校古書並無二字此乃桑間俗儒信情加減黄圖議云夏后氏益其堂之大百四十四尺周人明堂以爲兩杼間馬宮之言止論堂之一面據此爲準則三代堂基並方得爲上圓之制諸書所說並爲下方鄭注周官獨爲此義非直與古違異亦乃乖背禮文尋文求理深恐未愜尸子曰殷人陽館考工記曰殷人重屋堂脩七尋堂崇三尺四阿重屋注云其脩七尋五丈六尺放周夏則其博九尋七丈二尺又曰周人明堂度九尺之筵東西九筵南北七筵堂崇一筵五室凡室二筵禮記明堂位曰天子之廟複廟重檐鄭注云複廟重屋也注王藻云天子廟及路寢皆如明堂制禮圖云於內室之上起通天之觀觀八十一尺得宮之數其聲濁君之象也大戴禮曰明堂者古有之凡九室室有四戶八牖以茅蓋上圓下方外水曰璧雍赤綴戶白綴牖堂高三尺東西九仞南北七筵其宮方三百步凡人疾六畜疫五穀災生於天道不順天道不順生於明堂不飾故有天災則飾明堂周書曰明堂方百一十二尺高四尺階博六尺三寸室居內方百尺室內方六十尺高八尺博四尺作洛曰明堂太廟路寢咸有四阿重亢重廊孔氏注云重亢累棟重廊累屋禮圖曰秦明堂九室十二階各有所居呂氏春秋曰有十二堂與月令同並不論尺丈臣愷案十二階雖不與禮合一月一階非無理思黄圖曰堂方百四十四尺坤之策也方象地屋圓楣徑二百一十六尺乾之策也圓象天室九宮法九州太室方六丈法陰之變數十二堂法十二月三十六戶法極陰之變數七十二牖法五行所得日數八達象八風法八卦通天臺徑九尺法乾以九覆六高八十一尺法黄鍾九九之數二十八柱象二十八宿堂高三尺土階三等法三統堂四向五色法四時五行殿門去殿七十二步法五行所行門堂長四丈取太室三之二垣高無蔽目之照牖六尺其外倍之殿垣方在水內法地陰也水四周於外象四海圓法陽也水闊二十四丈應二十四氣水內徑三丈應觀禮經武帝元封二年立明堂汶上無室其外略依此制泰山通義今亡不可得而辨也元始四年八月起明堂辟雍長安城南門制度如儀一殿垣四面門八觀水外周堤壤高四方和會築作三旬五年正月六日辛未始郊太祖高皇帝以配天二十二日丁亥宗祀孝文皇帝於明堂以配上帝及先賢百辟卿士有益者於是秩而祭之親扶三老五更袒而割牲跪而進之因班時令宣恩澤諸侯宗室四夷君長匈奴西國侍子悉奉貢助祭禮圖曰建武三十年作明堂明堂上圓下方圓法天方法地十二堂法日辰九室法九州八窗象八風八九七十二法一時之王室有二戶二九十八戶法土王十八日內堂正壇高三尺土階三等胡伯始注漢官云古清廟蓋以茅今蓋以瓦瓦下藉茅以存古制東京賦曰乃營三宮布政頒常複廟重屋八達九房造舟清池惟水泱泱薛綜注云複重廟覆謂屋平覆重棟也續漢書祭祀志曰明帝永平二年祀五帝於明堂五帝坐各處其方黄帝在未皆如南郊之位光武位在青帝之南少退西南各一犢奏樂如南郊臣愷案詩云我將祀文王於明堂也我將我享維羊維牛據此則備大牢之祭今云一犢恐與古殊自晉以前未有鴟尾其門墻璧水一依本圖晉起居注裴頠議曰尊祖配天其義明著廟宇之制理據未分直可爲一殿以崇嚴祀其餘雜碎一皆除之臣愷案天垂象聖人則之辟雍之星既有圖狀晉室方構不合天文既闕重樓又無璧水空堂乖五室之義直殿違九階之文非古欺天一何過甚後魏於北臺城南造圓墻在璧水外門在水內迥立不與墻相連其堂上九室三三相重不依古制室間通巷違舛處多其室皆用墼累極成褊陋後魏樂志曰孝昌二年立明堂議者或言九室或言五室詔斷從五室後元乂執政復改爲九室遭亂不成宋起居注曰孝武大明五年立明堂其墻宇規範擬則太廟唯十二間以應朞數依漢汶上圖儀設五帝位太祖文皇帝對饗鼎俎簠簋一依商禮梁武即位之後移宋時太極殿以爲明堂無室十二間禮疑議云祭用純漆俎瓦樽文於郊質於廟上一獻用清酒平陳之後臣得目觀遂量步數記其尺丈猶見焚燒殘柱毀破之餘入地一丈儼然如

舊柱下以樟木爲跗長丈餘濶四尺許兩兩相並凡安數重宮城處所乃在郭內雖湫隘卑陋未合規摹但祖宗之靈得崇嚴祀周齊二代闕而不脩大饗之典於焉靡記自古明堂圖唯有二本一是宗周劉熙阮諶劉昌宗等作三圖略同一是後漢建武三十年作禮圖有本不詳撰人臣遠尋經傳傍求子史研究衆說總撰今圖其樣以木爲之下爲方堂堂有五室上爲圓觀觀有四門帝可其奏會遼東之役事不果行以度遼之功進位金紫光祿大夫其年卒官帝甚惜之謚曰康撰東都圖記二十卷明堂圖議二卷釋疑一卷見行於世長子儒童游騎尉少子溫起部承務郎

侯莫陳崇字尚樂代武川人也其先魏之别部居庫斛眞水祖元以良家子鎮武川因家焉父興殿中將軍羽林監後以崇著勳追贈柱國太保清河郡公崇少驍勇善馳射謹慤少言年十五隨賀拔岳與尒朱榮征葛榮後從岳入關破赤水蜀又從岳力戰破万侯醜奴崇與輕騎逐北至涇州長坑及之賊未成列崇單騎入賊中於馬上生禽醜奴遂大破之封臨涇縣侯及岳爲侯莫陳悅所害崇與諸將同謀迎周文帝文帝至軍原州刺史史歸猶爲悅守周文遣崇襲歸直到城下即據城門時李遠兄弟在城內先知崇來中外皷譟伏兵悉起遂禽歸斬之以崇行原州事仍從平悅别封廣武縣伯累遷儀同三司改封彭城郡公從禽竇泰復弘農破沙苑戰河橋又别討平稽胡累戰皆有功進位柱國大將軍六官建拜大司空周孝閔踐阼進封梁國公加太保歷大宗伯大司徒保定三年從武帝幸原州時帝夜還京師竊怪其故崇謂所親人常昇曰吾比日聞卜筮者晉公今年不利車駕今忽夜還不過是晉公死耳於是皆傳之或有發其事者帝集諸公卿於大德殿責崇崇惶懼謝罪其夜護遣使將兵就崇宅逼令自殺葬禮如常儀謚曰躁護誅改謚曰莊閔子芮嗣位柱國從武帝東伐率衆守太行道并州平授上柱國仍從平鄴拜大司馬隋文大業初以譴詔流配嶺南芮弟穎

穎字遵道少有器量風神警發爲時輩所推魏大統末以父軍功賜爵廣平侯累遷開府儀同三司周武帝時從滕王逌擊龍泉文城叛湖穎與柱國豆盧勣分路而進穎懸軍五百餘里破其三柵先是稽胡叛亂輙略邊人爲奴婢至是詔胡有厭匿良人者誅籍没其妻子有人言爲胡村所隱匿者勣將誅之穎曰將在外君命有所不行諸胡固非悉反但相迫脅爲亂今慰撫自可不戰而定如即誅之轉相驚恐爲難不細未若召其渠帥以隱匿者付之令自歸首則群胡可安勣從之諸胡爭降附北土以安遷司武加振威中大夫隋文帝受禪加上開府進爵昇平郡公平陳之役以行軍總管從秦王俊出魯山道與行軍總管段文振度江安集歸附再遷瀛州刺史甚有惠政後坐與秦王俊交通免官百姓送者莫不流涕因相與立碑頌穎清德後拜邢州刺史仁壽中吏部尚書牛弘持節巡撫山東以穎爲第一上優詔褒揚時朝廷以嶺南刺史縣令多貪鄙蠻夷怨叛妙簡清吏於是徵穎入朝上與言及平生以爲歡笑即日進位大將軍拜桂州總管十七州諸軍事及至官大崇恩信人夷悅服煬帝即位穎兄梁國公芮坐事徙邊朝廷恐穎不自安徵還京師後拜恒山太守其年嶺南閩越多不附帝以穎前在桂州有惠政爲南方所信伏拜南海太守卒官謚曰定子虔會最知名

崇兄順少豪俠有志度初事尒朱榮爲統軍普泰元年封木縣子後從魏孝武入關與周文帝同里閈素相友善且崇先在關中周文見之甚歡進爵彭城郡公及梁企定圖逼河州以順爲大都督與趙貴討破之即行河州事大統四年魏文帝東討順與太尉王盟僕射周惠達等留鎮長安時趙青雀反盟及惠達奉魏太子出次渭北順於渭橋與賊戰頻破之魏文帝還執順手曰渭橋之戰卿有殊力便解所服金鏤玉梁帶賜之南岐州氐羌符安壽遂率部落一千家欵附時順弟崇又封彭城郡公遂改封順河間郡公六年加驃騎大將軍開府儀同三司行西夏州事改封平原郡公周孝閔帝踐阼拜少師進位柱國其年薨崇弟瓊歷位荆州總管上柱國封脩武郡公瓊弟凱以軍功賜爵下蔡縣男崇以平原州功賜爵靈武縣侯詔聽轉授凱孝閔踐阼進位開府儀同三司進爵爲公天和中爲司會中大夫建德二年爲聘齊使主

王雄字胡布頭太原人也父崘以雄著勳追贈柱國大將軍少傅安康郡公雄儀貌魁梧少有謀畧魏末從賀拔岳入關除金紫光祿大夫孝武西遷封臨眞縣伯大統中進爵武威郡公累遷大將軍行同州事恭帝元年賜姓可頻氏周孝閔帝踐阼授少傅進位柱國大將軍武成初進封庸國公邑萬戶出爲涇州總管保定四年從晉公護東征至甚山與齊將斛律明月戰退走左右皆散矢又盡唯餘一奴一矢在焉雄案稍不及明月者丈餘曰惜爾不得殺但生將爾見天子明月反射雄中額抱馬走至營薨贈使持節太保同華等二十州諸軍事同州刺史謚曰忠子謙

謙字敕萬性恭謹無他才能以父功封安樂縣伯保定二年父雄封庸國公以武威郡公回封謙安樂伯回封第三弟震雄死朝議以謙父殞行陣特加殊寵授柱國大將軍襲爵庸國公建德五年武帝東征謙力戰進位上柱國六年授益州總管十八州諸軍事及宣帝崩隋文帝輔政以梁睿爲益州總管時謙使司錄賀若昴奉表詣闕昴還具陳京師事謙以父子受國恩將圖匡復遂舉兵署置官司總管長史乙弗虔益州刺史達奚惎勸謙憑險觀變隆州刺史高阿那肱爲謙畫三策曰公親率精銳直指散關蜀人知公有勤王之節必當各思効命此上策也出兵梁漢以顧望天下此中策也坐守劍南發兵自衛此下策也謙參用其中下之策梁睿未至大劍謙先遣兵鎮始州隋文帝即以睿爲行軍元帥便發利鳳文秦成諸州兵討之謙所署柱國達奚惎高阿那肱大將軍乙弗虔楊安任峻侯翁景屏等衆號十萬盡銳攻利州總管楚國公豆盧勣拒戰將四旬惎等諸軍聞睿將至衆遂潰謙所署大將軍符子英攻巴州又爲刺史呂珍所破睿乘其弊縱兵深入惎虔密遣使詣睿請爲內應以贖罪謙不知惎虔之反己也並令守成都謙先無籌略且所任用多非其才及聞睿兵奄至惶懼計無所出乃自率衆逆戰又以惎虔之子爲左右軍行數十里左右軍皆叛謙奔新都縣令王寶執而斬之傳首京師惎虔以成都降隋文帝以惎虔首謀令殺之於蜀市餘衆並散阿那肱尋亦被誅

論曰李弼懷佐時之略逢興運之期綿構艱難綢繆顧遇方面宣其庸績帷幄盡其謀猷非唯攀附成名抑亦材謀自取密遭風雲之會奮其鱗翼思封函谷將割鴻溝朞月之間衆數十萬威行萬里聲動四方雖事屈典王運乖天眷而雄名克振何其壯歟然志性輕狡終致傾覆固其宜也宇文貴負將帥之材蘊剛銳之氣遭逢喪亂險阻備嘗自致高位亦云美矣忻武藝之風名高一代及晚節遇禍雖鳥盡弓藏然亦器盈斯槩夷戮非爲不幸愷學藝兼該思理通贍規矩之妙參蹤班爾當時制度咸取則焉其起仁壽宮營建洛邑要求時幸窮侈極麗使文皇失德煬帝亡身危亂之原抑亦由此至於考覽書傳定明堂圖雖意過其通有足觀者侯莫陳崇以勇悍之氣逢戰爭之秋輕騎啓高平之扉迮馬得長坑之儁以宏材遠略附鳳攀龍茂績元勳位居上袞而識悊明哲遂以凶終惜哉王雄身參佐命謙寵列山河及投袂勤王志匡社稷雖忠君之効未宣與夫懷祿圖存者異也初魏孝莊帝以尒朱榮有翊戴之功拜榮柱國大將軍位在丞相上榮敗後此官遂廢大統三年魏文帝復以周文帝建中興之業始命爲之其後功參佐命望實俱重者亦居此職自大統十六年已前任者凡有八人周帝位總百揆都督中外軍事魏廣陵王欣元氏懿戚從容禁闥而已此外六人各督二大將軍分掌禁旅當爪牙禦侮之寄當時榮盛莫與爲比故今之稱門閥者咸推八柱國家今并十二大將軍錄之於左

使持節太尉柱國大將軍大都督尚書左僕射隴右行臺少師隴西郡開國公李諱使持節太傅柱國大將軍大宗師大司徒廣陵王元欣使持節柱國大將軍大都督大宗伯趙郡開國公李弼使持節柱國大將軍大都督大司馬河內郡開國公獨孤信使持節柱國大將軍大都督大司寇南陽郡開國公趙貴使持節柱國大將軍大都督大司空常山郡開國公于謹使持節柱國大將軍大都督少傅彭城郡開國公侯莫陳崇與周文帝爲八柱國使持節大將軍大都督少保廣平王元贊使持節大將軍大都督淮安王元育使持節大將軍大都督齊王元廓使持節大將軍大都督平原郡開國公侯莫陳順使持節大將軍大都督北州諸軍事秦州刺史章武郡開國公宇文導使持節大將軍大都督雍州諸軍事雍州刺史高陽郡開國公達奚武使持節大將軍大都督陽平郡開國公李遠使持節大將軍大都督范陽郡開國公豆盧寧使持節大將軍大都督化政郡開國公宇文貴使持節大將軍大都督荆州諸軍事荆州刺史博陵郡開國公賀蘭祥使持節大將軍大都督陳留郡開國公楊忠使持節大將軍大都督岐州諸軍事剌州刺史武威郡開國公王雄是爲十二大將軍每大將軍督二開府凡爲二十四員分團領是二十四軍每一團儀同二人自相督率不編戶貫都十二大將軍十五日上則門欄陛戟警晝巡夜十五日下則教旗習戰無他賦役每兵唯辦弓刀一具月簡閱之甲槊戈弩並資官給自大統十六年以前十二大將軍外念賢及王思政亦拜大將軍然賢作牧隴右思政出鎮河南並不在領兵之限此後功臣位至柱國及大將軍者衆矣不限此秩無所統御六柱國十二大將軍之後有以位次嗣掌其事者而德望素在諸公之下並不得預於此例

北史卷六十考證

宇忻傳逌遣子惇盛兵武陟忻擊走之○兵監本訛共今改從南本

陳崇兄顯傳崇以平原州功○原字下監本訛缺一字今從南本

賜爵靈武縣侯○侯監本訛候今改正

王雄傳惟餘一奴一矢在焉○監本訛作一如一失任焉今從南本改正

謙傳益州刺史達奚惎勤謙憑險觀變○惎監本訛甚今改從南本

史臣論贊晝巡夜○晝監本訛畫今改正

北史卷六十一

唐　李延壽　撰

列傳第四十九

王盟 子勱 孫誼　獨孤信 子羅

竇熾 子榮定 兄子毅　賀蘭祥

叱列伏龜　閻慶 子毗

史寧 子雄 祥　權景宣

王盟字仵明德皇后之兄也其先樂浪人六世祖波前燕太宰祖珍魏黃門侍郎贈并州刺史樂浪公父罷伏波將軍以良家子鎮武川因家焉魏正光中破六韓拔陵攻陷諸鎮盟亦爲其所擁拔陵平後流寓中山復以積射將軍從蕭寶夤西征寶夤僭逆盟遂逃匿人間及尒朱天光入關盟從之隨賀拔岳禽万俟醜奴平秦隴常先登力戰及周文帝平侯莫陳悅除盟原州刺史孝武至長安封魏昌縣公大統三年徵拜司空轉司徒迎文帝悼后於蠕蠕加侍中遷太尉魏文帝東征以留後大都督行雍州事節度關中諸軍趙青雀之亂盟與開府李諱輔太子出頓渭北事平進長樂郡公賜姓拓跋氏遷太保九年進位太傅加開府儀同三司盟姿度弘雅仁而汎愛雖居師傅禮冠羣后而謙恭自處未嘗以勢位驕人魏文帝甚尊重之及疾數幸其第親問所欲十一年薨贈本官諡曰孝定

子勱字醜興性忠果有材幹年十七從周文帝入關及平秦隴定關中周文嘗謂曰爲將坐見成敗者上也被堅執銳者次也勱曰意欲兼被之周文大笑尋拜散騎常侍賜爵梁甫縣公大統初爲千牛備身直長領左右出入臥內小心謹厚魏文帝常曰王勱可謂不二心臣也沙苑之役勱以都督領禁兵居左翼當其前者死傷甚衆勱亦被傷重遂卒於行間周文深悼焉贈使持節太尉尚書令十州諸軍事雍州刺史追封咸陽郡公諡曰忠武子弼襲爵尚魏安樂公主位大都督通直散騎常侍勱弟懋字小興盟之西征也以懋尚幼留在山東永平中始入關與盟相見遂從征伐大統初賜爵安平縣子後進爵爲公累遷右衛將軍于時疆場交兵未申喪紀服齊斬者並墨縗從事及盟薨懋上表辭位乞終喪制魏文帝不許累遷開府儀同三司侍中左衛將軍領軍將軍懋溫和小心敬慎宿衛宮禁十有餘年勤恪當官未嘗有過廢帝二年除南岐州刺史賜爵安寧郡公後拜小司寇卒於官子悅嗣位大將軍同州刺史改封濟南郡公盟兄子顯幼而敏悟沉靜少言初爲周文帳內都督累遷驃騎大將軍開府儀同三司光祿卿鳳州刺史賜爵洛邑縣公進位大將軍卒子誼

誼字宜君少有大志便弓馬博覽羣言周閔帝時爲左中侍上士時大冢宰宇文護執政帝拱默無所關預有朝士於帝側微不恭誼勃然而進將擊之其人惶懼請罪乃止自是朝臣無敢不肅遷御正大夫父艱毀瘁過禮廬於墓側負土成墳武帝卽位累遷內史大夫封楊國公從帝伐齊至并州帝既入城反爲齊人所敗左右多死誼率麾下驍雄赴之齊平自相州刺史徵爲大內史汾州稽胡亂誼擊之帝弟越王盛譙王儉雖爲總管並受誼節度賊平封一子開國公帝臨崩謂皇太子曰王誼社稷臣宜處以機密不須遠任皇太子卽位是爲宣帝憚誼剛正出爲襄州總管及隋文帝爲丞相鄖州總管司馬消難舉兵反帝以誼爲行軍元帥討之未至而消難奔陳于時北至商洛南拒江淮東西二千餘里巴蠻多叛共推渠帥蘭洛州爲主洛州自號河南王以附消難北連尉遲迥誼分兵討之旬月皆平帝遣使勞問冠蓋不絕以第五女妻其子奉孝尋拜大司徒誼自以與帝有舊亦歸心焉及隋受禪顧遇彌厚帝親幸其第與之極歡太常卿蘇威議以爲戶口滋多人田不贍欲減功臣之地以給人誼奏曰百官者歷世勳賢方賞爵土一旦削之未見其可帝以爲然竟寢威議帝將幸岐州誼諫曰陛下初臨萬國人情未洽何用此行上戲之曰吾昔與公位望齊等一朝屈節爲臣或當恥愧是行也振揚威武欲以服公心耳誼笑而退尋奉使突厥帝嘉其稱旨進郢國公未幾其子奉孝卒踰年誼上表言公主少請除服御史大夫楊素劾誼曰臣聞喪服有五親疏異節喪制有四降殺殊文王者之所常行故曰不易之道也而儀同王奉孝既尚蘭陵公主以去年五月身喪始經一周而誼便請除釋竊以雖曰王姬終成下嫁之禮公則主之猶在移天之義況復三年之喪自上達下及朞釋服在禮未詳然夫婦則人倫攸始喪紀之制人道至大苟不重之取笑君子故鑽燧改火責以居喪之速朝祥暮歌譏以忘哀之早然誼雖不自彊爵位已重欲爲無禮其可得乎乃薄俗傷教爲父則不慈輕禮易喪致婦於無義若縱而不正恐傷風俗有詔不問然恩禮稍薄誼頗怨望或告誼謀反帝令案其事主者奏誼有不遜之言實無反狀帝賜酒而釋之時上柱國元諧亦頗失意誼數與往來言論醜惡胡僧告之公卿奏誼大逆不道罪當死帝見誼愴然曰朕與公舊同學甚相憐愍將柰國法何於是詔曰誼有周之世早預人倫朕共遊庠序遂相親好然性懷險薄巫覡盈門鬼言怪語稱神道聖朕受命之初深存戒約乃云改悔心實不悛乃說四天王神道誼應受命書有誼讖天有誼星桃鹿二川岐州之下歲在辰巳興帝王之業密令卜問伺殿省之災又說其身是明王聖主信用左道所在詿誤自言相表當王不疑此而赦之將或爲亂禁暴除惡宜伏國刑帝復令大理正趙綽謂誼曰時命如此將若之何乃賜死於家時年四十六

獨孤信雲中人也本名如願魏初有四十六部其先伏留屯者爲部落大夫與魏俱起祖俟尼和平中以良家子自雲中鎮武川因家焉父庫者爲領人酋長少雄豪有節義北州咸敬服之信美容儀善騎射正光末與賀拔度等同斬衛可瓌由是知名後爲葛榮所獲信既少年自脩飾服章軍中號爲獨孤郎及尒朱氏破葛榮以信爲別將從征韓婁信匹馬挑戰禽賊漁陽王表賜周後以破元顥黨賜爵受德縣侯遷武衛將軍賀拔勝出鎮荊州乃表信爲大都督及勝弟岳爲侯莫陳悅所害勝乃令信入關撫岳餘衆屬周文帝已統岳兵與信鄉里少相友善相見甚歡因令信入洛請事至雍州大使元毗又遣信還荊州尋徵入朝魏孝武雅相委任及孝武西遷事起倉卒信單騎及之於瀍澗孝武嘆曰武衛遂能辭父母捐妻子從我世亂識忠良豈虛言哉進爵浮陽郡公時荊州雖陷東魏人心猶戀本朝乃以信爲衛大將軍都督三荊州諸軍事兼尚書右僕射東南道行臺大都督荊州刺史以招懷之既至東魏刺史辛纂出戰信縱兵擊纂大敗之都督楊忠等前驅斬纂於是三荊遂定東魏又遣其將高敖曹侯景等奄至信以衆寡不敵遂率麾下奔梁居三載梁武帝方許信還北信父母既在山東梁武帝問信所往荅以事君無二梁武義之禮送甚厚大統三年至長安以虧損國威上書謝罪魏文帝付尚書議之七兵尚書陳郡王玄等議以爲既經恩降請赦罪復職詔轉驃騎大將軍加侍中開府尋拜領軍將軍仍從復弘農破沙苑改封河內郡公俘虜中有信親屬始得父凶問乃發喪行服尋起爲大都督與馮翊王元季海入洛陽潁豫襄廣陳留之地並款附四年東魏將侯景等圍洛陽信據金墉城隨方拒守旬有餘日及周文帝至瀍東景等退走信與李遠爲右軍戰不利東魏遂有洛陽六年侯景寇荊州周文令信與李弼出武關景退卽以信爲大使慰撫三荊尋除隴右十一州大都督秦州刺史先是守宰闇弱政令乖方人有冤訟歷年不能斷決及信在州事無擁滯示以禮教勸以耕桑數年之中公私富實流人願附者數萬家周文以其信著遐邇故賜名爲信七年岷州刺史赤水蕃王梁仚定舉兵反詔信討之仚定尋爲其部下所殺而仚定子弟仍收其餘衆信乃勒兵向萬年頓三交谷口賊併力拒守信因詭道趣稠松嶺賊不虞信兵之至望風奔潰乘勝逐北徑至城下賊並出降加授太子太保芒山之戰大軍不利信與于謹帥散卒自後擊之齊神武追騎驚擾諸軍因此得全及涼州刺史宇文仲和據州不受代周文令信率開府怡峯討之仲和嬰城固守信夜令諸將以衝梯攻其東北信親率壯士襲其西南達明克之禽仲和虜其六千戶送于長安拜大司馬十三年大軍南討時以蠕蠕爲寇令信移鎮河陽十四年進位柱國大將軍錄前後功贈封聽回授諸子於是第二子善封魏寧縣公第三子穆必要縣侯第四子藏義寧縣侯邑各一千戶第五子順武成縣侯第六子陁建忠縣伯邑各五百戶信在隴右歲久啓求還朝周文不許或有自東魏來者又告其母凶問信發喪行服信陳哀苦請終禮制又不許於是追贈信父庫者司空公

追封信母費連氏常山郡君十六年遷尚書令六官建拜大司馬周孝閔帝踐阼遷大宗伯進封衛國公邑萬戶趙貴誅後信以同謀坐免居無幾晉公護又欲殺之以其名望素重不欲顯其罪逼令自盡於家時年五十五信美風度雅有奇謀大略周文初啓霸業唯有關中之地以隴右形勝故委信鎮之既爲百姓所懷聲震鄰國東魏將侯景之南奔梁也魏收爲檄梁文矯稱信據隴右不從宇文氏乃云無關西之憂欲以委梁人也又信在秦州嘗因獵日暮馳馬入城其帽微側詰旦而吏人有戴帽者咸慕信而側帽焉其爲鄰境及士庶所重如此子羅先在東魏乃以次子善爲嗣及齊平羅至而善卒又以羅主嗣信長女周明敬后第四女元貞后第七女隋文獻后周隋及皇家三代皆爲外戚自古以來未之有也隋文帝踐極乃下詔褒贈信太師上柱國十州諸軍事冀州刺史封趙國公邑一萬戶謚曰景追贈信父庫者使持節太尉上柱國六州諸軍事定州刺史封趙國公邑一萬戶謚曰恭信母費連氏贈太尉趙恭公夫人

羅字羅仁父信隨魏孝武入關中羅遂爲高氏所囚及信爲宇文護誅羅始見釋寓居中山孤貧無以自給齊將獨孤永業以宗族故哀之爲買田宅遺以資畜初信入關後復娶二妻郭氏生子六人善穆藏順陁整崔氏生隋獻皇后及齊亡隋文帝爲定州總管獻皇后遣人求羅得之相見悲不自勝侍御者皆泣於是厚遺車馬財物未幾周武帝以羅功臣子久淪異域徵拜楚安郡太守以疾去官歸京師諸弟見羅少長貧賤每輕侮不以兄禮事之然性長者亦不與諸弟校競長短后由是重之文帝爲丞相拜羅儀同常置左右既受禪詔追贈羅父其諸弟以羅母沒齊先無夫人號不當承襲上以問后后曰羅誠嫡長不可誣也於是襲爵趙國公以其弟善爲河內郡公穆爲金泉縣公藏爲武平縣公陁爲武喜縣公整爲千牛備身擢拜羅爲左領將軍遷左衛將軍前後賞賜不可勝計出爲涼州總管進位上柱國徵拜左武衛大將軍煬帝嗣位改封蜀國公未幾卒官謚曰恭子纂嗣位河陽都尉纂弟武都大業末亦爲河陽都尉庶長子開遠宇文化及之弒逆也裴虔通率賊入城象殿宿衛兵士皆從逆開遠時爲千牛與獨孤盛力戰閤下爲賊所執賊義而捨之

善字伏陁幼聰慧善騎射以父封勳封魏寧縣公魏廢帝元年又以父勳授驃騎大將軍開府儀同三司加侍中進爵長城郡公周孝閔帝踐阼除河州刺史以父負舋久廢於家保定三年乃授龍州刺史天和六年襲爵河內郡公從帝東討以功授上開府尋除兗州刺史政在簡惠百姓安之卒於州贈使持節柱國五州諸軍事定州刺史子覽嗣位右候衛大將軍大業末卒

陁字黎邪仕周胥附上士坐父徙蜀十餘年宇文護誅始歸長安隋文帝受禪拜上開府領左右將軍累遷延州刺史陁性好左道其外祖母高氏先事猫鬼已殺其舅郭沙羅因轉入其家上微聞而不信會獻皇后及楊素妻鄭氏俱有疾召醫視之皆曰此猫鬼疾上以陁后之異母弟陁妻楊素之異母妹由是意陁所爲陰令其兄左監門郎將穆以情喻之上又遏左右諷陁陁言無有上不說左轉遷州刺史出怨言上令左僕射高熲納言蘇威大理正皇甫孝緒大理丞楊遠等雜案之陁婢徐阿尼言本從陁母家來常事猫鬼每以子日夜祀之言子者鼠也其猫鬼每殺人者所死家財物潛移於畜猫鬼家陁嘗從家中索酒其妻曰無錢可酤陁因謂阿尼曰可令猫鬼向越公家使我足錢阿尼便咒之居數日猫鬼向素家後上初從并州還陁於園中謂阿尼曰可令猫鬼向皇后所使多賜吾物阿尼復咒之遂入宮中楊遠乃於門下外省遣阿尼呼猫鬼阿尼於是夜中置香粥一盆以匙扣而呼曰猫女可來無住宮中久之阿尼色正青若被牽拽者云猫鬼已至上以其事下公卿奇章公牛弘曰祅由人興殺其人可以絕矣上令犢車載陁夫妻將賜死於其家陁弟司勳侍中整詣闕求哀於是免陁死除名以其妻楊氏爲尼先是有人訟其母爲人猫鬼所殺者上以爲祅妄怒而遣之及此詔誅被訟行猫鬼家陁未幾而卒煬帝卽位追念舅氏聽以禮葬乃下詔贈正議大夫帝意猶不已復贈銀青光祿大夫二子延福延壽陁弟整位幽州刺史大業初贈金紫光祿大夫平鄉侯

竇熾字光成扶風平陵人後漢大鴻臚章之後也章子統靈帝時爲鴈門太守避竇武之難亡奔匈奴遂爲部落大人後魏南徙子孫因家代賜姓紇豆陵武累世仕魏皆至大官父略平遠將軍以熾著勳贈少保柱國大將軍建昌公熾性嚴明有謀略美鬚髯身長八尺二寸少從范陽祈忻受毛詩左氏春秋略通大義善騎射膂力過人魏正光末北鎮擾亂乃隨略避地定州投葛榮榮欲官略略不受榮疑其有異志遂留略於冀州將熾及熾兄善隨軍及尒朱榮破葛榮熾乃將家隨榮於并州時葛榮別帥韓婁等據薊城不下以熾爲都督從驃騎將軍侯深討之熾手斬婁以功拜揚烈將軍魏孝武卽位蠕蠕等諸蕃並遣使朝貢帝臨軒宴之有鴟飛鳴於殿前帝素知熾善射因欲矜示遠人乃給熾御箭兩隻命射之鴟乃應弦而落諸蕃人咸歎異焉帝大悅尋隨東南道行臺樊子鵠追尒朱仲遠奔梁時梁主又遣元樹入寇據譙城子鵠令熾擊破之封行唐縣子尋進爵上洛縣伯時帝與齊神武搆隙以熾有威重堪處爪牙任拜閤內大都督遷朱衣直閤遂從帝西遷仍與其兄善至城下與武衛將軍高金龍戰於千秋門敗之因入宮城取御馬四十匹并鞍勒進之行所帝大悅賜熾及善駿馬各二匹駑馬十匹大統元年別封眞定縣公從周文帝禽竇泰復弘農破沙苑皆有功河橋之戰諸將退走熾時獨從兩騎爲敵人追至芒山熾乃下馬背山抗之俄而敵衆漸多矢下如雨熾騎士所執弓並爲敵人所射破熾乃總收其箭以射之所中人馬應弦而倒敵乃相謂曰得此三人未足爲功乃稍引退熾因其怠遂突圍得出又從太保李弼討白額稽胡破之高仲密以北豫州來赴熾從周文援之至洛陽會東魏人據芒山爲陣周文命留輜重於瀍曲率輕騎奮擊中軍與右軍大破之悉虜其步卒熾獨追至石濟而還大統十三年進使持節驃騎大將軍開府儀同三司加侍中出爲涇州刺史莅職數年政號清靜改封安武縣公魏廢帝元年除原州刺史熾抑挫豪右申理幽滯在州十載甚有政績州城北有泉水熾屢經游踐嘗與僚吏宴於泉側因酌水自飲曰吾在此州唯當飲水而已及去職後人吏感其遺惠每至此泉者莫不懷之恭帝元年進爵廣武郡公屬蠕蠕寇廣武熾與柱國趙貴分路討之蠕蠕引退熾度河至麴伏川追及大破之武成二年拜柱國大將軍周明帝以熾前朝舊臣勳望兼重欲獨爲造第熾辭以天下未平干戈未偃不宜輒發徒役周明不許尋而帝崩事方得寢保定元年進封鄧國公邑一萬戶別食資陽縣一千戶收其租賦天和五年自大宗伯爲宜州刺史先是周文田於渭北令熾與晉公護分射走兔熾一日獲十七頭護十一頭護恥不及因以爲嫌至是熾又以周武年長有勸護歸政之議護惡之故左遷焉及護誅徵拜太傅熾旣朝之元老名望素隆至於軍國大謀常與參議嘗有疾周武帝幸其第問之因賜金石之藥其見禮如此帝於大德殿將謀伐齊熾年已衰老乃扼腕曰臣雖朽邁請執干櫓首啓戎行得一親誅翦鯨鯢廓清寰宇省方觀俗登岳告成然後歸魂泉壤無復餘恨帝壯其志節遂以熾第二子武當公恭爲左二軍總管齊平之後帝乃召熾歷觀相州宮殿熾拜賀曰陛下眞不負先帝矣帝大悅進位上柱國宣政元年兼雍州牧及周宣營建東京以熾爲京洛營作大監宮苑制度皆取決焉大象初改食樂陵縣邑戶如舊隋文帝入輔政停洛陽宮作熾請入朝屬尉遲迥舉兵熾乃移入金墉與洛州刺史平涼公元亨同心固守仍權行洛陽鎮事相州平熾方入朝屬文帝初爲相國百寮皆勸進自以累世受恩遂不肯署牋時人皆高其節及帝踐極拜太傅加殊禮贊拜不名開皇四年八月薨時年七十八贈八州諸軍事冀州刺史謚曰恭熾事親孝奉諸兄以悌順聞及其望位隆重而子孫皆處列位遂爲當時盛族子茂嗣茂有弟十三人恭威最知名恭位至大將軍從周武平齊封贊國公除西兗州總管以罪賜死熾兄善以中軍大都督南城公從魏孝武西遷仕至太僕衞尉卿汾北華瀛三州刺史驃騎大將軍開府儀同三司永富縣公謚曰忠子榮定嗣

榮定沉深有器局容貌魁偉美鬚髯便弓馬初爲魏文帝千牛備身周文帝見而奇之授平東將軍賜爵宜君縣子後從周文與齊人戰於北芒周師不利榮定與汝南公宇文神慶帥精騎擊郤齊師以功拜上儀同尋復以軍功進位開府襲爵永富縣公除忠州刺史從平齊加上開府拜前將軍佽飛中大夫其妻則隋文帝長姊安成長公主也文帝少與之情契甚厚榮定亦知帝有人君之表尤相推結及帝作相領左右宮伯使鎮守天臺總統露門內兩廂仗衞常宿禁中遇尉遲迥初平朝廷頗以山東爲意拜榮定爲洛州總管以鎮之前後賜縑四千匹西涼女樂一部及受禪來朝賜馬三百匹部曲八十戶遣之坐事除名公主曰天子姊乃作田舍兒妻上不得已尋拜右武候大將軍上數幸其第恩錫甚厚每令尚食局日供羊一口珍味稱是以佐命功拜上柱國歷位寧州刺史右武侯大將軍秦州總管賜吳樂一部突厥沙鉢略寇邊爲行軍元帥率總管出涼州與虜戰於高越原兩軍相持地無水士卒渴甚至刺馬血而飲死者十二三榮定仰天太息俄而澍雨軍復振於是進擊數挫其鋒突厥憚之請盟而去賜縑萬匹進爵安豐郡公復封子憲爲安康郡公賜縑五千匹歲餘拜右武衛大將軍帝欲以爲三公榮定上書固辭陳畏懼之道帝乃止前後賞賜不可勝計及卒帝爲之廢朝令

左衞大將軍元旻監護喪事賻絹三千匹上謂侍臣曰吾每欲致榮定於三事其人固讓不可今欲賜之重違其志於是贈冀州刺史陳國公謚曰懿子抗嗣抗美容儀性通率長於巧思父卒後恩遇彌厚所賜錢帛金寶亦以鉅萬位定州刺史檢校幽州總管煬帝即位漢王諒反以爲抗與通謀由是除名以其弟慶襲封陳公慶亦有姿容性和厚頗工草隸初封永富郡公位河東太守衞尉卿大業末爲南郡太守爲盜賊所害慶弟璡亦工草隸頗解鍾律歷位潁川南郡扶風太守熾兄子毅

毅字天武父岳早卒及毅著勳追贈大將軍冀州刺史毅深沉有器度事親以孝聞魏孝武初起家員外散騎侍郎時齊神武擅朝毅慨然有徇主之志從孝武西遷封奉高縣子從禽竇泰復弘農戰沙苑皆有功進爵安武縣公恭帝元年進授驃騎大將軍開府儀同三司大都督改封永安縣公出爲幽州刺史周孝閔帝踐阼進爵神武郡公保定三年拜大將軍時與齊人爭衡戎車歲動並交結突厥以爲外援突厥已許納女於周齊人亦甘言重幣遣使求婚狄人便欲有悔朝廷乃令楊薦等累使結之往返十餘方復前好至是雖期往逆猶懼改圖以毅地兼勳戚素以威重乃令爲使及毅至齊使亦在焉突厥君臣猶有貳志毅抗言正色以大義責之累旬乃定卒以皇后歸朝議嘉之別封成都縣公進位柱國歷同州刺史蒲金二州總管加上柱國入爲大司馬隋開皇初拜定州總管累居藩鎮咸得人和二年薨於州贈襄郢等六州刺史謚曰肅毅性溫和每以謹慎自守又尚周文帝第五女襄陽公主特爲朝廷所委信雖任兼出內未嘗有矜憍之容時人以此稱焉子賢嗣賢字託賢志業通敏少知名宣政元年授使持節儀同大將軍開皇中襲爵神武公除遷州刺史毅第二女即大唐太穆皇后武德元年詔贈毅司空使持節總管荆郢等十州諸軍事荆州刺史杞國公又追贈賢子紹宣秦州刺史并襲賢爵紹宣無子仍以紹宣兄子德藏嗣

賀蘭祥字盛樂其先與魏俱起有乞伏者爲賀蘭莫何弗因以爲氏後有以良家子鎮武川者遂家焉父初眞少知名爲鄉閭所重尚文帝姊建安長公主保定二年追贈太傅柱國常山郡公祥年十一而孤居喪合禮長於舅氏特爲周文帝所愛雖在戎旅常博延儒生教以書傳周文初入關祥與晉公護俱在晉陽後乃遣使迎致之解褐奉朝請少有膽氣志在立功尋擢補都督恒居帳下從平侯莫陳悅又迎魏孝武以前後功封撫夷縣伯仍從擊潼關獲東魏將薛長儒又攻回洛拔之還拜左右直長進爵爲公大統九年從周文與東魏戰於芒山進位驃騎大將軍開府儀同三司加侍中十四年除都督荆州刺史進爵博陵郡公先是祥嘗行荆州事雖未朞月頗有惠政至是重往百姓安之由是漢南流人襁負至者日有千數遠近蠻夷莫不款附祥隨機撫納咸得其歡心時盛夏亢陽祥親巡境內觀政得失見有發掘古冢暴露骸骨乃謂守令曰此豈仁者爲政邪命所在收葬之即日澍雨是歲大有年境內多古墓其俗好行發掘至是遂息祥雖周文密親性甚清素州境南接襄陽西通岷蜀物產所出多諸珍異既與梁通好行李往來公私贈遺一無所受梁雍州刺史岳陽王蕭詧欽其風素乃以竹屏風絺綌之屬及經史贈之祥難違其意取而付諸所司周文後聞之並以賜祥十六年拜大將軍周文以涇渭溉灌之處渠堰廢毀乃令祥修造富平堰開渠引水東注於洛功用既畢人獲其利魏廢帝二年行華州事後改華州爲同州仍以祥爲刺史尋拜尚書左僕射六官建授小司馬周孝閔帝踐阼進位柱國大司馬時晉公護執政祥與護中表少相親愛軍國之事護皆與祥參謀及誅趙貴廢閔帝祥有力焉武成初吐谷渾侵涼州郡詔祥與宇文貴總兵討之祥乃遣其軍司檄吐谷渾與渾廣定王鍾留王等戰破之因拔其洮陽洪和二城以其地爲洮州撫安西土振旅而還進封涼國公薨贈太師同岐等十二州諸軍事同州刺史謚曰景有七子敬讓璨師寬知名敬少歷顯職封化隆縣侯後襲爵涼國公位柱國華州刺史讓大將軍鄭州刺史河東郡公璨開府儀同三司宣陽郡公建德五年從於并州戰殁贈上儀同大將軍追封清都公師尚明帝女位上儀同大將軍幽州刺史博陵郡公寬開府儀同大將軍武始公入隋歷汴鄭二州刺史並著政績祥弟隆大將軍襄樂縣公隋文帝與祥有舊開皇初追贈上柱國

叱列伏龜字摩頭陁代郡西部人也其先爲部落大人魏初入附遂世爲第一領人酋長至龜五世龜容貌瓌偉髾帶十圍進止詳雅兼有武藝嗣父業復爲領人酋長魏孝昌三年以別將從長孫承業西征累遷金紫光祿大夫從遷洛授都督遂爲齊神武所寵任加授大都督沙苑之敗隨例來降周文帝以其豪門解縛禮之仍以邵惠公女妻之大統四年封長樂縣公自此常從征討亟有戰功歷侍中驃騎大將軍開府儀同三司恒州刺史卒子椿嗣椿字千年明帝時位驃騎大將軍開府儀同三司改封永世縣公天和初除左宮伯進位大將軍

閻慶字仁度河陰人也曾祖善仕魏歷龍驤將軍雲州鎮將因家雲州之盛樂郡祖提持節車騎大將軍敦煌鎮都大將父進有謀略勇冠當時正光中拜龍驤將軍屬衞可瓌作亂攻圍盛樂進率衆拒守以功拜盛樂郡守慶幼聰敏重然諾風儀端肅望之儼然隨父因守盛樂頗有力焉拜別將後以軍功拜步兵校尉中堅將軍既而齊神武舉兵入洛魏孝武西遷慶謂所親曰高歡將有篡逆之謀豈可苟安目前受其控制也遂以大統三年自宜陽歸闕稍遷後將軍封安次縣子以功進爵爲伯慶善於綏撫士卒未休未嘗先舍故能盡其死力屢獲勳勞累遷散騎常侍驃騎大將軍開府儀同三司雲州大中正加侍中賜姓大野氏周孝閔帝踐阼出爲河州刺史進爵石保縣公州居河外地接戎夷慶留心撫納頗稱簡惠就拜大將軍進爵太安郡公入爲小司空歷雲寧二州刺史慶性寬和不苛察百姓悅之天和五年進位柱國晉公護母慶之姑也護雖擅朝而慶未嘗阿附及護誅武帝以此重之詔慶第十二子毗尚帝女清都公主慶雖位望隆重婚連帝室常以謙慎自守時以此稱之建德二年抗表致事優詔許焉慶既衰老恒嬰沈痼宣帝以其先朝耆舊特異恒倫乃詔靜帝至第問疾賜布千段醫藥所須令有司供給大象二年拜上柱國隋文帝踐極又令皇太子就第問疾仍供醫藥之費開皇二年薨年七十七贈司空七州諸軍事荆州刺史謚曰成長子常先慶卒次子毗嗣

毗七歲襲爵石保縣公及長儀貌矜嚴頗好經史受漢書於蕭該略通大旨能篆書草隸尤善爲當時之妙周武帝見而悅之命尚清都公主宣帝即位拜儀同三司隋文帝受禪以技藝侍東宮數以琱麗之物取悅於皇太子由是甚見親待每稱之於上尋拜車騎宿衞東宮上嘗遣高熲大閱於龍臺澤諸軍部伍多不齊整唯毗一軍法制肅然熲言之於上特蒙賜帛俄兼太子宗衞率長史尋加尚儀同太子服翫之物多毗所爲及太子廢毗坐杖一百與妻子俱配爲官奴婢二歲放免煬帝嗣位盛修軍器以毗性巧練習舊事詔典其職尋授朝請郎毗立議輦輅車輿多所增損擢拜起部郎帝嘗大備法駕嫌屬車太多顧謂毗曰開皇之日屬車十二乘於事亦得今八十一乘以牛駕車不足以益文物朕欲減之從何爲可毗曰臣初定數共宇文愷參詳故實據漢胡伯始蔡邕等議屬車八十一乘此起於秦遂爲後式故張衡賦云屬車九九是也次及法駕三分減一爲三十六乘此漢制也又據宋孝建時有司奏議晉遷江左唯設五乘尚書建平王宏曰八十一乘義兼六國三十六乘無所準憑江左五乘儉不中禮但帝王文物旂旒之數爰及冕玉皆用十二今宜準此設十二乘開皇平陳因以爲法今憲章往古大駕依秦法駕依漢小駕依宋以爲差等帝曰何用秦法大駕宜三十六法駕宜十二小駕除之毗研精故事皆此類也長城之役毗總其事及帝有事恒岳詔毗營立壇場尋轉殿內丞從幸張掖郡高昌王朝於行所詔毗持節迎勞遂將護入東都尋以母憂去職未朞起令視事將興遼東之役自洛口開渠達涿郡以通漕毗督其役明年兼領右翊衞長史營建臨朔宮及征遼東以本官領武賁郎將典宿衞時軍圍遼東城帝令毗詣城下宣諭賊弓弩亂發流矢中所乘馬毗顏色不變辭氣抑揚卒事而去遷殿內少監又領將作少監後復從帝征遼東會楊玄感作逆帝班師從至高陽郡卒帝甚悼惜之贈殿內監

史寧字永和建康袁氏人也曾祖豫仕沮渠氏爲臨松令魏平涼州祖灌隨例遷於撫寧鎮因家焉父遵初爲征虜府鎧曹參軍杜洛周構逆六鎮自相屠陷遵遂率鄉里奔恒州其後恒州爲賊所敗遵後歸洛陽拜樓煩郡守及寧著勳贈散騎常侍征西大將軍涼州刺史謚曰貞寧少以軍功累加持節征東將軍金紫光祿大夫賀拔勝爲荆州刺史寧以本官爲勝軍司隨勝部會荆蠻騷動三鵶路絕寧先驅平之因撫慰蠻左翕然降附尋除南郢州刺史及勝爲大行臺表寧爲大都督攻梁下溠戍破之封武平縣伯又攻拔梁齊興鎮等九城未及論功屬孝武西遷東魏遣侯景寇荆州寧隨勝奔梁梁武帝引寧至香蹬前謂之曰觀卿風表終是富貴我當使卿衣錦還鄉寧答曰臣世荷魏恩位爲列將天長喪亂本朝傾覆不能北面事逆賊幸得息肩有道儻如明詔欣幸實多因涕泣橫流梁武爲之動容在梁二年勝乃與寧密圖歸計寧曰朱异既爲梁主所信任請往見之勝然其言寧乃見异申以投分之言微託思歸之意辭氣雅至异亦嗟挹爲奏梁主果許勝等歸大統二年自梁歸進爵爲侯久之遷車騎將軍行涇州事時賊帥莫折後熾寇掠居人寧率州兵與行原州事李賢討破之轉東義州刺史東魏亦以胡梨苟爲東義州刺史

寧僅得入州梨苟亦至寧逆擊破之斬其洛安郡守馮善道州既隣接彊場百姓流移寧留心撫慰咸來復業轉涼州刺史寧未至而前刺史宇文仲和據州作亂詔獨孤信與寧討之寧先至涼州爲陳禍福城中吏人皆相率降附仲和仍據城不下尋亦剋之後遷驃騎大將軍開府儀同三司加侍中進爵爲公十六年宕昌叛羌獠甘作亂逐其王彌定而自立并連結傍乞鐵忽及鄭五醜等詔寧率軍與宇文貴豆盧寧等討之寧別擊獠甘而山路險阻纔通單騎獠甘已分其黨立柵守險寧進兵攻之遂破其柵獠甘將百騎走投生羌鞏廉玉彌定遂得復位寧以未獲獠甘遂進軍大破之生獲獠甘徇而斬之并執鞏廉玉送闕所得軍實悉分賞將士寧無私焉師還召寧率所部鎮河陽寧先在涼州戎夷服其威惠遷鎮之後邊人並思慕之魏廢帝元年復除梁甘瓜三州諸軍事涼州刺史初蠕蠕與魏和親後更離叛尋爲突厥所破殺其王阿那瓌部落逃逸者仍奉瓌之子孫抄掠河右寧率兵邀擊獲瓌子孫二人并其種落酋長自是每戰破之前後數萬人進爵安政郡公二年吐谷渾通使於齊寧擊獲之就拜大將軍寧後遣使詣周文帝請事周文即以所服冠履衣被及弓箭甲等賜寧謂其使人曰爲我謝涼州孤解衣以衣公推心以委公善始令終無損功名也時突厥木汗可汗假道涼州將襲吐谷渾周文令寧率騎隨之軍至番禾吐谷渾已覺奔於南山木汗將分兵追之令俱會於青海寧謂木汗曰樹敦賀真二城是吐谷渾巢穴今若拔其本根餘種自然離散此上策也木汗從之即分爲兩軍木汗從北道向賀真寧趣樹敦渾娑周王率衆逆戰寧擊斬之踰山履險遂至樹敦樹敦是渾之舊都多諸珍藏而渾主先已奔賀真留其征南王及數千人固守寧進兵攻之僞退渾人果開門逐之因回兵奮擊門未及闔寧兵遂得入生獲其征南王俘虜男女財寶盡歸諸突厥渾賀羅拔王依險爲柵欲塞寧路寧攻破之木汗亦破賀真虜渾主妻子大獲珍物寧還軍於青海與木汗會木汗握寧手歎其勇決并遺所乘良馬令寧於帳前乘之木汗親自步送突厥以寧所圖必破皆畏憚之咸曰此中國神智人也及將班師木汗又遺寧奴婢一百口馬五百匹羊一萬口寧及還州尋被徵入朝屬周文帝崩寧悲慟不已乃請赴陵所盡哀并告行師剋捷周孝閔帝踐阼拜小司徒出爲荆州刺史荆襄浙郢等五十二州及江陵鎮防諸軍事寧有謀畫識兵權臨敵指撝皆如其策甚得當時之譽及在荆州頗自奢縱貪濁不修法度嘗出有人訴州佐屈法寧還付被訟者治之自是有事者不敢復言聲名大損於西州保定三年卒於州謚曰烈子雄嗣

雄字世武少勇敢膂力過人便弓馬有算略年十四從寧於牽屯山奉迎周文帝仍從校獵弓無虛發周文歎異之尋尚周文女永富公主除使持節驃騎大將軍開府儀同三司累遷駕部中大夫司馭中大夫從柱國枹罕公辛威鎮金城遂卒於軍時年二十四雄弟祥

祥字世休少有文武才幹仕周太子車右中士襲爵武遂縣公隋文帝踐阼拜儀同領交州事進爵陽城郡公在州頗有惠政轉驃騎將軍伐陳之役從宜陽公王世積出九江道破陳師進拔江州文帝大悅下詔慰勉之進位上開府尋拜蘄州刺史遷蘄州總管徵拜左領軍將軍復以行軍總管從晉王廣破突厥於靈武還右衞將軍仁壽中率兵屯弘化以備胡煬帝時在東宮遺祥書論舊行兵時事申以恩旨祥爲書陳謝太子甚親遇之及即帝位漢王諒作亂遣其將綦良自滏口徇黎陽塞白馬津余公理自太行下河內帝以祥爲行軍總管軍於河陰久不得濟祥謂軍吏曰余公理輕而無謀又新得志謂其衆可恃恃衆必驕且河北人先不習兵所謂擁市人而戰不足圖也乃令軍中修攻具公理使諜知之果屯兵於河陽內城以備祥於是艤船南岸公理聚甲當之祥乃簡精銳於下流潛度公理拒之未成列祥縱擊大破之東趣黎陽討綦良綦良棄軍走其衆大潰進位上大將軍賜縑綵七千段女妓十人良馬二十匹轉太僕卿帝嘗賜祥詩曰伯奭朝寄重夏侯親遇深貴耳唯聞古賤口詎知今早樹勁草質久有背淮心掃逆黎山外振旅河之陰功已書王府留情太僕箴祥上表辭謝帝手詔曰昔歲勞公問罪河朔賊爾日塞兩關之路據倉阻河公竭誠奮勇一舉而剋故聊示所懷亦何謝也尋遷鴻臚卿從征吐谷渾祥出玉門道擊虜破之進位右光祿大夫拜右驍衞大將軍及征遼東出蹋頓道不利由是除名俄拜燕郡太守被賊高開道所圍城陷開道甚禮之會開道與羅藝通和送祥於涿郡卒於塗子義隆永年令祥弟雲字世高亦以父勳賜爵武平縣公歷位司職下大夫儀同大將軍萊州刺史雲弟威字世儀亦以父勳賜爵武當縣公

權景宣字暉遠天水顯親人也父曇騰魏隴西郡守贈秦州刺史景宣少聰悟有氣俠宗黨皆歎異之年十七魏行臺蕭寶貨見而奇之表爲輕車將軍及寶貨敗景宣歸鄉里周文帝平隴右擢爲行臺郎中孝武西遷授鎮遠將軍步兵校尉加平西將軍秦州大中正大統初轉祠部郎中景宣曉兵權有智略從周文拔弘農破沙苑皆先登陷陣轉外兵郎中從開府于謹援洛陽景宣督課糧儲軍以周濟時初復洛陽將修繕宮室景宣率徒三千先出採運會東魏兵至司州牧元季海等以衆少拔還屬城悉叛道路擁塞景宣將二十騎且戰且走從騎略盡景宣輕馬突圍手斬數級馳而獲免因投人家自匿景宣以久藏非計乃僞作周文書招募得五百餘人保據宜陽聲言大軍續至東魏將段琛等率衆至九曲憚景宣不敢進景宣恐琛審其虛實乃將腹心自隨詐云迎軍因得西道與儀同李延孫相會攻拔孔城洛陽以南尋亦來附周文即留景宣守張白塢節度東南義軍東魏將王元軌入洛景宣與延孫等擊走之以功授大行臺左丞進屯宜陽攻襄城拔之獲郡守王洪顯周文嘉之徵入朝錄前後功封顯親縣男除南陽郡守郡鄰敵境舊制發人守防三十五處多廢農桑而姦宄猶作景宣至並除之唯修起城樓多備器械寇盜斂迹人得肆業焉百姓稱之立碑頌德周文特賞粟帛以旌其能遷廣州刺史侯景舉河南來附景宣從僕射王思政經略應接既而侯景南叛恐東魏復有其地以景宣爲大都督豫州刺史鎮樂口東魏亦遣張伯德爲刺史伯德令其將劉貴平率其戍卒及山蠻屢來攻逼景宣兵不滿千人隨機奮擊貴平乃退走進授使持等車騎大將軍儀同三司穎川陷後周文以樂口等諸城道路阻絕悉令拔還襄州刺史杞秀以狼狽獲罪景宣號令嚴明戎旅整肅所部全濟獨被優賞仍留鎮荆州委以鵶南之事初梁岳陽王蕭詧將以襄陽歸朝仍勒兵攻梁元帝於江陵詧叛將杜岸乘虛襲之景宣乃率騎三千助詧因是乃送其妻王氏及子嶚入質景宣又與開府楊忠取梁將柳仲禮拔安陸隨郡久之隨州城人吳士英殺刺史黃道王因聚爲宼景宣以英小賊可以計取之若聲其罪恐同惡者衆迺與英書僞稱道王凶暴歸功英等英等果信之遂相率而至景宣執而戮之獲其黨與進攻應城拔之獲夏侯珍洽於是應禮安隨並平朝議以景宣威行南服迺授并安肆郢新應六州諸軍事并州刺史尋進驃騎大將軍開府儀同三司加侍中兼督江北司二州諸軍事進爵爲伯唐州蠻田魯嘉自號豫州伯引至齊兵大爲人害景宣又破之獲魯嘉以其地爲郡轉安州刺史梁定州刺史李洪遠初款後叛景宣惡其懷貳密襲破之虜其家口及部衆洪遠脫身走免自是酋帥懾服無敢叛者燕公于謹征江陵景宣別破梁司空陸法和司馬羊亮於湞水又遣別帥攻拔魯山多造舟艦盆張旗幟臨江欲度以懼梁人梁將王琳在湘州景宣遺書喻以禍福琳遂遣長史席豁因景宣請舉州款附周孝閔帝踐阼徵爲司憲中大夫尋除基郢硤平四州五防諸軍事江陵防主加大將軍保定四年晉公護東討景宣別略河南齊豫州刺史王士良永州刺史蕭世怡並以城降景宣以開府謝徹守永州開府郭彥守豫州以士良世怡及降卒一千人歸諸京師尋而洛陽不守乃棄二州拔其將士而還至昌州而羅陽蠻反景宣回軍破之還次覇上晉公護親迎勞之天和初授荆州刺史總管十七州諸軍事進爵千金郡公陳湘州刺史華皎舉州款附表請援兵敕景宣統水軍與皎俱下景宣到夏口陳人已至而景宣以任遇隆重遂驕傲縱恣多自矜伐兼納賄貨指麾節度朝出夕改將士憤怒莫肯用命及水軍始交一時奔北戰艦器仗略無孑遺時衞公直總督諸軍以景宣負敗欲繩以軍法朝廷不忍加罪遣使就軍赦之尋遇疾卒贈河渭鄯三州刺史謚曰恭子如璋嗣位至開府廖州刺史如璋弟仕玠儀同大將軍廣川縣侯

論曰王盟始以親黨升朝終而才能進達勤宣運始位列周行實參迹於功臣蓋弗由於恩澤誼文武奇才以剛正見忌有隋受命鬱爲名臣末路披猖信有終之克鮮獨孤信威申南服化洽西州信著遐方光昭隣國雖不免其身慶延于後三代外戚何其盛歟寶熾儀表魁梧器識雄遠入參朝政則嘉謀屢陳出總藩條則惠政斯洽毅忠肅奉上溫恭接下茂實彰於本朝義聲播於殊俗並以國華人望論道當官榮映一時慶流來葉及熾遲疑勸進有送故之心雖王公恨恨何以加此榮定以功懋賞以勞定國保其祿位貽厥子孫盛矣賀蘭祥叱列伏龜閻慶等雖階緣戚屬各以功名自終而叱制造之功亦足傳於後葉史寧權景宣並以將帥之才受內外之寵總戎薄伐著剋敵之功布政莅人垂稱職之譽若此者豈非有國之良翰歟然而史在末年貨財虧其雅志權亦晚節矜驕喪其威聲惜矣楊諒干紀祥獨剋之効亦足稱云爾

北史卷六十一考證

王韶傳喪制有四降殺殊文○降一本作隆

竇熾傳以功拜揚烈將軍○揚監本訛楊今改正

遂不肯署牋○監本訛棧今改正

梁定傳右武候大將軍○候監本訛侯今改正

賜吳樂一部○監本缺一字今從南本增入

闞毗傳上嘗遣高熲大閱於龍臺澤○熲監本訛頻今改從周書

亂氣抑揚○揚監本訛楊今改正

史寧傳是吐谷渾巢穴○穴監本訛冗今改正

祥傳恃衆必驕○必監本訛而今改從南本

貴耳唯聞古○唯監本訛唯今改正

北史卷六十二

唐　李延壽　撰

列傳第五十

王羆 孫述　王思政

尉遲迥 弟綱 綱子運　王軌　樂運

王羆字熊羆京兆霸城人漢河南尹遵之後世爲州郡著姓羆質直木彊處物平當州閭敬憚之魏太和中除殿中將軍稍遷雍州別駕清廉疾惡勵精公事刺史崔亮有知人之鑒見羆雅相欽挹亮後轉定州啓羆爲長史執政者恐羆不稱不許及梁人寇硤石亮爲都督南討復啓羆爲長史帶銳軍朝廷以亮頻擧羆故當可用及剋硤石羆功居多先是南岐東益氐羌反叛乃拜羆冠軍將軍鎭梁州討平諸賊還授西河內史辭不拜時人謂曰西河大邦奉祿優厚何爲致辭羆曰京洛材木盡出西河朝貴營第宅者皆有求假如其私辦則力所不堪若科發人間又違犯憲法以此致辭耳後以軍功封定陽子除荊州刺史梁復遣曹義宗圍荊州堰水灌城不沒者數版時旣內外多虞未遑救援乃遺羆鐵券云城全當授本州刺史城中糧盡羆乃煮粥與將士均令食之每出戰常不擐甲冑大呼告天曰荊州城孝文皇帝所置天若不祐國家使箭中王羆額不爾王羆須破賊屢經戰陣亦不被傷彌歷三年義宗方退進封霸城縣公元顥入洛以羆爲左軍大都督顥敗莊帝以羆受顥官故不得本州更除岐州刺史時南秦數叛以羆行南秦州事羆至州召其魁帥爲腹心擊捕反者略盡乃謂魁帥等曰汝黨皆死盡何用活爲乃以次斬之自是南秦無復反者又詔羆行秦州事尋遷涇州刺史未及之部屬周文帝徵兵爲勤王之擧羆請前驅效命遂爲大都督鎭華州孝武西遷進車騎大將軍儀同三司別封萬年縣伯乃除華州刺史齊神武率軍潼關人懷危懼羆勸勵將士衆心乃安神武退拜驃騎大將軍加侍中開府嘗修州城未畢梯在城外神武遣韓軌司馬子如從河東宵濟襲羆羆不覺比曉軌衆已乘梯入城羆尙臥未起聞閤外洶洶有聲便袒身露髻徒跣持一白棒大呼而出謂曰老羆當道臥貉子那得過敵見驚退逐至東門左右稍集合戰破之軌遂投城遁走文帝聞而壯之時關中大饑徵稅人間穀食以供軍費或隱匿者令遞相告多被箠捶以是人有逃散唯羆信著於人莫有隱者得粟不少諸州而無怨讟沙苑之役神武士馬甚盛文帝以華州衝要遣使勞羆令加守備及神武至城下謂羆曰何不早降羆乃大呼曰此城是王羆家死生在此欲死者來神武不敢攻後移鎭河東以前後功進爵扶風郡公河橋之戰王師不利趙青雀據長安城所在莫有固志羆乃大開州門召城中戰士謂曰如聞天子敗績不知吉凶諸人相驚咸有異望王羆受委於此以死報恩諸人若有異圖可來見殺必恐城陷沒者亦任出城如有忠誠能與王羆同心可共固守軍人見其誠信皆無異心及軍還徵拜雍州刺史時蠕蠕度河南寇候騎已至豳州朝廷慮其深入乃徵發士馬屯守京城塹諸街巷以備侵軼右僕射周惠達召羆議之羆不應命卧而不起謂其使曰若蠕蠕至渭北者王羆率鄉里自破之不煩國家兵何爲天子城中遂作如此驚動由周家小兒恇怯致此羆輕侮權貴守正不回皆此類也未幾還鎭河東羆性儉率不事邊幅嘗有臺使至羆爲設食使乃裂去薄餅緣羆曰耕種收穫其功已深舂爨造成用力不少爾之選擇當是未飢命左右撤去之使者愕然大慚又客與羆食瓜客削瓜皮侵內稍厚羆意嫌之及瓜皮落地乃引手就地取而食之客甚愧色性又嚴急嘗有吏挾私陳事者羆不暇命捶扑乃手自取鞾履持以擊之每至享會自秤量酒肉分給將士時人尙其均平嗤其鄙碎羆擧動率情不爲巧詐凡所經處雖無當時功迹咸去後見思卒于官贈太尉都督相冀等十州刺史諡曰忠羆安於貧素不營生業後雖貴顯鄉里舊宅不改衡門身死之日家甚貧罄當時伏其清潔子慶遠弱冠以功臣子拜直閤將軍先羆卒孫述

述字長述少孤爲祖羆所養聰敏有識度年八歲周文帝見而奇之曰王公有此孫足爲不朽解褐員外散騎侍郎封長安縣伯羆薨居喪過禮有詔褒之免喪襲封扶風郡公除中書舍人修起居注改封龍門郡公周受禪拜賓部下大夫累遷廣州刺史甚有威惠朝議嘉之就拜大將軍後歷襄仁二州總管並有能名隋文帝爲丞相授信州總管位上將軍王謙作亂遣使致書於長述因執其使上書又陳取謙策上大悅前後賜金五百兩授行軍總管討謙以功進位柱國開皇初獻平陳計修營戰艦爲上流之師上善其能頻加賞勞後數歲以行軍總管擊南寧未至而卒上甚傷惜之贈上柱國冀州刺史諡曰莊子謨嗣謨弟軌大業末郡守少子文楷起部郎

王思政太原祁人漢司徒允之後也自魏太尉淩誅後冠冕遂絕父祐州主簿思政容貌魁梧有籌策解褐員外散騎侍郎屬万俟醜奴宿勤明遠等擾亂關右北海王顥討之聞思政壯健啓與隨軍所有謀議竝與參詳時孝武在藩素聞其名乃引爲賓客遇之甚厚及登大位委以心膂預定策功封祁縣侯爲武衛將軍俄而齊神武潛有異圖帝以思政可任大事拜使持節中軍大將軍大都督總宿衛兵思政乃言於帝曰洛陽四面受敵非用武之地關中有崤函之固且士馬精彊宇文夏州糾合同盟願立功効若聞車駕西幸必當奔走奉迎藉天府之資因已成之業一二年修復舊京何慮不克帝深然之及神武兵至河北帝乃西遷進爵太原郡公拜光祿卿并州刺史加散騎常侍大都督大統之後思政雖被任委自以非相府之舊每不自安周文帝嘗在同州與羣公宴集出錦罽及雜綾絹數千段令諸將摴蒲取之物盡周文又解所服金帶令諸人遍擲曰先得盧者卽與之羣公擲將遍莫有得者次至思政乃斂容跪而誓曰王思政羈旅歸朝蒙宰相國士之遇方願盡心効命上報知己若此誠有實令宰相賜知者願擲卽爲盧若內懷不盡神靈亦當明之使不作也便當殺身以謝所奉辭氣慷慨一座盡驚卽拔所佩刀橫於膝上攬摴蒲拊髀擲之比周文止之已擲爲盧矣徐乃拜而受帶自此朝寄更深及河橋之戰思政下馬用長矟左右橫擊一擊踣數人時陷陣旣深從者死盡思政被重創悶絕會日暮敵亦收軍思政久經軍旅每戰唯著破衣弊甲敵人疑非將帥故得免有帳下督雷五安於戰處哭求思政會已蘇遂相得乃割衣裹創扶思政上馬夜久方得還軍仍鎭弘農除侍中東道行臺思政以玉壁地險要請築城卽自營度移鎭之遷汾晉并三州諸軍事并州刺史行臺如故仍鎭玉壁八年東魏復來寇卒不能克以全城功授驃騎大將軍開府儀同三司高仲密以北豫州來附周文親接援之乃驛召思政將鎭成皐未至而班師復命思政鎭弘農思政入弘農令開城門解衣而卧慰勉將士示不足畏數日後東魏將劉豐生率數千騎至城下憚之不敢進乃引軍還於是修城郭起樓櫓營田農積芻秣凡可以守禦者皆具焉弘農之有備自思政始也十二年加特進兼尙書左僕射行臺都督荊州刺史境內卑濕城塹多壞思政乃命都督藺小歡督工匠繕修之掘得黃金三十斤夜中密送至旦思政召佐史以金示之曰人臣不宜有私悉封金送上周文嘉之賜錢二十萬思政之去玉壁也周文命擧代人思政乃進所部都督韋孝寬其後東魏來寇孝寬卒能全城時論稱其知人十三年侯景叛東魏請援乞師當時未卽應接思政以爲若不因機進取後悔無及卽率荊州步騎萬餘從魯關向陽翟周文聞思政已發乃遣太尉李弼赴潁川東魏將高岳等聞大兵至收軍而遁思政入守潁川景引兵向豫州外稱略地乃密遣送款於梁先是周文遣帥都督賀蘭願德助景扞禦景旣有異圖因厚撫願德等冀爲己用思政知景詭詐乃密追願德思政分布諸軍據景七州十二鎭周文乃以所授景使持節太傅大將軍兼尙書令河南大行臺河南諸軍事回授思政思政竝讓不授頻使敦喻唯受河南諸軍事十四年拜大將軍九月東魏太尉高岳行臺慕容紹宗儀同劉豐生等率步騎十萬來攻潁川殺傷甚衆岳又築土山以臨城城中飛梯火車盡攻擊之法思政亦作火䂨因迅風便投之土山又射以火箭燒其攻具仍募勇士縋而出戰據其兩土山置樓堞以助防守齊文襄更益兵堰洧水以灌城時雖有怪獸每衝壞其堰然城被灌已久多亦崩頹岳悉衆苦攻思政身當矢石與士卒同勞苦岳乃更修堰作鐵龍雜獸用厭水神堰成水大至城中泉涌溢懸釜而炊糧力俱竭慕容

紹宗劉豐生及其將慕容永珍意以爲閒共乘樓船以望城內令善射人俯射城中俄而大風暴起船乃飄至城下城上人以長鉤牽船弓弩亂發紹宗窮急透水而死豐生浮向土山復中矢而斃禽永珍并獲船中器械思政謂永珍曰僕之破亡在於晷漏誠知殺卿無益然人臣之節守之以死乃流涕斬之并收紹宗等尸以禮埋瘞岳既失紹宗等志氣沮喪不敢逼城齊文襄聞之乃率步騎十萬來攻思政知不濟率左右據土山因仰天大哭左右皆號慟思政西向再拜便欲自刎先是文襄告城中人曰有能生致王大將軍者封侯重賞若大將軍身有損傷親近左右皆從大戮都督駱訓固止之不得引決齊文襄遣其通直散騎常侍趙彥深就土山遺以白羽扇而說之牽手以下引見文襄辭氣慷慨涕淚交流無撓屈之容文襄以其忠於所事起而禮之接遇甚厚其督將分禁諸州地牢數年盡死思政初入潁川士卒八千人被圍既久城中無鹽腫死者十六七及城陷之日存者纔三千人雖外無救援遂無叛者思政常以勤王爲務不營貲產嘗被賜園地思政出征後家人種桑果雜樹及還見而怒曰匈奴未滅去病辭家況大賊未平欲事產業豈所謂憂公忘私邪命左右拔而棄之故身陷之後家無蓄積及齊文宣受東魏禪以思政爲都官尚書儀同三司卒贈以本官加兗州刺史初思政在荊州自武關以南延袤一千五百里置三十餘城並當衝要之地凡所舉薦咸得其才子康沉毅有度量後爲周文親信思政陷後詔以因水城陷非戰之罪增邑三千五百戶以康襲爵太原公除驃騎大將軍侍中開府儀同三司康弟揆先封中都縣侯增邑通前一千五百戶進爵爲公揆弟邦封西安縣侯刋弟恭忠誠縣伯恭弟幼顯親縣伯康姊封齊郡君康兄元遜亦陷於潁川封其子景晉陽縣侯康抗表固讓不許十六年王師東討加康使持節大都督以思政所部兵皆配之魏廢帝二年隨尉遲迥征蜀鎮天水郡尋賜姓拓王氏爲鄜州刺史武成末除匠師中大夫轉載師保定二年歷安襄二州總管位柱國入隋終於汴州刺史

尉遲迥字薄居羅代人也其先魏之別號尉遲部因而氏焉父俟兜性弘裕有鑒識尚周文帝姊昌樂大長公主生迥及綱迥年七歲綱年六歲俟兜病且卒呼二子撫其首曰汝等並有貴相但恨吾不見耳各勉之武成初追贈柱國大將軍太傅長樂郡公諡曰定迥少聰敏美容儀及長有大志好施愛士尙魏文帝女金明公主拜駙馬都尉封西都侯大統十一年拜侍中驃騎大將軍開府儀同三司進爵魏安郡公十五年遷尙書左僕射兼領軍將軍迥通敏有幹能雖任兼文武頗允時望周文以此深委仗焉十六年拜大將軍侯景之渡江也梁元帝時鎮江陵請修隣好其弟武陵王紀在蜀稱帝率衆東下將攻之梁元帝大懼移書請救周文曰蜀可圖矣取蜀制梁在茲一舉乃與羣公會議諸將多有異同唯迥以爲紀既盡銳東下蜀必空虛王師臨之必有征無戰周文以爲然謂曰伐蜀之事一以委汝於是令迥督開府元珍乙弗亞侯呂陵始叱奴興綦連雄宇文昇等六軍甲士取晉壽開平林舊道迥前軍臨劒閣紀安州刺史樂廣以州先降紀梁州刺史楊乾運時鎮潼水先已遣使詣闕密送誠款然恐其下不從猶據潼水別管拒守迥遣元珍侯呂陵始等襲之乾運還保潼川珍等遂圍之乾運降迥至潼川大饗將士度涪江至靑溪登南原勒兵講武修繕約束閱器械自開府以下賞全帛各有差時夏中連雨山路嶮峻將士疲病者十二三迥親自勞問加以湯藥引之而西紀益州刺史蕭撝嬰城自守進軍圍之初紀至巴郡遣前南梁州刺史史欣景幽州刺史趙拔扈等爲撝外援迥分遣元珍乙弗亞等擊破之拔扈等遁走欣景遂降撝被圍五旬頻戰爲迥所破遣使乞降許之撝乃與紀子宜都王圓肅率其文武詣軍門請見迥以禮接之其吏人等各令復業唯收僮隸及儲積以賞將士號令嚴肅軍無私焉詔以迥爲大都督益潼等十二州諸軍事益州刺史三年加督六州通前十八州諸軍事以平蜀功封一子安固郡公自劒閣以南得承制封拜及黜陟迥乃明賞罰布恩威綏輯新邦經略未附人夷懷而歸之性至孝色養不怠身雖在外所得四時甘脆必先薦奉然後敢嘗大長公主年高多病迥往在京師每退朝參候起居憂悴形於容色大長公主每爲之和顏進食以寧迥心周文知其至性徵迥入朝以慰其母意遺大鴻臚郊勞仍賜迥袞冕之服蜀人思之爲立碑頌德六官初建拜小宗伯周孝閔帝踐阼進位柱國大將軍以迥有平蜀功同霍去病冠軍之義改封寧蜀公遷大司馬尋以本官鎮隴右武成元年進封蜀國公邑萬戶除秦州總管秦渭等十四州諸軍事隴右大都督保定二年拜大司馬及晉公護東伐迥帥師攻洛陽齊王憲等軍於芒山齊衆度河諸軍驚散迥率麾下反行却敵於是諸將遂得全師而還遷太保太傅建德初拜太師尋加上柱國宣帝即位以迥爲大右軍轉大前疑出爲相州總管宣帝崩隋文帝輔政以迥位望宿重懼爲異圖乃令迥子魏安郡公惇齎詔書以會葬徵迥尋以鄖國公韋孝寬代迥爲總管迥以隋文帝當權將圖篡奪遂謀舉兵留惇而不受代隋文帝又令侯正破六韓裒詣迥諭旨密與總管府長史晉昶等書令爲之備迥聞之殺昶集文武士庶等登城北樓而令之於是衆咸從命莫不感激乃自稱大總管承制署官司于時趙王招已入朝留少子在國迥又奉以號令迥弟子大將軍成平郡公勤時爲青州總管初得迥書表送之尋亦從迥迥所管相衞黎毛洺貝趙冀瀛滄勤所統靑齊膠光莒諸州皆從之衆數十萬榮州刺史邵國公宇文冑申州刺史李惠東楚州刺史費也利進國東潼州刺史曹孝達各據州以應迥徐州總管司錄席毗與前東平郡守畢義緒據兗州及徐州之蘭陵郡亦以應迥永橋鎮將紇豆陵惠以城降迥迥又北結高寶寧以通突厥南連陳人許割江淮之地隋文帝於是徵兵討迥即以韋孝寬爲元帥陰羅雲監諸軍郕國公梁士彥樂安公元諧化政公宇文忻濮陽公宇文述武鄉公崔弘度淸河公楊素隴西公李詢延壽公于仲文等皆爲行軍總管迥遣所署大將軍石愻攻建州刺史宇文弁以州降愻迥又遣西道行臺韓長業攻陷潞州執刺史趙威署城人郭子勝爲刺史上儀同赫連士猷攻晉州即據小鄉城紇豆陵惠襲陷定州之鉅鹿郡遂圍恒州上大將軍宇文威攻汴州上開府莒州刺史烏丸尼開府尉遲儁率膠光青齊莒兗之衆圍沂州大將軍檀讓攻陷曹亳二州屯兵梁郡大將軍東南道行臺席毗衆號八萬軍於藩城攻陷昌慮下邑豐縣李惠自申州攻永州焚之而還宇文冑軍於洛口開府梁子康攻懷州魏安公惇率衆十萬人入武德軍於沁東孝寬等諸軍隔水相持不進隋文帝又遣高熲馳驛督戰惇布兵二十餘里麾軍少却欲待孝寬軍半度而擊之孝寬因其却乃鳴鼓齊進惇遂大敗孝寬乘勝進至鄴迥與其子惇祐等又悉其卒十三萬陣於城南迥別統萬人皆綠巾錦襖號曰黃龍兵勤率衆五萬自青州赴迥以三千騎先到迥舊集軍旅雖老猶被甲臨陣其麾下兵皆關中人爲之力戰孝寬等軍失利而却鄴中士女觀者如堵高熲與李詢乃整陣先犯觀者因其擾而乘之迥衆大敗遂入鄴城迥走保北城孝寬縱兵圍之李詢賀婁子幹以其屬先登迥上樓射殺數人乃自殺勤惇祐等東走青州未至開府郭衍追及之並爲衍所獲隋文帝以勤初有誠款特釋之李惠先是自縛歸罪隋文帝復其官爵迥末年衰耄惑於後妻王氏而諸子多不睦及起兵以開府小御正崔達拏爲長史自餘委任亦多用齊人達拏文士無籌略舉措多失綱紀不能匡救迥自起兵至於敗凡經六十八日焉子寬大將軍長樂郡公先迥卒寬兄誼開府賚中郡公寬弟順以迥平蜀功授開府安固郡公後以女爲宣帝皇后拜上柱國封胙國公順弟惇軍正下大夫魏安郡公惇弟祐西都郡公皆被誅而誼等諸子以年幼並獲全武德中迥從孫庫部員外郞耆福上表請改葬朝議以迥忠於周室有詔許焉仍贈絹百匹迥弟綱

綱字婆羅少孤與兄迥依託舅氏周文帝西討關隴迥綱與母昌樂大長公主留于晉陽後方入關從周文征伐常陪侍帷幄出入卧內以軍功封廣宗縣伯綱驍果有膂力善騎射周文甚寵之委以心膂河橋之戰周文馬中流矢因而驚奔綱與李穆等左右力戰衆皆披靡文帝方得乘馬大統十四年進爵平昌郡公廢帝二年拜大將軍兼領軍及魏帝有異謀言頗漏泄周文以綱職典禁旅使密爲之備俄而廢帝立齊王仍以綱爲中領軍總宿衞事綱兄迥伐蜀從周文送之於城西見一走兎周文命綱射之誓曰若獲此兎必當破蜀俄而綱獲兎而返周文喜曰事平當賞汝佳口及克蜀賜綱侍婢二人又嘗從周文北狩雲陽見五鹿俱走綱獲其三每從遊宴周文以珍異之物令諸功臣射而取之綱所獲輒多周孝閔帝踐阼綱以親戚掌禁兵除小司馬又與晉公護廢帝明帝卽位進位柱國大將軍武成元年進封吳國公邑萬戶除涇州總管歷位少傅大司空陝州總管晉公護東討乃配綱甲士留鎮京師大軍還綱復歸天和二年以綱政績可紀賜帛及錢穀等增邑以褒賞之陳公純等以皇后阿史那氏自突厥將入塞詔徵綱與大將軍王傑率衆迎衞於境首三年追論河橋功封一子縣公四年薨于京師贈太保諡曰武第二子安以嫡嗣大象末位柱國入隋歷鴻臚卿左衞大將軍安兄運

運少彊濟志在立功魏大統十六年以父勳封安喜縣侯周明帝立以預定策勳進爵周城縣公歷位隴州刺史再遷左武伯中大夫尋加軍司馬運既職兼文武甚見委任進爵廣業郡公轉右司衞時宣帝在東宮親狎詔佞數有罪失武帝於朝臣內選忠諒鯁正者以匡弼之於是以運爲右宮正建德三年帝幸雲陽宮又令運

以本官兼司武與長孫覽輔皇太子居守俄而衛剌王直作亂率其黨襲肅章門覽懼走行在所運時偶在門中直兵奄至不暇命左右乃手自闔門直黨與運爭門斫傷運指僅而得閉直既不得入乃縱火運恐火盡直黨得進乃取宮中材木及牀等以益火更以膏油灌之火轉熾久之直不得進乃退運率留守兵因其退以擊之直大敗而走是夜微運宮中已不守矣武帝嘉之授大將軍賜以直田宅妓樂金帛車馬什物等不可勝數四年出爲同州刺史同州蒲津潼關等六防諸軍事帝將伐齊召運參議東夏底定頗有力焉五年拜柱國進爵盧國公轉司武上大夫總宿衛軍事帝崩於雲陽宮祕未發喪運總侍衛兵還京師宣帝即位授上柱國運之爲宮正也數進諫於帝帝不納反疎忌之時運又與王軌宇文孝伯等皆爲武帝親待軌屢言帝失於武帝帝謂預其事愈更銜之及軌被誅運懼及於禍尋而得出爲秦州總管至州猶懼不免遂以憂薨於州贈大後丞七州諸軍事秦州刺史謚曰忠子靖嗣運弟勤大象末青州總管起兵應伯迥勤弟敬尚明帝女河南公主位儀同三司

王軌太原祁人也小名沙門漢司徒允之後世爲州郡冠族累葉仕魏賜姓烏丸氏父光少雄武有將帥才略頻有戰功周文帝遇之甚厚位至驃騎大將軍開府儀同三司平原縣公軌性質直起家事輔城公及武帝即位累遷內史下大夫遂處腹心之任帝將誅晉公護軌贊成其謀建德初轉內史大夫加授開府儀同三司又拜上開府儀同大將軍封上黃縣公軍國之政皆參預焉從平并鄴以功進位上大將軍進爵郯國公及陳將吳明徹入寇呂梁徐州總管梁士彥頻與戰不利乃退保州城明徹遂堰清水以灌之列船艦於城下以圖攻取詔以軌爲行軍總管率諸軍赴救軌潛於清水入淮口多豎大木以鐵鎖貫車輪橫截水流以斷其船路方欲密決其堰以斃之明徹知之乃破堰遽退冀乘決水以得入淮比至清口川流已闊水勢亦衰船並礙於車輪不復得過軌因率兵圍而蹙之唯有騎將蕭摩訶以二十騎先走得免明徹及將士三萬餘人并器械輜重並就俘獲陳之銳卒於是殲焉進位柱國仍拜徐州總管軌性嚴重善謀略兼有呂梁之捷威振敵境陳人甚憚之宣帝之征吐谷渾也武帝令軌與宇文孝伯並從軍中進趣皆委軌等宣帝仰成而已時宮尹鄭譯王端並得幸於宣帝宣帝軍中頗有失德譯等皆預焉軍還軌等言之於武帝武帝大怒乃撻宣帝除譯等名仍加捶楚宣帝因此大銜之軌又嘗與小內史賀若弼言及此事且言皇太子必不克負荷弼深以爲然勸軌陳之軌後因侍坐乃白武帝言皇太子多涼德恐不了陛下家事愚臣暗短不足以論是非陛下恒以賀若弼有文武奇才識度宏遠而弼比再對臣深以此事爲慮武帝召弼問之弼曰皇太子養德春宮未聞有過未審陛下何從得聞此言既退軌誚弼曰平生言論無所不道今者乃爾翻覆弼曰此公之過也皇太子國之儲副豈易爲言事有差跌便至滅門之禍本謂公密陳臧否何得遂至昌言軌默然久之乃曰吾專心國家遂不存私計向者對衆良實非宜其後軌因內宴上壽又捋武帝鬚曰可愛好老公但恨後嗣弱耳武帝深以爲然但漢王次長又不才此外諸子並幼故不能用其說及宣帝即位追鄭譯等復爲近侍軌自知必及於禍謂所親曰吾昔在先朝實申社稷至計今日之事斷可知矣此州控帶淮南隣接彊寇欲爲身計易同反掌但忠義之節不可虧違況荷先帝厚恩每思以死自効豈以獲罪於嗣主便欲背德於先帝止可於此待死義不爲他計冀千載之後知吾此心大象元年帝使內史杜虔信就徐州殺軌御正中大夫顏之儀切諫帝不納遂誅之軌立朝忠恕兼有大功忽以無罪被戮天下知與不知皆傷惜時京兆郡丞樂運亦以直言數諫於帝

樂運字承業南陽清陽人晉尚書令廣之八世孫祖文素齊南郡守父均梁義陽郡守運少好學涉獵經史年十五而江陵滅隨例遷長安其親屬等多被籍沒運積年爲人傭保皆贖免之事母及寡嫂甚謹由是以孝聞梁故都官郎琅邪王澄美之次其行事爲孝義傳性方直未嘗求媚於人臨淄公唐瑾薦之自柱國府記室爲露門學士前後犯顏屢諫武帝多被納用建德二年除萬年縣丞抑挫豪右號稱強直武帝嘉之特許通籍事有不便於時者令巨細奏聞武帝常幸同州召運赴行在所既至謂曰卿言太子如何人運曰中人也時齊王憲以下並在帝側帝顧謂憲等曰百官佞我皆云太子聰明睿智唯運云中人方驗運之忠直耳於是因問運中人之狀運對曰班固以齊桓公爲中人管仲相之則霸豎貂輔之則亂可與爲善亦可與爲惡也帝曰我知之矣遂妙選宮官以匡弼之乃超拜運京兆郡丞太子聞之意甚不悅及武帝崩宣帝嗣位葬訖詔天下公除帝及六宮便議即吉運上疏曰三年之喪自天子達於庶人先王制禮安可誣之禮天子七月而葬以俟天下畢至今葬期既促事訖便除文軌之內奔赴未盡隣境遠聞使猶未至若以喪服受弔不可既吉更凶如以玄冠對使未知此出何禮進退無據愚臣竊所未安書奏帝不納自是德政不修數行赦宥運又上疏曰臣謹按周官曰國君之過市刑人赦此謂市者交利之所君子無故不遊觀焉則施惠以悅之也尚書曰眚災肆赦此爲過誤爲害罪雖大當緩赦之謹尋經典未有罪無輕重溥天大赦之文故管仲曰有赦者奔馬之委轡不赦者痤疽之礪石又曰惠者人之仇讎法者人之父母吳漢遺言猶云唯願無赦王符著論亦云赦者非明世之所宜有大尊豈可數施非常之惠以肆姦宄之惡乎帝亦不納而昏暴滋甚運乃輿櫬詣朝堂陳帝八失一曰內史御正職在弼諧皆須參議共理天下大尊比來小大之事多獨斷之堯舜至聖尚資輔弼況大尊未爲聖主而可專恣己心凡諸刑罰爵賞爰及軍國大事請參諸宰輔與衆共之二曰內作色荒古人重誡大尊初臨四海德惠未洽先搜天下美女用實後宮又詔儀同以上女不許輒嫁貴賤同怨聲溢朝野請姬媵非幸御者放還本族欲嫁之女勿更禁之三曰天子未明求衣日旰忘食猶恐萬機不理天下壅滯大尊比來一入後宮數日不出所須奏聞多附內豎傳言失實是非可懼事由宦者亡國之徵請準高祖居外聽政四曰變故易常乃爲政之大忌嚴刑酷罰非致安之弘規若罰無定刑則天下皆懼政無常法則人無適從豈有削嚴刑之詔未及半祀便即遣改更散前制政令不定乃至於此今宿衛之官有一夜不直者罪至削除因而逃亡者遂便籍沒此則大逆之罪與杖十同科雖爲法愈嚴恐人情愈散一人心散尚或不可止若天下皆散將如之何請遵輕典並依大律則億兆之人手足有所措矣五曰高祖斲雕爲朴本欲傳之萬世大尊朝夕趨庭親承聖旨豈有崩未踰年而處窮奢麗成父之志義豈然乎請興造之制務從卑儉雕文刻鏤一切勿營六曰都下之人徭賦稍重必是軍國之要不敢憚勞豈容朝夕徵求唯供魚龍爛漫士庶從役秖爲俳優角抵紛紛不已財力俱竭業業相顧無復聊生凡無益之事請並停罷七曰近見有詔上書字誤者即科其罪假有忠讜之人欲陳時事尺有所短文字非工不密失身義無假手脫有科謬便道嚴科嬰徑尺之鱗其事非易下不諱之詔猶懼未來更加刑戮能無鉗口大尊縱不能採誹謗之言無宜杜獻替之路請停此詔則天下幸甚八曰昔桑穀生朝殷王因之獲福今玄象垂戒此亦興周之祥大尊雖減膳撤縣未盡銷譴之理誠願諮諏善道修布德政解兆庶之慍引萬方之罪則天變可除鼎業方固大尊若不革茲八事臣見周廟不血食矣帝大怒將戮之內史元巖諫因而獲免翌日帝頗感悟召運謂之曰朕昨夜思卿所奏實是忠臣先皇聖明卿數有規諫朕既昏暗卿復能如此乃賜御食以賞之朝之公卿初見帝甚怒莫不爲運寒心後見獲賞又皆相賀以爲幸免獸口內史鄭譯常以私事請託運不之許因此銜之及隋文帝爲丞相譯爲長史遂左遷運爲廣州滍陽令開皇五年轉毛州高唐令頻歷三縣並有聲績運常願處一諫官從容諷議而性訐直爲人所排抵遂不被任用乃發憤錄夏殷以來諫爭事集而部之凡六百三十九條合四十一卷名曰諫苑奏上之隋文帝覽而嘉焉

論曰王羆剛峭有餘弘雅未之聞也情安儉率志在公平既而奮節危城抗辭勍敵梁人爲之退舍高氏不敢加兵以此見稱信非虛矣至述不隕門風亦足稱也王思政驅馳有事之秋慷慨功名之際及乎策名霸府作鎮潁川設縈帶之險修守禦之術以一城之衆抗傾國之師率疲馹之兵當勁勇之卒猶能亟摧大敵屢建奇功忠節冠於本朝義聲動於隣聽運窮事蹙城陷身囚壯志高風亦足奮於百世矣尉遲迥地則舅甥職惟台袞沐恩累葉荷睠一時居形勝之地受藩維之託顛而不扶憂責斯在及主威云謝鼎業將遷九服移心三靈改卜遂能志存赴蹈投袂稱兵忠君之勤未宣違天之禍便及校其心翟義葛誕之儔歟綱運積宣王室勤勞出內觀其自致榮寵豈唯恩澤而已乎夫士之成名其途不一蓋有不待爵祿而貴不因學藝而重者何亦云忠孝而已若乃竭力以奉其親者人子之行也致身以事其君者人臣之節也斯固彌綸三極囊括百代當宣帝之在東朝凶德方兆王軌志惟無諱極議於骨肉之間竟遇淫刑以至夷滅若斯人者人或以爲其不忠則天下莫之信也觀樂運之所以行己之節其有古之遺直之風乎

北史卷六十二考證

王羆傳齊神武率軍潼關人懷危懼○軍監本訛宣今改從南本

神武遣韓軌司馬子如從河東宵濟襲羆○宵監本訛

胥今從南本

王思政傳若此誠有實○誠監本注缺今從南本增入

東魏將劉豐生率數千騎至城下○生南本作年

恭弟幼顯親縣伯○監本脫親字今從南本增正

尉遲迥傳及晉公護東伐迥帥師攻洛陽○伐監本作代

申州刺史李惠○申監本訛由今從南本及下文李惠自申州攻永州改正

李惠自申州攻永州焚之而還○永監本訛求今改從南本

運傳更以膏油灌之火轉熾○之火二字監本訛作炎今改從南本

王軌傳世爲州郡冠族○郡監本訛那今改正

樂運傳事由宦者亡國之徵○宦監本訛窞今改正

北史卷六十三

唐　李　延　壽　撰

列傳第五十一

周惠達　馮景　蘇綽子威　從兄亮

周惠達字懷文，章武文安人也父信歷樂鄉平舒成平三縣令皆以廉能稱惠達幼有節操好讀書美容貌魏齊王蕭寶夤爲瀛州刺史召惠達及河間馮景同在閤下甚禮之及寶夤還朝惠達隨入洛陽寶夤西征惠達復隨入關寶夤除雍州刺史令惠達使洛陽未還而寶夤謀反聞於京師有司以惠達是其行人將執之惠達乃私馳還至潼關遇大使楊侃侃謂曰何爲故入獸口惠達曰蕭王必爲左右所誤今往庶其改圖及至寶夤反形已露不可彌縫遂用惠達爲光祿勳中書舍人寶夤既敗唯惠達等數人從之寶夤語惠達曰人生富貴左右咸言盡節及遭厄難乃知歲寒也賀拔岳爲關中大行臺惠達爲岳府屬岳爲侯莫陳悅所害惠達遁入漢陽之麥積崖悅平歸於周文帝文帝復以爲府司馬便委任焉周文爲大將軍大行臺以惠達爲行臺尚書大將軍府司馬封文安縣子周文出鎮華州留惠達知後事時既承喪亂庶事多闕惠達營造戎仗儲積倉糧簡閱士馬以濟軍國之務甚爲朝廷所稱後拜中書令進爵爲公大統四年兼尚書右僕射其年周文與魏文帝東討令惠達輔魏太子居守總留臺事及芒山失律人情駭動趙青雀據長安子城反惠達奉太子出渭橋北以禦之軍還青雀等誅拜吏部尚書久之復爲右僕射自關右草創禮樂缺然惠達與禮官損益舊章是以儀軌稍備魏文帝因朝奏樂顧謂惠達曰此卿功也惠達雖居顯職性謙退善下人盡心勤公愛拔良士以此皆敬而附之薨子題嗣隋開皇初以惠達著績前代追封蕭國公

馮景字長明河間武垣人也父僕爲伏與令景少與周惠達友俱以客從蕭寶夤寶夤後爲尚書右僕射引景領尚書都令史正光中寶夤爲關西大行臺景又爲行臺都令史及寶夤敗還長安或議歸罪闕下或言留州立功景曰擁兵不還此罪將大寶夤不從遂反及寶夤平景方得還洛朝廷聞景有諫言故不罪之後事賀拔岳爲行臺郎岳使景詣齊神武察其行事神武聞岳使至甚有喜色問曰賀拔公詎憶吾邪即與景歃血託岳爲兄弟景還以狀報岳岳曰此姦有餘而實不足自古王臣無私盟者也吾料之熟矣岳北合費也頭東引紇豆陵伊利西總侯莫陳悅河州刺史梁景叡及酋渠爲盟誓共會平涼移軍東下懼有專任之嫌使景啓孝武帝帝甚悅又爲岳大都督府從事中郎後侯莫陳悅平周文使景於京師告捷帝有西遷意因問關中事勢景勸帝西遷後以迎孝武功封高陽縣伯除散騎常侍行臺尚書大統初詔行涇州事卒於官

蘇綽字令綽武功人魏侍中則之九世孫也累世二千石父協武功郡守綽少好學博覽羣書尤善算術從兄讓爲汾州刺史周帝餞于都門外臨別謂曰卿家子弟之中誰可任用者讓因薦綽周文乃召爲行臺郎中在官歲餘未見知然諸曹疑事皆詢於綽而後定所行公文綽又爲之條式臺中咸稱其能周文與僕射周惠達論事惠達不能對請出外議之乃召綽告以其事綽即爲量定惠達入呈周文稱善謂曰誰與卿爲此議者惠達以綽對因稱其有王佐才周文曰吾亦聞之久矣尋除著作佐郎屬周文與公卿往昆明池觀漁行至城西漢故倉地顧問左右莫有知者或曰蘇綽博物多通請問之周文乃召綽問具以狀對周文大悅因問天地造化之始歷代興亡之迹綽既有口辯應對如流周文益嘉之乃與綽並馬徐行至池竟不設網罟而還遂留綽至夜問以政道臥而聽之綽於是指陳帝王之道兼述申韓之要周文乃起整衣危坐不覺膝之前席語遂達曙不厭詰朝謂周惠達曰蘇綽眞奇士吾方任之以政即拜大行臺左丞參典機密自是寵遇日隆綽始制文案程式朱出墨入及計帳戶籍之法大統三年齊神武三道入寇諸將咸欲分兵禦之獨綽意與周文同遂併力拒竇泰擒之於潼關封美陽縣伯十一年授大行臺度支尚書領著作兼司農卿周文方欲革易時政務弘強國富人之道故綽得盡其智能贊成其事減官員置二長并置屯田以資軍國又爲六條詔書奏施行之其一先脩心曰凡今之方伯守令皆受命天朝出臨下國論其尊貴並古之諸侯也是以前代帝王每稱共理天下者唯良宰守耳明知百僚卿尹雖各有所司然其理人之本莫若宰守之最重也凡理人之體當先理己心心者一身之主百行之本心不清靜則思慮妄生思慮妄生則見理不明見理不明則是非謬亂是非既亂則一身不能自理安能理人也是以理人之要在於清心而已夫所謂清心者非不貪貨財之謂乃欲使心氣清和志意端靜心和志靜則邪僻之慮無因而作邪僻不作則凡所思念無不皆得至公之理率至公之理以臨其人則彼下人孰不從化是以稱理人之本先在理心其次又在理身凡人君之身者乃百姓之表一國之的也表不正不可求直影的不明不可責射中今君身不能自理而望理百姓是猶曲表而求直影也君行不能自脩而欲百姓脩行者是猶無的而責射中也故爲人君者必心如清水形如白玉躬行仁義躬行孝悌躬行忠信躬行禮讓躬行廉平躬行儉約然後繼之以無倦加之以明察行此八者以訓其人是以其人畏而愛之則而象之不待家教日見而自興行矣其二敦教化曰天地之性唯人爲貴明其有中和之心仁恕之行異於木石不同禽獸故貴之耳然性無常守隨化而遷化於敦朴者則質直化於澆僞者則浮薄浮薄者則衰弊之風質直者則敦和之俗衰弊則禍亂交興淳和則天下自治自古安危興亡無不皆由所化也然世道彫喪已數百年大亂滋甚且二十載人不見德唯兵革是聞上無教化唯刑罰是用而中興始爾大難未弭加之以師旅因之以饑饉凡百草創率多權宜致使禮讓弗興風俗未反比年稍登稔傜賦差輕衣食不切則教化可脩矣凡諸牧守令長各宜洗心革意上承朝旨下宣教化者貴能扇之以淳風浸之以太和被之以道德示之以朴素使百姓亹亹日遷於善邪僞之心嗜慾之性潛以消化而不知其所以然此之謂化也然後教之以孝悌使人慈愛教之以仁順使人和睦教之以禮義使人敬讓慈愛則不遺其親和睦則無怨於人敬讓則不競於物三者既備則王道成矣此之謂教也先王之所以移風易俗還淳反素垂拱而臨天下以至於太平者莫不由此此之謂要道也其三盡地利曰人生天地之間衣食爲命食不足則饑衣不足則寒饑寒切體而欲使人興行禮讓者此猶逆坂走丸勢不可得也是以古之聖主知其若此先足其衣食然後教化隨之夫衣食所以足者由於地利盡地利所以盡者由於勸課有方主此教者在乎牧守令長而已人者冥也智不自周必待勸教然後盡其力諸州郡縣每至歲首必戒敕部人無問少長但能操持農器者皆令就田墾發以時勿失其所及布種既訖嘉苗須理麥秋在野蠶停於室若此之時皆宜少長悉力男女併功若揚湯救火寇盜之將至然後可使農夫不失其業蠶婦得就其功若游手怠惰早歸晚出好逸惡勞不勤事業者則正長牒名郡縣守令隨事加罰罪一勸百此則明宰之教也夫百畝之田必春耕之夏種之秋收之然後冬食之此三時者農之要月也若失其一時則穀不可得而食故先王之戒曰一夫不耕天下必有受其饑者一婦不織天下必有受其寒者若此三時不務省事而令人廢農者是則絕人之命驅以就死然單劣之戶及無牛之家勸令有無相通使得兼濟三農之隙及陰雨之暇又當教人種桑植果藝其蔬菜脩其園圃畜育雞豚以備生生之資以供養老之具夫爲政不欲過碎碎則人煩勸課亦不容太簡簡則人怠善爲政者必消息時宜而適煩簡之中故詩曰不剛不柔布政優優百祿是求如不能爾則必陷於刑辟矣其四擢賢良曰天生蒸黎不能自化故必立君以理之人君不能獨理故必置臣以佐之上自帝王下及列國置臣得賢則安失賢則亂此乃自然之理百王不能易也今刺史縣令悉有僚吏皆佐助之人也刺史府官則命於天朝其州吏以下並牧守自置自昔以來州郡大夫但取門資多不擇賢良末曹小吏唯試刀筆並不問志行夫門資者乃先世之爵祿無妨子孫之愚瞽刀筆者乃身外之末材不廢性行之澆僞若門資之中而得賢良是則策騏驥而取千里也若門資之中而得愚瞽是則土牛木馬形似而用非不可以涉道也若刀筆之中而得志行是則金相玉質內外俱美實爲

人寶也若刀筆之中而得澆僞是則飾畫朽木悅目一時不可以充榱椽之用也今之選舉者當不限資蔭唯在得人苟得其人自可起厮養而爲卿相伊尹傅說是也而況州郡之職乎苟非其人則丹朱商均雖帝王之胤不能守百里之封而況於公卿之冑乎由此而言官人之道可見矣凡所求材藝者爲其可以理人若有材藝而以正直爲本者必以材而爲理也若有材藝而以姦僞爲本者將因其官而亂也何致化之可得乎是故將求材藝必先擇志行善者則舉之其志行不善則去之而今擇人者多云邦國無賢莫知所舉此乃未之思也非適理之論所以然者古人有言明主聿興不降佐於昊天大人基命不擢才於后土常引一世之人理一世之務故殷周不待稷契之臣魏晉無假蕭曹之佐仲尼曰十室之邑必有忠信如丘者焉豈有萬家之都而云無士但求之不勤擇之不審或授之不得其所任之不盡其材故云無耳古人云千人之秀曰英萬人之英曰儁今之智效一官行聞一邦者豈非近英儁之士也但能勤而審之去虛取實各得州郡之最而用之則人無多少皆足化矣孰云無賢夫良玉未剖與瓦石相類名驥未馳與駑馬相雜及其剖而瑩之馳而試之玉石駑驥然後始分彼賢士之未用也混於凡品竟何以異要任之以事業責之以成務方與彼庸流較然不同昔呂望之屠釣百里奚之飯牛甯生之扣角管夷吾之三敗當此之時悠悠之徒豈謂其賢及升王朝登霸國積數十年功成事立始識其奇士也於是後世稱之不容於口彼瓌瑋之材不世之傑尚不能以未遇之時自異於凡品況降此者哉若必待太公而後用是千載無太公必待夷吾而後任是百世無夷吾所以然者士必從微而至著功必積小以至大豈有未任而已成不用而先達也若識此理則賢可求士可擇得賢而任之得士而使之則天下之理何向而不可成也然善官人者必先省其官官省則善人易充善人易充則事無不理官煩則必雜不善之人雜不善之人則政必有得失故語曰官省則事省事省則人清官煩則事煩事煩則人濁清濁之由在於官之煩省案今吏員其數不少昔人殷事廣尚能克濟況今戶口減耗依員而置猶以爲少如聞在下州郡尚有兼假擾亂細人甚爲無理諸如此輩悉宜罷黜無得習常非直州郡之官宜須善人爰至黨族閭里正長之職皆當審擇各得一鄉之選以相監統夫正長者理人之基基不傾者上必安凡求賢之路自非一塗然所以得之審者必由任而試之考而察之起於居家至於鄉黨訪其所以觀其所由則人道明矣賢與不肖別矣率此以求則庶無愆悔矣其五恤獄訟曰人受陰陽之氣以生有情有性性則爲善情則爲惡善惡既分賞罰隨焉賞罰得中則惡止而善勸賞罰不中則人無所措手足人無所措手足則怨叛之心生是以先王重之特加戒慎夫戒慎者欲使察獄之官精心悉意推究根源先之以五聽叅之以證驗妙覩情狀窮鑒隱伏使姦無所容罪人必得然後隨事加刑輕重皆當舍過矜愚得情勿喜又能消息情理斟酌禮律無不曲盡人心而遠明大教使獲罪者如歸此則善之上者也然宰守非一不可人人皆有通識推理求情時或難盡唯當率至公之心去阿枉之志務求曲直念盡平當聽察之理必窮所見然後考訊以法不苛不暴有疑則從輕未審不妄罰隨事斷理獄無停滯此亦其次若乃不仁恕而肆其殘暴同人木石專用捶楚巧詐者雖事彰而獲免辭弱者乃無罪而被罰有如此者斯則下矣非共理所寄今之宰守當勤於中科而慕其上善如在下條則刑所不赦各當深思遠大念存德教先王之制曰與殺無辜寧赦有罪與其害善寧其利淫明必不得中寧濫捨有罪不謬害善人也今之從政者則不然深文巧劾寧致善人於法不免有罪於刑所以然者非皆好殺人也但云爲吏寧酷可免後患此則情存自便不念至公奉法如此皆姦人也夫人者天地之貴物一死不可復生然楚毒之下以痛自誣不被申理遂陷刑戮者將恐往往而有是以自古以來設五聽三宥之法著明慎庶獄之典此皆愛人甚也凡伐木殺草田獵不順尚違時令而虧帝道況刑罰不中濫害善人寧不傷天心犯和氣也和氣損而欲陰陽調適四時順序萬物阜安蒼生悅樂者不可得也故語曰一夫吁嗟王道爲之傾覆正謂此也凡百宰守可無慎乎若深姦巨猾傷化敗俗悖亂人倫不忠不孝故爲背道者殺一利百以清王化重刑可也識此二塗則刑政盡矣其六均賦役曰聖人之大寶曰位何以守位曰仁何以聚人曰財明先王必以財聚人以仁守位國而無財位不可守是故三五以來皆有征稅之法雖輕重不同而濟用一也今寇逆未平軍國費廣雖未遑減省以卹人瘼然宜令平均使下無怨平均者不舍豪強而徵貧弱不縱姦巧而困愚拙此之謂均也故聖人曰蓋均無貧然財貨之生其均不易紡紝織績起於有漸非旬日之間所可造次必須勸課使預營理絹鄉先事織紝麻土早脩紡績先時而備至時而輸故王賦獲供下人無困如其不預勸戒臨時迫切復恐稽緩以爲己過捶扑交至取辦目前富商大賈緣茲射利有者從之貴買無者與之舉息輸稅之人於是弊矣租稅之時雖有大式至於斟酌貧富差次先後皆事起於正長而繫之於守令若斟酌得所則政和而人悅若檢理無方則吏奸而人怨又差發徭役多不存意致令貧弱者或重徭而遠戍富彊者或輕使而近防守令用懷如此不存卹人之心皆王政之罪人也周文甚重之常置諸坐右又令百司習誦之其牧守令長非通六條及計帳者不得居官自有晉之季文章競爲浮華遂以成俗周文欲革其弊因魏帝祭廟羣臣畢至乃命綽爲大誥奏行之其詞曰惟中興十有一年仲夏庶邦百辟咸會於王庭柱國泰洎羣公列將罔不來朝時迺大稽百憲敷于庶邦用綏我王度皇帝若曰昔堯命羲和允釐百工舜命九官庶績咸熙武丁命說克號高宗時休哉朕其欽若格爾有位胥暨我太祖之庭朕將丕命女以厥官六月丁巳皇帝朝格於太廟凡厥具僚罔不在位皇帝若曰咨我元輔羣公列將百辟卿士庶尹御事朕惟寡敷祖宗之靈命稽于先王之典訓以大誥乎爾在位昔我太祖神皇肇膺明命以創我皇基烈祖景宗廓開四表底定武功暨乎文祖誕敷文德襲惟孝武不賈其舊自時厥後陵夷之弊用興大難于彼東土則我黎庶咸墜塗炭惟台一人纘戎下武夙夜祇畏若涉大川罔識攸濟是用稽於帝典揆於王度拯我人瘼惟彼哲王示我通訓曰天生蒸黎罔克自乂上帝降鑒叡聖植元后以乂之惟時元后弗克獨乂博求明德命百辟羣吏以佐之肆天之命辟辟之命官惟以卹人弗惟逸豫辟惟元首庶黎惟趾股肱惟弼上下一體各勤攸司茲用克臻於皇極故皇其彝訓曰后克艱厥后臣克艱厥臣政乃乂今台一人膺天之嘏既陟元后股肱百辟又服我國家之命罔不咸守厥職嗟后弗艱厥后臣弗艱厥臣政於何弗斁嗚呼艱哉凡爾在位其敬聽命皇帝若曰柱國惟四海之不造載繇二紀我大祖烈祖之命用錫我以元輔國家將墜公惟棟梁皇之弗極公惟作相百揆諐度公惟大録公其允文允武克明克乂迪七德敷九功龕暴除亂下綏我蒼生傍施於九正若伊之在商周之有呂說之相丁用保我無疆之祚皇帝若曰羣公太宰太尉司徒司空惟公作朕鼎足以弼乎朕躳宰惟天官克諧六職尉惟司武武在止戈徒惟司衆敬敷五教空惟司土利用厚生惟時三事若三階之在天惟茲四輔若四時之成歲天工人其代諸皇帝若曰列將汝惟鷹揚作朕爪牙寇賊姦宄蠻夷猾夏汝徂征綏之以惠董之以威刑期無刑萬邦咸寧俾八表之內莫違朕命時汝功皇帝若曰庶邦列辟汝惟守土作人父母人惟不勝其饑故先王重農不勝其寒故先王貴女工人之不率於孝慈則骨肉之恩薄弗惇於禮讓則爭奪之萌生惟茲六物實爲教本嗚呼爲上在寬寬則人怠齊之以禮不剛不柔稽極於道皇帝若曰卿士庶尹凡百御事王省惟歲卿士惟月庶尹惟日御事惟時歲月日時罔易其度百憲咸貞庶績其凝嗚呼惟若王官陶均萬國若天之有斗斟元氣酌陰陽弗失其和蒼生永賴悖其序萬物以傷時惟艱哉皇帝若曰惟天地之道一陰一陽禮俗之變一文一質爰自三五以迄于茲匪惟相革惟其救弊匪惟相襲惟其可久惟我有魏承乎周之末流接秦漢遺弊襲魏晉之華誕五代澆風因而未革將以穆俗興化庸可暨乎嗟我公輔庶僚列辟朕惟否德其一朕心力祇慎厥艱克遵前王之丕顯休烈弗敢怠荒咨爾在位亦叶于朕心惇德允元惟厥艱是務克捐厥華即厥實背厥僞崇厥誠勿愆勿忘一乎三代之彝典歸於道德仁義用保我祖宗之丕命荷天之休克綏我萬方永康我黎庶戒之哉朕言不再柱國泰洎庶僚百辟拜手稽首曰亶聰明作元后元后作人父母惟三五之王率繇此道用臻於刑措自時厥後歷千載未聞惟帝念功將及叔世逖致於雍熙庸錫降丕命于我羣臣博哉王言非言之難行之實難臣聞靡不有初鮮克有終商書曰終始惟一德迺日新惟帝敬厥始慎厥終以躋日新之德則我羣臣敢不夙夜對揚休哉惟茲大誼未光於四表以邁種德俾九域幽遐咸昭奉元后之明訓率遷於道永膺無疆之休帝曰欽哉自是之後文筆皆依此體綽性儉素不事產業家無餘財以海內未平常以天下爲己任博求賢俊共弘政道凡所薦達皆至大官周文亦推心委任而無間言焉或出游常預署空紙以授綽若須有處分則隨事施行及還啓知而已綽常謂爲國之道當愛人如慈父訓人如嚴師每與公卿議論自晝達夜事無巨細皆指諸掌積思勞倦遂成氣疾十二年卒于位時年四十九周文痛惜之哀動左右及將葬乃謂公卿等曰蘇尚書平生謙退敦尚儉約吾欲全其素志便恐悠悠之徒有所未達如其厚加贈謚又乖宿昔相知之道進退惟谷孤有疑焉尚書令史

麻瑤越次而進曰昔晏子齊之賢大夫一狐裘三十年及其死也遺車一乘齊侯不奪其志綽既操履清白謙挹自居愚謂宜從儉約以彰其美周文稱善因薦瑤於朝廷及綽歸葬武功唯載以布車一乘周文與羣公皆步送出同州郭外周文親於車後酹酒而言曰尚書平生為事妻子兄弟不知者吾皆知之惟爾知吾心吾知爾意方欲共定天下不幸遂捨吾去奈何因舉聲慟哭不覺卮墜於手至葬日又遣使祭以太牢周文自為其文綽又著佛性論七經論並行於世周明帝二年以綽配享文帝廟庭子威嗣

威字無畏少有至性五歲喪父哀毀有若成人周文帝時襲爵美陽縣公仕郡功曹大冢宰宇文護見而禮之以其女新興公主妻焉威見護專權恐禍及已逃入山為叔父所逼卒不獲免然每居山寺以諷讀為娛未幾授持節車騎大將軍儀同三司改封懷道縣公武帝親總萬機拜稍伯下大夫前後所授並辭疾不拜有從父妹適河南元世雄世雄先與突厥有隙突厥入朝請世雄及其妻子將甘心焉周遂遣之威以夷人昧利遂標賣田宅罄資產贖世雄論者義之宣帝嗣位就拜開府隋文帝為丞相高熲屢言其賢亦素重其名召入臥內與語大悅居月餘威聞禪代之議遁歸田里高熲請追之帝曰此不欲預吾事且置之及受禪徵拜太子少保追贈其父邳國公以威襲焉俄兼納言威上表陳讓優詔不許帝嘗與文獻皇后對觴召威及高熲楊素廣平王雄四人謂曰太史言朕祚運盡於三年朕憂懣故舉此酒耳今欲營南山嶮處與公等固之以觀時變將如何威進曰周文脩德旋地動之災宋景一言退法星三舍願陛下恢崇德度享天之休若棄德恃嶮同舟之人誰非敵國縱南山之峭安足固哉帝善其言屬之以酒初威父綽在魏以國用不足為征稅法頗稱為重既而嘆曰所為者正如張弓非平世法也後之君子誰能弛乎威聞其言每以為己任至是奏減賦役務從輕典帝悉從之漸見親重與高熲參掌朝政威見宮中以銀為幔鉤因盛陳節儉之美諭帝帝為改容雕飾舊物悉命除毀帝嘗怒一人將殺之威入閤進諫不納帝怒甚將自出斬之威當前不去帝避之而出威又遮止帝帝拂衣入良久乃召威謝曰公能若是吾無憂矣於是賜馬二匹錢十餘萬歲餘尋復兼大理卿京兆尹御史大夫本官悉如故治書侍御史梁毗劾威兼領五職安繁戀處無舉賢自代心帝曰蘇威朝夕孜孜志存遠大舉賢有闕何遽迫之頓謂威曰用之則行捨之則藏唯我與爾有是夫因謂朝臣曰蘇威不遇我無以措其言我不得蘇威何以行其道楊素才辯無雙至若斟酌古今助我宣化非威匹也蘇威若逢亂世商山四皓豈易屈哉其見重如此未幾拜刑部尚書解少保御史大夫官後京兆尹廢檢校雍州別駕時高熲與威同心協贊政刑大小無不籌之故革運數年天下稱平俄轉戶部尚書納言如故屬山東諸州人饑帝令威振恤之還吏部尚書兼領國子祭酒隋承戰爭之後憲章踳駮帝令朝臣釐改舊法為一代通典律令格式多威所定世以為能九年拜尚書右僕射其年以母憂去職柴毀骨立敕勉諭殷勤未幾起令視事固辭優詔不許明年帝幸并州命與高熲同總留事俄追詣行在所使決人訟尋令持節巡撫江南得以便宜從事過會稽踰五嶺而還江表自晉已來刑法疏緩代族貴賤不相陵越平陳之後牧人者盡改變之無長幼悉使誦五教威加以煩鄙之辭百姓嗟怨使還奏言江表依內州責戶籍上以江表初平召戶部尚書張嬰責以政急時江南州縣又訛言欲徙之入關遠近驚駭饒州吳世華起兵為亂生臠縣令啗其肉於是舊陳率土皆反執長吏抽其腸而殺之曰更使儂誦五教邪尋詔內史令楊素討平之時突厥都藍可汗屢為患復令威至可汗所威子夔以公子盛名引致賓客四海士大夫多歸之時議樂夔與國子博士何妥各有所持於是夔妥各為一議使百寮署其所同朝廷多附威同夔者十八九妥恚曰吾席間函丈四十餘年反為昨暮兒之所屈也遂奏威與禮部尚書盧愷吏部侍郎薛道衡尚書右丞王弘考功侍郎李同和等為朋黨省中呼王弘為世子李同和為叔言二人如威子弟復言威以曲道任其從父弟徹肅等罔冒為官又國子學請黎陽人王孝逸為書學博士威屬盧愷以為其府參軍上令蜀王秀上柱國虞慶則等雜按之事皆驗帝以宋書謝晦傳中朋黨事令威讀之威惶懼免冠頓首帝曰謝已晚矣於是免威官爵以開府就第知名之士坐威得罪者百餘人未幾帝曰蘇威德行者但為人誤耳命之通籍歲餘復爵邳公拜納言從祠太山坐不敬免俄而復位帝謂羣臣曰世人言蘇威詐清家累金玉此妄言也然其性狠戾不切世要求名太甚從已則悅違之必怒此其大病耳仁壽初復拜尚書右僕射帝幸仁壽宮以威總留事及帝還御史奏威職事多不理帝怒詰責威威謝帝亦止煬帝嗣位上將大起長城之役威諫止之高熲賀若弼之誅也威坐相連免官歲餘拜魯郡太守修羽儀名拜太常卿從征吐谷渾進拜右光祿大夫歲餘復為納言與左翊衛大將軍宇文述黃門侍郎裴矩御史大夫裴蘊內史侍郎虞世基參掌朝政時人稱為五貴及征遼東以本官領右武衛大將軍進位光祿大夫賜爵房陵侯尋進封房公以年老乞骸骨不許復以本官參掌選事明年從征遼東領右禦衛大將軍楊玄感之反帝引威於帳中懼見於色謂曰此小兒聰明得不為患邪威曰麤疎非聰明者必無慮但恐浸成亂階耳威見勞役不已百姓思亂以此微欲諷帝帝竟不悟從還至涿郡詔威安撫關中以其孫尚輦直長儇副威子鴻臚少卿夔先為關中簡黜大使一家二人俱使關右三輔榮之歲餘帝手詔曰玉以潔潤丹紫莫能渝其質松表歲寒霜雪莫能凋其采可謂溫仁勁直性之然乎房公威先后舊臣朝之宿齒棟梁社稷弼諧朕躬守文奉法卑身率禮昔漢之三傑輔惠帝者蕭何周之十亂佐成王者邵奭國之寶器其在得賢參變台階具瞻斯允雖事藉論道終期獻替銓衡時務朝寄為重可開府儀同三司餘並如故威當時尊重朝臣莫與為比後從幸鴈門帝為突厥所圍朝廷危懼帝欲輕騎潰圍而出威諫曰城守則我有餘力輕騎則彼之所長陛下萬乘主何宜輕脫帝乃止突厥俄亦解圍去車駕次太原威以盜賊不止勸帝還京師深根固本為社稷計帝初從之竟用宇文述等議遂往東都天下大亂威知帝不可匡正甚患之屬帝問盜賊事宇文述曰盜賊信少不足為虞威不能詭對以身隱殿柱帝呼問之威曰臣非職司不知多少但患其漸近帝曰何謂也威曰他日賊據長白山今者近在滎陽汜水帝不悅而罷屬五月五日百寮上饋多以珍玩威獻尚書一部微以諷帝帝彌不平後復問伐遼東事威對願赦羣盜遣討高麗帝益怒御史大夫裴蘊希旨令御史張行本奏威昔在高陽典選濫授人官怯畏突厥請還京師帝令案其事乃下詔曰威立性朋黨好異端懷挾詭道徼幸名利詆訶律令謗訕臺省昔歲薄伐奉述先志凡預切問各盡胷臆而威不以開懷遂無對命啓沃之道其若是乎於是除名後月餘人有奏威與突厥陰圖不軌大理簿責威威自陳精誠不能上感瑕釁屢彰罪當萬死帝憫而釋之其年從幸江都宮帝將復用威裴蘊虞世基奏言昏耄羸疾帝乃止宇文化及弒逆以威為光祿大夫開府儀同三司化及敗歸於李密密敗歸東都越王侗以為上柱國邳公王世充僭署太師威自以隋室舊臣遭逢喪亂所經之處皆與時消息以求容免及太宗平世充坐於東都閶闔門內威請謁見稱老病不能拜起上遣人數之曰公隋朝宰輔政亂不能匡救遂令品物塗炭君弒國亡見李密世充皆拜伏舞蹈今既老病無勞相見尋入長安至朝堂請見高祖又不許終於家時年八十二威行已清儉以廉慎見稱然每至公議惡人異已雖或小事必固爭之時人以為無大臣之體所修格令章程並行於當世頗傷煩碎論者以為非簡久之法及大業末年尤多征役至於論功行賞威每承望風旨輒寢其事時羣盜蜂起郡縣有奏聞者又訶詰使人令減賊數故出師攻討多不剋捷由是遂致敗亂為物議所譏子夔

夔字伯尼聰敏有口辯然性輕險無行八歲誦詩兼解騎射年十三從父至尚書省與安德王雄射賭得駿馬而歸十四詣學與諸儒議論詞致可觀見者皆稱善及長博覽羣言尤以鍾律自命初名哲字知人父威由是改之頗為有識所哂起家太子通事舍人楊素見而奇之每戲威曰楊素無兒蘇夔無父後與鄭譯何妥議樂得罪議寢不行著樂志十五篇以見其志數載遷太子舍人以罪免居數年仁壽三年詔天下舉達禮樂源者晉王昭時為雍州牧舉夔與諸州所舉五十餘人謁見帝望夔謂侍臣曰唯此一人稱吾所舉於是拜晉王友煬帝嗣位歷太子洗馬司朝謁者以父免職夔亦去官後歷尚書職方郎燕王司馬遼東之役以功拜朝散大夫時帝方勤遠略蠻夷來朝帝謂宇文述虞世基曰四夷率服觀禮華夏鴻臚之職須歸令望寧有多才藝美容儀可接賓客者為之乎咸以夔對即日拜鴻臚少卿其年高昌王麴伯雅來朝朝廷妻以公主夔有雅望令主婚其後延和弘化等數郡盜賊屯結詔夔巡關中及突厥圍鴈門夔於鎮城東南為弩樓車箱獸圈一夕而就帝見善之以功進位通議大夫坐父事除名後會丁母憂不勝哀卒時年四十九

綽弟椿字令欽性廉慎沉勇有決斷魏正光中關右賊亂椿應募討之受盪寇將軍以功累遷中散大夫賜爵美陽子大統初拜鎮東將軍金紫光祿大夫賜姓賀蘭氏後除帥都督行弘農郡事椿當官強濟特為周文帝所知十四年置當州鄉帥自非鄉望允當眾心者不得預焉乃令驛追椿領鄉兵其年破槃頭氏有功除散騎常侍加大都督十六年征隨郡軍還除武功郡守既為

本邑以清儉自居小大之政必盡忠恕進爵爲侯位驃騎大將軍開府儀同三司大都督卒子植嗣

亮字景順綽從兄也祖稚字天祐位中書侍郎玉門郡守父祐泰山郡守亮少通敏博學好屬文善章奏與弟湛等皆著名西土一家舉二秀才亮初舉秀才至洛陽過河內常景景深器之而謂人曰秦中才學可以抗山東將此人乎魏齊王蕭寶夤引爲參軍寶夤遷大將軍仍爲之掾寶夤雅相知重凡有文檄謀議皆以委之尋行武功郡事甚著聲績寶夤作亂以亮爲黃門侍郎亮善處人間與物無忤及寶夤敗從之者多遇禍唯亮獲全及長孫承業尒朱天光等西討並以亮爲郎中專典文翰賀拔岳爲關西行臺引亮爲左丞典機密魏孝武西遷遷吏部郎中大統二年拜給事黃門侍郎領中書舍人魏文帝子宜都王式爲秦州刺史以亮爲司馬帝謂亮曰黃門侍郎豈可爲秦州司馬直以朕愛子出藩故以心腹相委勿以爲恨臨辭賜以御馬八年封臨涇縣子除中書監領著作修國史亮有機辯善談笑周文帝甚重之有所籌議率多會旨記人之善忘人之過薦達後進常如弗及故當世敬慕歷祕書監大行臺尚書出爲岐州刺史朝廷以其作牧本州特給路車鼓吹先還其宅幷給騎士三千列羽儀游鄉黨經過故人歡飲旬日然後入州世以爲榮十年徵拜侍中卒於位贈本官亮少與從弟綽俱知名然綽稍不逮亮至於經畫進趣亮又減之故世稱二蘇焉亮自大統以來無歲不轉官一年或至三遷僉曰才至不怪其速也所著文筆數十篇頗行於世子師嗣以亮名重於時起家黃門侍郎

亮弟湛字景儁少有志行與亮俱著名西土年二十餘舉秀才除奉朝請領侍御史加員外散騎侍郎蕭寶夤西討以湛爲行臺郎中深見委任及寶夤將謀叛逆湛時臥疾於家寶夤乃令湛從母弟天水姜儉謂湛曰吾不能坐受死亡今便爲身計不復作魏臣也與卿死生榮辱方當共之故以相報湛聞之舉聲大哭儉遽止之曰何得便爾湛曰闔門百口卽將屠滅云何不哭哭數十聲徐謂儉曰爲我白齊王王本以窮而歸人賴朝廷假王羽翼遂得榮寵至此旣屬國步多虞不能竭誠報德豈可乘人間隙便有問鼎之心乎今魏德雖衰天命未改王之恩義未洽於人破亡之期必不旋踵蘇湛終不能以積世忠貞之基一旦爲王族滅也寶夤復令儉謂湛曰此是救命之計不得不爾湛復曰凡舉大事當得天下奇士今但共長安博徒小兒輩爲此計豈有辦哉湛不忍見荆棘生王戶庭也願賜骸骨還舊里庶歸全地下無愧先人寶夤素重之知必不爲已用遂聽還武功寶夤後果敗孝莊帝卽位徵拜尚書郎帝嘗謂之曰聞卿答蕭寶夤甚有美辭可爲我說之湛頓首謝曰臣自惟言辭不如伍被遠矣然始終不易竊謂過之但臣與寶夤周旋契闊言得盡心而不能令其守節此臣之罪也孝莊大悅加散騎侍郎尋遷中書孝武初以疾還鄉里終於家贈散騎常侍鎮西將軍雍州刺史

湛弟讓字景恕幼聰敏好學頗有人倫鑒初爲本州主簿稍遷別駕武都郡守鎮遠將軍金紫光祿大夫及周文帝爲丞相引爲府屬甚見親待出爲衞將軍南汾州刺史有善政尋卒官贈車騎大將軍儀同三司涇州刺史

論曰周惠達見禮寶夤遂契闊於戎寇不以夷險易志斯固篤終之士也周文提劒而起百度草創施約法之制於競逐之辰修太平之禮於鼎峙之日終能斲雕爲朴變奢從儉風化旣被而下肅上尊疆埸屢動而內安外附斯蓋蘇綽之力也邳公周道云季方事幽貞隋室龍興首應旌命綢繆任遇窮極寵榮久處機衡多所損益罄竭心力知無不爲然志尚清儉體非弘廣好同惡異有乖直道不存易簡未爲通德歷事二帝三十餘年雖廢黜當時終稱遺老君邪而不能正言國亡而情均衆庶于違汝弼徒聞其語疾風勁草未見其人禮命闕於興王抑亦此之由也蘷志識沉敏方雅可稱若天假之年足以不虧堂構矣

北史卷六十三考證

馮景傳卽與景歃血託岳爲兄涕○涕別本作弟

蘇綽傳及布種旣說嘉苗須理○說應係訖字之訛

百祿是求○求詩作遒今各本俱同仍之

依員而置猶以爲小○小應係少字之訛

亮傳玉門郡守○玉監本訛王今改正

寶夤遷大將軍仍爲之掾○掾監本訛椽今改正

亮弟湛傳豈有辦哉○辦監本訛辨今改從南本

湛弟讓傳甚見親待○甚監本訛其今改從周書

北史卷六十四

唐　李延壽　撰

列傳第五十二

韋孝寬兄夐　夐子世康　韋瑱子師

柳虯弟檜　慶　慶子機　機子述　機弟弘　旦　肅　從子謇之

韋叔裕字孝寬京兆杜陵人也少以字行世爲三輔著姓祖直善魏馮翊扶風二郡守父旭武威郡守建義初爲大行臺右丞加輔國將軍雍州大中正永安二年拜右將軍南幽州刺史時氐賊數爲抄竊旭隨機招撫並卽歸附尋卒官贈司空冀州刺史諡曰文惠孝寬沉敏和正涉獵經史弱冠屬蕭寶夤作亂關右乃詣闕請爲軍前驅朝廷嘉之卽拜統軍隨馮翊公長孫承業西征每戰有功拜國子博士行華山郡事屬侍中楊侃爲大都督出鎮潼關引孝寬爲司馬侃奇其才以女妻之永安中授宣威將軍給事中尋賜爵山北縣男普泰中以都督從荆州刺史源子恭鎮穰城以功除淅陽郡守時獨孤信爲新野郡守同隸荆州與孝寬情好欵密政術俱美荆部吏人號爲連璧孝武初以都督鎮城周文帝自原州赴雍州命孝寬隨軍及剋潼關卽授弘農郡守從擒竇泰兼左丞節度宜陽兵馬事仍與獨孤信入洛陽城郡守復與宇文貴怡峯應接潁川義徒破東魏將任祥堯雄於潁川孝寬又進平樂口下豫州獲刺史馮邕又從戰於河橋時大軍不利邊境騷然乃令孝寬以本將軍行宜陽郡事尋遷南兗州刺史是歲東魏將段琛堯傑復據宜陽遣其揚州刺史牛道恒扇誘邊人孝寬深患之乃遣諜人訪獲道恒手迹令善學書者僞作道恒與孝寬書論歸欵意又爲落燼燒迹若火下書者還令諜人送於琛營琛得書果疑道恒其所欲經略皆不見用孝寬知其離阻因出奇兵掩襲禽道恒及琛等崤澠遂清大統五年進爵爲侯八年轉晉州刺史尋移鎮玉壁兼攝南汾州事先是山胡負險屢爲刼盜孝寬示以威信州境肅然進授大都督十二年齊神武傾山東之衆志圖西入以玉壁衝要先命攻之連營數十里至於城下乃於城南起土山欲乘之以入當其山處城上先有兩高樓孝寬更縛木接之令極高峻多積戰具以禦之齊神武使謂城中曰縱爾縛樓至天我會穿城取爾遂於城南鑿地道又於城北起土山攻具晝夜不息孝寬復掘長塹要其地道仍簡戰士屯塹城外每穿至塹戰士卽擒殺之又於塹外積柴貯火敵人有在地道內者便下柴火以皮排吹之火氣一衝咸卽灼爛城外又造攻車車之所及莫不摧毀雖有排楯莫之能抗孝寬乃縫布爲縵隨其所向則張設之布懸於空中其車竟不能壞城外又縛松於竿灌油加火規以燒布幷欲焚樓孝寬復長作鐵鉤利其鋒刃火竿一來以鉤遙割之松麻俱落外又於城四面穿地作二十一道分爲四路於其中各施梁柱作訖以油灌柱放火燒之柱折城並崩壞孝寬又隨崩處豎木柵以扞之敵不得入城外盡其攻擊之術孝寬咸拒破之神武無如之何乃遣倉曹參軍祖孝徵謂曰未聞救兵何不降也孝寬報云我城池嚴固兵食有餘攻者自勞守者常逸豈有旬朔之間已須救援適憂爾衆有不反之危孝寬關西男子必不爲降將軍也俄而孝徵復謂城中人曰韋城主受彼榮祿或復可爾自外軍士何事相隨入湯火中邪乃射募格於城中云能斬城主降者拜太尉封開國郡公邑萬戶賞帛萬匹孝寬手題書背反射城外云若有斬高歡者一依此賞孝寬弟子遷先在山東又鎖至城下臨以白刃若有不早降便行大戮孝寬慷慨激揚略無顧意士卒莫不感勵人有死難之心神武苦戰六旬傷及病死者十四五智力俱困因而發疾其夜遁去後因此忿恚遂殂魏文帝嘉孝寬功令殿中尚書長孫紹遠左丞王悅至玉壁勞問授驃騎大將軍開府儀同三司進爵建忠郡公廢帝二年爲雍州刺史先是路側一里置一土堠經雨頹毀每須修之自孝寬臨州乃勒部內當堠處植槐樹代之旣免修復行旅又得庇蔭周文後見怪問知之曰豈得一州獨爾當令天下同之於是令諸州夾道一里種一樹十里種三樹百里種五樹焉恭帝元年以大將軍與燕公于謹伐江陵平之以功封穰縣公還拜尚書右僕射賜姓宇文氏三年周文北巡命孝寬還鎮玉壁周孝閔帝踐阼拜小司徒明帝初參麟趾殿學士考校圖籍保定初以孝寬立勳玉壁置勳州仍授勳州刺史齊人遣使至玉壁求通互市晉公護以其相持日久絕無使命一日忽來求交易疑別有故又以皇姑皇世母先沒在彼因其請和之際或可致之遂令司門下大夫尹公正至玉壁共孝寬詳議孝寬乃於郊盛設供帳令公正接對使人兼論皇家親屬在東之意使者辭色甚悅時又有汾州胡抄得關東人孝寬復放東還並致書一牘具陳朝廷欲敦隣好遂以禮送皇姑及護母等孝寬善於撫御能得人心所遣間諜入齊者皆爲盡力亦有齊人得孝寬金貨遙通書疏故齊動靜朝廷皆先知時有主帥許盆孝寬度以心膂令守一

城盆乃以城東入孝寬怒遣諜取之俄而斬首而還其能致物情如此汾州之北離石以南悉是生胡抄掠居人阻斷河路孝寬深患之而地入於齊無方誅翦欲當其要處置一大城乃於河西徵役徒十萬甲士百人遣開府姚岳監築之岳色懼以兵少爲難孝寬曰計成此城十日卽畢旣去晉州四百餘里一日創手二日僞境始知設令晉州徵兵二日方集謀議之間自稽三日計其軍行二日不到我之城隍足得辦矣乃令築之齊人果至南首疑有大軍乃停留不進其夜又令汾水以南傍介山稷山諸村所在縱火齊人謂是軍營遂收兵自固版築克就卒如孝寬言四年進位柱國時晉公護將東討孝寬遣長史辛道憲啓陳不可護不從旣而大軍果不利後孔城遂陷宜陽被圍孝寬乃謂其將帥曰宜陽一城之地未能損益然兩國爭之勞師數載彼多君子寧乏謀猷若棄崤東來圖汾北我之疆界必見侵擾今宜於華谷及長秋速築城以杜賊志脫其先我圖之實難於是畫地形具陳其狀晉公護令長史叱羅協謂使人曰韋公子孫雖多數不滿百汾北築城遣誰固守事遂不行天和五年進爵鄖國公增邑通前萬戶是歲齊人解宜陽之圍經略汾北築城守之其丞相斛律明月率數十騎至汾東請與孝寬相見明月云宜陽小城久勞戰爭今旣入彼欲於汾北取償幸勿怪也孝寬答曰宜陽彼之要衝汾北我之所棄我棄彼圖取償安在且君輔翼幼主位重望隆理宜調陰陽撫百姓焉用極武窮兵結怨連禍且滄瀛大水千里無煙復欲使汾晉之間橫尸暴骨苟貪尋常之地塗炭無辜之人竊爲君不取孝寬參軍曲嚴頗知卜筮謂孝寬曰來年東朝必大相殺戮孝寬因令嚴作謠歌曰百升飛上天明月照長安百升斛也又言高山不摧自崩槲樹不扶自豎令諜人多齎此文遺之於鄴祖孝徵旣聞更潤色之明月竟以此誅建德之後武帝志在平齊孝寬乃上疏陳三策其第一策曰臣在邊積年頗見間隙不因際會難以成功是以往歲出車徒有勞費功績不立由失機會何者長淮之南舊爲沃土陳氏以破亡餘燼猶能一舉平之齊人歷年赴救喪敗而反內離外叛計盡力窮傳不云乎讎有釁焉不可失也今大軍若出軹關方軌而進兼與陳氏共爲掎角并令廣州義旅出自三鵶又募山南驍銳沿河而下復遣北山稽胡絕其并晉之路凡此諸軍仍令各募關河之外勁勇之士厚其爵賞使爲前驅岳動川移雷駭電激百道俱進竝趨虜庭必當望旗奔潰所向摧殄一戎大定實在此機其第二策曰若國家更爲後圖未卽大舉宜與陳人分其兵勢三鵶以北萬春以南廣事屯田預爲貯積募其驍悍立爲部伍彼旣東南有敵戎馬相持我出奇兵破其疆埸彼若興師赴援我則堅壁清野待其去遠還復出師常以邊外之軍引其腹心之衆我無宿舂之費彼有奔命之勞一二年中必自離叛且齊氏昏暴政出多門鬻獄賣官唯利是視荒淫酒色忌害忠良闔境熬然不勝其弊以此而觀覆亡可待然後乘間電掃事等摧枯其第三策曰竊以大周土宇跨據關河蓄席卷之威持建瓴之勢太祖受天明命與物更新是以二紀之中大功克舉南清江漢西龕巴蜀塞表無虞河右底定唯彼趙魏獨爲榛梗者正以有事三方未遑東略遂使漳滏游魂更存餘晷昔勾踐亡吳尚期十載武王取亂猶煩再舉今若更存遵養且復相時臣謂宜還崇鄰好申其盟約安人和衆通商惠工蓄銳養威觀釁而動斯則長策遠馭坐自兼并也書奏武帝遣小司寇淮南公元衞開府伊婁謙等重幣聘齊爾後遂大舉再駕而定山東卒如孝寬之策孝寬每以年迫懸車屢請致仕帝以海內未平優詔弗許至是復稱疾乞骸骨帝曰往以面申本懷何煩重請也五年帝東伐過幸玉壁觀禦敵之所深歎美之移時乃去孝寬自以習練齊人虛實請爲先驅帝以玉壁要衝非孝寬無以鎮之乃不許及趙王招率兵出稽胡與大軍掎角乃敕孝寬爲行軍總管圍守華谷以應接之孝寬尅其西城武帝平晉州復令孝寬還舊鎮及帝凱旋復幸玉壁從容謂孝寬曰世稱老人多智善爲軍謀然朕唯共少年一舉平賊公以爲如何孝寬對曰臣今衰耄唯有誠心而已然昔在少壯亦曾輸力先朝以定關右帝大笑曰實如公言乃詔孝寬隨駕還京拜大司空出爲延州總管進位上柱國大象元年除徐兗等十一州十五鎮諸軍事徐州總管又爲行軍元帥徇地淮南乃分遣杞公宇文亮攻黃城郕公梁士彥攻廣陵孝寬率衆攻壽陽竝拔之初孝寬到淮南所在皆密送誠款然彼五門尤爲險要陳人若開塘放水卽津濟路絕孝寬遽令分兵據守之陳刺史吳文立果遣決堰已無及於是陳人退走江北悉平軍還至豫州宇文亮舉兵文立以數百騎襲孝寬營時亮國官茹寬密白其狀孝寬有備亮不得入遁走孝寬追獲之詔以平淮南之功別封一子滑國公及宣帝崩隋文帝輔政時尉遲迥先爲相州總管詔孝寬代之又以小司徒叱列長文爲相州刺史先令赴鄴孝寬續進至朝歌迥遣其大都督賀蘭貴齎書候孝寬孝寬留貴與語以察之疑其有變遂稱疾徐行又使人至相州求醫藥密以伺之旣到湯陰逢長文奔還孝寬兄子魏郡守藝又棄郡南走孝寬審知其狀乃馳還所經橋道皆令毀撤驛馬悉擁以自隨又勒驛將曰蜀公將至可多備餚酒及芻粟以待之迥果遣儀同梁子康將數百騎追孝寬驛司供設豐厚所經之處皆輒停留由是不及時或勸孝寬以爲洛京虛弱素無守備河陽鎮防悉是關東鮮卑迥若先往據之則爲禍不小乃入保河陽河陽城內舊有鮮卑八百人家竝在鄴見孝寬輕來謀欲應迥孝寬知之遂密造東京官司詐稱遣行分人詣洛受賜旣至洛陽竝留不遣因此離解其謀不成六月詔發關中兵以孝寬爲元帥東伐七月軍次河陽迥所署儀同薛公禮等圍逼懷州孝寬遣兵擊破之進次懷縣永橋城之東南其城旣在要衝雉堞牢固迥已遣兵據之諸將士以此城當路請先攻取孝寬曰城小而固若攻而不拔損我兵威今破其大軍此亦何能爲也於是引軍次於武陟大破迥子惇惇輕騎奔鄴軍次於鄴西門豹祠之南迥自出戰又破之迥窮迫自殺兵士在小城中者盡坑之於游豫園諸有未服皆隨機討之關東悉平十月凱還京師十一月薨時年七十二贈太傅十二州諸軍事雍州牧諡曰襄孝寬在邊多載屢抗強敵所有經略布置之初人莫之解見其成事方乃驚服雖在軍中篤意文史政事之餘每自披閱末年患眼猶令學士讀而聽之又早喪父母事兄嫂甚謹所得俸祿不入私房親族有孤遺者必加振贍朝野以此稱焉長子諶年十歲魏文帝欲以女妻之寬辭以兄子世康年長帝嘉之遂以妻世康孝寬有六子總壽霽津知名總字善會聰敏好學位驃騎大將軍開府儀同三司納言京兆尹帝常戲總曰卿師尹帝鄉故當不以富貴威福鄉里邪總乃正色對曰陛下擢臣非分竊謂已鑒愚誠今奉嚴旨便似未照丹赤豈可久忝此職用疑聖慮請解印綬以避賢能帝大笑曰前言戲之耳五年從武帝東征總每率麾下先驅陷敵遂於并州戰歿時年二十九贈上大將軍追封河南郡公諡曰貞六年重贈柱國五州刺史子國成嗣後襲孝寬爵鄖國公隋文帝追錄孝寬舊勳開皇初詔國成食封三千戶收其租賦

壽字世齡以貴公子早有令譽位京兆尹武帝親征齊委以後事以父軍功賜爵永安縣侯隋文帝爲丞相以其父平尉遲迥拜壽儀同三司進封滑國公文帝受禪歷位恒尾二州刺史頗有能名以疾徵還卒于家諡曰定仁壽中文帝爲晉王廣納其女爲妃其子保巒嗣壽弟霽位太常少卿安邑縣伯霽弟津位內史侍郎戶部侍郎判尚書事孝寬兄夐

夐字敬遠志尚夷簡澹於榮利弱冠被召拜雍州中從事非其好也遂謝疾去前後十見徵辟皆不應命屬周文帝經綸王業側席求賢聞夐養高不仕虛心敬悅遣使辟之備加禮命雖情諭甚至而竟不能屈彌以重之亦弗之奪也所居之宅枕帶林泉夐對翫琴書蕭然自逸時人號爲居士焉至有慕其閑素者或載酒從之夐亦爲之盡歡接對忘倦明帝卽位禮敬愈厚乃爲詩以貽之曰六爻貞遯世三辰光少微潁陽讓逾遠滄洲去不歸香動秋蘭佩風飄蓮葉衣坐石窺仙洞乘槎下釣磯嶺松千仞直巖泉百丈飛聊登平樂觀遙望首陽薇詎能同四隱來參余萬機夐答帝詩願時朝謁帝大悅敕有司日給河東酒一升號之曰逍遙公時晉公護執政廣營第宅嘗召夐至宅訪以政事夐仰視其堂乃徐而歎曰酣酒嗜音峻宇雕墻有一於此未或弗亡護不悅有識者以爲知言陳遣其尚書周弘正來聘素聞夐名請與相見朝廷許之弘正乃造夐談讌盡日恨相遇之晚後請夐至賓館夐不時赴弘正乃贈詩曰德星猶未動眞車詎肯來其爲當時所欽挹如此武帝嘗與夐夜宴大賜之縑帛令侍臣數人負以送出夐唯取一匹示承恩旨而已帝以此益重之孝寬爲延州總管夐至州與孝寬相見將還孝寬以所乘馬及轡勒與夐夐以其華飾心弗欲之笑謂孝寬曰昔人不棄遺簪墜屨者惡與之同出不與同歸吾之操行雖不逮前烈然捨舊錄新亦非吾志也於是乃乘舊馬以歸武帝又以佛道儒三教不同詔夐辨其優劣夐以三教雖殊同歸於善其迹似有深淺其致理殆無等級乃著三教序奏之帝覽而稱善時宣帝在東宮亦遺夐書并令以帝所乘馬迎之問以立身之道夐對曰傳不云乎儉爲德之恭侈爲惡之大欲不可縱志不可滿竝聖人之訓也願殿下察之夐子瓘行隨州刺史因疾物故孝寬子總復於并州戰歿一日之中凶問俱至家人相對悲慟而夐神色自若謂之曰死生命也去來常事亦何足悲援琴撫之如舊夐又雅好名義虛襟善誘雖耕夫牧豎有一介可稱者皆接引之特與族人處玄及安定梁曠爲放逸之友少愛文史留情著述手自抄錄數十萬言晚年虛靜

唯以體道會眞爲務舊所制述咸削其藁故文筆多竝不存建德中敻以年老預戒其子等曰昔士安以籧篨束體王孫以布囊繞尸二賢高達非庸才能繼吾死之日可斂舊衣莫更新造使棺足周尸牛車載柩墳高四尺壙深一丈其餘煩雜悉無用也朝晡奠食於事彌煩吾不能頓絕汝輩之情可朔望一奠而已仍薦蔬素勿設牲牢親友欲以物弔祭者竝不得爲受吾常恐臨終恍惚故以此言預戒汝輩瞑目之日勿違吾志也宣政元年二月卒於家時年七十七武帝遣使弔祭賻贈有加其喪制葬禮諸子等竝遵其遺戒子世康

世康幼而沉敏有器度年十歲州辟主簿在魏弱冠爲直寢封漢安縣公尚周文帝女襄樂公主授儀同三司仕周歷位典祠下大夫沔硤二州刺史從武帝平齊授司州總管長史時東夏初定百姓未安世康綏撫之士庶胥悅入爲戶部中大夫進位上開府轉司會中大夫尉遲迥之亂隋文帝謂世康曰汾絳舊是周齊分界因此亂階恐生搖動今以委公因授絳州刺史以雅望鎭之闔境清肅世康性恬素好古不以得喪干懷在州有止足之志與子弟書曰吾生因緒餘夙霑纓弁驅馳不已四紀於茲亟登袞命頻莅方岳志除三惑心愼四知以不貪而爲寶處脂膏而莫潤如斯之事頗爲時悉今耄雖未及壯年已謝霜早梧楸風先蒲柳眼闇更劇不見細書足疾彌增非可趨走祿豈須多防滿則退年不待暮有疾便辭況孃春秋已高溫凊宜奉晨昏有闕罪在我躬今世穆世文竝從武役吾與世沖復嬰遠任陟岵瞻望此情彌切桓山之悲倍深常戀意欲上聞乞遵禮教未訪汝等故遺此及與言遠慕慼咽難勝諸弟報以事恐難遂乃止在任有惠政奏課連最擢爲禮部尚書世康寡嗜慾不慕勢貴未嘗以位望矜物聞人之善若已有之亦不顯人過咎以求名譽進爵上庸郡公轉吏部尚書選用平允請託不行以母憂去職固辭乞終私制上不許開皇七年將事江南議重方鎭拜襄州刺史坐事免未幾授安州總管遷信州總管十三年復拜吏部尚書前後十餘年間多所進拔朝廷稱爲廉平嘗因休暇謂子弟曰吾聞功遂身退古人常道今年將耳順志在懸車汝輩以爲云何子福嗣答曰大人澡身浴德名立官成盈滿之戒先哲所重欲追蹤二疏伏奉尊命後因侍宴世康再拜陳讓願乞骸骨上曰冀與公共理天下今之所請深乖本望縱筋力衰謝猶屈公臥臨一隅於是出拜荊州總管時天下唯置荊并揚益四大總管并揚益三州竝親王臨統唯荊州委於世康時論以此爲美世康爲政簡靜百姓愛悅卒於州閭而痛惜贈大將軍諡曰文世康性孝友初以諸弟位竝隆貴獨季弟世約宦途不達共推父時田宅盡以與之世多其義長子福子位司隸別駕次子福嗣位內史舍人後以罪黜楊玄感之亂從衞玄戰敗於城北爲玄感所獲令爲文檄詞甚不遜尋背玄感還東都帝銜之車裂於高陽少子福奬通事舍人在東都與玄感戰沒

世康兄洸字世穆性剛毅有器幹少便弓馬仕周釋褐直寢上士數從征伐累遷開府賜爵衞國縣公隋文帝爲丞相從季父孝寬擊尉遲迥於相州以功拜柱國進襄陽郡公時突厥寇邊皇太子屯咸陽令洸統兵出原州道與虜相遇擊破之拜江陵總管俄拜安州總管伐陳之役爲行軍總管及陳平拜江州總管略定九江遂進圖嶺南上與書慰勉之洸至廣州嶺表皆降之上聞而大悅許以便宜從事洸所綏集二十四州拜廣州總管歲餘番禺夷王仲宣反以兵圍洸洸拒之中流矢卒贈上柱國賜綿絹萬段諡曰敬子協字欽仁好學有雅量位祕書郎其父在廣州有功上命協齎詔書勞問未至而父卒上以其父死王事拜協柱國歷定息秦三州刺史有能名卒官洸弟瓘字世恭御正下大夫儀同三司行隨州刺史

瓘弟藝字世文周武帝時以軍功位上儀同賜爵修武縣侯授左旅下大夫出爲魏郡太守及隋文帝爲丞相尉遲迥陰圖不軌朝廷遣藝季父孝寬馳往代迥孝寬將至鄴詐病止傳舍從迥求藥以密觀變藝因投孝寬卽從孝寬擊迥以功進位上大將軍改封武威縣公以修武縣侯別封一子文帝受禪進封魏興郡公拜齊州刺史爲政通簡士庶懷惠遷營州總管藝容貌瓌偉每夷狄參謁必整儀衞盛服以見之獨坐滿一榻蕃人畏懼莫敢仰視而大修產業與北夷貿易家資鉅萬頗爲清論所譏卒官諡曰懷藝弟沖字世沖以名家子在周釋褐衞公府禮曹參軍從大將軍元定度江伐陳爲陳人所虜周武帝以幣贖還之帝復令沖以馬千匹使陳贖開府賀拔華等五十人及元定之柩而還沖有辭辯奉使稱旨累遷小御伯下大夫加上儀同拜汾州刺史隋文帝踐阼徵兼散騎常侍進位開府賜爵安固縣侯歲餘發南汾州胡千餘人北築長城在塗皆亡上呼沖問之沖曰皆由牧宰不稱所致請以理綏靜可不勞兵而定上因命沖綏懷叛者月餘竝赴長城上降書勞勉之尋拜石州刺史甚得諸胡歡心以母憂去職俄起爲南寧州總管持節撫慰復遣柱國王長述以兵繼進沖既至南寧渠帥首領皆詣府參謁上大悅下詔褒揚之其兄子伯仁隨沖在府掠人之妻士卒縱暴邊人失望上聞之大怒令蜀王秀按其事益州長史元巖性方正按沖無所寬貸竟坐免官其弟太子洗馬世約譖巖於皇太子上謂太子曰古人云酤酒酸而不售者爲噬犬耳今何用世約乎世約遂除名後令沖檢校括州事時東陽賊帥陶子定吳州賊帥羅慧方竝聚衆爲亂沖率兵破之改封義豐縣侯檢校泉州事遷營州總管沖容貌都雅寬厚得衆心撫靺鞨契丹皆能致其死力奚霫畏懼朝貢相續高麗嘗入寇沖擊走之及文帝爲豫章王時納沖女爲妃徵拜戶部尚書卒官少子挺知名

韋瑱字世珍京兆杜陵人也世爲三輔著姓曾祖惠度姚泓尚書郎隨劉義眞過江仕宋爲順陽太守行南雍州事後於襄陽歸魏拜中書侍郎贈洛州刺史祖千雄略陽郡守父英代郡守贈兗州刺史瑱幼聰敏有夙成之量起家太尉府法曹參軍累遷諫議大夫周文帝爲丞相封長安縣男轉行臺左丞遷南郢州刺史復令爲行臺左丞瑱明察有幹局再居左轄時論榮之從復引農戰沙苑加衞大將軍左光祿大夫從戰河橋進爵爲子大統八年齊神武侵汾絳瑱從周文禦之軍還以本官鎭蒲津關帶中潭城主歷鴻臚卿以望族兼領鄉兵加帥都督進散騎常侍魏恭帝三年賜姓宇文氏三年除瓜州刺史州通西域蕃夷往來前後刺史多受賂遺胡寇犯邊又莫能禦瑱雅性清儉兼有武略蕃夷贈遺一無所受胡人畏威不敢爲寇公私安靜夷夏懷之周孝閔帝踐阼進爵平齊縣伯秩滿還京吏人戀慕老幼追送留連十數日方得出境明帝嘉之授侍中驃騎大將軍開府儀同三司卒贈岐宜二州刺史諡曰惠又追封爲公詔其子峻襲峻位至車騎大將軍儀同三司峻子德政隋大業中給事郎峻弟師

師字公穎少沉謹有志性初就學始讀孝經捨書而歎曰名教之極其在茲乎少丁父母憂居喪盡禮州里稱其有孝行及長略涉經史尤工騎射周大冢宰宇文護引爲中外府記室轉賓曹參軍師雅知諸蕃風俗及山川險易其有夷狄朝貢師必接對論其國俗如視諸掌夷人驚服無敢隱情齊王憲爲雍州牧引爲主簿本官如故及武帝親總萬機轉少府大夫及齊平詔師安撫山東徙爲賓部大夫隋文帝受禪拜吏部侍郎賜爵井陘侯還河北道行臺兵部尚書奉詔爲山東河南十八州安撫大使奏事稱旨兼領晉王廣司馬其族人世康爲吏部尚書與師素懷勝負于時廣爲雍州牧盛存望第以司空楊雄尚書左僕射高熲竝爲州都督引師爲主簿而世康弟世約爲法曹從事世康恚恨不能食又恥世約在師之下召世約數之曰汝何故爲從事遂杖之後從上幸醴泉宮上召師與左僕射高熲上柱國韓擒等於臥內賜宴令各敘舊事以爲笑樂平陳之役以本官領元帥掾陳國府藏悉委於師秋毫無犯稱爲清白後上爲長寧王儼納其女爲妃除汴州刺史甚有政名卒官諡曰定師宗人暮仕周位內史大夫隋文帝初以定策功累遷上柱國封普安郡公開皇初卒於蒲州刺史

柳虬字仲盤河東解人也五世祖恭仕後趙爲河東郡守後以秦趙喪亂率人南徙居汝潁間遂仕江表祖緝宋州別駕宋安郡守父僧習善隸書敏於當世與豫州刺史裴叔業據州歸魏歷北地潁川二郡守揚州大中正虬年十三便專精好學時貴游子弟就學者竝車服華盛唯虬不事容飾徧受五經略通大義兼涉子史雅好屬文孝昌中揚州刺史李憲舉虬秀才兗州刺史馮雋引虬爲府主簿既而樊子鵠爲吏部尚書其兄義爲揚州刺史乃以虬爲揚州中從事加鎭遠將軍非其好也竝棄官還洛陽屬天下喪亂乃退耕於陽城有終焉之志大統三年馮翊王元季海領軍獨孤信鎭洛陽于時舊京荒廢人物罕存唯有虬在陽城裴諏在潁川信等乃俱徵之以虬爲行臺郎中諏爲北府屬竝掌文翰時人爲之語曰北府裴諏南府柳虬時軍旅務殷虬勵精從事或通夜不寢季海常云柳郎中判事我不復重看四年入朝周文帝欲官之虬辭母老乞侍醫藥周文許焉又爲獨孤信開府從事中郎信出鎭隴右因爲秦州刺史以虬爲二府司馬雖處元僚不綜府事唯在信左右談論而已因使見周文被留爲丞相府記室追論歸朝功封美陽縣男虬以史官密書善惡未足懲勸乃上疏曰古者人君立史官非但記事而已蓋所爲鑒誡也動則左史書之言則右史書之彰善癉惡以樹風聲故南史抗節表崔杼之罪董狐書法明趙盾之愆是知執筆於朝其來久矣而漢魏已還密爲記注徒聞後世無益當時非所謂將順其美匡救其惡者且著述之人密書縱能直筆人莫知之何止物生橫議亦自異端互起故班固致受金之名陳壽有求米之論著漢魏者非

一氏造晉史者至數家後代紛紜莫知準的伏惟陛下則天稽古勞心庶政開誹謗之路納忠讜之言諸史官記事者請皆當朝顯言其狀然後付之史閣庶令是非明著得失無隱使聞善者日修有過者知懼事遂施行十四年除祕書丞領著作舊丞不參史事自蚪爲丞始令監掌焉遷中書侍郎修起居注仍領丞事時人論文體者有今古之異蚪又以爲時有古今非文有古今乃爲文質論文多不載廢帝初遷祕書監加車騎大將軍儀同三司蚪脫略人間不事小節弊衣蔬食未嘗改操人或譏之蚪曰衣不過適體食不過充飢孜孜營求徒勞思慮耳恭帝元年冬卒時年五十四贈兗州刺史謚曰孝有文章數十篇行於世子鴻漸嗣蚪弟檜

檜字季華性剛簡任氣少文善騎射果於斷決年十八起家奉朝請居父喪毁瘠骨立服闋除陽城郡丞防城都督大統四年從周文戰於河橋先登有功授都督鎮鄯州八年拜湟河郡守仍典軍事尋加平東將軍太中大夫吐谷渾入寇郡境時檜兵少人懷憂懼檜撫而勉之衆心乃安因率數十人先擊之渾人潰亂餘衆乘之遂大敗而走以功封萬年縣子時吐谷渾强盛數侵疆場自檜鎮鄯州屢戰必破之數年之後不敢爲寇十四年遷河州別駕轉帥都督俄拜使持節撫軍將軍大都督居三載徵還京師時檜兄蚪爲祕書丞弟慶爲尚書左丞檜嘗謂兄弟曰兄則職典簡牘褒貶人倫弟則管轄群司股肱朝廷可謂榮寵矣然而四方未静車書不一檜唯當蒙矢石履危難以報國恩耳頃之周文謂檜曰卿昔任鄯州忠勇顯著今西境肅清無勞經略九曲國之東鄙當勞君守之遂令檜鎮九曲尋從大將軍王雄討上津魏興平之卽除魏興華陽二郡安康人黄衆寶謀反連結黨與將圍州城乃相謂曰常聞柳府君勇悍有餘不可當今既在外方爲吾徒腹心之疾也不如先擊之遂圍檜郡郡城卑下士衆寡弱又無守禦之備連戰積十餘日士卒僅有存者於是力屈城陷身被十餘創遂爲賊所獲既而衆寶等進圍東梁州乃縛檜置城下欲令誘城中檜乃大呼曰羣賊烏合糧食已罄行卽退散各宜勉之衆寶大怒乃臨檜以兵曰速更汝辭不爾便就戮矣檜守節不變遂害之棄屍水中城中人皆爲之流涕衆寶解圍之後檜兄子止戈方收檜屍還長安贈東梁州刺史子斌嗣

斌字伯達年十七齊公憲召爲記室早卒斌弟雄亮字信誠父檜在華陽見害雄亮時年十四哀毁過禮陰有復讐之志武帝時衆寶率其部歸長安帝待之甚厚雄亮手斬衆寶於城中請罪闕下帝特原之後累遷內史中大夫賜爵汝陽縣子隋文帝受禪拜尚書考功侍郎遷給事黄門侍郎尚書省凡所奏事多所駁正深爲公卿所憚俄以本官檢校太子左庶子進爵爲伯秦王俊鎮隴右出爲秦州總管府司馬領山南道行臺左丞卒子贊嗣檜弟鷟好學善屬文卒於魏臨淮王記室參軍事子帶韋字孝孫深沉有度量少好學身長八尺三寸美風儀善占對周文辟爲參軍事侯景作亂江南周文命帶韋使江郢二州與梁邵陵南平二王通好行至安州遇叚寶等反帶韋乃矯爲周文書以安之並卽降附及見邵陵具申周文意邵陵遣使隨帶韋報命以奉使稱旨授輔國將軍中散大夫後達奚武經略漢川以帶韋爲行臺左丞從軍南討時梁宜豐侯蕭修守南鄭武攻之未拔乃令帶韋入城說修降之廢帝元年出爲解縣令加授驃騎將軍左光祿大夫轉汾陰令發擿姦伏百姓畏而懷之周武成元年授武藏下大夫天和二年封康城縣男累遷兵部中大夫雖頻改職仍領武藏五年轉武藏中大夫俄遷驃騎大將軍開府儀同三司凡居劇職十有餘年處斷無滯官曹清肅時譙王儉爲益州總管漢王贊爲益州刺史武帝以帶韋爲益州總管府長史領益州別駕輔弼二王總知軍事及大軍東討徵爲前軍總管齊王憲府長史齊平以功授上開府儀同大將軍進爵爲公陳王純鎮并州以帶韋爲并州司會并州總管府長史卒官謚曰愷子祚嗣少有名譽位宣納上士入隋位司勳侍郎鷟弟慶

慶字更興幼聰敏有器量博涉羣書不爲章句好飲酒閑於占對年十三因暴書父僧習試令慶於雜賦集中取賦一篇千餘言誦之慶立讀三徧便誦之無所漏時僧習爲潁川郡守地接都畿人多豪右將選鄉官皆依貴勢競來請託選用既定僧習謂諸子曰權貴請託吾並不用其使欲還皆須有答汝等各以意爲吾作書慶乃具書草僧習讀歎曰此兒有意氣丈夫理當如是卽依慶所草以報起家奉朝請慶出後第四叔及遭父憂議者不許爲服重慶泣曰禮緣人情若於出後之家更有苴斬之服可奪以此從彼今四叔薨背已久情事不追豈容奪禮乖違天性時論不能抑遂以苦凷終喪既葬乃與諸兄負土成墳孝武將西遷慶以散騎侍郎馳傳入關慶至高平見周文共論時事周文卽請奉迎輿駕仍令慶先還復命時賀拔勝在荊州帝屏左右謂慶曰朕欲往荊州何如慶曰關中金城千里天下之彊國也荊州地無要害寧足以固鴻基帝納之及帝西遷慶以母老不從獨孤信之鎮洛陽乃得入關除相府東閤祭酒大統十年除尚書都兵郎中并領記室時北雍州獻白鹿羣臣欲賀尚書蘇綽謂慶曰近代已來文章華靡逮于江左彌復輕薄洛陽後進祖述未已相公柄人軌物君職典文房宜製此表以革前弊慶操筆立成辭兼文質綽讀而笑曰枳橘猶自可移況才子也尋以本官領雍州別駕廣陵王欣魏之懿親其甥孟氏屢爲兇横或有告其盜牛慶捕得實趣令就禁孟氏殊無懼容乃謂慶曰若加以桎梏後獨何以脫之欣亦遣使辨其無罪孟氏由此益驕慶乃大集僚吏盛言孟氏倚權侵虐之狀言畢命笞殺之此後貴戚斂手有賈人持金二十斤詣京師寄人居止每欲出行常自執管鑰無何緘閉不異而並失之謂主人所竊郡縣訊問主人自誣服慶疑之乃召問賈人曰卿鑰恒置何處對曰恒自帶之慶曰頗與人同宿乎曰無與同飲乎曰日者曾與一沙門再度酣宴醉而晝寢慶曰沙門乃眞盜耳卽遣捕沙門乃懷金逃匿後捕得盡獲所失金十二年改三十六曹爲十二部以慶爲計部郎中別駕如故又有胡家被劫郡縣按察莫知賊所鄰近被囚者甚多慶以賊是烏合可以詐求之乃作匿名書多牓官門曰我等共劫胡家徒侶混雜終恐泄露今欲首伏懼不免誅若聽先首免罪便欲來告慶乃復施免罪之牒居三日廣陵王欣家奴面縛自告牓下因此盡獲黨與慶之守正明察皆此類也每歎曰昔于公斷獄無私闢高門以待封儻斯言有驗吾其庶幾乎封清河縣男除尚書左丞攝計部周文嘗怒安定國臣王茂將殺之而非其罪朝臣咸知而莫敢諫慶乃進爭之周文逾怒曰卿若明其無罪亦須坐之乃執慶于前慶辭氣不撓抗聲曰竊聞君有不達者爲不明臣有不爭者爲不忠慶謹竭愚誠實不敢愛死但懼公爲不明之君耳周文乃悟而赦茂已不及矣周文默然明日謂慶曰吾不用卿言遂令王茂冤死可賜茂家錢帛以旌吾過尋進爵爲子慶威儀端肅樞機明辯周文每發號令常使慶宣之天性抗直無所回避周文亦以此深委仗焉恭帝初進位驃騎大將軍開府儀同三司尚書右僕射轉左僕射領著作六官建拜司會中大夫周孝閔帝踐阼賜姓宇文氏進爵平齊縣公晉公護初執政欲引爲腹心慶辭之頗忤旨又與楊寬有隙及寬參知政事慶遂見疎忌出爲萬州刺史明帝尋悟留爲雍州別駕領京兆尹武成二年除宜州刺史慶自爲郎迄爲司會府庫倉儲並其職也及在宜州寬爲小冢宰乃囚慶故吏求其罪失案驗積六十餘日吏或有死於獄者終無所言唯得乘錦數匹時人服其廉慎又入爲司會先是慶兄檜爲魏興郡守爲賊黄衆寶所害檜子三人皆幼弱慶撫養甚篤後衆寶歸朝朝廷待以優禮居數年檜次子雄亮白日手刃衆寶於長安城中晉公護聞而大怒執慶諸子姪皆囚之讓慶擅殺人對曰慶聞父母之讐不同天昆弟之讐不同國明公以孝臨天下何乃責於此乎護逾怒慶辭色無屈竟以俱免卒贈鄜綏丹三州刺史謚曰景子機嗣

機字匡時偉容儀有器局頗涉經史年十九周武帝時爲魯公引爲記室及帝嗣位累遷太子宮尹封平齊縣公宣帝時爲御正上大夫機見帝失德屢諫不聽恐禍及己託於鄭譯求出拜華州刺史及隋文帝作相徵還京師時周代舊臣皆勸禪讓機獨義形於色無所陳請俄拜衞州刺史及踐阼進爵建安郡公徵爲納言機性寬簡有雅望當近侍無所損益又好飲酒不親細務數年出爲華州刺史奉詔每月朝見尋轉冀州刺史後徵入朝以其子述尚蘭陵公主禮遇益隆初機在周與族人文城公昂俱歷顯要及此昂機並爲外職楊素時爲納言方用事因上賜宴素戲曰二柳俱摧孤楊獨聳坐者歡笑機竟無言未幾還州前後作守俱稱寬惠後以徵還卒于家贈大將軍青州刺史謚曰簡子述嗣

述字業隆性明敏有幹略頗涉文藝以父蔭爲太子親衞後以尚主故拜開府儀同三司內史侍郎上於諸壻中特見寵遇歲餘判兵部尚書事父艱去職未幾起攝給事黄門侍郎事襲爵建安郡公仁壽中判吏部尚書事述雖職務修理爲當時所稱然不達大體暴於馭下又怙寵驕豪無所降屈楊素時方貴重朝臣莫不讋憚述每陵侮之數於上前面折素短判事有不合素意或令述改轍謂將命者曰語僕射道尚書不肯素由是衘之俄而楊素被疎忌不知省事述任寄逾重拜兵部尚書參掌機密述自以無功可紀過叨匪服抗表陳讓上許之命攝兵部尚書上於仁壽宮寢疾述與楊素黄門侍郎元巖等侍疾宮中時皇太子無禮於陳貴人上知之大怒令述召房陵王述與元巖出外作敕書楊素見之與皇太子謀矯詔執述巖屬吏及煬帝嗣位述坐除名公主請與同徙帝不聽述在龍川數年復徙寧越遇瘴癘死

機弟弘字匡道少聰穎工草隸博涉羣書辭采雅贍與弘農楊素爲莫逆交解巾中外府記室建德初除內史上士歷小宮尹御正上士陳遣王偃人來聘武帝令弘勞之偃人謂弘曰來日至藍田正逢滋水暴長所齎國信溺而從流今所進假之從吏請勒下流人見爲尋此物弘曰昔淳于之獻空籠前史稱以爲美足下假物而進詎是陳君命乎偃人慙不能對武帝聞而嘉之盡以偃人所進物賜弘仍令報聘占對敏捷見稱於時後卒於御正下大夫贈晉州刺史楊素誄之曰山陽王弼風流長逝潁川荀粲零落無時修竹夾池永絕梁園之賦長楊映沼無復洛川之文其爲士友所痛惜如此有文集行於世

弘弟旦字匡德工騎射頗涉書籍仕周位兵部下大夫以行軍長史從梁睿討王謙以功授儀同三司開皇元年加開府封新城縣男授掌設驃騎歷淅魯三州刺史竝有能名大業初拜龍川太守郡人居山洞好相攻擊旦爲開設學校大變其風帝聞下詔褒美之徵爲太常少卿攝判黃門侍郎事卒子雯官至河內郡掾

旦弟肅字匡仁少聰敏閑於占對仕周位宣納上士隋文帝作相引爲賓曹參軍開皇初授太子洗馬陳使謝泉來聘以才學見稱詔肅宴接時論稱其華辯歷太子內舍人遷太子僕太子廢坐除名大業中帝與段達語及庶人罪惡達云柳肅在宮大見疏斥帝問其故答曰學士劉臻嘗進章仇太翼宮中爲巫蠱事肅知而諫曰殿下位當儲貳戒在不孝無患見疑劉臻書生鼓搖脣舌適足以相詿誤願勿納之庶人不懌他日謂臻曰汝何漏泄使柳肅知之令面折我自是後言皆不用帝曰肅橫除名乃召守禮部侍郎坐事免後守工部侍郎大見親任每幸遼東嘗委於涿郡留守卒官

機從子謇之字公正父蔡年周順州刺史謇之身長七尺五寸儀容甚偉風神爽亮進止可觀爲童兒時周齊王憲遇之於塗異而與語大奇之因奏爲國子生以明經擢第拜宮師中士轉守廟下士武帝有事太廟謇之讀祝文音韻清雅觀者屬目帝善之擢爲宣納上士開皇初拜通事舍人尋遷內史舍人歷兵部司勳二曹侍郎朝廷以謇之雅望善談謔又飲酒至一石不亂由是每陳使至輒令接對遷光祿少卿出入十餘年每參掌敷奏會吐谷渾來降朝廷以宗女光化公主妻之以謇之兼散騎常侍送公主於西域及突厥啓人可汗求和親復令謇之送義成公主於突厥前後使二國得贈馬二千餘匹雜物稱是皆散之宗族家無餘財出爲肅息二州刺史俱有惠政煬帝踐阼復拜光祿大業初啓人可汗自以內附遂畜牧於定襄馬邑閒帝使謇之諭令出塞還拜黃門侍郎時元德太子初薨朝野注望以齊王當立帝方重王府之選拜爲齊王長史帝法服臨軒命齊王立於西朝堂遣吏部尚書牛弘內史令楊約左衞大將軍宇文述等從殿廷引謇之詣齊王所西面立弘宣敕謂齊王曰我出蕃之初時年十二先帝立我於西朝堂乃令高熲虞慶則元旻等從內送王子相於我誡我曰以汝未更世事令子相作輔於汝事無大小皆可委之無得昵近小人疏遠子相若從我言者有益於社稷成立汝名行如不用此言唯國及身敗無日矣吾受敕奉以周旋不敢失墜微子相之力吾幾無今日矣若與謇之從事一如子相也又敕謇之曰今以卿作輔於齊副朕所望若齊王德業修備富貴自當鍾卿一門若有不善罪亦相及時齊王擅寵喬令則之徒深見昵狎謇之知其非不能匡正及王得罪謇之竟坐除名及帝幸遼東召檢校燕郡事帝班師至燕郡坐供頓不給配戍嶺南卒於涯口子威明

論曰高氏籍四胡之勢跨有山東周文承二將之餘創基關右似商周之不敵若漢楚之爭雄又連官渡之兵未定鴻溝之約雖弘農沙苑齊卒先奔而河橋北芒周師撓敗於是競圖進取各務兵戈齊謂兼并有餘周則自守不足韋孝寬奇材異度緯武經文居要害之地受干城之託東人怙恃其衆悉力來攻將欲釃酒未央飲馬清渭孝寬遂馮茲雉堞抗彼攙搶事甚析骸勢危負戶終能奮其智勇應變無方城守六旬竟摧大敵齊人既焚營宵遁高氏遂憤恚而殂雖即墨破燕晉陽存趙何以能尚若使平陽不守鄴城無衆人之師玉壁啓關函谷失封泥之固斯豈一城之得喪寔亦二國之興亡者歟韋夐隱不負人貞不絕俗怡神墳籍養素丘園哀樂無以動其心名利不足千其慮確乎不拔實近代之高人也明帝比諸園綺豈徒然哉世康風神雅量一代稱偉簪纓人物見重京華瑱素望高風亦云美矣柳蚪兄弟雅道是基竝能譽重搢紳豈虛至也慶束帶立朝匪躬是蹈莅官從政清白著美至於畏避權寵違忤宰臣雖取詘於一時實獲申於千載矣機立身行己本以寬雅流譽至於登朝正色可謂不違直道雖陵谷遷貿終以雅正自居古所謂以道事人斯之謂矣雖幹略見稱終乃敗於驕寵惜矣

北史卷六十四考證

韋孝寬傳以功除淅陽郡守○淅南本作淅

是以往歲出車徒有勞費○徒監本訛彼今改從周書

遂使漳滏游魂更存餘晷○晷監本訛咎今改從周書

陳刺史吳文立○立周書作育

文立以數百騎襲孝寬營○周書文立作反潛此殆因上文文立而訛也

夐傳敕有司日給河東酒一升○升周書作斗

其迹似有淺深其致理殆無等級○殆監本作如今改從周書

柳蚪傳與豫州刺史裴叔業據州歸魏○叔監本訛譙今改從南本

非所謂將順其美匡救其惡者○監本脫非字今從南本增入

何止物生橫議亦自異端互起○起監本作趣今從南本

檜傳檜字季華○季監本訛李今改從南本

十四年還河州別駕○年監本訛州今改從南本

機從子謇之傳帝使謇之諭令出塞○塞監本訛謇今改從隋書

北史卷六十五

唐 李延壽 撰

列傳第五十三

達奚武 若干惠 怡峯
劉亮 王德 赫連達
韓果 蔡祐 常善
辛威 庫狄昌 梁椿
梁臺 田弘 子仁恭 孫德懋

達奚武字成興代人也祖眷父長竝爲鎮將武少倜儻好馳射賀拔岳征關右引爲別將及岳爲侯莫陳悅所害武與趙貴收屍歸平涼同翊戴周文帝從平悅封須昌縣伯大統初自大丞相府中兵參軍出爲東秦州刺史齊神武與竇泰高敖曹三道來侵周文欲并兵擊泰諸將多異議唯武及蘇綽與周文意同遂禽之周文進圖弘農遣武從兩騎覘候武與其候騎遇即交戰斬六級獲三人而反齊神武趣沙苑周文復遣武覘之武從三騎皆衣敵人衣至暮下馬潛聽其軍號歷營若警夜者有不如法者往往撻之具知敵情以告周文遂從破之進爵高陽郡公四年周文援洛陽武爲前鋒與李弼破莫多婁貸文又進至河橋力戰斬其司徒高敖曹再遷雍州刺史復從戰芒山時大軍不利齊神武乘勝進軍至陝武禦之乃退七年詔武經略漢川梁州刺史宜豐侯蕭脩固守南鄭武圍之脩請服會梁武陵王遣其將楊乾運等救脩脩更不下武擊走乾運脩乃降自劍門以北悉平明年振旅還京師朝議欲以武爲柱國武曰我作柱國不應在元子孝前固辭以大將軍出鎮玉壁周孝閔帝踐阼授柱國大司寇齊豫州刺史司馬消難舉州來附詔武與楊忠迎消難以歸武成初轉大宗伯進封鄭國公齊將斛律敦侵汾絳武禦之敦退武築栢壁城留開府權嚴薛羽生守之保定三年遷太保其年大軍東伐隨公楊忠引突厥自北道武以三萬騎自東期會晉陽武至平陽後期不進而忠已還武尚未知齊將斛律明月遺武書曰鴻鶴已翔於寥廓羅者猶視於沮澤也武覽書乃班師出爲同州刺史明年從晉公護東伐時尉遲迥圍洛陽爲敵所敗武與齊王憲於芒山禦之至夜收軍憲欲待明更戰武曰洛陽軍散人情駭動不因夜速還明日欲歸不得憲從之遂全軍而返天和三年轉太傅武微時奢侈好華飾及居重位不持威儀行常單馬左右從一兩人而已門外不施戟恒晝掩一扉或謂曰公位冠羣后何輕率若是武曰吾昔在布衣豈望富貴今日富貴不可頓忘疇昔且天下未平國恩未報安可過事威容乎言者慙而退武之在同州時旱武帝敕武祀華岳岳廟舊在山下常所祈禱武謂僚屬曰吾備位三公不能燮理陰陽不可同於衆人在常祀所必須登峯展誠尋其聖奧岳既高峻人迹罕通武年逾六十唯將數人攀藤而上於是稽首祈請晚不得還即於岳上藉草而宿夢一白衣來執武手曰快辛苦甚相嘉尚武遂驚覺益用祗肅至旦雲霧四起俄而澍雨遠近霑洽武帝聞之璽書勞武賜綵百匹武性貪吝其爲大司寇也在庫有萬釘金帶當時寶之武因入庫乃取以歸主者白晉公護護以武勳重不彰其過因而賜之時論深鄙焉薨贈大傅十五州諸軍事同州刺史諡曰桓子震嗣震字猛略少驍勇走及奔馬周文嘗於渭北校獵時有兔過周文前震與諸將競射之馬倒而墜震足不傾躓因步走射之一發中兔顧馬纔起遂回身騰上周文喜曰非此父不生此子乃賜震雜綵一百段後封魏昌縣公明帝初拜司右中大夫加驃騎大將軍開府儀同三司武成初進爵廣平郡公除華州刺史震雖出自膏腴少習武藝然頗有政術天和三年拜柱國建德初襲爵鄭國公從平鄴賜妾二人女樂一

部拜大宗伯震父嘗爲此職時論榮之宣政中出爲原州總管隋開皇初薨於家震弟甚大象末爲益州刺史與王謙據蜀起兵被誅

若干惠字惠保代武川人也其先與魏俱起以國爲姓父樹利周從魏廣陽王深征葛榮戰没贈冀州刺史惠以别將從賀拔岳以功封北平縣男及岳爲侯莫陳悅所害惠與寇洛趙貴等同謀翊戴周文仍從平悅拜直閤將軍從禽竇泰復弘農破沙苑惠每先登陷陣加侍中開府儀同三司封長樂郡公大統四年從魏文帝東巡洛陽與齊神武戰於河橋力戰破之七年遷領軍及高仲密舉北豫州來附周文迎之軍至洛陽齊神武屯於芒山惠爲右軍與中軍大破之齊神武兵乃萃左軍軍將趙貴等戰不利會日暮齊神武進兵攻惠惠擊皆披靡至夜中神武騎復來追惠惠徐下馬顧命厨人營食食訖謂左右曰長安死此中死異乎乃建旗鳴角收軍而還神武追騎憚惠疑有伏兵不敢逼至弘農見周文陳賊形勢恨其垂成之功虧於一簣歔欷不自勝周文壯之遷司空惠性剛質有勇力容貌魁岸善於撫御將士莫不懷恩及侯景內附朝議欲收輯河南令惠以本官鎮魯陽遇病薨於軍惠於諸將年最少早喪父事母以孝聞周文嘗造射堂新成與諸將宴射惠竊歎曰親老矣何時辦此周文聞之即日徙堂於惠宅其見重如此及薨爲流涕久之惠喪至又臨撫焉加贈秦州刺史謚曰武烈子鳳嗣鳳字達摩有識度襲父爵長樂郡公尚周文女位開府儀同三司大馭中大夫後錄惠佐命功封鳳徐國公拜柱國

怡峯字景阜遼西人也本姓默台因避難改爲高祖寬燕遼西郡守魏道武時歸朝拜羽眞賜爵長蛇公曾祖文冀州刺史峯少以驍勇聞從賀拔岳討万俟醜奴賜爵蒲陰縣男岳被害峯與趙貴等同謀翊戴周文進爵爲伯及齊神武與孝武帝構隙文帝令峯與都督趙貴赴洛陽至潼關屬孝武西遷峯即從周文帝拔迴洛復潼關後以討曹泥功進爵華陽縣公又從破竇泰於小關復弘農破沙苑進爵樂陵郡公仍與元季海獨孤信復洛陽東魏行臺任祥率步騎萬餘攻潁川峯復以輕騎五百邀擊大破之自是威名轉盛加授開府儀同三司及周文與東魏戰河橋時峯爲右軍不利與李遠先還周文遂班師詔原其罪拜夏州刺史大統十五年東魏圍潁川峯與趙貴赴援至南陽病卒峯沈毅有膽略得士卒心當時號驍將周文嗟悼者久之贈華州刺史謚曰襄威子昂嗣位開府儀同三司朝廷追錄峯功封昂長沙郡公昂弟光少以峯勳賜爵安平縣侯加開府儀同三司光弟春少知名位吏部下大夫儀同三司

劉亮中山人也本名道德父特眞位領人酋長魏大統中以亮著勳追贈恒州刺史亮少倜儻有從横計畧姿貌魁傑見者憚之以都督從賀拔岳西征以功封廣興縣子侯莫陳悅害岳亮與諸將謀迎周文及平悅後悅黨幽州刺史孫定兒仍據州不下衆至數萬周文令亮襲之定兒以義兵猶遠未爲之備亮乃輕將二十騎先竪一纛於近城高嶺即馳入城中定兒方置酒高會卒見亮至衆皆駭愕亮乃麾兵斬定兒懸首州門號令賊黨仍遥指城外纛命二騎曰出追大軍賊黨兇懼一時降服及周文置十二軍簡諸將領之亮領一軍每征討常與怡峯俱爲騎將以復潼關功封饒陽縣伯壽加侍中從禽竇泰復弘農戰沙苑竝力戰有功遷開府儀同三司大都督進爵長廣公以母憂去職居喪毁瘠周文嗟其至性每憂惜之起復本官亮以勇敢見知爲當時名將兼屢陳謀策多合機宜周文謂曰卿文武兼資即孤之孔明也乃賜名亮并賜姓侯莫陳氏出爲東雍州刺史爲政清静百姓安之卒於州喪還京周文親臨之泣而謂人曰股肱喪矣腹心何寄令鴻臚卿監護喪事追贈太尉謚曰襄後配饗周文廟廷子昶嗣昶尚周文女西河長公主大象中位柱國秦靈二州總管以亮功封彭國公隋開皇中坐事死昶弟静天水郡守静弟恭開府儀同三司饒陽縣伯恭弟幹上儀同三司褒中侯

王德字天恩代武川人也少善騎射雖不經師訓以孝悌稱初從尒朱榮討元顥賜爵同官縣子又從賀拔岳討平万俟醜奴别封深澤縣男及侯莫陳悅害岳德與寇洛等議翊戴周文於是除平涼郡守德雖不知書至於斷決處分良無以過涇州所部五郡德常爲最及孝武西遷進封下博縣伯行東雍州事在州未幾百姓懷之賜姓烏丸氏大統元年進爵爲公加車騎大將軍遷儀同三司北雍州刺史後常從周文征伐累有戰功開府侍中進爵河間郡公先是河渭間種羌屢叛以德有威名拜河州刺史羣羌率服後卒於涇州刺史謚曰獻德性厚重廉慎言行無擇母幾年百歲後德終子慶嗣小名公奴性謹厚位開府儀同三司初德喪父貧無以葬乃賣公奴并一女以營葬事因遭兵亂不復相知及德在平涼始得之遂名曰慶

赫連達字朔周盛樂人勃勃之後也曾祖庫多汗因避難改姓杜氏達性剛鯁有膽力少從賀拔岳征討有功賜爵長廣鄉男及岳爲侯莫陳悅所害趙貴建議迎周文達贊成其議請輕騎告周文仍迎之諸將或欲南追賀拔勝或云東告朝廷達又曰此皆遠水不救近火何足道哉謀遂定令達馳往周文見達慟哭遂以數百騎南赴平涼令達率騎據彈箏峽時百姓惶懼奔散者軍爭欲掠之達止之乃撫以恩信人皆悅附周文聞而嘉之加平東將軍周文謂諸將曰當清水公遇禍之日君等性命懸於賊手杜朔周冒萬死之難遠來見及遂得同雪讎恥勞而不酬何以勸善乃賜馬二百匹孝武入關褒敘勳義以達首迎元帥匡復秦隴進爵魏昌縣伯從儀同李偉破曹泥後復弘農戰沙苑皆有功詔復姓赫連以達勳望兼隆乃除雲州刺史進爵爲公從大將軍達奚武攻漢中梁宜豐侯蕭循拒守積時後乃送款開府賀蘭願德等以其食盡欲急攻取之達曰不戰而獲城策之上也無容利其子女貪其財帛仁者不爲如其困獸猶鬬則成敗未可知武遂受循降師還遷驃騎大將軍開府儀同三司加侍中進爵藍田縣公保定初爲大將軍夏州總管達雖非文吏然性質直遵奉法度輕於鞭撻而重慎死罪性又廉儉邊境胡人或饋達羊達欲招異類報以繒帛主司請用官物達曰羊入我厨物出官庫是欺上也命取私帛與之識者嘉其仁恕尋進爵樂川郡公位柱國薨子遷嗣位大將軍蒲州刺史

韓果字阿六拔代武川人也少驍雄善騎射賀拔岳西征引爲帳內擊万俟醜奴後從周文討平侯莫陳悅大統初累進爵爲石城公果性強記兼有權略善伺敵虛實揣知情狀有潛匿溪谷欲爲間偵者果登高望之所疑處往必有獲周文由是以果爲虞候都督每從征行常領候騎晝夜巡察略不眠寢從平竇泰於潼關周文因其規畫軍以勝返賞眞珠金帶一條又從復弘農破沙苑戰河橋竝有功歷朔安二州刺史從戰芒山軍還除河東郡守又從大將軍破稽胡於北山胡地險阻人迹罕至果進兵窮討散其種落稽胡憚果勁勇趫捷號爲著翅人周文聞之笑曰著翅之名寧減飛將累遷開府儀同三司進爵褒中郡公保定三年拜少師進位柱國天和初授華州刺史爲政寛簡吏人稱之薨子明嗣爲黎州刺史與尉遲迥同謀反被誅

蔡祐字承先其先陳留圉人也曾祖紹爲夏州鎮將徙居高平因家焉父襲名著西州魏正光中万俟醜奴亂關中襲乃背賊歸洛陽拜齊安郡守及孝武西遷始拔難西歸賜爵平舒縣伯除岐雍二州刺史祐性聰敏有行檢襲之背賊東歸祐年十四事母以孝聞及長有膂力周文在原州召爲帳下親信及遷夏州以祐爲都督侯莫陳悅害賀拔岳諸將迎周文周文將赴之夏州首望彌姐元進等陰有異計周文微知之召元進等入計事既而目祐祐即出外衣甲持刀直入叱元進而斬之并其黨伏誅一坐皆戰慄於是與諸將盟同心誅悅周文以此重之謂祐曰吾今以爾爲子爾其父事我後迎孝武於潼關以前後功封萇鄉縣伯後從禽竇泰復弘農戰沙苑皆有功授平東將軍太中大夫又從戰河橋祐下馬步鬬左右勸乘馬以備急卒祐怒之曰丞相養我如子今日豈以性命爲念遂率左右十餘人齊聲大呼殺傷甚多敵以其無繼圍之十餘重祐乃彎弓持滿四面拒之東魏人乃募厚甲長刀者直進取祐去祐可三十步左右勸射之祐曰吾曹性命在此一矢耳豈虛發哉敵人可十步祐乃射之中其面應弦而倒便以矟刺殺之敵乃稍却祐乃徐引退是戰也西軍不利周文已還祐至弘農夜與周文會周文字之曰承先爾來吾無憂矣周文驚不得寢枕祐股上乃安以功進爵爲公授京兆郡守高仲密舉北豫來附周文率軍援之與齊神武遇於芒山祐時著明光鐵騎所向無敵齊人咸曰此是鐵猛獸也皆避之歷青原二州刺史尋除大都督遭父憂請終喪紀弗許累遷開府儀同三司加侍中賜姓大利稽氏進爵懷寧郡公六官建授兵部中大夫周文不豫祐與晉公護賀蘭祥等侍疾及周文崩祐悲慕不已遂得氣疾周孝閔帝踐阼拜少保祐與尉遲綱俱掌禁兵時帝信任司會李植等謀害晉公護祐每泣諫帝不聽尋而帝廢明帝之爲公子也與祐特相友昵及即位禮遇彌隆加拜司馬御膳每有異味輙以賜祐羣臣朝宴每被別留或至昏夜列炬鳴笳送祐還宅祐以過蒙殊遇常辭疾避之至於婚姻尤不願結於權要尋以本官權鎮原州頃之授宜州刺史未之部卒於原州祐少與鄉人李穆布衣齊名常相謂曰大丈夫當建立功名以取富貴安能久處貧賤言訖各大哭後皆如言及從征伐爲士卒先軍還諸將爭功祐終無所競周文每歎之曰承先口不言勳孤當代其論敘性節儉所得祿秩皆散宗族身死之日家無餘財贈柱國大將軍原州都督謚曰莊子正嗣祐弟澤頗好學有幹能後爲邛州刺史以不從司馬消難被害

常善高陽人也家本豪族魏孝昌中從尒朱榮入洛封

房城縣男後周文平侯莫陳悅除天水郡守累遷驃騎大將軍開府儀同三司西安州刺史轉蔚州刺史頻涖二藩有政績進爵永陽郡公周孝閔帝踐阼拜大將軍寧州總管保定二年入爲小司徒卒贈柱國大將軍都督延州刺史子昻和嗣

辛威隴西人也少慷慨有志畧初從賀拔岳征伐有功假輔國將軍都督及周文統岳衆見威奇之引爲帳內封白土縣伯後進爵爲公累遷開府儀同三司賜姓普屯氏出爲鄜州刺史威時望旣重朝廷以桑梓榮之遷河州刺史本州大中正頻領二鎭頗得人和周孝閔帝踐阼拜大將軍進爵枹罕郡公宣政元年進位上柱國大象二年進封宿國公復爲少傅薨威性持重有威嚴歷官數十年未嘗有過故得以身名終兼其家有義五世同居時以此稱之子永達嗣位儀同大將軍

庫狄昌字恃德神武人也少便弓馬有膂力及長進止閑雅膽氣壯烈每以將帥自許從尒朱天光定關中天光敗又從賀拔岳征討及岳被害昌與諸將議翊戴周文從平侯莫陳悅賜爵陰盤縣子後從迎孝武復潼關改封長子縣子大統初累遷開府儀同三司進爵方城郡公六官建授稍伯中大夫周孝閔帝踐阼拜大將軍卒

梁椿字千年代人也初從尒朱榮入洛又從賀拔岳討平万俟醜奴仍從周文平侯莫陳悅大統中累以戰功封東平郡公位開府儀同三司周孝閔帝踐阼除華州刺史改封清陵郡公保定元年拜大將軍卒於位贈都督恒州刺史諡曰烈椿性果毅善於撫納所獲賞物分賜麾下故每戰敵場咸得其死力雅好儉素不營貲產時論以此稱焉子明以椿功賜爵豐陽縣公後襲椿爵舊封回授弟朗

梁臺字洛都長池人也少果敢有志操從尒朱天光平關隴賜爵隴城鄉男及天光敗於韓陵賀拔岳又引爲心膂岳爲侯莫陳悅所害臺與諸將翊戴周文從平悅累功授潁州刺史賜姓賀蘭氏累遷驃騎大將軍開府儀同侍中周孝閔帝踐阼進爵中部縣公保定四年拜大將軍時大軍圍洛陽久不拔齊騎奄至齊公憲禦之有數人爲敵所執已去臺單馬突入射殺兩人敵皆披靡被執者遂還齊公憲每歎曰梁臺果毅膽決不可及也五年拜鄜州刺史臺性疎通恕以待物至於莅人尤以惠愛爲心不過識千餘字口占書啟詞意可觀年過六十猶能被甲跨馬足不躡鐙馳射弋獵矢不虛發後以疾卒

田弘字廣路高平人也少慷慨有謀略初陷万俟醜奴尒朱天光入關弘自原州歸順及周文統衆弘求謁見乃論時事卽處以爪牙之任又以迎孝武功封鶉陰縣子周文嘗以所著鐵甲賜弘云天下若定還將此甲示孤也累功賜姓紇干氏授原州刺史以弘勳望兼至故以衣錦榮之周文在同州文武竝集乃謂之曰人人如弘盡心天下豈不早定卽授車騎大將軍儀同三司魏廢帝元年加驃騎大將軍開府儀同三司平蜀後梁信州刺史蕭詔等未從朝化詔弘討平之又討西平反羌及鳳州叛氐等竝破之每臨陣摧鋒直前身被一百餘箭破骨者九馬被十矟朝廷壯之周孝閔踐祚進爵鴈門郡公保定元年出爲岷州刺史弘雖武將而動遵法式百姓賴安之三年從隋公楊忠伐齊拜大將軍後進柱國大將軍歷位大司空少保襄州總管薨于州子仁恭嗣

仁恭字長貴性寬仁有局度歷位幽州總管隋文帝受禪進上柱國拜太子太師甚見親重嘗幸其第宴飲極歡禮賜甚厚尋奉詔營太廟進爵觀國公拜武衛大將軍轉左武衛大將軍卒官贈司空諡曰敬子世師嗣

次子德懋少以孝友知名開皇初以父軍功賜爵平原郡公授太子千牛備身丁父艱哀毀骨立廬於墓側負土成墳帝聞而嘉之遣員外散騎侍郎元志就弔焉復降璽書存問賜帛及米下詔表其門大業中位尚書駕部郎卒官時有玉城郡公王景鮮虞縣公謝慶恩竝位上柱國大義公辛遵及其弟韶竝位柱國隋文帝以其俱佐命功臣特加崇貴親禮與仁恭等事皆亡失云

論曰周文接喪亂之際乘戰爭之餘發跡平涼撫征關右于時外虞孔熾內難方殷羽檄交馳戎軒屢駕終能蕩清逋孽克固鴻基雖稟算於廟堂實責成於將帥達奚武若干惠怡峯劉亮王德赫連達韓果蔡祐常善辛威庫狄昌梁椿梁臺田弘等竝兼資勇略咸會風雲或效績中權或立功方面均分休戚同濟艱危可謂國之爪牙朝之禦侮者也而武叶規文后得儁小關周瑜赤壁之謀賈詡鳥巢之策何以能尚一言興邦斯之謂矣惠德本以果毅知名而能率由孝道雖圖史所歎何以加焉勇者不必有仁斯不然矣以赫連達之先識而加之以仁恕蔡祐之勇敢而終之以不伐斯豈企及之所致乎抑亦天性而已仁恭出內榮顯豈徒然哉德懋道協天經亦足嘉矣

北史卷六十五考證

達奚武傳獲三人而反○三監本作二今從南本

隨公楊忠引突厥自北道○隨一本作隋

鴻鶴已翔於寥廓○鶴一本作鵠

辛威傳進爵抱罕郡公○抱一本作枹

史臣論賈詡鳥巢之策○鳥三國志作烏

北史卷六十六

唐　李　延　壽　撰

列傳第五十四

王傑　王勇　宇文虯

耿豪　高琳　李和子徹

伊婁穆　達奚寔　劉雄

侯植　李延孫　韋祐

陳欣　魏玄　泉仚

李遷哲　楊乾運　扶猛

陽雄　席固　任果

王傑金城直城人也本名文達父巢魏榆中鎭將傑少有壯志每以功名自許從孝武西遷賜爵都昌縣子周文奇其才嘗謂諸將曰王文達萬人敵也但恐勇決太過耳從復潼關破沙苑爭河橋戰芒山皆以勇敢聞親待日隆於是賜姓宇文氏進爵爲公累遷侍中驃騎大將軍開府儀同三司恭帝元年從于謹圍江陵時柵內有人善用長矟將士登者多爲所斃謹令傑射之應弦而倒登者乃得入遂拔之謹曰濟我大事者在公此箭也周孝閔帝踐阼進爵張掖郡公爲河州刺史朝廷以傑勳望俱重故授以本州後與隋公楊忠自漢北伐齊又從齊公憲東禦齊將斛律明月進位柱國建德初除涇州總管頗爲百姓所慕宣帝卽位拜上柱國薨贈七州諸軍事河州刺史追封鄂國公諡曰威子孝遷位開府儀同大將軍

王勇代武川人也本名胡仁少雄健有膽決數從侯莫陳悅賀拔岳征討功居多拜別將周文爲丞相封包信縣子從禽竇泰復弘農戰沙苑氣蓋衆軍所當必破周文歎其勇敢賞賜特隆進爵爲公大軍不利唯胡仁及王文達耿令貴三人力戰皆有殊功軍還拜上州刺史以雍州岐州北雍州擬授胡仁等然州頗有優劣文令探籌取之胡仁遂得雍州文達得岐州令貴得北雍州仍賜胡仁名勇令貴名豪文達名傑以彰其功進侍中驃騎大將軍開府儀同三司恭帝元年從柱國趙貴征蠕蠕破之進爵新陽郡公賜姓庫汗氏又論討蠕蠕功別封永固縣伯時有別封者例聽迴授次子勇獨請封兄子與時人義之尋進位大將軍勇性雄猛爲當時驍將矜功伐善好論人之惡時論亦以此鄙之柱國侯莫陳崇勳高望重與諸將同謁晉公護聞勇數論人短乃於衆中折辱之勇慙恚因疽發背卒子昌嗣官至大將軍

宇文虯字樂仁代武川人也驍悍有膽畧少從征討累有戰功封南安侯孝武西遷以獨孤信爲行臺信引虯爲帳內都督隨信奔梁大統三年歸闕進爵爲公禽竇泰復弘農及沙苑河橋之戰皆有功又從獨孤信討梁企定破之累遷南秦州刺史驃騎大將軍開府儀同三司虯每經行陣必身先士卒故上下同心戰無不尅後除金州刺史大將軍卒

耿豪鉅鹿人也本名令貴其先家於武川豪少麤獷有武藝好以氣陵人賀拔岳西征引爲帳內岳被害歸周文以武勇見知豪亦自謂所事得主從討侯莫陳悅及迎孝武錄前後功封平原子沙苑之戰豪殺傷甚多血染甲裳盡赤周文歎曰令貴武猛所向無前觀其甲裳足以爲驗不須更論級數也進爵爲公從周文戰芒山豪謂所部曰大丈夫除賊須右手拔刀左手把矟直斫直刺愼莫畏死遂大呼獨入敵人鋒刃亂下當時咸謂豪殁俄然奮刀而還戰數合當豪前者死傷相繼又謂左右曰吾豈樂殺人但壯士除賊不得不尒若不能殺賊又不爲人所傷何異逐坐人也周文嘉之拜北雍州刺史賜姓和稽氏進位侍中驃騎大將軍開府儀同三司豪性凶悍言多不遜周文惜其驍勇每優容之豪亦自謂意氣冠羣終無所屈李穆蔡祐初與豪同時開府後竝居豪之右豪不能平謂周文曰人間物議謂豪勝李穆蔡祐周文曰何以言之豪曰人言李穆蔡祐是丞相髆髀耿豪王勇丞相咽項以在上故爲勝也豪之麤猛皆此類卒周文痛惜之子雄嗣位至大將軍

高琳字季珉其先高麗人也仕於燕又歸魏賜姓羽眞氏琳母嘗祓禊泗濱遇見一石光彩朗潤遂持以歸是夜夢人衣冠有若仙者謂曰夫人向所將來石是浮磬之精若能寶持必生令子母驚寤舉身流汗俄而有娠及生因名琳字季珉從孝武西遷封鉅野縣子河橋之

役琳勇冠諸軍周文謂曰公卽我之韓白也復從戰芒山除正平郡守齊將東方老來寇琳擊之老中數創乃退謂其左右曰吾經陣多矣未見如此健兒後除鄜州刺史加驃騎大將軍開府儀同三司侍中周孝閔帝踐阼進爵犍爲郡公武成二年討平文州氐師還帝宴郡公卿士仍賦詩言志琳詩末章云寄言竇車騎爲謝霍將軍何以報天子沙漠靜祆氛帝大悅曰獯獫陸梁未時款塞卿言有驗國之福也天和三年爲江陵副總管時陳將吳明徹來寇總管田弘與梁主蕭巋出保紀南城唯琳與梁僕射王操固守江陵三城以抗之晝夜拒戰凡經十旬明徹退走巋表言其狀帝乃優詔追琳入朝親加勞問六年進位柱國薨贈本官加五州諸軍事冀州刺史謚曰襄子儒襲爵位儀同大將軍

李和本名慶和朔方巖綠人也父僧養以累世雄豪爲夏州酋和少敢勇有識度狀貌魁偉爲州里所推賀拔岳作鎭關中引爲帳內都督後從周文累遷侍中驃騎大將軍開府儀同三司夏州刺史賜姓宇文氏周文嘗謂諸將曰宇文慶和累經任委每稱吾意又賜名意焉改封永豐縣公保定二年除司憲中大夫尋改封德廣郡公出爲洛州刺史和前在夏州頗留遺惠及有此授商洛父老莫不想望德音和至州以仁恕訓物獄訟爲之簡靜進柱國大將軍隋開皇元年遷上柱國和立身剛簡老而逾勵諸子趨事若奉嚴君以意是周文帝賜名帝朝已革慶和則父之所命義不可違至是遂以和爲名二年薨贈本官加司徒公謚曰肅子徹嗣

徹字廣達性剛毅有器幹周武帝時從皇太子西征吐谷渾以功賜爵周昌縣男從武帝平齊錄前後功再進爵還左武衞將軍及隋晉王廣鎭幷州妙選府官詔徹總晉王府軍事進爵齊安郡公時蜀王秀亦鎭益州上謂侍臣曰安得文同王子相武如李廣達者乎其見重如此明年突厥沙鉢畧可汗犯塞上令衞王爽爲元帥擊之以徹爲長史遇虜於白道行軍總管李充請襲之諸將多以爲疑唯徹獎成其事請同行遂掩擊大破之沙鉢畧棄所服金甲而遁以功加上大將軍沙鉢畧因此稱藩改封安道郡公開皇十年進位柱國及晉王爲楊州總管以徹爲司馬改封德廣郡公尋徙封城陽郡公其後突厥犯塞徹復領行軍總管破之及左僕射高熲得罪以徹素與熲善被疎忌後出怨言上聞召入臥內賜宴言及平生因遇鴆卒大業中其妻元氏爲孽子安遠誣以呪詛伏誅

伊婁穆字奴干代人也父靈善騎射爲周文所知嘗謂之曰若伊尹阿衡於殷致主堯舜卿旣姓伊庶卿不替前緒於是賜名尹爲歷衞將軍隆州刺史盧奴縣公穆弱冠爲周文帳內親信以機辯見知歷中書舍人通直散騎常侍嘗入白事周文望見悅之字之曰奴干作儀同面見我矣於是拜儀同三司賜封安陽縣伯周孝閔帝踐阼進位驃騎大將軍建德中卒

達奚寔字什伏代河南洛陽人也父顯相武衞將軍寔少修立有幹局從魏孝武西遷封臨汾縣伯從周文禽竇泰復弘農破沙苑皆力戰有功累遷相府從事中郞寔性嚴重深見器遇六官建行蕃部中大夫加驃騎大將軍開府儀同三司進爵平陽縣公周保定初卒於刺史謚曰恭子豐嗣

劉雄字猛雀臨洮子城人也少機辯慷慨有大志初爲周文親信後拜中大夫兼中書舍人賜姓宇文氏周孝閔帝踐阼加大都督天和中累遷驃騎大將軍開府儀同三司封周昌侯歷位納言內史中大夫候正武帝嘗從容謂曰古人云富貴不歸故鄕猶衣錦夜遊乃以雄爲河州刺史雄先已爲本縣令復有此授鄕里榮之及皇太子西征吐谷渾雄自涼州從滕王逌先入功居多加上開府儀同三司從平幷州拜上大將軍進爵趙郡公平鄴城進柱國宣政元年突厥寇幽州雄戰歿贈亳州總管子昪嗣以雄死王事授儀同大將軍

侯植字仁幹其先上谷人也高祖恕爲北地太守子孫因家于北地之三水植少倜儻有大節容貌奇偉武藝絕倫仕魏爲義州刺史甚有政績後從孝武西遷賜姓侯伏氏從周文破沙苑戰河橋進大都督涼州刺史文仲和據州作逆植從開府獨孤信討禽之封肥城縣公賜姓賀屯氏後從于謹平江陵進驃騎大將軍開府儀同三司別封一子汧源縣伯周孝閔帝踐阼進爵郡公時帝幼沖晉公護執政植從兄龍恩爲護所親及護誅趙貴諸宿將等多不自安植謂從兄龍恩曰主上春秋旣富安危繫於數公若多誅戮自立威權何止社稷有累卵之危恐吾宗亦緣此敗兄安得知而不言龍恩竟不能用植又承間言於護曰公以骨肉之親當社稷之寄願推誠王室擬迹伊周則率土幸甚護曰我誓以身報國卿豈謂吾有他志邪又聞其先與龍恩言乃陰忌之植懼不免禍遂以憂卒贈大將軍平州刺史謚曰節子定嗣及護伏誅龍恩及其弟萬壽竝預其禍武帝以植忠於朝廷特免其子孫

李延孫伊川人也父長壽性雄豪少與蠻酋結託侵掠關南魏孝昌中朝議恐其爲亂乃以長壽爲防蠻都督給其鼓節長壽盡其智力防遏羣蠻伊川左右寇盜爲之稍息永安之後長壽徒侶日盛魏帝藉其力用因而撫之累遷北華州刺史賜爵清河郡公及孝武西遷長壽率勵義士拒東魏後爲黃州刺史東魏遣行臺侯景攻之城陷遇害追贈太尉延孫亦雄武有將率才畧少從長壽征討以勇敢聞賀拔勝爲荆州刺史表延孫爲都督肅清鵶路頗有力焉及長壽被害延孫乃還收集其父之衆自孝武西遷後朝士流亡廣陵王欣錄尙書長孫承業潁川王斌之安昌王子均及建寧江夏隴東諸王幷百官等攜持妻子來投延孫者卽率衆衞送幷贈以珍玩咸達關中齊神武深患之遣行臺慕容紹宗等數道攻擊延孫大破之乃授延孫京南行臺節度河南諸軍事廣州刺史尋進車騎大將軍儀同三司大都督賜爵華山郡公延孫旣蒙重委每以克淸伊洛爲己任頻以寡擊衆威振敵境大統四年爲其長史楊伯闌所害贈司空子人傑有祖父風官至開府儀同三司改封潁川郡公

韋祐字法保京兆山北人也以字行爲州郡著姓父義上洛郡守魏大統中以法保著勳追贈秦州刺史法保少好遊俠而質直少言所與交遊皆輕猾亡命父沒事母以孝聞慕李長壽之爲人遂娶其女因寓居關南正光末王公避難者或依之多得全濟以此爲貴遊所德及孝武西遷法保赴行在所封固安縣男及長壽被害其子延孫收長壽餘衆守禦東境朝廷恐延孫兵少乃除法保東洛州刺史配兵數百以援延孫法保至潼關弘農郡守韋孝寬謂曰恐子此役難以吉還法保曰古人稱不入獸穴不得獸子安危之事未可預量遂倍道兼行與延孫兵接乃幷勢置柵於伏流未幾周文追法保與延孫還朝賞勞甚厚除河南尹及延孫被害法保乃率所部據延孫舊柵嘗與東魏戰流矢中頸從口中出久之乃蘇大統九年鎭九曲城及侯景以豫州附法保率兵赴景欲留之法保疑其貳乃固辭還所鎭十五年加驃騎大將軍開府儀同三司尋進爵爲公會東魏遣軍送糧饋宜陽法保潛邀之中流矢卒於陣謚曰莊子初嗣位開府儀同大將軍閻韓防主

陳欣字永怡宜陽人也少驍勇有氣俠姿貌魁岸同類咸敬憚之孝武西遷後欣乃於辟惡山招集勇敢少年寇掠東魏仍密遣使歸附授立義大都督賜爵霸城縣男累遷宜陽郡守恭帝二年進位驃騎大將軍開府儀同三司加侍中宜陽邑大中正賜姓尉遲氏周文以欣著績累載贈其祖昆及父與孫俱爲儀同三司位刺史東魏洛州刺史獨孤永業號有智謀往來境上欣與韓雄等恒令間諜覘其動靜齊兵每至輒破之故永業深憚欣等不敢爲寇周孝閔帝踐阼進爵許昌縣公後除熊州刺史卒於州欣與韓雄里閈姻婭少相親昵俱總兵境上三十餘載每禦扞二人相赴常若影響故數對勍敵而常保功名雖竝有武力至於挽彊射中欣不如雄散財施惠得士衆心則雄不如欣身死之日將吏荷其恩德莫不感慟子萬敵嗣朝廷以欣雅得士心還令萬敵領其部曲

魏玄字僧智其先任城人也後徙於新安玄少慷慨有膽畧孝武西遷東魏北徙人情各懷去就玄每率鄕兵抗拒東魏芒山之役大軍不利宜陽洛州皆爲東魏守而玄母及弟竝在宜陽玄以爲忠孝不兩立乃率義徒還關南鎭撫周文手書勞之除洛陽令封廣宗縣子周保定元年累遷驃騎大將軍開府儀同三司鎭閻韓還熊州刺史政存簡惠百姓悅之轉和州刺史伏流防主進爵爲公及齊將斛律明月率衆向宜陽兵威甚盛玄率衆禦之每戰輒克後以疾卒於位

泉仚字思道上洛豐陽人也世雄商洛自晉東度常貢屬江東曾祖景言魏大延五年率鄕里歸化仍引王師平商洛拜建節將軍假宜陽郡守世襲本縣令封丹水侯父安志復爲建節將軍宜陽郡守領本縣令降爵爲伯仚九歲喪父哀毀類於成人服闋襲爵年十二鄕人皇平陳合等三百餘人詣州請仚爲縣令州爲申上時吏部尙書郭祚以仚年少請別選遣終此一限令仚代之宣武詔依皇平等所請巴俗事道尤重老子之術仚雖童幼而好學恬靜百姓安之尋以母憂去職縣中父老復表請起復本任後除上洛郡守及蕭寶寅反遣兵趣青泥圖取上洛豪族泉杜二姓密應之仚與刺史董紹掩襲二姓散走寶寅亦退還淅州刺史別封涇陽縣伯永安中大破梁將王玄眞於順陽除東雍州刺史進爵爲侯部人楊羊皮太保椿之從弟恃椿侵擾百姓守宰多被其陵侮皆畏而不敢言仚收之將加極法楊氏慙懼圖宗請恩自此豪右無敢犯者性又清約纖毫不擾於人在州五年每於鄕里運米自給梁魏興郡與洛州接壤表請內屬詔仚爲行臺尙書以撫納之大行臺賀拔岳以仚昔莅東雍爲吏人所懷乃表仚復爲刺史

詔許之蜀人張國儁聚黨剽劫州郡不能制企捕戮之闔境清肅及齊神武專政孝武有西顧之心欲委企以山南之事乃除洛州刺史未幾帝西遷齊神武率衆至潼關企遣其子元禮襲之神武不敢進上洛人都督泉岳其弟猛畧與順陽人杜窋等謀翻洛州以應東魏企知之殺岳及猛畧傳首詣闕大統元年加開府儀同三司兼尚書右僕射進爵上洛郡公企志尚廉慎每除一官憂見顏色寢食輙減至是頻讓魏帝手詔不許三年高敖曹圍逼州城杜窋爲其鄉導企拒守旬餘矢盡援絕城乃陷焉謂敖曹曰泉企力屈志不服也及竇泰被禽敖曹退走遂執企而東以窋爲刺史企臨發密戒二子元禮仲遵曰吾生平志願不過令長幸逢聖會位亞台司今爵祿旣隆年齒又暮前途夷險抑亦可知汝等堪立功効不得以我在東遂虧臣節也乃揮涕而訣聞者莫不憤歎尋卒於鄴元禮少有志氣好弓馬頗閑草隸有士君子之風賜爵臨洮縣伯散騎常侍及洛州陷與企俱被執而東元禮於路逃歸時杜窋雖爲刺史然巴人素輕杜而重泉及元禮至與仲遵相見感父臨別之言潛與豪右結託遂率鄉人襲州城斬窋傳首長安朝廷嘉之代襲洛州刺史從周文戰於沙苑中流矢卒子貞嗣仲遵一名恭少謹實涉獵經史年十三爲郡主簿十四爲縣令及長有武藝高敖曹攻洛州與企力戰拒守矢盡以捧杖扞之爲流矢中目不堪復戰及城陷士卒歎曰若二郎不傷豈至於此企之東也仲遵以被傷不行後與元禮斬窋以功封豐陽縣伯東豫州刺史及元禮戰沒復以仲遵爲洛州刺史頗得譽大統十三年行荊州刺史事梁司州刺史柳仲禮每爲邊寇周文令仲遵率鄉兵從開府楊忠討之梁隨郡守桓和拒守不降忠謂諸將曰先取仲禮則桓和不攻而自服也仲遵對曰若棄和深入仲禮未即就禽則首尾受敵此危道也忠從之仲遵以計由己出乃先登城遂禽和從擊仲禮又獲之進驃騎大將軍開府儀同三司本州大中正復行荊州刺史十三州諸軍事尋遭母憂請終喪制不許大將軍王雄南征上津魏興仲遵從雄討平之遂於上津置南洛州以仲遵爲刺史仲遵留情撫接百姓安之初蠻帥杜青和自稱巴州刺史以州入附朝廷因其所據而授之仍隸東梁州都督青和以仲遵善於撫御請隸仲遵朝議以山川非便弗之許也青和遂結安康酋帥黃衆寶等舉兵共圍東梁州復遣王雄討平之改巴州爲洵州隸於仲遵先是東梁州刺史劉孟良在職貪婪人多背叛仲遵以廉簡處之羣蠻帥服仲遵雖出自巴夷而有方雅之操歷官之處皆以清白見稱朝廷又以其父臨危抗節乃令襲爵上洛郡公舊封聽廻授一子尋出爲都督金州刺史卒官贈大將軍三州刺史諡曰莊子晡嗣位至開府儀同大將軍

李遷哲字孝彥安康人也世爲山南豪族仕於江左父元直仕梁歷東梁衡二州刺史散騎常侍沌陽侯遷哲少修立有識度慷慨善謀畫起家文德主帥其父爲衡州留遷哲本鄉監統部曲事時年二十撫馭羣下甚得其情後襲爵沌陽侯位都督東梁州刺史侯景篡逆遷哲外禦邊寇自守而已大統十七年周文遣達奚武王雄等畧地山南遷哲軍敗遂降於武然猶意氣自若武乃執送京師周文責以不早歸國荅曰不能死節實以此愧耳周文深嘉之封沌陽縣伯恭帝初直州人樂熾洋州人黃國等連結爲亂周文以遷哲信著山南乃令與開府賀若敦同經畧熾等尋竝平蕩仍與敦南出狗地遷哲先至巴州入其封郭梁巴州刺史牟安人開門請降安人子宗徹等猶據巴城不下遷哲攻尅之軍次鹿城城主遣使請降遷哲謂其衆曰納降如受敵吾觀其使瞻視猶高得無詐也遂不許之梁人果於道左設伏以邀遷哲遷哲進擊破之遂屠其城自此巴濮之人降款相繼軍還周文賜以所服紫袍玉帶及所乘馬加授侍中驃騎大將軍開府儀同三司除直州刺史即本州也仍給軍儀鼓節令與田弘同討信州時信州爲蠻酋向五子王等所圍弘遣遷哲赴援比至信州已陷五子王等聞遷哲至狼狽遁走遷哲入據白帝賀若敦等復至遂共追五子王等破之及田弘旋軍周文令遷哲留鎮白帝信州先無倉儲軍糧匱乏遷哲乃收葛根造粉兼米以給之遷哲亦自取供食時有異膳即分賜兵士有疾患者又親加醫藥以此軍中感之人思効命黔陽蠻田烏度田烏唐等每抄掠江中爲百姓患遷哲隨機出討殺獲甚多由是諸蠻畏威各送糧餼又遣子弟入質者千有餘家遷哲乃於白帝城外築城以處之并置四鎮以靜峽路自此寇抄頗息軍糧贍給焉周明帝初授都督信州刺史二年進爵西城縣公武成元年朝于京師明帝甚禮之賜甲第及莊田等天和三年進位大將軍詔遷哲率金上等諸州兵鎮襄陽五年陳將章昭達攻逼江陵梁明帝告急於襄州衞公直令遷哲往救焉遷哲率其所部守江陵外城自率騎出南門又令步兵自北門出兩軍首尾邀之陳人多投水死是夜陳人又竊於城西堞以梯登城登者已百數人遷哲又率驍勇扞之陳人復潰俄而大風暴起遷哲乘闇出兵擊其營陳人大亂殺傷甚衆江陵總管陸騰復破之於西隄陳人乃遁建德二年進爵安康郡公三年卒於襄州贈金州總管諡曰壯武遷哲累葉雄豪爲鄉里所服性復華侈能厚自奉養妾媵至有百數男女六十九人緣漢千餘里間第宅相次姬媵之有子者分處其中各有僮僕侍婢閽人守護遷哲每鳴笳導從往來其間縱酒歡醼盡生平之樂子孫參見或忘其年名者披簿以審之長子敬仁先遷哲卒第六子敬猷嗣還統父兵位儀同大將軍遷哲弟顯位上儀同大將軍

楊乾運字玄邈儻城興勢人也少雄武爲鄉閭信服爲安康郡守陷梁仕歷潼南梁二州刺史及武陵王蕭紀稱尊號以乾運威服巴渝乃拜梁州刺史鎮潼州封萬春縣公時紀與其兄湘東王繹爭帝乾運兄子畧勸乾運歸附乾運然之會周文令乾運孫法洛至畧即夜送之乾運送款周文密賜乾運鐵券授開府儀同三司侍中梁州刺史安康郡公及尉遲迥征蜀遂降迥迥因此進軍成都數旬尅之及至京師禮遇隆渥尋卒於長安贈尚書右僕射子端嗣畧亦以歸附功位至開府儀同三司大將軍封上庸縣伯乾運女壻樂廣安州刺史封安康縣公

扶猛字宗畧上甲黃土人也其種落號白獸蠻猛仕梁位南洛北司二州刺史封宕渠縣男魏廢帝元年以衆降周文厚加撫納復爵宕渠縣男割二郡爲羅州以猛爲刺史令從開府賀若敦南討信州敦令猛直道白帝所由之路人迹不通猛乃梯山捫葛備歷艱阻遂入白帝城撫慰人夷莫不悅附以功進開府儀同三司俄而信州蠻反猛復從賀若敦平之進爵臨江縣公後從田弘破漢南諸蠻進位大將軍卒

陽雄字元畧上洛邑陽人也累葉豪族父猛從孝武西遷以功封部陽伯位征東將軍楊州刺史雄起家奉朝請以軍功封安平縣侯得子孫相襲拜邑陽郡守累遷平州刺史進爵王城縣公加開府儀同三司驃騎大將軍歷京兆戶部中大夫進位大將軍轉中外府長史遷江陵總管改封魯陽縣公卒於鎮追封郡公諡曰懷雄善附會能自謀身故任兼出內保全爵祿子長寬嗣

席固字子堅其先安定人也高祖衡因姚氏之亂寓居襄陽仕晉爲建威將軍遂爲襄陽著姓固少有遠志梁大同中爲齊興郡守久居郡職士多附之遂有親兵千餘人梁元帝時遷興州刺史軍人慕從者至五千餘人固欲自據一州以觀時變大統中以地歸魏時周文方南取江陵西定蜀漢聞固至甚禮遇之就拜使持節驃騎大將軍開府儀同三司大都督侍中豐州刺史封新豐縣公後轉湖州刺史啓求入覲及至進爵靜安郡公尋拜昌歸憲三州諸軍事昌州刺史固居家孝友莅官頗有聲績卒於州贈大將軍五州刺史諡曰肅敕襄州賜其墓田子雅嗣雅字彥文性方正少以孝聞位大將軍雅弟英上開府儀同大將軍

任果字靜鸞南安人也本方隅豪族父襃仕梁爲沙州刺史新巴縣公果性勇決志在立功魏廢帝元年率所部來附周文嘉其遠至待以優禮果因面陳取蜀策深被納之乃授沙州刺史南安縣公從尉遲迥伐蜀尋進授驃騎大將軍開府儀同三司及成都平除始州刺史周文以其方隅首領早立忠節進爵樂安郡公賜以鐵券聽相傳襲并賜路車駟馬及儀衞等以光寵之尋爲刺客所害

論曰王傑王勇宇文虯耿豪高琳李和伊婁穆侯植等咸以果毅之姿効節擾攘之際各能屠堅覆銳自致其功高爵厚位固其宜也仲尼稱無求備於一人信矣夫文士懷溫恭之操其弊也懦弱武夫稟剛烈之資其弊也敢悍故有使酒不遜之禍拔劒爭功之尤大則莫全其生小則僅而獲免耿豪王勇不其然乎李延孫韋祐陳欣魏玄等以勇畧之姿受扞城之委灌瓜贈藥雖有愧於昔賢禦侮折衝足方駕於前烈用能觀兵伊洛保據崤函齊人阻西路之謀周朝綏東顧之慮皆其力也泉企長自山谷素無月旦之譽而臨難慷慨無失人臣之節豈非蹈仁義之徒歟元禮仲遵聿遵其志卒成功業庶乎克負荷矣李遷哲楊乾運席固之徒屬方隅擾攘咸知委質遂享爵位以保終始觀遷哲之對周文有尚義之氣乾運受任武陵乖事人之道若乃校其優劣固不可同年而語陽雄任兼文武聲著土內抑亦志能之士也舊史有代人宇文盛字保興以武毅顯盛弟丘字胡奴盛子述位柱國竝有傳然事無足可紀盛見子述傳首丘畧之云

北史卷六十六考證

宇文虯傳又從獨孤信討梁企定破之○企監本訛企今改正

劉雄傳雄自淙州從滕王道先入○道一本作逌

贈亳州總管○亳監本譌毫今改正

李延孫傳少從長壽征討○征監本譌延今改從南本

魏玄傳乃率義徒還鬪南鎮撫○鬪一本作闘

泉企傳領本縣令○本一本作大

李遷哲傳起家文德主師○師一本作帥

各有僮僕侍婢閽人守獲○獲南本作護

北史卷六十七

唐　李　延　壽　撰

列傳第五十五

崔彥穆　楊纂　段永　令狐整子熙

唐永子瑾　柳敏子昂　王士良

崔彥穆字彥穆清河東武城人魏司空安陽侯林之九世孫也曾祖顗後魏平東府諮議參軍祖蔚遭從兄司徒浩之難南奔江左仕宋爲給事黃門侍郎汝南義陽二郡守延興初復歸於魏拜潁川郡守因家焉後終於郢州刺史父幼位終永昌郡守隋開皇初以獻皇后外曾祖追贈上開府儀同三司新州刺史彥穆幼明悟神彩卓然魏吏部尚書隴西李神儁有知人之鑒見而歎曰王佐才也永安末除司徒府參軍事再遷大司馬從事中郎孝武西遷彥穆時不得從大統三年乃與兄彥珍於成臯舉義因攻拔滎陽禽東魏郡守蘇淑仍與鄉郡王元法威攻潁川斬其刺史李景道即拜滎陽郡守尋賜爵千乘縣侯十四年授散騎常侍司農卿時軍國草創衆務殷繁周文乃引彥穆入幕府兼掌文翰及于謹伐江陵彥穆以本官從平之周明帝初進驃騎大將軍開府儀同三司俄拜安州刺史總管十二州諸軍事入爲御正大夫陳氏請敦鄰好詔彥穆使焉彥穆風韻閑曠器度方雅善玄言解談謔甚爲江表所稱轉戶部中大夫進爵爲公天和三年聘齊還除金州刺史總管七州諸軍事進位大將軍尋徵拜小司徒及宣帝崩隋文帝輔政三方起兵以彥穆爲行軍總管與襄州總管王誼討司馬消難軍次荊州總管獨孤永業有異志遂收而戮之及事平隋文帝徵王誼入朝即以彥穆爲襄州刺史總管六州諸軍事加授上大將軍進爵東郡公頃之永業家自理得雪彥穆坐除名尋復官爵開皇元年卒子君綽嗣君綽性夷簡博覽經史有父風大象末丞相府賓曹參軍君綽弟君肅解巾道王侍讀大象末潁川郡守

楊纂廣寧人也父安仁魏朔州鎮將纂少慷慨有志氣勇力兼人年二十從齊神武起兵於信都軍功稍遷武州刺史自以賞薄志懷怨憤每歎曰大丈夫富貴何必故鄉若以妻子經懷豈不沮人雄志大統初乃間行入關周文執纂手曰人所貴者忠義也所懼者危亾也其能不憚危亾蹈茲忠義者今方見之於卿耳即授征南將軍大都督封永興縣侯從周文解洛陽圍經河橋芒山之戰纂每先登軍中咸推其敢勇累遷驃騎大將軍開府儀同三司加侍中進爵爲公賜姓莫胡盧氏俄授岐州刺史周孝閔帝踐阼進爵宋熙郡公保定元年位大將軍改封隴東郡公除隴州刺史從隋公楊忠東伐至并州而還天和六年進授柱國大將軍轉華州刺史纂性質樸又不識文字前後莅職但推誠信而已吏人以其忠恕頗亦懷之尋卒於州子睿位至上柱國漁陽郡公

段永字永賓其先遼西石城人晉幽州刺史匹磾之後也曾祖慣仕魏黃龍鎮將因從高陸之河陽焉永幼有志操閭里稱之魏正光末北鎮擾亂遂攜老幼避地中山後赴洛陽拜平東將軍封沃陽縣伯青州人崔祉客舉兵反永討平之進爵爲侯除左光祿大夫時有賊魁元伯生西自崤潼東至鞏洛屠陷城壁所在爲患孝武遣京畿大都督疋婁昭討之昭請以五千人行永進曰此賊既無城柵唯以寇抄爲資取之在速不在衆也若星馳電發出其不虞精騎五百足矣帝然其計於是命永代昭以五百騎倍道兼進遂破平之及帝西遷永時不及從大統初乃結宗人潛謀歸款密與都督趙業等襲斬西中郎將慕容顯和傳首京師以功別封昌平縣子徐州刺史從禽竇泰復弘農破沙苑並有戰功進爵爲公河橋之役永力戰先登授南汾州刺史累遷驃騎大將軍開府儀同三司賜姓爾綿氏廢帝元年授恒州刺史于時朝貴多其部人謁永之日冠蓋盈路當時榮之周孝閔帝踐阼進爵廣城郡公歷文瓜二州刺史兵部中大夫保定四年拜大將軍永歷任內外所在頗有聲稱輕財好士朝野以此重焉天和四年授小司寇尋爲右二軍總管率兵北道講武遇疾卒於賀葛城喪還武帝親臨贈使持節柱國大將軍同華等五州刺史謚曰基子岌嗣位至儀同三司兵部下大夫

令狐整字延保敦煌人也本名延世爲西土冠冕曾祖嗣祖紹安官至郡守咸爲良二千石父蚪早以名德著聞仕歷瓜州司馬敦煌郡守郢州刺史封長城縣子魏大統末卒於家周文帝傷悼之遣使者監護喪事又敕鄉人爲營墳壟贈龍驤將軍瓜州刺史整幼聰敏沉深有識量學藝騎射並爲河右所推刺史魏東陽王元榮辟整爲主簿加盪寇將軍整進趨詳雅對揚辯暢謁見之際州府傾目榮器整德望嘗謂僚屬曰令狐延保西州令望方成重器豈州郡之職所可縶維但一日千里必基武步寡人當委以庶務畫諾而已頃之孝武西遷河右擾亂榮仗整防扞州境獲寧及鄧彥竊據瓜州拒不受代整與開府張穆等密應使者申徽執彥送京師周文嘉其忠節表爲都督尋而城人張保又殺刺史成慶與涼州刺史宇文仲和構逆規據河西晉昌人呂興等復害郡守郭肆以郡應保初保等將圖爲亂慮整守義不從既殺成慶因欲及整然人之望復恐其下叛之遂不敢害雖外加禮敬內甚忌整整亦僞若親附而密欲圖之陰令所親說保曰君與仲和結爲脣齒今東軍漸逼涼州彼勢孤危恐不能敵若或摧衄則禍及此土宜分遣銳師星言救援二州合勢則東軍可圖然後保境息人計之上者保然之而未知所任整又令說保曰歷觀成敗在於任使所擇不善旋致傾危令狐延保兼資文武才堪統御若使爲將蔑不濟矣保納其計且以整父兄等並在城中弗之疑也遂令整至玉門郡召集豪傑說保罪逆馳還襲之先定晉昌斬呂興進軍擊保州人素服整威名並棄保來附保遂奔吐谷渾衆議推整爲刺史整曰本以張保肆逆殺害無辜闔州之人俱陷不義今者同心務在除凶若其相推薦復恐效尤致禍於是乃推波斯使主張道義行州事具以狀聞詔以申徽爲刺史徵整赴闕授壽昌郡守封襄武縣男周文謂整曰卿早建殊勳今官位未足酬賞方當與卿共平天下同取富貴遂立爲瓜州義首整以國難未寧常願舉宗効力遂率鄉親二千餘人入朝隨軍征討整善於撫馭躬同豐約是以士衆並忘羈旅盡其力用周文嘗從容謂整曰卿遠祖立忠而來可謂積善餘慶世濟其美者也整遠祖漢建威將軍邁不爲王莽屈其子稱避地河右故周文稱之云累遷驃騎大將軍開府儀同三司加侍中周文又謂整曰卿勳同婁項義等骨肉立身敦雅可以範人遂賜姓宇文氏并賜名整焉宗人二百餘戶並列屬籍周孝閔帝踐阼拜司憲中大夫處法平允爲當時所稱進爵彭城縣公初梁興州刺史席固以州來附周文以固爲豐州刺史固莅職既久猶習梁法凡所施爲多虧政典朝議密欲代之而難其選令整權鎮豐州委以代固之略整廣布威恩傾身撫接數月之間化洽州府於是除整豐州刺史以固爲湖州豐州舊不居民中賦役參集勞逸不均整請移居武當詔可其奏獎勵撫導遷者如歸旬月之間城府周備固之還也其部曲多願留爲整左右整諭以朝制弗之許焉莫不流涕而去及整秩滿代至人吏戀之老幼送整遠近畢集數日停留方得出界其得人心如此拜御正中大夫出爲中華郡守轉同州司會遷始州刺史整雅識情僞尤明政術恭謹廉慎常懼盈滿故歷居內外所在見稱進位大將軍晉公護之初執政也欲委整以腹心整辭不敢當頗忤其意護以此踈之及護誅附會者咸伏法而整獨保全時人稱其先覺卒贈本官加四州諸軍事鄜州刺史謚曰襄子熙嗣

熙字長熙性嚴重有雅量雖在私室終日儼然不妄通賓客凡所交結必一時名士博覽羣書尤明三禮善騎射頗知音律起家以通經爲吏部上士轉夏官府都上士俱有能名以母憂去職殆不勝哀其父戒之曰大孝在於安親義不絕嗣吾今見存汝又隻立何得過爾毀頓貽吾憂也熙自是稍加饘粥服闋除少駕部復丁父憂非杖不起人有聞其哭聲莫不爲之下泣河陰之役詔令墨衰從事授職方下大夫襲彭城縣公及武帝平齊以留守功進位儀同歷司勳吏部二曹中大夫甚有當時譽隋文帝受禪之際熙以本官行納言事尋除司徒左長史加上儀同進爵河南郡公時吐谷渾寇邊以行軍長史從元帥元諧討之以功進上開府後拜滄州刺史在職數年風教大洽稱爲良二千石開皇四年上幸洛陽熙來朝吏人恐其遷悲泣於道及還百姓出境迎謁歡呼盈路在州獲白烏白麞嘉麥甘露降於庭前柳樹八年徙爲河北道行臺度支尚書吏人追思相與立碑頌德及行臺廢累遷鴻臚卿後以本官兼吏部尚書往判五曹尚書事號爲明幹上甚任之及上祠太山還次汴州惡其殷盛多有姦俠以熙爲汴州刺史下車禁游食抑工商人有向衢開門者杜之船客停於郭外星居者勒爲聚落僑人逐令歸本其有滯獄並決遣之令行禁止上聞而嘉之顧侍臣曰鄴都天下難臨處敕相州刺史豆盧通令習熙法其年來朝考績爲天下之最賜帛三百疋頒告天下以嶺南夷數起亂徵拜桂州總管十七州諸軍事許以便宜從事刺史巳下官得承

制補授給帳內五百人帛五百疋發傳送其家累改封武康郡公熙至部大弘恩信其溪洞渠帥更相謂曰前總管皆以兵威相脅今者乃以手教相論我輩其可違乎於是相率歸附先是州縣生梗長吏多不得之官寄政於總管府熙悉遣之爲建城邑開設學校人夷感化焉時有甯猛力者與陳後主同日生自言貌有貴相在陳世已據南海平陳後文帝因而撫之卽拜安州刺史然驕倨恃險未常參謁熙手書諭之申以交友之分其母有疾熙復遺以藥猛力感之詣府請謁不敢爲非熙以州縣多有同名於是奏改安州爲欽州黃州爲峯州利州爲智州德州爲驩州東寧州爲融州上皆從之在職數年上表以年老疾患請解所任優詔不許賜以醫藥熙奉詔令交州渠帥李佛子入朝佛子欲爲亂請至仲冬上道熙意在羈縻遂從之有人詣闕訟熙受佛子賂而捨之上聞佛子反問至上大怒以爲信然遣使鎖熙詣闕熙性素剛鬱鬱不得志行至永州憂憤病卒上怒不解沒其家財及行軍總管劉方禽佛子送京師言熙實無贓上悟乃召其四子聽仕少子德蓁最知名整弟休幼聰敏有文武材用與整同起兵逐張保授帥都督後爲中外府樂曹參軍時諸功臣多爲本州刺史晉公護謂整曰以公勳望應得本州但朝廷藉公委任無容遠出然公一門之內須有衣錦之榮乃以休爲敦煌郡守在郡十餘年甚有政績卒於合州刺史

唐永北海平壽人也本居晉昌之愼安縣晉亂徙於丹陽祖揣始還魏官至北海太守因家焉父倫青州刺史永身長八尺少耿介有將帥才讀班超傳慨然有萬里之志正光中爲北地太守當郡別將俄而賊將宿勤明達車金雀等寇郡境永擊破之境內稍安永善馭下士人競爲之用臨陣常著帛展襦把角如意以指麾處分辭色自若在北地四年與賊數十戰未常敗北時人語曰莫陸梁恐爾逢唐將永所營處至今猶稱唐公壘也行臺蕭寶夤表永爲南幽州刺史夷人送故者莫不垂淚當路遮留踰數日始得出境大統元年拜東雍州刺史尋加衞將軍封平壽伯卒贈司空公永性清廉家無蓄積妻子不免飢寒世以此稱之子陵少習武藝頗閑吏職位大都督應州刺史車騎大將軍儀同三司陵子悟美風儀博涉經史文詠可觀周大象中頗被宣帝任遇位至內史下大夫漢陽公隋文帝得政廢於家而卒

陵弟瑾

瑾字附璘性溫恭有器量博涉經史雅好屬文身長八尺二寸容貌甚偉年十七周文聞其名乃貽永書曰閤公有二子曰陵曰瑾陵從橫多武畧瑾雍容富文雅可並遣入朝孤欲委以文武之任因召拜尚書員外郎相府記室參軍事軍書羽檄瑾多掌之從破沙苑戰河橋並有功封姑臧縣子累遷尚書右丞吏部郎中于時魏室播遷庶務草創朝章國典瑾並參之遷戶部尚書進位驃騎大將軍開府儀同三司賜姓宇文氏時燕公于謹勳高望重朝野所屬白周文言瑾學行兼修願與之同姓結爲兄弟庶子孫承其餘論有益義方周文歎異者久之更賜瑾姓万紐于氏謹乃深相結納敦長幼之序瑾亦廷羅子孫行弟姪之敬其爲朝望所宗如此進爵臨淄縣伯轉吏部尚書銓綜衡流雅有人倫之鑒以父憂去職尋起令視事時六尚書皆一時之秀周文自謂得人號爲六俊然瑾尤見器重于謹南伐江陵以瑾爲元帥府長史軍中謀畧多出瑾焉江陵既平衣冠仕伍並沒爲僕隸瑾察其才行有片善者輒議免之賴瑾獲濟者甚衆時論多焉及軍還諸將多因虜掠大獲財物瑾一無所取唯得書兩車載之以歸或白周文曰唐瑾大有輜重悉是梁朝珍玩周文初不信之然欲明其虛實密遣使檢閱之唯見墳籍而已乃歎曰孤知此人來二十許年明其不以利干義向若不令檢視恐常人有投杼之疑孤所以益明之耳凡受人委任當如此也論平江陵功進爵爲公六官建授禮部中大夫出爲蔡州刺史歷拓州硤州所在皆有德化人吏稱之轉荊州總管府長史入爲吏部中大夫歷御正納言內史中大夫曾未十旬遂遷四職搢紳咸以爲榮久之除司宗中大夫兼內史尋卒于位贈小宗伯謚曰方瑾性方重有風格退朝休假恒著衣冠以對妻子遇迅雷風烈雖閑夜宴寢必起冠帶端笏危坐又好施與家無餘財所得祿賜常散之宗族其尤貧乏者又割膏腴田宅以振之所留遺子孫者並墝埆之地朝野以此稱之撰新儀十篇所著賦頌碑誄二十餘萬言孫大智嗣瑾次子令則性好篇章兼解音律文多輕艶爲時人所傳天和初以齊馭下大夫使於陳大象中官至樂部下大夫仕隋位太子左庶子皇太子勇廢被誅

柳敏字白澤河東解縣人晉太常純之七世孫也父懿魏車騎大將軍儀同三司汾州刺史敏九歲而孤事母以孝聞性好學涉獵經史陰陽卜筮之術靡不習焉年未弱冠起家員外散騎侍郎累遷河東郡丞朝議以敏之本邑故有此授敏雖統御鄉里而處物平允甚得時譽及周文尅復河東見而器異之乃謂之曰今日不喜得河東喜得卿也卽拜丞相府參軍事俄轉戶曹參軍兼記室每有四方賓客恒令接之爰及吉凶禮儀亦令監綜又與蘇綽等修撰新制爲朝廷政典遷禮部郎中封武城縣子加帥都督領本鄉兵俄進大都督遭母憂居喪旬日之間鬢髮半白尋起爲吏部郎中毀瘠過禮杖而後起周文見而歎異之特加稟賜及尉遲迥伐蜀以敏爲行軍司馬軍中籌畧並以委之益州平進驃騎大將軍開府儀同三司加侍中遷尚書賜姓宇文氏六官建拜禮部中大夫周孝閔帝踐阼進爵爲公又除河東郡守尋復徵拜禮部出爲郢州刺史甚得物情及將還朝夷夏士人感其惠政並齎酒餚及物產候之於路敏乃從他道而還復拜禮部後改禮部爲司宗仍以敏爲之敏操履方正性又恭勤每日將朝必夙興待旦文久處臺閣明練故事近儀或乖先典者皆案據舊章刊正取中遷小宗伯監修國史轉小司馬又監修律令進位大將軍出爲鄜州刺史以疾不之部武帝平齊進爵武德郡公敏自建德以後寢疾積年武帝及宣帝並親幸其第問疾焉開皇元年進位上大將軍太子太保其年卒贈五州諸軍事晉州刺史臨終戒其子等喪事所從務從簡約其子等並涕泣奉行少子昂

昂字千里幼聰穎有器識幹局過人周武帝時爲內史中大夫開府儀同三司賜爵文城郡公當塗用事百寮皆出其下昂竭誠獻替知無不爲謙虛自處未嘗驕物時論以此重之武帝崩受遺輔政稍被宣帝疏然不離本職隋文帝爲丞相深自結納文帝以爲太宗伯拜日遂得偏風不能視事文帝受禪疾愈加上開府拜潞州刺史昂見天下無事上表請勸學行禮上覽而善之優詔答昂自是天下州縣皆置博士習禮焉昂在州甚有惠政卒官子調歷秘書郎侍御史左僕射楊素嘗於朝堂見調因獨言曰柳條通體弱獨搖不須風調斂版正色曰調信無取公不當以爲侍御信有可取不應發此言公當具瞻之地樞機何可輕發素甚奇之煬帝嗣位累遷尚書左司郎中時王綱不振朝士多贓貨唯調清素守常爲時所美然幹用非其所長

王士良字君明其先太原晉陽人也後因晉亂避地涼州魏太武平沮渠氏曾祖景仁歸魏爲敦煌鎭將祖公禮平城鎭司馬因家於代父延蘭陵郡守士良少修謹不妄交游孝莊末尒朱仲遠啓爲府參軍事歷大行臺郎中諫議大夫封石門縣男後與紇豆陵步蕃交戰軍敗爲蕃所禽遂居河右僞行臺紇豆陵伊利欽其才擢授右丞妻以孫女士良既爲姻好便得盡言遂曉以禍福伊利等卽歸附朝廷嘉之太昌初進爵晉陽縣子尋進爵琅邪縣侯授太中大夫右將軍出爲殷州車騎府司馬東魏徙鄴之後置京畿府專典兵馬時齊文襄爲大都督以士良爲司馬領外兵參軍尋遷長史加安西將軍徙封符壘縣侯武定初除行臺右中兵郎中又轉大將軍府屬從事中郎仍攝外兵事王思政鎭潁川齊文襄率衆攻之授士良大行臺左丞加鎭西將軍進爵爲公令輔其弟演於并州居守齊文宣卽位入爲給事黃門侍郎領中書舍人仍總知并州兵馬事加征西將軍別封新豐縣子俄除驃騎將軍尚書吏部郎中文宣自晉陽赴鄴宮復以士良爲尚書左丞統留後事仍遷御史中丞轉七兵尚書未幾入爲侍中轉殿中尚書頃之復爲侍中吏部尚書士良少孤事繼母梁氏以孝聞及卒居喪合禮文宣尋起令視事士良屢表陳誠再三不許方應命文宣見其毀瘠乃許之因此臥疾歷年文宣每自臨視疾愈除滄州刺史乾明初徵還鄴授儀同三司孝昭卽位遣三道使搜揚人物士良與尚書令趙郡王高叡太常卿崔昂分行郡國但有一介之善者無不以聞齊武成初除太子少傅少師復除侍中轉太常卿尋加開府儀同三司出爲豫州道行臺豫州刺史保定四年晉公護東伐權景宣以山南兵圍豫州士良舉城降授大將軍小司徒賜爵廣昌郡公尋除荊州總管行荊州刺史復入爲小司徒俄除鄜州刺史轉荊州刺史士良去鄉既久忽臨本州耆老故人猶有存者遠近咸以爲榮加授上大將軍以老病乞骸骨優詔許之開皇元年卒時年八十二子德衡大象末儀同大將軍

論曰昔陽貨外叛庶其竊邑而春秋譏之韓信背項陳平歸漢而史遷美之蓋以運屬既安君道已著則狗利忘德者罪也時逢擾攘臣禮未備則轉禍爲福者可也崔彥穆楊纂段永等昔在山東沉淪下位並以羈旅之士邅回於燕雀之伍終佩黽組可謂見機者乎令狐整幹用確然雅望重於河右處州里則勳著方隅升朝廷則績宣出內而畏避權寵克保終吉不然何以自致顯名而取高位也熙歷職流譽風政克舉雖古之循吏亦何以加茲而亳釐爲爽丘山成過唯命也夫唐永良能之名所在著美清白之譽顯於累職所謂幹能之士也瑾敏並挺杞梓之材蘊瑚璉之器博觀載籍多識舊章固乃國之名臣時之領袖周無君子斯焉取斯王士良

之于齊職居卿牧而失忠與義臨難苟免其背叛之徒歟

北史卷六十七考證

崔彥穆傳因攻拔滎陽○滎監本作榮今從南本

段永傳晉幽州刺史匹磾之後也○匹監本訛疋今改從晉書

令狐整傳整進趨詳雅對揚辯暢○趨監本訛趣今從南本

遂令整至玉門郡○玉監本訛王今改正

若其相推薦復恐效尤致禍○其一本作共

熙傳歷司勳吏部二曹中大夫○二監本訛一今改從南本

東寧州爲融州○融字下監本缺州字今從南本增入

唐瑾傳退朝休假恒著衣冠○恒監本誤恆今改正

王士良傳後與紇豆陵步蕃交戰○紇監本訛訖今改從南本

北史卷六十八

唐 李 延 壽 撰

列傳第五十六

豆盧寧 子勣 孫毓 楊紹 子雄 王雅 子世積 韓雄 子禽 賀若敦 子弼 弟誼

豆盧寧字永安昌黎徒何人其先本姓慕容氏燕北地王精之後也高祖勝以燕皇始初歸魏授長樂郡守賜姓豆盧氏或云北人謂歸義爲豆盧因氏焉又云避難改焉未詳孰是父萇魏柔玄鎮將有威重見稱於時武成中以寧勳追贈柱國大將軍少保涪郡公寧少驍果有志氣身長八尺美姿容善騎射魏永安中以別將隨尒朱天光入關以破万俟醜奴以功賜爵靈壽縣男嘗與梁仙定遇於平涼川相與肄射乃相去百步縣莎草以射之七發五中仚定服其能贈遺甚厚天光敗從侯莫陳悅及周文討悅寧與李弼來歸孝武西遷以奉迎勳封河陽縣伯後進爵爲公從禽竇泰復弘農破沙苑除衞大將軍兼大都督大統七年從于謹破稽胡帥劉平伏於上郡及梁仙定反以寧爲軍司監隴右諸軍事賊平進位侍中使持節驃騎大將軍開府儀同三司九年從周文迎高仲密與東魏戰於芒山還遷左衞將軍進爵范陽郡公十六年拜大將軍羌帥傍乞鐵忩及鄭五醜等反叛寧討平之恭帝二年改封武陽郡公遷尚書右僕射周孝閔帝踐阼授柱國大將軍武成初出爲同州刺史遷大司寇進封楚國公邑萬戶別食鹽亭縣一千戶收其租賦保定四年授岐州刺史屬大兵東討寧輿疾從軍薨於同州贈太保十州諸軍事同州刺史謚曰昭初寧未有子養弟永恩子勣及生子讚親屬皆請讚爲嗣寧曰兄弟之子猶子也吾何擇焉遂以勣嗣時以此多之及寧薨勣襲爵

勣字定東生時周文親幸寧家稱慶時遇新破齊軍周文因字曰定東勣聰悟有器局初以勳臣子封義安縣侯周明帝受禪授稍伯下大夫開府儀同三司改封丹陽郡公明帝時爲左武伯中大夫勣自以經業未通請解職遊露門學帝嘉之敕以本官就學齊王憲納勣妹爲妃恩禮愈厚武帝嗣位渭源燒當羌因饑作亂以勣有才略拜渭州刺史甚有惠政華夷悅服大致祥瑞鳥鼠山俗呼爲高武隴其下渭水所出其山絕壁千尋由來乏水諸羌苦之勣馬足所踐忽飛泉涌出有白烏飛上廳前乳子而後去有白狼見於襄武人爲之謠曰我有丹陽山出玉漿濟我人夷神烏來翔百姓因號其泉曰玉漿泉後丁父艱毀瘁過禮襲爵楚國公大象二年累遷利州總管尋拜柱國隋文帝爲丞相益州總管王謙作亂勣嬰城固守謙將達奚惎等攻之起土山鑿城爲七十餘穴堰江以灌之勣時戰士不過二千晝夜相拒經四旬梁睿軍且至賊解去授上柱國賜一子爵中山縣公開皇中爲夏州總管帝以其家貴盛勳効克彰後爲漢王諒納其女爲妃恩遇彌厚七年追守利州功詔食始州臨津縣邑千戶十年以疾徵還京師詔諸王並至勣第中使顧問道路不絕卒謚曰襄子賢嗣位顯州刺史大理少卿武賁郎將次子毓

毓字道生少英果有氣節漢王諒出鎮并州毓以妃兄爲王府主簿以征突厥功授儀同三司及煬帝即位諒納諮議王頍謀作亂毓苦諫不從因謂其弟懿曰吾匹馬歸朝自得免禍此乃身計非爲國也今且僞從以思後計毓兄顯州刺史賢言於帝曰臣弟毓素懷志節必不從亂但逼兇威不能克遂臣請從軍與毓爲表裏諒不足圖也帝許之賢密遣家人齎敕書至毓所與之計諒將往介州令毓與總管屬朱濤留守毓與濤議拒之濤拂衣不從毓追斬之時諒司馬皇甫誕以諫被囚毓出之與恊計及開府盤石侯宿勤武等閉城拒諒部分未定有人告諒諒攻之城陷見害時年二十八諒平贈大將軍封正義縣公謚曰愍子願師嗣拜儀同三司大業初行新令五等並除未幾帝復下詔改封雍丘侯復以願師襲

讚以寧勳建德初賜爵華陰縣侯累遷開府儀同大將軍進爵武陽郡公永恩少有職度與寧俱歸周文以迎孝武功封新興伯屢從征討皆有功進位驃騎大將軍開府儀同三司周孝閔帝踐阼授鄯州刺史改封沃野縣公保定元年入爲司會中大夫寧封楚國公請以先封武陽郡三千戶益沃野之封詔許焉卒于官贈少保謚曰敬子通嗣

通字平東一名會弘厚有器局在周以父功賜爵臨貞縣侯改封沃野縣公位開府北徐州刺史開皇初進爵南陳郡公尚隋文帝妹昌樂縣長公主歷定相二州刺史夏洪二州總管並以寬惠稱卒官謚曰安子寬嗣

楊紹字子安弘農華陰人也祖興魏新平郡守父國中散大夫紹少慷慨有志略屢從征伐力戰有功普泰初封平鄉縣男大統元年進爵冠軍縣公四年爲鄜城郡守紹性恕直兼有威惠百姓安之累遷驃騎大將軍開府儀同三司鄜州刺史賜姓叱呂引氏周孝閔帝踐阼進爵儻城郡公位大將軍卒贈成文等八州刺史謚曰信子雄嗣

雄初名惠美姿容有器度雍容閑雅進止可觀周武帝時爲太子司旅下大夫帝幸雲陽宮衞王直作亂襲肅章門雄逆拒破之封武陽郡公還右衞上大夫大象中進爵邗國公隋文帝爲丞相雍州牧畢王賢構作難雄時爲別駕知其謀以告文帝賢伏誅以功授柱國雍州牧仍領相府虞候周宣帝葬備諸王有變令雄率六千騎送至陵所進位上柱國文帝受禪除左衞將軍兼宗正卿遷右衞大將軍參預朝政封廣平王以邗公別封一子雄請封弟士貴朝廷許之或奏高頍朋黨者帝言之於朝雄深明其虛帝亦以爲然雄時貴寵冠絕一時與高頍虞慶則蘇威稱爲四貴雄寬容下士朝野顧屬帝陰忌之不欲其典兵馬乃改授司空外示優崇而內實奪其權也雄乃閉門不通賓客尋改封清漳王仁壽初帝以清漳不允聲望命職方進地圖指安德郡示羣臣曰此號足爲名德相稱乃改封安德王大業初授太子太傅元德太子薨檢校鄭州刺史遷懷州刺史京兆尹帝親征吐谷渾詔雄總管澆河道諸軍及還改封觀王遼東之役檢校左翊衞大將軍出遼東道次瀘河鎮遘疾薨帝爲之廢朝詔鴻臚監護喪事有司請謚曰懿帝曰王道高雅俗德冠生靈乃謚曰德贈司徒襄國等十郡太守子恭仁位吏部侍郎恭仁弟綝性和厚頗有文學歷義州刺史淮南郡太守及父薨起爲司隸校尉遼東之役楊玄感反其弟玄縱自帝所逃赴其兄路逢綝綝避人偶語久之司隸刺史劉休文奏之時恭仁將兵於外帝寢其事綝憂發病而卒

雄弟達字士達有學行仕周位儀同內史下大夫封遂寧縣男文帝受禪拜給事黃門侍郎進爵爲子遷兼吏部侍郎加開府轉內史侍郎鄯鄭趙三州刺史俱有能名平陳後帝差品天下牧宰達爲第一擢拜工部尚書加上開府達爲人弘厚有局度楊素每曰有君子貌兼君子心者唯楊達耳獻皇后及文帝山陵制度達並參預焉煬帝嗣位轉納言領營東都副監遼東之役領右武衞將軍進位左光祿大夫卒於師贈吏部尚書始安侯謚曰恭

王雅字度容闡熙新囿人也少沉毅木訥寡言有膽勇善騎射周文聞其名召入軍以功賜爵居庸縣子從禽竇泰於潼關沙苑之戰雅謂所部曰彼軍殆有百萬今我不滿萬人常理論之實難與敵但相公神武以順討逆豈計衆寡大丈夫不以此時破賊何用生爲乃擐甲出戰所向披靡周文壯之又從戰芒山時大軍失利諸將皆退雅獨拒之敵人見其無繼步騎競進雅左右奮擊斬九級敵衆稍退雅乃還周文歎曰王雅舉身悉是膽也進爵爲伯累遷驃騎大將軍開府儀同三司明帝初除汾州刺史勵精爲政人庶悅附自遠至者七百餘家卒於夏州刺史子世積嗣

世積容貌魁岸腰帶十圍風神爽拔有人傑之表在周以功拜上儀同封長子縣公隋文帝受禪進封宜陽郡公高頍美其才能甚善之嘗謂頍曰吾輩俱周臣子社稷淪沒若何頍深拒之未幾授蘄州總管平陳之役以舟師自蘄水趣九江以功進位柱國荊州總管後桂州人李光仕作亂世積以行軍總管討平之進位上柱國甚見隆重世積見帝性忌刻功臣多獲罪由是縱酒不與執政言及時事上以爲有酒疾舍之宮內令醫者療之世積詭稱疾愈始得就第及征遼東世積與漢王並爲行軍元帥至柳城遇疾而還拜涼州總管令騎士七百人送之官未幾其親信安定皇甫孝諧有罪吏捕之亡抵世積不納由是有憾孝諧竟配防桂州事總管令狐熙熙又不禮焉甚困窮因徼幸上變稱世積嘗令道

人相其貴不道人云當爲國主謂其妻曰夫人當爲皇后又將之涼州其所親謂世積曰河西天下精兵處可圖大事世積曰涼州土曠人稀非用武國由是被徵案其事有司奏左衞大將軍元旻右衞大將軍元冑左僕射高熲並與世積交通受其名馬之贈世積竟坐誅旻冑等免官拜孝諧爲上大將軍

韓雄字木蘭河南東垣人也祖景孝文時爲赭陽郡守雄少敢勇膂力絕人工騎射有將率材略及孝武西遷雄便慷慨有立功之志大統初遂與其屬六十餘人於洛西舉兵數日間衆至千人與河南行臺楊琚共爲犄角每抄掠東魏所向剋獲東魏洛州刺史韓賢以狀聞鄴乃遣其軍司慕容紹宗與賢合勢討雄戰數十合雄衆略盡兄及妻子皆爲賢所獲將以爲戮乃遣人告雄皆免之雄乃詣賢軍即隨賢還洛潛引賢黨謀欲襲之事洩遁免謁周文於弘農封武陽縣侯遣還鄉里更圖進取雄乃招集義衆從獨孤信入洛陽芒山之役周文命雄邀齊神武於隘道神武怒命三軍并力取雄雄突圍得免除東徐州刺史東魏雍州刺史郭叔略接境頗爲邊患雄密圖之輕將十騎夜入其境伏於道側遣都督韓仕於略城服東魏人衣服詐若自河陽叛投關西者略出馳之雄自後射之再發咸中遂斬略首除河南尹進爵爲公尋進驃騎大將軍開府儀同三司侍中河南邑中正周孝閔帝踐祚進爵新義郡公賜姓宇文氏明帝二年除都督中州刺史雄久在邊具知敵人虛實每率衆深入不避艱難前後經四十五戰雖時有勝負而雄志氣益壯東魏深憚之卒于鎮贈大將軍五州諸軍事謚曰威子禽嗣

禽字子通少慷慨以膽略稱容貌魁岸有雄傑之表性又好書經史百家皆略知大旨周文見而異之令與諸子遊集以軍功稍遷儀同三司襲爵新義郡公武帝伐齊禽說下獨孤永業於金墉城及平范陽加上儀同永州刺史隋文帝作相遷和州刺史陳將甄慶任蠻奴蕭摩訶等共爲聲援頻寇江北前後入界禽屢挫其鋒陳人奪氣開皇初文帝潛有吞江南志拜禽廬州總管委以平陳之任甚爲敵人所憚及大舉伐陳以禽爲先鋒禽領五百人宵濟襲採石守者皆醉遂取之進攻姑熟半日而拔次於新林江南父老素聞其威信來謁軍門晝夜不絕其將樊巡魯世真田瑞等相繼降晉王遣行軍總管杜彥與禽合軍陳叔寶遣領軍蔡徵守朱雀航聞禽將至衆懼而潰任蠻奴爲賀若弼所敗棄軍降禽禽以精騎直入朱雀門陳人欲戰蠻奴撝之曰老夫尚降諸君何事衆皆散走遂平金陵執陳主叔寶時賀若弼亦有功乃下詔晉王曰此二公者朕本委之悉如朕意以名臣之功成太平之業天下盛事何用過此又下優詔於禽弼曰申國威於萬里宣朝化於一隅使東南之人俱出湯火數百年賊旬日廓清專是公之功也高名塞於宇宙盛業光於天壤逖聽前古罕聞其匹班師凱入誠知非遠相思之甚寸陰若歲及至京弼與禽爭功於上前弼曰臣在蔣山死戰破其銳卒禽其驍將震揚威武遂平陳國禽略不交陣豈臣之比禽曰本奉明旨令臣與弼同取僞都弼乃敢先期逢賊遂戰致將士傷死甚多臣以輕騎五百兵不血刃直取金陵降任蠻奴執陳叔寶據其府庫傾其巢穴弼至夕方扣北掖門臣啓關而納之斯乃救罪不暇安得與臣爲比上曰二將俱合上勳於是進位上柱國賜物八千段有司劾禽縱士卒淫汙陳宮坐此不得國公及眞食邑大軍之始出也上敕有司曰亡國物我一不以入府可於苑內築五梁當悉賜文武百官大射以取之及是上御玄堂大陳陳之奴婢貨賄會王公文武官七品已上武職領兵都督已上及諸考使以射之先是江東謠曰黃斑青驄馬發自壽陽涘來時冬氣末去日春風始皆不知所謂禽本名禽武平陳之際又乘青驄馬往返時節與歌相應至是方悟後突厥來朝上謂曰汝聞江南有陳國天子乎對曰聞之上命左右引突厥詣禽前曰此是執得陳國天子者禽厲然顧之突厥惶恐不敢仰視其威容如此別封壽光縣公眞食千戶以行軍總管屯金城禦備胡寇即拜涼州總管俄徵還京恩禮殊厚無何其鄰母見禽門下儀衛甚盛有同王者母異而問之其中人曰我來迎王忽不見又有人疾篤忽驚走至禽家曰我欲謁王左右問何王曰閻羅王禽子弟欲撻之禽止之曰生爲上柱國死作閻羅王亦足矣因寢疾卒子世諤嗣

世諤倜儻驍捷有父風楊玄感亂引爲將每戰先登玄感敗爲吏所拘時帝在高陽送詣行在所世諤日令守者市酒殽以酣暢揚言曰吾死在朝夕不醉何爲漸以酒進守者守者狎之遂飲令醉因得逃奔山賊不知所終禽母弟僧壽字玄慶亦以勇烈知名周武帝時爲侍伯中旅下大夫隋文帝得政從韋孝寬平尉遲迥以功授大將軍封昌樂縣公開皇初拜安州刺史時禽爲廬州總管朝廷不欲其兄弟同在淮南轉熊蔚二州刺史進爵廣陵郡公尋以行軍總管擊破突厥於雞頭山後坐事免數歲復拜蔚州刺史突厥甚憚之後檢校靈州總管事從楊素破突厥進位上柱國改封江都郡公煬帝即位封新蔡郡公自是不復任用大業五年從幸太原時有京兆人達奚通妾王氏能清歌朝臣多相命觀之僧壽亦預焉坐除名尋命復位卒於京師子孝基

僧壽弟洪字叔明少驍勇善騎射膂力過人仕周以軍功拜大都督隋文帝爲丞相從韋孝寬破尉遲迥加上開府封甘棠縣侯及帝受禪進爵爲公開皇九年平陳之役授行軍總管及陳平晉王廣大獵於蔣山有猛獸在圍中衆皆懼洪馳馬射之應弦而倒陳氏諸將列觀皆歎伏焉王大喜賜縑百匹尋以功加柱國拜蔣州刺史轉廉州時突厥屢爲邊患朝廷以洪驍勇令檢校朔州總管事尋拜代州總管仁壽元年突厥達頭可汗犯塞洪率蔚州刺史劉隆大將軍李藥王拒之遇虜於恒安衆寡不敵洪四面搏戰身被重創將士沮氣虜悉衆圍之矢下如雨洪僞與虜和圍少懈洪率所領潰圍而出死者大半殺虜亦倍洪及藥王除名隆竟坐死煬帝北巡至恒安見白骨被野以問侍臣曰往者韓洪與虜戰處也帝憫然傷之收葬骸骨命五郡沙門爲設齋供拜洪隴西太守未幾朱崖人王萬昌作亂詔洪平之以功加金紫光祿大夫領郡如故俄而萬昌弟仲通復叛又詔洪平之還師未幾遇疾卒

賀若敦河南洛陽人也其先居漠北世爲部落大人曾祖貸魏獻文時入國爲都官尚書封安富縣公祖伏連仕魏位雲州刺史父統勇健不好文學以祖蔭爲祕書郎永安初從太宰元天穆討邢杲以功封當亭子齊神武初起以統爲潁川長史執刺史田迅以州降拜兗州刺史賜爵當亭縣公歷位北雍恒二州刺史卒贈司空公謚曰哀敦少有氣幹統之將執田迅也慮事不果又以累弱既多難以自救沈吟者久之敦年十七進策贊成其謀統流涕從之遂定謀歸西時羣盜蜂起大龜山賊張世顯潛來襲統敦挺身赴戰手斬七八人賊乃走統大悅謂左右僚屬曰我少從軍旅戰陣非一如此兒年時膽略未見其人非唯成我門戶亦當爲國名將明年從河內公獨孤信於洛陽被圍敦彎三石弓箭不虛發信乃言於周文引至麾下授都督封安陵縣伯嘗從校獵甘泉宮時圍人不齊獸多越逸周文大怒人皆股戰圍內唯有一鹿俄亦突圍而走敦躍馬馳之鹿上東出敦棄馬步逐至山半便乃掣之而下周文大悅諸將因得免責累遷太子庶子廢帝二年拜右衞將軍俄加驃騎大將軍開府儀同三司進爵廣鄉縣公時岷蜀初開人情尚梗巴西人譙淹據南梁州與梁西江州刺史王開業共爲表裏扇動羣蠻周文令敦討平之進爵武都郡公拜典祀中大夫尋爲金州都督蠻帥向白虎向五子王等聚衆爲寇圍逼信州詔敦與開府田弘赴救未至而城已陷乃進軍追討遂平信州是歲荊州蠻帥文子榮自號仁州刺史復令敦與開府段韶討禽子榮幷虜其衆武成元年入爲軍司馬陳將侯瑱侯安都等圍逼湘州遏絕糧援乃令敦度江赴救敦連戰破瑱乘勝遂次湘州俄而秋水汎溢江路遂斷糧援既絕恐瑱等知其糧少乃於營內多爲聚土覆之以米召側近村人陽有所訪問隨即遣之瑱等聞之良以爲實敦又增修營壘造廬舍亦以持久湘羅之間遂廢農業瑱等無如之何初土人亟乘輕船載米粟及籠鷄鴨以餉瑱軍敦患之乃僞爲土人裝船伏甲士於中瑱軍人望見謂餉船之至逆來爭取敦甲士遂禽之又敦軍數有叛人乘馬投瑱瑱輒納之敦又別取一馬牽以趣船令船中逆以鞭鞭之如是者再三馬便畏船不上後伏兵於江岸使人乘畏船馬以招瑱軍詐云投附瑱便遣兵迎接競來牽馬馬既畏船不上伏兵發盡殺之此後實有饋餉及亡奔瑱者猶謂敦之詐並不敢受相持歲餘瑱等不能制求借船送敦度江敦慮其詐或謂曰舍我百里當爲汝去瑱等遂留船於是將兵去津路百里敦覘之非詐勒衆而還在軍病死者十五六晉公護以敦失地無功除其名保定五年累遷中州刺史鎭函谷敦恃功負氣顧其流輩皆爲大將軍敦獨未得兼以湘州之役全軍而反翻被除名每出怨言晉公護怒徵還逼令自殺臨刑呼子弼謂曰吾必欲平江南然心不果汝當成吾志吾以舌死汝不可不思因引錐刺弼舌出血誡以慎口建德初追贈大將軍謚曰烈

弼字輔伯少有大志驍勇便弓馬解屬文博涉書記有重名周齊王憲聞而敬之引爲記室封當亭縣公遷小內史與韋孝寬伐陳攻拔數十城弼計居多拜壽州刺史改封襄邑縣公隋文帝爲丞相尉遲迥作亂帝恐弼爲變遣長孫平馳驛代之及帝受禪陰有平江南志訪可任者高熲薦弼有文武才幹於是拜吳州總管委以平陳事弼忻然以爲已任與壽州總管源雄並爲重鎭弼遺雄詩曰交河驃騎幕合浦伏波營勿使騏驎上無我二人名獻取陳十策上稱善賜以寶刀開皇九年大

舉伐陳以弼為行軍總管將度江酹酒呪曰弼親承廟略遠振國威若使福善禍淫大軍利涉如事有乖違得葬江魚腹中死且不恨先是弼請緣江防人每交代際必集歷陽於是大列旗幟營幕被野陳人以為大兵至悉發國中士馬既知防人交代其衆復散後以為常不復設備及此弼以大軍濟江陳人弗覺襲陳南徐州拔之執其刺史黃恪軍令嚴肅秋毫不犯有軍士於人間酤酒者弼立斬之進屯蔣山之白土岡陳將魯廣達周智安任蠻奴田瑞孔範蕭摩訶等以勁兵拒戰田瑞先犯擊走之魯廣達等相繼遞進弼軍屢却弼揣知其驕士卒且惰於是督厲將士殊死戰遂大破之麾下士開府員明禽摩訶至弼命左右牽斬之摩訶顏色自若弼釋而禮之從北掖門入時韓禽已執陳叔寶弼至呼叔寶視之叔寶惶懼流汗股慄再拜弼謂曰小國之君當大國卿拜禮也入朝不失作歸命侯無勞恐懼既而弼恚恨不獲叔寶於是與禽相詢挺刃而出令蔡徵為叔寶作降牋命乘騾車歸己事不果上聞弼有功大悅下詔褒揚之晉王以弼先期決戰違軍命於是以弼屬吏上驛召之及見迎勞曰尅定三吳公之功也命登御坐賜物八千段加位上柱國進爵宋國公眞食襄邑三千戶加寶劒寶帶金甕金盤各一并雉尾扇曲蓋雜綵二千段女樂二部又賜陳叔寶妹為妾拜右領軍大將軍平陳後六年弼撰其書策上之謂為御授平陳七策上弗省曰公欲發揚我名我不求名公宜自載家傳七策其一請廣陵頓兵一萬番代往來陳人初見設備後以為常及大兵南伐不復疑也其二使兵緣江時獵人馬喧譟及兵臨江陳人以為獵也其三以老馬多買陳船而匿之買弊船五六十艘於瀆內陳人覘以為內國無船其四積葦荻於楊子津其高蔽艦及大兵將度乃卒通瀆於江其五塗戰船以黃與枯荻同色故陳人不預覺之其六先取京口倉儲速據白土岡置兵死地故一戰而尅其七臣奉敕兵以義舉及平京口俘五千餘人便悉給糧勞遣付其敕書命別道宣喻是以大兵度江莫不草偃十七日之間南至林邑東至滄海西至象林皆悉平定轉右武候大將軍弼時貴盛位望隆重其兄隆為武都郡公弟東萬榮郡公並刺史列將弼家珍翫不可勝計婢妾曳綺羅者數百時人榮之弼自謂功名出朝臣之右每以宰相自許既而楊素為右僕射弼仍為將軍甚不平形於言色由是免官弼怨望愈甚後數載下弼獄上謂曰我以高熲楊素為宰相汝每昌言此二人唯堪噉飯耳是何意也弼曰熲臣之故人素臣之舅子臣並知其為人誠有此語公卿奏弼怨望罪當死上曰臣下守法不移公可自求活理弼曰臣恃至尊威靈將八千兵渡江卽禽陳叔寶竊以此望活上曰此已格外酹賞何用追論弼曰平陳之日諸公議不許臣行推心為國已蒙格外重賞今還格外望活既而上低佪者數日惜其功特令除名歲餘復其爵位上亦忌之不復任使然每宴賜遇之甚厚十九年上幸仁壽宮讌王公詔弼為五言詩詞意憤怨帝覽而容之明年春弼又有罪在禁所詠詩自若上數之曰人有性善行惡者公之為惡乃與行俱有三太猛嫉妬心太猛自是非人心太猛無上心太猛昔在周朝已教他兒子反此心終不能改邪他日上謂侍臣曰初欲平陳時弼謂高熲曰陳叔寶可平不作高鳥盡良弓藏邪熲云必不然平陳後便索內史又索僕射我語熲曰功臣正宜授勳官不可豫朝政弼後語熲皇太子於己出口入耳無所不盡公終久何必不得弼力何脈脈邪意圖鎭廣陵又求荊州總管並是作亂處意終不改也後突厥入朝上賜之射突厥一發中的上曰非弼無能當此乃命弼弼再拜呪曰臣若赤誠奉國當一發破的如不然發不中也弼射一發而中上大悅顧謂突厥曰此人天賜我也煬帝之在東宮嘗謂曰楊素韓禽史萬歲三人俱良將也優劣如何弼曰楊素是猛將非謀將韓禽是鬭將非領將史萬歲是騎將非大將太子曰然則大將誰也弼拜曰唯殿下所擇弼意自許為大將及煬帝嗣位尤被疎忌大業三年從駕北巡至榆林時為太帳下可坐數千人召突厥啟人可汗饗之弼以為太侈與高熲宇文㢸等私議得失為人所告竟坐誅時年六十四妻子為官奴婢羣從徙邊子懷亮慷慨有父風以柱國世子拜儀同三司坐弼為奴俄亦誅死敦弟誼誼性剛果有幹略周文據關中引之左右累遷儀同三司略陽公府長史周閔帝受禪封霸城縣子加開府歷原信二州總管及兄敦以讒毀伏誅坐免官從武帝平齊拜洛州刺史進封建威縣侯開皇中位左武侯將軍海陵郡公後以突厥為邊患誼素有威名拜靈州刺史進位柱國誼時年老猶能重鐙上馬甚為北夷所憚數載上表乞骸骨卒於家子舉襲爵

論曰周文帝屬禍亂之辰以征伐而定海內大則連兵百萬繫之以存亡小則轉戰邊亭不闕於旬月是以兵無少長士無賢愚莫不投筆要功橫戈請奮豆盧寧楊紹王雅韓雄等或攀翼雲漢底績屯夷雖運移年代而名成終始美矣哉豆盧勣譽宣分竹毓節見臨危可謂載德象賢也觀德王位登台衮慶流後嗣保茲寵祿寔仁厚之所致乎王世積儁才雖多適足為害者矣賀若敦志略慷慨深入敵境勍寇絕其糧道江淮沮其歸塗臨危而策出無方事迫而雄心彌厲故能利涉死地全師以反而茂勳莫紀嚴刑已及天下是以知宇文護之不能終其位也自南北分隔將三百年隋文爰應千齡將一函夏賀若弼慷慨申必取之長策韓禽奮發賈餘勇以爭先隋氏自此一戎威加四海稽諸天道或時有廢興考之人謀實二臣之力其俶儻英略賀弼居多武毅威雄韓禽稱重方於晉之王杜勳庸綽有餘地然賀弼功成名立矜伐不已竟顚殞於非命亦不密以失身若念父臨終之言必不及於斯禍韓禽累葉將家威聲動俗敵國既破名遂身全幸也廣陵甘棠咸有武藝驍雄膽略並為當時所推赳赳干城難兄難弟矣

北史卷六十八考證

王雅傳時大軍失利諸將皆退雅獨拒之○失監本訛未今改從周書

世積傳可圖大事○大監本訛太今改正

韓雄傳贈大將軍五州諸軍事○隋書官至大將軍洛虞等八州刺史與此小異

禽傳禽字子通○禽陳書作擒

禽本名禽○隋書禽本名豹

世諤傳朝臣多相命觀之○命一本作會

賀若敦傳河南洛陽人也○河南一本作河陽

弼傳陳將魯廣達周智安任蠻奴田瑞孔範蕭摩訶等○田瑞下隋書有樊毅二字

北史卷六十九

唐　李　延　壽　撰

列傳第五十七

申徽　陸通 弟逞　厙狄峙　楊荐
王慶　趙剛 子仲卿　趙昶　王悅
趙文表　元定　楊摽

申徽字世儀魏郡人也六世祖鍾為後趙司徒冉閔末中原喪亂鍾子邃避地江左曾祖爽仕宋位雄州刺史祖隆道宋北兗州刺史父明仁郡功曹早卒徽少與母居盡力孝養及長好經史性審慎不妄交遊遭母憂喪畢乃歸於魏元顥入洛以元邃為東徐州刺史邃引徽為主簿顥敗邃被檻車送洛陽故吏賓客並委去唯徽送之及邃得逸乃廣集賓友歎徽有古人風尋除太尉府行參軍孝武初徽以洛陽兵難未已遂間行入關見周文周文與語奇之薦之於賀拔岳岳亦雅相敬待引為賓客周文臨夏州以徽為記室參軍兼府主簿周文察徽沉密有度量每事信委之乃為大行臺郎中時軍國草創幕府務殷四方書檄皆徽之辭也以迎孝武功封博平縣子本州大中正大統初進爵為侯四年拜中書舍人修起居注河橋之役大軍不利近侍之官分散者衆徽獨不離左右魏帝稱歎之十年遷給事黃門侍郎先是東陽王元榮為瓜州刺史其女壻劉彥隨焉及榮死瓜州首望表榮子康為刺史彥遂殺康而取其位屬四方多難朝廷不遑問罪因授彥刺史頻徵不奉詔又南通吐谷渾將圖叛逆周文難於動衆欲以權略致之乃以徽為河西大使密令圖彥徽輕以五十騎行既至止於賓館彥見徽單使不以為疑徽乃遣一人微勸彥歸朝以揣其意彥不從徽又使贊成其住計彥便從之遂來至館徽先與瓜州豪右密謀執彥遂叱而縛之彥辭無罪徽數之曰君無尺寸之功濫居方岳之重恃遠背誕不恭貢職戮辱使人輕忽詔命計君之咎實不容誅但受詔之日本令相送歸闕所恨不得卽申明罰以謝邊遠耳於是宣詔慰勞吏人及彥所部復云大軍續至城內無敢動者使還遷都官尚書十二年瓜州刺史成慶為城人張保所殺都督令狐延等起義逐保啓請刺史以徽信洽西土拜假節瓜州刺史徽在州五歲儉約率下邊人樂而安之十六年徽兼尚書右僕射加侍中驃騎大將軍開府儀同三司廢帝二年進爵為公正右僕射賜姓宇文氏徽性勤至凡所居官案牘無大小皆親自省覽以是事無稽滯吏不得為姦後雖歷公卿此志不懈出為襄州刺史時南方初附舊俗官人皆通餉遺徽性廉慎乃畫楊震像於寢室以自戒及代還人吏送者數十里不絕徽自以無德於人慨然懷愧因賦詩題於清水亭長幼聞之皆競來就讀遞相謂曰此是申使君手迹並寫誦之明帝以御正任總絲綸更崇其秩為上大夫員四人號大御正又以徽為之歷小司空少保出為荊州刺史入為小司徒小宗伯天和六年上疏乞骸骨詔許之薨贈泗州刺史謚曰章子康嗣位瀘州刺史司織下大夫上開府康弟敦汝南郡守敦弟靜齊郡守靜弟處上開府同昌縣侯卒

陸通字仲明，吳郡人也曾祖載從宋武帝平關中軍還留載隨其子義眞鎮長安遂沒赫連氏魏太武平赫連氏載仕魏位中山郡守父政性至孝其母吳人好食魚北土魚少政求之常苦難後宅側忽有泉出而有魚遂得以供膳時人以爲孝感所致因謂其泉爲孝魚泉從尒朱天光討伐及天光敗歸周文周文爲行臺以政爲行臺左丞原州長史賜爵中都縣伯大統中卒通少敦敏好學有志節幼從政在河西遂逢寇難與政相失通乃自拔東歸從尒朱榮榮死又從尒朱兆及尒朱氏滅乃入關周文時在夏州引爲帳內督頃之賀拔岳爲侯莫陳悅所害時有傳岳軍府已亡散者周文憂之通以爲不然居數日問至果如所策自是愈見親禮遂晝夜陪侍家人罕見其面通雖處機密愈自恭謹周文以此重之後以迎孝武功封都昌縣伯大統元年進爵爲侯從禽竇泰復弘農沙苑之役力戰有功又從解洛陽圍軍還屬趙青雀反於長安周文將討之以人馬疲弊不可速行又謂青雀等一時陸梁不足爲慮乃云我到長安但輕騎臨之必當面縛通進曰青雀等旣以大軍不利謂朝廷傾危同惡相求遂成反亂然其逆謀久定必無遷善之心且其詐言大軍敗績東寇將至若以輕騎往百姓謂爲信然更沮兆庶之望大兵雖疲弊精銳猶多以明公之威率思歸之衆以順討逆何慮不平周文深納之因從平青雀錄前後功進爵爲公徐州刺史以寇難未平留不之部與于謹討劉平伏加大都督從周文拔玉壁進儀同三司九年高仲密以地求附通從若干惠戰於芒山衆軍皆退唯惠與通率所部力戰至夜中乃陰引還敵亦不敢逼進授驃騎大將軍開府儀同三司太僕卿賜姓步六孤氏進爵綏德郡公周孝閔踐祚拜小司空保定五年累遷大司寇通性柔謹雖久處列位常清愼自守所得祿賜盡與親故共之家無餘財常曰凡人患貧而不貴不患貴而不貧也建德元年轉大司馬其年薨通弟逞

逞字季明初名彥字世雄魏文帝常從容謂之曰爾旣溫裕何因乃字世雄且爲世之雄非所宜也於爾兄弟又復不類遂改焉逞少謹密早有名譽兄通先以軍功別受茅土乃讓父爵中都縣伯令逞襲之起家羽林監周文內親信時輩皆以驍勇自達唯逞獨兼文雅周文由此加禮遇焉大統十四年參大丞相府軍事尋兼記室保定初累遷吏部中大夫歷蕃部御伯中大夫進驃騎大將軍開府儀同三司從授司宗中大夫轉軍司馬逞幹識詳明歷任三府所在著績朝廷嘉之進爵爲公天和三年齊遣侍中斛斯文略中書侍郎劉逖來聘初脩隣好盛選行人詔逞爲使主尹公正爲副以報之逞美容止善辭令敏而有禮齊人稱焉還屆近畿詔令路車儀服郊迎而入時人榮之四年除京兆尹郡界有豕生數子經旬而死其家又有豶遂乳養之諸豚賴之以活時論以逞仁致所致俄遷司會中大夫出爲河州刺史晉公護雅重其才表爲中外府司馬頗委任之尋復爲司會兼納言遷小司馬及護誅坐免官頃之起爲納言又以疾不堪劇任及除宜州刺史故事刺史奉辭例備鹵簿逞以時屬農要奏請停之武帝深嘉焉詔遂其所請以彰雅操逞在州有惠政吏人稱之東宮初建授太子太保卒贈大將軍子操嗣

庫狄峙其先遼東人本姓段匹磾之後也因避難改焉後徙居代世爲豪右祖凌武威郡守父貞上洛郡守峙少以弘厚知名善騎射有謀略仕魏位高陽郡守政存仁恕百姓頗悅之孝武西遷峙乃棄官從入關大統元年拜中書舍人參掌機密以恭謹見稱遷黃門侍郎時與東魏爭衡蠕蠕乘虛屢爲邊患朝議欲結和親乃使峙往峙狀貌魁梧善於辭令蠕蠕主雅信重之自是不復爲寇周文謂峙曰昔魏絳和戎見稱前史以君方之彼有愧色封高邑縣公累遷驃騎將軍開府儀同三司拜侍中蠕蠕滅後突厥強盛雖與周通好而外連齊氏周文又令峙銜命喻之突厥感悟卽執齊使歸諸京師進爵安豐郡公歷小司空小司寇明帝初爲益州刺史都督三十一州諸軍事峙性寬和尚清靖爲夷獠所安後爲宜州刺史入爲少師以年老乞骸骨詔許之卒謚曰定子嶷嗣少知名位開府儀同三司職方中大夫蔡州刺史卒官嶷弟徵從平齊以功拜儀同大將軍賜爵樂陵縣公徵弟徵亦以軍功至儀同大將軍保城縣男徵弟嶔性弘厚有局度以齊右下大夫從武帝東伐入并州軍敗侍臣殲焉及帝之出唯嶔侍從以功授上儀同大將軍還開府歷右宮伯賜爵樂城縣侯仕隋位至戶部尚書

楊薦字承略秦郡寧夷人也父寶昌平郡守薦幼孤早有名譽性廉謹喜怒不形於色魏永安中隨尒朱天光入關討羣賊封高邑縣男周文臨夏州補帳內都督及平侯莫陳悅使薦入洛請事孝武授周文關西大行臺仍除薦直閤將軍時馮翊長公主嫠居孝武意欲歸諸周文乃令武衛元毗喻旨薦歸白周文又遣薦入洛陽請之孝武卽許焉孝武欲向關中薦贊成其計孝武曰卿歸語行臺迎我周文又遣薦與長史宇文測出關候接孝武至長安進爵清水縣子大統元年蠕蠕請和親周文遣薦與楊寬使並結婚而還進爵爲侯又使薦納幣於蠕蠕魏文帝郁久閭后崩周文遣僕射趙善使蠕蠕更請婚善至夏州聞蠕蠕貳於東魏欲執使者善懼乃還周文乃使薦往賜黃金十斤雜綵三百匹薦至蠕蠕責其背惠食言並論結婚之意蠕蠕感悟乃遣使隨薦報命焉及侯景來附周文令薦助鎮遏薦知景貌復遂求還具陳事實周文乃遣使密追助景之兵尋而景叛十六年大軍東討周文恐蠕蠕乘虛寇掠乃遣薦往更論和好以安慰之進使持節驃騎大將軍開府儀同三司加侍中周孝閔帝踐作除御伯大夫進爵姚谷縣公仍使突厥結婚突厥可汗弟地頭可汗阿使那庫頭居東面與齊通和說其兄欲背先約計謀已定將以薦等送齊薦知其意乃正色責之辭氣慷慨涕泗橫流可汗慘然良久曰幸無所疑當共平東賊然後發遣我女乃令薦先報命仍請東討以奉使稱旨遷大將軍保定四年又納弊於突厥還行小司馬又行大司徒從陳公純等逆女於突厥進爵南安郡公天和三年遷總管梁州刺史後以疾卒

王慶字興慶太原祁人也父因魏靈州刺史懷德縣公慶少開悟有才略初從周文征伐復弘農破沙苑並有戰功每獲殊賞大統十年授殿中將軍周孝閔帝踐阼晉公護引爲典籤慶樞機明辯漸見親待授大都督武成元年以前後功賜爵始安縣男二年行小賓部保定二年使吐谷渾與其分疆仍論和好之事渾主悅服遣所親隨慶貢獻初突厥與周和親許納女爲后而齊人知之懼成合從之勢亦遣使求婚財饋甚厚突厥貪其重賂便許之朝議以魏氏昔與蠕蠕結婚遂爲齊人離貳今者復恐改變欲遣使結之遂授慶左武伯副楊薦爲使是歲遂與入并之役慶乃引突厥騎與隋公楊忠至太原而還及齊人許送皇姑及世母朝廷遂與通和突厥聞之復致疑阻於是又遣慶往諭之可汗感悅結好如初五年復與宇文貴使突厥逆女自此以慶信著北蕃頻歲出使後更至突厥屬其可汗暴殂突厥謂慶曰前後使來逢我國喪者皆務面表哀況今二國和親豈得不行此事慶抗辭不從突厥見其守正卒不敢逼武帝聞而嘉之錄慶前後使功遷開府儀同三司兵部中大夫進爵爲公歷丹中二州刺史爲政嚴肅吏不敢犯大象元年授小司徒加上大將軍總管汾石二州五鎮諸軍事汾州刺史又除延州總管進位柱國開皇元年進爵平昌郡公卒于鎮贈上柱國謚曰莊子淹嗣

趙剛字僧慶河南洛陽人也祖寧魏高平太守父和太平中陵江將軍南討度淮聞父喪輒還所司將致之於法和曰罔極之恩終天莫報若許安厝禮畢而卽罪戮死且無恨言訖號慟悲感傍人主司以聞遂宥之喪畢除寧遠將軍大統初追贈膠州刺史剛少機辯有幹能起家奉朝請累遷金紫光祿大夫領司徒府從事中郎加閤內都督及孝武與齊神武構隙剛密奉旨召東荊州刺史馮景昭未及發而神武已逼洛陽孝武西遷景昭集府僚文武議其去就司馬馮道和請據州待北方處分剛抽刀投地曰公若爲忠臣可斬道和如欲從賊可見殺景昭感悟遂率衆赴關右屬侯景逼穰城東荊州人楊猷等起兵應景以其衆邀景昭於路景昭戰敗剛遂沒於蠻後自贖免乃見東魏東荊州刺史李魔憐勸令歸關西魔憐納之使剛至并州審觀事勢神武引剛內宴因令剛齎書申勑荊州剛還報魔憐仍說魔憐斬楊猷等以州歸西魔憐乃使剛入朝大統初剛於灞上見周文具陳關東情實周文嘉之封陽邑縣子論復東荊州功進爵臨汝縣伯初賀拔勝獨孤信以孝武西遷之後並流寓江左至是剛言於魏帝請追而復之乃以剛爲兼給事黃門侍郎使梁魏興齎移書與其梁州刺史杜懷瑤等卽與剛盟歃受移送建康仍遣人隨剛報命是年又詔剛使三荊聽在所便宜從事使還稱旨進爵武成縣侯除大丞相府帳內都督復使魏興重申前命尋而梁人禮送賀拔勝獨孤信等頃之御史中尉董紹進策請圖梁漢以紹爲行臺梁州刺史剛以爲不可而朝議已決遂出軍紹竟無功還免爲庶人除剛潁州郡守高仲密以北豫州來附兼大行臺左丞持節赴潁川節度義軍師還剛別破侯景前驅於南陸復獲其郡守二人時有流言傳剛東叛神武因設反間聲遣迎接剛乃率騎襲其丁塢拔之周文知剛無貳乃加賚焉除營州刺史進爵爲公渭州人鄭五醜構逆與叛羌傍乞鐵忽相應令剛往鎮之將發魏文帝引見內寢舉觴屬剛曰昔侯景在東爲卿所困黠羌小醜豈足勞卿謀慮也時五醜已尅定夷鎮所在立柵剛至並攻破之散其黨與五醜於是西奔鐵忽剛又進破鐵忽僞廣寧郡守宇文貴等西討詔以剛行渭州事資給糧餼加驃騎大將軍開府儀同三司入爲光祿卿六官建拜膳部

中大夫周孝閔帝踐阼進爵浮陽郡公出爲利州總管沙州氐恃險逆命剛再討復之方州生獠自此始從賦役剛以信州濱江負阻乃表請討之詔剛率利沙等十四州兵往經略焉仍加授渠州刺史剛初至渠帥憚其軍威相次降款剛師出踰年士卒疲弊尋復亡叛後遂以無功而還又與所部儀同尹才失和被徵赴闕遇疾卒於路贈中浙涿三州刺史謚曰成子元卿弟仲卿

仲卿性麤暴有旅力周齊王憲甚禮之以軍功位上儀同爲畿伯中大夫後以平王謙功進位大將軍封長垣縣公隋文帝受禪進河北郡公尋拜石州刺史法令嚴猛纖介之失無所寬捨鞭笞輒至二百吏人戰慄無敢違犯盜賊屏息皆稱其能遷朔州總管時塞北盛興屯田仲卿總統之徵有不理者仲卿輒召主掌撻其胸背或解衣倒曳於荊棘中時人謂之於菟事多克濟由是收穫歲廣邊戍無餽運之憂會突厥啓人可汗求婚上許之仲卿因是間其骨肉遂相攻擊十七年啓人窘迫與隋使長孫晟投通漢鎮仲卿率騎千餘援之達頭不敢逼潛遣人誘致啓人所部至者二萬餘家其年從高熲指白道以擊達頭仲卿爲前鋒至族蠡山與虜遇交戰七日大破之追奔至乞伏泊復啓人突厥悉衆而至仲卿爲方陣四面拒戰經五日會高熲大兵至合擊之虜乃敗走追度白道踰秦山七百餘里時突厥降者萬餘家上令仲卿處之恒安以功進上柱國朝廷慮達頭掩襲啓人令仲卿屯兵二萬以備之代州總管韓洪永康公李藥王蔚州刺史劉隆等將步騎一萬鎮恒安達頭來寇韓洪軍大敗仲卿自樂寧鎮邀擊斬千餘級明年督役築金河定襄二城以居啓人時有上表言仲卿酷暴上命御史王偉按之並實惜其功不罪因勞之曰知公清正爲下所惡賜物五百段仲卿益恣由是免官仁壽初檢校司農卿蜀王秀之得罪奉詔往益州按之秀賓客經過處仲卿必深文致法州縣長吏坐者太半上以爲能賞奴婢三十口黃金二百兩米粟五千石奇瑤雜物稱是煬帝嗣位判兵部工部二尚書事卒官謚曰肅子世弘嗣

趙昶字長舒天水南安人也曾祖襄仕魏至中山郡守因家於代焉昶少聰敏有志節弱冠以材力聞魏北中郎將高于鎮陝以昶爲長史中軍都督周文平弘農擢爲相府典籤大統九年大軍失律於芒山清水氐酋李鼠仁自軍逃還憑險作亂周文將討之先求可使者遂令昶使焉見鼠仁喻以禍福羣酋或從或不從其命者復將加刃於昶而昶神色自若志氣彌厲鼠仁感悟遂相率降氐梁道顯叛攻南田周文復遣昶慰喻之道顯等皆卽款附東秦州刺史魏光因徙其豪帥三十餘人幷部落於華州周文卽以昶爲都督領之先是汾州胡叛再遣昶慰勞之皆知其虛實及大軍往討昶爲先驅遂破之以功封章武縣伯十五年拜安夷郡守帶長蛇鎮將氐俗荒獷昶威懷以禮莫不悅服期歲之後樂從軍者千餘人加授帥都督時屬軍機科發切急氐情難支復相率謀叛昶又潛遣誘說離間其情因其攜貳遂輕往臨之羣氐不知所爲咸來見昶乃收其首逆者二十餘人斬之餘衆遂定朝廷嘉之除大都督行南秦州事時氐帥蓋鬧等反昶復討禽之又與史寧破宕昌羌獠二十餘萬拜武州刺史恭帝初加驃騎大將軍開府儀同三司潭水羌叛殺武陵潭水二郡守昶率儀同駱天人等討平之周明帝初鳳州人仇周貢魏興等反自號周公破廣化郡攻沒諸縣分兵西入圍廣業脩城二郡廣業郡守薛爽脩城郡守杜果等請昶爲援遣使報果爲周貢黨樊伏興等所獲興等知昶將至解脩城圍據泥功嶺設六伏以待昶昶至遂遇其伏合戰破之廣業之圍亦解昶追之至泥陽川而還與州人段吒及氐酋羌多復反攻昶郡縣昶討斬之昶自以被拔擢居將帥之任傾心下士虜獲氐羌撫而使之皆爲昶盡力周文常曰不煩國家士馬而能威服氐羌者趙昶有之矣至是明帝錄前後功進爵長道郡公賜姓宇文氏賞勞甚厚二年徵拜賓部中大夫行吏部尋以疾卒

王悅字衆喜京兆藍田人也少有氣幹爲州里所稱周文初定關隴悅率募鄉里從軍屢有戰功大統元年除相府刑獄參軍封藍田縣伯四年東魏將侯景攻圍洛陽周文赴援悅又率鄉里千餘人從軍至洛陽將戰之夕悅罄其行資市牛饗戰士悅所部盡力斬獲居多遷大行臺右丞轉左丞久居管轄頗獲時譽三年侯景據河南來附仍請兵爲援周文先遣韋法保賀蘭願德等帥衆助之悅言於周文曰侯景之於高歡始則篤鄉黨之情末乃定君臣之契位居上將職重台司論其分義有同魚水今歡始死景便離貳豈不知君臣之道有違忠義之禮不足蓋其圖既大不卹小嫌然尚能背德於高氏豈肯盡節於朝廷今若益之以勢援之以兵非唯侯景不爲池中之物亦恐朝廷貽笑將來也周文納之乃遣追法保等而景尋叛後拜京兆郡守散騎常侍遷大行臺尚書從達奚武征梁漢軍出武令悅說其城主楊賢悅乃貽之書賢於是遂降悅又白武云白馬衝要是必爭之地今城守寡弱易可圖也若蜀兵更至攻之實難武然之卽令悅率輕騎徑趣白馬悅示其禍福梁將深悟遂以城降時梁武陵王蕭紀果遣其將任珍奇欲先據白馬行次關城聞其已降乃還及梁州平周文卽以悅行刺史事招攜初附人吏安之廢帝二年徵還本任屬改行臺爲中外府尚書員廢悅以儀同領兵還鄉里悅既久居顯職及此之還私懷怏怏猶陵駕鄉里失於宗黨之情其長子康恃悅舊望遂自驕縱所部軍人將有婚禮康乃非理陵辱軍人訴之悅及康並坐除名仍配遠防及于謹伐江陵令悅從軍展効江陵平因留鎮之周孝閔帝踐阼依例復官授郢州刺史尋拜使持節驃騎大將軍開府儀同三司大都督司水中大夫進爵藍田縣侯俄遷司憲中大夫賜姓宇文氏又進爵河北縣公往險約不營生業雖出內榮顯家徒四壁而已明帝手敕勞勉之保定元年卒於位子康嗣官至司邑下大夫

趙文表其先天水西人也後徙居南鄭累世爲二千石父珽性方嚴有度量位闕伯中大夫封昌國縣伯贈虞絳二州刺史謚曰貞文表少而脩謹志存忠節起家爲周文親信累遷左金紫光祿大夫保定五年授畿伯下大夫遷許國公宇文貴府長史尋拜車騎大將軍儀同三司仍從貴使突厥迎皇后進止儀注皆令文表典之文表斟酌而行皆合禮度及皇后將入境突厥託以馬瘦徐行文表慮其爲變遂說突厥使羅莫緣曰后自發彼蕃已淹時序途經沙漠人馬疲勞且東寇每伺間隙吐谷渾亦能爲變今君以可汗愛女結姻上國曾無防慮豈人臣之體乎莫緣然之遂倍道兼行數日至甘州以迎后功別封伯陽縣伯天和三年除梁州總管府長史所管地名恒稜者方數百里並夷獠所居恃其險固常懷不軌文表率衆討平之遷蓬州刺史政尚仁恕夷獠懷之加驃騎大將軍開府儀同三司又加大將軍進爵爲公大象中拜吳州總管時開府毛顥爲吳州刺史及隋文帝執政尉遲迥等舉兵遠近騷然人懷異望顥自以秩大且爲國家肺腑懼文表負己謀欲先之乃稱疾不出文表往問之顥遂手刃文表因令其吏人告云文表謀反仍馳啓其狀帝以諸方未定恐顥爲變遂授顥吳州總管以安之後知文表無異志雖不罪顥而聽其子仁海襲爵

元定字願安河南洛陽人也祖比魏婺州刺史父道龍鉅鹿郡守定惇厚少言內沈審而外剛毅從周文討侯莫陳悅以功拜步兵校尉孝武西遷封高邑縣男定有勇略累從征伐每戰必陷陣然未嘗自言其功周文深重之諸將亦稱其長者累加驃騎大將軍開府儀同三司進爵爲公廢帝二年以宗室進封建城郡王三年行周禮爵隨例降改封長湖郡公周明帝初拜岷州刺史威恩兼濟甚得羌豪之情先時生羌據險不賓者至並出山谷從征賦焉及定代還羌豪等咸戀慕之保定中授左宮伯中大夫久之轉左武伯中大夫進位大將軍天和二年陳湘州刺史華皎舉州歸梁梁王欲因其隙更圖攻取乃遣使請兵詔定從衞公直率衆赴之梁人與華皎皆爲水軍定爲陸軍直總督之俱至夏口而陳郢州堅守不下直令定圍之陳遣其將淳于量徐度吳明徹等水陸來拒皎爲陳人所敗直得脫身歸梁定既孤軍懸隔進退無路陳人乘勝水陸逼之定乃率所部斫竹開路且戰欲趣湘州而湘州已陷徐度等知定窮迫遣使僞與定通和重爲盟誓許放還國定疑其詭詐欲力戰死之而定長史長孫隆及諸將等多勸定和定乃許之於是與度等刑牲歃血解仗就船爲度所執所部衆軍亦被囚虜送詣丹陽居數月憂憤發病卒子樂

楊摽字顯進正平高涼人也祖貴父猛並爲縣令摽少豪俠有志氣魏孝昌中尒朱榮殺害朝士大司馬城陽王元徽逃難投摽摽藏而免之孝莊帝立徽乃出復爲司馬由是摽以義烈聞擢拜伏波將軍給事中元顥入洛孝莊北度大行及尒朱榮奉帝南討至馬渚摽乃具船以濟王師顥平封肥如縣伯加鎮遠將軍步兵校尉行濟北郡事進都督平東將軍大中大夫從孝武入關進爵爲侯加撫軍將軍銀青光祿大夫時東魏遷鄴周文欲知其所爲乃遣摽間行詣鄴以觀察之使還稱旨授通直散騎常侍車騎將軍稽胡恃險不賓屢行鈔竊以摽兼黃門侍郎往慰撫之摽頗有權略能得邊情誘化酋渠多來款附乃有隨摽入朝者時弘農爲東魏守摽從周文攻拔之然自河以北猶附東魏摽父猛先爲邵郡白水令摽與其豪右相知請微行詣邵郡舉兵以應朝廷周文許之摽遂行與土豪王覆憐等陰謀舉事密相應會內外俱發遂拔郡禽守程保及縣令四人並斬之衆議推摽行郡事摽以因覆憐成事遂表覆憐爲邵郡守以功授大行臺左丞仍率義徒更爲經略於是遣諜人誘說東魏城堡旬月之間正平河北南汾二絳建州大寧等諸城並有請爲內應者大軍因攻而拔之

以樹行正平郡事左丞如故齊神武敗於沙苑其將韓軌潘樂可朱渾元等爲殿樹分兵要截殺傷甚衆東雍州刺史司馬恭懼樹威聲棄城道走樹遂移據東雍州周文以樹有謀略堪委邊任乃表行建州事時建州遠在敵境然樹威恩夙著所經之處多贏糧附之比至建州衆已一萬東魏州刺史車折於洛出兵逆戰樹擊敗之又破其行臺斛律俱於州西大獲甲杖及軍資以給義士由是威名大振東魏遣太保尉景攻陷正平復遣行臺薛脩義與斛律俱相會於是敵衆漸盛樹以孤軍無援且腹背受敵謀欲拔還復恐義徒背叛遂僞爲周文書遣人若從外送來者云已遣軍四道赴援因令人泄使所在知之又分土人義首令各領所部四出抄掠擬供軍費樹分遣訖遂於夜中拔還邵郡朝廷嘉其權以全軍即授建州刺史時東魏以正平爲東雍州遣薛榮祖鎭之乃先遣奇兵急攻汾橋榮祖果盡出城中戰士於汾橋拒守其夜樹從他道濟遂襲剋之進驃騎將軍邵郡人以郡東叛郡守郭武安脫身走免樹又率兵攻而復之轉正平郡守又擊破東魏南絳郡虜其郡守屈僧珍錄前後功封邵陽縣伯芒山之戰樹攻拔柏谷塢因即鎭之及大軍不利樹亦拔還而東魏將侯景率騎追樹樹與儀同韋法保同心抗禦且戰且前景乃引退周文嘉之復授建州刺史鎭車箱樹久從軍役未及葬父至是表請遷葬詔贈其父車騎大將軍儀同三司晉州刺史贈其母夏陽縣君並給儀衞州里榮之及齊神武圍玉壁別令侯景趣齊子嶺樹恐入寇邵郡率騎禦之景遠聞樹至斫木斷路者六十餘里猶驚而不安遂退還河陽其見憚如此十二年進授大都督加晉建二州諸軍事又攻破蓼塢獲東魏將李顯進儀同三司尋加開府復鎭邵郡十六年大軍東討授大行臺尚書率義衆先驅敵境攻其四戍拔之時以齊軍不出乃追樹還改封華陽縣侯又於邵郡置邵州以樹爲刺史率所部兵鎭之保定四年遷少師其年大軍圍洛陽詔樹出軹關然樹自鎭東境二十餘年數與齊人戰每常克獲以此遂有輕敵之心時洛陽未下而樹深入敵境又不設備齊人奄至大破樹軍樹以衆敗遂降於齊樹之立勳也有慷慨壯烈之志及軍敗遂就虜以求苟免時論以此鄙之朝廷猶錄其功不以爲罪令其子襲爵

論曰申徽局量深沉文之以經史陸通鑒悟明敏飾之以溫恭並夙奉龍顏早當任遇效宣提戟功預披荆義結周旋恩生契濶遂得入居端揆出撫列藩雖以識用成名抑亦情兼惟舊陸逞於戎旅之際以文雅見知出境播延譽之能莅官著從政之美歷居顯要豈徒然哉庫狄峙建和戎之功楊荐成入關之策趙剛之克剪凶狡趙昶之懷服氐羌王悅之料侯景文表之譎突厥或明稱先覺或識表見機觀其立功立事皆一時志力之士也元定敗亡同黃權之無路楊樹攻勝亦兵破而身囚功名寥落良可嗟矣易曰師出以律否臧凶傳曰不備不虞不可以師其樹之謂也

北史卷六十九考證

申徽傳案牘無大小皆親自省覽○大監本訛太今改正

陸通傳遂逢寇難與政相失○政通之父也與監本訛明今改從隋書

趙剛傳剛密奉旨召東荆州刺史馮景昭○召監本訛石今改從南本

仲卿傳仲卿必深文致法○監本缺卿字今從南本增入

趙昶傳喻以禍福羣酋或從或不從其命者復將加刃於昶○酋監本訛酉今從南本改正

王悅傳始則篤鄉黨之情末乃定君臣之契○末監本訛未今改從南本

史臣論出境播延譽之能莅官著從政之美○官監本訛宮今改從南本

北史卷七十

唐 李 延 壽 撰

列傳第五十八

韓襃 趙肅子軌 張軌 李彥
郭彥 梁昕 皇甫璠子誕 辛慶之族子昂
王子直 杜杲 呂思禮 徐招
檀翥 孟信 宗懍 劉璠子祥 兄子行本
柳遐子靖 莊

韓襃字弘業潁川潁陽人也祖瓌魏平涼郡守安定郡公父演恒州刺史襃少有志尚好學而不守章句其師悋問之對曰文字之間常奉訓誘至於商較異同請從所好師因此奇之及長涉獵經史深沉有遠略屬魏室喪亂避地夏州時周文帝爲刺史素聞其名待以客禮及賀拔岳爲侯莫陳悅所害諸將遣使迎周文周文問以去留之計襃曰此天授也何可疑乎周文納焉及爲丞相引爲錄事參軍賜姓侯呂陵氏大統初遷行臺左丞賜爵三水縣伯丞相府從事中郎出鎭淅酈居二年徵拜丞相府司馬進爵爲侯出爲北雍州刺史州帶北山多有盜賊襃密訪之並豪右所爲也而陽不之知厚加禮遇謂曰刺史起自書生安知督盜所賴卿等共分其憂耳乃悉召桀黠少年素爲鄉里患者置爲主帥分其地界有盜發而不獲者以故縱論於是諸被署者莫不惶懼皆首伏曰前盜發者並某等爲之所有徒侶皆列其姓名或亡命隱匿者亦悉言其所在襃乃取盜名簿藏之因大牓州門曰自知行盜者可急來首即除其罪盡今月不首者顯戮其身籍沒妻子以賞前首者旬日之間諸盜咸悉首盡襃取名簿勘之一無差異並原其罪許以自新由是羣盜屏息入爲給事黃門侍郎遷侍中除都督西涼州刺史羌胡之俗輕貧弱尚豪富豪富之家侵漁百姓同於僕隸故貧者日削豪者益富襃乃悉募貧人以充兵士優復其家蠲免徭賦又調富人財物以振給之每西域商貨至又先盡貧者市之於是貧富漸均戶口殷實廢帝元年爲會州刺史後以驃騎大將軍開府儀同三司進爵爲公累遷汾州刺史先是齊寇數入人廢耕桑前後刺史莫能防扞襃至適會寇來乃不下屬縣人既不備以故多被抄掠齊人喜於不覺以爲州先未集兵今還必不能追躡由是益懈不爲營壘襃已先勒精銳伏北山中分據險阻邀其歸路乘其衆怠縱伏擊之盡復其衆故事獲生口者並送京師襃因是奏曰所獲賊衆不足爲多俘而辱之但益其忿耳請一切放還以德報怨有詔許焉自此抄兵頗息遷河州總管仍轉鳳州刺史尋以年老請致事詔許之天和五年拜少保襃歷事三帝以忠厚見知武帝深相敬重常以師道處之每入朝見必有詔令坐然始論政事卒贈涇岐燕三州刺史謚曰貞子繼伯嗣仕隋位終衞尉少卿

趙肅字慶雍河南洛陽人也世仕河西及沮渠氏滅曾祖武始歸於魏賜爵金城侯祖興中書博士父申侯舉秀才爲後軍府主簿肅早有操行知名於時孝昌中起家殿中侍御史累遷左將軍大中大夫東魏天平初除新安郡守秩滿還洛陽大統三年獨孤信東討肅率宗人爲鄉導授司州別駕監督糧儲軍用不匱周文帝聞之謂人曰趙肅可謂洛陽主人也九年行華山郡事十三年除廷尉卿明年元日當行朝禮非有封爵者不得預焉肅時未有茅土左僕射長孫儉啓周文請之周文乃召肅謂曰歲初行禮豈得使卿不預然何爲不早言也於是令肅自選封名肅曰河清乃太平之應竊所願也於是封清河縣子十六年除廷尉卿加征東將軍肅久在理官執心平允凡所處斷咸得其情廉愼自居不營產業時人以此稱之十七年進位車騎大將軍儀同三司散騎常侍賜姓乙弗氏先是周文命肅撰法律肅積思累年遂感心疾去職卒家子軌

軌少好學有行檢周蔡王引爲記室以清苦聞隋文帝受禪爲齊州別駕有能名其東鄰有桑甚落其家軌遣人悉拾還其主戒其諸子曰吾非以此求名意者非機杼物不願侵人汝等宜以爲戒在州考績連最持節使者郃陽公梁子恭上狀文帝賜以米帛甚優令入朝父老將送者各揮涕曰別駕在官水火不與百姓交是以不敢以壺酒相送公清如水請酌一盃水奉餞軌受飲之至京諮與牛弘撰定律令格式時衞王爽爲原州總管召爲司馬在道夜行其左右馬逸入田中暴人禾軌駐馬待明訪知禾主酬直而去原州人吏聞之莫不改操後檢校硤州刺史甚有恩惠轉壽州總管長史芍陂舊有五門堰蕪穢不通軌勸課吏人更開三十六門灌田五千餘頃人賴其利秩滿歸卒于家子弘安弘智並知名

張軌字元軌濟北臨邑人也父祟高平令軌少好學志識開朗初在洛陽家貧與大安孫樹仁爲莫逆之交每易衣而出以此見稱軌常謂所親曰奉雍之間必有王者爾朱榮敗後遂杖策入朝賀拔恒以軌爲記室參軍典機密尋轉倉曹時穀糴踊貴或有請貸官倉者軌曰以私害公非吾宿志濟人之難詎得相忘遂賣所服衣物糴粟以振其乏及岳被害周文帝以軌爲都督從征侯莫陳悅悅平使於洛陽見領軍斛斯椿椿曰高歡逆謀已傳行路人情西望以日爲年未知宇文何如賀拔也軌曰宇文公文足經國武足定亂至於高識遠度非愚管所測椿曰誠如卿言眞可恃也周文爲行臺授軌修起居注遷給事黃門侍郎兼吏部郎中出爲河北郡守在郡三年聲績甚著臨人政術有循吏之美大統間

言辛人者多推尙之入爲丞相府從事中郎行武功郡事章武公導出鎭秦州以執爲長史廢帝元年進車騎大將軍儀同三司散騎常侍二年賜姓宇文氏行南秦州事恭帝二年徵拜度支尙書復除隴右府長史卒於位謚曰質執性清素臨終之日家無餘財唯有書數百卷子肅周明帝初爲宣納上士轉中外府記室參軍中山公訓侍讀早有才名性頗輕猾時人比之魏諷卒以罪考竟終

李彥字彥士梁郡下邑人也祖光之魏淮南郡守父靜南青州刺史彥少有節操好學慕古孝建中解褐奉朝請孝武入關兼著作佐郎修起居注大統初除通直散騎侍郎累遷左戶郎中十二年省三十六曹爲十二部改授戶部郎中封平陽縣子廢帝初拜尙書右丞轉左丞彥在尙書十有五載屬軍國草創庶務殷繁留心省閱未嘗懈怠斷決如流畧無疑滯臺閣莫不歎其公勤服其明察遷給事黃門侍郎仍左丞賜姓宇文氏出爲鄜州刺史彥以東夏未平固辭州任詔許之拜兵部尙書加驃騎大將軍開府儀同三司仍兼著作六官建改授軍司馬進爵爲伯彥性謙恭有禮節雖居顯要於親黨之間恂恂如也輕財重義好施愛士時論以此稱之然素多疾而勤於莅職雖沈頓枕席猶理務不輟遂至於卒謚曰敬彥臨終遺誡其子等曰昔人以窾木爲櫝葛虆爲緘下不亂泉上不泄臭實吾平生之志也但事旣矯枉恐爲世士所譏今可歛以時服葬於磽确之地勿用明器芻塗及儀衛等爾其念哉朝廷嘉焉不奪其志子昇明嗣少歷顯職大象末太府中大夫儀同大將軍仕隋終於齊州刺史子仁政長安縣長義軍至以罪誅

郭彥太原陽曲人也其先從宦關右遂居馮翊父肩靈武令彥少知名周文帝臨雍州辟爲西曹書佐累遷虞部郎中大統十二年初選當州首望統領鄉兵除帥都督以居郎官著稱封龍門縣子進大都督恭帝元年除兵部尙書仍以本兵從柱國于謹南伐江陵進驃騎大將軍開府儀同三司進爵爲伯六官建拜戶部中大夫周孝閔帝踐祚出爲澧州刺史蠻左生梗不營農業彥勸以耕稼人皆務本亡命之徒咸從賦役先是以澧州糧儲乏少每令荊州遞送自彥莅職倉庾充實無轉輸之勞齊南安城主馮顯密遣使歸降其衆未之知也柱國宇文貴令彥率兵應接時齊人先令顯率所部送糧南下彥懼其衆不從命乃於路邀之顯因得自拔其衆果拒戰彥縱兵奮擊並虜獲之以南安無備卽引軍掩襲遂有其城晉公護嘉之進爵懷德縣公入爲工部中大夫保定四年晉公護東討彥從尉遲迥攻洛陽迥復令彥與權景宣出汝南及軍次豫州使彥鎭之天和中爲隴右府總管府長史卒於官贈少司空宜鄜丹三州刺史

梁昕字元明安定烏氏人也世爲關中著姓其先因官徙居京兆之盩厔祖重耳漳縣令父勸儒中散大夫贈涇州刺史昕少溫恭見稱州里從爾朱天光征討拜右將軍太中大夫周文帝迎魏孝武軍次雍州昕以三輔望族上謁周文見昕容貌瓌偉深賞異之卽授右府長流參軍累遷丞相府主簿大統十二年除河南郡守遷東荊州刺史昕撫以仁惠蠻夷悅之封安定縣子周孝閔帝踐祚進位驃騎大將軍開府儀同三司明帝初進爵胡城縣伯天和初拜工部中大夫出爲陝州總管府長史昕性溫裕有幹能歷官內外咸著聲稱尋卒官贈大將軍謚曰貞昕弟榮位計部下大夫開府儀同三司朝那縣伯贈涇寧幽三州刺史謚曰靜子獻仕隋爲給事郞貞觀中終於鄜州刺史

皇甫璠字景瑜安定三水人也世爲西州著姓後徙居京兆父和本州中從事大統末追贈散騎常侍儀同三司涇州刺史璠少忠謹有幹畧永安中辟州都督周文帝爲牧補主簿以勤事被知大統四年引爲丞相府行參軍周孝閔帝踐祚爲守廟下大夫長樂縣子保定中爲鴻州刺史入爲小納言累遷蕃部中大夫進驃騎大將軍開府儀同三司璠性平和小心奉法安貞守志恒以清白自處當時稱爲善人建德三年爲隨州刺史政存簡惠百姓安之卒官贈交渭二州刺史謚曰恭子諒少知名大象中位吏部下大夫諒弟誕

誕字玄慮少剛毅有器局開皇中累遷治書侍御史朝臣無不肅憚焉後爲尚書左丞時漢王諒爲幷州總管朝廷盛選寮佐拜誕幷州總管司馬總府政事一以諮之諒甚敬焉及煬帝卽位諒用諮議王頍謀發兵作亂誕數諫止諒不納誕因流涕以死固請諒怒囚之及楊素將至諒屯清源以拒之諒主簿豆盧毓出誕於獄協謀閉城拒諒襲擊破之並抗節遇害帝以誕亡身殉國嘉悼者久之詔贈柱國封弘義公謚曰明子無逸嗣尋爲淯陽太守甚有聲稱大業初令行舊爵例除以無逸誠義之後賜爵平輿侯入爲刑部侍郞守右武衛將軍初漢王諒之反州縣莫不響應有嵐州司馬陶世模繁時令敬釗並抗節不從世模京兆人性明敏有器幹仁壽初爲嵐州司馬諒反刺史喬鍾葵將赴之世模以義拒之臨之以兵辭氣不撓鍾葵義而釋之軍吏請斬之於是被囚及諒平拜開府授大興令從衛玄擊楊玄感以功進位銀青光祿大夫釗字積善河東蒲坂人父元約周布憲中大夫釗仁壽中爲繁時令甚有能名漢王諒反師陷其城賊帥墨弼執送僞將喬鍾葵署爲代州總管司馬釗正色拒之誓之以死會鍾葵敗釗遂免卒於朝邑令

辛慶之字餘慶隴西狄道人也世爲隴右著姓父顯宗馮翊郡守贈雍州刺史慶之少以文學徵詣洛陽對策第一除祕書郎屬爾朱氏作亂魏孝莊帝令司空楊津爲北道行臺節度山東諸軍以討之津啓慶之爲行臺左丞與參謀議至鄴聞孝莊帝崩遂出兗冀間謀結義徒以赴國難尋而節閔帝立乃還洛陽及賀拔岳爲行臺復啓慶之爲行臺吏部郎大統初從周文帝東討爲行臺左丞六年行河東郡事九年入爲丞相府右長史兼給事黃門侍郎除度支尚書復行河東郡事遷南荊州刺史加儀同三司慶之位遇雖隆而率性儉素車馬衣服亦不尚華侈志量淹和有儒者風度特爲當時所重又以其經明行修令與盧誕等教授諸王廢帝二年拜祕書監卒官子加陵主寢上士慶之族子昂

昂字進君數歲便有成人志行有善相人者謂其父仲畧曰公家雖世載冠冕然名德富貴莫有及此兒者仲畧亦重昂志氣深以爲然年十八侯景辟爲行臺郎中景後來附昂遂入朝除丞相府行參軍後追論歸朝勳封襄城縣男及尉遲迥伐蜀昂占募從軍蜀平迥表昂爲龍州長史領龍安郡事州帶山谷舊俗生梗昂威惠洽著吏人畏而愛之成都一方之會風俗舛雜迥以昂達於從政復表昂行成都令昂到縣便與諸生祭文翁學堂因共歡宴謂諸生曰子孝臣忠師嚴友信立身之要如斯而已若不事斯語何以成名各宜自勉克成令譽昂言切理至諸生等並深感悟歸而告其父老曰辛君教誡如此不可違之於是井邑肅然咸從其化遷梓潼郡守六官建入爲司隸上士襲爵繁昌縣公保定二年爲小吏部時益州殷阜軍國所資經塗艱險每苦刼盜詔昂使於益梁軍人之務皆委決焉昂撫導荒梗頗得寧靜天和初陸騰討信州蠻詔昂便於通渠等州運糧饋之時臨信楚合等諸州人庶多從逆昂諭以禍福赴者如歸乃令老弱負糧壯夫拒戰莫有怨者使還屬巴州萬榮郡人反叛圍郡城昂於是遂募通開二州得三千人倍道兼行出其不意又令其衆皆作中國歌直趣賊壘謂有大軍赴救望風瓦解朝廷嘉其權以濟事詔梁州總管杞國公亮卽於軍中賞昂奴婢二十口繒綵四百疋又以昂威信布於宕渠遂表爲渠州刺史轉通州推誠布信甚得夷獠歡心秩滿還京首領皆隨昂詣闕朝覲以昂化洽夷落進位驃騎大將軍開府儀同三司時晉公護執政昂稍被護親待武帝頗銜之及誅護加之捶楚因此遂卒昂族人仲景好學有雅量其高祖欽後趙吏部尚書雍州刺史子孫因家焉父歡魏隴州刺史朱陽公仲景年十八舉文學對策高第拜司空府主簿建德中位內史下大夫開府儀同三司卒于家子衡

王子直字孝正京兆杜陵人也世爲郡右族父琳州主簿東雍州長史子直性節儉有幹能魏正光中州辟主簿起家奉朝請永安初拜鴻臚少卿孝武西遷封山北縣男大統初漢熾屠各阻兵於南山與隴東屠各共爲脣齒周文帝令子直率涇州步騎五千討破之賜書勞問除尚書左外兵郎中兼中書舍人從解洛陽圍經河橋戰兼尚書左丞出爲秦州總管府司馬時涼州刺史宇文仲和據州逆命子直從隴右大都督獨孤信討平之復入爲大行臺郎中兼丞相府記室除太子中庶子領齊王友尋行馮翊郡事廢帝元年拜使持節大都督行瓜州事務以德政化人西土悅附恭帝初徵拜黃門侍郎卒官子宣禮柱國府參軍

杜杲字子暉京兆杜陵人也祖建魏輔國將軍贈豫州刺史父皎儀同三司武都郡守杲學涉經史有當世幹畧其族父攢清貞有識鑒深器重之常曰吾家千里駒也攢時仕魏爲黃門侍郎兼度支尚書衛大將軍西道大行臺尚孝武妹新豐公主因薦之朝廷永熙三年起家奉朝請周明帝初爲修城郡守屬鳳州人仇周貢等構亂攻逼修城杲信洽於人部內遂無叛者尋率郡兵與開府趙昶合勢並破平之入爲司會上士初陳文帝弟安成王頊爲質於梁及江陵平頊隨例遷長安陳人請之周文帝許而未遣至是帝欲歸之命杲使焉陳文帝大悅卽遣使報聘幷賂黔中數州地仍請畫野分疆永敦鄰好以杲奉使稱旨進授都督行小御伯更往分界陳於是歸魯山郡帝乃拜頊柱國大將軍詔杲送之還國陳文帝謂杲曰家弟今蒙禮遣實是周朝之惠然不還魯山亦恐未能及此杲答曰安成之在關中乃咸

陽一布衣耳，然是陳之介弟，其價豈止一城本朝親睦九族恕已及物上遵太祖遺旨下思繼好之義所以發德音者蓋爲此也若知止侔魯山固當不貪一鎭況魯山梁之舊地梁卽本朝藩臣若以始末言之魯山自合歸國云以尋常之士易已骨肉之親使臣猶謂不可何以聞諸朝廷陳文帝慙恧久之乃曰前言戲之耳自是接遇有加常禮及還引升殿親降御座執手以別朝廷嘉之授大都督小載師下大夫行小納言復聘於陳及華皎來附詔令衞公直都督元定等援之定等幷沒自是連兵不息東南擾動武帝授杲御正中大夫使陳論保境息人之意陳宣帝遣其黃門侍郎徐陵謂杲曰兩國通好彼朝受我叛人何也杲曰陳主昔在本朝非慕義而至主上授以柱國位極人臣子女玉帛備禮將送令主社稷孰謂非恩郝烈之徒邊人狂狡曾未報德而先納之今受華氏正是相報過自彼始豈在本朝陵曰彼納華皎志圖吞噬此受郝烈容之而已且華皎方州列將竊邑叛亡郝烈一百許戶脫身逃竄大小有異豈得同年而語乎杲曰大小雖殊受降一也若論先後本朝無失陵曰周朝送主上還國既以爲恩衞公共元定度江孰云非怨計恩與怨亦足相埒杲曰元定等軍敗身囚其怨已滅陳主負扆馮玉其恩猶在且怨由彼國恩起本朝以怨酬恩未之聞也陵笑而不答杲因陳和通之便陵具以聞陳宣許之遂遣使來聘建德初授司城中大夫仍使於陳宣帝謂杲曰長湖公軍人等雖築館處之然恐不能無北風之戀王褒庾信之徒既羈旅關中亦當有南枝之思耳杲揣陳宣意欲以元定軍將士易王褒等乃答之曰長湖總戎失律臨難苟免既不死節安用此爲且猶牛之一毛何能損益本朝之議初未及此陳宣帝乃止及杲還至石頭又遣謂之曰若欲合從共圖齊氏能以樊鄧見與方可表信杲答曰合從圖齊豈唯弊邑之利必須城鎭宜待得之於齊先索漢南使臣不敢聞命還除司倉中大夫又使於陳杲有辭辯閑於占對前後將命陳人不能屈陳宣帝甚敬異之時元定已卒乃禮送開府賀拔華及定棺柩杲受之以歸除河東郡守還溫州刺史賜爵義興縣伯大象元年徵拜御正中大夫復使陳二年除中州刺史加開府儀同大將軍進爵爲侯除同州刺史隋開皇元年以杲爲同州總管進爵爲公俄還工部尚書二年除西南道行臺兵部尚書尋以疾卒子運大象末宣納上士杲兄長驊位儀同三司

呂思禮東平壽張人也性溫潤不雜交遊年十四受學於徐遵明長於論難諸生爲之語曰講書論易鋒難敵十九舉秀才對策高第除湘州功曹參軍葛榮圍鄴思禮有守禦勳賜爵平陸縣伯除欒城令普泰中僕射司馬子如薦爲尚書二千石郎中尋以地寒被出兼國子博士乃求爲關西大行臺郎中與姚幼瑜茹文就俱入關爲行臺賀拔岳所重專掌機密甚得時譽岳爲侯莫陳悅所害趙貴等議遣赫連達迎周文帝思禮預其謀及周文爲關西大都督以思禮爲府長史尋除行臺右丞以迎魏孝武功封汶陽縣子加冠軍將軍拜黃門侍郎文帝卽位領著作郎除安東將軍都官尚書兼七兵殿中二曹事從禽竇泰進爵爲侯大統四年以謗訕朝政賜死思禮好學有才雖務兼軍國而手不釋卷晝理政事夜卽讀書令蒼頭執燭燭燼夜有數升沙苑之捷命爲露布食頃便成周文歎其工而且速所爲碑誄表頌並傳於世七年追贈車騎將軍定州刺史子亶嗣大象中位至駕部下大夫時有博陵崔騰早有名譽歷職清顯爲丞相府長史亦以投書謗議賜死

徐招字思賢高平鄉人也世爲著姓招少好法律及朝廷舊事發言措筆常欲辯析秋毫初入洛陽雖未登仕已爲時知朝廷疑事多預議焉延昌中從征浮山堰有功賜爵高廣男及廣陽王深北討鮮于修禮啓爲員外散騎侍郎深府長流參軍招陳策請離間之葛榮竟殺修理自爲魁帥以功進爵爲侯永安初射策甲科除員外散騎常侍領尚書儀曹郎中招少習吏事未能精究朝儀常恨才遠恐名迹不立久之方轉二千石郎中爾朱榮死爾朱世隆屯兵河橋莊帝以招爲行臺左丞自武牢北度引馬塲河內之衆以抗世隆後爾朱兆得招鎖送洛陽仲遠數招罪將斬之招曰不虧君命得死爲幸仲遠重之曰凡人受命理各爲主今若爲戮何以勸人臣乃釋之用爲行臺右丞及仲遠南奔招獨還洛永熙末從孝武入關中拜給事黃門侍郎兼尚書右丞時朝廷播遷典章遺闕至於臺省法式皆招所記論者多焉大統三年拜驃騎將軍侍中時文帝舅子王起化犯罪死有詔追贈招執奏正之後卒於度支尚書子山雲嗣

檀翥字鳳翔高平金鄉人也六世祖毓晉步兵校尉父江始還北仕至太常少卿贈兗州刺史翥十歲喪父還京師宅與營人雜居雖幼孤寒不與隣人來往好讀書解屬文能鼓琴早爲琅邪王誦所知年十九以名家子爲魏明帝挽郎後客遊三輔時毛遐爲行臺鎭北雍表翥爲行臺郎中莊帝既誅尒朱榮遐使翥詣京師因除著作佐郎郎中如故後孝武帝西幸除兼中書舍人修國史大統初又兼著作佐郎以守關迎駕勳封高堂子後坐談論輕躁爲黃門侍郎徐招所糺死於廷尉獄

孟信字脩仁廣川索盧人也家世貧寒頗傳學業信常曰窮則變變則通吾家世傳儒學而未有通官當由儒非世務也遂感激棄書從軍永業末除奉朝請從孝武帝入關封東州子趙平太守政尚寬和權豪無犯山中老人曾以純酒饋之信和顏接引殷勤勞問乃自出酒以鐵鐺溫之素木盤盛蕪菁菹唯此而已又以一鐺借老人但執一盃各自斟酌申酬酢之意謂老人曰吾至郡來無人以一物見遺今卿獨有此餉且食菜已久欲爲卿受一純髆耳酒既自有不能相費老人大悅再拜擘純進之酒盡方別及去官居貧無食唯有一老牛其兄子賣之擬供薪米券契已訖市法應知牛主住在所信適從外來見買牛人方知其賣也因告之曰此牛先來有病小用便發君不須也杖其兄子二十買牛人嗟異良久呼信曰孟公但見與牛未必須其力也苦請不得乃罷買牛者周文帝帳下人周文深歎異焉未幾舉爲太子少師後遷太子太傅儒者榮之特加車騎大將軍儀同三司散騎常侍辭老請退周文不奪其志賜車馬几杖衣服床帳卒於家贈冀州刺史謚曰戴子儒

宗懔字元懔南陽涅陽人也八世祖承永嘉亂討陳敏有功封柴桑縣侯除宜都郡守卒官子孫因居江陵父高之梁山陰令懔少聰敏好讀書晝夜不倦語輒引古事鄉里呼爲小兒學士梁大同六年舉秀才以不及二宮元會例不對策及梁元帝鎭荆州謂長史劉之遴曰貴鄉多士爲舉一有意少年之遴以懔應命卽日引見令兼記室嘗夕被召宿省使製龍川廟碑一夜便就詰朝呈上梁元帝歎美之後歷臨汝建城廣晉三縣令遭母憂去職哭輒嘔血兩旬之內絕而復蘇者三每旦有羣烏數千集于廬舍候哭而來哭止而去時論以爲孝感所致梁元帝卽位擢爲尚書侍郎封信安縣侯累遷吏部尚書懔父高之先爲南臺書侍御史犯憲懔願父釋罪當終身菜食高之理雪故懔菜食鄉理稱之在元帝府府中多言其矯至是大進魚肉國子祭酒沛國劉瑴讓之曰本知卿不忠猶謂卿孝今日便是忠孝並無懔不能對懔博學有才藻口未嘗譽人朋友以此少之初侯景平後梁元帝議還建鄴唯懔勸都渚宮以鄉在荆州故也及江陵平與王褒等入關周文帝以懔名重南土甚禮之周孝閔帝踐祚拜車騎大將軍儀同三司明帝卽位又與王褒等在麟趾刊定羣書數蒙宴賜保定中卒有集二十卷行於世

劉璠字寶義沛人也六世祖敏以永嘉亂徙居廣陵父臧性方正篤志好學居家以孝聞仕梁爲著作郎璠九歲而孤居喪合禮少好讀書兼善文筆十七爲上黃侯蕭曄所器重范陽張綰梁之外戚才高口辯見推於世以曄懿貴亦假借之璠年少未仕而負才使氣不爲之屈綰嘗於新渝侯宅因酒後詬京兆杜杲曰寒士不遜璠厲色曰此坐誰非寒士璠本意在綰而曄以爲屬已辭色不平璠曰何王之門不可曳長裾也遂拂衣而去曄謝之乃止後隨曄在淮南璠母在建康遘疾璠弗之知嘗忽一日舉身楚痛尋而家信至云其母病璠卽號泣戒道絕而又蘇當身痛之辰卽母死之日居喪毀瘠遂感風氣服闋後一年猶杖而後起及曄終於毗陵故吏多分散璠獨奉曄喪還都墳成乃退梁簡文時東宮遇曄素重諸不送者多被劾責唯璠獨被優賞解褐王國常侍非好也璠少慷慨好功名志欲立事邊城不樂隨牒平進會宜豐侯蕭脩出爲北徐州刺史卽請爲其輕車府主簿兼記室參軍脩爲梁州又補爲中記室補華陽太守屬侯景度江梁室大亂脩以璠有才略甚親委之時寇難繁興未有所定璠乃喟然賦詩以見志其末章曰隨會平王室夷吾匡霸功虛薄無時用徒然慕昔風脩開府置佐史以璠爲諮議參軍仍領記室梁元帝承制授樹功將軍鎭西府諮議參軍賜書曰鄧禹文學尚或執戈葛洪書生且云破賊前脩無遠屬望良深元帝尋以脩紹鄱陽之封且爲雍州刺史復以璠爲脩平北府司馬及武陵王紀稱制於蜀以璠爲中書侍郎遣召璠使者八反乃至蜀又以爲黃門侍郎令長史劉孝勝深布心腹使工畫陳平度河歸漢圖以遺之璠苦求還中記室韋登私曰殿下忍而蓄憾足下不留將致大禍脫使盜遮於葭萌則卿殆矣孰若共構大廈使身名俱美哉璠正色曰卿欲緩頰於我邪我與府侯分義已定豈以寵辱夷險易其心乎丈夫立志當死生以之耳殿下方布大義於天下終不逞志於一人紀知不爲已用乃厚贈而遣之臨別紀又解其佩刀贈璠曰想見物思人璠曰敢不奉揚威靈剋翦姦宄紀於是遣使拜脩爲益州刺史封隨郡王以璠爲府長史加蜀郡太守遠至白馬西屬達奚武軍已至南鄭璠不得入城遂降

武周文帝素聞其名先戒武曰勿使劉璠死故武先令璠赴闕周文見之如舊謂僕射申徽曰劉璠佳士古人何以過之徽曰昔人滅吳利在二陸明公今平梁漢得劉璠也時南鄭尚拒守達奚武請屠之周文將許焉唯令全脩一家而已璠乃請之於朝周文怒而不許也璠泣而固請移時不退柳仲禮侍側曰此烈士也周文旣納蕭脩降又許其反國脩至長安累月未之遣也璠因侍宴周文曰我於古誰比曰常以公命世英主湯武莫逮今日所見曾是齊桓晉文之不若周文曰我不得比湯武望與伊周爲匹何桓文之不若乎對曰齊桓存三亡國晉文不失信於伐原語未終周文撫掌曰我解爾意欲激我耳卽命遣脩脩請與璠俱還周文不許以璠爲中外府記室遷黃門侍郎儀同三司嘗臥疾居家對雪興感乃作雪賦以遂志焉初蕭脩在漢中與蕭紀牋及答西魏書移襄陽文皆璠辭也周明帝初授內史中大夫掌綸誥尋封平陽縣子在職清白簡亮不合於時左遷同和郡守璠善於撫御莅職未期生羌降附者五百餘家前後郡守多經營以致貲產唯璠秋毫無所取妻子並隨羌俗食麥衣皮始終不改洮陽洪和二郡羌常越境詣璠訟理蔡公廣時鎭隴右嘉其善政及遷鎭陝州欲啓璠自隨羌人樂從者七百人聞者莫不歎異陳公純作鎭隴右引爲總管府司錄甚禮敬之卒於官著梁典三十卷有集二十卷行於世子祥

祥字休徵幼聰慧賓客見者皆號神童事嫡母以至孝聞其伯父黃門郎璆有名江左在嶺南聞而奇之乃令名祥字休徵後以字行於世十歲能屬文十二通五經仕梁爲宜豐侯記室參軍江陵平隨例入關中齊公憲召爲記室府中書記皆令掌之封漢安縣子憲進爵爲王以休徵爲王友俄除內史上士武帝東征休徵陪侍帷幄平齊露布卽休徵文也累遷車騎大將軍儀同大將軍歷長安萬年二縣令頗獲時譽卒於官初璠所撰梁典始就未及刊定而卒臨終謂休徵曰能成我志其在此書乎休徵脩定繕寫勒成一家行於世

行本璠兄子也父環仕梁歷職淸顯行本起家梁武陵王國常侍遇蕭脩以梁州北附遂與叔父璠歸周寓居新豐每以諷讀爲事精力忘疲雖衣食乏絕宴如也性剛烈有不可奪之志周大冢宰宇文護引爲中外府記室武帝親總萬機轉御正中士兼領起居注累遷掌朝下大夫周代故事天子臨軒掌朝典筆硯持至御坐則承御大夫取進之及行本爲掌朝將進筆於帝承御復欲取之行本抗聲曰筆不可得帝驚視問之行本曰臣聞設官分職各有司存臣旣不得佩承御刀承御亦焉得取臣筆帝曰然因令二司各行所職及宣帝嗣位多失德行本切諫忤旨出爲河內太守及尉遲迥作亂攻懷州行本率吏人拒之拜儀同賜爵文安縣子隋文帝踐祚拜諫議大夫檢校中書侍郎上嘗怒一郎於殿前笞之行本進曰此人素淸其過又小上不顧行本正當上前曰陛下不以臣不肖令臣在左右臣言若是陛下安得不聽臣言若非當致之於理安得輕臣而不顧臣所言非私因置笏於地而退上斂容謝之遂原所笞者時天下大同四夷內附行本以党項羌密邇封域最爲後服上表劾其使者曰臣聞南蠻遵校尉之統西域仰都護之威比見西羌鼠竊狗盜不父不子無君無臣異類殊方於斯爲下不悟羈縻之惠詎知含養之恩狼戾爲心獨乖正朔使人近至請付推科上奇其志雍州別駕元肇言於上曰有一州吏受人饋錢二百文律令杖一百然臣下車之始與其爲約此吏故違請加徒一年行本駁之曰律令之行蓋發明詔今肇乃敢重其敎命輕忽憲章虧法取威非人臣之禮上嘉之賜絹百匹拜太子左庶子領書侍御史如故皇太子虛襟敬憚時唐令則爲左庶子太子暱狎之每令以弦歌敎內人行本責之曰庶子當匡太子以正道何嬖暱房帷之間哉令則甚慙而不能改時沛國劉臻平原明克讓河南陸爽等並以文學爲太子所親行本怨其不能調護每謂三人曰卿等正解讀書耳時左衞率長史夏侯福爲太子所暱嘗於閤內與太子戲福大笑聲聞於外行本時在閤下聞之待其出數之曰汝何小人敢爲褻慢因付執法者推之太子爲請乃釋之太子嘗得良馬令福乘而觀之太子甚悅因欲令行本復乘行本正色曰至尊置臣於庶子位欲輔導殿下以正道非爲殿下作弄臣太子慙而止復以本官領大興令權貴憚其方正無敢至其門者由是請託路絕吏人懷之未幾卒于官上甚傷惜之及太子廢上曰嗟乎若使劉行本在勇當不及此乎行本無子

柳遐字子昇河東解人宋太尉元景從孫也祖叔珍義陽內史事見南史父季遠梁宜都太守遐幼而爽邁神彩嶷然髫歲便有成人之量篤好文學動合規矩其世父慶遠特器異之謂曰吾昔逮事伯父太尉公嘗謂吾云我昨夢汝登一樓甚峻麗吾以坐席與汝汝後名宦必達恨吾不及見耳吾向聊復晝寢又夢將昔時坐席還以賜汝汝之官位當復及吾特宜免勵以應嘉祥也梁西昌侯藻鎭雍州遐時年十二以百姓禮脩謁風儀端肅進止詳雅藻美之試遣左右踐遐衣裾欲觀其舉措遐徐步稍前曾不顧眄仕梁稍遷尚書功論郎陳郡謝舉時爲僕射引遐與語甚嘉之顧謂人曰江漢英靈見於此矣岳陽王蕭詧於襄陽承制授遐吏部郎賜爵聞喜公等進位持節侍中驃騎大將軍開府儀同三司及詧踐帝位於江陵以襄陽來歸辭詧曰陛下中興鼎業龍飛舊楚臣昔因幸會早奉名節理當以身許國期之始終自晉氏南遷臣宗族蓋寡從祖太尉世父儀同從父司空並以位望隆重遂家于金陵唯留先臣獨守墳栢嘗誡臣等使不違此志今襄陽旣入北朝臣若陪隨鑾蹕進則無益塵露退則有虧先旨詧重違其志遂許之因留鄉里以經籍自娛周文帝明帝頻徵固辭以疾及詧殂遐舉哀行舊臣之服保定中又徵之遐始入朝授驃騎大將軍開府儀同三司霍州刺史遐導人務先以德再三不用命者乃微加貶異示恥而已其下感而化之不復爲過咸曰我君仁惠如此其可欺乎卒贈金安二州刺史遐有至行初爲州主簿其父卒于揚州遐自襄陽奔赴六日而至哀感行路毀悴不可識後舉喪西歸中流風起舟中人相顧失色遐抱棺號慟愬天求哀俄頃風止浪息其母嘗乳間發疽醫云此疾無可救理唯得人吮膿或望微止其痛遐應聲卽吮旬日遂瘳咸以爲孝感所致性又溫裕略無喜慍之容弘獎名敎未嘗論人之短尤尚施與家無餘財臨終遺誡薄葬其子等並奉行之有十子靖莊最知名

靖字思休少方雅博覽墳籍仕梁正員郎隨遐入周授大都督歷河南廣德二郡守所居皆有政術吏人畏而愛之然性愛閑素其於名利澹如也及秩滿還鄉便有終焉之志隋文帝踐極特詔徵之以疾固辭優游不仕閉門自守所對唯琴書而已足不歷園庭殆將十載子弟奉之若嚴君焉其有過者靖必下帷自責於是長幼相率拜謝於庭靖然後見之勗以禮法鄉里亦慕而化之或有不善者皆曰唯恐柳德廣知也時論方之王烈前後總管到官皆親至靖家問疾遂以爲故事秦王俊臨州賚以几杖幷致衣物靖唯受几杖餘並固辭其爲當時所重如此開皇中壽終

莊字思敬少有器量博覽墳籍兼善辭令濟陽蔡大寶有重名於江左時爲岳陽王蕭詧諮議見莊歎曰襄陽水鏡復在於茲大寶遂以其女妻之俄而詧辟爲參軍及詧稱帝累遷鴻臚卿及隋文帝輔政蕭巋令莊奉書入關時三方構難文帝懼巋有異志及莊還謂曰孤昔以開府從役江陵深蒙梁王殊眷今主幼時艱猥蒙顧託梁主奕業重光委誠朝廷而今已後方見松筠之節君還申孤此意於梁主也遂執莊手而別時梁之將帥咸請與尉遲迥連衡進可盡節於周氏退可席卷山南唯巋疑不可會莊至自長安申文帝結託之意遂言於巋曰今尉遲迥雖曰舊將昏耄已甚消難王謙常人之下者非有匡合之才況山東庸蜀從化日近周室之恩未洽於朝廷臣料之迥等終當覆滅隋公必私周國未若保境息人以觀其變巋深以爲然未幾消難奔陳迥及謙相次就戮巋謂莊曰近若從衆言社稷已不守矣文帝踐祚莊又入朝帝深慰勉之及爲晉王廣納妃于梁莊因是往來四五反前後賜物數千段梁國廢授開府儀同三司除給事黃門侍郎莊明習舊章雅達政事凡所駁正帝莫不稱善蘇威爲納言重莊器議常奏帝云江南人有學業者多不習世務習世務者又無學業能兼之者不過柳莊高熲亦與莊甚厚莊與陳茂同官不能降意茂見上及朝臣多屬意於莊心每不平帝與茂有舊譖愬頗行尚書省嘗奏犯罪人依法合流而上處以大辟莊據法執之帝不從由是忤旨俄屬尚藥進丸藥不稱旨茂因奏莊不親監帝怒十一年徐璒等反於江南詔莊以行軍總管長史隨軍討之璒平卽授饒州刺史甚有能名卒於官

論曰韓褒奉事三帝以忠厚知名趙肅平允當官張軌循良播美李彥譽流省閣郭彥信著蠻貊歷官出納並當時之選也梁昕皇甫璠辛慶之王子直杜杲之徒並關右之舊族或紆組登朝獲當官之譽或張旜出境有專對之才旣茂國猷克隆家業美矣魏文帝云文人不護細行其呂思禮之謂乎徐招檀翥孟信各以才學自立又加之以淸介並志能之士也宗懍才辭幹局見重宋元逮乎播越秦中不預政事豈亡國俘虜不與圖存者乎梁氏據有江東五十餘載挾筴紀事蓋亦多人劉璠學思通博有著述之譽雖傳疑傳信頗有詳略而屬辭比事爲一家之言行本正色抗言具存乎骨鯁柳遐立身之道進退有節觀其眷戀墳隴其孝可移於朝廷盡禮舊主其忠可事於新君夫能推此類以求賢則知人幾於易矣莊亮直之風不殞門表忠而獲謗蓋亦自古有之

北史卷七十考證

趙軌傳周蔡王引爲記室○蔡監本訛葵今改從隋書

其東隣有桑葚落其家○葚監本訛萁今改從隋書

張軌傳奉雍之間必有王者○奉周書作秦

郭彥傳累遷虞部郎中○虞監本訛寘今改從南本

皇甫誕傳諒用諮議王頍謀舉兵作亂○頍隋書作頍本書王頒弟頍傳云授漢王諒府諮議參軍又云諒遂舉兵反頍之計也可知頍字之訛矣

孟信傳又以一鎗借老人○又監本訛文今改從南本

柳遐傳其世父慶遠特器異之○下文伯父太尉云夢以坐席與汝汝後名宦必遠等語與梁書慶遠從父兄世隆謂慶遠語畧同

北史卷七十一

唐　李　延　壽　撰

列傳第五十九

隋宗室諸王

蔡景王整　滕穆王瓚　道宣王嵩
衞昭王爽　河間王弘　義城公處綱
離石太守子崇　文帝四王　煬帝三子

蔡景王整隋文帝之次弟也文帝四弟唯整及滕穆王瓚與帝同生次道宣王嵩次衞昭王爽並異母整周明帝時以武元軍功賜爵陳留郡公位開府車騎大將軍從武帝平齊力戰而死文帝初居武元之憂率諸弟負土爲墳人植一栢四根鬱茂西北一根整栽者獨黃夜因大風雨幷根失之果終不吉文帝作相贈柱國大司徒八州刺史及受禪追封謚焉子智積襲又封其弟智明爲高陽郡公智才開封縣公尋拜智積開府儀同三司授同州刺史儀衞資送甚盛整娶同郡尉遲綱女生智積開皇中有司奏智積將葬尉太妃帝曰昔幾殺我我有同生二弟並倚婦家勢常憎疾我我向笑之云爾既嗔我不可與爾角嗔並云阿兄止倚頭額時有醫師邊隱逐勢言我後百日當病癲二弟私喜以告父母父母泣謂我曰爾二弟大劇不能愛兄我因言一曰有天下當改其姓夫不愛其親而愛他人者謂之悖德當改之爲悖父母許我此言父母亡後二弟及婦又讒我言於晉公于時每還欲入門常不喜如見獄門託以患氣常鎖閤靜坐唯食至時暫開閤每飛言入耳竊云復未邪當時實不可耐羨人無兄弟世間貧家兄弟多相愛由相假藉達官兄弟多相憎爭名利故也智積在同州未嘗嬉戲游獵聽政之暇端坐讀書門無私謁有侍讀公孫尚義山東儒士府佐楊君英蕭德言並有文學時延於坐所設唯餅果酒纔三酌家有女妓唯年節嘉慶奏於太妃前始文帝龍潛時與景王不睦太妃尉氏又與獨孤皇后不相諧以是智積常懷危懼每自貶損帝亦以是哀憐之人或勸智積爲產業智積曰昔平原露朽財帛苦其多也吾幸無可露何更營乎有五男止教讀論語孝經而已亦不令交通賓客或問其故智積曰恐兒子有才能以致禍也開皇二十年徵還京無佗職任闔門自守非朝覲不出煬帝即位滕王綸衞王集並以讒構得罪高陽公智明亦以交通奪爵智積愈懼大業三年授弘農太守委政寮佐淸靜自居及楊玄感作逆自東都引軍而西智積謂官屬曰玄感欲西圖關中若成其計則根本固矣當以計縻之使不得進不出一旬自可禽耳及玄感軍至城下智積登陴詈辱之玄感怒甚留攻之城門爲賊所燒智積乃更益火賊不得入數日宇文述等軍至合擊破之尋拜宗正卿十二年從駕江都寢疾帝時疎薄骨肉智積每不自安及遇患不呼醫臨終謂所親曰吾今日始知得保首領沒於地矣時人哀之有子道玄

滕穆王瓚字恒生一名慧仕周以武元軍功封竟陵郡公尚周武帝妹順陽公主保定四年累遷納言瓚貴公子又尚公主美姿容好書愛士甚有當時譽時人號曰楊三郎武帝甚親愛之平齊之役諸王咸從留瓚居守謂曰六府事殷一以相付朕無西顧之憂矣宣帝即位遷吏部中大夫加上儀同宣帝崩文帝入禁中將總朝政令廢太子勇召之瓚素與帝不協不從曰作隋國公恐不能保何乃更爲族滅事邪文帝作相拜大宗伯典脩禮律進位上柱國邵國公瓚見帝執政恐爲家禍陰有圖帝計帝每優容之及受禪立爲滕王拜雍州牧帝數與同坐呼爲阿三後坐事去牧以王就第瓚妃宇文氏素與獨孤皇后不平至是鬱鬱不得志陰有呪詛帝命瓚出之瓚不忍離絕固請帝不得已從之宇文氏竟除屬籍由是恩禮更薄開皇十一年從幸栗園坐樹下方飲酒鼻衂流血暴薨時年四十四人皆以爲遇鴆子綸嗣

綸字斌籀性弘厚美姿容頗知鍾律文帝受禪封邵國公明年拜邵州刺史晉王廣納妃於梁詔綸致禮甚爲梁人所敬綸以穆王故當文帝世每不自安煬帝即位尤被猜忌綸憂懼呼術者王琌問之琌答曰王相祿不凡滕即騰也此字足爲善應有沙門惠恩崛多等頗解占候綸每與交通嘗令此三人爲厭勝法有人告綸怨望呪詛帝令黃門侍郎王弘窮驗之弘希旨奏綸厭蠱惡逆坐當死帝令公卿議之司徒楊素等曰綸懷惡之由積自家世惟皇運之始四海同心在於孔懷彌須叶力其先乃離阻大謀棄同即異父悖於前子逆於後爲惡有將其罪莫大請依前科帝以皇族不忍除名徙邊郡大業七年帝征遼東綸欲上表請從軍自効爲郡司所遏未幾從珠崖及天下大亂爲賊林仕弘逼攜妻子竄儋耳後歸國封懷化縣公尋病卒綸弟坦字文籀初封竟陵郡公坐綸徙長沙坦弟猛字武籀徙衡山猛弟溫字明籀初徙零陵溫好學解屬文既而作零陵賦以自寄其詞哀思帝見而怒之轉徙南海溫弟詵字弘籀前亦從零陵帝以其脩謹襲封滕王以奉穆王嗣大業末於江都爲宇文化及所害

道宣王嵩在周以武元軍功賜爵興城公早卒文帝受禪追封謚焉以滕穆王瓚子靜襲卒謚曰悼無子以蔡王智積子世澄襲

衞昭王爽字師仁小字明達在周以武元軍功於襁褓中封同安郡公六歲而武元崩爲獻皇后所養由是寵愛特異諸弟年十七爲內史上大夫文帝執政授蒲州刺史柱國及受禪立爲衞王所生李氏爲太妃爽位雍州牧右領軍大將軍權領幷州總管上柱國涼州總管爽美風儀有器局政甚有聲大軍北伐河間王弘豆盧勣竇榮定高熲虞慶則等分道而進以爽爲元帥俱受爽節度親率李充等四將出朔州遇沙鉢略可汗於白道接戰大破之沙鉢略中重瘡而遁帝大悅賜爽眞食梁安縣千戶六年復爲元帥步騎十五萬出合川突厥遁逃徵爲納言帝甚重之未幾爽疾帝使薛榮宗視之云衆鬼爲厲爽令左右驅逐之居數日有鬼物來擊榮宗走下階而斃其夜爽薨年二十五贈太尉冀州刺史子集嗣集字文會初封遂安王尋襲封衞王煬帝時諸侯王恩禮漸薄猜防日甚集憂懼乃呼術者俞普明章醮以祈福助有人告集呪詛憲司希旨鍛成其獄奏集惡逆坐當死詔下其議楊素等曰集密懷左道厭蠱君親是君父之罪人非臣子之所赦請論如律時滕王綸坐與相連帝不忍加誅除名遠徙邊郡天下亂不知所終

河間王弘字辟惡文帝從祖弟也祖愛敬早卒父元孫少孤隨母郭氏養於舅族及武元帝與周文建義關中元孫時在鄴懼爲齊人所誅因假外家姓爲郭氏元孫死齊爲周滅弘始入關與文帝相得帝哀之爲買田宅弘性明悟有文武幹略數從征伐累遷開府儀同三司文帝爲丞相常置左右委以心腹帝詣周趙王宅將及於難弘時立於戶外以衞文帝尋加上開府賜爵永康縣公及受禪拜大將軍進爵郡公尋贈其父柱國尚書令河間郡公其年立弘爲河間王拜右衞大將軍尋進柱國以行軍元帥出靈州道征突厥大破之拜寧州總管進上柱國政尚淸靜甚有恩惠遷蒲州刺史得以便宜從事時河東多盜賊弘奏爲盜者百餘人投之邊裔州境恬然號爲良吏每晉王廣入朝弘輒領揚州總管及王歸藩弘復還蒲州在州十餘年風敎大洽煬帝嗣位拜太子太保歲餘薨大業六年追封郇王子慶嗣慶傾曲善候時變帝猜忌骨肉滕王綸等皆被廢放唯慶獲全累遷滎陽太守頗有政績及李密據洛口倉滎陽諸縣多應密慶勒兵拒守歲餘城中糧盡兵勢日蹙密遺慶書曰王之先世家住山東本姓郭氏乃非楊族婁敬之於漢高殊非血胤呂布之於董卓良異天親芝焚蕙歎事不同此江都荒湎流宕忘歸骨肉崩離人神怨憤舉烽火於驪山諸侯莫至浮膠船於漢水還日未期王獨守孤城援絕千里糧糈支計僅有月餘弊卒之多纔盈數百有何恃賴欲相抗拒求枯魚於市肆即事非虛因歸鴈以運糧竟知何日止恐禍生匕首釁發蕭牆空以七尺之軀懸賞千金之購可爲酸鼻者也幸能三思自求多福于時江都敗問亦至慶得書遂降于密改姓爲郭氏密破歸東都又爲楊氏越王侗不之責也及侗稱制拜宗正卿世充既僭僞號降爵爲郇國公後爲郭氏世充以兄女妻之署滎州刺史及世充將敗慶欲將妻同歸長安其妻曰國家以妾奉箕帚於公者欲以申厚意結公心耳今父叔窮迫家國阽危而不顧婚姻孤負付屬爲全身之計非妾所能責公也妾若至長安公家一婢耳何用妾爲願送還東都君之惠也慶不許其妻遂沐浴靚莊仰藥而死慶遂歸國爲宜州刺史郇

國公復姓楊氏其嫡母元太妃年老兩目喪明世充斬之

義城公處綱文帝族父也生長北邊少習騎射在周以軍功拜上儀同文帝受禪贈其父鍾葵柱國尚書令義城縣公以處綱襲焉累遷右領軍將軍綱雖無才藝而性質直在官强濟亦爲當時所稱拜蒲州刺史吏人悅之卒於秦州總管謚曰恭弟處樂官至洛州刺史漢王諒反朝廷以爲二心廢錮不齒

離石太守子崇武元帝族弟也父盆生贈荆州刺史子崇少好學涉獵書記有風儀愛賢好士開皇初拜儀同以車騎將軍恒典宿衛後爲司門侍郎煬帝嗣位累遷候衛將軍坐事免未幾復檢校將軍事從帝幸汾陽宮子崇知突厥必爲寇屢請早還京師不納尋有鴈門之圍及賊退帝怒之曰子崇怯懦妄有陳請驚動我衆心不可居爪牙寄出爲離石郡太守有能名自是突厥屢寇邊塞胡賊劉六兒復擁衆劫掠郡境子崇表請兵鎮遏帝復大怒令子崇行長城子崇行百餘里四面路絕不得進而歸歲餘朔方梁師都馬邑劉武周等各作亂郡中諸胡復反子崇患之言欲朝集遂與心腹數百人自孟門關將還京師遇道路隔絕退歸離石左右聞太原兵起不復入城各叛去子崇悉收叛者父兄斬之後數日義兵至城中應之城陷爲讐家所殺

文帝五男皆文獻皇后所生長曰房陵王勇次煬帝次秦孝王俊次庶人秀庶人諒

房陵王勇小名睍地伐周世以武元軍功封博平縣侯及文帝輔政立爲世子拜大將軍左司衛封長寧郡公出爲洛州總管東京少冢宰總統舊齊之地後徵還京師進上柱國大司馬領內史御正諸禁衛皆屬焉文帝受禪立爲皇太子軍國政事及尚書死罪已下皆令勇參決帝以山東人多流宂遣使案檢又欲徙人北實邊塞勇上書諫以爲戀土懷舊人之本情波迸流離蓋不獲已有齊之末主闇時昏周平東夏繼以威虐人不堪命致有逃亡非厭家鄉願爲羈旅若假以數歲沐浴皇風逃竄之徒自然歸本雖北夷犯邊令所在嚴固何待遷配以致勞擾上覽而嘉之時晉王廣亦表言不可帝遂止是後時政不便多所損益帝每納之帝常從容謂羣臣曰前世皇王溺於嬖幸廢立之所由生朕傍無姬侍五子同母可謂眞兄弟也豈若前代多諸內寵孼子忿爭爲亡國之道邪勇頗好學解屬詞賦性寬仁和厚率意任情無矯飾之行引明克讓姚察陸開時等爲之賓友勇嘗文飾蜀鎧帝見而不悅恐致奢侈之漸因誡之曰我歷觀前代帝王未有奢華而能長久者汝當儲后若不上稱帝心下合人意何以承宗廟之重居兆人之上吾昔衣服各留一物時復看以自警戒又擬分賜汝兄弟恐汝以今日皇太子之心忘昔時之事故令高熲賜汝我舊所帶刀子一枚幷菹醬一合汝昔作上士時所常食如此若存憶前事應知我心後經冬至百官朝勇勇張樂受賀帝知之問朝臣近聞至節內外百官相率朝東宮是何禮也太常少卿辛亶對曰於東宮是賀不得言朝帝曰改節稱賀正可三數十人逐情各去何因有司徵召一朝普集太子法服設樂以待之東宮如此殊乖禮制乃下詔曰皇太子雖居上嗣義兼臣子而諸方岳牧正冬朝賀任土作貢別上東宮事非典則宜悉停斷自此恩寵始衰漸生疑阻時帝令選强宗入上臺宿衛高熲奏若盡取强者恐東宮宿衛太劣帝作色曰我有時行動宿衛須得雄毅太子毓德東宮左右何須强武始我商量恒於交番之日分向東宮上下團伍不別豈非好事邪我熟見前代公不須仍踵舊風蓋疑熲男尚勇女形於此言以防之勇多內寵昭訓雲氏嬖幸禮匹於嫡而妃元氏無寵嘗遇心疾二日而薨獻皇后意有他故甚責望勇又自妃薨雲昭訓專擅內政后彌不平頗求勇罪過晉王廣知之彌自矯飾姬妾但備員數唯與蕭妃居處皇后由是薄勇愈稱晉王德行後晉王來朝車騎侍從皆爲儉素接朝臣禮極卑屈聲名籍甚冠於諸王臨還揚州入內辭皇后因哽咽流涕伏不能興皇后泫然泣下相對歔欷王曰臣性識愚下常守平生昆弟之意不知何罪失愛東宮恒畜盛怒欲加屠陷每恐讒譖出於杼柚鴆毒遇於盃杓皇后忿怒曰睍地伐漸不可耐我爲伊索得元家女望隆基業竟不聞作夫妻專寵阿雲有如許豚犬前新婦本無病痛忽爾暴亡遣人投藥致此夭逝事已如此我亦不窮何因復於汝處發如此意我在尚爾我死後當魚肉汝乎每思東宮竟無正嫡至尊千秋萬歲後遣汝等兄弟向阿雲兒前再拜問訊此是幾許大苦痛邪晉王又拜嗚咽不能止皇后亦悲不自勝此別之後知皇后意移始構奪宗之計因引張衡定策遣褒公宇文述深交楊約令喻旨於越公素具言皇后此語素瞿然曰但不知皇后如何但如所言之旨又何爲者後數日素入侍宴微稱晉王孝悌恭儉有禮用此揣皇后意后泣曰公言是也我兒大孝順每聞至尊及我遣內使到必迎於境首又其新婦亦大可憐我使婢去常與同寢共食豈如睍地伐共阿雲相對而坐終日酣宴暱近小人疑阻骨肉我所以益憐阿麼者嘗恐暗地殺之素旣知意盛言太子不才皇后遂遺素金始有廢立之意勇頗知其謀憂懼計無所出聞新豐人王輔賢能占候召而問之輔賢曰白虹貫東宮門太白襲月皇太子廢退象也以銅鐵五兵造諸厭勝又於後園內作庶人村屋宇卑陋太子時於中寢息布衣草褥冀以當之帝知其不安在仁壽宮使楊素觀勇素至東宮偃息未入勇束帶待之故亦不進以怒勇勇銜之形於言色素還言勇怨望恐有他變帝甚疑之皇后又遣人伺覘東宮纖介事皆聞奏因加媒孽構成其罪帝惑之遂疏忌勇乃於玄武門達至德門量置人候以伺動靜皆隨事奏聞又東宮宿衛人侍官已上名籍悉令屬諸衛府有健兒者咸屏去之晉王又令段達私貨東宮幸臣姬威令取太子消息密告楊素於是內外諠謗過失日聞段達脅姬威曰東宮罪過主上皆已知之已奉密詔定當廢立君能告之則大富貴威遂許諾開皇二十年車駕至自仁壽宮御大興殿謂侍臣曰我新還京師應開懷歡樂不知何意翻悒然愁苦吏部尚書牛弘對曰由臣等不稱職故至尊憂勞帝旣數聞讒譖疑朝臣具委故有斯問冀聞太子之愆弘旣此對大乖本指帝因作色謂東宮官屬曰仁壽宮去此不遠令我每還京師嚴備如入敵國我爲患利不脫衣臥夜欲得近廁故在後房恐有驚急還就前殿豈非爾輩欲壞我家國邪乃執唐令則等數人付所司訊鞫令楊素陳東宮事狀以告近臣素顯言之曰奉敕向京令皇太子檢校劉居士餘黨太子忿然作色肉戰淚下云居士黨已盡遣我何處窮討爾作右僕射受委自求何關我事又云昔大事不遂我先被誅今作天子竟乃令我不如弟一事已上不得自由因長歎回視云我大覺身妨又云諸王皆得奴獨不與我乃向西北奮頭喃喃細語帝曰此兒不堪承嗣久矣皇后相勸我廢我以布素時生復長子望其漸改隱忍至今勇昔從南兗州來語衛王曰阿孃不與我一好婦女亦是可恨因指皇后侍兒曰皆我物此言幾許異事其婦初亡卽以斗帳安餘老嫗新婦初亡我深疑使馬嗣明藥殺我曾責之便懟曰會當殺元孝矩此欲害我而遷怒耳初長寧誕育朕與皇后共抱養之自懷彼此連遣來索且雲定興女在外私合而生想此由來何必是其體胤昔晉太子取屠家女其兒卽好屠割今儻非類便亂宗祏又劉金驎佞人也呼定興作家翁定興愚人受其此語我前解金驎者爲其此事勇昔在宮引曹妙達共定興女同宴妙達在外云我今得勸妃酒直以其諸子偏庶畏人不服故逆縱之欲收天下望耳我雖德慙堯舜終不以萬姓付不肖子我恒畏其加害如防大敵今欲廢之以安天下左衛大將軍元旻諫曰廢立大事天子無貳言詔旨若行後悔無及讒言罔極惟陛下察之旻辭直事强聲色俱厲帝不答時姬威又表告太子非法帝使威盡言威對曰皇太子由來共臣語惟意在驕奢欲得樊川以至散關總規爲苑兼云昔漢武將起上林苑東方朔諫賜朔黃金百斤幾許可笑我寔無金輒賜此等若有諫者正當斬之不過殺百許人自然永息前蘇孝慈解左衛率皇太子奮髯揚肘曰大丈夫當有一日終不忘之決當快意又宮內所須尚書多執法不與便怒曰僕射已下五人會展三人腳便使知慢我之禍又於苑內築一小城春夏秋冬作役不輟營起亭殿朝更夕改每云至尊嗔我多側庶高緯陳叔寶豈是孼子乎嘗令師姥卜吉凶語臣曰至尊忌在十八年此期促矣帝泫然曰誰非父母生乃至於此我有舊使婦女令看東宮奏云勿令廣平王至皇太子處東宮憎婦亦廣平王敎之元贊亦知其陰惡勸我於左藏東加置兩隊初平陳後宮人好者悉配春坊如聞不知厭足於外更有求訪朕近覽齊書見高歡縱其兒子不勝忿憤安可效尤於是勇及諸子皆被禁錮部分收其黨與楊素舞文鍛鍊以成其獄勇由是遂敗居數日有司承素意奏元旻身備宿衛常曲事於勇情有附託在仁壽宮裴弘將勇書於朝堂與旻題封云勿令人見帝曰朕在仁壽宮有纖小事東宮必知疾於驛馬怪之甚久豈非此徒邪遣武士執旻及弘付法先是勇嘗於仁壽宮參起居還塗中見一枯槐樹根幹蟠錯大且五六圍顧左右曰此堪作何器用或對曰古槐尤堪取火于時衛士皆佩火燧勇因令匠者造數千枚欲以分賜左右至是獲於庫又藥藏局貯艾數斛亦搜得之大將爲怪以問姬威威曰太子此意別有所在比令長寧王已下詣仁壽宮還每常急行一宿便至恒飼馬千匹云徑往捉城門自然餓死素以威言詰勇勇不服曰竊聞公家馬數萬匹勇忝備位太子有馬千匹乃是反乎素又發泄東宮服玩似加琱飾者悉陳於庭以示文帝羣官爲太子罪帝曰前簿王世積得婦女領巾狀似稍幡當時徧示百官欲以爲戒今我兒乃自爲之領巾爲稍幡此是服祆使將諸

物示勇以詔之皇后又責之罪帝使使問勇勇不服太史令袁充進曰臣觀天文皇太子當廢上曰玄象久見矣羣臣無敢言者於是使人召勇勇見使者驚曰得無殺我邪帝戎服陳兵御武德殿集百官立於東面諸親立於西面引勇及諸子列於殿庭命薛道衡宣詔廢勇及其男女爲王公主者並爲庶人命道衡謂勇曰爾之罪惡人神所棄欲求不廢其可得邪勇再拜曰臣合尸之都市爲將來鑒誡幸蒙哀憐得全性命言畢泣下流襟既而舞蹈而去左右莫不憫嘿又下詔左衛大將軍元旻任掌禁兵委以心膂乃包藏姦伏離間君親崇長厲階最爲魁首太子左庶子唐令則策名儲貳位長宮僚諂曲取容音技自進躬執樂器親教內人贊成驕侈導引非法太子家令鄒文騰專行左道偏被親昵占問國家希覬災禍左衛率司馬夏侯福內事諂諛外作威勢陵侮上下褻濁宮闈典膳監元淹謬陳愛憎開示怨隙進引袄巫營事厭禱前吏部侍郎蕭子寶往居省閣舊非宮臣進畫姦謀要射榮利前主璽下士何竦假託玄象妄說袄怪志圖禍亂心在速發兼諸奇服皆竦規模增長驕奢糜費百姓此之七人爲害斯甚並處斬刑妻妾子孫皆沒官車騎將軍閻毗東郡公崔君綽游騎尉沈福寶瀛州人章仇太翼等四人所爲之事並是悖逆論其狀迹罪合極刑但未能盡戮並特免死各決杖一百身及妻子資財田宅悉沒官副將作大匠高龍叉預追番丁輒配東宮使役營造亭舍進入春坊率更令晉文建通直散騎侍郎判司農少卿事元衡料度之外私自出給虛破丁功擅割園地並處自盡於是集羣官于廣陽門外宣詔以戮之乃移勇於內史省給五品料食立晉王廣爲皇太子仍以勇付之復囚於東宮賜楊素物三千段元冑楊約並千段楊難敵五百段皆鞫勇之功賞也時文林郎楊孝政上書諫言皇太子爲小人所誤不宜廢黜帝怒撻其胷尋而貴州長史裴肅表稱庶人罪黜已久當克己自新請封一小國帝知勇黜不允天下情乃徵肅入朝具陳廢立意時勇自以廢非其罪頻請見上面申冤屈皇太子遏不得聞勇於是升樹叫聞於帝冀得引見楊素因奏言勇情志昏亂又癲鬼所著不可復收帝以爲然卒不得見帝遇疾於仁壽宮皇太子入侍醫姦亂事聞於帝帝抵牀曰枉廢我兒遣追勇未及發使而崩秘不發喪遽收柳述元巖繫大理獄僞敕賜庶人死追封房陵王不爲立嗣勇有十男雲昭訓生長寧王儼平原王裕安城王筠高良娣生安平王嶷襄城王恪王良媛生高陽王該建安王韶成姬生潁川王煚後宮生孝實孝範初儼誕帝聞之曰此乃皇太孫何乃生不得地雲定興奏曰天生龍種所以因雲而出時人以爲敏對六歲封長寧郡王勇敗亦坐廢上表求宿衛辭情哀切帝覽之惻然楊素進曰伏願聖心同於螫手不宜留意煬帝踐祚儼常從行遇鴆卒諸弟分徙嶺外皆敕殺之

秦王俊字阿祇開皇元年立爲秦王二年拜上柱國河南道行臺尚書令洛州刺史時年十二加右衛大將軍領關東兵三年遷秦州總管隴右諸州盡隸焉俊仁恕慈愛崇敬佛道請爲沙門不許六年遷山南道行臺尚書令伐陳之役爲山南道行軍元帥督三十總管水陸十餘萬屯漢口爲上流節度尋授揚州總管四十四州諸軍事鎮廣陵轉幷州總管二十四州諸軍事初頗有令問文帝聞而大悅後漸奢侈違犯制度出錢求息帝遣按其事與相連坐者百餘人於是盛脩宮室窮極侈麗俊有巧思每親運斤斧工巧之器飾以珠玉爲妃作七寶冪籬重不可戴以馬負之而行徵役無已置渾天儀測景表又爲水殿香塗粉壁玉砌金堦梁柱楣棟之間周以明鏡間以寶珠極瑩飾之美每與賓客伎女絃歌於上俊頗好內妃崔氏性妬甚不平之遂於瓜中進毒俊由是遇疾徵還京師以俊奢縱免官以王就第左武衛將軍劉昇諫曰秦王非有他過但費官物營廨舍而已臣謂可容帝曰法不可違昇固諫帝忿然作色昇乃止楊素復進諫以秦王過不應至此帝曰我是五兒之父非兆人之父若如公意何不別制天子兒律以周公爲人尚誅管蔡我誠不及周公遠矣安能虧法乎卒不許俊病篤含銀銀色變以爲遇蠱未能起遣使奉表陳謝帝責以失德大都督皇甫統上表請復王官不許歲餘以疾篤復拜上柱國二十年六月薨於秦邸帝哭之數聲而已曰晉王前送一鹿我令作脯擬賜秦王今亡可置靈坐之前心已許之不可虧信帝及后往視見大蜘蛛大蛷螋從枕頭出求之不見窮之知妃所爲也俊所爲侈麗物悉命焚之敕送終之具務從儉約以爲後世法王府僚佐請立碑帝曰欲求名一卷史書足矣何用碑爲若子孫不能保家徒與人作鎮石耳妃崔氏以毒王故下詔廢絕賜死於其家子浩崔氏所生也以其母譴死遂不得立於是以秦國官爲喪主俊長女永豐公主年十二遭父憂哀慕盡禮免喪遂絕酒肉每忌日輒流涕不食有開府王延者性忠厚領俊親信兵十餘年俊甚禮之及俊疾延恒在閤下衣不解帶俊薨勺飲不入口者數日羸頓骨立帝聞憫之賜以御藥授驃騎將軍典宿衛俊葬日延號慟而絕帝嗟異之令通事舍人弔祭詔葬延於俊墓側煬帝即位立浩爲秦王以奉孝王嗣封浩弟湛濟北侯後以浩爲河陽都尉楊玄感作逆之際左翊衛大將軍宇文述勒兵討之至河陽脩啓於浩浩詣述營共相往復有司劾浩以諸侯交通內臣竟坐廢免宇文化及弒逆立浩爲帝化及敗於黎陽北走魏縣自僭爲帝因而害之湛驍果有膽烈大業初爲滎陽太守坐浩免亦爲化及所害

庶人秀開皇元年立爲越王未幾徙封於蜀拜柱國益州總管二十四州諸軍事二年進上柱國西南道行臺尚書令本官如故歲餘而罷十二年入爲內史令右領軍大將軍尋出鎮於蜀秀有膽氣容貌瓌偉美鬚髯多武藝甚爲朝臣所憚帝每謂文獻皇后曰秀必以惡終我在當無慮至兄弟必反兵部侍郎元衡使於蜀秀深結於衡以左右爲請衡既還京師請益左右帝不許大將軍劉噲之討西爨帝令上開府楊武通將兵繼進秀使嬖人萬知先爲武通行軍司馬帝以秀任非其人譴責之因謂羣臣曰壞我法者必在子孫譬如猛獸物不能害反爲毛間蟲所損食耳於是遂分秀所統秀漸奢侈違犯制度車馬被服擬於天子及太子勇廢秀甚不平皇太子恐秀終爲後變陰令楊素求其罪狀而譖之仁壽二年徵還京師見不與語明日使使切讓之皇太子及諸王流涕庭謝帝曰頃者俊糜費財物我以父道訓之今秀蠹害生靈當以君道繩之乃下以法開府慶整諫曰庶人勇既廢秦王已薨陛下兒子無多何至如是蜀王性甚耿介今被責恐不自全帝大怒欲斷其舌因謂羣臣曰當斬秀於市以謝百姓乃令楊素蘇威牛弘柳述趙綽推之太子陰作偶人書帝及漢王姓字縛手釘心令人埋之華山下令楊素發之又作檄文曰逆臣賊子專弄威柄陛下唯守虛器一無所知陳甲兵之盛云指期問罪置秀集中因以聞奏帝曰天下寧有是邪乃廢爲庶人幽之內侍省不得與妻子相見令給獠婢二人驅使之與連坐百餘人秀既幽逼憤懣不知所爲乃上表陳己愆請與其愛子爪子相見幷請賜一穴令骸骨有所帝乃下詔數其罪曰汝地居臣子情兼家國庸蜀險要委以鎮之汝乃干紀亂常懷惡樂禍睥睨二宮佇望災釁容納不逞結構異端我有不和汝便覘候望我不起便有異心皇太子汝兄也次當建立汝假記妖言乃云不終其位妄稱鬼怪又道不得入宮自言骨相非人臣德業堪承重器妄道清城出聖欲己當之詐稱益州龍見託言吉兆重述木易之姓更脩城都之宮妄說禾乃之名以當八千之運橫生京師妖異以證父兄之災妄造蜀地徵祥以符己身之籙汝豈不欲得國家惡也天下亂也輒造白玉之珽又爲白羽之箭文物服飾豈似有君鴆集左道符書厭鎮漢王於汝親則弟也乃畫其形像題其姓名縛手釘心枷鎖杻械仍云請西岳華山慈父聖母神兵九億萬騎收楊諒魂神閉在華山下勿令散蕩我之於汝親則父也復云請西岳華山慈父聖母賜爲開化楊堅夫妻回心歡喜又畫我形像縛手撮頭仍云請西岳神兵收楊堅魂神如此形狀我今不知楊諒楊堅是汝何親也包藏兇慝圖謀不軌逆臣之迹也希父之災以爲身幸賊子之心也懷非分之望肆毒心於兄悖惡之行也嫉妬於弟無惡不爲無孔懷之情也違犯制度壞亂之極也多殺不辜豺狼之暴也剝削人庶酷虐之甚也唯求財貨市井之業也專事袄邪頑嚚之性也弗克負荷不材之器也凡此十者滅天理逆人倫汝皆爲之不祥之甚也欲免患禍長守富貴其可得乎後聽與其子同處煬帝即位禁錮如初宇文化及之弒逆也欲立秀爲帝羣議不許於是害之幷其諸子

庶人諒字德章一名傑小字益錢開皇元年立爲漢王十二年爲雍州牧加上柱國右衛大將軍轉左衛大將軍十七年出爲幷州總管帝幸溫湯而送之自山以東至于滄海南距黃河五十二州盡隸焉特許以便宜不拘律令十八年起遼東之役以諒爲行軍元帥至遼水師遇疾疫不利而還十九年突厥犯塞以諒爲行軍元帥竟不臨戎文帝甚寵愛之諒自以居天下精兵處以太子讒廢居常怏怏陰有異圖遂諷帝云突厥方強太原即爲重鎮宜脩武備帝從之於是大發工役繕脩器械貯納於幷州招集亡命左右私人殆將數萬王頍者梁將王僧辯之子少倜儻有奇略爲諒諮議參軍蕭摩訶者陳氏舊將二人俱不得志每鬱鬱思亂並爲諒親善及蜀王以罪廢諒愈不自安會文帝崩使車騎屈突通徵之不赴遂發兵反總管司馬皇甫誕諫諒怒收繫之王頍說諒曰王所部將吏家屬盡在關西若用此等卽宜長驅深入直據京都所謂疾雷不及掩耳若但欲割據舊齊之地宜任東人諒不能專之乃兼用二策唱言楊素反將誅之總管府兵曹河東裴文安說諒曰井

陘以西是王掌握內山東士馬亦爲我有宜悉發之分遣羸兵屯守要路仍令隨方略地率其精銳直入蒲津文安請爲前鋒王以大軍繼後風行電擊頓於霸上咸陽以東可指麾而定京師震擾兵不暇集上下相疑羣情離駭我卽陳兵號令誰敢不從旬日之間事可定矣諒大悅於是遣所署大將軍余公理將兵出太谷以趣河陽大將軍綦良出滏口以趣黎陽大將軍劉建出井陘以略燕趙柱國喬鍾馗出鴈門署文安爲柱國紇單貴王聃大大將軍茹茹天保侯莫陳惠直指京師未至蒲津百餘里諒忽改圖令紇單貴斷河橋守蒲州而召文安文安至曰兵機詭速本欲出其不意王既不行文安又返使彼計成大事去矣諒不對於是從亂者十九州乃以王聃爲蒲州刺史裴文安爲晉州薛粹爲絳州梁菩薩爲潞州韋道正爲韓州張伯英爲澤州遣僞署大將軍常倫進兵絳州遇晉州司法仲孝俊之子謂曰吾曉天文遁甲今年起兵得晉地者王孝俊聞之曰皇太子常爲晉王故曰晉地非謂反徒也時潞州有官羊生羔二首相背以爲諒之咎徵煬帝遣楊素率騎五千襲王聃紇單貴於蒲州破之於是率步騎四萬趣太原諒使趙子開守高壁楊素擊走之諒大懼拒素於蒿澤屬天大雨諒欲旋師王頍諫曰楊素懸軍士馬疲獘王以銳卒親戎擊之其勢必舉今見敵而還示人以怯阻戰士之心益西軍之氣願必勿還諒不從退守清原素進擊之諒與官兵大戰死者萬八千人諒退保幷州楊素進擊之諒乃降百寮奏諒罪當死帝曰朕終鮮兄弟情不忍言欲屈法恕諒一死於是除名絕其屬籍竟以幽死先是幷州謠言一張紙兩張紙客量小兒作天子時僞署官告身皆一紙別授則二紙諒聞謠喜曰我幼字阿客量與諒同音吾於皇家最小以爲應之子顥因而禁錮宇文化及弒逆之際遇害

煬帝三男蕭皇后生元德太子昭齊王暕蕭嬪生趙王杲元德太子昭煬帝長子也初文帝以開皇三年四月庚午夢神自天而降云是天神將生降寤召納言蘇威以告之及聞蕭妃在幷州有娠迎置大興宮之客省明年正月戊辰而生昭養於宮中號大曹主三歲時於玄武門弄石師子文帝與文獻皇后至其所文帝適患腰痛舉手馮后昭因避去如此者再三文帝歎曰天生長者誰復敎乎由是大奇之文帝嘗謂曰當爲爾娶婦應聲而泣文帝問其故對曰漢王未昏時恒在至尊所一朝娶婦便則出外懼將違離是以啼耳上嘆其有至性特鍾愛焉年十二立爲河南王仁壽初徙爲晉王拜內史令兼左衞大將軍轉雍州牧煬帝卽位便幸洛陽宮昭留守京師及大業元年帝遣使者立爲皇太子昭有武力能引强性謙沖言色恂恂未嘗忿怒其有深可嫌責者但云大不是所膳不許多品帷席極於儉素臣吏有老父母必親問其安否歲時皆有惠賜其仁愛如此明年朝於洛陽後數月將還京師願得少留帝不許拜請無數體素肥因致勞疾帝令巫者視之云房陵王爲祟未幾而薨時年二十三先是太史奏言楚分有喪於是改封越公楊素於楚及昭薨日而素亦薨蓋隋楚同分也詔內史侍郎虞世基爲哀冊文帝深追悼之昭妃慈州刺史博陵崔弘昇女後秦王妃以蠱毒獲譴昭奏曰惡逆者乃新婦之姑請離之乃娶滑國公京兆韋壽女爲妃昭有子三人韋妃生恭皇帝大劉良娣生燕王倓小劉良娣生越王侗倓字仁安敏慧美姿容煬帝於諸孫中特所鍾愛常置左右性好讀書尤重儒素造次所及有若成人良娣早終每忌日未嘗不流涕嗚咽帝由是益奇之宇文化及弒逆之際倓覺變欲入奏恐露其事因與梁公蕭鉅千牛宇文皛等穿芳林門側水竇入至玄武門詭奏曰臣卒中惡命懸俄頃請得面辭死所無恨冀見帝爲司宮者所遏竟不得聞俄而難作遇害時年十六

越王侗字仁謹美姿容性寬厚大業三年立爲越王帝每巡幸侗常留守東都楊玄感反與戶部尚書樊子蓋拒之事平朝於高陽拜高陽太守俄以本官留守東都十三年帝幸江都復令侗與金紫光祿大夫段達太府卿元文都攝戶部尚書韋津右武衞將軍皇甫無逸等總留臺事宇文化及之弒逆文都等議尊立侗大赦改元曰皇泰諡帝曰明廟號世祖追尊元德太子爲孝成皇帝廟號世宗尊其母劉良娣爲皇太后以段達爲納言右翊衞大將軍攝禮部尚書王世充爲納言左翊衞大將軍攝吏部尚書元文都爲內史令左驍衞大將軍盧楚亦內史令皇甫無逸爲兵部尚書右武衞大將軍郭文懿爲內史侍郎趙長文爲黃門侍郎委以機務爲金書鐵券藏之宮掖于時洛陽稱段達等爲七貴未幾宇文化及以秦王浩爲天子來次彭城所經城邑多從逆黨侗懼遣使者蓋琮馬公政招懷李密密遂請降侗大悅禮其使甚厚卽拜密爲太尉尚書令魏國公令拒化及仍下書曰我大隋之有天下於茲三十八載高祖文皇帝聖略神功載造區夏世祖明皇帝則天法地混一華戎東暨蟠木西通細柳前踰丹徼後越幽都日月之所臨風雨之所至圓首方足稟氣食毛莫不盡入提封皆爲臣妾加以寶貺畢集靈瑞咸臻作樂制禮移風易俗智周寰海萬物咸受其賜道濟天下百姓用而不知世祖往因歷試統臨南服自居皇極順茲望幸所以往歲省方展禮肆覲停鑾駐蹕按駕淸道八屯如昔七萃不移豈意釁起非常逮於軒陛災生不意延及冕旒奉諱之日五情崩殞攀號荼毒不能自勝且聞之自古代有屯剝賊臣逆子何世無之至如宇文化及世傳庸品其父述往屬時來早沾厚遇賜以昏媾置之公輔位尊九命祿重萬鍾禮極人臣榮冠世表徒承海岳之恩未有涓塵之答化及以此下材夙蒙顧眄出入外內奉望階墀昔陪藩國統領衞兵及從升皇祚陪列九卿但本性兇狠恣其貪穢或交結惡黨或侵掠商貨事重刑箋狀盈獄簡在上不遺簪履恩加草芥應至死辜每蒙恕免三經除解尋復本職再徙邊裔仍卽追還生成之恩昊天罔極獎擢之義人事罕聞化及梟獍爲心禽獸不若縱毒興禍傾覆行宮諸王兄弟一時殘酷痛暴行路世不忍言有窮之在夏時犬戎之於周世釁辱之極亦未是過朕所以刻骨崩心飮膽嘗血瞻天視地無處自容今王公卿士庶尹百辟咸以大寶鴻名不可顚墜元兇巨猾須早夷殄翼戴朕躬嗣守寶位顧惟寡薄志不逮此今者出黼扆而杖旄鉞釋衰麻而擐甲冑銜寃誓衆忍淚臨兵指日遄征以平大盜且化及僞立秦王之子幽遏比於拘囚其身自稱霸相專擅擬於九五履踐禁御據有宮闈昂首揚眉初無慙色衣冠朝望外懼兇威志士誠臣內懷憤怨以我義師順彼天下梟夷醜族匪夕伊朝太尉尚書令魏公丹誠內發宏略外舉率勤王之師討違天之逆果毅爭先熊羆競進金鼓振讋若火焚毛鋒刃從橫如湯沃雪魏公志存匡濟投袂前驅朕親御六軍星言繼軌以此衆戰以斯順舉擘山可以動射石可以入況賊擁此人徒皆有離德京都侍衞西憶鄉家江左淳人南思邦邑比來表書駱驛人信相尋若王師一臨舊章暫覩自應解甲倒戈冰銷葉散且聞化及自恣天奪其心殺戮不辜挫辱人士莫不道路以目號天蹋地朕今復讎雪恥梟轘者一人拯溺救焚所哀者士庶唯望天鑒孔殷祐我宗社億兆感義俱會朕心梟戮元兇策勳飮至四海交泰稱朕意焉兵術軍機並受魏公節度密見使者大悅北面拜伏臣禮甚恭遂東拒化及士貴頗不協未幾元文都盧楚郭文懿趙長文等爲世充所殺皇甫無逸遁歸京師世充詣侗所陳謝辭情哀苦侗以爲至誠命之上殿被髮爲盟誓無貳志自是侗無所關預及世充破李密衆望益歸之遂自爲鄭王總百揆加九錫備法物侗不能禁段達雲定興等十人入見侗曰天命不常鄭王功德甚盛願陛下遵唐虞之迹侗怒曰天下者高祖之天下東都者世祖之東都若隋德未衰此言不可而發必大命有改亦何論於禪讓公等或先朝舊臣或勤王立節忽有斯言朕亦何望神色凜然侍衞者莫不流汗既而退朝對良娣而泣世充更使謂曰今海內未定須得長君待四方乂安復子明辟必若前盟義不違負侗不得已遜位於世充遂被幽於含涼殿世充僭僞號封潞國公有宇文儒童裴仁基等謀誅世充復尊立侗事泄並見害世充兄世惲因勸世充害侗世充遣其姪行本齎鴆詣侗曰願皇帝飮此酒侗知不免請與母相見不許遂布席焚香禮佛呪曰從今以去願不生帝王尊貴家及仰藥不能時絕更以帛縊之世充僞諡曰恭皇帝

齊王暕字世朏小字阿孩美容儀疏眉目少爲文帝所愛開皇中立爲豫章王及長頗涉經史尤工騎射初爲內史令仁壽中拜揚州總管江淮以南諸軍事煬帝卽位進封齊王大業二年帝初入東都盛陳鹵簿暕爲軍導轉豫州牧而元德太子薨朝野注望咸以暕當嗣帝又敕吏部尚書牛弘妙選官屬公卿由是多進子弟明年轉雍州牧尋徙河南尹開府儀同三司元德太子左右二萬餘人悉隸於暕寵遇益隆自樂平公主及諸戚屬競來致禮百官稱謁塡咽道路暕頗驕恣暱近小人所行多不法遣喬令則劉虔安裴該皇甫諶庫狄仲錡陳智偉等求聲色狗馬令則等因此放縱訪人家有女者輒矯暕命呼之載入暕宅因緣藏匿恣行淫穢而後遣之仲錡智偉二人詣隴西撾炙諸胡責其名馬得數匹以進於暕暕令還主仲錡等詐言王賜將歸家暕不之知也又樂平公主嘗奏帝云柳氏女美者帝未有所答久之主復以柳氏進暕暕納之後帝問主柳氏女所在主曰在齊王所帝不悅暕於東都營第大門無故崩聽事栿中折識者以爲不祥後從帝幸榆林暕督後軍步騎五萬恒與帝相去數十里而舍會帝於汾陽宮大獵詔暕以千騎入圍暕大獲麋鹿以獻而帝未有得也怒從官皆言爲暕左右所遏獸不得前帝於是怒求暕罪失時制縣令無故不得出境有伊闕令皇甫詡幸於暕違禁將之汾陽宮又京兆人達奚通有妾王氏善

歌貴游宴聚多或要致於是展轉亦入王家御史韋德裕希旨劾暕帝令甲士千餘大索暕第因窮其事暕妃韋氏戶部尚書沖之女也早卒暕遂與妃姊元氏婦通生一女外人皆不得知陰引喬令則於第內酣宴令則稱慶脫暕帽以爲歡召相工徧視後庭相工指妃姊曰此產子者當爲皇后貴不可言時國無儲副暕自謂次當得立又以元德太子有三子內常不安陰挾左道爲厭勝事至是皆發帝大怒斬令則等數人妃姊賜死暕府寮皆斥之邊遠時趙王杲猶在孩孺帝謂侍臣曰朕唯有暕一子不然者當肆諸市朝以明國憲也暕自是恩寵日衰雖爲京尹不復關預時政帝恒令武賁郎將一人監其府事暕有微失輒奏之帝亦慮暕生變所給左右皆以老弱備員而已暕每懷危懼心不自安又帝在江都宮元會暕具法服將朝無故有血從裳中而下又坐齋中見羣鼠數十至前而死視皆無頭暕甚惡之俄而化及作亂兵將犯蹕帝聞之顧蕭后曰得非阿孩也其見疏忌如此化及復令人捕暕時尚臥未起賊進暕驚曰是何人莫有報者暕猶謂帝令捕之曰詔使且緩兒不負國家賊曳至街斬之及其二子亦遇害暕竟不知殺者爲誰時年三十四有遺腹子愍與蕭后同入突厥處羅可汗號爲隋王中國人沒入北蕃者悉配之以爲部落以定襄城處之及突厥滅乃獲之貞觀中位至尚衣奉御永徽初卒

趙王杲小字秀子年七歲以大業九年封趙王尋授光祿大夫歷河南尹行江都太守杲聰令美容儀帝有所製詞賦杲多能誦之性至孝嘗見帝風動不進膳杲亦終日不食又蕭后嘗灸杲先請試炷后不許之杲泣請曰后所服藥皆蒙嘗之今灸願聽嘗炷悲咽不已后爲停灸由是尤鍾愛後遇化及反杲在帝側號慟不已裴虔通使斬之帝前而血濺御服時年十二

論曰周建懿親漢開盤石內以敦睦九族外以輯寧億兆深根固本崇獎王室安則有以同其樂衰則有以恤其危所由來久矣自魏晉已下多失厥中不遵王度各徇所私抑之則勢齊於匹夫抗之則權侔於萬乘矯枉過正非一時也得失詳於前史不復究而論焉隋文昆弟之恩素非篤睦閨房之隙又不相容至於二世承基茲弊愈甚是以滕穆暴薨人皆竊議蔡王將沒自以爲幸唯衛王養於獻后故任遇特隆而諸子遷流莫知死所悲夫其錫以茅土稱爲盤石行無甲兵之衛居與皁吏爲伍外內無虞顛危不暇時逢多難將何望哉河間屬乃葭莩地非寵逼故高位厚秩與時終始楊慶二三其德志在苟生變本宗如反掌棄慈母若遺迹及身而絕固宜然矣文帝五子莫有終其天年房陵資於骨肉之親篤於君臣之義經綸締構契闊夷險撫軍監國凡二十年雖三善未稱而視膳無闕恩寵既變讒言間之顧復之慈頓隔於人理父子之道遂滅於天性隋室將亡之効衆庶皆知之矣愼子曰一兔走街百人逐之積兔於市過者不顧豈其無欲哉分定故也房陵分定久矣而帝一朝易之開逆亂之源長覬覦之望又維城肇建崇其威重恃寵而驕厚自封植進之既踰制退之不以道俊以憂卒寔此之由俄屬天步方艱讒人已勝尺布斗粟莫肯相容秀窺岷蜀之阻諒起晉陽之甲成茲亂常之釁蓋亦有以動之也棠棣之詩徒賦有庳之封無期或幽囚於囹圄或顛殞於鴆毒本根既絕枝葉畢翦十有餘年宗社淪陷自古廢嫡立庶覆族傾宗者多矣考其亂亡之禍未若有隋之酷詩云殷鑒不遠在夏后之世後之有國有家者可不深戒哉元德謹重有君人之量降年不永哀哉齊王敏慧可稱志不及遠頗懷驕僭故帝疏而忌之內無父子之親貌展君臣之敬身非積善國有餘殃至令趙及燕越皆不得死悲夫

北史卷七十一考證

蔡景王整傳我向笑之○監本作我向之笑今從隋書

有侍讀公孫尚義山東儒士○義隋書作儀

大業三年授弘農太守○三隋書作七

綸傳綸字斌籀○籀監本訛籍今從隋書及下文綸弟字文籀武籀明籀改正之

呼衛者王姿問之○姿隋書作琛

爲惡有將其罪莫大○將隋書作狀

衛昭王爽傳年十七爲內史上大夫○大夫隋書作士

河間王弘傳芝焚蕙歎事不同此○蕙字下監本訛注闕今改正

房陵王勇傳小名睍地伐○睍監本訛覞今從隋書及下文改正

引明克讓姚察陸開時等爲之賓友○時隋書作明

昭訓雲氏嬖幸禮匹於嫡○匹監本訛疋今改正

睍地伐漸不可耐○此句下監本闕一字今改從隋書及南本

因引張衡定策○因監本訛同今改從隋書

太子忿然作色肉戰淚下○隋書太子奉詔乃作色奮屬骨肉飛騰

秦王俊傳極瑩飾之美○臣宗萬按本書作瑩飾隋書作熒飾疑並係營飾之訛

庶人秀傳秀使嬖人萬知先爲武通行軍司馬○知先隋書作智光

庶人諒傳大將軍鄧建出井陘以略燕趙○鄧隋書作劉

煬帝三男傳蕭嬪生趙王杲○杲監本訛果今改從隋書及本傳

越王侗傳大業三年立爲越王○三煬帝紀作二

所經城邑多從逆黨○逆隋書作迎誤

齊王暕傳拜揚州總管江淮以南諸軍事○江隋書作沿

貞觀中位至尚衣奉御○隋書歸于大唐授員外散騎侍郎

北史卷七十二

唐　李延壽　撰

列傳第六十

高熲　牛弘　李德林

高熲字昭玄一名敏自言渤海蓚人也其先因官北邊沒於遼左曾祖暠以太和中自遼東歸魏官至衛尉卿祖孝安位兗州刺史父賓仕東魏位諫議大夫大統六年避讒棄官奔西魏獨孤信引賓爲僚佐賜姓獨孤氏及信誅妻子徙蜀隋文獻皇后以賓父之故吏每往來其家賓敏於從政果敢斷決賜爵陽武縣伯歷位齊公憲府長史驃騎大將軍開府儀同三司襄州總管府司錄卒於州及熲貴開皇中贈禮部尚書武陽公諡曰簡熲少明敏有器局畧涉文史尤善詞令初孩孺時家有柳樹高百許尺亭亭如蓋里中父老曰此家當出貴人年十七周齊王憲引爲記室襲爵武陽縣伯再遷內史下大夫以平齊功拜開府隋文帝得政素知熲強明又習兵事多計畧意欲引之入府遣邗公楊惠諭意熲承旨忻然曰願受驅馳縱公事不成亦不辭滅族於是爲府司錄時長史鄭譯司馬劉昉並以奢縱被疏帝彌屬意於熲委以心膂尉遲迥起兵也帝令韋孝寬伐之軍至河陽莫敢先進帝以諸將不一令崔仲方監之仲方辭以父在山東時熲見劉昉鄭譯等並無去意遂自請行深合上意受命便發遣人辭母云忠孝不可兩兼歔欷就路至軍爲橋於沁水賊於上流縱火栰熲預爲土狗以禦之既渡焚橋而戰大破之軍還侍宴於臥內帝撤御帷以賜之進位柱國改封義寧縣公遷丞相府司馬任寄益隆及帝受禪拜尚書左僕射納言進封勃海郡公朝臣莫與爲比帝每呼爲獨孤而不名也熲佯避權勢上表遜位讓於蘇威帝欲成其美聽解僕射數日帝曰蘇威高蹈前朝熲能舉善吾聞進賢受上賞寧可令去官於是令熲復位俄拜左衛大將軍本官如故突厥屢爲邊患詔熲鎭遏緣邊及還賜馬百疋牛羊千計領新都大監制度多出於熲熲每坐朝堂北槐樹下以聽事其樹不依行列有司將伐之帝特令勿去以示後人其見重如此又拜左領軍大將軍餘官如故母憂去職二旬起令視事熲流涕辭讓不許開皇二年長孫覽元景山等伐陳令熲節度諸軍會陳宣帝殂熲以禮不伐喪奏請班師蕭巖之叛詔熲綏集江漢甚得人和帝嘗問熲以取陳之策熲曰江北地寒田收差晚江南土熱水田早熟量彼收穫之際微徵士馬聲言掩襲賊必屯兵禦守足得廢其農時彼既聚兵我更解甲再三若此賊以爲常後更集兵彼必不信猶豫之頃我乃濟師登陸而戰兵氣益倍又江南土薄舍多竹茅所有儲積皆非地窖密遣行人因風縱火待彼修立而更燒之不出數年自可財力俱盡帝用其策由是陳人益弊九年晉王廣大舉伐陳以熲爲元帥長史三軍皆取斷於熲及陳平晉王欲納陳主寵姬張麗華熲曰武王滅殷戮妲己今平陳國不宜取麗華乃命斬之王甚不悅及軍還以功加上柱國進爵齊國公賜物九千段定食千乘縣千五百戶帝勞之曰公伐陳後人云公反朕已斬之君臣道合非青蠅所間也熲又遜位優詔不許是後右衛將軍龐晃及將軍盧賁等前後短熲於帝帝怒皆被疏黜因謂熲曰獨孤公猶鏡也每被磨瑩皎然益明未幾尚書都事姜曄楚州行參軍李君才並奏稱水旱不調罪由高熲請廢黜之二人俱得罪而去親禮逾密帝幸并州留熲居守及還賜縑五千疋行宮一所爲莊舍其夫人賀拔氏寢疾中使顧問不絕帝親幸其第賜錢百萬絹萬疋復賜以千里馬嘗從容命熲與賀若弼言及平陳事熲曰賀若弼先獻十策後於蔣山苦戰破賊臣文吏耳焉敢與猛將論功帝大笑時論嘉其有讓尋

以其子表仁尚太子勇女前後賞賜不可勝計時熒惑入太微犯左執法術者劉暉私於熲曰天文不利宰相可修德以禳之熲不自安以暉言奏之上厚加賞慰突厥犯塞以熲為元帥擊破之又出白道進圖入磧遣使請兵近臣言熲欲反帝未有所答熲亦破賊而還時太子勇失愛帝潛有廢立志謂熲曰晉王妃有神告之言王必有天下熲跪曰長幼有序不可廢遂止獨孤皇后知熲不可奪陰欲去之初熲夫人卒后言於帝曰高僕射老矣而喪夫人陛下何以不為之娶帝以后言告熲熲流涕謝曰臣今已老退朝唯齋居讀佛經而已雖陛下垂哀之深至於納室非臣所願帝乃止至是熲愛妾產男帝聞極歡后甚不悅曰陛下當復信熲邪始陛下欲為熲娶熲心存愛妾面欺陛下今其詐已見帝由是疎熲會議伐遼東熲固諫不可帝不從以熲為元帥長史從漢王征遼東遇霖潦疾疫不利而還后言於帝曰熲初不欲行陛下强之妾固知其無功矣又帝以漢王年少專委軍於熲熲以任寄隆重每懷至公無自疑意諒所言多不用因甚銜之及還諒泣言於后曰免熲殺幸矣帝聞彌不平俄而上柱國王積以罪誅當推覈之際乃有禁中事云於熲處得之帝欲成熲罪聞此大驚時上柱國賀若弼吳州總管宇文弢刑部尚書薛胄戶部尚書斛律孝卿兵部尚書柳述等明熲無罪帝愈怒皆以之屬吏自是朝臣莫敢言熲竟坐免以公就第未幾帝幸秦王俊第召熲侍宴熲歔欷悲不自勝獨孤皇后亦對之泣左右皆流涕帝謂曰朕不負公公自負朕也因謂侍臣曰我於高熲勝兒子雖或不見常似目前自其解落瞑然忘之如本無高熲不可以身要君自云第一也頃之熲國令上熲陰事稱其子表仁謂熲曰昔司馬仲達初託疾不朝遂有天下公今遇此安知非福於是帝大怒囚熲於內史省而鞫之憲司復奏熲他事云沙門真覺嘗謂熲曰明年國有大喪尼令暉復云十七八年皇帝有大厄十九年不可過帝聞益怒顧謂羣臣曰帝王豈可力求孔丘以大聖之才作法垂於後代寧不欲大位邪天命不可耳熲與子言自比晉帝此何心乎有司請斬之帝曰去年殺虞慶則今茲斬王積如更誅熲天下謂我何於是除熲名初熲為僕射其母誡之曰汝富貴已極但有斫頭耳爾其慎之熲由是常恐禍變及此熲歡然無恨色以為得免禍煬帝即位拜太常卿時有詔收周齊故樂人及天下散樂熲奏此樂久廢今若徵之恐無識之徒棄本逐末遞相教習帝不悅帝時侈靡聲色滋甚又起長城之役熲甚病之謂太常丞李懿曰周天元以好樂而亡殷監不遠安可復爾時帝遇啓人可汗恩禮過厚熲謂太府卿何稠曰此虜頗知中國虛實山川險易恐為後患復謂觀王雄曰近來朝廷殊無綱紀有人奏之帝以為訕謗朝政誅之諸子徙邊熲有文武大畧明達政務及蒙任寄之後竭誠盡節進引貞良以天下為己任蘇威楊素賀若弼韓禽等皆熲所薦各盡其用為一代名臣自餘立功立事者不可勝數當朝執政將二十年朝野推服物無異議時致昇平熲之力也論者以為真宰相及誅天下無不傷惜至今稱寃不已所有奇策良謀及損益時政熲皆削稾代無知者子盛道位莒州刺史徙柳城卒道弟弘德封應國公晉王記室次弟表仁勃海郡公徙蜀郡

牛弘字里仁安定鶉觚人也其先嘗避難改姓遼氏祖熾本郡中正父元魏侍中工部尚書臨涇公復姓牛氏弘在襁褓有相者見之謂其父曰此兒當貴善愛養之及長鬚貌甚偉性寬裕好學博聞仕周歷位中外府記室內史上士納言上士專掌文翰修起居注後襲封臨涇公轉內史下大夫儀同三司開皇初授散騎常侍秘書監弘以典籍遺逸上表請開獻書之路曰昔周德既衰舊經紊棄孔子以大聖之才開素王之業憲章祖述制禮刊詩正五始而修春秋闡十翼而弘易道及秦皇馭宇吞滅諸侯先王墳籍掃地皆盡此則書之一厄也漢興建藏書之策置校書之官至孝成之代遣謁者陳農求遺書於天下詔劉向父子讎校篇籍漢之典文於斯為盛及王莽之末並從焚燼此則書之二厄也光武嗣興尤重經誥未及下車先求文雅至肅宗親臨講肄和帝數幸書林其蘭臺石室鴻都東觀秘牒填委更倍於前及孝獻移都吏人擾亂圖書縑帛皆取為帷囊所收而西裁七十餘乘屬西京大亂一時燔蕩此則書之三厄也魏文代漢更集經典皆藏在秘書內外三閣遣秘書郎鄭默刪定舊文論者美其朱紫有別晉氏承之文籍尤廣晉秘書監荀勗定魏內經更著新簿屬劉石憑陵從而失墜此則書之四厄也永嘉之後寇竊競興其建國立家雖傳名號憲章禮樂寂滅無聞劉裕平姚收其圖籍五經子史纔四千卷皆赤軸青紙文字古拙並歸江左宋秘書丞王儉依劉氏七略撰為七志梁人阮孝緒亦為七錄總其書數三萬餘卷及侯景度江破滅梁室秘省經籍雖從兵火其文德殿內書史宛然猶存蕭繹據有江陵遣將破平侯景收文德之書及公私典籍重本七萬餘卷悉送荊州及周師入郢繹悉焚之於外城所收十纔一二此則書之五厄也後魏爰自幽方遷宅伊洛日不暇給經籍闕如周氏創基關右戎車未息保定之始書止八千後加收集方盈萬卷高氏據有山東初亦採訪驗其本目殘闕猶多及東夏初平獲其經史四部重雜三萬餘卷所益舊書五千而已今御出單本合一萬五千餘卷部帙之間仍有殘缺比梁之舊目止有其半至於陰陽河洛之篇醫方圖譜之說彌復為少臣以經書自仲尼迄今數遭五厄興集之期屬膺聖代今秘藏見書亦足披覽但一時載籍須令大備不可王府所無私家乃有若猥發明詔兼開購賞則異典必致觀閣斯集上納之於是下詔獻書一卷賚縑一疋一二年間篇籍稍備進爵奇章公三年拜禮部尚書奉勑修撰五禮勒成百卷行於當代弘請依古制修立明堂上議曰竊謂明堂者所以通神靈感天地出教化崇有德黃帝曰合宮堯曰五府舜曰總章布政興敎由來尚矣周官考工記曰夏后氏代室堂修七尋廣四修一鄭玄注云修十四步其廣益以四分修之一則廣十七步半也殷人重屋堂修七尋四阿重屋鄭云其修七尋廣九尋也周人明堂廣九尺之筵南北七筵五室凡室二筵鄭玄云此三者或舉宗廟或舉王寢或舉明堂互之明其制同也馬融王肅干寶所注與鄭亦異今不具出漢司徒馬宮議云夏后氏代室室顯於堂故命以室殷人重屋屋顯於堂故命以屋周人明堂堂大於夏室故命以堂夏后氏益其堂之廣百四十四尺周人明堂以為兩序間大夏后氏七十二尺若據鄭玄之說則夏室大於周堂如依馬宮之言則周堂大於夏室後王轉文周大為是但宮之所言未詳其義此皆去聖久遠禮文殘缺先儒解說家異人殊鄭注玉藻亦云宗廟路寢與明堂同制王制曰寢不踰廟明大小是同今依鄭注每室及堂止有一丈八尺四壁之外四尺有餘若以宗廟論之祫享之日周人旅酬六尸并后稷為七先公昭穆二尸先王昭穆二尸合十一尸三十六主及君北面行事於二丈之堂愚不及此若以正寢論之便須朝宴據燕禮諸侯宴則賓及卿大夫脫屨升堂是知天子宴則三公九卿並升堂燕義又云席小卿次上卿言皆侍席止於二筵之間豈得行禮若以明堂論之總享之時五帝各於其室設青帝之位須於室內少北西面太昊從食坐於其西近南北面祖宗配享者又於青帝南稍退西面丈八之室神位有三加以簠簋豆籩牛羊之俎四海九州美物咸設復須席上升歌出樽反坫揖讓升降亦以隘矣據茲而說近是不然案劉向別錄及馬宮蔡邕等所見當時有古文明堂禮王居明堂禮明堂圖明堂大圖明堂陰陽太山通義魏文侯孝經傳等並說古明堂事其書皆亡莫得而正今明堂月令者鄭玄云是呂不韋著春秋十二紀之首章禮家鈔合為記蔡邕王肅云周公作周書有月令第五十三即此也各有證明文多不載束晳以為夏時書劉巘云不韋鳩集儒者尋于聖王月令之事而記之不韋安能獨為此記今案不得全稱周書亦不可即為秦典其內雜有虞夏殷之法皆聖王仁恕之政也蔡邕具為章句又論之曰明堂所以宗祀其以配上帝也夏后氏曰代室殷人曰重屋周人曰明堂東曰青陽南曰明堂西曰總章北曰玄堂內曰太室聖人南面而聽嚮明而治人君之位莫不正焉故雖有五名而主以明堂也制度之數各有所依方一百四十四尺巛之策也屋圓楣徑二百一十六尺乾之策也太廟明堂方六丈通天屋徑九丈陰陽九六之變且圓蓋方覆九六之道也八闥以象卦九室以象州十二宮應日辰三十六戶七十二牖以四戶八牖乘九宮之數也戶皆外設而不閉示天下以不藏也通天屋高八十一尺黃鍾九九之實也二十八柱布四方四方七宿之象也堂高三尺以應三統四向五色各象其行水闊二十四丈象二十四氣於外以象四海王者之大禮也觀其模範天地則象陰陽必據古文義不虛出今若直取考工不參月令青陽總章之號不得而稱九月享帝之禮不得而用漢代二京所建與此說悉同建安之後海內大亂魏氏三方未平無聞興造晉則侍中裴頠議直為一殿以崇嚴父之祀其餘雜碎一皆除之宋齊已還咸率茲禮前王盛事於是不行後魏代都所造出自李沖三三相重合為九室簷不覆基房間通街穿鑿處多迄無可取及遷洛陽更加營構五九紛競遂至不成宗祀之事於焉靡託今皇猷遐闡化覃海外方建大禮垂之無窮弘等不以庸虛謬當議限今檢明堂必須五室者何尚書帝命驗曰帝者承天立五府赤曰文祖黃曰神升白曰顯紀黑曰玄矩蒼曰靈府鄭玄注曰五府與周明堂同矣且三代相沿多有損益至於五室確然不變夫室以祭天天實有五若立九室四無所用布政視朔自依其辰鄭司農云十二月分在青陽等左右之位不云居室鄭玄亦云每月於其時之堂而聽政焉禮圖畫个皆在堂偏是以須為五室明堂必須上

圓下方者何孝經援神契曰明堂者上圓下方八窻四達布政之宮禮記盛德篇曰明堂四戶八牖上圓下方是以須爲圓方明堂必須重屋者何案考工記夏言九階四旁兩夾窻門堂三之二室三之一殷周不言者明一同夏制殷言四阿重屋周承其後不言屋制亦盡同可知也其殷人重屋之下本無五室之文鄭注云五室者亦據夏以知之明周不云重屋因殷則有灼然可見禮記明堂記曰太廟天子明堂言魯爲周公之故得用天子禮樂魯之太廟與周之明堂同又曰複廟重簷刮楹達嚮天子之廟飾鄭注複廟重屋也據廟旣重屋明堂亦不疑矣春秋文公十三年太室屋壞五行志曰前堂曰太廟中央曰太室屋其上重者也服虔亦云太室太廟之上屋也周書作洛篇曰乃立太廟宗宮路寢明堂咸有四阿反坫重亢重廊孔晁注云重亢累棟重廊累屋也依黃圖所載漢之宗廟皆爲重屋此去古猶近遺法尚存是以須爲重屋明堂必須爲壁雍者何禮記盛德篇云明堂者明諸侯尊卑也外水曰壁雍明堂陰陽錄曰明堂之制周圜行水左旋以象天內有太室以象紫宮此則明堂有水之明文也然馬宮王肅以爲明堂辟雍太學同處蔡邕盧植亦爲明堂靈臺辟雍太學同實異名邕云明堂者取其宗祀之清貌則謂之清廟取其正室則曰太室取其堂則曰明堂取其四門之學則曰太學取其周水圜如璧則曰辟雍其實一也其言別者三經通義曰靈臺以望氣明堂以布政辟雍以養老教學三者不同袁準鄭玄亦以爲別歷代所疑豈能輒定今據郊祀志云欲爲明堂未曉其制濟南人公玉帶上黃帝時明堂圖一殿無壁蓋之以茅水圜宮垣天子從之以此而言其來則久漢中元二年起明堂辟雍靈臺於洛陽並別處然明堂亦有辟水李尤明堂銘曰流水洋洋是也以此須有辟雍今造明堂須以禮經爲本形制依於周法度數取於月令遺闕之處參以餘書庶使該詳沿革之理其五室九階上圓下方四阿重屋四旁兩門依考工記孝經說堂方一百四十四尺屋圓楣徑二百一十六尺太室方六丈通天屋徑九丈八闥二十八柱堂高三尺四向五色依周書月令論殿垣方在內水周如外水內徑三百步依太山盛德記覲禮經仰觀俯察皆有則象足以盡誠上帝祗配祖宗弘風布教作範於後矣上以時事草創未遑制作竟寢不行六年除太常卿九年詔定雅樂又作樂府歌詞撰定圓丘五帝凱樂并議樂事弘上議云謹案禮五聲六律十二管還相爲宮周禮奏黃鍾歌大呂奏太簇歌應鍾皆旋相爲宮之義蔡邕明堂月令章句曰孟春月則太簇爲宮姑洗爲商蕤賓爲角南呂爲徵應鍾爲羽大呂爲變宮夷則爲變徵他月放此故先王之作律呂也所以辨天地四方陰陽之聲揚子雲曰聲生於律律生於辰故律呂配五行通八風歷十二辰行十二月循環轉運義無停止譬如立春木王火相立夏火王土相季夏餘分土王金相立秋金王水相立冬水王木相還相爲宮者謂當其王月名之爲宮今若十一月不以黃鍾爲宮十二月不以太簇爲宮便是春木不王夏土不相豈不陰陽失度天地不通哉劉歆鍾律書云春宮秋律百卉必彫秋宮春律萬物必榮夏宮冬律雨雹必降冬宮夏律雷必發聲以斯而論誠爲不易且律十二今直爲黃鍾一均唯用七律以外五律竟復何施恐失聖人制作本意故須依禮作還相爲宮之法上曰不須作旋相爲宮且作黃鍾一均也弘又論六十律不可行謹案續漢書律曆志元帝遣韋玄成問京房於樂府房對受學故小黃令焦延壽六十律相生之法以上生下皆三生二以下生上皆三生四陽下生陰陰上生陽終於中呂十二律畢矣中呂上生執始執始下生去滅上下相生終於南事六十律畢矣十二律之變至於六十猶八卦之變至於六十四也冬至之聲以黃鍾爲宮太簇爲商姑洗爲角林鍾爲徵南呂爲羽應鍾爲變宮蕤賓爲變徵此聲氣之元五音之正也故各統一日其餘以次運行宮日者各自爲宮而商徵以類從焉房又曰竹聲不可以度調故作準以定數準之狀如瑟長一丈而十三弦隱間九尺以應黃鍾之律九寸中央一弦下畫分寸以爲六十律清濁之節執始之類皆房自造房云受法於焦延壽未知延壽所承也至元和年待詔候鍾殷彤上言官無曉六十律以太準調音者故待詔嚴嵩具以準法教其子宣願召宣補學官主調樂器太史丞弘試宣十二律其二中其四不中其六不知何律宣遂罷自此律家莫能爲準施弦嘉平年東觀召典律者太子舍人張光問準意光等不知歸閱舊藏乃得其器形制如房書猶不能定其弦緩急故史官能辯清濁者遂絕其可以相傳者唯大權常數及候氣而已據此而論房法漢世已不能行沈約宋志曰詳案古典及今音家六十律無施於禮樂云十二管還相爲宮不言六十封禪書云大帝使素女鼓五十弦瑟而悲破爲二十五弦假令六十律爲樂得成亦所不用取大樂必易大禮必簡之意也

又議曰案周官云大司樂掌成均之法鄭衆注云均調也樂師主調其音三禮義宗稱周官奏黃鍾者用黃鍾爲調歌大呂者用大呂爲調奏者謂堂下四縣歌者謂堂上所歌但以一祭之間皆用二調是知據宮稱調其義一也明六律六呂迭相爲宮各自爲調今見行之樂用黃鍾之宮乃以林鍾爲調與古典有違案晉內書監荀勗依典記以五聲十二律還相爲宮之法制十二笛黃鍾之笛正聲應黃鍾下徵應林鍾以姑洗爲清角大呂之笛正聲應大呂下徵應夷則以外諸均例皆如是然今所用林鍾是勗下徵之調不取其正先用其下於理未通故須改之上甚善其議詔弘與姚察許善心何妥虞世基等正定新樂是後議置明堂詔弘條上故事議其得失上甚敬重之時楊素恃才矜貴輕侮朝臣唯見弘未嘗不改容自肅素將擊突厥詣太常與弘言別弘送素至中門而止素謂曰大將出征故來敍別何相送之近也弘遂揖而退素笑曰奇章公可謂其智可及其愚不可及也亦不以屑懷尋授大將軍拜吏部尚書時帝又令弘與楊素蘇威薛道衡許善心虞世基崔子發等并召諸儒論新禮降殺輕重弘所立議衆咸推服之及獻皇后崩王公已下不能定其儀注楊素謂弘曰公舊學時賢所仰今日之事決在於公弘了不辭讓斯須之間儀注悉備皆有故實素歎曰衣冠禮樂盡在此矣非吾所及也弘以三年之喪祥禫具有降殺朞服十一月而練者無所象法以聞於帝下詔除朞練之禮自弘始也弘在吏部先德行後文才務在審愼雖致緩滯所有進用並多稱職吏部侍郎高孝基鑒賞機晤清愼絕倫然爽俊有餘迹似輕薄時宰多以此疑之唯弘深識其眞推心任委隋之選舉於斯爲最時論服弘識度之遠煬帝之在東宮數有詩書遺弘弘亦有答及嗣位嘗賜弘詩曰晉家山吏部魏代盧尚書莫言先哲異奇才並佐余學行敦時俗道素乃沖虛納言雲閣上禮儀皇運初彝倫欣有敘垂拱事端居其同被賜詩者至於文詞贊揚無如弘美大業二年進位上大將軍三年改右光祿大夫從拜恒岳壇墠珪幣牲牢並弘所定還下太行山煬帝嘗召弘入內帳對皇后賜以同席飲食其親重如此弘謂其子曰吾受非常之遇荷恩深重汝等子孫宜以誠敬自立以答恩遇之隆六年從幸江都卒帝傷惜之賵贈甚厚歸葬安定贈開府儀同三司光祿大夫文安侯謚曰憲弘榮寵當世而車服卑儉事上盡禮待下以仁訥於言而敏於行上嘗令宣敕弘至階下不能言退還拜謝云並忘之上曰傳語小辯故非宰臣任也愈稱其質直大業之代委遇彌隆性寬厚篤志於學雖職務繁雜書不釋手隋室舊臣始終信任悔吝不及唯弘一人而已弟弼好酒而酗常醉射殺弘駕車牛弘還宅其妻迎謂曰叔射殺牛弘聞無所怪問直答曰作脯坐定其妻又曰叔忽射殺牛大是異事弘曰已知顏色自若讀書不輟其寬和如此有文集十二卷行於世長子方大亦有學業位內史舍人次子方裕凶險無仁心在江都與裴虔通等謀殺逆事見司馬德戡傳

李德林字公輔博陵安平人祖壽魏湖州戶曹從事父敬族歷太學博士鎭遠將軍魏靜帝時命當世通人正定文籍以爲內校書別在直閤省德林幼聰敏年數歲誦左思三都賦十餘日便度高隆之見而歎異之徧告朝士云若假其年必爲天下偉器鄴京人士多就宅觀之月餘車馬不絕年十五誦五經及古今文集日數千言俄而該博墳典陰陽緯候無不通涉善屬文詞覈而理暢魏收嘗對高隆之謂其父曰賢子文筆終當繼溫子昇隆之大笑曰魏常侍殊已嫉賢何不近比老彭乃遠求溫子年十六遭父艱自駕靈輿反葬故里時嚴寒單縗跣足州里人物由是敬慕之居貧轗軻母氏多疾方留心典籍無復宦情其後母病稍愈逼令仕進齊任城王湝爲定州刺史重其才召入州館朝夕同遊殆均師友後舉秀才尚書令楊遵彥考爲上第授殿中將軍及長廣王作相引爲丞相府行參軍未幾王即帝位累遷中書舍人加通直散騎侍郎別典機密尋丁母艱以至孝聞朝廷嘉之裁百日奪情起復固辭不起魏收與陽休之論齊書起元事百司會議收與德林致書往復詞多不載後除中書侍郎仍詔修國史時齊帝留情文雅召入文林館與黃門侍郎顏之推同判文林館事累遷儀同三司周武帝平齊遣使就宅宣旨云平齊之利唯在於爾宜入相見仍令從駕至長安授內史上士詔誥格式及用山東人物一以委之周武謂羣臣曰我常日唯聞李德林與齊朝作書檄我正謂其是天上人豈言今日得其驅使復爲我作文書極爲大異神武公紇豆陵毅答曰臣聞明主聖王得騏驎鳳皇爲瑞是聖德所感非力能致之瑞物雖來不堪使用如李德林來受驅策亦是陛下聖德感致有大才用勝於騏驎鳳皇遠矣帝大笑曰誠如公言宣政末授御正下大夫後賜爵成安縣男宣帝大漸隋文帝初受顧命令邢國公楊惠謂德林曰朝廷賜令總文武事今欲與公共成必不得

辭德林答曰願以死奉公隋文大悅即召與語劉昉鄭譯初矯詔召隋文受命輔少主總知內外兵馬事譯欲授隋文冢宰譯自攝大司馬昉爲小冢宰德林私啓宜作大丞相假黃鉞都督內外諸軍事遂以譯爲相府長史昉爲相府司馬二人由是不平以德林爲相府屬加儀同大將軍未幾而三方構亂指授兵畧皆與之參詳軍書羽檄朝夕頓至一日之中動逾百數或機速競發口受數人文意百端不加治點鄖公韋孝寬爲東道元帥師次永橋沁水長孝寬師未得度長史李詢密啓諸大將受尉遲迥餽金隋文得啓以爲憂議欲代之德林曰臨敵代將自古所難樂毅所以辭燕馬服以之敗趙也公但以一腹心明於智畧素爲諸將所信伏者速至軍所觀其情僞縱有異意必不敢動隋文曰公不發此言幾敗大事即令高熲馳驛往軍所爲諸將節度竟成大功凡厥謀謨皆此類也進授丞相府從事內郎禪代之際其相國總百揆九錫殊禮詔策牋表璽書皆德林之辭也隋文登祚之日授內史令初將受禪虞慶則等勸隋文盡滅宇文氏德林固爭以爲不可隋文怒由是品位不加唯依班例授上儀同進爵爲子開皇元年勑令與太尉于翼高熲等同修律令訖奏聞別賜駿馬及九環金帶五年勑令撰錄作相時文翰勒成五卷謂之霸朝雜集隋文省讀訖明旦謂德林曰自古帝王之興必有異人輔佐我昨讀霸朝集方知感應之理昨宵恨夜長不得早見公面於是追贈其父定州刺史安平縣公諡曰孝隋文後幸鄴德林以疾不從勑書追之後御筆注云伐陳事意宜自隨也時高熲入京上語熲曰德林若患未堪行宜自至宅取其方畧帝以之付晉王諱大象末文帝以逆人王謙宅賜之尋又改賜崔謙帝令德林自選一好宅并莊店作替德林乃奏取逆人高阿那肱衛國縣市店八十區爲替九年車駕幸晉陽店人表訴稱地是平人物高氏强奪於內造舍上責德林請勘逆人文簿及本換宅之意上不聽悉追店給所住者由是嫌之初德林稱其父爲太尉諮議以取贈官李元操等陰奏之曰德林父終於校書妄稱諮議上甚銜之至是復庭議忤意因數之曰公爲內史典朕機密比不預計議者以公不弘耳朕方以孝理天下故立五教以弘之公言孝由天性何須設教然則孔子不當說孝經也又罔冒取店妄加父官朕實忿之而未能發今當以一州相遣耳因出爲湖州刺史在州逢旱課人掘井溉田爲考司所貶歲餘卒官時年六十一贈大將軍廉州刺史諡曰文將葬勑令羽林百人并鼓吹一部以給喪事祭以大牢德林美容儀善談吐器量沈深時人未能測齊任城王湝趙彥深魏收陸卬大相欽重德林少孤未有字魏收謂之曰識度天才必至公輔吾輙以此字卿從官已後即典機密性慎密嘗言古人不言溫樹何足稱也少以才學見知及位望稍高頗傷自任爭競之徒更相譖毀以運屬興王功參佐命十餘年間竟不徙級所撰文集勒成八十卷遭亂亡失見五十卷行於代子伯藥博涉多才詞藻清贍大業末位建安郡丞

北史卷七十二考證

高熲傳蕭巖之叛詔熲綏集江漢○蕭監本訛簫今改正

令玆斬王積○積字上疑脫一世字

牛弘傳收姓遼氏○隋書作本姓尞氏

復姓牛氏○復隋書作賜

今御出單本合一萬五千餘卷○出隋書作書

聖人南面而聽嚮明而治○嚮監本訛響今改正

方建大禮垂之無窮○監本缺方字今增入

故待詔嚴嵩○嵩應改崇今各本俱同仍之

李德林傳帝以之付晉王諱○晉王諱云者百藥隋臣故當諱廣又傳後無贊或亦以德林爲其父故耳

北史卷七十三

唐　李　延　壽　撰

列傳第六十一

梁士彥　元諧　虞慶則　元冑

達奚長儒　賀婁子幹兄詮　史萬歲

劉方馮昱 王𬥛 楊武通 陳永貴 房兆　杜彥

周搖　獨孤楷弟盛　乞伏慧　張威

和洪　陰壽子世師 骨儀　楊義臣

梁士彥字相如安定烏氏人也少任俠好讀兵書頗涉經史周武帝將平東夏聞其勇決自扶風郡守除爲九曲鎮將進位上開府封建威縣公齊人甚憚之後以熊州刺史從武帝拔晉州進位大將軍除晉州刺史及帝還後齊後主親攻圍之樓堞皆盡短兵相接士彥慷慨自若謂將士曰死在今日吾爲爾先於是勇烈齊奮呼聲動地無不一當百齊師少却乃令妻妾及軍人子女晝夜修城三日而就武帝六軍亦至齊師圍解士彥見帝持帝鬚泣帝亦爲之流涕時帝欲班師士彥叩馬諫帝從之執其手曰朕有晉州爲平齊之基宜善守之及齊平封郕國公位上柱國雍州主簿宣帝即位除徐州總管與烏丸軌禽陳將吳明徹裴忌於呂梁畧定淮南地隋文帝作相轉亳州總管尉遲迥反爲行軍總管及韋孝寬擊之令家僮梁默等爲前鋒士彥繼之所當皆破及迥平除相州刺史深見忌徵還京師閑居無事恃功懷怨與宇文忻劉昉等謀反將率僮僕候上享廟之際以發機復欲於蒲州起事略取河北捉黎陽關塞河陽路刼調布爲牟甲募盜賊爲戰士其甥裴通知而奏之帝未發其事授晉州刺史欲觀其志士彥欣然謂昉等曰天也又請儀同薛摩兒爲長史帝從之後與公卿朝謁帝令執士彥忻昉等於行間詰之狀猶不伏捕薛摩兒至對之摩兒具論始末云第二子剛垂泣苦諫第三子叔諧曰作猛獸須成班士彥失色顧曰汝殺我於是伏誅時年七十二有子五人操字孟德位上開府義鄉縣公早卒剛字永固位大將軍通政縣公涇州刺史以諫父獲免徙瓜州叔諧坐士彥誅梁默者士彥之蒼頭也驍武絕人士彥每從征伐常與默陷陣仕周位開府開皇末以行軍總管從楊素征突厥進位大將軍又從平楊諒授柱國大業五年從煬帝征吐谷渾力戰死之贈光祿大夫

元諧河南洛陽人也家世貴盛諧性豪俠有氣調少與隋文帝同受業於國子甚相友愛後以軍功累遷大將軍及帝爲相引致左右諧謂帝曰公無黨譬如水間一堵牆大危矣公其勉之及帝受禪顧諧笑曰水間牆竟何如也進位上大將軍封樂安郡公奉詔參修律令時吐谷渾將定城王鍾利房率騎度河連結党項率兵出鄯州趣青海邀其歸路相遇於豐利山諧擊走之又破其太子可博汗其名王十七人公侯十三人各率其所部來降詔授上柱國別封一子縣公諧拜寧州刺史頗有威惠然性剛愎好排詆不能取媚於左右嘗言於上曰臣一心事主不曲取人意上曰宜終此言後以公事免時上柱國王誼有功於國與諧俱無位任每相往來胡僧告諧誼謀反帝按其事無狀慰諭釋之未幾誼誅諧漸被疎忌然以龍潛之舊每預朝請恩禮無虧及平陳百寮大宴諧進曰陛下威德遠被臣前請突厥可汗爲候正陳叔寶爲令史今可用臣言帝曰朕平陳國本以除逆非欲誇誕公之所奏殊非朕心突厥不知山川何能警候叔寶昏醉寧堪驅使諧嘿然而退後數歲有人告諧與從父弟上開府滂臨澤侯田鸞上儀同祁緒等謀反帝令按其事有司奏諧謀令祁緒勒党項兵即斷巴蜀時廣平王雄左僕射高熲二人用事諧欲譖去之云左執法星動已四年矣狀一奏高熲必死又言太白犯月光芒相照主殺大臣雄必當之諧與滂嘗同謁帝私謂滂曰我是主人殿上者賊也因令滂望氣滂曰彼雲似蹲狗走鹿不如我輩有福德雲帝大怒諧滂鸞緒並伏誅籍沒其家

虞慶則京兆櫟陽人也本姓魚其先仕赫連氏遂家靈武世爲北邊豪傑父祥周靈武太守慶則幼雄毅性倜儻身長八尺有膽智善鮮卑語身被重鎧帶兩鞬左右馳射本州豪俠皆敬憚之初以射獵爲事中更折節讀書常慕傅介子班仲升之爲人仕周爲中外府外兵參軍事襲爵沁源縣公越王盛討平稽胡將班師內史下大夫高熲與盛謀須文武幹略者鎮遏之表請慶則於是拜石州總管甚有威惠稽胡慕義歸者八千餘戶開皇元年歷位內史監吏部尚書京兆尹封彭城郡公營新都總監二年突厥入寇慶則爲元帥討之部分失所士卒多寒凍墮指者千餘人偏將達奚長儒率騎兵二千人别道邀賊爲虜所圍慶則按營不救由是長儒孤軍獨戰死者十八九上弗之責也尋遷尚書右僕射後突厥主攝圖將內附請一重臣充使詔慶則往攝圖恃彊慶則責以往事攝圖不服其介長孫晟又說諭之攝圖及弟葉護皆拜受詔因稱臣朝貢請永爲藩附初慶則出使帝敕曰我欲存立突厥彼送公馬但取五三疋攝圖見慶則贈馬千疋又以女妻之帝以慶則功高皆無所問授上柱國封魯國公食任城縣千戶以彭城公迴授第二子義平陳後帝幸晉王第置酒會羣臣高熲等奉觴上壽帝曰高熲平江南虞慶則平突厥可謂茂功矣楊素曰皆由至尊威德所被慶則曰楊素前出兵武牢硤石若非至尊威德亦無尅理遂互相長短御史欲彈之帝曰今日計功爲樂並不須劾帝觀羣臣宴射慶則進曰臣蒙賚酒令盡樂御史在側恐醉被彈帝賜御史酒遣之出慶則奉觴上壽極歡帝謂諸公曰飲此

酒願我與公等子孫常如今日世守富貴九年轉爲右衞大將軍尋改爲右武候大將軍十七年嶺南人李世賢據州反議欲討之諸將二三請行皆不許帝顧謂慶則曰位居宰相爵爲上公國家有賊遂無行意何也慶則拜謝恐懼帝乃遣焉爲桂州道行軍總管以婦弟趙什柱爲隨府長史什柱與慶則愛妾通恐事彰乃宣言慶則不欲此行帝聞之先是朝臣出征帝皆宴別禮賜遣之慶則南討辭帝帝色不悅慶則由是怏怏不得志暨平世賢還歸桂鎮觀眺山川形勢曰此誠嶮固加以足糧若守得其人攻不可拔遂使什柱馳詣京奏事觀帝顏色什柱至京因告慶則謀反帝按驗之於是伏誅拜什柱爲大將軍慶則子孝仁幼豪俠任氣拜儀同領晉王親信坐父事除名煬帝嗣位以藩邸之舊授候衞長史兼領金谷監監禁苑有巧思頗稱旨大業九年代遼還都水丞充使監運頗有功然性奢華以駱駝負函盛水養魚而自給後或告其爲不軌遂見誅

元胄河南洛陽人魏昭成帝之六代孫也祖順魏濮陽王父雄武陵王胄少英果多武藝美鬚眉有不可犯之色周齊王憲見而壯之引致左右數從征伐官至大將軍隋文帝初被召入將受顧託先呼胄次命陶澄並委以腹心恒宿卧內及爲丞相每典軍在禁中又引弟威俱入侍衞周趙王招謀害帝帝不之知乃將酒殽詣其宅趙王引帝入寢室左右不得從唯楊弘與胄兄弟坐於戶側趙王令其二子進瓜因將刺帝及酒酣趙王欲生變以佩刀子刺瓜連啗帝將爲不利胄進曰相府有事不可久留趙王呵之曰我與丞相言汝何爲者叱之使却胄瞋目憤氣扣刀入衞趙王問其姓名胄以實對趙王曰汝非昔事齊王者乎誠壯士也因賜之酒曰吾豈有不善之意邪卿何猜警如是趙王僞吐將入後閤胄恐其爲變扶令上座如此者再三趙王稱喉乾命胄就廚取飲胄不動會滕王逌後至帝降階迎之胄耳語勸帝速去帝猶不悟曰彼無兵馬復何能爲胄曰兵馬悉他家物一先下手大事便去胄不辭死死何益邪復入坐胄聞屋後有被甲聲遽請曰相府事殷公何得如此因扶帝下牀趣而去趙王將追帝胄以身蔽戶王不得出帝及門胄自後而至趙王恨不時發彈指出血及誅趙王賞賜不可勝計帝受禪封武陵郡公拜左衞將軍尋遷右衞大將軍帝從容曰保護朕躬成此基業元胄功也歷豫亳淅三州刺史時突厥屢爲邊患朝廷以胄素有威名拜靈州總管北夷甚憚爲徵爲右衞大將軍親顧益隆嘗正月十五日帝與近臣登高時胄下直馳詔召之及見謂曰公與外人登高未若就朕也賜宴極歡晉王廣每致禮焉房陵王之廢也胄預其謀帝正窮東宮事左衞大將軍元旻苦諫楊素乃譖之帝大怒執旻於仗胄時當下直不去因奏曰臣向不下直者爲防元旻耳復以此言激怒帝帝遂誅旻蜀王秀之得罪胄坐與交通除名煬帝卽位不得調時慈州刺史上官政坐事徙嶺南將軍丘和亦以罪廢胄與和有舊因數從之游酒酣謂和曰上官政誠壯士也今徙嶺表得無大事乎因自拊腹曰若是公者不徒然矣和明日奏之胄竟坐死於是徵政爲驍騎將軍拜和代州刺史

達奚長儒字富仁代人也祖侯魏定州刺史父慶驃騎大將軍儀同三司長儒少懷節操膽烈過人十五襲爵樂安公爲周文帝引爲親信以質直恭朴授大都督數有戰功天和中除渭南郡守位驃騎大將軍開府儀同三司從武帝平齊遷上開府進爵成安郡公別封一子縣公宣政元年除左將軍勇猛中大夫後與烏丸軌圍陳將吳明徹於呂梁陳援軍至軌令長儒拒之長儒取車輪數百繫以大石沈之清水連轂相次以待之船艦礙輪不得進長儒縱奇兵大破之獲吳明徹以功進位大將軍尋授行軍總管北巡沙塞卒與虜遇大破之文帝作相王謙舉兵於蜀沙氏楊永安扇動利興武文沙龍等六州以應謙詔長儒擊破之謙二子自京師逃歸其父長儒並捕斬之文帝受禪進位上大將軍封蘄郡公開皇二年突厥沙鉢略可汗并弟葉護及藩那可汗寇掠西南詔以長儒爲行軍總管擊之遇於周槃衆寡不敵軍中大懼長儒慷慨神色愈烈爲虜所衝突散而復聚且戰且行轉鬬三日五兵咸盡士卒以拳毆之手皆骨見殺傷萬計虜氣稍奪於是解去長儒身被五瘡通中者二其戰士死者十八九突厥本欲大掠秦隴既逢長儒兵皆力戰虜意大沮明日於戰處焚屍慟哭而去文帝下詔褒美授上柱國餘勳迴授一子其戰亡將士皆贈官三轉子孫襲之歷寧鄜二州刺史母憂去職長儒性至孝水漿不入口五日毀悴過禮殆將滅性天子嘉歎起爲夏州總管匈奴憚之不敢窺塞以病免又除襄州總管轉蘭州文帝遣涼州總管獨孤羅原州總管元褒靈州總管賀若誼等發卒備胡皆受長儒節度長儒率衆出祁連山北西至蒲類海無虜而還轉荆州總管帝謂曰江陵國之南門今以委卿朕無慮也卒官謚曰威子暠大業中位太僕少卿

賀婁子幹字萬壽本代人也隨魏氏南遷世居關右祖道成魏侍中太子太傅父景賢右衞大將軍子幹少以驍武知名仕周累遷少司丞以勤勞封思安縣子大象中除秦州刺史進爵爲伯及尉遲迥爲亂子幹從韋孝寬討之遇賊圍懷州子幹與宇文述等擊破之文帝大悅手書慰勉其後每戰先登及破鄴城與崔弘度逐迥至樓上進位上開府封武川縣公以忠安縣伯別封子皎開皇元年進爵鉅鹿郡公其年吐谷渾寇涼州子幹以行軍總管從上柱國元諧擊之功最優詔褒美卽令子幹鎮涼州其年突厥寇蘭州子幹拒之至可洛峐山與賊相遇賊衆甚盛子幹阻川爲營賊軍不得水數日人馬甚疲縱擊大破之於是册授上大將軍徵授營新都副監尋拜工部尚書其年突厥復犯塞以行軍總管從竇榮定擊之子幹別路破賊文帝嘉之遣優詔勞勉之子幹請入朝詔令馳驛奉見吐谷渾復寇邊命子幹討之入掠其國二旬而還文帝以隴西頻被寇掠甚患之又彼俗不設村塢敕子幹勒人爲堡營田積穀以備不虞子幹上書曰比見屯田之所獲少費多但隴右之人以畜牧爲事若更屯聚彌不獲安但使鎮戍連接烽候相望人雖散居必無所慮帝從之帝以子幹習邊事授榆關總管遷雲州刺史甚爲虜所憚後數年突厥雍虞閭遣使請降并獻羊馬詔以子幹爲行軍總管出西北道應接之還拜雲州總管以突厥所獻馬百疋羊千口以賜之乃下書曰自公守北門風塵不警突厥所獻還以賜公母憂去職朝廷以榆關重鎮尋起視事卒官文帝傷惜久之贈懷魏等四州刺史謚曰懷子善柱嗣子幹兄詮亦有才器位銀青光祿大夫鄭純深等三州刺史北地太守東安郡公

史萬歲京兆杜陵人也父靜周滄州刺史萬歲少英武善騎射驍健若飛好讀兵書兼精占候年十五逢周齊戰於芒山萬歲從父在軍旗鼓正相望萬歲令左右趣裝急去俄而周兵大敗其父由是奇之及平齊之役其父戰沒萬歲以忠臣子拜開府儀同三司襲爵太平縣公尉遲迥之亂萬歲從梁士彥擊之軍次馮翊見羣鴈飛來萬歲謂士彥請射行中第三者射之應弦而落三軍莫不悅服及與迥軍遇每戰先登鄴城之陣官軍稍却萬歲乃馳馬奮擊殺數十人衆亦齊力官軍復振迥平以功拜上大將軍開皇初大將軍尒朱勣以謀反伏誅萬歲頗關涉坐除名配敦煌爲戍卒其戍主甚驍武每單騎深入突厥中輒大剋獲突厥莫敢當其人深自矜負數罵辱萬歲萬歲患之自言亦有武用戍主試令騎射笑曰小人定可萬歲因請弓馬復掠突厥中大得六畜而歸戍主始善之每與同行輒入突厥數百里名讋北夷竇榮定之擊突厥萬歲詣轅門請自効榮定素聞其名見而大悅因遣人謂突厥當各遣一壯士決勝負突厥許諾因遣一騎挑戰榮定遣萬歲出應之萬歲馳斬其首而還突厥大驚遂引軍去由是拜上儀同領車騎將軍平陳之役以功加上開府及高智慧等作亂江南以行軍總管從楊素擊之萬歲自東陽別道而進踰嶺越海攻陷溪洞不可勝數前後七百餘戰轉鬬千里寂無聲問者十旬遠近皆以萬歲爲沒萬歲乃置書竹筒中浮之水汲者得之以言於素大悅上其事文帝歎嗟還拜左領軍將軍先是南寧夷爨翫降拜昆州刺史既而復叛遂以萬歲爲行軍總管擊之入蜻蛉川經弄凍次小勃弄大勃弄至于南中賊前後屯據要害萬歲皆擊破之行數百里見諸葛亮紀功碑銘其背曰萬歲後勝我者過此萬歲令左右倒其碑而進度西二河入渠濫川行千餘里破其三十餘部諸夷大懼遣使請降獻明珠徑寸於是勒石頌美隋德萬歲請將爨翫入朝詔許之爨翫陰有二心不欲詣闕因賂萬歲金寶萬歲乃捨翫而還蜀王在益州知其受賂遣使將索之萬歲聞而悉以所得金寶沈之於江索無所獲以功進柱國晉王廣甚欽敬之待以交友之禮上知爲晉王所善令萬歲督晉王府軍事明年爨翫復反蜀王秀奏萬歲受賂縱賊致生邊患上令窮之事皆驗罪當死上數之萬歲曰臣留翫者恐其州有變留以鎮撫臣還至瀘水詔書方到由是不將入朝實不受賂上以萬歲心有欺隱大怒顧有司曰將斬之萬歲懼而服罪頓首請命左僕射高熲左衞大將軍元旻等進曰史萬歲雄略過人每行兵用師之處未嘗不身先士卒雖古名將未能過也上意稍解於是除名歲餘復官爵尋拜河州刺史復領行軍總管以備胡開皇末突厥達頭可汗犯塞上令晉王及楊素出靈武道漢王諒與萬歲出馬邑道萬歲率柱國張定和大將軍李藥王楊義臣等出塞至大斤山遇虜達頭遣使問曰隋將爲誰候騎曰史萬歲也突厥復曰得非敦煌戍卒乎候騎曰是也達頭聞而引去萬歲馳追百餘里乃及擊大破之逐北入磧數百里虜遁逃而還楊素害其功譖萬歲云突厥本降初不爲寇遂寢其功萬歲數抗表陳狀上未之悟會上從仁壽宮初還京師廢皇太子窮東宮黨與上問萬歲所在萬歲

實在朝堂楊素見上方怒因曰萬歲謁東宮矣以激怒上上謂信然令召萬歲時所將士卒在朝堂稱寃者數百人萬歲謂曰吾今日爲汝極言於上及見上言將士有功爲朝廷所抑詞氣憤厲忤上上大怒命左右搡殺之旣而追悔不及因下詔罪狀之萬歲死之日天下士庶聞者識與不識無不寃惜萬歲爲將不修營伍令士卒各隨所安無警夜之備虜亦不敢犯臨陣對敵應變無方號爲良將子懐義嗣

劉方京兆長安人也性剛決有膽氣仕周承御上士以戰功拜上儀同隋文帝爲丞相方從韋孝寬破尉遲迥於相州以功加開府賜爵河陰縣侯文帝受禪進爵爲公開皇三年從衞王爽破突厥於白道進位大將軍後歷甘瓜二州刺史仁壽中交州俚人李佛子作亂據越王故城左僕射楊素言方有將帥略於是詔方爲交州道行軍總管統二十七營而進法令嚴肅然仁而愛士長史度支侍郎敬德亮從軍至尹州疾甚不能進留之州館分別之際方哀其危篤流涕嗚咽感動行路論者多之稱爲良將至都隆嶺遇賊方遣營主宋纂何貴嚴願等破之進兵臨佛子先令人諭以禍福佛子乃降送於京師其有桀黠恐爲亂者皆斬之尋授驩州道行軍總管以尚書右丞李綱爲司馬經略林邑方遣欽州刺史寗長眞驩州刺史李暈上開府秦雄以步騎出越常方親率大將軍張遜司馬李綱舟師趣北境大業元年正月軍至海口林邑王梵志遣兵守險方擊走之師次闍梨江賊據南岸立柵方盛陳旗幟擊金鼓賊懼而潰旣度江行三十里賊乘巨象四面而至方以弩射象象中瘡却蹂其陣賊奔柵因攻破之於是濟區粟進至大緣江所擊皆破經馬援銅柱南行八日至其國都林邑王梵志棄城奔海獲其廟主金人汙其宮室刻石紀功而還士卒腫脚死者十四五方在道遇患卒帝甚傷惜之下詔褒美贈上柱國盧國公子通仁嗣開皇中有馮昱王𠠎楊武通陳永貴房兆俱爲邊將名顯當時昱𠠎並不知何許人昱多權略有武藝文帝初爲丞相以行軍總管與王誼李威等討平叛蠻拜柱國開皇初又以行軍總管屯乙弗泊備胡每戰常大尅捷𠠎驍勇善射每以行軍總管屯兵江北以禦陳爲陳人所憚伐陳之役及高智慧反攻討皆有殊績位柱國白水郡公武通弘農華陰人性果烈善馳射數以行軍總管討西南夷以功封白水郡公拜左武衞將軍時党項羌屢爲邊患朝廷以其有威名使鎭邊歷岷蘭二州總管復與周法尚討嘉州叛獠法尚軍初不利武通爲賊斷歸路於是束馬懸車出賊不意頻戰破之賊知其孤軍無援傾部落而至武通轉鬬數百里爲賊所拒四面路絕武通輕騎挑戰墜馬爲賊所執殺而噉之永貴隴右胡人本姓白以勇烈爲文帝所親愛數以行軍總管領邊每戰必單騎陷陣位柱國蘭利二州總管封北陳郡公兆代人本姓屋引氏剛毅有武略頻爲行軍總管攻胡以功位至柱國徐州總管並史失其事

杜彥雲中人也父遷葛榮之亂徙家于豳彥性勇決善騎射仕周以軍功累遷隴州刺史賜爵永安縣伯隋文帝爲丞相從韋孝寬擊尉遲迥以功進位上開府改封襄武縣侯拜魏郡太守開皇初授丹州刺史進爵爲公徵爲左武衞將軍平陳之役以行軍總管與韓擒相繼而進及陳平賜物五千段粟六千石進位柱國賜子寶安爵昌陽縣公高智慧等之作亂復以行軍總管從楊素討平之斬其渠帥賊李陁擁衆據彭山彥襲擊破之斬陁傳其首又擊徐州宜封二洞悉平賜奴婢百餘口拜洪州總管有能名及雲州總管賀婁子幹卒上悼惜者久之因謂侍臣曰榆林國之重鎭安得子幹之輩乎後數日上曰莫過杜彥於是徵拜雲州總管北夷畏憚胡馬不敢至塞後朝廷追錄前功賜子寶虔爵承縣公十八年遼東之役以行軍總管從漢王至營州上以彥曉習軍旅令總統五十營事及還拜朔州總管突厥寇雲州上令楊素擊走之猶恐爲邊患復拜彥雲州總管以疾徵還卒子寶虔大業末至文城郡丞

周搖字世安河南洛陽人也其先與魏同源初姓普乃及居洛陽改爲周氏曾祖拔拔祖右六肱俱爲北平王父恕延歷行臺僕射南荆州總管搖少剛毅有武藝性謹厚動遵法度仕魏位開府儀同三司周閔帝受禪賜姓車非氏封金水郡公歷鳳楚二州刺史吏人安之從平齊以戰功超授柱國進封蘷國公未幾拜晉州總管時隋文帝爲定州總管文獻皇后自京師赴州路經搖所主禮甚薄旣而白后曰公廨甚富於財限法不敢輒費又王臣無得効私其質直如此帝以其奉法每嘉之及爲丞相從封濟北郡公拜豫州總管帝受禪復姓周氏開皇初突厥寇邊燕薊多被其患前總管李崇爲虜所殺上思所以鎭之曰無以加周搖拜爲幽州總管六州五十鎭諸軍事搖修障塞謹斥候邊人安之徙壽襄二州總管俱有能名進上柱國以老乞骸骨上勞之曰公歷仕三代保兹遐壽良足善也賜坐褥歸第終於家諡曰恭

獨孤楷字修則不知何許人也本姓李氏父屯從齊神武帝與周師戰於沙苑齊師敗績因爲柱國獨孤信所禽配爲士伍給使信家漸得親近因賜姓獨孤氏楷少謹厚便弄馬槊爲宇文護執刀數從征伐賜爵廣阿縣公拜右侍下大夫從韋孝寬平淮南以功賜子景雲爵西河縣公隋文帝爲丞相進開府領親信兵及受禪拜右監門將軍進封汝陽郡公仁壽初出爲原州總管時蜀王秀鎭益州上徵之猶豫未發朝廷恐秀生變拜楷益州總管馳傳代之秀果有異志楷諷諭久之乃就路楷察秀有悔色因勒兵爲備秀至興樂去益州四十餘里將反襲楷密使覘之知不可犯而止楷在益州甚有惠政蜀中父老于今稱之煬帝卽位轉幷州總管遇疾喪明上表乞骸骨帝曰公先朝舊臣臥以鎭之無勞躬親簿領也以其長子凌雲監省郡事其見重如此轉長平太守卒諡曰恭子凌雲平雲彥雲皆知名楷弟盛性剛烈有膽略以藩邸之舊累遷右屯衞將軍宇文化及之亂裴虔通引兵至成象殿宿衞者皆釋仗走盛謂虔通曰何物兵形勢大異虔通曰事已然不預將軍事盛罵曰老賊何物語不及被甲與左右十餘人逆拒之爲亂兵所殺越王侗稱制贈光祿大夫紀國公諡曰武節

乞伏慧字令和馬邑鮮卑人也祖周魏銀青光祿大夫父纂金紫光祿大夫並爲第一領人酋長慧少慷慨有大節便弓馬好鷹犬齊文襄時爲行臺右丞累遷太僕卿自永寧縣公封宜人郡王其兄貴和又以軍功爲王一門二王稱爲貴顯周武平齊授使持節開府儀同大將軍拜飮飛右旅下大夫轉熊渠中大夫從韋孝寬擊尉遲惇於武陟以功授大將軍及破尉遲迥進位柱國賜爵西河郡公請以官爵讓兄朝廷不許論者義之隋文帝受禪拜曹州刺史曹土舊俗人多姦隱戶口簿帳恒不以實慧下車按察得戶數萬遷涼州總管先是突厥屢爲寇抄慧嚴警烽燧遠爲斥候虜竟不入境後爲荆州總管又領潭桂二州總管三十一州諸軍其俗輕剽慧躬行朴素以矯之風化大洽曾見人以䉶捕魚者出絹買而放之其仁心如此百姓美之號其處曰西河公䉶煬帝卽位爲天水太守大業五年征吐谷渾郡濱西境人苦勞役又遇帝巡坐御道不整獻食疎薄帝大怒命左右斬之見其無髮乃釋之除名卒于家

張威不知何許人也父琛魏弘農太守威少倜儻有大志善騎射膂力過人仕周以軍功位柱國京兆尹封長壽縣公王謙作亂隋文帝以威爲行軍總管從梁睿擊之軍次通谷謙守將李三王拒守睿以爲先鋒三王閉壘不戰威令人激怒之三王果出陣威令壯士奮擊三王軍潰大兵繼進至開遠謙將趙儼衆十萬連營三十里威鑿山通道攻其背儼敗走追至成都及謙平進位上柱國瀘州總管隋文帝受禪拜幽洛二州總管改封晉熙郡公尋拜河北道行臺僕射後督晉王軍府事遷青州總管在青州頗事產業遣家奴於人間鬻蘆菔根其奴緣此侵擾百姓上深加譴責坐廢於家後從上祠大山至洛陽上責讓之因問威所執笏安在威頓首曰臣負罪無顏復執謹藏於家上曰可持來威明日奉笏以見上曰公雖不遵法度功劾實多今還公笏於是復拜洛州刺史後改封皖城郡公轉相州刺史卒子植大業中位至武賁郎將

和洪汝南人也勇烈過人仕周以軍功位車騎大將軍儀同三司時龍州蠻任公忻李國立等聚衆爲亂刺史獨孤善不能禦朝議以洪有武略代善爲刺史月餘斬公忻國立等皆平之後從武帝平齊位上儀同賜爵北平侯拜左勳曹下大夫柱國王軌之禽吳明徹也洪有功焉加位開府還折衝中大夫尉遲迥作亂洪以行軍總管從韋孝寬擊之以功封廣武郡公時東夏初平物情尚梗隋文帝以洪有威名令領冀州事甚得人和後拜泗州刺史屬突厥寇邊詔洪爲北道行軍總管擊走之追虜至磧而還後遷徐州總管卒

陰壽字羅雲武威人也父嵩周夏州刺史壽少果烈有武幹性謹厚從周武帝平齊位開府隋文帝爲丞相引爲掾尉遲迥亂文帝以韋孝寬爲元帥擊之命壽監軍時孝寬有疾不能親總戎事每臥帳中遣婦人傳敎命三軍綱紀皆取決於壽以功進位上柱國尋拜幽州總管封趙郡公先是齊之踈屬高寶寧周武帝拜爲營州刺史性桀黠得華夷心及文帝爲丞相遂連契丹靺鞨舉兵反帝以中原多故未遑進討論之不下開皇初又引突厥攻圍北平至是令壽討之寶寧棄城奔于磧北黃龍諸縣悉平壽班師留開府成道昂鎭之壽患寶寧攻道昂乃重購之北邊遂安卒官贈司空

子世師少有節槩性忠厚多武藝以功臣子拜儀同煬帝嗣位拜張掖太守深爲戎狄所憚後拜樓煩太守遷左翊衞將軍與代王留守京師及義軍至世師自以世荷隋恩遂拒守不下及城平與京兆郡丞骨儀等見誅骨儀天竺胡人性剛鯁有不可奪之志開皇初爲御史

處法平當不爲勢利所迴煬帝嗣位遷尚書左司郎于時朝政漸亂貨賄公行凡當樞要之職無問貴賤並家累金寶天下士大夫莫不變節而儀勵志守常介然獨立帝嘉其清苦拜京兆郡丞公方彌著時刑部尚書衞玄兼領京兆拜內史頗行詭道輙爲儀所執正玄雖不便之不能傷及義兵至玄恐禍及辭老病儀與世師同心協契父子並誅其後絕世師有子弘智等各以年幼獲全

楊義臣代人也本姓尉遲氏父崇仕周爲儀同大將軍以兵鎮恒山時隋文帝爲定州總管崇知帝相貌非常每自結納帝甚親待之及爲丞相尉遲迥亂崇以宗族故自囚遣使請罪帝下書慰諭之卽令馳驛入朝恒置左右開皇初封秦興公歲餘從行軍總管達奚長儒擊突厥於周槃力戰而死贈大將軍豫州刺史以義臣襲崇官爵時義臣尚幼養於宮中未弱冠奉詔宿衞如千牛者數年賞賜甚厚上嘗言及恩舊顧義臣嗟嘆久之因下詔賜義臣姓楊氏編之屬籍爲皇從孫未幾拜陝州刺史義臣性謹厚能騎射有將領才後突厥達頭可汗犯塞以行軍總管出白道大破之明年突厥又寇邊義臣擊之追至大斤山與虜遇時太平公史萬歲亦至與義臣合擊大破之萬歲爲楊素所陷義臣功竟不錄煬帝嗣位漢王諒反時代州總管李景被諒將喬鍾葵所圍義臣時爲朔州總管奉詔救之鍾葵見義臣兵少悉衆拒之時鍾葵亞將王拔驍勇善用矟射者不能中每以數騎陷陣義臣患之募能當拔者有車騎將軍楊思恩請當之義臣見思恩氣貌雄勇顧之曰壯士也賜以巵酒思恩望見拔立於陣後投觴於地策馬赴之再往不剋所從騎士退思恩爲拔所殺拔遂乘之義臣軍北者十餘里於是購得思恩屍義臣哭之甚慟三軍莫不下泣所從騎士皆腰斬義臣自以兵少悉取軍中牛驢得數千頭復令數百人人持一鼓潛驅之磵谷間出其不意義臣晡後復與鍾葵戰兵初合命驅牛驢者疾進一時鳴鼓埃塵張天鍾葵軍不知所以以爲伏兵發因大潰縱擊破之以功進位上大將軍累遷太僕卿從征吐谷渾令義臣屯琵琶峽連營八十里南接元壽北連段文振合圍吐谷渾主於覆袁川復從征遼東以軍將指肅慎道至鴨淥水與乙支文德戰每爲先鋒一日七捷後與諸軍俱敗竟坐免俄而復位明年以爲軍副與大將軍宇文述趣平壤至鴨淥水會楊玄感作亂班師檢校趙郡太守袄賊向海公作亂寇扶風安定間義臣奉詔擊平之尋從帝復征遼東進位左光祿大夫時渤海高士達清河張金稱並相聚爲盜攻陷郡縣帝遣將軍段達討之不能尅詔義臣率遼東還兵擊大破士達斬金稱又收降賊入豆子䴚討賊格謙禽之以狀聞奏帝惡其威名遽追入朝賊由是復盛義臣以功進位光祿大夫尋拜禮部尚書卒于官

論曰昔韓信徵垓下之期則項王不滅英布無淮南之舉則漢道未隆以二子之勳庸咸憤怨而葅戮況乃無古人之殊績而懷悖逆之心者乎梁士彥遭雲雷之會以勇略成名遂貪天之功以爲己力報者倦矣施者未厭將生厲階求逞其欲及茲顚墜自取之也元諧虞慶則元胄或契闊艱危或綢繆恩舊將安將樂漸見遺忘內懷怏怏矜伐不已雖時主之刻薄亦言語以速禍乎然隋文佐命元功鮮有終其天命配享清廟寂爾無聞斯蓋草創帝圖事出權道本異同心故久而愈薄其牽牛蹊田雖則有罪奪之非道能無怨乎皆深文巧詆致之刑辟帝沉猜之心固已甚矣求其餘慶不亦難哉長儒以步卒二千抗十萬之衆師殲矢盡勇氣彌厲壯矣哉子幹西涉青海北臨玄塞胡夷懾憚亦有可稱萬歲寔懷智勇善撫士卒人皆樂死師不疲勞北郄匈奴南平夷獠兵鋒所指威警絕域論功仗氣犯忤貴臣偏聽生姧死非其罪人皆痛惜有李廣之風焉劉方號令無私臨軍嚴肅克翦林邑遂清南海徼外百蠻無思不服杜彥東夏南服屢有戰功作鎭朔垂胡塵不起周搖以質直見知獨孤楷以恤人流譽威踰履之地可以追蹤古人乞伏慧能以國讓亦云美矣而慧以供帳不厚至於放黜君方遑欲罰亦深哉陰壽遭天所廢舍命無改雖異先覺頗同後凋義臣時屬擾攘功成三捷而以功見忌得沒亦爲幸也

北史卷七十三考證

梁士彥傳狀猶不伏○狀隋書作初

以諫父獲免徙瓜州○諫監本訛誅今改從南本

元諧傳時吐谷渾將定城王鍾利旁率騎度河連結党項率兵出鄯州○隋書旁作房又率兵上有諸字

虞慶則傳十七年嶺南人李世賢據州反○隋書無世字

賀婁子幹傳其年突厥寇蘭州子幹拒之○其隋書作明

史萬歲傳少英武善騎射○善監本訛吾今改從南本

劉方傳於是濟區栗進至大緣江所擊皆破○栗隋書作粟

獨孤楷傳蜀中父老于今稱之○于監本訛子今改正

北史卷七十四

唐　李延壽　撰

列傳第六十二

劉昉　柳裘　皇甫績　郭衍　張衡

楊汪　裴蘊　袁充　李雄

劉昉博陵望都人也父孟良仕魏位大司農卿從武帝入關爲梁州刺史昉輕狡有姦數周武帝時以功臣子入侍皇太子及宣帝嗣位以技佞見狎出入宮掖寵冠一時位小御正與御正中大夫顏之儀並見親信及帝不悆召昉及之儀俱入臥內屬以後事帝失瘖不復能言昉見靜帝幼冲又素奇隋文帝時文帝以后父故有重名於天下昉遂與鄭譯謀引帝輔政帝固讓不敢當昉曰公若爲當速爲之如不爲昉自爲也帝乃從之及帝爲丞相以昉爲司馬時宣帝弟漢王贊居禁中每與帝同帳而坐昉飾美妓進贊贊甚悅之昉因說贊曰大王先帝之弟時望所歸孺子幼冲豈堪大事今先帝初崩羣情尚擾王且歸第待事寧後入爲天子此萬全計也贊時年未弱冠性識庸下以爲信然遂從之文帝以昉有定策功拜上大將軍封黃國公與沛國公鄭譯皆爲心膂前後賞賜鉅萬出入以甲士自衞朝野傾矚稱爲黃沛時人語曰劉昉牽前鄭譯推後昉自恃功有驕色然性麤疏溺於財利富商大賈朝夕盈門于時尉遲迥起兵帝令韋孝寬討之至武陟諸將不一帝欲遣昉譯一人往監軍因謂之曰須得心膂以統大軍公兩人誰行昉辭未嘗爲將譯以母老爲請帝不懌而高熲請行遂遣之由是恩禮漸薄又王謙司馬消難相繼反文帝憂之忘寢與食昉逸遊縱酒不以職司爲意相府事多所遺落帝深銜之以高熲代爲司馬是後益見踈忌及受禪進柱國改封舒國公閑居無事不復任使昉自以佐命元功中被踈遠甚不自安後遇京師饑上命禁酒昉使妾賃屋當壚酤酒治書侍御史梁毗劾奏之有詔不問昉鬱鬱不得志時上柱國梁士彥宇文忻俱失職怨望昉並與之交數相往來士彥妻有美色昉與私通士彥不之知也情好彌協遂相與謀反許推士彥爲帝後事泄帝窮問之昉自知不免黙無所對詔誅之曰上柱國郕國公梁士彥杞國公宇文忻柱國舒國公劉昉當朕受命之初並展勤力酬勳報効榮高祿重朝夕宴言備知朕意但心如溪壑志等豺狼不荷朝恩忽謀逆亂士彥稱有相者云其應籙年過六十必據九五初平尉遲迥暫臨相州已有反心彰於道路朕卽遣人代之不聲其罪入京之後逆意轉深忻昉之徒言相扶助士彥許率僮僕剋期不遠欲於蒲州起事卽斷河橋捉黎陽之關塞河陽之路自謂一朝奮發無人當者其第二子剛每常苦諫第三子叔諧固深勸獎朕旣聞知猶恐枉濫及授晉部之任欲驗蒲州之情士彥得以欣然云是天贊忻往定鄴城自矜不已位極人臣猶恨賞薄朕深念其功不計無禮任以武候授以領軍寄之爪牙委之心腹忻密爲異計樹黨宮闈多奏交友入參宿衞朕推心待物言必依許爲而弗止心跡漸彰仍解禁兵令其改悔而志規不逞愈結於懷乃與士彥情意偏厚俱營賊逆逢則交謀委士彥河東自許關右蒲津事建卽望從征討兩軍結東西之旅一擧合連橫之勢然後北破晉陽還圖宗社昉入佐相府便爲非法三度事發二度其婦自論常云姓是卯金刀名是一万日劉氏應王爲萬日天子朕訓之導之望其脩改口請自新志存如舊亦與士彥情好深重逆節姦心盡探肝膈嘗共士彥論太白所犯問東井之間思秦地之亂訪軒轅之裏顧宮掖之災唯待蒲坂事興欲在關內應接殘賊之策千端萬緒惟忻及昉名位並高寧肯北面曲躬臣於士彥乃是各懷不遜圖成亂階一得擾攘之基方逞吞并之事士彥忻昉身爲謀首叔諧贊成父意議實難容並已處盡士彥忻昉兄弟叔姪特恕其命臨刑至朝堂宇文忻見高熲向之叩頭求哀昉勃然謂忻曰事形如此何叩頭之有於是伏誅籍沒其家後數日帝素服臨射殿盡取三家資物置於前命百寮射取之以爲鑒戒云

柳裘字茂和河東解人南齊司空世隆之曾孫也祖惔梁尚書左僕射父明太子舍人義興太守裘少聰慧弱冠有令名在梁歷位尚書郎駙馬都尉梁元帝爲魏軍所逼遣裘請和於魏俄而江陵平遂入關中周明武間

自麟趾學士累遷太子侍讀封昌樂縣侯宣帝即位進爵爲公轉御飾大夫及帝不悆留侍禁中與劉昉韋謩皇甫績同謀引隋文帝曰時不可失今事已然宜早定大計天與不取反受其殃帝從之進上開府內史大夫委以機密及尉遲迥作亂天下騷動并州總管李穆頗懷猶豫帝令裴往諭之裴見穆盛陳利害穆遂歸心以奉使功賜縑三百匹金九環帶一腰時司馬消難奔陳帝即令裴隨便安集淮南賜馬及雜物開皇元年進位大將軍拜許州刺史在官清簡人懷之轉曹州刺史後帝思裴定策功欲加榮秩將徵之顧朝臣曰曹州刺史何當入朝或曰即今冬也乃止裴尋卒帝傷惜者久之謚曰安子惠童嗣

皇甫績字功明安定朝那人也祖穆魏隴東太守父道周湖州刺史雍州都督績三歲而孤爲外祖韋孝寬所鞠養孝寬以諸子墮業督以嚴訓愍績孤幼特捨之績歎曰我無庭訓養於外氏不能勉躬厲己何以成立深自感激命左右自杖三十孝寬聞而對之流涕於是專精好學略涉經史周武帝爲魯公時引爲侍讀建德初轉宮尹中士武帝嘗避暑雲陽宮時宣帝爲太子監國衞刺王作亂城門已閉百寮多有遁者績聞難赴之於玄武門遇皇太子下樓執績手悲喜交集帝聞而善之遷小宮尹宣政初錄前後功封義陽縣男累轉御正下士宣帝崩隋文帝總已績有力焉加上開府轉內史中大夫進封郡公拜大將軍開皇元年出爲豫州刺史尋拜都官尚書轉晉州刺史將之官稽首言陳有三可滅帝問其狀績曰大呑小一也以有道伐無道二也納叛臣蕭巖於我有詞三也陛下若命鷹揚之將臣請預戎行上嘉勞而遣之陳平拜蘇州刺史高智慧作亂江南州人顧子元等發兵應之因以攻績相持八旬子元素感績恩於冬至日遣使奉牛酒績遺之書子元得書於城下頓首陳謝楊素援兵至合擊破之拜信州總管俄以病乞骸骨詔徵還京師賜以御藥中使相望顧問不絕卒於家謚曰安子偲嗣大業中位尚書主爵郎

郭衍字彥文自云太原介休人也父崇以舍人從魏孝武帝入關位侍中衍少驍武善騎射建德中以軍功累遷儀同大將軍又從周武帝平并州以功加開府封武強縣公賜姓叱羅氏宣政元年爲右中軍熊渠中大夫尉遲迥之亂從韋孝寬討之以功授上柱國封武山郡公密勸隋文帝殺周室諸王早行禪代由是大被親昵開皇元年衍復舊姓爲郭氏突厥犯塞以衍爲行軍總管領兵屯平涼數歲虜不入境徵爲開漕渠大監部率水工鑿渠引渭水經大興城北東至潼關漕運四百餘里關中賴之名曰富人渠五年授瀛州刺史遇秋霖大水其屬縣多致漂没人皆上高樹依大冢衍親備船栰并齎糧食拯救之民多獲濟衍先開倉賑恤後始聞奏上大善之遷授朔州總管所部有恒安鎮北接蕃境常勞轉運衍乃選沃饒地置屯田歲剩粟萬餘石人免轉輸之勞又築桑乾鎮皆稱旨十年從晉王廣出鎮揚州遇江表構逆命衍爲總管先屯京口於貢州南與賊戰敗之仍討東陽永康宣城黟歙諸洞盡平之授蔣州刺史衍臨下甚倨事上甚卑晉王愛昵之宴賜隆厚遷洪州總管王有奪宗之謀託衍心腹遣宇文述以情告之衍大喜曰若所謀事果自可爲皇太子如其不諧亦須據淮海復梁陳之舊副君酒客其如我何王因召衍陰共計議又恐人疑無故來往託以妻患瘻王妃蕭氏有術能療之以狀奏帝聽其妻向江都往來無度衍又詐稱廣州猺反王乃奏衍行兵討之由是大脩甲仗陰養士卒及王入爲太子徵授左監門率轉左宗衞率文帝於仁壽宮將大漸太子與楊素矯詔令衍宇文述領東宮兵帖上臺宿衞門禁並由之及上崩漢王起逆而京師空虛使衍馳還總兵居守大業元年拜左武衞大將軍帝幸江都令統左軍改授光祿大夫又從征吐谷渾出金山道納降二萬餘戶衍能揣上意阿諛順旨帝每謂人曰唯郭衍心與朕同又嘗勸帝取樂五日一視事無得效高祖空自勤勞帝從之益稱其孝順初新令行衍封爵從例除六年以恩舊封眞定侯從往江都卒贈左衞大將軍謚曰襄長子臻武牙郎將次子嗣本孝昌令

張衡字建平河內人也祖嶷魏河陽太守父允周萬州刺史衡幼懷志尚有骨鯁風十五詣太學受業研精覃思爲同輩所推周武帝居太后憂與左右出獵衡露髻輿櫬扣馬切諫帝嘉焉賜衣一襲馬一匹擢拜漢王侍讀衡又就沈重受三禮略究大旨累遷掌朝大夫隋文帝受禪拜司門侍郎及晉王廣爲河北行臺衡歷刑部度支二曹郎行臺廢拜并州總管掾王轉牧揚州衡復爲掾王甚親任之衡亦竭慮盡誠奪宗之計多衡所建遷揚州總管司馬熙州李英林反署置百官以衡爲行軍總管討平之拜開府及王爲皇太子拜衡右庶子煬帝嗣位除給事黃門侍郎銀青光祿大夫遷御史大夫甚見親重大業三年帝幸榆林郡還至太原謂衡曰朕欲過公宅可爲朕作主人也衡馳至河內與宗族具牛酒帝上太行開直道九十里以抵其宅帝悅其山泉留宴三日因謂衡曰往從先皇拜太山之始塗經洛陽瞻望於此深恨不得相過不謂今日得諧宿願衡俯伏辭謝奉觴上壽帝益歡賜其宅傍田三十頃良馬一匹金帶縑綵六百段衣一襲御食器一具衡固讓帝曰天子所至稱幸者蓋爲此也不足爲辭衡復獻食於帝帝令頒賜公卿下至衞士無不霑給衡以藩邸之舊恩寵莫與爲比頗自驕貴明年帝幸汾陽宮時帝欲大汾陽宮令衡與紀弘整具圖奏之衡承間進諫以比年勞役百姓疲敝爲請帝意甚不平後嘗目衡謂侍臣曰張衡自謂由其計畫令我有天下時齊王暕失愛於上帝密令人求其罪有人譖暕違制將伊闕令皇甫詡從之汾陽宮又錄前幸涿郡及祠恒岳時父老謁見者衣冠不整帝譴衡以憲司皆不能舉正出爲榆林太守明年帝復幸汾陽宮衡督役築樓煩城因而謁帝帝惡衡不損瘦以爲不念咎因謂曰公甚肥澤宜且還郡衡復之榆林俄而敕衡督役江都宮有人詣衡訟宮監者衡不爲理還以訟書付監其人大爲監所困禮部尚書楊玄感使至江都其人詣玄感稱冤玄感固以衡爲不可及與相見未有所言又先謂玄感曰薛道衡眞爲枉死玄感具上其事江都郡丞王世充又奏衡頻減頓具帝怒鎖衡詣江都市將斬之既而除名放還田里帝每令親人覘衡所爲八年帝自遼東還都妾言衡怨望謗訕朝政帝賜死於家臨死大言曰我爲人作何物事而望久活監刑者塞耳促令殺之武德初以爲死非其罪贈大將軍南陽郡公謚曰忠子希玄

楊汪字元度本弘農華陰人也曾祖順居河東父琛儀同三司及汪貴追贈平鄉縣公汪少凶疏與人羣鬭拳所毆擊無不顚踣長更折節勤學專精左氏傳通三禮解褐周冀王侍讀王甚重之每曰楊侍讀德業優深孤之穆生也後問禮於沈重受漢書於劉臻二人曰吾弗如也由是知名累遷夏官府都上士隋文帝居相引知兵事遷掌朝下大夫及受禪賜爵平鄉縣伯歷秦州總管府長史每聽政暇必延生徒講授時人稱之入爲尚書兵部侍郎數年帝謂諫議大夫王達曰卿爲我覓一好左丞達遂私於汪曰我當薦君爲左丞若事果當以良田相報也汪以達言奏之達竟獲罪卒拜汪尚書左丞汪明習法令果於剖斷當時號爲稱職未幾坐事免後拜洛州長史轉荊州長史煬帝即位追爲尚書左丞尋守大理卿視事二日帝將親省囚徒時繫囚二百餘人汪通宵究審詰朝而奏曲盡事情一無遺誤帝甚嘉之歲餘拜國子祭酒帝令百寮就學與汪講論天下通儒碩學多萃焉論難鋒起皆不能屈帝令御史書其問答奏之省而大悅賜良馬一匹後加銀青光祿大夫及楊玄感反河南贊務裴弘策出師禦之戰不利奔還遇汪而屏人交語既而留守樊子蓋斬弘策以狀奏汪帝疑之出爲梁郡通守後煬帝崩王世充推越王侗爲主徵拜吏部尚書頗見親委及世充僭號汪復用事世充平遂以兇黨伏誅

裴蘊河東聞喜人也祖之平父忌並南史有傳忌在陳與吳明徹同見俘於周周賜爵江夏公在隋十餘年而卒蘊明辯有吏幹仕陳歷直閤將軍興寧令以父在北陰奉表於隋文帝請爲內應及陳平上悉閱江南衣冠之士次至蘊以夙有向北心超授儀同僕射高熲不悟上旨諫曰蘊無功於國寵踰倫輩臣未見其可又加上儀同熲復諫上曰可加開府熲乃不敢復言即日拜開府儀同三司禮賜優洽歷洋直棣三州刺史俱有能名大業初考績連最煬帝聞其善政徵爲太常少卿初文帝不好聲技遣牛弘定樂非正聲清商及九部四儛之色皆罷遣從百姓至是蘊揣知帝意奏括天下周齊梁陳樂家子弟皆爲樂戶其六品已下至于凡庶有善音樂及倡優百戲者皆直太常是後異技淫聲咸萃樂府皆置博士遞相教傳增益樂人至三萬餘帝大悅遷戶部侍郎時猶承文帝和平後禁網疏濶戶口多漏或年及成丁猶詐爲小未至於老已免租賦蘊歷爲刺史素知其情因是條奏皆令貌閱若一人不實則官司解職鄉正里長皆遠流配又許民相告若糾得一丁者令被糾之家代輸賦役是歲大業五年也諸郡計帳進丁二十四萬三千新附口六十四萬一千五百帝臨朝覽狀謂百官曰前代無好人致此罔冒今進民口皆從實者全由裴蘊一人用心古語云得賢而理驗之信矣由是漸見親委拜京兆贊務發擿纖毫吏民慴憚未幾擢授御史大夫與裴矩虞世基參掌機密蘊善候伺人主微意若欲罪者則曲法順情鍛成其罪所欲宥者則附從輕典因而釋之是後大小之獄皆以付蘊憲部大理莫敢與奪必稟承進止然後決斷蘊亦機辯所論法理言若懸河或重或輕皆由其口剖析明敏時人不能致詰楊玄感之反也帝遣蘊推其黨與謂蘊曰玄感一呼從者十萬益知天下人不欲多多即相聚爲盜耳不盡加

誅則後無以勸蘊由是乃峻法理之所戮者數萬人皆籍沒其家帝大稱善賜奴婢十五口司隸大夫薛道衡以忤意獲譴蘊知帝惡之乃奏曰道衡負才恃舊有無君之心見詔書每下便腹非私議推惡於國妄造禍端論其罪名似如隱昧源其情意深爲悖逆帝曰然我少時與此人相隨行役輕我童穉共高熲賀若弼等外擅威權自知罪當誣罔及我即位懷不自安賴天下無事未得反耳公論其逆妙體本心於是誅道衡又帝問蘇威以討遼之策威不願帝復行且欲令帝知天下多賊乃詭荅今者之役不願發兵但詔赦羣盜自可得數十萬遣關內奴賊及山東歷山飛張金稱等頭別爲一軍出遼西道諸河南賊王薄孟讓等十餘頭並給舟檝浮滄海道必喜於免罪競務立功一歲之間可滅高麗矣帝不懌曰我去尚猶未克鼠竊安能濟乎威出後蘊奏曰此大不遜天下何處有許多賊帝悟曰老革多姦將賊脅我欲搭其口但隱忍之誠極難耐蘊知上意遣張行本奏威罪惡帝付蘊推鞫之乃處其死帝曰未忍便殺遂父子及孫三世並除名蘊又欲重己權勢令虞世基奏罷司隸刺史以下官屬增置御史百餘人於是引致姦黠共爲朋黨郡縣有不附者陰中之于時軍國多務凡是興師動衆京都留守及與諸蕃互市皆令御史監之賓客附隸遍於郡國侵擾百姓帝弗之知也以度遼之役進位銀青光祿大夫及司馬德戡將爲亂也江陽長張惠紹夜馳告之蘊共惠紹謀欲矯詔發郭下兵民盡取榮公護兒節度收在外逆黨宇文化及等仍發羽林殿腳遣范富婁等入自西苑取梁公蕭鉅及燕王處分扣門援帝謀議已定遣報虞世基世基疑反者不實抑其計須臾難作蘊嘆曰謀及播郎竟誤人事遂見害子愔爲尚輦直長亦同日死

袁充字德符本陳郡陽夏人也其後寓居丹陽祖昂父君正俱爲梁侍中充少警悟年十餘歲其父黨至門時冬初充尚衣葛衫客戲充曰袁郎子絺兮綌兮淒其以風充應聲荅曰唯絺與綌服之無斁以是大見嗟賞仕陳年十七爲秘書郎歷太子舍人晉安王文學吏部侍郎散騎常侍及陳滅歸國歷蒙鄜二州司馬充性好道術頗解占候由是領太史令時上將廢皇太子正窮東宮官屬充見上雅信符應因希旨進曰比觀玄象皇太子當廢上然之充復表奏隋興以後日景漸長曰開皇元年冬至日影一丈二尺七寸二分自爾漸短至十七年冬至影一丈二尺六寸三分四年冬至在洛陽測影一丈二尺八寸八分二年夏至影一尺四寸八分自爾漸短至十六年夏至影一尺四寸五分周官以土圭之法正日影日至之影尺有五寸鄭玄云冬至之影一丈三尺今十六年夏至之影短於舊影五分十七年冬至之影短於三寸七分日去極近則影短而日長去極遠則影長而日短行內道則去極近外道則去極遠堯典曰日短星昴以正仲冬據昴星昏中則知堯時仲冬日在須女十度以曆數推之開皇已來冬至日在斗十一度與唐堯之代去極並近謹案春秋元命包云日月出內道琁璣得常天帝崇靈聖王相功京房別對曰太平日行上道升平行次道霸世行下道伏惟大隋啓運上感乾元影短日長振古未之有也上大悅告天下將作役功因加程課丁匠苦之仁壽初充言上本命與陰陽律呂合者六十餘條而奏之因上表曰皇帝載誕之初非止神光瑞氣嘉祥應感至於本命行年生月生日並與天地日月陰陽律呂運轉相符表裏合會此誕聖之異寶曆之元今與物更新改年仁壽歲月日子還共誕聖之時並同明合天地之心得仁壽之理故知洪基長等永永無窮上大悅賞賜優崇儕輩莫之比仁壽四年甲子歲煬帝初即位充及太史丞高智寶奏言去歲冬至日景逾長今歲皇帝即位與堯受命年合昔唐堯受命四十九年到上元第一紀甲子天正十一月庚戌冬至陛下即位其年即當上元第一紀甲子天正十一月庚戌冬至正與唐堯同自放勛以來凡經八上元其間緜代未有仁壽甲子之合謹案第一紀甲子太一在一宮天目居武德陰陽歷數並得符同唐堯丙辰生丙子年受命止合三五未若已丑甲子支干並當六合允一元三統之期合五紀九章之會共帝堯同其數與皇唐比其蹤信所謂皇哉唐哉唐哉皇哉者矣仍諷齊王暕率百官拜表奉賀後熒惑守太微者數旬時繕脩宮室征役繁重充乃上表稱陛下脩德熒惑退舍百寮畢賀帝大喜前後賞賜將萬計時軍國多務充候帝意欲有所爲便奏稱天文見象須有改作以是取媚於上大業六年遷內史舍人從征遼東拜朝請大夫祕書少監後天下大亂帝初罹鴈門之厄又盜賊益起心不自安充復託天文上表陳嘉瑞以媚上曰伏惟陛下握錄圖而馭黔首提萬善而化八紘以百姓爲心匪一夫受慶先天罔違所以後天必奉其時是以初膺寶曆正當上元之紀乾之初九又與本命符會斯則聖人冥契故能動合天經謹案去年已來玄象星瑞毫釐無爽謹錄尤異上天降詳破突厥等狀七事其一去八月二十八日夜大流星如斗出王良北正落突厥營聲如崩牆其二八月二十九日夜復有大流星如斗出羽林向北流正當北方依占頻二夜流星墜賊所賊必敗散其三九月四日夜頻有兩星大如斗出北斗魁向東北流依占北斗主殺伐賊必破敗其四歲星主福德頻行京都二處分野依占國家之福其五去七月內熒惑守羽林九月七日已退舍依占不出三日賊必敗散其六去年十一月二十日夜有流星赤如火從東北向西南落賊帥盧明月營破其檣車其七十二月十五日夜通漢鎮北有赤氣亘北方突厥將亡之應也依勘城錄河南洛陽並當甲子與乾元初九爻及上元甲子符合此是福地永無所慮旋觀往政側聞前古彼則異時間出今則一朝總萃豈非天贊有道助殲兇孽方清九夷於東穢沉五狄於北溟告成岱岳無出汾水書奏帝大悅超拜秘書令親待逾昵每欲征討充皆預知之乃假託星象獎成帝意在位者皆切患之宇文化及弒逆之際并誅充

李雄渤海蓨人也父棠名列誠義傳雄少慷慨有壯志弱冠從周武帝平齊以功授帥都督隋文帝作相從韋孝寬破尉遲迥拜上開府賜爵建昌縣公伐陳之役以功進位大將軍歷柳江二州刺史並有能名後坐事免漢王諒之反煬帝將發幽州兵討之時竇抗爲幽州總管帝恐其貳問可任者於楊素素遂進雄授上將軍拜廉州刺史馳至幽州止傳舍召募得千餘人抗恃素貴不時相見雄遣人諭之後二日抗從鐵騎二千來詣雄所雄伏甲禽抗悉發幽州兵步騎三萬自井陘討諒遷幽州總管尋徵拜戶部尚書雄明辯有器幹帝甚任之新羅嘗遣使朝貢雄至朝堂與語因問其冠制所由其使者曰古弁遺象安有大國君子不識雄因曰中國無禮求諸四夷使者曰自至已來此言外未見無禮憲司以雄失辭奏劾其事竟坐免俄而復職從幸江都帝以仗衞不整顧雄部伍之雄立指麾六軍肅然帝大悅曰公眞武侯才也尋轉右候衞大將軍復坐事除名遼東之役帝令從軍自效因從來護兒自東來將指滄海會楊玄感反於黎陽帝疑之詔鎖雄送行在所雄殺使亡歸玄感玄感每與計焉及玄感敗伏誅籍沒其家

論曰隋文肇基王業劉昉實啓其謀于時當軸執鈞物無異論不能忘身急病以義斷恩方能慮難求全偷安懷祿其在周也靡忠貞之節其奉隋也愧竭命之誠非義掩其前功蓄怨興其後釁而望不陷刑辟保貴全生難矣柳裘皇甫績因人成事好亂樂禍大運光啓並參樞要斯固在人欲其悅已在我欲其罵人理自然也晏嬰有言曰一心可以事百君百心不可以事一君於昉等見之矣郭衍文皇締構之始當爪牙之寄煬帝經綸之際參心膂之謀而如脂如韋以水濟水君所謂可亦曰可焉君所謂不亦曰不焉功雖居多名不見重然則立身行道可不愼歟語曰無爲權首將受其咎又曰無始禍無兆亂夫忠爲令德施非其人尚或不可況託足邪徑又不得其人者歟張衡奪宗之計實兆其謀夫動不以順能無及於此也楊汪以學業自許其終不令惜乎裴蘊素懷姦險巧於附會作威作福唯利是視滅亡之禍其可免乎袁充少在江東初以警悟見許委質隋氏更以玄象自矜要求時幸干進附入變動星占謬增晷景厚誣天道亂常侮衆刑茲勿捨其在斯乎李雄斯言爲玷取譏夷翟以亂作亂何救誅夷

北史卷七十四考證

劉昉傳蒲津事建即望從征討○隋書事建作之事又無討字

殘賊之策千端萬緒○賊監本訛賤今攷從南本

郭衍傳先屯京口於貢州南與賊戰敗之○貢隋書作責

仍討東陽永康宣城黝歙諸洞盡平之○隋書仍作乃黝作黟

衍又詐稱廣州猺反○隋書廣作桂猺作俚

張衡傳帝自遼東還都妄言衡怨望謗訕朝政○隋書都字下有衡字妄作妾

楊汪傳時人稱之入爲尚書兵部侍郎數年○隋書脫入爲尚書兵部侍郎八字

北史卷七十五

唐　李　延　壽　撰

列傳第六十三

趙煚　趙芬　王韶　元巖
宇文㢸　伊婁謙　李圓通　陳茂
郭榮　龐晃　李安　楊尚希
張煚　蘇孝慈　元壽

趙煚字通賢天水西人也祖超宗魏河東太守父仲懿尚書左丞煚少孤養母至孝年十四有人盜伐其父墓中樹者煚對之號慟因執送官見魏右僕射周惠達長

揖不拜自述孤苦涕淚交集惠達爲之隕涕歎息者久之及長沉深有器局略涉書記周文帝引爲相府參軍事從破洛陽及班師煚請留撫納亡叛從之煚於是帥所領與齊人前後五戰斬獲甚衆以功封平定縣男累轉中書侍郎周閔帝受禪遷陝州刺史蠻酋向天王以兵攻信陵秭歸煚襲擊破之二郡獲全時周人於江南岸置安蜀城以禦陳屬霖雨數旬城頹者百餘步蠻酋鄭南鄉叛引陳將吳明徹欲掩安蜀議者皆勸煚益脩守禦煚不從乃遣使說誘江外生蠻向武陽令乘虛掩襲南鄉所居獲其父母妻子南鄉聞之其黨各散陳兵亦遁明年吳明徹屢爲寇患煚與前後十六戰每挫其鋒以功授開府儀同三司再遷戶部中大夫周武帝欲收齊河南地煚諫曰河南洛陽四面受敵縱得不可以守請從河北直指太原傾其巢穴可一舉以定帝不納師竟無功尋從上柱國于翼自三鵶道伐陳剋十九城而還以讒毀功不見錄累遷御正上大夫煚與宗伯斛斯徵素不協徵後出爲齊州刺史坐事下獄自知罪重遂踰獄走帝大怒購之甚急煚密奏曰徵自以罪重懼死遁逃若不北走匈奴則南奔吳越徵雖愚陋久歷清顯奔彼敵國無益聖朝今炎旱爲災可因茲大赦帝從之徵賴而免煚卒不言隋文帝爲丞相加上開府再遷大宗伯及踐阼煚授璽紱進位大將軍賜爵金城郡公拜相州刺史朝廷以煚習故事徵拜尚書右僕射未幾以忤旨出爲陝州刺史轉冀州刺史甚有威惠煚嘗有疾百姓奔馳爭爲祈禱其得人情如此冀州市多姦詐煚爲銅斗鐵尺置於肆百姓便之帝聞而嘉焉頒之天下以爲常法嘗有人盜煚田中蒿爲吏所執煚曰此乃刺史不能宣風化彼何罪也慰諭遣之令人載蒿一車賜盜者盜愧過於重刑帝幸洛陽煚來朝帝勞之卒于官子義臣嗣位至太子洗馬後同楊諒反誅

趙芬字士茂天水西人也父諒周秦州刺史芬少有辯智頗涉經史周文引爲相府鎧曹參軍歷記室累遷開府儀同三司性彊濟所居之職皆有聲績周武帝親總萬機拜內史下大夫轉小御正明習故事每朝廷有所疑議衆不能決者芬輒爲評斷莫不稱善後爲司會及中國公李穆討齊引爲行軍長史封淮安縣男再遷東京小宗伯鎮洛陽隋文帝爲丞相尉遲迥與司馬消難陰謀往來芬察知之密白帝由是深見親委遷東京左僕射進爵郡公開皇初罷東京官拜尚書右僕射與郢公王誼脩律令俄兼內史令甚見信任未幾以老病出爲蒲州刺史加金紫光祿大夫仍領關東運漕賜錢百萬粟五千石而遣之後數年上表乞骸骨徵還京師賜以三驥軺車几杖被褥歸于家皇太子又致巾帔後數年卒帝遣使致祭鴻臚監護喪事子元恪嗣位揚州總管司馬左遷候衞長史少子元楷與元恪皆明幹世事元楷大業中爲歷陽郡丞與廬江郡丞徐仲宗俱竭百姓之產以貢於帝仲宗遷南郡丞元楷超拜江都郡丞兼領江都宮監

王韶字子相自云太原晉陽人也世居京兆祖諧原州刺史父諒早卒韶幼而文雅頗好奇節有識者異之在周累以軍功官至車騎大將軍儀同三司復轉軍正周武帝既拔晉州意欲旋師韶諫曰取亂侮亡正在今日乃欲釋之而去臣愚深所未解帝大悅及齊平遷位開府封晉陽縣公賜口馬雜畜萬計遷內史中大夫宣帝即位拜豐州刺史改封昌樂縣公隋文帝受禪進爵項城郡公轉靈州刺史加位大將軍晉王廣之鎮并州除行臺右僕射賜綵五百匹韶性剛直王甚憚之每事諮詢不敢違法度韶常奉使檢行長城後王穿池起三山韶既還自鎖而諫王謝而罷之帝聞而嘉歎賜金百兩并後宮四人平陳之役以本官爲元帥府司馬及剋金陵韶即鎮焉晉王廣班師留韶於石頭防遏委以後事歲餘徵還帝謂公卿曰晉王以幼出藩遂能剋平吳越王子相之力也於是進位柱國賜奴婢三百口錦絹五千段及上幸并州以其稱職特加勞勉後上謂曰自朕至此公鬢鬚漸白無乃憂勞所致柱石之望唯在於公努力勉之韶辭謝上勞遣之秦王俊爲并州總管仍爲長史歲餘馳驛入京勞弊而卒帝甚傷惜之謂秦王使者曰語爾王我前令子相緩來如何乃遣馳驛殺我子相豈不由汝言甚悽愴使有司爲立宅曰往者何用宅爲但以表我深心耳又曰子相受我委寄十有餘年終始不易寵章未極舍我而死乎發言流涕因命取子相封事數十紙傳示羣臣曰其直言匡正裨益甚多吾每披尋未嘗釋手煬帝即位追贈司徒尚書令靈豳等十州刺史魏公子士隆嗣士隆略知書計尤便弓馬慷慨有父風大業世頗見親重位備身將軍改封耿國公越王侗稱帝士隆率數千兵自江淮而至會王世充僭號甚禮重之署尚書右僕射憂憤疽發背卒

元巖字君山河南洛陽人也父禎魏敷州刺史巖好讀書不守章句剛鯁有器局以名節自許少與勃海高熲太原王韶同志友善仕周爲武賁給事大冢宰宇文護見而器之以爲中外記室累遷內史中大夫封昌國縣伯周宣帝嗣位爲政昏暴京兆郡丞樂運輿櫬詣朝堂陳帝八失言甚切至帝大怒將戮之朝臣莫有救者巖謂人曰臧洪同日尚可俱死其況比干乎若樂運不免吾將與之俱斃詣閤請見言於帝曰樂運知書奏必死所以不顧身命者欲取後世名陛下若殺之乃成其名落其術內不如勞而遣之以廣聖度運因獲免後帝將誅烏丸軌巖不肯署詔御正顏之儀切諫不入巖進繼之脫巾頓顙三拜三進帝曰汝欲黨烏丸軌耶巖曰臣非黨軌正恐濫誅失天下望帝怒使閹豎搏其面遂廢于家隋文帝爲丞相加開府戶部中大夫及受禪拜兵部尚書進爵平昌郡公巖性嚴重明達世務每有奏議侃然正色廷爭面折無所迴避上及公卿皆敬憚之時帝懲周代諸侯微弱以致滅亡由是分王諸子權侔王室以爲磐石之固遣晉王廣鎮并州蜀王秀鎮益州二王年並幼選貞良有重望爲之寮佐時巖與王韶爲河北道行臺僕射帝謂曰公宰相大器今屈輔我兒亦如曹參相齊之意及巖到官法令明肅吏人稱焉蜀王好奢嘗欲取獠口爲閹人又欲生剖死囚取膽爲藥巖皆不奉教排閤切諫王輒謝而止憚巖爲人每循法度蜀中獄訟巖所裁斷莫不悅服有得罪者謂曰平昌公與罪吾何怨焉上甚嘉之賞賜優洽卒于官上悼惜久之益州父老莫不隕涕于今思之巖卒後蜀王爲非法造渾天儀又共妃出獵以彈彈人多捕山獠充宦者寮佐無能諫止及秀得罪上曰元巖若在吾兒豈有是乎子弘嗣歷給事郎司朝謁者北平通守

宇文㢸字公輔河南洛陽人也其先與周同出祖直力勤魏鉅鹿太守父珍周宕州刺史㢸慷慨有大節博學多通仕周嘗奉使鄧至國及黑水龍涸諸羌前後降附三十餘部及還奉詔脩定五禮書成奏之賜田二頃粟百石累遷小吏部擢八人爲縣令皆有異績世以爲知人轉內史都上士武帝將謀出兵河陽以伐齊㢸進策曰齊氏建國于今累世雖曰無道尚有其人今若用兵須擇其地河陽要衝精兵所聚盡力攻圍恐難得志彼汾之曲戍小山平攻之易拔用武之地也帝不納師竟無功建德五年大舉伐齊卒用㢸策於是募三輔豪俠少年數百人爲別隊從帝攻拔晉州身被三瘡苦戰不息帝奇而壯之因從平齊以功拜上儀同封武威縣公宣帝嗣位爲守廟大夫時突厥寇甘州帝令侯莫陳昶擊之㢸謂監軍曰宜選精騎直趨祁連之西賊若收軍必自蓼泉之北此地險隘兼下濕度其人馬三日方度彼勞我逸破之必矣若邀此路眞上策也昶不能用西取合黎大軍行遲虜已出塞其年㢸又從梁士彥攻拔壽陽改封安樂縣公除滄州刺史轉南司州刺史司馬消難之奔陳㢸追之不及遇陳將樊毅戰於漳口自旦及午三戰三捷除黃州刺史轉南定州刺史開皇初以前功封平昌縣公入爲尚書右丞時西羌內附詔㢸持節安集置鹽澤蒲昌二郡而還遷左丞當官正色爲百寮所憚三年突厥寇甘州以行軍司馬從元帥竇榮定擊破之還除太僕少卿轉吏部侍郎平陳之役楊素出信州道令㢸持節爲諸軍節度仍領行軍總管劉仁恩之破陳將呂仲肅也㢸有謀焉加開府擢拜刑部尚書領太子虞候率上嘗親臨釋奠㢸與博士論議詞致清遠上大悅謂羣臣曰朕今覩周公之制禮見宣尼之論孝實慰朕心時朝廷以晉陽爲重鎮并州總管必屬親王其長史司馬亦一時高選前長史王韶卒以㢸有文武幹用出爲并州長史十八年遼東之役授元帥漢王府司馬仍領行軍總管軍還歷朔代吳三州總管皆有能名煬帝即位拜刑部尚書仍持節巡省河北還除泉州刺史復徵拜刑部尚書轉禮部尚書㢸既以才能著稱歷職顯要聲望甚重物議多見推許帝頗忌之時帝漸好聲色尤勤遠略㢸謂高熲曰昔周天元好聲色亡國以今方之不亦甚乎又言長城之役幸非急務有人奏之坐誅天下冤之所著辭賦二十餘萬言爲尚書孝經注行於世有子儉瑗

伊婁謙字彥恭本鮮卑人也其先世爲酋長隨魏南遷祖信中部太守父靈相隆二州刺史謙性忠直善辭令仕周累遷宣納上士使持節驃騎大將軍武帝將伐齊召入內殿問以兵事對曰僞齊僭擅跋扈不恭沉溺倡優耽昬嬙蘖其折衝之將斛律明月已斃讒人之口上下離心若命六師齊進臣之願也帝大笑因使謙與小司寇拓跋偉聘齊觀釁帝尋發兵齊主知之令其僕射陽休之責謙曰貴朝盛夏徵兵馬首何向答曰僕拭玉之始未聞興師設復西增白帝之城東益巴丘之戍豈足恠哉謙參軍高遵以情輸齊遂留謙不遣帝既克并州召謙勞之乃執遵付謙任令報復謙頓首請赦之帝曰卿可聚衆唾面令知愧也謙跪曰遵罪又非唾面之責帝善其言而止謙竟待遵如初尋賜爵濟陽縣伯累遷前驅中大夫大象中進爵爲侯位開府隋文帝作相授亳州總管俄徵還京恥與逆人王謙同名因爾稱字

文帝受禪以彥恭爲左武候將軍俄拜大將軍進爵爲公後出爲澤州刺史清約自處甚得人和以疾去職吏人攀戀行數百里不絕卒于家子傑嗣

李圓通京兆涇陽人也少孤賤給使隋文帝家及帝爲隋公擢授參軍事初帝少時每宴客恒令圓通監廚圓通性嚴整左右婢僕咸所敬憚唯世子乳母恃寵輕之賓客未供每有干請圓通不許或輒持去圓通大怒叱廚人撾之數十叫聲徹於閤內僚吏左右代其失色賓去後帝知之召圓通命坐賜食從此獨善之以爲堪當大任帝作相賜爵懷昌男授帥都督進爵新安子委以心膂圓通多力勁捷長於武用周氏諸王素憚帝伺便圖爲不利賴圓通保護獲免者數矣帝深感之由是參預政事授相國外兵曹仍領左親信尋授上儀同帝受禪拜內史侍郎領左衞長史進爵爲伯歷左右庶子給事黃門侍郎尚書左丞攝刑部尚書深被任信伐陳之役以行軍總管從楊素出信州道以功進位大將軍改封萬安縣公揚州總管長史秦孝王仁柔自喜少斷決府中事多決於圓通入爲司農卿遷刑部尚書後復爲幷州長史孝王以奢得罪圓通亦坐免尋檢校刑部尚書事仁壽中以勳舊進爵郡公煬帝嗣位拜兵部尚書帝幸揚州以圓通留守京師判宇文述田還百姓述訴其受賂帝怒坐是免官圓通憂懼發病卒贈柱國封爵悉如故子孝常大業末爲華陰令武德初以應義旗功封義安王又有陳茂者河東猗氏人家世寒微質直恭謹爲州里所稱文帝爲隋國公引爲寮佐待遇與圓通等每令典家事常稱旨後從帝與齊師戰於晉州賊甚盛帝將挑戰茂固止不得因捉馬鞚帝怒拔刀斫其額流血被面詞氣不撓帝感而謝之厚加禮敬帝爲丞相委以心膂及受禪拜給事黃門侍郎封魏城縣男每典機密轉益州總管司馬遷太府卿進爵爲伯卒官子政嗣政字弘道倜儻有文武大略善鐘律便弓馬少養宮中年十七爲太子千牛備身京都大俠劉居士重政才氣數從之遊圓通子孝常與政相善並與居士交結及居士伏誅政及孝常從坐上以功臣子撻之二百而赦之由是不得調煬帝時歷位協律郎通事謁者兵曹承務郎帝以其才甚重之宇文化及之亂以爲太常卿後歸大唐爲梁州總管遇賊見殺

郭榮字長榮自云太原人也父徽仕魏爲同州司馬時武元皇帝爲刺史由是與隋文帝有舊徽後位洵州刺史安城縣公及帝受禪拜太僕卿卒官榮容貌魁岸外疎內密與交者多愛之周大冢宰宇文護引爲親信護察榮謹愿擢爲中外府水曹參軍齊寇屢侵護令榮於汾州觀城勢時汾州與姚襄鎮相去懸遠榮以二城孤迥勢不相救請於州鎮間更築城以相控攝護從之俄而齊將段孝先攻陷姚襄汾州二城唯榮所立者獨能自守護作浮橋出兵孝先於上流縱大筏擊浮橋護令榮督便水者引取其筏以功授大都督護又以稽胡數爲寇亂使綏集之榮於上郡延安築周昌弘信廣安招遠咸寧等五城以遏其要路稽胡由是不能爲寇周武親總萬機拜宣納中士從平齊以功封平陽縣男遷司水大夫榮少與隋文帝親狎帝嘗與夜坐月下謂榮曰吾仰觀玄象俯察人事周歷已盡我其代之榮深自結納未幾周宣崩文帝總百揆召榮撫其背笑曰吾言驗未即拜相府樂曹參軍俄以本官復領藩部大夫文帝受禪引爲內史舍人以龍潛之舊進爵蒲城郡公位上儀同累遷通州刺史仁壽初西南夷獠多叛詔榮領八州諸軍事行軍總管討平之煬帝即位入爲武候驃騎大將軍以嚴正聞後黔安首領田羅駒阻清江作亂夷陵諸郡人夷多應者詔榮擊平之遷左候衞將軍從帝西征吐谷渾拜銀青光祿大夫遼東之役以功進左光祿大夫明年帝復事遼東榮以爲中國疲弊萬乘不宜屢動乃言於帝請止行帝不納復從軍攻遼東城榮親蒙矢石晝夜不釋甲冑帝知之大悅每勞勉之帝後以榮年老欲出爲郡榮陳請不願哀之拜右候衞大將軍後數日帝謂百寮曰誠心純至如郭榮者固無比矣楊玄感之亂帝令馳守太原明年從帝至柳城卒於懷遠鎮帝爲廢朝贈兵部尚書謚曰恭子福善

龐晃字元顯榆林人也父虯周驃騎大將軍晃少以良家子召補州都督周文帝署大都督領親信兵常置左右晃因從居關中後遷驃騎將軍襲爵比陽侯衞王直出鎮襄州晃以本官從尋與長湖公元定擊江南孤軍深入沒於陳數年衞王直遣晃弟車騎將軍元儁贖絹八百匹贖焉乃得歸拜上儀同復事衞王時隋文帝出爲隨州刺史路經襄陽衞王令晃詣文帝晃知帝非常人深自結納及帝去官歸京師晃迎見於襄邑帝甚歡與晃同飯晃因曰公相貌非常名在圖籙九五之日幸願不忘帝笑曰何妄言也頃之有一雄雉鳴於庭帝令晃射之曰中則有賞然富貴之日持以爲驗文帝受禪與晃言及之晃再拜曰陛下君臨寓內猶憶曩時之言上笑曰公此言何得忘也尋加上開府拜右衞將軍進爵爲公河間王弘之擊突厥晃性剛悍時廣平王雄當途用事勢傾朝廷晃每陵侮之嘗於軍中臥見雄不起雄甚銜之復與高熲有隙二人屢譖晃由是宿衞十餘年官不得進出爲懷州刺史遷原州總管卒於官帝爲廢朝謚曰敬子長壽頗知名位驃騎將軍

李安字玄德隴西狄道人也父蔚仕周爲相燕恒三州刺史襄武縣公安美姿容善騎射天和中襲爵襄武公授儀同小司右上士隋文帝作相引之左右遷職方中大夫復拜安弟哲爲儀同安叔父梁州刺史璋時在京師與周趙王謀害帝誘哲爲內應哲謂安曰寢之則不忠言之則不義失忠與義何以立身安曰丞相父也其可背乎遂陰白之及趙王等伏誅將加官賞安頓首曰豈可將叔父之命以求官賞於是俯伏流涕悲不自勝帝爲之改容曰我爲汝特存璋子乃命有司罪止璋身帝亦爲安隱其事而不言尋授安開府進封趙郡公哲上儀同黃臺縣男文帝即位歷內史侍郎尚書左丞黃門侍郎平陳之役爲楊素司馬仍領行軍總管率蜀兵順流東下時陳人屯白沙安謂諸將曰水戰非北人所長今陳人依險泊船必輕我無備夜襲之賊可破也安率衆先鋒大破陳師詔書勞勉進位上大將軍郢州刺史轉鄧州刺史求爲內職帝重違其意除領左右將軍遷右領軍大將軍拜哲開府儀同三司備身將軍兄弟俱典禁衞恩信甚重八年突厥犯塞以安爲行軍總管從楊素擊之安別出長川會虜渡河與戰破之仁壽元年出安爲寧州刺史哲爲衞州刺史安子瓌哲子瑋始自襁褓乳養宮中至是年八九歲始命歸家其親顧如是帝嘗言及作相時事因愍安兄弟滅親奉國乃下詔曰先王立教以義斷恩割親愛之情盡事君之道用能弘奬大節體此至公往者朕登庸惟始王業初基寧州刺史趙郡公李安其叔璋潛結藩枝包藏不逞安與弟哲深知逆順披露丹心凶謀既彰罪人斯得朕每念誠節嘉之無已但以事涉其親猶有疑惑欲使安等名教之方自處有地朕常爲思審遂致淹年今更詳案聖典求諸往事父子天性忠孝猶不並立況復叔姪恩輕情禮本有差降忘私奉國深正得理宜錄舊勳重弘賞命於是拜安哲俱爲柱國賜縑各五十匹馬百匹羊千口以哲爲備身將軍進封順陽郡公安謂親族曰雖家獲全而叔父遭禍今奉此詔悲愧交懷因歔欷悲感不能自勝先患水病於是疾甚而卒謚曰懷子瓌嗣少子孝恭最知名哲煬帝時工部尚書後坐事除名配防嶺南道卒

楊尚希弘農人也祖眞魏天水太守父承賓商直淅三州刺史尚希齠齓而孤年十一辭母請受業長安范陽盧辯見而異之令入太學專精不倦同輩皆共推服周文帝嘗親臨釋奠尚希時年十八令講孝經詞旨可觀文帝奇之賜姓普六茹氏擢爲國子博士累轉舍人上士明武世歷太學博士太子宮尹計部中大夫賜爵高都侯東京司憲中大夫撫慰山東河北至相州而宣帝崩與相州總管尉遲迥發喪於館尚希出謂左右曰蜀公哭不哀而視不安將有他計吾不去將及於難遂夜遁及明迥方覺令數十騎追不及遂歸京師隋文帝以尚希宗室之望又背迥而至待之甚厚及迥屯兵武陟遣尚希領宗室兵三千人鎭潼關尋授司會中大夫文帝受禪拜度支尚書進爵爲公歲餘出爲河南道行臺兵部尚書加銀青光祿大夫尚希時見天下州郡過多上表以爲今郡縣倍多於古或地無百里數縣並置或戶不滿千二郡分領具寮以衆資費日多吏卒又倍租調歲減清幹良材百分無一動須數萬如何可充所謂人少官多十羊九牧今存要去閑併小爲大國家則不虧粟帛選用則易得賢才帝覽而嘉之遂罷天下諸郡後歷位瀛州刺史兵部禮部二尚書授上儀同尚希性惇厚兼以學業自通甚有雅望爲朝廷所重上時每旦臨朝日側不倦尚希諫以爲陛下宜舉大綱責成宰輔繁碎之務非人主所宜親上歡然曰公愛我者尚希有足疾謂曰蒲州出美酒足堪養病屈公臥臨之於是拜蒲州刺史仍領本州宗團驃騎尚希在州甚有惠政復引瀵水立隄防開稻田數千頃人賴其利卒官謚曰平子旻嗣後封丹水縣公位安定郡丞

張煚字士鴻河間鄚人也父羨少好學多所通涉仕魏爲蕩難將軍從武帝入關累遷銀青光祿大夫周文引爲從事中郎賜姓叱羅氏歷司織大夫雍州中從事應州刺史儀同三司賜爵虞鄉縣公復入爲司成中大夫典國史周代公卿類多武將唯羨以素業自通甚爲當時所重後以年老致仕隋文帝受禪欽其德望以書徵之及謁見敕令勿拜扶杖升殿上降榻執手與之同坐宴語久之賜以几杖會遷都龍首羨上表勸以儉約上優詔答之卒贈滄州刺史謚曰定所撰老子莊子義名道言五十二篇煚好學有父風仕魏位員外侍郎周文引爲外兵曹明武世位冢宰司錄賜爵北平縣子宣帝時加儀同進爵爲伯隋文帝爲丞相煚深自推結帝以

其有幹用甚親遇之及受禪拜爲尚書右丞進爵爲侯遷太府少卿領營新都監丞丁父憂去職柴毀骨立未期授儀同三司襲爵廣鄉縣公歷太府卿戶部尚書晉王廣爲揚州總管授熲司馬加銀青光祿大夫熲性和厚有識度甚有當時譽後拜冀州刺史晉王廣頻表請之復爲晉王長史檢校蔣州事及晉王爲皇太子復爲冀州刺史位上開府吏人悅服稱爲良二千石卒官子慧寶官至絳郡丞開皇中有劉仁恩者政績爲天下第一擢拜刑部尚書以行軍總管從楊素伐陳與素破陳將呂仲肅於荊門仁恩計功居多授上大將軍甚有當時譽馮翊郭均上黨馮世期並明悟有幹略相繼爲兵部尚書此三人俱顯名於世然事行闕落史莫能知

蘇孝慈扶風人也父武周兗州刺史孝慈少沉謹有器幹美容儀仕周位至工部中大夫封臨水縣公隋文帝受禪進爵安平郡公拜太府卿于時王業初基徵天下匠纖微之巧無不畢集孝慈總其事世以爲能歷位兵部尚書待遇愈密時皇太子勇頗知時政上欲重宮官之望多令大臣領其職拜孝慈太子右衞率尚書如故及於陝州置常平倉轉輸京下以渭水多沙乍深乍淺乃決渭水爲渠以屬河令孝慈督其役渠成上善之又領太子左衞率仍判工部戶部二尚書稱爲幹理進位大將軍轉工部尚書率如故先是以百寮供費不給臺省府寺咸置廨錢收息取給孝慈以爲官與百姓爭利非興化之道表請公卿已下給職田各有差上並納焉上將廢太子憚其在東宮出爲浙州刺史太子以孝慈去形於言色遷洪州總管俱有惠政後桂林山越相聚爲亂詔孝慈爲行軍總管擊平之卒官子會昌孝慈兄順周眉州刺史子沙羅字子粹仕周以破尉遲迥功授開府儀同三司封通泰縣公開皇中歷位資邛二州刺史檢校利州總管從史萬歲擊西爨進位大將軍尋檢校益州總管長史及蜀王秀廢沙羅坐除名卒于家子康嗣

元壽字長壽河南洛陽人也祖敦魏侍中邵陵王父寶周涼州刺史壽少孤性仁孝九歲喪父哀毀骨立宗族鄉黨咸異之事母以孝聞及長方直頗涉文史周武成初封隆城縣侯保定四年封儀隴縣侯授儀同三司隋開皇初議伐陳以壽有思理使於淮浦監修船艦以强濟見稱累遷尚書左丞文帝嘗出苑觀射文武並從開府蕭摩訶妻患且死奏請遣子向江南收其家產御史見而不言壽奏劾之曰御史之官義存糾察直繩莫舉憲典誰寄今月五日鑾輿徙蹕親臨射苑開府儀同三司蕭摩訶幸厠朝行預觀盛禮奏稱請遣子世略暫往江南重收家產妻安遇患彌留有日安若長逝世略不合此行竊以人倫之義伉儷爲重資愛之道烏鳥弗虧摩訶遠念資財近忘匹好一言纔發名教頓盡而兼殿內侍御史臣韓徵之等親所聞見竟不彈糾若知非不舉情涉阿縱如不以爲非豈關理識儀同三司太子左庶子檢校書侍御史臣劉行本虧失憲體何所逃愆臣謬膺朝寄忝居左轄無容寢默謹以狀聞上喜納之後授太常少卿出爲基州刺史有公廉稱入爲太府少卿進位開府煬帝嗣位漢王諒反左僕射楊素爲行軍元帥壽爲長史事平以功授大將軍遷太府卿大業四年拜內史令從帝西討吐谷渾壽率衆屯金山東西連營三百餘里以圍渾主還拜右光祿大夫七年兼左翊衞將軍從征遼東在道卒帝哭之甚慟贈尚書右僕射光祿大夫謚曰景子敏頗有才辯而輕險多詐壽卒帝追思之擢敏守內史舍人交通博徒數泄省中語化及之反敏創其謀僞授內史侍郎爲沈光所殺

論曰二趙明習故事當世咸推及居端右無聞殊績故知人之分器各有量限大小云異不可相踰晉蜀二王帝之愛子擅以權寵莫拘憲法王韶元巖任當彼相並見嚴憚莫敢爲非謇諤之風有足稱矣宇文弢寓量宏遠聲望攸歸斯言不密以致傾殞惜矣伊婁謙志識弘深不念舊惡請赦高遵之罪有君子風焉李圓通郭榮龐晃等或陳力經綸之際或自結龍潛之始其所以高位厚秩隆恩殊寵豈徒然哉李安雖則滅親而於義亦已疎矣楊尚希譽望隆重張煚蘇孝慈咸稱貞幹並擢自開皇之初蓋當時之選也元壽之彈行本有意存夫名教然其計功稱伐蓋不足云端揆之贈則爲優矣

北史卷七十五考證

王韶傳隋文帝受禪進爵項成郡公○成疑應作城今各本俱同仍之

元巖傳嘗欲取獠口爲閹人○獠監本訛僚今改從南本

宇文弢傳祖直力勤魏鉅鹿太守○勤監本訛動今改從南本

領太子虞候率○候監本訛侯今改正

伊婁謙傳僞齊僭擅跋扈不恭○跋監本訛拔今改正

因使謙與小司寇拓跋偉聘齊觀釁帝尋發兵齊主知之○監本聘齊訛先濟主訛王今俱改從周書

楊尚希傳所謂人少官多十羊九牧○十監本訛卜今改正

張煚傳字士鴻河間鄚人也○鄚監本訛鄭今改從南本

北史卷七十六

唐　李延壽　撰

列傳第六十四

段文振　來護兒　樊子蓋　周羅睺

周法尚　劉權　衞玄　李景

薛世雄

段文振北海期原人也祖壽魏滄州刺史父威周洮河甘渭四州刺史文振少有膂力膽智過人明達世務初爲周冢宰宇文護親信護知其有器局幹用擢授中外府兵曹後從周武帝攻齊海昌王尉相貴於晉州其亞將侯子欽崔景嵩爲內應文振杖槊與崔仲方等數十人先登城文振隨景嵩至相貴所拔佩刀劫之相貴不敢動城遂下反攻并州陷東門而入齊安德王延宗懼而出降錄前後勳將拜柱國以讒毀獲譴因授上儀同賜爵襄國縣公進平鄴都又賜綺羅二千段後從滕王逌擊稽胡破之又以天官都上士從韋孝寬經略淮南俄而尉遲迥作亂時文振老母妻子俱在鄴城迥遣人誘之文振不顧隋文帝引爲丞相掾司馬消難之奔陳文帝令文振安集淮南還除衞尉少卿兼內史侍郎尋以行軍長史從達奚震討平叛蠻加上開府遷鴻臚卿衞王爽北征突厥以文振爲長史坐勳簿不實免官後爲石河二州刺史甚有威惠遷蘭州總管改封龍崗縣公突厥犯塞以行軍總管擊破之遂北至居延塞開皇九年大舉伐陳爲元帥秦王司馬別領行軍總管及平江南授揚州總管司馬轉并州總管司馬以母憂去職後拜雲州總管遷太僕卿十九年突厥犯塞以行軍總管破達頭可汗於沃野文振先與王世積有舊初文振北征世積遺以駝馬比還世積以罪誅文振坐與交關功遂不錄後平越嶲叛蠻賜奴婢二百口仁壽初嘉州獠反文振以行軍總管討之引軍山谷間爲賊所襲遂大敗文振復收散兵竟破之文振性素剛直無所降下初軍次益州謁蜀王秀貌頗不恭秀甚銜之及此奏文振師徒喪亂右僕射蘇威與文振有隙因譖之坐是除名及秀廢黜文振上表自申帝慰諭之授大將軍拜靈州總管煬帝即位徵爲兵部尚書待遇甚重從征吐谷渾文振督兵屯雪山連營三百餘里東接楊義臣西連張壽合圍渾主於覆袁川以功進位右光祿大夫帝幸江都以文振行江都郡事文振見文帝時容納突厥啓人居于塞內妻以公主賞賜重疊及大業初恩澤彌厚恐爲國患乃上表請以時喻遣令出塞外然後明設烽候緣邊鎮防務令嚴重此乃萬世之長策時兵部侍郎斛斯政專掌兵事文振知政險薄不可委以機要屢言於帝帝並弗納及遼東之役授左候衞大將軍出南蘇道在軍疾篤上表以爲遼小醜未服嚴刑但夷狄多詐深須防擬口陳降款心懷背叛詭伏多端勿得便受水潦方降不可淹遲唯願嚴勒諸軍星馳速發則平壤孤城勢可拔也若傾其本根餘城自尅如不時定脫遇秋霖深爲艱獘兵糧又竭强敵在前靺鞨出後遲疑不決非上策也卒於師帝省表悲歎久之贈光祿大夫尚書右僕射北平公謚曰襄長子詮位武牙郎將次子綸少以俠氣聞文振弟文操大業中爲武賁郎將性甚剛嚴帝令督祕書省學士時學士頗存儒雅文操輒鞭撻之前後或至千數時議者鄙之

來護兒字崇善本南陽新野人漢中郎將歙十八世孫也曾祖成魏新野縣侯後歸梁徙居廣陵因家焉位終六合令祖嶷步兵校尉秦郡太守長寧縣侯父法敏仕陳終於海陵令護兒未識而孤養於世母吳氏吳氏提攜鞠養甚有慈訓幼而卓犖初讀詩至擊鼓其鏜踊躍用兵羔裘豹飾孔武有力因捨書歎曰大丈夫在世當如是會爲國滅賊以取功名安能區區專事筆硯也羣輩驚其言而壯其志及長雄略秀出志氣英遠涉獵書史不爲章句學始侯景之亂護兒世父爲鄉人陶武子所害吳氏每流涕爲護兒言之武子宗數百家厚自封植護兒每思復怨因其有婚禮乃結客數人直入其家引武子斬之賓客皆慴不敢動乃以其頭祭伯父墓因潛伏歲餘會周師定淮南乃歸鄉里所住白土村地居疆場數見軍旅護兒常慨然有立功名之志及開皇初宇文忻賀若弼等鎮廣陵並深相禮重除大都督領本鄉兵破陳將曾永以功授儀同三司平陳之役護兒有功焉進位上開府賞物一千段十一年高智慧據江南

反以子總管統兵隨楊素討之賊據浙江岸爲營周三百餘里船艦被江鼓譟而進護兒言於素曰吳人輕銳利在舟檝必死之賊難與爭鋒公且嚴陣以待之勿與接刃請假奇兵數千潛度江掩破其壁使退無所歸進不得戰此韓信破趙之策也素以爲然護兒乃以輕舸數百直登江岸襲破其營因縱火烟焰張天賊顧火而懼素因是動一鼓破之智慧將逃於海護兒追至閩中餘黨皆平進位大將軍除泉州刺史封襄陽縣公食邑百千戶賜物二千段奴婢百人護兒詔懷初附威惠兼舉璽書勞問前後相屬時智慧餘黨盛道延阻兵爲亂護兒又討平之還建州總管又與浦山公李寬討平黟歙逆黨汪文進進位柱國封永寧郡公文帝嘉其功使畫工圖其像以進十八年詔追入朝賜以宮女寶刀駿馬錦綵等物仍留長子楷爲千牛備身使護兒還職仁壽初遷瀛州刺史以善政聞頻見勞勉煬帝嗣位被追入朝百姓攀戀累日不能出境詣闕上書致請者前後數百人帝謂曰昔國步未康卿爲名將今天下無事又爲良二千石可謂兼美矣仍除右驍衛大將軍尋遷左又改上柱國爲光祿大夫從右翊衛大將軍進封榮國公恩禮隆密朝臣無比大業六年車駕幸江都謂護兒曰衣錦晝遊古人所重卿今是也乃賜物二千段并牛酒令謁先人墓宴鄉里父老仍令三品已上竝集其宅酣飲盡日朝野榮之遼東之役以護兒爲平壤道行軍總管兼檢校東萊郡太守率樓船指滄海入自浿水去平壤六十里高麗主高元掃境內兵以拒之列陣數十里諸將咸懼護兒笑謂副將周法尚及軍吏曰吾本謂其堅城淸野以待王師今來送死當殄之而朝食高元弟建驍勇絕倫率敢死數百人來致師護兒命武賁郎將費靑奴及第六子左千牛整馳斬其首及縱兵追奔直至城下俘斬不可勝計因破其郛營於城外以待諸軍高麗晝閉城門不敢出會宇文述等衆軍皆敗乃旋軍以功賜物五千段以第五子弘爲杜城府鷹揚郎將以先封襄陽公賜其子整明年又出滄海道師次東萊會楊玄感反進攻洛陽護兒聞之召裨將周法尚等議旋軍討逆法尚等咸以無敕不宜擅還再三固執不從護兒厲聲曰洛陽被圍心腹之疾高麗逆命猶疥癬耳公家之事知無不爲專擅在吾當不關諸人也有沮議者軍法從事卽日迴軍令子弘及整馳驛奏聞帝見弘等甚悅曰汝父擅赴國難乃誠臣也授弘通議大夫整公路府鷹揚郎將乃降璽書於護兒曰公旋師之時是朕敎公之曰君臣意合遠同符契梟此元惡期在不遙勒名太常非公而誰也於是護兒與宇文述破玄感於閿鄉斬平之還加開府儀同三司賜物五千段黃金千兩奴婢百人贈父法敏東陽郡太守永寧縣公十一年又率師渡海破高麗奢卑等二城高麗舉國來戰護兒大破之將趣平壤高元震懼使執叛臣斛斯政詣遼東城下請降帝許之詔護兒旋軍護兒集衆軍謂曰三度出兵未能平賊此還也不可重來今高麗困敝野無靑草以我衆戰不日剋之吾欲進兵徑圍平壤取其僞主獻捷而歸也於是拜表請行不肯奉詔長史崔君肅固爭之以爲不可護兒曰賊勢破矣吾在閫外事合專決寧征得高元還而獲譴捨此成功所不能矣君肅告衆曰若從元師違拒詔書必當奏聞諸將懼乃同勸還師方始奉詔及帝於鴈門爲突厥所圍將選精騎潰圍而出護兒及樊子蓋竝固諫乃止十二年駕幸江都護兒諫曰自皇家受命將四十年薄賦輕徭戶口滋殖陛下以高麗逆命稍興軍旅百姓無知易爲咨怨在外羣盜往往聚結車駕遊幸深恐非宜伏願駐駕洛陽與時休息出師命將掃淸羣醜上稟聖算指日剋除陛下今幸江都是臣衣錦之地臣荷恩深重不敢專爲身謀帝聞之厲色而起數日不得見後怒解方被引入謂曰公意乃爾朕復何望護兒因不敢言尋代宇文述爲左翊衛大將軍及宇文化及構逆深忌之是日且將朝見執護兒曰陛下今何在左右曰今被執矣護兒嘆曰吾備位大臣荷國重任不能肅淸凶逆遂令王室至此抱恨泉壤知復何言乃遇害護兒重然諾敦交契廉於財利不事產業至於行軍用兵特多謀算每見兵法曰此亦豈異人意也善撫士卒部分嚴明故咸得其死力子十二人楷通議大夫弘金紫光祿大夫整左光祿大夫整尤驍勇善撫御討擊羣盜所向皆捷諸賊歌曰長白山頭百戰場十十五五把長鎗不畏官軍千萬衆只怕榮公第六郎至是竝遇禍子姪死者十八人唯少子恆濟二人免

樊子蓋字華宗廬江人也祖道則梁越州刺史父儒侯景之亂奔齊位仁州刺史子蓋仕齊位東海北陳二郡太守員外散騎常侍封富陽侯周武帝平齊授儀同三司郢州刺史隋文帝受禪以儀同領鄉兵除樅陽太守平陳之役以功加上開府改封上蔡縣伯歷辰嵩齊三州刺史轉循州總管許以便宜從事十八年入朝奏嶺南地圖賜以良馬雜物加統四州令還任所遣光祿少卿柳謇之餞於灞上煬帝卽位轉涼州刺史改授銀靑光祿大夫武威太守以善政聞大業三年入朝加金紫光祿大夫五年車駕西巡將入吐谷渾子蓋以彼多瘴氣獻靑木香以禦霧露及帝還謂曰人道公淸定如此不子蓋謝曰臣安敢淸止是小心不敢納賄耳於是賜之口味百餘斛加右光祿大夫子蓋曰願奉丹陛帝曰公侍朕則一人而已委以四方則萬人之敵宜識此心六年帝避暑隴川宮又云欲幸河西子蓋傾望鑾輿願巡郡境帝知之下詔慰勉之是歲朝於江都宮帝謂曰富貴不還故鄉眞衣繡夜行耳因敕廬江郡設三千人會賜米麥六千石使謁墳墓宴故老當時榮之還除戶部尚書時處羅可汗及高昌王款塞復以子蓋檢校武威太守應接二蕃遼東之役攝左武衛將軍出長岑道後以宿衛不行加左光祿大夫其年帝還東都使子蓋涿郡留守九年駕復幸遼東命子蓋東都留守屬楊玄感作逆逼城子蓋遣河南贊務裴弘策逆擊之反爲所敗遂斬弘策以徇國子祭酒楊汪小不恭子蓋又將斬之汪拜謝頓首流血久乃釋免於是三軍莫不戰慄將吏無敢仰視玄感每盡銳攻城子蓋徐設備禦至輒摧破會來護等救至玄感乃解去子蓋凡所誅殺萬人又檢校河南內史車駕至高陽追詣行在所帝勞之以比蕭何寇恂加光祿大夫封建安侯賜女樂五十人謂曰朕遣越王留守東郡示以皇枝盤石社稷大事終以委公特宜持重戈甲五百人而後出此勇夫重閉之義無賴不軌者便誅鉏之凡可施行無勞形迹今爲公別造玉麟符以代銅獸又指越代二王曰今以二孫委公與衛文昇耳宜選貞良宿德有方幅者敎習之於是賜以良田甲第十年駕還東都帝謂子蓋曰玄感之反神明故以彰公赤心耳析珪進爵宜有令謨是日進爵爲濟公言其功濟天下特爲立名無此郡國也後與蘇威宇文述陪宴積翠池帝親以金盃屬子蓋酒曰良算嘉謀俟公後動卽以此盃賜公用爲永年之瑞十一年從駕至鴈門爲突厥所圍帝欲選精騎潰圍出子蓋及來護諫因垂泣願暫停遼東之役以慰衆望聖躬親出慰撫厚爲勳格人心自奮不足爲憂帝從之後援兵至虜乃去納言蘇威追論勳格太重宜在斟酌子蓋執奏不宜失信帝曰公欲收物情邪子蓋默然不敢對從駕還東都時絳郡賊敬槃陀柴保昌等阻兵數萬汾晉苦之詔子蓋進討時人物殷阜子蓋善惡無所分別汾水北村塢盡焚之百姓大駭相率爲盜其歸首者無少長悉坑之擁數萬衆經年不能破賊詔徵還又將兵擊宜陽賊以疾停卒于東京上悲傷者久之顧黃門侍郎裴矩曰子蓋臨終何語矩曰子蓋病篤深恨鴈門之恥帝聞之歎息令百官就弔贈開府儀同三司謚曰景會葬萬餘人武威人吏聞其死莫不嗟痛立碑頌德子蓋無他權略在軍持重未嘗負敗莅官明察下莫敢欺嚴酷少恩果於殺戮臨終之日見斷頭鬼前後重沓爲之厲云

周羅睺字公布九江潯陽人也父法暠仕梁至南康內史臨蒸縣侯羅睺年十五善騎射好鷹狗任俠放蕩收聚亡命陰習兵書從祖景彥誡之曰吾世恭謹汝獨放縱若不喪身必將滅吾族羅睺終不改仕陳爲句容令後從大都督吳明徹與齊師戰於江陽爲流矢中左目齊師之圍明徹於宿預也諸軍相顧莫有鬬心羅睺躍馬突進莫不披靡太僕卿蕭摩訶副之斬首不可勝計進師徐州與周將梁士彥戰於彭城摩訶臨陣墮馬羅睺進救之於重圍之內勇冠三軍明徹之敗羅睺全衆而歸後以軍功除右軍將軍封始安縣伯總檢校揚州中外諸軍事賜金銀三千兩盡散之將士分賞驍雄陳宣帝深歎美之出爲晉陵太守進爵爲侯後除使持節都督豫章十郡諸軍事豫章內史獄訟庭決不關吏手人懷其惠立碑頌德至德中除持節都督南川諸軍事江州司馬吳世興密奏羅睺甚得人心擁衆嶺表意在難測陳主惑焉蕭摩訶魯廣達等保明之外有知者或勸其反羅睺拒絕之還除太子左衛率信任愈重時參宴席陳主曰周左率武將詩每前成文士何爲後也都官尚書孔範曰周羅睺執筆製詩還如上馬入陣不在人後自是益見親禮及隋伐陳羅睺都督巴峽緣江諸軍事以拒秦王俊及陳主被禽上江猶不下晉王廣遣陳主手書命之羅睺與諸將大臨三日放兵士散然後乃降文帝慰諭之許以富貴羅睺垂泣對曰本朝淪亡臣無節可紀陛下所賜獲全爲幸富貴榮祿非臣所望帝甚器之賀若弼謂曰聞公郢漢捉兵卽知揚州可得王師利涉果如所量羅睺答曰若得與公周旋勝負未可知也其年秋拜上儀同三司鼓吹送之于宅先是陳裨將羊翔歸降使爲鄉導位至開府班在羅睺上韓禽於朝堂戲之曰不知機變位在羊翔下羅睺答曰昔在江南久承令問謂公天下節士今日所言殊匪人臣之論禽有媿色歷幽涇二州刺史竝有能名開皇十八年征遼東徵爲水軍總管自東萊汎海趣平壤城遭風船多漂沒無功而旋十九年突厥達頭可汗犯塞從楊素

致討羅睺先登大破之進大將軍仁壽元年入爲東宮右虞候率賜爵義寧郡公轉右衞率煬帝即位授右武候大將軍副楊素討平漢王諒進授上大將軍及陳主卒羅睺請一臨哭帝許之衰絰送至墓葬還釋服而後入朝帝甚嘉尚之世論稱其有禮時諒餘黨據絳晉等三州未下詔羅睺行晉絳呂三州諸軍事進兵圍之中流矢卒送柩還京行數里無故輿馬自止策之不動有飄風旋遶焉絳州長史郭雅稽首祝曰公恨小寇未平邪尋即除殄無爲戀恨是時風靜馬行見者莫不悲歎其年七月子仲隱夢羅睺曰我明日當戰其靈坐所有弓箭刀劒無故自動若人帶持之狀絳州城陷是其日也贈柱國右翊衞大將軍謚曰壯子仲安位上開府

周法尚字德邁汝南安成人也祖靈起梁廬桂二州刺史父炅定州刺史平北將軍法尚少果勁有風槩好讀兵書其父卒後監定州事督父本兵數有戰功爲散騎常侍領齊昌郡事封山陰縣侯既而其兄武昌縣公法僧代爲定州刺史法尚與長沙王叔堅不相能叔堅言其將反陳宣帝執禁法僧發兵欲取法尚其下將吏皆勸之歸北法尚未決長史殷文則曰樂毅所以辭燕良不獲已也法尚遂歸周拜開府順州刺史封歸義縣公賜良馬五匹女妓六人綵物五百段加以金帶陳將樊猛濟江討之法尚遣部曲督韓朗詐爲背已奔陳僞告猛曰法尚部兵不願降北若得軍來必無鬭者猛引師急進法尚設奇兵大敗之猛僅以身免隋文帝爲丞相司馬消難作亂陰遣上開府段珣攻圍之外無救援法尚棄城走消難虜其母弟及家累三百人歸陳及文帝受禪拜巴州刺史破三鵶叛蠻復從柱國王誼擊走陳寇遷衡州總管改封譙郡公後上幸洛陽召之賜金鈿酒鍾一雙綵五百段良馬十五匹奴婢三百口給鼓吹一部法尚固辭上曰公有大功於國特給鼓吹者欲公鄉知朕之寵公也轉黃州總管使經略江南及伐陳之役以行軍總管隸秦孝王轉鄂州刺史遷永州總管安集嶺南仍給黃州兵三千五百人爲帳內前後賞賜甚厚轉桂州總管仍嶺南道安撫大使後數年入朝以本官宿衞未幾桂州人李光仕反令法尚與上柱國王世積討之法尚發嶺南兵世積徵嶺北軍俱會尹州世積所部多遇瘴不能進頓于衞州法尚獨討之捕得其弟光略光度追斬光仕平之仁壽中遂州獠叛復以行軍總管討平之嶲州烏蠻反詔法尚便道討擊破之軍還檢校潞州事煬帝嗣位轉雲州刺史遷定襄太守進金紫光祿大夫時帝幸榆林法尚朝于行宮內史令元壽言於帝曰漢武出塞旌旗千里今御營外請分爲二十四軍日別遣一軍發相去三十里旗幟相望鉦鼓相聞首尾連注千里不絕法尚曰兵車千里動閒山谷卒有不虞四分五裂腹心有事首尾未知雖有故事此取敗道也帝不懌曰卿以爲如何法尚曰請爲方陣四面外拒六宮及百官家口竝住其閒若有變當頭分抗車爲壁壘重設鉤陳此與據城何異臣謂牢固萬全策也帝曰善因拜左武衞將軍明年黔安夷向思多反殺將軍鹿愿圍太守蕭造法尚與將軍李景分路討之法尚破思多于清江及還從討吐谷渾別出松州道逐捕亡散至于青海出爲燉煌太守遷會寧太守遼東之役以舟師指朝鮮道會楊玄感反與宇文述來護等破之以功進授右光祿大夫時齊郡人王薄孟讓等爲盜保長白山法尚頻擊破之明年復臨滄海在軍遇疾卒贈武衞大將軍謚曰僖有子六人紹範最知名

衞玄字文昇河南洛陽人也祖悅魏司農卿父檦侍中左武衞大將軍玄少有器識周武帝在藩引爲記室遷給事上士襲爵興勢公武帝親總萬機拜益州總管長史賜以萬釘寶帶稍遷開府儀同三司大府中大夫攝內史事仍領京兆尹稱爲强濟隋文帝作相檢校熊州事及受禪遷淮州總管進封同軌郡公坐事免未幾拜嵐州刺史會起長城之役詔玄監督之後爲衞尉少卿仁壽初山獠作逆以玄爲資州刺史以鎭撫之玄既到官時獠攻圍大牢鎭玄單騎造其營謂羣獠曰我是刺史銜天子詔安養汝等汝等勿驚諸賊莫敢動於是說以利害渠帥感悅解兵歸附者十餘萬口文帝大悅賜縑二千匹除遂州總管仍令劒南安撫煬帝即位後徵爲衞尉卿夷獠攀戀數十里不絕及與之決竝揮涕而去遷工部尚書後拜魏郡太守尚書如故未幾拜右候衞大將軍檢校左候衞事轉刑部尚書遼東之役檢校右禦衞大將軍帥師出增地道時諸軍多不利玄獨全衆而還拜金紫光祿大夫九年駕幸遼東使玄與代王侑留守京師拜爲京兆內史尚書如故許以便宜從事敕代王待以師傅禮會楊玄感圍東都玄率步騎七萬援之至華陰掘楊素冢焚其骸骨夷其塋域示士卒以必死既出潼關議者恐崤函有伏兵請於陝縣沿流東下直趣河陽以攻其背玄曰此計非豎子所及也乃鼓行而進既度函谷卒如所量乃遣武賁郎將張峻爲疑軍於南道玄以大兵直趣城北玄感逆拒之且戰且行屯軍金谷於軍中掃地而祭文帝曰若社稷靈長宜令醜徒冰碎如或大運去矣幸使老臣先死詞氣激揚三軍莫不涕咽時衆寡不敵與賊頻戰不利死傷大半玄苦戰賊稍却進屯北芒會宇文述來護等援兵至玄感西遁玄遣通議大夫斛斯萬善監門直閤龐玉前鋒追之及于閿鄉與宇文述等合擊破之車駕至高陽徵詣行在所帝勞之曰社稷臣也使朕得無西顧之憂進右光祿大夫賜以良田甲第資物鉅萬還鎭京師帝謂曰關右之任一委於公公安社稷乃安公危社稷亦危出入須有兵衞坐臥恒宜自牢也今特給千兵以充侍從與樊子蓋俱賜以玉麟符以代銅獸十一年詔玄撫關中時盜賊蜂起百姓饑饉玄竟不能救恤而官方壞亂貨賄公行自以年老上表乞骸骨帝遣內史舍人封德彝馳喻之曰京師國本宗廟園陵所在藉公卧以鎭之玄乃止義師入關自知不能守憂懼稱疾不知政事城陷歸于家義寧中卒子孝則位通事舍人兵部承務郎卒

劉權字世略彭城豐人也祖軌齊羅州刺史權少有俠氣重然諾藏亡匿死吏不敢過門後更折節好學動循法度仕齊位行臺郎中齊亡周武帝以爲假淮州刺史開皇中以車騎將軍領鄉典兵從晉王廣平陳進授開府儀同三司宋國公賀若弼甚禮之十二年拜蘇州刺史賜爵宋城縣公時江南初平權撫以恩信甚得人和煬帝嗣位拜衞尉卿進位銀青光祿大夫大業五年從征吐谷渾權出伊吾道逐賊至青海乘勝至伏俟城帝復令權過曼頭赤水置河源郡積石鎭大開屯田留鎭西境在邊五年諸羌懷附貢賦歲入吐谷渾餘燼遠遁道路無壅徵拜司農卿加金紫光祿大夫尋爲南海太守行至鄱陽會羣盜起不得進詔權召募討之權率兵遇賊不戰先乘單船詣賊營說以利害羣賊感悅一時降附帝聞而嘉之及至南海甚有異政數歲遇盜賊羣起羣豪願推權爲首權竟固守以拒之子世徹又密遣人齎書詣權稱四方擾亂諷令舉兵權召集佐寮對斬其使竟無異圖守之以死卒官世徹倜儻不羈頗爲時人所許大業末羣雄竝起世徹所至處輒見忌多拘禁之後竟爲兖州賊帥徐圓朗所殺權從叔烈字子將美容儀有器局位鷹揚郎將有子德威知名於世

李景字道興天水休官人也父超周應戎二州刺史景容貌奇偉膂力過人美鬚髯驍勇善射平齊之役頗有功授儀同三司後以平尉遲迥進位開府賜爵平寇縣公隋開皇九年以行軍總管從王世積伐陳以功進上開府及高智慧等反復以行軍總管從楊素擊之還授鄜州刺史十七年遼東之役爲馬軍總管及還配事漢王文帝奇其壯武使袒而觀之曰卿相表當位極人臣尋從史萬歲擊突厥於大斤山別路邀賊大破之後與上明公楊紀送義城公主於突厥至恒安遇突厥來寇時代州總管韓洪爲虜所敗景率所領數百人力戰三日殺虜甚衆改授韓州刺史以事王故不之官仁壽中檢校代州總管漢王諒作亂景發兵拒之諒頻遣劉嵩喬鍾葵等攻之景率士卒殊死戰屢挫賊鋒司馬馮孝慈司法參軍呂玉竝驍勇善戰儀同三司侯莫陳乂多謀畫工拒守之術景推誠此三人無所關預唯在閤持重時出撫循而已及朔州總管楊義臣援兵至合擊大破之先是府內井中甃上生花如蓮并有龍見時變爲鐵馬甲士又有神人長數丈見城下跡長四尺五寸景問巫者巫者曰此不祥之物來食血耳景大怒推出之旬日而兵至死者數萬景尋被徵進柱國拜右武衞大將軍賜女樂一部加以珍物景智略非所長而忠直爲時所許帝甚信之又擊破叛蠻向思多明年擊吐谷渾於青海破之進位光祿大夫五年車駕西巡至天水景獻食於帝帝曰公主人也賜坐齊王暕上至隴州宮帝將大獵景與左武衞大將軍郭衍俱有難色爲人奏帝大怒令撮之竟以坐免歲餘復位與宇文述等參掌選舉明年攻高麗武列城破之賜爵苑丘侯八年出渾彌道九年復出遼東及旋使景殿高麗追兵大至景擊走之進爵滑國公楊玄感之反朝臣子弟多預焉景獨無關涉帝曰公誠直天然我梁棟也賜以美女帝每呼李大將軍而不名見重如此十二年帝令景營遼東戰具於北平賜御馬一匹名師子駐于時盜賊蜂起景遂召募以備不虞武賁郎將羅藝與景有隙誣景將反帝遣其子慰諭曰縱人言公闚天闕據京都吾無疑也後爲高開道所圍獨守孤城士卒患脚腫死者十六七景撫循之一無離叛遼東軍資多在其所粟帛山積景無所私焉及帝崩於江都遼西太守鄧暠救之遂歸柳城將還幽州遇賊見害契丹靺鞨素感其恩聞之莫不流涕幽燕人士于今傷惜之子世謨

薛世雄字世英本河東汾陰人也其先寓居敦煌父回字道弘仕周位涇州刺史開皇初封舞陰郡公領漕渠監世雄兒童時與羣輩戲輒畫地爲城郭令諸兒爲攻守勢不從令者輒撻之諸兒畏憚莫不齊整其父見而

奇之謂人曰此兒當興吾家年十七從周武帝平齊以功拜帥都督隋開皇中累遷右親衛車騎將軍煬帝嗣位爲右監門郎將從征吐谷渾進位通議大夫世雄性廉慎行軍破敵之處秋毫無犯帝由是嘉之帝嘗謂羣臣曰欲舉好人諸君識否咸曰不測聖心帝曰我欲舉薛世雄羣臣皆稱善於是超拜右翊衛將軍歲餘爲玉門道行軍大將軍與突厥啓人可汗連兵擊伊吾師次玉門啓人背約兵不至世雄孤軍度磧伊吾懼請降世雄遂於漢舊伊吾城東築城號新伊吾留銀青光祿大夫王威鎮之而還進位正議大夫遼東之役爲沃沮道軍將與宇文述同敗績於平壤還次白石山爲賊所圍百餘重四面矢下如雨世雄以羸師爲方陣選勁騎二百縱擊破之而還所亡失多竟坐免明年帝復征遼東拜右候衛將軍兵指蹋頓道軍至烏骨城會楊玄感反班師帝至柳城以世雄爲東北道大使行燕郡太守鎮懷遠十年復從帝至遼東遷左禦衛大將軍仍領涿郡留守未幾李密逼東都詔世雄率幽薊精兵將擊之次河間營於城南竇建德率精銳數百人來襲之大敗世雄與左右數十騎遁入河間城慙恚發病歸涿郡卒子萬述萬淑萬鈞萬徹萬備竝以驍武知名

論曰段文振有周之日早以武毅見知隋世之初又以幹力受委任兼文武稱爲諒直其高位厚秩非虛致也來護幼懷倜儻猛鷙抑揚婉至勤王驅馳畢力樓船制勝掃勍敵如拾遺陬鄉討亂翦兇魁如推朽位班上將顯居大國道消遘難忠至不渝惜矣子蓋雅有幹局質性方嚴見義而勇臨機能斷保全邦邑勤亦懋哉羅睺忠亮之性所在稱重送往之節義感人臣死而有知乃結草之義法尚征伐四夷亦足嘉焉文昇東都解圍頗亦宣力西京居守政以賄成鄙哉鄙哉夫何足數劉權淮楚舊族雄名早著時逢擾攘任等尉佗遂能拒子邪言足驗誠臣之節李薛竝以驍武之用當于有事之秋致茲富貴可謂自取時迍遭躓良有命乎

北史卷七十六考證

段文振傳遂北至居延塞○遂隋書作逐

來護兒傳時智慧餘黨盛道延阻兵爲亂○監本缺餘字今從南本增入

又與蒲山公李寬討平黟歙逆黨汪文進○監本蒲作浦黟作黝今從隋書　臣宗萬按隋之封爵有蒲州蒲城蒲山等號此處蒲山蓋蒲山之訛也又唐書李密亦稱蒲山公

樊子蓋傳子蓋仕齊位東海北陳二郡太守○海隋書作汝

劉權傳拜蘇州刺史賜爵朱城縣公○朱隋書作宗

北史卷七十七

唐　李延壽　撰

列傳第六十五

裴政　李諤　鮑宏　高構　榮毗　陸知命
梁毗　柳彧　趙綽　杜整

裴政字德表河東聞喜人也祖邃父之禮竝南史有傳政幼聰明博聞强記達於從政爲當世所稱仕梁以軍功封爲夷陵侯給事黃門侍郎及魏軍圍荆州政在外見獲蕭詧謂政曰我武皇帝之孫不可爲爾君乎爾何煩殉身於七父若從我計則貴及子孫不然分腰領矣鎖之送至城下使謂元帝曰王僧辯聞臺城破已自爲帝王琳孤弱不能復來政許之既而告城中曰援兵大至吾以閒使被禽當以碎身報國監者擊其口終不易辭詧怒命趣行戮蔡大業諫曰此人之望也殺之則荆州不可下因得釋會江陵平與城中朝士俱送京師周文聞其忠授員外散騎侍郎引入相府命與盧辯依周禮建六官幷撰次朝儀車服器用多遵古禮革漢魏之法事竝施行尋授刑部下大夫轉少司憲政明習故事又參定周律能飲酒至數斗不亂簿案盈几剖決如流用法寬平無有寃濫囚徒犯極刑者乃許其妻子入獄就之至冬將行決皆曰裴大夫致我於死死無所恨又善鍾律嘗與長孫紹遠論樂事在紹遠傳隋開皇元年爲率更令加上儀同三司詔與蘇威等修定律令採魏晉刑典下至齊梁沿革輕重取其折衷同撰著者十餘人凡疑滯不通皆取決於政進位散騎常侍轉左庶子多所匡正見稱純愨東宮凡有大事皆以委之右庶子劉榮性甚專固時武職交番通事舍人趙元愷作辭見帳未及成太子再三催促榮令元愷口奏不須造帳及奏太子問名帳安在元愷云稟承劉榮不聽造帳太子卽以詰榮榮便拒諱太子付政推問未及奏狀阿附榮者先言於太子曰政欲陷榮推事不實太子召責之政曰凡推事有兩一察情一據證審其曲直以定是非臣察榮位高任重縱實語元愷蓋是纖介之愆計不須諱又察元愷受制於榮豈敢以無端之言妄相點累二人之情理正相似元愷引左衛率崔蒨等證蒨款狀悉與元愷符同察情旣敵須以證定臣謂榮語元愷非虛太子亦不罪榮而稱政平直政好面折人短而退無後言時雲定與數入侍太子爲奇服異器進奉後宮又緣女寵來往無節政數切諫太子不納政謂定與曰公所爲不合禮度又元妃暴薨道路籍籍此於太子非令名也願公自引退不然將及禍定與怒以告太子太子益疏政由是出爲襄州總管妻子不之官所受秩奉散給僚吏人犯罪者陰悉知之或竟歲不發至再三犯乃因都會時於衆中召出親案其罪五人處死流徙者甚衆合境惶懾令行禁止稱爲神明爾後不修囹圄殆無諍訟卒於官著承聖實錄十卷及太子廢文帝追憶之曰向遣裴政劉行本在共匡弼之猶應不令至此子南金位膳部郎學涉有文藻以輕財貴義稱

李諤字士恢趙郡人也博學解屬文仕齊爲中書舍人有口辯每接對陳使周平齊拜天官都上士諤見隋文帝有帝王志操深自結納及帝爲丞相甚見親待訪以得失時兵革屢動國用虛耗諤上重穀論以諷焉帝納之及受禪歷比部考功二曹侍郎賜爵南和伯諤性公方明時務遷書侍御史上謂羣臣曰朕昔爲大司馬每求外職李諤陳十二策苦勸不許朕遂決意在內今此事業諤之力也賜物二千段諤見禮教彫敝公卿薨亡其愛妾侍婢子孫輒嫁賣之遂成風俗乃上書曰臣聞追遠慎終人德歸厚三年無改方稱爲孝如聞大臣之內有父祖之没日月未久子孫無賴引其妓妾嫁賣取財有一於此實損風化妾雖微賤親承衣履服斬三年古今通式豈容遽褫衰絰强傅鉛華泣辭靈几之前送付他人之室凡在見者猶致傷心況乎人子能堪斯忍復有朝廷重臣位望通貴平生交舊情若弟兄及其亡没杳同行路朝聞其死夕規其妾方便求娉以得爲限無廉恥之心棄友朋之義且居家理務可移於官既不正私何能贊務上覽而嘉之五品已上妻妾不得改醮始於此也諤又以時文體尚輕薄流宕忘反上書曰臣聞古先哲王之化人也必變其視聽防其嗜慾塞其邪放之心示以淳和之路五教六行爲訓人之本詩書禮易爲道義之門故能家復孝慈人知禮讓正俗調風莫大於此其有上書獻賦制誄鐫銘皆以襃德序賢明勳證理苟非懲勸義不徒然降及後代風教漸落魏之三祖更尚文詞忽君人之大道好彫蟲之小藝下之從上有同影響競騁文華遂成風俗江左齊梁其弊彌甚貴賤賢愚唯務吟詠遂復遺理存異尋虛逐微競一韻之奇爭一字之巧連篇累牘不出月露之形積案盈箱唯是風雲之狀世俗以此相高朝廷據茲擢士祿利之路旣開愛尚之情愈篤於是閭里童昏貴游總丱未窺六甲先製五言至如羲皇舜禹之典伊傅周孔之說不復關心何嘗入耳以傲誕爲清虛以緣情爲勳績指儒素爲古拙用詞賦爲君子故文筆日繁其政日亂良由棄大聖之軌模構無用以爲用也損本逐末流徧華壤遞相師祖久而愈扇及大隋受命聖道聿興屛黜浮詞遏止華僞自非懷經抱質志道依仁不得引預搢紳參厠纓冕開皇四年普詔天下公私文翰竝宜實錄其年九月泗州刺史司馬幼之文表華豔付所司推罪自是公卿大臣咸知正道莫不鑽仰墳素棄絶華綺擇先王之令典行大道於茲世如聞外州遠縣仍踵弊風選吏舉人未遵典則宗黨稱孝鄉曲歸仁學必典謨交不苟合則擯落私門不加收齒其學不稽古逐俗隨時作輕薄之篇章結朋黨而求譽則選充吏職舉送大朝蓋由縣令刺史未行風教猶挾私情不存公道臣既忝憲司職當糾察若聞風卽劾恐挂網者多請勒有司普加搜訪有如此者具狀送臺諤又以當官者好自矜伐復上奏具陳其弊請加罪黜以懲風軌上以諤前後所奏頒示天下四海靡然向風深革其弊諤在職數年務存大體不尚嚴猛由是無剛謇之譽而潛有匡正之志邳公蘇威以臨道店舍乃求利之徒事業汙雜非敦本之義遂奏約遣歸農有願依舊者在所州縣錄附市籍仍撤毀舊店竝令遠道限以時日時逢冬寒莫敢陳訴諤因別使見其如此以農工有業各附所安逆旅之與旗亭自古非同一槩卽附市籍於理不可且行旅之所依託豈容一朝而廢徒爲勞擾於事非宜遂專決之竝令依舊使還詣闕然後奏聞文帝善之曰體國之臣當如此矣以年老出拜通州刺史甚有惠政人夷悅服卒官四子世子大方襲爵最有才器大業初判內史舍人次大體大鈞竝位尚書郎

鮑宏字潤身東海郯人也父機以才學知名仕梁位書侍御史宏七歲而孤爲兄泉之所愛育年十二能屬文嘗和湘東王繹詩繹嗟賞不已引爲中記室累遷通直

散騎侍郎江陵平歸于周明帝甚禮之引爲麟趾殿學士累遷遂伯下大夫與杜子暉聘陳謀伐齊遂出兵度江以侵齊帝嘗問宏取齊策宏以爲先皇往日出師洛陽彼有其備每不克捷如臣計者進兵汾潞直掩晉陽出其不虞以爲上策帝從之及定山東除小御正賜爵平遥縣伯加儀同隋文帝作相奉使山南會王謙舉兵於蜀路次潼州爲謙將達奚惎所執逼送成都竟不屈節謙敗馳傳入京文帝嘉之賜以金帶及受禪加開府進爵爲公歷利邛二州刺史秩滿還京特有尉義臣者其父崇不從尉遲迥後復與突厥戰死上嘉之將賜姓金氏訪及羣下宏曰昔項伯不同項羽漢高賜其姓劉氏秦貞父能死難魏武賜姓曹氏請賜以皇族帝曰善因賜義臣姓楊後授均州刺史以目疾免卒于家初周武帝敕宏修皇室譜一部分爲帝緒疎屬賜姓三篇有集十卷行於世

高構字孝基北海人也性滑稽多智辯給過人好讀書工吏事仕齊歷蘭陵平原二郡太守齊滅周武帝以爲許州司馬隋文帝受禪累遷戶部侍郎時內史侍郎晉平東與兄子長茂爭嫡尚書省不能斷朝臣三議不決構斷而合理上以爲能召入內殿勞之曰我聞尚書郎上應列宿觀卿才識方知古人之言信矣嫡庶者禮教之所重我讀卿判數徧詞理愜當意所不能及也賜米百石由是知名馮翊武鄉女子焦氏旣瘂又聾嫁之不售嘗樵菜於野爲人所犯而有孕遂生一男年六歲莫知其姓於是申省構判曰母不能言窮究理絕案風俗通姓有九種或氏於爵或氏於居此兒生在武鄉可以武爲姓尋遷雍州司馬以明斷見稱歲餘轉吏部侍郎號爲稱職復徙雍州司馬坐事左轉盩厔令甚有能名上善之復拜雍州司馬仁壽初又爲吏部侍郎以公事免煬帝立召令復位時爲吏部者多以不稱去職唯構最有能名前後典選之官皆出其下時人以構好劇談頗謂輕薄然其內懷方雅特爲吏部尚書牛弘所重後以老病解職弘時典選凡將有所擢用輒遣人就第問其可不河東薛道衡才高當世每稱構有清鑒所爲文筆必先以草呈構而後出之構有所詆訶道衡未嘗不嗟伏大業七年終于家所舉薦杜如晦房玄齡等後皆自致公輔論者稱構有知人之鑒開皇中昌黎豆盧實爲黃門侍郎稱爲慎密河東裴術爲右丞多所糾正河內士燮平原東方舉安定皇甫聿道俱爲刑部並執法平允京兆韋焜爲戶部郎屢進讜言南陽韓則爲延州甚有惠政此等事行遺闕皆有吏幹爲當時所稱

榮毗字子諶北平無終人也父權魏兵部尚書毗少剛鯁有局量涉獵羣言仕周位內史下士隋開皇中累遷殿內局監時以華陰多盜賊妙選長史楊素薦毗爲華州長史世號爲能素之田宅多在華陰左右放縱毗以法繩之無所寬貸毗因朝集素謂之曰素之舉卿適以自罰也毗荅曰奉法一心者但恐累公所舉素笑曰前言戲耳卿之奉法素之望也時晉王在揚州每令人密覘京師消息遣張衡於路次往往置馬坊以畜牧爲辭實給私人也州縣莫敢違毗獨遏絕其事上聞而嘉之賚絹百匹轉蒲州司馬漢王諒之反也河東豪傑以城應諒刺史丘和覺變遁歸關中長史渤海高義明謂毗曰河東國之東門若失之則爲難不細城中雖復匈匈非悉反也但收桀黠者十餘人斬之自當立定耳毗然之義明馳馬追和將與協計至城西門爲渤海所殺毗亦被執及諒平拜書侍御史帝謂曰今日之舉馬坊之事也無改汝心帝亦敬之毗在朝侃然正色爲百寮震憚後以母憂去職歲餘起令視事尋卒官贈鴻臚少卿毗兄建緒性甚亮直兼有學業仕周爲載師下大夫儀同三司及平齊之始留鎮鄴城因著齊紀三十卷建緒與文帝有舊及爲丞相加位開府拜息州刺史將之官時帝陰有禪代之計因謂建緒曰且躊躇當共取富貴耳建緒自以周之大夫因義形於色曰明公此舉非僕所聞帝不悅建緒遂行開皇初來朝上謂之曰卿亦悔不建緒稽首曰臣位非徐廣情類楊彪上笑曰朕雖不解書語亦知卿此言不遜也兼始洪二州刺史俱有能名

陸知命字仲通吳郡富春人也父敖陳散騎常侍知命性好學通識大體以貞介自持仕陳爲太學博士南獄正及陳滅歸於家會高智慧等作亂于江左晉王廣鎮江都以其三吳之望召令諷諭反者以功拜儀同三司賜以田宅復用其弟恪爲汧陽令知命以恪非百里才上表陳讓朝廷許之時見天下一統知命詣朝堂上表請使高麗以宣示皇風使彼君臣面縛闕下書奏天子異之歲餘授普寧鎮將人或言其正直者由是待詔於御史臺煬帝嗣位拜書侍御史侃然正色爲百寮所憚帝甚敬之後坐事免歲餘復職時齊王暕頗驕縱暱近小人知命奏劾之暕竟得罪百寮震慄遼東之役爲東曉道受降使者卒於師贈御史大夫

梁毗字景和安定烏氏人也祖越魏涇豫洛三州刺史部陽縣公父茂周滄兗二州刺史毗性剛謇頗有學涉仕周累遷布憲下大夫宣政中封易陽縣子遷武藏大夫隋文帝受禪進爵爲侯開皇初以鯁正拜書侍御史名爲稱職轉大興令遷雍州贊務毗旣出憲司復典京邑直道而行無所回避頗失權貴心由是出爲西寧州刺史改封邯鄲縣侯在州十一年先是蠻夷酋長皆服金冠以金多者爲豪儁由是遞相陵辱每尋干戈邊境略無寧歲毗患之後因諸酋長相率以金遺之於是置金座側對之慟哭謂曰此飢不可食寒不可衣汝等以此相滅今將此來欲殺我邪一無所納悉以還之於是蠻夷感悟遂不相攻文帝聞而善之徵爲散騎常侍大理卿處法平允時人稱之歲餘進位上開府毗見左僕射楊素貴重擅權百寮震慴恐爲國患因上封事曰竊見左僕射越國公素幸遇愈重權勢日隆所私皆非忠讜所進咸是親戚子弟布列兼州連縣天下無事容息姦圖四海稍虞必爲禍始夫姦臣擅命有漸而來王莽資之於積年桓玄基之於易世而卒殄漢紀終傾晉祚陛下若以素爲阿衡臣恐其心未必伊尹也帝大怒命有司禁止親自詰之極言曰素旣擅權寵作威作福將領之處殺戮無道又太子蜀王罪廢之日百寮無不震悚唯素揚眉奮肘喜見容色利國家有事以爲身幸毗發言謇謇有誠亮之節帝無以屈也乃釋之素自此恩寵漸衰但素任寄隆重多所折挫當時朝士無不慴伏有敢與相是非辭氣不撓者獨毗與柳彧及尚書左丞李綱而已後上不復專委於素蓋由察毗之言煬帝卽位遷刑部尚書幷攝御史大夫事奏劾宇文述私役部兵帝議免述罪毗固爭因忤旨遂令張衡代爲大夫毗憂憤卒帝令吏部尚書牛弘弔之子敬眞位大理司直時煬帝欲成光祿大夫魚俱羅罪令敬眞案其獄遂希旨陷之極刑未幾敬眞有疾見俱羅爲祟而死

柳彧字幼文河東解人也世居襄陽父仲禮南史有傳仲禮梁敗見囚于周復家河東彧少好學頗涉經史周大冢宰宇文護引爲中外府記室久而出爲寧州總管掾武帝親總萬機彧詣闕求試帝異之以爲司武中士轉鄭令平齊之後帝賞從官留京者不預彧上表曰今太平告始信賞宜明酬勳報勞務先有本屠城破邑出自聖規斬將搴旗必由神略若負戈擐甲征扞劬勞至於鎮撫國家宿衛爲重俱稟成算非專己能留從事同功勞須等於是留守並加品級隋文帝受禪歷尚書虞部屯田二侍郎時制三品已上門皆列戟左僕射高熲子弘德封應國公申牒請戟彧判曰僕射之子更不異居父之戟槊已列門外尊有厭卑之義子有避父之禮豈容外門旣設內閤又施事竟不行熲聞而歎伏後遷書侍御史當朝正色甚爲百寮敬憚上嘉其婞直謂曰大丈夫當立名於世無容容而已賜錢十萬米百石時刺史多任武將類不稱職彧上表曰伏見詔書以上柱國和干子爲杞州刺史其人年垂八十鐘鳴漏盡前在趙州闇於職務政由羣小賄賂公行百姓吁嗟歌謠滿道乃云老禾不早殺餘種穢良田古人云耕當問奴織當問婢此言各有所能也干子弓馬武用是其所長臨人莅職非其所解如謂優老尚年自可厚賜金帛若令刺舉所損殊大臣死而後已敢不竭誠上善之干子竟免有應州刺史唐君明居母喪娶雍州長史庫狄士文之從父妹彧劾之曰君明忽劬勞之痛惑嬿爾之親冒此苴衰命彼褕翟不義不昵春秋載其將亡無禮無儀詩人欲其遄死士文贊務神州名位通顯棄二姓之重匹違六禮之軌儀請禁錮終身以懲風俗二家竟坐得罪隋承喪亂之後風俗頹壞彧多所矯正上甚嘉之又見上勤於聽受百寮奏請多有煩碎因上疏諫曰人君出令誡在煩數是以舜任五臣堯咨四岳設官分職各有司存垂拱無爲天下以乂所謂勞於求賢逸於任使比見事無大小咸關聖聽陛下留心政道無憚疲勞至乃營造細小之事出給輕微之物一日之內酬荅百司至乃日旰忘食分夜未寢動以文簿憂勞聖躬伏願思臣至言少減煩務上覽而嘉之以其家貧敕有司與之築宅因曰柳彧正直之士國之寶也其見重如此右僕射楊素當塗顯貴百寮慴憚無敢忤者嘗以少譴敕送南臺素恃貴坐彧牀彧從外來見素如此於階下端笏整容曰奉敕推公罪素遽下彧據案坐立素於庭前辯詰事狀素由是銜之彧時方爲上所信任故素未有以中之彧見近代以來都邑百姓每至正月十五日作角抵戲遞相誇競至於糜費財力上奏請禁絕之曰竊見京邑爰及外州每以正月望夜充街塞陌鳴鼓聒天燎炬照地人戴獸面男爲女服倡優雜伎詭狀異形外內共觀曾不相避竭貲破產競此一時盡室并孥無問貴賤男女混雜緇素不分穢行因此而生盜賊由斯而起非益於化實損於人請頒天下並卽禁斷詔可其奏是歲持節巡河北五十二州奏免長史贓汙不稱職者二百餘人州縣肅然莫不震懼上嘉之賜絹布二百匹氈三十領拜儀同三司歲餘加員外散騎常侍仁壽初

持節巡省太原道十九州及還賜絹百五十匹或嘗得博陵李文博所撰政道集十卷蜀王秀遣人求之或送之於秀秀復賜或奴婢十口及秀得罪楊素奏或以內臣交通諸侯除名配戍懷遠鎮行達高陽有詔徵還至晉陽遇漢王諒作亂遣使馳召或入城而諒反形已露或入城度不得免遂詐中惡不食自稱危篤諒怒囚之及諒敗楊素奏或心懷兩端以候事變迹雖不反心實同逆坐徙敦煌素卒乃自申理有詔徵還卒於道有子紹爲介休令

趙綽字士倬河東人也性質直剛毅周初爲天官府史以恭謹恪勤擢授夏官府下士稍以明幹見知爲內史中士父艱去職哀毀骨立世稱其孝隋文帝爲丞相知其清正引爲錄事參軍遷掌朝大夫從行軍總管是云暉擊叛蠻以功拜儀同文帝受禪授大理丞處法平允考績連最歷大理正尚書都官侍郎每有奏讞正色侃然漸見禮重上以盜賊不禁將重其法綽進諫曰律者天下之大信其可失乎上忻然納之因謂曰若更有聞見宜數言之遷大理少卿故陳將蕭摩訶其子世略在江南作亂摩訶當從坐上曰世略年未二十亦何能爲以其名將之子爲人逼耳因赦摩訶綽固諫不可上不能奪欲待綽去而赦之因命綽退食綽曰臣奏獄未決不敢退朝上曰大理其爲朕特放摩訶也因命左右釋之刑部侍郎辛亶嘗衣緋褌俗云利官上以爲厭蠱將斬之綽曰據法不當死臣不敢奉詔上怒甚謂曰卿惜辛亶而不自惜也命左僕射高熲將綽斬之綽曰陛下寧可殺臣不可殺辛亶至朝堂解衣當斬上使人謂綽曰竟如何對曰執法一心不敢惜死上拂衣入良久乃釋之明日謝綽勞勉之賜物三百段時上禁行惡錢有二人在市以惡錢易好者武候執以聞上悉令斬之綽諫曰此人坐當杖殺之非法上曰不關卿事綽曰陛下不以臣愚闇置在法司欲妄殺人豈得不關臣事上曰撼大木不動者當退對曰臣望感天心何論動木上復曰啜羹者熱則置之天子之威欲相挫邪綽拜而益前訶之不肯退上遂入書侍御史柳彧復上奏切諫上乃止上以綽有誠直之心每引入閤中或遇上與皇后同榻卽呼綽坐評論得失前後賞賜以萬計後進開府贈其父爲蔡州刺史時河東薛胄爲大理卿俱名平恕然胄斷獄以清而綽守法俱爲稱職上每謂綽曰朕於卿無所愛惜但卿骨相不當貴耳仁壽中卒官上爲之流涕中使弔祭鴻臚監護喪事二子方元襲

杜整字皇育京兆杜陵人也祖盛魏潁川太守父闢滑州刺史整少有風槩九歲丁父憂哀毀骨立事母以孝聞及長驍勇有膂力好讀孫吳兵法魏大統末襲爵武鄉侯周文引爲親信累遷儀同三司武州刺史從武帝平齊加上儀同進爵平原縣公入爲勳曹中大夫隋文帝爲丞相進位開府及帝受禪加上開府進封長廣郡公拜左武衞將軍開皇六年突厥犯塞詔衞王爽北伐以整爲行軍總管兼元帥長史至合川無虜而還密進取陳策上善之以爲行軍總管鎮襄陽卒上傷之謚曰襄子楷嗣位開府整弟肅亦有志行位北地太守

論曰大廈之構非一木之枝帝王之功非一士之略長短殊用大小異宜榕梲棟梁莫可棄也裴政李諤鮑宏高構榮毗陸知命等或文能道義或才足幹時識用顯於當年故事留於臺閣參之有隋多士取其開物成務皆廊廟之榱桷亦北辰之衆星也趙綽居大理囹圄無寃柳彧之處憲臺姦邪自肅然不畏强禦梁毗得之矣邦之司直柳彧近之矣杜整以聲績著美其有以取之乎

北史卷七十七考證

李諤傳由是無剛謇之謇而潛有匡正之志○之志隋書作多矣

鮑宏傳時有尉義臣者○事見隋史楊義臣傳本姓尉遲氏

榮毗傳爲渤海所殺○渤海隋史作反者

梁毗傳遂希旨陷之極刑○旨監本訛皆今改從隋書

柳彧傳以上柱國和千子爲杞州刺史○千隋書作干

楊素奏彧心懷兩端以候事變○候南本作侯

趙綽傳二子方元襲○方元隋書作元方元襲

北史卷七十八

唐　李　延　壽　撰

列傳第六十六

張定和　張奫　麥鐵杖沈光　權武　王仁恭
吐萬緒　董純　魚俱羅　王辯　陳稜
趙才

張定和字處謐京兆萬年人也家少貧賤有志節初爲侍官隋開皇九年平陳定和當從征無以自給其妻有嫁時衣服定和求鬻之妻不與定和遂行以功拜儀同賜帛千匹遂棄其妻後數以軍功加上開府驃騎將軍從上柱國李充征突厥先登陷陣虜刺之中頭定和以草塞創而戰神氣自若虜遂敗走上聞而壯之遣使賫藥馳詣定和所勞問之進位柱國封武安縣侯賞物二千段良馬二匹金百兩煬帝嗣位歷宜州刺史河內太守頗有惠政遷左屯衞大將軍從帝征吐谷渾至覆袁川時吐谷渾主與數騎遁其名王詐爲渾主保車我眞山帝命定和擊之旣與賊遇輕其衆少呼之令降賊不肯下定和不被甲挺身登山中流矢而斃其亞將柳武達擊賊悉斬之帝爲之流涕贈光祿大夫時舊爵例除於是復封武安侯謚曰壯武子世立嗣尋拜光祿大夫

張奫字文懿清河東武城人也本名犯廟諱七代祖沉石季龍末自廣陵六合度江家焉仕至桂陽太守孫胐晉佐著作郎坐外祖楊佺期除名徙于南藁因寓居之奫好讀兵書長於騎射尤便刀楯父雙自清河太守免歸周時鄉人郭子冀密引陳寇雙欲率子弟擊之猶豫未決奫贊成其謀竟破賊由是以勇決知名起家州主簿及隋文帝作相授丞相府大都督領鄉兵賀若弼之鎮江都也特敕奫從因爲間諜平陳之役頗有力焉進位開府儀同三司封文安縣子歲餘奫率水軍破逆賊筰子游於京口薛子建於和州徵入拜大將軍文帝命升御坐宴之謂曰卿可爲朕兒朕爲卿父今日聚集示無外也後賜綠沉甲獸文具裝綺羅千匹尋從楊素征江表別破高智慧於會稽吳世華於臨海進位上大將軍歷撫濟二州刺史俱有能名開皇十八年爲行軍總管從漢王諒征遼東諒軍多物故奫衆獨全帝善之仁壽中卒於潭州總管謚曰莊子孝廉

麥鐵杖始興人也貧賤少驍勇有膂力日行五百里走及奔馬性疎誕使酒好交遊重信義每以漁獵爲事不修生業陳大建中結聚爲羣盜廣州刺史歐陽頠俘之以獻沒爲官戶配執御繖每罷朝後行百餘里夜至南徐州踰城而入行光火劫盜旦還及牙時仍又執繖如此者十餘度物主識之州以狀奏朝士見鐵杖每旦恒在弗之信後南徐州數告變尚書蔡徵曰此可驗矣於仗下時購以百金求人送詔書與南徐州刺史鐵杖出應募賫敕而往明旦反奏事帝曰信然爲盜明矣惜其勇捷誡而釋之闕五字陳亡後從居清流縣遇江東反楊素遣鐵杖頭戴草束夜浮度江覘賊中消息具知還報後復更往爲賊所禽逆帥李稜縛送高智慧行至庱亭衞者憩食哀其餧解手以給其食鐵杖取賊刀亂斬衞者殺之皆盡悉割其鼻懷之以歸素大奇之後敘戰勳不及鐵杖遇素馳驛歸於京師鐵杖步追之每夜則同宿素見而悟特奏授儀同三司以不識書放還鄉里成陽公李徹稱其驍武開皇十六年徵至京師除車騎將軍仍從楊素北征突厥加上開府煬帝卽位漢王諒反從楊素擊之每戰先登進位柱國除萊州刺史無莅政名轉汝南太守稍習法令羣盜屏迹後因朝集考功郎竇威嘲之曰麥是何姓鐵杖應聲曰麥豆不殊何忽相怪威赧然無以應時人以爲敏捷尋除左屯衞大將軍帝待之愈密鐵杖自以荷恩深重每懷竭命之志及遼東之役請爲前鋒顧謂醫者吳景賢曰大丈夫性命自有所在豈能艾炷灸頞瓜蔕歕鼻療黃不差而臥死兒女手中乎將度遼呼其三子曰阿奴當備淺色黃衫吾荷國恩今是死日我得被殺爾當富貴唯誠與孝爾其勉之及濟橋未成去東岸尚數丈賊大至鐵杖跳上岸與賊戰死武賁郎將錢士雄孟金叉亦死之左右更無及者帝爲之流涕購得其屍贈光祿大夫宿國公謚曰武烈子孟才嗣授光祿大夫孟才二弟仲才季才俱拜正議大夫賵賻鉅萬賜轀輬車給前後部羽葆鼓吹命平壤道敗將宇文述等百餘人皆爲執紼王公以下送至郊外士雄贈左光祿大夫右屯衞將軍武强侯謚曰剛子傑嗣金叉贈右光祿大夫子善誼襲官孟才字智稜果烈有父風帝以其死節將子恩錫殊厚拜武賁郎及江都之難慨然有復讎志與武牙郎將錢傑素交友二人相謂曰吾等世荷國恩門著誠節今賊臣弒逆社稷淪亡無節可紀何面目視息世間哉乃流涕扼腕相與謀於顯福宮邀擊宇文化及事臨發陳藩之子謙知而告之與其黨沈光俱爲化及所害忠義之士哀焉

光字總持吳興人也父居道仕陳爲吏部侍郎陳滅從家長安皇太子勇引署學士後爲漢王諒府掾諒敗除名光少驍捷善戲馬爲天下之最略綜書記微有詞藻常慕立功名不拘小節家貧父兄並以傭書爲事光獨跅弛交通輕俠爲京師惡少年所附人多贍遺得以養親每致甘食美服未嘗困匱初建禪定寺其中幡竿高十餘丈適値繩絶非人力所及光謂僧曰當相爲上繩諸僧驚喜光因取索口銜拍竿而上直至龍頭繫繩畢手足皆放透空而下以掌拓地倒行十餘步觀者駭悅莫不嗟異時人號爲肉飛仙大業中煬帝徵天下驍果之士伐遼東光預焉同類數萬人皆出其下光將詣行在所賓客送至霸上百餘騎光酹酒誓曰是行若不建功立名當死於高麗不復與諸君相見及從帝攻

遼東以衝梯擊城竿長十五丈光升其端臨城與賊戰短兵接敵殺傷十數人賊競擊而墜未及地適遇竿有垂絙光接而復上帝望見壯而異之馳召與語大悅卽日拜朝散大夫賜寶刀良馬恒置左右親顧漸密未幾以爲折衝郎將賞遇優重帝每推食解衣賜之同輩莫比光自以荷恩深重思懷竭節及江都之難潛構義勇將爲帝復讎先是帝寵暱官奴名爲給使宇文化及以光驍勇方任之使總統營於禁內時麥孟才錢傑等陰圖化及因謂光曰我等荷國厚恩不能死難又俛首事讎受其驅率何用生爲吾必欲殺之死無所恨公義士也肯從我乎光泣下霑衿曰是所望於將軍也僕領給使數百人並荷先帝恩今在化及內營以此復讎如鷹鸇之逐鳥雀孟才爲將軍領江淮衆數千人期以營將發時晨起襲化及光語泄陳謙告其事化及大懼曰此麥鐵杖子也及沈光者並勇決不可當須避其鋒是夜卽與腹心走出營外留人告司馬德戡等遣領兵馬逮捕孟才光聞營內諠聲知事發不及被甲卽襲化及營空無所獲逢舍人元敏數而斬之德戡兵至四面圍合光大呼潰圍給使齊奮斬首數十級賊皆披靡德戡輒復遣騎翼而射之光身無介冑遇害時年二十八麾下百人皆鬭死一無降者壯士聞之莫不爲之隕涕

權武字武弄天水人也祖超魏秦州刺史父襲慶仕周爲開府時武元皇帝之爲周將也與齊師戰於并州襲慶時從被圍百餘重力戰矢盡短兵接戰殺傷甚衆刀稍皆折脫冑擲地向賊大罵曰何不來斫頭賊遂殺之武以忠臣子起家拜開府襲爵齊郡公武少果勁勇力絕人能重甲上馬嘗倒投於井未及泉復躍而出其拳捷如此頻以軍功增邑周宣帝時拜勳捷左旅上大夫進位上開府隋文帝爲丞相引置左右平陳之役以行軍總管從晉王出六合還拜潭州刺史以創業之舊進位大將軍檢校潭州總管其年桂州人李世賢作亂武以行軍總管與武候大將軍虞慶則擊平之慶則以罪誅功竟不錄復還于州多造金帶遺嶺南酋領其人復答以寶物武皆納之由是致富後武晚生一子與親客宴集酒酣遂擅赦所部獄囚武常以南越邊遠政從其俗務適便宜不依律令而每言當今法急官不可爲上令有司案之皆驗命斬之武於獄中上書言父爲武元皇帝戰死於馬前以求哀由是除名仁壽中復拜大將軍封邑如舊未幾授太子右衞率煬帝卽位拜右武衞將軍坐事免後爲右屯衞大將軍坐事除名卒於家子弘

王仁恭字元實天水上邽人也祖建周鳳州刺史父猛鄯州刺史仁恭少剛毅修謹工騎射秦孝王引爲記室後爲車騎將軍從楊素擊突厥於靈武以功拜上開府以驃騎將軍典蜀王軍事蜀王以罪廢官屬多罹其患上以仁恭素質直置而不問後從楊素討平漢王諒以功進位大將軍歷呂衞二州刺史尋改爲汲郡太守有能名上徵入朝慰勉之褒賜甚厚遷信都太守汲郡吏民扣馬號哭於道數日不得出境遼東之役以仁恭爲將軍及班師仁恭爲殿遇賊敗之進左光祿大夫明年復以軍將指扶餘道帝謂曰往者諸軍多不利公獨以一軍破賊古人云敗軍之將不可以言勇諸將其可任乎今委公爲前軍前後賞賚甚重仁恭遂進軍至新城破其軍因圍之帝聞之大悅遣賜以珍物進光祿大夫會楊玄感反其兄子武賁郎將仲伯預焉由是坐免尋而突厥爲寇詔仁恭以本官領馬邑太守其年始畢可汗來寇馬邑復令二將勒兵南過時郡兵不滿三千仁恭簡精銳逆擊破之并斬二將後突厥復入定襄仁恭復大破之時天下大亂道路隔絕仁恭頗改舊節受納貨賄又不敢輒開倉賑恤百姓其麾下校尉劉武周與仁恭侍婢姦通恐其事泄遂害之武周於是開倉賑給郡內皆從之自稱天子置百官轉攻傍郡

吐萬緒字長緒代郡鮮卑人也父通周郢州刺史緒少有武略在周襲爵元壽縣公累遷大將軍小司武隋文帝受禪拜襄州總管封穀城郡公轉青州總管頗有政名徙朔州總管甚爲北狄所憚後帝有吞陳志轉爲徐州總管令修戰具及大舉濟江緒以行軍總管與西河公紇豆陵洪景屯兵江北及陳平拜夏州總管晉王廣爲太子引爲右虞候率及帝卽位恐漢王諒爲變拜緒晉絳二州刺史未出關諒已舉兵詔緒從楊素擊破之拜左武候將軍大業初轉光祿卿賀若弼遇讒引緒爲證緒明其無罪由是免官後守東平太守帝幸江都路經其境迎謁道傍帝命升龍舟緒因頓首謝往事帝大悅拜金紫光祿大夫太守如故及遼東之役請爲先鋒拜左屯衞大將軍指蓋馬道及還留鎮懷遠進位左光祿大夫時劉元進作亂攻潤州帝徵緒討之緒擊破元進解潤州圍賊窮蹙請降元進及其僞僕射朱燮僅以身免於陣斬其僞僕射管崇及其將軍陸顗等五千餘人進解會稽圍元進復據建安帝令進討之緒以士卒疲弊請息甲待來春帝不悅密求緒罪有司奏緒怯懦違詔除名配防建安尋徵詣行在所緒鬱鬱不得志還至永嘉發疾而卒

董純字德厚隴西成紀人祖和魏太子左衞率父昇周柱國純少有膂力便弓馬仕周位司御上士典馭下大夫從武帝平齊拜儀同進爵大興縣侯隋文帝受禪進爵漢曲縣公後以軍功進位上開府開皇末以勞舊拜左衞將軍改封順政縣公後從楊素平漢王諒以功拜柱國進爵郡公再遷左驍衞將軍齊王暕之得罪純坐與交通帝譴之純曰比數詣齊王者以先帝先后往在仁壽宮置元德太子及齊王於膝上謂臣曰汝好看此二兒勿忘吾言臣誠不敢忘先帝語時陛下亦侍先帝側帝改容曰誠有斯旨於是捨之數日出爲汶山太守歲餘突厥寇邊轉榆林太守會彭城賊帥張大彪宗世模等保懸薄山帝令純討破之斬萬餘級築爲京觀又破賊魏麒麟於單父及帝重征遼東復以純爲彭城留守東海賊彭孝才轉入沂水保伍不及山純擊之禽孝才於陣車裂之時盜賊日益純雖剋捷而所在蜂起有譖純怯懦不能平賊帝遣鎖詣東都有司見帝怒甚希旨致純死罪竟誅

魚俱羅馮翊下邽人身長八尺膂力絕人聲氣雄壯言聞數百步爲大都督從晉王廣平陳以功拜開府及沈玄懀高智慧等作亂江南楊素以俱羅壯勇請與同行有功加開府封高唐縣公拜疊州總管以母憂去職還至扶風會楊素將出靈州道擊突厥逢之遂與俱行及遇賊俱羅與數騎奔擊瞋目大呼所當皆披靡以功進位柱國拜豐州總管突厥入境輒禽斬之自是屏迹不敢畜牧於塞下初煬帝在藩俱羅弟贊以左右從累遷大都督及帝嗣位拜車騎將軍贊凶暴令左右炙肉遇不中意以籤刺瞎其眼溫酒不適口者立斷其舌帝以藩邸之舊不忍加誅謂近臣曰弟既如此兄亦可知因召俱羅責之出贊於獄令自爲計贊至家飲藥而死帝恐俱羅不安慮生邊患轉安州刺史遷趙郡太守後因朝集至東都與將軍梁伯隱有舊數相往來又從郡多將雜物以貢獻帝不受因遺權貴御史劾俱羅以郡將交通內臣帝大怒與伯隱俱坐除名未幾越巂飛山蠻反詔俱羅白衣領將并率蜀郡都尉段鐘葵討平之大業九年重征高麗以俱羅爲碣石道軍將及還江南劉元進作亂詔俱羅將兵向會稽諸郡逐捕之時百姓思亂從盜如市俱羅擊賊帥朱燮管崇等戰無不捷然賊勢浸盛敗而復聚俱羅度賊非歲月可平諸子並在京洛又見天下漸亂終恐道路隔絕子時東都饑饉穀食踊貴俱羅遣家僮將船米至東都糶之益市財貨潛迎諸子朝廷微知之恐有異志案驗不得其罪帝復令大理司直梁敬眞就鎖將詣東都俱羅相表異人目有重瞳陰爲帝之所忌敬眞希旨奏俱羅師徒敗衄斬東都市家口籍沒

王辯字警略馮翊蒲城人也祖訓以行商致富魏世出粟助給軍糧爲假清河太守辯少習兵書尤善騎射慷慨有大志在周以軍功授帥都督仁壽中累遷車騎將軍後從楊素討平漢王諒賜爵武寧縣男累以軍功加至通議大夫尋遷武賁郎將及山東盜賊起帝引辯升御榻問以方略辯論取賊勢帝稱善曰誠如此賊不足憂於是發從行步騎三千擊敗之賜黃金二百兩勃海賊帥高士達自號東海公衆以萬數令辯擊之屢挫其鋭帝在江都宮聞而召之及見禮賜甚厚復令往信都經略士達復戰破之優詔褒顯時賊帥郝孝德孫宣雅時季康竇建德魏刁兒等往往屯聚大者十數萬小者數千寇掠河北辯擊之所向皆捷及翟讓寇徐豫辯頻擊走之讓尋與李密屯據洛口倉辯與王世充討密阻洛水相持經年辯攻敗密乘勝將入城世充不知恐將士勞倦鳴角收兵翻爲密徒所乘官軍大潰不可救止辯至洛水橋已壞遂涉水至中流爲溺人所引墜馬竟溺死三軍莫不痛惜之時有河南斛斯萬善驍勇果毅與辯齊名從衞玄討楊玄感萬善與數騎追及之玄感窘迫自殺由是知名拜武賁郎將突厥始畢之圍鴈門萬善奮擊之所向皆破由是突厥莫敢逼城十許日竟退萬善力也後頻討羣盜累功至將軍又有將軍鹿愿范貴馮孝慈俱爲將帥數從征伐並有名於世事皆亡失故史官闕云

陳稜字長威廬江襄安人也祖碩以漁釣自給父峴少驍勇事章大寶爲帳內部曲告大寶反授譙州刺史陳滅廢於家高智慧汪文進反廬江豪傑亦舉兵相應以峴舊將共推爲主峴欲拒之稜謂峴曰衆亂既作拒之禍且及己不如僞從別爲後計峴然之後潛使稜至柱國李徹所請爲內應徹上其事拜上大將軍宣州刺史封譙郡公詔徹應接之徹軍未至謀泄爲其黨所殺稜僅以獲免上以其父之故拜開府尋領鄉兵大業三年拜武賁郎將後與朝請大夫張鎮周自義安汎海擊流求國月餘而至流求人初見船艦以爲商旅往往詣軍貿易稜率衆登岸遣鎮周爲先鋒其主歡斯渴剌兜遣

兵拒戰鎮周頻破之稜進至低没擅洞其小王歡斯老模拒戰稜敗之斬老模其日霧雨晦冥將士皆懼稜刑白馬以祭海神既而開霽分爲五軍趣其都邑乘勝逐北至其柵破之斬渴剌兜獲其子島槌虜男女數千而歸帝大悅加稜右光祿大夫鎮周金紫光祿大夫遼東之役以宿衞遷左光祿大夫明年帝復征遼東稜爲東萊留守楊玄感反稜擊平黎陽斬玄感所署刺史元務本尋奉詔於江南營戰艦至彭城賊帥孟讓據梁都宮阻淮爲固稜潛於下流而濟至江都襲破讓以功進位光祿大夫賜爵信安侯後帝幸江都宮俄而李子通據海陵左才相掠淮北杜伏威屯六合帝遣稜擊之往見剋捷超拜右禦衞將軍復度清江擊宣城賊俄而帝以弑崩宇文化及引軍北上召稜守江都稜集衆縞素爲煬帝發喪備儀衞改葬於吳公臺下衰杖送喪慟感行路論者深義之稜後爲李子通所陷奔杜伏威伏威忌而害之

趙才字孝才張掖酒泉人也祖隗魏銀青光祿大夫樂涙太守父壽周順政太守才少驍武便弓馬性麤悍無威儀仕周爲輿正上士隋文帝受禪以軍功至上儀同後配事晉王爲右虞候率煬帝即位轉左備身驃騎右驍衞將軍帝以才藩邸舊臣漸見親待才亦恪勤匪懈所在有聲轉右候衞將軍從征吐谷渾以爲行軍總管率衞尉卿劉權兵部侍郎明雅等出合河道破賊以功進金紫光祿大夫及遼東之役再出碣石道再遷右候衞大將軍時帝每事巡幸才恒爲斥候肅遏姦非無所迴避在途遇公卿妻子有違禁者才輒醜言大罵多所援及時人雖患其不遜然才守正無如之何十一年帝將幸江都才見四海土崩諫請還京師安兆庶帝大怒以才屬吏旬日乃出之遂幸江都待遇逾昵時江都糧盡內史侍郎虞世基祕書監袁充等多勸帝幸丹楊才極陳入京策世基極言度江便帝無言才與世基相忿而出宇文化及弑逆之際才時在苑北化及遣驍果席德方執之謂曰今日之事秖得如此才默然不對化及忿才無言將殺之三日乃釋以本官從事鬱鬱不得志才嘗對化及宴請勸其同謀逆者十八人楊士覽等酒化及許之才執盃曰十八人止可一度作勿復餘處更爲諸人默然不對行止聊城遇疾俄而化及爲竇建德所破才復見虜心彌不平數日而卒仁壽大業間有蘭興洛賀蘭蕃俱爲武候將軍剛嚴正直不避强禦咸以稱職知名

論曰虎嘯風生龍騰雲起英賢奮發亦各因時張定和張奫麥鐵杖皆一時壯士而困於貧賤當其鬱抑未遇亦安知有鴻鵠志哉終能振拔汙泥申其力用符馬革之願快生平之心得丈夫之節矣孟才錢傑沈光等感懷恩舊臨難忘身雖功無所成其志有可稱矣權武素無行檢不拘刑憲終取黜辱不亦宜哉仁恭武毅見知文以取達初在汲郡清能可紀後居馬邑貪惏而亡鮮克有終斯言乃驗吐萬緒董純以萑蒲不翦遂嬰罪戮大業之季盜可盡乎俱羅欲加之罪非其咎釁王辯殞身勍敵志在勤王陳稜縞素發喪哀感行路義之所動固已深乎趙才雖人而無儀志在强直拒世基之謟可謂不苟同矣

北史卷七十八考證

張定和傳妻不與○隋書作妻靳固不與

張奫傳河東武城人也○隋書自云清河人也

周時鄉人郭子冀密引陳冠○冀隋書作翼

麥鐵杖傳誡而釋之闕五字○隋書亦無此五字故不可考

光字總持○隋書沈光自爲傳

父居道○居隋書作君

光獨跅弛○弛隋書作跪

權武傳其人復答以寶物武皆納之○監本缺復字今從南本增入

魚俱羅傳并率蜀郡都尉段鍾葵討平之○鍾隋書作鍾

陳稜傳祖碩以漁釣自給○釣監本譌鈎今改正

父峴少驍勇○少監本譌必今改正

北史卷七十九

唐 李延壽 撰

列傳第六十七

宇文述 雲定興 司馬德戡 趙行樞 裴虔通 述子化及

王世充 段達

宇文述字伯通代郡武川人也高祖佁與敦曾祖長壽祖孤仕魏竝爲沃野鎮軍主父盛仕周位上柱國大宗伯述少驍銳便弓馬年十一時有相者謂曰公子善自愛後當位極人臣周武帝時以父軍功起家拜開府述性謹密周大冢宰宇文護甚愛之以本官領護親信及武帝親總萬機召爲左宮伯累遷英果中大夫賜爵博陵郡公改封濮陽郡公尉遲迥作亂述以行軍總管從韋孝寬擊之破迥將李雋軍於懷州又與諸將破尉惇於永平橋以功超拜上柱國進爵褒國公開皇初拜右衞大將軍平陳之役以行軍總管自六合而濟時韓擒賀若弼兩軍趣丹陽述據石頭以爲聲援陳主既禽而蕭瓛蕭巖據東吳地述領行軍總管元契張默言等討之落叢公燕榮以舟師自東海至亦受述節度於是吳會悉平以功授子化及爲開府從拜安州總管時晉王廣鎮揚州甚善於述奏爲壽州總管王時陰有奪宗之志請計於述述曰皇太子失愛已久大王才能蓋世數經將領主上之與內宮咸所鍾愛四海之望實歸大王然廢立國家大事能移主上者唯楊素耳移素謀者唯其弟約述雅知約請朝京師與約共圖廢立晉王大悅多齎金寶資述入關述數請約盛陳器玩與之酣暢因共博戲每陽不勝輸所將金寶約所得既多稍以謝述述因曰此晉王賜述令與公爲歡約大驚曰何爲者述因爲王申意約然其說退言於素亦從之於是晉王與述情好益密命述子士及尚南陽公主前後賞賜不可勝計及晉王爲皇太子以述爲左衞率舊令率官第四品以述素貴遂進率品第三其見重如此煬帝嗣位拜左衞大將軍參掌武官選事後改封許國公尋加開府儀同三司每冬正朝會輒給鼓吹一部從幸榆林時鐵勒契弊歌楞攻敗吐谷渾其部攜散遂遣使請降求救帝令述以兵撫納降附吐谷渾見述擁强兵懼不敢降遂西遁述追至曼頭城攻拔之乘勝至赤水城復拔之其餘黨走屯丘尼川進擊大破之獲其王公尚書將軍二百人渾主南走雪山其故地皆空帝大悅明年從帝西巡至金山登燕支述每爲斥候時渾賊復寇張掖述進擊走之還至江都宮敕述與蘇威常典選舉參預朝政述時貴重委任與威等其親愛則過之帝所得遠方貢獻及四時口味輒見班賜中使相望於道述善於供奉俯仰折旋容止便辟宿衞咸取則焉又有巧思凡所裝飾皆出人意表數以奇服異物進宮掖由是帝彌悅焉言無不從勢傾朝廷左衞將軍張瑾與述連官嘗有評議偶不中意述張目瞋之瑾惶懼而走文武百寮莫敢違忤性貪鄙知人有珍異物必求取富商大賈及隴右諸胡子弟皆接以恩意呼之爲兒由是競加餽遺金寶累積後庭曳羅綺者甚衆家僮千餘人皆控良馬被服金玉及征高麗述爲扶餘道軍將臨發帝謂曰禮七十者行役以婦人從公宜以家累自隨古稱婦人不入軍謂臨戰時耳至軍壘間無所傷也項籍虞兮即其故事述與九軍至鴨淥水糧盡議欲班師諸將多異同述又不測帝意會乙支文德來詣其營述先與于仲文俱奉密旨令誘執文德既而緩縱文德逃歸述內不自安遂與諸將度水追之時文德見述軍中多饑色欲疲述衆每鬬便北述一日中七戰皆捷既恃驟勝又內逼羣議遂進東濟薩水去平壤城三十里因山爲營文德復遣使僞降請述曰若旋師者當奉高元朝行在所述見士卒疲弊不可復戰又平壤險固卒難致力遂因其詐而還衆半濟賊擊後軍於是大潰不可禁止九軍敗績一日一夜還至鴨淥水行四百五十里初度遼九軍三十萬五千人及還至遼東城唯二千七百人帝怒除其名明年帝又事遼東復述官爵待之如初從至遼東與將軍楊義臣率兵復臨鴨淥水會楊玄感作亂帝召述馳驛討玄感時玄感逼東都聞述軍至西遁將圖關中述與刑部尚書衞玄右驍衞大將軍來護兒武衞將軍屈突通等躡之至閿鄉皇天原與玄感相及斬其首傳行在所復從東征至懷遠而還突厥之圍鴈門也帝大懼述請潰圍而出來護兒及樊子蓋竝固諫帝乃止及圍解次太原議者多勸帝還京師帝有難色述奏曰從官妻子多在東都請便道向洛陽自潼關入帝從之尋至東都又覩望帝意勸幸江都宮述於江都遇疾及疾篤帝令中使相望于第謂述有何言述曰願陛下一能降臨帝遣司宮魏氏謂曰公危篤朕憚相煩動必有言可陳也述流涕曰臣子化及早預藩邸願陛下哀憐之士及夙蒙天恩亦堪驅策臣死後智及不可久留願早除之望不破門戶魏氏返命陳其言因詭對曰述唯憶陛下耳帝泫然曰述憶我耶將親臨之宮人百寮諫乃止及薨帝爲廢朝贈司徒尚書令十郡太守班劍四十人轀輬車前後部鼓吹謚曰恭詔黃門侍郞裴矩祭以太牢鴻臚監護喪事雲定興者附會於述初定興女爲皇太子勇昭訓及勇廢除名配少府定興先得昭訓明珠絡帷私賂於述自是數共交游定興每時節必有賂遺幷以音樂干述述素好著奇炫燿時人定興爲製馬韉於後角上缺方三寸以露白色世輕薄者率倣學之謂爲許公缺勢又遇天寒定興曰入內宿衞必當耳冷述曰然乃製袯頭巾令深袙耳人又學之名爲許公袙勢述大悅曰雲兄所作必能變俗我聞作事可法故不虛也後帝將事四夷大造兵器述薦之因敕少府工匠

並取其飾度述欲爲之求官謂之曰兄所製器仗並合上心而不得官者爲長寧兄弟猶未死耳定興曰此無用物何不勸上殺之述因奏曰房陵諸子年並成立今欲動兵征討若將從駕則守掌爲難若留一處又恐不可進退無用請早處分因鴆殺長寧又遣以下七弟分配嶺表於路盡殺之其年大閱帝稱甲仗爲佳述奏並雲定興之功也擢授少府丞十一年累遷屯衞大將軍又有趙行樞者本太常樂戶家財億計述謂爲兒受其賂遺稱爲驍勇起家爲折衝郎將化及述長子也性兇險不循法度好乘肥挾彈馳騖道中由是長安謂之輕薄公子煬帝爲太子時常領千牛出入臥內累遷至太子僕以受納貨賄再三免官太子嬖昵之俄而復職又以其弟士及尙南陽公主由此益驕處公卿間言辭不遜多所淩轢見人子女狗馬珍翫必請託求之常與屠販者游以規其利煬帝即位拜太僕少卿益恃舊恩貪冒尤甚煬帝幸榆林化及與弟智及違禁與突厥交市帝大怒囚之數月還京師欲斬之而後入城解衣辮髮訖以主救之乃釋并智及並賜述爲奴述薨後煬帝追憶之起化及爲右屯衞將軍將作少監時李密據洛口煬帝懼留淮左不敢還都從駕驍果多關中人久客羈旅見帝無西還意謀欲叛歸時武賁郎將司馬德戡總領驍果屯於東城風聞兵士欲叛未審遣校尉元武達陰問知情因謀構逆共所善武賁郎將元禮直閤裴虔通互相扇惑曰聞陛下欲築宮丹楊人人並謀逃去我欲言之恐先事見誅今知而不言後事發當族將如之何虔通曰主上實爾德戡又謂兩人曰我聞關中陷沒李孝常以華陰叛陛下囚其二弟將盡殺之吾輩家屬在西安得無此慮虔通等曰正恐旦暮及誅計無所出德戡曰驍果若走可與俱去虔通等曰誠如公言因遞相招誘又轉告內史舍人元敏鷹揚郎將孟景符璽郎牛方裕直長許弘仁薛世良城門郎唐奉義醫正張愷等日夜聚博約爲刎頸交言無迴避於坐中輒論叛計並相然許時李質在禁令驍果守之中外交通所謀益急又趙行樞先交智及勳侍楊士覽者宇文氏之甥二人同以告智及智及素狂勃聞之喜即共見德戡期以三月十五日舉兵圖叛劫十二衞兵馬虜掠居人財物西歸智及曰不然今天實喪隋英雄並起因行大事此帝王業也德戡然之行樞世良請以化及爲主約定方告化及化及性駑怯初聞之大懼色動流汗久之乃定義寧二年三月一日德戡欲告衆人恐心未一更譎詐以脅驍果謂許弘仁張愷曰君是良醫國家所使出言惑衆衆必信君可入備身府徧告所識者言陛下聞驍果欲叛多醞毒酒因享會盡鴆殺之獨與南人留此羣情必駭因而舉事無不諧矣其月五日弘仁等宣布此言驍果遞相告謀反逾急德戡等知計行遂以十日總召故人論以所爲衆皆伏曰唯將軍命其夜奉義主閉城門門皆不下鑰至夜三更德戡於東城內集兵得數萬人舉火與城外相應帝聞有聲問是何事虔通僞曰草坊被燒外人救火故喧囂耳中外隔絕帝以爲然孟景智及於城外得千餘人劫候衞武賁馮普樂共布兵捉郭下街巷至五更德戡授虔通兵以換諸門衞士虔通因自開門領數百騎至成象殿殺將軍獨孤盛武賁郎將元禮遂引兵進宿衞者皆走虔通進兵排左閤馳入永巷問陛下安在有美人出房指云在西閣從往執帝帝謂虔通曰卿非我故人乎何恨而反虔通曰臣不敢反但將士思歸奉陛下還京師耳帝曰即爲汝歸虔通自勒兵守之至旦孟景以甲騎迎化及化及未知事果戰慄不能言人有謁之但低頭據案荅曰罪過時士及在公主第弗之知也智及遣家僮莊桃樹就第殺之桃樹不忍執詣智及久之乃見釋化及至城門德戡迎謁引入朝堂號爲丞相令將帝出江都門以示羣賊因復將入遣令狐行達弒帝於宮中又執朝臣不同己者數十人及諸王外戚無少長皆害之唯留秦孝王子浩立以爲帝十餘日奪江都人舟檝從水路西歸至顯福宮宿公麥孟才折衝郎將沈光等謀擊化及反爲所害化及於是入據六宮其自奉一如煬帝故事每帳中南面端坐人有白事者默然不對下牙時方收取啓狀共奉義方裕世良愷等參決之行至徐州水路不通復奪人車牛得二千兩並載宮人珍寶其戈甲戎器悉令軍士負之道遠疲極三軍始怨德戡失望竊謂行樞曰君大謬我當今撥亂必藉英賢化及庸暗事將必敗若何行樞曰廢之何難因共李孝本宇文導師尹正卿等謀以後軍萬餘兵襲殺化及立德戡爲主弘仁知之密告化及盡收德戡及支黨殺之引兵向東郡通守王軌以城降之元文都推越王侗爲主拜李密爲太尉令擊化及密壁淸淇與徐世勣以烽火相應化及數戰不利其將軍于弘達爲密所禽送於侗所鑊烹之化及糧盡度永濟渠與密決戰於童山遂入汲郡求軍糧又遣使拷掠東郡人吏責米粟王軌怨之以城歸李密化及大懼自汲郡將圖以北諸州其將陳智略率嶺南驍果萬餘人張童兒率江東驍果數千人皆叛歸李密化及尙有衆二萬北走魏縣張愷與其將陳伯謀去之事覺爲化及所殺腹心稍盡兵勢日蹙兄弟更無他計但相聚酣宴奏女樂醉後尤智及曰我初不知由汝爲計彊來立我今所向無成負弒主之名天下所不納滅族豈非由汝乎抱其兩子而泣智及怒曰事捷之日都不賜尤及其將敗乃欲歸罪何不殺我以降建德兄弟數相鬭鬩言無長幼醒而復飮以此爲恒自知必敗乃歎曰人生故當死豈不一日爲帝乎於是鴆殺浩僭皇帝位於魏縣國號許建元爲天壽置百官攻元寶藏於魏州反爲所敗乃東北趣聊城將招攜海內諸賊遣士及徇濟北徵求餉餽大唐遣淮安王神通安撫山東神通圍之十餘日不剋而退竇建德悉衆攻之先是齊州賊帥王薄聞其多寶物詐來投附化及信之與共居守至是薄引建德入城禽化及悉虜其衆先執智及元武達孟景楊士覽許弘仁等皆斬之乃以檻車載化及至大陸縣城下數其弒逆并二子承基承趾皆斬之傳首於突厥義城公主梟之虜庭士及自濟北西歸長安智及幼頑凶好與人羣聚鬭鷄習放鷹狗初以父功賜爵濮陽郡公蒸淫醜穢無所不爲其妻長孫氏妬而告述述雖爲隱而不忿之纖芥之愆必加鞭箠弟士及恃尚主又輕忿之唯化及事事營護父再三欲殺輒救免之由是頗相親昵遂勸化及遣人入蕃私爲交易事發當誅述獨證智及罪惡而爲化及請命帝因兩釋之述將死抗表言其兇勃必且破家帝後思述拜智及將作少監其江都弒逆事皆智及之謀也化及爲丞相以爲右僕射領十二衞大將軍及僭號封齊王竇建德獲而斬之并其黨十餘人皆暴屍梟首

司馬德戡扶風雍人父元謙仕周爲都督德戡幼孤以屠豕自給有桑門釋粲通德戡母娥氏遂撫教之因解書計開皇中爲侍官漸遷至大都督從楊素出討漢王諒充內營左右進止便僻俊辯多姦計素大善之以勳授儀同三司大業三年爲鷹揚郎將從討遼左進位正議大夫遷武賁郎將煬帝甚昵之從至江都領左右備身驍果萬人營於城內因隋末大亂乃率驍果反語在化及事中既獲煬帝與黨孟景等推化及爲丞相化及首封德戡爲溫國公加光祿大夫仍統本兵化及意甚忌之後數日化及署諸將分配士卒乃以德戡爲禮部尙書外示美遷實奪其兵也由是懷怨所獲賞物皆賂於智及智及爲之言行至徐州捨舟登陸令德戡將後軍乃與趙行樞李孝本尹正卿宇文導師等謀襲化及遣人使于孟海公結爲外助遷延未發以待使報許弘仁張愷知之以告化及因遣其弟士及陽爲游獵至於後軍德戡不知事露出營參謁因命執之并其黨與化及責之曰與公勠力共定海內出於萬死今始事成願得同守富貴公又何爲反也德戡曰本殺昏主苦其毒害立足下而又甚之逼於物情不獲已也化及不對命送至幕下縊而殺之

裴虔通河東人初煬帝爲晉王以親信從稍遷至監門校尉帝即位擢舊左右授宣惠尉累從征役至通議大夫與司馬德戡同謀作亂先開宮門騎至成象殿殺將軍獨孤盛執帝於西閣化及以虔通爲光祿大夫莒國公化及引兵之北也令鎭徐州化及敗後歸於大唐即授徐州總管轉辰州刺史封長蛇男尋以隋朝弒逆之罪除名徙於嶺表而死

王世充字行滿本西域胡人也祖支頹耨徙居新豐頹耨死其妻少寡與儀同王粲野合生子曰瓊粲遂納之以爲小妻其父收幼孤隨母嫁粲粲愛而養焉因姓王氏官至懷汴二州長史世充捲髮豺聲沈猜多詭詐頗窺書傳尤好兵法曉龜策推步盈虛然未嘗爲人言也開皇中爲左翊衞後以軍功拜儀同授兵部員外郎善敷奏明習法律而儛弄文墨高下在心或有駮難之者世充利口飾非辭義鋒起衆雖知其否而莫能屈稱爲明辯煬帝世累遷至江都郡丞時帝數幸江都世充善候人主顏色阿諛順旨每入言事帝善之又以郡丞領江都宮監乃彫飾池臺陰奏遠方珍物以媚於帝由是益昵之大業八年隋始亂世充內懷徼倖卑身禮士陰結豪俊多收衆心江淮間人素輕薄又屬盜賊羣起人多犯法有繫獄抵罪者世充枉法出之以樹私恩及楊玄感反吳人朱燮晉陵人管崇起兵江南以應之自稱將軍擁衆十餘萬帝遣將軍吐萬緒魚俱羅討之不能尅世充募江都萬餘人擊頻破之每有尅捷必歸功於下所獲軍實皆推與士卒身無所取由此人爭爲用功最居多十年齊郡賊帥孟讓自長白山寇掠諸郡至盱眙有衆十餘萬世充以兵拒之而羸師示弱保都梁山爲五柵相持不戰後因其懈弛出兵奮擊大破之乘勝盡滅諸賊讓以數十騎遁去斬首萬人六畜軍資莫不盡獲帝以世充有將帥才畧始遣領兵討諸小盜所向破之然性多矯僞詐爲善能自勤苦以求聲譽十一年突厥圍帝於鴈門世充盡發江都人往赴難在軍中垢

面悲泣曉夜不解甲藉草而坐帝聞之以爲愛已益信任之十二年遷爲江都通守時厭次人格謙爲盜數年兵十餘萬在豆子䴚中世充破斬之威振羣賊又擊盧明月破之於南陽後還江都帝大悅自執杯酒以賜之時世充又知帝好內乃言江淮良家多有美女願備後庭無由自進帝愈喜因密令世充閱觀諸女資質端麗合法相者取正庫及應入京物以聘納之所用不可勝計帳上所司云敕別用不顯其實有合意者則厚賞世充或不中者又以賚之後令以船送東京而道路賊起使者苦役於淮泗中沉船溺殺之者前後十數或有發露世充爲秘之又遽簡閱以供進是後益見親昵遇李密攻陷興洛倉進逼東都官軍數敗光祿大夫裴仁基以武牢降於密帝惡之大發兵將討焉特發中詔遣世充爲將軍於洛口以拒密前後百餘戰互有勝負世充乃引軍度洛水逼倉城李密與戰世充敗績赴水溺死者萬餘人時天寒大雨雪兵旣度水衣皆霑濕在道凍死者又數萬人比至河陽纔以千數世充自繫獄請罪越王侗遣使赦之召令還都收合亡散屯於含嘉城中不敢復出宇文化及殺帝於江都世充與太府卿元文都將軍皇甫無逸右司郎盧楚奉侗爲主侗以世充爲吏部尚書封鄭國公及侗用元文都盧楚之謀拜李密爲太尉尚書令密遂稱臣復以兵拒化及於黎陽遣使獻捷衆皆悅世充獨謂其麾下諸將曰文都之輩刀筆吏耳吾觀其勢必爲李密所禽且吾軍人馬每與密戰殺其父兄子弟前後已多一旦爲之下吾屬無類矣出此言以激怒其衆文都知而大懼與楚等謀將因世充入內伏甲而殺之期有日矣將軍段達遣女壻張志以楚等謀告之世充夜勒兵圍宮城將軍費曜田世闍等與戰於東太陽門外曜軍敗世充遂攻門而入無逸以單騎遁走獲楚殺之時宮門尚閉世充遣人扣門言於侗曰元文都等欲執皇帝降於李密段達知而以告臣臣非敢反誅反者耳文都聞變入奉侗於乾陽殿陳兵衞之命將帥乘城以拒難兵敗侗命開門以納世充世充悉遣人代宿衞者明日入謁頓首流涕而言曰文都等無狀謀相屠害事急爲此不敢背國侗與之盟世充尋遣韋節等諷侗命拜爲尚書左僕射總督內外諸軍事又授其兄惲爲內史令入居禁中未幾李密破化及還其勁兵良馬多戰死士卒皆勌世充欲乘其弊而擊之恐人心不一乃假託鬼神言夢見周公乃立祠於洛水之上遣巫宣言周公欲令僕射急討李密當有大功不則兵皆疫死世充兵多楚人俗信妖妄故出此言以惑之衆皆請戰世充簡練精勇得二萬餘人馬千餘疋營洛水南密軍偃師北山上時密新得志於化及有輕世充之心不設壁壘世充遣二百餘騎潛入北山伏溪谷中令軍秣馬蓐食旣而宵濟人馬奔馳比明而薄密密出兵應之陣未成列而兩軍合戰其伏兵蔽山而上潛登北原乘高而下馳壓密營營中亂無能拒者卽入縱火密軍大驚而潰降其將張童兒陳智畧進下偃師初世充兄偉及子玄應隨化及至東郡密得而囚之於城中至是盡獲之又執密長史景元眞妻子司馬鄭虔象之母及諸將子弟皆撫慰之各令潛呼其父兄兵次洛口元眞鄭虔象等舉倉城以應之密以數十騎遁逸世充收其衆而還東盡於海南至於江悉來歸附世充又令韋節諷侗拜已爲太尉置署官屬以尚書省爲其府尋自稱鄭王遣其將高畧帥師攻壽安不利而旋又帥師攻圍穀州三日而退明年自稱相國受九錫備法物是後不朝侗矣有道士桓法嗣者自言解圖讖世充昵之法嗣乃上孔子閉房記畫作大夫持一干以驅羊法嗣云楊隋姓也干一者王字也王居楊後明相國代隋爲帝也又取莊子人閒世德充符二篇上之法嗣釋曰上篇言世下篇言充此則相國名矣當德被人閒而應符命爲天子也世充大悅曰此天命也再拜受之卽以法嗣爲諫議大夫世充又羅取雜鳥書帛係其頸自言符命而散之於空或有彈射得鳥而來獻者亦拜官爵旣而廢侗陰殺之僭卽皇帝位建元曰開明國號鄭大唐太宗帥師圍之世充頻出兵戰輒不利諸城相繼降款世充窘迫遣使請救於竇建德建德率兵援之至武牢太宗破之禽建德以詣城下世充將潰圍而出諸將莫有應之者於是出降至長安爲讎家所殺

段達武威姑臧人父嚴周朔州刺史達在周年始三歲襲爵襄垣縣公及長身長八尺美鬚髯便弓馬隋文帝爲丞相以爲大都督領親信兵常置左右及踐阼爲左直齋遷車騎將軍督晉王府軍事以擊高智慧功授上儀同又破汪文進等加開府仁壽初爲太子左衞副率大業初以藩邸之舊拜左翊衞將軍從征吐谷渾進位金紫光祿大夫帝征遼東平原郝孝德清河張金稱等竝起爲盜帝令達擊之數爲金稱等所挫諸賊輕之號爲段姥後用鄃令楊善會謀更與賊戰方致尅捷還京師以公事坐免明年帝征遼東使達留守涿郡俄復拜左翊衞將軍高陽魏刀兒聚衆自號歷山飛寇掠燕趙達率涿郡通守郭絢擊敗之時盜賊旣多達不能因機決勝唯持重自守時人皆謂之爲怯懦十二年帝幸江都宮詔達與太府卿元文都等留守東都李密縱兵侵掠城下達與監門郎將龐玉武牙郎將霍世舉禦之以功遷左驍衞大將軍王世充之敗也密進據北芒來薄上春門達與判戶部尚書韋津拒之達見賊不陣而走軍大潰津沒於密及帝崩於江都達與文都等推越王侗爲主署開府儀同三司兼納言陳國公元文都等之謀誅王世充達預焉旣而陰告世充達爲之內應及事發迫越王送文都於世充世充甚德於達旣破李密諷越王禪讓世充僭號以達爲司徒及東都平坐斬妻子籍沒

論曰宇文述便辟足恭柔顏取悅君所謂可亦曰可焉君所謂不亦曰不焉無所是非不能輕重默默苟容偷安高位甘素餐之責受彼已之譏此固君子所不爲亦丘明之深恥化及以此下才負恩累葉時逢崩折不能竭命乃因利乘便先圖干紀率羣不逞職爲亂階拔本塞源裂冠毀冕釁深指鹿事切食蹯天地所不容人神所同憤矣世充斗筲小器遭逢時幸與蒙獎擢禮越舊臣而躬爲戎首親行鴆毒竟而蛇豕醜類繼踵誅夷梟獍兇魅相尋葅戮垂炯戒於來葉快忠義於當年爲人臣者可無殷鑒哉

北史卷七十九考證

宇文述傳尉遲迥作亂○隋書亂字下有相州二字

家僮千餘人皆控良馬被服金玉○玉監本訛王今改正

化及糧盡度永濟渠○永監本訛水今改從隋書

乃以檻車載化及至大陸縣城下○檻監本訛艦今改從南本

王世充傳因姓王氏○王監本訛玉今改正

北史卷八十

唐 李延壽 撰

列傳第六十八

外戚

賀訥 姚黃眉 杜超 賀迷
閭毗 馮熙 李惠 高肇
胡國珍 從曾孫長粲 楊騰 乙弗繪
趙猛 胡長仁 隋文帝外家呂氏

夫左賢右戚尚德尊功有國者所以御天下也殷肇王基不藉莘氏爲佐周成王業未聞姒姓爲輔然歷觀累代外戚之家乘母后之權以取高位厚秩者多矣而鮮能有克終之美必罹顛覆之患何哉皆由乎居上不以至公任物在下徒用私寵要榮藺犢引大車升質任厚棟無德而尊不知紀極怨於滿盈之戒罔念高危之咎故鬼瞰其室憂必及之所以殺身傾族相繼於西京也夫誠著艱難功宣社稷不以謙沖自牧未免顛蹶之禍而況道不足以濟時仁不足以利物自矜於己以富貴驕人者乎魏道武初賀訥有部衆之業翼成皇祚其餘或以勞勤或緣恩澤齊氏后妃之族多自保全胡長仁以譖訴貽禍斛律光以地勢被戮俱非女謁盛衰之所致也婁昭自以佐命之功崇其名器且霸業權輿時方同德陵暴之釁因茲而起其靖德昭訓二門竝良家遺孽守死無暇固不足涉言又子非繼世權難妄假昭信非惟素門履道訖構嚴辱威望之地自致無由有周御歷后門初無與政旣而末跡竊權竟移鼎璽斯乃西漢覆車之轍魏文所以深誡隋文潛躍之初獻后便相推轂煬帝大橫方兆蕭妃密勿經綸是以恩禮綢繆始終不易然外內親戚莫預朝權昆弟在位亦無殊寵至於居擅玉堂家稱金穴暉光戚里熏灼四方將三司以比儀命五侯而同拜者終始一代寂無聞焉考之前王可謂矯其弊矣故雖時經擾攘無有陷於不義市朝遷貿而皆得以保全比夫憑藉寵私階緣恩澤乘其非據旋就顛隕者豈可同日而言哉此所謂愛之以禮者也案外戚魏書有賀訥劉羅辰姚黃眉杜超賀迷閭毗馮熙李峻李惠高肇于勁胡國珍李延實齊書有趙猛婁叡尒朱文暢鄭仲禮李祖昇元蠻胡長仁周書不立此篇隋書有獨孤羅蕭巋今以劉羅辰李峻于勁李延實婁叡尒朱文暢鄭仲禮李祖昇元蠻獨孤羅蕭巋命附其家傳其餘竝入此篇又檢楊騰乙弗繪附之魏末以備外戚傳

賀訥代人魏道武皇帝之舅獻明后之兄也其先世爲君長祖紇尚平文女父野干尚昭成女遼西公主昭成崩諸部乖亂獻明后與道武及衞秦二王依訥會苻堅使劉庫仁分攝國事道武還居獨孤訥總攝東部爲大人遷居大甯行其恩信衆多歸之侔於庫仁苻堅假訥鷹揚將軍後劉顯謀逆道武輕騎歸訥訥驚拜曰官家復國當念老臣帝笑荅曰誠如舅言要不亡也訥中弟染干麁暴忌帝常圖爲逆每爲皇姑遼西公主擁護故染干不得肆其禍心諸部大人請訥兄弟求舉道武爲主染干不從遂與諸大人勸進道武登代王位于牛川及帝討吐突隣部訥兄弟遂懷異圖率諸部救之帝擊之大潰訥西遁衞辰遣子直力鞮征訥告急請降道武簡精騎二十萬救之遂徙訥部落及諸弟處之東界訥又通於慕容垂垂以訥爲歸善王染干謀殺訥而代立訥遂與染干相攻垂遣子麟討之敗染干於牛都破訥於赤城道武遣師救訥麟乃引退訥從道武平中原拜安遠將軍其後離散諸部分土定居不聽遷徙其君長大人皆同編戶訥以元舅甚見尊重然無統領以壽終於家訥弟盧亦從平中原以功賜爵遼西公帝遣盧會衞王儀伐鄴而盧自以帝之季舅不肯受儀節度帝遣使切責之盧遂忿恨與儀司馬丁建構成其嫌彌加猜忌會道武敕儀去鄴盧亦引歸道武以盧爲廣川太守盧性雄豪恥居冀州刺史王輔下襲殺輔奔慕容德德以爲并州刺史廣甯王廣固敗盧亦沒訥從父弟悅初道武居賀蘭部下人情未甚附唯悅舉部隨從又密爲帝祈禱天神請成大業出於誠至帝嘉之甚見寵待後平中原以功賜爵鉅鹿侯進爵北新卒子泥襲爵後降爲肥如侯道武崩京師草草泥出舉烽於安陽城北賀蘭部人皆往赴之明元即位乃罷詔泥與元渾等八人拾遺左右與北新侯安同持節行并定二州劾奏并州刺史元六頭等皆伏罪州郡肅然後從太武征赫連昌以功進爵爲瑯邪公軍國大議每參豫焉又征蠕蠕爲別道將坐逐賊不進詐增虜當斬贖爲庶人久之拜光祿勳爲外都大官復本爵卒官子醜建襲

姚黃眉姚興之子明元昭哀皇后之弟也姚泓滅黃眉間來歸魏明元厚禮待之賜爵隴西公尚陽翟公主拜駙馬都尉隸戶二百太武即位遷內都大官後拜太常卿卒贈雍州刺史隴西王謚曰獻陪葬金陵黃眉寬和溫厚希言得失太武悼惜之故贈禮有加

杜超字祖仁魏郡鄴人密皇后之兄也少有節操太常中爲相州別駕始光中太武思念舅氏以超爲陽平公尚南安長公主拜駙馬都尉位大鴻臚卿車駕幸其第賞賜巨萬神䴥三年以超行征南大將軍太宰進爵爲王鎮鄴追加超父豹鎮東大將軍陽平景王母曰鉅鹿惠君眞君五年超爲帳下所害太武臨其喪哀慟者久之謚曰威王長子道生賜爵城陽侯後爲秦州刺史進爵河東公道生弟鳳凰襲爵加侍中特進太武追思超不已欲以鳳凰爲定州刺史鳳凰不願違離闕庭乃止鳳凰弟道儁賜爵發干侯鎮枋頭除兗州刺史超既薨復授超從弟遺侍中安南將軍開府相州刺史入爲內都大官進爵廣平王遺性忠厚頻歷州郡所在著稱薨贈太傅謚曰宣王長子元寶位司空元寶弟肩寶司隸校尉元寶又進爵京兆王及歸而父遺喪明當入謝元寶欲以表聞文成未知遺薨怪其遲召之元寶將入時人止之曰宜以家憂自辭元寶欲見其寵不從遂冒哀而入未幾以謀反伏誅親從皆斬唯元寶子世衡逃免時朝議欲追削超爵位中書令高允上表理之後兗州故吏汲宗等以道儁遺惠在人前從坐爵受誅委骸土壤求得收葬書奏詔義而聽之贈散騎常侍安南將軍南康公謚曰昭世衡襲遺公爵

賀迷代人太武敬哀皇后之從父也皇后生景穆初后少孤父兄近親唯迷故蒙賜爵長鄉子卒贈光祿大夫五原公

閭毗代人蠕蠕主大檀之親屬太武時自其國來降毗即恭皇后之兄也后生文成文成大安二年以毗爲平北將軍賜爵河東公弟紇爲寧北將軍賜爵零陵公其年並加侍中進爵爲王毗征東將軍評尚書事紇征西將軍中都大官自餘子弟賜爵爲王者二人公五人侯六人子三人同時受拜所以隆崇舅氏和平二年追謚后祖父延襄康公辰定襄懿王毗薨贈太尉追贈毗妻河東王妃子惠襲紇薨贈司空子豆後賜名莊太和中初立三長以莊爲定戶籍大使甚有時譽十六年例降爵後爲七兵尚書卒紇弟染位外都大官冀州刺史江夏公卒先是文成以乳母常氏有保護功既即位尊爲保太后後尊爲皇太后興安二年太后前兄英字世華自肥如令超爲散騎常侍鎮軍大將軍賜爵遼西公弟喜鎮軍大將軍祠曹尚書帶方公三妹皆封縣君妹夫王睹爲平州刺史遼東公追贈英祖父符堅扶風太守亥爲鎮西將軍遼西簡公勃海太守澄爲侍中征東大將軍太宰遼西獻王英母許氏博陵郡君遣兼太常盧度世持節改葬獻王於遼西樹碑立廟置守冢百家太安初英爲侍中征東大將軍太宰進爵爲王喜左光祿大夫改封燕郡從兄泰爲安東將軍朝鮮侯訢子伯夫散騎常侍選部尚書次子員金部尚書喜子振太子庶子三年英領太師評尚書事內都大官伏寶泰等州刺史五年詔以太后母宋氏爲遼西王太妃和平元年喜爲洛州刺史初英事宋不能謹而睹奉宋甚至就食於和龍無車牛宋疲不進睹負宋於笈至是宋於英等薄不如睹之篤謂太后曰何不王睹而黜英太后曰英爲長兄門戶主也家內小小不順何足追計睹雖盡力故是他姓奈何在英上本州郡公亦足報耳天安中英爲平州刺史訢爲幽州刺史伯夫進爵范陽公英濁貨從敦煌諸常自興公及至是皆以親疏受爵賜田宅時爲隆盛後伯夫爲洛州刺史以贓汙欺妄徵斬於京師承明元年徵英復官薨謚遼西平王始英之徵也夢日墜其所居黃山下水中村人以車牛挽致不能出英獨抱載而歸聞者異之後員與伯夫子禽可共爲飛書誣謗朝政事發有司執憲刑及五族孝文以明太后故罪止一門訢年老赦免歸家怨其孫一人扶養之給奴婢田宅其家僮入者百人金錦布帛數萬計賜尚書已下宿衞已上其女壻及親從在朝皆免官歸本鄉十一年孝文文明太后以文昭太后故悉出其家前後沒入婦女以喜子振試守正平郡卒

馮熙字晉國長樂信都人文明太后之兄也祖弘北燕王太武平遼海熙父朗內從官至秦雍二州刺史遼西郡公坐事誅文明太后臨朝追贈假黃鉞太宰燕宣王立廟長安熙生於長安爲姚氏魏母所養以叔父樂陵公邈因戰入蠕蠕魏母攜熙逃避至氐羌中撫育年十二好弓馬有勇幹氐羌皆歸附之魏母惡其如此將還長安始就博士學問從師受孝經論語好陰陽兵法事及長游華陰河東二郡間性汎愛不拘小節人無士庶來則納之熙姑先入掖庭爲太武左昭儀妹爲文成帝后即文明太后也使人外訪知熙所在徵赴京師拜冠軍將軍賜爵肥如侯尚景穆女博陵長公主拜駙馬都尉出爲定州刺史進爵昌黎王獻文即位爲太傅累拜內都大官孝文即位文明太后臨朝帝乃承旨以熙爲侍中太師中書監領祕書事熙以頻履師傅又中宮之寵爲羣情所駭心不自安乞轉外任文明太后亦以爲然除都督洛州刺史侍中太師如故洛陽雖經破亂而舊三字石經宛然猶在至熙與常伯夫相繼爲州廢毀分用大至頹落熙爲政不能仁厚而信佛法自出家財在諸州鎮建佛圖精舍合七十二處寫十六部一切經延致名德沙門日與講論精勤不倦所費亦不貲而營塔寺多在高山秀阜傷殺人牛有沙門勸止之熙曰成就後人唯見佛圖焉知殺人牛也其北芒寺碑文中書侍郎賈元壽詞孝文頻登北芒寺親讀碑文稱爲佳作熙爲州因取人子女爲奴婢有容色者幸之爲妾有子女數十人號爲貪縱後授內都大官太師如故熙事魏母孝謹如事所生魏母卒乃散髮徒跣水漿不入口三日詔不聽服熙表求依趙氏之孤帝以熙情難奪聽服齊衰期後以例降改封京兆郡公帝納其女爲后曰白武通云王所不臣數有三焉妻之父母抑言其一此所謂供承宗廟不欲奪私心然吾季著於春秋無臣證於往牒既許通體之一用開至尊之敬比長秋配極陰政既敷未聞有司陳奏斯式可詔太師毅臣從禮又勒集書造儀付外孝文前後納熙三女二爲后一爲左昭儀由是馮氏寵貴益隆賞賜累巨萬帝每詔熙上書不臣入朝不拜熙上書如舊熙於後遇疾綿寢四載詔遣監問道路相望車駕亦數幸焉將還洛帝親與熙別見其困篤歔欷流涕密敕宕昌公主遇曰太師萬一即可監護喪事十九年薨於代車駕在淮南留臺表聞還至徐州乃舉哀爲制緦服詔有司預辦凶儀并開魏京之墓令公主之柩俱向伊洛凡所營送皆公家爲備又敕代給綵帛前後六千匹以供凶用皇后詣代都赴哭太子恂亦赴代哭弔將葬贈假黃金侍中都督十州諸軍事大司馬太尉冀州刺史加黃屋左纛備九錫前後部羽葆鼓吹皆依晉太宰安平獻王故事有司奏謚詔曰可以威彊恢遠曰武奉謚於公柩至七里澗帝服縗往迎叩靈悲慟而拜焉葬日送臨墓所親作誌銘主生二子誕脩誕字思正脩字寶業皆姿質妍麗年纔十餘文明太后俱引入禁中申以教誡然不能習讀經史兄弟竝無學術徒整飾容儀寬雅恭謹而已誕與孝文同歲幼侍書學仍蒙親待尚帝妹樂安長公主拜駙馬都尉侍中征西大將軍南平王脩侍中鎮北大將軍尚書東平公又除誕儀曹尚書知殿中事及罷庶姓王誕爲侍中都督中外諸軍事中軍將軍特進改封長樂郡公誕拜官孝文立於庭遙受其拜既訖還室脩降爲侯誕脩雖竝長宮禁而性趣乖別誕性淳篤脩乃浮競誕亦未能誨督其過然時言於太后孝文嚴責之至於楚捶由是脩懷毒恨遂結左右有憾於誕者求藥欲因食害誕事

覺帝自詰之具得情狀誕引過謝乞全脩命帝以誕父老又重其意不致於法撻之百餘黜爲平城百姓脩妻司空穆亮女也求離婚請免官帝引管蔡事皆不許帝寵誕仍作同輿而載同案而食同席坐臥彭城王勰北海王詳雖直禁中然親近不及十六年以誕爲司徒帝旣受誕除官日親爲制三讓表并啓將拜又爲其章謝尋加車騎大將軍太子太師十八年帝謂其無師傅獎導風誕深自誨責從駕南伐十九年至鍾離誕遇疾不能侍從帝日省問醫藥備加帝銳意臨江乃命六軍發鍾離南轅與誕泣訣左右皆入無不掩涕時誕已惙然彊坐視帝悲而淚不能下言夢太后來呼臣帝嗚咽執手而出遂行是日去鍾離五十里許昏時告誕薨問帝哀不自勝時崔慧景裴叔業軍在中淮去所次不過百里帝乃輕駕西還從者數千人夜至誕薨所拊屍哀慟若喪至戚達旦聲淚不絕從者亦迭舉音帝以所服衣帢充殮親自臨視徹樂去膳宣敕六軍止臨江之駕帝親北度慟哭極哀喪至洛陽車駕猶在鍾離詔留守賜賻物布帛五千匹穀五千斛以供葬事贈假黃鉞使持節大司馬領司徒侍中都督太師駙馬公如故加以殊禮備錫九命依晉大司馬齊王攸故事有司奏諡詔曰案諡法主善行德曰元柔直有光曰懿昔貞惠兼美受三諡之榮忠武雙徽錫兩號之茂式準前訓宜契具瞻旣自少綢繆知之惟朕案行定名諡曰元懿帝又親爲作碑文及挽歌詞皆窮美盡哀事過其厚車駕還京遂親至誕墓停車而哭使彭城王勰詔羣官脫朱衣服單衣介幘而哭司徒貴者示以朋友微者示如寮佐公主貞厚有禮度產二男長子穆字孝和襲爵避皇子愉封改封扶風郡公尚孝文女順陽長公主拜駙馬都尉歷員外通直散騎常侍穆與叔輔興不和輔興亡贈相州刺史祖柩在庭而穆方高車良馬恭受職命言宴滿堂忻笑自若爲御史中尉東平王匡所劾後位金紫光祿大夫遇害河陰贈司空雍州刺史子冏字景昭襲爵昌黎王尋以庶姓罷王仍襲扶風郡公子峭字子漢齊受禪例降穆弟顥襲父誕長樂郡公脩弟聿字寶興廢后同產兄也位黃門郎信都伯後坐妹廢免爲長樂百姓宣武時卒於河南尹聿同產弟風幼養於宮文明太后特加愛念數歲賜爵至北平王拜太子中庶子出入禁闥寵侔二兄孝文親政後恩寵稍衰降爵爲侯幽后立乃復叙用后死亦冗散卒贈青州刺史崔光之兼黃門也與聿俱直光每謂之曰君家富貴大盛終必衰敗聿云我家何負四海乃呪我也光云以古推之不可不慎時熙爲太保誕司徒太子太傅脩侍中尚書聿黃門廢后在位禮愛未虧是後歲餘脩以罪棄熙誕喪亡后廢聿退時人以爲盛必衰也

李惠中山人思皇后之父也父蓋少知名歷位殿中都官二尚書左將軍南郡公初太武妹武威長公主故涼王沮渠牧犍之妻太武平涼州頗以公主通密計之助故寵遇差隆詔蓋尚焉蓋妻與氏以是出後蓋加侍中駙馬都尉殿中都官尚書右僕射卒官贈征南大將軍定州刺史中山王諡曰莊惠弱冠襲父爵妻襄城王韓頹女生二女長即后也惠歷位散騎常侍侍中征西大將軍秦益二州刺史進爵爲王轉雍州刺史征南大將軍加長安鎮大將惠長於思察雍州廳事有鷰爭巢鬭已累日惠令人掩護試命綱紀斷之並辭惠乃使卒以弱竹彈兩鷰既而一去一留惠笑謂吏屬曰此留者自計爲巢功重彼去者旣經楚痛理無固心羣下伏其深察人有負鹽負薪者同釋重擔息樹陰二人將行爭一羊皮各言藉背之物惠遣爭者出顧州綱紀曰此羊皮可栲知主乎羣下咸無答者惠令人置羊皮席上以杖擊之見少鹽屑曰得其實矣使爭者視之負薪者乃伏而就罪凡所察究多如此類由是吏人莫敢欺犯後爲開府儀同三司青州刺史王如故歷政有美績惠素爲文明太后所忌誣惠將南叛誅之惠二弟初樂與惠諸子同戮後妻梁氏亦死青州盡沒其家財惠本無釁故天下冤惜焉惠從弟鳳爲定州刺史安縣王長樂主簿後長樂以罪賜死時卜筮者河間邢讚辭引鳳云長樂不軌鳳爲謀主伏誅唯鳳弟道念與鳳子及兄弟之子皆逃免後遇赦乃出太和十二年孝文將爵舅氏詔訪存者而惠諸從以再離孥戮難於應命唯道念敢先詣闕乃申后妹及鳳兄弟子女之存者於是賜鳳子屯爵栢人侯安祖浮陽侯興祖安喜侯道念貞定侯從弟寄生高邑子皆加將軍十五年安祖昆弟四人以外戚蒙見詔謂曰卿之先世內外有犯得罪於時然官必用才以親非興邦之選外氏之寵超於末葉從今已後自非奇才不得復外戚謬班抽舉旣無殊能今且可還後例降爵安祖等改侯爲伯並去軍號帝奉馮氏過厚於李氏過薄舅家了無叙用朝野人士所以竊議太常高閭顯言于禁中及宣武寵隆外家並居顯位乃惟孝文舅氏存已不霑恩澤景明末特詔興祖爲中山太守正始初詔追崇惠爲使持節驃騎將軍開府儀同三司定州刺史中山公太常考行上言案諡法武而不遂曰壯諡曰壯公興祖自中山遷燕州刺史卒以兄安祖子侃晞爲後襲先封南郡王後以庶姓罷王改爲博陵郡公晞侃爲莊帝所親幸拜散騎常侍嘗食典御帝之圖尒朱榮侃晞與魯安等持刃於禁內殺榮及莊帝蒙塵侃晞奔梁

高肇字首文文昭皇太后之兄也自云本勃海蓨人五世祖顧晉永嘉中避亂入高麗父颺字法脩孝文初與弟乘信及其鄉人韓內冀富等入魏拜厲威將軍河間子乘信明威將軍俱待以客禮遂納颺女是爲文昭皇后生宣武颺卒景明初宣武追思舅氏徵肇兄弟等錄尚書事北海王詳等奏颺宜贈左光祿大夫賜爵渤海公諡曰敬其妻蓋氏宜追封清河郡君詔可又詔颺嫡孫猛襲渤海公爵封肇平原郡公肇弟顯澄城郡公三人同日受封始宣武末與舅氏相接將拜爵乃賜衣幘引見肇顯于華林都亭皆甚惶懼舉動失儀數日之間富貴赫弈是年咸陽王禧誅財物珍寶奴婢田宅多入高氏未幾肇爲尚書右僕射冀州大中正尚宣武姑高平公主遷尚書令肇出自夷土時望輕之及在位居要留心百揆孜孜無倦世咸謂之爲能宣武初六輔專政後以咸陽王禧無事構逆由是委肇肇旣無親族頗給朋黨附之者旬月超昇背之者陷以大罪以北海王詳位居其上構殺之又說宣武防衞諸王殆同囚禁時順皇后暴崩世議言肇爲之皇子昌薨僉謂王顯失於醫療承肇意旨及京兆王愉出爲冀州刺史畏肇恣擅遂至不軌肇又譖殺彭城王勰由是朝野側目咸畏惡之因此專權與奪任已又嘗與清河王懌於雲門外廡下忽忿諍大至紛紜太尉高陽王雍和止之高后旣立逾見寵信肇旣當衡軸每事任已本無學識動違禮度好改先朝舊制減削封秩抑黜勳人由是怨聲盈路矣延昌初遷司徒雖貴登台鼎猶以去要怏怏衆咸嗤笑之父兄封贈雖久竟不改瘞三年乃詔令還葬肇不自臨赴唯遣其兄子猛改服詣代遷葬於鄉時人以肇無識哂而不責也及大舉征蜀以肇爲大將軍都督諸軍爲之節度與都督甄琛等二十餘人俱面辭宣武於東堂親奉規略是日肇所乘駿馬停於神獸門外無故驚倒轉臥渠中鞍具瓦解衆咸怪異肇出惡焉四年宣武崩赦罷征軍明帝與肇及征南將軍元遙等書稱諱言以告凶問肇承變非唯仰慕亦憂身禍朝夕悲泣至于羸悴將至宿瀍澗驛亭家人夜迎省之皆不相視直至闕下縗服號哭昇太極殿盡哀太尉高陽王先居西栢堂專決庶事與領軍于忠密欲除之潛備壯士直寢邢豹伊盆生等十餘人於舍人省下肇哭梓宮訖於百官前引入西廊清河王懌任城王澄及諸王等皆竊言目之肇入省壯士搤而拉殺之下詔暴其罪惡稱爲自盡自餘親黨悉無追問削除職爵葬以士禮逮昏乃於廁門出其尸歸家初肇西征行至函谷車軸中折從者皆以爲不獲吉還也靈太后臨朝令特贈營州刺史永熙二年孝武帝贈使持節侍中中外諸軍事太師大丞相太尉公錄尚書事冀州刺史肇子植自中書侍郎爲濟州刺史率州軍討破元愉別將有功當蒙封賞不受云家荷重恩爲國致効是其常節何足以膺進陟之報懇惻發於至誠歷青相朔恒四州刺史卒植頻莅五州皆清能著稱當時號爲良刺史贈安北將軍冀州刺史肇長兄琨早卒襲颺封渤海郡公贈都督五州諸軍事鎮東大將軍冀州刺史詔其子猛嗣猛字豹兒尚長樂公主即宣武同母妹也拜駙馬都尉歷位中書令出爲雍州刺史有能名入爲殿中尚書卒贈司空冀州刺史孝武帝時復贈太師大丞相錄尚書事公主無子猛先在外有男不敢令主知臨終方言之年幾三十矣乃召爲喪主尋卒無後琨弟偃字仲游太和十年卒正始中贈安東將軍都督青州刺史諡曰莊侯景明四年宣武納其女爲貴嬪及于順皇后崩永平元年立爲皇后二年八坐奏封后母王氏爲武邑郡君偃弟壽早卒壽弟即肇也肇弟顯侍中高麗國大中正早卒

胡國珍字世玉安定臨涇人也祖略姚興渤海公姚逵平北府諮議參軍父深赫連屈丐給事黃門侍郎太武剋統萬深以降款之功賜爵武始侯後拜河州刺史國珍少好學雅尚清儉太和十五年襲爵例降爲伯女以選入掖庭生明帝即靈太后也孝明帝踐祚以國珍爲光祿大夫靈太后臨朝加侍中封安定郡公追崇國珍妻皇甫氏爲京兆郡君置守冢十戶尚書令任城王澄奏安定公宜出入禁中參諮大務詔屈公入決萬機尋進位中書監儀同三司侍中如故賜絹歲八百疋妻梁四百匹男女姊妹各有差國珍與太師高陽王雍太傅清河王懌太保廣平王懷入居門下同釐庶政詔依漢車千秋晉安平王故事給步挽一乘自掖門至于宣光殿得以出入并備几杖後與侍中崔光俱授帝經侍直禁中國珍上表陳刑政之宜詔皆施行延和初加國珍使持節都督雍州刺史驃騎大將軍開府靈太后以國

珍年老不欲令其在外且欲示以方面之榮竟不行遷司徒公侍中如故就宅拜之靈太后明帝率百寮幸其第宴會極歡又追京兆郡君爲秦太上君太上君景明三年薨於洛陽於此十六年矣太后以太上君墳瘞卑局更增廣爲起塋域門闕碑表侍中崔光等奏按漢高祖母始謚曰昭靈夫人後爲昭靈后薄太后母曰靈文夫人皆置園邑三百家長丞奉守今秦太上君未有尊謚陵寢孤立卽秦君名宜上終稱兼設掃衞以慰情典請上尊謚曰孝穆權置園邑三十戶立長丞奉守太后從之封國珍繼室梁氏爲趙平郡君元叉妻拜爲女侍中封新平郡君又從封馮翊君國珍子祥妻長安縣公主卽清河王懌女也國珍年雖篤老而雅敬佛法時事潔齋自禮拜至於出入侍從猶能跨馬據鞍神龜元年四月七日步從所建佛像發第至閶闔門四五里八日又立觀像晚乃肯坐勞熱增甚因遂寢疾靈太后親侍藥膳十二日薨年八十給東園溫明祕器五時朝服各一具衣一襲贈布五千匹錢一百萬蠟千斤大鴻臚持節監護喪事太后還宮成服於九龍殿遂居九龍寢室明帝服小功服舉哀於太極東堂又詔自始薨至七七皆爲設千僧齋齋令七人出家百日設萬人齋二七人出家先是巫覡言將有凶勸令爲厭勝法國珍拒而不從云吉凶有定分唯脩德以禳之臨死與太后訣云母子善臨天下殷勤至於再三又及其子祥云我唯有一子死後勿如比來威抑之靈太后以其好戲時加威訓國珍故以爲言始國珍欲就祖父西葬舊鄉後緣前世諸胡多在洛葬有終洛之心崔光嘗對太后前問國珍國公萬年後爲在此安厝爲歸長安國珍言當陪葬天子山陵及病危太后請以後事竟言還安定語遂惛忽太后問清河王懌與崔光等議去留懌等皆以病亂請從光言太后猶記崔光昔與國珍言遂營墓於洛陽太后雖外從衆議而深追臨終之語云我公之遠慕二親亦吾之思父母也追崇假黃鉞使持節侍中相國都督中外諸軍事太師領太尉公司州牧號太上秦公加九錫葬以殊禮給九旒鑾輅武賁班劒百人前後部羽葆鼓吹轀輬車謚曰文宣公賜物三千段粟一千五百石又詔贈國珍祖父父兄下逮從子皆有封職持節就安定監護喪事靈太后迎太上君神柩還第與國珍俱葬贈襚一與國珍同及國珍神主入廟詔太常權給以軒縣之樂六佾之舞初國珍無男養兄眞子僧洗爲後後納趙平君生子祥字元吉襲封故事世襲例皆減邑唯祥獨得全封趙平君薨給東園祕器明帝服小功服舉哀于東堂靈太后服齊衰朞葬於太上君墓左不得祔合祥歷位殿中尚書中書監侍中改封平涼郡公薨贈開府儀同三司雍州刺史謚曰孝景僧洗字湛輝封爰德縣公位中書監侍中改封濮陽郡公僧洗自永安後廢棄不預朝政天平四年薨詔給東園祕器贈太師太尉公錄尚書事雍州刺史謚曰孝眞長子寧字惠歸襲國珍先爵改爲臨涇伯後進爲公歷岐涇二府刺史卒謚曰孝穆女爲清河王亶妃生孝靜皇帝武定初贈太師太尉公錄尚書事謚曰孝昭子虔字僧敬元叉之廢靈太后虔時爲千牛備身與備身張車渠等謀叉事發叉殺車渠等虔坐遠徙靈太后反政徵爲吏部郞中太后好以家人禮與親族宴戲虔常致諫由是後宴諸多不預焉出爲涇州刺史封安陽縣侯興和三年以帝元舅超遷司空公薨贈太傅太尉公尚書僕射徐州刺史謚曰宣葬日百官會葬乘輿送於郭外子長粲長粲仕齊累遷章武太守爲政清靜頗得人和除兼并省尚書左丞當官正色無所回避尚書左僕射趙彥深密勿樞要中書舍人裴澤便蕃左右以殿門受拜皆彈糾之彥深等頗有恨言長粲不以介意後主踐祚長粲被敕與黃門馮子琮出入禁中專典敷奏武成還鄴後主在晉陽長粲仍受委留後後主從武成還鄴仍敕在京省判度支尚書監議五禮武成崩與領軍婁定遠錄尚書趙彥深左僕射和士開高文遙領軍綦連猛高阿那肱右僕射唐邕同知朝政時人號爲八貴於後定遠文遙並出唐邕專典外兵綦連猛高阿那肱別總武任長粲常在左右兼宣詔令後幸晉陽後主旣富於春秋庶事皆相歸委長粲盡心毗奉甚得名譽又正爲侍中丁母憂給假馳驛奔喪尋有詔起復前任隴東王長仁心欲入處機要之地爲執政不許長仁疑長粲通謀大以爲恨言於太后發其陰私請出爲州太后爲言於後主不獲已從焉除趙州刺史及辭眷戀流涕後主亦惘然慰勉之至州存心政事爲人吏所懷因沐髮手不得舉失瘖卒於州後主聞而傷悼在朝文武嗟嘆咸惜之贈司空公尚書左僕射瀛州刺史謚文貞公長粲性溫雅在官清潔但始居要密便爲子叔泉取清河王崔德儉女爲妻在晉陽處分用妻弟王逖與德儉對爲司徒主簿時論以此譏之又性好內有一侍婢其妻王驕妬手刺殺之爲此忿恨數年不相見親表爲之語曰自我不見于今三年後納妾李氏仍與王氏別宅亦無朝拜之禮嫠婦公孫氏也已殺三夫長粲不信彊取之令與李氏同住未朞而亡子仲操位陳留太守次叔泉通直散騎侍郞先是望氣者上言太白食昴法當大赦和士開奏聞詔降罪人以應之尚書左僕射徐之才諳練往事語士開曰天垂象見吉凶有成災者有不成災者案昴趙分或云趙地有災古者王侯各在封邑故分野有災當其君長今吾等虛名竟不之國刺史專令一境善惡所歸比來多以刺史爲驗未幾而長粲死焉寧弟盛字歸興位左衞將軍賜爵江陽男歷幽瀛二州刺史爲政清靜人吏愛之轉冀州刺史卒贈司徒公錄尚書事定州刺史追封陽平郡公謚曰懿穆明帝後納其女爲皇太后舅皇甫集妻字元會一字文都安定朝那人封涇陽縣公位儀同三司雍州刺史右衞大將軍贈侍中司空公謚曰靜集弟度字文亮封安縣公累遷尚書左僕射領左衞將軍度頑蔽每與人言自稱僕射時人方之毛嘉正光初元叉出之爲都督瀛州刺史度不願出頻表固辭乃除右光祿大夫孝昌元年爲司空領軍將軍加侍中元叉之見出也恐朝夕誅滅度與妻陳氏多納其貨爲之左右度無子養兄集子子熙爲子子熙嫂趙郡太守裴他女他還京師度問他外何消息他曰行路所聞唯道明公多取元叉金帛遠近無不慨歎公宜戮此罪人以謝天下陳氏聞而惡之又攝吏部事遷司徒兼尚書令不拜尋轉太尉孜孜營利老而彌甚遷授之際皆自請乞靈太后知其無用以舅氏難違之然所歷官最爲貪蠹尒朱榮入洛西奔兄子華州刺史邕尋與邕爲人所殺

楊騰弘農人文帝之舅也父貴琅邪郡守封華陰男騰姊爲京兆王愉妃故騰得處貴游景明初襲爵後爲襄城太守甚有聲稱文帝卽位位開府儀同三司出鎭河東薨贈司空雍州刺史謚曰貞襄子盛

乙弗繪河南洛陽人文帝皇后之兄也文帝卽位位開府儀同三司侍中中書監魏昌縣公又爲吏部尚書

趙猛太安狄那人也姊爲齊文穆皇后繼室生趙郡公琛猛性方直頗有器幹齊神武擧義以預義勳封信都縣伯累遷南營州刺史卒贈司空公

胡長仁字孝隆安定臨涇人齊武成皇后長兄也父延之魏中書令兗州刺史大寧中贈司空公長仁以內戚歷位尚書左僕射尚書令及武成崩預參朝政封隴東郡王左丞鄭孝裕郞中陸仁惠盧元亮厚相結託長仁每上省孝裕必方駕而來省務旣繁簿案堆積令使欲諮都坐者日有百數孝裕屏人私話朝退亦相隨仁惠元亮又伺閑而往停斷公事人號爲三佞長仁私遊仄密處處追尋孝裕勸其求進和士開深疾之於是奏除孝裕爲章武郡守元亮爲淮南郡守仁惠爲幽州長史孝裕又說長仁曰王陽臥疾和士開必來因而殺之入見太后不過百日失官便代其處士開知其謀更徙孝裕爲北營州建德郡守長仁每干執事求爲領軍將相文武以主上富於春秋母后家不可專政故抑而不許以本官攝選長仁性好威福意猶未盡先是尚書胡長粲奏事內省長仁疑粲間己苦請太后出之天統五年從駕自并還鄴夜發滏口帝以夜漏尚早停於路傍長仁後來謂是從行諸貴遂遣門客程牙馳騎呼問帝遣中尚食陳德信問是何人牙不荅而走帝命左右追射之旣而捉獲因令壯士撲之決馬鞭二百牙一宿便死士開因此遂令德信列長仁倚親驕豪無畏憚由是除齊州刺史及辭於昭陽列仗引見長仁不敢發語唯泣涕橫流到任啓求暫歸所司不爲奏怨憤謀令冀州人李揞墻刺和士開其弟長咸告之士開密與祖孝徵議之孝徵引漢文帝殺薄昭爲故事於是敕遣張固劉桃枝馳驛詣齊州責長仁謀害宰輔遂賜死先是太白食昴占者曰昴爲趙分不利胡王長仁未幾死長仁性好歌舞飲酒至數斗不亂自至齊州每進酒後必長歎歔欷流涕不自勝左右莫不怪之尋而後主納長仁女爲后重加贈長仁子君璧襲爵隴東王君璧弟君璋及長仁弟長雍等前後七人並賜爵合門貴盛后廢後稍稍黜退焉

隋文帝外家呂氏其族蓋微平齊後求訪不知所在開皇初濟南郡上言有男子呂永吉自稱有姑字苦桃嫁爲楊諱妻勘驗知是舅子始追贈外祖雙周爲上柱國太尉八州諸軍事青州刺史封齊郡公謚曰敬外祖母姚氏爲齊敬公夫人詔並改葬於齊州立廟置守冢十家以永吉襲爵留在京師及大業中授上黨郡太守性識庸劣職務不理後去官不知所終從父道貴性尤頑騃言詞鄙陋初自鄉里徵入長安上見之悲泣道貴略無慼容但連呼帝名云種末定不可偷大似苦桃姊後數犯忌諱動致違忤上甚恥之乃命高熲厚加供給不許接對朝士拜上儀同三司出爲濟南太守令卽之任斷其入朝道貴還至本郡高自崇重每與人言自稱皇舅數將儀衞出入閭里從故人游宴庶僚咸苦之後郡廢終於家子孫無聞焉

論曰三五哲王防深慮遠舅甥之國罕執釣衡母后之家無聞傾敗爰及漢晉顛覆繼軌皆由乎進不以禮故其斃亦速自魏至隋時移四代得失之迹斯文可睹苟不傾宗終致亡國周隋之際可爲鑒焉若使開皇創業不取懲於已往獨孤權侔呂霍必敗於仁壽之前蕭氏勢均梁竇豈全於大業之後今或不隕舊基或更隆先構豈非處之以道遠權之所致乎

北史卷八十考證

閭毗傳以贓汙欺妄徵斬於京師○汙監本訛汗今改正

馮熙傳征西大將軍南平王○王監本訛土今改從魏書

李惠傳時卜筮者河間邢瓚辭引鳳○卜監本訛十今改正

史臣論得失之迹斯文可睹○睹監本訛睹今改正

北史卷八十一

唐　李　延　壽　撰

列傳第六十九

儒林上

梁越　盧醜　張偉　梁祚

平恒　陳奇　劉獻之　張吾貴

劉蘭　孫惠蔚（族曾孫靈暉　靈暉子萬壽　馬子結　石曜）

徐遵明　董徵　李業興（子崇祖）

李鉉　馮偉　張買奴　劉軌思

鮑季詳　邢峙　劉晝　馬敬德（子元熙）

張景仁　權會　張思伯　張彫武

郭遵

儒者其爲教也大矣其利物也博矣以篤父子以正君臣開政化之本原鑿生靈之耳目百王損益一以貫之雖世或汙隆而斯文不墜自永嘉之後宇內分崩禮樂文章掃地將盡魏道武初定中原雖日不暇給始建都邑便以經術爲先立太學置五經博士生員千有餘人天興二年春增國子太學生員至三千人豈不以天下可馬上取之不可以馬上臨之聖達經猷蓋爲遠矣四年春命樂師入學習舞釋菜于先師明元時改國子爲中書學立教授博士太武始光三年春起太學於城東後徵盧玄高允等而令州郡各舉才學於是人多砥尚儒術轉興獻文天安初詔立鄉學郡置博士二人助教二人學生六十人後詔大郡立博士二人助教四人學生一百人次郡立博士二人助教二人學生八十人中郡立博士一人助教二人學生六十人下郡立博士一人助教一人學生四十人太和中改中書學爲國子學建明堂辟雍尊三老五更又開皇子之學及遷都洛邑詔立國子太學四門小學孝文欽明稽古篤好墳籍坐輿據鞍不忘講道劉芳李彪諸人以經書進崔光邢巒之徒以文史達其餘涉獵典章閑集詞翰莫不縻以好爵動貽賞眷於是斯文鬱然比隆周漢宣武時復詔營國學樹小學於四門大選儒生以爲小學博士員四十人雖黌宇未立而經術彌顯時天下承平學業大盛故燕齊趙魏之間橫經著錄不可勝數大者千餘人小者猶數百州舉茂異郡貢孝廉對揚王庭每年逾衆神龜中將立國學詔以三品以上及五品清官之子以充生選未及簡置仍復停寢正光三年乃釋奠於國學命祭酒崔光講孝經始置國子生三十六人暨孝昌之後海內淆亂四方校學所存無幾齊神武生於邊朔長於戎馬杖義建旗掃清區縣因魏氏喪亂屬尒朱殘酷文章咸盪禮樂同奔弦歌之音且絕俎豆之容將盡永熙中孝武復釋奠於國學又於顯陽殿詔祭酒劉廞講孝經黃門李郁說禮記中書舍人盧景宣講大戴禮夏小正篇復置生七十二人及永熙西遷天平北徙雖庠序之制有所未遑而儒雅之道遽形心慮時初遷都於鄴國子置生三十六人至興和武定之間儒業復盛矣始天平中范陽盧景裕同從兄仲禮於本郡起逆齊神武免其罪置之賓館以經教授太原公以下及景裕卒又以趙郡李同軌繼之二賢並大蒙恩遇待以殊禮同軌云亡復徵中山張彫武勃海李鉉刁柔中山石曜等遞爲諸子師友及天保大寧武平之朝亦引進名儒授皇太子諸王經術然爰自始基暨於季世唯濟南之在儲宮性識聰敏頗自砥礪以成其美自餘多驕恣傲狠動違禮度日就月將無聞焉爾鏤冰彫朽迄用無成蓋有由焉夫帝王子孫習性驕逸況義方之情不篤邪僻之路競開自非得自生知體包上智而內縱聲色之娛外多犬馬之好安能入則篤行出則友賢者也徒有師傅之資終無琢磨之實貴游之輩飾以明經可謂稽山竹箭加之括羽俯拾青紫斷可知焉而齊氏司存或失其守師保疑丞皆賞勳舊國學博士徒有虛名唯國子一學生徒數十人耳胄子以通經進仕者唯博陵崔子發廣平宋游卿而已自外莫見其人幸朝章寬簡政網疏闊游手浮惰十室而九故橫經受業之侶徧於鄉邑負笈從宦之徒不遠千里入閭里之內乞食爲資憩桑梓之陰動逾十數燕趙之俗此衆尤甚焉齊制諸郡並立學置博士助教授經學生俱差逼充員士流及豪富之家皆不從調備員既非所好墳籍固不關懷又多被州郡官人驅使縱有游情亦不檢察皆由上非所好之所致也諸郡俱得察孝廉其博士助教及游學之徒通經者推擇充舉射策十條通八以上聽九品出身其尤異者亦蒙抽擢周文受命雅重經典于時西都板蕩戎馬生郊先王之舊章往聖之遺訓掃地盡矣於是求闕文於三古得至理於千載黜魏晉之制度復姬旦之茂典盧景宣學通羣藝修五禮之缺長孫紹遠才稱洽聞正六樂之壞由是朝章漸備學者嚮風明皇纂歷敦尚學藝內有崇文之觀外重成均之職握素懷鉛重席解頤之士間出於朝廷員冠方領執經負笈之生著錄於京邑濟濟焉足以踰於向時矣洎保定三年帝乃下詔尊太保燕公爲三老帝於是服衮冕乘碧輅陳文物備禮容清蹕而臨太學袒割以食之奉觴以酳之斯固一世之盛事也其後命輶軒而致玉帛徵沈重於南荊及定山東降至尊而勞萬乘待熊安生以殊禮是以天下慕嚮文教遠覃衣儒者之服挾先王之道開黌舍延學徒者比肩勵從師之志守專門之業辭親戚甘勤苦者成市雖通儒盛業不逮魏晉之臣而風移俗變抑亦近代之美也自正朔不一將三百年師訓紛綸無所取正隋文膺期纂歷平一寰宇頓天網以掩之賁旌帛以禮之設好爵以縻之於是四海九州強學待問之士靡不畢集焉天子乃整萬乘率百僚遵問道之儀觀釋奠之禮博士罄縣河之辯侍中竭重席之奧考正亡逸研覈異同積滯羣疑渙然冰釋於是超擢奇雋厚賞諸儒京邑達乎四方皆啓黌校齊魯趙魏學者尤多負笈追師不遠千里講誦之聲道路不絕中州之盛自漢魏以來一時而已及帝暮年精華稍竭不悅儒術專尚刑名執政之徒咸非篤好暨仁壽間遂廢天下之學唯存國子一所弟子七十二人煬帝即位復開庠序國子郡縣之學盛於開皇之初徵辟儒生遠近畢至使相與講論得失於東都之下納言定其差次一以聞奏焉于時舊儒多已凋亡惟信都劉士元河間劉光伯拔萃出類學通南北博極今古後生鑽仰所製諸經義疏搢紳咸師宗之既而外事四夷戎馬不息師徒怠散盜賊羣起禮義不足以防君子刑罰不足以威小人空有建學之名而無弘道之實其風漸墜以至滅亡方領矩步之徒亦轉死溝壑凡有經籍因此湮沒於煨燼矣遂使後進之士不復聞詩書之言皆懷攘竊之心相與陷於不義傳曰學者將殖不學者將落然則盛衰是繫興亡攸在有國有家者可不慎歟漢世鄭玄並爲衆經注解服虔何休各有所說玄易詩書禮論語孝經虔左氏春秋休公羊傳大行於河北王肅易亦間行焉晉世杜預注左氏預玄孫坦坦弟驥於宋朝並爲青州刺史傳其家業故齊地多習之自魏末大儒徐遵明門下講鄭玄所注周易遵明以傳盧景裕及清河崔瑾景裕傳權會郭茂權會早入鄴都郭茂恒在門下教授其後能言易者多出郭茂之門河南及青齊之間儒生多講王輔嗣所注師訓蓋寡齊時儒士罕傳尚書之業徐遵明兼通之遵明受業於屯留王聰傳授浮陽李周仁及勃海張文敬李鉉河間權會並鄭康成所注非古文也下里諸生略不見孔氏注解武平末劉光伯劉士元始得費甝義疏乃留意焉其詩禮春秋尤爲當時所尚諸生多兼通之三禮並出遵明之門徐傳業於李鉉祖儁田元鳳馮偉紀顯敬呂黃龍夏懷敬李鉉又傳授刁柔張買奴鮑季詳邢峙劉晝熊安生安生又傳孫靈暉郭仲堅丁恃德其後生能通禮經者多是安生門人諸生盡通小戴禮於周儀禮兼通者十二三焉通毛詩者多出於魏朝劉獻之獻之傳李周仁周仁傳董令度程歸則歸則傳劉敬和張思伯劉軌思其後能言詩者多出二劉之門河北諸儒能通春秋者並服子慎所注亦出徐生之門張買奴馬敬德邢峙張思伯張奉禮張彫劉晝鮑長宣王元則並得服氏之精微又有衞覬陳達潘叔虔雖不傳徐氏之門亦爲通解又有姚文安秦道靜初亦學服氏後兼更講杜元凱所注其河外儒生俱伏膺杜氏其公羊穀梁二傳儒者多不厝懷論語孝經諸學徒莫不通講諸儒如權會李鉉刁柔熊安生劉軌思馬敬德之徒多自出義疏雖曰專門亦皆相祖習也大抵南北所爲章句好尚互有不同江左周易則王輔嗣尚書則孔安國左傳則杜元凱河洛左傳則服子慎尚書周易則鄭康成詩則並主於毛公禮則同遵於鄭氏南人約簡得其英華北學深蕪窮其枝葉考其終始要其會歸其立身成名殊方同致矣自魏梁越已下傳授講議者甚衆今各依時

代而次以備儒林云爾

梁越字玄覽新興人也博通經傳性純和魏初爲禮經博士道武以其謹厚遷上大夫令授諸皇子經書明元初以師傅恩賜爵祝阿侯出爲鴈門太守獲白雀以獻拜光祿大夫卒

盧醜昌黎徒何人也襄城王魯元之族也太武監國醜以博學入授經後以師傅舊恩賜爵濟陰公位尚書加散騎常侍卒於河內太守

張偉字仲業太原中都人也學通諸經鄉里受業者常數百人儒謹汎納雖有頑固問至數十偉告喻殷勤曾無慍色常依附經典教以孝悌門人感其仁化事之如父性清雅非法不言太武時與高允等俱被辟命授中書博士累遷爲中書侍郎本國大中正使酒泉慰勞沮渠無諱又使宋賜爵成臯子出爲營州刺史進爵建安公卒贈幷州刺史諡曰康

梁祚北地泥陽人也父邵皇始二年歸魏位濟陰太守至祚居趙郡祚篤志好學歷習經典尤善公羊春秋鄭氏易常以教授有儒者風而無當世之才與幽州別駕平恆有舊恆時請與論經史辟祕書中散稍遷祕書令爲李訢所排擯退爲中書博士後出爲統萬鎮司馬徵爲散令撰幷陳壽三國志名曰國統又作代都賦頗行於世清貧守素不交勢貴卒子元吉有父風

平恆字繼叔燕郡薊人也祖視父儒並仕慕容爲通宦恆耽勤讀誦多通博聞自周以降暨於魏世帝王傳代之由貴臣升降之緒皆撰品第商略是非號曰略注合百餘篇安貧樂道不以屢空改操徵爲中書博士久之出爲幽州別駕廉貞寡欲不營資產衣食常至不足妻子不免饑寒後遷祕書丞時高允爲監河間邢祐北平陽嘏河東裴宗廣平程駿金城趙元順等爲著作郎允每稱博通經籍無過恆也恆三子並不率父業好酒自棄恆常忿其世衰植杖巡舍側崗而哭不爲營事婚宦任意官娶曰此輩會是衰頓何煩勞我故仕娉濁碎不得及其門流别構精廬幷置經籍於中一奴自給妻子莫得而往酒食亦不與同時有珍美呼時老東安公刁雍等共飲噉之家人無得嘗焉太和十年以恆爲祕書令而固請爲郡未受而卒贈幽州刺史都昌侯諡曰康

陳奇字脩奇河北人也少孤貧而奉母至孝齠齓聰識有夙成之美愛玩經典常非馬融鄭玄解經失旨志在著述五經始注孝經論語頗傳於世爲搢紳所稱與河間邢祐同召赴京時祕書省游雅素聞其名始頗好之引入祕省欲授以史職後與奇論典誥至易訟卦天與水違行雅曰自葱嶺以西水皆西流推此而言自葱嶺西豈東向望天哉雅性護短因以爲嫌嘗衆辱奇或爾汝之或指爲小人奇曰公身爲君子奇身且小人雅曰君言身且小人君祖父是何人也奇曰祖燕東部侯釐雅質奇曰侯釐何官也奇曰昔有雲師火正鳥師之名以斯而言世革則官異時易則禮變公爲皇魏東宮內侍長竟何職也先是敕以奇付雅令銓補祕書雅既惡之遂不復敘用焉奇冗散數年高允每嘉其遠致稱奇通識非凡學所及允微勸雅曰君朝望具瞻何爲與野儒辯簡牘章句雅謂允有私於奇曰君寧黨小人也乃取奇注論語孝經焚於庭內奇曰公貴人不乏樵薪何乃然奇論語雅愈怒因告京師後生不聽傳授而奇無降志亦評雅之失雅製昭皇太后碑文論后名字之美比諭前魏之甄后奇刺發其非遂聞於上詔下司徒檢對雅有屈爲有人爲謗書多怨時之言頗稱奇不得志雅乃諷在事云此書言奇不遂當是奇假人爲之如依律文造謗書者皆及孥戮遂抵奇罪時司徒平原王陸麗知奇見枉惜其才學故得遷延經年冀得寬宥獄成竟致大戮遂及其家奇於易尤長在獄嘗自筮卦未及成乃擘破而歎曰吾不度來年冬季及奇受害如其所占奇初被召夜夢星墜壓腳明而告人曰星則如風星則好雨夢星壓腳必無善徵但時命峻切不敢不赴耳奇外生常矯之仕歷郡守奇所注論語矯之傳掌未能行於世其義多異鄭玄往往與司徒崔浩同

劉獻之博陵饒陽人也少而孤貧雅好詩傳曾受業於渤海程玄後遂博觀衆籍見名法之言掩卷而笑曰若使楊墨之流不爲此書千載誰知其小也曾謂其所親曰觀屈原離騷之作自是狂人死其宜矣孔子曰無可無不可實獲我心時人有從獻之學者獻之輒謂之曰人之立身雖百行殊塗準之四科要以德行爲首子若能入孝出悌忠信仁讓不待出戶天下自知儻不能然雖復不立身之道有何益乎孔門之徒初亦未悟見皐魚之歎方乃歸而養親嗟乎先達何自覺之晚也由是四方學者莫不高其行義希造其門獻之善春秋毛詩每講左氏盡隱公八年便止云義例已了不復講解由是弟子不能究竟其說後本郡逼舉孝廉至京稱疾而還孝文幸中山詔徵典內校書獻之喟然歎曰吾不如莊周散木遠矣一之謂甚其可再乎固以疾辭時中山張吾貴與獻之齊名四海皆稱儒宗吾貴每一講唱門徒千數其行業可稱者寡獻之著錄數百而已皆通經之士於是有識者辯其優劣魏承喪亂之後五經大義雖有師說而海內諸生多有疑滯咸決於獻之六藝之文雖不悉注所標宗旨頗異舊義撰三禮大義四卷三傳略例三卷注毛詩序義一卷行於世幷立章句疏二卷注涅槃經未就而卒四子放古爰古參古修古

張吾貴字吳子中山人也少聰慧口辯身長八尺容貌奇偉年十八本郡舉爲太學博士吾貴先未多學乃從酈詮受禮牛天祐受易詮祐粗爲開發而已吾貴覽讀一遍便即別構戶牖世人競歸之曾在夏學聚徒千數而不講傳生徒竊云張生之於左氏似不能說吾貴聞之謂曰我今夏講暫罷後當說傳君等來日皆當持本生徒怪之而已吾貴詣劉蘭蘭遂爲講傳三旬之中吾貴兼讀杜服隱括兩家異同悉舉諸生後集便爲講之義例無窮皆多新異蘭仍伏聽學者以此益奇之而辯能飾非好爲詭說由是業不久傳而氣陵牧守不屈王侯竟不仕而終

劉蘭武邑人也年三十餘始入小學書急就篇家人覺其聰敏遂令從師受春秋詩禮於中山王保安家貧無以自資且耕且學三年之後便白其兄求講說其兄笑而聽之爲立黌舍聚徒二百蘭讀左氏五日一遍兼通五經先是張吾貴以聰辯過人其所解說不本先儒之旨唯蘭推經傳之由本注者之意參以緯候及先儒舊事甚爲精悉自後經義審博皆由於蘭蘭又明陰陽博物多識故爲儒者所宗瀛州刺史裴植徵蘭講書於州南館植爲學主故生徒甚盛海內稱焉又特爲中山王英所重英引在館令授其子熙誘略等蘭學徒前後數千成業者衆而排毀公羊又非董仲舒由是見譏於世爲國子助教靜坐讀書有人叩門蘭命引入葛巾單衣入與蘭坐謂曰君自是學士何爲每見毀辱理義長短竟在誰而過無禮見陵也今欲相召當與君正之言終而出蘭少時患死

孫惠蔚武邑武遂人也年十五粗通詩書及孝經論語十八師董道季講易十九師程玄讀禮經及春秋三傳周流儒肆有名於冀方太和初郡舉孝廉對策於中書省時中書監高閭因相談薦俄爲中書博士轉皇宗博士閭被敕理定雅樂惠蔚參其事及樂成閭上疏請集朝士於太樂共研是非祕書令李彪自以才辯立難於其前閭命惠蔚與彪抗論彪不能屈黃門侍郎張彝常與游處每表疏論事多參訪焉十七年孝文南征上議告類之禮及太師馮熙薨惠蔚監其喪禮上書令熙未冠之子皆服成人服惠蔚與李彪以儒學相知及彪位至尚書惠蔚仍太廟令孝文曾從容言曰道固既登龍門而孫蔚猶沉涓澮朕常以爲負矣雖久滯小官深體通塞無孜孜之望儒者以是尚焉二十二年侍讀東宮先是七廟以平文爲太祖孝文議定祖宗以道武爲太祖祖宗雖定然昭穆未改及孝文崩將祔神主於廟侍中崔光兼太常卿以太祖既改昭穆以次而易兼御史中尉黃門侍郎邢巒以爲太祖雖改昭穆仍不應易乃立彈草欲按奏光光謂惠蔚曰此乃禮也而執法欲見彈劾思獲助於碩學惠蔚曰此深得禮變尋爲書以與光讚明其事光以惠蔚書呈宰輔乃召惠蔚與巒庭議得失尚書令王肅又助巒而巒理終屈彈事遂寢宣武卽位之後仍在左右敷訓經典自冗從僕射遷祕書丞武邑郡中正惠蔚既入東觀見典籍未周及閱舊典先無定目新故雜糅首尾不全有者累袠數十無者曠年不寫或篇第褫落始末淪殘或文壞字誤謬爛相屬卷目雖多全定者少請依前丞盧昶所撰甲乙新錄欲裨殘補闕損幷有無校練句讀以爲定本次第均寫永爲常式其省先無本者廣加推尋搜求令足然經記浩博諸子紛綸部帙既多章第紕繆當非一二校書歲月可了求令四門博士及在京儒生四十人在祕書省專精校考參定字義詔許之後爲黃門侍郎代崔光爲著作郎才非文史無所撰著遷國子祭酒祕書監仍知史事延昌三年追賞講定之勞封棗强縣男明帝初出爲濟州刺史還京除光祿大夫魏初已來儒生寒官惠蔚最爲顯達先單名蔚正始中侍講禁內夜論佛經有愜帝旨詔使加惠號惠蔚法師焉卒于官贈瀛州刺史諡曰戴子伯禮襲封伯禮善隸書位國子博士惠蔚族曾孫靈暉

靈暉少明敏有器度得惠蔚手錄章疏研精尋問更求師友三禮三傳皆通宗旨然始就鮑季詳熊安生質問疑滯其所發明熊鮑無以異也舉冀州秀才射策高第仕齊累至國子博士授南陽王綽府諮議參軍綽除定州刺史仍隨綽之鎮所爲猖蹶靈暉唯默默憂綽不能諫止綽表請靈暉爲王師以管記馬子結爲諮議朝廷以王師三品奏啓不合後主於啓下手詔云但用之儒者甚以爲榮綽除大將軍靈暉以王師領大將軍司馬綽誅停廢從綽死後每至七日至百日靈暉恆爲綽請僧設齋行道齊亡卒馬子結者其先扶風人世仕涼土

魏太和中入洛父祖俱清官子結及兄子廉子尚三人皆涉文學陽休之牧西兖子廉子尚子結與諸朝士各有贈詩陽總爲一篇酬答詩云三馬皆白眉者也子結爲南陽王綽管記隨綽定州綽每出游獵必令子結走馬從禽子結既儒緩衣垂帽落或叫或啼令騎驅之非墜馬不止綽以爲笑由是漸見親狎啓爲諮議焉石曜字白曜中山安善人亦以儒學進居官清儉武平中爲黎陽郡守時丞相咸陽王世子斛律武都出爲兖州刺史性貪暴先過衞縣令丞以下斂絹數千疋遺之至黎陽令左右諷動曜及縣官曜手持一絹謂武都曰此是老石機杼聊以奉贈自此以外竝須出於吏人吏人之物一毫不敢輒犯武都亦知曜清素純儒笑而不責曜著石子十卷言甚淺俗位終譙州刺史靈暉子萬壽字仙期一字遐年聰識機警博涉經史善屬文美談笑在齊仕爲陽休之開府行參軍及隋文帝受禪滕穆王引爲文學坐衣冠不整配防江南行軍總管宇文述召典軍書萬壽本自書生從容文雅一旦從軍鬱鬱不得志爲五言詩贈京邑知友詩至京盛爲當時吟誦天下好事者多書壁上而翫之後歸鄉里十餘年不得調仁壽初拜豫章王長史非其好也王轉封于齊即爲齊王文學當時諸王官屬多被夷滅由是彌不自安因謝病免久之授大理司直卒於官有集十卷行於世

徐遵明字子判華陰人也幼孤好學年十七隨鄉人毛靈和等詣山東求學至上黨乃師屯留王聰受毛詩尚書禮記一年便辭聰游燕趙師事張吾貴吾貴門徒甚盛遵明伏膺數月乃私謂友人曰張生名高而義無檢格凡所講說不愜吾心請更從師遂與平原田猛略就范陽孫買德受業一年復欲去之猛略謂遵明曰君年少從師每不終業如此用意終恐無成遵明乃指其心曰吾今知眞師所在矣正在於此乃詣平原唐遷居於蠶舍讀孝經論語毛詩尚書三禮不出門院凡經六年時彈箏吹笛以自娛慰又知陽平館陶趙世業家有服氏春秋是晉世永嘉舊寫遵明乃往讀之復經數載因手撰春秋義章爲三十卷是後教授門徒每臨講坐先持執疏然後敷講學徒至今浸以成俗遵明講學於外二十餘年海內莫不宗仰頗好聚斂與劉獻之張吾貴皆河北聚徒教授懸納絲粟留衣物以待之名曰影質有損儒者之風遵明見鄭玄論語序云書以八寸策誤作八十宗因曲爲之說其僻也皆如此獻之吾貴又甚焉遵明不好京輦以兖州有舊因徙屬焉元顥入洛任城太守李湛將舉義兵遵明同其事夜至人間爲亂兵所害永熙二年遵明弟子通直散騎侍郎李業興表求加策命卒無贈謚

董徵字文發頓丘衞國人也身長七尺二寸好古學尚雅素年十七師清河監伯陽受論語毛詩春秋周易河內高望崇受周官後於博陵劉獻之遍受諸經數年之中大義精練講授生徒太和末爲四門小學博士後宣武詔徵入旋華宮令孫惠蔚問以六經仍詔徵教授京兆清河廣平汝南四王後累遷安州刺史徵因述職路次過家置酒高會大享邑老乃言曰腰龜返國昔人稱榮仗節還家云胡不樂因誡二三子弟曰此之富貴匪自天降乃勤學所致耳時人榮之入爲司農少卿光祿大夫後以老解職永熙二年卒孝武帝以徵昔授學業故優贈儀同三司尚書左僕射相州刺史謚曰文烈子仲曜

李業興上黨長子人也祖虬父玄紀竝以儒學舉孝廉玄紀卒於金鄉令業興少耿介志學晚乃師事徐遵明於趙魏之間時有漁陽鮮于靈馥亦聚徒教授而遵明聲譽未高著錄尚寡業興乃詣靈馥黌舍類受業者靈馥乃謂曰李生久逐羌博士何所得也業興默爾不言及靈馥說左傳業興問其大義數條靈馥不能對於是振衣而起曰羌弟子正如此耳遂便徑還自此靈馥生徒傾學而就遵明學徒大盛業興之爲也後乃博涉百家圖緯風角天文占候無不詳練尤長算歷雖在貧賤常自矜負若禮待不足縱於權貴不爲之屈後爲王遵業門客舉孝廉爲校書郎以世行趙匪曆節氣後辰下算延昌中業興乃爲戊子元曆上之于時屯騎校尉張洪盪寇將軍張龍詳等九家各獻新曆宣武詔令共爲一曆洪等後遂共推業興爲主成戊子曆正光三年奏行之業興以殷曆甲寅黃帝辛卯徒有積元術數亡缺又修之各爲一卷傳於世建義初敕典儀注未幾除著作郎永安三年以前造曆之勳賜爵長子伯後以孝武帝登極之初豫行禮事封屯留縣子除通直散騎常侍永熙三年二月孝武帝釋奠業興與魏季景溫子昇竇瑗爲摘句後入爲侍讀遷鄴之始起部郎中辛術奏今皇居徙御百度創始營構一興必宜中制李業興碩學通儒博聞多識萬門千戶所宜詢訪今求就之披圖案記考定是非參古雜今折中爲制詔從之於時尚書右僕射營構大匠高隆之被詔繕修三署樂器衣服及百戲之屬乃奏請業興共事天平四年與兼散騎常侍李諧兼吏部郎盧元明使梁梁散騎常侍朱异問業興曰魏洛中委粟山是南郊邪圓丘邪業興曰委粟是圓丘非南郊异曰比聞郊丘異所是用鄭義我此中用王義業興曰然洛京郊丘之處用鄭解异曰若然女子逆降傍親亦從鄭以不業興曰此之一事亦不專從若卿此間用王義除禫應用二十五月何以王儉喪禮禫用二十七月也异遂不答業興曰我昨見明堂四柱方屋都無五九之室當是裴頠所制明堂上圓下方裴唯除室耳今此上不圓何也异曰圓方俗說經典無文何怪於方業興曰圓方之言出處甚明卿自不見見卿錄梁主孝經義亦云上圓下方卿言豈非自相矛楯异曰若然圓方竟出何經業興曰出孝經援神契异曰緯候之書何可信也業興曰卿若不信靈威仰叶光紀之類經典亦無出者卿復信不异不答梁武問業興詩周南王者之風繫之周公召南仁賢之風繫之召公何名爲繫業興對曰鄭注儀禮云昔太王王季居于岐陽躬行召南之教以興王業及文王行今周南之教以受命作邑於酆文王爲諸侯之地所化之國今既登九五之尊不可復守諸侯之地故分封二公名爲繫梁武又問尚書正月上日受終文祖此時何正業興對曰此夏正月梁武言何以得知業興曰案尚書中候運衡篇云日月營始故知夏正又問堯時以前何月爲正業興對曰自堯以上書典不載實所不知梁武又云寅賓出日是正月日中星鳥以殷仲春卽是二月此出堯典何得云堯時不知用何正業興對曰雖三五不同言時節者皆據夏時正月周禮仲春二月會男女之無夫家者雖自周書月亦夏時堯之日月亦當如此但所見不深無以辯析明問梁武又曰禮原壤母死叩木而歌孔子聖人而與壤爲友業興對曰孔卽自解言親者不失其親故者不失其故又問壤何處人對曰注云原壤孔子幼之舊故是魯人又問原壤不孝有逆人倫何以存故舊之小節廢不孝之大罪對曰原壤所行事自彰著幼少之交非是今始既無大故何容棄之又問孔子聖人何以書原壤之事垂法萬代業興對曰此是後人所錄非孔子自制猶合葬於防如此之比禮記之中動有百數又問易有太極極是有無業興對曰所傳太極是有還遷散騎常侍加中軍大將軍業興家世農夫雖學殖而舊音不改梁武問其宗門多少荅曰薩四十家使還孫騰謂曰何意爲吳兒所笑對曰業興猶被笑試遣公去當着被罵邢子才云爾婦疾癩或問實耶業興曰爾大癡但道此人疑者半信者半誰檢看武定元年除國子祭酒仍侍讀神武以業興明術數軍行常問焉業興曰某日某處勝謂所親曰彼若告勝自然賞吾彼若凶敗安能罪吾芒山之役有風從西來入營業興曰小人風來當大勝神武曰若勝以爾爲本州刺史既而以爲太原太守五年齊文襄引爲中外府諮議參軍後坐事禁止業興乃造九宮行基曆以五百爲章四千四十爲蔀九百八十七爲升分還以己未爲元始終相維不復移轉與今曆法術不同至於氣序交分景度盈縮不異也文襄之征潁川業興曰往必尅尅後凶文襄既尅欲以業興當凶而殺之業興愛好墳籍鳩集不已手自補修躬加題帖其家所有垂將萬卷覽讀不息多有異聞諸儒服其深博性豪俠重意氣人有急難委命歸之便能容匿與其好合傾身無恡有乖忤便卽疵毀乃至聲色加以謗罵性又躁隘至於論難之際無儒者之風每語人云但道我好雖知妄言故勝道惡務進忌前不顧後患時人以此惡之至於學術精微當時莫及業興二子崇祖傳父業

崇祖字子述文襄集朝士命盧景裕講易崇祖時年十一論難往復景裕憚之業興助成其子至於忿閱文襄色甚不平姚文安難服虔左傳解七十七條名曰駁妄崇祖申明服氏名曰釋謬齊文宣營構三臺材瓦工程皆崇祖所算也封屯留縣侯遵祖齊天保初難宗景曆甚精崇祖爲元子武卜葬地醉而告之曰改葬後當不異孝文武成或告之兄弟伏法

李鉉字寶鼎渤海南皮人也九歲入學書急就篇月餘便通家素貧常春夏務農冬乃入學年十六從浮陽李周仁受毛詩尚書章武劉子猛受禮記常山房虬受周官儀禮漁陽鮮于靈馥受左氏春秋鉉以鄉里無可師者遂與州里楊元懿河間宗惠振等結友詣大儒徐遵明受業居徐門下五年常稱高第年二十三便自潛居討論是非撰定孝經論語毛詩三禮義疏及三傳異同周易義例合三十餘卷用心精苦曾三秋冬不畜枕每睡假寐而已年二十七歸養二親因教授鄉里生徒恒數百人燕趙間能言經者多出其門以鄉里寡文籍來游京師讀所未見書舉秀才除太學博士及李同軌卒齊神武令文襄在京妙簡碩學以教諸子文襄以鉉應旨徵詣晉陽時中山石曜北平陽絢北海王晞清河崔瞻廣平宋欽道及工書人韓毅同在東館師友諸王鉉以去聖久遠文字多有乖謬於講授之暇遂覽說文倉

雅刪正六藝經注中謬字名曰字辯天保初詔鉉與殿中尚書邢邵中書令魏收等參議禮律仍兼國子博士時詔北平太守宋景業西河太守綦母懷文等草定新曆錄尚書平原王高隆之令鉉與通直常侍房延祐國子博士刁柔參考得失尋正國子博士廢帝之在東宮文宣詔鉉以經入授甚見優禮卒特贈廷尉少卿及還葬王人將送儒者榮之楊元懿宗惠振官俱至國子博士

馮偉字偉節中山安喜人也身長八尺衣冠甚偉見者肅然少從李寶鼎學李重其聰敏恒別意試問之多所通解尤明禮傳後還鄉里閉門不出將三十年不問生產不交賓客專精覃思無所不通齊趙郡王出鎮定州以禮迎接命書三至縣令親至其門猶辭疾不起王將命駕致請佐吏前後星馳報之縣令又自爲其整冠履不得已而出王下廳事迎之止其拜伏分階而上留之賓館甚見禮重王將舉充秀才固辭不就歲餘請還上知其不願拘束以禮發遣贈遺甚厚一無所納唯受時服而已及還不交人事郡守縣令每親至歲時或置羊酒亦辭不納門徒束修一毫不受蠶而衣耕而飯簞食瓢飲不改其樂以壽終

張買奴平原人也經義該博門徒千餘人諸儒咸推重之仕齊歷太學博士國子助教卒

劉軌思渤海人也說詩甚精少事同郡劉敬和敬和事同郡程師則故其鄉曲多爲詩者軌思仕齊位國子博士

鮑季詳渤海人也甚明禮兼通左氏春秋少時恒爲李寶鼎都講從亦自有徒衆諸儒稱之仕齊卒於太學博士從弟長暄兼通禮傳爲任城王湝丞相掾恒在都教授貴游子弟齊亡卒於家

邢峙字士峻河間鄚人也少學通三禮左氏春秋仕齊初爲四門博士遷國子助教以經入授皇太子峙方正純厚有儒者風厨宰進太子食菜有邪蒿峙令去之曰此菜有不正之名非殿下宜食文宣聞而嘉之賜以被褥縑纊拜國子博士皇建初除清河太守有惠政年老歸致仕于家

劉晝字孔昭渤海阜城人也少孤貧愛學伏膺無倦常閉戶讀書暑月唯着犢鼻褌與儒者李寶鼎同鄉甚相親愛寶鼎授其三禮又就馬敬德習服氏春秋俱通大義恨下里少墳籍便杖策入都知鄴令宋世良家有書五千卷乃求爲其子博士恣意披覽晝夜不息還舉秀才策不第乃恨不學屬文方復緝綴辭藻言甚古拙制一首賦以六合爲名自謂絕倫乃歎儒者勞而寡功曾以賦呈魏收而不拜收忿之謂曰賦名六合已是太愚文又愚於六合君四體又甘於文晝不忿又以示邢子才子才曰君此賦正似疥駱駝伏而無嫵媚晝求秀才十年不得發憤撰高才不遇傳冀州刺史酈伯偉見之始舉晝時年四十八刺史隴西李璵亦嘗以晝應詔先告之晝曰公自爲國舉才何勞語晝齊河南王孝瑜聞晝名每召見輒與促席對飲後遇有密親使且在齋坐晝須臾徑去追謝要之終不復屈孝昭即位好受直言晝聞之喜曰董仲舒公孫弘可以出矣乃步詣晉陽上書言亦切直而多非世要終不見收采編錄所上之書爲帝道河清中又著金箱璧言蓋以指機政之不良晝夜常夢貴人若吏部尚書者補交州興俊令寤而密書記之卒後旬餘其家幼女鬼語聲似晝云我被用爲興俊縣令得假暫來辭別云晝常自謂博物奇才言好矜大每言使我數十卷書行於後世不易齊景之千駟也容止舒緩舉動不倫由是竟無仕卒於家

馬敬德河間人也少好儒術負笈隨徐遵明學詩禮略通大義而不能精遂留意於春秋左氏沈思研求晝夜不倦教授於燕趙間生徒隨之者甚衆乃詣州將求秀才將以其純儒無意推薦敬德請試方略五條皆有文理乃欣然舉送至都唯得中第請試經業問十條竝通擢授國子助教再遷國子博士齊武成爲後主擇師傅趙彥深進之入爲侍講其妻夜夢猛獸將來向之敬德走超藂棘妻伏地不敢動敬德占曰吾當爲大官超棘過九卿也爾伏地夫人也後主既不好學敬德侍講甚踈時時以春秋入授猶以師傅恩拜國子祭酒儀同三司金紫光祿大夫瀛州大中正卒其徒曰馬生勝孔子孔子不得儀同尋贈開府瀛州刺史其後侍書張景仁封王趙彥深云何容侍書封王侍講翻無封爵亦追封敬德廣漢郡王令子元熙襲

元熙字長明少傳父業兼長文藻以通直侍詔文林館武平中皇太子將講孝經有司請擇師帝曰馬元熙朕師之子文學不惡於是以孝經入授皇太子儒者榮其世載性和厚在內甚得名譽隋開皇中卒於秦王文學

張景仁濟北人幼孤家貧以學書爲業遂工草隷選補內書生與魏郡姚元標潁川韓毅同郡袁買奴滎陽李超等齊名文襄竝引爲賓客天保八年敕教太原王紹德書後王爲東宮武成令侍書遂被引擢小心恭謹後主愛之呼爲博士登阼累遷通直散騎常侍在左右與語猶稱博士胡人何洪珍有寵於後主欲得通婚朝士以景仁在內官位稍高遂爲其兄子取景仁第二息瑜之女因以表裏相援恩遇日隆景仁多疾帝每遣徐之範等療之給藥物珍羞中使問疾相望於道是後敕有司恒就宅送御食車駕或有行幸在道宿處每送步障爲遮風寒進位儀同三司加開府侍書如故每旦須參即在東宮停止及立文林館中人鄧長顒希旨奏令總判館事除侍中封建安王洪珍死後長顒猶存舊款更相彌縫得無墜退遂除中書監卒贈侍中五州刺史司空公景仁爲兒童時在洛京曾詣國學摹石經許子華遇之學中執景仁手曰張郎風骨必當通貴非但官爵還達乃與天子同筆硯傳衣履子華卒二十餘年景仁位開府數賜衣冠筆硯如子華所言出自寒微本無識見一旦開府侍中封王其婦姓奇莫知氏族所出容制音辭事事庸俚旣除王妃與諸公主郡君同在朝謁之列見者爲其慙悚景仁性本卑謙及用胡人巷伯之勢坐致通顯志操頗改漸成驕傲良馬輕裘徒從擁冗高門廣宇當衢向術諸子不思其本自許貴游自倉頡以來八體取進一人而已

權會字正理河間鄚人也志尚沈雅動遵禮則少受鄭易始盡幽微詩書三禮文義該洽兼明風角妙識玄象仕齊初四門博士僕射崔暹引爲館客甚敬重焉命世子達拏盡師傅之禮暹欲薦會與馬敬德等爲諸王師會性恬靜不慕榮勢耻於左官固辭暹識其意遂罷薦舉尋追修國史監知太史局事後遷國子博士會參掌雖繁教授不闕性甚儒愞似不能言及臨機答難酬報如響由是爲諸儒所推而貴游子弟慕其德義者或就其宅或寄宿隣家晝夜承間受其學業會欣然演說未嘗懈怠雖明風角玄象至於私室都不及言學徒有請問者終無所說每云此學可知不可言諸君竝貴游子弟不由此進何煩問也唯有一子亦不授此術會曾遣家人遠行久而不反其行還將至乃逢寒雪寄息他舍會方處學堂講說忽有旋風吹雪入戶會笑曰行人至何意中停遂使追尋果如其語會每占筮大小必中但用爻辭彖象以辯吉凶易占之屬都不經口會本貧生無僮僕初任助教日恒乘驢其職事處多非晩不歸曾夜出城東門會獨乘一驢忽有二人一人牽頭一人隨後有似相助其廻動輕漂有異生人漸失路不由本道心甚怪之遂誦易經上篇第一卷不盡前後二人忽然離散會亦不覺墮驢迷悶至明始覺方知墮處乃是郭外纔去家數里有一子字子襲聰敏精勤幼有成人之量先亡臨送者爲其傷慟會惟一哭而罷時人尚其達命武平末自府還第在路無故馬倒遂不得語因暴亡注易一部行於世會生平畏馬位望既至不得不乘果以此終

張思伯河間樂城人也善說左氏傳爲馬敬德之次撰刊例十卷行於時亦爲毛詩章句以二經教授齊安王廓位國子博士又有長樂張奉禮善三傳與思伯齊名位國子助教

張彫武中山北平人也家世寒微其兄蘭武仕尚書令史微有資產故護軍長史王元則時爲書生停其宅彫武少美貌爲元則所愛悅故偏被教因好學精力絕人負卷從師不遠千里遍通五經尤明三傳弟子遠方就業者以百數諸儒服其強辯齊神武召入霸府令與諸子講說乾明初累遷平原太守坐贓賄失官武成即位以舊恩除通直散騎常侍琅邪王儼求博士有司以彫武應選時號得人歷涇州刺史散騎常侍及帝侍講馬敬德卒乃入授經書帝甚重之以爲侍講與侍書張景仁竝被尊禮同入華元殿共讀春秋加國子祭酒假儀同三司待詔文林館以景仁宗室自託於其親何洪珍公私之事彫武常爲其指南與張景仁號二張博士時穆提婆韓長鸞與洪珍同侍帷幄知彫武爲洪珍謀主忌惡之洪珍又奏彫武監國史尋除侍中加儀府奏度支事大被委任言多見從特敕奏事不趨呼爲博士彫武自以出於微賤致位大臣勵精在公有匪躬之節議論無所廻避左右縱恣之徒必加禁約數譏切寵要獻替帷扆帝亦深倚仗之方委以朝政彫武使以澂清爲己任意氣甚高嘗在朝堂謂鄭子信曰向入省中見賢家唐令處分極無所以若作數行兵帳彫武不如邕若致主堯舜身居稷契則邕不如我長鸞等陰圖之及與侍中崔季舒黃門侍郎郭遵諫幸晉陽爲長鸞所譖誅臨刑帝使段孝言詰之彫武曰臣起自諸生光寵隆洽今者之諫臣實首謀意善功惡無所逃死願陛下珍愛金玉開發神明數引賈誼之倫語其政道令聽覽之間無所擁蔽則臣雖死猶生之年因歔欷流涕俯而就戮左右莫不怜而壯之子德沖等徙北邊南安王思好之反德沖及弟德揭俱免德沖聰敏好學以帝師之子早見旌擢位中書舍人其父之戮德沖竝在殿廷就執目見寃酷號哭殞絕於地久之乃蘇

郭遵者鉅鹿人也齊文宣爲太原公時爲國常侍帝家人有蓋豐洛者典知家務號曰蓋將遵因其處分曾抗拒爲高德正所貴齊受禪由是擢爲主書專令訪察中書舍人朱謂爲鉅鹿太守遵爲弟子求官謂啓文宣鞭之二百付京畿久之除并省尚書都令史建州別駕會韓長鸞父永興爲刺史因此遂相參附後擢爲黃門侍郎被誅遵出自賤微易爲盈滿宮門逢諸貴輒呼姓字語言布置極爲輕率嘗於宮門牽韓長鸞辭曰王在得言主上縱放如此曾不規諫何名大臣長鸞嫌其率爾便掣手而去由是不加拔救及於禍

北史卷八十一考證

儒林傳敘以充上選未及簡置○上監本訛生今改從南本

多講王輔嗣所注○王監本訛土又下文齊時儒士句士亦訛土今俱改正

平恒傳呼時老東安公一雍等○一魏書作刀

陳奇傳河北人也○北監本訛止今改從魏書

劉獻之傳雖復不立身之道有何益乎○立身之道上考魏書竟脫去二十七字遂不成文

至京稱疾而還○稱疾二字監本缺今從魏書增入

五經大義雖有師說而海內諸生多有疑滯○而海內三字監本缺今從魏書增入

所標宗旨頗異舊義○標監本缺今從魏書增入

注毛詩序義一卷○注毛詩三字監本缺今從魏書增入

張吾貴傳嘗在夏學○在監本缺今從魏書增入

學者以此益奇之○益監本訛之今改從魏書

孫惠蔚傳及閱舊典先無定目○目監本訛自今改從魏書

徐遵明傳學徒至今浸以成俗○浸監本訛侵今改從閩本

李鉉傳常山房虬○虬監本訛蚪今改從齊書

北史卷八十二

唐　李延壽　撰

列傳第七十

儒林下

沈重　樊深　熊安生　樂遜　黎景熙

冀儁　趙文深　辛彥之　何妥　蕭該

包愷　房暉遠　馬光　劉焯　劉炫

褚暉　顧彪　魯世達　張沖　王孝籍

沈重字子厚吳興武康人也性聰悟弱歲而孤居喪合禮及長專心儒學從師不遠千里遂博覽羣書尤明詩及左氏春秋梁武帝欲高置學官以崇儒教中大通四年乃革選以重補國子助教後除五經博士梁元帝之在藩也甚歎異之及即位乃遣主書何武迎重西上魏平江陵重乃留事梁主蕭詧累遷都官尚書領羽林監詧又令重於合歡殿講周禮武帝以重經明行脩乃遣宣納上士柳裘致書禮聘又敕襄州總管衞公直敦喻遣之在途供給務從優厚保定末至于京師詔令討論五經并校定鍾律天和中復於紫極殿講三教義朝士儒生桑門道士至者二千餘人重辭義優洽樞機明辯凡所解釋咸爲諸儒所推六年授驃騎大將軍開府儀同三司露門博士仍於露門館爲皇太子講論語建德末表請還梁武帝優詔不許重固請乃許爲遣小司門上士楊汪送之梁主蕭巋拜重散騎常侍太常卿大象二年來朝京師開皇三年卒年八十四隋文帝遣舍人蕭子寶祭以少牢贈使持節上開府儀同三司許州刺史重學業該博爲當世儒宗至於陰陽圖緯道經釋典無不通涉著周禮義三十一卷儀禮義三十五卷禮記義三十卷毛詩義二十八卷喪服經義五卷周禮音一卷儀禮音一卷禮記音二卷毛詩音二卷

樊深字文深河東猗氏人也事繼母甚謹弱冠好學負書從師於河西講習五經晝夜不倦魏永安中隨軍征討以功累遷中散大夫嘗讀書見吾丘子遂歸侍養孝武西遷樊王二姓舉義爲魏所誅深父保周叔父歡周並被害深因避難墜崖傷足絕食再宿於後遇得一簞餅欲食之然念繼母老痺或免虜掠乃弗食夜中匍匐尋覓母得見因以饋母還復遁去改易姓名遊學於汾晉間習天文及算歷之術後爲人所告囚送河東屬東魏將韓軌長史張曜重其儒學延深至家因是便得逃隱周文平河東贈保周南郢州刺史歡周儀同三司深歸葬其父負土成墳尋而于謹引爲府參軍事令在館授教子孫周文置學東館教諸將子弟以深爲博士深經學通贍每解書多引漢魏以來諸家義而說之故後生聽其言者不能曉悟背而譏之曰樊生講書多門戶不可解然儒者推其博物性好學老而不怠朝暮還往常據鞍讀書至馬驚墮地損折支體終亦不改後除國子博士賜姓萬紐于氏天平二年遷縣伯中大夫加開府儀同三司建德元年表乞骸骨詔許之朝廷有疑議常召問焉後以疾卒深既專經又讀諸史及倉雅篆籀陰陽卜筮之書學雖博贍訥於辭辯故不爲當時所稱撰孝經喪服問疑各一卷又撰七經異同三卷子義綱

熊安生字植之長樂阜城人也少好學勵精不倦從陳達受三傳從房虬受周禮事徐遵明服膺歷年後受禮於李寶鼎遂博通五經然專以三禮教授弟子自遠方至者千餘人乃討論圖緯捃摭異聞先儒所未悟者皆發明之齊河清中陽休之特奏爲國子博士時西朝既行周禮公卿以下多習其業有宿疑礩滯者數十條皆莫能詳辯天和三年周齊通好兵部尹公正使焉與齊人語及周禮齊人不能對乃令安生至賓館與公正言公正有口辯安生語所未至者便撮機要而驟問之安生曰禮義弘深自有條貫必欲升堂覩奧寧可汩其先後但能留意當爲次第陳之公正於是問所疑安生皆爲一一演說咸究其根本公正嗟服還具言之於武帝帝大欽重之及入鄴安生遽令掃門家人怪而問之安生曰周帝重道尊儒必將見我矣俄而帝幸其第詔不聽拜親執其手引與同坐謂曰朕未能去兵以此爲愧安生曰黃帝尚有阪泉之戰況陛下龔行天罰乎帝又曰齊氏賦役繁興竭人財力朕救焚拯溺思革其弊欲以府庫及三臺雜物散之百姓公以爲何如安生曰昔武王克商散鹿臺之財發巨橋之粟陛下此詔異代同美帝又曰朕何如武王安生曰武王伐紂懸首白旗陛下平齊兵不血刃愚謂聖略爲優帝大悅賜帛三百匹米三百石宅一區幷賜象笏及九鐶金帶自餘什物稱是又詔所司給安車駟馬令隨駕入朝幷敕所在供給至京敕令於大乘佛寺參議五禮宣政元年拜露門博士下大夫時年八十餘尋致仕卒於家安生既學爲儒宗常受其業擅名於後者有馬榮伯張黑奴竇士榮孔籠劉焯劉炫等皆其門人焉所撰周禮義疏二十卷禮記義疏三十卷孝經義一卷並行於世安生與同郡宗道暉張暉紀顯敬徐遵明等爲祖師道暉好著高翅帽大屐州將初臨輒服以謁見仰頭舉肘拜於屐上自言學士比三公後齊任城王湝鞭之道暉徐呼安偉安偉出謂人曰我受鞭不漢體復躡屐而去冀州人爲之語曰顯公鍾宋公鼓宗道暉屐李洛姬肚謂之四大顯公沙門也宋公安德太守也洛姬婦人也安生在山東時歲歲遊講從之者傾郡縣或詐之曰某村古塚是晉河南將軍熊光去七十二世舊有碑爲村人埋匿安生掘地求之不得連年訟焉冀州長史鄭大讙判之曰七十二世乃是義皇上人河南將軍晉無此號訴非理記安生率其族向塚而號將通名見徐之才和士開二人相對以徐之才諱雄和士開諱安乃稱觸觸生羣公哂之

樂遜字遵賢河東猗氏人也幼有成人之操從徐遵明於趙魏間受孝經喪服論語詩書禮易左氏春秋大義尋而山東寇亂學者散逸遜於擾攘之中猶志道不倦大統七年除子都督九年太尉李弼請遜教授諸子既而周文盛選賢良授以守令相府戶曹柳敏行臺郎中盧光河東郡丞辛粲相繼舉遜稱有牧人之才弼請留不遣魏廢帝二年周文召遜教授諸子在館六年與諸儒分授經業講孝經論語毛詩及服虔所注春秋左氏傳周閔帝踐阼以遜有理務材除秋官府上士轉小師氏下大夫自譙王儉以下並束脩行弟子之禮遜以經術教授甚有訓導之方及衞公直鎮蒲州遜爲直主簿武成元年六月以霖雨經時詔百官上封事遜陳時宜十四條其五條切於政要其一崇教方其二省造作其三明選舉其四重戰伐其五禁奢侈保定二年以訓導有方頻加賞賜遷遂伯中大夫五年詔魯公贇畢公賢等俱以束脩之禮同受業焉天和元年岐州刺史陳公純舉遜以賢良五年遜以年在懸車上表致仕優詔不許於是賜以粟帛及錢等授湖州刺史封安邑縣子人多蠻左未習儒風遜勸勵生徒加以課試數年之間化洽州境蠻俗生子長大多與父母異居遜每加勸導多革前弊在任數載頻被褒錫秩滿還朝拜皇太子諫議復在露門教授皇子大象初進爵崇業郡公又爲露門博士二年進位開府儀同大將軍出爲汾陰郡守遜以老病固辭詔許之乃改授東揚州刺史仍賜安車衣服及奴婢等又於本郡賜田十頃儒者以爲榮隋開皇元年卒於家年八十二贈本官加蒲陝二州刺史遜性柔謹寡交遊立身以忠信爲本不自矜尚每在衆言論未嘗爲人之先學者以此稱之所著孝經論語毛詩左氏春秋序論十餘篇又著春秋序義通賈服說發杜氏違辭理並可觀初周又有黎景熙以古學顯

黎景熙字季明河間鄚人少以孝行聞於世曾祖嶷魏太武時以軍功賜爵容城縣男後爲燕郡守祖鎭父瓊竝襲爵季明少好讀書性强記默識而無應對之能其從祖廣太武時尚書郎善古學常從吏部尚書清河崔宏受字義又從司徒崔浩學楷篆自是家傳其法季明亦傳習之頗與許氏有異又好玄象頗知術數而落魄不事生業有書千餘卷雖窮居獨處不以飢寒易操與范陽盧道源爲莫逆交永安中道源勸令入仕始爲威烈將軍孝武西遷季明乃寓居伊洛侯景徇地河外召季明從軍稍遷黎陽郡守季明從至懸瓠察景終不足恃遂去之客於潁川時王思政鎭潁川累使召季明留於內館月餘周文又徵之遂入關乃令季明正定古今文字於東閣大統末拜著作佐郞於時倫輩皆位兼常伯車服華盛唯季明獨以貧素居之而無愧色又勤於所職著述不怠然性尤專固不合於時是以一爲史官遂十年不調武成末遷外史下大夫保定三年盛營宮室春夏大旱詔公卿百寮極言得失季明上封事曰臣聞成湯遭旱以六事自陳宣王太甚而珪璧斯竭豈非遠慮元元俯哀黎庶今農要之月時雨猶愆率土之心有懷渴仰陛下垂情萬類子愛羣生覲禮百神猶未豐洽豈或作事不節有違時令舉措失中當邀斯旱春秋君舉必書動爲典禮水旱陰陽莫不應行而至孔子曰言行君子之所以動天地可不愼乎春秋莊公三十一年冬不雨五行傳以爲是歲一年而三築臺奢侈不恤人也僖公二十一年夏大旱五行傳以爲時作南門勞人興役漢惠帝二年夏大旱五年夏大旱江河水少谿澗水絕五行傳以爲先是發十四萬六千人城長安漢武帝元狩三年夏大旱五行傳以爲是歲發天下故吏穿昆明池然則土木之功動人興役天輒應之以異典籍作誡儻或可思上天譴告改之則善今若息人省役以答天譴庶靈澤時降嘉穀有時則年登可覬子來非晚詩云人亦勞止迄可小康惠此中國以綏四方或恐極陽生陰秋多雨水年復不登人將無覬如又荐飢爲慮更甚時豪富之家競爲奢麗季明又上書曰臣聞寬大所以兼覆慈愛所以懷衆故天地稱其高厚者萬物得其容養焉四時著其寒暑者庶類資其忠信焉是以帝王者寬大象天地忠信則四時招搖東指天下識其春人君布德率土懷其惠伏惟陛下資乾御寓品物咸亨時乘六龍自强不息好問受規天下幸甚自古至道之君亦皆廣延博訪詢採蒭蕘置鼓樹木以求其過頃者亢旱踰時人懷望歲陛下爰發明詔廣求六瘼同禹湯之罪已高宋景之守正澍雨應時年穀斯稔剋已節用慕質去華此則尚矣然而朱紫仍耀於衢路綺縠猶侈於豪富短褐未充於細人糟糠未厭於編戶此則勸導之理有所未周故也今雖導之以禮齊之以刑風俗固難以一矣昔漢文帝集上書之囊以作帷帳惜十家之產不造露臺後宮所幸衣不曳地方之今日富室之飾曾不如婢隸之服然而以身率下國富刑清廟稱太宗良有以也臣聞聖人久於其道而天下化成今承魏氏衰亂之後貞信未興宜先尊五美屛四惡革浮華之俗抑流競之風察鴻都之小藝焚雉頭之異服無益之貨勿重於時虧德之器勿陳於側則人知德矣臣又聞之爲政之要在於選舉若差之毫釐則有千里之失後來居上則致積薪之譏是以古之善爲政者貫魚以次任必以能爵人於朝不以私愛簡才以授其官量能以任其用官得其才任當其用六轡旣調坐致千里虞舜選衆不仁者遠則庶事康哉人知其化矣帝覽而嘉之時外史廨宇屢移未有定所季明又上言曰外史之職漢之東觀帝王所寶此焉攸在自魏及周公館不立臣雖愚瞽猶知其非是以去年十一月中敢冒奏陳特降中旨卽遣修營荏苒一周未知功力臣職思其憂敢不重請帝納焉於是廨宇方立天和二年進車騎大將軍儀同三司後以疾卒又周文初屬天下分崩時學術之士蓋寡故曲學末伎咸見引納至若冀儁趙文深之徒雖才愧昔人而名著於世竝見收用

冀儁字僧儁太原陽邑人也性沉謹善隸書特工模寫初爲賀拔岳墨曹參軍岳被害周文引爲記室時周文志平侯莫陳悅乃令儁僞爲魏帝敕書與費也頭令將兵助周文討悅儁尋舊敕模寫及代舍人主書等署與眞無異周文大悅費也頭見敕不以爲疑遂遣兵受周文節度大統初封長安縣男從征弘農戰於沙苑進爵爲子累遷襄樂郡守尋徵還教明帝及宋獻公等隸書時俗入書學者亦行束脩之禮謂之謝章儁以書字所興起自蒼頡若同常俗未爲合禮遂啓周文釋奠蒼頡及先聖先師除黃門侍郞本州大中正累遷湖州刺史靜退每以清約自處前後所歷頗有聲稱尋加驃騎大將軍開府儀同三司後進爵爲昌樂侯卒

趙文深字德本南陽宛人也父遐以醫術仕魏爲尚藥典御文深少學楷隸年十一獻書於魏帝後立義歸朝除大丞相府法曹參軍雅有鍾王之則筆勢可觀當時碑牓唯文深冀儁而已大統十二年追論立義功封白石縣男文帝以隸書紕繆命文深與黎季明沈遐等依說文及字林刊定六體成一萬餘言行於世及平江陵之後王褒入關貴遊等翕然竝學褒書文深之書遂被遐棄文深慙恨形於言色後知好尚難及亦改習褒書然竟無所成轉被譏議謂之學步邯鄲焉至於碑牓餘人猶莫之逮王褒亦每推先之宮殿樓閣皆其迹也遷縣伯下大夫明帝令至江陵書景福寺碑漢南人士亦以爲工梁王蕭詧觀而美之賞遺甚厚天和元年露寢等初成文深以題牓之功除趙興郡守文深雖居外任每須題牓輒復追之後以疾卒

辛彥之隴西狄道人也祖世敘魏涼州刺史父靈補周渭州刺史彥之九歲而孤不交非類博涉經史與天水牛弘同志好學後入關遂家京兆周文見而器之引爲中外府禮曹賜以衣馬珠玉時國家草創朝貴多出武人修定儀注唯彥之而已尋拜中書侍郞及周閔帝受禪彥之與小宗伯盧辯專掌儀制歷典祀太祝樂部御正四曹大夫開府儀同三司封五原郡公宣帝卽位拜小宗伯時帝立五皇后彥之切諫由是忤旨免官隋文帝受禪除太常少卿改封任城郡公進位開府歷國子祭酒禮部尚書與祕書監牛弘撰新禮帝嘗令彥之與沈重論議重不能抗避席而謝曰辛君所謂金城湯池無可攻之勢帝大悅後除隋州刺史時州牧多貢珍玩惟彥之所貢竝共祭之類上謂朝臣曰人安得無學彥之所貢稽古之力也遷潞州刺史前後俱有惠政彥之又崇信佛道於城內立浮圖二所竝十五層開皇十一年州人張元暴死數日乃蘇云遊天上見新構一堂制極崇麗元問其故云潞州刺史辛彥之有功德造此堂以待之彥之聞而不悅其年卒謚曰宣彥之撰墳典一部六官一部祝文一部禮要一部新禮一部五經異義一部竝行於世子孝舒仲龕竝早有令譽

何妥字栖鳳西城人也父細脚胡通商入蜀遂家郫縣事梁武陵王紀主知金帛因致巨富號爲西州大賈妥少機警八歲遊國子學助教顧良戲之曰汝姓何是荷葉之荷爲河水之河妥應聲答曰先生姓顧是眷顧之顧爲新故之故衆咸異之十七以伎巧事湘東王後知其聰明召爲誦書左右時蘭陵蕭眘亦有儁才住青楊巷妥住白楊頭時人爲之語曰世有兩儁白楊何妥青楊蕭眘其見美如此江陵平入周仕爲太學博士宣帝初立五后問儒者辛彥之對曰后與天子匹體齊尊不宜有五妥駮曰帝嚳四妃舜又二妃亦何常數由是封襄城縣男文帝受禪除國子博士加通直散騎常侍進爵爲公妥性勁急有口才好是非人物納言蘇威嘗言於上曰臣先人每誡臣云唯讀孝經一卷足可立身經國何用多爲上亦然之妥進曰蘇威所學非止孝經厥父若信有此言威不從訓是其不孝若無此言面欺陛下是其不誠不誠不孝何以事君且夫子又云不讀詩無以言不讀禮無以立豈容蘇綽教子獨反聖人之訓乎威時兼領五職上甚親重之妥因奏威不可信任又以掌天文律度皆不稱職妥上八事以諫其一事曰臣聞知人則哲惟帝難之孔子曰舉直錯枉則人服舉枉錯直則人不服由此言之政之安危必愼所舉故進賢受上賞蔽賢蒙顯戮察今之舉人良異于此無論諂直莫擇賢愚心欲崇高則起家喉舌之任意須抑屈必白首郞署之官人之不服實由於此臣聞爵人於朝與士共之刑人於市與衆棄之伏見留心獄訟愛人如子每應決獄無不詢訪羣公刑之不濫君之明也刑旣如此爵亦宜然若有懋功簡在帝心者便可擢用自斯以降若選重官必參以衆議勿信一人之舉則上不偏私下無怨望其二事曰孔子云是察阿黨則罪無掩蔽又曰君子周而不比小人比而不周所謂比者卽阿黨也謂心之所愛旣已光華榮顯猶加提挈心之所惡旣已沉滯屈辱薄言必怒提挈旣成必相掩蔽則欺上之心生矣屈辱旣加則有怨恨謗讟之言出矣伏願廣加訪察勿使朋黨路開威恩自任有國之患莫大於此其三事曰臣聞舜舉十六族所謂八元八凱也計其賢明理優今日猶復擇才授任不相侵濫故得四門雍穆庶績咸熙今官員極多用人甚少一人身上乃兼數職爲是國無人也爲是人不善也今萬乘大國髦彥不少縱有明哲無由自達東方朔言曰尊之則爲將卑之則爲虜斯言信矣今當官之人不度德量力旣無呂望傅說之能自負傅巖渭水之氣不慮憂深責重唯畏總領不多安斯寵任輕彼權軸顚沛致覆寔此之由易曰鼎折足覆公餗其形渥凶言不勝其任也臣聞窮力舉重不能爲用伏願更任賢良分才參掌使各行其力則庶事康哉其四事曰臣聞禮云析言破律亂名改作執左道以亂政者殺孔子曰仍舊貫何必改作伏見比年以來改作者多矣如范威刻漏十載不成趙翊尺秤七年方決公孫濟迂誕醫方費逾巨萬徐道慶迴互子午糜耗飲食常明破律多歷歲時王渥亂名曾無紀極張山居未知

星位前已蹂藉太常曹魏祖不識北辰今復轥轢太史莫不用其短見便自夸毗邀射名譽厚相誣罔請今日已後有如此者若其言不驗必加重罰庶令有所畏忌不敢輕奏狂簡其餘文多不載時蘇威權兼數職先嘗隱武功故妥言自負傳巖渭水之氣以此激上書奏威大銜之二年威定考文學妥更相訶詆威勃然曰無何妥不慮無博士妥應聲曰無蘇威亦何憂無執事於是與威有隙其後上令妥考定鍾律妥又上表曰臣聞明則有禮樂幽則有鬼神然則動天地感鬼神莫近於禮樂又云樂至則無怨禮至則不爭揖讓而臨天下者禮樂之謂也臣聞樂有二一曰姦聲二曰正聲夫姦聲感人而逆氣應之正聲感人而順氣應之順氣成象故樂行而倫清耳目聰明血氣和平移風易俗天下皆寧孔子曰放鄭聲遠佞人故鄭衛宋趙之聲出內則發疾外則傷人是以宮亂則荒其君驕商亂則破其官壞角亂則憂其人怨徵亂則哀其事勤羽亂則危其財匱五者皆亂則國亡無日矣魏文侯問子夏曰吾端冕而聽古樂則欲寐聽鄭衛之音而不倦何也子夏對曰夫古樂者始奏以文復亂以武修身及家平均天下鄭衛之音者姦聲以亂溺而不止優雜子女不知父子今君所問者樂也所愛者音也夫樂之與音相近而不同爲人君者謹審其好惡案聖人之作樂也非止苟悅耳目而已矣欲使在宗廟之內君臣同聽之則莫不和敬在鄉里之內長幼同聽之則莫不和順在閨門之內父子同聽之則莫不和親此先王立樂之方也故知聲而不知音者禽獸是也知音而不知樂者衆庶是也故黃鍾大呂弦歌干戚童子皆能舞之能知樂者其惟君子不知聲者不可與言音不知音者不可與言樂知樂則幾於道矣紂爲無道太師抱樂器以奔周晉君德薄師曠固惜清徵上古之時未有音樂鼓腹擊壤樂在其間易曰先王作樂崇德殷薦之上帝以配祖考至于黃帝作咸池顓頊作六莖帝嚳作五英堯作大章舜作大韶禹作大夏湯作大濩武王作大武從夏以來年代久遠唯有名字其聲不可得聞自殷至周備于詩頌故自聖賢已下多習樂者至如伏羲減瑟文王足琴仲尼擊磬子路鼓瑟漢高擊筑元帝吹簫漢祖之初叔孫通因秦樂人制宗廟之樂迎神于廟門奏嘉至之樂猶古降神之樂也皇帝入廟門奏永至之樂以爲行步之節猶古采薺肆夏也乾豆上薦奏登歌之樂猶古清廟之歌也登歌再終奏休成之樂美神饗也皇帝就東廂坐定奏永安之樂美禮成也其休成永至二曲叔孫通所制也漢高祖廟奏武德文始五行之舞當春秋時陳公子完奔齊陳是舜後故齊有韶樂孔子在齊聞韶三月不知肉味是也秦始皇滅齊韶樂傳於秦漢高祖滅秦韶樂傳於漢漢高祖改名文始以示不相襲也五行舞者本周大武樂也始皇改曰五行及于孝文復作四時之舞以示天下安和四時順也孝景采武德舞以爲昭德孝宣又采昭德以爲盛德雖變其名大抵皆因秦舊事至於晉魏皆用古樂魏之三祖竝制樂辭自永嘉播越五都傾蕩樂聲南度以是大備江東宋齊已來至于梁代所行樂事猶皆傳古三雍四始實稱大盛及侯景篡逆樂師分散其四舞三調悉度僞齊齊氏雖知傳受得曲而不用之於宗廟朝廷也臣少好音律留意管弦年雖耆老頗皆記憶及東土克定樂人悉反問其逗留果云是梁人所教今三調四舞竝皆有手雖不能精熟亦頗具雅聲若令教習傳授庶得流傳古樂然後取其會歸撮其指要因循損益更制嘉名歌盛德於當今傳雅正於來葉豈不美歟謹具錄三調四舞曲名又製歌辭如別其有聲曲流宕不可以陳於殿庭者亦悉附之於後書奏別敕太常取妥節度於是作清平瑟三調聲又作八佾鞞鐸巾拂四舞先是太常所傳宗廟雅樂歷數十年唯作大呂廢黃鍾妥又以深乖古意乃奏請用黃鍾詔下公卿議從之俄而子蔚爲秘書郎有罪當刑上哀之減死論是後恩禮漸薄六年出爲龍州刺史時有負笈遊學者妥皆爲講說教授之又爲刺史箴勒于州門外在職三年以疾請還詔許之復知學事時上方使蘇夔在太常參議鍾律夔有所建議朝士多從之妥獨不同每言夔之失帝下其議羣臣多排妥妥復上封事指陳得失大抵論時政損益并指斥當世朋黨於是蘇威及吏部尚書盧愷侍郎薛道衡等皆坐得罪除伊州刺史不行尋爲國子祭酒卒官謚曰肅撰周易講疏三卷孝經義疏二卷莊子義疏四卷與沈重等撰三十六科鬼神感應等大義九卷封禪書一卷樂要一卷文集十卷竝行於世于時學士之自江南來者蕭該包愷竝知名

蕭該蘭陵人梁鄱陽王恢之孫少封攸侯荊州平與何妥同至長安性篤學詩書春秋禮記竝通大義尤精漢書甚爲貴遊所禮開皇初賜爵山陰縣公拜國子博士奉詔與妥正定經史然各執所見遞相是非久而不能就上譴而罷之該後撰漢書及文選音義咸爲當時所貴

包愷字和樂東海人其兄愉明五經愷悉傳其業又從王仲通受史記漢書尤稱精究大業中爲國子助教于時漢書學者以蕭包二人爲宗匠聚徒教授者數千人卒門人起墳立碣焉

房暉遠字崇儒恒山眞定人也世傳儒學暉遠幼有志行明三禮春秋三傳詩書周易兼善圖緯恒以教授爲務遠方負笈而從者動以千計齊南陽王綽爲定州刺史聞其名召爲博士周武帝平齊搜訪儒俊暉遠首應辟命授小學下士隋文帝受禪遷太常博士太常卿牛弘每稱爲五經庫吏部尚書韋世康薦之遷太學博士尋與沛公鄭譯修正樂章後復爲太常博士未幾擢爲國子博士會上令國子生通一經者竝悉薦舉將擢用之既策問訖博士不能時定臧否祭酒元善怪問之暉遠曰江南河北義例不同博士不能遍涉學生皆持其所短稱己所長博士各各自疑所以久而不決也祭酒因令暉遠考定之暉遠覽筆便下初無疑滯或有不服者暉遠問其所傳義疏輒爲始末誦之然後出其所短自是無敢飾非者所試四五百人數日便決諸儒莫不推其通博皆自以爲不能測也尋奉詔預修令式文帝嘗謂羣臣曰自古天子有女樂乎楊素以下莫知所出遂言無女樂暉遠曰臣聞窈窕淑女鍾鼓樂之此卽王者房中之樂著於雅頌不得言無帝大悅仁壽中卒官朝廷嗟惜焉賵賻甚厚贈員外散騎常侍

馬光字榮伯武安人也少好學從師數十年晝夜不息圖書讖緯莫不畢覽尤明三禮爲儒者所宗隋開皇初徵山東義學之士光與張仲讓孔籠竇仕榮張買奴劉祖仁等俱至竝授太學博士時人號爲六儒然皆鄙野無儀範朝廷不之貴也仕榮尋病死仲讓未幾告歸鄉里著書十卷自云此書若奏必爲宰相又數言玄象事州縣列上竟坐誅孔籠張買奴劉祖仁未幾亦被譴亡唯光獨存嘗因釋奠帝親幸國子學王公已下畢集光升坐講禮啟發章門已而諸儒生以次論難者十餘皆當時碩學光剖析疑滯雖辭非俊辯而禮義弘贍論者莫測其淺深咸共推服上嘉而勞焉山東三禮學者自熊安生後唯宗光一人初教授瀛博間門徒千數至是多負笈從入長安後數年丁母憂歸鄉里以疾卒于家

劉焯字士元信都昌亭人也犀額龜背望高視遠聰敏沉深弱不好弄少與河間劉炫結盟爲友同受詩於同郡劉軌思受左傳於廣平郭懋常問禮於阜城熊安生皆不卒業而去武強交津橋劉智海家素多墳籍焯就之讀書向經十載雖衣食不繼晏如也遂以儒學知名爲州博士隋開皇中刺史趙煚引爲從事舉秀才射策甲科與著作郎王劭同修國史兼參議律歷仍直門下省以待顧問俄除員外將軍後與諸儒於秘書省考定羣言因假還鄉里縣令韋之業引爲功曹尋復入京與左僕射楊素吏部尚書牛弘國子祭酒蘇威元善博士蕭該何妥太學博士房暉遠崔崇德晉王文學崔賾等於國子共論古今滯義前賢所不通者每升坐論難鋒起皆不能屈楊素等莫不服其精博六年運洛陽石經至京師文字磨滅莫能知者奉敕與劉炫二人論義深挫諸儒咸懷妒恨遂爲飛章所謗除名於是優游鄉里專以教授著述爲務孜孜不倦賈馬王鄭所傳章句多所是非九章算術周髀七曜歷書十餘部推步日月之經量度山海之術莫不覈其根本窮其秘奧著稽極十卷歷書十卷五經述議竝行於世劉炫聰明博學名亞於焯故時人稱二劉焉天下名儒後進質疑受業不遠千里而至者不可勝數論者以爲數百年已來博學通儒無能出其右者然懷抱不曠又嗇於財不行束脩者未嘗有所教誨時人以此少之廢太子勇聞而召之未及進謁詔令事蜀王非其好也久之不至王聞而大怒遣人枷送於蜀配之軍防其後典校書籍王以罪廢焯又與諸儒脩定禮律除雲騎尉煬帝卽位遷太學博士俄以品卑去職數年復被徵以待顧問因上所著歷書與太史令張胄玄多不同被駮不用卒劉炫爲之請謚朝廷不許

劉炫字光伯河間景城人也少以聰敏見稱與信都劉焯閉戶讀書十年不出炫眸子精明視日不眩強記默識莫與爲儔左畫圓右畫方口誦目數耳聽五事同舉無所遺失周武帝平齊瀛州刺史宇文亢召爲戶曹從事後刺史李繪署禮曹從事以吏幹知名隋開皇中奉敕與著作郎王劭同修國史俄直門下省以待顧問又詔諸術者修天文律歷兼於內史省考定羣言內史令博陵李德林甚禮之炫雖遍直三省竟不得官爲縣司責其賦役炫自陳於內史內史送詣吏部尚書韋世康問其所能炫自爲狀曰周禮禮記毛詩尚書公羊左傳孝經論語孔鄭王何服杜等注凡十三家雖義有精麤竝堪講授周易儀禮穀梁用功差少史子文集嘉言故事咸誦於心天文律歷窮覈微妙至於公私文翰未嘗假手吏部竟不詳試然在朝知名之士十餘人保明炫所陳不謬於是除殿內將軍時牛弘奏購求天下遺逸

之書炫遂僞造書百餘卷題爲連山易魯史記等錄上送官取賞而去後有人訟之經赦免死坐除名歸于家以教授爲務廢太子勇聞而召之旣至京師敕令事蜀王秀遷延不往秀大怒枷送益州旣而配爲帳內每使執仗爲門衞俄而釋之典校書史炫因擬屈原卜居爲筮塗以自寄及秀廢與諸儒修定五禮授旅騎尉吏部尚書牛弘建議以爲禮諸侯絕傍朞大夫降一等今之上柱國雖不同古諸侯比大夫可也官在第二品宜降傍親一等議者多以爲然炫駮之曰古之仕者宗一人而已庶子不得進由是先王重嫡其宗子有分祿之義族人與宗子雖疏遠猶服衰三月良由受其恩也今之仕者位以才升不限嫡庶與古旣異何降之有今之貴者多忽近親若或降之人道之疏自此始矣遂寢其事開皇二十年廢國子四門及州縣學唯置太學博士二人學生七十二人炫上表言學校不宜廢情理甚切帝不納時國家殷盛皆以遼東爲意炫以爲遼東不可伐作撫夷論以諷焉當時莫有悟者及大業之季三征不剋炫言方驗煬帝卽位牛弘引炫修律令始文帝時以刀筆吏類多小人年久長姦勢使然也又以風俗陵遲婦人無節於是立格州縣佐吏三年而代之九品妻無得再醮炫著論以爲不可弘竟從之諸郡置學官及流外給稟皆發於炫弘嘗問炫案周禮士多而府史少今令史百倍於前判官減則不濟其故何也炫曰古人委任責成歲終考其殿最案不重校文不繁悉府史之任掌要目而已今之文簿恒慮勘覆鍛鍊若其不密萬里追證百年舊案故諺云老吏抱案死今古不同若此之相懸也事煩政弊職此之由弘又問魏齊之時令史從容而已今則不遑寧舍其事何由炫曰齊氏立州不過數十三府行臺遞相統領文書行下不過十條今州三百其繁一也往者州唯置綱紀郡置守丞縣唯令而已其所具僚則長官自辟受詔赴任每州不過數十今則不然大小之官悉由吏部纖介之迹皆屬考功其繁二也省官不如省事省事不如清心官事不省而望從容其可得乎弘甚善其言而不能用納言楊達舉炫博學有文章射策高第除太學博士歲餘以品卑去任還至長平奉敕追詣行在所或言其無行帝遂罷之歸于河間時盜賊蜂起穀食踊貴經籍道息教授不行炫與妻子相去百里聲聞斷絕鬱鬱不得志乃自爲贊曰通人司馬相如揚子雲馬季長鄭康成等皆自敍徽美傳芳來葉余豈敢仰均先進貽笑後昆徒以日追桑榆大命將近故友飄零門徒雨散溘死朝露蒐埋朔野親故莫照其心後人不見其迹殆及餘喘薄言胸臆貽及行邁傳之州里使夫將來俊哲知余鄙志耳余從綰髮以來迄於白首嬰孩爲慈親所恕捶撻未嘗加從學爲明師所矜榎楚弗之及暨乎敦敘邦族交結等夷重物輕身先人後己昔在幼弱樂參長者爰及耆艾數接後生學則服而不厭誨則勞而不倦幽情寡適心事多違內省生平顧循終始其大幸有四深恨有一性本愚蔽家業貧窶爲父兄所饒厠縉紳之末遂得博覽典誥窺涉今古小善著於丘園虛名聞於邦國其幸一也隱顯人間沉浮世俗數忝徒勞之職久執城旦之書名不挂於白簡事不染於丹筆立身立行慙恧實多啟手啟足庶幾可免其幸二也以此庸虛屢動宸眷以此卑賤每升天府齊鑣驥騄比翼鵷鴻整緗素於鳳池記言動於麟閣參謁宰輔造請羣公厚禮殊恩增榮改價其幸三也晝漏方盡大耋已嗟退反初服歸骸故里翫文史以怡神閱魚鳥以散慮觀省野物登臨園沼緩步代車無事爲貴其幸四也仰休明之盛世慨道教之陵遲蹈先儒之逸軌傷羣言之蕪穢馳騁墳典釐改僻謬修撰始畢事業適成天違人願途不我與世路未夷學校盡廢道不備於當時業不傳於身後銜恨泉壤實在茲乎其深恨一也時在郡城糧餉斷絕其門人多隨盜賊哀炫窮乏詣城下索炫郡官乃出炫與之炫爲賊所將過城下堡未幾賊爲官軍所破炫飢餓無所依復投縣官縣官意炫與賊相知恐爲後變遂閉門不納時夜冰寒因此凍餒而死其後門人謚曰宣德先生炫性躁競頗好俳諧多自矜伐好輕侮當世爲執政所醜由是宦途不遂著論語述議十卷春秋攻昧十卷五經正名十二卷孝經述議五卷春秋述議四十卷尚書述議二十卷毛詩述議四十卷注詩序一卷算術一卷并所著文集並行於世時儒學之士又有褚暉顧彪魯世達張沖王孝籍並知名

褚暉字高明吳郡人以三禮學稱於江南煬帝時徵天下儒術之士悉集內史省相次講論暉辯博無能屈者由是擢爲太學博士撰疏一百卷

顧彪字仲文餘杭人明尚書春秋煬帝時爲祕書學士撰古文尚書義疏二十卷行於世

魯世達餘杭人煬帝時爲國子助教撰毛詩章句義疏四十二卷行於世

張沖字叔玄吳郡人仕陳爲左中郎將非其好也乃覃思經典撰春秋義略異於杜氏七十餘事喪服義三卷孝經義三卷論語義十卷前漢音義十二卷官至漢王侍讀

王孝籍平原人少好學博覽羣言遍習五經頗有文翰與河間劉炫同志友善開皇中召入祕書助王劭修國史劭不之禮在省多年不免輸稅鬱鬱不得志奏記於吏部尚書牛弘曰竊以毒螫痛膚則申旦不寐飢寒切體亦卒歲無聊何則痛苦難以安貧窮易爲感況懷抱之內冰火鑠脂膏腠理之間風霜侵骨髓安可齰舌緘脣吞聲飲氣惡呻吟之響忍酸辛之酷哉伏惟明尚書公動哀矜之色開寬裕之懷咳唾足以活涸鱗吹噓可用飛窮羽芬椒蘭之氣暖布帛之詞許小人之請聞大君之德雖復山川綿遠鬼神在茲信而有徵言無不履猶恐拯溺遲於援手救跌緩於扶足待越人之舟檝求魯將之雲梯則必懸於喬樹之枝沒於深泉之底夫以一介貧人七年直省課役不免慶賞不霑賣貢禹之田供釋之之費有弱子之累乏強兄之產加以慈母在堂光陰遲暮寒暑違闕關山超遠藜藿爲期前途逾邈倚閭之望朝夕傾對謝相如之病無官可以免發梅福之狂非仙所能避愁疾甚乎厲鬼人生異夫金石營魂且散恐筮子無徵齎恨入冥則虛緣恩顧此乃王稽所以致言應侯爲之不樂也潛鬢髮之內居眉睫之間子野未曾聞離朱所未見久淪東觀留滯南史終無薦引永同埋殯三世不移雖由寂寞十年不調實乏知己夫不世出者聖明之君也不萬一者誠賢之臣也以夫不世出而逢不萬一小人所以爲明尚書幸也坐人物之源運銓衡之柄反被狐白不好緇衣此小人爲明尚書不取也昔荊玉未剖刖卞和之足百里未用碎禽息之首居得言之地有能用之資愴耳目之明無首足之戚僤而不爲孰知其解夫官或不稱其能士或未申其屈一夫竊議語流天下勞不見圖安能無望儻病未及死狂還克念汗窮愁之簡屬離憂之詞託志於前脩通心於來哲使千載之下哀其不遇追咎執事有玷清塵則不肖之軀死生爲累小人之罪方且未刊願少加憐愍留心無忽弘亦知其學業而竟不得調後歸鄉里以教授爲業終于家注尚書及詩遭亂零落

論曰古語云容體不足觀勇力不足恃族姓不足道先祖不足稱然而顯聞四方流聲後裔者其惟學乎信哉斯言也梁越之徒篤志不倦自求諸己遂能聞道下風稱珍席上或聚徒千百或服冕乘軒咸稽古之力也然遠惟漢魏碩學多清通逮乎近古巨儒多鄙俗文武不墜弘之在人豈獨愚蔽於當今而皆明哲於往昔在乎用與不用知與不知耳然曩之弼諧庶績必舉德於鴻儒近代左右邦家咸取士於刀筆縱有學優入室勤踰刺股名高海內擢第甲科若命偶時來未有望於青紫或數將運舛必見棄於草澤然則古之學者祿在其中今之學者困於貧賤明達之人志識之士安肯滯於所習以求貧賤者哉此所以儒罕通人學多鄙俗者也至若劉焯德冠搢紳數窮天象既精且博洞究幽微鉤深致遠源流不測數百年來斯一人而已劉炫學實通儒才堪成務九流七略無不該覽雖探賾索隱不逮於焯裁成義說文雅過之並時不我與餧棄溝壑斯乃子夏所謂死生有命富貴在天天之所與者聰明所不與者貴仕上聖且猶不免焯炫其如命何孝籍徒離騷其立倘何救也

北史卷八十二考證

沈重傳梁武帝欲高置學官以崇儒教○梁閣本誤詔今改從周書

桑門進士○桑監本訛乘今改從周書

樊深傳負書從師於河西○河西周書作三河

天平二年○平周書作和

黎景熙傳河間鄚人○鄚當係鄭字之訛

趙文深傳父選○選周書作遐

辛彥之傳父靈補○補隋書作輔

何妥傳父細脚胡通商入蜀○隋書無脚字

必加重罰庶令有所畏忌○畏監本訛思今改從南本

魏文侯問子夏曰○問監本訛何今改正

馬光傳光與張仲讓孔籠竇仕榮張買奴劉和仁等○隋書仕作士買作黑

劉炫傳後有人訟之經赦免死○有人監本訛人有今改從周書

整緗素於鳳池記言動于麟閣○緗監本訛細今改從周書

炫爲賊所將過城下堡○城下監本作下城今改從隋書

王孝籍傳倚閭之望朝夕傾對○傾對隋書作已勤

北史卷八十三

唐　李延壽　撰

列傳第七十一

文苑

溫子昇　荀濟　祖鴻勳　李廣
樊遜　荀士遜　王褒　庾信
顏之推弟之儀　虞世基　柳䛒
許善心　李文博　明克讓　劉臻
諸葛潁　王貞　虞綽　王胄
庾自直　潘徽　常德志　尹式　劉善經　祖君彥　孔德紹　劉斌

易曰觀乎天文以察時變觀乎人文以化成天下然則文之為用其大矣哉逖聽三古彌綸百代若乃墳素所紀靡得而云典謨已降遺風可述至於制禮作樂騰實飛聲善乎言之不文行之豈能遠也是以曲阜之多才多藝監二代以正其源闕里之性與天道修六經以維其末用能窮神知化稱首於千古經邦緯俗藏用於百代至哉斯固聖人之述作也逮乎兩周道喪七十義乖淹中稷下八儒三墨之異漆園黍谷名法兵農之別雖雅誥奧義或未盡善考其遺跡亦賢達之流乎其離讒放逐之臣塗窮後門之士道轗軻而未遇志鬱抑而不申憤激委約之中飛文魏闕之下奮迅泥滓自致青雲振沉溺於一朝流風聲於千載者往往而有矣漢自孝武之後雅尚斯文揚葩振藻者如林而二馬王揚為之傑東京之朝茲道逾扇咀徵含商者成市而班傅張蔡為之雄當塗受命尤好蟲篆金行勃興無替前烈曹王陳阮負宏衍之思挺桂幹於鄧林潘陸張左擅侈麗之才飾羽儀於鳳穴斯並高視當世連衡孔門雖時運推移質文屢變譬猶六代並奏易俗之用無爽九源競逐一致之理同歸歷選前英於斯為盛既而中州板蕩戎狄交侵僭偽相屬生靈塗炭故文章黜焉其能潛思於戰爭之間揮翰於鋒鏑之下亦有時而間出矣若乃魯徵杜廣徐光尹弼之儔知名於二趙宋該封弈朱彤梁讜之屬見重於燕秦然皆迫於倉卒牽於戰陣章奏符檄則粲然可觀體物緣情則寂寥於世非其才有優劣時運然也至於朔方之地蕞爾夷俗胡義周之頌國都足稱宏麗區區河右而學者埒於中原劉延明之銘酒泉可謂清典子曰十室之邑必有忠信豈徒言哉洎乎有魏定鼎沙朔南包河淮西吞關隴當時之士有許謙崔宏宏子浩高允高閭游雅等先後之間聲實俱茂詞義典正有永嘉之遺烈焉及太和在運銳情文學固以頡頏漢徹跨躡曹丕氣韻高遠豔藻獨構衣冠仰止咸慕新風律調頗殊曲度遂改辭罕泉源言多胸臆潤古彫今有所未遇是故雅言麗則之奇綺合繡聯之美眇歷歲年未聞獨得既而陳郡袁翻河內常景晚拔疇類稍革其風及明皇御歷文雅大盛學者如牛毛成者如麟角孔子曰才難不其然也于時陳郡袁翻翻弟躍河東裴敬憲弟莊伯莊伯族弟伯茂范陽盧觀弟仲宣頓丘李諧渤海高肅河間邢臧趙國李騫彫琢瓊瑤刻削杞梓並為龍光俱稱鴻翼樂安孫彥舉濟陰溫子昇並自孤寒鬱然特起咸能綜採繁縟興屬清華比於建安之徐陳應劉元元之潘張左束各一時也有齊自霸業云啟廣延髦俊開四門以賓之頓八紘以掩之鄴都之下煙霏霧集河間邢子才鉅鹿魏伯起范陽盧元明鉅鹿魏季景清河崔長儒河間邢子明范陽祖孝徵中山杜輔玄北平陽子烈並其流也復有范陽祖鴻勳亦參文士之列及天保中李愔陸卬崔瞻陸元規並在中書參掌綸誥其李廣樊遜李德林盧詢祖盧思道始以文章著名皇建之朝常侍王晞獨擅其美河清天統之辰杜臺卿劉逖魏騫亦參詔敕自李愔已下在省唯撰述除官詔旨其關涉軍國文翰多是魏收作之及在武平李若荀士遜李德林薛道衡並為中書侍郎典司綸綍後主雖溺於群小然頗好詠詩幼時嘗讀詩賦語人云終有解作此理不初因畫屏風敕通直郎蕭放及晉陵王孝式錄古賢烈士及近代輕豔諸詩以充圖畫帝彌重之後復追齊州錄事參軍蕭愨趙州功曹參軍顏之推同入撰錄猶依霸朝謂之館客放及之推意欲更廣其事又因祖珽輔政愛重之推又託鄧長顒漸說後主屬意斯文三年祖珽奏立文林館於是更召引文學士謂之待詔文林館焉珽又奏撰御覽詔珽及特進魏收太子太師徐之才中書令崔劼散騎常侍張彫中書監陽休之監撰珽等奏追通直散騎侍郎韋道遜陸乂太子舍人王劭衛尉丞李孝基殿中侍御史魏澹中散大夫劉仲威袁奭國子博士朱才奉車都尉眭道閑考功郎中崔子樞左外兵郎薛道衡并省主客郎中盧思道司空東閤祭酒崔德立太傅行參軍崔儦太學博士諸葛漢奉朝請鄭公超殿中侍御史鄭子信等入館撰書并敕放愨之推等同入撰例復命散騎常侍封孝琰前樂陵太守鄭元禮衛尉少卿杜臺卿通直散騎常侍楊訓前南兗州長史羊肅通直散騎侍郎馬元熙并省三公郎中劉珉開府行參軍李師上溫君悠入館亦令撰書後復命特進崔季舒前仁州刺史劉逖散騎常侍李孝貞中書侍郎李德林續入待詔尋又詔諸人各舉所知又有前濟州長史李翥前廣武太守魏騫前西兗州司馬蕭溉前幽州長史陸仁惠鄭州司馬江旰前通直散騎侍郎辛德源陸開明通直郎封孝騫太尉掾張德沖并省右戶郎元行恭司徒戶曹參軍古道子前司空功曹參軍劉顗獲嘉令崔德儒給事中李元楷晉州中從事陽師孝太尉中兵參軍劉儒行司空祭酒陽辟疆司空士曹參軍盧公順司空中兵參軍周子深開府行參軍王友伯崔君洽魏師謇並入館待詔又敕僕射段孝言亦入焉御覽成後所撰錄人亦有不得待詔付所司處分者凡此諸人亦有文學膚淺附會親識妄相推薦者十三四焉雖然當時操筆之徒搜求略盡其外如廣平宋孝王信都劉善經輩三數人論其才性入館諸賢亦十三四不逮之周氏創業運屬陵夷纂遺文於既喪聘奇士如弗及是以蘇亮蘇綽盧柔唐瑾元偉李昶之徒咸奮鱗翼自致青紫然綽之建言務存質朴遂糠粃魏晉憲章虞夏雖屬辭有師古之美矯枉非適時之用故莫能常行焉既而革車電邁渚宮雲撤梁荊之風扇於關右狂簡之徒斐然成俗流宕忘反無所取裁夫人有六情稟五常之秀情感六氣順四時之序蓋文之所起情發於中而自漢魏以來迄乎晉宋其體屢變前哲論之詳矣暨永明天監之際太和天保之間洛陽江左文雅尤盛彼此好尚雅有異同江左宮商發越貴於清綺河朔詞義貞剛重乎氣質氣質則理勝其詞清綺則文過其意理深者便於時用文華者宜於詠歌此其南北詞人得失之大較也若能掇彼清音簡茲累句各去所短合其兩長則文質彬彬盡美盡善矣梁自大同之後雅道淪缺漸乖典則爭馳新巧簡文湘東啟其淫放徐陵庾信分路揚鑣其意淺而繁其文匿而彩詞尚輕險情多哀思格以延陵之聽蓋亦亡國之音也隋文初統萬機每念斲彫為樸發號施令咸去浮華然時俗詞藻猶多淫麗故憲臺執法屢飛霜簡煬帝初習藝文有非輕側暨乎即位一變其體與越公書建東都詔冬至受朝詩及擬飲馬長城窟並存雅體歸於典制雖意在驕淫而詞無浮蕩故當時綴文之士遂得依而取正焉所謂能言者未必能行蓋亦君子不以人廢言也爰自東帝歸秦逮乎青蓋入洛四隩咸泉九州攸同江漢英靈燕趙奇俊並該天網之中俱為大國之寶言刈其楚片善無遺潤水圓流不能十數才之難也不其然乎時之文人見稱當世者則齊人范陽盧思道安平李德林河東薛道衡趙郡李元操鉅鹿魏澹會稽虞世基河東柳䛒高陽許善心等或鷹揚河朔或獨步漢南俱騁龍光並驅雲路矣魏書序袁躍裴敬憲盧觀封肅邢臧裴伯茂邢昕溫子昇為文苑傳今唯取子昇其餘並各附其家傳齊書敘祖鴻勳李廣樊遜劉逖荀士遜顏之推為文苑傳今唯取祖李樊荀其餘亦各附其家傳周書不立此傳今取王褒庾信列於此篇顏之推竟從齊入周故列在王庾之下顏之儀既之推之弟故列在之推之末隋書序劉臻崔儦王頍諸葛潁王貞孫萬壽虞綽王胄庾自直潘徽為文學傳今檢崔儦王頍孫萬壽各從其家傳其餘編之此篇并取虞世基許善心柳䛒明克讓冠之於此以備文苑傳云

溫子昇字鵬舉自云太原人晉大將軍嶠之後也世居江左祖恭之宋彭城王義康戶曹避難歸魏家于濟陰冤句因為其郡縣人焉父暉兗州左將軍長史行濟陰郡事子昇初受學於崔靈恩劉蘭精勤以夜繼晝晝夜不倦長乃博覽百家文章清婉為廣陽王深賤客在馬坊教諸奴子書作侯山祠堂碑文常景見而善之故詣深謝之景曰頃見溫生深怪問之景曰溫生是大才士深由是稍知之熙平初中尉東平王匡博召辭人以充御史同時射策者八百餘人子昇與盧仲宣孫搴等二十四人為高第於是預選者爭相引決匡使子昇當之皆受屈而去搴謂人曰朝來靡旗亂轍者皆子昇逐北遂補御史時年二十二臺中彈文皆委焉以憂去任服闋還為朝請後李神儁行荊州事引兼錄事參軍被徵赴省神儁表留不遣吏部郎中李奬退表不許曰昔伯瑜之不應留王朗所以發歎宜速遣赴無踵彥雲前失於是還員及廣陽王深以東北道行臺召為郎中黃門郎徐紇受四方表啟答之敏速於深獨沉思曰彼有溫郎中才藻可畏高車破走珍寶盈滿子昇取絹四十疋深軍敗子昇為葛榮所得榮下都督和洛興與子昇舊識以數十騎潛送子昇得達冀州還京李楷執其手曰卿今得免足使夷甫慚德自是無復宦情閉門讀書厲精不已及孝莊即位以子昇為南主客郎中修起居注曾一日不直上黨王天穆時錄尚書事將加捶撻子昇遂逃遁天穆甚怒奏人代之莊帝曰當世才子不過數人豈容為此便相放黜乃寢其奏及天穆將討邢杲召子昇同行子昇未敢應天穆謂人曰吾欲收其才用豈懷前忿也今復不來便須南走越北走胡耳子昇不得

巳而見之加伏波將軍爲行臺郎中天穆深知賞之元顥入洛天穆召子昇問曰卽欲向京師爲隨我北度對曰主上以武牢失守致此狼狽元顥新入人情未安今往討之必有征無戰王若剋復京師奉迎大駕桓文之舉也捨此北度竊爲大王惜之天穆善之而不能用遣子昇還洛顥以爲中書舍人莊帝還宮爲顥任使者多被廢黜而子昇復爲舍人天穆每謂子昇曰恨不用卿前計除正員郎仍舍人及帝殺尒朱榮也子昇預謀當時赦詔子昇詞也榮入內遇子昇把詔書問是何文字子昇顏色不變曰勑榮不視之尒朱兆入洛子昇懼禍逃匿永熙中爲侍讀兼舍人鎭南將軍金紫光祿大夫遷散騎常侍中軍大將軍後領本州大中正梁使張皐寫子昇文筆傳於江外梁武稱之曰曹植陸機復生於北土恨我辭人數窮百六陽夏守傅摽使吐谷渾見其國主牀頭有書數卷乃是子昇文也濟陰王暉業嘗云江左文人宋有顏延之謝靈運梁有沈約任昉我子昇足以陵顏轢謝含任吐沈楊遵彥作文德論以爲古今辭人皆負才遺行澆薄險忌唯邢子才王元景溫子昇彬彬有德素齊文襄引子昇爲大將軍諮議子昇前爲中書郎嘗詣梁客館受國書自以不修容止謂人曰詩章易作逋峭難爲文襄館客元僅曰諸人當賀推子昇合陳辭子昇久忸怩乃推陸操焉及元僅劉思逸荀濟等作亂文襄疑子昇知其謀方使之作神武碑文旣成乃餓諸晉陽獄食弊襦而死棄屍路隅沒其家口太尉長史宋游道收葬之又爲集其文筆爲三十五卷子昇外恬靜與物無競言有準的不妄毁譽而內深險事故之際好豫其間所以終致禍敗又撰永安記三卷無子弟子盛州主簿有文才年二十餘卒

荀濟字子通其先穎川人世居江左濟初與梁武帝布衣交知梁武當王然負氣不服謂人曰會楯上摩墨作檄文或稱其才於梁武梁武曰此人好亂者也濟又上書譏佛法言營費太甚梁武將誅之遂奔魏館于崔㥄家及是見執楊愔謂曰遲暮何爲然濟曰叱叱氣耳何關遲暮乃下辯曰自傷年幾摧頹恐功名不立舍兒女之情起風雲之事故挾天子誅權臣齊文襄惜其才將不殺親謂曰荀公何意反濟曰奉詔誅將軍高澄何爲反於是燔殺之鄴下士大夫多傳濟音韻

祖鴻勳涿郡范陽人也父愼仕魏歷厲門咸陽二郡太守政有能名卒於金紫光祿大夫贈中書監幽州刺史諡惠侯鴻勳弱冠與同郡盧文符竝爲州主簿僕射臨淮王彧表薦其文學除奉朝請人曰臨淮舉卿竟不相謝恐非其宜鴻勳曰爲國舉才臨淮之務祖鴻勳何事從而謝之彧聞而喜曰吾得其人矣後咸陽王徽奏鴻勳爲司徒法曹參軍事及赴洛徽謂曰臨淮相舉竟不到門今來何也鴻勳曰今來赴職非爲謝恩轉廷尉正去官歸鄉里齊神武嘗徵至并州作晉祠記好事者翫其文位至高陽太守在官清素妻子不免寒餒時議高之齊天保初卒官

李廣字弘基范陽人也其先自遼東徙焉廣博涉羣書有才思少與趙郡李謇齊名爲邢魏之亞而訥於言敏於行中尉崔暹精選御史皆是世胄廣獨以才學兼侍御史修國史南臺文奏多其辭也齊文宣初嗣霸業命掌書記天保初欲以爲中書郎遇其病篤而止廣嘗欲早朝假寐忽驚覺謂其妻曰吾向似睡非睡忽見一人出吾身中語云君用心過苦非精神所堪今辭君去因而恍忽不樂數日便遇疾積年不起廣雅有鑒識度量弘遠坦率無私爲士流所愛時共贍遺之賴以自給竟以疾終嘗薦畢義雲於崔暹廣卒後義雲集其文筆七卷託魏收爲之序

樊遜字孝謙河東北猗氏人也祖琰父衡竝無官宦而衡性至孝喪父負土成墳植栢方數十畝朝夕號慕遜少好學其兄仲以造氊爲業亦常優饒之遜自責曰爲人弟獨愛安逸可不愧於心乎欲同勤事業母馮氏謂曰汝欲謹小行邪遜感母言遂專心典籍恒書壁作見賢思齊四字以自勸遜貌醜陋有才氣屬本州淪陷寓居鄴中爲臨漳小吏縣令裴鑒莅官清苦致白雀等瑞遜上清德頌十首鑒大加賞重擢爲主簿仍薦之於右僕射崔暹與遼東李廣勃海封孝琰等爲暹賓客人有譏其靜默不能趨時者遜常服東方朔之言陸沉世俗避世金馬遂借陸沉公子爲主人擬客難制客誨以自廣後崔暹大會客大司馬襄城王旭時亦在坐欲命府僚暹指遜曰此人學富才高兼之佳行可爲王參軍也旭目之曰豈能就耶遜曰家無蔭第不敢當此武定七年齊文襄崩暹爲文宣徙於邊賓客咸散遜遂徙居陳留梁州刺史劉殺鬼以遜兼錄事參軍事遜仍舉秀才尚書案舊令下州三載一舉秀才爲三年已貢開封人鄭祖獻計至此年未合兼別駕王聰抗辭爭議右丞陽斐不能却尚書令高隆之曰雖遜才學優異待明年非遠遜竟還本州天保元年本州復召舉秀才三年春會朝堂對策策罷中書郎張子融奏入至四年五月遜與定州秀才李子宣等以對策三年不調被付外上書請從罷詔不報梁州重舉遜爲秀才五年正月制詔問焉尚書擢第以遜爲當時第一十二月清河王岳爲大行臺率衆南討以遜從軍明年文宣納梁貞陽侯蕭明爲梁主岳假遜大行臺郎中使于江南與蕭修侯瑱和解遜往還五日得修等報書岳因與修盟於江上大軍還鄴遜仍被都官尚書崔昂舉薦詔付尚書考爲清平勤幹送吏部七年詔令校定羣書供皇太子遜與冀州秀才高乾和瀛州秀才馬敬德許散愁韓同寶洛州秀才傳懷德懷州秀才古道子廣平郡孝廉李漢子勃海郡孝廉鮑長暄陽平郡孝廉景孫前梁州府主簿王九元前開府水曹參軍周子深等十一人同被尚書詔共刊定時祕府書籍紕繆者多遜乃議曰案漢中壘校尉劉向受詔校書每一書竟表上輒言臣向書長水校尉臣參書太常博士書中外書合若干本以相比校然後殺青今所讎校供擬極重出自蘭臺御諸甲館向之故事見存府閣卽欲刊定必藉衆本太常卿邢子才太子少傅魏收吏部尚書辛術司農少卿穆子容前黃門郎司馬子瑞故國子祭酒李業興竝是多書之家請牒借本參校祕書監尉瑾移尚書都坐凡所得別本三千餘卷五經諸史殆無遺闕于時魏收作庫狄干碑序令孝謙爲之銘陸卬不知以爲收合作也陸操伏渾卒楊愔使孝謙代已作書以告晉陽朝士令魏潤色之收不能改一字八年減東西二省官更定選員不過三百參者二三千人楊愔言於衆曰後生清俊莫過盧思道文章成就莫過樊孝謙几案斷割莫過崔成之遂以思道長兼員外郎三人竝員外將軍孝謙辭曰門族寒陋訪第必不成乞補員外司馬督愔曰才高不依常例特奏用之清河初爲主書參典詔策天統元年加員外郎居七八日行遇轜車嚬眉下淚指方相曰何日更相煩君一到數日而卒雇方相送葬仍前所逢者孝謙死後定州秀才荀士遜繼爲主書才名相亞茹瞻字孝博東安人南州舉秀才清朗剛直楊愔將用之曰今日之選不可無茹生卒於侍御史

荀士遜廣平人也好學有思理爲文清典見賞知音武定末舉司州秀才迄齊天保十年不調皇建中馬敬德薦爲主書轉中書舍人狀貌甚醜以文辭見重嘗有事須奏遇武成在後庭因左右傳通傳通者不得士遜姓名乃云醜舍人帝曰必士遜也看封題果是內人莫不歡笑累遷中書侍郎號爲稱職與李若等撰典言行於世齊亡年卒

王褒字子深琅邪臨沂人也曾祖儉祖騫父規竝南史有傳褒識量淹通志懷沉靜美威儀善談笑博覽史傳七歲能屬文外祖梁司空袁昂愛之謂賓客曰此兒當成吾宅相弱冠舉秀才除祕書郎太子舍人梁國子祭酒蕭子雲褒之姑夫也特善草隸褒少以姻戚去來其家遂相模範而名亞子雲竝見重於時武帝嘉其才藝遂以弟鄱陽王恢女妻之襲爵南昌縣侯歷位祕書丞宣城王文學安城內史及侯景陷建鄴褒輯寧所部見稱於時轉南平內史梁元帝嗣位褒有舊召拜吏部尚書右僕射仍遷左丞兼參掌褒旣名家文學優贍當時咸共推挹故位望隆重寵遇日甚而愈自謙損不以位地矜物時論稱之初元帝平侯景及禽武陵王紀後以建鄴凋殘時江陵殷盛便欲安之又其政府臣僚皆楚人也竝願卽都郢鄢嘗召羣臣議之領軍將軍胡僧祐吏部尚書宗懍大府卿黃羅漢御史中丞劉㲄等曰建鄴王氣已盡又荆南地又有天子氣遷徙非宜元帝深以爲然褒性謹愼知元帝多猜忌弗敢公言其非後因清閑密諫言辭甚切元帝意好荆楚已從僧祐等策竟不用及魏征江陵元帝授褒都督城西諸軍事柵破從元帝入金城俄而元帝出降褒遂與衆俱出見柱國于謹甚禮之褒曾作燕歌妙盡塞北寒苦之狀元帝及諸文士竝和之而競爲悽切之辭至此方驗焉褒與王克劉㲄宗懍殷不害等數十人俱至長安周文喜曰昔平吳之利二陸而已今定楚之功羣賢畢至可謂過之矣又謂褒及王克曰吾卽王氏甥也卿等竝吾之舅氏當以親戚爲情勿以去鄉介意於是授褒及殷不害等車騎大將軍儀同三司常從容上席資餼甚厚褒等亦竝荷恩眄忘羈旅焉周孝閔帝踐阼封石泉縣子明帝卽位篤好文學時褒與庾信才名最高特加親待帝每遊宴命褒賦詩談論恒在左右尋加開府儀同三司保定中除內史中大夫武帝作象經令褒注之引據該洽甚見稱賞褒有器局雅識政體旣累世在江東爲宰輔帝亦以此重之建德以後頗參朝議凡大詔冊皆令褒具草東宮旣建授太子少保遷少司空仍掌綸誥乘輿行幸褒常侍從初褒與梁處士汝南周弘讓相善及讓兄弘正自陳來聘帝許褒等通親知音問褒贈弘讓詩并書焉尋出爲宜州刺史卒於位子鼒

庾信字子山南陽新野人祖易父肩吾竝南史有傳信幼而俊邁聰敏絕倫博覽羣書尤善春秋左氏傳身長

八尺腰帶十圍容止頹然有過人者父肩吾爲梁太子中庶子掌管記東海徐摛爲右衞率摛子陵及信並爲抄撰學士父子東宮出入禁闥恩禮莫與比隆既文並綺豔故世號爲徐庾體焉當時後進競相模範每有一文都下莫不傳誦累遷通直散騎常侍聘于東魏文章辭令盛爲鄴下所稱還爲東宮學士領建康令侯景作亂梁簡文帝命信率宮中文武千餘人營於朱雀航及景至信以衆先退臺城陷後信奔於江陵梁元帝承制除御史中丞及即位轉右衞將軍封武康縣侯加散騎侍郎聘于西魏屬大軍南討遂留長安江陵平累遷儀同三司周孝閔帝踐阼封臨淸縣子除司水下大夫出爲弘農郡守遷驃騎大將軍開府儀同三司司憲中大夫進爵義城縣侯俄拜洛州刺史信爲政簡靜吏人安之時陳氏與周通好南北流寓之士各許還其舊國陳氏乃請王褒及信等十數人武帝唯放王克殷不害等信及褒並惜而不遣尋徵爲司宗中大夫明帝武帝並雅好文學信特蒙恩禮至於趙滕諸王周旋款至有若布衣之交羣公碑誌多相託焉唯王褒頗與信埒自餘文人莫有逮者信雖位望通顯常作鄉關之思乃作哀江南賦以致其意大象初以疾去職隋開皇元年卒有文集二十卷文帝悼之贈本官加荊雍二州刺史子立嗣

顏之推字介琅邪臨沂人也祖見遠父協並以義烈稱世善周官左氏學俱南史有傳之推年十二遇梁湘東王自講莊老之推便預門徒虛談非其所好還習禮傳博覽書史無不該洽辭情典麗甚爲西府所稱湘東王以爲其國右常侍加鎭西墨曹參軍好飮酒多任縱不修邊幅時論以此少之湘東遣世子方諸鎭郢州以之推爲中撫軍府外兵參軍掌管記遇侯景陷郢州頻欲殺之賴其行臺郎中王則以免景平還江陵時湘東即位以之推爲散騎侍郎奏舍人事後爲周軍所破大將軍李穆重之送往弘農令掌其兄陽平公遠書翰遇河水暴長具船將妻子奔齊經砥柱之險時人稱其勇決文宣見悅之即除奉朝請引於內館中侍從左右頗被顧眄後從至天泉池以爲中書舍人令中書郎段孝信將勑示之推之推營外飮酒孝信還以狀言文宣乃曰且停由是遂寢後待詔文林館除司徒錄事參軍之推聰穎機悟博識有才辯工尺牘應對閑明大爲祖珽所重令掌知館事判署文書遷通直散騎常侍俄領中書舍人帝時有取索恒令中使傳旨之推稟承宣告館中皆受進止所進文書皆是其封署於進賢門奏之待報方出兼善於文字監校繕寫處事勤敏號爲稱職帝甚加恩接爲勳要者所嫉常欲害之崔季舒等將諫也之推取急還宅故不連署及召集諫人之推亦被喚入勘無名得免尋除黃門侍郎及周兵陷晉陽帝輕騎還鄴窘急計無所從之推因宦者侍中鄧長顒進奔陳策仍勸募吳士千餘人以爲左右取靑徐路共投陳國帝納之以告丞相高阿那肱等阿那肱不願入陳乃云吳士難信勸帝送珍寶累重向靑州且守三齊地若不可保徐浮海南度雖不從之推策然猶以爲平原太守令守河津齊亡入周大象末爲御史上士隋開皇中太子召爲文學深見禮重尋以疾終有文集三十卷撰家訓二十篇並行於世之推在齊有二子長曰思魯次曰敏楚蓋不忘本也之推集思魯自爲序

弟之儀字升幼穎悟三歲能讀孝經及長博涉羣書好爲詞賦嘗獻梁元帝荊州頌辭致雅贍帝手勑曰枚乘二葉俱得游梁應貞兩世並稱文學我求才子鯁慰良深江陵平之儀隨例遷長安周明帝以爲麟趾學士稍遷司書上士武帝初建東宮盛選師傅以之儀爲侍讀太子後征吐谷渾在軍有過行鄭譯等並以不能匡弼坐譴唯之儀以累諫獲賞即拜小宮尹封平陽縣男宣帝即位遷上儀同大將軍御正中大夫進爵爲公帝後刑政乖僻昏縱日甚之儀犯顏驟諫雖不見納終亦不止深爲帝所忌然以恩舊每優容之及帝殺王軌之儀固諫帝怒欲并致之於法後以其諒直無私乃舍之宣帝崩劉昉鄭譯等矯遺詔以隋文帝爲丞相輔少主之儀知非帝旨拒而弗從昉等草詔署訖逼之儀署之儀厲聲謂昉等曰主上升遐嗣子幼沖阿衡之任宜在宗英方今賢戚之內趙王最長以親以德合膺重寄公等備受朝恩當盡忠報國奈何一旦欲以神器假人之儀有死而已不能誣罔先帝於是昉等知不可屈乃代之儀署而行之隋文帝後索符璽之儀又正色曰此天子之物自有主者宰相何故索之於是文帝大怒命引出將戮之然以其人望乃止出爲西疆郡守及踐極詔徵還京師進爵新野郡公開皇五年拜集州刺史在州淸靜夷夏悅之明年代還遂優游不仕十年正月之儀例入朝文帝望而識之命引至御坐謂之曰見危受命臨大節而不可奪古人所難何以加卿乃賜錢十萬米一百石十一年卒有文集十卷行於世

虞世基字懋世會稽餘姚人也父荔南史有傳世基幼恬靜喜慍不形於色博學有高才兼善草隸陳中書令孔奐見而歎曰南金之貴屬在斯人少傅徐陵聞其名召之世基不往後因公會陵一見而奇之顧朝士曰當今潘陸也因以弟女妻焉仕陳累遷尚書左丞陳主嘗於莫府山校獵令世基爲講武賦於坐奏之陳主嘉之賜馬一匹及陳滅入隋爲通直郎直內史省貧無產業每傭書養親快快不平嘗爲五言詩以見情文理悽切世以爲工作者無不吟詠未幾拜內史舍人煬帝即位顧遇彌隆祕書監河東柳顧言博學有才罕所推謝至是與世基相見歎曰海內當共推此一人非吾儕所及也俄遷內史侍郎以母憂去職哀毀骨立有詔起令視事拜見之日殆不能起令左右扶之哀其羸瘠詔令進肉世基食輒悲哽不能下筯帝使謂曰方相委任宜爲國惜身前後敦勸者數矣帝重其才親禮逾厚專典機密與納言蘇威左翊衞大將軍宇文述黃門侍郎裴矩御史大夫裴蘊等參掌朝政時天下多事四方表奏日有百數帝方凝重事不廷決入閤之後始召世基口授節度世基至省方爲敕書日且百紙無所遺繆遼東之役進位金紫光祿大夫後從幸鴈門爲突厥所圍戰士多敗世基勸帝爲賞格親自撫循乃下詔停遼東事帝從之師乃復振及圍解勳格不行又下伐遼之詔由是言其詐衆朝野離心帝幸江都次鞏縣世基以盜賊日盛請發兵屯洛口倉以備不虞帝不從但荅云卿是書生定猶恇怯于時天下大亂世基知帝不可諫正又以高熲張衡等相繼誅戮懼禍及己雖居近侍唯諂取容不敢忤意盜賊日甚郡縣多沒世基知帝惡數聞之後有告敗者乃抑損表狀不以實聞是後外間有變帝弗之知也常遣太僕卿楊義臣捕盜河北降賊數十萬列狀上聞帝歎曰我初不聞賊頓如此義臣降賊何多也世基曰鼠竊雖多未足爲慮義臣剋之擁兵不少久在閫外此最非宜帝曰卿言是也遽追義臣放其兵散又越王侗遣太常丞元善達間行賊中詣江都奏事稱李密有衆數萬圍逼京都賊據洛口倉城內無食若陛下速還烏合必散不然者東都決沒因歔欷嗚咽帝爲改容世基見帝色憂進曰越王年小此輩誑之若如所言善達何緣得至帝勃然怒曰善達小人敢廷辱我因使經賊中向東陽催運善達遂爲羣盜所殺此後外人杜口莫敢以賊聞奏世基氣貌沉審言多合意是以特見親愛朝臣無與爲比其繼室孫氏性驕淫世基惑之恣意奢靡彫飾器服無復素士之風孫復攜前夫子夏侯儼入世基舍而頑鄙無賴爲其聚斂鬻官賣獄賄賂公行其門如市金寶盈積其弟世南素國士而清貧不立未嘗有所贍由是爲論者所譏朝野咸共疾怨宇文化及之弒逆也世基乃見害長子肅好學才藝時人稱有家風弱冠早沒肅弟熙大業末爲符璽郎次子柔晦並宣義郎化及將亂之夕宗人虞伋知而告熙曰事勢已然吾將濟卿南度且得免禍同死何益熙曰棄父背君求生何地感尊之懷自此訣矣及難作兄弟競請先死行刑人先世基殺之

柳䛒字顧言河東人也世仕江南居襄陽祖惔南史有傳䛒少聰敏解屬文好讀書所覽將萬卷仕梁爲著作佐郎後蕭詧據荊州以爲侍中領國子祭酒吏部尚書及梁國廢拜開府爲內史侍郎以無吏幹轉晉王諮議參軍王好文雅招引才學之士諸葛穎虞世南王胄朱瑒等百餘人以充學士而䛒爲之冠王以師友處之每有文什必令其潤色然後示人嘗朝京還作歸藩賦命䛒爲序詞甚典麗初王屬文斅庾信體及見䛒後文體遂變仁壽初引爲東宮學士加通直散騎常侍檢校洗馬甚見親重每召入臥內與之宴謔䛒尤俊辯多在侍從有所顧問應荅如響性嗜酒言雜誹諧由是彌爲太子所親狎以其好內典令撰法華玄宗爲二十卷上之太子大悅賞賜優洽儕輩莫比煬帝嗣位拜祕書監封漢南縣公帝退朝後便命入問言宴諷讀終日而罷帝每與嬪后對酒時逢興會輒遣命之至與同榻共席恩比友朋常猶恨不能夜召乃命匠刻木爲偶人施機關能坐起拜伏以像䛒帝每月下對飮酒輒令宮人置於座與相酬酢而爲歡笑從幸揚州卒帝傷惜者久之贈大將軍謚曰康䛒撰晉王北伐記十五卷有集十卷行於世

許善心字務本高陽北新城人也祖茂父亨並南史有傳善心九歲而孤爲母范氏所鞠養幼聰明有思理所聞輒能記多聞默識爲當世所稱家有舊書萬餘卷皆徧通涉十五解屬文爲牋上父友徐陵陵大奇之謂人曰此神童也太子詹事江總舉秀才對策高第授度支郎中補撰史學士貞明二年加通直散騎常侍聘隋遇文帝伐陳禮成而不獲反命累表請辭上不許留縶賓館及陳亡上遣使告之善心素服號哭於西階下藉草東向經三日敕書唁焉明日有詔就館拜通直散騎常侍賜衣一襲善心哭盡哀入房改服復出北面立垂涕再拜受詔明日乃朝服泣於殿下悲不能與上顧左右

曰我平陳國唯獲此人既能懷其舊君卽我誠臣也敕以本官直門下省賜物千段草馬二十匹後幸太山還授虞部侍郎十六年有神雀降於含章闥上召百官賜宴告以此瑞善心於坐請紙筆製神雀頌奏之上甚悅曰我見神雀共皇后觀之今且召公等入適述此事善心於坐始知卽能成頌文不加點筆不停毫常聞此言今見其事因賜物二百段十七年除祕書丞時祕藏圖籍尚多淆亂善心效阮孝緒七錄更制七林各總敘冠於篇首又於部錄之下明作者之意區分類例焉又奏追李文博陸從典等學者十許人正定經史錯謬仁壽元年攝黃門侍郎二年加攝太常少卿與牛弘等議定禮樂祕書丞黃門並如故四年留守京師帝崩于仁壽宮煬帝祕不發喪先易留宮人出除巖州刺史逢漢王諒反不之任大業元年轉禮部侍郎奏薦儒者徐文遠爲國子博士包愷陸德明褚徽魯世達之輩並加品秩授爲學官其年副納言楊達爲冀州道大使以稱旨賜物五百段左衞大將軍宇文述每日借本部兵數十人以供私役常半日而罷御史大夫梁毗奏劾之上方以腹心委述初付法官推千餘人皆稱被役經二十餘日法官候伺上旨乃言役不滿日其數雖多不合通計縱令有實亦無罪諸兵士聞之更云初不被役上欲釋之付議虛實百寮咸議爲虛善心以爲述於仗衞之所抽兵私役雖不滿日闕於宿衞與常役所部情狀乃殊又兵多下番散還本府分道追至不謀同辭今殆一月方始翻覆姦狀分明此何可捨蘇威楊汪等二十餘人同善心議其餘皆議免罪煬帝可免者之奏後數月述譖善心曰陳叔寶卒善心共周羅睺虞世基袁克蔡徵等同往送葬善心爲祭文謂爲陛下敢於今日加叔寶尊號召問有實自援古例事得釋而甚惡之又太史奏帝卽位年與堯時符合善心議以國哀甫爾不宜稱賀述諷御史劾之左遷給事郎降品三等四年撰方物志奏之七年從至涿郡帝方自御戎以東討善心上封事忤旨免官其年復徵守給事郎帝嘗言及文帝受命之符因問鬼神之事敕善心與崔祖濬撰靈異記十卷初善心父撰著梁史未就而歿善心述成父志修續家書其序傳末述制作之意曰謹按太素將萌洪荒初判乾儀資始辰象所以正時坤載厚生品物於焉播氣參三才而育德肖二統而降靈有黎人焉爲之君長有貴賤矣爲其宗極保上天之睠命膺下土之樂推莫不執大方振長策感召風雲驅馳英俊干戈揖讓取之也殊功鼎玉軸符成之也一致革命剏制竹素之道稍彰紀事記言筆墨之官漸著炎農以往存其名而漏其迹黃軒以來晦其文而顯其質登丘納麓具訓誥及典謨貫昴入房傳夏正與殷祀洎辨方正位論時計功南北左右兼四名之別檮杌乘車擅一家之稱國惡雖諱君舉必書故賊子亂臣天下大懼元軸明鏡昭然可察及三郊遞襲五勝相沿俱稱百谷之王並以四海自任重光累德何世無哉逮有梁之興君臨天下江左建國莫斯爲盛受命在於一君繼統傳乎四主克昌四十八載餘祚五十六年武皇帝出自諸生爰升寶歷拯百王之弊救萬姓之危反澆季之末流登上皇之獨道朝多君子野無遺賢禮樂必備憲章咸舉弘深慈於不殺濟大忍於無刑蕩蕩巍巍可爲稱首屬陰戎入潁羯胡侵洛沸騰墋黷三季之所未聞掃地滔天一元之所巨厄廊廟有序翦成狐兔之場珪帛有儀碎夫犬羊之手福善積而身禍仁義存而國亡豈天道歟豈人事歟常別論之在於序論之卷先君昔在前代早懷述作凡撰齊書爲五十卷梁書記傳隨事勒成及闕而未就者目錄注爲一百八卷梁室交喪墳籍銷盡冢壁皆殘不準無所盜帷囊同毀陳農何以求秦儒既坑先王之道將墜漢臣徒請口授之文亦絕所撰之書一時亡散有陳初建詔爲史官補闕拾遺心識口誦依舊目錄更加修撰且成百卷已有六帙五十八卷上祕閣訖善心早嬰荼蓼弗克荷薪太建之末頻抗表聞至德之初蒙授史任方願細素採訪門庭記錄俯勵弱才仰成先志而單宗少强近虛室類原顏退屏無所交游棲遲不求進益假班嗣之書徒聞其語給王隱之筆未見其人加以庸瑣涼能孤陋末學參職郎署兼撰陳史致此書延時未卽成續禎明二年以臺郎入聘屬本邑淪覆他鄉播遷行人失時將命不復望都亭而長慟還別館而懸壺家史舊書在後蕩盡今止有六卷獲存又並缺落失次自入京邑以求隨見補葺略成七十卷四帝紀八卷后妃一卷三太子錄一卷爲一帙十卷宗室王侯列傳一帙十卷具臣列傳二帙二十卷外戚傳一卷孝德傳一卷誠臣傳一卷文苑傳二卷儒林傳二卷逸人傳一卷數術傳一卷藩臣傳一卷合一帙十卷止足傳一卷列女傳一卷權幸傳一卷羯賊傳二卷逆臣傳二卷叛臣傳二卷敘傳論述一卷合一帙十卷凡稱史臣者皆先君所言下稱名案者皆善心補闕別爲敘論一篇託于敘傳之末十年又從至懷遠鎮加授朝散大夫突厥圍鴈門攝左親侍武賁郎將領江南兵宿衞殿省駕幸江南追敘前勳授通議大夫詔還本品行給事郎十四年化及弒逆之日隋官盡詣朝堂謁賀善心獨不至許弘仁馳告曰天子已崩宇文將軍攝政合朝文武莫不咸集天道人事自有代終何預叔而低佪若此善心怒之不肯隨去弘仁返走上馬泣而言曰將軍於叔全無惡意忽自求死豈不痛哉還告唐奉義以狀白化及遣人就宅執至朝堂化及令釋之善心不舞蹈而出化及目送之曰此大負氣命捉來罵云我好欲放你敢如此不遜其黨輒牽曳遂害之及越王稱制贈左光祿大夫封高陽縣公諡曰文節善心母范氏梁太子中舍人孝才之女也少寡養孤博學有高節隋文帝知之敕尚食每獻時新常遣分賜嘗詔范入內侍皇后講讀封永樂郡君及善心遇禍范氏九十有二臨喪不哭撫柩曰能死國難我有兒矣因臥不食後十餘日亦終

李文博博陵人性貞介鯁直好學不倦至於敎義名理特所留心每讀書至安危得失忠臣烈士未嘗不反覆吟翫開皇中爲羽騎尉特爲吏部侍郎薛道衡所知恒令在聽事帷中披檢書史并察已行事若遇政敎善事卽抄撰記錄如選用疏謬卽委之臧不道衡每得其語莫不忻然從之後直祕書內省典校羣籍守道居貧晏如也雖衣食乏絕而清操愈厲不妄通賓客恒以禮法自處儕輩莫不敬焉道衡知其貧每延于家給以資費文博商略古今政敎得失如指諸掌然無吏幹稍遷校書郎出爲縣丞遂得下考數歲不調道衡爲司隸大夫遇之東都尚書省甚嗟愍之奏爲從事因謂齊王司馬李綱曰今日遂遇文博得奏用之以爲歡笑其見賞知音如此在洛下曾詣房玄齡相送出衞路玄齡謂曰公生平志尚唯在正直今既得爲從事故應有會素心比來激濁揚清所爲多少文博遂奮臂厲聲曰夫清其流者必潔其源正其末者須端其本今政源混亂雖日免十貪郡守亦何所益其率直疾惡不知忌諱皆如此類時朝政浸壞人多贓賄唯文博不改其操論者以此貴之遭亂播遷不知所終初文博在內省校書虞世基子亦在其內盛飾容服而未有所知文博因從容問之年紀荅云十八文博乃謂曰昔賈誼當此之年議論何事君今徒事儀容欲何爲者又秦孝王妃生男文帝大嘉頒賜羣官各有差文博家道屢空人謂其悅賞乃云賞罰之設功過所歸今王妃生男於羣官何事乃妄受賞也其循名責實錄過計功必使賞罰不濫功過無隱皆爾文博本爲經學後讀史書於諸子及論尤所該洽性長議論亦善屬文著政道集十卷大行於世開皇中又有魏郡侯白字君素好學有捷才性滑稽尤辯俊舉秀才爲儒林郎通侻不持威儀好爲俳諧雜說人多愛狎之所在處觀者如市楊素甚狎之素嘗與牛弘退朝白謂素曰日之夕矣素大笑曰以我爲牛羊下來邪文帝聞其名召與語悅之令於祕書修國史每將擢用輒曰白不勝官而止後給五品食月餘而死時人傷其薄命著旌異記十五卷行於世

明克讓字弘道平原鬲人也世仕江左祖僧紹父山賓並南史有傳克讓少儒雅善談論博涉書史所覽將萬卷三禮論語尤所研精龜策歷象咸得其要年十四釋褐湘東王法曹參軍時舍人朱异在儀賢堂講老子克讓預焉堂邊有修竹异令克讓詠之克讓覽筆輒成卒章曰非君多愛賞誰貴此貞心异甚奇之仕梁位中書侍郎梁滅歸長安引爲麟趾殿學士周武帝卽位爲露門學士令與太史官屬正定新歷累遷司調大夫賜爵歷城縣伯隋文帝受禪位率更令進爵爲侯太子以師道處之恩禮甚厚每有四方珍味輒以賜之時東宮盛徵天下才學士至於博物洽聞皆出其下詔與太常牛弘等修禮議樂當朝典故多所裁正以疾去官加通直散騎常侍卒上甚惜之二宮贈賻甚厚所著孝經義疏一部古今帝代記一卷文類四卷續名僧記一卷集二十卷子餘慶位司門郎越王侗稱制爲國子祭酒克讓叔少遐博涉羣書有詞藻仕梁位都官尚書入齊甚爲名流王元景陽休之等所禮皇建中拜中庶子卒贈中書令揚州司馬

劉臻字宣摯沛國相人也父顯南史有傳臻年十八舉秀才爲邵陵王東閤祭酒元帝時遷中書舍人江陵平歸魏爲中書侍郎周冢宰宇文護辟爲中外府記室軍書羽檄多成其手後爲露門學士授大都督封饒陽縣子歷藍田令畿伯下大夫隋文帝受禪進位儀同三司左僕射高熲之伐陳也以臻隨軍主文翰進爵爲伯皇太子勇引爲學士甚親狎之臻無吏幹又性恍惚耽經覃思至於世事多所遺忘有劉訥者亦任儀同俱爲太子學士情好甚密臻住城南訥住城東臻嘗欲尋訥謂從者曰汝知劉儀同家乎從者不知尋訥謂臻還家因荅曰知於是引之而去旣扣門臻尚未悟謂至訥家乃據鞍大呼曰劉儀同可出矣其子迎門臻驚曰汝亦來邪其子荅曰此是大人家於是顧眄久之乃悟叱從者

汝大無意吾欲造劉訥耳性好啗蜆以音同父諱呼爲扁螺其疎放多此類也精於兩漢書時人稱爲漢聖開皇十八年卒有集十卷行於世

諸葛潁字漢丹陽建康人也祖銓梁零陵太守父規義陽太守潁年十八能屬文起家邵陵王參軍事轉記室侯景之亂奔齊歷學士太子舍人周氏平齊不得調杜門不出者十餘年習易圖緯蒼雅莊老頗得其要淸辯有俊才晉王廣素聞其名引爲參軍事轉記室及王爲太子除藥藏郞煬帝即位遷著作郞甚見親倖出入臥內帝每賜之曲宴輒與皇后嬪御連席共榻潁因間隟多所譖毁是以時人謂之冶葛後錄恩舊授朝散大夫帝嘗賜潁詩其卒章曰參翰長洲苑侍講肅成門名理窮研覈英華恣討論實錄資平允傳芳導後昆其待遇如此從征吐谷渾加正議大夫從駕北巡卒於道潁性褊急與柳䛒每相忿鬩帝屢責怒之而猶不止於後帝亦薄之有集二十卷撰鑾駕北巡記三卷幸江都道里記一卷洛陽古今記一卷馬名錄二卷竝行於世有子嘉會

王貞字孝逸梁郡陳留人也少聰敏七歲好學善毛詩禮記左氏傳周易諸史百家無不畢覽善屬文不事產業每以諷讀爲娛開皇初汴州刺史樊叔略引爲主簿後舉秀才授縣尉非其好也謝病于家煬帝即位齊王暕鎭江都聞其名以書召之及至以客禮待之索其文集貞上三十三卷爲啓陳謝齊王覽集甚善之賜良馬四匹貞復上江都賦王賜錢十萬貫良馬二匹未幾以疾甚還鄉終於家

虞綽字士裕會稽餘姚人也父孝曾陳始興王諮議綽身長八尺姿儀甚偉博學有俊才尤工草隸陳左衞將軍傅縡有盛名於世見綽詞賦歎美之仕陳爲太學博士遷永陽王記室及陳亡晉王廣引爲學士大業初轉爲祕書學士奉詔與祕書郞虞世南著作佐郞庾自直等撰長洲玉鏡等書十餘部綽所筆削帝未嘗不稱善而官竟不遷初爲校書郞以藩邸左右授宣惠尉遷著作佐郞與虞世南庾自直蔡允恭等四人常直禁中以文翰待詔恩眄隆洽從征遼東帝舍臨海頓見大鳥異之詔綽爲銘帝覽而善之命有司勒於海上以度遼功授建節尉綽恃才任氣無所降下著作郞諸葛潁以學業倖於帝綽每輕侮之由是有隙帝嘗問綽於潁潁曰虞綽麄踈人也帝頷之時禮部尚書楊玄感稱其貴踞虛已禮之與結布衣之友綽數從之遊其族人虞世南誡之曰上性猜忌而君過厚玄感若與絕交者帝知君改悔可以無咎不然終當見禍綽不從尋有告綽以禁內兵書借玄感帝甚銜之及玄感敗其妓妾竝入宮帝因問之曰玄感平常時與何人交往其妾以虞綽對帝令大理卿鄭善果窮理其事綽曰羇旅薄游與玄感文酒談款實無他謀帝怒不解徙綽于邊綽至長安而亡吏逮之急於是潛度江變姓名自稱吳卓游東陽抵信安令天水辛大德舍歲餘綽與人爭田相訟因有識綽者而告之竟爲吏所執坐斬江都所有詞賦竝行於世大德爲令誅翦羣盜甚得人和與綽俱爲使者所執其妻泣曰每諫君無匿學士今日之事豈不哀哉大德笑曰我本圖脫長者乃爲人告之吾罪也當死以謝綽會有詔死罪得以擊賊自効信安吏人詣使者叩頭曰辛君人命所懸不然亦無信安矣使者留之以討賊帝怒斬使者大德獲全

王胄字承基琅邪臨沂人也祖鈞父祥竝南史有傳胄少有逸才仕陳歷太子舍人東陽王文學及陳滅晉王廣引爲博士仁壽末從劉方擊林邑以功授帥都督大業初爲著作佐郞以文詞爲煬帝所重帝嘗自東宮還京師賜天下大酺四日爲五言詩詔羣官詩成者奏之帝覽胄詩而善之因謂侍臣曰氣高致遠歸之於胄詞淸體潤其在世基意密理新惟庾自直過此者未可以言詩也帝所有篇什多令繼和與虞綽齊名同志友善于時後進之士咸以二人爲準的從征遼東進授朝散大夫胄性疎率不倫自恃才伐鬱鬱於官每負氣陵傲忽略時人爲諸葛潁所嫉屢譖之於帝帝愛其才而不罪禮部尚書楊玄感虛襟與交數游其第及玄感敗與虞綽徙邊胄遂亡匿潛還江左爲吏所捕坐誅所著詞賦多行於世

兄眘字元恭博學多通少有盛名於江左仕陳歷太子洗馬中舍人陳亡與胄俱爲學士煬帝即位授祕書郞卒於官

庾自直潁川人父持南史有傳少好學沉靜寡欲仕陳歷豫章王府外兵參軍記室陳亡入關不得調晉王廣聞之引爲學士大業初授著作佐郞自直解屬文於五言詩尤善性恭愼不妄交游特爲帝所愛有篇章必先示自直令其詆訶自直所難帝輒改之或至於再三俟其稱善然後方出其見親禮如此後以本官知起居舍人事化及作逆與之北上自載露車中感激發病卒有文集十卷行於世

潘徽字伯彥吳郡人也性聰敏少受禮於鄭灼受毛詩於施公受書於張沖講莊老於張譏竝通大義尤精三史善屬文能持論中書令江總引致文儒之士徽一詣總甚敬之釋褐新蔡王國侍郞選爲客館令隋遣魏澹聘于陳陳人使徽接對之澹將反命爲啓於陳主曰敬奉弘慈曲垂餞送徽以餞送爲重敬奉爲輕却其啓而不奏澹曰曲禮云主敬客詩曰維桑與梓必恭敬止孝經宗廟致敬又云不敬其親謂之悖禮孔子敬天之怒成湯聖敬日躋宗廟極重上天極高父極尊君極貴四者咸同一敬五經未有異文不知以敬爲輕竟何所據徽難之曰向所論敬字本不全以爲輕但施用處殊義成通別禮主於敬此是通言猶如男子冠而字之注云成人敬其名也春秋有冀缺夫妻亦云相敬於子則有敬名之義在夫亦有敬妻之說此可復竝謂極高極尊乎至若敬謝諸公固非尊地公子敬愛止施賓友敬問敬報彌見雷同敬聽敬酬何關貴隔當知敬之爲義雖是不輕但敬之於語則有時混漫今云敬奉所以成疑聊舉一隅未爲深據澹不能對遂從而改焉及陳滅爲州博士秦王俊聞其名召爲學士嘗從俊朝京師在塗令徽於馬上爲賦行一驛而成其名曰述恩賦俊覽而善之復令爲萬字文又遣撰集字書名爲韻纂徽爲之序俊薨晉王廣復引爲揚州博士令與諸儒撰江都集禮一部復令徽爲序煬帝嗣位徽與著作郞陸從典太常博士褚亮歐陽詢等助越公楊素撰魏書會素薨而止授京兆郡博士楊玄感兄弟重之數相往來及玄感敗凡所交關多罹其患徽以玄感故人爲帝所不悅有司希旨出徽爲西海郡威定縣主簿意甚不平行至隴頭發病而卒隋時有常得志尹式劉善經祖君彥孔德紹劉斌竝有才名事多遺逸

常得志京兆人隋秦王記室及王薨過故第爲五言詩辭理悲壯甚爲時人所重復爲兄弟論義理可稱

尹式河間人仁壽中官至漢王記室漢王阻兵式自殺其族人正卿彥卿亦俱有儁才名顯於世

劉善經河間人歷著作佐郞太子舍人著酬德傳三十卷諸劉譜三十卷四聲指歸一卷行於世

祖君彥見其父珽傳

孔德紹會稽人有淸才官至京城縣丞竇建德署爲中書令專典書檄及建德敗伏誅

劉斌南陽人祖之遴南史有傳斌頗有詞藻官至信都司功書佐竇建德署爲中書舍人建德敗復爲劉黑闥中書侍郞與黑闥亡歸突厥不知所終

論曰古人之所貴名不朽者蓋重言之尚存王褒庾信顏之推虞世基柳䛒許善心明克讓劉臻王貞虞綽王胄等竝極南土譽望又加之以才名其爲貴顯固其宜也自餘或位下人微居常亦何能自達及其靈蚍可握天網俱頓竝編緗素咸貫辭林雖其位可下其身可殺千載之外貴賤一焉非此道也孰云能致凡百士子可不務乎

北史卷八十三考證

文苑傳敘宋該封奕朱彤梁讜之屬○奕監本訛弈今改從南本

此於建安之徐陳應劉元元之潘張左束各一時也○元元當係元康之訛今各本俱同仍之

通直散騎常侍楊訓○齊書楊作王又下文李師上作李師正魏謇作魏騫封孝騫作封孝謇

祖鴻勳傳臨淮舉卿竟不相謝恐非所宜○恐監本訛不今改從閣本

樊遜傳遜常服東方朔之言○遜監本誤遊今改從南本

大司馬襄城王旭○城監本訛成今改從齊書

王褒傳宣城王文學安城內史○宣城周書作宣成考列傳宣成王名大器簡文帝子也又安城內史作安成郡守

襃嘗作燕歌妙盡塞北寒苦之狀○燕歌下周書有行字又狀監本訛言今從周書改正

庾信傳父子東宮出入禁闥○周書東宮上有在字

顏之推傳父協○協齊書作勰

後從至天泉池○天監本訛大今從南本改正又齊書無泉字

虞世基傳字懋世○懋隋書作茂

日旦百紙無所遺繆○旦隋書作且

許善心傳先易留宮人出除巖州刺史○留字下隋書有守字蓋承上文善心留守京師而言也

三季之所未聞○此與下文一元之所巨厄句隋書本無兩所字

權幸傳一卷○幸監本作宰今從隋書及南本

李文博傳相送出衢路○出隋書作於

劉臻傳臻驚曰汝亦來耶○驚監本訛警今改從隋書

虞綽傳陳左衞將軍傅縡○傅監本訛傳今改從隋書

王冑傳從征遼東進授朝散大夫○從監本訛徙今改從隋書

潘徽傳令徽於馬上爲賦行一驛而成○行一驛而四字監本作闕三字南本作一行賦三字皆訛也今從隋書增入

常得志傳過故第爲五言詩○第隋書作宮監本誤弟今改從南本

北史卷八十四

唐　李延壽　撰

列傳第七十二

孝行

長孫慮　乞伏保　孫益德　董洛生

楊引　閻元明　吳悉達　王續生

李顯達　倉跋　張昇　王崇

郭文恭　荊可　秦族　皇甫遐

張元　王頒 弟頻　楊慶　田翼

紐因　劉仕儁　翟普林　華秋

徐孝肅

孝經云夫孝天之經也地之義也人之行也論語云君子務本本立而道生孝悌也者其爲仁之本歟呂覽云夫孝三皇五帝之本務萬事之綱紀也執一術而百善至百邪去天下順者其唯孝乎然則孝之爲德至矣其爲道遠矣其化人深矣故聖帝明王行之於四海則與天地合其德與日月齊其明諸侯卿大夫行之於國家則永保其宗社長守其祿位匹夫匹婦行之於閭閻則播徽烈於當年揚休名於千載是以堯舜湯武居帝王之位垂至德以敦其風孔墨荀孟稟聖賢之資弘正道以勵其俗觀其所由在此而已矣然而淳源既往澆風愈扇禮義不樹廉讓莫脩若乃縮銀黃列鐘鼎立於朝廷之間非一族也積龜貝實倉廩居於閭巷之內非一家也其於愛敬之道則有未能備焉哀思之節罕有得其中焉斯乃詩人所以思素冠孔門有以責衣錦也且生盡色養之方終極哀思之地厥迹多緒其心一焉若乃誠達泉魚感通鳥獸事匪常倫斯蓋希矣至如溫牀扇席灌樹負土苟或加人咸爲疾俗斯固仁人君子所以興歎哲后賢宰所宜屬心如令明教化以救其弊優爵賞以勸其心存懇誠以誘其進積歲月以求其終則今之所謂少者可以爲多矣古之所謂難者可以爲易矣長孫慮等闕稽古之學無俊偉之才或任其自然情無矯飾或篤於天性勤其四體竝竭股肱之力咸盡愛敬之心自足膝下之歡忘懷軒冕之貴不言而化人神通感雖或位登台輔爵列王侯祿積萬鍾馬跡千駟死之日曾不得與斯人之徒隸齒孝之大也不其然乎案魏書列趙琰長孫慮乞伏保孫益德董洛生楊引閻元明吳悉達王續生李顯達倉跋張昇王崇郭文恭爲孝感傳周書列李棠柳檜杜叔毗荊可秦族皇甫遐張元爲孝義傳隋書列陸彥師田德懋薛濬王頒田翼楊慶郭世俊紐因劉仕儁郎方貴翟普林李德饒華秋徐孝肅爲孝義傳今趙琰李棠柳檜杜叔毗陸彥師李德饒入別傳及其家傳其餘並從此編緝以備孝行傳云

長孫慮代人也母因飲酒其父真呵叱之誤以杖擊便即致死真爲縣囚執慮以重坐慮列辭尚書云父母忿爭本無餘惡直以謬誤一朝橫禍今母喪未殯父命旦夕慮兄弟五人竝沖幼慮身居長今年十五有一女弟向始四歲更相鞠養不能保全父若就刑交墜溝壑乞以身代老父命使嬰弱衆孤得蒙存立尚書奏云慮於父爲孝子於弟爲仁兄尋情究狀特可矜感孝文帝詔特恕其父死罪以從遠流

乞伏保高車部人也父居獻文時爲散騎常侍領牧曹尚書賜爵寧國侯以忠謹慎密常在左右出內詔命賜宮人河南宗氏亡後賜以宮人申氏宋太子左率申坦兄女也歲餘居卒申撫養伏保性嚴肅撻罵切至而伏保奉事孝謹初無恨色襲父侯爵例降爲伯稍遷左中郎將每請祿賜在外公私尺丈所用無不白知出爲無善鎮將申年踰八十伏保手製馬轝親自扶接申欣然隨之申亡伏保解官奉喪還洛復爲長兼南中郎將卒

孫益德樂安人也其母爲人所害益德童幼爲母復仇還家哭於殯以待縣官孝文文明太后以其幼而孝決又不逃罪特免之

董洛生代人也居父喪過禮詔遣祕書中散溫紹伯奉璽書慰之令自抑割以全孝道又詔其宗親使相喻獎勿令有滅性之譏

楊引鄉郡襄人也三歲喪父爲叔所養母年九十二終引年七十五哀毀過禮三年服畢恨不識父追服斬衰食粥麤服誓終身命經十三年哀慕不改爲郡縣鄉閭三百餘人上狀稱美有司奏宜旌賞復其一門樹其純孝詔别勑集書標揚引至行又可假以散員之名

閻元明河東安邑人也少而至孝行著鄉閭太和五年除北隨郡太守元明以違離親養興言悲慕母亦慈念泣涕喪明悲號上訴許歸奉養一見其母母目便開刺史呂壽恩列狀上聞詔下州郡表爲孝門復其租調兵役令終母年母亡服終心喪積載每忌日悲慟傍隣昆弟雍和尊卑諧穆安貧樂道白首同歸又猗氏縣人令狐仕兄弟四人早喪父泣慕十載奉養其母孝著鄉邑而力田積粟博施不已又河東郡人楊風等七百五十人列稱樂戶皇甫奴兄弟雖沉屈兵伍而操尚彌高奉養繼親甚著恭孝之稱又東郡小黃縣人董吐渾兄養事親至孝三世同居閨門有禮景明初畿內大使王凝奏請標異詔從之

吳悉達河東聞喜人也兄弟三人年竝幼小父母爲人所殺四時號慕悲感鄉隣及長報仇避地永安昆弟同居四十餘載閨門和睦讓逸競勞雖於儉年糊饘不繼賓客經過必傾所有每守宰殯喪私辦車牛送終葬所隣人孤貧窘困者莫不解衣輟糧以相賑恤鄉閭五百餘人詣州稱頌焉刺史以悉達兄弟行著鄉里板贈悉達父勃海太守悉達後欲改葬亡失墳墓推尋弗獲號哭之聲晝夜不止叫訴神祇忽於悉達足下地陷得父銘記因遷葬曾祖已下三世九喪傾盡資業不假於人哀感毀悴有過初喪有司奏聞標閭復役以彰孝義時有齊州人崔承宗其父於宋世仕漢中母喪因殯彼後青徐歸魏遂爲隔絶承宗性至孝萬里投險偷路負喪還京師黃門侍郎孫惠蔚聞之曰吾於斯人見廉范之情矣於是弔贈盡禮如舊相識

王續生滎陽京縣人也遭繼母憂居喪杖而後起及終禮制鬢髮盡落有司奏聞宣武詔標旌門閭甄其徭役

李顯達穎川陽翟人也父喪水漿不入口七日鬢髮墮落形體枯悴六年廬於墓側哭不絶聲殆於滅性州牧高陽王雍以狀奏靈太后詔表其門閭

倉跋滎陽京縣人也喪母水漿不入口五日吐血數升居憂毀瘠見稱州里有司奏聞孝武帝詔標門閭

張昇滎陽京縣人也喪父飲水絶鹽哀毀過度形骸枯悴骨立而已髮落殆盡聲聞鄉里盜賊不侵其閭州表以聞標其門閭

王崇字乾邕陽夏雍丘人也兄弟竝以孝稱身勤稼穡以養二親仕梁州鎮南府主簿母亡杖而後起鬢髮墮落未及葬權殯宅西崇廬於殯所晝夜哭泣鳩鴿羣至有一小鳥素質黑眸形大於雀栖於崇廬朝夕不去母喪闋復丁父憂哀毀過禮是年夏風雹所經處禽獸暴死草木摧折至崇田畔風雹便止禾麥十頃竟無損落及過崇地風雹如初咸稱至行所感崇雖除服仍居墓側於其室前生草一根莖葉甚茂人莫能識至冬中復有鳥巢崇屋乳養三子毛羽成長馴而不驚守令聞之親自臨視州以聞奏標其門閭

郭文恭太原平遙人也仕爲太平縣令年踰七十父母喪亡文恭孝慕罔極乃居祖父墓次晨夕拜跪跣足負土培祖父二墓寒暑竭力積年不已見者莫不哀歎尚書聞奏標其門閭

荊可河東猗氏人也性質朴容止有異於人能苦身勤力供養其母隨時甘旨終無匱乏母喪水漿不入口三日悲號擗踊絶而後蘇者數四葬母之後遂廬於墓側晝夜悲哭負土成墳蓬髮不櫛菜食飲水而已然可家舊墓塋域極大榛蕪至深去家十餘里而可獨宿其中與禽獸雜處哀感遠近邑里稱之大統中可鄉人以可孝行足以勸勵風俗乃上言焉周文令州縣表異之及服終之後猶若居喪大冢宰晉公護聞可孝行特引見焉與可言論時有會於護意而護亦至孝其母閻氏没於敵境不測存亡每見可自傷久乖膝下而重可至性可卒後護猶思其純孝收可妻子於京城恒給其衣食

秦族上郡洛川人也祖白父雚竝有至性聞於閭里魏太和中板白穎州刺史大統中板雚鄜城郡守族性至孝事親竭力及父喪哀毀過禮每一慟哭酸感行路既以母在恒抑割哀情以慰其母意四時珍羞未嘗匱乏與弟榮先復相友愛閨門之中怡怡如也尋而其母又没哭泣無時唯飲水食菜而已終喪之後猶蔬食不入房室二十許年鄉里咸歎異之其邑人王元達等七十餘人上其狀有詔表其門閭榮先亦至孝遭父喪哀慕不已遂以毀卒邑里化其孝行周文嘉之乃下詔褒美其行贈滄州刺史以旌厥異

皇甫遐字永賢河東汾陰人也累世寒微而鄉里稱其和睦遐性純至少喪父事母以孝聞後遭母喪乃廬於墓側負土爲墳復於墓南作一禪窟陰雨則穿窟晴霽則營墓曉夕勤力未嘗暫停積以歲年墳高數丈周廻五十餘步禪窟重臺兩帀總成十有二室中間行道可容百人遐食粥枕土櫛風沐雨形容枯悴家人不識當其營墓之初乃有鴟烏各一徘徊悲鳴不離墓側若助遐者經月餘日乃去遠近聞其至孝競以米麪遺之遐皆受而不食悉以營佛齋焉郡縣表上其狀有詔旌異

之

張元字孝始河北芮城人也祖成假平陽郡守父延儁仕州郡累爲功曹主簿並以純至爲鄉里所推元性謙謹有孝行微涉經史然精釋典年六歲其祖以其夏中熱欲將元就井浴元固不肯從謂其貪戲乃以杖擊其頭曰汝何爲不肯浴元對曰衣以蓋形爲覆其褻元不能褻露其體於白日之下祖異而捨之南隣有二杏樹杏熟多落元園中諸小兒競取而食之元所得者送還其主村陌有狗子爲人所棄者元卽收而養之其叔父怒曰何用此爲將欲更棄之元對曰有生之類莫不重其性命若天生天殺自然之理今爲人所棄而死非其道也若見而不收養無仁心也是以收而養之叔父感其言遂許焉未幾乃有狗母銜一死兎置元前而去及元年十六其祖喪明三年元恒憂泣晝夜讀佛經禮拜以祈福佑後讀藥師經見盲者得視之言遂請七僧然七燈七日七夜轉藥師經行道每言天人師乎元爲孫不孝使祖喪明今以燈光普施法界願祖目見明元求代闇如此經七日其夜夢見一老翁以金鎞療其祖目於夢中喜躍遂卽驚覺乃徧告家人三日祖目果明其後祖臥疾再周元恒隨祖所食多少衣冠不解旦夕扶侍及祖没號踊絶而後蘇隨其父水漿不入口三日鄉里咸歎異之縣博士楊軌等二百餘人上其狀有詔表其門閭

王頒字景彥太原祁人也父僧辯南史有傳頒少俶儻有文武幹局僧辯平侯景留頒荊州遇梁元帝爲周師所陷頒因入關聞其父爲陳武帝所殺號慟而絶食頃乃蘇哭不絶聲毁瘠骨立至服闋常布衣蔬食藉藁而臥周明帝嘉之召授右侍上士累遷漢中太守尋拜儀同三司隋開皇初以平蠻功加開府封蛇丘縣公獻取陳之策上覽而異之召見言畢歔欷上爲之改容及大舉伐陳頒自請行率兵數百人從韓擒虎先鋒夜濟力戰被傷恐不堪復鬬悲感嗚咽夜中睡夢有人授藥比寤而瘡不痛時人以爲孝感及陳滅頒密召父在時士卒得千餘人對之涕泣其間壯士或問曰郎君讎恥已雪而悲哀不止者將不爲霸先早死不得手刃之邪請發其丘隴斵櫬焚骨亦可申孝心矣頒頓顙陳謝額盡流血答曰其爲墳塋甚大恐一宵發掘不及其屍更至明朝事乃彰露諸人請具鍬鍤於是夜發其陵剖棺見陳武帝鬚皆不落其本皆出自骨中頒遂焚骨取灰投水飲之既而自縛歸罪晉王表其狀文帝曰朕以義平陳王頒所爲亦孝義之道何忍罪之舍而不問有司錄其戰功將加柱國賜物五千段頒固辭曰臣緣國威靈得雪怨恥本心徇私非是爲國所加官賞終不敢當帝從之拜代州刺史甚有惠政卒於齊州刺史

弟頍字景文年數歲而江陵亡同諸兄入關少好游俠年二十尚不知書爲其兄顒所責怒於是感激始讀孝經論語晝夜不倦遂讀左傳禮易詩書乃歎曰書無不可讀者勤學累載遂偏通五經究其旨趣大爲儒者所稱解綴文善談話年三十周武帝引爲露門學士每有議決多頍所爲性識甄明精力不倦好讀諸子偏記異書以博物稱又曉兵法益有從橫之志每歎不逢時常以將相自許開皇五年授著作佐郎尋令於國子講授會帝親臨釋奠國子祭酒元善講孝經頍與相論難詞義蜂起善往往見屈帝大奇之超授國子博士後坐事解職配防嶺南數載授漢王諒府咨議參軍王甚禮之時諒見房陵及秦蜀二王相次廢黜潛有異志頍陰勸諒繕甲兵及文帝崩諒遂舉兵反多頍之計也頍後數進奇策諒不能用楊素至蒿澤將戰頍謂其子曰氣候殊不佳兵必敗汝可隨從我既而兵敗頍將歸突厥至山中徑路斷絶知必不免謂其子曰吾之計謀不減楊素但爲言不見從遂至於此不能坐受禽執以成豎子之名也吾死後汝愼勿過親故於是自殺瘞之石窟中其子數日不得食遂過其故人竟爲所禽楊素求頍屍得之斬首梟於太原所撰五經大義三十卷有集二十卷並因兵亂無復存焉

楊慶字伯悅河間人也祖玄父剛並以至孝知名慶美容止性辯慧年十六齊國子博士徐遵明見而異之及長頗涉書記年二十五郡察孝廉以侍養不赴母有疾不解襟帶者七旬及居母憂哀毁骨立負土成墳齊文宣表其門閭賜帛及綿粟各有差隋文帝受禪屢加褒賞擢授儀同三司板平陽太守卒於家

田翼不知何許人也養母以孝聞其後母臥疾歲餘翼親易燥濕母食則食母不食則不食隋開皇中母患暴痢翼謂中毒藥遂親嘗穢惡母終翼一慟而絶妻亦不勝哀而死鄉人厚共葬之

紐因字孝政河東安邑人也性至孝周武成中父母喪廬於墓側負土成墳廬前生麻一株高丈許圍之合拱枝葉鬱茂冬夏恒青有鳥棲上因舉聲哭鳥卽悲鳴時人異之周武帝表其閭擢授甘棠令隋開皇初卒子士雄少質直孝友喪父復廬於墓側負土成墳其庭前有一槐樹先甚鬱茂及士雄居喪樹遂枯死服闋還宅死槐復榮隋文帝聞之歎其父子至孝下詔褒揚號其里爲累德里

劉仕儁彭城人也性至孝丁母喪絶而復蘇者數矣勺飲不入口者七日廬於墓側負土成墳列植松柏虎狼馴擾爲之取食隋文帝受禪表其門閭

翟普林楚丘人也事親以孝聞州郡辟皆不就躬耕色養鄉閭謂爲楚丘先生後父母疾親易燥濕不解衣者七旬大業初父母俱終哀毁殆將滅性廬於墓側負土成墳盛冬不衣繒絮唯著單縗而已家有烏犬隨其在墓若普林哀臨犬亦悲號見者嗟異有二鵲巢其廬前柏樹入廬馴狎無所驚懼司隸巡察奏其孝感擢授孝陽令

華秋汲郡臨河人也幼喪父事母以孝聞家貧傭賃爲養其母患疾秋容貌毁悴鬢鬚盡改母終遂絶櫛沐髮盡禿落廬於墓側負土成墳有人欲助之者秋輒拜而止之隋大業初調狐皮郡縣大獵有一兎逐之奔入秋廬中匿秋膝下獵人至廬所異而免之自爾此兎常宿廬中馴其左右郡縣嘉其孝感具以狀聞降使勞問而表其門閭後羣盜起常往來廬之左右咸相誡曰勿犯孝子鄉賴秋全者甚衆

徐孝肅汲郡人也宗族數十家多以豪侈相尚唯孝肅儉約事親以孝聞雖在幼小宗黨間每有爭訟皆至孝肅所平論短者無不引咎而退孝肅早孤不識父及長問其母父狀因畫工圖其形構廟置之而定省焉朔望享祭養母至孝數十年家人未見其忿恚色母老疾孝肅親易燥濕憂悴數年見者莫不悲悼母終孝肅茹蔬飲水盛冬單縗毁瘠骨立祖父母父母墓皆負土成墳廬于墓所四十餘載被髮徒跣遂以終身其弟德備終子處默又廬於墓側奕世稱孝焉

論曰塞天地而横四海者唯孝而已矣然則孝始愛敬之方終極哀思之道厥亦多緒其心一焉若上智稟自然之質中庸有企及之義及其成名其美一也長孫慮等或出公卿之緒藉禮教之資或出茆簷之下非獎勸所得並因心乘理不踰禮教感通所致貫之神明乃有負土成墳致毁滅性雖乖先王之典制亦觀過而知仁矣

北史卷八十四考證

孝行傳敘匹夫匹婦行之於閭閻○匹監本訛疋今改正

長孫慮傳更相鞠養不能保全○鞠監本誤鞫今改從南本

閻元明傳三世同居閨門有禮○監本缺居閨門三字今從南本增入

吳悉達傳隣人孤貧窘困者○困監本訛因今改正

荊可傳塋域極大榛蕪至深○榛監本訛榛今改正

王頒傳以平蠻功加開府封蛇丘縣公○蛇監本訛地今改從隋書

弟頍傳○頍並無孝行可稱乃因頒而並附於傳後殊不可解

翟普林傳家有烏犬隨其在墓○犬監本訛大今改從南本

北史卷八十五

唐　李　延　壽　撰

列傳第七十三

節義

于什門　段進　石文德　汲固
王玄威　婁提　劉渴侯　朱長生于提
馬八龍　門文愛　晁清　劉侯仁
石祖興　邵洪哲　王榮世　胡小彪
孫道登　李几　張安祖　王閭劉業興 蓋儁
郭琰　沓龍超　乙速孤佛保
李棠　杜叔毗　劉弘　游元
張須陀　楊善會　盧楚　劉子翊
堯君素　陳孝意　張季珣　杜松贇
郭世儁　郎方貴

易稱立人之道曰仁與義蓋士之成名在斯二者故古人以天下爲大方身則輕生爲重矣比義則輕然則死有重於太山貴其理全也生有輕於鴻毛重其義全也故生無再得死不可追而仁道不遠則殺身以徇義重於生則捐軀而踐龍逢殞命於夏癸比干竭節於商辛申蒯斷臂於齊莊弘演納肝於衛懿漢之紀信欒布晉

之向雄嵇紹並不憚於危亡以蹈忠貞之節雖功未存於社稷力無救於顛墜然視彼苟免之徒貫三光而洞九泉矣凡在立名之士莫不庶幾焉然至臨難忘身見危授命雖斯文不墜而行之蓋寡固知士之所重信在茲乎非夫內懷鐵石之心外負陵霜之節孰能行之若命赴蹈如歸者乎自魏訖隋年餘二百若遒歲寒見松栢疾風知勁草千載之後懍懍猶生豈獨聞彼伯夷懦夫立志亦冀將來君子有所庶幾魏書序于什門段進石文德汲固王玄威婁提劉渴侯朱長生馬八龍門文愛晁清劉侯仁石祖興邵洪哲王榮世胡小彪孫道登李几張安祖王閭以爲節義傳今又檢得郭琰沓龍超乙速孤佛保及周書孝節傳李棠杜叔毗附之又案齊書不立此篇而隋書序劉弘皇誕游元馮慈明張須陁楊善會獨孤盛元文都盧楚劉子翊堯君素爲誠節傳今馮慈明獨孤盛元文都各附其家傳其餘並附此篇又檢取隋書孝義傳郎方貴郭世儁亦附之以備節義傳云

于什門代人也魏明元時爲謁者使喻馮跋及至和龍住外不入使謂跋曰大魏皇帝有詔須馮主出受然後敢入跋使人牽逼令入見跋不拜跋令人案其項什門曰馮主拜受詔吾自以賓主致敬何須苦見逼也與跋往復聲氣厲然初不撓屈既而跋止什門什門於羣衆中回身背跋披袴後襠以辱之既而拘留隨身衣裳敗壞略盡蟣虱被體跋遺以衣服拒而不受歷二十四年後馮弘上表稱臣乃送什門歸拜書侍御史大武下詔褒美比之蘇武賜羊千口帛千匹進爲上大夫策告宗廟班示天下

段進不知何許人也大武初爲白道守將蠕蠕大檀入塞圍之力屈被執進抗聲大罵遂爲賊殺帝愍之追贈安北將軍賜爵顯美侯謚曰壯

石文德中山蒲陰人也有行義真君初縣令黃宣在任喪亡宣單貧無期親文德祖父苗以家財殯葬持服三年奉養宣妻三十餘載及亡又衰絰斂附率禮無闕自苗逮文德刺史守令卒官者制服送之五世同居閭門雍睦又梁州上言天水白石縣人趙令安孟蘭强等四世同居行著州里詔並標牓門閭

汲固東郡梁城人也爲兗州從事刺史李式坐事被收吏人皆送至河上時式子憲生始滿月式大言於衆曰程嬰杵臼何如人也固曰今古豈殊遂便潛還不顧徑來入城於式婦閨抱憲歸藏及捕者收憲屬有一婢產男母以婢兒授之事尋泄固乃携憲逃遁遇赦始歸憲即爲固長育至十餘歲恒呼固夫婦爲郎婆後高祐爲兗州刺史嘉固節義以爲主簿

王玄威恒農北陝人也獻文崩玄威立草廬於州城門外衰裳蔬粥哭踊無時刺史苟頹以事表聞詔令問狀云先帝澤被蒼生玄威不勝悲慕心如此不知禮式詔問玄威欲有所訴聽爲表列玄威云聞諱悲號竊謂臣子同例無所求謁及至百日乃自竭家財設四百人齋會忌日又設百僧供至大除日詔送白紬袴褶一具與玄威釋服下州令表異焉

婁提代人也獻文時爲內三郎獻文暴崩提謂人曰聖主昇遐安用活爲遂引佩刀自刺幾死文明太后詔賜帛二百匹時有敕勒部人蛭拔寅兄地于坐盜食官馬依制命死拔寅自誣已殺兄又云實非弟殺兄弟爭死辭不能定孝文詔原之

劉渴侯不知何許人也稟性剛烈大和中爲徐州後軍以力死戰衆寡不敵遂禽瞋目大罵終不降屈爲賊所殺孝文贈立忠將軍平州刺史上庸侯賜絹千匹穀千斛有嚴季者亦爲軍校尉與渴侯同殿勢窮被執終不降屈後得逃還除立節將軍賜爵五等男

朱長生于提者並代人也孝文時長生爲員外散騎常侍與提俱使高車既至高車王阿伏至羅責長生等拜長生拒之阿伏至羅乃不以禮待長生以金銀寶器奉之至羅既受獻長生曰爲臣內附宜盡臣禮何得口云再拜而實不拜呼出帳命衆中拜阿伏至羅慙其臣下大怒曰帳中何不教我拜而辱我於大衆奪長生等獻物內之叢石兵脇之曰爲我臣則活不降則殺汝長生與于提瞋目厲聲責之曰我爲鬼不爲汝臣阿伏至羅大怒絕其飲食從者三十人皆求阿伏至羅乃給以肉酪長生與提又不從乃各分徙之三歲乃放還孝文以長生等守節遠同蘇武拜長生河內太守提隴西太守並賜爵五等男從者皆爲令長

馬八龍武邑武强人也輕財重義友人武遂縣尹靈哲在軍喪亡八龍聞即奔赴負屍而歸以家財殯葬爲制緦麻撫其孤遺恩如所生州郡表列詔表門閭

門文愛汲郡山陽人也早孤供養伯父母以孝謹聞伯父亡服未終伯母又亡文愛居喪持服六年哀毀骨立鄉人魏仲賢等相與標其孝義

晁清遼東人也祖暉濟州刺史潁川公清襲祖爵例降爲尉爲梁城戍將梁師攻圍糧盡城陷清抗節不屈爲賊所殺宣武褒美贈樂陵太守謚曰忠子榮賓襲

劉侯仁豫州人也城人白早生殺刺史司馬悅據城南叛悅息朏走投侯仁賊雖重加購募又嚴其捶撻侯仁終無漏泄朏遂免禍事寧有司奏其操行請免府籍叙一小縣詔可

石祖興常山九門人也太守田文彪縣令和真等喪亡祖興自出家絹二百餘匹營護喪事州郡表列孝文嘉之賜爵二級爲上造後拜寧陵令卒吏部尚書李韶奏其節義請加贈謚以奬來者靈太后令如所奏有司謚曰恭

邵洪哲上谷沮陽人也縣令范道榮先自眴城歸款以除縣令道榮鄉人徐孔明妄經公府訟道榮非勳道榮坐除名羇旅孤貧不能自理洪哲不勝義憤遂代道榮詣京師明申曲直經歷寒暑不憚劬勞道榮卒得復雪又北鎮反亂道榮孤單無所歸附洪哲兄伯川復率鄉人來相迎接送達幽州道榮感其誠節訴省申聞詔下州郡標其里閭

王榮世陽平館陶人也爲三城戍主方城縣子梁師攻圍力窮知不可全乃先焚府庫後殺妻妾及賊陷城與戍副鄧元興等俱以不屈被害明帝下詔褒美忠節進榮世爵爲伯贈齊州刺史元興開國子贈洛州刺史

胡小彪河南河陰人也少有武氣正光末爲統軍於晉壽孝昌中梁將樊文熾等寇邊益州刺史邴虯遣長史和安固守小劍文熾圍之虯命小彪與統軍崔珍寶同往防拒文熾掩襲小彪珍寶並禽之文熾攻小劍未陷乃將珍寶至城下使謂和安曰南軍强盛北救不來豈若歸款取其富貴和安命射之乃退復逼小彪與和安交言小彪乃慷慨謂安曰我柵不防爲賊所虜觀其兵士勢不足言努力堅守魏行臺傅梁州遣將已至賊以刀毆擊言不得終遂害之三軍無不歔欷其壯節哀其死亡賊尋奔敗禽其次將蕭世澄陳文緒等一十一人行臺魏子建壯其氣槩啓以世澄購其屍柩乃獲骸骨歸葬之

孫道登彭城呂縣人也永安初爲梁將韋休等所虜面縛臨刃巡遠村塢令其招降鄉曲道登厲聲唱呼但當努力賊無所能賊遂屠戮之又荆州被圍行臺宗靈恩遣使宗女等四人入城曉喻爲賊將所獲執女等巡城令其改辭女等大言天軍垂至堅守莫降賊忿各刳其腹然後斬首二州表其節義道登等並賜五品郡五等子爵聽子弟承襲遣使詣所在弔祭

李几博陵安平人也七世共居同財家有二十二房一百九十八口長幼濟濟風禮著聞至於作役卑幼競集鄉里嗟美標其門閭

張安祖河陽人也襲世爵山北侯時有元承貴曾爲河陽令家貧且赴尚書求選逢天寒甚遂凍死路側一子年幼停屍門巷棺殮無託安祖悲哭盡禮買木爲棺手自營作殮殯周給朝野嘉歎尚書聞奏標其門閭

王閭北海密人也數世同居有百口又太山劉業興四世同居魯郡蓋儁六世同居並共財產家門雍睦鄉里敬異有司申奏皆標門閭

郭琰字神寶京兆人也少喪父事母以孝聞孝武帝之居藩邸琰以通俠被知及即位封新豐縣公除洛州刺史孝武西入改封馮翊郡公授行臺尚書潼關大都督大統中齊神武遣大都督竇泰襲恒農時琰爲行臺衆少戰敗乃奔洛州至刺史泉企城守力窮城將陷乃仰天哭曰天乎天乎何由縱此長蛇而不助順也言發涕流不能自止兵士見之咸自厲憤竟爲東魏將高敖曹所禽復謂敖曹曰天子之臣乃爲賊所執敖曹素聞其名義不殺之送於并州見齊神武言色不屈見害

沓龍超晉壽人也性尚義俠少爲鄉里所重永熙中梁將樊文熾來寇益州刺史傅和孤城固守龍超每出戰輒破之時攻圍既久糧矢方盡刺史遣龍超夜出請援於漢中遂爲文熾所得許以封爵使告城中曰外無援軍宜早降乃置龍超於攻樓上龍超乃告刺史曰援軍數萬近在大寒文熾大怒火炙殺之至死辭氣不撓大統二年詔贈龍驤將軍巴州刺史

乙速孤佛保北秀容胡酋也少驍武善射孝武帝時爲直閤將軍從入關封蒲子縣公并賜弓矢大統初梁將蘭欽來寇遂陷漢中佛保時爲都督統兵力戰知將敗乃先城未陷仰天大哭曰此馬吾常所乘此弓矢天恩賜我豈可令賊得吾弓馬乎遂斬馬及弓自刎而死三軍莫不壯之黃門郎趙僧慶時使漢中聞乃收運其屍致長安天子歎感詔著作錄之

李棠字長卿勃海蓨人也祖伯貴魏宣武時官至魯郡守有孝行居父喪哀戚過禮遂以毀卒宣武嘉之贈勃海相父元冑員外散騎侍郎棠幼孤好學有志操高仲密爲北豫州刺史請棠爲椽仲密將圖西附時東魏又遣鎮城奚壽興典兵事仲密遂與棠謀殺壽興率其衆據城遣棠詣關中歸款周文嘉之封廣宗縣公位給事黃門侍郎加車騎大將軍儀同三司散騎常侍從魏安

公尉遲迥伐蜀棠乃應募喻之既入成都蕭撝問迥軍中委曲棠不對撝乃苦辱之棠曰我王者忠臣有死而已義不爲爾移志也遂害之子敞嗣

杜叔毗字子弼其先京兆杜陵人也徙居襄陽父漸梁邊城太守叔毗早歲而孤事母以孝聞仕梁爲宜豐侯蕭脩府中直兵參軍周文令大將軍達奚武圍脩於南鄭脩令叔毗詣闕請和周文見而禮之使未及還而脩中直兵曹策參軍劉曉謀以城降武時叔毗兄君錫爲脩中記室參軍從子映錄事參軍映弟𣉻中直兵參軍各領部曲策等忌之懼不同已遂誣以謀叛擅加害焉尋討策等禽之城降策至長安叔毗朝夕號泣具申寃狀朝議以事在歸附之前不可追罪叔毗志在復讎然恐坐及其母母曰汝兄橫罹禍酷痛切骨髓若曹策朝死吾以夕殁亦所甘心汝何疑焉叔毗拜受母言後遂白日手刃策於京城斷首刳腹解其支體然後面縛請就戮焉周文嘉其志氣特命舍之遭母憂哀毀骨立殆不勝喪服闋晉公護辟爲中外府樂曹參軍累遷陝州刺史後從衞國公直南討軍敗爲陳人所禽陳人將降之叔毗辭色不撓遂被害子廉卿

劉弘字仲遠彭城叢亭里人也少好學有耦檢重節槩仕齊位西楚州刺史齊亡周武帝以爲本郡太守及隋文帝平陳以行軍長史從總管吐萬緒度江加上儀同封濩澤縣公拜泉州刺史會高智慧亂以兵攻州弘城守糧盡煑犀甲腰帶及剝樹皮食之一無離叛賊欲降之弘抗節彌厲城陷爲賊所害文帝聞而嘉歎者久之賜物二千段子長信襲其官爵

游元字楚客廣平任城人也父寶藏位至郡守元少聰敏仕周歷壽春令譙周司馬俱有能名開皇中爲殿內侍御史煬帝嗣位遷尚書度支郎遼東之役領左驍衞長史爲蓋牢道監軍拜朝請大夫兼書侍御史宇文述等九軍敗績帝令元主其獄述時貴倖勢傾朝廷遣家僮造元有所請屬元不見之他日案述逾急仍以屬請狀劾之帝嘉其公正賜朝服一襲後奉使黎陽督運楊玄感作逆告以情元引正義責之遂見困竟不屈節見害帝甚嘉之贈銀青光祿大夫拜其子仁宗爲正議大夫弋陽郡通守

張須陁弘農閿鄉人也性剛烈有勇畧弱冠從史萬歲討西爨以功授儀同後從楊素擊平漢王諒加開府大業中爲齊郡贊務會興遼東之役歲飢須陁將開倉賑給官屬咸曰須待詔敕須陁曰如待報至當委溝壑吾若以此獲罪死無所恨先開倉而後狀帝嘉而不責天下既承平日久多不習兵須陁獨勇決善戰又長撫馭得士卒心號爲名將時賊帥王薄北連豆子䴚賊孫宣雅石祇闍郝孝德等衆十餘萬攻章丘須陁大破之露布以聞帝大悅優詔襃揚令使者圖畫其形容奏之其年賊裴長才石子河等奄至城下須陁與戰長才敗走後數旬賊帥秦君弘郭方預等圍北海須陁倍道而進大敗之司隷刺史裴操之上狀帝遣使勞問之十年賊左孝友屯蹲狗山須陁列八營以逼之孝友窘迫面縛來降其黨解象王良鄭大彪李晥等衆各萬計須陁悉平之威振東夏以功遷齊郡通守領河南道十二郡黜陟討捕大使俄而賊盧明月衆十餘萬將寇河北次祝阿須陁邀擊殺數千人賊呂明星帥仁泰霍小漢等衆各萬餘擾濟北須陁擊走之尋將兵拒東郡賊翟讓前後三十餘戰每破走之轉滎陽通守時李密說讓取洛口倉遂逼滎陽須陁拒之讓懼而退須陁乘之密先伏數千人邀擊之須陁敗被圍潰輒出左右不能盡出復入救之往來數四衆皆敗乃仰天曰兵敗如此何面見天子乎乃下馬戰死其所部兵晝夜號哭數日不止帝令其子元備總父兵元備時在齊郡遇賊竟不果行

楊善會字敬仁弘農華陰人也其父位毗陵太守善會大業中爲鄃令以清正聞俄而百姓聚起爲盜善會討之往皆剋捷後賊帥張金稱屯於縣界善會每挫其鋒煬帝遣將軍段達討金稱善會進計於達達不能用軍竟敗後進止一以謀之乃大剋金稱復引勃海賊孫宣雅高士雅等破黎陽而還善會邀破之擢拜朝請大夫清河郡丞於時山東郡縣陷沒相繼能抗賊者唯善會而已前後七百餘陣未嘗負敗會太僕楊義臣討金稱見敗取善會定策與金稱戰賊乃退走善會捕斬之傳首行在所帝賜以尚方甲矟弓劒進拜清河通守復從楊義臣斬漳南賊帥高士達傳首江都宮帝下詔襃揚之後爲竇建德所陷建德釋而禮之用爲貝州刺史善會肆罵臨之以兵辭氣不撓乃害之清河士庶莫不傷痛

盧楚涿郡范陽人也祖景祚魏司空椽楚少有才學性鯁急口吃言語澁難大業中爲尚書左司郎當朝正色甚爲公卿所憚及帝幸江都東都官寮多不奉法楚每存糾舉無所回避越王侗稱尊號以楚爲內史令左備身將軍尚書左丞右光祿大夫封涿郡公與元文都等同心戮力以輔侗及王世充作亂兵犯太陽門武衞將軍皇甫無逸斬關逃難呼楚同去楚曰僕與元公有約若社稷有難誓以俱死今捨去不義及世充入楚匿太官署執之世充奮袂令斬於是鋒刃交下支體糜碎

劉子翊彭城叢亭里人也父遍齊徐州司馬子翊少好學頗解屬文性剛謇有吏幹開皇中爲秦州司法參軍因入考楊素奏爲侍御史時永寧縣令李公孝四歲喪母九歲外繼其後父更別娶後妻至是而亡河間劉炫以爲無撫育之恩議不解任子翊駮之曰傳云繼母同母也當以配父之尊居母之位齊杖之制皆如親母又爲人後者爲其父母期服者自以本生非殊親之與繼也父雖自處傍尊之地於子之情猶須隆其本重是以令云爲人後者其父母並解官申其心喪父卒母嫁爲父後者雖不服亦申心喪其繼母嫁不解官此專據嫁者生文耳將知繼母在父之室則制同親母若謂非有撫育之恩同之行路何服之有乎服既有之心喪焉可獨異三省令旨其義甚明今言令許不解何其甚謬且後人者爲其父母期未有變隔以親繼親既等故心喪不得有殊服問云母出則爲繼母之黨服豈不以出母族絕推而遠之繼母配父引而親之乎子思曰爲伋也妻是爲白也母不爲伋也妻是不爲白也母定知服以名重情以父親所以聖人敦之以孝慈弘之以名義是使子以名服同之親母繼母以義報等之已生如謂繼母之來在子出之後制有淺深者考之經傳未見其文譬出後之人所後者初亡後之者至此後可以無撫育之恩而不服重乎昔長沙人王毖漢末爲上計詣京師既而吳魏隔絕毖在內國更娶生子昌毖死後爲東平相始知吳之母亡便情繫居重不攝職事於時議者不以爲非然則繼之與前於情無別若要以撫育始生服制王昌復何足云乎又晉鎮南將軍羊祜無子取弟子伊爲子祜薨伊不服重祜妻表聞伊辭曰伯生存養已伊不敢違然無父命故還本生尚書彭權議子之出養必由父命無命而出是爲叛子於是下詔從之然則心服之制不得緣恩而生也論云禮者稱情而立文杖義而設教還以此義諭彼之情稱情者如母之情杖義者爲子之義分定然後能尊父順名崇禮篤敬苟以姆養之恩始成母子則恩由彼至服自己來則慈母如母何待父命又云繼母慈母本實路人臨己養己同之骨血若如斯言子不由父縱有恩育得如母乎其慈繼雖在三年之下而居齊期之上禮有倫例服以稱情繼母本以名服豈藉恩之厚薄也至於兄弟之子猶子也私昵之心實殊禮服之制無二彼言以輕如重因以不同此謂如重之辭即同重法若使輕重不等何得爲如律云准枉法者但准其罪以枉法論者即同眞法律以弊刑禮以設教准者准擬之名以者即眞之稱如以二字義用不殊禮律兩文所防是一將此明彼足見其義取譬伐柯何遠之有論云取子爲後者將以供承祧廟奉養已身不得使宗子歸其故宅以子道事本父之後妻也然本父後妻因父而得母稱若如來旨本父亦可無心喪乎何直父之後妻也論又云禮言舊君其尊豈後君乎已去其位非復純臣須言舊以殊之別有所重非復純孝故言其已見之日以其父之文是名異也此又非通論何以言之其舊訓殊所用亦別舊者易新之稱其者因彼之辭安得以相類哉至如禮云其父析薪其子不克負荷傳云衞雖小其君在焉若其父而有異其君復有異乎斯不然矣今炫敢違禮乖令侮聖干法使出後之子無情於本生名義之分有虧於風俗徇飾非於明世强媒蘖於禮經雖欲揚已露才不覺言之傷理事奏竟從子翊之議歷新豐令大理正並有能名擢授書侍御史每朝廷疑議子翊爲之辯析多出衆人意表從幸江東屬天下大亂帝猶不悟子翊因侍切諫由是忤旨令子翊爲丹楊留守尋遣於上江督運爲賊吳棊子所虜子翊說之因以衆降復遣首領賊渡江遇煬帝被殺知而告之子翊弗信斬所言者賊又請以爲主不從因執至臨川城下使告城中云帝崩子翊乃易其言於是見害

堯君素魏郡湯陰人也煬帝爲晉王時君素爲左右帝嗣位累遷鷹揚郎將大業末從驍衞大將軍屈突通拒義師於河東俄而通引兵南遁署君素領河東通守義師遣將呂紹宗韋義節等攻之不及通軍敗至城下呼之君素見通歔欷流涕悲不自勝左右皆哽咽通亦泣下霑襟因說君素早降以取富貴君素以名義責之曰公縱不能遠慚主上公所乘馬即代王所賜也公何面目乘之哉通曰吁君素我力屈而來君素曰方今力猶未屈何用多言通慙而退時圍甚急行李斷絕君素乃爲木鵝置表於頸具論事勢浮之黃河沿流而下河陽守者得之達於東都越王侗見而歎息乃承制拜君素爲金紫光祿大夫密遣行人勞之監門直閤龐玉武衞將軍皇甫無逸前後自東都歸義俱造城下爲陳利害朝廷又賜金券待以不死君素卒無降心其妻又至城下謂曰隋室已亡何苦取禍君素曰天下事非婦人所

知引弓射之應弦而倒君素亦知事必不濟每言及隋國未嘗不歔欷常謂將士曰吾是藩邸舊臣至於大義不得不死今穀支數年食盡足知天下之事必隋室傾敗天命有歸吾當斷頭以付諸君後頗得江都傾覆消息又糧盡男女相食衆心離駭白虹降於府門兵器之端夜皆光見月餘君素爲左右所害

陳孝意張季珣杜松贇並以誠節顯孝意河東人大業初爲魯郡司法書佐郡內號爲廉平太守蘇威嘗欲殺一囚孝意固諫不許孝意因解衣請先受死良久威意乃解謝而遣之漸加禮敬及威爲納言奏孝意爲侍御史後以父憂去職居喪過禮有白鹿馴擾其廬時人以爲孝感尋起授鴈門郡丞在郡菜食齋居朝夕哀臨每一發聲未嘗不絕倒柴毀骨立見者哀之時長吏多贓汙孝意清節彌厲發姦擿伏動若有神吏人稱之煬帝幸江都馬邑劉武周殺太守王仁恭作亂前郡丞楊長仁鴈門令王確等謀應賊孝意知之族滅其家郡中戰慄俄而武周來攻孝意拒之每致剋捷但孤城無援而孝意誓以必死亦知帝必不反每旦夕向詔敕庫俯伏涕流悲動左右糧盡爲校尉張世倫所殺以歸武周

張季珣京兆人父祥少爲隋文帝所知引爲丞相參軍累遷并州司馬及漢王諒反遣其將劉建攻之縱火燒其郭下祥見百姓驚駭其城西有王母廟登城望之再拜號泣曰百姓何罪致此焚燒神其有靈可降雨相救言訖廟上雲起雨降而火遂滅士卒感其至誠莫不用命援軍至賊退以功授開府後卒於都水監季珣少慷慨有志節大業末爲鷹揚郎將所居據箕山爲固與洛口接及李密陷倉城遣兵呼之季珣大罵密怒攻之連年不能剋經三年資用盡無薪徹居而爨人皆穴處季珣撫之一無離叛後士卒飢羸爲密所陷季珣坐聽事顏色自若密遣兵禽送之羣賊曳令拜密季珣曰吾雖敗軍將猶是天子爪牙臣何容拜賊密壯而釋之翟讓從求金不得殺之其弟仲琰爲上洛令及義兵起城守部下殺之以歸義仲琰弟幼琮爲千牛左右宇文化及亂遇害季珣世忠烈兄弟俱死國難論者賢之

杜松贇北海人也性剛烈重名義爲石門府隊正大業末楊厚來攻北海縣松贇覘賊被執使謂城中云郡兵已破宜早歸降松贇僞許之既至城下大呼曰我邂逅被執非力屈也官軍大來賊旦暮禽翦賊以刀築其口引之去松贇罵厚曰老賊何敢辱賢良言未卒賊斷其腰城中望之莫不流涕扼腕銳氣益倍北海卒完優贈朝請大夫本郡通守

郭世儁字弘乂太原文水人也家門雍睦七世同居犬豕同乳烏鵲同巢時人以爲義感之應州縣上其事隋文帝遣平昌公宇文弼詣其家勞問尚書侍御史栁彧巡省河北表其門閭漢王諒爲并州總管聞而嘉歎賜其兄弟二十餘人衣各一襲

郎方貴淮南人也少有志尚與從父弟雙貴同居隋開皇中方貴常於淮水津所寄渡舟人怒之撾方貴臂折至家雙貴問知之恚恨遂向津毆殺船人津者執送之縣以方貴爲首當死雙貴從坐當流兄弟爭爲首坐縣司不能斷送詣州兄弟各引死州不能定二人爭欲赴水死州以狀聞上聞異之特原其罪表其門閭賜物百段後爲州主簿

論曰于什門等或臨危不撓視死如歸或赴險如夷唯義有所在其大則光國隆家其小則損己利物故其盛烈所著與河海而爭流峻節所標共竹栢而俱茂並蹈履之所致身沒名立豈徒然也

北史卷八十五考證

節義傳敘又檢取隋書孝義傳○監本缺書字今增入

于什門傳馮弘上表稱臣○馮監本訛馬今改從魏書

石文德傳中山蒲陰人也○魏書作河中蒲坂人

汲固傳程嬰杵臼何如人也○臼監本訛舅今改正

門文愛傳○門文愛各本俱訛文門愛今據下文文愛居喪持服六年改正

劉弘傳及隋文帝平陳○監本缺文字今從隋書增入

游元傳述時貴倖○貴監本訛責今改從隋書

北史卷八十六

唐　李延壽　撰

列傳第七十四

循吏

張膺　路邕　閻慶胤　明亮
杜纂　竇瑗　蘇淑　張華原
孟業　蘇瓊　路去病　梁彥光
樊叔略　公孫景茂　辛公義
柳儉郭絢敬肅　劉曠　王伽　魏德深

先王疆理天下司牧黎元刑法以禁其姦禮教以防其欲雖爲政以德理實殊塗百慮一致在斯而已書云知人則哲又云無曠庶官言非其人爲空官也叡哲之后必致清明之臣昏亂之朝多有貪殘之吏嗜欲所召影響從之故五帝三王不易人而化皆在所由化之而已蓋有無能之吏無不可御之人焉自罷侯置守歷年永久統以方牧仍世相循所以寬猛爲用庇人調俗但廉平常迹聲有難高適時應務招響必速是故搏擊爲俟起不旋踵儒弱貽咎錄用無時此則已然於前世矣後之爲吏與世沉浮叔季澆漓姦巧多緒居官莅職道各不同故往籍述其賢能以彰懲勸之道案魏立良吏傳有張恂鹿生張膺宋世景路邕閻慶胤明亮杜纂裴他竇瑗羊敦蘇淑齊立循吏傳有張華原宋世良郎基孟業崔伯謙蘇瓊房豹路去病周書不立此篇隋循吏傳有梁彥光樊叔略趙軌房恭懿公孫景茂辛公義柳儉劉曠王伽魏德深其張恂鹿生宋世景裴他羊敦宋世良郎基崔伯謙房豹趙軌房恭懿各附其家傳其餘皆依時代編緝以備循吏篇云

張膺不知何許人也延興中爲魯郡太守履行貞素妻子樵採以自供孝文深嘉之遷京兆太守清白著稱得吏人之忻心焉

路邕陽平人也宣武時除東魏郡太守莅政清勤經年儉日出家粟賑賜貧窘靈太后下詔褒美賜龍廐馬一匹衣一襲被褥一具稍遷南青州刺史卒

閻慶胤不知何許人也爲東秦州敷城太守頻年饑儉慶胤歲常以家粟千石賑恤貧窮人賴以濟部人陽寶龍一千餘人申頌美政有司以聞靈太后卒無褒賞

明亮字文德平原高昌人也有識幹歷員外常侍延昌中宣武臨朝堂親自黜陟授亮勇武將軍亮進曰臣本官常侍是第三清今授臣勇武其號至濁且文武又殊請更改授帝曰九流之內人咸君子卿獨欲乖衆妄相清濁所請未可亮曰今江左未賓書軌宜一方爲陛下投命前驅拓定吳會官爵陛下之所輕賤命微臣之所重陛下方收所重何惜所輕因請改授平遠將軍帝曰運籌用武然後遠人始平卿但用武平之何患不得平遠乎亮乃陳謝而退除陽平太守清白愛人甚有惠政轉汲郡太守爲政如前舉宣遠近卒二郡人吏迄今追思之

杜纂字榮孫常山九門人也少以清苦自立時縣令齊羅喪亡無親屬收殯纂以私財殯葬由是郡縣標其門閭後居父喪盡禮郡舉孝廉稍除積弩將軍從征新野及南陽平以功賜爵井陘男賞帛五百匹數日之中散之知友時人稱之歷武都漢陽二郡太守並以清白爲名明帝初拜清河內史性儉約尤愛貧老問人疾苦至有對之泣涕勸督農桑親自檢視勤者賞以物帛墯者加以罪譴弔死問生甚有恩紀除東益州刺史無御邊威略羣氐反叛以失人和徵還遷太中大夫正光末清河人房通等三百人頌纂德政乞重臨郡詔許之孝昌中爲葛榮圍逼以郡降榮以爲常山太守榮滅卒於家纂所歷任好行小惠蔬食弊衣多涉誣矯而輕財潔己終無受納爲百姓所思號爲良守天平中贈定州刺史

竇瑗字世珍遼西陽洛人也自言本出扶風平陵漢大將軍武曾孫崇爲遼西太守遂家焉曾祖堪慕容氏漁陽太守祖表馮弘成周太守入魏父冏舉秀才早卒普泰初瑗啓以身階級爲父請贈詔贈平州刺史瑗年十七便荷帙從師遊學十載始爲御史後兼太常博士拜太原王尒朱榮官榮留爲北道大行臺左丞以拜榮官賞新昌男從榮東平葛榮封容城縣伯瑗乞以容城伯讓兄叔珍詔聽以新昌男轉授之叔珍由是位至太山太守尒朱世隆等立長廣王曄爲主南赴洛陽至東郭外世隆等遣瑗奏廢之瑗執鞭獨入禁內奏願行堯舜事曄遂禪廣陵由是除給事黃門侍郎孝武帝時爲廷尉卿及釋奠開講瑗與溫子昇魏季景李業興並爲擿句天平中除廣宗太守政有清白之稱廣宗人情凶戾累政咸見告訟唯瑗一人終始全潔轉中山太守聲譽甚美爲吏人所懷及齊神武班書州郡稱瑗政績以爲勸勵後授平州刺史在州政如臨郡又爲神武丞相府右長史瑗無軍府斷割才不甚稱職又行晉州事及還鄴上表曰臣伏讀麟趾新制至三公曹第六十六條母殺其父子不得告告者死三反覆之未得其門何者案律子孫告父母祖父母者死又漢宣云子匿大父母皆勿論蓋謂父母祖父母小者攘羊甚者殺害之類恩須相隱律抑不言法理如是足見其直未必指母殺父止子不言也今母殺父而子不告便是知母而不知父識比野人義近禽獸且母之於父作合移天既殺己之天復殺子之天二天頓毀豈容頓默此母之罪義在不赦下手之日母恩即離仍以母道不告鄙臣所以致惑如或有之可臨時議罪何用豫制斯條用爲訓誡恐千載之下談者諠譁以明明大朝有尊母卑父之論以臣管見實所不取詔付尚書三公郎封君義立判云母殺其父子復告母母由告死便是子殺天下未有無母之國

不知此子將欲何之旣於法無違於事非害宣布有司謂不宜改瑗復難云局判云母由告死便是子殺天下未有無母之國不知此子將欲何之瑗案典律未聞母殺其父而子有隱母之義旣不告母便是與殺父同天下可有無父之國此子獨得有所之乎事雖停寢除大宗正卿宗室以其寒士相與輕之瑗案法推正甚見讎疾官雖通顯貧窘如初淸尙之操爲時所重領本州大中正兼廷尉卿卒官贈太僕卿濟州刺史諡曰明

蘇淑字仲和武邑人也兄壽與坐事爲閹官後拜河間太守賜爵晉陽男及壽與將卒遂冒養淑爲子淑熙平中襲其爵後除樂陵內史在郡綏撫甚有人譽後謝病乞解有詔聽之人吏老幼詣乞淑者甚衆後歷滎陽中山二郡太守卒淑淸心愛下所歷三郡皆爲吏人所思當時稱爲良二千石武定初贈衞大將軍都官尙書瀛州刺史諡曰懿齊神武追美淸操與羊敦同見優賞

張華原字國滿代郡人也少明敏有器度初爲齊神武驃騎府法曹參軍賜爵新城伯累遷大丞相府屬深被親待每號令三軍恒令宣諭意旨尋除散騎常侍周文始據雍州神武使華原入關說焉周文謂曰若能屈驥足於此當共享富貴不爾命懸今日華原曰殞首而已不敢聞命周文嘉其亮正乃使東還尋悔遣追不及神武以華原久而不返每歎惜之及聞其來喜見於色後除相府右長史還驃騎大將軍特進進爵爲公仍徙封新安後爲兗州刺史華原有幹略達政體至州乃廣布耳目以威禁境內大賊及鄰州亡命三百餘人皆詣華原歸款咸撫以恩信放歸田里於是人懷感附寇盜寢息州獄先有繫囚千餘人華原科簡輕重隨事決遣至年暮唯有重罪者數十人華原各給假五日曰期盡速還也囚等曰有君如是何忍背之依期畢至先是州境數有猛獸爲暴自華原臨政州東北七十里甑山中忽有六駮食猛獸咸以爲化感所致卒官州人大小莫不號慕爲樹碑立祠四時祭焉贈司空公尙書左僕射子宰均嗣

孟業字敬業鉅鹿安國人也家本寒微少爲州吏性廉謹同僚諸人侵盜官絹分三十四匹與業拒而不受行臺郎中郭秀相禮接方欲薦之會秀卒魏彭城王韶齊神武之壻也拜定州刺史除業爲典籤長史劉仁之謂業曰我處其外君居其內同心戮力庶有濟乎未幾仁之入爲中書令臨路啓韶云殿下左右可信任者唯有孟業願專任之餘人不可信也又與業別執手曰令我出都君便失援恐君在後不自保全唯正與直願君自勉業唯有一馬瘦死韶以業貧令州府官人同食馬肉欲令厚相酬償業固辭不敢韶乃戲業曰卿邀名人也對曰業爲典籤州中要職諸人欲相賄贍止患無方便耳令噉食肉恐致聚斂有損聲名所以仰違明敎後未旬日韶左右王四德董惟金並以馬死託肉爲長史裴英密啓神武有書與韶大致誚讓業尋被譖出外行縣事後神武書責韶云典籤姓孟者極能用心何乃令出外也及韶代下業亦隨還贈送一無所受仁之後爲西兗州臨別謂吏部郎中崔暹曰貴州人士唯有孟業銓舉之次不可忘也暹問業曰君往在定州有何政使劉西兗如此欽歎業答曰唯知自脩也韶爲并州刺史業復爲典籤仍兼長史齊天保初淸河王岳拜司州牧召爲法曹業形貌短小及謁見岳心鄙其眇小笑而不言後尋業斷決處謂曰卿斷決之明可謂有過軀貌之用補河間王國郎中令淸貧自守未曾有失文宣謂侍中裴英起曰卿識河間王郎中孟業不一昨見其國司文案似是好人對曰昔與臣同事魏彭城王元韶其人淸忠正直世所希有帝曰如公言者比來便是大屈除中書舍人文宣初唯得姓名及因奏事見其羸老又質性敦厚無升降之容加之平緩寡於方便有一道士由吾道榮以術藝被迎將入內業爲通名忽於衆中抗聲奏云由吾道士不食五穀帝命推而下之又令黜檢百官敷奏失所帝遣人以馬鞭擊業頭至於流血然亦體其衰老非力所堪皇建二年累遷東郡太守以寬惠著名其年夏五官張凝因出使得麥一莖五穗其餘或三穗四穗共一莖者合郡咸以政化所感因即申上至秋復有東燕縣人班映祖送嘉禾一莖九穗河淸三年敕人間養驢催買甚切業曰吾旣爲人父母豈可坐看此急令宜權出庫錢貸人取辦後日有罪吾自當之後爲憲司所劾被攝之日郡人皆泣而隨之迭相弔慰送業度關者有數百人至黎陽郡西方得辭決攀援號哭悲動行路詣闕訴寃者非一人敕乃放還郡中父老扣河迎接武成親戎自洛還鄴道由東郡業具牛酒率人吏拜謁路旁自稱糞土臣孟業伏惟聖駕親行有征無戰謹上微禮便與人吏俱唱萬歲導引前入帝大嘉之後除廣平太守年旣老理政不如在東郡時武平九年爲太中大夫加衞將軍尋卒業志守質素不尚浮華爲子結婚爲朝肺腑吒羅氏其子以蔭得爲平原王段孝先相府行參軍乃令作今世服飾綺襦紈袴吒羅家又恃姻婭炫曜矜誇業知而不禁素望頗貶

蘇瓊字珍之長樂武强人也父備仕魏至衞尉少卿瓊幼時隨父在邊嘗謁東荆州刺史曹芝芝戲問曰卿欲官不對曰設官求人非人求官芝異其對署爲府長流參軍齊文襄以儀同開府引爲刑獄參軍每加勉勞并州嘗有强盜長流參軍張龍推其事所疑賊徒並已栲伏失物家並識認唯不獲盜贓文襄付瓊更令窮審乃別推得元景融等十餘人并獲贓驗文襄大笑語前妄引賊者曰爾輩若不遇我好參軍幾致枉死除南淸河太守郡多盜賊及瓊至姦盜止息或外境姦非輒從界中行過者無不捉送零陵縣人魏雙成住處與畿內武城交錯失牛疑其村人魏子賓列送至郡一經窮問知賓非盜而便放之雙成云府君放賊去百姓牛何處可得瓊不理其語密遣訪獲盜者從此畜牧不收云但存府君其隣郡富家將財物寄置界內以避盜冀州繹幕縣人成氏大富爲賊攻急告曰我物已寄蘇公矣賊遂去平原郡有祆賊劉黑苟構結徒侶通於滄海瓊所部人連接村居無相染累隣邑於此伏其德績郡中舊賊一百餘人悉充左右人間善惡及長吏飲人一盃酒無不卽知瓊性淸愼不發私書道人道研爲濟州沙門統資產巨富在郡多出息常得郡縣爲徵及欲求謁度知其意每見則談問玄理研雖爲債數來無由啓口其弟子問其故研曰每見府君徑將我入靑雲閒何由得論地上事師徒還歸遂焚責券郡人趙潁官至樂陵太守年餘八十致事歸五月中得新瓜一雙自來奉潁恃年老苦請遂便爲留乃致於聽事梁上竟不剖人聞受趙潁餉瓜欲貢新果至門問知潁瓜猶在相顧而去有百姓乙普明兄弟爭田積年不斷各相援據乃至百人瓊召普明兄弟對衆人諭之曰天下難得者兄弟易求者田地假令得地失兄弟心如何因而下淚諸證人莫不灑泣普明兄弟叩頭乞外更思分異十年遂還同住每年春總集大儒衞覬隆田元鳳等講於郡學朝吏文案之暇悉令受書時人指吏曹爲學生屋禁斷淫祠婚姻喪葬皆敎令儉而中禮又蠶月預下綿絹度樣於部內其兵賦次第並立明式至於調役事必先辦郡縣吏長恒無十杖稽失當時州郡無不遣人至境訪其政術天保中郡界大水人災絶食者千餘家瓊普集郡中有粟家自從貸粟悉以給付飢者州計戶徵租復欲推其貸粟綱紀謂瓊曰雖矜飢餧恐罪累府君瓊曰一身獲罪且活千室何所怨乎遂上表陳狀使檢皆免人戶保安此等相撫兒子咸言府君生汝在郡六年人庶懷之遂無一人經州前後四表列爲尤最遭憂解職故人贈遺一無所受尋起爲司直廷尉正朝士嗟其屈尙書辛術曰旣直且正名以定體不慮不申初瓊任淸河太守裴獻伯爲濟州刺史獻伯酷於用法瓊恩於養人房延祐爲樂陵郡過濟州裴問其外聲延祐云唯聞太守善刺史惡裴云得人譽者非至公答云若爾黃霸龔遂君之罪人也後有敕州各舉淸能裴以前言恐爲瓊陷瓊申其枉滯議者尙其公平畢義雲爲御史中丞以猛暴任職理官忌憚莫敢有違瓊推察務在得情雪者甚衆寺署臺案始自於瓊遷三公郎中趙州及淸河南中有人頻告謀反前後皆付瓊推檢事多申雪尙書崔昂謂瓊曰若欲立功名當更思餘理仍數雪反逆身命何輕瓊正色曰所雪者寃枉不放反逆昂大慙京師爲之語曰斷決無疑蘇珍之皇建中賜爵安定縣男徐州行臺左丞行徐州事徐州城中五級寺忽被盜銅像一百軀有司徵檢四鄰防宿及蹤跡所疑逮繫數十人瓊一時放遣寺僧怨訴不爲推賊瓊遣僧謝曰但且還寺得像自送爾後十日抄賊姓名及贓處所徑收掩悉獲實驗賊徒款引道俗歎伏舊制以淮禁不聽商販輒度淮南歲儉啓聽淮北取糴後淮北人飢復請通糴淮南遂得商估往還彼此兼濟水陸之利通於河北後爲大理卿而齊亡仕周爲博陵太守隋開皇初卒

路去病陽平人也風神疎朗儀表瓌異齊河淸初爲殿中侍御史彈劾不避貴戚以正直知名敕用士人爲縣宰以去病爲定州饒陽縣令去病明閑時務性頗嚴毅人不敢欺然至廉平爲吏人歎伏武平四年爲成安縣令都下有鄴臨漳成安三縣輦轂之下舊號難爲重以政亂時艱綱紀不立近臣內戚請囑百端去病消息事宜以理抗答勢要之徒雖厮養小人莫不憚其風格亦不至嫌恨自遷鄴以還三縣令政術去病獨爲稱首周武平齊重其能官與濟陰郡守公孫景茂二人不被替代發詔襃揚去病後以尉遲迥事隋大業初卒於冀氏縣令

梁彥光字脩芝安定烏氏人也祖茂魏秦華二州刺史父顯周荆州刺史彥光少岐嶷有至性其父每謂所親曰此兒有風骨當興吾宗七歲時父遇篤疾醫云餌五石可愈時求紫石英不得彥光憂瘁不知所爲忽於園中見一物彥光所不識怪而持歸卽紫石英也親屬咸異之以爲至孝所感魏大統末入學畧涉經史有規檢

造次必以禮解褐祕書郎周受禪遷舍人上士武帝時累遷小馭下大夫母憂去職毀瘠過禮未幾起令視事帝見其毀甚嗟嘆久之後爲御正下大夫從帝平齊以功授開府陽城縣公宣帝即位拜華州刺史進封華陽郡公以陽城公轉封一子後拜柱國青州刺史屬帝崩不之官隋文帝受禪以爲岐州刺史兼領宮監甚有惠政嘉禾連理出於州境上嘉其能下詔褒美賜粟五百斛物三百段御傘一枚以厲清正後轉相州刺史彥光前在岐州其俗頗質以靜鎮之合境大安奏課連最爲天下第一及居相部如岐州法鄴都雜俗人多變詐爲之作歌稱其不能理政上聞而譴之竟坐免歲餘拜趙州刺史彥光曰臣前待罪相州百姓呼爲戴帽餳臣自分廢黜無復衣冠之望不謂天恩復垂收採請復爲相州改絃易調庶有以變其風俗上從之復爲相州刺史豪猾者聞彥光自請來莫不嗤笑彥光下車發擿姦隱有若神明狡猾莫不潛竄合境大駭初齊亡後衣冠士人多遷關內唯技巧商販及樂戶之家移實州郭由是人情險詖妄起風謠訴訟官人萬端千變彥光欲革其弊乃用秩俸之物招致山東大儒每鄉立學非聖哲之書不得教授常以季月召集之親臨策試有勤學異等聰令有聞者升堂設饌其餘並坐廊下有好諍訟惰業無成者坐之庭中設以草具及大成當舉行賓貢之禮又於郊外祖道并以財物資之於是人皆克勵風俗大改有滏陽人焦通性酗酒事親禮闕爲從弟所訟彥光弗之罪將至州學令觀孔子廟中韓伯瑜母杖不痛哀母力衰對母悲泣之像通遂感悟悲愧若無容者彥光訓喻而遣之後改過勵行卒爲善士吏人感悅略無諍訟卒官贈冀定瀛青四州刺史謚曰襄子文謙嗣弘雅有父風以上柱國世子例授儀同歷上饒二州刺史遷鄱陽太守稱爲天下之最徵拜戶部侍郎遼東之役領武賁郎將爲盧龍道軍副會楊玄感作亂其弟武賁郎將玄縱先隸文謙玄感反問未至而玄縱逃走文謙不之覺坐是配防桂林而卒少子文讓初封陽城縣公後爲鷹揚郎將從衞玄擊楊玄感於東都力戰而死贈通議大夫

樊叔略陳留人也父歡仕魏爲南兗州刺史河陽侯爲高氏所誅叔略被腐刑給使殿省身長九尺有志氣頗見忌內不自安遂奔關西周文器之引置左右授都督襲爵爲侯大冢宰宇文護執政引爲中尉漸被委信兼督內外位開府儀同三司護誅齊王憲引爲園苑監數進兵謀憲甚奇之從武帝平齊以功加上開府封清鄉縣公拜汴州刺史號爲明決宣帝營建東都以叔略有巧思拜營構監宮室制度皆叔略所定尉遲迥之亂鎮大梁以軍功拜大將軍復爲汴州刺史隋文帝受禪加位上大將軍進爵安定郡公在州數年甚有聲稱遷相州刺史政爲當時第一上降璽書褒美之賜以粟帛班示天下百姓爲之語曰智無窮清鄉公上下正樊安定徵拜司農卿吏人莫不流涕相與立碑頌德自爲司農凡所種植叔略別有條制皆出人意表朝廷有疑滯公卿所未能決叔略輒爲評理雖無學術有所依據然師心獨見闇與理合甚爲上所親委高熲楊素禮遇之叔略雖爲司農往往參督九卿事性頗豪侈每食方丈備水陸十四年從祠太山至洛陽上令錄囚徒將奏晨至獄門於馬上暴卒上嗟悼久之贈亳州刺史謚曰襄

公孫景茂字元蔚河間阜城人也容貌魁梧少好學博涉經史在魏察孝廉射策甲科稍遷太常博士多所損益時人稱爲書庫歷高唐令大理正俱有能名齊滅周武帝聞而召見與語器之授濟北太守以母憂去職開皇初召拜汝南太守郡廢爲曹州司馬遷息州刺史法令清靜德化大行屬平陳之役征人在路病者景茂減俸祿爲饘粥湯藥多方振濟之賴全活者千數上聞嘉之詔宣示天下十五年上幸洛陽景茂謁見時七十七上命升殿坐問其年哀其老嗟嘆久之景茂再拜曰呂望八十而遇文王臣踰七十而逢陛下上甚悅下詔褒美之加上儀同三司伊州刺史明年以疾徵吏人號泣於道及疾愈復乞骸骨又不許轉道州刺史悉以秩俸買牛犢雞猪散惠孤弱不自存者好單騎巡人家至戶入閤視百姓產業有修理者於都會時乃褒揚稱述如有過惡隨即訓導而不彰也由是人行義讓有無均通男子相助耕耘婦女相從紡績大村或數百戶皆如一家之務其後請致仕上優詔聽之仁壽中上明公楊紀出使河北見景茂神力不衰還以狀奏於是就拜淄州刺史賜以馬轝便道之官前後歷職皆有德政論者稱爲良牧大業初卒官年八十七謚曰康身死之日諸州人吏赴喪者數千人或不及葬皆望墳慟哭野祭而去

辛公義隴西狄道人也祖徽魏徐州刺史父季慶青州刺史公義早孤爲母氏所養親授書傳周天和中選良家子任太學生武帝時召入露門學令受道義每月集御前令與大儒講論上數嗟異時輩慕之建德初授宣納中士從平齊累遷掌治上士掃寇將軍隋文帝作相授內史上士參掌機要開皇元年除主客侍郎攝內史舍人賜爵安陽縣男轉駕部侍郎使勾檢諸馬牧所獲十餘萬匹上喜曰唯我公義奉國罄心從軍平陳以功除岷州刺史土俗畏病若一人有疾即合家避之父子夫妻不相看養孝義道絕由是病者多死公義患之欲變其俗因分遣官人巡檢部內凡有疾病皆以牀轝來安置聽事暑月疫時病人或至數百聽廊悉滿公義親設一榻獨坐其間終日連夕對之理事所得秩俸盡用市藥迎醫療之躬勸其飲食於是悉差方召其親戚而喻之曰死生由命不關相著前汝棄之所以死耳今我聚病者坐臥其間若言相染那得不死病兒復差汝等勿復信之諸病家子孫慙謝而去後人有遇疾者爭就使君其家親屬固留養之始相慈愛此風遂革合境之內呼爲慈母後遷并州刺史下車先至獄中因露坐牢側親自驗問十餘日間決斷咸盡方還大聽受領新訟皆不立文案遣當直佐寮一人側坐訊問事若不盡應須禁者公義即宿聽事終不還閤人或諫之曰此事有程使君何自苦也答曰刺史無德可以導人尚令百姓係於囹圄豈有禁人在獄而心自安乎罪人聞之咸自款服後有欲諍訟者鄉閭父老遽相曉曰此蓋小事何忍勤勞使君訟者多兩讓而止時山東霖雨自陳汝至於滄海皆苦水災境內犬牙獨無所損山出黃銀獲之以獻詔水部郎婁崱就公義禱焉乃聞空中有金石絲竹之響仁壽元年追充揚州道黜陟大使豫章王暕恐其部內官寮犯法未入州境豫令使屬之公義答曰不敢有私及至揚州皆無所縱捨暕銜之及煬帝即位揚州長史王弘入爲黃門郎因言公義之短竟去官吏人守闕訴冤相繼不絕後數歲帝悟除內史侍郎丁母憂未幾起爲司隸大夫檢校右禦衞武賁郎將從征至柳城郡卒子融

柳儉字道約河東解人也祖元璋魏司州大中正相華二州刺史父裕周聞喜令儉有局量立行清苦爲州里所敬雖至親昵無敢狎侮仕周歷宣納上士畿伯大夫及隋文帝受禪擢拜水部侍郎封率道縣伯未幾出爲廣漢太守甚有能名俄而郡廢時帝勵精思政妙簡良能出爲牧宰儉以仁明著稱擢拜蓬州刺史獄訟者庭決遣之佐吏從容而已獄無繫囚蜀王秀時鎮益州列上其事還邛州刺史在職十餘年人夷悅服蜀王秀之得罪也儉坐與交通免職及還鄉妻子衣食不贍見者咸嘆伏焉煬帝嗣位徵之於時多以功臣任職牧州領郡者並帶戎資唯儉起自良吏帝嘉其績特授朝散大夫拜弘化太守儉清節愈勵大業五年入朝郡國畢集帝謂納言蘇威吏部尚書牛弘曰其中清名天下第一者爲誰威等以儉對帝又問其次威以涿郡贊務郭絢潁川贊務敬肅等二人對帝賜儉帛二百匹絢肅各一百匹令天下朝集使送至郡邸以旌異焉論者美之及大業末盜賊蜂起數被攻逼儉撫結人夷卒無離叛竟以保全及義兵至長安尊立恭帝儉與留守李粲縞素於州南向慟哭既而歸京師相國賜儉物三百段就拜上大將軍歲餘卒於家時年八十九郭絢河東安邑人家世寒微初爲尚書令史後以軍功拜儀同歷數州司馬長史皆有能名大業初刑部尚書宇文㢸巡省河北引絢爲副煬帝將有事遼東以涿郡爲衝要訪可任者聞絢有幹局拜涿郡贊務吏人悅服數載遷爲通守兼領留守及山東盜起絢逐捕之多所剋獲時諸郡無復完者唯涿郡獨全後將兵擊竇建德於河間戰死人吏哭之數月不息敬肅字敬儉河東蒲坂人少以貞介知名釋褐州主簿開皇初爲安陵令有能名擢拜秦州司馬轉幽州長史仁壽中爲衞州司馬俱有異績煬帝嗣位遷潁川郡贊務大業五年朝東都帝令司隸大夫薛道衡爲天下郡官之狀稱肅曰心如鐵石老而彌篤時左翊衞大將軍宇文述當塗用事其邑在潁州每有書屬肅肅未嘗開封輒令使者持去述賓客有放縱者以法繩之無所寬貸由是述銜之八年朝於涿郡帝以其年老有能名將擢爲太守者數矣輒爲述所毀不行大業末乞骸骨優詔許之去官之日家無餘財歲餘終於家

劉曠不知何許人也性謹厚每以誠恕應物開皇初爲平鄉令單騎之官人有諍訟者輒丁寧曉以義理不加繩劾各自引咎而去所得俸祿賑施窮乏百姓感其德化更相篤勵曰有君如此何得爲非在職七年風教大洽獄中無繫囚諍訟絕息囹圄皆生草庭可張羅及去官吏人無少長號泣沿路將送數百里不絕遷爲臨潁令清名善政爲天下第一尚書左僕射高熲言狀上召之及引見勞之曰天下縣令固多矣卿能獨異於衆良足美也顧謂侍臣曰若不殊獎何以勸人於是下優詔擢拜莒州刺史

王伽河間章武人也開皇末爲齊州參軍初無足稱後被州使送流囚李參等七十餘人詣京師時制流人並枷鎖傳送次滎陽憫其辛苦悉呼而謂之曰卿輩既犯

國刑虧損名教身嬰縲紲此其職也今復重勞援卒豈獨不媿於心哉參等辭謝伽曰汝等雖犯憲法枷鎖亦大苦辛吾欲與汝等脫去行至京師總集能不違期不皆拜謝曰必不敢違伽於是悉脫枷停援卒與期曰某日當至京師如致前却吾當爲汝受死舍之而去流人感悅依期而至一無離叛上聞而驚異召見與語稱善久之於是悉召流人并令携負妻子俱入賜宴於殿庭而赦之乃下詔曰凡在有生含靈稟性咸知好惡並識是非若臨以至誠明加勸導則俗必從化人皆遷善往以海內亂離德教廢絶官人無慈愛之心兆庶懷姧詐之意所以獄訟不息澆薄難理朕受命上天安養萬姓思遵聖法以德化人朝夕孜孜意本如此而伽深識朕意誠心宣導參等感悟自赴憲司明率土之人非爲難教良是官人不加示曉致令陷罪無由自新若使官盡王伽之儔人皆李參之輩刑措不用其何遠哉於是擢伽爲雍令政有能名

魏德深本鉅鹿人也祖冲仕周爲刑部大夫建州刺史因家弘農父毗鬱林令德深初爲隋文帝挽郎後歷馮翊郡書佐武陽郡司戶書佐以能遷貴鄉長爲政清靜不嚴而肅會興遼東之役徵稅百端使人往來責成郡縣於時王綱弛紊吏多贓賄所在徵斂人不堪命唯德深一縣有無相通不竭其力所求皆給而百姓不擾於時盜賊羣起武陽諸城多被淪陷唯貴鄉獨全郡丞元寶藏受詔逐捕盜賊每戰不利則器械必盡輒徵發於人動以軍法從事如此者數矣其隣城營造皆聚於聽事吏人遞相督責晝夜喧囂猶不能濟德深各問其所欲任隨便修營官府寂然恒若無事唯約束長吏所修不須過勝餘縣使百姓勞苦然在下各自竭心常爲諸縣之最尋轉館陶長貴鄉吏人聞之相與言及其事皆歔欷流涕語不成聲及將赴任傾城送之號泣之聲道路不絶既至館陶闔境老幼皆如見其父母有猾人員外郎趙君實與郡丞元寶藏深相交結前後令長未有不受其指麾者自德深至縣君實屏處於室未嘗輒敢出門逃竄之徒歸來如市貴鄉父老冒涉艱險詣闕請留德深有詔許之館陶父老復詣郡相訟以貴鄉文書爲詐郡不能決會持節使者韋霽杜整等至兩縣詣使訟之乃斷從貴鄉貴鄉吏人歌呼滿道互相稱慶館陶衆庶合境悲泣因從而居住者數百家寶藏深害其能會越王侗徵兵於郡寶藏遂令德深率兵千人赴東都俄而寶藏以武陽歸李密德深所領皆武陽人也以本土從賊念其親戚輒出都門東向慟哭而反人或謂之曰李密兵馬近在金墉去此二十餘里汝必欲歸誰能相禁何爲自苦如此其人皆垂泣曰我與魏明府同來不忍棄去豈以道路艱難乎其得人心如此後與賊戰沒於陣貴鄉館陶人庶至今懷之

論曰爲政之道寬猛相濟猶寒暑迭代俱成歲功者也然存夫簡久必藉寬平大則致鼓腹之歡小則有息肩之惠故詩曰雖無德與汝式歌且舞張膺等皆有寬仁之心至誠待物化行所屬愛結人心故得所去見思所居而化詩所謂愷悌君子人之父母豈徒然哉

北史卷八十六考證

張膺傳○膺魏書作應

竇瑗傳祖表馮弘成周太守○監本缺成字今從南本增入

瑗與盧子昇魏季景李業興並爲摘句○李監本訛季今改從南本

事雖停寢○雖魏書作遂言因其所奏而停寢也

孟業傳令噉食肉恐致聚斂○令南本作今

梁彥光傳祖茂魏秦華二州刺史○秦監本訛奏今改從南本

魏德深傳郡丞元寶藏○寶監本訛實今從下文改正

北史卷八十七

唐　李　延　壽　撰

列傳第七十五

酷吏

于洛侯　胡泥　李洪之子神
張赦提趙霸　崔暹　邸珍
田式　燕榮　元弘嗣　王文同

夫爲國之體有四焉一曰仁義二曰禮制三曰法令四曰刑罰仁義禮制教之本也法令刑罰教之末也無本不立無末不成然教化遠而刑罰近可以助化而不可以專行可以立威而不可以繁用老子曰其政察察其人缺缺又曰法令滋章盜賊多有然則令之煩苛吏之嚴酷不可致化百世可知考覽前載有時而用之矣昔秦任獄吏赭衣滿道漢革其風矯枉過正禁網疎闊遂漏吞舟故大姦巨猾犯義悖禮郅都甯成之倫猛氣奮發摧拉凶邪一切以救時弊雖乖敎義或有所取焉于洛侯之徒前書編之酷吏或因餘緒或以微功遭遇時來忝竊高位肆其褊性多行無禮君子小人咸罹其毒凡所莅職莫不懍然居其下者視之如蛇虺過其境者逃之如寇讐與人之恩心非好善加人之罪事非疾惡其所笞辱多在無辜察其所爲豺狼之不若也其禁姦除猾始與郅甯之倫異乎君子賤之故編於酷吏魏有于洛侯胡泥李洪之高遵張赦提羊祉崔暹酈道元谷楷齊有邸珍宋游道盧斐畢義雲周書不立此篇隋書有庫狄士文田式燕榮趙仲卿崔弘度元弘嗣王文同今檢高遵羊祉酈道元谷楷宋游道盧斐畢義雲庫狄士文趙仲卿崔弘度各從其家傳其餘並列於此云

于洛侯代人也爲秦州刺史貪酷安忍部人富熾奪人呂勝脛纏一具洛侯輒鞭富熾一百截其右腕百姓王隴客刺殺人王羌奴王愈二人依律罪死而洛侯生拔隴客舌刺其本并刺胸腹二十餘瘡隴客不堪苦痛隨刀戰動乃立四柱磔其手足命將絶始斬其首支解四體分懸道路見者無不傷楚歎愕百姓王元壽等一時反叛有司糾劾孝文詔使者於州常刑人處宣告兵人然後斬洛侯以謝百姓

胡泥代人也歷官至司衞監賜爵永成侯泥率勒禁中不憚豪貴殿中尚書叔孫侯頭應內直而闕於一時泥以法繩之侯頭恃寵遂與口諍孝文聞而嘉焉賜泥衣服一襲出爲幽州刺史假范陽以北平陽尼碩學遂表薦之轉爲定州刺史以暴虐刑罰酷濫受納貨賄徵還戮之將就法孝文臨太華殿引見遣侍臣宣詔責之遂就家賜盡

李洪之本名文通恒農人也少爲沙門晚乃還俗眞君中爲狄道護軍賜爵安陽男會永昌王仁隨太武南征得元后姉妹二人洪之潛相餉遺結爲兄弟遂便如親頗得元后在南兄弟名字乃改名洪之及仁坐事誅元后入宮得幸於文成生獻文元后臨崩太后問其親因言洪之爲兄與相訣經曰具條列南方諸兄珍之等手以付洪之遂號爲獻文親舅大安中珍之等兄弟至都與洪之相見叙元后平生故事計長幼爲昆季以外戚爲河內太守進爵任城侯威儀一同刺史河內北連上黨南接武牢地險人悍數爲劫害長吏不能禁洪之至郡嚴設科防募斬賊者便加重賞勸勸務本盜賊止息誅鋤姦黨過爲酷虐後爲懷州刺史封汲郡公徵拜內都大官河西羌胡領部落反叛獻文親征命洪之與侍中東郡王陸定總統諸軍輿駕至并州詔洪之爲河西都將討山胡皆保險距戰洪之築壘於石樓南白雞原以對之時諸將悉欲進攻洪之乃開以大信聽其復業胡人遂降獻文嘉之遷拜尚書外都大官後爲使持節安南將軍秦益二州刺史至任設禁姦之制有帶刃行者罪與劫同輕重品格各有條章於是大饗州中豪傑長老示之法制乃夜密遣騎分部覆諸要路有犯禁者輒捉送州宣告斬決其中枉見殺害者至有百數赤葩渴郎羌深居山谷雖相羈縻王人罕到洪之芟山爲道廣十餘步示以軍行之勢乃興軍臨其境山人驚駭洪之將數十騎至其里閭撫其妻子問所疾苦因資遺之衆羌喜悅求編課調所入十倍於常洪之善御戎夷頗有威惠而刻害之聲聞於朝野初洪之微時妻張氏亦聰強婦人自貧賤至富貴多所補益有男女幾十人洪之後得劉芳從姊重之踈張氏亦多所產育爲兩宅別居偏厚劉室由是二妻妬競兩宅母子往來如讐及蒞西州以劉自隨洪之素非廉清每有受納時孝文始建祿制法禁嚴峻遂鎖洪之赴京親臨太華庭集羣臣數之以其大臣聽在家自裁洪之志性慷慨多所堪忍疾病灸療艾炷圍將二寸首足十餘處一時俱下言笑自若接賓不輟及臨盡沐浴衣幘防卒扶持出入遍巡家庭如是再三泣歎良久乃臥而引藥始洪之託爲元后兄公私自同外戚至此罪後孝文乃稍對百官辯其誣假而諸李猶善相視恩紀如親洪之始見元后計年爲兄及珍之等至洪之以元后素定長幼其呼拜坐皆如家人暮年數延攜之宴飲醉酣之後時或言及本末洪之則起而加敬笑語自若富貴赫奕舅戚之家遂棄宗專附珍之等後頗存振本屬而猶不顯然劉氏四子長子神少有膽畧以氣尚爲名以軍功封長樂縣男累遷平東將軍太中大夫孝昌中行相州事尋正加撫軍葛榮盡銳攻之久不能剋會葛榮見禽以功進爵爲公元顥入洛莊帝北巡以神爲侍中又除殿中尚書仍行相州事車駕還宮改封安康郡公普泰元年進驃騎大將軍儀同三司相州大中正甍贈司徒公冀州刺史子士約齊受禪例降

張赦提中山安喜人也性雄武有規畫初爲武賁中郎時京畿盜魁首稱豹子彪子並善弓馬於靈丘應門間聚爲劫害至乃斬人首射其口刺人臍引腸遶樹而共射之以爲戲笑其暴酷如此軍騎掩捕久弗能獲行者患焉赦提爲逐賊軍將未幾而獲彪子豹子及其黨與盡送京師斬於闕下自是淸靜其靈丘羅思祖宗門豪溢家處險多止亡命與之爲劫獻文怒之孥戮其家而思祖家黨相率寇盜赦提募求捕逐以赦提爲遊徼軍將前後擒獲殺之略盡因此濫有屠害尤爲忍酷旣貪前稱又藉此功除幽州刺史假安喜侯赦提克己厲約遂有淸稱後頗縱妻段氏多有受納令僧尼因事通請貪虐流聞中散李眞香出使幽州採訪牧守政績眞香驗案其罪赦提懼死欲逃其妻姑爲太尉東陽王丕妻恃丕親貴自許詣丕申訴求助謂赦提曰當爲訴理幸得申雪願寬憂不爲異計赦提以此差自解慰段乃陳列眞香昔嘗因假而過幽州知赦提有好牛從索不果令臺使止挾前事故威逼部下栲楚過極橫以無辜證成誣罪執事恐有不盡使駕部令趙秦州重往究訊事狀如前處赦提大辟孝文詔賜死於第將就盡命妻而責之曰貪濁穢吾者卿也又安吾而不得免禍九泉之下當爲仇讎矣又有華山太守趙霸酷暴非理大使崔光奏霸云不遵憲度威虐任情至乃手擊吏人穿屬奔走不可以君人字下納之軌物輒禁止在州詔免所居官

崔暹字元欽本云淸河東武城人也世家于滎陽潁川之間性猛酷少仁恕姦猾好利能事勢家初以秀才累遷南兗州刺史盜用官瓦贓汚狼籍爲御史中尉李平所糾免官後行豫州事尋卽眞遣子析戶分隸三縣廣占田宅藏匿官奴障恡陂葦侵盜公私爲御史中尉王顯所彈免官後累遷瀛州刺史貪暴安忍人庶患之嘗出獵州北單騎至人村有汲水婦人暹令飲馬因問曰崔瀛州何如婦人不知是暹荅曰百姓何罪得如此癩兒刺史暹默然而去以不稱職被解還京武川鎮反詔暹爲都督李崇討之違崇節度爲賊所敗單騎潛還禁於廷尉以女妓園田貨元乂獲免建義初遇害於河陰贈司徒公冀州刺史追封武津縣公子瓚字結珍位兼尚書左丞卒瓚妻莊帝姊也後封襄城長公主故特贈瓚冀州刺史子茂字祖昂襲祖爵

酈珍字安寶本中山上曲陽人也魏太和中徙居武州鎮孝昌中六鎮兵起珍遂從杜洛周賊洛周爲葛榮所吞珍入榮軍榮爲尒朱榮所破珍與其餘黨俱徙并州從齊神武出山東神武起義信都拜珍長史封上曲縣侯除殷州刺史珍求取無厭大爲州人所疾苦後兼尚書右僕射大行臺節度諸軍事擊梁州將成景攜等解東行圍回軍彭城珍御下殘酷士衆離心至於土人豪族遇之無禮遂爲州人所害後贈定州刺史司空公

田式字顯標馮翊下邽人也祖安與父長樂仕魏俱爲本郡太守式性剛果多武藝拳勇絕人仕周位渭南太守政尚嚴猛吏人重足而立無敢違法遷本郡太守親故屏跡請託不行周武帝聞而善之進位儀同三司賜爵信都縣公擢拜延州刺史從平齊以功授上開府徙爲建州刺史改封梁泉縣公後從韋孝寬討尉遲迥以功拜大將軍進爵武平郡公及隋文帝受禪拜襄州總管專以立威爲務每視事於外必盛氣以待之其下官屬股慄無敢仰視有犯禁者雖至親昵無所容貸其女壻京兆杜寧自長安省之式誡寧無出外寧久之不得還竊上北樓以暢羈思式知之杖寧五十其所愛奴嘗詣式白事有蟲上其衣衿揮袖拂去之式以爲慢己立棒殺之或寮吏姦贓部內劫盜者無問輕重悉禁地穽中寢處糞穢令受苦毒自非身死終不得出每赦書到州式未暇省讀先召獄卒殺重囚然後宣示百姓其刻暴如此由是爲上所譴除名式慙恚不食妻子至其所輒怒唯侍僮二人給使左右從家中索椒欲自殺家人不與陰遣侍僮詣市買毒藥妻子又奪棄之式恚臥其子信時爲儀同至式前流涕曰大人旣是朝廷重臣又無大過比見公卿放辱者多矣旋復升用大人何能久乎乃至於此式欻起抽刀斫信信避之刃中於門上知之以式爲罪己之深復其官爵尋拜廣州總管卒官

燕榮字貴公華陰弘農人也父偘周大將軍榮性剛嚴有武藝仕周爲內侍上士從武帝伐齊以功授開府儀同三司封高邑縣公隋文帝受禪進位大將軍進封落叢郡公拜晉州刺史尋從河間王弘擊突厥以功拜上柱國遷青州總管在州選絕有力者爲伍伯吏人過之者必加詰問輒楚撻之創多見骨姦盜屏跡境內肅然他州縣人經其界者畏若寇讎不敢休息後因入朝覲特加恩遇榮以母老請每歲入朝上許之伐陳之役以爲行軍總管率水軍自東萊傍海入太湖取吳郡旣破丹陽吳人共立蕭瓛爲宇文述所敗退保包山榮率精甲躡之瓛敗走爲榮所執事平檢校揚州總管尋徵爲武候將軍後除幽州總管榮姓嚴酷有威容長吏見者莫不惶懼自失范陽盧氏世爲著姓榮皆署爲吏卒以屈辱之鞭笞左右動至千數流血盈前飲噉自若嘗按部道次見叢荊堪爲笞箠命取之輒以試人人或自陳無咎榮曰後有罪當免及後犯細過將撾之人曰前日被杖許有罪宥之榮曰無過尚爾況有過邪榜捶如舊榮每巡省管內聞人吏妻有美色輒舍其室而淫之貪暴放縱日甚時元弘嗣除幽州長史懼辱固辭上知之勑榮曰弘嗣杖十已上罪皆奏聞榮忿曰豎子何敢弄我及遣弘嗣監納倉粟颺得一糠一粃罰之每笞不滿十然一日中或至三數如是歷年怨隙日搆榮遂收付獄禁絕其糧弘嗣餓抽衣絮雜水咽之其妻詣闕稱寃上遣考功侍郎劉士龍馳驛鞫問奏榮毒虐又贓穢狼籍遂徵還京賜死先是榮家寢室無故有蛆數斛從地墳出未幾榮死於蛆出之處有子詢

元弘嗣河南洛陽人也祖剛魏漁陽王父經周漁陽郡公弘嗣少襲爵十八爲左親衞開皇元年從晉王平陳以功授上儀同後除觀州長史以嚴峻任事州人多怨之轉幽州時總管燕榮肆虐於弘嗣每笞辱弘嗣心不伏遂被禁及榮誅弘嗣爲政酷又甚之每鞫囚多以酢灌鼻或椓弋其下竅無敢隱情姦僞屏息仁壽末授木工監修營東都大業初煬帝潛有遼東意遣弘嗣於東萊海口監造船諸州役丁苦其捶楚官人當作晝夜立水中略不敢息自腰已下無不蛆生死者十三四尋遷黃門侍郎轉殿中少監遼東之役進位金紫光祿大夫後奴賊寇隴西詔弘嗣擊之及玄感反弘嗣屯兵安定或告之謀應玄感代王侑遣執送行在所以無反釋帝疑之除名徙日南道死有子仁觀

王文同京兆頻陽人也性明辯有幹用開皇中以軍功拜儀同授桂州司馬煬帝嗣位爲光祿少卿以忤旨出爲恒山郡贊務有一人豪猾每持長吏長短前後守令咸憚之文同下車聞其名而數之因令刻木爲大橛埋之於庭出尺餘四面各埋小橛令其人踣心於木橛上縛四支於小橛以棒打其背應時潰爛郡中大駭吏人懾氣及帝征遼東令文同巡察河北諸郡文同見沙門齋戒菜食者以爲祆妄皆收繫之北至河間召郡官人小有遲違者輒覆面於地而捶殺之求沙門相聚講論及長老共爲佛會者數百人文同以爲聚結惑衆盡斬之又悉裸僧尼驗有淫狀非童男女者數千人復將殺之郡中士女號哭於路諸郡驚駭各奏其事帝聞大怒遣使者達奚善意馳鎖之斬於河間以謝百姓讎人剖其棺臠其肉噉之斯須咸盡

論曰士之立名其途不一或以循良進或以嚴酷顯故寬猛相資德刑并設然不嚴而化君子所先于洛侯等爲惡不同同歸於酷肆其毒螫多行殘忍賤人肌膚同諸木石輕人性命甚於芻狗長惡不悛鮮有不及故或身嬰罪戮或憂恚俱殞異術皆斃多其宜焉凡百君子以爲有天道矣

北史卷八十七考證

胡泥傳遂表薦之○薦監本訛鷹今改正

崔暹傳詔暹爲都督李崇討之○爲當係從字之訛

酈珍傳擊梁州將成景攜等○攜一本作儁

田式傳徙爲建州刺史○建隋書作庭當以此爲正

燕榮傳榮曰無過尚爾○爾監本訛尒今改正

王文同傳京兆頻陽人也○頻隋書作穎誤

北史卷八十八

唐　李　延　壽　撰

列傳第七十六

隱逸

眭夸　馮亮　鄭脩　崔廓子賾

徐則　張文詡

蓋兼濟獨善顯晦之殊其事不同由來久矣昔夷齊獲全於周武華裔不容於太公何哉求其心者許以激貪之用督其迹者矯以教義之風而肥遯不歸代有其人矣故易稱遯世無悶不事王侯詩云皎皎白駒在彼空谷禮云儒有上不臣天子下不事諸侯語曰舉逸民天下之人歸心焉雖出處殊途語默異用各言其志皆君子之道也洪崖兆其始箕山扇其風七人作乎周年四皓光乎漢日魏晉以降其流逾廣其大者則輕天下細萬物其小者則安苦節甘貧賤或與世同塵隨波瀾以俱逝或違時矯俗望江湖而獨往狎玩魚鳥左右琴書拾遺粒而織落毛飲石泉而庇松柏放情宇宙之外自足懷抱之中然皆欣欣於獨善鮮汲汲於兼濟夷情得喪忘懷累有比夫邁德弘道匡俗庇人可得而小不可得而忽也而受命哲王守文令主莫不束帛交馳蒲輪

結轍奔走巖谷唯恐不逮者何哉以其道雖未弘志不可奪縱無舟檝之功終有堅貞之操足以立懦夫之志息貪競之風與苟得之徒不可同年共日所謂無用以爲用無爲而無不爲也自叔世澆浮淳風殆盡錐刀之末競入成羣而能寘心物表介然離俗望古獨適求友千齡亦異人矣何必御霞乘雲而追日月窮極天地始爲超遠哉案魏書列眭夸馮亮李謐鄭修爲逸士傳隋書列李士謙崔廓廓子賾徐則張文詡爲隱逸傳今以李謐士謙附其家傳其餘並編附篇以備逸傳云

眭夸一名旭趙郡高邑人也祖邁晉東海王越軍謀掾後沒石勒爲徐州刺史父邃字懷道慕容寶中書令夸少有大度不拘小節耽好書傳未曾以世務經心好飲酒浩然物表年三十遭父喪鬚鬢致白每一悲哭聞者爲之流涕高尚不仕寄情丘壑同郡李順願與之交夸拒而不許邦國少長莫不憚之少與崔浩爲莫逆之交浩爲司徒奏徵爲中郎辭疾不赴州郡逼遣不得已入京都與浩相見經留數日唯飲酒談叙平生不及世利浩每欲論屈之竟不能發言其見敬憚如此浩後遂投詔書於夸懷亦不開口夸曰桃簡卿已爲司徒何足以此勞國士也吾便將別桃簡浩小名浩慮夸卽還時乘一騾更無兼騎乃以夸騾內之廐中冀相維縶夸遂託鄉人輸租者謬爲御車乃得出關浩知而歎曰眭夸獨行士本不應以小職辱之又使其人杖策復路吾當何辭以謝也時朝法甚峻夸既私還將有私歸之咎浩仍相左右始得無坐經年送夸本騾兼遣以所乘馬爲書謝之夸更不受其騾馬亦不復書及浩沒爲之素服受鄉人弔唁經一時乃止歎曰崔公既死誰能更容眭夸婦父鉅鹿魏攀當時名達之士未嘗備壻之禮情同朋好或人謂夸曰吾聞有大才者必居貴仕子何獨在桑榆乎遂著知命論以釋之及卒葬日赴會者如市無子

馮亮字靈通南陽人梁平北將軍蔡道恭之甥也少博覽諸書又篤好佛理隨道恭至義陽會中山王英平義陽獲焉英素聞其名以禮待接亮性清靜後隱居嵩山感英之德以時展覲英亡亮奔赴盡其哀慟宣武嘗召以爲羽林監領中書舍人將令侍講十地諸經固辭不許又欲使衣幘入見苦求以幅巾就朝遂不强逼還山數年與僧禮誦爲業蔬食飲水有終焉之志會逆人王敞事發連山中沙門法而亮被執赴尚書省十餘日詔特免雪亮不敢還山遂寓居景明寺敕給衣食及其從者數人後思其舊居復還山室亮既雅愛山水又兼工思結架巖林甚得栖遊之適頗以此聞宣武給其工力令與沙門統僧暹河南尹甄深等同視嵩山形勝之處遂造閑居佛寺林泉既奇營製又美曲盡山居之妙亮時出京師延昌二年冬因遇篤疾宣武敕以馬輿送令還山居嵩高道場寺數日卒詔贈帛二百匹以供凶事遺誡兄子綜殮以衣帢左手持板右手執孝經一卷置尸盤石上去人數里外積十餘日乃焚於山灰燼處起佛塔經藏初亮以盛冬喪連日驟雪窮山荒澗鳥獸飢窘僵尸山野無所防護時有壽春道人惠需每旦往看其屍拂去塵霰禽蟲之迹交橫左右而初無侵毀衣服如本唯風帢巾又以亮識舊南方法師信大栗十枚言期之將來十地果報開亮手以置把中經宿乃爲蟲鳥盜食皮殼在地而亦不傷肌體焚燎之日有素霧蓊鬱回繞其傍自地屬天彌朝不絶山中道俗營助者百餘人莫不異焉

鄭脩北海人也少隱於岐南凡谷中依巖結宇不交世俗雅好經史專意玄門前後州將每徵不至岐州刺史魏蘭根頻遣致命脩不得已暫出見蘭根尋還山舍蘭根申表薦脩明帝詔付雍州刺史蕭寶寅訪實以聞會寶寅作逆事不行

崔廓字士玄博陵安平人也父子元齊燕州司馬廓少孤貧母賤由是不爲邦族所齒初爲里佐屢逢屈辱於是感激逃入山中遂博覽書籍多所通涉山東學者皆宗之既還鄉不應辟命與趙郡李士謙爲忘言友時稱崔李士謙死廓哭之慟爲之作傳輸之秘府士謙妻盧氏寡居每家事輒令人諮廓取定廓嘗著論言刑名之理其義甚精文多不載隋大業中終於家子賾字祖濬七歲能屬文容貌短小有口辯開皇初秦孝王薦之射策高第詔與諸儒定樂授校書郎轉協律郎太常卿蘇威雅重之母憂去職性至孝水漿不入口者五日後徵爲河南豫章二王侍讀每更日來往二王之第及河南爲晉王轉記室參軍自此去豫章王重之不已遺賾書曰昔漢氏西京梁王建國平臺東苑慕義如林馬卿辭武騎之官枚乘罷弘農之守每覽史傳嘗竊怪之何乃脫略官榮栖遲藩邸以今望古方知雅志彼二子者豈徒然哉足下博聞强記鉤深致遠視漢臣之三篋似陟蒙山對梁相之五車若吞雲夢吾兄欽賢重士敬愛忘疲先築郭隗之宮常置穆生之醴今者重開土宇更誓山河地方七百牢籠曲阜城兼七十包舉臨淄大啓南陽方開東閤想得奉飛蓋曳長裾藉玳筵躡珠履歌山桂之偃蹇賦池竹之檀欒其崇貴也如彼其風流也如此幸甚幸甚何樂如之高視上京有懷德祖才謝天人多慙子建書不盡意寧俟繁辭賾答曰一昨伏奉教書榮貺非恒心靈自失若乃理高象繫管略思而不解事富山海郭璞注而未詳至於五色相宣八音繁會鳳鳴不足喻龍章莫之比吳札之論周頌詎盡揄揚郢客之奏陽春誰能赴節伏惟令王殿下稟潤天潢承輝日觀雅道邁於東平文藝高於北海漢則馬遷蕭望晉則裴楷張華雞樹騰聲鵷池播美望我清塵悠然路絶祖濬燕南贅客河朔惰游本無意於希顔豈有心於慕藺未嘗聚螢映雪懸頭刺股讀論唯取一篇披莊不過盈尺況復桑榆漸暮藜藿屢空舉燭無成穿楊盡棄但以燕求馬首薛養雞鳴謬齒鴻儀虛班驥阜挾太山而超海比報德而非難堙昆崙以爲池匹酬恩而反易忽屬周桐錫瑞唐水承家門有將相樹宣桃李眞龍將下誰好有名濫吹先逃何須別聽但慈旨抑揚損上益下江海所以稱王丘陵爲之不逮曹植儻豫聞高論則不殞令名楊脩若竊在下風亦詎虧淳德無任荷戴之至謹奉啓以聞豫章得書賚米五十石并衣服錢帛時晉邸文翰多成其手王入東宮除太子齋帥俄兼舍人及元德太子薨以疾歸於家後徵起居舍人大業四年從駕汾陽宮次河陽鎭藍田令王曇於藍田山得一玉人長三四寸著大領衣冠幘奏之詔問羣臣莫有識者賾答曰謹案漢文帝已前未有冠幘卽是文帝以來所製也臣見魏大司農盧元明撰嵩高山廟記云有神人以玉爲形像長數寸或出或隱出則令世延長伏惟陛下應天順人定鼎嵩雒岳神自見臣敢稱慶因再拜百官畢賀天子大悅賜縑二百匹從駕往太山詔問賾曰何處有羊腸坂賾答曰臣案漢書地理志上黨壺關縣有羊腸坂帝曰不是又答曰臣案皇甫士安撰地書云太原北九十里有羊腸坂帝曰是也因謂牛弘曰崔祖濬所謂問一知二五年受詔與諸儒撰區宇圖志二百五十卷奏之帝不善之更令虞世基許善心演爲六百卷以父憂去職尋起令視事遼東之役授鷹揚長史置遼東郡縣名皆賾之議也奉詔作東征記九年除越王長史於時山東盜賊蜂起帝令撫慰高陽襄國歸首者八百餘人十二年從駕江都宇文化及之弑帝也引爲著作郎稱疾不起在路發疾卒於彭城年六十九賾與河南元善河東柳䛒太原王劭吳興姚察琅琊諸葛穎信都劉焯河間劉炫相善每因休假淸談竟日所著詞賦碑志十餘萬言撰洽聞志七卷八代四科志三十卷未及施行江都傾覆咸爲煨燼

徐則東海郯人也幼沉靜寡嗜欲受業於周弘正善三玄精於論議聲擅都邑則歎曰名者實之賓吾其爲賓乎遂懷栖隱之操杖策入縉雲山後學者數百人苦請教授則謝而遣之不娶妻常服巾褐陳太建中應召來憩於至眞觀朞月又辭入天台山因絶粒養性所資唯松水而已雖隆冬沍寒不服綿絮太傅徐陵爲之刊山立頌初在縉雲山太極眞人徐君降之曰汝年出八十當爲王者師然後得道也晉王廣鎭揚州聞其名手書召之曰夫道得衆妙法體自然包涵二儀混成萬物人能弘道道不虛行先生履德養空宗玄齊物深曉義理頗味法門悅性冲玄恬神虛白飡松餌朮栖息烟霞望赤城而待風雲游玉堂而駕龍鳳雖復藏名台嶽猶且騰實江淮藉甚嘉猷有勞寤寐欽承素道久積虛襟側席幽人夢想巖穴霜風已冷海氣將寒偃息茂林道體休悆昔商山四皓輕舉漢庭淮南八公來儀藩邸古今雖異山谷不殊市朝之隱前賢已說導凡述聖非先生而誰故遣使人往彼延請想無勞束帛賁然來思不待蒲輪去彼空谷希能屈己佇望披雲則謂門人曰吾今年八十一王來召我徐君之旨信而有徵於是遂詣揚州晉王將請受道法則辭以時日不便其後夕中命侍者取香火如平常朝禮之儀至於五更而死支體柔弱如生停留數旬顏色不變晉王下書曰天台眞隱東海徐先生虛確居宗冲玄成德齊物處外檢行安身草褐蒲衣飡松餌朮栖隱靈岳五十餘年卓矣仙才飄然騰氣千尋萬頃莫測其涯寡人欽承道風久餐德素頻遣使乎遠此延屈冀得虔受上法式建良緣至止甫爾未淹旬日厭塵羽化反眞靈府身體柔軟顏色不變經方所謂屍解地仙者哉誠復師禮未申而心許有在雖忘怛化猶愴於懷喪事所資隨須供給霓裳羽蓋既且騰雲空槨餘衣詎藉墳壟但杖舄在爾可同俗法宜遣使人送還天台定葬是時自江都至天台在道多見則徒步云得放還至其舊居取經書道法分遣弟子仍令淨掃一房曰若有客至宜延之於此然後跨石梁而去不知所之須臾屍柩至知其靈化時年八十二晉王聞而益異之賜物千段遣畫工圖其狀令柳䛒爲之讚時有建安宋玉泉會稽孔道茂丹陽王遠知等亦行辟穀道以松水自給皆爲煬帝所重

張文詡河東人也父琚開皇中爲洹水令以清正聞文

詡博覽羣書特精三禮隋文帝方引天下名儒碩學之士文詡時游太學博士房暉遠等莫不推伏之書侍御史皇甫誕一時朝彥恒執弟子之禮以所乘馬就學邀屈文詡遂每牽馬步進意在不因人自致也右僕射蘇威聞而召之與語大悅勸令從官文詡固辭仁壽末學廢文詡策杖而歸灌園爲業州郡頻舉皆不應命事母以孝聞每以德化人鄉黨頗移風俗嘗有人夜中竊刈其麥者見而避之盜因感悟棄麥而謝文詡慰諭之自誓不言固令持去經數年盜者向鄉人說之始爲遠近所悉鄰家築牆心有不直文詡因毀舊堵以應之文詡常有脅疾會醫者自言善禁文詡令禁之遂爲刀所傷至於頓伏牀枕醫者叩頭請罪文詡遽遣之因爲隱謂妻子曰吾昨風眩落坑所致其掩人短皆此類也州縣以其貧素將加賑恤輒辭不受嘗閑居無事從容歎曰老冉冉而將至恐脩名之不立以如意擊几自樂皆有處所時人方之閔子騫原憲焉終於家鄉人爲立碑頌號曰張先生

論曰古之所謂隱逸者非伏其身而不見也非閉其言而不出也非藏其智而不發也蓋以恬淡爲心不皦不昧安時處順與物無私者也莊夸忘懷纓冕畢志丘園或隱不違親貞不絕俗或不教而勸虛往實歸非有自然純德其孰能至此然文詡見傷無慍徐則志在沉冥不可親疏莫能貴賤皆可謂抱樸之士矣崔廓感於屈辱遂以肥遁見稱祖濬文籍之美足以克隆堂構父子雖動靜殊方其於成名一也美哉

北史卷八十八考證

馮亮傳會逆人王敞事發遁山中沙門法而亮被執赴尚書省十餘日詔特免雪○法南本作旣

唯風帢巾○風字下魏書有吹字

鄭脩傳尋遁山舍○舍監本訛合今改從南本

崔廓傳上黨壺關縣有羊腸坂○壺監本訛壹今改正

徐則傳夢想巖穴○穴監本訛冗今改正

北史卷八十九

唐　李　延　壽　撰

列傳第七十七

藝術上

晁崇　張深　殷紹　王早

耿玄　劉靈助　沙門靈遠　李順興　檀特師

由吾道榮　張遠遊　顏惡頭　王春

信都芳　宋景業　許遵　麴紹　吳遵世

趙輔和　皇甫玉　解法選　魏寧

綦母懷文　張子信　陸法和

蔣昇　強練　庾季才　子質

盧太翼　耿詢　來和　蕭吉

楊伯醜　臨孝恭　劉祐　張胄玄

夫陰陽所以正時日順氣序者也卜筮所以決嫌疑定猶豫者也醫巫所以禦祆邪養性命者也音律所以和人神節哀樂者也相術所以辯貴賤明分理者也技巧所以利器用濟艱難者也此皆聖人無心因人設教救恤災患禁止淫邪自三五哲王其所由來久矣昔之言陰陽者則有箕子禪竈梓愼子韋曉音律者則師曠師摯伯牙杜夔敘卜筮則史扁史蘇嚴君平司馬季主論相術則內史叔服姑布子卿唐舉許負語醫巫則文摯扁鵲季咸華他其巧思則奚仲墨翟張平子馬德衡凡此諸君莫不探靈入妙理洞精微或弘道以濟時或隱身以利物深不可測固無得而稱矣近古涉乎斯術者鮮有存夫貞一多肆其淫僻厚誣天道或變亂陰陽曲成君欲或假託神怪熒惑人心遂令時俗祆訛不獲返其眞性身罹災毒莫得壽終而死藝成而下意在茲乎歷觀經史百家之言無不存夫藝術或敘其玄妙或記其迂誕非徒用廣異聞將以明乎勸戒是以後來作者咸相祖述自魏至隋年移四代至於遊心藝術亦爲多矣在魏則敘晁崇張深殷紹王早耿玄劉靈助江式周澹李脩徐謇王顯崔彧蔣少遊以爲術藝傳在齊則有由吾道榮王春信都芳宋景業許遵吳遵世趙輔和皇甫玉解法選魏寧綦母懷文張子信馬嗣明爲方伎傳在周則有冀儁蔣昇姚僧垣黎景熙趙文深褚該強練以爲藝術傳在隋則有庾季才盧太翼耿詢韋鼎來和蕭吉張胄玄許智藏萬寶常爲藝術傳今檢江式崔彧冀儁黎景熙趙文深各編別傳又檢得沙門靈遠李順興檀特師顏惡頭并以陸法和徐之才何稠附此篇以備術藝傳前代著述皆混而書之但道苟不同則其流異今各因其事以類區分先載天文數術次載醫方伎巧云

晁崇字子業遼東襄平人也善天文術數爲慕容垂太史郎從慕容寶敗於參合爲道武所獲從平中原拜太史令詔崇造渾儀遷中書侍郎令如故天興五年月暈左角崇奏占爲角蟲將死帝旣剋姚平於柴壁以崇言之徵遂命諸軍焚車而反牛果大疫輿駕所乘巨犗數百頭亦同日斃於路側自餘首尾相繼是歲天下牛死者十七八麋鹿亦多死崇弟懿明辯而才不及崇以善北人語爲黃門侍郎懿好矜容儀被服僭度言音類帝左右每聞其聲莫不驚悚帝知而惡之後其家奴告崇懿叛招引姚興及興寇平陽帝以奴言爲實執崇兄弟並賜死

張深不知何許人也明占候自云嘗事苻堅堅欲征晉深勸不行堅不從果敗又仕姚興爲靈臺令姚泓滅入赫連昌昌復以深及徐辯對爲太史令統萬平深辯俱見獲以深爲太史令神䴥二年將討蠕蠕深辯皆謂不宜行與崔浩爭於太武前深專守常占而不能鉤深賾遠故不及浩後爲驃騎軍謀祭酒著觀象賦其言星文甚備文多不載又明元時有容城令徐路善占候坐繫冀州獄別駕崔隆宗就禁慰問之路曰昨夜驛馬星流計赦須臾應至隆宗先信之遂遣人出城候焉俄而赦至又道武明元時太史令王亮蘇垣太武時破和龍得馮弘太史令閔盛孝文時太史趙樊生並知天文後太史令趙勝趙翼趙洪慶胡世榮胡法通等二族世業天文又永安中詔以恒州人高崇祖善天文每占吉凶有驗特除中散大夫永熙中詔通直散騎常侍孫僧化與太史胡世榮太史令張寵趙洪慶及中書舍人孫子良等在門下外省校比天文書集甘石二家星經及漢魏以來二十三家經占集五十五卷後集諸家撮要前後所上雜占以類相從日月五星二十八宿中外官及圖合爲七十五卷僧化東莞人也識星分案文占以言災異時有所中普泰中尒朱兆惡其多言遂繫於廷尉免官永熙中孝武帝召僧化與中散大夫孫安都共撰兵法未就而帝入關遂罷元象中死於晉陽

殷紹長樂人也達九章七曜太武時爲筭生博士給事東宮西曹太安四年上四序堪輿表言以姚氏之時行學伊川遇遊遁大儒成公興從求九章要術興字廣明自云膠東人也山居隱跡希在人間興將臣到陽翟九崖巖沙門釋曇影間與卽北還臣獨留住依止影所求請九章影復將臣向長廣東山就道人法穆法穆時共影爲臣開述九章數家雜要復以先師和公所注黃帝四序經文三十六卷合有三百二十四章專說天地陰陽之本其第一孟序九卷八十一章說陰陽配合之原第二仲序九卷八十一章解四時氣王休殺吉凶第三叔序九卷八十一章明日月辰宿交會相生爲表裏第四季序九卷八十一章具釋六甲刑禍福德以此經文傳授於臣山神禁嚴不得賫出尋究經年粗舉綱要山居險難無以自供不堪窘迫心生懈怠以甲寅之年日維鶉火感物懷歸自爾至今二十五載臣前在東宮以狀奏聞奉被景穆皇帝聖詔敕臣撰錄集其要最仰奉明旨謹審先所見四序經文抄撮要略當世所須吉凶舉動集成一卷上至天子下及庶人貴賤等級尊卑差別吉凶所用罔不畢備未及內呈先帝晏駕依先撰錄謹以上聞其四序堪輿遂大行於世其從子玖亦以學術著名

王早勃海南皮人也明陰陽九宮及兵法善風角明元時喪亂之後有人詣早求問勝術早爲設法令各無咎由是州里稱之時有東莞鄭氏執得讎人趙氏剋明晨會宗族當就墓所刑之趙氏求救於早早爲占候并授以一符曰君今且還選取七人令一人爲行主者佩此符於雞鳴時伏在仇家宅東南二里平旦當有十人相隨向西北行中有二人乘黑牛一黑牛最在前一黑牛應第七但捉取第七者將還事必無他趙氏從之果如其言乃是鄭氏男五父也諸子並爲其族所宗敬故和解二家趙氏竟免後早與客清晨立於門內遇有卒風振樹早語客曰依法當有千里外急使日中時有兩匹馬一白一赤從西南來至卽取我逼我不聽與妻子別語訖便入召家人隣里辭別仍沐浴帶書囊日中出門候使如期果有馬一白一赤從州而至卽捉早上馬遂詣行宮時太武圍涼州未拔故許彥薦之早彥師也及至詔問何時當剋此城早對曰陛下但移據西北角三日內必剋帝從之如期而剋輿駕還都久不雨帝問早早曰今日申時必大雨比至未猶無片雲帝召早詰之早曰願更少時至申時雲四合遂大雨滂沲早苦以疾辭乞歸鄉里詔許之遂終於家或言許彥以其術勝恐終妨已譖令歸之耳

耿玄鉅鹿宋子人也善卜占有客叩門玄在室已知其姓字并所賫持及來問之意其所卜筮十中八九別有林占時或傳之而性不和俗時有王公欲求其筮者玄

則拒而不許每云今既貴矣何所求而復卜也欲望意外乎代京法禁嚴切王公聞之莫不驚悚而退故玄多見憎忿不爲貴勝所親官止鉅鹿太守

劉靈助燕郡人也師事范陽劉弁而麤疏無賴或時負販或復劫盜賣術於市後事尒朱榮榮信卜筮靈助所占屢中遂被親待爲榮府功曹參軍建義初榮於河陰害王公卿士時奉車都尉盧道虔兄弟亦相率朝行宮靈助以其州里衞護之由是朝士與諸盧相隨免害者數十人榮入京師超拜光祿大夫封長子縣公從上黨王元天穆討邢杲元顥入洛天穆度河會尒朱榮於太行及將攻河內令靈助筮之靈助曰未時必剋時已向中士衆疲怠靈助曰時將至矣榮鼓之即便剋陷及至北中榮攻城不獲以時盛暑議欲且還以待秋涼莊帝詔靈助筮之靈助曰必破十八九間果如言車駕還宮進爵燕郡公贈其父僧安爲幽州刺史尋兼尚書左僕射慰勞幽州流人北還與都督侯深等討葛榮餘黨韓婁滅之於薊仍釐州務又爲幽幷營安四州行臺及尒朱榮死莊帝幽崩靈助本寒微一朝至此自謂方術堪能動衆又以尒朱有誅滅之兆遂自號燕王大行臺爲莊帝舉義兵馴養大鳥稱爲己瑞妄說圖讖言劉氏當王又云欲知避世入鳥村遂刻氈爲人象書桃木爲符書作詭道厭祝法人多信之時西河人紇豆陵步藩舉兵逼晉陽尒朱兆頻戰不利故靈助唱言尒朱自然當滅不須我兵由是幽瀛滄冀人悉從之從之者夜舉火爲號不舉火者諸村共屠之普泰元年率衆至博陵之安國城與叱列延慶侯深尒朱羽生等戰戰敗被禽斬於定州傳首洛陽支分其體初靈助每云三月末我必入定州尒朱亦必滅及將戰靈助自筮卦不吉以手折蓍棄之地云此何知尋見禽果以三月入定州而齊神武以明年閏三月滅兆等於韓陵山永熙二年贈尚書左僕射開府儀同三司幽州刺史謚曰恭時又有沙門靈遠者不知何許人有道術嘗言尒朱榮成敗預知其時又言代魏者齊葛榮聞之故自號齊及齊神武至信都靈遠與勃海李嵩來謁神武待靈遠以殊禮問其天文人事對曰齊當興東海出天子今王據勃海是齊地又太白與月並宜速用兵遲則不吉靈遠後罷道姓荊字次德求之不知所在

李順興京兆杜陵人也年十餘乍愚乍智時莫識之其言未來事時有中者盛冬單布衣跣行冰上及入洗浴略不患寒家嘗爲齋方食器用不周順興言昆明池中有大荷葉可取盛餅食其所居去池十數里日不移影順興負荷葉而歸脚猶泥舉坐驚異後稍出城市常冠道士冠人有憶者不過數日輒至其家號爲李練好飲酒但不至醉貴賤並敬之得人所施輒散乞貧人蕭寶夤反召順興問曰朕王可幾年對曰爲天子自有百年者十年者一年者百日者事由可知及寶夤敗裁百日也有侯終德者寶夤之黨寶夤敗後收集反者順興稱其必敗德乃棒殺順興置城隍中頃之起活如初後賀拔岳北征順興與魏收書上爲毛鴻賓等九人姓名者悉放貴還順興從後提一河東酒甀以繩繫之於城巷牽行俄而蒲坂降又無何至太傅梁覽家庭中臥以布衫倒覆身上後覽於趙崔反通使東魏事泄被誅覽以衣到覆果如順興之形周文嘗至溫泉順興求乞溫泉東間驪山下二畝地周文曰李練用此何爲對曰有用未幾至溫湯遇患卒於其地初大統十三年順興謂周文曰可於沙苑北作一老君象面向北作笑狀周文曰何爲答曰令笑破蠕蠕時甚惑未解其意及蠕蠕國滅周文憶語遂作順興象於老君側

檀特師者名惠豐身爲比丘不知何處人飲酒噉肉語嘿無常逆論來事後皆如言居於涼州宇文仲和爲刺史請之至州內歷觀廐庫乃云何意畜他官馬官物仲和怒不聽住涼州未幾仲和拒不受代朝廷令獨孤信禽之仲和身死資財沒官周文遣書召之檀特發至岐州會齊神武來寇玉壁檀特曰狗豈能至龍門也神武果不至龍門而還侯景未叛東魏之前忽捉一杖杖頭刻爲獼猴令其面常向西日夜弄之又索一角弓牽挽之俄而景啓降尋復背叛人皆以爲驗至大統十七年春初忽著一布帽周文左右驚問之檀特曰汝亦著王亦著也至三月而魏文帝崩復取一白絹帽著之左右復問之檀特云汝亦著王亦著也未幾丞相夫人薨後又著白絹帽左右復問之云汝亦著王亦著也尋而丞相第二兒武邑公薨其事驗多如此也俄而疾死

由吾道榮琅邪沐陽人也少爲道士入長白山太山又遊燕趙間聞晉陽有人大明法術乃尋之是人爲人家傭力無名者久求訪始得其人道家符水禁咒陰陽歷數天文藥性無不通解以道榮好尚乃悉授之歲餘是人謂榮云我本恒岳仙人有少罪過爲天官所謫今限滿將歸卿宜送吾至汾水及至汾河遇水暴長橋壞船渡艱難是人乃臨水禹步以一符投水中流便絕俄頃水積將至天是人徐自沙石上渡唯道榮見其如是傍人咸云水如此長此人遂能浮過共驚異之如此法道榮所不得也道榮仍歸本郡隱於琅邪山中辟穀餌松术茯苓求長生之祕又善洞視蕭軌等之敗於江南其日道榮言之如目見其後鄉人從役得歸者勘問敗時形勢與道榮所說符同尋爲文宣追往晉陽道榮恒野宿不入逆旅至遼陽山中夜初馬驚有猛獸去馬止十餘步所追人及防援者並驚怖將走道榮徐以杖畫地成火坑猛獸遽走道榮至晉陽文宣見之甚悅後歸鄉里隋開皇初備禮徵辟授上儀同三司諫議大夫沐陽縣公從晉王平陳還苦辭歸至鄉卒年八十五又有張遠遊者文宣時令與諸術士合九轉金丹及成帝置之玉匣云我貪人間作樂不能飛上天待臨死時取服耳

顏惡頭章武郡人也妙於易筮遊州市觀卜有婦人負囊粟來卜歷七人皆不中而强索其粟惡頭尤之卜者曰君若能中何不爲卜惡頭因筮之曰登高臨下水洞洞唯聞人聲不見形婦人曰姙身已七月矣向井上汲水忽聞胎聲故卜惡頭曰吉十月三十日有一男子詣卜者乃驚服曰是顏生邪相與具羊酒謝焉有人以三月十三日詣惡頭求卜遇兌之履惡頭占曰君卜父父已亡當上天聞哭聲忽復蘇而有言其人曰父臥疾三年矣昨日雞鳴時氣盡舉家大哭父忽驚寤云我死有三尺人來迎欲升天聞哭聲遂墮地惡頭曰更三日當永去果如言人問其故惡頭曰兌上天下土是今日庚辛本宮火故知卜父今三月土入墓又見宗廟爻發故知死變見生氣故知蘇兌爲口主音聲故知哭兌變爲乾乾天也故升天兌爲言故父言故知有言未化入戌爲土三月土墓戌又是本宮鬼墓未後三日至戌故知三日復死惡頭又語人曰長樂王某年某月某日當爲天子有人姓張聞其言數以寶物獻之豫乞東益州刺史及期果爲天子擢張用之惡頭自言厄在彭城後遊東都逢彭城王尒朱仲遠將伐齊神武於鄴召惡頭令筮惡頭野生不知避忌高聲言大惡仲遠怒其沮衆斬之

王春河東安邑人也少精易占明陰陽風角齊神武引爲館客韓陵之戰四面受敵從寅至午三合三離將士皆懼神武將退軍春叩馬諫曰比至未時必當大捷遂縛其子詣軍門爲質若不勝請斬之賊果大敗後從征討恒令占卜其言多中位東徐州刺史賜爵安夷縣公卒贈秦州刺史

信都芳字玉琳河間人也少明算術兼有巧思每精心研究或墜坑坎常語人云筭歷玄妙機巧精微我每一沉思不聞雷霆之聲也其用心如此後爲安豐王延明召入賓館有江南人祖暅者先於邊境被獲在延明家舊明筭歷而不爲王所待芳諫王禮遇之暅後還留諸法授芳由是彌復精密延明家有羣書欲抄集五經筭事爲五經宗及古今樂事爲樂書又聚渾天欹器地動銅烏漏刻候風諸巧事并圖畫爲器準並令芳筭之會延明南奔芳乃自撰注後隱於并州樂平之東山太守慕容保樂聞而召之芳不得已而見焉於是保樂弟紹宗薦之於齊神武爲館客授中外府田曹參軍芳性清儉質直不與物和紹宗給其羸馬不肯乘騎夜遣婢侍以試之芳忿呼毆擊不聽近已狷介自守無求於物後亦注重差勾股復撰史宗芳精專不已又多所闚涉丞相倉曹祖珽謂芳曰律管吹灰術甚微妙絕來既久吾思所不至卿試思之芳留意十數日便報珽云吾得之矣然終須河內葭莩灰祖對試之無驗後得河內灰用術應節便飛餘灰即不動也爲時所重竟不行用故此法遂絕又著樂書遁甲經四術周髀宗其序曰漢成帝時學者問蓋天揚雄曰蓋哉未幾也問渾天曰洛下閎爲之鮮於妄人度之耿中丞象之幾乎莫之息矣此言蓋差而渾密也蓋器測影而造用之日久不同於祖故云未幾也渾器量天而作乾坤大象隱見難變故云幾乎是時太史令尹咸窮研晷蓋易古周法雄乃見之以爲難也自昔周公定影王城至漢朝蓋器一改爲渾天覆觀以靈憲爲文蓋天仰觀以周髀爲法覆仰雖殊大歸是一古之人制者所表天効玄象芳以渾筭精微術機萬首故約本爲之省要凡述二篇合六法名四術周髀宗又上黨李業興撰新歷自以爲長於趙歐何承天祖沖之三家芳難業興五闕又私撰曆書名曰靈憲曆筭月頻大頻小食必以朔證據甚甄明每云何承天亦爲此法而不能精靈憲若成必當百代無異議者書未成而卒

宋景業廣宗人也明周易爲陰陽緯候之學兼明歷數魏武定初任北平太守齊文宣作相在晉陽景業因高德政上言易稽覽圖曰鼎五月聖人君天與延年齒東北水中庶人王高得之讖案東北水謂勃海也高得之明高氏得天下也時魏武定八年三月也高德政徐之才並勸文宣應天受禪乃之鄴至平城都諸大臣沮計將還賀拔仁等又云宋景業誤王宜斬之以謝天下帝曰宋景業當爲帝王師何可殺也還至幷州文宣令景

業筮遇乾之鼎景業曰乾君也天也易曰時乘六龍以御天鼎五月卦也宜以仲夏吉辰順天受禪或曰陰陽書五月不可入官犯之卒於其位景業曰此乃大吉王爲天子無復下期豈得不終於其位帝大悅天保初封長城縣子受詔撰天保歷李廣爲之序

許遵高陽新城人也明易善筮兼曉天文風角占相逆刺其驗若神齊神武引爲館客自言祿命不富貴不橫死是以任情疎誕多所犯忤神武常容借之芒陰之役遵謂李業興曰賊爲水陳我爲火陳水勝火我必敗果如其言清河王岳以遵爲開府記室岳後將救江陵遵曰此行必致後凶直辭疾勿去岳曰勢不免去正當與君同行遵曰遵好與生人相隨不欲與死人同路岳彊給其馬以行至都尋喪三臺初成文宣宴會尚書以上三日不出許遵妻季氏憂之以問遵遵曰明日當得三百匹絹季氏曰若然當奉三束遵曰不滿十四既而皆如言文宣無道日甚遵語人曰多折筭來吾筮此狂夫何時得死於是布筭滿床大言曰不出冬初我乃不見文宣以十月崩遵果以九月死子暉亦學術數遵謂曰汝聰明不及我不勞多學唯授以婦人產法豫言男女及產日無不中武成時以此數獲賞焉又有滎陽魏紹者亦善占侯景欲試之使與郭生俱卜二伏牛何者先起卜得火兆郭生曰赤牛先起紹曰青牛先起景問其故郭生曰火色赤故知赤牛先起紹曰火將然烟先起烟上色青故知青牛起既而如紹言

吳遵世字季緒勃海人也少學易入恒山忽見一老翁授之開心符遵世跪水吞之遂明占卜後出遊京洛以卜筮知名魏孝武帝之將卽位使之筮遇否之萃曰先否後喜帝曰喜在何時遵世曰剛決柔則春末夏初也又筮遇明夷之賁曰初登於天後入於地若能敬始慎終不失法度無憂入地矣終如其言後齊文襄引爲大將軍府墨曹參軍從遊東山有雲起恐雨廢射戲使筮遇剝李業興云坤上艮下剝艮爲山山出雲故知有雨遵世云坤爲地土制水故知無雨文襄使崔暹書之云遵世若著賞絹十四不著罰杖十業興若著無賞不著罰杖十業興曰同是著何獨無賞文襄曰遵世著會我意故賞也須臾雲散二人各受賞罰皇建中武成以丞相在鄴下居守自致猜疑甚懷憂懼謀起兵每宿輒令遵世筮遵世云自有大慶由是不決俄而趙郡王等奉太后令以遺詔追武成更令筮之遵世云比已作十餘卦其占自然有天下之徵及卽位除中書舍人固辭老疾授中散大夫和士開封王妻元氏無子以側室長孫爲妃令遵世筮遵世云此卦偶與占同乃出其占書云元氏無子長孫爲妃士開喜於妙中於是起叫而舞遵世著易林雜占百餘卷後預尉遲迥亂死焉

趙輔和清都臨漳人也少以明易善筮爲齊神武館客神武崩於晉陽葬有日矣文襄令文宣與吳遵世等擇地頻卜不吉又至一所筮遇革咸云凶輔和少年最在衆人後進云革卦於天下人皆凶唯王家用之大吉革彖辭云湯武革命應天順人文宣遽登車顧云以此地爲定卽義平陵也有人父爲刺史得書云疾是人詣館別託相知者筮遇泰筮者云此卦甚吉是人出後輔和謂筮者云泰乾下坤上則父入土矣豈得言吉果凶問至有人父疾託輔和筮遇乾之晉慰諭令去後告人云乾之遊魂乾爲天爲父父變爲魂而升於天能無死乎亦如其言大寧武平中筮後宮誕男女及時日多中遂至通直常侍入周亦爲儀同隨開皇中卒

皇甫玉不知何許人也善相人齊文襄之自潁川歸文宣從後玉於傍縱觀謂人曰大將軍不作物指文宣曰會道北垂鼻涕者及文宣卽位試玉相術故以帛巾袜其眼使歷摸諸人至文宣曰此最大達官於任城王曰當至丞相於常山長廣二王並曰亦貴至石動桶曰此弄癡人至二供膳曰正得好飲食而已玉嘗爲高歸彥相曰位極人臣但莫反歸彥曰我何爲反玉曰公有反骨孝昭賜趙郡王十死不問王喜曰皇甫玉相臣云當惡死今復何慮帝以玉輒爲諸王相心不平之玉謂其妻曰殿上者不過二年妻以告舍人斛斯洪慶妻洪慶以啓帝怒曰向婦女小兒評論萬乘主赦名玉玉每照鏡自言兵死及被召謂妻曰我今去不廻若過日午時當得活既至正中遂斬之文襄時有吳士雙盲妙於聲文襄歷試之聞劉桃枝聲曰有所繫屬然當大富貴王侯將相多死其手譬如鷹犬爲人所使聞趙道德聲曰亦繫屬人富貴翕赫不及前人聞侯呂芬聲與道德相似聞太原公聲曰當爲人主聞文襄聲不動崔暹私掐之乃謬言亦國主也文襄以爲我家羣奴猶極貴況吾身也又時有御史賈子儒亦能相人崔暹嘗將子儒私視文襄子儒曰人有七尺之形不如一尺之面一尺之面不如一寸之眼大將軍臉薄眄速非帝王相也竟如其言齊代善相者有館客趙瓊其婦叔奇弓弓已轉在人處盡知之時人疑其別有假託不然則姑布子卿不如也初魏正始前有沙門學相遊懷朔舉目見人皆有富貴之表以爲必無此理燔其書而後皆如言乃知相法不虛也

解法選河內人也少明相術又受易於權會筮亦頗工陳郡袁叔德以太子闕行博陵太守不願之官以親老言於執政楊愔愔語云既非正除尋當遣代叔德意欲留尊累在京令法選占云不踰三年得代終不還也勸其盡家而行又爲叔德相云公邑邑終爲吏部尚書鑒照人物後皆如言又頻爲和士開相中士開牒爲開府行參軍

魏寧鉅鹿人也以善推祿命徵爲館客武成以己生年月託爲異人問之寧曰極富貴今年入墓武成驚曰是我寧變辭曰若帝王自有法又有陽子術語人曰謠言盧十六雉十四犍子拍頭三十三且四八天之大數太上之祚恐不過此既而武成崩年三十二

綦母懷文不知何許人也以道術事齊神武武定初齊軍戰芒山時齊軍旗幟盡赤西軍盡黑懷文曰赤火色黑水色水能滅火不宜以赤對黑土勝水宜改爲黃神武遂改爲赭黃所謂河陽幡者也懷文造宿鐵刀其法燒生鐵精以重柔鋌數宿則成剛以柔鐵爲刀脊浴以五牲之溺淬以五牲之脂斬甲過三十札今襄國治家所鑄宿柔鋌是其遺法作刀猶甚快利但不能頓截三十札也懷文又云廣平郡南幹子城是干將鑄劍處其土可瑩刀每云昔在晉陽爲監館館中有一蠕蠕客同館胡沙門指語懷文云此人別有異筭術仍指庭中一棗樹云令其布筭子卽知其實數乃試之并辯若干純赤若干赤白相半於是剝數之唯少一子筭者曰必不少但更撼之果落一實懷文位信州刺史又有孫正言謂人曰我昔聞曹普演有言高王諸兒阿保當爲天子至高德之承之當滅阿保謂天保也德之謂德昌也滅年號承光卽承之矣

張子信河內人也頗涉文學少以醫術知名恒隱白鹿山時出遊京邑甚爲魏收崔季舒所重大寧中徵爲尚藥典御武平初又以大中大夫徵之聽其所志還山又善易筮及風角之術武衞奚永洛與子信對坐有鵲鳴庭樹鬭而墮焉子信曰不善向夕當有風從西南來歷此樹拂堂角則有口舌事今夜有人喚必不可往雖敕亦以病辭子信去後果有風如其言是夜琅邪王五使切召永洛且云敕喚永洛欲起其妻苦留之稱墜馬腰折不堪動詰朝而難作子信齊亡卒

陸法和不知何許人也隱於江陵百里洲衣食居處一與戒行沙門同耆老自幼見之容色常定人莫能測也或謂出自嵩高遍遊遐邇既入荆州汶陽郡高要縣之紫石山無故捨所居山俄有蠻賊文道期之亂時人以爲預見萌兆及侯景始告降於梁法和謂南郡朱元英曰貧道共檀越擊侯景去元英曰侯景爲國立効師云擊之何也法和曰正是如此及景渡江法和時在青谿山元英往問曰景今圍城其事云何法和曰凡人取果宜待熟時固問之曰亦剋亦不剋景遣將任約擊梁湘東王於江陵法和乃詣湘東乞征約召諸蠻弟子八百人在江津二日便發湘東遣胡僧祐領千餘人與同行法和登艦大笑曰無量兵馬江陵多神祠人俗恒所祈禱自法和軍出無復一驗人以爲神皆從行故也至赤沙湖與約相對法和乘輕船不介冑沿流而下去約軍一里乃還謂將士曰聊觀彼龍睡不動吾軍之龍甚自踊躍卽攻之若得彼明日當不損客主一人而破賊然有惡處遂縱火船而逆風不便法和執白羽扇麾風風卽返約衆皆見梁兵步於水上於是大潰皆投水約逃竄不知所之法和曰明日午時當得及期而未得人問之法和曰吾前於此洲水乾時建一刹語檀越等此雖爲刹實是賊標今何不向標下求賊也如其言果於水中見約抱刹仰頭裁出鼻遂禽之約言求就師目前死法和曰檀越有相必不兵死且於王有緣決無他慮王於後當得檀越力耳湘東果釋用爲郡守及魏圍江陵約以兵赴救力戰焉法和既平約往進見王僧辯於巴陵謂曰貧道已卻侯景一臂其更何能爲檀越宜卽逐取乃請還湘東王曰侯景自然平矣無足可慮蜀賊將至法和請守巫峽待之乃總諸軍而往親運石以塡江三日水遂不流橫之以鐵鎖武陵王紀果遣蜀兵來度峽口勢蹙進退不可王琳與法和經畧一戰而殄之軍次白帝謂人曰諸葛孔明可謂爲名將吾自見之此城旁有其埋弩箭鏃一斛許因插表令掘之如其言又嘗至襄陽城北大樹下畫地方二尺令弟子掘之得一龜長尺半以杖叩之曰汝欲出不能得已數百歲不逢我者豈見天日乎爲授三歸龜乃入草初八疊山多惡疾人法和爲采藥療之不過三服皆差卽求爲弟子山中多毒虫猛獸法和授其禁戒不復噬螫所泊江湖必於峯側結表云此處放生漁者皆無所得才或少獲輒有大風雷船人懼而放之風雨乃定晩雖將兵猶禁諸軍漁捕有竊違者中夜猛獸必來欲噬之或亡其船纜有小弟子戲截蛇頭來詣法和法和曰汝何意殺因指以

示之弟子乃見蚍頭斷袴襠而不落法和使懺悔爲蚍作功德又有人以牛試刀一下而頭斷來詣法和法和曰有一斷頭牛就卿徵命殊急若不爲作功德一月內報至其人弗信少日果死法和又爲人置宅圖墓以避禍求福嘗謂人曰勿繫馬於碓其人行過鄉曲門側有碓因繫馬於其柱入門中憶法和戒走出將解之馬已斃矣梁元帝以法和爲都督郢州刺史封江乘縣公法和不稱臣其啓文朱印名上自稱居士後稱司徒梁元帝謂其僕射王褒曰我未嘗有意用陛爲三公而自稱何也褒曰彼既以道術自命容是先知梁元帝以法和功業稍重遂就加司徒都督刺史如故部曲數千人通呼爲弟子唯以道術爲化不以法獄加人又列肆之所不立市丞牧佐之法無人領受但以空檻籥在道間上開一孔以受錢賈客店人隨貨多少計其估限自委檻中所掌之司夕方開取條其孔目輸之於庫又法和平常言若不出口時有所論則雄辯無敵然猶帶蠻音善爲攻戰具在江夏大聚兵艦欲襲襄陽而入武關梁元帝使止之法和曰法和是求佛之人尚不希釋梵天王坐處豈規王位但於空王佛所與主上有香火因緣且主上應有報至故救援耳今既被疑是業定不可改也於是設供食具大餽薄餅及魏舉兵法和自郢入漢口將赴江陵梁元帝使人逆之曰此自能破賊師但鎭郢州不須動也法和乃還州堊其城門著麤白布衫袴布邪巾大繩束腰坐葦席終日乃脫之及聞梁元敗滅復取前凶服著之哭泣受弔梁人入魏果見餽餅焉法和始於百里洲造壽王寺既架佛殿更截梁柱曰後四十許年佛法當遭雷雹此寺幽僻可以免難及魏平荆州宮室焚爐總管欲發取壽王佛殿嫌其材短乃停後周氏滅佛法此寺隔在陳境故不及難天保六年春清河王岳進平臨江法和舉州入齊文宣以法和爲大都督十州諸軍事太尉公西南大都督五州諸軍事荆州刺史安湘郡公宋莅爲郢州刺史官爵如故莅弟簉爲散騎常侍儀同三司湘州刺史義興縣公梁將侯瑱來逼江夏齊軍棄城而退法和與宋莅兄弟入朝文宣聞其有奇術虛心想見之備三公鹵薄於城南十二里供帳以待之法和遙見鄴城下馬禹步辛術謂曰公既萬里歸誠主上虛心相待何作此術法和手持香鑪步從路車至於館明日引見給通幰油絡網車仗身百人詣闕通名不稱官爵不稱臣但云荆山居士文宣宴法和及其徒屬於昭陽殿賜法和錢百萬物萬段甲第一區田一百頃奴婢二百人生資什物稱是宋莅千段其餘儀同刺史以下各有差法和所得奴婢盡免之曰各隨緣去錢帛散施一日便盡以官所賜宅營佛寺自居一房與凡人無異三年間再爲太尉世猶謂之居士無疾而告弟子死期至時燒香禮佛坐繩牀而終浴訖將殮屍小縮止三尺許文宣命開棺而視之空棺而已法和書其所居屋壁而塗之及剝落有文曰十年天子爲尚可百日天子急如火周年天子遞代坐又曰一母生三天兩天共五年說者以爲婁太后生三天子自孝昭卽位至武成傳位後主共五年焉法和在荆郢有少姬年可二十餘自稱越姥身披法服不肯嫁娶恒隨法和東西或與其私通十有餘年今者賜棄別更他淫有司考驗並實越姥因爾改適生子數人

蔣昇字鳳起楚國平河人也少好天文玄象之學周文雅信待之大統三年東魏竇泰頓軍潼關周文出師馬牧澤時西南有黃紫氣抱日從未至酉周文謂昇曰此何祥也昇曰西南未地主土土王四季秦分今大軍既出喜氣下臨必有大慶於是與泰戰禽之自後遂降河東剋弘農破沙苑由此愈被親禮九年高仲密以北豫州來附周文欲遣兵援之昇曰春王在東熒惑又在井鬼分行軍非便周文不從軍至芒山不利而還太師賀拔勝怒曰蔣昇罪合萬死周文曰蔣昇固諫曰師出不利此敗也孤自取之恭帝元年以前後功授車騎大將軍儀同三司封高城縣子後除大中大夫以年老請致事詔許之加定州刺史卒於家

強練不知何許人也亦不知其名字先是李順興語默不恒好言未然之事當時號爲李練世人以強類之故亦呼爲練焉容貌長壯有異於人神情敞怳莫之能測意欲有所說逢人輒言若値其不欲言縱苦加祈請不相酬答初聞其言畧不可解事過後往往有驗恒寄住諸佛寺好行人家兼歷造王公邸第所至人皆敬信之晉公護未誅前練曾手持一瓠到護第門外抵破曰瓠破子苦時柱國平高公侯伏龍恩深被任委強練至龍恩宅呼其妻元氏及其妾媵幷婢僕等並令連席而坐諸人以逼夫人苦辭不肯強練曰汝等一例人耳何有貴賤遂逼就坐未幾而護誅諸子並死龍恩亦伏法仍籍沒其家建德中每夜上街衢邊樹大哭釋迦牟尼佛或至申旦如此者累月聲甚哀苦俄而廢佛道二教大象末又以一無底囊歷長安市肆告乞市人爭以米麥遺之強練張囊受之隨卽漏之於地人或問之強練曰但欲使諸人見盛空耳至隋開皇初果移都於龍首山城遂空廢後莫知其所終又有蜀郡衞元嵩者亦好言將來事蓋江左寶誌之流天和中遂著詩預論周隋廢興及皇家受命幷有徵驗尤不信釋教嘗上疏極論之

庾季才字叔奕新野人也八世祖滔隨晉元帝過江官至散騎常侍封遂昌侯因家於南郡江陵縣祖詵南史有傳父曼倩光祿卿季才幼穎悟八歲誦尚書十二通易好占玄象居喪以孝聞梁湘東王繹引授外兵參軍西臺建累遷中書郞領太史封宜昌縣伯季才固辭太史梁元帝曰漢司馬遷歷世居掌魏高堂隆猶領此職卿何憚焉帝亦頗明星歷謂曰朕猶慮禍起蕭牆季才曰秦將入郢陛下宜留重臣作鎭荆陝還郢以避其患帝初然之後與吏部尚書宗懍等議乃止俄而江陵覆滅周文帝一見深加優禮令參掌太史曰卿宜盡誠事孤當以富貴相答初荆覆亡衣冠士人多沒爲賤季才散所賜物購求親故周文問何能若此季才曰郢都覆敗君信有罪搢紳何咎皆爲賤隸誠竊哀之故贖購耳周文乃悟曰微君遂失天下之望因出令免梁俘爲奴婢者數千口武定二年與王褒庾信同補麟趾學士累遷稍伯大夫後宇文護執政問以天道徵祥對曰頃上台有變不利宰輔公宜歸政天子請老私門護沈吟久之曰吾本意如此但辭未獲免自是漸疏及護夷滅閱其書記有假託符命妄造異端者皆誅唯得季才兩紙盛言緯候宜免政歸權帝謂少宗伯斛斯徵曰季才甚得人臣之禮因賜粟帛遷太史中大夫詔撰靈臺祕苑封臨潁縣伯宣帝嗣位加驃騎大將軍開府儀同三司及隋文帝爲丞相嘗夜召問天時人事季才曰天道精微難可悉察竊以人事卜之符兆已定季才縱言不可公得爲箕潁事乎帝默然久之曰吾今譬騎虎誠不得下矣因賜以綵帛曰愧公此意大定元年正月季才上言今月戊戌平旦青氣如樓闕見國城上俄而變紫逆風西行氣經云天不能無雲而雨皇王不能無氣而立今王氣已見須卽應之二月日出卯入酉居天之正位謂之二八之門日者人君之象人君正位宜用二月其月十三日甲子甲爲六甲之始子爲十二辰之初甲數九子數又九九爲天數其日卽是驚蟄陽氣壯發之時昔周武王以二月甲子定天下享年八百漢高帝以二月甲午卽帝位享年四百故知甲子甲午爲得天數今月甲子宜應天受命上從之開皇元年授通直散騎常侍帝將遷都夜與高熲蘇威二人定議季才旦奏臣仰觀玄象俯察圖記龜兆允襲必有遷都且漢營此城經今將八百歲水皆鹹鹵不甚宜人願爲遷徙計帝愕然謂熲等曰是何神也遂發詔施行賜季才絹布及進爵爲公謂曰朕自今以後信有大道於是令季才與其子質撰垂象地形等志謂曰天道祕奧推測多途執見不同不欲令外人干預此事故令公父子共爲之及書成奏之賜米帛甚優九年出爲均州刺史時議以季才術藝精通有詔還委舊任以年老頻求去職優旨每不許會張胄玄歷行及袁充言日景長上以問季才因言充謬上大怒由是免職給半祿歸第所有祥異常令人就家訪焉仁壽三年卒季才局量寬弘術業優博篤於信義志好賓遊常吉日良辰與琅邪王褒彭城劉㲄河東裴政及宗人言等爲文酒之會次有劉臻明克讓柳䛒之徒雖後進亦申遊欵撰靈臺祕苑一百二十卷垂象志一百四十二卷地形志八十七卷並行於世

子質字行脩早有志尚八歲誦梁元帝玄覽言志等十賦拜童子郞仕隋累遷隴州司馬大業初授太史令操履貞慤立言忠鯁每有災異必指事面陳煬帝多忌刻齊王暕亦被猜嫌質子儉時爲齊王屬帝謂質曰汝不能一心事我乃使兒事齊王由是出爲合水令八年帝親伐遼東徵至臨渝問東伐剋不對曰伐之可剋不願陛下親行帝作色曰朕今總兵至此豈可未見賊而自退質曰願安駕住此命將授規事宜在速緩必無功帝不悅曰汝既難行可往此也及師還授太史令九年復征高麗又問今段何如對猶執前見帝怒曰我自行尚不能剋遣人豈有成功帝遂行旣而楊玄感反斛斯政奔高麗帝大懼遽歸謂質曰卿前不許我行當爲此耳今玄感成乎質曰今天下一家未易可動帝曰熒惑入斗如何對曰斗楚分玄感之封今火色衰謝終必無成十年帝自西京將往東都質諫宜鎭撫關內使百姓歸農三五年令四海少豐然後巡省帝不悅質辭疾不從帝聞之怒遣馳傳鎖質詣行在所至東都下獄竟死獄中子儉亦傳父業兼有學識仕歷襄武令元德太子學士齊王屬義寧初爲太史令

盧太翼字協昭河間人也本姓章仇氏七歲詣學日誦數千言州里號曰神童及長博綜羣書尤善占候算歷之術隱於白鹿山徙居林慮山茱萸澗受業者自遠而至初無所拒後憚其煩逃於五臺山地多藥物與弟子數人廬於巖下以爲神仙可致隋太子勇聞而召之太翼知太子必不爲嗣謂所親曰吾拘逼而來不知所稅

駕也及太子廢坐法當死文帝惜其才配爲官奴久乃釋其後目盲以手摸書而知其字仁壽末帝將避暑仁壽宮太翼固諫曰恐是行鑾輿不反帝大怒繫之長安獄期還斬之帝至宮寢疾臨崩命皇太子釋之及煬帝卽位漢王諒反帝問之答曰何所能爲未幾諒果敗帝從容言天下氏族謂太翼曰卿姓章仇四岳之胄與盧同源於是賜姓盧氏大業九年從駕至遼東太翼言黎陽有兵氣後數日而楊玄感反自是帝甚異之數加賞賜太翼所言天文之事不可稱數關諸祕密時莫能闚後數歲卒於雒陽

耿詢字敎信丹楊人也滑稽辯給伎巧絕人陳後主時以客從東衡州刺史王勇於嶺南勇卒詢不歸會羣俚反叛推詢爲主柱國王世積討禽之罪當誅自言有巧思世積釋之以爲家奴久之見其故人高智寶以玄象直太史詢從之受天文算術詢創意造渾天儀不假人力以水轉之施於闇室中使智寶外候天時動合符契世積知而奏之文帝配詢爲官奴給太史局後賜蜀王秀從往益州秀甚信之及秀廢復當誅何稠言耿詢之巧思若有神上於是特原其罪詢作馬上刻漏世稱其妙煬帝卽位進欹器帝善之免其奴歲餘授右尙方署監事七年車駕東征詢上言曰遼東不可討師必無功帝大怒命左右斬之何稠苦諫得免及平壤之敗帝以詢言爲中以詢守太史丞宇文化及弑逆之後從至黎陽謂其妻曰近觀人事遠察天文宇文必敗李氏當王吾知所歸矣謀欲去之爲化及所殺著鳥情占一卷行於世

來和字弘順京兆長安人也少好相術所言多驗周大冢宰宇文護引之左右累遷畿伯下大夫封洹水縣男隋文帝微時詣和曰公當王有四海及爲丞相拜儀同旣受禪進爵爲子開皇末和上表自陳龍潛所言曰昔陛下在周與永富公竇榮定語臣曰我聞有行聲卽識其人臣當時卽言公眼如曙星無所不照當王有天下願忍誅殺建德四年五月周武帝在雲陽宮謂臣曰諸公皆汝所識隋公相祿何如臣報武帝曰隋公止是守節人可鎭一方若爲將領陣無不破臣卽於宮東南奏聞陛下謂臣此語不忘明年烏丸軌言於武帝曰隋公非人臣帝尋以問臣臣知帝有疑臣詭報曰是節臣更無異相於時王誼梁彥光等知臣此語大象二年五月至尊從永巷東門入臣在永巷門東北面立陛下問臣曰我得無災鄣不臣奏陛下曰公骨法氣色相應天命已有付屬未幾遂總百揆上覽之大悅進位開府和同郡韓則嘗詣和相和謂之後四五當得大官人初不知所謂則至開皇十五年五月終人問其故和曰十五年爲三五加以五月爲四五大官椁也和言多此類著相經三十卷道士張賓焦子順鴈門人董子華等此三人當文帝龍潛時並私謂帝曰公當爲天子善自愛及踐位以賓爲華州刺史子順爲開府子華爲上儀同

蕭吉字文休梁武帝兄長沙宣武王懿之孫也博學多通尤精陰陽算術江陵覆亡歸於魏爲儀同周宣帝時吉以朝政日亂上書切諫帝不納及隋受禪進上儀同以本官太常考定古今陰陽書吉性孤峭不與公卿相浮沉又與楊素不協由是擯落鬱鬱不得志見上好徵祥之說欲乾沒自進遂矯其迹爲悅媚焉開皇十四年上書曰今年歲在甲寅十一月朔旦以辛酉爲冬至來年乙卯正月朔旦以庚申爲元日冬至之日卽在朔旦樂汁圖徵云天元十一月朔旦冬至聖王受享祚今聖主在位居天元之首而朔旦冬至此慶一也辛酉之日卽至尊本命辛德在景此十一月建景子酉德在寅正月建寅爲本命與月合德而居元朔之首此慶二也庚申之日卽是行年乙德在庚卯德在申來年乙卯是行年與歲合德而在元旦之朝此慶三也陰陽書云年命與歲月合德者必有福慶洪範傳云歲之朝月之朝日之朝主王者經書並謂三長應之者延年福吉況乃甲寅蔀首十一月陽之始朔旦冬至是聖王上元正月是正陽之月歲之首月之先朔旦是歲之元月之朝日之先嘉辰之會而本命爲九元之先行年爲三長之首並與歲月合德所以靈寶經云角音龍精其祚曰強來歲年命納音俱角歷之與經如合符契又甲寅乙卯天地合也甲寅之年以辛酉冬至來年乙卯以甲子夏至冬至陽始郊天之日卽是至尊本命此慶四也夏至陰始祀地之辰卽是皇后本命此慶五也至尊德並乾之覆育皇后仁同地之載養所以二儀元氣並會本辰上覽之悅賜物五百段房陵王時爲太子言東宮多鬼魅鼠妖數見上令吉詣東宮禳邪氣於宣慈殿設神坐有回風從艮地鬼門來掃太子坐吉以桃湯葦火驅逐之風出宮門而止謝土於未地設壇爲四門置五帝坐於時寒有蝦蟆從西南來入人門升赤帝坐還從人門而出行數步忽然不見上大異之賞賜優洽又上言太子當不安位時上陰欲廢立得其言是之由此每被顧問及獻皇后崩上令吉卜擇葬所吉歷筮山原至一處云卜年二千卜世二百具圖而奏之上曰吉凶由人不在於地高緯父葬豈不卜乎國尋滅亡正如我家墓田若云不吉朕不當爲天子若云不凶我弟不當戰沒然竟從吉言表曰去月十六日皇后山陵西北雞未鳴前有黑雲方圓五六百步從地屬天東南又有旌旗車馬帳幕布滿七八里并有人往來檢校部伍甚整日出乃滅同見者十餘人謹案葬書云氣王與姓相生大吉今黑氣當冬至與姓相生是大吉利子孫無疆之候也上大悅其後上將親臨發殯吉復奏曰至尊本命辛酉今歲斗魁及天罡臨卯酉謹案陰陽書不得臨喪上不納退而告族人蕭平仲曰皇太子遣宇文左率深謝余云公前稱我當爲太子竟有驗終不忘也今卜山陵務令我早立我立之後當以富貴相報吾記之曰後四載太子御天下今山陵氣應上又臨喪兆益見矣且太子得政隋其亡乎當有眞人出矣吾前紿云卜年二千者是三十字也卜世二百者取世二運也吾言信矣汝其誌之及煬帝嗣位拜太府少卿加位開府嘗行經華陰見楊素冢上有白氣屬天密言於帝帝問其故吉曰其候素家當有兵禍滅門之象改葬者庶可免乎帝後從容謂楊玄感曰公宜早改葬玄感亦微知其故以爲吉祥託以遼東未滅不遑私門之事未幾而玄感以反族滅帝彌信之後歲餘卒官著金海三十卷相經要錄一卷宅經八卷葬經六卷樂譜二十卷及帝王養生方二卷相手版要決一卷太一立成一卷並行於時

楊伯醜馮翊武鄉人也好讀易隱於華山隋開皇初徵入朝見公卿不爲禮無貴賤皆汝之人不能測也文帝召與語竟無所答賜衣服至朝堂捨之而去於是被髮陽狂游行市里形體垢穢未嘗櫛沐時有張永樂者賣卜京師伯醜每從之遊永樂爲卦有不能決者伯醜輒爲分析爻象尋幽入微永樂嗟服自以爲非所及也伯醜亦開肆賣卜有人嘗失子就伯醜筮者卦成伯醜曰汝子在懷遠坊南門東道北壁上有青裙女子抱之可往取也如言果得或有金數兩夫妻共藏之於後失金其夫意妻有異志將逐之其妻稱寃以詣伯醜伯醜爲之筮曰金在矣悉呼其家人指一人曰可就取果得之又將軍許知常問吉凶伯醜曰汝勿東北行必不得已當速還不然者楊素斬汝頭未幾上命知常事漢王諒俄而上崩諒舉兵反知常逃歸京師知常先與楊素有隙及素平并州先訪知常將斬之賴此獲免又有人失馬來詣伯醜卜者時伯醜爲皇太子所召在途遇之立爲作卦卦成曰我不遑爲卿說且向西市東壁門南第三店爲我買魚作鱠當得馬矣其人如教須臾有一人牽所失馬而至遂禽之崖州嘗獻徑寸珠其使者陰易之上心疑焉召伯醜令筮伯醜曰有物出自水中質圓而色光是大珠也今爲人所隱具言隱者姓名容狀上如言簿責之果得本珠上奇之賜帛二十匹國子祭酒何妥嘗詣之論易聞妥之言悠爾而笑曰何用鄭玄王弼之言乎久之微有辯答所說辭義皆異先儒之旨而思理玄妙故論者以爲天然獨得非常人所及也竟以壽終

臨孝恭京兆人也明天文筭術隋文帝甚親遇之每言災祥之事未嘗不中上因令考定陰陽書官至上儀同著欹器圖三卷地動銅儀經一卷九宮五墓一卷遁甲錄十卷元辰經十卷元辰厄百九卷百怪書十八卷祿命書二十卷九宮龜經一百一十卷太一式經二十卷孔子馬頭易卜書一卷並行於世

劉祐滎陽人也隋開皇初爲大都督封索盧縣公其所占候合如符契文帝甚親之初與張賓劉輝馬顯定歷後奉詔撰兵書十卷名曰金韜上善之復著陰策二十卷觀臺飛候六卷玄象要記五卷律歷術文一卷婚姻志三卷產乳志二卷式經四卷四時立成法一卷安歷志十二卷歸正易十卷並行於世

張胄玄勃海蓨人也博學多通尤精術數冀州刺史趙煚薦之隋文帝徵授雲騎尉直太史參議律歷事時輩多出其下由是太史令劉暉等甚忌之然暉言多不中胄玄所推步甚精密上異之令楊素與術士數人立議六十一事皆舊法久難通者令暉與胄玄等辯折之暉杜口一無所答胄玄通者五十四焉由是擢拜員外散騎侍郎兼太史令賜物千段暉及黨與八人皆斥遂之改定新歷言前歷差一日內史通事顏慜楚上言曰漢時落下閎改顓頊歷作太初歷云後當差一日八百年當有聖者定之計今相去七百一十年術者舉其成數聖者之謂其在今乎上大悅漸見親用胄玄所謂歷法與古不同者三事其一宋祖沖之於歲周之末創設差分冬至漸移不循舊軌每四十六年却差一度至梁虞劇歷法嫌沖之所差太多因以一百八十六年冬至移一度胄玄以此二術年限縣隔追檢古注所失極多遂折中兩家以爲度法冬至所宿歲別漸移八十三年却行一度則上合堯時日永星火次符漢歷宿起牛初明其前後並皆密當其二周馬顯造景寅元歷有陰陽轉

法加減章分進退蝕餘乃推定日創開此數當時術者
多不能曉張賓因而用之莫能考正冑玄以爲加時先
後逐氣參差就月爲斷於理未可乃因二十四氣列其
盈縮所出實由日行遲則月逐日易及令合朔加時早
日行速則月逐日少遲令合朔加時晚檢前代加時早
晚以爲損益之率日行自秋分已後至春分其勢速計
一百八十二日而行一百八十度自春分已後至秋分
日行遲計一百八十二日而行一百七十六度每氣之
至卽其率也其二自古諸歷朔望逢交不問內外交限
便蝕張賓立法創有外限應蝕不蝕猶未能明冑玄以
日行黃道歲一周天月行月道二十七日有餘一周天
月道交絡黃道每行黃道內十三日有奇而出又行道
外十三日有奇而入終而復始月經黃道謂之交朔望
去交前後各五度以下卽爲當蝕若月行內道則在黃
道之北蝕多有驗月行黃道在黃道之南也雖遇正人
無由掩映蝕多不驗遂因前法別立定限隨交遠近逐
氣求差損益蝕分事皆明著其超古獨異者有七事其
一古歷五星行度皆守恒率見伏盈縮悉無格準冑玄
候之各得其率合見之數與古不同其差多者至加減
三十許日卽如熒惑平見在雨水氣卽均加二十九日
見在小雪氣則均減二十五日加減平見以爲定見諸
見各有盈縮之數皆如此例但差數不同特其積候所
知時人不能原其旨其二辰星舊率一終再見凡諸古
歷皆以爲然應見不見人未能測冑玄積候知辰星一
終之中有時一見及同類感召相隨而出卽如辰星平
晨見在雨水者應見卽不見若平晨見在啓蟄者去日
十八度外三十六度內晨有木火土金一星者亦相隨
見其三古歷步術行有定限自見已後依率而推進退
之期莫知多少冑玄積候知五星遲速留退眞數皆與
古法不同多者差八十餘日留所在亦差八十餘度
卽如熒惑前疾初見在立冬初則二百五十日行一百
七十七度定見夏至初則一百七十日行九十二度追
步天驗今古皆密其四古歷食分依平卽用推驗多少
實數罕符冑玄積候知月從木火土金四星行有向背
月向四星卽速背之則遲皆十五度外乃循本率遂於
交分限其多少其五古歷加時朔望同術冑玄積候知
日蝕所在隨方改變傍正高下每處不同交有淺深遲
速亦異約時立差皆會天象其六古歷交分卽爲蝕數
去交十四度者食一分去交十三度食二分去交十度
食三分每近一度食益一分當交卽蝕既其應多少自

古諸歷未悉其原冑玄積候知當交之中月掩日不能
畢盡故其蝕反少去交五六時月在日內掩日便盡故
其蝕乃既自此以後更遠者其蝕又少交之前後在冬
至皆爾若近夏至其率又差冑玄所立蝕分最爲詳密
其七古歷二分晝夜皆等冑玄積候知其有差春秋二
分晝多夜漏半刻皆由日行遲疾盈縮使其然也凡此
冑玄獨得於心論者服其精密大業中卒于官

北史卷八十九考證

張深傳議星分案文占○文魏書作天
王早傳乃是鄭氏男五丈也○男五魏書作五男
庾季才傳漢司馬遷歷世居掌○居隋書作尸
信有大道○大隋書作天
與琅邪王褒彭城劉瑴河東裴政及宗人言等○隋書瑴作瑴言作信
子質傳操履貞懿○懿隋書作慤
令玄感成乎○成乎隋書作其成事乎
盧太翼傳鄉姓章仇四岳之冑○冑監本訛胄今改從隋書
耿詢傳帝善之免其奴○免其奴隋書作放爲良民

北史卷九十

唐　李延壽　撰

列傳第七十八

藝術下

周澹　李脩　徐謇從孫之才　王顯
馬嗣明　姚僧垣　褚該　許智藏
萬寶常　蔣少游　何稠

周澹京兆鄠人也多方術尤善醫藥遂爲太醫令明元
嘗苦風頭眩澹療得愈由此位特進賜爵成德侯神瑞
二年京師饑朝議遷都於鄴澹與博士祭酒崔浩進計
言不可明元曰唯此二人與朕意同詔賜澹浩妾各一
人卒諡曰恭

李脩字思祖本陽平館陶人也父亮少學醫術未能精
究太武時奔宋又就沙門僧坦略盡其術針灸授藥罔
不有効徐兗閒多所救恤亮大爲聽事以舍病人死者
則就而棺殯親往弔視其仁厚若此累遷府參軍督護
本郡士門宿官咸相交昵車馬金帛酬賚無貲脩兄元
孫隨畢衆敬赴平陽亦遵父業而不及以功拜奉朝請
脩略與兄同晚入代京歷位中散令以功賜爵下蔡子
遷給事中太和中常在禁內文明太后時有不豫脩侍
針藥多効賞賜累加車服第宅號爲鮮麗集諸學士及
工書者百餘人在東宮撰諸藥方百卷皆行於世先是
咸陽公高允雖年且百歲而氣力尚康孝文文明太后
時令脩診視之一旦奏言允脈竭氣微大命無遠未幾
果亡後卒於太醫令贈青州刺史

徐謇字成伯丹陽人也家本東莞與兄文伯等皆善醫
藥謇因至青州慕容白曜平東陽獲之送京師獻文欲
驗其能置病人於幕中使謇隔而脈之深得病形兼知
色候遂被寵遇爲中散稍遷內侍長文明太后時問經
方而不及李脩之見任用謇合和藥劑攻療之驗精妙
於脩而性祕忌承奉不得其意雖貴爲王公不爲措療
也孝文遷洛稍加眷待體小不平及所寵馮昭儀有病
皆令處療又除中散大夫轉侍御師謇欲爲孝文合金
丹致延年法乃入居嵩高採營其物歷歲無所成遂罷
二年上幸縣瓠有疾大漸乃馳驛召謇令水路赴行所
一日一夜行數百里至診省有大驗九月車駕次於汝
濱乃大爲謇設太官珍膳因集百官特坐謇於上席遍
陳餚觴於前命左右宣謇救攝危篤振濟之功宜加酬
賚乃下詔褒美以謇爲大鴻臚卿金鄉縣伯又賜錢絹
雜物奴婢牛馬事出豐厚皆經內呈諸親王咸陽王禧
等各有別賚並至千匹從行至鄴上猶自發動謇日夕
左右明年從詣馬圈上疾勢遂甚蹙蹙不怡每加切誚
又欲加之鞭捶幸而獲免帝崩後謇隨梓宮還洛謇常
有將餌及吞服道年垂八十而鬢髮不白力未多衰正
始元年以老爲光祿大夫卒贈安東將軍齊州刺史諡
曰靖子踐字景昇襲爵位建興太守文伯仕南齊位東
莞太山蘭陵三郡太守子雄員外散騎侍郎醫術爲江
左所稱事並見南史雄子之才幼而儁發五歲誦孝經
八歲略通義旨曾與從兄康造梁太子詹事汝南周捨
宅聽老子捨爲設食乃戲之曰徐郎不用心思義而但
事食乎之才答曰蓋聞聖人虛其心而實其腹捨嗟賞
之年十三召爲太學生粗通禮易彭城劉孝綽河東裴
子野吳郡張嵊等每共論周易及喪服儀酬應如響咸
共歎曰此神童也孝綽又云徐郎鸞頷有班定遠之相
陳郡袁昂領丹陽尹辟爲主簿人務事宜皆被顧訪郡
廨遭火之才起望夜中不著衣披紅服帕出房映光爲
昂所見功曹白請免職昂重其才術仍特原之豫章王
綜出鎭江都復除豫章王國左常侍又轉綜鎭北主簿
及綜入魏三軍散走之才退至呂梁橋斷路絕遂爲魏
統軍石茂孫所止綜入魏旬月位至司空魏聽綜收歛
僚屬乃訪知之才在彭泗啓魏帝云之才大善醫術兼
有機辯詔徵之才孝昌二年至洛敕居南館禮遇甚優
謇子踐啓求之才還宅之才藥石多効又闚涉經史發
言辯捷朝賢競相要引爲之延譽武帝時封昌安縣侯
天平中齊神武徵赴晉陽常在內館禮遇稍厚武定四
年自散騎常侍轉祕書監文宣作相普加黜陟楊愔以
其南士不堪典掌功程且多陪從全廢曹務轉授金紫
光祿大夫以魏收代之才甚怏怏不平之才少解天文
兼圖讖之學共館客宋景業參校吉凶知午年必有革
易因高德正啓之文宣聞而大悅時自婁太后及勳貴
臣咸云關西既是勍敵恐其有挾天子令諸侯之辭不
可先行禪代事之才獨云千人逐兔一人得之諸人咸
息須定大業何容翻欲學人又援引證據備有條目帝
從之登祚後彌見親密之才非惟醫術自進亦爲首唱
禪代又戲謔滑稽言無不至於是大被狎昵尋除侍中
封池陽縣伯見文宣政令轉嚴求出除趙州刺史竟不
獲述職猶爲弄臣皇建二年除西兗州刺史未之官武
明皇太后不豫之才療之應手便愈孝昭賜綵帛千段
錦四百匹之才旣善醫術雖有外授頃卽徵還旣博識
多聞由是於方術尤妙大寧二年春武明太后又病之
才弟之範爲尚藥典御敕令診候內史皆令呼太后爲
石婆蓋有俗忌故改名以厭制之之範出告之才曰童
謠云周里跂求伽豹祠嫁石婆斬冢作媒人唯得一量
紫綖靴今太后忽改名私所致怪之才曰跂求伽胡言
去已豹祠嫁石婆豈有好事斬冢作媒人勿令合葬自
斬冢唯得紫綖靴者得至四月何者紫之爲字此下糸
綖者熟當在四月之中之範問靴是何義之才曰靴者
革旁化寧是久物至四月一日后果崩有人患腳跟腫
痛諸醫莫能識之才曰蛤精疾也由乘船入海垂腳水
中疾者曰實曾如此之才爲剖得蛤子二大如榆莢又
有以骨爲刀子把者五色斑斕之才曰此人瘤也問得
處云於古冢見髑髏額骨長數寸試削視有文理故用
之其明悟多通如此天統四年累遷尚書左僕射俄除
兗州刺史特給鐃吹一部之才醫術最高偏被命召武
成酒色過度怳忽不恒曾病發自云初見空中有五色
物稍近變成一美婦人去地數丈亭亭而立食頃變爲
觀世音之才云此色欲多大虛所致卽處湯方服一劑
便覺稍遠又服還變成五色物數劑湯疾竟愈帝每發
動暫遣騎追之針藥所加應時必效故頻有端執之舉
入秋武成小定更不發動和士開欲依次轉進以之才

附籍兗州即是本屬遂奏附除刺史以胡長仁爲左僕射士開爲右僕射及十月帝又病動語士開云浪用之才外任使我辛苦其月八日敕驛追之才帝以十日崩之才十一日方到既無所及復還赴州在職無所侵暴但不甚閑法理頗亦疎慢用捨自由五年冬後主徵之才尋左僕射闕之才曰自可復禹之績武平元年重除尚書左僕射之才於和士開陸令萱母子曲盡卑狎二家若疾救護百端由是遷尚書令封西陽郡王祖珽執政除之才侍中太子太師之才恨曰子野沙汰我珽目疾故以師曠比之之才聰辯強識有兼人之敏尤好劇談體語公私言聚多相嘲戲鄭道育常戲之才爲師公之才曰既爲汝師又爲汝公在三之義頓居其兩又嘲王昕姓云有言則訨近犬便狂加頸足而爲馬施角尾而成羊盧元明因戲之才云卿姓是未入人名是字之誤之當爲乏也即答云卿姓在上爲虐在丘爲虛生男則爲虜配馬則爲驢又常與朝士出游遙望羣犬競走諸人試令目之之才即應聲云爲是宋鵲爲是韓盧爲逐李斯東走爲負帝女南徂李諧於廣坐因稱其父名曰卿耆熊白生不之才曰平平耳又曰卿此言於理平不諧遽出避之道逢其甥高德正德正曰舅顏色何不悅諧告之故德正徑送坐席連索熊白之才謂坐者曰箇人諱底衆莫之應之才曰生不爲人所知死不爲人所諱此何足問唐邕白建方貴時人言云并州赫赫唐與白之才茂之元日對邕爲諸令史祝曰卿等位當作唐白又以小史好嚼筆故常執管就元文遙口曰借君齒其不遜如此歷事諸帝以戲狎得寵武成生齴牙問諸醫尚藥典御鄧宣文以實對武成怒而撻之後以問之才拜賀曰此是智牙生智牙者聰明長壽武成悅而賞之爲僕射時語人曰我在江東見徐勉作僕射朝士莫不佞之今我亦是徐僕射無一人佞我何由可活之才妻魏廣陽王妹之才從文襄求得爲妻和士開知之乃淫其妻之才遇見而避之退曰妨少年戲笑其縱之如此年八十卒贈司徒公錄尚書事謚曰文明長子林字少卿太尉司馬次子同卿太子庶子之才以其無學術每歎曰終恐同廣陵散矣弟之範亦醫術見知位太常卿特聽襲之才爵西陽王入周授儀同大將軍開皇中卒

王顯字世榮陽平樂平人也自言本東海郯人王朗之後也父安上少與李亮同師俱受醫藥而不及亮顯少歷本州從事雖以醫術自通而明敏有決斷才用初文昭太后之懷宣武夢爲日所逐化而爲龍而繞后后寤而驚悸遂成心疾文明太后敕徐謇及顯等爲后診脉謇云是微風入藏宜進湯加針顯言案三部脉非有心疾將是懷孕生男之象果如顯言久之補侍御師宣武自幼有微疾顯攝療有效因稍蒙眄識又罷六輔之初顯爲領軍于烈間通規策頗有密功累遷廷尉卿仍在侍御營進御藥出入禁內累遷御史中尉顯前後居職所在著稱糾折庶獄究其姦回出內惜慎憂國如家及領憲臺多所彈劾百寮肅然又以中尉屬官不悉稱職諷求改革詔委改選務盡才能而顯所舉或有請屬未皆得人於是衆議喧譁聲望致損後宣武詔顯撰藥方三十五卷班布天下以療諸疾東宮建上爲太子詹事委任甚厚上每幸東宮顯常近侍出入禁中仍奉醫藥賞賜累加爲立館宇寵振當時以營療功封魏國縣伯及宣武崩明帝踐阼顯參奉璽策隨從臨哭微爲憂懼顯既蒙任遇兼爲法官恃勢使威爲時所疾朝宰託以侍療無效執之禁中詔削爵位徙朔州臨執呼冤直閤伊盆生以刀鐶撞其腋下傷中吐血至右衛府一宿死子瞻尚書儀曹郎中懼走後被獲榜掠百餘宅没於官初顯搆會元景就刑南臺及顯之死在右衛府唯隔一巷相去數十步世以爲有報應之驗始顯布衣爲諸生有沙門相顯後當富貴誡其勿爲吏吏必敗由是宣武時或欲令其兼攝吏部每殷勤辭避及宣武崩帝夜即位受璽策於儀須兼太尉及吏部倉卒百官不具以顯兼吏部行事又顯未敗之前有嫗卜相於市者言人吉凶頗驗時子瞻已爲郎聞之微服就嫗問已終至何官嫗言君今既有位矣不復更進當受父冤並如其語

馬嗣明河內野王人也少博綜經方爲人診脉一年前知其生死邢邵唯一子大寶甚聰慧年十七八患傷寒嗣明爲其診脉退告楊愔云邢公子傷寒不療自差然脉候不出一年便死覺之少晚不可復療數日後楊邢並侍宴內殿文宣云邢子才兒大不惡我欲乞其隨近一郡楊以年少未合剖符宴罷奏云馬嗣明稱大寶脉惡一年內恐死若其出郡醫藥難求遂寢大寶未朞而卒楊愔患背腫嗣明以練石塗之便差因此大爲楊愔所重作練石法以麤黃色石如鵝鴨卵大猛火燒令赤內淳醋中自有石屑落醋裏頻燒至石盡取石屑曝乾擣下簁和醋以塗腫上無不愈武平中爲通直散騎常侍針灸孔穴往往與明堂不同嘗有一家二奴俱患身體遍青漸虛羸不能食訪諸醫無識者嗣明爲灸兩足趺上各三七壯便愈武平末從駕往晉陽至遼陽山中數處見牓云有人家女病若能差之者購錢十萬又諸名醫多尋牓至是人家問疾狀俱不下手唯嗣明爲之療問其病由云曾以手持一麥穗即見一赤物長二尺許似蛇入其手指中因驚倒地即覺手臂疼腫月餘日漸及半身肢節俱腫痛不可忍呻吟晝夜不絕嗣明即爲處方令馳馬往都市藥示其節度前後服十劑湯一劑散比嗣明明年從駕還此女平復如故嗣明藝術精妙多如是隋開皇中卒於太子藥藏監然性自矜大輕諸醫人自徐之才崔叔鸞以還俱爲其所輕

姚僧垣字法衞吳興武康人吳太常信之八世孫也父菩提梁高平令嘗嬰疾疹歷年乃留心醫藥梁武帝召與討論方術言多會意由是頗禮之僧垣幼通洽居喪盡禮年二十四即傳家業仕梁爲太醫正加文德主帥梁武帝嘗因發熱服大黃僧垣曰大黃快藥至尊年高不宜輕用帝弗從遂至危篤太清元年轉鎮西湘東王府中記室參軍僧垣少好文史爲學者所稱及梁簡文嗣位僧垣兼中書舍人梁元帝平侯景召僧垣赴荊州改授晉安王府諮議梁元帝嘗有心腹病諸醫皆請用平藥僧垣曰脉洪實宜用大黃元帝從之進湯訖果下宿食因而疾愈時初鑄錢一當十乃賜十萬貫實百萬也及魏軍剋荊州僧垣猶侍梁元不離左右爲軍人所止方泣涕而去尋而周文遣使馳驛徵僧垣燕公于謹固留不遣謂使人曰吾年衰暮疾病嬰沉今得此人望與之偕老周文以謹勳德隆重乃止明年隨謹至長安武成元年授小畿伯下大夫金州刺史伊婁穆以疾還京請僧垣省疾乃云自腰至臍似有三縛兩脚緩縱不復自持僧垣即爲處湯三劑穆初服一劑上縛即解次服一劑中縛復解又服一劑三縛悉除而兩脚疼痺猶自攣弱更爲合散一劑稍得屈申僧垣曰終待霜降此患當愈及至九月遂能起行大將軍襄樂公賀蘭隆先有氣疾加以水腫喘息奔急坐臥不安或有勸其服決命大散者其家疑未能決乃問僧垣僧垣曰意謂此患不與大散相當即爲處方勸急使服便即氣通更服一劑諸患悉愈大將軍樂平公竇集暴感風疾精神瞀亂無所覺知醫先視者皆云已不可救僧垣後至曰困矣終當不死爲合湯散所患即瘳大將軍永世公叱伏列椿苦痢積時而不損廢朝謁燕公謹嘗問僧垣曰樂平永世俱有痼疾意永世差輕對曰夫患有深淺時有危殺樂平雖困終當保全永世雖輕必不免死謹曰當在何時對曰不出四月果如其言謹歎異之天和六年遷遂伯中大夫建德三年文宣太后寢疾醫巫雜說各有同異武帝引僧垣坐問之對曰臣準之常人竊以憂懼帝泣曰公既決之矣知復何言尋而太后崩其後復因召見乃授驃騎大將軍開府儀同三司敕停朝謁若非別敕不勞入見四年帝親戎東討至河陰遇疾口不能言瞼垂覆目不得視一足短縮又不得行僧垣以爲諸藏俱病不可並療軍中之要莫過於語乃處方進藥帝遂得言次又療目目疾便愈末及足足疾亦瘳比至華州帝已痊復即除華州刺史仍詔隨駕入京不令在鎮宣政元年表請致仕優詔許之是歲帝幸雲陽遂寢疾乃召僧垣赴行在所內史柳昂私問曰至尊脉候何如對曰天子上應天心或當非愚所及若凡庶如此萬無一全尋而帝崩宣帝初在東宮常苦心痛乃令僧垣療之其疾即愈及即位恩禮彌隆謂曰嘗聞先帝呼公爲姚公有之對曰臣曲荷殊私實如聖旨帝曰此是尚齒之辭非爲貴爵之號朕當爲公建國開家爲子孫永業乃封長壽縣公冊命之日又賜以金帶及衣服等大象二年除太醫下大夫帝尋有疾至於大漸僧垣宿直侍疾帝謂隋公曰今日性命唯委此人僧垣知帝必不全濟乃對曰臣但恐庸短不逮敢不盡心帝頷之及靜帝嗣位遷上開府儀同大將軍隋開皇初進爵北絳郡公三年卒年八十五遺誡衣帢入棺朝服勿斂靈上唯置香奩每日設清水而已贈本官加荊湖二州刺史僧垣醫術高妙爲當時所推前後效驗不可勝紀聲譽既盛遠聞邊服至於諸蕃外域咸請託之僧垣乃參校徵效者爲集驗方十二卷又撰行記三卷行於世長子察南史有傳次子最字士會博通經史尤好著述年十九隨僧垣入關明帝盛聚學徒校書於麟趾殿最亦預爲學士俄授齊王憲府水曹參軍掌記室事特爲憲所禮接最幼在江左迄於入關未習醫術天和中齊王憲奏遣最習之憲又謂最曰博學高才何如王褒庾信王庾名重兩國吾視之蔑如接待資給非爾家比也勿不存心且天子有敕彌須勉勵最於是始受家業十許年中略盡其妙每有人告請效驗甚多隋文帝踐極除太子門大夫以父憂去官哀毀骨立既免喪襲爵北絳郡公復爲太子門大夫俄轉蜀王秀友秀鎮益州遷秀府司馬及平陳察至最自以非嫡讓封於察隋文帝許之秀後陰有異謀隋文帝令公卿窮其事開府慶整郝瑋等並推過於秀最獨曰凡有不法皆最所爲王實不知也榜

訊數百卒無異辭竟坐誅論者義之撰梁後略十卷行於世

褚該字孝通河南陽翟人也父義昌梁鄱陽王中記室該幼而謹厚尤善醫術仕梁歷武陵王府參軍隨府西上後與蕭撝同歸周自許奭死後該稍爲時人所重賓客迎候亞於姚僧垣天和初位縣伯下大夫進授車騎大將軍儀同三司該性淹和不自矜尚但有請之者皆爲盡其藝術時論稱其長者後以疾卒子則亦傳其家業

許智藏高陽人也祖道幼常以母疾遂覽醫方因而究極時號名醫誡諸子曰爲人子者嘗膳視藥不知方術豈謂孝乎由是遂世相傳授仕梁位員外散騎侍郎父景武陵王諮議參軍智藏少以醫術自達仕陳爲散騎常侍陳滅隋文帝以爲員外散騎侍郎使詣揚州會秦王俊有疾上馳召之俊夜夢其亡妃崔氏泣曰本來相迎如聞許智藏將至其人若到當必相苦爲之柰何明夜俊又夢崔氏曰妾得計矣當入靈府中以避之及智藏至爲俊診脈曰疾已入心卽當發癎不可救也果如言俊數日而薨上奇其妙賚物百段煬帝卽位智藏時致仕帝每有苦輒令中使就宅詢訪或以轝迎入殿扶登御牀智藏爲方奏之用無不効卒於家年八十宗人許澄亦以醫術顯澄父奭仕梁爲中軍長史隨柳仲禮入長安與姚僧垣齊名拜王儀同三司澄有學識傳父業尤盡其妙歷位尙藥典御諫議大夫封賀川縣伯父子俱以藝術名重於周隋二代史失其事故附云

萬寶常不知何許人也父大通從梁將王琳歸齊後謀還江南事泄伏誅由是寶常被配爲樂戶因妙達鐘律遍工八音與人方食論及聲調時無樂器寶常因取前食器及雜物以箸扣之品其高下宮商畢備諧於絲竹大爲時人所賞然歷周隋俱不得調開皇初沛國公鄭譯等定樂初爲黃鐘調寶常雖爲伶人譯等每召與議然言多不用後譯樂成奏之上召寶常問其可不寶常曰此亡國之音豈陛下所宜聞上不悅寶常因極言樂聲哀怨淫放非雅正之音請以水尺爲律以調樂器其聲率下鄭譯調二律并撰樂譜六十四卷且論八音旋相爲宮法改弦移柱之變爲八十四調一百四十律變化終於一千八百聲時以周禮有旋宮之義自漢以來知音不能通見寶常特創其事皆哂之至是試令爲之應手成曲無所疑滯見者莫不嗟異於是損益樂器不可勝紀其聲雅淡不爲時人所好太常善聲者多排毁之又太子洗馬蘇夔以鐘律自命尤忌寶常夔父威方用事凡言樂者附之而短寶常數詣公卿怨望蘇威因詰寶常所爲何所傳受有一沙門謂寶常曰上雅好符瑞有言徵祥者上皆悅之先生當言從胡僧受學云是佛家菩薩所傳音律則上必悅先生當言所爲可以行矣寶常遂如其言以荅威威怒曰胡僧所傳乃四夷之樂非中國宜行其事竟寢寶常聽太常所奏樂泫然泣曰樂聲淫厲而哀天下不久將盡時四海全盛聞言者皆謂不然大業之末其言卒驗寶常貧而無子其妻因其臥疾遂竊其資物而逃寶常竟餓死將死取其所著書焚之曰何用此爲見者於火中探得數卷見行於世開皇中鄭譯何妥盧賁蘇夔蕭吉並討論墳籍撰著樂書皆爲當時所用至於天然識樂不及寶常遠矣安馬駒曹妙達王長通郭令樂等能造曲爲一時之妙又習鄭聲而寶常所爲皆歸於雅此輩雖公議不附寶常然皆心服謂以爲神時樂人王令言亦妙達音律大業末煬帝將幸江都令言之子嘗於戶外彈胡琵琶作翻調安公子曲令言時臥室中聞之驚起曰變變急呼其子曰此曲興自早晚其子曰頃來有之令言遂歔欷流涕謂其子曰汝愼無從行帝必不反子問其故令言曰此曲宮聲往而不反宮君也吾所以知之帝竟被弒於江都

蔣少游樂安博昌人也魏慕容白曜之平東陽見俘入於平城充平齊戶後配雲中爲兵性機巧頗能畫刻有文思吟咏之際時有短篇遂留寄平城以傭寫書爲業而名猶在鎭後被召爲中書寫書生與高聰俱依高允允並薦之與聰俱補中書博士自在中書恒庇於李冲兄弟子姪之門始北方不悉靑州蔣族或謂少游本非人士又少游微因工藝自達是以公私人望不至相重唯高允李冲曲爲體練孝文文明太后嘗因密宴謂百官曰本謂少游作師耳高允老公乃言其人士然猶驟被引命以規矩刻繢爲務因此大蒙恩賜而位亦不遷陟也及詔尙書李冲與馮誕游明根高閭等議定衣冠於禁中少游巧思令主其事亦訪於劉昶二意相乖時致諍競積六載乃成始班賜百官冠服之成少游有効焉後於平城將營太廟太極殿遣少游乘傳詣洛量準魏晉基趾後爲散騎侍郎副李彪使江南孝文脩船乘以其多有思力除都水使者遷兼將作大匠仍領水池湖泛戲舟檝之具及華林殿詔脩舊增新改作金墉門樓皆所措意號爲妍美雖有文藻而不得申其才用恒以剞劂繩尺碎劇怱怱徙倚園湖城殿之側識者爲之歎慨而乃坦爾爲已任不告疲恥又兼太常少卿都水如故卒贈龍驤將軍靑州刺史諡曰質有文集十卷餘少游又爲太極立模範與董爾王遇等參建之皆未成而卒初文成時郭善明甚機巧北京宮殿多其製作孝文時靑州刺史侯文和亦以巧聞爲要舟水中立射滑稽多智辭說無端尤善淺俗委巷之語至可歡笑位樂陵濟南二郡太守宣武明帝時豫州人柳儉殿中將軍關文備郭安興並機巧洛中製永寧寺九層佛圖安興爲匠也始孝文時有范甯兒者善圍棊曾與李彪使齊齊令江南上品王抗與甯兒制勝而還又有浮陽高光宗善樗蒱趙國李幼序洛陽丘何奴並工握槊此蓋胡戲近入中國云胡王有弟一人遇罪將殺之弟從獄中爲此戲以上之意言孤則易死也宣武以後大盛於時

何稠字桂林國子祭酒妥之兄子也父通善琢玉稠年十餘遇江陵平隨妥入長安仕周御飾下士及隋文帝爲丞相召補參軍兼掌細作署開皇中累遷太府丞稠博覽古圖多識舊物波斯嘗獻金線錦袍組織殊麗上命稠爲之稠錦成踰所獻者上甚悅時中國久絕琉璃作匠人無敢措意稠以綠瓷爲之與眞不異尋加員外散騎侍郎開皇末桂州俚李光仕爲亂詔稠募討之師次衡嶺遣使招其渠帥洞主莫崇解兵降款桂州長史王文同鎖崇詣稠所稠詐宣言曰州縣不能綏養非崇之罪命釋之引共坐與從者四人爲設酒食遣之大悅歸洞不設備稠至五更掩及其洞悉發俚兵以臨餘賊象州逆州開府梁毗討叛夷羅壽羅州刺史馮暄討賊帥杜條遼羅州逆帥龐靖等相繼降款分遣建帥李大檀並平之承制署首領爲州縣官而還衆皆悅服有欽州刺史甯猛力帥衆迎軍初猛力欲圖爲逆至是惶懼請身入朝稠以其疾篤示無猜貳放還州與約八九月詣京師相見稠還奏狀上意不懌其年十月猛力卒上謂稠曰汝前不將猛力來今竟死矣稠曰猛力共臣約假令身死當遣子入侍越人性直其子必來初猛力臨終誡其子長眞曰我與大使期不可失信於國士汝葬我訖卽宜上路長眞如言入朝上大悅曰何稠著信蠻夷乃至於此以勳授開府仁壽初文獻皇后崩稠與宇文愷參典山陵制度稠性少言善候上旨由是漸見親昵上疾篤謂稠曰汝旣曾葬皇后今我方死亦宜好安置囑此何益但不能忘懷耳魂而有知當相見於地下上因攬太子頸曰何稠用心我後事動靜當共平章大業初煬帝將幸揚州敕稠討閱圖籍造輿服羽儀送至江都其日拜太府少卿稠於是營黃麾三萬六千人仗及車輿輦輅皇后鹵簿百官儀服依期而就送於江都所役工十萬餘人用金銀錢物巨億計帝使兵部侍郎胡雅選部郎薛邁等勾覆數年方竟毫釐無舛稠參會今古多所改創魏晉已來皮弁有纓而無笄導稠曰此古田獵服也今服以入朝宜變其制故弁施象牙簪導自稠始也又從省之服初無佩綬稠曰此乃晦朔小朝之服安有人臣謁帝而除去印綬兼無佩玉之節乎乃加獸頭小綬及佩一隻舊制五輅於轅上起箱天子與參乘同在箱內稠曰君臣同所過爲相逼乃廣爲盤輿別構欄楯侍臣立於其中於內復起須彌平坐天子獨居其上自餘麾幢文物增損極多帝復令稠造戎車萬乘鉤陳八百連帝善之以稠守太府卿後兼領少府監遼東之役攝右屯衞將軍領御營弩手三萬人時工部尙書宇文愷造遼水橋不成師未得濟左屯衞大將軍麥鐵杖因而遇害帝遣稠造橋二日而就初稠制行殿及六合城至是帝於遼左與賊相對夜中施之其城周迴八里城及女垣合高十仞上布甲士立仗建旗四隅置闕面列一觀觀下三門比明而畢高麗望見謂若神功稍加至右光祿大夫從幸江都遇宇文化及亂以爲工部尙書及敗陷於竇建德復爲工部尙書舒國公建德敗歸於大唐授少府監卒又齊時有河間劉龍者性强明有巧思齊後主令修三雀臺稱旨因而歷職通顯及隋文帝踐阼大見親委位右衞將軍兼將作大匠遷都之始與高熲參掌制度世號爲能大業中有南郡公黃亘及弟衮俱巧思絕人煬帝每令其兄弟亘少府將作於時改創多務亘衮每參典其事凡有所爲何稠先令亘衮立樣當時工人莫有所損益亘位朝散大夫衮散騎侍郎

論曰陰陽卜祝之事聖哲之教存焉雖不可以專亦不可得而廢也徇於是者不能無非厚於利者必有其害詩書禮樂所失也淺故先王重其德方術伎巧所失也深故往哲輕其藝夫能通方術而不詭於俗習伎巧而必蹈於禮者幾於大雅君子故昔之通賢所以戒乎妄作晁崇張深殷紹王早耿玄劉靈助李順興檀特師由吾道榮顏惡頭王春信都芳宋景業許遵吳遵世趙輔和皇甫王解法選魏寧綦毋懷文張子信陸法和蔣昇強練庾季才盧大翼耿詢來和蕭吉楊伯醜臨孝恭劉祐張胄玄等皆魏來術藝之士也觀其占候卜筮推步

盈虛通幽洞微近知鬼神之情狀其間有不涉用於龜筮而究人事之吉凶如順興檀特之徒法和強練之輩將別稟數術詎可以智識知及江陵失守前巧盡棄還異無路入周不可因歸事齊厚蒙榮遇雖竊之以叨濫而守之以清虛生靈所資嗜欲咸遣斯亦得道家之致矣信都芳所明解者乃是經國之用乎周澹李脩徐謇謇兄孫之才王顯馬嗣明姚僧垣褚該許智藏方藥特妙各一時之美也而僧垣診候精審名冠一代其所全濟固亦多焉而弘茲義方皆爲令器故能享眉壽縻好爵老聃云天道無親常與善人於是信矣許氏之運針石百載可稱賓常聲律之奇足以追蹤牙曠各一時之妙也蔣何以剞劂見知没其學思藝成爲下其近是乎周時有樂茂雅以陰陽顯史元華以相術稱並所闕也

北史卷九十考證

徐謇傳文明太后時問經方而不及李脩之見任用○明監本訛因今改從南本

九月車駕次汝濆○濆南本作瀆

王顯傳父安上少與李亮同師○李魏書作季

又罷六輔之初顯爲領軍于烈間通規策頗有密功○監本六訛大于訛於今據于烈傳改正

嘗有一家二奴○奴監本訛双今改正

許智藏傳如聞許智藏將至○如隋書作比

蔣少游傳詔修舊增新○詔魏書作沼

北史卷九十一

唐　李　延　壽　撰

列傳第七十九

列女

魏崔覽妻封氏　封卓妻劉氏
魏溥妻房氏　胡長命妻張氏
平原女子孫氏　房愛親妻崔氏
涇州貞女兒氏　姚氏婦楊氏
張洪祁妻劉氏　董景起妻張氏
陽尼妻高氏　史映周妻耿氏
任城國太妃孟氏　苟金龍妻劉氏
貞孝女宗　河東姚氏女
刁思遵妻魯氏　西魏孫道溫妻趙氏
孫神妻陳氏　隋蘭陵公主
南陽公主　襄城王恪妃
華陽王楷妃　譙國夫人洗氏
鄭善果母崔氏　孝女王舜
韓覬妻于氏　陸讓母馮氏
劉昶女　鍾士雄母蔣氏
孝婦覃氏　元務光母盧氏
裴倫妻柳氏　趙元楷妻崔氏

蓋婦人之德雖在於溫柔立節垂名咸資於貞烈溫柔仁之本也貞烈義之資也非溫柔無以成其仁非貞烈無以顯其義是以詩書所記風俗所存圖像丹青流聲竹素莫不守約以居正殺身以成仁者也若文伯王陵之母白公杞殖之妻魯之義姑梁之高行衞君靈王之妾夏侯文寧之女或抱信以會眞或蹈忠而踐義不以存亡易心不以盛衰改節其佳名彰於旣没徽音傳於不朽不亦休乎或有王公大人之妃偶肆情於淫僻之俗雖衣文衣食珍膳坐金屋乘玉輦不入彤管之書不霑青史之筆將草木以俱落與麋鹿而同死者可勝道哉永言載思實庶姬之恥也魏隋二書並有列女傳齊周並無此篇今又得武功孫道溫妻趙氏河北孫神妻陳氏附魏隋二傳以備列女篇云

魏中書侍郎淸河崔覽妻封氏者勃海人散騎常侍封愷女也有才識聰辯彊記多所究知時李敷公孫文叔雖已貴重近世故事有所不達者皆就而諮請焉

勃海封卓妻劉氏者彭城人也成婚一夕卓官於京師後以事伏法劉氏在家忽然夢想知卓已死哀泣嫂喻之不止經旬凶問果至遂憤歎而死時人比之秦嘉妻中書令高允念其義高而名不著爲之詩曰兩儀正位人倫肇甄爰制夫婦統業承先雖曰異族氣猶自然生則同室終契黃泉其一封生令達卓爲時彥內協黃中外兼三變誰能作配克應其選實有華宗挺身淑媛其二京野勢殊山川乖互乃奉王命載馳在路公務旣弘私義獲著因媒致幣遘止一暮其三率我初冠眷彼弱笄形由禮比情以趣諧忻願難常影跡易乖悠悠言邁戚戚長懷其四時遇險迍橫罹塵網伏質就刑身分土壤千里雖退應如影響叵嬪洞感發於夢想其五仰惟親命俯尋嘉好誰謂會淺義深情到畢志守窮誓不二醮何以驗之殞身是効其六人之處世孰不厚生必存於義所重則輕結憤鍾心甘就幽冥永捐堂宇長辭母兄其七芒芒中野翳翳孤丘葛藟冥蒙荆棘四周理苟不昧神必俱遊異哉貞婦曠世靡儔其八

鉅鹿魏溥妻房氏者慕容垂貴鄉太守常山房湛女也幼有烈操年十六而溥遇疾且卒顧謂之曰死不足恨但痛母老家貧赤子蒙眇抱怨於黃壚耳房垂泣而對曰幸承先人餘訓出事君子義在偕老有志不從蓋其命也今夫人在堂弱子襁褓顧當以身少相感永深長往之恨俄而溥卒及將大斂房氏操刀割左耳投之棺中仍曰鬼神有知相期泉壤流血滂然助喪者哀懼姑劉氏輟哭而謂曰新婦何至於此對曰新婦少年不幸早寡實慮父母未量至情覬持此自誓耳聞知者莫不感愴於時子緝生未十旬鞠育於後房之內未嘗出門遂終身不聽絲竹不預座席緝年十二房父母仍存於是歸寧父兄尚有異議緝竊聞之以啓其母房命駕給云他行因而遂歸其家弗之知也行數十里方覺兄弟來追房哀歎而不反其執意如此訓導一子有母儀法度緝所交遊有名勝者則身具酒饌有不及已者輒屏臥不飧須其悔謝乃食善誘嚴訓類皆如是年六十五而終緝子悅後爲濟陰太守吏民立碑頌德金紫光祿大夫高閭爲其文曰爰及處士遘疾夙徂伉儷秉志識茂行高殘形顯操誓敦久要溥未仕而卒故云處士焉

樂部郎胡長命妻張氏者不知何許人也事姑王氏甚謹太安中京師禁酒張以姑老且患私爲醞之爲有司所糾王氏詣曹自首由已私釀張氏曰姑老抱患張主家事姑不知釀主司不知所處平原王陸麗以狀奏文成義而赦之

平原鄃縣女子孫氏男玉者夫爲零陵縣人所殺男玉追執讐人欲自殺之其弟止而不聽男玉曰女人出適以夫爲天當親自復雪云何假人之手遂以杖毆殺之有司處死以聞獻文詔曰男玉重節輕身以義犯法緣情定罪理在可原其特恕之

淸河房愛親妻崔氏者同郡崔元孫之女也性嚴明有高節歷覽書傳多所聞知親授子景伯景光九經義學行脩明並當世名士景伯爲淸河太守每有疑獄常先請焉具丘人列子不孝吏欲案之景伯爲之悲傷入白其母母曰吾聞聞名不如見面小人未見禮敎何足責哉但呼其母來吾與之同居其子置汝左右令其見汝事吾或應自改景伯遂召其母崔氏處之於榻與之共食景伯爲之溫凊其子侍立堂下未及旬日悔過求還崔氏曰此雖顏慚未知心愧且可置之凡經二十餘日其子叩頭流血其母涕泣乞還然後聽之終以孝聞其識度勵物如此竟以壽終

涇州貞女兒氏者許嫁彭老生爲妻娉幣旣畢未及成禮兒氏率行貞淑居貧常自舂汲以養父母老生輒往逼之女曰與君娉命雖畢二門多故未及相見何由不稟父母擅見陵辱若苟行非禮正可身死耳遂不肯從老生怒而刺殺之取其衣服女尚能言臨死謂老生曰生身何辜與君相遇我所以執節自固者寧更有所邀正欲奉給君耳今反爲君所殺若魂靈有知自當相報言終而絕老生持女衣服珠纓至其叔宅以告叔曰此是汝婦奈何殺之天不祐汝遂執送官太和七年有司劾以死辜詔曰老生不仁侵陵貞淑原其強暴便可戮之而女守禮履節没身不改雖處草莽行合古跡宜賜美名以顯風操其標墓旌善號曰貞女

姚氏婦楊氏者閹人苻承祖姨也家貧及承祖爲文明太后所寵貴親姻皆求利潤唯楊獨不欲常謂其姊曰姊雖有一時之榮不若妹有無憂之樂姊每遺其衣服多不受強與之則云我夫家世貧好衣美服則使人不安與之奴婢云我家無食不能供給終不肯受常著破衣自執勞事時受其衣服多不著密埋之設有著者汙之而後服承祖每見其寒悴深恨其家謂不供給之乃啓其母曰今承祖一身何所乏少而使姨如是母具以語之承祖乃遣人乘車往迎之則厲志不起遣人強舉於車上則大哭言爾欲殺我也由是苻家內外皆號爲癡姨及承祖敗有司執其二姨至殿庭致法以姚氏婦衣裳弊陋特免其辠其識機雖呂嬃亦不如也

滎陽京縣人張洪祁妻劉氏者年十七夫亡遺腹生一子三歲又没其舅姑年老朝夕奉養率禮無違兄矜其少寡欲奪嫁之劉自誓不許以終其身

陳留董景起妻張氏者景起早亡張時年十六痛夫少喪哀傷過禮蔬食長齋又無兒息獨守貞操期以闔棺鄉曲高之終見標異

漁陽太守陽尼妻高氏者勃海人也學識有文翰孝文敕令入侍後宮幽后表啓悉其辭也

滎陽史映周妻耿氏者同郡耿氏女也年十七適於映周太和二十三年映周卒耿氏恐父母奪其志因葬映周哀哭而殞見者莫不悲歎屬太使觀風以狀具上詔標門閭

任城國太妃孟氏者，鉅鹿人，尚書任城王澄之母也澄爲揚州之日率衆出討於後賊帥姜慶眞陰結逆黨襲陷羅城長史韋纘倉卒孟乃勒兵登陴激厲文武諭之逆順於是咸有奮志賊不能克卒以全城靈太后後敕有司樹碑旌美

梓潼太守苟金龍妻劉氏者平原人也廷尉少卿劉叔宗之姊也宣武時金龍爲郡帶關城戍主梁人攻圍會金龍疾病不堪部分劉遂厲城人脩理戰具夜悉登城拒戰百有餘日兵士死傷過半戍副高景陰圖叛逆劉與城人斬景及其黨與數十人自與將士分衣減食勞逸必同莫不畏而懷之井在外城尋爲賊陷城中絕水渴死者多劉乃集諸長幼喻以忠節遂相率告訴於天俱時號叫俄而澍雨劉命出公私布絹及至衣服懸之城內絞而取水所有雜器悉儲之於是人心益固會益州刺史傅豎眼將至梁人乃退豎眼嘆異之具狀奏聞宣武嘉之正光中賞其子慶珍平昌縣子又得二子出身

貞孝女宗者趙郡栢人人趙郡太守李叔胤之女范陽盧元禮之妻也性至孝父卒號慟幾絕者數四賴母崔氏慰勉之得全三年之中形骸銷瘠非人不起及歸夫氏與母分隔便飲食日損涕泣不絕日就羸篤盧氏合家慰喻不解因遣歸寧還家乃復故如此者八九焉及元禮卒李追亡撫遺事姑以孝謹著母崔終於洛陽凶問初到舉聲慟絕一宿乃蘇水漿不入口者六日其姑慮其不濟親送奔喪而氣力危殆自范陽向都八旬方達攀櫬號踊遂卒有司以狀聞詔追號貞孝女宗易其里爲孝德里樹李盧二門以惇風俗

河東姚氏女者字女勝少喪父無兄弟母憐而守養年六七歲便有孝性人言其父者聞輒垂泣鄰伍異之正光中母死勝年十五哭泣不絕聲水漿不入口者數日不勝哀遂死太守崔遊申請爲營墓立碑自爲制文表其門閭比之曹娥改其里曰上虞里墓在都城東六里大道北至今名爲孝女冢

滎陽刁思遵妻者魯氏女也始笄爲思遵所娉未踰月而思遵亡其家矜其少寡許嫁已定魯聞之以死自誓父母不達其志遂經郡訴稱刁氏悋護寡女不使歸寧魯乃與老姑徒步詣司徒府自告情狀普泰初有司聞奏節閭詔本司依式標榜

西魏武功縣孫道溫妻趙氏者安平人也万俟醜奴之反圍岐州久之無援趙乃謂城中婦女曰今州城方陷義在同憂遂相率負土晝夜培城城竟免賊大統六年贈夫岐州刺史贈趙安平縣君

河北孫神妻陳氏者河北郡人也神當遠戍主吏配在夏州意難其遠有孤兄子欲以自代陳曰爲國征戍道路遼遠何容身不肯行以孤姪自代天下物議誰其相許神感其言乃自行在戍未幾便喪櫬柩至陳望而哀慟一哭而卒文帝詔表其閭

隋蘭陵公主字阿五文帝第五女也美姿容性婉順帝於諸女中特所鍾愛初嫁儀同王奉孝奉孝卒適河東柳述時年十八諸姊並驕踞主獨折節遵婦道事舅姑甚謹遇疾必親奉湯藥帝聞之大悅由是述漸見寵遇初晉王廣欲以主配其妃弟蕭瑒文帝將許之後遂適述晉王因不悅及述用事彌惡之文帝崩述徙嶺表煬帝令主與述離絕將改嫁之公主以死自誓不復朝謁表求免主號與述同徙帝大怒曰天下豈無男子欲與述同徙邪主曰先帝以妾適柳家今其有辠妾當從坐帝不悅主憂憤卒時年三十二臨終上表生不得從夫死乞葬柳氏帝覽表愈怒竟不哭葬主於洪瀆川資送甚薄朝野傷之

南陽公主者煬帝長女也美風儀有志節十四嫁於許國公宇文述子士及以謹厚聞述病且卒主親調飲食手自奉上世以此稱之及宇文化及弒逆公主隨至聊城而化及爲竇建德所敗士及自濟北西歸大唐時隋代衣冠引見建德莫不惶懼失常唯主神色自若建德與語主自陳國破家亡不能報怨雪耻淚下盈襟聲辭不輟情理切至建德及觀聽者莫不爲之動容隕涕咸敬異焉及建德誅化及時主有一子名禪師年且十歲建德遣武賁郎將於士澄謂主曰宇文化及躬行弒逆今將族滅其宗公主之子法當從坐若不能割愛亦聽留之主泣曰武賁既是隋室貴臣此事何須見問建德竟殺之公主尋請建德剃髮爲尼及建德敗將歸西京復與士及遇於東都主不與相見士及就之請復爲夫妻主拒曰我與君讎家今恨不能手刃君者以謀逆之際君不預知耳因與告絕士及固請主怒曰必就死可相見也士及知不可屈乃拜辭而去

襄城王恪妃者循州刺史柳旦女也妃姿貌端麗年十餘以良家子合相見娉爲妃未幾而恪被廢妃修婦道事之愈敬煬帝嗣位復徙邊帝令使者殺之於道恪與辭決妃曰若王死妾誓不獨生於是相對慟哭恪死棺斂訖妃謂使者曰妾誓與楊氏同穴若身死得不別埋君之惠也遂撫棺號慟自經而卒見者莫不流涕

華陽王楷妃者黃門侍郎龍涸縣公河南元巖女也巖明敏有器幹煬帝嗣位坐與柳述連事除名徙南海後會赦還長安有人譖巖逃歸收殺之妃有姿色性婉順初以選爲妃未幾而楷被幽廢妃事楷愈謹每見楷有憂懼色輒陳義理以慰諭之楷甚敬焉及江都之亂楷遇害宇文化及以妃賜其黨元武達初以宗族禮之置之別舍後因醉而逼之妃自誓不屈武達怒撻之百餘詞色彌厲元自毀其面血淚俱下武達釋之妃謂其徒曰我不能早死致命將見侵辱我之辠也因不食而卒

譙國夫人洗氏者高涼人也世爲南越首領部落十餘萬家夫人幼賢明在父母家撫循部衆能行軍用師壓服諸越每勸宗族爲善由是信善結於本鄉越人俗好相攻擊夫人兄南梁州刺史挺恃其富强侵掠傍郡嶺表苦之夫人多所規諫由是怨隙止息海南儋耳歸附者千餘洞梁大同初羅州刺史馮融聞夫人有志行爲其子高涼太守寶娉以爲妻融本北燕苗裔也初馮弘之南投遣融大父業以三百人浮海歸宋因留于新會自業及融三世爲守牧他鄉羇旅號令不行至夫人誡約本宗使從百姓禮每與夫寶參決辭訟首領有犯法者雖是親族無所縱捨自此政令有序人莫敢違後遇侯景反廣州都督蕭勃徵兵援臺高州刺史李遷仕據大皐口遣召寶寶欲往夫人疑其反止之數日遷仕果反遣主帥杜平虜率兵入灨石寶以告夫人曰平虜入灨與官兵相拒勢未得還遷仕在州無能爲也宜遣使詐之云身未敢出欲遣婦往參彼必無防慮我將千餘人步擔雜物唱言輸賧得至柵下賊亦可圖從之遷仕果大喜覘夫人衆皆擔物不設備夫人擊之大捷因總兵與長城侯陳霸先會于灨石還謂寶曰陳都督極得衆心必能平賊君厚資給之及寶卒嶺表大亂夫人懷集百越數州晏然陳永定二年其子僕年九歲遣帥諸首領朝于丹陽拜陽春郡守後廣州刺史歐陽紇謀反召僕至南海誘與爲亂僕遣使歸告夫人夫人曰我爲忠貞經今兩代不能惜汝負國遂發兵拒境紇徒潰散僕以夫人之功封信都侯加平越中郎將轉石龍太守詔使持節冊夫人爲高涼郡太夫人賫繡幰油絡駟馬安車一乘給鼓吹一部并麾幢旌節一如刺史之儀至德中僕卒後陳國亡嶺南未有所附數郡共奉夫人號爲聖母隋文帝遣總管韋洸安撫嶺外陳將徐璒以南康拒守洸不敢進初夫人以扶南犀杖獻陳主至此晉王廣遣陳主遺夫人書諭以國亡命其歸化并以犀杖及兵符爲信夫人見杖驗知陳亡集首領數千人盡日慟哭遣其孫魂帥衆迎洸洸至廣州嶺南悉定表魂爲儀同三司冊夫人爲宋康郡夫人未幾番禺人王仲宣反圍洸進兵屯衡嶺夫人遣其孫暄帥師援洸時暄與逆黨陳佛智素相友故遲留不進夫人大怒遣使執暄繫州獄又遣孫盎討佛智斬之進兵至南海與鹿愿軍會共敗仲宣夫人親被甲乘介馬張錦傘領彀騎衞詔使裴矩巡撫諸州其蒼梧首領陳坦岡州馮岑翁梁化鄧馬頭藤州李光略羅州龐靖等皆來參謁還令統其部落嶺南悉定帝拜盎爲高州刺史仍赦出暄拜羅州刺史追贈寶爲廣州總管封譙國夫人幕府署長史已下官屬給印章聽發部落六州兵馬若有機急便宜行事降敕書褒美賜物五千段皇后以首飾及宴服一襲賜之夫人並盛於金篋并梁陳賜物各藏于一庫每歲時大會皆陳于庭以示子孫曰汝等宜盡赤心向天子我事三代主唯用一好心今賜物具存此忠孝之報時番州總管趙訥貪虐諸俚獠多有亡叛夫人遣長史張融上封事論安撫之宜并言訥辠狀上遣推訥得其贓竟致于法敕委夫人招慰亡叛夫人親載詔書自稱使者歷十餘州宣述上意諭諸俚獠所至皆降文帝賜夫人臨振縣湯沐邑一千五百戶贈僕爲崖州總管平原郡公仁壽初卒謚爲誠敬夫人

鄭善果母崔氏者清河人也年十三適滎陽鄭誠生善果周末誠討尉遲迥力戰死于陳母年二十而寡父彥睦欲奪其志母抱善果曰婦人無再男子之義且鄭君雖死幸有此兒棄兒爲不慈背死夫爲無禮寧當割耳剪髮以明素心違禮滅慈非敢聞命善果以父死王事年數歲拜使持節大將軍襲爵開封縣公開皇初進封武德郡公年十四授沂州刺史轉景州刺史尋爲魯郡太守母性賢明有節操博涉書史通曉政事每善果出聽事母輒坐胡牀於障後察之聞其剖斷合理歸則大悅即賜之坐相對談笑若行事不允或妄嗔怒母乃還堂蒙袂而泣終日不食善果伏於牀前不敢起母方起謂之曰吾非怒汝乃愧汝家耳吾爲汝家婦獲奉灑掃知汝先君忠勤之士也守官清恪未嘗問私以身徇國繼之以死吾亦望汝副其此心汝既年小而孤吾寡婦耳有慈無威使汝不知禮訓何可負荷忠臣之業乎汝自童子襲茅土汝今位至方岳豈汝身致之邪不思此事而妄加嗔怒心緣驕樂墮於公政內則墜爾家風或

失亡官爵外則虧天下法以取辠戾吾死日何面目見汝先人於地下乎母恒自紡績每自夜分而寢善果曰兒封侯開國位居三品秩俸幸足母何自勤如此荅曰吁汝年已長吾謂汝知天下理今聞此言公事何由濟乎今秩俸乃天子報汝先人殉命也當散贍六姻爲先君之惠妻子柰何獨擅其利以爲貴乎又絲枲紡績婦人之務上自王后下及大夫士妻各有所製若墮業者是爲驕逸吾雖不知禮其可自敗名乎自初寡便不御脂粉常服大練性又節儉非祭祀賓客之事酒肉不妄陳其前靜室端居未嘗輒出門閤內外姻戚有吉凶事但厚加贈遺皆不詣其門非自手作及莊園祿賜所得雖親族禮遺悉不許入門善果歷任州郡內自出饌於衙中食之公廨所供皆不許受悉用修理公宇及分僚佐善果亦由此克己號爲清吏煬帝遣御史大夫張衡勞之考爲天下最徵授光祿卿其母卒後善果爲大理卿漸驕恣公清平允遂不如曩昔焉

孝女王舜者趙郡人也父子春與從兄長忻不協齊亡之際長忻與其妻同謀殺子春舜時年七歲有二妹粲年五歲璠年二歲並孤苦寄食親戚舜撫育二妹恩義甚篤而舜陰有復讎之心長忻殊不爲備妹俱長親戚欲嫁之輒拒不從乃密謂二妹曰我無兄弟致使父讎不復吾輩雖女子何用生爲我欲共汝報復汝竟何如二妹皆垂泣曰唯姊所命夜中姊妹各持刀踰牆入手殺長忻夫婦以告父墓因詣縣請辠姊妹爭爲謀首州縣不能決文帝聞而嘉歎特原其辠

韓覬妻于氏者河南人也字茂德父實周大左輔于氏年十四適於覬雖生長膏腴家門鼎貴而動遵禮度躬自儉約宗黨敬之年十八覬從軍沒于氏哀毀骨立慟感行路每朝夕奠祭皆手自捧持及免喪其父以其幼少無子欲嫁之誓不許遂以夫孼子世隆爲嗣身自撫育愛同己生訓導有方卒能成立自孀居以後唯時或歸寧至於親族之家絕不來往有尊就省謁者送迎皆不出戶庭蔬食布衣不聽聲樂以此終身隋文帝聞而嘉歎下詔褒美表其門閭長安中號爲節婦門終于家

陸讓母馮氏者上黨人也性仁愛有母儀讓即其孼子也開皇末爲播州刺史數有聚歛贓貨狼籍爲司馬所奏案覆得實將就刑馮氏蓬頭垢面詣朝堂數讓辠於是流涕嗚咽親持盃粥勸讓食既而上表求哀詞情甚切上愍然爲之改容獻皇后甚奇其意致請於上書侍御史柳彧進曰馮氏母德之至有感行路如或戮之何以爲勸上於是集京城士庶於朱雀門遣舍人宣詔曰馮氏以嫡母之德足爲世範慈愛之道義感人神特宜矜免用獎風俗讓可減死除名復下詔褒美之賜物五百段集命婦與馮相識以旌寵異

劉昶女者河南長孫氏婦昶在周尙公主爲上柱國彭國公位望甚顯與隋文帝有舊及受禪甚見親禮歷左武衛大將軍慶州總管其子居士爲千牛備身不遵法度數得辠上以昶故每原之居士轉恣每大言曰男兒要當辮頭反縛蘧蒢上作獠舞取公卿子弟膂力雄健者輒將歸家以車輪括其頸而棒之殆死能不屈者稱爲壯士釋而與之交黨與三百人其趫捷者號爲餓鶻隊武力者號爲蓬轉隊鞲鷹緤犬連騎道中毆擊路人多所侵奪長安市里無貴賤見者辟易至於公卿妃主亦莫敢與校其女則居士姊也每垂泣誨之居士不改至破家產昶年高奉養甚薄其女時寡居哀昶如此每歸寧于家躬勤紡績以致其肥鮮有人告居士與其徒遊長安城登故未央殿基向南坐前後列隊意有不遜每相約曰當作一死耳又時有人言居士遣使引突厥令南寇當於京師應之上謂昶曰今日事當如何昶猶恃舊恩不自引咎直前曰黑白在于至尊上大怒下昶獄捕居士黨與憲司又奏昶事母不孝其女知昶必不免不食者數日每親調飲食手自捧持詣大理餉父見獄卒跪以進之歔欷嗚咽見者傷之居士斬昶賜死于家詔百僚臨視時其女絕而復蘇者數矣公卿慰諭之其女言父無辠坐子及禍詞情哀切人皆不忍聞見遂布衣蔬食以終其身上聞歎曰吾聞衰門之女興門之男固不虛也

鍾士雄母蔣氏者臨賀人也士雄仕陳爲伏波將軍陳主以士雄嶺南酋帥慮其反覆留蔣氏於都下及晉王廣平江南以士雄在嶺表欲以恩義致之遣蔣氏歸臨賀既而同郡虞子茂鍾文華等作亂攻城遣召士雄士雄將應之蔣氏謂曰汝若背德忘義我當自殺於汝前士雄遂止蔣氏復爲書與子茂等諭以禍福子茂不從尋爲官軍所敗上聞蔣氏甚異之封安樂縣君時伊州寡婦胡氏者不知何許人妻甚有志節爲邦族所重江南之亂諷諭宗黨守節不從叛逆封爲密陵郡君

孝婦覃氏者上郡鍾氏婦也與夫相見未幾而夫死時年十八事後姑以孝聞數年間姑及伯叔皆相繼死覃氏家貧無以葬躬自節儉晝夜紡績十年而葬八喪爲州里所敬文帝聞而賜米百石表其門閭

元務光母盧氏者范陽人也少好讀書造次必以禮盛年寡居諸子幼弱家貧不能就學盧氏每親自教授勗以義方漢王諒反遣將綦良往山東略地良以務光爲記室及良敗慈州刺史上官政簿籍務光家見盧氏逼之盧氏以死自誓政凶悍怒甚以燭燒其面盧氏執志彌固竟不屈節

裴倫妻柳氏者河東人也少有風訓大業末倫爲渭源令爲賊薛舉所陷倫遇害柳氏時年四十有二女及兒婦三人皆有美色柳氏謂曰我輩遭逢禍亂汝父已死我自念不能全汝我門風有素義不受辱于羣賊我將與汝等同死如何女等垂泣曰唯母所命柳氏遂自投於井其女及婦相繼而下皆死井中

趙元楷妻崔氏者清河人也甚有禮度隋末宇文化及之反元楷隨至河北將歸長安至滏口遇盜僅以身免崔氏爲賊所拘請以爲妻崔氏曰我士大夫女爲僕射子妻今日破亡自可即死終不爲賊婦羣賊毀裂其衣縛於牀簀之上將陵之崔氏懼爲所辱詐之曰今力已屈當受處分賊遂釋之崔因取賊刀倚樹而立曰欲殺我任加刀鋸若覓死可來相逼賊大怒亂射殺之元楷後得殺妻者支解以祭崔氏之柩

論曰婦人主織紝中饋之事其德以柔順爲先斯乃舉其中庸未臻其極者也至於明識遠圖貞心峻節志不可奪唯義所高考之圖史亦何代而無之哉魏隋所叙列女凡三十四人自王公妃主下至庶人女妻蓋有質邁寒松心踰匪石或忠壯誠懇或文采可稱雖子政集之於前元凱緯之於後比其美節亦何以尙茲故知蘭玉芳貞蓋乃稟其性矣

北史卷九十一考證

涇州貞女兒氏傳○兒氏魏書作兒先氏

任城國太妃孟氏傳澄爲揚州之日○揚監本訛楊今改從南本

隋蘭陵公主傳文帝將許之○將隋書作初

襄城王恪妃傳妃曰若王死妾誓不獨生○日監本訛王今改正

華陽王楷妃傳我不能早死致命將見侵辱○命隋書作令

譙國夫人洗氏傳○洗南本作冼

夫人大怒遣使執暄繫州獄○繫監本訛係今改從南本

鄭善果母崔氏傳每善果出聽事○果出二字監本缺今從南本增入

劉昶女傳鞲鷹緤犬連騎道中○犬監本訛大今改從南本

北史卷九十二

唐　李延壽　撰

列傳第八十

恩幸

王叡　王仲興（寇猛）　趙脩　茹皓

趙邕　侯剛　徐紇　宗愛

仇洛齊（段霸）　王琚　趙黙　孫小

張宗之　劇鵬　張祐　抱嶷

王遇　苻承祖　王質　李堅

秦松　白整　劉騰　賈粲

楊範　成軌　王溫　孟欒

平季　封津　劉思逸（張景嵩　毛暢）

郭秀　和士開　穆提婆　高阿那肱

韓鳳　齊諸宦者

夫令色巧言矯情飾貌邀眄睞之利射咳唾之私乃苟進之常道也況乃親由褻狎恩生趨走便辟俯仰當寵擅權斯乃夏桀殷紂所以喪兩代石顯張讓所以翦三京焉魏世王叡幸於太和之初鄭儼寵於孝昌之季宗愛之弑帝害王劉騰之廢后戮相此蓋其甚者爾其間盜官賣爵汙辱宮闈者多矣亦何可枚舉哉斯乃王者所宜深誡而齊末又有甚焉乃自書契以降未之有也若乃心利錐刀居台鼎之任智昏菽麥當機衡之重亦有西域醜胡龜茲雜伎封王開府接武比肩非直獨守幸臣且復多干朝政賜予之費帑藏以虛杼柚之資剝掠將盡齊運短促固其宜哉神武文襄情存庶政文武任寄多貞幹之臣唯郭秀小人有累明德天保五年之後雖罔念作狂所幸有通州刺史梁伯和睦翻兒之徒唯左右驅馳內外褻狎其朝廷之事一不與聞故不入此傳太寧之後姦佞浸繁盛業鴻基以之顛覆生靈厄夫左衽非不幸也魏書有恩幸傳及閹官傳齊書有佞

幸傳今用比次以爲恩幸篇云舊書鄭儼在恩幸中今從例附其家傳其餘並編於此其宦者之徒尤是亡齊之一物醜聲穢跡千端萬緒其事闕而不書乃略存姓名附之此傳之末其帝家諸奴及胡人樂工叨竊貴幸者亦附出焉

王叡字洛誠自云太原晉陽人也六世祖橫張軌參軍晉亂子孫因居於武威姑臧父橋字法生解天文卜筮涼州平入京家貧以術自給歷位終於侍御中散天安初卒贈平遠將軍涼州刺史顯美侯謚曰敬叡少傳父業而姿貌偉麗景穆之在東宮見而奇之興安初擢爲太卜中散稍遷爲令領太史永明元年文明太后臨朝叡因緣見幸超遷給事中俄爲散騎常侍侍中吏部尚書賜爵太原公於是內參機密外豫政事愛寵日隆朝士懾憚焉太和二年孝文及文明太后率百僚與諸方客臨獸圈有猛獸逸登門閣道幾至御坐左右侍衛皆驚靡叡獨執戟禦之猛獸乃退故親任轉重三年春詔叡與東陽王丕同入八議永受復除四年遷尚書令進爵中山王加鎮東大將軍置王官二十二人中書侍郎鄭羲爲傳中郎令以下皆當時名士又拜叡妻丁氏爲妃及沙門法秀謀逆事發多所牽引叡曰與殺不辜寧赦有辠宜梟斬首惡餘從原赦不亦善乎孝文從之得免者千餘人叡出入帷幄太后密賜珍玩繒綵人莫能知卒常以夜帷載閹官防致前後鉅萬不可勝數加以田園奴婢牛馬雜畜並盡良美大臣及左右因是以受賚賜外示不私所費又以萬計及疾病孝文太后每親視疾侍官省問相望於道及疾篤上疏陳刑政之宜尋薨孝文文明太后親臨哀慟賜溫明秘器宕昌公王遇監護喪事贈衛大將軍太宰并州牧謚曰宣王內侍長董醜奴營墳墓將葬於城東孝文登城樓以望之京都文士爲作哀詩及誄者百餘人乃立叡祀於都南二十里大道右起廟以時祭薦并立碑銘置守祀五家又詔褒揚叡圖其捍猛獸狀於諸殿令高允爲之讚京邑士女謟稱叡美造新聲而絃歌之名曰中山王詔班樂府合樂奏之初叡女妻李沖兄子延次女又適趙國李恢子華女之將行先入宮中其禮略如公主王女之儀太后親御太華殿寢其女於帳中叡與張祐侍坐叡所親及兩李家丈夫婦人列於東西廊及女子登車太后送過中路時人竊謂天子太后嫁女叡之葬也假親姻義舊衰絰縞冠送喪者千餘人皆舉聲慟泣以要榮利時謂之義孝叡既貴乃言家本太原晉陽遂移屬焉故其兄弟封爵多以并州郡縣薨後重贈叡父橋侍中征西將軍左光祿大夫儀同三司武威王謚曰定追策叡母賈氏爲妃立碑於墓左父子並葬城東相去里餘遷洛後更徙葬太原晉陽故地子襲字元孫叡薨孝文詔襲代領都曹爲尚書令領吏部曹後襲王爵例降爲公太后崩後襲禮遇稍薄不復關與時事後出爲并州刺史輿駕詣洛路幸其州人庶多爲立銘置於大路虛相稱美或云襲所教也尚書奏免其官詔唯降號二等卒贈豫州刺史謚曰質襲弟椿字元壽正始中拜太原太守坐事免椿僮僕千餘園宅華廣聲伎自適無乏於時或有勸椿仕者椿笑而不答雅有巧思凡所營製可爲後法由是正光中元乂將營明堂辟雍欲徵爲將作大匠椿聞而固辭孝昌中尒朱榮以汾州胡逆表椿慰勞汾胡汾胡與椿比州服其聲望所至降下事寧授太原太守以預立莊帝功封遼陽縣子尋轉封真定縣永熙中除瀛州刺史時有風雹之變詔書廣訪讜言椿乃上疏言政事之宜椿性嚴察下不容姦所在吏人畏之重足天平末更滿還鄴初椿於宅構起聽事極爲高壯時人忽云此乃太原王宅豈是王太原宅椿往爲本郡世皆呼爲王太原未幾尒朱榮居椿之宅榮封太原王焉至於齊神武之居晉陽霸朝所在人士輻湊椿禮敬親知多所拯接後以老病辭疾客居趙郡之西鯉魚祠山卒贈尚書左僕射太尉公冀州刺史謚曰文恭及葬齊神武親自吊送椿妻鉅鹿魏悅次女明達有遠操多識往行前言隨夫在華州兄子建在洛遇患聞而馳赴膚容虧損親類歎尚之尒朱榮妻鄉郡長公主深所禮敬永安中詔以爲南和縣君內足於財不以華飾爲意撫兄子收情同已子存拯親類所在周給椿名位終始魏有力焉卒贈鉅鹿郡君椿無子以兄孫叔明爲後

王仲興趙郡南欒人也父天德起自細微至殿中尚書仲興幼而端謹以父任早給事左右累遷越騎校尉孝文在馬圈自不豫大漸迄於崩仲興頗預侍護宣武即位轉左中郎將及帝親政與趙修並見寵任遷光祿大夫領武衛將軍雖與修並而畏慎自退不若脩倨傲無禮咸陽王禧之出奔也當時上下微爲震駭帝遣仲興先馳入金墉安慰後與領軍于勁參機要因自迴馬圈侍疾及入金墉功遂封上黨郡開國公自拜武衛及受封日車駕每臨饗其宅宣武游幸仲興常侍不離左右外事得徑以聞百僚亦聳體而承望焉兄可久以仲興故自散爵爲征虜府長史帶彭城太守仲興世居趙郡自以寒微云舊出京兆霸城故爲雍州大中正尚書從以仲興貴報過優北海王詳嘗以面啟奏請降減事久不決可久在徐州恃仲興寵勢輕侮司馬梁郡太守李長壽乃令僮僕邀毆長壽遂折其脇州以表聞北海王詳因百僚朝集厲色大言曰徐州名藩先帝所重朝廷云何簡用上佐遂至此紛紜以徹荒外豈不爲國醜辱仲興是後漸疏宣武乃下詔奪其封邑後卒於并州刺史宣武時又有上谷寇猛少以姿幹充武賁稍遷至武衛將軍出入禁中無所拘忌自以上谷寇氏得補燕州大中正而不能甄別士庶也卒贈燕州刺史

趙脩字景業趙郡房子人也父謚陽武令脩本給事東宮爲白衣左右頗有膂力宣武踐阼愛遇日隆然天性闇塞不閑書疏宣武親政旬月間頻有轉授每受除設宴帝幸其宅諸王公百僚悉從帝親見其母脩能劇飲至於逼勸觴爵雖北海王詳廣陽王嘉等皆亦不免必致困亂每適郊廟脩常驂陪出入華林恒乘馬至禁內咸陽王禧誅其家財貨多賜高肇及脩脩之葬父百官自王公已下無不弔祭酒犢祭奠之具塡塞門街於京師爲制碑銘獸石柱皆發人車牛傳致本縣財用之費悉自公家凶吉車乘將百兩道路供給皆出於官時將馬射宣武留脩過之帝如射宮又驂乘輅車旒竿觸東門折脩恐不逮葬日驛赴窆期左右求從及特遣者數十人脩道路嬉戲殆無慼容或與賓客姦掠婦女裸觀從者噂喈喧譁詬詈無節莫不畏而惡之是年又爲脩廣增宅舍多所并兼洞門高堂房廡周博崇麗擬於諸王其四面鄰居賂入其地者侯天盛兄弟越次出補長史大郡脩起自賤伍暴致富貴奢傲無禮物情所疾因其在外左右或諷糾其辠自其葬父還也舊寵少薄初王顯附脩後因忿鬩密伺其過列脩葬父時路中淫亂不軌又云與長安人趙僧檦謀匿玉印事高肇甄琛等搆成其辠乃密以聞始琛及李憑等曲事脩無所不至懼相連及乃爭共糾擿遂有詔按其辠惡鞭之一百徙敦煌爲兵其家宅作徒即仰停罷所親在內者悉令出禁是日脩詣領軍于勁第與之樗蒲籌未及畢羽林數人相續而至稱詔呼之脩驚起隨出路中執引脩馬詣領軍府琛與顯監決其辠先具問事有力者五人更迭鞭之占令必死旨決百鞭其實三百脩素肥壯腰腹博碩堪忍楚毒了不轉動鞭訖即召驛馬促之令發出城西門不自勝舉縛置鞍中急驅馳之其母妻追隨不得與語行八十里乃死初于后之入脩之力也脩死後領軍于勁猶追感舊意經恤其家自餘朝士昔相宗承者悉棄絕之以示已之疏遠焉

茹皓字禽奇舊吳人也父謙之本名要隨宋巴陵王休若爲將至彭城遂寓居淮陽上黨年十五六爲縣金曹吏南徐州刺史沈陵見而善之自隨入洛舉充孝文白衣左右宣武踐阼皓侍直禁中稍被寵接宣武嘗拜山陵路中欲引與同車黃門侍郎元匡切諫乃止及帝親政皓眷賚日隆時趙脩亦被幸妬之求出皓皓亦慮見危禍不樂內官遂超授濮陽太守其父因皓訟理舊勳先除兗州陽平太守賜以子爵父子剖符名邦郡境俱接皓忻於去內不以疏外爲戚及趙脩等敗竟獲全雖起微細爲守乃清簡寡事後授左中郎將領直閤寵待如前皓既宦達自云本出雁門雁門人謟附者乃因薦皓於司徒請爲肆州大中正詔特依許遷驍騎將軍領華林諸作皓性微工巧多所興立爲山於天泉池西採掘北芒及南山佳石徙竹汝潁羅蒔其間經構樓觀列於上下樹草栽木頗有野致帝心悅之以時臨幸皓貴寵日昇關預政事太傅北海王詳以下咸祇憚之皓娶僕射高肇從妹於帝爲從母迎納之日詳親詣之禮以馬物皓又爲弟聘安豐王延明妹延明恥非舊流不許詳勸之云欲覔官職如何不與茹皓昏姻也延明乃從焉皓頗敏慧折節下人潛自經營陰有納受貨產盈積起宅宮西朝貴弗及時帝雖親萬務皓率常居內留宿不還傳可門下奏事未幾轉光祿少卿意殊不已方欲陳馬圈從先帝勞更希榮舉初脩皓之寵北海王詳皆附之又直閤劉冑本爲詳薦常感恩高肇素嫉諸王常規陷害既知詳與皓等交關相昵乃構之云皓等將有異謀宣武乃召中尉崔亮令奏皓冑常季賢陳埽靜四人擅勢納賄及私亂諸事即日執皓等皆詣南臺翌日奏處殺之皓妻被髮出堂哭而迎皓皓逕入哭別食椒而死冑字元孫後位直閤將軍季賢起於主馬宣武初好騎乘因是獲寵位司藥丞仍主廄閑埽靜徐義恭並彭城舊營人埽靜能爲宣武典櫛梳義恭善執衣服以巧便旦夕居中愛幸相侔官叙不異二人皆承皓亦接眷而埽靜偏爲親密與皓常在左右略不歸休皓敗埽靜亦死於家義恭小心謹慎皓等死後彌見幸信宣武不豫義恭晝夜扶抱崩於懷中義恭謟附元乂又有淫宴多在其宅位終左光祿大夫

趙邕字令和自云南陽人也潔白美鬚眉司空李沖之貴寵也邕以少年端謹出入其家頗給按磨奔走之役

中合與諸子游處人有東帶謁冲者時託之以自通太和中給事左右至殿中監宣武即位及親政猶居本任微與趙脩結爲宗援然亦不甚相附也邕父怡以邕寵召拜太常少卿尋爲荆州大中正出爲荆州刺史怡乃致其母喪葬於宛城之南趙氏舊墟後拜金紫光祿大夫卒贈相州刺史宣武每出入郊廟脩恒以常侍兼侍中陪乘而邕兼奉車都尉執轡同載時人竊論號爲二趙以趙出南陽徙屬荆州邕轉給事中南陽中正以父爲荆州大中正罷宣武崩邕兼給事黃門後爲幽州刺史貪與范陽盧氏爲婚女父早亡其叔許之而母不從母北平陽氏攜女至家藏避規免邕乃考掠陽叔遂至於死陽氏訴冤邕坐處死會赦免孝昌初卒

侯剛字乾之河南洛陽人也其先代人本出寒微少以善於鼎俎得進膳出入積官至嘗食典御宣武以其質直賜名剛焉稍遷左中郎將領刀劒左右後領太子中庶子宣武崩剛與侍中崔光迎明帝於東宮尋除衞尉卿封武陽縣侯俄爲侍中撫軍將軍恒州大中正進爵爲公熙平中侍中游肇出爲相州剛言於靈太后曰昔高氏擅權游肇抗衡不屈而出牧一藩未盡其美宜還引入以輔聖主太后善之剛寵任既隆江陽王繼尚書長孫承業皆以女妻其子司空任城王澄以其起由膳宰頗竊侮之云此近爲我舉食然公坐對集敬遇不虧後剛坐掠殺試射羽林爲御史中尉元匡所彈處剛大辟尚書令任城王澄爲之言於靈太后令削封三百戶解嘗食典御剛於是頗爲失意剛自太和進食遂爲典御歷兩都三帝二太后將三十年至此始解御史中尉元匡之廢也剛爲太傅清河王懌所舉除車騎將軍領御史中尉及領軍元乂執政剛長子乂之妹夫乃引剛爲侍中左衞將軍還領嘗食典御以爲枝援復領御史中尉剛啓軍旅稍興國用不足求以已邑俸粟賑給征人比至軍下明帝許之孝昌元年除領軍初元乂之解領軍靈太后以乂腹心尚多恐難卒制故權以剛代之示安其意尋出爲冀州刺史剛在道詔暴其朋黨元乂逼脅內外降爲征虜將軍餘悉削黜終於家永安中贈司徒公剛以上谷先有侯氏於是始家焉

徐紇字武伯樂安博昌人也家世寒微紇少好學頗以文詞見稱宣武初自書生除中書舍人諂附趙脩脩誅坐徙枹罕雖在徒役志氣不撓故事捉逃役流兵五人者聽免紇以此得還久之復除中書舍人太傅清河王懌以文翰待之及元乂害懌出爲鴈門太守稱母老解郡尋飾貌事乂大得乂意靈太后反政以紇曾爲懌所顧待復自母憂中起爲中書舍人曲事鄭儼是以特被信任俄遷給事黃門侍郎仍領舍人總攝中書門下事軍國詔命莫不由之時有急速令數吏執筆或行或臥人別占之造次俱成不失事理雖無雅才咸得濟用時黃門侍郎太原王遵業瑯邪王誦並稱文學亦不免爲紇執筆承其指授紇機辯有智數公當斷決終日不以爲勞長直禁中略無休息時復與沙門講論或分宵達曙而心力無怠道俗歎服之然性浮動慕權利外似謇正內實諂諛時豪勝已必相陵駕書生貧士矯意禮之其詭態若此有識鄙爲紇既處腹心參斷機密勢傾一時遠近填湊與鄭儼李神軌寵任相亞時稱徐鄭焉然無經國大體好行小數說靈太后以鐵券間尒朱榮左右榮知深以爲憾啓求誅之榮將入洛既剋河梁紇矯詔夜開殿中取驊騮御馬十餘匹東走兗州羊侃時爲太山太守紇往投之說侃令舉兵侃從之遂聚兵反共紇圍兗州孝莊初遣侍中于暉爲行臺與齊神武討之紇慮不免說侃請乞師於梁侃信之遂奔梁文筆駮論十卷多有遺落時或存於世焉

宗愛不知其所由來以辠爲閹人歷碎職至中常侍正平元年元正太武大會於江上班賞羣臣以愛爲秦郡公景穆之監國也每事精察愛天性險暴行多非法景穆每銜之給事中侯道盛侍郎任平城等任事東宮微爲權勢太武頗聞之二人與愛並不睦愛懼道盛等案其事遂搆告其辠詔斬道盛等於都街時太武震怒景穆遂以憂薨是後太武追悼不已愛懼誅遂謀逆二年春太武暴崩愛所爲也尚書左僕射蘭延侍中吳興公和疋侍中太原公薛提等秘不發喪延疋二人議以文成冲幼欲立長君徵秦王翰置之秘室提以文成有世嫡之重不可廢所宜立而更求君延等猶豫未決愛知其謀始愛負辠於東宮而與吳王余素協乃密迎余自中宮便門入矯皇后令徵延等延等以愛素賤弗之疑皆隨之入愛先使閹豎三十人持仗於宮內及延等入以次收縛斬於殿堂執秦王翰殺之於永巷而立余余以愛爲大司馬大將軍太師都督中外諸軍事領中秘書封馮翊王愛既立余位居元輔錄三省兼總戎禁坐召公卿權恣日甚內外憚之羣情咸以爲愛必有趙高閻樂之禍余疑之遂謀奪其權愛憤怒使小黃門賈周等夜殺余文成立誅愛周等皆具五刑夷三族

仇洛齊中山人也本姓侯氏外祖父仇款始出馮翊重泉款仕石季龍末徙鄴南枋頭仕慕容暐爲烏丸護軍長水校尉生二子長曰嵩小曰騰嵩仕慕容垂遷居中山位殿中侍御史嵩有二子長曰廣小曰盆嵩妹子洛齊生而非男嵩養爲子因爲仇姓初嵩長女有姿色克冉閔婦閔破入慕容儁又傳賜盧豚生子魯元魯元有寵於太武而知外祖嵩已死唯有三舅每言於帝帝爲訪其舅時東方罕有仕者廣盆皆不樂入平城洛齊獨請行曰我養子兼人道不全當爲兄弟試禍福也乃乘驢赴京魯元候知將至結從者百餘騎迎於桑乾河見而下拜從者亦同致敬入言於太武太武問其才用所宜魯元曰臣舅不幸生爲閹人唯合與陛下守宮閤耳而不言其養子帝矜焉引見叙用賜爵文安子稍遷給事黃門侍郎魏初禁網疏闊人戶隱匿漏脫者多東州既平綾羅戶人樂葵因是請採漏戶供爲綸緜自後逃戶占爲紬綾羅縠者非一於是雜營戶帥遍於天下不屬守宰發賦輕易人多私附戶口錯亂不可檢括洛齊奏議罷之一屬郡縣從征平京以功超遷散騎常侍又加中書令進爵零陵公拜侍中冀州刺史內都大官卒謚曰康養子儼襲爵太武時又有段霸以謹敏見知歷中常侍殿中尚書定州刺史

王琚高平人也自云本太原人高祖始晉豫州刺史琚以泰常中被刑入宮禁小心守節久乃見敘用稍遷禮部尚書賜爵廣平公孝文以琚歷奉前朝志存公正授散騎常侍後歷位冀州刺史假廣平王進爵高平王孝文文明太后東巡冀州親幸其家還京以其年老拜散騎常侍養老於家前後賜以車馬衣物不可稱計又降爵爲公扶老自平城從遷洛邑常飲牛乳色如處子卒年九十贈冀州刺史謚靖公

趙默字文靜初名海本涼州隸戶自云其先河內溫人也五世祖術晉末爲西夷校尉因居酒泉安彌縣海生而涼州平沒入而爲閹人因改名默有容貌恭謹小心賜爵雎陽侯累遷選部尚書能自謹厲當官任舉頗得其人加侍中進爵河內公獻文將傳位京兆王子推訪諸羣臣百官唯唯莫敢先言唯源賀等辭義正直不肯奉詔獻文怒變色復以問默默對曰臣以死奉戴皇太子獻文默然良久遂傳位孝文孝文立得幸兩宮祿賜優厚時尚書李訢亦有寵於獻文與默對綰選部訢奏中書侍郎崔鑒爲東徐州北部主書郎公孫處顯爲荆州選部監公孫蓬爲幽州皆曰有能實有私焉默疾其虧亂選體遂爭於殿庭曰以功授官因爵與祿國之常典中書侍郎尚書主書郎諸曹監勳能俱立不過列郡令訢皆以爲州臣實爲惑於是默與訢遂爲深隙訢竟列默爲監藏因黜爲門士默廢寢忘食規報前怨踰年還入爲侍御散騎常侍侍中尚書左僕射復兼選部如昔及訢將獲辠默因搆成以誅之然後食甘寢安志於職事出爲儀同三司定州刺史進爵爲王克已清儉事濟公私後薨於冀州刺史追贈司空謚曰康

孫小字茂翹咸陽石安人也父瓚姚泓安定護軍爲赫連屈丐所殺小沒入宮刑會魏平統萬遂圖平城內侍東宮以聰識有智略稱未幾轉西臺中散太武幸瓜步慮有北寇之虞賜爵泥陽子除留臺將軍車駕還都乃請父瓚贈謚求更改葬詔贈秦州刺史石安縣子謚曰戴小後拜并州刺史進爵中都侯州內四郡百餘人詣闕頌其政化後遷冀州刺史聲稱微少於前然所在淸約當時牧伯無能及也性頗忍酷所養子息驅逐鞭撻視如仇讎小之爲并州以郭祚爲主簿重祚文才兼任以書記時人多之

張宗之字益宗河南鞏人也家世寒微父孟舒晉將劉裕西征板假洛陽令初緱氏宗文邕謀反脅孟舒等事晉孟舒敗走免宗之被執入京腐刑以忠厚謹慎擢爲侍御中散賜爵鞏縣侯歷儀曹庫部二曹尚書領中祕書進爵彭城公後例降爲侯卒於冀州刺史贈懷州刺史謚曰敬始宗之納南來殷孝祖妻蕭氏宋儀同三司思話弟思度女也多悉婦人儀飾故事太和中初制六宮服章蕭被命在內豫見訪採數蒙賜賚云

劇鵬高陽人也粗覽經史閑曉吏事與王質等俱充宦官性通率不以閹閽爲耻孝文遷洛常爲宮官任事幽后之惑薛菩薩也鵬密諫止之不從遂發憤卒

張祐字安福安定石唐人也父成扶風太守太武末坐事誅祐充腐刑積勞至曹監中給事文明太后臨朝中官用事祐寵幸冠諸閹官特遷尚書進爵隴東公仍綰內藏曹未幾監都曹加侍中與王叡等俱入八議太后嘉其忠誠爲造甲第宅成孝文太后親率文武往宴會焉拜尚書左僕射進爵新平王受職於太華庭備威儀於宮城南觀者以爲榮孝文太后親幸其宅饗會百官祐性恭密出入機禁二十餘年未嘗有過由是特被恩寵歲月賞賜家累巨萬與王質等十七人俱賜金券許以不死薨孝文親臨之詔鴻臚典護喪事贈司空謚曰恭葬日車駕親送近郊祐養子顯明後名慶少歷內職有姿貌江陽王繼以女妻之襲爵降爲隴東公又降爲

侯

抱嶷字道德安定石唐人也居於直谷自言其先姓杞漢靈帝時杞匡爲安定太守董卓時懼誅易氏卽家焉無得而知也幼時隴東人張乾王反家染其逆及乾王敗父睹生逃免嶷獨與母没入內宮受刑遂爲宮人小心慎密累遷中常侍中曹侍御尚書賜爵安定公自總納言職當機近諸所奏議必致抗直孝文文明太后嘉之以爲殿中侍御尚書太后既寵之乃徵其父睹生拜大中大夫將還見於皇信堂孝文執手曰老人歸途幾日可達好慎行路其見幸如此睹生卒贈泰州刺史諡曰靖賜黃金八十斤贈綵及絹八百疋以供喪用并别使勞慰加嶷大長秋卿嶷老疾乞外祿乃出爲涇州刺史特加右光祿大夫將之州孝文餞於西郊樂陽殿以御白羽扇賜之十九年以刺史從駕南征以老舊每見勞問數道稱嶷之正直命乘馬出入行禁之間與司徒馮誕同例軍迴還州自以故老前官爲政多守往法不能遵用新制侮侵士族簡於禮接天性酷薄雖弟姪甥壻略無存潤卒於州先以從弟老壽爲後又養太師馮熙子次興嶷死後二人爭立嶷妻張氏致訟經年得以熙子爲後老壽亦仍陳訴終獲紹爵次興還於本族老壽凡薄酒色肆情御史中尉王顯奏言前洛州刺史陰平子石榮積射將軍抱老壽恣蕩非軌易室而姦臊聲布於朝野醜音被於行路男女三人莫知誰子人理所未聞鳥獸之不若請以見事免官付廷尉正辠詔可之老壽死後其舊奴婢尚六七百人老壽及石榮祖父皆造碑銘就鄉建立言西方直谷出二貴人石榮自被劾後遂廢頓子長宣位南兗州刺史與侯景反伏法

王遇字慶時本名他惡馮翊李潤鎮羌也與雷党不蒙俱爲羌中强族自云其先姓王後改爲鉗耳氏宣武時改爲王焉自晉已來恒爲渠長遇坐事腐刑累遷吏部尚書爵宕昌公出爲華州刺史加散騎常侍幽后之前廢也遇頗言其過及後進幸孝文對李冲等申后無咎而稱遇謗議之辠遂免遇官奪其爵宣武初爲光祿大夫復舊爵馮氏爲尼也公私罕相供恤遇自以嘗更奉接往來祇謁不替舊敬遇性工巧强於部分北都方山靈泉道俗居宇及文明太后陵廟洛京東郊馬射壇殿修廣文昭太后墓園及東西兩堂內外諸門制度皆遇監作雖年在耆老朝夕不倦又長於人事留意酒食之間每逢賚舊觴膳精豐然競於榮利趨求勢門趙修之寵也遇深附會受敕爲之造宅增於本旨笞撃作人莫不嗟怨卒於官初遇之疾太傅北海王與太妃俱往臨問視其危惙爲之泣下其善奉諸貴致相悲悼如此贈雍州刺史

符承祖略陽氐人也因事爲閹人爲文明太后所寵賜爵略陽公歷吏部尚書加侍中知都曹事初太后以承祖居腹心之任許以不死之詔後承祖坐贓應死孝文原之命削職禁錮在家授悖義將軍佞濁子月餘遂死

王質字紹奴高陽易人也其家坐事幼下蠶室頗解書學爲中曹吏內典監稍遷祕書中散賜爵永昌子領監御遷爲侍御給事又領選部監御二曹事進爵魏昌侯轉選部尚書出爲瀛州刺史風化粗行人庶畏服之而刑政峻刻號爲威酷孝文頗念其忠勤宿舊每行留大故馮司徒亡廢馮后陸叡穆泰等事皆賜質以璽書手筆莫不委至同之戚貴質皆寶掌入爲大長秋卿卒

李堅字次壽高陽易人也文成初坐事爲閹人稍遷給事中賜爵魏昌伯小心謹慎常在左右雖不及王遇王質等而亦見任用宣武初自太僕卿出爲瀛州刺史本州之榮同於王質所在受納家產巨萬卒於光祿大夫贈相州刺史太和末又有秦松白整位並長秋卿

劉騰字青龍本原城人也徙屬南兗州之譙郡幼時坐事受刑補小黃門轉中黃門孝文之在縣瓠問其中事騰具言幽后私隱與陳留公主所告符協由是進冗從僕射仍中黃門後與茹皓使徐兗采召人女還遷中給事靈太后臨朝以與于忠保護勳除崇訓太僕加侍中封長樂縣公拜其妻魏氏爲鉅鹿郡君每引入內受賞賚亞於諸主外戚所養二子爲郡守尚書郎騰曾疾篤靈太后慮或不救遷衞將軍儀同三司後疾瘳騰之拜命孝明嘗爲臨軒會日大風寒甚乃遣使持節授之騰幼充宮役手不解書裁知署名而已而姦謀有餘善射人意靈太后臨朝特蒙進寵多所干託內外碎密棲棲不倦洛北永橋太上公太上君及城東三寺皆主脩營吏部嘗望騰意奏其弟爲郡帶戍人資乖越清河王懌抑而不奏騰以爲恨遂與領軍元乂害懌廢靈太后於宣光殿宮門晝夜長閉內外斷絕騰自執管籥明帝亦不得見裁聽傳食而已太后服膳俱廢不免饑寒又使中常侍賈粲假言持明帝書密令防察乂以騰爲司空表裏擅權共相樹置乂爲外禦騰爲內防迭直禁闥共裁刑賞騰遂與崔光同受詔乘步挽出入殿門四年之中生殺之威決於乂騰之手八坐九卿旦造騰宅參其顏色然後方赴省府亦有歷日不能見者公私屬請唯在財貨舟車之利水陸無遺山澤之饒所在固護剝削六鎮交通底市歲入利息以巨萬計又頗役嬪御時有徵求婦女器物公然受納逼奪鄰居廣開室宇天下咸苦之甍於位中官爲義息衰經者四十餘人騰之立宅也奉車都尉周特爲之筮不吉深諫止之騰怒而不用特告人曰必困於三月四月之交至是果死廳事甫成陳屍其下追贈太尉冀州刺史葬閹官爲義服杖經衰縞者以百數朝貴皆從軒蓋塡塞相屬郊野魏初以來權閹存亡之盛莫及焉靈太后反政追奪爵位發其冢散露骸骨没入財產後騰所養一子叛入梁太后大怒悉徙騰餘養於北裔尋遣密使追殺之於汲郡

賈粲字季宣酒泉人也太和中坐事腐刑頗涉書記與元乂劉騰等同其謀謨進光祿勳卿專侍明帝與乂騰等伺帝動靜右衞奚康生之謀殺乂也靈太后明帝同升於宣光殿左右侍臣俱立西階下康生既被囚執粲給太后曰侍官懷恐不安陛下宜親安慰太后信之適下殿粲便扶明帝出東序前御顯陽還閉太后於宣光殿粲既乂黨威福亦震於京邑自云本出武威魏太尉文和之後遂移家屬焉時武威太守韋景承粲意以其兄緒爲功曹緒時年向七十未幾又以緒爲西平太守靈太后反政欲誅粲以乂騰黨與不一恐驚動內外乃止出粲爲濟州刺史未幾遣武衞將軍刁宣馳驛殺之

楊範字法僧長樂廣宗人也文成時坐事官刑爲王琚所養恩若父子累遷爲中尹靈太后臨朝爲中常侍崇訓太僕領中嘗藥典御賜爵華陰子出爲華州刺史中官內侍貴者靈太后皆許其方岳以範年長拜跪爲難故遂其請父子納貨爲御史所糾遂廢於家後爲崇訓太僕華州大中正卒

成軌字洪義上谷居庸人也少以辠刑入事宮掖以謹厚稱爲中謁者僕射孝文意有所欲軌候容色時有奏發輒合帝心從駕南征專進御食時孝文不豫常居禁中晝夜無懈延昌末遷中常侍嘗食典御光祿大夫統京染都將孝昌二年以勤舊封始平縣伯明帝所幸潘嬪以軌爲假父頗爲中官之所敬憚後進爵爲侯卒於衞將軍贈雍州刺史諡曰孝惠

王溫字桃湯趙郡欒城人也父冀高邑令坐事誅溫與兄繼叔俱充宦者稍遷中嘗食典御中給事加左中郎將宣武之崩羣官迎明帝於東宮溫於臥中起明帝與保母扶抱明帝入踐帝位高陽王雍既居冢宰慮中人朋黨出爲鉅鹿太守靈太后臨朝徵爲中常侍賜爵欒城伯累遷左光祿大夫光祿勳卿侍中進封欒城縣侯溫自陳本陽平武陽人改封武陽縣侯建義初於河陰遇害

孟欒字龍兒不知何許人也坐事爲閹人靈太后臨朝爲左中郎將給事中素被病面常黯黑於九龍殿下暴疾歸家其夜亡欒初出靈太后聞之曰欒必不濟我爲之憂及奏其死爲之下淚曰其事我如此不見我一日忻樂時也賜帛二百疋黃綾一十疋以供喪用七日靈太后爲設二百僧齋

平季字幼穆燕國薊人也坐事腐刑累遷新興太守明帝崩與尒朱榮等議立莊帝莊帝卽位超拜肆州刺史尋除中侍中以參謀勳封元城縣侯永熙中加驃騎大將軍卒

封津字醜漢勃海蓨人也父令德娶常寶女寶伏誅令德以連坐伏法津受刑給事宮掖累遷奉車都尉中給事中靈太后令津侍明帝書遷常山太守津少長宮闈給事左右善候時情號爲機悟天平初除開府儀同三司懷州刺史元象初復爲中侍中大長秋卿仍開府儀同甍贈司徒冀州刺史諡曰孝惠

劉思逸平原人也以罪少充腐刑初爲小史累遷中侍中武定中與元瑾等謀反伏誅又有張景嵩毛暢者咸以閹寺在明帝左右靈太后亦密伏之通傳意計於明帝元乂之出景嵩暢頗有力焉靈太后反政以妹故未卽戮乂時內外喧喧云乂還欲入知政事暢等恐禍及已乃啟明帝欲詔右衞將軍楊津密往殺乂詔書已成未及出外乂妻知之告太后景嵩暢與清河王息邵欲廢太后太后信之責暢暢出詔草以呈太后太后讀之知無廢已狀意小解然乂妻搆之不已出暢爲頓丘太守景嵩爲魯郡太守尋令捕殺暢景嵩孝靜時位至中侍中坐事死

郭秀范陽涿人也事齊神武稍遷行臺右丞封壽陽伯親寵日隆多受賂遺進退人物張伯德祁仲彥張華原之徒皆深相附會秀疾神武親視之問所欲官乃啟爲七兵尚書除書未至而卒家無成人子弟神武自至其宅親使録知其家資粟帛多少然後去贈儀同三司恒州刺史命其子孝義與太原公以下同學讀書初秀忌嫉楊愔誑脅令其逃亡秀死後愔還神武追忿秀卽日斥遣孝義終身不齒

和士開字彥通清都臨漳人也其先西域商胡本姓素和氏父安恭敏善事人稍遷中書舍人魏靜帝嘗夜與

朝賢講集命安看斗柄所指安曰臣不識北斗齊神武聞之以爲淳直由是啟除給事黃門侍郎位儀州刺史士開貴贈司空公尚書左僕射冀州刺史謚文貞公士開幼而聰慧選爲國子學生解悟捷疾爲同業所尚天保初武成封長廣王辟士開開府行參軍武成好握槊士開善此戲由是遂有斯舉加以傾巧便僻又能彈胡琵琶因致親寵嘗謂王曰殿下非天人也是天帝也王曰卿非世人也是世神也其深相愛重如此文宣知其輕薄不欲令王與小人相親善責其戲狎過度徙之馬城乾明元年孝昭誅楊愔等敕追還長廣王請之也武成卽位累遷給事黃門侍郎侍中高元海黃門郎高乾和及御史中丞畢義雲等疾之將言其事士開乃奏元海等交結朋黨欲擅威福乾和因被疎斥義雲反納貨於士開除兗州刺史士開初封定州眞定縣子尋進爲伯天統元年加儀同三司尋除侍中加開府及遭母劉氏憂帝聞而悲惋遣武衞將軍侯呂芬詣宅晝夜扶侍并節哀止哭又遣侍中韓寶業齎手敕慰諭云朕之與卿本同心腹今懷抱痛割與卿無異當深思至理以自開慰成服後呂芬等始還其日遣韓寶業以犢車迎士開入內帝親握手下泣曉諭然後遣還駕幸晉陽給假聽過七日續發其見重如此并諸弟四人並起復本官四年再遷尚書右僕射帝先患氣疾因飲酒輒大發動士開每諫不從後屬帝氣疾發又欲飲酒士開淚下歔欷而不能言帝曰卿此是不言之諫因不飲酒及冬公主出降段氏帝幸平原王第始飲酒焉又除尚書左僕射仍兼侍中武成外朝視事或在內宴賞須臾之間不得不與士開相見或累月不歸一日數入或放還之後俄頃卽追未至之間連騎催喚姦諂日至寵愛彌隆前後賞賜不可勝紀言辭容止極諸鄙褻以夜繼晝無復君臣之禮至說武成云自古帝王盡爲灰土堯舜桀紂竟復何異陛下宜及少壯恣意作樂從橫行之卽是一日快活敵千年國事分付大臣何慮不辦無爲自勤約也帝大悅於是委趙彥深掌東宮帝三四日乃一坐朝書數字而已略無言須臾罷入及帝寢疾於乾壽殿士開入侍醫藥帝謂士開有伊霍之才殷勤屬以後事臨崩握其手曰勿負我也仍絕於士開之手後主以武成顧託深委任之又先得幸於胡太后是以彌見親密趙郡王叡與婁定遠元文遙等謀出士開仍引任城馮翊二王及段韶安吐根共爲計策屬太后觴朝貴於前殿叡面陳士開辠失云士開先帝弄臣城狐社鼠受納貨賄穢亂宮掖臣等義無杜口冒以死陳太后曰先帝在時王等何意不道今日欲欺孤寡邪但飲酒勿多言叡詞色愈厲安吐根繼進曰臣本商胡得在諸貴行末既受厚恩豈敢惜死不出士開朝野不定太后曰別日論之王等且散叡等或投冠於地或拂衣而起言詞咆勃無所不至明日叡等復於雲龍門令文遙入奏三反太后不聽段韶呼胡長粲傳言於太后曰梓宮在殯事太忽速猶欲王等更思量趙郡王等遂並拜謝長粲復命太后謂曰成妹母子家計者兄之力也厚賜叡等而罷之太后及後主召問士開士開曰先帝羣臣中待臣最重陛下諒陰始爾大臣皆有覬覦今若出臣正是翦陛下羽翼宜謂叡等云文遙與臣同是任用豈得一去一留並可以爲州且依舊出納待過山陵然後發遣叡等謂臣眞出心必喜之後主及太后告叡等如其言以士開爲兗州刺史文遙爲西兗州刺史山陵畢叡等促士開就路士開載美女珠簾及諸寶玩以詣婁定遠謝曰諸貴欲殺士開蒙王特賜性命用作方伯今欲奉別且送二女子一珠簾定遠大喜謂士開曰欲還入不士開曰在內久常不自安不願更入定遠信之送至門士開曰今日遠出願一辭觀二宮定遠許之由是得見後主及太后進說曰先帝一旦登遐臣愧不能自死觀朝貴意勢欲以陛下爲乾明臣出之後必有大變復何面目見先帝於地下因慟哭後主及太后皆泣問計將安出士開曰臣已得入復何所慮正須數行詔書耳於是詔定遠爲青州刺史責趙郡王叡以不臣召入殺之復除士開侍中尚書左僕射定遠歸士開所遺加以餘珍賂之武平元年封淮陽王尋除尚書令還錄尚書事食定州常山郡幹武成時恒令士開與太后握槊又出入臥內遂與太后爲亂及武成崩後彌自放恣琅邪王儼惡之與領軍大將軍庫狄伏連侍中馮子琮書侍御史王子宜武衞大將軍高舍洛等謀誅之伏連發京畿軍士帖神武千秋門外並私約束不聽士開入殿士開雖爲領軍恒性好內多早下縱當直必須還宅晚始來門禁宿衞略不在意及旦士開依式早參庫狄伏連把士開手曰今有一大好事王子宜便授一函云有敕令王向臺遣軍士防送禁治書侍御廳事儼遣都督馮永洛就臺斬之先是鄴下童謠云和士開當入臺士開謂入上臺至是果驗儼令御史李幼業羊立正將令史就宅簿錄家口自領兵士從殿西北角出斛律明月說後主親自曉告軍士軍士果散卽斬伏連及王子宜並支解棄屍殿西街自餘皆辮頭反縛付趙彥深於涼風堂推問死者十餘人帝哀悼不視事數日後追憶不已詔起復其子道盛通直散騎常侍又敕其弟士休入內省參典機密詔贈士開假黃鉞右丞相太宰司徒公錄尚書事謚曰文定士開稟性庸鄙不窺書傳發言吐論唯以諂媚自資自河淸天統以後威權轉盛富商大賈朝夕塡門聚斂貨財不知紀極雖公府屬掾郡縣守長不拘階次啟牒卽成朝士不知廉恥者多相附會甚者爲其假子與市道小人丁鄒嚴興等同在昆季行列又有一人士曾參士開疾患遇醫人云王傷寒極重應服黃龍湯士開有難色是人云此物甚易王不須疑惑請爲王先嘗之一舉便盡士開深感此心爲之强服遂得汗病愈其勢傾朝廷如此雖以左道事之者不隔賢愚無不進擢而正理違忤者亦頗能含容之士開見人將加刑戮多所營救旣得免辠卽令諷諭責其珍寶謂之贖命物雖有全濟皆非直道安吐根安息胡人曾祖入魏家於酒泉吐根魏末充使蠕蠕因留塞北天平初蠕蠕主使至晉陽吐根密啟本蕃情狀神武得爲之備蠕蠕果遣兵入掠無獲而反神武以其忠款厚加賞賚其後與蠕蠕和親結成婚媾皆吐根爲行人也吐根性和善頗有計策頻使入朝爲神武親待在其本蕃爲人所譖奔投神武文襄嗣事以爲假節涼州刺史率義侯稍遷儀同三司食永昌郡幹皇建中加開府齊亡年卒

穆提婆本姓駱漢陽人也父超以謀叛伏法提婆母陸令萱配入掖庭提婆爲奴後主在襁褓中令其鞠養謂之乾阿嬭呼姊姊遂爲胡太后昵愛令萱姦巧多機辯取媚百端宮掖之中獨擅威福封爲郡君和士開高那肱皆爲郡君義子天統初奏引提婆入侍後主朝夕左右大被親狎無所不爲武平元年稍遷儀同三司又加開府尋授武衞大將軍秦州大中正二年除侍中轉食樂陵郡幹寵遇彌隆遂至尚書左右僕射領軍大將軍錄尚書封城陽郡王贈其父司徒公尚書左僕射城陽王令萱又佞媚穆昭儀養之爲女是以提婆改姓穆及穆氏定位號視第一品班在長公主之上自武平三年之後令萱母子勢傾內外賣官鬻獄聚斂無厭每一賜與動傾府藏令萱則自太后以下皆受其指麾提婆則唐邕之徒皆重跡屏氣提婆嘗有辠太姬於帝前屬之曰奴斷我兒兒謂帝奴謂提婆也斛律皇后之廢也太后欲以胡昭儀正位後宮力不能遂乃卑辭厚禮以求令萱令萱亦以胡氏寵幸方睦不得已而白後主立之然意在穆昭儀每私謂後主曰豈有男爲皇太子而身爲婢妾又恐胡后不可以正義離間乃外求左道行厭蠱之術旬朔之間胡氏遂卽精神恍惚言笑無恒後主遂漸相畏惡令萱一旦忽以皇后服御衣被穆昭儀又先別造寶帳爰及枕席器玩莫匪珍奇坐昭儀於帳中謂後主云有一聖女出將大家看之及見昭儀更相媚悅令萱云如此人不作皇后遣何物人作皇后於是立穆氏爲右皇后以胡氏爲左皇后尋復黜胡以穆爲正嫡引祖珽爲宰相殺胡長仁皆令萱所爲也自外殺生與奪不可盡言提婆雖庸品厮濫而性乃和善不甚害物耽聲色極奢侈晚朝早退全不以公事關懷未嘗毒害士人亦由此稱之晉州軍敗後主還鄴提婆奔投周軍令萱自殺子孫小大皆棄市籍沒其家周武帝以提婆爲柱國宜州刺史未幾云將據宜州起兵與後主相應誅死後主及齊氏諸王並因此非命

高阿那肱無善人也父市貴從神武以軍功封常山郡公位晉州刺史贈太尉公及阿那肱貴寵贈成皐王阿那肱初爲庫直每從征討以功封直城縣男天保初除庫直都督四年從破契丹及蠕蠕以蹻捷見知大寧初除假儀同三司武衞將軍那肱工於騎射便僻善事人每宴射之次大爲武成愛重又諂悅和士開尤相褻狎士開每見爲之言由是彌見親待河淸中除儀同三司食汾州定陽仵城二郡幹以破突厥封宜君縣伯天統初加開府除侍中驃騎大將軍領軍別封昌國縣侯後主卽位除并省右僕射武平元年封淮陽郡王仍遷并省尚書左僕射又除并省尚書令領軍大將軍并州刺史那肱才技庸劣不涉文史識用尤在士開下而姦巧計數亦不逮士開旣爲武成所幸多令在東宮侍衞後主所以大寵遇之士開死後後主謂其識度足繼士開遂致位宰輔武平四年令其錄尚書事又總知外兵及內省機密頓不如和士開駱提婆母賣獄鬻官韓長鸞慴疾善而那肱少言辭不妄喜怒亦不察人陰私虛相讒搆遂至司徒公右丞相其錄尚書刺史並如故及周師逼平陽後主於天池校獵晉州頻遣馳奏從旦至午驛馬三至那肱云大家正作樂邊境小小兵馬自是常事何急奏聞向暮更有使至云平陽城已陷賊方乃奏知明卽欲引軍淑妃又請更合圍所以彌致遲緩及軍赴晉州命那肱率前軍先進仍總節度諸軍後主至平陽城下謂那肱曰戰是邪不戰是邪那肱曰兵雖多堪戰者不過十萬病傷及繞城火頭三分除一昔攻玉壁

援軍來卽退今日將士豈勝神武皇帝時不如勿戰守高梁橋安吐根曰一把子賊馬上刺取擲汾河中帝未决諸內叅曰彼亦天子我亦天子彼尙能縣軍遠來我何爲守塹示弱帝曰此言是也於是橋塹進軍使內叅讓阿那肱曰爾富貴足惜性命邪後主從穆提婆觀戰東偏頗有退者提婆怖曰大家去大家去帝與淑妃奔高梁關府奚長樂諫曰半進半退戰家常體今衆全整未有傷敗陛下舍此安之御馬一動人情驚亂願速還安慰之武衞張常山自後至亦曰軍尋收訖甚整頓圍城兵亦不動至尊宜回不信臣言乞將內叅往視帝將從之提婆引帝肘曰此言何可信帝遂北馳有軍士雷相告稱阿那肱遣臣招引西軍行到文侯城恐事不果故還聞奏後主召侍中斛律孝卿令其檢校孝卿固執云此人自欲投賊行至文侯城迷不得去畏死妄語耳事遂寢還至晉陽那肱腹心人馬子平告那肱謀反又以爲虛妄斬子平乃顚沛還鄴侍衞逃散唯那肱及閹寺等數十騎從行復除大丞相後主走度河令那肱以數千人投濟州關仍遣覘候周軍進止日夕馳報那肱每奏云周軍未至且在青州集兵馬未須南行及周軍且至關首所部兵馬皆散那肱遂降時人皆云那肱表款周武必仰生致齊主故不速報兵至使後主被禽那肱至長安授大將軍封郡公尋出爲隆州刺史大象末在蜀從王謙起兵誅死初天保中文宣自晉陽還鄴愚僧秃師於路中大叫呼文宣姓名云阿那瓌終破你國時蠕蠕主阿那瓌在塞北彊盛帝尤忌之所以每歲討擊後亡齊者遂屬高阿那肱云雖作肱字世人皆稱爲瓌音斯固亡秦者胡蓋縣定於窈冥也

韓鳳字長鸞昌黎人也父永興開府青州刺史高密郡公鳳少聰察有膂力善騎射稍遷烏賀真大賢真正都督後主居東宮年尙幼武成簡都督二十人送令侍衞鳳在其數後主親就衆中牽鳳手曰都督看兒來因此被識數喚共戲襲爵高密郡公位開府儀同三司武平二年和士開爲庫狄伏連等矯害敕咸陽王斛律明月宜陽王趙彥深在涼風堂推問支黨其事祕密皆令鳳口傳然後宣詔敕號令文武禁掖防守悉以委之除侍中領軍總知內省機密祖珽曾與鳳於後主前論事珽語鳳云彊弓長稍容相推謝軍國謀筭何由得爭鳳答云各出意見豈在文武優劣後主將誅斛律明月鳳固執不從祖珽因有讒言旣誅明月數日後主不與語後尋復舊仍封舊國昌黎郡王又加特進及祖珽除北徐州刺史卽令赴任旣辭之後遲留不行其省事徐孝遠密告祖珽誅斛律明月後矯稱敕賜其珍寶財物亦有不云敕而徑迴取者敕令領軍將軍侯呂芬追珽還引入侍中省瑣禁其事首尾並鳳約敕責之進位領軍大將軍餘悉如故息寶行尙公主在晉陽賜甲第一區其公主生男滿月駕幸鳳宅宴會盡日每旦早參先被敕喚顧訪出後方引奏事官若不視事內省急速者皆附奏聞軍國要密無不經手東西巡幸及山水游戲射獵獨在御傍與高阿那肱穆提婆共處衡軸號曰三貴損國害政日月滋甚壽陽陷沒鳳與穆提婆聞告敗握槊不輟曰他家物從他去後帝使於黎陽臨河築城戍曰急時且守此作龜茲國子更可憐人生如寄唯當行樂何用愁爲君臣應和若此鳳恒帶刀走馬未曾安行瞋目張拳有啖人之勢每咤曰恨不得剉漢狗飼馬又曰刀止可刈賊漢頭不可刈草其弟萬歲及其二子寶行寶信並開府儀同萬歲又拜侍中亦處機要寶信尙公主駕復幸其宅親戚咸蒙官賞鳳母鮮於段孝言之從母子姊也爲此偏相參附奏遣監造晉陽宮陳德信馳驛檢行見孝言役官夫匠自亦遣孝言分工匠爲己造宅德信還具奏聞及幸晉陽鳳又以官馬與他人乘騎因此發忿與提婆並除名亦不露其辠仍毀其宅公主離婚復被遣向鄴吏部門參及後主晉陽走還被敕喚入內尋詔復王爵及開府領軍大將軍常在左右仍從後主走度河到青州并爲周軍所獲鳳被寵要之中尤嫉人士朝夕讌私唯相譖訴崔季舒等寃酷皆鳳所爲也每一賜與動至千萬恩遇日甚彌自驕恣意色嚴厲未嘗與人相承接朝士諮事莫敢仰視動致呵叱輒詈云狗漢大不可耐唯須殺却若見武職雖廝養末品亦容下之仕隋位終於隴州刺史

宦者韓寶業盧勒叉齊紹秦子徵並神武舊左右唯閽內驅使不被恩遇歷天保皇建之朝亦不至寵幸但漸有職任寶業至長秋卿勒叉等或爲中常侍武成時有曹文摽夏侯通伊長游魯恃伯郭沙彌鄧長顒及寶業輩亦有至儀同食幹者唯長顒武平中任參宰相干預朝權如寶業及勒叉齊紹子徵後並封王但自收歛不過侵暴又有陳德信亦參時宰與長顒並開府封王俱爲侍中左右光祿大夫領侍中又有潘師子崔孝禮劉萬通研胥光弁劉通遠王弘遠王子立王玄昌高伯華左君才能純陁宮鍾馗趙野叉徐世凝荀子溢斛子愼宋元賓康德汪並於後主之朝肆其姦佞敗政虐人古今未有多授開府罕止儀同亦有加光祿大夫金章紫綬者多帶甲侍中中常侍此二職乃至數十人佰出入門禁往來園苑趨侍左右通宵累日承候顏色競進諂諛發言動意多會深旨一戲之賞動逾巨萬丘山之積貪悋無猒猶以波斯狗爲儀同郡君分其幹祿神獸門外有朝貴憩息之所時人號爲解卸廳諸閹或在內多日暫放歸休所乘之馬牽至神獸門階然後升騎飛鞭競走十數爲羣馬塵必坌諸貴爰至唐趙韓駱皆隱廳趨避不敢爲言齊盧陳鄧之徒亦意屬尙書卿尹宰相旣不爲致言時主亦無此命唯以工巧矜功用長顒爲太府卿焉神武時有倉頭陳山提蓋豐樂俱以驅馳便僻頗蒙恩遇魏末山提通州刺史豐樂嘗食典御又有劉郁斤趙道德劉桃枝梅勝郎辛洛周高舍洛郭黑面李銅鍉王恩洛並爲神武驅使天保大寧之朝漸以貴盛至武平時山提等皆以開府封王其不及武平者則追贈王爵雖賜與無貲顧眄深重乃至陵忽宰輔然皆不得干預朝政武平時有胡小兒俱是康阿馱穆叔兒等富家子弟簡選黠慧者數十人以爲左右恩眄出處殆與閹官相埒亦有至開府儀同者其曹僧奴僧奴子妙達以能彈胡琵琶甚被寵遇俱開府封王又有何海及子洪珍開府封王尤爲親要洪珍侮弄權勢鬻獄賣官其何朱弱史醜多之徒十數人咸以能舞工歌及善音樂者亦至儀同開府閹官猶以宮掖驅馳便蕃左右漸因昵狎以至大官倉頭始自家人情寄深密及於後主則是先朝舊人以勤舊之勞致此叨竊至於胡小兒等眼鼻深嶮一無可用非理愛好排突朝貴尤爲人士之所疾惡其以音樂至大官者沈過兒官至開府儀同王長通年十四五便假節通州刺史時又有開府薛榮宗常自云能使鬼及周兵之逼言於後主曰臣已發遣斛律明月將大兵在前去帝信之經古冢榮宗謂舍人行恭是誰冢行恭戲之曰林宗冢復問林宗是誰行恭曰郭元貞父榮宗前奏曰臣向見郭林宗從冢出著大帽吉莫靴插馬鞭問臣我阿貞來不是時羣妄多皆類此

論曰古諺有之人之多幸國之不幸然則寵私爲害自古忌之大則傾國亡身小則傷賢害政率由斯也所宜誡焉詩曰殷鑒不遠近在夏后之世觀夫魏氏以降亦後來之殷鑒矣爲國家者可無鑒之哉

北史卷九十二考證

王叡傳涼州刺史顯蓑侯○蓑侯二字誤

趙黙傳趙黙字文靜○黙魏書作黒

張宗之傳初維氏宗文邕謀反○維魏書作緱

張祐傳未嘗有過由是特被恩寵○由監本訛田今改從南本

成軌傳成軌字洪義○軌監本軌今改從南本

郭秀傳乃啟爲七兵尚書○七監本訛士今改從齊書

宦者傳然皆不得干預朝政○干監本訛十今改從齊書

臣已發遣斛律明月將大兵在前去○臣監本訛巨今改從齊書

北史卷九十三

唐 李延壽 撰

列傳第八十一

僭僞附庸

夏赫連氏 燕慕容氏 後秦姚氏 北燕馮氏

西秦乞伏氏 北涼沮渠氏 梁蕭氏

晉自永嘉之亂寓縣瓜分胡羯憑陵積有年代各言膺運咸居大寶竟而自相吞滅終爲魏臣然魏自昭成已前王迹未顯至如劉石之徒時代不接舊書爲傳編之四夷有欺耳目無益緗素且於時五馬浮江正朔未改陽秋記注具存紀錄雖朝政叢脞而年代已多太宗文皇帝爰動天文大存刊勒其時事相接已編之載記今斷自道武已來所吞併者序其行事紀其滅亡其餘不相關涉皆所不取至如晉宋齊梁雖曰偏據年漸三百鼎命相承魏書命曰島夷列之於傳亦所不取故不入今篇蕭詧雖云帝號附庸周室故從此編次爲僭僞附庸傳云尒

鐵弗劉武南單于苗裔左賢王去卑之孫北部帥劉猛之從子居於新興虒意之北北人謂胡父爲鮮卑母爲鐵弗因以號爲姓武父誥汁爰世領部落汁爰死武代

爲武死子務桓代領部落與魏和通務桓死弟閼陋頭代立密謀反叛後務桓子悉勿祈逐閼陋頭而立悉勿祈死弟衞辰代立衞辰務桓之第三子也既立遣子朝獻昭成以女妻之衞辰潛通苻堅堅以爲左賢王遣使請堅求田地春去秋來堅許之後乃背堅專心歸魏舉兵伐堅堅遣其將鄧羌討擒之堅自至朔方以衞辰爲夏陽公統其部落衞辰復附於堅昭成討大破之遂走奔苻堅堅送還朔方遣兵戍之昭成末衞辰導苻堅寇魏南境王師敗績堅遂分國人爲二部自河以西屬之衞辰自河以東屬之劉庫仁堅後以衞辰爲單于督攝河西新類屯於代來慕容永據長子拜衞辰使持節都督河西諸軍事大將軍朔州牧朔方王姚萇亦遣使結好拜衞辰使持節都督北朔雜夷諸軍事大將軍大單于河西王幽州牧登國中衞辰遣子直力鞮寇南部其衆八九萬道武軍五六千人爲其所圍帝乃以車爲方營竝戰竝前大破之於鐵岐山南直力鞮單騎而走帝乘勝追之自五原金津南渡河徑入其國遂至衞辰所居悅跋城衞辰父子驚遁乃分遣陳留公元虔南至白鹽池虜衞辰家屬將軍伊謂至木根山禽直力鞮衞辰單騎遁走爲其部下所殺傳首行宮先是河水赤如血衞辰惡之及衞辰之亡誅其族類竝投之於河衞辰第三子屈丐奔薛干部帥太悉伏屈丐本名勃勃明元改其名曰屈丐北方言屈丐者卑下也太悉伏送之姚興興高平公破多羅沒弈干妻之以女屈丐身長八尺五寸興見而奇之拜驍騎將軍加奉車都尉常參軍國大議寵遇踰於勳舊興弟濟南公邕言於興曰屈丐天性不仁難以親育寵之太甚臣竊惑之興曰屈丐有濟世之才吾方收其藝用與之共平天下有何不可乃以屈丐爲安遠將軍封陽川侯使助沒弈干鎮高平邕固諫以爲不可興乃止以屈丐爲持節安北將軍五原公配以三交五部鮮卑二萬餘落鎮朔方道武末屈丐襲殺沒弈干而并其衆僭稱大夏天王號年龍昇置百官興乃悔之屈丐恥姓鐵弗遂改爲赫連氏自云徽赫與天連又號其支庶爲鐵伐氏云族剛銳如鐵皆堪伐人晉將劉裕攻長安屈丐聞而喜曰姚泓豈能拒裕裕必尅之待裕去後吾取之如拾遺耳於是秣馬厲兵休養士卒及劉裕禽泓留子義眞守長安屈丐伐之大破義眞積人頭爲京觀號曰髑髏臺遂僭皇帝於灞上號年爲昌武定都統萬勒銘城南頌其功德以長安爲南郡性僑虐視人如草蒸土以築城鐵錐刺入一寸卽殺作人而并築之所造兵器匠呈必死射甲不入卽斬弓人如其入便斬鎧匠殺工匠數千人常居城上置弓劒於側有所嫌忿手自殺之羣臣忤視者鑿其目笑者決其脣諫者謂之誹謗先截其舌而後斬之議廢其子璝璝自長安起兵攻屈丐丐遣子太原公昌破璝殺之屈丐以昌爲太子始光二年屈丐死昌僭立昌字還國一名折屈丐之第二子也既僭位改年承光太武聞屈丐死諸子相攻關中大亂於是西伐乃以輕騎一萬八千濟河襲昌時冬至之日昌宴饗王師奄到上下驚擾車駕次於黑水去其城三十餘里昌乃出戰太武馳往擊之昌退走入城未閉門軍士乘勝入其西宮焚其西門夜宿城北明日分軍四出徙萬餘家而還後昌遣弟定與司空奚斤相持於長安太武乘虛西伐濟君子津輕騎三萬倍道兼行羣臣咸諫曰統萬城堅非一日可拔今輕軍討之進不可尅退無所資不若步軍攻具一時俱往帝曰夫用兵之術攻城最下不得已而用之如其攻具一時俱往賊必懼而堅守若攻不時拔則食盡兵疲外無所掠非上策也朕以輕騎至其城下彼先聞有步軍步從見騎至必當心閑朕且羸師以誘之若得一戰禽之必矣所以然者軍士去家二千里後有黃河之難所謂置之死地而後生也以是決戰則有餘攻城則不足遂行決於黑水分軍伏於谷而以少衆至其城下昌將狄子玉來降說使人追其弟定定曰城堅峻未可攻拔待禽斤等然後徐往內外擊之有何不濟昌以爲然太武惡之退軍城北示昌以弱遣永昌王健及娥清等分騎五千西掠居人會軍士負辠亡入昌城言官軍糧盡士卒食菜輜重在後步兵未至擊之爲便昌信其言引衆出城步騎三萬司徒長孫翰等咸言昌步陣難陷宜避其鋒且待步兵一時奮擊帝曰不然遠來求賊恐其不出今避而不擊彼奮我弱非計也遂收軍僞北引而疲之昌以爲退鼓譟而前舒陣爲翼行五六里帝衝之賊陣不動稍前行會有風起方術官趙倪勸帝更待後日崔浩叱之帝乃分騎爲左右以掎之帝墜馬賊已逼帝騰馬刺殺其尚書斛黎文殺騎賊十餘人流矢中帝帝奮擊不輟昌軍大潰不及入城奔投上邽遂尅其城初屈丐奢好脩宮室城高十仞基厚三十步上廣十步宮牆五仞其堅可以礪刀斧臺榭高大飛閣相連皆彫鏤圖畫被以綺繡飾以丹青窮極文采帝顧謂左右曰蕞尒小國而用人如此雖欲不亡其可得乎侍御史安頡禽昌帝使侍中古弼迎昌至京師舍之西宮門內給以乘輿之副又詔昌尚始平公主假會稽公封爲秦王坐謀反伏誅昌弟定小字直猜屈丐之第五子也凶暴無賴昌敗定奔於平涼自稱尊號改年勝光定登陰槃山望其本國泣曰先帝以朕承大業者豈有今日之事乎使天假朕年當與卿諸人建季興之業俄而羣狐百數鳴於其側定命射之無所獲惡之曰所見亦大不臧咄咄天道復何言哉定與宋連和遙分河北自恒山以東屬宋恒山以西屬定太武親率輕騎襲平涼定救平涼方陣自固帝四面圍之斷其水草定不得水引衆下原詔武衞將軍丘眷擊之定衆潰被創單騎遁走收其餘衆乃西保上邽神䴥四年爲吐谷渾慕容璝所襲禽定送京師伏誅

徒河慕容廆字弈洛瓌本出昌黎曾祖莫護跋魏初率諸部落入居遼西從司馬宣王討公孫氏拜率義王始建王府於棘城之北祖木延母丘儉征高麗有功始號左賢王父涉歸以勳進拜鮮卑單于遷邑遼東涉歸死廆代領部落以遼東僻遠遷於徒河之青山穆帝世頗爲東部之患廆死子晃嗣晃字元眞號年爲元年自稱燕王建國二年昭成納晃女爲后四年晃城和龍而都焉征高麗大破之遂入九都掘高麗王釗父利墓載其屍焚其宮室毀九都而歸釗後稱臣乃歸其父屍晃死子儁嗣儁字宣英既襲位號年爲元年聞石氏亂乃礪甲嚴兵將爲進取之計徙都於薊建國十五年儁僭稱皇帝置百官號年天璽國稱大燕十六年自薊還都於鄴號年光壽儁死第三子暐嗣暐字景茂號年建熙暐政無綱紀有神降於鄴曰湘女有聲與人相接數日而去後苻堅遣將王猛伐鄴禽暐封新興侯道武之七年苻堅敗於淮南暐叔父垂叛堅攻苻丕於鄴暐弟濟北王泓先爲北地長史聞垂攻鄴亡奔關東還屯華陰自稱雍州牧濟北王推垂爲丞相大司馬吳王堅遣子鉅鹿公叡伐泓泓弟中山王冲先爲平陽太守亦起兵河東奔泓泓衆至十萬遣使謂堅求分王天下堅大怒責暐暐叩頭流血謝堅待之如初命暐以書招垂及泓冲暐密遣使謂泓勉建大業可以吳王爲相國中山王爲太宰領大司馬汝可爲大將軍領司徒承制封拜聽吾死問汝便卽尊位泓進向長安年號燕興泓謀臣高蓋宿勒崇等以泓德望後冲且持法苛峻乃殺泓立冲爲皇太弟承制行事置百官進據阿房初堅之滅燕冲姊清河公主年十四有殊色堅納之冲年十二亦有龍陽之姿堅又幸之姊弟專寵長安歌之曰一雌一雄雙飛入紫宮王猛切諫乃出冲及其母卒葬之以燕后之禮長安又謠曰鳳凰鳳凰止阿房時以鳳凰非梧桐不棲非竹實不食乃蒔梧竹數千株於阿城以待鳳凰冲小字鳳凰至是阿城終爲堅賊暐入見堅謝因言二子昨婚欲堅幸第許之暐出衞士王嘉曰椎蘆作蘧蒢不成文章會天大雨不得殺羊言暐將殺堅而不果也堅與羣臣莫解是夜大雨晨不果出事發堅乃誅暐父子及宗族城內鮮卑無少長男女皆殺之廆弟運運孫永字叔明暐既爲苻堅所并永徙於長安家貧夫妻常賣鞾於市及暐爲堅所殺冲乃自稱尊號以永爲小將軍冲毒暴及堅出如五將山冲入長安縱兵大掠死者不可勝計初堅之未亂關中忽然無火而煙氣大起方數十里月餘不滅堅每臨聽訟觀令民有怨者舉煙於城北觀而錄之長安爲之語曰欲得必存當舉煙關中謠曰長鞘馬鞭擊左股太歲南行當復虜西人呼徒河爲白虜冲果據長安樂之忘歸且以慕容垂威名著跨據山東憚不敢進衆咸怨之登國元年冲左將軍韓延因人之怨殺冲立冲將段隨爲燕王改年昌平冲之入長安王嘉謂之曰鳳凰鳳凰何不高飛還故鄉無故在此取滅亡冲敗其左僕射慕容恒與永潛謀襲殺隨立宜都王子覬爲燕王號年建明率鮮卑男女三十餘萬口乘輿服御禮樂器物去長安而東以永爲武衞將軍恒弟護軍將軍韜陰有貳志誘覬殺之於臨晉恒怒去之永與武衞將軍刁雲率衆攻韜韜遣司馬宿勤黎逆戰永執而戮之韜懼出奔恒營恒立慕容冲子望爲帝改年建平衆悉去望奔永永執望殺之立慕容泓子忠爲帝改年建武忠以永爲太尉守尚書令封河東公東至聞喜知慕容垂稱尊號託以農要弗進築燕熙城以自固刁雲等又殺忠推永爲大都督大將軍大單于雍秦梁涼四州牧河東王稱蕃於垂永進據長子僭稱帝號年中興垂攻丁零翟釗於滑臺釗敗降永永以釗爲車騎大將軍東郡王歲餘謀殺永永誅之垂來攻永永敗爲前驅所獲垂數而戮之并斬永公卿已下刁雲大逸豆歸等四十餘人永所統新舊人戶服御圖書器樂珍寶垂悉獲之垂字道明晃第五子也甚見寵愛常自謂諸弟子曰此兒闊達好奇終能破人家或能成人家故名霸字道業恩遇踰於儁儁弗能平及卽王位以垂墜馬傷齒改名爲𡙇外以慕卻𡙇爲名內實惡之尋以讖記之文乃去夬以垂爲名年十三爲偏將所在征伐勇冠三軍儁平中原垂爲前鋒累戰有大功及儁僭尊

號封吳王後以車騎大將軍敗桓溫於枋頭威名大震不容於暐西奔苻堅堅甚重之拜冠軍將軍封賓都侯堅敗淮南入於垂軍子寶勸垂殺之垂以堅遇之厚也不聽行至洛陽請求拜墓堅許之遂起兵攻苻丕於鄴垂稱燕王置百官年號燕元登國元年垂僭位號年爲建興繕宗廟社稷於中山盡有幽冀平州之地遣使朝貢三年道武遣九原公儀使於垂垂又遣使朝貢四年道武遣陳公虔使於垂垂又遣使朝貢五年又遣秦王觚使於垂垂留觚不遣遂絕行人垂議討慕容永太史令靳安言於垂曰彗星經尾箕之分燕當有野死之王不出五年其國必亡歲在鶉火必尅長子垂乃止安出而謂人曰此衆既并終不能久安蓋知道武之興也而不敢言先是丁零翟遼叛垂後遣使謝辠垂不許遼怒遂自號大魏天王屯滑臺與垂相擊死子釗代之及垂征尅滑臺釗奔長子垂議征長子諸將咸諫以永國未有釁請他年垂將從之垂弟司徒范陽王德固勸垂垂曰司徒議與吾同且吾投老叩囊底智足以尅之不復留逆賊以累子孫乃伐永尅之十年垂遣其太子寶來寇始寶之來垂已有疾自到五原道武斷其行路父子問絕帝乃詭其行人之辭臨河告之曰汝父已死何不遽還寶兄弟聞之憂怖以爲信然於是士卒駭動初寶至幽州其所乘車軸無故自折占工靳安以大爲凶固勸令還寶怒不從至是問安安曰速去可免寶愈恐安退告人曰今將死於他鄉尸骸委於草野爲烏鳶螻蟻所食不復見家族十月寶燒船夜遁時河水未成寶謂帝不能渡不設斥候十一月天暴風寒氷合帝進軍濟河急追之至參合陂西靳安言於寶曰今日西北風動是軍將至之應宜兼行速去不然必危其夜帝部分衆軍東西爲犄角之勢約勒士卒束馬口銜枚無聲昧爽衆軍齊進日出登山下臨其營寶衆晨將東引顧見軍至遂驚擾帝縱騎騰躡皆馬者蹶倒氷上寶及諸父兄弟單馬迸散僅以身免寶軍四五萬人一時放仗斂手就羈禽其王公文武數千垂復欲來寇太史曰太白夕沒西方數日後見東方此爲躁兵先舉者亡垂不從鑿山開道至寶前敗所見積骸如丘設祭弔之死者父兄子弟遂皆嚎哭聲震山川垂慙忿嘔血發病而還死於上谷寶僭立寶字道祐垂之第四子也少輕果無志操好人佞己爲太子砥礪自脩垂妻段氏謂垂曰寶姿質雍容柔而不斷承平則爲仁明之主處難則非濟世之雄今託以大業未見克昌之美遼西高陽兒之俊賢者宜擇一以樹之趙王驎姦詐負氣常有輕寶之心恐難作垂不納寶聞深以爲恨寶既僭位年號永康遣驎逼其母段氏自裁段氏怒曰汝兄弟尚逼殺母安能保社稷吾豈惜死遂自殺寶議以后謀廢嫡稱無母之道不宜成喪羣臣咸以爲然寶中書令眭邃執意抗言寶從之而止皇始元年道武南伐及尅信都寶大懼夜來犯營帝擊破之寶走中山遂奔薊寶子清河王會先守龍城聞寶被圍率衆赴難逢寶於路寶分奪其軍以授弟遼西王農等會怒襲農殺之勒兵攻寶寶走龍城會追圍之侍御郎高雲襲敗會師會奔中山寶命雲爲子封夕陽公會至中山爲慕容普隣所殺寶至龍城垂舅蘭汗拒之寶南走奔薊汗復遣迎寶以汗垂之季舅子盛又汗之婿也必謂無二乃還龍城汗殺之及子策等百餘人汗自稱大都督大單于昌黎王號年青龍以盛子壻哀而宥之盛字道運寶長子也垂封爲長樂公寶僭立進爵爲王蘭汗之殺寶也以盛爲侍中左光祿大夫盛乃間汗兄弟使相疑害李旱衞雙劉志張眞等皆盛之舊昵汗太子穆竝引爲腹心盛結旱等因汗穆等醉夜襲殺之僭尊號改年爲建平又號年爲長樂盛改稱庶人大王盛以寶闇而不斷遂峻極威刑於是上下震局前將軍段璣等夜鼓噪攻盛傷之遂輦昇殿召叔父河間公熙屬以後事熙未至而死熙字道文小字長生垂之長子也羣臣與盛伯母丁氏議以其家多難宜立長君遂廢盛子定迎熙立之熙立殺定年號光始築龍騰苑起雲山於苑內又起逍遙宮甘露殿連房數百觀閣相交鑿天河渠引水入宮又爲妻苻氏鑿曲光海清凉池季夏盛暑不得休息暍死者大半熙遊城南止大柳樹下若有人呼曰大王且止熙惡之伐其樹下有蛇長丈餘熙盡殺寶諸子改年爲建始又爲其妻起承華殿負土於北門土與穀同價典軍杜靜載棺詣闕上書極諫熙大怒斬之熙妻當季夏思凍魚膾仲冬須生地黃切責不得加有司大辟苻氏死熙擁其屍僵仆絕息久而乃蘇悲號擗踴斬衰食粥大斂之後復啓而交接制百官哭臨沙門素服令有司案檢有淚者爲忠無淚者辠之羣臣莫不含辛以爲淚及葬熙被髮徒步從轜車毀城門而出長老相謂曰慕容氏自毀其門將不久矣衞中將軍馮跋兄弟閉門拒熙執而殺之立夕陽公雲爲主雲寶之養子也復姓高氏年號正始跋又殺雲自立雲之立也熙幽州刺史上庸公慕容懿以遼西歸降道武以懿爲征東大將軍平州牧昌黎王後坐反伏誅晃少子德字玄明雅爲兄垂所重苻堅滅暐以德爲張掖太守垂僭號封范陽王位司徒寶即位以德鎮鄴大丞相寶既東走羣僚勸德稱尊號德不從皇始二年既拔中山道武遣衞王儀攻鄴德南走滑臺自稱燕王號年燕元置百官德冠軍將軍苻廣叛於乞活壘德留兄子和守滑臺率衆攻廣斬之而和長史李辯殺和以城降魏德無所據用其尚書潘聰計據青齊入都廣固僭稱尊號號年建平女水竭德聞而惡之因而寢疾兄子超請祈女水德曰人君之命豈女水所知乃以超爲太子德死超僭立超字祖明德兄北海王納之子也既僭位號年太上超南郊柴燎焰起而煙不出靈臺令張光告人曰今火盛而煙滅國其亡乎天賜五年晉將劉裕伐超超將公孫五樓勸拒之於大峴不從裕入大峴超戰於臨朐爲裕敗退還廣固圍之廣固鬼夜哭有流星長十餘丈隕於廣固城潰裕執超送建康市斬之

姚萇字景茂出於南安赤亭燒當之後也祖柯迴助魏拒姜維於沓中以功假綏戎校尉西羌都督父弋仲晉永嘉之亂東徙榆眉劉曜以弋仲爲平西將軍平襄公後隨石季龍遷於清河灄頭勒以弋仲爲奮武將軍封襄平公弋仲死子襄代屯於譙城慕容儁以襄爲豫州刺史丹陽公屯淮南自稱大將軍大單于爲晉將桓溫所敗奔河東後爲苻眉所殺弋仲有子四十二人萇第二十四隨兄襄征伐襄甚奇之襄敗降於苻堅從堅征伐頻有功堅伐晉以萇爲龍驤將軍督益梁州諸軍事謂萇曰朕本以龍驤建業龍驤之號初未假人今特以相授山南之事一以委卿堅左將軍竇衝進曰王者無戲言此亦不祥之徵也惟陛下察之堅默然及慕容泓起兵華澤堅遣子衞大將軍叡討之戰敗爲泓所殺時萇爲叡司馬懼辠奔馬牧聚衆萬餘自稱大將軍大單于萬年秦王號年白雀數月之間衆至十餘萬與慕容冲連和進屯北地苻堅出五將山萇執而殺之登國元年僭稱皇帝置百官國號大秦年曰建初改長安曰常安以其太子興鎮之自擊苻登於安定敗之萇病夢苻堅將天官使者鬼兵數百突入營中萇懼走後宮宮人迎萇刺鬼誤中萇陰鬼相謂曰正中死處拔矛出血石餘寤而驚悸遂患陰腫刺之出血如夢萇乃狂言或稱萇殺陛下者臣兄襄非臣之辠願不枉法萇死子興襲位秘不發喪興字子略萇長子也既滅苻登然後發喪行服僭稱皇帝年號皇初天興元年興去皇帝之號降稱天王號年洪始興尅洛陽以其弟東平公紹鎮之三年興遣使來聘道武遣謁者僕射張濟使於興天興五年夏興遣其弟義陽公平率衆四萬侵平陽攻乾壁六十餘日陷之七月車駕親征八月次永安平募遣勇將率精騎二百闚軍爲前鋒將長孫肥所禽匹馬不反平遂退走帝急追及於柴壁圍之興乃悉舉其衆救平帝增築重圍內以防平之出外以距興之入又截汾曲爲南北浮橋乘西岸築圍帝帥師度蒙阬南四十里逆擊興興晨行北引未及安營大軍卒至興衆怖擾帝知興氣挫乃南絕蒙阬之口東杜新坂之隘守天度屯賈山令平水陸路絕將坐甲而禽之又令緣汾帶岡樹柵以衞芻牧者九月興從汾西北下憑壑爲壘以自固興又將數千騎乘西橋官軍鈎取以爲薪蒸與還壘道武度其必攻西圍乃命脩塹增廣之至夜興果來攻梯短不及棄之壍中而還興又分其衆臨汾爲壘叩逼水門與平相望帝因截水中與內外隔絕士衆喪氣於是平糧盡窘急夜悉衆將突西南而出興列兵汾西舉烽鼓謀爲平援援帝簡諸軍精銳屯汾西固守南絕水口興夜聞聲望平力戰突免平聞外鼓望興攻圍引接故但叫呼虛相應和莫敢逼圍平不得出窮逼乃將二妾赴水死興安遠將軍不蒙世揚武將軍雷重等將士四千餘人隨平投水帝令泅水鈎捕無得免者平衆三千餘人皆斂手受執禽興尚書右僕射狄伯友已下四十餘人興遠來救自覩其窮力不能免舉軍悲號震動山谷數日不止頻遣使請和帝不許乃班師興還長安有雀數萬頭鬬於興廟毛羽折落多有死者月餘乃止識者曰今雀鬬廟上子孫當有爭亂者乎又興殿有聲如牛响有二狐入長安一登興殿屋走入宮一入市求之不得永興三年興遣周寶來聘五年興遣使來聘并請進女明元許之神瑞元年興遣兼散騎常侍尚書吏部郎嚴康來聘二年興遣散騎常侍東武侯姚敞尚書姚軌奉其西平公主於明元明元以后禮納之泰常元年興死長子泓字元子僭位號年永和晉將劉裕伐泓長驅入關泓戰敗請降裕執之於建康斬之

馮跋字文起小名乞直代本出長樂信都慕容永僭號長子以跋父安爲將永爲垂所滅安東徙昌黎家於長谷遂同夷俗跋飲酒至一石不亂諸弟皆不修行業唯跋恭慎慕容熙僭號以跋爲殿中左監稍遷衞中將軍後坐事逃亡既而熙政殘虐人不堪命跋乃與從兄萬泥等二十二人結謀跋與二弟乘車使婦人御潛入龍城匿於孫護之室以誅熙乃立夕陽公高雲爲主雲以

跋爲侍中征北大將軍開府儀同三司封武邑公事皆決跋兄弟明元初雲爲左右所殺跋乃自立爲燕王置百官號年太平於時永興元年也跋撫納契丹等諸落頗來附之明元遣謁者於什門喻之爲跋所留太常三年和龍城有赤氣蔽日自寅至申跋太史令張穆以爲兵氣勸跋還魏使奉修職貢跋不從明元詔征東大將軍長孫道生討之跋嬰城固守道生不尅而還神䴥二年跋有疾其長子永先死立次子翼爲世子攝國事勒兵以備非常跋妾宋氏規立其子受居深忌翼謂之曰主上疾將瘳柰何代父臨國乎翼遂還宋氏矯絶內外遣閹人傳問翼及跋諸子大臣並不得省疾唯中給事胡福獨得出入專掌禁衞跋疾甚福慮宋氏將成其計乃言於跋弟弘勒兵而入跋驚怖而死弘襲位翼勒兵出戰不利遂死跋有子男百餘人悉爲弘所殺弘字文通跋之少弟也跋立爲尚書右僕射封中山公領中領軍內掌禁衞外總朝政歷位司徒及自立乃與宋氏通和延和元年太武親討之弘嬰城固守其營丘遼東成周樂浪帶方玄菟六郡皆降太武徙其人三萬餘家於幽州其尚書郭深勸之歸誠進女乞爲附庸保守宗廟弘曰負釁在前忿形已露附降取死不如守志更圖所適也先是弘廢其元妻王氏黜世子崇令鎭肥如以後妻慕容氏子曰王仁爲世子崇母弟廣平公朗樂陵公邈相謂曰禍將至矣於是遂出奔遼西勸崇來降崇納之會太武使給事中王德陳示成敗崇遣邈入朝太武封崇遼西王錄其國尚書事遼西十郡承制假授文官尚書刺史武官征虜已下弘遣其將封羽率衆圍崇太武詔永昌王健督諸軍救之封羽又以九城降徙其人三千餘家而還弘遣其尚書高顒請罪乞以季女充掖庭帝許之徵其子王仁入朝弘不遣其散騎常侍劉訓諫弘大怒殺之太武又詔樂平王丕等討之日就蹙削上下危懼弘太常陽岷復勸弘請罪乞降令王仁入侍弘不聽乃密求迎於高麗太延二年高麗遣將葛居盧等率衆迎之弘乃擁其城內士女入於高麗先是其國有狼夜繞城羣嘷如是終歲又有鼠集於城西闐滿數里西行至水則在前者銜馬矢迭相齧尾而度宿軍地然一旬而滅觸地生蛆月餘乃止和龍城生白毛一尺二寸弘至遼東高麗遣使勞之曰龍城王馮君爰適野次士馬勞乎弘慙怒稱制答讓之高麗乃處之於平郭尋徙北豐弘素侮高麗政刑賞罰猶如其國高麗乃奪其侍人質任王仁弘忿怨之謀將南奔太武又徵弘於高麗乃殺之於北豐子孫同時死者十餘人弘字朗邈朗子熙在外戚傳

乞伏國仁隴西人也其先弗如自漠北南出五世祖佑鄰并兼諸郡衆漸盛父司繁擁部落降苻堅堅以爲南單于又拜鎭西將軍鎭勇士川司繁死國仁爲將軍及堅敗國仁叔步頹叛於隴右堅令國仁討之步頹大悅迎而推之部衆十餘萬道武時私署大都督大將軍大單于秦河二州牧號年建義署置官屬分部內爲十一郡築勇士城以都之國仁死弟乾歸統事自署大都督大將軍大單于河南王改年爲太初置百官登國中遷於金城城門自壞乾歸惡之遷於苑川尋爲姚興所破又奔枹罕遂降姚興拜爲河州刺史封歸義侯尋追還苑川乾歸乃背姚興私稱秦王置百官號年更始遣使請援元明許之田于五溪有梟集其手尋爲其兄子公府所殺子熾盤殺公府代統任熾盤自稱大將軍河南王改年爲永康後襲禿髮傉檀於樂都滅之乃私署秦王置百官改年爲建弘後遣其尚書郎莫者胡積射將軍乞伏又寅貢金二百觔請伐赫連昌太武許之及統萬事平熾盤乃遣其叔平遠將軍泥頭弟安遠將軍安度質於京師又使其中書侍郎王愷丞相從事中郎烏訥闐奉表貢其方物熾盤死子慕末統任慕末字安石跋既立改年爲永弘其尚書隴西辛進嘗隨熾盤遊後園進彈烏丸誤傷慕末母面至是誅進五族二十七人慕末弟殊羅蒸熾盤左夫人禿髮氏慕末知而禁之殊羅與叔父什黃謀殺慕末使禿髮氏盜門籥籥誤門不開門者以告慕末收其黨盡殺之欲鞭什黃什黃曰我負汝死不負汝鞭慕末怒刳其腹投屍於河什黃母弟白養及去列頗有怨言又殺之政刑酷濫內外崩離部人多叛後爲赫連定所逼遣王愷烏訥闐請迎於太武太武許以安定以西平涼以東封之慕末乃焚城邑毀寶器率戶萬五千至高田谷爲赫連定所拒遂保南安太武遣師迎之慕末衞將軍吉毗固諫以爲不宜內徙慕末從之赫連定遣其北平公韋代率衆萬人攻南安城內大饑人相食神䴥四年慕末及宗族五百餘人出降送於上邽遂爲定滅

大沮渠蒙遜本張掖臨松盧水人也匈奴有左沮渠官蒙遜之先爲此職羌之酋豪曰大故以官爲氏以大冠之世居盧水爲酋豪遜高祖暉仲歸曾祖遮皆雄健有勇名祖祁復延封伏地王父法弘襲爵苻氏以爲中田護軍蒙遜代父領部曲有勇略多計數頗曉天文爲諸胡所推服呂光自王於涼土使蒙遜自領營人配箱直又以蒙遜叔父羅仇爲西平太守後遣其子纂率羅仇代乞伏乾歸於枹罕爲乾歸所敗殺之蒙遜求還葬羅仇因聚衆屯金山與從兄晉昌太守男成共推建康太守段業爲使持節大都督龍驤大將軍涼州牧建康公稱神璽元年業以蒙遜爲張掖太守封臨池侯男成爲輔國將軍委以軍國之任業又自稱涼王以蒙遜爲尚書左丞忌蒙遜威名微疎遠之天興四年蒙遜內不自安請爲西安太守蒙遜欲激怒其衆乃密誣告男成叛逆業殺之蒙遜泣而告衆陳欲復讎之意男成素有恩信衆情怨憤泣而從之蒙遜因舉兵攻殺業私署使持節大都督大將軍涼州牧張掖公年號永安居張掖是月涼武昭王亦起兵年號庚子永興中蒙遜尅姑臧還居之改號玄始元年自稱河西王置百官頻遣使朝貢蒙遜寢於新臺閹人王懷祖斫蒙遜傷足蒙遜妻孟氏禽懷祖斬之及聞晉滅姚泓怒甚有校郎言事於蒙遜蒙遜曰汝聞劉裕入關敢研研然也遂殺之尋稱藩於晉泰常中蒙遜尅敦煌改年承玄後又稱藩於宋并求書宋文帝並給之蒙遜又就宋司徒王弘求搜神記弘與之神䴥中遣尚書郎宗舒左常侍高猛朝貢上表稱臣前後貢使相望後遣子安周內侍太武遣兼太常李順持節拜蒙遜爲假節加侍中都督涼州西域羌戎諸軍事太傅行征西大將軍涼州牧涼王使崔浩爲册書以褒賞之蒙遜又改義和元年延和二年四月蒙遜死詔遣使監護喪事私謚武宣王蒙遜性淫忌忍於刑戮閨庭之中略無風禮第三子牧犍統任自稱河西王遣使請朝命并遣使通宋受宋襃授先是太武遣李順迎蒙遜女爲夫人會蒙遜死牧犍受蒙遜遺意送妹於京師拜爲右昭儀改稱承和元年太武又遣李順拜牧犍爲使持節侍中都督涼沙河三州西域羌戎諸軍事車騎將軍開府儀同三司領護西戎校尉涼州刺史河西王牧犍以無功受賞乃留順上表乞安平一號優詔不許牧犍尚太武妹武威公主遣其相宋繇表謝獻馬五百匹黃金百斤繇又表請公主及牧犍母妃后定號朝議謂禮母以子貴妻從夫爵牧犍母宜稱河西國太后公主於國內可稱王后於京師則稱公主詔從之牧犍遣建節將軍沮渠旁周朝京師太武遣侍中古弼尚書李順賜其侍臣衣服有差并徵世子封壇入侍牧犍乃遣封壇朝京師太延五年太武遣尚書賀羅使涼州且觀虛實帝以牧犍雖稱藩致貢而內多乖悖於是親征之詔公卿爲書讓之數其舉十二官軍濟河牧犍曰何故爾也用其左丞姚定國計不肯出迎求救於蠕蠕遣大將董來萬餘人拒軍於城南戰退車駕至姑臧遣使喻牧犍令出牧犍聞蠕蠕內侵無善幸車駕返旆遂嬰城自守牧犍兄子祖踰城出降具知其情太武乃引諸軍進攻牧犍兄子萬年率麾下又來降城拔牧犍與左右文武面縛請罪詔釋其縛徙涼州人三萬餘家於京師初太延中有一老父投書於燉煌城東門忽然不見其書紙八字文曰涼王三十年若七年又於震電所得石丹書曰河西三十年破帶石樂七年帶石青山名在姑臧南山祀傍泥陷不通牧犍征南大將軍董來曰祀豈有知乎遂毀祀伐木通道而行牧犍立果七年而滅初牧犍淫嫂李氏兄弟三人傳嬖之李與牧犍姊共毒公主上遣醫乘傳救公主得愈上徵李氏牧犍不遣厚送居於酒泉上大怒既尅猶以妹壻待之其母死以王太妃禮葬焉又爲蒙遜置守冢三十家授牧犍征西大將軍王如故初官軍未入之間牧犍使人研開府庫取金銀珠玉及珍奇器物不更封閉百姓因之入盜巨細蕩盡有司求賊不得眞君八年其所親人及守藏者告之乃窮竟其事搜其家中悉得所藏器物又告牧犍父子多畜毒藥前後隱竊殺人乃有百數姊妹皆爲左道朋行淫佚曾無愧顏始罽賓沙門曰曇無讖東入鄯善自云能使鬼療病令婦人多子與鄯善王妹曼頭陀林淫通發覺亡奔涼州蒙遜寵之號曰聖人曇無讖以男女交接術教授婦女蒙遜諸女子婦皆往受法太武聞諸行人言曇無讖術乃召之蒙遜不遣遂發露其事拷訊殺之至此帝知之於是賜昭儀沮渠氏死誅其宗族唯萬年及祖以前先降得免是年又人告牧犍猶與故臣交通謀反詔司徒崔浩就公主第賜牧犍死與主決良久乃自裁葬以王禮謚曰哀王及公主薨詔與牧犍合葬公主無男有女以國甥爲襲母爵爲武威公主蒙遜子季義位東雍州刺史眞君中與河東薛安都謀逆召至京師付其兄弟扼殺之萬年祖並以先降萬年拜張掖王祖廣武公後坐謀逆俱死初牧犍之敗弟樂都太守安周南奔吐谷渾太武遣鎭南將軍奚眷討之牧犍弟酒泉太守無諱奔晉昌乃使弋陽公元潔守酒泉眞君初無諱圍酒泉陷之又圍張掖不能尅退保臨松太武不伐詔諭之時永昌王健鎭涼州無諱使其中尉梁偉詣健求奉酒泉又送潔及統帥兵出於健軍二年太武遣使拜無諱爲征西大將軍涼州牧酒泉王

尋以無諱復鎭叛遣南陽王奚眷討酒泉尅之無諱遂謀度流沙遣安周西擊鄯善鄯善欲降會魏使者勸令拒守安周不能尅退保東城三年春鄯善王比龍西奔且末其世子乃從安周鄯善大亂無諱遂度流沙士卒渴死者大半仍據鄯善先是高昌太守闞爽爲李寶舅唐契所攻聞無諱至鄯善使詐降欲令無諱與唐契相擊留安周住鄯善從焉耆東北趣高昌會蠕蠕殺唐契爽拒無諱無諱將衞興奴遂屠其城爽奔蠕蠕無諱因留高昌五年夏無諱病死安周立爲蠕蠕所并

梁帝蕭詧字理孫蘭陵人武帝之孫昭明太子統之第三子也幼好學善屬文尤長佛義特爲梁武嘉賞梁普通中封曲江縣公及昭明太子薨封詧岳陽郡王位東揚州刺史領會稽太守初昭明卒梁武捨詧兄弟而立簡文內常愧之故寵亞諸子以會稽人物殷阜一都之會故有此授以慰其心詧既以其昆季不得爲嗣常懷不平又以梁武衰老朝多秕政有敗亡之漸遂蓄聚貨財交通賓客招募輕俠折節下之其勇敢者多歸附焉左右遂至數千人皆厚加資給大同元年除西中郎將雍州刺史都督五州諸軍事寧蠻校尉詧以襄陽形勝之地又梁武創基之所時平足以樹根本時亂足以圖霸功遂務修刑政太清二年梁武以詧兄河東王譽爲湘州刺史徙湘州刺史張纘爲雍州纘恃才輕詧州府迎候有闕詧深銜之遂託疾不與相見後聞侯景作亂頗陵蹙纘纘搆譽及詧於梁元帝元帝令其世子方等及王僧辯相繼攻譽譽告於詧詧聞之大怒及梁元將援建業令所督諸州並發兵赴都詧遣府司馬劉方貴領兵爲前軍出漢口及將發梁元又使諮議參軍劉瑴召詧自行詧不從而方貴潛與梁元相知尅期襲詧未及發會詧以他事召方貴方貴謀泄遂據樊城拒命詧遣軍攻之梁元乃厚資遣張纘若將述職而密援方貴纘次大隄而樊城已陷詧擒方貴兄弟黨與並斬之詧時以譽危急乃留諮議參軍蔡大寶守襄陽率衆伐江陵以救之梁元大懼乃遣參軍庾奐謂詧曰以姪伐叔逆順安在詧曰家兄無辜屢被攻圍七父若顧先恩豈應若是如能退兵湘水吾便旋旆襄陽時攻柵不尅會大雨暴至平地四尺衆頗離心軍主杜岸岸弟幼安及其兄子龕以其屬降於江陵詧夜遁歸襄陽器械輜重多沒於健水詧恐不能自固乃遣蔡大寶求附庸於西魏時西魏大統十年也周文令丞相東閤祭酒榮權使焉是歲梁元令柳仲禮圖襄陽詧乃遣妃王氏及世子嶚爲質請救周文令榮權報命仍遣開府楊忠爲援十六年忠禽仲禮平漢東西魏命詧發喪嗣位使假散騎常侍鄭孝穆及榮權策命詧爲梁王乃於襄陽置百官承制封拜十七年留尚書僕射蔡大寶守雍部而朝於京師周文謂曰王之來此頗由榮權乃召權見曰權吉士也寡人與之從事未嘗見失信詧曰榮常道二國之言無私故詧今者得歸誠魏闕耳魏恭帝元年周文命柱國于謹伐江陵詧以兵會之及江陵平周文命詧主梁嗣居江陵東城資以江陵一州之地其襄陽所統盡入於周詧乃稱皇帝於其國年號大定追尊其父統爲昭明皇帝廟號高宗統妃蔡氏爲昭德皇后又尊其所生母龔氏皇太后立妻王氏爲皇后子巋爲皇太子其慶賀刑威官方制度並同王者唯上疏則稱臣奉朝廷正朔至於爵命其下亦依梁氏之舊其戎章勳級則又兼用柱國等官又追贈叔父邵陵王綸太宰諡曰壯武贈兄河東王譽丞相諡曰武桓周文仍置江陵防主統兵居於西城名曰武植周文外云助詧備禦內實防詧初江陵滅梁元將王琳據湘州志圖匡復及詧立琳乃遣其將潘純陁侯方兒來寇詧禦之純陁等退歸夏口詧之四年詧遣其大將軍王操略取王琳之長沙武陵南平等郡五年王琳又遣其將雷文柔襲陷監利郡太守大有死之尋而琳與陳人相持稱蕃乞師於詧詧許之師未出而琳軍敗附於齊是歲其太子巋來朝京師六年四月大雨震前殿崩壓一百餘人七年冬有鵬鳥鳴於寢殿八年二月詧終於前殿時年四十四是歲周保定二年也八月葬於平陵謚曰宣皇帝廟號中宗詧少有大志不拘小節雖多猜忌而知人善任使撫將士有恩能得其死力性不飲酒安於儉素事母以孝聞又不好聲色尤惡見婦人雖相去數步亦云遙聞其臭經御婦人之衣更不著並皆棄之一幸姬媵病臥累旬又惡見人髮白事之者必方便避之擔輿者冬月必須裹頭夏月則加蓮葉帽其在東揚州頗放誕省覽簿領好爲戲弄之言以此獲譏於世及江陵平宿將尹德毅謂詧曰臣聞人主之行與匹夫不同匹夫者飾小行競小廉以取名譽人主者定天下安社稷以成大功今魏虜貪惏罔顧弔伐之義俘四士庶並充軍實然此等戚屬咸在江東悠悠之人可門到戶說既塗炭至此咸謂殿下爲之殿下既殺人父兄孤人子弟人盡讎也又誰與爲國但魏之精銳盡萃於此犒師之禮非無故事若殿下爲設享會固請于謹等爲歡彼無我虞當相率而至預伏武士因而斃之江陵百姓撫而安之文武官僚隨卽銓授魏人懾息未敢送死僧辯之徒折簡可致然後朝服濟江入踐皇極纘堯復禹萬世一時詧謂德毅曰卿此策非不善也然魏人待我甚厚未可背德若遽爲卿計則鄧祁侯所謂人將不食吾餘既而闔城長幼被虜入關又失襄陽之地詧恨乃曰不用德毅之言以至於是又見邑居殘毀干戈日用恥其威略不振常懷憂憤乃著愍時賦以見志焉居常怏怏每誦老馬伏櫪志在千里烈士暮年壯心不已未嘗不盱衡抱歎吒者久之遂以憂憤發背而死詧篤好文義所著文集十五卷內典華嚴般若法華金光明義疏三十六卷並行於世武帝又命其太子巋嗣位年號天保

巋字仁遠詧之第三子也機辯有文學善於撫御能得其下歡心嗣位之元年尊其祖母龔太后曰太皇太后嫡母王皇后曰皇太后所生曹貴嬪曰皇太妃其年五月其太皇太后薨謚曰元太后九月其太妃又薨謚曰孝皇太妃二年其皇太后薨謚曰宣靜皇后五年陳湘州刺史華皎巴州刺史戴僧朔並來附皎送其子玄響爲質於巋仍請兵伐陳巋上言其狀武帝詔衞公直督荆州總管權景宣大將軍元定等赴之巋亦遣其柱國王操率水軍二萬會皎於巴陵既而與陳將吳明徹等戰於沌口直軍不利元定遂沒巋大將軍李廣等亦爲陳人所虜長沙巴陵並陷於陳衞公直乃歸辠於巋之柱國殷亮巋雖以退敗不獨辠亮然不敢違命遂誅之吳明徹乘勝攻尅巋河東郡獲其守將許孝敬明年明徹進寇江陵引江水灌城巋出頓紀南以避其鋭江陵副總管高琳與其尚書僕射王操拒守巋馬軍主馬武吉徹等擊明徹退保公安巋乃還江陵巋之八年陳又遣其司空章昭達來寇江陵總管陸騰及巋之將士擊走之昭達又寇竟陵之青泥巋令其大將軍許世武赴援大爲昭達所破初華皎戴僧朔從衞公直與陳人戰率其麾下數百人歸於巋巋以皎爲司空封江夏郡公僧朔爲車騎將軍封吳興縣侯巋之十年皎將來朝至襄陽請衞公直曰梁主既江南諸郡人少國貧朝廷興亡繼絕理宜資贍豈使齊桓楚莊獨擅救衞復陳之美望借數州以裨梁國直然之乃遣使言狀帝許之詔以基平都三州歸之於巋及平齊巋朝於鄴帝雖以禮接之然未之重也巋知之後因宴承間乃陳其父荷周文拯救之恩并敘二國艱虞脣齒掎角之事辭理辯暢因涕泣交流帝亦爲之歔欷自是大加賞異禮遇日隆後帝復與之宴齊氏故臣叱列長乂亦預焉帝指謂巋曰是登陴罵朕者也巋曰長乂未能輔桀翻敢吠堯帝大笑及酒酣帝又命琵琶自彈之仍謂巋曰當爲梁主盡歡巋乃起請舞帝曰王乃能爲朕舞乎巋曰陛下既親撫五絃臣敢不同百獸帝大悅賜雜繒萬段良馬數十匹并賜齊後主妓妾及帝所乘五百里駿馬以遺之及隋文帝執政尉遲迥王謙司馬消難等各起兵時巋將帥皆密請與師與迥等爲連衡之勢進可以盡節於周氏退可以席卷山南巋以爲不可俄而消難奔陳迥等相次破滅隋文帝既踐極恩禮彌厚遣使賜金五百兩銀千兩布帛萬匹馬五百匹開皇二年隋文帝備禮納巋女爲晉王妃又欲以其子瑒尚蘭陵公主由是罷江陵總管巋專制其國四年來朝長安帝甚敬待之詔巋位在王公之上巋被服端麗進退閑雅天子矚目百僚傾慕帝賜巋縑萬匹珍玩稱是及還親執其手謂之曰梁主久滯荆楚未復舊都朕當振旅長江相送旋反巋拜謝而歸五年五月寢疾薨臨終上表奏辭并獻所服金裝劒帝覽而嗟悼巋在位二十三年梁之臣子葬之顯陵謚曰孝明皇帝廟號世宗巋孝悌慈仁有君人之量四時祭享未嘗不悲慕流涕性尤儉約御下有方境內安之所著文集及孝經周易義記及大小乘幽微並行於世文帝又命其太子琮嗣位

琮字温文性倜儻不羈博學有文義兼善弓馬遣人伏地持帖琮奔馬射之十發十中持帖者亦不懼初封東陽王尋立爲梁太子及嗣位帝賜以璽書敦勉之又賜梁之大臣璽書誡勉之時琮年號廣運有識者曰運之爲字軍走也吾君將奔走乎其年琮遣大將軍戚昕以舟師襲陳公安不尅而還文帝徵琮叔父岑入朝拜大將軍封懷義公因留不遣復置江陵總管以監之琮所署大將軍許世武密以城召陳將宜黃侯陳紀謀泄琮誅之後二歲上徵琮入朝率臣下二百餘人朝京師江陵父老莫不殞涕曰吾君其不反矣上以琮來朝遣武鄉公崔弘度將兵戍之軍至鄀州琮叔父巖及弟瓛等懼弘度掩襲之遂引陳人至城下虜居人而叛於是廢梁國上遣左僕射高熲安集之曲赦江陵死辠給復十年梁二主各給守墓十戶拜琮柱國賜爵莒國公自詧初卽位歲在乙亥至歲在丁未凡三十三載而亡琮至煬帝嗣位甚見親重拜內史令改封梁公琮之宗族緦麻以上並隨才擢用於是諸蕭昆弟布列朝廷琮性澹雅不以職務自嬰退朝縱酒而已內史令楊約與琮同

列帝令約宣旨誡勵約復以私情諭之琮曰琮若復事事則何異公哉約笑而退約兄素時爲尚書令見琮嫁從父妹於鉗耳氏謂曰公帝王之族何乃適妹鉗耳氏琮曰前已嫁妹於侯莫陳氏此復何疑素曰鉗耳羌也侯莫陳虜也何得相比琮曰以羌異虜未之前聞素慙而止琮雖羈旅見北間豪貴無所降下常與賀若弼深友旣誅復有童謠曰蕭蕭亦復起帝由是忌之遂廢於家卒贈左光祿大夫子鉉位襄城通守復以琮弟子鉅爲梁公鉅小名曰藏煬帝甚昵之以爲千牛與宇文晶出入宮掖伺察內外帝每有遊宴鉅未嘗不從遂於宮中多行淫穢江都之變爲宇文化及所殺詧之居帝位百僚追謚孝惠太子巖封安平王岌封東平王岑封河間王後改封吳郡王琮弟瓛義興王瑑晉陵王璟臨海王珣南海王瑒義安王以蔡大寶爲股肱王操爲腹心魏益德尹正薛暉許孝敬薛宣爲爪牙甄玄成劉盈岑善方傳準褚珪蔡大業典衆務張綰以舊齒處顯位沈重以儒學蒙厚禮自餘多所獎拔咸盡其器能及歸纂業親賢並用將相則華皎殷亮劉忠義宗室則蕭欣蕭翼人望則蕭確謝温柳洋王湜徐岳外戚則王洋王誦殷璉文章則劉孝勝范迪沈居游君公柳信言政事則袁敞柳莊蔡延壽甄翊皇甫茲故能保其疆土而和其民人焉今載詧子嶚等及蔡大寶以下尤著者附於左其在梁陳隋已有傳及歸諸子未任職者則不兼錄

嶚字道遠詧之長子也母曰宣靜皇后詧之爲梁王立爲世子尋病卒及詧稱帝追謚焉

巖字義遠詧第五子也性仁厚善撫接歷尚書令太尉太傅入陳授東陽州刺史及陳亡百姓推巖爲主爲總管宇文述所破伏法於長安

岌詧第六子也性淳和位至侍中中衛將軍歸之五年卒贈司空謚曰孝

岑字智遠詧第八子也位至太尉性簡貴御下嚴整及琮嗣位自以望重屬尊頗有不法故隋文徵入朝拜大將軍封懷義郡公

瓛字欽文歸第二子也幼有令譽能屬文位荆州刺史頗有能名崔弘度兵至鄀州瓛懼與其叔父巖奔陳陳主以爲侍中吳州刺史甚得物情三吳父老皆曰吾君之子陳亡吳人推之爲主吳人見梁武簡文及詧歸等兄弟中並第三而踐尊位瓛自以歸第三子深自矜負有謝異者頗知廢興梁陳之際言無不驗江南人甚敬信之及陳主被擒異奔瓛由是益爲衆所歸宇文述之討瓛遣王褒守吳州自將拒述述遣兵別道襲褒褒衣道士服棄城而遁瓛敗將左右數人逃於太湖匿於人家被執述送長安斬之璟仕隋尚衣奉御瑒衞尉卿秘書監陶丘侯瑀內史侍郎河池太守

蔡大寶字敬位濟陽考城人祖履齊尚書祠部郎父黙梁尚書儀曹郎南兗州別駕大寶少孤而篤學不倦善屬文初以明經對策第一解褐武陵王國左常侍嘗以書干僕射徐勉勉大賞異乃令與其子遊處所有墳籍盡以給之遂博覽羣書學無不綜詧初出第勉仍薦大寶爲侍讀兼掌記室尋除尚書儀曹郎詧出鎮會稽大寶諮選曹求諮議不得以爲記室大寶攘臂而出曰不爲孫秀非人也詧涖襄陽遷諮議參軍謀謨皆自大寶出及梁元與河東王譽結隙詧令大寶使江陵以觀之梁元素知大寶見之甚悅乃示所制玄覽賦令注解焉三日而畢梁元大嗟賞之贈遺甚厚大寶還白詧云湘東必有異圖禍亂將作不可下援臺城詧納之及詧於江陵稱帝爲侍中尚書令參掌選事進位柱國軍師將軍封安豐縣侯歸嗣位冊授司空中書監中權大將軍領吏部尚書固讓司空許之加特進歸之三年卒及葬歸三臨其喪贈司徒進爵爲公謚曰文凱配食詧廟大寶性嚴整有智謀雅達政事文辭贍速詧之章表書記敎令詔冊並大寶專掌之詧推心委任以爲謀主時人以詧之有大寶猶劉先主之有孔明焉所著文集三十卷及尚書義疏並行於世有四子次子延壽有器識博涉經籍尤善當世之務尚詧女宣城公主歷中書郎尚書右丞吏部郎御史中丞從琮入隋授開府儀同三司祕書丞終於成州刺史大寶弟大業字敬道有至行位散騎常侍衞尉卿都官尚書太常卿卒贈金紫光祿大夫謚曰簡有三子允恭最知名位太子舍人梁滅入陳爲尚書庫部郎陳亡仕隋起居舍人

王操字子高其先太原晉陽人詧母龔氏之外弟也性敦厚有籌略初爲詧外兵參軍親任亞於蔡大寶及詧稱帝歷五兵尚書郢州刺史進位柱國封新康縣侯歸嗣位授鎮右將軍尚書僕射及吳明徹爲寇歸出頓紀南操撫循將士莫不用命明徹旣退江陵獲全操之力也還侍中中衞將軍尚書令開府儀同三司領荆州刺史操旣位居朝右每自挹損深得當時之譽卒歸舉哀於朝堂流涕曰天不使吾平蕩江表何奪吾賢相之速也及葬親祖於兎官門贈司空進爵爲公謚曰康節有七子次子衡最知名有才學位中書黃門侍郎

魏益德襄陽人也有材幹膽勇過人詧稱帝進位柱國封上黃縣侯卒贈司空謚曰忠壯進爵爲公歸之五年以益德配食詧廟

尹正其先天水人詧涖雍州正爲其府中兵參軍禽張纘獲杜岸皆正之力詧稱帝除護軍將軍位柱國封新野縣侯卒贈開府儀同三司謚曰剛歸之五年以正配食詧廟子德毅多權略位大將軍後以見疑賜死

甄玄成字敬平中山人博達經史善屬文少爲簡文所知以錄事參軍隨詧鎮襄陽轉中記室參軍頗參政事以江陵甲兵殷盛遂懷貳心密書與元帝具申誠款或有得其書送於詧詧深信佛法常願不殺誦法華經人玄成素誦法華經遂以此獲免詧後見之常曰甄公好得法華經力後位吏部尚書有文集二十卷子詡少沉敏閑習政事歷中書舍人尚書右丞從琮入隋授開府儀同三司終於太府少卿

岑善方字思義南陽棘陽人祖惠甫給事中父昶散騎侍郎善方有器局博綜經史以刑獄參軍隨詧至襄陽詧初請內附以善方兼記室充使往來凡數十反魏恭帝二年封長寧縣公及詧稱帝位散騎侍郎起部尚書善方性清慎有當世幹能故詧委以機密卒贈太常卿謚曰敬所著文集十卷有七子並有操行之元之利之象最知名之元太子舍人早卒之利仕隋位零陵郡丞之象仕隋尚書虞部員外侍郎邵陵上宜渭南鄠四縣令

宗如周南陽人有才學以府僚隨詧後至度支尚書如周面狹長詧以法華經云聞經隨喜面不狹長嘗戲之曰卿何爲謗經如周踧踖自陳不謗詧又謂之如初如周懼出告蔡大寶大寶知其旨笑謂之曰君當不謗餘經正應不信法華耳如周乃悟又嘗有人訴事於如周謂爲經作如州官也乃曰某有屈滯故來訴如州官如周曰爾何小人敢呼我名其人慙謝曰秪言如周官作如州不知如州官名如周早知如州官名如周則不敢喚如周官作如州如周乃笑曰令卿自責見侮反深衆咸服其寬雅

袁敞陳郡人祖昂司空父仕俊安成內史敞少有識量博涉文史以吏部郎使詣周時主者以敞班在陳使之後敞固不從命曰昔陳之祖父乃梁諸侯下吏盍有江東今周朝宗萬國招攜以利若使梁之行人在陳之後便恐彝倫失序豈使臣之所望焉主者不能屈遂以狀奏周武帝善之乃詔敞與陳使異日而進使還以稱旨還侍中轉左戶尚書從琮入隋授開府儀同三司終於譙州刺史

論曰自金行運否中原喪亂元氏唯天所命方一函夏鐵弗徒何之輩雖非行錄所歸觀其遞爲割據亦一時之傑然而卒至夷滅可謂魏之驅除梁主任術好謀愛賢養士蓋有英雄之志霸王之略焉及淮海版蕩骨肉猜貳擁衆自固稱藩內款終能據有全楚中興顛運雖土宇殊於舊邦而位號同於曩日貽厥自遠享國雖短可不謂賢哉嗣子纂業增修遺構賞罰得衷舉厝有方密邇寇讎則威略具舉朝宗上國則聲猷遠振豈非繼世之令主乎琮大去其邦因而不反遂爲外戚不事自持蓋亦守滿之道也

北史卷九十三考證

鐵弗傳父誥汁爰世領部落○汁魏書作升

衞辰第三子屈丐奔薛干部帥太悉伏○丐魏書作孑

遂僭皇帝於灞上○僭字下應有稱字

不及入城奔投上邽○入城上監本誤缺一字今從南本

徒河傳東至開喜○喜魏書作嘉

常自謂諸弟子曰○魏書自作目又無子字

寶卽位以德鎮鄴大丞相○馮夢禎云魏書以德鎮鄴後拜丞相此云鎮鄴大丞相誤

馮跋傳以後妻慕容氏子曰王仁爲世子○魏書無曰字

乞伏國仁傳田于五溪○監本缺五字今從南本增入

蕭詧傳周文命柱國于謹伐江陵○梁書元帝紀于謹上有萬紐二字

琮傳書與賀若弼深友○深友隋書作深相友善

北史卷九十四

唐　李　延　壽　撰

列傳第八十二

高麗　百濟　新羅　勿吉　奚　契丹　室韋　豆莫婁　地豆干　烏洛侯　流求　倭

蓋天地之所覆載至大日月之所照臨至廣萬物之內生靈寡而禽獸多兩儀之間中土局而殊俗曠人寓形天地稟氣陰陽愚智本於自然剛柔繫於水土故霜露所會風氣所通九州爲紀五岳作鎮此之謂諸夏生其

地者則仁義所出昧谷嵎夷孤竹北戶限以丹徼紫塞隔以滄海交河此之謂荒裔感其氣者則凶德行稟若夫九夷八狄種落繁熾七戎六蠻充牣邊鄙雖風土殊俗嗜慾不同至於貪而無厭狠而好亂强則旅拒弱則稽服其揆一也秦皇鞭笞天下黷武於遐方漢武士馬强盛肆志於遠略匈奴已却其國乃虛天馬既來其人亦困是知鴈海龍堆天所以紀夷夏也炎方朔漢地所以限內外也況乎時非秦漢志甚嬴劉逆天道以求其功殫人力而從所欲顚墜之釁固不旋踵是以先王設教內諸夏而外夷狄往哲垂範美樹德而鄙廣地雖禹迹之東漸西被不過海及流沙王制之自北徂南裁猶穴居交趾豈非道貫三古義高百代者乎自魏至隋市朝屢革其四夷朝享亦各因時今各編次備四夷傳云

高句麗其先出夫餘王嘗得河伯女因閉於室內爲日所照引身避之日影又逐既而有孕生一卵大如五升夫餘王棄之與犬犬不食與豕豕不食棄於路牛馬避之棄於野衆鳥以毛茹之王剖之不能破遂還其母母以物裹置暖處有一男破而出及長字之曰朱蒙其俗言朱蒙者善射也夫餘人以朱蒙非人所生請除之王不聽命之養馬朱蒙私試知有善惡駿者減食令瘦駑者善養令肥夫餘王以肥者自乘以瘦者給朱蒙後狩于田以朱蒙善射給之一矢朱蒙雖一矢殪獸甚多夫餘之臣又謀殺之其母以告朱蒙朱蒙乃與焉違等二人東南走中道遇一大水欲濟無梁夫餘人追之甚急朱蒙告水曰我是日子河伯外孫今追兵垂及如何得濟於是魚鼈爲之成橋朱蒙得度魚鼈乃解追騎不度朱蒙遂至普述水遇見三人一著麻衣一著納衣一著水藻衣與朱蒙至紇升骨城遂居焉號曰高句麗因以高爲氏其在夫餘妻懷孕朱蒙逃後生子始閭諧及長知朱蒙爲國王卽與母亡歸之名曰閭達委之國事朱蒙死子如栗立如栗死子莫來立乃幷夫餘漢武帝元封四年滅朝鮮置玄菟郡以高句麗爲縣以屬之漢昭賜衣幘朝服鼓吹常從玄菟郡受之後稍驕不復詣郡但於東界築小城受之遂名此城爲幘溝漊溝漊者句麗城名也王莽初發高句麗兵以伐胡而不欲行莽强迫遣之皆出塞爲寇盜州郡歸咎於句麗侯騶嚴尤誘而斬之莽大悅更名高句麗高句麗侯光武建武八年高句麗遣使朝貢朝貢至殤安之間莫來裔孫宮數寇遼東玄菟太守蔡風討之不能禁宮死子伯固立順和之間復數犯遼東寇抄靈帝建寧二年玄菟太守耿臨討之斬首虜數百級伯固乃降屬遼東公孫度之雄海東也伯固與之通好伯固死子伊夷摸立伊夷摸自伯固時已數寇遼東又受亡胡五百餘戶建安中公孫康出軍擊之破其國焚燒邑落降胡亦叛伊夷摸更作新國其後伊夷摸復擊玄菟玄菟與遼東合擊大破之伊夷摸死子位宮立始位宮曾祖宮生而目開能視國人惡之及長凶虐國以殘破及位宮亦生而視人高麗呼相似爲位以爲似其曾祖宮故名位宮位宮亦有勇力便鞍馬善射獵魏景初二年遣太傅司馬宣王率衆討公孫文懿位宮遣主簿大加將數千人助軍正始三年位宮寇遼西安平五年幽州刺史毋丘儉將萬人出玄菟討位宮大戰于沸流敗走儉追至赬峴懸車束馬登丸都山屠其所都位宮單將妻息遠竄六年儉復討之位宮輕將諸加奔沃沮儉使將軍王頎追之絕沃沮千餘里到肅愼南刻石紀功又刋丸都山銘不耐城而還其後復通中夏晉永嘉之亂鮮卑慕容廆據昌黎大棘城元年授北平州刺史位宮玄孫乙弗利頻寇遼東廆不能制弗利死子釗代立魏建國四年慕容廆子晃伐之入自南陝戰于木底大破釗軍追至丸都釗單馬奔竄晃掘釗父墓掠其母妻珍寶男女五萬餘口焚其室毀丸都城而還釗後爲百濟所殺及晉孝武太元十年句麗攻遼東玄菟郡後燕慕容垂遣其弟農伐句麗復二郡垂子寶以句麗王安爲平州牧封遼東帶方二國王始置長史司馬參軍官後略有遼東郡太武時釗曾孫璉始遣使者詣安東奉表貢方物幷請國諱太武嘉其誠款詔下帝系名諱於其國使員外散騎侍郎李敖拜璉爲都督遼海諸軍事征東將軍領東夷中郎將遼東郡公高句麗王敖至其所居平壤城訪其方事云去遼東南一千餘里至柵城南至小海北至舊夫餘人戶參倍於前魏時後貢使相尋歲致黃金二百斤白銀四百斤時馮弘率衆奔之太武遣散騎常侍封撥詔璉令送弘璉上書稱當與弘俱奉王化竟不遣太武怒將往討之樂平王丕等議待後舉太武乃止而弘亦尋爲璉所殺後文明太后以獻文六宮未備敕璉令薦其女璉奉表云女以出求以弟女應旨朝廷許焉乃遣安樂王眞尚書李敷等至境送幣璉惑其左右之說云朝廷昔與馮氏婚姻未幾而滅其國殷鑒不遠宜以方便辭之璉遂上書妄稱女死朝廷疑其矯拒又遣假散騎常侍程駿切責之若女審死聽更選宗淑璉云若天子恕其前愆謹當奉詔會獻文崩乃止至孝文時璉貢獻倍前其報賜亦稍加焉時光州於海中得璉遣詣齊使餘奴等送闕孝文詔責曰道成親殺其君竊號江左朕方欲興滅國於舊邦繼絕世於劉氏而卿越境外鄉交通篡賊豈是藩臣守節之義今不以一過掩舊款卽送還藩其感恕思愆祇承明憲輯寧所部動靜以聞太和十五年璉死年百餘歲孝文舉哀於東郊遣謁者僕射李安上策贈車騎大將軍太傅遼東郡公高句麗王諡曰康又遣大鴻臚拜璉孫雲使持節都督遼海諸軍事征東將軍領護東夷中郎將遼東郡公高句麗王賜衣冠服物車旗之飾又詔雲遣世子入朝令及郊丘之禮雲上書辭疾遣其從叔升于隨使詣闕嚴責之自此歲常貢獻正始中宣武於東堂引見其使芮悉弗進曰高麗係誠天極累葉純誠地產土毛無愆王貢但黃金出夫餘珂則涉羅所產今夫餘爲勿吉所逐涉羅爲百濟所幷國王臣雲惟繼絕之義悉遷于境內二品所以不登王府實兩賊之爲宣武曰高麗世荷上將專制海外九夷黠虜實得征之昔方貢之愆責在連率宜宣朕旨於卿主務盡威懷之略使二邑還復舊墟土毛無失常貢也神龜中雲死靈太后爲舉哀於東堂遣使策贈車騎大將軍領護東夷校尉遼東郡公高麗王又拜其世子安爲鎮東將軍領護東夷校尉遼東郡公高麗王正光初光州又於海中執得梁所授安寧東將軍衣冠劒珮及使人江法盛等送京師安死子延立孝武帝初詔加延使持節散騎常侍車騎大將軍領護東夷校尉遼東郡公高句麗王天平中詔加延侍中車騎大將軍餘悉如故延死子成立訖於武定已來其貢使無歲不至大統十二年遣使至西魏朝貢及齊受東魏禪之歲遣使朝貢於齊齊文宣加成使持節侍中驃騎大將軍領東夷校尉遼東郡公高麗王如故天保三年文宣至營州使博陵崔柳使于高麗求魏末流人敕柳曰若不從者以便宜從事及至不見許柳張目叱之拳擊成墜於牀下成左右雀息不敢動乃謝服柳以五千戶反命成死子湯立乾明元年齊廢帝以湯爲使持節領東夷校尉遼東郡公高麗王周建德六年湯遣使至周武帝以湯爲上開府儀同大將軍遼東郡公遼東王隋文帝受禪湯遣使詣闕進授大將軍改封高麗王自是歲遣使朝貢不絕其國東至新羅西度遼二千里南接百濟北隣靺鞨一千餘里人皆土着隨山谷而居衣布帛及皮土田薄瘠蠶農不足以自供故其人節飲食其王好修宮室都平壤城亦曰長安城東六里隨山屈曲南臨浿水城內唯積倉儲器備寇賊至日方入固守王別爲宅於其側不常居之其外復有國內城及漢城亦別都也其國中呼爲三京復有遼東玄菟等數十城皆置官司以統攝與新羅每相侵奪戰爭不息官有大對盧太大兄大兄小兄竟侯奢烏拙太大使者大使者小使者褥奢翳屬仙人凡十二等分掌內外事其大對盧則以强弱相陵奪而自爲之不由王署置復有內評五部褥薩人皆頭着折風形如弁士人加插二鳥羽貴者其冠曰蘇骨多用紫羅爲之飾以金銀服大袖衫大口袴素皮帶黃革履婦人裙襦加襈書有五經三史三國志晉陽秋兵器與中國略同及春秋校獵王親臨之稅布五疋穀五石游人則三年一稅十人共細布一疋租戶一石次七斗下五斗其刑法叛及謀逆者縛之柱爇而斬之籍沒其家盜則償十倍若貧不能償者樂及公私債負皆聽評其子女爲奴婢以償之用刑既峻罕有犯者樂有五絃琴箏篳篥橫吹簫鼓之屬吹蘆以和曲每年初聚戲浿水上王乘輿列羽儀觀之事畢王以衣入水分爲左右二部以水石相濺擲諠呼馳逐再三而止俗潔淨自喜尚容止以趨走爲敬拜則曳一脚立多反拱行必插手性多詭伏言辭鄙穢不簡親疏父子同川而浴共室而寢好歌舞常以十月祭天其公會衣服皆錦繡金銀以爲飾好蹲踞食用俎机出三尺馬云本朱蒙所乘馬種卽果下也風俗尚淫不以爲愧俗多游女夫無常人夜則男女羣聚而戲無有貴賤之節有婚嫁取男女相悅卽爲之男家送豬酒而已無財聘之禮或有受財者人共恥之以爲賣婢死者殯在屋內經三年擇吉日而葬居父母及夫喪服皆三年兄弟三月初終哭泣葬則鼓舞作樂以送之埋訖取死者生時服玩車馬置墓側會葬者爭取而去信佛法敬鬼神多淫祠有神廟二所一曰夫餘神刻木作婦人像一曰高登神云是其始祖夫餘神之子並置官司遣人守護蓋河伯女朱蒙云

及隋平陳後湯大懼陳兵積穀爲守拒之策開皇十七年上賜璽書責以每遣使人歲常朝貢雖稱藩附誠節未盡驅逼靺鞨禁固契丹昔年潛行貨利招動羣小私將弩手巡竄下國豈非意欲不臧故爲竊盜坐使空館嚴加防守又數遣馬騎殺害邊人恒自猜疑密覘消息慇懃曉示許其自新湯得書惶恐將表陳謝會病卒子元嗣文帝使拜元爲上開府儀同三司襲爵遼東公賜服一襲元奉表謝恩并賀祥瑞因請封王文帝優冊爲王明年率靺鞨萬餘騎寇遼西營州總管韋世沖擊走

之帝大怒命漢王諒爲元帥總水陸討之下詔黜其爵位時餽運不繼六軍乏食師出臨渝關復遇疾疫王師不振及次遼水元亦惶懼遣使謝罪上表稱遼東糞土臣元云云上於是罷兵待之如初元亦歲遣朝貢煬帝嗣位天下全盛高昌王突厥啓人可汗並親詣闕貢獻於是徵元入朝元懼蕃禮頗闕大業七年帝將討元罪車駕度遼水止營於遼東地分道出師各頓兵於其城下高麗出戰多不利皆嬰城固守帝令諸軍攻之又敕諸將高麗若降即宜撫納不得縱兵入城陷賊輒言請將奉旨不敢赴機先馳奏比報賊守禦亦備復出拒戰如此者三年不悟由是食盡師老轉輸不繼諸軍多敗績於是班師是行也唯於遼水西拔賊武厲邏置遼東郡及通定鎮而還九年帝復親征敕諸軍以便宜從事諸將分道攻城賊勢日蹙會楊玄感作亂帝大懼即日六軍並還兵部侍郎斛斯政亡入高麗高麗具知事實盡銳來追殿軍多敗十年又發天下兵會盜賊蜂起所在阻絕軍多失期至遼水高麗亦困弊遣使乞降因送斛斯政贖罪帝許之頓懷遠鎮受其降仍以俘囚軍實歸至京師以高麗使親告太廟因拘留之仍徵元入朝元竟不至帝更圖後舉會天下喪亂遂不復行

百濟之國蓋馬韓之屬也出自索離國其王出行其侍兒於後姙娠王還欲殺之侍兒曰前見天上有氣如大雞子來降感故有娠王捨之後生男王置之豕牢豕以口氣噓之不死後徙於馬闌亦如之王以爲神命養之名曰東明及長善射王忌其猛復欲殺之東明乃奔走南至淹滯水以弓擊水魚鼈皆爲橋東明乘之得度至夫餘而王焉東明之後有仇台篤於仁信始立國於帶方故地漢遼東太守公孫度以女妻之遂爲東夷强國初以百家濟因號百濟其國東極新羅句麗西南俱限大海處小海南東西四百五十里南北九百餘里其都曰居拔城亦曰固麻城其外更有五方中方曰古沙城東方曰得安城南方曰久知下城西方曰刀先城北方曰熊津城王姓餘氏號於羅瑕百姓呼爲鞬吉支夏言並王也王妻號於陸夏言妃也官有十六品左平五人一品達率三十人二品恩率三品德率四品杆率五品奈率六品已上冠飾銀華將德七品紫帶施德八品皂帶固德九品赤帶季德十品青帶對德十一品文督十二品皆黃帶武督十三品佐軍十四品振武十五品剋虞十六品皆白帶自恩率以下官無常員各有部司分掌衆務內官有前內部穀內部內掠部外掠部馬部刀部功德部藥部木部法部後宮部外官有司軍部司徒部司空部司寇部點口部客部外舍部綢部日宮部市部長吏三年一交代都下有方分爲五部曰上部前部中部下部後部部有五巷士庶居馬部統兵五百人五方各有方領一人以達率爲之方佐貳之方有十郡郡有將三人以德率爲之統兵一千二百人以下七百人以上城之內外庶及餘小城咸分隸焉其人雜有新羅高麗倭等亦有中國人其飲食衣服與高麗略同若朝拜祭祀其冠兩廂加翅戎事則不拜謁之禮以兩手據地爲禮婦人不加粉黛女辮髮垂後已出嫁則分爲兩道盤於頭上衣似袍而袖微大兵有弓箭刀矟俗重騎射兼愛墳史而秀異者頗解屬文能吏事又知醫藥蓍龜與相術陰陽五行法有僧尼多寺塔而無道士有鼓角箜篌箏竽篪笛之樂投壺摴蒲弄珠握槊等雜戲尤尚奕碁行宋元嘉歷以建寅月爲歲首賦稅以布絹絲麻及米等量歲豐儉差等輸之其刑罰反叛退軍及殺人者斬盜者流其贓兩倍徵之婦犯姦沒入夫家爲婢婚娶之禮略同華俗父母及夫死者三年居服餘親則葬訖除之土田濕氣候溫暖人皆山居有巨栗其五穀雜果菜蔬及酒醴肴饌之屬多同於內地唯無駝騾驢羊鵝鴨等國中大姓有族沙氏燕氏劦氏解氏眞氏國氏木氏苗氏其王每以四仲月祭天及五帝之神立其始祖仇台之廟於國城歲四祠之國西南人島居者十五所皆有城邑魏延興二年其王餘慶始遣其冠軍將軍駙馬都尉弗斯侯長史餘禮龍驤將軍帶方太守司馬張茂等上表自通云臣與高麗源出夫餘先世之時篤崇舊款其祖釗輕廢隣好陵踐臣境臣祖須整旅電邁梟斬釗首自爾以來莫敢南顧自馮氏數終餘燼奔竄醜類漸盛遂見陵逼構怨連禍三十餘載若天慈曲矜遠及無外速遣一將來救臣國當奉送鄙女執掃後宮并遣子弟牧圉外廐尺壤疋夫不敢自有去庚辰年後臣西界海中見尸十餘并得衣器鞍勒看之非高麗之物後聞乃是王人來降臣國長蛇隔路以沮于海今上所得鞍一以爲實矯獻文以其僻遠冒險入獻禮遇優厚遣使者邵安與其使俱還詔曰得表聞之無恙卿與高麗不睦致被陵犯苟能順義守之以仁亦何憂於寇讎也前所遣使浮海以撫荒外之國從來積年往而不反存亡達否未能審悉卿所送鞍比較舊乘非中國之物不可以疑似之事以生必然之過經略權要已具別旨又詔曰高麗稱藩先朝供職日久於彼雖有自昔之釁於國未有犯令之愆卿使命始通便求致伐尋討事會理亦未周所獻錦布海物雖不悉達明卿至心今賜雜物如別又詔璉護送安等至高麗璉稱昔與餘慶有讎不令東過安等於是皆還乃下詔切責之五年使安等從東萊浮海賜餘慶璽書褒其誠節安等至海濱遇風飄蕩竟不達而還自晉宋齊梁據江左右亦遣使稱藩兼受拜封亦與魏不絕及齊受東魏禪其王隆亦通使焉淹死子餘昌亦通使命於齊武平元年齊後主以餘昌爲使持節侍中車騎大將軍帶方郡公百濟王如故二年又以餘昌爲持節都督東青州諸軍事東青州刺史周建德六年齊滅餘昌始遣使通周宣政元年又遣使來獻隋開皇初餘昌又遣使貢方物拜上開府帶方郡公百濟王平陳之歲戰船漂至海東躭牟羅國其船得還經于百濟昌資送之甚厚并遣使奉表賀平陳文帝善之下詔曰彼國懸隔來往至難自今以後不須年別入貢使者舞蹈而去八年餘昌使其長史王辯那來獻方物屬興遼東之役遣奉表請爲軍導帝下詔厚其使而遣之高麗頗知其事兵侵其境餘昌死子餘璋立大業三年餘璋遣使燕文進朝貢其年又遣使王孝隣入獻請討高麗煬帝許之命覘高麗動靜然餘璋內與高麗通和挾詐以窺中國七年帝親征高麗餘璋使其臣國智牟來請軍期帝大悅厚加賞賜遣尙書起部郎席律詣百濟與相知明年六軍度遼餘璋亦嚴兵於境聲言助軍實持兩端尋與新羅有隙每相戰爭十年復遣使朝貢後天下亂使命遂絕其南海行三月有躭牟羅國南北千餘里東西數百里土多麞鹿附庸於百濟西行三日至貊國千餘里云

新羅者其先本辰韓種也地在高麗東南居漢時樂浪地辰韓亦曰秦韓相傳言秦世亡人避役來適馬韓馬韓割其東界居之以秦人故名之曰秦韓其言語名物有似中國人名國爲邦弓爲弧賊爲寇行酒爲行觴相呼皆爲徒不與馬韓同又辰韓王常用馬韓人作之世世相傳辰韓不得自立王明其流移之人故也恒爲馬韓所制辰韓之始有六國稍分爲十二新羅則其一也或稱魏將毋丘儉討高麗破之奔沃沮其後復歸故國有留者遂爲新羅亦曰斯盧其人雜有華夏高麗百濟之屬兼有沃沮不耐韓獩之地其王本百濟人自海逃入新羅遂王其國初附庸于百濟百濟征高麗不堪戎役後相率歸之遂致强盛因襲百濟附庸於迦羅國焉傳世三十至眞平以隋開皇十四年遣使貢方物文帝拜眞平上開府樂浪郡公新羅王其官有十七等一曰伊罰干貴如相國次伊尺干次迎干次破彌干次大阿尺干次阿尺干次乙吉干次沙咄干次及伏干次大奈摩干次奈摩次大舍次小舍次吉士次大烏次小烏次造位外有郡縣其文字甲兵同於中國選人壯健者悉入軍烽戍邏俱有屯管部伍風俗刑政衣服略與高麗百濟同每月旦相賀王設宴會班賚羣官其日拜日月神主八月十五日設樂令官人射賞以馬布其有大事則聚官詳議定之服色尙畫素婦人辮髮繞頸以雜綵及珠爲飾婚嫁禮唯酒食而已輕重隨貧富新婦之夕女先拜舅姑次即拜大兄夫死有棺斂葬送起墳陵王及父母妻子喪居服一年田甚良沃水陸兼種其五穀果菜鳥獸物產略與華同大業以來歲遣朝貢新羅地多山險雖與百濟構隙百濟亦不能圖之也

勿吉國在高句麗北一曰靺鞨邑落各自有長不相總一其人勁悍於東夷最强言語獨異常輕豆莫婁等國諸國亦患之去洛陽五千里自和龍北二百餘里有善玉山山北行十三日至祁黎山又北行七日至洛瓌水水廣里餘又北行十五日至太岳魯水又東北行十八日到其國國有大水闊三里餘名速末水其部類凡有七種其一號粟末部與高麗接勝兵數千多驍武每寇高麗其二伯咄部在粟末北勝兵七千其三安車骨部在伯咄東北其四拂涅部在伯咄東其五號室部在拂涅東其六黑水部在安車西北其七白山部在粟末東南勝兵並不過三千而黑水部尤爲勁自拂涅以東矢皆石鏃即古肅愼氏也東夷中爲强國所居多依山水渠帥曰大莫弗瞞咄國南有從太山者華言太皇俗甚敬畏之人不得山上溲汙行經山者以物盛去上有熊羆豹狼皆不害人人亦不敢殺地卑濕築土如堤鑿穴以居開口向上以梯出入其國無牛有馬車則步推相與偶耕土多粟麥穄菜則有葵水氣鹹生鹽於木皮之上亦有鹽池其畜多猪無羊嚼米爲酒飲之亦醉婚嫁婦人服布裙男子衣猪皮裘頭插武豹尾俗以溺洗手面於諸夷最爲不潔初婚之夕男就女家執女乳而妒罷其妻外淫人有告其夫夫輒殺妻而後悔必殺告者由是姦淫事終不發人皆善射以射獵爲業角弓長三尺箭長尺二寸常以七八月造毒藥傅矢以射禽獸中者立死煮毒藥氣亦能殺人其父母春夏死立埋之冢上作屋令不雨濕若秋冬死以其尸捕貂貂食其肉多得之延興中遣乙力支朝獻太和初又貢馬五百匹乙

力支稱初發其國乘船泝難河西上至太㳜河沈船於水南出陸行度洛孤水從契丹西界達和龍自云其國先破高句麗十落密共百濟謀從水道幷力取高麗遣乙力支奉使大國謀其可否詔敕三國同是藩附宜共和順勿相侵擾乙力支乃還從其來道取得本船汎達其國九年復遣使侯尼支朝明年復入貢其傍有大莫盧國覆鍾國莫多回國庫婁國素和國具弗伏國匹黎尒國拔大何國郁羽陵國庫伏眞國魯婁國羽眞侯國前後各遣使朝獻太和十三年勿吉復遣使貢楛矢方物於京師七年又遣使人婆非等五百餘人朝貢景明四年復遣使侯力歸朝貢自此迄于正光貢使相尋爾後中國紛擾頗或不至延興二年六月遣石文云等貢方物以至于齊朝貢不絕隋開皇初相率遣使貢獻文帝詔其使曰朕聞彼土人勇今來實副朕懷視爾等如子爾宜敬朕如父對曰臣等僻處一方聞內國有聖人故來朝拜既親奉聖顏願長爲奴僕其國西北與契丹接每相刧掠後因其使來文帝誡之使勿相攻擊使者謝罪文帝因厚勞之令宴飲於前使者與其徒皆起舞曲折多戰鬬容上顧謂侍臣曰天地間乃有此物常作用兵意然其國與隋懸隔唯粟末白山爲近煬帝初與高麗戰頻敗其衆渠帥突地稽率其部降拜右光祿大夫居之柳城與邊人來往悅中國風俗請被冠帶帝嘉之賜以錦綺而褒寵之及遼東之役突地稽率其徒以從每有戰功賞賜甚厚十三年從幸江都尋放還柳城李密遣兵邀之僅而得免至高陽沒於王須拔未幾遁歸羅藝

奚本曰庫莫奚其先東部胡宇文之別種也初爲慕容晃所破遺落者竄匿松漠之間俗甚不潔淨而善射獵好爲寇抄登國三年道武親自出討至弱水南大破之獲其馬牛羊豕十餘萬帝曰此羣狄諸種不識德義鼠竊狗盜何足爲患今中州大亂吾先平之然後張其威懷則無所不服矣既而車駕南遷十數年間諸種與庫莫奚亦皆滋盛及開遼海置戍和龍諸夷震懼各獻方物文成獻文之世庫莫奚歲致名馬文皮孝文初遣使朝貢太和四年輒入塞內辭以畏地豆干抄掠詔書切責之二十年入寇安州時營燕幽三州兵數千人擊走之後復款附每求入塞交易宣武詔曰庫莫奚去太和二十一年以前與安營二州邊人參居交易往來並無欺貳至二十二年叛逆以來遂爾遠竄今雖款附猶在塞表每請入塞與百姓交易若抑而不許乖其歸向之心信而不慮或有萬一之警交市之日州遣士監之自此已後歲常朝獻至武定已來不絕齊受魏禪歲時來朝其後種類漸多分爲五部一曰辱紇主二曰莫賀弗三曰契箇四曰木昆五曰室得每部一千人爲其帥隨逐水草頗同突厥有阿會氏五部中最盛諸部皆歸之每與契丹相攻擊虜獲財畜因遣使貢方物

契丹國在庫莫奚東與庫莫奚異種同類並爲慕容晃所破俱竄於松漠之間登國中魏大破之遂逃迸與庫莫奚分住經數十年稍滋蔓有部落於和龍之北數百里爲寇盜眞君以來歲貢名馬獻文時使莫弗紇何辰來獻得班饗於諸國之末歸而相謂言國家之美心皆忻慕於是東北羣狄聞之莫不思服悉萬丹部何大何部伏弗郁部羽陵部日連部匹潔部黎部吐六于部等各以其名馬文皮獻天府遂求爲常皆得交市於和龍密雲之間貢獻不絕太和三年高句麗竊與蠕蠕謀欲取地豆干以分之契丹舊怨其侵軼其莫賀弗勿干率其部落車三千乘衆萬餘口驅徙雜畜求內附止於白狼水東自此歲常朝貢後告飢孝文聽其入關市糴及宣武孝明時恒遣使貢方物熙平中契丹使人初眞等三十人還靈太后以其俗嫁娶之際以青氊爲上服人給青氊兩匹賞其誠款之心餘依舊式朝貢及齊受東魏禪常不斷絕天保四年九月契丹犯塞文帝親戎北討至平州遂西趣長壍詔司徒潘相樂帥精騎五千自東道趣青山復詔安德王韓軌帥精騎四千東趣斷契丹走路帝親踰山嶺奮擊大破之虜十餘萬口雜畜數十萬頭相樂又於青山大破契丹別部所虜生口皆分置諸州其後復爲突厥所逼又以萬家寄於高麗其俗與靺鞨同好爲寇盜父母死而悲哭者以爲不壯但以其屍置於山樹之上經三年後乃收其骨而焚之因酹酒而祝曰冬月時向陽食若我射獵時使我多得豬鹿其無禮頑嚚於諸夷最甚隋開皇四年率莫賀弗來謁五年悉其衆款塞文帝納之聽居其故地責讓之其國遣使詣闕頓顙謝罪其後契丹別部出伏等背高麗率衆內附文帝見來憐之上方與突厥和好重失遠人之心悉令給糧還本部敕突厥撫納之固辭不去部落漸衆遂北徙逐水草當遼西正北二百里依託紇臣水而居東西亘百里分爲十部兵多者三千少者千餘逐寒暑隨水草畜牧有征伐則酋帥相與議之興兵動衆合如符契突厥沙鉢畧可汗遣吐屯潘垤統之契丹殺吐屯而遁大業七年遣使朝貢方物

室韋國在勿吉北千里去洛陽六千里室或爲失韋蓋契丹之類其南者爲契丹在北者號爲失韋路出和龍北千餘里入契丹國又北行十日至啜水又北行三日有善水又北行三日有犢了山其山高大周回三百里又北行三百餘里有大水名屈利又北行三日至刃水又北行五日到其國有大水從北而來廣四里餘名㮈水國土下濕語與庫莫奚契丹豆莫婁國同頗有粟麥及穄夏則城居冬逐水草多略貂皮丈夫索髮用角弓其箭尤長女婦束髮作叉手髻其國少竊盜盜一徵三殺人者責三百匹男女悉衣白鹿皮襦袴有麴釀酒俗愛赤珠爲婦人飾穿掛於頸以多爲貴女不得此乃至不嫁父母死男女衆哭三年尸則置於林樹之上武定二年四月始遣使張烏豆伐等獻其方物迄武定末貢使相尋及齊受東魏禪亦歲時朝聘其後分爲五部不相總一所謂南室韋北室韋鉢室韋深末怛室韋大室韋並無君長人貧弱突厥以三吐屯總領之南室韋在契丹北三千里土地卑濕至夏則移向北貸勃欠對二山多草木饒禽獸又多蚊蚋人皆巢居以避其患漸分爲二十五部每部有餘莫弗瞞咄猶酋長也死則子弟代之嗣絕則擇賢豪而立之其俗丈夫皆被髮婦女盤髮衣服與契丹同乘牛車以蘧蒢爲屋如突厥氊車之狀度水則束薪爲桴或有以皮爲舟者馬則織草爲韉結繩爲轡匡寢則木屈爲室以蘧蒢覆上移則載行以豬皮爲席編木爲藉婦女皆抱膝坐氣候多寒田收甚薄無羊少馬多豬牛與靺鞨同俗婚嫁之法二家相許竟輒盜婦將去然後送牛馬爲聘更將婦歸家待有孕乃相許隨還舍婦人不再嫁以爲死人之妻難以共居部落共爲大棚人死則置其上居喪三年年唯四哭其國無鐵取給於高麗多貂南室韋北行十一日至北室韋分爲九部落遶吐紇山而居其部落渠帥號乞引莫賀咄每部有莫何弗三人以貳之氣候最寒雪深沒馬冬則入山居土穴牛畜多凍死饒麞鹿射獵爲務食肉衣皮鑿冰沒水中而網取魚鼈地多積雪懼陷阬穽騎木而行俗即止皆捕貂爲業冠以狐貂衣以魚皮又北行千里至鉢室韋依胡布山而住人衆多北室韋不知爲幾部落用樺皮蓋屋其餘同北室韋從鉢室韋西南四日行至深末怛室韋因水爲號也冬月穴居以避太陰之氣又西北數千里至大室韋徑路險阻言語不通尤多貂及青鼠北室韋時遣使貢獻餘無至者

豆莫婁國在勿吉北千里舊北夫餘也室韋之東東至於海方二千餘里其人土著有居室倉庫多山陵廣澤於東夷之域最爲平敞地宜五穀不生五果其人長大性彊勇謹厚不寇抄其君長皆六畜名官邑落有豪帥飲食亦用豆有麻布衣製類高麗而帽大其國大人以金銀飾之用刑嚴急殺人者死沒其家人爲奴婢俗淫尤惡妬者殺之尸於國南山上至腐女家始得輸牛馬乃與之或言穢貊之地也

地豆干國在室韋西千餘里多牛羊出名馬皮爲衣服無五穀唯食肉酪延興二年八月遣使朝貢至於太和六年貢使不絕十四年頻來犯塞孝文詔征西大將軍陽平王頤擊走之自後時朝京師迄武定末貢使不絕及齊受禪亦來朝貢

烏洛侯國在地豆干北去代都四千五百餘里其地下濕多霧氣而寒人冬則穿地爲室夏則隨原阜畜牧多豕有穀麥無大君長部落莫弗皆世爲之其俗繩髮皮服以珠爲飾人尚勇不爲姦竊故慢藏野積而無寇盜好射獵樂有箜篌木槽革面而施九弦其國西北有完水東北流合於難水其小水皆注於難東入海又西北二十日行有于已尼大水所謂北海也太武眞君四年朝稱其國西北有魏先帝舊墟石室南北九十步東西四十步高七十尺室有神靈人多祈請太武遣中書侍郎李敞告祭焉刊祝文於石室之壁而還

流求國居海島當建安郡東水行五日而至土多山洞其王姓歡斯氏名渴刺兜不知其由來有國世數也彼土人呼之爲可老羊妻曰多拔茶所居曰波羅檀洞塹柵三重環以流水樹棘爲藩王所居舍其大一十六間琱刻禽獸多鬬鏤樹似橘而葉密條纖如髮之下垂國有四五帥統諸洞洞有小王往往有村村有鳥了帥並以善戰者爲之自相樹立主一村之事男女皆白紵繩纏髮從項後盤繞至額其男子用鳥羽爲冠裝以珠貝飾以赤毛形製不同婦人以羅紋白布爲帽其形方正織鬬鏤皮并雜毛以爲衣製裁不一綴毛垂螺爲飾雜色相間下垂小貝其聲如珮綴璫施釧懸珠於頸織藤爲笠飾以毛羽有刀矟弓箭劒鈹之屬其處少鐵刀皆薄小多以骨角輔助之編紵爲甲或用熊豹皮王乘木獸令左右輿之而導從不過十數人小王乘机鏤爲獸形國人好相攻擊人皆驍健善走難死耐創諸洞各爲部隊不相救助兩軍相當勇者三五人出前跳噪交言相罵因相擊射如其不勝一軍皆走遣人致謝即共和解收取鬬死者聚食之仍以髑髏將向王所王則賜之

以冠便爲隊帥無賦歛有事則均稅用刑亦無常準皆臨事科決犯罪皆斷於鳥了帥不伏則上請於王王令臣下共議定之獄無枷鏁唯用繩縛決死刑以鐵錐大如筯長尺餘鑽頂殺之輕罪用杖俗無文字望月虧盈以紀時節草木榮枯以爲年歲人深目長鼻類於胡亦有小慧無君臣上下之節拜伏之禮父子同牀而寢男子拔去髭鬚身上有毛處皆除去婦人以墨黥手爲蟲蛇之文嫁娶以酒珠貝爲娉或男女相悅便相匹偶婦人產乳必食子衣產後以火自炙令汗出五日便平復以木槽中暴海水爲鹽木汁爲酢米麪爲酒其味甚薄食皆用手遇得異味先進尊者凡有宴會執酒者必待呼名而後飲上王酒者亦呼王名後銜盃共飲頗同突厥歌呼蹋蹄一人唱衆皆和音頗哀怨扶女子上膊搖手而舞其死者氣將絕舉至庭前親賓哭泣相弔浴其屍以布帛纏之裹以葦席襯土而殯上不起墳子爲父者數月不食肉其南境風俗少異人有死者邑里共食之有熊豺狼尤多豬雞無羊牛驢馬厥田良沃先以火燒而引水灌持一鍤以石爲刃長尺餘闊數寸而墾之宜稻粱禾黍麻豆赤豆胡黑豆等木有楓栝樟松楩楠杉梓竹藤果藥同於江表風土氣候與嶺南山類俗事山海之神祭以肴酒戰鬬殺人便將所殺人祭其神或依茂樹起小屋或懸髑髏於樹上以箭射之或累石繫幡以爲神主王之所居壁下多聚髑髏以爲佳人間門戶上必安獸頭骨角隋大業元年海師何蠻等每春秋二時天清風靜東望依稀似有煙霧之氣亦不知幾千里煬帝令羽騎尉朱寬入海求訪異俗何蠻言之遂與蠻俱往同到流求國言不通掠一人而反明年復令寬慰撫之不從寬取其布甲而歸時倭國使來朝見之曰此夷邪久國人所用帝遣武賁郎將陳稜朝請大夫張鎮州率兵自義安浮海至高華嶼又東行二日至鼅鼊嶼又一日便至流求流求不從稜擊走之進至其都焚其宮室虜其男女數千人載軍實而還自爾遂絕

倭國在百濟新羅東南水陸三千里於大海中依山島而居魏時譯通中國三十餘國皆稱子夷人不知里數但計以日其國境東西五月行南北三月行各至於海其地勢東高西下居於邪摩堆則魏志所謂邪馬臺者也又云去樂浪郡境及帶方郡並一萬二千里在會稽東與儋耳相近俗皆文身自云太伯之後計從帶方至倭國循海水行歷朝鮮國乍南乍東七千餘里始度一海又南千餘里度一海闊千餘里名瀚海至一支國又度一海千餘里名末盧國又東南陸行五百里至伊都國又東南百里至奴國又東行百里至不彌國又南水行二十日至投馬國又南水行十日陸行一月至邪馬臺國即倭王所都漢光武時遣使入朝自稱大夫安帝時又遣朝貢謂之倭奴國靈帝光和中其國亂遞相攻伐歷年無主有女子名卑彌呼能以鬼道惑衆國人共立爲王無夫有二男子給王飲食通傳言語其王有宮室樓觀城柵皆持兵守衛爲法甚嚴魏景初五年公孫文懿誅後卑彌呼始遣使朝貢魏主假金印紫綬正始中卑彌呼死更立男王國中不服更相誅殺復立卑彌呼宗女臺與爲王其後復立男王並受中國爵命江左歷晉宋齊梁朝聘不絕及陳平至開皇二十年倭王姓阿每字多利思比孤號阿輩雞彌遣使詣闕上令所司訪其風俗使者言倭王以天爲兄以日爲弟天明時出聽政跏趺坐日出便停理務云委我弟文帝曰此大無義理於是訓令改之王妻姓雞彌後宮有女六七百人名太子爲利歌彌多弗利無城郭內官有十二等一曰大德次小德次大仁次小仁次大義次小義次大禮次小禮次大智次小智次大信次小信員無定數有軍尼一百二十人猶中國牧宰八十戶置一伊尼翼如今里長也十伊尼翼屬一軍尼其服飾男子衣裙襦其袖微小履如屨形漆其上繫之脚人庶多跣足不得用金銀爲飾故時衣橫幅結束相連而無縫頭亦無冠但垂髮於兩耳上至隋其王始制冠以錦綵爲之以金銀鏤花爲飾婦人束髮於後亦衣裙襦裳皆有襈攕竹聚以爲梳編草爲薦雜皮爲表緣以文皮有弓矢刀矟弩穳斧漆皮爲甲骨爲矢鏑雖有兵無征戰其王朝會必陳設儀仗其國樂戶可十萬俗殺人強盜及姦皆死盜者計贓酬物無財者沒身爲奴自餘輕重或流或杖每訊究獄不承引者以木壓膝或張強弓以弦鋸其項或置小石於沸湯中令所競者探之云理曲者即手爛或置蛇甕中令取之云曲者即螫手人頗恬靜罕爭訟少盜賊樂有五弦琴笛男女皆黥臂點面文身沒水捕魚無文字唯刻木結繩敬佛法於百濟求得佛經始有文字知卜筮尤信巫覡每至正月一日必射戲飲酒其餘節略與華同好棊博握槊樗蒲之戲氣候溫暖草木冬青土地膏腴水多陸少以小環掛鸕鷀項令入水捕魚日得百餘頭俗無盤俎藉以槲葉食用手餔之性質直有雅風女多男少婚嫁不取同姓男女相悅者即爲婚婦入夫家必先跨火乃與夫相見婦人不淫妒死者歛以棺槨親賓就屍歌舞妻子兄弟以白布制服貴人三年殯庶人卜日而瘞及葬置屍船上陸地牽之或以小輿有阿蘇山其石無故火起接天者俗以爲異因行祭禱有如意寶珠其色青大如雞卵夜則有光云魚眼睛也新羅百濟皆以倭爲大國多珍物並仰之恒通使往來大業三年其王多利思比孤遣朝貢使者曰聞海西菩薩天子重興佛法故遣朝拜兼沙門數十人來學佛法國書曰日出處天子致書日沒處天子無恙云云帝覽不悅謂鴻臚卿曰蠻夷書有無禮者勿復以聞明年上遣文林郎裴世清使倭國度百濟行至竹島南望躭羅國經都斯麻國迥在大海中又東至一支國又至竹斯國又東至秦王國其人同於華夏以爲夷洲疑不能明也又經十餘國達於海岸自竹斯國以東皆附庸於倭倭王遣小德何輩臺從數百人設儀仗鳴鼓角來迎後十日又遣大禮哥多毗從二百餘騎郊勞既至彼都其王與世清來貢方物此後遂絕

論曰廣谷大川異制人生其間異俗嗜欲不同言語不通聖人因時設教所以達其志而通其俗也九夷所居與中夏懸隔然天性柔順無橫暴之風雖綿邈山海而易以道御夏殷之世時或來王暨箕子避地朝鮮始有八條之禁疏而不漏簡而可久化之所感千載不絕今遼東諸國或衣服參冠冕之容或飲食有俎豆之器好尚經術愛樂文史游學於京都者往來繼路或沒世不歸非先哲之遺風其孰能致於斯也故孔子曰言忠信行篤敬雖蠻貊之邦行矣誠哉斯言其俗之可採者豈楛矢之貢而已乎自魏迄隋年移四代時方爭競未遑外略洎開皇之末方征遼左天時不利師遂無功二代承基志苞宇宙頻踐三韓之地屢發千鈞之弩小國懼亡敢同困獸兵不戢提四海騷然遂以土崩喪身滅國兵志有之曰務廣德者昌務廣地者亡然遼東之地不列於郡縣久矣諸國朝正奉貢無闕於歲時二代震而矜之以爲人莫已若不能懷以文德遽動干戈內恃富強外思廣地以驕取怨以怒興師若此而不亡自古未聞也然四夷之戒安可不深念哉其豆莫婁地豆干烏洛侯歷齊周及隋朝貢遂絕其事故莫顯云

北史卷九十四考證

高句麗傳有一男破而出○隋書男字下有子字破字下有殼字

莽大悅更名高句麗高句驪侯○梁書更名高句驪爲下句驪當此時爲侯矣

正始三年位宮寇遼西安平五年○梁書遼西作安西安平作嘉平

儉追至賴峴○梁書脫賴字

元年授北平州刺史○年梁書作帝

子釗代立○釗梁書作劉

復有內評五部○內評下隋書有外評二字

百濟傳其都曰居拔城亦曰固麻城○梁書號所治城曰固麻隋書其都曰居拔城此兩存之與彼各異

長蛇隔路以阻于海今上所得鞍一以爲實矯○魏書阻作沉矯作驗

新羅傳或稱魏將毋丘儉討高麗破之○丘監本訛兵今改從南本

勿吉傳初婚之夕男就女家執女乳而妬罷○魏書作執女乳而罷便以爲定

角弓長三尺○○監本缺三字今從魏書增入

倭國傳王妻姓雞彌後宮有女六七百人○監本缺彌後宮三字今從南本增入又隋書姓作號

裳皆有襈○襈隋書作襈

婦入夫家必先跨火乃與夫相見○火隋書作犬

北史卷九十五

列傳第八十三

唐　李　延　壽　撰

蠻　獠　林邑　赤土　眞臘　婆利

蠻之種類蓋盤瓠之後在江淮之間部落滋蔓布於數州東連壽春西通巴蜀北接汝潁往往有焉其於魏氏不甚爲患至晉之末稍以繁昌漸爲寇暴矣自劉石亂後諸蠻無所忌憚故其族漸得北遷陸渾以南滿於山谷宛洛蕭條略爲丘墟矣道武既定中山聲教被於河表泰常八年蠻王梅安率渠帥數千朝京師求留質子以表忠款始光中拜安侍子豹爲安遠將軍江州刺史順陽公興光中蠻王文武龍請降詔褒慰之拜南雍州刺史魯陽侯延興中大陽蠻首桓誕擁河水以北㴾葉以南八萬餘落遣使內屬孝文嘉之拜誕征南將軍東荊州刺史襄陽王聽自選郡縣誕字天生桓玄之子也初玄西奔至枚迴洲被殺誕時年數歲流竄大陽蠻中遂習其俗及長多智謀爲羣蠻所歸誕既內屬居朗陵太和四年王師南伐誕請爲前驅詔授使持節南征西道大都督討義陽不果而還十年移居潁陽十六年依例降王爲公十七年加征南將軍中道大都督征竟陵

遇還洛師停是時齊征虜將軍直閤將軍蠻首田益宗率部曲四千餘戶內屬襄陽酋雷婆思等十一人率戶千餘內徙求居大和川詔給廩食後開南陽令有沔北之地蠻人安堵不爲寇賊十八年誕入朝賞遇隆厚卒謚曰剛子暉字道進位龍驤將軍東荊州刺史襲爵景明初大陽蠻首田育丘等二萬八千戶內附詔置西郡十八縣暉卒贈冠軍將軍三年魯陽蠻魯北鷰等聚衆攻逼頻詔左衛將軍李崇討平之徙萬餘家於河北諸州及六鎮尋叛南走所在追討比及河殺之皆盡四年東荊州蠻樊素安反僭帝號正始元年素安弟秀安復反李崇楊大眼悉討平之二年梁沔東太守田清善擁七郡三十一縣戶萬九千遣使內附乞師討梁其雍州以東石城以西五百餘里水陸援路請率部曲斷之四年梁永寧太守文雲生六部自漢東遣使歸附永寧初東荊州表太守桓叔興前後招慰太陽蠻歸附者一萬七百戶請置郡十六縣五十詔前鎮東府長史酈道元檢行置之然興卽暉弟也延昌元年拜南荊州刺史居安昌隸於東荊三年梁遣兵討江沔破掠諸蠻百姓擾動蠻自相督率二萬餘人頻請統帥蠻以爲聲勢叔興給一并威儀爲之節度蠻人遂安其年梁雍州刺史蕭藻遣其將蔡令孫等三將寇南荊之西南沿襄沔上下破掠諸蠻蠻首梁龍驤將軍樊石廉叛梁來請援叔興遣與石廉督集蠻夏二萬餘人擊走之斬令孫等三將藻又遣其新陽太守邵道林於沔水之南石城東北立清水戍爲抄掠之基叔興遣諸蠻擊破之四年叔興上表請不隸東荊許之梁人每有寇抄叔興必摧破之正光中叔興擁所部南叛蠻首成龍强率戶數千內附拜刺史蠻帥田牛生率戶二千內徙揚州拜爲郡守梁義州刺史邊城王文僧明鐵騎將軍邊城太守田官德等率戶萬餘舉州內屬拜僧明平南將軍西豫州刺史封開封侯官德龍驤將軍義州刺史自餘封授各有差僧明官德並入朝蠻出山至邊城建安者八九千戶義州尋爲梁將裴邃所陷梁定州刺史田超秀亦遣使求附請援歷年朝廷恐輕致邊役未之許會超秀死其部曲相率內附徙之六鎮秦隴所在反叛二荊西郢蠻大擾動斷三鵶路殺都督寇盜至於襄城汝水百姓多被其害梁遣將圍廣陵楚城諸蠻並爲前驅自汝水以南恣其暴掠連年攻討散而復合其暴滋甚又有冉氏向氏田氏者陬落尤盛餘則大者萬家小者千戶更相崇僭稱王侯屯據三峽斷遏水路荊蜀行人至有假道者周文畧定伊瀍聲敎南被諸蠻畏威靡然向風矣大統五年蔡陽蠻王魯超明內屬授南雍州刺史仍世襲焉十一年蠻酋梅勒特來貢其方物尋而蠻帥田杜青和及江漢諸蠻擾動大將軍楊忠擊破之其後蠻帥杜青和自稱巴州刺史入附朝廷因其所稱而授之杜青和後遂反攻圍東梁州其唐州蠻田魯嘉亦叛自號豫州伯王雄權景宣等前後討平之廢帝初蠻首樊舍舉落內附以爲督淮北三州諸軍事淮州刺史淮安郡公于謹等平江陵諸蠻騷動詔豆盧寧蔡祐等討破之恭帝二年蠻酋宜人王田興彥北荊州刺史梅季昌等相繼款附以彥興季昌並爲開府儀同三司加季昌洛州刺史賜爵石臺縣公其後巴蜀西人譙淹扇動羣蠻以附梁蠻帥向鎮侯向白虎等應之向五子王又攻陷信州田烏度田唐等抄斷江路文子榮復據荊州之汶陽郡自稱仁州刺史并隣州刺史蒲微亦舉兵逆命詔田弘賀若敦潘和李遷哲等討破之周武成初文州蠻叛州軍討定之尋而冉令賢向五子王等又攻陷白帝殺開府楊長華遂相率作亂前後遣開府元契趙剛等總兵出討雖頗翦其族類而元惡未除天和元年詔開府陸騰督王亮司馬裔等討之騰水陸俱進次于湯口先遣喻之而令賢方增浚城池嚴設扞禦遣其長子西黎次子南王領其支屬於江南險要之地置立十城遠結涔陽蠻爲其聲援令賢率其卒固守水邏城騰乃總集將帥謀進趣咸欲先取水邏然後經畧江南騰言於衆曰令賢內恃水邏金湯之險外託涔陽輔車之援兼復資糧充實器械精新以我懸軍攻其嚴壘脫一戰不剋更成其氣不如頓軍湯口先取江南翦其毛羽然後遊軍水邏此制勝之計也衆皆然之乃遣開府王亮率衆渡江旬日攻拔其八城凶黨奔散獲賊帥冉承公并生口三千人降其部衆一千戶遂簡募驍勇數道分攻水邏路經石壁城險峻四面壁立故以名焉唯有一小路緣梯而上蠻蜑以爲峭絕非兵衆所行騰被甲先登衆軍繼進備經危阻累日乃得舊路且騰先任隆州總管雅知其路蠻帥冉伯犁冉安西與令賢有隙騰乃招誘伯犁等結爲父子又多遺錢帛伯犁等悅遂爲鄉導水邏側又有石勝城者亦是險要令賢使其兄龍眞據之騰又密告龍眞云若平水邏使其代令賢處之龍眞大悅遣其子詣騰乃厚加禮接賜以金帛蠻貪利既深仍請立效乃謂騰曰欲翻所據城恐人力寡少騰許以三百兵助之既而遣二千人銜枚夜進龍眞力不能禦遂平石勝城晨至水邏蠻衆大潰斬首萬餘級令賢遁走而獲之司馬裔又別下其二十餘城獲蠻帥冉三公等騰乃積其骸骨於水邏城側爲京觀後蠻蜑望見輒大哭自此狼戾之心輟矣時向五子王據石墨城令其子寶勝據雙城水邏平後頻遣喻之而五子王猶不從命騰又遣王亮屯牢坪司馬裔屯雙城以圖之騰慮雙城孤峭攻未可拔賊若委城遁散又難追討乃令諸軍周迴立柵遏其走路賊乃大駭於是縱兵擊破之禽五子王於石墨獲寶勝於雙城悉斬諸向首領生禽萬餘口信州舊治白帝騰更於劉備故宮城南八陣之北臨江岸築城移置信州又以巫縣信陵秭歸並築城置防以爲襟帶焉天和六年蠻渠冉祖憙冉龍驤又反詔大將軍趙闇討平之自此羣蠻懾息不復爲寇

獠者蓋南蠻之別種自漢中達于邛笮川洞之間所在皆有種類甚多散居山谷畧無氏族之別又無名字所生男女唯以長幼次第呼之其丈夫稱阿謩阿段婦人阿夷阿等之類皆語之次第稱謂也依樹積木以居其上名曰干闌干闌大小隨其家口之數往往推一長者爲王亦不能遠相統攝父死則子繼若中國之貴族也獠王各有鼓角一雙使其子弟自吹擊之好相殺害多死不敢遠行能臥水底持刀刺魚其口嚼食並鼻飲死者豎棺而埋之性同禽獸至於忿怒父子不相避唯手有兵刃者先殺之若殺其父走避外求得一狗以謝不復嫌恨若報怨相攻擊必殺而食之平常劫掠賣取猪狗而已親戚比隣指授相賣被賣者號哭不服逃竄避之乃將買人指捕逐若亡叛獲便縛之但經被縛者卽服爲賤隸不敢稱良矣亡失兒女一哭便止不復追思唯執楯持矛不識弓矢用竹爲簧羣聚鼓之以爲音節能爲細布色至鮮淨大狗一頭買一生口其俗畏鬼神尤尚淫祀所殺之人美鬢髯者乃剝其面皮籠之於竹及燥號之曰鬼鼓舞祀之以求福利至有賣其昆季妻孥盡者乃自賣以供祭焉鑄銅爲器大口寬腹名曰銅爨既薄且輕易於熟食建國中李勢在蜀諸獠始出巴西渠川廣漢陽安資中攻破郡國爲益州大患勢內外受敵所以亡也自桓溫破蜀之後力不能制又蜀人東流山險之地多空獠遂挾山傍谷與夏人參居者頗輸租賦在深山者仍不爲編戶梁益二州歲伐獠以裨潤公私頗藉爲利正始中夏侯道遷舉漢中內附宣武遣尚書邢巒爲梁益二州刺史以鎮之近夏人者安堵樂業在山谷者不敢爲寇後以羊祉爲梁州傅豎眼爲益州祉性酷虐不得物情梁輔國將軍范季旭與獠王趙清荊率衆屯孝子谷祉遣統軍魏胡擊走之後梁寧朔將軍姜白復擁夷獠入屯南城梁州人王法慶與之通謀衆屯於固門川祉遣征虜將軍討破之豎眼施恩布信大得獠和後以元法僧代傅豎眼爲益州法僧在任貪殘獠遂反叛勾引梁兵圍逼晉壽朝廷憂之以豎眼先得物情復令乘傳往撫獠聞豎眼至莫不欣然拜迎道路於是而定及元桓元子眞相繼爲梁州並無德績諸獠苦之其後朝廷以梁益二州控攝險遠乃立巴州以統諸獠後以巴酋嚴始欣爲刺史又立隆城鎮所綰獠二十萬戶彼謂北獠歲輸租布又與外人交通貿易巴州生獠並皆不順其諸頭王每於時節謁見刺史而已孝昌初諸獠以始欣貪暴相率反叛攻圍巴州山南行臺勉喻卽時散罷自是獠諸頭王相率詣行臺者相繼子建厚勞賚之始欣見中國多事又失彼心慮獲罪譴時梁南梁州刺史陰子春扇惑邊陲始欣謀將南叛始欣族子愷時爲隆城鎮將密知之嚴設邏候遂禽梁使人并封始欣詔書鐵券刀劍衣冠之屬表送行臺子建乃啓以鎮爲南梁州愷爲刺史發使執始欣囚於南鄭遇子建見代梁州刺史傅豎眼仍爲行臺豎眼久病其子敬紹納始欣重賂使得還州始欣乃起衆攻愷屠滅之據城南叛梁將蕭玩率衆援接時梁益二州並遣將討之攻陷巴州執始欣遂大破玩軍及斬玩以傅曇表爲刺史後元羅在梁州爲所陷自此遂絶及周文平梁益之後令在所撫慰其與華人雜居者亦頗從賦役然天性暴亂旋致擾動每歲命隨近州鎮出兵討之獲其生口以充賤隸謂之爲壓獠焉後有南旅往來者亦資以爲貨公卿達於人庶之家有獠口者多矣恭帝三年陵州木籠獠反詔開府陸騰討破之周保定二年鐵山獠又反抄斷江路陸騰又攻拔其三城天和三年梁州恒稜獠叛總管長史趙文表討之軍次巴州文表欲率衆徑進軍吏等曰此獠旅拒日久部衆甚强討之者四面攻之以分其勢今若大軍直進不遣奇兵恐併力於表未可制勝文表曰往者既不能制之今須別爲進趣若四面遣兵則獠降走路絶理當相率以死拒戰如從一道則吾得示威恩分遣人以理曉諭爲惡者討之歸善者撫之善惡既分易爲經畧事有變通奈何欲遵前轍也文表遂以此意遍令軍中時有從軍熟獠多與恒稜親識卽以實報之恒稜獠相與聚議猶豫之間文表軍已至其界獠中先有二路一路稍平一路極險俄

有生獠酋帥數人來見文表曰我恐官軍不識山川請爲鄉導文表謂之曰此路寬平不須導引卿但先去好慰喻子弟也乃遣之文表謂其衆曰向者獠帥謂吾從寬路而行必當設伏險要若從險路出其不慮獠衆自離散矣於是勒兵從險道進其有不通之處卽平之乘高而望果見其伏兵獠既失計爭攜妻子退保險要文表頓軍大蓬山下示禍福遂相率來降文表皆撫慰之仍徵其租稅無敢動者後除文表爲蓬州刺史又大得人和建德初李暉爲蓬梁州總管諸獠亦望風從附然其種滋蔓保據巖壑依山走險若履平地雖屢加兵弗可窮討性又無知殆同禽獸諸夷之中最難以道招懷者也

林邑其先所出事具南史其國延袤數千里土多香木金寶物產大抵與交阯同以磚爲城蜃灰塗之東向戶尊官有二其一曰西那婆帝其二曰薩婆地歌其官三等其一曰倫多姓次歌倫致帝次乙地伽蘭外官分爲二百餘部其長官曰弗羅次曰可輪如牧宰之差也王戴金花冠形如章甫衣朝霞布珠璣瓔珞足躡革履時服錦袍良家子侍衞者二百許人皆執金裝兵有弓箭刀槊以竹爲弩傅毒於矢樂有琴笛琵琶五絃頗與中國同每擊鼓以警衆吹蠡以卽戎其人深目高鼻髮拳色黑俗皆徒跣以幅巾纏身冬月衣袍婦人椎髻施椰葉席每有婚媾令媒者齎金銀釧酒二壺魚數頭至女家於是擇日夫家會親賓歌舞相對女家請一婆羅門送女至男家壻盥手因牽女授之王死七日而葬有官者三日庶人一日皆以函盛屍鼓舞導從輿至水次積薪焚之收其餘骨王則內金甖中沉之於海有官者以銅甖沉之海口庶人以瓦送之於江男女皆截髮哭至水次盡哀而止歸則不哭每七日燃香散花復哭盡哀而止百日三年皆如之人皆奉佛文字同於天竺隋文帝既平陳乃遣使獻方物後朝貢遂絕時天下無事羣臣言林邑多奇寶者仁壽末上遣大將軍劉方爲驩州道行軍總管率欽州刺史甯長眞驩州刺史李暈開府秦雄步騎萬餘及犯罪者數千人擊之其王梵志乘巨象而戰方軍不利方乃多掘小坑草覆其上因以兵挑之方與戰僞北梵志逐之其象陷軍遂亂方大破之遂棄城走入其都獲其廟主十八枚皆鑄金爲之蓋其國有十八世方班師梵志復其故地遣使謝罪於是朝貢不絕

赤土國扶南之別種也在南海中水行百餘日而達所都土色多赤因以爲號東波羅剌國西婆羅娑國南訶羅旦國北拒大海地方數千里其王姓瞿曇氏名利富多塞不知有國近遠稱其父釋王位出家爲道傳位於利富多塞在位十六年矣有三妻並鄰國女也居僧祇城有門三重相去各百許步每門圖畫菩薩飛仙之象懸金花鈴毦婦人數十人或奏樂或捧金花又飾四婦人容飾如佛塔邊金剛力士之狀夾門而立門外者持兵仗門內者執白拂夾道垂素網綴花王宮諸屋悉是重閣北戶北面而坐三重之榻衣朝霞布冠金花冠垂雜寶瓔珞四女子立侍左右兵衞百餘人王榻後作一木龕以金銀五香木雜鈿之龕後懸一金光焰夾榻又樹二金鏡鏡前並陳金甕甕前各有金香爐當前置一金伏牛牛前樹一寶蓋左右皆有寶扇婆羅門等數百人東西重行相向而坐其官薩陁加邏一人陁拏達叉一人迦利密迦三人共掌政事俱羅末帝一人掌刑法每城置那邪迦一人鉢帝十人其俗皆穿耳翦髮無跪拜之禮以香油塗身其俗敬佛尤重婆羅門婦人作髻於項後男女通以朝霞朝雲雜色布爲衣豪富之室恣意華靡唯金鎖非王賜不得服用每嫁婚擇吉日女家先期五日作樂飲酒父執女手以授壻七日乃配既娶卽分財別居唯少子與父居父母兄弟死則剔髮素服就水上構竹木爲棚棚內積薪以屍置上燒香建幡吹蠡擊鼓以送火焚薪遂落於水貴賤皆同唯國王燒訖收灰貯以金瓶藏於廟屋冬夏常溫雨多霽少種植無時特宜稻穄白豆黑麻自餘物產多同於交阯以甘蔗作酒雜以紫瓜根酒色黃赤味亦香美亦以椰漿爲酒隋煬帝嗣位募能通絕域者大業三年屯田主事常駿虞部主事王君政等請使赤土帝大悅遣齎物五千段以賜赤土王其年十月駿等自南海郡乘舟晝夜二旬每日遇便風至焦石山而過東南泊陵伽鉢拔多洲西與林邑相對上神祠焉又南行至師子石自茲島嶼連接又行二三日西望見狼牙須國之山於是南經雞籠島至於赤土之界其王遣婆羅門鳩摩羅以舶三百艘來迎吹蠡擊鼓樂隋使至金鎖以纜船月餘至其都王遣其子那邪迦請與駿等禮見先遣人送金盤貯香花并鏡鑷金合二枚貯香油金瓶二枚貯香水白疊布四條以擬供使者盥洗其日未時那邪迦又將象二頭持孔雀蓋以迎使人并致金盤金花以藉詔函男女百人奏蠡鼓婆羅門二人導路至王宮駿等奉詔書上閣王以下皆坐宣詔訖引駿等坐奏天竺樂事畢駿等還館又遣婆羅門就館送食以草葉爲盤其大方丈因謂駿曰今是大國臣非復赤土國矣後數日請駿等入宴儀衞導從如初見之禮王前設兩床床上並設草葉盤方一丈五尺上有黃白紫赤四色之餅牛羊魚鼈猪蝳蝐之肉百餘品延駿升床從者於地席各以金鍾置酒女樂迭奏禮遺甚厚尋遣那邪迦隨貢方物并獻金芙蓉冠龍腦香以鑄金爲多羅葉隱起成文以爲表金函封之令婆羅門以香花奏蠡鼓而送之既入海見綠魚羣飛水上浮海十餘日至林邑東南並山而行其海水色黃氣腥舟行一日不絕云是大魚糞也循海北岸達于交阯駿以六年春與那邪迦於弘農謁帝帝大悅授駿等執戟都尉那邪迦等官賞各有差

眞臘國在林邑西南本扶南之屬國也去日南郡舟行六十日而至南接車渠國西有朱江國其王姓刹利氏名質多斯那自其祖漸已強盛至質多斯那遂兼扶南而有之死子伊奢那先代立居伊奢那城郭下二萬餘家城中有一大堂是其王聽政所總大城三十所城有數千家各有部帥官名與林邑同其王三日一聽朝坐五香七寶床上施寶帳以文木爲竿象牙金鈿爲壁狀如小屋懸金光焰有同于赤土前有金香爐二人侍側王著朝霞古貝瞞絡腰腹下垂至脛頭載金寶花冠被眞珠瓔珞足履革屣耳懸金璫常服白疊以象牙爲屩若露髮則不加瓔珞臣下服制大抵相類有五大臣一曰孤落支二曰相高憑三曰婆何多陵四曰舍摩陵五曰髯羅婁及諸小臣朝於王者輒以階下三稽首王呼上階則跪以兩手抱膊遶王環坐議政事訖跪伏而去階庭門閤侍衞有千餘人被甲持仗其國與參半朱江二國和親數與林邑陁桓二國戰爭其人行止皆持甲仗若有征伐因而用之其俗非王正妻子不得爲嗣王初立日所有兄弟並刑殘之或去一指或劓其鼻別處供給不得仕進人形小而色黑婦人亦有白者悉拳髮垂耳性氣捷勁居處器物頗類赤土以右手爲淨左手爲穢每旦澡洗以楊枝淨齒讀誦經咒又澡洒乃食食罷還用楊枝淨齒又讀經咒飲食多酥酪沙糖秔粟米餅欲食之時先取雜肉羹與餅相和手擩而食娶妻者唯送女人女擇日遣媒人迎婦男女二家各八日不出晝夜燃燈不息男婚禮畢卽與父母分財別居父母死小兒未婚者以餘財與之若婚畢財物入官喪葬兒女皆七日不食剔髮而哭僧尼道士親故皆來聚會音樂送之以五香木燒尸收灰以金銀瓶盛送大水之內貧者或用瓦而以五綵色畫之亦有不焚送屍山中任野獸食者其國北多山阜南有水澤地氣尤熱無霜雪饒瘴癘毒蠚宜粱稻少黍粟果菜與日南九眞相類異者有婆羅那娑樹無花葉似柿實似冬瓜菴羅花葉似棗實似李毗野樹花似木瓜葉似杏實似楮婆田羅樹花葉實並似棗而小異歌畢佗樹花似林檎葉似榆而厚大實似李其大如升自餘多同九眞海有魚名建同四足無鱗鼻如象吸水上噴高五六十尺有浮胡魚形似䱇觜如鸚鵡有八足多大魚半身出望之如山每五六月中毒氣流行卽以白豬白牛羊於城西門外祠之不然五穀不登畜多死人疾疫近都有陵伽鉢婆山上有神祠每以兵二千人守衞之城東神名婆多利祭用人肉其王年別殺人以夜祠禱亦有守衞者千人其敬鬼如此多奉佛法尤信道士佛及道士並立像於其館隋大業十二年遣使貢獻帝禮之甚厚於後亦絕

婆利國自交阯浮海南過赤土丹丹乃至其國國界東西四月行南北四十五日行王姓刹利邪伽名護濫那婆官曰獨訶邪拏次曰獨訶氏拏國人善投輪其大如鏡中有竅外鋒如鋸遠以投人無不中其餘兵器與中國略同俗類眞臘物產同於林邑其殺人及盜截其手姦者鎖其足期年而止祭祀必以月晦盤貯酒肴浮之流水每十一月必設大祭海出珊瑚有鳥名舍利解人語隋大業十二年遣使朝貢後遂絕于時南荒有丹丹盤盤二國亦來貢方物其風俗物產大抵相類云

論曰禮云南方曰蠻有不火食者矣然其種類非一與華人錯居其流曰蜒曰獽曰俚曰獠曰㐌居無君長隨山洞而居其俗斷髮文身好相攻討自秦并三楚漢平百越地窮丹徼景極日南水陸可居咸爲郡縣洎乎境分南北割據各殊蠻獠之族遞爲去就至於林邑赤土眞臘婆利則地隔江嶺莫通中國及隋氏受命剋平九宇煬帝纂業威加八荒甘心遠夷志求珍異故師出流求兵加林邑威振殊俗過於秦漢遠矣雖有荒外之功無救域中之敗傳曰非聖人外寧必有內憂誠哉斯言也大業中南荒朝貢者十餘國其事迹湮滅今可知者四國而已

北史卷九十五考證

蠻傳率戶千餘內徙求居大和川○求監本訛永今改從南本

景明初大陽蠻首田育邱等二萬八千戶內附○監本

鈇邱字今從南本增入

禾寧初東荊州表太守桓叔興前後招慰太陽蠻○魏書表字下注闕二字

楚城諸蠻並爲前驅○楚魏書作樊

置立十城遠結涔陽蠻○十監本訛土下文云旬日攻拔其八城當以十爲是今改從周書

翦其毛羽然後進軍水邏○進監本訛遊今改從周書

獲蠻帥冉三公○冉監本訛并今改從周書

信州舊治白帝○治監本訛居今改從周書

獠傳婦人阿夷阿等之類○等周書作第今各本俱同仍之

平常劫掠賣取豬狗而已○豬監本訛諸今改從魏書

天和三年梁州恒稜獠叛○恒監本作桓今改從周書

建德初李暉爲蓬梁州總管○周書無蓬字殆因上文有蓬軍大蓬山下而誤衍也

林邑傳興至水次積薪焚之○水監本訛外今改從隋書

赤土傳南訶羅旦國北拒大海○各本缺旦字今從隋書增入

吹蠡擊鼓以送火焚薪○送字下隋書有之縱二字

西與林邑相對上神祠焉○上字下隋書有有字

吹蠡擊鼓樂隋使至金鏁以纜船○隋書樂字上有以字又至作進

真臘傳其王姓刹氏○刹隋書作刹利

娶妻者唯送女人女擇日遣媒人迎婦○馮夢禎云女人女三字定有訛今考隋書乃衣一具之誤也

婆利傳國人善投輪其大如鏡○輪字下隋書有刀字

北史卷九十六

唐　李延壽　撰

列傳第八十四

氐　吐谷渾　宕昌　鄧至　白蘭　党項　附國　稽胡

氐者西夷之別種號曰白馬三代之際蓋自有君長而世一朝見故詩稱自彼氐羌莫敢不來王也秦漢以來世居岐隴以南漢川以西自立豪帥漢武帝遣中郎將郭昌衞廣滅之以其地爲武都自汧渭抵於巴蜀種類寔繁或謂之白氐或謂之故氐各有侯王受中國封拜漢建安中有楊騰者爲部落大帥騰勇健多計略始徙居仇池方百頃爲號四面斗絕高七里餘蟠道三十六回其上有豐水泉煑土成鹽騰後有名千萬者魏拜爲百頃氐王千萬孫名飛龍漸强盛晉帝假平西將軍無子養外甥令狐茂搜爲子惠帝元康中茂搜自號輔國將軍右賢王羣氐推以爲王關中士人流移者多依之愍帝以爲驃騎將軍左賢王茂搜死子難敵統位與弟堅頭分部曲難敵自號左賢王屯下辨堅頭號右賢王屯河池難敵死子毅立自號使持節龍驤將軍左賢王下辨公以堅頭子盤爲使持節冠軍將軍右賢王河池公臣晉晉以毅爲征南將軍三年毅族兄初襲殺毅并有其衆自立爲仇池公臣於石季龍後稱蕃於晉永和十年改初爲天水公十一年毅小弟宋奴使姑子梁三王因侍直手刃殺初初子國率左右誅三王及宋奴復自立爲仇池公桓溫表國爲秦州刺史國子安爲武都太守十一年國從叔俊殺國自立國子安叛苻堅殺俊復稱蕃於晉死子世自立爲仇池公晉太和三年以世爲秦州刺史弟統爲武都太守世死統廢世子纂自立一名德聚纂黨襲殺統自立爲仇池公遣使詣簡文帝以纂爲秦州刺史晉咸安元年苻堅遣楊安伐纂剋之徙其人于關中空百頃之地宋奴之死二子佛奴佛狗逃奔苻堅堅以女妻佛奴子定拜爲尚書領軍苻堅之敗隴右擾亂定盡力於堅堅死乃率衆奔隴右徙居歷城去仇池百二十里置倉儲於百頃招夷夏得千餘家自稱龍驤將軍仇池公稱蕃於晉孝武帝以其自號假之後以爲秦州刺史登國四年遂有秦州之地號隴西王後爲乞佛乾歸所殺無子佛狗子盛先爲監國守仇池及統事自號征西將軍秦州刺史仇池公謚定爲武王分諸氐羌爲二十部護軍各爲鎭戍不置郡縣遂有漢中之地仍稱蕃于晉天興初遣使朝貢詔以盛爲征南大將軍仇池王隔礙姚興不得歲通貢使盛以巳子撫爲平南將軍梁州刺史守漢中宋永初中宋武帝封盛爲武都王盛死私謚曰惠文王子玄統位玄字黃眉號征西大將軍開府儀同三司秦州刺史武都王雖蕃於宋仍奉晉永熙之號後始用宋元嘉正朔初盛謂玄曰吾年已老當終爲晉臣汝善事宋帝故玄奉焉玄善於待士爲流舊所懷始光四年太武遣大鴻臚公孫軌拜玄爲征南大將軍督梁州刺史南秦王玄上表請比內蕃許之玄死私謚孝昭王子保宗統位初玄臨終謂弟難當曰今境候未寧方須撫慰保宗沖昧吾授卿國事其無墜先勳難當固辭請立保宗以輔之保宗既立難當妻姚氏謂難當曰國險宜立長君反事孺子非久計難當從之廢保宗而自立稱蕃于宋難當拜保宗爲鎭南將軍鎭石昌以次子順爲鎭東將軍秦州刺史守上邽保宗謀襲難當事泄被繫先是四方流人以仇池豐實多往依附流人有許穆之郝惔之二人投難當竝改姓司馬穆之自云名飛龍惔之自云名康之云是晉室近戚康之尋爲人所殺時宋梁州刺史甄法護刑政不理宋文帝遣刺史蕭思話代任難當以思話未至遣將舉兵襲梁州破白馬遂有漢中之地尋而思話使其司馬蕭道成先驅進討所向剋捷遂平梁州因又附宋難當後釋保宗遣鎭薰亭保宗與兄顯歸京師太武拜保宗征南大將軍秦州牧武都王尚公主保顯爲鎭西將軍晉壽公後遣大鴻臚崔頤拜難當爲征南大將軍儀同三司領護西羌校尉秦梁二州牧南秦王難當後自立爲大秦王號年曰建義立妻爲王后世子爲太子置百官具擬天朝然猶貢獻于宋不絕尋而其國大旱多災異降大秦王復爲武都王太延初難當立鎭上邽太武遣車騎大將軍樂平王丕等督河西高平諸軍取上邽又詔喻難當奉詔攝守尋而傾國南寇規有蜀土襲宋益州攻涪城又伐巴西獲維州流人七千餘家還于仇池宋文帝怒遣將裴方明等伐之難當爲方明所敗棄仇池與千餘騎奔上邽太武遣中山王辰迎之赴行宮方明既剋仇池以保宗弟保熾守之河間公齊擊走之先是詔保宗鎭上邽又詔鎭駱谷復其本國保宗弟文德先逃氐中乃說保宗令叛事泄齊執保宗送京師詔難當殺之氐羌立文德屯于濁水文德自號征西將軍秦河梁三州牧仇池公求援于宋封文德爲武都王遣偏將房亮之等助之齊逆擊禽亮之文德奔守葭蘆武都陰平氐多歸之詔淮陽公皮豹子等率諸軍討文德走漢中收其妻子寮屬貢糧及保宗妻公主送京師賜死初公主勸保宗反人問曰背父母之邦若何公主曰禮婦人外成因夫而榮事立據守一方我亦一國之母豈比小縣之主以此得罪文成時拜難當營州刺史還爲外都大官卒謚曰忠子和隨父歸魏別賜爵仇池公子德子襲難當爵早卒子小眼襲例降爲公拜天水太守卒子大眼別有傳小眼子公熙襲爵正光中尚書右丞張普惠爲行臺送租於南秦東益普惠啓公熙俱行至南秦以氐反不得進遣公熙先慰氐東益州刺史魏子建以公熙險薄密令訪察公熙果有潛謀將爲叛亂子建仍報普惠令其攝錄普惠急追公熙公熙竟不肯赴東出漢中普惠表列其事公熙大行賄賂終得免罪後爲假節別將與都督元志同守岐州爲秦賊莫折天生所虜死於秦州文德後自漢中入絕汧隴遂有陰平武興之地後爲宋荊州刺史劉義宣所殺保宗之執也子元和奔宋以爲武都白水太守元和據城歸順文成嘉之拜征南大將軍武都王內徙京師元和從叔僧嗣復自稱武王於葭蘆僧嗣死從弟文度自立爲武興王遣使歸順獻文授文度武興鎭將既而復叛孝文初征西將軍皮歡喜攻葭蘆破之斬文度首文度弟弘小名鼠犯獻文廟諱以小名稱鼠自爲武興王遣使奉表謝罪貢其方物孝文納之鼠遣子狗奴入侍拜鼠都督南秦州刺史征西將軍西戎校尉武都王鼠死從子後起統位孝文復以鼠爵授之鼠子集始爲白水太守後起死以集始爲征西將軍武都王集始復朝于京師拜都督南秦州刺史安南大將軍領護南蠻校尉漢中郡侯武興王賜以車旗戎馬錦綵繒纊尋還武興進號鎭南將軍加督寧湘五州諸軍事後仇池鎭將楊靈珍襲破武興集始遂入齊景明初集始來降還授爵位歸守武興死子紹先立拜都督南秦州刺史征虜將軍漢中郡公武興王贈集始車騎大將軍開府儀同三司謚安王紹先年幼委事二叔集起集義夏侯道遷以漢中歸順也梁白馬戍主尹天保率衆圍之道遷求援於集起集義二人貪保邊蕃不欲救之唯集始弟集朗心願立功率衆破天保全漢川朗之力也集義見梁益既定恐武興不得久爲外藩遂扇動諸氐推紹先僭稱大號集起集義竝稱王外引梁爲援安西將軍邢巒遣建武將軍傅豎眼攻武興剋之執紹先送于京師遂滅其國以爲武興鎭復改鎭爲東益州前後鎭將唐法樂刺史杜纂邢豹以威惠失衷氐豪仇石柱等相率反叛朝廷以西南爲憂正光中詔魏子建爲刺史以恩信招撫風化大行遠近款附如內地焉後唐永代子建爲州未幾氐人悉反永棄城東走自此復爲氐地魏末天下亂紹先奔還武興復自立爲王周文定秦隴紹先稱藩送妻子爲質大統元年紹先請其女妻周文奏魏帝許之紹先死子辟邪立四年南岐州氐苻壽反攻陷武都自號太白王詔大都督侯莫陳順與渭州刺史長孫澄討降之九年清水氐酋李鼠仁據地作亂氐帥梁道顯叛攻南由周文遣典籤趙昶慰諭之鼠仁等相繼歸附十一年於武興置東益州以辟邪爲刺史十五年安夷

氐復叛趙昶時爲郡守收首逆者二十餘人斬之乃定於是以昶行南秦州事氐帥蓋闟等作亂閉據北谷其黨西結宕昌羌獠甘共推蓋闟爲主昶分道遣使宣示禍福然後出兵討之禽蓋闟散其餘黨興州叛氐復侵逼南岐州刺史叱羅協遣使告急昶起救又大破之先是氐酋楊法深據陰平自稱王亦盛之苗裔也魏孝昌中舉衆內附自是職貢不絕廢帝元年以深爲黎州刺史二年楊辟邪據州反羣氐復與同逆詔叱羅協與趙昶討平之周文乃以大將軍宇文貴爲大都督興州刺史貴威名先著羣氐頗畏服之來歲楊法深從尉遲迥平蜀軍迴法深尋與其宗人楊崇集楊陳侳各擁其衆遞相攻討趙昶時督成武沙三州諸軍事遣使和解之法深等從命乃分其部落更置州郡以處之恭帝末武興氐反圍和州鳳州固道氐魏天王等亦聚衆響應大將軍豆盧寧等討之周明帝時興州人段吒及下辨柏樹二縣人反相率破蘭皋戍氐酋姜多復率厨中氐屬攻陷洛聚郡以應之趙昶討平二縣并斬段吒而陰平葭蘆氐復往屯聚與厨中相應昶乃簡精騎出其不意徑入厨中至大竹坪連破七柵誅其渠帥二郡並降及昶還厨中生氐復爲寇掠昶又遣儀同劉崇義宇文琦入厨中討之於是羣氐並平及王謙舉兵沙氐帥開府楊永安又據州應謙大將軍達奚儒討平之

吐谷渾本遼東鮮卑徒河涉歸子也涉歸一名奕洛韓有二子庶長曰吐谷渾少曰若洛廆涉歸死若洛廆代統部落是爲慕容氏涉歸之存也分戶七百以給吐谷渾與若洛廆二部馬鬭相傷若洛廆怒遣人謂吐谷渾曰先公處分與兄異部何不相遠而馬鬭相傷吐谷渾曰馬食草飲水春氣發動所以鬭鬭在馬而怒及人乖別甚易今當去汝萬里外若洛廆悔遣舊老及長史七那樓謝之吐谷渾曰我乃祖以來樹德遼右先公之世卜筮之言云有二子當享福祚並流子孫我是卑庶理無並大今以馬致怒殆天所啓諸君試驅馬令東馬若還東我當隨去即令從騎擁馬令迴數百步欻然悲鳴突走而西聲若頹山如是者十餘輩一迴一迷樓力屈乃跪曰可汗此非復人事渾謂其部落曰我兄弟子孫並應昌盛廆當傳子及曾玄孫其間可百餘年我乃玄孫間始當顯耳於是遂西附陰山後假道上隴若洛廆追思吐谷渾作阿于歌徒河以兄爲阿于也子孫僭號以此歌爲輦後鼓吹大曲吐谷渾遂從上隴止於枹罕自枹罕暨甘松南界昻城龍涸從洮水西南極白蘭數千里中逐水草廬帳而居以肉酪爲糧西北諸雜種謂之阿柴虜吐谷渾死有子六十人長子吐延身長七尺八寸勇力過人性刻暴爲昻城羌酋姜聰所刺劍猶在體呼子葉延語其大將絕拔渥曰吾氣絕棺斂訖便速去保蘭地既嶮遠又土俗懦弱易控禦葉延小兒欲授餘人恐倉卒終不能相制今以葉延付汝竭股肱之力以輔之孺子得立吾無恨也抽劍而死有子十二人葉延少而勇果年十歲縛草爲人號曰姜聰每旦輒射之射中則嗥叫泣涕其母曰讎賊諸將已屠膾之汝年小何煩朝朝自苦葉延嗚咽若不自勝荅母曰誠知無益然罔極之心不勝其痛性至孝母病三日不食葉延亦不食頗視書傳自謂曾祖奕洛韓始封昌黎公吾爲公孫之子案禮公孫之子得以王父字爲氏遂以吐谷渾爲氏焉葉延死子碎奚立性淳謹三弟專權碎奚不能制諸大將共誅之奚憂哀不復攝事遂立子視連爲世子委之事號曰莫賀郎華言父也奚遂以憂死視連立以父憂思不遊娛酣宴十五年死弟視羆立死子樹洛干等並幼弟烏紇提立而妻樹洛干母生二子慕璝利延烏紇提一名大孩死樹洛干立自號車騎將軍是歲晉義熙初也樹洛干死弟阿豺立自號驃騎將軍沙州刺史部內有黃沙周迴數百里不生草木因號沙州阿豺兼并氐羌地方數千里號爲强國昇西强山觀墊江源問於羣寮曰此水東流更有何名由何郡國入何水也其長史曾和曰此水經仇池過晉壽出宕渠始號墊江至巴郡入江度廣陵入於海阿豺曰水尚知歸吾雖塞表小國而獨無所歸乎遣使通宋獻其方物宋少帝封爲澆河公未及拜受宋文帝元嘉三年又加除命又將遣使朝貢會暴病臨死召諸子弟告之曰先公車騎捨其子虔以大業屬吾豈敢忘先公之舉而私於緯代其以慕璝繼事阿豺有子二十人緯代長子也阿豺又謂曰汝等各奉吾一隻箭將玩之地下俄而命母弟慕利延曰汝取一隻箭折之慕利延折之又曰汝取十九隻箭折之慕延不能折阿豺曰汝曹知不單者易折衆則難摧戮力一心然後社稷可固言終而死慕璝立先是阿豺時宋命竟未至而死慕璝又奉表通宋宋文帝又授隴西公慕璝招集秦涼亡業之人及羌戎雜夷衆至五六百落南通蜀漢北交涼州赫連部衆轉盛太武時慕璝始遣其侍郎謝大寧奉表歸魏尋討禽赫連定送之京師太武嘉之遣使者策拜慕璝爲大將軍西秦王慕璝表曰臣誠庸弱敢竭精款俘禽僭逆獻捷王府爵秩雖崇而土不增廓車旗既飾而財不周賞願垂鑒察亮其單款臣須接寇逆彊境之人爲賊所抄流轉東下今皇化混一求還鄉土乞佛曰連窟略寒張華等三人家弱在此分乖可愍願并敕遣使恩洽遐荒存亡感戴太武詔公卿朝堂會議荅施行太尉長孫嵩及議郎博士二百七十九人議曰前者有司所處以爲秦王荒外之君本非政教所及來則受之去則不禁皇威遠被西秦王慕義畏威稱臣納貢求受爵號議者以爲古者要荒之君雖人土衆廣而爵不擬華夏陛下加寵王官乃越常分容飾車旗班同上國至於繒絮多少舊典所無皆當臨時以制豐寡自漢魏以來撫綏遐荒頗有故事呂后遺單于御車二乘馬二駟單于荅馬千匹其後匈奴和親敵國遺繒絮不過數百呼韓邪稱臣身自入朝始乃至萬匹今西秦王若以土無桑蠶便當上請不得言財不周賞也周室衰微齊侯小白一匡天下有賜胙之命無益土之賞晉侯重耳破楚城濮唯受南陽之田爲朝宿之邑西秦所致唯定而已塞外之人因時乘便侵入秦涼未有經略拓境之勳爵登上國統秦涼河沙四州之地而云土不增廓比聖朝於弱周而自同於五霸無厭之情其可極乎西秦王忠款於朝廷原其本情必不至此或左右不敕因致斯累檢西秦流人賊時所抄悉在薄坂今既稱藩四海咸泰天下一家可敕秦州送詣京師隨後遣還所請乞佛三人昔爲賓國之使來在王庭國破家遷卽爲臣妾可勿聽許制曰公卿議之未爲失體西秦王所收金城枹罕隴西之地彼自取之朕卽與之便是裂土何須復廓西秦款至緜絹隨使疎數增益之非一匹而已自是慕璝貢獻頗簡又通於宋宋文封爲隴西王太延二年慕璝死弟慕利延立詔遣使者策謚慕璝曰惠王後拜慕利延鎮西大將軍儀同三司改封西平王以慕璝子元緒爲撫軍將軍時慕利延又通宋宋封爲河南王太武征涼州慕利延懼遂率其部人西遁沙漠太武以慕利延兄有禽赫連定之功遣使宣喻之乃還後慕利延遣使表謝書奏乃下詔褒獎之慕利延兄子緯代懼慕利延害己與使者謀欲自歸慕利延覺而殺之緯代弟叱力延等八人逃歸京師請兵討慕利延太武拜叱力延歸義王詔晉王伏羅率諸將討之軍至大母橋慕利延兄子拾寅走河西伏羅遣將追擊之斬首五千餘級慕利延走白蘭慕利延從弟伏念長史鵄鳩黎部大崇娥等率衆一萬三千落歸降後復遣征西將軍高梁王那等討之於白蘭慕利延遂入于闐國殺其王死者數萬人南征罽賓遣使通宋求援獻烏丸帽女國金酒器胡王金釧等物宋文帝賜以牽車七年遂還舊土慕利延死樹洛干子拾寅立始邑於伏羅川其居止出入竊擬王者拾寅奉修貢職受魏正朔又受宋封爵號河南王太武遣使拜爲鎮西大將軍沙州刺史西平王後拾寅自恃險遠頗不恭命通使于宋獻善馬四角羊宋明帝加之官號文成時定陽侯曹安表拾寅今保白蘭多有金銀牛馬若擊之可以大獲議者咸以先帝忿拾寅兄弟不睦使晉王伏羅高涼王那再征之竟無多剋拾寅雖復遠遁軍亦疲勞今在白蘭不犯王塞不爲人患非國家之所急也若遣使招慰必求爲臣妾可不勞而定也王者之於四荒羈縻而已何必屠其國有其地安曰臣昔爲澆河戍將與之相近明其意勢若分軍出其左右拾寅必走保南山不過十月牛馬草盡人無所食衆必潰叛可一舉而定也從之詔陽平王新成建安王穆六頭等出南道南郡公李惠給事中公孫拔及安出北道以討之拾寅走南山諸軍濟河追之時軍多病諸將議賊已遠遁軍容已振今驅疲病之卒要難冀之功不亦過乎衆以爲然乃引還獲駝馬二十餘萬獻文復詔上黨王長孫觀等率州郡兵討拾寅軍至曼頭山拾寅來逆戰觀等縱兵擊敗之拾寅宵遁於是思悔復蕃職遣別駕康盤龍奉表朝貢獻文幽之不報其使拾寅部落大饑屢寇澆河詔平西將軍廣川公皮歡喜率敦煌州枹罕高平將軍爲前鋒司空上黨王長孫觀爲大都督以討觀等軍入拾寅境芻其秋稼拾寅窘怖遣子詣軍表求改過觀等以聞獻文以重勞將士乃下詔切責之徵其任子拾寅遣子斤入侍獻文尋遣斤還拾寅後復擾掠邊人遣其將良利守洮陽枹罕所統也枹罕鎮將西郡公楊鍾葵貽拾寅書以責之拾寅表曰奉詔聽臣還舊土故遣良利守洮陽若不追前恩求令洮陽貢其土物辭旨懇切獻文許之自是歲修職貢太和五年拾寅死子度易侯立遣其侍郎時眞貢方物提上表稱嗣事後度易侯伐宕昌詔讓之賜錦綵一百二十匹喻令悛改所掠宕昌口累部送時還易侯並奉詔死子伏連籌立孝文欲令入朝表稱疾病輒修洮陽埿和城而置戍焉文明太后崩使人告凶伏連籌拜命不恭有司請伐之孝文不許羣臣以其受詔不敬不宜納所獻帝曰拜受失禮乃可加以詰責所獻土毛乃是臣之常道杜棄所獻便是絕之縱欲改悔其路無由矣詔曰朕在哀疚之中未存征討

而去春枹罕表取其洮陽逕和二戍時此既邊將之常即便聽許及偏師致討二戍望風請降執訊二千餘人又得婦女九百口子婦可悉還之伏連乃遣世子賀魯頭朝于京師禮錫有加拜伏連籌使持節都督西垂諸軍事征西將軍領護西戎中郎將西海郡開國公吐谷渾王麾旗章授之飾皆備給之後遣兼員外散騎常侍張禮使於伏連籌謂禮曰昔與宕昌通和恒見稱大王己自有名今忽名僕而拘執此使將命偏師往問其意禮曰君與宕昌竝爲魏藩而比輒有興動殊違臣節當發之日宰輔以爲君若返迷知罪則克保蕃業脫守愚不改則禍難將至伏連籌遂嘿然及孝文崩遣使赴哀盡其誠敬伏連籌內修職貢外并戎狄塞表之中號爲強富准擬天朝樹置官司稱制諸國以自誇大宣武初詔責之曰梁州表送卿報宕昌梁彌邕與卿竝爲邊附語其國則隣藩論其位則同列而稱書爲表名報爲旨有司以國常刑殷勤請討朕慮險遠多虞輕相構惑故先宣此意善自三思伏連籌上表自申辭誠懇至終宣武世至於正光犛牛蜀馬及西南之珍無歲不至後秦州城人莫折念生反河西路絕涼州城人萬于菩提等東應念生囚刺史宋穎穎密遣求援於伏連籌伏連籌親率大衆救之遂獲保全自爾以後關徼不通貢獻遂絕伏連籌死子夸呂立始自號爲可汗居伏俟城在青海西十五里雖有城郭而不居恒處穹廬隨水草畜牧其地東西三千里南北千餘里官有王公僕射尚書及郎中將軍之號夸呂椎髻毦珠以皂爲帽坐金獅子牀號其妻爲母尊衣織成裙披錦大袍辮髮於後首戴金花冠其俗大丈夫衣服畧同於華夏多以羅冪爲冠亦以繒爲帽婦人皆貫珠貝束髮以多爲貴兵器有弓刀甲矟國無常賦須則稅富室商人以充用焉其刑罰殺人及盜馬死餘則徵物以贖罪亦量事決杖刑人必以氈蒙頭持石從高擊之父兄死妻後母及嫂等與突厥俗同至於婚貧不能備財者輒盜女去死者亦皆埋殯其服制葬訖則除之性貪婪忍於殺害好射獵以肉酪爲糧亦有種田有大麥粟豆然其北界氣候多寒唯得蕪菁大麥故其俗貧多富少青海周回千餘里海內有小山每冬冰合後以良牝馬置此山至來春收之馬皆有孕所生得駒號爲龍種必多駿異吐谷渾嘗得波斯草馬放入海因生驄駒能日行千里世傳青海驄者也土出犛牛馬騾多鸚鵡饒銅鐵朱砂地兼鄯善且末興和中齊神武作相招懷荒遠蠕蠕既附於國夸呂遣使致敬神武喻以大義徵其朝貢夸呂乃遣使人趙吐骨眞假道蠕蠕頻來東魏又薦其從妹靜帝納以爲嬪遣員外散騎常侍傅靈檦使於其國夸呂又請婚乃以濟南王匡孫女爲廣樂公主以妻之此後朝貢不絕及西魏大統初周文遣儀同潘濬喻以逆順之理於是夸呂再遣使獻能舞馬及羊牛等然寇抄不已緣邊多被其害廢帝二年周文勒大兵至姑臧夸呂震懼使貢方物是歲夸呂又通使於齊涼州刺史史寧覘知其還襲之於州西赤泉獲其僕射乞伏觸狀將軍翟潘密商胡二百四十人駝騾六百頭雜綵絲絹以萬計恭帝三年史寧又與突厥木杆可汗襲擊夸呂破之虜其妻子獲珍物及雜畜武成初夸呂復寇涼州刺史是云寶戰沒賀蘭祥宇文貴率兵討之夸呂遣其廣定王鍾留王拒戰祥等破之廣定等遁走又拔其洮陽洪和二城置洮州而還保定中夸呂前後三輩遣使獻方物天和初其龍涸王莫昌率衆降以其地爲扶州二年五月復遣使來獻建德五年其國大亂武帝詔皇太子征之軍至伏俟城夸呂遁走虜其餘衆而還明年又再遣使奉獻宣政初其趙王他婁屯來降自是朝獻遂絕及隋開皇初侵弘州地曠人梗廢之遣上柱國元諧率步騎數萬擊之賊悉發國中自曼頭至樹敦甲騎不絕其所署河西總管定城王鍾利房及其太子可博汗前後來拒戰諧頻破之夸呂大懼率親兵遠遁其名王十三人召率部落而降上以其高寧王移茲裒素得衆心拜大將軍封河南王以統降衆自餘官賞各有差未幾復來寇邊州刺史皮子信拒戰死之汶州總管梁遠以銳卒擊之乃奔退俄而入寇廓州州兵擊走之夸呂在位百年屢因喜怒廢殺太子其後太子懼殺遂謀執夸呂而降請兵於邊吏秦州總管河間王計應之上不許太子謀泄爲其父所殺復立少子嵬王訶爲太子疊州刺史杜粲請因其釁討之上又不許六年嵬王訶復懼父誅謀歸國請兵迎接上謂其使者曰溥天之下皆是朕臣妾各爲善事卽朕稱心嵬王既有好意欲來投服唯教嵬王爲臣子法不可遠遣兵馬助爲惡事嵬王乃止八年其名王拓拔木彌請以千餘家歸化上曰叛天背父何可收納又其本意正自避死若今違拒又復不仁若有音信宜遣慰撫任其自投不須出兵馬應接其妹夫及甥欲來亦任其意不勞勸誘也是歲河南王移茲裒死文帝令其弟樹歸襲統其衆平陳之後夸呂大懼逃遁險遠不敢爲寇十一年夸呂卒子世伏使其兄子無素奉表稱藩并獻方物請以女備後庭上謂無素曰若依來請他國便當相學一許一塞是謂不平若竝許之又非好法竟不許十一年遣刑部尚書宇文弢撫慰之十六年以光化公主妻世伏上表稱公主爲天后上不許明年其國大亂國人殺世伏立其弟伏允爲主使陳廢立事并謝專命罪且請依俗尚主上從之自是朝貢歲至而常訪國家消息上甚惡之煬帝卽位伏允遣子順來朝時鐵勒犯塞帝遣將軍馮孝慈出燉煌禦之戰不利鐵勒遣使謝罪請降帝遣黃門侍郎裴矩撫慰之諷令擊吐谷渾以自效鐵勒卽勒兵襲破吐谷渾伏允東走保西平境帝復令觀德王雄出澆河許公宇文述出西平掩之大破其衆伏允遁逃於山谷閒其故地皆空自西平臨羌城以西且末以東祁連以南雪山以北東西四千里南北二千里皆爲隋有置郡縣鎭戍發天下輕罪徙居之於是留順不之遣伏允無以自資率其徒數千騎客於党項帝立順爲主送出玉門令統餘衆以其大寶王泥洛周爲輔至西平其部下殺洛周順不果入而還大業末天下亂伏允復其故地屢寇河右郡縣不能制吐谷渾北有乙弗勿敵國國有屈海海周迴千餘里衆有萬落風俗與吐谷渾同然不識五穀唯食魚及蘇子蘇子狀若中國枸杞子或赤或黑有契翰一部風俗亦同特多狼白蘭山西北又有可蘭國風俗亦同目不識五色耳不聞五聲是夷蠻戎狄之中醜類也土無所出直大養羣畜而戶落亦可萬餘人頑弱不知鬭戰忽見異人舉國便走性如野獸體輕工走逐不可得白蘭西南二千五百里隔大嶺又度四十里海有女王國人庶萬餘落風俗土著宜桑麻熟五穀以女爲王故因號焉譯使不至其傳云然

宕昌羌者其先蓋三苗之胤周時與庸蜀微盧等八國從武王滅商漢有先零燒當等世爲邊患其地東接中華西通西域南北數千里姓別自爲部落酋帥皆有地分不相統攝宕昌卽其一也俗皆土著居有屋宇其屋織犛牛尾及羖羊毛覆之國無法令又無徭賦唯戰伐之時乃相屯聚不然則各事生業不相往來皆衣裘褐收養犛牛羊豕以供其食父子伯叔兄弟死者卽以繼母世叔母及嫂弟婦等爲妻俗無文字但候草木榮落記其歲時三年一相聚殺牛羊以祭天有梁懃者世爲酋帥得羌豪心乃自稱王焉懃孫彌忽太武初遣子彌黃奉表求內附太武嘉之遣使拜彌忽爲宕昌王賜彌黃爵甘松侯彌忽死孫虎子立其地自仇池以西東西千里廨水以南南北八百里地多山阜人二萬餘落世修職貢頗爲吐谷渾所斷絕虎子死彌治立虎子弟羊子先奔吐谷渾遣兵送羊子欲奪彌治位彌治遣使請救獻文詔武都鎭將宇文生救之羊子退走彌治死子彌機立遣其司馬利柱奉表貢方物楊文度之叛圍武都彌機遣其二兄率衆救武都破走文度孝文時遣使子橋表貢朱砂雌黃白石膽各一百斤自此後歲以爲常朝貢相繼後孝文遣鴻臚劉歸謁者張察拜彌機征南大將軍西戎校尉梁益二州牧河南公宕昌王以助之周文命章武公導率兵送之

鄧至者白水羌也世爲羌豪因地名號自稱鄧至其地自亭街以東平武以西汶嶺以北宕昌以南土風習俗亦與宕昌同其王像舒治遣使內附高祖拜龍驤將軍鄧至王遣貢不絕鄧至之西有赫羊國初其部內有一羊形甚大色至鮮赤故因爲國名又有東亭衞大赤水寒宕石河薄陵下習山倉驤覃水等諸羌國風俗麤獷與鄧至國不同焉亦時遣貢使朝廷納之皆假之以雜號將軍子男渠帥之名

白蘭者羌之別種也其地東北接吐谷渾西北利摸徒南界郍鄂風俗物產與宕昌畧同周保定元年遣使獻犀甲鐵鎧

党項羌者三苗之後也其種有宕昌白狼皆自稱獮猴種東接臨洮西平西拒葉護南北數千里處山谷間每姓別爲部落大者五千餘騎小者千餘騎織犛牛尾及羖羊毛爲屋服裘褐披氈爲上飾俗尚武力無法令各爲生業有戰陣則屯聚無徭役不相往來養犛牛羊猪以供食不知稼穡其俗淫穢蒸報於諸夷中爲甚無文字但候草木以記歲時三年一聚會殺牛羊以祭天人年八十以上死者以爲令終親戚不哭少死者則云天枉共悲哭之有琵琶橫吹擊缶爲節魏周之際數來擾邊隋文帝爲丞相時中原多故因此大爲寇掠蔣公梁睿既平王謙請因還師討之開皇元年有千餘家歸化五年拓拔寧叢等各率衆詣旭州內附授大將軍其部下各有等差十六年復寇會州詔發隴西兵討之大破其衆人相率降遣子弟入謝罪帝謂曰還語爾父兄人生須有定居養老長幼乃乍還乍走不羞鄉里邪自是朝貢不絕

附國者蜀郡西北二千餘里卽漢之西南夷也有嘉良夷卽其部所居種姓自相率領土俗與附國同言語少殊不統一其人並無姓氏附國王字宜繒其國南北八

百里東西千五百里無城柵近川谷傍山險俗好復讎故壘石爲磧以避其患其磧高至十餘丈下至五六丈每級以木隔之基方三四步磧上方二三步狀似浮圖於下致級開小門從內上通夜必關閉以防賊盜國有重罪者罰牛人皆輕捷便擊劔漆皮爲牟甲弓長六尺竹爲箭妻其羣母及嫂兒弟父兄亦納其妻好歌舞鼓簧吹長角有死者無服制置屍高牀之上沐浴衣服以牟甲覆以獸皮子孫不哭帶甲舞劔而呼云我父爲鬼所取我欲報寃殺鬼自餘親戚哭三聲而止婦人哭必兩手掩面死家殺牛親屬以猪酒相遺共飲噉而瘞之死後一年方始大葬必集親賓殺馬動至數十匹立木爲祖父神而事之其俗以皮爲帽形圓如鉢或帶羃䍦衣多毼皮裘全剝牛脚皮爲靴項擊鐵鑠手貫鐵釧王與酋帥金爲首飾胷前縣一金花徑三寸其土高氣候涼多風少雨宜小麥青稞山出金銀銅多白雉水有嘉魚長四尺而鱗細大業四年其王遣使素福等八人入朝明年又遣其弟子宜林率嘉良夷六十人朝貢欲獻良馬以路險不通請開山道修職貢物煬帝以勞人不許嘉良有水濶六七十丈附國有水濶百餘丈竝南流用皮爲舟而濟附國有薄緣夷風俗亦同西有女國其東北連山綿亘數千里接於党項往往有羌大小左封昔衞葛延白狗向人望族林臺春桑利豆迷桑婢藥大硤白蘭北利摸徒那鄂當迷渠步桑悟千碉竝在深山窮谷無大君長其風俗畧同於党項或役屬吐谷渾或附國大業中朝貢緣西南邊置諸道總管以管之

稽胡一曰步落稽蓋匈奴別種劉元海五部之苗裔也或云山戎赤狄之後自離石以西安定以東方七八百里居山谷間種類繁熾其俗土著亦知種田地少桑蠶多衣麻布其丈夫衣服及死亡殯葬與中夏畧同婦人則多貫蜃貝以爲耳頸飾與華人錯居其渠帥頗識文字言語類夷狄因譯乃通蹲踞無禮貪而忍害俗好淫穢女尤甚將嫁之夕方與淫者敘離夫氏聞之以多爲貴旣嫁頗亦防閑有犯姦者隨事懲罰又兄弟死者皆納其妻雖分統郡縣列於編戶然輕其徭賦有異華人山谷阻深者又未盡役屬而兇悍恃險數爲寇魏孝昌中有劉蠡升者居雲陽谷自稱天子立年號署百官屬魏氏亂力不能討蠡升遂分遣部衆抄掠汾晉之間畧無寧歲神武遷鄴後始密圖之乃僞許以女妻蠡升太子蠡升遂遣子詣鄴齊神武厚禮之緩以婚期蠡升旣恃和親不爲之備魏大統元年三月齊神武襲之蠡升率輕騎出外徵兵爲其北部王所殺送於神武其衆復立蠡升第三子南海王爲主神武滅之獲其僞主及弟西海王并王后夫人王公以下四百餘人歸於鄴居河西者多恃險不賓時周文方與神武爭衡未遑經畧乃遣黃門侍郎楊㯹就安撫之五年黑水部衆先叛七年別帥夏州刺史劉平伏又據上郡反自是北山諸部連歲寇暴周文前後遣于謹侯莫陳崇李弼等相繼討平之武成初延州稽胡郝阿保狼皮率其種人附於齊氏阿保自置丞相狼皮自署柱國幷與其別部劉桑德共爲影響柱國豆盧寧督諸軍擊破之二年狼皮等餘黨復叛詔大將軍韓果討破之保定中離石生胡數寇汾北敷州刺史韋孝寬於險要築城置兵糧以遏其路及楊忠與突厥伐齊稽胡等便懷旅拒不供糧餼忠乃詐其酋帥云與突厥迴兵討之酋帥等懼乃相率供饋焉其後丹州綏州等部內諸胡與蒲州別帥郝協郎等又頻年逆命復詔達奚震辛威于寔等前後窮討散其種落天和二年延州總管宇文盛率衆城銀州稽胡白郁久同喬是羅等欲邀襲盛竝討斬之又破其別帥爲喬三勿同等五年開府劉雄出綏州巡檢北邊川路稽胡帥白郎喬素勿同等度河逆戰雄復破之建德五年武帝敗齊師於晉州乘勝逐北齊人所棄甲仗未暇收斂稽胡乘間竊出竝盜而有之乃立蠡升孫沒鐸爲主號聖武皇帝年曰石平六年武帝定東夏將討之議欲窮其巢穴齊王憲以爲種類旣多又山谷阻絕王師一舉未可盡除且當翦其魁帥餘加慰撫帝然之乃以憲爲行軍元帥督行軍總管趙王招譙王儉滕王逌等討之憲軍次馬邑乃分道俱進沒鐸遣其黨天柱守河東又遣其大帥穆支據河西規欲分守險要掎角憲軍憲命譙王儉擊破之斬獲千餘級趙王招又禽沒鐸衆盡降宣政元年汾胡帥劉受羅千復反越王盛督諸軍討禽之自是寇盜頗息

論曰氐羌吐谷渾等曰殊俗別處邊陲考之前代屢經叛服窺覘首鼠蓋其本性夫無德則叛有道則服先王所述荒服也

北史卷九十六考證

氐傳氐者西夷之別種○西監本訛四今改從魏書

流人有許穆之郝惔之二人投難當並改姓司馬○監本惔之下缺二字改姓下衍爲字今俱從南本改正

尋而思話使其司馬蕭道成先驅進討所向尅捷○道成魏書作承之臣人龍按魏書承之乃道成父鳥夷傳稱承之常隨宗人思話征伐久乃得爲其橫野司馬則此當以承之爲是雖道成亦嘗前後爲征蠻小帥而思話鎭襄陽時祗任以統戍稍遷參軍恐此稱司馬之非道成也今各本俱同姑仍之

送租於南秦東益○租監本訛祖今據魏書及本書張普惠傳改正

吐谷渾傳若洛廆追思吐谷渾作阿于歌○于魏書作干

便速去保蘭○蘭字上魏書有白字

亦有種田○有魏書作知

其名王十三人召率部落而降○召陳書作各

秦州總管河間王討應之○討應之隋書作弘請將兵應之

任其自投○投隋書作拔

帝復令觀德王雄出澆河○隋書無德字

宕項羌傳織犛牛尾及羖䍽毛爲屋○羖隋書作羖

附國傳狀似浮圖於下致級開小門○隋書無致字

稽胡傳滕王逌等○逌疑係逌字之訛

北史卷九十七

唐　李　延　壽　撰

列傳第八十五

西域

夏書稱西戎卽序班固云就而序之非盛威武致其貢物也漢世初開西域有三十六國其後分立五十五王置校尉都護以撫之王莽篡位西域遂絕至於後漢班超所通者五十餘國西至西海東西萬里皆來朝貢復置都護校尉以相統攝其後或絕或通漢朝以爲勞弊中國其官時置時廢暨魏晉之後互相吞滅不可復詳記爲道武初經營中原未暇及於四表旣而西戎之貢不至有司奏依漢氏故事請通西域可以振威德於荒外又可致奇貨於天府帝曰漢氏不保境安人乃遠開西域使海內虛耗何利之有今若通之前弊復加百姓矣遂不從歷明元世竟不招納太延中魏德益以遠聞西域龜茲疏勒烏孫悅般渴槃陁鄯善焉耆車師粟特諸國王始遣使來獻太武以西域漢世雖通有求則卑辭而來無欲則驕慢王命此其自知絕遠大兵不可至故也若報使往來終無所益欲不遣使有司奏九國不憚遐嶮遠貢方物當與其進安可豫抑後來乃從之於是始遣行人王恩生許綱等西使恩生出流沙爲蠕蠕所執竟不果達又遣散騎侍郎董琬高明等多齎錦帛出鄯善招撫九國厚賜之初琬等受詔便道之國可往赴之琬過九國北行至烏孫國其王得魏賜拜受甚悅謂琬等曰傳聞破洛那者舌皆思魏德欲稱臣致貢但患其路無由耳今使君等旣到此可往二國副其慕仰之誠琬於是自向破洛那遣使者烏孫王爲發導譯達二國琬等宣詔慰賜之已而琬明東還烏孫破洛那之屬遣使與琬俱來貢獻者十有六國自後相繼而來不間于歲國使亦數十輩矣初太武每遣使西域常詔河西王沮渠牧犍令護送至姑臧牧犍恆發使導路出於流沙後使者自西域還至武威牧犍左右謂使者曰我君承蠕蠕吳提妄說云去歲魏天子自來伐我士馬疫死大敗而還我擒其長弟樂平王丕我君大喜宣言國中又聞吳提遣使告西域諸國魏已削弱今天下惟我爲強若更有魏使勿復恭奉西域諸國亦有貳且牧犍事主稍以慢墮使還具以狀聞太武遂議討牧犍涼州旣平鄯善國以爲脣亡齒寒自然之道也今武威爲魏所滅次及我矣若通其使人知我國事取亡必近不如絕之可以支久及斷塞行路西域貢獻歷年不入後平鄯善行人復通始琬等使還京師具言凡所經見及傳聞傍國云西域自漢武時五十餘國後稍相并至太延中爲十六國分其地爲四域自蔥嶺以東流沙以西爲一域蔥嶺以西海曲以東爲一域者舌以南月氏以北爲一域兩海之間水澤以南爲一域內諸小渠長蓋以百數其出西域本有二道後更爲四出自玉門度流沙西行二千里至鄯善爲一道自玉門度流沙北行二千二百里至車師爲一道從莎車西行一百里至蔥嶺蔥嶺西一千三百里至伽倍爲一道自莎車西南五百里蔥嶺西南一千三百里至波路爲一道焉自琬所不傳而更有朝貢者紀其名不能具國俗也東西魏時中國方擾及於齊周不聞有事西域故二代書並不立記錄隋開皇仁壽之間尚未云經略煬帝時乃遣侍御史韋節司隸從事杜行滿使於西蕃諸國至罽賓得瑪瑙盃王舍城得佛經史國得十舞女師子皮火鼠毛而還帝復令聞喜公裴矩於武威張掖間往來以引致之其有君長者四十四國矩因其使者入朝啗以厚利令其轉相諷諭大業中相率而來朝者四十餘國帝因置西戎校尉以應接之尋屬中國大亂朝貢遂絕然事亡失書所存錄者二十國焉魏時所來者在隋亦有不至今總

而編次以備前書之西域傳云至於道路遠近物產風俗詳諸前史或有不同斯皆錄其當時蓋以備其遺闕

鄯善國都扜泥城古樓蘭國也去代七千六百里所都城方一里地多沙鹵少水草北即白龍堆路至太延初始遣其弟素延耆入侍及太武平涼州沮渠牧犍弟無諱走保敦煌無諱後謀渡流沙遣其弟安周擊鄯善王比龍恐懼欲降會魏使者自天竺罽賓還俱會鄯善勸比龍拒之遂與連戰安周不能剋退保東城後比龍懼率衆西奔且末其世子乃應安周鄯善人頗剽劫之令不得通太武詔散騎常侍成周公萬度歸乘傳發涼州兵討之度歸到敦煌留輜重以輕騎五千渡流沙至其境時鄯善人衆布野度歸勑吏卒不得有所侵掠邊守感之皆望旗稽服其王眞達面縛出降度歸釋其縛留軍屯守與眞達詣京都太武大悅厚待之是歲拜交阯公韓拔爲假節征西將軍領護西戎校尉鄯善王以鎭之賦役其人比之郡縣

且末國都且末城在鄯善西去代八千三百二十里眞君三年鄯善王比龍避沮渠安周之難率國人之半奔且末後役屬鄯善且末西北有流沙數百里夏日有熱風爲行旅之患風之所至唯老駝預知之即嗔而聚立埋其口鼻於沙中人每以爲候亦即將氈擁蔽鼻口其風迅駛斯須過盡若不防者必至危斃大統八年其兄鄯善米率衆內附

于闐國在且末西北蔥嶺之北二百餘里東去鄯善千五百里南去女國三千里去朱俱波千里北去龜茲千四百里去代九千八百里其地方亘千里連山相次所都城方八九里部內有大城五小城數十于闐城東三十里有首拔河中出玉石土宜五穀并桑麻山多美玉有好馬駝騾其刑法殺人者死餘罪各隨輕重懲罰之自外風俗物產與龜茲略同俗重佛法寺塔僧尼甚衆王尤信尚每設齋日必親自灑掃饋食焉城南五十里有贊摩寺即昔羅漢比丘盧旃爲其王造覆盆浮圖之所石上有辟支佛跣處雙跡猶存于闐西五百里有比摩寺云是老子化胡成佛之所俗無禮義多盜賊淫縱自高昌以西諸國人等深目高鼻唯此一國貌不甚胡頗類華夏城東二十里有大水北流號樹枝水即黃河也一名計式水城西十五里亦有大水名達利水與樹枝水會俱北流眞君中太武詔高涼王那擊吐谷渾慕利延慕利延懼驅其部落渡流沙那進軍急追之慕利延遂西入于闐殺其王死者甚衆獻文末蠕蠕寇于闐于闐患之遣使素目伽上表曰西方諸國今皆已屬蠕蠕奴世奉大國至今無異今蠕蠕軍馬至城下奴聚兵自固故遣使奉獻遙望救援帝詔公卿議之公卿奏曰于闐去京師幾萬里蠕蠕之性唯習野掠不能攻城若爲害當時已旋矣雖欲遣師勢無所及帝以公卿議示其使者亦以爲然於是詔之曰朕承天理物欲令萬方各安其所應勑諸軍以拯汝難但去汝遐阻政復遣援不救當時之急是以停師不行汝宜知之朕今練甲養卒一二歲間當躬率猛將爲汝除患汝其謹警候以待大舉先是朝廷遣使者韓羊皮使波斯波斯王遣使獻馴象及珍物經于闐于闐中于王秋仁輒留之假言慮有寇不達羊皮言狀帝怒又遣羊皮奉詔責讓之自後每使朝貢周建德三年其王遣使獻名馬隋大業中頻使朝貢其王姓王字卑示門練錦帽金鼠冠妻戴金花其王髮不令人見俗言若見王髮其年必儉云

蒲山國故皮山國也居皮城在于闐南去代一萬二千里其國西南三里有凍凌山後役屬于闐

悉居半國故西夜國也一名子合其王號子治呼犍在于闐西去代萬二千九百七十里太延初遣使來獻自後貢使不絕

權於摩國故烏秅國也其王居烏秅城在悉居半西南去代一萬二千九百七十里

渠莎國居故莎車城在子合西北去代一萬二千九百八十里

車師國一名前部其王居交河城去代萬五十里其地北接蠕蠕本通使交易太武初始遣使朝獻詔行人王恩生許綱等出使恩生等始度流沙爲蠕蠕所執恩生見蠕蠕吳提持魏節不爲之屈後太武切讓吳提吳提懼乃遣恩生等歸許綱到敦煌病死朝廷壯其節賜謚曰貞初沮渠無諱兄弟之渡流沙也鳩集遺人破車師國眞君十一年車師王車夷落遣使琢進薛直上書曰臣亡父僻處塞外仰慕天子威德遣使奉獻不空於歲天子降念賜遣甚厚及臣繼立亦不闕常貢天子垂矜亦不異前世敢緣至恩輒陳私懇臣國自無諱所攻擊經今八歲人民飢荒無以存活賊今攻臣甚急臣不能自全遂捨國東奔三分免一即日已到焉耆東界思歸天闕幸垂賑救於是下詔撫慰之開焉耆倉給之正平初遣子入侍自後每使朝貢不絕

高昌者車師前王之故地漢之前部地也東西二百里南北五百里四面多大山或云昔漢武遣兵西討師旅頓弊其中尤困者因住焉地勢高敞人庶昌盛因名高昌亦云其地有漢時高昌壘故以爲國號東去長安四千九百里漢西域長史及戊己校尉並居於此晉以其地爲高昌郡張軌呂光沮渠蒙遜據河西皆置太守以統之去敦煌十三日行國有八城皆有華人地多石磧氣候溫暖厥土良沃穀麥一歲再熟宜蠶多五果人饒漆有草名羊刺其上生蜜而味甚佳引水溉田出赤鹽其味甚美復有白鹽其形如玉高昌人取以爲枕貢之中國多蒲桃酒俗事天神兼信佛法國中羊馬牧在隱僻處以避寇非貴人不知其處北有赤石山七十里有貪汗山夏有積雪此山北鐵勒界也太武時有闞爽者自爲高昌太守太延中遣散騎侍郎王恩生等使高昌爲蠕蠕所執眞君中爽爲沮渠無諱所襲奪據之無諱死弟安周代立和平元年爲蠕蠕所并蠕蠕以闞伯周爲高昌王其稱王自此始也太和初伯周死子義成立歲餘爲從兄首歸所殺自立爲高昌王五年高車王可至羅殺首歸兄弟以敦煌人張孟明爲王後爲國人所殺立馬儒爲王以鞏顧禮麴嘉爲左右長史二十一年遣司馬王體玄奉表朝貢請師逆接求舉國內徙孝文納之遣明威將軍韓安保率騎千餘赴之割伊吾五百里以儒居之至羊榛水儒遣嘉禮率步騎一千五百迎安保去高昌四百里而安保不至禮等還高昌安保亦還伊吾安保遣使韓興安等十二人使高昌儒復遣顧禮將其世子義舒迎安保至白棘城去高昌百六十里而高昌舊人情戀本土不願東遷相與殺儒而立麴嘉爲王嘉字靈鳳金城榆中人既立又臣于蠕蠕那蓋顧禮與義舒隨安保至洛陽及蠕蠕主伏圖爲高車所殺嘉又臣高車初前部胡人悉爲高車所徙入於焉耆又爲嚈噠所破滅國人分散衆不自立請王於嘉嘉遣第二子爲焉耆王以主之熙平元年嘉遣兄子私署左衞將軍田地太守孝亮朝京師仍求內徙乞軍迎援於是遣龍驤將軍孟威發涼州兵三千人迎至伊吾失期而反於後十餘遣使獻珠像白黑貂裘名馬鹽枕等款誠備至唯賜優旨卒不重迎三年嘉遣使朝貢宣武又遣孟威使詔勞之延昌中以嘉爲持節平西將軍瓜州刺史泰臨縣開國伯私署王如故熙平初遣使朝獻詔曰卿地隔關山境接荒漠頻請朝援從國內遷雖來誠可嘉即於理未帖何者彼之甿庶是漢魏遺黎自晉氏不綱因難播越成家立國世積已久惡徙重遷人懷戀舊今若動之恐異同之變爰在肘腋不得便如來表也神龜元年冬孝亮復表求援內徙朝廷不許正光元年明帝遣假員外將軍趙義等使於嘉嘉朝貢不絕又遣使奉表自以邊遐不習典誥求借五經諸史并請國子助教劉燮以爲博士明帝許之嘉死贈鎭西將軍涼州刺史子堅立於後關中賊亂使命遂絕普泰初堅遣使朝貢除平西將軍瓜州刺史泰臨縣伯王如故又加衞將軍至永熙中特除儀同三司進爲郡公後遂隔絕至大統十四年詔以其世子玄嘉爲王恭帝二年又以其田地公茂嗣位武成元年其王遣使獻方物保定初又遣使來貢其國周時城有一十六後至隋時城有十八其都城周回一千八百四十步於坐室畫魯哀公問政於孔子之像官有令尹一人比中夏相國次有公二人皆王子也一爲交河公一爲田地公次有左右衞次有八長史曰吏部祠部庫部倉部主客禮部戶部兵部等長史也次有五將軍曰建武威遠陵江殿中伏波等將軍也次有八司馬長史之副也次有侍郎校郎主簿從事階位相次分掌諸事次有省事專掌導引其大事決之於王小事則世子及二公隨狀斷決評章錄記事訖即除籍書之外無久掌文案官人雖有列位並無書唯每早集於牙門評議衆事諸城各有戶曹水曹田曹城遣司馬侍郎相監檢校名爲令服飾丈夫從胡法婦人裙襦頭上作髻其風俗政令與華夏略同兵器有弓箭刀楯甲矟文字亦同華夏兼用胡書有毛詩論語孝經置學官弟子以相教授雖習讀之而皆爲胡語賦稅則計田輸銀錢無者輸麻布其刑法風俗婚姻喪葬與華夏小異而大同自敦煌向其國多沙磧茫然無有蹊徑欲往者尋其人畜骸骨而去路中或聞歌哭聲行人尋之多致亡失蓋魑魅魍魎也故商客往來多取伊吾路開皇十年突厥破其四城有二千人來歸中國堅死子伯雅立其大母本突厥可汗女其父死突厥令依其俗伯雅不從者久之突厥逼之不得已而從煬帝即位引致諸蕃大業四年遣使貢獻帝待其使甚厚明年伯雅來朝因從擊高麗還尚宗室女華容公主八年冬歸蕃下令國中曰先者以國處邊荒境被髮左衽今大隋統御宇宙平一孤既沐浴和風庶均大化其庶人以上皆宜解辮削衽帝聞而善之下詔曰光祿大夫弁國公高昌王伯雅本自諸華世祚西壤昔因多難翦爲胡服自我皇隋平一宇宙伯雅踰沙忘阻奉貢來庭削衽曳裾變夷從夏可賜衣冠仍班製造之式然伯雅先臣鐵勒恒

遣重臣在高昌國有商胡往來者則稅之送于鐵勒雖有此令取悅中華然竟畏鐵勒不敢改也自是歲令貢方物

且彌國都天山東于大谷在車師北去代一萬五百七十里本役屬車師

焉耆國在車師南都員渠城白山南七十里漢時舊國也去代一萬二百里其王姓龍名鳩尸卑那卽前涼張軌所討龍熙之胤所都城方二里國內凡有九城國小人貧無綱紀法令兵有弓刀甲矟婚姻略同華夏死亡者皆焚而後葬其服制滿七日則除之丈夫並翦髮以爲首飾文字與婆羅門同俗事天神並崇信佛法也尤重二月八日四月八日是日也其國咸依釋教齋戒行道焉氣候寒土田良沃穀有稻粟菽麥畜有駝馬養蠶不以爲絲唯充綿纊俗尚蒲桃酒兼愛音樂南去海十餘里有魚鹽蒲葦之饒東去高昌九百里西去龜茲九百里皆沙磧東南去瓜州二千二百里恃地多險頗剽劫中國使太武怒之詔成周公萬度歸討之約齎輕糧取食路次度歸入焉耆東界擊其邊守左廻尉犁二城拔之進軍圍員渠鳩尸卑那以四五萬人出城守險以距度歸募壯勇短兵直往衝鳩尸卑那衆大潰盡虜之單騎走入山中度歸進屠其城四鄙諸戎皆降服焉耆爲國斗絕一隅不亂日久獲其珍奇異翫殊方譎詭難識之物橐駝馬牛雜畜巨萬時太武幸陰山北宮度歸破焉耆露板至帝省訖賜司徒崔浩書曰萬度歸以五千騎經萬餘里拔焉耆三城獲其珍奇異物及諸委積不可勝數自古帝王雖云卽序西戎有如指注不能控引也朕今手把而有之如何浩上書稱美遂命度歸鎮撫其人初鳩尸卑那走山中猶覬城不拔得還其國既見盡爲度歸所尅乃奔龜茲龜茲以其壻厚待之周保定四年其王遣使獻名馬隋大業中其王龍突騎支遣使貢方物是時其國勝兵千餘人而已

龜茲國在尉犁西北白山之南一百七十里都延城漢時舊國也去代一萬二百八十里其王姓白卽後涼呂光所立白震之後其王頭繫綵帶垂之於後坐金獅子床所居城方五六里其刑法殺人者死劫賊則斷其一臂并刖一足賦稅準地徵租無田者則稅銀風俗婚姻喪葬物產與焉耆略同唯氣候少溫爲異又出細氊饒銅鐵鉛麖皮氍毹沙鹽綠雌黃胡粉安息香良馬犎牛等東有輪臺卽漢貳師將軍李廣利所屠者其南三百里有大河東流號計戍水卽黃河也東去焉耆九百里南去于闐一千四百里西去疏勒一千五百里北去突厥牙六百餘里東南去瓜州三百里其東闕城戍寇竊非一太武詔萬度歸率騎一千以擊之龜茲遣烏羯目提等領兵三千距戰度歸擊走之斬二百餘級大獲駝馬而還俗性多婬置女市收男子錢以入官土多孔雀羣飛山谷間人取而食之孳乳如雞鶩其王家恒有千餘隻云其國西北大山中有如膏者流出成川行數里入地狀如餑餬甚臭服之髮齒已落者能令更生癘人服之皆愈自後每使朝貢周保定元年其王遣使來獻隋大業中其王白蘇尼咥遣使朝貢方物是時其國勝兵可數千人

姑默國居南城在龜茲西去代一萬五百里役屬龜茲

溫宿國居溫宿城在姑默西北去代一萬五百五十里役屬龜茲

尉頭國居尉頭城在溫宿北去代一萬六百五十里役屬龜茲

烏孫國居赤谷城在龜茲西北去代一萬八十里其國數爲蠕蠕所侵西徙葱嶺山中無城郭隨畜牧逐水草太延三年遣使者董琬等使其國後每使朝貢闕三字

疏勒國在姑默西白山南百餘里漢時舊國也去代一萬一千二百五十里文成末其王遣使送釋迦牟尼佛袈裟一長二丈餘帝以審是佛衣應有靈異遂燒之以驗虛實置於猛火之上經日不然觀者莫不悚駭心形俱肅其王戴金師子冠土多稻粟麻麥銅鐵錫雌黃每歲常供送於突厥其都城方五里國內有大城十二小城數十人手足皆六指產子非六子者卽不育勝兵者二千人南有黃河西帶葱嶺東去龜茲千五百里西去鏺汗國千里南去朱俱波八九百里東北至突厥牙千餘里東南去瓜州四千六百里

悅般國在烏孫西北去代一萬九百三十里其先匈奴北單于之部落也爲漢車騎將軍竇憲所逐北單于度金微山西走康居其羸弱不能去者住龜茲北地方數千里衆可二十餘萬涼州人猶謂之單于王其風俗言語與高車同而其人清潔於胡俗翦髮齊眉以醍醐塗之昱昱然光澤日三澡漱然後飲食其國南界有大山山傍石皆燋鎔流地數十里乃凝堅人取以爲藥卽石流黃也與蠕蠕結好其王嘗將數千人入蠕蠕國欲與大檀相見入其界百餘里見其部人不浣衣不絆髮不洗手婦人口舐器物王謂其從臣曰汝曹誑我將我入此狗國中乃馳還大檀遣騎追之不及自是相仇讎數相征討眞君九年遣使朝獻并送幻人稱能割人喉脉令斷擊人頭令骨陷皆血出或數升或盈斗以草藥內其口中令嚼咽之須臾血止養瘡一月復常又無痕瘢世疑其虛乃取死罪囚試之皆驗云中國諸名山皆有此草乃使人受其術而厚遇之又言其國有大術者蠕蠕來抄掠術人能作霖雨盲風大雪及行潦蠕蠕凍死漂亡者十二三是歲再遣使朝貢求與官軍東西齊契討蠕蠕太武嘉其意命中外諸軍戒嚴以淮南王他爲前鋒襲蠕蠕仍詔有司以其鼓舞之節施於樂府自後每使朝貢

者至拔國都者至拔城在疏勒西去代一萬一千六百二十里其國東有潘賀那山出美鐵及師子

迷密國都迷密城在者至拔西去代一萬二千一百里正平元年遣使獻一峯黑橐駝其國東有山名郁悉滿山出金玉亦多鐵

悉萬斤國都悉萬斤城在迷密西去代一萬二千七百二十里其國南有山名伽色那山出師子每使朝貢

忸密國都忸密城在悉萬斤西去代二萬二千八百二十八里

洛那國故大宛國也都貴山城在疏勒西北去代萬四千四百五十里太和三年遣使獻汗血馬自此每使朝貢

粟特國在葱嶺之西故名奄蔡一名溫那沙居於大澤在康居西北去代一萬六千里先是匈奴殺其王而有其國至王忽倪已三世矣其國商人先多詣涼土販貨及魏克姑臧悉見虜文成初粟特王遣使請贖之詔聽焉自後無使朝獻周保定四年其王遣使貢方物

波斯國都宿利城在忸密西古條支國也去代二萬四千二百二十八里城方十里戶十餘萬河經其城中南流土地平正出金鍮石珊瑚琥珀車渠馬腦多大眞珠頗梨瑠璃水精瑟瑟金剛火齊鑌鐵銅錫朱砂水銀綾錦疊氍毹毾㲪赤麖皮及薰六鬱金蘇合青木等香胡椒蓽撥石蜜千年棗香附子訶梨勒無食子鹽綠雌黃等物氣候暑熱家自藏冰地多沙磧引水溉灌其五穀及鳥獸等與中夏略同唯無稻及黍稷土出名馬大驢及駝往往有一日能行七百里者富室至有數千頭又出白象師子大鳥卵有鳥形如橐駝有兩翼飛而不能高食草與肉亦能噉人其王姓波氏名斯坐金羊牀戴金花冠衣錦袍織成帔飾以眞珠寶物其俗丈夫翦髮戴白皮帽貫頭衫兩箱近下開之亦有巾帔緣以織成婦女服大衫披大帔其髮前爲髻後披之飾以金銀花仍貫五色珠絡之於髆王於其國內別有小牙十餘所猶中國之離宮也每年四月出遊處之十月仍還王卽位以後擇諸子內賢者密書其名封之於庫諸子及大臣莫之知也王死衆乃共發書視之其封內有名者卽立以爲王餘子出各就邊任兄弟更不相見也國人號王曰醫贊妃曰防步率王之諸子曰殺野大官有摸胡壇掌國內獄訟泥忽汗掌庫藏開禁地早掌文書及衆務次有遏羅訶地掌王之內事薛波教掌四方兵馬其下皆有屬官分統其事兵有甲矟圓排劍弩弓箭戰兼乘象百人隨之其刑法重罪懸諸竿上射殺之次則繫獄新王立乃釋之輕罪則劓刖若髡或翦半鬢及繫牌於項以爲恥辱犯强盜繫之終身姦貴人妻者男子流婦人割其耳鼻賦稅則準地輸銀錢俗事火神天神文字與胡書異多以姊妹爲妻妾自餘婚合亦不擇尊卑諸夷之中最爲醜穢矣百姓女年十歲以上有姿貌者王收養之有功勳人卽以分賜死者多棄屍於山一月着服城外有人別居唯知喪葬之事號爲不淨人若入城市搖鈴自別以六月爲歲首尤重七月七日十二月一日其日人庶以上各相命召設會作樂以極懽娛又每年正月二十日各祭其先死者神龜中其國遣使上書貢物云大國天子天之所生願日出處常爲漢中天子波斯國王居和多千萬敬拜朝廷嘉納之自此每使朝獻恭帝二年其王又遣使獻方物隋煬帝時遣雲騎尉李昱使通波斯尋使隨昱貢方物

伏盧尼國都伏盧尼城在波斯國北去代二萬七千三百二十里累石爲城東有大河南流中有鳥其形似人亦有如橐駝馬者皆有翼常居水中出水便死城北有云尼山出銀珊瑚琥珀多師子

色知顯國都色知顯城在悉萬斤西北去代一萬二千九百四十里土平多五果

伽色尼國都伽色尼城在悉萬斤南去代一萬二千九百里土出赤鹽多五果

薄知國都薄知城在伽色尼國南去代一萬三千三百二十里多果

牟知國都牟知城在忸密西南去代二萬二千九百二十里土平禽獸草木類中國

阿弗太汗國都阿弗太汗城在忸密西去代二萬三千七百二十里土平多五果

呼似密國都呼似密城在阿弗太汗西去代二萬四千

七百里土平出銀琥珀有師子多五果

諾色波羅國都波羅城在忸密南去代二萬三千四百二十八里土平宜稻麥多五果

早伽至國都早伽至城在忸密西去代二萬三千七百二十八里土平少田殖取稻麥於隣國有五果

伽不單國都伽不單城在悉萬斤西北去代一萬二千七百八十里土平宜稻麥有五果

者舌國故康居國在破洛那西北去代一萬五千四百五十里太延三年遣使朝貢不絕

伽倍國故休密翖侯都和墨城在莎車西去代一萬三千里人居山谷間

折薛莫孫國故雙靡翖侯都雙靡城在伽倍西去代一萬三千五百里居山谷間

鉗敦國故貴霜翖侯都護澡城在折薛莫孫西去代一萬三千五百六十里居山谷間

弗敵沙國故肹頓翖侯都薄茅城在鉗敦西去代一萬三千六百六十里居山谷間

閻浮謁國故高附翖侯都高附城在弗敵沙南去代一萬三千七百六十里居山谷間

大月氏國都賸監氏城在弗敵沙西去代一萬四千五百里北與蠕蠕接數爲所侵遂西徙都薄羅城去弗敵沙二千一百里其王寄多羅勇武遂興師越大山南侵北天竺自乾陁羅以北五國盡役屬之太武時其國人商販京師自云能鑄石爲五色瑠璃於是採礦山中於京師鑄之既成光澤乃美於西方來者乃詔爲行殿容百餘人光色映徹觀者見之莫不驚駭以爲神明所作自此國中瑠璃遂賤人不復珍之

安息國在蔥嶺西都蔚搜城北與康居西與波斯相接在大月氏西北去代二萬一千五百里周天和二年其王遣使朝獻

條支國在安息西去代二萬九千四百里

大秦國一名黎軒都安都城從條支西渡海曲一萬里去代三萬九千四百里其海滂出猶渤海也而東西與渤海相望蓋自然之理地方六千里居兩海之間其地平正人居星布其都王城分爲五城各方五里周六十里王居中城城置八臣以主四方而王城亦置八臣分主四城若謀國事及四方有不決者則四城之臣集議所王自聽之然後施行王三年一出觀風化人有冤枉詣王訴訟者當方之臣小則讓責大則黜退令其舉賢人以代之其人端正長大衣服車旗擬儀中國故外域謂之大秦其土宜五穀桑麻人務蠶田多璆琳琅玕神龜白馬朱鬛明珠夜光璧東南通交趾又水道通益州永昌郡多出異物大秦西海水之西有河河西南流河西有南北山山西有赤水西有白玉山玉山西有西王母山玉爲堂室云從安息西界循海曲亦至大秦迴萬餘里於彼國觀日月星辰無異中國而前史云條支西行百里日入處失之遠矣

阿鈎羌國在莎車西南去代一萬三千里國西有縣度山其間四百里中往往有棧道下臨不測之深人行以繩索相持而度因以名之土有五穀諸果市用錢爲貨止立宮室有兵器土出金珠

波路國在阿鈎羌西北去代一萬三千九百里其地濕熱有蜀馬土平物産國俗與阿鈎羌同類焉

小月氏國都富樓沙城其王本大月氏王寄多羅子也寄多羅爲匈奴所逐西徙後令其子守此城因號小月氏焉在波路西南去代一萬六千六百里先居西平張掖之間被服頗與羌同其俗以金銀錢爲貨隨畜牧移徙亦類匈奴其城東十里有佛塔周三百五十步高八十丈自佛塔初建計至武定八年八百四十二年所謂百丈佛圖也

罽賓國都善見城在波路西南去代一萬四千二百里居在四山中其地東西八百里南北三百里地平溫和有苜蓿雜草奇木檀槐梓竹種五穀糞園田地下濕生稻冬食生菜其人工巧雕文刻鏤織罽有金銀銅錫以爲器物市用錢他畜諸國同每使朝獻

吐呼羅國去代一萬二千里東至范陽國西至悉萬斤國中間相去二千里南至連山不知名北至波斯國中間相去一萬里薄提城周匝六十里城南有西流大水名漢樓河土宜五穀有好馬駝騾其王曾遣使朝貢

副貨國去代一萬七千里東至阿富使且國西至沒誰國中間相去一千里南有連山不知名北至奇沙國相去一千五百里國中有副貨城周匝七十里宜五穀蒲桃唯有馬駝騾國王有黃金殿殿下有金駝七頭各高三尺其王遣使朝貢

南天竺國去代三萬一千五百里有伏醜城周匝十里城中出摩尼珠珊瑚城東三百里有拔賴城城中出黃金白眞檀石蜜蒲桃土宜五穀宣武時其國王婆羅化遣使獻駿馬金銀自此每使朝貢

疊伏羅國去代三萬一千里國中有勿悉城城北有鹽奇水西流有白象并有阿末黎木皮中織作布土宜五穀宣武時其國王伏陁末多遣使獻方物自是每使朝貢

拔豆國去代五萬一千里東至多勿當國西至旃那國中間相去七百五十里南至罽陵伽國北至弗那伏且國中間相去九百里國中出金銀雜寶白象水牛犛牛蒲桃五果土宜五穀

嚈噠國大月氏之種類也亦曰高車之別種其原出於塞北自金山而南在于闐之西都烏許水南二百餘里去長安一萬一百里其王都拔底延城蓋王舍城也其城方十里餘多寺塔皆飾以金風俗與突厥略同其俗兄弟共一妻夫無兄弟者妻戴一角帽若有兄弟者依其多少之數更加帽焉衣服類加以纓絡頭皆翦髮其語與蠕蠕高車及諸胡不同衆可有十萬無城邑依隨水草以氈爲屋夏遷涼土冬逐煖處分其諸妻各在別所相去或二百三百里其王巡歷而行每月一處冬寒之時三月不徙王位不必傳子子弟堪者死便受之其國無車有輿多駝馬用刑嚴急偷盜無多少皆要斬盜一責十死者富家累石爲藏貧者掘地而埋隨身諸物皆置冢內其人凶悍能鬭戰西域康居于闐沙勒安息及諸小國三十許皆役屬之號爲大國與蠕蠕婚姻自太安以後每遣使朝貢正光末遣貢師子一至高平遇万俟醜奴反因留之醜奴平送京師永熙以後朝獻遂絕初熙平中明帝遣賸伏子統宋雲沙門法力等使西域訪求佛經時有沙門慧生者亦與俱行正光中還慧生所經諸國不能知其本末及山川里數蓋舉其略云至大統十二年遣使獻其方物廢帝二年周明帝二年並遣使來獻後爲突厥所破部落分散職貢遂絕至隋大業中又遣使朝貢方物其國去漕國千五百里東去瓜州六千五百里

朱居國在于闐西其人山居有麥多林果咸事佛語與于闐相類役屬嚈噠

渴槃陁國在蔥嶺東朱駒波西河經其國東北流有高山夏積霜雪亦事佛道附於嚈噠

鉢和國在渴槃陁西其土尤寒人畜同居穴地而處又有大雪山望若銀峯其人唯食餅麨飲麥酒服氈裘有二道一道西行向嚈噠一道西南趣烏萇亦爲嚈噠所統

波知國在鉢和西南土狹人貧依託山谷其王不能總攝有三池傳云大池有龍王次者有龍婦小者有龍子行人經之設祭乃得過不祭多遇風雪之困

賒彌國在波知之南山居不信佛法專事諸神亦附嚈噠東有鉢盧勒國路嶮緣鐵鎖而度下不見底熙平中宋雲等竟不能達

烏萇國在賒彌南北有蔥嶺南至天竺婆羅門胡爲其上族婆羅門多解天文吉凶之數其王動則訪決焉土多林果引水灌田豐稻麥事佛多諸寺塔極華麗人有爭訴服之以藥曲者發狂直者無恙爲法不殺犯死罪唯徙於靈山西南有檀特山山上立寺以驢數頭運食山下無人控御自知往來也

乾陁國在烏萇西本名業波爲嚈噠所破因改焉其王本是敕勒臨國已二世矣好征戰與罽賓鬭三年不罷人怨苦之有鬭象七百頭十人乘一象皆執兵仗象鼻縛刀以戰所都城東南七里有佛塔高七十丈周三百步即謂雀離佛圖也

康國者康居之後也遷徙無常不恒故地自漢以來相承不絕其王本姓溫月氏人也舊居祁連山北昭武城因被匈奴所破西踰蔥嶺遂有國枝庶各分王故康國左右諸國並以昭武爲姓示不忘本也王字世夫畢爲人寬厚甚得衆心其妻突厥達度可汗女也都於薩寶水上阿祿迪城多人居大臣三人共掌國事其王素冠七寶花衣綾羅錦繡白疊其妻有髮幪以皂巾丈夫翦髮錦袍名爲彊國西域諸國多歸之米國史國曹國何國小安國那色波國烏那曷國穆國皆歸附之有胡律置於祆祠將決罰則取而斷之重者族次罪者死賊盜截其足人皆深目高鼻多髯善商賈諸夷交易多湊其國有大小鼓琵琶五絃箜篌婚姻喪制與突厥同國立祖廟以六月祭之諸國皆助祭奉佛爲胡書氣候溫宜五穀勤脩園蔬樹木滋茂出馬駝驢犎牛黃金硇沙甛香阿薩那香瑟瑟麞皮氍毹錦疊多蒲桃酒富家或致千石連年不敗大業中始遣使貢方物後遂絕焉

安國漢時安息國也王姓昭武氏與康國王同族字設力妻康國王女也都在那密水南城有五重環以流水宮殿皆平頭王坐金駝座高七八尺每聽政與妻相對大臣三人評理國事風俗同於康居唯妻其姊妹及母子遞相禽獸此爲異也隋煬帝即位遣司隸從事杜行滿使西域至其國得五色鹽而返國西百餘里有畢國可千餘家其國無君長安國統之大業五年遣使貢獻

石國居於藥殺水都城方十餘里其王姓石名涅國城東南立屋置座於中正月六日以王父母燒餘之骨金甕盛置牀上巡遶而行散以花香雜果王率臣下設祭

焉禮終王與夫人出就別帳臣下以次列坐享宴而罷有粟麥多良馬其俗善戰會貳於突厥射匱可汗滅之令特勒甸職攝其國事南去鏺汗六百里東南去瓜州六千里甸職以隋大業五年遣使朝貢後不復至

女國在葱嶺南其國世以女爲王姓蘇毗字末羯在位二十年女王夫號曰金聚不知政事國內丈夫唯以征伐爲務山上爲城方五六里人有萬家王居九層之樓侍女數百人五日一聽朝復有小女王共知國政其俗婦人輕丈夫而性不妬忌男女皆以彩色塗面而一日中或數度變改之人皆被髮以皮爲鞋課稅無常氣候多寒以射獵爲業出鍮石朱砂麝香犛牛駿馬蜀馬尤多鹽恒將鹽向天竺興販其利數倍亦數與天竺党項戰爭其女王死國中厚斂金錢求死者族中之賢女二人一爲女王次爲小王貴人死剝皮以金屑和骨肉置甕中埋之經一年又以其皮內鐵器埋之俗事阿脩羅神又有樹神歲初以人祭或用獼猴祭畢入山祝之有一鳥如雌雉來集掌上破其腹視之有粟則年豐沙石則有災謂之鳥卜隋開皇六年遣使朝貢後遂絕

鏺汗國都葱嶺之西五百餘里古渠搜國也王姓昭武字阿利柒都城方四里勝兵數千人王坐金羊牀妻戴金花俗多朱砂金鐵東去疏勒千里西去蘇對沙那國五百里西北去石國五百里東北去突厥可汗二千餘里東去瓜州五千五百里隋大業中遣使貢方物

吐火羅國都葱嶺西五百里與挹怛雜居都城方二里勝兵者十萬人皆善戰其俗奉佛兄弟同一妻迭寢焉每一人入房戶外掛其衣以爲志生子屬其長兄其山穴中有神馬每歲牧馬於穴所必產名駒南去漕國千七百里東去瓜州五千八百里大業中遣使朝貢

米國都那密水西舊康居之地無王其城主姓昭武康國王之支庶字閉拙都城方二里勝兵數百人西北去蘇對沙那國五百里西南去史國二百里東去瓜州六千四百里大業中頻貢方物

史國都獨莫水南十里舊康居之地也其王姓昭武字狄遮亦康國王之支庶也都城方二里勝兵千餘人俗同康國北去康國二百四十里南去吐火羅五百里西去那色波國二百里北去米國二百里東北去米國二百里東去瓜州六千五百里大業中遣使貢方物

曹國都那密水南數里舊是康居之地也國無主康國王令子烏建領之都城方三里勝兵千餘人國中有得悉神自西海以東諸國並敬事之其神有金人破羅闍人丈有五尺高下相稱每日以駞五頭馬十匹羊一百口祭之常有數千人食之不盡東南去康國百里西去何國百五十里東去瓜州六千六百里大業中遣使貢方物

何國都那密水南數里舊是康居地也其王姓昭武亦康國王之族類字敦都城方二里勝兵者千人其王坐金羊座東去曹國百五十里西去小女國三百里東去瓜州六千七百五十里大業中遣使貢方物

烏那遏國都烏滸水西舊安息之地也王姓昭武亦康國王種類字佛食都城方二里勝兵數百人王坐金羊座東北去安國四百里西北去穆國二百餘里東去瓜州七千五百里大業中遣使貢方物

穆國都烏滸河之西亦安息之故地與烏那遏爲隣其王姓昭武亦康國王之種類也字阿濫密都城方三里勝兵二千人東北去安國五百里東去烏那遏二百餘里西去波斯國四千餘里東去瓜州七百里大業中遣使貢方物

漕國在葱嶺之北漢時罽賓國也其王姓昭武字順達康國王之宗族也都城方四里勝兵者萬餘人國法嚴殺人及賊盜皆死其俗重淫祠葱嶺山有順天神者儀制極華金銀鍱爲屋以銀爲地祠者日有千餘人祠前有一魚脊骨有孔中通馬騎出入國王戴金牛頭冠坐金馬座多稻粟豆麥饒象馬犎牛金銀鑌鐵氍毹朱沙青黛安息青木等香石蜜黑鹽阿魏沒藥白附子北去帆延七百里東去刼國六百里東北去瓜州六千六百里大業中遣使貢方物

論曰自古開遠夷通絕域必因宏放之主皆起好事之臣張騫鑿空於前班超投筆於後或結之以重寶或攝之以利劍投軀萬死之地以要一旦之功皆由主尚來遠之名臣徇輕生之節是知上之所好下必效焉西域雖通於魏氏于時中原始平天子方以混一爲心未遑及此其信使往來得羈縻勿絕之道及隋煬帝規摹宏侈掩吞秦漢裴矩方進西域圖記以蕩其心故萬乘親出玉門關置伊吾且末鎮而關右暨於流沙騷然無聊生矣若使北狄無虞東夷告捷必將脩輪臺之戍築烏壘之城求大秦之明珠致條支之鳥卵往來轉輸將何以堪其弊哉古者哲王之制也方五千里務安諸夏不事要荒豈威不能加德不能被蓋不以四夷勞中國不以無用害有用也是以秦戍五嶺漢事三邊或道殣相望或戶口減半隋室恃其強盛亦狼狽於青海此皆一人失其道故億兆罹其苦載思即叙之義固辭都護之請返其千里之馬不求白狼之貢則七戎九夷候風重譯雖無遼東之捷豈及江都之禍乎案西域開於往漢年世積久離離併多端見聞殊說此所以前書後史踳駮不同豈其好異地遠故也人之所知未若其所不知信矣但可取其梗槩夫何是非其間哉

北史卷九十七考證

鄯善國傳至太延初始遣其弟素延者入侍○者魏書作耆

且末國傳其風迅駛斯須過盡○駛監本訛駃今改從南本

高昌傳後至隋時城有十八○監本缺後字今從南本增入

姑默國傳姑默國居南城在龜茲西○默一本作黙

阿鉤羌國傳阿鉤羌國在莎車西南○鉤監本作鈎今從閩本

康國傳其王素冠七寶花○素冠七寶花魏書作索髮冠七寶金花

北史卷九十八

唐 李延壽 撰

列傳第八十六

蠕蠕 匈奴宇文莫槐 徒何段就六眷 高車

蠕蠕姓郁久閭氏始神元之末掠騎有得一奴髮始齊眉忘本姓名其主字之曰木骨閭木骨閭者首禿也木骨閭與郁久閭聲相近故後子孫因以爲氏木骨閭既壯免奴爲騎卒穆帝時坐後期當斬亡匿廣漠谿谷間收合逋逃得百餘人依純突隣部木骨閭死子車鹿會雄健始有部衆自號柔然後太武以其無知狀類於虫故改其號爲蠕蠕車鹿會既爲部帥歲貢馬畜貂豽皮冬則徙度漠南夏則還居漠北車鹿會死子吐奴傀立吐奴傀死子跋提立跋提死子地粟袁立地粟袁死其部分爲二地粟袁長子匹候跋繼父居東邊次子縕紇提別居西邊及昭成崩縕紇提附衞辰而貳於魏魏登國中討之蠕蠕移部遁走追之及於大磧南牀山下大破之虜其半部匹候跋及部帥屋擊各收餘落遁走遣長孫嵩及長孫肥追之度磧嵩至平望川大破屋擊禽之斬以徇肥至涿邪山及匹候跋舉落請降獲縕紇提子曷多汗及曷多汗兄誥歸之社崙斛律等并宗黨數百人分配諸部縕紇提西遁將歸衞辰道武追之至跋那山縕紇提復降道武撫慰如舊九年曷多汗與社崙率部衆棄其父西走長孫肥輕騎追之至上郡跋那山斬曷多汗盡殪其衆社崙數人奔匹候跋匹候跋處之南鄙去其庭五百里令其子四人監之既而社崙率其私屬執匹候跋四子而叛襲匹候跋諸子收餘衆亡依高車斛律部社崙兇狡有權變月餘乃釋匹候跋歸其諸子欲聚而殲之密舉兵襲匹候跋殺匹候跋子啓拔吳頡等十五人歸于道武社崙既殺匹候跋懼王師討之乃掠五原以西諸部北度大漠道武以拔頡爲安遠將軍平棘侯社崙與姚興和親道武遣材官將軍和突襲黜弗素古延諸部社崙遣騎救素古延突逆擊破社崙遠遁漠北侵高車深入其地遂并諸部凶勢益振北徙弱洛水始立軍法千人爲軍軍置將一人百人爲幢幢置帥一人先登者賜以虜獲退懦者以石擊首殺之或臨時捶撻無文記將帥以羊屎粗計兵數後頗知刻木爲記其西北有匈奴餘種國尤富彊部帥日拔也稽舉兵擊社崙逆戰於頞根河大破之後盡爲社崙所并號爲彊盛隨水草畜牧其西則焉耆之地東則朝鮮之地北則渡沙漠窮瀚海南則臨大磧其常所會庭敦煌張掖之北小國皆苦其寇抄羈縻附之於是自號豆代可汗豆代猶魏言駕馭開張也可汗猶魏言皇帝也蠕蠕之俗君及大臣因其行能即爲稱號若中國立謚既死之後不復追稱道武謂尚書崔宏曰蠕蠕之人昔來號爲頑嚚每來抄掠駕牸牛奔遁驅犍牛隨之牸牛伏不能前異部人有教其以犍牛易之者蠕蠕曰其母尚不能行而況其子終於不易遂爲敵所虜今社崙學中國立法置戰陣卒成邊害道家言聖人生大盜起信矣天興五年社崙聞道武征姚興遂犯塞入自參合陂南至豺山及善無北澤時遣常山王遵以萬騎追之不及天賜中社崙從弟悅代大那等謀殺社崙而立大那發覺大那等來奔以大那爲冠軍將軍西平侯悅代爲越騎校尉易陽子三年夏社崙寇邊永興元年冬又犯塞二年明元討之社崙遁走道死其子度拔年少未能御衆部落立社崙弟斛律號藹苦蓋可汗魏言姿質美好也斛律北并賀術也骨國東破譬曆辰部落三年斛律宗人悅侯咄觝千等百數十人來降斛律畏威自守不敢南侵北邊安靜神瑞元年與馮跋和親跋娉斛律女爲妻將爲交婚斛律長兄子步鹿眞謂斛律曰女小遠

適憂思生疾可遣大臣樹黎勿地延等女爲勝斛律不許步鹿眞出謂樹黎等曰斛律欲令汝女爲勝遠至他國黎遂共結謀令勇士夜就斛律穹廬後伺其出執之與女俱嬪于和龍乃立步鹿眞步鹿眞立委政樹黎初高車叱洛侯者叛其渠帥導社崙破諸部落社崙德之以爲大人步鹿眞與社崙子社拔共至叱洛侯家婬其少妻少妻告步鹿眞叱洛侯欲舉大檀爲主遺大檀金馬勒爲信步鹿眞聞之歸發八千騎往圍叱洛侯焚其珍寶自刎而死步鹿眞遂掩大檀大檀發軍執步鹿眞及社拔絞殺之乃自立大檀者社崙季父僕渾之子先統別部鎭於西界能得衆心國人推戴之號牟汗紇升蓋可汗魏言制勝也斛律父子旣至和龍馮跋封爲上谷侯大檀率衆南從犯塞明元親討之大檀懼而遁走遣山陽侯奚斤等追之遇寒雪士衆凍死及墮指者十二三及明元崩太武卽位大檀聞而大喜始光元年秋乃寇雲中太武親討之三日二夜至雲中大檀騎圍太武五十餘重騎逼馬首相次如堵焉士卒大懼太武顏色自若衆情乃安先是大檀弟大那與社崙爭國敗而來奔大檀以大那子於陟斤爲部帥軍士射於陟斤殺之大檀恐乃還二年太武大舉征之東西五道並進平陽王長孫翰等從黑漠汝陰公長孫道生從白黑兩漠閒車駕從中道東平公娥青次西從栗園宜城王奚斤將軍安原等西道從爾寒山諸軍至漠南舍輜重輕騎齎十五日糧絕漠討之大檀部落駭驚北走神䴥元年八月大檀遣子將騎萬餘入塞殺掠邊人而走附國高車追擊破之自廣寗還追之不及二年四月太武練兵于南郊將襲大檀公卿大臣皆不願術士張深徐辯以天文說止帝帝從崔浩計而行會江南使還稱宋文欲犯河南謂行人曰汝疾還告魏主歸我河南地卽當罷兵不然盡我將士之力帝聞而大笑告公卿曰龜鼈小豎自救不暇何能爲也就使能來若不先滅蠕蠕便是坐待寇至腹背受敵非上策也吾行決矣於是車駕出東道向黑山平陽王長孫翰從西道向大娥山同會賊庭五月次于沙漠南舍輜重輕襲之至栗水大檀衆西奔弟匹黎先典東落將赴大檀遇翰軍翰縱騎擊之殺其大人數百大檀聞之震怖將其族黨焚燒廬舍絕迹西走莫知所至於是國落四散竄伏山谷畜產野布無人收視太武緣栗水西行過漢將竇憲故壘六月車駕次於菟園水去平城三千七百餘里分軍搜討東至瀚海西接張掖水北度燕然山東西五千餘里南北三千里高車諸部殺大檀種類前後歸降三十餘萬俘獲首虜及戎馬百餘萬匹八月太武聞東部高車屯已尼陂人畜甚衆去官軍千餘里遂遣左僕射安原等往討之暨已尼陂高車諸部望軍降者數十萬大檀部落衰弱因發疾而死子吳提立號敕連可汗魏言神聖也四年遣使朝獻先是北鄙候騎獲吳提南偏邏者二十餘人太武賜之衣服遣歸吳提上下感德故朝貢焉帝厚賓其使而遣之延和三年二月以吳提尚西海公主又遣使者納吳提妹爲夫人又進爲左昭儀吳提遣其兄禿鹿傀入左右數百人來朝獻馬二千匹帝大悅班賜甚厚至大延二年乃絕和犯塞四年車駕幸五原遂征之樂平王丕河東公賀多羅督十五將出東道永昌王健宜都王穆壽督十五將出西道車駕出中道至浚稽山分中道復爲二道陳留王崇從六澤向涿邪山車駕從浚稽北向天山西登子阜刻石記行不見蠕蠕而還時漠北大旱無水草軍馬多死五年車駕西伐沮渠牧犍宜都王穆壽輔景穆居守長樂王嵇敬建寧王崇二萬人鎭漠南以備蠕蠕吳提果犯塞壽素不設備賊至七介山京邑大駭爭奔中城司空長孫道生拒之於吐頹山吳提之寇也留其兄乞列歸與北鎭諸軍相守敬宗等破乞列歸于陰山之北獲乞列歸歎曰沮渠陷我也獲其伯父他吾無鹿胡及其將帥五百人斬首萬餘級吳提聞而遁走道生追之至于漠南而還眞君四年車駕幸漠南分軍爲四道樂安王範建寧王崇各統十五將出東道樂平王督十五將出西道車駕出中道中山王辰領十五將爲中軍後繼車駕至鹿渾谷與賊相遇吳提遁走追至頞根河擊破之車駕至石水而還五年復幸漠南欲襲吳提吳提遠遁乃止吳提死子吐賀眞立號處可汗魏言唯也十年正月車駕北伐高昌王那出東道略陽王羯兒出西道車駕與景穆自中道出涿邪山吐賀眞別部帥爾綿他拔等率千餘家來降是時軍行數千里吐賀眞新立恐懼遠遁九月車駕北伐高昌王那出東道略陽王羯兒出中道與諸軍期會於地弗池吐賀眞悉國精銳軍資甚盛圍那數十重那掘長圍堅守相持數日吐賀眞數挑戰輒不利以那衆少而固疑大軍將至解圍夜遁那引軍追之九日九夜吐賀眞益懼棄輜重踰穹隆嶺遠遁那收其輜重引軍還與車駕會於廣澤略陽王羯兒盡收其人戶畜產百餘萬自是吐賀眞遂單弱遠竄邊疆息警矣太安四年車駕北征騎十萬車十五萬兩旌旗千里遂渡大漠吐賀眞遠遁其莫弗烏朱駕頹率衆數千落來降乃刊石記功而還太武征伐之後意存休息蠕蠕亦怖威北竄不敢復南和平五年吐賀眞死子予成立號受羅部眞可汗魏言惠也自稱永康元年率部侵塞北鎭遊軍大破其衆皇興四年予成犯塞車駕北討京兆王子推東陽公元丕督諸軍出西道任城王雲等督軍出東道汝陰王賜濟南公羅烏拔督軍爲前鋒隴西王源賀督諸軍爲後繼諸將會車駕于女水之濱獻文親誓衆詔諸將曰用兵在奇不在衆也卿等但爲朕力戰方略已在朕心乃選精兵五千人挑戰多設奇兵以惑之虜衆奔潰逐北三十餘里斬首五萬級降者萬餘人戎馬器械不可稱計旬有九日往返六千餘里改女水曰武川遂作北征頌刊石紀功延興五年予成求通婚娉有司以予成數犯邊塞請絕其使發兵討之帝曰蠕蠕譬若禽獸貪而亡義朕要當以信誠待物不可抑絕也予成知悔前非遣使請和求結姻援安可孤其款意乃詔報曰所論婚事今始一反尋覽事理未允厥中夫男而下女爻象所明初婚之吉敦崇禮聘君子所以重人倫之本不敬其初令終難矣予成每懷譎詐終獻文世更不求婚太和元年四月遣莫何去汾比拔等來獻良馬貂裘比拔等稱伏承天朝珍寶華麗甚積求一觀之乃敕有司出御府珍玩金玉文繡器物御廐文馬奇禽異獸及人間所宜用者列之京肆令其歷觀焉比拔見之自相謂曰大國富麗一生所未見也二年二月又遣比拔等朝貢尋復請婚焉孝文志在招納許之予成雖歲貢不絕而款約不著婚事亦停九年予成死子豆崙立號伏古敦可汗魏言恒也自稱太平元年豆崙性殘暴好殺其名臣侯醫垔石洛候數以忠言諫之又勸與魏通和勿侵中國豆崙怒誣石洛候謀反殺之夷其三族十六年八月孝文遣陽平王頤左僕射陸叡並爲都督領軍斛律桓等十二將七萬騎討豆崙部內高車阿伏至羅率衆十餘萬西走自立爲主豆崙與叔父那蓋爲二道追之豆崙出自浚稽山北而西那蓋出自金山豆崙頻爲阿伏至羅所敗那蓋累有勝捷國人咸以那蓋爲天所助欲推那蓋爲主那蓋不從衆彊之那蓋曰我爲臣不可焉能爲主衆乃殺豆崙母子以尸示那蓋乃襲位那蓋號候其伏代庫者可汗魏言悅樂也自稱太安元年那蓋死子伏圖立號他汗可汗魏言緒也自稱始平元年正始三年伏圖遣使紇奚勿六跋朝獻請求通和宣武不報其使詔有司敕勿六跋曰蠕蠕遠祖社崙是大魏叛臣往者包容暫聽通使今蠕蠕衰微有損疇日大魏之德方隆周漢跨據中原指淸八表正以江南未平權寬北略通和之事未容相許若修蕃禮款誠昭著者當不孤爾也永平元年伏圖又遣勿六跋奉函書一封幷獻貂裘宣武不納依前喻遣伏圖西征高車爲高車王彌俄突所殺子醜奴立號豆羅伏拔豆伐可汗魏言彰制也自稱建昌元年永平四年九月醜奴遣沙門洪宣奉獻珠像延昌二年冬宣武遣驍騎將軍馬義舒使於醜奴未發而崩事遂停寢醜奴壯健善用兵四年遣使俟斤尉比建朝貢熙平元年西征高車大破之禽其主彌俄突殺之盡幷叛者國遂彊盛二年又遣使俟斤尉比建紇奚勿六跋鞏顧禮等朝貢神龜元年二月明帝臨顯陽殿引顧禮等二十人於殿下遣中書舍人徐紇宣詔讓以蠕蠕藩禮不備之意初豆崙之死也那蓋爲主伏圖納豆崙之妻候呂陵氏生醜奴阿那瓌等六人醜奴立後忽亡一子字祖惠求募不能得有尼引副升牟妻是豆渾地萬年二十許爲醫巫假託神鬼先常爲醜奴所信出入去來乃言此兒今在天上我能呼得醜奴母子欣悅後歲仲秋在大澤中施帳屋齋絜七日祈請天神經一宿祖惠忽在帳中自云恒在天上醜奴母子抱之悲喜大會國人號地萬爲聖女納爲可賀敦授夫副升牟爵位賜牛馬羊三千頭地萬旣挾左道亦是有姿色醜奴甚加重愛信用其言亂其國政如是積歲祖惠年長其母問之祖惠言我恒在地萬家不嘗上天上天者地萬教也其母具以狀告醜奴醜奴言地萬懸鑒遠事不可不信勿用讒言也旣而地萬恐懼譖祖惠於醜奴醜奴陰殺之正光初醜奴母遣莫何去汾李具列等絞殺地萬醜奴怒欲誅具列等又阿至羅侵醜奴醜奴擊之軍敗還爲母與其大臣所殺立醜奴弟阿那瓌爲主阿那瓌立經十日其族兄俟力發示發率衆數萬以伐阿那瓌戰敗將弟乙居伐輕騎南走歸魏阿那瓌母候呂陵氏及其二弟尋爲示發所殺而阿那瓌未之知也九月阿那瓌將至明帝遣兼侍中陸希道爲使主兼散騎常侍孟威爲使副迎勞近畿使司空公京兆王繼至北中侍中崔光黃門郎元纂在近郊並申宴勞引至闕下十月明帝臨顯陽殿引從五品已上淸宮皇宗藩國使客等列於殿庭王公已下及阿那瓌等入就庭中北面位定謁者引王公已下升殿阿那瓌位於藩王之下又引特命之官及阿那瓌弟幷二叔升位於羣官之下遣中書舍人曹道宣詔勞問阿那瓌啓云陛下

優隆命臣弟叔等升殿預會但臣有從兄在北之日官高於二叔乞命升殿詔聽之乃在於阿那瓌弟之下二叔之上宴將罷阿那瓌執所啓立於座後詔遣舍人常景問所欲言阿那瓌求詣帝前詔引之阿那瓌再拜跪曰臣先世源由出於大魏詔曰朕已具知阿那瓌起而言曰臣之先逐草放牧遂居漠北詔曰卿言未盡可具陳之阿那瓌又言曰臣祖先已來世居北土雖復隔越山津而乃恭心慕化未能時宣者正以高車悖逆臣國擾攘不暇遣使以宣遠誠自頃年已前漸定高車及臣兄爲主故遣鞏顧禮等使來大魏實欲虔脩藩禮是以曹道芝北使之日臣與主兄即遣大臣五人拜受詔命臣兄弟本心未及上徹但高車從而侵暴中有姦臣因亂作逆殺臣兄立臣爲主裁過旬日臣以陛下恩慈如天是故倉卒輕身投國歸命陛下詔曰具卿所陳理猶未盡可更言之阿那瓌再拜受詔起而言曰臣以家難輕來投闕老母在彼萬里分張本國臣人皆已迸散陛下隆恩有過天地求乞兵馬還向本國誅翦叛逆收集亡散陛下慈念賜借兵馬老母若在得生相見以申母子之恩如其死也即得報讐以雪大耻臣當統臨餘人奉事陛下四時之貢不敢闕絕陛下聖顏難覩敢有披陳但所欲言者口不能盡言別有辭啓謹以仰呈願垂昭覽仍以啓付舍人常景具以奏聞尋封阿那瓌朔方郡公蠕蠕主賜以衣冕加之軺蓋祿從儀衛同於戚藩十二月明帝以阿那瓌國無定主思還綏集啓請切至詔議之時朝臣意有同異或言聽還或言不可領軍元乂爲宰相阿那瓌私以金百斤貨之遂歸北二年正月阿那瓌等五十四人請辭明帝臨西堂引見阿那瓌及其伯叔兄弟五人升階賜坐遣中書舍人穆弼宣勞阿那瓌等拜辭詔賜阿那瓌細明光人馬鎧一具鐵人馬鎧六具露絲銀纏槊二張并白毦赤漆槊十張并白毦黑漆槊十張并幡露絲弓二張并箭朱漆柘弓六張并箭黑漆弓十張并箭赤漆楯六幡并刀黑漆楯六幡并刀赤漆鼓角二十具五色錦被二領黃紬被褥三十具私府繡袍一領并帽內者緋納襖一領緋袍二十領并帽內者雜綵千段緋納小口袴褶一具內中宛具紫納大口袴褶一具內中宛具百子帳十八具黃布幕六張新乾飯一百石麥麨八石榛麨五石銅烏錥四枚柔鐵烏錥二枚各受二斛黑漆竹榼四枚各受五升婢二口父草馬五百疋駝百二十頭牸牛一百頭羊五千口朱畫盤器十合粟二十萬石至鎮給之詔侍中崔光黃門元纂郭外勞遣阿那瓌來奔之後其父兄俟力發婆羅門率數萬人入討示發破之示發走奔地豆于爲其所殺推婆羅門爲主號彌偶可社句可汗魏言安靜也時安北將軍懷朔鎮將楊鈞表傳聞彼人已立主是阿那瓌同堂兄弟夷人獸心已相君長恐未肯以殺兄之人郊迎其弟輕往虛反徒損國威自非廣加兵衆無以送其入北二月明帝詔舊經蠕蠕使者牒云具仁往喻婆羅門迎阿那瓌復藩之意婆羅門殊自驕慢無遜避之心責具仁禮敬具仁執節不屈婆羅門遣大官莫何去汾俟斤丘升頭六人將二千隨具仁迎阿那瓌五月具仁還鎮論彼事勢阿那瓌慮不敢入表求還京會婆羅門爲高車所逐率十部落詣涼州歸降於是蠕蠕數萬相率迎阿那瓌啓七月阿那瓌啓云投化阿那瓌蠕蠕元退社渾河旃等二人以今月二十六日到鎮云國土大亂姓姓別住迭相抄掠當今北人鵠望待拯今乞依前恩賜給精兵一萬還令督率領送臣磧北撫定荒人脫蒙所請事必克濟詔付尚書門下博議八月詔兼散騎常侍王遵業馳驛宣旨慰喻阿那瓌并申賜賚九月蠕蠕後主俟匿伐來奔懷朔鎮阿那瓌兄也列稱規望乞軍并請阿那瓌十月錄尚書事高陽王雍尚書令李崇侍中侯剛尚書左僕射元欽侍中元乂侍中安豐王延明吏部尚書元修義尚書李彥給事黃門侍郎元纂給事黃門侍郎張烈給事黃門侍郎盧同等奏曰竊聞漢立南北單于晉有東西之稱皆所以相維禦難爲國藩籬今臣等參議以爲懷朔鎮北土名無結山吐若奚泉敦煌北西海郡即漢晉舊鄣二處寬平原野彌沃阿那瓌宜置西吐若奚泉婆羅門宜置西海郡各令總率部落收離聚散其爵號及資給所須唯恩裁處彼臣下之官任其舊俗阿那瓌所居既是境外宜少優遣以示威刑計沃野懷朔武川鎮各差二百人令當鎮軍主監率給其糧仗送至前所仍於彼爲其造構功就聽還諸於北來在婆羅門前投化者令州鎮上佐準程給糧送詣懷朔阿那瓌鎮與使人量給食稟在京館者任其去留阿那瓌草創先無儲積請給朔州麻子乾飯二千斛官驅運送婆羅門居於西海既是境內資衛不得同之阿那瓌等新造藩屏宜各遣使持節馳驛先詣慰喻并委經略明帝從之十二月詔安西將軍廷尉元洪超兼尚書行臺詣敦煌安置婆羅門婆羅門尋與部衆謀叛投嚈噠嚈噠三妻皆婆羅門之妹也仍爲州軍所討禽之三年十二月阿那瓌上表乞粟以爲田種詔給萬石

四年阿那瓌衆大飢入塞寇抄明帝詔尚書左丞元孚兼行臺尚書持節喻之孚見阿那瓌爲其所執以孚自隨驅掠良口二千并公私驛馬牛羊數十萬北遁謝孚放還詔驃騎大將軍尚書令李崇等率騎十萬討之出塞三千餘里至瀚海不及而還俟匿伐至洛陽明帝臨西堂引見之五年婆羅門死於洛南之館詔贈使持節鎮西將軍秦州刺史廣牧公是歲沃野鎮人破六韓拔陵反諸鎮相應孝昌元年春阿那瓌率衆討之詔遣牒云具仁齎雜物勞賜阿那瓌拜受詔命勒衆十萬從武川鎮西向沃野頻戰剋捷四月明帝又遣通直散騎常侍中書舍人馮儁使阿那瓌宣勞班賜有差阿那瓌部落既和士馬稍盛乃號敕連頭兵伐可汗魏言把攬也十月阿那瓌復遣郁久閭彌娥等朝貢三年四月阿那瓌遣使人鞏鳳景等朝貢及還明帝詔之曰北鎮羣狄爲逆不息蠕蠕主爲國立忠助加誅討言念誠心無忘寢食今知停在朔垂與尒朱榮鄰接其嚴勒部曲勿相暴掠又近得蠕蠕主啓更欲爲國東討但蠕蠕主世居北漠不宜炎夏今可且停聽待後敕蓋朝廷慮其反覆也此後頻使朝貢建義初孝莊詔曰夫勳高者賞重德厚者名隆蠕蠕主阿那瓌鎮衛北藩禦侮朔表遂使陰山息警弱水無塵刊迹狼山銘功瀚海至誠既篤勳緒莫酬故宜摽以殊禮何容格以恒式自今以後讚拜不言名上書不稱臣太昌元年六月阿那瓌遣烏勾蘭樹升伐等朝貢并爲長子請尚公主永熙二年四月孝武詔以范陽王誨之長女瑯邪公主許之未及成婚帝入關東西魏競結阿那瓌爲婚好西魏文帝乃以孝武時舍人元翌女稱爲化政公主妻阿那瓌兄弟塔寒又自納阿那瓌女爲后加以金帛誘之阿那瓌遂留東魏使元整不報信命後遂率衆度河以廢后爲言文帝不得已遂敕廢后自殺元象元年五月阿那瓌掠幽州范陽南至易水九月又掠肆州秀容至於三推又殺元整轉謀侵害東魏乃因阿那瓌使溫豆拔等神武以阿那瓌兒狡將撫懷之乃遣其使人龍死駒北還以通溫豆拔等音問始阿那瓌殺元整亦謂溫豆拔等不存既見死駒微懷感愧興和二年春復遣龍無駒等朝貢東魏然猶未款誠阿那瓌女妻文帝者遇疾死齊神武因遣相府功曹參軍張徽纂使於阿那瓌間說之云文帝及周文既害孝武又殺阿那瓌之女妄以疎屬假公主之號嫁彼爲親又阿那瓌度河西討時周文燒草使其馬飢不得南進此其逆詐反覆難信之狀又論東魏正統所在言其往者破亡歸命魏朝保護得存其國以大義示之兼詐阿那瓌云近有赤鏘步落堅胡行於河西爲蠕蠕主所獲云蠕蠕主問之汝從高王爲從黑獺一人言從黑獺蠕蠕主殺之二人言從高王蠕蠕主放遣此即蠕蠕主存大國宿昔仁義彼女既見害欺詐相待不仁不信宜見討伐且守逆一方未知歸順朝廷亦欲加誅彼若深念舊恩以存和睦當天子以懿親公主結成姻媾爲遣兵將伐彼叛臣爲蠕蠕主雪耻報惡徽纂既申齊神武意阿那瓌乃召其大臣與議之便歸誠於東魏遣其俟利莫何莫緣游大力等朝貢因爲其子菴羅辰請婚靜帝詔兼散騎常侍太府卿羅念兼通直散騎常侍中書舍人穆景相等使於阿那瓌八月阿那瓌遣莫何去折豆渾十升等朝貢復因求婚齊神武請遂其意以招四遠詔以常山王隲妹樂安公主許之改封爲蘭陵郡長公主十二月阿那瓌復遣折豆渾十升詣東魏請婚三年四月阿那瓌遣吐豆登郁久閭譬渾俟利莫何折豆渾俟煩等奉馬千疋以爲娉禮請迎公主詔兼宗正卿元壽兼太常卿孟韶等送公主自晉陽北邁資用器物齊神武親自經紀咸出豐渥阿那瓌遣其吐豆登郁久閭匿伏俟利阿夷普掘蒱提棄之伏等迎公主於新城之南六月齊神武慮阿那瓌難信又以國事加重躬送公主於樓煩之北接勞其使每皆隆厚阿那瓌大喜自是朝貢東魏相尋四年阿那瓌請以其孫女號隣和公主妻齊神武第九子長廣公湛靜帝詔爲婚焉阿那瓌遣其吐豆登郁久閭譬掘俟利莫何游大力送女於晉陽武定四年阿那瓌有愛女號爲公主以齊神武威德日盛又請致之靜帝聞而詔神武納之阿那瓌遣其吐豆登郁久閭汗拔姻姬等送女於晉陽自此東魏邊塞無事至於武定末使貢相尋始阿那瓌初復其國盡禮朝廷明帝之後中原喪亂未能外略阿那瓌統率北方頗爲強盛稍敢驕大禮敬頗闕遣使朝貢不復稱臣天平以來逾自踞慢汝陽王暹之爲泰州也遣其典籤齊人淳于覃使於阿那瓌遂留之親寵任事阿那瓌因入洛陽心慕中國立官號僭擬王者遂有侍中黃門之屬以覃爲祕書監黃門郎掌其文墨覃教阿那瓌轉至不遜每奉國書隣敵抗禮及齊受東魏禪亦歲時往來不絕天保三年阿那瓌爲突厥所破自殺其太子菴羅辰及瓌從弟登注俟利登注子庫提並擁衆奔齊其餘衆立注次子鐵伐爲主四年齊文宣送登注及子庫提還北鐵伐尋爲契丹所殺其國人仍立登注爲主

又爲大人阿富提等所殺其國人復立庫提爲主是歲復爲突厥所攻舉國奔齊文宣乃北討突厥迎納蠕蠕廢其主庫提立阿那瓌子菴羅辰爲主致之馬邑川給其廩餼繒帛親追突厥於朔方突厥請降許之而還於是蠕蠕貢獻不絕五年三月菴羅辰叛文宣親討大破之菴羅辰父子北遁四月寇肆州帝自晉陽討之至恒州黃瓜堆虜散走時大軍已還帝麾下千餘騎遇蠕蠕別部數萬四面圍逼帝神色自若指畫形勢虜衆披靡遂縱兵潰圍而出虜退走追擊之伏尸二十五里獲菴羅辰妻子及生口三萬餘人五月帝又北討蠕蠕大破之六月蠕蠕帥部衆東徙將南侵帝帥輕騎於金川下邀擊蠕蠕聞而遠遁六年六月文宣又親討蠕蠕七月帝頓白道留輜重親率輕騎五千追蠕蠕躬犯矢石頻大破之遂至沃野大獲而還是時蠕蠕既累爲突厥所破以西魏恭帝二年遂率部千餘家奔關中突厥既恃兵强又藉西魏和好恐其遺類依憑大國使驛相繼請盡殺以甘心周文議許之遂收縛蠕蠕主已下三千餘人付突厥使於青門外斬之中男以下免並配王公家

匈奴宇文莫槐出遼東塞外其先南單于之遠屬也世爲東部大人其語與鮮卑頗異人皆翦髮而留其頂上以爲首飾長過數寸則截短之婦女被長襦及足而無裳焉秋收烏頭爲毒藥以射禽獸莫槐虐用其人爲部下所殺更立其弟普撥爲大人普撥死子丘不勤立尚平文帝女丘不勤死子莫廆立本名犯道武諱莫廆遣弟屈雲攻慕容廆慕容廆擊破之又遣別部素延伐慕容廆於棘城復爲慕容廆所破時莫廆部衆彊盛自稱單于塞外諸部咸憚之莫廆死子遜昵延立率衆攻慕容廆於棘城廆子翰先戍於外遜昵延謂其衆曰翰素果勇必爲人患宜先取之城不足憂也乃分騎數千襲翰翰聞之使人詐爲段末波使者逆謂遜昵延曰翰數爲吾患久思除之今聞來討甚善戒嚴相待宜兼路早赴翰設伏待之遜昵延以爲信然長驅不備至於伏所爲翰所虜翰馳使告廆乘勝遂進及晨而至廆亦盡銳應之遜昵延見而方嚴率衆逆擊戰前鋒始交而翰已入其營縱火燎之衆乃大潰遜昵延單馬奔還悉俘其衆遜昵延父子世雄漠北又先得玉璽三紐自言爲天所指每自誇大及此敗也乃卑辭厚幣遣使朝貢於昭帝帝嘉之以女妻焉遜昵延死子乞得龜立復伐慕容廆廆拒之惠帝三年乞得龜屯堡澆水固壘不戰遣其兄悉跋堆襲廆子仁于柏林仁逆擊斬悉跋堆廆又攻乞得龜克之乞得龜單騎夜奔悉虜其衆乘勝長驅入其國城收資財億計徙部人數萬戶以歸先是海出大龜枯死於平郭至是而乞得龜敗別部人逸豆歸殺乞得龜而自立與慕容晃迭相攻擊遣其國相莫渾伐晃而莫渾荒酒縱獵爲晃所破死者萬餘人建國八年晃伐逸豆歸逸豆歸拒之爲晃所敗殺其驍將涉亦干逸豆歸遠遁漠北遂奔高麗晃徙其部衆五千餘落於昌黎自是散滅矣

徒何段就六眷出於遼西其伯祖日陸眷因亂被賣爲漁陽烏丸大庫辱官家奴諸大人集會幽州皆持唾壺唯庫辱官獨無乃唾日陸眷口中日陸眷因咽之西向拜天曰願使主君之智慧祿相盡移入我腹中其後漁陽大飢庫辱官以日陸眷爲健使將人詣遼西逐食招誘亡叛遂至彊盛日陸眷死弟乞珍代立乞珍死子務目塵代立卽就六眷父也據遼西之地而臣於晉其所統三萬餘家控弦上馬四五萬騎穆帝時幽州刺史王浚以段氏數爲己用深德之乃表封務目塵爲遼西公假大單于印綬浚使務目塵率萬餘騎伐石勒於常山封龍山下大破之務目塵死就六眷立就六眷與弟疋磾從弟末波等率五萬餘騎圍石勒於襄國勒登城望之見將士皆釋仗寢臥無警備之意勒因其懈怠選募勇健穿城突出直衝末波生禽之置之座上與飲宴盡歡約爲父子盟誓而遣之末波既得免就六眷等遂攝軍而還不復報浚歸于遼西自此以後末波常不敢南向溲焉人問其故末波曰吾父在南其感勒不害己也如此就六眷死其子幼弱疋磾與劉琨世子羣奔喪疋磾陰卷甲而往欲殺其叔羽鱗及末波而奪其國末波等知之遣軍逆擊疋磾劉羣爲末波所獲疋磾走還薊懼琨圖己請琨宴會因執而害之疋磾既殺劉琨與羽鱗末波自相攻擊部衆乖離欲擁其衆徙保上谷阻軍都之險以距末波等平文帝聞之陰嚴精騎將擊之疋磾恐懼南奔樂陵後石勒遣石季龍擊段文鴦于樂陵破之生禽文鴦疋磾遂率其屬及諸塢壁降于石勒末波自稱幽州刺史屯遼西末波死國人因立陸眷弟護遼爲主烈帝時假護遼驃騎大將軍幽州刺史大單于北平公弟鬱蘭撫軍將軍冀州刺史勃海公建國元年石季龍征護遼於遼西護遼奔於平岡山遂投慕容晃晃殺之鬱蘭奔石季龍以所徙鮮卑五千人配之使屯合支鬱蘭死子龕代之及冉閔之亂龕率衆南移遂據齊地慕容儁使弟玄恭率衆伐龕於廣固執龕送之薊儁毒其目而殺之坑其徒三千餘人

高車蓋古赤狄之餘種也初號爲狄歷北方以爲高車丁零其語略與匈奴同而時有小異或云其先匈奴甥也其種有狄氏袁紇氏斛律氏解批氏護骨氏異奇斤氏俗云匈奴單于生二女姿容甚美國人皆以爲神單于曰我有此女安可配人將以與天乃與國北無人之地築高臺置二女其上曰請天自迎之經三年其母欲迎之單于曰不可未徹之間耳復一年乃有一老狼晝夜守臺嘷呼因穿臺下爲空穴經年不去其小女曰吾父處我於此欲以與天而今狼來或是神物天使之然將下就之其姊大驚曰此是畜生無乃辱父母妹不從下爲狼妻而產子後遂滋繁成國故其人好引聲長歌又似狼嘷無都統大帥當種各有君長爲性麤猛黨類同心至於寇難翕然相依鬭無行陣頭別衝突乍出乍入不能堅戰其俗蹲踞褻黷無所忌避婚姻用牛馬納娉以爲榮結言既定男黨營車闌馬令女黨恣取上馬袒乘出闌馬主立闌外振手驚馬不墜者卽取之墜則更取數滿乃止俗無穀不作酒迎婦之日男女相將持馬酪熟肉節解主人延賓亦無行位穹廬前叢坐飲宴終日復留其宿明日將婦歸既而夫黨還入其家馬羣極取良馬父母兄弟雖惜終無言者頗諱取寡婦而優憐之其畜產自有記識雖闌縱在野終無妄取俗不清潔喜致震霆每震則叫呼射天而棄之移去來歲秋馬肥復相率候於震所埋羖羊然火拔刀女巫祝說似如中國祓除而羣隊馳馬旋繞百匝乃止人持一束柳桋回豎之以乳酪灌焉婦人以皮裹羊骸戴之首上縈屈髮鬢而綴之有似軒冕其死亡葬送掘地作坎坐尸於中張臂引弓佩刀挾矟無異於生而露坎不掩時有震死及疫癘則爲之祈福若安全無他則爲報賽多殺雜畜燒骨以燎走馬遶旋多者數百匝男女無小大皆集會平吉之人則歌舞作樂死喪之家則悲吟哭泣其遷徙隨水草衣皮食肉牛羊畜產盡與蠕蠕同唯車輪高大輻數至多從於鹿渾海西北百餘里部落彊大常與蠕蠕爲敵亦每侵盜于魏魏道武襲之大破其諸部後道武復渡弱洛水西行至鹿渾海停駕簡輕騎西北行百餘里襲破之虜獲生口牛馬羊二十餘萬復討其餘種於狼山大破之車駕巡分命諸將爲東西二道道武親勒六軍從中道自駮髯水西北徇略其部諸軍同時雲合破其雜種三十餘落衛王儀別督諸將從西北絕漠千餘里復破其遺迸七部於是高車大懼諸部震駭道武自牛川南引大校獵以高車爲圍騎徒遮列周七百餘里聚雜獸於其中因驅至平城卽以高車衆起鹿苑南因臺陰北拒長城東包白登之西山尋而高車姪利曷莫弗敕力犍率其九百餘落內附拜敕犍爲揚威將軍置司馬參軍賜穀二萬斛後高車解批莫弗幡豆建復率其部三十餘落內附亦拜爲威遠軍置司馬參軍賜衣服歲給廩食蠕蠕社崙破敗之後收拾部落轉徙廣漠之北侵入高車之地斛律部帥倍侯利患之曰社崙新集兵貧馬少易與耳乃舉衆掩擊入其國落高車昧利不顧後患分其廬室妻其婦女安息寢臥不起社崙登高望見乃招集亡散得千人晨掩殺之走而脫者十二三倍侯利遂奔魏賜爵孟都公侯利質直勇健過人奮戈陷陣有異於衆北方之人畏之嬰兒啼者語曰倍侯利來便止處女歌謠云求良夫當如倍侯其服衆如此善用五十蓍筮吉凶每中故得親幸賞賜豐厚命其少子曷堂內侍及倍侯利卒道武悼惜葬以魏禮謚曰忠壯王後詔將軍伊謂帥二萬騎北襲高車餘種袁紇烏頻破之道武時分散諸部唯高車以類麤獷不任使役故得別爲部落後太武征蠕蠕破之而還至漠南聞高車東部在已尼陂人畜甚衆去官軍千餘里將遣左僕射安原等討之司徒長孫翰尚書令劉潔等諫太武不聽乃遣原等并發新附高車合萬騎至于已尼陂高車諸部望軍而降者數十萬落獲馬牛羊亦百餘萬皆徙置漠南千里之地乘高車逐水草畜牧蕃息數年之後漸知粒食歲致獻貢由是國家馬及牛羊遂至于賤氊皮委積文成時五部高車合聚祭天衆至數萬大會走馬殺牲游遶歌吟忻忻其俗稱自前世以來無盛於此會車駕臨幸莫不忻悅後孝文召高車之衆隨車駕南討高車不願南行遂推表紇樹者爲主相率北叛游踐金陵都督宇文福追討大敗而還又詔平北將軍江陽王繼爲都督討之繼先遣人慰勞樹者樹者入蠕蠕尋悔相率而降高車之族又有十二姓一曰泣伏利氏二曰吐盧氏三曰乙旃氏四曰大連氏五曰窟賀氏六曰達薄氏七曰阿崙氏八曰莫允氏九曰俟分氏十曰副伏羅氏十一曰乞袁氏十二曰右叔沛氏先是副伏羅部爲蠕蠕所役屬豆崙之世蠕蠕亂離國部分散副伏羅阿伏至羅與從弟窮奇俱統領軍高車之衆十餘萬落大和十一年豆崙犯塞阿伏至羅等固諫不從怒率所部之衆西叛至前部西北自立爲王國人號之曰候婁匐勒猶魏言大天子也窮奇號候倍猶魏言

儲主也二人和穆分部而立阿伏至羅居北窮奇在南豆崙追討之頻爲阿伏至羅所敗乃引衆東徙十四年阿伏至羅遣商胡越者至京師以二箭奉貢云蠕蠕爲天子之賊臣諫之不從遂叛來此而自竪立當爲天子討除蠕蠕孝文未之信也遣使者于提往觀虛實阿伏至羅與窮奇遣使者薄頡隨于提來朝貢其方物詔員外散騎侍郎可足渾長生復與于提使高車各賜繡袴褶一具雜綵百匹窮奇後爲嚈噠所殺虜其子彌俄突等其衆分散或來奔附或投蠕蠕詔遣宣威將軍羽林監孟威撫納降人置之高平鎮阿伏至羅長子蒸阿伏至羅餘妻謀害阿伏至羅阿伏至羅殺之阿伏至羅又殘暴大失衆心衆共殺之立其宗人跋利延爲主歲餘嚈噠伐高車將納彌俄突國人殺跋利延迎彌俄突而立之彌俄突旣立復遣朝貢又奉表獻金方一銀方一金杖二馬七匹駞十頭詔使者慕容坦賜彌俄突雜綵六十匹宣武詔之曰卿遠據沙外頻申誠款覽揖忠志特所欽嘉蠕蠕嚈噠吐谷渾所以交通者皆路由高昌犄角相接今高昌內附遣使迎引蠕蠕往來路絕姦勢不得妄令羣小敢有陵犯擁塞王人罪在不赦彌俄突尋與蠕蠕主伏圖戰於蒲類海北爲伏圖所敗西走三百餘里伏圖次於伊吾北山先是高昌王麴嘉表求內徙宣武遣孟威迎之至伊吾蠕蠕見威軍怖而遁走彌俄突聞其離駭追擊大破之殺伏圖於蒲類海北割其髮送於孟威又遣使獻龍馬五匹金銀貂皮及諸方物詔東城子于亮報之賜樂器一部樂工八十人赤紬十匹雜綵六十匹彌俄突遣其莫何去汾屋引叱賀眞貢其方物明帝初彌俄突與蠕蠕主醜奴戰敗被禽醜奴繫其兩脚於駑馬之上頓曳殺之漆其頭爲飲器其部衆悉入嚈噠經數年嚈噠聽彌俄突弟伊匐還國伊匐旣復國遣使奉表於是詔遣使者谷楷等拜爲鎮西將軍西海郡開國公高車王伊匐復大破蠕蠕蠕蠕主婆羅門走投涼州正光中伊匐遣使朝貢因乞朱畫步挽一乘幷幔褥鞦鞦一副繖扇各一枚青曲蓋五枚赤漆扇五枚鼓角十枚詔給之伊匐後與蠕蠕戰敗歸其弟越居殺伊匐而自立天平中越居復爲蠕蠕所破伊匐子比適復殺越居而自立興和中比適又爲蠕蠕所破越居子去賓自蠕蠕奔東魏齊神武欲招納遠人上言封去賓爲高車王拜安北將軍肆州刺史旣而病死初道武時有吐突隣部在女水上常與解如部相爲脣齒不供職事登國三年道武親西征渡弱洛水復西行趣其國至女水上討解如部落破之明年春盡略徙其部落畜產而還又有紇突隣與紇奚世同部落而各有大人長帥擁集種類常爲寇於意辛山登國五年道武勒衆親討焉慕容驎率師來會大破之紇突隣大人屋地鞬紇奚大人庫寒等皆舉部歸降皇始二年車駕伐中山軍於柏肆慕容寶夜來攻營軍人驚走還於國路由井州遂反將攻晉陽幷州刺史元延討平之紇突隣部帥匿物尼紇奚部帥叱奴根等復聚黨反於陰館南安公元順討之不剋死者數千人道武聞之遣安遠將軍庾兵還討匿物尼等皆殄之又有侯呂隣部衆萬餘口常依嶮畜牧登國中其大人叱伐爲寇於苦水河八年夏道武大破之幷禽其別帥焉古延等薛干部常屯聚于三城之間及滅衛辰後其部帥太悉伏望軍歸順道武安撫之車駕還衛辰子屈丐奔其部道武聞之使使詔太悉伏執送之太悉伏出屈丐以示使者曰今窮而見投寧與俱亡何忍送之遂不遣道武大怒車駕親討之會太悉伏先出擊曹覆寅官軍乘虛遂屠其城獲太悉伏妻子珍寶徙其人而還太悉伏來赴不及遂奔姚興未幾亡歸嶺北上郡以西諸鮮卑雜胡聞而皆應之天賜五年屈丐盡刼掠總服之及平統萬薛干種類皆得爲編戶矣而帥屯山鮮卑別種破多蘭部示傳主部落至木易干有武壯力勇刼掠左右西及金城東侵安定數年間諸種患之天興四年遣常山王遵討之放於高平木易干將數千騎棄國遁走盡徙其人於京師餘種分迸其後爲赫連屈丐所滅又黜弗素古延等諸部富而不恭天興五年材官將軍和突率六千騎襲而獲之又越勤倍泥部示興五年轉牧跋那山西七月遣奚斤討破之徙其人而還

論曰周之獫狁漢之匈奴其作害中國故久矣魏晉之世種族瓜分去來沙漠之陲窺擾鄣塞之際猶皆東胡之緒餘冒頓之枝葉至如蠕蠕者匈奴之裔根本莫尋逃形集醜自小爲大風馳鳥赴倏來忽往代京由之屢駭戎車所以不寧是故魏氏祖宗揚威曜武驅其畜產收其部落翦之窮髮之野逐之無人之鄉豈好肆兵極銳凶器不戢蓋亦急病除惡事不得已其狡狄彊弱之由猾虜服叛之迹故備錄云

北史卷九十八考證

蠕蠕傳攜王師討之乃掠五原以西諸部北度大漠○乃監本訛及今改從南本

太武緣栗木西行○栗監本訛粟今從魏書及上文改正

六月車駕次於菟園水○次監本訛吹今改正

建義初孝莊詔曰○義監本訛議今從孝莊紀改正

今聞來討甚善○甚魏書作其語意互異

高車傳乃率衆掩擊之其國落○之魏書作入

虜其子彌俄突等○彌監本訛孫今改從南本

遣安遠將軍庫兵還討匿物尼等皆殄之○庫兵魏書作庾岳

北史卷九十九

唐　李延壽　撰

列傳第八十七

突厥　鐵勒

突厥者其先居西海之右獨爲部落蓋匈奴之別種也姓阿史那氏後爲隣國所破盡滅其族有一兒年且十歲兵人見其小不忍殺之乃刖足斷其臂棄草澤中有牝狼以肉餌之及長與狼交合遂有孕焉彼王聞此兒尚在重遣殺之使者見在狼側并欲殺狼於時若有神物投狼於西海之東落高昌國西北山山有洞穴穴內有平壤茂草周迴數百里四面俱山狼匿其中遂生十男十男長外託妻孕其後各爲一姓阿史那卽其一也最賢遂爲君長故牙門建狼頭纛示不忘本也漸至數百家經數世有阿賢設者率部落出於穴中臣於蠕蠕至大葉護種類漸强當魏之末有伊利可汗以兵擊鐵勒大敗之降五萬餘家遂求婚於蠕蠕主阿那瓌大怒遣使罵之伊利斬其使率衆襲蠕蠕破之卒弟阿逸可汗立又破蠕蠕病且卒捨其子攝圖立其弟俟叔稱爲木杆可汗或云突厥本平涼雜胡姓阿史那氏魏太武皇帝滅沮渠氏阿史那以五百家奔蠕蠕世居金山之陽爲蠕蠕鐵工金山形似兜鍪俗號兜鍪突厥突厥因以爲號又曰突厥之先出於索國在匈奴之北其部落大人曰阿謗步兄弟七十人其一曰伊質泥師都狼所生也阿謗步等性並愚癡國遂被滅泥師都旣別感異氣能徵召風雨娶二妻云是夏神冬神之女一孕而生四男其一變爲白鴻其一國於阿輔水劒水之間號爲契骨其一國於處折水其一居跋斯處折施山卽其大兒也山上仍有阿謗步種類並多寒露大兒爲出火溫養之咸得全濟遂共奉大兒爲主號爲突厥卽納都六設也都六有十妻所生子皆以母族姓阿史那是其小妻之子也都六死十母子內欲擇立一人乃相率於大樹下共爲約曰向樹跳躍能最高者卽推立之阿史那子年幼而跳最高諸子遂奉以爲主號阿賢設此說雖殊終狼種也其後曰土門部落稍盛始至塞上市繒絮願通中國西魏大統十一年周文帝遣酒泉胡安諾槃陁使焉其國皆相慶曰今大國使至我國將興也十二年土門遂遣使獻方物時鐵勒將伐蠕蠕土門率所部邀擊破之盡降其衆五萬餘落恃其强盛乃求婚於蠕蠕主阿那瓌大怒使人詈辱之曰爾是我鍛奴何敢發是言也土門亦怒殺其使者遂與之絕而求婚於魏周文帝許之十七年六月以魏長樂公主妻之是歲魏文帝崩土門遣使來弔贈馬二百疋廢帝元年正月土門發兵擊蠕蠕大破之於懷荒北阿那瓌自殺其子菴羅辰奔齊餘衆復立阿那瓌叔父鄧叔子爲主土門遂自號伊利可汗猶古之單于也號其妻爲可賀敦亦猶古之閼氏也亦與齊通使往來土門死子科羅立科羅號乙息記可汗又破叔子於沃野北賴山且死捨其子攝圖立其弟俟斤是爲木杆可汗俟斤一名燕都狀貌奇異面廣尺餘其色赤甚眼若琉璃剛暴勇而多知務於征伐乃率兵擊鄧叔子破之叔子以其餘燼奔西魏俟斤又西破嚈噠東走契丹北并契骨威服塞外諸國其地東自遼海以西至西海萬里南自沙漠以北至北海五六千里皆屬焉抗衡中國後與魏伐齊至并州其俗被髮左衽穹廬氈帳隨逐水草遷徙以畜牧射獵爲事食肉飲酪身衣裘褐賤老貴壯寡廉耻無禮義猶古之匈奴其主初立近侍重臣等輿之以氈隨日轉九回每回臣下皆拜拜訖乃扶令乘馬以帛絞其頸使纔不至絕然後釋而急問之曰你能作幾年可汗其主旣神情督亂不能詳定多少臣下等隨其所言以驗脩短之數大官有葉護次特勒次俟利發次吐毛發及餘小官凡二十八等皆世爲之兵器有角弓鳴鏑甲矟刀劒佩飾則兼有伏突旗纛之上施金狼頭侍衛之士謂之附離夏言亦狼也蓋本狼生志不忘舊善騎射性殘忍無文字其徵發兵馬及諸稅雜畜刻木爲數并一金鏃箭蠟封印之以爲信契候月將滿轉爲寇抄其刑法反叛殺人及姦人之婦盜馬絆者皆死淫者割勢而腰斬之姦人女者重責財物卽以其女妻之鬬傷人者隨輕重輸物傷目者償以女無女則輸婦財折支體者輸馬盜馬及雜物者各十餘倍徵之死者停屍於帳子孫及親屬男女各殺羊馬陳於帳前祭之遶帳走馬七匝詣帳門

以刀務面且哭血淚俱流如此者七度乃止擇日取亡者所乘馬及經服用之物并屍俱焚之收其餘灰待時而葬春夏死者候草木黃落秋冬死者候華茂然後坎而瘞之葬日親屬設祭及走馬務面如初死之儀表爲塋立屋中圖畫死者形儀及其生時所戰陣狀常殺一人則立一石有至千百者又以祭之羊馬頭盡懸之於標上是日也男女咸盛服飾會於葬所男有悅愛於女者歸即遣人聘問其父母多不違也父兄伯叔死子弟及姪等妻其後母世叔母嫂唯尊者不得下淫移徙無常而各有地分可汗恒處於都斤山牙帳東開蓋敬日之所出也每歲率諸貴人祭其先窟又以五月中旬集他人水拜祭天神於都斤西五百里有高山迥出上無草樹謂爲勃登凝梨夏言地神也其書字類胡至不知年曆唯以草青爲記男子好摴蒱女子踏鞠飲馬酪取醉歌呼相對敬鬼神信巫重兵死恥病終大抵與匈奴同俗俟斤部衆既盛乃遣使請誅鄧叔子等周文帝許之收叔子已下千人付其使者殺之於靑門外三年俟斤襲擊吐谷渾破之周明帝二年俟斤遣使來獻保定元年又遣三輩貢其方物時與齊人交爭戎車歲動故連結之以爲外援初恭帝時俟斤許進女於周文帝契未定而周文崩尋而俟斤又以他女許武帝未及結納齊人亦遣求婚俟斤貪其幣厚將悔之至是武帝詔遣涼州刺史楊荐武伯王慶等往結之慶等至諭以信義俟斤遂絕齊使而定婚焉仍請舉國東伐於是詔隋公楊忠率衆一萬突厥伐齊忠軍度陘嶺俟斤率騎十萬來會明年正月攻齊主於晉陽不剋俟斤遂縱兵大掠而還忠還言於武帝曰突厥甲兵惡賞罰輕首領多而無法令何謂難制馭由此者使人妄道其強盛欲令國家厚其使者身往重取其報朝廷受其虛言將士望風畏懾但虜態詐健而實易與耳今以臣觀之前後使人皆可斬也武帝不納是歲俟斤復遣使來獻更請東伐詔楊忠率兵出沃野晉公護趣洛陽以應之會護戰不利俟斤引還五年詔陳公純大司徒宇文貴神武公竇毅南安公楊薦往逆女天和二年俟斤又遣使來獻陳公純等至俟斤復貳於齊會有雷風變乃許純等以后歸四年又遣使貢獻俟斤死復捨其子大邏便而立其弟是爲他鉢可汗他鉢以攝圖爲爾伏可汗統其東面又以其弟褥但可汗爲步離可汗居西方自俟斤以來其國富強有淩轢中夏之志朝廷既與之和親歲給繒絮錦綵十萬段突厥在京師者又待以優禮衣錦食肉

常以千數齊人懼其寇掠亦傾府藏以給之他鉢彌復驕傲乃令其徒屬曰但使我在南兩箇兒孝順何憂無物邪齊有沙門惠琳掠入突厥中因謂他鉢曰齊國富強皆爲有佛法遂說以因緣果報之理他鉢聞而信之建一伽藍遣使聘齊求淨名涅槃華嚴等經十人并誦律他鉢亦躬自齋戒遶塔行道恨不生內地建德二年他鉢遣使獻馬及齊滅齊定州刺史范陽王高紹義自馬邑奔之他鉢立紹義爲齊帝召集所部云爲之復讎宣政元年四月他鉢遂入寇幽州柱國劉雄拒戰兵敗死之武帝親總六軍將北伐會帝崩乃班師是冬他鉢復寇邊圍酒泉大掠而去大象元年他鉢復請和親帝策趙王招女爲千金公主以嫁之并遣執紹義送闕他鉢不許仍寇并州三年始遣使奉獻且迎公主爲親而紹義尚留不遣帝又令賀若誼往諭之始送紹義他鉢病且卒謂其子菴邏曰吾聞親莫過於父子吾兄不親其子委位於我我死汝當避大邏便及卒國中將立大邏便以其母賤衆不服菴邏實貴突厥素重之攝圖最後至謂國中曰若立菴邏者我當率兄弟事之如立大邏便我必守境利刃長矛以相待攝圖長而且雄國人莫敢拒竟立菴邏爲嗣大邏便不得立心不服菴邏每遣人詈辱之菴邏不能制因以國讓攝圖國中相與議曰四可汗子攝圖最賢因迎立之號伊利俱盧設莫何始波羅可汗一號沙鉢畧居都斤山菴邏降居獨洛水稱第三可汗大邏便乃謂沙鉢畧曰我與爾俱可汗子各承父後爾今極尊我獨無位何也沙鉢畧患之以爲阿波可汗還領所部沙鉢畧勇而得衆北夷皆歸附之隋文帝受禪待之甚薄北夷大怨會營州刺史高寶寧作亂沙鉢畧與之合軍攻陷臨渝鎮上敕緣邊修保鄣峻長城以備之沙鉢畧妻周千金公主傷宗祀絕滅由是悉衆來寇控弦士四十萬上令柱國馮昱屯乙弗泊蘭州總管叱李崇屯幽州達奚長儒據周槃皆爲虜敗於是縱兵自木硤石門兩道來寇武威天水安定金城上郡弘化延安六畜咸盡天子震怒下詔曰往者周齊抗衡分割諸夏突厥之虜俱通二國周人東慮恐齊好之深齊氏西虞懼周交之厚各謂虜意輕重國遂安危非徒並有大敵之憂思減一邊之防竭生靈之力供其來往傾府庫之財棄於沙漠華夏之地實爲勞擾朕受天明命子育萬方愍臣下之勞除既往之弊回入賊之物加賜將士息在路之人務於耕織凶醜愚闇未知深旨將大定之日比戰國之時乘昔世之驕結今時之恨

近者盡其巢窟俱犯北邊而遠鎮偏師逢而摧翦未及南上遽已奔北且彼渠帥其數凡五昆季爭長父叔相猜世行暴虐家法殘忍東夷諸國盡挾私讎西戎羣長皆有宿怨突厥之北契骨之徒切齒磨牙常伺其後達頭前攻酒泉于闐波斯挹怛三國一時即叛沙鉢畧近趣周槃其部內薄孤東紇羅尋亦翻動往年利稽察大爲高麗靺鞨所破沙毗設又爲紇支可汗所殺與其爲鄰皆願誅勦部落之下盡異純人千種萬類仇敵怨偶泣血拊心銜悲積恨圓首方足皆人類也有一於此更切朕懷彼地咎徵袄作將年一紀乃獸爲人語人作神言云其國亡訖而不見每冬雷震觸地火生種類資給唯藉水草去歲四時竟無雨雪川枯蝗暴卉木燒盡饑疫死亡人畜相半舊居之地赤土無依遷徙漠南偷存晷刻斯蓋上天所忿驅就齊斧幽明合契今也其時故選將練兵贏糧聚甲義士奮發壯夫肆憤願取名王之首思撻單于之背此則王恢所說其猶射癰何敵能當何遠不剋但皇王舊迹北止幽都荒遐之表文軌所棄得其地不可以居得其人不忍皆殺無勞兵革遠規溟海普告海內知朕意焉於是河間王弘上柱國豆盧勣竇榮定左僕射高熲右僕射虞慶則並爲元帥出塞擊之沙鉢畧率阿波貪汗二可汗來拒戰皆敗走時虜饑不能食粉骨爲糧又多災疫死者極衆既而沙鉢畧以阿波驍悍忌之因其先歸襲擊其部大破之殺阿波母阿波還無所歸西奔達頭可汗達頭者名玷厥沙鉢畧之從父也舊爲西面可汗既而大怒遣阿波率兵而東其部落歸之者將十萬騎遂與沙鉢畧相攻又有貪汗可汗素睦於阿波沙鉢畧奪其衆而廢之貪汗亡奔達頭沙鉢畧從弟地勤察別統部落與沙鉢畧有隙復以衆叛歸阿波連兵不已各遣詣闕請和求援上皆不許會千金公主上書請爲一子之例文帝遣開府徐平和使於沙鉢畧晉王廣時鎮并州請因其釁乘之上不許沙鉢畧遣使致書曰辰年九月十日從天生大突厥天下賢聖天子伊利俱盧設莫何始波羅可汗致書大隋皇帝使人開府徐平和至辱告言語具聞也皇帝是婦父即是翁此是女夫即是兒例兩境雖殊情義是一今重疊親舊子子孫孫乃至萬世不斷上天爲證終不違負此國所有羊馬都是皇帝畜生彼有繒綵都是此物彼此不異也文帝報書曰大隋天子貽書大突厥伊利俱盧設莫何沙鉢畧可汗得書知大有好心向此也既是沙鉢畧婦翁今日看沙鉢畧共兒子不異既以親舊

厚意常使之外今特別遣大臣虞慶則往彼看女復看沙鉢畧也沙鉢畧陳兵列其寶物坐見慶則稱病不能起且曰我伯父以來不向人拜慶則責而諭之千金公主私謂慶則曰可汗豺狼性過與爭將齧人長孫晟說諭之攝圖居乃頓顙受璽書以戴於首既而大慙其羣下因相聚慟哭慶則又遣稱臣沙鉢畧謂其屬曰何名爲臣報曰隋國臣猶此稱奴沙鉢畧曰得作大隋天子奴虞僕射之力也贈慶則馬千匹并以從妹妻之時沙鉢畧既爲達頭所困又東畏契丹遣使告急請將部落度漠南寄居白道川內有詔許之晉王廣以兵援之給以衣食賜以車服鼓吹沙鉢畧因西擊阿波破禽之而阿拔國部落乘虛掠其妻子官軍爲擊阿拔敗之所獲悉與沙鉢畧鉢畧大喜乃立約以磧爲界因上表曰大突厥伊利俱盧設始波羅莫何可汗臣攝圖言大使尚書右僕射虞慶則至伏奉詔書兼宣慈旨仰惟恩信之著愈久愈明徒知負荷不能答謝突厥自天置以來五十餘載保有沙漠自王蕃隅地過萬里士馬億數恒力兼戎夷抗禮華夏在於戎狄莫與爲大頃者氣候清和風雲順序意以華夏其有大聖興焉伏惟大隋皇帝眞皇帝也豈敢阻兵恃險偷竊名號今便感慕淳風歸心有道雖復南瞻魏闕山川悠遠北面之禮不敢廢當令侍子入朝神馬歲貢朝夕恭承惟命是視謹遣第七兒臣窟合眞等奉表以聞文帝下詔曰沙鉢畧往雖與和猶是二國今作君臣便成一體已敕有司肅告郊廟宜傳播天下咸使知聞自是詔答諸事並不稱其名以異之其妻可賀敦周千金公主賜姓楊氏編之屬籍改封大義公主策拜窟合眞爲柱國封安國公宴於內殿引見皇后賞勞甚厚沙鉢畧大悅於是歲時貢獻不絕七年正月沙鉢畧遣其子入貢方物因請獵於恒代之間詔許之仍遣使人賜其酒食沙鉢畧率部落再拜受賜沙鉢一日手殺鹿十八頭齎尾首以獻還至紫河鎮其牙帳爲火所燒沙鉢畧惡之月餘而卒上爲之廢朝三日遣太常弔祭焉贈物五千段初攝圖以其子雍虞閭性懦遺令立其弟葉護處羅侯雍虞閭遣使迎處羅侯將立之處羅侯曰我突厥自木杆可汗來多以弟代兄以庶奪嫡失先祖之法不相敬畏汝當嗣位我不憚拜汝也雍虞閭又遣使謂處羅侯曰叔與我父共根連體我是枝葉寧有我作主令根本反同枝葉顧叔勿疑相讓者五六處羅侯竟立是爲葉護遣使上表言狀上賜之鼓吹幡旗處羅侯長頤僂背眉目疎朗勇而有謀以

隋所賜旗鼓西征阿波敵人以爲得隋兵所助多來降附遂禽阿波既而上書請阿波死生之命上下其議左僕射高熲進曰骨肉相殘教之蠹也宜存養以示寬大上曰善熲因奉觴進曰自軒轅以來獯粥多爲邊患今遠窮北海皆爲臣妾此之盛事振古未聞臣敢再拜上壽後處羅侯又西征中流矢卒其衆奉雍虞閭爲主是爲頡伽施多那都藍可汗雍虞閭遣使詣闕賜物二千段每歲遣使朝貢時有流人楊欽亡入突厥中謬云彭國公劉昶與宇文氏謀反令大義公主發兵擾邊都藍執欽以聞并貢勃布魚膠其弟欽羽設部落强盛都藍忌而擊之斬首於陣其年遣其母弟褥但特勤獻千闐玉杖上拜褥但爲柱國康國公明年突厥部落大人相率遣使貢馬萬匹羊二萬口駝牛各五百頭尋遣請緣邊置市與中國貿易詔許之平陳後上以陳叔寶屏風賜大義公主主心恒不平因書屏風爲詩敘陳亡以自寄曰盛衰等朝暮世道若浮萍榮華實難守池臺終自平富貴今安在空事寫丹青盃酒恒無樂絃歌詎有聲余本皇家子飄流入虜庭一朝覩成敗懷抱忽縱橫古來共如此非我獨申名唯有昭君曲偏傷遠嫁情上聞惡之禮賜益薄公主復與西突厥泥利可汗連結上恐其爲變將圖之會主與所從胡私通因發其事下詔廢之恐都藍不從遣奇章公牛弘將美妓四人以啗之時沙鉢畧子曰染干號突利可汗居北方遣使求婚上令裴矩謂曰當殺大義公主方許婚突利以爲然復譖之都藍因發怒遂殺公主於帳都藍因突利可汗有隙數相征伐上和解之各引兵去十七年突利遣使來逆女上舍之太常教習六禮妻以宗女義安公主上欲離間北狄故特厚其禮遣牛弘蘇威斛律孝卿相繼爲使突厥前後遣使入朝三百七十輩突利本居北方以尚主故南徙度斤舊鎮錫賚優厚雍虞閭怒曰我大可汗也反不如染干於是朝貢遂絕數爲邊患十八年詔蜀王秀出靈州道擊之明年又遣漢王諒爲元帥左僕射高熲率將軍王詧上柱國趙仲卿並出朔州道右僕射楊素率柱國李徹韓僧壽出靈州道柱國燕榮出幽州以擊之雍虞閭與玷厥舉兵攻染干盡殺其兄弟子女遂度河入蔚州染干夜以五騎與隋使長孫晟歸朝上令染干與雍虞閭使者因頭特勒相辯詰染干辭直上乃厚待之雍虞閭弟都速六棄其妻子與突利歸朝上嘉之敕染干與都速六樗蒱稍稍輸以寶物用歸其心六月高熲楊素擊玷厥大破之拜染干爲意利珍豆啓人可汗華言意智健也啓人上表謝恩上於朔州築大利城以居之時義安公主已卒上以宗女義成公主妻之部落歸者甚衆雍虞閭又擊之上復令入塞雍虞閭侵掠不已遂遷於河南在夏勝二州間發徒掘塹數百里東西距河盡爲啓人畜牧地於是遣越國公楊素出靈州行軍總管韓僧壽出慶州太平公史萬歲出燕州大將軍姚辯出河州以擊都藍師未出塞而都藍爲其麾下所殺達頭自立爲步迦可汗其國大亂遣太平公史萬歲出朔州以擊之遇達頭於大斤山虜不戰而遁尋遣其子俟利伐從磧東攻啓人上又發兵助啓人守要路俟利伐退走入磧啓人上表陳謝曰大隋聖人瞻可汗憐養百姓蒙恩赤心歸服或南入長城或住白道染干如枯木重起枝葉枯骨重生皮肉千世萬世長與大隋典羊馬也仁壽元年代州總管韓洪爲虜敗於恒安詔楊素爲雲州道行軍元帥率啓人北征斛薛等諸姓初附於啓人至是而叛素軍河北逢突厥阿勿思力俟斤等南渡掠啓人男女雜畜而去素率上大將軍梁默追之大破俟斤悉得人畜以歸啓人素又遣柱國張定和領軍大將軍劉昇別路邀擊並多斬獲而還兵既渡河賊復掠啓人部落素率驃騎范貴於窟結谷東南復破之是歲泥利可汗及葉護俱被鐵勒所敗步迦尋亦大亂奚霫五部內徙步迦奔吐谷渾啓人遂有其衆遣使朝貢大業三年煬帝幸榆林啓人及義城公主來朝行宮前後獻馬三千匹帝大悅賜帛萬二千段啓人及義城公主上表曰已前聖人先帝莫緣可汗存日憐臣賜臣安義公主臣種末爲聖人先帝憐養臣兄弟妬惡相共殺臣臣當時無處去向上看只見天下看只見地實憶聖人先帝言語投命去來聖人先帝見臣大憐臣死命養活勝於往前遣臣作大可汗坐着也突厥百姓死者以外還聚集作百姓也至尊今還如聖人先帝於天下四方坐也還養活臣及突厥百姓實無少短至尊憐臣時乞依大國服飾法用一同華夏帝下其議公卿請依所奏帝以爲不可乃詔曰君子教人不求變俗何必化諸削衽縻以長纓仍璽書荅啓人以爲磧北未靜猶復征戰但使存心孝順何必改衣服也帝法駕御千人大帳享啓人及其部落酋長三千五百人賜物二千萬段其下各有差復下詔褒寵之賜路車乘馬鼓吹幡旗贊拜不名位在諸侯王上帝親巡雲中泝金河而東北幸啓人所居啓人奉觴上壽跪伏甚恭帝大悅賦詩曰鹿塞鴻旗駐龍庭翠輦回氈帷望風舉穹廬向日開呼韓頓顙至屠耆接踵來索辮擊氈肉韋韝獻酒盃何如漢天子空上單于臺帝賜啓人及主金甕各一及衣服被褥錦綵特勒以下各有差先是高麗私通使啓人所啓人不敢隱境外之交是日持高麗使見敕令牛弘宣旨謂曰朕以啓人誠長奉國故親至其所明年當往涿郡爾回日語高麗王宜早來朝使人甚懼啓人乃扈從入塞至定襄詔令歸蕃明年朝於東都禮賜益厚是歲疾終上爲廢朝三日其子咄吉立是爲始畢可汗表請尚公主詔從其俗十一年來朝於東都其年車駕避暑汾陽宮八月始畢率其種落入寇圍帝於鴈門援兵方至始畢引去由是朝貢遂絕明年復寇馬邑唐公擊走之隋末亂離中國人歸之者無數遂大強盛迎蕭后置於定襄薛舉竇建德王世充劉武周梁師都李軌高開道之徒雖僭尊號皆稱臣受其可汗之號使者往來相望於道西突厥者木杆可汗之子大邏便也與沙鉢略有隙因分爲二漸以強盛東拒都斤西至龜茲鐵勒伊吾及西域諸胡悉附之大邏便爲處邏侯所執其國立鞅素特勒之子是爲泥利可汗卒子達漫立號泥撅處羅可汗其母向氏本中國人生達漫而泥利卒向氏又嫁其弟婆實特勒開皇末婆實共向氏入朝遇達頭之亂遂留京師每舍之鴻臚寺處羅可汗居無恒處然多在烏孫故地復立二小可汗分統所部一在石國北以制諸胡國一居龜茲北其地名應娑官有俟發閻洪達以評議國事自餘與東國同每五月八月聚祭神歲使重臣向其先世所居之窟致祭焉當大業初處羅可汗撫御無道其國多叛與鐵勒屢相攻大爲鐵勒所敗時黃門侍郎裴矩在敦煌引致西域聞其國亂復知處羅思其母氏因奏之煬帝遣司朝謁者崔君肅齎書慰諭之處羅甚踞受詔不肯起君肅謂處羅曰突厥本一國也中分爲二自相仇敵每歲交兵積十年而莫能相滅者明知啓人與處羅國其勢敵耳今啓人舉其部落兵且百萬入臣天子甚有丹誠者何也但以切恨可汗而不能獨制故卑事天子以借漢兵連二大國欲滅可汗耳百官兆庶咸請許之天子弗違師出有日矣顧可汗母向氏本中國人歸在京師處于賓館聞天子之詔懼可汗之滅旦夕守闕哭甚悲哀是以天子憐焉爲其輟策向夫人又匍匐謝罪因請發使以召可汗令入內屬乞恩於啓人天子從之遺使到此可汗若稱藩拜詔國乃永安而母得延壽不然者則向夫人爲誑天子必當取戮而傳首虜庭發大隋之兵資北蕃之衆左提右挈以擊可汗死亡則無日矣奈何惜兩拜之禮剿慈母之命悋一句稱臣喪匈奴之國也處羅聞之矍然而起流涕再拜跪受詔書君肅又說處羅曰啓人內附先帝嘉之賞賜極厚故致兵強國富今可汗後附與之爭寵須深結於天子自表至誠既以遠道未得朝覲宜立一功以明臣節處羅曰如何君肅曰吐谷渾者啓人少子莫賀咄設之母家也今天子又以義城公主妻於啓人畏天子之威而與之絕吐谷渾亦因憾漢職貢不修可汗若請誅之天子必許漢擊其內可汗攻其外破之必矣然後自入朝道路無阻因見老母不亦可乎處羅大喜遂遣使朝貢帝將西狩六年遣侍御史韋節召處羅令與車駕會於大斗拔谷其國人不從處羅謝使者辭以他故帝大怒無如之何適會其酋長射匱遣使來求婚裴矩奏曰處羅不朝恃強大耳臣請以計弱之分裂其國即易制也射匱者都六之子達頭之孫世爲可汗君臨西面今聞其失職附隸於處羅故遣使來以結援願厚禮其使拜爲大可汗則突厥勢分兩矣帝曰公言是也因遣裴矩朝夕至館微諷諭之帝於仁風殿召其使者言處羅不順之意稱射匱有好心吾將立爲大可汗令發兵誅處羅然後當爲婚也取桃竹白羽箭一枚以賜射匱因謂之曰此事宜速使疾如箭也使者返路經處羅愛其箭將留之使者譎而得免射匱聞而大喜興兵襲處羅大敗棄妻子將左右數千騎東走在路又被劫掠遁於高昌東保時羅漫山高昌王麴伯雅上狀帝遣裴矩將向氏親要左右馳至玉門關晉昌城矩遣向氏使詣處羅所論朝廷弘養之義丁寧曉諭之遂入朝然每有怏怏之色以七年冬處羅朝於臨朔宮帝享之處羅稽首謝曰臣總西面諸蕃不得早來朝拜今參見遲晚罪責極深臣心裏悚懼不能盡道帝曰往者與突厥遞相侵擾不得安居今四海既清與一家無異朕皆欲存養使遂性靈譬如上天止有一箇日照臨莫不寧帖若有兩箇三箇日萬物何以得安比者亦知處羅總攝事繁不得早來相見今日見處羅懷抱豁然歡喜處羅亦當豁然不煩在意明年元會處羅上壽曰自天以下地以上日月所照唯有聖人可汗今是大日願聖人可汗千歲萬歲常如今日也詔留其羸弱萬餘口令其弟達度闕設牧畜會寧郡處羅從征高麗號爲曷薩那可汗賞賜甚厚十年正月以信義公主嫁焉賜錦綵袍千具綵萬匹帝將復其故地以遼東之役故未遑也每從行幸江都之亂隨化及至河北化及將敗奔歸京師

爲北蕃突厥所害

鐵勒之先匈奴之苗裔也種類最多自西海之東依山據谷往往不絕獨洛河北有僕骨同羅韋紇拔也古覆並號俟斤蒙陳吐如紇斯結渾斛薛等諸姓勝兵可二萬伊吾以西焉耆之北傍白山則有契弊薄落職乙咥蘇婆那曷烏護紇骨也咥於尼護等勝兵可二萬金山西南有薛延陁咥勒兒十槃達契等一萬餘兵康國北傍阿得水則有訶咥曷截撥忽比干具海曷比悉何嵯蘇拔也末謁達等有三萬許兵得嶷海東西有蘇路羯三素咽篾促薩忽等諸姓八千餘拂菻東則有恩屈阿蘭北褥九離伏嗢昏等近二萬人比海南則都波等雖姓氏各別總謂爲鐵勒並無君長分屬東西兩突厥居無恒所隨水草流移人性凶忍善於騎射貪婪尤甚以寇抄爲生近西邊者頗爲藝植多牛而少馬自突厥有國東西征討皆資其用以制北荒開皇末晉王廣北征納啓人破步迦可汗鐵勒於是分散大業元年突厥處羅可汗擊鐵勒諸部厚稅斂其物又猜忌薛延陁等恐爲變遂集其魁帥數百人盡誅之由是一時反叛拒處羅遂立俟利發俟斤契弊歌楞爲易勿眞莫何可汗居貪汗山復立薛延陁內俟斤子也咥爲小可汗既敗莫何可汗始大莫何勇毅絕倫甚得衆心爲隣國所憚伊吾高昌焉耆諸國悉附之其俗大抵與突厥同唯丈夫婚畢便就妻家待產乳男女然後歸舍死者埋殯之此其異也大業三年遣使貢方物自是不絕云

論曰四夷之爲中國患也久矣北狄尤甚焉種落實繁迭雄邊塞年代遐邈非一時也五帝之世則有獯鬻焉其在三代則獫狁焉逮乎兩漢則匈奴爲當塗典午則烏丸鮮卑焉後魏及周則蠕蠕突厥此其酋豪相繼互爲君長者也皆以畜牧爲業侵抄爲資倏來忽往雲飛鳥集智謀之士議和親於廟堂之上折衝之臣論奮擊於塞垣之下然事無恒規權無定勢親疎因其強弱服叛在其盛衰衰則款塞頓顙盛則率兵寇掠屈伸異能彊弱相反正朔所不及冠帶所不加唯利是視不顧盟誓至於莫相救讓驕黠憑陵和親結約之謀行師用兵之事前史論之備矣故不詳而究焉及蠕蠕衰微突厥始大至於木杆遂雄朔野東極舊境西盡烏孫之地彎弓數十萬列處於代陰南向以臨周齊二國莫之能抗爭請盟好求結和親乃曰與周合從終亡齊國隋文還鼎厭徒孔熾負其衆力將蹈秦郊內自相圖遂以乖亂達頭可汗遠遁啓人願保塞下於是推亡固存返其舊地助討餘燼部衆遂彊卒於仁壽不侵不叛暨乎始畢未虧臣禮煬帝撫之非道始有鴈門之圍俄屬羣盜並興於此浸以雄盛豪傑雖建名號莫不請好息人於是公置官司總統中國子女玉帛相繼於道使者之車往來結轍自古蕃夷驕僭未有若斯之甚也及聖哲應期掃除氛祲暗於時變猶懷抵拒率其羣醜屢隳亭鄣殘敗我雲代搖蕩我太原肆掠於涇陽飲馬於渭汭太宗文皇帝奇謀內運神機密動遂使百世不羈之虜一舉而滅瀚海龍庭之地盡爲九州幽都窮髮之鄉隸於編戶寔帝皇所不及書契所未聞由此言之雖天道有盛衰亦人事之工拙也加以爲而弗恃有而弗居類天地之含容同陰陽之化育斯乃大道之行也固無得而稱焉

北史卷九十九考證

突厥傳立其弟俟叔稱爲木扞可汗○下文又云立其弟俟斤是爲木杆可汗隋書則云立其弟俟斗稱爲木杆可汗蓋本書兩存其說隋書則刪其一而叔與斗互異也

次吐毛發及餘小官凡二十八等○毛隋書作屯

移徙無常○無字下監本衍無字今從南本刪

飲馬酣取醉歌呼相對○酣一本作酪

菴邏降居獨洛水稱第三可汗○三隋書作二

蘭州總管叱李崇屯幽州○隋書作蘭州總管叱李長叉守臨洮上柱國李崇屯幽州此殆有脫誤耳

尋遣其子侯利伐從磧東攻敵人○隋書子字上有弟字又侯作俟

大隋聖人隨可汗憐養百姓棠恩赤心歸服○隨可汗隋書作莫緣可汗據下文云已前聖人先帝莫緣可汗則此隨字乃莫緣二字之訛又棠恩上隋書有諸姓二字

表續尚公主詔從其俗○續隋書作請

居無恒處終多在烏孫故地○終隋書作然

鐵勒傳比海南則都波等○比隋書作北

史臣論倏往忽來雲飛鳥集○鳥監本訛隼今改從南本

北史卷一百

唐　李　延　壽　撰

序傳第八十八

李氏之先出自帝顓頊高陽氏當唐堯之時高陽氏有才子曰庭堅爲堯大理以官命族爲理氏歷夏殷之季其後理徵字德靈爲翼隸中吳伯以直道不容得罪于紂其妻契和氏攜子利貞逃隱伊侯之墟食木子而得全遂改理爲李氏周時裔孫曰乾娶于益壽氏女嬰敷生子耳字伯陽爲柱下史子孫散居諸國或在趙或在秦在魏者爲段干大夫段于木其後也別孫悝爲魏文侯興富國之術焉在趙者曰曇以功封柏人武安君牧其後也在秦者名興族爲將軍生子伯祐建功北狄封南鄭公伯祐生二子平燕內德子信爲秦將虜燕太子丹信孫元曠仕漢爲侍中元曠弟仲翔位太尉仲翔討叛羌於素昌一名狄道仲翔臨陣殞命葬狄道川因家焉史記李將軍傳所云其先自槐里徙居成紀實始此也仲翔曾孫廣仕漢歷文景武三帝位前將軍立功沙漠廣子當戶椒敢當戶子陵戰殁匈奴椒敢歷侍中郎中令關內侯生子禹位至侍中並事具漢史禹生承公承公生蜀郡太守先先生長宗長宗生博士況況生孝廉本本字上明生巴郡太守次公次公生臨淮太守軌軌字逸文生積弩將軍隆隆字業緒生雍雍字儁熙仕魏歷尚書郎濟北東莞二郡太守雍生柔柔字德遠晉舉秀才爲相國從事中郎北地太守雍生弇字季子高亮果毅有智局晉末大亂與從兄卓居相國晉王保下卓位相國從事中郎保政刑不脩卓率宗族奔于張寔弇亦隨焉因仕于張氏爲驍騎左監弇本名良妻姓梁氏張駿謂弇曰卿名良妻又姓梁令子孫何以目其舅氏昔耿弇以弱年立功啓中興之業吾方賴卿有同耿氏乃使名弇歷天水太守衞將軍封安西亭侯卒年五十六贈武衞將軍建初中追謚景公子昶字仲堅幼有名譽年十八而亡建初中追謚簡公涼武昭王暠字玄盛小字長生簡公昶之子也遺腹而誕祖母梁氏親加撫育幼好學性沈敏寬和美器度通涉經史尤長文義及長頗習武藝誦孫吳兵法常與呂光太史令郭麐及其同母弟宋繇同宿麐起謂繇曰君當位極人臣李君必有國土之分家有騧黃馬生白額駒此其時也及呂光之末段業自稱涼州牧以昭王爲効穀令而燉煌護軍馮翊郭謙沙州中從事燉煌索仙等以昭王溫毅有惠政推爲寧朔將軍燉煌太守昭王初難之會宋繇仕於業告歸言於昭王曰兄忘郭麐言邪白額駒今已生矣昭王乃從之尋進號冠軍將軍稱藩于業業僭稱涼王其右衞將軍索嗣搆昭王于業乃以嗣爲燉煌太守率騎而西昭王命師擊走之於是晉昌太守唐瑤移檄六郡推昭王爲大都督大將軍涼公領秦涼二州牧護羌校尉依竇融故事昭王乃赦境內建元號庚子追崇祖考大開霸府置左右長史司馬從事中郎備置寮寀廣闢土宇屯玉門陽關大田積穀爲東討之資立靖恭堂以議朝政閱武事焉圖讚自古聖帝明王忠臣孝子烈士貞女親爲序頌以明鑒誡之義當時文武羣公寮佐亦皆圖讚所志五年改元爲建初遣舍人黃始梁興間行歸表於晉是歲乃自燉煌徙都酒泉又以表未報復遣沙門法泉間行通表建鄴于時百姓樂業請勒銘酒泉乃使儒林祭酒劉彥明爲文刻石頌德又有白狼白兔白雀白雉白鳩等集于園間羣下以爲白祥金精所誕皆應時邕而至又有神光甘露連理嘉禾衆瑞請史官記其事昭王從之上巳日讌于曲水命羣寮賦詩昭王親爲之序於是寫諸葛亮訓誡以勗諸子焉昭王以緯世之量爲羣雄所奉兵無血刃遂啓霸業乃修燉煌舊塞薨謚曰武昭王廟號高祖陵號建世武昭王十子譚歆讓愔恂翻豫宏眺亮世子譚早卒後主諱歆字士業武昭王第二子也武昭王薨府寮奉爲都督大將軍涼公領涼州牧護羌校尉大赦境內改元爲嘉興尊母尹氏爲太后在位四年爲沮渠蒙遜所敗國亡武昭王以魏道武皇帝天興二年立後主以明元皇帝太常五年而亡據河右凡二世二十一年世子重耳奔於江左遂仕于宋後歸魏位弘農太守卽皇室七廟之始也後主弟讓字士遜雅量凝重善於謀略位寧朔將軍領西羌校尉輔國將軍晉燉煌太守新鄉侯贈驃騎大將軍謚曰穆讓弟愔字士正位晉昌燉煌太守愔弟恂字士如有幹略位酒泉燉煌太守遇家國之難而終恂弟翻字士舉小字武疆英雄秀出有雄略位車騎將軍祈連酒泉晉昌郡太守翻弟豫字士寧位西海太守豫弟宏字士讚位前將軍中華令宏弟眺字士遠位左將軍眺弟亮字士融位右將軍寶字懷素小字衍孫晉昌太守翻之子也沈雅有度量驍勇善撫接遇家難爲沮渠蒙遜囚于姑臧歲餘與舅趙唐契北奔伊吾臣於蠕蠕其遺衆之歸附者稍至二千寶傾身禮接甚得其心衆皆爲之用每希報雪屬太武遣將討沮渠無諱於燉煌無諱捐城遁走寶自伊吾南歸燉煌遂脩繕城府規復

先業遣弟懷達奉表歸誠太武嘉其忠欵拜懷達散騎常侍燉煌太守別遣使授寶使持節侍中都督西垂諸軍事鎭西大將軍開府儀同三司領護西戎校尉沙州牧燉煌公乃鎭燉煌四品已下聽承制假授眞君五年因入朝遂留京師拜外都大官轉鎭南將軍并州刺史還除內都大官文成初代司馬文鎭懷荒改授鎭北將軍太安五年甍年五十三詔賜命服一襲贈以本官諡曰宣有六子承茂輔佐公業沖公業早卒承字伯業少有謀略初寶欲歸欵僚庶多有異議承時年十三勸寶速定大計於是遂決寶仍令承隨表入賀太武深相器異禮遇甚優賜爵姑臧侯後遭父憂居喪以孝聞承應傳先封以自有爵乃以本封讓弟茂時論多之承方裕有鑒裁爲時所重文成末以散侯出爲龍驤將軍滎陽太守爲政嚴明甚著聲稱延興五年卒時年四十五贈使持節大將軍雍州刺史諡曰穆長子韶字元伯學涉有器量與弟彥虔蕤並孝文賜名焉韶雅爲季父沖所知重延興中補中書學生襲爵姑臧侯除儀曹令時脩故車服及羽儀制度皆令部典焉遷給事黃門侍郎後依例降侯爲伯兼大鴻臚卿黃門如故孝文將創遷都之計詔引侍臣訪以古事韶對曰洛陽九鼎舊所七百攸基地則土中實均朝貢惟王建國莫尚於此帝稱善遷太子右詹事尋罷左右仍爲詹事肆州大中正出爲安東將軍兗州刺史帝自鄴還洛韶朝於路帝言及庶人恂事曰卿若不出東宮或未至此也宣武初徵拜侍中領七兵尚書除撫軍將軍并州刺史以從弟伯商同咸陽王禧之逆免除官爵久之兼將作大匠敕參定朝議律令及呂苟兒反於秦州除撫軍將軍西道都督行秦州事與右衞將軍元麗率衆討之事平卽眞璽書勞勉復其先爵時隴右新經師旅百姓多不安業韶善撫納甚得夷夏之心孝明初自相州刺史入爲殿中尚書行雍州事後除中軍大將軍吏部尚書加散騎常侍出爲冀州刺史清簡愛人甚收名譽政績之美聲冠當時明帝嘉之就加散騎常侍遷車騎將軍賜劒珮貂蟬各一具驊騮馬一匹并衣服寢具韶以年及懸車抗表遜位優旨不許轉定州刺史常侍如故及赴中山冀州父老皆送出西境相聚而泣二州境既連接百姓素聞其德州內大安正光五年卒於官年七十二詔賻帛七百匹贈使持節散騎常侍車騎大將軍司空公雍州刺史諡曰文恭既葬之後有冀州兵千餘人戍於荊州還經韶墓相率培冢數日方還其遺愛如此永安中以勳定秦隴功追封安城縣開國伯邑四百戶長子璵字道璠溫雅有識量魏永平二年釋褐太尉府行參軍累遷尚書倉部郎中後汝南王悅爲司州牧悅性質疏宂情識不倫朝廷以璵器望兼美閑於政事擢爲悅府長史兼知州務甚得毗贊之方因除司州別駕遷光祿少卿永安初以本官兼度支尚書襲封安城縣伯又除司徒右長史仍兼尚書及遷都於鄴留璵於後監掌府藏及撤運宮廟材木以明幹見稱加征南將軍金紫光祿大夫尋兼給事黃門侍郎監典書事出爲東徐州刺史爲政清靜人吏懷之解州還以老疾不求仕進齊受禪追璵兼前將軍導從於圜丘行禮又攝護軍陪神武神主入太廟璵意不願策名兩朝雖以宿德耆舊被徵過事卽絕朝請文宣亦嘗命璵預華林宴顧訪舊事甚重之天保四年卒年七十二子詮字世良任城郡守贈涇州刺史子伯卿太師府參軍事伯卿子師上聰敏好學雅有詞致外祖魏收無子惟有一女生師上甚愛重之童齓便自教屬文有名於世後與范陽盧公順俱爲符璽郎待詔文林館與博陵崔君洽同志友善從駕晉陽寓居僧寺朝士謂之康寺三少爲物論推許若此隋煬帝居蕃奏爲王府記室終於揚州詮弟謐字世安位高陽郡守司農卿安州刺史謐子千學齊武平中尚神武女浮陽長公主拜駙馬都尉南青州刺史謐弟誦字世業位假儀同三司臨漳令誦弟世韞太子舍人殿中郎璵子孫繁衍時人號其宅爲孝東徐村璵弟瑾字道瑜美容貌有才學特爲韶所鍾愛清河王懌甚知賞之懌爲司徒辟參軍事轉著作郎稍遷通直散騎侍郎與給事黃門侍郎王遵業尚書郎盧觀典脩儀注王盧卽瑾之外兄臨淮王彧謂瑾等三儁共掌帝儀可謂舅甥之國及明帝崩上謚策文瑾所製也莊帝初於河陰遇害年三十九贈冠軍將軍齊州刺史子產之字孫僑容貌短陋而撫訓諸弟愛友篤至其舅盧道將稱之曰此兒風調足爲李公家孫位北豫州司馬子仲膺字公祀以學行稱位太子洗馬仕周爲東京少吏部上士隋開皇中卒於荊州總管司馬產之弟蒨之字曼容清通好文學齊天保初歷太子洗馬行陽翟郡守爲政清靜吏人稱之遷尚書考功郎中遇文宣昬縱見害時人冤之蒨之弟壽之位梁州中從事性貞介不負於人壽之弟禮之位司徒騎兵參軍與妻鄭氏相重妻先亡遺言終不獨死未幾禮之腳上發腫夢妻云羨小麥濆之卽差如其言反劇而卒禮之弟行之字義通小字師子簡靜善守門業多識前言往行而不以文學自名居喪盡禮與兄弟深相友愛仕齊歷位都水使者齊郡太守帶青州長史任城王敬憚之州人號曰李御史仕周爲冬官府司寺下大夫隋開皇初封固始縣男除唐州下溠郡太守稱疾不行卒行之風素夷坦爲士友所稱其舅子盧思道深所愛好常贈詩云水衡稱逸人潘揚有世親形骸預冠蓋心思出囂塵時人以爲實錄及疾內外多爲求醫行之曰居常待終士之道也貧既愈富何知死不如生一皆抑絕臨終命家人薄葬口授墓誌以紀其志曰隴西李行之以某年某月終於某所年將六紀官歷四朝道叶希夷事忘可否雖碩德高風有傾先構而立身行已無愧夙心以爲氣變則生生化曰死蓋生者物之用死者人之終有何憂喜於其間哉乃爲銘曰人生若寄視死如歸茫茫大夜何是何非言終而絕二子夷道行之弟凝之字惠堅光州中從事非其所好僶俛而就秩滿徑還冀州褰強野舍凝之明本草藥性恒以服餌自持雖年將耄及而志力不衰篤好古文精心典禮以之終老未嘗懈倦隋仁壽中卒產之兄弟並有器望邢子才爲禮之墓誌云食有奇味相待乃食衣無常主易之而出時以爲實錄諸婦相親皆如姊妹蒨之死諸弟不避當時凶暴行喪極哀趙郡李榮來弔之歎曰此家風範海內所稱今始見之眞吾師也欲與連類卽日自名勞之瑛弟璜字道璋少有風尚辟司徒參軍事卒贈漢陽郡太守子脩年開府參軍早亡韶弟彥字次仲有學業孝文初舉秀才除中書博士轉諫議大夫後因考課降爲元士尋行主客曹從事郊廟下大夫時朝儀典章咸未周備彥留心考定號爲稱職孝文南伐彥諫曰臣以爲蕞爾江閩未足親勞鑾駕頻表雖不見納而以至誠見嘉及六軍次於淮南徵爲廣陵王羽長史加恢武將軍西翼副將軍還除冀州趙郡王幹長史轉青州廣陵王羽長史帶齊郡太守徵爲龍驤將軍司徒右長史左長史秦州大中正出行揚州事尋徵拜河南尹還至汝陰復敕行徐州事尋徵拜平北將軍平州刺史遷平東將軍徐州刺史延昌二年夏大霖雨川瀆皆溢彥相水陸形勢隨便疏通得無淹漬之害朝廷嘉之頻詔勞勉入爲河南尹遷金紫光祿大夫光祿勳轉度支尚書出爲撫軍將軍秦州刺史時破六韓拔陵等反於北鎭二夏幽涼所在蜂起而彥刑政甚嚴正光五年六月城人薛珍劉慶杜超等因四方離叛突入州門害彥推其黨莫折大提爲帥永安中追贈侍中驃騎大將軍司徒公雍州刺史諡曰孝貞子燮字德諧少有風望位司徒主簿卒贈太常少卿子士万有雅望位高都太守燮弟爽字德明弟充字德廣弱冠太學博士大將軍蕭寶夤西討德廣爲行臺郎募衆而征戰捷乃手刃侻人啖其肝肺覺寶夤有異志挺身歸闕朝廷加爵辭而不受寶夤遂與万俟醜奴同反大行臺尒朱天光討之請德廣爲從事中郎天光用其計遂定秦隴以功除中散大夫痛父非命終身不食酒肉妹夫盧元明嗟重之子士英有文才王遵業以女妻之次僧伽脩整篤業不應辟命時鄭子默有名於世僧伽曰行不適道文勝其質郭林宗所謂牆高基下雖得必喪此之徒也竟如其言尚書袁叔德來候僧伽先減僕從然後入門曰見此賢令吾羞對軒冕及卒叔德爲懷舊詩曰平生寡俗累終身無世言其見重如此僧伽弟法藏內清介位員外郎德廣弟德顯位散騎侍郎贈東秦州刺史德顯弟德明敦重有器局位高陽太守贈光祿少卿光州刺史彥弟虔字叔恭太和初爲中書學生遷祕書中散轉冀州驃騎府長史太子中舍人宣武初遷太尉從事中郎出爲清河太守屬京兆王愉反虔棄郡奔闕宣武聞虔至謂左右曰李虔在冀州日久恩信著物今拔難而來衆情自解矣乃授虔別將令軍前慰勞事平轉長樂太守延昌初冀州大乘賊起令虔以本官爲別將與都督元遙討平之遷後將軍燕州刺史還爲光祿大夫加平西將軍兼大司農出爲散騎常侍安東將軍兗州刺史追論平冀州之功賜爵高平男還京除河南邑中正還領軍將軍金紫光祿大夫孝莊初授特進車騎大將軍儀同三司散騎常侍又進號驃騎大將軍開府儀同三司永安三年甍年七十四贈侍中驃騎大將軍太尉公都督冀定瀛三州諸軍事冀州刺史諡宣景長子暵字仁明位尚書左外兵郎莊帝初於河陰遇害年四十贈度支尚書安東將軍青州刺史子袞章武郡守袞弟爽汲郡守並以幹局見知暵弟仁曜位員外散騎侍郎太尉錄事參軍與兄暵同於河陰遇害年三十八贈散騎常侍左將軍兗州刺史子攜字道熾學尚有風儀魏武定中司空長流參軍齊天保末爲尚書郎終於光州司馬仁曜弟皓字仁昭位散騎侍郎亦遇害河陰贈征虜將軍涼州刺史子士元士操武定中並儀同開府參軍事皓弟曉事列于後虔弟蕤字延賓歷部兵校尉東郡太守司農少卿卒贈龍驤將軍豫州刺史子諺字義興有幹局起家太學博士領殿中侍御史稍遷東郡太守莊帝初濟

廣二州刺史加散騎常侍節閔時與第三弟通直散騎常侍義眞第七弟太常少卿義邕同爲尒朱仲遠所害義邕莊帝居藩之日以外親甚見親昵及卽位特蒙信任尒朱榮之誅義邕預其事由是並及禍節閔初詔贈侍中驃騎將軍吏部尚書冀州刺史義眞贈前將軍齊州刺史義邕贈安東將軍青州刺史諺次弟義順司空屬第四弟義遠國子博士莊帝初並於河陰遇害贈散騎常侍征東將軍雍州刺史承弟茂字仲宗文成末襲父爵鎭西將軍燉煌公孝文初除長安鎭都將轉西汾州刺史將軍如故入爲光祿大夫歷西兗州刺史例降爲侯茂性謙愼以弟冲寵盛懼於盈滿以疾求遜位孝文不奪其志聽食大夫祿還私第因居中山自是優遊里舍不入京師卒年七十一謚曰恭侯子静字紹安襲位東平原太守卒子遐字智遠襲遐有几案才位河內太守從孝莊南度河於河陰遇亂兵所害事寧追贈散騎常侍車騎大將軍尚書右僕射秦州刺史封盧鄉伯静弟孚字仲安恭愼篤厚歷汝南中山二郡太守孝莊初以外親超撫軍將軍金紫光祿大夫出爲鎭東將軍滄州刺史加散騎常侍孚弟安祖涉書史位北海王顥撫軍長史顥爲關西都督復引爲長史委以戎政卒於軍贈征虜將軍涼州刺史茂弟輔字叔直有器望解褐中書博士遷司徒議曹掾太和中孝文爲咸陽王禧納其女爲妃除鎭遠將軍潁川太守帶長社戍輔綏懷招集甚得邊和卒於郡贈征虜將軍秦州刺史謚曰襄武侯長子伯尚少有重名弱冠除祕書郎孝文每云此李氏之千里駒稍遷通直散騎侍郎敕撰太和起居注宣武初兼給事黃門侍郎坐與咸陽王禧謀反誅伯尚弟仲尚儀貌甚美少以文學知名年二十著前漢功臣序讚及季父司空冲誄高聰邢巒見而歎曰後生可畏非虛言也起家京兆王愉府參軍坐兄事賜死仲尚弟季凱沈敏有識量坐兄事與母弟俱徙邊久之會赦免遂寓居晉陽沈廢積年後歷位并州安北府長史孝明崩尒朱榮陰圖義舉季凱預謀及莊帝踐祚徵拜給事黃門侍郎封博平縣侯加散騎常侍祕書監中軍將軍後尒朱世隆以榮之死謂季凱通知於是見害孝武初追贈侍中驃騎將軍吏部尚書定州刺史季凱弟延慶位陳留太守金紫光祿大夫延慶弟延度衞將軍安德太守輔弟佐字季翼有文武才幹孝文初兼散騎常侍使高麗以稱旨還拜常山太守眞定縣子遷懷州刺史進爵山陽侯加安南將軍河內公轉相州刺史所在有稱績後拜安遠將軍敕與征南將軍城陽王鸞安南將軍盧陽烏等攻赭陽各不相節度諸軍以敵强故班師佐遂戰爲賊所敗坐徙瀛州車駕征宛鄧復起佐假平遠將軍統軍以功封涇陽縣子沔北旣平以佐爲廣陽王嘉鎭南府長史加輔國將軍別鎭新野及大軍凱旋孝文執佐手曰沔北洛陽南門卿勉爲朕善守孝文崩遺敕以佐行荆州事佐在州威信大行邊人悅附前後歸者二萬許家尋正刺史宣武初徵兼都官尚書卒年七十一贈秦州刺史謚曰莊子遵襲遵豪爽有父風卒於司空司馬贈洛州刺史子果襲位司空諮議參軍坐通西魏見殺遵弟柬字休賢郡辟功曹以父憂去職遂終身不食酒肉因屏居鄉里司空任城王澄嘉其操尚以爲參軍事累遷濟州刺史卒贈殿中尚書相州刺史柬弟挺字神儁小名提少以才學知名爲太常劉芳所賞歷位中書侍郎太常少卿荆州刺史時梁將曹敬宗來寇攻圍積時又引水灌城城不沒者數板神儁循撫兵人戮力固守詔遣都督崔暹別將王羆裴衍等赴援敬宗退走時寇賊之後城外有露骸神儁令收葬之徵拜大司農孝明末除鎭軍將軍行相州事時葛榮南逼神儁憂懼乃故墜馬傷足仍停汲郡有詔追還莊帝卽位以神儁人望拜散騎常侍殿中尚書追論固守荆州功封千乘縣侯轉中書監吏部尚書神儁意尚風流情在推引人物尒朱榮有所用人神儁不從見怒懼啓求解官除右光祿大夫尋屬尒朱兆入京乘輿幽執神儁遂逃入閒孝武初歸闕拜散騎常侍驃騎大將軍左光祿大夫儀同三司孝静初除驃騎大將軍華州刺史入爲侍中薨年六十四贈尚書左僕射司徒公雍州刺史神儁風韻秀舉博學多聞朝廷舊章及人倫氏族多所諳記篤學好文雅老而不輟凡所交遊皆一時名士汲引後生爲其光價四方才子咸宗附之滎陽鄭伯猷常云從舅爲人物宗主在洛京時瑯邪王誦亦美神儁故名其子曰儁庶其似之梁武帝雅重其名常云彼若遣李神儁來聘我當令劉孝綽往其見重如此頸多鼠乳而性通率不持檢度至於少年之徒皆與褻狎比遷鄴於路見狗温子昇戲曰爲是宋鵲爲是韓盧神儁曰爲逐丞相東走爲共帝女南徂沙苑之敗神儁策眇馬而走曰丁掾力馬倒曰丁掾誤我其不拘若此旣不能方重識者以此爲譏喪二妻又欲娶鄭嚴祖妹神儁之從甥也盧元明亦將爲婚遂至紛競二家鬭於嚴祖之門鄭卒歸元明神儁惆悵不已時人以神儁爲鳳德之衰冲字思順承少弟也本名思冲孝文改焉少孤爲承訓養承常言此兒器重非恒方爲門戶所寄冲雅有大量隨兄至滎陽時牧守子弟多侵亂人庶輕有乞奪冲與承長子韶獨清簡皎然無所求取時人美焉獻文末爲中書學生冲善交遊不妄戲雜流輩重之孝文初以例遷祕書中散典禁中文字以脩敕敏慧漸見寵待遷內祕書令南部給事中舊無三長唯立宗主督護所以多隱冒五十三家方爲一戶冲以三正所由來遠於是創三長之制上之文明太后覽而稱善引見公卿議之羣臣多有不同太后曰立三長則課有常準賦有常分包蔭之戶可出僥倖之人可止何爲不可詞議雖有乖異然惟以變法爲難更無異議遂立三長公私便之遷中書令加散騎常侍給事中如故尋轉南部尚書賜爵順陽侯冲爲文明太后所幸恩寵日盛賞賜月必數千萬進爵隴西公密致珍寶服御以充其第外人莫得而知冲家素清貧於是室富而謙以自牧積而能散近自姻族逮於鄉閭莫不分及虛已接物垂念羇寒衰舊淪屈由之躋叙者亦以多矣時以此稱之初冲兄佐與河南太守來崇同自涼州入國素有微嫌佐因構成崇罪餓死獄中後崇子護爲南部郎深慮爲冲陷常求退避冲每慰撫之護後坐贓罪懼必不濟冲具奏與護本末嫌隙乞原恕之遂得不坐冲從甥陰始孫貧來冲家至如子姪有人求官因得納馬於冲始孫輒受而不言後假方便借冲此馬主見冲乘馬而不得官後自陳首始末冲聞大驚執始孫以狀款奏始孫坐死其處要自厲不念愛惡皆此類也時循舊王公重臣皆呼名孝文帝謂冲爲中書而不名之文明太后崩後孝文居喪引見待接有加及議律令潤飾辭旨刊定輕重孝文雖自下筆無不使訪爲冲竭忠奉上知無不盡出入憂勤形於顏色雖舊臣戚輔莫能逮之俱服其明斷愼密而歸心焉於是天下翕然及殊方聽望咸宗奇之孝文亦深相仗信親敬彌甚君臣之間情義莫二及置百司開建五等以冲參定典式封滎陽侯拜廷尉卿遷侍中吏部尚書咸陽王師東宮建拜太子少傅孝文初依周禮置夫嬪之列以冲女爲夫人及營明堂詔冲領將作大匠與司空長樂公亮共監輿繕車駕南伐加冲輔國大將軍統衆翼從自發都至洛陽霖雨不霽仍詔六軍發軫孝文戎服執鞭御馬而出羣臣稽顙於馬首之前孝文曰今大軍將邁公等更欲何云冲進諫曰發都淫雨士馬困弊矜喪反旆於義爲允孝文曰已至於此何容停駕冲又進曰今者之舉天下所不願敢以死請孝文大怒曰方欲經營宇宙而卿等儒生屢疑大計斧鉞有常卿勿復言策馬將出大司馬安定王休兼左僕射任城王澄等並殷勤泣諫孝文乃諭羣臣曰今者興動不小動而無成何以示後若不南鑾卽當移都於此光宅土中幾亦時矣王公等以爲何如議之所決不得旋踵欲遷者左不欲遷者右安定王休等相率如右前南安王楨進曰愚者闇於成事智者見於未行見至德者不議於俗成大功者不謀於衆非常之事廓神都以延王業都中土以制帝京周公啓之於前陛下行之於後固其宜也請上安聖躬下慰人望光宅中原輟彼南伐此臣等之願亦蒼生幸甚羣臣咸唱萬歲孝文初謀南遷恐衆心戀舊乃示爲大舉因以脅定羣情外名南伐其實遷也舊人懷土多所不願內憚南征無敢言者於是定都洛陽尋以冲爲鎭南將軍侍中少傅如故委以營構之任改封陽平郡侯車駕南征以冲兼左僕射留守洛陽遷尚書左僕射仍領少傅改封清泉縣侯及太子恂廢冲罷少傅孝文引見公卿於清徽堂曰今徙極中天創居嵩洛雖大構未成要自條紀略舉但南有未賓之豎兼兇蠻密邇朕取南之計決矣所行之謀必定須來陰陽卜術之士咸勸朕今征必尅此旣家國大事宜其君臣各盡所見冲曰征戰之法先之人事然後卜筮卜筮雖吉猶恐人事未備京師始遷衆業未定加之征戰以爲未可帝曰僕射之言非爲不合朕意然咫尺寇戎無以自安理須如此若待人事備復非天時將若之何如僕射之言便終無征理冲機敏有巧思北京明堂圓丘太廟及洛都初基安處郊兆新起宮寢皆資於冲勤志强力孜孜無怠且理文簿兼營近制几案盈積剞劂在前初不勞厭也然顯貴門族榮益六姻兄弟子姪皆有官爵一家歲祿萬匹有餘年纔四十而鬢髮斑白姿貌甚美未有衰狀李彪之入京也孤微寡援而自立不羣以冲好士傾心宗附冲亦重其器學禮而納焉每言之於孝文公私共相援益及彪爲中尉尚書爲孝文知待便謂非復藉冲更相輕背唯公坐斂袂而已無復宗敬之意冲頗銜之後孝文南征冲與吏部尚書任城王澄並以彪倨傲無禮遂禁止之奏其罪狀冲手自作表家人不知辭甚激切因以自劾孝文覽其表嗟嘆久之旣而曰道固可謂溢也僕射亦爲滿矣冲時震怒數責彪前後愆悖瞋目大呼投折几案盡收御史皆泥首面縛大罵辱詈冲素性溫柔而一朝暴恚遂發病荒悸言語亂

錯猾扼腕呌詈稱李彪小人醫藥所不能療或謂肝藏傷裂旬餘日卒時年四十九孝文始聞沖病狀謂右衞宋弁曰僕射執我樞衡總釐朝務使我無後顧之憂一朝忽有此患朕甚愴懷及聞沖卒爲舉哀於縣瓠發聲悲泣不能自勝詔書褒述其美曰可謂國之賢也朝之望也於是贈司空公給東園祕器一具衣一襲贈錢三十萬布五百匹蠟二百斤有司奏諡曰文穆葬於覆舟山近杜預冢孝文之意也後車駕自鄴還洛路經沖墓左右以聞孝文臥疾望墳掩涕久之遣太常致祭及與留京百官相見皆敍沖亡沒之故言及流淚其相痛惜如此子延實字禧性溫良少爲太子舍人宣城初襲父爵清泉縣侯莊帝卽位以母舅之尊超授侍中太保封濮陽郡王延實以太保犯祖諱又以王爵非庶姓所宜抗表固辭徙封濮陽郡公改授太傅尋轉司徒公出爲使持節侍中太傅錄尚書事東道大行臺都督青州刺史尒朱兆入京乘輿幽縶延實以外戚見害於州館孝武帝初反葬洛陽贈使持節侍中太師太尉公錄尚書事都督雍州刺史諡曰孝懿長子彧字子文尚莊帝姊豐亭公主封東平郡公位侍中左光祿大夫中書監驃騎大將軍開府儀同三司廣州刺史彧性豪俠尒朱榮之死也武毅之士皆彧所進孝靜初陷法見害尋詔復公爵子道端襲彧七子並彭城王勰女豐亭公主所生以道德仁義禮智信爲名第四子義雄有識悟勤學手不釋書仕齊位琅邪郡守義雄弟禮成最知名禮成字孝諧年七歲與姑之子蘭陵太守滎陽鄭顥隨魏武帝入關顥母每謂人曰此兒平生未嘗回顧當爲重器及長沉深有行檢不妄通賓客在魏歷著作郎太子洗馬員外散騎常侍周受禪拜平東將軍散騎常侍于時貴公子皆競習弓馬被服多爲軍容禮成雖善騎射而從容儒服不失素望後以軍功拜車騎大將軍儀同三司賜爵修陽侯拜遂州刺史時朝廷有所徵發禮成度以蠻夷不可擾擾必爲亂上表固諫武帝從之伐齊之役從帝圍晉陽齊將席毗羅精兵拒帝禮成力戰擊退之加開府進封冠軍縣公歷北徐州刺史戶部中大夫禮成妻竇氏早沒知隋文帝有非常之表遂聘帝妹爲繼室及帝爲丞相進位上大將軍遷司武上大夫委以心膂及受禪拜陝州刺史進封絳郡公賞賜優洽累遷襄州總管左大將軍時突厥屢爲寇患緣邊要害多委重臣由是拜寧州刺史以疾徵還京終于家子世師位度支侍郎禮成弟智源有器量仕齊卒於高都郡守智源

弟信則方雅廉愼齊武平中位南陽王大司馬屬信則形短中書侍郎頓丘李若戲之曰弟爲府屬可謂名以定體信則曰名以定體豈過劣弱尋除尚書倉部郎中入周爲東京司門下大夫隋開皇中卒於沔州刺史彧弟彬字子儒其父延實旣別封彬襲祖爵淸泉縣侯位中書侍郎卒於左光祿大夫贈驃騎大將軍光祿勳齊州刺史諡曰獻子桃枝襲彬弟彰位通直散騎侍郎從父在青州同時遇害贈左將軍瀛州刺史延實弟休纂小字鍾羌頗有父風位終太子舍人贈驃騎大將軍尚書令司徒公雍州刺史追封樂涫縣公後進封高陽郡公子昂襲昂魏末爲廣平郡太守齊天保中卒於光祿卿昂子道隆有才識明剖斷仕齊位并省尚書左丞隋開皇中爲尚書北部侍郎休纂弟延孝位尚書屯田郎中於河陰遇害贈侍中車騎大將軍司空公定州刺史進封臨潁縣公詔從弟仲遵有器業彭城王勰爲定州請爲定州開府參軍累遷營州刺史時四方州鎭逆叛相續營州城內咸有異心仲遵單車赴州及至與大使盧同以恩信懷誘率皆安帖後明帝又遣詔盧同爲行臺北出慰勞同疑人情難信聚兵將往城人劉安定就德興等先有異志謂欲圖己逐仲遵害之詔從祖抗自涼州渡江左仕宋歷晉壽安陸東萊三郡太守抗子思穆字叔仁有度量善談論工草隸爲當時所談太和十七年攜家累自漢中歸魏位都水使者及車駕南伐以本官兼直閤將軍從平南陽以功賜爵樂平子宣武踐祚進爵爲伯累遷京兆內史在郡八年頗有政績卒於營州刺史贈安東將軍華州刺史有子十四人嫡子斌襲位散騎侍郎早卒斌兄奬字道休爲莊帝所親超贈思穆衞將軍中書監左光祿大夫諡曰宣武奬以戚里恩澤賜爵廣平侯歷中書侍郎兼散騎常侍聘梁使主黃門郎司徒左長史行瀛州事齊天保初兼侍中冀瀛滄三州大使觀察風俗還拜魏尹卒贈濟州刺史中書令子瓌位中書舍人黃門郎韶族弟琰之字景珍小字墨蠡少知名號曰神童從父沖雅所歎異每曰興吾宗者其此兒乎恒資給所須愛同己子弱冠舉秀才不行曾遊河內北山便欲有隱遁意會彭城王勰辟爲行軍參軍苦相敦引沖又遣信喩之久乃應召尋爲中尉李彪啓兼著作佐郎修撰國史稍遷國子博士領尚書儀曹郎中轉中書侍郎司農少卿黃門郎修國史遷國子祭酒轉祕書監兼七兵尚書遷太常卿孝莊初太尉元天穆北討葛榮以琰之兼御史中尉爲北道軍司還除

征東將軍仍兼太常出爲衞將軍荆州刺史兼尚書左僕射三荆二郢大行臺尋加散騎常侍琰之雖以儒素自業而每語人言吾家世將種猶有關西風氣及至州之後大好射獵以示威武尒朱兆入洛南陽太守趙修延以琰之莊帝外戚誣琰之規奔梁國襲州城遂被囚執修延仍自行州事城內人斬修延還推琰之釐州任孝武初徵兼侍中車騎大將軍左光祿大夫儀同三司永熙二年薨朝廷悼惜之贈侍中驃騎大將軍司徒公雍州刺史諡曰文簡琰之少機警善談論經史百家無不悉覽朝廷疑事多所訪質每云崔博而不精劉精而不博我旣精且博學兼二子謂崔光劉芳也論者許其博未許其精當時議咸共宗之又自誇文章從姨兄常景笑而不許每休閑之際恒閉門讀書不交人事常謂人曰吾所以好讀書者不求身後之名但異見異聞心之願也是以孜孜搜討欲罷不能豈爲聲名疾勞世人也此乃天性非爲力強前後再居史事無所編緝安豐王延明博聞多識每有疑滯常就琰之辨析自以爲不及也二子綱慧並從孝武帝入關中綱位宜州刺史儀同三司子充節少慷慨有英略隋開皇中頻以行軍總管擊突厥有功位上柱國武陽郡公朔州總管甚有威名爲虜所憚後有人譖其謀反徵還京師上怒之充節素剛憂憤卒子大亮曉字仁略太尉虔之子也少而簡素博涉經史早有時譽釋褐員外郎散騎侍郎尒朱榮之立孝莊曉兄弟四人與百寮俱將迎爲其夜曉衣冠爲鼠噬不成行而免其上三兄皆遇害曉乃攜諸猶子微服潛行避難東郡行至成皐爲滎陽令天水閻信所疑辟易左右謂曉曰觀君儀貌豈是常倫古人相知未必在早必謂急難須悉心以告天下豈獨北海孫賓碩乎曉以信有長者之言乃具告情實信乃厚相資給以免永安初授輕車將軍尚書左主客郎仍轉征虜將軍中散大夫又除前將軍太中大夫天平初遷都于鄴曉便寓居清河依從母兄崔陵鄉宅陵給良田三十頃曉遂築室居爲時豪右子弟悉多驕恣請託暴亂州郡不能禁止曉訓勗子弟咸以學行見稱時論以此多之曉自河陰家禍之後屬王途未夷無復宦情備在名級而已及遷都之後因退私門外兄范陽盧叔彪勸令出仕前後數四確然不從武定末齊文襄嗣事高選寮采召曉及前開府長史房延祐並爲外兵郎後徙平西將軍太尉府諮議參軍事除頓丘太守天保中頻歷廣武東二郡太守所在有惠政爲吏人所懷卒於郡年五十

九贈本官將軍海州刺史三子伯山仲舉季遠超字仲舉以字行於世性方雅善制白晳美鬚眉高簡宏遠風調疎遠博涉經史不守章句業至於吉凶禮制覩表咸取則焉弱冠仕齊爲襄城王大司馬參軍事時尚書左僕射元文遙以令長之徒率多寒賤奏請革選妙盡高資仲舉與范陽盧昌衡等八人同見徵用以仲舉爲司州修武令仲舉莅以寬簡吏人號曰寬明于時昌衡爲平恩令百姓號曰恩明故時稱盧李恩寬之政武平初持節使南定州人並是蠻左接帶邊境仲舉具宣朝旨邊服淸謐朝廷大嘉之還授晉州別駕及周師圍晉州外無救援行臺左丞侯子欽內圖離貳欲與仲舉謀懼其嚴正將言而止者數四仲舉揣知其情乃謂之曰城危累卵伏賴於公今之所言想無他事欲言而還中止也子欽曰告急官軍永無消息勢之危急旦夕不謀意欲不坐受夷戮歸命有道於公何如仲舉正色曰僕射高氏恩德未深公於皇家沒齒非答臣子之義固有常道何至今日翻及此言子欽懼泄夜投周軍城尋破周將梁士彥素聞仲舉名引與言及時事仲舉曰世居山東受恩高氏今國維不張遠勞師衆不能死於臣道豈敢干非其議士彥曰百里左車不無前事想亦得之見逼不已仲舉乃曰今者官軍遠來方申弔伐當先德澤遠示威懷明至聖之情弘招納之略令所至之所歸誠有地所謂王者之師征而不戰也士彥深以爲然益相知重初城敗之後公私蕩然軍人簿帳悉多亡毀戶口倉儲無所憑據事無大小士彥一委仲舉推尋勾當絲髮無遺於軍用甚有助爲鄴城平仍將家隨例入關仲舉以親故流離情不願住妻伯父京兆尹博陵崔宣猷留不許去固辭乃得還鄴尋有詔素望舊資命州郡勸送仲舉懼嚴命而至補秋官賓部上士深乖情願乃取急言歸隋開皇中秦王俊鎭洛州召補州主簿友人蜀王府記室范陽盧士彥謂仲舉曰丈人往經徵辟每致推辭何爲徒勞之任忽爾降德仲舉笑曰屈伸之事非子所知尋被敕追赴京朝廷以仲舉婆娑州里責黜左降爲隆州錄事參軍尋以疾歸以琴書自娛優遊賞逸視人世蔑如也會朝廷舉士著作郎王邵又舉以應詔以前致推遷爲責除冀州淸江令未幾又以疾還從以資例授帥都督洛陽令彭城劉逸人謂仲舉曰君之才地遠近所知久病在家恐貽時論且爲武職差若自安仲舉曰吾性本疎惰少無宦情豈以垂老之年求一階半級所言武職挂徐君墓樹耳竟不起終於洛陽永康

里宅時年六十三當世名賢莫不傷惜之二子大師行師大師字君威幼而爽悟神情警發標格嚴峻人並敬憚之身長七尺五寸風儀甚偉好學無所不窺善綴文備知前代故事若指諸掌商較當世人物皆得其精弱冠州將賀蘭寬召補主簿寬當時位望又與大師年事不侔初見言未及終便改容加敬曰名下故無虛士今者非以相勞自望坐嘯有託耳每於私室接遇恒盡忘年之歡俄而以貧調補左翊衛率尋除冀州司戶參軍煬帝初改州爲郡仍除信都司戶書佐及王業暮年王塗弛紊居官者率多侵漁皆致潤屋大師獨守清戒無所營求家產益致窘迫郡丞鞠孝稜益相歎服曰後於歲寒此言於公得之十年遷渤海郡主簿及竇建德據有山東被召爲尚書禮部侍郎武德三年被遣使京師因送同安公主遂求和好使畢還至降州而建德違約又助世充抗王師於武牢高祖大怒命所在拘留其使世充建德尋平遂以譴徙配西會州大師少時嘗筮仕長安遇日者姓史因使占時有從兄子同妹夫鄭師萬河東裴寂同以宿衛簡入文資各使覘郎日官位及將來所至史生曰裴二及李皆當依資叙用然裴君終致台輔鄭非直今歲虛歸後歲亦當本資不叙指大師曰君才雖不減趙元叔恐賦命亦將同之言子同亦無遠到時大師弟行師亦預賓貢因問史生吉凶生曰此郎雖非裴君之匹亦至方伯既而大師及子同裴寂並以貢補州佐師萬當年差舛明年而齊賓不叙師萬任益州新都縣尉及武德初裴寂任尚書左僕射魏國公大師至是遷播因獨笑曰史生之言於茲驗矣行師貞觀中歷太常寺丞都水使者邛州刺史皆如史生之占大師既至會州忽忽不樂乃爲羇思賦以見其事侍中觀公楊恭仁時鎮涼州見賦異之召至河西深相禮重日與遊處大師少有著述之志常以宋齊梁陳齊周隋南北分隔南書謂北爲索虜北書指南爲島夷又各以其本國周悉書別國並不能備亦往往失實常欲改正將擬吳越春秋編年以備南北至是無事而恭仁家富於書籍得恣意披覽宋齊梁魏四代有書自餘竟無所得居二年恭仁入爲吏部尚書大師復還會州武德九年會赦歸至京師尚書右僕射封德彝中書令房玄齡並與大師親通勸留不去曰時屬惟新人思自効方事屏退恐失行藏之道大師曰昔唐堯在上下有箕山之節雖以不才請慕其義於是飭裝東歸家本多書因編緝前所修書貞觀二年五月終於鄭州滎陽縣野舍時年五十九既所撰未畢以爲沒齒之恨焉所製文筆詩賦播遷及遭火多致失落存者十卷子慶孫正禮利王延壽安世延壽與敬播俱在中書侍郎顏師古給事中孔潁達下刪削既家有舊本思欲追終先志其齊梁陳五代舊事所未見因於編緝之暇晝夜抄錄之至五年以內憂去職服闋從官蜀中以所得者編次之然尚多所闕未得及終十五年任東宮典膳丞日右庶子彭陽公令狐德棻又啓延壽修晉書因茲復得勘究宋齊魏三代之事所未得者十七年尚書右僕射褚遂良時以諫議大夫奉敕修隋書十志復準敕召延壽撰錄因此遍得披尋時五代史既未出延壽不敢使人抄錄家素貧罄又不辦雇人書寫至於魏齊周隋宋齊梁陳正史並手自寫本紀依司馬遷體以次連綴之又從此八代正史外更勘雜史於正史所無者一千餘卷皆以編入其煩冗者即削去之始末修撰凡十六載始宋凡八代爲北史南史二書合一百八十卷其南史先寫訖以呈監國史國子祭酒令狐德棻始末蒙讀了乖失者亦爲改正許令聞奏次以北史諮知亦爲詳正因遍諮宰相乃上表表曰臣延壽言臣聞史官之立其來已舊執簡記言必資良直是以典謨載述唐虞之風尤著誥誓斯陳殷周之烈彌顯魯書有作鹿門貽鑒於臧孫晉乘無隱桃園取譏於趙孟斯蓋哲王經國通賢垂範懲誡之方係流且異綱目咸張自斯新以後皆所取則雖左史筆削無乏於時微婉所傳唯稱班范次有陳壽國志亦曰名家並已見重前修無俟揚搉洎紫氣南浮黃旗東徙時更五代年且三百元熙以前則總歸諸晉著述之士家數雖多泛而商略未聞盡善太宗文皇帝神資睿聖天縱英靈爰動沖襟用紆玄覽深嗟蕪穢大存刊勒既懸諸日星方傳不朽然北朝自魏以還南朝從宋以降運行迭變時俗汚隆代有載筆人多好事考之篇目史牒不少互陳聞見同異甚多而小說短書易爲湮落脫或殘滅求勘無所一則王道得喪朝市貿遷日失其眞晦明安取二則至人高跡達士弘規因此無聞可爲傷歎三則敗俗巨蠹滔天桀惡書法不記孰爲勸奬臣輕生多幸運奉千齡從貞觀以來屢叨史局不揆愚固私爲修撰起魏登國元年盡隋義寧二年凡三代二百四十四年兼自東魏天平元年盡齊隆化二年又四十四年行事總編爲本紀十二卷列傳八十八卷謂之北史又起宋永初元年盡陳禎明三年四代一百七十年爲本紀十卷列傳七十卷謂之南史凡八代合爲二書一百八十卷以擬司馬遷史記就此八代而梁陳齊周隋五書是貞觀中敕撰以十志未奏本猶未出然其書及志始末是臣所修臣既夙懷慕尚又備得尋聞私爲抄錄一十六年凡所獵略千有餘卷連綴改定止資一手故淹時序迄今方就唯鳩聚遺逸以廣異聞編次別代共爲部秩除其冗長捃其菁華若文之所安則因而不改不敢苟以下愚自申管見雖則疎野遠慙先哲於披求所得竊謂詳盡其南史刊勒已定北史勘校粗了既撰自私門不敢寢嘿又未經聞奏亦不敢流傳輕用陳聞伏深戰越謹言

北史卷一百考證

序傳在魏者爲段干大夫○干監本訛于今從下文段干木其後也句改正

又除司徒右長史○史監本訛吏今改從閣本

於路見狗○顧炎武云本書徐之才傳嘗與朝士出遊遙望羣犬競走諸人試令目之之才即應聲曰爲是宋鵲爲是韓盧爲逐李斯東走爲負帝女南徂今下文又作溫子昇與神儁語一事兩見延壽自述其先人不當援他人之事以附益也

所在有惠政爲吏人所懷○監本缺惠字吏字今從南本增入

編修臣人龍謹言鄭樵曰古者修書出於一人之手成于一家之學班馬之徒是也至唐始用衆手晉隋二書是矣臣等謹按宋齊梁陳後魏北齊周隋八書各成一家且是時分隔南北南謂北爲索虜北謂南爲島夷往往過美溢惡未嘗核實李延壽父太師欲爲改正擬吳越春秋編年未就而卒延壽預修晉隋書因悉究舊事更依馬遷體總序八代北起魏盡隋二百四十二年南起宋盡陳百七十年刪煩補闕爲南北二史所謂出于一人之手成于一家之學者也司馬光曰李延壽書亦近世之佳史也雖於禨祥詼嘲小事無所不載然叙事簡徑比于南北正史無煩冗蕪穢之辭切謂陳壽之後惟延壽可以亞之也臣等奉
命編校總攬八代之事寔參攷十史之紀載其煩簡異同各自爲書而二史能使南北兩朝紛然淆亂之事總括貫穿祥贍有體誠哉司馬氏之言匪誣也惟其閒字句有相習舛訛之處爰爲一一訂正附識卷末云臣謹識

原任詹事臣陳浩洗馬臣陸宗楷編修臣孫人龍
知州臣王祖庚貢生臣杜炳星等奉
敕恭校刊